あ
か
さ
た
な
は
ま
や
ら
わ

JN233805

郁文堂
和独辞典

||||||| 第四版 |||||||

編者

冨山芳正
三浦靱郎
山口一雄

第四版編者

石丸昭二
山田杉夫

IKUBUNDO

IKUBUNDO
Japanisch-Deutsches Wörterbuch

Herausgegeben und bearbeitet
von
Yoshimasa Tomiyama
Yukio Miura
Kazuo Yamaguchi

4., völlig neu bearbeitete und erweiterte Auflage

Alle Rechte vorbehalten
Nachdruck, auch auszugsweise, verboten
© Ikubundo Verlag AG · Tokyo 2002
Printed in Japan

第 一 版 の 序

この辞典の編集に当って，私達のとくに留意したところを列記すれば，次のごとくである．

1. **見出しに " かな " を使用したこと**　従来の辞典は，和独・和英を問わず，いずれもローマ字を見出しに用いていた．私達はまず，日本語から他の国語に橋渡しする辞典が，果してそういうものでなければならないかどうかを検討した．そしてその必然性がないばかりか，むしろ日本語を並記するには当然 " かな " の方が自然であり，またはるかに便利であるという結論に達し，あえて " かな " 見出しを採用することにした．

2. **日本語の用法を十分に検討したこと**　辞典は語を見出しとして挙げざるを得ないが，語そのものは他の語との関連においてはじめて意味を持ってくる場合が多く，語を抽出してむりに訳語をつけようとすれば，その語の用法を無視した意味のない操作を行うことにもなりかねない．それゆえ私達は，まず日本語の意味・用法を十分に検討して，語の生きた用法に即した的確な訳語を挙げるように努め，場合によれば，文例のみでその使い方を示すことにした．このことは，結果的にはまた，えてして陥りがちなむだを省いて，内容を充実させることになり，中辞典の体裁をもって優に大辞典の内容を盛りえたと信じている．

3. **和独辞典の本質を検討したこと**　和独辞典と独和辞典とはその本質が当然異ならなければならない．独和辞典は時代的にも地域的にもかなりの差異を含むドイツ語を広く理解するためのものであるが，和独辞典は現代の最も標準的なドイツ語を用いて日本語を表現することを目的とする．それゆえ私達は，死語・古語・古風な表現を避けたことはもちろんであるが，語・語形及び語法を挙げるに際しても，現時点に生きている最も一般的なもののみを採用することにした．また訳語は的確なものが極く少数あれば足りるとし，いたずらに類似の語を羅列して，その選択に迷うことのないように努めた．

本書の計画に着手してから今日の完成を見るまで，ほぼ十年の歳月を経た．日本における和独辞典の歴史は，独和辞典のそれに比較して，はるかに新しい．辞典の編集は長い年月をかけて，一歩一歩前進し，一つ一つよりよきものを積み重ねて行くべきものであろう．ここに私達は十年の労苦に一応の終止符をうちつつ，その歴史の中に何ものかを付け加ええたであろうことを喜びとするものである．

編集の仕事は，当初責任編集者として名を挙げてある三名によってはじめられたが，中途から五名の新進気鋭のゲルマニストが加わり，また Dr. Heinz Wilms と Dr.

Cornelia Zielinski-Kanokogi とはドイツ人顧問として終始側面からの助言を惜しまれなかった. それらの人人の献身的な協力なくしては, 今日の完成は到底考えられなかったであろう. なおまた, 多大の犠牲を甘受しつつ, 私達の牛歩の仕事ぶりを辛抱づよく見守り支えてくれた郁文堂出版大井社長にも, 感謝の気持の尽きないものがある.

最後に執筆者の氏名を列記して, 責任を明らかにしておきたいと思う.

1966年 早春

冨 山 芳 正
三 浦 靫 郎
山 口 一 雄

責任編集執筆者 (五十音順)

学習院大学教授	冨山 芳正 (とみやま よしまさ)
東京学芸大学教授	三浦 靫郎 (みうら ゆきお)
横浜市立大学教授	山口 一雄 (やまぐち かずお)

協同執筆者

東京経済大学助教授	長尾 伸 (ながお しん)
東京農工大学助教授	野田 保之 (のだ やすゆき)
法政大学助教授	山村 直資 (やまむら なおすけ)
武蔵大学助教授	富岡 近雄 (とみおか ちかお)
明治大学講師	山田 杉夫 (やまだ すぎお)

ドイツ人編集顧問

ゲーテ・インスティトゥート 東京支部長	Dr. Heinz Wilms
武蔵大学講師	Dr. Cornelia Zielinski-Kanokogi

第 二 版 の 序

　郁文堂和独辞典は，ドイツ語を学び始めた学生はもとより，研究者，留学生，さらには社会人の要望にもこたえる新しい型の和独辞典であります．

　和独辞典が国語辞典と異なる点は，読者が当面の言葉の意味を既に知っていることにあります．したがって本辞典においては，漢語的表現の独訳は最小限にとどめ，また同義の言い換えが可能な語には適当な選択を加えました．その反対に，国語辞典には載らなくても意志伝達上必要な語があり，それらは読者の立場に立って採録しました．このように，和独辞典としての日本語の機能を十分に検討したことは，第一版の基本方針を踏襲するものでありますが，この第二版が第一版にくらべて大きく変った点は，第一版に洩れた語と，その後に必要と認められるようになった外来語を含む新語約1,500語を加え，訳語及び句例・文例の追加または削除，内容の改訂などを客観的に行ったことで，増加・変更した項目は約6,000語に及んでいます．

　その他，第一版とくらべて特に変った点は次のとおりであります．

1. 見出し語の表記が表音式であったのを現行の国語辞典と同様に「現代かなづかい」に改め，難読の漢字を整理したこと．
2. 名詞の単数2格の語尾変化形は，できるだけ現行の一般的な形に改めたこと．また，複数形で用いられることの稀な語の複数形はこれを省き，他方，もっぱら複数形で用いられるものは複数形のみを示すというふうに，実際の利用に役立つようにしたこと．
3. 「この辞典の使い方」をくわしくし，言葉のさがし方，例語や句例の実際の使い方について懇切説明を加え，使用上の疑義が残らないようにつとめたこと．
4. 付録として，新たに「手紙の書き方」，「基本文型一覧」を加えたこと．

以上の四点ですが，「手紙の書き方」は，東邦大学名誉教授岡島孝一氏が近く郁文堂から刊行予定の著書から抜粋編集したものであり，また「基本文型一覧」については，学習院大学教授川口洋氏の『主要文型で学ぶ独作文の基本』（郁文堂刊）に負うところが大で，両氏には深く感謝する次第です．なお新語の訳出は，昭和大学助教授山口一彦が担当しました．さらに改訂原稿の作成にあたっては郁文堂社長大井敏夫氏に多大の労をわずらわし，校正には同社編集部の上原知子氏の協力を得ました．ここに改めて感謝の意を表します．なお今回の改訂を機会に判型を大きくし，装幀を一新して一層引きやすい辞典にしました．

　　1983年　早春

　　　　　　　　　　　　　　　　　　　　　　　　　山　口　一　雄　識

第 三 版 の 序

　本書の第二版が出てから早くも13年になる．その間ほとんど手を加えることなしに今日に及んだことは，編集者として甚だ忸怩たるものがあるが，この第三版ではコンピューターに入力するに当たって全面的且つ徹底的な改訂を行った．編集形式にはもちろん格別の変更はない．しかし，旧版の記述を一語一語子細に点検して，少しでも意に満たぬ箇所があれば入念に訂正，加筆した．すっかり書き改めてしまった語も数多い．旧版ではやや乏しい憾みのあった用例を大幅に増やすことも，新版で特に意を用いたところである．また，10年以上も経てば日本語の語彙にもその一部に当然かなりの変化が起こる．それに対応して，既に廃語に近くなったものはこの際敢えて削除すると共に，最近社会の各方面において慣用されるに至った，カタカナ語をはじめとする新語の類いは思い切って多数，見出し語として新たに採録した．見出し語の総数は優に3万を超える．まだ試行の域を出ないとはいえ，図版も随所に挿入した．こうした補訂の結果，ページ数も自ずからかなり増えることになったが，使用価値も格段に増大したことは疑いを容れない．初版刊行以来実に30年，当初の予想を遥かに上回る多くの方々に御愛用いただいたこの辞典が，更に面目を一新し，今後もドイツ語学習者のこよなき座右の書として長くお役に立つことができれば，私どもの喜びはこれに過ぎるものがないであろう．

　およそ2年半の日子を費やしたこの度の改訂の仕事では，筆者も及ばずながら微力を傾けたが，石丸昭二，山田杉夫，西山力也の三氏の御協力に負うところ多大であったことを明らかにしておきたい．また，インゲボルク村田夫人には足繁く編集室にお運び願って，母国語使用者ならではの貴重な御助言を数知れぬほど頂戴した．巻末の付録に新規収載の「会話慣用表現」を御執筆下さった東京都立大学教授福本義憲氏の御好意と共に，誠に感謝に堪えない．

　終りに，第三版の作成においても大井社長はじめ郁文堂の社員諸氏，わけても三好美雪さんに非常な御苦労をお掛けしたことを記して，心からお礼を申し上げる．

　1996年　初春

第三版編集責任者　　冨　山　芳　正

	お茶の水女子大学教授	石　丸　昭　二
編 集 協 力 者	東京農工大学教授	山　田　杉　夫
	日本女子大学教授	西　山　力　也
編 集 顧 問	東京農工大学外国人教師	Ingeborg Murata

第 四 版 の 序

ドイツ語の在来の正書法は前世紀の初頭からほぼ1世紀にわたって行われてきたが，これにかなりの修正を加えた新正書法が，1994年ドイツ語圏諸国による Wien 正書法会議で採択され，多少の曲折を経て，1996年ドイツ，オーストリア，スイス三国の間で正式に決定，1998年から実施の運びになった．その概要は別掲「新正書法による変更」の示すとおりである．今後次第に普及するものと考えられるので，本書もドイツ語の表記を新正書法に改める必要を認め，主としてこの目的のために新版を作成することにした．従って，それ以外の改訂は今回は最小限度に止め，後日に譲ることにしたことを明らかにしておきたい．とは言え，必要に応じて訂正加筆した箇所も少なくないし，情報技術関係の用語その他，増補した語は各方面にわたってかなりの数になる．

第四版の編集に当たっても，下記両氏に一方ならぬお力添えをいただいた．いつもながら感謝に堪えない．また，何かと大変御面倒をお掛けした郁文堂の大井敏行社長と編集部の細山祐二氏にも心からお礼を申し上げる．

2002年 新春

第四版監修者　　冨　山　芳　正

編 集 執 筆 者　東京農工大学名誉教授　　山　田　杉　夫
　　　　　　　　お茶の水女子大学教授　　石　丸　昭　二

（付記）　この新版では，訳語としての外来語で「郁文堂独和辞典」に採録されていない語には原則として音標文字を付した．音標文字については同独和辞典の発音解説を参照されたい．

この辞典の使い方

この和独辞典は,「郁文堂独和辞典」が併用されることを前提としている. 語の発音のしかたや, 語の意味用法の微妙なちがい, 複合名詞などの格変化を知りたいとき, さらにこの辞典で得た語句の応用の可能性を確かめたいときは,「郁文堂独和辞典」を参照されたい.

I. 見出し語の配列とその見方

1. 見出し語の配列の順序

イ. 見出し語には平かなを用い, 現代かなづかいで表記した. 外来語は片かなを用い, その表記は国語審議会報告「外来語の表記」に準拠した.

ロ. 見出し語は, 五十音順に配列し, それらはさらに清音・濁音・半濁音の順序に, また促音・拗音・直音の順序になっており, 外来語の長音「ー」は「あ・い・う・え・お」と同等とみなし,「アー」は「ああ」,「オー」は「おお」の位置に置いてある.

ハ. 同音の語については, 片かなは平がなより後に, 平がなの同音の語はその次に示した表記形によって, 漢字及びかなの字数の少ないものから順に, 字数が同じ場合は画数の少ないものから順に配列した.

ニ. 見出し語の次に, できるだけ漢字による表記形を示した.

2. 見出し語の見方

イ. 見出し語の表記形中に「・」を付してあるときは, その中点より前の部分が以下の用例に反復記号「〜」で繰り返されることを示す.

〔例〕 せっきん 接近・する sich nähern《3格》. 互に〜して nahe aneinander.

ロ. 見出し語のすぐあとの「¶」は, その語のドイツ語訳がなく, ただに見出し語中に含む用例を示す場合に用いた.

〔例〕 きざす 萌す ¶恋心が〜 Die Liebe keimt.

II. 訳語・句例の使い方

1. 名詞

イ. 性: 原則として定冠詞を付けて示した. ただし不定冠詞または数詞を付けざるをえない名詞の場合は, 後に (*m*.), (*n*.), (*f*.) を添えて示す:「一年」ein Jahr (*n*.).

また形容詞を伴う名詞の性は, 原則として形容詞の語尾変化によって示されている:「赤毛」rotes Haar.

ロ. 数: 通常複数の形で用いられる名詞は, 複数形のみを挙げてある:「借金」Schulden *pl*.;「行儀」Manieren *pl*.

その反対に, 複数形を用いることが稀な名詞の場合には, たとえその語の複数形があっても, それを挙げていない:「責任」die Schuld;「援助」der Beistand -[e]s.

ハ. 格: 単数2格と複数1格の(女性名詞には複数1格のみの)変化語尾を示してある:「研究」das Studium -s, ..dien;「母」die Mutter ¨.

2. 所有代名詞

一般に3人称の sein で代表させてある. したがって, 例えば,「最善を尽す」 sein Bestes tun* は Ich tue mein Bestes. となりうるわけである. また,「検温する」seine (*js*.) Temperatur messen* では, sein は「自分の」の意であるから, Ich messe meine Temperatur. となるが, *js*. は「或る人の=他人の」の意であるから, Ich messe deine (seine; ihre) Temperatur. となる.

3. 動詞

イ. 目的語:「助ける」*jm*. helfen というように, 目的語の格が日本語の格助詞「に」「を」と一致しな

この辞典の使い方　　　　　　　　　　　　　　　　　　　　　　　　　　　　　　　　　　　　X

い場合にかぎりそれを示した．その他，一般的に目的語を示す必要のある場合は，動詞の前の *jm. jn. et.*，動詞の後の《2格》，《an (bei) 3格》，《für (gegen) 4格; mit 3格》などの形でこれを示した．

ㅁ．完了の助動詞：sein をとる自動詞の場合は (*s*) をもって示したが，そのほかに，(*s*; *h*), (*h*; *s*) という表示もあり，前者は主として sein をとるが，行為そのものに重きをおく場合には haben もとることを示し，後者は主として haben をとるが，場所の移動に重きをおくような場合には sein もとることを示している：「走る」laufen* (*s*; *h*), 「泳ぐ」schwimmen* (*h*; *s*)
なお巻末の「主要強変化・不規則変化動詞表」を参照のこと．

〔注〕　分離動詞で分離記号が二つある語の三基本形は次のようになる：
「修復する」wieder|her|stellen — stellte wieder her — wiederhergestellt
「再建する」wieder|auf|bauen — baute wieder auf — wiederaufgebaut

新正書法による変更

I. 音声と文字

(1) ß と ss　長母音と複母音のあとでは ß，短母音のあとでは ss（語尾及び子音の前でも）：
der Fuß — die Füße; außen; reißen.
der Fluss — die Flüsse; passen — du passt
（旧：der Fluß — die Flüsse; passen — du paßt）．

(2) 複合語で同じ文字が3個続く場合は3個とも常に保存される（従来は次に子音字が続く場合と行末で分綴される場合だけに限られていた）：
Schifffahrt（旧：Schiffahrt, Schiff-fahrt）; fetttriefend（旧も）．

(3) ・変化形又は同一語家族 (Wortfamilie) の他の語に倣って，短母音のあとの子音字を重複させる：
das As → Ass (＜des Asses, die Asse); numerieren → nummerieren (＜Nummer).
・同一語家族の他の語に倣って，e → ä：
Stengel → Stängel (＜Stange); behende → behände (＜Hand).

(4) ・長音符としての h は -heit の前でも省かれない：
Jäheit, Roheit, Zäheit → Jähheit, Rohheit, Zähheit.
・rauh は，-au に終わる他の形容詞 blau, grau, genau 等に倣って，→ rau.

(5) 外来語において
・phon, phot, graph の ph は f に書き換えうる：
Mikrophon 又は Mikrofon; Photograph 又は Fotograf. そのほかの場合にも若干の語で：
phantasieren 又は fantasieren; Delphin 又は Delfin.
・-z に終わる同系語がある場合には -tial, -tiell を -zial, -ziell に書き換えうる：
Potential, potentiell 又は Potenzial, potenziell (＜Potenz).
・gh, rh, th を g, r, t に置き換えうる語も若干ある：
Spaghetti, Katarrh, Panther 又は Spagetti, Katarr, Panter.

II. 大文字書きと小文字書き

(1) du と呼び合う間柄の人を表わす代名詞（2人称・単複数）は，書簡や書簡に類するテキストでも常に小文字で書く：
du, ihr; dein, euer（旧：Du, Ihr; Dein, Euer）．

(2) ・形容詞が名詞に付加されて特定の概念を表わす表現には，固有名詞と混同されてその形容詞を大文字書きにしたものがある (die Erste Hilfe, das Große Los) が，今後は小文字書きが優先しよう．今後も大文字書きが行われるのは，Ihre Königliche Hoheit のような称号，die Echte Hirse のような動植物学上の分類名，der Heilige Abend のような特別な暦日，der Dreißigjährige Krieg のような歴史的な出来事の4分野のみ．

- -isch 又は -sch に終わる人名からの派生語は、今後は原則としてすべて小文字書き:
  goethische (旧: Goethische) Dramen; das ohmsche (旧: Ohmsche) Gesetz.
(3) ・成句における名詞は大文字書きが従来より多くなる:
  in Bezug (旧: bezug) auf; außer Acht (旧: acht) lassen; Recht (旧: recht) haben; es tut mir Leid (旧: leid).
- 副詞 gestern, heute, morgen などのあとに置かれた一日の時間区分を表わす名詞は大文字書き:
  heute Morgen (旧: morgen), gestern Abend (旧: abend), morgen Mittag (旧: mittag).
- 不定数形容詞は viel, wenig, ander 以外、名詞的に用いられたときは大文字書きにする:
  im Übrigen (旧: übrigen); bis ins Einzelne (旧: einzelne); nicht im Geringsten (旧: geringsten).
- 序数詞及びそれと類似の形容詞 nächst, letzt は名詞的に用いられたときはすべて大文字書き:
  Sie fuhr als Erste (旧: erste) / als Letzte (旧: letzte) ins Ziel.
- 名詞化された形容詞は次のような成句でも今後は大文字書き:
  im Verborgenen, um ein Beträchtliches, im Wesentlichen, im Dunkeln tappen, zum Besten geben. 但し、前置詞と形容詞とだけから成り冠詞を伴わないものは依然として小文字書き: von nahem, seit langem.
- 前置詞と結合した言語名は名詞と解釈して、原則として大文字書きにする:
  auf (in) Deutsch (旧: deutsch).
- 対を成す不変化の形容詞で人を表わすものは今後すべて大文字書きにする:
  ein Konflikt zwischen Arm und Reich; Gleich und Gleich gesellt sich gern.

III. 分かち書きと続け書き

(1) 分かち書きと続け書きとの違いで意味の違いを表わすことは今後はしないで、例えば stehen bleiben「立ち続ける」と stehenbleiben「立ち止まる」とはどちらも分かち書きにする。
(2) 一般にできるだけ分かち書きをするようにする。
  - 名詞と動詞との結合:
    radfahren → Rad fahren; haltmachen → Halt machen; maschineschreiben → Maschine schreiben. 但し、その名詞が名詞としてあまり意識されなくなっている語は続け書きのまま: stattfinden, teilhaben.
  - 名詞と分詞との結合:
    aufsichtführend → Aufsicht führend; achtunggebietend → Achtung gebietend.
  - 不定詞と他の動詞との結合:
    bestehenbleiben → bestehen bleiben; kennenlernen → kennen lernen; spazierengehen → spazieren gehen.
  - 分詞と動詞との結合:
    verlorengehen → verloren gehen; gefangennehmen → gefangen nehmen.
  - -wärts を構成要素とする副詞と動詞との結合:
    aufwärtsgehen → aufwärts gehen; vorwärtskommen → vorwärts kommen.
  - 動詞 sein との結合:
    ansein → an sein; aufsein → auf sein; beisammensein → beisammen sein.
  - 形容詞と動詞との結合で、その形容詞が比較変化可能であるか、少なくとも sehr 又は ganz を添えうる場合:
    gutgehen → gut gehen; schwerfallen → schwer fallen; geradesitzen → gerade sitzen. これに反してその形容詞が比較変化不可能の場合は続け書き: fernsehen, festsetzen.
  - 複合副詞と動詞との一定の結合:
    anheimfallen → anheim fallen; überhandnehmen → überhand nehmen.

新正書法による変更　　　　　　　　　　　　　　　　　　　　　　　　　　　　　　　　　　XII

- aneinander, aufeinander, auseinander などと動詞との結合：
    aneinanderfügen → aneinander fügen; aufeinanderfolgen → aufeinander folgen; auseinandersetzen → auseinander setzen.
- その他：
    schlechtgelaunt → schlecht gelaunt; untenerwähnt → unten erwähnt.
    soviel (接続詞以外で), wieviel → so viel, wie viel.

(3) ハイフンの挿入　数字で書かれた数はすべての複合語において語の他の部分からハイフンによって離される：8-Ender (Achtender), 5-prozentig (fünfprozentig).

IV.　句読法　—省略—

V.　つづりの分け方　(巻末の付録も参照)

(1) 語頭にある1個の母音も分けることができる：
    a-ber; O-fen, U-fer.

(2) ck について
    ck はもはや k-k と書き改められることなく，ch, sch と同様1個の子音字のように取り扱われる：
    Zu-cker (旧：Zuk-ker), tro-cken (旧：trok-ken).

(3) st について
    2個以上の子音字のうち最後の子音字だけが後続のつづりに属するという通則どおり，st も今後は分けられる：
    meis-tens, flüs-tern, Fens-ter.

(4) 複合語は従来どおりその構成要素の間で分綴されるが，元来は複合語であってもその意識が希薄になった語の場合には単一語と同じような分け方をすることができる：
    hi-nauf (hin-auf), ei-nan-der (ein-an-der), beo-bach-ten (be-ob-ach-ten), Pä-da-go-gik (Päd-ago-gik), pa-ral-lel (par-al-lel).

(5) 外来語で r 及び l との結合並びに gn と kn とは分かたれないという規則はもはや守らなくてもよい：
    Quad-rat (Qua-drat), möb-liert (mö-bliert), Mag-net (Ma-gnet), pyk-nisch (py-knisch).

あ

ああ〔感嘆〕O! / Oh! / Ach!〔肯定〕Ja! ～そうか Ah so! ～なるほど Ach ja!

ああ so. 彼は～言ったりこう言ったりする Er spricht einmal so, einmal so (bald so, bald so). ～言えばこう言う〔言い訳ばかり言う〕um eine Ausrede nie verlegen sein*; 〔理屈を言って譲らない〕immer das letzte Wort haben (behalten) wollen*.

ああいう solch (so) ein; [ein] solcher. ～きれいなりんご so (solch) schöne Äpfel pl.; solche schönen Äpfel pl. ～こと so etwas. ～ふうに so; auf solche Weise.

アーク～灯 die Bogenlampe -n.

アーケード〔拱廊(きょうろう)〕Arkaden pl.; der Bogengang (Laubengang) -[e]s, -e;〔有蓋の商店街の街路〕die Passage -n. ～街で買い物をする in der Passage ein|kaufen.

アース〔接地〕die Erdung;〔接地線〕die Erde -n; die Erdleitung -en. ～を付ける et. erden.

アーチ〔迫持(せりもち)〕der Bogen -s, -. ～形の bogenförmig; gewölbt. ～形に架かる〔橋などが〕sich wölben 《über 4格》. ～橋 die Bogenbrücke.

アーチェリー das Bogenschießen -s.

アート die bildende (schöne) Kunst ⁼e. ～ディレクター der Artdirector -s, -s. ～紙 das Kunstdruckpapier -s.

アーメン Amen!

アーモンド die Mandel -n.

アール das (der) Ar -s, -e (記号: a). 3～ drei Ar.

アールエッチ～因子 der Rhesusfaktor (Rh-Faktor) -s.

あい 愛 die Liebe. 祖国への～ die Liebe zum Vaterland. 愛のまなざし der Liebesblick. ～の告白 das Liebesgeständnis. ～の巣 das Liebesnest.

あい 藍 der (das) Indigo -s. ～色の indigoblau; dunkelblau.

あいあいがさ 相合傘で行く unter einem Schirm gehen*(s).

あいいく 愛育する hegen und pflegen.

あいいれない 相容れない unvereinbar sein* 《mit 3格》; widersprechen* 《3格》.

あいいん 愛飲する gern trinken*.

あいえんか 愛煙家 ¶彼は～だ Er raucht gern.

あいか 哀歌 die Elegie -n; das Klagelied -[e]s, -er.

あいかぎ 合鍵 der Nachschlüssel -s, -.

あいかわらず 相変らず wie immer; 〔依然として〕immer noch; noch immer; nach wie vor. 彼は～親切だ Er ist unverändert freundlich.

あいがん 哀願する zu jm. flehen 《um 4格》; jn. flehentlich bitten* 《um 4格》.

あいがん 愛玩・する gern haben*; lieben. ～動物 das Haustier.

あいきどう 合気道 das Aikido [aɪˈkiːdo] -[s].

あいきゃく 相客 anderer Gast -es, ⁼e.

あいきょう 愛嬌 die Liebenswürdigkeit -en; der Charme -s; die Anmut. ～のある liebenswürdig; charmant; anmutig. 彼女はどのお客にも～をふりまいていた Zu jedem Gast zeigte sie sich liebenswürdig. 男は度胸, 女は～ Ein Mann soll Mut beweisen, eine Frau Liebenswürdigkeit.

あいきょうしん 愛郷心 die Heimatliebe.

あいくち 匕首 der Dolch -es, -e; das Stilett -s, -e.

あいくるしい 愛くるしい → 愛らしい.

あいけん 愛犬 js. geliebter Hund -es, -e.

あいこ ¶これで～だ Nun sind wir quitt.

あいこ 愛顧 die Begünstigung -en. ～する begünstigen. 或る人の～を受ける bei jm. in Gunst stehen*. 相変らず御～を願います Bleiben Sie uns gewogen!

あいご 愛護・する hegen und schützen. 動物～ der Tierschutz. 動物～協会 der Tierschutzverein.

あいこう 愛好・する lieben; lieb haben*. 音楽を～する Musik lieben; ein Musikfreund (ein Freund der Musik) sein*. 芸術～家 der Liebhaber der Kunst; der Kunstliebhaber.

あいこく 愛国[心] die Vaterlandsliebe; der Patriotismus -. ～的 patriotisch. ～者 der Patriot. ～的である patriotisch sein*.

あいことば 合言葉 das Kennwort -[e]s, ⁼er; die Losung -en; die Parole -n.

アイコノスコープ das Ikonoskop -s, -e.

アイコン〔電算〕das Icon [ˈaɪkən] -s, -s.

あいさい 愛妻 js. geliebte Frau -en. ～家 zärtlicher Ehemann.

あいさつ 挨拶 der Gruß -es, ⁼e; die Begrüßung -en. ～する jn. [be]grüßen. ～を交わす mit jm. Grüße wechseln. 一場の～を述べる eine Ansprache halten*. ～回りをする jm. Höflichkeitsbesuche ab|statten.

あいじ 愛児 js. geliebtes Kind -es, -er.

アイシーユー〔集中治療室〕die Intensiv[pflege]station -en.

アイシャドー ～をつける den Lidschatten auf|tragen*.

あいしゅう 哀愁 die Traurigkeit; die Wehmut. ～を帯びた traurig; wehmütig. ～を覚える sich traurig fühlen.

あいしょう 相性 ¶彼等は～がよい Sie passen gut zusammen. / Sie haben die gleiche Wellenlänge.

あいしょう 愛称 der Kosename -ns, -n.

あいしょう 愛唱・する gern singen*. ～歌

あいしょう das Lieblingslied.
あいしょう 愛誦する gern rezitieren.
あいじょう 愛情 die Liebe 《zu 3 格》.　～の深い liebevoll.　～のない lieblos.　～のこもった言葉 zärtliche Worte pl.
あいじん 愛人 der (die) Geliebte#; das Liebchen -s, -.
アイス ～クリーム das Eis; die Eiscreme.　～コーヒー der Kaffee mit Eiswürfeln.　～ボックス der Eisschrank.　～スケート das Schlittschuhlaufen.　～スケート. ～バーン die Eisbahn.　～ホッケー das Eishockey.
あいず 合図 das Zeichen -s, -; der Wink -[e]s, -e; das Signal -s, -e.　～する winken; jm. ein Zeichen (einen Wink) geben*.　～の笛(らっぱ)を吹く ein Signal blasen*.
アイスランド Island.　～の isländisch.　～人 der Isländer.
あいする 愛する lieben; lieb haben*.
あいせき 相席する mit jm. einen Tisch teilen.
アイゼン das [Steig]eisen -s, -.
あいそ 愛想・のよい freundlich; zuvorkommend; entgegenkommend; kulant.　彼は～よく答えた Er erwiderte in zuvorkommender Weise.　～のよい(悪い)商人 ein kulanter (inkulanter) Kaufmann.　お～を言う jm. Komplimente machen.　～笑いをする ein falsches Lächeln auf|setzen.　あいつにはもう～が尽きた Jetzt ist meine Geduld mit ihm aber zu Ende!　今に彼女に～を尽かされるよ Du wirst schon noch ihre Liebe verlieren.　お～[勘定]願います！ Bitte zahlen!
あいぞう 愛憎 Liebe und Hass.　～半ばする感情 die Hassliebe.
アイソトープ das Isotop -s, -e.
あいた あ痛! Au! / O weh!
あいた 開(明・空)いた → 開く.
あいた 愛他 → 利他主義.
あいだ 間 [距離] die Entfernung -en; [時間] der Zeitraum -[e]s, -e; [間柄] das Verhältnis -ses, -se.　3 メートルの～を置いて in einem Abstand von 3 Metern.　～に入る [仲裁する] sich ins Mittel legen.　君と私の～に zwischen dir und mir.　彼と彼の父との～に坐る sich zwischen ihn und seinen Vater setzen.　私の書類の～にこの手紙がまじっていた Unter meinen Papieren fand sich dieser Brief.　儲けを4人の～で分ける den Gewinn unter 4 Personen teilen.　6時と7時の～に zwischen 6 und 7 Uhr.　その～に in der Zwischenzeit; indessen.　しばらくの～ eine Weile.　3日の～ 3 Tage lang.　戦争の～ während des Krieges; während der Krieg dauert.　私の生きている～は Solange ich noch lebe, ...
あいたい 相対・している jm. (einander) gegen-über|stehen*.　～ずくで [合意で] mit gegenseitiger Zustimmung; [差し向かいで] unter vier Augen.
あいだがら 間柄 das Verhältnis -ses, -se; die Beziehung -en.　彼女とはどういう～ですか In welchem Verhältnis stehen Sie zu ihr?

君僕の～である mit jm. auf [dem] Duzfuß (auf Du und Du) stehen*.
あいちゃく 愛着 die Anhänglichkeit 《an 4 格》.　～する hängen* 《an 3 格》.　彼はその町に～を感じていた Er hing an der Stadt.
あいちょう 哀調を帯びた elegisch; wehmütig.
あいつ der (die; das); er (sie; es).
あいついで 相次いで hintereinander; nacheinander; einer nach den andern.　災が～起った Ein Unglück folgte auf das andere.
あいづち 相槌を打つ zustimmend nicken.
あいて 相手 [敵方] der Gegner -s, -; der Gegenspieler -s, -; [仲間] der Genosse -n, -n; der Kamerad -en, -en.　遊び～ der Mitspieler; der Gespiele.　相談～ der Ratgeber.　話し～ der Gesellschafter.　一方～ der Gegner.　～役 der Partner.　お～をする jm. Gesellschaft leisten; jn. unterhalten*.　或る人を～取って訴訟を起す einen Prozess gegen jn. führen.　あんな男にはもう～にしない Ich will mit ihm nichts mehr zu tun haben.　彼なら～にとって不足はない Er ist ein mir ebenbürtiger Gegner.　彼は私の～にならない Er kommt mir nicht gleich.　彼女は申し分のない結婚～だ Sie ist eine gute Partie.
アイデア die Idee -n; der Einfall -s, ⸚e.　それはいい～だ Das ist eine gute Idee.　彼は～マンだ Er ist einfallsreich.
あいでし 相弟子 der Mitschüler -s, -.
アイデンティティー die Identität.
あいとう 哀悼の意を表する jm. sein Beileid bezeigen (aus|sprechen*); jm. kondolieren.
あいどく 愛読・する gern lesen*.　～書 das Lieblingsbuch.　～者[層] der Leserkreis.　私は朝日の～者だ Ich lese die Asahi[zeitung] grundsätzlich.
アイドリング der Leerlauf -[e]s.
アイドル das Idol -s, -e.　若者の～になる zum Idol der Jugend werden*(s).
あいにく 生憎 leider; unglücklicherweise.　～の unglücklich; ungelegen.
アイヌ der Ainu -[s], -[s].
あいのこ 合の子 der Mischling -s, -e.
あいのて 合の手 [zustimmende] Zwischenrufe pl.; [間奏] das Zwischenspiel -s, -e.
あいのり 相乗り・する mit|fahren*(s).　自転車の～は禁じられている Es ist verboten, zu zweit auf einem Rad zu fahren.
アイバンク die Augenbank -en.
あいはんする 相反する sich widersprechen*.
あいびき 逢引 das Rendezvous -, -; das Stelldichein -[s], -[s].　～する ein [heimliches] Rendezvous mit jm. haben*.
あいぶ 愛撫 die Liebkosung -en.　～する liebkosen; hätscheln.
あいふだ 合札 die [Gegen]marke -n.
あいべや 相部屋になる mit jm. das Zimmer teilen.
あいぼ 愛慕 die Sehnsucht ⸚e 《nach 3 格》; sehnende Liebe.　～する sich sehnen 《nach 3 格》; lieben.

あいぼう 相棒 der Kamerad -en, -en; der Kumpan -s, -e; der Partner -s, -.
あいま 合間 die Zwischenzeit -en; die Pause -n. ~に in der Zwischenzeit. 仕事の~に in den Arbeitspausen.
あいまい 曖昧・な undeutlich; unbestimmt; vage; zweideutig. 彼は~な態度をとった Er hat sich nicht festgelegt. ~屋 das Bordell.
あいまって 相俟って ¶~ in Verbindung 《mit 3格》
あいみたがい 相身互である sich³ gegenseitig Hilfe leisten sollen*.
あいよう 愛用・する gern benutzen (gebrauchen). ~のカメラ js. Lieblingskamera.
あいよく 愛欲 sinnliche Begierden pl.; sinnliche Leidenschaften pl.
あいらしい 愛らしい lieb; hold; süß; nett; niedlich.
アイリス die Iris -.
アイルランド Irland. ~の irländisch. ~人 der Irländer.
あいろ 隘路 der Engpass -es, ⸚e. 生産の~ Engpässe in der Erzeugung.
アイロニー die Ironie. → 皮肉;反語.
アイロン die Bügeleisen -s, -; 〔頭髪用〕die Brennschere -n. ~台 das Bügelbrett. ~をかける et. bügeln. 髪に~をかける sich³ das Haar brennen*.
あいわ 哀話 traurige (rührende) Geschichte -n.
あう 合う 〔一つになる〕sich vereinigen; 〔ぴったりする〕passen《zu 3格; für (auf) 4格》;〔相応する〕entsprechen*《3格》;〔一致する〕übereinstimmen《mit 3格》. 助け~ sich³ gegenseitig helfen*; einander helfen*. 靴がぴったり足に~ Die Schuhe passen gut. その鍵はこの錠に合いますか Passt der Schlüssel zu diesem Schloss? / Ist das der richtige Schlüssel für dieses Schloss? 気候に合った着物を着なければならない Man muss eine dem Klima entsprechende Kleidung tragen. それは私の趣味に合わない Das ist nicht nach meinem Geschmack. この報告は以前のと合わない Dieser Bericht stimmt nicht mit einem früheren überein. 二人の視線が合った Ihre Blicke begegneten sich. 計算が合っている Die Rechnung stimmt. 時計が合っている Die Uhr geht richtig. この仕事は〔割りが〕合わない Die Arbeit ist nicht lohnend.
あう 会(遇・逢)う jn. sehen*;〔出会う〕jn. treffen*; jm. begegnen (s). 雨に~ vom Regen überrascht werden*(s受). 反対に~ [bei jm.] auf Widerstand stoßen*(s). きょう劇場で~事にしよう Wir wollen uns heute im Theater treffen (verabreden). ご主人にお会いできましょうか Ist der Herr zu sprechen? 彼は災難に遭った Ihm ist ein Unglück zugestoßen (begegnet). / Er hat einen Unfall gehabt (erlitten). あの女にはひどい目に会った Ich habe schlechte Erfahrungen mit ihr gemacht.

アウタルキー die Autarkie -n.
アウトサイダー der Außenseiter (Outsider) -s, -.
アウトプット der (das) Output -s, -s; die Ausgabe -n. ~する aus|geben*.
アウトライン ~を述べる et. in Umrissen dar|stellen.
あえぐ 喘ぐ keuchen; schwer atmen. 喘ぎ喘ぎ mit keuchendem Atem. 彼は重荷に喘いだ Er keuchte schwer unter seiner Last.
あえて 敢えて・する wagen; sich³ erlauben. 私は~言う Ich wage zu sagen, dass … …しても~驚くには当たらない Man braucht sich nicht sehr zu wundern, wenn …
あえない 敢えない最期を遂げる einen elenden (tragischen) Tod sterben*(s).
あえる 和える et. an|machen《mit 3格》.
あえん 亜鉛 das Zink -(記号: Zn). ~の zinken. ~凸版 die Zinkätzung. ~華 das Zinkweiß. ~華軟膏 die Zinksalbe. ~鉱 das Zinkerz.
あお 青 das Blau -s;〔緑〕das Grün -s.
あおあお 青青とした grün; grünend.
あおい 葵 die Malve -n.
あおい 青い blau;〔緑色の〕grün;〔青白い〕blass; bleich. ~顔をしている blass aus|sehen*.
あおいきといき 青息吐息・だ in großer Not sein*; sehr leiden*《unter 3格》.
あおぐ 仰ぐ auf|sehen* (empor|blicken)《zu 3格》;〔尊敬する〕verehren. 天を~ zum (gen) Himmel [auf|]blicken. 師を~ jn. als seinen Lehrer achten. 助力を~ jn. um Hilfe bitten*. 毒を~ Gift nehmen*.
あおぐ 扇ぐ fächeln. 扇子で~ sich mit einem Fächer fächeln. 扇いで風を送る jm. Luft zu|fächeln (wedeln).
あおくさい 青臭い nach Gras riechend;《比》grün; unerfahren.
あおさぎ 青鷺 der Reiher -s, -.
あおざめる 青ざめる blass (bleich) werden*(s); erblassen (s); erbleichen (s).
あおじゃしん 青写真 die Blaupause -n;《比》der Entwurf -s, ⸚e. ~をとる eine Blaupause machen《von 3格》.
あおじろい 青白い blass; bleich.
あおしんごう 青信号 grünes Licht -es, -er. ~で横断する bei Grün überqueren.
あおすじ 青筋を立てる Die Zorn[es]ader schwillt ihm an. / Vor Wut kocht er.
あおぞら 青空 blauer Himmel -s. ~教室 der Unterricht im Freien.
あおてんじょう 青天井・の下で unter freiem Himmel. 物価上昇は~だ Preissteigerungen sind ohne Grenzen.
あおな 青菜 das Blattgemüse -s, -. ~に塩に niedergeschlagen (deprimiert) sein*.
あおにさい 青二才 grüner Junge -n, -n; der Milchbart -[e]s, ⸚e; der Grünschnabel -s, ⸚.
あおば 青葉 grüne Blätter pl.; grünes Laub -[e]s.

あおびかり 青光り　青光りがする bläulich leuchten.
あおみ 青み　青みかった bläulich; grünlich.
あおみく 仰向く hoch|blicken; auf|blicken.
あおむけ 仰向け・に寝る sich auf den Rücken legen; auf den Rücken liegen*. ～に倒れる auf den Rücken (rücklings) fallen*(s). ～の姿勢 die Rückenlage.
あおむし 青虫 die Raupe -n.
あおもの 青物 [グリーンの]Gemüse -s, -; grüne Ware -n. ～市場 der Gemüsemarkt. ～商 der Gemüsehändler.
あおり 煽り der Stoß -es, ̈e; [影響] der Einfluss -es, ̈e. 爆風の～で durch den Explosionsdruck. 不景気の～を食う von der [Konjunktur]flaute ergriffen werden* (s受).
あおる 呷る [酒を] in einem Zug trinken*.
あおる 煽る an|fachen; [扇動する] jn. auf|hetzen (auf|stacheln) (zu 3格); jn. scharf machen (auf 4格); [馬を] an|spornen.
あか 赤 das Rot -s; [共産主義者の] der Rote＃. 彼は～にかぶれている Er war rot angehaucht. ～の他人の wildfremd; völlig fremd.
あか 垢 der Schmutz -es; [湯垢の] der Kesselstein -[e]s, -e. ～を落とす sich vom Schmutz reinigen. ～じみた schmutzig; beschmutzt.
あかあか 赤々と ganz rot; glutrot; feuerrot.
あかい 赤い rot. 赤くなる rot werden*(s); sich röten. 彼女は耳の付け根まで赤くなった Sie errötete (wurde rot) bis über die Ohren.
あかがい 赤貝 die Archenmuschel -n.
あかぎ 足掻きが取れない in der Klemme sein* (sitzen*).
あかぎれ 皸 die Schrunde -n; der Riss -es, -e. ～の切れた schrundig; rissig. 私は手に～ができた Die Hände sind mir aufgesprungen.
あがく 足掻く [馬が] [mit den Vorderfüßen] scharren (stampfen); [もがく] strampeln; zappeln; sich winden*; [あくせくする] sich ab|quälen.
あかぐろい 赤黒い dunkelrot; [暗褐色の] dunkelbraun.
あかげ 赤毛 rotes Haar -[e]s, -e. ～の rothaarig.
あかご 赤子 der Säugling -s, -e. それは彼にとって～の手をひねるようなものだ Das ist für ihn ein Kinderspiel.
あかざ 藜 der Gänsefuß -es, ̈e.
あかし 証 der Beweis -es, -e. 身の～を立てる seine Unschuld beweisen*.
あかじ 赤字 rote Zahlen pl.; das Defizit -s, -e; der Fehlbetrag -[e]s, ̈e. ～である in den roten Zahlen sein*. ～になる in die roten Zahlen kommen*(s). ～を出す ein Defizit haben*. ～を埋める ein Defizit decken.
アカシア die Akazie -n.
あかしお 赤潮 rotes Meerwasser -s.
あかしんごう 赤信号 rotes Licht -es, -er; [危険信号] das Notzeichen -s, -.
あかす 明かす ¶秘密を～ jm. ein Geheimnis an|vertrauen. 心中を～ sich jm. an|vertrauen (offenbaren). 手品の種を～ den Trick auf|decken. 夜を～ übernachten; → 夜明かし.
あかす 飽かす ¶金に飽かして ohne Rücksicht auf die Kosten. 暇に飽かして ohne auf die Zeit zu achten.
あかちゃん 赤ちゃん das Baby -s, -s.
あかつき 暁 die Morgendämmerung; das Morgengrauen -s. ～に bei Morgengrauen (Tagesanbruch). 成功の～には Wenn (Falls) ich damit Erfolg haben sollte, …
あがったり 上がったり ¶商売が～だ Die Geschäfte stehen still. / Der Handel stockt.
あかつち 赤土 rote Erde; roter Ton -s.
アカデミー die Akademie -n.
アカデミック ～な akademisch.
あかてん 赤点 ～をもらう die Note „ungenügend" bekommen*.
あかでんしゃ 赤電車 der Lumpensammler -s, -.
あがない 贖い die Sühne -n. → つぐない.
あがなう 贖う ～つぐなう. 死をもって罪を～ sein Verbrechen mit dem Tode sühnen.
あがなう 購う erkaufen.
あかぬけ 垢抜けした gepflegt; flott; schick.
あかね 茜 [植] der Krapp -s. ～色の krapprot.
あかはじ 赤恥をかく sich lächerlich machen.
あかはた 赤旗 die Fahne -n.
あかはだか 赤裸の ganz nackt; splitternackt.
あかぼう 赤帽 der Gepäckträger -s, -.
あかまつ 赤松 rote Kiefer -n.
あかみ 赤み die Röte. ～がかった rötlich. ～を帯びる rötlich werden*(s).
あかみ 赤身 [木材の] das Kernholz -es, ̈er; [肉の] das Magerfleisch -es.
あがめる 崇める ehren; verehren.
あからがお 赤ら顔 rötliches Gesicht -es, -er.
あからさま ～な offen; nackt. ～に言うと offen (aufrichtig) gesagt. → 露骨.
あからめる 赤らめる ¶恥ずかしさに顔を～ vor Scham erröten (s).
あかり 明り das Licht -es, -er. ～をつける das Licht an|machen (ein|schalten). ～を消す das Licht aus|machen (aus|schalten).
あがり 上がり [利益; 収穫] der Ertrag -[e]s, ̈e. 物価の～下がり das Steigen und Fallen der Preise. 階段を降りる die Treppe hinauf- und hinunter|gehen*(s). 役人～の男 ein Mann, der einst Beamter war. 雨～の庭 der Garten nach einem Regenfall.
あかりとり 明り取り das Oberlicht -[e]s, -er; die Luke -n.
あがる 上がる steigen*(s); [俸給などが] erhöht werden*(s受); [仕事が] fertig sein*; [叫び声が] sich erheben*; [犯人が] verhaftet werden*(s受); [落ち着きを失う] Lampenfieber haben*; aufgeregt sein*. 階段を～ die Treppe hinauf|steigen*(s). 空に～ in die Luft steigen*(s). 陸に～ ans Land kommen*(s). 学校に～ in die Schule kommen*(s). 日(幕)が～ Die Sonne (Der Vorhang) geht auf.

物価が～ Die Preise steigen. 温度が4度上がった Die Temperatur ist um 4 Grad gestiegen. 名声大いに～ Sein Ansehen ist sehr gestiegen. 彼は地位が上がった Er ist im Rang erhöht worden. 雨が～ Es hört auf zu regnen. それは1000円で～だろう Dafür werden 1 000 Yen ausreichen. 家作から月30万円～ Meine Häuser bringen mir monatlich 300 000 Yen. どうぞ沢山お上がりください Essen Sie bitte tüchtig!

あかるい 明るい hell;〔快活な〕heiter;〔通暁している〕bewandert sein*《in 3格》. ～顔(気質) heiteres Gesicht (Gemüt). ～所で見ると Licht besehen. ～うちに Bevor es dunkel wird, ... 彼はこの土地に～ Er weiß hier Bescheid.

あかるみ 明るみ helle Stelle -n; das Licht -es. ～に出す et. ans Licht (an den Tag) bringen*. ～に出る ans Licht (an den Tag) kommen*(s).

あかんたい 亜寒帯 die Subpolarzone -n. ～の subpolar.

あかんぼう 赤ん坊 das Baby -s, -s; der Säugling -s, -e.

あき 秋 der Herbst -es, -e. ～に im Herbst. ～になる Es wird Herbst. / Es herbstet. ～の (らしい) herbstlich. ～休み Herbstferien pl.

あき 明(空)き freier Raum -[e]s, ¨e; der Zwischenraum -[e]s, ¨e;〔座席の〕freier (unbesetzter) Platz -es, ¨e;〔地位の〕offene (unbesetzte) Stelle -n. ～時間 freie Zeit.

あきが来る überdrüssig werden*(s)《2格; 4格》.

あきあき 飽き飽き・する et. (jn.) satt haben* (sein*);〔überdrüssig sein*》. 彼は～していた Es war ihm sehr langweilig.

あきかぜ 秋風 der Herbstwind -[e]s, -e.

あきぐち 秋口 der Herbstanfang -s.

あきさめ 秋雨 der Herbstregen -s, -. ～前線 die Herbstregenfront.

あきす 空き巣・狙う der Einschleichdieb -es, -e. ～にやられた Man ist in unserer Abwesenheit eingebrochen.

あきたりない 飽き足りない unzufrieden sein*《mit 3格》. 彼の仕事には～点が多い Er lässt in seiner Arbeit vieles zu wünschen übrig.

あきち 空き地 freier Raum -es, ¨e; unbebautes Grundstück -s, -e.

あきっぽい 飽きっぽい・性格の人 unbeständiger (veränderlicher) Charakter -s, -e. 彼は仕事に～ Er hat keine Ausdauer bei der Arbeit.

あきない 商い der Handel -s; das Geschäft -s, -e.

あきなう 商う handeln (Handel treiben*)《mit 3格》.

あきばれ 秋晴れ schönes Herbstwetter -s; heiterer Herbsttag -[e]s, -e.

あきま 空き間 ¶お宅に～はありませんか Haben Sie nicht ein Zimmer frei (ein Zimmer zu vermieten)?

あきめくら 明き盲〔文language〕der Analphabet -en, -en.

あきや 空き家 unbewohntes Haus -es, ¨er; leer stehende Wohnung -en.

あきらか 明らか・な(に) klar; deutlich; offenbar; offensichtlich; unverkennbar. 月の～な夜 mondhelle Nacht. ～にする klar machen; deutlich machen;〔確認する〕feststellen;〔調べる〕untersuchen;〔挙げる〕angeben*. おのずと～である Das versteht sich von selbst. これらすべての事柄から…～になる Aus alledem ergibt sich, dass ...

あきらめ 諦め der Verzicht -[e]s, -e; die Resignation. 彼は～がいい Er kann gut verzichten.

あきらめる 諦める verzichten《auf 4格》; resignieren;〔失われたものとして〕verloren geben*. この旅行を～ことは私にはつらい Der Verzicht auf diese Reise fällt mir schwer. 運命と～ et. als schicksalhaft hin|nehmen*.

あきる 飽きる überdrüssig (müde) werden*(s)《2格; 4格》; satt bekommen*《4格》. 見～ sich satt sehen*《an 3格》.

アキレス ～腱 die Achillessehne -n.

あきれる 呆れる verblüfft sein*. 呆れた値段 unverschämter Preis. 呆れた奴だ Was für ein Kerl! 彼女は呆れて物も言えなかった Sie war so verblüfft, dass sie kein Wort hervorbrachte. あいつの厚かましいのには呆れ返る Ich bin über seine Unverschämtheit ganz empört.

あきんど 商人 der Kaufmann -[e]s, ..leute.

あく 悪 das Böse#; das Übel -s, -. ～に報いるに善をもってする Böses mit Gutem vergelten*.

あく 開く sich öffnen; auf|gehen*(s);〔明(空)く〕leer (frei) werden*(s). 手が空いている frei (unbeschäftigt) sein*. 開いている窓 offenes Fenster. 戸(幕)が～ Die Tür (Der Vorhang) geht auf. デパートは10時に～ Die Warenhäuser werden um 10 Uhr geöffnet. 郵便局は8時から20時まで開いている Die Post ist (steht) von 8 bis 20 Uhr offen. もう空いている時間がない Ich habe keine Stunde mehr frei. この席は空いていますか Ist dieser Platz frei? この家はもうひと月前から空いている Diese Wohnung steht schon seit einem Monat leer. あのポストはまだ空いている Dieser Posten ist noch unbesetzt. 開いた口が塞がらない Mund und Nase auf|sperren; wie auf den Mund geschlagen sein*.

あく 飽くことのない unersättlich.

あく 灰汁〔洗剤・漂白用〕die Lauge -n;〔煮汁などの〕der Abschaum -s. ～を抜く et. aus|laugen. ～をすくう den Abschaum ab|schöpfen. ～の抜けた → 垢抜け. ～の強い人 stark eigenwillige Person.

アクアラング das Tauchgerät -s, -e.

あくい 悪意 die Bosheit. ～のある boshaft; böswillig. ～のない harmlos; arglos. ～をもって böswillig; in böser Absicht. ～をいだく

あくうん 悪運 ¶彼は～が強い Er hat unverschämtes Glück.
あくえき 悪疫 die Seuche -n; die Epidemie -n.
あくかんじょう 悪感情を抱く jm. übel gesinnt sein*; jm. übel wollen*.
あくぎゃく 悪逆無道な verrucht; gottlos.
あくじ 悪事 böse (üble) Tat -en; die Übeltat -en; die Missetat -en. ～を働く eine böse Tat (ein Verbrechen) begehen*. ～千里を走る Böse Nachrichten verbreiten sich blitzschnell.
あくしつ 悪質の〔たちの悪い〕böse; bösartig; 〔品質が悪い〕von schlechter Qualität.
アクシデント der Zwischenfall -s, ̈e.
あくしゅ 握手 der Händedruck -[e]s, ̈e. ～で迎える jn. mit Händedruck begrüßen. ～する jm. die Hand geben* (drücken; schütteln).
あくしゅう 悪臭 übler Geruch -s, ̈e; der Gestank -s. ～のある übel riechend; stinkend. ～を放つ stinken*.
あくしゅう 悪習 üble Gewohnheit -en; das Laster -s, -; 〔悪風習〕schlechter Brauch -es, ̈e. ～を断つ mit übler Gewohnheit brechen*.
あくしゅみ 悪趣味 schlechter Geschmack -s, ̈e. ～の geschmacklos; geschmackswidrig.
あくじゅんかん 悪循環 der Teufelskreis -es, -e. ～に陥る in einen Teufelskreis geraten*(s). 物価と賃金の～ die Preis-Lohn-Spirale.
アクション〔行動〕die Aktion -en. ～を起す in Aktion treten*(s). ～映画 der Actionfilm ['ækʃən...].
あくしん 悪心を起す auf unrechte Gedanken kommen*(s).
あくせい 悪性だ bösartig; maligne. ～の風邪 bösartige Erkältung. ～腫瘍 maligne Geschwulst. ～貧血 perniziöse Anämie.
あくせい 悪政 schlechte Regierung -en; die Missregierung -en. ～を行う schlecht regieren (verwalten).
あくせく 齷齪・する sich ab|quälen 《mit 3 格》. ～働く schuften.
アクセサリー das Zubehör -s, -e; 〔装飾品〕der Schmuck -[e]s; Accessoires pl.
アクセス 〔電算〕der Zugriff -[e]s, -e. ～する zu|greifen*《auf 4 格》.
アクセル das Gaspedal -s, -e; der Akzelerator -s, -en. ～を踏む(離す) Gas geben* (weg|nehmen*).
あくせん 悪銭身につかず Wie gewonnen, so zerronnen. / Unrecht Gut gedeihet nicht.
あくせんくとう 悪戦苦闘する einen schweren Kampf kämpfen.
アクセント der Akzent -s, -e; die Betonung -en. ～のある betont. ～を置く et. betonen (akzentuieren).
あくた 芥 →ごみ.
あくたい 悪態をつく fluchen 《auf 4 格》.
あくたれ 悪たれ die Lausbüberei -en. ～小僧 der Lausbub; der Lausejunge. ～口をたたく jm. Gehässigkeiten sagen.
あくたれる 悪たれる Mutwillen treiben*; unartig sein*.
あくてんこう 悪天候 schlechtes Wetter -s. ～を冒して trotz des schlechten Wetters.
あくどい 〔色が〕grell; 〔味が〕schwer; 〔度を越した〕übertrieben; 〔不快な〕widerlich; 〔悪質の〕bösartig.
あくとう 悪党 der Bösewicht -[e]s, -er (-e); der Schurke -n, -n.
あくどう 悪童 der Lausbub -en, -en; kleiner Schelm -s, -e.
あくとく 悪徳 das Laster -s, -. ～商人 unredlicher Kaufmann.
あくにん 悪人 schlechter Mensch -en, -en; der Bösewicht -[e]s, -er (-e).
あくび 欠伸・する gähnen. ～を噛み殺す ein Gähnen unterdrücken. ～は移る Gähnen steckt an.
あくひつ 悪筆である eine schlechte Handschrift haben*; eine schlechte Hand schreiben*.
あくひょう 悪評を買う in Verruf kommen*. (geraten*)(s); ungünstig beurteilt werden*(s 受); scharf kritisiert werden*(s受). ～の高い berüchtigt.
あくびょうどう 悪平等 die Gleichmacherei -en. ～の gleichmacherisch.
あくぶん 悪文 ¶彼は～家だ Er schreibt einen schlechten Stil.
あくへい 悪弊 schlechte Sitte -n; das Übel -s, -.
あくへき 悪癖 schlechte [An]gewohnheit -en.
あくま 悪魔 der Teufel -s, -; der Satan -s, -e; böser Geist -es, -er. ～のような teuflisch; satanisch.
あくまで 飽くまで〔頑強に〕beharrlich; hartnäckig; 〔徹頭徹尾〕durch und durch; durchaus.
あくむ 悪夢・を見る einen bösen Traum haben*. ～にうなされる Alpdrücken haben*. ～から覚める 〔比〕aus seinem Wahn erwachen (s); [wieder] zur Besinnung kommen* (s).
あくめい 悪名 schlechter (übler) Ruf -es. ～の高い berüchtigt.
あくやく 悪役 der Intrigant -en, -en.
あくゆう 悪友 schlechter Freund -es, -e.
あくよう 悪用 der Missbrauch -[e]s, ̈e. ～する missbrauchen; missbräuchlich verwenden(*).
あぐら 胡座をかく im Schneidersitz sitzen*.
あくらつ 悪辣な niederträchtig; heimtückisch.
あくりょう 悪霊 böser Geist -es, -er; böser

Dämon -s, -en. ～に取りつかれる vom bösen Geist besessen sein*.

あくりょく 握力 die Kraft des Griffs. ～計 das Handdynamometer.

アクリル〔繊維〕das Acryl -s;〔樹脂〕das Acrylharz -es.

あくる 明くる・朝に am nächsten (folgenden) Morgen. その～日 am Tag darauf.

あくれい 悪例を残す ein schlechtes Beispiel [ab]geben*.

アグレマン das Agrément -s, -s.

アクロバット die Akrobatik;〔人〕der Akrobat -en, -en. ～の akrobatisch.

あけ 朱に染まって blutgetränkt.

あけ 明け・の明星 der Morgenstern -s; → 金星. 休み～の国会 die Session (Sitzungsperiode) des Parlaments nach den Ferien. 昨日梅雨～宣言がでた Gestern hat offiziell die Regenzeit geendet.

あげ 揚げ〔着物の〕der Einschlag -[e]s, ⸚e; die Falte -, -n. ～をする ein Kleid ein|schlagen*. ～を降ろす eine Falte herunter|lassen*.

あげあし 揚げ足をとる jn. auf einem Fehler ertappen.

あげおろし 上げ下ろし Heben und Senken;〔荷物の〕Auf- und Abladen.

あけがた 明け方・に bei Tagesanbruch; beim Morgengrauen. ～まで bis zum Tagesanbruch (Morgengrauen).

あげく 挙句 ¶激しい口論の～ nach heftigem Wortstreit. さんざん家を探した～ Nachdem ich das Haus lange gesucht hatte, ～の果てに彼は子供までなくした Es kam so weit, dass er auch noch sein Kind verlor.

あけくれ 明け暮れ Tag und Nacht. 彼は研究に～している Er ist Tag und Nacht mit dem Studium beschäftigt.

あげしお 上げ潮 die Flut -en. ～になる Die Flut kommt (steigt).

あけすけ ～に frank und frei; freiheraus.

あけっぱなし 開けっ放し・にする offen lassen*. ～の人 offener Mensch.

あげて 挙げて ¶全力を～ mit aller (voller) Kraft. 国を～喜ぶ Das ganze Land freut sich.

あけてもくれても 明けても暮れても tagaus, tagein.

あげはちょう 揚羽蝶 der Ritter -s, -; der Schwalbenschwanz -es, ⸚e.

あけはなつ 開け放つ sperrangelweit öffnen. 戸が開け放たれている Die Tür steht sperrangelweit offen.

あけぼの 曙 die Morgendämmerung.

あげまく 揚幕 der Vorhang -s, ⸚e.

あげもの 揚げ物 im schwimmenden Öl Ausgebackenes#.

あける 明ける ¶夜が～ Der Tag bricht an. 梅雨が～ Die Regenzeit geht zu Ende. 年が～ Das neue Jahr beginnt. 明けましておめでとう Prosit Neujahr!

あける 開(明)ける öffnen; auf|machen;〔空にす

る〕[aus|]leeren. 店を～ den Laden öffnen. 本を～ ein Buch auf|schlagen*. バケツの水を～ das Wasser aus dem Eimer aus|gießen*; den Wassereimer aus|schütten. 家を～〔留守にする〕nicht zu Hause sein*; aus|bleiben* (s);〔明け渡す〕das Haus räumen. 板に穴を～ ein Loch in (durch) das Brett bohren. 机と机の間を～ zwischen den Tischen Raum lassen*. 席を～ jm. (für jn.) Platz machen. 2行空けて書く mit zwei Zeilen Abstand schreiben*. 1時間体を空けられますか Können Sie sich für eine Stunde freimachen?

あげる 上(揚・挙)げる heben*; erheben*;〔帆・幕などを〕auf|ziehen*;〔価格・賃金・スピードなどを〕erhöhen; steigern;〔与える〕spenden;〔吐く〕sich erbrechen*;〔揚げ物にする〕im schwimmenden Öl aus|backen*⁰. 本を棚に～ ein Buch auf das Regal stellen (legen). 陸に～ ans Land bringen*. 子供を学校に～ ein Kind in die Schule schicken. 歓声を～ ein jubelndes Geschrei erheben* (aus|stoßen*). 地位を～ im Rang erhöhen. 名を～ sich³ einen Namen machen. 結婚式を～ Hochzeit feiern (halten*). 兵を～ zu den Waffen greifen*. 例を～ ein Beispiel an|führen. 出典(理由)を～ Quellen (einen Grund) an|geben*. 証拠を～ einen Beweis liefern. 犯人を～ den Verbrecher verhaften. 一男一女を～ einen Sohn und eine Tochter bekommen*. 会長に～ jn. zum Vorsitzenden ernennen*. 上に挙げた作品 die oben erwähnten Werke.

あけわたす 明け渡す räumen. 敵に城を～ dem Feind die Festung übergeben*.

あご 顎 das Kinn -s, -e. 上(下)～ der Oberkiefer (Unterkiefer). ～を出す erledigt (völlig erschöpft) sein*. ～が干上がる nichts zu leben haben*; am Hungertuch nagen. ～で使う herum|kommandieren. ～ひげ der Kinnbart. ～ひも der Kinnriemen.

アコーディオン das Akkordeon -s, -s; die Ziehharmonika -s (..ken). ～ドア die Falttür.

あこがれ 憧れ die Sehnsucht ⸚e (nach 3格). ～を抱く(感ずる) Sehnsucht haben* (empfinden*). ～に満ちた voller Sehnsucht; sehnsüchtig.

あこがれる 憧れる sich sehnen 《nach 3格》; sich hingezogen fühlen 《zu 3格》.

あごや ～な unmenschlich; grausam.

あこやがい 阿古屋貝 die Perlmuschel -n.

あさ 麻 der Hanf -s. ～[製]の hanfen; hänfen. ～の実 der Hanfsamen. ～糸 das Hanfgarn. ～縄 das Hanfseil. ～布 das Hanfleinen.

あさ 朝 der Morgen -s, -. ～に am Morgen; morgens. ～早く früh am Morgen; frühmorgens. ～6時に um 6 [Uhr] morgens. 昨日の～ gestern Morgen. 明日の～ morgen früh. 火曜日の～に am Dienstagmorgen. ～から晩まで vom Morgen bis zum Abend. ～に

なる Es wird Morgen. / Der Morgen bricht an.
～の空気 die Morgenluft.
あざ 痣〔生来の〕das Muttermal -s, -e;〔打ち身の〕blauer Fleck -s, -e.
あさい 浅い seicht; nicht tief;〔容器などが〕flach;〔傷・眠りが〕leicht. 流れが～ Der Fluss ist seicht. ～皿 flacher Teller. 考えの～人 oberflächlicher Mensch. 経験が～ wenig erfahren sein*《in 3格》. 彼女と知り合ってからまだ日が～ Es ist noch nicht lange her, dass ich sie kennen gelernt habe.
あさおき 朝起き das Frühaufstehen -s. ～の人 der Frühaufsteher. ～は三文の徳 Morgenstunde hat Gold im Munde.
あさがお 朝顔 die Winde -n.
あさぎ 浅葱 lichtblau.
あさぎり 朝霧 der Morgennebel (Frühnebel) -s.
あさぐろい 浅黒い bräunlich; dunkel[farbig].
あざけり 嘲り der Spott -es; der Hohn -[e]s.
あざける 嘲る spotten《über 4格》; verspotten; verhöhnen; [seinen] Spott treiben*《mit 3格》.
あさざけ 朝酒 der Frühschoppen -s, -.
あさせ 浅瀬 die Untiefe -n; die Furt -en. ～に乗り上げる auf [den] Grund geraten*(s). ～を渡る eine Furt durchschreiten*.
あさって 明後日 übermorgen.
あさっぱら 朝っぱらから [so] früh am Morgen; in aller Herrgottsfrühe.
あさつゆ 朝露 der Morgentau -s.
あさで 浅手 leichte Wunde -n. ～を負う leicht verwundet werden*(s受).
あさね 朝寝・る bis in den Tag hinein schlafen*. 彼は～坊だ Er ist ein Langschläfer.
あさはか 浅はか seicht; oberflächlich;〔無思慮な〕gedankenlos; unbesonnen;〔愚かな〕einfältig; töricht.
あさばん 朝晩 morgens und abends.
あさひ 朝日 die Morgensonne; aufgehende Sonne. ～が昇る Die Sonne geht auf.
あさましい 浅ましい〔恥ずべき〕schändlich;〔卑劣な〕gemein;〔みじめな〕elend.
あざみ 薊 die Distel -n.
あさみどり 浅緑 hellgrün.
あざむく 欺く täuschen; betrügen*. 欺いて金を奪う jm. um sein Geld betrügen*.
あさめし 朝飯 das Frühstück -[e]s, -e. ～を食べる frühstücken. そんな事は～前だ Das ist keine Kunst.
あざやか 鮮やか klar; deutlich; hell;〔生き生きした〕frisch; lebhaft;〔見事な〕glänzend; herrlich.
あさやけ 朝焼け das Morgenrot -s.
あさゆう 朝夕 → 朝晩.
あざらし 海豹 der Seehund -[e]s, -e; die Robbe -n.
あさる 漁る ¶ 餌を～ Futter suchen. 古本を～ nach antiquarischen Büchern suchen.
アザレア die Azalee (Azalea) -n.

あざわらう 嘲笑う Hohn lachen《über 4格》; verhöhnen.
あし 足 der Fuß -es, ⸚e;〔脚〕das Bein -es, -e;〔犬・猫などの、特に前足〕die Pfote -n. 机の～ das Tischbein. 3本～の dreibeinig. ～の裏 die [Fuß]sohle. ～の甲 der Fußrücken; der Spann. ～の指 die [Fuß]zehe. ～が痛む Fußschmerzen haben*. ～が達者だ gut zu Fuß sein*. ～が早い(遅い) einen schnellen (langsamen) Schritt haben*. ～を早める seine Schritte beschleunigen. いかがわしい商店から～を洗う aus einem zweifelhaften Geschäft aus|steigen*(s). ～を奪われる der öffentlichen Verkehrsmittel beraubt werden*(s受). 料具～を取られた Meine Füße (Beine) versagten mir den Dienst. ～を引っ張る jm. ein Bein stellen; jm. [einen] Knüppel zwischen die Beine werfen*. 質入れした時計から～がついた Durch die verpfändete Uhr kam man dem Verbrecher auf die Spur. ～が出る Die Ausgaben überschreiten die Kostenanschläge.

あし 脚

1 太股(ふと) der Oberschenkel
2 膝 das Knie
3 脛(すね) der Unterschenkel
4 足の甲 der Fußrücken
5 親指 die große Zehe
6 くるぶし der Knöchel
7 かかと die Ferse
8 足 der Fuß
9 脚 das Bein
10 ひかがみ die Kniekehle
11 ふくらはぎ die Wade
12 足の裏 die [Fuß]sohle

あし 葦 das Schilf -s, -e; das [Schilf]rohr -[e]s, -e.
あじ 味 der Geschmack -s, ⸚e. ～のよい wohlschmeckend; schmackhaft. 或る物の～がする nach et.3 schmecken. ～が変る〔酸っぱくなる〕sauer werden*(s);〔気が抜ける〕schal werden*(s). ～を付ける et. würzen《mit 3格》. ～を見る et. kosten (probieren). ～を盛る Geschmack finden*《an 3格》. 彼は貧乏の～を知らない Er weiß nicht, was Armut ist. ～を占める auf den Geschmack kommen*(s). ～な geistreich. ～のある言葉 tiefsinnige Worte pl. ～のない geschmacklos; fade. そのワインの～は如何ですか Wie schmeckt Ihnen der Wein? それは苦い～がする Das schmeckt bitter.
アジ ～演説 die Hetzrede -n. ～テーター der Aufhetzer -s, -; der Agitator -s, -en.
アジア Asien. ～の asiatisch. ～人 der Asiat.
あしあと 足跡 die [Fuß]spur -en; Fußstapfen pl. ～をたどる js. Spur verfolgen.
あしおと 足音・を立てて mit lauten Schritten. ～を忍ばせて auf leisen Sohlen. ～がする Ich höre Schritte. 春の～が聞える Man spürt

den Frühling herankommen.
あしか 海驢 der Seelöwe -n, -n.
あしがかり 足掛かり der Halt -s; die Stütze -n.
あしかけ 足掛け ¶知り合ってから～3年になる Es ist das dritte Jahr, dass wir uns kennen.
あしかせ 足枷 Fußfesseln pl.
あしがため 足固め〔準備〕die Vorbereitung -en. 〜をする er|vor|bereiten; Vorbereitungen treffen 《auf (für) 4格》.
あしからず 悪しからず Nichts für ungut! 〜お許しください Ich bitte Sie vielmals um Verzeihung.
あしくび 足首 die Fessel -n.
あしげ 足蹴 der Fußtritt -[e]s, -e. 〜にする jm. einen Fußtritt geben* (versetzen). 彼は感謝されるどころか〜にされるような仕打ちを受けた An Stelle von Dank bekam er Fußtritte.
あしげ 葦毛の馬 der Schimmel -s, -.
あじけない 味気ない freudlos; trostlos. 〜生活 ein ödes Leben.
あしこし 足腰が立たない lendenlahm sein*.
あじさい 紫陽花 die Hortensie -n.
あしざま 悪し様に言う etwas Schlechtes sagen《über 4格》; schlecht machen.
あししげく 足繁く訪れる öfter besuchen; frequentieren.
アシスタント der Assistent -en, -en; der Gehilfe -n, -n.
あしずり 足摺りする mit den Füßen scharren;〔地だんだ踏む〕mit dem Fuß stampfen; trampeln.
あした 明日 morgen. 〜の朝(晩) morgen früh (Abend). その〜 am folgenden Morgen.
あしだい 足代 das Fahrgeld -[e]s.
あしだまり 足溜まり der Stützpunkt -[e]s, -e.
あしつき 足つき die Gangart -en; der Gang -es; der Schritt -es.
あしてまとい 足手纏いになる jm. (für jn.) ein Klotz am Bein sein*; jm. zur Last fallen*(s).
アジト das Versteck -s, -e.
あしどめ 足留めを食う unter Hausarrest stehen*.
あしどり 足取り der Schritt -es, -e;〔犯人などの〕die Spur -en. 〜も軽く leichten Fußes; mit leichten Schritten. 或る人の〜が分からなくなる js. Spur[en] verlieren*. 犯人の〜がまだ分からない Man ist dem Verbrecher noch nicht auf die Spur gekommen.
あしなみ 足並み・を揃える mit jm. Schritt halten*. 〜が乱れる aus dem Tritt kommen*(s). 今年の春闘では私鉄組合は〜を揃えてストに突入した Bei der diesjährigen Frühlingsoffensive haben die Gewerkschaften der Privatbahnen alle an einem Strick gezogen und sind gleich in [den] Streik getreten.
あしならし 足慣らしをする sich im Gehen (Wandern) üben.
あしば 足場 das Gerüst -[e]s, -e. → 足掛かり. 〜を組む ein Gerüst errichten. 〜を固める festen Fuß fassen. 〜のよい〔交通の便利な〕verkehrsgünstig gelegen.
あしはや 足早・な schnellfüßig. 〜に mit schnellen Schritten; schnell.
あしびょうし 足拍子をとる den Takt mit dem Fuß treten*.
あしぶみ 足踏み・する auf der Stelle treten*(s);〘比〙nicht von der Stelle kommen*(s); still|stehen*. 彼の家に二度と〜しない Ich werde sein Haus nicht wieder betreten.
あしもと 足下・に zu js. Füßen. 〜にひれ伏す jm. zu Füßen fallen*(s); sich jm. zu Füßen werfen*. 〜が危ない unsicher auf den Beinen stehen*. 〜につけ込む(を見る) js. Schwäche aus|nutzen. 〜にも及ばない jm. weit hinter jm. zurück|stehen*《in 3格》.
あしゅら 阿修羅の如く wie ein Berserker.
あしより 足弱である schlecht zu Fuß sein*.
あしらい〔扱い〕die Behandlung -en;〔応接〕die Aufnahme; der Empfang -s. 客〜のよい gastfreundlich.
あしらう behandeln; auf|nehmen*; empfangen*. 鼻で〜 die Nase rümpfen《über 4格》. 肉に青みを〜 Fleisch mit etwas Grünem garnieren.
アジる agitieren; auf|wiegeln; auf|hetzen.
あじわう 味わう kosten; probieren;〔玩味する〕genießen*;〔経験する〕erfahren*. 〜べき〔含蓄のある〕sinnreich.
あす 明日 → あした.
あずかり 預かり ¶この勝負は〜 Das Spiel soll unentschieden bleiben. 手荷物〜所(証) die Gepäckaufbewahrung (der Gepäckschein). 携帯品〜所(札) die Garderobe (die Garderobenmarke).
あずかる 与る teil|nehmen*《an 3格》; sich beteiligen《an 3格》. 利益の分け前に〜 Anteil am Gewinn haben*. 与って大いに力がある viel bei|tragen*《zu 3格》; großen Anteil haben*《an 3格》. それは私の与り知らぬことです Damit habe ich nichts zu tun.
あずかる 預かる〔物を〕auf|bewahren; in Verwahrung haben*;〔人を〕sich js. an|nehmen*; jn. in seine Obhut nehmen*;〔勝負を〕unentschieden lassen*;〔喧嘩を〕bei|legen. 名前はしばらく預かっておく Den Namen werde ich einstweilen unbenannt lassen.
あずき 小豆 die Azuki-Bohne -n.
あずける 預ける an|vertrauen; in Verwahrung haben*. 金を銀行に〜 Geld bei der Bank deponieren (hinterlegen). 息子を金田氏に〜 seinen Sohn Herrn Kaneda an|vertrauen. 手荷物を〜〔預かり所で〕das Handgepäck in Aufbewahrung ab|geben*.
アスター die Aster -n.
アストラカン〔毛皮〕der Astrachan -s, -s.
アスパラガス der Spargel -s, -.
アスピリン das Aspirin -s. 〜錠 die Aspirintablette.
アスファルト der Asphalt -s, -e. 〜で舗装す

アスベスト

る asphaltieren. ～道路 die Asphaltstraße.

アスベスト der Asbest -s, -e.

あずまや 四阿 die [Garten]laube -n.

あせ 汗 der Schweiß -es. ～をかく schwitzen; in Schweiß kommen*(geraten*) (s). ～を拭(ﾌ)く sich³ den Schweiß ab|wischen. ～ばんだ schweißig. ～みどろの schweißbedeckt; schweißtriefend. 額に～して働く im Schweiße seines Angesichts arbeiten. 手に～を握って in atemloser Spannung. 私は～びっしょりになった Ich war [wie] in Schweiß gebadet. 彼は額に玉の～を浮かべていた Auf seiner Stirn standen dicke Schweißperlen. それは彼の～の結晶だ Das sind die Früchte seines Schweißes. 彼は～かきだ Er schwitzt leicht. 彼の衣服は～臭かった Seine Kleider rochen nach Schweiß.

あぜ 畦 der [Feld]rain -[e]s, -e. ～道を行く auf einem Rain gehen*(s).

アセチレン das Acetylen -s. ～ガス das Acetylengas.

アセテート das Acetat -s, -e.

アセトン das Aceton -s.

あせも 汗疹 das Schweißbläschen -s, -.

あせる 焦る ¶勝ちを～ zu sehr auf den Sieg bedacht sein*. 焦って ungeduldig. 焦らずに機会を待つ die Gelegenheit ruhig (geduldig) ab|warten.

あせる 褪せる verbleichen*(); verblassen(). 色褪せた verblichen; verblasst; verschossen.

あぜん 啞然・として verblüfft; verdutzt. ～とする verblüfft sein*《von 3 格》; sprachlos sein*《über 4 格》. 彼女の返事に私たちは～とした Ihre Antwort verblüffte uns.

あそこ 彼処・に dort; drüben. ～の dortig. ～の家 das Haus dort. ～の上に dort oben. ～から dorther. ～へ dorthin.

あそび 遊び das Spiel -s, -e; [娯楽] die Vergnügung -en; [放蕩] die Ausschweifung -en. ～に行く spielen gehen*(s); aus|gehen* (s); [行楽に] einen Ausflug machen《nach 3 格》; [訪問に] jn. besuchen. ～好きの vergnügungssüchtig. ～半分の spielerisch. それは私にとって～ごとではない Das ist keine Spielerei für mich! ～道具 das Spielzeug. ～仲間 der Spielgefährte; der Mitspieler. ～人 der Nichtsnutz; der Playboy; [放蕩者] liederlicher Mensch. ～場 der Spielplatz.

あそぶ 遊ぶ spielen; [楽しむ] sich vergnügen 《mit (an) 3 格》; [のらくらする] müßig sein* (leben); [行楽に出る] einen Ausflug machen 《nach 3 格》. カルタ(テニス)をして～ Karten (Tennis) spielen. 人形で～ mit Puppen spielen. 遊び暮らす seine Zeit verspielen. 遊び疲れる sich müde spielen. 遊んでいる資本 müßiges Kapital. 機械が遊んでいる Die Maschine ist nicht in Betrieb.

あだ 仇 der Feind -es, -e. ～をする jm. Schaden zu|fügen. ～を討つ〔或る人の〕jn. rächen; 〔或る人に〕sich an jm. rächen. 恩を～で返す Wohltat mit Undank vergelten*.

あだ 徒・になる vergebens (umsonst) sein*. ～やおろそかに思わない nicht gering schätzen (missbrauchen).

アダージョ das Adagio -s, -s. ～で adagio.

あたい 値〔値段〕der Preis -es, -e; 〔価値; 数値〕der Wert -es, -e. 賞讃に～する Lob verdienen; des Lobes würdig sein*. 1000円に～する 1000 Yen wert sein*. この発明は千金の～がある Diese Erfindung ist Gold wert.

あだうち 仇討ち die Rache. ～をする Rache an jm. nehmen*《für 4 格》. → 仇.

あたえる 与える geben*; 〔授ける〕verleihen; erteilen. 賞を～ jm. den Preis geben*(zu|erkennen*). 称号を～ jm. einen Titel verleihen*. ～命令を～ jm. einen Befehl erteilen. 便宜を～ jm. Erleichterungen gewähren. 職を～ jm. Arbeit verschaffen. 喜びを～ jm. Freude bereiten (spenden). 損害を～ jm. Schaden bringen*. 問題を～ jm. eine Aufgabe stellen. 私に与えられた待遇 die mir zuteil gewordene Behandlung. 難民に衣類と食糧が与えられた Die Flüchtlinge wurden mit Kleidern und Nahrungsmitteln versehen.

あたかも 恰も als ob (wenn); ganz wie; 〔言わば〕gleichsam; 〔ちょうど〕gerade. 日ざしが暖かで～春のようだった Die Sonne schien so warm, als ob es Frühling wäre. 彼は～乞食のような格好をしていた Er sah genau wie ein Bettler aus. 時～よし gerade zur rechten Zeit.

あたたか(温)か・い warm. ～さ die Wärme. ここはとても～い Hier ist es sehr warm. 今日はなんて～いんだろう Ist das heute eine Wärme! ～い食事をとる warm (etwas Warmes) essen*. ～い色 warme Farbe. ～い言葉 warme Worte *pl*. 心の～い人 warmherziger Mensch. ～く迎える jn. mit Wärme empfangen*. 彼は懐が～い Er ist gut bei Kasse.

あたたまる 暖(温)まる sich wärmen; warm werden*(s). 火に当って～ sich am Feuer wärmen. この部屋はすぐ～ Das Zimmer heizt sich gut. お茶を飲むと体が～ Der Tee wärmt.

あたためる 暖(温)める [er]wärmen. 手を～ sich³ die Hände wärmen. 部屋を～ das Zimmer heizen. 料理を～ Speisen auf|wärmen. 旧交を～ mit jm. Bekanntschaft erneuern.

あだっぽい 婀娜っぽい kokett.

あだな 渾名 der Spitzname -ns, -n. ～をつける jm. einen Spitznamen geben*.

あだばな 徒花 taube Blüte -n.

あたふた ～と in großer Eile; hastig.

アダプター der Adapter -s, -.

あたま 頭 der Kopf -es, ¨e; das Haupt -es, ¨er; 〔先端〕die Spitze -n; 〔頭髪〕das Haar -[e]s, -e. ～のてっぺんから足の先まで von Kopf bis Fuß; vom Scheitel bis zur Sohle. ～が上がらない sich vor jm. klein fühlen.

がいい Kopf (Köpfchen) haben*; ein [guter] Kopf sein*. ～が痛い Kopfschmerzen haben*. ～が下がる *jn. (et.)* bewundern. ～が低い demütig sein*. ～から〔初めから〕von Anfang an; von vornherein; 〔全然〕ganz und gar; durchaus. ～く来る aus der Haut fahren*(*s*). ～に入れておく im Kopf behalten*. ～を上げる den Kopf heben*. ～を抱える sich³ den Kopf fassen (greifen*). ～を掻く sich hinter den Ohren kratzen. ～を刈ってもらう sich³ die Haare schneiden lassen*. 彼は～を下げて挨拶した Er neigte den Kopf zum Gruß. ～を垂れる den Haupt senken; den Kopf hängen lassen*. ～を垂れて gesenkten Hauptes; mit gesenktem Haupt. ～を使う nach|denken*. ～を悩ます sich³ den Kopf zerbrechen* (über 4格). ～をはねる うわまえ. ～を横(縦)に振る den Kopf schütteln (mit dem Kopf nicken). ～を分ける das Haar scheiteln.

あたまうち 頭打ちになる die Höchstgrenze (das Maximum) erreichen.

あたまかず 頭数 die Kopfzahl *-en*. ～を揃える die erforderliche Personenzahl zusammen|bringen*.

あたまかぶ 頭株 der [An]führer *-s, -*; der Häuptling *-s, -e*.

あたまきん 頭金 die Anzahlung *-en*. 価格の3割の～を払う 30 Prozent Preises an|zahlen. 車の～を払う eine Anzahlung auf einen Wagen machen.

あたまごし 頭越しに über *js.* Kopf hinweg.

あたまごなし 頭ごなしに schonungslos; hart.

あたまでっかち 頭でっかちの großköpfig; 〔組織的〕kopflastig.

あたまわり 頭割り der Anteil pro Kopf. ～で pro (je) Kopf. ～にして 2500 円になる Es kommen auf den Kopf 2 500 Yen.

アダム Adam ～とイブ Adam und Eva.

あたら leider; zu meinem Bedauern. ～有能な人を失った Schade um diesen tüchtigen Menschen!

あたらしい 新しい neu; 〔新鮮な〕frisch; 〔モダンな〕modern; neumodisch. ～出来事 die Neuigkeit. 何か～事がありますか Was gibt's Neues? 新しく neu; aufs Neue; von neuem. 新しくする erneuern. 新しさ die Neuheit; die Frische.

あたらしがりや 新しがり屋 der Modenarr *-en, -en*.

あたり 辺り ¶この～に in dieser Gegend; hier herum. どこかの～に irgendwo in der Nähe. 銀座～は in der Gegend von Ginza. ～構わず ohne Rücksicht auf die anderen. ～を見回す herum|sehen*. 来週～ um die nächste Woche herum. 来年～ etwa im nächsten Jahr.

あたり 当り ¶1個～ pro Stück. 一人～ pro Kopf; 一頭割り. 犯人の～がつく dem Verbrecher auf die Spur kommen*(*s*). ～外れ Erfolg und Misserfolg; Glück und Unglück.

あたりくじ 当り籤 der Treffer *-s, -*; das Gewinnlos *-es, -e*. ～を引く einen Treffer machen.

あたりさわり 当り障り・のない harmlos; unanstößig. ～のない返事をする eine unverbindliche Antwort geben*.

あたりちらす 当り散らす seinen Ärger (Zorn) an anderen aus|lassen*.

あたりどし 当り年 gutes (glückliches) Jahr *-es, -e*. 果物の～ gutes Obstjahr.

あたりまえ 当り前の 〔自然の〕natürlich; 〔自明な〕selbstverständlich; 〔正当な〕gerecht; 〔普通の〕gewöhnlich; üblich. 彼が罰せられたのは～だ Er wurde mit Recht bestraft.

あたりやく 当り役 beliebte (erfolgreiche) Rolle *-n*.

あたる 当る 〔ぶつかる〕stoßen*(*s*) 《gegen 4格》; 〔触れる〕*et.* berühren; 〔命中する〕*et.* treffen*; 〔成功する〕Erfolg (Glück) haben*; 〔対応する〕entsprechen* (3格). 雨が窓に～ Der Regen schlägt ans Fenster. 縁側に日が～ Die Sonnenlicht fällt auf die Veranda. この家は日が当らない Das Haus hat keine Sonne. 的に～ das Ziel treffen. 弾に～ von einer Kugel getroffen werden* (*s受*). その非難は当らない Der Vorwurf trifft mich nicht. あなたの言われる事は部分的に当っているだけだ Was Sie sagen, trifft nur zum Teil zu. 私の予感が当った Meine Ahnungen trafen ein. 彼は籤に当った Das Los fiel auf ihn. 日に～ sich sonnen. 火に～ sich am Feuer wärmen. 任に～ *et.* übernehmen*. 敵に～ dem Feind entgegen|treten*(*s*). 人につらく～ *jn.* hart behandeln. 辞書に～ im Wörterbuch nach|schlagen*. 原本に～ mit dem Original vergleichen*. 値段を～ *jn.* nach dem Preis fragen. この時に当り zu dieser Zeit. 東京の北に～ nördlich von Tokyo gelegen sein*. 1ユーロはおよそ 135 円に～ Ein Euro gilt etwa 135 Yen. ドイツ語にはこの言葉に～語がない Dies Wort hat keine Entsprechung im Deutschen. 彼の結婚式は金曜日に～ Seine Hochzeit fällt auf einen Freitag. 彼は君の何に～のか In welcher Beziehung steht er zu dir? 彼はきのこに当った Er hat sich an Pilzen vergiftet. それは驚くに当らない Man braucht sich darüber nicht zu wundern.

アダルト der (die) Erwachsene*. ～ビデオ ein Videofilm für Erwachsene.

あたん 亜炭 der Lignit *-s, -e*; die Braunkohle *-n*.

アチーブメント・テスト der Leistungstest *-s, -s (-e)*.

あちこち hie[r] und da; hier und dort. ～から von überall; von (aus) nah und fern. ～見回す umher|blicken; seine Blicke umherschweifen lassen*. ～旅行する umher|reisen (*s*).

あちら ～に dort; da drüben. ～へ dorthin. …の～側に jenseits 《2格》. ～の山 der Berg dort; jener Berg.　～はどなたですか Wer ist der Herr dort?

あっ O[h]! / Mein Gott! / Ei!　～という間に im (in einem) Nu; ruck, zuck.　～と言わせる *jn.* verblüffen; *jn.* in Erstaunen setzen.

あつい 厚い dick.　情が～ liebevoll sein*; ein warmes Herz haben*.　厚く礼を述べる *jm.* herzlich danken《für 4格》.

あつい 暑い heiß; sehr warm.　～夏 heißer Sommer.　今日はとても～ Es ist heute sehr heiß.

あつい 熱い heiß.　～コーヒー heißer Kaffee.　～涙 heiße Tränen *pl.*　女に熱くなる in Liebe für eine Frau erglühen (s).

あついた 厚板 die Bohle *-n*; die Planke *-n*.　～を張る *et.* bohlen.

あつえん 圧延 das Walzen *-s*.　～する walzen.　～機(工場) das Walzwerk.　～板 das Walzblech.

あっか 悪化する schlimmer (schlechter) werden*(s); sich verschlimmern (verschlechtern).

あっか 悪貨は良貨を駆逐する Das schlechte Geld verdrängt das gute.

あつかい 扱い die Behandlung *-en*;〔操作〕die Handhabung *-en*.

あつかう 扱う behandeln; handhaben.　友人として～ *jn.* als Freund behandeln.　機械を正しく～ eine Maschine sachgemäß behandeln (handhaben).　事務を～ die Geschäfte führen.　その本で彼は失業問題を扱っている In dem Buch behandelt er Probleme der Arbeitslosigkeit.　彼は扱いにくい男だ Mit ihm ist schwer umzugehen.　その商品はうちでは扱っておりません Die Ware führen wir nicht.

あつかましい 厚かましい frech; unverschämt; dreist.　～にも程があるど Das ist doch der Gipfel der Frechheit!

あつがみ 厚紙 die Pappe *-n*; der Karton *-s, -s*.

あつがり 暑がりである gegen Hitze empfindlich sein*.

あっかん 圧巻 der Clou *-s, -s*; der Grenzpunkt *-[e]s, -e*.

あっかん 悪漢 der Bösewicht *-[e]s, -er*; der Schuft *-es, -e*.

あつぎ 厚着する sich dick kleiden.

あつぎり 厚切り dicke Schnitte (Scheibe) *-n*.　～のパン eine dicke Scheibe Brot.　パンを～にする Brot in dicke Scheiben schneiden*.

あつくるしい 暑苦しい schwül; drückend (erstickend) heiß.

あっけ 呆気・ない unbefriedigend; enttäuschend; allzu kurz (schnell).　～に取られる höchst erstaunt (einfach sprachlos) sein*《über 4格》.　～に取られて vor Erstaunen; verdutzt.　～に取られた顔をする ein verblüfftes Gesicht machen.　休暇は～なく過ぎた Der Urlaub ist überraschend schnell vorübergegangen.

あつげしょう 厚化粧・する sich stark (dick) schminken.　～した stark geschminkt.

あっこう 悪口 die Beschimpfung *-en*; Schimpfreden *pl.*　～を言う *jn.* beschimpfen (schmähen).　～雑言(ぞうごん)を浴びせる *jn.* mit einer Flut von Schimpfwörtern überschütten.

あつさ 厚さ die Dicke.　1メートルの～ von einem Meter Dicke.　この壁は～が50センチある Diese Wand ist einen halben Meter dick.

あつさ 暑(熱)さ die Hitze.

あっさく 圧搾・する [zusammen|]pressen.　～空気 → 圧縮空気

あっさつ 圧殺する erdrücken; tot drücken.

あっさり ～した einfach; schlicht.　～と白状する offen gestehen*.　～片付ける(断る) kurz ab|tun* (ab|weisen*).　彼は～同意した Er hat ohne weiteres zugestimmt.　私は～した食べ物が好きだ Ich esse gern etwas Leichtes.

あっし 圧死する erdrückt werden*(s受).

あつじ 厚地 dicker Stoff *-[e]s, -e*.　～のカーテン ein Vorhang aus dickem Stoff.

あっしゅく 圧縮 die Kompression *-en*.　～する zusammen|drücken; verdichten; komprimieren.　～機 der Kompressor.　～空気 die Druckluft (Pressluft); komprimierte Luft.

アッシリア Assyrien.　～の assyrisch.　～人 der Assyr[i]er.

あっする 圧する drücken; pressen;〔圧倒する〕überwältigen.

あっせい 圧制 die Unterdrückung *-en*; die Gewaltherrschaft; die Tyrannei.　～に苦しむ unter *js.* Unterdrückung (Gewaltherrschaft) leiden*.　～者 der Unterdrücker; der Gewaltherrscher; der Tyrann.　～的 unterdrückerisch; gewaltsam; tyrannisch.

あっせん 斡旋 die Vermittlung *-en*.　石田氏の～で durch die Vermittlung von Herrn Ishida.　勤め口(住まい)を～する *jm.* eine Stellung (Wohnung) vermitteln.

あつで 厚手の dick.

あっとう 圧倒・する überwältigen.　～的な überwältigend.　～的多数 die überwältigende Mehrheit.　自然の美しさに私は～された Die Schönheit der Natur überwältigte mich.

アットホーム ～な gemütlich; familiär.

アッパーカット der Aufwärtshaken *-s, -*; der Uppercut *-s, -s*.

あっぱく 圧迫 der Druck *-es*.　～を加える auf *jn.* einen Druck aus|üben.　～する drücken;〔虐げる〕bedrücken.　敵を～する den Feind bedrängen.　言論の自由を～する die Redefreiheit einschränken.

あっぱれ 天晴・な vortrefflich; bewundernswert.　～～! Bravo! / Brav gemacht!

あっぷあっぷ ¶私たちは洪水のような仕事に～している Wir ertrinken in Arbeit.

アップツーデート ～な modern; aktuell.

アップリケ die Applikation[sstickerei] *-en*.

アップル・パイ der Apfelkuchen *-s, -*.

あつまり 集まり die Sammlung -*en*;〔会合〕die Versammlung -*en*; die Zusammenkunft ⸚*e*. ～の悪い会 eine schwach besuchte Versammlung.

あつまる 集まる zusammen|kommen*(*s*); sich sammeln; sich versammeln;〔集中する〕sich konzentrieren. 一同の視線が彼に集まった Aller Augen waren auf ihn gerichtet.

あつみ 厚み →厚さ.

あつめる 集める sammeln;〔人を〕versammeln;〔会費などを〕ein|sammeln;〔集中する〕*et.* konzentrieren (auf 4 格). 薪(切手)を～[Brenn]holz (Briefmarken) sammeln. 全校生徒を講堂に～ die Schülerschaft in der Aula versammeln.

あつらえ 誂え die Bestellung -*en*. ～の服 ein Anzug nach Maß. ～品 bestellte Ware. お～向きの雨が降った Der Regen kam wie bestellt. それは彼に～向きだ Das ist für ihn wie geschaffen (gemacht).

あつらえる 誂える [sich³] *et.* bei *jm.* bestellen. 服を～ einen Anzug anfertigen lassen*.

あつりょく 圧力 der Druck -*es*, ⸚*e*. ～を測る den Druck messen*. ～計 das Manometer; der Druckmesser; 或る人に～をかける auf *jn.* einen Druck aus|üben; *jn.* unter Druck setzen. 軍事的～ der militärische Druck. ～団体 die Pressuregroup.

あつれき 軋轢 die Reibung -*en*; Reibereien *pl.*; die Zwietracht. 私たちの間には～が絶えなかった Zwischen uns gab es ununterbrochen Reibungen.

あて 当て〔目当て〕das Ziel -[*e*]*s*, -*e*;〔見込〕die Aussicht -*en*. ～もなくさまよう ziellos herum|gehen*(*s*); ohne bestimmtes Ziel wandern (*s*). 就職の～がある Aussicht auf eine Anstellung haben*. ～がはずれる sich in seinen Erwartungen getäuscht sehen*. ～にする rechnen (auf 4 格; mit 3 格); sich verlassen* (auf 4 格). ～になる zuverlässig; sicher. 天気の～にならない Das Wetter ist veränderlich.

あて 宛 ¶田中君～の手紙 ein Brief an Herrn Tanaka. 一人～半ポンドの肉 ein halbes Pfund Fleisch pro Person. 卵は1個～20円です Die Eier kosten 20 Yen das Stück.

あてがう 宛がう zu|weisen*; zu|teilen. 子供におもちゃを～ die Kinder mit Spielzeugen versehen*. 受話器を耳に～ den Hörer ans Ohr halten*.

あてぎれ 当て切れ der Flicken -*s*, -. →継ぎ.

あてこすり 当てこすり die Anspielung -*en*《auf 4 格》. それは私に対する～のつもりなのか Soll das eine Anspielung auf mich sein?

あてこする 当てこする an|spielen (eine Anspielung machen)《auf 4 格》. 彼の発言は君を当てこすったものだ Seine Bemerkung war auf dich gemünzt.

あてこむ 当て込む rechnen《auf 4 格; mit 3 格》. 今年はおよそ 50 万人の観光客を当て込んでいる Man rechnet dieses Jahr mit etwa fünfhunderttausend Touristen.

あてさき 宛先 die Adresse -*n*. →宛名.

あてずっぽう 当てずっぽうに aufs Geratewohl; auf gut Glück.

あてつけ 当て付け die Anspielung -*en*《auf 4 格》. ～がましい事を言う eine anzügliche Bemerkung machen. ～がましさ die Anzüglichkeit.

あてつける 当て付ける an|spielen《auf 4 格》.

あてど 当てど・もなく ziellos; ohne bestimmtes Ziel. ～もない旅 eine Fahrt ins Blaue.

あてな 宛名 die Adresse -*n*(略: Adr.); die Anschrift -*en*. この手紙の～は間違っている Der Brief ist falsch adressiert.

アテネ Athen. ～の athenisch. ～人 der Athener.

アデノイド adenoide Wucherungen *pl.*

あてはずれ 当て外れ die Enttäuschung -*en*.

あてはまる 当て嵌まる zu|treffen*《für (auf) 4 格》; gelten*《von 3 格; für 3 格》;〔適用できる〕sich an|wenden lassen*《auf 4 格》;〔該当する〕fallen*(*s*)《unter 4 格》; entsprechen*(3 格). この規定は私の場合にぴったり～ Diese Verordnung trifft für (auf) meinen Fall genau zu. 彼について言われる事は彼の息子にも～ Was von ihm gilt, gilt auch von seinem Sohn. ゲーテの言葉がその場合に～ Da passt ein Wort von Goethe.

あてはめる 当て嵌める *et.* an|wenden*《auf 4 格》. 規則に当て嵌めて der Regel gemäß.

あでやか 艶やかな bezaubernd; entzückend; reizend.

あてる 当てる ¶馬に鞭を～ ein Pferd mit der Peitsche schlagen*. 矢を的に～ mit dem Pfeil das Ziel treffen*. 謎を～ ein Rätsel erraten*. 壁に耳を～ das Ohr an die Wand halten*. 指を口に～ den Finger auf den Mund legen. 杯を口に～ den Becher an|setzen. 着物に継ぎを～ einen Flicken auf ein Kleid auf|setzen. 光線(雨)に～ dem Licht (dem Regen) aus|setzen. 質問を～ eine Frage an *jn.* richten. 事業で～ bei seiner Unternehmung Glück haben*. 役を～ *jm.* eine Rolle zu|teilen. 金を或る事に～ Geld für *et.* an|wenden*. 或る人に宛てて手紙を書く *jm.* (an *jn.*) schreiben*.

あてレコ die Synchronisierung -*en*.

あと 後・で nachher; später[hin]. ～の〔後続の〕folgend;〔後者の〕letzter;〔残りの〕他の〕übrig; ander. …の〔時間的〕nach (3 格);〔空間的〕hinter (3 格). 彼が到着した～で nachdem er angekommen war; nach seiner Ankunft. ～へ nach hinten; rückwärts. ～1 週間すると in einer Woche. ～から[の] nachträglich. ～から～から einer nach dem andern; hintereinander. ～から来る kommen*(*s*). ～からついて行く *jm.* folgen (*s*); hinter *jm.* her|gehen*(*s*). ～になる zurück|bleiben*(*s*). 故郷を～にする seine Heimat verlassen*. ～を継ぐ *jm.* [im Amt]

あとを追う〔追跡する〕jn. verfolgen; 〔死ぬ〕jm. bald nach|folgen (s). 夕食の~で舞踏会が催された Auf das Abendessen folgte ein Ball. ~の祭に遅すぎた. もう~へは引けない Es gibt kein Zurück mehr.

あと 跡 die Spur -en. ~をくらます seine Spuren verwischen; sich davon|machen. ~を絶つ ausgerottet werden*(s受). ~をつけ る jm. nach|spüren; jm. folgen (s).

あとあし 後足 das Hinterbein -[e]s, -e. ~で立つ sich auf die Hinterbeine stellen; 〔馬が〕 nach|schlagen*.

あとあじ 後味 ~が悪い [bei jm.] einen unangenehmen Nachgeschmack hinterlassen*.

あとあと 後後 ~の事を考える für die Zukunft sorgen.

あとおし 後押しをする〔車の〕et. schieben*; 〔後援する〕jm. unterstützen; nach|helfen* 《3格》.

あとがき 後書 das Nachwort -[e]s, -e. 或る本の~を書く das Nachwort zu einem Buch schreiben*.

あとかた 跡形 ~もない spurlos. ~もなく消える spurlos verschwinden*(s).

あとかたづけ 後片付けをする et. wieder in Ordnung bringen*. 食卓の~をする den Tisch (das Geschirr vom Tisch) ab|räumen.

あとがま 後釜 der Nachfolger -s, -.

あとくされ 後くされがないように um zukünftigen Ärger zu vermeiden; damit man später keine Unannehmlichkeiten bekommt.

あとくち 後口 → 後味.

あどけない unschuldig; unbefangen; harmlos; naiv; kindlich.

あとさき 後先・構わずに unbesonnen; unüberlegt; leichtsinnig. 話が~になりましたが Das hätte ich zuerst sagen sollen, aber …

あとざん 後産 die Nachgeburt -en.

あとしまつ 後始末をする → 後片付け. 息子の借金の~をする die Schulden seines Sohnes begleichen*.

あとずさり 後ずさりする zurück|treten*(s).

あとつぎ 跡継ぎ〔相続人〕der Erbe -n, -n; 〔後継者〕der Nachfolger -s, -.

あとづける 跡づける 《彼の思想を~ seinem Gedankengang nach|gehen*(s).

あととり 跡取り der Erbe -n, -n.

あとばらい 後払い die Nachzahlung -en; die Postnumeration -en. ~で per (als, unter) Nachnahme. ~する nach|zahlen; nachträglich (postnumerando) zahlen.

アド・バルーン der Reklameballon -s, -s (-e). ~を上げる《比》einen Versuchsballon steigen lassen*.

あとまわし 後回しにする et. auf später verschieben*.

あとめ 跡目を継ぐ jm. [im Amt] nach[|]folgen (s).

あともどり 後戻りする um|kehren (s); zurück|gehen*(s).

アトラクション die Attraktion -en.

アト・ランダム ~に wahllos; willkürlich; stichprobenweise.

アトリエ das Atelier -s, -s; die Werkstatt -″en.

アドリブ ~で aus dem Stegreif.

アドレス die Adresse -n. ~ブック das Adressbuch.

アドレナリン das Adrenalin -s.

あな 穴 das Loch -es, ″er; die Grube -n; die Höhle -n; 〔穴熊・狐などの〕der Bau -es, -e; 〔欠陥〕die Lücke -n; 〔欠損〕das Defizit -s, -e. ~をあける ein Loch bohren 《in 4格》. ~を掘る ein Loch graben*. ~のあくほど見つめる jm. mit seinen Blicken durchbohren; jm. mit durchbohrenden Blicken an|sehen*. 彼の知識は~だらけだ Sein Wissen hat viele Lücken. 100万円の~があく ein Defizit von einer Million Yen haben*. ~があったらはいりたいくらいだった Ich wäre am liebsten vor Scham in den Boden gesunken (in den Erdboden versunken). 人を呪わば~二つ Wer andern eine Grube gräbt, fällt selbst hinein.

アナーキスト der Anarchist -en, -en.

アナーキズム der Anarchismus -.

あなうま 穴馬 der Außenseiter -s, -.

あなうめ 穴埋めの Lückenbüßer -s, -. 欠損の~をする ein Defizit decken.

アナウンサー der Ansager -s, -.

アナウンス die Ansage -n. ~する an|sagen.

あながち …ない nicht immer; nicht ganz (durchaus).

あなぐま 穴熊 der Dachs -es, -e.

あなぐら 穴蔵 der Keller -s, -.

アナクロニズム der Anachronismus -, ..men.

あなご 穴子 der Meeraal (Seeaal) -s, -e.

あなた 貴方[・達] Sie. ~[達]の Ihr.

あなどる 侮る verachten; gering schätzen. 侮りがたい相手 nicht zu unterschätzender Gegner.

アナナス die Ananas -[se].

アナログ ~の analog. ~時計 die Analoguhr.

アナロジー die Analogie -n.

あに 兄 [älterer] Bruder -s, ″; 〔義兄〕der Schwager -s, ″. ~弟子 älterer Mitschüler. ~嫁 die Schwägerin.

アニメーション ~映画 der Zeichentrickfilm -s, -e.

アニリン das Anilin -s. ~色素(染料) die Anilinfarbe.

あね 姉 [ältere] Schwester -n; 〔義姉〕die Schwägerin -nen. ~婿 der Schwager.

あねったい 亜熱帯 Subtropen pl. ~の subtropisch.

アネモネ die Anemone -n.

あの jener; der. あそこの~男(女) jener Mann (jene Frau) dort. あの人は私の知らない人だ Den (Die) kenne ich nicht. 北ドイツ人に見られる~慎み深さ jene Zurückhaltung der Norddeutschen. ~頃 damals; um jene Zeit; in jenen Tagen. ~世で in jener Welt; jenseits des Grabes.

あのてこのて あの手この手・を使う Himmel und Hölle (Erde) in Bewegung setzen. ～で mit allen Mitteln.
アノラック der Anorak -s, -s.
アパート das Mietshaus -es, ̈er.
あばく 暴く〔秘密などを〕auf|decken; enthüllen; ans Licht bringen*. 或る人の正体が詐欺師であることを～ jn. als Betrüger entlarven. 墓を～ ein Grab auf|brechen*.
あばずれ freches (schamloses) Weib -es, -er.
あばた 痘痕 die Blatternarbe (Pockennarbe) -n. 　一面(ﾂﾗ)が blatternarbiges (pockennarbiges) Gesicht. ～もえくぼ Liebe macht blind.
あばら 肋・骨 die Rippe -n. ～の骨を折る sich³ eine Rippe brechen*.
あばらや あばら家 verfallenes (baufälliges) Haus -es, ̈er.
アパルトヘイト die Apartheid.
あばれる 暴れる sich wütend gebärden; toben; rasen. 暴れ込む wütend ein|brechen*(s). 馬が暴れだす〔物に驚いて〕Das Pferd wird wild. 暴れ者 wilder Mensch; der Raufbold.
アバンギャルド〔前衛派〕die Avantgarde -n;〔人〕der Avantgardist -en, -en. ～の avantgardistisch.
アバンチュール das [Liebes]abenteuer -s, -.
アピール der Appell -s, -e. ～する appellieren《an 4格》.
あひさん 亜砒酸 arsenige Säure.
あびせる 浴びせる ¶冷水を～ jm. kaltes Wasser über|gießen*. 非難(嘲笑)を～ jn. mit Vorwürfen (Spott und Hohn) überschütten.
あひる 家鴨 die Hausente -n.
あびる 浴びる ¶水(湯)を～ kalt (warm) baden; ein kaltes (warmes) Bad nehmen*. 非難(喝采)を～ mit Vorwürfen (Beifall) überschüttet werden*(s受). 朝日を浴びて im Schein der aufgehenden Sonne. 砲火を浴びている im Feuer stehen*.
あぶ 虻 die Bremse -n. 蜂取らずになる sich zwischen zwei Stühle setzen.
アフォリズム der Aphorismus -, ..men.
アフガニスタン Afghanistan. ～の afghanisch. ～人 der Afghane.
あぶく 泡 der Schaum -s, ̈e. ～銭 unverdientes Geld.
アブサン der Absinth -s, -e.
アブストラクト〔抽象芸術〕abstrakte Kunst.
アフターケア【医】die Nachbehandlung -en. 出獄者への～ die Entlassenenfürsorge.
アフターサービス der Kundendienst -[e]s.
アフターレコーディング die Synchronisierung -en.
アフタヌーン・ドレス das Nachmittagskleid -[e]s, -er.
アプト ～式鉄道 die Zahnradbahn -en.
あぶない 危ない gefährlich;〔気遣わしい〕bedenklich;〔不確かな〕unsicher. 氷の張った往来は滑って～ Die vereiste Straße ist gefährlich glatt. 病人の容体が～ Der Zustand des Kranken ist bedenklich. 彼の運転はまだ～ Er fährt noch unsicher. ～ところを助かる nur mit knapper Not davon|kommen*(s). ～橋を渡る eine Gratwanderung machen. ～目に合わせる jn. in Gefahr bringen*; jn. gefährden. 彼の命(首)が～ Sein Leben (Seine Stellung) ist gefährdet. 私はそのために随分～目に会った Ich habe mich dadurch sehr gefährdet.
あぶなく 危なく ¶彼は～溺れるところだった Er wäre beinahe (fast) ertrunken. / Er war nahe daran zu ertrinken. 彼は汽車に～間に合った Er erreichte den Zug gerade noch.
あぶなげ 危なげ・な unsicher. ～な足取りで mit unsicheren Schritten. ～ない sicher. 彼の手つきは～ない Er hat eine sichere Hand.
あぶなっかしい 危なっかしい ＝危ない. この子はまだ足もとが～ Das Kind ist noch unsicher auf den Füßen. 天気が～ Das Wetter sieht bedenklich aus.
アブノーマル ～な abnorm.
あぶみ 鐙 der Steigbügel -s, -.
あぶら 油・脂 das Öl -[e]s, -e. ～を絞る Öl pressen (schlagen*);〔比〕jm. einen gehörigen Verweis erteilen《wegen 2格》. 機械に～を差す eine Maschine ölen. 火に～を注ぐ Öl ins Feuer gießen*. ～を売る〔比〕die Zeit vertrödeln. ～で炒(ｲﾀ)める in Öl braten*. ～で揚げる [in Öl] aus|backen(*).
あぶら 脂 das Fett -es, -e; das Schmalz -es, -e. ～が乗る fett werden*(s);〔比〕im besten (gut im) Zuge sein*. 彼は今がいちばん～が乗りきった時だ Er ist jetzt auf der Höhe seines Lebens.
あぶらあせ 脂汗を流す Blut [und Wasser] schwitzen.
あぶらえ 油絵 das Ölgemälde -s, -. ～を描く in Öl malen.
あぶらえのぐ 油絵の具 die Ölfarbe -n.
あぶらかす 油粕 der Ölkuchen -s, -.
あぶらがみ 油紙 das Ölpapier -s, -e.
あぶらぎった 脂ぎった fettglänzend; fettig; fett.
あぶらけ 油気・のある ölig;〔脂気のある〕fett.〔脂肪の多い〕fett. ～のない髪 trockenes Haar.
あぶらさし 油差し die Schmierkanne -n.
あぶらじみた 油染みた schmierig; fettig.
あぶらしょう 油性の fettig; überfettet.
あぶらっこい 脂っこい fett; schmalzig.
あぶらな 油菜 der Raps -es, -e.
あぶらみ 脂身〔特に豚の〕der Speck -s.
あぶらむし 油虫 die Blattlaus ̈e;〔ごきぶり〕die Schabe -n.
ア・プリオリ a priori.
アフリカ Afrika. ～の afrikanisch. ～人 der Afrikaner.
あぶる 焙る braten*; rösten. 手を～ die Hände ans Feuer halten*; sich³ die Hände

アプレゲール　die Nachkriegsjugend.
あふれる　溢れる　über|fließen*(s); über|laufen*(s).　川の水が～　Der Fluss tritt über.　私の目に涙が～　Meine Augen fließen [von Tränen] über.　彼女の胸は喜びに～　Ihr Herz strömt vor Freude über.　聴衆が堂に溢れている　Der Saal ist von Zuhörern überfüllt.　彼の心は愛情に溢れている　Sein Herz ist voll von Liebe.
あぶれる　¶仕事に～　keine Arbeit bekommen* (finden*).
アプローチ　～する　heran|treten*(s) (an 4格).
あべこべ　～の(に) umgekehrt; verkehrt.　～の方向に行く　in die entgegengesetzte Richtung gehen*(s).　→さかさ.　仕事の手順が～である　den Aal beim Schwanz fassen.
アベック　das Paar -[e]s, -e; das Pärchen -s, -.　彼は～で出掛けた　Er ging mit seiner Freundin aus.
アベ・マリア　das Ave-Maria -[s], -[s].
アペリチフ　der Aperitif -s, -s.
あへん　阿片　das Opium -s.　～を吸う　Opium rauchen.　～吸飲者　der Opiumraucher.　～中毒　die Opiumsucht.　～戦争　der Opiumkrieg.
アポイントメント　～を取る　sich³ von jm. einen Termin geben lassen*.
あほう　阿呆　der Narr -en, -en.　→馬鹿.
あほうどり　信天翁　der Albatros -, -se.
アボカド　die Avocado -, -s.
ア・ポステリオリ　a posteriori.
アポロ　Apoll; Apollo; Apollon.
あま　尼　die Nonne -n.　～寺　das Nonnenkloster.
あま　亜麻　der Flachs -es.　～製の　flächse[r]n.　～色の　flachsgelb; flachsblond.　～布　das Leinen.
あま　阿魔　das Mensch -s, -er; das Weibsbild -[e]s, -er.
あま　海女　die Taucherin -nen.
あまあし　雨脚が速い　Der Regen rauscht herab.
あまい　甘い　süß;〔甘やかす〕nachgiebig;〔単純な〕einfältig;〔容易な〕einfach; leicht;〔ゆるい〕locker; lose.　～物　süße Sachen pl.; Süßigkeiten pl.　～物が食べたい　Appetit auf etwas Süßes haben*.　～音楽　süße Musik.　～言葉　süße (schmeichelhafte) Worte pl.　～両親は子供たちに甘すぎる　Die Eltern sind zu nachgiebig den Kindern gegenüber.　あの教師は点が～　Der Lehrer zensiert milde.　私はそれを信ずるほど甘くはないぞ　Ich bin doch nicht so einfältig, das zu glauben!　人生はそれほど～ものではない　Das Leben ist nicht so einfach.　この写真はピントが～　Die Aufnahme ist nicht scharf genug.　～味(薫り)がする　Es schmeckt (duftet) süß.　甘くする　süßen; süß machen.　甘く見る　gering schätzen; unterschätzen.　見方が～　et. in zu rosigem (günstigem) Licht sehen*.
あまえる　甘える　mit jm. schmeicheln; jn. umschmeicheln.　まあ遠慮せず少しは好意に甘えておきなさい　Lass dich doch auch einmal etwas verwöhnen!　或る人の温情に～　sich auf js. Gutmütigkeit verlassen*.　お言葉に甘えて　auf Ihre freundlichen Worte hin.
あまおおい　雨覆いの　der Regenschutz -es.
あまがえる　雨蛙　der Laubfrosch -es, ⁼e.
あまがさ　雨傘　der Regenschirm -s, -e.　～を持って行く　einen Regenschirm mit|nehmen*.
あまぐ　雨具　das Regenzeug -s, -e.
あまくだり　天降りの人事　behördlich aufgezwungener Personalwechsel.
あまくち　甘口の〔酒が〕süß;〔煙草が〕mild.
あまぐつ　雨靴　wasserdichte Schuhe (Gummischuhe) pl.
あまぐも　雨雲　die Regenwolke -n.
あまごい　雨乞いをする　um Regen beten.
あまざらし　雨曝しにする　dem Regen aus|setzen.　～の　dem Regen ausgesetzt; verwittert.
あます　余す　übrig lassen*, übrig haben*;〔節約する〕sparen.　彼はその題目を～ところなく論じた　Er behandelte den Gegenstand erschöpfend.
あまずっぱい　甘酸っぱい　sauersüß.
あまだれ　雨垂れ　der Regentropfen -s, -.
アマチュア　der Amateur -s, -e.
あまつさえ　剰え　überdies; [noch] dazu.
あまったるい　甘ったるい　widerlich süß;〔比〕süßlich.　彼は～詩(小説)を書く　Er schreibt süßliche Gedichte (Romane).
あまったれ　甘ったれ　verwöhntes Kind -es, -er.
あまったれる　甘ったれる　→甘える.
あまど　雨戸　der [Fenster]laden -s, ⁼.
あまどい　雨樋　die Regenrinne -n.
あまとう　甘党である　gern Süßes essen*.
あまに　亜麻仁　der Leinsamen -s, -.　～油　das Leinöl.
あまねく　遍く　allgemein; weit und breit; überall.
あまのがわ　天の川　die Milchstraße.
あまのじゃく　天の邪鬼　der Querkopf -[e]s, ⁼e.　～の　querköpfig.
あまみ　甘み　die Süße; die Süßigkeit; süßer Geschmack -s.　～がある　süß schmecken.
あまみず　雨水　das Regenwasser -s.
あまもよう　雨模様の・　regnerisch.　～だ　Es sieht nach Regen aus.
あまもり　雨漏りがする　Es regnet durch das Dach. / Das Dach ist undicht. / Es regnet durch.
あまやかす　甘やかす　verwöhnen; verziehen*.　甘やかされた子供　verwöhntes Kind.
あまやどり　雨宿りする　Schutz vor dem Regen suchen; vor dem Regen unters Dach kommen*(s).

あまよけ 雨避け → 雨覆い.
あまり 余り der Rest -es; das Überbleibsel -s, -. 5年〜 mehr als 5 Jahre. その木は10メートル〜ある Der Baum ist über 10 Meter hoch. 喜び(興奮)の〜 vor Freude (Aufregung). 彼女は〜美人ではない Sie ist nicht so schön. 私は肉を〜好まない Ich mag Fleisch nicht so sehr. 〜に[も] zu; allzu; zu viel; zu sehr. 彼は〜にも貧しくてそれをすることができない Er ist zu arm, als dass er es tun könnte. 彼は〜心配しすぎた Er hatte allzu viele Bedenken. 〜の嬉しさに涙が出そうだ Ich bin so glücklich, dass ich weinen könnte. 彼の驚きは想像に〜ある Ich kann mir sehr gut vorstellen, wie er sich darüber gewundert hat.
あまりもの 余り物 das Überbleibsel -s, -; der Rest -es, -e; 〔食べ残し〕Speisereste pl.
アマリリス die Amaryllis ..ryllen.
あまる 余る übrig bleiben*(s). それは私の手(力)に〜 Das geht über meine Kräfte. 身に〜光栄である Ich bin der Ehre nicht würdig. / Das ist mir eine zu große Ehre.
アマルガム das Amalgam -s, -e.
あまんずる 甘んずる sich bescheiden* 《mit 3格》; sich begnügen 《mit 3格》. 運命に〜 sich in sein Schicksal ergeben*; sich mit seinem Schicksal ab|finden*. 甘んじて〔進んで〕willig; 〔平然と〕gelassen.
あみ 網 das Netz -es, -e; das Garn -[e]s, -e. 〔焼き網〕der [Brat]rost -[e]s, -e; der Grill -s, -s. かすみ〜 das Vogelgarn. 流し(曳き)〜 das Treibnetz (Schleppnetz). 〜を打つ(曳く) das Netz aus|werfen*(ziehen*). 〜を張る das Netz stellen (spannen). 魚(蝶)を〜で取る Fische (Schmetterlinge) mit dem Netz fangen*. 〜にかかる im Netz gefangen werden*(s受). 今日は魚が〜にかかりそうにもない Heute will kein Fisch ins Netz gehen. 泥棒は警察の〜にかかった(を逃れた) Der Dieb ist der Polizei ins Netz (durchs Netz) gegangen. 〜状の netzartig. 〜の目 die Masche.
あみあげ 編上[靴] der Schnürstiefel -s, -.
あみだ 阿弥陀 Amida [Buddha]. 彼は帽子を〜にかぶっている Er hat den Hut im Genick.
あみだす 編み出す [sich³] aus|denken*; erfinden*; ersinnen*.
あみだな 網棚 das [Gepäck]netz -es, -e. 〜に載せる ins Netz legen.
あみど 網戸 das Fliegenfenster -s, -.
アミノ 〜酸 die Aminosäure -n.
あみばり 編み針 die Stricknadel -n; 〔鉤針〕die Häkelnadel -n.
あみはん 網版 die Netzätzung -en; die Autotypie -n.
あみぼう 編み棒 die Stricknadel -n.
あみめ 網目 die Masche -n. 〜を拾う(落す) beim Stricken Maschen auf|nehmen* (fallen lassen*). 〜状の maschig. 〜版 → 網版.
あみもの 編物 die Strickarbeit -en. 〜をする stricken; 〔鉤針で〕häkeln.

あむ 編む 〔靴下などを〕stricken; 〔鉤針で〕häkeln; 〔髪・籠などを〕flechten*; 〔書物を〕verfassen; zusammen|stellen.
あめ 雨 der Regen -s, -. 〜が降る Es regnet. 〜がざあざあ降る Es regnet (gießt) in Strömen. 〜が降りそうだ Es sieht nach Regen aus. 〜になるだろう Wir werden Regen bekommen. 〜が降り始めた Es fing an zu regnen. 〜がやんだ(小降りになった) Der Regen hörte auf (ließ nach). 弾丸の〜を浴びせる jn. mit einem Hagel von Geschossen überschütten. 〜降って地固まる Auf Regen folgt Sonnenschein.
あめ 飴・玉 der (das) Bonbon. 〜色の hellbraun; bräunlich; bernsteinfarben. 〜と鞭を用いて mit Zuckerbrot und Peitsche.
あめあがり 雨上がりに nach dem Regen.
アメーバ die Amöbe -n. 〜赤痢 die Amöbenruhr.
あめがち 雨がちの regnerisch.
あめふり 雨降り・である Wir haben Regenwetter. 〜には bei Regenwetter.
あめもよう 雨模様 → あまもよう.
アメリカ Amerika. 〜の amerikanisch. 〜人 der Amerikaner. 〜合衆国 die Vereinigten Staaten von Amerika; die USA pl. 〜ニズム der Amerikanismus. 〜ナイズする amerikanisieren. 〜インディアン der Indianer.
あめんぼ 《動》der Wasserläufer -s, -.
あや 文(綾)〔模様〕das Muster -s, -; die Figur -en. 言葉の〜 die [Rede]figur; die Floskel. 事件の〜 der komplizierte Hergang des Falles.
あやうい 危うい → 危ない.
あやうく 危うく → 危なく.
あやおり 綾織・物 der Köper -s, -. 〜の geköpert.
あやかる ¶あなたにあやかりたいものだ Ich beneide Sie um Ihr Glück. / Wäre ich nur an Ihrer Stelle!
あやしい 怪しい verdächtig; zweifelhaft; fragwürdig. 〜人物 verdächtige (zweifelhafte) Person. 〜風体の男 ein Mann von zweifelhaftem (fragwürdigem) Aussehen. 彼が来るかどうか〜 Es ist noch zweifelhaft (ungewiss), ob er kommen wird. 天気が〜 Das Wetter sieht bedenklich aus. 彼は怪しげなドイツ語をしゃべる Er spricht nur gebrochen deutsch.
あやしむ 怪しむ für verdächtig (zweifelhaft) halten*; 〔不思議がる〕sich wundern 《über 4格》. 〜に足りない [Es ist] kein Wunder, dass ...
あやす ¶赤ん坊を抱いて〜 ein Baby im Arm schaukeln. 子供を膝の上に乗せて〜 ein Kind auf den Knien reiten lassen*.
あやつりにんぎょう 操り人形 die Marionette -n. 〜芝居 das Marionettentheater.
あやつる 操る ¶櫓を〜 das Ruder führen. 船を〜 ein Schiff steuern (lenken). 人形を〜

die Marionetten führen. ドイツ語を上手に~ geläufig deutsch sprechen*. 人を意のままに~ jn. nach seiner Pfeife tanzen lassen*. 世論を~ die Öffentlichkeit manipulieren. 陰で~ [im Verborgenen] an den Drähten ziehen*.

あやとり 綾取り das Fadenspiel -s, -e.

あやぶむ 危ぶむ et. für unsicher halten*; fürchten (für 4格). 成功を~ an den Erfolg zweifeln.

あやふや ~な unsicher; unbestimmt; zweideutig; [ぐらつく] schwankend. ~な態度をとる sich unsicher benehmen*. ~な事を言う doppelsinnige Ausdrücke gebrauchen.

あやまち 過ち der Fehler -s, -; die Verfehlung -en; der Fehltritt -[e]s, -e. ~を犯す(償う) einen Fehler begehen* (wieder gut-|machen).

あやまり 誤り der Fehler -s, -; der Irrtum -s, ⁈er. ~を犯す(正す) einen Fehler machen (korrigieren). その推測は~だった Die Vermutung war ein Irrtum.

あやまる 誤る sich irren (in 3格). 計算(方角)を~ sich in der Rechnung (Richtung) irren. 道を~ einen falschen Weg ein|schlagen* 身を~ sich selbst ruinieren (mit 3格; durch 4格). 誤った irrig; verfehlt; falsch. 誤って irrtümlich[erweise]; [うっかりして] aus Versehen; versehentlich.

あやまる 謝る sich bei jm. entschuldigen (jn. um Verzeihung bitten*) (für 4格; wegen 2格).

あやめ 菖蒲 die Schwertlilie -n; die Iris -.

あやめ 文目も分かぬ闇夜 eine undurchdringliche Nacht.

あゆ 阿諛 die Schmeichelei -en.

あゆみ 歩み der Gang -es; der Schritt -es, -e.

あゆみより 歩み寄り der Kompromiss -es, -e.

あゆみよる 歩み寄る heran|treten*(s) (an 4格); [妥協する] mit jm. einen Kompromiss schließen* (über 4格); jm. auf halbem Wege entgegen|kommen*(s). 互いに~ sich auf halbem Wege treffen*.

あゆむ 歩む gehen*(s); treten*(s); schreiten*(s).

あら ~! Ah! / Oh! / Wie?

あら 粗 [魚の]der Fischabfall -s, ⁈e; [欠点] der Fehler -s, -; der Mangel -s, ⁈. ~を捜しをする mäkeln (nörgeln) (an 3格); krittelln (an 3格; über 4格).

アラー Allah.

あらあらしい 荒荒しい rau; grob; barsch; wild; ungestüm.

あらい 荒い wild; [粗い] grob; rau. 目の~篩(ふるい) grobes Sieb. ~肌 raue Haut. 波が~ Die Wellen gehen hoch.

あらいぐま 洗い熊 der Waschbär -en, -en.

あらいこ 洗い粉 das Waschpulver -s, -.

あらいざらい 洗い浚い alles; sämtlich; restlos.

あらいざらし 洗い晒しの verwaschen.

あらいたて 洗い立ての frisch gewaschen.

あらいたてる 洗い立てる [比] an den Tag bringen*; auf|decken.

あらいなおす 洗い直す noch einmal waschen*; [再検討する] noch einmal prüfen; überprüfen.

あらいもの 洗い物 [洗うべき食器類] der Abwasch -s; [洗濯物] die Wäsche. ~をする den Abwasch machen; [洗濯をする] wa|schen*.

あらう 洗う waschen*; spülen; [調べる] untersuchen; forschen (nach 3格). 顔(手)を~ sich³ das Gesicht (die Hände) waschen*. 食器を~ das Geschirr spülen (ab|waschen*). 身元を~ js. Herkunft untersuchen. 波が岸を~ Die Wellen bespülen das Ufer.

あらうみ 荒海 wildes Meer -es, -e; grobe See -n.

あらがう 抗う sich widersetzen (3格).

あらかじめ 予め im Voraus; vorher; zuvor.

あらかせぎ 荒稼ぎする dicke Gelder verdienen; Geld scheffeln.

あらかた [大部分] größtenteils; meist; [大体において] im Ganzen; [ほとんど] beinahe.

ア・ラ・カルト à la carte.

あらくれもの 荒くれ者 rauer Mann -es, ⁈er.

あらけずり 粗削りの grob gehobelt; [比] ungehobelt; ungeschliffen.

あらごなし 荒こなしをする aus dem Groben arbeiten; et. vor|behandeln.

あらし 嵐 der Sturm -[e]s, ⁈e; das Unwetter -s, -. ~の前の静けさ die Ruhe (Stille) vor dem Sturm. コップの中の~ ein Sturm im Wasserglas. ~の[ような] stürmisch. ~である Es stürmt. ~が起こる Der Sturm bricht los.

あらしごと 荒仕事 grobe Arbeit -en.

あらす 荒らす verwüsten; zerstören; [略奪する] plündern; [害する] schaden (3格); [皮膚を] rau machen. 敵軍が町を荒らした Der Feind hat in der Stadt schlimm gehaust.

アラスカ Alaska.

あらすじ 粗筋 [概要] der Umriss -es, -e; [小説などの] die Haupthandlung -en.

あらずもがな 非ずもがなの entbehrlich; überflüssig; unnötig.

あらせいとう 紫羅欄花 die Levkoje -n.

あらそい 争い der Streit -[e]s, -e; der Kampf -[e]s, ⁈e. 権力~ der Kampf um die Macht.

あらそう 争う mit jm. streiten* (über 4格); [物を得ようとして] mit jm. kämpfen (ringen*) (um 4格). 選手権を~ sich um die Meisterschaft bewerben*. 人々は先を争ってバスに乗り込んだ Die Leute drängten sich in den Autobus. 争われない事実 unbestrittene Tatsache. 争われない Das Alter verrät sich.

あらた 新たに neu; von neuem; aufs Neue.

あらたか ~な薬効 wunderbare (bemerkenswerte) Wirkung des Medikaments. 霊験~な神 alles erhörender Gott.

あらだつ 荒立つ ¶事が～ Die Sache wird schlimmer. /〔表沙汰になる〕Die Sache kommt an den Tag. 波が～ Die Wellen gehen hoch.

あらだてる 荒立てる ¶事を～ die Sache schlimmer (verwickelter) machen;〔表沙汰にする〕eine Sache an den Tag bringen*. 事を荒立てないために um des lieben Friedens willen; um den Streit (die Verwicklungen) zu vermeiden.

あらたまる 改まる〔変る〕sich [ver]ändern;〔改善される〕sich[ver]bessern;〔儀式ばる〕förmlich sein*. 年が～ Es kommt ein neues Jahr. 病が～ Die Krankheit tritt plötzlich in ihr kritisches Stadium ein. 改まった訪問 förmlicher Besuch. 改まって物を言う in feierlichem Ton sprechen*.

あらためて 改めて von neuem; erneut; wieder[um]; ein andermal. ～言うまでもない Das braucht nicht extra (noch einmal) betont zu werden.

あらためる 改める〔変える〕[ver]ändern;〔改善する〕[ver]bessern;〔吟味する〕prüfen. 心(行い)を～ sich bessern. 悪習を～ eine üble Gewohnheit ab|legen. 受け取った金を～ das erhaltene Geld [nach|]zählen.

あらっぽい 荒っぽい rau; grob.

あらて 新手 frische Truppen pl.;〔新しい手段〕neues Mittel -s, -. ～の詐欺 neuartiger Betrug.

あらなみ 荒波 wilde (stürmische) Wogen pl. ～が立つ Die See geht hoch. 世の～と戦うsich durchs Leben schlagen*.

あらむ ～疑いをかけられる in falschen Verdacht kommen*(s).

あらぬり 粗塗り der Berapp -[e]s. 壁を～する eine Wand berappen.

アラビア Arabien. ～の arabisch. ～人 der Araber. ～海 das Arabische Meer. ～ゴム das Gummiarabikum. ～数字 arabische Ziffern pl.

アラブ ～連合共和国 die Vereinigte Arabische Republik (略: VAR).

アラベスク die Arabeske -n.

あらまし〔概略〕der Umriss -es, -e. → あらかた.

あらむしゃ 荒武者 wilder Krieger -s, -.

ア・ラ・モード à la mode.

あらもの 荒物 Kramwaren pl. ～屋 der Kramladen.

あらゆる all; jeder. ～種類の家具 Möbel aller Art[en]. ～可能性 alle Möglichkeiten pl. ～点で in jeder Beziehung (Hinsicht). ～場合を考慮に入れる alle möglichen Fälle erwägen*. ～事をやってみる alles Mögliche versuchen.

あらげる 荒らげる ¶声を～ ärgerlich seine Stimme heben*.

あらりょうじ 荒療治 die Gewaltkur (Rosskur) -en. ～をする auf jn. eine Gewaltkur an|wenden(*).

あられ 霰 der Hagel -s. ～が降る Es hagelt.

あられもない unschicklich. ～ふるまい unfeines Benehmen.

あらわ 露わ・な nackt. 彼女は豊満な胸を～にした Sie hat ihre üppige Brust entblößt. ～に〔あからさまに〕offen.

あらわす 表(現)わす〔示す〕zeigen; verraten*;〔表現する〕aus|drücken; dar|stellen;〔象徴する〕bedeuten. 喜びの色を～ Freude bezeigen. 姿を～ erscheinen*(s); sich zeigen. 勇気を～ sich tapfer zeigen. 名を～ sich³ einen Namen machen.

あらわす 著わす〔書く〕schreiben*; verfassen;〔公にする〕veröffentlichen.

あらわれ 表(現)われ〔現象〕die Erscheinung -en;〔発露〕die Äußerung -en; der Ausdruck -s, ⸚e. 彼の努力の～ die Frucht seiner Bemühungen.

あらわれる 現(表)われる erscheinen*(s); sich zeigen; zum Vorschein kommen*(s); hervor|kommen*(s);〔見えてくる〕in Sicht kommen*(s);〔表現される〕zum Ausdruck kommen*(s);〔明るみに出る〕an den Tag kommen*(s); sich verraten*. 舞台に～ auf|treten*(s). 世に～ bekannt werden*(s). 月が雲間から～ Der Mond bricht aus den Wolken. 彼の顔に深い驚きの色が現われた Seine Miene verriet tiefe Bestürzung.

あらんかぎり 有らん限り・の力を出す alle Kräfte auf|bieten*. ～の財産をつぎ込む sein ganzes Vermögen an|legen (in 4格). ～の声を張り上げて aus voller Kehle.

あり 蟻 die Ameise -n.

アリア die Arie -n.

ありあけ 有明の月 der Mond bei Tagesanbruch.

ありあまる 有り余る überflüssig; überreich[lich]; zu viel. 彼のところには～ほど金がある Er hat Überfluss an Geld (Geld in Hülle und Fülle). / Geld ist bei ihm im Überfluss vorhanden.

ありあり ～と deutlich; lebhaft.

ありあわせ 有り合わせ・の augenblicklich vorhanden; verfügbar. ～金 vorhandenes Bargeld. 今晩は～の物で我慢しなければなりません Heute Abend müssen wir mit dem Vorhandenen vorlieb nehmen.

ありうべき 有り得べき möglich; denkbar. 有り得からざる unmöglich; undenkbar.

ありか 在り処・を捜す nach dem Verbleib (2格) forschen. 指輪の～を知っている über den Verbleib der Ringe wissen*. 彼の～が分らない Ich weiß nicht, wo er ist. / Sein Aufenthaltsort ist unbekannt.

ありかた 在り方 ¶デモクラシーの～ wie (was) Demokratie sein soll; die Demokratie, wie sie sein soll. ～が問題だ Hier handelt es sich um das Wie.

ありがたい 有り難い〔親切な〕freundlich;〔感謝すべき〕dankenswert;〔好都合な〕günstig; willkommen;〔有益な〕wohltätig. ～説教

erbauliche Predigt. ～事には glücklicherweise; Gott sei Dank. 有り難く思う〔有り難がる〕jm. dankbar (verbunden) sein* 《für 4格》; sich jm. [zu Dank] verpflichtet fühlen; 〔尊く思う〕jm. Ehrfurcht ein|flößen. 有り難く受ける mit Dank an|nehmen*.

ありがたなみだ 有難涙を流す Dankestränen vergießen* (weinen).

ありがたみ 有り難み〔価値〕der Wert -es; 〔恩恵〕die Wohltat; 〔威厳〕die Würde.

ありがためいわく 有り難迷惑 ¶ 手伝ってもらうのは～だ Ihre Hilfe ist mir eher lästig als nützlich.

ありがち 有り勝ち・の leicht möglich; nicht selten. ～である leicht (oft) vor|kommen* (s).

ありがとう 有り難う Danke schön! ご親切～ Ich danke Ihnen für Ihre Güte. / Das ist sehr freundlich von Ihnen. ご招待にあずかり誠に～存じます〔手紙で〕Haben Sie recht herzlichen Dank für Ihre freundliche Einladung!

ありがね 有り金 das Geld, das ich bei der Hand habe.

ありきたり 在り来りの gewöhnlich; herkömmlich; üblich.

ありくい 蟻食《動》der Ameisenbär -en, -en.

ありさま 有様 der Zustand -[e]s, ⸚e; die Beschaffenheit; die Lage -n; Umstände pl.; 〔光景〕der Anblick -[e]s, -e. こういう～では unter diesen Umständen.

ありじごく 蟻地獄 der Ameisenlöwe -n, -n.

ありしひ 在りし日 vergangene (alte) Zeit[en]. ～の彼を偲ぶ Ich denke an die Zeit, als er noch am Leben war.

ありそう 有りそう・な → 有り得べき. ～もない unwahrscheinlich; unglaublich.

ありだか 在り高 der Bestand -es, ⸚e.

ありづか 蟻塚 der Ameisenhaufen -s, -.

ありつく 仕事に～ eine Arbeit (Stellung) kriegen*; einen Job finden*. 食い物に～ [et-] was zu essen bekommen*.

ありったけ 有りったけ alles. ～の all.

ありのまま 有りのまま・の wahr; wirklich. ～の事実 reine (volle; nackte; ungeschminkte) Wahrheit. ～に言えば [um] die Wahrheit zu sagen; offen gestanden. ～に描く et. beschreiben*, wie es ist.

アリバイ das Alibi -s, -s. ～がある ein Alibi haben*. ～を作る sich[1] ein Alibi verschaffen. ～を立てる sein Alibi beweisen*.

ありふれた 有り触れた alltäglich; gewöhnlich; abgedroschen. ～人間 der Alltagsmensch.

ありゅう 亜流 der Epigone -n, -n. ～の epigonenhaft; epigonal.

ありゅうさん 亜硫酸 schweflige Säure.

ありんさん 亜燐酸 phosphorige Säure.

ある 有(在)る〔存在する〕[da] sein*; es gibt 《4格》; vorhanden sein*; sich befinden*; stehen*; liegen*; 〔持つ〕haben*; besitzen*; 〔起る〕sich ereignen; geschehen* (s); 〔行われる〕statt|finden*; 〔である〕〔に存する〕bestehen* 《in 3格》. ドイツへ行った事がありますかSind Sie schon einmal in Deutschland gewesen? / Waren Sie einmal in Deutschland? これより美しいものが～だろうか Gibt es etwas Schöneres? 責任は彼に～ Die Schuld liegt an ihm. 彼には息子が3人～ Er hat drei Söhne. 講演は明日～ Der Vortrag findet morgen statt. 壁に絵が掛けて～ Die Wände sind mit Bildern behängt. 彼の財産は地所で～ Sein Vermögen besteht in Grundstücken. 距離は30キロメートル～ Die Entfernung beträgt 30 Kilometer.

ある 或る ein; gewiss. ～女 eine Frau. ～種の eine Art [von]. ～時 [irgend]einmal; irgendwann. ～点で in gewisser Hinsicht. ～日 eines Tages. ～人 jemand. ～物(事)etwas. 彼は何か～事に気づいたにちがいない Er muss irgendetwas gemerkt haben. ～時には…, また～時には… einmal …, einmal (ein andermal) … ～人には…, また～人には… einige (manche) …, andere …

あるいは 或いは oder; 〔もしかすると〕vielleicht; etwa; möglicherweise. ～…, ～… bald …, bald …; teils …, teils …

アルカイック archaisch. ～な笑い archaisches Lächeln.

あるかなきか 有るか無きかの verschwindend klein (wenig).

アルカリ das Alkali -s, -en. ～性のalkalisch. ～性反応 alkalische Reaktion.

アルカロイド das Alkaloid -[e]s, -e.

あるきぶり 歩き振り der Gang -es; die Gangart -en.

あるきまわる 歩き回る herum|gehen* (s); herum|wandern (s).

アルギン ～酸 die Alginsäure.

あるく 歩く gehen* (s); zu Fuß gehen* (s); schreiten* (s); wandern (s). 彼は歩き疲れた Er hat sich müde gegangen.

アルコール der Alkohol -s. ～飲料 alkoholische (geistige) Getränke pl.; Spirituosen pl. ～分のある(ない)alkoholhaltig (alkoholfrei). ～含有量 der Alkoholgehalt. ～中毒 die Alkoholvergiftung; der Alkoholismus. ～中毒者 der Alkoholiker. ～ランプ die Spirituslampe.

アルゴン das Argon -s (記号: Ar).

あるじ 主 der Herr -n, -en; 〔宿屋・料理店の〕der Wirt -[e]s, -e.

アルジェリア Algerien. ～の algerisch. ～人 der Algerier.

アルゼンチン Argentinien. ～の argentinisch. ～人 der Argentinier.

アルツハイマー ～病 die Alzheimer-Krankheit.

アルト der Alt -s; die Altstimme -n. ～歌手 der Altist; 〔女〕die Altistin.

あるときばらい 有る時払いにする bei Gelegenheit [be]zahlen.

アルバイト〔業績〕die Arbeit -en; die Leistung -en;〔内職〕die Nebenarbeit -en;〔臨時の〕der Job -s, -s; die Gelegenheitsarbeit -en. ～学生 der Werkstudent. ～をする jobben.
アルパカ das Alpaka -s, -s.
アルバム das Album -s, ..ben.
アルピニスト der Alpinist -en, -en.
アルファ das Alpha -[s], -s. ～線 Alphastrahlen (α-Strahlen) pl.
アルファベット das Alphabet -s, -e. ～順の(に) alphabetisch. ～順に並べる nach dem Alphabet (alphabetisch) ordnen; alphabetisieren.
アルプス die Alpen pl. ～の alpin. 日本～ die Japanischen Alpen pl.
アルペン―競技 alpine Wettbewerbe pl.; alpine Kombination.
アルマイト das Eloxal -s.
あるまじき 有るまじき unpassend; unschicklich; ungebührlich; ungehörig.
アルマジロ das Gürteltier -[e]s, -e.
アルミニウム das Aluminium -s (記号: Al).
アルメニア Armenien. ～の armenisch. ～人 der Armenier.
あれ jener; das. ～は何ですか Was ist das da (dort)? ～以来 seitdem. ～やこれやと考えた Ich dachte bald jenes, bald dieses.
あれ ～! Na! / Wie? ～まぁ! Nanu! / Sehe ich recht? ～、鐘が鳴る Horch, es läutet! ～え!〔助けて〕Hilfe!
あれい 亜鈴 die Hantel -n. ～体操をする hanteln.
あれくるう 荒れ狂う wüten; rasen; toben.
アレグレット das Allegretto -s, -s (..retti). ～で allegretto.
アレグロ das Allegro -s, -s (..ri). ～で allegro.
アレゴリー die Allegorie -n. ～で表現する allegorisieren.
あれしょう 荒れ性 ¶私は～だ Meine Haut wird leicht rau (spröde).
あれち 荒れ地 die Wildnis -se; das Ödland -[e]s; die Wüste -n.
あれの 荒れ野 die Heide -n; die Wildnis -se.
あれはてる 荒れ果てる〔土地が〕völlig verwahrlost werden*(s受). 荒れ果てた庭(家) verwahrloster Garten (baufälliges Haus). → 荒れる.
あれほど あれ程 so [sehr]. ～の [ein] solcher; solch (so) ein. ～の金持 so ein reicher Mann. ～の事 so was. ～用心したのに bei all seiner Vorsicht.
あれもよう 荒れ模様の stürmisch.
あれよあれよ ～という間に ehe man sich's versieht.
あれる 荒れる〔土地が〕verwüstet werden*(s受);〔天候・海が〕stürmisch werden*(s);〔庭・畑が〕verwildern(s);〔家屋が〕verfallen*(s);〔皮膚が〕rau werden*(s). 彼は庭を～にまかせている Er lässt den Garten verwildern.

アレルギー die Allergie -n. ～性の allergisch. ～体質の人 der Allergiker.
アレルゲン Allergene pl.
アレンジ ～する arrangieren; bearbeiten; einrichten. 或る曲をオーケストラ用に(ジャズ風に)～する ein Stück für Orchester (jazzmäßig) arrangieren.
アロハ・シャツ hawaiisches Sporthemd -[e]s, -en.
あわ 泡 der Schaum -s, ⸚e; die Blase -n. ビールの～ der Bierschaum. ～を食う aus der Fassung kommen* (geraten*) (s); die Fassung verlieren*. 彼は口から～を吹いて怒っていた Er schäumte vor Wut.
あわ 粟 die Kolbenhirse -n.
あわい 淡い〔味の〕fade;〔色の〕hell. ～望み leise (schwache) Hoffnung. ～恋心 stille Neigung (Liebe).
あわせめ 合わせ目 die Fuge -n.
あわせもつ 併せ持つ ¶相反する性質を～ gegensätzliche Eigenschaften in sich³ vereinigen.
あわせる 合わせる〔一つにする〕vereinigen; vereinen;〔照合する〕«einer S.》(«mit 3格». 力を合わせて mit vereinten Kräften. 手を～ die Hände falten. 或る人の体に服の寸法(足に靴のサイズ)を～ jm. einen Anzug (die Schuhe) an|passen. 楽器の音を～ die Instrumente [aufeinander] ab|stimmen. 時計を～ die Uhr stellen. 或る放送局にラジオのダイヤルを～ das Radio auf einen Sender ein|stellen. ピアノに合わせて歌う zum Klavier singen*. 合わせて2万円になる Das macht (kostet) zusammen 20 000 Yen.
あわせる 会(逢)わせる〔引き合わせる〕vor|stellen. 彼はひどい目に会わされた Ihm wurde übel mitgespielt.
あわただしい 慌ただしい hastig; eilfertig;〔落ち着かない〕unruhig. 或る事で～ mit et.³ sehr beschäftigt sein*.
あわだつ 泡立つ schäumen. 泡立ちのよい石鹸 eine stark schäumende Seife. 泡立ちを抑えた schaumgebremst.
あわだてる 泡立てる ¶卵の白身を～ Eiweiß zu Schaum schlagen*. 泡立て器 der Schaumschläger.
あわてもの 慌て者 zu hastiger Mensch -en, -en.
あわてる 慌てる sich überstürzen;〔狼狽する〕verwirrt sein*. 慌てない ruhig bleiben*(s). 慌てて überstürzt; in großer Eile; verwirrt. 慌てふためいて Hals über Kopf; in wilder Hast.
あわび 鮑 das Seeohr -s, -en.
あわや ¶彼は～溺れんとした Er wäre beinahe ertrunken.
あわゆき 淡雪 leichter Schnee -s.
あわよくば Wenn es irgend möglich ist, ...
あわれ 哀れを誘う Mitleid erregen. ～な arm. ～な物語 rührende Geschichte. ～な身なりをしている erbärmlich gekleidet sein*.

あわれっぽい 哀れっぽい rührend.

あわれみ 哀(憐)れみ das Mitleid -s; das Erbarmen -s. ~深い mitleidig; barmherzig. ~を請う js. Mitleid (jn. um Mitleid) an|rufen*.

あわれむ 哀(憐)れむ Mitleid mit jm. haben*; sich js. (über jn.) erbarmen. ~べき erbärmlich; elend.

あん 案 der Plan -es, ¨e; der Entwurf -s, ¨e; 〔提案〕 der Vorschlag -[e]s, ¨e. ~を立てる einen Plan entwerfen*. ~に相違して wider Erwarten. ~の定 wie erwartet; erwartungsgemäß.

あんあんり 暗暗裏に stillschweigend; im Verborgenen.

あんい 安易・な leicht; bequem. ~に考えている eine leichtsinnige Auffassung haben* 《von 3 格》.

あんいつ 安逸・な生活 müßiges Leben. ~を貪(むさぼ)る seine Zeit im Müßiggang verbringen*.

あんうん 暗雲 dunkle (finstere) Wolken pl. 政界の~ trübe Wolken am politischen Himmel.

あんえい 暗影を投ずる einen [dunklen] Schatten werfen* 《auf 4 格》.

あんか 安価な billig; wohlfeil.

アンカー letzter Läufer (Schwimmer) [der Staffel].

あんがい 案外[・の] unerwartet. ~うまくいった Es ist über (wider) Erwarten gut gegangen.

あんかっしょく 暗褐色の dunkelbraun.

あんかん 安閑と müßig; untätig.

あんき 安危〔運命〕das Schicksal -s, -e.

あんき 暗記 das Auswendiglernen -s. ~する auswendig lernen; memorieren. 私はその詩を~している Ich kann das Gedicht auswendig.

あんぎゃ 行脚 die Wallfahrt -en. ~する wandern (s); pilgern (s); wallfahren (s).

あんきょ 暗渠 unterirdischer Abzugskanal -s, ¨e.

あんぐ 暗愚の dumm; unklug.

アングラ 〔前衛芸術〕der Underground -s. ~映画 der Undergroundfilm.

あんぐり ~口をあける den Mund auf|reißen*. 口を~と開けて突っ立っている mit offenem Mund da|stehen*.

アングル 〔カメラの〕der [Blick]winkel -s, -.

アングロサクソン Angelsachsen pl. ~の angelsächsisch.

アンケート die Umfrage -n. ~調査用紙 der Fragebogen. ~を取る eine Umfrage machen (veranstalten) 《zu 3 格; über 4 格》. ~に答える einen Fragebogen aus|füllen.

あんけん 案件 die Sache -n; die Angelegenheit -en.

あんこう 鮟鱇 der Seeteufel -s, -.

あんごう 暗合 zufällige Übereinstimmung -en. ~する zufällig überein|stimmen 《mit 3 格》.

あんごう 暗号 die Chiffre -n; die Geheimschrift -en. ~で書く chiffrieren; verschlüsseln. ~を解読する eine Geheimschrift entziffern (dechiffrieren). ~電報 das Chiffretelegramm.

アンコール die Zugabe -n. ~! Noch einmal! / Da capo! ~を叫ぶ da capo rufen*. ~に応えて歌う(演奏する) ein Musikstück zu|geben*.

あんこく 暗黒 die Dunkelheit; die Finsternis -se. ~の dunkel; finster. ~時代〔中世の〕das dunkle Zeitalter. ~面 dunkle Seite; die Schattenseite. ~街 die Unterwelt.

アンゴラ ~兎 das Angorakaninchen -s, -.

あんさつ 暗殺 der Meuchelmord -[e]s, -e; das Attentat -[e]s, -e. ~する meucheln; ein Attentat auf jn. verüben. ~者 der Meuchelmörder; der Attentäter. ~を企てる ein Attentat auf jn. planen.

あんざん 安産 ¶彼女は~だった Sie hatte eine leichte Geburt.

あんざん 暗算 das Kopfrechnen -s. ~をする im Kopf rechnen.

アンサンブル das Ensemble -s, -s.

あんじ 暗示 die Andeutung -en; die Suggestion -en. ~する an|deuten; suggerieren. ~的 andeutend; suggestiv. ~にかかりやすい suggestibel. ~療法 die Suggestivtherapie. 自己~ die Autosuggestion.

あんしつ 暗室 die Dunkelkammer -n.

あんじゅう 安住・する in Ruhe und Frieden leben. 現状に~している mit der gegenwärtigen Lage zufrieden sein*.

あんしゅつ 案出・する sich³ aus|denken*; erfinden*; ersinnen*. ~者 der Erfinder.

あんしょう 暗誦 her|sagen; auf|sagen.

あんしょう 暗証 der Kode (Code) -s, -s. ~番号 die Geheimnummer.

あんしょう 暗礁 das [Felsen]riff -[e]s, -e; blinde Klippe -n. ~に乗り上げる auf ein Riff auf|laufen*(s). 交渉は~に乗り上げた Die Verhandlungen sind (haben sich) festgefahren.

あんしょく 暗色 dunkle Farbe -n.

あんしん 安心・する sich beruhigen; sich erleichtert (ruhig) fühlen. ~感を与える jm. ein beruhigendes Gefühl der Sicherheit geben*. ~させる beruhigen. ~して beruhigt; ruhig; unbesorgt. 彼女なら子供たちを~して任せられるよ Ihr kannst du die Kinder unbesorgt überlassen. ご～ください Seien Sie unbesorgt! ~できる sicher; zuverlässig. ~できない状態 bedenklicher Zustand. …と知って～しました Es ist mir eine Beruhigung zu wissen, dass … これでやっとひと~だ Mir fiel ein Stein vom Herzen. ~立命 unerschütterliche Ruhe der Seele.

あんず 杏子 die Aprikose -n.

あんずる 案ずる 〔心配する〕 sich³ Sorgen machen 《um 4 格》; besorgt sein* 《um 4 格》.

一策を～ sich³ einen Plan aus|denken*.
あんせい 安静 die [Bett]ruhe. ～にしている [Bett]ruhe halten*; sich ruhig verhalten*. 医者は私に絶対～を命じた Der Arzt hat mir unbedingte Bettruhe verordnet.
あんぜん 安全 die Sicherheit. ～な sicher; gefahrlos. ～にする in Sicherheit bringen*. ～のために sicherheitshalber. 彼は～運転だ Er fährt sehr vorsichtig. ～剃刀 der Rasierapparat. ～策を講ずる Sicherheitsmaßnahmen ergreifen*. ～装置 die Sicherheitsvorrichtung. ～地帯〔街路の〕die Verkehrsinsel. ～灯〔鉱〕die Sicherheitslampe. ～ピン die Sicherheitsnadel. ～ベルト der Anschnallgurt. ～ベルトを締めてください Bitte anschnallen! ～弁 das Sicherheitsventil. ～保障条約 der Sicherheitsvertrag. ～保障理事会 der Sicherheitsrat.
あんぜん 暗然たる(と) traurig; betrübt.
あんそく 安息 die Ruhe; das Ausruhen -s. ～日 der Ruhetag; 〔宗〕der Sabbat.
アンソロジー die Anthologie -n.
アンダーウエア die Unterwäsche.
アンダーシャツ das Unterhemd -[e]s, -en.
アンダーライン 本の或る箇所に～を引く eine Stelle im Buch unterstreichen*.
あんたい 安泰 ¶彼の将来(地位)は～だ Seine Zukunft (Stellung) ist gesichert. 国家が～である Es herrscht Frieden und Ordnung im Land.
あんたん 暗澹・たる空 schwarzer Himmel. ～たる気持 düstere Stimmung. 前途は～としている Die Aussichten für die Zukunft sind trübe.
アンダンテ das Andante -[s], -s. ～で andante.
あんち 安置する〔遺体を〕auf|bahren; 〔仏像を〕auf|stellen.
アンチテーゼ die Antithese -n.
アンチモン das Antimon -s (記号: Sb).
あんちゃく 安着する glücklich (unversehrt) an|kommen*(s).
あんちゅうもさく 暗中模索する im Dunkeln (Finstern) tappen.
あんちょく 安直な billig; 〔簡単な〕einfach.
アンチョビー die Anschovis -.
アンツーカー der En-tout-cas -, -.
あんてい 安定 die Stabilisierung -en; die Stabilität. 通貨の～ die Währungsstabilität. ～した stabil. ～する stabil (beständig) werden*(s); sich stabilisieren. ～させる stabilisieren. 人心を～させる die öffentliche Ruhe her|stellen. ～がよい机 stabiler (standfester) Tisch. 地位(生活)の～している eine gesicherte Stellung haben* (in gesicherten Verhältnissen leben).
アンデス ～山脈 die Anden pl.
アンテナ die Antenne -n. ～を屋根に取り付ける eine Antenne auf dem Dach an|bringen*.
あんてん 暗転 ¶舞台が～する Die Bühne verwandelt sich im Dunkeln. 事態は～した Die Sache wird von Bösen gewendet.
あんど 安堵 → 安心. ～の胸を撫(な)でおろす Mir fällt ein Stein vom Herzen.
あんとう 暗闘 heimlicher Streit -[e]s, -e; verschleierte Feindschaft -en. ～する heimlich streiten*.
アンドロメダ ～座 die Andromeda. ～星雲 der Andromedanebel.
あんな solch (so) ein; [ein] solcher. ～いい人 so ein guter Mensch. ～こと so was. ～に so. ～ふうに auf solche Weise.
あんない 案内 die Führung -en; 〔招待〕die Einladung -en; 〔商〕〔通知〕die Anzeige -n; der (das) Avis -[es], -e. ～する〔招待する〕jn. ein|laden*(zu 3格). 町の中を～して回る in der Stadt herum|führen. ～嬢が私を座席に～した Die Platzanweiserin führte mich an meinen Platz. ～を請う sich melden lassen*. ～人 der [Fremden]führer. ～所 die Auskunft[sstelle]; die Information. ～状 der Einladungsbrief. 〔観光〕～書〔パンフレット〕der [Reise]prospekt.
あんに 暗に andeutungsweise; versteckt. ～指(さ)す an|spielen (auf 4格).
あんねい 安寧 [öffentlicher] Frieden -s; die Wohlfahrt. ～秩序 Ruhe und Ordnung.
あんのん 安穏な(に) friedlich; ruhig.
あんば 鞍馬〔体操用具〕das Pferd -es, -e.
あんばい 按配 die Anordnung -en; die Regulierung -en. ～する an|ordnen; ein|richten; regulieren.
あんばい 塩梅 ¶こんな～に auf solche Weise. いい～に glücklicherweise. 食べ物の～を見る das Essen ab|schmecken. スープの～はどうですか Wie schmeckt Ihnen die Suppe? からだの～が悪い Es geht mir nicht gut.
アンパイア der Schiedsrichter -s, -. 彼はテニスの～を務めた Er fungierte beim Tennisspiel als Schiedsrichter.
アンバランス die Unausgeglichenheit. ～の unausgeglichen; nicht im Gleichgewicht befindlich.
あんぴ 安否・を問う sich nach js. Befinden erkundigen. ～を気づかう sich um js. Leben sorgen.
あんぶ 鞍部 der [Berg]sattel -s, ¨.
あんぷ 暗譜で弾く ohne Noten (auswendig) spielen.
アンプ〔増幅器〕der Verstärker -s, -.
アンプル die Ampulle -n.
あんぶん 按分する anteilmäßig [ver]teilen.
あんぶん 案文 schriftlicher Entwurf -s, ¨e; das Konzept -[e]s, -e.
アンペア das Ampere -[s], - (記号: A).
あんぽ 安保条約 der Japanisch-Amerikanische Sicherheitsvertrag -[e]s.
あんぽう 罨法 der Umschlag -[e]s, ¨e. 温～をする einen warmen Umschlag machen.
あんま 按摩 die Massage -n; 〔人〕der Masseur -s, -e; (女) die Masseuse -n. ～する

あんまく

massieren. ～をとる sich massieren lassen*.
あんまく 暗幕 die Verdunkelung -, -en; schwarzer Vorhang -s, ¨e.
あんまり zu; allzu; zu viel; zu sehr. それは～だ Das ist doch zu viel (arg)! / Das ist ja die Höhe!
あんみん 安眠・する ruhig (sanft) schlafen*. ～を妨げる jn. im Schlaf stören.
あんもく 暗黙(のうちに) stillschweigend.
アンモニア das Ammoniak -s.
アンモニウム das Ammonium -s.
あんやく 暗躍する hinter den Kulissen tätig sein*.
あんゆ 暗喩 die Metapher -n.
あんらく 安楽 die Bequemlichkeit. ～な bequem; behaglich; gemächlich. ～な椅子 der [Lehn]sessel. ～死 die Euthanasie.
あんりゅう 暗流 die Unterströmung -en.
あんるい 暗涙にむせぶ im Stillen weinen.

い

い 胃 der Magen -s, ¨. ～が悪い magenkrank (magenleidend) sein*. ～が痛い Ich habe Magenschmerzen. / Der Magen tut mir weh. ～カメラ die Gastrokamera. ～アトニー die Magenatonie. ～カタル der Magenkatarr[h]. ～癌 der Magenkrebs.
い 異を唱える einen Einwand machen (erheben*) (gegen 4格).
い 意・を決する sich entschließen* (zu 3格). ～を迎える sich jm. schmeichlerisch an|passen. ～を用いる sorgen 《für 4格》. ～に介しない sich nicht kümmern 《um 4格》. ～のまにまに jm. zu Gebote (zur Verfügung) stehen*. ～を強くする sich ermutigt fühlen. これは私の～に満たない Ich bin damit unzufrieden.
い 藺 [植] die Binse -n.
いあつ 威圧・する ein|schüchtern. ～的 einschüchternd.
いあわせる 居合わせる gegenwärtig (zugegen; anwesend) sein* 《bei 3格》. その場に～dabei sein*; [gerade] da sein*. 居合わせない abwesend (nicht gegenwärtig) sein* 《3格》. 居合わせた人々 die Anwesenden* pl.
いあん 慰安 der Trost -es; [楽しみ] die Unterhaltung -en; [休養] die Erholung. ～のために zur Erholung. ～旅行 die Erholungsreise.
いい 善(良)い gut; schön. ～人 guter (netter) Mensch. ～男 schöner (hübscher) Mann. ～機会 günstige Gelegenheit. ～天気 schönes (klares; herrliches) Wetter. ～時に rechtzeitig / zur rechten Zeit. …しても～ dürfen*; können*. あなたはここに残った方が～ Sie täten besser daran, hier zu bleiben. ～よい.
いい 易易と mühelos.
いい 唯唯 ¶命令に～諾諾として従う sich an eine Anordnung sklavisch halten*.
いいあい 言い合い der Zank -[e]s; der Wortstreit -s, -e. ～する sich mit jm. zanken 《über (um) 4格》. 激しい～を始める mit jm. in einen heftigen Wortwechsel geraten*(s).
いいあてる 言い当てる [er]raten*.
いいあやまり 言い誤り der Versprecher -s, -.
いいあやまる 言い誤る sich versprechen*.
いいあらわす 言い表わす aus|drücken; zum Ausdruck bringen*. 自分の気持(考え)を～ sich aus|drücken. 言い表わし方 die Ausdrucksweise.
いいあわせる 言い合わせる → 申し合わせる.
いいえ [否定の答] Nein; [肯定の答] Doch. ～、結構です Nein, danke! 多分私をご存じではないでしょう？ — ～、存じあげています Sie kennen mich wohl nicht? Doch, ich kenne Sie.
いいおく 言い置く → 言い残す.
いいおくる 言い送る mit|teilen; [手紙で] schreiben*.
いいおとす 言い落とす aus|lassen*; vergessen*, et. zu sagen.
いいがい 言い甲斐がない ¶彼にはこれ以上何を言っても～ない Bei ihm ist jedes weitere Wort verschwendet.
いいかえす 言い返す [繰り返す] wiederholen; [答える] erwidern; [口答えする] jm. widersprechen*.
いいかえる 言い換える mit anderen Worten sagen; anders aus|drücken. ～と mit anderen Worten (m.a.W.); das heißt (略: d. h.); anders ausgedrückt.
いいがかり 言い掛かりをつける an jm. etwas auszusetzen finden*; [喧嘩の] mit jm. an|binden*.
いいかける 言い掛ける an|fangen*, von et³. zu sprechen.
いいかげん 好い加減 [かなり] ziemlich. ～な大きさ passende Größe. ～な返事 unverantwortliche Antwort. ～に取り扱う leichtfertig behandeln. ～に聞く nur mit halbem Ohr zu|hören. 冗談も～にしろ Genug mit deinen Späßen!
いいかた 言い方 die Ausdrucksweise -n; der Ausdruck -s, ¨e.
いいかわす 言い交す [言葉を] Worte wechseln; [結婚の約束を] sich³ ewige Liebe schwören*; sich heimlich verloben.
いいき 好い気な [うぬぼれた] eitel; eingebildet; [のんきな] sorglos.
いいきかせる 言い聞かせる jm. et. raten*; jn. ermahnen 《zu 3格》; [或る事をしないように] jn. warnen 《vor 3格》.
いいきみ 好い気味だ Das geschieht ihm ganz

recht. / Das hat er verdient.
いいきる 言い切る [断言する] fest behaupten; versichern; leichtfertig.
いいぐさ 言い草 Worte *pl.* 彼の〜が気にくわない Seine Worte gefallen mir nicht. 何という〜だ Was du [nicht] sagst!
いいくるめる 言いくるめる *jn.* ein|wickeln. 黒を白だと〜 jm. ein X für ein U vor|machen. 彼は彼女を言いくるめて千ユーロを手に入れた Er hat ihr 1 000 Euro abgeschwatzt.
イージーゴーイング 〜な leichtsinnig; nachlässig; leichtfertig.
いいしれぬ 言い知れぬ unaussprechlich; unbeschreiblich. 〜悩み unsagbares Leid.
いいすぎ 言い過ぎ ¶…と言っては〜であろう Es würde zu weit gehen, zu sagen, dass … …と言っても〜ではない Es ist nicht zu viel gesagt, dass … / Man kann ohne Übertreibung sagen, dass …
イースター das Ostern -, -s.
イースト die Hefe -n.
イーゼル → 画架
いいそこなう 言い損なう sich versprechen*; sich im Sprechen irren.
いいそびれる 言いそびれる die Gelegenheit verpassen, *et.* zu sagen.
いいたす 言い足す hinzu|fügen; hinzu|setzen.
いいだす 言い出す äußern; [提案する] vor|schlagen; [伝言する] mit|teilen. 誰が言い出したのだ Wer hat es zuerst gesagt?
いいつかる 言い付かる beauftragt (betraut) werden*《mit 3格》. 《受》
いいつくす 言い尽くす alles sagen. 言い尽くせないほどの unsagbar; unaussprechlich. それは口では言い尽くせない Mit Worten kann ich es nicht ausdrücken.
いいつくろう 言い繕う beschönigen; bemänteln.
いいつけ 言い付け der Befehl -s, -e; der Auftrag -[e]s, ⸗e; die Anweisung -en. 或る人の〜で auf seinen Befehl [hin] / im Auftrag von *jm.* 〜を守る eine Anweisung befolgen.
いいつける 言い付ける befehlen*; *jn.* beauftragen (betrauen)《mit 3格》. 或る事(或る人の事)を先生に〜 *et.* dem Lehrer (*jn.* beim Lehrer) an|geben*.
いいつたえ 言い伝え [mündliche] Überlieferung -en; die Sage -n.
いいつたえる 言い伝える mündlich überliefern; [伝言する] mit|teilen. …と言い伝えられている Die Überlieferung sagt, dass …
いいなおす 言い直す [訂正する] sich verbessern; [言い換る] anders aus|drücken; umschreiben*; [繰り返す] wiederholen.
いいなか 好い仲 ¶二人は〜だ Die beiden sind ineinander verliebt.
いいなずけ 許嫁 der (die) Verlobte⸗. 〜になる sich mit *jm.* verloben.
いいならわし 言い習わし gebräuchliche Redensart -en; [言い伝え] die Überlieferung -en.
いいなり 言い成り・になる nach *js.* Pfeife tanzen; *jm.* aus der Hand fressen*. その少年はなんでも母親の〜だ Der Junge tut alles, was seine Mutter sagt.
いいにくい 言い難い ¶それは〜 Das ist schwer zu sagen. / Ich wage nicht, das zu sagen. 言い難そうに zögernd; stockend.
いいね 言い値 verlangter Preis -es, -e.
いいのがれ 言い逃れ die Ausrede -n; der Vorwand -es, ⸗e.
いいのがれる 言い逃れる sich aus|reden; Ausrede finden*.
いいのこす 言い残す *jm.* (für *jn.*) eine Nachricht hinterlassen*; [言い落す] aus|lassen*.
いいはる 言い張る bestehen*《auf 3格 (4格)》; behaupten.
いいひと 好い人 guter (gutmütiger) Mensch -en, -en; [愛人] der (die) Geliebte⸗.
いいひらき 言い開きをする sich vor *jm.* rechtfertigen; *jm.* Rechenschaft ab|legen (geben)《über 4格》《von 3格》.
いいふくめる 言い含める *jm. et.* ein|prägen; *jn.* ermahnen《zu 3格》.
いいふらす 言い触らす bekannt machen; verbreiten. あいつは好い加減なことを〜奴だ Er ist ja ein Klatschmaul!
いいふるされた 言い古された veraltet; abgedroschen.
いいぶん 言い分・がある etwas zu sagen haben*《zu 3格》. 両者の〜を聴く beide Parteien hören.
いいまぎらす 言い紛らす zweideutig reden; Ausflüchte machen (gebrauchen).
いいまちがい 言い間違い der Versprecher -s, -. 〜をする sich versprechen*.
いいまわし 言い回し die Ausdrucksweise -n; der Ausdruck -s, ⸗e; die Redewendung -en.
イーメール [電算] die E-Mail ['i:me:l] -s. 〜で送る emailen. 〜を送る an *jn.* eine E-Mail senden. 〜アドレス die E-Mail-Adresse.
イーユー die EU.
いいよう 言い様・のない[ほど] unaussprechlich; unbeschreiblich. 〜がない Das lässt sich nicht beschreiben. / Ich finde keine Worte dafür.
いいよる 言い寄る *jm.* den Hof machen; *jn.* umwerben*.
いいわけ 言い訳 die Entschuldigung -en; die Rechtfertigung -en. 〜をする sich bei *jm.* entschuldigen; sich *jm.* rechtfertigen. 或る事の〜に als (zur) Entschuldigung《für 4格》. それが彼の振舞の〜にはならない Das entschuldigt sein Betragen nicht.
いいわたし 言い渡し [判決の] die Verkündung -en.
いいわたす 言い渡す mit|teilen; [命ずる] befehlen*. 判決を〜 ein Urteil verkünden (aus|sprechen*). 死刑を〜 *jn.* zum Tode verurteilen. 命令を〜 *jm.* einen Befehl erteilen.
いいん 医院 die Klinik -en; das Kranken-

haus -*es*, ⸚*er*.

いいん 委員 das Ausschussmitglied (Komiteemitglied) -*s*, -*er*; 〔政府任命の〕der Kommissar -*s*, -*e*. ～会 der Ausschuss; das Komitee; die Kommission. ～長 der Vorsitzende# [eines Ausschusses]. ～に選ぶ *jn.* in den Ausschuss wählen.

いう 言う sagen; sprechen*. 礼を～ *jm.* Dank sagen. 人の事をよく(悪く)～ von *jm.* gut (schlecht) sprechen*. 彼はそれに満足だと～ Er sagt, er sei damit zufrieden. それは本当だと～ Er gibt das für wahr aus. 彼はしなかったと～ Er behauptet, es nicht getan zu haben. / Er will es nicht getan haben. 彼は死んだと～ことだ Man sagt, er sei gestorben. / Er soll gestorben sein. ～は易く行うは難し Das ist leichter gesagt als getan. 彼によろしく言ってください Grüßen Sie ihn bestens von mir! それはドイツ語でなんと～か Wie heißt es (Wie sagt man es) auf Deutsch? 彼はアダムと～ Er heißt Adam. アダムと～男 ein Mann namens Adam. 君は何を言おうとしているのか Was meinst du damit? 彼女はかわいいとは言えるが美人とは言えない Man kann sie wohl hübsch, aber nicht schön nennen. 実を～と [um] die Wahrheit zu sagen. 私について言えば was mich betrifft. 言わば sozusagen; gleichsam. …ところから so genannt. ～までもなく natürlich; freilich; selbstverständlich. …は～までもない Es versteht sich von selbst, dass … ～に言われぬ unbeschreiblich. ～に足りない nichts sagend; unbedeutend. ～ことを聞く *jm.* gehorchen. ～ことを聞かぬ *jm.* ungehorsam sein*.

いえ 家 das Haus -*es*, ⸚*er*; 〔住まい〕die Wohnung -*en*; 〔家庭〕die Familie -*n*; das Heim -*s*, -*e*. ～にいる zu Hause sein*. ～に帰る nach Hause gehen* (fahren*) (*s*). ～を持つ sich[3] ein eigenes Heim gründen.

いえがら 家柄が良い aus guter Familie sein*.
いえき 胃液 der Magensaft -[*e*]*s*, ⸚*e*.
いえじ 家路に就く den Heimweg an|treten*; sich auf den Heimweg machen.
イエス ja; jawohl. ～と言う ja sagen 《zu 3格》. ～マン der Jasager.
イエス・キリスト Jesus Christus *Jesu Christi*, *Jesu Christo* (--), *Jesum Christum* (--).
イエズス ～会士 der Jesuit -*en*, -*en*; jesuitisch. ～会 der Jesuitenorden.
いえで 家出·する seine Familie (sein Haus) verlassen*; von zu Hause aus|reißen*(*s*). ～人 der Ausreißer.
いえども 雖も ¶子供と～ selbst ein Kind. 彼老いたりと～ Wenn er auch alt ist, …
いえなみ 家並み die Häuserreihe -*n*. ～に in (vor) jedem Haus[e].
いえやしき 家屋敷 Haus und Hof.
いえる 癒える genesen*(*s*); heilen (*s*). 彼は病が癒えた Er ist von seiner Krankheit genesen. 傷が癒えた Die Wunde ist geheilt.
いえん 胃炎 die Magenschleimhautentzündung -*en*; die Gastritis ..*tiden*.
いおう 硫黄 der Schwefel -*s*; das Sulfur -*s*. ～の schweflig. ～泉 das Schwefelbad.
いおとす 射落す herunter|schießen*; herab|schießen*.
いおり 庵 die Einsiedelei -*en*; die Klause -*n*.
イオン das Ion -*s*, -*en*. 陽(陰)～ positives (negatives) Ion. ～化 die Ionisation. ～化する ionisieren. ～交換 der Ionenaustausch.
いか 以下 unter 《3格》; weniger als. 6歳～の子供たち Kinder unter 6 Jahren; [6歳を含めて] Kinder von 6 Jahren und darunter. 仕入値～で weniger als der Einkaufspreis. 10ポンド～ weniger als 10 Pfund. それは5ユーロ～ではない Das kostet nicht weniger als 5 Euro. ～次号 Fortsetzung folgt.
いか 医科 medizinisches Fach -*es*; 〔医学部〕medizinische Fakultät. ～大学 medizinische Hochschule.
いか 烏賊 der Tintenfisch -*es*, -*e*.
いか 異化 die Dissimilation -*en*; 〔劇〕die Verfremdung -*en*.
いが 毬 stachlige Fruchtschale -*n*; die Klette -*n*.
いかい 位階 der Rang -*es*; die Rangordnung -*en*; die Rangstufe -*n*. ～を進める *jn.* zu einer höheren Rangstufe befördern. ～勲等 die Hofrangordnung und Ordensstufe.
いがい 以外 außer 《3格》; ausschließlich 《2格》. 私～は皆 alle außer mir. 霧の時～は außer bei Nebel; außer wenn es neblig ist. 金曜日～は毎日 täglich ausschließlich des

いえ 家

1 門扉 der Torflügel
2 インターホン das Haustelefon
3 郵便受け der Briefkasten
4 表札 das Namensschild
5 カーテン der Vorhang
6 バルコニー der Balkon
7 竪樋 das Regenabfallrohr
8 軒樋 die Traufrinne
9 窓 das Fenster
10 屋根 das Dach
11 破風 der Giebel
12 天窓 das Dachfenster
13 生垣 die Hecke
14 出窓 das Erkerfenster
15 車庫 die Garage
16 玄関のドア die Haustür

いきa 意外・な unerwartet; unvermutet. ～に[も] unerwartet; wider (über) Erwarten. ～に思う erstaunen (s) 《über 4 格》; sich verwundern 《über 4 格》. それは全く～だ Das habe ich gar nicht erwartet. / Das ist eine Überraschung für mich.

いがい 遺骸 die Leiche -n; der Leichnam -s, -e; die sterblichen Überreste pl.

いかいよう 胃潰瘍 das Magengeschwür -s, -e.

いかが 如何 wie; was. ご機嫌～ですか Wie geht es Ihnen? ご意見は～ですか Was ist Ihre Meinung? / Was sagen (meinen) Sie dazu? ～致しますか Was soll ich damit tun? / Was soll nun geschehen? イタリアは～でしたか Wie war es in Italien? 御一緒に散歩は～ですか Wie wäre es, wenn wir spazieren gingen?

いかがわしい zweifelhaft; fragwürdig; bedenklich; anrüchig.

いかく 威嚇 die [Be]drohung -en. ～する jm. drohen; bedrohen. ～的 drohend; bedrohlich; ～射撃 der Schreckschuss.

いがく 医学 die Medizin; die Heilkunde; medizinische Wissenschaft. ～の medizinisch; heilkundlich. ～部 medizinische Fakultät. ～生 der Medizinstudent; der Mediziner. ～博士 Doktor der Medizin (略: Dr. med.).

いかくちょう 胃拡張 die Magenerweiterung -en.

いかけや 鋳掛け屋 der Kesselflicker -s, -.

いかさま der Schwindel -s; die Mogelei -en. ～の schwindlerisch; falsch. ～師 der Schwindler; der Mogler. ～をする schwindeln; mogeln. ～賭博 falsches Spiel.

いかさよう 異化作用 die Dissimilation -en; 〖劇〗die Verfremdung.

いかす 生かす wieder beleben; wieder ins Leben rufen*. 知識を～ sein Wissen praktisch an|wenden(*). 生かしておく am Leben erhalten*.

いかす 〔なかなかいい〕klasse; toll; keck.

いかすい 胃下垂 die Magensenkung -en.

いかだ 筏 das Floß -es, ⸚e. ～に組む zu einem Floß vereinigen. ～師 der Flößer. ～流し die Flößerei.

いがた 鋳型 die [Guss]form -en. ～に流し込む in eine Form gießen*.

いかつい grob; 〔きびしい〕streng.

いかに 如何に wie; auf welche Weise; 〔認容〕wie auch. ～生くべきか Wie sollen wir leben? 彼が～強くても Wie stark er auch sein mag, ...

いかにも 如何にも wirklich; in der Tat. 君の言う事は～正しいが, しかし… Du hast zwar (wohl) Recht, aber ... ～いい眺めだ Was für eine herrliche Aussicht!

いがみあう 啀み合う gegeneinander feindlich gesinnt sein*; mit jm. Stunk haben*. 啀み合って暮らす wie Hund und Katze leben.

いかめしい 厳しい würdevoll; ernst; feierlich.

いかもの die Fälschung -en;〔芸術品の〕der Kitsch -[e]s. 彼は～食いで Er hat einen merkwürdigen Geschmack.

いかり 錨 der Anker -s, -. ～をおろす vor Anker gehen*(s). ～を上げる den Anker lichten. ～綱 das Ankertau.

いかり 怒り der Zorn -s; der Ärger -s;〔憤激〕die Wut. ～にまかせて vor Zorn. ～を抑える seinen Zorn unterdrücken. ～を買う js. Zorn auf sich ziehen*.

いかる 怒る sich ärgern 《über 4 格》; ärgerlich (zornig) werden*(s) 《über 4 格》. 烈火の如く～ von Wut entbrannt sein*. 肩を怒らせて歩く mit hohen Schultern gehen*(s).

いかれる ～は気が～ er ist verrückt. この時計はいかれている Diese Uhr ist kaputt. 彼は彼女にいかれている Er ist in sie vernarrt.

いかん 移管する jm. die Verwaltung 《von 3 格》übertragen*.

いかん 遺憾・な bedauernswert; bedauerlich. ～のない tadellos. ～ながら zu meinem Bedauern; leider. ～の意を表する sein Bedauern äußern 《über 4 格》. 私は～に思う Ich bedaure, dass ... / Es ist schade (Es tut mir Leid), dass ...

いかん 依願退職する auf eigenes Ersuchen hin entlassen werden*(s 受).

いがん 胃癌 der Magenkrebs -es.

いかんせん leider.

いかんとも 如何ともし難い Es ist nichts zu machen. / Das ist nun einmal nicht anders.

いき 息 der Atem -s;〔吐く息〕der Hauch -[e]s. ～をする atmen. ～を吸う ein|atmen. ～を吐く aus|atmen. ～をつく Atem holen (schöpfen). ～もつかずに ohne Atem zu schöpfen. ひと～に in einem [Atem]zug. ～がはずむ keuchen. ～を切らす den Atem verlieren*; außer Atem kommen*(s). ～を切らして außer Atem; atemlos. ～を止める den Atem an|halten*. ～を殺して mit verhaltenem Atem. ～を呑むような atem[be]raubend. その美しさに～を呑む思いであった Die Schönheit verschlug mir fast den Atem. ～が詰る ersticken (s). ～の詰るような beklemmend. ～を引きとる die letzten Atemzüge tun*; den letzten Hauch von sich[3] geben*; seinen Geist aus|hauchen. ～を吹き返す wieder zu sich[3] kommen*(s). 彼は～が絶えた Ihm ging der Atem aus.

いき 粋な fein; elegant; schick.

いき 域 ¶素人の～を越える über die Grenze des Dilettantismus hinaus|gehen*(s).

いき 生きのよい lebendig; frisch.
いき 意気・阻喪する den Mut verlieren*. ～消沈して entmutigt; niedergeschlagen. ～揚揚として in gehobener Stimmung. ～投合する sich mit *jm.* gut verstehen*.
いき 遺棄 ¶嬰児～ die Kindesaussetzung.
いぎ 異議 der Einwand *-es*, ¨*e*. ～を唱える Einwände erheben* (vor|bringen*; machen)《gegen 4格》. ～がない keine Einwände haben*; nichts einzuwenden haben*; nichts dagegen haben*. ～なく einstimmig.
いぎ 意義 die Bedeutung; der Sinn *-es*. ～のある bedeutsam; sinnvoll.
いきいきとした lebhaft; lebendig; frisch.
いきうつし 生き写し ¶彼は父に～だ Er ist das Ebenbild seines Vaters. / Er ist seinem Vater wie aus dem Gesicht geschnitten.
いきうめ 生き埋めにする *jn.* lebendig begraben*.
いきおい 勢い die Kraft *-e*; die Energie; 〔はずみ〕der Schwung *-[e]s*. 風の～ die Stärke des Windes. ～のよい kräftig; energisch; schwungvoll. ～よく燃える lichterloh brennen*. ～よく叩く kräftig (energisch) klopfen. ～よく車を走らす mit großer Geschwindigkeit fahren*(*s*). ボールを～をつけて投げ上げる den Ball mit Schwung hoch|schleudern. 酒の～で unter dem Einfluss des Alkohols. ～の赴くところ im natürlichen Lauf der Dinge.
いきおいこんで 勢い込んで mit [großem] Eifer.
いきがい 生き甲斐 ¶子供が彼女の～だ Die Kinder sind ihr Lebensinhalt. ～のある生活をする ein lebenswertes Dasein führen.
いきかえる 生き返る wieder zum Leben kommen*(*s*); 〔気絶から〕wieder zu sich³ (zum Bewusstsein) kommen*(*s*).
いきかた 生き方 die Lebensweise *-n*.
いきぎれ 息切れがする kurzatmig sein*; 〔喘ぐ〕keuchen.
いきぐるしい 息苦しい erstickend; stickig. ～ほど暑い erstickend heiß.
いきごみ 意気込み der Eifer *-s*; die Leidenschaft *-en*; der Schwung *-[e]s*; der Elan *-s*. 大変な～で mit großem Eifer (Schwung; Elan); leidenschaftlich.
いきごむ 意気込む eifrig sein*.
いきさつ 経緯 der Vorgang *-es*, ¨*e*; die [Vor]geschichte; 〔事情〕Verhältnisse *pl*.; Einzelheiten *pl*.
いきじごく 生き地獄 die Hölle auf Erden.
いきじびき 生き字引 wandelndes (lebendes) Lexikon *-s*, ..*ka*.
いきせききって 息せき切って atemlos; keuchend.
いきち 生き血 das Blut *-es*; der Lebenssaft *-[e]s*, ¨*e*. ～を吸う *jm.* das Blut aus|saugen*(*s*).
いきづかい 息遣い das Atmen *-s*. ～が荒い heftig atmen; schnaufen.
いきつぎ 息継ぎをする Atem holen; 〔休憩する〕eine Pause machen; [sich] aus|ruhen.
いきづまる 息詰まる・ような暑さ erstickende Hitze. ～ような静けさ erdrückende Stille. ～ような熱戦 hoch gespannter Wettkampf. ～ような瞬間 packender Moment.
いきどおる 憤る sich entrüsten《über 4格》. 憤って entrüstet.
いきながらえる 生き長らえる am Leben bleiben*(*s*).
いきなり plötzlich; unerwartet. ～本題に入る ohne Umschweife zur Sache kommen*(*s*). 彼は～首になった Er wurde fristlos entlassen.
いきぬき 息抜き〔通気孔〕das Luftloch *-[e]s*, ¨*er*; 〔休憩〕die Erholung; die Ruhe. ～をする [sich] aus|ruhen《von 3格》; eine Pause machen.
いきぬく 生き抜く ¶困難な時代を～ die schwere Zeit durchleben.
いきのこり 生き残り der Überlebende*.
いきのこる 生き残る ¶戦争に～ den Krieg überleben.
いきのね 息の根をとめる *jm.* den Garaus machen.
いきのびる 生き延びる〔長生きをする〕lange leben; 〔生き残る〕*jn.* überleben; 〔命拾いをする〕dem Tode entgehen*(*s*). 彼女は夫より5年生き延びた Sie überlebte ihren Mann um 5 Jahre.
いきはじ 生き恥をさらす in Schande leben.
いきまく 息巻く vor Wut schäumen; 〔嚇す〕*jm.* drohen《mit 3格》.
いきもの 生き物 das Lebewesen *-s*, *-*; das Geschöpf *-[e]s*, *-e*; die Kreatur *-en*.
いきょう 異教〔キリスト教から見た〕das Heidentum *-s*; 〔異端〕die Ketzerei *-en*. ～の heidnisch; ketzerhaft. ～徒 der Heide; der Ketzer.
いきょう 異郷で暮らす in der Fremde leben.
いぎょう 偉業 die Großtat *-en*. ～を成し遂げる Großes leisten.
いぎょう 遺業 hinterlassene Arbeit (Tat) *-en*.
いきょく 医局 medizinisches Büro *-s*, *-s*. ～員 ärztliches Personal.
いきょく 委曲を尽して ausführlich; in allen Einzelheiten; erschöpfend.
イギリス England. ～の englisch. ～人 der Engländer.
いきりたつ auf|brausen (*s;h*); wütend hoch|fahren*(*s*).
いきる 生きる leben. 希望に～ in der Hoffnung leben. 仕事一筋に～ ganz seinem Beruf (für seinen Beruf) leben. 生きている am Leben sein*; lebendig sein*. ～か死ぬかの戦い ein Kampf auf Leben und Tod.
いきわかれ 生き別れになる sich von *jm.* auf Lebenszeit trennen.
いく 行く → ゆく.

いくい 居食する ein müßiges (untätiges) Leben führen; von seinem Vermögen leben.
いくえ 幾重・にも mehrfach. ～にもお礼を申し上げます Ich danke Ihnen vielmals.
いくえい 育英 die Erziehung. ～会 der Stipendiumsverein. ～資金 das Stipendium. ～事業 die Erziehungsarbeit.
いくさ 戦 der Krieg -es, -e. → 戦争.
いぐさ 藺草 die Binse -n.
いくじ 育児 die Kinderpflege. ～室 die Kinderstube. ～食 die Kindernahrung.
いくじ 意気地・のない feig[e]; mutlos; furchtsam; memmenhaft. ～なし der Feigling; die Memme.
いくせい 育成・する auf|ziehen*; groß|ziehen*; [養成する] aus|bilden; [助成する] fördern. ～品種 die Kulturrasse.
いくせん 幾千の人々 Tausende von Menschen. ～となく zu Tausenden.
いくた 幾多の viel; zahlreich.
いくつ 幾つ wie viel. ～かの einige; mehrere. 60～か einige sechzig. ～もの manch. 1000 円でりんごが～もらえますか Wie viel Äpfel bekommt man für 1 000 Yen? あなたはお～ですか Wie alt sind Sie? ～でも好きなだけお取りなさい Nehmen Sie so viel [wie] Sie wollen!
いくつき 幾月 wie viel Monate. ～か einige (mehrere; manche) Monate. ～も viele Monate; monatelang.
いくどうおん 異口同音に wie aus einem Munde.
いくにち 幾日 wie viel Tage; wie lange. ～か einige (mehrere; manche) Tage. ～も viele Tage. 今日は～ですか Den Wievielten haben wir heute?
いくにん 幾人 wie viel Menschen (Personen). 彼らの中の～が wie viel von ihnen. ご兄弟は～ですか Wie viel Brüder haben Sie? 彼らの中の～かは落第した Einige von ihnen sind durchgefallen.
いくねん 幾年 wie viel Jahre. ～か einige (mehrere; manche) Jahre. ～も viele Jahre; jahrelang.
いくばく 幾許・の wie viel. ～かの金 eine gewisse Summe Geld. その後～もなく bald darauf.
いくび 猪首 der Stiernacken -s, -. ～の stiernackig.
いくぶん 幾分 etwas; ein wenig; einigermaßen; gewissermaßen.
いくら 幾ら wie viel; wie hoch (lang; schwer). これは～ですか Was (Wie viel) kostet das? この山の高さは～か Wie hoch ist der Berg? 彼が～働いても彼ら有えず、… ～でもお飲みください Trinken Sie so viel [wie Sie wollen!
イクラ der Kaviar -s, -e.
いくらか 幾らか → 幾分.
いくらも 幾らも ¶それは～しない Das kostet nicht viel. …からまだ～経っていない Es ist noch nicht lange her, dass …
いくん 遺訓 hinterlassene Lehre -n.
いけ 池 der Teich -[e]s, -e; der Weiher -s, -.
いけい 畏敬 die Ehrfurcht. ～する vor jm. Ehrfurcht haben* (hegen).
いけいれん 胃痙攣 der Magenkrampf -s, ⸗e.
いけがき 生垣 die Hecke -n; lebender Zaun -[e]s, ⸗e. ～を巡らす et. mit einer Hecke umgeben*.
いけす 生け簀 das Fischgehege -s, -.
いけすかない abscheulich; widerlich; ekelhaft.
いけどり 生け捕り・にする gefangen nehmen*; [動物を] fangen*. ～になる gefangen genommen werden*(s受).
いけない [悪い] schlecht; schlimm; [有害な] schädlich. ～奴 schlechter Kerl. 健康に～ der Gesundheit schädlich sein*. ここで喫煙しては～ Man darf hier nicht rauchen. 盗みをしては～ Du sollst nicht stehlen.
いけにえ 生け贄 das Opfer -s, -. ～を捧げる ein Opfer dar|bringen*. → 犠牲.
いけばな 生け花 das Ikebana [ike'ba:na] -[s]; das Blumenarrangement -s; das Blumenstecken -s.
いける [埋める] vergraben*. 火を～ lebendige Kohle mit Asche bedecken.
いける 生ける ¶花瓶に花を～ Blumen in eine Vase stellen (ordnen).
いける 行ける ¶このワインは～ Der Wein lässt sich trinken. / Den Wein kann man trinken.
いけん 意見 die Meinung -en; die Ansicht -en; [忠告] der Rat -[e]s, -schläge; [諫(いさ)め] die Ermahnung -en; die Warnung -en. 少数～ die Meinung der Minorität. ～を述べる sich äußern 《über 4格》; seine Meinung äußern (vor|bringen*). 私の～では nach meiner Meinung (Ansicht); meiner Meinung (Ansicht) nach. 私は…の～だ Ich bin der Meinung, dass … ～を容れる js. Rat an|nehmen*; js. Rat folgen. ～する [忠告する] jm. raten*; [諫める] jn. ermahnen 《zu 3格》; jn. warnen 《vor 3格》.
いけん 違憲 der Verfassungsbruch -s, ⸗e. ～の verfassungswidrig.
いげん 威厳 die Würde; die Majestät. ～のある würdig; würdevoll; majestätisch. ～のない würdelos. ～を損なる sich³ etwas vergeben*. ～をもって mit Würde.
いご 以後 nach 《3格》; [今後] von nun an; künftig. 午後 3 時～ nach 3 Uhr nachmittags. 世界大戦～ seit dem Weltkrieg. 今日～ von heute an; ab heute. 3 月 1 日～ ab erstem (ersten) März. それ～ seitdem; danach.
いご 囲碁 das Go; das Go-Spiel -s, -e.
いこい 憩い die Ruhe. ～の場所 der Ruheplatz.
いこう 憩う ruhen.
いこう 以降 → 以後. 17 世紀～ seit dem 17.

いこう Jahrhundert. 本日~ von heute an; ab heute.
いこう 威光 die Autorität; der Einfluss -es, ¨e. 親の~ elterliche Autorität.
いこう 移行 der Übergang -[e]s, ¨e; die Überleitung -en. ~する über|gehen*(s)(über|leiten) (zu 3格).
いこう 移項 〖数〗die Umsetzung -en. ~する um|setzen.
いこう 偉功 glänzendes (hervorragendes) Verdienst -[e]s, -e.
いこう 意向 die Absicht -en. ~を漏らす seine Absichten verraten*. ~を探る js. Absicht erkunden. この規則は撤廃する~だ Man hat die Absicht, das Gesetz abzuschaffen.
いこう 遺稿 der Nachlass -es, -e.
いこく 異国 die Fremde; das Ausland -es. ~の fremd. ~人 der Fremde*; der Ausländer. ~風の exotisch. ~情緒 die Exotik.
いごこち 居心地・のよい behaglich; bequem; gemütlich; 〔住み心地のよい〕wohnlich. ~の悪い unbehaglich; unbequem. ~はどうですか Wie gefällt es Ihnen hier? ここは大変~がよい Es ist hier recht gemütlich.
いこじ 依怙地な starrsinnig; hartnäckig.
いこつ 遺骨 die Gebeine [eines Toten] pl.
いこむ 鋳込む in eine Form gießen*.
いこん 遺恨 der Groll -s. ~を抱く einen [alten] Groll gegen jn. hegen.
いざ nun denn; wohlan. ~という時は im Notfall (Ernstfall); wenn Not am Mann ist. ~という時のために für den Notfall. …は~知らず abgesehen von 《3格》.
いさい 委細 Einzelheiten pl.; Näheres#. ~面談 Die Einzelheiten wollen wir persönlich abmachen. ~構わず mir nichts, dir nichts.
いさい 異彩を放つ sich hervor|tun*; sich aus|zeichnen; glänzen.
いさお 勲 das Verdienst -[e]s, -e. →功績.
いさかい 諍い der Zank -[e]s; der Streit -[e]s. ~をする sich mit jm. zanken (streiten*) 《über (um) 4格》.
いざかや 居酒屋 die Kneipe -n; die Schenke -n.
いさぎよい 潔い(く) mannhaft; tapfer; aufrichtig. 潔いとしない zu stolz sein*, [um] et. zu tun; es [für] unter seiner Würde halten*, et. zu tun.
いさく 遺作 nachgelassenes (hinterlassenes) Werk -es, -e.
いざこざ der Zwiespalt -[e]s; die Uneinigkeit -en; der Streit -[e]s.
いささか 些か ein wenig; ein bisschen; etwas.
いざない 誘い die Einladung -en.
いざなう 誘う jn. ein|laden* (verführen) 《zu 3格》.
いさましい 勇ましい tapfer; mutig; 〔活発な〕lebhaft. ~音楽 aufmunternde Musik.
いさむ 勇む ¶勇んで munter; in gehobener Stimmung.
いさめ 諫め die Ermahnung -en; die Warnung -en; 〔忠告〕der Rat -[e]s, -schläge.
いさめる 諫める jn. ermahnen 《zu 3格》; warnen 《vor 3格》; jm. raten*. 諫めて思い止まらせる jm. ab|raten* 《von 3格》.
いさりび 漁り火 das Feuer der Fischerboote.
いさん 胃酸 die Magensäure. ~過多 die Hyperacidität.
いさん 遺産 die Erbschaft -en; das Vermächtnis -ses, -se; das Erbe -s. ~を相続する eine Erbschaft an|treten*. ~相続 die Erbfolge. ~相続税 die Erbschaft[s]steuer. ~相続人 der Erbe.
いし 石 der Stein -es, -e; 〔小石〕der Kiesel -s, -; 〔河原石〕das Geröll -s, -e. ~の steinern. ~だらけの steinig. ~にかじりついても es koste, was es wolle.
いし 医師 der Arzt -es, ¨e. ~会 die Ärztekammer. ~免許状 ärztliches Diplom. ~国家試験 ärztliches Staatsexamen. ~法 das Ärztegesetz.
いし 意志(思) der Wille -ns. ~を通す seinen Willen durch|setzen. ~力 die Willenskraft. ~の強い willensstark. ~の弱い willensschwach. ~の疎通を計る sich miteinander verständigen. 自由~で aus freiem Willen; freiwillig. ~表示 die Willenserklärung.
いし 遺志 der Wille des Verstorbenen. 亡父の~である Es ist des verstorbenen Vaters Wunsch und Wille.
いし 縊死する sich erhängen.
いじ 意地 der Eigensinn -[e]s. ~の悪い boshaft. ~汚い geizig; 〔飲食の〕gefräßig. ~っぱりの eigensinnig; hartnäckig. ~になって eigensinnig; widerspenstig. ~を張る steif auf seinem Sinn beharren; auf seinem Kopf bestehen*. ~を通す seinen Willen durch|setzen.
いじ 維持 die [Aufrecht]erhaltung. ~する [aufrecht]erhalten*. 平和を~する den Frieden erhalten*. 一家の生計を~する seine Familie ernähren. ~費 Erhaltungskosten pl.
いじ 遺児 hinterlassenes Kind -es, -er; die Waise -n.
いしあたま 石頭 der Dickkopf -es, ¨e. ~の dickköpfig.
いしがき 石垣 die [Stein]mauer -n.
いしかべ 石壁 die Steinwand -¨e.
いしき 意識 das Bewusstsein -s; die Besinnung. 罪の~ das Schuldbewusstsein. ~的 bewusst; absichtlich. 無~の unbewusst. ~する(している) sich³ bewusst werden* (sein*) (s) 《2格》. ~を失う das Bewusstsein verlieren*; ohnmächtig werden*(s). ~を回復する das Bewusstsein wieder|erlangen; wieder zur Besinnung (zu sich³) kommen*(s). ~不明 die Bewusstlosigkeit. ~不明の bewusstlos; ohnmächtig. ~の混濁 die Bewusstseinstrü-

いしきりば 石切場 der Steinbruch -s, ¨e.
いしく 石工 der Steinmetz -en, -en; der Steinhauer -s, -.
いじける verkümmern (s). いじけた verkümmert.
いしずえ 礎〔礎石〕der Grundstein -[e]s, -e; 〔基礎〕die Grundlage -n.
いしだたみ 石畳 das Steinpflaster -s, -.
いしだん 石段 die Steintreppe -n.
いしつ 異質の heterogen; fremd.
いしつ 遺失・する verlieren*; vergessen*. ～物 die Fundsache. ～物取扱所 das Fundbüro.
いしづくり 石造りの steinern; aus Stein.
いしばい 石灰 der Kalk -s, -e.
いしばし 石橋 die Steinbrücke -n. ～を叩いて渡る auf Nummer Sicher gehen*(s); übervorsichtig sein*.
いしぶみ 碑 steinernes Denkmal -s, ¨er; der Gedenkstein -[e]s, -e.
いしぼとけ 石仏 steinernes Buddhabild -[e]s, -er.
いじめる 苛める quälen; plagen; schinden(*).
いしゃ 医者 der Arzt -es, ¨e; 〔俗〕der Doktor -s, -en. ～を呼ぶ den Arzt rufen (holen). ～を呼びにやる den Arzt rufen (holen) lassen*. ～に見てもらう sich ärztlich (von einem Arzt) untersuchen lassen*. ～にかかっている in ärztlicher Behandlung stehen*.
いしゃ 慰藉 der Trost -es. ～料 das Schmerzensgeld.
いしゃ 石屋 der Steinhändler -s, -; 〔石工〕der Steinmetz -en, -en.
いじゃく 胃弱である einen schwachen Magen haben*.
いしゅ 異種・の artverschieden; 《生》artfremd. ～交配 die Kreuzung.
いしゅう 異臭 der Gestank -s; übler Geruch -s, ¨e. ～のある stinkend. ～を放つ stinken*; übel riechen*.
いじゅう 移住 die Übersied[e]lung -en; 〔国外へ〕die Auswanderung -en; 〔国外から〕die Einwanderung -en. ～する über[]siedeln (s); aus|wandern (s); ein|wandern (s). ～民 der Auswanderer, der Einwanderer.
いしゅがえし 意趣返しをする sich an jm. rächen《für 4格; wegen 2格》.
いしゅく 畏縮・させる ein|schüchtern. ～する eingeschüchtert sein*.
いしゅく 萎縮・する [ein]schrumpfen (s). ～腎 die Schrumpfniere.
いしゅつ 移出 die Ausfuhr. ～する aus|führen.
いじゅつ 医術 die Heilkunde.
いしょ 医書 medizinisches Buch -es, ¨er.
いしょ 遺書 das Testament -[e]s, -e. ～をしたためる sein Testament machen.
いしょう 衣装 Kleider pl.; die Garderobe -n; 〔特定の〕die Tracht -en; das Kostüm -s, -e. ～をつける die Kleider an|ziehen*. ～持ちである viel Garderobe haben*. 民族～ die Volkstracht. 道化師の～ das Kostüm des Clowns. 花嫁～ das Brautkleid. 馬子にも～ Kleider machen Leute. ～方 der Garderobier. ～戸棚 der Kleiderschrank; der Garderobeschrank.
いしょう 意匠 das Muster -s, -; das Dessin -s, -s. 登録～ das Geschmacksmuster. ～登録 die Eintragung in das Musterregister. ～権 das Geschmacksmusterrecht.
いじょう 以上 über《4格》; mehr als. 半分～ über (mehr als) die Hälfte. 予想～に über Erwarten. それは私の力～です Das geht über meine Kräfte. もう 1 年～になる Es ist schon ein Jahr und darüber [her]. ～述べた如く wie oben [erwähnt]. 一度口にした～は Da ich es einmal gesagt habe, ... 2 年～3 年未満 zwei bis unter drei Jahre.
いじょう 委譲する jm. (an jn.) et. ab|treten*(übertragen*).
いじょう 異状 die Störung -en; die Unordnung; 〔変化〕die Veränderung -en. ～がある nicht in Ordnung sein*. 精神に～がある geistig gestört (geistesgestört) sein*. どこにも～がない Alles ist in Ordnung.
いじょう 異常な ungewöhnlich; außergewöhnlich; abnorm.
いしょく 衣食 Nahrung und Kleidung; 〔生計〕das Auskommen -s; der Lebensunterhalt -s. ～住 Nahrung, Kleidung und Wohnung. ～に事欠かぬ ein gutes Auskommen haben*. ～足って礼節を知る Wohlgenährt, wohlerzogen.
いしょく 委嘱する jn. beauftragen《mit 3格》; jm. einen Auftrag geben*.
いしょく 異色の originell; eigenartig.
いしょく 移植・する um|pflanzen; verpflanzen. 皮膚を～する jm. eine Haut transplantieren.
いじらしい rührend; 〔かわいそうな〕mitleiderregend.
いじる 弄る mit den Händen (Fingern) berühren; betasten; 〔もてあそぶ〕spielen《mit 3格》.
いしわた 石綿 der Asbest -s, -e.
いじわる 意地悪 die Boshaftigkeit; 〔人〕boshafter Mensch -en, -en. ～女 alte Katze. ～な boshaft; hämisch. ～をする jm. boshaft sein*. ～を言う gehässige Bemerkungen machen.
いしん 威信 das Prestige -s; die Würde. ～にかかわる問題 die Prestigefrage. ～を失う [an] Prestige verlieren*; sich³ etwas vergeben*.
いしん 維新 ¶明治～ die Meiji-Restauration.
いじん 異人 der Fremde#; der Ausländer -s, -.
いじん 偉人 großer Mann -es, ¨er; großer Geist -es, -er.

いしんでんしん 以心伝心 Wo Verstand ist, braucht es nicht viel Worte.
いす 椅子 der Stuhl -[e]s, ⸚e;〔地位〕die Stelle -n. 大臣の〜 der Ministersessel.
いすう 異数の ungewöhnlich; beispiellos.
いすか〖動〗der Kreuzschnabel -s, ⸚.
いずまい 居住いを正す sich aufrecht (gerade) setzen.
いずみ 泉 die Quelle -n; der Brunnen -s, -.
イスラエル Israel. 〜国の israelisch. 〜民族の israelitisch. 〜人〔国民〕der Israeli;〔民族〕der Israelit.
イスラム 〜教 der Islam. 〜教の islami[ti]sch; mohammedanisch. 〜教徒 der Islamit; der Mohammedaner.
いずれ → どれ.〔どうせ〕jedenfalls;〔そのうち〕bald; in kurzem.
いすわる 居座る sitzen bleiben*(s). 地位に〜 in seiner Stellung verbleiben*(s).
いせい 以西 westlich von《3格》.
いせい 威勢・のいい munter; lebhaft; schwungvoll. 〜をつける jn. beleben; jn. auf|muntern. 飲んで〜をつける sich³ Mut an|trinken*.
いせい 異性 anderes Geschlecht -s;〖化〗die Isomerie. 〜〔化〕isomer. 〜愛 die Heterosexualität.
いせい 遺精 die Pollution -en.
いせいしゃ 為政者 der Staatsmann -[e]s, ⸚er.
いせえび 伊勢蝦 die Languste -n.
いせき 遺跡 die Ruine -n; Überreste pl.
いせつ 異説 andere Meinung -en; andere Lehre -n. 〜を立てる eine andere Lehre auf|stellen.
いせん 緯線 der Breitenkreis -es, -e.
いぜん 以前・に früher; ehemals. 〜の früher; ehemalig; vorig. 〜から von früher her. 二三年〜に vor einigen Jahren. ずっと〜に lange vorher. ずっと〜から schon längst; seit langem. 彼が帰る〜に Bevor er zurückkommt, ... 〜の通りに wie vorher (früher).
いぜん 依然として noch immer; nach wie vor; wie sonst. 彼の運命は〜として謎である Sein Schicksal bleibt ein Rätsel.
いそ 磯 die Felsenküste -n.
いそいそ 〜と fröhlich; munter;〔熱心に〕eifrig.
いそう 位相 die Phase -n. 〜幾何学 die Topologie.
いぞう 遺贈 das Vermächtnis -ses, -se. 〜する vermachen.
いそうがい 意想外の unerwartet; unvermutet.
いそうろう 居候 der Schmarotzer -s, -. 〜する jm. schmarotzen.
いそがしい 忙しい sehr (viel) beschäftigt sein*《mit 3格》; viel zu tun haben*; in Anspruch genommen sein*《von 3格》. 彼は新しい仕事で〜 Seine neue Arbeit nimmt ihn ganz in Anspruch.

いそがす 急がす jn. zur Eile an|treiben*; jn. drängen.
いそぎ 急ぎ・の dringend; eilig. 〜の用事 eilige Angelegenheit. 大〜で in größter (aller) Eile. 〜足で mit schnellen (eiligen) Schritten.
いそぎんちゃく 磯巾着 die Aktinie -n; die Seeanemone -n.
いそぐ 急ぐ eilen (s; h). 帰りを〜 nach Hause eilen (s). 心配のため道を〜 Die Angst beschleunigt meine Schritte. 仕事を〜 sich mit der Arbeit beeilen. この件は急がない Die Sache hat keine Eile. 急げ! [Mach] schnell! 急いで eilig; eilends;〔性急な〕hastig.
いぞく 遺族 Hinterbliebene* pl. 〜年金 die Hinterbliebenenrente.
いそしむ 勤しむ sich befleißigen《2格》; sich beschäftigen《mit 3格》; sich widmen《3格》.
イソップ Äsop. 〜風の äsopisch. 〜物語 Äsops Fabeln pl.
いそん 依存する ab|hängen* (abhängig sein*)《von 3格》.
いぞん 異存がある(ない) etwas (nichts) [einzuwenden] haben*《gegen 4格》.
いた 板 das Brett -es, -er;〔厚板〕die Planke -n;〔木・金属・石などの〕die Platte -n. 〜を張る et. tafeln;〔床板を〕et. dielen. 彼の教師ぶりは〜についている Er ist als Lehrer ganz in seinem Element.
いたい 痛い jm. weh|tun*. 頭(歯)が〜 Der Kopf (Zahn) tut mir weh. / Ich habe Kopfweh (Zahnschmerzen). どこも痛くない Ich empfinde gar keinen Schmerz. 〜損害 schmerzlicher (schmerzhafter) Verlust. 〜目にあう schmerzliche Erfahrungen machen. 〜ところをつく jn. in seinem wunden (empfindlichen) Punkt treffen*. それが彼の〜ところだ Das ist ein wunder Punkt bei ihm. そんなことは痛くも痒くもない Das juckt mich überhaupt nicht.
いたい 遺体 die Leiche -n; der Leichnam -s, -e.
いだい 偉大な groß; hervorragend;〔巨大な〕kolossal; mächtig;〔堂堂たる〕großartig; stattlich.
いたいけな lieblich; zart.
いたいたしい 痛痛しい jämmerlich; erbärmlich.
いたがこい 板囲い der Bretterzaun -s, ⸚.
いたがね 板金 das Blech -[e]s, -e.
いたかべ 板壁 die Bretterwand ⸚e.
いたがみ 板紙 die Pappe -n; der Karton -s, -s.
いたガラス 板ガラス das Flachglas -es, ⸚er; die Glasscheibe -n.
いたがる 痛がる Schmerzen leiden*; über Schmerzen klagen. 痛がって泣く vor Schmerzen weinen.
いたく 委託 der Auftrag -[e]s, ⸚e. 〜する jm. et. auf|tragen* (an|vertrauen*); jn. kommittieren《zu 3格》. 商品の販売を〜する(商品

いだく 抱く ❧腕に～ in die Arme nehmen* (schließen*). 胸に希望を～ Hoffnungen [im Herzen] hegen.

いたけだか 居丈高に drohend; herrisch.

いたしかゆし 痛し痒し ❧子供がいるのも～だ Kinder sind kein reines Vergnügen.

いたじき 板敷･の gedielt. ～にする dielen.

いたす 致す ❧どう致しましょう Was soll ich tun? / Was soll nun geschehen? どう致しまして Bitte schön! / Keine Ursache! / Nichts zu danken!

いたずら 徒に vergebens; umsonst; 〔無為に〕müßig.

いたずら 悪戯 der Possen -s, -; der Schabernack -s, -e. ～をする jm. einen Possen (Streich) spielen. ～者 der Schelm. ～っ子 der Balg; unartiges Kind. ～書き das Gekritzel.

いただき 頂 der Gipfel -s, -.

いただく 戴く ❧雪を戴いた山 schneegekrönter Berg. ～ jn. zum Präsidenten haben. 有難く～ et. mit Dank erhalten*. お茶をもう1杯戴けませんか Darf ich Sie noch um eine Tasse Tee bitten? もう十分戴きました Nein, danke, ich bin schon satt (gesättigt).

いたたまれない ❧彼はそこにいたたまれなかった Er hatte dort die Hölle.

いたち 鼬 das Wiesel -s, -. ～ごっこ eine Schraube ohne Ende.

いたチョコ 板チョコ 1枚 eine Tafel Schokolade.

いたって 至って sehr; recht; äußerst.

いたで 痛手 schwere Wunde -n. ～を負う〔蒙る〕schwer verwundet werden*(s受); 〔大打撃〕einen harten Schlag bekommen*; 〔大損害〕schwere Verluste erleiden*.

いだてん 韋駄天のように走る Er läuft wie der Blitz (ein geölter Blitz).

いたのま 板の間 gedielter Raum -es, ⸚e.

いたばさみ 板挟みになっている sich in einem Dilemma befinden*; in der Klemme sitzen*.

いたばり 板張り･にする täfeln. 部屋の床を～する einen Raum dielen. ～の getäfelt; gedielt.

いたべい 板塀 der Bretterzaun -s, ⸚e.

いたまえ 板前 der Koch -[e]s, ⸚e.

いたましい 痛ましい jämmerlich; erbärmlich.

いたみ 痛み schwere Schmerzen -es, -en. 刺すような～ der Stich; stechender Schmerz. ～を感ずる Schmerzen fühlen (haben*).

いたみ 痛(傷)み 〔心の〕der Gram -s; 〔損傷〕der Schaden -s, ⸚; 〔腐敗〕die Fäulnis.

いたみいる 痛み入る jm. sehr verbunden sein* 《für 4格》.

いたむ 悼む trauern 《um 4格》; betrauern.

いたむ 痛む schmerzen; jm. weh|tun*. 頭が～ Der Kopf schmerzt mir (mich). / Der Kopf tut mir weh. / Ich habe Kopfweh. 胸がちくちく～ Es sticht mich in der Brust. / Ich habe Stechen in der Brust. 傷がひりひり～ Die Wunde brennt.

いたむ 傷む beschädigt (verletzt) werden*(s受);〔腐る〕verderben*(s). 傷みやすい〔leicht〕verderblich; empfindlich.

いためる 炒める braten*; rösten.

いためる 痛(傷)める verletzen; beschädigen. 手を～ sich an der Hand (sich³ die Hand) verletzen. 目を～ sich³ die Augen verderben*. 心を～ sich³ Sorgen machen 《um 4格》; sich grämen 《über (um) 4格》.

いたらぬ 至らぬ ❧それは私が～せいです Das liegt an meiner Unerfahrenheit.

イタリア Italien. ～の italienisch. ～人 der Italiener. ～語 das Italienische#.

イタリック die Italique; die Kursive -n; die Kursivschrift -en. ～にする in Kursivschrift setzen; kursiv drucken.

いたる 至る et. erreichen; an|kommen*(s) 《in 3格》; kommen*(s). 事ここに～ So weit ist es gekommen.

いたるところ 到る所 überall; weit und breit.

いたれりつくせり 至れり尽せり･の tadellos. そのホテルのサービスは～だった Der Service des Hotels ließ nichts zu wünschen übrig.

いたわる 労る zu jm. freundlich sein*; für jn. sorgen; 〔労をねぎらう〕jm. für seine Bemühungen danken.

いたん 異端 die Ketzerei -en. ～の ketzerhaft; ketzerisch. ～者 der Ketzer.

いち 一 eins; 〔一つの，或る〕ein. ～かハ(⁸⁄₉)か alles oder nichts. ～かハかやってみよう Lassen wir es darauf ankommen! ～にも二にも 彼は仕事仕事だ Das Erste und das Letzte ist bei ihm seine Arbeit. ～から十まで alles und jedes. ～も二もなく sofort; auf der Stelle.

いち 市 der Markt -[e]s, ⸚e. 毎月10日に～が立つ Am 10. jedes Monats wird Markt abgehalten. 門前～をなす von Besuchern überlaufen sein*.

いち 位置 die Lage -n; 〔場所〕die Stelle -n; 〔地位〕die Stellung -en. ～する liegen*; gelegen sein*. よい～にある eine gute Lage haben*. ～づけをする den Stellenwert 《2格》fest|legen. ～について，用意，どん Auf die Plätze, fertig, los!

いちい 一位を占める den ersten Rang ein|nehmen*; an erster Stelle stehen*.

いちい 水松 die Eibe -n.

いちいせんしん 一意専心 mit ganzer Seele; mit Leib und Seele.

いちいち 一一 im Einzelnen.

いちいん 一員 ein Mitglied (n.) -[e]s.

いちいんせい 一院制 das Einkammersystem -s.

いちおう 一応 〔一度〕einmal; 〔ひとまず〕vorläufig; 〔概して〕im Allgemeinen. いま～ noch einmal. ～目を通す et. überlesen*; et. über-

いちがい 一概・に言えない nicht einfach sagen können*. ～に悪いとも言えない Ich finde es nicht immer schlecht.
いちがつ 一月 der Januar -[s], -e (略: Jan.).
いちがん 一丸となって wie ein Mann; mit vereinten Kräften.
いちがん 一眼・の einäugig; monokular. ～レフ einäugige Spiegelreflexkamera.
いちぎてき 一義的 eindeutig.
いちげき 一撃・のもとに auf einen (mit einem) Schlag. ～を加える jm. einen Schlag (eins) versetzen (geben*).
いちげん 一元・的 einheitlich. ～化する vereinheitlichen. ～論〔哲〕der Monismus.
いちげんきん 一絃琴 einsaitiges Koto -s, -s.
いちご 苺 die Erdbeere -n.
いちご 一期・の思い出 die Lebenserinnerungen pl. 45歳を～として死ぬ sein Leben im Alter von 45 Jahren beschließen*.
いちご 一語一語 Wort für Wort.
いちごん 一言・する ein Wort sagen《von 3格》. ～にして言うと mit einem Wort. ～もない keine Entschuldigung vorzubringen wissen*. ～一句もおろそかにしない jedes Wort auf die Goldwaage legen.
いちざ 一座 die Anwesenden# pl.;〔芸人などの〕die Truppe -en.
いちじ 一次・の erst. ～産業 die Primärindustrie. ～方程式 die Gleichung ersten Grades.
いちじ 一時〔時刻〕ein Uhr; eins;〔かつて〕einst;〔暫く〕eine Zeit lang; einige Zeit;〔当分〕vorläufig; einstweilen. ～的の vorübergehend; flüchtig;〔当分の〕vorläufig; einstweilig. ～に auf einmal; zugleich. ～金 einmalige Zahlung. ～逃れの言い訳をする Ausflüchte machen. ～払いをする et. auf einem Brett bezahlen.
いちじく 無花果 die Feige -n.
いちじつ 一日・千秋の思いで待つ voller (mit großer) Ungeduld erwarten. ～の長がある vor jm. einen kleinen Vorsprung haben*《an 3格》.
いちじゅん 一巡する die Runde machen.
いちじょ 一助になる dienen《zu 3格》; bei|tragen*《zu 3格》.
いちじるしい 著しい(く) bemerkenswert; auffallend. 進歩の跡が～ bedeutende Fortschritte machen. 著しく増加する sich beträchtlich vermehren.
いちじん 一陣の風 ein Stoß des Windes.
いちず 一途・に mit ganzer Seele; mit Leib und Seele;〔盲目的に〕blindlings. ～に思い込む steif und fest glauben, dass ..
いちぞく 一族 die Familie; die Verwandtschaft.
いちぞん 一存 ¶それは私の～では決めかねる Ich kann es nicht allein entscheiden. 彼の～でどうにでもなる Es steht ganz in seinem Belieben.

いちだい 一代 ein Menschenalter (n.) -s; eine Generation;〔一生〕das [ganze] Leben -s. ～の傑物 der hervorragendste Mensch seiner Zeit. ～記 die Lebensbeschreibung; die Biografie.
いちだいじ 一大事 eine ernste Sache; eine Sache von Wichtigkeit; etwas Wichtiges#.
いちだん 一団 eine Gruppe; ein Trupp (m.) -s;〔悪者の〕eine Bande. ～となって auf einem Haufen.
いちだん 一段 eine Stufe;〔一階級〕ein Grad (m.) -es. ～一段 Stufe um Stufe. ～と立派になる noch prächtiger werden*. ～の進歩を遂げる weitere Fortschritte machen.
いちだんらく 一段落する zu einem vorläufigen Abschluss kommen*(s).
いちど 一度 einmal. ～に auf einmal; zugleich;〔一挙に〕mit einem Schlag. ～限り ein für alle Mal. ～ならず mehrmals; mehrere Male. ～も…ない nie[mals]. もう～ noch einmal.
いちどう 一同 alle. 我我～ wir alle.
いちどき 一時・に =いちど.
いちどく 一読・する durch|lesen*. ～の価値がある lesenswert sein*.
いちに 一二 ein oder zwei; einige; wenige. クラスで～を争う生徒 einer der besten Schüler in der Klasse.
いちにち 一日 ein Tag (m.) -es;〔終日〕den ganzen Tag;〔或る日〕eines Tages. ～早く einen Tag früher. 日～と von Tag zu Tag. ～置きに einen Tag um den andern. ～3回 dreimal täglich.
いちにん 一任する [ganz] überlassen*; anheim stellen.
いちにんまえ 一人前〔食物の〕eine Portion. ～の〔一人分の〕für eine Person;〔成人した〕erwachsen; mündig;〔一本立ちの〕selbständig; flügge. ～とみなす für voll an|sehen* (nehmen*). ～500円 500 Yen pro Kopf.
いちねん 一年 ein Jahr (n.) -es. ～間の einjährig. ～生 der Schüler in der ersten Klasse. ～生植物 einjährige Pflanze.
いちねん 一念 ¶彼に会いたい～で von dem Wunsch beseelt, ihn zu sehen. ～発起して aus neu gefasstem Entschluss.
いちば 市場 der Markt -[e]s, ¨e; der Marktplatz -es, ¨e. ～へ行く auf den (zum) Markt gehen*(s).
いちはつ〔植〕die Iris -.
いちはやく 逸早く sehr schnell; sofort.
いちばん 一番 Nummer eins. クラスの～ der Erste# (Beste#) der Klasse; der Klassenerste# (Klassenbeste#). 将棋を～さす eine Partie Schach spielen. ～鶏(ﾄﾞ) der erste Hahnenschrei. ～美しい花 die schönste Blume. ～好きだ am liebsten mögen*. ～で卒業する von der Schule als Bester ab|gehen*(s). いの～に zuallererst. 彼がいの～にやって来た Er war der Erste, der kam. この道を行くのがい

い Sie gehen am besten diesen Weg.
いちぶ 一部 ein Teil (m.) -[e]s; 〔一冊〕ein Exemplar (n.) -s. は teilweise. ～は…, ～は… teils (zum Teil)…, teils (zum Teil)… ～始終 alle Einzelheiten pl. それを知っているのは～の人達だけだ Das wissen nur wenige.
いちべつ 一別以来 seit unserem Abschied; seit[dem] ich Sie zum letzten Mal sah.
いちべつ 一瞥する einen [flüchtigen] Blick werfen* 《auf (in) 4格》.
いちぼう 一望 ¶ここからは全市が～のもとに眺められる Von hier [aus] hat man einen Überblick über die ganze Stadt.
いちまい 一枚の紙 ein Blatt Papier.
いちまいかんばん 一枚看板〔花形〕der Star -s, -s. ～とする jn. als Aushängeschild benutzen.
いちまつ 一抹・の煙 ein Rauchwölkchen (n.). ～の不安 ein Anflug von Unruhe.
いちまつもよう 市松模様 das Schachbrettmuster -s, -. 白と青の～の weiß und blau gewürfelt.
いちみ 一味 die Mitverschworenen* pl. 泥棒の～ eine Bande von Dieben.
いちみゃく 一脈相通ずる etwas Gemeinsames haben* 《mit 3格》.
いちめい 一名 eine Person. ～につき pro Person (n.); 中央大講堂、～安田講堂 der Haupthörsaal, auch Yasuda-Hörsaal genannt.
いちめい 一命 das Leben -s. ～を捨てる sein Leben opfern 《für 4格》.
いちめん 一面〔一つの面〕eine Seite; 〔新聞の〕die erste Seite; die Titelseite; 〔他方では〕andererseits. 空～ der ganze Himmel. ～に überall. 君の言には～の真理がある Es ist etwas Wahres an dem, was Sie sagen. ～的な einseitig.
いちめんしき 一面識 ¶彼とは～もない Er ist mir ganz fremd. ～もない人 der Unbekannte*.
いちもうだじん 一網打尽 ¶密輸団を～にする Massenverhaftungen der Schmugglerbande vor|nehmen*.
いちもく 一目置く js. Überlegenheit an|erkennen*.
いちもくさん 一目散に逃げる sich aus dem Staub[e] machen.
いちもくりょうぜん 一目瞭然の klar; deutlich; übersichtlich; unverkennbar.
いちもつ 一物 ¶腹に～ある etwas im Schilde führen.
いちもん 一文 ein Heller (m.) -s; ein Pfennig (m.) -s. ～の値打もない keinen Heller (Pfennig) wert sein*. ～無しである keinen roten Heller haben*.
いちもん 一門 die Familie; das Geschlecht -s.
いちもんじ 一文字・に in gerader Linie; geradlinig. 口を～に結ぶ die Lippen zusammen|pressen.
いちや 一夜 eine Nacht; 〔或る夜〕eines Nachts. ～にして über Nacht; in einer Nacht. ～の宿を乞う jn. um ein Nachtlager bitten*. ～漬けの勉強 die Einpaukerei.
いちやく 一躍 mit einem Sprunge (Schlag); auf einmal.
いちゃつく mit jm. schmusen.
いちゅう 意中・を打ち明ける jm. sein Herz aus|schütten. ～の人 der (die) Geliebte* ; der Schatz -es, ⸚e.
いちょう 医長 der Chefarzt -es, ⸚e.
いちょう 胃腸 Magen und Darm; 〔消化器〕das Verdauungsorgan -s, -e. ～カタル der Magen-Darm-Katar[h]. ～病(障害) die Verdauungsstörung. ～が弱い an schlechter Verdauung leiden*.
いちょう 移調する transponieren.
いちょう 銀杏 der Ginkgo (Ginko) -s, -s.
いちよう 一様・の(に) gleichförmig; gleichmäßig; gleich; ohne Unterschied. ～の服装をしている einheitlich gekleidet sein*. ～に分配する gleichmäßig verteilen. ～に取り扱う ohne Unterschied behandeln.
いちよく 一翼を担う eine Rolle übernehmen* 《bei 3格》.
いちらん 一覧・する [flüchtig] besichtigen; [flüchtig] durch|sehen*; 〔通読する〕durch|lesen*. 御～の上 nach Durchsicht. ～払い手形 der Sichtwechsel. ～表 die Übersichtstafel; die Tabelle; die Liste.
いちらんせい 一卵性双生児 eineiige Zwillinge pl.
いちり 一理 ¶それにも～ある Daran ist auch etwas Wahres.
いちりいちがい 一利一害 ¶それは～だ Es hat seine Vor- und Nachteile.
いちりつ 一律の(に) gleichmäßig; unterschiedslos.
いちりづか 一里塚 der Meilenstein -[e]s, -e.
いちりゅう 一流・の erster Klasse; ersten Ranges; erstklassig; 〔独特の〕eigen[tümlich]; charakteristisch. ～のホテル ein Hotel ersten Ranges. 彼はこの国の～の芸術家だ Er ist einer der ersten Künstler dieses Landes.
いちりょうじつ 一両日中に in ein bis zwei Tagen.
いちりん 一輪〔・の花〕eine Blume. ～車 die Schubkarre.
いちる 一縷の望みを抱いている einen Funken [von] Hoffnung haben*.
いちれつ 一列に並べる(並ぶ) in einer Linie (Reihe) auf|stellen (stehen*).
いちれん 一連〔紙の〕ein Ries (n.) -es. ～の真珠 eine Reihe Perlen. ～の事件 eine Kette von Ereignissen.
いちれんたくしょう 一蓮托生 ¶我我は～だ Wir sitzen [alle] in einem Boot.
いちろ 一路 geradewegs; stracks; direkt. ～目的に邁進する seinen geraden Weg gehen*(s).
いちわり 一割 zehn Prozent; 10%.

いつ 何時 wann; zu welcher Zeit. ～から seit wann; von wann an; wie lange. ～頃 wann [ungefähr]; ～の間にか unbemerkt; ehe man es merkt. ～ぞや einmal; einst. ～でも jederzeit; zu jeder Zeit. …するときは～でも immer (jedes Mal), wenn … ～なんど彼が来るかもしれない Er kann jeden Augenblick kommen. ～になく ungewöhnlich; anders als sonst. ～まで bis wann; wie lange. ～までかかっても Wie lange es auch brauchen mag, … ～まででも御滞在下さい Sie dürfen bei uns so lange verweilen, wie Sie wollen. 彼は～までも貧乏だ Er bleibt immer und ewig arm. ～までも私はそれを忘れないでしょう Nie und nimmer werde ich das vergessen.

いつう 胃痛 Magenschmerzen pl.

いっか 一価の『化』einwertig;『数』eindeutig.

いっか 一家 die Familie. ～をあげて mit seiner ganzen Familie. ～を構える sich³ einen eigenen Hausstand gründen. 学者として～を成す ein Gelehrter von Ruf sein*.

いつか 何時か einmal; einst. 君は～後悔するだろう Du wirst es einst (einmal) bereuen. また～おいでください Kommen Sie wieder einmal her!

いっかい 一介のサラリーマン nur (nichts als) ein Gehaltsempfänger (Angestellter).

いっかい 一回〔副詞〕einmal;〔勝負事の〕eine Partie;〔ボクシング等の〕ein Gang (m.) -es; eine Runde.

いっかい 一階 das Erdgeschoss -es, -e; das Parterre -s, -s. ～に住む parterre (im Erdgeschoss; im Parterre) wohnen.

いっかく 一格『文法』der Nominativ -s, -e.

いっかくじゅう 一角獣 das Einhorn -e, ⸚er.

いっかくせんきん 一攫千金 ¶彼は～を夢みている Er träumt, auf einen Streich sein Glück zu machen.

いっかげつ 一箇月 ein Monat (m.) -s. ～間 einen Monat [lang]. ～[間]の einmonatig.

いっかげん 一家言 seine eigene Meinung -en.

いっかつ 一括・する zusammen|fassen. ～して im Ganzen; alles zusammen.

いっかつ 一喝する an|donnern.

いっかねん 一箇年 ein Jahr (n.) -es. ～[間]の einjährig.

いっかん 一貫した konsequent; folgerichtig.

いっかん 一環を成す ein Glied bilden. 社会政策の～として als ein Glied der Sozialpolitik.

いっき 一気・[呵成]に in einem Zug[e] (Ruck). ～に飲み干す auf einen Zug (in einem Zug) aus|trinken*.

いっき 一揆 der Aufstand -[e]s, ⸚e. ～を起す einen Aufstand machen. 百姓～ der Bauernaufstand.

いっき 一騎・打ちする Mann gegen Mann kämpfen. ～当千のつわもの auserlesener Krieger.

いっきいちゆう 一喜一憂する bald froh, bald betrübt sein*.

いっきゅう 一級・の erstklassig. ～品 erstklassige Waren pl. ～国道 die Staatsstraße erster Ordnung.

いっきょ 一挙・に mit einem Schlag; auf einen Streich. ～両得 zwei Fliegen mit einer Klappe schlagen*. ～一動 jede Handlung; Tun und Lassen (Treiben).

いっきょしゅいっとうそく 一挙手一投足 → 一挙.

いっく 一区〔バスなどの〕eine Teilstrecke.

いつく 居着く sich nieder|lassen*. 居着かない nicht lange bleiben*(s).

いつくしみ 慈しみ die Huld. ～深い liebevoll; zärtlich.

いつくしむ 慈しむ lieben; liebevoll umsorgen.

いっけい 一計を案ずる sich³ einen Plan aus|denken*.

いっけつ 一決 ¶衆議～した Es wurde einstimmig beschlossen, dass …

いっけん 一件 die Sache; die Angelegenheit.

いっけん 一見〔見かけは〕scheinbar. ～して auf den ersten (auf einen) Blick; mit einem Blick. 百聞は～にしかず Sehen geht über Hören.

いっけんや 一軒家〔一軒ぽつんと立っている家〕einsames Haus;〔一戸建ての家〕das Einzelhaus -es, ⸚er.

いっこ 一己 ¶私～としては ich für meine Person. 私～の考え meine private (persönliche) Meinung.

いっこ 一個 ein Stück (n.) -[e]s. この卵は～25円です Die Eier kosten 25 Yen pro Stück. ～ずつ stückweise; Stück für Stück.

いっこ 一顧・も与えない et. ganz außer Acht lassen*; et. gar nicht beachten. それは～の価値もない Das ist nicht der Beachtung wert.

いっこう 一行 die Gesellschaft;〔随員〕das Gefolge -s;〔一座〕die Truppe.

いっこう 一向[に]〔全く〕ganz;〔少しも…ない〕gar (durchaus) nicht.

いっこう 一考・する bedenken*; überlegen; in Erwägung ziehen*. それは～を要する Das muss (will) überlegt sein. 君の～を煩わす Ich gebe es Ihnen zu bedenken.

いっこく 一刻・を争う dringend; wir dürfen keinen Augenblick verlieren. ～も早く so bald wie möglich.

いっこく 一刻・な starrköpfig; halsstarrig; eigensinnig. ～者 der Starrkopf.

いっこじん 一個人・として als Privatperson. ～としての意見 private (persönliche) Meinung.

いっさい 一切 alles. ～の all; ganz; jeder. ～…しない nichts; gar (durchaus) nicht. 私はそれには～かかり合わない Ich will damit nichts zu tun haben.

いっさい 一歳 ein Jahr alt. ～の einjährig.

いつざい 逸材 hervorragender Kopf -es, ⸚e; ein Mensch von Talent.

いっさいたふ 一妻多夫[制] die Polyandrie; die Vielmännerei.
いっさく 一昨・日 vorgestern. ～年 vorletztes Jahr. ～晩(夜) vorgestern Abend (Nacht). ～昨日 vorvorgestern. ～昨年 vorvorletztes Jahr.
いっさく 一策 ¶それも～だ Das ist auch ein guter Gedanke.
いっさつ 一札入れる einen Schein unterschreiben*; schriftlich versprechen*.
いっさん 一散に →一目散.
いっさんかたんそ 一酸化炭素 das Kohlen[mon]oxyd -s.
いっし 一矢を報いる einen Gegenangriff machen《auf 4 格》.
いっし 一糸・乱れずに in bester Ordnung. ～もまとわぬ splitter[faser]nackt.
いっしき 一式 ¶道具～ ein Satz Werkzeuge. 家具～ die Wohnungseinrichtung. 婚礼道具～ eine komplette Aussteuer.
いっしゃせんり 一瀉千里に mit größter Geschwindigkeit (Eile).
いっしゅ 一種 eine Art (Sorte); eine Gattung. ～の天才 eine Art [von] Genie. ～独特の eigenartig; von einer besonderen Art. ～異様な ungewöhnlich; sonderbar.
いっしゅう 一周 ¶世界を～する die Erde (Welt) umreisen; eine Weltreise machen. トラックを～する auf der Bahn eine Runde laufen*(s). ～年 der erste Jahrestag.
いっしゅう 一週[・間] eine Woche. ～1回 einmal die (in der) Woche; einmal wöchentlich.
いっしゅう 一蹴する〔敵を〕leicht besiegen (schlagen);〔抗議などを〕rundweg ab|schlagen*; entschieden zurück|weisen*.
いっしゅん 一瞬 ein Augenblick -s;《副詞》einen Augenblick. ～の augenblicklich; momentan. ～にして(の間に) in einem Augenblick; augenblicks; im Nu.
いっしょ 一緒・に zusammen; miteinander; mit;〔同時に〕gleichzeitig. …と～に mit《3 格》. ～にする zusammen|legen; zusammen|tun*; vereinigen;〔混同する〕et. verwechseln《mit 3 格》. ～になる sich vereinigen; zusammen|kommen*(s);〔結婚する〕sich mit jm. verheiraten. ～に行く mit|gehen*(s); mit jm. zusammen|gehen*(s). ～くたにする zusammen|werfen*.
いっしょう 一生[涯] das [ganze] Leben -s;《副詞》fürs ganze Leben; das ganze Leben hindurch; auf Lebenszeit.
いっしょう 一笑に付す sich lachend hinweg|setzen《über 4 格》.
いっしょうけんめい 一生懸命に働く fleißig (mit Fleiß); eifrig arbeiten.
いっしょくそくはつ 一触即発の状況である einem Pulverfass gleichen*.
いっしん 一心に eifrig. ～に祈る von ganzem Herzen beten. ～同体である mit jm. ein Herz und eine Seele sein*.
いっしん 一身・を捧げる sich opfern《für 4 格》. ～に引き受ける allein auf sich nehmen*. 私の～はどうなっても構わない Ich kümmere mich nicht um mich selbst. ～上の都合で aus persönlichen Gründen.
いっしん 一新する gänzlich ändern (um|gestalten).
いっしん 一審 in der ersten Instanz.
いっしんいったい 一進一退する schwanken; schwankend sein*.
いっしんきょう 一神教 der Monotheismus -.
いっしんとう 一親等 die Verwandtschaft ersten Grades. 親と子は～である Eltern und Kinder sind Verwandte ersten Grades.
いっすい 一睡もしない kein Auge zu|tun*.
いっする 逸する〔機会を〕verpassen; versäumen; verlieren*.
いっすん 一寸・先も見えない die Hand nicht vor den Augen sehen können*. ～先は闇 Wer weiß, was uns die Zukunft bringen wird. ～の虫にも五分の魂 Auch der Wurm krümmt sich, wenn er getreten wird. ～逃れ die Notlüge. ～法師 der Zwerg.
いっせい 一世・の文豪 der größte Schriftsteller seiner Zeit. ナポレオン～ Napoleon I. (der Erste). ～一代の名演説 die beste Rede seines Lebens. ～を風靡する [ganz] groß in Mode sein*.
いっせい 一斉・に alle gleichzeitig (zusammen). ～検挙を行う Massenverhaftungen vor|nehmen*. ～射撃をする eine Salve ab|geben*.
いっせき 一石を投ずる Aufsehen erregen. ～二鳥 zwei Fliegen mit einer Klappe schlagen*.
いっせき 一席ぶつ eine Rede schwingen*.
いっせつ 一節〔書物の〕ein Abschnitt (m.) -[e]s; eine Stelle;〔詩の〕eine Strophe.
いっせつ 一説によると einer anderen Ansicht nach.
いっせん 一戦 ¶敵と～を交える dem Feinde eine Schlacht liefern.
いっそ eher; lieber; vielmehr. ～死んでしまいたい Ich möchte lieber sterben.
いっそう 一掃・する weg|fegen; beseitigen; aus|rotten. 国内から敵を～する das Land von Feinden säubern.
いっそう 一層 noch《+比較級》. ～努力する sich noch mehr an|strengen. 天気は前より～悪くなった Das Wetter wurde noch schlechter als zuvor. 私はその作家を個人的に知っているだけに～彼の本を愛読した Ich las die Bücher des Schriftstellers desto lieber, als ich ihn persönlich kannte.
いっそく 一足の靴 ein Paar Schuhe. ～飛びに mit einem Sprung (Satz); auf einmal.
いったい 一体 denn; eigentlich. ～何が起ったのか Was hat sich eigentlich ereignet? ～全体誰が言ったんだ Wer in aller Welt hat das denn gesagt? ～に im Allgemeinen

(Ganzen). ~となって geschlossen; alle zusammen; wie ein Mann.
いったい 一帯 ¶その辺~ die ganze Umgegend. 関東~に in ganz Kantô; überall in Kantô.
いつだつ 逸脱する ab|weichen*(s) (von 3格).
いったん 一旦 einmal. ~緩急あれば im Falle der Not.
いったん 一端 [一方の端] das eine Ende -s; [一部分] ein Teil (m.) -[e]s.
いっち 一致 die Übereinstimmung -en; die Einigkeit. ~する überein|stimmen (mit 3格); in Einklang stehen* (mit 3格); entsprechen* (3格). それについては学者の意見がまだ~していない Darüber sind die Gelehrten sich nicht einig. ~して übereinstimmend; einmütig; geschlossen. ~させる et. in Übereinstimmung (Einklang) bringen* (mit 3格). ~協力する einträchtig zusammen|arbeiten. ~団結して in Eintracht.
いっちはんかい 一知半解 das Halbwissen -s. ~の徒 der Halbwisser.
いっちゃく 一着になる als Erster durchs Ziel gehen* (ins Ziel kommen*) (s).
いっちょう 一朝・事ある時 im Falle der Not. ~一夕には von heute auf morgen; in (an) einem Tage; in kurzer Zeit.
いっちょういったん 一長一短がある seine Vor- und Nachteile haben*.
いっちょうら 一張羅 einziger Sonntagsanzug -s; einziges Sonntagskleid -[e]s.
いっちょくせん 一直線に in gerader Linie; schnurgerade; [schnur]stracks.
いっつい 一対 ein Paar -[e]s.
いつつご 五つ子 Fünflinge pl.
いって 一手・に allein. ~に引き受ける allein auf sich nehmen*. ~販売をする Alleinhandel treiben* (mit 3格).
いってい 一定・の bestimmt; festgesetzt; fest. ~する bestimmen; [統一する] vereinheitlichen; einheitlich machen. 不変の unveränderlich; beständig; konstant.
いってき 一滴 ein Tropfen (m.) -s. ~ずつ tropfenweise.
いってつ 一徹・な halsstarrig; hartnäckig; eigensinnig. ~者 der Starrkopf.
いってん 一点 ein Punkt (m.) -es. ~の非難すべき所もない Daran ist nichts auszusetzen. 彼は学問~張りである Er lebt nur (ausschließlich) seiner Wissenschaft.
いってん 一転する sich ändern; sich wenden(*); um|schlagen*(s).
いっと 一途 ¶悪化の~をたどる immer schlimmer werden*(s). 退ину~あるのみ Wir haben keine andere Wahl, als uns zurückzuziehen.
いっとう 一刀・のもとに mit einem Schwertstreich. ~両断の処置をとる drastische Maßnahmen ergreifen*.
いっとう 一等・で行く erster Klasse fahren* (s). 競走で~になる als Erster durchs Ziel gehen*(s). ~賞をとる den ersten Preis gewinnen*. ~国 die Macht ersten Ranges. ~車 der Erste[r]-Klasse-Wagen. ~親 der Verwandte⁸ ersten Grades. ~星 der Stern erster Größe. これが~おもしろい Dies ist am interessantesten.
いっとう 一頭・地を抜く sich aus|zeichnen; hervor|ragen. ~立ての馬車 der Einspänner.
いっとう 一党・独裁 die Einpartei[en]herrschaft. ~一派に偏しない unparteiisch.
いっとき 一時 eine Zeit [lang]; [eine] kurze Zeit.
いっとくいっしつ 一得一失 ¶何事にも~は免れない Kein Vorteil ohne Nachteil.
いっぱ 一派 [流派] eine Schule; [宗派] eine Sekte; [党派] eine Partei. ヘーゲルとその~ Hegel und seine Anhänger.
いっぱい [充満] voll. 広間は人で~だ Der Saal ist voll von (voller) Menschen. 胸が~になって言葉も出なかった Das Herz war mir zu voll, um zu sprechen. / Vor Rührung konnte ich nicht sprechen. ~にする voll machen; an|füllen. 金を~持っている Geld in [Hülle und] Fülle haben*; viel Geld (eine Menge Geld) haben*. 今年~には bis zum Ende dieses Jahres. 時間~使う seine ganze Zeit aus|nutzen. 時間が~になる Die Zeit ist um. この予算では~だ Das Geld reicht nur gerade.
いっぱい 一杯・のビール(水) ein Glas Bier (Wasser). ~のコーヒー(茶) eine Tasse Kaffee (Tee). ~やる [酒を] eins trinken*. ~機嫌で in Weinlaune; in weinseliger Stimmung. ~食わす(食わされる) jn. an|führen (sich anführen lassen*).
いっぱい 一敗地にまみれる eine schwere Niederlage erleiden*.
いっぱく 一泊する übernachten.
いっぱし ¶小さいくせに~の口をきく Jung wie er ist, spricht er doch wie ein Erwachsener.
いっぱつ 一発 ein Schuss (m.) -es. ~で mit einem (auf den ersten) Schuss.
いっぱん 一半 die Hälfte.
いっぱん 一斑 ein Teil (m.) -[e]s. ~を以て全豹(ぜんぴょう)を察する aus einem Teil auf das Ganze schließen*.
いっぱん 一般 allgemein; [普通の] gewöhnlich. ~に allgemein; im Allgemeinen; [通例] gewöhnlich; in der Regel. 学問~の意味 die Bedeutung der Wissenschaft überhaupt. ~的に言えば allgemein gesagt. [の人]にはまだ知られていない allgemein noch unbekannt sein*. ~公開される et. der Allgemeinheit zugänglich machen*. ~化する verallgemeinern; generalisieren. ~教養 die Allgemeinbildung. ~人 gewöhnliche Leute pl. ~大衆 die breite Masse. ~論 die Verallgemeinerung -en; die Generalisation -en.
いっぴきおおかみ 一匹狼 der Einzelgänger

いっぴつ 一筆したためる *jm.* ein paar Zeilen schreiben*.

いっぴん 逸品 vortrefflicher (ausgezeichneter) Artikel *-s, -;* das Prachtstück *-s, -e.*

いっぴんりょうり 一品料理を食べる(注文する) à la carte (nach der Karte) essen* (bestellen).

いっぷ 一夫・一婦[制] die Monogamie. ～多妻[制] die Polygamie.

いっぷう 一風変った wunderlich; sonderbar; eigenartig; originell.

いっぷく 一服・する eine Zigarettenpause machen. 飲む[薬を] eine Dosis nehmen*. ～盛る *jm.* Gift geben*; *jn.* vergiften.

いつぶす 鋳潰す ein|schmelzen*.

いっぺん 一片の肉 ein Stück Fleisch. ～の愛情[良心]もない ein Fünkchen [von] Liebe (keine Spur von Gewissen) haben*.

いっぺん 一変する sich völlig [ver]ändern; ganz anders werden*(*s*); um|schlagen*(*s*).

いっぺん 一遍 einmal. 一～度.

いっぺんとう 一辺倒である einseitig eingestellt sein* 《auf 4 格》.

いっぽ 一歩 ein Schritt (*m.*) *-es.* 一歩 Schritt für (vor) Schritt; schrittweise. ～前へ出る(後ろに下がる) einen Schritt vor|treten* (zurück|treten*)(*s*) 《in 3 格》. 更に～進める noch einen Schritt weiter gehen*(*s*) 《in 3 格》. ～も退かない keinen Fußbreit weichen*(*s*) 《in 3 格》. ～譲って…としても zugegeben, dass …

いっぽう 一方 eine Seite; [他方] die andere Seite. 天の～ eine Gegend des Himmels. ～では einerseits; auf der einen Seite; [他方では] anderseits; auf der anderen Seite. 病人の容体は悪くなる～だ Der Zustand des Kranken wird immer schlimmer. ～的な einseitig. ～交通 der Einbahnverkehr. ～通行路 die Einbahnstraße. この通りは～通行です Die Straße darf nur in einer Richtung befahren werden.

いっぽう 一報する → 知らせる.

いっぽん 一本の桜の木 ein Kirschbaum (*m.*). チョーク～ ein Stück Kreide. ビール～ eine Flasche Bier. ～気な aufrichtig; geradsinnig. ～立ちになる unabhängig werden*(*s*); sich selbständig machen; auf eigenen Füßen stehen*. ～調子の eintönig; monoton.

いつまでも auf (für) ewig; [auf] immer und ewig. →いつ.

いつも immer; stets; [ふだん] gewöhnlich. 彼は～家にいない Er ist nie (immer nicht) zu Hause. ～の gewöhnliche; gewohnt. ～の通り wie gewöhnlich (sonst). ～は sonst.

いつわ 逸話 die Anekdote *-n.*

いつわり 偽り [虚言] die Lüge *-n;* [虚偽] der Betrug *-[e]s.* ～の lügenhaft; [be]trügerisch; falsch; unwahr.

いつわる 偽る[嘘を言う] lügen*; [だます] betrügen*. 真相を～ die Wahrheit verdrehen (falsch dar|stellen*). 彼は病気だったと偽って Er gab vor, krank gewesen zu sein.

イディオム das Idiom *-s, -e.*

イデー die Idee *-n.*

イデオロギー die Ideologie *-n.*

いでたち 出で立ち[身なり] die Kleidung.

いてつく 凍てつく ¶地面が～ Der Boden ist hart gefroren.

いてもたっても いても立ってもいられない [wie] auf glühenden Kohlen sitzen*.

いてん 移転 der Umzug *-[e]s, ⸚e;* die Übersied[e]lung *-en;* der Wohnungswechsel *-s, -.* ～する um|ziehen*(*s*); über[|]siedeln (*s*); seine Wohnung wechseln. ～先 neue Adresse.

いでん 遺伝 die Vererbung *-en.* ～する sich vererben 《auf 4 格》. ～学 die Vererbungslehre; die Genetik. ～性の [ver]erblich. ～子 Gene *pl.*

いと 糸 der Faden *-s, ⸚;* [紡ぎ糸] das Garn *-[e]s, -e;* [撚り糸] der Zwirn *-[e]s, -e;* [絃] die Saite *-n.* ～に通す *et.* auf einen Faden ziehen*; [針に] 〜を通す einen Faden (eine Nadel) ein|fädeln. ～を垂れる angeln. ～を引く [陰で操る] dahinter stecken*(*); an den Drähten ziehen*; [影響が続く] nach|wirken.

いと 意図 die Absicht *-en.* ～する beabsichtigen.

いど 井戸 der Brunnen *-s, -.* ～を掘る einen Brunnen bohren (graben)*. ～掘り[人] der Brunnenbauer. ～水 das Brunnenwasser. ～端会議 der Klatsch am Brunnen.

いど 緯度 die [geographische] Breite *-n;* der Breitengrad *-[e]s, -e.*

いとう 厭う ¶世を～ der Welt überdrüssig sein*. わが身を～[大事にする] sich schonen. 労をいとわない keine Mühe scheuen.

いとう 以東 östlich von 《3 格》.

いどう 異同 der Unterschied *-es, -e.*

いどう 異動 die Versetzung *-en.* 人事～ der Personalwechsel.

いどう 移動 die Ortsveränderung *-en;* die Fortbewegung; die Wanderung *-en.* ～する den Ort verändern; sich fort|bewegen; wandern (*s*). ～劇団 die Wanderbühne. ～展覧会 die Wanderausstellung. ～図書館 die Wanderbücherei.

いとおしむ [気の毒に思う] sich erbarmen 《2 格》; [かわいがる] lieb haben*; [大事にする] schonen.

いときりば 糸切り歯 der Eckzahn *-[e]s, ⸚e.*

いとくず 糸屑 Fadenabfälle *-e.*

いとぐち 緒 der Anfang *-s.* 話の～ der Anfang des Gesprächs. 問題解決の～が見付かる den Schlüssel zur Lösung des Problems finden*.

いとぐるま 糸車 das Spinnrad *-[e]s, ⸚er.*

いとこ 従兄弟 der Vetter *-s, -n;* [従姉妹] die Cousine *-n.*

いどころ 居所 der Wohnort *-[e]s, -e;* der Verbleib *-s;* [宛名] die Adresse *-n.* 彼は虫の～が悪い Ihm ist eine Laus über die Leber gelaufen (gekrochen).

いとしい lieb; [気の毒な] bedauernswert. ～人よ Du mein Leben!

いとしご 愛し子 das Lieblingskind -[e]s, -er.

いとすぎ 糸杉 die Zypresse -n.

いとなみ 営み das Treiben -s; der Betrieb -es, -e.

いとなむ 営む [be]treiben*; sich beschäftigen 《mit 3格》. 商業を～ Handel treiben*. 宿屋を～ ein Hotel betreiben*. 幸福な結婚生活を～ eine glückliche Ehe führen. 仏事を～ eine buddhistische Totenfeier ab|halten*.

いとま 暇 → ひま. ～を告げる sich verabschieden; sich empfehlen*. ではこれでお～いたします Ich empfehle mich hiermit.

いとまき 糸巻 die Spule -n. ～に巻く spulen.

いとまごい 暇乞い・をする von jm. Abschied nehmen*; sich von jm. verabschieden. ～に行く bei jm. einen Abschiedsbesuch machen.

いどむ 挑む jn. heraus|fordern 《zu 3格》.

いとめる 射止める schießen*; [獲得する] gewinnen*.

いとも sehr; recht; äußerst.

いとやなぎ 糸柳 die Trauerweide -n.

いとわしい 厭わしい ekelhaft; widerwärtig.

いな 否 nein. ～と答える mit Nein antworten; et. verneinen. 老人、～女子供も参加した Alte Männer, ja Frauen und Kinder nahmen teil.

いない 以内 innerhalb 《2格》; binnen 《3格》. → 以下. 1年～に innerhalb eines Jahres. 5分～に in weniger als 5 Minuten.

いなおる 居直る eine drohende Haltung an|nehmen*.

いなか 田舎 das Land -es; [郷里] die Heimat. ～へ行く aufs Land gehen*(s). ～に住む auf dem Lande wohnen. ～[風]の ländlich; rustikal. ～じみた bäurisch. ～で育った auf dem Lande aufgewachsen. ～出の vom Lande. ～弁(訛り) ländlicher Mundart; der Provinzialismus. ～者 der Bauer; [田舎っぺ] der Provinzler (Hinterwäldler). ～道 der Feldweg.

いながら 居ながらに[して] zu Hause; ohne dorthin zu gehen.

いなご 蝗 die Heuschrecke -n.

いなさく 稲作 der Reisbau -[e]s; [収穫] die Reisernte -n.

いなずま 稲妻 der Blitz -es, -e. ～形の zickzackförmig.

いななく 嘶く wiehern.

いなびかり 稲光 der Blitz -es, -e; das Wetterleuchten -s. ～がする Es blitzt. / Es wetterleuchtet.

いなや 否や sobald; kaum ..., als. 彼が出て行くや彼女が来た Sie kam, sobald er hinausgegangen war. / Er war kaum hinausgegangen, als sie kam.

いならぶ 居並ぶ in einer Reihe sitzen*; anwesend sein*. ～人人 die Anwesenden pl.

いなん 以南 südlich von 《3格》.

イニシアチブ ～を取る die Initiative ergreifen* 《in 3格》.

イニシアル der Anfangsbuchstabe -ns, -n; die Initiale -n.

いにゅう 移入 die Einfuhr -en. ～する ein|führen.

いにょう 囲繞する umschließen*.

いにん 委任 der Auftrag -[e]s, ⸚e; [法] das Mandat -s, -e. ～する jn. beauftragen 《mit 3格》. 全権を～する jn. bevollmächtigen 《zu 3格》. ～状 die Vollmachtsurkunde. 白紙～[状] die Blankovollmacht. ～者 der Auftraggeber; der Mandant. ～統治領 das Mandatsgebiet.

いぬ 犬 der Hund -es, -e; [スパイ] der Spitzel (Schnüffler) -s, -. ～を飼う sich³ einen Hund halten*. ～も歩けば棒に当る Ein blindes Huhn findet auch einmal ein Korn. ～小屋 die Hundehütte.

いぬく 射抜く durchschießen*.

いぬじに 犬死にする umsonst sterben*(s).

いね 稲 der Reis -es; die Reispflanze -n. ～刈り die Reisernte. ～こき das Dreschen; [機械] die Dreschmaschine.

いねむり 居眠りする ein|nicken (s); im Sitzen schlafen*.

いのいちばん いの一番・に zuallererst. 彼が～にやってきた Er kam als Allererster.

いのこる 居残る zurück|bleiben*(s); [生徒が罰として] nach|sitzen*; [残業する] Überstunden machen (leisten).

いのしし 猪 das Wildschwein -s, -e. ～武者 der Wagehals.

いのち 命 das Leben -s. ～の親 der Lebensretter. ～の綱 die Stütze des Lebens. ～を落とす sein Leben verlieren*; ums Leben kommen*(s). ～を賭ける sein Leben ein|setzen (in die Schanze schlagen*) 《für 4格》. ～を救う jm. das Leben retten. ～を取る jm. das Leben nehmen*; jn. ums Leben bringen*. ～を投げ出す(捨てる) sein Leben hin|geben* (opfern) 《für 4格》. ～を狙う jm. nach dem Leben trachten. ～を的に auf Leben und Tod. ～に代えても für mein Leben. ～あっての物種 Das Leben ist die Hauptsache. ～に係わる lebensgefährlich; tödlich. ～からがら逃げる mit dem Leben davon|kommen*(s).

いのちがけ 命懸け・の lebensgefährlich; halsbrecherisch; verzweifelt. ～で unter (mit) Einsatz seines Lebens. ～の企て ein Unternehmen auf Leben und Tod.

いのちごい 命乞いをする jn. um das Leben bitten*.

いのちしらず 命知らず [人] der Wagehals -es, ⸚e. ～の verwegen; tollkühn.

いのちとり 命取り・の todbringend; tödlich; verhängnisvoll. それが彼の～になった Das wurde ihm zum Verhängnis.

いのちびろい 命拾いする mit dem Leben davon|kommen*(s); nur das nackte Leben retten.

いのちみょうが 命冥加な glücklich.

イノベーション die Innovation *-en*.

いのり 祈り das Gebet *-[e]s, -e*. ～を捧げる sein Gebet (seine Andacht) verrichten.

いのる 祈る beten; sein Gebet verrichten. 神に平和を～ zu Gott um Frieden beten. ご成功を～ Ich wünsche Ihnen viel Erfolg.

いばしょ 居場所〔席〕der Sitzplatz *-es, ⸚e*. → 居所. 彼の～が分らない Ich weiß nicht, wo er ist (wohnt).

いはつ 遺髪 die Haare des Verstorbenen; hinterlassene Haare *pl*.

いばら 茨 der Dorn *-[e]s, -en*. ～の道 der Dornenpfad. ～姫 Dornröschen.

いばる 威張る stolz (hochmütig) sein*; sich brüsten; sich groß|machen. 威張って歩く einher|stolzieren (*s*).

いはん 違反 die Übertretung (Verletzung) *-en*. ～する *et*. übertreten*; *et*. verletzen; verstoßen* 《gegen 4格》. ～者 der Übertreter. ～は協定～だ Das ist gegen die Abmachung.

いびき 鼾 das Schnarchen *-s*. ～をかく schnarchen.

イチヒオール das Ichthyol *-s*.

いびつ 歪 verzerrt; entstellt.

いひょう 意表をつく *jn*. überraschen.

いびょう 胃病 die Magenkrankheit *-en*; das Magenleiden *-s, -*.

いびる misshandeln; quälen; plagen.

いひん 遺品 der Nachlass *-es, -e* (⸚e).

いふ 異父・兄弟 der Halbbruder. ～姉妹 die Halbschwester.

イブ Eva.

いふう 遺風 alter Brauch *-es, ⸚e*.

いふうどうどう 威風堂々たる majestätisch; würdevoll.

いぶかしげ 訝しげに bezweifelnd.

いぶかる 訝る bezweifeln; zweifeln 《an 3格》.

いぶき 息吹 der Hauch *-[e]s*; der Atem *-s*.

いふく 衣服 die [Be]kleidung; Kleider *pl*.

いぶす 燻す räuchern; 〔酸化させる〕oxydieren. 蚊(部屋)を～ Mücken (ein Zimmer) aus|räuchern. 燻し銀 das Altsilber.

いぶつ 異物 der Fremdkörper *-s, -*.

いぶつ 遺物 Überreste *pl*.; das Überbleibsel *-s, -*. 古代の～ Altertümer *pl*. あいつは旧時代の～だ Er hat seine Zeit überlebt.

イブニング・ドレス das Abendkleid *-[e]s, -er*.

いぶる 燻る rauchen; schwelen; räucherig sein*.

いぶんし 異分子 fremdes Element *-[e]s, -e*.

いへき 胃壁 die Magenwand *⸚e*.

いへん 異変 unerwarteter Vorfall *-s, ⸚e*; der Unfall *-[e]s, ⸚e*; das Unglück *-s, -e*.

いぼ 疣 die Warze *-n*. ～だらけの warzig.

いぼ 異母・兄弟 der Halbbruder. ～姉妹 die Halbschwester.

いほう 違法・の gesetzwidrig; ungesetzlich. ～行為 gesetzwidrige Handlung.

いほうじん 異邦人 der Fremde*; der Ausländer *-s, -*.

いほく 以北 nördlich von 《3格》.

いぼた〔植〕die Rainweide *-n*; der Liguster *-s, -*.

いま 今 die Gegenwart; das Jetzt *-*; 〔副詞〕jetzt; nun. ～の jetzig; gegenwärtig; heutig. ～か～かと待つ ungeduldig warten 《auf 4格》. ～から von jetzt (nun) an. ～頃(時分) um diese Zeit [herum]. ～し方 soeben. ～でも auch jetzt; noch immer. ～ bald; irgendeinmal. ～のところ für jetzt; vorderhand. ～まで bis jetzt. ～まで通り wie bisher (sonst). ～こそ決心する時だ Jetzt gilt es, einen Entschluss zu fassen. ～さらそんな事を言っても仕方がない Es hilft nichts mehr, so etwas zu sagen. ～すぐ参ります gleich. ～に私の言うことが分るよ Du wirst mich bald verstehen. ～にも彼は来るかもしれない Er kann jeden Augenblick kommen. ～にも家が倒れそうだ Das Haus droht einzustürzen.

いま 居間 das Wohnzimmer *-s, -*; die Wohnstube *-n*.

いまいましい 忌忌しい ärgerlich. ～奴め Dieser verdammte Kerl! くそ～! Verflucht! / Verwünscht!

いまいましがる 忌忌しがる sich ärgern 《über 4格》.

いましめ 戒め die Warnung *-en*; die Ermahnung *-en*.

いましめる 戒める *jn*. warnen 《vor 3格》; 〔叱責する〕*jm. et*. verweisen*. 約束を守るように～ *jn*. ermahnen, sein Wort zu halten.

いまだに 未だに noch; immer noch; noch jetzt.

いまわ 今際のきわに am Sterben; auf dem Sterbebett.

いまわしい 忌わしい abscheulich; schändlich; 〔不吉な〕unheilvoll.

いみ 意味 die Bedeutung *-en*; der Sinn *-es*. ～する bedeuten. ～のある bedeutungsvoll. ～のない sinnlos. ～深長な bedeutsam; vielsagend; hintergründig. 広い(狭い)～で im weiteren (engeren) Sinne. ある～で in einem gewissen Sinne. ～づけ die Sinngebung. ～づける Bedeutung bei|messen* 《3格》. それはどういう～ですか Was meinen Sie damit? 私の言う～が分りますか Verstehen Sie mich? ～論 die Semantik.

いみきらう 忌み嫌う verabscheuen; Abscheu haben* 《vor 3格》; hassen.

いみじくも treffend.

イミテーション die Nachahmung *-en*; die Imitation *-en*.

いみょう 異名 der Beiname (Spitzname) *-ns, -n*.

いみん 移民 〔外国へ〕die Auswanderung *-en*; 〔外国から〕die Einwanderung *-en*; 〔移住民〕der Auswanderer *-s, -*; der Einwanderer *-s, -*. ~する aus|wandern (s); ein|wandern (s).

いむ 忌むべき abscheulich; ekelhaft.

いむしつ 医務室 der Behandlungsraum *-[e]s, ⸚e*.

イメージ die Vorstellung *-en*; das Bild *-es, -er*; das Image *-[s], -s*.

いも 芋 〔じゃが芋〕die Kartoffel *-n*; 〔さつま芋〕die Batate *-n*; 〔さと芋〕der Taro *-s, -s*; 〔やま芋〕die Jamswurzel *-n*.

いもうと 妹 〔jüngere〕Schwester *-n*; 〔義理の〕〔jüngere〕Schwägerin *-nen*.

いもづる 芋蔓式に検挙される einer nach dem andern verhaftet werden*(s受).

いもの 鋳物 das Gussstück *-s, -e*; Gusswaren *pl.* ~工 der Gießer. ~工場 die Gießerei.

いもむし 芋虫 grüne Raupe *-n*.

いもり 井守〔動〕der Wassermolch *-s, -e*.

いもん 慰問・する *jn.* besuchen, um ihn zu trösten (aufzumuntern). ~袋 das Liebesgabenpaket. ~文 der Trostbrief.

いや 〔否定の答〕Nein; 〔肯定の答〕Doch. ~でも応でも man mag wollen oder nicht; gern oder ungern; wohl oder übel.

いや 嫌・な unangenehm; widerlich; ekelhaft. ~な顔をする ein verdrießliches Gesicht machen. ~に甘ったるい widerlich süß. ~に寒い Es ist schrecklich (abscheulich) kalt. 人生が~になる des Lebens überdrüssig werden*(s). 私は彼を見るのも~だ Sein [bloßer] Anblick ist mir zuwider. / Ich kann ihn nicht vor Augen leiden. ~と言うほど tüchtig; gehörig. あら~だ! Nein, so was!

いやいや 嫌嫌[ながら] wider Willen; widerwillig; ungern.

いやがうえ いやが上に um so mehr; noch mehr.

いやがらせ 嫌がらせをする *jn.* belästigen (schikanieren) 《mit 3 格》.

いやがる 嫌がる nicht gern haben*; nicht mögen*; nicht wollen*; nicht leiden können*.

いやく 医薬 die Arznei *-en*. ~分業 die Trennung von Arzneimittelausgabe und ärztlicher Behandlung.

いやく 意訳 freie Übersetzung *-en*. ~する frei übersetzen.

いやく 違約 der Wortbruch *-s, ⸚e*. ~する sein Wort brechen*; 〔契約を〕einen Vertrag brechen*. ~金 die Vertragsstrafe.

いやけ 嫌気がさす überdrüssig (müde) werden*(s) 《2 格》.

いやしい 卑しい niedrig; gemein. 身分が~ von niedriger Herkunft sein*.

いやしくも 苟も überhaupt; irgend. ~学に志すからには Wenn man überhaupt (einmal) studieren will, ... ~礼儀を心得る者は Wer irgend anständig ist, ...

いやしむ 卑しむ → 卑しめる. ~べき verachtenswert.

いやしめる 卑しめる verachten.

いやす 癒す heilen; kurieren. 渇きを~ den Durst löschen (stillen).

いやはや Ach [du lieber (mein)] Gott! / Herrje!

イヤホーン der Ohrhörer *-s, -*.

いやみ 嫌味・を言う gegen *jn.* sticheln; spitze (hämische) Bemerkungen machen 《über 4 格》. ~のある ironisch; 〔不快な〕unangenehm; abstoßend. ~のない angenehm; 〔垢抜けした〕verfeinert.

いやらしい 嫌らしい widerlich; unangenehm; 〔みだらな〕unanständig; schlüpfrig; obszön.

イヤリング der Ohrring *-[e]s, -e*.

いよいよ 〔ますます〕immer 《+比較級》; 〔確かに〕wirklich; 〔とうとう〕endlich; schließlich. ~という時に im entscheidenden Augenblick.

いよう 威容を示す würdevolles Aussehen zeigen.

いよう 異様な seltsam; sonderbar; fremdartig.

いよく 意欲 das Wollen *-s*; die Lust. 創作~に燃えている einen heftigen Drang zum Schaffen haben*(fühlen). 働く~がない keine Lust zur Arbeit haben*. ~的 aktiv.

いらい 以来 seit 《3 格》. 第 2 次世界大戦~ seit dem Zweiten Weltkrieg. それ~ seitdem; von der Zeit an. 彼の本心が分って~私はもう彼を信用しない Seitdem ich weiß, wie er wirklich denkt, traue ich ihm nicht mehr.

いらい 依頼 das Ersuchen *-s*; die Bitte *-n*; 〔委任〕der Auftrag *-[e]s, ⸚e*. ~する *jn.* ersuchen (bitten) 《um 4 格》; *jn.* beauftragen 《mit 3 格》; 〔頼りにする〕sich verlassen* 《auf 4 格》. ~により auf sein Ersuchen hin. ~心が強い zu viel auf andere rechnen. ~人〔弁護士の〕der Klient.

いらいら 苛苛する nervös (ungeduldig; gereizt) sein* 《über 4 格》.

イラク der Irak. ~の irakisch. ~人 der Iraker.

いらくさ 刺草 die Brennnessel *-n*.

イラスト die Illustration *-en*.

イラストレーター der Illustrator *-s, -en*.

いらだつ 苛立つ → いらいら.

いらっしゃい Bitte, kommen Sie! / 〔ようこそ〕Willkommen! / 〔店で〕Was möchten Sie? / Was darf es sein?

イラン der Iran. ~の iranisch. ~人 der Iranier.

いり 入り ¶政界~ der Eintritt in die politische Laufbahn. 日の~ der Untergang der Sonne. 彼岸の~ der erste Tag der Äquinoktialwoche. 牛乳~のコーヒー Kaffee mit Milch. 1リットル~の瓶 eine Flasche von 1 Liter. 客の~がいい(悪い) gut (schlecht) besucht sein*.

いりえ 入り江 die Bucht *-en*.

いりぐち 入口 der Eingang *-[e]s, ⸚e* 《zu 3

格)．～の所で am Eingang; an der Tür.
いりくんだ 入り組んだ verwickelt; kompliziert.
いりこむ 入り込む ein|treten*(s); hinein|gehen*(s); ein|dringen*(s).
イリジウム das Iridium -s (記号: Ir).
いりひ 入り日 die untergehende Sonne.
いりびたる 入り浸る immer bei *jm.* stecken*.
いりまじる 入り混じる sich durcheinander mengen (mischen).
いりみだれる 入り乱れる durcheinander geraten*(s). 入り乱れて wirr (bunt) durcheinander.
いりむこ 入り婿となる als Schwiegersohn in eine Familie ein|heiraten.
いりゅう 慰留する *jm.* vom Rücktritt ab|raten*.
いりゅう 遺留・品 zurückgelassene (liegen gelassene) Sachen *pl.* ～分《法》der Pflichtteil.
いりょう 衣料[・品] die Kleidung; das Kleidungsstück -s, -e. ～品店 das Bekleidungsgeschäft; das Textilwarengeschäft.
いりょう 医療 ärztliche (medizinische) Behandlung -en. ～器械 ärztliches Instrument. ～制度 das Medizinalwesen. ～費 ärztliche Kosten *pl.*
いりよう 入り用である *et.* brauchen; *et.* nötig haben*.
いりょく 威力 die Macht. ～のある mächtig. ～を発揮する seine Macht zeigen; seine [starke] Wirkung aus|üben.
いりょく 意力 die Willenskraft; der Wille -ns.
いる 居る [da] sein*; sich befinden*; [横たわって] liegen*; [立って] stehen*; [住んで] leben*; [留まって] bleiben*(s); [居合わせて] anwesend sein*; [存在する] es gibt *(4 格)*. 立ったまま～ stehen (sitzen) bleiben*(s). 仕事をして～ [jetzt; gerade] arbeiten; bei der Arbeit sein*. 象はインドに～ Es gibt Elefanten in Indien. 動物園に象が2頭～ Im zoologischen Garten sind 2 Elefanten. 昔々とりの王様がいました Es war einmal ein König. 戸が閉まって～ Die Tür ist verschlossen. 泣いてばかり～ immer nur weinen. 私は叔父の家にもう3年～ Ich wohne seit 3 Jahren bei meinem Onkel. 私の～(居ない)ところ in meiner Gegenwart (Abwesenheit). 彼はどこにも居ない Er ist nirgends zu finden. 笑わずにはいられない Ich muss lachen. / Ich kann mich des Lachens nicht enthalten.
いる 要る [人が主語] brauchen; nötig haben*; [要が主語] nötig sein*. それには暇と金が～ Dazu gehören Zeit und Geld. 要らぬところへ口を出す sich ungebeten ein|mischen.
いる 射る schießen*. 矢を～ einen Pfeil ab|schießen*. 鳥を～ einen Vogel schießen*. 眼光人を～ einen stechenden (scharfen) Blick haben*.
いる 煎る rösten.
いる 鋳る gießen*; [貨幣を] prägen.
いるい 衣類 die Kleidung; Kleider *pl.*; das Kleidungsstück -s, -e.
いるか 海豚 der Delfin -s, -e.
いるす 居留守を使う sich [vor *jm.*] verleugnen lassen*.
イルミネーション die Illumination -en.
いれい 異例 die Ausnahme -n; etwas Besonderes#. ～の außergewöhnlich; beispiellos.
いれいさい 慰霊祭 die Gedächtnisfeier -n.
いれかえる 入れ替える *et.* aus|wechseln 《gegen 4 格》; *et.* ersetzen 《durch 4 格》. 心を～ sich bessern. 空気を～ frische Luft ein|lassen*. 車両を別の線路に～ die Wagen rangieren (auf ein anderes Gleis schieben*). 茶を～ Tee von neuem bereiten. 窓ガラスを～ neue Scheiben in das Fenster ein|setzen.
いれかわり 入れ替わり立ち替わり rasch nacheinander; einer nach dem andern.
いれかわる 入れ替わる *jn.* ab|lösen*; *js.* Stelle ein|nehmen*. 場所を～ Plätze wechseln.
いれげ 入れ毛 falsche (künstliche) Haare *pl.*
いれずみ 入れ墨 die Tätowierung -en. ～をする *jn.* tätowieren; [自分に] sich tätowieren.
いれぢえ 入れ知恵する *jm.* einen Gedanken ein|geben*; *jm.* eine Idee ein|reden.
いれば 入れ歯 künstliche (falsche) Zähne *pl.* ～をする sich³ künstliche Zähne ein|setzen lassen*.
いれもの 入れ物 der Behälter -s, -; das Gefäß -es, -e.
いれる 入れる ein|setzen; ein|legen; [加える] *et.* hinzu|fügen 《zu 3 格》; [含ませる] *et.* ein|schließen* 《in 4 格》; [受け入れる] auf|nehmen*. 勘定(考慮)に～ ein|rechnen (in Betracht ziehen*). お茶を～ Tee zu|bereiten. 食물에 소금を～ Salz an die Speisen tun*. 綿を～ *et.* mit Watte stopfen. ポケットに～ in die Tasche stecken. 子供を学校に～ ein Kind in die Schule schicken. ラジオのスイッチを～ das Radio ein|schalten. 一票を～ *jm.* seine Stimme geben*. サービス料を入れて einschließlich [der] Bedienung.
いれる 容れる [提案などを] an|nehmen*. 人の頼みを～ *js.* Bitte erhören.
いろ 色 die Farbe -n; [情人] der (die) Geliebte#. ～のついているにない farblos. ～あせた verblichen; verblasst. ～とりどりの bunt. ～が変る sich verfärben; verblassen(s). ～を抜く *et.* entfärben (entfärben). 値段に～をつける etwas vom Preis ab|lassen*. ～を失う blass vor Schreck[en] werden*(s). ～をなす rot vor Wut werden*(s). ～を好む wollüstig sein*. 彼女は～が白い(黒い) Sie hat einen hellen (dunklen) Teint. 彼は不安の～を浮かべた Er hat [mir] seine Unruhe gezeigt. 彼の顔には絶望の～が見える Aus seiner Miene spricht Verzweiflung.
いろあい 色合い der Farbton -s, ¨e; die Farbe -n; die Färbung -en; die Schat-

いろあげ 色揚げする nach|färben.

いろいろ 色々・の verschieden[artig]; mannigfaltig; vielerlei; 〔多くの〕viel. ～に auf verschiedene Weise; auf vielerlei Art und Weise.

いろう 慰労・する js. Verdienste dankbar an|erkennen*; jm. für seine Bemühungen danken. ～金 die Belohnung. ～休暇 der Erholungsurlaub.

いろう 遺漏なく ohne Versehen; fehlerlos.

いろえんぴつ 色鉛筆 der Farbstift (Buntstift) -[e]s, -e.

いろおとこ 色男 schöner Mann -es, ¨er;〔情夫〕der Liebhaber -s, -; der Geliebte*.

いろおんな 色女 schöne Frau -en; die Schöne*;〔情婦〕die Geliebte*.

いろか 色香・に迷う durch Frauenschönheit bezaubert (betört) werden*(s受). 彼女も～があせた Ihre Schönheit ist verblüht.

いろがみ 色紙 das Buntpapier -s.

いろガラス 色ガラス das Farbglas -es, ¨er.

いろきちがい 色気違い〔男〕der Liebestolle*;〔女〕die Mannstolle*.

いろけ 色気〔色合い〕die Farbe -n;〔性的魅力〕die Sinnlichkeit;〔色情〕sinnliche Lust ¨e. ～のある sinnlich; erotisch; kokett. ～づく in die Pubertät kommen*(s). ～を見せる kokettieren 《mit 3 格》.

いろけし 色消しの farblos; 《物》achromatisch;《趣のない》geschmacklos; prosaisch.

いろこい 色恋 die Liebe. ～沙汰 die Liebesaffäre.

いろじかけ 色仕掛け ¶彼女は～で彼から財産をまき上げた Sie hat ihn mit ihrer Koketterie um sein Vermögen betrogen.

いろしゅうさ 色収差 die Farbabweichung -en; chromatische Aberration -en.

いろじろ 色白の mit hellem Teint.

いろずり 色刷りの der Farb[en]druck -[e]s, -e.

いろづく 色付く sich färben.

いろづけ 色付ける et. kolorieren; et. aus|malen; et. färben.

いろっぽい 色っぽい sinnlich; erotisch; kokett; verführerisch.

いろつや 色艶 der Glanz -es;〔皮膚の〕der Teint -s, -s. 顔の～がいい einen gesunden Teint haben*.

いろどり 彩り das Kolorit -s, -e; die Farbgebung;〔飾り〕der Schmuck -[e]s.

いろどる 彩る färben; kolorieren; aus|malen.

いろは japanisches Alphabet -s;〔初歩〕das Abc -, -. ～順に nach dem japanischen Abc. ～から習う von Anfang an lernen.

いろフィルター 色フィルター der (das) Farbfilter -s, -.

いろまち 色町 das Freudenviertel -s, -.

いろめ 色目を使う jm. [schöne] Augen machen; mit jm. liebäugeln.

いろめがね 色眼鏡〔サングラス〕die Sonnenbrille -n. ～で見る durch eine gefärbte Brille an|sehen*.

いろめく 色めく《色めき立つ》lebhaft werden*(s);〔興奮する〕sich auf|regen《über 4 格》.

いろよい 色好い返事 günstige (erwünschte) Antwort -en.

いろわけ 色分けする et. ein|teilen《in 4 格》; sortieren.

いろん 異論・を唱える einen Einwand erheben*《gegen 4 格》; et. ein|wenden*《gegen 4 格》. ～がある(ない) etwas (nichts) dagegen [einzuwenden] haben*. それには～の余地がない Dagegen ist nichts einzuwenden. / Das kann niemand bestreiten. ～なく einstimmig.

いわ 岩 der Felsen -s, -. ～の多い felsig. ～屋 die Felsenhöhle. ～山 der Felsenberg. ～登り das Felsklettern.

いわい 祝 die Feier -n; das Fest -es, -e. ～の言葉 der Glückwunsch. ～の品 das Festgeschenk.

いわう 祝う feiern; jn. beglückwünschen《zu 3 格》. 誕生日を～ jm. herzlich zum Geburtstag gratulieren.

いわお 巌 das Gestein -s, -e; der Felsen -s, -. ～のように堅い felsenfest.

いわかん 異和感を覚える sich nicht eins fühlen《mit 3 格》.

いわく 曰く〔言う〕sagen. 聖書に～ Es heißt in der Bibel, dass … このビンには～がある Diese Nadel hat es in sich. それには～がある Damit hat es eine eigene Bewandtnis. ～付きの problematisch. ～ある女 eine Frau mit [dunkler] Vergangenheit.

いわし 鰯 die Sardine -n. ～の缶詰 die Sardinenbüchse.

いわしぐも 鰯雲 Lämmerwolken pl.; Schäfchen pl.

いわず 言わず・語らず stillschweigend. ～もがなの事を言う überflüssige Worte machen.

いわな 岩魚 der Saibling -s, -e.

いわば 言わば sozusagen; gleichsam; gewissermaßen.

いわゆる 所謂 so genannt (略: sog.);〔表向きの〕angeblich; vorgeblich.

いわれ 謂れ〔理由〕der Grund -es, ¨e;〔原因〕die Ursache -n;〔来歴〕die Geschichte -n;〔由緒〕die Herkunft. ～なく ohne Grund (Ursache).

いわんや 況や geschweige denn. 君はろくに物も言えない、～歌などは Du kannst kaum sprechen, geschweige denn singen. 私は彼を友達にしたくない、～恋人には Ich mag ihn nicht zum Freunde, um so weniger (erst recht nicht) zum Geliebten.

いん 印〔印判〕das Siegel -s, -; das Petschaft -s, -e;〔スタンプ〕der Stempel -s, -. ～を押す et. siegeln (stempeln); das Siegel drücken《auf 4 格》.

いん 韻 der Reim -[e]s, -e. ～を合わす ein

Wort auf ein anderes reimen. ～が合う sich reimen《auf 4 格》. ～を踏んでいる(いない) gereimt (reimlos).
いんい 陰萎 die Impotenz. ～の impotent.
いんイオン 陰イオン das Anion −s, −en.
いんうつ 陰鬱 düster; trübselig.
いんえい 陰影 der Schatten −s, −; die Schattierung −en. ～に富んだ nuancenreich. ～をつける et. schattieren.
いんおうご 印欧語 das Indoeuropäische#; die indoeuropäischen Sprachen pl.
いんか 引火・する Feuer fangen*; sich entzünden. ～し易い feuergefährlich; leicht entzündbar. ～点 der Entflammungspunkt.
インカ ～帝国 das Inkareich.
いんが 因果 Ursache und Wirkung. ～関係 der Kausalzusammenhang; der Kausalnexus. ～律 das Kausalgesetz. ～性 die Kausalität. ～的な kausal; ursächlich. ～な〔不運な〕unglücklich; unselig; unglückselig. ～な事に zum Unglück. ～と諦める sich in sein Schicksal fügen. ～応報 Wie die Saat, so die Ernte.
いんが 印画 der Abzug −s, ¨e. ～紙 das Fotopapier.
いんが 陰画 das Negativ −s, −e.
いんがい 員外・の überzählig. ～教授 außerplanmäßiger Professor.
いんかく 陰核 der Kitzler −s, −; die Klitoris −.
いんかしょくぶつ 隠花植物 die Kryptogame −n; die Sporenpflanze −n.
いんかん 印鑑 das Siegel −s, −. ～証明(届) amtliche Bescheinigung (Eintragung) des Siegels.
いんき 陰気な trübe; düster; trübsinnig; melancholisch.
いんぎ 院議 der Parlamentsbeschluss −es, ¨e.
いんきょ 隠居 der Altenteiler −s, −. ～する in den Ruhestand treten*(s); 〔農家で〕sich aufs (ins) Altenteil zurück|ziehen*. ～暮らしをする auf dem Altenteil sitzen*.
いんきょく 陰極 der Minuspol −s, −e; negativer Pol −s, −e; die Kathode −n. ～線 Kathodenstrahlen pl.
いんぎん 慇懃・な höflich; artig; 〔婦人に対して〕galant. ～を通ずる ein [Liebes]verhältnis mit jm. haben*.
インク die Tinte −n; 〔印刷用の〕die Druckfarbe −n. ～壺 das Tintenfass. ～瓶 die Tintenflasche. ～のしみ der Tintenfleck.
いんけい 陰茎 der Penis −, −se; männliches Glied −es, −er.
いんけん 引見する jn. [in Audienz] empfangen*.
いんけん 陰険な hinterlistig; heimtückisch.
いんげんまめ 隠元豆 die Stangenbohne −n.
いんこ 鸚哥 der Sittich −s, −e. せきせい～ der Wellensittich.
いんご 隠語 der Jargon −s, −s; die Gaunersprache; das Rotwelsch −[es]

いんこう 咽喉 die Kehle −n.
いんごう 因業な hartherzig; 〔頑固な〕hartnäckig.
いんこく 印刻する einen Stempel schneiden*.
いんさつ 印刷 der Druck −es. ～する drucken. ～に付する in Druck geben*. ～中の im Druck befindlich. ～機 die Druckmaschine; die Druckpresse. ～工 der Drucker. ～術 die Buchdruckerkunst. ～所 die Druckerei. ～物 die Drucksache. ～用インク die Druckfarbe. ～用紙 das Druckpapier.
いんさん 陰惨な grausam.
いんし 因子 der Faktor −s, −en.
いんし 印紙 die Stempelmarke −n. ～税 die Stempelsteuer.
インジゴ der (das) Indigo −s, −s. ～色の indigoblau.
いんじゃ 隠者 der Einsiedler −s, −; der Klausner −s, −; der Eremit −en, −en.
いんしゅ 飲酒 das Trinken −s. ～に耽る sich dem Trunk ergeben*. ～家 der Trinker. ～癖 die Trunksucht. ～癖のある trunksüchtig. ～運転 Trunkenheit am Steuer. ～運転する 〔ein Auto〕betrunken steuern (fahren*). ～運転者 betrunkener Fahrer.
いんしゅう 因習 〔altes〕Herkommen −s; die Konvention −en. ～的な herkömmlich; konventionell.
インシュリン das Insulin −s.
いんしょう 引証 die Anführung −en. ～する et. als (zum) Beweis an|führen.
いんしょう 印章 一 印.
いんしょう 印象 der Eindruck −s, ¨e; die Impression −en. 第一～ der erste Eindruck. いい～を与える einen guten Eindruck auf jn. machen. ～的な eindrucksvoll. ～主義 der Impressionismus. ～主義の impressionistisch. ～派 Impressionisten pl.
いんしょく 飲食・する essen* und trinken*. ～物 Speise und Trank. ～店 die Gaststätte; das Restaurant.
いんしん 陰唇 die Schamlippe −n.
いんしん 殷賑・を極める belebt und blühend sein*. ～産業 aufblühende Industrie.
いんすう 因数 der Faktor −s, −en. ～分解 die Faktorzerlegung; die Auflösung in Faktoren. ～に分解する in Faktoren zerlegen (auf|lösen).
インスタント・コーヒー der Pulverkaffee −s. ～食品 das Fertiggericht.
インストール 〔電算〕die Installation −en. コンピューターに～する auf einem Computer installieren.
インスピレーション die Inspiration −en; die Eingebung −en.
いんせい 陰性の negativ; 〔性質が〕düster.
いんせい 隠棲 → 隠遁.
いんぜい 印税 die Tantieme −n.
いんせき 引責する die Verantwortung übernehmen* (auf sich nehmen*)《für 4 格》.

いんせき 姻戚関係にある mit *jm.* verschwägert sein*; mit einer Familie versippt sein*.
いんせき 隕石 der Meteorstein -[e]s, -e.
いんぜん 隠然・たる heimlich; verborgen; versteckt. ~たる勢力 die Macht hinter den Kulissen.
いんそつ 引率・する [an|]führen. ~者 der [An]führer.
インターチェンジ die Anschlussstelle -n.
インターナショナル〔国際労働者同盟〕die Internationale; die Internationale Arbeiterassoziation. ~の歌 die Internationale.
インターネット〔電算〕das Internet ['ɪntərnet] -s. ~ユーザー der Internetnutzer.
インターホン das Haustelefon -s, -e.
インターン ~生 der Praktikant -en, -en.
いんたい 引退する sich zurück|ziehen《von 3 格》; zurück|treten*(s)《von 3 格》; in den Ruhestand treten*(s).
インタビュー das Interview -s, -s. ~を行う *jn.* interviewen; ein Interview mit *jm.* führen (machen).
いんち 引致 die Vorführung -en. ~する vor|führen.
インチ der Zoll -s, -. 1 ~の厚さの zolldick. 3 ~の厚さの板 3 Zoll starkes Brett. 4 ~の vierzöllig.
いんちき der Schwindel -s; der Betrug -[e]s. ~を働く schwindeln; mogeln. ~な schwindlerisch. ~会社 die Schwindelfirma. 彼は~で世渡りして Er schwindelt sich durchs Leben.
いんちょう 院長 der Direktor -s, -en.
インディア ~紙 das Dünndruckpapier -s.
いんてつ 隕鉄 das Meteoreisen -s, -.
インデックス der Index -[es], -e; das Register -s, -.
インテリア das Interieur -s, -s. ~デザイナー der Innenarchitekt.
インテリゲンチア der Intellektuelle#; Intelligenzler -s, -. ~階級 die Intelligenz.
いんでんき 陰電気 negative Elektrizität.
インド Indien. ~の indisch. ~人 der Inder. ~洋 der Indische Ozean.
インドア・スポーツ der Hallensport -s.
いんとう 咽頭 der Rachen -s, -. ~炎 die Rachenentzündung.
いんどう 引導を渡す eine Seelenmesse lesen*; 《比》eine unwiderrufliche Entscheidung fällen (treffen*).
いんとく 陰徳を施す *jm.* heimlich Wohltaten erweisen*.
いんとく 隠匿・する verbergen*; verstecken; verheimlichen;〔盗品を〕hehlen. ~物資 verborgene Waren *pl.* ~罪 die Hehlerei.
インド・ゲルマン ~語 das Indogermanische#; die indogermanischen Sprachen *pl.* → 印欧語
インドシナ Indochina.
イントネーション die Intonation -en; der Tonfall -[e]s.

インドネシア Indonesien. ~の indonesisch. ~人 der Indonesier.
いんとん 隠遁・する sich von der Welt [in die Einsamkeit] zurück|ziehen*. ~生活を送る ein zurückgezogenes Leben führen; in der Verborgenheit leben. ~[生活]者 der Einsiedler; der Eremit.
いんに 陰に im Geheimen.
いんにく 印肉 das Stempelkissen -s, -.
いんにん 隠忍・する Geduld haben*; dulden. ~して geduldig.
いんねん 因縁〔運命〕die [Schicksals]fügung -en;〔由来〕die Geschichte -n;〔関係〕die Verbindung -en. 何かの~で Wie es das Schicksal haben wollte, ... ~をつける〔喧嘩の〕mit *jm.* an|binden*.
いんのう 隠嚢 der Hodensack -[e]s, ¨e; das Skrotum -s, ..ta.
いんぶ 陰部 Geschlechtsteile *pl.*; die Scham.
インフェリオリティー ~コンプレックス der Minderwertigkeitskomplex -es, -e.
インフォーメーション die Information -en; die Auskunft ¨e.
インプット der (das) Input -s, -s. ~する ein|geben*.
インフルエンザ die Grippe -n; die Influenza.
インフレーション die Inflation -en. ~を招く zur Inflation führen. ~の inflationär. ~政策 die Inflationspolitik.
いんぶん 韻文 Verse *pl.* ~で書く in Versen schreiben*.
いんぺい 隠蔽する vertuschen; verschleiern; decken.
インボイス die Faktur -en.
いんぼう 陰謀 die Intrige -n; das Komplott -[e]s, -e; Ränke *pl.* ~をたくらむ intrigieren; ein Komplott (Ränke) schmieden. ~家 der Intrigant; der Ränkeschmied.
インポテンツ die Impotenz. ~の impotent.
いんぽん 淫奔な lüstern; liederlich; wollüstig.
いんめつ 湮滅・する verdunkeln. 証拠~の恐れ die Verdunkelungsgefahr.
いんもう 陰毛 das Schamhaar -s, -e.
いんもん 陰門 die Vulva ..ven; die Schamritze -n.
いんゆ 隠喩 die Metapher -n.
いんよう 引用 die Anführung -en. ~する *et.* an|führen《aus 3 格》; *et.* zitieren《aus 3 格》. ~文 das Zitat. ~符 das Anführungszeichen; das Gänsefüßchen.
いんよう 飲用・水 das Trinkwasser -s. ~に適する trinkbar.
いんりつ 韻律 das Versmaß -es, -e; das Metrum -s, ..tren; der Rhythmus -, ..men. ~論 die Verslehre; die Metrik.
いんりょう 飲料 das Getränk -[e]s, -e. ~水 das Trinkwasser. 清涼~ das Erfrischungsgetränk.

いんりょく 引力 die Anziehungskraft ⸚e.
インレー〔歯科の〕das Inlay ['ɪnleɪ] -s, -s.
いんれき 陰暦 der Mondkalender -s.

う

う 鵜 der Kormoran -s, -e.
ウイーク ～エンド das Wochenende. ～デー der Wochentag (Werktag). ～ポイント schwache Seite; die Schwäche.
ウイークリー〔雑誌〕die Wochen[zeit]schrift -en;〔新聞〕die Wochenzeitung -en.
ウイーン Wien. ～の wienerisch; Wiener 《不変化》. ～人 der Wiener.
ういういしい 初初しい jung und frisch.
ういきょう 茴香 der Fenchel -s.
ういざん 初産 die erste Geburt (Entbindung).
ウイスキー der Whisky -s, -s.
ウイット der Witz -es. ～のある witzig.
ういてんぺん 有為転変・の movsellvoll. ～の世の中だ Man weiß nicht, wie es morgen werden wird.
ういまご 初孫 das erste Enkelkind -[e]s.
ウイルス das Virus, ..ren. ～性疾患 die Viruskrankheit.
ウインカー der Blinker -s, -.
ウインク der Wink [mit den Augen]. ～する jm. mit den Augen winken; jm. mit den Augen einen Wink geben*.
ウイング der Flügel -s, -.
ウインター・スポーツ der Wintersport -s.
ウインチ die Winde -n; die Haspel -n.
ウインドー・ショッピング ～する einen Schaufensterbummel machen.
ウインド・ブレーカー die Windjacke -n.
ウインナ 〔ソーセージ〕das Wiener Würstchen; die Wiener. 〔ワルツ〕der Wiener Walzer.
ウーステッド der Kammgarnstoff -s.
ウーマンリブ die Frauenemanzipation.
ウール die Wolle -n. ～の wollen.
うえ 上・の ober;〔より高い〕höher;〔年上の〕älter. ～のクラス obere Schulklasse. ～の学校 höhere Schule. ～に oben. ～に述べたように wie oben erwähnt. ～から下まで von oben bis unten. 机の～に(へ) auf dem (den) Tisch. 森の～に(を越えて) über dem (den) Wald. 一段～に eine Stufe höher. ～を見上げる nach oben sehen*. 試験の～で nach der Prüfung. 酒の～で wegen der Betrunkenheit. 家では～を下への大騒ぎだった Alles ging drunter und drüber im Hause.
うえ 飢え der Hunger -s. ～に苦しむ unter Hunger leiden*. ～をいやす den Hunger stillen.
ウエーター der Kellner -s, -; der Ober -s, -.
ウエーデルン das Wedeln -s.
ウエート das Gewicht -[e]s. ～を置く(置かない) viel (kein) Gewicht legen《auf 4 格》. ～リフティング das Gewichtheben.
ウエートレス die Kellnerin -nen; die Servierein -nen.
ウエーブ die Welle -n. パーマネント～ die Dauerwelle. 髪に～をかける die Haare wellen.
うえかえる 植え替える um|pflanzen. 別の〔植木〕鉢に～ um|topfen.
うえき 植木 die Gartenpflanze -n;〔鉢植えの〕die Topfpflanze -n. ～鉢 der Blumentopf. ～屋 der Gärtner.
うえこみ 植え込み das Gebüsch (Gesträuch) -[e]s, -e.
うえした 上下・に oben und unten. ～になっている auf den Kopf stehen*. ～にする auf den Kopf stellen.
うえじに 飢え死に der Hungertod -[e]s. ～する vor Hunger sterben*(s); verhungern (s).
ウエスタン〔映画〕der Western -[s], -.
ウエスト die Taille -n. ～のサイズ die Taillenweite. 彼女は～が60センチある Sie hat eine Taille von 60 cm. / Sie hat Taille 60 (60 cm Taille).
うえつける 植え付ける [ein|]pflanzen. 子供の心に自然への愛を～ den Kindern die Liebe zur Natur ein|pflanzen.
ウエディング ～ケーキ der Hochzeitskuchen. ～ドレス das Brautkleid. ～マーチ der Hochzeitsmarsch. ～リング der Trauring.
ウエハース die Waffel -n.
うえる 飢える hungern; Hunger haben*. 知識に～ nach Kenntnissen hungern. 血に～ nach Blut dürsten. 飢えた hungrig.
うえる 植える pflanzen. 庭に草花を～ Blumen in den Garten pflanzen; den Garten mit Blumen bepflanzen.
ウエルター ～級 das Weltergewicht -s.
うえん 迂遠な weitschweifig; umständlich.
うお 魚 der Fisch -es, -e. ～市場 der Fischmarkt. ～河岸 der Fischmarkt. ～を得たようである in seinem Element (Fahrwasser) sein*.
うおうさおう 右往左往する durcheinander laufen*(s); nach rechts und links laufen*(s).
ウオーター ～シュート die Wasserrutschbahn. ～ポロ der Wasserball.
ウオーミング・アップ ～をする sich auf|wärmen.
うおごころ 魚心あれば水心 Wie du mir, so ich dir.
ウオツカ der Wodka -s, -s.
うおつり 魚釣りをする angeln.
うおのめ 魚の目 das Hühnerauge -s, -n.
うか 羽化する sich entpuppen.

うかい 迂回・する einen Umweg machen; 〔乗物〕et. umfahren*. 村を(敵similar)を〜する ein Dorf (den Feind) umgehen*. 〜路 die Umleitung.

うがい 嗽い・する gurgeln; sich³ den Mund aus|spülen. 〜薬 das Gurgelmittel.

うかうか 〜と unaufmerksam; unachtsam; unvorsichtig. 〜と日を送る in den Tag hinein|leben. 〜するな Sehen Sie sich vor!

うかがう 伺う 〔訪問する〕jn. besuchen; 〔問う〕jn. fragen 《nach 3 格》; 〔聞く〕hören. ご機嫌を〜 sich nach js. Befinden erkundigen. ちょっと伺いたいのですが Entschuldigen Sie, bitte, …

うかがう 窺う spähen 《nach 3 格》; 〔のぞく〕heimlich gucken 《in 4 格》. 好機を〜 eine günstige Gelegenheit ab|warten. 顔色を〜 js. Gesichtsausdruck (Miene) beobachten.

うかされる 浮かされる ¶熱に〜 im Fieber fantasieren.

うかせる 浮かせる flott|machen; 〔浮かべる〕schwimmen lassen*. 紙の小舟を水に〜 ein Schiffchen aus Papier schwimmen lassen*. 旅費を500ユーロ〜 von den Reisekosten 500 Euro sparen.

うかつ 迂闊な unaufmerksam; unvorsichtig; 〔愚かな〕dumm.

うがつ 穿つ bohren; graben*. 板に穴を〜 ein Loch in (durch) das Brett bohren. トンネルを〜 einen Tunnel bohren (bauen). 穿った言葉 treffende Worte pl.

うかぬかお 浮かぬ顔をする ein betrübtes Gesicht machen; trübe drein|blicken.

うかびあがる 浮かび上がる auf|tauchen (s); empor|schweben (s).

うかぶ 浮かぶ schwimmen*; schweben. 心に〜 jm. ein|fallen*(s); jm. in den Sinn kommen*(s). 涙が彼の目に〜 Die Tränen kommen ihm in die Augen. 微笑が彼女の唇に浮かんだ Ein Lächeln spielte um ihre Lippen. 昔の事が目の前に〜 Das Vergangene steht mir vor Augen.

うかべる 浮かべる schwimmen lassen*. 心に〜 sich³ et. vor|stellen. 不満の色を顔に〜 seinen Unwillen zeigen. 笑みを〜 lächeln. 涙を〜 Tränen in den Augen haben*.

うかる 受かる ¶試験に〜 die Prüfung bestehen*.

うかれる 浮かれる lustig (heiter; fröhlich) werden*(s). 月に浮かれて外へ出た Von der Schönheit des Mondscheins bezaubert, gingen wir hinaus.

うがん 右岸 das rechte Ufer -s, -.

うき 浮き 〔釣の〕der Schwimmer -s, -; 〔浮き袋〕der Schwimmring (Rettungsring) -[e]s, -e.

うき 雨季 die Regenzeit -en.

うきあがる 浮き上がる auf|tauchen (s). 富士山が青空にくっきり〜 Der Fudschi hebt sich klar vom blauen Himmel ab.

うきあし 浮き足立つ ins Wanken geraten*(s).

うきうき 浮き浮きと lustig; heiter; fröhlich.

うきがし 浮き貸しをする ein widerrechtliches Darlehen geben*.

うきくさ 浮き草 die Wasserlinse -n. 〜のような男 entwurzelter Mann. 〜のような生活を送る ein unstetes Leben führen.

うきぐも 浮き雲 schwebende Wolke -n.

うきごし 浮き腰になる unruhig werden*(s).

うきさんばし 浮き桟橋 schwimmende Landungsbrücke -n.

うきしずみ 浮き沈み der Wechsel -s. 〜の激しい wechselvoll. 人生の〜 das Auf und Ab des Lebens.

うきしま 浮き島 schwimmende Insel -n.

うきたつ 浮き立つ ¶心が〜 fröhlich sein*.

うきドック 浮きドック das Schwimmdock -s, -s.

うきな 浮名が立つ Seine Liebesgeschichte verbreitet sich (zum Stadtgespräch).

うきはし 浮き橋 die Pontonbrücke -n.

うきぶくろ 浮き袋 〔水泳具〕der Schwimmring -[e]s, -e; 〔救命具〕der Rettungsring -[e]s, -e; 〔魚の〕die Schwimmblase -n.

うきぼり 浮き彫り das Relief -s, -s (-e). 〜にする im (in) Relief dar|stellen; 〔際立たせる〕Relief geben*《3 格》; heraus|arbeiten.

うきめ 憂き目をみる bittere Erfahrungen machen.

うきよ 浮世 die [fließende, vergängliche] Welt. 〜の義理 die Bande der Welt. それが〜の習いだ So geht es in der Welt. / Das ist der Lauf der Welt.

うきよえ 浮世絵 das Ukiyo-E(e).

うく 浮く schwimmen*. 油は水に〜 Öl schwimmt auf dem Wasser. 今月は1000円浮いた Ich habe diesen Monat 1 000 Yen gespart.

うぐい 石斑魚 der Hasel -s, -.

うぐいす 鶯 die Grasmücke -n. 〜色の braungrün.

ウクライナ die Ukraine. 〜の ukrainisch. 〜人 der Ukrainer.

ウクレレ die (das) Ukulele -, -n.

うけ 有卦 ¶彼は〜に入っている Das Glück ist ihm günstig.

うけあう 請け合う garantieren; versichern; bürgen (ein|stehen*)《für 4 格》; 〔引き受ける〕übernehmen*. 明日の天気は請け合いだ Morgen ist es sicher (bestimmt) schön.

うけい 右傾する 〔思想的に〕nach rechts tendieren; rechtsorientiert (rechtsgerichtet) sein*.

うけいれ 受け入れ態勢が整う bereit sein*, et. aufzunehmen.

うけいれる 受け入れる an|nehmen*; akzeptieren; 〔迎え入れる〕auf|nehmen*.

うけうり 受け売りする wieder|käuen; 〔人の話を〕jm. et. nach|reden.

うけおい 請負 der Werkvertrag -[e]s, ⸚e. 〜人 der Werkunternehmer.

うけおう 請け負う einen Werkvertrag schließen*《über 4 格》; eine Arbeit vertraglich übernehmen*.

うけこたえ 受け答え・をする auf eine Frage antworten; eine Frage beantworten. 彼は～がうまい Er ist nie um eine Antwort verlegen.

うけざら 受け皿 die Untertasse -n.

うけだす 請け出す〔質物を〕ein|lösen; aus|lösen.

うけだち 受け太刀になる in die Defensive gedrängt werden*(s受).

うけたまわる 承る → 聞く. ご用命を～ einen Auftrag erhalten*.

うけつぐ 受け継ぐ jm. nach|folgen (s)《in 3 格》; et. übernehmen*;〔相続する〕et. von jm. erben. ～職を jm. im Amt nach|folgen (s).

うけつけ 受付〔受理〕die Annahme -n;〔会社・ホテルなどの〕das Empfangsbüro -s, -s;〔案内所〕die Auskunft ¨e. ～番号 die Empfangsnummer. 申し込み～期限 die Annahmefrist für die Bewerbungen.

うけつける 受け付ける an|nehmen*. 受け付けない ab|lehnen; ab|weisen*. 私の胃は油っこい食物を受け付けない Mein Magen verträgt keine fetten Speisen.

うけとめる 受け止める auf|fangen*. 攻撃を～ einen Angriff ab|wehren (parieren).

うけとり 受取〔領収証〕die Quittung -en; die Empfangsbescheinigung -en. ～と引き換えに gegen Quittung. ～人 der Empfänger. ～帳 das Quittungsbuch. 郵便料金～人払い Porto zahlt Empfänger.

うけとる 受け取る empfangen*; erhalten*; an|nehmen*. 右正に受け取りました Obiges (Vorstehendes) habe ich richtig erhalten. 言葉通りに～ et. wörtlich nehmen*.

うけながす 受け流す parieren; ab|lenken; 〔聞き流す〕et. in den Wind schlagen*.

うけにん 請人 der Bürge -n, -n.

うけみ 受身 die Passivität;〔守勢〕die Defensive; die Verteidigung -en;《文法》das Passiv -s. ～の passiv; defensiv. ～になる in die Defensive begeben*; in die Defensive gedrängt werden*(s受).

うけもち 受持・の先生 der Klassenlehrer. ～の仕事は私の～です Die Arbeit liegt auf meiner Verantwortung. / Ich übernehme die Arbeit. ～区域 der Bezirk; das Revier.

うけもつ 受け持つ übernehmen*; auf sich nehmen*. 受け持たされる beauftragt werden*(s受)《mit 3格》.

うける 受ける〔受け止める〕[auf]fangen*;〔貰う〕bekommen*;〔受け取る〕empfangen*; erhalten*;〔享ける〕genießen*; sich erfreuen《2格; an 3格》. 申し出を～ ein Angebot erhalten*. 世人の尊敬を～ sich allgemeiner Achtung erfreuen. 損害を～ Schaden erleiden*. 授業を～ bei jm. Stunden (Unterricht) nehmen*. 試験を～ sein Examen machen. 悪い性質を～ die schlechten Eigenschaften erben. この本は読者に受けた Das Buch fand gute Aufnahme beim Publikum. 真(*)に～の. et. für wahr halten*; et. [für] ernst (für bare Münze) nehmen*.

うけわたし 受け渡し die Lieferung -en. ～をする et. [ab]liefern. ～証 der Lieferschein. ～期間 die Lieferzeit; die Lieferungsfrist.

うげん 右舷 das Steuerbord -s, -e. ～に傾く sich nach Steuerbord neigen. ～[方向]に steuerbord[s].

うごう 烏合の衆 die Hammelherde -n.

うごかす 動かす bewegen; in Bewegung setzen (bringen*);〔運転する〕in Betrieb setzen; in Gang bringen*. 或る人を動かして…させる jn. bewegen*《zu+不定詞》. 兵を～ Truppen kommandieren;〔動員する〕Truppen mobil|machen. 動かし難い決意 unbeugsamer (unerschütterlicher) Wille. 動かし難い証拠 unwiderlegbarer Beweis.

うごき 動き die Bewegung -en;〔動揺〕die Schwankung -en;〔変化〕die Änderung -en. 心の～ die Gemütsbewegung. 市場の～ die Lage auf dem Markt. ～が取れない in der Klemme sein*.

うごく 動く sich bewegen;〔機械が〕laufen* (s); gehen*(s);〔揺れる〕schwanken. 動き出す sich in Bewegung setzen. 心が～ Lust haben*《zu 3格》; sich bewogen fühlen《zu+不定詞》. 世の中が～ Es verändert sich in der Welt. 動かぬ証拠 unwiderlegbarer Beweis.

うごのたけのこ 雨後の筍のように出る wie Pilze aus der Erde (dem Boden) schießen*(s).

うごめく 蠢く sich winden*. 得意の鼻をうごめかす die Nase hoch tragen*.

うこんいろ 鬱金色の safrangelb.

うさ 憂さ・を払う die Sorgen vertreiben* (verscheuchen). ～を酒で晴らす seine Sorgen vertrinken*. ～晴らしをする sich ab|lenken; Zerstreuung suchen《in 3格》.

うさぎ 兎 der Hase -n, -n;〔家兎〕das Kaninchen -s, -. ～狩り die Hasenjagd.

うさんくさい 胡散臭い zweifelhaft; verdächtig.

うし 牛〔牝牛〕die Kuh -e;〔牡牛〕der Stier -s, -e;〔去勢牛〕der Ochse -n, -n;〔総称〕das Rind -es, -er. ～の歩みで im Schneckentempo.

うし 齲歯 → 虫歯.

うじ 蛆 die Made -n.

うじうじ ～する unschlüssig sein*.

うしかい 牛飼 der [Kuh]hirt -en, -en. ～座《天》der Ochsentreiber.

うしなう 失う verlieren*. 命を～ das Leben verlieren*; ums Leben kommen*(s). 威信を～ sein Ansehen verlieren (ein|büßen). 機会を～ eine Gelegenheit versäumen (verpassen). 気を～ ohnmächtig werden*(s). 度を～ aus der Fassung kommen*(s).

うしみつどき 丑三つ時 die Geisterstunde.

うじむし 蛆虫 → 蛆.

うじゃうじゃ → うようよ.

うしろ 後 die Rückseite -n; die Hinterseite -n. ～の hinter. ～に hinten. ～へ nach hinten. 家の～に(へ) hinter dem (das) Haus. ～から von hinten; hinterher. ～からついて行く hinter jm. her|gehen* (s). ～に背負う et. auf dem Rücken tragen*. ～を向く sich um|drehen. 敵に～を見せる dem Gegner den Rücken zeigen.

うしろがみ 後髪 ¶彼は～を引かれる思いで故郷を離れた Er riß sich von der Heimat los.

うしろぐらい 後暗い ところがある ein böses Gewissen haben*.

うしろすがた 後姿 der Rücken -s, -. ～を見送る jm. nach|sehen*. 彼女の～は美しい Von hinten gesehen ist sie hübsch.

うしろだて 後楯になる jm. den Rücken decken.

うしろで 後手に縛る jm. die Hände auf dem Rücken binden* (fesseln).

うしろむき 後向きになる jm. den Rücken zu|kehren; jm. den Rücken wenden(*).

うしろめたい 後ろめたい ein schlechtes Gewissen haben*. 後ろめたそうな schuldbewusst.

うしろゆび 後指を指される Ihm wird Böses (Übles) nachgeredet.

うす 臼 der Mörser -s, -; 〔碾(ひき)臼〕der Mühlstein -[e]s, -e. ～で碾く mörsern; mahlen*.

うず 渦 →渦巻. ～を巻く wirbeln (h; s); strudeln.

うすあかり 薄明り die Dämmerung; das Zwielicht -[e]s; 〔微光〕der Schimmer -s.

うすあかるい 薄明るい dämmerig.

うすい 薄い dünn; 〔濃度が〕schwach; 〔色が〕hell. ～茶 schwacher Tee. ～牛乳 dünne (wässerige) Milch. ～唇 schmale Lippen pl. 人情が～ unfreundlich (kaltherzig) sein*. 髪が薄くなる Das Haar lichtet sich.

うすうす 薄薄感づく wittern; Wind bekommen*《von 3 格》. →感付く.

うすずく ¶知りたくて～している neugierig sein*《auf 4 格》. 彼は僕たちと喧嘩がしたくて～している Es juckt ihn, mit uns Streit anzufangen.

うすかわ 薄皮 dünne Haut ¨e; dünne Schicht -en. 牛乳に～が張った Auf der Milch hat sich eine dünne Haut gebildet.

うすぎ 薄着する sich leicht kleiden.

うすぎたない 薄汚い schmutzig; unsauber.

うすきみわるい 薄気味悪い unheimlich.

うすぎり 薄切りにする in [dünne] Scheiben schneiden*.

うすく 疼く schmerzen. 傷口が～ Die Wunde schmerzt mir (mich). 心が～ Mir ist so weh ums Herz. 虫歯が～ Es puckert im hohlen Zahn.

うすくまる 蹲る sich hocken (kauern).

うすぐもり 薄曇りの leicht bewölkt.

うすぐらい 薄暗い dämmerig; halbdunkel. ～光 trübes (schwaches) Licht. 薄暗くなる Es dämmert. 薄暗がりで im Dämmerlicht; im Halbdunkel.

うすげしょう 薄化粧する sich leicht schminken.

うすごおり 薄氷 dünnes Eis -es. 窓に～が張った Das Fenster ist leicht zugefroren.

うずしお 渦潮 der Neerstrom -s, ¨e.

うすずみいろ 薄墨色の grau.

うずたかい 堆い手紙の山 ein Stapel (Berg) Briefe. 堆く積み上げる stapeln. 堆く乾草を積む das Heu in Haufen setzen.

うすっぺら 薄っぺらな dünn; 〔浅薄な〕oberflächlich; seicht; 〔軽薄な〕leichtsinnig.

うすのろ 薄のろ der Dummkopf -[e]s, ¨e; der Esel -s, -.

うすば 薄刃 dünne Klinge -n.

うすばかげろう 薄羽蜉蝣 die Ameisenjungfer -n.

うすび 薄日がさす Die Sonne scheint schwach.

うずまき 渦巻 der Wirbel -s, -; der Strudel -s, -; 〔海の〕die Neer -en. ～状の spiralförmig; spiral. ～模様 der Schnörkel.

うずまく 渦巻く wirbeln (h; s); strudeln.

うずまる 埋まる begraben (verschüttet) werden* (s受). 雪に埋まっている im (unter dem) Schnee begraben sein*. 広場は人で埋まっている Der Platz ist voll von Menschen. →うずまる.

うすめ 薄目をあける die Augen leicht öffnen.

うすめる 薄める verdünnen. 水で～ verwässern.

うずめる 埋める begraben*; ein|graben*; vergraben*. 宝物を～ einen Schatz vergraben*. 隙間を～ eine Lücke aus|füllen. 損失を～ einen Verlust ersetzen.

うすもの 薄物 dünner Stoff -[e]s, -e; 〔着物〕dünne Kleidung.

うずもれる 埋もれる →うずまる; うまる. 世に埋もれている unbeachtet bleiben* (s).

うずら 鶉 die Wachtel -n.

うすらぐ 薄らぐ nach|lassen*; 〔光が〕schwächer werden* (s); 〔記憶・印象が〕verblassen (s).

うすわらい 薄笑い ¶皮肉な～を浮かべる spöttisch lächeln.

うせつ 右折・する rechts ab|biegen* (s). ～禁止 Rechtsabbiegen verboten!

うせる 失せる verschwinden* (s); verloren gehen* (s). とっとと失せろ Fort mit dir!

うそ 嘘 die Lüge -n; die Unwahrheit -en. 真っ赤な～ faustdicke (grobe) Lüge. ～の falsch; gelogen. ～をつく lügen*; die Unwahrheiten sagen. ～つき der Lügner. ～つきの lügnerisch. それは～八百だ Das sind lauter Lügen. / Das ist erstunken und erlogen. ～八百を言う jm. die Hucke voll lügen*. ～も方便 In der Not ist die Lüge erlaubt. ～発見器 der Lügendetektor.

うそ 鷽 der Gimpel -s, -; der Dompfaff -en (-s), -en.

うぞうむぞう 有象無象が集まっていた Krethi und Plethi war[en] da.

うそぶく 嘯く prahlen; groß|tun*.
うた 歌 der Gesang -[e]s, ⸚e; das Lied -es, -er; [詩] das Gedicht -es, -e. ～を歌う ein Lied singen*. ～を詠(ェ)む ein Gedicht machen (verfassen) 《über (auf) 4 格》.
うたいて 歌い手 der Sänger -s, -; [女] die Sängerin -nen.
うたう 歌う(謳う) singen*; [謳歌する] lobpreisen⁽*⁾; verherrlichen. 海を歌った詩 ein Gedicht vom Meer. 条文にはこう謳ってある Der Text lautet wie folgt. 謳い文句 das Schlagwort.
うたがい 疑い der Zweifel -s, -; [嫌疑] der Verdacht -[e]s. ～のない zweifellos; unbestritten. ～なく ohne Zweifel; zweifellos. ～深い misstrauisch; argwöhnisch. ～をいだく Zweifel hegen 《an 3 格》. ～を差し挟(はさ)む Zweifel setzen 《in 4 格》. ～を持つ jn. in (im) Verdacht haben*. ～をかけられる in Verdacht kommen* (geraten*) (s). ～を晴らす sich von einem Verdacht befreien (rein|waschen*). 殺人(赤痢)の～がある des Mordes (der Ruhr) verdächtig sein*.
うたがう 疑う zweifeln 《an 3 格》; bezweifeln; [人を] misstrauen; jn. im (in) Verdacht haben*.
うたがわしい 疑わしい zweifelhaft; fraglich; dubios; [不確実な] unsicher; [怪しい] verdächtig.
うたごえ 歌声 die Singstimme -n.
うたたね 転た寝する schlummern; ein Schläfchen machen.
うだつ 梲が上がらない es [im Leben] zu nichts bringen*.
うたひめ 歌姫 die Sängerin -nen.
うだる ～ように暑い Es ist siedend heiß.
うち 内 das Innere -[家] das Haus -es, ⸚er. ～の人たち die Familie. ～では bei uns; daheim. ～にいる zu Hause sein*. ～へ帰る nach Hause gehen*(fahren*) (s). 二三日～に in einigen Tagen. 今日の～に noch heute. 近い～に bald; binnen kurzem. 夏の～は während des Sommers. 若い～に solange (während) man noch jung ist; in der Jugend. 心の～を打ち明ける jm. sein Innerstes offenbaren. その～[内訳] darunter.
うちあう 撃ち合う Schüsse wechseln.
うちあげはなび 打ち上げ花火 die Rakete -n.
うちあける 打ち明ける offenbaren; ent|decken; eröffnen. 心中を～ jm. sein Herz aus|schütten; sich jm. eröffnen. 秘密を～ jm. ein Geheimnis entdecken (an|vertrauen). 打ち明けて言うと offen gestanden.
うちあげる 打ち上げる [ロケットを] ab|schießen*; starten; [興行を] schließen*(n). 花火を～ eine Rakete ab|brennen*. 波が岸を～ Die Wellen schlagen (branden) ans Ufer.
うちあわせ 打ち合わせ die Besprechung -en.
うちあわせる 打ち合わせる sich mit jm. [im Voraus] besprechen 《über 4 格》. 彼と6時に会う事に打ち合わせてある Ich habe mit ihm verabredet, ihn um 6 Uhr zu treffen. 打ち合わせた時間に zur verabredeten Zeit.
うちうち 内内･の privat. ～で im engsten Familienkreis; in der geschlossenen Gesellschaft.
うちうみ 内海 das Binnenmeer -[e]s, -e.
うちおとす 打ち落す herunter|schlagen*; [射落す] herunter|schießen*.
うちかえす 打ち返す zurück|schlagen*; den Schlag erwidern.
うちかかる 打ち掛る auf jn. los|schlagen* (los|hauen*).
うちかつ 打ち勝つ besiegen; [克服する] überwinden*. 悪に～ Herr über das Böse werden*(s). 己(ʰの)に～ sich selbst besiegen (beherrschen). 誘惑に～ eine Versuchung bestehen*.
うちがわ 内側 die Innenseite -n; innere Seite -n. ～の inner. ～に innen. ～から von innen. 白線の～に立つ innerhalb der weißen Linie stehen*.
うちき 内気 scheu; schüchtern; zurück|haltend.
うちきず 打ち傷 die Quetschung -en; die Quetschwunde -n.
うちきる 打ち切る ab|brechen*.
うちきん 内金 die Anzahlung -en. ～を入れる eine Anzahlung leisten. ～として半分払う die Hälfte an|zahlen.
うちくだく 打ち砕く zerschlagen*; zerschmettern; zertrümmern.
うちくび 打首にする enthaupten; köpfen.
うちけし 打ち消し die Verneinung -en.
うちけす 打ち消す verneinen; [否認する] [ab|]leugnen. 噂を～ ein Gerücht bestreiten* (in Abrede stellen).
うちこむ 打ち込む et. ein|schlagen* 《in 4 格》. 弾丸を心臓に～ jm. (sich³) eine Kugel ins Herz schießen*. 球を～ den [Tennis]ball schmettern. 仕事に～ sich in die Arbeit stürzen.
うちころす 打ち殺す erschlagen*; tot|schlagen*; [射殺す] tot|schießen*.
うちこわす 打ち毀す zerschlagen*; zertrümmern.
うちしおれる 打ち萎れる → 萎れる.
うちじに 討死する in der Schlacht fallen*(s).
うちすえる 打ち据える tüchtig prügeln; durch|prügeln; verhauen⁽*⁾.
うちたおす 打ち倒す nieder|schlagen*; zu Boden schlagen*.
うちだし 打ち出し [興行の] der Schluss -es, ⸚e; [細工] getriebene Arbeit -en.
うちだす 打ち出す [打ち始める] an|schlagen*; [砲を] ab|feuern. 銅板に模様を～ ein Muster in Kupfer treiben*. ある主張を～ eine Behauptung auf|stellen.
うちつける 打ち付ける et. [an|]schlagen*《an 4 格》. 壁に頭を～ mit dem Kopf an die Wand stoßen*(s).

うちでし 内弟子 der Privatschüler -s, -.
うちとける 打ち解ける mit jm. warm (vertraut) werden*(s). 打ち解けた vertraulich; offen. 打ち解けない zurückhaltend; reserviert; zugeknöpft.
うちどめ 打ち止めにする schließen*; beenden.
うちとめる 撃ち止める erlegen; tot|schießen*.
うちとる 討ち取る töten; [負かす] besiegen.
うちにわ 内庭 der Innenhof -s, ¨e.
うちぬき 打ち抜き機 die Stanze -n; die Stanzmaschine -n.
うちぬく 打ち抜く [型で] stanzen; [弾丸が] durchschlagen*; durchschießen*. ブリキに穴を～ im Blech Löcher stanzen.
うちのめす 打ちのめす nieder|schlagen*; zu Boden strecken.
うちのり 内法 die Lichte; lichte Weite.
うちばらい 内払い die Anzahlung -en.
うちはらう 打ち払う ab|schütteln; [追い払う] vertreiben*.
うちひも 打紐 geflochtene Schnur ¨e.
うちべんけい 内弁慶である Er ist zu Hause ein Tyrann, draußen ein Hasenfuß.
うちポケット 内ポケット die Innentasche -n.
うちぼり 内堀 innerer Graben -s, ¨.
うちまく 内幕 innere Verhältnisse pl.; [秘密] das Geheimnis -ses, -se. ～を覗く einen Blick hinter die Kulissen tun*.
うちまた 内股 die Innenseite des Oberschenkels. ～に歩く über den [großen] Onkel gehen* (laufen*) (s).
うちみ 打ち身 [打撲傷] die Prellung -en.
うちやぶる 打ち破る schlagen*; besiegen. 包囲を～ die Belagerung durchbrechen*.
うちゅう 宇宙 der Kosmos -; das Universum -s; das Weltall -s. 大～ der Makrokosmos. 小～ der Mikrokosmos. ～の kosmisch. ～線 die Höhenstrahlung; kosmische Strahlen pl. ～船 das [Welt]raumschiff. ～飛行士 der Astronaut, der [Welt]raumfahrer. ～旅行 die [Welt]raumfahrt. ～論 die Kosmologie. ～塵 kosmischer Staub. ～ステーション die [Welt]raumstation. ～中継 die Satellitenübertragung.
うちょうてん 有頂天・になる vor Freude außer sich³ sein*; sich [wie] im sieb[en]ten Himmel fühlen; entzückt sein*(von 3 格; über 4 格). ～させる begeistern; entzücken.
うちよせる 打ち寄せる 波が岸に～ Die Wellen schlagen ans Ufer; 溺死者を海岸に～ einen Ertrunkenen an die Küste an|spülen.
うちわ 内輪・の privat. ごく～で im engsten Kreis; privatissime. ～のお祝い eine Feier in privatem Kreis. ～の集まり geschlossene Gesellschaft. ～の事 die Privatangelegenheit. ～もめ [家族同士の] Familienstreitigkeiten pl.; [仲間同士の] interne Meinungsverschiedenheiten pl. ～もめをする sich untereinander streiten*. ～に見積って geringgeschätzt.

うちわ 団扇 der Fächer -s, -. ～を使う sich mit einem Fächer fächeln.
うちわけ 内訳 Einzelheiten pl. ～書 die Angabe der Einzelheiten.
うちわたし 内渡し die Anzahlung -en.
うつ 打つ schlagen*; [叩く] klopfen; pochen; [なぐる] hauen*|schlagen*; prügeln. 釘を～ einen Nagel ein|schlagen*. 壁に頭を～ mit dem Kopf an die Wand stoßen*(s). 首を～ jn. enthaupten. 心を～ jn. bewegen (rühren). 不意を～ jn. überraschen (überfallen*). 碁を～ Go spielen. 水を～ et. mit Wasser besprengen. 波が岸を～ Die Wellen schlagen ans Ufer. 時計が5時を～ Es (Die Uhr) schlägt 5 [Uhr].
うつ 討つ an|greifen*; [破る] besiegen; unterwerfen*.
うつ 撃つ schießen*.
うつうつ 鬱々として schwermütig; trübsinnig.
うっかり ～して versehentlich; aus Versehen. ～している unachtsam sein*; zerstreut sein*. ～者 der Zerstreute#.
うつくしい 美しい schön. ～友情 schöne Freundschaft. ～話 rührende Geschichte. 彼女は顔立ち(姿)が～ Sie ist schön von Angesicht (Gestalt). 美しくする schön machen; verschönen.
うつくしさ 美しさ die Schönheit.
うっけつ 鬱血 die Kongestion -en; der Blutandrang -s. ～する mit Blut überfüllt sein*.
うつし 写し die Kopie -n; die Abschrift -en. ～をとる eine Kopie machen 《von 3 格》.
うつす 写す ab|schreiben*; kopieren; [模写する] nach|zeichnen; [撮影する] auf|nehmen*; fotografieren.
うつす 映す [反映する] spiegeln; [映写する] vor|führen. 姿を～ sich spiegeln.
うつす 移す verlegen; versetzen. 目を～ den Blick wenden* (von 3 格); den Blick lenken (auf 4 格). 風邪を～ jn. mit seiner Erkältung an|stecken. ワインを別の壜に～ den Wein in eine andere Flasche um|füllen. 時を移さず unverzüglich.
うっせき 鬱積 ¶不満が胸に～する Die Ärgernisse sammeln sich in ihm an.
うっそう 鬱蒼とした森 dichter Wald -es, ¨er.
うったえ 訴え die Klage -n. → アピール.
うったえる 訴える [苦情を言う] jm. et. klagen; [訴訟を起す] gegen jn. klagen; gegen jn. eine Klage führen. 苦痛を～ über Schmerzen klagen. 国民に～ an das Volk appellieren. 腕力に～ Gewalt an|wenden*([ge]brauchen).
うっちゃる weg|werfen*. そんなことはうっちゃっておけ Lass das liegen!
うつつ 現・を抜かす vernarrt sein* 《in 4 格》. 夢～で im Halbschlaf.
うって 討手 der Verfolger -s, -.
うってかわって 打って変って mit einem Schlag; plötzlich.

うってつけ 打って付け・の passend; treffend. ～である如く作られている*(für 4格; zu 3格). その役は彼に～だ Die Rolle ist ihm [wie] auf den Leib geschrieben.

うってでる 打って出る [城中の]einen Ausfall machen. 政界に～ in die politische Laufbahn ein|treten*(s). 選挙に～ bei einer Wahl als Kandidat auf|treten*(s).

うっとうしい 鬱陶しい schwül.

うっとり ～する entzückt (begeistert) sein*. ～するような音楽 entzückende Musik.

うつびょう 鬱病 die Melancholie; die Depression -en.

うつぶせる うつ伏せる auf dem Bauch liegen*. うつ伏せに bäuchlings.

うっぷん 鬱憤を晴らす seinem Ärger (seinen Gefühlen) Luft machen.

うつぼつ 鬱勃たる闘志がある voll[er] Kampfgeist sein*.

うつむく 俯く den Kopf senken; den Kopf hängen lassen*. 俯いて mit gesenktem Kopf.

うつり 映り ¶彼女は写真～がよい Sie fotografiert sich gut. / Sie ist fotogen. 二つの色は～がよい Die beiden Farben stimmen zueinander.

うつりかわり 移り変り der Wechsel -s; der Wandel -s. 季節の～ der Wechsel der Jahreszeiten.

うつりかわる 移り変る wechseln; sich wandeln; sich verändern.

うつりぎ 移り気 der Wankelmut -[e]s; Launen pl. ～な wankelmütig; launenhaft.

うつる 映る sich [wider]spiegeln; gut stehen*. この写真はよく映っている Das Bild ist gut aufgenommen.

うつる 移る [移転する][um]|ziehen*(s); [移行する]über|gehen*(s) (zu 3格); [変化する] sich verändern; [感染する] an|stecken. 人手に～ in andere Hände über|gehen (s). 火が隣家に～ Das Feuer greift auf die Nachbarhäuser über. この病気は～ Diese Krankheit steckt an (ist ansteckend). 君の風邪が移った Du hast mich mit deiner Erkältung angesteckt. 時が～ Die Zeit vergeht.

うつろ 空ろ・な hohl; leer. ～な目で mit einem leeren Blick.

うつわ 器 das Gefäß -es, -e; [食器] das Geschirr -s, -e. 彼は人の頭に立つ～ではない Er ist keine Führernatur.

うで 腕 der Arm -es, -e; [腕前] die Fertigkeit -en. ～のいい tüchtig; fähig. ～を貸す jm. Hilfe leisten. 或る人と～を組む js. Arm nehmen*. ～を組んで歩く mit jm. Arm in Arm gehen*(s). ～を振るう seine Fähigkeiten zeigen. ～を磨く sich üben (in 3格). ～の骨を折る sich den Arm brechen*.

うでぎ 腕木 der Arm -es, -e; der Querträger -s, -; die Traverse -n.

うできき 腕利き [人] fähiger (tüchtiger) Mann -es, ⸗er.

うでくび 腕首 das Handgelenk -s, -e.

うでぐみ 腕組み・をする die Arme kreuzen (verschränken). ～をして mit gekreuzten Armen.

うでくらべ 腕比べする seine Kräfte (sein Können) mit jm. messen*.

うでずく 腕ずくで mit Gewalt.

うでずもう 腕相撲 der Armringkampf -s, ⸗e.

うでだめし 腕試しをする sein Können (seine Kunst) erproben (an 3格).

うでっぷし 腕っ節の強い男 ein Mann mit starken (eisernen) Armen.

うでどけい 腕時計 die Armbanduhr -en.

うでまえ 腕前 das Können -s; die Kunst ⸗e; die [Kunst]fertigkeit -en. ～を見せる sein Können (seine Kunst) zeigen. 彼女のピアノの～は大したものだ Sie hat eine große Fertigkeit im Klavierspiel.

うでまくり 腕まくり・する die Ärmel auf|streifen; auf³ den Arm entblößen. ～して mit aufgekrempelten Ärmeln.

うでる 茹でる → ゆでる.

うでわ 腕輪 das Armband -[e]s, ⸗er; der Armring -[e]s, -e; der Armreifen -s, -.

うてん 雨天 das Regenwetter -s. ～体操場 die Turnhalle. ～順延 Bei Regen wird es auf den nächsten Tag verschoben.

うとい 疎い unkundig sein* (2格). 世事に～ weltfremd sein*. 去る者は日日に疎し Aus den Augen, aus dem Sinn.

うとうと ～する schlummern; dösen.

うどん Nudeln pl. ～粉 das Weizenmehl.

うとんずる 疎んずる kalt (gleichgültig) behandeln. 他人の意見を～ andere Meinungen ignorieren (nicht beachten).

うながす 促す jn. drängen (auf|fordern) (zu 3格); [促進する] fördern. 返事(約束の履行)を～ auf Antwort (auf Erfüllung des Versprechens) dringen*. 注意を～ jn. aufmerksam machen (auf 4格).

うなぎ 鰻 der Aal -s, -e.

うなぎのぼり 鰻登り ¶物価が～に上がる Die Preise werden immer höher.

うなされる 魘される ¶悪夢に～ Alpdrücken haben*.

うなじ 項 der Nacken -s, -; das Genick -s, -e.

うなずく 頷く [mit dem Kopf] nicken. 同意して～ zustimmend nicken; jm. Beifall nicken.

うなだれる 項垂れる den Kopf senken (hängen lassen*). 項垂れて mit gesenktem Kopf.

うなばら 海原 weites Meer -es, -e.

うなる 唸る stöhnen; ächzen; [獣が] brüllen; heulen; [機械が] summen; surren. 苦しくて～ vor Schmerz stöhnen. ～ほど金がある Er erstickt fast im Geld. 見物人を唸らせる das Publikum zur Bewunderung hin|reißen*.

うに 雲丹 der Seeigel -s, -.

うぬぼれ 自惚れ die Eitelkeit; die Einbildung; der Dünkel -s. ～の強い eitel; eingebildet; dünkelhaft.

うぬぼれる 自惚れる eitel (eingebildet) sein* 《auf 4 格》; sich³ viel ein|bilden 《auf 4 格》.

うね 畝 die [Acker]furche -n.

うねうね ～とした gewunden; geschlängelt. 道の～と続く Der Weg windet (schlängelt) sich.

うねり [波の] die Dünung -en.

うねる [道・川が] sich winden*; sich schlängeln. 波が～ Die Wellen wogen. / Das Meer wogt.

うのみ 鵜呑みにする [食べ物を] verschlucken; [人の話を] schlucken.

うのめ 鵜の目鷹の目 mit Argusaugen.

うは 右派 die Rechte*.

うば 乳母 die Amme -n. ～車 der Kinderwagen. 「格」.

うばいあう 奪い合う sich schlagen* 《um 4

うばいかえす 奪い返す zurück|gewinnen*; [奪還する] zurück|erobern.

うばう 奪う jm. et. rauben (weg|nehmen*); jn. berauben 《2 格》. 王位を～ sich widerrechtlich des Throns bemächtigen. 官職を～ jn. des Amtes entheben*. 或る人の心を～ jn. fesseln; jn. bezaubern.

うばざくら 姥桜 verblühte Schönheit -en.

うぶ 初な naiv; unschuldig. ～な男 ein keuscher Joseph.

うぶぎ 産着 das Säuglingskleid -[e]s, -er; das Babykleidchen -s, -.

うぶげ 産毛 der Flaum -[e]s.

うぶごえ 産声をあげる das Licht der Welt erblicken.

うま 馬 das Pferd -es, -e; [雅] das Ross -es, -e; [牡馬] der Hengst -[e]s, -e; [牝馬] die Stute -n; [仔馬] das Fohlen -s, -. ～に乗って行く reiten*(s); zu Pferde gehen*(s). ～が合う mit jm. gut aus|kommen*(s). 馬の耳に念仏だ Das heißt tauben Ohren predigen.

うまい 旨い gut; [おいしい] köstlich; wohlschmeckend; [上手な] geschickt. ～考え gute Idee. この菓子は～ Der Kuchen schmeckt gut. 字が～ schön (gut) schreiben*; eine gute Handschrift haben*(schreiben*). ピアノが～ gut (geschickt) Klavier spielen. 話が～ ein unterhaltsamer Mensch (Erzähler) sein*. ～事を言う schöne Worte machen. ～金もうけをする ein gutes Geschäft machen. ～汁を吸う den Rahm ab|schöpfen. 話がうますぎる Das ist zu schön, um wahr zu sein. うまく行く gut gehen*(s); glücken (s). 彼はすることなすことうまく行く Ihm glückt immer alles.

うまいち 馬市 der Pferdemarkt -s, ⸚e.

うまうまと ～ まんまと.

うまかた 馬方 der Säumer -s, -; der Pferdetreiber -s, -.

うまごやし 苜蓿 [植] der Schneckenklee -s.

うまじるし 馬印 das Banner -s, -.

うまずめ 石女 unfruchtbares Weib -es, -er.

うまづら 馬面 das Pferdegesicht -s, -er.

うまとび 馬跳び das Bockspringen -s.

うまのほね 馬の骨 ¶どこの～だかわからない奴 dahergelaufener Kerl.

うまのり 馬乗りになる sich rittlings setzen 《auf 4 格》.

うまみ 旨み・のある geschmackvoll. ～のある仕事 eine lohnende Arbeit.

うまや 馬屋 der Pferdestall -es, ⸚e.

うまる 埋まる [埋められる] begraben werden* (s 受); [一杯になる] voll werden*(s) 《von 3 格》; [ふさがる] besetzt werden*(s 受) 《von 3 格》. 広間は人で埋まっている Der Saal ist voll von Menschen. 赤字が～ Das Defizit wird gedeckt. → うずまる.

うまれ 生れ ¶4月～の im April geboren. ～がよい aus einer guten Familie stammen. ドイツ～である aus Deutschland [gebürtig] sein*. ～ながら足が不自由である von Geburt [an] lahm sein*. ～たての neugeboren; eben erst geboren.

うまれかわり 生れ変り ¶仏の～ der wiedergeborene Buddha.

うまれかわる 生れ変る [再生する] wiedergeboren werden*(s 受); [更生する] ein neuer Mensch werden*(s); einen neuen Menschen an|ziehen*.

うまれつき 生れつき ¶彼女は～目が不自由だ Sie ist von Geburt [an] blind. 声の悪いのは～だ Die raue Stimme ist mir angeboren.

うまれる 生れる geboren werden*(s 受); zur Welt kommen*(s); [成立する] entstehen*(s). 男(女)に～ als Junge (Mädchen) geboren werden*(s 受). 私はベルリンで生まれた Ich bin (wurde) in Berlin geboren. 新しい国が生まれた Ein neuer Staat ist entstanden.

うみ 海 das Meer -es, -e; die See; [大洋] der Ozean -s, -e. ～へ行く an die See gehen* (s). ～に出る auf das [offene] Meer hinaus|fahren*(s); [出航する] in See gehen* (stechen*) (s). ～を渡る übers Meer fahren*(s). 町は一面に火の～であった Die Stadt war ein einziges Flammenmeer.

うみ 膿 der Eiter -s. 傷口から～が出る Die Wunde eitert (sondert Eiter ab).

うみがめ 海亀 die Seeschildkröte -n.

うみせんやません 海千山千である ein alter (schlauer) Fuchs sein*; mit allen Hunden gehetzt sein*.

うみだす 生み出す erzeugen; hervor|bringen*.

うみたて 生みたての卵 frisches Ei -[e]s, -er.

うみつける 産み付ける ¶卵を～ Eier legen; [魚などが] laichen.

うみつばめ 海燕 die Sturmschwalbe -n.

うみなり 海鳴りがする Das Meer (Die See) brüllt.

うみねこ 海猫 die Möwe -n.

うみのおや 生みの親 leibliche Eltern pl.

うみべ 海辺 der [Meeres]strand -[e]s, -e; die

Küste -n.　~で am Meer; an der See.
うみへび　海蛇　die Seeschlange -n.
うむ　生む　gebären*; zur Welt bringen*;〔生ずる〕erzeugen; hervor|bringen*.　子を~ ein Kind gebären*; von einem Kinde entbunden werden*(s受);〔動物が〕Junge werfen*;（牛が）kalben;（馬が）fohlen. 卵を~ Eier legen;〔魚が〕laichen. 利子を~ Zinsen bringen*. 傑作を~ ein Meisterwerk schaffen*.
うむ　倦む　→飽きる. 倦まずたゆまず unermüdlich.
うむ　膿む　vereitern (s).
うむ　有無・相通ずる　sich gegenseitig ergänzen. 返事の~にかかわらず ohne auf die Antwort zu warten. ~を言わせずに mit [roher] Gewalt.
ウムラウト　der Umlaut -[e]s, -e.　~させる um|lauten.
うめ　梅　die Pflaume -n.　~の木 der Pflaumenbaum.
うめあわせ　埋め合わせ　der Ersatz -es; die Entschädigung -en.　~に als Ersatz《für 4格》.
うめあわせる　埋め合わせる　ersetzen; wieder gut|machen; decken.
うめく　呻く　stöhnen; ächzen.　呻き声 das Stöhnen; der Ächzer.
うめくさ　埋め草　das Füllsel -s, -.
うめたてる　埋め立てる　aus|füllen; zu|schütten.　海を~ dem Meer Land ab|gewinnen*. 埋め立て工事 die Landgewinnung.　埋め立て地 neu gewonnener Boden.
うめぼし　梅干　gesalzene Pflaume -n.
うめる　埋める　→うずめる.　風呂を~ kaltes Wasser in das heiße Bad zulaufen lassen*.
うもう　羽毛　die Feder -n;〔集合的に〕das Gefieder -s;〔綿毛〕der Flaum -[e]s.
うもれき　埋もれ木　versteinertes Holz -es.
うやうやしく　恭しく　höflich; ehrerbietig.
うやまう　敬う　[ver]ehren; [hoch] achten.
うやむや　有耶無耶　¶事件を~にする eine Sache vertuschen. そのことはこれ以上~にしてはおけない Das darf nicht länger in der Schwebe bleiben.
うゆう　烏有に帰す　zu Asche verbrennen* (zerfallen*) (s).
うようよ　¶池に魚が~いる Der Teich wimmelt von Fischen. / Es wimmelt von Fischen im Teich.
うよきょくせつ　紆余曲折を経て　nach vielen Verwickelungen.
うよく　右翼　rechter Flügel -s, -;〔右派〕die Rechte*.
うら　裏　die Rückseite -n; die Kehrseite -n;〔反対〕das Gegenteil -s, -e;〔服の〕das Futter -s, -.　毛皮の~をつける et. mit Pelz füttern. ~をかく jn. überlisten. ~を覗(?)く hinter die Kulissen sehen* (blicken).　~も表も知っている jn. (et.) in- und auswendig kennen*.　~は森だ Hinten ist ein Wald. ~を見よ Bitte wenden! (略: b. w.). 物にはすべて~がある Jede Sache hat auch ihre Kehrseite.

うらうち　裏打ちする　et. füttern;〔裏付ける〕et. bestätigen.
うらおもて　裏表・のある人間である doppelzüngig sein*; zwei Gesichter haben*.　~になっている verkehrt sein*.　紙の~ die beiden Seiten des Papiers.
うらがえす　裏返す　um|wenden(*); wenden.
うらがき　裏書き　〔手形などの〕das Indossament -s, -e; der Übertragungsvermerk -s, -e.　~する indossieren;〔証する〕bestätigen.
うらぎり　裏切り　der Verrat -[e]s.　~者 der Verräter.
うらぎる　裏切る　verraten*; an jm. Verrat begehen*.　期待を~ js. Erwartungen täuschen.
うらぐち　裏口　die Hintertür -en.　~入学する sich³ auf unlautere Weise die Schulaufnahme (die Universitätsaufnahme) verschaffen.
うらごえ　裏声　die Fistelstimme -n; das Falsett -s.　~で歌う fisteln.
うらごし　裏漉しする　et. durch ein Sieb schlagen* (pressen).
うらじ　裏地　das [Unter]futter -s, -.
うらづけ　裏付け　die Bestätigung -en.　~る bestätigen; bekräftigen.
うらて　裏手　die Hinterseite -n.　~に hinten.　家の~の果樹園 der Obstgarten hinter dem Haus.
うらどおり　裏通り　die Seitenstraße -n.
うらない　占い　die Wahrsagerei -en; die Prophezeiung -en.　夢~ die Traumdeutung.　~師 der Wahrsager.
うらなう　占う　wahr|sagen.　トランプ(手相)で~ aus den Karten (Handlinien) wahr|sagen.　占ってもらう sich³ wahrsagen lassen*.
ウラニウム　→ウラン.
うらにわ　裏庭　der Hinterhof -s, ¨e.
うらはら　裏腹・な　umgekehrt.　…とは~に im Gegensatz zu《3格》.　彼の行いは言う事と~だ Seine Tat stimmt nicht mit seinem Wort überein.
うらまち　裏町　die [Seiten]gasse -n.
うらみ　恨み　der Groll -s; der Gram -s.　~をいだく einen Groll gegen jn. hegen; jm. et. nach|tragen*.　~を買う js. Groll auf sich ziehen*.　~を晴らす seine Rache befriedigen (stillen).　~骨髄に徹する jm. auf den Tod grollen.　~言を言う jm. et. klagen; gegen jn. Beschwerde führen《über 4格》.
うらみ　憾み　¶この生地は値が高い~がある Der Stoff ist leider zu teuer.
うらみち　裏道　der Seitenweg -[e]s, -e.　→抜け道.
うらむ　恨む　[mit] jm. grollen《wegen 2格》; jm. et. übel nehmen*;〔不平を言う〕sich bei jm. beklagen《über 4格》.　~らくは zu meinem Bedauern.
うらめ　裏目に出る　von gegenteiliger Wirkung sein*.

うらめしい 恨めしい *jm.* gram sein*. 自分の愚かなのが～ Ich bedaure meine Dummheit. / Meine Dummheit tut mir Leid. 恨めしそうに grollend; vorwurfsvoll.

うらもん 裏門 das Hintertor -[e]s, -e.

うらやましい 羨ましい beneidenswert; → 羨む. 羨ましげに neidisch.

うらやむ 羨む *jn.* beneiden 《um 4 格; wegen 2 格》; neidisch sein* 《auf 4 格》.

うららか 麗らか hell; heiter; schön.

ウラル 山脈 der Ural; das Uralgebirge. ～アルタイ語 uralaltaische Sprachen *pl.*

うらわかい うら若い jugendlich; blutjung.

ウラン das Uran -s《記号: U》. 濃縮～ angereichertes Uran.

うり 瓜 die Melone -n. ～二つである Sie gleichen einander wie ein Ei dem andern. ～の蔓(る)になすびは生(な)らぬ Der Apfel fällt nicht weit vom Stamm.

うり 売り・出す zum Verkauf an|bieten*; feil|bieten*. ～に出ている zum Verkauf stehen*.

うりあげ 売り上げ der Umsatz -es, ¨e.

うりあるく 売り歩く hausieren [gehen*]*(s)* 《mit 3 格》.

うりかい 売り買いする handeln 《mit 3 格》.

うりかけきん 売掛金 die Forderung -en.

うりきれる 売り切れる ausverkauft sein*. 本日売り切れ Ausverkauft für heute!

うりぐい 売り食いする durch Verkauf seiner Habseligkeiten leben.

うりこ 売り子 [男] der Verkäufer -s, -; der Ladenbursche -n, -n; [女] die Verkäuferin -nen; das Ladenmädchen -s, -. 新聞の～ der Zeitungsverkäufer.

うりごえ 売り声 der Ruf des Straßenverkäufers (Händlers).

うりことば 売り言葉に買い言葉 Ein Wort gibt das andere.

うりこむ 売り込む an|preisen*; [宣伝する] Reklame machen 《für 4 格》. 自分を～ sich selbst bei *jm.* gut verkaufen.

うりざねがお 瓜実顔 ovales Gesicht -s, -er.

うりさばく 売り捌く ab|setzen; verkaufen.

うりだし 売り出し der Ausverkauf -s, ¨e. 今～の作家 gefragter Schriftsteller.

うりだす 売り出す zum Verkauf an|bieten*; [名を売る] sich populär (berühmt) machen.

うりつける 売り付ける *jm. et.* auf|drängen (auf|schwatzen; auf|hängen).

うりて 売り手 der Verkäufer -s, -.

うりとばす 売り飛ばす los|schlagen*.

うりね 売り値 der Verkaufspreis -es, -e.

うりば 売り場 der Verkaufsraum -[e]s, ¨e. 切符～ der Schalter.

うりはらう 売り払う verkaufen; [全部を] aus|verkaufen. 在庫を～ das Lager räumen.

うりもの 売り物・に出す zum Verkauf an|bieten*; feil|bieten*. ～に出ている zum Verkauf stehen*. 美貌を～にする ihre Schönheit verkaufen. この絵は～ではない Das Bild ist nicht verkäuflich.

うりや 売り家 verkäufliches Haus -es, ¨er; [貼り紙] Zu verkaufen!

うりょう 雨量 die Regenmenge -n. ～計 der Regenmesser.

うりわたす 売り渡す ¶安く～ *jm. et.* billig überlassen*. → 売る.

うる 売る verkaufen; [裏切る] verraten*. 名を～ sich³ einen Namen machen. 喧嘩を～ mit *jm.* Händel suchen. こういう品は当方では売っておりません Diesen Artikel führen wir nicht.

うる 得る → える.

うるうどし 閏年 das Schaltjahr -[e]s, -e.

うるおい 潤い・のある feucht. ～のある生活 angenehmes Leben. ～のない trocken.

うるおう 潤う feucht (nass) werden*(s)*; [利を得る] Nutzen (Vorteile) haben* 《von 3 格》.

うるおす 潤す feucht (nass) machen; [利を与える] *jm.* Nutzen (Vorteile) bringen*. 喉を～ [sich³] die Kehle an|feuchten.

ウルグアイ Uruguay. ～の uruguayisch. ～人 der Uruguayer.

うるさい 煩い lärmend; laut; [煩わしい] lästig; belästigend; beschwerlich; [好みに] tadelsüchtig [好みに] wählerisch. ～奴 nörgeliger (lästiger) Mensch. ～仕事 beschwerliche Arbeit. ～! Lass mich in Frieden! 煩く質問する *jn.* mit Fragen belästigen. うるさ型 tadelsüchtiger Mensch; der Nörgler.

うるさがる 煩がる sich belästigt fühlen 《von 3 格》.

うるし 漆 der [Japan]lack -s, -e. ～を塗る *et.* lackieren. ～塗りの lackiert. ～細工 die Lackarbeit.

うるむ 潤む feucht (nass) werden*(s)*. 潤んだ目 feuchte (nasse) Augen *pl.* 潤んだ声 weinerliche Stimme.

うるわしい 麗しい schön; anmutig; [愛らしい] lieblich.

うれい 憂い der Kummer -s; die Betrübnis -se. ～顔をする ein bekümmertes (betrübtes) Gesicht machen. ～を払う玉箒(たまばはき) der Sorgenbrecher.

うれえる 憂える fürchten 《für 4 格》; bekümmert sein* 《über 4 格》; sich³ Sorgen machen 《um 4 格》.

うれくち 売れ口 der Absatzmarkt -s, ¨e; [買い手] der Käufer -s, - [需要] die Nachfrage -n.

うれしい 嬉しい froh. ～知らせ frohe (erfreuliche) Nachricht. 私は～ Es freut mich, dass … / Ich bin froh, dass … 君の親切が～ Ich bin dir dankbar für deine Freundlichkeit. ～事には zu meiner Freude. 嬉しそうに freudig; fröhlich. 嬉しさの余り vor Freude. 嬉し泣きに泣く vor Freude weinen. 嬉し涙を流す Freudentränen vergießen*.

うれしがる 嬉しがる sich freuen 《über 4 格》; erfreut sein* 《über 4 格》. 嬉しがらせる erfreuen; *jm.* Freude machen. 嬉しがらせを言

う jm. schmeicheln; jm. süße Worte sagen.
うれだか 売れ高 der Umsatz -es, ¨.
うれっこ 売れっ子・の beliebt; viel gefragt. この流行歌手は～だ Der Schlagersänger verkauft sich gut.
うれのこり 売れ残り der Ladenhüter -s, -. ～の unverkauft.
うれのこる 売れ残る [unverkauft] liegen bleiben*(s); [娘が] sitzen bleiben*(s).
うれゆき 売れ行きがいい(悪い) guten (schlechten) Absatz finden*; gut (schlecht) verkäuflich sein*.
うれる 売れる sich verkaufen. よく～ sich gut verkaufen; guten Absatz finden*. いい値に～ et. günstig verkaufen können*. 名が～ populär (berühmt) werden*(s).
うれる 熟れる reifen (s); reif werden*(s).
うろ 迂路 der Umweg -[e]s, -e.
うろうろ ～する umher|streichen (s); [うろたえる] verwirrt sein*.
うろおぼえ うろ覚えで話す aus seinem schwachen Gedächtnis erzählen.
うろこ 鱗 die Schuppe -n. ～のある schuppig. ～状の schuppenartig. 魚の～を取る einen Fisch [ab]schuppen.
うろこぐも 鱗雲 die Schäfchenwolke -n.
うろたえる verwirrt werden*(s); in Verwirrung geraten*(s). ～様子を見せる sich bestürzt zeigen *(über 4格).
うろつく umher|streichen*(s); herum|lungern.
うろん 胡乱な zweifelhaft; verdächtig.
うわあご 上顎 der Oberkiefer -s, -.
うわがき 上書き die Adresse -n; die Anschrift -en. 手紙に～を書く die Adresse auf einen Brief schreiben*.
うわかわ 上皮 die Oberhaut ¨-e; die Epidermis ..men.
うわがわ 上側 die Oberfläche -n.
うわき 浮気・な launenhaft; leichtfertig; flatterhaft. ～をする einen Seitensprung machen.
うわぎ 上着 die Jacke -n.
うわぐすり 釉薬 die Glasur -en. ～をかける et. glasieren.
うわくちびる 上唇 die Oberlippe -n.
うわぐつ 上靴 der Pantoffel -s, -n; der Hausschuh -s, -e.
うわごと 譫言を言う fantasieren; irre|reden.
うわさ 噂 das Gerücht -[e]s, -e. ～をする sprechen*《von 3格》; klatschen《über 4格》. ～を立てる ein Gerücht verbreiten (aus|sprengen). ～にのぼる ins Gerede kommen*(s). ～によれば nach dem Hörensagen. ～の的である in aller Munde sein*. …という～だ Es geht das Gerücht, dass … / Man sagt, dass … 彼は大金持だという～だ Er soll steinreich sein. ～をすれば影 Lupus in fabula! 人の～も75日 Die Gerüchte halten sich nicht lange.
うわすべり 上滑り oberflächlich.

うわずみ 上澄み klare Oberfläche -n.
うわずる 上擦る ¶気持が～ aufgeregt sein*. 声が～ Die Stimme überschlägt sich.
うわぜい 上背 die [Körper]größe -n.
うわついた flatterhaft; unbeständig.
うわっちょうし 上っ調子の leichtsinnig; leichtfertig; frivol.
うわっぱり 上っ張り der Kittel -s, -.
うわづみ 上積みする drauf|geben*.
うわつら 上面 die Oberfläche -n. ～しか見ない nur oberflächlich an|sehen*.
うわて 上手・である jm. überlegen sein*《an (in) 3格》; jm. übertreffen*《an (in) 3格》. ～に出る jn. durch Arroganz ein|schüchtern.
うわぬり 上塗り・をする den letzten Anstrich auf|tragen*. 恥の～をする eine Schande nach der anderen auf sich laden*.
うわのそら 上の空・で zerstreut; geistesabwesend. ～で聞く mit halbem Ohr zu|hören.
うわばき 上履き der Pantoffel -s, -n; der Hausschuh -s, -e.
うわべ 上辺・は äußerlich; scheinbar. ～を飾る et. übertünchen. ～だけの oberflächlich.
うわまえ 上前をはねる von jm. eine Provision nehmen*.
うわまわる 上回る überschreiten*; hinaus|gehen*《über 4格》. 支出が収入を2000円ほど～ Die Ausgaben überschreiten die Einnahmen um ungefähr 2 000 Yen. 収穫が予想を～ Die Ernte geht über die Erwartung hinaus.
うわむき 上向き ¶相場が～になる Die Preise haben eine steigende Tendenz.
うわめ 上目を使う nicht schielen.
うわやく 上役 der Vorgesetzte#.
うん [返事] ja. ～と言う ja sagen; [同意する] ein|willigen《in 4格》. ～ともすんとも言わない weder ja noch nein sagen; gar keine Antwort geben*.
うん 運 [運命] das Schicksal -s, -e; [幸運] das Glück -[e]s. ～のよい(悪い) glücklich (unglücklich). ～のよい(悪い)人 der Glückspilz (Pechvogel). ～がよい Glück haben*《in 3格》. ～よく zum Glück; glücklicherweise. ～を天に任せて auf gut Glück. ～が彼に向いている Das Glück ist ihm günstig. / Das Glück lächelt ihm. 彼の～が尽きた Das Glück hat ihn verlassen.
うんえい 運営 die Leitung; die Verwaltung. ～する leiten; verwalten. ～委員会 der Lenkungsausschuss.
うんか 雲霞のごとく wie ein Heuschreckenschwarm.
うんが 運河 der Kanal -s, ¨-e. ～を開く einen Kanal an|legen (bauen). 河川を～化する einen Fluss kanalisieren. パナマ～地帯 die Panamakanalzone.
うんかい 雲海 das Wolkenmeer -[e]s, -e.
うんきゅう 運休・する [路線が] außer Betrieb sein*; [個々の便が] aus|fallen*(s). この路線は～になっている Der Betrieb [auf] dieser

うんこう　運行　〔天体の〕der Umlauf -[e]s; 〔交通機関の〕der Verkehr -s.　～をする um|laufen*(s); verkehren (h; s); fahren*(s).

うんこう　運航　〔船の〕die Fahrt; 〔飛行機の〕der Flug.　～する fahren*(s); fliegen*(s); verkehren (h; s).

うんざり　～する überdrüssig (müde) sein* 《2 格》.　～するほど bis zum Überdruss. つまらぬ話には～した Ich habe das Gerede satt.

うんさんむしょう　雲散霧消する sich wie Nebel auf|lösen.

うんざん　運算　die Operation -en; die Berechnung -en.　～をする [be]rechnen.

うんしゅう　雲集・する schwärmen; sich drängen. 往来に人が～する Es wimmelt von Menschen auf der Straße.

うんすい　雲水　der Wanderpriester -s, -.

うんせい　運勢　das Schicksal -s, -e; der Stern -[e]s, -e.　～が上り坂(下り坂)である Sein Stern geht auf (sinkt).　～を見てもらう sich³ sein Schicksal voraussagen lassen*.

うんそう　運送　der Transport -[e]s, -e; die Beförderung; die Spedition.　～する transportieren; befördern; spedieren.　～業者 der Spediteur.　～船 das Transportschiff.　～費 Transportkosten pl.

うんだめし　運試しをする sein Glück versuchen.

うんちく　蘊蓄　die Gelehrsamkeit.　～を傾ける seine reichen Kenntnisse konzentrieren 《auf 4 格》.

うんちん　運賃　Versandkosten pl.; das Frachtgeld -[e]s; 〔旅客の〕das Fahrgeld -[e]s.　～表 der [Eisenbahn]tarif (Frachttarif).　～先払いにする Das Frachtgeld ist nachzunehmen.　～支払い済みの(で) frachtfrei.

うんでい　雲泥の差がある Es ist ein himmelweiter Unterschied dazwischen.

うんてん　運転　〔車の〕das Lenken -s; 〔機械の〕der Betrieb -es.　～する lenken; fahren*; in Betrieb setzen; in Gang bringen*; 〔運用する〕an|wenden(*).　～を休止している außer Betrieb sein*.　～手　〔汽車の〕der Lokomotivführer; 〔電車の〕der Wagenführer; 〔自動車の〕der Autofahrer; 〔タクシーの〕der Chauffeur; 〔船の〕der Steuermann.　～資金 Geldmittel für den Betrieb.　～台〔自動車の〕der Fahrersitz; 〔電車の〕der Führerstand.　～免許証 der Führerschein.

うんどう　運動　die Bewegung -en; 〔スポーツ〕der Sport -s; 〔選挙などの〕die Werbung. 婦人～ die Frauenbewegung.　労働～ die Arbeiterbewegung.　～をする sich³ Bewegung machen. 就職～をする sich um eine Stelle bewerben*. 選挙～をする um Stimmen werben*.　～員 der Werber.　～エネルギー die Bewegungsenergie; kinetische Energie.　～家 der Sportsmann; der Sportler.　～会 das Sportfest.　～競技 der Sport; die Athletik.　～具 der Sportartikel.　～具店 das Sportgeschäft.　～靴 der Sportschuh.　～場 der Sportplatz; 〔屋内の〕die Turnhalle.　～神経 der Bewegungsnerv.　～費〔選挙の〕Wahlfeldzugskosten pl.　～量 die Bewegungsgröße.

うんぬん　云々　und so weiter (略: usw.); und so fort (略: usf.); etc.　～する besprechen*.

うんのう　蘊奥　¶彼は哲学の～を極めた Er ist tief in die Philosophie eingedrungen.

うんぱん　運搬 → 運送.　～する tragen*.

うんぴつ　運筆　die Pinselführung.

うんめい　運命　das Schicksal -s, -e; das Geschick -s, -e; das Los -es, -e. 或る人と～を共にする js. Schicksal (Los) teilen.　～づけられている bestimmt sein* 《zu 3 格》.　～に服する sich in sein Schicksal fügen.　～共同体 die Schicksalsgemeinschaft.　～論 der Fatalismus.　～論者 der Fatalist.

うんも　雲母　der Glimmer -s, -.

うんゆ　運輸 → 運送.　～機関 das Transportmittel.　～省 das Verkehrsministerium.　～大臣 der Verkehrsminister.

うんよう　運用　die Anwendung -en.　～する an|wenden(*); verwenden(*); 〔資金を〕an|legen.

え

え　〔驚き〕Was! / Wie! / Na! / Eh! / Oh!

え　柄　der Stiel -[e]s, -e; der Schaft -es, ⸚e; der Griff -[e]s, -e.　～を付ける einen Stiel befestigen 《an 3 格》.

え　絵　das Bild -es, -er; das Gemälde -s, -; 〔素描〕die Zeichnung -en; die Skizze -n.　～のような malerisch; pittoresk.　～のように美しい bildschön; bildhübsch.　～に書く malen; zeichnen. 彼は～がうまい Er malt schön.

え　餌 → えさ.

エア　～ブレーキ die Luftdruckbremse.　～ポート der Flughafen.　～ポケット das Luftloch. ～メール die Luftpost.　～コン[ディショナー] die Klimaanlage; das Airconditioning.　～コンプレッサー der Luftkompressor.　～バス der Airbus.

エアログラム　das Aerogramm -s, -e; der Luftpostleichtbrief -[e]s, -e.

エアロビクス　das Aerobic -s《通常無冠詞で》.

えい　〘魚〙der Rochen -s, -.

えい　嬰・記号 → シャープ.　～ホ短調 das fis-Moll.　～ト長調 das Gis-Dur.

えいい　栄位につく mit einer Würde bekleidet sein*.

えいい 鋭意 mit Eifer; eifrig. ～…に努める sich eifrig bemühen 《zu+不定詞》.
えいい 営為 emsig; unermüdlich.
えいえん 永遠 die Ewigkeit. ～の ewig;〔不滅の〕unsterblich. ～に auf ewig; auf (für) immer; in Ewigkeit.
えいが 映画 der Film -s, -e. ～を撮影する [einen Film] drehen; filmen. ～に撮影する et. filmen. ～を上映する einen Film vor|führen (auf|führen). ～を見に行く ins Kino gehen*(s). ～化する verfilmen. ～界 die Filmwelt. ～館 das Kino; das Filmtheater; das Lichtspielhaus. ～監督 der Filmregisseur. ～脚本 das Drehbuch. ～スター der Filmstar. ～俳優 der Filmschauspieler. ～ファン der Filmfan. ニュース～ die Wochenschau. 文化～ der Kulturfilm. 記録～ der Dokumentarfilm. 16ミリ～ 16 mm breiter Film; der Sechzehnmillimeterfilm.
えいが 栄華 das Wohlgedeihen -s; die Glorie. ～を極める in aller Pracht und Herrlichkeit sein*.
えいかく 鋭角 spitzer Winkel -s, -. ～三角形 spitzwink[e]liges Dreieck.
えいかん 栄冠 die Krone -n; der Lorbeerkranz -es, ‥e. ～をかちえる Lorbeeren ernten. 勝利の～に輝く sieggekrönt sein*.
えいき 英気を養う sich gut erholen; neue Kräfte sammeln.
えいき 鋭気に満ちた lebenskräftig; energisch.
えいきゅう 永久・の ewig. → 永遠. ～歯 bleibender Zahn; bleibendes Gebiss.
えいきょう 影響 der Einfluss -es, ‥e; die Einwirkung -en. ～する Einfluss haben* (aus|üben)《auf 4格》; jn. (et.) beeinflussen; ein|wirken《auf 4格》. ～力の強い einflussreich. ～下にある unter js. Einfluss stehen*.
えいぎょう 営業 das [Handels]geschäft -s, -e; das Gewerbe -s, -; der Betrieb -es. ～する ein Geschäft betreiben*. ～中である in Betrieb sein*; offen (geöffnet) sein*. ～上の geschäftlich. ～案内 die Geschäftsanzeige. ～時間 Geschäftsstunden pl. ～所 die Handelsniederlassung. ～費 Geschäftskosten pl. ～税 die Gewerbesteuer. ～停止 die Betriebseinstellung. ～年度 das Geschäftsjahr.
えいこ 栄枯盛衰 Wechselfälle pl.; Ebbe und Flut; Aufstieg und Fall.
えいご 英語 die englische Sprache; das Englisch -[s]; das Englische#. ～の englisch. ～の教師 der Englischlehrer. ～を(で)話す englisch (auf Englisch) sprechen*. ～に訳す ins Englische übersetzen. 彼は～がうまい Er spricht gut Englisch.
えいこう 曳航する schleppen; bugsieren.
えいこう 栄光 der Glanz -es; die Glorie. 勝利の～をかちえる einen glorreichen Sieg erringen*.
えいごう 永劫 → 永遠. 未来～に in Ewigkeit; für Zeit und Ewigkeit.

えいこうだん 曳光弾 das Leuchtspurgeschoss -es, -e.
えいこく 英国 England. ～の englisch. ～人 der Engländer.
えいさい 英才 der Begabte#; die Begabung -en. ～教育 das Erziehungsprogramm für begabte Kinder.
えいし 英姿 stattliche Gestalt -en.
えいじ 嬰児 der Säugling -s, -e.
えいじしんぶん 英字新聞 englische Zeitung -en.
えいしゃ 映写 die Projektion -en. ～する projizieren. ～機 der Bildwerfer; der [Film]projektor. ～技師 der Filmvorführer. ～幕 die [Film]leinwand; die Projektionswand. ～室 der Vorführraum.
えいしゃ 営舎 die Kaserne -n.
えいじゅう 永住する sich nieder|lassen*《in 3格》.
えいじゅち 衛戍地 die Garnison -en.
えいしょう 詠唱 die Arie -n.
えいしょく 栄職につく eine hohe Stellung an|treten* (bekleiden).
エイズ das Aids -《通常無冠詞で》.
えいずる 映ずる sich [wider]spiegeln《in 3格》. 日本人の目に映じたアメリカ Amerika, wie es den Japanern erscheint.
えいずる 詠ずる〔朗詠する〕rezitieren;〔詩歌によむ〕besingen*.
えいせい 永世中立 ständige (dauernde) Neutralität. ～国 dauernd neutralisierter Staat.
えいせい 衛生 die Hygiene; die Gesundheitspflege. ～上の hygienisch; sanitär. ～的な hygienisch. 非～的な unhygienisch. この飲食店の～状態は良くない Mit der Hygiene ist es in diesem Lokal nicht gut bestellt. ～学 die Hygiene; die Gesundheitslehre. ～兵 der Sanitätssoldat. 公衆(精神)～ öffentliche (geistige) Hygiene.
えいせい 衛星 der Trabant -en, -en; der Trabant -en, -en. 人工～ der [Erd]satellit. ～国 der Satellitenstaat. 通信～ der Nachrichtensatellit. 気象～ der Wettersatellit. ～都市 die Satellitenstadt. ～中継 die Satellitenübertragung. ～中継される über einen Fernsehsatelliten übertragen werden*《s受》.
えいぜん 営繕(費) die Abteilung (die Kosten) für Bau und Reparaturen.
えいそう 営倉 das Arrestlokal -s, -e; die Arrestzelle -n. 重(軽)～ strenger (leichter) Arrest. 三日間の重～に処せられる drei Tage strengen Arrest bekommen*.
えいそう 営巣 der Nestbau -[e]s.
えいぞう 映像 das Spiegelbild -[e]s, -er;〔イメージ〕das Bild -es, -er; die Vorstellung -en. テレビの～ das Fernsehbild.
えいぞう 影像 das Schattenbild -[e]s, -er;〔肖像〕das Bild -es, -er.
えいぞうぶつ 営造物 das Gebäude -s, -; das Bauwerk -[e]s, -e;〔公共の〕die Anstalt

-en.

えいぞく 永続 die [Fort]dauer. ~的な [fort]dauernd; beständig; dauerhaft. ~する lange dauern (bleiben)*(s); bestehen*.

えいたい 永代借地権 ewiges Pachtrecht -[e]s.

えいたん 詠嘆する bewundernd aus|rufen*.

えいだん 英断を下す weise entscheiden*.

えいち 叡知(英知) die Weisheit.

えいてん 栄転 die Beförderung -en. 課長に~する zum Abteilungsleiter befördert werden* (s受).

エイト 〔漕艇の〕 der Achter -s, -; 〔チーム〕 die Achtermannschaft -en.

えいねん 永年勤続 langjähriger Dienst -es.

えいびん 鋭敏な scharf; fein[fühlend]; empfindlich.

えいぶん 英文で書く auf Englisch schreiben*. ~科 die Abteilung für Anglistik. ~学 die englische Literatur; die Anglistik. ~学者 der Anglist. ~和訳する aus dem Englischen ins Japanische übersetzen.

えいへい 衛兵 die Wache -n.

えいべい 英米の anglo-amerikanisch.

えいほう 鋭鋒を挫く einem Angriff die Spitze ab|brechen*.

えいまい 英邁な hervorragend begabt.

えいみん 永眠する in den ewigen Frieden (zur ewigen Ruhe) ein|gehen*(s); ein|schlafen*(s).

えいやく 英訳 englische Übersetzung -en. ~する ins Englische übersetzen.

えいゆう 英雄 der Held -en, -en. ~的 heldenhaft; heroisch. ~主義 der Heroismus. ~崇拝 die Heldenverehrung; der Heroenkult. ~伝説 die Heldensage. ~視する jn. heroisieren; jn. zum Helden erheben*.

えいよ 栄誉 die Ehre -n.

えいよう 栄養 die Nahrung. ~のある nahrhaft; nährend. ~のよい(悪い) wohlgenährt (schlecht ernährt). ~になる nahrhaft sein*; großen Nährgehalt haben*. ~価 der Nährwert. ~学 die Ernährungslehre; die Trophologie. ~士 der Diätassistent. ~失調症 die Dystrophie. ~食 nahrhafte Speise. ~素 der Nährstoff. ~不良 die Unterernährung. ~不足の unterernährt.

えいり 営利 der Gelderwerb -s. ~的な gewinnbringend; 〔貪欲な〕 gewinnsüchtig. ~会社 die Erwerbsgesellschaft. ~事業 das Erwerbsunternehmen. ~主義 der Handelsgeist.

えいり 鋭利な scharf.

えいり 絵入りの illustriert (略: ill.).

えいりんしょ 営林署 das Forstamt -[e]s, ⸚er.

えいわ 英和辞典 englisch-japanisches Wörterbuch -[e]s, ⸚er.

ええ Ja. /〔疑問〕 Was? Wie? /〔否定詞を含む問いに対する答〕 Nein.

エーカー der Acre -s, -s. 3~の土地 drei Acre Land.

エークラス A クラス の erstklassig; erstrangig. ~の芸術家 ein Künstler erster Klasse.

エージェント der Agent -en, -en.

エース 〔トランプ・スポーツの〕 das Ass -es, -e; 〔第一人者〕 der Erste#; die Kanone -n.

エーテル der Äther -s.

エーデルワイス das Edelweiß -[es], -[e].

エービーシー das Abc (Abece) -, -. ~順の (に) alphabetisch; abecelich.

エープリル・フール der erste April; 〔いたずら〕 der Aprilscherz -es, -e; 〔かつがれた人〕 der Aprilnarr -en, -en.

エール anfeuernder Ruf -es, -e.

えがお 笑顔 lächelndes Gesicht -s, -er. ~を見せる ein heiteres Gesicht auf|setzen; lächeln; 〔笑いかける〕 jm. zu|lächeln.

えかき 絵描き der Maler -s, -.

えがく 描く 〔線画で〕 zeichnen; 〔着色で〕 malen; 〔描写する〕 dar|stellen; schildern. 設計図を~ einen Plan entwerfen*. 心に~ sich³ et. vor|stellen.

えがたい 得難い schwer erhältlich; selten; 〔貴重な〕 kostbar.

えがら 絵柄 das Muster -s, -; die Musterung -en.

えき 益・のある nützlich. ~のない nutzlos; 〔むだな〕 vergeblich. ~がある 〔jm.〕 nützlich sein* 《zu (bei; in) 3 格》.

えき 液 die Flüssigkeit -en; 〔液汁〕 der Saft -es, ⸚e.

えき 駅 der Bahnhof -s, ⸚e; die Station -en. ~で auf dem Bahnhof. ~へ行く zum Bahnhof gehen*(s). ~に着く auf dem Bahnhof an|kommen*(s).

えきいん 駅員 der Bahnbeamte#.

えきか 液化 die Verflüssigung -en; die Liquefaktion -en. ~ガス die Flüssiggas. ~する flüssig werden*(s); 〔他動詞〕 verflüssigen.

えきか 腋窩 die Achselgrube (Achselhöhle) -n.

えきがく 疫学 die Epidemiologie.

エキサイト ~する sich auf|regen 《über 4 格》. ~した aufgeregt; erregt.

えきしゃ 駅舎 das Bahnhofsgebäude -s, -.

えきしゃ 易者 der Wahrsager -s, -.

えきじゅう 液汁 der Saft -es, ⸚e.

えきしょうひょうじ 液晶表示 die LCD-Anzeige (Flüssigkristallanzeige) -n.

エキス das (der) Extrakt -[e]s, -e; der Auszug -[e]s, ⸚e; die Essenz -en.

エキストラ der Komparse -n, -n; der Statist -en, -en.

エキスパート der Experte -n, -n; der Sachverständige#.

エキスパンダー der Expander -s, -.

えきする 益する nützen (nutzen)《3 格》. 世を~ der Allgemeinheit nützen. それは~ところがない Das nützt [zu] gar nichts.

エキセントリック ~な exzentrisch.

エキゾチック ～な exotisch; fremdländisch.
えきたい 液体 die Flüssigkeit -en. ～空気 flüssige Luft. ～燃料 flüssiger Brennstoff. ～酸素 flüssiger Sauerstoff.
えきちゅう 益虫 nützliches Insekt -s, -en.
えきちょう 益鳥 nützlicher Vogel -s, ¨.
えきちょう 駅長 der Bahnhofsvorsteher -s, -.
えきでん 駅伝競走 der Staffellanglauf -[e]s, ¨e.
えきどめ 駅留めの(で) bahnlagernd.
えきびょう 疫病 die Epidemie -n; die Seuche -n.
えきべん 駅弁 der Reiseproviant -s.
えきり 疫痢 die Kinderruhr.
エクアドル Ecuador. ～の ecuadorianisch. ～人 der Ecuadorianer.
エクスタシー die Ekstase -n.
えくぼ 靨 das Grübchen -s, -. ～ができる Grübchen bekommen*.
えぐる 抉る [aus]bohren. 心を～ jm. einen Stich ins Herz geben*. 胸を～ような悲しみ bohrender Gram.
エクレア das Eclair -s, -s.
えげつない garstig; unflätig.
エゴ das Ego -, -s.
エゴイスト der Egoist -en, -en.
エゴイズム der Egoismus -.
えごころ 絵心がある Talent zum Malen haben*; Sinn (ein Auge) für Malerei haben*.
えこじ 依怙地な ～いこじ.
エコノミー・クラス 〔航空機の〕die Economyclass [ɪˈkɔnəmɪklɑːs].
えこひいき 依怙贔屓・する jn. [vor den anderen] bevorzugen. ～のある parteiisch.
エコロジー die Ökologie.
えさ 餌 der Köder -s, -; die Lockspeise -n; 〔飼料〕 das Futter -s. みみずを～にして魚を釣る die Fische mit Regenwürmern ködern. 針に～をつける einen Haken mit einem Köder versehen*. 動物に～をやる ein Tier füttern.
えさがし 絵捜し das Bilderrätsel -s.
えし 壊死 die Nekrose -n.
えじき 餌食 die Beute; der Raub -es. 猛獣(悪者ども)の～になる eine Beute der Raubtiere (Bösewichter) werden*(s).
エジプト Ägypten. ～の ägyptisch. ～人 der Ägypter. ～学 die Ägyptologie.
えしゃく 会釈 die Verbeugung -en. ～する sich vor jm. leicht verbeugen.
えず 絵図[面] der Plan -es, ¨e.
エスエフ SF小説 der Science-Fiction-Roman -s, -e.
エスオーエス ～を発する einen SOS-Ruf senden(*). ～だ in höchster Not sein*.
エスカレーター die Rolltreppe -n.
エスカレート ～する eskalieren.
エスキモー der Eskimo -[s], -[s].
エスケープ ¶ 学校を～する die Schule schwänzen.
エストニア Estland. ～の estnisch. ～人 der Estländer.
エスプリ der Esprit -s.
エスペラント das Esperanto -[s].
えせ 似非 falsch. ～学者 der Quasigelehrte#.
えそ 壊疽 der Brand -es.
えぞぎく 蝦夷菊 die Sommeraster -n.
えぞまつ 蝦夷松 die Edeltanne -n.
えそらごと 絵空事 die Erdichtung -en.
えだ 枝 der Zweig -es, -e; 〔大枝〕 der Ast -es, ¨e; 〔小枝〕 das Reis -es, -er. ～を出す Zweige treiben*. ～を刈り込む Bäume beschneiden* (stutzen). ～振りのよい松 Kiefer mit wohlgestalteten (anmutigen) Zweigen.
えたい 得体の知れぬ rätselhaft; sonderbar.
えだは 枝葉の問題 die Nebensache -n.
えだみち 枝道 der Nebenweg -[e]s, -e. 彼の話は～にそれる Er schweift vom Thema ab.
エチオピア Äthiopien. ～の äthiopisch. ～人 der Äthiopier.
エチケット die Etikette -n.
エチュード die Etüde -n.
エチル・アルコール der Äthylalkohol -s.
エチレン das Äthylen -s.
えつ 悦に入る sich im Stillen freuen《über 4格》; in sich hinein|kichern.
えっきょう 越境する die [Landes]grenze überschreiten*.
エックス ～線 X-Strahlen (Röntgenstrahlen) pl. 胃の～線検査を受ける sich[3] den Magen röntgen lassen*. ～脚 X-Beine pl.
えっけん 越権 die Überschreitung der Befugnisse (Kompetenzen). ～行為をする seine Befugnisse (Kompetenzen) überschreiten*.
えっけん 謁見 die Audienz -en. ～を賜わる jm. eine Audienz erteilen; jn. in Audienz empfangen*. ～する bei jm. eine Audienz erhalten*. ～室 der Audienzsaal.
エッセー der (das) Essay -s, -s.
エッセンス die Essenz -en; der (das) Extrakt -[e]s, -e.
エッチング die Ätzung -en; die Radierung -en. ～する ätzen; radieren.
えっとう 越冬する überwintern.
エッフェル ～塔 der Eiffelturm -[e]s.
えっぺい 閲兵[式] die Parade -n; die Heerschau -en. ～する eine Parade ab|nehmen*; eine Heerschau halten*.
えつらく 悦楽 das Vergnügen -s. ～に浸る in Wonne schwimmen*(s).
えつらん 閲覧・する lesen*; durch|sehen*; Einsicht nehmen*《in 4格》. ～室 das Lesezimmer; die Lesehalle.
えつれき 閲歴 der Lebenslauf -[e]s, ¨e.
えて 得手・である stark sein* (in 3格). それは私の～ではない Das ist nicht meine Stärke (starke Seite).
エディプス・コンプレックス der Ödipuskomplex -es.

えてかって 得手勝手な eigenwillig; egoistisch.
えてして 得てして ¶それは〜見落される Das kann man leicht übersehen.
エデン das Eden -s. 〜の園 der Garten Eden.
えとく 会得する erlernen; sich³ an|eignen.
エトセトラ et cetera (略: etc.); und so weiter (略: usw.).
エトランゼ der Fremdling -s, -e; der Fremde#.
えな 胞衣 die Plazenta -s (..ten); der Mutterkuchen -s, -.
エナメル das Email -s, -s; die Emaille -n; der Schmelz -es, -e. 〜を塗る et. emaillieren.
エニシダ der Ginster -s, -.
エネルギー die Energie -n. 運動(位置)〜 kinetische (potentielle) Energie. 〜を蓄える(消耗する) Energie auf|speichern (verzehren). 〜保存の法則 das Gesetz von der Erhaltung der Energie.
エネルギッシュ 〜な energisch.
えのき 榎 der Zürgelbaum -[e]s, ..me.
えのぐ 絵の具 die Farbe -n. 〜を塗る et. aus|malen. 〜箱 der Farbenkasten (Malkasten).
えはがき 絵葉書 die Ansichts[post]karte -n.
えび 蝦 〔車蝦〕die Garnele -n;〔伊勢蝦〕die Languste -n. 〜で鯛を釣る mit der Wurst nach dem Schinken (der Speckseite) werfen*.
エピキュリアン der Epikureer -s, -.
エピゴーネン der Epigone -n, -n.
えびすがお 恵比須顔 lächelndes Gesicht -s, -er. 〜をする eine heitere Miene auf|setzen.
エピソード die Episode -n.
えびちゃいろ 海老茶色の kastanienbraun; rotbraun.
エピローグ der Epilog -s, -e.
エフエム FM・放送 die UKW-Sendung. 〜受信器 der UKW-Empfänger.
えふで 絵筆 der [Maler]pinsel -s, -.
エプロン die Schürze -n.
えへん 〜! Hm!
エポック・メーキング 〜の epochemachend; bahnbrechend.
エボナイト das Ebonit -s.
エホバ Jehova; Jahve.
えほん 絵本 das Bilderbuch -[e]s, ̈er.
えまきもの 絵巻物 die Bildrolle -n; das Makimono -s, -.
えみ 笑みを口元に浮べる Ein Lächeln schwebt um seinen Mund (seine Lippen).
エメラルド der Smaragd -[e]s, -e. 〜グリーン smaragdgrün; smaragden.
えもいわれぬ 得も言われぬ unbeschreiblich; unsagbar.
えもじ 絵文字 die Bilderschrift -en.
えもの 得物〔武器〕die Waffe -n.
えもの 獲物 die Beute; der Fang -[e]s. 〜が沢山とれる einen guten Fang machen (tun*).

えもん 衣紋掛 der Kleiderbügel -s, -.
えら 鰓 die Kieme -n.
エラー der Fehler -s, -. 〜をする einen Fehler machen.
えらい 偉い groß; bedeutend;〔ひどい〕schrecklich. あの男では〜目にあった Ich habe mit ihm schlechte Erfahrungen gemacht. 偉そうな風をする sich wichtig tun*.
えらびだす 選び出す aus|wählen; aus|suchen.
えらぶ 選ぶ wählen. リーダー(委員)に〜 jn. zum Anführer (in den Ausschuss) wählen. 辱しめを受けるよりは死を〜 Eher will er sterben als entehrt werden. 彼は手段を選ばない Ihm ist jedes Mittel recht. …と〜ところがない ist kaum unterscheiden* (von 3 格). 選ばれた民 das auserwählte Volk.
えり 襟 der Kragen -s, -.
えりあし 襟足 der Nacken -s, -.
エリート 〔集合的に〕die Elite -n. 彼は〜だ Er gehört zur Elite. 〜意識 elitäres Bewusstsein.
えりくび 襟首 der Nacken -s, -. 〜をつかむ jn. am (beim) Kragen fassen.
えりごのみ 選り好みをする wählerisch sein* (in 3 格).
えりしょう 襟章 das Kragenabzeichen -s, -;〔兵〕der Kragenspiegel -s, -.
えりぬき 選り抜きの [aus]erlesen; ausgesucht.
えりまき 襟巻 der Schal -s, -s (-e).
えりわける 選り分ける sortieren.
える 得る〔獲得する〕erwerben*; gewinnen*;〔入手する〕bekommen*; kriegen. 信用を〜 js. Vertrauen gewinnen*. 知識を〜 sich³ Kenntnisse an|eignen (erwerben*).
える 選る aus|wählen; aus|lesen*.
エルエル L.L.〔ランゲージ・ラボ〕das Sprachlabor -s, -s (-e).
エルグ das Erg -s, -.
エルピー LPレコード die Langspielplatte -n (略: LP).
エルム die Ulme -n.
エレキ・ギター elektrische Gitarre -n; die Elektrogitarre -n.
エレクトラ・コンプレックス der Elektrakomplex -es.
エレクトロニクス die Elektronik.
エレクトロン das Elektron -s, -en.
エレジー die Elegie -n.
エレベーター der Fahrstuhl -s, ̈e; der Aufzug -[e]s, ̈e; der Lift -[e]s, -e (-s). 〜ガール die Fahrstuhlführerin.
エレメント das Element -[e]s, -e.
エロ die Erotik. 〜の erotisch. 〜話 die Zote. 〜本(写真) die Pornografie.
エロス der Eros -.
えん 円 der Kreis -es, -e. 〜を描く einen Kreis beschreiben* (ziehen*; schlagen*). 〜を描いて飛ぶ im Kreis fliegen*(s).
えん 円〔貨幣〕der Yen -[s], -[s] (記号: ¥). 50〜 50 Yen. 千〜札 der 1 000 Yen-Schein.

～相場 der Yen-Kurs.

えん 宴を張る ein Fest geben* (ab|halten*).

えん 縁 die Beziehung -en. 彼とは～もゆかりもない Zu ihm habe ich keinerlei Beziehungen. / Er ist mir völlig fremd. 彼は芸術とは～のない人だ Zur Kunst hat er keine Beziehung. ～を切る sich los|sagen《von 3 格》; nichts mehr zu tun haben wollen*《mit 3 格》. 夫婦の～を結ぶ die Ehe mit jm. schließen*. 夫婦の～を切る die eheliche Verbindung auf|lösen. 不思議な～で durch eine wunderbare Fügung. 救う衆生は度しがたし Wem nicht zu raten ist, dem ist auch nicht zu helfen.

えんいん 延引する sich verzögern; sich hin|ziehen*.

えんいん 遠因 mittelbare Ursache -n.

えんう 煙雨 der Sprühregen -s, -.

えんえい 遠泳 das Langstreckenschwimmen -s.

えんえき 演繹 die Deduktion -en. ～する et. deduzieren《aus 3 格》. ～的 deduktiv.

えんえん 炎炎・たる焰 lodernde Flamme. ～と燃える lichterloh brennen*; in hellen Flammen stehen*.

えんえん 蜿蜿・たる gewunden; sich schlängelnd. ～と続く sich schlängeln. ～長蛇の列をなす Schlange stehen*.

えんか 塩化・カルシウム das Kalziumchlorid. ～銀 das Silberchlorid. ～ナトリウム das Natriumchlorid. ～物 das Chlorid. ～ビニール das Vinylchlorid.

えんか 嚥下する hinunter|schlucken.

えんかい 沿海 → 沿岸.

えんかい 宴会 das Festessen -s, -; festliches Mahl -[e]s. ～をする ein Festessen geben*.

えんかい 遠海 die Hochsee. ～漁業 die Hochseefischerei.

えんがい 煙害 der Rauchschaden -s, ⸚.

えんがい 円蓋 die Kuppel -n.

えんかく 沿革 die Geschichte -n. 東京の～ die Geschichte der Stadt Tokyo.

えんかく 遠隔・の fern; entfernt; entlegen. ～の地 entlegenes Land. ～作用 die Fernwirkung. ～操作 die Fernsteuerung; die Fernlenkung. ～操作する fern|steuern; fern|lenken.

えんかつ 円滑・な glatt. 会議の～な進行 glatter Fortgang der Sitzung. 仕事は～に捗った Die Arbeit ging glatt vonstatten.

えんがわ 縁側 die Veranda ..den.

えんかん 鉛管 das Bleirohr -[e]s, -e.

えんがん 沿岸 die Küste -n. ～を航行する an der Küste hin|fahren*(s). あの町は北海の～にある Die Stadt liegt an der Küste der Nordsee. ～漁業 die Küstenfischerei. ～航行船 der Küstenfahrer; ～航路 die Küstenschifffahrtslinie. ～貿易 der Küstenhandel. ～警備[隊] die Küstenwache.

えんき 延期 der Aufschub -[e]s, ⸚e; die Verschiebung -en;〔支払い期限の〕die Prolongation -en. ～する auf|schieben*; verschieben*; prolongieren. 会議を～する eine Sitzung vertagen. 会合を明日に～する die Zusammenkunft auf morgen verschieben*. 期限を～する eine Frist verlängern.

えんき 塩基 die Base -n. ～性の basisch. ～度 die Basizität.

えんぎ 演技〔演ずること〕die Darstellung -en;〔演ずる型〕das Spiel -s. ～者 der Darsteller. 彼のファウストの～はうまい Er stellt den Faust meisterhaft dar.

えんぎ 縁起〔社寺の〕die Geschichte -n;〔吉凶の前兆〕das Vorzeichen -s, -; das Omen -s, - (Omina). これは～がいい(悪い) Das ist ein gutes (schlechtes) Vorzeichen. ～のいい glückversprechend; glückverheißend. ～の悪い unheilverkündend; ominös. ～のいい数 die Glückszahl. ～をかつぐ abergläubisch sein*. ～でもないことを言うな Male den Teufel nicht an die Wand! ～物 die Maskotte.

えんきょく 婉曲・な euphemistisch. ～な言葉で in verhüllenden Worten. ～に断る höflich (mit Umschweifen) ab|lehnen.

えんきょり 遠距離 große Entfernung -en; weite Strecke -n. ～撮影 die Fernaufnahme. ～列車 der Fernzug.

えんきんほう 遠近法 die Perspektive -n. ～による perspektivisch.

えんぐみ 縁組 die Eheschließung -en. ～する die Ehe mit jm. schließen*. 養子～ die Adoption; die Annahme an Kindes statt.

えんぐん 援軍 die Verstärkung -en; Hilfstruppen pl.

えんけい 円形 der Kreis -es, -e; der Zirkel -s, -. ～の rund; kreisförmig; zirkular. ～劇場 das Amphitheater.

えんけい 遠景 die Fern[an]sicht -en;〔背景〕der Hintergrund -[e]s, ⸚e.

えんげい 園芸 die Gärtnerei; der Gartenbau -[e]s. ～家 der Gärtner;〔素人の〕der Gartenfreund. ～用具 das Gartengerät. ～をする gärtnern.

えんげい 演芸 die Kleinkunst. ～家 der Artist. ～会 die Kleinkunstaufführung. ～場 die Kleinkunstbühne. ～番組 das Unterhaltungsprogramm. ～欄 der Unterhaltungsteil.

エンゲージ・リング der Verlobungsring -[e]s, -e.

えんげき 演劇 das Schauspiel -s; das Drama -s; das Theater -s. ～界 die Theaterwelt. ～学 die Theaterwissenschaft. ～論 die Dramaturgie.

エンゲル〔係数〕der englische Koeffizient. ～の法則 das englische Gesetz.

えんげん 淵源 der Ursprung -[e]s, ⸚e.

えんこ 縁故 der Bekannte[#]; der Verwandte[#];〔縁〕die Beziehung; die Verbindung -en. 彼はよい～がある Er hat gute Beziehungen (Verbindungen). ここには何の～もない Ich bin hier ganz fremd.

えんご 掩護 die Deckung -en. ～する decken. ～射撃 das Deckungsfeuer. ～物 die Deckung.
えんご 援護 die Unterstützung -en; die Hilfe. ～する unterstützen.
えんこう 鉛鉱 das Bleierz -es, -e.
えんごく 遠国 fernes Land -es, ⸚er.
えんこん 怨恨 der Groll -[e]s; der Gram -s. ～を抱く einen Groll gegen jn. hegen; jm. gram sein*.
えんざ 円座を作る im Kreis sitzen*.
えんざい 冤罪 falsche Beschuldigung -en. ～を蒙る falsch beschuldigt werden*(s受).
エンサイクロペディア die Enzyklopädie -n; das Konversationslexikon -s, ..ka.
えんさん 塩酸 die Salzsäure.
えんし 遠視 die Weitsichtigkeit; die Hypermetropie. ～の weitsichtig.
えんじ 園児 das Kind eines Kindergartens.
えんじいろ 臙脂色の dunkelrot.
えんじつてん 遠日点 die Sonnenferne -n; das Aphel -s, -e.
エンジニア der Ingenieur -s, -e.
エンジニアリング die Technik.
えんじゃ 縁者 der Verwandte⸚.
えんしゅう 円周 der Umfang eines Kreises; die Peripherie -n. ～率 die ludolfsche Zahl; das Pi (記号: π).
えんしゅう 演習 die Übung -en; 〔大学の〕 das Seminar -s, -e; 〔軍隊の〕 das Manöver -s, -; 予行～ die Vorübung. ～地 das Manövergelände. ～をする manövrieren, ein Manöver ab|halten*.
えんじゅく 円熟 die Reife. ～した reif; vollendet. ～する reifen (s); reif werden*(s).
えんしゅつ 演出 die Inszenierung -en. ～する inszenieren. ～家 der Regisseur; der Spielleiter.
えんしょ 炎暑 glühende Hitze.
えんしょ 艶書 der Liebesbrief -[e]s, -e.
えんじょ 援助 die Hilfe; der Beistand -[e]s; die Unterstützung -en. ～する jm. Hilfe (Beistand) leisten; jm. helfen*; jm. bei|stehen*; jn. unterstützen. 或る人の仕事を～する jm. bei der Arbeit helfen*; jm. arbeiten helfen*. ～者 der Helfer.
エンジョイ ～する genießen*.
えんしょう 炎症 die Entzündung -en. ～を起す sich entzünden.
えんしょう 延焼・する Der Brand greift um sich. / Das Feuer breitet sich aus. 隣家に～する Das Nachbarhaus fängt auch Feuer.
えんしょう 煙硝 das Schießpulver -s, -.
えんじょう 炎上する in Flammen auf|gehen* (s).
えんしん 遠心・力 die Zentrifugalkraft ⸚e. ～分離機 die Zentrifuge.
えんじん 円陣を作る im Kreis stehen* (sitzen*); einen Kreis bilden.
えんじん 猿人 der Affenmensch -en, -en.
エンジン der Motor -s, -en. ～ブレーキ die Motorbremse. ～の故障 der Motorschaden. ～をかける(止める) einen Motor an|lassen*(ab|stellen).
えんすい 円錐 der Kegel -s, -; der Konus -, -se (Konen). ～形の kegelförmig; keg[e]lig; konisch. ～曲線 der Kegelschnitt.
えんすい 塩水 das Salzwasser -s. ～湖 der Salzsee.
えんすい 鉛錘 das Lot -[e]s, -e; das Senkblei -s, -e.
えんずい 延髄 verlängertes Mark -s.
エンスト ～する den Motor ab|würgen.
えんずる 演ずる spielen; dar|stellen. 或る役を～ eine Rolle spielen.
えんせい 延性 die Dehnbarkeit.
えんせい 遠征 der Feldzug -[e]s, ⸚e; die Expedition -en. ～する eine Expedition (einen Feldzug) machen. ～軍 das Expeditionskorps. ～試合 das Auswärtsspiel.
えんせい 厭世・観 der Pessimismus; pessimistische Anschauung. ～的 pessimistisch. ～家 der Pessimist. ～の末自殺を遂げる aus Lebensüberdruss Selbstmord begehen*.
えんせき 宴席に列する dem Festmahl bei|wohnen.
えんぜつ 演説 die Rede -n. ～をする reden; eine Rede halten*. ～家 der Redner. 彼は～がうまい Er ist ein guter Redner. ～口調で im Ton eines Redners.
えんせん 沿線・の(に) an einer Eisenbahnlinie [entlang]. 小田急～の団地 Siedlungen an der Odakyu-Linie. 中央線～に住む an der Chûo-Linie wohnen.
えんせん 厭戦的 kriegsmüde.
えんぜん 嫣然と笑う anmutig (reizend) lächeln.
えんそ 塩素 das Chlor -s (記号: Cl).
えんそう 演奏 das Spiel -s; die Aufführung -en. ～する spielen; auf|führen; vor|tragen*. ～会 das Konzert. ～会へ行く ins Konzert gehen*(s); ins Konzert besuchen. ～者 der Spieler; der Vortragende⸚. ～旅行 die Konzertreise; die Tournee.
えんそく 遠足 der Ausflug -s, ⸚e. ～をする einen Ausflug machen.
えんたい 延滞・する im Rückstand (Verzug) sein*〔mit 3格〕. 彼は支払いを～している Er ist mit der Zahlung im Rückstand. ～金 Rückstände pl.; rückständige Summe. ～利子 Verzugszinsen pl.
えんだい 遠大 hoch gespannt; hoch gesteckt; weitgreifend.
えんだい 演題 das Thema einer Rede.
えんだい 縁台 die Bank -⸚e.
えんたく 円卓会議 die Konferenz am runden Tisch.
エンタシス die Entase -n; die Entasis ..sen.
えんだん 演壇 die Rednerbühne -n; die Tribüne -n.
えんだん 縁談 der Heiratsantrag -[e]s, ⸚e. ～がある einen Heiratsantrag bekommen*.

~を断る den Heiratsantrag ab|lehnen.

えんてん 遠地点 das Apogäum *-s, ..gäen.*

えんちゃく 延着・する verspätet ein|treffen* ([an]|kommen*) (*s*). 列車は10分~した Der Zug kam mit 10 Minuten Verspätung an.

えんちゅう 円柱 die Säule *-n.* ~形の säulenförmig.

えんちょう 延長 die Verlängerung *-en;* [全長] die Gesamtlänge *-n.* ~する verlängern. ~線 verlängerte Linie. ~コード die Verlängerungsschnur. ~戦 die Spielverlängerung.

えんちょう 園長 der Direktor des Kindergartens.

えんちょく 鉛直・の senkrecht. ~線 die Senkrechte#.

えんづく 縁付く *jn.* heiraten; sich mit *jm.* verheiraten. 或る家(或る町)へ~ in eine Familie (Stadt) heiraten. 娘を縁付ける seine Tochter mit *jm.* verheiraten (vermählen).

えんてい 園丁 der Gärtner *-s, -.*

えんてい 堰堤 der Damm *-[e]s, ¨e.*

えんてん 炎天下 unter der glühenden Sonne; in der glühenden Sonnenhitze.

えんでん 塩田 der Salzgarten *-s, ¨.*

えんてんかつだつ 円転滑脱の geschmeidig.

えんとう 円筒 der Zylinder *-s, -;* die Walze *-n.* ~形の zylindrisch; walzenförmig.

えんどう 沿道・の an der Straße [entlang]. ~にある家々 an der Straße gelegene Häuser *pl.*; Häuser an der Straße.

えんどう 豌豆 die Erbse *-n.*

えんどおい 縁遠い ¶彼女は~ Sie hat keine Gelegenheit, einen Partner kennen zu lernen.

えんどく 鉛毒 die Bleivergiftung *-en.*

えんとつ 煙突 der Schornstein *-s, -e.* ~掃除人 der Schornsteinfeger.

エントリー die Meldung *-en.* ~する sich melden (zu 3 格).

エントロピー die Entropie *-n.*

えんにち 縁日 der Jahrmarktstag *-[e]s, -e.*

えんねつ 炎熱 glühende (tropische) Hitze.

えんのした 縁の下 ¶彼は~の力持である Er wirkt gern im Verborgenen.

えんばく 燕麦 der Hafer *-s.*

えんばん 円盤 die Scheibe *-n;* [スポーツの] der Diskus - (-*ses*), *..ken* (*-se*). ~投げ das Diskuswerfen. 空飛ぶ~ fliegende Untertasse.

えんばん 鉛版 die Stereotypieplatte *-n.* ~印刷 die Stereotypie.

えんぴつ 鉛筆 der Bleistift *-[e]s, -e.* ~で書く mit [dem] Bleistift schreiben*. ~を削る den Bleistift spitzen. ~削り der Bleistiftspitzer. ~画 die Bleistiftzeichnung. 赤~ der Rotstift.

えんびふく 燕尾服 der Frack *-s, ¨e.*

えんぶ 円舞 der Reigen *-s, -;* der Rundtanz *-es, ¨e.* ~を踊る einen Reigen tanzen. ~曲 der Walzer.

えんぷく 艶福 ¶彼は~家だ Er hat viel Glück in der Liebe. / Er ist ein Damenheld.

えんぶん 塩分 der Salzgehalt *-s.* ~のある salzig; salzhaltig.

えんぶん 艶聞 die Liebesaffäre *-n;* der Liebeshandel *-s, ¨;* die Liebschaft *-en.*

えんぺい 掩蔽 die Deckung *-en.* ~壕 der Unterstand.

えんぺい 援兵 → 援軍.

えんぼう 遠望 die Fernsicht. 山頂は~がきく Auf dem Berg bietet sich (hat man) eine weite Aussicht.

えんぽう 遠方 die Ferne *-n.* ~の fern; entfernt; entlegen. ~から von fern[e]; aus der Ferne; von weit her. ~に in die Ferne. ~へ行く in die Weite ziehen*(*s*); in die Ferne gehen*(*s*).

えんま 閻魔 Yama ['ja:ma:].

えんまく 煙幕を張る einen Nebelvorhang legen; *et.* (sich) ein|nebeln.

えんまん 円満・な friedlich. ~な人物 ausgeglichener Charakter. ~に暮らす in Frieden leben. 争いを~に解決する den Streit friedlich (auf friedlichem Wege) bei|legen.

えんむ 煙霧 der Smog *-[s], -s.*

えんむすび 縁結び die Eheschließung *-en.* ~の神 der Gott der Eheschließung; Hymen.

えんゆうかい 園遊会 die Gartenparty *-s;* das Gartenfest *-es, -e.*

えんよう 援用・する sich berufen (auf 4 格). この事実を~して unter (mit) Berufung auf diese Tatsache.

えんよう 遠洋・漁業 die Hochseefischerei. ~航海 die Seeschiffahrt.

えんらい 遠来の客 der Besuch aus weiter Ferne.

えんらい 遠雷 ferner Donner *-s, -.*

えんりょ 遠慮 die Zurückhaltung; die Bescheidenheit. ~する sich zurück|halten*; sich genieren. 批評を~する mit seinem Urteil zurück|halten*. 他の人に~する auf andere Rücksicht nehmen*. ~深い zurückhaltend; bescheiden. ~のない unbescheiden; frei; zwanglos. ~会釈のない schonungslos. ~なく rückhaltlos; ungeniert; ohne Umstände. どうぞ御~なく Genieren Sie sich nicht! / [Machen Sie sich] keine Umstände! 御~なく取っておあがり下さい Bitte greifen Sie zu! ~のいらない間柄である mit *jm.* auf vertrautem Fuß leben.

えんるい 塩類 Salze *pl.* ~泉 die Salzquelle.

えんろ 遠路はるばる von weit her; aus weiter Ferne.

お

お 尾 der Schwanz -es, ⸚e; der Schweif -[e]s, -e. ~を振る mit dem Schwanz wedeln; 〔取り入る〕sich bei jm. ein|schmeicheln. ~を引く nach|wirken.

オアシス die Oase -n.

おい He! / Hallo!

おい 甥 der Neffe -n, -n.

おい 老い・の一徹 der Eigensinn des Greises. ~も若きも Alt und Jung.

おいうち 追討ち ¶ 敗走する敵に~をかける den fliehenden Feind verfolgen.

おいえ お家・芸 die Spezialität -en. ~騒動 der Familienkrach (Familienstreit).

おいおい ~泣く laut (bitterlich) weinen.

おいおい 追い追い nach und nach; allmählich.

おいかえす 追い返す zurück|weisen*; zurück|treiben*;〔敵を〕zurück|schlagen*.

おいかける 追い掛ける jm. nach|laufen*(s); verfolgen; Jagd machen 《auf 4格》.

おいかぜ 追風 der Rückenwind -[e]s; günstiger Wind -es. ~に乗って帆走する vor dem Wind segeln (h; s).

おいこし 追い越し禁止 das Überholverbot -s, -e;〔掲示〕Überholen verboten!

おいこす 追い越す überholen;〔凌駕する〕übertreffen*.

おいこみ 追い込みをかける zum Endspurt an|setzen.

おいこむ 老い込む alt werden*(s); altern (s; h).

おいこむ 追い込む ein|treiben*.

おいさき 老い先が短い Seine Tage sind gezählt. / Er hat nicht mehr lange zu leben.

おいしい wohlschmeckend; köstlich; lecker. この菓子は~ Der Kuchen schmeckt [mir] gut.

おいしげる 生い茂る üppig wachsen*(s); wuchern (s; h).

おいすがる 追い縋る jm. dicht auf den Fersen sein*; jm. nach|laufen*(s).

おいそれ ~と…ない nicht so leichthin; nicht so einfach.

おいだす 追い出す vertreiben*; aus|treiben*;〔解雇する〕entlassen*. 家から~ jn. aus dem Haus[e] jagen. 妻を~ seine Frau verstoßen*. 彼を追い出せ Hinaus mit ihm!

おいたち 生い立ち der Lebenslauf -[e]s, ⸚e.

おいたてる 追い立てる jn. vertreiben* 《aus 3格》.

おいちらす 追い散らす verjagen; zerstreuen.

おいつく 追い付く jn. ein|holen.

おいつめる 追い詰める in die Enge treiben*.

おいて 於いて ¶ 東京に~ in Tokyo. 我が国に~は bei uns. 勤勉さに~まさる jn. an Fleiß übertreffen*.

おいて 措いて ¶ 彼を~適任者はいない Außer ihm ist keiner dazu geeignet.

おいてきぼり 置いてきぼりにする verlassen*; zurück|lassen*.

おいぬく 追い抜く → 追い越す.

おいはぎ 追い剥ぎ der Straßenräuber -s, -.

おいはらう 追い払う vertreiben*; verjagen; verscheuchen. 国外に~ aus dem Land vertreiben*; des Landes verweisen*.

おいぼれ 老いぼれ [gebrechlicher] Greis -es, -e.

おいぼれる 老いぼれる altersschwach werden* (s).

おいまくる 追いまくる vertreiben*; zerstreuen.

おいまわす 追い回す umher|jagen; herum|treiben*; jm. nach|laufen*(s). 女の尻を~ hinter jeder Schürze her|laufen*(s).

おいめ 負目 die Schuld; die Verpflichtung -en. ~がある in js. Schuld stehen*; jm. verpflichtet sein*.

おいやる 追いやる vertreiben*. 自殺(狂気)に~ jn. zum Selbstmord (in den Wahnsinn) treiben*.

おいらく 老いらくの恋 spätes Liebesglück -s; der Nachsommer -s, -.

おいる 老いる alt werden*(s); altern (s; h).

オイル das Öl -s; das Benzin -s.

おう 王 der König -s, -e. 百獣の~ der König der Tiere. 石油~ der Petroleumkönig.

おう O! / Oh! / Ach! /〔返事〕Ja.

おう 負う〔背負う〕[auf dem Rücken] tragen*; auf den Rücken nehmen*;〔引き受ける〕auf sich nehmen* (laden*); übernehmen*;〔お陰を蒙る〕jm. et. verdanken. 責任を~ die Verantwortung auf sich nehmen*. 手に傷を~ sich an der Hand verletzen. 私は彼に~ところが多い Ich habe ihm viel zu verdanken.

おう 追う〔追い払う〕vertreiben*; verjagen;〔追い掛ける〕jm. nach|laufen*(s); verfolgen;〔従う〕folgen (s) 《3格》. 快楽を~ dem Vergnügen nach|jagen (s). 家畜を~ Vieh treiben*. 流行を~ der Mode folgen (s). 仕事に追われる mit Arbeit überlastet sein*. 日を追って von Tag zu Tag. 順序を追って nach der Reihe.

おうあ 欧亜 Europa und Asien. ~大陸 Eurasien.

おうい 王位 der Thron -[e]s, -e. ~に即(⁽ˢ⁾)く den Thron besteigen*. ~を継承する jm. auf den Thron folgen (s). ~を退く auf den Thron verzichten; ab|danken. ~継承者 der Thronerbe.

おういん 押印 → 捺(⁽ˢ⁾)印.

おういん 押韻 das Reimen -s. ～する reimen. ～した gereimt.

おうえん 応援 der Beistand -[e]s; die Unterstützung -en;〔声援〕anfeuernde (aufmunternde) Zurufe pl. ～する jm. bei|stehen*; jn. unterstützen;〔声援する〕jn. durch Zurufe an|feuern. ～演説 die Wahlrede [für einen Kandidaten]. ～団 die Anfeuerungsgruppe.

おうおう 往々 manchmal; dann und wann.

おうおう 怏々として楽しまない voller Unmut sein*.

おうか 欧化する europäisiert werden*(s受).

おうか 謳歌する verherrlichen; lobpreisen(*).

おうが 横臥する sich legen;〔横向きに〕sich auf die Seite legen.

おうかくまく 横隔膜 das Zwerchfell -[e]s, -e.

おうかっしょく 黄褐色の gelbbraun.

おうかん 王冠 die Krone -n;〔口金〕der Kronenkorken -s, -. ～を戴く sich³ die Krone auf|setzen; sich krönen.

おうぎ 奥義 Geheimnisse pl. ～を極める in die Geheimnisse ein|dringen*(s). ～を授ける jn. in die Geheimnisse ein|weihen. ～を授けられた人 der Esoteriker.

おうぎ 扇 der Fächer -s, -. ～を使う sich fächeln. ～形の fächerförmig.

おうきゅう 王宮 der Palast -[e]s, ̈e; das Königsschloss -es, ̈er.

おうきゅう 応急の behelfsmäßig; provisorisch. ～措置を講ずる eine Notmaßnahme ergreifen*. ～手当を施す jm. die erste Hilfe leisten. ～策として als Notbehelf. ～修理する [nur] notdürftig reparieren.

おうぎょく 黄玉 der Topas -es, -e.

おうけ 王家 königliche Familie -n.

おうけん 王権 königliche Hoheitsrechte pl.; das Königtum -s.

おうこう 王侯 der Fürst -en, -en; die Fürstlichkeit -en. ～貴族 Fürstlichkeiten pl.

おうこう 横行 ¶盛り場にちんぴらが～する Im Vergnügungsviertel treiben Halbstarke ihr Unwesen. 反動主義の～を悲しむ Ich bedaure, dass die Reaktion überhand nimmt.

おうこく 王国 das Königreich -[e]s, -e.

おうごん 黄金 das Gold -es. ～時代 das goldene Zeitalter. ～崇拝 der Mammonsdienst. ～万能主義 der Mammonismus. ～分割 der goldene Schnitt.

おうざ 王座 der Thron -[e]s, -e;〔スポーツ〕die Meisterschaft. ～を占める thronen; die Meisterschaft gewinnen*.

おうし 牡牛 der Stier -[e]s, -e; der Bulle -n, -n;〔去勢した〕der Ochse -n, -n. ～座 der Stier.

おうし 横死する eines gewaltsamen (unnatürlichen) Todes sterben*(s).

おうじ 王子 der Prinz -en, -en.

おうじ 往時 vergangene Zeiten pl. ～を偲(しの)ぶ vergangener Zeiten gedenken*.

おうしつ 王室 königliche Familie -n.

おうじゃ 王者 der König -s, -e; der Fürst -en, -en; der Meister -s, -.

おうしゃく 王笏 das (der) Zepter -s, -.

おうしゅ 応手 der Gegenzug -[e]s, ̈e.

おうしゅう 応酬 die Entgegnung -en; die Erwiderung -en. …と～する et. entgegnen (erwidern)《auf 4格》. 議論の～をする Rede und Gegenrede wechseln.

おうしゅう 押収 die Beschlagnahme -n. ～する in Beschlag nehmen*; beschlagnahmen.

おうしゅう 欧州 Europa. ～の europäisch. ～人 der Europäer. ～選手権保持者 der Europameister. ～連合 die Europäische Union (略: EU). ～共同体 Europäische Gemeinschaft (略: EG).

おうじょ 王女 die Prinzessin -nen.

おうしょう 王将 der König -s, -e.

おうしょう 応召・する zum Militärdienst einberufen werden*(s受). ～兵 der Einberufene*.

おうじょう 往生・する in den Himmel kommen*(s); sterben*(s);〔困る〕in die Klemme geraten*(s). 大～を遂げる einen sanften Tod sterben*(s); sanft entschlafen*(s). ～ぎわが悪い〔比〕sich schwer in sein Schicksal ergeben*.

おうしょく 黄色人種 die gelbe Rasse.

おうしん 往診 der Hausbesuch -s, -e. ～する bei jm. einen Hausbesuch machen. ～料 das Honorar für den Hausbesuch.

おうすい 王水 das Königswasser -s.

おうずる 応ずる et. an|nehmen*; folgen (s) 《3格》. 招待に～ einer Einladung folgen (s). 挑戦に～ eine Herausforderung an|nehmen*. 申し出に～ einen Vorschlag ein|gehen*. 警官の募集に～ sich zur Polizei anwerben lassen*. 分に応じて standesgemäß. ご希望に応じて Ihren Wünschen entsprechend. 必要に応じて nach Bedarf. 年齢に応じて je nach dem Alter. 注文に応じて auf Bestellung.

おうせ 逢瀬 das Stelldichein -[s], -[s]; das Rendezvous -, -.

おうせい 王制 die Monarchie -n. ～復古 die Restauration.

おうせい 旺盛・な energisch. 元気～である gesund und munter sein*. 食欲～である einen starken Appetit haben*. 精力～である energisch sein*.

おうせつ 応接・する jn. empfangen*. ～室 das Empfangszimmer; das Sprechzimmer.

おうせん 応戦・する das Feuer erwidern. 新聞の攻撃に～する die Angriffe in der Presse erwidern. ～ -s.

おうせん 横線小切手 gekreuzter Scheck -s, -s.

おうぞく 王族 königliche Familie -n.

おうだ 殴打する prügeln; heftig schlagen*.

おうたい 応対 der Empfang -s;〔顧客に対する〕die Bedienung. ～する jn. empfangen*;

jn. bedienen.

おうたい 横隊 die Linie *-n.* ～に並ぶ sich in einer Linie auf|stellen. 2列~に並ぶ sich in 2 Reihen nebeneinander auf|stellen.

おうたい 黄体 der Gelbkörper *-s, -.* ～ホルモン das Gelbkörperhormon.

おうだく 応諾する ein|willigen 《in 4格》.

おうだん 黄疸 die Gelbsucht; der Ikterus *-.*

おうだん 横断・する überqueren. 道路を～る die Straße überqueren. 大陸を～するeinen Kontinent durchqueren 〔航空機で〕: über|fliegen*). ~歩道 der Fußgängerüberweg; der Zebrastreifen. ～面 der Querschnitt.

おうちゃく 横着・な 〔ずるい〕 schlau; 〔怠惰な〕 faul. ～をする seine Pflicht vernachlässigen. ～者 der Schlaukopf; der Faulenzer.

おうちょう 王朝 die Dynastie *-n.*

おうて 王手 Schach! ～を掛ける Schach bieten*.

おうてっこう 黄鉄鉱 der Schwefelkies *-es;* der Pyrit *-s, -e.*

おうてん 横転する auf die (zur) Seite kippen *(s).*

おうと 嘔吐・する [sich] erbrechen*; sich übergeben*. ～を催させるような ekelhaft. それは～を催させる Das ist zum Brechen.

おうど 黄土 der (das) Ocker *-s, -.* ～色の ockergelb.

おうとう 王党 Royalisten *pl.*

おうとう 応答 die Antwort *-en;* die Erwiderung *-en.* ～する auf die Frage antworten. 質疑～の形で in Fragen und Antworten.

おうとう 桜桃 die Kirsche *-n.*

おうどう 黄銅 das Messing *-s.*

おうどう 黄道 → こうどう.

おうとつ 凹凸のある uneben; holp[e]rig.

おうねつびょう 黄熱病 das Gelbfieber *-s.*

おうねん 往年 früher; ehemalig.

おうのう 懊悩 die Seelenqual *-en.* ～する große innere Qualen leiden*.

おうはん 凹版印刷 der Tiefdruck *-[e]s.*

おうひ 王妃 die Königin *-nen.*

おうふく 往復・する hin- und her|gehen*(s); 〔乗物で〕 hin- und her|fahren*(s); 〔飛行機で〕 hin- und her|fliegen*(s). 京都まで～1枚くださいBitte einmal Kyoto hin und zurück! ~切符 die Rückfahrkarte. 手紙を～する mit *jm.* Briefe wechseln. ～葉書 die Postkarte mit Rückantwort. ～書簡 der Briefwechsel.

おうぶん 応分の angemessen; entsprechend.

おうぶん 欧文 europäische Schrift *-en.* ～電報 das Telegramm in europäischer Schrift.

おうへい 横柄・な anmaßend; hochfahrend; überheblich. ～に振舞う anmaßend auf|treten*(s).

おうべい 欧米 Europa und Amerika. ～の europäisch-amerikanisch.

おうぼ 応募・する sich bewerben* 《um 4格》. 公社債に～する eine Anleihe zeichnen. ～者 der Bewerber; 〔公社債の〕 der Zeichner.

おうほう 応報 die Vergeltung. → 因果.

おうぼう 横暴な tyrannisch; gewaltsam.

おうむ 鸚鵡 der Papagei *-en (-s), -en.* ～返しに言う *js.* Worte wie ein Papagei nach|plappern. ~病 die Papageienkrankheit.

おうめん 凹面・の konkav. ～鏡 der Konkavspiegel.

おうよう 応用 die Anwendung *-en.* ～する *et.* an|wenden*) 《auf 4格》. ～し得る anwendbar. ~化学 angewandte Chemie.

おうらい 往来 der Verkehr *-s;* 〔道路〕 die Straße *-n.* ～する verkehren *(h;s).* 通りは車の激しい Auf den Straßen herrscht starker (reger) Verkehr.

おうりつ 王立の königlich.

おうりょう 横領・罪 die Unterschlagung *-en.* ～する unterschlagen*; veruntreuen.

おうりん 黄燐 gelber Phosphor *-s.*

おうレンズ 凹レンズ die Konkavlinse *-n.*

おうろ 往路に auf dem Hinweg.

おえつ 嗚咽・する schluchzen. ～の声 das Schluchzen; der Schluchzer.

おえる 終える beenden; ab|schließen*; erledigen; fertig sein* 《mit 3格》. 学校を～ eine Schule durch|machen. 大学を～ sein Studium ab|schließen*. 本を読み～ ein Buch zu Ende lesen*. 食べ～ fertig essen*.

おおあせ 大汗をかく sehr (wie ein [Tanz]bär) schwitzen.

おおあたり 大当り・をとる großen Erfolg haben*. ～の籤 (くじ) das große Los. 彼の本は～した Sein Buch ist ein Treffer.

おおあな 大穴 ¶彼は会社に～をあけた Er hat seiner Firma ein großes Defizit verursacht.

おおあめ 大雨 starker Regen *-s;* der Regenguss *-es, -güsse.* ～が降る Es regnet stark.

おおい He! / Holla! / Ahoi!

おおい 多い viel. 彼は友達が～ Er hat viele Freunde. 今年は雨が～ Dieses Jahr regnet es viel. 日本は地震が～ In Japan kommen Erdbeben sehr häufig vor. 多ければ～ほどよい Je mehr, desto besser.

おおい 覆い die Bedeckung *-en;* die Hülle *-n;* 〔幌〕 die Plane *-n.* ～をする *et.* bedecken 《mit 3格》. ～を取る die Bedeckung ab|nehmen* (entfernen) 《von 3格》.

おおいかくす 覆い隠す verhüllen; verdecken. 真相を～ die Wahrheit verschleiern.

おおいそぎ 大急ぎで in aller (größter) Eile.

おおいに 大いに sehr; viel. ～飲む viel (tüchtig) trinken*.

おおいり 大入り・である großen Zulauf haben*. この芝居はいつも～満員だ Dieses Stück hat immer volle Häuser.

おおう 覆う decken; bedecken; verhüllen. 顔を両手で～ das Gesicht mit den Händen bedecken. 雪に覆われた山々 schneebedeckte Berge *pl.*

おおうつし 大写し die Großaufnahme -n.
おおうりだし 大売り出し der Ausverkauf -s, ¨e.
おおおじ 大叔(伯)父 der Großonkel -s, -.
おおおとこ 大男 großer Mann -es, ¨er; der Riese -n, -n.
おおおば 大叔(伯)母 die Großtante -n.
おおがかり 大掛かり・な umfangreich; groß angelegt; großzügig. ～な催し eine Veranstaltung großen Stils.
おおかぜ 大風 starker Wind -es; der Sturm -[e]s, ¨e. ～が吹く Es geht (weht) ein starker Wind.
おおかた 大方 [多分] wahrscheinlich; wohl; [大体] beinahe; fast; größtenteils. ～の意見 die allgemeine Meinung.
おおがた 大型 の groß; [大判の] großformatig; von großem Format.
おおがねもち 大金持 der Millionär -s, -e.
おおかみ 狼 der Wolf -[e]s, ¨e.
おおがら 大柄 の [模様が] groß gemustert; [体格が] von großem Wuchs.
おおかれ 多かれ少なかれ mehr oder weniger.
おおきい 大きい groß. ～声 laute Stimme. 彼は私よりも頭半分大きい Er ist um einen halben Kopf größer als ich.
おおきく 大きく・する größer machen; vergrößern; [育てる] groß|ziehen*; [～なる groß werden*(s); wachsen*(s); [重大になる] ernst werden*(s).
おおきさ 大きさ die Größe.
おおきな 大きな・顔をする sich groß|machen. ～事を言う prahlen; das Maul voll nehmen*.
おおぎょう 大仰 の übertrieben.
おおく 多く・の viel. ～の本 viele (zahlreiche; eine Menge) Bücher. ～の金 viel (eine Masse) Geld. ～の貯え ein großer Vorrat. ～は meistens. ～とも höchstens. それについて彼は～を語らなかった Davon hat er nicht viel gesagt.
おおぐい 大食い die Fresserei; [人] der Fresser -s, -. ～の gefräßig.
オークション die Auktion -en; die Versteigerung -en. ～で買う auf einer Auktion kaufen.
おおぐち 大口・をたたく einen großen Mund (ein großes Maul) haben*. ～をたたく人 der Großmaul. ～の注文 große (bedeutende) Bestellung.
おおくまざ 大熊座 der Große Bär -en.
おおくら 大蔵・省 das Finanzministerium. ～大臣 der Finanzminister.
オーケー okay (略: o.k.; O.K.); richtig; in Ordnung.
おおげさ 大袈裟・な übertrieben. ～に言う übertreiben*; aus einer Mücke einen Elefanten machen.
オーケストラ das Orchester -s, -. ～ボックス der Orchesterraum.
おおごえ 大声で mit lauter Stimme; laut.

おおごしょ 大御所 der Fürst -en, -en.
おおごと 大事 ernste Sache -n. ～になる ernst werden*(s).
おおざけのみ 大酒飲み der Säufer -s, -.
おおざっぱ 大雑把・な grob; flüchtig; nicht sorgfältig; [およその] ungefähr. ～に言って grob gesagt; im Großen und Ganzen. ～に述べる in groben Umrissen dar|stellen.
おおさわぎ 大騒ぎ・する viel Aufheben[s] machen《von 3格》. ～になる Eine große Aufregung entsteht.
おおしい 雄々しい mannhaft.
おおしお 大潮 die Springflut -en.
おおしか 大鹿 der Elch -[e]s, -e.
おおじかけ 大仕掛け → 大掛かり.
おおじぬし 大地主 der Großgrundbesitzer -s, -.
おおすじ 大筋 der Hauptinhalt -s, -e; der Umriss -es, -e.
オーストラリア Australien. ～の australisch. ～人 der Australier.
オーストリア Österreich. ～の österreichisch. ～人 der Österreicher.
おおぜい 大勢・の人 viele (eine Menge) Menschen pl. ～で in großer Menge. 彼は子供が～いる Er hat viele Kinder.
おおそうじ 大掃除 der Hausputz -es; das Großreinemachen -s. ～をする Hausputz machen; ein Großreinemachen veranstalten.
オーソドックス die Orthodoxie. ～の orthodox.
おおぞら 大空 der Himmel -s; das Firmament -[e]s. 鳥が～に舞い上がった Der Vogel erhob sich in die Lüfte.
オーソリティ die Autorität -en.
おおぞん 大損をする einen großen Verlust haben*(erleiden*).
オーダーメード ～で作らせる nach Maß anfertigen lassen*. ～の服 der Anzug nach Maß.
おおだてもの 大立者 die Größe -n; bedeutende (wichtige) Persönlichkeit -en.
おおっぴら 大っぴら・の offen; öffentlich. ～に öffentlich, in aller Öffentlichkeit. ～にする an (in) die Öffentlichkeit bringen*.
おおづめ 大詰 die Schlussphase -n; [悲劇の] die Katastrophe -n. 交渉は～を迎えた Die Verhandlungen sind in die Schlussphase getreten.
おおで 大手・を広げる die Arme aus|breiten. ～を振って歩く stolz einher|gehen*(s).
オーディオ ～装置 die Stereoanlage -n. ビジュアルの audiovisuell.
オーディション ～を受ける [俳優が] vor|sprechen*; [歌手が] vor|singen*; [演奏家が] vor|spielen.
おおでき 大出来 ¶彼の演説は～だった Seine Rede war ein großer Erfolg. 君にしては～だ Du hast dich selbst übertroffen. ～だ Sehr gut! / Ausgezeichnet! / Bravissimo!

オーデコロン das Kölnischwasser -s; das (die) Eau de Cologne ---, -x--/.
おおどうぐ 大道具 die Bühnenausstattung -en; die Bühnendekoration -en. ～方 der Bühnenarbeiter.
おおどおり 大通り die Hauptstraße -n.
オートさんりん オート三輪 der Dreirad[liefer]wagen -s, -.
オートジャイロ das Autogiro -s, -s.
オートバイ das Motorrad -[e]s, ¨er.
オードブル die Vorspeise -n; das Hors-d'œuvre -s, -s.
オートミール das Hafermehl -s; 〔料理〕der Haferbrei -s.
オートメーション die Automation. ～の automatisch.
オートレース das Autorennen -s, -; das Motorradrennen -s, -.
おおなみ 大波 die Woge -n; große Welle -n.
オーバー ～[・コート] der Mantel -s, ¨; der Überzieher -s, -. ～な〔大げさな〕übertrieben.
オーバーシューズ der Überschuh -s, -e; die Galosche -n.
オーバーヒート ～する überhitzt sein*.
オーバーホール ～に出す überholen lassen*.
オーバーラップ ～する et. überlappen; sich überlappen (mit 3 格).
オーバーワーク die Überarbeitung; die Überanstrengung. 彼は～だ Er ist überarbeitet (überanstrengt). / Er hat sich überarbeitet (überanstrengt).
おおばこ 車前草 〔植〕der Wegerich -s, -e.
オーバチュア die Ouvertüre -n.
おおはば 大幅・の布 ein Stoff von großer Breite. ～の値上り starke Preiserhöhung. ～の譲歩 weitgehende Zugeständnisse pl.
おおばん 大判 das Großformat -s, -e. ～の großformatig; von großem Format.
おおばん 大鵬 〔動〕das Wasserhuhn -s, ¨er.
おおばんぶるまい 大盤振舞をする jn. festlich (fürstlich) bewirten.
オービー OB Alter Herr -n, -en (略: A.H.).
おおびけ 大引け der Börsenschluss -es. ～値段 Schlusskurse pl.
おおひろま 大広間 der Saal -[e]s, Säle.
おおぶろしき 大風呂敷を広げる das große Wort führen.
オーブン der Backofen -s, ¨.
オープン・カー offener Wagen -s, -.
オーボエ die Oboe -n. ～奏者 der Oboist.
おおまか 大まか・な 〔おおような〕großzügig; großmütig; 〔およその〕ungefähr. ～に見積る ungefähr berechnen; überschlagen*. ～に述べる in groben Umrissen schildern.
おおまた 大股に歩く mit großen Schritten gehen*(s); große Schritte machen.
おおまわり 大回り・をする einen großen Umweg machen. ～して auf einem großen Umweg.

おおみず 大水になる Es kommt zu Überschwemmungen.
おおみそか 大晦日 der (das) Silvester -s, -. ～の晩 der Silvesterabend.
オーム 〔電〕das Ohm -[s], - nach|sehen*; Nachsicht haben* (mit 3 格); jm. durch die Finger sehen*; ein Auge (beide Augen) zu|drücken (bei 3 格).
おおむかし 大昔・の uralt. ～には(から) in (seit) uralten Zeiten.
おおむぎ 大麦 die Gerste.
おおむこう 大向こう die Galerie -n; der Olymp -s. ～の喝采を当てこむ für die Galerie spielen. ～を唸らせる den Beifall des Olymps haben*.
おおむね 概ね im Allgemeinen; 〔大部分〕größtenteils; 〔ほとんど〕beinahe.
おおめ 大目に見る jm. et. nach|sehen*; Nachsicht haben* (mit 3 格); jm. durch die Finger sehen*; ein Auge (beide Augen) zu|drücken (bei 3 格).
おおめだま 大目玉をくらう einen gehörigen Verweis erhalten* (bekommen*).
おおもじ 大文字 der Großbuchstabe -ns, -n; die Majuskel -n. 語頭を～で書く ein Wort groß|schreiben*.
おおもと 大本 der Grund -es, ¨e; 〔根源〕der Ursprung -[e]s, ¨e.
おおもの 大物 großes (hohes) Tier -es, -e; die Größe -n. ～の政治家 ein Politiker von großem Format.
おおや 大家 der Hauswirt -s, -e.
おおやけ 公・の öffentlich. ～にする veröffentlichen; an (vor) die Öffentlichkeit bringen*. ～になる in (an) die Öffentlichkeit kommen* (s).
おおやすうり 大安売り der Ausverkauf -s, ¨e.
おおゆき 大雪 starker Schneefall -[e]s, ¨e. ～が降った Es ist viel Schnee gefallen.
おおよう 大様 großmütig; großzügig.
おおよそ 大凡 ungefähr; etwa; 〔ほとんど〕beinahe; 〔概して〕im Allgemeinen.
おおよろこび 大喜び・で mit großer Freude. 彼は～である Er freut sich sehr (königlich).
オーライ Richtig! / In Ordnung! / 〔発車の合図〕Fertig!
おおらか ～な großmütig; großzügig.
オール der Riemen -s, -; das Ruder -s, -.
オールド・ミス alte Jungfer -n; altes (spätes) Mädchen -s, -. ～の(らしい) altjüngferlich.
オールマイティ die Allmacht; 〔トランプ〕das Pikass -es, -e. ～の allmächtig.
オーレオマイシン das Aureomycin -s.
オーロラ das Polarlicht -[e]s, -er.
おおわらい 大笑いする laut[hals] (aus vollem Hals[e]) lachen.
おおわらわ 大童である sich sehr (mächtig) an|strengen 《bei 3 格》.
おか 丘 der Hügel -s, -.
おか 陸 das Land -es. ～に上がる an Land gehen*(steigen*)(s).
おかえし お返し・をする ein Gegengeschenk

machen; sich revanchieren 《für 4 格》; 〔好意に対して〕einen Gegendienst leisten 《für 4 格》. ～に als Gegengeschenk; als Gegenleistung 《für 4 格》. ～の訪問 der Gegenbesuch.

おがくず おが屑 Sägespäne *pl.*; das Sägemehl -[*e*]*s*.

おかげ お陰・で dank 《3 格》; 〔所為(ﾉ)で〕wegen 《2 格》. 君の〔助力も〕～で dank deiner Hilfe. 君の～でひどい目にあった Ich machte deinetwegen schlechte Erfahrungen. それは彼の～である Das danke (verdanke) ich ihm. / Das ist ihm zu verdanken. ～さまで Gott sei Dank. /〔相手の労に対して〕Dank Ihren Bemühungen.

おかしい komisch; drollig; lächerlich;〔怪しい〕zweifelhaft;〔奇妙な〕seltsam; sonderbar. 彼は頭が～ Er ist verdreht (verrückt). 機械の調子が～ Die Maschine ist nicht in Ordnung.

おかしがる *et.* lächerlich finden*;〔面白がる〕sich ergötzen (belustigen)《an 3 格》.

おかす 犯す übertreten*; verletzen. 罪(過)ちを～ ein Verbrechen (einen Fehler) begehen*. 少女を～ ein Mädchen vergewaltigen.

おかす 侵す 〔国を〕ein|fallen*(ein|brechen*) (*s*) 《in 4 格》. 人の権利を～ in *js.* Rechte ein|greifen*. 国境を～ die Grenze[n] eines Staates verletzen. 侵し難い unverletzbar; unantastbar.

おかす 冒す ¶事故の危険を～ einen Unfall riskieren. 生命の危険を冒して unter [eigener] Lebensgefahr. 病に冒される von einer Krankheit befallen (ergriffen) werden*(*s*受). 雨を冒して trotz des Regens (dem Regen).

おかず ¶昼の～は何ですか Was gibt es heute zu Mittag?

おかっぱあたま おかっぱ頭 der Pagenkopf -[*e*]*s*, ¨-*e*.

おかどちがい お門違いをする an die falsche Adresse kommen* (geraten*) (*s*).

おかぶ お株を奪う *jn.* auf seinem eigenen Gebiet schlagen*.

おかまい お構い・なしに ohne Rücksicht 《auf 4 格》; unbekümmert 《um 4 格》. どうぞ～なく Machen Sie [meinetwegen] keine Umstände!

おかみ 女将 die Wirtin -*nen*.

おがみたおす 拝み倒す *jn.* durch Bitten erweichen.

おがむ 拝む an|beten; verehren.

おかめ 岡目八目 Wer dem Spiel zusieht, kann's am besten.

オカリナ die Okarina -*s* (..*nen*).

おがわ 小川 der Bach -*es*, ¨-*e*; das Bächlein -*s*, -.

おかわり お代り die zweite Portion.

おかん 悪寒 der Frost -*es*, ¨-*e*; das Frösteln -*s*. 私は～がする Mich fröstelt [es].

おき 沖・に auf offener See. ～に出る → 海.

おき 置き ¶1 日～に jeden zweiten Tag; alle 2 Tage. 5 メートル～に in Abständen von 5 Metern.

おき 熾 die Glut -*en*.

おぎ 荻 das Schilf -*s*, -*e*.

おきあがる 起き上がる auf|stehen*(*s*); sich erheben*. 起き上がり小法師 das Stehaufmännchen.

おきあみ 沖醤蝦 der Krill -*s*.

おきかえる 置き換える um|stellen; um|setzen; versetzen. *x* を *y* に～ *x* durch *y* ersetzen.

おきざり 置き去りにする verlassen*; hinter sich³ lassen*.

オキシダント das Oxydationsmittel -*s*, -.

おきて 掟 das Gebot -[*e*]*s*, -*e*; das Gesetz -*es*, -*e*.

おきてがみ 置き手紙をする *jm.* einen Brief zurück|lassen*.

おきどけい 置時計 die Tischuhr -*en*.

おぎない 補い die Ergänzung -*en*;〔埋め合わせ〕der Ersatz -*es*.

おぎなう 補う ergänzen;〔埋め合わせる〕*et.* ersetzen 《durch 4 格》.

おきなかし 沖仲仕 der Schauermann -[*e*]*s*, ..*leute*; der Stauer -*s*, -.

おきにいり お気に入り der Liebling -*s*, -*e*; der Günstling -*s*, -*e*. ～の生徒 der Lieblingsschüler.

おきぬけ 起き抜けに gleich nach dem Aufstehen.

おきのどく お気の毒です Es tut mir Leid. / Bedaure sehr.

おきば 置場 der Platz -*es*, ¨-*e*; der Raum -*es*, ¨-*e*. ここにはトランクの～がない Hier ist kein Raum für den Koffer.

おきまり お決まり・の gewöhnlich. ～のやり方で in gewohnter Weise. それは彼の～の文句だ Es ist sein drittes Wort.

おきもの 置物 der Schmuckgegenstand -[*e*]*s*, ¨-*e*.

おきゃん お俠な娘 ausgelassenes (übermütiges) Mädchen -*s*, -; der Flapper -*s*, -.

おきる 起きる〔起床する〕auf|stehen*(*s*);〔目を覚ます〕auf|wachen (*s*); →起る. 朝 7 時にー起きる um 7 Uhr morgens auf|stehen*(*s*). 一晩中起きている die ganze Nacht auf|bleiben*(*s*).

おきわすれる 置き忘れる liegen lassen*.

おく 奥 das Innere³; die Tiefe -*n*. ～の部屋 inneres Zimmer. 庭の～で in der Tiefe des Gartens. 森の～へ tief in den Wald hinein. 心の～で[は] im Innersten.

おく 億 hundert Millionen *pl*. 10～ die Milliarde. ～万長者 der Milliardär.

おく 置く setzen;〔横たえる〕legen;〔立てる〕stellen. お手伝いさんを～ eine Hausgehilfin ein|stellen (an|stellen). 宣伝部を～ die Werbeabteilung ein|richten. 二三日置いて nach einigen Tagen. 10 メートル置いて in einer Entfernung von 10 Metern [voneinander]. そのままにして～ *et.* so lassen*, wie es ist; *et.* dabei lassen*.

おくがい 屋外・で im Freien; draußen. ～に出る ins Freie gehen*(s).
おくがき 奥書 das Impressum -s, ..pressen.
おくぎ 奥義 → おうぎ
おくさま 奥様 die [Ehe]frau -en; die Gattin -nen; 〔呼び掛け〕gnädige Frau! あなたの～ Ihre Frau Gemahlin.
おくじょう 屋上・で auf dem Dach. ～庭園 der Dachgarten. ～を架する Wasser ins Meer (in den Rhein) tragen*.
おくする 臆する zurück|scheuen (s) 《vor 3格》. ～色もなく ohne Scheu.
おくせつ 憶説 die Vermutung (Meinung) -en.
おくそく 憶測 die Vermutung -en; die Mutmaßung -en. ～する vermuten; mutmaßen.
おくそこ 奥底 die Tiefe -n; der Grund -es, ⸚e. 心の～から aus tiefstem Herzen; aus dem Grunde seines Herzens.
オクターブ die Oktave -n.
オクタン ～価 die Oktanzahl -en (略: OZ).
おくち 奥地 das Hinterland -[e]s. アフリカの～ das Innere# Afrikas; Innerafrika.
おくづけ 奥付 das Impressum -s, ..pressen.
おくて 奥手 die Spätreife; 〔成熟の遅い人〕der Spätentwickler -s, -. ～の spätreif.
おくない 屋内・で drinnen; im Hause. ～プール das Hallenbad.
おくのて 奥の手 奥の手を出す seinen letzten Trumpf aus|spielen.
おくば 奥歯 der Backenzahn -[e]s, ⸚e.
おくび 噯気・が出る Ich habe Aufstoßen.／Mir stößt es auf. ～にも出さない nicht ein Sterbenswörtchen sagen 《von 3格》.
おくびょう 臆病・な feig[e]; ～者 der Feigling. 彼は～風に吹かれた Er hat Angst bekommen.／Das Herz ist ihm in die Hosen gefallen.
おくぶかい 奥深い tief.
おくめん 臆面もなく frech; unverschämt.
おくゆかしい 奥床しい bescheiden; vornehm.
おくゆき 奥行 die Tiefe -n. ～のある舞台 tiefe Bühne. この建物の～はいくらか Wie tief ist das Gebäude?
おくらす 遅らす verschieben*; auf|schieben*. 時計を～ die Uhr zurück|stellen.
おくりかえす 送り返す zurück|senden*; zurück|schicken.
おくりこむ 送り込む bringen*. 病院に～ jn. ins Krankenhaus bringen*. スパイを～ Agenten ein|schleusen.
おくりじょう 送り状 die Faktur -en; die Rechnung -en; der Frachtbrief -[e]s, -e.
おくりだす 送り出す 〔発送する〕ab|senden*; ab|schicken. 子供を学校へ～ die Kinder in die Schule schicken.
おくりちん 送り賃 das Frachtgeld -[e]s.
おくりぬし 送り主 der Absender -s, -.
おくりもの 贈り物 das Geschenk -[e]s, -e; die Gabe -n. 誕生日(クリスマス)の～ das Geburtstagsgeschenk (Weihnachtsgeschenk). 本を～にする jm. ein Buch zum Geschenk machen.
おくる 送る senden*(*); schicken. 金を～ jm. Geld senden*(*) (übersenden*(*)). 送ってもらう et. geschickt bekommen*. 家まで～ jn. nach Hause begleiten. 駅まで送って行く jn. zum Bahnhof bringen*. 幸福な生活を～ ein glückliches Leben führen. 郷里で夏を～ den Sommer in der Heimat verbringen*.
おくる 贈る schenken; 〔勲章などを〕verleihen*. 贈られる geschenkt bekommen*.
おくれ 遅れ die Verspätung -en. ～を取り戻す das Versäumte nach|holen; 〔列車などが〕die Verspätung nach|holen. ～を取る jm. nach|stehen* (in 3格).
おくればせ 遅れ馳せ・に hinterher; nachträglich; zu spät. ～ながら Obgleich es zu spät ist, ...
おくれる 遅れる sich verspäten; zu spät kommen*(s). 学校に～ zu spät in die Schule gehen*(s). 汽車に～ den Zug verpassen. 流行に～ aus der Mode kommen* (sein*)(s). 汽車が遅れて着いた Der Zug kam verspätet an. 汽車に30分遅れている Der Zug hat 30 Minuten Verspätung. この時計は毎日2分～ Die Uhr geht täglich 2 Minuten nach. 仕事(学校の勉強)に～ mit seiner Arbeit (in der Schule) zurück|bleiben*(s). 知能(成長)の遅れている子供 ein geistig (im Wachstum) zurückgebliebenes Kind.
おこがましい ¶私がそれについて判断を下すなどは～ Ich maße mir kein Urteil darüber an.
おけ 桶 der Eimer -s, -; der Kübel -s, -; das Faß -es, ⸚er; 〔大型の〕der Bottich -s, -e. ～屋 der Böttcher.
おこす 起す auf|richten; 〔助け起す〕jm. auf|helfen*. 〔目覚ます〕 [auf]wecken. 事業を～ ein Unternehmen gründen. 訴訟を～ gegen jn. einen Prozeß führen. 電力を～ elektrische Energie erzeugen. 火を～ Feuer machen. センセーションを～ großes Aufsehen erregen. 事故を～ einen Unfall verursachen.
おごそか 厳かな(に) feierlich; würdevoll.
おこたる 怠る vernachlässigen; versäumen.
おこない 行い die Tat -en; 〔行状〕das Betragen (Benehmen) -s. よい～をする Gutes tun*. ～を慎む sich anständig betragen* (benehmen*). ～を改める sich bessern.
おこなう 行う tun*; machen. 改革を～ eine Reform machen. 裁判(講演)を～ Gericht (einen Vortrag) halten*. 試験(会議)を～ eine Prüfung (Sitzung) ab|halten*. 手術を～ eine Operation aus|führen. 授業を～ Unterricht geben*. アンケートを～ eine Umfrage veranstalten.
おこなわれる 行われる ausgeführt werden*(s受); 〔挙行される〕statt|finden*. 世に行われている説 geltende (herrschende) Ansichten pl.
おこらせる 怒らせる ärgern; zum Zorn rei-

おこり 起り〔原因〕die Ursache -n. 日本国の～ die Entstehung Japans. 事の～は…である Die Ursache liegt darin, dass …

おこりつける 怒りつける schelten*; an|fahren*.

おこりっぽい 怒りっぽい jähzornig; reizbar. 彼は～ Er wird leicht böse (zornig).

おこる 怒る sich ärgern 《über 4 格》; auf jn. böse werden*(s); [mit] jm. zürnen; [叱る] schelten*.

おこる 起る geschehen*(s); passieren (s); sich ereignen; entstehen*(s); vor|kommen*(s). 戦争(火事)が～ [Ein] Krieg (Feuer) bricht aus.

おこる 興る auf|blühen (s).

おごる 奢る jm. et. spendieren; jn. frei|halten* 《mit 3 格》; jm. et. vom Besten geben*. 今日は僕が～ Heute lade ich Sie zum Kaffee ein. 彼は口が奢っている Er hat einen verwöhnten Gaumen.

おごる 驕る hochmütig sein*. ～平家は久しからず Hochmut kommt vor dem Fall.

おさえる 押える fest|halten*. 両手で～ mit den Händen fest|halten*. 泥棒を～ einen Dieb fest|halten*. 現場を～ jn. ertappen 《bei 3 格》. 人の発言を～ jn. nicht zu Wort[e] kommen lassen*. 財産を～ Vermögen beschlagnahmen. 要点を～ den Kernpunkt heraus|arbeiten. その包みは税関で押えられた Das Paket wurde vom Zoll zurückgehalten.

おさえる 抑える 〔感情を〕unterdrücken; zurück|halten*; beherrschen; 〔費用を〕drücken. その教師は彼を絶えず抑えつけた Der Lehrer hat ihn ständig gedrückt.

おさき お先・棒を担ぐ jm. Handlangerdienste leisten. どうぞ～に Bitte, gehen Sie vor！/ Bitte, nach Ihnen！ ～まっ暗だ Das sind ja schöne Aussichten！

おさげ お下げの Zopf -es, ¨e. ～に結う sich³ Zöpfe flechten*. 彼女は～にしている Sie trägt Zöpfe.

おさだまり お定まりの → おきまり.

おさない 幼い klein; jung; 〔幼稚な〕kindisch. ～時から von klein auf; von Kindheit an.

おさながお 幼顔 das Kindergesicht -s, -er.

おさなご 幼子 das Kleinkind -[e]s, -er; das Kindchen -s, -.

おさなごころ 幼心 das Kinderherz -ens.

おさなともだち 幼友達 → おさななじみ.

おさななじみ 幼馴染み der Jugendfreund -[e]s, -e; der Gespiele -n, -n. 私たちは～だ Wir sind seit Kindheit auf befreundet.

おざなり お座なり・の仕事 nachlässige (flüchtige) Arbeit. ～の挨拶 förmlicher Gruß. ～に behelfsweise.

おさまる 収(納)る ¶税金が～ Die Steuer wird bezahlt. 道具が箱に～ Die Werkzeuge passen in den Kasten hinein. それで私の気持が収まらない Damit gebe ich mich nicht zufrieden.

おさまる 治まる ¶国内が～ Friede herrscht (ist) im Land. 風(痛み)が～ Der Wind (Schmerz) legt sich. 争いが～ Der Streit wird geschlichtet.

おさまる 修まる ¶素行が～ sich bessern.

おさめる 収(納)める 〔金を〕bezahlen. 刀を鞘(さや)に～ das Schwert in die Scheide stecken. 品物を～ Waren liefern. 成功を～ einen Erfolg erzielen.

おさめる 治める ¶国を～ [über] ein Land regieren; in einem Land herrschen. 紛争を円満に～ den Streit friedlich bei|legen.

おさめる 修める studieren; lernen.

おさらい お浚い die Übung -en. ～をする wiederholen; sich üben 《in 3 格》.

おさん お産 die Geburt -en; die Entbindung -en. ～をする ein Kind gebären*; entbinden*.

おし 唖 der Stumme#. ～の stumm.

おし 押し・の強い zudringlich; aufdringlich. ～のきく人 einflussreicher Mensch. ～がきく seine Ellbogen [ge]brauchen*. ～がきかない keine Ellbogen haben*. 彼女がうんというまでは～の一手で Ich werde bei ihr so lange bohren, bis sie ja sagt.

おじ 伯(叔)父 der Onkel -s, -.

おしあう 押し合う sich drängen. 押し合いへし合いする sich aneinander drängen.

おしあける 押し開ける auf|stoßen*; auf|brechen*.

おしあげる 押し上げる hinauf|schieben*.

おしい 惜しい Es ist schade (bedauerlich). あなたが来られないのは～ Schade, dass Sie nicht kommen können. この服はこんな仕事には～ Für diese Arbeit ist der Anzug zu schade. 彼を失ったのは～ Es ist schade um ihn. そんな事には時間が～ Dafür ist mir die Zeit zu kostbar. ～ところで負けた Noch ein wenig, und wir hätten gesiegt.

おじいさん お祖父さん der Großvater -s, ¨; 〔おじいちゃん〕der Opa -s, -s; 〔老人〕alter Mann -es, ¨er.

おしいる 押し入る ein|dringen*(s); ein|brechen*(s). 彼の家に強盗が押し入った Bei ihm (In sein[em] Haus) ist eingebrochen worden.

おしいれ 押入 der Wandschrank -[e]s, ¨e.

おしうり 押し売り〔人〕aufdringlicher Vertreter -s, -. ～する jm. et. auf|drängen. 親切の～をする jm. seine Freundschaft auf|drängen.

おしえ 教え die Lehre -n. キリストの～ die Lehre Christi. ～を受ける et. bei jm. lernen; bei jm. Unterricht nehmen* 《in 3 格》. 先生の～を守る den Ermahnungen des Lehrers folgen (s).

おしえご 教え子 js. Schüler -s, -.

おしえこむ 教え込む ein|üben.

おしえる 教える jn. et. lehren; jn. unterrichten 《in 3 格》; jm. et. bei|bringen*. ドイツ語

を～ jn. in Deutsch unterrichten; jm. Deutschunterricht geben*. ダンスを～ jn. tanzen (das Tanzen) lehren; jm. das Tanzen bei|bringen*. 道を～ jm. den Weg zeigen.

おじか 牡鹿 der Hirsch -[e]s, -e.

おしかえす 押し返す zurück|stoßen*. 敵の攻撃を～ den Angriff des Feindes ab|schlagen*.

おしかける 押し掛ける an|drängen《gegen 4 格》. 銀行(商店)に～ die Banken (die Geschäfte) stürmen. 大勢の人が窓口に押しかけていた Es herrschte großer Andrang am Schalter. 彼は仕事の最中に押しかけて来た Er hat mich mitten in der Arbeit überfallen.

おじぎ お辞儀•する sich vor jm. verbeugen (neigen). 軽く(深く)～する sich leicht (tief) verbeugen.

おしきせ お仕着せ die Dienstkleidung. ～の aufgezwungen.

おじぎそう 含羞草 die Mimose -n; die Sinnpflanze -n.

おしきる 押し切る ¶反対を～ js. Widerstand brechen*. 一切の反対を押し切って allen Widerständen zum Trotz.

おしげ 惜しげもなく freigebig.

おじけ 怖じ気がつく Furcht empfinden*《vor 3格》; Angst bekommen*《vor 3格》.

おしこみ 押し込み〔強盗〕der Einbrecher -s, -. ～を働く einen Einbruch verüben.

おしこむ 押し込む〔ポケットに〕in die Tasche stecken (stopfen). 人々を狭い部屋に～ die Leute auf einen engen Raum zusammen|drängen.

おしこめる 押し込める jn. ein|schließen*(ein|sperren)《in 4格》.

おじさん 小父さん der Onkel -s, -.

おしすすめる 推し進める vorwärts bringen*; fördern.

おしだす 押し出す et. hinaus|drängen《aus 3格》. チューブから～ et. aus der Tube heraus|drücken.

おしつけがましい 押し付けがましい aufdringlich; zudringlich.

おしつける 押し付ける drücken; 〔強制する〕auf|drängen; auf|nötigen; auf|zwingen*. 壁に～ jn. an die Wand drücken. 品物(意見)を～ jm. eine Ware (seine Ansichten) auf|drängen. 責任を～ jm. die Verantwortung zu|schieben*.

おしつぶす 押し潰す zermalmen; zerquetschen.

おしつまる 押し詰まる ¶年が～ Das Jahr geht seinem Ende entgegen.

おしとおす 押し通す durch|setzen. 意見を～ seine Meinung durch|setzen; mit seiner Meinung durch|dringen*(s). 独身で～ unverheiratet bleiben*(s).

おしどり 鴛鴦 die Mandarinente -n.

おしながす 押し流す fort|schwemmen; fort|treiben*.

おしなべて 押しなべて im Allgemeinen; überhaupt.

おしのける 押し退ける beiseite schieben*; zur Seite drängen. 人を押し退けて進む sich durch die Menge durch|drängen (durch|drängeln).

おしのび お忍びで inkognito.

おしば 押し葉 gepresste Pflanze -n.

おしはかる 推し量る vermuten; mutmaßen. 己れをもって人を～ von sich³ auf andere schließen*.

おしばな 押し花 gepresste Blume -n. 本にはさんで～にする eine Blume in einem Buch pressen.

おしべ 雄蕊 das Staubblatt -[e]s, ⸚er; das Staubgefäß -es, -e.

おしボタン 押しボタン der Druckknopf -s, ⸚e.

おしぼり お絞り das Handtuch -[e]s, ⸚er.

おしまい ～に am (zum) Schluss; am Ende. ～にする Schluss machen《mit 3格》; beenden. ～になる zu Ende kommen*(s); ein Ende nehmen*. 今日はもう～ Schluss für heute! あいつはもう～だ Mit ihm ist es aus. これで話は～です Hier endet die Geschichte.

おしむ 惜しむ〔物を〕geizen《mit 3格》;〔残念に思う〕bedauern. 寸暇を～ mit jeder Minute geizen. 讚辞を惜しまない nicht mit Lob kargen (sparen). 費用(労力)を惜しまない keine Kosten (Mühe) scheuen. 命を～ sein Leben zu schätzen wissen*. 死を～ js. Tod betrauern. 別れを～ sich ungern trennen《von 3格》. ～らくは leider; zu meinem Bedauern.

おしめ 襁褓 die Windel -n. 子供に～を当てる ein Kind in Windeln legen (wickeln).

おしもんどう 押し問答する mit jm. hin und her streiten*《um 4格; wegen 2格》.

おしゃく お酌する jm. Sake (Wein) ein|schenken.

おしゃぶり〔赤ん坊の〕der Lutscher -s, -.

おしゃべり お喋り das Geschwätz -es; die Plauderei -en;〔人〕der Schwätzer -s, -; der Plauderer -s, -. ～な geschwätzig. ～する schwatzen; plaudern.

おしやる 押し遣る beiseite schieben*; weg|schieben*. 前へ～ vorwärts schieben*; vor|rücken.

おしゃれ お洒落•な schick. ～をする sich schick an|ziehen*. 彼女には～のセンスがある Sie hat Schick.

おじょうさん お嬢さん〔呼び掛け〕gnädiges Fräulein! あなたの～ Ihre Tochter; Ihr Fräulein Tochter.

おしょく 汚職 [passive] Bestechung -en; die Korruption -en. ～をする sich bestechen (korrumpieren) lassen*. ～事件 die Korruptionsaffäre.

おじょく 汚辱 → 恥辱.

おしよせる 押し寄せる sich heran|drängen《an 4格》; an|stürmen(s)《gegen 4格》; zu|

おしろい 白粉 [weiße] Schminke -*n*; der Puder -*s*, -. ～をつける Schminke auf|legen; sich schminken; sich pudern.

おしろいばな 白粉花 die Wunderblume -*n*.

オシログラフ der Oszillograph -*en*, -*en*.

おじろわし 尾白鷲 der Seeadler -*s*, -.

おしわける 押し分ける sich durch|drängen 《durch 4格》. 群衆を押し分けて進む sich³ einen Weg durch die Menschenmenge bahnen.

おしん 悪心 die Übelkeit -*en*; der Brechreiz -*es*, -*e*.

おす 雄 das Männchen -*s*, -. ～の männlich.

おす 押す schieben*; stoßen*; [圧す] drücken. 印を～ den Stempel drücken. ボタンを～ auf den Knopf drücken. 押さないでくれ Bitte nicht drängen! 押すな押すなの盛況である gerammelt voll sein*. 病を押して trotz der Krankheit.

おす 推す [推薦する] *jn.* vor|schlagen* 《für 4格》; [推量する] *et.* schließen* 《aus 3格》. 候補者として～ *jn.* als Kandidaten vor|schlagen*.

おすい 汚水 das Schmutzwasser -*s*, ¨; das Abwasser -*s*, ¨. ～処理施設 die Abwasserkläranlage.

おずおず 怖ず怖ず ängstlich; schüchtern; zaghaft. ～尋ねる bang fragen.

おせじ お世辞・を言う *jm.* Komplimente machen; *jm.* schmeicheln. ～のうまい schmeichelhaft.

おせっかい お節介・を焼く sich ein|mischen 《in 4格》. 彼は～だ Er steckt seine Nase in alles.

おせん 汚染 die Verseuchung -*en*; die Verschmutzung -*en*. ～する verseuchen; verschmutzen; verunreinigen. 放射能で～した radioaktiv verseucht.

おぜんだて お膳立てをする *et.* arrangieren.

おそい 遅い [時刻が] spät; [速度が] langsam. 帰りが～ spät zurück|kommen*(*s*). 仕事(理解)が～ langsam in der Arbeit (von Begriff) sein*.

おそう 襲う überfallen*; an|fallen*. 彼は恐怖に襲われる Furcht ergreift (befällt) ihn. 或る人の跡を～ *jm.* im Amt nach|folgen (*s*).

おそかれはやかれ 遅かれ早かれ früher oder später.

おそく 遅く spät; [遅れて] verspätet. 夜～ spät in der Nacht. 夜～まで bis tief in die Nacht. ～なる [遅れる] sich verzögern; [遅刻する] zu spät kommen*(*s*). ～とも spätestens.

おそざき 遅咲きの spät[blühend].

おそなえ お供え das Opfer -*s*, -.

おそまき 遅蒔きの spät [gesät]; 《比》zu spät.

おそましい abscheulich; ekelhaft; widerlich.

おそらく 恐らく vielleicht; möglicherweise; wahrscheinlich; wohl.

おそる 恐る・恐る [こわごわ] ängstlich; schüchtern; zaghaft; [うやうやしく] ehrerbietig; ehrfurchtsvoll. ～べき犯罪 gräßliches Verbrechen. ～べき才能 erstaunliches Talent. ～るに足りない [取るに足りない] unbedeutend.

おそれ 恐れ die Furcht; die Angst ¨*e*; [畏怖] die Ehrfurcht. ～をいだく Furcht haben* (hegen) 《vor 3格》. …の～がある Es ist zu befürchten, dass … / Es besteht Gefahr, dass …

おそれいる 恐れ入る ¶ ご迷惑をかけて恐れ入りました Es tut mir Leid, Sie belästigt zu haben. ご心配くださって恐れ入りました Ich bin Ihnen für Ihre Sorge sehr verbunden. 恐れ入りますがそれをお持ちください Seien Sie so gut und nehmen Sie das mit! 君の腕前には～ Sie beschämen mich durch Ihre Geschicklichkeit. / Man muss Ihre Geschicklichkeit bewundern. この寒いのに水泳とは～ Es ist erstaunlich, in dieser kalten Zeit zu schwimmen.

おそれおおい 恐れ多い ¶ お力添え下さって～ことです Für Ihre Hilfe bin ich Ihnen aufrichtig verbunden.

おそれる 恐れる fürchten; sich fürchten 《vor 3格》; Furcht (Angst) haben* 《vor 3格》; [懸念する] be|fürchten. 処罰を恐れて aus Furcht vor Strafe.

おそろい お揃い・の gleich. 奥様と～でお出でください Kommen Sie mit Ihrer Frau!

おそろしい 恐ろしい furchtbar; schrecklich; [ぞっとする] gräßlich. ～話 schauerliche Geschichte. 当時は～時代だった Die Zeit damals war grauenhaft.

おそろしく 恐ろしく・暑い fürchterlich (ungeheuer) heiß. ～興奮している entsetzlich (gräßlich) aufgeregt sein*.

おそろしさ 恐ろしさ ¶ 死の～ die Furcht vor dem Tode. ～のあまり震える vor Furcht (Schreck) zittern. …の～に aus Furcht vor 《3格》.

おそわる 教わる *et.* bei *jm.* lernen; bei *jm.* Unterricht nehmen* 《in 3格》.

おそわれる 魘われる ¶ 悪夢に～ Alpdrücken haben*.

おそん 汚損 die Beschädigung -*en*; [汚れ] die Befleckung -*en*. ～する beschädigen; beflecken. 品物の～が甚だしい Die Waren sind schwer beschädigt. / Die Beschädigung der Waren ist sehr bedeutend.

オゾン der (das) Ozon -*s*. ～を含む ozonhaltig. ～ホール das Ozonloch.

おたがい お互・の gegenseitig. ～に einander. ～に愛し合う sich (einander) lieben. ～に争う miteinander streiten* 《über 4格; um 4格》. ～に捕虜を交換する die Gefangenen gegenseitig aus|tauschen. ～さまです Das beruht ja auf Gegenseitigkeit.

おたずねもの 御尋ね者 ¶ 彼は～である Er wird steckbrieflich gesucht.

おだて 煽てに乗る sich aufhetzen lassen*; Schmeicheleien erliegen*(s).

おだてる 煽てる jn. auf|hetzen《zu 3 格》; jm. schmeicheln.

おたふくかぜ お多福風邪 der Ziegenpeter –s, –; der Mumps –.

おだまき〔植〕die Akelei –en; die Aglei –en.

おたまじゃくし お玉杓子 〔動〕die Kaulquappe –n; 〔什器の〕die Suppenkelle –n; 〔音〕die Note –n.

おだやか 穏やか・な still; ruhig; friedlich; 〔温和な〕mild; sanft; 〔穏便な〕versöhnlich. ～ならぬ〔威嚇的〕drohend.

おだわらひょうじょう 小田原評定 das Palaver –s, –.

おち 落 〔脱漏〕die Auslassung –en; 〔手落ち〕das Versehen –s, –; 〔結末〕das Ende –s; 〔笑い話の〕die Pointe –n. ～のない Auslassung; erschöpfend. それでは喧嘩になるのが～だぞ Das muss ja zum Streit führen.

おちあう 落ち合う mit jm. zusammen|kommen*(s);〔川が〕zusammen|fließen*(s). 劇場で落ち合おう Wollen uns im Theater treffen.

おちいる 陥る fallen* (verfallen*; geraten*)(s)《in 4 格》;〔城などが〕fallen*(s). 誘惑に～ in Versuchung fallen* (geraten*; kommen*)(s).

おちうど 落人 der Flüchtling –s, –e.

おちおち ～…ない nicht ruhig. ～眠れない nicht gut schlafen können*.

おちこぼれ 落ちこぼれ 〔学業不振などで〕nicht mehr mit|kommen*(s);〔落伍する〕auf der Strecke bleiben*(s).

おちこむ 落ち込む hinein|fallen*(s)《in 4 格》; 〔陥没する〕ein|sinken*(s);〔意気消沈する〕niedergeschlagen sein*;〔収入・売上げなどが〕sinken*(s).

おちつき 落ち着き die Ruhe; die Fassung; die Gelassenheit. ～のある ruhig; gefasst; gelassen; gesetzt. ～のない unruhig; nervös; unstet. ～払って in aller Ruhe. ～先 künftiger Wohnsitz; 〔旅行の〕das Reiseziel.

おちつく 落ち着く sich beruhigen; ruhig werden*(s);〔定住する〕sich nieder|lassen*;〔帰着する〕hinaus|laufen*(s)《auf 4 格》. 彼は何事があっても落ち着いている Er ist durch nichts aus der Fassung zu bringen. 落ち着いた(て)→落ち着きのある.

おちつける 落ち着ける ¶心を～ sich fassen (sammeln; zusammen|nehmen*). 腰を～ sich nieder|lassen*.

おちど 落度 der Fehler –s, –; das Versehen –s, –;〔科〕die Schuld. ～のない fehlerlos; schuldlos. 私の～だ Mich trifft die Schuld. / Ich bin schuldig.

おちば 落ち葉 abgefallenes Laub –[e]s; abgefallene Blätter pl.

おちぶれる herunter|kommen*(s); verarmen (s). おちぶれた heruntergekommen; verarmt.

おちぼ 落ち穂 abgefallene Ähren pl. ～を拾う Ähren lesen*.

おちめ 落ち目 ¶彼はもう～だ Er ist auf dem absteigenden Ast. / Mit ihm geht es [immer mehr] bergab.

おちゃ お茶 der Tee –s. 濃い(薄い)～ starker (dünner) Tee. 一杯の～ eine Tasse Tee. ～を入れる Tee kochen (bereiten). ～の会 die Teegesellschaft. ～菓子 der Teekuchen. ～を濁す um den [heißen] Brei herum|reden.

おちる 落ちる fallen*(s); stürzen (s);〔橋・床などが〕unter|gehen*(s);〔色が〕ab|gehen*(s);〔よごれが〕heraus|gehen* (s);〔書き落とされる〕ausgelassen werden* (s受);〔風が〕sich legen;〔劣る〕zurück|stehen*《hinter 3 格》;〔競売で〕zugeschlagen werden*(s受). 人気が～ an Popularität verlieren*. 試験(選挙)に～ im Examen (bei der Wahl) durch|fallen*(s).

おつ 乙・な fein; geschmackvoll; schick. ～な事を言う witzige Bemerkungen machen.

おつき お付きの人 das Gefolge –s, –.

おっくう 億劫・になる keine Lust haben*《zu 3 格》. 何をするのも～だ Irgendwie habe ich zu nichts Lust (Mut). 外出するのは～だ Ich getraue mich noch nicht auszugehen. / Ich gehe nicht gern aus.

おつげ お告げ das Orakel –s, –. ～を伺う das Orakel befragen.

おっちょこちょい leichtfertig; leichtsinnig.

おっつかっつ beinahe (fast) gleich.

おっつけ 追っつけ bald; in kurzem.

おって 追って später [einmal]; nachher;〔間もなく〕bald. ～沙汰(た)あるまで bis auf weiteres.

おって 追手 der Verfolger –s, –.

おてがき 追って書き die Nachschrift –en (略: NS); das Postskript –s, –e (略: PS). 手紙に～をつける einem Brief eine Nachschrift an|fügen.

おっと Oh! /〔つまずいた時など〕Hoppla!

おっと 夫 der [Ehe]mann –[e]s, ¨er; der Gatte –n, –n.

おっとせい 膃肭臍 der Seebär –en, –en.

おっとり ～した sanft[mütig]; ruhig.

おつり お釣り ¶500 円～を渡す 500 Yen heraus|geben*. 1000 円で～を下さい Geben Sie mir heraus auf 1 000 Yen! ～は取っておきなさい Der Rest [ist] für Sie. / Den Rest können Sie behalten.

おてあげ お手上げである verratzt sein*; sich³ keinen Rat mehr wissen*.

おでき → できもの.

おでこ〔額〕die Stirn –en. 少し～ eine etwas hervorstehende Stirn haben*.

おてつだい お手伝いさん das Dienstmädel –s, –; die Haushilfin –nen; die Haushaltshilfe –n.

おてのもの お手の物 ¶それは私の～だ Das ist meine starke Seite (mein Fach).

おてやわらか お手柔らかに Ich bitte um

Nachsicht!
おてん 汚点 der Fleck -s, -e; der Makel -s, -. ～のない fleckenlos; makellos. ～をつける et. beflecken.
おてんきや お天気屋 ¶彼女は～だ Sie ist wetterwendisch (launenhaft). / Sie hat Launen.
おてんば お転婆・な ausgelassen; übermütig; mutwillig. ～娘 der Wildfang; ausgelassenes Mädchen.
おと 音 der Schall -[e]s; der Laut -es, -e; der Ton -[e]s, ¨e; 〔騒音〕das Geräusch -es, -e;〔鐘などの〕der Klang -[e]s, ¨e;〔鉄砲・鞭などの〕der Knall -s, -e. ざわめく～ das Rauschen. ～を立てる ein Geräusch machen. ～を立てて geräuschvoll; mit einem Krach. 電車の～がする Ich höre die Straßenbahn kommen. ～もなく lautlos; geräuschlos. ～に聞えた berühmt;〔悪評の高い〕berüchtigt.
おとうと 弟 [jüngerer] Bruder -s, ¨. ～弟子 jüngerer Mitschüler.
おどおど ～した(と) schüchtern; ängstlich; zaghaft; bänglich. ～する schüchtern (ängstlich) sein*; zittern und zagen.
おどかし 脅かし → おどし.
おどかす 脅(威)かす → おどす.
おとぎ お伽・の国 das Märchenland. ～話 das [Kinder]märchen.
おどける Scherze (Späße) machen; Possen reißen*; herum|albern. おどけた spaßig; drollig; possenhaft. おどけて scherzhaft; aus (zum) Spaß. おどけ者 der Spaßmacher; der Possenreißer.
おとこ 男 der Mann -es, ¨er;〔男性〕männliches Geschlecht -s;〔奴〕der Kerl -s, -e; der Bursche (Geselle) -n, -n;〔情夫〕der Geliebte⁼; der Liebhaber -s, -. ～の männlich. ～みたいな maskulin. ～らしい manhaft; männlich. ～らしくしろ Sei ein Mann! それでは～がすたる Das geht mir gegen die Mannesehre. その行為で彼は大いに～を上げた Die Tat machte ihm alle Mannesehre. ～を下げる seine Mannesehre ein|büßen (verlieren*). ～をこしらえる sich³ einen Liebhaber an|schaffen. 俺も～[一匹]だ、こんな事にへこたれるものか Ich bin Manns genug, dass ich mich nicht von solch einer Sache entmutigen lasse.
おとこぎ 男気 die Ritterlichkeit; der Edelmut -[e]s. ～のある ritterlich; edelmütig. ～を出す seinen Edelmut zeigen.
おとこぎらい 男嫌いの männerfeindlich.
おとこざかり 男盛りだ im besten Mannesalter stehen*.
おとこじょたい 男所帯 die Männerwirtschaft.
おとこっぷり 男っ振り ¶彼は～がよい Er ist ein schöner Mann.
おとこのこ 男の子 der Junge -n, -n; der Bub -en, -en.
おとこまさり 男まさり das Mannweib -[e]s, -er; die Männin -nen.
おとこもち 男持ちの Herren-. ～のこうもり傘 der Herrenschirm.
おとこやもめ 男鰥 der Witwer -s, -.
おとさた 音沙汰 ¶彼からは何の～もない Ich habe von ihm nichts gehört.
おどし 脅し die Drohung -en. ～がきかない sich nicht bange machen lassen*. 文句を並べる jm. mit Drohworten zu|setzen. それはほんの～に過ぎない Es ist nur ein Schreckschuss.
おとしあな 落し穴 die Falle -n; die Fallgrube -n. ～にかかる in eine Falle geraten* (s).
おとしいれる 陥れる〔だます〕täuschen; betrügen*; überlisten;〔城などを〕ein|nehmen*; erobern. 不幸に～ jn. ins Unglück bringen*(stürzen).
おとしだま お年玉 das Neujahrsgeschenk -s, -e. ～に本をもらう ein Buch zum Neujahrsgeschenk bekommen*.
おどしつける 脅し付ける ein|schüchtern.
おとしど 落し戸 die Falltür -en.
おとしばなし 落し話 pointiertes Geschichtchen -s, -.
おとしめる 貶める herab|setzen; herab|würdigen.
おとしもの 落し物 verlorener Gegenstand -es, ¨e. ～をする etwas verlieren*.
おとす 落す fallen lassen*;〔なくす〕verlieren*;〔よごれを〕entfernen; heraus|bringen*;〔髭を〕ab|rasieren;〔漏らす〕aus|lassen*;〔スピードを〕herab|setzen;〔火を〕aus|machen;〔城を〕ein|nehmen*; erobern;〔競売で値をつけた人に〕zu|schlagen*. 力を～ den Mut sinken lassen*. 評判を～ seinen guten Ruf verlieren*. 声を落して話す die Stimme senken; leiser sprechen*.
おどす 脅(威)す jm. drohen (mit 3格);〔こわがらせる〕jm. (jn.) bange machen.
おとずれ 訪れ der Besuch -[e]s, -e. 春の～ das Kommen des Frühlings.
おとずれる 訪れる besuchen.
おととい 一昨日 vorgestern. ～の vorgestrig.
おととし 一昨年 im vorletzten Jahr; voriges Jahr.
おとな 大人 der (die) Erwachsene⁼. ～になった erwachsen; mündig. ～になる zum Mann (zur Frau) heran|wachsen*(s). ～びている wie ein Erwachsener sein*; erwachsen aus|sehen*; frühreif sein*. ～げない kindisch.
おとなしい sanft[mütig]; zahm; gehorsam;〔子供が〕artig; brav. ～犬 zahmer Hund. おとなしくする artig sein*; sich gut benehmen*.
おとめ 乙女 das Mädchen -s, -; die Jungfrau -en. ～のような mädchenhaft. ～心 das Mädchenherz. ～座 die Jungfrau.
おとも お供 der Begleiter -s, -;〔集合的に〕das Gefolge -s, -. ～する jn. begleiten.

おとり 囮 der Lockvogel -s, ⸚.
おどり 踊り der Tanz -es, ⸚e. ～の師匠 der Tanzlehrer.
おどりあがる 躍り上がる auf|springen*(s).
おどりかかる 躍り掛かる auf jn. los|springen* (s).
おどりこ 踊り子 die Tänzerin -nen.
おどりば 踊り場 [階段の] der [Treppen]absatz -es, ⸚e; das (der) Podest -[e]s, -e.
おとる 劣る nach|stehen* 《3格》; zurück|stehen* 《hinter 3格》; ab|fallen*(s) 《gegen 4格》.
おどる 踊る tanzen; [跳び上がる] springen*(s); hüpfen (s). 或る人に踊らされる [操られる] nach js. Pfeife tanzen. 喜びで胸が～ Mir tanzt (hüpft) das Herz vor Freude.
おとろえる 衰える nach|lassen*; [興味などが] erlahmen (s); [スピードなどが] ab|nehmen*; [国が] verfallen*(s). 体力(気力)が～ Meine Kräfte erlahmen. / Die Kräfte lassen bei mir nach.
おどろかす 驚かす erstaunen; überraschen; [こわがらせる] erschrecken. 世を～ Aufsehen erregen.
おどろき 驚き das Erstaunen -s; die Verwunderung. これは～だ Das ist aber eine Überraschung. ～のあまり声も出ない vor Schrecken sprachlos sein*.
おどろく 驚く erstaunt sein* 《über 4格》; sich [ver]wundern 《über 4格》; erschrecken* (s) 《über 4格》. 私はその金額(彼の言葉)に驚いた Ich bin vor der Höhe der Summe (über seine Worte) erschrocken. ～べき erstaunlich; wunderbar; überraschend. それは～に当らない Es ist nicht zu verwundern. 驚いた事には zu meinem Erstaunen.
おないどし 同い年 ¶彼は僕と～だ Er ist so alt wie ich. / Er ist in meinem Alter.
おなか der Bauch -es, ⸚e; der Magen -s, ⸚ (-). 空腹で～がぐうぐう鳴る Mir knurrt der Magen vor Hunger. ～をこわす sich³ den Magen verderben*. ～が痛い Magenschmerzen (Leibschmerzen) haben*. ～がすいた Ich bin hungrig. / Ich habe Hunger. ～が大きくなる [妊娠する] schwanger werden*(s).
おなじ 同じ gleich; derselbe; identisch. それはどっちみち～事だ Es kommt doch aufs Gleiche (auf dasselbe) hinaus. 我々は意見が～だ Wir sind einer Meinung. 彼は君と～くらい才能がある Er ist so begabt wie du. この訴訟は勝ったも～だ Der Prozess ist so gut wie gewonnen.
おなじく 同じく ebenfalls; gleichfalls; dito (略: do.).
オナニー die Onanie.
おなみだちょうだい お涙頂戴·の schnulzig. ～物 die Schnulze.
おなら die Blähung -en; der Furz -es, ⸚e. ～をする eine Blähung abgehen lassen*; einen Furz [fahren] lassen*.
おに 鬼 der Teufel -s, -; böser Geist -es, -er; der Dämon -s, -en; [鬼ごっこの] der Fangende#. ～のような teuflisch. 心を～にする sein Herz gegen Mitleid verschließen*. ～のいない間に洗濯 Wenn die Katze fort ist, tanzen die Mäuse [auf dem Tisch].
おにごっこ 鬼ごっこをする Fangen spielen; sich haschen.
おにばば 鬼婆 [alte] Hexe -n.
おにび 鬼火 das Irrlicht -[e]s, -er.
おにゆり 鬼百合 die Tigerlilie -n.
おね 尾根 der Bergrücken -s, -; der Kamm -[e]s, ⸚e.
おの 斧 die Axt ⸚e; das Beil -s, -e.
おのおの 各 jeder. → それぞれ.
おのずから 自ずから von selbst.
おののく 戦く zittern (schaudern) 《vor 3格》.
おのれ 己·の sein [eigen]. ～の頭の蝿を追え In jeder kehre vor seiner Tür! ～を知れ Erkenne dich selbst!
おは 尾羽打ち枯らす heruntergekommen sein*.
おば 伯(叔)母 die Tante -n.
おばあさん [祖母] die Großmutter ⸚; [おばあちゃん] die Oma -s; [老人] alte Frau -en.
オパール der Opal -s, -e. ～の opalen.
おばけ お化け das Gespenst -es, -er; der Spuk -[e]s; der Geist -es, -er. ～が出る Es spukt (geht um). / Gespenster gehen um.
おはこ das Steckenpferd -[e]s, -e; die Liebhaberei -en. ～を出す sein Steckenpferd reiten*.
おばさん 小母さん die Tante -n.
おはじき ～をして遊ぶ [mit] Murmeln spielen.
おばな 雄花 männliche Blüte -n.
おはなばたけ お花畑 die Blumenwiese -n.
おはよう お早う Guten Morgen!
おはらいばこ お払い箱·にする jn. [aus dem Dienst] entlassen*; jm. den Laufpass geben*. ～になる entlassen werden*(s受); den Laufpass erhalten*.
おび 帯 der Gürtel -s, -; der (das) Obi ['o:bi] -[s], -s. ～を締める(解く) den Gürtel um|binden* (lösen). ～に短したすきに長し Das ist nichts Halbes und nichts Ganzes. / Das ist weder halb noch ganz.
おびえる 怯える sich fürchten 《vor 3格》; Angst haben* 《vor 3格》. 戦争に～ bei dem Gedanken an einen Krieg zittern.
おびかわ 帯革 der Ledergürtel -s, -.
おびきだす 誘き出す jn. heraus|locken 《aus 3格》.
おびきよせる 誘き寄せる locken; an|locken.
おびただしい 夥しい [über]reichlich; sehr viel. ～誤謬 eine Unmasse Fehler. 寒いこと～ Es ist grimmig kalt.
おひつじ 雄羊 der Widder -s, -; der Schafbock -s, ⸚e. ～座 der Widder.
おびどめ 帯留め die Gürtelschnalle -n.
おひとよし お人好し·の gut; gutmütig; harmlos; einfältig.
オピニオン・リーダー der Meinungsführer

おびふう 帯封 das Kreuzband (Streifband) -[e]s, ¨er. ～で送る unter Kreuzband senden(*).

おびやかす 脅かす jm. drohen; jn. bedrohen.

おびる 帯びる〔身に付ける〕an|legen; tragen*;〔或意味・外観などを〕haben*. 或る任務を～ einen Auftrag erhalten*; mit einer Aufgabe beauftragt sein*. 赤味を帯びた rötlich. 酒気を帯びた angeheitert; beschwipst.

おひれ 尾鰭を付ける et. übertreiben*.

おびれ 尾鰭 die Schwanzflosse -n.

オフィス das Büro -s, -s. ～レディ die Büroangestellte -n. ～街 das Geschäftsviertel (Büroviertel).

オブザーバー der Beobachter -s, -.

オフサイド das Abseits -, -; die Abseitsstellung -en. ～である abseits stehen*.

おぶさる 負ぶさる bei (mit) jm. huckepack machen;〔頼る〕sich von jm. abhängig machen.

オブジェ das Objekt -[e]s, -e.

オプション die Option -en.

オフセット ～印刷 der Offsetdruck -[e]s, -e.

おふだ お札 das Amulett -s, -e; der Talisman -s, -e.

おぶつ 汚物 der Schmutz -es; der Dreck -s.

オブラート die Oblate -n.

オフレコ ～で inoffiziell.

おべっか die Schmeichelei -en. ～を使う schmeicheln; jm. schön|tun*. ～使い der Schmeichler.

オペラ die Oper -n. ～グラス das Opernglas.

オベリスク der Obelisk -en, -en.

オペレーター der Operator -s, -en.

オペレッタ die Operette -n.

おぼえ 覚え・よい(悪い)〔理解が〕leicht (schwer) lernen;〔記憶が〕ein gutes (schlechtes) Gedächtnis haben*. ～がある ich erinnern《an 4格》. それについては全く～ない Ich habe gar keine Erinnerung daran. ～を取る一覚え書. ～めでたいで bei jm. in Gunst stehen*. 彼は腕に～がある Er ist seiner Sache gewiss.

おぼえがき 覚え書〔外交上の〕das Memorandum -s, ..den (..da); die Note -n;〔メモ〕die Notiz -en. ～を取る sich³ Notizen machen《über 4格》. 両国政府は～を交換した Die beiden Regierungen tauschten Noten aus.

おぼえこむ 覚え込む sich³ ein|studieren; sich³ ein|üben.

おぼえる 覚える lernen; erlernen;〔暗記する〕auswendig lernen;〔感ずる〕empfinden*; fühlen. 覚えている sich erinnern《an 4格》; gedenken*《2格》. 覚えておく sich³ merken; im Gedächtnis behalten*. 覚えず unwillkürlich; unbewusst. 覚えてろ Du wirst mich noch kennen lernen!

おぼこ naives (keusches) Mädchen -s, -.

おぼしき 思しき ¶犯人と～人物 vermutlicher Täter.

おぼしめし 思し召し der Wille -ns. ～通りに nach Ihrem Belieben. ～にかなう jm. gefallen*. ～がある zu jm. Zuneigung hegen.

オポチュニスト der Opportunist -en, -en.

おぼつかない〔疑わしい〕zweifelhaft;〔心もとない〕unsicher;〔ぎこちない〕unbeholfen. ～ドイツ語を話す gebrochen Deutsch sprechen*.

おぼれる 溺れる ertrinken*(s);〔耽(たん)る〕sich ergeben*《3格》. ～者は藁(わら)をもつかむ Der Ertrinkende greift nach einem Strohhalm.

おぼろげ 朧げ・な nebelhaft; unklar; undeutlich; verschwommen. ～覚えている eine schwache (dunkle) Erinnerung haben*《an 4格》.

おぼろづきよ 朧月夜 verschleierte Mondnacht ¨e.

おまいり お参り ¶お寺に～する einen Tempel besuchen.

おまけ お負け die Zugabe -n. ～に〔更に〕außerdem; noch dazu. 或る物を～にもらう et. als Zugabe bekommen*. ～に金がないときている Dazu kommt noch der Geldmangel.

おまもり お守り das Amulett -s, -e.

おまる der Nachttopf -[e]s, ¨e.

おみき お神酒 der Trankopfer -s, -. ～がまわっている betrunken sein*.

おみそれ お見逸れしました Entschuldigen Sie, dass ich Sie nicht gleich erkannt habe.

おみやげ お土産 → 土産.

おむつ die Windel -n. 赤ちゃんに～を当てる das Baby in Windeln legen (wickeln).

オムレツ das Omelett -s, -e (-s).

おめ お目・に掛かる jn. sprechen*; jn. treffen*. ご主人に～に掛かれますか Ist der Herr zu sprechen? いつ～に掛かれますか Wann sind Sie zu treffen? ～に掛ける zeigen.

おめい 汚名 übler Ruf -es; der Makel -s, -; die Unehre; die Schmach. ～を着せる einen Makel an|hängen. 謀反人の～を着る in den Ruf eines Verräters kommen*(s). ～をすすぐ wieder zu Ehren kommen*(s).

おめおめ schamlos; unverschämt.

おめかし ～をする sich [heraus|]putzen.

おめし お召し die Einladung -en. ～を受ける eingeladen werden*(s受). ～列車 der Hofzug.

おめだま お目玉を食う Schelte bekommen*; einen Verweis erhalten*.

おめでた glückliches Ereignis -ses, -se.

おめでたい glücklich;〔愚かな〕albern; einfältig; dumm.

おめでとう Ich gratuliere. / Herzlichen Glückwunsch! /〔乾杯用語〕Prosit! 新年～ Ich wünsche Ihnen ein glückliches Neujahr. / Frohes neues Jahr! お誕生日～ Ich gratuliere Ihnen zum Geburtstag.

おみめえ お目見得・を賜わる bei jm. Audienz erhalten*. ～中である〔奉公人が〕auf Probe

おもい

angestellt sein*. ～する〔俳優が〕zum ersten Mal auf|treten*(s); debütieren.

おもい 重い schwer. ～病気(罰;任務) schwere Krankheit (Strafe; Pflicht). ～地位 wichtiger Posten. ～口(舌)を～ einen schweren Kopf (eine schwere Zunge) haben*. 心が～ Mir ist das Herz schwer. 胃が～ Mich drückt der Magen. 重く見る gewichtig nehmen*. 重く用いる〔ある任務に〕legen (auf 4格). 重く用いる jn. mit einer Vertrauensstellung bekleiden.

おもい 思い〔考え〕der Gedanke -ns, -n;〔恋心〕die Liebe. ～がかなう Sein Wunsch geht in Erfüllung. ～に耽(ふけ)る(沈む) in Gedanken vertieft (versunken) sein*. ～の丈(たけ)を打ち明ける jm. sein Herz aus|schütten. ～のほか über (wider) Erwarten. ～のままになる jm. zu Gebote stehen*; in js. Gewalt sein*. ～もよらぬ ungeahnt; undenkbar. ～を凝らす sich³ den Kopf zerbrechen* 《über 4格》. ～を馳せる denken* 《an 4格》. ～を寄せる(掛ける)eine Neigung zu|wenden*; sein Herz an jn. hängen. 楽しい(嫌な)～をする Freude erleben (schlechte Erfahrungen machen). 身を切られる～だった Das Herz blutete mir.

おもいあがる 思い上がる eingebildet (hochmütig) sein*; sich überheben*.

おもいあたる 思い当る〔事が主語〕jm. ein|fallen*(s).

おもいあまって 思い余って ratlos; von Sorgen überwältigt.

おもいあわせる 思い合わせる ¶かれこれ～ im Ganzen genommen.

おもいおこす 思い起す sich erinnern 《an 4格》. → 思い出す.

おもいおもい 思い思い・に jeder auf seine Weise; ganz nach Belieben. ～の道を進んだ Jeder ging seinen eigenen Weg.

おもいかえす 思い返す〔過ぎ去ったことを〕zurück|denken* 《an 4格》;〔一度決めたことを〕sich³ et. noch einmal überlegen;〔考えを変える〕→ 思い直す.

おもいがけない 思い掛けない(く) unerwartet; unvermutet. ～ことである jm. überraschend kommen*(s). ～再会 unverhofftes Wiedersehen.

おもいきり 思い切り → 思う存分. ～のよい entschlossen; entschieden. ～の悪い unschlüssig; wankelmütig.

おもいきる 思い切る verzichten 《auf 4格》; auf|geben*. 思い切った kühn; durchgreifend; drastisch. 思い切ってする wagen; sich erkühnen 《zu+不定詞》.

おもいこむ 思い込む fest glauben; überzeugt sein* 《von 3格》. 私は病気だと思い込んでいた Ich bildete mir ein, krank zu sein. 一旦こうと思い込んだらあとへは引かない Nichts kann mich von meinem Entschluss abbringen. 本当に思い込ませる jm. et. weis|machen.

おもいしる 思い知る ein|sehen*. 彼に思い知らせてやる Er soll an mich denken! 思い知ったか Jetzt hast du gelernt!

おもいすごす 思い過す sich³ et. allzu große Sorgen machen 《um 4格》; allzu ängstlich sein*. それは君の思い過しだ Du bildest dir das nur ein.

おもいだす 思い出す sich erinnern 《an 4格》; sich entsinnen* 《2格》; ins Gedächtnis zurück|rufen*. 思い出させる jn. erinnern (mahnen) 《an 4格》. 思い出したように dann und wann.

おもいたつ 思い立つ sich³ et. vor|nehmen*; sich entschließen* 《zu 3格; zu+不定詞》.

おもいちがい 思い違い das Missverständnis -ses, -se. ～をする et. missverstehen*; sich irren (täuschen) 《in 3格》. 私の～でなければ Irre ich mich nicht, so …

おもいつき 思い付き der Einfall -s, ⸗e; der Gedanke -ns, -n; die Idee -n. ～でいつも～でものを言う Er sagt immer, was ihm gerade einfällt.

おもいつく 思い付く〔事が主語〕jm. ein|fallen*(s);〔人が主語〕kommen* (verfallen) (s) 《auf 4格》. 山へ行ってみようと急に思い付いた Ich kam plötzlich auf den Gedanken, ins Gebirge zu reisen.

おもいつめる 思い詰める ständig denken* 《an 4格》; brüten (grübeln) 《über 4格》.

おもいで 思い出 die Erinnerung -en. 母の～に zur Erinnerung (zum Andenken) an meine Mutter. ～多い voller Erinnerungen. ～の品 das Erinnerungsstück. ～話をする seine Erinnerungen erzählen.

おもいどおり 思い通り・に nach Belieben. 万事がうまく～に運ぶ Alles geht ganz nach Wunsch.

おもいとどまる 思い止る unterlassen*. 思い止まらせる jm. ab|raten* 《von 3格; zu+不定詞》.

おもいなおす 思い直す sich anders (eines anderen) besinnen*.

おもいなやむ 思い悩む sich³ Gedanken machen 《über 4格; wegen 2格》.

おもいのこす 思い残す事はない nichts zu bedauern haben*.

おもいめぐらす 思い巡らす hin und her überlegen; nach|sinnen* 《3格; über 4格》.

おもいやり 思い遣り〔同情〕das Mitleid -s 《mit 3格》;〔斟酌〕die Rücksicht -en. ～のある mitleidig; nachsichtig; rücksichtsvoll. ～のない mitleidslos; rücksichtslos. ～がない keine Rücksicht (kein Mitleid) kennen.

おもいやる 思い遣る〔思いを馳せる〕denken* 《an 4格》;〔想像する〕sich³ et. denken*;〔同情する〕Mitleid haben* 《mit 3格》;〔斟酌する〕Rücksicht nehmen* 《auf 4格》. 彼の失望ぶりが思い遣られる Man kann sich leicht seine Enttäuschung vorstellen.

おもいわずらう 思い煩う grübeln 《über 4格》.

おもう 思う denken*; glauben; meinen;〔根拠なしに〕sich³ ein|bilden;〔見なす〕et. halten* 《für 4格》;〔感ずる〕empfinden*;〔推量する〕vermuten;〔想像する〕sich³ vor|stellen(denken);〔志す〕beabsichtigen;〔願う〕wünschen; wollen*;〔愛する〕lieben. それについてどう思いますか Wie denken Sie darüber? / Was meinen Sie dazu? 天気はじきによくなると~ Ich glaube, dass das Wetter bald besser [werden] wird. 無事ご到着の事と思います Ich hoffe, dass Sie glücklich angekommen sind. 彼はもういないかと~ Ich fürchte, er ist schon fort. 彼は自分ではエキスパートだと思っている Er bildet sich ein, ein Fachmann zu sein. 私は彼を無責任な男だと~ Ich halte ihn für einen verantwortungslosen Menschen. この絵をどう思いますか~ Wie finden Sie dieses Bild? この時計は6000円すると~ Ich schätze die Uhr auf 6000 Yen. 自分の将来(若い時の事)を~ Ich denke an meine Zukunft (an meine Jugend zurück). 明日出発しようと~ Ich denke, morgen abzureisen. なかなか~通りにいかない Es will nicht gehen, wie man will.

おもうぞんぶん 思う存分 nach Herzenslust; tüchtig. ~泣く sich aus|weinen.

おもうつぼ 思う壺 ~にはまる〔事が〕ganz nach Wunsch gehen*(s);〔人が相手の〕jm. in die Hände fallen*(s).

おもおもしい 重重しい feierlich; würdevoll.

おもかげ 面影 das Bild -es, -er. 彼にはむかしの~がない Er ist nur noch ein Schatten von dem, was er einst war. 彼には父親の~がある An ihm ist etwas, was mich an seinen Vater erinnert.

おもかじ 面舵〔号令〕Steuerbord!

おもき 重き ~を置く Gewicht (Wert) legen《auf 4格》. ~を加える an Bedeutung gewinnen*. ~をなす〔勢力がある〕von Einfluss sein*; viel gelten*;〔重要である〕ins Gewicht fallen*(s).

おもくるしい 重苦しい schwer; drückend; schwül;〔動作・文体などが〕schwerfällig.

おもさ 重さ das Gewicht -[e]s, -e; die Schwere. ~を計る wiegen*. ~が3ポンドある 3 Pfund wiegen* (schwer sein*).

おもざし 面差し Gesichtszüge pl.

おもし 重し das Gewicht -[e]s, -e. ~がきかない〔比〕wenig gelten*.

おもしろい 面白い amüsant; ergötzlich; lustig; unterhaltend; interessant;〔おかしな〕drollig. 面白くない uninteressant; reizlos;〔味気ない〕nüchtern;〔不愉快な〕unangenehm;〔思わしくない〕langweilig.

おもしろがる 面白がる sich amüsieren《über 4格》; sich ergötzen《an 3格》. 面白がらせる amüsieren; unterhalten*; ergötzen. 彼は彼女を驚かせて面白がった Er machte sich einen Spaß daraus, sie zu erschrecken.

おもしろみ 面白み der Reiz -es, -e.

おもしろそう 面白そうに fröhlich; vergnügt.

おもしろはんぶん 面白半分に zum Spaß; [halb] zum Vergnügen.

おもだった 重立った führend.

おもちゃ 玩具 das Spielzeug -s, -e; Spielwaren pl. ~にする spielen (sein Spiel treiben*)《mit 3格》. ~箱 der Spielzeugkasten. ~屋 die Spielwarenhandlung.

おもて 表 die Vorderseite -n;〔織物の〕rechte Seite -n;〔外側〕die Außenseite -n;〔表面〕die Oberfläche -n. ~で(に) draußen [vor der Tür; auf der Straße]; im Freien. ~へ出る ins Freie gehen*(s). ~を飾る viel auf das Äußere geben*. ~の部屋 das Vorderzimmer.

おもて 面 das Gesicht -s, -er; das Angesicht -[e]s, -er.

おもてぐち 表口 der Haupteingang -s, ≃e; die Vordertür -en; die Haustür -en.

おもてざた 表沙汰・にする an (vor) die Öffentlichkeit bringen*;〔裁判沙汰に〕vor Gericht bringen*. ~になる an die Öffentlichkeit kommen*(s); vor Gericht kommen*(s).

おもてだった 表立った(て) öffentlich;〔正式な(に)〕förmlich.

おもてどおり 表通り die Hauptstraße -n.

おもてむき 表向き [nur] zum Schein. ~の angebliche; ~に scheinbar; angeblich.

おもてもん 表門 das Haupttor -[e]s, -e.

おもな 主な hauptsächlich; Haupt-; wesentlich; wichtig. ~理由 der Hauptgrund. ~メンバー führende Mitglieder pl.

おもなが 面長の mit länglichem Gesicht.

おもに 主に hauptsächlich; vorwiegend; größtenteils.

おもに 重荷 [schwere] Last -en; die Bürde -n. ~に堪えかねる einer Last erliegen*(s). ~になる jm. zur Last fallen*(s). ~をおろす〔ほっとする〕sich erleichtert fühlen. 心の~がおりた Mir fiel ein Stein vom Herzen. 国民に重税の~を負わせる dem Volk schwere Steuern auf|bürden.

おもねる 阿る jm. schmeicheln; jn. (jm.) lobhudeln.

おもみ 重み das Gewicht -[e]s;〔威厳〕die Würde. ~のある schwer;〔威厳のある〕würdevoll.

おもむき 趣〔趣意〕der Inhalt -s;〔…であるという事〕dass …;〔様子〕das Aussehen -s. ~のある(ない)geschmackvoll (geschmacklos).

おもむく 赴く sich begeben*; gehen*(s).

おもむろ 徐ろに langsam;〔静かに〕ruhig.

おももち 面持ち der Gesichtsausdruck -s, ≃e; die Miene -n.

おもや 母屋 das Hauptgebäude -s, -.

おもり 錘〔秤の〕das Gewicht -[e]s, -e;〔釣糸の〕das Bleigewicht -s, -e;〔測鉛〕das Lot -[e]s, -e.

おもり お守・をする jn. warten (betreuen). 今日うちで赤ちゃんの~をしてもらえないかしら Kannst du heute bei uns babysitten?

おもわく 思惑 der Gedanke -ns, -n; die Absicht -en;〔投機〕die Spekulation -en. ~が外れる sich in seinen Erwartungen täuschen. ~通りになる seinen Erwartungen ent-

おもわしくない 思わしくない unbefriedigend; ungünstig. 商売が～ Das Geschäft geht nicht gut. 彼の容体が～ Sein Befinden ist bedenklich.

おもわず 思わず unwillkürlich; unbewusst.

おもわせぶり 思わせぶりな vielsagend; bedeutungsvoll.

おもわせる 思わせる jn. glauben machen, dass …; [思い出させる] jn. erinnern 〈an 4 格〉.

おもわれる 思われる [jm.] scheinen*; [jm. vor|kommen*(s); [他から] gehalten werden* (s受)〈für 4 格〉; gelten*〈für 4 格〉; [愛される] geliebt werden* (s受). 銃声が聞えたように～ Mich (Mir) dünkt, ich hörte einen Schuss.

おもんずる 重んずる achten; hoch schätzen; halten*(viel geben*) 〈auf 4 格〉. 重んぜられている(いない) bei jm. viel (wenig) gelten*.

おもんぱかり 慮 [思慮] die Überlegung -en; [配慮] die [Vor]sorge 〈für 4 格〉.

おもんぱかる 慮る überlegen; [vor]sorgen 〈für 4 格〉. よくよく慮って mit voller Überlegung. 万一を慮って zur Vorsorge.

おや 親 [O[h]! / Ah! / Aha! / [Ach] Gott! / Herrje! / Ei! / Gütiger Himmel! / O du meine Güte! ～, 君だったのか Was, du bist es? ～, それは大変ですね Na, so was, das ist ja schrecklich!

おや 親 [両親] Eltern pl.; [トランプの] der Geber -s, -; [賭博の] der Bankhalter -s, -. ～のない elternlos.

おやがいしゃ 親会社 die Muttergesellschaft -en.

おやがかり 親掛かりの von seinen Eltern abhängig.

おやかた 親方 der Meister -s, -; [人夫の] der Vorarbeiter -s, -; [一般に頭(かしら)の] das Haupt -es, ⸚er; der Führer -s, -.

おやかぶ 親株 [株式の] alte Aktien pl.

おやき 親木 der Mutterbaum -[e]s, ⸚e.

おやこ 親子 Eltern und Kinder pl. ～の関係 [子に対して] die Elternschaft; [親に対して] die Kindschaft. ～の情 Eltern- und Kindesliebe.

おやこうこう 親孝行する seine Kindespflichten erfüllen.

おやごころ 親心 die Elternliebe.

おやごろし 親殺し der Elternmord (Vatermord/Muttermord) -[e]s, -e.

おやじ 親父 der Vater -s, ⸚; [老人] der Alte⁰; [飲食店などの] der Wirt -[e]s, -e.

おやしお 親潮 der Ojaschio [oja'ʃi:o] -.

おやしらず 親知らず [智歯] der Weisheitszahn -[e]s, ⸚e.

おやすみ お休み Gute Nacht! / Schlafen Sie wohl! 今日は～です Wir haben heute frei. / [休業] Heute geschlossen.

おやだま 親玉 das Haupt -es, ⸚er; der Chef -s, -s; der Boss -es, -e.

おやつ お八つ der Imbiss -es, -e. ～を食べる einen [kleinen] Imbiss ein|nehmen*. ～にする Kaffeepause machen.

おやばか 親馬鹿 der Kindernarr -en, -en.

おやぶね 親船 das Mutterschiff -s, -e. ～に乗った心地する sich ganz sicher fühlen.

おやぶん 親分 der Boss -es, -e; der Chef -s, -s; das Haupt -es, ⸚er.

おやま 女形 der Frauenrollenspieler -s, -.

おやもと 親元・に帰る zu den Eltern zurück|kehren (s). ～を離れる sein Elternhaus verlassen.

おやゆずり 親譲りの [von den Eltern] ererbt.

おやゆび 親指 der Daumen -s, -; [足の] große Zehe -n.

およぎ 泳ぎ das Schwimmen -s. ～に行く schwimmen gehen*(s). 彼は～がうまい Er schwimmt gut. / Er ist ein guter Schwimmer.

およぐ 泳ぐ schwimmen*(h; s). 岸に泳ぎ着く ans Ufer schwimmen*(s). 川を泳いで渡る quer über den Fluss schwimmen*(s).

およそ 凡そ [大体において] im Großen und Ganzen; im Wesentlichen; [約] etwa; ungefähr; annähernd; [いやしくも] überhaupt. それは～意味がない Das hat überhaupt keine Bedeutung.

およばずながら 及ばずながら nach meinen besten Kräften.

およばない 及ばない [かなわない] jm. nicht gleich|kommen*(s); jm. nicht gewachsen sein*. …するには～ nicht müssen*; nicht brauchen 〈zu+不定詞〉. 想像も及ばぬ undenkbar; unvorstellbar. 及ばぬ恋 unerreichbare Liebe.

および 及び und; sowie; sowohl … als auch …

およぶ 及ぶ reichen; sich erstrecken; sich aus|dehnen. 会議が深更に及んだ Die Sitzung dehnte sich bis nach Mitternacht aus. → 及ばない.

およぼす 及ぼす ¶影響を～ [einen] Einfluss aus|üben 〈auf 4 格〉. 博愛衆に～ seine Menschenliebe auf alle aus|dehnen. 被害を～ jm. Schaden bringen*.

オラトリオ das Oratorium -s, ..rien.

オラン・ウータン der Orang-Utan -s, -s.

オランダ die Niederlande pl.; Holland. ～の niederländisch; holländisch. ～人 der Niederländer (Holländer). ～みつばち der Sellerie.

おり 折・に触れて[の] gelegentlich. ～を見て bei passender Gelegenheit. 帰郷の～に bei meiner Heimkehr. ～があったら Wenn sich eine Gelegenheit dazu bietet, … ～もあろうに [丁度] gerade.

おり 澱 der Bodensatz -es; der Niederschlag -[e]s, ⸚e.

おり 檻 der Käfig -s, -e; [猛獣の] der Zwin-

おりあい 折り合い・かよい(悪い) mit *jm.* gut (schlecht) aus|kommen*(s)*. 二人は~よくない Die beiden vertragen sich nicht miteinander. ~をつける(einigen)《über 4 格》. ~をつける mit *jm.* einen Kompromiss schließen*.

おりあう 折り合う → おり合い.

おりあしく 折り悪しく unglücklicherweise; zu ungelegener Zeit.

おりいって 折り入って ernstlich. ~お願いがある Ich habe eine angelegentliche Bitte an Sie.

オリーブ die Olive *-n*. ~色の olivgrün; oliv《不変化》. ~油 das Olivenöl.

おりえり 折襟 der Umlegekragen *-s, -*.

オリエンテーション die Orientierung.

オリエンテーリング der Orientierungslauf *-[e]s, ⸗e*.

オリエント der Orient *-s*.

おりおり 折折 von Zeit zu Zeit; dann und wann; manchmal; zuweilen.

オリオン ~座 der Orion *-[s]*.

おりかえし 折り返し〔襟・袖の〕der Aufschlag *-[e]s, ⸗e*;〔ズボンの〕der Umschlag *-[e]s, ⸗e*;〔詩歌の〕der Refrain *-s, -s*;〔手紙で〕mit umgehender Post; umgehend. ~ご返事を乞う Um umgehende Antwort wird gebeten. ~運転 der Pendelverkehr.

おりかえす 折り返す um|schlagen*;〔引き返す〕um|kehren *(s)*; um|wenden *(h; s)*.

おりかさなる 折り重なる übereinander liegen*. 折り重なって倒れる übereinander fallen**(s)*.

おりかさねる 折り重ねる übereinander schlagen*.

おりかばん 折り鞄 die Aktenmappe *-n*.

おりがみ 折り紙 das Buntpapier *-s, -e*. ~を付ける〔保証する〕bürgen《für 4 格》. ~付きの anerkannt.

おりから 折から gerade in dem Augenblick; gerade zu der Zeit.

おりこみ 折り込み die [Reklame]beilage *-n*.

おりこむ 折り込む ein|biegen*.

おりこむ 織り込む *et.* ein|weben*(**) (ein|flechten*)《in 4 格》. 金糸を織り込んだ mit Goldfäden durchwebt.

オリジナリティ die Originalität.

オリジナル das Original *-s, -e*. ~の original. ~に originell; schöpferisch.

おりじゃく 折尺 der Zollstock *-s, ⸗e*.

おりたたむ 折り畳む zusammen|legen; zusammen|falten;〔椅子・ナイフなどを〕zusammen|klappen. 折り畳み[式]の zusammenlegbar. 折り畳み椅子 der Klappstuhl. 折り畳み傘 der Taschenschirm. 折り畳み式ボート das Faltboot.

おりふし 折節〔季節〕die Jahreszeit *-en*;《副詞》→ 折折; おりから. ~の jeweilig.

おりまげる 折り曲げる um|biegen*; um|schlagen*.

おりめ 折り目 die Falte *-n*; der Kniff *-s, -e*;〔ズボンの〕die Bügelfalte *-n*. ~をつける *et.* in Falten legen; *et.* kniffen. ~正しい〔礼儀正しい〕anständig; höflich.

おりめ 織り目の粗い locker [gewebt].

おりもの 織物 das Gewebe *-s, -*; Textilwaren *pl.* ~業 die Weberei; das Weberhandwerk.

おりもの 下り物〔こしけ〕der Ausfluss *-es, ⸗e*;〔月経〕die Menstruation *-en*;〔後産〕die Nachgeburt *-en*.

おりよく 折よく glücklicherweise; zur rechten (zu gelegener) Zeit.

おりる 降(下)りる hinab|gehen*(s)*; hinab|steigen*(s)*;〔乗物から〕ab|steigen*(s)*; aus|steigen*(s)*;〔着陸する〕landen *(s)*;〔鳥が地上に〕sich nieder|lassen*;〔幕などが〕fallen*(s)*;〔回虫などが〕abgetrieben werden*(**)《受》. 階段を~ die Treppe hinunter|gehen*(s)*. 馬から~ vom Pferd [ab|]steigen*(s)*. 汽車から~ aus dem Zug aus|steigen*(s)*. 主役を~ aus der Hauptrolle aus|steigen*(s)*.

オリンピック ~大会 die Olympiade *-n*; die Olympischen Spiele *pl.* ~スタジアム das Olympiastadion. ~選手 der Olympiakämpfer. ~選手村 das Olympiadorf.

おる 折る brechen*;〔ポキッと〕knicken;〔折り取る〕ab|brechen*;〔畳む〕falten;〔折り返す〕um|schlagen*;〔曲げる〕biegen*;〔膝を〕beugen.

おる 織る weben*(**)*.

オルガン das Harmonium *-s, ..nien (-s)*;〔パイプ・オルガン〕die Orgel *-n*. ~を弾く die (auf der) Orgel spielen. ~奏者 der Orgelspieler.

オルグ der Organisator *-s, -en*.

オルゴール die Spieldose *-n*.

おれい お礼・を言う *jm.* Dank sagen《für 4 格》. ~として zum (als) Dank.

おれくぎ 折れ釘 der Haken *-s, -*.

おれる 折れる brechen*(*s*);〔ポキッと〕knicken *(s)*;〔譲歩する〕*jm.* nach|geben*. 道が左へ~ Die Straße biegt [nach] links ab.

オレンジ die Orange *-n*; die Apfelsine *-n*. ~色の orangenfarben; orange《不変化》. ~エード die Orangeade *-n*. ~ジュース der Orangensaft.

おろおろ ~する verwirrt sein*; zittern und zagen. ~声で mit zitternder (stockender) Stimme.

おろか ¶彼は今度のは~、この前の勘定もまだ払っていない Er hat die letzte Rechnung noch nicht bezahlt, geschweige [denn] die jetzige.

おろか 愚か・な dumm; töricht; albern. ~さ die Dummheit; die Torheit; die Narrheit.

おろし 卸[・売り] der Großhandel *-s*. ~をする Großhandel treiben*. で売る Großhandel (en gros) verkaufen. ~値 der Großhandelspreis. ~商 der Großhändler.

おろしがね 下ろし金 das Reibeisen *-s, -*.

おろす 卸す im Großen (en gros) verkaufen.

おろす 降(下)ろす herunter|nehmen*; herunter|bringen*; herunter|lassen*; [幕・旗・荷などを] nieder|lassen*; [積荷を] ab|laden*; [ボートを] aus|setzen*; [乗物から] ab|setzen*; aussteigen lassen*; [木の枝を] aus|hauen(*); [胎児・回虫を] ab|treiben*; [資本を] an|legen*; [下ろし金で] reiben*; [預金を] ab|heben*. 新しい靴を〜 seine neuen Schuhe ein|weihen.

おろそか 疎か・な nachlässig; unsorgfältig. 〜にする vernachlässigen; versäumen.

おわい 汚穢 der Kot -[e]s; der Mist -es.

おわり 終り das Ende -s, -n; der Schluss -es, ¨e; der Ausgang -s, ¨e. 〜の letzt. 〜に am Ende; zum Schluss; zuletzt. 〜まで bis zu Ende. 〜を告げる 〜になる. 良ければすべて良し Ende gut, alles gut. 〜値 der Schlusskurs.

おわる 終る enden; zu Ende gehen*(s); ein Ende nehmen*; schließen*. 戦争は終った Der Krieg is aus. → 終える.

おん 音 der Ton -[e]s; der Laut -es, -e. 〜を発する einen Ton (Laut) von sich³ geben*.

おん 恩 die Gnade -n; die Wohltat -en; die Güte. 〜に着せる von jm. Dank verlangen 《für 4格》. 〜に着る jm. dankbar sein* 《für 4格》. 〜になる jm. Dank schulden 《für 4格》. 〜を返す → 恩返し. 〜を仇で返す eine Wohltat mit Undank vergelten*. 〜を知る (知らない) dankbar (undankbar). 〜を施す jm. eine Gnade erweisen*.

おんあい 恩愛 die Liebe. 〜の絆(きずな) die Bande der Liebe.

おんいき 音域 der Tonumfang -s, ¨e.

おんいん 音韻 der Laut -es, -e. 〜論 die Lautlehre; die Phonologie.

おんが 温雅 anmutig; graziös; zierlich.

おんかい 音階 die Tonleiter -n; die Skala ..len (-s). 〜の練習をする eine Tonleiter üben.

おんがえし 恩返し・をする jm. seine Wohltat [mit Dank] lohnen. 〜に或る事をする et. aus Dankbarkeit tun*.

おんがく 音楽 die Musik; die Tonkunst. 〜的 musikalisch. 〜に合わせて nach Musik. 〜愛好家 der Musikfreund. 〜家 der Musiker. 〜会 das Konzert. 〜学校 die Musikakademie; das Konservatorium. 〜堂 die Tonhalle.

おんかん 音感 musikalisches Gehör -s. 〜教育 akustische Erziehung.

おんがん 温顔 freundliches (mildes) Gesicht -s, -er.

おんぎ 恩義 → 恩. 〜に感じて aus Dankbarkeit. 〜に報いる → 恩返し.

おんきゅう 恩給 die Pension -en; das Ruhegehalt -s, ¨er. 〜をもらう [eine] Pension beziehen*. 〜で暮らす von seiner Pension leben. 〜がつく pensionsberechtigt sein*. 〜受給者 der Pensionär. 〜制度 das Pensionswesen.

おんきょう 音響 der Schall -[e]s; der Klang -[e]s, ¨e. 〜学 die Akustik; die Schallehre. 〜効果 die Klangwirkung. 〜効果がよい(悪い) eine gute (schlechte) Akustik haben*.

オングストローム das Ångström -[s], - (記号: Å).

おんけい 恩恵 die Gnade -n; die Wohltat -en; die Segnung -en. 〜を施す jm. eine Wohltat erweisen*. 文明の〜に浴する die Segnungen der Zivilisation genießen*.

おんけつ 温血動物 der Warmblüter -s, -.

おんこ 温故 gemäßigt; maßvoll.

おんこ 恩顧 die Gunst; die Gnade -n; die Begünstigung -en. N氏の〜を蒙(こうむ)る sich der Gunst des Herrn N erfreuen.

おんこう 温厚 sanftmütig.

おんさ 音叉 die Stimmgabel -n.

オンザロック ¶ウイスキーの〜 der Whisky mit Eiswürfeln.

おんし 恩師 js. verehrter (ehemaliger) Lehrer -s, -.

おんしつ 音質 die Tonqualität -en.

おんしつ 温室 das Gewächshaus (Treibhaus) -es, ¨er. 〜植物 die Treibhauspflanze. 〜育ちの人 die Treibhauspflanze.

おんしゃ 恩赦 die Begnadigung -en; die Amnestie -n. 〜に浴する begnadigt (amnestiert) werden*(s受).

おんしゅう 恩讐を越えて jenseits von Liebe und Hass.

おんじゅん 温順 fügsam; sanftmütig.

おんしょう 恩賞 die Belohnung -en. 〜に与(あずか)る belohnt werden*(s受).

おんしょう 温床 das Frühbeet (Mistbeet) -[e]s, -e. 悪の〜 die Brutstätte des Lasters.

おんじょう 温情ある warmherzig; nachsichtig.

おんしょく 音色 die Klangfarbe -n.

おんしらず 恩知らず die Undankbarkeit; [人] der Undankbare*. 〜の undankbar.

おんしん 音信 ¶あの人から〜不通です Ich habe nichts wieder von ihm gehört.

おんじん 恩人 der Wohltäter (Gönner) -s, -.

オンス die Unze -n.

おんせい 音声 der Laut -es, -e; die Stimme -n. 〜学 die Phonetik.

おんせつ 音節 die Silbe -n. 単(2)〜の einsilbig (zweisilbig).

おんせん 温泉 warme [Heil]quelle -n; die Thermalquelle -n; die Therme -n. 〜場 das [Thermal]bad; der Badeort. 〜へ行く einen Badeort besuchen; ins Bad reisen (s).

おんそ 音素 das Phonem -s, -e.

おんそく 音速 die Schallgeschwindigkeit. 〜以上(以下) über (unter) Schallgeschwindigkeit. 〜の壁 die Schallmauer.

おんぞん 温存する [unbenutzt] auf|bewahren.

おんたい 温帯 gemäßigte Zone -n.

おんだん 温暖・な warm. 〜前線 die Warm-

front.
おんち 音痴・である kein [musikalisches] Gehör haben*. 彼は方向～だ Er hat keinerlei Orientierungssinn.
おんちゅう 御中 ¶日本独文学会～ An die Japanische Gesellschaft für Germanistik.
おんちょう 音調 der Ton -[e]s, ¨e.
おんちょう 恩寵 die Gnade -n. 神の～を受ける die Gnade Gottes gewinnen*.
おんてい 音程 das Intervall -s, -e.
おんてん 恩典 die Gnade -n; die Vergünstigung -en. ～に浴する die Gnade genießen*.
おんど 音頭・を取る den Ton an|geben*. ～取り der Tonangeber; der Tonangebende#.
おんど 温度 die Temperatur -en. ～を測る(調節する) die Temperatur messen* (regulieren). ～が上がる(下がる) Die Temperatur steigt (sinkt). ～計 das Thermometer.
おんとう 穏当な richtig; vernünftig; angemessen.
おんどく 音読・する laut lesen*. ～法 die Lautiermethode.
おんどり 雄鳥 der Hahn -[e]s, ¨e.
おんな 女 die Frau -en; das Weib -es, -er; 〔女性〕weibliches Geschlecht -s; 〔愛人〕die Geliebte#. ～の weiblich. ～みたいな weibisch. ～らしい weiblich; fraulich; frauenhaft. ～らしさ die Weiblichkeit. ～の子 das Mädchen; 〔女店員〕das Fräulein; 〔娘〕die Tochter. ～になる〔年頃になる〕heiratsfähig (mannbar) werden*(s). ～をこしらえる sich³ eine Geliebte an|schaffen. ～の浅知恵 Lange Haare, kurzer Verstand.
おんなあるじ 女あるじ die Herrin -nen; 〔女将〕die Wirtin -nen.
おんながた 女形 der Frauenrollenspieler -s, -.
おんなぎらい 女嫌い der Frauenhass (Weiberhass) -es; 〔人〕der Frauenfeind (Weiberfeind) -[e]s, -e.
おんなぐるい 女狂いの weibstoll.
おんなごころ 女心 das Frauenherz -ens, -en. ～の浅はかさ Lange Haare, kurzer Verstand.
おんなざかり 女盛りだ in der Blüte der Jahre stehen*.
おんなじむいん 女事務員 die Büroangestellte#.
おんなだてら 女だてらに wie es sich für Frauen nicht ziemt.
おんなたらし 女たらし der Weiberheld -en, -en; der Schürzenjäger -s, -.
おんなどうらく 女道楽 die Weiberjagd -en.
おんなもち 女持ち・の Damen-. ～の雨傘 der Damenschirm.
おんねん 怨念 der Groll -s.
おんぱ 音波 die Schallwelle -n.
おんばん 音盤 die Schallplatte -n.
おんぴょうもじ 音標文字 die Lautschrift -en; phonetische Schrift -en.
おんびん 音便 des Wohllauts wegen; euphonisch.
おんびん 穏便・な(に) friedlich; versöhnlich; gütlich. ～に済ます in Güte ab|machen.
おんぶ 負んぶする huckepack nehmen*; 〔人に頼る〕sich verlassen* (auf 4 格).
おんぷ 音符 die Note -n. 全(2分)～ ganze (halbe) Note. 4分(8分)～ die Viertelnote (Achtelnote).
おんぷ 音譜〔楽譜〕Noten pl.
おんぷう 温風 die Warmluft. ～暖房 die Warmluftheizung.
おんぶきごう 音部記号 der [Noten]schlüssel -s, -.
オンブズマン der Ombudsmann -[e]s, ¨er.
おんぼろ ～の zerlumpt; schäbig.
おんやく 音訳 die Transkription -en. ～する transkribieren.
オンライン〖電算〗～の online ['ɔn'laɪn].
おんりつ 音律 die Tonart.
おんりょう 音量 die Lautstärke -n. ～調節器〔ラジオの〕der Lautstärkeregler.
おんりょう 温良な sanftmütig; gutmütig.
おんりょう 怨霊 rachgieriger Geist [eines Toten].
おんわ 温和・な mild; sanft[mütig]. ～な気候 mildes Klima.

か

か 可〔評点〕genügend. 試験で~をもらう in der Prüfung die Note „genügend" bekommen*. ~とする billigen; gut|heißen*. ~もなく不可もなし weder gut noch schlecht sein*.

か 香 ¶香水の~が漂う Es duftet nach Parfüm.

か 科 die Abteilung -en; 〖生〗die Familie -n. ドイツ文学~ die germanistische Abteilung. ライオンはネコ~に属する Der Löwe gehört zur Familie der Katzen.

か 蚊 die [Stech]mücke -n; der Moskito -s, -s. ~の鳴くような声で mit kaum hörbarer Stimme. ~柱が立つ Die Mücken tanzen.

か 課〔官庁・会社の〕die Abteilung -en;〔教科書の〕die Lektion -en; der Abschnitt -[e]s, -e. 庶務~ die Abteilung für allgemeine Angelegenheiten. 第1~ Lektion 1; die erste Lektion.

が 我 ¶~の強い eigensinnig; eigenwillig. ~を通す seinen Willen durch|setzen. ~を張る auf seinem Willen bestehen*. ~を折る nach|geben*.

が 蛾 der Nachtfalter -s, -; der Nachtschwärmer -s, -.

カーキいろ カーキ色の khakifarben.

ガーゼ die Gaze -n.

カーソル〖電算〗der Cursor ['kɵːsər] -s, -s.

ガーター das Strumpfband -[e]s, ⸚er; der Strumpfhalter -s, -.

カーディガン die Strickjacke -n.

カーテン der Vorhang -[e]s, ⸚e; die Gardine -n. ~を開ける〔閉める〕den Vorhang auf|ziehen* (zu|ziehen*). 鉄の~ der Eiserne Vorhang.

ガーデン・パーティー das Gartenfest -[e]s, -e; die Gartenparty -s.

カード die Karte -n. クリスマス~ die Weihnachtskarte. ~式索引 die Kartei.

ガード〔陸橋〕die [Bahn]überführung -en;〔ボクシング〕die Deckung -en. ~マン der Wächter. ~レール die Leitplanke. ボディ~ der Leibwächter.

カートリッジ die Patrone -n.

カートン der Karton -s, -s.

ガーナ Ghana. ~の ghanaisch. ~人 der Ghanaer.

カーニバル der Karneval -s, -e (-s); die Fastnacht.

カーネーション die Nelke -n.

カーバイド das Karbid -[e]s, -e.

カービン ~銃 der Karabiner -s, -.

カーブ die Kurve -n. ~する kurven (s); sich krümmen. ~を描く eine Kurve beschreiben*. ~を切る eine Kurve nehmen*.

カーフェリー die Autofähre -n.

カーペット der Teppich -s, -e.

ガーベラ die Gerbera [-s].

カーボン〔炭素〕der Kohlenstoff -s. ~紙 das Kohlepapier.

カール ~する〔髪が〕sich locken;〔髪を〕locken. ~した髪 gelocktes (lockiges) Haar. 彼女は髪を~している Sie trägt ihr Haar in Locken.

ガール ~フレンド die Freundin. ~スカウト die Pfadfinderin.

かい 会〔集会〕die Versammlung -en;〔団体〕die Gesellschaft -en; der Verein -s, -e. ~を開く eine Versammlung [ab]halten*. ~に入る in eine Gesellschaft ein|treten*(s).

かい 回 das Mal -[e]s, -e;〔ボクシングなどの〕die Runde -n;〔野球の〕das Inning -s, -s. 週に 2~ zweimal die Woche (in der Woche). 3~目に成功した Es gelang mir beim dritten Mal.

かい 貝 die Muschel -n. ~を取る Muscheln aus|graben*. → 貝殻.

かい 界 ¶映画(スポーツ)~ die Filmwelt (Sportwelt). 学~ die Gelehrtenwelt. 自然(植物)~ das Naturreich (Pflanzenreich).

かい 階 der Stock -[e]s, -[werke]. 一~ das Erdgeschoss. 地~ das Kellergeschoss (Untergeschoss). 二~に住んでいる im ersten Stock wohnen. 三~建の家 zweistöckiges Haus; ein zwei Stock hohes Haus. 五~建である Das Haus ist 4 Stock hoch (hat 4 Stock). 二~席〔劇場の〕erster Rang.

かい 櫂 das Ruder -s, -; der Riemen -s, -. ~で漕ぐ rudern (s; h).

かい 下位の・ untergeordnet. ~に位する einen niederen Rang (den Rang unter *jm*.) ein|nehmen*.

かい 甲斐 ¶努力した~があって(もなく) dank seinen (trotz aller) Bemühungen. やり~のある仕事 eine lohnende Arbeit. 働き~がない Es lohnt die Arbeit nicht. / Die Arbeit lohnt [sich] nicht.

がい 害 der Schaden -s, ⸚;〔害悪〕das Übel -s, -. 飲酒の~ schlimme Wirkung des Trinkens. ~のある schädlich. ~のない unschädlich; harmlos. 健康に~のある der Gesundheit schädlich sein*. 作物に~を与える dem Getreide schaden*. ~を被る Schaden [er]leiden*.

がい 我意 der Eigenwille -ns. ~を通す seinen Willen [mit Gewalt] durch|setzen.

かいあおる 買い煽る die Preise hoch|treiben* (für 4格); auf Hausse spekulieren.

かいあく 改悪 die Verschlechterung -en. ~する verschlechtern; verschlimmern.

がいあく 害悪 → 害; 害毒. ~を及ぼす ein Übel zu|fügen (3格).

かいあげ 買い上げ〔政府などの〕die Beschaffung.
かいあげる 買い上げる [an|]kaufen; beschaffen; besorgen.
かいあさる 買い漁る auf|kaufen.
かいいき 海域 ¶フィリピン〜で im Seegebiet der Philippinen.
かいいぬ 飼い犬 der Haushund -[e]s, -e. 〜に手をかまれる Undank ernten.
かいいれる 買い入れる ein|kaufen; [sich³] an|schaffen. 買い入れ価格 der Einkaufspreis (Anschaffungspreis).
かいいん 会員 das Mitglied -[e]s, -er;〔全員〕die Mitgliedschaft. 協会の〜になる Mitglied eines Vereins werden*(s); in einen Verein ein|treten*(s). 〜証 die Mitgliedskarte.
かいいん 海員 der Seemann -[e]s, ..leute; der Matrose -n, -n. 〜になる zur See gehen*(s). 〜宿泊所 das Seemannsheim.
がいいん 外因 äußere Ursache -n.
かいうける 買い受ける käuflich erwerben*.
かいうん 海運 die [See]schiffahrt; der Seetransport -s, -e. 〜業者 der Reeder. 〜業 das Reedereigeschäft.
かいえん 開演 ¶芝居は8時に〜する Das Theater fängt um 8 Uhr an.
がいえん《哲》外延 die Extension -en.
かいおうせい 海王星 der Neptun -s.
かいおき 買い置き[品] der Vorrat -s, "e. 〜がなくなった Die Vorräte sind ausgegangen. 〜をする auf Vorrat kaufen.
かいか 階下・で im unteren Geschoss. 〜のホール die Halle unten. 〜へ nach unten.
かいか 開花・する auf|blühen (s). 〜期 die Blütezeit.
かいが 絵画 das Gemälde -s, -; die Malerei -en. 〜的 malerisch; pittoresk. 〜館 die Bildergalerie; die Gemäldegalerie.
がいか 外貨 Devisen pl.; ausländische Währung -en; die Valuta ..ten;〔商品〕fremde Waren pl. 〜準備 die Devisenreserve.
がいか 凱歌をあげる triumphieren; über den Sieg jubeln.
ガイガー 〜計数管 der Geigerzähler -s, -.
かいかい 開会・する die Sitzung eröffnen. 〜を宣する die Sitzung für eröffnet erklären. 〜中である im Gang sein*. 〜の辞 die Eröffnungsrede. 〜式 die Eröffnungsfeier.
かいがい 海外・の überseeisch; ausländisch. 〜で in Übersee. 〜へ行く ins Ausland reisen (s);〔移住する〕nach Übersee aus|wandern (s). 〜からの注文 Aufträge aus Übersee. 〜事情 überseeische Verhältnisse pl. 〜貿易 der Überseehandel. 〜放送 überseeische Sendung. 〜旅行 die Auslandsreise.
がいかい 外界 die Außenwelt.
がいかい 外海へ出る in die offene See (aufs offene Meer) hinaus|fahren*(s).
かいがいしい 甲斐甲斐しい brav; tüchtig; lebhaft. 甲斐甲斐しく働く emsig (tüchtig;

flink) arbeiten.
かいかく 改革 die Reform -en; die Umgestaltung -en. 〜する reformieren; um|gestalten. 〜者 der Reformer. 宗教〜 die Reformation.
がいかく 外角 der Außenwinkel -s, -.
がいかく 外郭 äußere Mauer -n. 〜団体 angegliederter Verband.
かいかけきん 買掛金 Verbindlichkeiten pl.
かいかつ 快活な heiter; munter.
がいかつ 概括 die Zusammenfassung -en. 〜する zusammen|fassen. 〜して…と言うことができる Zusammenfassend lässt sich sagen, dass … 〜的に報告する in kurzen (allgemeinen) Zügen berichten.
かいかぶる 買い被る überschätzen. 自己を〜 sich zu viel dünken.
かいがら 貝殻 die Muschelschale -n. 〜状の muschelförmig. 〜細工 das Muschelwerk. 〜骨 das Schulterblatt.
かいかん 会館 das Vereinshaus (Klubhaus) -es, "er. 学生〜 das Studentenhaus.
かいかん 快感 die Lustempfindung -en; das Lustgefühl -s, -e.
かいかん 怪漢 zweifelhafter Kerl -s, -e.
かいかん 開巻第1ページに auf der ersten Seite.
かいかん 開館 ¶図書館は9時に〜する Die Bibliothek wird um 9 Uhr geöffnet.
かいがん 海岸 die Küste -n; der Strand -es, "e. 〜に沿って an der Küste entlang. 〜へ行く an die Küste gehen*(s). 船が〜に乗り上げた Ein Schiff ist auf [den] Strand gelaufen (geraten). 〜線 die Küstenlinie.
がいかん 外観 das Aussehen -s. 建物の〜 das Äußere* eines Gebäudes.
がいかん 概観 der Überblick -[e]s, -e; die Übersicht -en. 〜する überblicken. 〜的に叙述する in einer Übersicht dar|stellen. 原子物理学の発展を〜する einen Überblick über die Entwicklung der Atomphysik geben*.
かいき 回忌 ¶今日は父の3〜です Heute ist der zweite Todestag meines Vaters.
かいき 回帰・する wieder|kehren (s). 南(北)〜線 der südliche (nördliche) Wendekreis. 〜熱 das Rückfallfieber.
かいき 会期 die Session -en; die Sitzungsperiode -n. 展覧会の〜は3週間である Die Ausstellung ist 3 Wochen lang geöffnet.
かいき 怪奇・な wunderlich; grotesk. 〜小説 der Schauerroman; die Gruselgeschichte.
かいき 皆既食(月)蝕 totale Sonnenfinsternis (Mondfinsternis) -se.
かいき 買い気のある kauflustig.
かいぎ 会議 die Sitzung -en; die Konferenz -en. 〜を開く eine Sitzung ab|halten*. 〜に出席する einer Sitzung bei|wohnen. 〜室 das Sitzungszimmer.
かいぎ 懐疑 die Skepsis. 〜的な skeptisch. 〜的である skeptisch (voller Skepsis) gegen-

über|stehen* 《3格》.　～論 der Skeptizismus.　～論者 der Skeptiker.

がいき　外気 frische Luft.　～に当てる lüften.

かいぎゃく　諧謔 der Spaß -es, ⸚e; der Scherz -es, -e; der Humor -s.　盛んに～を飛ばす gern Späße machen.　～家 der Spaßmacher; der Humorist.　～小説 humoristischer Roman.

かいきゅう　階級 die Klasse -n.　有産(労働)～ die besitzende (arbeitende) Klasse.　中産～ der Mittelstand.　上層(下層)～ die oberen (unteren) Klassen der Gesellschaft.　～意識 das Klassenbewusstsein.　～国家 der Klassenstaat.　～政党 die Klassenpartei.　～闘争 der Klassenkampf.

かいきゅう　懐旧・の思いにふける in Erinnerungen schwelgen.　～談をする Erinnerungen erzählen.

かいきょ　快挙 glänzende Tat -en.

かいきょう　回教 der Islam -s.　～の islamisch; mohammedanisch.　～寺院 die Moschee.　～徒 der Mohammedaner.　～暦 mohammedanischer Kalender.

かいきょう　海峡 die Meerenge -n; die [Meeres]straße -n.　津軽～ die Tsugaru-Straße.

かいきょう　懐郷の念にかられる Heimweh ergreift mich.

かいぎょう　改行する einen Absatz machen.

かいぎょう　開業・する ein Geschäft eröffnen; [医者・弁護士が] praktizieren.　理髪店を～する einen Frisiersalon eröffnen.　～医 praktizierender Arzt.

がいきょう　概況 allgemeine [Sach]lage -n.

がいきょく　外局 extraministeriales Amt -es, ⸚er.

かいきる　買い切る ¶バスを～ einen ganzen Bus reservieren.　歌舞伎座を～ alle Plätze des Kabuki-Theaters reservieren.

かいきん　皆勤する keinen Tag abwesend sein*.

かいきん　解禁・する das Verbot auf|heben*.　記事を～する das Presseverbot auf|heben*.　金～ die Aufhebung des Goldausfuhrverbots.

かいきん　開襟シャツ das Sporthemd -[e]s, -en; das Hemd mit offenem Kragen.

がいきん　外勤 der Außendienst -[e]s; [人] der Außendienstler -s, -.　彼は～である Er ist im Außendienst tätig.

がいく　街区 der [Häuser]block -[e]s, ⸚e (-s).

かいぐい　買い食いをする sein Geld vernaschen.

かいぐん　海軍 die Marine -n.　～国(力) die Seemacht.　～基地 der Marinestützpunkt.　～士官 der Marineoffizier.　～省 das Marineministerium.　～大臣 der Marineminister.　～大将 der Admiral.

かいけい　会計 die Rechnung -en.　～を扱う Rechnung führen.　～係 der Rechnungsführer; der Kassierer.　～検査 die Rechnungsprüfung; die Bücherrevision.　～検査院 der Rechnungshof.　～検査員 der Rechnungsprüfer.　公認～士 der Wirtschaftsprüfer.　～年度 das Rechnungsjahr; [国の] das Finanzjahr.　～帳簿 das Rechnungsbuch (Kontobuch).　ねえさん、お～ Fräulein, bitte zahlen!

がいけい　外形 äußere Form -en; das Äußere⸚.

かいけつ　解決 die Lösung -en; [紛争の] der Ausgleich -s.　～する lösen; aus|gleichen*; [難題を] beseitigen.　事件を平和的に～する eine Sache friedlich bereinigen.

かいけつびょう　壊血病 der Skorbut -s.

かいけん　会見 die Zusammenkunft ⸚e; [新聞記者との] das Interview -s, -s.　～する eine Zusammenkunft mit jm. haben*; [大臣などが] jm. ein Interview geben*; [新聞記者が] jn. interviewen.　記者～ die Pressekonferenz.

かいけん　懐剣 der Dolch -es, -e; das Stilett -s, -e.

かいけん　改憲 die Verfassungsänderung -en.

かいげん　戒厳・令 das Standrecht -[e]s.　～令を敷く den Belagerungszustand verhängen 《über 4格》.　町は～状態だ Die Stadt befindet sich im Belagerungszustand.

かいげん　開眼する eine Erleuchtung haben*.

がいけん　外見 das Aussehen -s; das Äußere⸚.　～上は anscheinend; scheinbar.　～のよくない unansehnlich.

かいこ　蚕 die Seidenraupe -n.　～を飼う Seidenraupen züchten.

かいこ　回顧 der Rückblick -[e]s, -e 《auf 4格》.　～する zurück|blicken 《auf 4格》.　～録 Erinnerungen (Memoiren) pl.　→回想.

かいこ　解雇 die Entlassung -en.　～する jn. entlassen*.　～通告 die Kündigung.

かいこ　懐古 ¶学生時代を～する sich an seine Studienjahre liebevoll zurück|erinnern.

かいご　悔悟 die Reue.　～する seine Sünden bereuen.　～の涙 Tränen der Reue.　～の情が著しい lebhafte (ernstliche) Reue [be]zeigen 《über 4格》.

かいご　介護 die Pflege.　[在宅]～する jn. [zu Hause] pflegen.　～士 der Pfleger.　～保険 die Pflegeversicherung.

かいこう　改稿する ein Manuskript um|schreiben*.

かいこう　海港 der Seehafen -s, ⸚.

かいこう　海溝 der Graben -s, ⸚.　日本～ der Japangraben.

かいこう　開校・する die Schule eröffnen.　来たる9月1日に～する Die Schule soll am 1. September eröffnet werden.　～記念日 der Gründungstag.

かいこう　開港・する einen Hafen für den Außenhandel öffnen.　～場 der Vertragshafen.

かいこう　開講する die Vorlesung an|fangen*.

かいこう 邂逅する *jm.* zufällig begegnen (*s*); mit *jm.* unerwartet zusammen|treffen*(*s*).
かいごう 会合 die Versammlung *-en*; die Zusammenkunft ⸚*e*. ～する sich versammeln; zusammen|kommen*(*s*). 国際的な科学者の～が東京で催された International anerkannte Wissenschaftler trafen sich in Tokyo.
がいこう 外交 die Diplomatie. ～[上]の diplomatisch. ～関係を絶つ die diplomatischen Beziehungen zu einem Land ab|brechen*. ～員 der Kundenwerber. ～官 der Diplomat. ～使節団 diplomatische Vertretung. ～辞令 diplomatische Redensarten *pl*. ～政策 die Außenpolitik. ～措置 die Demarche. ～団 diplomatisches Korps. ～文書 diplomatisches Dokument; diplomatische Note.
がいこう 外向[・性] die Extraversion *-en*. ～的 extravertiert.
かいこく 戒告 die Warnung *-en*. ～する *jn.* warnen (vor 3格); *jn.* ermahnen «zu+不定詞». 運転手は警察の～をうけた Der Fahrer wurde von der Polizei verwarnt.
がいこく 外国 das Ausland *-es*. ～に行く ins Ausland gehen*(*s*). 諸～ fremde Länder *pl*. ～の ausländisch; fremd. ～生まれの im Ausland geboren. ～為替 Devisen *pl*. ～語 die Fremdsprache. ～航路 überseeische Route. ～資本 das Auslandskapital. ～人 der Ausländer. ～貿易 der Außenhandel.
がいこつ 骸骨 das Skelett *-s, -e*; das Gerippe *-s, -*. ～のようにやせている Er ist zum Skelett abgemagert.
かいこむ 買い込む ein|kaufen.
かいごむ 搔い込む unter einem Arm nehmen*.
かいこん 悔恨 die Reue; Gewissensbisse *pl*. 彼は～の念に暮れている Er ist ganz zerknirscht.
かいこん 開墾・する roden; urbar machen. ～事業 das Rodungsunternehmen. ～地 das Rodeland.
かいこん 塊根 die Wurzelknolle *-n*.
かいさい 快哉を叫ぶ bravo rufen*; ein jubelndes Geschrei erheben*.
かいさい 皆済 ¶借金を～する seine Schulden tilgen.
かいさい 開催・する ab|halten*; aus|richten. veranstalten. ～される statt|finden*.
かいざい 介在する ¶なんの障害も～しない Dazwischen steht kein Hindernis im Wege.
がいさい 外債を募る eine Auslandsanleihe auf|nehmen*.
かいさく 改作する bearbeiten; um|arbeiten.
かいさく 開鑿 der Durchstich *-s, -e*. ～する durchstechen*.
かいさつ 改札・する Fahrkarten prüfen (knipsen). ～係 der Fahrkartenknipser. ～口 die [Bahnsteig]sperre.
かいさん 解散・する [議会などを] auf|lösen; [群衆が] sich zerstreuen. デモ隊を～させる Demonstranten zerstreuen.
かいざん 改竄 ¶小切手を～する einen Scheck fälschen.
がいさん 概算・する [sich³] einen Überschlag machen. 費用を～する einen Kostenüberschlag machen. いくらになるか～してみよう Ich will [mir] einmal überschlagen, was es kosten wird. ～で bei flüchtigem Überschlag.
かいさんぶつ 海産物 Meeresprodukte *pl*.
かいし 怪死 mysteriöser Tod *-es*.
かいし 開始 der Anfang *-s,* ⸚*e*; der Beginn *-s*. ～する an|fangen* (beginnen*) «4格; mit 3格»; [交渉・取引などを] eröffnen. 営業を～する ein Geschäft an|fangen* (eröffnen*). 銀行と取引を～する ein Konto bei einer Bank eröffnen.
かいじ 海事 das Seewesen *-s*.
がいし 外資 ausländisches Kapital *-s, -e* (*-ien*).
がいし 碍子 der Isolator *-s, -en*.
がいじ 外耳 äußeres Ohr *-[e]s, -en*.
がいして 概して im Allgemeinen; überhaupt. ～言えば allgemein gesagt.
かいしめる 買い占める auf|kaufen.
かいしゃ 会社 die Gesellschaft *-en*; [商社] die Firma *..men*. 株式～ die Aktiengesellschaft (略: AG). ～をつくる eine Gesellschaft (Firma) gründen. ～に勤めている bei einer Firma angestellt sein*. ～にはいる in eine Firma ein|treten*(*s*). ～訪問 sich bei Firmen vor|stellen. ～員 der Angestellte⁺.
かいしゃ 膾炙 ¶人口に～する in aller Munde sein*. 人口に～した言葉 ein geflügeltes Wort.
がいしゃ 外車 eingeführter Wagen *-s, -*.
かいしゃく 解釈 die Auslegung *-en*; die Interpretation *-en*. ～する aus|legen; interpretieren. 悪意に～する [*jm.*] *et.* übel nehmen*.
かいしゅう 回収・する [未収金・通貨などを] ein|ziehen*; [商品を] zurück|ziehen*. 廃品を～する verbrauchte Waren ein|sammeln.
かいしゅう 改宗 die Bekehrung *-en*; [カトリックへの] die Konversion *-en*. ～する sich bekehren «zu 3格». キリスト教に～させる *jn.* zum Christentum bekehren. ～者 der Bekehrte⁺.
かいしゅう 改修・する aus|bessern. ～工事 Ausbesserungsarbeiten *pl*.
かいじゅう 怪獣 das Untier *-[e]s, -e*; das Ungeheuer *-s, -*; das Monster *-s, -*. ～映画 der Monsterfilm.
かいじゅう 懐柔・する für sich gewinnen*; auf seine Seite ziehen*. ～策 die Beschwichtigungspolitik.
がいじゅう 害獣 der Schädling *-s, -e*.
がいしゅつ 外出・する aus|gehen*(*s*). ～着 der Ausgehanzug. ～嫌い [人] der Stubenhocker.
かいしゅん 回春 die Verjüngung *-en*. ～の妙薬 der Verjüngungstrank.

かいしゅん 悔悛 → 悔悟.
かいじょ 解除 ¶封鎖(禁止令)を～する eine Sperre (ein Verbot) auf|heben*. 武装を～する jn. entwaffnen.
かいじょう 回章 → 回状.
かいしょう 改称する seinen Namen ändern.
かいしょう 快勝する einen glänzenden (herrlichen) Sieg davon|tragen*.
かいしょう 解消 ¶契約(婚約)を～する einen Vertrag (die Verlobung) auf|lösen. 責任が～した Ich bin meiner Verantwortung enthoben worden.
かいしょう 甲斐性･のある fähig; tüchtig. ～のない unfähig; nichtsnutzig.
かいじょう 回状 der Rundbrief -[e]s, -e; 〔会社や官庁内の〕der Umlauf -[e]s, ¨e. ～で知らせる durch [einen] Umlauf bekannt geben*.
かいじょう 会場 der Versammlungsort -[e]s, -e; 展覧～ das Ausstellungsgebäude. 展覧会の～はどこですか Wo findet die Ausstellung statt?
かいじょう 海上･で auf See. ～勤務 der Seedienst. ～保安庁 das Amt für maritime Sicherheit. ～封鎖 die Seesperre. ～交通 der Seeverkehr. ～保険 die Seeversicherung.
かいじょう 階上･で im oberen Geschoss. ～に上がる nach oben gehen*(s).
かいじょう 開城する [dem Gegner] die Festung übergeben*; kapitulieren.
かいじょう 開場 ¶展覧会は9時に～だ Die Ausstellung wird um 9 Uhr geöffnet.
かいじょう 塊状の klumpig; massiv.
がいしょう 外相 der Außenminister -s, -.
がいしょう 外傷 [äußere] Verletzung -en.
がいしょう 街娼 das Straßenmädchen -s, -.
かいしょく 会食 das mit jm. zusammen essen*.
かいしょく 解職する jn. entlassen*.
がいしょく 外食する auswärts (außer Haus[e]) essen*.
かいしん 会心･の作 ein Werk nach seinem Herzen. ～の笑みを浮かべる zufrieden lächeln.
かいしん 回診 die Visite -n. ～する Visite machen.
かいしん 改心･する sich bessern. ～させる bessern.
かいじん 灰燼に帰する zu Asche verbrennen*(s).
かいじん 海神 der Meergott -es, ¨er.
がいじん 外人 der Ausländer -s, -. ～部隊 die Fremdenlegion.
かいず 海図 die Seekarte -n.
かいすい 海水 das Seewasser -s. ～着 der Badeanzug. ～パンツ die Badehose. ～帽 die Bademütze (Badekappe).
かいすいよく 海水浴 das Seebad -[e]s, ¨er. ～をする im Meer baden. ～に行く ins Seebad gehen*(s). ～客 der Badegast. ～場 der Badestrand.
かいすう 回数 die Häufigkeit. ～を重ねる et. wiederholen. ～乗車券 das Fahrscheinheft; der Sammelfahrschein.
がいすう 概数 runde Zahl -en. ～で ungefähr; etwa; in runder Zahl. ～で8000 rund 8 000.
かいする 介する ¶意に介しない sich nicht [be]kümmern {um 4格}. そんなことは意に～な Mach dir nichts daraus! 友人を介して durch einen Freund; durch Vermittlung eines Freundes.
かいする 解する verstehen*. 彼は芸術を解しない Er versteht nichts von Kunst. 或る言葉を悪い意味に～ ein Wort im schlechten Sinn verstehen*. 自己流に～ auf seine eigene Art aus|legen.
がいする 害する ¶風紀を～ gute Sitten verderben*. 風致を～ den Reiz (die Schönheit) der Landschaft verderben*. 感情を～ sich beleidigt fühlen; (人の) jn. beleidigen (kränken). 彼はそのためすっかり健康を害した Seine Gesundheit ist damit zerrüttet.
かいせい 改正･する ändern; [改良して] verbessern. 法律を～する ein Gesetz ändern.
かいせい 改姓する den Familiennamen ändern.
かいせい 快晴 schönes (heiteres) Wetter -s. 今日は～だ Heute ist es schön (heiter).
かいせき 解析 die Analyse -n. ～する analysieren; zergliedern. ～幾何 analytische Geometrie. ～学 die Analysis.
かいせつ 回折 〖物〗die Beugung (Diffraktion) -en.
かいせつ 開設 die [Be]gründung -en. ～する [be]gründen. 銀行の支店を～する die Filiale einer Bank eröffnen.
かいせつ 解説 die Erklärung (Erläuterung) -en. ～する erklären; erläutern. ～者 der Erklärer; der Kommentator. ラジオのニュースを聞く den Kommentar des Tages [im Rundfunk] hören.
がいせつ 概説･する in groben Umrissen dar|stellen. 日本文学史～ die japanische Literaturgeschichte im Grundriss.
かいせん 会戦 die Schlacht -en. 敵と～する dem Feind eine Schlacht liefern.
かいせん 回線 der Stromkreis -es, -e; 〔電話の〕die [Telefon]leitung -en. ～がふさがっている Die Leitung ist besetzt.
かいせん 改選 die Neuwahl -en. ～する erneut wählen.
かいせん 海戦 die Seeschlacht -en.
かいせん 疥癬〖医〗die Krätze; die Skabies.
かいせん 開戦する einen Krieg an|fangen*.
かいぜん 改善 die Verbesserung -en. ～する verbessern.
がいせん 外線〔電線〕die Außenleitung -en.
がいせん 凱旋する im Triumph zurück|kehren (s). ～将軍 der Triumphator. ～門 der Triumphbogen.

がいぜん 蓋然・性 die Wahrscheinlichkeit -en. ～的 wahrscheinlich.
かいせんきょう 回旋橋 die Drehbrücke -n.
かいそ 改組する reorganisieren; um|gestalten.
かいそ 開祖 der [Be]gründer (Stifter) -s, -.
かいそう 回送・する〔郵便物を〕nach|schicken. このバスは～車です Der Bus fährt leer zurück.
かいそう 会葬・する an einem Begräbnis teil|nehmen*; einem Begräbnis bei|wohnen*. ～者 der Teilnehmer an einer Beerdigung.
かいそう 回想・する sich zurück|erinnern (an 4 格); zurück|denken* (an 4 格). ～録 Memoiren pl.
かいそう 回漕・する verschiffen. ～問屋 der Verschiffungsagent. ～料 Verschiffungsspesen pl.
かいそう 改装 ¶船を～する ein Schiff neu aus|rüsten. 店内を～する den Laden innen renovieren. 本を～する ein Buch um|binden* (neu aus|statten).
かいそう 海草 das Seegras -es, ⸚er; 〔海藻〕Meeresalgen pl.
かいそう 階層 ¶社会のあらゆる～ alle Schichten der Gesellschaft.
かいそう 潰走・する die Flucht ergreifen*. 敵を～させる den Feind in die Flucht schlagen*.
かいぞう 改造 die Neugestaltung (Umgestaltung) -en. ～する um|gestalten; um|bauen. 内閣を～する das Kabinett um|bilden.
かいぞう 解像を auf|lösen.
がいそう 外装 der Außenputz -es.
かいぞえ 介添〔決闘などの〕der Sekundant -en, -en; 〔花嫁の〕die Brautjungfer -n. ～する jm. bei|stehen*.
かいそく 会則 die Satzung [eines Vereins].
かいそく 快速・の schnell; von großer Geschwindigkeit. ～[力]で mit hoher Geschwindigkeit. ～船 der Schnelldampfer. ～艇 das Schnellboot.
かいぞく 海賊 der Seeräuber -s, -; der Pirat -en, -en. ～を働く Seeräuberei treiben*. ～船 das Seeräuberschiff. ～版 der Raubdruck.
がいそふ 外祖父 der Großvater mütterlicherseits.
がいそぼ 外祖母 die Großmutter mütterlicherseits.
かいそん 海損 die Havarie -n; der Seeschaden -s, ⸚. ～清算 die Dispache.
かいたい 拐帯・する durch|brennen*(s) (mit 3 格). 彼は大金を～して行方をくらました Er ist mit einer großen Summe durchgebrannt.
かいたい 解体 der [機械などの] die Zerlegung -en; 〔機械・工場施設の〕die Demontage -n; 〔会・組織の〕die Auflösung -en. ～する zerlegen; demontieren; auf|lösen.
かいたい 懐胎 die Empfängnis -se. ～する [ein Kind] empfangen*; schwanger werden*(s).
かいだい 解題 bibliographische Erläuterung -en.
かいたく 開拓 die Erschließung -en. 販路を～する neue Absatzmärkte erschließen*. 土地を～する ein Stück Land urbar machen. ～者 der Bahnbrecher; der Pionier.
かいだく 快諾・する gern ein|willigen (in 4 格).
かいだし 買い出し der Einkauf -s, ⸚e. ～に行く einkaufen gehen*(s); Einkäufe machen.
かいだす 掻い出す aus|schöpfen. 〔ポンプで〕aus|pumpen.
かいだめ 買い溜めをする [et.] hamstern.
かいだん 会談・する sich mit jm. besprechen* (über 4 格). ヤルタ～ die Konferenz von Jalta. 重要～を申し入れる jn. um eine wichtige Unterredung bitten*.
かいだん 怪談 die Gespenstergeschichte -n.
かいだん 階段 die Treppe -n. ～を上がる(下りる) die Treppe hinauf|steigen* (hinunter|steigen*)(s). ～状の stufenförmig. ～教室 der Hörsaal mit ansteigenden Sitzreihen.
がいたん 慨嘆・する beklagen; bedauern. ～すべき beklagenswert. ～に堪えない Es ist zu beklagen (bedauern), dass …
かいだんし 快男子 der Prachtkerl -s, -e.
ガイダンス die Orientierung -en.
がいち 外地 die Kolonie -n. ～から引き揚げる aus den Kolonien heim|kehren (s).
かいちく 改築 der Umbau -[e]s. 家を～する ein Haus um|bauen. 劇場は近代風に～された Das Theater wurde ganz modern umgebaut. ～費 Umbaukosten pl.
かいちゅう 回虫 der Spulwurm -s, ⸚er. ～がわいている Spulwürmer haben*. ～駆除薬 das Spulwurmmittel.
かいちゅう 改鋳 ¶貨幣を～する Münzen um|prägen. 鐘を～する eine Glocke um|gießen*.
かいちゅう 海中・の unterseeisch; submarin. ～に飛び込む ins Wasser springen*(s). ～に落ちる〔船から〕über Bord gehen*(s). 日が～に没する Die Sonne sinkt ins Meer.
かいちゅう 懐中 die in der Tasche haben*; in die Tasche stecken. ～が寂しい knapp bei Kasse sein*. ～無一文である keinen Pfennig in der Tasche haben*. ～電灯 die Taschenlampe. ～時計 die Taschenuhr. ～物御用心 Achtung vor Taschendieben!
がいちゅう 害虫 schädliches Insekt -s, -en; das Ungeziefer -s. ～を駆除する Ungeziefer bekämpfen (vernichten). ～駆除 die Ungezieferbekämpfung.
がいちゅう 外注 ¶車の部品の製造を～する Aufträge für die Fertigung von Autoteilen außer Haus geben*.
かいちょう 会長 der Präsident -en, -en; der Vorsitzende#.
かいちょう 快調 ¶機械が～に回転する Die Maschine läuft ganz gut (ist in guter Ordnung). 会議が～にはかどる Die Sitzung geht glatt vonstatten. 僕は～だ Ich befinde mich

in einer ausgezeichneten Verfassung.
かいちょう 海鳥 der Seevogel -s,-.
かいちょう 諧調 die Harmonie -n. 快い~を奏でる harmonisch (lieblich) klingen*.
がいちょう 害鳥 schädlicher Vogel -s,-.
かいちん 開陳 ¶意見を~する seine Meinung äußern.
かいつう 開通 ¶新しい地下鉄が~する Eine neue U-Bahn-Linie wird eröffnet. ~式 die Eröffnungsfeier.
かいづか 貝塚 der Muschelhaufen -s,-.
かいつけ 買い付け der Ankauf -s,~e. ~る an|kaufen; 〔いつも買う〕bei jm. zu kaufen pflegen.
かいつぶり 〚鳥〛 der Steißfuß -es, ~e.
かいつまむ 搔い摘む ¶搔い摘んで言えば Zusammenfassend lässt sich sagen, dass ...
かいて 買い手 der Käufer -s,-; der Abnehmer -s,-. ~市場 der Käufermarkt.
かいてい 改訂 die [Neu]bearbeitung -en. ~する [neu] bearbeiten; überarbeiten; revidieren. ~増補版 verbesserte und erweiterte Auflage.
かいてい 海底 der Meeresboden -s; der Meeresgrund -[e]s. ~の unterseeisch. ~まで潜る bis auf den Meeresgrund tauchen (s). ~に沈む im Meer versinken* (s). ~火山 unterseeischer Vulkan. ~電線 das Unterseekabel. ~トンネル der Unterseetunnel.
かいてい 開廷・する die Gerichtsverhandlung eröffnen; Gerichtstag halten*. ~日 der Gerichtstag.
かいてい 階梯 ¶ドイツ文法~ Leitfaden der deutschen Grammatik.
かいてき 快適な angenehm; behaglich.
がいてき 外的・事情 äußere Umstände pl. ~刺激 die Reize von außen.
がいてき 外敵 [ausländischer] Feind -es,-e.
かいてん 回転 die Drehung -en; die Rotation -en. ~する sich drehen; rotieren. ~させる drehen. 半~する eine halbe Drehung machen. 機械が~する Die Maschine läuft. 資金の~を早める den Umlauf von Kapital beschleunigen. 地球は太陽のまわりを~する Die Erde bewegt sich um die Sonne. 彼は頭の~が早い Er schaltet schnell. ~椅子 der Drehstuhl. ~儀 das Gyroskop. ~競技〔スキー〕der Slalom. ~資金 der Erneuerungsfonds. ~軸 die Drehachse (Rotationsachse). ~ドア die Drehtür. ~窓 das Drehfenster. ~木馬 das Karussell.
かいてん 開店・する einen Laden (ein Geschäft) eröffnen; 〔毎日の〕 den Laden öffnen (auf|machen).
がいでん 外電によれば einem ausländischen Telegramm zufolge.
ガイド der Führer -s,-; 〔外人相手の〕der Fremdenführer -s,-. ~ブック der Führer; der Fremdenführer. ~ライン die Richtlinie.
かいとう 回答 die Antwort -en. ~する jm.

antworten 《auf 4格》. 至急御~ください Bitte, antworten Sie mir so rasch als (wie) möglich!
かいとう 会頭 der Präsident -en,-en.
かいとう 解答 die Lösung -en. 問題に~する eine Aufgabe lösen. クイズの~は次号に掲載 Die Lösung des Rätsels erscheint im nächsten Heft.
かいとう 解凍する auf|tauen.
かいどう 街道 die Landstraße -n.
がいとう 外套 der Mantel -s, ~; der Überzieher -s,-. ~を着る den Mantel an|ziehen* (um|hängen). ~を着せて(脱がせて)やる jm. in den (aus dem) Mantel helfen*. 壁に~を掛ける den Mantel an der Wand auf|hängen. 雨~ der Regenmantel.
がいとう 街灯 die Straßenlaterne -n.
がいとう 街頭で auf der Straße. ~募金 die Straßensammlung. ~録音 die Aufnahme auf der Straße.
がいとう 該当・する zu|treffen* 《auf (für) 4格》; fallen*(s) 《unter 4格》. それはこの規定に~しない Das fällt nicht unter diese Bestimmung.
かいどく 回読する reihum (der Reihe nach) lesen*; zirkulieren lassen*.
かいどく 解読〔暗号などの〕 die Entzifferung -en; die Dechiffrierung -en. ~する entziffern; dechiffrieren.
かいどく 買い得 ¶お~の品 das Sonderangebot. このジャケットはお~です Diese Jacke ist günstig.
がいどく 害毒 das Übel -s,-; das Unheil -s. 社会に~を流す das gesellschaftliche Leben schädigen.
かいとる 買い取る jm. et. ab|kaufen.
かいならす 飼い馴らす zähmen; domestizieren.
かいなん 海難 die Seenot. ~救助 die Bergung. ~救助船 das Bergungsschiff. ~信号 das Notsignal. ~審判所 das Seeamt.
かいにゅう 介入 die Einmischung -en; 〔仲裁者としての〕die Intervention -en. ~する sich ein|mischen 《in 4格》. 紛争に~する in einem Streit intervenieren. 第三者の~ fremde Einmischung.
かいにん 解任する jn. aus seinem Amt entlassen* (entfernen); jn. seines Amtes entheben*.
かいにん 懐妊する schwanger werden*(s).
かいぬし 買い主 der Käufer -s,-.
かいぬし 飼い主 der Halter -s,-. あなたはこの犬の~ですか Sind Sie der Herr dieses Hundes? ~のない犬 herrenloser Hund.
かいね 買い値 der Kaufpreis -es,-e; 〔仕入れ値〕der Einkaufspreis -es,-e.
がいねん 概念 der Begriff -s,-e. ...の~を得る einen Begriff bekommen* 《von 3格》. ~上の(的な) begrifflich. ~規定 die Begriffsbestimmung.
かいば 飼い葉 das [Vieh]futter -s. 馬に~をや

る die Pferde füttern. ～桶 die [Futter-]krippe.

がいはく 外泊する auswärts schlafen*; irgendwo anders übernachten; über Nacht aus|bleiben*(s).

がいはく 該博・多知識 großer Reichtum an Kenntnissen. ～な知識の持ち主 ein Mann von hoher Gelehrsamkeit.

かいはくしょく 灰白色の aschbleich; hellgrau.

かいばしら 貝柱 der Adduktor -s, -en.

かいはつ 開発 ¶天然資源を～する Naturschätze erschließen*. 新しいワクチンを～する einen neuen Impfstoff entwickeln. 未開地を～する unbebautes Land kultivieren. ～上国 das Entwicklungsland. ～計画 das Entwicklungsprogramm.

かいばつ 海抜 ¶この山は～約3000メートルある Der Berg ist etwa 3 000 Meter über dem Meeresspiegel (略: ü.d.M.).

かいはん 改版 neu auf|legen.

かいひ 会費 der [Mitglieds]beitrag -s, ≈e.

かいひ 回避 ¶責任を～する sich der Verantwortung entziehen*. 質問を～する einer Frage aus|weichen*(s). 返答を～する die Antwort [auf eine Frage] umgehen*. 衝突を～する Zusammenstöße vermeiden*.

がいひ 外皮 der Oberhaut ≈e; [果物などの] die Schale -n; [木・パンの] die Rinde -n.

かいびゃく 開闢以来 seit Beginn der Welt; seit undenklichen Zeiten.

かいひょう 海豹 der Seehund -[e]s, -e; die Robbe -n.

かいひょう 開票・する die Stimmzettel (Stimmen) aus|zählen. この選挙区は即日～だ Die Stimmenauszählung in diesem Wahlkreis findet am selben Tag statt.

がいひょう 概評を述べる ein allgemeines Urteil ab|geben* 《über 4 格》.

かいひん 海浜 der [Meeres]strand -[e]s, ≈e; die [See]küste -n.

かいふ 回付する übergeben*; senden(*).

がいぶ 外部 die Außenseite -n. 建物の～ das Äußere# eines Gebäudes. ～の äußer. …の～で außerhalb 《2 格》. ～からの干渉 fremde Einmischung. ～から見ると von außen her gesehen. ～の人 der Außenstehende#. 秘密が～に漏れた Das Geheimnis ist bekannt geworden.

かいふう 開封・便 unverschlossene Sendung -en. ～する einen Brief öffnen (entsiegeln); [不当に] einen Brief auf|brechen*.

かいふく 回復 die Wiederherstellung -en. 失地を～する ein verlorenes Land wieder|gewinnen*. 元気を～する sich erholen. 名誉を～する seine Ehre wieder|her|stellen. 天気が～した Das Wetter hat sich wieder gebessert. 景気が～した Die Geschäfte haben sich wieder belebt. 彼の健康はまだ十分に～していない Er (Seine Gesundheit) ist noch nicht ganz wiederhergestellt. ～期 die Genesungszeit.

かいふく 開腹手術 die Laparotomie -n; der Bauchschnitt -[e]s, -e.

かいぶつ 怪物 das Ungetüm -s, -e; das Ungeheuer -s, -; das Monstrum -s, ..ren (..ra).

がいぶん 外聞 der Ruf -es. ～の悪い schändlich. ～を気にする auf seinen Ruf viel halten*. 恥も～もない jedes Schamgefühls bar sein*. それは彼の～にかかわる Sein Ruf wird dabei gefährdet.

かいぶんしょ 怪文書 rätselhafte Urkunde -n.

かいへい 海兵 der Marinesoldat -en, -en; der Mariner -s, -. ～隊 die Marineinfanterie.

かいへい 開平 ¶8を～する die Quadratwurzel aus 8 ziehen*.

かいへいき 開閉器 der Schalter -s, -.

がいへき 外壁 die Außenwand ≈e.

かいへん 改変する [um|]ändern; um|gestalten.

かいへん 改編 ¶教科書を～する ein Lehrbuch um|arbeiten. 艦隊を～する eine Flotte reorganisieren.

かいほう 介抱 ¶病人を～する einen Kranken pflegen (warten).

かいほう 会報 der Vereinsbericht -s, -e; das Bulletin -s, -s.

かいほう 快方 ¶病人は～に向かっている Dem Kranken geht es immer besser.

かいほう 開放・する [ドアなどを] offen lassen*. 競技への参加はすべての人々に～されている Die Teilnahme am Wettkampf ist für alle offen. ～的な aufgeschlossen; offen[herzig]. 門戸～政策をとる eine Politik der offenen Tür betreiben*.

かいほう 解放 die Befreiung; [婦人・奴隷の] die Emanzipation -en. ～する jn. befreien 《von (aus) 3 格》; emanzipieren. ～された befreit; emanzipiert. ～運動 die Emanzipationsbewegung. ～者 der Befreier.

かいぼう 海防 die Küstenverteidigung.

かいぼう 解剖 die Sektion -en; die Obduktion -en. 死体を～する eine Leiche sezieren. ～の結果死因が分った Durch die Sektion ist die Todesursache geklärt. 文章を～する einen Satz analysieren. ～学 die Anatomie. ～学者 der Anatom. ～学上の anatomisch. ～所見 der Sektionsbefund. ～台 der Seziertisch. ～刀 das Seziermesser. 生体～ die Vivisektion. 比較～学 vergleichende Anatomie.

がいぼう 外貌で判断する nach dem Äußeren (dem Äußeren nach) urteilen 《über 4 格》.

かいほうせき 海泡石 der Meerschaum -s.

かいまく 開幕 Der Vorhang geht auf. 国会が～した Das Parlament ist eröffnet. ～第1戦 das Eröffnungsspiel.

かいまみる 垣間見る ¶彼らの家庭生活を～ einen Einblick in ihr Familienleben bekom-

かいむ 皆無 ¶彼女は音楽の知識が~だ Sie besitzt gar keine Kenntnisse in der Musik. 彼の財産は~となった Sein ganzes Vermögen ist verloren gegangen.

がいむ 外務·省 das Außenministerium; das Auswärtige Amt (略: AA). ~大臣 der Außenminister. ~員 der Außendienstler.

かいめい 改名する seinen Namen ändern.

かいめい 解明する auf|klären; Licht bringen* (in 4 格).

かいめつ 壊滅 ¶敵軍を~する den Feind vernichten. 町は爆撃で~した Die Stadt ist durch Bomben völlig zerstört worden. ~的敗北を喫する eine vernichtende Niederlage erleiden*.

かいめん 海面 die Meeresoberfläche. ~に浮かんでいる auf der Meeresoberfläche schwimmen*. ~は鏡のように滑らかだった Die Oberfläche des Meeres war glatt wie ein Spiegel.

かいめん 海綿 der Schwamm -[e]s, ¨e. ~状の schwammartig; schwammig.

がいめん 外面 die Außenseite -n; 〔うわべ〕 das Äußere#. ~的 äußerlich.

かいもどす 買い戻す zurück|kaufen; wieder|kaufen.

かいもの 買い物 der Einkauf -s, ¨e. ~をする Einkäufe (Besorgungen) machen. ~に行く einkaufen gehen*(s). ~籠 der Einkaufskorb. ~袋 die Einkaufstasche.

がいや 外野 das Außenfeld -[e]s, -er. ~手 der Außenfeldspieler.

かいやく 解約·する einen Vertrag lösen. 賃貸借に~を通告する einen Mietvertrag kündigen. ~通告 die Kündigung. ~金 das Reugeld. ~返戻金 der Rückkaufswert.

かいゆ 快癒·する von einer Krankheit völlig genesen*(s). 傷は~した Die Wunde ist gut geheilt.

かいゆう 回遊·する eine Rundreise machen; 〔魚が〕 wandern (s). ~魚 der Wanderfisch.

がいゆう 外遊する ins Ausland reisen (s).

かいよう 海洋 das Meer -[e]s; der Ozean -s, -e. ~を乗り切る das Meer durchfahren*. ~気象台 die Seewarte. ~学 die Meereskunde; die Ozeanographie. ~性気候 das Seeklima; ozeanisches Klima.

かいよう 潰瘍 das Geschwür -s, -e. ~を切開する ein Geschwür auf|schneiden*. 胃~ das Magengeschwür.

がいよう 概要 der Umriss -es, -e. ~を述べる et. in groben Umrissen dar|stellen.

がいようやく 外用薬 die Arznei für [den] äußerlichen Gebrauch.

かいらい 傀儡 die Marionette -n. ~政権 die Marionettenregierung. ~師 der Marionettenspieler.

がいらい 外来·の fremd; 〔医〕 ambulant. ~語 das Fremdwort. ~者 der Fremde#; 〔訪問者〕 der Besucher. ~患者 ambulanter Patient. ~[診療部] die Ambulanz.

かいらく 快楽 die Lust ¨e. ~を追う dem Vergnügen nach|jagen (s). ~にふける seiner Lust (seinen Lüsten) frönen. ~主義 der Hedonismus. ~主義者 der Hedoniker.

かいらん 回覧·で知らせる durch [einen] Umlauf bekannt geben*. 雑誌を~する die Zeitschrift [in seinem Bekanntenkreis] zirkulieren lassen*.

かいり 海里 die Seemeile -n (記号: sm).

かいり 解離 〔化〕 die Dissoziation -en.

かいりき 怪力 herkulische Kräfte pl.

かいりつ 戒律 das Gebot -[e]s, -e; religiöse Vorschriften pl.

がいりゃく 概略·を述べる et. in groben Umrissen dar|stellen. ~[では] im Großen und Ganzen.

かいりゅう 海流 die Meeresströmung -en.

かいりゅう 開立 ¶27を~する die Kubikwurzel aus 27 ziehen*.

かいりょう 改良 die Verbesserung -en. ~する verbessern. ~の余地のある verbesserungsfähig.

がいりょく 外力 äußere Kraft ¨e. ~の圧迫 der Außendruck.

がいりん 外輪·山 äußerer [Krater]ringwall. ~船 der Raddampfer.

かいろ 回路 der Stromkreis -es, -e.

かいろ 海路 zu Wasser; zu See.

かいろ 懐炉 der Taschenwärmer -s, -.

かいろ 街路 die Straße -n. ~樹 der Straßenbaum; der Alleebaum.

かいろう 回廊 der Korridor -s, -e; der Rundgang -[e]s, ¨e.

カイロプラクティック 〔医〕 die Chiropraktik.

がいろん 概論 der Grundriss -es, -e. 哲学~ Einführung in die Philosophie.

かいわ 会話 das Gespräch -[e]s, -e; die Konversation -en. ~する mit jm. sprechen*. ドイツ語で~をする sich deutsch (auf Deutsch) unterhalten*. ドイツ語の~がうまい gut Deutsch sprechen*. 英語の~を習う Englisch sprechen lernen.

かいわい 界隈·で in der Nachbarschaft. 新宿~で in der Gegend von Shinjuku. 彼はこの~に住んでいる Er wohnt hier herum.

かいん 下院 das Unterhaus -es, ¨er. ~議員 das Mitglied des Unterhauses.

かう 支う ¶木に支柱を~ einen Baum pfählen (stützen).

かう 買う [sich³] et. kaufen. 高く(安く)~ teuer (billig) kaufen. 大金を出して~ für (um) viel Geld kaufen. 乗車券を~ eine Fahrkarte lösen. 女を~ huren. 売られた喧嘩を~ den Streit auf|greifen*. 怒りを~ js. Zorn auf sich ziehen*. 憎しみ(軽蔑)を~ js. Hass (Verachtung) auf sich laden*. 腕を~ js. Talent hoch schätzen.

かう 飼う ¶犬を~ [sich³] einen Hund halten*.

カウボーイ der Cowboy *-s,-s.*
ガウン〔裁判官などの〕die Robe *-n.* ナイト～ der Schlafrock.
カウンセラー der Berater *-s,-.*
カウンセリング die Beratung *-en.*
カウンター der Ladentisch *-es, -e;* 〔勘定台〕die Kasse *-n;*〔酒場などの〕die Theke *-n;*〔計数器〕der Zähler *-s, -.*
カウント 〔ボクシング〕*jn.* an|zählen. ～を取る 〔ボクシング〕*jn.* an|zählen. ～アウトになる ausgezählt werden*(s受).
かえ 代(替)え der Ersatz *-es.*
かえうた 替え歌 die Parodie *-n.*
かえし 返し ¶お～に 〔返礼〕zum Gegengeschenk. 100円のお～ 100 Yen zurück!
かえす 反す ¶手の平を～ die Hand um|kehren. 畑の土を～ den Acker um|graben* (um|stechen*).
かえす 返す zurück|geben*. 借りた本を～ *jm.* das geliehene Buch zurück|geben*. 恩を仇で～ eine Wohltat mit Undank vergelten*. 送り～ zurück|schicken 《nach 3格》. 口を～ *jm.* widersprechen*. 読み～ nochmals (wieder) lesen*.
かえす 孵す ¶卵(雛)を～ Eier (die Jungen) aus|brüten.
かえすがえす 返す返す ¶それは～残念だ Das tut mir aufrichtig (wirklich) Leid.
かえだま 替え玉 der Strohmann *-[e]s, ̈-er.* 試験に～を使う *jn.* an seiner Stelle im Examen machen lassen*.
かえって 却って 〔逆に〕im Gegenteil;〔むしろ〕vielmehr. 小言を言うより～褒める方がよい Lieber loben als tadeln! 叱りすぎると～子供はよくない Zu viel Tadeln schadet im Gegenteil den Kindern. 儲(½)かるどころか～大損だ Nicht viel Gewinn, sondern umgekehrt großer Schaden.
かえで 楓 der Ahorn *-s, -e.*
かえり 帰り・が遅い spät heim|kommen*(s). ～を急ぐ nach Hause eilen (s). ～はバスにする mit dem Bus zurück|fahren*(s). ～に寄ってくれたまえ Komm doch auf dem Rückweg bei mir vorbei!
かえりうち 返り討ちにあう die Revanche verlieren*.
かえりがけ 帰りがけに auf dem Rückweg.
かえりざき 返り咲きする nochmals blühen; remontieren(½);〔回想する〕wieder auf|treten*(s); ein Comeback erleben.
かえりみち 帰り道で auf dem Rückweg.
かえりみる 省みる nach|denken* (reflektieren)《über 4格》.
かえりみる 顧みる〔振り向く〕sich um|sehen* 《nach 3格》; zurück|denken* 《an 4格》. 青春時代を～ an seine Jugend zurück|denken*. 自己を深く～ sich über sich selbst besinnen*. 人を~いとまがない keine Zeit haben(½), auf die anderen Rücksicht zu nehmen. 損害を顧みずに ohne Rücksicht auf Verluste.
かえる 蛙 der Frosch *-es, ̈-e.* ～が鳴く Die Frösche quaken. ～の子は～ Art lässt nicht von Art.
かえる 返る ¶持ち主に～ dem Besitzer zurückgegeben werden*(s受). 昔の姿に～ wiederhergestellt werden*(s受). 正気に～ wieder zu sich³ kommen*(s). 童心に～ kindlich werden*(s).
かえる 帰る zurück|kehren (s); zurück|kommen*(s). 家に～ nach Hause gehen* (kommen*) (s). 故郷に～ in die Heimat zurück|kehren (s).
かえる 孵る ausgebrütet werden*(s受).
かえる 変える [ver]ändern; wechseln. 位置を～ *et.* um|stellen. 顔色を～ die Farbe wechseln. 姿を～ sich verkleiden. 意見を～ seine Meinung ändern. 政策を～ die Politik wechseln.
かえる 替(代・換)える [um]wechseln; *et.* tauschen 《gegen 4格》;〔更新する〕erneuern. 金(½)に～ *et.* zu Geld machen. 着物を～ sich um|kleiden. ユーロをドルに～ Euro in Dollars wechseln. 住居を～ die Wohnung wechseln. カメラをラジオに～ eine Kamera gegen einen Radioapparat [ein]tauschen. ブローチを友達のと～ mit einer Freundin Broschen aus|tauschen.
かえん 火炎 die Flamme *-n.* ～が燃え上がる Die Flamme lodert. ～に包まれる in Flammen stehen*. ～放射器 der Flammenwerfer. ～瓶 der Molotowcocktail.
かお 顔 das Gesicht *-s, -er.* 青い～をする blass werden*(s). ～を洗う sich³ das Gesicht waschen*. ～を合わす mit *jm.* zusammen|treffen*(s). 大きな～をする groß|tun*. 浮かぬ (いやな)～をする ein trübes (verdrießliches) Gesicht machen. 窓から～を出す sich zum Fenster hinaus|lehnen. ～を立てる *jm.* zu Ehren bringen*. ～を出す sich bei *jm.* sehen lassen*. ～がつぶれる sein Gesicht verlieren*. ～が広い eine große Bekanntschaft haben(½). ～のきく人 einflussreicher Mann. 恥ずかしくて～から火が出るようだった Das trieb mir die Schamröte ins Gesicht. ～に泥をぬる *jm.* Schande machen. ～にかかわる *js.* Ehre verletzen.
かおあわせ 顔合わせをする zusammen|kommen*(s); miteinander bekannt werden*(s).
かおいろ 顔色 die [Gesichts]farbe *-n;*〔血色〕der Teint *-s, -s.* ～を変える die Farbe wechseln. ～がよい(悪い) gut (blass) aus|sehen*. 彼は不信の念を～に表わした Sein Gesicht verriet Misstrauen. 彼は私の～をうかがった Er hat meine Miene beobachtet.
かおかたち 顔貌 Gesichtszüge *pl.* →顔立ち.
かおく 家屋 das Haus *-es, ̈-er;* das Gebäude *-s, -.* 独立～ das Einzelhaus.
カオス das Chaos *-.*
かおだし 顔出し・をする sich bei *jm.* sehen lassen*;〔訪問する〕bei *jm.* einen [kurzen] Besuch machen;〔出席する〕anwesend sein*

かおだち 顔立ち [Gesichts]züge pl.　～がよい(整っている) schöne (regelmäßige) [Gesichts-]züge haben*.

かおつき 顔付き die Miene -n; der Gesichtsausdruck -s, ¨e.　悲しそうな～をしている ein betrübtes Gesicht haben*.

かおぶれ 顔触れ ¶新内閣の～ die Mitglieder des neuen Kabinetts.　知らない～ばかりだった Es waren lauter fremde Gesichter.

かおまけ 顔負け ¶あまりずうずうしいのでこっちが～だ So eine [unglaubliche] Frechheit macht mich erröten.

かおみせ 顔見せ [興行] die Vorstellung mit den besten Schauspielern.

かおむけ 顔向け ¶恥ずかしくて世間に～ができない sich vor Scham nirgends zeigen können*.

かおやく 顔役 einflussreiche Person -en.

かおり 薫り der Geruch -s, ¨e; [芳香] der Duft -es, ¨e; das Aroma -s, ..men (-s).　～のよい duftend; wohlriechend; aromatisch.　この薔薇(ば)はよい～がする Diese Rose duftet fein (süß).　香水の～がする Es duftet nach Parfüm.

かおる 薫る duften.

がか 画架 die Staffelei -en.

がか 画家 der Maler -s, -; der Kunstmaler -s, -.

かかあでんか 嬶天下 die Weiberherrschaft.　彼のところは～だ Seine Frau hat die Hosen an.

かがい 課外の außerhalb des Stundenplans.

かがい 瓦解 der Zusammenbruch -s, ¨e; [政府の] der Sturz -es, ¨e.　～する zusammen|brechen*(s).　内閣が～した Das Kabinett wurde gestürzt.

かがいこうぎ 課外講義 die Extrastunde -n; [大学の] die Sondervorlesung -en.

かがいしゃ 加害者 der Schädiger -s, -; [犯罪行為の] der Täter -s, -; [殺害者] der Mörder -s, -.

かかえ 抱え ¶ひと～の薪 ein Arm voll Brennholz.　三～もある樅(もみ)の木 drei Arm voll Tanne.　ひと～ずつ armvollweise.　～主 der Dienstherr.

かかえる 抱える ¶腕(小脇)に～ in die Arme (unter den Arm) nehmen*.　運転手を～ einen Chauffeur an|stellen*.　病人を～ für einen Kranken sorgen.　彼は大家族を抱えている Er hat eine große Familie zu unterhalten.

カカオ der Kakao -s.

かかく 価格 der Preis -es, -e.　～表 die Preisliste.

かがく 下顎 der Unterkiefer -s, -.

かがく 化学 die Chemie.　～的 chemisch.　～記号 chemisches Zeichen.　～元素 chemisches Element.　～工業 chemische Industrie.　～作用 chemische Wirkung.　～者 der Chemiker.　～製品(薬品) Chemikalien pl.　～繊維 die Chemiefaser.　～反応 chemische Reaktion.　～肥料 künstlicher Dünger; der Kunstdünger.　～変化 chemische Veränderung.　～式 chemische Formel.　～療法 die Chemotherapie.　応用(有機; 無機)～ angewandte (organische; anorganische) Chemie.

かがく 科学 die Wissenschaft -en.　～者 der [Natur]wissenschaftler.　～的 wissenschaftlich.　自然～ Naturwissenschaften pl.　社会～ Sozialwissenschaften pl.　人文～ Geisteswissenschaften pl.　～技術庁 das Amt für Wissenschaft und Technologie.

かかげる 掲げる ¶旗を～ die Flagge hissen.　看板を～ ein Schild aus|hängen.　問題(条件)を～ Fragen (Bedingungen) stellen.

かかし 案山子 die [Vogel]scheuche -n.　彼は単なる～だ Er ist nur ein Strohmann.

かかす 欠かす ¶彼は一日も欠かさずに散歩する Er macht es sich zur Gewohnheit, jeden Tag spazieren zu gehen.　彼は初演には欠かさずに出かけた Er hat bei keiner Premiere gefehlt.　私たちには彼は欠かせない人だ Für uns ist er unentbehrlich.

かかずらう ～に係わる.

かかと 踵 die Ferse -n.　靴の～ der [Schuh]absatz.　靴下の～に穴があいている Der Strumpf hat ein Loch in der Ferse. / Die Ferse hat ein Loch.　靴の～が減った Ich habe die Absätze abgelaufen.

かがみ 鏡 der Spiegel -s, -.　～を見る in den Spiegel sehen*; sich im Spiegel besehen*.　～に姿を写す sein Bild im Spiegel sehen*.

かがみ 鑑 das Vorbild -es, -er; das Muster -s, -.　彼を～とする Ich nehme ihn [mir] zum Vorbild.

かがむ 屈む sich bücken (beugen).　屈んで財布を拾う sich nach der Börse bücken.　身(膝)を屈める sich (die Knie) beugen.

かがやかしい 輝かしい glänzend; prächtig.　～勝利 glorreicher Sieg.　～成功を収める [einen] glänzenden Erfolg haben*.

かがやかす 輝かす ¶名声を～ Ruhm ernten.　彼は喜びに目を～ Seine Augen leuchten vor Freude.

かがやき 輝き der Glanz -es; [華麗] die Pracht.　太陽の～ der Glanz der Sonne.

かがやく 輝く scheinen*; leuchten; strahlen.　太陽が～ Die Sonne scheint.　星がぴかぴか～ Die Sterne funkeln.　喜びに～ vor Freude strahlen.　顔が～ Sein Gesicht hellt sich auf.　栄誉に～ mit Ruhm gekrönt werden* (s受).

かかり 係[人] zuständiges Personal -s.　～の医者 der behandelnde Arzt.　～の役人 zuständige Beamte#.　～長 der Chef der Unterabteilung.　それは私の～ではない Das ist nicht meines Amtes.

かかり 掛かり ¶家の～ Lebenskosten pl.　～が大変だ Das macht mir viele Kosten.　この町に住むと～が多い Diese Stadt ist ein teures

Pflaster.
- **かかり** 掛かり ¶1日～で den ganzen Tag [über]. 1日～の仕事 eintägige Arbeit. 芝居～の文句 theatralische Worte *pl*.
- **かかりあい** 掛かり合い ¶事件の～になる [ungern] in eine Sache mit hineingezogen werden*(s受)*.
- **かかりあう** 掛かり合う → 係わる
- **かかりきり** 掛かり切り ¶私はこの問題に～だ Dieses Problem nimmt mich ganz in Anspruch.
- **かかりつけ** 掛かり付けの医者 der Hausarzt *-es, ̈e*.
- **かがりび** 篝火 das Wachfeuer *-s, -*;〔合図の〕das Signalfeuer *-s, -*;〔祝いの〕das Freudenfeuer *-s, -*. ～をたく ein Wachfeuer machen.
- **かかる** ¶月が出かかっている Der Mond will gerade aufgehen. 死にかかっている dem Tode nahe sein*. 彼は溺れかかった Er wäre beinahe ertrunken. その言葉が口から出かかった Das Wort lag mir auf der Zunge.
- **かかる** 係る ¶私の名誉に～事だ Es gilt meine Ehre. / Es handelt sich um meine Ehre. 事の成否は一に係って君の努力にある Der Erfolg hängt ausschließlich von deinen Anstrengungen ab.
- **かかる** 罹る ¶病気に～ krank werden*(s)*. 黄疸に～ Gelbsucht bekommen*. 彼は流感に罹った Er ist an [einer] Grippe erkrankt. 病気に罹りやすい anfällig sein*.
- **かかる** 掛かる ¶網に～〔魚などが〕ins Netz gehen*(s). 或る人の罠に～ *jm.* ins Netz gehen*(s). 心に～ *jm.* am Herzen liegen*. 仕事に～ an die Arbeit gehen*(s); sich an die Arbeit machen. 壁に掛かっている〔絵などが〕an der Wand hängen*. 新しい芝居が～ Ein neues Stück wird gegeben. 引出しには鍵が掛かっていた Die Schublade war verschlossen. 嫌疑(責任)が彼に～ Ein Verdacht (Die Verantwortung) ruht auf ihm. 山に雲が～ Die Wolken hängen über den Bergen. 中天に月が～ Der Mond steht hoch [am Himmel]. 川に橋が掛かっている Eine Brücke führt über den Strom. はねが～ mit Schmutz besprengt werden*(s受). それには金が～ Es kostet mich viel Geld. ベルリンまで飛行機で何時間掛かりますか Wie viel Stunden dauert der Flug nach Berlin?
- **かがる** 縢る stopfen.
- **かがる** 青(赤)味がかった bläulich (rötlich). 芝居がかった theatralisch.
- **かかわらず** 拘わらず trotz (ungeachtet)《2格》; trotzdem ... それにも～ trotzdem. 雨にも～ trotz des Regens. 好むと好まざるに～ gern oder ungern. 晴雨に～参ります Ich komme auf jeden Fall, ob es schön ist oder regnet. 土砂降りの雨にも～, 彼はやって来た Es goss in Strömen, trotzdem kam er. / Trotzdem es in Strömen goss, kam er [doch].
- **かかわり** 係(関)わり ¶それが私に何の～があろう Was habe ich damit zu tun?
- **かかわる** 係(関)わる ¶命に～負傷 lebensgefährliche Verletzung. それは生死に～事だ Es geht bei dieser Sache um Leben und Tod. つまらぬ事に～ sich mit den Kleinigkeiten abgeben*. 私の名誉に～ Es handelt sich um meine Ehre. /〔危うくする〕Das schadet meiner Ehre. 私はこの事件に係わりたくない Ich möchte mit dieser Sache nichts zu tun haben.
- **かかん** 花冠 die [Blumen]krone *-n*;〔花環〕der [Blumen]kranz *-es, ̈e*.
- **かかん** 果敢な kühn; unerschrocken.
- **かき** 柿 die Kakipflaume ['ka:ki...] *-n*; die Persimone *-n*. ～の木 der Kakibaum.
- **かき** 垣 der Zaun *-[e]s, ̈e*. ～をめぐらす *et.* mit einem Zaun umgeben*; *et.* ein|zäunen. 彼らはお互いの間に～をつくった Sie errichteten einen [künstlichen] Zaun zwischen sich.
- **かき** 下記 ～の folgend. ～の通り wie unten erwähnt.
- **かき** 火気厳禁 Kein Feuer!
- **かき** 火器 die Feuerwaffe *-n*.
- **かき** 牡蠣 die Auster *-n*. ～フライ gebackene Auster.
- **かき** 花卉 die Blume *-n*. ～栽培 die Blumenzucht.
- **かき** 花期 die Blütezeit *-en*.
- **かき** 夏期 der Sommer *-s, -*. ～休暇 Sommerferien *pl*. ～講習 der Sommerkurs[us].
- **かぎ** 鉤 der Haken *-s, -*;〔引用符〕Anführungszeichen *pl*. コートを～に掛ける den Mantel an (auf) einen Haken hängen. ～状の hakenförmig. ～の手に rechtwinklig.
- **かぎ** 鍵 der Schlüssel *-s, -*. 部屋に～を掛ける das Zimmer ab|schließen*. ドアの～をあける die Tür auf|schließen*. この～はうまく合わない Dieser Schlüssel passt schlecht. それが成功の(その秘密を解く)～だ Das ist der Schlüssel zum Erfolg (zu dem Geheimnis). ～穴 das Schlüsselloch. ～っ子 das Schlüsselkind.
- **がき** 餓鬼〔子供〕der (das) Balg *-[e]s, ̈er*.
- **かきあげる** 書き上げる ¶名前を～ eine Liste der Namen auf|stellen. 私は小説を書き上げた Ich habe den Roman fertig geschrieben.
- **かきあげる** 掻き上げる ¶髪の毛を～[sich³] die Haare auf|kämmen; sich³ die Haare aus dem Gesicht streichen*.
- **かきあつめる** 掻き集める zusammen|scharren.
- **かぎあてる** 嗅ぎ当てる *et.* durch den Geruch wahr|nehmen*; *et.* auf|spüren.
- **かきあらわす** 書き表わす [in Worten] aus|drücken. 喜びを詩に～ ein Gedicht über seine Freude machen (schreiben*). 感想を～ seine Eindrücke schildern.
- **かきいだく** 掻き抱く *jn.* in die Arme schließen*; *jn.* ans Herz drücken.
- **かきいれ** 書き入れ ¶今が～時だ Es ist jetzt die beste Zeit für gute Geschäfte.

かきいれる 書き入れる *et.* ein|schreiben*(ein|tragen*) (in 4格).

かきうつす 書き写す ab|schreiben*; kopieren.

かきおき 書き置きをする *jm.* eine Nachricht zurück|lassen*; 〔遺言を〕sein Testament machen (hinterlassen*).

かきおくる 書き送る *jm.* (an *jn.*) schreiben* (über 4格). 一筆～ *jm.* ein paar Zeilen schreiben*.

かきおとす 書き落す ¶大事な言葉を～ ein wichtiges Wort [beim Schreiben] aus|lassen*.

かきおろす 書き下ろす ¶長編小説を～ einen neuen Roman schreiben*.

かきかえる 書き替える um|schreiben*; 〔更新する〕erneuern. 家は彼女の名義に書き替えられた Das Haus ist auf sie (auf ihren Namen) umgeschrieben worden.

かきかた 書き方 die Art zu schreiben. 君は手紙の～を知らない Du weißt nicht, wie man einen Brief schreibt.

かききえる 搔き消える spurlos verschwinden*(*s*).

かきくもる 搔き曇る ¶一天にわかに～ Der Himmel bezieht sich auf einmal mit schwarzen Wolken.

かきけす 搔き消す ¶演説者の声は騒然とした群衆によって搔き消された Der Redner wurde vom Tumult der Menge übertönt. → 搔き消える.

かきことば 書き言葉 die Schriftsprache *-n*.

かきこみ 書き込み die Eintragung *-en*; die Notiz *-en*.

かきこむ 書き込む → 書き入れる.

かきこむ 搔き込む ¶ご馳走を～ eine Speise verschlingen*.

かぎざき 鉤裂き ¶ズボンに～をこしらえる einen Riss in der Hose bekommen*.

かきしるす 書き記す [sich³] auf|schreiben*; [sich³] notieren.

かきそえる 書き添える hinzu|schreiben*.

かきそこなう 書き損う falsch schreiben*; sich verschreiben*.

かきだし 書き出し der Eingang [einer Schrift].

かきだす 書き出す ¶勘定書を～ [*jm.*] eine Rechnung aus|schreiben*.

かきだす 搔き出す heraus|kratzen; 〔水などを〕heraus|schöpfen.

かぎだす 嗅ぎ出す → 嗅ぎ付ける.

かきたてる 書き立てる ¶その事件は新聞に書き立てられた Die Affäre ist in den Zeitungen hochgespielt worden.

かきたてる 搔き立てる ¶火(欲望)を～ das Feuer (*js.* Begierden) an|fachen. 好奇心を～ *js.* Neugier reizen. 〔卵をまぜて〕泡を～ [Eier zu] Schaum schlagen*. 沈澱物を～ Bodensatz auf|rühren.

かぎタバコ 嗅ぎタバコ der Schnupftabak *-s*.

かきちらす 書き散らす hin|schmieren.

かきつけ 書付〔メモ〕die Notiz *-en*;〔勘定書〕die Rechnung *-en*.

かきつける 書き付ける → 書き記す.

かぎつける 嗅ぎ付ける wittern; Wind bekommen* 《von 3格》. 陰謀を～ einem Komplott auf die Spur kommen*(*s*).

かぎって 限って ¶何も今日に～雨が降らなくともいいのに Gerade (Ausgerechnet) heute muss es regnen. 彼に～絶対嘘はつかない Er würde der Letzte sein, der löge.

かきつばた 杜若 geglättete Schwertlilie *-n*.

かきて 書き手 der Schreiber *-s*, -.

かきとめ 書留〔手紙〕der Einschreibebrief *-s, -e*;〔小包〕das Einschreibepäckchen *-s, -*;〔郵便物の上書きに〕Einschreiben! 手紙を～にしてもらう einen Brief einschreiben lassen*. ～で送る per Einschreiben schicken. 小切手を～で送って下さい Senden Sie den Scheck im eingeschriebenen Brief! ～料 die Einschreibegebühr.

かきとめる 書き留める notieren; vermerken.

かきとり 書き取り das Diktat *-s, -e*. ～をさせる *jm. et.* diktieren. ～をする ein Diktat schreiben*.

かきとる 書き取る notieren;〔口述筆記する〕nach Diktat schreiben*. 講義を～ Vorlesungen nach|schreiben*.

かきなおす 書き直す um|schreiben*.

かきながす 書き流す ¶手紙をさらさらと～ einen Brief [schnell] herunter|schreiben*.

かきなぐる 書きなぐる flüchtig hin|schreiben*; kritzeln; [hin]|schmieren.

かきならす 搔き鳴らす ¶ハープを～ die Harfe schlagen*.

かきぬき 書き抜き der Auszug *-[e]s, ¨-e*; das Exzerpt *-[e]s, -e*. ～をする Auszüge machen 《aus 3格》.

かきぬく 書き抜く ¶論文の重要な箇所を～ aus einer Abhandlung das Wesentliche [her]aus|schreiben* (exzerpieren).

かきね 垣根 → 垣.

かきのける 搔き退ける ¶人を搔き退けて前へ出る sich [vorwärts] durch die Menge drängen.

かきのこす 書き残す ¶メモ用紙に伝言を～ einen Zettel mit einer Nachricht hinterlassen*.

かぎばな 鉤鼻 die Hakennase *-n*.

かぎばり 鉤針 der Haken *-s, -*;〔編物用の〕die Häkelnadel *-n*. ～で編む häkeln.

かきまぜる 搔き混ぜる ¶小麦粉と牛乳を一緒に～ das Mehl mit Milch verrühren.

かきまわす 搔き回す um|rühren. スープを～ die Suppe [um]|rühren. 泥棒は戸棚を搔き回した Die Diebe haben alle Schränke durch[ge]wühlt.

かぎまわる 嗅ぎ回る schnüffeln; schnofeln.

かきみだす 搔き乱す ¶平和を～ den Frieden stören. 心を～ *jn.* verwirren.

かきむしる 搔き毟る ¶髪の毛を～ sich³ die Haare raufen. 私はその光景に胸を搔き毟られ

かきもの 書き物 das Schriftstück -s, -e.
かきもらす 書き漏らす → 書き落す.
かぎゃくはんのう 可逆反応 umkehrbare Reaktion -en.
かきゅう 下級・官吏(公務員) der Unterbeamte#; der niedere Beamte#. ～生 der Schüler der unteren Klasse.
かきゅう 火急·の dringend. ～の場合には im Notfall.
かきゅうてき 可及的速やかに möglichst schnell (rasch).
かきょう 佳境に入る sehr interessant werden*(s).
かきょう 架橋 der Brückenbau -[e]s. ～する eine Brücke schlagen* (bauen)《über 4 格》.
かきょう 華僑 chinesische Kaufleute im Ausland.
かぎょう 家業を継ぐ das Geschäft von seinem Vater übernehmen*.
かぎょう 稼業に励む seinen Geschäften (seinem Beruf) nach|gehen*(s).
かぎょう 課業 das Pensum -s, ..sen (..sa).
かきょく 歌曲 das Lied -es, -er.
かきよせる 掻き寄せる zusammen|scharren.
かぎり 限り ¶見渡す～ Soweit das Auge reicht, ... 私の知る～では Soviel ich weiß, ... 好天気の続く～ Solange das schöne Wetter noch anhält, ... できる～の事をする sein Möglichstes tun*. 喜びの～である aufs Höchste erfreut sein*《über 4 格》. 我慢するにも～がある Auch meine Geduld hat [einmal] ihre Grenzen. この～ only 今度限り～ nur dieses eine Mal. ～ない grenzenlos; unendlich. 声を～に叫ぶ mit aller Kraft schreien*.
かぎる 限る ¶講演を 15 分に～ Jede Redezeit ist auf 15 Minuten begrenzt (beschränkt). 限られた時間しかない [dafür] nur beschränkte Zeit zur Verfügung haben*. 本質的な事柄に限ってお話します Ich werde mich [in meinem Vortrag] auf das Wesentliche beschränken. 彼はいつ来ないとも限らない Er kann jeden Augenblick kommen. 黙っているに～ Es wäre am besten, nichts zu sagen. これに～ Das passt ausgezeichnet. / Ich halte es für das Beste. 金持必ずしも幸福とは限らない Der Reiche ist nicht immer glücklich.
かきわける 掻き分ける ¶人を～ sich durch die Menge drängen.
かきわり 書割 die Kulisse -n.
かきん 家禽 das Geflügel -s.
かきん 瑕瑾 der Makel -s, -.
かく 角 der Winkel -s, -. 90 度の～をなす einen Winkel von 90 Grad bilden. ～に切る in Würfel schneiden*. ～砂糖 der Würfelzucker. ～ばった顔 eckiges Gesicht.
かく 格〖文法〗der Kasus -, -; der Fall -es, ⸚e. ～が上である den Rang über jm. haben*. ～変化 die Deklination.

かく 核 der Kern -s, -e. ～実験 der Atomtest; der Atomversuch. ～爆発 die Kernexplosion. ～反応 die Kernreaktion. ～分裂 die Kernspaltung; 〔細胞の〕die Kernteilung. ～物理学 die Kernphysik. ～兵器 Nuklearwaffen (Kernwaffen) pl. ～融合 die Kernverschmelzung. ～弾頭 der Atomsprengkopf. ～家族 die Kernfamilie. ～武装した mit Kernwaffen ausgerüstet. ～拡散防止条約 der Atom[waffen]sperrvertrag. ～保有国 die Atommacht; nukleare Staaten pl. 原子～ der Atomkern.
かく 欠く ¶君は真剣さを～ Du lässt es an Ernst fehlen. ～べからざる unentbehrlich.
かく 書く schreiben*. 油絵を～ ein Ölbild malen. 円を～ einen Kreis zeichnen. 新聞に～ für eine Zeitung schreiben*. 聖書にそう書いてある Es steht in der Bibel so geschrieben. このペンは書きよい Die Feder schreibt gut.
かく 掻く kratzen. からだを～ sich kratzen. 頭を～ sich am Kopf kratzen. 足で水を～ mit den Füßen rudern. シャベルで雪を～ Schnee weg|schaufeln. 犬が戸を～ Der Hund kratzt (scharrt) an der Tür. 絃を掻き鳴らす die Saiten an|schlagen*.
かぐ 嗅ぐ riechen*. 香水のにおいを～ Parfüm riechen*. 犬が部屋のすみをくんくん～ Der Hund schnüffelt an der Ecke.
かぐ 家具 das Möbel -s, -. 部屋に～を取り付ける ein Zimmer möblieren. ～つき貸間あり Möbliertes Zimmer zu vermieten! ～店 das Möbelgeschäft. ～製造[業]者 der Möbelfabrikant.
がく 学·がある ein großes Wissen haben*. ～のある gelehrt; gebildet.
がく 萼 der Kelch -[e]s, -e.
がく 額 〔掛け額〕die Tafel -n; 〔額縁〕der Rahmen -s, -; 〔金額〕die Summe -n; der Betrag -[e]s, ⸚e; 〔分量〕die Menge -n. 巨大な～になる eine ungeheure Summe aus|machen.
かくあげ 格上げする im Rang erhöhen.
かくい 隔意なく(のない) offen[herzig]; freimütig.
がくい 学位 akademischer Grad -es, -e; 〔博士の〕der Doktorgrad -[e]s, -e. 医学博士の～を取る zum Doktor der Medizin promoviert werden*(s 受). ～を取る [博士の] den (seinen) Doktor machen. ～を授ける jm. den Doktortitel verleihen*. ～論文 die Doktorarbeit; die Dissertation.
かくいつ 画一·的な uniform; gleichförmig. ～化する uniformieren; gleichförmig machen. ～性 die Uniformität. ～主義 der Uniformismus.
かくいん 客員 das Ehrenmitglied -s, -er. ～教授 der Gastprofessor.
かくいん 閣員 das Kabinettsmitglied -s, -er.
かくう 架空·の fiktiv; erdichtet. ～線〔電車〕die Oberleitung.
かくえきていしゃ 各駅停車の列車 der Per-

がくえん 学園 die Lehranstalt -en.　～の自由 akademische Freiheit.
がくおん 楽音 musikalischer Ton -[e]s, ⸗e.
かくかい 各界の名士　Berühmtheiten aus allen Kreisen.
かくかく 斯く斯く・の男 und der Mann.　～の日に an dem und dem Tag.　～であると報告する jm. so und so mit|teilen.
がくがく ¶恐ろしさのあまり脚が～する Mir zittern die Beine vor Furcht.
かくがり 角刈りにする sich³ die Haare eckig schneiden lassen*.
かくぎ 閣議 die Kabinettssitzung -en.　～決定 der Kabinettsbeschluss.
がくぎょう 学業 die Schularbeit -en; das Studium -s.
がくげい 学芸 Kunst und Wissenschaft.　～会 das Schulfest.　～大学 pädagogische Hochschule.　～員 [博物館の] der Kustos.　～欄 das Feuilleton.
がくげき 楽劇 das Musikdrama -s, ..men.
かくげつ 隔月に zweimonatlich; alle zwei Monate.
かくげん 格言 das Sprichwort -[e]s, ⸗er; der Spruch -[e]s, ⸗e.　～集 das Spruchbuch.
かくげん 確言する versichern.
かくご 覚悟・する sich gefasst machen 《auf 4格》.　彼女に非難される事は～の前(上)だ Ich bin auf ihre Vorwürfe vorbereitet (gefasst).
かくさ 格差 der [Rang]unterschied -[e]s, -e.
かくざい 角材 das Kantholz -es, ⸗er.
がくさい 学際的な interdisziplinär.
かくさく 画策・する planen; Pläne schmieden 《für 4格》.　陰で～する Ränke spinnen*.
かくさげ 格下げ jn. (et.) degradieren 《zu 3格》.
かくさん 拡散 die Verbreitung; [物] die Diffusion -en.　～する sich verbreiten; [物] diffundieren.　核兵器の～ die zunehmende Verbreitung von Kernwaffen.　～性の [物] diffus.
かくさん 核酸 die Nukleinsäure -n.
かくじ 各自 jeder; jedermann.
がくし 学士・号 der Gakushi-Titel.　～院 die Akademie der Wissenschaften.
がくし 学資 das Schulgeld -[e]s; das Studiengeld -[e]s.
がくし 楽師(士) der Musikant -en, -en.　オーケストラの～ das Orchestermitglied.
かくしあじ 隠し味 das Zusatzgewürz -es, -e.
かくしカメラ 隠しカメラ die Geheimkamera -s.
かくしき 格式・ばる viel Wert auf Formen (Förmlichkeiten) legen.　～ばった förmlich; zeremoniell.
がくしき 学識・のある gelehrt.　～豊かな人 ein Mann von großer Gelehrsamkeit.　～経験者 die Gelehrten# und Erfahrenen# pl.
かくしげい 隠し芸をやる ein verborgenes Talent vor|führen.
かくしだて 隠し立て・をする jm. et. verheimlichen.　私たちの間にはなんの～もない Wir haben keine Geheimnisse voreinander.
かくしつ 角質 der Hornstoff -s.　～の hornig.
かくしつ 確執を生ずる mit jm. in Zwist geraten*(s).
かくじつ 隔日に jeden zweiten Tag; alle zwei Tage.
かくじつ 確実・な sicher; [信頼できる] zuverlässig.　～な筋からの情報によれば…である Aus zuverlässiger Quelle wird berichtet, dass …
がくしゃ 学者 der Gelehrte#.　～ぶる den Gelehrten spielen.
かくしゃく 矍鑠たる rüstig.
かくしゅ 各種の allerlei; verschiedenartig.　～の本 allerlei Bücher; Bücher aller Art.　～各様の意見 verschiedene Meinungen pl.
かくしゅ 馘首する jn. [aus dem Dienst] ent|lassen*.
かくしゅ 鶴首して待つ sehnsüchtig (ungeduldig) aus|schauen 《nach 3格》.
かくしゅう 隔週に jede zweite Woche; alle zwei Wochen; zweiwöchentlich.
かくじゅう 拡充する erweitern.
がくしゅう 学習・する lernen.　～者 der Lernende#.
がくじゅつ 学術 die Wissenschaft -en.　～上の wissenschaftlich.　～上の立場から vom wissenschaftlichen Standpunkt aus.　～会議 wissenschaftliche Tagung.　～書 wissenschaftliche Bücher (Schriften) pl.　～用語 wissenschaftliche Ausdrücke pl.; die Terminologie.
かくしょう 確証をあげる einen schlagenden Beweis geben* 《für 4格》.
がくしょう 楽章 der Satz -es, ⸗e.
かくしん 革新 die Reform -en.　～する reformieren.　～的 fortschrittlich.　～者 der Reformer.
かくしん 核心 der Kernpunkt -[e]s, -e.　問題の～に触れる zum Kern eines Problems vor|stoßen*(s).
かくしん 確信 die Überzeugung -en.　～させる jn. überzeugen 《von 3格》.　彼の成功を～している Ich bin von seinem Gelingen überzeugt. / Ich habe die feste Zuversicht, dass es ihm gelingen wird.　彼は～に満ちて言った Er sagte das im Brustton der Überzeugung (in fester Überzeugung).　～させるに足る überzeugend.　～犯 die Überzeugungstat.
かくじんかくよう 各人各様　jeder nach seiner Art.
かくす 隠す jm. et. verbergen*.　戸棚に～ in einem Schrank verbergen* (verborgen halten*).　手で顔を～ sein Gesicht in den Händen verbergen*.　怒りを隠しきれない seinen Groll nicht verbergen können*.　宝石を～ die Juwelen verstecken.　本心を～ die wahre Gesinnung verheimlichen.　木陰に身

を~ sich hinter einem Baum verstecken. 君は何か隠しているね Du verbirgst (verheimlichst) mir doch etwas! 何を隠しましょう Wenn ich offen sein darf, ...

かくすい 角錐 die Pyramide -n.

かくする 画する ¶一線を~ sich scharf ab|grenzen《von 3格》. 新紀元を~ Epoche machen.

かくせい 覚醒 ¶迷いから~する aus einem Wahn erwachen (s). ~剤 das Stimulans.

かくせい 隔世の感がある Es ist (scheint), als wären wir in einer anderen Welt. ~遺伝 der Atavismus. ~遺伝の atavistisch.

かくせい 廓清・する et. säubern《von 3格》. ~運動 die Säuberungsaktion.

がくせい 学生 der Student -en, -en. 女子~ die Studentin. ~時代 die Studentenzeit. ~生活 das Studentenleben. ~服 die Studentenuniform. ~風の studentisch. ~寮 das Studenten[wohn]heim. ~証 der Studentenausweis.

がくせい 学制 das Schulwesen -s. ~改革 die Schulreform.

がくせい 楽聖 hervorragendster Musiker -s, -.

かくせいき 拡声器 der Lautsprecher -s, -.

がくせきぼ 学籍簿 das Schülerverzeichnis -ses, -se; 〔大学の〕die Matrikel -n.

かくぜつ 隔絶している ganz abgesondert (völlig isoliert) sein*《von 3格》.

がくせつ 学説 die Theorie -n. 新しい~を立てる eine neue Theorie auf|stellen.

かくぜん 画然と区別する einen ins Auge fallenden Unterschied machen《zwischen 3格》.

がくぜん 愕然 ¶この光景に~とした Dieser Anblick entsetzte mich. / Ich entsetzte mich vor (bei) diesem Anblick. 私はこれを聞いて~とした Ich habe mit Entsetzen davon gehört.

がくそく 学則 die Schulordnung -en.

かくだい 拡大 die Vergrößerung. 物を4倍に~する ein Objekt vierfach vergrößern. 視野を~する seinen Gesichtskreis erweitern. ストライキが~する Der Streik dehnt sich aus. ~鏡 das Vergrößerungsglas.

がくたい 楽隊 die [Musik]kapelle -n.

かくたん 喀痰 der Auswurf -s; das Sputum -s, ..ta.

かくだん 格段・の ganz besonder. ~の進歩(相違) ein gewaltiger Fortschritt (Unterschied).

がくだん 楽団 die [Musik]kapelle -n;〔管弦楽団〕das Orchester -s, -.

がくだん 楽壇 musikalische Welt.

かくち 各地・に an allen Orten. ~から von überall her. ~を遍歴する von Ort zu Ort wandern (s).

かくちく 角逐する sich gegenseitig Konkurrenz machen.

かくちゅう 角柱 〔数〕 das Prisma -s, ..men.

かくちょう 拡張・する erweitern; aus|dehnen. 胃~ die Magenerweiterung.

かくちょう 格調の高い文 ein Satz in gehobenem (schwungvollem) Stil.

がくちょう 学長 der Rektor -s, -en.

かくづけ 格付け die Einstufung -en. ~する et. (jn.) ein|stufen (in 4格); nach Rang ordnen. 米を~する die verschiedenen Reisqualitäten sortieren.

かくてい 画定 ¶境界を~する eine Grenze ziehen*.

かくてい 確定 die Festsetzung -en. ~する fest|setzen. ~的 festgesetzt; bestimmt. 期日はまだ~しない Der Termin steht noch nicht fest. ~申告 endgültige Steuererklärung.

カクテル der Cocktail -s, -s. ~ドレス das Cocktailkleid. ~パーティー die Cocktailparty.

かど 角度 der Winkel -s, -; der Winkelgrad -[e]s, -e. 90度の~ ein Winkel von 90 Grad. あらゆる~から眺める von allen Gesichtspunkten aus betrachten. 道路は急~に曲る Die Straße biegt in scharfem Winkel ab. ~計 der Winkelmesser.

がくと 学徒 der Studierende -n.

かくとう 格闘 der Ringkampf -s, ⸚e; das Handgemenge -s, -. ~する mit jm. ringen*; [sich] mit jm. raufen; handgemein werden*(s).

かくとう 確答する eine [ganz] bestimmte Antwort geben*.

がくどう 学童 das Schulkind -[e]s, -er.

かくとく 獲得・する erwerben*; gewinnen*. 勝利を~する den Sieg erringen*.

かくにん 確認 die Bestätigung -en. ~する bestätigen. 本人である事を~する jn. identifizieren.

かくねん 隔年に alle zwei Jahre; zweijährlich.

がくねん 学年 das Schuljahr -[e]s, -e;〔大学の〕das Studienjahr -[e]s, -e.

かくのうこ 格納庫 die [Flugzeug]halle -n; der Hangar -s, -s.

がくは 学派 die Schule -n. プラトン~ die platonische Schule.

がくばつ 学閥 akademische Clique -n.

かくばった 角張った顔 eckiges Gesicht -s, -er. あまり角張らずに nicht so steif.

かくはん 攪拌・する [um|]rühren. ~器 die Rührmaschine.

がくひ 学費 das Studiengeld -[e]s.

がくふ 楽譜 Noten pl.;〔総譜〕die Partitur -en. ~を見て歌う nach Noten singen*. ~集 das Notenbuch (Notenheft). ~台 das Notenpult.

がくぶ 学部 die Fakultät -en. 法(医)~で学ぶ in der juristischen (medizinischen) Fakultät studieren. ~長 der Dekan.

がくふう 学風 akademische Tradition -en; 〔校風〕die Tradition einer Schule.

がくぶち 額縁 der Rahmen -s, -. 絵を~に

がくふ 楽譜

1. ト音記号 der G-Schlüssel
2. 調号 die Tonartvorzeichnung
3. 拍子記号 die Taktbezeichnung
4. 四分音符 die Viertelnote
5. スラー der Bogen
6. 小節線 der Taktstrich
7. 三連符 die Triole
8. 四分休符 die Viertelpause
9. ヘ音記号 der F-Schlüssel
10. 全音符 die ganze Note
11. 八分音符 die Achtelnote
12. 八分休符 die Achtelpause
13. ナチュラル das Auflösungszeichen
14. 二分音符 die halbe Note
15. シャープ das Kreuz
16. フラット das B
17. 符頭 der Notenkopf
18. 符点 der Verlängerungspunkt
19. 旗 das Notenfähnchen
20. 符尾 der Notenhals

入れる(からはずす) ein Bild rahmen (aus dem Rahmen nehmen*).

かくぶん 確聞するところによれば Wie ich aus zuverlässiger Quelle erfahren habe, ...

かくへき 隔壁 die Scheidewand ¨-e.

かくべつ 格別・の besonder. ～変った事はない Es gibt nichts Besonderes (Neues). 今日の暑さは～だ Heute ist es ungewöhnlich heiß. 私はその家が～美しいとは思わない Ich finde das Haus nicht besonders schön.

かくほ 確保・する sichern. 権利(席)を～する sich³ sein Recht (einen Platz) sichern.

かくほう 確報 zuverlässige Nachricht -en.

がくぼう 学帽 die Schülermütze -n.

かくまう 匿う jm. [eine] Zuflucht bieten*; verbergen*. 亡命者を～ einem Flüchtling Unterschlupf gewähren.

かくまく 角膜 die Hornhaut. ～移植 die Hornhautübertragung. ～炎 die Hornhautentzündung.

かくまく 隔膜 das Diaphragma -s, ..men.

かくめい 革命 die Revolution -en. ～を起す eine Revolution machen. ～が起る Eine Revolution bricht aus. この機械は現代技術に～を惹き起した Diese Maschine hat unsere Technik revolutioniert. 20世紀の中頃に技術～が始まった Um die Mitte des 20. Jahrhunderts setzte eine technische Revolution ein. ～的な revolutionär. ～家 der Revolutionär. フランス～ die Französische Revolution.

がくめい 学名 wissenschaftlicher Name -ns, -n. 動物(植物)の～ zoologischer (botanischer) Name. ～をつける einen wissenschaftlichen Namen bei|legen《3格》.

がくめん 額面 der Nennwert -[e]s, -e. ～通りで買う zu pari kaufen. ～以上(以下)である über (unter) pari stehen*. ～より20円下がる 20 Yen unter pari sinken*(s). ～通りに受け取る et. für bare Münze nehmen*. 君の言葉を～通りに受け取ろう Ich will dir aufs Wort glauben.

がくもん 学問 die Wissenschaft -en;〔学識〕die Gelehrsamkeit. ～をする studieren; Kenntnisse erwerben*. ～のある gelehrt. ～のない ungelehrt. ～ができる sich durch seine Gelehrsamkeit aus|zeichnen. ～的な wissenschaftlich.

がくや 楽屋 die [Schauspieler]garderobe -n. 組閣は～裏で行われた Die Kabinettsbildung hat sich hinter den Kulissen abgespielt.

かくやく 確約する jm. et. versichern (fest versprechen*).

かくやす 格安・な preiswert. ～の品 das Sonderangebot.

がくゆう 学友 der Schulkamerad -en, -en; der Studiengenosse -n, -n; der Kommilitone -n, -n.

がくようひん 学用品 Schulsachen pl.

かくらん 攪乱・する stören. 平和を～する den Frieden stören.

かくり 隔離 die Absonderung (Isolierung) -en. 伝染病患者を～する den Infektionsträger isolieren (unter Quarantäne stellen). ～病棟 die Isolierstation.

がくり 学理 wissenschaftliche Theorie -n.

かくりつ 格率 die Maxime -n.

かくりつ 確立 die Festlegung -en;〔名声などの〕die Befestigung. 基礎を～する den Grund fest|legen. 名声を～する seinen Ruhm befestigen (begründen).

かくりつ 確率 die Wahrscheinlichkeit -en. 雨になる～がきわめて大きい Es ist mit größter Wahrscheinlichkeit anzunehmen, dass es Regen gibt. こういう事柄の起る～は小さい(50分の1だ) Die Wahrscheinlichkeit, dass dieses Ereignis eintritt, ist gering (eins zu fünfzig). ～[上]の wahrscheinlich.

かくりょう 閣僚 das Kabinettsmitglied -s, -er.

がくりょう 学寮 das Studenten[wohn]heim -s, -.

がくりょく 学力 wissenschaftliche Kenntnisse (Fähigkeiten) pl. 生徒の～が上がる(下がる) Die Schulleistungen steigen (sinken). ～テスト die Leistungsprüfung.

がくれい 学齢・に達した schulpflichtig. ～に達している im schulpflichtigen Alter sein*.

かくれが 隠れ家 der Schlupfwinkel -s, -; das Versteck -s, -e.

かくれき 学歴 der Bildungsgang -[e]s, ¨e. ~のない人 eine Person ohne regulären Bildungsgang.

かくればしょ 隠れ場所 das Versteck -s, -e; 〔待伏せの〕der Hinterhalt -s, -e.

かくもない 隠れもない offenkundig; allbekannt.

かくれる 隠れる sich verstecken. 木陰に~ sich hinter einem Baum verstecken (verbergen*). 隠れた才能 verborgenes Talent. 隠れて heimlich; verstohlen. 慈善の美名に隠れて unter dem Deckmantel der Wohltat.

かくれんぼう 隠れん坊をする Versteck[en] spielen.

かくろん 各論に入る auf [die] Einzelheiten ein|gehen*(s).

がくわり 学割 die Studentenermäßigung (Schülerermäßigung) -en.

かくん 家訓 die Familienordnung.

かけ 賭 die Wette -n. ~をする eine Wette ein|gehen*(s). ~に勝つ(負ける) eine Wette gewinnen* (verlieren*).

かけ 掛け・で買う auf Kredit kaufen. 定価の8~で売る zu achtzig Prozent verkaufen.

かげ 影 der Schatten -s, -. 家家が路上に長い~を落す Die Häuser werfen ihre langen Schatten auf die Straße. ~の形に添うごとく付き従う jm. wie ein Schatten folgen (s). 自分の~におびえる sich vor seinem eigenen Schatten fürchten. やつれはてて見る~もない nur noch der (ein) Schatten seines einstigen Selbst sein*. その指輪は~も形もなかった Der Ring war spurlos verschwunden. 彼の顔にさっと暗い~がさした Ein Schatten flog über sein Gesicht.

かげ 陰 der Schatten -s, -. ドアの~に隠れる sich hinter der Tür verbergen*. 或る人の~にかくれてしまっている in js. Schatten stehen*. ~で悪口を言う js. Rücken schlecht reden《über 4格》. ~で糸を引く dahinter stecken*; an den Drähten ziehen*.

がけ 崖 der Steilhang -s, ¨e. ~崩れ der Erdrutsch.

かけあう 掛け合う mit jm. verhandeln《über 4格》.

かけあし 駆け足で im Laufschritt.

かけあわせる 掛け合わせる ¶5と6を~ 5 mit 6 multiplizieren. 馬と驢馬を~ ein Pferd mit einem Esel kreuzen.

かけい 火刑 die Verbrennung -en. ~に処せられる[lebendig] verbrannt werden*(受).

かけい 家系 der Stamm -s, ¨e. ~図 der Stammbaum.

かけい 家計 der Haushalt -s, -e. ~が豊かだ sein gutes Auskommen haben*. ~簿 das Haushaltungsbuch. ~費 das Haushalt[s]geld.

かけうり 掛け売りをする et. auf Kredit verkaufen.

かげえ 影絵 der Schattenriss -es, -e; die Silhouette -n.

かけおち 駆け落ち ¶或る娘と~する ein Mädchen von zu Hause entführen.

かけがいする 掛け買いする auf Rechnung (Kredit) kaufen.

かけがえ 掛け替え der Ersatz -es. ~のない unersetzlich. ~のない命 das kostbarste Leben.

かけがね 掛け金 der Riegel -s, -. ~を掛ける et. verriegeln.

かげき 過激・な radikal; extrem. ~な手段に訴える zu extremen Mitteln greifen*. ~化する sich radikalisieren. ~派 die Radikalen* pl.

かげき 歌劇 die Oper -n. モーツァルトの~を上演する eine Oper von Mozart auf|führen. ~を見に行く in die Oper gehen*(s). ~歌手 der Opernsänger. 喜~ die Operette.

かけきん 掛金 die Rate -n; [保険の] die Prämie -n.

かけきん 賭金 der Einsatz -es, ¨e.

かげぐち 陰口をきく jm. Übles nach|reden.

かけくらべ 駆け競べ der Wettlauf -[e]s, ¨e. ~をする mit jm. um die Wette laufen*(rennen*)(s).

かけごえ 掛け声 ¶よいしょと~を掛ける hau ruck! rufen*. よいしょと~を掛けて mit einem Hauruck.

かけごと 賭事 → 賭.

かけこむ 駆け込む herein|laufen* (herein|stürzen) (s) (in 4格). 交番へ~ bei der Polizeiwache Schutz suchen; zur Polizei rennen*(s).

かけざん 掛け算 die Multiplikation -en. → 掛ける.

かけす 《鳥》der Eichelhäher -s, -.

かけず 掛け図 die Wandkarte -n.

かけずりまわる 駆けずり回る herum|laufen*(s). 部屋探しに町中を~ die ganze Stadt nach einem Zimmer ab|klappern.

かけだし 駆け出し〔新参者〕der Neuling -s, -e. ~の医者 angehender Arzt.

かけだす 駆け出す zu laufen beginnen*; los|laufen*(s);〔外へ〕hinaus|laufen*(s).

かけちがう 掛け違う〔行き違いになる〕sich (einander) verfehlen. 考えが~ Unsere Gedanken kreuzen sich.

かけつ 可決 die Verabschiedung -en. その法案は国会で~された Das Gesetz ist im (vom) Parlament verabschiedet worden.

かけつける 駆け付ける gelaufen kommen*(s). 医者に~ zum Arzt eilen(s).

かけっこ 駆けっこ → かけくらべ.

かけどけい 掛け時計 die Wanduhr -en.

かけとり 掛け取りに行く gehen*(s), um Gelder einzukassieren.

かけぬける 駆け抜ける ¶林の中を~ durch das Gebüsch laufen*(s). そばを~ vorbei|laufen*(s)《an 3格》.

かけね 掛け値 die Überforderung -en. ~を言う jn. überfordern. あの男の話には~がある Er übertreibt gern. ~なしに ohne Übertreibung.

かけはなれる 懸け離れる ¶彼の話は主題から懸け離れた Er hat sich vom Thema entfernt. この星は300光年も地球から懸け離れている Dieser Stern ist 300 Lichtjahre von uns entfernt. 彼等の意見はひどく懸け離れていた Ihre Meinungen wichen stark voneinander ab.

かけひき 駆け引き die Taktik -en. ～をする eine Taktik an|wenden(*); mit Diplomatie vor|gehen*(s). ～のうまい taktisch geschickt; diplomatisch. 当店では一切～を致しません Hier wird nicht gehandelt.

かげひなた 陰日向・のある doppelzüngig; heuchlerisch. ～のない redlich; treu.

かけぶとん 掛け蒲団 die Decke -n.

かげぼうし 影法師 das Schattenbild -[e]s, -er.

かげぼし 陰干しにする im Schatten trocknen.

かけまわる 駆け回る → 駆けずり回る.

かげむしゃ 影武者 geheimer Doppelgänger -s, -; [黒幕] der Drahtzieher -s, -; der Hintermann -[e]s, ⸚er.

かけもち 掛け持ち ¶三つの学校を～で教える an 3 verschiedenen Schulen unterrichten.

かけよる 駆け寄る jm. zu|laufen*(s).

かけら ¶ガラスの～ die Splitter von Glas; Glasscherben pl. 誠意の～もない kein Fünkchen [von] Treue haben*.

かける 翔る ¶空を～ in der Luft fliegen*(s).

かける 欠ける ¶彼は常識に欠けている Es fehlt ihm an gesundem Menschenverstand. 月が～ Der Mond nimmt ab. 欠けたグラス ein angeschlagenes Glas.

かける 掛ける. 壁に絵を～ das Bild an die Wand hängen. 木に梯子を～ eine Leiter an einen Baum an|legen (lehnen). 鍋を火に～ einen Topf aufs Feuer stellen. マントを肩に～ den Mantel über die Schultern hängen. 眼鏡を～(掛けている) die Brille auf|setzen (eine Brille tragen*). 椅子に[腰を]～ sich auf einen Stuhl setzen. 橋を～ eine Brücke schlagen* (über 4 格). 花に水を～ Blumen begießen*. レコードを～ eine [Schall]platte auf|legen (laufen lassen*). 罠を～ jm. eine Falle stellen. 3に4を～ 3 mit 4 multiplizieren. 会議に～ der Sitzung vor|legen. 医者に～ jn. ärztlich behandeln lassen*. 鼻に～ stolz sein* (auf 4 格). 金を～ viel Geld verwenden(*) (auf (für) 4 格; zu 3 格). 望みを～ seine Hoffnung setzen (auf 4 格). 目を～ jn. begünstigen. 思いを～ sich in jn. verlieben.

かける 駆ける rennen*(s); [馬が] galoppieren (s; h).

かける 賭ける mit jm. wetten (um 4 格). 或る馬に～ [競馬で] auf ein Pferd wetten. 命を～ sein Leben aufs Spiel setzen. 名誉を賭けて誓う auf Leben und Tod. 名誉を賭けて誓う bei seiner Ehre schwören*.

かげる 陰る dunkel werden*(s). 日が～ Die Sonne sinkt (versteckt sich) hinter Wolken.

かげろう 陽炎が立つ Die heiße Luft flimmert.

かげろう 蜉蝣 die Eintagsfliege -n.

かげん 下弦の月 abnehmender Mond -es.

かげん 下限 das unterste Limit -s.

かげん 加減 ¶からだの～が悪い sich unwohl fühlen. 病人の～はどうですか Wie geht's dem Kranken? お湯の～はどうですか Wie ist das Bad? 丁度いい～です Es ist mir gerade recht (angenehm). 陽気の～か頭痛がする Ich habe Kopfschmerzen, vielleicht vom Wetter. 部屋の温度を～する die Temperatur im Raum regulieren. ～乗除 Addition, Subtraktion, Multiplikation und Division.

かこ 過去 die Vergangenheit. ～の vergangen. ～5年間に in den letzten 5 Jahren. 彼女は暗い～をもっている Sie hat eine dunkle Vergangenheit [hinter sich]. ～形《文法》das Präteritum. 動詞を～形にする ein Zeitwort in die Vergangenheit setzen. ～完了 das Plusquamperfekt. ～分詞 das Partizip Perfekt. ～帳 die Totenliste.

かご 籠 der Korb -es, ⸚e. ～に果物を盛る einen Korb mit Obst füllen. ～の鳥 der Vogel im Käfig.

かご 加護 ¶神の～により von Gottes Gnade.

かご 過誤 der Fehler -s, -; das Versehen -s, -.

かご 駕籠 die Sänfte -n.

がご 雅語 dichterisches Wort -es, ⸚er.

かこい 囲い die Einfriedung -en; [動物用の] das Gehege -s, -.

かこう 囲う [垣根・柵で] ein|frieden; [食糧を穴蔵などに] auf|speichern; [かくまう] verbergen*; jm. [eine] Zuflucht bieten*.

かこう 下降・する herab|steigen*(s); sinken* (s). 温度は零下5度に～した Das Thermometer ist auf 5 Grad unter null gesunken. ～線をたどる in absteigender Linie bewegen.

かこう 火口 der Krater -s, -. ～湖 der Kratersee.

かこう 加工 die Verarbeitung -en. ～する verarbeiten. ～業 verarbeitende Industrie. ～品 Fertigwaren pl.

かこう 花梗 der Blumenstengel -s, -.

かこう 河口 die [Fluss]mündung -en.

かこう 河港 der Flusshafen -s, ⸚.

かごう 化合 die Verbindung -en. ～する sich verbinden* (mit 3 格). 酸素と水素が～すると水になる Sauerstoff verbindet sich mit Wasserstoff zu Wasser. ～物 die Verbindung.

がこう 画工 der Maler -s, -.

がごう 雅号 der Künstlername -ns, -n; das Pseudonym -s, -e.

かこうがん 花崗岩 der Granit -s, -e.

かこく 苛酷・な streng; hart. ～な取り扱いをする jn. hart behandeln.

かこつ 託つ klagen (über 4 格).

かこつける 託ける ¶自分の過失を他人に～ Er

schreibt seine Fehler einem anderen zu. 病気に託けて unter dem Vorwand der Krankheit.

かこみ 囲み〔コラム欄〕die Kolumne *-n*. ～を解く(破る) die Belagerung auf|heben* (durch|brechen*).

かこむ 囲む umschließen*; umgeben*. 敵の陣地を～ die feindliche Stellung umfassen. テーブルを～ um den Tisch sitzen*. 高い塀が家を囲んでいる Eine hohe Mauer umschließt das Haus. 町は山に囲まれている Die Stadt ist von Bergen umschlossen (umgeben).

かこん 禍根を断つ die Wurzel eines Übels aus|rotten.

かごん 過言ではない Man kann ohne Übertreibung sagen, dass ...

かさ 笠 der Schirm *-[e]s, -e*. ランプの～ der [Lampen]schirm. きのこの～ der Pilzhut. 或る人の権威を～に着る sich auf *js*. Autorität berufen* (stützen).

かさ 傘 der Regenschirm *-s, -e*;〔日傘〕der Sonnenschirm *-s, -e*. ～を広げる(つぼめる) den Schirm auf|spannen (zu|klappen). ～立て der Schirmständer.

かさ 嵩〔容積〕die Größe *-n*;〔分量〕die Menge *-n*. 川の水～が増した Der Fluss ist angeschwollen. ～ばった umfänglich. ～に掛かった口のきき方をする in anmaßendem Ton sprechen*. ～に掛かって攻める überwältigend an|greifen*.

かさ 暈 der Hof *-[e]s, ⸚e*; die Aureole *-n*. 月が～をかぶっている Der Mond hat einen Hof.

かざあな 風穴 das Zugloch *-[e]s, ⸚er*.

かさい 火災 das Feuer *-s, -*; der Brand *-es, ⸚e*. 大～が起った Ein großes Feuer ist ausgebrochen. ～警報 der Feueralarm. ～報知器 der Feuermelder. ～保険 die Feuerversicherung.

かざい 家財〔家具〕das Hausgerät *-s*;〔財産〕das Vermögen *-s, -*.

かさかさ ～と鳴る rascheln. ～の sehr trocken; dürr. ～になる〔膚(は)が〕spröde werden*(*s*).

がさがさ 〔草の中で何か～する Es raschelt im Gras. ～の手 raue Hände *pl*.

かざかみ 風上 die Windseite *-n*;〔海〕die Luv. ～にある auf der Windseite (in Luv) liegen*. ～へ auf die Windseite; luvwärts. 彼は教師の～にも置けない Er ist es nicht wert, ein Lehrer genannt zu werden.

かさく 佳作 gutes Werk *-es, -e*. 選外～ gutes, aber nicht preisgekröntes Werk.

かさく 家作〔貸家〕das Mietshaus *-es, ⸚er*.

かざぐるま 風車 die Windmühle *-n*.

かざけ 風気である eine leichte Erkältung haben*; erkältet sein*.

かざごえ 風声 ¶ 彼は～だ Er ist wegen einer Erkältung heiser.

かささぎ 鵲 die Elster *-n*.

かざしも 風下〔海〕die Leeseite *-n*; die Lee. ～にある auf der Leeseite (in Lee) liegen*. ～へ auf die Leeseite; leewärts.

かざす 翳す ¶ 光に手を～ die Hand gegen das Licht halten*; das Licht mit der Hand ab|schirmen. 小手を～ mit der Hand die Augen beschatten.

がさつ ～な grob; ungehobelt.

かさなる 重なる sich häufen. 5月3日は日曜日と～ Der 3. Mai fällt auf Sonntag. 不幸が～ Ein Unglück folgt auf das andere. 重なり合う aufeinander liegen*.

かさねがさね 重ね重ね immer [und immer] wieder; wiederholt. ～の警告 abermalige Warnung. ～恩を施す *jn*. mit Wohltaten überhäufen. ～お詫びします Ich bitte Sie tausendmal um Verzeihung.

かさねて 重ねて abermals; nochmals; wieder; noch einmal.

かさねる 重ねる häufen; aufeinander legen. 苦労を～ sich³ immer wieder Mühe geben* 《mit 3格》.

かさぶた der Schorf *-[e]s, -e*. ～だらけの schorfig.

かさまつ 傘松 die Pinie *-n*.

かざみ 風見 der Wetterhahn *-s, ⸚e*.

かさむ 嵩む an|wachsen*(*s*). 借金が～ Seine Schulden wachsen an.

かざむき 風向き die Windrichtung *-en*. ～が変った Der Wind hat sich gedreht. ～が悪い〔形勢が〕Die Lage wendet sich zum Schlechten. /〔機嫌が〕Er ist schlechter Laune.

かざよけ 風よけ der Windschutz *-es*.

かざり 飾り die Verzierung *-en*; der Schmuck *-[e]s*. ～になる zum Schmuck dienen. ～気のない schmucklos; schlicht.

かざりたてる 飾り立てる ¶ 広間を花で～ einen Saal mit Blumen aus|schmücken. 飾り立てた reich geschmückt.

かざりつけ 飾り付け die Dekoration. ～をする *et*. dekorieren.

かざりまど 飾り窓 das Schaufenster *-s, -*.

かざる 飾る *et*. schmücken 《mit 3格》;〔陳列する〕aus|stellen. 身を～ sich schmücken. 彼は言葉を飾りすぎる Er redet allzu schwülstig.

かさん 加算・する addieren; zusammen|zählen. 税を～して zuzüglich Steuer. 元金に利子を～する die Zinsen zum Kapital schlagen*.

かざん 火山 der Vulkan *-s, -e*. 活(死)～ tätiger (erloschener) Vulkan. ～岩 vulkanisches Gestein. ～帯 die Vulkanzone. ～灰 vulkanische Asche.

かさんかすいそ 過酸化水素 das Wasserstoffperoxyd *-s*.

かし 樫 die Eiche *-n*. ～の実 die Eichel.

かし 貸し die Forderung *-en*. ～がある eine Forderung an *jn*. haben*. 或る人とは～借りなしである mit *jm*. quitt sein*. ～金庫 der (das) Safe; das Schließfach. ～ボート das Mietboot. ～ボート屋 der Bootsverleiher.

かし 下肢 die unteren Gliedmaßen *pl*.; Beine *pl*.;〔四つ足動物の〕Hinterbeine *pl*.

かし 可視・的な sichtbar. ～光線 sichtbare Strahlen pl.

かし 仮死 der Scheintod -[e]s. ～状態にある scheintot sein*.

かし 河岸 das Flussufer -s, -;〔魚河岸〕der Fischmarkt -s, -̈e.

かし 華氏・温度目盛り die Fahrenheitskala. ～20度 20 Grad Fahrenheit (記号: 20° F).

かし 菓子 Süßigkeiten pl.;〔砂糖菓子〕das Konfekt -s;〔ケーキ〕der Kuchen -s, -. ～屋 die Konditorei; das Süßwarengeschäft.

かし 歌詞 der Text -es, -e. この歌曲の～は美しい Die Worte zu diesem Lied sind schön.

かじ 舵 das Steuer -s, -. 船の～を取る ein Schiff steuern. 政府はうまく国政の～を取る Die Regierung führt das Steuer (Ruder) des Staates mit großem Geschick.

かじ 火事 das Feuer -s, -. ～だ Feuer! / Es brennt! 劇場が～だ Das Theater steht in Brand. 工場から～が出た In der Fabrik ist [ein] Feuer ausgebrochen. 私の家は～で焼けました Meine Wohnung hat durch [das] Feuer gelitten. ～場 die Feuerstätte; die Brandstelle. ～場泥棒を働く im Trüben fischen.

かじ 家事 häusliche Arbeiten (Angelegenheiten) pl. ～の手伝いをする [jm.] im Haushalt helfen*. ～の都合により wegen einer Familienangelegenheit.

かじ 鍛冶・屋 der Schmied -es, -e. 刀～ der Schwertfeger. ～場 die Schmiede.

がし 賀詞を述べる jm. gratulieren《zu 3格》.

がし 餓死 der Hungertod -[e]s. ～する verhungern (s).

カシオペア〔座〕die Kassiopeia.

かじか 鰍〘魚〙der Kaulkopf -[e]s, -̈e; die Groppe -n.

かしかた 貸方 das Haben -s; das Kredit -s, -s. 或る額を或る人の～に記入する jm. einen Betrag kreditieren.

かじかむ erstarren (s). 寒くて手が～ Meine Finger sind starr vor Kälte. 寒さにかじかんだ手で mit vor Kälte erstarrten Fingern.

かしかん 下士官 der Unteroffizier -s, -e.

かじき〔魚〕der Schwertfisch -es, -e.

かじきとう 加持祈祷・する jm. gesund|beten. ～師 der Gesundbeter.

かしきり 貸し切りの reserviert.

かしきん 貸し金 das Darlehen -s, -.

かしぐ 傾く → かたむく.

かしこい 賢い weise; klug.

かしこし 貸越 die Überziehung eines Kontos. 当座～ der Kontokorrentkredit.

かしこまる 畏まる ¶畏まりました Jawohl! /〔召使などが〕Zu Befehl! 畏まって förmlich; ehrerbietig.

かしじむしょ 貸し事務所 das Büro zu vermieten.

かしだおれ 貸倒れ・金 unsichere Außenstände pl. 貸し金が～になった Die Forderungen sind nicht mehr eingezogen worden.

かしだす 貸し出す aus|leihen*.

かしち 貸し地 das Pachtgrundstück -s, -e.

かしちん 貸し賃 die Miete -n. 衣裳の～ die Miete für die Benützung eines Kleides.

かしつ 過失 der Fehler -s, -; die Fahrlässigkeit -en. ～を犯す einen Fehler begehen*. ～致死(傷害) fahrlässige Tötung (Körperverletzung).

かじつ 果実 die Frucht -̈e;〔漿果〕die Beere -n;〔堅果〕die Nuss -̈e.

かじつ 過日 vor kurzem; neulich.

がしつ 画室 das Atelier -s.

かしつき 加湿器 der Luftbefeuchter -s, -.

かしつけ 貸し付け・をする ein Darlehen gewähren (geben*). ～金 das Darlehen.

かしつける 貸し付ける dar|leihen*.

かしぬし 貸し主 der Vermieter -s, -.

カジノ das [Spiel]kasino -s, -s.

かじぼう 梶棒 die Deichsel -n.

かしほんや 貸本屋 die Leihbücherei -en.

かしま 貸し間 gemietetes Zimmer -s, -. ～あり Zimmer zu vermieten!

かしましい 姦しい lärmend; geräuschvoll.

カシミヤ〔織物〕der Kaschmir -s, -e.

かしゃ 貨車 der Güterwagen -s, -.

かしや 貸し家 das Mietshaus -es, -̈er; die Mietwohnung -en.

かしゃく 仮借ない schonungslos.

かしゃく 呵責 ¶良心の～を受ける Gewissensbisse haben*; sich³ Gewissensbisse machen.

かしゅ 火酒 der Schnaps -es, -̈e; der Branntwein -[e]s, -e.

かしゅ 歌手 der Sänger -s, -;〔女〕die Sängerin -nen.

かじゅ 果樹 der Obstbaum -[e]s, -̈e. ～園 der Obstgarten. ～栽培 der Obstbau.

がしゅ 雅趣に富んだ anmut[s]voll; geschmackvoll.

カジュアルウエア sportlich-bequeme Kleidung.

かしゅう 歌集〔歌曲の〕das Liederbuch -[e]s, -̈er;〔詩歌の〕die Gedichtsammlung -en.

かじゅう 果汁 der Fruchtsaft (Obstsaft) -[e]s, -̈e.

かじゅう 荷重 die Belastung -en. ～をかける et. belasten.

かじゅう 過重・の zu schwer. ～労働 übermäßige Arbeit.

がしゅう 我執 der Eigensinn -[e]s.

がしゅう 画集 der Bildband -[e]s, -̈e.

かしょ 箇所 die Stelle -n. 同じ～に an der gleichen Stelle.

かしょう 仮称する vorläufig nennen*.

かしょう 仮象 der Schein -s, -e.

かしょう 河床 das Flussbett -[e]s, -en.

かしょう 過小(少)・の zu gering. ～評価する unterschätzen.

かじょう 渦状・の spiralförmig; spiralig. ～星雲 der Spiralnebel.

かじょう 箇条 der Artikel -s, -; der Paragraf -en, -en. ～書きにする einzeln an|geben*

(auf|führen). ～書きにして paragrafenweise.
かじょう 過剰 der Überschuss -es, ⸚e. ～な überschüssig. この国は出生～である Das Land hat einen Überschuss an Geburten. 生産～ die Überproduktion. ～防衛 die Notwehrüberschreitung.
がしょう 画商 der Bilderhändler -s, -.
がしょう 賀正〔年賀状の〕Ich wünsche Ihnen ein glückliches Neujahr.
がじょう 牙城 die Zitadelle -n;〔本拠〕die Hochburg -en.
がじょう 賀状 das Glückwunschschreiben -s, -. →年賀.
かしら ¶彼は来てくれる～ Er wird doch kommen? 彼女は病気なの～ Sollte sie vielleicht krank sein? 彼はそれをどこから知ったの～ Woher mag er das erfahren haben?
かしら 頭 der Haupt -es, ⸚er; der Anführer -s, -; der Chef -s, -s. ～右 Augen rechts!
かしらもじ 頭文字 der Anfangsbuchstabe -n, -n;〔姓名の〕die Initiale -n.
かじりつく 齧り付く ¶りんごに～ in einen Apfel beißen*. 彼女は私にかじりついた Sie klammerte sich an mich.
かじる 齧る nagen《an 3格》;〔鼠・りすなどが〕knabbern《an 3格》. お菓子を～ den Kuchen an|beißen*. 彼はロシア語を少しばかり～ Er kann ein paar Brocken Russisch [sprechen].
かしわ 柏 die Eiche -n.
かしん 過信・する allzu sehr vertrauen《3格; auf 4格》. 自分の力を～する seine Kräfte überschätzen.
かじん 歌人 der Dichter -s, -.
かす 滓(糟) der [Boden]satz -es;〔化学・冶金で〕der Rückstand -[e]s, ⸚e. 人間の～ der Abschaum der Menschheit.
かす 貸す [ver]leihen*; borgen. 部屋を～ ein Zimmer vermieten. 力(手)を～ jm. bei|stehen*. 人の話に耳を～ jm. Gehör schenken (geben*).
かず 数 die Zahl -en;〔数字〕die Ziffer -n. ～知れぬ unzählig. ～を数える et. zählen. そ れ(彼)は～の中に入らない Das (Er) zählt nicht. そんな事は物の～ではない Das macht mir nichts [aus].
ガス das Gas -es, -e;〔霧〕dichter Nebel -s, -; Schwaden pl. ～状の gasförmig. ～状にする vergasen. ～の栓を開ける(閉める) das Gas auf|drehen (ab|drehen). ～で煮たきする mit Gas kochen. ～管 die Gasleitung. ～こんろ der Gaskocher. ～ストーブ der Gasofen. ～栓 der Gashahn. ～代 die Gasgebühr. ～タンク der Gasbehälter. ～中毒 die Gasvergiftung. ～灯 die Gaslampe (Gaslaterne). ～バーナー der Gasbrenner. ～マスク die Gasmaske. ～レンジ der Gasherd. ～屋 der Gasmann. ～湯沸かし器 der Durchlaufhitzer.
かすい 仮睡する schlummern.

かすいぶんかい 加水分解 die Hydrolyse -n.
かすか 微か・な leise; schwach. ～な希望 leise Hoffnung. ～な輝き schwacher (matter) Schimmer. ～に匂う leise duften. 私はそれを～に覚えている Ich erinnere mich nur schwach daran.
かすがい 鎹 die Bauklammer -n; die Krampe -n.
かずかず 数数の viel; zahlreich; verschieden.
カスタネット die Kastagnette -n.
カステラ der Sandkuchen -s, -.
かすみ 霞 der Dunst -es, -e. 草地に～かかっている [Feiner] Dunst liegt über der Wiese. 目に～がかかる einen Schleier vor den Augen haben*.
かすみあみ 霞網 das Vogelnetz -es, -e.
かすむ 霞む Es dunstet. 山山が青く霞んでいる Die Berge liegen in blauem Dunst. 涙に霞んだ目で mit [von Tränen] verschleierten Augen. 年とともに目が～ Meine Augen lassen mit dem Alter nach.
かすめる 掠める streifen; huschen(s)《über 4格》;〔奪い取る〕jm. et. rauben. 彼は両親の目を掠めて金を持ち出した Seinen Eltern nahm er heimlich das Geld weg. 弾丸が私の耳もとをひゅっと掠めた Kugeln pfiffen mir um die Ohren. 或る考えが私の脳裏を掠めた Blitzschnell fuhr mir ein Gedanke durch den Kopf.
かずら 葛 die Schlingpflanze -n.
かすりきず かすり傷 die Schramme -n.
かする 掠る ¶銃丸が彼の右肩をかすった Eine Kugel streifte seine rechte Schulter.
かする 化する sich verwandeln《in 4格》. 町は火災で焦土と化した Die Stadt ist durch die Feuersbrunst in ein Trümmerfeld verwandelt.
かする 科する ¶刑を～ jm. eine Strafe auf|erlegen (zu|messen*).
かする 課する auf|geben*; auf|erlegen. 仕事を～ jm. eine Aufgabe stellen.
かすれる 掠れる ¶ペンが～ Die Feder kratzt. かすれた声 heisere Stimme.
かせ 枷 die Fessel -n. ～をはめる jn. in Fesseln legen.
かぜ 風 der Wind -es, -e. そよ～ das Lüftchen. ～のある(ない) windig (windstill). ～が吹く Der Wind weht. 東から～が吹く Der Wind kommt von Osten. 一陣の～が起る Ein Wind erhebt sich. 窓の隙間から～がはいる Es zieht vom Fenster her. ～がやむ Der Wind legt sich. ～の便りに聞く nur vom Hörensagen wissen*. どういう～の吹き回しで私にそんなに親切にするのだろう Wie kommst du dazu, plötzlich so freundlich zu mir zu sein? ～を食らって逃げる aus dem Staub[e] machen. 人の忠告をどこ吹く～と聞き流す js. Warnung in den Wind schlagen*.
かぜ 風邪 die Erkältung -en;〔流感〕die Grippe -n. 鼻～ der Schnupfen. ～をひく sich erkälten; sich³ eine Erkältung holen

(zu|ziehen*).　～をひいている erkältet sein*; eine Erkältung haben*.　～気味である leicht erkältet sein*; den Schnupfen haben*.　～で寝ている wegen einer Erkältung im Bett bleiben*(s).

かぜあたり 風当り・の強い windig; dem Wind ausgesetzt.　汚職問題で与党に対する世間の～が強い Wegen der Korruptionsaffäre ist die Regierungspartei einem starken Druck der öffentlichen Meinung ausgesetzt.

かせい 火成・の eruptiv.　～岩 das Eruptivgestein.

かせい 火星 der Mars -.　～人 der Marsmensch.

かせい 加勢する jm. bei|stehen* (sekundieren).

かせい 苛性・カリ das Ätzkali.　～ソーダ das Ätznatron.

かせい 家政 der Haushalt -s, -e.　～をとる den Haushalt führen.　～のうまい wirtschaftlich.　～婦 die Haushälterin (Wirtschafterin).　～学 die Hauswirtschaftslehre.

かぜい 課税 die Besteuerung -en.　～する et. besteuern.　～されるべき steuerpflichtig.　非～の steuerfrei.　～される所得 steuerpflichtiges Einkommen.

かせいひりょう 化成肥料 chemisches Düngemittel -s, -.

カゼイン das Kasein -s.

かせき 化石 das Fossil -s, -ien.　～した fossil.　～になる versteinern (s).　彼女は驚きのあまり～のように立っていた Sie stand vor Entsetzen wie versteinert da.

かせぎ 稼ぎ・がいい(少ない) [einen] guten (geringen) Verdienst haben*.　鉱夫の～は月にどのくらいですか Wie viel verdient ein Bergmann im Monat?　～手 der Ernährer.

かせぐ 稼ぐ verdienen.　学費を～ sich³ das Studium selbst verdienen.　時を～ Zeit gewinnen*.　点数を～ gute Noten erhalten*.

かぜぐすり 風邪薬 das Mittel gegen Erkältung.

かせつ 仮設・の〔一時的の〕provisorisch.　～小屋 die Bauhütte.

かせつ 仮説 die Hypothese -n.　～的 hypothetisch.　～を立てる eine Hypothese auf|stellen.

かせつ 架設・する bauen.　ケーブルを～する ein Kabel legen.

カセット テープ die Kassette -n.　～テープレコーダー der Kassettenrekorder.

かぜとおし 風通し・のよい luftig.　部屋の～をよくする ein Zimmer gut [durch|]lüften.

かせん 下線を引く et. unterstreichen*.

かせん 化繊 die Chemiefaser -n.

かせん 河川 Flüsse pl.　～改修 die Flussregelung.

かせん 架線〔電車の〕die Oberleitung -en.　～工事 der Oberleitungsbau.

がぜん 俄然 urplötzlich; auf einmal.

かそ 可塑・剤 der Plastifikator -s, -en; der Weichmacher -s, -.　～性の plastisch.

かそ 過疎 die Entvölkerung.　～化する sich entvölkern.

かそう 下層 die Unterschicht -en.　～階級 die unteren Klassen der Gesellschaft.

かそう 火葬 die Einäscherung -en; die [Leichen]verbrennung -en.　～にする den Leichnam ein|äschern.　～場 die Einäscherungshalle; das Krematorium.

かそう 仮装 die Verkleidung -en.　水夫に～する sich als Matrose verkleiden.　～した verkleidet.　～行列 der Maskenzug.　～舞踏会 der Maskenball; die Maskerade.

かそう 仮想・の hypothetisch.　～する an|nehmen*.　…のもとに unter der Annahme, dass …　～敵国 potentieller Feindstaat.

がぞう 画像 das Bildnis -ses, -se;〔テレビの〕das Bild -es, -er.

かぞえうた 数え歌 der Abzählreim -[e]s, -e.

かぞえる 数える zählen; rechnen.　数え上げる(立てる) auf|zählen.　数え直す nach|zählen.　数え切れない zahllos.　彼はこの町の富裕者の一人に数えられる Er zählt zu den wohlhabenden Leuten der Stadt.

かそく 加速する beschleunigen.　ロケットは打ち上げのさい強く～される Die Rakete wird beim Start stark beschleunigt.　～度 die Beschleunigung.　～度的に mit zunehmender Geschwindigkeit.

かぞく 家族 die Familie -n.　～制度 das Familiensystem.　～手当 der Familienzuschuss.

ガソリン das Gasolin -s; das Benzin -s.　～スタンド die Tankstelle.

かた 方 ¶生き～ die Lebensweise.　仕事の～をつける mit der Arbeit fertig werden* (s).　母～の祖父 der Figur-ert mütterlicherseits.　伊藤様～加藤君〔手紙で〕Herrn Kato bei (c/o) Herrn Ito.　山田さんという～ ein Herr (eine Dame) mit Namen (namens) Yamada.　2割～引き上げる etwa zwanzig Prozent erhöhen.

かた 形(型) die Form -en;〔形状〕die Gestalt -en;〔図形〕die Figur -en;〔型〕das Modell -s, -e;〔判型〕das Format -[e]s, -e.　小～の kleinformatig.　最新の～の着物 ein Kleid nach (von) neuestem Schnitt.　～にはめる schablonisieren.　～にはまった schablonenhaft.　～にはまった文句 abgedroschene Phrase.　～のごとく nach der Schablone; förmlich.　時計を～に置く jm. seine Uhr als Pfand geben* (lassen*; bieten*).

かた 肩 die Schulter -n; die Achsel -n.　～がこる ganz steife Schultern bekommen*.　～にかつぐ sich³ auf die Schulter laden*.　～で息をする schwer atmen.　～の荷が下りる Mir fällt ein Stein vom Herzen.　～をすぼめる mit den Achseln (Schultern) zucken.　～をたたく jm. auf die Schulter klopfen.　～を貸す jm. Beistand leisten.　～を持つ〔味方する〕für jn. Partei nehmen*.　～を並べる jm. gleich|kom-

かた men*(s); es mit jm. auf|nehmen*. ~を並べて〔仲よく〕Schulter an Schulter. ~のこらない読み物 leichte Lektüre.

かた 潟 die Lagune -n.

かた 過多・の übermäßig; zu viel. 税金の負担が~だ mit schweren Steuern belastet sein*. 胃酸~ die Superacidität. 脂肪~症 die Fettsucht.

かたあし 片足の einbeinig.

かたい 堅(固)い・木(パン) hartes Holz (Brot). ~肉 zähes Fleisch. ~動き steife Bewegungen pl. ~読み物 schwierige Lektüre. ~信念 fester Glaube. 靴が~ Die Schuhe drücken [mich]. 頭(口)が~ halsstarrig (verschwiegen) sein*. 人間が~ rechtschaffen (zuverlässig) sein*. 堅く約束する fest versprechen*. 堅く禁ずる streng verbieten*. 彼は先生の前で堅くなっている Er verkrampft sich vor dem Lehrer.

かだい 過大・な übermäßig. ~に見積る überschätzen.

かだい 課題 die Aufgabe -n. ~を出す(解く) eine Aufgabe geben* (lösen).

がだい 画題 das Sujet eines Gemäldes.

かたいじ 片意地な widerspenstig; starrsinnig.

かたいなか 片田舎 abgelegenes (entlegenes) Dorf -es, ⸚er.

かたいれ 肩入れする sich für jn. ein|setzen.

かたうで 片腕・の einarmig. 彼は私の~だ Er ist meine rechte Hand.

がたおち がた落ち ¶魚の値段が~になった Der Preis für Fisch ist stark gesunken.

かたおもい 片思い unerwiderte Liebe. 彼の恋は~だ Er findet keine Liebe.

かたがき 肩書 der Titel -s, -.

かたかけ 肩掛け der Schal -s, -s(-e); das Umhängetuch -[e]s, ⸚er. ~を掛ける [sich³] einen Schal um|legen.

かたかた ¶木靴が~鳴る Die Holzschuhe klappern.

かたがた 旁〔その機会に〕bei diesem Anlass.

がたがた ~鳴る rasseln. 窓の戸が~いう Der Fensterladen klappert. 寒さで歯を~させる vor Kälte mit den Zähnen klappern. 会社が~になる Die Firma wackelt. ~の wackelig.

かたかな 片仮名 das Katakana [kata'ka:na] -[s]; die Katakana.

かたがみ 型紙 die Schablone -n.

かたがわ 片側 die eine Seite. ~通行 der Einbahnverkehr.

かたがわり 肩代りする et. freiwillig für jn. übernehmen* (auf sich nehmen*).

かたき 敵 der Feind -es, -e; 〔競争相手〕der Rivale -n, -n. ~を討つ et. an jm. rächen.

かたぎ 気質 ¶芸術家~ das Künstlertum. 芸術家~の künstlerisch gesinnt.

かたぎ 堅気の solid[e].

かたきやく 敵役を演ずる die Rolle eines Schurken spielen.

かたく 仮託 → かこつける.

かたく 家宅・捜索する bei jm. Haussuchung machen; das Haus polizeilich durchsuchen. ~侵入罪 der Hausfriedensbruch.

かたくな 頑・な hartnäckig. ~な心 der Starrsinn.

かたくるしい 堅苦しい steif; 〔儀式張った〕förmlich. ~話は抜きにしよう Lassen wir alle Förmlichkeiten beiseite!

かたぐるま 肩車にのせる jn. auf seinen Schultern reiten lassen*.

かたこと 片言を言う lallen; babbeln. ~混じりのドイツ語を話す [in] Deutsch radebrechen.

かたしき 型式 das Modell -s, -e.

かたじけない 忝い ¶ご忠告~ Ich bin [Ihnen] dankbar für Ihren Rat.

かたじん 堅人 solider (rechtschaffener) Mensch -en, -en.

かたず 固唾・を呑む den Atem an|halten*. 私は~を呑んで成り行きを見守っている Ich bin sehr gespannt, wie es weitergeht.

かたすかし 肩透かしを食わせる geschickt aus|weichen*(s) (3格).

カタストロフィー die Katastrophe -n.

かたすみ 片隅で in einer Ecke; in einem Winkel.

かたち 形 die Form -en; die Gestalt -en. からだが~がいい eine schöne Figur (Gestalt) haben*. ~が崩れる aus der Form geraten* (kommen*) (s). 計画がそれらしい~になる Der Plan gewinnt Gestalt. ~ばかりの nur formal.

かたちづくる 形作る formen; bilden; gestalten.

かたちんば 片ちんば・の〔びっこの〕lahm. ~の靴 zwei ungleiche Schuhe.

がたつく ¶机が~ Der Tisch wackelt. → がたがた.

かたづける 片付ける auf|räumen. 部屋を~ ein Zimmer auf|räumen (ordnen). 仕事(問題)を~ eine Arbeit (Frage) erledigen. 娘を~ seine Tochter an jn. verheiraten. 片付いている in Ordnung sein*; erledigt sein*; 〔嫁いでいる〕verheiratet sein*. 単なる言い訳だけで事は片付いたとは言えない Mit einer bloßen Entschuldigung ist die Sache noch nicht abgetan (erledigt).

かたっぱし 片っ端 ¶本を~から読む ein Buch nach dem anderen [in rascher Folge] lesen*.

かたつむり 蝸牛 die Schnecke -n.

かたて 片手・の einhändig. ~落ちの einseitig; unfair.

かたてま 片手間・に nebenbei. 彼は本職の~に音楽もやっている Er treibt neben seiner Berufsarbeit noch Musik.

かたどおり 型通り・の schablonenhaft; konventionell; üblich. ~に nach der Schablone; nach Schema F.

かたとき 片時・も…しない niemals. 私は~も落ち着けない Ich finde keinen Augenblick Ruhe.

かたどる 象る ¶富士山に象って作る *et.* nach dem Muster (Modell) des Berges Fudschi bilden.

かたな 刀 das Schwert *-es, -er.* ～を抜く das Schwert ziehen*. →剣.

かたなし 形無し ¶この雨でせっかくの晴れ着も～だ Der Regen hat meinen Sonntagsanzug ruiniert. 一台無し.

かたねり 固練りの歯磨き feste Zahnpasta *..ten.*

かたば 片刃の einschneidig.

かたはし 片端 das eine Ende *-s;* 〔一部分〕ein Teilchen *-s, -.*

かたはば 肩幅の広い breitschult[e]rig.

かたばみ der Sauerklee *-s.*

かたはら 片腹・痛い höchst lächerlich. …を～痛く思う Ich finde es einfach lächerlich, dass …

カタパルト das (der) Katapult *-[e]s, -e.* ～で射出する katapultieren.

かたひざ 片膝をつく sich auf ein Knie nieder|lassen*.

がたぴし ¶家が～する Das Haus ist klapperig.

かたびらき 片開きの einflügelig.

かたほう 片方のチームdie eine (andere) Mannschaft.

かたぼう 片棒をかつぐ *js.* Partner sein* (in 3 格); mit *jm.* mit|wirken (an 3 格).

かたぼうえき 片貿易 einseitiger Handel *-s.*

かたまり 塊 der Klumpen *-s, -;* 〔大きな〕die Masse *-n.* 一鉛の～ ein Klumpen Blei. 氷の～ der Eisklumpen. 蟻の～ eine Masse Ameisen. 一～の家 eine Gruppe von Häusern. 一～になって zusammengeballt zu einem Klumpen. それは嘘の～だ Das ist ja alles nur Schwindel.

かたまる 固まる hart (fest) werden*(*s*); 〔凝結する〕gerinnen*(*s*); 〔団塊に〕sich zusammen|ballen; 〔密集する〕dicht gedrängt sein*. 計画が次第に固まってくる Der Plan nimmt allmählich [festere] Gestalt an.

かたみ 形見 das Andenken *-s, -.* ～に遺す als Andenken hinterlassen*. その指輪は母の～です Der Ring ist ein Andenken an meine Mutter.

かたみ 肩身が広い(狭い) sich stolz (klein) fühlen.

かたみち 片道 ¶大阪までの～乗車券 einfache Fahrkarte nach Osaka.

かたむき 傾き die Neigung *-en.* 株価は上がる～がある Die Papiere haben Neigung zu steigen.

かたむく 傾く sich neigen. 日が西に～ Die Sonne neigt sich dem Westen zu. 船が～ Das Schiff legt sich auf die Seite. 柔弱に～ zur Weichheit neigen. 塀(家)が傾いている Die Mauer (Das Haus) ist schief.

かたむける 傾ける neigen. 心(力)を～ sich ergeben* (3 格). 愛情を～ *jn.* von ganzem Herzen lieben. 耳を～ [aufmerksam] zu|hören (3 格). 杯を～ trinken*.

かため 片目の einäugig.

かため 固め ¶夫婦の～をする das Ehegelöbnis ab|legen.

かためる 固める hart (fest) machen. 国境を～ die Grenze befestigen. 地盤を～ festen Boden unter die Füße bekommen*. 決心を～ sich in seinem Entschluss befestigen. 身を～ solid leben; 〔結婚する〕sich verheiraten. 拳を固めて mit geballter Faust (geballten Fäusten).

かためん 片面 die eine Seite (Fläche). 原稿は～にだけ書くこと Das Manuskript darf nur einseitig beschrieben werden.

かたゆで 固茹での hart gekocht.

かたよる 偏る(片寄る) ¶進路が～ vom Kurs ab|weichen*(*s*). 偏った 〔不公平な〕einseitig; parteiisch; 〔政治的に偏向のある〕tendenziös. 彼は悲観的な考えに偏っている Er ist zu einseitig auf Pessimismus eingestellt.

かたらい 語らい ¶楽しい～ angenehme Unterhaltung; 〔二人だけの〕das Gespräch unter vier Augen.

かたらう 語らう sich mit *jm.* unterhalten*; miteinander vertraulich sprechen*.

かたり 騙り der Betrug *-[e]s;* der Schwindel *-s;* 〔人〕der Betrüger *-s, -;* der Schwindler *-s, -.*

かたりあう 語り合う miteinander sprechen*.

かたりあかす 語り明かす die ganze Nacht verplaudern.

かたりぐさ 語り草 ¶彼の英雄的行為は今も～になっている Man spricht immer noch von seiner Heldentat.

かたりつぐ 語り継ぐ mündlich überliefern.

かたる 語る sprechen* 《von 3 格; über 4 格》; 〔物語を〕erzählen; 〔吟ずる〕rezitieren. 意中を～ *jm.* sein Herz aus|schütten.

かたる 騙る *jn.* betrügen* 《um 4 格》. 友人の名を～ sich für seinen Freund aus|geben*.

カタル der Katarr[h] *-s, -e.* ～性の katarr[h]alisch. 腸～ der Darmkatarr[h].

カタルシス die Katharsis.

カタログ der Katalog *-[e]s, -e.*

かたわ 片端〔不具者〕der Krüppel *-s, -.* ～の krüppelhaft. ～になる zum Krüppel werden*(*s*). ～にする zum Krüppel machen.

かたわら 傍ら ¶道の～で am Weg. ～から見る von der Seite [her] zu|sehen* (3 格). 彼は本業の～少しばかり農業を営んでいる Er betreibt neben seinem eigentlichen Beruf noch eine kleine Landwirtschaft.

かたわれ 片割れ 〔一片〕ein Bruchstück *-[e]s.* 強盗の～ ein Mitglied der Räuberbande.

かたん 荷担 ¶陰謀に～する sich an einer Verschwörung beteiligen. ～者 der Mitverschworene#; der Mitverschwörer.

かだん 花壇 das Blumenbeet *-[e]s, -e.*

かだん 果断な entschlossen.

がたん ¶戸が～と閉まった Die Tür fiel mit einem Krach ins Schloss.

がだん 画壇 der Malerkreis *-es, -e.*

カタンいと カタン糸 der Zwirn -[e]s, -e.

かち 徒・て zu Fuß. ～て川を渡る durch einen Fluss waten (s).

かち 勝ち der Sieg -es, -e. ～を得る(収める) den Sieg davon|tragen*. 早い者～ Wer zuerst kommt, mahlt zuerst.

かち 価値 der Wert -es, -e. ～のある(ない) wertvoll (wertlos). ～を増す(減ずる) an Wert gewinnen* (verlieren*). 物の～が上がる(下がる) Die Güter steigen (fallen) im Wert. ～を大いに認める(あまり認めない) großen (wenig) Wert legen《auf 4 格》 それは科学上～の多い発見である Das ist eine Entdeckung von hohem wissenschaftlichem Wert. 一読の～ある lesenswert. ～判断 das Werturteil.

がち 勝ち ¶風邪をひき～です Ich erkälte mich leicht (oft). 彼女は沈み～である Sie neigt zu (zur) Schwermut. → 有り勝ち.

がち 雅致のある geschmackvoll; anmut[s]voll.

かちあう かち合う ¶頭と頭が～ mit den Köpfen zusammen|stoßen*(s). 日曜日と祭日が～ Der Sonntag fällt auf einen Feiertag. 意見が～ Die Meinungen prallen aufeinander.

かちかち ¶時計が～いう Die Uhr tickt. 地面が～に凍結した Die Erde ist knochenhart gefroren. あの男の頭は～だ Er ist starrköpfig.

がちがち ～の〔貪欲な〕 geizig. 寒くて歯を～鳴らせる vor Kälte mit den Zähnen klappern.

かちき 勝気な unnachgiebig.

かちく 家畜 das Vieh -[e]s. ～を飼う Vieh halten* (züchten). ～の群れ die Viehherde. ～小屋 der Viehstall.

かちこす 勝ち越す ¶3点～ jm. um drei Punkte voraus sein*.

かちすすむ 勝ち進む ¶決勝戦に～ ins Finale vor|dringen* (vor|stoßen*) (s).

かちどき 勝鬨を上げる ein Triumphgeschrei erheben*; triumphieren.

かちとる 勝ち取る erringen*; erkämpfen.

かちぬき 勝ち抜き制 das K.-o.-System -s.

かちほこる 勝ち誇る triumphieren. 勝ち誇って triumphierend.

かちまけ 勝負けを争う um den Sieg ringen*.

かちめ 勝ち目のない aussichtslos.

がちゃがちゃ ～鳴る klirren. 皿を～いわせる mit den Tellern klappern. 銃剣を～いわせる mit den Waffen klirren.

がちゃん ～と krachend. ～と受話器を置く den Hörer hin|knallen.

かちゅう 火中の栗を拾う für jn. die Kastanien aus dem Feuer holen.

かちゅう 渦中 ¶事件の～に巻き込まれる in den Strudel der Geschehnisse hineingerissen werden*(s受). ～に身を投ずる sich in den Strudel stürzen.

かちょう 家長 der Hausherr -n, -en; das Familienoberhaupt -[e]s, ⸚er. ～的 patriarchalisch.

かちょう 課長 der Abteilungschef -s, -s.

がちょう 鵞鳥 die Gans ⸚e.

かちん ～と鳴る klimpern; klirren. ～と来る jm. auf die Nerven fallen*(s).

かつ 活・を入れる ¶再び活|beleben; 〔気合いを入れる〕jm. Mut zu|sprechen*. 死中に～を求める einen rettenden Ausweg aus der Todesgefahr suchen.

かつ 渇・を癒す seinen Durst stillen (löschen). ～を覚える Durst fühlen (verspüren).

かつ 且つ und [zugleich]. 彼女は美人で～教養が高い Sie ist schön und zugleich (auch) hochgebildet.

かつ 勝つ siegen 《über 4 格》; jn. (et.) besiegen (überwinden*); 〔優る〕 jn. übertreffen* (in (an) 3 格). 困難に～ Schwierigkeiten überwinden*. 戦い(訴訟)に～ einen Kampf (Prozess) gewinnen*. 数で～ jm. an Zahl überlegen sein*.

かつあい 割愛する〔手放す〕sich trennen《von 3 格》.

かつえる 餓える ¶音楽(良書)に～ nach Musik (einem guten Buch) hungern. → 飢える.

かつお 鰹 der Bonito -s, -s.

かっか 閣下 Seine Exzellenz; 〔呼び掛け〕Eure Exzellenz (略: Ew. Exz.).

がっか 学科 das [Lehr]fach -[e]s, ⸚er.

がっかい 学会 wissenschaftliche (akademische) Gesellschaft -en; der Gelehrtenverein -s, -e. 日本独文～ die Japanische Gesellschaft für Germanistik.

がっかい 学界 die Gelehrtenwelt.

かっかく 赫赫・たる glänzend. ～たる成功 glänzender Erfolg.

かっかざん 活火山 tätiger Vulkan -s, -e.

がつがつ ～食べる gierig essen*; verschlingen*.

がっかり ～する enttäuscht sein*; sich enttäuscht fühlen; 〔落胆する〕niedergeschlagen sein*. ～させる enttäuschen; entmutigen. あの本には～した Das Buch hat mich enttäuscht. 疲れて～したような顔をする ganz erschöpft aus|sehen*.

かっき 活気・のある lebhaft; belebt; rege. ～のない leblos; schlaff. ～づける beleben. ～づく lebhaft (rege) werden*(s); sich beleben.

がっき 学期 das Semester -s; 〔3学期制の〕das Trimester -s, -. ～末試験 die Semestralprüfung. ～末休暇 Semesterferien pl.

がっき 楽器 das Musikinstrument -s, -e.

かっきてき 画期的 epochemachend; bahnbrechend.

かつぎや 担ぎ屋 〔闇屋〕der Schwarzhändler -s, -; 〔迷信家〕abergläubischer Mensch -en, -en.

がっきゅう 学究 der Forscher -s, -; der Wissenschaftler -s, -. ～的 wissenschaftlich.

がっきゅう 学級 die [Schul]klasse -n.

かっきょ 割拠する seine eigene Einflusssphäre behaupten.

かっきょう 活況・を呈する lebhaft werden*(s). 今日の株式市場は～を呈している Die Börse ist heute sehr belebt.

がっきょく 楽曲 das [Musik]stück -[e]s, -e.

かっきり genau; gerade; pünktlich.

かつぐ 担ぐ tragen*; 〔だます〕an|führen; 〔迷信をいだく〕abergläubisch sein*. 肩に～ et. auf die Schultern nehmen*; 〔運ぶ〕et. auf den Schultern fort|tragen*. 候補者に～ jn. als Kandidaten auf|stellen.

がっく 学区 der Schulbezirk -s, -e.

かっくう 滑空・する durch die Luft gleiten* (segeln) (s). ～して降りる im Gleitflug nieder|gehen*(s). ～機 das Segelflugzeug (Gleitflugzeug).

がっくり ～する niedergeschlagen (entmutigt) sein*; den Kopf hängen. 肩を落して～ mit hängenden Schultern.

かっけ 脚気 die Beriberi. ～にかかる Beriberi bekommen*.

かつげき 活劇を演じる in ein wildes Handgemenge geraten*(s).

かっけつ 喀血 der Bluthusten -s; die Hämoptoe [hɛmɔpˈtoːə]. ～する Blut husten (spucken).

かっこ 各個 jeder [Einzelne]. ～に einzeln; selb[st]ständig.

かっこ 括弧 die Klammer -n. ～で囲む ein|klammern; in Klammer[n] setzen.

かっこ 確固・たる fest; entschieden; sicher. ～たる証拠 schlagender Beweis.

かっこう 格好 die Form -en; 〔人の〕die Gestalt -en; 〔服の〕der Schnitt -es, -e. ～のよい wohlgeformt. ～の悪い unförmig. ～の〔適当な〕passend. ～の値段で買う zu einem günstigen Preis kaufen. 何か～なものが見つかりましたか Haben Sie etwas Passendes gefunden? ～をつける et. in [die gehörige] Form bringen*.

かっこう 郭公 der Kuckuck -s, -e.

かっこう 滑降 die Abfahrt -en; der Abfahrtslauf -[e]s, -̈e. ～する ab|fahren*(s). 直～ die Schussfahrt. 斜～ die Schrägfahrt. 制動～ der [Schnee]pflug.

かつごう 渇仰する an|beten; für jn. schwärmen.

がっこう 学校 die Schule -n. 小～ die Grundschule. 中～ die Mittelschule. 高等～ höhere Schule. 料理～ die Kochschule. ～に行く in die Schule gehen*(s). 子供たちを～へ出す die Kinder in die Schule schicken. どの～に行っていますか Welche Schule besuchen Sie? 今日は～がない Heute ist keine Schule. / Heute haben wir keine Schule. ～教育 die Schulerziehung. ～給食 die Schulspeisung. ～新聞 die Schülerzeitung. ～放送 der Schulfunk.

がっこつ 顎骨 der Kieferknochen -s, -. 上(下)～ der Oberkieferknochen (Unterkieferknochen).

かっさい 喝采 der Beifall -s; der Applaus -es. ～する jm. Beifall spenden (klatschen); jm. (jn.) applaudieren. ～を受ける Beifall bekommen*. 嵐のような～ der Beifallssturm; stürmischer Beifall.

がっさく 合作 die Gemeinschaftsarbeit -en. この戯曲はX氏とY氏との～だ Das Theaterstück ist eine Gemeinschaftsarbeit der Autoren X. und Y. ～する mit jm. gemeinsam arbeiten 《an 3格》.

がっさん 合算する zusammen|zählen; zusammen|rechnen.

かつじ 活字 die Letter -n; die [Druck]type -n. 8ポイント～ die Achtpunktschrift. ～を組む[拾う] Lettern setzen (wählen). 原稿を～に組む ein Manuskript setzen.

かっしゃ 滑車 die Rolle -n.

かっしゃ 活写する lebhaft schildern.

がっしゅうこく 合衆国 ¶アメリカ～ die Vereinigten Staaten von Amerika (略: Ver. St. v. A.); die USA pl.

がっしゅく 合宿・する zusammen logieren. ～所 gemeinsames Logierhaus. ～練習所 das Trainingslager.

かつじょう 割譲する ab|treten*; überlassen*.

がっしょう 合唱 der Chor -[e]s, -̈e. ～する im Chor singen*. ～曲(団) der Chor. 混声(2部)～ gemischter (zweistimmiger) Chor.

がっしょう 合掌する die Hände falten.

かっしょく 褐色・の braun. ～にする bräunen.

がっしり →がっちり.

かっすい 渇水 der Wassermangel -s. ～期 trockne Zeit.

がっする 合する vereinigen; zusammen|setzen; 〔自動詞〕sich vereinigen; 〔合算する〕zusammen|zählen.

かっせい 活性・の aktiv. ～化する aktivieren. ～炭 die Aktivkohle.

かっせん 合戦 der Kampf -[e]s, -̈e; die Schlacht -en. ～する kämpfen. 雪～をする sich mit Schneebällen bewerfen*; sich schneeballen.

かっせん 割線 〔数〕die Sekante -n.

かっそう 滑走・する gleiten*(s). ～路 die Rollbahn; die Piste.

がっそう 合奏する zusammen|spielen.

カッター 〔船〕der Kutter -s, -; 〔裁断具〕die Schneidemaschine -n. ～シャツ das Oberhemd.

かったつ 闊達な großmütig; großzügig.

かったん 褐炭 die Braunkohle -n.

がっち 合致・する überein|stimmen 《mit 3格》; sich decken. 双方の利害が～する Die beiderseitigen Interessen decken sich. ～させる et. in Übereinstimmung bringen* 《mit 3格》.

かっちゅう 甲冑 der Harnisch -es, -e; der Panzer -s, -.

がっちり ～した fest; massiv; robust. ～した体格 kräftiger Körperbau. ～屋 der Geizhals.

かって 勝手・な eigennützig; selbstsüchtig.

~に nach Belieben (Willkür); willkürlich. ~気儘(ﾞ)な振舞いは許さない Du darfst nicht nach deinem Belieben handeln. ~気儘にさせる jn. gewähren (seine eigenen Wege gehen) lassen*. ~に使わせる jm. et. zur Verfügung stellen. ~になる jm. zur Verfügung stehen*. ~の悪い unbequem. ~の知れた wohl bekannt. ~を知っている sich auskennen* 《in 3 格》. ~が分らない sich nicht zurechtfinden* 《in 3 格》. ~にしろ Tu, wie (was) du willst! ~なお願いですが Erlauben Sie mir zu bitten, dass ... ~ながら…させて sich³ erlauben 《zu + 不定詞》. 君の~だ Es steht dir frei.

かつて 曽て früher; einst; einmal. いまだ~…ない [noch] nie; niemals.

かってぐち 勝手口 die Hintertür -en.

かってっこう 褐鉄鉱 der Brauneisenstein -[e]s.

かっと ~なる sich erhitzen. ~なって erhitzt.

カット [映画の] der Ausschnitt -[e]s, -e; [本の] kleine Abbildung -en. ~する [切る] schneiden*; [削除する] [weg]streichen*. 賃金を~する Löhne beschneiden* (kürzen). ボールを~する [テニスで] den Ball schneiden*. ~グラス das Facettenglas.

ガット 《経》 das GATT -[s].

ガット die Darmsaite -n.

かっとう 葛藤 Zwistigkeiten pl.; [内心の] der Konflikt -[e]s, -e.

かつどう 活動 die Tätigkeit -en; die Betätigung -en. ~する tätig sein*; sich betätigen; wirken. 政治(文学)~をする sich politisch (literarisch) betätigen. ~的 tätig; aktiv; wirksam. ~家 der Aktivist. ~力 die Aktivität; die Energie. ~力のある aktiv; energisch.

かっぱ 合羽 der Regenmantel -s, ¨.

かっぱ 河童 der Wasserkobold -s, -e.

かっぱつ 活発な lebhaft; lebendig; munter.

かっぱらい 搔っ払い der Diebstahl -[e]s, ¨e; [人] der Dieb -es, -e.

かっぱらう 搔っ払う mitgehen lassen* (heißen*).

かっぱん 活版印刷 die Typografie.

がっぴ 月日 das Datum -s, ..ten. 生年~ das Geburtsdatum.

かっぷ 割賦 die Abzahlung -en. ~販売[店] das Abzahlungsgeschäft. → 賦払い.

カップ der Pokal -s, -e. デビス~ der Davis-Pokal. → コップ.

かっぷく 恰幅のよい stattlich.

カップル das Paar -[e]s, -e.

がっぺい 合併 die Vereinigung -en; die Einverleibung -en; [企業の] die Fusion -en; [市町村の] die Eingemeindung -en. ~する vereinigen; ein|verleiben; ein|gemeinden. 二つの会社が~した Zwei Firmen haben fusioniert. ~症 die Komplikation. → 併合.

かっぽ 闊歩する einher|schreiten*(s).

かつぼう 渇望する durstig sein* 《nach 3 格》; ein starkes Verlangen haben* 《nach 3 格》.

かっぽう 割烹 das Kochen -s. ~着 der Schürzenkittel. ~店 das Restaurant.

がっぽん 合本 zusammengebundene Hefte pl. ~にする in einen Band zusammen|binden*.

かつもく 刮目・する aufmerksam betrachten. ~して gespannt erwarten. ~に価する bemerkenswert; beachtenswert.

かつやく 活躍 die Tätigkeit -en; die Betätigung -en. ~する sehr tätig (aktiv) sein*. 我我はオリンピックでの日本選手の~を期待している Wir erwarten in den Olympischen Spielen glänzende Leistungen der japanischen Mannschaft.

かつやくきん 括約筋 der Schließmuskel -s, -n.

かつよう 活用 die Verwertung -en; 《文法》 die Flexion -en; die Beugung -en. ~する verwerten; nutzbar machen; praktisch gebrauchen; 《文法》 flektieren. 廃物を~する Abfälle verwerten.

かつよう 闊葉 → 広葉.

かつら 桂 Japanischer Scheinjudasbaum -[e]s, ¨e.

かつら 鬘 die Perücke -n. ~をかぶる eine Perücke tragen*.

かつりょく 活力 die Energie; die Lebenskraft ¨e; die Vitalität. ~のあふれた energisch; lebenskräftig; vital.

かつれい 割礼 die Beschneidung -en. 子供に~を施す ein Kind beschneiden*.

カツレツ das [panierte] Kotelett -s, -s; das Schnitzel -s, -.

かつろ 活路 der [rettende] Ausweg -[e]s, -e. ~を見つける einen Ausweg finden*. ~を開く sich³ einen Ausweg bahnen.

かて 糧 die Nahrung. 日日の~を得る sich³ tägliches Brot erwerben*. 精神の~ geistige Nahrung.

かてい 仮定 die Annahme -n; die Voraussetzung -en; die Hypothese -n. ~する an|nehmen*; voraus|setzen. …と~して angenommen (vorausgesetzt), dass ...; unter der Voraussetzung, dass ... ~的 hypothetisch; angenommen. ~法 《文法》 der Konjunktiv.

かてい 家庭 die Familie -n. ~を持つ eine Familie gründen. いい~の娘 ein Mädchen aus gutem Haus[e]. ~[的]の häuslich. ~科 die Hauswirtschaft. ~教育 die Familienerziehung. ~教師 der Hauslehrer. ~裁判所 das Familiengericht. ~生活 das Familienleben. ~争議 der Familienzwist. ~用品 Haushalt[s]artikel pl. ~常備薬 die Hausapotheke. ~料理 die Hausmannskost; die Hausmacherkost.

かてい 過程 der Prozess -es, -e; der Verlauf -[e]s, -e. 発生(成長)の~を観察する den Prozess der Entstehung (des Wachstums) beobachten. 議論の~で im Verlauf der Debatte.

かてい 課程 der Lehrgang -[e]s, ¨e; der Kursus -, ..se. 教育〜 der Lehrplan. 初級〜を修了する einen Kursus für Anfänger durch|machen.

カテーテル der Katheter -s, -.

カテゴリー die Kategorie -n.

がてら ¶散歩〜 auf dem Spaziergang. 湯治し〜 Indem ich eine Badekur mache, ...

かでん 家伝・の in der Familie überliefert (weitervererbt). 〜の妙薬 das Hausmittel. 〜の宝刀 das Erbschwert.

かでん 荷電 elektrische Ladung -en.

がてん 合点・が行く et. begreifen*; et. verstehen*. 〜の行く(行かない) begreiflich (unbegreiflich).

がでんいんすい 我田引水をする alles zu seinem eigenen Nutzen aus|legen.

カデンツァ die Kadenz -en.

かと 過渡・期 die Übergangszeit. 〜的段階 das Übergangsstadium.

かど 角 die Ecke -n; die Kante -n. 机の〜にぶつかる sich an der Ecke (Kante) des Tisches stoßen*. 〜を曲る um die Ecke biegen*(s). 〜のある (比) schroff; kantig. 〜が取れる〔円満になる〕sich¹ die Kanten [seines Wesens] ab|schleifen* (ab|stoßen*).

かど ¶病気の〜で wegen der Krankheit. 放火の〜で wegen (auf Grund von) Brandstiftungsverdacht.

かど 過度・の übermäßig; zu viel. 〜の神経衰弱 starke Neurose. 〜に労働する zu viel arbeiten; sich überarbeiten.

かとう 過当・な maßlos; exzessiv. 〜競争 maßloser Wettbewerb.

かとう 下等・な niedrig; gemein. 〜動物(植物) niedere Tiere (Pflanzen) pl.

かとう 果糖 der Fruchtzucker -s.

かどう 可動・の beweglich; mobil. 〜性 die Beweglichkeit; die Mobilität. 〜橋 bewegliche Brücke.

かどう 華道 das Ikebana [ike'ba:na] -[s]; die Kunst des Blumensteckens.

かとうせいじ 寡頭政治 die Oligarchie. 〜の oligarchisch. 〜家 der Oligarch.

かどぐち 門口で an (vor) der Tür.

かどづけ 門付け・をする singend und bettelnd von Haus zu Haus ziehen*(s). 〜の芸人 wandernder Bettelmusikant.

かどで 門出 die Abreise; die Abfahrt -en. 〜をする ab|reisen (s). 人生の〜 der erste Schritt ins Leben.

カドミウム das Kadmium -s (記号: Cd).

カドリール die Quadrille -n.

カトリック der Katholizismus -. 〜の katholisch. 〜教会 katholische Kirche. 〜教徒 der Katholik.

カトレア die Cattleya [kat'laɪa] ..leyen.

かどわかす entführen; verführen.

かとんぼ 蚊蜻蛉 die Bachmücke -n.

かな 仮名 japanische Silbenschrift.

かなあみ 金網 das Drahtnetz -es, -e. 〜を張る et. mit dem Drahtnetz versehen*.

かない 家内〔妻〕meine Frau. 〜工業 die Hausindustrie.

かなう 叶う ¶望みが〜 Der Wunsch erfüllt sich (wird erhört). 私の身に〜事なら Soweit es in meinen Kräften steht, ...

かなう 適う entsprechen*. 目的に〜 dem Zweck entsprechen*.

かなう 敵う gleich|kommen*(s). 数学では彼に敵わない In der Mathematik kann ich ihm nicht gleichkommen. こう暑くては敵わない Diese Hitze ist nicht zu ertragen. / Ich kann diese Hitze nicht ertragen.

かなえる 叶える erfüllen; befriedigen.

かなきりごえ 金切り声 schrille (grelle) Stimme. 〜を上げる kreischen.

かなぐ 金具 der Beschlag -[e]s, ¨e; 〔留め金〕die Schnalle -n. 〜をつける et. mit Metall beschlagen*. 鞍(⅓)には銀の〜がついている Der Sattel hat silberne Beschläge.

かなくぎ 金釘 der [Metall]nagel -s, ¨. 〜流で書く kritzeln.

かなくず 金屑 Metallspäne pl.; das Gekrätz -es.

かなぐつわ 金轡をはめる jn. durch Bestechung reinen Mund halten lassen*.

かなけ 金気・のある eisenhaltig. 〜がする nach Eisen schmecken.

かなしい 悲しい traurig. 〜物語 traurige (rührende) Geschichte. 私は〜 Ich bin traurig. / Mir ist traurig zumute. / Es tut mir weh. 〜気持で in trauriger Stimmung. 〜事に leider; zu meinem Bedauern.

かなしき 鉄敷 der Amboss -es, -e.

かなしげ 悲しげ・な traurig; trüb; betrübt. 〜な声 klagende Stimme. 〜な顔をする traurig aus|sehen*; ein betrübtes Gesicht machen.

かなしみ 悲しみ die Trauer; der Kummer -s; die Betrübnis -se. 深い〜に沈んでいる in tiefe Trauer versunken sein*. 〜のあまり vor Trauer. 喜びにつけ〜につけ in Freud und Leid.

かなしむ 悲しむ trauern 《um (über) 4格》; traurig werden*(s) 《über 4格; wegen 2格》; betrübt sein* 《über 4格》. 私は彼の死を〜 Ich betrauere seinen Tod. / Sein Tod betrübt mich.

かなた 彼方 dort; drüben. 遥か〜に weit in der Ferne; in weiter Ferne. 遥か〜から aus weiter Ferne. 山の〜に jenseits des Gebirges; über den Bergen.

カナダ Kanada. 〜の kanadisch. 〜人 der Kanadier.

かなだらい 金盥 die Waschschüssel -n.

かなづち 金槌 der Hammer -s, ¨.

カナッペ Kanapees pl.

かなでる 奏でる spielen.

かなぶん 〔昆〕der Maikäfer -s, -.

かなぼう 金棒 die Eisenstange -n. これなら鬼に〜だ Das bietet mir einen weiteren Vorteil. / Damit habe ich ein zusätzliches Ass.

かなめ 要 der [Angel]punkt -[e]s, -e; [扇の] der Zapfen -s, -. 肝心~の wesentlich; wichtig. ~石 der Schlussstein.

かなもの 金物 Eisenwaren pl. ~屋 die Eisenwarenhandlung; [гр] der Eisenwarenhändler.

かならず 必ず sicher; gewiss; bestimmt; [いつも] immer. 彼は~家にいるとは限らない Er ist nicht immer zu Hause. 彼は~しも馬鹿ではない Er ist nicht gerade (eben) dumm. 輝くもの~しも金ではない Es ist nicht alles Gold, was glänzt.

かなり ziemlich; verhältnismäßig. ~の ziemlich; beträchtlich. ~の財産 beträchtliches (hübsches) Vermögen.

カナリヤ der Kanarienvogel -s, ⸗.

かなわ 金輪 der Metallring -[e]s, -e; der Metallreifen -s, -.

かに 蟹 die Krabbe -n. ~の缶詰 die Krabbenkonserve. ~工船 das Schiff für Krabbenfang und -konservierung.

かにく 果肉 das Fruchtfleisch -es.

がにまた 蟹股 O-beinig; säbelbeinig.

かにゅう 加入 der Eintritt -s, -e; der Beitritt -s, -. ~する ein|treten*(s) (in 4格); bei|treten*(s) (3格); sich beteiligen 《an 3格》; sich an|schließen* 《3格》. ~者 das Mitglied; der Beteiligte#; [電話などの] der Teilnehmer. ~金 das Beitrittsgeld (Eintrittsgeld).

カニューレ die Kanüle -n.

カヌー das Kanu -s, -s.

かね 金 das Geld -es, -er; [金属] das Metall -s, -e. たくさんの~ eine große Menge (Summe) Geld. ~がある Ich habe [viel] Geld. / Ich bin bei Geld (Kasse). ~がない Ich habe kein Geld. / Es fehlt mir das (an) Geld. ~がかかる Es kostet viel Geld. / Das läuft ins Geld. ~に飽かせて ohne Rücksicht auf Kosten. ~に替える et. zu Geld machen. ~に困る in Geldnot sein*; an Geldknappheit leiden*. ~になる Geld ein|bringen*. ~になる仕事 einträgliche Arbeit. ~をかける sein Geld verwenden(*) 《für 4格; zu 3格》. ~を出す Geld aus|geben*. ~をためる Geld sparen. ~を寝かす das Geld ungenutzt liegen lassen*. ~をもうける Geld verdienen (erwerben*). ~を浪費する Geld verschwenden. ~を湯水のように使う Geld [mit vollen Händen] zum Fenster hinaus|werfen*. ~が子を生む Das Kapital bringt Zinsen. ~が物を言う Geld regiert die Welt.

かね 鐘 die Glocke -n. ~が鳴る Es läutet. / [小さい鐘が] Es bimmelt. ~を鳴らす eine Glocke läuten.

かねかし 金貸し der Geldverleiher -s, -; [高利貸し] der Wucherer -s, -; der Kreditihai -s, -e. ~をする Geld verleihen*.

かねがね ¶お噂は~うかがっております Ich habe seit langem viel von Ihnen gehört. → かね

かねぐり 金繰りがつかない sich³ kein Geld verschaffen können*.

かねつ 加熱する erhitzen; erwärmen.

かねつ 過熱 die Überhitzung. ~する überhitzen; [自動詞] zu heiß werden*(s). ~器 der Überhitzer.

かねづかい 金遣い・の荒い verschwenderisch. ~が荒い sein Geld verschwenden; mit seinem Geld verschwenderisch um|gehen*(s).

かねづまり 金詰まりである in Geldverlegenheit (Geldklemme) sein*.

かねづる 金蔓を見つける einen Geldgeber (Sponsor) finden*.

かねて schon [seit langem]; [あらかじめ] im Voraus. ~の望み久しい gehegter Wunsch.

かねない ¶彼は自殺もし~ Er kann (könnte) Selbstmord begehen. / Es ist möglich, dass er Selbstmord begeht. あの男ならやり~ Es ist nicht zu verwundern, dass er es getan hat.

かねばなれ 金離れ ¶彼は~がよい Er trennt sich leicht vom Geld.

かねまわり 金回りがよい(悪い) gut (knapp) bei Kasse sein*.

かねめ 金目・の kostbar; wertvoll. ~の物 Kostbarkeiten pl.; Wertsachen pl.

かねもうけ 金儲け der Gelderwerb -s. ~をする [sich³] Geld erwerben* (verdienen); Geld machen. ~がうまい im Gelderwerb geschickt sein*. それは大して~にならない Dabei ist nicht viel zu holen.

かねもち 金持 der Reiche#. ~の reich; wohlhabend. 大~の steinreich. ~になる reich werden*(s).

かねる 兼ねる ¶首相が外相を~ Der Ministerpräsident übernimmt auch den Posten des Außenministers. 趣味と実益を~ das Nützliche mit dem Angenehmen verbinden*. 書斎と応接間を~ als Studier- und zugleich als Empfangszimmer dienen. 彼は今日はホストとコックの二役を兼ねている Als Gastgeber und Koch hat er heute eine Doppelfunktion. 大は小を~ Ein Zuviel ist besser als ein Zuwenig. それは申し上げ兼ねます Das kann ich Ihnen nicht sagen.

かねんせい 可燃性 die Brennbarkeit. ~の brennbar; [leicht] entzündbar. ~物質 feuergefährlicher Stoff.

かのう 化膿 die Eiterung -en. ~する eitern. ~した(性の) eiterig. ~菌 der Eitererreger. ~熱 das Eiterfieber.

かのう 可能・な möglich. 実現~な計画 ausführbarer Plan. ~性 die Möglichkeit. ~ならば wenn es möglich ist; wenn (wo) möglich. ~な範囲で im Rahmen des Möglichen. ~法〖文法〗 der Konjunktiv; die Möglichkeitsform.

かのじょ 彼女 sie. ~の ihr.

カノン〖音〗der Kanon -s, -s.
カノンほう 加農砲 die Kanone -n.
かば 樺 die Birke -n.　～色の rotbraun.
かば 河馬 das Nilpferd -[e]s, -e.
カバー der Überzug -[e]s; die Decke -n; [本の] der [Schutz]umschlag -[e]s, ¨e.　赤字を～する ein Defizit decken.　本に～をかける einen Umschlag um ein Buch legen.　～ガール das Covergirl ['kavərgøːrl]
かばう 庇う jn. [be]schützen 《vor 3格》；〔弁護する〕verteidigen.　体で～ jn. mit seinem Leib decken.
かばしら 蚊柱 der Mückenschwarm -s, ¨e. ～が立つ Die Mücken tanzen.
がばと ¶彼は驚いてベッドから～跳ね起きた Erschrocken fuhr er aus dem Bett auf.
かばり 蚊鉤 die Angelfliege -n.
かはん 下半[部] das (der) Unterteil -s, -e.
かはん 河畔·に am Fluss.　ライン～に am Rhein.
かはん ¶過半 die Mehrzahl.　仕事の～は片づいた Den größeren Teil der Arbeit habe ich erledigt.　～数 die Mehrheit.　投票の～数を占める die Mehrheit der abgegebenen Stimmen erhalten*.　可とするもの～数である Die Mehrheit ist dafür.
かはん 過般 → 先般.
かばん 鞄 die Mappe -n;〔トランク〕der Koffer -s, -.
かはんしん 下半身 der Unterkörper -s, -.
かひ 可否·を論ずる das Pro und [das] Kontra einer Sache diskutieren.　挙手で～を決める durch Handaufheben ab|stimmen 《über 4格》.
かび 黴 der Schimmel -s; der Moder -s.　パンに～が生えた Auf dem Brot ist Schimmel entstanden (hat sich Schimmel gebildet). ～の生えた schimmelig.　～臭い moderig; muffig;〔時代遅れの〕überholt; verstaubt.
かび 華美な prächtig; prunkhaft; luxuriös; [色の] bunt.
かひつ 加筆する et. verbessern; et. korrigieren.
がびょう 画鋲 der Reißnagel -s, ¨; die Reißzwecke -n.　～で留める mit Reißnägeln an|heften.
かびる 黴びる schimmeln (h;s); modern (h;s).
かびん 花瓶 die [Blumen]vase -n.
かびん 過敏·な überempfindlich; sensitiv. ～症 der Erethismus;〔アレルギー〕die Allergie.　カフェインに～である allergisch gegen Koffein sein*.
かふ 下付·する aus|stellen; geben*.　旅券を～する den Pass aus|stellen.　年金を～する eine [Jahres]rente aus|setzen.
かふ 火夫 der Heizer -s, -.
かふ 寡婦 die Witwe -n.
かぶ 株〔切株〕der Stumpf -[e]s, ¨e;〔草木の〕der Stock -[e]s, ¨e;〔株式〕die Aktie -n.　店の～を譲る das Geschäft übergeben*.　石油会社の～を買う Aktien der Ölgesellschaft kaufen.　～に手を出す mit (in) Aktien spekulieren.　～でもうける(損する)beim Aktienhandel gewinnen* (verlieren*).　彼の～は上がった〖比〗Seine Aktien sind gestiegen.
かぶ 下部 das (der) Unterteil -s, -e.　～組織 Unterabteilungen pl.
かふ 画布 die [Maler]leinwand ¨e.
かふう 家風 die Familientradition -en; der Hausbrauch -[e]s, ¨e.
がふう 画風 die Manier -en.
カフェイン das Koffein -s.
カフェテリア die Cafeteria -s (..rien).
かぶか 株価 der Aktienpreis -es, -e.　～が上がる(下がる) Die Aktien steigen (fallen).　～指数 der Aktienindex.
がぶがぶ ¶飲む viel trinken*; saufen*.
かぶき 歌舞伎 das Kabuki -.
かぶくぶ 下腹部 der Unterleib -[e]s, -er.
かぶけん 株券 die Aktie -n; der Aktienbrief -[e]s, -e; die Aktienurkunde -n.
かぶさる 被さる [über|]hängen*.　黒雲が頭上に～ Schwarze Wolken hängen am Himmel.　髪が額(ひたい)に～ Die Haare hängen mir in die Stirn.
かぶしき 株式 die Aktie -n.　～を発行する Aktien aus|geben*.　～を募集する Aktien auf|legen.　～の募集に応ずる Aktien zeichnen.　～会社 die Aktiengesellschaft (略：AG).　～市場 der Aktienmarkt.　～取引 der Aktienhandel.　～取引所 die [Aktien-]börse.　～仲買人 der Börsenmakler.　～申し込み die Aktienzeichnung.
カフス die Manschette -n.　～ボタン der Manschettenknopf.
かぶせる 被せる et. [be]decken (überziehen*) 《mit 3格》.　蓋を～ et. [mit einem Deckel] zu|decken.　帽子を～ jm. den Hut auf|setzen.　水を～ jm. mit Wasser überschütten.　金を～ et. mit Gold überziehen*.　罪を～ jm. die Schuld zu|schieben*.
カプセル die Kapsel -n.
かふそく 過不足なく weder zu viel noch zu wenig;〔適度に〕mäßig.
かふちょうせい 家父長制 das Patriarchat -[e]s, -e.　～の patriarchalisch.
かぶと 兜 der Helm -[e]s, -e.　～を脱ぐ den Helm ab|nehmen*;〖比〗sich jm. ergeben*.　勝って～の緒を締めよ Man soll sich nicht auf seinen Lorbeeren ausruhen.
かぶとむし 甲虫 der Nashornkäfer -s, -.
かぶぬし 株主 der Aktieninhaber -s, -; der Aktionär -s, -e.　～総会 die Aktionärsversammlung.
かぶや 株屋 der Aktienmakler -s, -; der Effektenmakler -s, -.
がぶり ¶飲む hinunter|schlucken; hinunter|schlingen*.　～と噛む an|beißen*; schnappen 《nach 3格》.
カプリチオ das Capriccio -s, -s.
かぶりつく et. an|beißen*.　りんごに～ in

einen Apfel beißen*.

かぶりもの 被り物 die Kopfbedeckung -en.

かぶる 被る sich bedecken 《mit 3 格》. 帽子を~(被っている) den Hut auf|setzen (tragen*). 水を~ Wasser über den Kopf gießen*. 罪を~ die Schuld auf sich nehmen*. 畑が水を被った Die Felder stehen unter Wasser.

かぶれる [Haut]ausschlag bekommen*;〔感化される〕beeinflusst werden*(s受)《von 3 格》. 漆に~ sich³ eine Lackvergiftung zu|ziehen*. 西洋かぶれの europäisert.

かふん 花粉 der Blütenstaub -s; der Pollen -s, -.

かぶん 過分・の unverdient. ~のお褒(は)めにあずかりました Sie erteilen mir ein unverdientes Lob.

かぶん 寡聞にして知らない Ich kenne mich da nicht aus.

かべ 壁 die Wand ¨e; die Mauer -n. ~に耳あり Die Wände haben Ohren. 〚比〛 ~に突き当る auf Schwierigkeiten stoßen*(s). 偏見の~と戦う gegen eine Wand von Vorurteilen an|kämpfen.

かへい 貨幣 die Münze -n; das Geld -es, -er. ~を鋳造する Münzen prägen* (schlagen*). ~価値 der Geldwert. ~経済 die Geldwirtschaft. ~制度 das Geldwesen (Münzwesen).

カペイカ die Kopeke -n.

かべかけ 壁掛け der Wandteppich -s, -e.

かべがみ 壁紙 die Tapete -n. 壁に~を張る die Wände mit Tapeten bekleiden.

かべしんぶん 壁新聞 die Wandzeitung -en.

かべつち 壁土 der Mörtel (Verputz) der Wand.

かへん 可変・な variabel; veränderlich. ~性 die Variabilität. ~資本 variables Kapital.

かべん 花弁 das Blumenblatt (Blütenblatt) -[e]s, ¨er.

かほう 下方・を見下ろす hinab|sehen*. 肺の~に am unteren Teil der Lunge.

かほう 火砲 die Kanone -n; das Geschütz -es, -e.

かほう 加法 die Addition -en.

かほう 加俸 die Zulage -n.

かほう 果報 das Glück -[e]s. ~者 das Glückskind; der Glückspilz.

かほう 家宝 der Hausschatz -es, ¨e.

かほう 家法 das Hausgesetz -es, -e.

がほう 画報 illustrierte Zeitschrift -en.

かぼく 家僕 der [Haus]diener -s, -.

かほご 過保護 die Überbehütung.

かぼそい 細々 dünn; mager. ~声(脛) dünne Stimme (Beine pl.).

カボチャ 南瓜 der Kürbis -ses, -se.

ガボット die Gavotte -n.

かほんか 禾本科植物 die Graspflanze -n.

かま 釜 der Kessel -s, -.

かま 鎌 die Sichel -n; 〔大形の〕 die Sense -n. ~で刈る sicheln; mähen. ~をかける jn. aus|holen《über 4 格》.

かま 竈 der [Brenn]ofen -s, ¨. パン焼き~ der Backofen.

かま 缶 der [Dampf]kessel -s, -. ~焚(た)き der Heizer.

がま 蒲〚植〛 der Rohrkolben -s, -.

がま 蝦蟇 die Kröte -n.

かまいて 構い手がない Niemand will mit ihm zu tun haben.

かまう 構う sich kümmern 《um 4 格》;〔相手になる〕zu tun haben* 《mit 3 格》. …に構わずに ohne Rücksicht《auf 4 格》; unbekümmert《um 4 格》; gleichgültig, ob … 子供に構わない wenig auf sein Äußeres geben*. 彼が何をしようと構わない Was er macht, ist mir gleichgültig. あなたはここにいて構わない Sie können hier bleiben. あんな奴にはもう構わない Ich will nichts mehr mit ihm zu tun haben. 構わないでくれ Lass mich in Ruhe! いつでも構いませんか Darf ich eintreten? どうぞお構いなく Machen Sie [sich] meinetwegen keine Umstände!

かまえ 構え〔構造〕der Bau -es;〔姿勢〕die Haltung -en. 立派な~の家 ein stattlich gebautes Haus.

かまえる 構える ¶一家を~ einen Hausstand (eine Familie) gründen. 店を~ ein Geschäft gründen. 銃を~ [das Gewehr] an|legen. のんきに~ sich³ keine Sorgen machen. 平然と~ sich ruhig verhalten*. 言を構えて unter allerlei Vorwänden.

かまきり 蟷螂 die Gottesanbeterin -nen.

がまぐち 蝦蟇口 der Geldbeutel -s, -.

かまける beschäftigt sein* 《mit 3 格》; in Anspruch genommen sein* 《von 3 格》. 家の用事にかまけて von den Hausangelegenheiten in Anspruch genommen.

かます 叺 der Sack aus Stroh.

かます 魳〚魚〛 der Barrakuda [bara'ku:da] -s; der Pfeilhecht -[e]s, -e.

かまち 框 der Rahmen -s, -. 窓の~ der Fensterrahmen.

かまど 竈 der Herd -es, -e. ~に火を焚(た)く den Herd heizen.

かまびすしい 喧しい geräuschvoll; lärmend.

かまぼこ 蒲鉾 die Fischwurst ¨e. ~型の halbkreisförmig; gewölbt.

がまん 我慢 die Geduld. ~する Geduld haben*《mit 3 格》; ertragen*. ~強い geduldig; duldsam. ~できる(できない) erträglich (unerträglich). この騒音は~がならない Diese Geräusche sind nicht zu ertragen.

かみ 上 ¶橋の~に oberhalb der Brücke. ~に立つ über jm. stehen*.

かみ 神 der Gott -es, ¨er. ~様 der liebe Gott. ~に祈る zu Gott beten. ~を信ずる an Gott glauben. ~の[ような] göttlich. ~の恩寵 die Gottesgnade. ~かけて bei Gott.

かみ 紙 das Papier -s. 2枚の~ 2 Blatt Papier. ~[製]の papieren. ~を漉(す)く Papier

かみ 髪 das Haar -[e]s, -e. 黒～ schwarzes Haar. ～を搔きむしる sich³ die Haare raufen. ～を刈ってもらう sich³ die Haare schneiden lassen*. ～を梳(す)る sich³ die Haare kämmen. ～を伸ばしている die Haare lang tragen*. ～を結う sich³ die Haare machen. ～を分ける die Haare scheiteln. ～が抜ける Die Haare fallen mir aus.

かみ 加味・する et. würzen «mit 3 格». 酢を～した料理 mit Essig gewürzte Speise.

かみあう 嚙み合う sich (einander) beißen*; 〔歯車が〕ineinander ein|greifen*. 互に話が嚙み合わない aneinander vorbei|reden.

かみあぶら 髪油 das Haaröl -s, -.

かみいれ 紙入れ die Brieftasche -n.

かみがかり 神懸かり・になる von einem Dämon besessen sein*. ～的な fanatisch.

かみかくし 神隠しにあう weggezaubert werden*(s受).

かみかざり 髪飾り der Haarschmuck -s.

かみがた 髪型 die Frisur -en; 〔刈り方〕der Haarschnitt -[e]s, -e.

がみがみ ～言う schnauzen. ～叱る jn. an|fahren (an|schnauzen).

かみきず 嚙み傷 der Biss -es, -e; die Bisswunde -n.

かみきりむし 髪切り虫 der Bockkäfer -s, -.

かみきる 嚙み切る ab|beißen*. 舌を～ sich³ die Zunge ab|beißen*.

かみきれ 紙切れ der Papierfetzen -s, -; 〔メモ用の〕der Zettel -s, -.

かみくず 紙屑 Papierabfälle pl. ～籠 der Papierkorb. ～拾い der Lumpensammler.

かみくだく 嚙み砕く zerbeißen*. 嚙み砕いて説明する in einfachen Worten erklären (dar|legen).

かみころす 嚙み殺す tot|beißen*. 笑いを～ [sich³] das Lachen verbeißen*. あくびを～ ein Gähnen unterdrücken.

かみざ 上座に座る den Ehrenplatz ein|nehmen*; sich obenan setzen.

かみざいく 紙細工 die Papierarbeit -en.

かみしめる 嚙み締める ¶歯を～ die Zähne zusammen|beißen*. 思い出を～ von den Erinnerungen zehren.

かみしんじん 神信心 der Gottesglaube -ns. ～をする zu Gott beten.

かみそり 剃刀 das Rasiermesser -s, -. ～の刃 die Rasierklinge. 安全～ der Rasierapparat. 電気～ der Elektrorasierer.

かみだな 神棚 der Hausaltar -s, ⸚e.

かみだのみ 神頼み ¶苦しいときの～ Not lehrt beten.

かみタバコ 嚙み煙草 der Kautabak -s, -e.

かみつ 過密・の dicht bevölkert; übervölkert. ～地帯 das Ballungsgebiet.

かみつく 嚙み付く beißen*; 〔食ってかかる〕jn. an|fauchen. 犬は私の足に嚙み付いた Der Hund biss mich (mir) ins Bein.

かみづつみ 紙包み das Päckchen -s, -.

かみて 上手〔舞台〕die rechte Seite. ～に oben. 橋の～に oberhalb der Brücke.

かみなり 雷 der Donner -s, -. ～が鳴る Es donnert. / Der Donner rollt. ～が落ちる Es (Der Blitz) schlägt ein. ～を落す jn. an|donnern.

かみのけ 髪の毛 das [Kopf]haar -[e]s, -e.

かみばさみ 紙挟み die Mappe -n; 〔クリップ〕die Büroklammer -n.

かみはんき 上半期 das erste Halbjahr -[e]s, -e. ～決算報告 die [Zwischen]bilanz für das erste Halbjahr.

かみひとえ 紙一重 ¶両者は～の差である Es besteht ein haarfeiner Unterschied zwischen den beiden.

かみびょうし 紙表紙 der Umschlag -[e]s, ⸚e. 〔厚表紙〕der Pappdeckel -s, -. ～の broschiert; 〔厚紙の〕kartoniert.

かみふぶき 紙吹雪 das Konfetti -[s].

かみまき 紙巻きタバコ die Zigarette -n.

かみや 紙屋 die Papierhandlung -en; 〔人〕der Papierhändler -s.

かみやすり 紙鑢 das Schmirgelpapier -s, -e.

かみゆい 髪結い der Friseur -s, -e; 〔女〕die Friseuse -n.

かみよ 神代 das Zeitalter der Götter; mythologische Zeit. ～の昔から seit uralten Zeiten.

かみわざ 神業のような übermenschlich.

かみん 仮眠 das Schläfchen -s, -. ～する ein Schläfchen halten* (machen).

かむ 鼻を～ sich schneuzen; sich³ die Nase schneuzen (putzen).

かむ 嚙む beißen*; kauen. 舌(唇)を～ sich auf die Zunge (die Lippen) beißen*. 食物をよく～ Speisen gut kauen. 爪を～ an den Nägeln kauen. 嚙んで含めるように説明する jm. et. vor|kauen.

ガム das (der) Kaugummi -s, -s.

がむしゃら 我武者羅・な rücksichtslos; tollkühn. ～な人 der Wagehals.

カムチャツカ Kamtschatka.

カムバック das Comeback -[s], -s. ～する ein Comeback erleben.

カムフラージュ die Tarnung -en. ～する verschleiern; tarnen.

かめ 瓶 der Krug -[e]s, ⸚e.

かめ 亀 die Schildkröte -n. ～の甲 der Rückenschild. ～の甲より年の劫(こう) Mit der Zeit wird man klug.

かめい 加盟 der Beitritt -s. ～する bei|treten*(s)《3格》; sich an|schließen*《3格》. ジュネーブ条約に～する der Genfer Konvention bei|treten*(s). ～者 das Mitglied. ～国 der Mitglied[s]staat.

かめい 仮名 der Deckname -ns, -n. ～で unter einem Decknamen (Pseudonym). ～を名乗る einen falschen Namen an|geben*.

かめい 家名・を挙げる dem Namen der Familie Ehre machen. ～を汚す den Namen der

カメラ

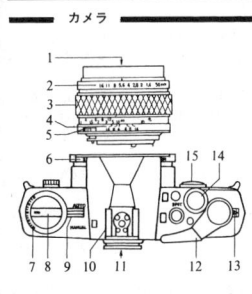

1 レンズ das Objektiv
2 絞り環 der Blendenring
3 距離環 der Entfernungsring
4 被写界深度目盛 die Schärfenbereichs-Skala
5 レンズ着脱ボタン die Objektiv-Entriegelungstaste
6 シャッターダイヤル der Verschlusszeitenring
7 露出補整ダイヤル die Einstellung für Belichtungskorrektur
8 巻き戻しクランク die Rückspulkurbel
9 モード切り換えレバー der Betriebsartenschalter
10 アクセサリーシュー der Zubehörschuh
11 ファインダー der Sucher
12 フィルム巻き上げレバー der Schnellschalthebel für Filmtransport
13 フィルム駒数計 das Bildzählwerk
14 シャッターレリーズボタン die Auslösetaste
15 セルフタイマー der Selbstauslöser

Familie besudeln (beflecken); ein Schandfleck der Familie sein*.
カメラ die Kamera -s; der Fotoapparat -s, -e. ～アングル der Gesichtswinkel. ～マン der Kameramann; der Fotograf.
カメルーン Kamerun. ～の kamerunisch. ～人 der Kameruner.
カメレオン das Chamäleon -s, -s.
かめん 仮面 die Maske -n; die Larve -n. ～をかぶる(脱ぐ) die Maske an|legen (ab|legen). ～をはぐ jm. die Maske vom Gesicht reißen*; jn. entlarven. 友情の～をかぶって unter der Maske der Freundschaft. ～劇 das Maskenspiel. ～舞踏会 der Maskenball.
がめん 画面 die Bildfläche -n; das Bild -es, -er; [テレビの] der Bildschirm -s, -e.
かも 鴨 die Ente -n; [雄] der Enterich -s, -e. ～猟 die Entenjagd. 彼は彼女のいい～だった Er war eine leichte Beute für sie.
かもい 鴨居 die Oberschwelle -n.
かもく 科目 das [Lehr]fach -[e]s, ⸚er. 必修(選択)～ obligatorisches (fakultatives) Fach.
かもく 寡黙な wortkarg; schweigsam.
かもしか 羚羊 die Antilope -n.
かもしれない können*; mögen*; [副詞] vielleicht. 僕の思い違いだった～ Ich habe mich vielleicht geirrt. 手紙は無くなったの～ Der Brief kann (könnte) verloren gegangen sein. そこに20人くらいいた～ Es mochten etwa 20 Personen dabei gewesen sein.
かもす 醸す brauen. 心地よい雰囲気を醸し出す eine behagliche Atmosphäre schaffen*.
かもつ 貨物 die Fracht -en; Güter pl. ～運賃 das Frachtgeld. ～自動車 der Last[kraft]wagen (略: Lkw; LKW). ～船 das Frachtschiff; der Frachter. ～列車 der Güterzug. ～引換証 der Frachtbrief.
かものはし [動] das Schnabeltier -[e]s, -e.
かもめ 鴎 die Möwe -n.
かや 茅 Riedgräser pl. ～ぶき屋根 das Ried[gras]dach.
かや 榧 [植] die Nusseibe -n.
かや 蚊帳 das Moskitonetz -es, -e.

がやがや ～騒ぐ viel Lärm machen; lärmen. ～話す schwatzen.
かやく 火薬 das Pulver -s, -. ～庫 das Pulvermagazin; die Pulverkammer.
カヤック der Kajak -s, -s.
かやり 蚊遣り das Mückenmittel -s, -.
かゆ 粥 der Brei -s, -e. ～状の breiig.
かゆい 痒い ¶ 背中が～ Mein Rücken juckt. / Mir (Mich) juckt der Rücken. / Es juckt mir (mich) auf dem Rücken.
かよい 通い・の女中(お手伝い) die Aufwartefrau. アメリカ～の船 das Schiff [auf] der Amerikalinie.
かよいちょう 通い帳 [商店の] das Lieferbuch -[e]s, ⸚er.
かよう 通う et. besuchen; gehen*(s); [乗物が] fahren*(s); [往来する] verkehren. 学校へ～ in die Schule gehen*(s); die Schule besuchen. A と B の間を船が通っている Das Schiff verkehrt regelmäßig zwischen A und B. 血が～ Das Blut zirkuliert. 血の通った人 warmherziger Mensch. 彼らは互に心の通い合った仲である Es besteht ein stillschweigendes Einvernehmen zwischen ihnen.
かよう 歌謡 das Lied -es, -er. ～曲 der Schlager.
がようし 画用紙 das Zeichenpapier -s, -e. ～帳 der Zeichenblock.
かようせい 可溶性 die Löslichkeit. ～の löslich; lösbar.
かようび 火曜日 der Dienstag -s, -e. 次の～に am nächsten Dienstag.
かよく 寡欲な anspruchslos; genügsam.
かよわい か弱い zart; schwach.
かよわせる 通わせる ¶ 学校へ～ in die Schule schicken.
から von 《3格》; [中から] aus 《3格》; [以来] seit 《3格》. 今日～ von heute an (ab); ab heute. 小さい時～ von Kindheit an; von klein auf. 1年前～ seit einem Jahr. 部屋の中～ aus dem Zimmer. 好奇心～ aus Neugier. 窓～ durchs Fenster. 窓～外(内)を見る zum Fenster hinaus|sehen* (hinein|sehen*). 机の下～ unter dem Tisch hervor. 金の事～ wegen des Geldes. 牛乳～作ったチ

—ズ aus Milch gewonnener Käse. 先生~にほめられた Ich bin von dem Lehrer gelobt worden. 彼は病気だ~来ない Er kommt nicht, weil (da) er krank ist (denn er ist krank).

から 空・の leer; hohl. ~を leeren. ~になる sich leeren; leer werden*(s).

から 殻 die Schale -n. 蛇の脱け~ die abgestreifte Haut einer Schlange. 蟬が~から抜け出る Die Zikaden entpuppen sich. 自分の~に閉じ籠る sich in sein Schneckenhaus zurück|ziehen*.

がら 柄 das Muster -s, -. ~の悪い男 gemeiner Kerl. ~が大きい von großem Körperbau sein.

カラー 〔襟〕 der Kragen -s, -; 〔色〕 die Farbe -n; 〔特色〕 der Charakter -s. テレビ~ das Farbfernsehen; 〔受像器〕 der Farbfernseher. ~フィルム der Farbfilm. ~写真 das Farbfoto; die Farbfotografie. ~スライド die Farbdia.

がらあき がら空き・の ganz leer. 劇場は~だった Im Theater war gähnende Leere.

からい 辛い scharf; 〔塩辛い〕 salzig; 〔厳しい〕 streng.

からいばり 空威張りする prahlen; groß|tun*.

からうり 空売り der Leerverkauf -s, ⸚e.

カラオケ das Karaoke [kara'o:kə] -[s].

からかう necken; scherzen 《über 4 格》. 娘を~ mit einem Mädchen schäkern. からかい半分に halb zum Scherz (Spaß).

からから ~に乾いた ausgetrocknet; ausgedörrt. 喉が~に渇いている Meine Kehle ist wie ausgetrocknet. ~と笑う laut lachen. ~と音をたてる rasseln.

がらがら 〔玩具〕 die Klapper -n. ~と鳴る klappern. ~と崩れ落ちる ein|stürzen (s). ~蛇 die Klapperschlange.

からくさもよう 唐草模様 die Arabeske -n; der Schnörkel -s, -.

からくじ 空籤を引く eine Niete ziehen*.

がらくた der Trödel -s; der Plunder -s; das Gerümpel -s; der Kram -s.

からくち 辛口の 〔酒の〕 trocken; herb; 〔タバコの〕 stark.

からくも 辛くも knapp; mit knapper Not. ~試合に勝つ das Spiel knapp gewinnen*. ~間に合う gerade noch rechtzeitig kommen*(s).

からくり der Mechanismus -, ..men; 〔計略〕 die List -en. ~を見破る die List durchschauen. これには何か~があるぞ Da steckt etwas dahinter! ~人形 die Marionette.

からげる [zusammen|]binden*; [zusammen|]packen. 着物の裾(ま)を~ das Kleid auf|schürzen.

からげんき 空元気・を出す Munterkeit auf|setzen. 酒を飲んで~を出す sich³ Mut an|trinken*.

からころ ~と鳴る klappern.

からさ 辛さ die Schärfe; der Salzgeschmack -s. このスープは~が足りない Die Suppe ist zu wenig gesalzen.

からさわぎ 空騒ぎ viel Lärm um nichts.

からし 芥子 der Senf -s, -e. ~粉 das Senfmehl.

からす 烏 die Krähe -n; 〔大形の〕 der Rabe -n, -n. ~が鳴く Die Krähe krächzt. ~の行水 die Katzenwäsche. ~の濡れ羽色の rabenschwarz.

からす 枯らす verdorren lassen*; 〔材木を〕 ablagern lassen*.

からす 涸(嗄)らす aus|trocknen. 声を嗄らして叫ぶ sich heiser schreien*.

ガラス das Glas -es. 板~ die Glasplatte. 色~ das Farbglas. すり~ das Milchglas. 窓~ die [Fenster]scheibe. ~の gläsern. ~切り der Glasschneider. ~工場 die Glasfabrik. ~細工 die Glasarbeit. ~商 der Glashändler. ~繊維 die Glasfaser. ~戸 die Glastür. ~戸棚 der Glasschrank. ~瓶 die Glasflasche. ~張りの家 das Glashaus.

からすぐち 烏口 die Reißfeder -n.

からすむぎ 烏麦 der Hafer -s.

からせき 空咳をする trockenen Husten haben*; 〔そっと咳払いする〕 diskret husten.

からせじ 空世辞を言う jm. leere Komplimente machen.

からだ 体 der Körper -s, -; der Leib -es, -er. ~によい(悪い) gesund (ungesund). ~をこわす krank werden*(s). ~を大事にする sich schonen. ~を休める sich aus|ruhen. 彼は~が大きい(小さい) Er ist groß (klein). 彼は~が悪い Er ist krank.

からたち 枳殻 〔植〕 die Trugorange (Dreiblattzitrone) -n.

からだつき 体付き die Gestalt; der Körperbau -[e]s. 彼は~がたくましい Er ist von kräftiger Gestalt (kräftigem Körperbau).

カラット das Karat -s, -. 3 ~の dreikarätig.

からつゆ 空梅雨 trockene Regenzeit.

からて 空手で mit leeren Händen.

からて 唐手 die Karate -[s].

からてがた 空手形 der Kellerwechsel -s, -.

からとう 辛党 der Alkoholfreund -[e]s, -e.

からに 空荷で 〔海〕 nur mit Ballast beladen.

カラビナ der Karabinerhaken -s, -.

からぶり 空振りする fehl|schlagen*.

カラフル ~な farbenreich.

からませる 絡ませる et. schlingen* (winden*) 《um 4 格》. 糸を~ 〔もつれさす〕 Garn verwirren.

からまつ 落葉松 die Lärche -n.

からまる 絡まる sich schlingen* (winden*) 《um 4 格》; 〔もつれる〕 sich verwickeln (verwirren). 蔦の絡まった von Efeu umrankt.

からまわり 空回りする leer laufen*(s).

からみ 辛味 die Schärfe; der Salzgeschmack -s; 〔薬味〕 die Würze -n.

がらみ ¶ 40 ~の男 ungefähr vierzigjähriger Mann.

からみつく 絡み付く sich schlingen* 《um 4

格); [うるさくつきまとう] sich an *jn*. hängen.

からむ 絡む 一絡る. 酔っ払いに絡まれる Ein Betrunkener sucht Händel mit mir.

からり ～と晴れる sich auf|klären. ～と晴れた空 klarer (wolkenloser) Himmel. ～と開けた地勢 offenes Gelände. ～とした性格の offen; offenherzig.

がらり [に][乱暴に] heftig; [全く] völlig; [突然] plötzlich; auf einmal.

カラン der Hahn -[e]s, ⸚e (-en).

がらん ～とした leer. 鐘が～～と鳴る Es läutet bim, bam!

がらん 伽藍 die Kathedrale -n.

がらんどう ～の leer; [うつろの] hohl.

かり 仮・の(に) vorläufig; provisorisch; zeitweilig; vorübergehend; [応急の] notdürftig. ～の世 vergängliche Welt. ～に…とすれば wenn …; [voraus]gesetzt, dass … ～に…としても auch wenn …

かり 狩 die Jagd -en. ～をする jagen. ～に出かける auf die Jagd gehen*(*s*). 猪～をする auf Wildschweine Jagd machen.

かり 雁 die Wildgans ⸚e.

かり 借り die Schuld -en. ～を返す eine Schuld tilgen. ～がある *jm. et.* schuldig sein*. あなたに～がある Ich bin Ihr Schuldner (in Ihrer Schuld). ～になっている im Debet stehen*.

カリ 加里 das Kali -s, -s. ～肥料 der Kalidünger.

かりあげる 刈り上げる ¶髪を短く～ *jm.* die Haare ganz kurz schneiden*.

かりあつめる 駆り集める zusammen|treiben*; zusammen|rufen*.

かりいれ 刈り入れ die Ernte -n. ～の時節 die Erntezeit. ～をする *et.* [ein]|ernten.

かりいれきん 借入金 die Anleihe -n.

かりいれる 借り入れる [sich³] *et.* von borgen (leihen*).

カリウム das Kalium -s (記号: K).

かりえいぎょうしょ 仮営業所 provisorische Geschäftsstelle -n.

カリエス die Karies. ～の kariös.

かりかた 借方 das Debet -s, -s; das Soll -[s], -[s]; [借主] der Schuldner -s, -.

カリカチュア die Karikatur -en.

かりかぶ 刈り株 Stoppeln *pl*.

かりかり ～齧る knuspern 《an 3 格》. ～した knusp[e]rig.

がりがり 我利我利・の eigennützig; selbstsüchtig. ～亡者 eingefleischter Egoist.

かりぎ 借り着 geliehenes Kleid -es, -er.

カリキュラム das Curriculum -s, ..la; der Lehrplan -[e]s, ⸚e.

かりきる 借り切る ganz reservieren. ホテルを～ das ganze Hotel reservieren. バスを～ einen Bus mieten.

かりこし 借越 ¶1万円の～になっている im Debet von 10 000 Yen stehen*.

かりこみ 狩り込みをする eine Razzia machen (durch|führen) 《auf 4 格》.

かりこむ 刈り込む [木を] aus|putzen; stutzen; [髪を] schneiden*.

かりこや 仮小屋 die Baracke -n.

かりさいよう 仮採用をする *jn.* probeweise an|stellen.

かりしゅつごく 仮出獄 vorläufige Entlassung -en.

かりじょうやく 仮条約 der Präliminarvertrag -[e]s, ⸚e.

かりしょぶん 仮処分をする eine einstweilige Verfügung an|ordnen.

カリスマ das Charisma -s, ..men (-ta).

かりずまい 仮住まい vorläufige (provisorische) Wohnung -en.

かりせいふ 仮政府 die Interimsregierung -en.

かりそめ 仮初・の vorübergehend; vergänglich. ～の幸福 flüchtiges Glück. ～にも～ない auf keinen Fall.

かりたおす 借り倒す *jn.* betrügen 《um 4 格》; *jm.* Schulden nicht zahlen.

かりだす 狩り出す auf|jagen.

かりだす 駆り出す heraus|treiben*; hinaus|jagen.

かりたて 駆り立てる jagen; hetzen; treiben*. 仕事に～ *jn.* zur Arbeit [an]|treiben* (drängen).

かりちん 借り賃 die Miete -n. ボートの～ die Miete für ein Boot (für die Benutzung eines Bootes).

かりて 借り手 der Borger -s, -; [賃借りの] der Mieter -s, -; [金の] der Schuldner -s, -.

かりとじ 仮綴じ・にする heften; broschieren. ～の geheftet; broschiert. ～の本 das Heft; die Broschur.

かりとる 刈り取る schneiden*; [ab]|mähen; [収穫する] ernten.

かりぬい 仮縫い die Anprobe -n. ～する *jm.* den Anzug an|proben (an|probieren).

かりぬし 借り主 → 借り手

かりばし 仮橋 die Notbrücke (Behelfsbrücke) -n.

かりばらい 仮払い vorläufige Zahlung -en. 500ユーロ～する *jm.* 500 Euro vorläufig zahlen.

がりばん がり版・刷り der Schablonendruck. ～を切る eine Matrize beschriften.

カリフ der Kalif -en, -en.

カリプソ der Calypso -[s], -s.

カリフラワー der Blumenkohl -s, -e.

かりめんきょ 仮免許 vorläufiger Führerschein -s, -e.

かりもの 借り物 geborgte Sache -n. ～の衣裳 geliehenes Kleid. 彼のこの考えは～だ Diese Ideen hat er geborgt.

かりゅう 下流 der Unterlauf -[e]s, ⸚e. ～へ下る stromabwärts fahren*(*s*).

かりゅう 顆粒 das Granulum -s, ..la.

かりゅう 花柳・界 die Halbwelt. ～病 die Geschlechtskrankheit.

がりゅう 我流・で auf seine eigene Weise.

かりゅうど 狩人 der Jäger -s, -.
かりゅうど 加療 → 治療.
かりょう 科料 die Geldstrafe -n; das Bußgeld -[e]s, -er. 100ユーロの~に処す jn. zu einer Geldstrafe von 100 Euro verurteilen.
がりょう 雅量のある großmütig; edelmütig.
がりょうてんせい 画竜点睛 ¶この仕事は~を欠いている Bei dieser Arbeit fehlt noch das Tüpfelchen auf dem i.
かりょく 火力 die Kraft des Feuers; die Brennkraft. この石炭は~が強い Die Kohle brennt gut. ~発電所 das Dampfkraftwerk.
かりる 借りる [sich³] borgen; [sich³] leihen*; [賃借りする] mieten. 助けを~ von jm. Hilfe bekommen*. 知恵を~ jn. zu Rate ziehen*.
かりん 花梨 die Quitte -n.
かりんさんせっかい 過燐酸石灰 das Superphosphat -[e]s, -e.
かる 刈る mähen; schneiden*. 髪を刈ってもらう sich³ die Haare schneiden lassen*. 羊の毛を~ Schafe scheren*.
かる 駆る ¶自動車を~ Auto fahren*(s). 馬を~ reiten*(s). 国民を戦争に~ das Volk zum Krieg auf|hetzen. 不安に駆られて von Angst gepeitscht. 激情に駆られて von der Leidenschaft getrieben.
がる ¶淋し(寒)~ sich einsam (kalt) fühlen. 行きた~ gehen wollen*; Lust haben*, zu gehen.
かるい 軽い leicht. ~食事 leichtes (einfaches) Essen. ~病気(けが) leichte Krankheit (Verletzung). 口が~ eine lose Zunge haben*. 心も軽く leichten Herzens. 機械が軽く回転する Die Maschine läuft leicht (glatt).
かるいし 軽石 der Bimsstein -[e]s, -e.
かるがる 軽軽・しい leichtsinnig. ~と leicht; mühelos. ~しく leichthin.
カルキ der Kalk -s, -e.
かるくする 軽くする erleichtern; leichter machen. 刑を~ eine Strafe mildern. 苦痛を~ die Schmerzen lindern. 税を~ Steuern ermäßigen.
かるくち 軽口を叩く Späße (Witze) machen.
カルシウム das Kalzium -s (記号: Ca).
カルスト der Karst -es, -e.
カルタ 歌留多 die [Spiel]karte -n. ~を取る Karten spielen.
カルテ die Karte -n; das Krankenblatt -[e]s, ⁼er.
カルテット das Quartett -s, -e.
カルデラ die Caldera [kal'de:ra] ..ren. ~湖 der Kratersee.
カルテル das Kartell -s, -e.
かるはずみ 軽はずみ・な leichtsinnig; leichtfertig. ~な事をする leichtsinnig handeln.
かるわざ 軽業 die Akrobatik. ~のような akrobatisch. ~師 der Akrobat.
かれ 彼 er. ~の sein.

かれい 鰈 die Scholle -n.
かれい 家令 der Haushofmeister -s, -.
かれい 華麗な prächtig; prachtvoll.
カレー ~ライス das Curry. ~粉 der (das) Curry; das Currypulver.
ガレージ die Garage -n.
かれき 枯れ木 abgestorbener Baum -es, ⁼e. ~も山の賑わい Etwas ist besser denn nichts.
がれき 瓦礫 der Schutt -[e]s.
かれくさ 枯れ草 trock[e]nes Gras -es; das Heu -[e]s.
かれこれ 彼此 [およそ] ungefähr; etwa. ~言わずに ohne weiteres. ~するうちに inzwischen.
かれた 枯れた verwelkt; abgestorben.
かれつ 苛烈・な hart. ~な寒さ grimmige Kälte.
カレッジ das College -[s], -s.
かれば がれ場 [登山] die Geröllhalde -n.
かれら 彼等 sie. ~の ihr.
かれる 枯れる [ver]welken (s); ab|sterben*(s).
かれる 涸れる aus|trocknen (s); trocken werden*(s). 泉が~ Die Quelle versiegt.
かれる 嗄れる ¶喉が嗄れた Die Kehle ist mir rau geworden.
かれん 可憐な lieblich; hübsch.
カレンダー der Kalender -s, -.
カレント・トピックス die Zeitfrage -n.
かろう 家老 oberster Vasall -en, -en.
かろう 過労 die Überanstrengung -en. ~になる sich überanstrengen; sich strapazieren. 彼は~だ Er ist überanstrengt (überarbeitet).
がろう 画廊 die [Gemälde]galerie -n.
かろうじて 辛うじて knapp; mit genauer (knapper) Not. ~列車に間に合った Ich erreichte den Zug gerade noch (mit knapper Not). 彼は~試験に合格した Er bestand die Prüfung mit Müh und Not.
カロチン das Karotin -s.
かろやか 軽やかな足取りで leichten Fußes.
カロリー die Kalorie -n. ~の多い(少ない) kalorienreich (kalorienarm).
ガロン die Gallone -n.
かろんずる 軽んずる gering schätzen; [おろそかにする] vernachlässigen; [蔑視する] verachten.
かわ 川 der Fluss -es, ⁼e; [大河] der Strom -[e]s, ⁼e; [小川] der Bach -es, ⁼e. ~を遡(さかのぼ)る den Fluss hinauf|fahren* (aufwärts fahren*) (s). ~を下る den Fluss hinunter|fahren* (abwärts fahren*) (s).
かわ 皮(革) [皮膚] die Haut ⁼e; [動物の] das Fell -es, -e; [毛皮] der Pelz -es, -e; [なめし革] das Leder -s, -; [木の] die Rinde -n; [果物の] die Schale -n; [パンの] die Kruste -n. ~製の ledern. 家畜の~をはぐ ein Tier ab|häuten. 化けの~をはぐ jm. die Maske vom Gesicht reißen*. じゃが芋の~をむく Kartoffeln schälen.
がわ 側 die Seite -n; [列] die Reihe -n. 川のこちら(むこう)~に diesseits (jenseits) des Flus-

ses. 通りの右(左)~に auf der rechten (linken) Seite der Straße. 生徒の~から von Seiten der Schüler. 金~の時計 die Uhr in goldenem Gehäuse.

かわいい 可愛い lieb[lich]; reizend; süß; niedlich.

かわいがる 可愛がる lieben; lieb haben*; [愛撫する] liebkosen. 可愛がられている bei jm. beliebt sein*.

かわいげ ~のない spröde.

かわいそう ~な arm; erbärmlich. あの人は~な人だ Es tut mir Leid um ihn. / Ich bedau[e]re ihn.

かわいらしい 可愛らしい → かわいい.

かわうお 川魚 der Flussfisch -es, -e.

かわうそ 川獺 der Otter -s, -.

かわえび 川蝦 der Flusskrebs -es, -e.

かわおび 革帯 der Ledergürtel -s, -.

かわかす 乾かす trocknen. 火(日)で~ am Feuer (in der Sonne) trocknen.

かわかばん 革鞄 die Ledermappe -n.

かわかみ 川上 der Oberlauf -[e]s, ⸚e. ~の stromaufwärts gelegen. ~へ stromauf[wärts]. ~から den Fluss herunter.

かわき 渇き ¶喉の~をいやす seinen Durst stillen.

かわぎし 川岸 das [Fluss]ufer -s, -.

かわきり 皮切り der Anfang -s, ⸚e. 彼の演奏を~に音楽会が始まる Mit seinem Spiel fängt das Konzert an. 演説の~をする als Erster eine Rede halten*.

かわく 乾く trocknen (s; h); trocken werden* (s).

かわく 渇く ¶喉が渇いた Ich bin durstig. / Ich habe Durst. / Meine Kehle ist ausgetrocknet.

かわぐ 革具 das Lederzeug -s.

かわぐち 川口 die [Fluss]mündung -en.

かわざんよう 皮算用 ¶捕らぬ狸の~をする das Fell des Bären verkaufen, bevor man ihn gefangen hat.

かわしも 川下 der Unterlauf -[e]s, ⸚e. ~の stromabwärts gelegen. ~へ stromab[wärts]. ~から den Fluss herauf.

かわす 交す wechseln; aus|tauschen. 言葉(眼差し)を~ mit jm. Worte (Blicke) wechseln. 挨拶を~ Grüße aus|tauschen.

かわす 躱す ¶ぱっと身を~ blitzschnell aus|weichen* 《3格》.

かわすじ 川筋 der Flusslauf -[e]s, ⸚e.

かわせ 為替 der Wechsel -s, -. ~を組む(現金化する) einen Wechsel aus|stellen (ein|lösen). ~受取人 der Wechselnehmer; der Remittent. ~相場 der Devisenkurs (Wechselkurs). ~管理 die Devisenbewirtschaftung. 外国~ Devisen pl. 郵便~ die Postanweisung. 電信~ telegrafische Anweisung.

かわせてがた 為替手形 gezogener Wechsel -s, -; die Tratte -n. ~を振り出す einen Wechsel auf jn. aus|stellen (ziehen*). ~を引き受ける einen Wechsel akzeptieren. ~支払人 der Bezogene*; der Trassat. ~振出人 der Aussteller; der Trassant.

かわせみ 川蟬 der Eisvogel -s, ⸚.

かわそう 革装 der Ledereinband -s, ⸚e. ~本 der Lederband. 本を~にする ein Buch in Leder binden*.

かわった 変った [違った] ander; verschieden; [異常な] ungewöhnlich; selten; [妙な] seltsam; sonderbar. 何か~事がありますか Gibt es etwas Neues? / Was gibt's Neues?

かわてぶくろ 革手袋 der Lederhandschuh -s, -e.

かわと 革砥 der Streichriemen -s, -.

かわどこ 川床 das Flussbett -[e]s, -en.

かわはぎ 皮剝 〖魚〗der Drückerfisch -es, -e.

かわはば 川幅 die Breite des Flusses.

かわひも 革紐 der Lederriemen -s, -.

かわびょうし 革表紙・の in Leder eingebunden. ~の本 der Lederband.

かわべり 川縁 der Rand des Flusses.

かわむこう 川向い jenseits des Flusses.

かわら 瓦 der [Dach]ziegel -s, -. ~を焼く Ziegel brennen*. ~で葺く mit Ziegeln decken. ~工場 die Ziegelei. ~屋根 das Ziegeldach.

かわら 川原 trockenes Flussbett -[e]s, -en.

かわり 代り der Ersatz -es 《für 4格》. ~の選手 der Ersatzspieler. ~のタイヤ der Ersatzreifen. 彼の~を捜している Wir suchen für ihn einen Ersatz. ~に [an]statt (an Stelle) 《2格》; als Ersatz 《für 4格》. ~をする jn. vertreten*.

かわり 変り die Veränderung -en; der Wechsel -s; [相違] der Unterschied -es, -e. お~ありませんか Wie geht es Ihnen? 別に~はない Es gibt nichts Neues. / Alles ist in Ordnung. 二つの意見の間には何の~もない Es gibt keinen Unterschied zwischen beiden Meinungen.

かわりあう 代り合う [miteinander] ab|wechseln; ab|lösen. 代り合って不寝番に立つ Sie lösen einander bei der Nachtwache ab.

かわりだね 変り種 die Abart -en.

かわりばえ 代り映えがしない Die [Ver]änderung hat nichts gebracht.

かわりはてる 変り果てる sich gänzlich verändern. 変り果てた gänzlich verändert.

かわりめ 変り目 die Wende -n; der Wendepunkt -[e]s, -e. 世紀の~ die Jahrhundertwende.

かわりもの 変り者 der Sonderling -s, -e; der Kauz -es, ⸚e.

かわりやすい 変り易い veränderlich; unbeständig; wandelbar. 気が~ launenhaft sein*.

かわる 代る jn. ersetzen; jn. vertreten*; [交代する] mit jm. ab|wechseln; jm. ab|lösen. 憎悪が愛情にとって代った Hass ist an die Stelle der Liebe getreten.

かわる 変る sich [ver]ändern; sich verwandeln; wechseln; [変動する] schwanken; [相違

する〕sich unterscheiden* 《von 3格》．　時代は変った Die Zeiten haben sich gewandelt. 彼の様子は変った Er hat sich im Aussehen verändert.

かわるがわる 代る代る abwechselnd; wechselweise; 〔次次と〕 einer nach dem andern.

かん 官につく in den Staatsdienst treten*(s).

かん 巻 der Band -es, ¨e.　40 ～のゲーテ全集 Goethes Werke in 40 Bänden.　第１～ der erste Band; erster Band (略: Bd. 1).

かん 勘 das Gespür -s.　鋭い～を持っている ein feines Gespür haben* 《für 4格》.

かん 棺 der Sarg -es, ¨e.　～に納める in den Sarg betten (legen).

かん 間 〔三日〕3 Tage lang.　東京大阪～の新幹線(超特急)ひかり der Shinkansen (Superexpress) Hikari Tokyo-Osaka.　日米～の交渉 die Verhandlungen zwischen Japan und Amerika.　その～に inzwischen; indessen.

かん 感 ¶異様な～に打たれる von einem seltsamen Gefühl ergriffen werden*(s受).　連帯～ das Gemeinschaftsgefühl.　～極まって泣く zu Tränen gerührt (ergriffen) werden* (s受).

かん 観 ¶それ以来彼は別人の～がある Seitdem sieht er ganz verändert aus.

かん 管 das Rohr -es, -e; die Röhre -n.　ゴム～ der Gummischlauch.　水道～ das Wasserrohr.

かん 癇・の強い jähzornig; reizbar.　～にさわる jn. reizen; jm. auf die Nerven gehen*(s).

かん 簡にして要を得た lakonisch; kurz und bündig.

かん 鐶 der Ring -es, -e; 〔鎖の〕das Glied -es, -er.

かん 缶 die Büchse -n; die Kanne -n.　かに～ die Krabbenkonserve. ブリキ～ die Blechbüchse; die Blechdose.　～のミルク eine Büchse Milch.　～切り der Büchsenöffner.

がん 雁 die Wildgans ¨e.

がん 癌 der Krebs -es, -e; das Karzinom -s, -e.　胃(肺; 子宮)～にかかる an Magenkrebs (Lungenkrebs; Gebärmutterkrebs) erkranken (s) (leiden*).

がん 願をかける zu Gott beten 《um 4格》.

かんい 簡易・な einfach; leicht.　～化する vereinfachen.　～食堂 die Schnellgaststätte. ～保険 die Volksversicherung.　～裁判所 das Amtsgericht.

かんいっぱつ 間一髪・で逃れる um Haaresbreite entkommen*(s) 《3格》.　～で列車に間に合う den Zug mit knapper Not erreichen.

かんいん 姦淫 der Ehebruch -[e]s, ¨e; die Unzucht.　汝～する勿(なか)れ Du sollst nicht ehebrechen.

かんえい 官営・の staatlich.　～にする verstaatlichen.

かんえん 肝炎 die Leberentzündung -en; die Hepatitis ..titiden.

がんえん 岩塩 das Steinsalz -es.

かんおけ 棺桶 der Sarg -es, ¨e.

かんか 看過する übersehen*.

かんか 閑暇 die Muße; die Freizeit.

かんか 感化 der Einfluss -es, ¨e; die Einwirkung -en.　よい(悪い)～を与える einen guten (nachteiligen) Einfluss auf jn. aus|üben.　～する [ver]bessern.　～の見込がない unverbesserlich.　～院 die Besserungsanstalt.　～力の大きい einflussreich.

かんか 管下 ～管轄.

がんか 眼下に見おろす et. unter sich³ sehen*.

がんか 眼科 die Abteilung für Augenkrankheiten.　～[学] die Augenheilkunde; die Ophthalmologie.　～医 der Augenarzt. ～病院 die Augenklinik.

がんか 眼窩 die Augenhöhle -n.

かんかい 官界を泳ぐ als Beamter Karriere machen.

かんがい 旱害を蒙(こうむ)る von der Dürre heimgesucht werden*(s受); unter der anhaltenden Dürre (Trockenheit) leiden*.

かんがい 感慨にふける tief gerührt sein*; von Rührung ergriffen werden*(s受).

かんがい 灌漑 die Bewässerung -en.　～する et. bewässern.　～施設 die Bewässerungsanlage.

がんかい 眼界 der Gesichtskreis -es, -e; das Gesichtsfeld -[e]s, -er.　～が開ける Die Aussicht weitet sich.　～が狭い Sein Gesichtskreis ist beschränkt.　彼は外国を旅行してから～が広くなった Die Auslandsreisen haben seinen Gesichtskreis erweitert.

かんがえ 考え der Gedanke -ns, -n; die Idee -n; 〔意見〕die Meinung -en; 〔意図〕die Absicht -en; 〔思いつき〕der Einfall -s, ¨e.　私の～では meiner Meinung nach.　或る～をいだく mit einem Gedanken um|gehen*(s).　つまらぬ～を起す auf gute Gedanken kommen* (s).　その点では彼と同じ～だ Darüber habe ich die gleichen Gedanken wie er.　彼には自分の～がない Er hat keine eigene Meinung.　いい～が浮かんだ Mir kam ein guter Gedanke (Einfall).　そうする～である Ich habe die Absicht, es zu tun.　～深い besonnen; vernünftig.　～のない gedankenlos; unbesonnen.

かんがえかた 考え方 die Denkweise -n; die Denkart -en.　この～からすれば von diesem Gesichtspunkt betrachtet.　彼は非常に進歩的な～をする Er denkt sehr fortschrittlich.

かんがえごと 考え事・をする in Gedanken sein*.　何か～でもあるのか Hast du etwa Sorgen?

かんがえこむ 考え込む seinen Gedanken nach|hängen*.　考え込んでいる in Gedanken versunken (vertieft) sein*.

かんがえだす 考え出す [sich³] aus|denken*; 〔発明する〕erfinden*.

かんがえちがい 考え違い der Irrtum -s, ¨er; die Täuschung -en; 〔誤解〕das Missverständnis -ses, -se.　～をする sich irren 《in 3格》; sich täuschen 《über 4格》; et. missverstehen*.

かんがえつく 考えつく ersinnen*;〔思い出す〕sich besinnen*《auf 4格》. もっといい事を考えついた Es fiel mir etwas Besseres ein.

かんがえもの 考え物 ¶それは～だ Das muss ich mir noch einmal überlegen. / Das ist die große Frage.

かんがえる 考える denken*; meinen;〔信ずる〕glauben. よく～[sich³] überlegen. 考え過ぎる to viel grübeln. 彼の事を～ an ihn denken*. 彼を馬鹿だと～ ihn für dumm (einen Narren) halten*. それについてどうお考えですか Was meinen Sie dazu? 明日出発しようと考えている Ich denke (beabsichtige), morgen abzureisen. それが私が考えていたほど良くない Das ist nicht so gut, wie ich erwartet (vermutet) habe. 彼の年齢を考えねばならぬ Man muss auf sein Alter Rücksicht nehmen. 考えられる denkbar. 考えられない undenkbar. 考えられる一番簡単な事 die denkbar einfachste Sache. そんな事は考えられない Daran ist nicht zu denken. ～自由 die Denkfreiheit. ～力 das Denkvermögen.

かんかく 間隔 der Abstand -[e]s, ¨e; die Entfernung -en;〔時間の〕der Zeitabstand -s, ¨e. ～を保つ Abstand halten*《von 3格》. ～を広げる(詰める) den Abstand vergrößern (verringern). 5メートル～で im Abstand von 5 Meter[n]. 5分～て alle 5 Minuten.

かんかく 感覚 der Sinn -es, -e; die Empfindung -en. 芸術に対する～ der Sinn für Kunst. 指の～がなくなる kein Gefühl mehr in den Fingern haben*. ～のない gefühllos. ～的な sinnlich. ～器官 das Sinnesorgan. ～世界 die Sinnenwelt.

かんがく 漢学 die Sinologie. ～者 der Sinologe.

かんかつ 管轄 die Zuständigkeit -en. ～権のある zuständig. この事項は当課の～ではない Für diese Angelegenheit ist die Abteilung nicht zuständig. ～官庁 die zuständige Behörde.

かんがっき 管楽器 das Blasinstrument -s, -e.

かんがみる 鑑みる Rücksicht nehmen*《auf 4格》; et. erwägen. …に鑑みて in (mit) Rücksicht《auf 4格》; in der Erwägung, dass …; in Anbetracht《2格》.

カンガルー das Känguru -s, -s.

かんかん kling, klang! ～鳴る klingeln. 日が～照る Die Sonne brennt (glüht). 火が～おこる Die Holzkohlen glühen. ～になって怒る vor Wut kochen.

がんがん ¶耳が～する Mir gellen die Ohren. 頭が～する Mir dröhnt der Kopf.

かんかんがくがく 侃侃諤諤の議論 heftige Diskussion -en.

かんかんしき 観艦式 die Flottenparade -n.

かんかんぼう かんかん帽 die Kreissäge -n.

かんき 官紀 amtliche Disziplin. → 綱紀.

かんき 乾季 die Trockenzeit -en.

かんき 寒気 die Kälte. ～がゆるむ Die Kälte lässt nach. ～がきびしい Es ist bitter kalt.

かんき 換気 die Lüftung. 部屋の～をする das Zimmer lüften. ～装置 die Lüftung; die Lüftungsanlage. ～扇 der Ventilator.

かんき 喚起 ¶注意を～する jn. aufmerksam machen《auf 4格》. 同情を～する Mitleid bei jm. erregen. 世論を～する die öffentliche Meinung erwecken.

かんき 歓喜 [große] Freude -n; die Wonne -n. ～に満ちた freudevoll; wonnevoll.

かんきつるい 柑橘類 Zitrusfrüchte pl.

かんきゃく 閑却 die Vernachlässigung -en. ～する vernachlässigen.

かんきゃく 観客 der Zuschauer -s, -;〔集合的に〕das Publikum -s. ～席 der Zuschauerraum;〔個個の〕der Zuschauerplatz.

かんきゅう 感泣する zu Tränen gerührt sein*.

かんきゅう 緩急 ¶一旦～あれば im Notfall.

がんきゅう 眼球 der Augapfel -s, ¨.

かんきょ 官許・の behördlich genehmigt. ～を得て mit behördlicher Genehmigung.

かんきょ 閑居する ein zurückgezogenes (müßiges) Leben führen.

かんきょう 感興・が湧く begeistert werden*《s受》. ～をそそる js. Interesse erregen. ～をそぐ jm. die Lust verderben*. ～のおもむくまに durch Interesse beflügelt.

かんきょう 環境 die Umgebung -en; die Umwelt;〔社会的〕das Milieu -s, -s;〔境遇〕Umstände pl. ～保護 der Umweltschutz. ～汚染 die Umweltverschmutzung. ～に支配される von den Umständen ab|hängen*. ～にやさしい umweltfreundlich. ～省 das Umweltministerium.

かんきょう 艦橋 die [Kommando]brücke -n.

かんぎょう 勧業・銀行 die Gewerbebank. ～博覧会 die Gewerbeausstellung.

がんきょう 頑強・な hartnäckig. ～に主張する steif und fest behaupten.

かんきん 換金する zu Geld machen.

かんきん 桿菌 der Bazillus -, ..zillen.

かんきん 監禁する ein|sperren; gefangen halten*.

がんきん 元金 das Kapital -s, -e (-ien). ～と利子 Kapital und Zinsen.

かんく 管区 der Bezirk -[e]s, -e. 裁判所の～ der Gerichtsbezirk.

かんく 艱苦 die Mühsal -e. ～に耐える Strapazen aus|halten*.

がんぐ 玩具 das Spielzeug -s, -e. ～商 die Spielwarenhandlung;〔人〕der Spielwarenhändler.

かんくつ 岩窟 die Felsenhöhle -n.

がんくび 雁首 der Pfeifenkopf -[e]s, ¨e. ～を並べて alle zusammen.

かんぐる 勘繰る argwöhnen.

かんけい 奸計 Ränke pl. ～をめぐらす Ränke schmieden.

かんけい 関係 das Verhältnis *-ses, -se*; die Beziehung *-en*. 日本とドイツの～ das Verhältnis zwischen Japan und Deutschland. 或る国と外交～を結ぶ(断つ) diplomatische Beziehungen zu einem Land an|knüpfen (ab|brechen)*. [取引]～がある in Verbindung stehen* (mit 3 格). 密接な～がある in engen (nahen) Beziehungen [zueinander] stehen*; eng miteinander verbunden sein*. 収穫は天候に～する Die Ernte ist vom Wetter abhängig. 事件に～する sich an einem Ereignis beteiligen. 或る娘と～する ein [Liebes]verhältnis mit einem Mädchen haben*. それはあなたには～のない事です Das geht Sie nichts an. ～づける *et.* beziehen* (auf 4 格). ～者 der Beteiligte#. ～代名詞 das Relativpronomen. ～当局 die betreffende Behörde.

かんげい 歓迎・する *jn.* willkommen heißen*; *jn. (et.)* begrüßen. 彼は大～を受けた Er wurde stürmisch willkommen geheißen. ～会 die Begrüßungsfeier. ～の辞を述べる eine Begrüßungsansprache halten*.

かんげき 間隙 die Lücke *-n*. 或る人との間に～を生ずる mit *jm.* in Zwist geraten* (mit 3 格).

かんげき 感激 die Begeisterung; die Rührung. ～する sich begeistern《für 4 格》. ～して begeistert《von 3 格》. ～的な場面 rührende Szene.

かんげき 観劇する das Theater besuchen.

かんげざい 緩下剤 das Laxativ *-s, -e*.

かんけつ 完結・する zu Ende kommen* (*s*). 仕事を～する ein Werk vollenden (zu Ende führen). ～した vollendet; abgeschlossen. 次号(回)～ Schluss folgt.

かんけつ 間歇・的な intermittierend. ～的に in Abständen. ～泉 intermittierende Quelle; der Geysir. ～熱 intermittierendes Fieber.

かんけつ 簡潔・な(に) bündig; lakonisch. ～な文章 knapper Stil. 言葉は～を尊ぶ In der Kürze liegt die Würze.

かんけん 官憲 die Obrigkeit *-en*; die Polizei *-en*.

かんげん 甘言 süße (schmeichelhafte) Worte *pl*. ～に乗せられる durch süße Worte betört werden* (*s受*).

かんげん 換言すれば mit anderen Worten.

かんげん 還元 die Zurückführung *-en*; die Reduktion *-en*. ～する *et.* zurück|führen (reduzieren)《auf 4 格》. この問題は簡単な式に～できる Die Aufgabe ist auf eine einfache Formel zurückzuführen. ～剤 das Reduktionsmittel.

かんげん 諫言 die Ermahnung *-en*; der Rat *-[e]s, -schläge*. ～する *jn.* ermahnen《zu 3 格》; *jm.* einen Rat erteilen.

がんけん 眼瞼 das Augenlid *-[e]s, -er*.

がんけん 頑健な kerngesund.

かんげんがく 管弦楽[・団] das Orchester *-s, -*. ～曲 das Orchesterwerk.

かんこ 歓呼・する jubeln《über 4 格》. ～の声 das Jubelgeschrei.

かんこ 鹹湖 der Salzsee *-s, -n*.

かんご 看護 die [Kranken]pflege. 病人を～する einen Kranken pflegen. ～士 der [Kranken]pfleger. ～婦 die [Kranken-]schwester. ～婦長 die Oberschwester.

がんこ 頑固・な halsstarrig; starrsinnig. ～な病気 hartnäckige Krankheit. ～者 der Starrkopf.

かんこう 刊行 die Herausgabe; die Veröffentlichung. ～する heraus|geben*; veröffentlichen; publizieren. その本は近く～される Das Buch erscheint in Kürze. ～物 die Veröffentlichung; die Publikation. 定期～物 Periodika *pl*.

かんこう 勘考する [wohl] erwägen*.

かんこう 敢行する wagen; riskieren.

かんこう 感光・する Licht empfinden*. ～させる belichten. ～紙 lichtempfindliches Papier. ～性(度) die Lichtempfindlichkeit. ～性の lichtempfindlich. ～乳剤 die Emulsion. ～膜 der Film.

かんこう 慣行 ¶式典を～通りに行う ein Fest nach Sitte und Brauch feiern.

かんこう 観光 der Fremdenverkehr *-s*; der Tourismus *-*; das Sightseeing *-[s], -s*. 町を～する die Sehenswürdigkeiten einer Stadt besichtigen. ～案内所 das Reisebüro. ～客 der Tourist. ～事業 das Fremdenverkehrswesen. ～地 das Fremdenverkehrsgebiet. ～団 die Reisegruppe; die Reisegesellschaft. ～バス der Rundfahrtbus.

がんこう 眼窩 die Augenhöhle *-n*.

がんこう 眼光・の鋭い scharfblickend. ～紙背に徹する zwischen den Zeilen lesen*.

がんこう 雁行する mit *jm.* Schritt halten*; Seite an Seite gehen* (*s*).

かんこうへん 肝硬変 die Leberzirrhose *-n*.

かんこうり 官公吏 der Beamte#.

かんこうれい 箝口令を敷く *jm.* Stillschweigen auf|erlegen.

かんこく 勧告 der Rat *-[e]s, -schläge*; das Zureden *-s*. ～する *jm.* raten* (zu 3 格); *jm.* zu|reden《zu＋不定詞》. ～に従って auf *js.* Zureden [hin]. 彼は～に応じない Er lässt sich nicht zureden. ～状 schriftlicher Rat. ～者 der Ratgeber.

かんこく 韓国 Südkorea. ～の südkoreanisch. ～人 der Südkoreaner.

かんごく 監獄 das Gefängnis *-ses, -se*; das Zuchthaus *-es, ⸚er*. ～に入れる ins Gefängnis werfen*.

かんこつ 顴骨 der Backenknochen *-s, -*; das Jochbein *-[e]s, -e*.

かんさ 監査 die Rechnungsprüfung *-en*; die Revision *-en*. ～する revidieren. ～役 der Aufsichtsrat. 会計～役 der Rechnungsprüfer.

かんさ 鑑査する prüfen.

かんさい 完済 ¶借金を～する Schulden til-

かんさいき 艦載機 das Bordflugzeug -s,-e.
かんさく 奸策 die Intrige -n.　～を弄(ろう)する intrigieren.
かんさく 間作 der Zwischenfruchtbau -[e]s.
かんざし 簪 der Haarpfeil -s,-e; japanischer Einsteckkamm -s, ⸚e.
かんさつ 監察・する beaufsichtigen; inspizieren.　～官 der Inspektor.
かんさつ 観察 die Beobachtung -en; die Betrachtung -en.　～する beobachten; betrachten.　～眼 die Beobachtungsgabe.　～者 der Beobachter; der Betrachter.
かんさつ 鑑札 der Erlaubnisschein -s,-e.
かんさん 閑散・とした通り stille (unbelebte) Straße.　～な市況だ Der Markt ist flau.
かんさん 換算 die Umrechnung -en.　ドルを円に～する Dollar in Yen um|rechnen.　ユーロに～すれば in Euro umgerechnet.　～率 der Umrechnungskurs.　～表 die Umrechnungstabelle.
かんし 冠詞 der Artikel -s,-.　定(不定)～ bestimmter (unbestimmter) Artikel.
かんし 鉗子 die Zange -n.
かんし 監視 die Aufsicht; die Bewachung -en.　～する die Aufsicht haben* (führen) 《über 4格》.　囚人は厳重に～された Der Gefangene wurde scharf bewacht.　～人 der Aufseher; der Wächter.　～所 die Wache.　～船 das Wachschiff.　～兵 die Wache.
かんし 諫止する jm. ab|raten* 《von 3格》.
かんじ 感じ〔感覚〕die Empfindung -en;〔感情〕das Gefühl -s,-e.　～の鈍い dickfellig.　寒さのため指先の～がなくなった Vor Kälte wurden mir die Finger taub (gefühllos).　彼は～のよい人だ Er ist ein netter Mensch.　～のよい部屋 gemütliches Zimmer.　彼の態度は～が悪い Sein Auftreten macht einen unangenehmen Eindruck.　私は妙な～がした Mir wurde sonderbar zumute.　当時を回想すると夢のような～がする Es ist mir wie ein Traum, wenn ich an jene Zeit zurückdenke.
かんじ 幹事 der Organisator -s, -en.　～長〔政党の〕der Generalsekretär.
かんじ 漢字 chinesisches Schriftzeichen -s,-.
かんしき 鑑識 die Erkennung.　～する erkennen*.　～家 der Kenner.　～課 der Erkennungsdienst.　～眼 das Kennerauge; der Kennerblick.
かんじき der Schneereifen -s, -.
がんしき 眼識がある ein Auge haben* 《für 4格》.
がんじつ 元日 das Neujahr -[e]s; der Neujahrstag -[e]s,-e.
かんしつきゅうしつど〕けい 乾湿[球湿度]計 das Psychrometer -s, -.
かんしゃ 甘蔗 das Zuckerrohr -[e]s.　～糖 der Rohrzucker.
かんしゃ 官舎 die Amtswohnung (Dienstwohnung) -en.
かんしゃ 感謝 der Dank -es.　～する jm. danken (dankbar sein*) 《für 4格》.　～の気持 die Dankbarkeit.　～状 die Dankadresse; das Dankschreiben.
かんじゃ 患者 der Patient -en, -en.　外来～ ambulanter Patient.　入院～ stationär behandelter Patient.
かんしゃく 癇癪 der Jähzorn -s.　～持ちの jähzornig.　～を起す die Geduld verlieren*; wütend werden*(s).　～を起して im Jähzorn.　～玉を破裂させる [gegen jn.] in Jähzorn aus|brechen*(s).
かんじやすい 感じ易い empfindlich; empfindsam; sensibel.
かんしゅ 看守 der [Gefängnis]wärter -s,-.
かんしゅ 看取 ¶相手の意図を～する js. Absichten durchschauen.
かんじゅ 甘受する hin|nehmen*; sich³ et. gefallen lassen*.
がんしゅ 癌腫 die Krebsgeschwulst ⸚e; das Karzinom -s, -e.
かんしゅう 慣習 die Gewohnheit -en; der Brauch -es, ⸚e.　～的 üblich.　古い～に従って nach altem Brauch.　～法 das Gewohnheitsrecht.
かんしゅう 監修・する leiten.　A教授の～下に編集される unter Leitung von Prof. A herausgegeben werden* (s受).
かんしゅう 観衆 Zuschauer pl.; das Publikum -s.
かんじゅく 完熟の vollreif.
かんじゅせい 感受性 die Empfänglichkeit.　～の強い empfänglich; sensibel.
かんしょ 甘藷 die Batate -n.
がんしょ 願書 das Gesuch -[e]s, -e.　～を提出する ein Gesuch an jn. (bei jm.) ein|reichen.
かんしょう 干渉 die Einmischung -en.　～する sich ein|mischen (ein|mengen) 《in 4格》.　武力～ militärische Einmischung (Intervention).
かんしょう 感傷 die Empfindsamkeit.　～的 empfindsam; sentimental.　～主義 die Sentimentalität.
かんしょう 緩衝・器 der Puffer -s, -;〔自動車の〕der Stoßdämpfer -s, -; die Stoßstange -n;〔飛行船の〕der Landepuffer -s, -.　～国 der Pufferstaat.　～地帯 die Pufferzone.
かんしょう 環礁 das Atoll -s, -e.
かんしょう 観照 die Anschauung -en; die Kontemplation -en.　～する an|schauen.　～的 anschauend; kontemplativ.
かんしょう 観賞・する〔seine〕Freude haben* 《an 3格》.　～魚 der Zierfisch.　～植物 die Zierpflanze.
かんしょう 鑑賞 der Genuss -es.　～する genießen*.　～眼(力)がある Sinn haben* 《für 4格》.
かんじょう 勘定 die Rechnung -en.　～する rechnen.　金を～する sein Geld zählen.　～

かんじょう ～を払う die Rechnung bezahlen (begleichen*). 食事の～をする das Essen bezahlen. ボーイさん、～ Herr Ober, zahlen! ～高に berechnend. 最悪の場合も～に入れる mit dem Schlimmsten rechnen. ～書き die Rechnung. ～違い der Rechenfehler. ～日 der Zahltag.

かんじょう 感状 das Anerkennungsschreiben -s, -.

かんじょう 感情 das Gefühl -s, -e; [激しい] die Emotion -en. ～的な gefühlsmäßig; emotional. ～的になる emotional werden* (s). ～豊かな gefühlvoll. ～にもろい weichherzig. ～をこめて mit Gefühl. 複雑な～で mit gemischten Gefühlen. ～のままに nach seinem Gefühl. ～を害する js. Gefühle verletzen; jn. kränken. ～に走る seinem [ersten] Gefühl folgen (s). ～移入 die Einfühlung. ～家 der Gefühlsmensch. ～論 unvernünftige Behauptung.

かんじょう 環状・の ringförmig. ～線 die Ringbahn. ～道路 die Ringstraße.

かんじょう 管状の tubulär; tubulös.

がんしょう 岩礁 die Klippe -n; das Felsenriff -s, -e. ～に乗り上げる auf eine Klippe auf|laufen*(s).

がんしょう 岩漿 das Magma -s, ..men.

がんじょう 頑丈・大家 solid[e] gebautes Haus. ～な青年 derber (strammer) Jüngling.

かんじょうきん 桿状菌 Stäbchenbakterien pl. → 桿菌.

かんじょうどうみゃく 冠状動脈 die Kranzarterie (Koronararterie) -n.

かんしょく 官職 das [Staats]amt -[e]s, ⸚er. ～につく ein Amt an|treten*. ～上の amtlich.

かんしょく 間食 der Imbiss -es, -e; die Zwischenmahlzeit -en. ～をする einen Imbiss [ein|]nehmen*.

かんしょく 閑職 ruhiger Posten -s, -.

かんしょく 感触 die Tastempfindung -en. すべすべした～がする sich glatt an|fühlen.

がんしょく 顔色なからしめる jn. beschämen; jn. in den Schatten stellen.

かんしん 寒心に耐えない Es ist beängstigend (beklagenswert); dass ...

かんしん 感心・する et. bewundern. ～な bewundernswürdig. ～な子供 braves Kind. それは～できましたね Das gefällt mir nicht.

かんしん 関心 das Interesse -s. ～を持つ sich interessieren 《für 4格》; interessiert sein* 《an 3格》; Interesse haben* 《an 3格; für 4格》. 異常な～を持って mit außerordentlichem Interesse. それは私にとっての～事だ Es liegt mir viel daran.

かんしん 歓心を買う sich bei jm. ein|schmeicheln; [女の] jm. den Hof machen.

かんじん 肝心・な wesentlich; wichtig. 要(ኒニ)の点 der springende Punkt. 今こそ決心が～だ Jetzt gilt es, einen Entschluss zu fassen. 彼は～な時にいたためしがない Er ist nie da, wenn man ihn gerade braucht.

かんすい 完遂する durch|führen.

かんすい 冠水 ¶田畑が～した Die Felder stehen unter Wasser.

かんすい 灌水 die Berieselung. 田畑に～する die Felder berieseln.

かんすい 鹹水 das Salzwasser -s. ～魚 der Seefisch. ～湖 der Salzsee.

かんすう 関(函)数 die Funktion -en. ～論 die Funktionentheorie.

かんする 関する ¶道徳に～問題 eine Frage über Sittlichkeit. 事故に～報告 der den Unfall betreffende Bericht; der Bericht über den Unfall. ～の問題だ Es geht deine Ehre an. / Es gilt deine Ehre. 私に関しては Was mich angeht (betrifft), ... この点に関して in dem (diesem) Betreff.

かんずる 感ずる fühlen; empfinden*. 幸福だと～ sich glücklich fühlen. 彼女は心臓の鼓動を～ Sie fühlt ihr Herz [schlagen]. 私は暑さ(苦痛)をほとんど感じなかった Ich habe die Hitze (den Schmerz) kaum empfunden. 僕が言っても彼は感じない Meine Worte haben keine Wirkung auf ihn.

かんせい 完成 die Vollendung -en. ～する vollenden. ～した vollendet. 家が～した Mein Haus ist fertig gebaut worden. ～品 das Fertigprodukt; die Fertigware.

かんせい 乾性・の trocken. ～肋膜炎 trockene Rippenfellentzündung.

かんせい 喊声を上げる ein Kriegsgeschrei erheben*.

かんせい 閑静な still; ruhig.

かんせい 感性 die Sinnlichkeit. ～的 sinnlich. ～界 die Sinnenwelt. 刺激～『生』die Reizempfindlichkeit.

かんせい 管制 die Kontrolle -n. ～塔［空港の］der Kontrollturm; der Tower. 航空～官 der Fluglotse. 報道～die Nachrichtensperre.

かんせい 慣性 die Trägheit; das Beharrungsvermögen -s. ～の法則 das Trägheitsgesetz.

かんせい 歓声 der Jubel -s. ～を上げる jubeln (jauchzen)《über 4格》.

かんぜい 関税 der Zoll -s, ⸚e. ～を払う et. verzollen. ～のかかる zollpflichtig. ～のかからない zollfrei. ～違反 das Zollvergehen. ～障壁 Zollschranken pl. ～率 der Zolltarif.

がんせいひろう 眼精疲労 die Asthenopie [asteno'pi:] -n.

がんせき 岩石 das Gestein -s, -e; der Fels -ens. ～の多い felsig. ～学 die Gesteinskunde; die Petrographie.

かんせつ 間接・の(に) mittelbar; indirekt. ～照明 indirekte Beleuchtung. ～税 indirekte Steuer. ～説法『文法』die indirekte Rede.

かんせつ 関節 das Gelenk -s, -e. ～による gelenkig. 腕の～がはずれる sich³ den Arm

aus|renken. ～炎 die Gelenkentzündung.
かんせつ 環節〖動〗das Segment -s,-e. ～動物 das Gliedertier.
がんぜない 頑是ない〔あどけない〕unschuldig; naiv.
かんせん 汗腺 die Schweißdrüse -n.
かんせん 官選・の amtlich. ～弁護人 der Offizialverteidiger.
かんせん 感染 die Ansteckung -en. 病気に～する sich mit einer Krankheit an|stecken.
かんせん 幹線 die Hauptstrecke -n; die Hauptbahn -en. ～道路 die Hauptstraße.
かんせん 観戦する beim Wettkampf zu|sehen*.
かんぜん 完全 die Vollkommenheit. ～な(に) vollkommen; perfekt; vollständig. ～な失敗 vollständiger Misserfolg. ～に忘れてしまったよ Das habe ich ganz vergessen. ～無欠な人間はいない Kein Mensch ist vollkommen. ～雇用 die Vollbeschäftigung. ～自動の vollautomatisch.
かんぜん 敢然・と wagemutig; entschlossen. ～と危険に立ち向う sich in die Höhle des Löwen wagen.
かんそ 簡素・な einfach; schlicht. ～な食事 frugales Mahl. ～化する vereinfachen.
がんそ 元祖 der Urheber -s,-; der Schöpfer -s,-.
かんそう 乾燥・する〔乾かす〕trocknen;〔乾く〕trocknen (s; h). ～した trocken; dürr. ～器 der Trockenapparat. ～剤 das Trockenmittel. ～室 der Trockenraum. ～野菜 das Trockengemüse.
かんそう 感想 der Eindruck -s, ¨e. ～を述べる seine Eindrücke dar|stellen. それについての御～はいかがですか Was meinen Sie dazu?
かんそう 観相・学 die Physiognomik. ～家 der Physiognom.
がんそう 含嗽・する gurgeln. ～剤 das Gurgelmittel.
がんぞう 贋造 die Fälschung. ～する fälschen. ～紙幣 die Falschnote. ～者 der Fälscher.
かんそうかい 歓送会 die Abschiedsfeier -n.
かんそうきょく 間奏曲 das Intermezzo -s, -s (..mezzi).
かんそく 観測 die Beobachtung -en; die Observation -en. ～する beobachten; observieren. 希望的～ das Wunschdenken. ～気球 der Versuchsballon. 気象～所 die Wetterstation; das Observatorium. ～者 der Beobachter; der Observator.
かんそん 寒村 das Kaff -s, -s (-e).
カンタータ die Kantate -n.
かんたい 寒帯 kalte Zone -n; die Polarzone -n.
かんたい 歓待する gastfreundlich auf|nehmen*.
かんたい 艦隊 die Flotte -n.
かんだい 寛大・な nachsichtig; großmütig; tolerant. ～な処置を取る jn. nachsichtig behandeln.
かんたい 眼帯 die Augenbinde -n.
かんだかい 甲高い grell; kreischend. ～笑い声を立てる ein gellendes Lachen aus|stoßen*.
かんたく 干拓・する trocken|legen. ～地 trockengelegtes Küstengebiet.
かんたん 感嘆 die Bewunderung. ～する jn. (et.) bewundern. ～すべき bewundernswert. ～詞 die Interjektion. ～符 das Ausrufezeichen. ～文 der Ausrufesatz.
かんたん 簡単・な einfach; kurz. ～にする vereinfachen. ～に言えば kurz[um]; um es kurz zu sagen. ～明瞭に述べる kurz und bündig dar|legen.
かんだん 閑談する mit jm. plaudern.
かんだん 間断なく ununterbrochen.
かんだん 歓談する sich mit jm. [gemütlich] unterhalten*.
がんたん 元旦 das Neujahr -[e]s; der Neujahrstag -[e]s, -e.
かんだんけい 寒暖計 das Thermometer -s, -. ～が上がる(下がる) Das Thermometer steigt (fällt).
かんち 奸智にたけた arglistig.
かんち 感知する spüren; wahr|nehmen*.
かんち 関知しない nichts zu tun haben*《mit 3格》.
かんちがい 勘違い das Missverständnis -ses, -se;〔思い違い〕der Irrtum -s, ¨er. ～をする sich irren. 私は手紙の日付を～していた Ich habe mich im Datum des Briefes geirrt.
がんちく 含蓄のある prägnant; tiefsinnig; sinnvoll.
がんちゅう 眼中・にない außer Acht lassen*. 彼は自分の利益の事しか～にない Er hat nur seinen eigenen Vorteil im Auge.
かんちょう 干潮 die Ebbe -n. ～になる Es ebbt. / Die Ebbe tritt ein.
かんちょう 官庁 die Behörde -n; das Amt -es, ¨er. ～の behördlich. ～用語 die Kanzleisprache; die Amtssprache.
かんちょう 間諜 der Spion -s, -e.
かんちょう 館長 der Direktor -s, -en.
かんちょう 灌腸 der Einlauf -s, ¨e; das Klistier -s, -e. ～をする jm. einen Einlauf machen; klistieren.
かんちょう 艦長 der Kapitän -s, -e.
かんつう 姦通 der Ehebruch -[e]s, ¨e. ～する mit jm. die Ehe brechen*. ～罪を犯す Ehebruch begehen*.
かんつう 貫通・する durch|gehen*(s) 《durch 4格》. 弾丸が彼の心臓を～した Die Kugel durchbohrte sein Herz. トンネルが～した Der Tunnel ist durchgebohrt worden. ～銃創 der Durchschuss.
カンツォーネ die Kanzone -n.
かんづく 感付く ¶危険を～ [eine] Gefahr wit-

tern. 私は彼が来ないであろう事をうすうす感づいていた Ich ahnte schon, dass er nicht kommen würde. 怪しいと感づかせる js. Verdacht erregen.

かんづめ 缶詰 die Konserve -n. ～にする in Dosen konservieren; 〔人を〕jn. ein|sperren (in 4 格). ～工場 die Konservenfabrik.

かんてい 官邸 die Residenz -en.

かんてい 鑑定 das Gutachten -s,-; die Begutachtung -en. ～する begutachten. 専門家にしてもらう sich[3] et. von einem Fachmann begutachten lassen*. ～書 schriftliches Gutachten; schriftliche Begutachtung. ～人 der Gutachter. ～価格 der Taxwert.

がんてい 眼底出血 die Augenhintergrundblutung -en.

かんてつ 貫徹 die Durchsetzung. ～する durch|setzen. 彼は困難に負けず初志を～した Er hat sich gegen alle Schwierigkeiten durchgesetzt.

カンテラ die Handlaterne -n.

かんてん 旱天 trockenes Wetter -s.

かんてん 寒天 der (das) Agar-Agar -s.

かんてん 観点 der Gesichtspunkt -[e]s, -e. この～から見ると von diesem Gesichtspunkt aus betrachtet; unter diesem Gesichtspunkt [betrachtet].

かんでん 感電する einen [elektrischen] Schlag bekommen*.

かんでんち 乾電池 die Trockenbatterie -n.

かんど 感度 die Empfindlichkeit.

かんとう 官等 der Beamtenrang -[e]s, ⸚e. ～が上がる im Beamtenrang erhöht werden* (s受).

かんとう 巻頭・言 die Vorrede. この論文は～に置く Diese Abhandlung soll am Anfang des Buches stehen.

かんとう 敢闘・する mutig (kühn) kämpfen. ～精神 kämpferischer Geist.

かんどう 勘当 ～する 息子を～する seinen Sohn verstoßen* (enterben).

かんどう 間道 der Schleichweg -[e]s, -e.

かんどう 感動 die Rührung; die Gemütsbewegung -en. ～させる rühren. 彼女は涙の出るほど～した Sie war zu Tränen gerührt. ～的 rührend; ergreifend. ～のあまり vor Rührung. 私は聖書を読んで深い～を受けた Die Bibel hat mich tief gerührt (ergriffen).

がんどう 龕灯 die Blendlaterne -n.

かんとうし 間投詞 die Interjektion -en.

かんとく 感得する ein|sehen*.

かんとく 監督 die Aufsicht; die Kontrolle -n; 〔映画の〕die Regie. ～する die Aufsicht führen (haben*) 《über 4 格》; beaufsichtigen. 或る映画の～をする in einem Film Regie führen. 国の～下に置く unter staatliche Aufsicht stellen. ～不行き届きのかどで wegen Vernachlässigung der pflichtgemäßen Aufsicht. ～[者] der Aufsicht Führende#; der Kontrolleur. ～官庁 die Aufsichtsbehörde.

かんどころ 勘所 der Angelpunkt -[e]s, -e.

がんとして 頑として ¶彼は～自説を曲げない Er bleibt hartnäckig bei seiner Meinung.

かんドック 乾ドック das Trockendock -s, -s.

かんな 鉋 der Hobel -s, -. ～をかける et. hobeln. ～屑 Hobelspäne pl. ～台 die Hobelbank.

カンナ 〖植〗 die Kanna -s.

かんない 管内 im Bezirk.

かんなん 艱難 die Not; die Mühsal -e. ～汝を玉にす Not bessert den Menschen.

かんにん 堪忍〖忍耐〗die Geduld; 〔勘弁〕die Verzeihung. ～する mit jm. Geduld haben*; verzeihen*. ～できない unverzeihlich; unerträglich. ～袋の緒が切れる Mir reißt die Geduld.

カンニング ～する mogeln; spicken; von (bei) jm. [die Antwort] ab|gucken. ～ペーパー der Spickzettel.

かんぬき 閂 der Riegel -s, -. 門扉に～をかける(の～をはずす) das Tor zu|riegeln (auf|riegeln).

かんぬし 神主 der Kannuschi ['kanɔʃi] -, -.

かんねん 観念 die Vorstellung -en; die Idee -n. ～する〔諦める〕sich verzichten《auf 4 格》;〔覚悟する〕gefasst sein*《auf 4 格》. 固定～に苦しむ an einer fixen Idee leiden*. 彼には義務の～がない Er hat keinen Sinn für Pflicht. ～的 ideell. ～形態 die Ideologie. ～連合 die Ideenassoziation. ～論 der Idealismus. ～論的 idealistisch. ～論者 der Idealist.

かんのう 完納 ¶税金を～する Steuern vollständig [be]zahlen.

かんのう 官能的 sinnlich.

かんのう 感応 die Induktion -en. ～させる induzieren. 悪い影響に～しやすい für schlechte Einflüsse sehr empfänglich sein*. ～コイル die Induktionsspule. ～電流 der Induktionsstrom. ～率 die Induktivität.

かんのんびらき 観音開き・の窓 das Flügelfenster. ～のドア die Flügeltür.

かんぱ 看破する durchschauen.

かんぱ 寒波 die Kältewelle -n.

カンパ die Spendensammlung -en.

かんぱい 完敗する eine vollständige Niederlage erleiden*.

かんぱい 乾杯 ¶健康を祝して～する jm. zu|trinken*; auf js. Wohl trinken*. ～! Prosit! / Zum Wohl!

かんばしい 芳しい duftend. 彼はドイツ語の成績が芳しくない Er hat im Deutschen eine schlechte Zensur bekommen.

かんばしった 甲走った声 grelle (kreischende) Stimme.

カンバス die [Maler]leinwand ⸚e.

かんばつ 旱魃 die Dürre -n.

かんぱつ 煥発 ¶才気～の geistreich.

かんぱつ 間髪を入れず in einem (im selben) Atemzug.

がんばる 頑張る sich an|strengen;〔主張する〕bestehen*《auf 3格》;〔耐える〕aus|harren. 最後まで～ bis zuletzt aus|harren. 頑張れ Halt aus!

かんばん 看板 das Schild -es, -er. 減税を～に掲ぐ die Steuerermäßigung als Aushängeschild benutzen. ～にする〔閉店する〕den Laden schließen*. 慈善を～にして unter dem Deckmantel der Wohltätigkeit. ～娘 der Kundenmagnet.

かんぱん 甲板 das Deck -s, -s. ～を散歩する auf [dem] Deck promenieren. 上(下)～ das Oberdeck (Unterdeck).

かんぱん 乾板〔写真の〕die [Trocken]platte -n. ～を現像する eine Platte entwickeln.

かんパン 乾パン der Schiffszwieback -s, "e (-e).

がんばん 岩磐 der Felsengrund -[e]s, "e.

かんび 甘美な [honig]süß.

かんび 完備した vollständig; vollkommen versehen《mit 3格》.

かんび 艦尾 das Heck -s, -e (-s).

かんび 官費で auf Staatskosten.

かんびょう 看病 die [Kranken]pflege. ～する pflegen. ～人 der Pfleger.

がんびょう 眼病 die Augenkrankheit -en.

かんぶ 患部 kranker Teil -[e]s, -e.

かんぶ 幹部 die Direktion -en; der Vorstand -es, "e. ～候補生 der Vorstandsetaganwärter;〔軍隊の〕der Offizier[s]anwärter.

かんぷ 完膚なきまでにやっつける kein gutes Haar lassen《an 3格》.

かんぷ 姦夫 der Ehebrecher -s, -.

かんぷ 姦婦 die Ehebrecherin -nen.

かんぷ 還付 die Rückgabe. ～する zurück|geben*. 税への die Steuererstattung.

かんぷう 完封する gänzlich auf|halten*;〔封鎖する〕gänzlich blockieren.

かんぷく 官服 die Uniform -en.

かんぷく 感服する et. bewundern.

かんぶつ 乾物 getrocknete Esswaren pl.

カンフル der Kampfer -s. ～注射 die Kampferspritze.

かんぷん 感奮する sich auf|raffen.

かんぺいしき 観兵式 die Parade -n. ～を行う die Parade ab|nehmen*.

かんぺき 完璧な vollkommen; makellos. 彼のドイツ語は～だ Er spricht perfekt Deutsch.

がんぺき 岸壁 die Felsenwand "e;〔波止場〕der Kai -s, -s. 船を～につなぐ ein Schiff am Kai fest|machen.

かんべつ 鑑別する et. unterscheiden*《von 3格》.

かんべん 勘弁・する jm. et. verzeihen*. それだけ願います Bitte, begnügen Sie sich damit! こんな扱いをされてはもう～できない Ich kann [es] nicht länger dulden, dass man so mit mir umgeht.

かんべん 簡便な handlich; bequem.

かんぺんすじ 官辺筋の von amtlichen Stellen.

かんぼう 官房 das Sekretariat -[e]s, -e. ～長官 der Leiter des Kabinettssekretariats.

かんぼう 感冒 die Erkältung -en; 流行性～ die Grippe. ～にかかる sich erkälten.

かんぼう 監房 die [Gefängnis]zelle -n.

かんぼう 観望 ¶形勢を～する die Lage der Dinge beobachten; eine [günstige] Gelegenheit ab|passen.

かんぽう 官報 der Staatsanzeiger -s, -; das Amtsblatt -[e]s, "er.

かんぽう 漢方 die chinesische Medizin;〔薬〕chinesische Arznei -en.

がんぼう 願望 der Wunsch -es, "e. ～する jm. (sich³) et. wünschen. ～文 der Wunschsatz.

かんぼく 灌木 der Strauch -[e]s, "er. ～林 das Gebüsch.

かんぼつ 陥没 die Senkung -en; der Einsturz -es, "e. ～する sinken*(s); ein|stürzen (s).

ガンマ ～線 Gammastrahlen pl.

かんまつ 巻末に am Schluss des Buches.

かんまん 干満 Ebbe und Flut; Gezeiten pl.

かんまん 緩慢・な langsam; schleppend. 市況は～だ Der Markt ist flau.

かんみ 甘味 die Süße; die Süßigkeit. 人工～料 der Süßstoff.

がんみ 玩味する durchkosten; genießen*.

かんむり 冠 die Krone -n. ～をかぶせる jm. eine Krone auf|setzen. 彼はその事で～を曲げた Das ist ihm in die Krone gefahren.

かんめい 感銘 [tiefer] Eindruck -es, "e. ～を与える einen Eindruck auf jn. machen. それは～深い書物だ Das Buch macht einen tiefen Eindruck. ～深い eindrucksvoll; beeindruckend.

かんめい 簡明な(に) bündig; lakonisch.

がんめん 顔面 das Gesicht -s, -er. ～に負傷する sich³ das Gesicht verletzen. ～神経 der Gesichtsnerv. ～神経痛 die Gesichtsneuralgie.

がんもく 眼目 der Hauptpunkt -[e]s, -e. それが～だ Das ist die Hauptsache. 決議の実行が～だ Es handelt sich um die Durchführung der Beschlüsse. / Es gilt, die Beschlüsse durchzuführen.

かんもん 喚問 der Aufruf -s, -e. 証人を～する einen Zeugen auf|rufen*.

かんもん 関門 die Barriere -n. ～を突破する eine Hürde nehmen*.

かんやく 完訳 ¶日本語に～する ins Japanische vollständig übersetzen.

かんやく 簡約に knapp; kruz und bündig.

がんやく 丸薬 die Pille -n.

かんゆ 肝油 der Lebertran -s.

かんゆう 勧誘 die Aufforderung -en; die Kundenwerbung. ～する jn. auf|fordern《zu 3格》. 保険にはいるように～する jn. für die Versicherung werben*. ～員 der Kunden-

がんゆう 含有・する enthalten*. ～量 der Gehalt. 塩の～量 der Salzgehalt.
かんよ 関与する teil|nehmen* 《an 3格》.
かんよう 肝要・な wesentlich; wichtig. 今は時を稼ぐことが～だ Nun gilt es, Zeit zu gewinnen.
かんよう 涵養 die [Aus]bildung -en. ～する [aus]bilden.
かんよう 寛容 die Nachsicht; die Toleranz. ～な nachsichtig; tolerant; großzügig; generös.
かんよう 慣用・の gebräuchlich. ～句 die [gebräuchliche] Redensart; stehende Wendung.
がんらい 元来 eigentlich. 彼は～温和な男だ Er ist von Natur friedfertig.
かんらく 陥落・する fallen*(s); [土地が] sinken*(s). 首都が～した Die Hauptstadt wurde eingenommen.
かんらく 歓楽 der Genuss -es, ¨e. ～におぼれる in Genüssen des Lebens schwelgen. ～街 das Vergnügungsviertel (Amüsierviertel).
かんらん 甘藍 der Kohl -s.
かんらん 橄欖 → オリーブ.
かんらん 観覧 die Schau. ～する zu|sehen* 《3格》. ～に供する [auf einer Schau] aus|stellen; zur Schau stellen. ～席 der Zuschauerraum; [競技場などの] die Zuschauertribüne. ～車 das Riesenrad. ～料 das Eintrittsgeld.
かんり 官吏 der Staatsbeamte#.
かんり 管理 die Verwaltung. ～する verwalten. 経営の～ das Management. 国際～の下で unter internationaler Kontrolle. ～人 der Verwalter. ～費 Verwaltungskosten pl.
がんり 元利 Kapital und Zinsen.
がんりき 眼力 die Einsicht. → 眼識.
かんりつ 官立の staatlich.
かんりゃく 簡略・な einfach; kurz; [略式の] nicht förmlich. ～にする vereinfachen; verkürzen.
かんりゅう 貫流 ¶平地を～する die Ebene durchfließen*.
かんりゅう 乾溜 die Trockendestillation -en. ～する schwelen.
かんりゅう 寒流 kalte Meeresströmung -en.
かんりゅう 還流 der Rückfluss -es; der Rückstrom -s; der Rücklauf -[e]s. ～する zurück|fließen*(s); zurück|strömen (s).
かんりょう 完了 die Vollendung -en. ～する vollenden. ～した vollendet. 現在～ [文法] das Perfekt. 過去～ das Plusquamperfekt. 未来～ zweites Futur; das Futurum exaktum.
かんりょう 官僚 der Bürokrat -en, -en. ～的 bürokratisch. ～主義 der Bürokratismus. ～政治 die Bürokratie.
がんりょう 顔料 die Farbe -n; das Pigment -[e]s, -e.
かんるい 感涙にむせぶ zu Tränen gerührt werden* (s受).
かんれい 寒冷・の kalt. ～前線 die Kaltfront.
かんれい 慣例 → 慣習.
かんれき 還暦を迎える ein Sechziger werden* (s).
かんれん 関連 der Zusammenhang -[e]s, ¨e. ～する zusammen|hängen* 《mit 3格》; sich beziehen* 《auf 4格》. それと～して im Zusammenhang damit. 互いに～づける et. miteinander in Zusammenhang bringen*. この両者は別に～はない Die beiden hängen nicht zusammen.
かんろく 貫禄 die Würde. ～のある würdevoll.
かんわ 緩和 die Erleichterung -en; die Linderung; die Milderung. ～する erleichtern; lindern; mildern.
かんわきゅうだい 閑話休題 Nur zur Sache.

き

き 木 der Baum -es, ¨e; [材木] das Holz -es. ～を切る(刈り込む) einen Baum fällen (stutzen). ～で作った hölzern. ～の茂った丘 bewaldeter Hügel. ～で鼻をくくったような返事をする barsch antworten. 彼は～を見て森を見ない Er sieht den Wald vor [lauter] Bäumen nicht.
き 生・の [純粋の] ungemischt; rein; [なまの] roh. ～のアルコール absoluter Alkohol. ウイスキーを～で飲む Whisky pur trinken*.
き 気の合った gleich gesinnt; geistesverwandt. ～の荒い rau; ungestüm. ～のいい gutmütig. ～の大きな großherzig. ～の変わり易い wankelmütig; launisch. ～の小さい kleinherzig. ～のつく aufmerksam; rücksichtsvoll. ～の強い unnachgiebig; unbiegsam. ～の長い langmütig. ～の抜けた schal; fade; abgestanden. ～の早い hastig; voreilig. ～の短い → 短気. ～が弱い einen schwachen Charakter haben*. ～がある Lust haben* 《zu 3格; zu+不定詞》; [好इている] zu jm. Zuneigung hegen. 変な～がする Mir ist sonderbar (seltsam) zumute. まるで…のような～がする Mir ist, als ob … 君を侮辱する～などさらさらない Es liegt mir völlig fern, dich zu beleidigen. …する～にはとてもなれない es nicht übers Herz bringen* 《zu+不定詞》. ～が置けない間柄である zu jm. ein entspanntes Verhältnis haben*. ～が重い Mir ist das Herz schwer. ～も軽く leichten Herzens. ～がきく zuvorkommend sein*. ～が

〜てない in großer Unruhe (Angst) sein*; ungeduldig sein*. 〜が進まない wenig Lust haben*《zu 3 格》; abgeneigt sein*《zu+不定詞》. 〜が済む befriedigt (beruhigt) sein*. 〜が急(せ)く ungeduldig sein*. 〜が立つ aufgeregt sein*. 〜が散る abgelenkt sein*. 〜がつく et. bemerken; [正気になる] wieder zu sich³ kommen*(s); 〜がきく. 〜が詰まる → 気詰まり. 〜が遠くなる in Ohnmacht fallen*(s). 〜がとがめる ein böses Gewissen haben*. 〜が抜ける［ビールなどが］ab|stehen*(s); 一拍子抜け. 〜が引ける Mir ist unbehaglich zumute. 〜がもめる ängstlich sein*《um 4 格》. 〜が若い Er bewahrt sich auch im Alter sein junges Herz. 〜にさわる bei jm. an|stoßen*(s)《mit 3 格》. 〜に掛かる jm. am Herzen liegen*. 〜に掛ける sich kümmern《um 4 格》. 〜に病む sich³ Kummer machen《über 4 格》. それは〜のせいだよ Du bildest dir das nur ein. 〜を入れる sich konzentrieren. 〜を配る besorgt sein*《um 4 格》. 〜を静める sich beruhigen. 〜をつける Acht geben*《auf 4 格》. 〜をつけて vorsichtig. 〜を取り直す sich zusammen|raffen. 〜を引きしめる sich zusammen|nehmen*. 〜を呑まれる sich einschüchtern lassen*. 〜を吐く seine Tüchtigkeit beweisen*. 〜を晴らす気を散らす sich³ Luft machen. 〜を引く js. Zuneigung gewinnen wollen*;［誘う］jn. verlocken《zu 3 格》. 〜をまわす Argwohn fassen. 〜を持たせる jn. mit Redensarten hin|halten*. 〜をもむ sich³ Sorgen machen《um (über) 4 格》. 〜をもませる jn. zappeln lassen*. 〜を許す jm.［rückhaltlos］vertrauen. 〜を良くする guter Laune (gut gestimmt) sein*. 〜を悪くする［自分が］sich beleidigt fühlen;［他人の］jn. kränken.

き 奇・を好む überspannt (exzentrisch) sein*. 〜をてらう sich auffällig benehmen*.

き 黄 das Gelb -s. → 黄色.

き 機 一機会. 〜を見て bei [passender] Gelegenheit. この〜を逸せず ohne diese [günstige] Gelegenheit zu versäumen. 〜を見るに敏である die Gelegenheiten geschickt aus|nützen. 改革の〜が熟する Die Zeit ist reif für eine Neuerung.

き 基［化］das Radikal -s, -e.

きあい 気合・を入れる jn. an|feuern. 〜を入れて仕事をする mit Energie arbeiten. 〜が入ってないぞ Nur Mut! 〜負けする eingeschüchtert werden*《受》.

きあつ 気圧 der Luftdruck -[e]s. 〜が下がる (上がる) Der Luftdruck fällt (steigt). 高(低)〜 der Hochdruck (Tiefdruck). 〜計 das Barometer. 〜配置 die Luftdruckverteilung.

きあわせる 来合わせる gerade bei jm. vorbei|kommen*(s).

ぎあん 議案 die [Gesetzes]vorlage -n. 〜を可決(否決)する einen Gesetzentwurf an|nehmen* (ab|lehnen). 〜が通過する Die Vorlage geht durch.

きい 忌諱に触れる sich³ js. Ungunst zu|ziehen*; bei jm. Anstoß (Ärgernis) erregen.

きい 奇異・な sonderbar; wunderlich; merkwürdig. 〜な感じを与える befremden.

キー der Schlüssel -s, -;［タイプライターなどの］die Taste -n. ピアノの〜をたたく die Tasten an|schlagen*. 〜ノート der Grundton. 〜ポイント der Hauptpunkt; der Schlüssel. 〜ホルダー der Schlüsselring. 〜ワード das Schlüsselwort. 〜パンチャー der Locher. 〜ボード［電算機などの］die Tastatur. 問題解決の〜 der Schlüssel zur Lösung des Problems.

ぎい 〜と鳴る knarren; knirschen.

きいきい 〜声 schrille Stimme. 〜いう kreischen; quieken; quietschen.

きいたふう 利いた風な事を言う klug|reden.

きいちご 木苺 die Himbeere -n.

きいっぽん 生一本・の rein; echt; aufrecht. 〜の人 gerader (aufrichtiger) Mensch.

きいと 生糸 die Rohseide -n.

きいろ 黄色 das Gelb -s. 〜の gelb. 〜がかった gelblich. 〜い声 schrille Stimme. 〜くなる gelb werden*(s).

きいん 起因する entspringen*(s)《3 格》; seinen Ursprung haben*《in 3 格》.

ぎいん 議員 das Mitglied -[e]s, -er. 国会〜 der Parlamentarier; der Abgeordnete#. 市会〜 der Stadtverordnete#.

ぎいん 議院 → 議会. 〜内閣制 der Parlamentarismus.

きう 気宇壮大な hochfliegend.

キウイ［フルーツ］die Kiwi -s; die Kiwifrucht ̈-e;［鳥］der Kiwi -s, -.

きうけ 気受けがよい bei jm. beliebt sein*; bei jm. gut angeschrieben sein*.

きうつり 気移りのする wankelmütig; launenhaft.

きうん 機運 ¶改革の〜が高まっている Man neigt heute allgemein mehr und mehr zur Reform.

きえ 帰依 ¶キリスト教に〜する sich zum Christentum bekennen*. 〜者 der Anhänger.

きえい 気鋭［新進〜の→ 新進.

きえいる 消え入る・ような声で mit erlöschender Stimme. 〜ばかりに悲しむ vor Gram vergehen*(s).

きえうせる 消え失せる [ver]schwinden*(s); vergehen*.

きえる 消える [ver]schwinden*(s); vergehen*(s);［火・電灯が］erlöschen*(s); aus|gehen*(s);［雪などが］schmelzen*(s);［音などが］verklingen*(s);［香り・煙が］verfliegen*(s);［紛失する］verloren gehen*(s). 念頭から〜 jm. aus dem Sinn kommen*(s).

きえん 気炎を上げる große Worte machen; den Mund voll nehmen*.

きえん 奇縁 merkwürdiger Zufall -s, ̈-e.

きえん 機縁 ¶一冊の本が〜となって私たちは知り合いになった Ein Buch gab Anlass zu unserer Bekanntschaft.

ぎえんきん 義捐(援)金 die Spende -n.
きえんさん 稀塩酸 verdünnte Salzsäure.
きおいたつ 競い立つ sich auf|raffen.
きおう 既往・の vergangen; früher. ～は咎(とが)めるな Lass das Vergangene ruhen! ～症 die Anamnese.
きおく 記憶 das Gedächtnis -ses, -se; die Erinnerung -en. ～する〔覚えている〕 et. im Gedächtnis (Kopf) behalten*; sich erinnern 《an 4格》;〔覚え込む〕 et. dem Gedächtnis ein|prägen. ～すべき denkwürdig. ～がいい(悪い) ein gutes (schlechtes) Gedächtnis haben*. 或る事の～を呼び起す sich³ et. ins Gedächtnis zurück|rufen*. 私の～に誤りがなければ Wenn ich mich recht erinnere, ... ～[力]減退 die Gedächtnisschwäche. ～術 die Gedächtniskunst; die Mnemonik. ～障害 die Gedächtnisstörung. ～喪失 der Gedächtnisschwund. ～喪失症 die Amnesie. ～の誤り der Gedächtnisfehler. ～力 die Gedächtniskraft.
きおくれ 気後れ・する sich gehemmt fühlen. ～した zaghaft; befangen. ～しない unbefangen.
きおち 気落ちする niedergeschlagen sein*.
きおん 気温 die Temperatur -en. ～が下がった(上がった) Die Temperatur ist gesunken (gestiegen).
ぎおん 擬音 die Lautmalerei -en; die Onomatopöie -n.
きか 気化 die Verdampfung -en; die Verflüchtigung -en. ～する verdampfen (s); sich verflüchtigen. ～させる verdampfen; verflüchtigen. ～熱 die Verdampfungswärme.
きか 奇禍 der Unglücksfall -[e]s, ⁻e. 彼は～に遇った Ihm ist ein Unglück zugestoßen.
きか 帰化 die Naturalisation -en; die Einbürgerung -en. ～する [in ein (einem) Land] eingebürgert werden* (s受); sich naturalisieren lassen*. ～させる naturalisieren; ein|bürgern. ～した eingebürgert. ～人 der Eingebürgerte#.
きが 飢餓 der Hunger -s. ～に襲われる Hunger bekommen*.
ぎが 戯画 die Karikatur -en; das Zerrbild -[e]s, -er. ～化する karikieren.
きかい 奇怪 unheimlich; bizarr; wunderlich; grotesk; 〔けしからぬ〕 schändlich.
きかい 器械 das Instrument -s, -e; das Werkzeug -s, -e; das Gerät -[e]s, -e; der Apparat -s, -e. ～を取り付ける et. instrumentieren. ～体操 das Geräteturnen.
きかい 機会 [günstige] Gelegenheit -en; der Anlass -es, ⁻e. ～をつかまえる(逃がす) eine Gelegenheit ergreifen* (verpassen). この～に bei dieser Gelegenheit. ～に 〔誕生祝いの～に〕 anlässlich (aus Anlass) seines Geburtstages. ～のあり次第に bei der erstbesten Gelegenheit. ～を与える jm. Gelegenheit geben* 《zu 3格; zu＋不定詞》.

きかい 機械 die Maschine -n;〔機械仕掛〕 die Maschinerie -n; der Mechanismus -, ..men; das Werk -es, -e. ～を運転する eine Maschine in Gang bringen*. ～が動く(止まる) Die Maschine läuft (steht still). ～的の mechanisch;〔自動的〕 automatisch. ～化 die Mechanisierung. ～化する mechanisieren. ～化部隊 motorisierte Truppe. ～工 der Mechaniker. ～工学 die Maschinenkunde; die Mechanik. ～工業 die Maschinenindustrie. ～工場 die Maschinenfabrik. ～力 die Maschinenkraft. ～論 der Mechanismus. ～論的の mechanistisch. ～油 das Maschinenöl.
きがい 危害・を加える jm. Schaden zu|fügen. ～を蒙(こうむ)る Schaden erleiden*.
きがい 気概 → 気骨.
ぎかい 議会 das Parlament -s, -e. ～の parlamentarisch. ～を召集(解散)する das Parlament ein|berufen* (auf|lösen). 今期～ die laufende Session des Parlaments. 市～ der Stadtrat. ～政治 der Parlamentarismus. ～制民主主義 die parlamentarische Demokratie.
きがえ 着替え・のシャツ das Hemd zum Wechseln. ～を手伝う jm. beim Ankleiden helfen*. ～をする sich um|kleiden.
きかがく 幾何学 die Geometrie -n. 平面(立体; 解析)～ die Planimetrie (die Stereometrie; die analytische Geometrie). ～的 geometrisch.
きがかり 気掛かり・な beängstigend; besorglich. ～である Angst haben* (besorgt sein*) 《um 4格》; sich sorgen 《um 4格》.
きかかる 来かかる [zufällig] vorbei|kommen* (s).
きかく 企画 der Plan -s, ⁻e; der Entwurf -s, ⁻e. das Projekt -[e]s, -e;〔立案〕 die Planung -en. ～する planen; einen Plan entwerfen* 《für 4格; zu 3格》; projektieren. ～者 der Planer. ～通りの(に) planmäßig. ～部 die Planungsabteilung.
きかく 規格 die Norm -en; der Standard -s, -s. ～化する norm[ier]en; standardisieren. ～外の normwidrig. ～表 das Normblatt. ～判 das Normalformat.
きがく 器楽 die Instrumentalmusik.
きがけ 来掛けに auf dem Weg hierher.
きかげき 喜歌劇 die Operette -n.
きかざる 着飾る sich putzen. 着飾った geputzt.
きかせる 利かせる ¶塩を～ et. mit Salz würzen. 気を～ Rücksicht üben.
きかせる 聞かせる〔知らせる〕 mit|teilen; erzählen;〔読んで〕 vor|lesen*;〔歌って〕 vor|singen*;〔弾(ひ)いて〕 vor|spielen. 聞かされる et. zu hören bekommen*. ～ jn. überreden 《zu 3格》. 君の言い分を聞かせてくれ Lass hören, was du zu sagen hast! これは他人には聞かせられない話だ Das ist nichts für fremde Ohren. 彼の演説はちょっと～ね Seine Rede hat

etwas Rührendes, nicht wahr?
きかぬき 利かぬ気の trotzig; halsstarrig.
きがね 気兼ね・をする sich vor jm. genieren. ～のない ungeniert.
きがまえ 気構え die Vorbereitung -en 《auf 4 格》. ～をする sich vor|bereiten (sich gefasst machen) 《auf 4 格》.
きがる 気軽・に ohne weiteres (Umstände). ～にお越し下さい Sie sind bei uns gern gesehen.
きかん 気管 die Luftröhre -n. ～支 Bronchien pl. ～支炎 die Bronchitis. ～支カタル der Bronchialkatarrh.
きかん 汽罐 → ボイラー.
きかん 季刊・の vierteljährlich. ～誌 die Vierteljahrsschrift.
きかん 奇観を呈する einen seltsamen Anblick bieten*.
きかん 既刊の schon (bereits) erschienen.
きかん 帰還 die Heimkehr; die Rückkehr. ～する heim|kehren (s); zurück|kehren (s). ～者 der Heimkehrer; der Rückkehrer.
きかん 亀鑑 das Vorbild -es, -er; das Muster -s, -.
きかん 期間 die Frist -en; die Zeitdauer. ～が過ぎる Der Termin läuft ab. 有効～ die Gültigkeitsdauer.
きかん 旗艦 das Flaggschiff -s, -e.
きかん 器官 das Organ -s, -e. ～の organisch.
きかん 機関 die Maschine -n; 〔機構〕 das Organ -s, -e. 教育～ die Bildungsanstalt. 情報～ der Nachrichtendienst. 立法～ Organe des Gesetzgebens; der Gesetzgeber. ～紙(誌) das [Presse]organ. ～室 der Maschinenraum. ～車 die Lokomotive. ～[車]庫 der Lokomotivschuppen. ～手(士) der Maschinist; der Lokomotivführer. ～長 der Maschinist. ～銃 das Maschinengewehr. 軽(重)～銃 leichtes (schweres) Maschinengewehr.
きがん 祈願 die Bitte -n. 神に平和を～する zu Gott um Frieden beten.
ぎかん 技官 der technische Beamte*.
ぎがん 義眼 künstliches Auge -s, -n; das Glasauge -s, -n.
きかんさんぎょう 基幹産業 die Schlüsselindustrie -n.
きき 危機 die Krise -n. 経済～ die Wirtschaftskrise. ～に瀕(%)する sich in einer Krise befinden*. ～に臨んで im kritischen Augenblick. ～一髪という時に im letzten Augenblick. ～一髪のところで逃れる mit knapper Not entkommen*(s) 《3 格》. 政局は～を孕(½)んでいる Die politische Lage ist kritisch.
きき 機器 das Instrument -s, -e; der Apparat -s, -e; das Gerät -[e]s, -e.
きき 嬉嬉として munter; lustig; fröhlich.
ぎぎ 疑義 der Zweifel -s, -. ～を抱く Zweifel hegen 《an 3 格》.
ききあきる 聞き飽きる sich³ et. über|hören. 彼はそれをいくら聞いても聞き飽きなかった Er konnte sich daran nicht satt hören.
ききあわせる 聞き合せる sich bei jm. erkundigen 《nach 3 格》.
ききいる 聞き入る zu|hören 《3 格》.
ききいれる 聞き入れる erhören; ein|willigen (in 4 格). 人の忠告を～ js. Rat an|nehmen*; sich³ von jm. raten lassen*. 聞き入れない taub sein* 《gegen (für) 4 格》.
ききうで 利き腕 der rechte Arm -es.
ききおぼえ 聞き覚え・のある(ない) vertraut (fremd). あの声は～がある Jene Stimme habe ich schon einmal gehört.
ききおよぶ 聞き及ぶ hören 《von 3 格》; et. vom Hören[sagen] kennen*. お名前はかねがね聞き及んでおりました Ich habe Ihren Namen schon oft vernommen.
ききかいかい 奇奇怪怪な grotesk; fantastisch.
ききかえす 聞き返す [jn.] zurück|fragen.
ききかじり 聞き齧り oberflächliche Kenntnis -se.
ききかじる 聞き齧る nur oberflächlich kennen*; 〔噂で〕 nur vom Hörensagen kennen*. 彼はラテン語を聞き齧っている Er kann ein paar Brocken Lateinisch.
ききぐるしい 聞き苦しい das Ohr beleidigen. ～言葉 anstößige Worte pl.
ききこみ 聞き込み 〔情報〕 Informationen pl.; 〔捜査〕 die Ermittlung -en.
ききこむ 聞き込む ¶妙な噂を聞き込んだ Ein sonderbares Gerücht ist mir zu Ohren gekommen.
ききざけ 利き酒 〔ワインの〕 die Weinprobe -n. ～をする Wein probieren (verkosten).
ききずて 聞き捨て・にする überhören. ～ならぬ unverzeihlich.
ききそこなう 聞き損う → 聞き違える; 聞き漏らす.
ききだす 聞き出す jn. aus|horchen (aus|holen) 《über 4 格》; et. aus jm. heraus|bringen*; erfragen.
ききただす 聞き糺す jn. aus|fragen 《nach 3 格》.
ききちがえる 聞き違える falsch hören; verhören. 聞き違いをする sich verhören.
ききつける 聞き付ける vernehmen*; → 聞く. …という噂を聞き付けた Ich habe sagen hören, dass …
ききつたえる 聞き伝える et. vom Hören[sagen] kennen*. ～ところによれば dem Vernehmen nach; wie ich höre.
ききづらい 聞き辛い schwer hörbar sein*. → 聞き苦しい; 聞きにくい.
ききて 聞き手 der Hörer -s, -.
ききどころ 聞き所 der Kernpunkt -[e]s, -e.
ききとどける 聞き届ける ¶願いを～ jn. (js. Bitte) erhören.
ききとり 聞き取り試験 der Hörverständnis-

ききとる 聞き取る vernehmen*.　聞き取れない unvernehmlich; unhörbar.
ききながす 聞き流す → 聞き捨.
ききなれた 聞き慣れた vertraut.　聞き慣れない fremd.
ききにくい 聞きにくい schwer zu hören sein*.　それは彼には～〔聞くのが辛い〕Es kommt mich hart an, ihn danach zu fragen.
ききふるした 聞き古した abgedroschen.
ききほれる 聞き惚れる [sich³] et. entzückt an|hören.　音楽に～ von der Musik entzückt (hingerissen) sein*.
ききみみ 聞き耳を立てる die Ohren spitzen; auf|horchen 《auf 4格》.
ききめ 利(効)き目　die Wirkung -en; die Wirksamkeit.　～がある(ない) wirksam (wirkungslos) sein*.　～が遅い langsam wirken.
ききもの 聞き物　¶このオペラは～だ Diese Oper ist hörenswert (lässt sich hören).
ききもらす 聞き漏らす überhören.
ききゃく 棄却 die Abweisung -en.　訴えを～する die Klage ab|weisen*.
ききゅう 危急 die Not; drohende Gefahr -en.　～の場合に im Notfall. → 存亡.
ききゅう 気球 der Ballon -s, -s.　～を上げる einen Ballon aufsteigen lassen*.
ききょ 起居を共にする mit jm. unter einem Dach leben (wohnen).
ききょう 気胸 der Pneumothorax -[es], -e; der Pneu -s, -s.　人工～療法 künstlicher Pneumothorax.
ききょう 奇矯 exzentrisch; extravagant.
ききょう 帰郷 die Heimkehr.　～する heim|kehren (s).
ききょう 桔梗 die Breitglocke (Prachtglocke) -n.
きぎょう 企業 das Unternehmen -s, -.　～を起す ein Unternehmen gründen.　～家 der Unternehmer.　～合同 der Trust.　～連合 das Kartell.　～心 der Unternehmungsgeist.　～心に富んだ unternehmend; unternehmungslustig.
ぎきょうしん 義侠心 die Ritterlichkeit.　～のある ritterlich.
ぎきょうだい 義兄弟 der Schwager -s, ⸚.
ぎきょく 戯曲 das Drama -s, ..men.　シラーの～を上演する ein Stück von Schiller auf|führen.　～化する dramatisieren.
きぎれ 木切れ der Holzsplitter -s, -.
ききわけ 聞き分けのない(よい)子 eigensinniges (fügsames) Kind -es, -er.
ききわける 聞き分ける et. hören 《an 3格》; jm. et. an|hören; 〔理解する〕verstehen*.　道理を～ Vernunft an|nehmen*.
ききん 基金 der Fonds -, - 《für 4格》.　～を設ける einen Fonds ein|richten (bilden).　国連児童～ die UNICEF.
ききん 飢饉 die Hungersnot ⸚e.　～に見舞われる von Hungersnot heimgesucht werden* (s受).　水～ der Wassermangel.　～年 das Hungerjahr.
ききんぞく 貴金属 das Edelmetall -s, -e.
きく 菊 die Chrysantheme -n.
きく 利(効)く ¶肺病に～ gut gegen Lungenkrankheit sein*.　この薬はよく～(全然水が効かない) Die Arznei wirkt gut (gar nicht).　鼻が～ eine gute Nase haben* 《für 4格》.　からだがいうことをきかない Der Körper versagt mir den Dienst.　ブレーキが利かない Die Bremsen versagen.　釘が利いた Der Nagel hat gefasst.　ワインが利いてきた Ich spüre den Wein.
きく 聞く hören; vernehmen*; 〔傾聴する〕zu|hören 《3格》; 〔聞き知る〕erfahren*; 〔尋ねる〕jn. fragen 《nach 3格》; → 聞き合わせる; 聞き入れる.　よく～名前 wohl bekannter Name.　～ところによれば Wie (Soviel) ich höre, ...; dem Vernehmen nach.　忠告を～ auf js. Rat hören.　親の言う事を～ nach den Eltern gehorchen.　駅への道を～ jn. nach dem Weg zum Bahnhof fragen.　彼が歌うのを～ Ich höre ihn singen.　誰に聞いても彼は金持だという事だ Nach allem, was ich gehört habe, soll er reich sein.　あなたの事は彼から聞いています Durch ihn habe ich schon von Ihnen gehört.
きぐ 危惧の念をいだく Befürchtungen hegen.
きぐ 器(機)具 das Gerät -[e]s, -e; 〔容器類〕das Geschirr -s, -e.　→ 機械.　農～ Ackergeräte pl.
きぐう 奇遇 eine seltsame Begegnung.　ここで会うとは～だね Was für ein Zufall, dass ich dich gerade hier treffe!
きぐう 寄寓する bei jm. wohnen.
ぎくしゃく ～した〔動作・表現が〕ungewandt.　～した関係 gezwungenes Verhältnis.
きくず 木屑 Holzspäne pl.; der Holzsplitter -s, -.
きぐすり 生薬 → しょうやく.
きくばり 気配り die Rücksicht.　～をする Rücksicht nehmen* 《auf 4格》.
きぐらい 気位の高い stolz; hochmütig.
きくらげ 木耳〔植〕das Judasohr -s, -en.
ぎくり ～とする erschrecken*(s).
きぐろう 気苦労 die Sorge -n.　～の多い(ない) sorgenvoll (sorgenfrei).　～が絶えない sich³ immer Sorgen machen 《um 4格》.
きけい 奇計 der Kniff -s, -e; die List -en.　～をめぐらす eine List ersinnen*.
ぎけい 義兄 der Schwager -s, ⸚.
ぎげい 技芸 die handwerkliche Kunst; handwerkliche Fertigkeiten pl.
きげき 喜劇 die Komödie -n; das Lustspiel -s, -e.　～的 komisch.　一場の～ eine komische Szene.　～作者 der Komödienschreiber.　～俳優 der Komiker.
きけつ 既決・の beschlossen.　～の事項 beschlossene Sache.　～囚 der Sträfling; der Strafgefangene#.

きけつ 帰結 der Schluss -es, ¨e; die Folge -n; die Konsequenz -en. → 帰着. これの当然の~として als natürliche Folge hiervon.

ぎけつ 議決 der Beschluss -es, ¨e. die Beschlussfassung -en. ~を議決する beschließen*; einen Beschluss fassen《über 4 格》. 法案をする einen Antrag zum Beschluss erheben*. ~機関 das Beschlussorgan. ~権 das Beschlussrecht.

きけん 危険 die Gefahr -en; die Unsicherheit. ~な gefährlich; unsicher. ~な計画 gefährlicher (gewagter) Plan. ~を冒す eine Gefahr laufen* (s)《zu+不定詞》. …の~を冒して auf die Gefahr hin, dass … ~を避ける einer Gefahr aus|weichen*(s). ~を伴なう eine Gefahr mit sich³ bringen*. ~を免れる einer Gefahr entgehen*(s). ~にさらされる sich einer Gefahr aus|setzen. ~にさらす jn. in Gefahr bringen*. 彼の身に~が迫る Ihm droht Gefahr. …の~がある Es besteht Gefahr, dass … ~思想 gefährliche Gedanken pl. ~信号 das Gefahrensignal. ~人物 gefährlicher Mensch. ~地帯 die Gefahrenzone.

きけん 棄権 〔投票の〕die Stimmenthaltung -en; 〔権利の〕die Verzichtleistung -en. ~する〔投票の〕sich der Stimme enthalten*; auf sein Recht verzichten; 〔競技などを〕auf|geben*.

きげん 紀元・前40年に [im Jahre] 40 vor Christus (略: v. Chr.). ~1960年に [im Jahre] 1960 nach Christus (略: n. Chr.). 新~を画する Epoche machen;《形容詞》epochemachend.

きげん 起原 der Ursprung -[e]s, ¨e; die Entstehung. 種の~ die Entstehung der Arten. ~をもつ seinen Ursprung haben*《in 3 格》. ~を尋ねる et. bis zu seinen Ursprüngen zurück|verfolgen.

きげん 期限 der Termin -s, -e; die Frist -en. ~を定める einen Termin fest|setzen. ~を守る den Termin ein|halten*. ~が過ぎている Die Frist ist überschritten. ~が切れる Die Frist läuft ab. ~の切れた abgelaufen; 〔手形などの〕überfällig; 〔切符の〕ungültig. 有効~ die Gültigkeitsdauer. 勘定の支払は明日が~だ Die Rechnung ist morgen fällig. この往復切符の~は10日間だ Die Rückfahrkarte gilt 10 Tage.

きげん 機嫌・よく gut gelaunt; 〔快く〕[bereit-]willig. ~がよい(悪い) guter (schlechter) Laune sein*. ~を取る jn. bei guter Laune erhalten*; 〔取り入る〕sich bei jm. ein|schmeicheln; 〔女の〕jm. den Hof machen. ~を損ねる〔人の〕jn. verstimmen; sich³ Ungunst zu|ziehen*; 〔自分が〕verstimmt werden*(s) 《durch 4 格》. ご~いかがですか Wie geht's Ihnen? ご~よう Leben Sie wohl! / Glückliche Reise! /〔乾杯〕Prosit! ~買いである Launen haben*; 〔御機嫌取りである〕ein Einschmeichler sein*.

ぎこ 擬古的 klassizistisch.

きこう 気孔 《植》die Pore -n.

きこう 気候 das Klima -s, -s (-te); 〔天候〕das Wetter -s. 大陸性(海洋性)~ das Kontinentalklima (Seeklima). この土地は~がよい Diese Gegend hat ein freundliches Klima. ~上の klimatisch. ~学 die Klimatologie.

きこう 奇行 die Bizarrerie -n; die Sonderbarkeit -en.

きこう 紀行[文] die Reisebeschreibung -en.

きこう 起工・式 die Grundsteinlegung -en. 地下鉄の工事を~する mit dem Bau der U-Bahn an|fangen*.

きこう 帰港する in den Hafen zurück|kehren (s).

きこう 起稿する zur Feder greifen*.

きこう 寄港・する einen Hafen an|laufen*. 横浜に~する Das Schiff läuft Yokohama an. ~地 der Anlaufhafen.

きこう 寄稿 der Beitrag -s, ¨e. 新聞に~する einen Beitrag für eine Zeitung schreiben* (liefern); an einer Zeitung mit|arbeiten. ~家 der Mitarbeiter; der Beiträger.

きこう 機構 der Mechanismus -, ..men; 〔組織〕die Organisation -en; die Struktur -en. 管理~ der Kontrollapparat. ~を改革する die Organisation neu gestalten. ~改革 die Reorganisation. 北大西洋条約~ → 北.

きこう 稀覯本 das Rarum -s, Rara.

きごう 記号 das Zeichen -s, -; die Bezeichnung -en. ~を付ける bezeichnen. 音部~ der Notenschlüssel. 化学(数学)~ chemisches (mathematisches) Zeichen. ~論《言》die Semiotik. ~論理学 die Logistik.

ぎこう 技巧 die Kunst ¨e; die Technik -en; der Kunstgriff -s, -e. ~を凝らした kunstvoll. ~的な künstlich. ~上の technisch. このピアニストはすばらしい~の持ち主だ Der Pianist hat eine brillante Technik.

きこうし 貴公子 junger Adliger#; der Prinz -en, -en. ~然とした wie ein Prinz.

きこうぶたい 機甲部隊 die Panzertruppe -n.

きこえ 聞え・がよい(悪い) schön (schlecht) klingen*. ~よがしに言う absichtlich laut sagen. 彼女は美人の~が高い Sie ist für ihre Schönheit sehr bekannt.

きこえる 聞える 足音が~ Man hört Schritte. やかましくて自分の言葉も聞えない Vor Lärm kann man sein eigenes Wort nicht hören. 彼は左の耳が聞えない Auf dem linken Ohr ist er taub. 隣のテーブルの会話が聞えてくる Ich höre ein Gespräch am Nachbartisch [mit] an. 変に~ sonderbar klingen*. それは言い争っているように~ Das hört sich nach Streit an. 世に聞えた weltberühmt. あなたのお言葉とも思えません Es geziemt Ihnen nicht, so etwas zu sagen.

きこく 帰国 die Heimkehr. ~する heim|kehren (s); heim|kommen*(s). ~の途につく die Heimreise an|treten*.

ぎごく 疑獄 der Bestechungsskandal -s, -e.
きごこち 着心地のよい服 bequeme Kleidung.
きごころ 気心・の知れた vertraut; intim. 彼とは~の知れた仲だ Zu ihm stehe ich in intimen Beziehungen.
ぎごちない steif; ungeschickt; unbeholfen; ungelenk; hölzern. ~文体 steifer Stil.
きこつ 気骨・のある charakterfest; standhaft. ~を示す Charakter zeigen. 彼は~のある男だ Er hat Rückgrat.
きこむ 着込む ¶オーバーを~ sich in einen Mantel ein|hüllen.
きこり 樵夫 der Holzer (Holzfäller) -s, -.
きこん 気根〖植〗die Luftwurzel -n.
きこん 既婚・の verheiratet. ~者 der Verheiratete*.
きざ 気障・な geziert; affektiert. ~な身なりをする sich geckenhaft kleiden. ~な言い方をする sich gesucht aus|drücken.
きさい 鬼才 das Genie -s, -s.
きさい 記載・する registrieren; *et.* ein|tragen* 《in 4 格》. 上記の~通り wie oben erwähnt (gemeldet). ~事項 erwähnte Einzelheiten *pl.* ~漏れ das Auslassung.
きさい 起債する eine Anleihe auf|nehmen*.
きざい 機(器)材 das Instrumentarium -s, ..rien.
きさき 妃 die Kaiserin (Königin) -nen.
ぎざぎざ Zacken *pl.*; die Kerbe -n. ~の zackig; gezackt; [ein]gekerbt. ~を付ける *et.* ein|kerben. ~のある貨幣 gerändelte Münze.
きさく 気さくな leutselig; zugänglich; offen[herzig].
ぎさく 偽作 unechtes Stück -[e]s, -e; die Fälschung -en. ~する fälschen. ~者 der Fälscher.
きざし 萠し das Anzeichen -s, -; das Vorzeichen -s, -;〔病気の〕das Symptom -s, -e. …の~がある Es sind alle Anzeichen dafür vorhanden, dass … / Alles deutet darauf hin, dass … それは豊作の~だ Das verspricht eine gute Ernte.
きざす 萠す ¶恋心が~ Die Liebe keimt.
きざみ 刻み die Kerbe -n; der [Ein]schnitt -[e]s, -e. ~を付ける *et.* ein|kerben. ~足で mit Trippelschritten. 1分~で minutenweise.
きざみタバコ 刻み煙草 geschnittener Tabak -s.
きざみつける 刻み付ける *et.* ein|schneiden* (ein|kerben) 《in 4 格》. 彼の言葉は私の心に深く刻み付けられた Seine Worte prägten sich mir tief in die Seele ein.
きざむ 刻む〔切り刻む〕zerschneiden*; hacken;〔彫刻する〕schnitzen. 図形を木(石)に~ Figuren in Holz (Stein) schnitzen. 心に~ sich³ *et.* ein|prägen. 時計が時を~ Die Uhr tickt.
きさん 起算する zählen 《von 3 格》.
きし 岸 das Ufer -s, -;〔海岸〕die Küste -n; der Strand -es, ¨e. ~で am Ufer. ~辺に死人が打ち上げられた Das Meer spülte einen Toten ans Ufer.
きし 旗幟を鮮明にする Farbe bekennen*.
きし 騎士 der Ritter -s, -. ~らしい ritterlich. ~道 das Rittertum.
きじ 雉 der Fasan -s, -e[n].
きじ 生地 der Stoff -[e]s, -e; das Gewebe -s, -; das Tuch -es, -¨er;〔パンなどの〕der Teig -[e]s, -e. ~のままの natürlich; ungekünstelt. ~が出る sein wahres Wesen zeigen.
きじ 記事 die Nachricht -en; die Neuigkeit -en; der Artikel -s, -. ~を差し止める die Nachrichten sperren.
ぎし 技師 der Ingenieur -s, -e. 建築~ der Architekt. ~長 der Oberingenieur.
ぎし 義姉 die Schwägerin -nen.
ぎし 義肢 das Kunstglied -[e]s, -er.
ぎし 義歯 der Zahnersatz -es, ¨e; die Zahnprothese -n.
ぎじ 議事〔協議〕die Beratung -en;〔協議事項〕der Beratungspunkt -[e]s, -e; das Gewebe. ~にはいる in Beratungen ein|treten*(*s*). ~日程 die Tagesordnung. ~日程にはいる zur Tagesordnung über|gehen*(*s*). ~録 das Protokoll. ~録に取る protokollieren.
きしかいせい 起死回生の策 rettender Ausweg -[e]s, -e.
ぎしき 儀式 die Feierlichkeit -en; die Zeremonie -n;〖宗〗der Ritus -, ..ten. ~張った förmlich; zeremoniell; zeremoniös. ~張る förmlich sein*. ~張らずに ohne jede Förmlichkeit; zwanglos.
ぎしぎし ~鳴る knarren; knirschen.
きしつ 気質 die Gemütsanlage -n; das Temperament -[e]s, -e.
きじつ 期日 der Termin -s, -e. ~を決める(守る)den Termin fest|setzen (ein|halten*). ~をたがえずに termingerecht.
きじばと 雉鳩 die Turteltaube -n.
きしむ 軋む knirschen; knarren.
きしゃ 汽車 der Zug -es, ¨e. 上り(下り)の~ der Zug nach (von) der Hauptstadt. 夜~ der Nachtzug. 大阪行き(発)の~ der Zug nach (von) Osaka. 14時の~ der Zug um 14 Uhr. ~で行く mit der Eisenbahn fahren* (*s*). ~に間に合う (乗り遅れる) den Zug erreichen (verpassen). ~に乗る〔利用する〕den Zug nehmen*;〔乗り込む〕in den Zug ein|steigen*(*s*). ~を降りる〔aus dem Zug〕aus|steigen*(*s*). 何時の~で行かれますか Mit welchem Zug fahren Sie? ~が出た(着いた) Der Zug ist abgefahren (angekommen; eingefahren). ~賃 das Fahrgeld. ~旅行 die Eisenbahnfahrt.
きしゃ 記者 der Journalist -en, -en; der Berichterstatter -s, -. ~会見を開く eine Pressekonferenz ab|halten*. ~席 die Pressetribüne. ~クラブ der Presseklub.
きしゃ 喜捨する *jm.* ein Almosen geben*;〔寄付する〕spenden; stiften.

きしゅ 旗手 der Fahnenträger -s, -.
きしゅ 機首 der Bug -[e]s, -e; die Nase -n. ～を下げて mit dem Bug nach unten. ～を西に向ける Kurs nach Westen nehmen*.
きしゅ 騎手 der Reiter -s, -; 〔競馬の〕der Jockei -s, -s.
ぎしゅ 義手 der Kunstarm -[e]s, -e; die Armprothese -n.
きしゅう 奇習 seltsamer Brauch -es, ¨e.
きしゅう 奇襲 der Überfall -[e]s, ¨e; der Überraschungsangriff -s, -e. ～する überfallen*.
きじゅう 機銃 das Maschinengewehr -s, -e. ～掃射する mit Maschinengewehrfeuer bestreichen*.
きじゅうき 起重機 der Kran -s, ¨e (-e).
きしゅく 寄宿・する bei jm. in Pension (Kost) sein*; 〔学校の寮に〕in einem Internat wohnen. ～舎 das Internat. ～生 der Internes.
きじゅつ 奇術 → 手品.
きじゅつ 記述 die Beschreibung -en; die Deskription -en. ～する beschreiben*. ～的 beschreibend; deskriptiv.
ぎじゅつ 技術 die Technik -en; die Kunst ¨e. ～者 der Techniker -s. ～的 technisch. ～革新 technische Neuerung; die Innovation.
きじゅん 帰順 die Ergebung. ～する sich jm. ergeben*.
きじゅん 基準 die Norm -en; der Standard -s, -s. ～を定める einen Maßstab fest|legen 《für 4 格》; eine Norm auf|stellen (fest|setzen) 《für 4 格》. ～に合う der Norm entsprechen*. 或る事を選択の～にする et. zum Kriterium für die Auswahl machen. ～の normal.
きしょう 気性 → 気質. ～が激しい ein feuriges Temperament haben*.
きしょう 気象 das Wetter -s. ～を観測する das Wetter beobachten. ～学 die Wetterkunde; die Meteorologie. ～学者 der Meteorologe. ～観測 die Wetterbeobachtung. ～状況 die Wetterlage. ～図 die Wetterkarte. ～台 die Wetterwarte. ～庁 das Amt für Meteorologie. ～通報 der Wetterbericht.
きしょう 稀少・の selten; rar. ～価値 der Seltenheitswert.
きしょう 起床・する auf|stehen*(s). 毎朝は6時だ Ich stehe jeden Morgen um 6 [Uhr] auf. ～ラッパ der Weckruf.
きしょう 徽章 das Abzeichen -s, -.
きじょう 机上のプラン am grünen Tisch entworfener Plan -es, ¨e. → 空論.
きじょう 軌条 die Schiene -n.
ぎしょう 偽証 der Meineid -[e]s, -e. ～する einen Meineid leisten.
ぎじょう 議場 der Sitzungssaal -s, ..säle.
ぎじょうへい 儀仗兵 die Ehrenwache -n.
きしょうもん 起請文 schriftliches Gelübde -s, -.
きしょく 気色・の悪い unangenehm; widerlich. ～がすぐれない Mir ist etwas unwohl.
きしょく 喜色 ¶ 彼は～満面だった Er strahlte über das ganze Gesicht.
きしょく 寄食する bei jm. schmarotzen.
きしる 軋る knirschen; knarren.
きしん 帰心矢の如し sich nach Hause (der Heimat) zurück|sehnen.
きしん 鬼神 der Dämon -s, -en.
きしん 寄進する stiften.
きじん 奇人 der Sonderling -s, -e; der Kauz -es, ¨e.
きじん 貴人 der Edelmann -[e]s, ..leute.
ぎしん 疑心をいだく gegen jn. Argwohn (Verdacht) hegen.
ぎじん 義人 der Gerechte⁂.
ぎじん 擬人・法 die Personifikation -en. ～化する personifizieren; vermenschlichen.
キス der Kuss -es, ¨e. ～する jn. küssen. 手(頬)に～する jm. die Hand (jn. auf die Wange) küssen. 投げ～をする jm. eine Kusshand zu|werfen*.
きず 傷 die Wunde -n; die Verletzung -en; der Schaden -s, ¨; 〔掻き傷〕der Kratzer -s, -; die Schramme -n; 〔欠点〕der Makel -s, -. ～を負わせる jn. verletzen (verwunden). ～のない unverletzt; makellos. ～のある陶器 fehlerhaftes Porzellan. 脛(⁽ⁿ⁾)に～を持つ einen Fleck auf der [weißen] Weste haben*.
きずあと 傷跡 die Narbe -n; das Wundmal -s, -e. 戦争の～ Wunden des Krieges.
きすう 奇数 ungerade Zahl -en.
きすう 基数 die Grundzahl -en.
ぎすぎす ～した barsch; schroff. ～した顔 spitzes Gesicht.
きずく 築く bauen. ダム(堡塁)を～ einen Damm (eine Schanze) auf|werfen*. 土台を～ den Grund legen 《zu 3 格; für 4 格》. 巨万の富を～ große Reichtümer auf|häufen. 幸せな家庭を～ eine glückliche Familie gründen. 街上に人山を～ Die große Menge sammelt sich auf der Straße.
きずぐち 傷口 die Wunde -n. ～が塞(⁽⁾)がる Die Wunde schließt sich.
きずつく 傷つく verwundet (verletzt) werden* (s受). 傷ついた wund; verwundet; verletzt. 傷ついた心 gebrochenes Herz. 傷つきやすい verletzbar; empfindlich.
きずつける 傷つける verwunden; verletzen; [be]schädigen. 人の感情を～ js. Gefühle (jn.) verletzen. 彼はプライドを傷つけられた Er ist in seinem Ehrgefühl verletzt.
きずな 絆 Bande pl. 愛情の～を断ち切る die Bande der Liebe zerreißen*.
きずもの 傷物 beschädigte (fehlerhafte) Ware -n. ～にする beschädigen; verderben*; 〔娘を〕schänden.
きする 帰する ¶ 失敗に～ scheitern (s); fehl|schlagen*(s). 所有に～ jm. zu|fallen*; in js. Besitz kommen*(s). 水泡に～ zu Wasser werden*(s). 罪を人に～ jm. die Schuld 《an 3 格》 zu|schreiben*. ～ところ schließlich;

きする letztlich; am Ende. 〜ところは同じ事だ Es läuft auf dasselbe (eins) hinaus.

きする 期する〔期待する〕erwarten; rechnen《auf 4格》;〔決心する〕sich entschließen*《zu 3格》;〔覚悟する〕vorbereitet (gefasst) sein*《auf 4格》. 再会を〜 ein Wiedersehen vereinbaren. 必勝を期して戦う Wir kämpfen in (mit) der festen Überzeugung, dass wir siegen. 期せずして unerwartet. 期せずして…する(となる) Es trifft sich, dass …

ぎする 擬する ¶ピストルを〜 jm. die Pistole vor|halten*. 自分を天才に〜 sich als (für) ein Genie aus|geben*. 彼は次の市長に擬せられている Man sieht in ihm den folgenden Bürgermeister.

ぎする 議する〔相談する〕sich mit jm. besprechen* (beraten)《über 4格》;〔論ずる〕erörtern; diskutieren.

きせい 気勢 der Mut -es. 〜が上がる(上がらぬ) in hochgemuter (gedrückter) Stimmung sein*. 〜を上げる Mut auf|bringen*. 〜をくjn. entmutigen.

きせい 既成・の事実 vollendete Tatsache; das Fait accompli. 〜観念 landläufige Vorstellung. 〜政党 bestehende [politische] Partei. 〜道徳 die geltende Moral.

きせい 帰省 die Heimkehr. 〜する heim|kehren (s).

きせい 既製・の fertig. 〜品 die Fertigware. 〜服 die Fertigkleidung; die Konfektion.

きせい 寄生 das Schmarotzertum -s. 〜する schmarotzen (in (auf) 3格》. 〜性の schmarotzerisch. 〜者(〜動植物) der Schmarotzer; der Parasit. 〜植物 die Schmarotzerpflanze. 〜動物 das Schmarotzertier.

きせい 規制 die Regelung -en. 〜する regeln; regulieren. 〜された geregelt.

ぎせい 擬声 die Onomatopöie -en; die Lautmalerei -en. 〜語 das Onomatopoetikon [onomatopo'e:tikɔn] -s, ..ka.

ぎせい 擬制〔法〕die Fiktion -en. 〜的 fiktiv.

ぎせい 犠牲 das Opfer -s, -;〔餌食〕die Beute -n. 〜にする〔auf〕opfern. 一身を〜にする sich (sein Leben) opfern《für 4格》. 〜になる zum Opfer fallen* (s)《3格》. 大きな〜を払う großes Opfer (Kosten) auf sich nehmen*. 〜を払っても um jeden Preis. どんな〜もいとわない kein Opfer scheuen. 健康を〜にして auf Kosten der Gesundheit. 〜的 aufopfernd; opferbereit. 〜的精神 der Opfergeist.

きせかえ 着せ替え人形 die Ankleidepuppe -n.

きせき 奇跡(蹟) das Wunder -s, -. 〜を行う Wunder tun*. 〜的 wunderbar. 彼は〜的に助かった Er ist wunderbarerweise gerettet worden.

きせき 軌跡 geometrischer Ort -es, ¨er.

ぎせき 議席 der Sitz -es, -e.

きせつ 季節 die Jahreszeit -en; die Saison -s. 〜の jahreszeitlich. 〜はずれの unzeitgemäß. 〜風 der Monsun. 〜変動 Saisonschwankungen pl. 〜労働者 der Saisonarbeiter.

きぜつ 気絶・する in Ohnmacht fallen*(s). 〜した ohnmächtig; bewusstlos.

キセノン das Xenon -s (記号: Xe).

きせる 着せる ¶服を〜 jn. an|kleiden (an|ziehen*). ふとんを〜 jn. [mit einer Decke] zu|decken. 金を〜〔かぶせる〕et. mit Gold überziehen*. 罪を〜 jm. die Schuld zu|schieben*.

きぜわしい 気忙しい unruhig; hastig; zappelig.

きせん 汽船 das Dampfschiff -s, -e; der Dampfer -s, -.

きせん 機先を制する jm. zuvor|kommen*(s)《bei (in) 3格》.

きぜん 毅然・とした(して) standhaft. 〜とした態度 die Standhaftigkeit.

ぎぜん 偽善 die Heuchelei -en; die Hypokrisie -n. 〜的 heuchlerisch; scheinheilig; hypokritisch. 〜者 der Heuchler; der Hypokrit.

きそ 起訴 die Anklage. 〜する jn. an|klagen (〔wegen〕 2格》; gegen jn. Anklage erheben*《wegen 2格》. 〜状 die Anklageschrift. 〜理由 der Anklagepunkt.

きそ 基礎 die Grundlage -n; das Fundament -[e]s, -e; die Basis ..sen. 〜を置く den Grund legen (zu 3格; für 4格). 〜になっている zugrunde liegen*《3格》. 或る物を〜としている auf et. gegründet sein*. 〜的 grundlegend; fundamental. 〜工事 der Grundbau. 〜控除 Grundabzüge pl. 〜産業 die Grundstoffindustrie. 〜訓練 die Grundausbildung. 〜知識 Grundkenntnisse pl.

きそう 競う mit jm. wetteifern《um 4格》. 競って um die Wette. → 競争.

きそう 奇想 originelle (fantastische) Idee -n. 〜天外の fantastisch. 〜曲 das Capriccio.

きそう 起草 die Abfassung. 〜する ab|fassen. 〜者 der Abfasser.

きそう 帰巣本能 der Orientierungssinn -[e]s.

きぞう 寄贈 die Schenkung -en. 〜する schenken; stiften. 懇親会にビール一樽(だる)を〜する für den geselligen Abend ein Fass Bier stiften. 〜を受ける geschenkt bekommen*. 〜品 das Geschenk; die Gabe. 〜本 gestiftetes Buch;〔献呈本〕das Widmungsexemplar.

ぎそう 偽装 die Tarnung -en. 〜する et. tarnen.

ぎそう 艤装 die Ausrüstung -en. 〜する aus|rüsten.

ぎぞう 偽造 die Fälschung. 〜する fälschen. 〜者 der Fälscher.

きそく 気息奄奄たる atemlos.

きそく 規則 die Regel -n; die Ordnung. 〜を定める die Regeln auf|stellen《für 4格》. 〜的 regelmäßig. 〜正しい生活をする re-

きそく 規則 ~正しく regelmäßig leben. ~に反した regelwidrig. ~違反 die Regelwidrigkeit. ~書 das Regelbuch.

きぞく 帰属 der Heimfall -[e]s. ~する heim|fallen*(s) (3格; an 4格).

きぞく 貴族 der Aristokrat -en, -en; der Adlige#; 〔集合的に〕der Adel -s. ~[出]の adlig. ~的 aristokratisch. ~ぶる vornehm tun*. ~制 die Aristokratie.

ぎそく 義足 das Kunstbein -[e]s, -e; die Beinprothese -n.

きそづける 基礎付ける begründen.

きそん 既存の bestehend.

きそん 毀損 die Beschädigung -en. ~する beschädigen. 名誉を~する js. Ehre verletzen. 名誉~ die Ehrverletzung.

きた 北 der Norden -s. ~の nördlich. 町の~に nördlich [von] der Stadt. 窓は~向きだ Das Fenster geht nach Norden. ~アメリカ Nordamerika. ~風 der Nord[wind]. ~側 die Nordseite. ~国 das Nordland. ~半球 die nördliche Halbsphäre (Halbkugel). ~大西洋条約機構 der Nordatlantikpakt; die NATO.

ギター die Gitarre -n. ~奏者 der Gitarrist; der Gitarrenspieler.

きたい 気体 das Gas -es, -e. ~状の gasförmig. ~化する vergasen.

きたい 危殆に瀕する in [großer] Gefahr schweben.

きたい 期待 die Erwartung -en. ~する erwarten; hoffen; 〔当てにする〕rechnen 《auf 4格》. ~に反して(以上に) wider (über) Erwarten. 人の~に添う(そむく) js. Erwartungen erfüllen (enttäuschen). ~をかける seine Hoffnung setzen 《auf 4格》. …を~して in der Erwartung (Hoffnung), dass …

きたい 機体 der Flugzeugrumpf -s, ¨e.

ぎたい 擬態 die Mimikry.

ぎだい 議題 das Diskussionsthema -s, ..men. ~にする zur Diskussion stellen.

きたえる 鍛える 〔鉄を〕schmieden;〔心・体を〕stählen. 腕を~ sich aus|bilden (üben) (in 3格);〔スポーツで〕sich trainieren. 鍛え上げた gut geübt (geschult); trainiert.

きたく 帰宅 die Heimkehr. ~する nach Hause kommen* (gehen*) (s).

きたく 寄託 die Deponierung -en. ~する et. bei jm. deponieren. ~物 das Depositum. ~預ける.

きだて 気立て・のよい gutherzig. ~の優しい sanftmütig.

きたない 汚い schmutzig; unsauber;〔卑しい〕gemein. 金に~ geizig sein*. ~手を使う mit jm. ein unehrliches Spiel treiben*.

きたなくする 汚くする beschmutzen.

きたる 来る 来る木曜日に am kommenden (nächsten) Dienstag.

きたん 忌憚・のない offenherzig; freimütig; aufrichtig. ~なく言えば offen gesagt. ~な意見を言う sich freimütig äußern.

きだん 奇談 seltsame Geschichte -n.

きだん 気団 〔寒〕~ kalte Luftmassen pl.

きち 危地・に陥る in Gefahr geraten* (s). ~に陥れる jn. in Gefahr bringen*. ~を脱する einer Gefahr entgehen* (s).

きち 既知・の bekannt. ~数(量) bekannte Größe; gegebene Größe.

きち 基地 der Stützpunkt -[e]s, -e. 航空~ der Flugstützpunkt.

きち 機智 der Witz -es. ~に富む witzig.

きちがい 気違い〔人〕der Wahnsinnige# (Verrückte#). ~になる wahnsinnig (verrückt) werden* (s). ~のように働く wahnsinnig viel arbeiten. ~じみた toll; verrückt. それこそ~沙汰(ξ̇τ)だ Das ist doch purer (reiner) Wahnsinn! ~病院 das Irrenhaus. 本~ der Büchernarr.

きちきち ~のジーンズ knallige Jeans pl.

きちにち 吉日 der Glückstag -[e]s, -e.

きちゃく 帰着・〔帰る〕zurück|kommen* (s);〔帰結する〕hinaus|laufen* (s) 《auf 4格》. 結局金の問題に~する Es kommt schließlich auf das Geld an.

きちゅう 忌中である in Trauer sein*.

きちょう 記帳する buchen; ein|tragen*;〔署名する〕sich ein|schreiben* 《in 4格》.

きちょう 帰朝する aus dem Ausland zurück|kehren (s).

きちょう 基調 der Grundton -s, ¨e.

きちょう 貴重・な kostbar; wertvoll. ~品 Kostbarkeiten pl.

きちょう 機長 der Kapitän -s, -e.

ぎちょう 議長 der Vorsitzende#;〔国会などの〕der Präsident -en, -en. ~を勤める den Vorsitz führen 《bei 3格》; vor|sitzen* 《3格》.

きちょうめん 几帳面な genau; ordentlich; ordnungsliebend; peinlich.

きちん ~と ordentlich;〔正確に〕genau. ~と支払う anständig (regelmäßig) bezahlen. ~とした ordentlich; sauber; korrekt. すべてが~としている Alles ist in Ordnung.

きちんやど 木賃宿 die Penne -n.

きつい〔勝ち気な〕unnachgiebig;〔きびしい〕streng;〔窮屈な〕eng; knapp;〔辛い〕hart;〔骨の折れる〕anstrengend. ~目つき scharfer Blick. ~顔立ち strenge Gesichtszüge pl. きつく当る hart gegen jn. sein*.

きつえん 喫煙 das Rauchen -s. ~する rauchen. 禁~ Rauchen verboten! ~室 das Rauchzimmer. ~者 der Raucher. ~車 der Raucherwagen; das Raucherabteil.

きつおん 吃音 das Stammeln -s.

きづかい 気遣い die Sorge -n. よけいな~をするな sich³ überflüssige Sorgen machen. そんな事の起る~はない Es ist nicht zu befürchten, dass so etwas vorkommt.

きづかう 気遣う sich sorgen (ängstigen) 《um 4格》; sich³ Sorgen machen 《um 4格》; befürchten. 私のことならお気遣いなく Sorge dich nicht meinetwegen!

きっかけ 切っ掛け der Anlass -es, ¨e. ~を与

えるjn. veranlassen (jm. Anlass geben*)《zu 3格》. ~をつかむ die Gelegenheit ergreifen*《zu+不定詞》.

きっかり genau; gerade. 5時~に Punkt 5 [Uhr].

きづかれ 気疲れ・のする geistanstrengend. ~させる seinen Geist an|strengen.

きづかわしい 気遣わしい beängstigend; bedenklich. 気遣いな sorgenvoll.

キック ~する kicken. フリー~ der Freistoß. ~オフ der Anstoß.

きづく 気付く [be]merken; wahr|nehmen*; 〔感づく〕empfinden*; 〔思い出す〕denken* 《an 4格》. 気付かれずに unbemerkt; unvermerkt.

ぎっくり ~腰 der Hexenschuss -es.

きつけ 着付け das Ankleiden -s. ~がよいsich geschickt zu kleiden wissen*.

きつけ 気付け〔薬〕das Belebungsmittel -s, -.

きづけ 気付 ¶森氏~ per Adresse (略: p.A.) Herrn Mori; bei Herrn Mori.

きっこう 拮抗する勢力 konkurrierende Mächte pl.

きっさき 切っ先 die Schwertspitz -n.

きっさてん 喫茶店 das Kaffee (Café) -s, -s.

ぎっしり ~詰め込む et. voll pfropfen (voll stopfen)《mit 3格》. 広間は人で~である Der Saal ist gedrängt (gepfropft) voll.

きっすい 生粋の echt; rein. ~の東京っ子waschechter (richtiger) Tokioer.

きっすい 吃水 der Tiefgang -[e]s. ~が深い(浅い) großen (geringen) Tiefgang haben*. ~線 die Wasserlinie. ~標 die Ahming.

きっする 喫する ¶敗北を~ eine Niederlage erleiden*. 一驚を~ bass erstaunt sein*《über 4格》.

ぎっちょ ~の linkshändig.

きっちょう 吉兆 gutes Vorzeichen -s, -.

きっちり genau; pünktlich. からだに~合う服 knapp anliegendes Kleid.

きつつき 啄木鳥 der Specht -[e]s, -e.

きって 切手 die [Brief]marke -n. 手紙に~を貼る eine Marke auf einen Brief kleben. ~蒐(しゅう)集 die Briefmarkensammlung; die Philatelie. ~蒐集家 der Briefmarkensammler; der Philatelist.

きっと sicher[lich]; gewiss; schon. 彼は~来るだろう Er wird bestimmt kommen.

キッド 〔革〕das Kid -s. ~の aus Kid. ~の手袋 Kids pl.

きつね 狐 der Fuchs -es, ⸚e; 〔雌〕die Füchsin -nen. ~につままれる wie behext sein*. ~色の fuchsrot; fuchsig. ~火 das Irrlicht.

きっぱり ~と(した) bestimmt; entschieden. ~と断る rundweg ab|lehnen.

きっぷ 切符 die Karte -n;〔乗車券〕die Fahrkarte -n. 片道~ einfache Fahrkarte. 往復~ die Rückfahrkarte. 往復~を買う eine Fahrkarte hin und zurück lösen. 通し~ durchgehende Fahrkarte. ~売場 der [Fahrkarten]schalter;〔劇場の〕die Theaterkasse. ~切り〔人〕der Knipser; 〔はさみ〕die Knipszange. ~を改める(切る) die Fahrkarte prüfen (knipsen). 大阪行きの~を買う eine Fahrkarte nach Osaka lösen.

きっぽう 吉報 gute Nachricht -en.

きづまり 気詰まりである sich geniert fühlen.

きつもん 詰問する jn. vorwurfsvoll fragen; jm. et. vor|halten*.

きづよい 気強い ¶君が同行するので~ Ich bin von Ihrer Begleitung sehr ermutigt.

きつりつ 屹立する auf|ragen; auf|starren.

きてい 既定・の [schon] bestimmt; festgesetzt. ~の方針通り nach dem festgesetzten Plan. ~の事実 gegebene Tatsache.

きてい 規定 die Bestimmung -en; die Vorschrift -en. ~する bestimmen; fest|setzen; vor|schreiben*. ~の bestimmt; festgesetzt; vorgeschrieben. ~通り bestimmungsgemäß; ordnungsgemäß; vorschriftsmäßig. ~に従う eine Vorschrift befolgen. ~を破る gegen eine Vorschrift verstoßen*. 第2条の~により gemäß Artikel 2 der Bestimmungen. 法律に…に~されている Das Gesetz schreibt vor, dass… ~液 die Normallösung. ~語〔文法〕das Bestimmungswort. ~演技 die Pflichtübung.

きてい 基底 die Basis ..sen; die Grundlage -n.

ぎてい 義弟 der Schwager -s, ⸚.

ぎていしょ 議定書 das Protokoll -s, -e.

きてき 汽笛 die Dampfpfeife -n. ~を鳴らすpfeifen*. ~を鳴らして mit einem Pfiff; pfeifend.

きてん 起点 der Ausgangspunkt -[e]s, -e. …を~とする aus|gehen*(s)《von 3格》.

きてん 機転・のきく findig; schlagfertig; wendig. ~のきかない〔geistig〕schwerfällig.

ぎてん 疑点 zweifelhafter Punkt -es, -e.

きと 企図 der Plan -es, ⸚e; das Vorhaben -s, -. ~する planen; vor|haben*.

きと 帰途・に auf dem Heimweg (Rückweg). ~につく den Heimweg (Rückweg) an|treten*.

きど 木戸 das Pförtchen -s, -.

きど 気筒 der Zylinder -s, -; die Walze -n.

きとう 祈禱 das Gebet -[e]s, -e. 神に~するzu Gott beten. ~者 der Beter. ~書 das Gebetbuch.

きとう 亀頭 die Eichel -n.

きどう 軌道 die Bahn -en;〔線路〕das Gleis -es, -e. 人工衛星を地球の~に乗せる einen Satelliten in eine Umlaufbahn um die Erde bringen*. 仕事が~に乗る Die Arbeit geht glatt vonstatten. ~をはずれる von der [berechneten] Bahn ab|kommen*(s).

きどう 機動・性(力)のある mobil; beweglich. ~戦 der Bewegungskrieg. ~部隊 mobile Truppen pl. 警察~隊 der Bereitschaftspolizei.

きどう 起動・する in Gang kommen*(s);〔電算〕starten. コンピューターを再~する den Compu-

ter neu starten. ~力 bewegende Kraft; die Antriebskraft.
きとく 危篤・の todkrank. 彼は~に陥った Sein Zustand ist höchst bedenklich geworden.
きとく 奇特な lobenswert.
きとく 既得・の erworben. ~権 wohlerworbenes Recht.
きどりや 気取り屋 der Snob -s,-s; der Poseur -s,-e.
きどる 気取る sich affektieren. 英雄を~ sich als Held auf|spielen. 気取った geziert; affektiert. 気取った言い方をする geziert reden. 気取らぬ ungeziert.
きなが 気長・な langmütig. ~にやる in [aller] Muße tun*.
きなくさい きな臭い angebrannt riechen*. ~におい brenzlicher Geruch. 国境に~ An der Grenze riecht es nach Krieg.
きなん 危難 die Gefahr -en. 人の~を救う jn. aus der Gefahr retten.
キニーネ das Chinin -s.
きにいり 気に入り der Liebling (Günstling) -s,-e. ~の言葉 der Lieblingsausdruck. あの娘は彼のお~の女中 Sie ist ein Mädchen nach seinem Herzen (Sinn).
きにいる 気に入る jm. gefallen*. 私はベルリンがとても気に入った Berlin gefällt mir sehr gut. 気に入った料理 die Lieblingsspeise; die Speise nach seinem Geschmack.
きにさわる 気に障る sich stören 《an 3格》; [物が主語] jn. stören.
きにする 気にする sich kümmern 《um 4格》; sich³ et. zu Herzen nehmen*. 気にしない sich nicht scheren 《um 4格》.
きになる 気になる 一気掛かり. その事が気になってならない Das fällt mir schwer aufs Herz.
きにゅう 記入する et. ein|schreiben* (in 4格). 用紙に~する ein Formular aus|füllen.
きぬ 絹 die Seide -n. ~の[ような] seiden. ~を裂くような声 gellender Schrei.
きぬいと 絹糸 die Seide -n; der Seidenfaden -s, ̈.
きぬおりもの 絹織物 der Seidenstoff -s,-e; das Seidengewebe -s,-.
きぬずれ 衣擦れの音がする Das Seidenkleid rauscht.
きぬもの 絹物 das Seidengewebe -s,-. ~商 der Seidenhandel; [人] der Seidenhändler.
きね 杵 die Stampfe -n. ~でつく stampfen.
きねん 記念 das Gedächtnis -ses,-se; die Erinnerung -en. ~すべき denkwürdig. して~に zur Erinnerung (zum Andenken) 《an 4格》. ~切手 die Sonder[brief]marke; die Gedenkmarke. ~祭 die Gedenkfeier (Gedächtnisfeier); das Jubiläum. ~メダル die Gedenkmünze. ~スタンプ der Erinnerungsstempel. ~版 die Jubiläumsausgabe. ~碑 das Denkmal; das Monument. ~館 die Gedenkstätte. ~品 das Andenken; das Erinnerungsstück. ~日 der Gedenktag.
ぎねん 疑念をいだく Verdacht hegen 《gegen 4格》. 一疑い.
きのう 気囊 [鳥の] der Luftsack -[e]s, ̈e; [気球の] die Ballonhülle -n.
きのう 昨日 gestern. ~の gestrig; von gestern. ~の朝(晩) gestern Morgen (Abend).
きのう 帰納・法 die Induktion. ~的 induktiv. ~する induzieren.
きのう 機能 die Funktion -en. ~上の funktionell. ~[を発揮]する funktionieren. ~障害 die Funktionsstörung.
ぎのう 技能 die [Kunst]fertigkeit. ~がすぐれている sehr geschickt sein* 《in 3格》.
きのきいた 気の利いた・思いつき gescheiter Einfall. ~デザイン geschmackvolles Muster. ~贈り物 sinniges Geschenk. ~事を言う eine geistreiche Bemerkung machen.
きのきかない 気の利かない nicht gescheit; unbeholfen; plump.
きのこ 茸 der Pilz -es,-e. 毒~ der Giftpilz. ~狩をする Pilze suchen (sammeln). ~狩に行く in die Pilze gehen*(s). ~状の pilzförmig; pilzig. ~雲 [原子雲] der Atompilz.
きのどく 気の毒・な Mitleid erregend; bedauerlich; erbärmlich. ~に思う bedauern. あの人は~だ Ich bedaure ihn. / Er ist zu bedauern. ~にも zu meinem Bedauern. ~そうに mitleidig. お~ですが御援助できませんIch bedaure sehr, Ihnen keine Hilfe leisten zu können. それはお~です Das tut mir Leid.
きのない 気の無い gleichgültig; interesselos; widerwillig.
きのぬけた 気の抜けた [ビールなどが] abgestanden; schal; [薬味が] taub.
きのぼり 木登りする auf den Baum klettern (s).
きのみ 木の実 die Frucht ̈e; [堅果] die Nuss ̈e; [漿果] die Beere -n.
きのみきのまま 着の身着のままで逃げた Ich habe nur das nackte Leben gerettet.
きのり 気乗り・する Lust haben* 《zu 3格; zu +不定詞》. ~薄である wenig Lust haben*.
きば 牙 der Fang -[e]s, ̈e; [象の] der Stoßzahn -[e]s, ̈e; [猪(いのしし)などの] der Hauzahn -[e]s, ̈e. ~をむく die Zähne blecken; [比] jm. die Zähne zeigen.
きば 騎馬・の beritten. ~で行く(来る) reiten* (geritten kommen*) (s).
きはく 気迫(魄) der Schwung -[e]s. ~に満ちた schwungvoll.
きはく 希薄・な dünn. ~にする verdünnen. その土地は人口が~である Das Land ist dünn (schwach) bevölkert.
きばくざい 起爆剤 Initialsprengstoffe pl.
きはずかしい 気恥づかしい sich schämen.
きはつ 揮発 die Verflüchtigung -en. ~する sich verflüchtigen. ~性の flüchtig. ~油 das Benzin.

きばつ 奇抜な originell; fantastisch; merkwürdig.

きばむ 黄ばむ sich gelblich färben. 黄ばんだ gelblich.

きばらし 気晴らし die Zerstreuung -en. ～をする sich zerstreuen. ～に zur Zerstreuung.

きばる 気張る sich sehr an|strengen. チップを～ ein großzügiges Trinkgeld geben*.

きはん 規範 die Norm -en. ～的 normativ.

きはん 羈絆を脱する sich von dem Joch befreien.

きばん 基盤 die Grundlage -n.

きひ 忌避 die Verweigerung -en;〖法〗die Ablehnung -en. ～する verweigern; ab|lehnen; sich drücken (vor (von) 3格). 徴兵～ die Wehrdienstverweigerung.

きび 黍 die Echte Hirse.

きび 機微 ～ 人生の～ das Geheimnis des Lebens. 人情の～に通ずる die Feinheit (Subtilität) des menschlichen Gefühls verstehen*.

きびきび ～した lebhaft; schneidig. ～した文体 lebendiger Stil. ～した口調で in schneidigem Ton. ～と仕事をする flink arbeiten.

きびしい 厳しい streng; hart. 厳しさ die Strenge. 厳しく罰する hart (streng) bestrafen.

きびす 踵 die Ferse -n. ～を返す um|kehren (s). ～を接して dicht hintereinander.

きひん 気品 die Vornehmheit. ～のある vornehm; edel; würdevoll.

きびん 機敏な gewandt; prompt; flink.

きひんせき 貴賓席 der Ehrensitz -es, -e; der Ehrenplatz -es, ‥e.

きふ 寄付 die Spende -n. ～する spenden. ～を集める Spenden sammeln. ～金 die Spende. ～者 der Spender. ～行為〖法〗 das Stiftungsgeschäft.

ぎふ 義父〔しゅうと〕der Schwiegervater -s, ‥;〔継父〕der Stiefvater -s, ‥;〔養父〕der Adoptivvater, -s, ‥.

きふう 気風 der Geist -es; der Ton -[e]s; das Ethos -.

きふく 起伏に富んだ土地 welliges Gelände. ～の多い人生 ein Leben mit Höhen und Tiefen.

きふじん 貴婦人 die Edelfrau -en; die Dame -n.

ギプス der Gips -es, -e. 腕に～をはめる(はめている) den Arm in Gips legen (haben*).

きぶつ 器物 das Geschirr -s, -e.

キブツ der Kibbuz, -, -im (-e).

きふるした 着古した abgetragen.

きぶん 気分 die Stimmung -en;〔雰囲気〕die Atmosphäre -n. ～がよい(悪い) Mir ist wohl (übel). そうする～になれない Ich bin nicht dazu aufgelegt. ～転換に zur Abwechslung.

ぎふん 義憤を覚えた Da packte mich ein sittlicher Zorn.

きへい 騎兵 der Kavallerist -en, -en. ～隊 die Kavallerie.

きべん 詭弁 die Sophistik; die Sophisterei -en. ～を弄(ろう)する vernünfteln. ～的 sophistisch. ～家 der Sophist.

きぼ 規模 das Ausmaß -es, -e; der Umfang -[e]s, ‥e. 大～な groß; umfangreich; von großem Umfang; großen Stils. 大(小)～に in großem (geringem) Ausmaß. 大～に商売を営む den Handel im großen Stil betreiben*. 仕事の～が大きくなる Die Arbeit nimmt einen immer größeren Umfang an.

ぎぼ 義母〔しゅうとめ〕die Schwiegermutter ‥;〔継母〕die Stiefmutter ‥;〔養母〕die Adoptivmutter ‥.

きほう 気泡 die [Luft]blase -n.

きほう 気胞〔魚の鰾(うきぶくろ)〕die Schwimmblase -n.

きほう 既報の schon berichtet (verkündet).

きぼう 希望 die Hoffnung -en; der Wunsch -es, ‥e. ～する hoffen; wünschen. ～に応ずる js. Wünschen entsprechen*. 彼の～で auf seinen Wunsch. ～をかける seine Hoffnung setzen (auf 4格). ～に満ちた(のない) hoffnungsvoll (hoffnungslos). ～的観測 das Wunschdenken; die Milchmädchenrechnung. 万事彼の～通りに運ぶ Ihm geht alles nach Wunsch. ～者〔志願者〕der Bewerber.

ぎほう 技法 die Kunst ‥e; die Technik -en.

きぼね 気骨・の折れる beschwerlich. それは～が折れる Das fällt mir auf die Nerven.

きぼり 木彫り die Holzschnitzerei -en. ～の仏像 hölzerner Buddha.

きほん 基本 die Grundlage -n; das Fundament -[e]s, -e. ～的な grundlegend; fundamental. ～給 das Grundgehalt. ～的人権 Grundrechte pl. ～単位 die Grundeinheit. ～料金 die Grundgebühr.

ぎまい 義妹 die Schwägerin -nen.

きまえ 気前のよい freigebig; großzügig; spendabel.

きまかせ 気任せに nach Belieben (Gefallen).

きまぐれ 気紛れ Launen pl. 彼女は～だ Sie hat Launen. ～な launenhaft.

きまじめ 生真面目な sehr ernst; nüchtern.

きまずい 気まずい・沈黙 peinliches Schweigen. ～思いをする Es ist mir peinlich (unbehaglich zumute). 二人の間が気まずくなった Sie sind einander entfremdet seit.

きまつ 期末 der Jahresabschluss -es, ‥e. 学～ der Semesterschluss. ～試験 die Semestralprüfung. ～休暇 Semesterferien pl. ～大売出し der Schlussverkauf.

きまって 決まって immer; regelmäßig. 彼は毎日午後には～彼女を訪ねた Er fehlte nicht, sie jeden Nachmittag zu besuchen.

きまっている 決まっている ¶ 彼は来るに～ Er muss kommen. ～に決まって sicher. 夏は暑いに～ Es ist selbstverständlich, dass es im Sommer heiß ist. 金持ちが幸福とは決まっていない Reiche Leute sind nicht immer glücklich. 彼が一緒に来てくれればうれしいに～ Ich

きまま 気儘な eigensinnig; willkürlich. ～な生活を送っている ein sorgenfreies Dasein haben*.

きまよい 気迷い ¶相場は～の状態だ Die Preise schwanken.

きまり 決まり〔規則〕die Regel -n; 〔習慣〕die Gewohnheit -en. ～をつける〔結末を〕et. erledigen;〔きちんとする〕et. in Ordnung bringen*. …するのが～だ pflegen《zu+不定詞》. そうするのが～です Es ist vorgeschrieben, es so zu machen. ～きった〔型通りの〕routinemäßig; schablonenhaft;〔自明の〕selbstverständlich. ～文句 abgedroschene Redensarten (Worte) pl.; die Phrase; das Klischee.

きまる 決まる bestimmt (festgesetzt) werden*(s受);〔始末がつく〕erledigt werden*(s受). 有罪と～ auf schuldig erkannt werden*(s受). すべては彼の返事によって～ Alles hängt von seiner Antwort ab. レースの開始は3時と決まった Der Beginn des Rennens wurde auf 3 Uhr festgesetzt.

ぎまん 欺瞞 der Betrug -[e]s. ～的行為 betrügerische Handlung.

きみ 君〔主君〕der Herr -n, -en;〔あなた〕du. ～の dein. あなたの父～ Ihr Herr Vater.

きみ 気味・の悪い あの老人は～が悪い Es graut mir vor dem Alten. いい～だ Das geschieht ihm recht. 物価は上がり～だ Die Preise gehen etwas höher. 彼にはうぬぼれの～がある Er ist geneigt, sich viel einzubilden.

きみ 黄身 der (das) [Ei]dotter -s, -.

きみじか 気短 → 短気

きみつ 気密の luftdicht.

きみつ 機密 das Geheimnis -ses, -se. ～の geheim. ～を漏らす ein Geheimnis verraten*. ～費 der Geheimfonds;〔交際用〕Repräsentationsgelder pl. ～文書 das Geheimdokument.

きみゃく 気脈を通ずる mit jm. in geheimem Einverständnis stehen*; sich mit jm. im Geheimen verabreden.

きみょう 奇妙・な seltsam; merkwürdig. ～に思う Es wundert mich, dass …

ぎむ 義務 die Pflicht -en; die Verpflichtung -en. …の～がある verpflichtet sein*《zu 3格》. ～を果す(怠る) seine Pflicht erfüllen (versäumen). ～上[の] pflichtgemäß; pflichtschuldig; obligatorisch. ～的に nur aus Pflicht. ～感 das Pflichtgefühl; das Pflichtbewusstsein. ～教育 [allgemeine] Schulpflicht.

きむずかしい 気難しい mürrisch. 食物に～ wählerisch im Essen sein*.

きむすめ 生娘 keusches Mädchen -s, -.

きめ 決(極)め die Bestimmung -en;〔協定〕das Abkommen -s, -;〔約束〕die Verabredung -en. …という～で unter der Bedingung, dass …

きめ 木目 die Maser -n. ～の細かい肌 feine Haut.

きめい 記名・する et. unterschreiben*. ～投票 namentliche Stimmabgabe.

ぎめい 偽名 falscher Name -ns, -n. ～を使う einen falschen Namen an|nehmen*. ～で unter einem Decknamen. ～で旅行する unter fremdem Namen reisen (s).

きめこむ 決め込む〔思い込む〕sich³ ein|bilden, dass … お山の大将を～ den Boss spielen. だんまりを～ sich in Schweigen hüllen.

きめつける 極め付ける scharf tadeln. 犯人だと～ jn. zum Verbrecher erklären.

きめて 決め手 der Ausschlag -[e]s. ～になる den Ausschlag geben*《für 4格》. ～となる証拠 schlüssiger Beweis.

きめる 決める bestimmen; fest|setzen;〔決心する〕sich entschließen*《zu 3格》;〔約束する〕verabreden;〔裁定する〕beschließen*. この柄(%)に決めた Ich habe mich für dieses Muster entschieden. 時間は励行することに決めている Ich mache es mir zur Regel, pünktlich zu sein.

きも 肝 die Leber -n. ～っ玉 die Courage. ～の太い herzhaft; beherzt; couragiert. ～の小さい kleinmütig. ～試し die Mutprobe. ～が坐っている eiserne (starke) Nerven haben*. ～に銘ずる beherzigen; sich³ et. zu Herzen nehmen*. ～をつぶす zu Tode erschrocken sein*《über 4格》. ～を冷やす Es überläuft mich kalt.

きもいり 肝煎りで auf js. Betreiben.

きもち 気持 das Gefühl -s, -e. 晴れやかな(暗い)～で in heiterer (düsterer) Stimmung. ～のよい angenehm; behaglich. ～のよい人 gemütlicher Mensch. ～の悪い unangenehm;〔気味の悪い〕unheimlich;〔むかつくような〕ekelhaft. ～がよい sich angenehm fühlen. ～が悪い[気分が] Ich fühle mich unwohl. / Mir ist übel [zumute]. ～を悪くする Ekel empfinden*《bei 3格》; sich beleidigt fühlen. ～を落ち着ける sich beruhigen (fassen). 今どんなお～かおっしゃって下さい Sprechen Sie, wie es Ihnen ums Herz ist! 君の～はよくわかる Ich verstehe dich. それを聞いたとき変な(泣きたいような)～がした Als ich das hörte, wurde mir sonderbar (zum Weinen) zumute. 考えただけで～が悪くなる Mir wird schon übel, wenn ich daran denke. 彼は～よく応じた Er nahm es bereitwillig an.

きもの 着物 der Kimono -s, -s. → 服.

ぎもん 疑問 die Frage -n; der Zweifel -s, -. ～の[ある] zweifelhaft; fraglich; problematisch. ～の余地がない zweifellos (außer allem Zweifel) sein*. ～をいだく(いだかない) Zweifel (keinen Zweifel) hegen《über 4格》. ～を提出する eine Frage stellen (auf|werfen*). ～に思う zweifeln《an 3格》. 彼がそれをするかどうかはまだ～だ Es ist noch die Frage (fraglich), ob er das tut. ～代名詞 das Interrogativpronomen. ～文 der Fragesatz. ～符を打

っ ein Fragezeichen setzen.
ギヤ das Getriebe -s, -; [歯車] das Zahnrad -[e]s, ⸚er.
きゃあきゃあ ～言う kreischen; quieken; gackeln. 子供たちが～言って騒ぐ Die Kinder tollen [umher].
きゃく 客 der Gast -es, ⸚e; [訪問客] der Besucher -s, -; [来会者] die Gesellschaft -en; [顧客] der Kunde -n, -n; [乗客] der Passagier -s, -e. ～がある Besuch haben*. ～をする eine Gesellschaft geben*. その公演は～の入りが悪かった Die Vorstellung war schlecht besucht.
きやく 規約 die Satzung -en; das Statut -[e]s, -en. ～通りの satzungsgemäß. ～に反した satzungswidrig.
ぎゃく 逆 das Gegenteil -s, -e. ～の umgekehrt; verkehrt. ～に umgekehrt; im Gegenteil. ～にする um|kehren; verkehren. 意味を～に取る den Sinn [ins Gegenteil] verkehren. ～は必ずしも真ならず Das Gegenteil ist nicht immer wahr.
ギャグ der Gag, -s, -s.
きゃくあし 客足・がつく(遠のく) Kunden gewinnen* (verlieren*). ～を引く Kunden an|locken.
きゃくあつかい 客扱い [店の] der Kundendienst -[e]s. ～が良い gastfreundlich sein*; [店が] die Kundschaft gut bedienen.
きゃくいん 客員教授 der Gastprofessor -s, -en.
きゃくいん 脚韻 der [End]reim -[e]s, -e.
きゃくえん 客演 das Gastspiel -s, -e. ～する als Gast auf|treten*(s); ein Gastspiel geben*.
ぎゃくかいてん 逆回転する sich zurück|drehen; zurück|laufen*(s).
きゃくご 客語 [目的語] das Objekt -[e]s, -e.
ぎゃくコース 逆コースを取る auf Gegenkurs gehen*(s).
ぎゃくさつ 虐殺・する [hin]schlachten; [大量に] nieder|metzeln; nieder|machen. 大量～ der Massenmord; das Massaker.
ぎゃくさん 逆算する rückwärts rechnen.
ぎゃくしゃ 逆車 der Personenwagen -s, -.
ぎゃくしゅう 逆襲 der Gegenangriff -[e]s, -e; [反駁(ﾊﾞｸ)の] die Widerlegung -en. ～する einen Gegenangriff gegen jn. machen (führen).
ぎゃくじょう 逆上する den Kopf verlieren*; rot|sehen*; in Rage (Wut) geraten*(s).
きゃくしょく 脚色 die Dramatisierung -en. ～する dramatisieren. 映画に～する et. für den Film bearbeiten.
ぎゃくすう 逆数 reziproke Zahlen pl.; umgekehrter Bruch -[e]s, ⸚e; der Kehrwert -[e]s, -e.
ぎゃくせい 虐政 die Tyrannei; die Gewaltherrschaft.
きゃくせき 客席 der Zuschauerraum -[e]s, ⸚e.
ぎゃくせつ 逆説 paradoxe Aussage -n; das Paradoxon -s, ..xa. ～的 paradox.
きゃくせん 客船 das Fahrgastschiff -s, -e; der Passagierdampfer -s, -.
ぎゃくせんでん 逆宣伝 die Gegenpropaganda. ～する Gegenpropaganda machen.
きゃくせんび 脚線美 schöne Beine pl.
きゃくたい 客体 das Objekt -[e]s, -e. ～化する objektivieren.
ぎゃくたい 虐待 die Misshandlung -en. ～する misshandeln; schlecht behandeln.
きゃくだね 客種がよい(悪い) eine gute (schlechte) Kundschaft haben*.
きゃくちゅう 脚注 die Fußnote -n.
ぎゃくてん 逆転する sich ins Gegenteil wenden*) (verkehren). ～する逆転の.
ぎゃくひき 客引き der Kundenwerber -s, -; der Schlepper -s, -; [呼び込み] der Ausrufer -s, -. ～をする Kunden werben* (an|reißen*).
ぎゃくびき 逆引き辞典 rückläufiges Wörterbuch -[e]s, ⸚er.
ぎゃくひれい 逆比例 → 反比例.
ぎゃくふう 逆風 der Gegenwind -[e]s, -e. ～を突いて帆走する gegen den Wind segeln (s). 風は～だ Der Wind steht gegen uns.
きゃくほん 脚本 das Bühnenstück (Theaterstück) -s, -e; das Szenarium -s, ..rien; [映画の] das Drehbuch -[e]s, ⸚er. ～家 der Bühnendichter; der Drehbuchautor.
きゃくま 客間 das Empfangszimmer -s, -.
ぎゃくもどり 逆戻り → 後戻り.
ぎゃくゆにゅう 逆輸入 der Reimport -s, -e; die Wiedereinfuhr -en. ～する reimportieren; wieder ein|führen.
ぎゃくよう 逆用 ¶敵の宣伝を～する sich³ feindliche Propaganda zunutze machen.
ぎゃくりゅう 逆流する zurück|fließen*(s).
ギャザー die Kräuselung -en. 生地に～を寄せる den Stoff kräuseln (krausen).
きゃしゃ 華奢 zart; fein; [ほっそりした] schlank.
キャスター die Rolle -n. ～付きのテーブル ein Tisch auf Rollen. → ニュース.
キャスチング・ボート ～を握る die ausschlaggebende Stimme haben*.
キャスト die Besetzung -en. オール・スターである Die Rollen wurden nur von den ausgezeichneten Schauspielern gespielt.
きやすめ 気休め・に nur zum Trost. それは単なる～だ Das ist nur ein billiger Trost.
きゃたつ 脚立 die Bockleiter -n.
キャタピラ die Raupe -n; die Raupenkette -n.
きゃっか 却下する ab|weisen*.
きゃっかん 客観 das Objekt -[e]s, -e. ～的 objektiv. ～的に考察する sachlich (objektiv) betrachten. ～化する objektivieren. ～主義 der Objektivismus. ～主義的 objektivistisch. ～性 die Objektivität. ～描写 objektive Schilderung.
ぎゃっきょう 逆境にある in widrigen Verhält-

nissen sein*.
きゃっこう 脚光 das Rampenlicht -[e]s. ~を浴びる〔比〕im Rampenlicht stehen*.
ぎゃっこう 逆行 ¶民主主義に~する der Demokratie zuwider|laufen*(s).
ぎゃっこうか 逆効果である von gegenteiliger Wirkung sein*.
ぎゃっこうせん 逆光線 das Gegenlicht -[e]s. ~で写す im (bei) Gegenlicht auf|nehmen*.
キャッシュ ~で払う et. [in] bar bezahlen.
キャッチフレーズ das Schlagwort -[e]s, -e; der Slogan -s, -s.
キャップ 〔帽子〕die Mütze -n; 〔鉛筆の〕die Bleistifthülse -n; 〔万年筆などの〕die Haube -n; 〔長〕der Chef -s, -s.
ギャップ die Kluft ⸚e.
キャディー der Caddie -s, -s.
ギャバジン der Gabardine -s.
キャバレー das Nachtlokal -s, -e.
キャビア der Kaviar -s.
キャビネ ~版 das Kabinettformat.
キャビン die Kajüte -n; die Kabine -n.
キャプテン der Kapitän -s, -e.
キャブレター der Vergaser -s, -.
キャベツ der Kohl -s.
ギャラ die Gage -n.
キャラコ der Kattun -s, -e; der Kaliko -s, -s. ~の kattunen.
キャラバン die Karawane -n.
キャラメル Karamellen pl.
ギャラリー die Galerie -n.
キャリア die Praxis; die Berufserfahrung -en. 豊富な~の持ち主 ein Mann mit viel Praxis. ~ウーマン die Karrierefrau.
きゃんきゃん ~鳴く〔犬が〕kläffen.
ギャング die Gang -s; 〔その一人〕der Gangster -s, -.
キャンセル ~する〔注文・予約を〕ab|bestellen; rückgängig machen.
キャンデー der (das) Bonbon -s, -s.
キャンパス das Universitätsgelände -s, -; der Campus -, -.
キャンプ das [Zelt]lager -s, -; das Camp -s, -s. ~する campen; kampieren; ein Lager auf|schlagen*. ~生活 das Camping; das Lagerleben. ~ファイヤー das Lagerfeuer. キャンピングカー der Wohnwagen.
ギャンブラー der Spekulant -en, -en; der Glücksspieler -s, -.
ギャンブル die Spekulation -en; das Glücksspiel -s, -e. ~をする Hasard spielen.
キャンペーン die Kampagne -n. ~をする eine Kampagne führen.
きゅう 灸を据える jn. mit Moxen behandeln; 〔罰する〕jm. einen Denkzettel geben*.
きゅう 急な~〔緊急の〕dringend; dringlich; eilig; 〔突然の〕plötzlich; unerwartet; 〔速い〕schnell; rasch; 〔けわしい〕jäh; steil. ~を要する問題 brennende Frage. それは~を要しない Damit hat es keine Not (Eile). ~を知らせる einen Notfall melden. 事態は~を告げている Die Lage ist gespannt (spitzt sich zu). ~を救う jn. vor einer drohenden Gefahr retten. ~に備える für Notfälle vor|sorgen. ~カーブ scharfe Kurve. ~ブレーキを掛ける scharf bremsen.
キュー das Queue -s, -s; der Billardstock -s, ⸚e.
きゆう 杞憂 grundlose Besorgnis -se.
ぎゆう 義勇・兵 der Freiwillige⸚. ~軍 das Freikorps.
きゅうあい 求愛 ¶彼女に~する um sie (ihre Liebe) werben*.
きゅうあく 旧悪をあばく alte Wunden wieder auf|reißen*.
きゅういん 吸引する auf|saugen(*); ein|saugen(*); 〔引き付ける〕an|ziehen*.
きゅうえん 救援 die Hilfe; der Beistand -[e]s. ~する jm. in der Not bei|stehen* (helfen*). ~隊 die Rettungsmannschaft. ~活動 der Hilfsdienst. ~金(物資) Hilfsmittel pl.
きゅうか 旧家 alte Familie -n.
きゅうか 休暇 Ferien pl.; 〔賜暇〕der Urlaub -s, -e. ~を取る Urlaub nehmen*. ~を取って auf Urlaub. 暑中~ Sommerferien pl.
きゅうかい 休会 Parlamentsferien pl. ~明けの議会 die Session des Parlaments nach den Ferien.
きゅうかく 嗅覚 der Geruch -s. ~が鋭い einen feinen Geruch[sinn] haben*.
きゅうがく 休学する zeitweilig das Studium (den Schulbesuch) unterbrechen*.
きゅうかざん 休火山 untätiger (ruhender) Vulkan -s, -e.
きゅうかん 休刊 ¶その雑誌は~になる Die Zeitschrift stellt vorübergehend ihr Erscheinen ein. 明日は~日 Morgen erscheint keine Zeitung.
きゅうかん 急患 der plötzlich Erkrankte⸚.
きゅうかんち 休閑地 das Brachfeld -[e]s, -er; die Brache -n.
きゅうかんちょう 九官鳥 der Beo ['be:o] -s, -s.
きゅうぎ 球技 das Ballspiel -s, -e.
きゅうきゅう ~鳴る knirschen; kreischen.
きゅうきゅう 汲汲 ¶彼は金儲(⅔)けに~としている Er ist darauf erpicht, viel zu verdienen.
きゅうきゅう 救急・車 der Rettungswagen; der Krankenwagen; die Ambulanz. ~箱 der Verband[s]kasten (Sanitätskasten).
きゅうぎゅう 九牛の一毛 minimal und unbedeutend.
ぎゅうぎゅう ~鳴る knarren; knirschen; quietschen. ~詰め込む et. quetschen (zwängen) 《in 4格》. ~詰めの proppenvoll; knallvoll. ~の目に会わす jn. durch die Rolle drehen.
きゅうきょ 急遽 eiligst; in aller Eile.
きゅうきょう 旧教 der Katholizismus -. ~の katholisch. ~徒 der Katholik.

きゅうぎょう 休業 ¶毎週火曜日は～です Das Geschäft wird jeden Dienstag geschlossen. 本日～ Heute geschlossen!

きゅうきょく 究極の目的 der Endzweck -s, -e.

きゅうきん 球菌 Kugelbakterien pl.

きゅうきん 給金 der Lohn -es, ̈-e;〔兵隊の〕der Sold -[e]s.

きゅうくつ 窮屈・な eng; knapp;〔固苦しい〕steif. ～な規則 starre Regeln pl. ～な考え beschränkte Ansichten pl. ～に感ずる sich beengt fühlen. 食糧事情が～になる Unsere Lebensmittel werden knapp.

きゅうけい 弓形の bogenförmig; bogig.

きゅうけい 休憩 die Rast -en; die Ruhe;〔中休み〕die Pause -n. ～する rasten; [sich] aus|ruhen; eine Pause machen. ～時間 die Ruhepause; die Zwischenpause. ～室 der Ruheraum;〔ロビー〕das Foyer. ～所 die Ruhestätte.

きゅうけい 求刑 der Strafantrag -[e]s, ̈-e. 3年の禁固を～する für jn. eine Gefängnisstrafe von 3 Jahren beantragen.

きゅうけい 球形 die Kugelform. ～の kugelförmig; kugelig.

きゅうげき 急激な jäh; heftig;〔過激な〕radikal.

きゅうけつ 吸血・鬼 der Vampir. ～鬼のような vampirisch. ～動物 der Blutsauger.

きゅうご 救護 die Rettung -en; die Bergung -en. ～する retten; bergen*. ～所 die Rettungsstation. ～班 der Rettungsdienst.

きゅうこう 旧交を暖める die alte Freundschaft erneuern.

きゅうこう 休校 ¶明日は～である Morgen fällt die Schule aus. / Morgen ist (haben wir) keine Schule. 学校は流感のため～になった Die Schule wurde wegen Grippe geschlossen.

きゅうこう 休講・である Die Vorlesung (Der Unterricht) fällt aus. ～にする die Vorlesung ab|sagen.

きゅうこう 急行〔列車〕der Schnellzug -[e]s, ̈-e; der D-Zug -[e]s. ～する eilen(s). ～料金 der Schnellzugzuschlag.

きゅうこうか 急降下・する einen Sturzflug machen. ～爆撃 die Bombardierung im Sturzflug. ～爆撃機 der Sturzkampfflugzeug; der Sturzbomber.

きゅうこく 急告 dringende Mitteilung -en.

きゅうこん 求婚 der Heiratsantrag -[e]s, ̈-e. 或る娘に～する um ein Mädchen werben*. ～者 der Bewerber.

きゅうこん 球根 die Zwiebel -n. ～状の zwiebelartig.

きゅうさい 救済 die Hilfe -n;〔宗〕die Erlösung. ～する jm. helfen*; retten*. ～者 der Erlöser; der Heiland. ～事業 das Hilfswerk. 失業～〔事業・金〕die Arbeitslosenhilfe.

きゅうし 九死に一生を得る mit knapper Not dem Tod entgehen*(s).

きゅうし 休止・する〔自動詞〕zum Stillstand kommen*(s);〔他動詞〕ein|stellen; zum Stillstand bringen*. ～している still|stehen*. 工場は目下操業を～している Die Fabrik ist derzeit außer Betrieb (liegt derzeit still). ～符〔音〕die Pause.

きゅうし 臼歯 der Back[en]zahn -[e]s, ̈-e; der Molar -s, -en.

きゅうし 急死する plötzlich sterben*(s); einen jähen Tod finden*.

きゅうし 急使 der Eilbote -n, -n.

きゅうじ 給仕 → ボーイ；ウエートレス. ～する jm. auf|warten; jn. bedienen.

きゅうしき 旧式の altmodisch; veraltet.

きゅうじつ 休日 der Ruhetag -[e]s, -e; der Feiertag -[e]s, -e.

きゅうしゃ 厩舎 der Pferdestall -s, ̈-e.

きゅうしゅ 鳩首協議する sich miteinander beraten*(über 4 格).

きゅうしゅう 吸収 die Absorption -en; die Aufsaugung. ～する absorbieren; auf|saugen(*); in sich auf|nehmen*. ～性の absorptiv. ～剤 das Absorptionsmittel.

きゅうしゅう 急襲する überfallen*.

きゅうしゅう 旧習 alter Brauch -es, ̈-e; alte Sitte -n.

きゅうしゅつ 救出する jn. retten 〔aus (vor) 3 格〕; jn. befreien 〔aus (von) 3 格〕.

きゅうじゅつ 弓術 das Bogenschießen -s. ～家 der Bogenschütze.

きゅうじょ 救恤・する unterstützen; jm. helfen*. ～金(品) Hilfsmittel pl.; die Spende.

きゅうしょ 急所 edler [Körper]teil -[e]s, -e;〔要点〕der Hauptpunkt -[e]s, -e; das Wesentliche#; der springende Punkt -es. ～を突く質問 treffende Frage.

きゅうじょ 救助 die Hilfe -n; die Rettung -en; die Bergung -en. ～する jm. helfen*; retten; bergen*. ～作業 Rettungsarbeiten pl. ～策 das Rettungsmittel. ～活動(隊) der Rettungsdienst. ～艇 das Rettungsboot.

きゅうじょう 弓状の bogenförmig.

きゅうじょう 休場する〔俳優が〕nicht auf|treten*(s).

きゅうじょう 宮城 kaiserlicher Palast -[e]s, ̈-e.

きゅうじょう 球状 → 球形. ～星団 kugelförmiger Sternhaufen pl; der Kugelhaufen.

きゅうじょう 球場 das Baseballstadion -s, ..dien.

きゅうじょう 窮状 die Notlage -n; die Bedrängnis -se.

きゅうしょく 休職 einstweiliger Ruhestand -[e]s; ～の die Suspension. ～を命ずる jn. vom Dienst (von seinem Amt) suspendieren.

きゅうしょく 求職 die Stellung[s]suche; die Bewerbung um die Stelle. ～者 der Stel-

きゅうしょく 給食・する jn. speisen. 学校~ die Schulspeisung.
ぎゅうじる 牛耳る ¶彼が会社を牛耳っている Er führt das Zepter in der Firma.
きゅうしん 休診 ¶本日~ Heute keine Sprechstunde.
きゅうしん 求心・力 die Zentripetalkraft. ~的 zentripetal.
きゅうしん 急進・的 radikal. ~主義者 der Radikale#. ~主義 der Radikalismus.
きゅうしん 球審 der Chefschiedsrichter -s, -.
きゅうじん 求人 das Stellenangebot -s, -e. ~広告 die Stellenanzeige.
きゅうす 急須 [kleine] Teekanne -n.
きゅうすい 給水 die Wasserversorgung. ~する et. mit Wasser versorgen (speisen). ~管 die Wasserleitung. ~車 der Wasserwagen. ~所 die Wasserstation. ~塔 der Wasserturm. ~栓 der Wasserhahn. ~ポンプ die Speisepumpe.
きゅうすう 級数 die Reihe -n.
きゅうする 給する jn. versorgen (versehen*) 《mit 3格》.
きゅうする 窮する in Not (Nöten) sein*. 金に~ knapp mit Geld sein*. 返事に~ keine Antwort finden können*. 窮すれば通ず Not bricht Eisen.
きゅうせい 旧制 vom alten System.
きゅうせい 旧姓 der frühere Familienname -ns, -n. 原~森 Hara, früher Mori. 原夫人~森 Frau Hara, geborene Mori.
きゅうせい 急性・の akut.
きゅうせい 救世・主〔キリスト〕 der Erlöser; der Heiland. ~軍 die Heilsarmee.
きゅうせかい 旧世界 die Alte Welt. ~の altweltlich.
きゅうせき 旧跡 historische Stätten pl.
きゅうせっきじだい 旧石器時代 die Altsteinzeit; das Paläolithikum -s.
きゅうせん 休戦 der Waffenstillstand -[e]s, ¨e. ~する die Feindseligkeiten ein|stellen; einen Waffenstillstand [ab]|schließen*. ~条約 das Waffenstillstandsabkommen.
きゅうせんぽう 急先鋒である an der Spitze 《2格》 stehen*.
きゅうそく 休息 die Ruhe; die Rast -en. ~する ruhen; rasten. 仕事を止めて~する [sich] von der Arbeit aus|ruhen.
きゅうそく 急速・の(に) rasch; sehr schnell. ~凍結した schockgefroren.
きゅうたい 旧態 ¶何もかも~依然としている Es steht alles im alten Trott.
きゅうたい 球体 die Kugel -n; die Kugelform.
きゅうだい 及第・する die Prüfung bestehen*. 辛うじて~する《比》 gerade den Durchschnitt erreichen. ~点 passable Note. 彼は教師として~だ Er ist als Lehrer qualifiziert.
きゅうだん 糾弾する jn. an|klagen 《wegen 2格》; jn. (et.) scharf rügen 《wegen 2格》.
きゅうち 旧知 der alte Bekannte#;〔旧友〕alter Freund -es, -e. ~の altbekannt.
きゅうち 窮地・に陥る(追い込む) in die Klemme geraten*(s) (bringen*). ~を脱する sich aus der Klemme ziehen*. ~に立っている in der Klemme sein* (sitzen*).
きゅうちょう 級長 der Klassensprecher -s, -.
きゅうちょうし 急調子に in schnellem Tempo.
ぎゅうづめ ぎゅう詰めの gepresst (gestopft) voll; proppenvoll.
きゅうてい 休廷する Die Gerichtssitzung wird vertagt.
きゅうてい 宮廷 der Hof -[e]s, ¨e.
きゅうてき 仇敵 der [Erz]feind -[e]s, -e.
きゅうてん 急転・する eine plötzliche Wendung nehmen*. ~直下 ganz plötzlich; auf einmal.
きゅうでん 宮殿 der Palast -[e]s, ¨e.
きゅうでん 給電・する et. mit Strom versorgen (speisen). ~線 die Speiseleitung.
きゅうどうしゃ 求道者 der Wahrheitssucher -s, -.
きゅうなん 救難 → 救助
ぎゅうにく 牛肉 das Rindfleisch -es.
きゅうにゅう 吸入・する ein|atmen; inhalieren. ~器 der Inhalationsapparat.
ぎゅうにゅう 牛乳 die [Kuh]milch.
きゅうば 急場・の間に合わせに als Notbehelf. ~を凌(しの)ぐ über eine Krise hinweg|kommen*(s). 人の~を救う jm. über eine Notlage hinweg|helfen*.
キューバ Kuba. ~の kubanisch. ~人 der Kubaner.
きゅうはく 急迫した dringend; bedrohlich; gespannt.
きゅうばん 吸盤 der Saugnapf -s, ¨e.
きゅうひ 給費・する ein Stipendium vergeben* (gewähren). ~生 der Stipendiat.
キュービズム der Kubismus -.
キューピッド Cupido.
きゅうびょう 急病・にかかる plötzlich erkranken(s). ~患者 der plötzlich Erkrankte#.
きゅうふ 給付・金 die Leistung -en. ~する jn. versehen* 《mit 3格》. 反対~ die Gegenleistung. 現物~ eine Leistung in Naturalien. 医療~を受ける ärztliche Leistungen erhalten*.
きゅうへい 旧弊・な altmodisch; altfränkisch. ~な考え veraltete (überholte) Ansicht.
きゅうへん 急変する sich plötzlich verändern;〔悪化する〕sich plötzlich verschlimmern.
きゅうほう 急報 eilige Nachricht -en. ~する jn. sofort benachrichtigen 《von 3格》.
きゅうぼう 窮乏 die Bedürftigkeit; bittere Not. ~している in Not sein*. ~生活を送る im Elend leben.

キューポラ der Kupolofen -s, ̈.
きゅうむ 急務 dringende Aufgabe -n.
きゅうめい 究明する ergründen; [gründlich] erforschen.
きゅうめい 糾明する gründlich untersuchen.
きゅうめい 救命･具 das Rettungsgerät. ～帯 der Schwimmgürtel. ～胴衣 die Schwimmweste. ～ブイ die Rettungsboje. ～ボート das Rettungsboot.
きゅうめん 球面 die Kugelfläche -n. ～三角形 das Kugeldreieck. ～鏡 der Kugelspiegel.
きゅうもん 糾問する *jn.* verhören; *jn.* einem Kreuzverhör unterziehen*.
きゅうやく 旧約［聖書］das Alte Testament -[e]s (略: A.T.).
きゅうゆ 給油･する *et.* tanken; *et.* mit Öl speisen. ～係［ガソリンスタンドの］der Tankwart. ～所 die Tankstelle.
きゅうゆう 旧友 alter Freund -es, -e.
きゅうゆう 級友 der Mitschüler -s, -.
きゅうよ 給与〔俸給〕das Gehalt -[e]s, ̈er; die Besoldung -en. ～する *jn.* versorgen 《mit 3 格》. ～明細書 der Lohnstreifen.
きゅうよ 窮余の一策として als letzter Ausweg.
きゅうよう 休養 das Ausruhen -s; 〔保養〕die Erholung. ～する sich aus|ruhen; sich erholen.
きゅうよう 急用 dringendes (eiliges) Geschäft -s, -e; dringende Angelegenheit -en.
きゅうらい 旧来 von alters her. ～の altgewohnt; [alt]herkömmlich.
きゅうり 胡瓜 die Gurke -n.
きゅうりゅう 急流 reißender Strom -[e]s, ̈e; der Gießbach -[e]s, ̈e.
きゅうりゅう 穹窿 das Gewölbe -s, -; 〔空〕 das Himmelsgewölbe -s; das Firmament -[e]s.
きゅうりょう 丘陵 der Hügel -s, -. ～のある (多い) hügelig. ～地帯 das Hügelland.
きゅうりょう 給料 das Gehalt -[e]s, ̈er; der Lohn -es, ̈e. ～日 der Lohntag. 高い～を取る ein hohes Gehalt beziehen*.
きゅうれき 旧暦 der Mondkalender -s.
キュリー 《化》das Curie, - (記号: Ci).
きょ 居を構える seinen Wohnsitz auf|schlagen* 《in 3 格》. →居所.
きょ 虚をつく *jn.* unvermutet an|greifen*; *jn.* überraschen.
きよ 寄与する bei|tragen* 《zu 3 格》.
きよい 清い rein; sauber; 〔潔白な〕unschuldig. ～愛 keusche (platonische) Liebe. ～一票を投ずる seine ehrliche Stimme ab|geben*.
きょう 経 das Sutra -, -s. ～を読む Sutras vor|tragen*.
きょう 強 ¶10 キロ～ etwas mehr als 10 Kilometer.
きょう 興･に乗って語る immer begeisterter reden. ～をそぐ *jm.* das Vergnügen schmälern; *jm.* die Lust (den Spaß) verderben*. 私は～をそがれた Das hat mich ernüchtert.
きょう 今日 heute; diesen Tag. ～の heutig. ～中に heute noch. ～の午後 heute Nachmittag. 来(先)週の～ heute in (vor) acht Tagen. ～から heute an. ～のところは für heute. ～は何日ですか Den Wievielten haben wir heute ? ～か明日かという大病である sterbenskrank sein*. ～このごろ heutzutage.
きよう 紀要 Wissenschaftsberichte *pl.*
きよう 起用する *jn.* ernennen* 《zu 3 格》.
きよう 器用･な geschickt; anstellig; 〔手先の〕fingerfertig. 何をやらしても～である in allen Dingen gewandt sein*.
ぎょう 行 die Zeile -n; 〔詩の〕der Vers -es, -e. ～を改める einen Absatz machen.
ぎょう 業･に励む sich seinem Beruf (Geschäft) widmen. 教師を～とする Lehrer von Beruf sein*; als Lehrer tätig sein*.
きょうあい 狭隘な eng; begrenzt.
きょうあく 凶悪･な grausam. ～な犯罪 schauriges (scheußliches) Verbrechen.
きょうあつ 強圧･的 bedrückend; gewaltsam; unterdrückerisch. ～を加える *jn.* bedrücken; einen Druck auf *jn.* aus|üben. ～手段 das Zwangsmittel (Druckmittel). ～的な態度に出る diktatorisch auf|treten*(*s*).
きょうい 胸囲 der Brustumfang -s, ̈e.
きょうい 脅威 die Bedrohung -en. ～を与える *jn.* bedrohen; *jm.* Furcht ein|flößen.
きょうい 驚異 das Wunder -s, -. 自然の～ das Naturwunder. ～的 wunderbar; erstaunlich. ～の目を見張る die Augen vor Staunen auf|reißen*.
きょういく 教育 die Erziehung; die [Aus-]bildung. ～する erziehen*; [aus]bilden. ～的 erzieherisch; pädagogisch; 〔教訓的〕belehrend. ～ある gebildet. ～者 der Erzieher; der Pädagoge. ～上 in erzieherischer Hinsicht. ～委員会 der Erziehungsbeirat. ～界 pädagogische Welt. ～活動 die Lehrtätigkeit. ～課程 der Lehrplan. ～機関 die Bildungsanstalt. ～行政 die Schulverwaltung. ～実習 die Lehrprobe. ～心理学 pädagogische Psychologie. ～制度 das Erziehungswesen. ～相談 die Erziehungsberatung. ～大学 pädagogische Hochschule. ～程度 die Bildungsstufe. ～費 Erziehungskosten *pl.*
きょういくがく 教育学 die Pädagogik; die Erziehungswissenschaft. ～[上]の pädagogisch. ～者 der Pädagoge. ～部 pädagogische Fakultät.
きょういん 教員 der Lehrer -s, -; 〔全員〕die Lehrerschaft; der Lehrkörper -s, -; das [Lehrer]kollegium -s, ..gien. ～会議 die Lehrerkonferenz. ～組合 die Lehrergewerkschaft. ～タイプの schulmeisterlich. ～免許状 das Zeugnis über eine Lehrerausbildung. ～養成 die Lehrer[aus]bildung. ～養成所 die Lehrerbildungsanstalt.
きょうえい 競泳 das Wettschwimmen -s.

きょうえん 共演・する mit *jm.* mit|spielen. ～者 der Mitspieler.

きょうえん 競演する um die Wette spielen.

きょうえん 饗宴 das Gastmahl -s. ～を催す ein Gastmahl ab|halten.

きょうおう 供(饗)応 die Bewirtung -en. ～する *jn.* bewirten 《mit 3 格》.

きょうか 教化 die Belehrung -en; die Aufklärung -en. ～する belehren; auf|klären*.

きょうか 教科 das Lehrfach -[e]s, ¨er. ～課程 der Lehrplan.

きょうか 強化 die Verstärkung -en. ～する verstärken.

きょうかい 協会 der Verein -s, -e; die Gesellschaft -en. 日独文化～ das Japanisch-Deutsche Kulturinstitut. 日本ゲーテ～ Goethe-Gesellschaft in Japan.

きょうかい 教会 die Kirche -n. ～の kirchlich. ～に行く in die (zur) Kirche gehen*(s).

きょうかい 境界 die Grenze -n. ～を定める eine Grenze fest|setzen. ～線 die Grenzlinie. ～標 das Grenzzeichen.

きょうがい 境涯 Lebensumstände *pl.*

ぎょうかい 業界 die Geschäftswelt.

きょうかいし 教誨師 der Gefängnisgeistliche#.

きょうかく 胸郭 der Brustkorb -[e]s, ¨e; der Brustkasten -s, ¨.

きょうがく 共学 die Koedukation -.

きょうがく 驚愕 das Entsetzen (Erschrecken) -s. ～する erschrecken*(s) 《über 4 格》; sich entsetzen 《vor (bei) 3 格》; entsetzt sein*《über 4 格》. 彼はそれを聞いて～した Er hat mit Entsetzen davon gehört.

ぎょうかく 仰角 der Elevationswinkel -s, -.

きょうかしょ 教科書 das Lehrbuch -[e]s, ¨er. 検定～ autorisiertes Lehrbuch.

きょうかたびら 経帷子 das Totenhemd (Sterbehemd) -[e]s, -en.

きょうかつ 恐喝(・罪) die Erpressung -en. ～する erpressen. ～して金を巻き上げる [von] *jm.* Geld erpressen. ～者 der Erpresser.

きょうかん 叫喚 das Geschrei -s; die Heulerei -en.

きょうかん 共感 das Mitgefühl -s; die Sympathie -n. ～する Mitgefühl empfinden*; sympathisieren 《mit 3 格》. 彼の考えは若い人人の間に何の～も呼ばなかった Seine Ideen fanden bei den jungen Leuten keinen Anklang.

きょうかん 教官 der Lehrer -s, -.

ぎょうかん 行間・を1行空ける eine Zeile frei lassen*. ～から読み取る zwischen den Zeilen lesen*.

きょうき 凶器 die Mordwaffe -n.

きょうき 狂気 der Wahnsinn -s; der Irrsinn -s. ～の wahnsinnig; irrsinnig. ～のように wie verrückt. それは～の沙汰(さた)だ Das ist ja [heller] Wahnsinn!

きょうき 狂喜する sich rasend freuen 《über 4 格》.

きょうき 侠気 ritterliche Gesinnung.

きょうき 狭軌 die Schmalspur. ～の schmalspurig. ～鉄道 die Schmalspurbahn.

きょうぎ 協議 die Beratung -en; die Konferenz -en. ～する sich mit *jm.* beraten* 《über 4 格》; mit *jm.* konferieren 《über 4 格》. ～事項 der Beratungspunkt. ～会 der Beratungsausschuss.

きょうぎ 狭義の(に) im engeren Sinne.

きょうぎ 教義 das Dogma -s, ..men; die Doktrin -en. ～上の dogmatisch.

きょうぎ 競技 das Spiel -s, -e; der Wettkampf -[e]s, ¨e. ～をする spielen. ～に勝つ (負ける) einen Wettkampf gewinnen* (verlieren*). ～会に出る an einem Wettbewerb teil|nehmen*. ～者 der Spieler; der Wettkämpfer. ～場 das Stadion; der Sportplatz. 十種～ der Zehnkampf.

ぎょうぎ 行儀 das Benehmen -s; Manieren *pl.* ～のよい anständig; artig. ～の悪い unanständig; unartig. ～を知らない kein Benehmen (keine Manieren) haben*. ～をよくする sich artig verhalten*. ～よく座りなさい Setze dich ordentlich hin!

きょうきゃく 橋脚 der Brückenpfeiler -s, -.

きょうきゅう 供給 die Versorgung -; 〔引き渡し〕 die Lieferung -en. ～する *jn.* versorgen 《mit 3 格》; *jm. et.* liefern. 需要と～ Angebot und Nachfrage. エネルギーの～ die Energieversorgung. ～者 der Versorger; der Lieferant.

ぎょうぎょうしい 仰仰しい übertrieben; hochtrabend. ～出で立ちで auffallend gekleidet. 仰仰しく言う bombastisch reden. 仰仰しく騒ぎ立てる viel Wesen[s] machen 《aus (von) 3 格; um 4 格》.

きょうきん 胸襟・を開く *jm.* sein Herz aus|schütten; sich *jm.* an|vertrauen. ～を開いて offenherzig.

きょうく 教区 die Gemeinde -n.

きょうぐう 境遇 [Lebens]verhältnisse *pl.*; Lebensumstände *pl.*; die Lebenslage -n.

きょうくん 教訓 die Belehrung -en; die Lehre -n; 〔寓話などの〕die Moral. ～的 belehrend; lehrhaft; didaktisch.

ぎょうけつ 凝結する gerinnen*(s); 〔氷結する〕 gefrieren*(s); 〔気体が〕 kondensieren (h; s).

きょうけん 狂犬 toller Hund -es, -e. ～病 die Tollwut.

きょうけん 教権 geistliche (kirchliche) Macht.

きょうけん 強権 die Staatsgewalt. ～を発動する die Staatsgewalt an|wenden*.

きょうけん 強健な robust. ～である von robuster Gesundheit sein*.

きょうげん 狂言 das Kyogen -s, -; das Possenspiel -s, -e; die Komödie -n. 私は彼女が病気なのかそれとも～なのか知らない Ich weiß nicht, ob sie krank sei oder nur Komödie

きょうこ 当り~ das Zugstück. ~自殺 die Selbstmordvortäuschung.

きょうこ 強固・な fest. ~な意志 eiserner (zäher) Wille. ~にする befestigen; stärken.

ぎょうこ 凝固・する erstarren(s); gerinnen*(s). ~点 der Erstarrungspunkt (Gefrierpunkt).

きょうこう 凶行 die Gewalttat (Mordtat) -en. ~を働く eine Mordtat verüben.

きょうこう 恐慌 die Panik; die Krise -n. 群衆は~を来した Die Menge wurde von Panik (von panischem Schrecken) ergriffen.

きょうこう 強行 ¶計画を~する einen Plan mit Gewalt (gewaltsam) durch|setzen.

きょうこう 強硬・な態度をとる eine unnachgiebige Haltung ein|nehmen*. ~に主張する steif und fest behaupten.

きょうこう 教皇 der Papst -es, ¨e.

きょうごう 競合 die Konkurrenz. ~する konkurrieren (mit 3 格).

きょうごう 強豪 der Starke#; der Mächtige#.

ぎょうこう 僥倖 der Glücksfall -[e]s, ¨e; unerwartetes Glück -[e]s. ~にも durch glücklichen Zufall.

きょうこうぐん 強行軍 der Gewaltmarsch (Eilmarsch) -es, ¨e.

きょうこく 峡谷 die [Berg]schlucht -en.

きょうこく 強国 starker Staat -es, -en; die Großmacht.

きょうこつ 胸骨 das Brustbein -[e]s, -e.

きょうさ 教唆・する jn. an|stiften (zu 3 格). ~者 der Anstifter.

きょうざい 教材 der Lehrstoff -s, -e.

きょうさいか 恐妻家 der Pantoffelheld -en, -en.

きょうさいくみあい 共済組合 der Unterstützungsverein -s, -e.

きょうさく 凶作 die Missernte -n.

きょうざつぶつ 夾雑物 die Beimengung -en; die Beimischung -en.

きょうざめ 興醒め ¶彼女のしゃべり方に~がした Ihre Art zu sprechen hat mich ernüchtert (enttäuscht). ~な人 der Spaßverderber.

きょうさん 共産・主義 der Kommunismus. ~主義の kommunistisch. ~主義者 der Kommunist. ~党 kommunistische Partei. ~党宣言 das Kommunistische Manifest.

きょうさん 協賛する et. unterstützen.

ぎょうさん 仰山な(に) 〔多い〕sehr viel; reichlich; → 仰仰しい.

きょうし 教師 der Lehrer -s, -. 女~ die Lehrerin. ドイツ語の~ der Deutschlehrer. ~をしている als Lehrer tätig sein*.

きょうじ 凶事 der Unglücksfall -[e]s, ¨e; das Unheil -s.

きょうじ 教示 die Unterweisung -en. ~する jn. unterweisen* (in 3 格).

ぎょうし 凝視する an|starren; starr an|sehen*.

ぎょうじ 行事 die Veranstaltung -en.

きょうしきょく 狂詩曲 die Rhapsodie -n.

きょうしつ 教室 das Klassenzimmer -s, -; [講義室] der Hörsaal -s, ..säle.

きょうしゃ 強者 der Starke#; der Mächtige#.

ぎょうじゃ 行者 der Asket -en, -en.

きょうじゅ 享受 der Genuss -es, ¨e. ~する genießen*.

きょうじゅ 教授 der Unterricht -s; 〔人〕der Professor -s, -en. ~する jn. unterrichten (in 3 格). ロシア語の~をする (in Russisch) Unterricht (Stunden) geben*. ~を受ける bei jm. Unterricht (Stunden) nehmen*. 東大の~である Er ist Professor an der Universität Tokyo. ~会 die Professorenkonferenz. ~職 die Professur. ~夫人 Frau Professor. ~法 die Unterrichtsmethode. 個人~ die Privatstunde. 助~ außerordentlicher Professor. 名誉~ emeritierter Professor. 哲学~ der Professor der Philosophie.

きょうしゅう 郷愁 das Heimweh -s. ~を感ずる Heimweh haben* (nach 3 格).

きょうしゅう 強襲する bestürmen.

ぎょうしゅう 凝集[・力] der Zusammenhalt -s; die Kohäsion. ~する zusammen|halten*; kohärieren. ~力のある kohäsiv.

きょうしゅうじょ 教習所 ¶自動車~ die Fahrschule. ダンス~ die Tanzschule.

きょうしゅく 恐縮・する 〔恥じ入る〕sich beschämt fühlen (durch 4 格). ご迷惑をおかけして~です Es tut mir Leid, Sie belästigt zu haben. ご心配下さって~です Ich bin Ihnen für Ihre Sorge sehr verbunden. ~ですが手を貸してくれませんか Haben (Hätten) Sie die Güte, mir zu helfen? ~千万です Danke verbindlichst! / Ich bitte tausendmal um Verzeihung!

ぎょうしゅく 凝縮 die Kondensation -en. ~する kondensieren (h; s).

きょうしゅつ 供出・する ab|liefern. ~割当量 das Ablieferungssoll.

きょうじゅつ 供述 die Aussage -n. ~する aus|sagen. ~を拒む die Aussage verweigern. ~者 der Aussager.

きょうじゅん 恭順の意を表する jm. seine Ergebenheit (Huldigung) dar|bringen*.

きょうしょ 教書 die Botschaft -en.

きょうしょう 協商 die Entente -n.

きょうしょう 狭小な klein; eng.

きょうじょう 教条・主義 der Dogmatismus -. ~主義者 der Dogmatiker.

ぎょうしょう 行商 der Hausierhandel -s. ~する hausieren [gehen*](s) (mit 3 格). ~人 der Hausierer.

ぎょうじょう 行状 der Lebenswandel -s; das Betragen -s. ~を改める sein Betragen ändern.

きょうしょく 教職 der Lehrberuf -s, -e; das Lehramt -[e]s, ¨er. ~に就く ein Lehramt an|treten*. ~にある als Lehrer tätig sein*.

~員組合 der Verein der Lehrer und Schulangestellten.
きょうしん 狂信 der Fanatismus -. ~する schwärmerisch glauben 《an 4格》. ~的 fanatisch. ~者 der Fanatiker.
きょうしん 強震 starkes Erdbeben -s, -.
きょうじん 凶刃に倒れる meuchlings ermordet werden*(s).
きょうじん 狂人 der Wahnsinnige#; der Verrückte#.
きょうじん 強靭・な zäh. ~な神経 eiserne (starke) Nerven pl.
きょうしんざい 強心剤 das Herzmittel -s, -; das Kardiakum -s, ..ka.
きょうしんしょう 狭心症 die Stenokardie -n; die Herzbräune.
ぎょうずい 行水を使う sich in der Waschwanne baden.
きょうすいびょう 恐水病 die Hydrophobie -n.
きょうする 供する jm. et. an|bieten* (dar|bieten*). 書籍を閲覧に~ Bücher zur Ansicht an|bieten*. 食用に~ et. als Lebensmittel verwenden*(s).
きょうせい 強制 der Zwang -es; die Nötigung. ~する jn. zwingen* (nötigen) 《zu 3格; zu+不定詞》. ~的な zwingend; zwangsmäßig. ~的に zwangsweise. ~されて unter Zwang. ~執行 die Zwangsvollstreckung. ~執行する eine Zwangsvollstreckung vor|nehmen*. ~手段 das Zwangsmittel. ~労働 die Zwangsarbeit.
きょうせい 矯正・する jn. bessern (berichtigen); 〖医〗 redressieren. ~体操 die Ausgleichsgymnastik. どもりを~する jn. vom Stottern heilen. 発音(歯列)を~する js. Aussprache (die Stellung der Zähne) korrigieren.
ぎょうせい 行政 die Verwaltung; die Administration -en. ~上の administrativ. ~官 der Verwaltungsbeamte#. ~機関 das Verwaltungsorgan. ~改革 die Verwaltungsreform. ~官庁 die Verwaltungsbehörde. ~処分で auf dem Verwaltungsweg. ~法 das Verwaltungsrecht.
ぎょうせき 行跡 das Benehmen (Betragen) -s.
ぎょうせき 業績 die Leistung -en; die Arbeit -en. 物理学上の彼の~ seine Leistungen (Errungenschaften) in der Physik. すばらしい~をあげる eine ausgezeichnete Leistung vollbringen*.
きょうそ 教祖 der Religionsstifter -s, -.
きょうそう 狂騒 die Tobsucht.
きょうそう 強壮・な robust; kraftvoll. ~剤 das Stärkungsmittel.
きょうそう 競争 der Wettbewerb -[e]s; die Konkurrenz. ~する mit jm. wetteifern 《um 4格》; mit jm. konkurrieren 《jm. Konkurrenz machen》《um 4格》; mit jm. rivalisieren 《um 4格》. ~者 der Mitbewerber;

der Konkurrent; der Rivale. ~心 der Wetteifer. 自由~ freier Wettbewerb.
きょうそう 競走 der Wettlauf -[e]s, ¨e. ~する um die Wette laufen*(s). ~者 der Wettläufer. 短距離~ kurzer Wettlauf. 100メートル~ der 100-Meter-Lauf.
きょうそう 競漕 das Wettrudern -s.
きょうそう 胸像 die Büste -n; das Brustbild -[e]s, -er.
きょうそうきょく 狂想曲 die Rhapsodie -n; das Capriccio -s, -s.
きょうそうきょく 協奏曲 das Konzert -[e]s, -e.
きょうそくぼん 教則本 die Schule -n. ピアノ~ die Klavierschule.
きょうそん 共存 die Koexistenz -en. ~する koexistieren. ~共栄する leben und leben lassen*.
きょうだ 怯懦 feig[e]; furchtsam.
きょうたい 狂態を演ずる sich wie toll gebärden.
きょうたい 嬌態 die Koketterie. 人に~を示す mit jm. kokettieren.
きょうだい 兄弟 der Bruder -s, ¨; 〔姉妹〕 die Schwester -n; 〔兄弟姉妹〕 Geschwister pl. グリム~ die Gebrüder Grimm. ~の brüderlich; schwesterlich. ~の交わりをする sich mit jm. verbrüdern. おい~ Hei, Kamerad!
きょうだい 強大な mächtig.
きょうだい 鏡台 das Spiegeltischchen -s, -.
きょうたく 供託 die Deposition -en; die Hinterlegung -en. ~する deponieren; hinterlegen. ~金 Depositen pl.
きょうたく 教卓 das (der) Katheder -s, -.
きょうたん 驚嘆 die Bewunderung. ~する et. (jn.) bewundern. ~すべき bewundernswert.
きょうだん 教団 [geistlicher] Orden -s, -.
きょうだん 教壇 das Podium -s, ..dien; das (der) Katheder -s, -. ~に立つ als Lehrer tätig sein*.
きょうち 境地 der Zustand -[e]s, ¨e; 〔心境〕 die Gemütslage.
きょうちくとう 夾竹桃 der Oleander -s, -.
きょうちゅう 胸中・で im Inner[e]n. ~を打ち明ける sich jm. an|vertrauen. ~に秘めておく et. für sich behalten*. 人の~を察する Mitgefühl mit jm. haben*.
きょうちょ 共著 die Gemeinschaftsarbeit -en. T氏と~にて unter Mitarbeit von Herrn T. ~者 der Mitarbeiter.
きょうちょう 凶兆 schlimmes Vorzeichen -s, -; böses Omen -s, - (Omina).
きょうちょう 協調・している mit jm. harmonieren (im Einvernehmen stehen*). 他の人人と~して生きる in Harmonie mit anderen leben. ~の einträchtig; harmonisch. 労資~して unter Mitwirkung von Kapital und Arbeit.
きょうちょう 強調する betonen.
きょうつう 共通・の gemeinsam; 〔一般の〕 all-

きょうてい 協定 das Abkommen -s, -; der Vertrag -es, ⁼e; die Konvention -en. ポツダム～ das Potsdamer Abkommen. ～する *et.* mit *jm.* vereinbaren. ～を結ぶ einen Vertrag [ab]schließen*. ～価格 der Richtpreis. 通商～ das Handelsabkommen.

きょうてい 競艇 das Motorbootrennen -s, -.

きょうてん 経典 das Sutra -, -s; → 教典.

きょうてん 教典 〔キリスト教の〕die Bibel -n; 〔イスラム教の〕der Koran -s, -e.

ぎょうてん 仰天・させる verblüffen. ～する sich verblüffen lassen* 《durch 4格; von 3格》.

きょうてんどうち 驚天動地の welterschütternd.

きょうと 凶徒 der Attentäter -s, -; der Mörder -s, -; der Gangster -s, -.

きょうど 郷土 die Heimat. ～の heimatlich. ～芸術 die Heimatkunst. ～誌 die Heimatkunde. ～色 die Lokalfarbe.

きょうど 強度 die Intensität; die Stärke. ～の intensiv; stark; von hohem Grad.

きょうとう 教頭 der Konrektor -s, -en.

きょうどう 共(協)同・の gemeinschaftlich; gemeinsam; kooperativ. ～して zusammen; in Gemeinschaft 《mit 3格》. ～でする *et.* gemeinsam (gemeinschaftlich) tun*. ～する mit *jm.* kooperieren 《bei 3格》. ～作業 die Zusammenarbeit. ～作業をする zusammen|arbeiten (zusammen|wirken)《bei 3格》. ～管理 die Mitverwaltung. ～組合 die Genossenschaft. ～経営 gemeinsamer Betrieb. 欧州～市場 der Gemeinsame Markt. ～社会 die Gemeinschaft. ～出資 gemeinsame Finanzierung. ～生活 das Gemeinschaftsleben. ～声明 gemeinsames Kommuniqué. ～責任 die Mitverantwortlichkeit. ～戦線を張る eine gemeinsame Front bilden. ～募金 die Spendensammlung. ～墓地 allgemeiner (städtischer) Friedhof.

きょうとうほ 橋頭堡 der Brückenkopf -[e]s, ⁼e.

きょうねん 凶年 das Missjahr (Notjahr) -[e]s, -e.

きょうねん 享年 das Sterbealter -s, -. ～80歳 Er ist im Alter von 80 Jahren gestorben.

きょうは 教派 die Sekte -n.

きょうばい 競売 die Versteigerung -en; die Auktion -en. ～に付する versteigern. ～に付される zur Versteigerung kommen*(*s*). ～人 der Versteigerer.

きょうはく 脅迫 die [Be]drohung -en. ～する *jm.* drohen; *jn.* bedrohen. ～的 drohend; bedrohlich. ～者 der [Be]drohende#. ～状 der Drohbrief.

きょうはくかんねん 強迫観念 die Zwangsvorstellung -en. ～にとらわれる von einer Zwangsvorstellung besessen sein*.

きょうはん 共犯 die Mitschuld. ～の mitschuldig. ～者 der Mitschuldige#.

きょうふ 恐怖 die Furcht; der Schrecken -s, -; das Grauen -s, -. 死の～ Furcht vor dem Tode. ～をいだく Furcht (Angst) haben* 《vor 3格》. ～に襲われる von Furcht ergriffen (gepackt) werden*(*s*受). ～のあまり vor Furcht (Schrecken). ～症 die Phobie. ～政治 die Schreckensherrschaft; der Terrorismus.

きょうふ 強風 starker (steifer) Wind -es.

きょうぶ 胸部 die Brust; 〔昆虫の〕das Bruststück -s, -e. ～疾患 die Brustkrankheit.

きょうへき 胸壁 die Brustwehr -en.

きょうべん 強弁 die Sophisterei (Vernünftelei) -en. ～する vernünfteln.

きょうべん 教鞭をとる als Lehrer tätig sein*.

きょうほ 競歩 das Gehen -s.

きょうほう 凶報 schlimme Nachricht -en; die Schreckensbotschaft (Hiobsbotschaft) -en.

きょうぼう 共謀 die Verschwörung -en. ～する sich mit *jm.* verschwören* 《zu 3格; zu+不定詞》. ～者 der Verschwörer.

きょうぼう 凶暴・な brutal; grausam. ～な行為 die Brutalität.

きょうぼう 狂暴・な wütend; rasend. ～な行為 die Raserei.

きょうぼく 喬木 [hoher] Baum -es, ⁼e.

きょうほん 狂奔する sich rasend beschäftigen 《mit 3格》.

きょうまん 驕慢な hochmütig; überheblich.

きょうみ 興味 das Interesse -s. ～のある interessant; anziehend. ～のない uninteressant. ～を持つ sich interessieren 《für 4格》; interessiert sein* 《an 3格》. ～を持たせる interessieren 《für 4格; an 3格》. ～本位の unterhaltend.

きょうむ 教務課 das Sekretariat -[e]s, -e.

ぎょうむ 業務 das Geschäft -s, -e. ～上の geschäftlich.

きょうめい 共鳴 die Resonanz -en. ～する mit|schwingen*; resonieren; 〔同感する〕sympathisieren 《mit 3格》. ～者 der Sympathisant. → 共感. ～器 der Resonator. ～箱 der Resonanzkasten. ～板 der Resonanzboden.

きょうやく 協約 der Vertrag -es, ⁼e; die Konvention -en. ～を結ぶ mit *jm.* einen Vertrag [ab]schließen*. 労働～ der Tarifvertrag.

きょうゆ 教諭 der Lehrer -s, -.

きょうゆう 共有 das Miteigentum -s; der Mitbesitz -es. ～の gemeinsam; gemeinschaftlich. ～する mit|besitzen*. ～財産 das Gemeingut. ～者 der Miteigentümer; der Mitbesitzer. その家は彼らの～だ Das Haus gehört ihnen gemeinsam (gemeinschaftlich).

きょうよう 共用・する mit|benutzen. ～の ge-

きょうよう 強要する *jn.* zwingen* (nötigen) 《zu 3格》.

きょうよう 教養 die Bildung. ～のある gebildet; kultiviert. ～のない ungebildet. ～のある人 ein Mann von Bildung; der Gebildete#. ～学部 die Fakultät für Allgemeine Bildung.

きょうらく 享楽 der Genuss *-es, ::e*. ～する genießen*. ～的 genussfreudig; epikureisch. ～主義 der Epikureismus. ～主義者 der Epikureer.

きょうらん 狂乱 die Raserei. ～状態に陥る in Raserei geraten*(*s*). ～の rasend; toll. 半～となって wie verrückt.

きょうり 教理 die Doktrin *-en*.

きょうり 郷里 die Heimat. ～の heimatlich.

きょうりゅう 恐竜 der Dinosaurier *-s, -*.

きょうりょう 狭量な engherzig; kleinlich.

きょうりょく 協力 die Mitwirkung; die Mitarbeit; die Zusammenarbeit; die Kooperation *-en*. ～する mit|arbeiten《an 3格》; mit|wirken《an (bei) 3格》; zusammen|arbeiten《bei 3格》. ～的な mitwirkend; kooperativ. 彼と～して im Verein mit ihm. 有力な芸術家たちの～の下に unter Mitwirkung hervorragender Künstler. ～者 der Mitarbeiter; der Mitwirkende#.

きょうりょく 強力 kräftig; mächtig.

きょうれつ 強烈・な〔色・光・臭いが〕intensiv. ～な一撃 ein kräftiger Schlag. ～な印象 starker Eindruck.

ぎょうれつ 行列 der Zug *-es, ::e*;〔祝祭の〕die Prozession *-en*. ～する sich [in der Reihe] an|stellen;〔長長と〕Schlange stehen*. ～式《数》die Determinante.

きょうれん 教練 die Formalausbildung *-en*. ～をする exerzieren.

きょうわ 共和・国 die Republik *-en*. ～制 die Republik. ～制の republikanisch.

きょうわ 協和・する überein|stimmen (harmonieren)《mit 3格》. ～の《音》konsonant. ～音 die Konsonanz.

きょえいしん 虚栄心 die Eitelkeit. ～の強い eitel.

きょか 許可 die Erlaubnis; die Zulassung;〔認可〕die Genehmigung *-en*. ～する erlauben; genehmigen; *jn.* zu|lassen*《zu 3格》. 入学を～する *jn.* in die Schule auf|nehmen*. ～証 der Erlaubnisschein (Zulassungsschein).

きょかい 巨魁 der Rädelsführer *-s, -*; der Häuptling *-s, -e*.

ぎょかい 魚介 Fische und Muscheln *pl*.

きょがく 巨額 ungeheure Summe *-n*.

ぎょかく 漁獲 der Fischfang *-s*.

きょかん 巨漢 der Riese *-n, -n*.

ぎょがん 魚眼レンズ das Fischauge *-s, -n*; das Fischaugenobjektiv *-s, -e*.

きょぎ 虚偽の falsch; unwahr; lügenhaft.

ぎょぎょう 漁業 die Fischerei. ～権 das Fischereirecht.

ぎょきん 醵金 die Geldspende *-n*. ～する Geld spenden《für 4格》; eine Summe bei|steuern《zu 3格》.

きょく 曲〔曲調〕die Melodie *-n*;〔楽曲〕das Tonstück *-s, -e*. ～のない uninteressant; eintönig.

きょく 局〔官庁〕das Amt *-es, ::er*;〔部局〕die Abteilung *-en*. その～に当る das Amt übernehmen*; das Geschäft führen.

きょく 極 der Pol *-[e]s, -e*. 繁栄の～に達する den Gipfel (Höhepunkt) des Gedeihens erreichen. 絶望の～にある in äußerster Verzweiflung sein*.

ぎょく 漁区 → 漁場.

ぎょぐ 漁具 das Fischereigerät *-s, -e*.

きょくいん 局員〔郵便局の〕der Postbeamte#.

きょくう 極右 die äußerste (extreme) Rechte#;〔人人〕die rechten Ultras *pl*. ～の rechtsradikal.

きょくがい 局外・者 der Außenstehende#; der Unbeteiligte#. ～中立 die Neutralität.

きょくげい 曲芸 das Kunststück *-s, -e*; die Akrobatik. ～を演ずる ein Kunststück vor|machen. ～師 der Akrobat.

きょくげん 局限・する *et.* beschränken《auf 4格》;〔或る場所に〕*et.* lokalisieren《auf 4格》. ～された beschränkt.

きょくげん 極言する so weit gehen*(*s*), zu behaupten, dass ...

きょくげん 極限〔最高の〕Grenze *-n*. ～まで bis zur äußersten Grenze. ～状況 die Grenzsituation. ～値 der Grenzwert.

きょくさ 極左 die äußerste (extreme) Linke#;〔人人〕die linken Ultras *pl*. ～の linksradikal.

ぎょくざ 玉座 der Thron *-[e]s, -e*.

ぎょくさい 玉砕する den Heldentod sterben*(*s*).

きょくじつ 旭日昇天の勢いだ Er ist im Aufstieg begriffen.

きょくしょう 極小〔・量〕das Minimum *-s, ..ma*. ～の äußerst klein; minimal. ～値 der Minimalwert.

ぎょくせき 玉石混淆である von unterschiedlicher Qualität sein*.

きょくせつ 曲折する sich winden* (krümmen).

きょくせん 曲線 krumme Linie *-n*; die Kurve *-n*. ～の krummlinig. ～を描く eine Kurve beschreiben*.

きょくだい 極大〔・量〕das Maximum *-s, ..ma*. ～の äußerst groß; maximal. ～値 der Maximalwert.

きょくたん 極端・な extrem; äußerst;〔過度の〕übermäßig; exzessiv. ～に走る ins Extrem verfallen*(*s*); bis zum Äußersten gehen*(*s*). 両～は一致する Die Extreme (Gegensätze) berühren sich.

きょくち 極地 das Polargebiet *-s, -e*. ～の

きょくち　polar. ～探検 die Polarexpedition. ～探検家 der Polarforscher.

きょくち　極致　der Höhepunkt -[e]s, -e; die Krone. 美の～ das Schönheitsideal.

きょくちてき　局地的　lokal; örtlich.

きょくちょう　局長　der Abteilungsleiter -s, -; 〔本省の〕der Ministerialdirektor -s, -en; 〔郵便局の〕der Direktor -s, -en.

きょくど　極度の　äußerst; extrem; höchst. ～に aufs Äußerste; im höchsten Grade.

きょくとう　極東　der Ferne Osten -s; Fernost. ～の fernöstlich.

きょくどめ　局留めの(で)　postlagernd.

きょくのり　曲乗り〔馬の〕die Voltige -n; das Kunstreiten -s; 〔自転車の〕der Kunst[rad]fahren -s; 〔飛行機の〕der Kunstflug -[e]s, ⸚e. ～師 der Voltigeur; der Kunstreiter (Kunstradfahrer; Kunstflieger). 馬の～をする voltigieren.

きょくば　曲馬　→ 曲乗り. ～団 der Zirkus.

きょくばん　局番　die Vorwahl -en; die Vorwählnummer -n.

きょくび　極微の　mikroskopisch [klein].

きょくぶ　局部　der Teil -[e]s, -e; 〔陰部〕Schamteile pl. ～的 teilweise; lokal. ～麻酔 örtliche Betäubung; die Lokalanästhesie.

きょくほく　極北　der hohe (höchste) Norden -s.

きょくめん　曲面　krumme Fläche -n.

きょくめん　局面　die Situation -en; die Phase -n. むずかしい～の打開を図る einen Ausweg aus einer komplizierten Situation suchen.

きょくもく　曲目〔楽曲〕das Musikstück -s, -e; 〔番組〕das Programm -s, -e. 最初の～ die erste Nummer.

きょくりょう　極量〔薬の〕die Maximaldosis ..sen (略: MD).

きょくりょく　極力　mit aller Kraft; nach Möglichkeit; möglichst. ～努力する alle möglichen Anstrengungen machen《zu+不定詞》.

きょくろん　曲論　die Verdrehung -en.

きょくろん　極論する　eine extreme Behauptung auf|stellen. → 極言.

きょこう　挙行する　ab|halten*; veranstalten. 祝典を～する ein Fest feiern (begehen*). 結婚式を～する Hochzeit halten*.

きょこう　虚構　die Erdichtung -en; die Fiktion -en. ～する erdichten. ～の erdichtet; fiktiv.

ぎょこう　漁港　der Fischereihafen -s, ⸚.

きょしき　挙式する　Hochzeit halten* (machen).

きょしつ　居室　das Wohnzimmer -s, -; die Wohnstube -n.

きょしてき　巨視的　makroskopisch. ～経済学 die Makroökonomie.

ぎょしゃ　御者　der Kutscher -s, -. ～台 der Kutschbock.

きょじゃく　虚弱な　schwächlich; gebrechlich.

きょしゅ　挙手・によって表決する durch Hand[auf]heben (mit dem Handzeichen) ab|stimmen《über 4格》. ～する seine Hand hoch|heben*.

きょしゅう　去就を決しかねる　weder aus noch ein wissen*.

きょじゅう　居住・する　wohnen; ansässig sein*《in 3格》. ～権 das Wohnungsrecht. ～者 der Bewohner; der Ansässige⸚. ～地 der Wohnsitz.

きょしゅつ　醵出する　spenden.

きょしょ　居所・を定める　seinen Wohnsitz auf|schlagen*《in 3格》; sich ansässig machen《in 3格》. ～を変える seinen Wohnsitz verlegen《nach 3格》.

きょしょう　巨匠　der Meister -s, -. ピアノの～ ein Virtuose auf dem Klavier.

ぎょじょう　漁場　das Fischereigewässer -s, -; Fischgründe pl.

きょしょく　虚飾　trügerischer Glanz -es; falsche Pracht. ～のない真実 nackte Wahrheit.

ぎょしょく　漁色　die Geilheit -en. ～家 der Wollüstling.

きょしょくしょう　拒食症　die Nahrungsverweigerung -en.

きょしん　虚心坦懐に　offenherzig; unbefangen.

きょじん　巨人　der Riese -n, -n; der Titan -en, -en. ～のような riesenhaft.

きょすう　虚数　imaginäre Zahl -en.

ぎょする　御する　lenken; beherrschen. 御しやすい lenksam. 御しがたい unbändig; unlenksam; widerspenstig.

きょせい　巨星　der Riesenstern -s, -e; 〔人〕der Große⸚.

きょせい　去勢　die Kastration -en; die Entmannung -en. ～する kastrieren; entmannen. ～された kastriert; entmannt. ～された人 der Kastrat.

きょせい　虚勢を張る　bluffen; den starken Mann markieren (mimen).

きょぜつ　拒絶　die Verweigerung (Ablehnung) -en. ～する verweigern; ab|lehnen. ～の態度をとる sich ablehnend verhalten*. ～反応 die Abwehrreaktion.

きょせん　巨船　das Riesenschiff -s, -e.

ぎょせん　漁船　das Fischerboot -[e]s, -e.

きょぞう　巨像　der Koloss -es, -e.

きょぞう　虚像　virtuelles Bild -es, -er.

ぎょそん　漁村　das Fischerdorf -[e]s, ⸚er.

きょだい　巨大な　riesig; riesengroß; kolossal.

きょだく　許諾する　genehmigen; bewilligen.

きょだつ　虚脱する　einen Kollaps bekommen*; sich entkräften.

きょちゅうちょうてい　居中調停　die Vermittlung -en. ～の労を取る vermittelnde Schritte unternehmen*.

ぎょっ　～とする　zusammen|fahren* (zusammen|zucken)(s)《bei 3格》. ～として er-

schrocken.
きょっかい 曲解 die Missdeutung -en; die Verdrehung -en. ～する missdeuten; jm. et. übel deuten. 人の言葉を～する js. Worte verdrehen; jm. das Wort im Munde herum|drehen.
きょっけい 極刑 die strengste Strafe -n. ～に処する zu der strengsten Strafe verurteilen.
きょっこう 極光 das Polarlicht -[e]s, -er; die Aurora -s. 北(南)～ das Nordlicht (Südlicht).
きょてん 拠点 der Stützpunkt -[e]s, -e.
きょとう 巨頭 das Haupt -es, ¨er; führender Kopf -es, ¨e. ～会談 die Gipfelkonferenz.
きょどう 挙動 das Benehmen -s; das Verhalten -s;〔人目を引く〕Allüren pl. ～不審である sich verdächtig benehmen*. 彼は～不審の疑いを持たれた Durch sein Verhalten machte er sich verdächtig.
きょときょと ～と mit unstetem Blick.
きょとん ～とした verblüfft; verdutzt.
ぎょにく 魚肉 das Fischfleisch -es.
きょねん 去年 letztes (voriges) Jahr; im letzten (vorigen) Jahr[e]. ～の letztjährig; vorjährig. ～の夏に im letzten Sommer.
きょひ 拒否・する ab|lehnen; verweigern. ～権を行使する ein Veto ein|legen《gegen 4 格》.
きょひ 巨費を投ずる Riesensummen um|setzen《in 4 格》.
ぎょふ 漁夫 der Fischer -s, -. ～の利を占める im Trüben fischen.
ぎょぶつ 御物 der Kronschatz -es, ¨e.
ぎょふん 魚粉 das Fischmehl -s.
きょほ 巨歩〔科学史上に～をしるす sich³ große Verdienste um die Wissenschaft erwerben*.
きょほう 虚報 falsche Nachricht -en; die Lügenmeldung -en;〔新聞などの〕die Ente -n.
きょぼく 巨木 der Riesenbaum -[e]s, ¨e.
きょまん 巨万の富を積む kolossale Reichtümer auf|häufen.
ぎょみん 漁民 der Fischer -s, -.
きょむ 虚無 das Nichts -. ～的 nihilistisch. ～主義 der Nihilismus. ～主義者 der Nihilist.
きょめい 虚名 eitler (falscher) Ruhm -[e]s.
きよめる 清める reinigen; säubern. 心を～sich (jn.) läutern.
きょもう 虚妄の illusorisch; trügerisch.
ぎょゆ 魚油 der Tran -s, -e.
きょよう 許容・する zu|lassen*; tolerieren. ～しがたい unzulässig. ～積載量 zulässige Belastung. ～範囲 der Toleranzbereich. ～限界 die Toleranzgrenze.
きょよう 挙用する jn. ernennen*《zu 3 格》.
ぎょらい 魚雷 der Torpedo -s, -s.
きよらか 清らかな → 清い.
きょり 巨利を博する einen Riesengewinn ziehen*《aus 3 格》.

きょり 距離 der Abstand -[e]s, ¨e; die Entfernung -en;〔道程〕die Strecke -n. ～が遠い weit entfernt sein*. ～を保つ Abstand halten*《von 3 格》. 10メートルの～を置いて im Abstand von 10 Meter[n]; in 10-Meter-Abstand. ここから東京までの位の～ですか Wie weit ist es von hier bis Tokyo?
ぎょるい 魚類 Fische pl.
きょれい 虚礼 leere Förmlichkeit -en; übertünchte Höflichkeit.
ぎょろう 漁労 die Fischerei.
ぎょろぎょろ〔目を～させる die Augen rollen.
ぎょろり ～とにらみつける furchtbar an|blicken. ～とした目 das Glotzauge.
きよわ 気弱の zaghaft; kleinmütig.
きらい 嫌い・な verhasst. ～である nicht mögen*; nicht gern haben*; nicht leiden können*. 女～ der Frauenhass;〔人〕der Frauenhasser. 男女の～なく ohne Rücksicht auf das Geschlecht. 彼は軽率の～がある Er neigt zum Leichtsinn. 私はそんな事は～だ Das ist mir zuwider (unsympathisch). / Ich bin solchen Dingen abgeneigt. 彼は肉が～だ Er isst Fleisch nicht gern. / Er mag kein Fleisch.
きらい 機雷 die [See]mine -n.
きらう 嫌う nicht gern haben*; eine Abneigung haben*《gegen 4 格》;〔憎む〕hassen. 嫌われる sich bei jm. verhasst machen.
きらきら ～する funkeln; glitzern.
ぎらぎら ～する grell leuchten; blenden.
きらく 気楽・な sorgenfrei; behaglich. ～な仕事 leichte Arbeit. ～な暮らしをする ein sorgenfreies Dasein haben*. ～に考える et. von der leichten Seite nehmen*. ～になさい Machen Sie sich's bequem!
きらす 切らす〔品切〕et. nicht vorrätig haben*. 息を～ außer Atem sein*. その品は切らしております Die Ware ist uns ausgegangen.
きらびやか ～な prunkhaft; prachtvoll.
きらぼし 綺羅星〔プログラムには錚錚(そうそう)たる名前が～の如く並んでいる Das Programm prunkt mit einem Sternenreigen illustrer Namen.
きらめく funkeln; glitzern; glimmern; blinken.
きり〔だけ〕nur; bloß. 今度～ ein für alle Mal. 二人～ beide allein. あれ～彼に会わない Seitdem habe ich ihn nicht wiedergesehen.
きり 桐 die Paulownia [paʊˈlɔvnia] ...nien.
きり 錐 der Bohrer -s, -;〔突き錐〕die Ahle -n;〔金石用の〕der Drillbohrer -s, -. ～を揉(も)む bohren.
きり 霧 der Nebel -s, -;〔しぶき〕der Wasserstaub -s. ～の深い neblig. ～が立ちこめる Es nebelt. ～を吹く et. mit Wasser besprühen.
きり 切り・のない endlos; grenzenlos. ～をつける ein Ende machen《3 格》. 欲を言えば～がな

い Habgier kennt doch keine Grenzen.

ぎり 義理 die Schuldigkeit; Verbindlichkeiten pl. 〜人情 menschliche Verpflichtung. 〜の母〔継母〕die Stiefmutter; 〔姑〕die Schwiegermutter. 〜は堅い〔pflicht〕treu. 〜知らずの undankbar; pflichtvergessen. 〜がある in js. Schuld stehen*. 〜を立てる〔欠く〕seine Schuldigkeit tun* (seine Pflicht vernachlässigen). 〜にも良いとは言えない Ich kann nicht einmal aus Höflichkeit sagen, dass es gut ist. 〜はつらいもの Muss ist eine harte Nuss.

きりあう 切り合う mit *jm.* den Degen kreuzen.

きりあげる 切り上げる ab|schließen*; ein Ende machen 《3格》; auf|hören 《mit 3 格》. 或る金額の端(は)数を〜 eine Summe nach oben ab|runden.

きりうり 切り売り・する stückweise verkaufen. 生地を〜する Stoff aus|schneiden*.

きりえ 切り絵 der Scherenschnitt -s, -.

きりおとす 切り落す ab|schneiden*; ab|hauen*.

きりかえ 切り換え der Wechsel -s; 〔更新〕die Erneuerung -en; 〔電流の〕die Umschaltung -en. 〜スイッチ der Umschalter.

きりかえる 切り換える wechseln; erneuern; *et.* um|schalten (um|stellen)《auf 4 格》. 冷房を暖房に〜 die Klimaanlage von „kühl" auf „warm" um|stellen. 気持〔頭〕を〜 um|schalten.

きりかぶ 切り株〔木の〕der Stumpf -[e]s, ¨e; 〔稲などの〕die Stoppel -n.

きりきざむ 切り刻む zerhacken; zerstückeln; zerkleinern.

きりきず 切り傷 die Schnittwunde -n.

きりきり 〜痛む bohrenden Schmerz haben*. 〜回る sich in einem schnellen Wirbel drehen.

ぎりぎり ¶支払の〜の期限 der letzte (äußerste) Termin für die Zahlung. 過半数〜の得票で mit knapper Stimmenmehrheit. 〜に列車に間に合う den Zug gerade noch erreichen. 彼はいつも時間〜にやって来る Er kommt immer in letzter Minute.

きりぎりす〘昆〙die Laubheuschrecke -n.

きりきりまい きりきり舞いをする ganz in Anspruch genommen sein*《von 3 格》.

きりくず 切り屑 das (der) Schnitzel -s, -; 〔布の〕der Fetzen, -s, -; 〔木の〕der Span -[e]s, ¨e.

きりくずす 切り崩す〔山などを〕ab|tragen*.

きりくち 切り口 der Schnitt -es, -e; der Schlitz -es, -e.

きりこ 切り子ガラス das Schleifkristall -s.

きりこうじょう 切り口上で in schneidendem Ton.

きりこみ 切り込み der Einschnitt -[e]s, -e.

きりこむ 切り込む ein|schneiden*《in 4 格》. 敵中に〜 auf den Feind ein|hauen*.

きりころす 切り殺す nieder|hauen*; nieder|-säbeln.

きりさいなむ 切り苛む ¶彼女の心は悲しみに切り苛まれた Kummer zerfraß ihr das Herz.

きりさく 切り裂く [zer]reißen*; 〔切り開く〕auf|schneiden*.

きりさげ 切り下げ〔平価の〕die Abwertung -en.

きりさげる 切り下げる ¶円を〜 Yen ab|werten.

きりさめ 霧雨 der Sprühregen (Nieselregen) -s. 〜が降る Es sprüht (nieselt).

ギリシア Griechenland. 〜の griechisch. 〜人 der Grieche. 〜正教の griechisch-orthodox.

きりすてる 切り捨てる ab|schneiden*; 〔殺す〕nieder|hauen*; 〔省略する〕weg|lassen*. 小数 2 位以下を〜 nur eine Dezimalstelle an|führen.

キリスト Christus. 〜の復活 die Auferstehung Christi. 〜紀元 christliche Zeitrechnung. 〜紀元前(後) vor (nach) Christus; vor (nach) Christi Geburt. 〜降誕祭 → クリスマス.

キリストきょう キリスト教 das Christentum -s. 〜の christlich. 反〜の antichristlich. 〜徒 der Christ; 〔集合的に〕die Christenheit. 〜会 christliche Kirche. 〜青年(女子青年)会 der Christliche Verein Junger Männer (Mädchen).

きりたおす 切り倒す〔木を〕fällen; um|hauen*.

きりだし 切り出し〔小刀〕das Messer -s, -.

きりだす 切り出す ¶石を〜 Steine brechen*. 木材(鉱石)を〜 Holz (Erz) hauen*. 質問(主題)を〜 eine Frage (ein Thema) an|schneiden*.

きりたった 切り立った schroff.

きりつ 起立・する auf|stehen*(*s*); sich erheben*. 〜によって表決する durch Aufstehen ab|stimmen《über 4 格》. 〜! Aufstehen!

きりつ 規律 die Disziplin; 〔秩序〕die Ordnung. 〜正しい diszipliniert. 〜を守る Disziplin halten* (wahren). 〜ある生活をする ein geregeltes Leben führen.

きりつける 切り付ける〔人に〕auf *jn.* hauen*. 石にしるしを〜 Zeichen in Stein hauen*.

きりづま 切妻 der Giebel -s, -. 〜屋根 das Giebeldach.

きりつめる 切り詰める ab|kürzen; 〔節減する〕ein|schränken. 切り詰めた暮らしをする in beschränkten Verhältnissen leben.

きりどおし 切り通し der Hohlweg -[e]s, -e.

きりとりせん 切り取り線 punktierte Linie -n.

きりとる 切り取る ab|schneiden*; aus|schneiden*; weg|schneiden*. 芝生を〜 Rasen aus|stechen*.

きりぬき 切り抜き der Ausschnitt -[e]s, -e.

きりぬく 切り抜く aus|schneiden*. 紙を人形の形に〜 Puppen aus Papier aus|schneiden*.

きりぬける 切り抜ける ¶敵陣を〜 sich durch

die gegnerischen Linien durch|schlagen*. ピンチを~ aus dem Schneider (den Schwierigkeiten) heraus|kommen*(s).
きりばな 切り花 Schnittblumen pl.
きりはなす 切り離す ab|schneiden*; 〔分離する〕 [ab|]trennen. この場合人物と事件とは切り離せない Man kann hier die Person von der Sache nicht trennen.
きりはらう 切り払う ┃木の枝を~ Bäume verschneiden*. 敵を~ den Feind vertreiben*.
きりばり 切り張りする zusammen|flicken.
きりひらく 切り開く auf|schneiden*; 〔山林・土地などを〕roden. 道を~ sich^3 einen Weg bahnen; sich^3 Bahn brechen*. 血路を~ sich durch|schlagen*.
きりふき 霧吹き der Zerstäuber -s, -.
きりふだ 切り札 der Trumpf -[e]s, ¨e. ~で切る trumpfen. 最後の~を出す den letzten Trumpf aus|spielen.
きりまくる 切りまくる um sich hauen*.
きりまわす 切り回す bewirtschaften; verwalten. → 切り盛り.
きりもみ 錐揉み状態になる ins Trudeln kommen*(s).
きりもり 切り盛り ┃所帯を~する den Haushalt führen; das Hauswesen verwalten.
きりゃく 機略に富む listenreich.
きりゅう 気流 die Luftströmung -en.
きりゅう 寄留・する sich auf|halten* (in 3 格); bei jm. wohnen. ~地 der Aufenthaltsort.
きりゅうさん 稀硫酸 verdünnte Schwefelsäure.
きりょう 器量・のよい schön. ~を下げる sich^3 etwas vergeben*. ~人 ein Mensch von Talent.
ぎりょう 技量(倆) die Fertigkeit -en; das Können -s.
きりょく 気力 die Geisteskraft (Seelenkraft) ¨e; die Energie.
きりわける 切り分ける zerteilen.
きりん 麒麟 die Giraffe -n. ~児 das Wunderkind.
きる 切る schneiden*; 〔鋏で〕scheren*; 〔鋸で〕sägen; 〔切り倒す〕fällen; 〔切開する〕operieren; schneiden*; 〔手足を切断する〕amputieren; 〔切符を〕knipsen; 〔ラジオなどを〕ab|schalten. 人と縁(手)を~ mit jm. brechen*. 刀で~ mit dem Schwert hauen*. 期限を~ den Termin fest|setzen. 首を~ jn. enthaupten; 〔解雇する〕jn. [aus dem Dienst] entlassen*. 札びらを~ mit dem Geld um sich werfen*. しらを~ sich unwissend stellen. 10秒を~ den Rekord von 10 Sekunden brechen*. トランプを~ die Karten mischen. 車のハンドルを右に~ das Auto nach rechts lenken. 指を~ sich in den Finger schneiden*. 水を切る et. abtropfen (ablaufen) lassen*. 身を~ような寒さ schneidende (scharfe) Kälte. 私はそのために身を切られる思いだ Das

schneidet mir ins Herz. もし…なら腹を切ろう Ich will mich hängen lassen, wenn …
きる 着る an|legen; an|ziehen*; 〔着ている〕an|haben*; tragen*. 罪をその身に負う sich nehmen*. 恩に~ jm. sehr verbunden sein* (für 4格).
キルティング das Steppen -s, -. ~の上衣 die Steppjacke. ~の掛布団 die Steppdecke.
ギルド die Gilde -n.
きれ 切れ → 切れ味; 切れ端. 一~の肉 ein Stück Fleisch.
きれあじ 切れ味 die Schärfe. ~のよい scharf. ~の悪い stumpf. 鋏の~を試す die Schärfe einer Schere prüfen. このナイフは~がよい Dieses Messer schneidet gut (scharf).
きれい 奇麗・な schön; hübsch; 〔かわいい〕niedlich; 〔エレガントな〕fein; 〔清潔な〕rein; sauber; 〔きちんとした〕ordentlich; 〔公明な〕ehrlich. ~な姿 zierliche Figur. ~好きの reinlich. ~に 〔すっかり〕völlig; gänzlich. その事は~に忘れてしまった Das habe ich rein (glatt) vergessen.
ぎれい 儀礼 die Höflichkeit; die Förmlichkeit -en. ~的な höflich; förmlich; zeremoniell. ~上 höflichkeitshalber.
きれぎれ 切れ切れ・にする fetzen; in Fetzen reißen*. ~の zerrissen; 〔とぎれとぎれの〕abgebrochen.
きれじ 切れ地 das Tuch -es, ¨e. → 生地(きじ).
きれつ 亀裂 die Spalte -n; der Riss -es, -e. ~を生ずる Risse bekommen*.
きれはし 切れ端 das Stückchen -s, -; 〔布・紙の〕der Fetzen -s, -; 〔反物の〕der Stoffrest -[e]s, -e; 〔木の〕der Holzsplitter -s, -.
きれめ 切れ目 der Spalt -s, -e; der Einschnitt -[e]s, -e; 〔とぎれ〕die Unterbrechung -en; die Pause -n; 〔終り〕der Schluss -es, ¨e. 金の~が縁の~ Not ist der Liebe Tod.
きれもの 切れ者 tüchtiger Mensch -en, -en.
きれる 切れる 〔ちぎれる〕reißen*(s); 〔ぷっつりと〕zerspringen*(s); 〔刃物が〕gut schneiden*; 〔堤防が〕reißen* (brechen*) (s); 〔すりきれる〕sich ab|nutzen; 〔商品が〕ausverkauft sein*; 〔期限が〕ab|laufen*(s). 頭の~ scharfsinnig. 雲が~ Die Wolken zerteilen sich. 食料のたくわえが切れた Mein Vorrat an Lebensmitteln ist ausgegangen. 電話は切れた Die [Fernsprech]verbindung ist abgebrochen (getrennt worden). 私は息が切れた Der Atem ist mir ausgegangen. 彼とは縁が切れた Ich bin mit ihm fertig. ここで報告は切れている Hier bricht der Bericht ab.
きろ 岐路に立つ am Scheideweg stehen*.
きろ 帰路 → 帰途.
キロ das Kilo -s, -[s]. ~メートル der Kilometer (記号: km). ~ヘルツ das Kilohertz (記号: kHz). ~ワット時 die Kilowattstunde (記号: kWh). 時速80~ 80 Kilometer je Stunde (記号: km/h; km/st).
きろく 記録 〔文書〕die Urkunde -n; das

Dokument −[e]s, -e;〔会議の〕das Protokoll −[e]s, -e;〔スポーツなどの〕der Rekord -s, -e. ～する verzeichnen; et. ein|tragen* (in 4格). ～にとる protokollieren; zu Protokoll nehmen*. 会議の～を取る bei einer Sitzung das Protokoll führen. ～を破る(立てる) einen Rekord brechen* (auf|stellen). ～映画 der Dokumentarfilm. ～係 der Protokollführer; 世界一保持者 der Weltrekordhalter; der Weltrekordler. ～破りの暑さだった Die Hitze überstieg alle Rekorde.

ギロチン die Guillotine *-n*.

ぎろん 議論 die Erörterung *-en*; die Debatte *-n*; die Diskussion *-en*;〔学術上の〕die Disputation *-en*. ～する *et.* mit *jm.* erörtern (diskutieren); mit *jm.* debattieren (disputieren)《über 4格》. ～好きな人 der Polemiker. ～の余地のない unumstritten. ～を始める in eine Debatte ein|treten (*s*). これは～の余地がある Darüber lässt sich streiten. この問題では～百出した Es gab viele Diskussionen über diese Frage.

きわ 際 ¶水～で am Wasser. 崖の～で am Rand eines Abgrundes. 今わの～に beim Abschied vom Leben.

ぎわく 疑惑・を抱く Zweifel hegen《an 3格》; Argwohn haben*《gegen 4格》. 人に～を抱かせる bei *jm.* Zweifel (Argwohn) erwecken. 彼は～の目で見られた Er wurde mit Argwohn betrachtet.

きわだつ 際立つ sich ab|heben* (von 3格); hervor|ragen; sich aus|zeichnen. 際立った hervorragend; ausgezeichnet; ausgeprägt. 彼は数学ではクラスで際立っている Er ragt in der Mathematik unter seinen Mitstudenten hervor.

きわどい 際疾い・ところで mit knapper Not; um Haaresbreite. ～芸当 gewagte Kunststücke *pl.* ～洒落 schlüpfrige (gewagte) Witze *pl.* 彼の命が助かるかどうかは全く～ところだ Sein Leben steht auf des Messers Schneide.

きわまる 極まる・ところを知らない kein Ende nehmen*; alle Grenzen übersteigen*. 無礼～ höchst beleidigend. 進退～る in die Klemme geraten*(*s*). 感極まって泣く zu Tränen gerührt werden*(*s*受).

きわめて 極めて äußerst; höchst; außerordentlich; überaus.

きわめる 極める ¶その事の真相を～ der Sache auf den Grund gehen*(*s*). 山頂を～ einen Berg ersteigen*. 頂点を～ den Gipfel erreichen. 豪奢(ゴウシャ)を～ maßlosen Luxus treiben*;〔物の〕das Nonplusultra an Luxus sein*. 残忍を～ äußerst grausam sein*. 口を極めてほめる *jn.* (*et.*) in den Himmel heben*.

きわもの 際物 der Kitsch *-es*. ～的な kitschig.

きん 金 das Gold *-es*;〔化〕das Aurum *-[s]* (記号: Au). ～の golden. ～を含む goldhaltig. 14～ vierzehnkarätiges Gold.

きん 菌 der Bazillus *-, ..zillen*; Bakterien *pl.* ～類 Pilze *pl.*

ぎん 銀 das Silber *-s*;〔化〕das Argentum *-[s]* (記号: Ag). ～の silbern.

きんい 金位 der Goldgehalt *-s*.

きんいつ 均一・の gleichmäßig; einheitlich. ～にする aus|gleichen*; vereinheitlichen. ～価格 der Einheitspreis.

きんいろ 金色の golden; goldfarbig.

きんいん 近因 unmittelbare Ursache *-n*.

きんえん 筋炎 die Muskelentzündung *-en*.

きんえん 禁煙・する dem Rauchen entsagen. ～! Rauchen verboten! ～車 der Nichtraucher.

きんか 金貨 die Goldmünze *-n*. ～で払う in Gold bezahlen.

ぎんか 銀貨 die Silbermünze *-n*.

ぎんが 銀河 die Milchstraße. ～系 das Milchstraßensystem; die Galaxis. ～系の galaktisch.

きんかい 近海 ¶北海道の～で an der Küste von Hokkaido. ～航路 die Küstenschifffahrtslinie. ～漁業 die Küstenfischerei.

きんかい 欣快 ¶それは私の最も～とするところであります Es wird mir eine große Freude sein, dass ...

きんかい 金塊 der Goldklumpen *-s, -*;〔延べ棒〕der Goldbarren *-s, -*.

きんかぎょくじょう 金科玉条 goldene Lebensregel *-n*.

きんがく 金額 die [Geld]summe *-n*; der Betrag *-[e]s, ¨e*. ～は200ユーロになる Die Summe beträgt 200 Euro.

きんがしんねん 謹賀新年 Ich wünsche Ihnen ein glückliches neues Jahr!

ぎんがみ 銀紙 das Silberpapier *-s*; das Stanniol *-s, -e*.

きんかん 近刊〔新刊〕die Neuerscheinung *-en*. ～の in Kürze (demnächst) erscheinend.

きんかん 金冠 die Goldkrone *-n*. 歯に～をかぶせる einen Zahn überkronen.

きんかん 金環 der Goldreif *-s, -e*. ～食(蝕) ringförmige Sonnenfinsternis.

きんがん 近眼 → 近視. ～鏡 die Brille für Kurzsichtige.

きんかんがっき 金管楽器 das Blechblasinstrument *-s, -e*.

きんき 欣喜雀躍する einen wilden Freudentanz auf|führen.

きんき 禁忌 das Tabu *-s, -s*.

ぎんき 銀器 das Silberbesteck *-s, -e*.

きんきゅう 緊急・の dringend. ～質問 die Dringlichkeitsanfrage. ～動議 der Dringlichkeitsantrag. ～事態 der Notstand. ～措置 die Notmaßnahme. ～連絡先 die Notadresse.

きんぎょ 金魚 der Goldfisch *-es, -e*. ～鉢 das Goldfischglas.

きんきょう 近況・をたずねる sich nach *js.* Be-

finden erkundigen. ～を知らせる **von sich³ schreiben*** (hören lassen*).

きんきょり 近距離・から **aus der Nähe.** ～に ある **nicht weit entfernt sein*.** ～輸送 **der Nahverkehr.**

きんきん 近近 **bald; in kurzem.**

きんく 禁句 ¶ それはここでは～だ **Das ist hier ein Tabu.**

キング **der König** -s, -e. ～サイズの **extra groß.**

きんけん 勤倹な **sparsam.**

きんげん 金言 **goldene Worte** pl.; **der Spruch** -[e]s, ⸚e.

きんげん 謹厳な **ernst; streng.**

きんけんせいじ 金権政治 **die Plutokratie.** ～の **plutokratisch.** ～家 **der Plutokrat.**

きんこ 金庫 **die Kasse** -n; **der (das) Safe** -s, -s; **der Geldschrank** -[e]s, ⸚e. ～室 **der Tresor.** 手提げ～ **die Geldkassette.** ～破り〔人〕 **der Geldschrankknacker.**

きんこ 禁固(錮)の **das Gefängnis** -ses. ～する **gefangen setzen.** ～刑 **die Gefängnisstrafe.** 彼は10年の～刑を申し渡された **Er ist zu 10 Jahren Gefängnis verurteilt worden.**

きんこう 近郊 **die Umgebung (Peripherie) der Stadt; die Vorstadt** ⸚e. ～の **vorstädtisch.**

きんこう 均衡 **das Gleichgewicht** -s. ～を保つ **das Gleichgewicht halten***; et. **aus|balancieren.** ～を失う **sein Gleichgewicht verlieren*.** ～の取れない **ungleichmäßig; unausgeglichen.**

きんこう 金鉱 **das Golderz** -es, -e; 〔金山〕 **das Goldbergwerk** -s, -e; **die Goldgrube** -n.

ぎんこう 銀行 **die Bank** -en. 金を～に預ける **Geld bei der Bank ein|zahlen.** ～に預金が10 000 円ある **100 000 Yen auf der Bank [liegen] haben*.** ～と取引がある **ein Konto bei der Bank haben*.** ～員 **der Bankangestellte**#. ～家 **der Bankier.** ～業 **das Bankwesen.** ～券 **die Banknote.** ～口座 **das Bankkonto.** ～通帳 **das Bankbuch.** ～頭取 **der Bankdirektor.** ～預金 **das Bankguthaben.** 貯蓄～ **die Sparkasse.** ～強盗 **der Bankräuber.**

きんこつ 筋骨たくましい **muskulös.**

きんこんしき 金婚式 **die goldene Hochzeit.**

ぎんこんしき 銀婚式 **die silberne Hochzeit.**

きんざいく 金細工 **die Gold[schmiede]arbeit** -en. ～師 **der Goldschmied.**

きんさく 金策する sich³ **Geld beschaffen.**

きんざん 金山 → 金鉱.

ぎんざん 銀山 **das Silberbergwerk** -s, -e.

きんし 近視 **die Kurzsichtigkeit; die Myopie.** ～の **kurzsichtig; myop.** ～の人 **der Myope**#. ～眼的 **der Goldschmied.**

きんし 金糸 **der Goldfaden** -s, ⸚.

きんし 菌糸 **der Myzelfaden** -s, ⸚; **die Hyphe** -n.

きんし 禁止 **das Verbot** -[e]s, -e; **die Untersagung** -en. ～を解く **ein Verbot auf|heben*.** ～する **verbieten*; untersagen.** ～れた **verboten.** 発売～ **das Verkaufsverbot.** 通り抜け～ **Durchgang verboten!**

きんじ 近似・の **annähernd.** ～値 **der Näherungswert.**

きんジストロフィー 筋ジストロフィー **die Muskeldystrophie** -n.

きんしつ 均質・の **homogen.** ～化する **homogenisieren.**

きんじつ 近日 **in kurzem; in den nächsten Tagen.**

きんじとう 金字塔 **die Pyramide** -n. ～を打ち建てる sich³ **ein Denkmal setzen.**

きんしゃ 錦紗 **der Seidenkrepp** -s, -s (-e).

きんしゅ 金主 **der Geldgeber** -s, -.

きんしゅ 筋腫 **das Myom** -s, -e.

きんしゅ 禁酒 **die Abstinenz.** ～の **abstinent.** ～する **sich des Alkohols enthalten*.** ～家 **der Abstinenzler.** ～運動 **die Abstinenzbewegung.**

きんじゅう 禽獣 **Vögel und Tiere.**

きんしゅく 緊縮 **die Einschränkung** -en. ～する **ein|schränken.** ～生活をする sich **ein|schränken; eingeschränkt leben.** ～政策 **die Sparpolitik.**

きんじょ 近所 **die Nachbarschaft.** ～の **nahe.** すぐ～に **in der Nähe《von 3 格》; in unmittelbarer Nachbarschaft.** ～の人 **der Nachbar; der Anwohner.**

きんしょう 僅少・の **ein [klein] wenig; gering; winzig.** ～の差で勝つ **nur knapp gewinnen*.**

ぎんしょう 吟誦 **die Rezitation** -en. ～する **vor|tragen*; rezitieren.**

きんしん 近親・の **nahe verwandt.** ～結婚 **die Verwandtenehe.** ～相姦 **der Inzest; die Blutschande.** ～者 **der nahe Verwandte**#.

きんしん 謹慎する sich zur Buße zurück|ziehen*.

きんずる 禁ずる **verbieten*; untersagen;** 〔抑える〕 **sich enthalten*《2 格》.** 涙を禁じえない **Ich kann mich der Tränen nicht enthalten.**

きんせい 近世 **die Neuzeit.** ～ **近代.**

きんせい 均斉 **das Ebenmaß (Gleichmaß)** -es; **die Symmetrie** -n. ～の取れた **ebenmäßig; symmetrisch.**

きんせい 金星 **die Venus.**

きんせい 禁制 → 禁止. ～品 **verbotene Ware.**

ぎんせかい 銀世界 ¶ 一面の～だ **Die ganze Gegend ist mit Schnee bedeckt.**

きんせつ 近接の **benachbart.**

きんせん 金銭 **das Geld** -es. ～上の問題 **die Geldangelegenheit.** ～登録器 **die Registrierkasse.**

きんせん 琴線 ¶ 心の～に触れる **eine Saite in js. Herz an|schlagen*.**

きんせんか 金盞花 **die Ringelblume** -n.

きんぞく 金属 **das Metall** -s, -e. ～[性・製] の **metallen.** ～工業 **die Metallindustrie.**

~製品 Metallwaren *pl.* ~疲労 die Metallermüdung.

きんぞく 勤続・する fortwährend tätig sein*. 30年~する 30 Jahre lang ununterbrochen dienen.

きんだい 近代 die moderne (neuere) Zeit; 〔古代・中世に対して〕die Neuzeit. ~〔的〕の neuzeitlich; modern. ~化する modernisieren. ~語 die neueren Sprachen *pl.* ~主義 der Modernismus. ~人 moderner Mensch.

きんだか 金高 → 金額.

きんだん 禁断・の木の実 verbotene Früchte *pl.* ~症状 die Entziehungserscheinung; die Abstinenzerscheinung.

きんちさん 禁治産 die Entmündigung. ~の宣告を下す *jn.* entmündigen. ~者 der Entmündigte*.

きんちゃく 近着・の frisch eingetroffen; neu eingeführt. ~の図書〔近く到着する〕Bücher, die bald eintreffen sollen (werden).

きんちょう 緊張 die Spannung *-en.* ~させる [an]spannen. ~する angespannt sein*. ~した [an]gespannt; angestrengt. ~を緩和する *et.* entspannen. 世界の~緩和 weltweite Entspannung.

きんちょう 謹聴する *jm.* aufmerksam zu|hören.

きんてき 金的・に命中する ins Schwarze treffen*. ~を射当てる das große Los ziehen*.

きんとう 近東 der Nahe Osten *-s.* ~の nahöstlich. ~諸国 die Länder in Nahost.

きんとう 均等・の gleich. ~にする gleich|machen. ~割にする gleichmäßig verteilen.

ぎんなん 銀杏 Ginkgosamen *pl.*

きんにく 筋肉 der Muskel *-s, -n.* ~の強い (多い) muskulös. ~労働 die Muskelarbeit.

きんねん 近年 in den letzten Jahren.

きんば 金歯 der Goldzahn *-[e]s, ⸚e.* ~を入れてもらう sich³ Goldzähne einsetzen lassen*.

きんぱい 金牌 die Goldmedaille *-n.*

きんぱく 金箔 das Goldblättchen *-s, -.*

きんぱく 緊迫した gespannt.

きんぱつ 金髪 das Goldhaar *-[e]s, -e.* ~の goldhaarig; [gold]blond.

ぎんぱつ 銀髪の weißhaarig; grauhaarig.

ぎんぱん 銀盤 die Eisbahn (Schlittschuhbahn) *-en.* ~の女王 die Königin auf dem Eis.

きんぴ 金肥 der Kunstdünger *-s, -.*

きんぴか 金ぴか・の golden leuchtend. ~の服 das Flitterkleid; der Flitterstaat. ~に着飾る prächtig gekleidet sein*.

きんぶち 金縁〔眼鏡の〕der Goldrand *-[e]s, ⸚er;* 〔額縁〕die Goldleiste *-n.* ~の眼鏡 goldene Brille.

きんぷん 金粉 der Goldstaub *-s.*

きんべん 勤勉 der Fleiß *-es.* ~な fleißig; emsig; arbeitsam.

きんぺん 近辺 → 付近.

きんペン 金ペン die Goldfeder *-n.*

きんぽうげ 金鳳花 der Hahnenfuß *-es.*

きんボタン 金ボタン der Messingknopf *-s, ⸚e.*

きんほゆうだか 金保有高 der Goldbestand *-[e]s, ⸚e.*

きんほんいせい 金本位制 die Goldwährung *-en;* der Goldstandard *-s, -s.*

ぎんまく 銀幕 die [Film]leinwand *⸚e;* 〔映画界〕die Filmwelt.

ぎんみ 吟味する prüfen; probieren.

きんみつ 緊密な eng.

きんみゃく 金脈 die Goldader *-n.*

きんむ 勤務 der Dienst *-es.* ~する Dienst tun*; dienen. ~に就く seinen Dienst an|treten*. ~上の dienstlich. ~時間 Dienststunden *pl.* ~年限 das Dienstalter. 時間外~をする Überstunden machen.

きんモール 金モール die Goldborte *-n.*

きんもつ 禁物 ¶高血圧に塩分は~だ Bei Bluthochdruck ist Salz tabu.

きんゆ 禁輸 das Embargo *-s, -s;* 〔輸出の〕das Ausfuhrverbot *-s, -e;* 〔輸入の〕das Einfuhrverbot *-s, -e.*

きんゆう 金融 die Finanz; das Geldwesen *-s.* ~〔上〕の finanziell. ~業界 die Finanzwelt. ~機関 das Geldinstitut. ~恐慌 die Finanzkrise. ~業 Geldgeschäfte *pl.* ~業者 der Finanzier; Finanzmann. ~市場 der Geldmarkt. ~資本 das Finanzkapital.

ぎんゆう 吟遊詩人 fahrender Sänger *-s, -.*

きんようび 金曜日 der Freitag *-s, -e.* ~に am Freitag.

きんよく 禁欲 die Askese. ~生活をする ein enthaltsames (asketisches) Leben führen; [sexuell] enthaltsam leben. ~的 asketisch. ~主義者 der Asket.

きんらい 近来 seit kurzem; in der letzten Zeit.

きんり 金利 der Zins *-es, -en;* 〔利率〕der Zinsfuß *-es, ⸚e.* ~を引き上げる(下げる) die Zinsen herauf|setzen (herab|setzen). ~生活者 der Rentier.

きんりょう 禁猟 das Jagdverbot *-s, -e.* ~期 die Schonzeit; die Hegezeit. ~区 das Reservat; das Tierschutzgebiet.

きんりん 近隣 → 近所. ~諸国 Nachbarländer *pl.*

きんれい 禁令を発する ein Verbot erlassen*.

きんろう 勤労 die Arbeit *-en.* ~意欲 die Arbeitslust. ~者 der Arbeiter. ~所得 das Arbeitseinkommen. ~奉仕 der Arbeitsdienst.

く 九 neun. ～番目の neunt. 第～シンフォニー die neunte Sinfonie.

区 〔市区〕der Stadtbezirk -s, -e; das Stadtviertel -s, -; 〔区域〕der Bezirk -[e]s, -e; die Zone -n. バスの料金は1～190円だ Das Fahrgeld des Busses ist 190 Yen für die Teilstrecke. ～長 der Stadtbezirksvorsteher.

句 〔成句〕die Phrase -n; die Redensart -en; 〔語句〕der Ausdruck -s, ⸚e; 〔章句〕der Passus -, -; 〔詩句〕der Vers -es, -e; 〔俳句〕das Haiku -[s], -s.

苦・にする sich^3 viel Gedanken machen (über 4格; wegen 2格). ～にしない sich^3 keine Sorgen machen (um 4格); sich bekümmern (über 4格); leicht. ～は楽の種 Auf Leiden folgen Freuden.

ぐ 愚・にもつかぬ unsinnig; absurd. ～にもつかぬ 事を言う Unsinn (ungereimtes Zeug) reden. ～の骨頂だ Das ist blühender Unsinn.

ぐあい 工合・がい 〔都合〕für jn. bequem sein*; jm. recht sein*. からだの～がいい Es geht mir gut. 機械の～がいい(悪い) Die Maschine funktioniert gut (schlecht; nicht). 万事～よく行く Es geht alles gut. / Es ist alles in Ordnung. いい～に zum Glück. どんな～に auf welche Weise. 仕事の～はどうですか Was macht die Arbeit? 天気～ die Wetterlage.

くい 杭 der Pfahl -[e]s, ⸚e. ～を打つ einen Pfahl ein|schlagen*.

くい 悔い → 後悔.

くいあらた 悔い改め die Buße -n.

くいあらためる 悔い改める Buße tun*. 罪を～ seine Sünden büßen.

くいいじ 食い意地が張っている gefräßig sein*.

くいいる 食い入る sich ein|beißen* (in 4格). ～ような目でじっと見つめる jn. durchbohrend an|sehen*; jm. mit Blicken durchbohren.

クイーン die Königin -nen; 〔トランプの〕die Dame -n.

くいかけ 食い掛け angebissen; halb gegessen.

くいき 区域 der Bezirk -[e]s, -e; die Zone -n. ～ごとに bezirksweise. 危険～ die Gefahrenzone.

くいきる 食い切る 〔嚙み切る〕ab|beißen*; 〔食い尽す〕auf|fressen*.

ぐいぐい ～[と]激しく kräftig; heftig; gewaltig. ～飲む in langen (gierigen) Zügen trinken*.

くいけ 食い気 der Appetit -s. ～が盛んである einen starken Appetit haben*.

くいこみ 食い込み 〔欠損〕das Defizit -s, -e. 30万円の～になる ein Defizit von 300 000 Yen haben*.

くいこむ 食い込む 〔侵入する〕ein|greifen (ein|dringen*(s)) (in 4格). 資本に～ das Kapital an|greifen*.

くいさがる 食い下がる sich mit jm. hartnäckig auseinander setzen; jm. nicht nach|geben*.

くいしばる 食いしばる ¶歯を～ die Zähne zusammen|beißen*.

くいしんぼう 食いしん坊 die Gefräßigkeit; 〔人〕der Fresser -s, -; der Vielfraß -es, -e. ～な gefräßig.

クイズ das Quiz -, -.

くいすぎる 食い過ぎる zu viel essen*; sich überessen* (an (mit) 3格).

くいちがう 食い違う 〔合わない〕zueinander nicht passen; uneinig sein*; 〔矛盾する〕im Widerspruch stehen* (zu (mit) 3格). 話が互いに～ aneinander vorbei|reden. 君の言う事は食い違っている Du widersprichst dir selbst.

くいつく 食い付く 〔釣りで魚が〕[an|]beißen*. 彼は犬に足を食い付かれた Der Hund biss ihm (ihn) ins Bein.

くいつぶす 食い潰す ¶或人の財産を～ jn. arm essen* (fressen*).

くいつめる 食い詰める herunter|kommen*(s).

くいどうらく 食い道楽 die Schlemmerei; 〔人〕der Schlemmer -s, -; der Gourmand -s, -s.

くいとめる 食い止める auf|halten*; hemmen. 敵の前進を～ den Vormarsch des Feindes auf|halten*.

くいな 水鶏 die Ralle -n.

くいにげする 食い逃げする die Zeche prellen.

くいはぐれる 食いはぐれる 〔職を失う〕arbeitslos werden*(s). 昼食を～ das Mittagessen verpassen.

くいもの 食い物 das Essen -s, -; Lebensmittel pl. 人を～にする jn. aus|nutzen. 人の～になる sich von jm. ausnutzen lassen*.

くいる 悔いる bereuen. → 後悔.

クインテット das Quintett -s, -e.

くう 空・を打つ in die Luft hauen*. ～をつかむ ins Leere greifen*. ～を見つめる ins Leere starren. ～に帰する zu nichts werden*(s).

くう 食う essen*; 〔動物が〕fressen*; 〔生活する〕leben 《von 3格》; 〔虫が刺す〕beißen*; 〔釣りで魚が〕[an|]beißen*. 外で～ auswärts essen*. お目玉を～ Schelte bekommen*. 時間を～ viel Zeit in Anspruch nehmen*. このエンジンはガソリンを～ Der Motor frisst viel Benzin. ～か食われるかの戦い der Kampf auf Leben und Tod. ～に困る sehr kümmerlich leben. ～や食わずの生活である sein Leben kümmerlich fristen. 人に食ってかかる jm. mit heftigen Worten widersprechen*; jn. in einer herausfordernden Art an|sprechen*. 優勝候補を~ über den Favoriten siegen. 人を食った frech. その手は食わない Ich falle auf das nicht herein.

ぐうい 寓意 die Allegorie -n. ~的な allegorisch.

くうかん 空間 der Raum -es, ¨e. ~[的]の räumlich. 宇宙~ der Weltraum.

くうき 空気 die Luft; [雰囲気] die Atmosphäre -n. ~の流通のよい(悪い) gut (schlecht) durchlüftet. ~を入れる ein|lassen/. 新鮮なを吸う frische Luft ein|atmen. タイヤに~を入れる den Reifen auf|pumpen. ~入れ [自転車の] die Luftpumpe. ~銃 das Luftgewehr. ~伝染 die Luftinfektion. ~抜き das Luftloch. ~枕 das Luftkissen.

くうきょ 空虚 die Leere. ~な leer; hohl.

くうぐん 空軍 die Luftwaffe -n. ~基地 der Fliegerhorst; der Luftstützpunkt.

くうこう 空港 der Flughafen -s, ¨.

くうしゅう 空襲 der Luftangriff -s, -e. ~する(される) einen Luftangriff machen (bekommen*). ~警報 der Luftalarm.

くうしょ 空所 leere Stelle -n; freier Raum -es, ¨e.

くうすう 偶数 gerade Zahl -en.

ぐうする 遇する [取り扱う] behandeln; [接待する] empfangen*; bewirten.

くうせき 空席 freier (unbesetzter) Platz -es, ¨e.

くうぜん 空前 beispiellos; unerhört; noch nie da gewesen.

ぐうぜん 偶然 der Zufall -s, ¨e. ~の(に) zufällig; unabsichtlich. それは全くの~だ Das ist doch ein reiner Zufall.

くうそ 空疎な leer; inhaltslos.

くうそう 空想 die Fantasie -n; die Einbildung -en. ~する fantasieren 《von 3格》; träumen. ~に耽る sich seinen Träumereien hin|geben*. ~をたくましくする seiner Fantasie freien Lauf lassen* (die Zügel schießen lassen*). ~的 fantastisch; träumerisch. ~家 der Fantast; der Träumer.

ぐうぞう 偶像 der Götze -n, -n; der Abgott -s, ¨er; [アイドル] das Idol -s, -e. ~視する jn. zu seinem Abgott machen; mit jm. Götzendienst treiben*. ~崇拝 der Götzendienst. ~破壊 der Ikonoklasmus.

ぐうたら [人] der Faulenzer (Bummler) -s, -; der Taugenichts -[es], -e. ~な träge; schlapp.

くうちゅう 空中・に in der Luft. ~を飛ぶ in der (durch die) Luft fliegen*(s). ~へ飛び上がる in die Luft fliegen*(s). ~滑走する einen Gleitflug machen; im Gleitflug nieder|gehen*(s). ~戦 der Luftkampf. ~給油 das Lufttanken. ~輸送 der Lufttransport. ~査察 die Luftaufklärung. ~楼閣を描く Luftschlösser bauen. ~分解する in der Luft auseinander brechen*(s).

くうていぶたい 空挺部隊 die Luftlandetruppe -n.

クーデター der Staatsstreich -s, -e; der Coup d'État - -, -s -. ~を行う einen Staatsstreich durch|führen.

くうてん 空転 der Leerlauf -[e]s. ~する leer laufen*(s).

くうでん 空電 die Luftelektrizität. ~の妨害 luftelektrische (atmosphärische) Störungen pl.

くうどう 空洞 die Höhle -n. ~の hohl. ~化する aus|höhlen.

ぐうのね ぐうの音も出ない dagegen schweigen müssen*. ~も出ないようにする jn. zum Schweigen bringen*; jn. vollständig besiegen.

くうはく 空白 ¶1ページを~にしておく eine Seite leer lassen*. 政治の~ politisches Vakuum.

くうばく 空爆 der Bombenangriff -s, -e.

ぐうはつ 偶発・する sich zufällig ereignen. ~的な zufällig. ~事件 der Zufall.

くうひ 空費 die Verschwendung -en. ~する verschwenden; vergeuden.

くうふく 空腹 der Hunger -s. ~な hungrig. ~である Hunger haben*; hungrig sein*.

くうぶん 空文化する ungültig werden*(s).

クーペ das Coupé -s, -s.

くうぼ 空母 der Flugzeugträger -s, -.

くうほう 空砲を撃つ blind schießen*.

クーポン der Kupon (Coupon) -s, -s.

くうゆ 空輸 der Lufttransport -s, -e. ~する im (mit dem) Flugzeug befördern.

クーラー die Klimaanlage -n.

クーリー 苦力 der Kuli -s, -s.

くうれいしき 空冷式の luftgekühlt.

くうろ 空路 der Luftweg -[e]s, -e. ~で auf dem Luftweg. ~でボンへ行く [mit dem Flugzeug] nach Bonn fliegen*(s).

くうろん 空論 unpraktische Ansicht -en. それは空理~だ Das ist bloße (reine) Theorie.

ぐうわ 寓話 die Fabel -n. ~作家 der Fabeldichter.

クエーカー ~教徒 der Quäker -s, -.

くえき 苦役 die Zwangsarbeit -en.

クエスチョンマーク das Fragezeichen -s, -.

くえない 食えない [ずるがしこい] durchtrieben; verschlagen. 煮ても焼いても~奴 ausgekochter Kerl.

くえる 食える [物が] essbar sein*. 月給だけでは食えない Ich kann mit meinem Gehalt nicht auskommen.

くえんさん 枸櫞酸 die Zitronensäure.

クオータリー die Vierteljahrsschrift -en.

クオーツ [水晶時計] die Quarzuhr -en.

クォーテーション die Anführung -en. ~マーク das Anführungszeichen; das Gänsefüßchen.

くかく 区画 [区域] der Bezirk -[e]s, -e. ~する ab|teilen; ab|grenzen. ~整理 die Bebauungsplanung. 行政~ der Verwaltungs-

くがく 苦学する sich³ das Studium selbst verdienen.
くがつ 九月 der September -[s] (略: Sept.).
くかん 区間 die [Teil]strecke -n.
ぐがん 具眼の士 einsichtiger Mann -es, ¨er.
くき 茎 der Stängel -s, -; [草・穀物の] der Halm -[e]s, -e.
くぎ 釘 der Nagel -s, ¨. 〜を打つ einen Nagel ein|schlagen* (in 4 格). 靴に〜を打つ einen Schuh mit Nägeln beschlagen*. 〜を刺す [念を押す] jn. mahnen (an 4 格). 糠(ぬか)に〜だ Das ist ja alles in den Wind geredet.
くぎづけ 釘付け・にする an|nageln. その場に〜になる wie angenagelt da|stehen*. 敵を〜にする den Feind fest|nageln.
くぎぬき 釘抜き [やっとこ形の] die Nagelzange -n; [かなてこ形の] der Nagelzieher -s, -.
くきょう 苦境に陥る(立ち) in Not geraten*(s) (in Not sein*). 〜を救う jn. aus der Not retten.
くぎょう 苦行 die Kasteiung -en. 〜する sich kasteien.
くぎり 区(句)切り [段落] der Abschnitt -[e]s, -e. 〜をつける et. zu einem [vorläufigen] Abschluss bringen*.
くぎる 区切る [仕切る] ab|teilen. 文を〜[句読点を打って] einen Satz interpunktieren.
くく 九九(の表) das Einmaleins -.
くく 区区・たる [まちまちの] verschieden[artig]; [些細の] geringfügig; unbedeutend. 意見が〜に分れる Die Meinungen gehen auseinander.
くぐりど 潜り戸 das [Seiten]pförtchen -s, -.
くくる 括る [締める] zu|binden*; [束ねる] zusammen|binden*. 括弧で〜 ein|klammern. 首を〜 sich erhängen. 多寡を〜 et. gering schätzen. 括りつける et. an|binden* (an 4 格). 木で鼻を括ったような barsch; kurz angebunden.
くぐる 潜る [通り抜ける] durch|gehen*(s) (unter 3 格); [もぐる] tauchen (h; s). トンネルを〜 einen Tunnel durchfahren*. 法網を〜 Gesetze umgehen*.
くけい 矩形 das Rechteck -s, -e. 〜の rechteckig.
くげん 苦言を呈する jm. einen offenen (aufrichtigen) Rat geben*.
ぐげん 具現する verkörpern.
くさ 草 das Gras -es, ¨er; [草本] das Kraut -s, ¨er; [雑草] das Unkraut -s. 〜を刈る Gras mähen. 牧草地の〜を刈る die Wiese mähen. 畑の〜を取る das Feld jäten. 〜の生い茂った grasbewachsen. 〜も生えぬ kahl; unfruchtbar. 〜の上に寝ころぶ sich ins Gras legen. 〜の根を分けても捜す et. wie eine Stecknadel suchen.
くさい 臭い stinkend; übel riechend. 彼は口が〜 Er riecht aus dem Mund. 彼は酒〜 Er stinkt nach Alkohol. ここはガス〜 Hier riecht (stinkt) es nach Gas. 学者〜ところがある einen Anstrich von Gelehrsamkeit haben*. それは裏切り〜 Das stinkt nach Verrat. 〜物に蓋(ふた)をする et. unter den Teppich kehren. そいつは〜ぞ Den Braten rieche ich schon.
くさいきれ 草いきれがする Warmer Dunst steigt aus dem Gras auf.
くさいろ 草色の grasgrün.
くさかり 草刈り das Mähen -s. 〜をする Gras mähen. 〜人 der Mäher. 〜機 die [Gras]mähmaschine; der Mäher.
くさき 草木 die Pflanze -n. 〜もなびく勢い unwiderstehliche Macht.
くさくさ 〜する in trüber (bedrückter) Stimmung sein*.
くさす 腐す schlecht machen; herab|setzen.
くさち 草地 die Wiese -n. 〜で auf dem Gras.
くさば 草葉の蔭で unter dem kühlen Rasen; im Grab.
くさばな 草花 die Blume -n.
くさはら 草原 das Grasland -[e]s; die Wiese -n.
くさび 楔 der Keil -s, -e. 〜を打ち込む [木などに] einen Keil treiben* (in 4 格); [両者の間に] einen Keil treiben* (zwischen 4 格). 〜形の keilförmig. 〜形文字 die Keilschrift.
くさぶえ 草笛 die Rohrflöte -n.
くさぶかい 草深い grasreich; [へんぴな] abgelegen.
くさぶき 草葺き・の mit Stroh gedeckt. 〜屋根 das Strohdach.
くさみ 臭み schlechter (übler) Geruch -s; [気取り] die Affektiertheit. 〜がある übel riechen*; [気取っている] affektiert sein*. 〜のない文体 ungezierter Stil.
くさむら 叢 im Gras.
くさらす 腐らす verderben (verfaulen) lassen*. 気を〜 niedergedrückt sein*.
くさり 鎖 die Kette -n. 〜につなぐ [犬などに] an die Kette legen; [囚人などを] in Ketten legen. 〜につながれている in Ketten liegen*. 〜を断ち切る seine Ketten zerreißen*.
くさる 腐る verderben*(s); [ver]faulen (s); vermodern (s); [錆(さ)びて] verrosten (s); [気持が] niedergedrückt sein*. 腐った verdorben; faul. 腐った人間 verdorbener Mensch. 金を〜ほど持っている Er hat Geld wie Heu. 腐りやすい [leicht] verderblich.
くされえん 腐れ縁 unlösbare Beziehung.
くさわけ 草分け der Bahnbrecher -s, -; [創設者] der Gründer -s, -.
くし 串 der Spieß -es, -e. 〜に刺す an|spießen. 肉を〜に刺して焼く Fleisch am Spieß braten*.
くし 櫛 der Kamm -[e]s, ¨e. 髪に〜を入れる sich kämmen; sich³ das Haar kämmen; [人の] jn. kämmen. 〜の歯 der Zahn eines Kamms. 〜の歯を引くように in rascher Folge.
くし 駆使・する verfügen 《über 4 格》. ドイツ語

くじ 籤 das Los *-es, -e*;〔宝籤〕die Lotterie *-n.* ～を引く ein Los ziehen*. ～で決める *et.* durch das Los entscheiden*. 宝～の1等に当る das große Los gewinnen* (ziehen*). 当り～ das Gewinnlos. ～運が強い (弱い) Glück (Unglück) haben*.
くじく 挫く ¶足を～ sich³ den Fuß verstauchen. 勇気を～ *jn.* entmutigen. 敵の意図を～ das Vorhaben des Feindes vereiteln. 高慢の鼻を～ *js.* Stolz beugen.
くしくも 奇しくも wunderbarerweise.
くしけずる 梳る ¶髪を～ sich³ das Haar kämmen.
くじける 挫ける〔気が〕entmutigt (niedergeschlagen) sein*; den Mut verlieren*.
くじびき 籤引き das Losen *-s.* ～をする ein Los ziehen*. ～で durch das Los.
ぐしゃ 愚者 der Narr *-en, -en.*
くじゃく 孔雀 der Pfau *-s, -en.*
くしゃくしゃ ～にする zerknittern. 気が～る zerknittert sein*.
ぐじゃぐじゃ ～になる durchweicht sein*.
くしゃみ 嚔 das Niesen *-s.* ～をする niesen.
くじゅう 苦汁をなめる bittere Erfahrungen machen 《mit 3 格》.
くじょ 駆除 die Vertilgung *-en.* ～する vertilgen.
くしょう 苦笑する bitter lächeln.
くじょう 苦情 die Beschwerde *-n*; die Klage *-n.* ～を言う sich bei *jm.* beschweren 《über 4 格; wegen 2 格》; gegen *jn.* Beschwerde führen 《über 4 格》; Klage führen 《über 4 格》.
ぐしょう 具象・性 die Konkretheit. ～的 konkret; anschaulich. ～名詞 das Konkretum.
ぐしょぬれ ぐしょ濡れ・の klatschnass. ～になる ganz durchnässt sein*.
くじら 鯨 der Wal *-[e]s, -e*; der Walfisch *-es, -e.*
くしん 苦心 die Bemühung *-en*; die Anstrengung *-en.* ～する sich bemühen 《um 4 格》; sich an|strengen 《bei 3 格》. ～してようやく仕上げる *et.* mit Müh und Not fertig bringen*. ～惨憺する sich³ sehr viel Mühe geben* 《mit 3 格; um 4 格》.
ぐしん 具申する ¶意見を～ *jm.* seine Meinung vor|bringen*.
くず 屑 Abfälle *pl.*;〔ごみ屑〕der (das) Kehricht *-s*;〔ぼろ屑〕der Lumpen *-s, -.* パン～ das Krümchen; die Krume. 紙～ Papierabfälle *pl.* 人間の～ der Abschaum der Menschheit. ～拾い der Lumpensammler.
くず 葛 die Pfeilwurz. ～粉 das Pfeilwurzmehl.
ぐず 愚図 die Transuse *-n.* ～の saumselig.
くずおれる 崩折れる nieder|sinken* *(s).*
くずかご 屑籠 der Papierkorb *-[e]s, ¨e.*
くすくす ～笑う kichern.

ぐずぐず 愚図愚図・する säumen (zögern) 《mit 3 格》. ～してはいられない Es ist keine Zeit zu verlieren (versäumen). ～せずに ohne Säumen (Zögern). ～言う murren 《über 4 格》.
くすぐったい 擽ったい ¶足の裏が～ Ich bin an den Fußsohlen kitzlig. / Ich spüre einen Kitzel an den Fußsohlen.
くすぐる 擽る ¶脇(腹)の下を～ *jn.* unter den Armen kitzeln. 人の虚栄心を～ *js.* Eitelkeit kitzeln.
くずす 崩す〔壁などを〕ein|reißen*;〔金を〕klein machen. 丘を崩して平らにする einen Hügel ab|tragen*. 敵陣を～ das feindliche Lager zerstören. 膝を～ sich bequem setzen.
ぐずつく 愚図つく ¶天気が～ Das Wetter bleibt unbeständig.
くずてつ 屑鉄 der Schrott *-s.*
くすねる mausen.
くすのき 楠(樟) der Kampferbaum *-[e]s, ¨e.*
くすぶる 燻る schwelen;〔すすける〕verrußen *(s).* 火が灰の中で～ Das Feuer schwelt unter der Asche. 家に燻っている immer zu Hause hocken; hinterm Ofen hocken. 長年燻っていた憎しみ jahrelang schwelender Hass.
くずもの 屑物 der Kram *-s*; der Plunder *-s*;〔商品の〕der Ausschuss *-es.*
くずや 屑屋 der Lumpenhändler *-s, -.*
くすり 薬 die Arznei *-en*; das Medikament *-s, -e*; die Medizin *-en*; das Heilmittel *-s, -*;〔教訓〕die Belehrung *-en.* ～を飲む Arznei [ein|]nehmen*. ～がきく Die Arznei wirkt [gut]. この～は鼻かぜによくきく Das Mittel hilft gut (rasch) gegen Schnupfen. ～になる *js.* Gesundheit zuträglich sein*; *jm.* zur Lehre dienen. 同情心など～にしてもない Er hat kein Fünkchen [von] Mitleid. ～瓶 das Arzneifläschchen. ～屋[薬局] die Apotheke;〔店〕die Drogerie;〔人〕der Drogist. ～指 der Ringfinger.
ぐずる 愚図る quengeln; murren.
くずれる 崩れる zerfallen* *(s)*; zusammen|brechen* *(s)*; zusammen|fallen* *(s)*; ein|stürzen *(s)*;〔天気が〕schlecht werden* *(s)*;〔相場が〕stürzen *(s)*;〔計画が〕scheitern *(s).* 型が～ aus der Form kommen* *(s).* 崩れかかった von Einsturz bedroht. 崩れた zerfallen. 気を失って～ように倒れる ohnmächtig zusammen|sinken* *(s).*
くすんだ stumpf; matt.
くせ 癖 die Gewohnheit *-en*;〔性癖〕der Hang *-s*;〔病的な〕die Sucht *¨e.* 嘘をつく～ ein Hang zur Lüge. ～になる *jm.* zur Gewohnheit werden*; *et.* 〔他人に〕*jm.* an|gewöhnen. ～をつける sich³ *et.* an|gewöhnen. ～を直す sich³ *et.* ab|gewöhnen;〔他人の〕*jm.* *et.* ab|gewöhnen. よい～がつく eine gute Gewohnheit an|nehmen*. そんなに甘やかすと～になる Sie würden auf diese Weise das

くせに 癖に ¶大金持の～だくちくさい Er ist geizig, obwohl er ein Millionär ist. 知っている～知らぬふりをする Er tut, als ob er es nicht wüsste. 男の～お化けをこわがるとは Ein Mann und Gespenster fürchten!

くせもの 曲者〔悪漢〕der Bösewicht *-[e]s, -er*;〔盗賊〕der Dieb *-es, -e*;〔怪しい人物〕verdächtige Person *-en*. あいつは中中の～だ Er ist ein alter (schlauer) Fuchs.

くせん 苦戦 schwerer Kampf *-[e]s, ¨e*. ～する einen schweren (harten) Kampf kämpfen.

くそ 糞 der Kot *-[e]s*; die Scheiße;〔家畜の〕der Mist *-es*. ～をする groß machen; scheißen*. ～くらえ [Geh'] zum Teufel! ～力がある riesenstark sein*. ～度胸がある tollkühn (dummdreist) sein*. ～勉強する büffeln. ～まじめな übertrieben ernst; todernst. ～みそにけなす sich auf|halten* 《über 4格》. えい～ Verdammt! この～垂れめ Du, Scheißkerl!

ぐそく 具足 die Rüstung *-en*.

くだ 管 das Rohr *-es, -e*; die Röhre *-n*. ～を巻く im Rausch plappern.

ぐたい 具体・化する verkörpern; verwirklichen;《自動詞》sich verkörpern (verwirklichen). ～的な konkret; anschaulich. ～的に言えば konkret gesagt. ～策 konkrete Maßnahmen *pl*.

くだく 砕く zerschlagen*; zerbrechen*; zerschmettern. 粉々に～ in Scherben schlagen*. 心を～ sich³ den Kopf zerbrechen* 《über 4格》.

くだくだしい weitschweifig; umständlich.

くだける 砕ける zerbrechen*(*s*). 粉々に～ in Scherben gehen*(*s*). 腰が～ entmutigt werden*(*s*受). 海の波が岸に～ Das Meer brandet an die Küste. 砕けた zerbrochen. 砕けた態度 unförmliches Benehmen.

ください 下さい ¶本を読んで～ Bitte, lesen Sie mir das Buch vor! この本を貸して～ませんか Würden Sie mir vielleicht dieses Buch einmal leihen? 挽き肉を100グラム～ Bitte 100 Gramm Gehacktes!

くだす 下す〔負かす〕schlagen*; besiegen. 腹を～ Durchfall bekommen* (haben*). 判決を～ ein Urteil fällen. 命令を～ einen Befehl geben* (erlassen*).

くたばる krepieren *(s)*; verrecken *(s)*. 彼はくたばった〔死んだ; くたばった〕Er ist erledigt. くたばってしまえ Zum Teufel (Henker)!

くたびれる müde werden*(*s*). 長旅をしてすっかりくたびれた Ich bin sehr müde von der langen Reise. くたびれた服 abgetragene (schäbige) Kleider *pl*. 骨折り損のくたびれ儲(もう)け Viel Mühe und wenig Lohn.

くだもの 果物 das Obst *-es*; die Frucht *¨e*. ～屋〔店〕der Obstladen *-*;〔人〕der Obsthändler.

くだらない unbedeutend; geringfügig;〔ばからしい〕unsinnig;〔益のない〕unnütz; eitel. ～人間 unbedeutender Mensch. それは～事だ Das ist dummes Zeug!

くだり 件〔文章中の箇所〕die Stelle *-n*; der Passus *-, -*.

くだりざか 下り坂 der Abstieg *-s, -e*. 道は～になる Der Weg führt abwärts. 景気が～になる Mit den Geschäften geht es bergab. 彼(彼の健康)は～だ Mit ihm geht es bergab.

くだる 下(降)る hinab|gehen*(*s*); herab|kommen*(*s*);〔降参する〕sich *jm.* unterwerfen*. 川を～ den Fluss hinab|fahren*(*s*). 山を～ den Berg hinab|gehen*(*s*). 腹が～ Durchfall bekommen*. 寒暖計が零度に下った Das Thermometer ist auf den Nullpunkt gesunken. 命令が下った Der Befehl wurde gegeben. 観客は2千を下らない Der Zuschauer beträgt nicht weniger als 2 000. 降って小生一家無事に過ごしております Was uns betrifft, so geht es uns allen gut.

くだん 件・の vorerwähnt. ～の男 jener Mann.

くち 口 der Mund *-es, ¨er*; das Maul *-s, ¨er*;〔栓〕der Pfropfen *-s, -*;〔就職口〕die Stelle *-n*. ～で mündlich. この～の品 diese Sorte Waren. ～がない arbeitslos sein*. ～がおごっている einen verwöhnten Geschmack haben*. あいた～が塞(ふさ)がらない Mund und Nase auf|sperren. ～がうまい glattzüngig sein*; eine glatte Zunge haben*. ～が重い eine schwere Zunge haben*; schweigsam sein*. ～が軽い geschwätzig sein*; seine Zunge nicht beherrschen können*. ～が堅い verschwiegen sein*. ～が減らない nie um eine Antwort (Ausrede) verlegen sein*. ～が悪い eine böse Zunge haben*. ～から～へ伝わる von Mund zu Mund gehen*(*s*). 或言葉を～にする ein Wort in den Mund nehmen*. ～に出す äußern; über die Lippen bringen*. ～に上る in aller Munde sein*. ～に任せてしゃべる ins Blaue hinein|reden. ～も八丁手も八丁 in Worten und Taten geschickt sein*. ～を合わせる *jm.* nach dem Mund reden. ～を入れる *jm.* ins Wort fallen*(*s*); → 口出し. 大きな～を叩く das große Wort führen (haben*). ～を切る als Erster das Wort nehmen*. ～を極めてほめる *jn.* in den Himmel heben*. ～をすっぱくして言う sich³ den Mund fusselig reden. ～を捜す eine Stelle suchen. ～をする〔栓をする〕*et.* zu|pfropfen. ～を揃えて einstimmig. ～をすべらす sich verplappern. ～をついて出る sich auf die Lippen drängen. ～をつぐむ den Mund halten*. ～を尖(とが)らせる den Mund spitzen. ～を拭(ぬぐ)う sich³ den Mund wischen;〔知らぬ顔をする〕sich unwissend stellen. ～を封じる *jm.* den Mund stopfen. ～を割る *jm.* et. gestehen*.

ぐち 愚痴・をこぼす murren 《(gegen) (über) 4 格》; knurren 《über 4 格》. ～っぽい mürrisch; knurrig.

くちあたり 口当りのよい wohlschmeckend;

schmackhaft.
くちいれ 口入れ・する〔口出しする〕sich ein|mischen《in (4格)》;〔周旋する〕vermitteln. ～屋 der Vermittler.
くちえ 口絵 das Titelbild -[e]s, -er.
くちおしい 口惜しい bedauerlich sein*.
くちかず 口数の多い(少ない) redselig (wortkarg).
くちがね 口金〔ハンドバッグなどの〕das Schloss -es, -̈er;〔瓶の〕der Verschluss -es, -̈er;〔電球の〕der Sockel -s, -.
くちき 朽木 vermorschter (morscher) Baum -es, -̈e.
くちきき 口きき〔仲介・調停〕die Vermittlung -en;〔仲介・調停者〕der Vermittler -s, -. 争いの～をする sich in einem Streit vermitteln.
くちぎたない 口汚ない〔意地汚ない〕naschsüchtig. 口汚なくののしる wie ein Landsknecht fluchen.
くちく 駆逐・する vertreiben*. 害虫を～する Ungeziefer vernichten. ～艦 der [Torpedoboot]zerstörer.
くちぐせ 口癖 sein drittes Wort. ～のように言う et. immer sagen; ein Wort viel (dauernd) im Mund führen.
くちぐち 口口に alle einzeln;〔揃って〕einstimmig.
くちぐるま 口車・に乗せる jn. beschwatzen《zu 3格; zu+不定詞》. ～に乗る sich von jm. beschwatzen lassen*.
くちげんか 口喧嘩 der Zank -[e]s; der Wortstreit -[e]s; ～をする sich mit jm. zanken《über (um) 4格》.
くちごたえ 口答え・する jm. widersprechen*. ～するな Keine Widerrede!
くちごもる 口籠る stammeln; stottern.
くちさがない 口さがない klatschsüchtig; geschwätzig; indiskret. ～人 das Lästermaul (Klatschmaul).
くちさき 口先・のうまい glattzüngig; schmeichlerisch. ～だけのお世辞 leeres Kompliment. ～だけの平和 der Scheinfriede.
くちずさむ 口ずさむ summen; vor sich hin singen*.
くちぞえ 口添え die Befürwortung -en. 或る事のために～をする et. befürworten. 或る人に或る人のために～する bei jm. ein gutes Wort für jn. ein|legen.
くちだし 口出しをする jm. darein|reden; sich [ein]|mischen《in 4格》.
くちだっしゃ 口達者な zungenfertig; glattzüngig.
くちつき 口付き〔口元〕der Mund -es. ～タバコ die Zigarette mit Mundstück.
くちづけ 口付け der Kuss -es, -̈e. ～をする jn. küssen. ～を交す sich (einander) küssen.
くちづたえ 口伝え・に(て) mündlich;〔口碑によって〕durch mündliche Überlieferung. ～にする et. mündlich mit|teilen (überliefern).
くちどめ 口止め・をする jm. den Mund verbieten*《über 4格》. ～料 das Schweigegeld.

くちなし 山梔子 die Gardenie -n.
くちばし 嘴 der Schnabel -s, -̈. ～を入れる jm. darein|reden; seine Nase stecken《in 4格》. ～の黄色い若者 der Grünschnabel.
くちばしる 口走る unbesonnen (unwillkürlich) heraus|platzen(s)《mit 3格》. 彼はあらぬ事を口走った Ihm ist ein unbedachtes Wort entschlüpft.
くちはてる 朽ち果てる gänzlich verfaulen (s). 世に知られずに～〔死ぬ〕im Verborgenen dahin|gehen*(s).
くちはばったい 口幅ったい事を言う den Mund voll nehmen*.
くちばや 口早に話す schnell (hastig) sprechen*; haspeln.
くちび 口火 die Zündschnur -̈e. ～を切る et. [zuerst] an|fangen*.
くちひげ 口髭 der Schnurrbart -[e]s, -̈e.
くちびる 唇 die Lippe -n. 上(下)～ Oberlippe (Unterlippe). ～を噛(⁽ん⁾)む sich³ auf die Lippen beißen*.
くちぶえ 口笛 der Pfiff -[e]s, -e. ～を吹く pfeifen*. ～を吹いて犬を呼ぶ [nach] seinem Hund pfeifen*.
くちぶつほう 口不調法 → 口下手.
くちぶり 口振り die Sprechweise -n. 行ってもよさそうな～だった Er deutete mir an, er könne kommen. 何でも知っているような～で話す Er spricht, als ob er alles wüsste.
くちべた 口下手である eine schwere Zunge haben*.
くちべに 口紅 das Rouge -s, -s;〔棒紅〕der Lippenstift -[e]s, -e. ～を付ける sich³ die Lippen schminken (an|malen).
くちまね 口真似をする js. Sprechweise nach|ahmen.
くちもと 口元 der Mund -es. 彼女は～に微笑を浮かべている Ein Lächeln schwebt um ihre Lippen.
くちやかましい 口やかましい krittelig; tadelsüchtig.
くちやくそく 口約束をする jm. et. mündlich versprechen*.
くちゃくちゃ ～になる〔紙や布が〕zerknüllt werden*《s受》. ～と噛(⁽ん⁾)む laut kauen.
ぐちゃぐちゃ ～の breiig; durchweicht.
くちゅう 苦衷を察する js. Kummer (missliche Lage) mit|fühlen.
くちゅうざい 駆虫剤〔虫下し〕das Wurmmittel -s, -. → 殺虫剤.
くちょう 口調 der Ton -[e]s. ～のよい wohlklingend; eufonisch. 演説(真剣)な～で話す in rednerischem (ernstem) Ton sprechen*.
ぐちょく 愚直な bieder.
くちる 朽ちる vermorschen(s); verfaulen (s);〔風雨によって〕verwittern (s). 朽ちた morsch. ～事のない名声 unsterblicher Ruhm.
くちわ 口輪 der Maulkorb -[e]s, -̈e.
くつ 靴 der Schuh -[e]s, -e;〔長靴〕der Stiefel -s, -;〔編上靴〕der Schnürstiefel -s, -. ヱ

ム(革)~ der Gummischuh (Lederschuh). 上~ der Pantoffel. ~をはく(脱ぐ) die Schuhe an|ziehen* (aus|ziehen*).

くつう 苦痛 der Schmerz *-es, -en*; die Qual *-en*. ~を与える jn. schmerzen; jm. weh|tun*. ~を訴える über Schmerzen klagen. 非常な~を覚える starke Schmerzen fühlen; tiefen Schmerz empfinden* (über 4 格). ~に満ちた schmerzvoll. ~のあまり vor Schmerzen.

くつがえす 覆す um|werfen*; [um|]stürzen. 学説を~ eine Theorie um|werfen*. 内閣を~ ein Kabinett stürzen. 社会秩序を~ die Gesellschaftsordnung um|stürzen. 判決(計画)を~ ein Urteil (einen Plan) um|stoßen*.

くつがえる 覆る um|fallen*(*s*); [um|]stürzen (*s*).

くっきょう 屈強 stramm; robust.

くっきょく 屈曲 die Krümmung *-en*. ~する sich krümmen. ~した krumm.

くっきり klar; deutlich. 塔が夕空に~と浮かんで見える Der Turm hebt sich scharf gegen den (vom) Abendhimmel ab.

クッキング das Kochen *-s*. ~スクール die Kochschule.

くっし 屈指・の hervorragend. 彼はこの町で~の金持だ Er zählt zu den wohlhabendsten Leuten der Stadt.

くつした 靴下 〔長い〕der Strumpf *-[e]s, ⸚e*; 〔短い〕die Socke *-n*. ナイロンの~ Nylonstrümpfe *pl*. ~をつくろう Strümpfe stopfen. ~1足 ein Paar Strümpfe. ~留め der Strumpfhalter.

くつじゅう 屈従・する sich jm. unterwerfen*. ~的な unterwürfig.

くつじょく 屈辱 die Demütigung *-en*; die Schmach. ~を受ける eine Demütigung (Schmach) erleiden*. ~的な demütigend; schmachvoll. ~的講和 schimpflicher (schmachvoller) Friede.

クッション das Polster *-s, -*; das Kissen *-s, -*; 〔玉突き台の〕die Bande *-n*.

くっしん 屈伸自在の elastisch.

くつずみ 靴墨 die Schuhcreme *-s*; die [Schuh]wichse *-n*. ~を塗る et. wichsen.

ぐっすり ~眠る fest schlafen*.

くっする 屈する〔屈服する〕sich beugen 《3 格》. 暴力に~ der Gewalt weichen*(*s*). 失敗に~事なく durch den Fehltritt nicht gebeugt. 屈しない trotzen 《3 格》.

くつずれ 靴擦れ ¶歩いて~が出来る sich³ die Füße wund laufen*.

くっせつ 屈折 die Brechung *-en*; die Refraktion *-en*. ~する sich brechen*. 光が~する Der Strahl bricht sich (wird gebrochen). ~した gebrochen. ~率 der Brechungsindex.

くつぞこ 靴底 die Schuhsohle *-n*. ~を張り換える Schuhe [neu] besohlen.

くったく 屈託のない sorglos; unbekümmert.

ぐったり ~している erschöpft sein*.

くっつく kleben 《an 3 格》; haften 《an 3 格》; 〔男女が〕sich jm. verbinden*. うしろにくっついて行く dicht hinter jm. her|gehen*(*s*).

くっつける et. an|heften 《an 4 格 (3 格)》; 〔貼る〕et. kleben 《an (auf) 4 格》. 膠(にかわ)で~ et. leimen 《an (auf) 4 格》.

くってかかる 食って掛る jn. mit groben Worten an|fallen*.

ぐっと 〔一息に〕auf einen Zug; 〔強く〕kräftig. ~飲み干す das Glas mit einem Schluck leeren. ~引っぱる et. heftig (mit einem Ruck) ziehen*. ~胸にくる jn. tief berühren. ~良い品 weit (viel) bessere Ware.

くつなおし 靴直し der Schuhflicker *-s, -*.

くつひも 靴紐 das Schuhband *-[e]s, ⸚er*.

くっぷく 屈服 die Unterwerfung. ~する sich jm. unterwerfen*; sich jm. beugen. ~させる jn. unterwerfen*; jm. den Nacken beugen.

くつべら 靴べら der Schuhlöffel *-s, -*.

くつみがき 靴磨き der Schuhputzer *-s, -*.

くつや 靴屋 der Schuhladen *-s, ⸚*; das Schuhgeschäft *-s, -e*; 〔人〕der Schuhmacher *-s, -*.

くつろぐ 寛ぐ es sich³ bequem (behaglich) machen. 寛いで behaglich; ungeniert. 寛いで話をする sich gemütlich unterhalten*.

くつわ 轡 das Gebiss *-es, -e*. ~を並べて nebeneinander.

くでん 口伝 mündliche Unterweisung *-en* 《in 3 格》.

ぐでんぐでん ~に酔う sinnlos betrunken (sternhagelvoll) sein*.

くどい 諄い weitschweifig; 〔しつこい〕aufdringlich. ~くどく言う → くどく.

くとう 句読・法 die Interpunktion. ~点 das Interpunktionszeichen. ~点をつける et. interpunktieren.

くとう 苦闘する erbittert kämpfen; sich sehr an|strengen.

くどう 駆動 der Antrieb *-[e]s, -e*. 前輪(四輪)~ der Vorderradantrieb (Vierradantrieb).

くどく 功徳 die Wohltat *-en*. ~を施す jm. eine Wohltat erweisen*. 正直の~で dank seiner Redlichkeit.

くどく 口説く jn. überreden 《zu 3 格》; 〔女を〕jn. umwerben*. 口説かれる sich überreden lassen*. 口説き落す jn. zur Einwilligung überreden. 娘を口説き落す ein Mädchen herum|bekommen* (herum|kriegen).

くどくど ~と weitschweifig; umständlich. ~と説明する et. lang und breit (des Langen und Breiten) erläutern.

ぐどん 愚鈍 die Dummheit; die Stumpfheit. ~な dumm; stumpf.

くないちょう 宮内庁 das Amt des kaiserlichen Haushalts.

くなん 苦難 die Not ⸚e; die Mühsal *-e*. ~の人生を送る in bitterer Not leben. ~の時代 schwere Zeiten *pl*.

くに 国 das Land *-es, ⸚er*; 〔国家〕der Staat

-es, -en; 〔故郷〕die Heimat. ～の national; staatlich. ～のために für das Vaterland. ～に帰る in die Heimat zurück|kehren(s).

くにざかい 国境 die [Landes]grenze -n.

くにもと 国許で(から) in (aus) seiner Heimat.

くねる → 曲りくねる. 体をくねらせる sich winden*.

くのう 苦悩 die Qual -en; Leiden pl. ～する sich quälen 《mit 3格》; leiden* 《an (unter) 3格》. ～に満ちた qualvoll.

くはい 苦杯をなめる bittere Erfahrungen machen 《mit 3格》.

くばる 配る et. verteilen (aus|teilen) 《an (unter) 4格》; 〔配達する〕et. aus|tragen*. トランプを～ die Karten verteilen. 気を～ sorgen 《für 4格》; 〔注意を払う〕Acht geben* 《auf 4格》.

くび 首〔頭〕der Kopf -es, "e; das Haupt -es, "er; → 頸(½). ～を刎(は)ねる jn. enthaupten (köpfen). ～を切る 〔解雇する〕jn. [aus dem Dienst] entlassen*. ～になる entlassen werden*(s受). ～を縦(横)に振る nicken (mit dem Kopf schütteln). それには～をかしげずにはいられない Darüber kann man nur den Kopf schütteln. 何にでも～を突っ込む seine Nase in jeden Topf stecken. 借金で～が回らない bis über die Ohren in Schulden stecken*(*). ～を賭ける den Kopf aufs Spiel setzen. ～を括る sich erhängen.

くび 頸 der Hals -es, "e; 〔うなじ〕der Nacken -s, -. ～を伸ばす〔物をよく見ようと〕einen langen Hals machen. ～を長くして待つ voller Ungeduld warten 《auf 4格》. ～をひねる den Kopf bedächtig schütteln.

ぐび 具備する versehen sein* 《mit 3格》; et. besitzen*.

くびかざり 首飾り der Halsschmuck -s; die Halskette -n; das Kollier -s, -s.

くびかせ 頸枷 das Halseisen -s, -.

くびき 軛 das Joch -[e]s, -e.

くびきり 首切り〔解雇〕die Entlassung -en.

くびくくり 首縊り → 首吊り.

ぐびじんそう 虞美人草 der Klatschmohn -s.

くびす 踵 → きびす.

くびすじ 首筋 das Genick -s, -e; der Nacken -s, -. ～をつかむ jn. am Genick packen. ～が凝っている einen steifen Nacken haben*.

くびったけ 首ったけになる sich in jn. bis über die Ohren verlieben.

くびったま 首っ玉 ¶うれしさのあまり相手の～にかじりつく jm. vor Freude um den Hals fallen*(s受).

くびっぴき 首っ引き ¶辞書と～で ein Wörterbuch wälzend.

くびつり 首吊り das Erhängen -s; 〔人〕der Erhängte*. ～する sich erhängen.

くびれ die Einschnürung -en.

くびれる eingeschnürt werden*(s受). くびれた eingeschnürt.

くびわ 首輪 das Halsband -[e]s, "er.

くふう 工夫 die Erfindung -en. ～する et. erfinden* (erdenken*); sich³ et. aus|denken*; ersinnen*; 〔努力する〕sich bemühen. ～をこらす Mittel und Wege suchen. ～に富んだ erfinderisch; einfallsreich.

ぐふう 颶風 der Orkan -s, -e.

くぶどおり 九分通り zehn zu (gegen) eins; aller Wahrscheinlichkeit nach.

くぶん 区分 die Einteilung -en. ～する ein|teilen; 〔分類する〕klassifizieren.

くべつ 区別 die Unterscheidung -en; 〔差異〕der Unterschied -es, -e. ～する et. unterscheiden* 《von 3格》. ～される sich unterscheiden* 《von 3格》.

くべる et. ins Feuer werfen*. 薪を～ Holz [ans Feuer] an|legen.

くぼち 窪地 die Bodenvertiefung -en; die Mulde -n.

くぼみ 窪み die Vertiefung -en; die Delle -n.

くぼむ 窪む ein|fallen*(s). 土地が窪んでいる Der Boden ist vertieft. 窪んだ目 eingefallene (hohle) Augen pl.

くま 隈・なく überall. ～なく捜す in allen Ecken und Winkeln suchen. 目の縁(ぶ)に～ができている [dunkle; blaue] Schatten um die Augen haben*.

くま 熊 der Bär -en, -en.

ぐまい 愚昧な albern.

くまで 熊手 der Rechen -s, -; die Harke -n. ～で掻(か)く rechen; harken.

くまどる 隈取る ab|schattieren. 顔を～ sich schminken (bemalen).

くまばち 熊蜂 die Holzbiene -n.

くみ 組〔一揃い〕der Satz -es, "e; die Garnitur -en; 〔一対〕das Paar -[e]s, -e; 〔グループ〕die Gruppe -n; 〔チーム〕die Mannschaft -en; die Partei -en; 〔クラス〕die Klasse -n. 一～の皿 ein Satz Schüsseln. 一～のトランプ ein Spiel Karten. ～になる〔二つのものが〕sich paaren. コーヒー・セットー～ ein Kaffeeservice. 3人～ das Trio. 5人～の強盗 fünfköpfige Räuberbande.

ぐみ 〖植〗die Ölweide -n.

くみあい 組合 die Gesellschaft -en. ～員 der Gesellschafter. 労働～ die Gewerkschaft. 協同～ die Genossenschaft.

くみあげる 汲み上げる auf|schöpfen; 〔ポンプで〕herauf|pumpen.

くみあわせ 組み合わせ die Kombination -en.

くみあわせる 組み合わせる kombinieren; zusammen|fügen.

くみいれる 汲み入れる et. ein|schöpfen 《in 4格》.

くみいれる 組み入れる et. ein|reihen (ein|ordnen) 《in 4格》.

くみうち 組み討ち das Handgemenge -s, -; die Balgerei -en. ～をする mit jm. handgemein werden*(s).

くみかえる 組み替える um|bilden; um|ordnen; neu zusammen|setzen. チームを～ die

くみきょく 組曲 die Suite -n.

くみする 与する〔関係する〕teil|nehmen* 《an 3格》;〔味方する〕für jn. Partei nehmen*. 与し易い leicht zu behandeln sein*.

くみだす 汲み出す aus|schöpfen.

くみたて 組立 die Zusammensetzung -en; die Montage -n; die Konstruktion -en. ～工 der Monteur. ～工場 die Montagehalle. ～式住宅 das Fertighaus. ～られた zusammengesetzt.

くみたて 汲み立て frisch [geschöpft].

くみたてる 組み立てる zusammen|setzen; montieren; bauen. 文を～ einen Satz konstruieren.

くみちょう 組長 der Klassenälteste#;〔職工の〕der Vorarbeiter -s, -.

くみつく 組み付く jn. packen.

くみとる 汲み取る aus|schöpfen. 人の心中を～ sich in jn. ein|fühlen.

くみはん 組版 das [Schrift]satz -es, =e.

くみふせる 組み伏せる jn. zu Boden drücken.

くむ 汲む schöpfen;〔思いやる〕berücksichtigen. 特別な事情を汲んで in (mit) Rücksicht auf die besonderen Umstände.

くむ 組む〔腕・脚を〕kreuzen;〔手を〕falten;〔共同する〕sich mit jm. verbinden*;〔ゲームで〕sich paaren; mit jm. als Partner spielen;〔活字に〕et. setzen; 一組み立てる. 腕を組んで Arm in Arm. 隊伍を組んで in Reih und Glied.

くめん 工面・する〔金などを〕auf|bringen*. ～がよい(悪い) in guten (schlechten) Verhältnissen sein*.

くも 雲 die Wolke -n. ～が出る Wolken ziehen auf. ～が切れる Wolken zerteilen sich. ～が流れる Wolken ziehen [am Himmel] dahin. 山に～がかかる Wolken hängen über den Bergen. 空は～に覆われている Der Himmel ist mit Wolken bedeckt. ～の多い wolkig. ～つくばかりの大男 der Riese. ～をつかむような unklar; verschwommen; vage. ～を霞(かすみ)と逃げる sich aus dem Staub[e] machen.

くも 蜘蛛 die Spinne -n. ～の糸 der Spinnfaden. ～の巣 das Spinngewebe (Spinnennetz).

くもあし 雲足が早い Wolken ziehen schnell.

くもがくれ 雲隠れする spurlos verschwinden*(s).

くもがたじょうぎ 雲形定規 das Kurvenlineal -s, -e.

くもつ 供物 die Opfergabe -n; das Opfer -s, -. ～をささげる Opfergaben dar|bringen*.

くもゆき 雲行きが怪しい Der Himmel sieht bedenklich aus. /〔比〕Die Lage ist bedenklich.

くもらす 曇らす ¶汗が私の眼鏡を～ Der Schweiß trübt mir die Brillengläser. 涙が彼の目を曇らせる Tränen verdunkeln seinen Blick. 彼は顔を曇らせた Seine Stirn bewölkte sich. 判断を曇らせる js. Urteil trüben.

くもり 曇り trübes Wetter -s;〔光沢の〕die Trübung -en. 晴のち～ schön, später bedeckt (bewölkt). ～のない klar. ～勝ちの wolkig. ～ガラス das Milchglas (Trübglas).

くもる 曇る trübe (matt) werden*(s). 心が～ betrübt sein*《über 4格》. 空が～ Der Himmel bedeckt (bewölkt) sich. 彼の額が～ Seine Stirn bewölkt sich. 湯気で窓ガラスが曇った Die Fensterscheiben sind mit Wasserdampf angelaufen.

くもん 苦悶 die Qual -en; die Pein. ～する sich quälen.

くやくしょ 区役所 das Bezirksamt -[e]s, =er.

くやしい 悔しい Das ist mir ärgerlich. / Ich bin darüber ärgerlich. / Das verdrießt mich. ああ～! Wie ärgerlich!

くやしがる 悔しがる Ärger empfinden*《über 4格》;〔残念がる〕bedauern. 地団太踏んで～ vor Ärger mit den Füßen stampfen.

くやしまぎれ 悔しまぎれに aus (vor) Ärger.

くやみ 悔み・を言う jm. sein Beileid aus|sprechen*. 衷心からお～申し上げます Ich gestatte mir, Ihnen mein aufrichtiges Beileid auszudrücken. /[Mein] herzliches Beileid! ～状 das Beileidsschreiben; der Beileidsbrief.

くやむ 悔む bereuen;〔いたむ〕um js. Tod trauern. 人の死を～

くゆらす 燻らす ¶タバコを～ [Tabak] rauchen.

くよう 供養する für die Seele eines Toten beten.

くよくよ ～する sich bekümmern《über 4格》; grübeln《über 4格 (3格)》; sich³ Sorgen machen《um 4格; wegen 2格》.

くら 蔵(倉)der Speicher -s, -; das Magazin -s, -e;〔商品の〕das Lagerhaus -es, =er;〔穀物の〕die Kornkammer -n. ～に入れる lagern.

くら 鞍 der Sattel -s, =. 馬に～を置く ein Pferd satteln; einem Pferd den Sattel auf|legen.

くらい この～ so viel. どの～〔数量〕wie viel;〔時間〕wie lange;〔距離〕wie weit;〔大きさ〕wie groß. 値段はどの～ですか Was (Wie viel) kostet es? その村はここからどの～ですか Wie weit ist das Dorf von hier? 彼は50歳～だ Er ist ungefähr 50 Jahre alt. 仕事は片づいたと言ってもいい～だ Die Arbeit ist beinahe (fast) fertig. 彼～幸福な者はない Niemand ist glücklicher als er. 彼女は口がきけない～驚いた Sie war so erschrocken, dass sie nicht sprechen konnte. 降参する～なら死んだ方がましだ Ich möchte lieber sterben als mich ergeben.

くらい 位〔位階の〕der Rang -es, =e;〔等級〕der Grad -es, -e;〔数の桁〕die Stelle -n. ～の高い von hohem Rang. ～につく den Thron besteigen*. 10の～の数 eine Zahl mit zwei Stellen.

くらい 暗い dunkel; finster; 〔燈火などの〕matt; 〔事情に〕unkundig sein* 《2格》; ~気分 düstere Stimmung. ~気になる betrübt sein*. 人の気持を暗くする jn. betrüben. 暗くなる〔日が暮れる〕Es dunkelt. 目の前が暗くなる Mir wird es dunkel vor den Augen. 私はこの土地の事情に~ Ich bin in dieser Gegend fremd. 先の見通しは~ Die Aussichten für die Zukunft sind trübe. 朝~うちに noch vor Tagesanbruch.

くらいする 位する rangieren; 〔位置する〕liegen*; gelegen sein*. 人の上位に~ den Rang über jm. haben*. 首位に~ an der Spitze stehen*; an erster Stelle rangieren. 日本はアジアの北東に~ Japan liegt im Nordosten Asiens.

グライダー das Segelflugzeug -s, -e.
くらいどり 位取りを間違える sich in der Stellenzahl irren.
クライマックス der Höhepunkt -[e]s, -e; die Klimax.
グラインダー die Schleifmaschine -n.
くらう 食らう verzehren; 〔動物のように〕fressen*. お目玉を~ Schelte bekommen*.
グラウンド das Spielfeld -[e]s, -er. サッカー~ der Fußballplatz.
くらがえ 鞍替え・する um|satteln 《auf 4格; zu 3格》. 他党に~する zu einer anderen Partei über|treten*(s).
くらがり 暗がり die Dunkelheit; die Finsternis -se. ~で im Dunkeln.
くらく 苦楽を共にする mit jm. Freud und Leid teilen.
クラクション die Hupe -n. ~を鳴らす hupen.
くらくら ~する Mir ist schwindlig.
ぐらぐら ~する wackeln; wanken. ~する歯 wackeliger Zahn. お湯が~沸き立つ Das Wasser siedet.
くらげ 水母 die Qualle -n; die Meduse -n.
くらし 暮らし das Leben -s, -; 〔生計〕der Lebensunterhalt -s. ~に困る ein kümmerliches Leben führen. 文筆で~を立てる von der Feder leben. その日~をする von der Hand in den Mund leben. ~向きが楽だ(楽でない) in guten (dürftigen) Verhältnissen leben.
グラジオラス die Gladiole -n.
くらしきりょう 倉敷料 die Lagermiete -n; das Lagergeld -[e]s, -er.
クラシック ~な klassisch. ~音楽 klassische Musik.
くらす 暮らす leben. 幸福に~ ein glückliches Leben führen. 僅かな月給で~ von einem kleinen Gehalt leben. 何もしないで一日~ den ganzen Tag faulenzen. 毎日読書をして~ jeden Tag mit Lesen zu|bringen*. ここは暮らしよい Hier lebt es sich gut.
クラス die Klasse -n. A~のチーム die Mannschaft erster Klasse. ~会 die Klassenversammlung; 〔卒業後の〕das Klassentreffen. ~メート der Mitschüler, der Klassenkamerad.

グラス das Glas -es, ⸚er.
グラス・ファイバー die Glasfaser -n.
グラタン ~にする gratinieren. マカロニ~ Makkaroni au gratin.
クラッカー 〔菓子〕Crackers pl.
ぐらつく wanken. 決心が~ in seinem Entschluss wanken.
クラッチ 〔ボートの〕die Dolle -n; 〔自動車の〕die Kupplung -en.
グラニュー~糖 der Streuzucker -s; gestoßener Zucker -s.
くらばらい 蔵払い der [Räumungs]ausverkauf -s, ⸚e. ~をする das Lager räumen.
グラビア die [Foto]gravüre -n.
クラブ der Klub -s, -s; der Verein -s, -e; 〔トランプの〕das Kreuz -es, -e; das Treff -s, -s; 〔ゴルフの〕der Golfschläger -s, -.
グラフ 〔図表〕der Graf -en, -en; das Diagramm -s, -e; 〔画報〕illustrierte Zeitschrift -en; die Illustrierte*. ~で示す in einem Diagramm dar|stellen.
グラフィック ~[・デザイン] die Grafik; grafische Musterzeichnung -en. ~デザイナー der Grafiker.
クラブサン das Cembalo -s, -s (..li).
くらべもの 比べ物・にならない keinen Vergleich aus|halten* 《mit 3格》. ~にならないほどの unvergleichlich. 君は知性の点で彼と~にならない An Intelligenz kannst du dich mit ihm nicht messen.
くらべる 比べる et. vergleichen* 《mit 3格》. …に比べて im Vergleich zu (mit) 《3格》; verglichen mit 《3格》. 君は才能の点では彼とは比べくもない Du kannst dich nicht mit ihm an Talent nicht messen.
グラマー ~[ガール] das Glamourgirl ['glɛmərgøːrl] -s, -s.
くらます 晦ます ¶姿を~ [spurlos] verschwinden*(s); sich verbergen*. 人の目を~ jn. [ver]blenden. 見張りの目を晦まして von der Wache unbemerkt.
くらむ 眩む ¶目が~ Mir ist (wird) schwindlig. 強い光で目が~ Das grelle Licht blendet [mich]. 欲に目が眩んで durch (von) Habgier verblendet.
グラム das Gramm -s, -e. 2~ zwei Gramm.
くらやみ 暗闇 die Finsternis -se; die Dunkelheit. まっ~の stockfinster; stockdunkel. ~で im Finstern (Dunkeln).
クラリネット die Klarinette -n.
くらわす 食らわす → 食わせる. げんこつを~ jn. mit geballter Faust schlagen*.
クランク die Kurbel -n. ~インする an|fangen*, einen Film zu drehen.
グランド・ピアノ der Flügel -s, -.
グラン・プリ der Grand Prix --, --.
くり 栗 die [Edel]kastanie -n. ~の木 der Kastanienbaum. ~色の kastanienbraun.
くりあげる 繰り上げる ¶会合を8月1日に

(1週間)~ die Zusammenkunft auf den 1. August (um eine Woche) vor/verlegen.

くりあわせる 繰り合わせる ¶時間を~ Zeit finden* 《für 4格》. お繰り合わせいただけませんか Können Sie es so einrichten, dass Sie mich besuchen?

グリース das Schmierfett -[e]s, -e.

クリーナー 〔掃除機〕 der Staubsauger -s, -.

クリーニング die Reinigung. ~に出すzur (in die) Wäsche geben*; chemisch reinigen lassen*. ~屋 die Reinigungsanstalt; die Wäscherei. ドライ~ chemische Reinigung.

クリーム 〔化粧用・食用〕 die Creme (Krem) -s. 生~ die [Schlag]sahne. ~色の cremefarben. 顔に~を塗る sich³ das Gesicht ein/cremen.

くりいれる 繰り入れる *et.* vor/tragen* 《auf 4格》. 残高は新勘定に~ den Saldo auf neue Rechnung vor/tragen*.

グリーン ~車に乗って行く erster Klasse fahren*(s).

グリーン・ベルト der Grüngürtel -s, -.

グリーンランド Grönland. ~の grönländisch. ~人 der Grönländer.

くりかえし 繰り返し die Wiederholung -en; 〔歌の〕 der Refrain -s, -s; 〔副詞〕 wiederholt.

くりかえす 繰り返す wiederholen. 歴史は~ Die Geschichte wiederholt sich. 繰り返し同じ話をする immer dieselbe Geschichte wiederholen. 何回も繰り返して mehrere Male wiederholt; zu wiederholten Malen.

くりくり ~した目 große runde Augen *pl.* 目を~させる runde Augen machen. ~坊主 glatt rasierter Kopf.

ぐりぐり 〔るいれき〕 die Skrofulose -n. のどに~が出来る eine Geschwulst im Halse bekommen*.

くりげ 栗毛 〔馬〕 braunes Pferd -es, -e.

クリケット das Kricket -s.

グリコーゲン das Glykogen -s.

くりこし 繰り越し〔高〕 der Vortrag (Übertrag) -es, ⸚e.

くりこす 繰り越す *et.* vor/tragen* 《auf 4格》. 欠損を新勘定に~ den Verlust auf neue Rechnung vor/tragen*.

くりごと 繰り言 wiederholte Beschwerde -n. ~を言う seine Beschwerden wiederholen; immer dieselbe Leier an/stimmen.

くりこむ 繰り込む 〔乗り込む〕 marschieren (s) 《in 4格》; 〔繰り〕入れる. サーカスが町に~ Der Zirkus zieht in die Stadt ein.

くりさげる 繰り下げる ¶開演を1時間~ den Beginn der Vorstellung um eine Stunde verschieben*.

クリスタル・ガラス das Kristall -s.

クリスチァニア die Kristiania -s, -s.

クリスチャン der Christ -en, -en.

クリスマス das Weihnachten -, 《通常無冠詞》. ~が来た Weihnachten ist da. ~を祝う Weihnachten feiern. ~おめでとう Fröhliche Weihnachten! ~イブ der Weihnachtsabend (Heiligabend). ~カード die Weihnachtskarte. ~キャロル das Weihnachtslied. ~ケーキ die Weihnachtstorte. ~ツリー der Weihnachtsbaum. ~プレゼント das Weihnachtsgeschenk.

くりだす 繰り出す 〔索などを〕 heraus/ziehen*; 〔兵隊を〕 ausmarschieren lassen*; 〔出掛ける〕 sich [in Scharen] auf/machen. 新手の軍勢を~ frische Truppen hinaus/schicken. 槍(ゃり)を~ mit dem Speer nach *jm.* stoßen*.

クリック 〔電算〕~する klicken 《auf 4格》.

クリップ 〔紙挟み〕 die Büroklammer (Aktenklammer) -n; 〔髪止め〕 der Klips -es, -e.

グリニッジ ~標準時 die Greenwicher Zeit; die Weltzeit.

くりぬく 刳り貫く aus/höhlen; aus/bohren. 穴(!)を~ ein Loch (*jm.* die Augen) aus/bohren. りんごの芯を~ Äpfel entkernen.

くりのべる 繰り延べる ¶次週に~ auf die nächste Woche verschieben*.

くりひろげる 繰り広げる entrollen; entfalten. すばらしい風景が繰り広げられる Ein prächtiges Landschaftsbild entrollt sich. 宣伝活動を~ Propaganda entfalten.

くりょ 苦慮する sich³ den Kopf zerbrechen* 《über 4格》; sich³ große Sorgen machen 《um 4格》.

グリル der Grillroom -s, -s.

グリンピース grüne Erbsen *pl.*

くる 来る kommen*(s); 〔着く〕 an/kommen*(s); 〔訪れる〕 zu *jm.* kommen*(s); 〔由来する〕 stammen 《aus 3格》. 入って~ herein/kommen*(s). 出て~ heraus/kommen*(s). 帰って~ zurück/kommen*(s). 持って~ mit/bringen*. 取って(呼んで)~ holen. 近づいて~ sich nähern 《3格》. 歩いて~ zu Fuß kommen*(s). 走って(飛んで)~ gelaufen (geflogen) kommen*(s). 乗物で~ gefahren kommen*(s). ~日も~日も Tag für Tag. 春が来た Der Frühling ist da. もうじき夏が~ Der Sommer ist schon nahe. いまに夕立がやって~ Wir bekommen sicher noch ein Gewitter. 子供を迎えに学校へ行って~ ein Kind von der Schule ab/holen. 面白くなって~ interessanter werden*(s). この語はアラビア語から来ている Dieses Wort stammt aus dem Arabischen.

くる 繰る ¶糸を~ Garn spinnen* (haspeln). 本のページを~ die Seiten eines Buches um/blättern; in einem Buch blättern. 暦を繰って調べる *et.* im Kalender nach/sehen*.

ぐる ~になっている mit *jm.* unter einer Decke stecken(*).

くるい 狂い・が来る aus der Ordnung kommen*(s). 計画に~を生じた Bei dem Plan ist eine Störung eingetreten. 私の目に~はない Ich bin sehr sicher in meinem Urteil. 扉に~が来た Die Tür hat sich verzogen.

くるいざき 狂い咲きする unzeitgemäß blü-

くるいじに 狂い死にする im Wahnsinn sterben*(s).

くるう 狂う ¶気が～ verrückt (wahnsinnig) werden*(s). 調子が～ in Unordnung geraten*(s);〔楽器が〕sich verstimmen. 私の時計は狂っている Meine Uhr geht falsch (spielt verrückt). 彼の計画は狂った Seine Pläne sind schief gegangen.

クルー die Crew -, -s.

グループ die Gruppe -n. ～で in Gruppen.

くるくる(ぐるぐる) rundherum. ～回る sich herum|drehen; sich im Kreise drehen. ～巻く et. herum|wickeln 《um 4 格》.

くるしい 苦しい schmerzlich;〔困難な〕schwer; schwierig;〔困窮した〕kümmerlich. ～目にあう(思いをする) bittere Erfahrungen machen*《mit 3 格》; es schwer haben*《mit 3 格》. ～立場にある in der Klemme sein*. ～弁解 lahme Entschuldigung. 息が～ schwer (mühsam) atmen. 胸が～ sich beklommen fühlen. 家計が～ ein knappes Auskommen haben*. ～時の神頼み Not lehrt beten.

くるしまぎれ 苦し紛れ・の verzweifelt. ～に aus Verzweiflung.

くるしみ 苦しみ der Schmerz -es, -en; die Qual -en;〔困苦〕die Not;〔心痛〕der Kummer -s. 精神的～ seelischer Schmerz. お産の～ Wehen pl. 良心の～に堪えられない Mich peinigt das Gewissen.

くるしむ 苦しむ leiden*《an (unter) 3 格》;〔苦労する〕sich ab|quälen《mit 3 格》. 痛風で～ an der Gicht leiden*. 圧制(借金)で～ unter Druck (Schulden) leiden*. 無聊(ぶりょう)に～ Ihn plagt die Langeweile. 理解に～ et. nur schwer begreifen*. これは苦しんだ甲斐がある Das lohnt die Mühe.

くるしめる 苦しめる jn. quälen (plagen)《mit 3 格》;〔心配させる〕jm. Sorgen (Kummer) machen. 彼は愚にもつかぬ質問で私を～ Er belästigt mich mit seinen dummen Fragen.

グルタミン ～酸 die Glutaminsäure.

くるびょう 佝僂病 die Rachitis. ～の rachitisch.

くるぶし 踝 der Knöchel -s, -.

くるま 車 der Wagen -s, -;〔自動車〕der [Kraft]wagen -s, -; das Auto -s, -s.〔車輪〕das Rad -es, ⸚er. ～に乗る [in einen Wagen] ein|steigen*(s). ～を降りる aus|steigen*(s). ～で行く [mit dem] Auto fahren*(s).

くるまいす 車椅子 der Rollstuhl -s, ⸚e; der Kranken[fahr]stuhl -s, ⸚e.

くるまえび 車蝦 die Garnele -n.

くるまざ 車座になる im Kreis sitzen*.

くるまだい 車代〔車賃〕das Fahrgeld -[e]s, -er.

くるまどめ 車止め〔掲示〕Durchfahrt verboten!〔鉄道の〕der Prellbock -s, ⸚e.

くるまよせ 車寄せ die Einfahrt -en.

くるまる sich ein|wickeln《in 4 格》. 毛布に～ sich in seine Decke ein|hüllen.

くるみ 胡桃 die [Wal]nuss ⸚e. ～の木 der Nussbaum. ～割り der Nussknacker.

くるむ et. ein|wickeln (ein|hüllen)《in 4 格》.

グルメ der Gourmet -s, -s; der Feinschmecker -s, -.

くるめく 眩く ¶目も～ばかりの高所 schwindelnde Höhe.

くるり ～と回る sich auf dem Absatz herum|drehen. ～と振り向く sich um|drehen《nach 3 格》.

ぐるり ～と ringsherum. 家の～に um das Haus herum.

くるわせる 狂わせる〔気を〕jn. verrückt machen;〔機械などを〕in Unordnung bringen*;〔計画などを〕vereiteln. 或る人の人生を～ jn. aus der Bahn werfen* (schleudern).

くれ 暮れ das Jahresende -s, -n. 日の～方に bei Sonnenuntergang; gegen Abend. 秋の～に spät im Herbst. 年の～に am Ende des Jahres. ～のうちに vor Neujahr.

クレー ―射撃 das Wurftaubenschießen -s.

クレーター der Krater -s, -.

クレープ der Krepp -s, -s (-e). ～の aus Krepp. ～デシン der Crêpe de Chine.

グレープ ～ジュース der Traubensaft -[e]s. ～フルーツ die Grapefruit -s.

クレーム die Reklamation -en. ～をつける et. reklamieren; eine Reklamation vor|bringen*《wegen 2 格》.

クレーン der Kran -s, ⸚e (-e).

クレオソート das Kreosot -s.

くれぐれも ～ご両親によろしく Bitte, grüßen Sie Ihre Eltern herzlichst von mir ! ～おからだに気をつけてください Bitte, achten Sie recht auf Ihre Gesundheit !

グレコローマン ―レスリング das Ringen im griechisch-römischen Stil.

クレジット der Kredit -s, -e. ～カード die Kreditkarte -n.

グレシャム ～の法則 das greshamsche ['grɛʃəm/ʃa] Gesetz -es.

クレゾール das Kresol -s. ～石鹸液 die Kresolseifenlösung.

ぐれつ 愚劣な töricht; abgeschmackt.

くれない 紅の hochrot; scharlachrot.

クレバス die Gletscherspalte -n.

クレムリン〔モスクワの〕der Kreml -[s].

クレヨン der Krayon -s, -s. ～画 die Krayonzeichnung.

くれる 呉れる geben*; schenken. それを呉れてやろう Du sollst es haben ! それをして～か Wollen Sie das tun ?

くれる 暮れる ¶日が～ Es dunkelt. / Es wird Abend. 年が暮れた Das Jahr ist um. 途方に～ weder aus noch ein wissen*; ratlos sein*. 涙に～ in Tränen schwimmen*(s).

ぐれる auf Abwege geraten*(s). ぐれた息子 verlorener Sohn.

クレンザー das Reinigungsmittel -s, -.

クレンジング・クリーム die Reinigungscreme -s; die Abschminke.
ぐれんたい 愚連隊 die Bande von Rowdys.
くろ 黒 das Schwarz -[es]. ～ずんだ schwärzlich; dunkel.
くろい 黒い schwarz;〔よごれた〕schmutzig. 日に焼けて～ von der Sonne gebräunt sein*. 腹の～人 boshafter Mensch.
くろう 苦労 die Mühe -n;〔心労〕die Sorge -n; der Kummer -s. ～の多い(無い) mühevoll (mühelos). ～する sich bemühen《um 4格》; Mühe haben*《mit 3格》. 息子の事でとても～する Ich habe viel Mühe (Kummer) mit meinem Sohn. ～をかける jm. Mühe (Sorgen; Kummer) machen. ～をいとわない keine Mühe scheuen. ～が絶えない Er wird die Sorgen nie los. ご～さま Ich danke Ihnen sehr für Ihre Mühe. / Vielen Dank für Ihre Mühe！ ～人 welterfahrener Mensch.
ぐろう 愚弄する jn. zum Narren (zum Besten) haben*; jn. an der Nase herum|führen.
くろうしょう 苦労性 ¶彼は～だ Er macht sich immer unnötige Sorgen.
くろうと 玄人 der Kenner -s, -; der Sachverständige#.
クローク der Garderobe -n.
クロース ～製の本 der Leinenband (略：Ln.; Lnbd.). 総～の in Ganzleinen gebunden.
クローズ・アップ die Großaufnahme (Nahaufnahme) -n. ～される《比》in den Vordergrund treten*(s).
クローバー der Klee -s. 四つ葉の～ vierblättriges Kleeblatt.
クロール〔水泳の〕das Kraul -[s]. ～で泳ぐ kraulen (h; s).
くろかみ 黒髪の schwarzhaarig. 緑の～ rabenschwarzes Haar.
くろぐろ 黒黒と sehr schwarz; tiefschwarz.
くろこげ 黒焦げの schwarz gebrannt; verkohlt. ～になる verkohlen (s).
くろじ 黒字になる einen Überschuss ab|werfen*.
くろしお 黒潮 die Schwarze (Japanische) Strömung.
クロス ～カントリー・レース der Geländelauf. ～ゲーム hartes Spiel.
くろずむ 黒ずむ schwärzlich werden*(s). 黒ずんだ赤 das Dunkelrot.
クロスワード・パズル das Kreuzworträtsel
くろダイヤ 黒ダイヤ schwarze Diamanten pl.
クロッカス der Krokus -, (-se).
グロッキー ～になる groggy werden*(s).
グロテスク ～な grotesk.
くろぬり 黒塗りの schwarz lackiert.
クロノメーター das Chronometer -s, -.
くろパン 黒パン das Schwarzbrot -[e]s, -e.
くろビール 黒ビール dunkles Bier -s.
くろびかり 黒光りする schwarz glänzen.
くろぼし 黒星〔的の(ほし)の〕das Schwarze*;〔負け〕die Niederlage -n;〔失敗〕der Fehlschlag -[e]s, ⸚e.
くろまく 黒幕〔人〕der Drahtzieher -s, -; der Hintermann -[e]s, ⸚er; graue Eminenz -en.
クロム das Chrom -s (記号：Cr). ～鋼 der Chromstahl. ～鉄鉱 der Chromeisenstein. ～鍍金(ききん)する verchromen.
くろめ 黒目 der Augenstern -s, -e. ～[がち]の schwarzäugig.
くろやま 黒山 ¶通りは～の人だかりだ Die Straße ist schwarz von Menschen.
クロレラ die Chlorella [klo'rɛla] ..rellen.
クロロホルム das Chloroform -s. ～で麻酔 をかける jn. chloroformieren.
クロロマイセチン das Chloromycetin [kloromytse'ti:n] -s.
くろわく 黒枠 der Trauerrand -[e]s, ⸚er. ～の mit schwarzem Rand.
くろんぼう 黒ん坊 der Schwarze#; der Neger -s, -.
くわ 桑 der Maulbeerbaum -[e]s, ⸚e. ～の実 die Maulbeere.
くわ 鍬 die Hacke -n. ～で土地を耕す den Boden hacken.
くわえる 加える et. hinzu|fügen《[zu] 3格》;〔加算する〕addieren. 害を～ jm. Schaden zu|fügen. 元金に利子を～ die Zinsen zum Kapital schlagen*. 速力を～ die Geschwindigkeit steigern (erhöhen). 原稿に手を～ ein Manuskript bearbeiten. 暖房費を加えて zuzüglich der Heizungskosten. 給料に加えて außer dem Gehalt. かてて加えて noch dazu.
くわえる 銜える et. im Mund halten*.
くわけ 区分け → 区分.
くわしい 詳しい ausführlich; eingehend;〔精通している〕bewandert sein*《in 3格》; kundig sein*《2格》. 詳しく言えば genau gesagt. 彼は歴史(ラテン語)に～ Er ist in Geschichte (Latein) gut bewandert.
くわずぎらい 食わず嫌いである von vornherein ab|lehnen; voreingenommen sein*《gegen 4格》.
くわせもの 食わせ者〔人〕der Schwindler -s, -; der Heuchler -s, -.
くわせる 食わせる jm. et. zu essen geben*;〔養う〕jn. ernähren. 一杯食わされる sich anführen lassen*.
くわだて 企て das Vorhaben (Unternehmen) -s, -; der Plan -es, ⸚e;〔試み〕der Versuch -[e]s, -e.
くわだてる 企てる vor|haben*; planen; versuchen.
くわわる 加わる〔増加する〕zu|nehmen*; sich vermehren;〔参加する〕sich beteiligen《an 3格》; bei|treten*(s)《3格》.
くん 君 ¶森～ Herr Mori.
ぐん 軍 das Heer -[e]s, -e. 日本～ die japanische Armee. ～の militärisch.〔スポーツ〕(二)～ der erste (zweite) Anzug.
ぐん 郡 der [Land]kreis -es, -e.

ぐん 群・をなして in Scharen. ～を抜く sich hervor|tun* (in 3格). ～を抜いた hervorragend. 一一の労働者 eine Gruppe von Arbeitern.

ぐんい 軍医 der Militärarzt -es, ¨e.

くんいく 訓育 die Erziehung -en; die Zucht. ～する erziehen*; in Zucht nehmen*.

ぐんか 軍歌 das Soldatenlied -[e]s, -er.

くんかい 訓戒 die Ermahnung -en. 勉強するように～する jn. zum Fleiß ermahnen.

ぐんがくたい 軍楽隊 die Militärkapelle -n.

ぐんかん 軍艦 das Kriegsschiff -s, -e. ～旗 die Kriegsflagge.

ぐんき 軍紀 militärische Disziplin; die Manneszucht.

ぐんき 軍旗 die Fahne -n.

ぐんき 軍機 militärisches Geheimnis -ses, -se.

ぐんぐん immer weiter (fort). 成績が～よくなる immer weitere Fortschritte machen (in 3格).

くんこう 勲功 das Verdienst -[e]s, -e (um 4格).

ぐんこう 軍港 der Kriegshafen -s, ¨.

ぐんこくしゅぎ 軍国主義 der Militarismus -. ～的 militaristisch. ～者 der Militarist.

くんし 君子 tugendhafter Mensch -en, -en; [皮肉って] der Tugendbold -[e]s, -e; [賢人] der Weise*. ～危きに近寄らず Wer sich in Gefahr begibt, kommt darin um.

くんじ 訓示 die Anweisung -en. ～する jn. an|weisen* 《zu+不定詞》; an jn. eine belehrende Ansprache halten*.

ぐんし 軍使 der Parlamentär -s, -e.

ぐんじ 軍事 das Militärwesen -s. ～上の militärisch. ～行動 die Militäraktion. ～協定 das Militärabkommen. ～同盟 das Militärbündnis. ～政権 die Militärregierung. ～予算 das Militärbudget. ～郵便 die Feldpost.

ぐんしきん 軍資金 der Kriegsfonds -, -; [比] Geldmittel pl.

くんしゅ 君主 der Herrscher -s, -; der Herr -n, -en. ～制[国] die Monarchie.

ぐんじゅ 軍需・品 das Kriegsmaterial. ～産業 die Kriegsindustrie; die Rüstungsindustrie.

ぐんしゅう 群衆(集) die Masse -n. ～を押し分けて行く sich durch die Menge drängen. ～心理学 die Massenpsychologie.

ぐんしゅう 群集 ¶砂糖に蟻が～する Ein Stück Zucker wimmelt von Ameisen.

ぐんしゅく 軍縮 die Abrüstung. ～会議 die Abrüstungskonferenz.

くんしょう 勲章 der Orden -s, -. ～を授ける(もらう) einen Orden verleihen* (erhalten*). ～を着ける einen Orden an|legen (tragen*).

ぐんしょう 群小・の geringfügig; unbedeutend. ～諸国 kleinere Staaten pl.

ぐんじょう 群青 ultramarin 《不変化》.

ぐんしょく 軍職 militärischer Beruf -s. ～に就く zum Militär gehen*(s). ～にある beim Militär sein*. ～を離れる vom Militär entlassen werden*(s 受).

ぐんしれいかん 軍司令官 der Heerführer -s, -.

ぐんじん 軍人 der Soldat -en, -en. ～らしい soldatisch. ～気質 das Soldatentum.

くんせい 燻製 die Räucherung -en. ～の geräuchert. ～にする räuchern. にしんの～ der Räucherhering.

ぐんせい 軍政 die Militärverwaltung -en; die Militäradministration -en. ～を敷く eine Militärverwaltung ein|richten.

ぐんせい 群棲・する in Herden leben. ～の in Herden lebend; gesellig. ～動物 das Herdentier.

ぐんぜい 軍勢 das Heer -[e]s, -e; die Armee -n.

ぐんせき 軍籍 der Soldatenstand -[e]s. ～に入る zum Militär gehen*(s). ～にある beim Militär sein*.

ぐんそう 軍曹 der Sergeant -en, -en.

ぐんぞう 群像 das Gruppenbild -[e]s, -er; die Gruppe -n.

ぐんぞく 軍属 der Zivilbeschäftigte*.

ぐんたい 軍隊 das Heer -[e]s, -e; Truppen pl.

ぐんだん 軍団 das [Armee]korps -, -.

くんづけ 君付けにする jn. duzen.

くんでん 訓電 telegrafische Instruktion -en. ～する jn. telegrafisch instruieren 《zu+不定詞》.

くんとう 薫陶 die Ausbildung -en; die Erziehung -en. ～する aus|bilden; erziehen*. ～よろしきを得ている gut erzogen sein*.

ぐんとう 軍刀 der Säbel -s, -.

ぐんとう 群島 die Inselgruppe -n; der Archipel -s, -e. カナリア～ die Kanarischen Inseln pl; die Kanaren pl.

ぐんば 軍馬 das Militärpferd -[e]s, -e.

ぐんぱい 軍配を上げる jn. zum Sieger erklären; für jn. entscheiden*.

ぐんばつ 軍閥 die Militärclique -n.

ぐんび 軍備 die [Kriegs]rüstung -en. ～拡張 die Aufrüstung. ～縮小 die Abrüstung. ～拡張(縮小)をする auf|rüsten (ab|rüsten).

ぐんぶ 軍部 das Militär -s. ～独裁 die Militärdiktatur.

ぐんぷく 軍服 die [Soldaten]uniform -en.

ぐんぼう 軍帽 die Militärmütze -n.

ぐんぽうかいぎ 軍法会議 das Kriegsgericht -s, -e. ～にかける jn. vor ein Kriegsgericht stellen.

ぐんむ 軍務 der Militärdienst -[e]s. ～に服する im militärischen Dienst stehen*.

ぐんもん 軍門に降(くだ)る sich jm. ergeben*; vor jm. kapitulieren.

ぐんよう 軍用・機 das Militärflugzeug. ～犬 der Kriegshund. ～道路 die Heerstraße.

~列車 der Militärzug.
ぐんりつ 軍律 das Militärgesetz -es, -e; 〔軍紀〕die Mannszucht.
ぐんりゃく 軍略 die Kriegslist -en; die Strategie -n. ~上の strategisch.
くんりん 君臨する herrschen 《über 4格》.
くんれい 訓令 die Instruktion -en; die Anweisung -en. ~する jn. instruieren (an|weisen*)《zu+不定詞》.
くんれん 訓練 die Übung -en; das Training -s, -s; die Schulung -en. ~する üben; trainieren; schulen. よく~された gut trainiert (geschult).
くんわ 訓話 belehrende Rede -n.

け

け 毛 das Haar -[e]s, -e; 〔羽毛〕die Feder -n; 〔羊毛〕die Wolle. ~の生えた haarlos; kahl. ~のソックス wollene Socken pl. ~ほどの同情心もない kein Fünkchen [von] Mitleid haben*. …に~の生えたぐらいである um ein Haar (nicht viel) besser sein* als …
け 気〔病気などの〕das Anzeichen -s, -. そんな事は~もない Man bemerkt nicht eine schwache Spur davon.
け 家 ¶森~ die Familie Mori;〔その人》die Moris pl.
げ 下 ¶この映画は~の~だ Dieser Film ist der allerschlechteste (ist unter aller Kritik).
けあな 毛穴 die Pore -n.
けい 兄 ¶宮田~ Herr Miyata. ~たり難く弟たり難し Es ist kaum ein Unterschied zwischen beiden. / Einer ist so gut wie der andere.
けい 刑 die Strafe -n. ~の執行 die Strafvollstreckung. ~の宣告 die Verurteilung. ~の免除 der Straferlass. ~に服する seine Strafe an|treten*. 禁固10年の~に処する jn. zu einer Strafe von 10 Jahren Gefängnis verurteilen.
けい 系 ¶ドイツ~のアメリカ人 der Deutschamerikaner -s, -.
けい 径〔直径〕der Durchmesser -s, -(記号: d).
けい 計〔計画〕der Plan -es, ⸚e;〔合計〕die [Gesamt]summe -n. ~6000円になる Der Gesamtbetrag beträgt (beläuft sich auf) 6 000 Yen.
けい 景 ¶日本三~ die drei landschaftlichen Schönheiten Japans. 第1~《劇》die erste Szene.
けい 罫 die Linie -n. 紙に~を引く Papier linieren. ~のある(ない) liniertes (unlinierte) Papier. 赤~の rot liniert.
げい 芸〔技能〕die Kunst ⸚e; die Kunstfertigkeit -en;〔演技〕das Spiel -s; die Darstellung -en;〔芸当〕das Kunststück -s, -e. ~がうまい(細かい) meisterhaft (fein) spielen. ~のない〔平凡な〕banal; platt. 猿に~を仕込む einem Affen ab|richten. 一~に秀でる in einer Kunst Meister sein*. ~は身を助く Handwerk hat goldenen Boden.
けいあい 敬愛・する verehren. ~する友 mein teurer (verehrter) Freund.

けいい 経緯〔事情〕Verhältnisse pl.;〔細目〕Einzelheiten pl.
けいい 敬意・を表する jm. Achtung (Respekt) erweisen*; jn. (et.) respektieren. ~を表して aus Achtung (Respekt)《vor 3格》.
げいいん 鯨飲する wie ein Loch saufen*.
けいえい 経営 der Betrieb -es; die [Geschäfts]führung. 商店を~する ein Geschäft betreiben* (führen). 工場(学校)を~する eine Fabrik (Schule) leiten. 農場を~する ein Gut bewirtschaften. ~学 die Betriebswissenschaft. ~者 der Betriebsführer; der Unternehmer;〔農場の〕der [Guts]verwalter. ~コンサルタント der Betriebsberater.
けいえん 敬遠する sich [respektvoll] von jm. entfernt halten*; von (zu) jm. Distanz halten*.
けいおんがく 軽音楽 leichte Musik; die Unterhaltungsmusik.
けいか 経過 der Verlauf -[e]s, ⸚e. ~する verlaufen*(s). 病気の~がよい(悪い) Die Krankheit nimmt einen guten (schlimmen) Verlauf.
けいが 慶賀の意を表する jn. beglückwünschen《zu 3格》; jm. gratulieren《zu 3格》.
けいかい 軽快・な leicht; beschwingt. ~な足どりで mit beschwingten Schritten.
けいかい 警戒 die Bewachung -en;〔用心〕die Vorsicht. ~する bewachen; sich hüten《vor 3格》; auf der Hut sein*《vor 3格》. ~させる wachen. warnen《vor 3格》. ~を厳にする die Wachen verstärken. ~色 die Warnfärbung. ~線〔非常線〕der Kordon.
けいがい 形骸〔残骸〕Trümmer pl.
けいかく 計画 der Plan -es, ⸚e. 5か年~ der Fünfjahresplan. ~する planen. ~を立てる(練る) einen Plan fassen (schmieden). 今晩は何か御~でもおありですか Haben Sie für heute Abend etwas vor? ~的に(~通りに) planmäßig. 無~に planlos. ~経済 die Planwirtschaft.
けいかん 景観 die Aussicht (Landschaft) -en.
けいかん 警官 der Polizist -en, -en; der Schutzmann -[e]s, ⸚er (..leute);〔集合的に〕die Polizei. 婦人~ die Polizistin.
けいがん 慧眼な scharfsichtig; scharfsinnig.
けいがん 珪岩 der Quarzit -s, -e.
けいかんしじん 桂冠詩人 gekrönter Dich-

けいき 刑期 die Strafzeit *-en*. ～を終える eine Strafe ab|büßen.

けいき 計器 das Messgerät *-s, -e*; das Messinstrument *-s, -e*. ～盤 das Instrumentenbrett. ～飛行 der Instrumentenflug.

けいき 契機 das Moment *-s, -e*. これを～として aus diesem Anlass. …を～として anlässlich 《2格》.

けいき 景気 die Konjunktur *-en*. ～を刺激する(引き締める) die Konjunktur beleben (dämpfen). 上昇(下降)～ steigende (fallende) Konjunktur. ～変動 die Konjunkturschwankung. ～循環 der Konjunkturzyklus. ～をつける et. beleben; Schwung bringen* (in 4格). ～づく belebt werden* (s); einen Aufschwung nehmen*. ～はどうだい Wie gehen die Geschäfte? 彼は～がいい Es steht gut um seine Geschäfte. / Er sich gut. 金を～よく使う verschwenderisch mit dem Geld um|gehen*(s).

けいき 継起する aufeinander folgen (s).

けいききゅう 軽気球 → 気球.

けいきへい 軽騎兵 leichte Kavallerie *-n*; 〔その一人〕leichter Kavallerist *-en, -en*.

けいきょ 軽挙 die Voreiligkeit *-en*; die Unbesonnenheit *-en*. ～妄(もう)動する voreilig (unbesonnen) handeln.

けいきょう 景況 konjunkturelle Situation *-en*.

けいきんぞく 軽金属 das Leichtmetall *-s, -e*.

けいく 警句 witzige Bemerkung *-en*; das Epigramm *-s, -e*; der Aphorismus *-, -men*. ～を吐く witzige Bemerkungen machen.

けいぐ 敬具 〔手紙の結び〕Mit freundlichen (herzlichen) Grüßen.

けいけい 軽軽・な(に) leichtfertig; unbedacht. ～に信ずる leichthin glauben.

けいけん 経験 die Erfahrung *-en*; das Erlebnis *-ses, -se*. ～する erfahren*; erleben. ～のある(ない) erfahren (unerfahren) 《in 3格》. ～的(上) empirisch (erfahrungsgemäß). 苦い～をする bittere Erfahrungen machen《mit 3格》.

けいけん 敬虔 die Frömmigkeit; die Pietät. ～な fromm; andächtig; pietätvoll. ～主義 〔宗〕der Pietismus.

けいげん 軽減・する erleichtern; mildern. 課税を～する die Steuern ermäßigen. 痛みが～した Die Schmerzen ließen nach.

けいけんろん 経験論 der Empirismus *-*. ～的 empiristisch. ～者 der Empirist.

けいこ 稽古 die Übung *-en*; 〔学習〕das Lernen *-s*; 〔劇の〕die Probe *-n*; 〔スポーツの〕das Training *-s, -e*. ～する sich üben 《in 3格》; et. lernen; trainieren. ～をつける jn. üben 《in 3格》. ピアノの～をする〔自分で〕[auf dem (am)] Klavier üben; 〔授業を受ける〕bei jm. Klavierstunden nehmen*.

けいご 敬語 der Höflichkeitsausdruck *-s, =e*.

けいご 警護・する bewachen; [be]schützen. ～の下に unter *js.* Bewachung.

けいこう 傾向 die Neigung *-en*; die Tendenz *-en*. ～がある Neigung haben*《zu 3格》. 物価が下がる～にある Die Preise haben eine fallende Tendenz (Neigung). ～的 tendenziös. ～文学 die Tendenzdichtung.

けいこう 携行する mit|nehmen*.

けいこう 蛍光 die Fluoreszenz. ～灯 die Leuchtstofflampe; die Leuchtstoffröhre.

げいこう 迎合・する sich *jm.* schmeichlerisch an|passen. 時勢に～する mit dem Strom schwimmen*(s). ～的 schmeichlerisch.

けいこうぎょう 軽工業 die Leichtindustrie.

けいこうひにんやく 経口避妊薬 die Pille.

けいこく 渓谷 die [Berg]schlucht *-en*.

けいこく 警告 die Warnung *-en*; die Ermahnung *-en*. ～する jn. warnen《vor 3格》; jn. ermahnen《zu 3格》. 岸にあまり近づかないよう～する jn. [davor] warnen, zu nahe ans Ufer zu treten.

けいこつ 脛骨 das Schienbein *-[e]s, -e*.

けいこつ 頸骨 das Halsbein *-[e]s, -e*.

けいさい 掲載 ¶新聞に～される in die (der) Zeitung eingerückt werden*(s受). 新聞に～されている in der Zeitung stehen*. 彼はその論文を或る雑誌に～した Er ließ den Artikel in eine Zeitschrift einrücken.

けいざい 経済 die Wirtschaft; die Ökonomie *-n*. 自由(計画)～ die Freiwirtschaft (Planwirtschaft). 家の～ der Haushalt. ～上(的)の wirtschaftlich; ökonomisch. ～家〔節約家〕ökonomischer Mensch. ～学 Wirtschaftswissenschaften *pl.*; die Ökonomie; die Wirtschaftslehre. ～学者 der Wirtschaftswissenschaftler. ～学博士 Doktor der Wirtschaftswissenschaft (略: Dr. [rer.] oec.). ～学部 wirtschaftswissenschaftliche Fakultät. ～界で活動する sich in der Wirtschaft betätigen. ～人 der Wirtschafter. ～協力開発機構 die Organisation für wirtschaftliche Zusammenarbeit und Entwicklung (略: die OECD). ～企画庁 das Amt für Wirtschaftsplanung. ～史 die Wirtschaftsgeschichte. ～成長 das Wirtschaftswachstum. ～政策 die Wirtschaftspolitik. ～援助 die Wirtschaftshilfe. ～サミット der Wirtschaftsgipfel. ～大国 die Wirtschaftsmacht. ～制裁 die Wirtschaftssanktionen *pl.* ～封鎖 die Wirtschaftsblockade. ～復興 der Wiederaufbau der Wirtschaft. ～欄〔新聞の〕der Wirtschaftsteil. ～産業省 das Ministerium für Wirtschaft, Handel und Industrie.

けいさつ 警察 die Polizei. ～の polizeilich. ～へ引っ張られる zur Polizei geschleppt werden*(s受). ～の保護を受ける sich in (unter) Polizeischutz begeben*. ～官 der Polizeibeamte⁼. ～犬 der Polizeihund. ～署 die Polizeibehörde; das Polizeirevier. ～署

けいさん 計算 die [Be]rechnung -en. ～する [be]rechnen. ～がうまい gut rechnen können. ～を間違える falsch rechnen. ～に入れる ein|rechnen;〔考慮に入れる〕rechnen《mit 3格》. ～ずくの〔打算的〕berechnend. ～係 der Rechner. ～機 die Rechenmaschine. ～書 die Rechnung. ～尺 der Rechenschieber.

けいさん 珪酸 die Kieselsäure. ～塩 das Silikat.

けいし 軽視する gering schätzen;〔侮る〕verachten.

けいし 罫紙 das Linienpapier -s. 下敷き用～ das Linienblatt.

けいじ 刑事 der Kriminalbeamte#; der Kriminale#. ～上の kriminal. ～事件 die Kriminalsache#; die Strafsache. ～訴訟 der Strafprozeß. ～訴追 die Strafverfolgung.

けいじ 計時・る die Zeit nehmen*. ～係 der Zeitnehmer.

けいじ 啓示 die Offenbarung -en. ～する offenbaren.

けいじ 掲示 der Anschlag -[e]s, ¨e. ～する an|schlagen*. 壁に～を張る einen Anschlag an einer Mauer machen. ～板 die Anschlagtafel.

けいじ 慶事 glückliches Ereignis -ses, -se.

けいじか 形而下の physisch.

けいしき 形式 die Form -en; die Formalität -en. ～的な formell. ～上 der Form halber. ～にこだわる(とらわれ)る an Äußerlichkeiten hängen* (kleben). ～主義 der Formalismus. ～主義者 der Formalist. ～美 die Formschönheit. ～論理[学] formale Logik.

けいじじょう 形而上・の metaphysisch. ～学 die Metaphysik. ～学者 der Metaphysiker.

けいしそうかん 警視総監 der Polizeipräsident -en, -en.

けいしちょう 警視庁 das Polizeipräsidium -s, ..dien.

けいしゃ 傾斜 die Neigung; das Gefälle -s, -. ～する sich neigen;〔土地が〕ab|fallen*(s). ～した geneigt; schräg. ～面 der Abhang. ～角 der Neigungswinkel.

げいしゃ 芸者 die Geisha -s.

けいしゅうさっか 閨秀作家 die Schriftstellerin -nen.

げいじゅつ 芸術 die Kunst ¨e. ～的な künstlerisch. 非～的な unkünstlerisch. ～家 der Künstler. ～家気質 das Künstlertum. ～至上主義 das Prinzip von der „Kunst für Kunst"; das L'art pour l'art. ～品 das Kunstwerk. ～祭 das Kunstfestival. ～大学 die Kunsthochschule.

けいしょう 形象 das Bild -es, -er; die Figur -en.

けいしょう 軽少の(な) gering[fügig].

けいしょう 敬称 höfliche (respektvolle) Bezeichnung -en.

けいしょう 軽症 leichte Krankheit -en. ～の leicht krank. ～患者 der leicht Kranke#.

けいしょう 景勝の地 malerische Landschaft -en; die Naturschönheit -en.

けいしょう 軽傷 leichte Wunde -n. ～の leicht verwundet. ～者 der leicht Verwundete#.

けいしょう 継承・する erben; übernehmen*. 王位を～する jm. auf den Thron folgen (s). ～者 der Nachfolger. 王位～者 der Thronfolger; der Thronerbe.

けいしょう 警鐘 die Alarmglocke -n. ～を鳴らす die Alarmglocke läuten; Alarm schlagen*. これは政治の貧困に対する～だ Das ist eine Warnung vor politischer Armut.

けいじょう 刑場 der Richtplatz -es, ¨e. ～の露と消える auf dem Schafott enden.

けいじょう 形状 die Form -en; die Gestalt; die Gestaltung.

けいじょう 計上する hinzu|rechnen.

けいじょうひ 経常費 laufende Ausgaben pl.

けいじょうみゃく 頸静脈 die Halsader -n.

けいしん 敬神 die Gottesfurcht. ～の念の厚い gottesfürchtig.

けいしん 軽震 leichtes Erdbeben -s.

けいず 系図 die Stammtafel -n.

けいすう 係数 der Koeffizient -en, -en.

けいすう 計数 die Rechnung -en. ～管 das Zählrohr. ガイガー～管 der Geigerzähler.

けいせい 形成 die Bildung (Gestaltung) -en. ～する bilden; gestalten. ～外科 die plastische Chirurgie.

けいせい 形勢 die Lage -n; die Situation -en. 目下の～では nach (bei) Lage der Dinge. ～を見る die Lage beobachten;〔日和見する〕eine abwartende Haltung ein|nehmen*. ～が一変する Die Dinge gestalten sich ganz anders.

けいせき 形跡 die Spur -en. ～をくらます alle Spuren verwischen. 犯罪の～がある Es liegen Anzeichen für ein Verbrechen vor.

けいせき 珪石 der Kieselstein -[e]s, -e.

けいせき 蛍石 der Fluorit -s, -e.

けいせん 繋船する ein Schiff vertäuen.

けいそ 珪素 das Silicium -s (記号: Si).

けいそう 形相 die Form -en. ～学 die Eidologie.

けいそう 係争 der [Rechts]streit -[e]s, -e. ～中の strittig. ～中である mit jm. im Streit liegen*. 事件は～中である Die Sache schwebt noch. ～点 der Streitpunkt.

けいそう 珪藻 die Diatomee -n; die Kieselalge -n. ～土 die Kieselgur.

けいそう 軽装 leichte Kleidung -en. ～する sich leicht kleiden. ～の leicht gekleidet.

けいそうび 軽装備の leicht bewaffnet; mit leichter Ausrüstung.

けいぞく 継続 die Fortsetzung -en; die

けいそつ

[Fort]dauer. ～する〔続く〕fort|dauern;〔続ける〕et. fort|setzen. ～的な fort|dauernd; ununterbrochen. 仕事を～する seine Arbeit fort|setzen; weiter|arbeiten.

けいそつ 軽率 der Leichtsinn -s. ～な leichtsinnig.

けいたい 形態 die Gestalt -en; die Form -en. ～学 die Morphologie. ～学的 morphologisch. ～形成 die Morphogenese (Morphogenesis). ～素〖言〗das Morphem.

けいたい 携帯・する et. [bei sich³] tragen*; mit|nehmen*. ～用の tragbar. ～に便利な handlich. ～品 js. Sachen pl. ～品預り所 die Garderobe;〔駅の〕die Handgepäckaufbewahrung. ～ラジオ das Kofferradio. ～容器 der Kanister. ～電話 das Handy; das Mobiltelefon.

けいだい 境内に in der Einfriedigung des Tempels.

けいちゅう 傾注 ¶全力を～する alle seine Kräfte zusammen|nehmen*; alle seine Kräfte konzentrieren (auf 4 格).

けいちょう 傾聴・する zu|hören《3 格》. それは～に値する Das lässt sich hören. ～に値する意見 bemerkenswerte Meinung.

けいちょうふはく 軽佻浮薄な leichtfertig; frivol.

けいつい 頸椎 der Halswirbel -s, -.

けいてき 警笛 die [Alarm]sirene -n;〔自動車の〕die Hupe -n. ～を鳴らす ein Alarmsignal geben*; hupen.

けいてん 経典 heilige Schriften pl.

けいと 毛糸 das Wollgarn -s, -e. ～の wollen.

けいど 経度 [geographische] Länge.

けいど 軽度の leicht; gering[fügig].

けいとう 系統 das System -s, -e;〔血統〕die Abkunft. ～的な systematisch. ～立てる systematisieren. ～を引く ab|stammen(s)《von 3 格》.

けいとう 傾倒する sich ergeben* (widmen)《3 格》.

けいとう 鶏頭〖植〗der Hahnenkamm -s, ⸚e.

げいとう 芸当 das Kunststück -s, -e.

けいどうみゃく 頸動脈 die Halsschlagader -n.

けいにく 鶏肉 das Hühnerfleisch -es.

げいにん 芸人 der Artist -en, -en.

げいのう 芸能 Kunstfertigkeiten pl.;〔演芸〕das Entertainment -s. ～界 die Welt des Showbusiness. ～人 der Entertainer [ɛntɐrˈteːnɐr].

けいば 競馬 das Pferderennen -s. ～馬 das Rennpferd. ～騎手 der Jockei. ～場 die Pferderennbahn.

けいはいしょう 珪肺症 die Silikose -n.

けいはくな 軽薄な leichtfertig; leichtsinnig.

けいはつ 啓発・する jn. auf|klären《über 4 格》; jn. eines anderen (Besseren) belehren. ～的な aufklärerisch.

けいばつ 刑罰 die Strafe -n. ～を加える jm. eine Strafe auf|erlegen; jn. bestrafen.

けいはんざい 軽犯罪 die Übertretung -en.

けいひ 経費 Kosten pl.; Unkosten pl. ～がかかる Es kostet viel. ～のかかる kostspielig.

けいび 軽微な leicht; unbedeutend.

けいび 警備 die Bewachung. ～する bewachen; beschützen. ～員〔兵〕der Wächter. ～船 das Wachschiff. ～隊 die Wachmannschaft. 国境～ die Grenzwache.

けいひん 景品 die Zugabe -n.

けいふ 系譜 der Stammbaum -[e]s, ⸚e. ～学 die Genealogie.

けいふ 継父 der Stiefvater -s, ⸚.

けいぶ 頸部 der Hals -es, ⸚e.

けいぶ 警部 der Polizeikommissar -s, -e.

げいふう 芸風 die Darstellungsweise -n.

けいふく 敬服・する jn. bewundern; jn. verehren. ～に値する bewundernswert.

けいべつ 軽蔑 die Verachtung -en. ～する verachten. ～すべき verächtlich. ～的な言葉 verächtliche Worte pl. 彼の目つきには～の色が浮かんでいる Verachtung (Hohn) blickt aus seinen Augen.

けいべん 軽便・な bequem;〔手頃な〕handlich. ～鉄道 die Kleinbahn.

けいぼ 敬慕・する verehren; an|beten. ～すべき anbetungswürdig.

けいぼ 継母 die Stiefmutter ⸚.

けいほう 刑法 das Strafrecht -[e]s. ～上の strafrechtlich. ～学者 der Strafrechtler. ～典 das Strafgesetzbuch（略：StGB）.

けいほう 警報 der Alarm -s, -e. ～を発する Alarm geben*. ～器 der Alarmapparat. 火災～ der Feueralarm.

けいぼう 閨房 das Schlafzimmer [eines Ehepaars].

けいぼう 警棒 der Polizeiknüppel -s, -.

けいみょう 軽妙・な gewandt. ～な洒落(ˢʰ) witziger Spaß.

けいむしょ 刑務所 das Gefängnis -ses, -se; das Zuchthaus -es, ⸚er. ～にはいる ins Gefängnis kommen*(s). ～を出る aus dem Gefängnis entlassen werden*(s受).

げいめい 芸名 der Künstlername -ns, -n; das Pseudonym -s, -e.

けいもう 啓蒙 die Aufklärung -en. ～する jn. auf|klären《über 4 格》. ～主義(運動) die Aufklärung. ～主義者 der Aufklärer. ～[主義]的 aufklärerisch.

けいやく 契約[・書] der Vertrag -es, -e; der Kontrakt -[e]s, -e. ～上の verträglich. ～を結ぶ einen Vertrag mit jm. schließen*. ～を守る(破る) einen Vertrag ein|halten* (brechen*). ～違反 der Vertragsbruch. ～相手 der Vertragspartner; der Kontrahent.

けいゆ 経由・で über; via. シベリア～で via Sibirien. ミュンヘン～ウィーン行 nach Wien über München.

けいゆ 軽油 das Leichtöl -s, -e.

げいゆ 鯨油 der Walfischtran -s.

けいよう 形容・する schildern; bildlich dar|-

けいよう 掲揚 auf|ziehen*.
けいらん 鶏卵 das Hühnerei -s, -er.
けいり 経理 die Rechnungsführung -en. ~係 der Rechnungsführer.
けいりし 計理士 der Bücherrevisor -s, -en.
けいりゃく 計略 die List -en. ~に富んだ listenreich. ~に乗せる jn. überlisten. ~を用いる eine List an|wenden*. ~をめぐらす Pläne (Ränke) schmieden.
けいりゅう 渓流 der Gebirgsbach -[e]s, ⸚e.
けいりゅう 繋留・する [船を] vertäuen; verankern. ~気球 der Fesselballon.
けいりゅうし 軽粒子 das Lepton -s, -en.
けいりょう 計量 [長さ・分量の] das Messen -s; [重さの] das Wiegen -s. ~する messen*; wiegen*. ~器 das Messgerät; die Waage.
けいりょう 軽量 leicht.
けいりん 経綸 die Staatsverwaltung -en. 盛んに~を行う einen Staat gut regieren.
けいりん 競輪 das Radrennen -s. ~場 die Radrennbahn. ~選手 der Radrennfahrer.
けいるい 係累 der [Familien]anhang -s. ~のある(ない) mit (ohne) Anhang.
けいれい 敬礼 der Gruß -es, ⸚e. ~する jn. grüßen; [兵] vor jm. salutieren.
けいれき 経歴 der Lebenslauf -[e]s, ⸚e; die Laufbahn -en. ~がいい ein gutes Vorleben haben*.
けいれつ 系列 die Reihe -n. 同じ~に属する in derselben Reihe stehen* 《mit 3 格》.
けいれん 痙攣 der Krampf -[e]s, ⸚e. ~を起す Krämpfe bekommen*; [sich] krampfen. ~性の krampfhaft.
けいろ 毛色 die Haarfarbe -n. ~の変った fremdartig; sonderbar. ~の変った人 der Sonderling.
けいろ 経路 der Weg -es, -e; die Route -n. 感染~ der Infektionsweg. 旅行の~ die Reiseroute.
けう 希有の selten; ungewöhnlich.
ケーオー [ボクシング] der K.o. -[s], -[s]. →ノック・アウト.
ケーキ der Kuchen -s, -. 「Gauge -.
ゲージ das Messgerät -s, -e; [編物の目の] das
ケース [入れ物] das Futteral -s, -e; das Etui -s, -s; [カメラの] die Tragetasche -n; [本の] der Schuber -s, -; [場合] der Fall -es, ⸚e. シガレット~ das Zigarettenetui. ~バイ~で von Fall zu Fall.
ゲート [空港の] der Flugsteig -s, -e.
ゲートル die Gamasche -n.
ケープ das Cape -s, -s.
ケーブル das Kabel -s, -. ~カー die [Draht]seilbahn. ~テレビ das Kabel-TV.
ゲーム das Spiel -s, -e.
けおされる 気圧される eingeschüchtert (überwältigt) werden*《s 受》.
けおとす 蹴落す mit dem Fuß hinunter|stoßen*. ライバルをその地位から~ den Konkurrenten aus seiner Stellung verdrängen.
けおり 毛織り・の wollen. ~物 Wollwaren pl.; der Wollstoff.
けが 怪我 die Verletzung -en; die Wunde -n. ~をする sich verletzen 《an 3 格》. 足に~をする sich³ das Bein verletzen. ~をさせる jn. verletzen (verwunden). ~をした verletzt; verwundet. ~人 der Verletzte#; der Verwundete#. ~の功名 der Glücksfall.
げか 外科 die Chirurgie. ~の chirurgisch. ~医 der Chirurg. ~手術 chirurgischer Eingriff.
げかい 下界 irdische Welt. ~の irdisch. ~を見おろす auf die Erde hinunter|sehen*.
けがす 汚(穢)す beschmutzen; beflecken. 神域を~ heilige Orte entweihen. 家名(自分の名)を~ seiner Familie (seinem Namen) Schande machen. 少女を~ ein Mädchen schänden.
けがらわしい 汚(穢)らわしい schmutzig; schändlich.
けがれ 汚(穢)れ der Schmutz -es; die Unreinheit. ~のない rein; unschuldig. ~を知らな少女 keusches Mädchen.
けがれる 汚(穢)れる sich beschmutzen; besudelt werden*《s 受》. 穢れた schmutzig; befleckt. 穢れた金 schmutziges Geld. 穢れた一生 ein schändliches Leben.
けがわ 毛皮 das Fell -es, -e; der Pelz -es, -e. ~のコート der Pelzmantel.
げかん 下疳 der Schanker -s, -. 硬性(軟性)~ harter (weicher) Schanker.
げき 劇 das Schauspiel -s, -e; das Drama -s, ...men. ~を上演する ein Schauspiel auf|führen. ~的な dramatisch. ~化する dramatisieren. ~映画 der Spielfilm. ~詩 dramatisches Gedicht. ~画 Comicstrips pl.
げき 檄 der Appell -s, -e; der Aufruf -s, -e. ~を飛ばす jn. auf|rufen 《zu 3 格》.
げきえつ 激越な aufgeregt; hitzig.
げきか 激化する heftiger werden*(s); sich verschärfen.
げきかい 劇界 die Theaterwelt.
げきげん 激減する tüchtig (rasch) ab|nehmen*.
げきさく 劇作・する ein Drama schreiben*. ~家 der Dramatiker.
げきしょう 激賞・する über alle Maßen loben. ~に値する das höchste Lob verdienen.
げきじょう 劇場 das Theater -s, -; das Schauspielhaus -es, ⸚er; [歌劇の] die Oper -n. ~へ行く ins Theater gehen*(s).
げきじょう 激情 die Leidenschaft -en; der Affekt -s, -e. ~に駆られて von Leidenschaft getrieben; im Affekt. ~的(に) leidenschaftlich.
げきしん 激震 sehr schweres Erdbeben -s.
げきする 激する in Aufregung (Zorn) geraten*(s); [海などが] wüten. 激しやすい erregbar.
げきせん 激戦 heftiger Kampf (Wettkampf)

げきぞう 激増する tüchtig (rasch) zu|nehmen*.
げきたい 撃退する zurück|schlagen*.
げきだん 劇団 die Schauspieltruppe -n.
げきちん 撃沈する in den Grund bohren; versenken.
げきつい 撃墜する ab|schießen*.
げきつう 劇通 der Theaterfachmann -s, ..leute.
げきつう 激(劇)痛を覚える heftige Schmerzen haben*.
げきど 激怒・する in Wut kommen*(s); sich sehr erzürnen 《über 4格》. ～させる in Wut bringen*.
げきどう 激動の時代 bewegte Zeiten pl.
げきどく 劇毒 tödliches Gift -es, -e.
げきとつ 激突する zusammen|stoßen*(s).
げきは 撃破する zerschmettern; zerschlagen*.
げきひょう 劇評 die Theaterkritik -en. ～家 der Theaterkritiker.
げきへん 激変 der Umschwung -s, ⁼e; der Umschlag -[e]s. ～する um|schlagen*(s).
げきむ 激(劇)務 harte (anstrengende) Arbeit -en. ～に耐えうる der harten Arbeit gewachsen sein*.
げきめつ 撃滅 die Vernichtung. ～する vernichten.
げきやく 劇薬 gefährliche Arznei -en.
けぎらい 毛嫌いする eine natürliche Abneigung haben* 《gegen 4格》.
げきりゅう 激流 reißender Strom -[e]s, ⁼e.
げきりん 逆鱗に触れる jn. in Zorn (Wut) bringen*.
げきれい 激励 die Ermunterung (Aufmunterung) -en. ～する jn. ermuntern (auf|muntern) 《zu 3格》. ～の言葉 aufmunternde Worte pl.
げきれつ 激烈な heftig; hitzig; scharf.
げきろん 激論 hitzige Debatte -n; heftiger Disput -s, -e. ～する hitzig debattieren (diskutieren) 《über 4格》.
けげん 怪訝な fragend; verwundert.
げこ 下戸 der Nichttrinker -s, -.
けさ 今朝 heute Morgen; diesen Morgen; heute früh.
げざい 下剤 das Abführmittel -s, -. ～をかける ein Abführmittel an|wenden*. 緩～ das Laxiermittel.
けし 罌粟 der Mohn -[e]s, -e. ～粒ほどの winzig.
げし 夏至 die Sommersonnenwende -n.
けしいん 消印 der Poststempel -s, -. ～を押す et. ab|stempeln.
けしかける ¶犬を～ den Hund auf jn. hetzen. 喧嘩をしろと～ jn. zum Streit auf|reizen.
けしからぬ ungehörig; unverschämt. ～振舞をする sich unverschämt benehmen*.
けしき 気色・ばむ ein böses Gesicht machen. 恐れる～もなく furchtlos.

けしき 景色 die Landschaft -en; 〔眺め〕die Aussicht. ここから見た海の～はすばらしい Von hier aus hat man eine herrliche Aussicht auf die See.
げじげじ der Tausendfüßler -s, -. ～のようないやな奴 ekelhaftes Geschöpf.
けしゴム 消しゴム der [Radier]gummi -s, -s.
けしとめる 消し止める [aus|]löschen; ersticken.
けじめ ¶公私の～をつける öffentliche und private Angelegenheiten streng trennen.
げしゃ 下車・する aus|steigen*(s). 途中～ die Fahrtunterbrechung.
げしゅく 下宿・する in einer Pension wohnen; bei jm. wohnen. ～人 der Pensionär; 〔賄い付きの〕der Kostgänger. ～屋 die Pension. ～料 die Miete.
ゲシュタポ die Gestapo.
げしゅにん 下手人 der Täter -s, -.
げじゅん 下旬・に die letzte Dekade des Monats. 5月～に Ende Mai.
げじょ 下女 das Dienstmädchen -s, -.
けしょう 化粧・する sich schminken. ～室 die Toilette. ～水 die Schminkwasser. ～石鹸 die Toilettenseife. ～台 der Schminktisch; der Toilettentisch. ～道具 die Toilettengarnitur. ～品 die Schminke; der Toilettenartikel. ～品店 die Parfümerie.
けじらみ 毛虱 die Filzlaus -⁼e.
けしん 化身 die Inkarnation -en; die Verkörperung -en. 悪魔の～ leibhaftiger Teufel.
けす 消す [aus|]löschen; 〔書いてあるものを線を引いて〕aus|streichen*. 姿を～ verschwinden* (s). 毒を～ et. entgiften.
げす 下種 gemeiner (niedriger) Kerl -s, -e. ～な gemein; vulgär.
げすい 下水 das Abwasser -s, ⁼. ～が詰まった Das Abzugsrohr ist verstopft. ～溝 der Abflussgraben; der Abzugskanal. ～施設 die Kanalisation.
ゲスト der Gast -es, ⁼e.
けずりくず 削り屑 Späne pl.
けずる 削る 〔鉋(かんな)で〕ab|hobeln; 〔金(かな)などで〕ab|schaben; 〔鉛筆などを〕spitzen; schärfen; 〔書いてあるものを〕aus|streichen*; 〔費用などを〕kürzen.
げせない 解せない unbegreiflich.
げせん 下船する aus dem Schiff steigen*(s); von Bord gehen*(s).
げせん 下賤な niedrig; vulgär.
けそう 懸想する sich in jn. verlieben; nach jm. schmachten.
けた 桁 〔建築物の〕der [Trag]balken -s, -; 〔数の位取り〕die Stelle -n. 3～の数 dreistellige Zahl. ～違いの himmelweit verschieden.
げだい 外題 der Titel [eines Theaterstücks].
けたおす 蹴倒す mit dem Fuß nieder|stoßen*.
けだかい 気高い edel; erhaben; würdevoll; vornehm.

けだかさ 気高さ die Erhabenheit; die Würde; die Vornehmheit.
けだし 蓋し〔恐らく〕wohl; wahrscheinlich.
けたたましい schrill; gellend.
げだつ 解脱 die Seelenheil -s; die Erlösung -en. ～する erlöst werden*(s受).
けたてる 蹴立てる〔砂塵などを〕auf|wirbeln. 船が波を蹴立てて進む Ein Schiff furcht die Wogen.
けだもの 獣 das Tier -es, -e;〔人非人〕die Bestie -n. この～め Du Vieh!
けだるい schlapp; matt; abgespannt. ～天気 müdes Wetter.
けち〔吝嗇漢〕der Geizhals -es, ⸚e; der Filz -es, -e. ～な〔吝(りん)な〕geizig; filzig;〔粗末な〕ärmlich;〔下劣な〕gemein; schäbig. ～な根性 niedrige Gesinnung. ～が付く Pech haben*《bei (in; mit) 3格》. ～を付ける mäkeln《an 3格》; etwas auszusetzen haben*《an 3格》. 彼は何にでも～を付ける Ihm ist nichts gut genug.
けちけち ～する knausern《mit 3格》.
ケチャップ der (das) Ketchup (Ketchup) -[s], -s. トマト～ der (das) Tomatenket[s]chup.
けちらす 蹴散らす ¶敵を～ feindliche Truppen zersprengen (auseinander jagen).
けつ 決を取る eine Abstimmung vor|nehmen*《über 4格》.
けつあつ 血圧 der Blutdruck -[e]s. ～が高い(低い) hohen (niedrigen) Blutdruck haben*. ～を測ってもらう sich³ den Blutdruck messen lassen*. ～計 der Blutdruckmesser; das Sphygmomanometer.
けつい 決意 →決心.
けついん 欠員 freie (unbesetzte) Stelle -n. ～ができる Eine Stelle wird frei.
けつえき 血液 das Blut -es. ～を取る jm. Blut entnehmen*. ～型 die Blutgruppe. ～銀行 die Blutbank. ～検査 die Blutuntersuchung.
けつえん 血縁 die Blutsverwandtschaft -en. ～の blutsverwandt. ～者 der Blutsverwandte⁎.
けっか 結果 die Folge -n;〔成果〕das Ergebnis -ses, -se; das Resultat -s, -e;〔まとめ〕das Fazit -s, -e (-s). 原因と～ Ursache und Wirkung. その～ folglich; daher. ～の～ infolge《2格》; 或る～に終る et. zur Folge haben*; hinaus|laufen*(s)《auf 4格》. 手術の～はよかった(悪かった) Die Operation hatte guten (schlechten) Erfolg.
けっかい 血塊 der Blutkuchen -s.
けっかい 決壊 der Bruch -[e]s, ⸚e. ～する brechen*.
けっかく 結核 die Tuberkulose -n (略: Tb, Tbc, Tbk). ～性の tuberkulös. ～患者 der Tuberkulöse⁎. ～菌 der Tuberkelbazillus. ～療養所 das Sanatorium.
げつがく 月額 monatlicher Betrag -[e]s, ⸚e.
けっかん 欠陥 der Fehler -s, -; der Mangel -s, ⸚. ～のある fehlerhaft; mangelhaft. ～のない fehlerfrei; mangelfrei. ～を補う das Fehlende ergänzen.
けっかん 血管 das Blutgefäß -es, -e; die Ader -n.
けつがん 頁岩 der Schieferton -s, -e.
げっかん 月刊・の monatlich. ～誌 die Monatsschrift.
けっき 血気・盛んな jugendkräftig; temperamentvoll; heißblütig. ～盛りである in der Blüte seiner Jahre sein* (stehen*). ～に逸(はや)って vom Jugendfeuer getrieben.
けっき 蹶起する sich auf|raffen《zu 3格》.
けつぎ 決議 der Beschluss -es, ⸚e; die Resolution -en. ～する einen Beschluss fassen. ～案を提出する eine Resolution ein|bringen*. ～に従って auf (laut) Beschluss.
けっきゅう 血球 das Blutkörperchen -s, -.
げっきゅう 月給 das Monatsgehalt -s, ⸚er. ～取り der Gehaltsempfänger. ～日 der Lohntag. 彼は 20万円を～をもらっている Er hat (bezieht) ein [monatliches] Gehalt von 200 000 Yen.
けっきょ 穴居・する in Höhlen wohnen. ～人 der Höhlenbewohner; der Troglodyt.
けっきょく 結局 schließlich; am Ende.
けっきん 欠勤 die Abwesenheit [vom Dienst]; das Fernbleiben [von der Arbeit]. ～する am Arbeitsplatz fehlen; der Arbeit fern|bleiben*(s). ～者 der Abwesende⁎. ～届 das Entschuldigungsschreiben.
げっけい 月経 die Menstruation -en; die Monatsblutung -en. ～がある menstruieren. ～帯 die Damenbinde.
げっけいかん 月桂冠 der Lorbeerkranz -es, ⸚e. ～を得る Lorbeeren ernten.
げっけいじゅ 月桂樹 der Lorbeerbaum -[e]s, ⸚e.
げっけん 撃剣 das Fechten -s.
けつご 結語 das Schlusswort -[e]s, -e; die Schlussbemerkung -en.
けっこう 欠航 ¶その便は～する Das Flugzeug fliegt (Der Dampfer fährt) nicht.
けっこう 血行 der [Blut]kreislauf -s, ⸚e. ～障害 die Kreislaufsstörung.
けっこう 決行する [entschieden] durch|führen.
けっこう 結構〔かなり〕ziemlich. ～な gut; schön; herrlich; vorzüglich. ～なご身分です Sie sind in einer beneidenswerten Lage. それは誠に～な話だ〔反語的〕Das ist ja eine schöne Geschichte. もう～です Das ist genug für mich. / Genug davon! それで～だ Gut so.
けつごう 結合 die Verbindung -en; die Vereinigung -en. ～する verbinden* (vereinigen)《mit 3格》;〔自動詞〕sich verbinden* (vereinigen)《mit 3格》.
げっこう 月光 der Mondschein -s.
げっこう 激高する in Wut kommen*(s); sich sehr erzürnen《über 4格》.
けっこん 血痕 der Blutfleck -s, -e. ～のついた blutbefleckt.

けっこん 結婚 die Heirat -en; die Vermählung -en; die Eheschließung -en. 恋愛～ die Liebesheirat. 友愛～ die Kameradschaftsehe. ～する [*jn.*] heiraten; sich mit *jm.* verheiraten (vermählen). 金を目当てに～する [nach] Geld heiraten. ～を申し込む *jm.* einen Antrag machen. ～解消 die Eheauflösung. ～記念日 der Hochzeitstag. ～詐欺 der Heiratsschwindel. ～式 die Hochzeit. ～式を挙げる Hochzeit feiern (halten*). ～指輪 der Ehering. ～生活 das Eheleben. 幸福な～生活を送る eine glückliche Ehe führen. ～相談所 die Eheberatungsstelle. ～適齢の heiratsfähig. ～披露宴 der Hochzeitsschmaus.

けっさい 決済 der Ausgleich -s, -e. 勘定を～する eine Rechnung aus|gleichen*.

けっさい 決裁 die Entscheidung -en. ～する entscheiden*. ～を仰ぐ *jm. et.* zur Entscheidung vor|legen.

けっさい 潔斎 die Reinigung -en. ～する sich reinigen.

けっさく 傑作 das Meisterwerk -[e]s, -e. これは～だ! [大出来ね] Das ist ein Meisterstreich (Meisterstück)!

けっさん 決算 der Abschluss -es, ¨e; die Abschlussrechnung -en. ～する die Bücher ab|schließen*. ～期 der Abschlusszeitpunkt. ～書 der Jahresabschluss. ～日 Bilanzstichtag. 赤字～する die Bücher mit einem Fehlbetrag ab|schließen*.

げっさん 月産 die Monatsproduktion -en; monatliches Erzeugnis -ses, -se.

けっし 決死・の todesmutig. ～の覚悟で Todesmut. ～隊 das Himmelfahrtskommando.

けっしきそ 血色素 das Hämoglobin -s (略: Hb); der Blutfarbstoff -s.

けつじつ 結実する Früchte tragen*.

けっして 決して…ない nie[mals]; keineswegs; durchaus nicht; nicht im Geringsten.

けっしゃ 結社 der Verein -s, -e; die Vereinigung -en. ～をつくる eine Gesellschaft (einen Verein) gründen. 秘密～ der Geheimbund. ～の自由 die Vereinigungsfreiheit.

げっしゃ 月謝 das Schulgeld -[e]s; [個人的の] das Monatshonorar -s, -e.

けっしゅう 結集 ～する zusammen|ziehen*; konzentrieren. 総力を～する alle [seine] Kräfte auf|bieten*.

げっしゅう 月収 monatliches Einkommen -s, -.

けっしゅつ 傑出・した ausgezeichnet; hervorragend. ～する sich aus|zeichnen*; hervor|ragen.

けっしょ 血書する mit Blut schreiben*.

けっしょう 血漿 das Blutplasma -s, ..men.

けっしょう 結晶 die Kristallisation -en;〔結晶体〕der Kristall -s, -e. 努力の～ die Frucht seiner Bemühungen. ～する [sich] kristallisieren. ～した kristallisiert. ～学 die Kristallographie. ～水 das Kristallwasser.

けっしょうせん 決勝戦 das Endspiel -s, -e; das Finale -s, - (-s).

けっしょうてん 決勝点 entscheidender Punkt -es, -e. ～に飛び込む durchs Ziel gehen*(s).

けっしょく 欠食児童 ausgehungerte Kinder *pl.*

けっしょく 血色がよい(悪い) eine gesunde (blasse) Farbe haben*.

げっしょく 月食(蝕) die Mondfinsternis -se.

けっしるい 齧歯類 der Nager -s, -; das Nagetier -[e]s, -e.

けつしん 決心 der Entschluss -es, ¨e. ～する sich entschließen*〈zu 3 格; zu+不定詞〉; [bei sich³] beschließen*〈zu+不定詞〉. ～がつく(つかない) zu einem (keinem) Entschluss kommen*(s). ～を翻す(翻させる) seinen Entschluss ändern (*jn.* von seinem Entschluss ab|bringen*).

けっする 決する ¶意を～ sich entschließen* 〈zu 3 格; zu+不定詞〉. 私はそれについてどちらとも決しかねる Ich kann mich weder dafür noch dagegen entscheiden.

けっせい 血清 das Blutserum -s, ..ren (..ra). ～学 die Serologie. ～療法 die Serumbehandlung.

けっせい 結成する gründen; stiften; bilden.

けつぜい 血税に苦しむ unter harten Steuern stöhnen.

けっせき 欠席 die Abwesenheit; das Nichterscheinen -s. ～する abwesend sein*; nicht erscheinen*(s). 彼は病気で学校を～している Wegen Krankheit fehlt er in der Schule. ～裁判する *jn.* in Abwesenheit verurteilen. ～者 der Abwesende#. ～届 der Entschuldigungsbrief.

けっせき 結石 der Stein -es, -e. 腎～ der Nierenstein.

けっせつ 結節 der Knoten -s, -.

けっせん 血栓 die Thrombose -n.

けっせん 血戦 blutige Schlacht -en.

けっせん 決戦 die Entscheidungsschlacht -en; [競技の] das Endspiel -s, -e; das Finale -s, - (-s). ～する eine entscheidende Schlacht schlagen*. ～投票 die Stichwahl.

けつぜん 決然たる(として) entschlossen; entschieden; standhaft.

けっそう 血相を変える die Farbe wechseln; blass (rot) werden*(s).

けっそく 結束 der Zusammenhalt -s. その一家は～が固い Die Familie hält fest zusammen.

けつぞく 血族 die Blutsverwandtschaft -en. ～結婚 die Verwandtenehe.

げっそり [気落ちする] entmutigt sein*. 彼は～瘦(°)せた Er ist schrecklich (zum Skelett) abgemagert.

けっそん 欠損 das Defizit -s, -e; der Verlust -es, -e. ～を生ずる(埋める) ein Defizit

けったい 結滞する stocken; aus|setzen.
けったく 結託する sich mit *jm.* verschwören*.
けったん 血痰 der Blutauswurf -s.
けつだん 決断 die Entscheidung -en. ～する sich entscheiden* 《über 4格》. ～を迫られている vor der Entscheidung stehen*. ～力のない unentschlossen.
けっちゃく 決着 der Abschluss -es, ¨e. ～する zum Abschluss kommen*(s). ～をつける *et.* zum Abschluss bringen*.
けっちょう 結腸 der Grimmdarm -[e]s, ¨e.
けっちん 血沈 die [Blut]senkung -en. ～を調べる die Blutsenkung machen.
けってい 決定 die Entscheidung -en; die Bestimmung -en. ～する〔決める〕entscheiden*; bestimmen; fest|setzen; 〔決まる〕entschieden (bestimmt; festgesetzt) werden* (s受). ～的的 entscheidend; endgültig. ～版 endgültige Ausgabe. ～論 der Determinismus.
けっていそしき 結締組織 das Bindegewebe -s, -.
けってん 欠点 der Fehler -s, -; 〔弱点〕die Schwäche -n. ～を直す Fehler verbessern. ～のある(ない) fehlerhaft (fehlerfrei).
けっとう 血統 die Abstammung. 彼の家は学者の～だ Gelehrsamkeit liegt (vererbt sich) in seiner Familie. ～書 der Abstammungsnachweis.
けっとう 決闘 das Duell -s, -e. ～する mit *jm.* duellieren. ～者 der Duellant.
けつにょう 血尿・症 das Blutharnen -s; die Hämaturie -n. ～を出す im blutigen Harn aus|scheiden*.
けっぱく 潔白・な rein; unschuldig; unbefleckt. 身の～を証明する seine Unschuld beweisen*.
けつばん 欠番 fehlende Nummer -n.
けつぴょう 結氷する vereisen (s).
げっぴょう 月評 monatliche Besprechung -en.
げっぷ der Rülps -es, -e. ～が出る rülpsen.
げっぷ 月賦 die Monatsrate -n. ～で支払う in Monatsraten bezahlen. 8箇月～で買う auf Monatsraten kaufen.
けつぶつ 傑物 hervorragender Kopf -es, ¨e.
けっぺき 潔癖な äußerst reinlich.
けつべつ 訣別 der Abschied -s. ～する von *jm.* Abschied nehmen*. ～の辞 die Abschiedsrede.
けつべん 血便が出る Blut im Stuhl haben*.
けつぼう 欠乏 der Mangel -s 《an 3格》; das Bedürfnis -ses, -se. 困苦～に耐える schwere Entbehrungen erdulden. 金が～している Es fehlt (mangelt) mir an Geld. / Ich bin knapp mit Geld.
げつぽう 月報 der Monatsbericht -s, -e.
けつぽん 欠本 fehlender Band -es, ¨e.
けつまく 結膜 die Bindehaut ¨e. ～炎 die Bindehautentzündung.
けつまずく 蹴躓く stolpern (s) 《über 4格》.
けつまつ 結末 das Ende -s, -n; der Schluss -es, ¨e; der Ausgang -s, ¨e. ～がつく zu Ende gehen*(s); enden. ～をつける ein Ende machen 《3格》; *et.* beenden; *et.* ab|machen.
げつまつ 月末に [am] Ende des Monats.
けづめ 蹴爪 der Sporn -s, ..ren.
げつめい 月明に bei Mondschein.
げつめんちゃくりく 月面着陸 die Mondlandung -en.
けつゆうびょう 血友病 die Bluterkrankheit; die Hämophilie -n. ～患者 der Bluter; der Hämophile#.
げつようび 月曜日 der Montag -s, -e. ～に am Montag.
けつるい 血涙を流す blutige Tränen vergießen* (weinen).
けつれい 欠礼する die Höflichkeitsbezeigung unterlassen*.
げつれい 月齢 das Mondalter -s.
けつれつ 決裂 der [Ab]bruch -s, ¨e. 交渉が～した Die Unterhandlungen wurden abgebrochen.
けつろ 血路を開く sich durch|schlagen* (durch|kämpfen).
けつろん 結論 der Schluss -es, -e; die Folgerung -en. ～する *et.* folgern (schließen*) 《aus 3格》. ～に達する zu dem Schluss kommen*, dass ...
げどくざい 解毒剤 das Gegengift -[e]s, -e.
けとばす 蹴飛ばす mit dem Fuß weg|stoßen*; 〔拒絶する〕zurück|weisen*.
けどられる 気取られる sich³ *et.* merken lassen*.
けなげ 健気な wacker; brav.
けなす 貶す herab|setzen; gering schätzen; schlecht machen.
けなみ 毛並みのよい 〔動物について〕mit schönem Fell (Gefieder); 〔人間について〕aus guter Familie.
げなん 下男 der Diener -s, -.
けぬき 毛抜き die Haarzange -n.
げねつざい 解熱剤 das Fiebermittel -s, -.
けねん 懸念 die Sorge -n; die Angst ¨e; die Besorgnis -se. ～する sich sorgen 《um 4格》; fürchten 《für (um) 4格》. 彼の容態が～される Sein Zustand macht mir Sorgen. あなたががっかりしないかと～する Ich fürchte, dass Sie enttäuscht sein werden. ...の～がある Es ist zu befürchten, dass ...
ゲノム 〔生〕das Genom -s, -e.
けば 毛羽〔布の〕die Noppe -n; der Flor -s, -e; 〔綿毛〕der Flaum -[e]s, -e. ～立った rau. 布に～を立てる ein Tuch [auf]rauen.
けはい 気配 ¶人の来る～がする Ich höre (fühle) jemand herankommen. 雨になりそうな～だ Es sieht nach Regen aus.
けはえぐすり 毛生え薬 das Haarwuchsmittel -s, -.
けばけばしい ～色 grelle (knallige) Farbe.

けばけばしく装う sich [zu] auffällig kleiden.
げばひょう 下馬評 das Gerücht -[e]s, -e. ~では…である Es geht das Gerücht, dass …
げびた 下卑た → 下品.
けびょう 仮病 die Simulation -en. ~を使う eine Krankheit vor|täuschen; simulieren.
げひん 下品な gemein; niedrig; unanständig; vulgär.
けぶかい 毛深い dicht behaart.
けぶり 気振り ¶非常な狼狽(鈴)の~を見せる Seine Miene verrät tiefe Bestürzung. 彼は妻子のあるようなさまを~にも見せなかった Er ließ es gar nicht merken, dass er Weib und Kind hat.
けぼり 毛彫り der Haarstrich [in der Gravierkunst].
けむ 煙 der Rauch -es. → けむり. ~になる in Rauch auf|gehen*(s); flöten gehen*(s). ~に巻く jm. Wind vor|machen.
けむい 煙い rauchig; räucherig.
けむくじゃら ~の dicht behaart.
けむし 毛虫 die Raupe -n.
けむたい 煙たい → 煙い; 煙たがる.
けむたがる 煙たがる sich vor jm. scheuen; 〔敬遠する〕 sich [respektvoll] von jm. entfernt halten*; von (zu) jm. Distanz halten*.
けむだし 煙出し der Schornstein -s, -e; der Rauchfang -s, ≃e.
けむり 煙 der Rauch -es; 〔濃い〕 der Qualm -[e]s; 〔煙霧〕 der Dunst -es. ~を出す rauchen. ~にむせる im Rauch ersticken (s). ~に巻かれる in Rauch eingehüllt werden*(s受). ~が目にしみる Der Rauch beißt in die (den) Augen. 火のない所に~は立たぬ Kein Rauch ohne Flamme.
けむる 煙る ¶たきぎが~ Das Holz schwelt. 部屋が煙っている Es raucht in der Stube. 山山が雨に煙っている Die Berge verschwimmen im Regen.
けもの 獣 → けだもの.
けやぶる 蹴破る mit dem Fuß auf|stoßen*.
けら 〔動〕 die Maulwurfsgrille -n.
けらい 家来 der Lehnsmann -[e]s, ≃er(..leute); der Vasall -en, -en; 〔従者〕 der Diener -s, -.
げらく 下落・する fallen*(s); sinken*(s). 商品の価格が~する Die Waren fallen im Preise.
げらげら ~笑う [vor Lachen] wiehern.
ゲラずり ゲラ刷りの Fahnenabzug -s, ≃e.
けり ~がつく erledigt werden* (s受); zu Ende gehen*(s). ~をつける et. erledigen; ein Ende machen (3格).
げり 下痢 der Durchfall -s, ≃e; die Diarrhö -en. ~をする Durchfall bekommen (haben*). ~に悩む an Durchfall leiden* (erkrankt sein*). ~どめ stopfendes Mittel.
げりゃく 下略 Der Rest ausgelassen!
ゲリラ ~戦 der Guerillakrieg. ~兵 der Guerillakämpfer; der Partisan.
ける 蹴る mit dem Fuß stoßen*; 〔要求などを〕 ab|lehnen.

ケルト ~人(語)の keltisch. ~人 der Kelte.
ゲルマニウム das Germanium -s (記号: Ge).
ゲルマン ~[人(語)]の germanisch. ~人 der Germane. ~民族 die Germanen pl.
ケルン der Steinmann -[e]s, ≃er.
げれつ 下劣・な gemein; niederträchtig. ~な根性 niedrige Gesinnung.
けれど aber; [je]doch; [にもかかわらず] dennoch; trotzdem; […ではあるが] obgleich; wenn auch. 自分では歌えない~いい音楽を聴くのは好きだ Wenn ich auch (gleich) selbst nicht singen kann, [so] höre ich doch gern gute Musik. もっとお金があるといんだ~ Hätte ich doch noch mehr Geld!
ゲレンデ das Gelände -s, -.
げろ ~を吐く kotzen.
ケロイド das Keloid -es, -e.
けろり ~として gelassen; mit nonchalanter Gelassenheit. ~と直る sehr schnell genesen*(s). ~と忘れる einfach vergessen*.
けわしい 険しい steil; schroff. ~表情 strenge (harte) Miene.
けん 件 〔事柄〕 die Sache -n; die Angelegenheit -en. この~に関しては betreffs dieser Angelegenheit. 例の~はどうなりましたか Wie steht es um die Sache? この交差点で昨日は事故が3~あった An der Kreuzung gab es gestern drei Unfälle.
けん 券 die Karte -n. 入場~ die Eintrittskarte; 〔鉄〕 die Bahnsteigkarte. ビール引換~ der Gutschein für Bier.
けん 県 die Provinz -en; das Ken -, -.
けん 剣 das Schwert -es, ≃er; der Degen -s, -; 〔サーベル〕 der Säbel -s, -. ~を帯びている ein Schwert tragen*. ~を抜く das Schwert ziehen*. ~を鞘に納める das Schwert in die Scheide stecken.
けん 険のある顔 hartes (bedrohliches) Gesicht -s, -er.
けん 圏 der Kreis -es, -e; die Sphäre -n. 勢力~ der Machtbereich.
けん 腱 die Sehne -n. アキレス~ die Achillessehne.
けん 権 ¶生殺与奪の~を持つ die Macht (Gewalt) über Leben und Tod haben*.
けん 鍵 die Taste -n.
けん 兼 ¶居間~寝室 das Wohnschlafzimmer. 首相~外相 der Ministerpräsident und Außenminister in Personalunion.
げん 言・を容(')れる auf js. Rat hören. ~を左右にする Ausflüchte machen (gebrauchen); zweideutig reden. ~を俟(ま)たない Das versteht sich von selbst. / Es ist unnötig zu sagen, dass …
げん 弦 〔弓の〕 die [Bogen]sehne -n; 〔数〕 die Sehne -n.
げん 現・に wirklich; in der Tat. ~内閣 das jetzige (gegenwärtige) Kabinett.
げん 絃 die Saite -n. ~を鳴らす Saiten an|-

schlagen*.
げん 舷 der Bord -s. 右~ das Steuerbord. 左~ das Backbord.
げん 減 ¶収入は1割~となった Die Einnahmen haben sich um 10% (zehn Prozent) vermindert. 1割~にする um 10% kürzen.
げん 厳・に streng; ernst. 警戒を~にする et. streng bewachen.
げん 験が見えない wirkungslos sein*; kein Wunder wirken. →縁起.
けんあく 険悪・な bedrohlich; bedenklich; gefährlich. ~な天候 drohendes Wetter. ~な顔つき bedrohliches Gesicht.
けんあん 懸案 schwebende (unentschiedene) Frage -n.
げんあん 原案 der Entwurf -s, ⸚e; ursprünglicher Plan -es, ⸚e.
けい 権威 die Autorität -en. その道の~ eine Autorität auf seinem Gebiet (in seinem Fach). ~ある autoritativ; maßgebend. ~ある筋から aus glaubwürdiger Quelle. ~を保つ(失墜する) seine Autorität wahren (verlieren*).
けんいざい 健胃剤 magenstärkendes Mittel (das Magenmittel) -s, -.
けんいん 検印 der Stempel -s, -.
けんいん 牽引・する ziehen*; schleppen. ~車 die Zugmaschine; der Schlepper; der Traktor. ~力 die Zugkraft.
げんいん 原因 die Ursache -n; der Anlass -es, ⸚e (⟨zu 3 格⟩). ~と結果 Ursache und Wirkung. ~を突き止める die Ursache fest|stellen. 或る事が~である her|rühren ⟨von 3 格⟩. 事故の~を過失に帰する den Unfall auf ein Versehen zurück|führen. 彼の失敗が不勉強に~する Seine Faulheit gibt ihm Anlass zum Misserfolg. ~不明の unerklärbar.
げんいん 減員する das Personal vermindern.
けんうん 絹(巻)雲 die Federwolke -n.
げんえい 幻影 die Vision -en. 過去の~を追う einem Phantom der Vergangenheit nach|jagen (s).
けんえき 検疫 die Quarantäne -n. ~する unter Quarantäne stellen. ~官 der Quarantänebeamte*(s). ~所 die Quarantänestation.
けんえき 権益 Rechte und Interessen pl.
げんえき 現役・の aktiv. ~将校(選手) aktiver Offizier (Sportler). ~を去る aus dem Dienst aus|scheiden*(s). 彼は~の政治家だ Er ist als Staatsmann tätig.
けんえつ 検閲 die Zensur. ~する zensieren. ~官 der Zensor.
けんえん 犬猿の間柄である wie Hund und Katze leben.
けんお 嫌悪 die Abneigung; der Abscheu -s; der Ekel -s. ~する verabscheuen; Abneigung empfinden* ⟨gegen 4 格⟩; Ekel haben* ⟨vor 3 格⟩. ~すべき abscheulich; ekelhaft; widerwärtig.
けんおん 検温・する seine (js.) Temperatur messen*. ~器 das [Fieber]thermometer.
けんか 堅果 die Nuss -ü.
けんか 喧嘩 der Streit -[e]s; [口喧嘩] der Zank -[e]s; [殴り合い] die Schlägerei -en; [仲たがい] die Zwietracht. ~をする sich mit jm. streiten* (zanken) ⟨über 4 格⟩. ~を売る mit jm. Händel suchen. ~を買う eine Herausforderung an|nehmen*. ~の種を蒔(ま)く Zwietracht säen. 口論 Zank und Streit. ~腰の herausfordernd. ~好きの(早い) zänkisch; streitsüchtig.
けんか 言下に auf der Stelle.
げんか 原価 [Selbst]kosten pl. →元値(ね). ~計算 die [Selbst]kostenrechnung. ~で zum Einkaufspreis.
げんか 現下 jetzig; gegenwärtig; augenblicklich.
げんか 減価 die Wertminderung -en. ~償却 die Abschreibung.
げんが 原画 das Original -s, -e.
けんかい 見解 die Meinung -en; die Ansicht -en. 彼と~を同じくする(異にする) Ich bin seiner Ansicht (anderer Ansicht als er). それは~の相違だ Das ist Ansichtssache.
けんがい 圏外・ außerhalb des Kreises. 優勝~にある keine Aussichten auf die Meisterschaft haben*.
けんがい 懸崖の菊 kaskadenförmiges Chrysanthemum -s, ..men.
げんかい 限界 die Grenze -n; die Schranke -n. ~を設ける Grenzen setzen ⟨3 格⟩. 自己の能力の~を知っている seine Grenzen kennen*. ~効用 der Grenznutzen.
げんかい 厳戒 scharf bewachen; scharfe Wache halten* ⟨vor 3 格⟩.
げんがい 言外の unausgesprochen. ~の意味を読む zwischen den Zeilen lesen*. ~に匂わせる jm. et. zu verstehen geben*.
けんかく 懸隔 der Unterschied -es, -e. はなはだしい~がある Es ist (besteht) ein himmelweiter Unterschied ⟨zwischen 3 格⟩.
けんがく 見学 die Besichtigung -en. ~する besichtigen; besuchen.
げんかく 幻覚 die Halluzination -en; die Sinnestäuschung -en. ~症状を起す halluzinieren.
げんかく 厳格な streng; ernst; unerbittlich.
げんがく 衒学 die Pedanterie -n. ~的 pedantisch. ~者 der Pedant.
げんがく 弦(絃)楽 die Streichmusik. ~器 das Streichinstrument; das Saiteninstrument. ~四重奏曲(団) das Streichquartett.
げんがく 減額する herab|setzen; ermäßigen.
けんかしょくぶつ 顕花植物 die Phanerogame -n.
けんかん 顕官 der Würdenträger -s, -.
けんがん 検眼・する js. Augen untersuchen. ~鏡 der Augenspiegel; das Ophthalmoskop.
げんかん 玄関 der Hausflur -[e]s, -e. ~先で vor dem Eingang. ~払いを食わせる jm. die

けんぎ　建議・する jm. einen Vorschlag machen; jm. eine Denkschrift überreichen. 山田氏の〜で auf Vorschlag von Herrn Yamada.

けんぎ　嫌疑 der Verdacht -[e]s. 〜を受ける in Verdacht kommen*(s). 〜をかける jn. verdächtigen《2格》; jn. im (in) Verdacht haben*. 彼にはスパイの〜がかかっている Er steht im (in) Verdacht der Spionage. 殺人の〜で unter dem Verdacht des Mordes.

げんき　元気・な frisch; munter; lebhaft; energisch; gesund. 〜のない matt; energielos; niedergeschlagen. 〜をつける jn. erfrischen (ermuntern); jn. beleben. 〜を出す sich ermuntern; Mut fassen. 〜を回復する wieder zu Kräften kommen*(s). お〜で Leben Sie wohl! / Bleiben Sie gesund! 私は〜です Es geht mir gut(wohl).

げんき　原器 der Prototyp -s, -en.

げんぎ　原義 eigentliche Bedeutung -en; die Urbedeutung -en.

けんきゃく　健脚 〔家〕である gut zu Fuß sein*.

けんきゅう　研究 das Studium -s, ..dien; die Forschung -en. 〜する studieren; erforschen; [wissenschaftlich] untersuchen. 古文書を〜する in alten Urkunden forschen. 〜者 der Forscher. 〜室 das Seminar. 〜所 das Forschungsinstitut. 〜心 der Forschergeist. 〜好きの forschbegierig. 〜材料 das Forschungsmaterial. 〜報告 das Referat. 〜領域 das Forschungsgebiet.「nen.

げんきゅう　言及する et. berühren; et. erwäh-

げんきゅう　原級《文法》der Positiv -s, -e. 〜に留まる sitzen bleiben*(s).

げんきゅう　減給 die Lohnkürzung -en. 〜する jm. den Lohn kürzen (beschneiden*).

けんぎゅうせい　牽牛星 der Altair [al'taːr] -s.

けんきょ　検挙 die Verhaftung -en. 〜する verhaften.

けんきょ　謙虚な bescheiden; demütig; anspruchslos.

けんぎょう　兼業 der Nebenberuf -s, -e. 〜農家 nebenberuflicher Bauer.

げんきょう　元凶 der Anstifter -s, -; der Rädelsführer -s, -.

げんきょう　現況 jetziger Zustand -[e]s, ⸚e.

げんぎょういん　現業員 der Arbeiter -s, -. 〜非〜 der Büroangestellte#.

けんきょうふかい　牽強付会・の weit hergeholt. この比喩は〜だ Dieser Vergleich ist an (bei) den Haaren herbeigezogen.

けんきん　献金 die Beisteuer -n; die Spende -n. 〜する et. beisteuern《zu 3格》; einen Geldbeitrag leisten. 彼は慈善の目的で 100万円の〜を Er spendet eine Million Yen für wohltätige Zwecke.

げんきん　現金 das Bargeld -[e]s. 〜1万円 zehntausend Yen in bar. 〜で支払う [in] bar bezahlen. 〜な〔打算的な〕berechnend; eigennützig. 〜化する〔小切手などを〕einlösen. 〜引き替えで gegen bar (Kasse). 〜払い die Barzahlung. 〜書留 der Geldbrief. 〜取引 das Bargeschäft.

げんきん　厳禁・する streng verbieten*. 立入り〜 Eintritt streng verboten!

げんけい　原形 ursprüngliche Form (Gestalt) -en. 〜質 das Protoplasma.

げんけい　原型 das Urbild -[e]s, -er; 〔機械などの〕der Prototyp -s, -en.

げんけい　減刑 die Strafmilderung. 〜する eine Strafe mildern.

けんげき　剣戟の響 das Waffengeklirr -s.

けんけつ　献血する Blut spenden.

げんげつ　弦月 die Mondsichel -n.

げんげん　建言 → 建白; 建議.

けんげん　権限 die Befugnis -se; die Kompetenz -en. 〜を与える jm. die Befugnis erteilen《zu 3格》; jn. berechtigen《zu 3格》. 彼にはそうする〜はない Dafür ist er nicht zuständig.

けんげん　顕現 die Offenbarung -en;《宗》die Inkarnation -en. 〜する sich offenbaren.

けんけんごうごう　喧喧囂囂・と(たる) stürmisch; heftig. 〜たる非難を浴びせる jn. mit stürmischen Vorwürfen überhäufen.

けんご　堅固・な fest; solid[e]. 志操〜な gesinnungstreu. 〜にする befestigen.

げんこ　拳固 die Faust ⸚e. → 拳骨.

げんご　言語 die Sprache -n. 〜に絶する jeder Beschreibung spotten;《形容詞》unbeschreiblich. 〜上の sprachlich. 〜障害 die Sprachstörung. 〜中枢 das Sprachzentrum.

げんご　原語 das Original -s, -e; die Originalsprache -n. 〜で読む im Original lesen*.

けんこう　兼行 ¶昼夜〜で働く Tag und Nacht arbeiten.

けんこう　軒昂 ¶意気〜としている in gehobener Stimmung sein*.

けんこう　健康 die Gesundheit. 〜な gesund. 〜によい gesundheitsfördernd; gesund. 〜に悪い gesundheitsschädlich; ungesund. 〜を回復する wieder gesund werden*(s). 〜がすぐれない eine schlechte Gesundheit haben*. 〜の害になる js. Gesundheit schaden. 〜を祝して飲む auf js. Gesundheit trinken*. 彼は〜そのものだ Er ist die Gesundheit selbst. 〜診断 die Untersuchung des Gesundheitszustands. 〜診断書 das Gesundheitsattest. 〜食品 die Reformkost. 〜保険 die Krankenversicherung. 〜保険証 der Krankenschein. 〜上の理由で gesundheitshalber.

げんこう　言行 Worte und Taten. 彼は〜が一致していない Seine Worte und seine Taten stehen nicht miteinander in Einklang.

げんこう　原稿 das Manuskript -[e]s, -e. 〜用紙 das Manuskriptpapier. 〜料 das Autorenhonorar.

げんこう 現行・の bestehend. ～犯で捕える jn. auf frischer Tat ertappen. ～法 die bestehenden Gesetze pl.
けんこうこつ 肩胛骨 das Schulterblatt -[e]s, ¨er.
げんごがく 言語学 die Sprachwissenschaft -en; die Linguistik. ～者 der Sprachwissenschaftler; der Sprachforscher; der Linguist. ～[上]の sprachwissenschaftlich; linguistisch.
けんこく 建国・する ein Reich gründen (errichten). ～祭 die Reichsgründungsfeier.
げんこく 原告 der Kläger -s, -.
げんこつ 拳骨 die Faust ¨e. ～を固める die Faust ballen. ～を突きつける jm. mit der Faust drohen.
げんこん 現今 → 現代.
けんこんいってき 乾坤一擲の挙に出る alles aufs Spiel setzen.
けんさ 検査 die Prüfung -en; die Untersuchung -en. ～する prüfen; untersuchen. 会計～ die Rechnungsprüfung. 身体～ körperliche Untersuchung. ～官 der Inspektor. ～係 der Prüfer. ～済みの geprüft.
けんざい 建材 das Baumaterial -s, -ien; der Baustoff -s, -e.
げんざい 健在である sich wohl befinden*; gesund sein*.
げんさい 減殺・する verringern. 興味を～する jm. die Lust verderben*.
げんざい 原罪 die Erbsünde.
げんざい 現在 die Gegenwart; 〖文法〗das Präsens -; 〖副詞〗jetzt; heutzutage. ～の gegenwärtig; jetzig; 〖現存の〗bestehend. ～のところ für jetzt. 我我はすべてを～のままにしておこう Wir werden alles so lassen, wie es ist. ～完了〖文法〗das Perfekt. ～高 der Bestand.
けんさく 検索・する 〖電算〗suchen. 百科事典を～する ein Lexikon nach|schlagen*.
けんさく 献策する jm. einen Plan vor|schlagen*; jm. an|empfehlen* (zu+不定詞).
げんさく 原作 das Original -s, -e. ～者 der Autor.
けんさつ 検札 die Kontrolle -n. ～係 der Kontrolleur. ～する die Fahrscheine kontrollieren.
けんさつ 検察・官 der Staatsanwalt -s, ¨e. ～庁 die Staatsanwaltschaft.
けんさん 研鑽を積む lange Jahre studieren.
けんさん 検算する nach|rechnen.
げんさん 減産する die Produktion drosseln.
げんさんち 原産地 die Heimat.
けんし 犬歯 der Eckzahn -[e]s, ¨e.
けんし 剣士 der Fechter -s, -.
けんし 検死 die Leichenschau (Totenschau); die Autopsie -n. ～する eine Leichenschau (Autopsie) vor|nehmen*.
けんし 検視する [sich³] et. besehen*.
けんし 献詞 die Widmung -en.
けんじ 検事 der Staatsanwalt -s, ¨e. ～総長 der Generalstaatsanwalt.
けんじ 堅持・する fest|halten* 《an 3 格》. 伝統を～する am Überlieferten fest|halten*.
げんし 幻視 optische Halluzinationen pl.
げんし 原子 das Atom -s, -e. ～価 die Valenz. ～核 der Atomkern. ～雲 die Atompilz. ～時計 die Atomuhr. ～の崩壊 der Atomzerfall. ～爆弾 die Atombombe. ～物理学 die Atomphysik. ～番号 die Atomnummer. ～兵器 die Atomwaffe. ～模型 das Atommodell. ～量 das Atomgewicht. ～炉 der Atombrenner. ～論 der Atomismus.
げんし 原始・[的]の primitiv; ursprünglich. ～時代 die Urzeit. ～人 die Primitiven⁎ pl. ～林 der Urwald.
げんじ 言辞 Worte pl.; die Rede -n. 不穏な～を弄(ろう)する eine aufrührerische Rede halten*.
けんしき 見識・のある einsichtig; einsichtsvoll. 彼は芸術に高い～を持っている Er hat viel Verständnis für Kunst. ～張る sich wichtig machen.
けんじつ 堅実・な solid[e]. ～な生活をする solid[e] leben.
げんじつ 言質 → げんち.
げんじつ 現実 die Wirklichkeit; die Realität -en. ～に wirklich; real; aktuell. ～は in Wirklichkeit. ～性のない unwirklich; irreal. ～化する verwirklichen; realisieren. ～感覚 der Wirklichkeitssinn. ～的な〔現実主義的〕realistisch; 〔実際的〕praktisch; 〔現実に近い〕wirklichkeitsnah. ～主義 der Realismus. ～主義者 der Realist.
けんじゃ 賢者 der Weise⁎.
けんじゅ 犬儒・学派 die kynische Schule. ～主義 der Kynismus [ky'nısmʊs].
げんしゅ 元首 das Staatsoberhaupt -[e]s, ¨er.
げんしゅ 原種 die Originalsorte -n.
げんしゅ 厳守・する streng beobachten. 時間を～する pünktlich sein*.
けんしゅう 研修 die Ausbildung (Schulung) -en. 医学の～を受ける sich in der Medizin aus|bilden.
けんじゅう 拳銃 die Pistole -n; 〔連発の〕der Revolver -s, -. 胸に～を突きつける jm. die Pistole auf die Brust setzen.
げんしゅう 減収 die Ertragsminderung -en.
げんしゅく 厳粛な(に) streng.
げんじゅうち 現住地 js. jetziger (gegenwärtiger) Wohnort -[e]s, -e.
げんじゅうみん 原住民 der Eingeborene⁎; der Urbewohner -s, -.
げんしゅく 厳粛な(に) ernst; feierlich.
けんしゅつ 検出・する nach|weisen*. 体内から毒物が～された Im Körper wurden Spuren des Giftes nachgewiesen.
けんじゅつ 剣術 die Fechtkunst.
げんしゅつ 現出・する erscheinen*(s); sich zeigen. 悲しい光景を～する einen traurigen

Anblick bieten*.
げんしょ 原書 das Original -s, -e.　~で読む im Original lesen*.
けんしょう 肩章 Achselstücke (Achselklappen) pl.
けんしょう 健勝である bei guter Gesundheit sein*.
けんしょう 検証 die Verifikation -en;〔法〕der Augenschein -s. 　~する verifizieren; et. in Augenschein nehmen*.
けんしょう 憲章 die Charta -s.　国際連合~ die Charta der Vereinten Nationen.
けんしょう 顕彰する aus|zeichnen.
けんしょう 懸賞 das Preisausschreiben -s, -;〔賞品〕der Preis -es, -e.　~を出す einen Preis stiften (aus|setzen)《für 4格》.　或る人の首に~をかける einen Preis auf js. Kopf setzen.　~に応ずる sich um einen Preis bewerben*.　~に当選する den Preis erhalten*.　~に当選した preisgekrönt.　~当選者 der Preisträger.　~問題 die Preisaufgabe.　~論文 die Preisschrift.
けんじょう 献上する schenken.
げんしょう 現象 die Erscheinung -en; das Phänomen -s, -e.　自然~ die Naturerscheinung.　~界 die Erscheinungswelt.　~学 die Phänomenologie.　~学的 phänomenologisch.
げんしょう 減少 die Verminderung -en; die Abnahme.　~する sich vermindern; ab|nehmen*.
げんじょう 現状 gegenwärtiger Zustand -[e]s, ⸗e; augenblicklicher Stand -es.　~を維持する et. im bisherigen Zustand erhalten*.　~では unter den obwaltenden Verhältnissen.　最近の研究の~では nach dem neuesten Stand der Forschung.
げんじょう 現場 der Tatort -[e]s, -e. → げんば.
けんしょく 兼職 das Nebenamt -[e]s, ⸗er.　~する ein Amt nebenher bekleiden.
げんしょく 原色 die Grundfarbe -n.　~版 der Farbendruck.
げんしょく 現職・の aktiv; im Dienst.　~にとどまる auf dem jetzigen Posten bleiben*(s).
げんしりょく 原子力 die Atomkraft; die Atomenergie.　~委員会 die Atomenergiekommission.　~管理 die Atomenergiekontrolle.　~時代 das Atomzeitalter.　~船 das Atomschiff.　~潜水艦 das Atom-U-Boot.　~空母 der Atomflugzeugträger.　~戦争 der Atomkrieg.　~発電所 das Atomkraftwerk（略：AKW）.
けんしん 検針する den Zähler ab|lesen*.
けんしん 検診 ärztliche Untersuchung -en.　~してもらう sich ärztlich untersuchen lassen*.　集団~ die Reihenuntersuchung.　定期~ regelmäßige Untersuchung.
けんしん 献身 die Selbstaufopferung; die Hingabe.　~する sich hin|geben* (ergeben*)《3格》.　~的な aufopfernd; hingebend.

けんじん 賢人 der Weise#.
げんじん 原人 der Urmensch -en, -en.
けんしんれい 堅信礼 die Konfirmation -en.
けんすい 懸垂〔運動〕der Klimmzug -[e]s, ⸗e.　~をする einen Klimmzug machen.
げんすい 元帥〔陸軍〕der Marschall -s, ⸗e;〔海軍〕der Großadmiral -s, -e.
げんすい 減水　¶川が~する Das Wasser des Flusses nimmt ab. /〔洪水が去って〕Der Fluss tritt wieder zurück.
げんずる 減ずる〔差し引く〕ab|ziehen*;〔減らす〕vermindern; herab|setzen;〔減る〕sich vermindern; ab|nehmen*.　10から3を~と7になる 10 weniger 3 [ist] gleich 7.　苦痛が~ Der Schmerz lässt nach.　苦痛を~ js. Schmerzen lindern.
げんすん 原寸[大]の in natürlicher Größe.
げんせ 現世 diese Welt.　~の weltlich; irdisch.　~で auf Erden; im Diesseits.
けんせい 牽制 die Ablenkung -en.　~する ab|lenken;〔制止する〕zurück|halten*.　~攻撃 der Ablenkungsangriff.
けんせい 憲政 der Konstitutionalismus -.
げんせい 原生・動物 Protozoen pl.　~林 der Urwald.
げんせい 厳正な streng und unparteiisch.
げんぜい 減税 die Steuersenkung -en.　~する die Steuern senken.
けんせき 譴責・する zurecht|weisen*; jm. einen Verweis erteilen.　~を受ける einen Verweis erhalten*.　~処分 die Rüge.
けんせきうん 絹(巻)積雲 der Zirrokumulus -, ..li; die Schäfchenwolke -n.
けんせつ 建設 der Bau -[e]s; die Errichtung -en.　~する [er]bauen; errichten; gründen.　~的 konstruktiv.　~者 der Erbauer; der Gründer.　~省 das Bauministerium.
げんせつ 言説 die Rede -n; die Äußerung -en.
けんぜん 健全・な gesund.　~な精神は~な身体に宿る Ein gesunder Geist in einem gesunden Körper.
げんせん 源泉 die Quelle -n; der Ursprung -[e]s, ⸗e.　~税 die Quellensteuer.
げんぜん 厳然・たる ernsthaft; streng.　~たる事実 unleugbare (unbestrittene) Tatsache.
けんそ 険阻な steil; schroff.
げんそ 元素 das Element -[e]s, -e; der Grundstoff -s, -e.
けんそう 喧噪 der Lärm -s; der Tumult -[e]s, -e.　場内は~を極めた Im Saal herrschte großer Lärm.
けんぞう 建造・する bauen; errichten.　~中である im (in) Bau sein*.　~物 das Gebäude; das Bauwerk.
げんそう 幻想 die Vision -en; die Fantasie -n.　~的 visionär; fantastisch.　~曲 die Fantasie.
げんそう 舷窓 das Bullauge -s, -n.
げんぞう 幻像 das Trugbild -[e]s, -er; das Phantom -s, -e.

げんぞう 現像 die Entwicklung -en. フィルムを~する einen Film entwickeln. ~液 der Entwickler.

けんそううん 絹(巻)層雲 der Zirrostratus -, ..ti.

けんそく 検束・する verhaften. 保護~する in Schutzhaft nehmen*.

げんそく 原則 der Grundsatz -es, ⸚e; das Prinzip -s, -ien. ~として grundsätzlich; prinzipiell. ~に基づいて行動する nach einem Prinzip (seinen Grundsätzen) handeln.

げんそく 舷側 die Breitseite -n.

げんそく 減速する die Geschwindigkeit herab|setzen (vermindern).

げんぞく 還俗する das Priestergewand (die Kutte) aus|ziehen*.

けんそん 謙遜 die Bescheidenheit. ~な bescheiden; demütig. ~する sich demütigen.

げんそん 玄孫 der Ururenkel -s, -.

げんそん 現存・の bestehend; vorhanden; lebend. ~する vorhanden sein*; leben.

げんそん 厳存する wirklich da sein*.

けんたい 倦怠 die Langeweile; der Überdruss -es. ~する sich langweilen; überdrüssig werden* (s) 《2格》.

けんだい 見台 das Lesepult -s, -e.

けんたい 減退 die Abnahme. ~する ab|nehmen*; nach|lassen*.

げんだい 現代 die Gegenwart. ~の gegenwärtig; heutig; modern. ~的 modern. ~性 die Modernität. ~化する modernisieren. ~人 moderner Mensch. ~文学 die Literatur der Gegenwart. ~の英雄 der Held des Tages (unserer Zeit). ~っ子 die Kinder von heute.

けんたん 健啖家 starker (guter) Esser -s, -.

けんち 見地 ¶学問上の~から見れば vom Standpunkt der Wissenschaft aus.

げんち 現地 betreffender Ort -es, -e. ~で an Ort und Stelle. ~報告 die Reportage.

げんち 言質を取る《与える》 jm. das Versprechen ab|nehmen* (geben*), et. zu tun.

けんちく 建築 der Bau -es; das Bauen -s; [建築物] der Bau -es, -ten; das Gebäude -s, -. 近代~ modernes Bauwerk; moderne Baukunst. ~する [er]bauen. ~中である im (in) Bau sein*. ~業者 der Bauunternehmer. ~家 der Architekt; der Baumeister. ~学 die Architektonik. ~業 das Baugewerbe. ~用地 der Baugrund. ~材料 der Baustoff. ~工事 Bauarbeiten pl. ~術 die Baukunst; die Architektur. ~費 Baukosten pl. ~様式 die Bauart; der Baustil.

けんちょ 顕著・な bemerkenswert; hervorragend; bedeutend; auffallend. ~な事実 offenbare Tatsache.

げんちょ 原著 das Original -s, -e. ~者 der Urheber; der Autor [des Originals].

けんちょう 堅調 ¶株式市況は~だ Der Börse ist fest.

げんちょう 幻聴 akustische Halluzinationen pl.

けんつく 剣突くを食わせる jn. aus|schelten*.

けんてい 検定 amtliche (behördliche) Genehmigung -en. ~する amtlich genehmigen (konzessionieren). ~試験 amtliche Prüfung. ~済みの genehmigt 《von 3 格》.

けんてい 献呈・する widmen. ~本 das Widmungsexemplar (Freiexemplar).

げんてい 限定・する et. beschränken (ein|schränken) 《auf 4 格》; begrenzen. ~相続 eingeschränkte Annahme einer Erbschaft. ~版 limitierte Auflage.

でんでん 喧伝される ruchbar werden*(s); als Gerücht um|laufen*(s).

げんてん 原典 das Original -s, -e; der Urtext -[e]s, -e.

げんてん 原点 der Ausgangspunkt -[e]s, -e.

げんてん 減点 der Abzug der Punkte. 3点~する 3 Punkte ab|ziehen*; [レスリングで] jm. 3 Fehlerpunkte geben*.

けんでんき 検電器 das Elektroskop -s, -e.

げんど 限度 die Grenze -n. ~を越える die Grenzen überschreiten*. 物事にはすべて~がある Alles hat seine Grenzen. 病人の食事は日に2回を~とする Der Kranke muss seine Mahlzeiten auf täglich zwei beschränken.

けんとう 見当・違いの nicht zur Sache gehörig; nicht angebracht; falsch. ~をつける [見積る] et. ab|schätzen; [予想する] et. vermuten. ~がはずれる sich in seinen Erwartungen getäuscht sehen*. ~がつく sich^3 eine Vorstellung machen 《von 3 格》. 犯人の~がつく Man kommt dem Täter auf die Spur. 会費は500円位と~をつける Ich veranschlage den Beitrag auf ungefähr 500 Yen. 南の~に in der Richtung nach Süden.

けんとう 拳闘 das Boxen -s; der Boxsport -s. ~をする boxen. ~家 der Boxer.

けんとう 健闘する tapfer kämpfen; [努力する] sich mächtig an|strengen.

けんとう 検討 die Untersuchung (Prüfung) -en. ~する untersuchen; prüfen.

けんどう 剣道 das Kendo -[s].

げんどう 言動 Tun und Lassen. ~を慎む vorsichtig handeln.

げんとうき 幻灯機 die Zauberlaterne -n; [スライド映写機] der Diaprojektor -s, -en.

げんどうき 原動機 der Motor -s, -en; das Triebwerk -[e]s, -e.

げんどうりょく 原動力 die Triebkraft ⸚e.

けんどじゅうらい 捲土重来を期す den Kampf (die Arbeit) mit erneuter Kraft wieder auf|nehmen wollen*.

けんない 圏内・に innerhalb des Kreises. 優勝~にある [gute] Aussichten auf die Meisterschaft haben*.

げんなま 現生 bares Geld -es, -er. ~で払う [in] bar bezahlen.

げんなり ~する übersatt werden*(s) (übersättigt sein*) 《von 3 格》.

けんにょう 検尿する den Harn untersuchen.

けんにん 兼任する einen Posten nebenbei bekleiden.
けんにんふばつ 堅忍不抜の beharrlich; standhaft.
けんのう 献納する stiften; weihen.
けんのう 権能 → 権限.
げんのう 玄翁 schwerer Hammer -s, ⸗.
けんのん 険呑・な gefährlich; bedenklich. ～がる sich ängstigen 《um 4 格》.
げんば 現場〔犯行などの〕der Tatort -[e]s, -e. 事故の～ der Unglücksort. 工事の～ die Baustelle. ～で an Ort und Stelle. ～で捕える jn. auf frischer Tat ertappen. ～監督の Bauaufseher. ～検証 die Besichtigung des Tatorts.
げんぱい 減配する die Dividende herab|setzen.
けんぱき 検波器 der Detektor -s, -en.
けんぱく 建白する jm. eine Denkschrift ein|reichen; an jn. eine Denkschrift richten.
げんばく 原爆 die Atombombe -n. ～実験 der Atombombenversuch. ～症 die Atombombenkrankheit.
げんばつ 厳罰 strenge (harte) Strafe -n. ～に処する jn. streng (hart) bestrafen.
けんばん 鍵盤 die Tastatur -en. ～をたたく die Tasten an|schlagen*.
げんばん 原板 das Negativ -s, -e.
げんばん 原版 die Originalausgabe -n.
けんび 兼備 ¶才色～の婦人 eine Frau, die Schönheit und Geist in sich vereinigt.
げんぴ 厳秘に付する streng geheim halten*.
けんびきょう 顕微鏡 das Mikroskop -s, -e. ～で見る mikroskopieren; durch das Mikroskop betrachten. ～写真 die Mikrofotografie.
けんぴつ 健筆・を振るう eine gewandte Feder führen. ～家 federgewandte Person;〔多作家〕fruchtbarer Schriftsteller.
げんぴん 現品 vorrätige Waren pl.; Lokowaren pl.
けんぶ 剣舞 der Schwert[er]tanz -es, ⸗e.
げんぷう 厳封する fest siegeln.
げんぶがん 玄武岩 der Basalt -s, -e. ～の basaltig; basalten.
けんぶつ 見物・する sich³ an|sehen*; besichtigen. ～に行く besuchen. ～人 der Besichtiger; der Besucher;〔観客〕der Zuschauer. ～席 der Zuschauerraum.
げんぶつ 現物 Lokowaren pl. ～給与 der Naturallohn; das Deputat. ～取引 das Lokogeschäft; das Effektgeschäft.
けんぶん 見聞 die Erfahrung -en;〔知識〕Kenntnisse pl. ～する erfahren*. ～の広い erfahrungsreich. ～を広める Erfahrungen sammeln.
けんぶん 検分する besichtigen; untersuchen; prüfen.
げんぶん 原文 das Original -s, -e; der Text -es, -e. ～で読む im Original lesen*.
けんぺい 憲兵 der Militärpolizist -en, -en.

～隊 die Militärpolizei.
けんぺいずく 権柄ずくの gebieterisch; herrisch.
けんべん 検便 die Kotuntersuchung -en.
げんぼ 原簿 das Hauptbuch -[e]s, ⸗er. ～に記入する ins Hauptbuch ein|tragen*.
けんぽう 憲法 die Verfassung -en; die Konstitution -en. ～上の verfassungsmäßig; konstitutionell. ～を制定(発布;改正)する eine Verfassung geben* (verkünden; ändern). ～記念日 der Verfassungstag. ～擁護 der Verfassungsschutz. ～違反 Verfassungsbruch. ～違反の verfassungswidrig.
げんぽう 減俸する jm. das Gehalt kürzen.
けんぼうじゅっすう 権謀術数にたけている voller List und Ränke sein*.
けんぼうしょう 健忘症 die Vergesslichkeit;〔医〕die Amnesie -n. ～の vergesslich.
けんぽん 献本 das Widmungsexemplar (Freiexemplar) -s, -e.
げんぽん 原本 das Original -s, -e.
けんま 研磨・する schleifen*; polieren;〔比〕sich trainieren 《in 3 格》. ～機 die Poliermaschine. ～工 der Schleifer.
げんまい 玄米 unpolierter Reis -es.
けんまく 剣幕 ¶恐ろしい～で wütend; grimmig.
げんみつ 厳密・な(に) genau; streng; exakt. ～に言えば genau (streng) genommen.
けんむ 兼務 das Nebenamt -[e]s, ⸗er. 公職を二つ～する zwei Ämter zugleich bekleiden.
けんめい 賢明な weise; klug; vernünftig.
けんめい 懸命に eifrig.
げんめい 言明する erklären; eine Erklärung ab|geben* 《über 4 格》.
げんめい 厳命する streng befehlen*.
げんめつ 幻滅 die Enttäuschung -en; der Reinfall -[e]s, ⸗e. ～を感ずる sich enttäuscht fühlen. 私は結婚生活に～した Das Eheleben hat mich enttäuscht. / Ich bin im Eheleben enttäuscht.
げんめん 原綿 die Rohbaumwolle.
けんもほろろ・な barsch; schroff. ～である gegen jn. (mit jm.) kurz angebunden sein*.
けんもん 検問・する kontrollieren. ～所 der Kontrollpunkt.
けんもん 権門 einflussreiche (mächtige) Familie -n.
げんもん 舷門 die Gangway -s.
げんや 原野 die Wildnis -se; die Heide -n.
けんやく 倹約 die Sparsamkeit. ～する sparen; sparsam um|gehen*(s) 《mit 3 格》. ～家 der sparsam.
げんゆ 原油 das Rohöl -s, -e.
けんよう 兼用・する et. auch (gleichzeitig) als et. gebrauchen. 晴雨～の傘 der Sonnen- und Regenschirm.
けんようすい 懸壅垂 das Zäpfchen -s, -.
けんらん 絢爛たる prächtig; glänzend; prunkvoll.

けんり 権利 das Recht -es, -e; die Berechtigung; 〔請求権〕der Anspruch -[e]s, ⁼e. 働く～ das Recht auf Arbeit. ～がある das Recht haben* 《zu＋不定詞》; berechtigt sein* 《zu 3格; zu＋不定詞》; Anspruch haben* 《auf 4格》. ～を与える(認める，認めない) jm. das Recht 《zu 3格》geben* (zu|sprechen*; ab|sprechen*). ～を侵す in js. Rechte ein|greifen*. ～を主張する auf seinem Recht bestehen*. …するのは私の当然の～だ Es ist mein gutes Recht, dass … ～金 das Aufgeld.

げんり 原理 das Prinzip -s, -ien; der Grundsatz -es, ⁼e. ～的に prinzipiell; grundsätzlich.

げんりゅう 源流 die Quelle -n; der Ursprung -[e]s, ⁼e.

けんりゅうけい 検流計 das Galvanometer -s, -.

げんりょう 原料 der [Roh]stoff -[e]s, -e; das [Roh]material -s, -ien.

けんりょく 権力 die Macht; die Gewalt. ～を握る die Macht ergreifen*. ～を握っている die Macht [in den Händen] haben*. ～を振るう die Macht über jn. aus|üben. ～のある mächtig; gewaltig. ～者 der Machthaber (Gewalthaber).

けんるい 堅塁 [uneinnehmbare] Festung -en. ～を抜く eine Festung ein|nehmen*.

けんろう 堅牢な fest; solid[e].

げんろう 元老 der Genro ['gɛnro] -; 〔長老〕der Älteste⁎.

げんろん 言論 die Rede -n. ～を戦わす mit jm. debattieren 《über 4格》. ～の自由 die Redefreiheit. ～界 die Presse.

げんろん 原論 der Grundriss -es, -e; Prinzipien pl.

げんわく 眩惑・する [ver]blenden. ～される sich blenden lassen*.

こ

こ 子 das Kind -es, -er; 〔若い娘〕das Mädchen -s, -; 〔動物の〕das Junge*; 〔魚の腹子〕der Rogen -s, -. ～を産む ein Kind gebären*; 〔動物が〕Junge werfen*. ～が出来る ein Kind bekommen* (kriegen). 或る人の～を宿す(宿している) von jm. schwanger werden*(s) (sein*). 生粋(ﾊﾞ)の大阪っ～ ein echter Osakaer. ～のない kinderlos.

こ 小一時間 ein Stündchen; beinahe eine Stunde.

こ 戸 das Haus -es, ⁼er.

こ 故木村氏 der verstorbene (selige) Herr Kimura.

こ 弧 der Bogen -s, -. ～を描く einen Bogen schlagen* (beschreiben*).

こ 粉 ¶身を～にして働く mit allen Kräften angestrengt arbeiten.

こ 個 das Stück -[e]s, -. 角砂糖 3～ drei Stück Zucker.

こ 湖 ¶琵琶～ der See Biwa; der Biwasee. ～上で auf dem See.

ご 五 fünf. 第～の fünft.

ご 後 ¶5 年～に nach (in) 5 Jahren. 3 週間～の今日 heute über 3 Wochen.

ご 碁 das Go -; das Go-Spiel -s. ～を[一局]打つ [eine Partie] Go spielen. ～石 der Go-Stein.

ご 語 das Wort -es, ⁼er.

ごあいさつ 御挨拶 → 挨拶. それは～だ Das ist schön gesagt.

こあきない 小商いをする einen Kleinhandel betreiben*.

こあきんど 小商人 der Kleinhändler (Krämer) -s, -.

こい 恋 die Liebe. ～をする → 恋する. 或る娘に～を打ち明ける einem Mädchen seine Liebe gestehen*. ～に破れる Unglück in der Liebe haben*. 二人は～に落ちた Sie verliebten sich ineinander. ～は思案のほか Liebe macht blind.

こい 鯉 der Karpfen -s, -.

こい 請い・を入れる jm. eine Bitte (einen Wunsch) gewähren. 彼の～により auf seine Bitte.

こい 濃い 〔色が〕dunkel; tief; 〔茶・コーヒーが〕stark; 〔液体などが〕dick; 〔髪などが〕dicht. ～霧 dicker (dichter) Nebel. 関係が～ in engen (nahen) Beziehungen stehen*.

こい 故意の(に) absichtlich; vorsätzlich; geflissentlich.

ごい 語意 die Wortbedeutung -en; der Wortsinn -[e]s, -e.

ごい 語彙 der Wortschatz -es; das Vokabular -s, -. 彼は～が豊富だ Er hat einen großen Wortschatz.

こいうた 恋歌 das Liebesgedicht -[e]s, -e.

こいがたき 恋敵 der Nebenbuhler -s, -.

こいこがれる 恋い焦がれる nach jm. schmachten; sich in Liebe zu jm. verzehren.

こいごころ 恋心 die Liebe; zärtliche Gefühle pl.

こいし 小石 kleiner Stein -es, -e; der Kiesel -s, -; 〔割りぐり〕der Schotter -s.

こいしい 恋しい; geliebt; 〔動詞〕→ 恋しがる. 恋しげに zärtlich; liebevoll.

こいしがる 恋しがる sich nach jm. sehnen; nach jm. verlangen; 〔いればいいのにと思う〕jn. vermissen.

こいする 恋する lieben; sich in jn. verlieben.

こいつ 此奴 dieser Kerl -s, -e. ～め, 何をする! Du Scheusal, was machst du denn? ～はいい奴だ Er ist ein netter Kerl.

こいなか 恋仲・になる sich ineinander verlieben. 彼等は~だ Sie sind Liebende. / Sie sind ineinander verliebt.
こいにょうぼう 恋女房 seine geliebte Frau.
こいぬ 小犬 junger Hund *-es, -e*; das Hündchen *-s, -*.
こいびと 恋人 der (die) Geliebte*; 《俗》die Liebe *-n*.
こいぶみ 恋文 der Liebesbrief *-[e]s, -e*.
こいものがたり 恋物語 die Liebesgeschichte *-n*.
コイル 〔電〕die Spule *-n*.
こいわずらい 恋煩い ¶彼は~だ Er ist liebeskrank. / Er hat Liebeskummer.
こいん 雇員 der Hilfsarbeiter *-s, -*.
コイン die Münze *-n*. ~ランドリー der Waschsalon. ~ロッカー das Schließfach.
こう 公 〔公爵〕der Herzog *-s, -e*.
こう 甲 〔成績の〕ausgezeichnet; → 甲羅. 足の~ der Fußrücken; der Rist; der Spann. 手の~ der Handrücken.
こう 功 das Verdienst *-[e]s, -e*. ~を立てる sich³ Verdienste erwerben* 《um 4 格》. 或る人の~に帰する *jm. et.* als Verdienst an|rechnen. ~を奏する Erfolg haben*. ~を急ぐ zu sehr auf Erfolg bedacht sein*. ~成り名遂げる den höchsten Gipfel aller Ehren erreichen.
こう 考 ¶ゲーテ~〔論文〕die Monografie über Goethe. ファウスト~〔注解〕der Kommentar zu Faust.
こう 行を共にする mit *jm.* zusammen|reisen(*s*); *jn.* begleiten.
こう 孝 → 孝行.
こう 坑 die Grube *-n*.
こう 幸か不幸か zum Glück oder zum Unglück.
こう 効・を奏する Wirkung haben*; [gut] wirken. ~を奏しない wirkungslos bleiben*(*s*).
こう 香 der Weihrauch *-[e]s*. ~を焚く Weihrauch ab|brennen*.
こう 侯 〔王侯;侯爵〕der Fürst *-en, -en*.
こう 候 一時候;天候. 時下春暖の~ in dieser milden Frühlingszeit.
こう 項 der Absatz *-es, -e*; der Paragraf *-en, -en*;〔数〕das Glied *-es, -er*. 第8条2~ Artikel 8 Absatz 2.
こう 稿を起す zu schreiben an|fangen*.
こう 斯う so. ~いう人達 solche Menschen. ~言って damit; mit diesen Worten. ~いう風にして auf diese Weise. 世の中は~したものだ Es ist nun mal so in der Welt.
こう 請(乞)う *jn.* bitten* (ersuchen) 《um 4 格》; [*jn.*] flehen 《um 4 格》.
ごう 号 〔雅号〕der Künstlername *-ns, -n*;〔称号〕der Titel *-s, -*;〔番号〕die Nummer *-n* (略: Nr.). 第3~ Nummer drei; die dritte Nummer.
ごう 郷に入っては郷に従え Mit den Wölfen muss man heulen. / Andere Länder, andere Sitten.

ごう 業 das Karma[n] *-s*;〔罪業〕die Sünde *-n*. ~が深い sündig (sündhaft) sein*. ~を煮やす sich schwarz ärgern 《über 4 格》.
ごう 壕 der Graben *-s, -*. ~を掘る einen Graben aus|heben*.
こうあつ 光圧 der Lichtdruck *-[e]s*.
こうあつ 高圧 〔工〕der Hochdruck *-[e]s*;〔電〕die Hochspannung *-en*. ~線 die Hochspannungsleitung. ~的手段を用いる gewaltsame Maßregeln ergreifen*. ~的に命令する gebieterisch befehlen*.
こうあん 公安・を害する die öffentliche Sicherheit und Ordnung stören. ~委員会 der Ausschuss für öffentliche Ordnung und Sicherheit. ~官〔鉄〕der Bahnpolizist.
こうあん 考案 die Erfindung *-en*. ~する erfinden*; sich³ aus|denken*. ~者 der Erfinder.
こうい 行為 die Tat *-en*; die Handlung *-en*. 思い切った~をする eine kühne Tat vollbringen*. 悪い~をする eine böse Tat begehen*. 法律に反する~をする gegen das Gesetz handeln. ~に表わす durch die Tat beweisen*.
こうい 好意 das Wohlwollen *-s*; die Güte; die Freundlichkeit. ~的 wohlwollend; gütig; freundlich. ~ある忠告(助言者) wohlgemeinter Rat (wohlmeinender Ratgeber). E氏の御~により dank der Entgegenkommens des Herrn E. ~を持つ *jm.* gut gesinnt sein*; *jm.* gut (gewogen) sein*; *jm.* wohl wollen*; es gut mit *jm.* meinen. ~を示す *jm.* eine Gunst erweisen* (gewähren). ~ずくで言う *jm. et.* im Guten sagen.
こうい 攻囲 die Belagerung *-en*. ~する belagern. ~軍 die Belagerungsarmee.
こうい 皇位 kaiserlicher Thron *-[e]s*. ~に即(つ)く(を嗣ぐ) den Thron besteigen* (erben). ~継承権 das Thronfolgerecht.
こうい 厚意 die Freundlichkeit; die Güte.
こうい 高位・を占めている einen hohen Rang ein|nehmen*. ~高官の人 ein Mann in Rang (Amt) und Würden.
こうい 校医 der Schularzt *-es, -e*.
ごうい 合意 das Übereinkommen *-s, -*. die Übereinkunft *-e*. ~する mit *jm.* überein|kommen*(*s*) 《zu+不定詞》. ~に達する zu einer Übereinkunft gelangen (*s*).
こういき 広域 der Großraum *-[e]s, -e*. ~の großräumig.
こういしつ 更衣室 der Umkleideraum *-[e]s, -e*.
こういしょう 後遺症 der Spätschaden *-s, -*; die Folgeerscheinung *-en*.
ごういつ 合一 die Vereinigung *-en*. ~する 〔他動詞〕vereinigen; 〔自動詞〕sich vereinigen.
こういっつい 好一対 ein gutes Paar *-[e]s*. ~の夫婦 ein gut zusammenpassendes Ehepaar.
こういってん 紅一点 eine einzige Dame unter lauter Herren.

こういん 工員 der [Fabrik]arbeiter -s, -.
こういん 行員 der Bankangestellte#(Bankbeamte#).
こういん 光陰矢の如し Die Zeit hat Flügel.
こういん 勾引〖法〗die Vorführung -en. ～する vor|führen. ～状 der Vorführungsbefehl.
こういん 拘引する verhaften. → 勾留; 拘留.
ごういん 強引な(に) gewaltsam (zwangsweise); mit Gewalt (Zwang).
こうう 降雨 Regenfälle pl. ～量 die Regenmenge.
ごうう 豪雨 starker (strömender) Regen -s; der Regenguss -es, ⸚e. 大変な～だった Es goss in Strömen.
こううん 幸運 das Glück -[e]s. ～な glücklich. ～にも glücklicherweise; zum Glück. ～に恵まる vom Glück begünstigt sein*. ～児 das Glückskind (Sonntagskind).
こううんき 耕耘機 der Kultivator -s, -en; der Grubber -s, -.
こうえい 公営 öffentliche Verwaltung. ～の öffentlich.
こうえい 光栄 die Ehre -n; der Ruhm -[e]s. ～ある ehrenvoll; ruhmreich. …の～を有する die Ehre haben* (zu+不定詞). …は私の～とするところである Es ist mir eine Ehre, dass … / Rechnen es mir zur Ehre an, dass …
こうえい 後裔 der Nachkomme -n, -n; 〔集合的に〕die Nachkommenschaft. 或る人の～である jm. ab|stammen (s).
こうえい 後衛〖兵〗die Nachhut -en; 〔スポーツ〕der Verteidiger -s, -.
こうえき 公益 der Gemeinnutz -es. ～事業 gemeinnütziges Unternehmen.
こうえき 交易する Tauschhandel treiben*.
こうえつ 校閲 die Durchsicht; die Revision -en. ～する durch|sehen*; revidieren. S 博士～ durchgesehen von Dr. S. ～者 der Revident.
こうえん 公園 der Park -s, -s. 日比谷～ der Hibiya-Park.
こうえん 公演 öffentliche Aufführung -en. ～する auf|führen.
こうえん 好演 vortrefflich spielen.
こうえん 後援 die Unterstützung -en. ～する unterstützen. ～者 der Unterstützer; der Schirmherr; der Gönner. ～会 der Unterstützungsverein. Y氏の～のもとに unter der Schirmherrschaft von Herrn Y.
こうえん 高遠・な hoch; erhaben. ～な理念 hochfliegende Idee.
こうえん 講演 der Vortrag -es, ⸚e; die Rede -n. ～する einen Vortrag halten* (über 4格). ～者 der Vortragende#; der Redner. ～会 die Vortragsveranstaltung; 〔晩の〕der Vortragsabend. ～旅行 die Vortragsreise.
こうお 好悪の激しい wählerisch.
こうおつ 甲乙 ¶両者は～をつけ難い Beides ist (Die beiden sind) gleich gut.
こうおん 厚恩 große Güte; große Wohltaten pl.
こうおん 高音 hoher Ton -[e]s, ⸚e. ～部〖音〗der Sopran.
こうおん 高温 hohe Temperatur -en. ～計 das Pyrometer.
こうおん 喉音〔声門音〕der Stimmritzenlaut. -[e]s, -e.
ごうおん 号音 das Signal -s, -e.
ごうおん 轟音 das Dröhnen (Getöse) -s.
こうおんどうぶつ 恒温動物 homöothermes [homøo'termas] Tier -es, -e.
こうか 公課 Abgaben pl.
こうか 工科大学 technische Hochschule -n.
こうか 効果 die Wirkung -en; der Effekt -[e]s, -e. ～がある wirken (Wirkung haben*) (auf 4格). ～がない keine Wirkung haben*; wirkungslos bleiben*(s). ～的 wirksam; wirkungsvoll; effektvoll.
こうか 降下 der Abstieg -s, -e; der Fall -es. ～する ab|steigen*(s); fallen*(s). 気温の～ das Fallen (Sinken) der Temperatur.
こうか 高価な teuer; kostbar; kostspielig.
こうか 高架・線〔電車などの架線〕die Oberleitung. ～鉄道 die Hochbahn.
こうか 校歌 das Schullied -[e]s, -er.
こうか 硬化 die Verhärtung; 〖医〗die Sklerose -n. ～する sich verhärten; hart werden*(s); 〔動脈などが〕verkalken; 〔態度が〕sich versteifen.
こうか 硬貨 das Hartgeld -[e]s; die Münze -n.
こうか 膠化する gelatinieren (s).
こうが 高雅な vornehm; edel; fein; elegant.
ごうか 業火 das Höllenfeuer -s.
ごうか 豪華 die Pracht; die Herrlichkeit; der Prunk -[e]s. ～な prächtig; herrlich; prunkvoll; luxuriös. ～版 die Luxusausgabe (Prachtausgabe).
こうかい 公海 offenes Meer -es; die Hochsee.
こうかい 公開・の öffentlich; offen. ～する der Öffentlichkeit zugänglich machen; an (vor) die Öffentlichkeit bringen*. ～される offen stehen*. ～の席で vor (in) der Öffentlichkeit; öffentlich. ～を禁止する die Öffentlichkeit aus|schließen*. 非～で unter Ausschluss der Öffentlichkeit. ～講演 öffentlicher Vortrag. ～状 offener Brief.
こうかい 後悔 die Reue. ～する bereuen; Reue empfinden* (über 4格). 君たちはいまにひどく～するだろう Das wirst du noch bitter bereuen. ～先に立たず Die Reue kommt immer zu spät.
こうかい 航海 die Schifffahrt -en; die Seefahrt; die Seereise -n. ～する zu Schiff fahren*(s); schiffen (s). ～である in See sein*. ～に出る in See gehen* (stechen*) (s). ～術 die Nautik; die Navigation; die Schifffahrtskunde. ～長 der Navigationsoffizier. ～日誌 das Logbuch.
こうがい 口外・する verraten*. ～しない ver-

こうがい 口蓋 der Gaumen -s, -. 硬(軟)~ harter (weicher) Gaumen. ~音 der Gaumenlaut.
こうがい 公害 Umweltschäden pl.; 〔環境汚染〕die Umweltverschmutzung. ~罪 die Umweltkriminalität. ~等調整委員会 die Koordinationskommission für Umweltdispute.
こうがい 郊外 die Vorstadt ⸗e; der Vorort -[e]s, -e. ~に住む in der Vorstadt wohnen. ~の住宅地 vorstädtische Wohnviertel pl. ~居住者 der Vorstädter. ~電車 die Vorort[s]bahn.
こうがい 校外の(で) außerhalb der Schule.
こうがい 梗概 die Inhaltsangabe -n. 小説の~を話す den Inhalt eines Romans [in Umrissen] erzählen.
こうがい 港外で außerhalb des Hafens.
こうがい 構外に außerhalb des Grundstücks.
こうがい 慷慨する sich entrüsten (über 4 格).
ごうかい 豪快・な großzügig; großartig. ~に笑う breit lachen.
ごうがい 号外 das Extrablatt -[e]s, ⸗er. ~を出す ein Extrablatt heraus|geben*.
こうかいどう 公会堂 die Stadthalle -n.
こうかがく 光化学スモッグ photochemischer Smog -[s], -s.
こうかくあわをとばしてろんずる 口角泡を飛ばして論ずる hitzig (erregt) debattieren (über 4 格).
こうかく 広角レンズ das Weitwinkelobjektiv -s, -e.
こうかく 甲殻 die Schale -n; der Panzer -s, -. ~類 die Krustazee; Krustentiere pl.
こうがく 工学 die Technik; die Technologie. ~部 technische Fakultät.
こうがく 好学の士 der Lernbegierige#.
こうがく 光学 die Optik. ~の optisch. ~器械 optisches Instrument.
こうがく 後学のために zum zukünftigen Nutzen.
こうがく 高額の金 eine große Summe Geld.
ごうかく 合格 ¶試験に~する die Prüfung bestehen*; beim (durch das) Examen durch|kommen*(s). ~者 der Bestandene# (Aufgenommene)#.
こうがくしん 向学心 die Lernbegier[de]. ~のある lernbegierig.
こうかくほう 高角砲 das Steilfeuergeschütz -es, -e.
こうかじょう 考課状 der Leistungsbericht -s, -e; 〔営業報告書〕der Geschäftsbericht -s, -e.
こうかつ 狡猾 die Schlauheit. ~な schlau; listig; verschlagen; verschmitzt.
こうかん 公刊 die Veröffentlichung -en. ~する veröffentlichen.
こうかん 交換 der Tausch (Austausch; Umtausch) -es; der Wechsel -s. …と~に im Austausch gegen (4 格). ~する [aus|-]tauschen. 手紙(意見)を~する mit jm. Briefe (Meinungen) aus|tauschen. 〔結婚の〕指輪を~する die Ringe miteinander wechseln. 切手を別の切手と~する eine Briefmarke gegen eine andere tauschen. 得(損)をする 良い(悪い)~をする einen guten (schlechten) Tausch machen. ~学生 der Austauschstudent. ~価値 der Tauschwert. ~条件 die Austauschbedingung. ~局 das Fernsprechamt. ~室 die Telefonzentrale. ~手 die Telefonistin.
こうかん 交感 die Sympathie -n. ~神経 der Sympathikus -. 副~神経 der Parasympathikus.
こうかん 好感を与える einen guten Eindruck auf jn. machen. ~をいだく jm. wohl wollen*.
こうかん 好漢 netter Kerl -s, -e.
こうかん 交歓する mit jm. Höflichkeiten aus|tauschen.
こうかん 巷間の噂 das Gerücht unter den Leuten.
こうかん 高官 der hohe Beamte#; der Würdenträger -s, -. 高位・の人 der Großwürdenträger.
こうかん 浩瀚な umfangreich; vielbändig.
こうかん 槓杆 der Hebel -s, -.
こうかん 紅顔の美少年 hübscher Junge mit roten Wangen.
こうがん 厚顔 die Frechheit. ~な frech; unverschämt; dreist. ~にも mit frecher Stirn.
こうがん 睾丸 der Hoden -s, -. ~炎 die Hodenentzündung. 副~ der Nebenhoden.
ごうかん 強姦 die Notzucht; die Vergewaltigung -en. ~する notzüchtigen; vergewaltigen.
ごうがん 傲岸 hybrid; überheblich.
こうき 広軌 die Breitspur. ~鉄道 die Breitspurbahn.
こうき 好奇の目を向ける et. neugierig an|blicken. → 好奇心.
こうき 光輝 der Glanz -es. ~ある glänzend; glorreich.
こうき 好機をつかむ(逸する) eine günstige Gelegenheit ergreifen* (versäumen).
こうき 香気 der Wohlgeruch -s, ⸗e; der Duft -es, ⸗e. ~のある wohlriechend; duftig. ばらが~を放つ Die Rosen duften süß.
こうき 後記 das Nachwort -[e]s, -e.
こうき 後期 〔前・中・後期の〕die Endperiode -n; 〔前期・後期の〕die zweite Hälfte ~n; 〔学年の〕das Wintersemester -s, -. ~ロマン派 die Spätromantik.
こうき 高貴な vornehm; edel. ~の生まれである von hoher Geburt sein*.
こうき 校旗 die Schulflagge -n.
こうき 綱紀 amtliche Disziplin. ~紊乱(粛正) der Bruch (die Verschärfung) der amtlichen Disziplin.
こうぎ 広義・において im weiteren Sinne. ~に解する im weiteren Sinne verstehen* (nehmen*).

こうぎ 交誼 die Freundschaft; freundschaftliche Beziehungen *pl.* ~を結ぶ mit *jm.* Freundschaft schließen*.

こうぎ 抗議 der Protest -[e]s, -e; der Einwand -es, ⁼e; die Verwahrung -en. ~する protestieren (sich verwahren) 《gegen 4 格》. 或る人に~を申し込む bei *jm.* Einspruch (einen Einwand) erheben* 《gegen 4 格》. ~文を差し出す bei *jm.* schriftlich Protest ein|reichen.

こうぎ 厚(好)誼 die Güte; die Freundschaft; das Wohlwollen -s.

こうぎ 講義 die Vorlesung -en. ~する eine Vorlesung halten* 《über 4 格》. ~を聴く eine Vorlesung hören (besuchen). ~録 Unterrichtsbriefe *pl.*

ごうき 剛毅な starkherzig.

ごうぎ 合議 der Beratung -en. ~する sich miteinander beraten* 《über 4 格》. ~の上で nach Beratung. ~制 das Kollegialsystem.

ごうぎ 豪気な〔気宇広大な〕weitherzig; 〔豪勢な〕großartig.

こうきあつ 高気圧 der Hochdruck -[e]s. ~圏 das Hochdruckgebiet; das Hoch; die Antizyklone.

こうきしん 好奇心 die Neugier[de]. ~の強い neugierig. ~から(に駆られて) aus Neugierde. ~をそそる *jn.* neugierig machen. ~を満足させる die Neugier befriedigen.

こうきゅう 考究する erforschen; erwägen*.

こうきゅう 恒久の dauerhaft; ewig.

こうきゅう 後宮 der Harem -s, -s.

こうきゅう 高給·の gut bezahlt. ~を取る ein hohes Gehalt beziehen*.

こうきゅう 高級·の höher; erstklassig; hochwertig. ~官吏 der höhere Beamte#. ~車 der Luxuswagen. ~船員 der [Schiffs]offizier. ~品 auserlesene Ware. ~副官 der Generaladjutant. それは私には~過ぎる Das ist mir zu hoch.

こうきゅう 硬球 harter Ball -es, ⁼e.

ごうきゅう 号泣する laut weinen; heulen.

こうきゅうび 公休日 regelmäßiger Feiertag -[e]s, -e.

こうきょ 皇居 der Kaiserliche Palast -[e]s.

こうきょう 口供 → 供述.

こうきょう 公共の öffentlich; [all]gemein. ~の福祉 das Gemeinwohl. ~事業 öffentliches Unternehmen. ~心 der Gemeingeist. ~の利益 der Gemeinnutz. ~団体 öffentliche Körperschaft. ~物(財産) das Gemeingut. ~の施設 öffentliche Anlage. ~料金 öffentliche Versorgungs- und Verkehrsgebühren *pl.*; Abgaben *pl.*

こうきょう 好況 die Hochkonjunktur -en; der Aufschwung -s, ⁼e. 市場は~を呈していa Der Markt ist ~.

こうぎょう 工業 die Industrie -n. ~の industriell. ~化 die Industrialisierung. ~化する industrialisieren. ~専門学校 das Technikum. ~国 der Industriestaat. ~製品 das Industrieerzeugnis. ~大学 technische Hochschule (略: TH). ~地帯 das Industriegebiet. ~都市 die Industriestadt.

こうぎょう 鉱業 der Bergbau -[e]s.

こうぎょう 興行 die Vorstellung (Aufführung) -en. ~を行う eine Vorstellung geben*; eine Aufführung veranstalten. 芝居を~する im Schauspiel auf|führen. ~師 der Schausteller.

こうきょうがく 交響楽 die Sinfonie (Symphonie) -n. ~団 das Sinfonieorchester. ~団員 der Sinfoniker.

こうぎょく 紅玉 der Rubin -s, -e.

こうぎょく 硬玉 der Jade -[s].

こうぎょく 鋼玉 der Korund -[e]s, -e.

こうきん 公金を横領する öffentliche Gelder veruntreuen.

こうきん 拘禁する verhaften; fest|nehmen*; ein|sperren.

こうきん 合金 die Legierung -en.

こうきんせい 抗菌性の antibakteriell.

こうぐ 工具 das Werkzeug -s, -e.

こうくう 航空 die Luftfahrt. ~会社 die Fluggesellschaft. ~機 das Flugzeug; die Maschine. ~写真 die Luftaufnahme. ~隊 die Fliegertruppe. ~標識 die Bake. ~便 mit Luftpost. ~管制官 der Fluglotse. ~兵 der Flieger. ~母艦 der Flugzeugträger. ~輸送 der Lufttransport. ~路 die Fluglinie. ~燃料 der Flugzeugtreibstoff. ~事故 das Flugzeugunglück. ~券 der Flugschein; das Flugticket.

こうくう 高空·で hoch in der Luft. 8000 メートルの~で in einer Höhe von 8 000 Meter[n]. ~飛行 der Höhenflug.

こうぐう 厚遇·する freundlich auf|nehmen* (behandeln); gut empfangen*. ~を受ける bei *jm.* eine gute Aufnahme finden*; *js.* Gastfreundschaft genießen*.

こうぐん 行軍 der Marsch -es, ⁼e. 強~ der Gewaltmarsch. ~する marschieren (s).

こうげ 香華を手向ける Weihrauch und Blumen dar|bringen*.

こうげ 高下 → 上下.

こうけい 口径 das Kaliber -s, -. 小~(~30 ミリ)の von kleinem (30 mm) Kaliber.

こうけい 光景 der Anblick -[e]s, -e; die Szene -n. 悲惨な~を呈する einen traurigen Anblick bieten*. この~を見て父は涙を流した Bei diesem Anblick weinte der Vater.

こうけい 肯綮に当る das Richtige treffen*.

こうけい 後継 die Nachfolge -n. ~の nachfolgend. ~者 der Nachfolger.

こうげい 工芸 das Kunstgewerbe -s. ~の kunstgewerblich. ~家 der Kunsthandwerker. ~学校 die Kunstgewerbeschule. ~品 kunstgewerbliche Arbeit.

ごうけい 合計 die [Gesamt]summe -n; der Gesamtbetrag -s, ⁼e. ~する zusammen|zählen; summieren. ~[で]3000 円になる insgesamt (im Ganzen) 3 000 Yen betragen*.

こうけいき 好景気 die Hochkonjunktur -en.
こうげき 攻撃 der Angriff -s,-e; die Offensive -n. ～する an|greifen*; einen Angriff machen 《auf 4格》. ～的 angreifend; angriffslustig; offensiv. 彼は新聞で激しく～された Er wurde in den Zeitungen scharf angegriffen.
こうけつ 高潔な edel[mütig]; hochherzig.
こうけつ 膏血 ¶人民の～を絞る seine Leute schinden*.
ごうけつ 豪傑 der Held -en,-en. ～肌の heldenhaft. ～笑い schallendes Gelächter.
こうけつあつ 高血圧 der [Blut]hochdruck -[e]s. ～症 die Hypertonie; die Hochdruckkrankheit.
こうけん 効験・がある Wirkung haben*; [gut] wirken. ～あらたかな sehr wirksam; probat.
こうけん 後見 die Vormundschaft -en. 《劇》〔プロンプター〕der Souffleur -s,-e. ～をする jn. bevormunden; 《劇》jm. soufflieren. ～を受けている unter js. Vormundschaft stehen*. ～人 der Vormund. ～人をつける jm. einen Vormund geben*. 被～人 das (der) Mündel.
こうけん 貢献 der Beitrag -s,⸚e; der Dienst -es,-e. [大いに～する] [viel] bei|tragen* 《zu 3格》; [große] Dienste leisten 《3格》.
こうげん 公言・する erklären. 社会主義を信奉する事を～する sich zum Sozialismus bekennen*.
こうげん 広言 die Prahlerei -en. ～を吐く prahlen; auf|schneiden*.
こうげん 巧言 schöne (glatte) Worte pl.; die Schmeichelei -en. ～令色の徒 der Schmeichler.
こうげん 光源 die Lichtquelle -n.
こうげん 高原 die Hochebene -n; das Plateau -s,-s; das Tafelland -[e]s,⸚er.
ごうけん 剛健な mannhaft; standhaft; stark.
ごうけん 合憲の verfassungsmäßig.
こうこ 公庫 öffentliche Kasse -n. 住宅金融～ öffentliche Baufinanzierungskasse.
こうこ 好個の gut; passend; angemessen.
こうこ 江湖 das Publikum -s; die Öffentlichkeit; die Welt.
こうこ 後顧の憂いなく frei von häuslichen Sorgen; ohne Sorge um die Zukunft.
こうご 口語 die Umgangssprache -n. ～体で書く in der Umgangssprache schreiben*.
こうご 交互・の wechselseitig. ～に abwechselnd; wechselweise.
こうご 向後 künftig[hin]; in Zukunft; von nun an. ～の戒め Warnung für die Zukunft.
ごうご 豪語する prahlen.
こうこう 口腔 die Mundhöhle -n.
こうこう 孝行・をする die Eltern liebevoll pflegen. ～息子 treuer Sohn.
こうこう 航行 → 航海.
こうこう 皎皎たる hell leuchtend.

こうこう 港口 die Hafeneinfahrt -en.
こうこう 煌煌たる glänzend; strahlend.
こうこう 膏肓 ¶彼の切手蒐集趣味もいよいよ病～に入った Das Briefmarkensammeln ist jetzt eine Manie bei ihm geworden.
こうごう 皇后 die Kaiserin -nen. ～陛下 Ihre Majestät die Kaiserin.
ごうごう 囂囂たる非難 stürmische Vorwürfe pl.
ごうごう 轟轟・たる(と) brausend; dröhnend. ～と風が鳴る Der Wind braust (heult). ～と列車が橋を渡っていく Der Zug fährt dröhnend über die Brücke.
こうごうしい 神神しい göttlich; heilig.
こうこうせい 向光性《植》der Heliotropismus -. ～の heliotropisch.
こうごうせい 光合成 die Fotosynthese.
こうこうや 好好爺 gutmütiger alter Mann -es,⸚er.
こうこがく 考古学 die Archäologie (Altertumskunde). ～の archäologisch. ～学者 der Archäologe.
こうこく 公告 die Bekanntmachung -en. ～する bekannt machen.
こうこく 広告〔新聞などの〕die Anzeige -n; die Annonce -n; das Inserat -s,-e; 〔宣伝〕die Reklame -n; 〔びら〕der Reklamezettel -s,-; 〔ポスター〕das Plakat -[e]s,-e. ～する [in der Zeitung] an|zeigen; annoncieren; inserieren; 〔宣伝する〕Reklame machen 《für 4格》. 新聞に～を出す eine Anzeige in die Zeitung auf|geben*. ～主 der Inserent. ～代理店 die Werbeagentur. ～塔 die Litfaßsäule (Plakatsäule). ～放送 die Reklamesendung. ～欄 der Anzeigenteil. ～料 Insertionskosten pl.
こうこく 抗告 die Beschwerde -n. ～する Beschwerde ein|reichen (ein|legen) 《über 4格》. ～人 der Beschwerdeführer. ～期間 die Beschwerdefrist.
こうこつ 恍惚 das Entzücken -s; die Ekstase -n. ～とさせる entzücken; in Ekstase versetzen. ～とする sich entzücken 《an 3格》; in Ekstase geraten (s) 《über 4格》. ～として entzückt; ekstatisch.
こうこつ 硬骨・魚 der Knochenfisch. ～漢 ein Mann von Charakter.
こうさ 公差《数》die Toleranz -en;〔貨幣の〕das Remedium -s,..dien (..dia).
こうさ 光差 die Lichtzeit -en.
こうさ 考査 die Prüfung -en; das Examen -s,- (..mina). 英語の～をする jn. in Englisch prüfen.
こうさ 交差(叉)・する sich kreuzen (schneiden*). ～させる über[s] Kreuz legen; kreuzen. ～点 die Kreuzung.
こうざ 口座 das Konto -s, ..ten. 彼の～に5万円振り込む 50 000 Yen auf sein Konto überweisen*. 銀行に～を開く ein Konto bei einer Bank eröffnen.
こうざ 高座 die Bühne -n.

こうざ 講座 der Lehrstuhl -[e]s, ¨e; [ラジオ・出版物などの] der Kursus -, ..se. 法制史の～を担当する den Lehrstuhl für Rechtsgeschichte inne|haben*. 新しい～を設ける einen neuen Lehrstuhl errichten (gründen) 《für 4格》.

こうさい 公債 [öffentliche] Anleihe -n. ～を発行する eine Anleihe auf|nehmen* (auf|legen).

こうさい 光彩を添える Glanz verleihen* 《3格》. ～を放つ [hell] glänzen.

こうさい 交際 der Verkehr -s; der Umgang -[e]s. ～する mit jm. verkehren (um|gehen*) (s). ～を始める mit jm. in Verkehr treten* (s). ～を絶つ mit jm. ab|brechen*. ～が広い eine große Bekanntschaft haben*. ～家 geselliger Mensch. ～費 Repräsentationsgelder pl.

こうさい 虹彩 die Regenbogenhaut ¨e; die Iris -. ～炎 die Regenbogenhautentzündung.

こうさい 鉱滓 die Schlacke -n.

こうざい 功罪 Verdienste und Verschulden. 彼の行動は～相半ばしている Die Vor- und Nachteile seiner Handlung gleichen sich aus.

こうざい 鋼材 der Stahl -s.

こうさく 工作 [手仕事] die Handarbeit (Bastelarbeit) -en; [策動] das Manöver -s, -. ～機械 die Werkzeugmaschine. ～物 das Bauwerk.

こうさく 交錯する sich kreuzen; sich überschneiden*.

こうさく 耕作 der Ackerbau (Feldbau) -[e]s. ～する den Acker bebauen (bestellen); [das Feld] pflügen. ～に適する pflügbar. ～者 der Ackerbauer. ～地 das Ackerland.

こうさく 鋼索 das Drahtseil -s, -e. ～鉄道 die [Draht]seilbahn.

こうさつ 考察 die Betrachtung -en. ～する betrachten; Betrachtungen an|stellen 《über 4格》.

こうさつ 絞殺 die Erwürgung -en. ～する erwürgen; erdrosseln.

こうさん 公算 die Wahrscheinlichkeit -en. ～が大きい Es ist hochwahrscheinlich, dass ...

こうさん 恒産 fester Besitz -es; [定収] festes Einkommen -s, -.

こうさん 降参 → 降伏. この暑さには～だ Die Hitze ist unerträglich. この問題には～だ Ich bin der Frage nicht gewachsen.

こうざん 高山 hoher Berg -es, -e; [高山系] das Hochgebirge -s, -. ～植物 die Hochgebirgspflanze. ～病 die Bergkrankheit.

こうざん 鉱山 die Bergwerk -s, -e. ～業 der Bergbau. ～監督局 das Bergamt.

こうし 子牛 das Kalb -[e]s, ¨er.

こうし 公私を区別(混同)する öffentliche und private Angelegenheiten trennen (vermischen). ～ともに多忙である im Beruf wie im Privatleben viel zu tun haben*.

こうし 公使 der Gesandte#. ～館 die Gesandtschaft. 代理～ der Geschäftsträger. ～書記官 der Gesandtschaftssekretär.

こうし 光子 [物] das Photon -s, -en.

こうし 行使 die Ausübung. ～する aus|üben.

こうし 格子 das Gitter -s, -; das Gitterwerk -[e]s, -e. ～を付けた vergittert. ～戸 die Gittertür. ～窓 das Gitterfenster. ～縞(じま)の gewürfelt; kariert.

こうし 講師 [大学の] der Dozent -en, -en; [非常勤の] der Lehrbeauftragte#; [特に外国語講座の] der Lektor -s, -en; [講演会の] der Redner -s, -.

こうじ 麹 die Hefe -n.

こうじ 工事 der Bau -es; Bauarbeiten pl. ～中である im (in) Bau sein*. 道路～ der Straßenbau; Straßenarbeiten pl.

こうじ 小路 die Gasse -n; das Gässchen -s, -.

こうじ 公示 die Bekanntmachung. ～する bekannt machen; verkünden.

こうじ 好事魔多し Es ist noch nicht alle Tage Abend.

こうじ 好餌 der Köder -s, -; die Lockspeise -n. ～をもって人を誘う jm. einen Köder hin|werfen*; jm. ködern.

こうじ 後事を託す jm. alles Weitere überlassen*.

こうじ 高次·の hoch; höher. ～方程式 die Gleichung hohen Grades.

ごうし 合資·する die Kapitalien vereinigen. ～会社 die Kommanditgesellschaft (略: KG).

こうしき 公式 [数学などの] die Formel -n. ～の(に) offiziell; amtlich. ～主義 das Formelwesen.

こうしせい 高姿勢をとる anmaßend (einschüchternd) auf|treten*(s).

こうしつ 皇室 das Kaiserhaus -es; die Kaiserliche Familie.

こうしつ 硬質·の hart; gehärtet. ～ガラス das Hartglas.

こうしつ 膠質 das Kolloid -[e]s, -e. ～の kolloid[al]. ～化学 die Kolloidchemie.

こうじつ 口実 der Vorwand -es, ¨e. 或る事を～にする et. zum Vorwand nehmen*; et. als Vorwand benutzen. 病気を～に[して] unter dem Vorwand, krank zu sein. ～を探す einen Vorwand suchen.

こうじつせい 向日性 → 向光性.

こうしゃ 公社 öffentliche Körperschaft -en.

こうしゃ 巧者な geschickt; gewandt.

こうしゃ 後者 der Letztere. ～は白と言い、前者は黒と言う Dieser sagt weiß, jener schwarz.

こうしゃ 降車·する [aus einem Wagen] aus|steigen*(s). ～の際 beim Aussteigen. ～口 der Ausgang.

こうしゃ 校舎 das Schulgebäude -s, -.
こうしゃ 豪奢な luxuriös; verschwenderisch; prunkhaft. ～な生活をする ein luxuriöses Leben führen; auf großem Fuß leben.
こうしゃく 公爵 der Herzog -s, ⁻e. ～夫人 die Herzogin.
こうしゃく 侯爵 der Fürst -en, -en; der Marquis -, -. ～夫人 die Fürstin; die Marquise.
こうしゃく 講釈·をする et. erklären. ～師 der Geschichtenerzähler.
こうしゃほう 高射砲 die Fliegerabwehrkanone -n (略: die Flak - (-s)).
こうしゅ 好手 guter Zug -[e]s, ⁻e.
こうしゅ 攻守 die Offensive und Defensive. ～同盟を結ぶ ein Schutz-und-Trutz-Bündnis schließen*.
こうじゅ 口授·する jn. mündlich unterweisen* (in 3 格); [筆記させる] jm. et. diktieren. ～を筆記する nach Diktat schreiben*.
こうしゅう 口臭 [übler] Mundgeruch -s.
こうしゅう 公衆 das Publikum -s; die Öffentlichkeit. ～の öffentlich; allgemein. ～の面前で vor (in) aller Öffentlichkeit. ～電話 öffentlicher Fernsprecher; [ボックス] [öffentliche] Telefonzelle. ～便所 die Bedürfnisanstalt. ～衛生 öffentliche Gesundheitspflege. ～道徳 bürgerliche Moral.
こうしゅう 講習 der Kurs -es, -e; der Kursus -, ..se. 英語(初心者のため)の～会 ein Kurs in Englisch (für Anfänger). ～を受ける an einem Kurs teil|nehmen*. 夏期～[会] der Sommerkurs.
こうしゅうは 高周波 《電》 die Hochfrequenz -en (略: HF).
こうしゅけい 絞首刑·に処する henken; [er-]hängen. ～を宣告する jn. zum Tode durch den Strang verurteilen.
こうしゅだい 絞首台 der Galgen -s, -.
こうじゅつ 口述 mündliche Darlegung -en. ～する mündlich dar|legen. ～の mündlich. ～試験 mündliche Prüfung. ～筆記させる jm. et. [in die Feder] diktieren.
こうじゅつ 公述·する öffentlich aus|sagen. ～人 der Anhörungszeuge.
こうじゅつ 後述する später dar|legen (erwähnen).
こうじゅん 公準 das Postulat -[e]s, -e.
こうしょ 高所 die Höhe -n. ～恐怖症 die Hypsiphobie [hypsifo'bi:]; die Höhenangst.
こうじょ 公序 öffentliche Ordnung -en. ～良俗に反する sittenwidrig.
こうじょ 皇女 Kaiserliche Prinzessin -nen.
こうじょ 控除 der Abzug -s, ⁻e. ～する ab|ziehen*. ～額 der Abzug. 扶養～ Familienabzüge pl.
こうしょう 公称·の nominal. ～資本 das Nominalkapital (Nennkapital).
こうしょう 公娼 die registrierte Prostituierte#.
こうしょう 公傷 die Dienstbeschädigung -en.
こうしょう 好尚 der Geschmack -s.
こうしょう 交渉 die Unterhandlung (Verhandlung) -en; [関係] die Beziehung -en. ～する mit jm. unterhandeln (verhandeln) 《über 4 格》. ～中である mit jm. in Unterhandlung stehen*. ～がある Beziehungen zu jm. haben*.
こうしょう 考証 historische Erforschung (Untersuchung) -en. ～する historisch erforschen (untersuchen).
こうしょう 哄笑 lautes Gelächter -s. ～する in [schallendes] Gelächter aus|brechen* (s).
こうしょう 高尚·な edel; vornehm; erhaben. ～な趣味 hoher Geschmack. ～な文体 gehobener Stil.
こうしょう 鉱床 die Erzlagerstätte -n; das Lager -s, -.
こうしょう 口承 mündliche Überlieferung. ～の mündlich überliefert.
こうしょう 咬傷 die Bisswunde -n.
こうじょう 口上·を述べる eine Ansprache halten*. ～を伝える eine Botschaft überbringen*. ～書 schriftliche Mitteilung.
こうじょう 工場 die Fabrik -en. ～に出勤する in die Fabrik gehen*(s). ～経営 der Fabrikbetrieb. ～主 der Fabrikbesitzer; der Fabrikant. ～地帯 die Fabrikgegend. ～長 der Fabrikdirektor. ～労働者 der Fabrikarbeiter.
こうじょう 甲状·腺 die Schilddrüse. ～軟骨 der Schildknorpel.
こうじょう 向上 die Erhöhung (Verbesserung) -en; [進歩] der Fortschritt -[e]s, -e. ～する sich erhöhen (verbessern); Fortschritte machen. ～させる erhöhen; verbessern. ～に努める empor|streben. ～心の強い sehr aufstrebend; strebsam. 国民の生活水準が～する Der Lebensstandard des Volkes steigt.
こうじょう 厚情 die Freundlichkeit; die Güte.
こうじょう 恒常 konstant; ständig.
ごうしょう 豪商 der Großkaufmann -s, ..leute; der Handelsherr -n, -en.
ごうじょう 強情·な hartnäckig; eigensinnig; halsstarrig. ～を張る eigensinnig sein*; seinen Dickkopf auf|setzen.
こうしょうにん 公証人 der Notar -s, -e. ～役場 das Notariat.
こうしょく 公職 [öffentliches] Amt -es, ⁻er. ～から追放する jn. aus dem Amt verdrängen. ～に就く ein Amt an|treten*. ～にある(就いている) im Amt sein*; ein Amt bekleiden.
こうしょく 好色 die Wollust ⁻e. ～な(の) wollüstig; geil; lüstern. ～漢 der Wollüstling; geiler Bock. ～文学 die Pornoliteratur.
こうしょく 交織織物 das Mischgewebe -s, -.

こうしん 交信する die Funkverbindung auf|nehmen* 《mit 3 格》.
こうしん 行進 der Marsch -es, ¨e. ～する marschieren (s). ～中である auf dem Marsch sein*. ～曲 der Marsch.
こうしん 孝心 die Kindesliebe.
こうしん 更新・する erneuern;〖自動詞〗sich erneuern. 記録を～する einen Rekord verbessern.
こうしん 恒心 feste Gesinnung.
こうしん 後進 die Jüngeren* pl.; der Nachwuchs -es. ～に道を開く den Jüngeren Platz machen.
こうしん 高(昂)進・する steigen*(s); 〔病勢が〕sich verschlimmern. 心悸(きき)～ das Herzklopfen.
こうじん 公人の資格で als Amtsperson; in amtlicher Eigenschaft.
こうじん 幸甚・である sich sehr freuen. 早速ご返事いただければ～です Für eine baldige Antwort wäre ich Ihnen sehr verbunden.
こうじん 後塵を拝する hinter jm. zurück|stehen*; jm. nach|stehen* (an in) 3 格).
こうじん 黄塵 die Staubwolke -n.
こうしんじょ 興信所 die Auskunftei -en.
こうじんぶつ 好人物 gutmütiger Mensch -en, -en.
こうしんりょう 香辛料 das Gewürz -es, -e.
こうず 構図 die Komposition -en. ～がよい gut komponiert sein*.
こうすい 香水 das Parfüm -s, -e(-s). ～を振り掛ける et. parfümieren. ～びん die Parfümflasche. ～噴(ふん)き der Parfümzerstäuber.
こうすい 硬水 hartes Wasser -s.
こうすい 鉱水 das Mineralwasser -s, ¨.
こうずい 洪水 das Hochwasser -s, -; die Überschwemmung -en. ノアの～ die Sintflut. 大雨で～になった Die schweren Regenfälle haben Hochwasser verursacht. 市場は外国製品の～だ Der Markt ist mit fremden Erzeugnissen überschwemmt.
こうすいりょう 降水量 die Niederschlagsmenge -n.
こうすう 恒数〖数〗die Konstante -n.
こうずか 好事家 der Dilettant -en, -en; der Liebhaber -s, -.
こうずる 高(嵩)ずる stärker werden*(s); schlechter werden*(s). わがままが～ immer eigensinniger werden*(s). 高じて…になる sich entwickeln 《zu 3 格》.
こうずる 講ずる〖講義する〗eine Vorlesung halten* 《über 4 格》. 英文学を～〔über〕englische Literatur lesen*. 対策を～ Gegenmaßnahmen ergreifen*(treffen*) 《gegen 4 格》.
ごうする 号する〔自ら〕sich nennen*. 兵力10万と～ Das Heer ist angeblich 100 000 Mann stark.
こうせい 公正 die Gerechtigkeit (Billigkeit). ～な gerecht; billig. ～証書 notarielle Urkunde. ～取引委員会 die Kommission für fairen Handel.
こうせい 更生する ein neues Leben an|fangen*; sich bessern.
こうせい 攻勢 die Offensive -n. ～の offensiv. ～をとる die Offensive ergreifen*. ～に転ずる zur Offensive über|gehen*(s).
こうせい 後世 die Nachwelt. ～に伝える der Nachwelt überliefern.
こうせい 後生 der Nachwuchs -es. →子孫.
こうせい 厚生 die Wohlfahrt. ～事業 die Wohlfahrtspflege. ～施設 die Wohlfahrtseinrichtung. ～省 das Gesundheits- und Wohlfahrtsministerium. ～年金 die Wohlfahrtsrente. ～労働省 das Ministerium für Gesundheit, Wohlfahrt und Arbeit.
こうせい 恒星 der Fixstern -[e]s, -e. ～時 die Sternzeit. ～日 der Sterntag.
こうせい 校正 die Korrektur -en. ～する Korrektur lesen*. ～係 der Korrektor. ～刷り der Korrekturabzug.
こうせい 構成 die Konstruktion -en; die Zusammensetzung -en; der Aufbau -s. この小説の～ die Komposition des Romans. ～する zusammen|setzen; auf|bauen;〔形成する〕bilden. …で～される sich zusammen|setzen 《aus 3 格》; bestehen* 《aus 3 格》. ～要素 der Bestandteil; die Komponente.
ごうせい 合成 die Zusammensetzung -en;〖化〗die Synthese -n. ～する zusammen|setzen;〖化〗synthetisieren. ～の zusammengesetzt;〖化〗synthetisch. ～語 zusammengesetztes Wort; die Zusammensetzung; das Kompositum. ～ゴム der Kunstkautschuk. ～酒 synthetischer Sake. ～樹脂 das Kunstharz. ～繊維 die Synthesefaser. ～品 das Syntheseprodukt.
ごうせい 剛性 die Steifigkeit.
ごうせい 豪勢な großartig; luxuriös.
こうせいかつ 公生活 öffentliches Leben -s.
こうせいけってい 更正決定〔税の〕erneute Abschätzung 〔durch Finanzbehörde〕.
こうせいのう 高性能 die Hochleistung -en. ～エンジン der Hochleistungsmotor.
こうせいぶっしつ 抗生物質 das Antibiotikum -s, ..ka.
こうせき 功績 das Verdienst -[e]s, -e. ～のある verdienstvoll. ～を立てる sich³ Verdienste erwerben* (sich verdient machen)《um 4 格》. 彼の～を認めて(称えて) in Anerkennung seiner Verdienste.
こうせき 鉱石 das Erz -es, -e. ～検波器 der Kristalldetektor.
こうせき 航跡 das Kielwasser -s.
こうせきうん 高積雲 der Altokumulus [alto'ku:mulos] -, ..li.
こうせきせい 洪積世 das Diluvium -s. ～の diluvial.
こうせきそう 洪積層 die Diluvialbildung -en.
こうせつ 公設・の öffentlich. ～する öffent-

こうせつ 巧拙 die Geschicklichkeit; die Kunstfertigkeit.
こうせつ 交接 die Begattung -en; der Geschlechtsverkehr -s. ～する sich begatten.
こうせつ 降雪 Schneefälle pl.
こうせつ 高説 ¶御～ Ihre werte Meinung -en.
こうぜつ 口舌 の争い der Wortstreit. ～の徒 der Zungenheld.
ごうせつ 豪雪 starker Schneefall -[e]s, ¨e. ～地帯 sehr schneereiche Gegend.
こうせん 口銭 die Provision -en; Prozente pl. 5分(*)の～で gegen eine Provision von 5%.
こうせん 公選 öffentliche Wahl -en. ～する jn. in öffentlicher Wahl wählen《zu 3格》. ～の öffentlich gewählt.
こうせん 交戦〔戦闘〕die Schlacht -en;〈小部隊間の〉das Gefecht -[e]s, -e;〔戦争〕der Krieg -es, -e. 敵と～する dem Feind eine Schlacht (ein Treffen) liefern. 或る国と～する mit einem Staat Krieg führen. ～中である im Krieg (Gefecht) sein*. ～国 Krieg führende Staaten pl.
こうせん 好戦的 kriegslustig; kriegerisch.
こうせん 光線 der [Licht]strahl -[e]s, -en. ～を発する Strahlen aus|senden(*). 太陽～ der Sonnenstrahl.
こうせん 抗戦 einem feindlichen Angriff widerstehen* (Widerstand leisten).
こうせん 鉱泉 die Mineralquelle -n; der Mineralbrunnen -s, -;〔水〕das Mineralwasser -s, ¨. ～浴 das Mineralbad.
こうぜん 公然・の öffentlich; offen[bar]. ～と öffentlich; in aller Öffentlichkeit. ～の秘密 offenes Geheimnis.
こうぜん 昂然と stolz; in gehobener Stimmung; triumphierend.
ごうぜん 傲然・たる(と) hochmütig; stolz; trotzig. ～と構える eine trotzige Haltung an|nehmen*.
ごうぜん 轟然たる(と) dröhnend; donnernd; krachend.
こうそ 公訴 die Anklage -n. ～する gegen jn. Anklage erheben*《wegen 2格》.
こうそ 控訴 die Berufung -en. 高等裁判所に～する beim Oberlandesgericht Berufung ein|legen. ～審 die Berufungsinstanz. ～裁判所 das Berufungsgericht. ～人 der Berufungskläger. 被～人 der Berufungsbeklagte*.
こうそ 酵素 das Enzym (Ferment) -s, -e.
こうぞ 楮 der Papiermaulbeerbaum -[e]s, ¨e.
こうそう 抗争 der Widerstand -es, ¨e《gegen 4格》. ～する sich widersetzen《3格》.
こうそう 広(宏)壮 großartig; prächtig.
こうそう 後送する nach hinten senden(*); zurück|befördern;〔あとから送る〕nach|senden(*).
こうそう 高僧 hervorragender Priester -s, -;〔高位の〕hoher Priester -s, -.
こうそう 高層・雲 der Altostratus [alto'stra:tʊs]. ～気流 obere Luftströmung. ～建築 das Hochhaus.
こうそう 構想 die Konzeption (Disposition) -en; der Entwurf -s, ¨e; der Plan -es, ¨e. ～を立てる et. konzipieren; eine Disposition machen《zu 3格》. 講演の～を練る den Entwurf eines Vortrags (zu einem Vortrag) aus|arbeiten.
こうぞう 構造 die Struktur (Konstruktion) -en; das Gefüge -s, -; der Bau -es. ～上の strukturell; konstruktiv. 文の～ der Satzbau. 上部(下部)～ der Überbau (Unterbau). ～式《化》die Strukturformel. ～主義《哲》der Strukturalismus. ～主義的 strukturalistisch.
ごうそう 豪壮 großartig; grandios; herrlich.
こうそく 拘束 die Einschränkung -en;〔束縛〕die Bindung -en. ～する ein|schränken; binden*. 言論の自由を～する die Redefreiheit ein|schränken. 約束に～されている an seine Zusage gebunden sein*. ～力 die Verbindlichkeit. ～力のある verbindlich; bindend. 私は何物にも～されない Ich lasse mich durch nichts binden.
こうそく 校則 die Schulordnung -en.
こうそく 高速・で mit hoher (großer) Geschwindigkeit. ～道路 die Schnellstraße. ～輪転機 die Schnellpresse.
こうぞく 皇族 Kaiserliche Familie.
こうぞく 後続 nachfolgend.
ごうぞく 豪族 einflussreiche Familie -n.
こうぞくきょり 航続距離 der Fahrbereich -s, -e;《空》die Reichweite -n.
こうそくど 高速度 → 高速. ～鋼 der Schnell[dreh]stahl. ～撮影 die Zeitlupe.
こうそん 皇孫 Kaiserlicher Enkel -s, -.
こうた 小唄 ¶引かれ者の～ der Galgenhumor.
こうたい 交替(代) die Abwechselung -en; die Ablösung -en; der Wechsel -s. 或人と～する [sich] mit jm. ab|wechseln; jn. ab|lösen. ～して歩哨に立つ den Posten ab|lösen. ～で abwechselnd. 1日3～で働く in 3 Schichten arbeiten. 彼等は～で夜番をした Sie lösten einander bei der Nachtwache ab. 2時間～です Die Ablösung erfolgt alle 2 Stunden.
こうたい 抗体 der Antikörper -s, -.
こうたい 後退 der Rückgang -[e]s; der Rückschritt -[e]s, -e;〔景気の〕die Rezession -en. ～する zurück|gehen*(s); rückwärts gehen*(s); Rückschritte machen.
こうだい 広(宏)大・な groß; großartig; geräumig; weit. ～無辺の unendlich groß; unermesslich ausgedehnt.
こうだい 後代 → 後世.

ごうたい 剛体 starrer Körper -s, -.
こうたいごう 皇太后 die Kaiserinwitwe -n.
こうたいし 皇太子 der Kronprinz -en, -en. ～妃 die Kronprinzessin.
こうだか 甲高の mit hohem Spann.
こうたく 光沢 der Glanz -es. ～が出る Glanz bekommen*. ～のある(ない) glanzvoll (glanzlos).
こうたつ 口達する mündlich berichten (mit|teilen).
ごうだつ 強奪する jm. et. rauben.
こうたん 降誕 die Geburt -en. キリスト～祭 das Weihnachten《通常無冠詞で》. 釈尊～祭 das Geburtsfest Buddhas.
こうだん 公団 öffentliche Körperschaft -en. ～住宅 die Sozialwohnung.
こうだん 降壇する die Rednerbühne verlassen*.
こうだん 講談 die [Geschichts]erzählung -en. ～師 der Geschichtenerzähler.
こうだん 講壇 das Podium -s, ..dien; der Katheder -s, -;〔演壇〕die Rednerbühne -n. ～社会主義 der Kathedersozialismus.
ごうたん 豪(剛)胆な kühn; unerschrocken; mutig.
こうだんし 好男子 schöner (hübscher) Mann -es, ⸚e.
こうち 巧緻な fein; ausgearbeitet.
こうち 拘置・する in Haft nehmen*. ～所 die Haftanstalt.
こうち 狡知 die Schlauheit; die List. ～にたけた schlau; listenreich; verschmitzt.
こうち 高地 das Hochland -[e]s, ⸚er;〔高台〕die [An]höhe -n. ～ドイツ語 das Hochdeutsch.
こうち 耕地 der Acker -s, ⸚; das Ackerland -[e]s. ～整理 die Flurbereinigung. ～面積 die Anbaufläche.
こうちく 構築 der Bau -es. ～する bauen.
こうちゃ 紅茶 [schwarzer] Tee -s.
こうちゃく 膠着・状態に陥る zum Stillstand kommen*(s); stecken bleiben*(s). 交渉は～状態になった Es hat in den Verhandlungen einen Stillstand gegeben. ～語 agglutinierende Sprache.
こうちゅう 甲虫 der Käfer -s, -.
こうちょう 好調である in Ordnung (in gutem Zustand) sein*;〔運動選手が〕gut in Form sein*.
こうちょう 紅潮 ¶顔を～させる erröten (rot werden*)(s).
こうちょう 校長 der [Schul]direktor -s, -en.
こうちょう 高潮 die Hochflut -en; das Hochwasser -s, -. ～点 der Hochwasserstand.
こうちょう 候鳥 der Zugvogel -s, -.
こうちょうかい 公聴会 das Hearing -[s], -s; die Anhörung -en.
こうちょうどうぶつ 腔腸動物 das Hohltier -[e]s, -e; der Zölenterat -en, -en.
こうちょく 硬直・した steif; starr. ～する steif werden*(s); erstarren(s). 死後～ die Leichenstarre (Totenstarre).
こうちょく 剛直な standhaft [und redlich]; unbeugsam.
こうちん 工賃 der [Arbeits]lohn -[e]s, ⸚e.
ごうちん 轟沈する im Nu versenken;〔自動詞〕im Nu versinken*(s).
こうつう 交通 der Verkehr -s. ～を整理(遮断)する den Verkehr regeln (sperren). ～量 die Verkehrsdichte. ～渋滞 der Verkehrsstau; die Verkehrsstockung. ～が渋滞する Der Verkehr stockt. ～の激しい verkehrsreich; verkehrsstark. ～の便がよい verkehrsgünstig. ～違反の verkehrswidrig. ～機関 das Verkehrsmittel. ～規則 Verkehrsvorschriften pl. ～事故 der Verkehrsunfall. ～事情 Verkehrsverhältnisse pl. ～巡査 der Verkehrspolizist. ～信号灯 die Verkehrsampel. ～費 Fahrtkosten pl. ～標識 das Verkehrszeichen. ～妨害 das Verkehrshindernis. ～網 das Verkehrsnetz.
ごうつくばり 業突っ張り der Geizhals -es, ⸚e. ～の geizig;〔強情な〕hartnäckig.
こうつごう 好都合・の bequem; günstig; gelegen; recht. 万事～に運ばれた Es ging alles gut vonstatten.
こうてい 工程 der Arbeitsgang -[e]s, ⸚e.
こうてい 公定・の offiziell; amtlich. ～価格 der Festpreis. ～歩合 der Diskontsatz.
こうてい 公邸 die Amtswohnung -en.
こうてい 行程 die Strecke -n. 30分の～ eine halbe Stunde Weg. 1日の～ die Tagereise. 3日の～を終えて nach einer Reise von 3 Tagen. 1日20キロの～で進む täglich 20 Kilometer zurück|legen. ピストンの1～ der [Kolben]hub.
こうてい 肯定 die Bejahung -en. ～する bejahen. ～的 bejahend; positiv.
こうてい 皇帝 der Kaiser -s, -. ～の kaiserlich.
こうてい 校訂 die Rezension -en.
こうてい 校庭 der Schulhof -s, ⸚e.
こうてい 高弟 hervorragender Schüler -s, -.
こうてい 高低・のある uneben; wellig; ungleich. ～のない eben; flach. 音の～ die Tonhöhe. 物価の～が激しい Die Preise schwanken heftig.
こうてい 航程〔船の〕die Fahrstrecke -n;〔飛行機の〕die Flugstrecke -n.
こうでい 拘泥・する kleben《an 3格》; sich halten*《an 4格》. 字句に～する am Buchstaben kleben; sich an die Buchstaben halten*. 些細(ささい)な事に～する an Kleinigkeiten haften. 勝敗に～しないで unbekümmert um Sieg oder Niederlage.
こうてき 公的 öffentlich; offiziell.
こうてき 好適・な geeignet (passend)《zu 3格》.
ごうてき 号笛 die Signalpfeife -n; das Signalhorn -s, ⸚er.
こうてきしゅ 好敵手 ebenbürtiger Gegner -s, -. 彼は～を見つけた Er hat seinen Mann

gefunden.
こうてつ 更迭 der Wechsel -s; das Revirement -s, -s. ～する wechseln.
こうてつ 鋼鉄 der Stahl -s, ¨e. ～製の(のような) stählern.
こうてん 公転 der Umlauf -[e]s. 太陽の周囲を～する die Sonne umlaufen*.
こうてん 交点 〖数〗 der Schnittpunkt -[e]s, -e; 〖天〗 der Knoten -s, -.
こうてん 好転する sich zum Besseren wenden(*); eine günstige Wendung nehmen*.
こうてん 荒天 stürmisches Wetter -s; das Unwetter -s, -.
こうでん 公電 amtliches (offizielles) Telegramm -s, -e.
こうでん 香典(奠) das Kondolenzgeld -[e]s.
こうでんかん 光電管 die Photozelle (lichtelektrische Zelle) -n.
ごうてんじょう 格天井 die Kassettendecke -n.
こうてんてき 後天的 erworben; 〖哲〗 aposteriorisch.
こうど 光度 die Lichtstärke -n. ～計 der Lichtmesser.
こうど 耕土 die Ackererde (Ackerkrume) -n.
こうど 高度 die Höhe -n. ～の hoch; hochgradig. ～の文明 hoch entwickelte Zivilisation. ～計 der Höhenmesser. ～記録 der Höhenrekord.
こうど 硬度 die Härte -n. ～計 die Härteskala.
こうとう 口頭・の(で) mündlich. ～試問 mündliche Prüfung. ～弁論 mündliche Verhandlung.
こうとう 公党 öffentliche Partei -en.
こうとう 高等・の hoch; höher; fortgeschritten. ～学校 höhere Schule. 女子～学校 höhere Mädchenschule. ～教育 höhere Bildung. ～裁判所 das Oberlandesgericht. ～数学 höhere Mathematik. ～動物(植物) höhere Tiere (Pflanzen) pl. 工業～専門学校 technische Fachhochschule.
こうとう 高踏・的 hochgestochen. ～派 〖文学〗 Parnassiens pl.
こうとう 高(昂)騰 plötzliches Steigen -s. ～する plötzlich steigen*(s).
こうとう 喉頭 der Kehlkopf -[e]s, ¨e. ～癌 der Kehlkopfkrebs.
こうどう 公道 öffentlicher Weg -es, -e; 〖正義〗 die Gerechtigkeit.
こうどう 行動 das Handeln -s; die Handlung (Tätigkeit; Aktion) -en; 〖動〗 das Verhalten -s, -. ～する handeln; verfahren*(s); sich benehmen*. 考えを～に移す einen Gedanken in die Tat um|setzen. ～の自由 die Handlungsfreiheit. ～力 die Tatkraft. ～力のある(～的な) tatkräftig. ～主義 der Aktivismus; 〖心〗 der Behaviorismus. ～半径 der Aktionsradius. 彼の一切の～が私には気に入らない Sein Tun und Lassen (Treiben)

gefällt mir nicht.
こうどう 坑道 〖横坑〗 der Stollen -s, -; 〖立坑〗 der Schacht -[e]s, ¨e. ～を掘って行く einen Stollen vor|treiben*; einen Schacht [ab]teufen.
こうどう 黄道 die Ekliptik; die Sonnenbahn. ～の zodiakal. ～十二宮 der Zodiakus (Tierkreis). ～吉日 Glück verheißender Tag.
こうどう 講堂 die Aula ..len (-s).
ごうとう 強盗 der Räuber -s, -; 〖押し込み〗 der Einbrecher -s, -. ～を働く einen Raub begehen*. その家に(彼のところに)～がはいった In das Haus (Bei ihm) ist eingebrochen worden.
ごうどう 合同 die Vereinigung -en; 〖政党・企業の〗 die Fusion -en; 〖数〗 die Kongruenz -en. ～する vereinigen. ～する sich vereinigen《mit 3 格》; fusionieren. ～である 〖数〗 kongruieren. ～で gemeinsam.
こうとうぶ 後頭部 der Hinterkopf -[e]s, ¨e.
こうとうむけい 荒唐無稽な unsinnig; absurd; (作り事の) erdichtet.
こうどく 鉱毒 die Beschädigung durch mineralische Abwässer.
こうどく 講読 das Lesen -s; 〖学校の〗 die Lektüre.
こうどく 購読 〖予約購読〗 das Abonnement -s, -s. ～している abonniert sein*《auf 4 格》; [sich¹] halten*. ～者 der Abonnent; der Leser. ～料 der Abonnementspreis (Bezugspreis).
こうとくしん 公徳心 die bürgerliche Moral.
こうどくそ 抗毒素 das Antitoxin -s, -e.
こうない 構内 ¶駅(大学)の～で innerhalb des Bahnhofs (Universitätshofs).
こうないえん 口内炎 die Stomatitis ..titiden; die Mundschleimhautentzündung -en.
こうなん 後難を恐れる die Folgen fürchten.
こうにゅう 購入 die Anschaffung (Besorgung) -en; der Einkauf (Ankauf) -s, ¨e. ～する an|schaffen; ein|kaufen; an|kaufen.
こうにん 公認・する öffentlich (amtlich) an|erkennen*. ～の öffentlich anerkannt; offiziell.
こうにん 後任 der Amtsnachfolger -s, -. ～になる js. Nachfolge an|treten*; jm. im Amt nach|folgen(s).
こうねつ 高熱 hohes Fieber -s.
こうねつひ 光熱費 Kosten für Licht und Heizung.
こうねん 光年 〖天〗 das Lichtjahr -[e]s, -e (記号: Lj.).
こうねん 後年 in späteren Jahren; später.
こうねんき 更年期 Wechseljahre pl.; das Klimakterium -s. ～障害 klimakterische Störungen pl.
こうのう 行嚢 der Briefbeutel -s, -.
こうのう 効能 die Wirkung -en. ～のある wirksam; wirkungsvoll. ～のない wirkungs-

ごうのう 豪農 reicher Bauer (der Großbauer) -n,-n.
こうのとり 鶴 der Storch -[e]s, ̈e.
ごうのもの 剛の者 starker Mann -es, ̈er; der Veteran -en, -en.
こうは 光波 〖物〗die Lichtwelle -n.
こうば 工場 → こうじょう.
こうはい 向背 die Stellungnahme -n 《zu 3 格》. ~を決する Stellung nehmen* 《zu 3 格》.
こうはい 交配 die Kreuzung -en. ~する kreuzen.
こうはい 荒廃 die Verwüstung -en. ~させる verwüsten; verheeren. ~する veröden (s); verwildern (s). ~した öde; wüst.
こうはい 後輩 der Jüngere#; 〔集合的に〕der Nachwuchs -es.
こうはい 興廃 Aufstieg und (oder) Niedergang; das Schicksal -s,-e.
こうはい 光背 der Nimbus -, -se.
こうばい 公売 öffentliche Versteigerung -en. ~に付する öffentlich versteigern.
こうばい 勾配 das Gefälle -s, -; die Neigung; die Neigung. ~をつける et. schräg machen. 屋根に~をつける das Dach ab|schrägen. 急~の steil. 道の~が一段と急になった Die Neigung der Straße wurde noch stärker.
こうばい 購買 der Kauf -[e]s, ̈e. ~係 der Einkäufer. ~組合 die Einkaufsgenossenschaft. ~力 die Kaufkraft. →購入.
こうばいすう 公倍数 das gemeinsame Vielfache#. 最小~ das kleinste gemeinsame Vielfache#. (k.g.V.; kgV).
こうはく 紅白 Rot und Weiß. ~の幔幕(まんまく) rot-weißer Vorhang. ~試合 der Wettkampf zwischen der roten und der weißen Gruppe.
こうばく 広漠たる weit ausgedehnt; unendlich weit.
こうばしい 香ばしい wohlriechend; würzig.
ごうばら 業腹な ärgerlich; verdrießlich.
こうはん 公判 die Hauptverhandlung -en. ~に付する vor Gericht stellen.
こうはん 広範(汎)・な umfangreich; umfassend; weit. ~な権限 weitgehende Vollmachten pl.
こうはん 後半 die zweite Hälfte. ~期 das zweite Halbjahr.
こうはん 攪拌する [um|]rühren.
こうばん 交番 die Polizeiwache -n.
こうはん 合板 das Sperrholz -es; das Furnier -s, -e.
こうはんい 広範囲の umfangreich; weitgehend.
こうはんせい 後半生 die zweite Hälfte seines Lebens.
こうひ 工費 Baukosten pl.

こうひ 口碑 mündliche Überlieferung -en.
こうひ 公費で mit öffentlichen Geldern.
こうび 交尾 die Begattung -en. ~する sich begatten (paaren). ~期 die Paarungszeit.
こうび 後備 die Landwehr -en. ~兵 der Landwehrmann. ~役に編入される in die Landwehr versetzt werden*(s受).
こうヒスタミンざい 抗ヒスタミン剤 das Antihistaminikum [antihɪstaˈmiːnikom] -s, ..ka.
こうひょう 公表 die Bekanntmachung; die Bekanntgabe; die Publikation -en. ~する bekannt machen; bekannt geben*; ver-öffentlichen; publizieren.
こうひょう 好評 günstige Besprechung -en; guter Ruf -es. ~を博する günstig besprochen (aufgenommen) werden*(s受); sich³ einen guten Ruf erwerben*. ~である einen guten Ruf haben* (genießen*); in gutem Ruf stehen*.
こうひょう 降雹 der Hagelschlag -[e]s, ̈e.
こうひょう 講評 die Besprechung -en. ~する besprechen*; kritische Bemerkungen machen 《über 4 格》; rezensieren.
ごうひょう 業病 verhängnisvolle (unheilbare) Krankheit -en.
こうびん 幸便・のあり次第 bei erster Gelegenheit. ~がありましたのでこの品をお届けします Ich benutze die Gelegenheit, Ihnen diesen Artikel zu senden.
こうびん 後便で mit nächster Post; im nächsten Brief.
こうふ 工夫 der Arbeiter -s, -. 線路~ der Streckenarbeiter.
こうふ 公布 die Verkündung (Bekanntmachung) -en; der Erlass -es. ~する verkünden; bekannt machen. 法律を~する ein Gesetz erlassen* (verkünden).
こうふ 交付・する zu|weisen*; 〔証明書などを〕aus|stellen. ~金〔国の〕Zuweisungen pl.
こうふ 鉱(坑)夫 der Bergmann -s, ..leute; der Bergarbeiter -s, -.
こうぶ 後部 der hintere Teil -[e]s, -e.
こうふう 校風 die Tradition einer Schule; der Schulgeist -es.
こうふく 幸福 das Glück -[e]s; 〔至福〕die Glückseligkeit. ~な glücklich; glückselig. 自分を~と思う sich glücklich schätzen (fühlen). ~主義〖哲〗der Eudämonismus. 君の~を祈る Ich wünsche Ihnen alles Gute und Schöne.
こうふく 降伏 die Ergebung. ~する sich jm. ergeben*; kapitulieren. 無条件~ bedingungslose Kapitulation. 無条件~をする sich bedingungslos (auf Gnade und Ungnade) ergeben*. ~文書 die Urkunde der Ergebung.
ごうふく 剛腹な großzügig; unerschrocken.
こうぶち 荒蕪地 die Öde -n; die Wildnis -se; unfruchtbares Land -es, ̈er.
こうぶつ 好物 das Lieblingsessen -s, -; die Lieblingsspeise -n.

こうぶつ 鉱物 das Mineral -s, -e. ～学 die Mineralogie. ～学者 der Mineraloge. ～性の mineralisch.
こうふん 口吻 ¶辞職するような～を漏らす seinen Rücktritt an|deuten. …ってでもあるかのような～だ Er spricht so, als ob …
こうふん 公憤 ¶私はその不正に対して～を覚えた Als gegen der Bürger habe ich mich über die Ungerechtigkeit entrüstet.
こうふん 興(昂)奮 die Aufregung -en. ～させる erregen; auf|regen. ～する sich an|re|gen (erregen) 《über 4格》. ～した aufgeregt; erregt. ～しやすい erregbar; reizbar. ～剤 das Anregungsmittel; der Stimulans.
こうぶん 行文 der Stil -[e]s, -e; die Diktion. ～流麗 flüssiger Stil.
こうぶん 構文 der Satzbau -[e]s.
こうぶんし 高分子化合物 hochmolekulare Verbindung -en.
こうぶんしょ 公文書 öffentliche Urkunde -n; offizielles Dokument -[e]s, -e.
こうぶんぼ 公分母 gemeinsamer Nenner -s, -.
こうべ 首(頭)・を上げる den Kopf erheben*. ～を垂れて mit gesenktem Haupt. ～をめぐらす sich um|sehen*.
こうへい 工兵 der Pionier -s, -e.
こうへい 公平 die Unparteilichkeit; die Gerechtigkeit. ～な unparteiisch; gerecht. ～な判断 unparteiisches Urteil. ～に分配する unparteiisch verteilen. ～を失する gegen jn. ungerecht sein*.
こうへん 後編 der zweite Teil -[e]s, -e;〔続編〕die Fortsetzung -en.
こうべん 抗弁 der Einwand -es, ¨e. ～する einen Einwand erheben* 《gegen 4格》; widersprechen* 《3格》. ～権〔法〕die Einrede.
ごうべん 合弁・の unter gemeinsamer Führung. ～会社 das Jointventure ['dʒɔɪnt-'ventʃə].
こうほ 候補・者 der Kandidat -en, -en. ～に立つ kandidieren 《für 4格》. ～に立てる jn. als Kandidaten auf|stellen 《für 4格》. ～地 geeigneter Ort 《für 4格》.
こうぼ 公募する öffentlich werben*.
こうぼ 酵母 die Hefe -n. ～菌 der Hefepilz.
こうほう 公法 öffentliches Recht -es. ～上の öffentlich-rechtlich.
こうほう 公報 amtlicher Bericht -[e]s, -e;〔機関誌〕das Amtsblatt -[e]s, ¨er.
こうほう 広(弘)報・活動 die Öffentlichkeitsarbeit; Public Relations pl. ～部 die Public-Relations-Abteilung.
こうほう 後方・の rückwärtig. ～に hinten. ～へ nach hinten; rückwärts. ～から von hinten; hinterher. …の～に hinter 《3格; 4格》. ～に退く zurück|treten*(s). 敵の～にまわって攻撃する den Feind im Rücken an|greifen*. ～勤務〔軍〕rückwärtige Dienste pl.
こうほう 後報 weitere Nachricht -en; späterer (nachfolgender) Bericht -[e]s, -e.
こうぼう 工房 die Werkstatt ..stätten; das Atelier -s, -s.
こうぼう 弘法・にも筆の誤り Auch der beste Mensch kann fehlen. / Auch Homer schläft. ～は筆を選ばず In kräftiger Hand ist jede Waffe gut.
こうぼう 攻防 die Offensive und Defensive. ～戦 die Angriffs- und Verteidigungsschlacht.
こうぼう 興亡 Aufstieg und Fall; Wechselfälle pl.
ごうほう 号砲 der Signalschuss -es, ¨e.
ごうほう 号俸 die Besoldungsgruppe -n.
ごうほう 合法・的 legal; gesetzmäßig; gesetzlich. ～的に auf legalem Wege. ～性 die Legalität.
ごうほう 豪放な großzügig.
こうほうじん 公法人 juristische Person des öffentlichen Rechtes.
こうぼく 公僕 ¶国家の～ der Staatsdiener.
こうぼく 高木 der Baum -es, ¨e.
こうまい 高邁な hoch; erhaben; edel; hochgesinnt.
こうまん 高慢 der Stolz -es; der Hochmut -[e]s. ～[ちき]な stolz; hochmütig; dünkelhaft.
ごうまん 傲慢 die Hybris. ～な hybrid; überheblich.
こうみゃく 鉱脈 die Erzader -n; der Erzgang -[e]s, ¨e.
こうみょう 功名 das Verdienst -[e]s, -e;〔名声〕der Ruhm -[e]s. ～を立てる eine rühmliche Tat vollbringen*. ～心 der Ehrgeiz.
こうみょう 巧妙 die Geschicklichkeit. ～な geschickt; gewandt; klug.
こうみょう 光明 das Licht -es; der Glanz -es. 一縷(いちる)の～ ein Hoffnungsschimmer.
こうみん 公民〔Staats]bürger -s, -;〔社会科の〕die Staatsbürgerkunde. ～の [staats]bürgerlich. ～館 städtische Versammlungshalle.
こうみんけん 公民権 das [Staats]bürgerrecht -[e]s, -e. ～剥奪 die Aberkennung der bürgerlichen Ehrenrechte.
こうむ 公務 Amtsgeschäfte pl. ～上の amtlich; offiziell. ～員 der Beamte#. 国家～員 der Staatsbeamte#. 地方～員 der Gemeindebeamte# (Kommunalbeamte#). ～住宅 die Amtswohnung. ～執行妨害 die Störung der Amtsverrichtung. ～の余暇 in den dienstfreien Stunden.
こうむ 校務 der Schuldienst -[e]s; Schulangelegenheiten pl.
こうむてん 工務店 der Baubetrieb -[e]s, -e; die Baufirma ..men.
こうむぶ 港務部 das Hafenamt -[e]s, ¨er.
こうむる 被(蒙)る〔損害・侮辱などを〕[er]leiden*;〔不興・非難などを〕sich³ zu|ziehen*. 私

は彼から恩義を被っている Ich bin ihm zu Dank verpflichtet.

こうめい 公明正大な(に) aufrichtig; offen und ehrlich; gerecht.

こうめい 高名 der Ruf *-es*; der Ruhm *-[e]s*; der Name *-ns, -n*. ～な berühmt; wohl bekannt.

ごうめいがいしゃ 合名会社 offene Handelsgesellschaft *-en* (略: OHG).

ごうも 毫も…でない nicht im Geringsten.

こうもく 項目 der Punkt *-es, -*; [計算書の] der Posten *-s, -*; die Position *-en*; [事典などの] der Artikel *-s, -*.

こうもくてき 合目的・性 die Zweckmäßigkeit. ～的 zweckmäßig.

こうもり 蝙蝠 die Fledermaus *-̈e*. ～傘 der Regenschirm.

こうもん 肛門 der After *-s, -*.

こうもん 閘門 die Schleuse *-n*.

こうもん 拷問 die Folter *-n*. ～にかける der Folter unterwerfen*; foltern; martern.

こうや 広(曠)野 weite Ebene *-n*; weites Feld *-es, -er*.

こうや 荒野 die Wildnis *-se*; die Öde *-n*.

こうやく 口約 mündliches Versprechen *-s, -*. ～する mündlich versprechen*; *jm*. sein Wort geben*.

こうやく 公約 öffentliche Versprechung *-en*. ～する öffentlich versprechen*.

こうやく 膏薬 das Pflaster *-s, -*. 傷口に～をはる ein Pflaster auf eine Wunde auf|legen.

こうやくすう 公約数 gemeinsamer Teiler *-s, -*. 最大～ der größte gemeinsame Teiler (略: ggT; g.g.T.).

こうゆ 香油 das Haaröl *-s, -e*.

こうゆ 鉱油 das Mineralöl *-s, -e*.

こうゆう 公有の öffentlich; in öffentlichem Besitz.

こうゆう 交友 der Freund *-es, -e*. ～範囲 der Freundeskreis.

こうゆう 交遊 die Freundschaft. →交際.

こうゆう 校友 der Schulkamerad *-en, -en*. ～会 →同窓.

ごうゆう 剛(豪)勇 der Heldenmut *-[e]s*; die Tapferkeit. ～な heldenmütig; tapfer; kühn.

ごうゆうする 豪遊する sich verschwenderisch vergnügen.

こうよう 公用 Amtsgeschäfte *pl.*; amtliche Angelegenheiten *pl.* ～で in amtlichen Geschäften.

こうよう 広葉・の breitblätterig. ～樹 der Laubbaum.

こうよう 孝養 ¶両親に～を尽す seine Eltern liebevoll pflegen.

こうよう 効用 die Nützlichkeit. →効能. ～のある nützlich. 何の～もない *jm*. nichts nützen.

こうよう 紅葉 die Herbstfärbung *-en*; [その葉] bunte Blätter *pl.* ～する Das Laub färbt sich [gelb (rot; bunt)].

こうよう 高(昂)揚 ¶士気が～する in gehobener Stimmung sein*. 士気を～する *jm*. auf|muntern (ermutigen); *jm*. Mut machen.

ごうよく 強欲 geizig; habgierig; unersättlich.

こうら 甲羅 der Rückenschild *-[e]s, -e*. ～を経た alt; erfahren.

こうらく 行楽 der Ausflug *-s, -̈e*; die Landpartie *-n*. ～客 der Ausflügler. ～地 der Ausflugsort. ～日和 das Ausflugswetter.

こうり 小売り der Einzelhandel *-s*; der Kleinhandel *-s*. ～する im Kleinen verkaufen*. ～業を営む Einzelhandel treiben*. ～商 der Einzelhändler. ～店 das Einzelhandelsgeschäft. ～価格 der Ladenpreis; der Detailpreis.

こうり 公吏 der Kommunalbeamte; der Gemeindebeamte.

こうり 公理 das Axiom *-s, -e*.

こうり 功利 die Nützlichkeit. ～的 utilitär. ～主義 das Nützlichkeitsprinzip; der Utilitarismus. ～主義的 utilitaristisch. ～主義者 der Utilitarist (Utilitarier).

こうり 行李 der Koffer *-s, -*; der Reisekorb *-[e]s, -̈e*; [兵] der Tross *-es, -e*. 本を～に詰る Bücher in den Koffer packen.

こうり 高利 Wucherzinsen *pl.* ～で金を貸す Geld zu Wucherzinsen aus|leihen*. ～貸し [業] das Wuchergeschäft; die Wucherei; [人] der Wucherer. ～貸しをする Wucher treiben*.

ごうり 合理・的[に] vernunftgemäß; vernünftig; rational. ～化する rationalisieren. ～主義 der Rationalismus. ～主義者 der Rationalist.

ごうりき 強力 [山の] der Träger *-s, -*.

こうりつ 工率 der Effekt *-[e]s, -e*; die Leistung *-en*. ～のよい leistungsfähig.

こうりつ 公立の öffentlich.

こうりつ 効率 die Effizienz *-en*; der Wirkungsgrad *-[e]s, -e*. ～のよい effizient.

こうりつ 高率 hoher Prozentsatz *-es, -̈e*. ～の所得税 hohe Einkommensteuer.

こうりゃく 攻略 der Ersturmung *-en*. ～する erstürmen; erobern.

こうりゅう 交流 der Austausch *-es*; [電] der Wechselstrom *-s, -̈e*.

こうりゅう 勾留 die [Untersuchungs]haft. ～する in [Untersuchungs]haft nehmen*. ～状 der Haftbefehl.

こうりゅう 拘留 die Haft. ～する in Haft nehmen*. ～期間 die Haftdauer.

こうりゅう 興隆 der Aufschwung *-s, -̈e*. ～する einen Aufschwung nehmen*.

ごうりゅう 合流[・点] der Zusammenfluss *-es, -̈e*; die Mündung *-en*. ～する zusammen|fließen*(*s*); sich vereinigen.

こうりょ 考慮 die Erwägung (Überlegung) *-en*. ～する erwägen*; überlegen; Rücksicht nehmen* 《auf 4格》. ～に入れる(入れない) in Betracht ziehen* (außer Betracht las-

こうりょう **香料** der Riechstoff *-s, -e*; 〔薬味〕das Gewürz *-es, -e*. 食物に~を加える eine Speise würzen.

こうりょう **校了** imprimatur (略: impr.). ~の druckfertig.

こうりょう **荒涼たる** öde; wüst.

こうりょう **綱領** das Programm *-s, -e*.

こうりょうし **光量子** das Lichtquant (Photon) *-s, -en*.

こうりょく **抗力** der Widerstand *-es*.

こうりょく **効力** die Wirkung *-en*. ~のある(ない) wirksam (unwirksam). ~がある [gut] wirken; 〔法〕in Kraft sein*; gelten*. ~を生ずる(失う) in (außer) Kraft treten*(*s*).

ごうりょく **合力** 〔物〕die Resultante *-n*.

こうりん **光輪** der Nimbus *-,-se*.

こうりん **後輪** das Hinterrad *-[e]s, ̈-er*.

こうれい **好例** である ein schlagendes Beispiel sein* 〔für 4 格〕.

こうれい **恒例** ・により dem Brauch (der Gewohnheit) gemäß. ~の üblich; gebräuchlich; gewöhnlich.

こうれい **高齢** hohes Alter *-s*. ~の hochbejahrt; hochbetagt. 80歳の~で im hohen Alter von 80 Jahren. ~に達する ein hohes Alter erreichen.

ごうれい **号令** das Kommando *-s, -s*. ~する kommandieren. ~に従って auf Kommando. ~を掛ける ein Kommando rufen*. 天下に~する über das ganze Reich gebieten*.

こうれつ **後列** hintere Reihe *-n*.

こうろ **行路** 〔人生~〕der Lebensweg; der Lebenspfad. ~病者 der obdachlose Kranke#.

こうろ **香炉** das Weihrauchfass *-es, ̈-er*.

こうろ **高炉** der Hochofen *-s, ̈*.

こうろ **航路** die Linie *-n*; 〔水路〕das Fahrwasser *-s*. 欧州~ die Europalinie. ~標識 die Bake.

こうろう **功労** das Verdienst *-[e]s, -e*. 国家に~のある人 ein um das Vaterland verdienter Mann. → 功績.

こうろく **高禄をはむ** ein hohes Gehalt beziehen*.

こうろん **口論** der Zank *-[e]s*; der Wortstreit *-s*. ~する sich mit *jm.* zanken 〔um (über) 4 格〕. ~になる mit *jm.* in einen Wortwechsel geraten*(*s*).

こうろん **公論** öffentliche Meinung *-en*.

こうろんおつばく **甲論乙駁** hin und her streiten*. ～って(ば)まらない Auf jede Rede folgt immer wieder die Gegenrede, und es kommt zu keiner Entscheidung.

こうわ **講和を結ぶ** Frieden schließen* (machen). 単独~ der Sonderfrieden. ~会議 die Friedenskonferenz. ~条件 die Friedensbedingung. ~条約 der Friedensvertrag. ~条約締結 der Friedensschluss. ~談判 Friedensverhandlungen *pl.*

こうわ **講話** der Vortrag *-es, ̈e* 〔über 4 格〕.

こうわん **港湾** der Hafen *-s, ̈*. ~施設 Hafenanlagen *pl.* ~労働者 der Hafenarbeiter.

こえ **声** die Stimme *-n*; 〔叫び声〕der Schrei *-es, -e*; 〔呼び声〕der Ruf *-es, -e*; → 鳴き声. ~がいい(悪い) eine gute (schlechte) Stimme haben*. ~をあげて泣く laut weinen. ~を限りに叫ぶ aus vollem Hals[e] schreien*. ~を掛ける *jn.* an|sprechen* (an|reden). ~を揃えて [wie] mit einer Stimme. ~を立てる einen Laut von sich³ geben*; schreien*. ~を張り上げる(落す) die Stimme erheben* (senken). 大きな~では言えないが unter uns gesagt. 良心の~に従う auf die Stimme des Gewissens hören. 彼女の~はよくとおる Ihre Stimme trägt gut. 彼のところまでは~が届かない Er ist außer Hörweite. 恐怖のあまり~も出なかった Er war sprachlos vor Schrecken. 民の~は神の~ Volkes Stimme [ist] Gottes Stimme.

こえ **肥** die Jauche. ~桶 das Jauchefass. ~溜め die Jauchegrube.

ごえい **護衛** die Leibwache (Leibgarde) *-n*. ~する bewachen; eskortieren. ~をつける *jm.* eine Eskorte mit|geben*.

こえがかり **声掛かり** ¶N氏のお~で auf Empfehlung des Herrn N.

こえがわり **声変り** der Stimmbruch *-s*; der Stimmwechsel *-s*. ~する年頃 die Jahre, wo seine Stimme [sich] bricht.

こえだ **小枝** das Reis *-es, -er*.

こえる **肥える** dick werden*(*s*); Fett an|setzen; zu|nehmen*; 〔土地が〕fruchtbar werden*(*s*). 肥えた dick; fett; 〔土地が〕fruchtbar; ergiebig. 耳(口)が肥えている ein feines Ohr (eine feine Zunge) haben*.

こえる **越える** überschreiten*; übertreten*; → 越す. …を越えて über 〔4 格〕. それは私の能力を越えている Das geht über meine Kräfte.

こおう **呼応する** dem Anruf entsprechend handeln.

ゴーカート der Gokart *-[s], -s*.

コークス der Koks *-es*.

ゴーグル die Schutzbrille *-n*.

コース 〔進路〕der Kurs *-es, -e*; 〔競走路〕die Bahn *-en*; 〔競泳の〕die Schwimmbahn *-en*; 〔学科課程〕der Kursus *-, ..se*.

ゴー・ストップ die Verkehrsampel *-n*.

コーチ 〔コーチャー〕der Trainer *-s, -*; der Sportlehrer *-s, -*. ~する *jn.* trainieren.

コーチゾン das Kortison *-s*.

コーデュロイ der Kord *-s*.

コート der Mantel *-s, ̈*; 〔競技の〕das Spielfeld *-[e]s, -er*. ~掛け der Kleiderständer.

コード 〔電気器具の〕die Schnur *̈e*; 〔符号〕der Kode *-s, -s*.

コードバン das Korduan[leder] *-s*.

こおどり 小躍りして喜ぶ vor Freude hüpfen (s).
コーナー die Ecke -n. ~キック〔サッカー〕der Eckball (Eckstoß).
コーヒー der Kaffee -s, -(-s). ~を入れる(挽(ひ)く) Kaffee kochen (mahlen*). ~を1杯飲む eine Tasse (einen) Kaffee trinken*. ~茶碗 die Kaffeetasse. ~店 das Café. ~ポット die Kaffeekanne. ~挽き die Kaffeemühle.
コーラス der Chor -[e]s, ¨e.
コーラン der Koran -s, -e.
こおり 氷 das Eis -es. ~のように冷たい eiskalt. ~の張った eisbedeckt. 湖に~が張ったDer See ist zugefroren. ~が日に当って溶けるDas Eis schmilzt an der Sonne. ~で冷やすmit Eis kühlen. ~砂糖 der Kandis[zucker]. ~滑りをする auf dem Eis laufen*(s); Eis laufen*(s). ~詰めにする auf Eis legen. ~枕 der Eisbeutel.
こおりつく 凍り付く an|frieren*(s)《an 4格》.
こおる 凍(氷)る frieren*(s); gefrieren*(s). 川が凍った Der Fluss ist [zu]gefroren.
ゴール das Ziel -[e]s, -e; 〔サッカーなどの〕das Tor -es, ¨e. ~寸前で kurz vor dem Ziel. 1着で~インする als Erster durchs Ziel gehen* (s). ~キーパー der Torwart (Tormann). ~を決める ein Tor schießen*.
コール・ガール das Callgirl -s, -s.
コール・サイン das Rufzeichen -s, -.
コールタール der [Stein]kohlenteer -s. ~を塗る et. mit Kohlenteer beschmieren; et. teeren.
コールテン → コーデュロイ.
コールド・クリーム die Coldcream -s.
コールド・パーマ die Kaltwelle -n. → パーマネット.
こおろぎ 蟋蟀 die Grille -n.
コーンフレーク Cornflakes pl.
こがい 戸外・で(の) im Freien; draußen. ~へ出る ins Freie gehen*[gen].
こがい 子飼いの von klein (jung) auf aufgezogen.
ごかい 誤解 das Missverständnis -ses, -se. ~する missverstehen*. ~を招く zu einem Missverständnis Anlass geben*. ~を解くein Missverständnis auf|klären (beseitigen).
ごかい 沙蚕 der Köderwurm -s.
こがいしゃ 子会社 die Tochtergesellschaft -en.
コカイン das Kokain -s. ~中毒 der Kokainismus.
こかく 呼格《文法》der Vokativ -s, -e.
こかく 顧客 der Kunde -n, -n;〔集合的に〕die Kundschaft.
ごかく 互角・である jm. ebenbürtig (gleich) sein*; gleich|stehen*《[mit] 3格》. ~の勝負ausgeglichenes Spiel.
ごがく 語学 das Sprachstudium -s, ..dien; 〔言語学〕die Sprachwissenschaft -en; die Linguistik. ~者 der Sprachforscher; der Linguist. ~の教師 der Sprachlehrer. ~の天才 das Sprachgenie. ~の才がある Sprachtalent haben*.
こかげ 木陰で im Schatten eines Baums; unter einem Baum.
こがす 焦がす versengen;〔食物を〕anbrennen lassen*. 思いを~ nach jm. schmachten.
こがた 小型・の klein; von kleinem Format. ~自動車 das Kleinauto.
こがたな 小刀 das [Taschen]messer -s, -. ~細工をやる《比》einen kleinen Kunstgriff an|wenden*.
こかつ 枯渇する versiegen (s).
ごがつ 五月 der Mai -[s].
こがね 小金を溜める ein kleines Vermögen ersparen.
こがねむし 黄金虫 der Goldkäfer -s, -.
ごかねんけいかく 五箇年計画 der Fünfjahresplan -s, ¨e.
こがら 小柄な klein.
こがらし 木枯らし kalter Windstoß -es, ¨e.
こがれる 焦がれる sich sehnen《nach 3格》; schmachten《nach 3格》. 焦がれ死にする sich tot sehnen*.
こがわせ 小為替 die Postanweisung [über einen kleinen Betrag]. → 為替.
ごかん 五感(官) die fünf Sinne pl.
ごかん 語感 das Sprachgefühl -s.
ごかん 語幹 der [Wort]stamm -[e]s, ¨e.
ごがん 護岸工事 der Uferbau -[e]s; die Uferbefestigung -en.
こき 呼気 der Hauch -[e]s.
ごき 語気・荒く in rauem Ton. ~を和らげる seine Sprache herab|stimmen.
ごぎ 語義 die Wortbedeutung -en; der Wortsinn -[e]s, -e.
コキール die Coquille [kɔˈkiːj(ə)] -n.
こきおろす 扱き下ろす durch|hecheln; her|ziehen*《über 4格》; zerfetzen.
ごきげん 御機嫌 → 機嫌. ~よう Leb[e] wohl!
こきざみ 小刻み・に [少しずつ] stückweise. ~に歩く mit kleinen Schritten gehen*(s); trippeln (s). ~に震える zittern.
こきつかう 扱き使う schinden*; strapazieren. 死ぬほど~ jn. zu Tode schinden*.
こぎつける 漕ぎ着ける ¶岸に~ ans Ufer rudern (s). 大臣にまで~ es [bis] zum Minister bringen*. 彼はやっと…するところまでに漕ぎ着けた Er hat es endlich so weit gebracht, dass ...
こぎって 小切手 der Scheck -s, -s. 普通(横線)~ offener (durchkreuzter) Scheck. 1万円の~ ein Scheck auf (über) 10 000 Yen. ~を振り出す einen Scheck aus|stellen ([aus|]schreiben*). ~で支払う mit Scheck bezahlen. ~帳 das Scheckheft.
こぎて 漕ぎ手 der Ruderer -s, -.
ごきぶり die Küchenschabe -n.
こきみ 小気味・のよい nett; [sehr] angenehm; flott. ~よく見える flott aus|sehen*.
こきゃく 顧客 → こかく.

こきゅう 呼吸 die Atmung; der Atem -s; 〔こつ〕der [Kunst]griff -[e]s, -e. ～する atmen. ～器 das Atmungsorgan. ～困難 die Atemnot; die Dyspnoe. ～困難である mühsam atmen. ぴったり～が合う sich mit jm. im schönsten Einklang [be]finden*.

こきゅう 故旧 alter Freund -es, -e.

こきょう 故郷 die Heimat. ～の heimatlich. ～に帰る in die Heimat zurück|kehren (s).

こぎれ 小切れ kleines Stück Stoff.

こぎれい 小奇麗な nett; hübsch; adrett.

こく ～のある 〔酒の〕 vollmundig.

こく 酷な streng; hart; grausam.

こく 扱く〔亜麻など〕 hecheln.

こぐ 漕ぐ rudern. 舟を～ ein Boot rudern; 〔居眠りする〕 ein|nicken (s).

ごく 獄に投ずる ins Gefängnis werfen*.

ごく 極 sehr; äußerst; höchst; ganz.

ごく 語句 das Wort -es, -e; der Ausdruck -s, ⸚e.

ごくあく 極悪[非道]の verrucht; ruchlos; gottlos.

こくい 国威を宣揚する das nationale Prestige erhöhen.

ごくい 極意を授ける jn. in das Geheimnis ein|weihen. ～を極める sich³ das Geheimnis an|eignen. 「nute.

こくいっこく 刻一刻と von Minute zu Mi-

こくいん 刻印する ein|prägen 〈in 4格〉. 一極印.

ごくいん 極印 der Stempel -s, -. 嘘つきの～を押す jn. zum Lügner stempeln. ～付きの悪人 berüchtigter Schurke.

こくう 虚空・に in den Lüften; am Himmel. ～をつかむ in die Luft greifen*.

こくうん 国運 das Schicksal eines Landes. ～が傾く Das Land geht dem Verfall entgegen.

こくえい 国営・の staatlich; Staats-. ～化する verstaatlichen. ～企業 der Staatsbetrieb.

こくえん 黒鉛 der Grafit -s, -e.

こくおう 国王 der König -s, -e.

こくがい 国外・で im Ausland; draußen. ～へ ins Ausland. ～に追放する jn. des Landes (aus dem Land) verweisen*.

こくぎ 国技 der Nationalsport -s.

こくげん 刻限 die Zeit -en; 〔定刻〕 festgesetzte Zeit -en.

こくご 国語 die Landessprache -n; 〔母国語〕 die Muttersprache -n; unsere Sprache; 〔日本語〕 die japanische Sprache. 彼は3箇～を話す Er spricht 3 Sprachen. ～学 die Wissenschaft von der japanischen Sprache. ～学者 der Erforscher der japanischen Sprache.

ごくごく ～とラッパ飲みする gluck, gluck machen.

こくさい 国債 die Staatsanleihe -n. ～を発行する eine Staatsanleihe auf|nehmen*.

こくさい 国際・的 international; zwischenstaatlich; Völker-. ～化する et. internationalisieren. ～管理下に置く internationalisieren; unter internationale Kontrolle stellen. ～語 die Weltsprache. ～都市 die Weltstadt. ～司法裁判所 der Internationale Gerichtshof. ～主義 der Internationalismus. ～場裡(")で auf der internationalen Bühne. ～紛争 zwischenstaatliche Streitigkeiten pl. ～法 das Völkerrecht. ～貿易 internationaler Handel. ～空港 internationaler Flughafen. ～放送 die Auslandssendung. ～電話 das Auslandsgespräch. ～問題 internationale Frage. ～性 die Internationalität; internationaler Charakter. ～人 international Gesinnter*. ～連合 die Vereinten Nationen pl. (略: VN). ～連盟 der Völkerbund (1920–46). ～収支 die Zahlungsbilanz.

ごくさいしき 極彩色の prächtig gefärbt.

こくさく 国策 die nationale Politik; die Staatspolitik.

こくさん 国産・の einheimisch; inländisch; im Inland hergestellt (verfertigt). ～品 inländische Produkte (Erzeugnisse) pl.

こくし 国史 die japanische Geschichte.

こくし 酷使する schinden; strapazieren.

こくじ 告示 die Bekanntmachung -en; die Anzeige -n. ～する bekannt machen; an|zeigen.

こくじ 国字 die japanische Schrift.

こくじ 国事 Staatsangelegenheiten pl. ～犯 das Staatsverbrechen; 〔人〕 der Staatsverbrecher.

こくじ 酷似する sehr (sprechend) ähnlich sein* 〈3格〉.

ごくし 獄死する im Gefängnis sterben*(s).

こくしょ 酷暑 große (starke) Hitze.

こくじょう 国情 Landesverhältnisse pl. わが国はロシアとは～が違う Bei uns liegen die Verhältnisse anders als in Russland.

ごくじょう 極上・の best; prima 〔不変化〕; hochfein. ～品 die beste Qualität.

こくしょく 黒色 schwarze Farbe; das Schwarz -[es]. ～の schwarz. ～人種 die schwarze Rasse.

こくじょく 国辱 nationale Schande -n.

こくじん 黒人 der Schwarze*; der Neger -s, -. ～霊歌 das (der) Spiritual.

こくすい 国粋・主義 der Nationalismus. ～主義者 der Nationalist. ～[主義]的 nationalistisch.

こくぜ 国是 politisches Prinzip -s, -ien.

こくせい 国政 die Staatspolitik.

こくせい 国勢調査を行う eine Volkszählung vor|nehmen*.

こくぜい 国税 die Staatssteuer -n. ～庁 das Nationale Amt für Steuerverwaltung.

こくせき 国籍 die Staatsangehörigkeit -en; die Nationalität -en. ～不明の von unbekannter Nationalität.

こくそ 告訴 der Strafantrag -[e]s, ⸚e. ～する

einen Strafantrag gegen *jn.* stellen《wegen 2 格》. ~状 die Klageschrift.
こくそう 国葬 das Staatsbegräbnis *-ses, -se.*
こくそう 穀倉[地帯] die Kornkammer *-n.*
こくぞうむし 穀象虫 der Kornkäfer *-s, -.*
こくぞく 国賊 der Landesverräter *-s, -.*
こくたい 国体 die Staatsform *-en*;〔国民体育大会〕das Volkssportfest *-[e]s, -e.*
こくたん 黒檀 das Ebenholz *-es, ̈er.*
こくち 告知 die Verkündung *-en.* ~する verkünden. ~板 das Anschlagbrett.
こぐち 小口 der Kleine.
ごくつぶし 穀潰し der Taugenichts *-[es], -e*; der Müßiggänger (Faulenzer) *-s, -.*
こくてい 国定・の staatlich. ~教科書 staatliche Lehrbücher *pl.*
こくてつ 国鉄 die Staatsbahn *-en.*
こくてん 黒点〔太陽の〕der Sonnenfleck *-s, -e.*
こくど 国土 das Land *-es, ̈er.* ~計画 die Landesplanung. ~庁 das Nationale Bodenamt. ~交通省 das Ministerium für Boden, Infrastruktur und Verkehr.
こくどう 国道 die Staatsstraße *-n.*
ごくどう 極道・な verrucht;〔放蕩な〕liederlich. ~者 der Schurke;〔道楽者〕der Wüstling.
こくない 国内 das Inland *-es.* ~の inländisch. 日本~で in Japan; innerhalb Japans. ~市場 der Inlandsmarkt. ~政策 die Innenpolitik. ~取引 der Binnenhandel.
こくないしょう 黒内障 der schwarze Star *-s.*
こくなん 国難 nationale Krise *-n.* ~を救う das Land aus der Not retten. ~に殉ずる sich dem Vaterland opfern.
こくねつ 酷熱 große (starke) Hitze.
こくはく 告白 das Geständnis (Bekenntnis) *-ses, -se.* ~する gestehen*; bekennen*.
こくはく 酷薄な grausam; gefühllos.
こくはつ 告発 die [Straf]anzeige *-n.* ~する gegen *jn.* Anzeige erstatten; *jn.* [bei der Staatsanwaltschaft] an|zeigen. ~者 der Anzeiger.
こくばん 黒板 die Wandtafel *-n.* ~に書く an die Tafel schreiben*. ~拭き der [Tafel-]schwamm; der Tafellappen.
こくひ 国費 Staatsausgaben *pl.* ~で auf Staatskosten.
ごくひ 極秘 strenges Geheimnis *-ses, -se.* ~にする streng geheim halten*. ~の文書 streng geheim gehaltene Urkunden *pl.*
こくびゃく 黒白を明らかにする(争う) fest|stellen (sich streiten*), wer Recht hat.
こくひょう 酷評 scharfe Kritik *-en.* ~する scharf kritisieren.
こくひん 国賓 staatlicher Gast *-es, ̈e*; der Ehrengast eines Staates.

こくふ 国富 der Nationalreichtum *-s, ̈er.*
こくふく 克服 die Überwindung. ~する überwinden*.
こくふん 穀粉 das Mehl *-[e]s.*
こくぶん 国文(法) die japanische Literatur (Grammatik).
こくべつ 告別 der Abschied *-s.* ~する von *jm.* Abschied nehmen*. ~の辞 die Abschiedsrede. ~式 die Trauerfeier.
こくほう 国宝 nationaler Schatz *-es, ̈e.*
こくほう 国法 das Staatsrecht *-[e]s.*
こくぼう 国防 die Landesverteidigung *-en.* ~予算 der Verteidigungshaushalt. ~力 die Wehrmacht.
こくみん 国民 die Nation *-en*; das Volk *-es, ̈er*;〔個人〕der [Staats]bürger *-s, -.* ~の national; Volks-. ~感情 das Nationalgefühl. ~所得 das Volkseinkommen (Nationaleinkommen). ~性 der Nationalcharakter; das Volkstum. ~投票 die Volksabstimmung. ~経済学 die Volkswirtschaftslehre. ~総生産 → ジー・エヌ・ピー.
こくむ 国務 Staatsgeschäfte *pl.* ~大臣 der Staatsminister.
こくめい 克明(に) sorgfältig; genau; treu.
こくもつ 穀物 das Getreide *-s*;〔穀粒〕das Korn *-[e]s, ̈er.* ~畑 das Getreidefeld.
こくゆう 国有・の staatlich; staatseigen; Staats-. ~化する verstaatlichen. ~財産 das Staatsvermögen. ~地 das Staatsgut; die Domäne. ~鉄道 die Staatsbahn.
こくようせき 黒曜石 der Obsidian *-s, -e.*
ごくらく 極楽 das Paradies *-es.* ~往生を遂げる ein seliges Ende haben*. またく~[にいるよう]だ Ich fühle mich wie im Himmel. / Hier ist wirklich ein Paradies.
ごくらくちょう 極楽鳥 der Paradiesvogel *-s, -.*
こくりつ 国立・の staatlich; Staats-; National-. ~大学 staatliche Universität. ~劇場 das Staatstheater. ~公園 der Nationalpark.
こくりょく 国力 nationale Kraft *̈e.*
こくるい 穀類 das Getreide *-s.*
こくれん 国連 die Vereinten Nationen *pl.* (略：VN); die UNO. ~安全保障理事会 der UNO-Sicherheitsrat. ~憲章 die Charta der Vereinten Nationen. ~軍 die UNO-Truppen *pl.*
ごくろう 御苦労さま Vielen Dank für Ihre Bemühungen! → 苦労.
こくろん 国論 öffentliche Meinung *-en.*
こぐん 孤軍奮闘する für sich allein kämpfen.
こけ 苔 das Moos *-es.* ~が生える Moos an|setzen; sich bemoosen. ~むした bemoost; mit Moos bewachsen.
ごけ 後家 die Witwe *-n.*
こけい 固形・の fest. ~アルコール der Hartspiritus. ~食 feste Nahrung. ~燃料 fester Brennstoff.
こけい 互恵・的 reziprok. ~主義 die Rezi-

ごけい 語形 die Wortform -en.
こけおどし 虚仮威し der Bluff -s,-s; der Schreckschuss -es, ¨e.
こげくさい 焦げ臭い brandig (angebrannt) riechen*; 〔形容詞〕brenzlig.
こけこっこう Kikeriki!
こげちゃいろ 焦茶色の dunkelbraun.
こけつ 虎穴に入らずんば虎児を得ず Wer nicht wagt, der nicht gewinnt.
こげつく 焦げ付く an|brennen*(s); 〔貸し金が〕ein|frieren*(s). 焦げ付き貸し金 eingefrorene Kredite pl.
コケット die Kokette -n.
コケットリー die Koketterie.
コケティッシュ kokett.
こげめ 焦げ目 der Brandfleck -s, -e.
こけら 柿〔板〕 die Schindel -n. ～葺(ぶ)きの屋根 das Schindeldach. ～葺きにする schindeln. ～落し die Einweihungsaufführung.
こける 瘠ける ein|fallen*(s). こけた頬 eingefallene (hohle) Wangen pl.
こげる 焦げる versengt werden (受); 〔料〕an|brennen*(s).
こけん 沽券 ¶それは私の～にかかわる Es ist unter meiner Würde. / Es geht mir um das Prestige.
ごげん 語源 die Herkunft eines Wortes; die Etymologie -n. ～学 die Etymologie. ～上の etymologisch.
ここ 此処 dieser Ort -es. ～に(で) hier. ～から von hier [ab]. ～へ hierher. ～まで bis hierher; so weit. ～かしこに hier und dort. ～にいる私の友人 mein Freund hier. しばらく～ seit einiger Zeit; 〔今後〕für einige Zeit; 〔差し当り〕vorläufig. ～だけの話だが unter uns gesagt. 事～に至っては unter diesen Umständen.
ここ 個個の einzeln; jeder einzelne; individuell. ～に einzeln; getrennt. 我我は～別別に行動する Wir handeln jeder für sich.
ここ 古語 veraltetes Wort -es, ¨er.
ごご 午後 der Nachmittag -s, -e. ～に am Nachmittag. 今日(火曜日)の～に heute Nachmittag ([am] Dienstagnachmittag). ～4時に um 4 Uhr nachmittags.
ココア der Kakao -s.
ここいら 此処いら hier herum; hier in der Nähe.
ここう 虎口を脱する einer tödlichen Gefahr (dem Rachen des Todes) entrinnen*(s); mit genauer Not davon|kommen*(s).
ここう 股肱 js. rechte Hand; treuer Anhänger -s, -.
ここう 糊口を凌(しの)ぐ seinen Lebensunterhalt knapp verdienen.
ごごう 古豪 der Veteran -en, -en.
ごこう 後光 der Nimbus -, -se. ～が差す mit einem Heiligenschein umgeben sein*.
こごえ 小声で leise; mit leiser Stimme.
こごえじに 凍え死にする erfrieren*(s).
こごえる 凍える frieren*; vor Kälte erstarren (s).
ここく 故国 das Heimatland -[e]s, ¨er.
ごこく 後刻 später; nachher.
ここち 心地・よい angenehm; behaglich; gemütlich. すがすがしい～がする sich erfrischt fühlen. 天にも昇る～がする den Himmel offen sehen*; sich [wie] im siebenten Himmel fühlen. まるで…のような～がする Es ist mir [zumute], als ob ... 生きた～がしなかった Ich fühlte mich mehr tot als lebendig.
ごごと 小言を言う jn. schelten*《wegen 2格》. ～を食う Schelte bekommen*.
こごと 戸毎に von Haus zu Haus; 〔門毎に〕vor jedem Haus.
ココナツ die Kokosnuss ¨e.
こころ 心 das Herz -ens, -en; die Seele -n; der Geist -es; der Sinn -es. ～から[の] herzlich; innig; von Herzen. ～の底では(から) im (aus dem) Grunde seiner Seele. ～のなかで im Herzen; innerlich. ～のままに nach Belieben; nach seinem Willen. ～の大きい großmütig; großherzig. ～の狭い enghergig. ～のやさしい mildherzig; zärtlich. ～にもなく ohne Absicht. ～ひそかに im Innern. ～をこめた herzlich. ～に浮かぶ jm. ein|fallen*(s). ～に描く sich³ et. vor|stellen. ～に掛ける sich bekümmern《um 4格》. ～に適(かな)う jm. gefallen*. ～に刻む sich³ et. zu Gemüte führen. ～に留めておく im Sinn (Kopf) behalten*. ～を合わせて einmütig. ～を痛める sich³ Sorgen machen《um 4格》. ～を打ち明ける jm. sein Herz erschließen*. ～を奪う jn. hin|reißen*. ～を落ち着ける sich fassen. ～を鬼にする sein Herz bezwingen*. ～を向ける seine Gedanken (Aufmerksamkeit) richten《auf 4格》. ～を用いる sorgen《für 4格》. ～を遣(や)る sich zerstreuen. ～を寄せる sein Herz hängen《an 4格》. ～は君のもとに馳(は)せる Ich bin im Geiste bei dir.
こころあたたまる 心暖まる herzwärmend.
こころあたり 心当りがある eine Ahnung haben*《von 3格》; et. zufällig wissen*.
こころある 心有る 〔分別のある〕vernünftig; verständig; 〔思いやりのある〕mitleidig.
こころえ 心得 die Kenntnis《von 3格》; das Verständnis -ses《für 4格》; 〔規定〕die Vorschrift -en; 〔指示〕die Anweisung -en. 執務～ die Dienstvorschrift. 医学の～がおありですか Verstehen Sie etwas von Medizin? ～顔に mit besserwisserischer Miene.
こころえちがい 心得違い 〔思い違い〕der Irrtum -s, ¨er; 〔不心得〕die Unbesonnenheit -en. ～をする sich irren; irrtümlicherweise glauben; unbesonnen handeln.
こころえる 心得る verstehen*; wissen*《zu+不定詞》. 心得た Einverstanden!
こころおき 心置きなく offen; frei; 〔安心して〕beruhigt.
こころおぼえ 心覚えに書き留める sich³ Noti-

こころがかり 心掛かり → 気掛かり.
こころがけ 心掛け がよい eine ehrliche Gesinnung haben*.
こころがける 心掛ける im Sinn (Auge) haben*.
こころがまえ 心構え die Geisteshaltung -en;〔用意〕die Vorbereitung -en. ～をする sich vor|bereiten (sich ein|stellen)《auf 4 格》. それに対する～が私には出来ていなかった Darauf war ich nicht vorbereitet (gefasst).
こころがら 心柄〔根性〕die Gesinnung -en;〔気立て〕das Gemüt -s.
こころがわり 心変り die Sinnesänderung -en. ～をする seinen Sinn ändern; anderen Sinnes werden*(s).
こころぐるしい 心苦しい Es tut mir Leid.
こころざし 志〔目標〕das Ziel -es, -e;〔意図〕die Absicht -en; der Wille -ns;〔好意〕das Wohlwollen -s;〔贈り物〕[kleines] Geschenk -[e]s, -e. ～を立てる sich entschließen*《zu＋不定詞》; sich³ ein Ziel setzen. ～を遂げる sein [vorgestecktes] Ziel erreichen; seinen Willen durch|setzen. ～を無にする js. Angebot ab|lehnen; js. Wohlwollen verscherzen. 事と違う Die Sache geht schief.
こころざす 志す wollen*; beabsichtigen; trachten《nach 3 格》;〔決心する〕sich entschließen*《zu＋不定詞》.
こころだのみ 心頼みにする rechnen《auf 4 格》.
こころづかい 心遣い die Fürsorge (Sorge)《für 4 格》. ～をする sorgen《für 4 格》.
こころづくし 心尽し die Güte; die Freundlichkeit. ～の liebevoll.
こころづけ 心付け das Trinkgeld -[e]s, -er.
こころづよい 心強い ermunternd;〔心強く思う〕sich sicher fühlen. 君が居てくれるから～ Ihre Gegenwart beruhigt mich.
こころない 心無い gefühllos;〔無思慮な〕unbesonnen.
こころなし 心成しか irgendwie.
こころならずも 心ならずも wider Willen; ungewollt.
こころにくい 心憎い bewundernswert.
こころね 心根 die Gesinnung -en; das Gemüt -s.
こころのこり 心残り das Bedauern -s. ～である et. bedauern; et. vermissen. ～がない nichts zu bedauern (beklagen) haben*. ～な bedauerlich.
こころばかりの 心許りの klein; bescheiden. ～贈り物 ein kleines Geschenk.
こころぼそい 心細い hilflos;〔見込のない〕hoffnungslos. 心細がる sich verlassen fühlen.
こころまかせ 心任せ・に nach Belieben. 来よと来まいと君の～だ Es steht ganz in deinem Belieben, ob du kommst [oder nicht].
こころまち 心待ちに待つ sehnsüchtig (sehnlich) erwarten.
こころみ 試み der Versuch -[e]s, -e; die Probe -n. ～に versuchsweise; auf Probe.
こころみる 試みる versuchen; probieren.
こころもち 心持 der Gemütszustand -s, -̈e; die Stimmung -en; das Gefühl -s, -e;〔少し〕etwas. ～のよい angenehm; gemütlich. いい～である sich angenehm (gemütlich) fühlen. ズボンが～長い Die Hose ist eine Idee zu lang.
こころもとない 心許ない unsicher;〔ぎごちない〕unbeholfen. 心許なく思う sich unsicher fühlen.
こころやすい 心安い vertraut; intim. 心安くなる mit jm. vertraut (intim) werden*(s).
こころやり 心遣り die Zerstreuung -en; der Trost -es;〔思いやり〕das Mitleid -s.
こころゆくまで 心行くまで nach Herzenslust.
こころよい 快い angenehm; wohltuend; behaglich; freundlich.
こころよく 快く〔喜んで〕gern. ～承諾する bereitwillig ein|gehen*(s)《auf 4 格》. ～迎える jn. freundlich auf|nehmen*.
ここん 古今・の alt und neu. ～を通じて zu allen Zeiten. ～未曽有(ぞう)の unerhört; beispiellos.
ごこん 語根 die [Wort]wurzel -n.
こさ 濃さ die Dichte; die Dicke;〔コーヒーなどの〕die Stärke;〔色の〕die Tiefe.
ごさ 誤差 der Fehler -s, -.
ござ 茣蓙 die [Binsen]matte -n.
こさい 小才のきく gescheit; klug.
こさい 後妻 die zweite Frau. ～を貰(ﾓﾗ)う eine zweite Frau nehmen*.
こさいく 小細工をする billige Tricks an|wenden*.
コサイン〔余弦〕der Kosinus -, -(-se)（記号：cos）.
こざかしい 小賢しい naseweis;〔ずるい〕schlau.
こさく 小作 die Pachtung -en. ～をする ein Gut pachten (in Pacht haben*). ～に出す verpachten; in Pacht geben*《4 格》. ～人 der Pächter. ～地 das Pachtgut. ～料 das Pachtgeld.
こさじ 小匙 der Teelöffel -s, -. ～1 杯の砂糖 ein Teelöffel [voll] Zucker.
こざっぱり 小ざっぱりした nett; reinlich.
こさめ 小雨 leichter (leiser; feiner) Regen -s. ～が降る Es regnet leise (fein).
こさん 古参 alt; dienstälter. ～者 der Veteran; der Dienstältere*. 最～の dienstältest.
ごさん 午餐 das Mittagessen -s, -; das Mittagsmahl -s. ～会を開く eine Mittagsgesellschaft geben*.
ごさん 誤算 die Verrechnung -en; der Rechenfehler -s, -. ～をする sich verrechnen; falsch rechnen.
こし 腰 die Hüfte -n;〔腰部〕Lenden pl.;〔ウエスト〕die Taille -n. ～が砕ける entmutigt werden*(s 受). ～の低い bescheiden; demütig.

~が重い schwerfällig; langsam. ~の曲った vom Alter gebeugt. ~の弱い〖比〗nachgiebig. ~を掛ける sich setzen. ~を掛けている sitzen*. 話の~を折る jm. das Wort ab|schneiden*. ~を据(ス)えて fest entschlossen. ~を抜かす vor Schreck wie gelähmt sein*.
こし 輿 die Sänfte -n.
こし 故紙 die Makulatur -en.
こし 枯死する ab|sterben*(s).
こじ 固持する fest|halten* 《an 3格》.
こじ 固辞する ausdrücklich ab|lehnen.
こじ 故事 geschichtliche Tatsache -n; alte Überlieferung -en. ~来歴 die Geschichte.
こじ 孤児 die Waise -n. ~の verwaist; elternlos. ~になる verwaisen(s). ~院 das Waisenhaus.
こじ 誇示する prunken 《mit 3格》; zur Schau tragen* (stellen).
こじあける こじ開ける auf|brechen*.
こしいた 腰板 die Täfelung -en; das Tafelwerk -[e]s, -e.
こしお 小潮 die Nippflut -en.
こしかけ 腰掛け der Stuhl -[e]s, ⸚e, 〔ベンチ〕die Bank ⸚e. ~の〔一時的の〕provisorisch; vorläufig; vorübergehend.
こしかける 腰掛ける sich setzen; 〔腰掛けている〕sitzen*.
こしかた 来し方行く末 die Vergangenheit und Zukunft.
こしき 轂〔車輪の〕die Nabe -n.
こしき 古式に則(ッ)って nach altem Brauch.
こじき 乞食 der Bettler -s, -;〔行為〕die Bettelei -en. ~をする betteln; betteln gehen*(s). ~のような bettelhaft.
ごしき 五色の〔多彩の〕bunt[farbig].
こしぎんちゃく 腰巾着 〔或る人の~である sich bei jm. an|hängen.
こしくだけ 腰砕けになる zusammen|brechen*(s).
こしけ 白帯下 weißer Fluss -es.
ごしごし kräftig. 床を~こする(洗う) den Fußboden schrubben.
こしだめ 腰だめで nach ungefährer Abschätzung.
こしたんたん 虎視眈眈と狙(ネラ)う lauern 《auf 4格》.
こしつ 個室 das Einzelzimmer -s, -.
こしつ 固執する bestehen* 《auf 3格》; beharren 《auf (bei) 3格》; fest|halten* 《an 3格》.
こしつ 痼疾 chronische Krankheit -en.
こじつ 故実 alte Sitten und Bräuche pl.
ごじつ 後日 ein andermal; später; in Zukunft. ~のために zum späteren Gebrauch. ~談 das Nachspiel.
ゴシック ~の gotisch. ~様式 die Gotik; gotischer Stil. ~活字体 gotische Schrift; die Gotisch.
こじつけ die [Wort]verdrehung -en. ~の weit hergeholt.
こじつける verdrehen.
ゴシップ die Klatschgeschichte -n.

ごじっぽひゃっぽ 五十歩百歩だ Zwischen den beiden ist kein großer Unterschied.
こしぬけ 腰抜け der Feigling -s, -e. ~の feig[e].
こしぼね 腰骨 das Hüftbein -[e]s, -e.
こしもと 腰元 die Kammerjungfer -n; die Zofe -n.
こしゃく 小癪な naseweis; vorlaut; frech.
こしゅ 戸主 der Hausherr -n, -en; das Familien[ober]haupt -[e]s, ⸚er.
こしゅ 固守する behaupten; → 固執(に).
こしゆ 腰湯を使う ein Sitzbad nehmen*.
こじゅう 扈従 das Gefolge -s.
ごじゅう 五十 fünfzig. ~代である in den Fünzigern sein*.
ごじゅう 五重・の fünffach. ~の塔 fünfstöckige Pagode. ~奏(唱) das Quintett. ~奏(唱)団 das Quintett.
ごじゅうと 小舅 der Schwager -s, ⸚.
ごじゅうとめ 小姑 die Schwägerin -nen.
ごしゅきょうぎ 五種競技 der Fünfkampf -s, ⸚e.
ごじゅん 語順 die Wortfolge -n; die Wortstellung -en.
こしょ 古書 gebrauchtes (antiquarisches) Buch -es, ⸚er; 〔昔の本〕altes Buch -es, ⸚er.
ごしょ 御所 der Palast -[e]s, ⸚e.
ごじょ 互助 gegenseitige Hilfe -n. ~会 die Kasse der gegenseitigen Hilfe.
こしょう 小姓 der Page (Edelknabe) -n, -n.
こしょう 故障 die Störung -en; das Hindernis -ses, -se; 〔異議〕der Einwand -es, ⸚e. ~を起す Störungen bekommen*; 〔自動車などが〕eine Panne haben*. 導線に~がある Es ist eine Störung in der Leitung. / Die elektrische Leitung ist gestört (schadhaft). それに対して彼は私にいろいろと~を申し立てた Er wandte mir manches dagegen ein.
こしょう 胡椒 der Pfeffer -s. ~入れ die Pfefferbüchse.
ごしょう 後生・を願う um die ewige Seligkeit beten. ~だから um Gottes (Himmels) willen. ~大事に sehr sorgfältig.
ごじょう 互譲の精神で im Geist gegenseitiger Zugeständnisse.
こしょうがく 湖沼学 die Limnologie; die Seenkunde.
ごしょく 誤植 der Druckfehler -s, -.
こしょくそうぜん 古色蒼然たる altersgrau.
こしらえ 拵え 〔つくり〕〔身じたく〕der Aufputz -es. 顔の~ das Schminken. ~物 das Machwerk. ~事 die Erdichtung.
こしらえる 拵える machen; verfertigen; her|stellen. → つくる. 金を~ Geld auf|bringen*.
こじらせる verschlimmern; erschweren. 風邪が彼の病気をこじらせた Eine Erkältung verschlimmerte seine Krankheit.
こじる 〔えぐる〕bohren. → こじ開ける.
こじれる sich verschlimmern (erschweren). 風邪がこじれて肺炎になった Die Erkältung hat

こじわ 小皺 das Fältchen -s, -. 目尻の~ Krähenfüße pl.
こじん 古人 die Alten# pl.
こじん 故人 der Verstorbene#. ~となる gestorben (verschieden) sein*.
こじん 個人 das Individuum -s, ..duen; die Einzelperson -en. ~的 individuell; persönlich; privat. ~の権利 das Individualrecht. ~の資格で [in seiner Eigenschaft] als Privatperson. ~的な意見 persönliche (private) Meinung. 私は~としては ich für meine Person. ~教授 die Privatstunde. ~差 individuelle Differenz. ~主義 der Individualismus. ~主義的 individualistisch. ~企業 das Privatunternehmen.
こしん 誤診する eine Fehldiagnose stellen.
ごしん 誤審 〔スポーツ〕 die Fehlentscheidung -en;《法》das Fehlurteil -s, -e. ~する eine Fehlentscheidung treffen*; ein Fehlurteil fällen.
ごしん 護身・用の(に) zum Selbstschutz. ~術 die Kunst der Selbstverteidigung.
こじんまり ~した klein und gemütlich; bescheiden. ~と in kleinem Maßstab.
こす 越す überschreiten*; übersteigen*. 難関を~ Schwierigkeiten überwinden*. 冬を~ überwintern. 先(%)に~ jm. zuvor|kommen*(s). 田舎に~ aufs Land ziehen*(s). 飛行機が森の上を~ Ein Flugzeug fliegt über den Wald hin. 彼は60を越している Er ist über 60 Jahre alt. あなたが行ってくれるに越した事はない Es ist am besten, wenn Sie gehen.
こす 濾(漉)す [durch]|seihen; filtrieren.
こすい 狡い schlau; listig. → ずるい.
こすい 湖水 der See -s, -n.
こすい 鼓吹する ein|flößen; ein|geben*.
ごすい 午睡をする [seinen] Mittagsschlaf halten*.
こすう 戸数 die Zahl der Häuser. この町は~1万, 人口4万5千である Diese Stadt hat 10 000 Häuser mit 45 000 Einwohnern.
こずえ 梢 der Wipfel -s, -.
コスチューム das Kostüm -s, -e.
コスト Kosten pl.
コスモス 〔植〕 das Schmuckkörbchen -s, -.
コスモポリタン der Kosmopolit -en, -en; der Weltbürger -s, -.
こする 擦る reiben*. 目を~ sich³ die Augen reiben* (wischen). 床を擦って洗う den Fußboden scheuern. 錆(%)を擦り落す Rost ab|reiben*. 傷口に薬を擦り付ける Salbe auf eine Wunde streichen*.
ごする 伍する den gleichen Rang haben*《mit 3 格》. 列強に~ zu den Großmächten zählen. ベテランに伍して unter Veteranen.
こすれる 擦れる sich (aneinander) reiben*; [傷がつく] sich wund reiben*.
こせい 個性 der Charakter -s; die Persönlichkeit; die Individualität. ~的 charakteristisch; individuell. ~の強い人 ein Mensch von (mit) Charakter. ~のない人 charakterloser Mensch.
ごせい 悟性 der Verstand -es.
ごせい 語勢を強めて mit Nachdruck; nachdrücklich; in energischem Ton.
こせいそう 古生層 paläozoische Schicht -en.
こせいだい 古生代 das Paläozoikum -s. ~の paläozoisch.
こせいぶつ 古生物 ausgestorbene Lebewesen pl. ~学 die Paläontologie. ~学者 der Paläontologe.
こせき 戸籍 das Personenstandsregister -s, -. ~簿 das Familienbuch. ~抄(謄)本 der Auszug aus (die Kopie von) dem Familienbuch. ~係 der Standesbeamte#. ~に入れる js. Namen ins Familienbuch ein|tragen*.
こせき 古跡 geschichtliche Sehenswürdigkeit -en; 〔廃墟〕 die Ruine -n.
こせこせ ~した krämerhaft; pedantisch; kleinlich. ~した人 der Pedant; der Kleinigkeitskrämer. ~する pedantisch sein*; sich³ jede Kleinigkeit zu Herzen nehmen*.
こぜに 小銭 das Kleingeld -[e]s; kleines Geld -es; Groschen pl. ~に換える klein machen. ~を御用意下さい Bitte Kleingeld bereithalten!
こぜりあい 小競り合い das Scharmützel -s, -; die Plänkelei -en. ~をする scharmützeln; plänkeln.
こせん 弧線 der Bogen -s, -; die Kurve -n. ~を描く einen Bogen schlagen*. ~を描いて in einem Bogen.
こせん 古銭 alte Münze -n.
ごせん 五線 《音》die Notenlinie -n. ~紙 das Notenpapier -s.
ごせん 互選する jn. unter sich³ wählen《zu 3 格》.
ごぜん 午前 der Vormittag -s, -e; der Morgen -s, -. ~に vormittags; am Vormittag. 昨日(明日)の~ gestern (morgen) Vormittag. ~中ずっと den ganzen Vormittag. ~10時に um 10 Uhr vormittags.
ごぜん 御前 ~陛下の~で in der Gegenwart Seiner Majestät des Kaisers.
こせんきょう 跨線橋 die Überführung -en.
こせんじょう 古戦場 altes Schlachtfeld -[e]s, -er.
こそ ¶それだから~ eben darum. それ~ gerade so.
こぞう 小僧 der Junge -n, -n; der Bursche -n, -n.
ごそう 護送・する geleiten; eskortieren; begleiten. ~船団 der Geleitzug. [囚人]~車 der Gefangenenwagen.
ごぞうろっぷ 五臓六腑に滲(`)み渡る den ganzen Körper laben.
こそく 姑息・な [中途半端な] halb; [一時的な] vorläufig; behelfsmäßig. ~な処置 halbe (vorläufige) Maßnahmen pl.; der Notbehelf.

ごぞく 語族 die Sprachfamilie -n.
ごそくろう 御足労 ¶こちらまで〜願えませんか Darf ich Sie hierher bemühen?
こそげる ab|kratzen; ab|streichen*.
こそこそ heimlich; insgeheim; unmerklich. 〜と逃げ出す sich davon|schleichen*. 〜話をする mit jm. tuscheln.
ごそごそ 〜音を立てる rascheln.
こそっと 一 ごそっり.
こぞって 挙って alle; zusammen; 〔一致して〕einmütig. 国民〜彼に拍手を送った Die ganze Nation spendete ihm Beifall.
こそどろ こそ泥 kleiner Dieb -es, -e. 〜を働く einen kleinen Diebstahl begehen*.
こそばゆい kitzlig. 背中が〜 Es juckt mir (mich) auf dem Rücken. → てれくさい.
ごぞんじ 御存じ・の通り wie Sie wissen. 〜の方 der Mann, den Sie kennen.
こたい 固体 fester Körper -s, -. 〜の fest.
こたい 個体 das Individuum -s, ..duen; das Einzelwesen -s, -.
こだい 古代 das Altertum -s. 〜の altertümlich; in (aus) alter Zeit. 〜史 die Alte Geschichte. 〜人 die Alten pl.
こだい 誇大・な übertrieben; 〔ほらの〕prahlerisch. 〜広告(宣伝) marktschreierische Reklame; die Reklamemacherei. 〜妄(も)想 der Größenwahn, die Megalomanie. 〜妄想狂 der Größenwahnsinnige -n.
ごたい 五体 der Körper -s, -; der Leib -es, -er.
ごたいそう 御大層な übertrieben; überspitzt.
こたえ 答え die Antwort -en; die Erwiderung -en; 〔解答〕die Lösung -en; das Resultat -s, -e.
こたえられぬ 堪えられぬ ¶風呂上りの一杯は〜 Ein Gläschen nach dem Baden ist ein Hochgenuss.
こたえる 応える ¶胸に〜 jm. zu Herzen gehen*(s). 彼の期待に〜 seinen Erwartungen entsprechen*. 寒さが身に〜 Es friert mich bis ins Mark. 彼の死は私にひどく応えた Sein Tod ist mir sehr nahe gegangen.
こたえる 答える ¶質問に〜 auf eine Frage antworten; eine Frage beantworten; 〔…と答える〕auf eine Frage erwidern, dass … 難しくて答えられない schwer zu beantworten sein*.
こだかい 小高い丘 kleiner (niedriger) Hügel -s, -; die Erhöhung -en.
こだから 子宝に恵まれている mit Kindern gesegnet sein*.
ごたく 御託を並べる Sprüche machen (klopfen).
こだくさん 子沢山の kinderreich.
ごたごた 〜した wirr; verwickelt. 〜と wirr durcheinander. 〜する sich verwirren*(verwickeln). 〜を起す Verwirrung an|richten; mit jm. in Zwist (Streit) geraten*(s). 家庭の〜 häusliche Wirren pl. 夫婦間の〜 der Streit zwischen Eheleuten.

こだち 木立ち das Gehölz -es, -e; das Wäldchen -s, -.
こだね 子種〔子供〕das Kind -es, -er; 〔子孫〕der Nachkomme -n, -n; 〔精虫〕der Samenfaden -s, -.
ごたぶん 御多分に洩(も)れず wie die andern; ausnahmslos; wie es die Regel ist.
こだま 木霊 der Widerhall -s; das Echo -s, -s. 〜する wider|hallen; wider|schallen.
こだわり 〜なく ohne Hemmungen; unbefangen; frei. 〜を感ずる Hemmungen haben*; sich gehemmt fühlen (auf (in) 3格).
こだわる 一 拘泥.
こたん 枯淡な schlicht; ungekünstelt; schmucklos.
こち 故知に倣(なら)う sich³ die Alten zum Vorbild (Muster) nehmen*.
こちこち 〜に hart. 彼の頭は〜だ Er ist ein harter Kopf. 彼は〜になっている Er ist verkrampft.
ごちそう 御馳走 〔おいしい食事〕köstliche Speise -n; leckeres Gericht -[e]s, -e; der Schmaus -es, -̈e. 〜する〔食事を出す〕jm. bewirten 《mit 3格》. 君に昼飯を〜しよう Darf ich dich zum Mittagessen einladen? → 馳走.
ゴチック → ゴシック.
こちゃく 固着する sich fest|setzen; fest|sitzen*.
ごちゃごちゃ 〜にする durcheinander bringen*.
こちょう 誇張 die Übertreibung. 〜する übertreiben*. 〜した übertrieben. …と言っても〜ない Man kann ohne Übertreibung sagen, dass …
ごちょう 伍長 der Unteroffizier -s, -e.
ごちょう 語調 der Ton -[e]s, -̈e; die Redeweise -n. 〜を変える einen anderen Ton an|schlagen*.
こちら 此方〔ここ〕hier; 〔こちら側〕diesseits; 〔この方向〕in dieser Richtung. 〜では hier bei uns. 〜の dieser; diesseitig; 〔当地の〕hiesig. 〜へ hierher. 〜としては ich von meiner Seite; wir. どうぞ〜へ Bitte herein (hierher)! お近づきになれてうれしです. —— 〜こそ. Ich freue mich, Sie kennen gelernt zu haben. —— Ganz meinerseits! そんな事は〜の知った事ではない Das ist nicht meine Sache.
こつ 骨 〔呼吸；要領〕der [Kunst]griff -[e]s, -e; 〔遺骨〕Gebeine pl; die Asche -n. 或事の〜を心得ている et. im Griff haben*.
ごつい grob; derb.
こっか 刻下・の augenblicklich; gegenwärtig. 〜の急務 die dringende Not des Augenblicks.
こっか 国花 die Nationalblume -n.
こっか 国家 der Staat -es, -en; die Nation -en; das Land -es, -̈er. 〜の staatlich; national; Staats-; National-. 〜管理 staatliche Kontrolle. 〜機関 das Staatsorgan. 〜権力 die Staatsgewalt. 〜公務員

Staatsbeamte*. ~公安委員会 die Nationale Kommission für öffentliche Sicherheit. ~試験 das Staatsexamen. ~社会主義 der Nationalsozialismus. ~主義 der Nationalismus. ~主義的 nationalistisch. ~主義者 der Nationalist. ~主権 die Staatshoheit. ~保障 staatliche Garantie. ~学 die Staatslehre.
こっか 国歌 die Nationalhymne -n.
こっかい 国会 das Parlament -s, -e. ~を召集(解散)する das Parlament ein|berufen* (auf|lösen). ~議員 der Abgeordnete*; der Parlamentarier. ~議員に選ぶ jn. ins Parlament wählen. ~議員である im Parlament sitzen*; Mitglied des Parlaments sein*. ~議事堂 das Parlamentsgebäude. ~図書館 die Parlamentsbibliothek.
こづかい 小使 der Diener -s, -. 学校の~ der Schuldiener.
こづかい 小遣 das Taschengeld -[e]s, -er.
こっかく 骨格 das Knochengerüst -s, -e; das Skelett -s, -e; [体格] der Körperbau -[e]s. ~の逞しい stämmig; von kräftigem Körperbau.

──── こっかく 骨格 ────

1 頭蓋骨 der Schädelknochen
2 頸椎(ﾂｲ) der Halswirbel
3 鎖骨 das Schlüsselbein
4 肩甲骨 das Schulterblatt
5 肋骨 die Rippe
6 上腕骨 das Oberarmbein
7 橈骨(ﾄｳ) die Speiche
8 尺骨 die Elle
9 骨盤 das Becken
10 尾骨 das Steißbein
11 大腿骨 der [Ober]schenkelknochen
12 膝蓋骨 die Kniescheibe
13 脛骨(ｹｲ) das Schienbein
14 腓骨(ﾋ) das Wadenbein
15 脊柱 die Wirbelsäule
16 胸骨 das Brustbein

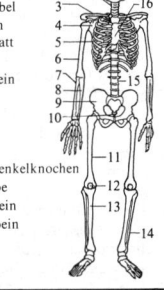

こっかん 酷寒の furchtbar (bitter) kalt.
こっき 国旗 die Nationalflagge (Staatsflagge) -n.
こっきしん 克己心がある sich beherrschen (bezähmen) [können*].
こっきょう 国教 die Staatsreligion -en..
こっきょう 国境 die [Landes]grenze -n. ~を越える die Grenze überschreiten*. ~警備[隊] die Grenzwache. ~線 die Grenzlinie. ~地域 das Grenzgebiet; das Grenzland. ~の町 die Grenzstadt.
こっきん 国禁を犯す gegen das staatliche Verbot verstoßen*.
こっく 刻苦勉励する die größten Anstrengungen machen.
コック der Koch -[e]s, ̈e.
コック [栓] der Hahn -[e]s, ̈e. ~を開ける(閉める) den Hahn öffnen (schließen*).

こづく 小突く an|stoßen*.
コックス der Steuermann -[e]s, ̈er.
こっくり ~する nicken.
こっけい 滑稽・な komisch; drollig; witzig; spaßhaft. ~な事を言う Witze (Spaß) machen.
こっけい 酷刑 grausame (harte) Strafe -n. ~を課する jm. eine grausame Strafe auf|erlegen (zu|erkennen*).
こっけん 国権 die Staatsgewalt.
こっけん 国憲 die Staatsverfassung -en.
こっけん 黒鍵 die Obertaste -n.
こっこ 国庫[・金] die Staatskasse -n. ~補助[金] der Staatszuschuss.
こっこう 国交を断絶(回復)する die diplomatischen Beziehungen ab|brechen* (wieder|her|stellen).
ごつごうしゅぎ 御都合主義 der Opportunismus -. ~者 der Opportunist.
こっこく 刻刻 mit jedem Augenblick; [絶えず] alle Augenblicke.
こつこつ ~働く emsig arbeiten. ~戸(机)をたたく an die Tür (auf den Tisch) klopfen.
ごつごつ ~した手 grobe Hände pl. ~した岩 zackiger Felsen.
こっし 骨子 der Kern -s, -e; der Hauptpunkt -s, -e.
こつずい 骨髄 das Knochenmark -s. ~に徹する jm. durch Mark und Bein dringen* (gehen*)(s). ~炎 die Knochenmarkentzündung.
こっせつ 骨折 der Knochenbruch -s, ̈e; die Fraktur -en. ~する sich³ einen Knochen brechen*. 頭蓋骨~ der Schädelbruch.
こつぜん 忽然と [ur]plötzlich; unerwartet.
こっそう 骨相 die Physiognomie -n. ~学 die Physiognomik.
こっそり heimlich; unbemerkt; im Stillen. 家を~抜け出す sich aus dem Hause heimlich schleichen*. ~ふり向く sich verstohlen um|drehen 《nach 3格》.
ごっそり alles [zusammen]; ganz; restlos.
ごったがえす ごった返す ¶ 駅前広場は大勢の人でごった返していた Es herrschte ein volkreiches Getümmel auf dem Bahnhofsvorplatz.
こっちょう 骨頂 ¶ 愚の~だ Das ist ja Wahnsinn (vollkommener Unsinn)!
こつつぼ 骨壺 die Urne -n; der Aschenkrug -s, ̈e.
こづつみ 小包 das [Post]paket -s, -e; [2 kg 以下の] das Päckchen -s, -. ~を出す ein Paket schicken. ~で送る als Paket auf|geben* (befördern). ~郵便 die Paketpost.
こってり ~した(化粧が) dick; [料理が] schwer; fett; kräftig.
こっとう 骨董 die Antiquität -en. ~蒐集家 der Antiquitätensammler. ~屋[人] der Antiquar; [店] das Antiquariat.
こつにく 骨肉・の争い der Streit zwischen Blutsverwandten. ~相争う Die Blutsver-

こっぱ 木端 der Holzsplitter -s, -.
こっぱみじん 木端微塵・にする in Stücke (kurz und klein) schlagen*; ～になる in tausend Stücke zerspringen* (zerbrechen*) (s).
こつばん 骨盤 das Becken -s, -.
こっぴどく ～叱る [tüchtig] aus|schelten*. ～負ける eine schwere (vernichtende) Niederlage erleiden*.
こつぶ 小粒 das Körnchen -s, -. ～の kleinkörnig; klein.
コップ das Glas -es, ¨er. 水を～一杯下さい Geben Sie mir bitte ein Glas Wasser! ビールの～ das Bierglas.
コッヘル der Kocher -s, -.
こつまく 骨膜 die Knochenhaut ¨e. ～炎 die Knochenhautentzündung.
ごづめ 後詰め die Nachhut -en.
こづらにくい 小面憎い unausstehlich.
こて 鏝 〔左官用〕die Maurerkelle -n; 〔理髪用〕die Brennschere -n; 〔裁縫用〕das Bügeleisen -s, -; 〔園芸用〕die Gartenschaufel -n; 〔はんだ付けの〕der Lötkolben -s, -. ～を当てる〔服に〕et. bügeln. 髪に～を当てる die Haare brennen*.
こて 籠手 der [Panzer]handschuh -s, -e.
ごて 後手 ¶政府のインフレ対策はいつも～になる Die Maßnahmen der Regierung gegen die Inflation sind immer verspätet.
こてい 固定 die Fixierung; die Befestigung. ～する〔他動詞〕fixieren; befestigen;〔自動詞〕fest werden*(s). ～した fix; fest. ～観念 fixe Idee. ～給 fixes (festes) Gehalt; das Fixum. ～資本 fixes Kapital. ～資産 das Anlagevermögen.
こてきたい 鼓笛隊 die Trommel- und Blaskapelle -n.
こてこて ～と dick; reichlich. ～飾り立てた schwülstig.
こてさき 小手先の器用な fingerfertig.
こてしらべ 小手調べに auf Probe; versuchsweise.
ごてる nörgeln; knurren.
こてん 古典・期 die Klassik. ～的 klassisch. ～主義 die Klassik; der Klassizismus. ～語 klassische Sprachen pl. ～古代 das klassische Altertum; die Antike. 古事記は日本の～である „Kojiki" ist ein klassisches Werk Japans.
こてん 個展 ¶彼は～を開いた Er hat eine Ausstellung seiner Werke veranstaltet.
ごてん 御殿 der Palast -[e]s, ¨e; das Schloss -es, ¨er.
こてんこてん ～にやっつける es jm. gründlich geben*.
こと 事 das Ding -es, -e; die Sache -n; 〔別名〕alias. ハインツ～ハインリヒ Heinz alias Heinrich. そういう～なら Wenn es sich so verhält, ～によると möglicherweise; etwa; vielleicht;〔事情によっては〕unter Umständen. ～なく ohne Zwischenfall. ～もな

げに〔簡単に〕ohne weiteres;〔無頓着に〕unbekümmert. ～あるごとに bei jeder Gelegenheit. ～に触れて gelegentlich. ～ある時には im Notfall. ～もあろうに ausgerechnet. ～の起り die Ursache. ～あれかしと願う etwas Sensationelles wünschen. ～を起す den Frieden stören. ～志と違う sich in seinen Erwartungen getäuscht sehen*. ～とする〔専念する〕sich beschäftigen《mit 3格》; sich widmen《3格》. ～を好む streitlustig (zänkisch) sein*. 僕の言う～を聞け Hör zu, was ich sage! それは彼のする～だ Das ist seine Sache. さあ～だ Da ist es schon passiert! 今晩手紙を書く～もないさ Heute Abend brauchst du keinen Brief zu schreiben. 彼女は盲目だという～だ Man sagt, sie sei blind. それはどういう～だ Was soll das heißen (bedeuten)? ここには立ち入らぬ～ Betreten verboten! それはあなたの～を言ったのです Damit sind Sie gemeint. 私は一度そこへ行った～がある Ich bin einmal da gewesen. 彼は昼食後1時間昼寝する～にしている Er pflegt nach dem Mittagessen eine Stunde zu schlafen.
こと 琴 das Koto -s, -s.
こと 糊塗・する beschönigen; bemänteln. 一時を～する halbe Maßnahmen treffen*.
ごと mit《3格》[zusammen]; [mit] samt《3格》; einschließlich《2格》. りんごを皮～食べる einen Apfel mit der Schale essen*. 金を札入れ～なくす Geld samt [der] Brieftasche verlieren*. 家を地所～買う ein Haus einschließlich des Grundstücks kaufen.
ごと 毎 ¶日曜日～に jeden Sonntag. 3年～に alle 3 Jahre. 10分～に jede 10 Minuten. 5字～に für je 5 Buchstaben.
ことあたらしい 事新しい neu. 事新しく von neuem;〔ことさらに〕besonders;〔重ねて〕wiederum.
ことう 孤島 einsame Insel -n.
こどう 鼓動 der Herzschlag -[e]s, ¨e; das Herzklopfen -s; die Pulsation -en. 心臓が～する Das Herz schlägt (klopft; pocht).
ごとうおん 語頭音 der Anlaut -[e]s, -e.
こどうぐ 小道具 Requisiten pl. ～方 der Requisiteur.
ことかく 事欠く entbehren《2格》; Mangel haben*《an 3格》. 彼は食物にも～ Es mangelt (fehlt) ihm auch [noch] an Nahrungsmitteln.
ことがら 事柄 die Sache -n; das Ding -es, -e;〔用件〕die Angelegenheit -en;〔事実〕die Tatsache -n.
こときれる 事切れる den letzten Atem aus|hauchen.
こどく 孤独 die Einsamkeit; das Alleinsein -s. ～な einsam; abgeschieden. ～な生活を送る ein einsames Leben führen.
ごとく 如く wie; gleich《3格》; so ... wie ... あたかも…の～ als ob ...; als wenn ... 上述の～ wie [oben] gesagt.
ことこと ～と音がする Es pocht (klopft).

ことごと 事毎に in allem; jedesmal.
ごとごと ～音がする Es rattert.
ことごとく 悉く alles (alle); völlig; restlos.
ことごとしい 事事しい übertrieben; umständlich. 事事しく騒ぎ立てる viel Aufheben[s] machen 《von 3 格》.
ことこまか 事細かに ganz genau; ausführlich; mit allen Einzelheiten.
ことさら 殊更〔故意に〕absichtlich; wissentlich;〔特に〕insbesondere.
ことし 今年 dieses Jahr -es;〔副詞〕in diesem Jahr; ～中に innerhalb (im Lauf) dieses Jahres. ～の秋に in diesem Herbst.
ことたりる 事足りる genügen 《für 4 格》.
ことづかる 言付かる ¶私は彼から君によろしく言付かった Er trug mir Grüße an dich auf.
ことづけ 言付け ¶或る人の～を伝える eine Bestellung von jm. ausrichten. 彼に何か～がありますか Soll ich ihm etwas bestellen (ausrichten)?
ことづける 言付ける ¶私はN氏への手紙を彼に言付けた Ich ließ von ihm einen Brief an Herrn N überbringen.
ことづて 言伝 →ことづけ. ～に聞いている vom Hören kennen;.
ことなかれしゅぎ 事勿れ主義 der Passivismus [pasiˈvɪsmʊs] -; die Passivität.
ことなる 異なる sich unterscheiden* 《von 3 格》; verschieden sein* 《von 3 格》; anders als ... sein*;〔形容詞〕verschieden; ander; unterschiedlich; nicht gleich. 大きさが～ in (nach) Größe verschieden sein*.
ことに 殊に besonders; insbesondere; vornehmlich. ～…だから zumal [da] ...
ことのほか 殊の外 außergewöhnlich;〔意外に〕unerwartet.
ことば 言葉 die Sprache -n; das Wort -es, -e;〔言〕die Rede -n;〔表現〕der Ausdruck -s, ⁻e;〔方言〕die Mundart -en. ～を換えれば mit anderen Worten (略：m.a.W.); oder. ～数の多い schwatzhaft; wortreich. ～数の少ない wortkarg; schweigsam. ～巧みに mit gewandten Worten. ～通りに wörtlich; wortgetreu. ～に尽せぬ unaussprechlich; unsagbar. 彼の～に従って auf seine Worte hin. 驚きのあまり～も出ない vor Entsetzen sprachlos sein*. ～を掛ける jn. an|reden;〔挨拶する〕jn. grüßen. ～の綾(㌁) die [Rede-]figur; die Floskel.
ことばじり 言葉尻を捕える jn. bei einem Fehler ertappen.
ことばづかい 言葉遣い die Sprechweise (Ausdrucksweise) -n.
こども 子供 das Kind -es, -er;〔乳児〕der Säugling -s, -e;〔男の子〕der Junge -n, -n (-ns);〔女の子〕das Mädchen -s, -;〔息子〕der Sohn -s, ⁻e;〔娘〕die Tochter ⁻. ～扱いにする j. wie ein Kind behandeln. ～が出来る ein Kind bekommen*. ～らしい kindlich. ～じみた kindisch. ～好き(嫌い)の kinderlieb (kinderfeindlich). ～向きの kindertümlich. ～の時から von Kindheit an (auf). ～の時に in kindlicher Kindheit; in kindlichem Alter; als Kind. ～心 das Kinderherz. ～騙(㌻)し die Kinderei; der Unsinn. ～服 die Kinderkleidung. ～部屋 das Kinderzimmer. ～向けの放送(番組) der Kinderfunk; die Kindersendung.
ことよせて 事寄せて ¶人助けに～ unter dem Deckmantel (Vorwand) der Hilfsbereitschaft.
ことり 小鳥 kleiner Vogel -s, ⁻; das Vögelchen (Vöglein) -s, -.
ことわざ 諺 das Sprichwort -[e]s, ⁻er. ～に言うように wie es im Sprichwort heißt.
ことわり 断り〔拒絶〕die Ablehnung -en;〔詫び〕die Entschuldigung -en;〔予告〕die Ankündigung -en. ～の返事 absagende Antwort. ～もなく〔許可なしに〕ohne Erlaubnis;〔予告なしに〕ohne Ankündigung. 立ち入りお～ Eintritt verboten!
ことわる 断る〔拒絶する〕ab|lehnen; ab|schlagen*; zurück|weisen*; ab|sagen 《auf 4 格》;〔禁止する〕verbieten*;〔許可を得る〕jn. um Erlaubnis bitten*;〔詫びる〕jn. um Entschuldigung bitten* 《wegen 2 格》. 来られない時はあらかじめ断って下さい Sagen Sie es mir im Voraus, wenn Sie nicht kommen können!
こな 粉 das Pulver -s, -;〔穀物の〕das Mehl -[e]s. ～にする pulverisieren;〔穀物を〕mahlen.
こなおしろい 粉白粉 der Puder -s, -. ～をつける sich pudern.
こなぐすり 粉薬 das Pulver -s, -.
こなごな 粉粉にする in Stücke (kurz und klein) schlagen*. ～になる in tausend Stücke zerspringen* (zerbrechen*) (s).
こなし 彼女の身のこ～は優雅だ Ihre Bewegungen sind elegant.
こなす〔消化する〕verdauen;〔自在に扱う〕beherrschen;〔片付ける〕fertig werden*(s) 《mit 3 格》; erledigen.
こなせっけん 粉石鹸 das Seifenpulver (Waschpulver) -s, -.
こなみじん 粉微塵 →こなごな.
こなミルク 粉ミルク die Trockenmilch.
こなゆき 粉雪 der Pulverschnee -s.
こなれ ～の良い leicht verdaulich. ～の悪い schwer verdaulich.
こなれる〔消化される〕verdaut werden*(s 受). こなれた〔世慣れた〕welterfahren. こなれた文体 gewandter Stil.
ごなん 御難 das Unglück -s, -e; das Pech -s. ～続きである Unglück über (und) Unglück haben*.
こにもつ 小荷物 das Gepäck -s. 急行便～ das Expressgut. ～取扱所 die Gepäckaufgabe. ～引渡所 die Gepäckausgabe.
コニャック der Kognak -s, -s.
ごにん 誤認する verkennen*;〔取り違える〕et. verwechseln 《mit 3 格》.

こにんずう 小人数の家庭(集まり) eine kleine Familie (Versammlung).
こぬか 小糠 die Reiskleie. ～雨 der Sprühregen.
コネ ～をつける mit *jm.* die Verbindung her|stellen. いい～を持っている gute Beziehungen (Verbindungen) haben*. ～にものを言わせる seine Verbindungen spielen lassen*.
こねかえす 捏ね返す durch|kneten.
こねる 捏ねる kneten. 理屈を～ vernünfteln.
ごねる nörgeln 《an 3格》; murren 《über 4 格》.
この 此の dieser; der.
このあいだ 此の間 vor kurzem; vor wenigen Tagen; neulich; letztlich. つい～から erst seit kurzem. ～の letzt.
このうえ 此の上 außerdem; überdies; [auch] noch. ～とも auch ferner [hin]. ～もなく höchst; äußerst. ～は nun; da es einmal so ist. ～なしの天気 das schönste Wetter.
このえ 近衛・兵 der Gardist -en, -en. ～師団 das Gardekorps.
このかた 此の方 ¶10年～ seit 10 Jahren.
このかん 此の間 indessen; inzwischen; unterdessen.
このくらい 此の位 so viel; ungefähr. ～の高さ etwa so hoch. 今日は～にしておく So weit (viel) für heute.
このごろ 此の頃 jetzt; in dieser Zeit; 〔最近〕in der letzten Zeit; letztens; neulich. ～の heutig; jetzig. ～の若い者 die Jugend von heute. 短いスカートが～の流行だ Der kurze Rock ist jetzt [in] Mode. 今日は～ heutzutage.
このさい 此の際〔今〕jetzt; 〔こういう場合〕in solchem Fall; unter diesen Umständen.
このさき 此の先〔今後〕von nun (jetzt) an; in Zukunft; künftig[hin]; 〔この前方〕weiter; von hier an. ～約100メートルのところに ungefähr 100 Meter weiter.
このたび 此の度 diesmal; dieses Mal; 〔最近〕neulich; jüngst. ～の diesmalig; 〔最近の〕letzt; jüngst.
このとおり 此の通り so; auf diese Weise.
このは 木の葉 das Blatt -es, ̈er; das Laub -[e]s.
このぶん 此の分では dem Anscheine nach; wie anzunehmen ist; soviel ich sehe.
このましい 好ましい gefällig; angenehm; 〔望ましい〕wünschenswert; erwünscht.
このまま 此の儘にしておく *et.* sein lassen*, wie es ist.
このみ 好み der Geschmack -s; die Neigung -en. それは彼の～に合う Das ist sein (nach seinem) Geschmack.
このみ 木の実 Früchte *pl.*; 〔堅果〕Nüsse *pl.*; 〔漿果〕Beeren *pl.*
このむ 好む lieben; gern haben*. 好んで gern. 旅を～ gern reisen (*s*). 彼女はこの着物を～ Dieses Kleid gefällt ihr. 私はぶどう酒よりもビールを～ Ich ziehe Bier dem Wein vor.

このめ 木の芽 der Keim -[e]s, -e; der Spross -es, -e.
このよ 此の世 die [irdische] Welt; die Erde; das Diesseits -; das irdische Leben -s. ～の weltlich; irdisch. ～で in der irdischen Welt; auf Erden.
このよう 此の様・な ein solcher; solch ein; solch; so ein; derartig. ～に so; auf diese Weise; in dieser Weise. ～な事 so etwas; solches. →こんな.
ごはい 故買 die Hehlerei -en.
こばか 小馬鹿にする auf *jn.* herab|sehen*.
こはく 琥珀 der Bernstein -s. ～色の bernsteinfarben.
ごはさん 御破算・にする ungeschehen machen. 計画が～になった Der Plan wurde vereitelt.
こばしり 小走りに行く trippeln (*s*); mit kleinen Schritten laufen* (*s*).
ごはっと 御法度 ¶喫煙は～になっている Das Rauchen ist verboten.
こばな 小鼻 der Nasenflügel -s, -.
こばなし 小話(咄) [witziges] Geschichtchen -s, -.
こはば 小幅・の反物 schmaler Stoff. ～の値上り die Preiserhöhung um ein Geringes.
こばむ 拒む ab|lehnen; versagen; verweigern; 《逆らう》sich widersetzen 《3格》.
コバルト das Kobalt -s (記号: Co). ～ブルーの kobaltblau. ～照射 die Kobaltbestrahlung.
こはるびより 小春日和 der Altweibersommer (Nachsommer) -s, -.
こはん 湖畔の(で) am See.
こばん 小判 alte [japanische] Goldmünze -n. それは猫に～だ Das heißt Perlen vor die Säue werfen.
ごはん 御飯・を炊く(ﾄﾞ) Reis kochen. ～を食る eine Mahlzeit halten* (ein|nehmen*). ～ですよ Das Essen ist fertig!
ごばん 碁盤 das Go-Brett -es, -er. ～縞(ﾀﾞ)の kariert; gewürfelt.
こはんとき 小半時 beinahe eine halbe Stunde; eine kleine halbe Stunde.
こび 媚び die Schmeichelei -en; die Koketterie.
ごび 語尾 die Endung -en. ～変化 die Flexion; die Beugung; 〔動詞の〕die Konjugation; 〔名詞的品詞の〕die Deklination.
コピー die Kopie -n; 〔タイプ複写による〕der Durchschlag -[e]s, ̈e. ～する kopieren. ～ライト das Copyright.
こびき 木挽き der Säger -s, -.
こひつじ 小羊 das Lamm -es, ̈er; das Lämmchen -s, -.
こびと 小人 der Zwerg -es, -e.
こびへつらう 媚び諂う *jm.* schmeicheln.
こびゃくしょう 小百姓 der Kleinbauer -n, -n.
ごびゅう 誤謬 der Irrtum -s, ̈er; der Fehler -s, -.

こびりつく an|kleben 《an 3 格》; an|haften 《an 3 格》. この考えが彼の頭にこびりついている Dieser Gedanke sitzt bei ihm fest.
こびる 媚びる mit jm. kokettieren; jm. schmeicheln.
こびん 小瓶 das Fläschchen -s,-.
こびん 小鬢のあたりが白くなっている graue Schläfen haben.
こぶ 瘤 〔打撲による〕die Beule -n;〔腫瘍〕die Geschwulst ≃e;〔木の〕der Knorren -s,-;〔背中の〕der Buckel -s,-. ～をつくる eine Beule bekommen*. 目の上の～である jm. ein Dorn im Auge sein*.
こぶ 昆布 der Riementang -s.
こぶ 鼓舞 die Ermunterung -en. ～する ermuntern; an|spornen. 士気を～する js. Mut an|feuern.
ごふ 護符 der Talisman -s,-e; das Amulett -s,-e.
ごぶ 五分〔半分〕die Hälfte -n;〔100 の 5〕5 Prozent. 彼のチャンスは～五分だ Seine Chancen stehen fifty-fifty.
こふう 古風な altmodisch; altertümlich; veraltet.
ごふく 呉服〔・物〕der Kleiderstoff -s,-e. ～屋〔人〕der Kleiderstoffhändler; der Tuchhändler;〔店〕die Kleiderstoffhandlung.
こぶくしゃ 子福者 ¶彼は～だ Er ist mit viel Kindern gesegnet.
ごぶさた 御無沙汰 ¶長らく～しております〔手紙で〕Ich habe so lange nichts von mir hören lassen.
こぶし〔植〕die Kobusmagnolie -n.
こぶし 拳 die Faust ≃e. ～を固めて mit geballten Fäusten.
こぶた 子豚 das Ferkel -s,-.
こぶつ 古物 der Trödel -s; Altwaren pl.;〔骨董〕die Antiquität -en. ～商〔人〕der Trödler; der Altwarenhändler;〔店〕der Trödelladen.
こぶとり 小太りの etwas dick; rundlich.
こぶね 小舟 der Kahn -[e]s,≃e; das Boot -es,-e.
コブラ〔動〕die Brillenschlange -n.
ゴブラン〔織物〕der Gobelin -s,-s.
こぶり 小振りの in kleiner Form; von kleinem Format; klein.
こふん 古墳 alter Grabhügel -s,-; der Dolmenhügel -s,-.
こぶん 子分 der Anhänger -s,-; der Handlanger -s,-; die Seinigen^# pl.
こぶん 古文 alte Schrift -en.
ごぶん 誤聞 falscher Bericht -[e]s,-e.
ごへい 御幣をかつぐ aberglaubisch sein*.
ごへい 語弊がある irreführend sein*.
こべつ 戸別に von Haus zu Haus. ～訪問をする von Haus zu Haus Besuch machen.
こべつてき 個別的に einzeln; getrennt.
コペルニクス ～的転回 kopernikanische Wende.
ごほう 語法 die Ausdrucksweise -n; die Redewendung -en;〔文法〕die Grammatik.

ごほう 誤報 die Falschmeldung -en.
ごぼう 牛蒡 die Schwarzwurzel -n; die Klette -n.
こぼす 零す verschütten; vergießen*;〔不平を言う〕klagen 《über 4 格》.
こぼね 小骨〔魚の〕die Gräte -n.
こぼれる 零れる〔液体などが〕verschüttet werden*(s受);〔あふれる〕über|fließen*(s); über|laufen*(s). 彼女の目から涙が～ Ihr gehen die Augen über.
こぼんのう 子煩悩 ¶彼は～だ Er liebt seine Kinder abgöttisch.
こま 駒 das Pferd -es,-e;〔将棋の〕die Schachfigur -en;〔弦楽器の〕der Steg -es,-e.
こま 齣〔映画の〕das Einzelbild -[e]s,-er. 歴史(人生)の一～ ein Ausschnitt der Geschichte (des Lebens).
こま 独楽 der Kreisel -s,-. ～遊びをする [mit einem] Kreisel spielen. ～を回す einen Kreisel treiben*.
ごま 胡麻 der Sesam -s,-s. ～油 das Sesamöl. ～をする〔へつらう〕jm. schmeicheln.
コマーシャル der Werbespot -s,-s. ～放送〔テレビの〕das Werbefernsehen;〔ラジオの〕der Werbefunk.
こまかい 細かい winzig;〔詳しい〕ausführlich; genau. ～雨 feiner Regen. ～金 das Kleingeld. 金に～ in Geldsachen kleinlich sein*. ～事に係わり合う sich mit Kleinigkeiten befassen.
ごまかし der Betrug -[e]s; die Mogelei -en. ～の betrügerisch; falsch.
ごまかす ¶釣銭を～ zu wenig [Wechselgeld] heraus|geben*. 帳簿を～ die Buchhaltung frisieren. 人の目を～ jm. Sand in die Augen streuen. 目方を～ et. falsch ab|wiegen*. 年を～ sein Alter falsch an|geben*.
こまぎれ 細切れ〔肉〕Fleisch in kleinen Stücken.
こまく 鼓膜 das Trommelfell -[e]s,-e.
こまごま 細細と genau; umständlich; ausführlich; in allen Details.
ごましおあたま 胡麻塩頭 ergrauter Kopf -es,≃er.
こましゃくれた vorwitzig; naseweis.
こまた 小股に歩く kleine Schritte machen.
こまづかい 小間使 das Hausmädchen -s,-; das Stubenmädchen -s,-.
こまどり 駒鳥 das Rotkehlchen -s,-.
こまぬく 拱く ¶腕を～ mit verschränkten Armen da|stehen*.
こまねずみ こま鼠 die Tanzmaus ≃e.
こまめ 小まめに働く emsig arbeiten. ～にお年寄の面倒を見る sich um eine alte Menschen bemühen.
こまもの 小間物 Kurzwaren pl.;〔化粧品〕Kosmetika pl.;〔装身具〕Putzwaren pl. ～屋 die Parfümerie -n.
こまやか 濃やかな〔情の厚い〕warmherzig; zärtlich;〔親密な〕innig; vertraut.
こまりきる 困り切る sehr verlegen sein*; rat-

los sein*; [困窮する] in großer Not sein*.
こまりもの 困り者 der Quälgeist -es, -er; [ろくでなし] der Taugenichts -[es], -e. お前は本当に~だ Man hat so seine Plage mit dir!
こまる 困る leiden* (unter 3 格); in Verlegenheit sein*; [貧窮する] in Not sein*; in Not geraten*(s); [不便である] jm. unbequem sein*. 金に~ in Geldnot sein*. 返答に~ keine Antwort finden können*.
こみ 込み ¶郵送料~て inklusive (略: inkl.) Porto. 税~て einschließlich der Steuer.
ごみ 芥 der (das) Kehricht -s; der Müll -s; der Abfall -s, ⸚e. ~箱 der Müllkasten; [電算] der Papierkorb. ~捨て場 der Schuttabladeplatz; die Mülldeponie. ~取り /大きな Kehrichtschaufel. ~バケツ der Mülleimer. ~袋 der Müllbeutel.
こみあう 込み合う [人が] sich drängen; [場所が] überfüllt sein*. 車の~時間 die Hauptverkehrszeit.
こみあげる 込み上げる [吐き気がする] sich erbrechen wollen*. 怒り(涙)が~ Zorn steigt (Tränen steigen) in mir auf.
こみいる 込み入る verwickelt (kompliziert) sein*. 込み入った verwickelt; kompliziert; [精巧な] künstlich; kunstreich.
コミカル ~な ulkig; komisch.
ごみごみ ~した schmutzig. ~した町 hässliche Stadt.
こみだし 小見出し der Untertitel -s, -.
こみち 小道 der Pfad -es, -e; [町の] die Gasse -n; [山の] der Steig -[e]s, -e.
コミックス Comics (Comicstrips) pl.
コミッション [手数料] die Provision -en; [わいろ] das Bestechungsgeld -[e]s, -er.
こみみ 小耳に挟(ᵃ)む zufällig vernehmen*. 私はそれを~に挟んだ Das ist mir zu Ohren gekommen.
コミュニケ das Kommunikee -s, -s.「-en.
コミュニケーション die Kommunikation
コミンテルン die Komintern.
コミンフォルム das Kominform -s.
こむ 込む ¶夏になると大勢の休暇客で海岸はひどく~ Im Sommer bevölkern viele Urlauber den Strand. → 込み合う.
ゴム der (das) Gummi -s, -[s]. ~靴 Gummischuhe pl. ~消し der [Radier]gummi. ~底の mit Gummisohlen. ~糊(ᵍ) Gummiarabikum. ~引きの gummiert; Gummi-. ~紐 das Gummiband. ~ボート das Schlauchboot. ~まり der Gummiball.
こむぎ 小麦 der Weizen -s. ~粉 das Weizenmehl.
こむすめ 小娘 junges Mädchen -s, -; der Backfisch -[e]s, -e.
こむら 腓 die Wade -n. ~返りを起す einen Krampf in der Wade haben*.
こめ 米 der Reis -es.
こめかみ 顳顬 die Schläfe -n.
こめだわら 米俵 der Reissack -[e]s, ⸚e.
こめつぶ 米粒 das Reiskorn -s, ⸚er.

コメディアン der Komiker -s, -.「-s, -e.
コメディー die Komödie -n; das Lustspiel
こめびつ 米櫃 der Reisbehälter -s, -.
こめる 込める ¶銃に弾丸を~ das Gewehr laden*. サービス料を込めて Bedienung eingeschlossen. 心からの感謝を込めて in (mit) aufrichtiger Dankbarkeit.
ごめん 御免・を蒙(ᶜ)って mit Ihrer Verlaubnis. ~下さい Verzeihung! / Verzeihen (Entschuldigen) Sie! お役~になる des Amtes enthoben werden*(s 受). そういうことは~だ Das verbitte ich mir.
コメント der Kommentar -s, -e. ノー~ Kein Kommentar!
こも 薦 die Strohmatte -n.
こもごも 交交 [相次いで] einer nach dem andern; hintereinander. 悲喜~の感情で mit gemischten Gefühlen von Freud und Leid; mit sehr geteilten Gefühlen.
こもじ 小文字 der Kleinbuchstabe -n, -n; die Minuskel -n. 語頭を~で書く ein Wort klein|schreiben*.
こもち 子持ち ¶彼女は7人の~だ Sie ist die Mutter von 7 Kindern. / Sie ist mit 7 Kindern gesegnet.
こもの 小者 [下男] der Diener -s, -; [若者] der Junge -n, -n.
こもの 小物 Sächelchen pl.; [人] der Dingerich -s, -e.
こもり 子守[人] das Kindermädchen -s, -; die Kinderwärterin -nen. ~をする Kinder hüten (warten). ~歌 das Wiegenlied.
こもる 篭る [閉じこもる] sich ein|schließen*《in 4 格 (3 格)》; [充満している] voll sein* 《von 3 格》. 家に~ das Haus hüten.
こもん 顧問 der Berater -s, -. ~弁護士 der Rechtsberater.
こもんじょ 古文書 alte Handschriften pl. ~学 die Handschriftenkunde; die Diplomatik.
こや 小屋 die Hütte -n; die Baracke -n; [家畜の] der Stall -[e]s, ⸚e; [物置の] der Schuppen -s, -.
こやかましい 小喧しい tadelsüchtig; nörgelig; [食物などに] wählerisch.
こやく 子役 die Kinderrolle -n.
ごやく 誤訳 falsche Übersetzung -en; der Übersetzungsfehler -s, -. ~をする falsch übersetzen.
こやくにん 小役人 der Unterbeamte#.
こやし 肥やし der Dünger -s, -. 畑に~をやる einen Acker düngen.
こやす 肥やす [土地を] düngen; [牛馬を] mästen. 私腹を~ sich[1] die Taschen füllen.
こやま 小山 der Hügel -s, -; die Höhe -n. ~のように積む auf einen Haufen schichten (legen).
こやみ 小止み・なく ohne Unterbrechung; [雨や嵐が] ~になる nach|lassen*.
こゆう 固有・の eigentümlich; eigen; [特性的な] charakteristisch; [本来の] eigentlich; [生

まれながらの〕angeboren.　～名詞 der Eigenname.
こゆき 小雪 leichter Schneefall -[e]s, ¨e.
こゆび 小指 kleiner Finger -s, -; 〔足の〕 kleine Zehe -n.
こよい 今宵 dieser Abend -s; 〔副詞〕diesen Abend; heute Abend; heute Nacht.
こよう 雇用 die Anstellung -en; die Beschäftigung; 〔芸能人などの〕das Engagement -s, -s. ～する an|stellen; beschäftigen; engagieren. ～期間 die Dienstzeit. ～契約 der Dienstvertrag. ～主 der Arbeitgeber. 完全～ die Vollbeschäftigung.
ごよう 御用 → 用事. ～がありましたら Wenn Sie etwas wünschen, ... 何か～でございますか Was steht Ihnen zu Diensten? / Was darf es sein?　それはお易い～です Das ist eine Kleinigkeit. いつでも～を勤めます Ich stehe Ihnen jederzeit zur Verfügung. ～始め Geschäftsbeginn des Neujahrs. ～聞き der Laufbursche. ～商人 der Hoflieferant. ～邸 Kaiserliche Villa.
ごよう 誤用 falscher Gebrauch -s, ¨e; 〔濫用〕 der Missbrauch -s, ¨e. ～する falsch gebrauchen; falsch an|wenden[*].
ようじ 小楊枝 der Zahnstocher -s, -.
こよみ 暦 der Kalender -s, -. ～の上では nach dem Kalender.
こら Heda! / Sieh! / Pass auf! ～待て Heda, warte [ein]mal!
こらい 古来 von alters her; seit alters. ～の alt; althergebracht; altüberliefert.
こらえる 伈える ertragen*; erdulden; 〔抑制する〕 unterdrücken. 笑い(涙)を～ ein Lachen unterdrücken (die Tränen zurück|halten*). こらえ性のない ungeduldig.
ごらく 娯楽 die Vergnügung -en; das Vergnügen -s; die Unterhaltung -en; die Belustigung -en. ～番組 das Unterhaltungsprogramm.
こらしめる 懲らしめる züchtigen; 〔罰する〕bestrafen.
こらす 凝らす ¶思いを～ sich konzentrieren ((auf 4 格)). 瞳(ひとみ)を～ starr an|gucken; die Augen (den Blick) heften ((auf 4 格)). 装いを～ sich prächtig an|kleiden (an|ziehen*).
コラムニスト der Kolumnist -en, -en.
ごらん 御覧・に入れる zeigen; vor|führen. ～の通り wie Sie sehen. まあ～下さい Sehen Sie mal (nur)! そら～なさい Ei, sehen Sie mal! もう一度やって～なさい Versuchen Sie es noch einmal!
こり 凝り die Steife. 肩の～をもみほぐしてもらう sich³ die steifen Schultern massieren lassen³.
コリー 〔犬〕der Collie -s, -s.
ごりおし ごり押しする sich mit Gewalt durch|setzen.
こりかたまる 凝り固まる 〔凝固する〕gerinnen* (s); erstarren(s); 〔熱中する〕schwärmen ((für 4 格)); sich ergeben* ((3 格)). 彼は共産主義に

凝り固まっている Er ist ein kommunistischer Fanatiker.
こりこう 小利口な naseweis.
こりごり 懲り懲り・する genug haben* ((von 3 格)). 彼を訪ねるのはもう～だ Ich habe keine Lust mehr, ihn zu besuchen.　もう～だ Schon genug! / Genug davon!
こりしょう 凝り性 ¶彼は～だ Er ist ein Perfektionist.
こりつ 孤立 das Alleinsein -s; die Isolation -en. ～の allein stehend; einzeln stehend; isoliert. ～する allein stehen*; isoliert sein*; abgesondert sein* ((von 3 格)). ～させる isolieren; ab|sondern. ～主義 der Isolationismus. ～語 isolierende Sprache. 彼は～無援で戦う Er ist ein Rufer in der Wüste.
ごりむちゅう 五里霧中 ¶依然として～の状態だ Wir tappen noch völlig im Dunkeln.
こりょ 顧慮 die Rücksicht -en. ～する Rücksicht nehmen* ((auf 4 格)); berücksichtigen. …を～して in (mit) Rücksicht ((auf 4 格)). …を～しないで ohne Rücksicht ((auf 4 格)).
ゴリラ der Gorilla -s, -s.
こりる 懲りる genug haben* ((von 3 格)). それにはもう懲りた Ich habe genug davon. / Ich habe alle Lust daran verloren.
こる 凝る 〔肩などが〕steif werden* (s); 〔熱中する〕 sich begeistern ((für 4 格)); sich ergeben* (widmen) ((3 格)); schwärmen ((für 4 格)). 凝った fein; kunstvoll.
コルク der Kork -[e]s. ～の栓(せん) der Korken. ～の栓をする et. [ver]korken. ～抜き der Korkenzieher.
コルセット das Mieder -s, -; das Korsett -s, -s (-e).
コルト der Colt -s, -s.
コルネット das Kornett -s, -e (-s).
ゴルフ das Golf -s. ～をする Golf spielen. ～場 der Golfplatz.
ゴルファー der Golfer (Golfspieler) -s, -.
コルホーズ der Kolchos -, -e.
これ dieser; der. ～から von nun (jetzt) an; später; künftig. ～て hiermit; nun. ～まで bis jetzt; bisher; sonst. ～までのように wie sonst. ～が私の父です Das ist mein Vater. お前と話をするのも～きりだ Das ist das letzte Mal, dass ich mit dir spreche. 今日は～くらいでおしまいにしましょう Für heute wollen wir hiermit schließen. ～～の場所でお待ちしています An dem und dem Ort warte ich auf Sie. ～しきの事に恐れるな Vor so Unbedeutendem sollst du dich nicht fürchten. ～だけは必要だ So viel hat man nötig. ～ばかりはどうかかんべんして下さい Verschonen Sie mich [wenigstens] damit! ～ばかりでは仕様がない So wenig nützt überhaupt nichts. ～ほどお願いしても私の言うことが分らないのか Trotz all meiner Bitten verstehst du mich nicht?
コレクション die Sammlung -en.
コレクト・コール das R-Gespräch -[e]s, -e.

コレステロール das Cholesterin -s.
これはしたり O! / Oh! / O Gott! / Mein Gott! / Ei!
これみよがしに demonstrativ.
コレラ die Cholera. ~菌 der Cholerabazillus.
ころ 頃 ¶その~ damals. 私が若かった~ als ich jung war; in meiner Jugend. クリスマスの~ um Weihnachten. 今晩7時~に heute Abend gegen 7 [Uhr]. 私が出かける~に彼は目をさます Wenn ich ausgehe, wacht er erst auf.
ごろ 語呂・合わせ das Wortspiel -s, -e. ~のよい wohlklingend; eufonisch.
ころあい 頃合い・の angemessen; passend; geeignet; [手頃の] handlich. ~を見はからって私は攻撃に出た Zur rechten Zeit ging ich zur Offensive über.
コロイド das Kolloid -[e]s, -e.
ころう 故老 der vielwissende Alte*.
ころう 固陋な beschränkt; engherzig; hartnäckig.
ころがす 転がす rollen; wälzen; [倒す] um|werfen*; um|stürzen.
ころがりこむ 転がり込む jm. unerwartet zu|fallen* (zuteil werden*) (s). 思わぬ幸運が転がり込んだ Ich habe unerwartetes Glück gehabt. 厄介者が転がり込んで来た Ein unwillkommener Gast ist zu mir gekommen.
ころがる 転がる rollen (s); sich wälzen; [倒れる] [hin]fallen*(s); [寝転ぶ] sich legen.
ごろく 語録 Analekten pl.; das Brevier -s, -e.
ころころ ~転がる dahin|rollen(s).
ごろごろ rollend; dröhnend. ~鳴る rollen; dröhnen; donnern. 猫が喉を~鳴らす Die Katze schnurrt. 雷が~鳴る Es donnert. 死体が~している Es gibt überall Leichen. おなかが~する Es rumort in meinem Magen.
ころし 殺し der Mord -es, -e. ~屋 der Killer.
ころす 殺す töten; [er]morden; [抑制する] unterdrücken. 打ち~ tot|schlagen*. 車でひき~ tödlich überfahren*. 息を~ den Atem an|halten*.
コロタイプ der Lichtdruck -[e]s, -e.
ごろつき der Schuft -[e]s, -e; der Schurke -n, -n.
コロッケ die Krokette -n.
コロナ die Korona ..nen.
ころぶ 転ぶ [倒れる] fallen*(s); um|fallen*(s). 転ばぬ先の杖 Vorsicht ist besser als Nachsicht.
ころも 衣 das Gewand -[e]s, ̈er; [僧侶の] das Priestergewand -s, ̈er; [食物の] der Überzug -[e]s, ̈e.
コロラチュラ・ソプラノ der Koloratursopran -s, -e.
ころり ~と [容易に] leicht; [突然] plötzlich.
コロン das Kolon -s, -s (..la); der Doppelpunkt -[e]s, -e.

こわい 恐い fürchterlich; schrecklich; [気味の悪い] unheimlich. ~顔 grimmiges Gesicht. → 恐かる.
こわい 強い [布が] rau; [肉が] zäh; [髪が] stark.
こわいろ 声色を使う js. Stimme nach|ahmen; mit nachgeahmter Stimme sprechen*.
こわがらす 恐がらす [er]schrecken; furchtsam machen.
こわがる 恐がる sich fürchten (vor 3格); Furcht haben* (vor 3格); [おびえる] eingeschüchtert werden*(s受).
こわき 小脇にかかえる unter dem Arm halten*; unter den Arm nehmen*.
こわごわ 恐恐 furchtsam; mit Furcht; [おずおず] zaghaft; ängstlich.
ごわごわ ~した steif; starr.
こわす 壊(毀)す [zer]brechen*. 窓ガラスを~ eine Fensterscheibe zerschlagen*. 家を~ ein Haus ab|brechen* (nieder|reißen*). 金庫を~ einen Geldschrank auf|brechen*. 胃を~ sich³ den Magen verderben*.
こわだか 声高に laut; mit lauter Stimme.
こわね 声音 der Ton -[e]s, ̈e; die Stimme -n.
こわばる 強張る steif werden*(s); erstarren (s). 強張った steif; starr.
こわれる 壊(毀)れる zerbrechen*(s); kaputt|gehen*(s); [建物などが] ein|stürzen (s). 壊れた zerbrochen; zerstört. 壊れ易い zerbrechlich. 塀が壊れかかっている Die Mauer droht einzustürzen. 壊れ物注意 Zerbrechlich! / Vorsicht!
こん 根 《数》die Wurzel -n. → 根気. ~をつめて ausdauernd; geduldig. ~限り aus allen Kräften. ~がなくなる die Geduld verlieren*. 彼には仕事に対する~がない Er hat keine Geduld zur Arbeit. これはとても~のいる仕事だ Zu dieser Arbeit gehört große Geduld.
こん 紺の dunkelblau.
こんい 懇意・な vertraut; vertraulich. ~になる mit jm. intim werden*(s). 私は彼と大変~です Ich bin mit ihm sehr vertraut.
こんいん 婚姻 die Ehe -n. → 結婚.
こんかい 今回 → こんど.
こんがらかる sich verwickeln (verfitzen). こんがらかった verwickelt; verfitzt.
こんかん 根幹 der Kern -s, -e; der Stamm -es, ̈e.
こんがん 懇願する jn. an|flehen (ersuchen) (um 4格).
こんき 根気 die Geduld; die Ausdauer. ~よく ausdauernd; geduldig. ~負けする die Geduld verlieren*. → 根.
こんき 婚期 das Heiratsalter -s. ~を逸する das Heiratsalter verpassen.
こんきゃく 困却 → 困惑.
こんきゅう 困窮 die Not; die Armut. ~する in Not sein*; Not leiden*.
こんきょ 根拠 der Grund -es, ̈e; die Grundlage -n. ~のある begründet. ~のない

unbegründet; grundlos. 十分な～をもって mit guten Gründen. その噂(ｳﾜｻ)にはなんら～が ない Das Gerücht entbehrt jeder Grundlage.
こんぎょう 今暁 heute am frühen Morgen; heute morgens früh.
こんく 困苦 die Not. ～をなめる Not leiden*.
ゴング der Gong -s, -s.
コンクール die Konkurrenz -en; der Wettbewerb -[e]s, -e. 音楽～ der Musikwettbewerb.
こんくらべ 根競べをする mit jm. an Ausdauer wetteifern.
コンクリート der Beton -s, -s. 鉄筋～ der Eisenbeton. ～打ちをする et. betonieren. ～ミキサー die Betonmischmaschine.
ごんげ 権化 die Verkörperung -en. 彼は悪の～である Er verkörpert die Bosheit. / Er ist der Inbegriff des Bösen.
こんけつ 混血・の von gemischtem Blut. ～児 der Mischling -n.
こんげつ 今月 dieser Monat -s; [副詞] diesen Monat; in diesem Monat; laufenden Monats (略: lfd. M.). ～の5日に am 5. (fünften) dieses Monats (略: d.M.).
こんげん 根源 der Ursprung -[e]s, ¨e; [原因] die Ursache -n.
こんご 今後 von nun (jetzt) an; in Zukunft; [あとで] später. ～の künftig; kommend. ～5年のうちに in den nächsten 5 Jahren.
こんこう 混交(淆)・する vermischen. 公私を～する öffentliche und private Angelegenheiten vermischen.
こんごう 混合 die [Ver]mischung -en. ～する [ver]mischen; vermengen. ～した gemischt; vermischt. ～物 das Gemisch.
こんごうりき 金剛力 die Riesenkraft ¨e.
ごんごどうだん 言語道断な unverzeihlich.
こんこん 昏昏と眠る tief (wie ein Murmeltier) schlafen*.
こんこん 滾滾と湧き出る sprudeln(s).
こんこん 懇懇と諭(ｻﾄ)す jn. geduldig (ernsthaft) ermahnen [zu 3 格].
コンサート das Konzert -[e]s, -e. ～マスター der Konzertmeister.
こんざつ 混雑 das Gedränge -s. 電車が～している Die Straßenbahn ist gedrängt voll. 通りは人で～している Die Straße wimmelt von Menschen. / Auf der Straße wimmelt es von Menschen. ひどい～だった Es war ein schreckliches Gedränge.
コンサルタント der Berater -s, -.
こんじ 今次・の diesmalig; [来たるべき] kommend. ～大戦 der letzte Weltkrieg.
こんじ 根治する vollständig heilen.
こんじき 金色の goldfarben; golden.
こんじゃく 今昔 das Einst und [das] Jetzt. ～の感に堪えない über den Wechsel der Zeiten erstaunt sein*.
こんしゅう 今週 diese Woche.
こんしゅう 今生の別れを告げる von jm. den letzten Abschied nehmen*.
こんじょう 根性 die Gesinnung -en; der Geist -es; die Natur -en. ～の悪い boshaft; bösartig. ～の曲った verschroben. ～の腐った verdorben. 商人～ der Kaufmannsgeist. 彼は～のある男だ Er ist ein Charakter.
こんじょう 紺青の tiefblau.
こんしん 混信 die Störung -en. ～する gestört werden*(s受).
こんしん 渾身の力をこめて aus allen Kräften; mit aller Kraft.
こんしん 懇親 die Freundschaft. ～会 gesellige Zusammenkunft.
こんすい 昏睡 das Koma -s, -s (-ta). ～状態に陥る in einen komatösen Zustand verfallen*(s).
コンスタント ～な konstant; gleich bleibend.
こんせい 混成の gemischt; zusammengesetzt.
こんせい 懇請する jn. dringend bitten* 《um 4 格》.
こんせいがっしょう 混声合唱[団] gemischter Chor -[e]s, ¨e.
こんせき 痕跡 die Spur -en. ～を留(ﾄﾄﾞ)めぬ spurlos.
こんせつ 懇切 sehr freundlich; [詳しい] ausführlich.
こんぜつ 根絶 die Ausrottung -en. ～する aus|rotten; vertilgen.
こんせん 混戦 wilder Kampf -[e]s, ¨e; das Handgemenge -s, -.
こんせん 混線・する sich verwirren. 電話が～する Die Leitungen überschneiden sich.
こんぜん 渾然一体となって in vollkommenem Einklang miteinander.
コンセンサス der Konsens -es, -e; der Konsensus -, -.
コンセント die Steckdose -n.
コンソメ die Consommé -s.
こんだく 混濁した trüb[e].
コンダクター der Dirigent -en, -en.
コンタクト・レンズ Kontaktlinsen (Haftschalen) pl.
こんだて 献立 das Menü -s, -s. ～表 die Speisekarte.
こんたん 魂胆 versteckte Absicht -en; geheimer Plan -es, ¨e. 彼には何か～があるらしい Er scheint irgendetwas geheim zu halten.
こんだん 懇談・する sich mit jm. vertraulich (freundschaftlich) unterhalten*. ～会 die Zusammenkunft zu offener Aussprache.
コンチェルト das Konzert -[e]s, -e.
こんちゅう 昆虫 das Insekt -en, -en. ～学 die Insektenkunde; die Entomologie. ～学者 der Entomologe.
コンツェルン der Konzern -s, -e.
こんてい 根底 der Grund -es; die Grundlage -n. ～から von Grund auf (aus); gründlich.
コンディション die Kondition. ～がよい[スポーツ] [gut] in Form sein*; eine gute Kon-

dition haben*. 彼は今日〜がいい(よくない) Er hat heute einen (keinen) guten Tag.

コンテスト der Wettbewerb *-[e]s, -e*. 美人〜 der Schönheitswettbewerb.

コンテナー der Container *-s, -*.

コンデンサー der Kondensator *-s, -en*.

コンデンス・ミルク die Kondensmilch; kondensierte Milch.

コント die Kurzgeschichte *-n*; die Conte *-s*.

こんど 今度 diesmal; dieses Mal; 〔この次〕nächstens; nächstes Mal; 〔近いうち〕bald. 〜の試験 〔次の〕das nächste Examen; 〔この間の〕das letzte Examen. 〜こそ(のところ)は für diesmal. 〜は君の番だ Du bist dran.

こんとう 昏倒する in Ohnmacht fallen*(s); ohnmächtig werden*(s).

こんどう 混同 die Verwechslung (Vermengung) *-en*. 〜する *et.* verwechseln (vermengen) 《mit 3 格》.

コンドーム das Präservativ *-s, -e*; das (der) Kondom *-s, -e*; 《俗》der Gummi *-s, -[s]*.

こんとく 懇篤な freundlich; gütig; herzlich.

ゴンドラ die Gondel *-n*.

コントラスト der Gegensatz *-es, ⁻e*; der Kontrast *-[e]s, -e*. 〜をなす einen Kontrast bilden 《zu 3 格》.

コントラバス der Kontrabass *-es, ⁻e*.

コンドル der Kondor *-s, -e*.

コントロール die Kontrolle *-n*. 〜する kontrollieren; regeln.

こんとん 混沌 das Chaos *-*. 〜とした chaotisch; verworren.

こんな solcher; solch ein; so ein; derartig; dergleichen 《無変化》. 〜に so; derart. 〜事 so etwas; solches.

こんなん 困難 die Schwierigkeit *-en*; die Beschwerlichkeit *-en*. 〜な schwer; schwierig; mühsam.

こんにち 今日 〔副詞〕heute; 〔当節〕heutzutage; jetzt. 〜の heutig; gegenwärtig. 〜のドイツ das Deutschland von heute. 〜は Guten Tag! 私の〜あるのはあなたのお蔭(かげ)です Ich verdanke Ihnen, was ich heute bin.

こんにゅう 混入する sich [hinein|]mischen 《in 4 格》.

コンパ der Kommers *-es, -e*.

コンバイン der Mähdrescher *-s, -*.

コンパクト die Puderdose *-n*. 〜な kompakt. 〜ディスク die Kompaktschallplatte; die CD-Platte; die CD.

コンパス der Zirkel *-s, -*; 〔羅針儀〕der Kompass *-es, -e*. 〜が長い〔足が長い〕lange Beine haben*.

こんばん 今晩 heute Abend. 〜は Guten Abend!

こんぱん 今般 nun; 〔最近〕neulich.

コンビ 彼らはよい〜だ Sie sind gute Partner. / Sie spielen (arbeiten) gut zusammen.

コンビーフ das Cornedbeef *-*.

コンビナート das Kombinat *-s, -e*.

コンビニエンスストア der 24-Stunden-Laden *-s, ⁻läden*.

コンビネーション die Kombination *-en*.

コンピューター der Computer *-s, -*.

——— コンピューター ———

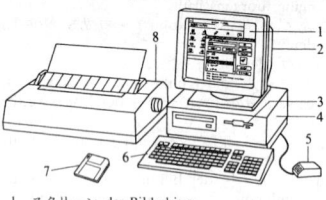

1 スクリーン der Bildschirm
2 モニター der Monitor
3 ディスクドライブ das Diskettenlaufwerk
4 コンピューター der Computer
5 マウス die Maus
6 キーボード die Tastatur
7 フロッピーディスク die Diskette
8 プリンター der Drucker

こんぶ 昆布 der Riementang *-s*.

コンプレックス der Komplex *-es, -e*. 〜を感ずる *jm.* gegenüber [Minderwertigkeits-]komplexe (Minderwertigkeitsgefühle) haben*.

こんぺき 紺碧の dunkelblau; tiefblau.

コンベヤー der Förderer *-s, -*; die Förderanlage *-n*. ベルト〜 das Förderband; das Fließband.

こんぼう 混紡 das Mischgewebe *-s, -*. 綿20パーセント〜の mit 20% Baumwolle gemischt. 〜糸 das Mischgarn.

こんぼう 棍棒 der Knüppel (Knüttel) *-s, -*; die Keule *-n*.

こんぽう 梱包 die Packung *-en*. 〜する packen.

こんぽん 根本 der Grund *-es*; das Fundament *-[e]s, -e*; 〔本質〕das Wesen *-s*. 〜的 gründlich; fundamental. 〜から von Grund auf (aus); gründlich. 〜において im Grunde. 〜原理 das Grundprinzip. 〜問題 das Grundproblem.

コンマ das Komma *-s, -s (-ta)*. 〜を打つ ein Komma setzen. 〜以下の hinter dem Komma; 《比》unterdurchschnittlich. 2-08 zwei Komma null acht (2,08).

こんまけ 根負けする nachgeben müssen*.

こんみょうにち 今明日中に noch heute oder morgen.

こんめい 昏迷 《医》der Stupor *-s*.

こんめい 混迷した verworren.

こんもう 懇望・する *jn.* an|flehen 《um 4 格》; *jn.* dringend ersuchen 《um 4 格》. 彼の〜により auf sein dringendes Ersuchen.

こんもり 〜した dicht; üppig. 〜土を盛り上げる Erde auf einen Haufen schütten.

こんや 今夜 diese Nacht; heute Nacht.

こんやく 婚約 die Verlobung *-en*. 〜する

sich mit *jm.* verloben. ～者 der Verlobte#. ～指輪 der Verlobungsring. 彼女は～中だ Sie ist verlobt (Braut).

こんらん 混乱 die Unordnung; die Verwirrung *-en*. ～する in Unordnung geraten*(s); sich verwirren. ～させる in Unordnung bringen*; verwirren. ～した verworren; 〔頭が〕 verwirrt.

こんりゅう 建立する erbauen; gründen; stiften.

こんりんざい 金輪際 nie; auf keinen Fall; bei Gott nicht.

こんれい 婚礼 die Hochzeit *-en*. ～の式を挙げる Hochzeit halten* (feiern).

こんろ 焜炉 der Kocher *-s, -*. ガス～ der Gaskocher. 電気～ elektrische Kochplatte.

こんわく 困惑 die Verlegenheit. ～する in Verlegenheit kommen*(s); ratlos sein*. ～した verlegen.

天体記号 Astronomische Zeichen

太陽系 Das Sonnensystem

☉	太 陽	Sonne (*f.*)	♇	冥 王 星	Pluto (*m.*)
☾	月	Mond (*m.*)	☄	彗 星	Komet (*m.*)
☿	水 星	Merkur (*m.*)	✱	星	Stern (*m.*)
♀	金 星	Venus (*f.*)	●	新 月	Neumond (*m.*)
♁	地 球	Erde (*f.*)	○	満 月	Vollmond (*m.*)
♂	火 星	Mars (*m.*)	☽	上弦の月	Erstes Viertel (zunehmender Halbmond)
♃	木 星	Jupiter (*m.*)			
♄	土 星	Saturn (*m.*)	☾	下弦の月	Letztes Viertel (abnehmender Halbmond)
♅	天 王 星	Uranus (*m.*)			
♆	海 王 星	Neptun (*m.*)			

獣帯(黄道十二宮) Der Tierkreis

♈	白羊(はくよう)宮・おひつじ座	Widder	♎	天秤(てんびん)宮・てんびん座	Waage
♉	金牛(きんぎゅう)宮・おうし座	Stier	♏	天蠍(てんかつ)宮・さそり座	Skorpion
♊	双子(ふたご)宮・ふたご座	Zwillinge	♐	人馬(じんば)宮・いて座	Schütze
♋	巨蟹(きょかい)宮・かに座	Krebs	♑	磨羯(まかつ)宮・やぎ座	Steinbock
♌	獅子(しし)宮・しし座	Löwe	♒	宝瓶(ほうへい)宮・みずがめ座	Wassermann
♍	処女(しょじょ)宮・おとめ座	Jungfrau	♓	双魚(そうぎょ)宮・うお座	Fische

さ 左・の folgend. 事実は~の如し Die Tatsachen sind wie folgt. / Folgendes sind die Tatsachen.

さ 差 der Unterschied *-es, -e*; die Differenz *-en*; 〔剰余〕der Rest *-es, -e*. 雲泥(でい)の~ himmelweiter Unterschied; ein Unterschied wie Tag und Nacht. ~をつける〔区別〕differenzieren; einen Unterschied fest|stellen《zwischen 3 格》;〔段階〕*et*. ab|stufen;〔リードする〕einen Vorsprung vor *jm*. haben*.

ざ 座 der Sitz *-es, -e*; der Platz *-es, ¨e*. ~につく Platz nehmen*. ~をはずす seinen Sitz verlassen*. ~を取り持つ eine Gesellschaft unterhalten*.

さあ nun; ja. ~来たまえ Nun komm! / Na, komm doch! ~取りなさい Da nimm's! ~まさか Na, wer das glaubt.

サーカス der Zirkus *-, -se*.

サーキット der Rundkurs *-es, -e*;〔電〕der Stromkreis *-es, -e*.

サークル der Zirkel *-s, -*; der Kreis *-es, -e*. 読書~ der Lesekreis.

ざあざあ ¶雨が~降る Es regnet stark (in Strömen).

サージ die Serge *-n*. ~の服 ein Kleid aus Serge.

サージン die Sardine *-n*. ~の缶詰 die Sardinenbüchse.

サーチライト der Scheinwerfer *-s, -*.

サーバー〔球技の〕der Aufschläger *-s, -*;〔電算〕der Server ['səːvə] *-s, -*.

サービス die Bedienung; der Kundendienst *-[e]s*; der (das) Service *-, -s*. ~する *jn*. bedienen. ~ステーション die Servicestation. ~料 das Bedienungsgeld.

サーブ der Aufschlag *-[e]s, ¨e*. ~する auf|schlagen*; den Aufschlag aus|führen.

サーファー der Surfer *-s, -*.

サーフィン das Surfen (Surfing) *-s*. ウインド~ das Windsurfing. ~をする surfen (*h*; *s*).

サーフボード das Surfbrett *-[e]s, -er*.

サーベル der Säbel *-s, -*.

サーモスタット der Thermostat *-[e]s (-en), -e[n]*.

さあらぬ 態(てい)で scheinbar gelassen; als ob nichts geschehen wäre.

さい 才 das Talent *-[e]s, -e*; die Fähigkeit *-en*; die Begabung *-en*. 音楽の~ das Talent zur Musik. ~のある talentvoll; fähig; begabt. ~走った überklug.

さい 祭 die Feier *-n*; das Fest *-es, -e*. 記念~ die Gedächtnisfeier.

さい 犀 das Rhinozeros *- (-ses), -se*; das Nashorn *-[e]s, ¨er*.

さい 歳 ¶15~の fünfzehnjährig. 彼女は15~だ Sie ist 15 Jahre alt. 50~代の人 der Fünfziger.

さい 際 wenn; als; im Fall, dass ...; bei《3格》. おいでの~は Wenn Sie zu uns kommen, ... 出発の~は bei der Abreise. 必要の~は im Notfall.

さい 賽 der Würfel *-s, -*. ~を振る würfeln. ~は投げられた Der Würfel ist gefallen.

さい 差異 der Unterschied *-es, -e*; die Differenz *-en*; die Verschiedenheit *-en*. 両者の意見には大した~はない Zwischen den beiden Meinungen ist kein großer Unterschied.

ざい 在・では auf dem Land[e]. ~の者 der Landmann.

ざい 財・を積む ein Vermögen erwerben*. 文化~ das Kulturgut.

さいあい 最愛の teuerst; allerliebst.

さいあく 最悪・の schlimmst; schlechtest. ~の場合には(でも) schlimmstenfalls. ~の事態になったら Wenn es zum Schlimmsten kommt, ...

ざいあく 罪悪 die Sünde *-n*; ~を犯す eine Sünde begehen*.

ざいい 在位・する auf dem Thron sitzen*. ~期間 die Regierungszeit. エリザベス女王の~中に unter der Regierung der Königin Elisabeth.

さいえん 才媛 talentvolle (intelligente) Frau *-en*.

さいえん 再演 die Wiederaufführung *-en*; die Reprise *-n*. ~する〔劇を〕wieder|auf|führen;〔役を〕wieder spielen.

さいえん 再縁 → 再婚.

さいえん 菜園 der Gemüsegarten *-s, ¨*; der Küchengarten *-s, ¨*.

さいか 災禍を蒙(こうむ)る Unglück (Schaden) erleiden*.

さいか 最下・の unterst;〔最悪の〕schlechtest. ~級 die unterste Klasse. ~等の品 die schlechteste Ware.

さいか 裁可 die Sanktion (Genehmigung) *-en*. ~する sanktionieren; genehmigen.

ざいか 財貨 Güter *pl*.

ざいか 罪科 das Verbrechen *-s, -*; die Sünde *-n*;〔処罰〕die Strafe *-n*. ~を犯す ein Verbrechen begehen*.

さいかい 再会 das Wiedersehen *-s*. ~する *jn*. wieder|sehen*;〔互に〕sich wieder|sehen*.

さいかい 再開・する wieder|eröffnen; wieder an|fangen*. 会議を~する die Sitzung wieder|eröffnen. 交渉を~する die Verhandlung wieder auf|nehmen*.

さいかい 斎戒 die Reinigung *-en*. ~沐浴する sich reinigen.

さいがい 災害 das Unheil *-s*; der Unfall *-[e]s, ¨e*; die Katastrophe *-n*. ~を蒙(こうむ)る Unglück (Schaden) erleiden*. ~地 das

Katastrophengebiet. ～救助活動 der Katastrophendienst. ～防止 die Unfallverhütung. ～保険 die Unfallversicherung.

ざいかい 財界 die Finanzwelt. ～人 der Wirtschafter.

ざいがい 在外・の im Ausland. ～邦人 der Japaner im Ausland. ～公館 die Auslandsvertretung.

さいかく 才覚・する auf|bringen*. ～のきく gewandt; findig.

ざいがく 在学・する auf der Schule (Universität) sein*. ～生 Schüler pl; Studenten pl. ～証明書 der Schülerausweis (Studentenausweis).

さいかん 才幹 das Talent -[e]s, -e. ～のある talentvoll; talentiert.

さいかん 再刊 der Neudruck -[e]s, -e; der Reprint -s, -s. ～する neu (wieder) drucken.

さいかん 彩管 der Pinsel -s, -. ～を振るう den Pinsel führen.

ざいかん 在官・する im Amt sein*. ～中 während seiner Amtszeit.

さいき 才気 der Geist -es; der Esprit -s. ～のある geistreich; voller Esprit. ～走った überklug. ～煥発(かんぱつ)である voller Geist sein*.

さいき 再起 wieder auf die Beine kommen*(s).

さいき 再帰・代名詞 das Reflexivpronomen. ～動詞 reflexives Verb.

さいき 債鬼 harter Gläubiger -s, -.

さいぎ 猜疑[・心] der Argwohn -s. ～心が強い argwöhnisch sein*. ～する Argwohn gegen jn. hegen.

さいきょ 再挙を図る ein Unternehmen nochmals versuchen.

さいきょう 最強の stärkst; mächtigst; heftigst.

さいきょういく 再教育 die Umerziehung -en. ～する um|erziehen*; um|schulen.

さいきん 細菌 Bakterien pl.; Bazillen pl.; Keime pl. ～の bakteriell. ～学 die Bakteriologie. ～学者 der Bakteriologe. ～培養 die Bakterienzüchtung. ～戦 der Bakterienkrieg.

さいきん 最近 neulich; kürzlich; vor kurzem; in letzter Zeit. ～の neuest; jüngst; letzt. ～まで bis vor kurzem.

ざいきん 在勤 →在職.

さいく 細工 das Werk -es, -e; die Handarbeit -en. 金～ die Goldarbeit. 竹～ die Bambusarbeit. ～する et. bearbeiten; arbeiten《an 3格》. 計算書を～する Rechnungen fälschen. 木に～する Holz bearbeiten.

さいくつ 採掘 der Abbau -s; die Förderung -en. ～する ab|bauen; fördern. ～権 die Abbaugerechtigkeit.

サイクリング die Radtour (Radwanderung) -en. ～をする eine Radtour machen.

サイクル das Hertz -, - (記号: Hz); 〔自転車〕 das Fahrrad -[e]s, ¨er. キロ～ das Kilohertz (記号: kHz). ～レース das Radrennen.

サイクロトロン das Zyklotron -s, -s (-e).

サイクロン die Zyklone -n.

さいぐんび 再軍備 die Wiederaufrüstung -en. ～する wieder (erneut) auf|rüsten.

サイケ ～調の psychedelisch.

さいけいこく 最恵国 meistbegünstigtes Land -es, ¨er. ～条款 die Meistbegünstigungsklausel. ～待遇 die Meistbegünstigung.

さいけいちょちく 財形貯蓄 vermögenswirksames Sparen -s; die Vermögensbildung [bei Arbeitnehmern] durch Prämiensparen.

さいけいれい 最敬礼をする eine tiefe Verbeugung vor jm. machen.

さいけつ 採決 die Abstimmung -en. 挙手 (起立)による～ die Abstimmung durch Hand[auf]heben (Erheben [von den Plätzen]). ～する ab|stimmen《über 4格》. 強行～ die Gewaltabstimmung.

さいけつ 裁決 die Entscheidung -en. ～する entscheiden*; eine Entscheidung treffen* (fällen).

さいげつ 歳月 die Zeit. ～人を待たず Zeit und Stunde warten nicht.

さいけん 再建 der Wiederaufbau -s; die Rekonstruktion -en. ～する wieder|auf|bauen; rekonstruieren.

さいけん 債券 die Obligation -en; das Anleihepapier -s, -e. 国庫～ das Staatspapier. ～を発行する die Obligationen aus|geben*.

さいけん 債権 die [Schuld]forderung -en. ～者 der Gläubiger.

さいげん 再現・する wieder erscheinen*(s); 《他動詞》wieder|her|stellen. 犯行の現場を～する den Hergang der Tat rekonstruieren. 黄金時代を～する das goldene Zeitalter wieder kommen lassen*. この表現はドイツ語で～する事はむずかしい Dieser Ausdruck lässt sich im Deutschen schwer wiedergeben.

さいげん 際限・のない grenzenlos; endlos; schrankenlos. ～がない grenzenlos (ohne Grenzen) sein*. 彼の欲は～がない Seine Habgier kennt keine Grenzen. 彼女らの饒(じょう)舌は～がない Ihr Gerede nimmt kein Ende.

ざいげん 財源 die Einnahmequelle -n; die Geldquelle -n.

さいけんとう 再検討する nach|prüfen; überprüfen.

さいこ 最古の ältest.

さいご 最後 das Ende -s; der Schluss -es. ～の letzt. ～に am Ende; zum Schluss; zuletzt; endlich. ～まで [bis] zu Ende. ～の手段に訴える zum letzten (äußersten) Mittel greifen*. ～の一人まで戦う bis zum letzten Mann kämpfen. ～の審判 das Jüngste Gericht. ～の晩餐 das Abendmahl. ～通牒(つうちょう)を出す jm. ein Ultimatum stellen.

さいご 最期 das Ende -s; [臨終] die Todesstunde. 悲惨な~を遂げる einen jämmerlichen Tod sterben*(s). ローマ帝国の~ der Untergang des Römischen Reichs.

ざいこ 在庫[·高] der Lagerbestand -[e]s, ¨e. ~している vorrätig (am Lager) sein*. ~品 der Vorrat; das Lager.

さいこう 再考·する erneut überlegen; nochmals in Erwägung ziehen*. ~を促す jn. zur nochmaligen Überlegung (Erwägung) auf|fordern.

さいこう 再校 die zweite Korrektur -en. ~を見る die zweite Korrektur lesen*.

さいこう 再興 der Wiederaufbau -s. ~する wieder|auf|bauen; wieder|beleben; 《自動詞》wieder|auf|blühen (s); sich wieder|beleben.

さいこう 採光 die Beleuchtung. ~のよい gut beleuchtet.

さいこう 採鉱 der Bergbau -[e]s. ~学 die Bergbaukunde.

さいこう 最高 das Maximum -s, ..ma. ~の höchst; oberst. ~学府 höchste Lehranstalt. ~最低温度計 das Maximum-Minimum-Thermometer. ~幹部 leitendes Direktorium. ~級 《文法》 der Superlativ. ~裁判所 das Oberste Gericht. ~速度 die Höchstgeschwindigkeit. ~潮に達する seinen Höhepunkt erreichen. ~賃金 der Spitzlohn; der Höchstlohn. ~点 die höchste Punktzahl; [投票の] die höchste Stimmenzahl. ~峰 der höchste Berg; [比] der Gipfel.

ざいこう 在校·する auf (in) der Schule sein*. ~生 Schüler pl.

ざいごう 在郷·の auf dem Land[e]. ~軍人 der Reservist.

ざいごう 罪業 die Sünde -n. ~の深い sündhaft.

さいこく 催告 die Mahnung -en; die Aufforderung -en. ~する jn. [schriftlich] mahnen 《zu 3 格》. ~状 der Mahnbrief.

さいころ 賽子 der Würfel -s, -. ~賽(?).

さいこん 再婚 die zweite Ehe; die Wiederverheiratung -en. ~する sich wieder|verheiraten.

さいさい 再再 wiederholt. →再三; 再度.

さいさき 幸先·のよい Glück verheißend. ~の悪い Unheil verkündend. これは~がよい(悪い) Das ist ein glücklicher (unheilvoller) Anfang.

さいさん 再三 mehrere Male; wiederholt; immer wieder.

さいさん 採算·がとれる Gewinn bringen* (ab|werfen*). ~のとれる einträglich; Gewinn bringend.

ざいさん 財産 das Vermögen -s, -; das Eigentum -s; das Hab und Gut ---s. 国有~ das Staatsvermögen. 私有~ das Privateigentum. 世襲~ das Erbgut. ~を作る ein Vermögen erwerben*. ~家 vermögender Mann. ~状態 Vermögensverhältnisse pl. ~税 die Vermögenssteuer. ~目録 das Inventar.

さいし 才子 geistreicher (talentvoller) Mann -es, ¨er; kluger Kopf -es, ¨e.

さいし 妻子·がある Frau und Kinder haben*. ~のある男 ein Mann mit Familie.

さいし 祭司 der Priester -s, -.

さいし 祭祀 die Feier -n. ~を執り行う eine Feier veranstalten (ab|halten*).

さいしあい 再試合 das Wiederholungsspiel -s, -e.

さいしき 彩色 die Färbung -en; das Kolorit -s, -e (-s). ~する et. färben (kolorieren). ~した gefärbt; farbig.

さいじつ 祭日 der Feiertag -[e]s, -e; der Festtag -[e]s, -e.

ざいしつ 材質 die Qualität des Materials.

さいしゅ 採取する sammeln; [鉱物を] gewinnen*.

さいしゅう 採集·する sammeln. 植物を~する Pflanzen sammeln; botanisieren.

さいしゅう 最終·の letzt; endgültig. ~列車 der letzte Zug. ~決定 endgültige Entscheidung. ~弁論 der Schlussvortrag.

ざいじゅう 在住·する wohnen; wohnhaft (ansässig) sein*. ~者 der Ansässige#; der Bewohner.

さいしゅつ 歳出 öffentliche Jahresausgaben pl.

さいしょ 最初 der Anfang -s, ¨e; der Beginn -s. ~の erst. ~に am (zu) Anfang; anfangs; zuerst. ~から von Anfang an. ~の二日間 die ersten zwei Tage.

さいしょう 宰相 der Premierminister -s, -.

さいしょう 最小·の kleinst; minimal. ~限度 das Minimum. ~公倍数 das kleinste gemeinsame Vielfache# (略: k. g. V.; kgV)

さいしょう 最少 wenigst; mindest; geringst.

さいじょう 最上·の oberst; höchst; best. ~級 die oberste Klasse; 《文法》 der Superlativ.

ざいじょう 罪状 das Verbrechen -s, -. ~を明らかにする ein Verbrechen auf|decken (auf|klären).

さいしょく 才色兼備の schön und intelligent.

さいしょく 菜食·の vegetarisch. ~主義 der Vegetarismus. ~主義者 der Vegetarier.

ざいしょく 在職する im Dienst (Amt) sein*. ~中 während seiner Dienstzeit (Amtszeit).

さいしん 再審 《法》 die Wiederaufnahme [eines Verfahrens]. ~する ein [Gerichts]verfahren wieder auf|nehmen*; wieder untersuchen.

さいしん 細心·の注意を払う die größte Sorgfalt verwenden(*) 《auf 4 格》. ~の注意を払って mit größter Sorgfalt.

さいしん 最新·の [aller]neuest. ~流行の服 das Kleid nach der neuesten Mode.

さいじん 才人 talentvoller Mensch -en, -en.

サイズ die Größe -n; die Nummer -n. 小さな～の靴 Schuhe in kleinen Größen (Nummern). あなたの靴の～はいくつですか Welche Schuhgröße haben Sie? この～の靴ならあります In dieser Größe sind die Schuhe vorrätig.

さいせい 再生 die Regeneration -en;〔テープ・ビデオなどの〕die Wiedergabe -n. ～する regenerieren; wieder|geben*. ～ゴム der (das) Regeneratgummi. ～紙 das Umweltpapier.

さいせい 再製する reproduzieren; wieder|erzeugen.

ざいせい 在世中 bei (zu) Lebzeiten. → 存命.

ざいせい 財政 Finanzen pl.; das Finanzwesen -s. 国家～ der Staatshaushalt. ～上の finanziell. ～政策 die Finanzpolitik. ～学 die Finanzwissenschaft. ～状態 die Finanzlage. ～問題 die Finanzfrage. 僕の～は苦しい Mit meinen Finanzen steht es schlecht.

さいせいいっち 祭政一致 die Theokratie -n.

さいせいき 最盛期 die Blütezeit -en.

さいせいさん 再生産 die Reproduktion -en. ～する reproduzieren.

さいせき 砕石 der Schotter -s, -.

さいせき 採石・する Steine brechen*. ～場 der Steinbruch.

ざいせき 在籍 ¶東京大学に～している an der Universität Tokyo immatrikuliert sein*.

さいせつ 細説 → 詳説.

さいせん 再選 die Wiederwahl -en. ～する wieder|wählen.

さいせん 賽銭 das Opfergeld -[e]s, -er. ～箱 der Opferstock.

さいぜん 最前〔先刻〕→ 先程. ～線 die vorderste Front. ～列 die vorderste Reihe.

さいぜん 最善 das Beste#. ～の best. ～を尽す sein Bestes (Möglichstes) tun*.

さいそく 細則 nähere Bestimmungen pl. 施行～ Ausführungsbestimmungen pl.

さいそく 催促 die Aufforderung -en. ～する jn. auf|fordern《zu 3格》; jn. mahnen《wegen 2格》. 借金の返済を～する jn. wegen seiner Schuld mahnen; von jm. die Zahlung der Schuld fordern.

さいた 最多 meist.

サイダー die Brauselimonade -n.

さいたい 妻帯・する heiraten; sich verheiraten. ～している verheiratet sein*. ～者 der Verheiratete#.

さいだい 細大漏らさず bis ins Einzelne; bis ins kleinste Detail.

さいだい 最大・の größt; höchst; maximal. ～圧力 der Höchstdruck. ～公約数 der größte gemeinsame Teiler (略: g. g. T.; ggT). ～多数の～幸福 das größtmögliche Glück der größtmöglichen Zahl. ～限 das Maximum. 休暇を～限に楽しむ seine Freizeit in vollen Zügen genießen*.

さいたく 採択・する an|nehmen*; aus|wählen. 動議を～する einen Antrag an|nehmen*.

ざいたく 在宅する zu Haus[e] sein*.

さいたん 採炭 der Kohlenabbau -s. ～する Kohle ab|bauen (fördern). ～量 die Förderung. ～夫 der Kohlenarbeiter.

さいだん 祭壇 der Altar -s, ⸚e.

さいだん 裁断〔服地の〕das Zuschneiden -s;〔決断〕die Entscheidung -en. ～する zu|schneiden*; entscheiden*; eine Entscheidung treffen*《über 4格》. ～機 die Zuschneidemaschine. ～師 der Zuschneider.

ざいだん 財団 die Stiftung -en. ～法人 rechtsfähige Stiftung.

さいたんきょり 最短距離 die kürzeste Distanz. ～を行く den kürzesten (nächsten) Weg nehmen*《nach 3格》.

さいち 才知にたけた klug; scharfsinnig; intelligent.

さいちゅう 最中・に mitten in《3格》; inmitten《2格》; während《2格》. 彼は仕事の～だ Er ist mitten in seiner Arbeit.

ざいちゅう 在中 ¶印刷物～ „Drucksache". 見本～ „Warenprobe".

さいちょう 最長 längst.

さいてい 最低・の unterst. ～の温度 die tiefste Temperatur. ～の収入 das geringste Einkommen. ～の成績 die schlechteste Zensur. ～の人間 der niedrigste Mensch. ～価格 der Minimalpreis. ～限 das Minimum; das Mindestmaß. ～賃金 der Minimallohn.

さいてい 裁定 der Schiedsspruch -s, ⸚e; die Entscheidung -en. ～する einen Schiedsspruch fällen; entscheiden*.

さいてん 再転する sich wieder ändern (wandeln).

さいてん 祭典 die Feier -n; das Fest -es, -e.

さいてん 採点する zensieren;〔競技で〕werten.

さいど 再度 zum zweiten Mal[e]; abermals; noch einmal. ～の abermalig; nochmalig; wiederholt.

さいど 済度 die Erlösung. ～しがたい unverbesserlich sein*.

サイド die Seite -n. ～カー der Beiwagen. ～ブレーキ die Handbremse. ～テーブル der Beistelltisch. ～ボード das Sideboard. ～ワーク die Nebenarbeit.

さいなむ 苛む peinigen; quälen.

さいなん 災難 das Unglück -s; der Unfall -[e]s, ⸚e. ～に会う von einem Unglück betroffen werden*《受》. ～が降りかかった Mir ist ein Unglück widerfahren (zugestoßen).

さいにゅう 歳入 öffentliche Jahreseinnahmen pl.

さいにん 再任 wieder|an|stellen; wieder|ernennen*.

ざいにん 在任・する im Amt sein*. ～期間 die Amtszeit.

ざいにん 罪人 der Verbrecher -s, -;〔宗〕der

Sünder -s, -.
さいにんしき 再認識する wieder|erkennen*; 〔見直す〕richtig ein|schätzen.
さいねん 再燃·する sich wieder entzünden. 問題が~する Die Frage tritt wieder in den Vordergrund.
さいのう 才能 das Talent -[e]s, -e; die Fähigkeit -en; die Begabung -en. 文学(音楽家)の~ das Talent zum Dichten (Musiker). ~のある talentvoll; fähig; begabt. ~のある人物 das Talent; begabter Mensch.
さいのめ 賽の目に切る in Würfel schneiden*.
さいはい 采配を振るう et. kommandieren; den Befehl führen《über 4格》.
さいばい 栽培 die Zucht; der Anbau -s. 果樹の~ der Obstbau; die Obstzucht. ~する züchten; an|pflanzen; an|bauen. ~者 der Züchter.
さいはつ 再発·する〔事故が〕sich wieder ereignen. 彼は肺病が~した Er hat bei seiner Lungenkrankheit einen Rückfall bekommen (erlitten). ~の rückfällig.
ざいばつ 財閥 der Konzern -s, -e.
さいはて 最果ての地 das Ende der Welt.
サイバネティックス die Kybernetik.
さいはん 再犯 der Rückfall -[e]s, ⸚e. ~者 der Rückfällige#.
さいはん 再版 die Neuauflage -n;〔第2版〕die zweite Auflage. ~する neu auf|legen (drucken).
さいばん 裁判 das Gericht -s, -e. ~する Gericht halten*《über 4格》. ~に訴える jn. bei Gericht verklagen. ~沙汰(ざた)にする et. vor Gericht bringen*. ~沙汰になる vor Gericht kommen*(s). ~に勝つ(負ける) einen Prozess gewinnen* (verlieren*). ~官 der Richter. ~権 die Gerichtsbarkeit. ~所 der Gerichtshof; das Gericht. ~手続 das Gerichtsverfahren. ~長 der Gerichtsvorsitzende#; der Gerichtspräsident. ~費用 Gerichtskosten pl.
さいひ 採否·を問う jn. ab|stimmen lassen*《über 4格》. ~を通知する das Resultat der Aufnahmeprüfung mit|teilen.
さいひ 歳費 jährliche Diäten pl.
さいひょうか 再評価する neu bewerten.
さいひょうせん 砕氷船 der Eisbrecher -s, -.
さいふ 財布 das Portemonnaie (Portmonee) -s, -s; der [Geld]beutel -s, -. ~の底をはたく tief in den Beutel greifen müssen*. ~の紐(ひも)を締める den Beutel fest|halten*; den Daumen auf den Beutel halten*.
さいぶ 細部 einzelne Teile pl.; Einzelheiten pl. ~にわたる bis ins Detail gehen*(s).
さいぶん 細分する untergliedern.
さいへん 再編[成]·する um|gruppieren.
さいへん 砕片 das Bruchstück -[e]s, -e; der Splitter -s, -.
さいほう 裁縫 die Näherei -en; die Näharbeit -en. ~する nähen; schneidern. ~学校 die Nähschule. ~師 der Schneider. ~箱 der Nähkasten. ~台 der Nähtisch.
さいぼう 細胞 die Zelle -n. ~学 die Zytologie. ~組織 das Zellgewebe. ~状の zellenförmig. ~分裂 die Zellteilung.
ざいほう 財宝 Schätze pl.
さいほうそう 再放送 die Wiederholungssendung -en.
サイボーグ der Cyborg ['saɪbɔːg] -s, -s.
サイホン der Siphon -s, -s.
さいまつ 歳末 am Jahresende.
さいみつ 細密·な genau; sorgfältig.
さいみん 細民 die Armen# pl. ~窟(くつ) das Armenviertel.
さいみん 催眠·剤 das Schlafmittel. ~術 der Hypnotismus. ~術を掛ける jn. hypnotisieren. ~術師 der Hypnotiseur.
さいむ 債務 Schulden pl.; Verbindlichkeiten pl. ~者 der Schuldner. ~証書 der Schuldschein. ~を負う Schulden haben*. ~を履行する eine Schuld begleichen* (tilgen).
ざいむ 財務 finanzielle Angelegenheiten pl. ~官 der Finanzbeamte#. ~省 das Finanzministerium.
ざいめい 罪名 ¶窃盗の~を着せる jn. eines Diebstahls beschuldigen. 強盗の~で unter der Beschuldigung des Raubes.
さいもく 細目 Einzelheiten pl.; das Detail -s, -s. ~にわたる bis ins Einzelne (ins Detail) gehen*(s). ~にわたって検討する bis ins Einzelne nach|forschen《3格》.
ざいもく 材木 das Holz -es, ⸚er. ~置場 der Holzhof. ~商 der Holzhändler.
さいや 在野·の名士 eine nicht beamtete Berühmtheit. ~党 die Opposition.
さいやく 災厄 → 災難.
さいゆ 採油 die Ölgewinnung; ~する Öl gewinnen*.
さいよう 採用 die Aufnahme; die Annahme;〔任用〕die Anstellung. ~する auf|nehmen*; an|nehmen*; an|stellen. 簿記係を(に)~する einen Buchhalter (jn. als Buchhalter) an|stellen. 新しい教科書を~する ein neues Lehrbuch ein|führen. ~試験 die Aufnahmeprüfung.
さいらい 再来·する 彼はナポレオンの~だ Er ist ein zweiter Napoleon.
ざいらい 在来·の üblich; hergebracht; gewöhnlich. ~通り wie sonst.
ざいりゅう 在留·する wohnhaft (ansässig) sein*. 日本~のイギリス人 der Engländer in Japan.
さいりょう 最良 best.
さいりょう 裁量 das Ermessen -s. 彼の~で nach seinem Ermessen. 彼の~に任せる et. in sein [freies] Ermessen stellen.
ざいりょう 材料 der Stoff -[e]s, -e; das Material -s, -ien. 建築の~ das Material zum Bau. 小説の~を集める Material für einen Roman sammeln.

ざいりょく 財力 Geldmittel *pl.*; das Vermögen -*s*, -. ~のある bemittelt; vermögend.
ザイル das Seil -[*e*]*s*, -*e*.
さいるい 催涙・ガス das Tränengas. ~弾 die Tränengasbombe.
さいれい 祭礼 das Fest -*es*, -*e*; die Feier -*n*.
サイレン die Sirene -*n*. ~が鳴る Die Sirene heult.
サイレント ~の stumm. ~映画 der Stummfilm.
サイロ der (das) Silo -*s*, -*s*.
さいろく 採録する [ins Protokoll] auf|nehmen*.
さいわい 幸い das Glück -[*e*]*s*. もっけの~ unerwartetes Glück. ~に glücklich. ~にも glücklicherweise; zum Glück. 運命は彼に~した Das Glück begünstigte ihn.
さいわん 才腕を振るう sein Talent zeigen.
サイン 〔合図〕 das Zeichen -*s*, -; der Wink -[*e*]*s*, -*e*; 〔署名〕 die Unterschrift -*en*; (有名人の) das Autogramm -*s*, -*e*. ~を送る ein Zeichen (einen Wink) geben*; winken. ~する *et.* unterschreiben*; *et.* mit seiner Unterschrift versehen*. ~入りの mit eigenhändiger Unterschrift.
サイン 〔正弦〕 der Sinus -, -[*se*] (記号: sin).
ざいん 座員 das Mitglied einer Truppe.
サウナ die Sauna -*s* (..*nen*).
サウンド・ボックス die Schalldose -*n*.
さえ sogar; selbst. 彼の兄で~ sogar (selbst) sein Bruder. もっとお金があっ~したら Wenn ich nur mehr Geld hätte! 君はそれを言いさえすれば良い Sie brauchen es nur zu sagen.
さえ 冴え ¶腕の~を示す seine Geschicklichkeit zeigen. ~を見せる Geist zeigen.
さえき 差益 die Gewinnspanne -*n*.
さえぎる 遮る sperren; 〔中断する〕 unterbrechen*. 道を~ *jm.* den Weg versperren; *jm.* in den Weg treten*(*s*). 話を~ *jm.* in die Rede (ins Wort) fallen*(*s*); *jn.* [beim Reden] unterbrechen*. 木に遮られて山が見えない Die Bäume versperren mir die Aussicht auf das Gebirge.
さえずる 囀る singen*; 〔雀などが〕 zwitschern; 〔カナリヤなどが〕 schlagen*.
さえつ 査閲 die Inspektion -*en*; die Musterung -*en*. ~する inspizieren; mustern; besichtigen.
さえる 冴える ¶目が~ wach (munter) sein*. 月が~ Der Mond scheint hell. 彼は頭が冴えている Er hat einen klaren (hellen) Kopf. 気分が冴えない in düsterer (gedrückter) Stimmung sein*. 冴えた hell; klar.
さお 竿 die Stange -*n*; der Stab -*es*, =*e*; 〔釣竿〕 die Rute -*n*. ~竹 die Bambusstange.
さか 坂 〔上り坂〕 ansteigender Weg -*es*, -*e*; 〔下り坂〕 abfallender Weg -*es*, -*e*. ~を上る 〔下る〕 den Weg hinauf|gehen* (hinunter|gehen*)(*s*). 道が~になる 〔上り坂〕 Der Weg steigt an (geht aufwärts). / 〔下りの〕 Der Weg fällt ab (geht abwärts).

さか 茶菓 die Erfrischung -*en*.
さかあがり 逆上がり der Felgaufschwung -*s*, =*e*.
さかい 境 die Grenze -*n*. ~をする eine Grenze ziehen*. ~を接する [an|]grenzen 《an 4 格》. 生死の~にさまよう zwischen Tod und Leben schweben. ~目 die Grenzlinie.
さかえる 栄える gedeihen(*s*); blühen.
さがく 差額 die Differenz -*en* 《zwischen 3 格》.
さかぐら 酒蔵 der [Wein]keller -*s*, -.
さかご 逆子 die Fußgeburt -*en*; die Steißgeburt -*en*.
さかさ 逆さ[ま]・の umgekehrt; verkehrt. ~にする um|kehren; verkehren. ~に立てる *et.* auf den Kopf stellen. ~に落ちる kopfüber fallen*(*s*). 絵が~に掛っている Das Bild hängt verkehrt. ~睫(まつ) die Trichiasis [trɪˈçiːazɪs].
さがしあてる 捜し当てる finden*.
さがしだす 捜し出す ausfindig machen; auf|finden*; 〔選び出す〕 aus|suchen.
さがしまわる 捜し回る überall (in allen Ecken und Winkeln) suchen.
さがす 捜(探)す suchen. 職(家)を~ eine Stellung (Wohnung) suchen. 口実を~ nach einer Ausrede suchen. 手探りで~ tasten 《nach 3 格》. 子供を捜しに行く das Kind suchen gehen*(*s*).
さかずき 杯 der Becher -*s*, -; 〔脚つきの〕 der Pokal -*s*, -*e*.
さかだい 酒代 ¶毎月の~ monatliche Ausgabe für Alkohol. 彼の給料は~に消える Er vertrinkt seinen Lohn.
さかだち 逆立ちをする sich auf den Kopf stellen.
さかだつ 逆立つ ¶髪の毛が~ Seine Haare sträuben sich [zu Berge].
さかだてる 逆立てる sträuben. 髪を逆立てて mit gesträubten Haaren.
さかだる 酒樽 das Weinfass -*es*, =*er*.
さかて 酒手 das Trinkgeld -[*e*]*s*, -*er*.
さかとび 逆飛び der Kopfsprung -*s*, =*e*.
さかな 肴 die Beikost; die Beilage -*n*.
さかな 魚 der Fisch -*es*, -*e*. ~を取る Fische fangen*; fischen. この川は~が多い(少ない) Der Fluss ist fischreich (fischarm). ~屋 das Fischgeschäft; 〔人〕 der Fischhändler.
さかなで 逆撫で ¶神経を~する *jm.* auf den Schlips treten* (*h*;*s*).
ざがね 座金 die Unterlegscheibe -*n*.
さかねじ 逆捩じを食わせる gegen *jn.* einen Gegenangriff richten; gegen *jn.* den Spieß um|drehen.
さかのぼる 遡る ¶流れを~ stromaufwärts (den Fluss aufwärts) fahren*(*s*). 中世に~ auf das Mittelalter zurück|gehen*(*s*). 或る物の根源に~ *et.* auf seinen Ursprung zurück|führen. 遡って考える zurück|denken* 《an 4 格》.

さかば 酒場 die Kneipe -n; die Schenke (Schänke) -n; die Bar -s.

さかまく 逆巻く wogen. ~波 wogende Wellen (brandende Wogen) pl.

さかみち 坂道 一坂.

さかもり 酒盛りをする ein Trinkgelage halten*; zechen.

さかや 酒屋〔店〕das Spirituosengeschäft -s, -e;〔人〕der Spirituosenhändler -s, -.

さからう 逆らう sich widersetzen《3 格》; sich sträuben (auf|lehnen)《gegen 4 格》. …に逆らって gegen (wider)《4 格》. 流れに逆らって泳ぐ(時流に~) gegen den Strom schwimmen*(s).

さかり〔発情〕die Brunft *e. ~がついている in der Brunft stehen*; brunften. ~のついた brunftig.

さかり 盛り・である auf dem Höhepunkt sein*; in voller Blüte stehen*. ~を過ぎる den Höhepunkt überschreiten*. 若い~に in der Blüte der Jugend. ~場 das Vergnügungsviertel.

さがりめ 下がり目 ¶彼の商売は~だ Mit seinem Geschäft geht es abwärts.

さがる 下がる sinken*(s); fallen*(s);〔垂れ下がる〕hängen*;〔後退する〕zurück|treten*(s). 2歩~ 2 Schritte zurück|treten*(s). 学校から~ von der Schule zurück|kommen*(s). 物価が~ Die Preise sinken. 許可が~ Es wird ihm die Erlaubnis erteilt. 彼の実行力には頭が~ Ich bewundere seine Tatkraft.

さかん 盛ん・な・に〔 lebhaft; eifrig; heftig. ~な歓迎 herzliche Aufnahme. ~な拍手 stürmischer Beifall. ~に食う tüchtig essen*. 日本ではスキーが~である In Japan ist jetzt Skilauf in Mode. 学芸が~である Kunst und Wissenschaft blühen. 彼の商売が~になる Seine Geschäfte gedeihen.

さかん 左官 der Maurer -s, -.

さがん 左岸 das linke Ufer -s, -.

さがん 砂岩 der Sandstein -[e]s, -e.

さき 先 die Spitze -n;〔将来〕die Zukunft. ~の〔将来の〕zukünftig;〔以前の〕früher. ~に〔第一に〕zuerst;〔あらかじめ〕im Voraus;〔以前に〕früher. ~に in Zukunft. これから~ von nun an. ~へ行く(送る) weiter|gehen*(s) (weiter|senden(*). ~を読みなさい Lesen Sie weiter! どうぞお~に Gehen Sie voran! / Bitte, nach Ihnen! 彼が~に立っている Er steht an der Spitze.

さき 左記・の folgend; untenstehend. ~の通り wie folgt; folgendermaßen.

さぎ 鷺 der Reiher -s, -.

さぎ 詐欺 der Betrug -[e]s; der Schwindel -s. ~を働く an jm. einen Betrug begehen*. 彼は~にかかって有り金を全部取られた Man hat ihn um sein ganzes Geld betrogen. ~師 der Schwindler; der Betrüger.

さきおととい 一昨昨日 vorvorgestern.

さきおととし 一昨昨年 vor drei Jahren; vorvorletztes Jahr.

さきがけ 先駆け・をする an der Spitze stehen*; jm. zuvor|kommen*(s). 流行の~をする eine neue Mode auf|bringen*. 春に~て als Vorbote des Frühlings.

さきがり 先借り・する [einen] Vorschuss erhalten*. 1万円の~をする 10 000 Yen auf Vorschuss bekommen*.

さきごろ 先頃 neulich; vor kurzem. ~から seit kurzem.

サキソホン das Saxofon -s, -e.

さきだつ 先立つ voran|gehen*(s). 彼女は夫に先立たれた Ihr Mann starb früher als sie. / Sie überlebte ihren Mann. 出発に先立って vor der Abreise. 芝居に先立って前口上がある Dem Stück geht eine Vorrede voraus.

さきどり 先取り・する vorweg|nehmen*; voraus|nehmen*. 或る人の言おうとすることを~する js. Worten vor|greifen*.

さきばしる 先走る vor|preschen(s); zu weit gehen*(s).

さきばらい 先払い〔前払い〕die Vorauszahlung -en;〔着払い〕die Nachnahme -n.

さきぶと 先太の keulenförmig.

さきぶれ 先触れ der Vorbote -n, -n; das Vorzeichen -s, -. この雨は嵐の~だ Der Regen ist ein Vorbote des Sturmes.

さきほこる 咲き誇る in voller Blüte stehen*.

さきぼそ 先細の schmal (eng) zulaufend.

さきほど 先程 vor kurzem; vor kurzer Zeit. つい~ eben jetzt. ~から seit kurzem. 一さっき.

さきまわり 先回りする jm. zuvor|kommen*(s); jm. vor|greifen*.

さきみだれる 咲き乱れる ¶花が~ Die Blumen blühen üppig und über.

さきもの 先物・取引 das Termingeschäft; der Terminhandel. ~相場 der Terminkurs. ~市場 der Terminmarkt.

さきゅう 砂丘 die Düne -n.

さきゆき 先行き die Zukunft.

さぎょう 作業 die Arbeit -en. ~をする arbeiten. ~を開始する an die Arbeit gehen*(s). ~員 der Arbeiter. ~時間 die Arbeitszeit. ~場 die Werkstatt. ~服 der Arbeitsanzug.

ざきょう 座興・に zur Unterhaltung. ~に歌を歌う ein Lied zum Besten geben*.

ざぎょう 座業 die Sitzarbeit -en.

さきわたし 先渡し ¶商品を~する Waren im Voraus liefern. 賃金を~する jm. seinen Lohn vor|schießen*.

さきん 砂金 der Goldsand -[e]s; das Waschgold -[e]s. ~を取る Waschgold gewinnen*.

さきんずる 先んずる jm. voran|gehen*(s);〔先を越す〕jm. zuvor|kommen*(s). 彼の到着に先んじて vor seiner Ankunft; bevor (ehe) er kommt. 時代に先んじる seiner Zeit voraus sein*. 先んずれば人を制す Wer zuerst kommt, mahlt zuerst.

さく 作〔作品〕das Werk -es, -e. 平年~ die Durchschnittsernte.

さく 柵 der Zaun -[e]s, ＂e. ～を巡らす et. [ein]zäunen.
さく 策 〔計画〕der Plan -es, ＂e;〔措置〕die Maßnahme -n. 賢明な～ vernünftige Maßnahme. 窮余の～ der Notbehelf. ～を講ずる [geeignete] Maßnahmen ergreifen*. ～を授ける jm. Rat geben*. ～を練る Pläne schmieden.
さく 咲く auf|blühen (s). りんごの花が咲いている Die Apfelbäume blühen.
さく 裂(割)く [zer]reißen*; spalten*. 二つに～ entzwei|reißen*. ずたずたに～ in Stücke reißen*. 時間を～ Zeit verwenden(*) «auf 4 格». ちょっと時間をお割きいただけませんか Haben Sie einen Augenblick Zeit für mich? 彼らの仲は裂かれた Sie sind entzweit worden.
さくい 作為的 gekünstelt; künstlich.
さくい 作意 die Idee -n; das Motiv -s, -e;〔たくらみ〕[böse] Absicht -en.
さくいん 索引 das Verzeichnis -ses, -se; der Index -[es], -e (..dizes); das Register -s, -. 人名～ das Personenregister. 事項～ das Sachregister (Sachverzeichnis). ～をつける et. mit einem Index versehen*.
さくがら 作柄 der Saatenstand -[e]s. ～が良い Die Saat steht gut.
さくがんき 鑿岩機 die Gesteinsbohrmaschine -n.
さくぎょう 昨暁 gestern früh.
さくげん 削減 die Kürzung -en. ～する kürzen; beschneiden*.
さくげんち 策源地 die Operationsbasis ..basen.
さくご 錯誤 der Irrtum -s, ＂er; der Fehler -s, -. 時代～ der Anachronismus. ～を犯す einen Fehler begehen*. ～に陥る in einen Irrtum verfallen*(s).
さくさく 嘖嘖 〔名声〕～ einen guten Ruf besitzen*. 好評～ eine gute (begeisterte) Aufnahme finden*.
ざくざく ～と音を立てる knirschen.
さくさん 酢酸 die Essigsäure. ～塩 das Acetat.
さくし 作詞・す den Text [zu einem Lied] dichten (schreiben*). ～家 der Textdichter. 北原白秋～ Text von Hakushu Kitahara.
さくし 策士 der Intrigant -en, -en; der Ränkeschmied -[e]s, -e.
さくじつ 昨日 gestern. ～の gestrig.
さくしゃ 作者 der Verfasser -s, -; der Autor -s, -en.
さくしゅ 搾取 die Ausbeutung -en. ～する aus|beuten. ～階級 ausbeutende Klasse.
さくしゅう 昨秋 im letzten Herbst.
さくしゅん 昨春 im letzten Frühling.
さくじょ 削除する streichen*.
さくず 作図 die Zeichnung -en;〖数〗die Konstruktion -en. ～する zeichnen; konstruieren. ～問題 die Konstruktionsaufgabe.
さくせい 作製する her|stellen.
さくせい 作成する〔計画を〕aus|arbeiten;〔文書を〕an|fertigen; ab|fassen.
さくせい 鑿井 die Bohrung -en. ～する bohren.
さくせん 作戦 die Operation -en;〔戦略〕die Strategie -n. ～[計画]を練る den Operationsplan aus|arbeiten.
さくぜん 索然 〔興味〕～たる fade; abgeschmackt.
さくそう 錯綜した verwickelt; kompliziert.
さくちょう 昨朝 gestern Morgen; gestern früh.
さくづけ 作付 die Saat. ～面積 das Saatfeld.
さくどう 索道 die Drahtseilbahn -en.
さくどう 策動する [geheime] Umtriebe machen; intrigieren.
さくにゅう 搾乳 die Melkerei. ～機 die Melkmaschine.
さくねん 昨年 letztes Jahr; im letzten Jahr.
さくばく 索漠とした öde.
さくばん 昨晩 gestern Abend.
さくひん 作品 das Werk -es, -e;〖音〗das Opus -, Opera (略: op.). 芸術～ das Kunstwerk. ～集 Werke pl.
さくふう 作風 der Stil -[e]s, -e; die Manier -en.
さくぶん 作文 der Aufsatz -es, ＂e. 独～ die Übersetzung ins Deutsche.
さくぼう 策謀 die Intrige -n; Ränke pl. ～をめぐらす Intrigen spinnen*; Ränke schmieden.
さくもつ 作物 das Getreide -s.
さくや 昨夜 gestern Nacht (Abend); diese Nacht.
さくやく 炸薬 das Sprengmittel -s, -.
さくゆ 搾油・する Öl pressen. ～所 die Ölmühle. ～機 die Ölpresse.
さくら 桜 der Kirschbaum -[e]s, ＂e. ～の花 die Kirschblüte. ～材 das Kirschholz. ～色の rosa 《不変化》.
さくらがい 桜貝 die Sonnenmuschel (Plattmuschel) -n.
さくらそう 桜草 die Schlüsselblume -n; die Primel -n.
さくらん 錯乱 die Verwirrung -en. ～する in Verwirrung geraten*(s). ～した verworren. 精神～ die Geistesverwirrung.
さくらんぼう 桜桃 die Kirsche -n.
さぐり 探りを入れる et. sondieren; bei jm. sondieren.
さぐりあし 探り足で歩く tappen (s).
さぐりあてる 探り当てる ausfindig machen; auf|spüren.
さくりゃく 策略 der Kunstgriff -s, -e; die List -en. ～を用いる zu einer List greifen*; eine List an|wenden(*). ～をめぐらす Ränke schmieden. ～家 der Intrigant; der Ränkeschmied.
さぐる 探る〔手探りする〕tasten 《nach 3 格》;

[調査する] forschen 《nach 3格》; [偵察する] aus|kundschaften.　ポケットを~ in der Tasche kramen 《nach 3格》.　敵状を~ die feindliche Lage aus|kundschaften.　真意を~ js. wirkliche Meinung erforschen.

さくれい 作例 das Musterbeispiel -s,-e.

さくれつ 炸裂・する explodieren (s); detonieren (s).　~弾 das Sprenggeschoss.

ざくろ 石榴 der Granatapfel -s, ¨.　~の木 der Granat[apfel]baum.

さけ 酒 der Sake -; der Reiswein -[e]s,-e; [ワイン] der Wein -es,-e; [酒類] Spirituosen pl.; alkoholische (geistige) Getränke pl.　~を飲む trinken*.　~に酔う sich betrinken*.　悲しみを~にまぎらす seinen Kummer vertrinken*.

さけ 鮭 der Lachs -es,-e.　塩~ gesalzener Lachs.

さけい 左傾・する nach links tendieren; linksorientiert (linksgerichtet) sein*.

さけくせ 酒癖 ¶彼は~が悪い Er ist ein widerlicher Trinker.

さけずき 酒好き der Sake-Liebhaber -s,-; der Sake-Freund -es,-e.

さげすむ 蔑む verachten.

さけのみ 酒飲み der Trinker (Zecher) -s,-.　大~ der Säufer.

さけび 叫び der Schrei -es,-e.　改革の~ der Schrei nach Reform.　~を上げる einen Schrei aus|stoßen*.

さけぶ 叫ぶ schreien*; rufen*.　泣き~ heulen.　復讐を~ nach Rache schreien*.　救いを求めて~ um Hilfe schreien*.

さけめ 裂け目 der Riss -es,-e; [割れ目] der Spalt -s,-e.　~が入る Risse bekommen*.

さける 裂ける zerreißen*(s); [木が] sich spalten*.　二つに~ entzwei|reißen*(s).　ぼろぼろに~ in Fetzen gehen*(s).

さける 避ける aus|weichen*(s) 《3格》; [ver]meiden*.　危険を~ einer Gefahr aus|weichen*(s).　人を~ jm. aus dem Weg gehen* (s).　戦争は避けられない Der Krieg ist nicht zu vermeiden.　避け難い unvermeidlich.

さげる 下げる senken; herab|setzen; [つるす] hängen.　頭を~ den Kopf neigen.　看板を~ ein Schild aus|hängen.　鞄(勲章)を~ einen Koffer (Orden) tragen*.　値段を~ die Preise (Waren im Preis) herab|setzen*.　預金を~ Geld von der Bank ab|heben*.

さげん 左舷 das Backbord -s.　~へ backbord[s].

ざこ 雑魚 kleiner Fisch -es,-e.　~寝する wie Sardinen in einer Büchse (Heringe in einem Fass) schlafen*.

ざこう 座高 die Sitzhöhe.

さこく 鎖国 ¶幕府は~をおこなった Das Schogunat [ʃogu'na:t] hat Japan streng von der Außenwelt abgeschlossen.

さこつ 鎖骨 das Schlüsselbein -[e]s,-e.

ざこつ 座骨 das Sitzbein -[e]s,-e.　~神経 der Hüftnerv; der Ischiasnerv.　~神経痛 die Ischias; Hüftschmerzen pl.

ささ 笹 das Bambusgras -es, ¨er.

ささい 些細・な klein; unbedeutend; geringfügig.　~な事 die Kleinigkeit; unbedeutende Sache.

ささえ 支え die Stütze -n; die Unterstützung -en.

ささえる 支える stützen; [下から] unter|halten*.　一家を~ seine Familie unterhalten*.　攻撃を~ den Angriff aus|halten*.

ささくれ der Niednagel (Neidnagel) -s, ¨.

ささくれる splittern (h;s); [爪が] Niednägel bekommen*.

ささげつつ 捧げ銃・をする [das Gewehr] präsentieren.　~! Präsentiert das Gewehr!

ささげもの 捧げ物 das Opfer -s,-.　~をする ein Opfer (et. als Opfer) dar|bringen*.

ささげる 捧げる [高く上げる] hoch|halten*; [献呈する] widmen.　神に~ et. einem Gott dar|bringen* (opfern).　著書を~ jm. ein Buch widmen.　祖国に命を~ sich dem Vaterland (sein Leben für das Vaterland) opfern.　学問に一生を~ sein Leben ganz dem Studium widmen.　愛情を~ jm. seine Liebe schenken.

ささつ 査察 die Inspektion -en.　~する inspizieren.　~に来る zur Inspektion kommen*(s).　~使 der Inspektor.

さざなみ 小波 kleine Wellen pl.　~が立つ Das Wasser kräuselt sich.

ささめき das Flüstern -s.　→ ささやき.

ささめく flüstern.

ささやか ~な klein; winzig; [つつましい] bescheiden.　~な食事 bescheidenes (einfaches) Essen.　~に暮らす einfach leben; ein bescheidenes Leben führen.

ささやき 囁き das Geflüster -s.　風の~ [sanft] flüsternder Wind.　小川の~ das Gemurmel des Baches.

ささやく 囁く flüstern; wispern.　耳に~ jm. et. ins Ohr flüstern (raunen).

ささやぶ 笹藪 das Bambusgebüsch -es,-e.

ささる 刺さる ¶指にとげが刺さった Ich habe mir einen Dorn in den Finger gestochen.　刺さっている stecken(*); stecken bleiben*(s).

さし 差して飲む mit jm. zusammen trinken*.

さじ 匙 der Löffel -s,-.　スープ~ der Suppenlöffel.　茶~ der Teelöffel.　~を投げる et. auf|geben*.　~加減をする et. rücksichtsvoll behandeln.

さじ 些事 die Kleinigkeit -en.

ざし 座視・する keinen Finger rühren 《für 4格》.　~するに忍びない Ich kann nicht mehr ruhig (müßig) zusehen.

さしあげる 差し上げる [持ち上げる] erheben*; [呈上する] geben*; schenken.　何を差し上げましょうか [店で] Womit kann ich Ihnen dienen? / Was darf es sein?

さしあたり 差し当り [今] jetzt; im Augenblick; [当分] vorläufig; einstweilen.

さしいれる 差し入れる [hinein|]stecken; [刑務

所へ〕et. einem Gefangenen schicken. 郵便(料金)差し入れ口 der Briefeinwurf (Geldeinwurf).
さしえ 挿絵 die Illustration -en; die Abbildung -en. ～する et. illustrieren. ～入りの illustriert. ～画家 der Illustrator.
さしおく 差し置く〔放置する〕liegen lassen*; unberücksichtigt lassen*; 〔無視する〕vernachlässigen; außer Acht lassen*. 何を差し置いても vor allen anderen Dingen.
さしおさえ 差し押え die Beschlagnahme -n; die Pfändung -en.
さしおさえる 差し押える mit Beschlag belegen; in Beschlag nehmen*; beschlagnahmen; jm. et. pfänden.
さしかえる 差し替える et. aus|wechseln《gegen 4格》.
さしかかる 差し掛かる [nahe] kommen*(s)《an 4格》; sich nähern《3格》.
さしかける 差し掛ける ¶傘を～ einen Regenschirm über jn. halten*.
さしがね 差し金 das Winkelmaß -es, -e;〔そのかし〕die Anstiftung -en. 彼の～で auf seine Anstiftung (Anregung).
さしき 挿し木 der Steckling -s, -e; der Senker -s, -. ～をする Stecklinge in die Erde ein|pflanzen.
さじき 桟敷 das Schaugerüst -s, -e; die Tribüne -n;〔劇場の〕die Loge -n.
ざしき 座敷 das Tatamizimmer [ta'tatami...] -s, -;〔客間〕das Gastzimmer -s, -.
さしきず 刺し傷 die Stichwunde -n.
さしこみ 差し込み〔プラグ〕der Stecker -s, -;〔コンセント〕die Steckdose -n;〔劇痛〕der Krampf -[e]s, ¨e; krampfartiger Schmerz -es, -en.
さしこむ 差し込む hinein|stecken;〔痛む〕einen Krampf (Krämpfe) bekommen*.
さしこむ 射し込む ¶月光が窓から～ Der Mond scheint durch das Fenster. / Das Mondlicht fällt durch das Fenster.
さしころす 刺し殺す erstechen*; tot|stechen*.
さしさわり 差し障り die Verhinderung -en. ～があって来られない Er ist am Kommen verhindert. / Er ist verhindert zu kommen. ～のある事を言う eine ungehörige (unhöfliche) Bemerkung machen. こんな事を言うと～があるかもしれない Es wäre unhöflich von mir, das zu sagen. その話はここでは～がある Dieses Thema ist hier ein Tabu.
さししめす 指し示す zeigen. 道を～ jm. den Weg zeigen. 北を～ nach Norden zeigen.
さしず 指図 die Anweisung -en; die Anordnung -en; der Befehl -s, -e. ～する jn. an|weisen*(zu+不定詞); jm. et. befehlen*(vor|schreiben*). 彼にこれをすぐ片付けるように～した Ich habe ihn angewiesen, dies sofort zu erledigen. 君の～は受けない Von dir lasse ich mir nichts befehlen (vorschreiben).
さしせまる 差し迫る bevor|stehen*. 危険が差し迫っている Es droht eine Gefahr. 時間が差し迫っている Die Zeit drängt. 差し迫った bevorstehend; dringend; drohend.
さしだしにん 差出人 der Absender -s, -（略：Abs.）.
さしだす 差し出す ein|reichen; vor|legen. 手を～ jm. die Hand reichen (hin|halten*).
さしたる ～事ではない Das ist keine besondere (ernste) Sache.
さしちがえる 刺し違える einander mit dem Degen stechen*.
さしつかえ 差し支え die Verhinderung -en. ～がある verhindert sein*; [先約がある] schon verabredet sein*. ～がある場合は im Verhinderungsfall[e]. ～がない verhindert sein*; frei sein*. お～がなければ Wenn es Ihnen recht ist, ... 君は行っても～がない Sie dürfen (können) gehen.
さしつかえる 差し支える verhindert sein*. 彼は仕事が差し支えて来られない Er ist dienstlich (geschäftlich) verhindert zu erscheinen. / Der Dienst hat ihn verhindert zu erscheinen.
さしづめ 差し詰め〔差し当り〕vorläufig; einstweilen;〔結局〕zum Ende; schließlich.
さして ～…ない nicht so; nicht besonders.
さしで 差し出・がましい unbescheiden; aufdringlich; zudringlich. ～口をきく sich ein|mischen《in 4格》. ～た anmaßend. 私はそんな～た事はしない Ich maße mir nicht an, es zu tun.
さしとおす 刺し通す ¶針を布地に～ mit der Nadel durch den Stoff durch|stechen*.
さしとめる 差し止める verbieten*. 報道を～ Nachrichten unterdrücken (sperren).
さしのべる 差し伸べる aus|strecken. 援助の手を～ jm. die Hand reichen.
さしば 差し歯 der Stiftzahn -[e]s, ¨e.
さしはさむ 挟む stecken; ein|schalten. 言葉を～ jm. in die Rede fallen*(s). 疑いを～ Zweifel hegen《an 3格》. 異議を～ Einwände erheben*《gegen 4格》.
さしひかえる 差し控える zurück|halten*《mit 3格》.
さしひき 差し引き abzüglich《2格》; nach Abzug (Abrechnung)《2格》;〔残高〕der Saldo -s, ..den (-s; ..di). ～1000円の貸し(借り)になる Der Saldo von unseren Gunsten (Lasten) beträgt 1 000 Yen. ～勘定をする ab|rechnen.
さしひく 差し引く et. ab|ziehen*《von 3格》.
さしまねく 差し招く jn. herbei|winken.
さしみ 刺身 Sashimi pl.
さしむかい 差し向かい・に座る sich jm. gegenüber|setzen. ～て話す jn. unter vier Augen sprechen*. 夫婦で～で暮らす Das Ehepaar lebt für sich allein.
さしむける 差し向ける senden*; schicken.
さしも ～堅固な城塞(じょう)も selbst solch eine feste Burg. ～の勇士も Tapfer, wie er ist, ...

さしもどす 差し戻す ¶第一審に～ an die erste Instanz zurück|verweisen*.

さしもの 指物 die Tischlerarbeit -en. ～師 der Tischler.

さしゅ 詐取 der Betrug -[e]s. ～する jn. betrügen*《um 4格》. 彼は有り金をみな～された Man hat ihn um sein ganzes Geld betrogen.

さしゅう 査収する an|nehmen*.

さしょう 些少 die Kleinigkeit -en. ～の klein; gering; unbedeutend.

さしょう 査証 das Visum -s, ..sa (..sen); der Sichtvermerk -s, -e. 旅券を～する den Pass visieren (mit einem Visum versehen*).

さしょう 詐称 falsche Angabe -n. 名前を～する einen falschen Namen an|geben*. 経歴を～する seinen Lebenslauf falsch dar|stellen.

さじょう 砂上·の楼閣(かく) das Kartenhaus -es, ⸚er. 彼の計画は～の楼閣である Seine Pläne sind auf Sand gebaut. / Seine Pläne werden wie ein Kartenhaus einstürzen.

ざしょう 挫傷 die Quetschwunde -n; die Kontusion -en.

ざしょう 座礁 die Strandung -en. ～する stranden (s); scheitern (s).

さしわたし 差し渡し → 直径.

さじん 砂塵 die Staubwolke -n. ～を巻き起す den Staub auf|wirbeln.

さす 刺す stechen*; stoßen*. 剣で胸を～ jn. mit dem Degen in die Brust stechen*; jn. den Degen in die Brust stoßen*. ～ような痛み stechende Schmerzen pl.

さす 差(指)す zeigen*《auf 4格》; weisen*《auf 4格》. 傘を～ den Regenschirm auf|spannen. 刀を～ das Schwert tragen*. 将棋を～ Schach spielen. 名前を～ js. Namen nennen*. 水を～ Wasser gießen*《in 4格》. 時計が12時を～ Die Uhr zeigt auf zwölf. 日が～ Die Sonne scheint. 顔に赤味が～ Die Röte steigt ihm ins Gesicht. その悪口は君を指している Der Spott geht auf dich.

さす 挿す et. stecken《in 4格》.

さす 砂州 die Sandbank ⸚e.

さすが 流石·に [本当に] wahrhaftig; wirklich; [やはり] doch. ～の彼もそれを認めなければならなかった Selbst (Sogar) er musste das einsehen.

さずかりもの 授かり物 ¶子供は～ Kinder sind ein Geschenk Gottes (eine Gabe des Herrn).

さずかる 授かる geschenkt bekommen*. 子宝を～ mit einem Kind gesegnet werden*(s 受).

さずける 授ける geben*; schenken; [勲章·称号を] verleihen*.

サスペンス die Spannung -en. ～に富んだ spannungsvoll; voller Spannung.

サスペンダー [ズボン吊り] der Hosenträger -s, -; [靴下留め] der Strumpfhalter -s, -.

さすらい die Wanderung -en. ～の旅に出る auf [die] Wanderschaft gehen*(s); zum Wanderstab greifen*. ～人(びと) der Wanderer.

さすらう [umher|]wandern (s); umher|streifen (s).

さする 摩る streichen*; streicheln.

ざせき 座席 der Sitz -es, -e; der [Sitz]platz -es, ⸚e. ～に着く seinen Sitz ein|nehmen*; Platz nehmen*.

させつ 左折する [nach] links ab|biegen*(s).

ざせつ 挫折 der Zusammenbruch -s, ⸚e. ～する scheitern (s); zusammen|brechen*(s). ～させる zum Scheitern bringen*. 彼の計画は～すべき運命にあった Seine Pläne waren zum Scheitern verurteilt.

させる lassen*;[強いる] jn. zwingen*《zu 3格》;[仕向ける] jn. veranlassen*《zu 3格》. 好きなように～ jn. gewähren lassen*; jn. schalten und walten lassen*, wie er will. 僕にさせて下さい Lassen Sie mich's versuchen!

させん 左遷する zurück|stufen; degradieren.

ざぜん 座禅 die sitzende Versenkung des Zen-Buddhismus; die Zen-Meditation.

さぞ gewiss; sicherlich; wohl. ～寒い事だろう Es muss kalt sein!

さそい 誘い·をかける jn. verlocken《zu 3格》. ～に乗る js. Lockungen erliegen*.

さそいだす 誘い出す hervor|locken. 友達を散歩に～ einen Freund zum Spaziergang ab|holen.

さそう 誘う [招く] ein|laden*; [迎えに行く] ab|holen; [連れて行く] mit|nehmen*; [誘惑する] verführen. お茶に～ jn. zu einer Tasse Tee ein|laden*. 涙を～ jn. zu Tränen rühren.

さそく 左側 die linke Seite. ～通行する links gehen*(s); sich links halten*.

さそり 蠍 der Skorpion -s, -e. ～座 der Skorpion.

さた 沙汰·の限りだ unter aller Kritik sein*. ～止みになった Es ist nichts daraus geworden. 彼らから何の～もない Ich habe nichts von ihm gehört. 何かの～があるまで待つ auf weitere Anweisungen warten. ～をする jn. an|weisen*《zu+不定詞》. 正気の～ではない Das ist ja Wahnsinn.

さだか 定かな(に) deutlich; klar; [正確な] genau.

さだまる 定まる bestimmt (festgesetzt) werden*(s 受). 天下が～ Es herrscht Frieden im Land[e]. 定まった bestimmt. 定まらぬ unbeständig; unsicher. 天候が定まらない Das Wetter ist unbeständig.

さだめ 定め [規則] die Regel -n;[運命] die Bestimmung. ～の時間に zur verabredeten Zeit. ～なき空 unbeständiges (unsicheres) Wetter. ～なき世 vergängliches Leben.

さだめし 定めし gewiss; sicherlich; wohl. ～苦労なさった事でしょう Es muss Sie viel Mühe gekostet haben.

さだめる 定める bestimmen; fest|setzen. 日を～ den Tag bestimmen. 規則を～ Regeln auf|stellen. 計画を～ Pläne fassen. 態度を

~ Stellung nehmen*《zu 3 格》. 天下を~ das ganze Land unter seine Herrschaft bringen*.

サタン der Satan -s, -e; der Teufel -s, -.

ざだん 座談 die Unterhaltung -en. ~をする sich unterhalten*. ~の大家 interessanter Plauderer. ~会 das Roundtablegespräch; 〔学問的な〕das Symposion (Symposium).

さち 幸 das Glück -[e]s. 海の~山の~ alles, was die Natur zu bieten hat. ~を多かれと祈る jm. viel Glück wünschen.

ざちょう 座長 der Vorsitzende#; 〔芝居の〕der Leiter -s, -. ~を勤める den Vorsitz führen.

さつ 札 der Geldschein -s, -e; das Papiergeld -[e]s; die Banknote -n. 1000 円~ der 1 000 Yen-Schein. ~束 ein Bündel Banknoten. ~びらを切る mit [dem] Geld um sich werfen*.

さつ 冊〔部〕das Exemplar -s, -e; 〔巻〕der Band -es, ⸚e. 本を3~買う 3 Bücher kaufen.

ざつ 雑・な(に) grob; nachlässig; flüchtig. ~の部 Vermischtes#.

さつい 殺意 mörderische Absicht -en. ~のある mordgierig.

さついれ 札入れ die Brieftasche -n.

さつえい 撮影 [fotografische] Aufnahme -n;〔映画の〕die Filmaufnahme -n; Dreharbeiten pl. ~する fotografieren; auf|nehmen*;〔映画に〕filmen; eine Filmaufnahme machen (von 3 格). 映画を~する einen Film drehen. ~技師 der Kameramann. ~所 das Filmstudio. 野外~ Außenaufnahmen pl.

ざつえき 雑役 gelegentliche kleine Arbeiten pl. ~夫 der Diener.

ざつおん 雑音 das Geräusch -es, -e. ラジオに~が入る Im Radio ist ein Nebengeräusch. / Ein Geräusch stört die Sendung.

さっか 作家 der Schriftsteller -s, -; der Dichter -s, -; 〔著者〕der Verfasser -s, -. 女流~ die Schriftstellerin; die Dichterin. 大衆~ der Volksschriftsteller. 流行~ der Modeschriftsteller.

さっか 昨夏 im letzten Sommer.

ざっか 雑貨 Haushaltwaren (Gemischtwaren) pl. ~店 die Gemischtwarenhandlung.

サッカー der Fußball -[e]s. ~をする Fußball spielen.

さつがい 殺害 der Mord -es, -e; der Totschlag -[e]s. ~する [er]morden. ~者 der Mörder.

さっかく 錯覚 die Illusion -en; die Täuschung -en. ~を起す sich einer Illusion (Täuschung) hin|geben* (über 4 格); sich täuschen (über 4 格).

ざつがく 雑学 die Vielwisserei -en.

さっかしょう 擦過傷 die Hautabschürfung -en; die Schramme -n. ~を負う sich schrammen; sich³ die Haut ab|schürfen.

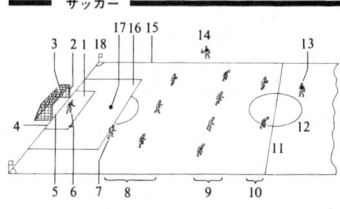

── サッカー ──

1 ゴールエリア der Torraum
2 ゴールポスト der Torpfosten
3 クロスバー die Querlatte
4 ゴールライン die Torlinie
5 ゴール das Tor
6 ゴールキーパー der Tormann
7 リベロ der Libero
8 ディフェンダー der Verteidiger
9 ミッドフィルダー der Mittelfeldspieler
10 フォワード der Stürmer
11 ハーフウェイライン die Mittellinie
12 センターサークル der Mittelkreis
13 主審 der Schiedsrichter
14 線審 der Linienrichter
15 タッチライン die Seitenlinie
16 ペナルティーエリア der Strafraum
17 ペナルティーキックマーク der Elfmeterpunkt
18 コーナーフラッグ die Eckfahne

サッカリン das Saccharin -s.

ざっかん 雑感 verschiedene Gedanken pl.; allerlei Eindrücke pl.

さっき vorhin; vor kurzem. つい~ eben jetzt. ~から schon. ~の男 der Mann, der eben noch hier war.

さっき 殺気 der Blutdurst -[e]s. ~立つ nach Blut lechzen. ~立った blutdürstig. 場内には~が漲(みなぎ)った Im Saal herrschte eine unheimliche Spannung.

さつき 五月 der Mai -[s]; der Wonnenmonat -s.《植》die Azalee (Azalie) -n.

ざっき 雑記 Notizen pl. ~帳 das Notizbuch.

ざつき 座付き・の zu einem Theater gehörig. ~作者 der Theaterdichter.

さっきゅう 早急・の sofortig. ~に sofort.

ざっきょ 雑居する zusammen|leben.

さっきょく 作曲 die Komposition (Vertonung). ~する komponieren. 歌詞に~する einen Text vertonen. N氏~の歌 ein Lied komponiert von N. ~家 der Komponist.

さっきん 殺菌 die Sterilisation -en; Entkeimung -en. ~する sterilisieren; entkeimen. 低温~する pasteurisieren. ~牛乳 pasteurisierte Milch. ~剤 keimtötendes Mittel. ~装置 der Sterilisierapparat; der Sterilisator. ~力 die Sterilisierungswirkung.

ざっきん 雑菌 verschiedene Bakterien pl.

サック die Hülse -n; 〔避妊用の〕das (der) Kondom -s, -e. 鉛筆の~ die Bleistift-

ザック　240

hülse. 眼鏡の～ das Brillenetui. 指の～ der Fingerling.

ザック　der [Ruck]sack -[e]s, ⸚e.

サックス → サキソホン.

ざっくばらん　～に frank und frei. ～に話す von Mann zu Mann sprechen*. ～に言うと offen gesagt.

ざっけん　雑件 verschiedene Angelegenheiten pl.; Verschiedenes#.

ざっこく　雑穀 Zerealien pl.; das Getreide -s. ～商 der Getreidehändler.

さっこん　昨今 in dieser Zeit; heutzutage; in letzter Zeit.

ざっこん　雑婚 die Mischehe -n; [乱婚] die Promiskuität.

さっさと schnell; geschwind; eilig; [直ちに] sofort.

さっし　察し・のいい verständnisvoll. 彼は～が悪い Er ist schwer von Begriff. 君の喜びは～がつく Ich kann mir Ihre Freude denken (vorstellen).

さっし　冊子 das Büchlein -s, -; die Broschüre -n.

サッシ das Fensterrahmen -s, -.

ざっし　雑誌 die Zeitschrift -en. 月刊(週刊)～ die Monatsschrift (Wochenschrift). ～記者 der Journalist.

ざっじ　雑事 Kleinigkeiten pl.; kleinliche Angelegenheiten pl. 身辺の～ private Angelegenheiten pl.

ざっしゅ　雑種 der Bastard -s, -e; der Mischling -s, -e; die Hybride -n. ～の hybrid. ～の犬 nicht reinrassiger Hund; die Promenadenmischung.

ざっしゅうにゅう　雑収入 verschiedene Einnahmen pl.

さっしょう　殺傷する töten und verletzen.

ざっしょく　雑食・性の omnivor. ～性動物 Omnivoren pl.; der Allesfresser.

さっしん　刷新 die Reform -en; die Erneuerung -en. ～する erneuern; neu gestalten.

さつじん　殺人 der Mord -es, -e; der Totschlag -[e]s. ～的 mörderisch; tödlich. ～的な暑さ mörderische Hitze. ～事件 die Mordaffäre. ～罪を犯す einen Mord begehen*. ～犯 der Mörder. ～未遂 der Mordversuch (Tötungsversuch).

さっする　察する [推察する] vermuten; [想像する] sich³ vor|stellen; [感づく] wittern. ～ところ vermutlich. 彼の口振りから～と nach seinen Bemerkungen zu urteilen. お察しします Ich kann mit Ihnen mitfühlen. / Das kann ich Ihnen nachfühlen.

ざつぜん　雑然・とした unordentlich. ～としている durcheinander sein* (liegen*); in Unordnung sein*. 部屋は恐ろしく～としている Im Zimmer herrscht eine fürchterliche Unordnung.

さっそう　颯爽たる(と) stattlich; herrlich; frisch und munter.

ざっそう　雑草 das Unkraut -s. ～を抜く Unkraut jäten. ～がはびこる Das Unkraut wuchert.

さっそく　早速 sogleich; sofort; unverzüglich.

ざっそく　雑則 verschiedene Regeln pl.

ざった　雑多 allerlei; verschieden; gemischt.

ざつだん　雑談 die Plauderei -en; die Unterhaltung -en; das Geschwätz -es. ～する plaudern; schwatzen; sich unterhalten*.

さっち　察知する wahr|nehmen*; [be]merken.

さっちゅうざい　殺虫剤 das Insektizid -s, -e; [粉末の] das Insektenpulver -s, -.

さっと [にわかに] plötzlich; auf einmal; [素早く] schnell; rasch. 扉を～と開ける die Tür auf|reißen*.

ざっと flüchtig; [大略] ungefähr; annähernd; [簡単に] kurz. ～目を通す et. flüchtig durch|lesen*. ～100人ばかり ungefähr hundert Menschen pl.

さっとう　殺到・する an|dringen* (an|drängen) (s) 《gegen 4格》; an|stürmen(s) 《gegen 4格》; zu|strömen(s) 《3格, auf 4格》. 注文が～する Viele Bestellungen laufen ein.

ざっとう　雑踏 das Gedränge -s; das Gewühl -s. ～する [人が] sich drängen; [場所が] gedrängt voll sein*. 往来は～している Auf der Straße drängen sich viele Leute. / Die Straße wimmelt von Menschen.

ざつねん　雑念 unreine (unnötige) Gedanken pl.

ざっぱく　雑駁な oberflächlich; [まとまりのない] unzusammenhängend.

さつばつ　殺伐な brutal; roh; barbarisch.

さっぱり　～…ない gar nicht; gar kein; nicht das Geringste. 彼は～同情してくれない Er hat nicht das geringste Mitleid mit mir. ～した性格 offener Charakter. ～した身なりをしている sauber gekleidet sein*.

ざっぴ　雑費 verschiedene Unkosten (Ausgaben) pl.

さっぷうけい　殺風景な öde; nüchtern; geschmacklos.

ざつぶん　雑文 das Feuilleton -s, -s. ～家 der Feuilletonist.

ざっぽう　雑報 vermischte Nachrichten pl.; Miszellaneen (Miszellen) pl. ～欄 Vermischtes#; die Rubrik „Verschiedenes".

ざつむ　雑務 nebensächliche Geschäfte pl.

ざつよう　雑用 verschiedene (allerlei) Geschäfte pl. 家庭の～ häusliche Geschäfte (Angelegenheiten) pl. ～に追われる mit allerlei Geschäften überhäuft (überlastet) sein*.

さつりく　殺戮 das Gemetzel -s, -. 大量～ der Massenmord; das Blutbad. ～する grausam morden; [大量に] nieder|metzeln; nieder|machen.

ざつろく　雑録 Miszellaneen (Miszellen) pl.; vermischte Aufzeichnungen pl.

さて nun.

さてい 査定 die Abschätzung -en; die Einschätzung -en. ～する ab|schätzen; ein|schätzen. 彼の税額は80万円と～された Er wurde mit 800 000 Yen veranlagt.

サディスト der Sadist -en, -en.

サディズム der Sadismus -.

さておき 扨置き ¶それは～ davon abgesehen. この問題は～ abgesehen von dieser Frage. 何は～ vor allen Dingen; vor allem.

さてさて wirklich; wahrhaftig. ～感心な子だ Was für ein artiges Kind!

さてつ 砂鉄 eisenhaltiger Sand -es.

さてつ 蹉跌する scheitern (s); fehl|schlagen* (s).

さては also.

さと 里 [村] das Dorf -es, ≃er; [実家] das Elternhaus -es, ≃er. そんな事をすると～が知れる Was du tust, verrät deine Herkunft.

さとい 聡い klug; gescheit. 耳が～ scharfe Ohren (ein feines Gehör) haben*.

さとう 左党 [酒飲み] der Trinker (Zecher) -s, -.

さとう 砂糖 der Zucker -s. 角～ der Würfelzucker. 粉～ der Puderzucker (Streuzucker). 精製～ die Raffinade; raffinierter Zucker. 赤～ brauner Zucker. 氷～ der Kandiszucker. ～きび das Zuckerrohr. ～大根 die Zuckerrübe. 果物を～漬けにする Früchte in Zucker ein|machen. ～漬けの果物 Zuckerfrüchte pl.

さどう 作動する(させる) in Gang kommen*(s) (bringen*).

さどう 茶道 die Teezeremonie -n.

さとおや 里親 Pflegeeltern pl.

さとがえり 里帰りする das Elternhaus [zum ersten Mal nach der Verheiratung] besuchen.

さとご 里子 das Pflegekind -[e]s, -er. ～にやる jm. sein Kind in Pflege geben*.

さとごころ 里心がつく Heimweh haben*.

さとす 諭す ermahnen 《zu 3格》; jm. raten* 《zu 3格》; jn. warnen 《vor 3格》; jn. zurecht|weisen* 《wegen 2格》; jn. belehren 《über 4格》. 勉強するように～ jn. zum Fleiß ermahnen.

さとり 悟り die Erkenntnis -se; die Erleuchtung -en. ～の悪い schwer von Begriff sein*. ～を開く zur höchsten Erkenntnis gelangen (s); erleuchtet werden*(s受).

さとる 悟る ein|sehen*; erkennen*; verstehen*; [気づく] [be]merken. 一悟り. 彼は自己の過ちを悟った Er ist zur Erkenntnis seines Irrtums gekommen. 悟らせる jn. zur Erkenntnis 《2格》 bringen*. 悟られず unbemerkt.

サドル der Sattel -s, ≃.

さなか 最中・に mitten in 《3格》; während 《2格》. 嵐の～に mitten im Sturm.

さながら wie; so wie; als ob … ～昼のように明るい Es ist so hell wie am Tage.

さなぎ 蛹 die Puppe -n.

さなだむし 真田虫 der Bandwurm -s, ≃er.

サナトリウム das Sanatorium -s, ..rien.

さね 実(核) der Kern -s; der Stein -es, -e.

さのう 砂嚢 der Sandsack -[e]s, ≃e.

さは 左派 die Linke#. 彼は～だ Er gehört zur Linken. / Er steht links.

さはい 差配・する verwalten; [指導する] leiten. ～人 der Verwalter.

サバイバル das Überleben -s.

さばき 裁き das Urteil -s, -e; gerichtliche Entscheidung -en. 神の～ Gottes Gericht. ～を受ける vor Gericht gestellt werden*(s受). ～をつける eine Entscheidung treffen* (fällen) 《über 4格》.

さばく 捌く [売る] verkaufen; zum Verkauf bringen*; [処理する] erledigen. さばけた人 verständiger (welterfahrener) Mensch.

さばく 裁く richten 《über 4格》; urteilen 《über 4格》; entscheiden*. 争いを～ einen Streit entscheiden* (bei|legen).

さばく 砂漠 die [Sand]wüste -n.

さばさば ～する sich erleichtert fühlen.

さはんじ 茶飯事 ¶日常～ die Alltäglichkeit -en.

さび 錆 der Rost -es; [古色] die Patina. ～のついた rostig. ～がつく Rost setzt sich an. ～を落す den Rost entfernen; et. vom Rost säubern. 身から出た～ Wer Wind sät, wird Sturm ernten. ～色の rostfarben; rostfarbig.

さびしい 寂しい einsam. ふところが～ schwach auf der Brust sein*. 寂しがる sich einsam fühlen. 寂しさ die Einsamkeit.

さびつく 錆び付く ein|rosten (s).

さびどめ 錆止め der Rostschutz -es. ～塗料 die Rostschutzfarbe. ～をする et. vor Rost schützen.

ざひょう 座標 Koordinaten pl. ～系 das Koordinatensystem. ～軸 die Koordinatenachse. ～変換 die Koordinatentransformation. デカルト～ kartesische Koordinaten pl. 球～ sphärische Koordinaten pl.

さびる 錆びる rosten (s; h); verrosten (s). 錆びた rostig; verrostet. 錆びない rostfrei.

さびれる 寂れる ¶商売(市場)が～ Das Geschäft (Der Markt) wird flau. 劇場が～ Das Theater wird wenig besucht. ここは昔より寂れている Hier ist es nicht so belebt wie damals. 寂れた町 verlassene Stadt.

サファイア der Saphir -s, -e.

サファリ die Safari -s. ～パーク der Safaripark.

サブタイトル der Untertitel -s, -.

ざぶとん 座蒲団 das Sitzkissen -s, -.

サフラン der Safran -s, -e.

さべつ 差別 der Unterschied -es, -e. ～をつける unterscheiden* (einen Unterschied machen) 《zwischen 3格》. 無～的に ohne Unterschied; unterschiedslos. ～的 unterscheidend. ～待遇をする(しない) jn. unter-

さほう 作法 Manieren *pl.*; gute Sitten *pl.*; Umgangsformen *pl.*; die Etikette *-n*. ~を知らない Er hat keine Manieren. ~を心得ている Er hat ein manierliches Benehmen. / Er weiß sich zu benehmen.

さぼう 砂防ダム die Geschiebestausperre *-n*.

サポーター die Bandage *-n*; 〔ファン〕 der Anhänger *-s, -*.

サボタージュ die Sabotage *-n*. ~する Sabotage treiben* (begehen*); *et.* sabotieren.

サボテン 仙人掌 der Kaktus *-, ..teen*.

さほど so; so sehr. ~むずかしいとは思わない Ich finde es nicht so schwierig.

サボる 学校を~ die Schule schwänzen; hinter (neben) die Schule gehen*(s). 仕事を~ seine Arbeit vernachlässigen.

ザボン die Pampelmuse *-n*.

さま 様 → 様子. N~〔宛名〕(男) Herrn N; (既婚婦人) Frau N; (未婚婦人) Fräulein N. 御尊父~ Ihr Herr Vater. 父上~ Lieber Vater. 旦那~ Mein Herr. 奥~ Gnädige Frau.

ざま ~を見ろ Es geschieht dir ganz recht. 何だその~は Schäme dich!

サマー ~スクール der Sommerkurs. ~タイム die Sommerzeit.

さまざま 様様・の verschiedenartig; verschieden; mannigfaltig; allerhand. ~の大きさの靴 Schuhe verschiedener Größe. ~の本 Bücher aller Art.

さます 冷ます [ab]kühlen. 興を~ *jm.* den Spaß verderben*.

さます 覚(醒)ます ¶ 目を~ auf|wachen(*s*); erwachen(*s*). 酔いを~ *jn.* ernüchtern. 迷いを~ *jm.* die Augen öffnen.

さまたげ 妨げ das Hindernis *-ses, -se*. ~になる *jm.* ein Hindernis sein*.

さまたげる 妨げる stören; behindern; ab|halten*; 仕事を~ *jn.* bei der Arbeit stören (behindern); *jn.* von der Arbeit ab|halten*.

さまよう 彷徨う umher|wandern(*s*); herum|-streifen(*s*); umher|irren(*s*). 生死の間を~ zwischen Leben und Tod schweben*.

サミット die Gipfelkonferenz *-en*.

さむい 寒い kalt. 今日はひどく~ Heute ist es empfindlich kalt. 私は~ Es friert mich. / Mir ist kalt.

さむがる 寒がる frieren*. 彼女は寒がりだ Sie friert sehr leicht. / Sie ist kälteempfindlich.

さむけ 寒気 der Frost *-es, ⸚e*; 〔悪寒〕 der Fieberfrost *-[e]s, -e*. 私は~がする Es fröstelt mich. /〔比〕 Es überläuft mich kalt.

さむさ 寒さ die Kälte. 今日はひどい~だ Heute ist es furchtbar kalt.

さむざむ 寒寒とした kühl; kalt; 〔荒涼たる〕öde.

さむぞら 寒空に bei dem kalten Wetter.

さむらい 侍 der Samurai [zamuˈraɪ] *-[s], -[s]*; der Ritter *-s, -*. 大した~だ Er ist ein frecher Kerl.

さめ 鮫 der Hai *-s, -e*; der Haifisch *-es, -e*. ~肌 raue Haut.

さめざめ ~と泣く bitterlich weinen; bittere Tränen weinen.

さめる 冷める ab|kühlen(*s*); sich ab|kühlen. 愛情が~ Die Liebe kühlt [sich] ab. 興奮が冷めた Die Aufregung hat sich gelegt.

さめる 覚(醒)める ¶ 目が~ erwachen(*s*); auf|wachen(*s*); wach werden*(*s*). 酔いが~ wieder nüchtern werden*(*s*). 迷いから~ aus seinem Wahn erwachen(*s*). やっと彼は目が覚めた〔比〕 Endlich fiel es ihm wie Schuppen von den Augen.

さめる 褪める verbleichen*(*s*); verblassen(*s*); verschießen*(*s*). 色の褪めた verschossen; verblasst; verblichen.

さも sehr; wirklich. ~悲しそうだ Er sieht sehr traurig aus.

さもしい gemein; niedrig; niederträchtig.

さもないと sonst; oder.

サモワール der Samowar *-s, -e*.

さもん 査問・する untersuchen. ~委員会 der Untersuchungsausschuss.

さや 莢 die Hülse *-n*; die Schote *-n*.

さや 鞘 die Scheide *-n*; 〔売買差額〕 die Differenz *-en*. ~を稼(ㇰ)ぐ Gewinn ziehen* 《aus 3格》. 二人は元の~に収まった Zwischen den beiden scheint alles wieder zu stimmen.

さやえんどう 莢豌豆 die Erbse *-n*.

さやか 清か hell; klar.

さゆう 左右・の link und recht; beide. ~に links und rechts; zu beiden Seiten. ~を見る nach links und rechts sehen*. ~する beeinflussen; einen Einfluss aus|üben 《auf 4格》. 運命を~する für *js.* Schicksal entscheidend sein*. 感情に~される sich von seinen Gefühlen bestimmen lassen*. 言を~にする eine ausweichende Antwort geben*; keine bestimmte Antwort geben*.

ざゆう 座右・に備える *et.* bei der Hand haben*. ~の銘 das Motto; der Wahlspruch.

さよう 左様 ja; gewiss. ~な ein solch; solch (so) ein.

さよう 作用 die Wirkung *-en*; 〔働き〕die Tätigkeit *-en*; 〔機能〕die Funktion *-en*. 化学~ chemische Wirkung; chemischer Prozess. 副~ die Nebenwirkung. 相互~ die Wechselwirkung. ~する wirken 《auf 4格》. 薬が~する Das Heilmittel tut seine Wirkung.

さようなら Auf Wiedersehen! / Leben Sie wohl! 〔電話で〕 Auf Wiederhören! ~をする sich empfehlen*; sich [von *jm.*] verabschieden.

さよきょく 小夜曲 die Serenade *-n*; das Ständchen *-s, -*.

さよく 左翼 linker Flügel *-s, -*; 〔思想上の〕die Linke*. ~的な link; links eingestellt. ~運動 linksradikale Bewegung. 彼は~だ Er steht links.

ざよく 座浴 das Sitzbad -[e]s, ⸚e.
さら 皿 der Teller -s, -;〔平皿〕die Platte -n;〔深皿〕die Schüssel -n;〔受け皿〕die Untertasse -n;〔秤の〕die Schale -n. 二~のスープ zwei Teller [voll] Suppe. 一~の魚料理 ein Gericht Fische. ~洗い〔人〕der Spüler. ~洗い機 die Spülmaschine.
ざら ~に〔普通に〕gewöhnlich;〔到る所に〕überall. そんな事は~にある So etwas findet sich überall.
さらいげつ 再来月 《副詞》 übernächsten Monat.
さらいしゅう 再来週 《副詞》 übernächste Woche.
さらいねん 再来年《副詞》übernächstes Jahr.
さらう 浚う〔溝を〕reinigen;〔川を〕aus|baggern;〔復習する〕wiederholen; üben. ピアノを~ auf dem Klavier üben.
さらう 攫う〔持ち去る〕weg|nehmen*;〔盗む〕jm. et. rauben;〔誘拐する〕entführen. 賞品を~ den Preis davon|tragen*. 波に攫われる von den Wellen weggerissen werden*(s受).
ざらがみ ざら紙 grobes (raues) Papier -s.
さらけだす 曝け出す an den Tag bringen*. 何もかも~ alles gestehen* (heraus|sagen). 心の内を~ sein Innerstes entblößen.
サラサ 更紗 bedruckter Kattun -s, -e.
さらさら ~流れる rauschen (s); rieseln (h;s). ~書く flüssig schreiben*. 木の葉が~鳴る Die Blätter rauschen. ~…ない [ganz und] gar nicht.
ざらざら ~した rau. ~する sich rau an|-fühlen.
さらし 晒し gebleichter Kattun -s, -e.
さらしこ 晒し粉 der Bleichkalk -s.
さらす 晒す〔漂白する〕bleichen. 日に(風雨に)~ der Sonne (dem Wetter) aus|setzen. 危険に身を~ sich einer Gefahr aus|setzen. 恥を~ sich bloß|stellen. 晒し者にする jn. an den Pranger stellen. 晒し者になる an den Pranger kommen*(s).
サラセン ~人 der Sarazene. ~人の sarazenisch.
サラダ der Salat -[e]s, -e. ~オイル das Salatöl. ~菜 der Salat.
さらち 更地 unbebautes Grundstück -s, -e.
さらに 更に noch; weiter. その上~ noch dazu. ~一言 noch ein Wort. AはBより~大きい A ist noch größer als B. ~上方に weiter oben. ~読み続ける weiter lesen*. ~…ない [ganz und] gar nicht.
サラブレッド das Vollblut -[e]s; der Vollblüter -s, -.
サラリーマン der Angestellte#.
さらりと ~忘れる glatt (einfach) vergessen*. 悪口を~受け流す die Beleidigung glatt ein|-stecken. ~した粉 feines Mehl.
ざりがに der Krebs -es, -e.
さりげない beiläufig; scheinbar gleichgültig.
サリチル ~酸 die Salizylsäure.
さりとて doch; dennoch; trotzdem.

サリドマイド das Thalidomid [talido'mi:t] -s.
さる 猿 der Affe -n, -n. ~知恵 der Bauernverstand. ~芝居 das Affentheater. ~真似 die Äfferei. ~真似をする et. äffen.
さる 去る weg|gehen*(s); fort|kommen*(s). 両親のもとを~ seine Eltern verlassen*. 世を~ die Welt verlassen*; aus der Welt scheiden* (gehen*)(s). 職を~ sein Amt auf|-geben*. 妻を~ seine Frau verstoßen*. 痛みが去った Die Schmerzen sind vergangen. 東京を~50キロの地点 ein Ort, 50 Kilometer von Tokyo entfernt. ~者は日日に疎(∵)し Aus den Augen, aus dem Sinn.
ざる 笊 der [Bambus]korb -[e]s, ⸚e.
さるぐつわ 猿轡 der Knebel -s, -. ~をかませる jn. knebeln.
さるすべり 百日紅 indischer Flieder -s, -.
サルタン der Sultan -s, -e.
サルバルサン das Salvarsan -s.
サルビア der Salbei -s, -.
サルファ ~剤 Sulfonamide pl.
サルベージ die Bergung -en. ~船 der Bergungsdampfer.
されき 砂礫 der Kies -es.
されこうべ 髑髏 der Totenschädel -s, -.
サロン der Salon -s, -s;〔腰布〕der Sarong -[s], -s.
さわ 沢〔谷川〕der Gebirgsbach -[e]s, ⸚e;〔沼地〕der Sumpf -[e]s, ⸚e.
さわかい 茶話会 die Teegesellschaft -en.
さわがしい 騒がしい lärmend; geräuschvoll; laut; unruhig. ~物音 der Lärm. 往来が~ Auf der Straße ist es unruhig.
さわがす 騒がす in Aufruhr (Aufregung) bringen*. 世間を~ Aufsehen erregen.
さわぎ 騒ぎ der Lärm -s;〔不穏〕die Unruhe;〔騒動〕der Aufruhr (Krawall) -s, -e. ~を引き起す einen Aufruhr (Tumult) verursachen. ~を起す Unruhe stiften.
さわぎたてる 騒ぎ立てる Lärm schlagen*. 大げさに~ viel Geschrei machen《um 4格》.
さわぐ 騒ぐ lärmen; Lärm machen;〔子供が騒ぎ回る〕toben (h;s). 学生が騒いでいる Die Studenten lärmen (sind aufgeregt). 国中が騒いでいる Das ganze Land ist in Erregung geraten. ~な Mach keinen Lärm!
ざわざわ ~いう rauschen; rascheln.
ざわつく laut sein*;〔不穏である〕unruhig sein*. 木の葉が~ Es raschelt in den Bäumen.
さわやか 爽やか・な frisch; erfrischend; erquicklich. 弁舌~である fließend reden; beredt (redsam) sein*.
さわる 触る et. berühren; et. an|fassen. 電線に~な Nicht die Leitung berühren! 彼の態度が気に~ Seine Haltung berührt mich unangenehm.
さわる 障る schaden《3格》. からだに~ der Gesundheit schaden (abträglich sein*).
さん 〔敬称〕(男) Herr;〔既婚女性〕Frau;〔未婚

女性) Fräulein.
さん 三 drei. 第～の dritt. ～度 dreimal. ～倍の dreifach. ～様の dreierlei.
さん 桟 die Querlatte -n; 〔雨戸の〕der Riegel -s, -.
さん 産 ¶青森～のりんご Äpfel von Aomori. 大阪の～である aus Osaka gebürtig sein* (stammen). お～をする entbinden*; ein Kind gebären*. ～を成す sich³ ein Vermögen erwerben*. 日～千個 ein Ausstoß von 1 000 Stück am Tag.
さん 惨たる schrecklich; schauerlich; grausam.
さん 酸 die Säure -n.
さん 算を乱して in großer Verwirrung.
さん 燦・たる glänzend. ～として輝く hell glänzen.
ざん 残 der Rest -es, -e; der Saldo -s, ..den.
さんい 賛意を表する seine Zustimmung geben* 《zu 3 格》.
さんいつ 散逸・する verloren gehen*(s); zerstreut werden*(s受). 蒐集物は～した Die Sammlung ist in alle Winde zerstreut worden.
さんいん 参院 → 参議院.
さんいん 産院 die Entbindungsanstalt -en.
さんか 山河 ¶故郷の～ die Landschaft der Heimat.
さんか 参加 die Teilnahme; die Beteiligung -en. ～する teil|nehmen* 《an 3 格》; sich beteiligen 《an 3 格》; sich an|schließen* 《3 格》. 会議に～する an einer Konferenz teil|nehmen*. 運動に～する sich einer Bewegung an|schließen*. ～者 der Teilnehmer; der Beteiligte#.
さんか 産科 die Geburtshilfe; die Obstetrik. ～医 der Geburtshelfer.
さんか 惨禍 schreckliches Unglück -s, -e; schweres Unheil -s. ～を蒙(ś)る Unglück erleiden*.
さんか 傘下・にある unter js. Einfluss stehen*. 大企業の～に入る sich einem Großunternehmen an|schließen*.
さんか 酸化 die Oxydation -en. ～する oxydieren (h; s). ～物 das Oxyd. ～カルシウム das Kalziumoxyd. ～鉄 das Eisenoxyd. ～バリウム das Bariumoxyd.
さんか 賛歌 die Hymne -n.
さんかい 山海の珍味 allerlei Delikatessen pl.
さんかい 参会・する bei|wohnen 《3 格》. ～者 der Anwesende#.
さんかい 散会・する auseinander gehen*(s). 会議はまもなく～するだろう Die Versammlung wird bald auseinander gehen (geschlossen werden).
さんかい ¶散開する sich entwickeln.
さんがい 三階 der zweite Stock -[e]s. ～建ての zweistöckig. ～階.
さんがい 惨害を受ける schweren Schaden erleiden*.
ざんがい 残骸 Trümmer pl.

さんかく 三角[・形] das Dreieck -s, -e. ～の dreieckig. 正～形 gleichseitiges Dreieck. 二等辺～形 gleichschenkliges Dreieck. 直角～形 rechtwinkliges Dreieck. ～関係 das Dreiecksverhältnis. ～関数 trigonometrische Funktion. ～旗 der Wimpel. ～巾(ᴳ) das Dreieckstuch. ～筋 der Deltamuskel. ～定規 das Dreieck. ～洲(ᵗ) das Delta. ～測量 die Triangulation. ～点 trigonometrischer Punkt. ～帆 der Klüver. ～法 die Trigonometrie.
さんかく 参画する ¶或るプロジェクトに～する an einem Projekt beteiligt sein*.
さんがく 山岳 das Gebirge -s, -; Berge pl. ～戦 der Gebirgskrieg. ～地帯 die Gebirgsgegend. ～鉄道 die Gebirgsbahn.
さんがく 産額 die Produktion -en; 〔農作物の〕der Ertrag -[e]s, ⸚e; 〔鉱山の〕die Ausbeute. 鉄の～ die Eisengewinnung.
ざんがく 残額 der Restbetrag -s, ⸚e; der Rest -es, -e.
さんがつ 三月 der März -[es].
さんかん 山間・の部落 das Gebirgsdorf (Bergdorf). ～地方 die Berggegend; bergige Gegend.
さんかん 参観 der Besuch -[e]s, -e; die Besichtigung -en. ～する besuchen; besichtigen. ～者 der Besucher; der Besichtiger.
ざんき 慚愧に堪えず sich [bis] in die Seele hinein schämen.
さんぎいん 参議院 das Oberhaus -es. ～議員 ein Mitglied des Oberhauses.
さんきゃく 三脚 das Dreibein -[e]s, -e; 〔カメラの〕das Stativ -s, -e. ～の dreibeinig.
ざんぎゃく 残虐・な grausam; gräulich; brutal. ～行為 die Gräueltat.
さんきゅう 産休 der Mutterschaftsurlaub -s, -e.
さんぎょう 産業 die Industrie -n. ～の industriell. ～革命 die industrielle Revolution. ～[別]労働組合 die Industriegewerkschaft. ～構造 die Industriestruktur. 第一(二, 三)次～部門 der Primärbereich (Sekundärbereich, Tertiärbereich). ～廃棄物 Gewerbeabfälle pl.
ざんぎょう 残業 Überstunden pl. ～する Überstunden machen. ～手当 das Überstundengeld; der Überstundenzuschlag.
ざんきん 残金 die Restsumme -n; der Restbetrag -s, ⸚e.
サングラス die Sonnenbrille -n.
さんぐん 三軍 Heer, Marine und Luftstreitkräfte; 〔大軍〕großes Heer -[e]s, -e.
さんけ 産気づく zu kreißen an|fangen*; in den Wehen liegen*.
ざんげ 懺悔 die Beichte -n. ～する beichten. ～を聞く js. Beichte an|hören. ～録 Bekenntnisse pl.
さんけい 山系 die Gebirgskette -n.
さんけい 参詣 ¶寺院に～する einen Tempel besuchen.

さんげき 惨劇 schreckliches (grausames) Ereignis -ses, -se.
さんけつ 酸欠 der Sauerstoffmangel -s.
さんけん 三権分立 die Gewaltenteilung.
さんけん 散見する hier und da vor|kommen*(s); hier und da zu sehen sein*.
ざんげん 讒言 die Verleumdung -en. ~する jn. bei jm. verleumden (an|schwärzen). ~者 der Verleumder.
さんげんしょく 三原色 die drei Grundfarben pl.
さんご 珊瑚 die Koralle -n. ~珠 die Korallenperle. ~礁 die Korallenbank; das Korallenriff. ~島 die Koralleninsel.
さんご 産後 nach der Entbindung.
さんこう 参考になる nützen 《zu 3 格》; jm. nützlich sein* 《zu (bei) 3 格》. ~にする et. zu Rate ziehen*. ご~までに zu Ihrer Kenntnisnahme; zu Ihrer Orientierung. 〔学習〕~書 das Nachschlagewerk. ~人〔証人〕der Zeuge. ~品 das Probestück. ~文献 die Literatur.
ざんごう 塹壕 der [Schützen]graben -s, ¨.
さんごく 三国・同盟 der Dreibund. ~協商 der Dreiverband.
ざんこく 残酷 grausam; brutal; unbarmherzig.
さんさ 三叉・神経 der Trigeminus. ~路 dreigabeliger Weg.
さんさい 山塞 die Bergfestung -en.
さんざい 散在する zerstreut (vereinzelt) liegen*.
さんざい 散財・する Geld verschwenden. ~させる jm. viele Kosten machen.
ざんざい 斬罪 die Enthauptung -en. ~に処する enthaupten.
さんさく 散策 der Spaziergang -[e]s, ¨e. ~する spazieren gehen*(s); promenieren (s; h); lustwandeln (s; h).
さんざし 山査子 der Hagedorn -s, -e.
ざんさつ 惨殺・する brutal [er]morden. ~死体 der brutal Ermordete*.
さんさん 燦燦 ¶太陽が~と輝く Die Sonne scheint hell.
さんざん 散散 tüchtig; hart; heftig. ~なぐられる eine Tracht [Prügel] bekommen*. ~悩まされる zu Tode gequält werden*(s受). ~待たされる auf jn. lange warten müssen*. 商売は~だった Der Handel ist mir übel (schlecht) bekommen*.
さんさんごご 三三五五 zu zweit oder zu dritt; in kleinen Gruppen.
さんし 蚕糸 der Seidenfaden -s, ¨. ~業 die Seidenindustrie.
さんじ 三次方程式 die Gleichung dritten Grades.
さんじ 参事 der Rat -[e]s, ¨e. ~会 der Rat.
さんじ 産児 neugeborenes Kind -es, ¨er. ~制限 die Geburtenbeschränkung; die Geburtenregelung.

さんじ 惨事 schreckliches Unglück -s, -e; die Katastrophe -n.
さんじ 賛辞 das Lob -es; der Lobspruch -s, ¨e. ~を呈する jm. Lob zollen (spenden).
ざんじ 残滓 der Überbleibsel -s, -; 〔液体の〕 der Bodensatz -es.
ざんし 惨死する einen schrecklichen (grausamen) Tod finden*.
ざんじ 暫時 eine Weile; ein Weilchen; einen Augenblick. ~の猶予 kurzer Aufschub.
サンジカリズム der Syndikalismus -.
さんしきすみれ 三色菫 das Stiefmütterchen -s, -; die Viola tricolor.
さんじげん 三次元の dreidimensional.
さんしつ 産室 der Kreißsaal (Entbindungssaal) -s, ..säle.
さんしゃく 参酌する in Betracht ziehen*.
さんしゅう 参集する sich [ver]sammeln; zusammen|kommen*(s).
さんじゅう 三十 dreißig. 第~の dreißigst. ~代である in den Dreißigern sein*. ~年代に in den dreißiger Jahren. ~年戦争 der Dreißigjährige Krieg.
さんじゅう 三重・の dreifach; dreifältig. ~の塔 dreistöckige Pagode. ~奏(唱) das Terzett; das Trio.
さんしゅつ 産出・する erzeugen. ~高〔鉱物の〕die Förderung. → 生産.
さんしゅつ 算出する aus|rechnen; berechnen.
さんじゅつ 算術 die Arithmetik; das Rechnen -s. ~の arithmetisch. ~級数 arithmetische Reihe. ~平均 arithmetisches Mittel.
さんじょ 賛助・する unterstützen; fördern. ~会員 förderndes Mitglied.
ざんしょ 残暑 die Hitze des Spätsommers.
さんしょう 三唱 ¶万歳を~する dreimal hurra rufen*.
さんしょう 山椒 japanischer Pfefferbaum -[e]s, ¨e; 〔香辛料〕japanischer Pfeffer -s. ~は小粒でもぴりりと辛い Klein, aber oho!
さんしょう 参照 ¶或る本を~する et. in einem Buch nach|schlagen* (nach|sehen*). 20 ページ~ vergleich[e] (略: vgl.) Seite 20 ! 下記~ sieh[e] unten!（略: s. u.）
さんじょう 山上・で auf dem Berg (Gipfel). ~へ bergan; bergauf. ~の垂訓 die Bergpredigt.
さんじょう 三乗・する kubieren; in die dritte Potenz erheben*. ~根 die Kubikwurzel. 2 の~ zwei hoch drei.
さんじょう 参上する jn. besuchen; zu jm. kommen*(s).
さんじょう 惨状 schrecklicher Anblick -[e]s, -e; 〔荒廃〕die Verheerung -en; 〔窮乏〕das Elend -s. ~を呈する einen schrecklichen Anblick bieten*.
さんしょううお 山椒魚 der Salamander -s, -.
さんじょうき 三畳紀 die Trias.

さんしょく 三色・の dreifarbig.　～旗 die Trikolore.　～版 der Dreifarbendruck.
さんしょく 蚕食する ein|greifen* 《in 4格》.
さんじょく 産褥 das Wochenbett (Kindbett) -[e]s.　～にある in den Wochen liegen*.　～熱 das Wochenbettfieber (Puerperalfieber).
さんしょくすみれ 三色菫 → さんしきすみれ.
ざんしん 斬新な ganz neu; neuartig; originell.
さんしんとう 三親等 die Verwandtschaft dritten Grades.
さんすい 山水 die Landschaft -en.　～画 die Landschaftsmalerei.
さんすい 散水・する Wasser sprengen 《über 4格》.　～車 der Sprengwagen.
さんすう 算数 die Arithmetik; das Rechnen -s.
サンスクリット das Sanskrit -s.
さんずのかわ 三途の川 der Fluss der Unterwelt; der Styx -.
さんする 産する → 産出する.
さんする 算する　¶この国は人口1000万を～ Das Land zählt 10 000 000 Einwohner.
さんずる 散ずる　¶憂(う)さを～ sich³ die Sorgen vertreiben*; sich zerstreuen.
さんせい 酸性・の sauer.　～にする säuern.　～反応 saure Reaktion.　～反応を示す sauer reagieren.　～雨 saurer Regen.
さんせい 賛成・する zu|stimmen 《3格》; bei|stimmen 《3格》; ein|willigen 《in 4格》.　彼の意見に～する Ich stimme ihm (seiner Meinung) zu.　動議に～する einen Antrag unterstützen.　いる～だ Ich bin dafür.　～者 der Zustimmende#.　～演説をする eine Rede nach js. Sinn halten*.
さんせいけん 参政権 das Wahlrecht -[e]s.　婦人～ das Frauenwahlrecht.　～がある wahlberechtigt sein*.
さんせき 山積・する sich an|häufen; in Haufen liegen*.　仕事が～する Berge von Arbeit türmen sich auf. / Ich bin mit Arbeit überlastet (überhäuft).
ざんせつ 残雪 liegen gebliebener Schnee -s.
さんせん 参戦する an einem Krieg teil|nehmen*; sich an einem Krieg beteiligen.
さんぜん 潸然 → さめざめ.
さんぜん 燦然・たる glänzend.　～と輝く hell glänzen.
さんぜん 産前に vor der Entbindung.
さんそ 酸素 der Sauerstoff -s; das Oxygen -s (記号: O).　～化合物 die Sauerstoffverbindung.　～ガス das Sauerstoffgas.　～吸入 die Sauerstoffinhalation.　～吸入器 das Sauerstoffgerät.　～マスク die Sauerstoffmaske.　～ボンベ die Sauerstoffflasche.
ざんそ 讒訴する jn. bei jm. verleumden(an|schwärzen).
さんそう 山荘 die Villa Villen; das Landhaus -es, ⸚er.
ざんぞう 残像 das Nachbild -[e]s, -er.

さんぞく 山賊 der Räuber -s, -; der Bandit -en,-en.
さんそん 山村 das Bergdorf -[e]s, ⸚er.
ざんそん 残存する übrig bleiben*(s).
サンタ ～クロース der Weihnachtsmann -[e]s, ⸚er.　～マリア die Heilige Jungfrau Maria.
さんだい 参内する an den Hof gehen*(s).
ざんだか 残高 der Saldo -s, ..den (-s; ..di); der Restbetrag -s, ⸚e.　繰越～ der Saldoübertrag; der Saldovortrag.　～を繰り越す den Saldo übertragen*.
さんだつ 簒奪　¶王位を～する den Thron usurpieren; die Herrschaft des Königs an sich reißen*.　～者 der Usurpator; der Thronräuber.
サンダル die Sandale -n.
さんたん 賛嘆 die Bewunderung -en.　～する bewundern.　～すべき bewundernswert.
さんたん 三嘆する et. aufrichtig bewundern; staunen 《über 4格》.
さんたん 惨憺・たる erbärmlich; schrecklich; elend.　苦心～する³ sich viel Mühe geben* 《mit 3格》; sich ab|plagen 《mit 3格》.
さんだん 散弾・飛び込み 飛び込み der Dreisprung.　～論法 die Syllogistik.　計画を～に構える dreierlei Pläne entwerfen*.
さんだん 散弾 der (das) Schrot -[e]s, -e.　～銃 die Schrotflinte; die Schrotbüchse.
さんだん 算段　¶金を～する das Geld auf|bringen* (auf|treiben*).
さんち 山地 das Bergland -[e]s, ⸚er.
さんち 産地 das Erzeugerland -[e]s, ⸚er.　石炭の～ das Kohlengebiet.　ワインの～ die Weingegend.　チューリンゲンは玩具の主要な～である Thüringen ist der wichtigste Standort für Spielwaren.
ざんち 残置する zurück|lassen*; hinterlassen*.
さんちゅう 山中で im Gebirge.
さんちょう 山頂 der Berggipfel -s, -; der Gipfel eines Berges.
さんてい 算定する berechnen; ab|schätzen.
ざんてい 暫定・的 vorläufig; provisorisch.　～措置 die vorläufige Maßnahme.　～的規定 das Interim; das Interimistikum.
さんど 三度 dreimal.　～の dreimalig.　～目に zum dritten Mal[e].
さんど 酸度 die Acidität [atsidi'tɛːt] -; der Säuregrad -[e]s, -e.
サンドイッチ das (der) Sandwich -[e]s (-), -[e]s (-e).　～マン der Plakatträger; der Sandwichmann.
さんとう 三等 die dritte Klasse.　～親 der Verwandte# dritten Grades.
さんとう 三頭・政治 das Triumvirat.　～立ての馬車 das Dreigespann.
さんどう 山道 der Bergpfad -[e]s, -e.
さんどう 桟道 der Bohlenweg -[e]s, -e; die Bohlenbrücke -n.
さんどう 賛同する zu|stimmen (bei|stimmen); bei|pflichten 《3格》.

ざんとう 残党 Überreste einer Vereinigung.
さんとうぶん 三等分する dritteln.
サントニン das Santonin [zanto'ni:n] -s.
サンドバッグ der Sandsack -[e]s, ⸚e.
サンドペーパー das Sandpapier -s.
さんにゅう 算入 ¶見習期間を勤務年数に〜する die Ausbildungszeit auf die Dienstjahre an|rechnen.
さんにん 三人 drei Menschen pl. 〜で zu dreien; zu dritt. 〜組 das Trio. 我我は〜だった Wir waren unser drei (zu drei[en]). 〜称 die dritte Person.
ざんにん 残忍 grausam; unmenschlich; unbarmherzig.
さんねん 三年 drei Jahre. 〜の dreijährig. 〜生 der Schüler des dritten Jahrgangs (der dritten Klasse).
ざんねん 残念な bedauerlich; bedauernswert. 〜である [Es ist] schade. / Ich bedaure, dass ... / Es tut mir Leid, dass ... 〜ながら leider; zu meinem Bedauern. 〜賞 der Trostpreis.
さんば 産婆 die Hebamme -n; die Geburtshelferin -nen.
サンバ [ダンス] die Samba -s.
さんばい 三倍の dreifach. 〜にする verdreifachen. 〜になる sich verdreifachen. 3の〜は9 Drei mal drei ist neun.
さんぱい 参拝 ¶神社に〜する einen Tempel besuchen.
さんぱい 惨敗する eine schwere Niederlage erleiden*; vollständig besiegt werden*(s受).
さんばがらす 三羽烏 die drei Begabten⁼.
さんばし 桟橋 die Landungsbrücke -n.
さんぱつ 散発・する [自動詞] vereinzelt auf|treten*(s). 洒落(しゃ)を〜する manchmal Witze reißen*. 〜的 vereinzelt [auftretend].
さんぱつ 散髪する sich³ die Haare schneiden lassen*; sich frisieren lassen*.
ざんぱん 残飯 Speisereste pl.
さんはんきかん 三半規管 der Bogengang -[e]s, ⸚e.
さんび 賛美・する lobpreisen[*]; verherrlichen; bewundern. 〜歌 das Kirchenlied; der Psalm -s, -en. 〜歌集 das Gesangbuch. 〜者 der Bewunderer.
さんぴ 賛否 das Für und [das] Wider; Ja oder Nein. 〜を投票する mit Ja oder Nein stimmen. 〜を問う jn. ab|stimmen lassen* 《über 4格》. 〜相半ばする Die Stimmen für und wider sind gleich (halten sich die Waage).
さんびゃくだいげん 三百代言 der Winkeladvokat -en, -en.
さんぴょう 散票 vereinzelte Stimmen pl.
さんびょうし 三拍子 der Tripeltakt -s, -e. 〜そろった vollkommen; ideal.
ざんぴん 残品 unverkaufte Waren pl. 〜整理の売り出し der Resteverkauf.
さんぶ 三部・合唱 dreistimmiger Chor. 〜合奏 das Trio. 〜作(曲) die Trilogie.

さんぷ 産婦 die Wöchnerin -nen.
さんぷ 散布・する streuen. 〜剤 das Streupulver.
ざんぶ 残部 der Rest -es, -e; das Überbleibsel -s, -; [本の] der Restbestand -[e]s, ⸚e.
さんぷく 山腹 der Bergabhang -s, ⸚e; die Halde -n.
さんふじんか 産婦人科 Obstetrik und Gynäkologie.
さんぶつ 産物 das Erzeugnis -ses, -se; das Produkt -[e]s, -e. 努力の〜 die Frucht der Bemühungen.
ざんぶつ 残物 der [Über]rest -[e]s, -e.
サンプル die Probe -n; das Muster -s, -.
さんぶん 散文 die Prosa. 〜で in Prosa. 〜作家 der Prosaist. 〜的 prosaisch. 〜的な人間 der Prosaiker. 〜詩 das Prosagedicht.
さんぽ 散歩 der Spaziergang -[e]s, ⸚e. 〜する spazieren gehen*(s); einen Spaziergang machen; promenieren (s/h). 〜道 die Promenade; der Spazierweg.
さんぼう 参謀 der Stabsoffizier -s, -e; [助言者] der Ratgeber -s, -. 〜部 der Stab. 〜本部 der Generalstab. 〜総長 der Generalstabschef.
さんぽう 山砲 das Gebirgsgeschütz -es, -e.
ざんぽん 残本 der Restbestand -[e]s, ⸚e; die Restauflage -n.
さんま 秋刀魚 der Makrelenhecht -[e]s, -e.
さんまい 三昧 ¶読書の〜日を送る immer über Büchern sitzen*. 贅沢(ぜい)〜に暮らす ein luxuriöses Leben führen; im Luxus leben.
さんまいめ 三枚目 der Komiker -s, -.
さんまん 散漫な zerstreut; [まとまりのない] unzusammenhängend; [表面的な] oberflächlich.
さんみ 酸味 die Säure. 〜のある säuerlich; [酸っぱい] sauer. 〜がある Es schmeckt säuerlich.
さんみいったい 三位一体 die Dreieinigkeit; die Trinität.
さんみゃく 山脈 die Gebirgskette -n; der Gebirgszug -[e]s, ⸚e.
ざんむ 残務整理をする unerledigte Angelegenheiten in Ordnung bringen*.
さんめんきじ 三面記事 vermischte Nachrichten pl.
さんめんきょう 三面鏡 dreiteiliger Spiegel -s, -.
さんもん 三文・小説 die Schundliteratur; der Kitsch. 〜文士 der Federfuchser. 〜の値打もない keinen Heller wert sein*.
さんもん 山門 das Tor des Tempels.
さんや 山野を跋渉する durch Wald und Feld streifen (s).
さんやく 散薬 das Pulver -s, -.
さんゆこく 産油国 das Erdölförderland -[e]s, ⸚er.
さんよ 参与 die Teilnahme 《an 3格》; [職名] der Rat -[e]s, ⸚e. 〜する teil|nehmen* 《an 3

格》.
ざんよ 残余 der [Über]rest -[e]s, -e; das Überbleibsel -s, -. ～の übrig.
さんよう 山容 die Gestalt des Berges.
さんようすうじ 算用数字 arabische Ziffern pl.
さんらん 産卵・する Eier legen;〔魚・蛙が〕laichen. ～期 die Legezeit; die Laichzeit.
さんらん 散乱・する sich zerstreuen;〔飛散する〕nach allen Seiten fliegen*(s). ～している zerstreut umher|liegen*.
さんりゅう 三流・の芸術家 ein Künstler dritter Klasse. ～のホテル ein Hotel dritten Ranges.
ざんりゅう 残留・する zurück|bleiben*(s). ～者 der Zurückbleibende# (Zurückgebliebene#).
さんりょう 山稜 der Berggrat -s, -e; der Bergrücken -s, -.
さんりん 山林 der Wald -es, ⸚er; der Forst -es, -e[n].
さんりんしゃ 三輪車 das Dreirad -[e]s, ⸚er. オート～ der Dreiradwagen.
さんるい 酸類 Säuren pl.
サンルーム die Glasveranda -, ..den.
さんれい 山嶺 der Berggipfel -s, -.
さんれつ 参列・する bei|wohnen (3格); teil|nehmen* (an 3格). ～者 der Teilnehmer; der Beiwohnende#.
さんろく 山麓(の) am Fuß des Berges.

し

し 氏 der Herr -n, -en. 石田～ Herr Ishida. 川上・千葉の両～ die Herren Kawakami und Chiba.
し 四 vier. 第～の viert.
し 市 die Stadt ⸚e. ～の städtisch; Stadt-. 京都～ die Stadt Kyoto.
し 死 der Tod -es. ～に臨んで am Sterben. ～に瀕(⸚)している im Sterben liegen*.
し 刺を通ずる sich bei jm. anmelden lassen*.
し 師 der Lehrer -s, -; der Meister -s, -. ～と仰ぐ jn. als seinen Lehrer verehren.
し 詩 das Gedicht -es, -e. ～と散文 Poesie und Prosa. ～を作る dichten; ein Gedicht machen. ～にする in Verse setzen; in Versen schreiben*.
じ 字 das Schriftzeichen -s, -; der Buchstabe -n, -n;〔筆跡〕die [Hand]schrift -en. ～がうまい(下手な) gut (schlecht) schreiben*; eine gute (schlechte) Hand schreiben*. 彼の～は読みづらい Seine Schrift ist schwer zu lesen.
じ 地〔地面〕die Erde; der Boden -s, ⸚;〔生地〕der Stoff -[e]s, -e;〔地色〕der Grund -es. ～の文 erzählender Teil. 彼の人生はまるで小説を～で行くようだ Sein Leben ist wie ein Roman.
じ 時 何～ですか Wie viel Uhr ist es? / Wie spät ist es? いま1～だ Jetzt ist es ein Uhr (eins). 8～半に um halb 9 [Uhr].
じ 痔 Hämorrhoiden (Hämorriden) pl.
じ 辞 die Rede -n; Worte pl. ～を低うして頼む jn. demütig bitten《um 4格》.
しあい 試合 das Kampfspiel -s, -e; der Wettkampf -s, ⸚e. ～をする ein Kampfspiel machen; spielen《gegen 4格》. ～に勝つ ein Spiel gewinnen*.
じあい 自愛 ¶ご～下さい Schonen Sie sich!
じあい 慈愛 die Liebe. ～深い liebevoll.
しあがる 仕上がる fertig sein*; vollendet (ausgearbeitet) sein*.
しあげ 仕上げ die Fertigstellung; die Vollendung -en; die Ausarbeitung -en. ～をする die letzte Hand (Feile) legen《an 4格》; et. zu|richten. ～工 der Zurichter.
しあげる 仕上げる fertig stellen; fertig machen; fertig bringen*; vollenden; aus|arbeiten.
しあさって 明明後日 überübermorgen.
ジアスターゼ die Diastase (Amylase).
しあつ 指圧療法 die Akupressur -en.
しあわせ 仕合わせ das Glück -[e]s. ～な glücklich. ～にも glücklicherweise; zum Glück.
しあん 私案 persönlicher Plan -es, ⸚e.
しあん 思案 die Überlegung -en; das Nachdenken -s. ～する überlegen; nach|denken*《über 4格》. よく～してから nach reiflicher Überlegung. ～顔で mit nachdenklichem Gesicht. ～に余る sich³ nicht zu raten noch zu helfen wissen*.
しあん 試案 der Entwurf -s, ⸚e.
シアン das Zyan -s. ～化物 das Zyanid -s, -e.
しい 四囲の事情 äußere Umstände (Verhältnisse) pl.
しい 思惟 das Denken -s. ～する denken*.
しい 恣意 die Willkür. ～的 willkürlich.
じい 次位を占める den zweiten Rang ein|nehmen*; an zweiter Stelle stehen*.
じい 自慰 die Onanie.
じい 侍医 der Leibarzt (Hofarzt) -es, ⸚e.
じい 辞意 die Rücktrittsabsicht -en. ～を表明する seine Rücktrittsabsicht äußern; seinen Rücktritt erklären.
じいうんどう 示威運動 die Demonstration -en; die Kundgebung -en. ～をする eine Demonstration veranstalten; demonstrieren.
ジー・エヌ・ピー GNP das Bruttosozialprodukt -s, -e.
シーエム CM der Werbespot -s, -s.
しいか 詩歌 die Poesie -n.
しいく 飼育 die Zucht. ～する züchten; auf|-

ziehen*.
じいしき 自意識 das Selbstbewusstsein -s.
～過剰の人 allzu selbstbewusster Mensch.
シーズン die Saison -s《für 4 格》; die Jahreszeit -en. ～オフに außerhalb der Saison.
シーソー die Wippe -n. ～をする wippen.
～ゲーム wechselvoller Kampf.
しいたげる 虐げる quälen; misshandeln; malträtieren.
シーツ das Betttuch -[e]s, ̈er.
しいて 強いて 一強める.
シーディー die CD [tse:'de:] -s. ～プレーヤー der CD-Player [...pleɪə] -s, -; der CD-Spieler. ～ロム das CD-ROM [...rɔm] -[s], -[s].
シート〔座席〕der Sitz -es, -e; der Sitzplatz -es, ̈e;〔覆い〕die Plane -n. 郵便切手～ der Briefmarkenbogen. ～ベルト der Sicherheitsgurt. チャイルド～ der Kindersitz.
シード ～する setzen. ～選手 gesetzter Spieler.
ジーパン Bluejeans pl.; Jeans pl.
ジープ der Jeep -s, -s.
シームレス ～の nahtlos.
ジーメン die G-Man ['dʒi:mæn] -[s], G-Men.
しいる 強いる jn. zwingen* (nötigen)《zu 3 格; zu+不定詞》. 強いて頼む jn. dringend bitten*《um 4 格》. 強いて引き留めは致しません Ich will Sie nicht zwingen, länger zu bleiben.
シール das Siegel -s, -.
しいれ 仕入れ der Einkauf -s, ̈e. ～係 der Einkäufer. ～値 der Einkaufspreis.
しいれる 仕入れる ein|kaufen.
じいろ 地色 die Grundfarbe -n.
しいん 子音 der Konsonant -en, -en; der Mitlaut -[e]s, -e.
しいん 死因 die Todesursache -n.
しいん 試飲・する probieren. ワインの～ die Weinprobe.
シーン die Szene -n.
じいん 寺院 [buddhistischer] Tempel -s, -.
ジーンズ Jeans pl.
じう 慈雨 Leben spendender Regen -s, -.
しうち 仕打ち die Behandlung -en; das Verfahren -s, -. ひどい～をする jn. schlecht behandeln; mit jm. (gegen jn.) hart verfahren*.
しうんてん 試運転 die Probefahrt -en;〔機械の〕der Probelauf -[e]s, ̈e. ～をする eine Probefahrt machen;〔機械を〕zur Probe laufen lassen*.
シェア der Marktanteil -s, -e.
しえい 市営・の städtisch. ～住宅 städtisches Mietshaus.
しえい 私営・の privat.
じえい 自営・の selbständig. ～業者 der Selbständige*.
じえい 自衛 die Selbstverteidigung -en; der Selbstschutz -es; die Notwehr. ～権 das Recht der Notwehr. ～上 in (aus) Notwehr; zur Selbstverteidigung. ～隊 Selbstverteidigungskräfte pl.
シェーカー der Mixbecher (Schüttelbecher) -s, -; der Shaker -s, -.
しえき 私益 privater Profit -s, -e; das Privatinteresse -s, -e.
しえき 使役・する beschäftigen; arbeiten lassen*. ～動詞 das Faktitiv.
ジェスイット der Jesuit -en, -en. → イエズス.
ジェスチャー die Geste -n. 賛成の～を示す eine zustimmende Geste machen. ～たっぷりに mit vielen Gesten; gestikulierend.
ジェット ーエンジン das Düsentriebwerk (Strahltriebwerk); der Düsenmotor (Strahlmotor). ～機 das Düsenflugzeug; der Jet. ～戦闘機 der Düsenjäger. ～コースター die Berg-und-Tal-Bahn. ～気流 der Strahlstrom; der Jetstream.
ジェネレーション die Generation -en.
シェパード Deutscher Schäferhund -[e]s, -e.
シェリー ～酒 der Sherry -s, -s.
シェルパ der Sherpa -s, -s.
しえん 支援する unterstützen; jm. bei|stehen* (helfen*).
しえん 私怨 privater Groll -s.
しえん 試演 die Probe -n. ～を行う eine Probe ab|halten*; proben.
じえん 耳炎 die Otitis ..tiden; die Ohrenentzündung -en.
しお 塩 das Salz -es. 料理(スープ)に～を入れる Salz an die Speisen (in die Suppe) tun*; die Speisen (die Suppe) salzen(*). ～が利いていない zu wenig gesalzen sein*. → 塩漬け.
しお 潮 Gezeiten pl.;〔海水〕das Seewasser -s;〔機会〕die Gelegenheit -en. ～が差して来る(引く)Die Flut steigt (fällt; ebbt ab). ～を吹く〔鯨が〕spritzen.
しおかぜ 潮風 der Seewind -[e]s, -e.
しおからい 塩辛い salzig. このスープは～ Die Suppe ist zu stark gesalzen.
しおき 仕置・する hin|richten. お～を受ける eine Strafe erleiden*. ～場 der Richtplatz.
しおくり 仕送り・する jm. Geld schicken. ～を受ける von jm. Geld zugeschickt bekommen*.
しおけ 塩気・のある salzig; salzhaltig. ～を付ける salzen(*).
しおざかな 塩魚 der Salzfisch -es, -e.
しおさめ 仕納め ¶それがテニスの～になった Das war das letzte Mal, dass ich Tennis spielte.
しおしお ～と niedergeschlagen; mutlos.
しおだし 塩出しをする ein|wässern.
しおづけ 塩漬け・にする in Salz legen; ein|salzen(*); ein|pökeln. ～の 塩漬けの eingesalzen; eingepökelt. ～の胡瓜(ホョネョ) die Salzgurke.
しおどき 潮時〔好機〕die Gelegenheit -en; die Chance -n. 今が株を買う～だ Es ist hohe Zeit, Aktien zu kaufen.

シオニズム der Zionismus -.
しおひがり 潮干狩をする während der Ebbe Muscheln sammeln.
しおみず 塩水 das Salzwasser -s; die Sole -n.
しおらしい bescheiden; sittsam; artig. ～事を言う etwas Liebenswürdiges sagen.
しおり 栞 das Lesezeichen (Buchzeichen) -s, -;〔案内書〕der Führer -s, -.
しおりど 枝折り戸 das Reisigpförtchen -s, -.
しおれる 萎れる [ver]welken (s); welk werden* (s);〔意気消沈する〕niedergeschlagen (deprimiert) sein*; den Mut sinken lassen*.
しおん 歯音 der Zahnlaut -[e]s, -e; der Dental -s, -e.
しおん 紫苑 die Aster -n.
しか nur; bloß;〔やっと〕erst. 身を退(ひ)く～かった Ich konnte nicht anders als zurücktreten.
しか 鹿 der Hirsch -es, -e. 雌～die Hirschkuh. 子～das Hirschkalb. ～の角 das [Hirsch]geweih.
しか 市価 der Marktpreis -es, -e.
しか 史家 der Historiker -s, -.
しか 歯科 die Zahnmedizin; die Zahnheilkunde. ～医 der Zahnarzt. ～医院 die Zahnklinik.
しか 賜暇 der Urlaub -s, -e. ～で auf Urlaub. ～帰省中である auf Heimaturlaub sein*. ～を願い出る um Urlaub bitten* (nach|suchen).
しが 歯牙にもかけない gar nicht beachten; links liegen lassen*.
じか 直・に unmittelbar; direkt. ～談判をする mit jm. persönlich unterhandeln (über 4 格).
じか 自家・製の hausgemacht. ～中毒 die Autointoxikation. ～撞着(どうちゃく) der Widerspruch in sich selbst. ～撞着する sich³ selbst widersprechen*. ～発電装置 der Eigenstromerzeuger. ～用の für den Eigenbedarf (Privatgebrauch); für den persönlichen Gebrauch. ～用車 der Privatwagen.
じか 時価 der Tagespreis -es, -e. ～で買う zum Tagespreis kaufen.
じか 磁化 die Magnetisierung -en. ～する et. magnetisieren.
じが 自我 das Ich -[s], -[s]; das Selbst -.
シガー die Zigarre -n.
しかい 市会 → 市議会. ～議員 der Stadtverordnete#.
しかい 司会・をする [bei einer Versammlung] den Vorsitz führen; eine Sitzung leiten;〔放送番組の〕moderieren. ～者 der Vorsitzende#; der Leiter;〔放送番組の〕der Moderator. N氏の～のもとに unter dem Vorsitz von Herrn N.
しかい 死海 das Tote Meer -es.
しかい 視界 die Sicht; der Gesichtskreis -es, -e. ～に入る in Sicht kommen* (s). ～から消える außer Sicht sein*.

しかい 斯界の権威 die Autorität auf diesem Gebiet.
しがい 市外 der Vorort -[e]s, -e; die Vorstadt ⁼e. ～の vorstädtisch. ～に außerhalb der Stadt. ～通話 das Ferngespräch.
しがい 市街 die Straße -n. ～電車 die Straßenbahn. ～戦 der Straßenkampf. ～地図 der Stadtplan.
しがい 死骸 → 死体.
じかい 耳介 die Ohrmuschel -n.
じかい 次回 nächstes Mal. ～の nächst.
じかい 自壊[作用] die Selbstzerstörung -en.
じかい 自戒 ¶そんなことのないように～しよう Das soll mir eine Warnung sein!
じがい 自害 → 自殺.
しがいせん 紫外線 ultraviolette Strahlen pl.; das Ultraviolett -s.
しかえし 仕返し die Vergeltung. ～をする Vergeltung üben《für 4 格》; sich an jm. rächen《für 4 格》.
じがお 地顔 wahres Gesicht -s, -er.
しかく 四角 das Viereck -s, -e. ～な viereckig. ～張る steif (förmlich) sein*.
しかく 死角 toter Winkel -s, -.
しかく 刺客 der Meuchelmörder (Attentäter) -s, -.
しかく 視角 der Sehwinkel (Gesichtswinkel) -s, -.
しかく 視覚 der Gesichtssinn -[e]s. ～器官 das Sehorgan.
しかく 資格 die Qualifikation -en《für 4 格》; die Befähigung《zu 3 格》; die Berechtigung《zu 3 格》. ～がある qualifiziert sein*《für 4 格》; zu et.+不定詞]; befähigt (berechtigt) sein*《zu 3 格; zu+不定詞》. …の～で in seiner Eigenschaft als… ～を取る sich qualifizieren《für 4 格》; die Befähigung erwerben*《zu 3 格》. ～証明[書] der Befähigungsnachweis. ～試験 die Befähigungsprüfung.
しがく 史学 die Geschichtswissenschaft.
しがく 私学 die Privatschule -n.
しがく 視学[官] der Schulrat -s, ⁼e.
しがく 詩学 die Poetik.
じかく 耳殻 → 耳介.
じかく 自覚 das Selbstbewusstsein -s. ～する sich³ bewusst sein*《2 格》. ～症状 subjektives Symptom.
じがくじしゅう 自学自習 → 独学.
しかけ 仕掛け die Vorrichtung -en; der Mechanismus -, ..men. 大～の(に) in großem Maßstab. 種も～もない Es ist kein Kniff dabei.
しかける 仕掛ける〔始める〕beginnen*;〔sich³〕et. vor|nehmen*;〔挑む〕jn. heraus|fordern《zu 3 格》. 喧嘩を～mit jm. Händel (Streit) suchen; mit jm. Minen legen. 罠(わな)を～eine Falle stellen《für 4 格》.
しかざん 死火山 erloschener Vulkan -s, -e.
しかし 然し aber; allein; doch; indessen.
しかじか 然然 soundso;〔等等〕und so wei-

ter (略: usw.). ～の日に(場所で) an dem und dem Tag (Ort). ～の大きさの soundso groß.
じがじさん 自画自賛 das Eigenlob -[e]s. ～する sein eigenes Lob singen*; sich selbst beweihräuchern.
しかして 然して und; dann.
しかしゅう 詞華集 die Anthologie -n.
じかせん 耳下腺 die Ohrspeicheldrüse -n; die Parotis ..tiden. ～炎 die Ohrspeicheldrüsenentzündung; die Parotitis.
じがぞう 自画像 das Selbstbildnis -ses, -se; das Selbstporträt -s, -s.
しかた 仕方 die Art; die Weise -n; die Methode -n. 彼が事を処する～ die Art und Weise, wie er seine Sache führt. ～なく notgedrungen; [いやいや] [nur] ungern; wider Willen. それはどうにも～ない Das lässt sich nicht ändern. / Das ist nun einmal nicht anders. はいと言うより～がなかった Es blieb mir nichts anderes übrig als ja zu sagen. 泣いたって～がない Weinen hilft nichts. 彼は非難されても～がない Er verdient Tadel (getadelt zu werden).
じがため 地固めをする den Boden befestigen.
しかつ 死活問題 die Lebensfrage -n.
しがつ 四月 der April -[s]. ～馬鹿 der Aprilscherz.
じかつ 自活する selbst für seinen Unterhalt sorgen; sich³ sein Brot selbst verdienen.
しかつめらしい förmlich; feierlich; ernsthaft.
しかと 確と [はっきりと] deutlich; ausdrücklich; [たしかに] sicher; [堅く] fest.
しがない ～暮らしをする dürftig (in dürftigen Verhältnissen) leben.
じがね 地金 das Grundmetall -s, -e. ～を出す[本性を] sein wahres Wesen zeigen.
しかねる nicht können*; [躊躇する] zögern 《zu＋不定詞》. 彼ならそれをしかねない Das traue ich ihm glatt zu.
しかのみならず überdies; außerdem; noch dazu.
しかばね 屍 der Leichnam -s, -e. 彼は生ける～だ Er ist [nur noch] ein lebendiger Leichnam.
しがみつく sich fest|halten* 《an 3格》; sich an|klammern 《an 4格》.
しかめっつら 顰めっ面 verzerrtes Gesicht -s, -er; die Grimasse (Fratze) -n.
しかめる 顰める ～顔を～ das Gesicht verziehen* (verzerren); Gesichter schneiden*; ein schiefes Gesicht machen.
しかも 然も [その上] überdies; und dabei; [にもかかわらず] trotzdem; [aber] doch. 今日中に、～今日の午前中に noch heute im Laufe des Tages, und zwar noch heute Vormittag.
しからずんば 然らずんば oder; wo nicht; sonst.
しからば 然らば so; dann.
しかり 然り ja.
しかる 叱る schelten*; tadeln. 叱り付ける aus|schelten*.

しかるに 然るに aber; dennoch; trotzdem; [これに反して] dagegen.
しかるべき 然るべき gehörig; passend; entsprechend. ～筋に照会する bei der entsprechenden Stelle an|fragen《wegen 2格; ob ...》. 然るべく礼を述べる sich in geziemender Weise bedanken.
シガレット die Zigarette -n.
しかん 士官 der Offizier -s, -e. ～学校 die Offiziersschule.
しかん 子癇 die Eklampsie -n.
しかん 史観 die Geschichtsauffassung -en.
しかん 弛緩 die Erschlaffung (Entspannung). ～する erschlaffen(s). ～した erschlafft; schlaff.
しがん 志願・する sich freiwillig melden《zu 3格》; sich bewerben《um 4格》. ～者 der Bewerber; der Kandidat. ～兵 der Freiwillige#.
じかん 次官 der Staatssekretär -s, -e. 政務～ parlamentarischer Staatssekretär.
じかん 時間 die Zeit -en; [60分] die Stunde -n. 約束の～を守る die verabredete Zeit ein|halten*. 出発の～だ Es ist Zeit aufzubrechen. それは～の問題にすぎない Das ist nur eine Frage der Zeit. ～をかけてやる sich³ Zeit nehmen*《für 4格》. ～外手当 das Überstundengeld; der Überstundenzuschlag. ～外労働をする Überstunden machen. ～極めて stundenweise. ～給 der Stundenlohn. ～通りに pünktlich. ～表(割) der Stundenplan.
しき 式 die Feier -n; die Feierlichkeit -en; die Zeremonie -n; [方法] die Methode -n; die Art; [風(式)] der Stil -[e]s, -e; der Typ -s, -en; [数] die Formel -n. ～を行う eine Feier begehen*; eine Zeremonie ab|halten*. イギリス～の教育 die Erziehung nach englischer Art.
しき 士気 der Mut -es; die Kampflust.
しき 四季 die vier Jahreszeiten pl. ～折々の風物 die Natur im Wechsel der Jahreszeiten.
しき 死期・が迫る dem Tode nahe sein*; im Sterben liegen*. ～を早める seinen Tod beschleunigen.
しき 指揮 die [An]führung. ～を取る den Befehl (das Kommando) führen《über 4格》. 或る人の～下にある unter js. Befehl (Kommando) stehen*. ～する [an]führen; befehligen; 〔音〕dirigieren. ～官 der Befehlshaber; der Kommandant. ～者 der [An]führer; 〔音〕der Dirigent. ～棒 der Taktstock.
しぎ 鴫 die Schnepfe -n.
じき 直に bald; in Kürze; in kurzem.
じき 次期の nächst.
じき 時期 die Zeit -en; [歴史上の] die Periode -n; [季節] die Saison -s. ～尚早の verfrüht. ～尚早である Die Zeit ist noch nicht

da.

じき 時機 die Gelegenheit -en; die Zeit -en. ～を待つ eine günstige Gelegenheit ab|warten. ～を失する eine Gelegenheit versäumen.

じき 磁気 der Magnetismus -. ～のある magnetisch. ～テープ das Magnetband. ～カード die Magnetkarte. ～嵐 magnetischer Sturm pl.

じき 磁器 das Porzellan -s, -e.

じぎ 児戯に等しい kindisch (nur ein Kinderspiel) sein*.

じき 時宜にかなった rechtzeitig; gut angebracht.

しきい 敷居 die Schwelle -n.

しきいし 敷石 der Pflasterstein -[e]s, -e. ～を敷く et. pflastern.

しきうつし 敷き写し[に]する durch|zeichnen; [durch|]pausen; 〔剽窃する〕ab|schreiben*.

しぎかい 市議会 der Stadtrat -s, ⁼e; die Stadtverordnetenversammlung -en. ～議員 der Stadtverordnete#.

しきかく 色覚 der Farbensinn -[e]s.

しきがわ 敷き革〔靴の〕die Einlegesohle -n.

しききん 敷金 die Kaution -en. ～を入れる [eine] Kaution stellen.

しきけん 識見 die Einsicht -en. ～のある(ない) einsichtsvoll (einsichtslos).

しきさい 色彩 die Farbe -n; die Färbung -en. ～に豊かな farbenreich; farbenfreudig. ～感覚 der Farbensinn. 彼の話は政治的な～を帯びていた Seine Rede war politisch gefärbt.

しきじ 式辞 die Festrede -n; die Ansprache -n. ～を述べる eine Festrede halten*.

じきじき 直直 persönlich; in [eigener] Person; direkt.

しきしゃ 識者 der Gebildete#; der Kenner -s, -.

しきじゃく 色弱 die Farbenschwäche. ～の farbenschwach.

しきじょう 式場 der Festplatz -es, ⁼e; die Festhalle -n.

しきじょう 色情 sinnliche Begierden pl.; der Geschlechtstrieb -[e]s. ～狂 die Erotomanie; 〔人〕der Erotomane# [eroto'ma:na].

しきそ 色素 der Farbstoff -s, -e.

じきそ 直訴する sich mit einer Klage direkt an jn. wenden(*).

しきたり 仕来り der Brauch -es, ⁼e; Gebräuche pl. → 慣習.

ジギタリス die Digitalis; der Fingerhut -[e]s, ⁼e.

しきち 敷地 das Grundstück -s, -e; der Bauplatz -es, ⁼e.

しきちょう 色調 der Farbton -s, ⁼e.

しきつめる 敷き詰める ¶部屋に絨毯(じゅうたん)を～ einen Raum mit Teppichen aus|legen.

じきでし 直弟子 js. unmittelbarer Schüler -s, -.

しきてん 式典 die Zeremonie -n; die Feierlichkeit -en.

じきひつ 直筆 js. eigene Handschrift -en. ～の eigenhändig.

しきふ 敷布 das Betttuch -s, ⁼er. ～を敷く ein Bett beziehen*.

しきふく 式服 das Festkleid -[e]s, -er.

しきぶとん 敷き蒲団 das Unterbett -[e]s, -en; die Matratze -n.

しきべつ 識別・する erkennen*; et. unterscheiden* (von 3格). 声で～する jn. an der Stimme erkennen*. ～力 das Unterscheidungsvermögen.

しきま 色魔 der Herzensbrecher -s, -; der Weiberheld -en,-en; der Don Juan - -s, - -s.

しきもう 色盲 die Farbenblindheit. ～の farbenblind.

しきもの 敷物 der Teppich -s, -e; die Decke -n; 〔ござ〕die Matte -n; 〔座蒲団〕das Sitzkissen -s, -.

しぎゃく 嗜虐的な sadistisch.

じぎゃく 自虐的な selbstquälerisch; masochistisch.

しきゅう 子宮 die Gebärmutter ⁼; der Uterus -, ..ri. ～鏡 der Gebärmutterspiegel. ～外妊娠 die Extrauterinschwangerschaft. ～癌 der Gebärmutterkrebs.

しきゅう 支給する jn. versorgen 《mit 3格》; 〔手当などを〕aus|zahlen.

しきゅう 至急・の dringend; dringlich; eilig. ～[に] eilig[st]; schnell. ～電報 dringendes Telegramm.

じきゅう 自給・する sich selbst versorgen 《mit 3格》. ～自足 die Selbstversorgung; die Autarkie. ～自足の autark.

じきゅう 持久・力 die Ausdauer; das Durchhaltevermögen. ～戦 beharrlicher (ausdauernder) Kampf.

しきょ 死去 das Sterben -s. ～する sterben* (s); verscheiden*(s).

じきょ 辞去する sich empfehlen*; sich von jm. verabschieden; von jm. Abschied nehmen*.

しきょう 市況 der Markt -[e]s, ⁼e; die Marktlage. ～報告 der Marktbericht.

しきょう 司教 der Bischof -s, ⁼e.

しぎょう 始業 der Arbeitsbeginn -s; 〔学校の〕der Unterrichtsbeginn -s. ～式 die Feier zum Schulbeginn.

じきょう 自供 → 自白.

じぎょう 事業 das Unternehmen -s, -; das Werk -es, -e; 〔実業〕das Geschäft -s, -e; 〔事跡〕die Tat -en. ～を起す ein Unternehmen gründen (ins Leben rufen*). ～を経営する ein Geschäft betreiben*. ～家 der Unternehmer; der Geschäftsmann. ～年度 das Geschäftsjahr.

しきよく 色欲 → 色情.

しきょく 支局 die Zweigstelle -n; 〖郵〗das Zweigpostamt -[e]s, ⁼er.

じきょく 時局 Zeitläuf[t]e (Zeitumstände)

じきょく 磁極 magnetischer Pol -[e]s, -e; der Magnetpol -s, -e.

しきり 頻りに häufig; oft; wiederholt; 〔絶えず〕unaufhörlich; 〔熱心に〕eifrig; dringend; 〔大いに〕sehr [viel].

しきり 仕切り die Abteilung -en; 〔仕切り壁〕die Scheidewand ¨e. ～状の Faktur; die Rechnung.

しきる 仕切る ab|teilen; 〔決算する〕das Konto ab|schließen*.

しきん 資金 das Kapital -s, -e (-ien); Geldmittel pl. 《für 4格》. ～計画 die Finanzplanung.

しきん 賜金 staatliche Gratifikation -en.

しぎんえん 歯齦炎 die Zahnfleischentzündung -en.

しきんきょり 至近距離 die Schussnähe. ～で in der Schussnähe.

しきんせき 試金石 der Probierstein -[e]s, -e; 〔比〕der Prüfstein -[e]s, -e.

しく 如(若)く ¶用心するに～はない Es ist das Beste (am besten), vorsichtig zu sein.

しく 敷く 〔敷物を〕et. breiten (legen) 《auf 4格》; et. bedecken (belegen) 《mit 3格》; 〔敷設する〕[an]legen. 敷石を～et. pflastern.

しく 市区 der Stadtbezirk (Stadtteil) -s, -e.

しく 詩句 Verse pl.

じく 軸 〔心棒〕die Achse -n; 〔ペンの〕der Halter -s, -; 〔掛け物〕das Kakemono -s, -s; 〔茎〕der Stengel -s, -.

じく 字句 Worte pl.; der Wortlaut -[e]s. ～に拘泥(ﾆﾃ)する sich an den Buchstaben halten*.

じくうけ 軸受け 〔ベアリング〕das Lager -s, -.

じくぎ 軸木 〔マッチの〕der Holzdraht -[e]s, ¨e.

しくさ 仕種 〔やり方〕das Verfahren -s, -; 〔身振り〕die Gebärde -n.

ジグザグ ～に im Zickzack; zickzack. ～の zickzackförmig.

じくじ 忸怩 ¶内心～たるものがある sich im Geheimen schämen 《für (über) 4格》.

しくしく ～泣く wimmern. おなかが～痛む stechende Leibschmerzen haben*.

じくじく ～した feucht; nass. ～した地面 morastiger (sumpfiger) Boden.

しくじる keinen Erfolg haben*; jm. misslingen(s); 〔失策する〕einen Fehler machen; 〔首になる〕entlassen werden*(s受).

ジグソーパズル das Puzzle -s, -s; das Puzzlespiel -s, -e. ～をする puzzlen.

じぐち 地口 das Wortspiel -s, -e; der Wortwitz -es, -e.

しくつ 試掘・する schürfen 《nach 3格》. ～権 das Schürfrecht.

シグナル das Signal -s, -e.

しくはっく 四苦八苦する in großer Not sein*.

しくみ 仕組み das Gefüge -s, -; der Mechanismus -, ..men; 〔計画〕der Plan -es, ¨e; 〔劇などの〕die Handlung -en.

しくむ 仕組む planen. ～ように～es so ein|richten, dass ... 劇に～dramatisieren. 仕組んだ芝居 abgekartete Sache.

シクラメン das Zyklamen -s, -; das Alpenveilchen -s, -.

しぐれ 時雨 spätherbstlicher Sprühregen -s, -.

しぐれる 時雨れる Es fällt ein feiner Spätherbstregen.

しけ 時化 der Seesturm -[e]s, ¨e; 〔不漁〕schlechter Fischfang -s; 〔不況〕die Flauheit.

しけい 死刑 die Todesstrafe -n. ～を宣告する jn. zum Tod verurteilen. ～に処する hin|richten. ～執行人 der Scharfrichter (Henker). ～囚 zum Tod verurteilter Sträfling.

しけい 私刑 die Lynchjustiz. ～を加える jn. lynchen; an jm. Lynchjustiz üben.

しけい 紙型 die Matrize -n; die Mater -n.

じけい 次兄 der zweitälteste Bruder -s, ¨.

しけいざい 私経済 die Privatwirtschaft.

じけいだん 自警団 die Selbstschutzorganisation -en.

しげき 史劇 historisches Drama -s, ..men.

しげき 刺激 der Reiz -es, -e; die Anregung -en; der Antrieb -[e]s, -e. ～する [an]reizen; an|regen; jn. an|treiben* 《zu 3格》. ～的 aufreizend; anregend. ～剤 das Reizmittel.

しげく 繁く häufig. 足～通う jn. sehr oft besuchen.

しげしげ 繁繁[と] häufig; 〔目を据えて〕starr.

しけつ 止血・する das Blut stillen. ～剤 blutstillendes Mittel.

じけつ 自決 die Selbstbestimmung; → 自殺. 民族～権 das Recht auf nationale Selbstbestimmung.

しげみ 茂み das Dickicht -s, -e; das Gebüsch -es, -e.

しける 時化る stürmisch werden*(s); 〔不況〕flau werden*(s).

しける 湿気る feucht werden*(s).

しげる 茂る gedeihen*(s); üppig wachsen*(s); dicht stehen*.

しけん 私見 persönliche (private) Meinung -en. ～によれば meines Erachtens; nach meinem Erachten.

しけん 試験 die Prüfung -en; die Probe -n; 〔考査〕das Examen -s, - (..mina). ～する prüfen; auf die Probe stellen; einen Versuch machen 《mit 3格》. 英語の～をする eine Prüfung in Englisch ab|halten*; jn. in Englisch prüfen. ～を受ける eine Prüfung machen (ab|legen). ～に合格する ein Examen bestehen*. ～に落ちる im Examen durch|fallen*(s). ～科目 das Prüfungsfach. ～官 der Prüfer; der Examinator. ～管 das Reagenzglas (Reagenzglas). ～紙 das Reagenzpapier. ～地獄 die Mühsale der Aufnahmeprüfung. ～所 das Laboratorium. ～場 das Prüfungslokal. ～的に auf Probe; probeweise; ver-

しげん

suchsweise.　~答案 die Prüfungsarbeit. ~飛行 der Probeflug.　~勉強をする für das Examen lernen.　~問題 die Prüfungsaufgabe.

しげん 至言 ¶それは~だ Das ist treffend gesagt.

しげん 資源 Hilfsquellen pl.　~に富んだ reich an Hilfsquellen. 人的~ das Menschenmaterial. 地下~ Bodenschätze pl. ~エネルギー庁 das Amt für Natürliche Rohstoffe und Energie.

じけん 事件〔出来事〕das Ereignis -ses,-se; das Geschehnis -ses,-se; der Vorfall -s,¨e; 〔事柄〕die Sache -n; die Angelegenheit -en; 〔問(と)着〕der Zwist -es,-e.

じけん 示現〘宗〙die Offenbarung -en.　~する sich offenbaren.

じげん 次元 die Dimension -en. 四~の vierdimensional.

じげん 時限〔授業の〕die Stunde -n. 定められた~までに bis zur festgesetzten Zeit.　~爆弾 die Zeitbombe.

しこ 指呼の間にある in Rufweite (Hörweite) sein*.

しご 死後 nach dem Tode.　~硬直〘医〙die Leichenstarre.

しご 死語〔国語〕tote Sprache -n; 〔単語〕totes Wort -es,¨er.

しご 私語する flüstern; wispern.

じこ 自己 → 自分.　~暗示 die Autosuggestion.　~資本 das Eigenkapital.　~紹介をする sich vor|stellen.　~宣伝 die Selbstreklame. ~中心の egozentrisch.　~批判 die Selbstkritik.　~疎外 die Selbstentfremdung.　~欺瞞 der Selbstbetrug.　~顕示 die Selbstpräsentation.　~保存の本能 der Selbsterhaltungstrieb.　~満足 die Selbstzufriedenheit.　~流で nach seiner eigenen Art.

じこ 事故 der Unfall -[e]s,¨e; das Unglück -s,-e.　~なく ohne Zwischenfälle; ohne Störung[en]. 自動車~ der Autounfall.

じご 爾後 seitdem; von da an (ab).

しこう 私行 das Privatleben -s.

しこう 志向 die Intention -en; die Gesinnung -en.　~する intendieren.　~性〘哲〙die Intentionalität.

しこう 伺候する jm. seine Aufwartung machen. 宮中へ~する an den Hof gehen*(s).

しこう 施工 die Ausführung des Baues.　~する den Bau aus|führen.

しこう 施行 die Ausführung.　~する aus|führen; 〔法律〕in Kraft setzen.　~される〔法律〕in Kraft treten*(s).　~規則 Ausführungsbestimmungen pl.

しこう 指向・する sich richten《auf 4格》. ~性 die Richtcharakteristik.　~性アンテナ die Richtantenne.

しこう 思考 das Denken -s. ~する denken*. ~力 die Denkkraft; das Denkvermögen. ~実験 das Gedankenexperiment.　~過程 der Gedankengang.

しこう 嗜好 der Geschmack -s《an 3格》; die Neigung《zu 3格》.　~に適(な)う js. Geschmack sein*.　~品 das Genussmittel.

じこう 事項 die Sache -n; der Punkt -es,-e. 細部の~ Einzelheiten pl.　~索引 das Sachregister.

じこう 時好に投ずる dem Zeitgeschmack entsprechen*; allgemeinen Beifall finden*.

じこう 時効〘法〙die Verjährung -en.　~になる(かかる) verjähren (s).

じこう 時候 die Jahreszeit -en; 〔天候〕das Wetter -s.　~はずれの unzeitgemäß; außerhalb der Saison.

じごう 次号 die nächste (folgende) Nummer. 以下~ Fortsetzung folgt.　~完結 Schluss folgt.

しこうさくご 試行錯誤 ¶彼は~を重ねた末成功した Nach vielen vergeblichen Versuchen gelang es ihm.

じごうじとく 自業自得 Wie man's treibt, so geht's. それは~だ Das geschieht ihm ganz recht.

じごえ 地声 natürliche Stimme -n.

しごく 扱く durch die Hand ziehen*; 〔比〕hart trainieren. 鬚(ひげ)を~ sich³ den Bart streichen*. 槍(やり)を~ einen Speer handhaben.

しごく 至極 sehr; höchst; äußerst. あなたのおっしゃる事は~もっともです Sie haben ganz Recht.

じこく 自国 sein eigenes Land -es.　~語 die Muttersprache.

じこく 時刻 die Zeit -en; die Stunde -n; der Zeitpunkt -[e]s,-e.　~表〘鉄〙der Fahrplan; das Kursbuch.

じごく 地獄 die Hölle; das Inferno -s.　~のような höllisch; infernalisch.　~に落ちる in die Hölle kommen*(s).　~の沙汰(さた)も金次第 Geld regiert die Welt.

じごしょうだく 事後承諾 nachträgliche Einwilligung -en.

しごせん 子午線 der Meridian -s,-e.

しごつ 指〔趾〕骨 die Phalanx -,..langen.

しごと 仕事 die Arbeit -en; das Geschäft -s, -e; die Beschäftigung -en.　~をする arbeiten; seine Arbeit tun* (machen).　~中である bei der Arbeit sein*.　~にかかる an die Arbeit gehen*(s).　~を探す(見つける) Arbeit suchen (finden*).　~着 die Arbeitskleidung; der Arbeitskittel.　~場 die Arbeitsstätte; die Werkstatt. 彼はなかなかの~師だ Er ist sehr unternehmend.

しこむ 仕込む jm. et. ein|trainieren; 〔教育する〕jn. erziehen*《zu 3格》; jn. et. lehren; 〔犬などを〕ab|richten; dressieren; 〔仕入れる〕auf Lager nehmen*; ein|kaufen. 彼の英語は英国仕込みだ Er hat sein Englisch in England gelernt. 仕込み杖 der Stockdegen.

しこり 痼・が出来る eine Verhärtung bekommen*.　~が残る eine Missstimmung nach|-

しこん 歯根 die Zahnwurzel -n.
しさ 示唆 die Andeutung -en. ～する an|deuten; jm. et. zu verstehen geben*.
しさ 視差 die Parallaxe -n.
じさ 時差 der Zeitunterschied -[e]s, -e.
しさい 子(仔)細 〔理由〕der Grund -es, ̈e; 〔事情〕Umstände pl.; 〔委細〕Einzelheiten pl. ～に ausführlich; in allen Einzelheiten. ～があって aus gewissen Gründen. ～ありげに bedeutungsvoll; bedeutsam; vielsagend.
しさい 司祭 der Priester -s, -.
しさい 詩才がある Talent zum Dichten (eine dichterische Ader) haben*.
しざい 死罪 → 死刑.
しざい 私財 das Privatvermögen -s, -. ～を投じて auf eigene Kosten.
しざい 資材 das Material -s, -ien.
じざい 自在 → 自由. ～画 das Freihandzeichnen. ～鈎($\frac{\sigma}{\delta}$) der Kesselhaken.
しさく 思索 das Denken -s; die Spekulation -en. ～する denken* (spekulieren) 《über 4格》. ～家 der Denker.
しさく 施策 die Maßnahme (Maßregel) -n. ～を講ずる Maßnahmen ergreifen* 《gegen 4格》.
しさく 試作・する versuchsweise erzeugen (bauen). ～品 die Probearbeit.
しさく 詩作する dichten*; Verse (Gedichte) machen.
じさく 自作・の詩 sein eigenes Gedicht. ～農 der Freisass (Freisasse).
しさつ 視察 die Besichtigung -en; die Inspektion -en. ～する besichtigen; inspizieren.
じさつ 自殺 der Selbstmord -[e]s, -e. ～する Selbstmord begehen*; sich³ das Leben nehmen*. ～的 selbstmörderisch. ～者 der Selbstmörder. ～未遂 der Selbstmordversuch.
しさん 四散する sich zerstreuen.
しさん 資産 das Vermögen -s, -; Mittel pl.; 〖商〗Aktiva pl. ～のある vermögend; bemittelt; wohlhabend. ～家 vermögender (wohlhabender) Mann.
しざん 死産 die Totgeburt -en. ～児 tot geborenes Kind.
じさん 持参・する mit|bringen*; mit|nehmen*; mit sich³ bringen* (nehmen*). ～金 die Mitgift. ～人〔手紙・小切手などの〕der Überbringer.
しさんひょう 試算表 die Rohbilanz -en.
しし 四肢 Glieder pl.; Gliedmaßen pl.
しし 志士 der Patriot -en, -en.
しし 孜々として emsig; fleißig; unverdrossen.
しし 獅子 der Löwe -n, -n. ～吼(´)する eine feurige Rede halten*. ～座 der Löwe. ～鼻の breitnasig. ～身中の虫をはぐくむ eine Schlange am Busen nähren.
しし 嗣子 der Erbe -n, -n.
しじ 支持 die Unterstützung -en. ～する unterstützen. ～者 der Unterstützer -s, -.
しじ 死児 totes (tot geborenes) Kind -es, -er.
しじ 私事 die Privatangelegenheit -en.
しじ 指示 die [An]weisung -en. ～する jn. an|weisen* 《zu+不定詞》. ～代名詞 das Demonstrativpronomen; hinweisendes Fürwort.
しじ 師事する bei jm. in die Schule gehen*(s); bei jm. in der Lehre sein*.
じじ 時事問題 das Zeitproblem -s, -e; die Zeitfrage -n; aktuelles Thema -s, ..men (-ta).
じじい 爺 der Alte#; alter Mann -es, ̈er.
じじこっこく 時時刻刻 von Stunde zu Stunde.
ししそんそん 子子孫孫に至るまで bis in die späteste Nachwelt.
ししつ 資質 die Anlage -n 《zu 3格》.
しじつ 私室 das Privatzimmer -s, -.
しじつ 史実 geschichtliche Tatsache -n.
じじつ 事実 die Tatsache -n; die Wirklichkeit -en; die Wahrheit -n; 〔副詞的に〕in der Tat; tatsächlich; wirklich. ～の wahr; wirklich. ～上 tatsächlich; in Wirklichkeit. ～無根の unbegründet; falsch.
じじつ 時日 〔日取り〕das Datum -s; der Tag -es; die Zeit. ～を要する viel Zeit brauchen (erfordern).
じじむさい 爺むさい greisenhaft.
ししゃ 支社 die Zweigstelle -n; die Filiale -n.
ししゃ 死者 der Tote#. そのため多数の～を出した Es hat viele Menschenleben gekostet.
ししゃ 使者 der Bote -n, -n; der Abgesandte#.
ししゃ 試写 die Voraufführung -en.
ししゃ 試射 der Probeschuss -es, ̈e.
ししゃく 子爵 der Vicomte -s, -s.
じしゃく 磁石 der Magnet -en (-[e]s), -e[n]; 〔コンパス〕der Kompass -es, -e. ～のような magnetisch.
じじゃく 自若たる(として) gelassen; gefasst; ruhig; getrost.
ししゃごにゅう 四捨五入する 5 nach oben und 4 nach unten ab|runden.
ししゅ 死守する verzweifelt (bis zum Äußersten; bis zum Letzten) verteidigen.
ししゅ 詩趣のある(ない) poetisch (poesielos).
じしゅ 自主・性 die Selbständigkeit; Unabhängigkeit. ～権 die Autonomie. ～的 selb[st]ständig; unabhängig; autonom; freiwillig.
じしゅ 自首 die Selbstanzeige -n. ～する sich der Polizei stellen.
ししゅう 刺繍 die Stickerei -en. ～する sticken. ～糸 das Stickgarn.
ししゅう 詩集 die Gedichtsammlung -en. ハイネ～ Heines Gedichte (poetische Werke) pl.
しじゅう 四十 vierzig. 第～の vierzigst. ～代である in den Vierzigern sein*.

しじゅう 始終 immer; stets; beständig; 〔ひんぴんと〕sehr oft.

じしゅう 自習・する für sich lernen. ～書 das Lehrbuch zum Selbstunterricht.

じじゅう 自重 das Eigengewicht -[e]s; totes Gewicht -[e]s.

じじゅう 侍従 der Kammerherr -n, -en. ～長 der Oberkammerherr.

しじゅうから 四十雀 die Meise -n.

しじゅうそう 四重奏(唱) das Quartett -s, -e.

ししゅく 私淑する jm. als Muster nach|folgen (s); sich¹ jn. zum Vorbild nehmen*.

じしゅく 自粛する sich mäßigen 《in (bei) 3 格》.

ししゅつ 支出 Ausgaben pl.; 〔出費〕der Aufwand -[e]s. ～する aus|geben*.

ししゅんき 思春期 die Pubertät; die Geschlechtsreife. ～の pubertär.

ししょ 支所 die Zweigstelle -n; die Filiale -n.

ししょ 司書 der Bibliothekar -s, -e.

ししょ 子女 Kinder pl.; 〔女の子〕Mädchen pl.

じしょ 地所 das Grundstück -s, -e; der Grund -es; das Gut -es, ⁼er.

じしょ 辞書 das Wörterbuch -[e]s, ⁼er; das Lexikon -s, ..ka (..ken). ～を引く ein (in einem) Wörterbuch nach|schlagen*.

じしょ 自署 eigenhändige Unterschrift -en.

じじょ 次女 die zweite Tochter ⁼.

じじょ 自助 die Selbsthilfe.

じじょ 侍女 die Kammerjungfer -n; die Kammerfrau -en.

ししょう 支障 das Hindernis -ses, -se; die Schwierigkeit -en.

ししょう 私娼 die Prostituierte#; die Hure -n; die Dirne -n. ～窟 das Hurenviertel.

ししょう 師匠 der [Lehr]meister -s, -; der Lehrer -s, -.

しじょう 史上 in der Geschichte.

しじょう 市場 der Markt -[e]s, ⁼e. ～に出す auf den Markt bringen*. 新しい～を開拓する neue Märkte erschließen*. ～価値 der Marktwert. ～占有率 der Marktanteil. ～経済 die Marktwirtschaft.

しじょう 至上・の oberst; [aller]höchst; best. ～命令 unbedingter Befehl.

しじょう 私情 persönliches Gefühl -s, -e.

しじょう 紙上で 〔新聞で〕in der Zeitung; 〔手紙で〕brieflich; schriftlich.

しじょう 試乗する eine Probefahrt (einen Probeflug) machen.

しじょう 詩情 die Poesie; poetische (lyrische) Stimmung -en.

じしょう 自称・の angeblich. ～詩人とするsich Dichter nennen*. 医者と～する sich als (für) einen Arzt aus|geben*.

じしょう 事象 die Erscheinung -en; der Vorgang -es, ⁼e.

じしょう 時称 das Tempus -, ..pora; die Zeit[form] -en.

じじょう 自乗 das Quadrat -[e]s, -e. ～する ins Quadrat erheben*; quadrieren. 5の～は25である Fünf hoch zwei ist fünfundzwanzig.

じじょう 事情 die Sachlage; der Sachverhalt -s, -e; Verhältnisse pl.; 〔理由〕der Grund -es, ⁼e. やむを得ない～ zwingende Umstände pl. 家庭の～で aus Familienrücksichten. ～によっては unter Umständen (略: u.U.). ～はこうだ Die Sache verhält sich so.

じじょうきん 糸状菌 der Fadenpilz -es, -e.

じじょうじばく 自縄自縛になる sich im eigenen Netz verstricken.

ししょうしゃ 死傷者 die Toten# und Verwundeten# pl.; 〚兵〛Verluste pl.

ししょうせつ 私小説 der Ich-Roman -s, -e.

ししょく 試食する kosten; probieren; ab|schmecken.

じしょく 辞職 der Rücktritt -[e]s, -e; die Abdankung -en. ～する seinen Abschied nehmen*; sein Amt nieder|legen; von seinem Amt zurück|treten*(s); ab|danken. ～願いを出す sein Entlassungsgesuch (seinen Abschied) ein|reichen.

ししょでん 自叙伝 die Selbstbiografie (Autobiografie) -n.

ししょばこ 私書箱 das Post[schließ]fach -[e]s, ⁼er.

ししん 私心 die Selbstsucht; der Eigennutz -es. ～のない selbstlos; uneigennützig.

ししん 私信 der Privatbrief -[e]s, -e.

ししん 使臣 der Abgesandte#.

ししん 指針 〔時計などの〕der Zeiger -s, -; 〔手引〕der Führer -s, -; Richtlinien pl.

しじん 私人 die Privatperson -en; der Privatmann -[e]s, ..leute (⁼er).

しじん 詩人 der Dichter -s, -; der Poet -en, -en.

じしん 自身・で selbst; in [eigener] Person; persönlich. ～の eigen.

じしん 自信 das Selbstvertrauen -s. ～が強い seiner selbst sicher sein*. 成功する～がある des Erfolges sicher sein*.

じしん 地震 das Erdbeben -s, -. ～計 der Erdbebenmesser; der Seismograph; das Seismometer.

じしん 磁針 die Magnetnadel -n.

ししんけい 視神経 der Sehnerv -s, -en.

しずい 歯髄 das Zahnmark -s; die Pulpa -e. ～炎 die Pulpitis.

じすい 自炊 für sich selbst kochen.

しすう 指数 der Exponent -en, -en; der Index -[es], ..dizes. 物価～ der Preisindex.

しずか 静か・な(に) still; ruhig; 〔平穏な〕friedlich. ～な雨(風) sanfter Regen (Wind). ～な足取りで mit sachten Schritten.

しずく 雫 der Tropfen -s, -. 木から～が落ちる Es tropft von den Bäumen.

しずけさ 静けさ die Stille; die Ruhe.

しずしず 静静と ruhig; sacht.

シスター die [Ordens]schwester -n.
システム das System -s, -e. ～エンジニア der Systemingenieur.
ジステンパー die Staupe -n.
ジストマ Distomeen [dısto'me:ən] pl.
じすべり 地滑り der Erdrutsch -[e]s, -e. ～的大勝利をおさめる einen Erdrutschsieg davon|tragen*.
しずまる 静(鎮)まる ruhig (still) werden*(s); zur Ruhe kommen*(s); sich beruhigen; 〔嵐・痛み・怒りなどが〕sich legen; nach|lassen*.
しずむ 沈む sinken*(s); versinken*(s); unter|gehen*(s); sich senken; 〔気分が〕niedergeschlagen (niedergedrückt) sein*. 悲しみに沈んでいる in Trauer versunken sein*.
しずめる 沈める senken; versenken.
しずめる 静(鎮)める beruhigen; besänftigen. 痛みを～ Schmerzen stillen. 反乱を～ einen Aufruhr unterdrücken (beruhigen). 心を～ sich fassen.
しする 資する bei|tragen* (dienen) 《zu 3 格》.
じする 侍する jm. auf|warten; jn. bedienen.
じする 持する ¶ 自ら～ sich maßvoll benehmen*. 満を～ sich vollkommen bereit halten*.
じする 辞する〔辞去する〕von jm. Abschied nehmen*; 〔辞退する〕ab|lehnen. 職を～ sein Amt nieder|legen. …も辞さない bereit (willig) sein* 《zu 3 格; zu+不定詞》.
しせい 市制を敷く eine städtische Organisation ein|führen.
しせい 市政 die Stadtverwaltung -en.
しせい 至誠 die Treue; die Redlichkeit.
しせい 施政 die Verwaltung; die Regierung. ～方針 das Regierungsprogramm. ～方針演説 die Regierungserklärung.
しせい 姿勢 die Haltung -en; die Stellung -en. ～がよい(悪い) eine gute (schlechte) Haltung haben*.
しせい 資性 die Naturanlage -n. ～明朗である eine heitere Natur haben*.
じせい 自生する wild wachsen*(s).
じせい 自制 die Selbstbeherrschung. ～する sich beherrschen; sich [selbst] überwinden*. 彼は～心が強い Er besitzt eine große Selbstbeherrschung.
じせい 自省 die Selbstbesinnung. ～する über sich selbst nach|denken*.
じせい 時勢 Zeitumstände (Zeitläufte) pl.; die Zeit -en. ～に抗する gegen den Strom schwimmen*(s).
じせい 磁性 der Magnetismus -. ～の magnetisch.
しせいかつ 私生活 das Privatleben -s.
しせいじ 私生児 uneheliches Kind -es, -er; der Bastard -s, -e.
しせき 史跡 historische Stätte -n.
しせき 歯石 der Zahnstein -[e]s.
じせき 次席の zweitbest.
じせき 自責する sich³ [selbst] Vorwürfe machen 《über 4 格》. ～の念に堪えない Gewissensbisse haben* (spüren).
じせき 事績 die Tat -en; die Leistung -en; das Verdienst -[e]s, -e.
しせつ 私設・の privat; Privat-. ～秘書 der Privatsekretär.
しせつ 使節 der [Ab]gesandte#. ～団 die Delegation.
しせつ 施設 Einrichtungen pl.; die Anstalt -en.
じせつ 自説 seine [eigene] Ansicht (Meinung) -en.
じせつ 時節〔季節〕die Jahreszeit -en; 〔時機〕die Zeit -en; die Gelegenheit -en. ～柄 unter den jetzigen Zeitumständen. ～到来 Jetzt ist es Zeit.
しせん 支線 die Zweigbahn -en; die Seitenlinie -n.
しせん 死線・を越える sich aus der Todesgefahr retten. ～をさまよう in Todesgefahr schweben.
しせん 視線 der Blick -es, -e. ～を向ける den Blick richten 《auf 4 格》. ～をそらす den Blick ab|wenden*⁾ 《von 3 格》. ～を避ける js. Blicken aus|weichen*(s).
しぜん 自然 die Natur. ～の(な) natürlich; 〔たくまぬ〕ungekünstelt; ungezwungen. ～に natürlich; 〔ひとりでに〕von selbst. ～に生える 〔草木が〕wild wachsen*(s). ～界 die Natur; das Naturreich. ～科学 Naturwissenschaften pl. ～科学者 der Naturwissenschaftler. ～現象 das Naturereignis; die Naturerscheinung. ～主義 der Naturalismus. ～淘汰(ょう) natürliche Zuchtwahl (Auslese). ～発火 die Selbstentzündung. ～発生の spontan. ～法則 das Naturgesetz. ～療法 die Naturheilkunde. ～保護 der Naturschutz.
じせん 自薦する sich [selbst] vor|schlagen* (empfehlen*).
じぜん 次善の zweitbest; nächstbesser.
じぜん 事前・に vorher; im Voraus. ～の vorherig.
じぜん 慈善 die Wohltat -en. ～を施す jm. eine Wohltat erweisen*. ～の wohltätig. ～家 der Wohltäter. ～興行 die Wohltätigkeitsvorstellung. ～事業 das Liebeswerk. ～団体 der Wohltätigkeitsverein. ～病院 das Armenkrankenhaus.
しそ 始祖 der Urheber ([Be]gründer) -s, -.
しそう 死相 ¶ 病人にはすでに～が現われている Der Kranke ist bereits vom Tod gezeichnet.
しそう 志操 die Gesinnung -en. ～堅固な gesinnungstreu.
しそう 使嗾する jn. auf|hetzen (an|stiften) 《zu 3 格》.
しそう 思想 der Gedanke -ns, -n; die Idee -n. ～の貧困な(豊かな) gedankenarm (gedankenreich). ～家 der Denker. ～界 die Gedankenwelt. ～犯 politischer Verbrecher.
しそう 歯槽 die Alveole -n. ～膿漏(ろう) die Alveolarpyorrhöe.

しぞう 死蔵する unbenutzt liegen lassen*.
しそく 四則 die vier Grundrechnungsarten (Spezies) *pl*.
じそく 時速 die Stundengeschwindigkeit *-en*. ～60キロの速さで mit einer Geschwindigkeit von 60 Kilometern in der (pro; je) Stunde (略 : 60 km/st; 60 km/h).
じぞく 持続 die Fortdauer; 〔維持〕die Aufrechterhaltung; 〔続行〕die Fortsetzung. ～する〔fort|〕dauern; an|dauern; an|halten*; fort|währen; 〔維持する〕aufrecht|erhalten*; 〔続行する〕fort|setzen; weiter|führen. ～的 [an]dauernd; anhaltend; fortwährend. ～性 die Dauerhaftigkeit.
しそくどうぶつ 四足動物 der Vierfüß[l]er *-s, -*; der Quadrupede *-n, -n*.
しそこなう 為損う → 遣り損う.
しそちょう 始祖鳥 der (die) Archäopteryx *-, -e* (*..ryges*).
しそん 子孫 der Nachkomme *-n, -n*; der Abkömmling *-s, -e*; 〔集合的に〕die Nachkommenschaft. ～に伝える der Nachwelt überliefern. 或る人の～である von *jm.* ab|stammen (*s*).
じそんしん 自尊心 das Ehrgefühl *-s*; der Stolz *-es*. ～の高い stolz.
した 下の unter; 〔年下の〕jünger. ～に unten. …の～に unter (3格; 4格); 〔下方 (部)に〕unterhalb (2格). 階段の～に unten an der Treppe. ～へ nach unten; abwärts. ～へ置く nieder|legen. ～にも置かない jn. auf Händen tragen*. ～にも置かぬもてなしを受ける königlich bewirtet werden* (*s*受). ～の者 der Untergeordnete#.
した 舌 die Zunge *-n*; 〔鐘・鈴の〕der Klöppel *-s, -*. ～を出す die Zunge heraus|strecken. ～を巻く sehr erstaunt sein* (*über* 4格); *et.* bewundern. ～がまわる eine geläufige Zunge haben*. ～が肥えている eine feine Zunge haben*.
しだ 羊歯 der Farn *-s, -e*; das Farnkraut *-s, ¨er*.
じた 自他共に許す allgemein anerkannt.
したあご 下顎 der Unterkiefer *-s, -*.
したい 死体 die Leiche *-n*; der Leichnam *-s, -e*.
したい 肢体 Glieder *pl*.
したい 姿態 die Gestalt (Figur) *-en*.
しだい 次第 〔順序〕die Ordnung *-en*; 〔事情〕Umstände *pl*.; 〔…するや否や〕sobald … ～に allmählich; nach und nach; mit der Zeit. …である ab|hängen* (von 3格); es kommt darauf an, ob … 事と～によっては unter Umständen (略: u. U.). ～書(*ガ*) das Programm.
じたい 自体 selbst. それ～ an [und für] sich. 物～〔哲〕das Ding an sich.
じたい 字体 die Schrift[art] *-en*.
じたい 事態 die [Sach]lage; die Situation *-en*. 憂慮すべき～だ Die Sache steht bedenklich.

じたい 辞退する ab|lehnen; aus|schlagen*.
じだい 地代 die Bodenrente (Grundrente) *-n*.
じだい 時代 die Zeit *-en*; das Zeitalter *-s, -*; die Ära; die Periode *-n*. ～のついた antik; altertümlich. ～遅れの veraltet; altmodisch. ～劇 historisches Schauspiel. ～錯誤 der Anachronismus. ～思潮 die Zeitströmung. ～精神 der Zeitgeist. ～相 das Zeitbild.
じだいしゅぎ 事大主義 der Opportunismus *-*. ～者 der Opportunist.
したう 慕う sich sehnen ⟪nach 3格⟫; 〔敬慕する⟫ verehren.
したうけ 下請け・に出す an einen Subunternehmer vergeben*. ～業者 der Zulieferer. ～企業 der Zulieferbetrieb.
したうち 舌打ちする mit der Zunge schnalzen.
したえ 下絵 der Entwurf *-s, ¨e*. 絵画の～を書く ein Gemälde entwerfen*.
したがう 従う folgen (3格); gehorchen (3格); sich fügen (3格; in 4格); 〔随行する〕*jn.* begleiten; *jm.* folgen (*s*). 命令に～ einem Befehl gehorchen; einen Befehl befolgen. 要求に～ eine Forderung an|nehmen*; einem Verlangen nach|geben*. 習慣に～ sich der Sitte fügen. 時勢に～ sich in die Zeit schicken. 流行に～ der Mode gehorchen.
したがえる 従える von *jm.* begleitet sein*; 〔征服する〕bezwingen*. 大勢の従者を従えて mit großer Begleitung.
したがき 下書き das Konzept *-[e]s, -e*; der Entwurf *-s, ¨e*. ～する *et.* ins Unreine schreiben*; *et.* konzipieren.
したがって 従って 〔それで〕daher; also; 〔…に従って〕gemäß (3格); entsprechend (3格); nach (3格). 命令に～ dem Befehl gemäß. 医者の勧めに～ auf den Rat des Arztes [hin]. 時がたつに～ mit der Zeit. 年をとるに～ mit zunehmendem Alter.
したぎ 下着 die Unterwäsche; die Unterkleidung; das Unterzeug *-s*; die Leibwäsche; 〔婦人の〕Dessous *pl*.
したく 支度 die Vorbereitung *-en*. ～をする *et.* vor|bereiten; *et.* zurecht|machen; sich vor|bereiten ⟪auf (für) 4格⟫; 〔身支度する⟫ sich zurecht|machen. 旅の～をする sich zur Reise rüsten (fertig machen). 食事の～が出来た Das Essen ist fertig. ～金 Ausstattungskosten *pl*.
じたく 自宅 sein [eigenes] Haus *-es, ¨er*; das Privathaus *-es, ¨er*; die Privatwohnung *-en*. ～で養護する *jn.* zu Hause pflegen.
したくちびる 下唇 die Unterlippe *-n*.
したげいこ 下稽古 die Vorübung *-en*.
したけんぶん 下検分 vorherige Besichtigung *-en*. ～する vorher besichtigen.
したごころ 下心 geheime Absicht *-en*.
したごしらえ 下拵え die Vorbereitung *-en*.

したさき 舌先 die Zungenspitze *-n*.
したじ 下地 der Grund *-es*; 〔素質〕die Anlage *-n*.
したしい 親しい vertraut; intim; befreundet. 彼等は～間柄だ Zwischen ihnen herrschen innige Beziehungen.
したじき 下敷き die Unterlage *-n*. 家の～になる unter das Haus zu liegen kommen*(s)*.
したしく 親しく〔自(ら)ら〕persönlich; in [eigener] Person. ～している mit *jm*. befreundet sein*〔vertrauten Umgang haben*〕. ～なる sich mit *jm*. befreunden (an|freunden); mit *jm*. ein freundschaftliches Verhältnis an|knüpfen.
したしみ 親しみ die Freundschaft. ～を感ずる Zuneigung empfinden*〔zu 3格〕. ～のある vertraulich.
したしむ 親しむ → 親しく. 読書に～ über seinen Büchern hocken.
したしらべ 下調べ die Vorbereitung *-en*《auf (für) 4格》. 授業の～をする eine Unterrichtsstunde vor|bereiten. その生徒は～がよくできていた Der Schüler hat sich gut vorbereitet.
したそうだん 下相談 die Vorbesprechung *-en*. ～する sich mit *jm*. vorher besprechen*《über 4格》.
したたか tüchtig; stark. ～者 durchtriebener Mensch; alter Fuchs.
したたらず 舌足らずな lahm.
したたり 滴り der Tropfen *-s*, -.
したたる 滴る triefen*(s)*; tropfen*(s)*; tröpfeln*(s)*.
したつづみ 舌鼓を打って食べる genießerisch schlecken《an 3格》.
したっぱ 下っ端 der Untergeordnete#. ～役人 der Unterbeamte#.
したづみ 下積みになっている zuunterst liegen*.
したて 下手に出る bescheiden auf|treten*(s)*.
したて 仕立て/よい gut gemacht (angefertigt) sein*. ～下ろしの nagelneu. ～賃 der Schneiderlohn. ～物 die Schneiderarbeit (Näharbeit). ～物をする schneidern. ～屋 der Schneider. 特別～の列車 der Sonderzug.
したてる 仕立てる〔着物を〕machen; an|fertigen; schneidern; 〔育て上げる〕*jn*. aus|bilden《zu 3格》. 舟を～ ein Schiff chartern.
したどり 下取りする(させる) in Zahlung nehmen*〔geben*〕.
したなめずり 舌舐めずり ¶これを見て彼は～した Bei diesem Anblick leckte er sich die Lippen.
したぬり 下塗り der Grundanstrich *-s*, *-e*. ～をする *et.* grundieren.
したば 下葉 das Unterholz *-es*.
じたばた ～する〔抵抗する〕sich sträuben.
したばたらき 下働き der Assistent *-en*, *-en*; der Gehilfe *-n*, *-n*.
したばら 下腹 der Unterleib *-[e]s*, *-er*.

したび 下火になる nach|lassen*.
したまち 下町 im unteren Stadtteil.
したまわる 下回る unterschreiten*; weniger sein* als. 平均を～ unter dem Durchschnitt liegen*.
したみ 下見 → 下検分.
したむき 下向き・の nach unten gerichtet. ～になる nach unten blicken. 物価は～だ Die Preise zeigen eine Neigung zum Sinken.
しため 下目に見る von oben herab an|sehen*; auf *jn*. herunter|sehen*.
したやく 下役 der Untergebene#; der Unterbeamte#.
したよみ 下読みする sich vor|bereiten《auf 4格》.
しだらく 自堕落・な liederlich. ～な生活をする ein liederliches Leben führen. ～な女 die Schlampe.
したりがお したり顔に mit stolzer Miene; triumphierend.
しだれやなぎ 枝垂れ柳 die Trauerweide *-n*.
しだれる 枝垂れる herab|hängen*.
したわしい 慕わしい lieb; geliebt. → 慕う.
したん 紫檀 rotes Sandelholz *-es*.
しだん 師団 die Division *-en*. ～長 der Divisionskommandeur.
しだん 詩壇 Dichterkreise *pl*.
じたん 時短 die Arbeitszeitverkürzung *-en*.
じだん 示談 die Abfindung *-en*. 或る人と金で～にする *jn*. mit Geld ab|finden*. ～金 die Abfindung[ssumme].
じだんだ 地団太 ¶彼は～を踏んで怒った Er stampfte vor Zorn auf den Boden.
しち 七 sieben. 第～の siebſen]t.
しち 質 das Pfand *-es*, *⸚er*. ～に入れる als (zum) Pfand geben*; verpfänden. ～に取る als (zum) Pfand nehmen*. ～に入る ins Pfand verfallen lassen*. ～草 das Pfandobjekt. ～草がない nichts zu verpfänden haben*. ～流れ品 verfallenes Pfand. ～札 der Pfandschein. ～屋 das Pfandhaus (Leihhaus); 〔人〕der Pfandleiher.
しち 死地・に赴(おもむ)く sich in Todesgefahr begeben*. 辛うじて～を脱する mit knapper Not dem Tod entgehen* (entrinnen*) *(s)*.
じち 自治 die Selbstverwaltung *-en*; das Selfgovernment *-s*, *-s*. ～権 das Selbstverwaltungsrecht. ～制を敷く unter Selbstverwaltung stellen*. ～体 die Kommune; die Gemeinde. ～省 das Innenministerium. ～領〔イギリスの〕das Dominion.
しちがつ 七月 der Juli *-[s]*.
しちじゅう 七十 siebzig. 第～の siebzigst. ～代である in den Siebzigern sein*.
しちてんばっとう 七転八倒する sich vor Schmerzen winden*.
しちめんちょう 七面鳥 das Truthuhn *-s*, *⸚er*; 〔雄〕der Truthahn *-s*, *⸚e*; 〔雌〕die Truthenne *-n*.
しちゅう 支柱 die Stütze *-n*.
シチュー das Geschmorte#. ～にする schmo-

しちょう 市長 der Bürgermeister -s, -;〔大都市の〕der Oberbürgermeister -s, - (略: OB; OBM).
しちょう 思潮 die Geistesströmung -en.
しちょう 視聴・を集める allgemeine Aufmerksamkeit erregen; viel Aufsehen erregen. ～覚教育 audiovisueller Unterricht. ～率 die Einschaltquote.
しちょう 試聴する einer Hörprobe unterziehen*; probeweise hören.
しちょう 輜重・隊 der Train; der Tross. ～兵 der Trainsoldat.
しちょう 七曜 die [sieben] Wochentage pl. ～表 der Kalender.
じちょう 次長 der Vizechef -s, -s.
じちょう 自重する vorsichtig (bedachtsam) sein*.
じちょう 自嘲する sich selbst verspotten.
しちょうしゃ 市庁舎 das Rathaus -es, ‥er.
しちょうそん 市町村 die Gemeinde -n.
しちょく 司直 der Richter -s, -.
しっ Pst! / St! / Still! /〔馬を追うとき〕Hü!
しつ 室 das Zimmer -s, -; die Stube -n.
しつ 質 die Qualität -en. ～のよい(悪い) von guter (schlechter) Qualität. ～的(に) qualitativ.
じつ 実・に wirklich; wahrhaft; geradezu; sehr. ～は in Wirklichkeit (Wahrheit); eigentlich. ～を言うと um die Wahrheit zu sagen; offen gestanden. ～のある treu; redlich. ～のない treulos; unredlich. ～の親 seine leiblichen Eltern pl. 勇者たるの～を示す sich als mutiger Mann bewähren.
しつい 失意 die Enttäuschung -en; die Depression -en. ～時代 js. unglückliche Tage pl. 〜の人 gebrochener Mann.
じつい 実意〔本心〕wahre (wirkliche) Absicht -en. 〜のこもった herzlich. → 実(じ).
しつう 私通する jm. heimlichen Geschlechtsverkehr haben*.
しつう 歯痛 Zahnschmerzen pl.
しつうはったつ 四通八達 ¶この国は鉄道(道路)が～している Ein Netz von Eisenbahnen (Straßen) durchzieht (breitet sich über) das Land.
じつえき 実益 ¶趣味と～を兼ねている das Angenehme mit dem Nützlichen verbinden*.
じつえん 実演 die Vorführung -en; die Demonstration -en. ～する vor|führen; demonstrieren.
しつおん 室温 die Zimmertemperatur -en.
しっか 失火 ¶昨日の火事は～だそうだ Das gestrige Feuer soll durch Unachtsamkeit entstanden sein.
じっか 実科学校 die Realschule -n.
じっか 実家 das Elternhaus -es, ‥er.
しつがい 室外で(に) außerhalb des Zimmers;〔野外で〕im Freien.
じっかい 十誡 die Zehn Gebote pl.

じつがい 実害 wirklicher Schaden -s, ‥; wesentlicher Verlust -es, -e.
しつがいこつ 膝蓋骨 die Kniescheibe -n.
しっかく 失格する disqualifiziert (ausgeschlossen) werden*(s受).
しっかり ～した(と) fest; stark; solid[e]; gediegen; tüchtig;〔確かな〕sicher. 〜者 charakterfester (solider) Mensch. 〜しろ Nur Mut! / Nimm dich zusammen!
しっかん 疾患 die Krankheit -en.
じっかん 実感・する am eigenen Leib erfahren* (spüren). 〜が出ている naturgetreu (lebenswahr) sein*. 〜をこめて mit Gefühl.
しつかんせつ 膝関節 das Kniegelenk -s, -e.
しっき 湿気 die Feuchtigkeit; die Nässe. 〜のある feucht; nässlich.
しっき 漆器 die Lackarbeit -en. 〜類 Lackwaren pl.
しつぎ 質疑 → 質問. 〜応答 Fragen und Antworten pl.
しっきゃく 失脚・する stolpern(s); zu Fall kommen*(s). 〜させる zu Fall bringen*.
しつぎょう 失業 die Arbeitslosigkeit. 〜する arbeitslos werden*(s). 〜者 der Arbeitslose#. 〜救済 die Arbeitslosenhilfe. 〜対策事業 Notstandsarbeiten pl. 〜手当をもらう Arbeitslosengeld beziehen*;〔俗〕stempeln gehen*(s). 〜保険 die Arbeitslosenversicherung.
じっきょう 実況 wirkliche Lage -n; wirklicher Vorgang -es, ‥e. 〜放送 die Direktübertragung; die Live-Sendung.
じつぎょう 実業 das Gewerbe -s, -. 〜家 der Geschäftsmann. 〜界に入る ins Geschäftsleben ein|treten*(s). 〜学校 die Gewerbeschule.
しっきん 失禁 die Inkontinenz -en. 尿～ der Harnfluss.
しっく 疾駆する → 疾走する.
シック ～な schick.
しっくい 漆喰 der [Kalk]mörtel -s; der Putz -es. 〜を塗る et. mit Mörtel bewerfen*; et. verputzen.
しっくり ～する〔gut〕passen《zu 3格》;〔gut〕zusammen|passen《mit 3格》. 〜しない schlecht [zusammen|]passen.
じっくり〔篤と〕reiflich;〔落ち着いて〕ruhig.
しっけ 湿気 → しっき.
しつけ 仕付け〔躾〕die Erziehung; die Zucht;〔衣服の〕das Heften -s. 〜をする jn. erziehen*; jn. in Zucht nehmen*;〔衣服の〕et. heften. 〜のよい(悪い) wohlerzogen (unerzogen); wohlgeraten (missraten). 〜糸 der Heftfaden.
しっけい 失敬・な respektlos; unhöflich; grob. 〜な事を言う jm. Grobheiten sagen. 〜!〔Entschuldigen Sie! / Verzeihung! /〔別れるとき〕Auf Wiedersehen!
じつげつ 日月 ¶10年の長〜 10 lange Jahre.
しっける → 湿気(しっけ)る.
しつける 仕付ける → 仕付け;〔し慣れている〕

しつげん 湿原 das Moor -s, -e; die Sumpfwiese -n.

しつげん 失言する eine unschickliche (taktlose) Bemerkung machen; sich verplappern.

じっけん 実見･る mit eigenen Augen sehen*. ～者 der Augenzeuge.

じっけん 実権 wirkliche Macht. ～を握る die Macht ergreifen*. ～を握っている die Macht [in den Händen] haben*.

じっけん 実験 das Experiment -[e]s, -e; der Versuch -[e]s, -e. ～する ein Experiment machen (an|stellen); experimentieren《mit 3格》. ～的 experimentell. ～式 empirische Formel. ～室 das Laboratorium. ～物理学 die Experimentalphysik.

じつげん 実現 die Verwirklichung -en. ～する verwirklichen; realisieren. ～される sich verwirklichen (realisieren); in Erfüllung gehen*(s).

しつこい hartnäckig;〔うるさい〕zudringlich; lästig;〔食物の〕schwer;〔脂っこい〕fett;〔色の〕grell.

しっこう 失効 das Außerkrafttreten -s. ～する außer Kraft treten(s); außer Kraft gesetzt werden*(s委).

しっこう 執行 die Ausführung; die Ausübung; die Vollziehung;【法】die Vollstreckung -en. ～する aus|führen; aus|üben; vollziehen*; vollstrecken;〔祭典を〕begehen*. ～権 die vollziehende Gewalt; die Exekutive. ～委員会 der Vollzugsausschuss; der Exekutivausschuss. ～機関 ausführendes Organ. ～命令 der Vollziehungsbefehl (Vollstreckungsbefehl). ～猶予 der Strafaufschub. ～猶予付きの mit Bewährung.

じっこう 実行 die Ausführung;〔行為〕die Tat -en. ～する aus|führen; vollziehen*. 約束を～する ein Versprechen erfüllen. ～し得る ausführbar; tunlich. ～委員会 geschäftsführender Ausschuss. ～家 ein Mann der Tat. ～力 die Tatkraft.

じっこう 実効 die Wirkung -en; der Effekt -[e]s, -e. →効果.

しっこく 桎梏 Fesseln pl.; Bande pl.

しっこく 漆黒の rabenschwarz.

しつごしょう 失語症 die Aphasie -n.

じっこん 昵懇にしている mit jm. intim (vertraut) sein*.

じっさい 実際 die Wirklichkeit; die Wahrheit; die Tatsache -n;〔実地〕die Praxis. ～の wirklich; wahr; tatsächlich. ～に wirklich; wahrhaft; in der Tat;〔実地に〕praktisch. ～は in Wirklichkeit (Wahrheit). ～的 praktisch. ～家 der Praktiker; ein Mann der Praxis.

じつざい 実在[･性] die Realität. ～の real; wesenhaft. ～する sein*; existieren. ～論 der Realismus. ～論者 der Realist.

しっさく 失策 der Fehler -s, -; das Versehen -s, -; der Missgriff -s, -e. ～する einen Fehler begehen* (machen); einen Missgriff tun*.

しっし 嫉視する neidisch sein*《auf 4格》; scheel an|sehen*.

しつじ 執事 der Verwalter -s, -.

じっし 実子 sein eigenes (leibliches) Kind -es, -er.

じっし 実施 die Durchführung -en. ～する durch|führen;〔法律などを〕in Kraft setzen.

しつじつ 質実な gediegen; solid[e].

じっしつ 実質 das Wesen -s; die Substanz; der Gehalt -[e]s, -e. ～的 wesentlich; substanziell; sachlich;〔内容のある〕gehaltreich. ～上 im Wesentlichen; in Wirklichkeit. ～賃金 der Reallohn (Effektivlohn).

じっしゃ 実写 naturgetreue Filmdarstellung -en.

じっしゃかい 実社会に出る ins Berufsleben ein|treten (s).

じつじゅ 実需 wirklicher Bedarf -s.

じっしゅう 実収〔収入〕das Nettoeinkommen -s, -;〔収穫〕wirkliche Erträge pl.

じっしゅう 実習 das Praktikum -s, ..ka; praktische Übung -en. ～する sich praktisch üben (in 3格); als Praktikant arbeiten. ～生 der Praktikant.

じっしゅきょうぎ 十種競技 der Zehnkampf -s, ¨e.

しっしょう 失笑する sich des Lachens nicht enthalten können*.

じっしょう 実証 der Beweis -es, -e; die Bestätigung -en. ～する beweisen*; erweisen*; bestätigen. ～的 positiv. ～主義(哲学) der Positivismus.

じつじょう 実情 [wahrer] Sachverhalt -[e]s, -e.

しっしょく 失職 →失業.

しっしん 失心する ohnmächtig (bewusstlos) werden*(s); in Ohnmacht fallen*(s); das Bewusstsein verlieren*.

しっしん 湿疹 das Ekzem -s, -e.

じっしんほう 十進法 das Dezimalsystem (Zehnersystem) -s.

じっすう 実数 wirkliche Zahl -en;【数】reelle Zahl -en.

しっする 失する →失う. 寛大に～ zu nachsichtig sein*.

しっせい 失政 verfehlte Politik.

しっせい 執政 die Verwaltung;〔人〕der Verwalter -s, -.

しっせい 湿性･の feucht. ～肋膜炎 feuchte Rippenfellentzündung.

じっせいかつ 実生活 wirkliches Leben -s.

しっせき 叱責 der Tadel -s, -; die Rüge -n. ～する tadeln; rügen; schelten*. ～を受ける Schelte (eine Rüge) bekommen*.

じっせき 実績 die Leistung -en. ～を上げる gute Leistungen vollbringen*.

じっせん 実践 die Praxis. ～する in die Praxis (Tat) um|setzen; aus|führen. ～的 praktisch.

しっそ 質素な schlicht; einfach; bescheiden; schmucklos; sparsam.

しっそう 失踪〖法〗die Verschollenheit. ～した verschollen. ～者 der Verschollene＊. ～する verschwinden＊(s).

しっそう 疾走する schnell laufen＊(s); rennen＊(s); schießen＊(s).

じつぞう 実像〖物〗reelles Bild -es, -er.

しっそく 失速する〖空〗überzogen werden＊(s受).

じつぞん 実存 die Existenz. ～的 existenziell. ～主義 der Existenzialismus. ～主義的 existenzialistisch. ～主義者 der Existenzialist. ～哲学 die Existenzphilosophie.

しった 叱咤・する heftig schelten＊. 三軍を～する ein großes Heer kommandieren.

しったい 失態 der Fehler (Schnitzer) -s, -. ～を演ずる einen Fehler (Schnitzer) machen; [見苦しい振舞をする] sich unschicklich benehmen＊; sich lächerlich machen.

じったい 実体 die Substanz; das Wesen -s. ～のある(ない) real (wesenlos).

じったい 実態 → 実情.

しったかぶり 知ったか振りをする sich wissend stellen.

しったつり 執達吏 der Gerichtsvollzieher -s, -.

じつだん 実弾 scharfe Munition -en. ～射撃 das Scharfschießen. ～射撃をする scharf schießen＊. この銃には～が装填されている Das Gewehr ist scharf geladen.

しっち 失地を回復する das Verlorene wieder|gewinnen＊.

しっち 湿地 feuchter Boden -s, ⸚; der Sumpf -[e]s, ⸚e.

じっち 実地 die Praxis. ～の praktisch. ～に praktisch; in der Praxis. ～を踏む praktische Erfahrung haben＊(in 3格). ～検証 der Augenschein. ～試験 praktische Prüfung.

じっちゅうはっく 十中八九 aller Wahrscheinlichkeit (Voraussicht) nach. ～彼は来ると思う Ich wette zehn zu (gegen) eins, dass er kommt.

しっちょう 失聴する ertauben (s).

じっちょく 実直な redlich; rechtschaffen; ehrlich; bieder.

しっつい 失墜 verlieren＊. おかげで彼は大いに名声を失墜した Dadurch hat er sehr an Ansehen eingebüßt.

しってん 失点 der Fehl[er]punkt -[e]s, -e.

してんぱっとう 七転八倒 → しちてんばっとう.

しっと 嫉妬 die Eifersucht; der Neid -es. ～する eifersüchtig (neidisch) sein＊(auf 4格). ～深い eifersüchtig; neidisch. ～心から aus Neid. ～心を起させる js. Neid erregen.

しつど 湿度 die Feuchtigkeit. ～計 der Feuchtigkeitsmesser; das Hygrometer.

じっと ～している still|halten＊. ～見つめる starr an|sehen＊. ～我慢する geduldig ertragen＊.

しっとう 執刀 ¶手術は清水博士・～の下に行われた Die Operation ist durch Dr. Shimizu ausgeführt worden.

じつどうじかん 実働時間 die Arbeitszeit -en.

しっとり ～した feucht; [人の物腰が] anmutig.

じっとり ～汗をかく sich ganz nass schwitzen.

しつない 室内・で(に) im Zimmer; im Haus[e]. ～楽 die Kammermusik. ～装飾 das Interieur. ～プール das Hallenbad. ～競技場 die Sporthalle. ～遊戯 das Gesellschaftsspiel im Zimmer.

しつねん 失念・する vergessen＊; aus dem Gedächtnis verlieren＊. 名前を～した Der Name ist mir entfallen.

ジッパー der Reißverschluss -es, ⸚e.

しっぱい 失敗 der Misserfolg -[e]s, -e; das Misslingen -s; der Fehlschlag -[e]s, ⸚e. ～する keinen Erfolg haben＊; jm. misslingen＊ (fehl|schlagen＊) (s). 試験に～する im Examen durch|fallen＊(s).

じっぱひとからげ 十把一絡げに in Bausch und Bogen.

しっぴ 失費 Kosten pl.; Spesen pl. 大きな～がある große [Geld]ausgaben haben＊.

じっぴ 実費で頒(か)つ zum Kostenpreis verkaufen.

しっぴつ 執筆・する schreiben＊; verfassen. ～者 der Schreiber; der Verfasser.

しっぷ 湿布 die Kompresse -n; der Umschlag -[e]s, ⸚e. 温(冷)～をする einen warmen (kalten) Umschlag machen (um 4格).

じっぷ 実父 sein eigener (leiblicher) Vater -s.

しっぷう 疾風 die Bö -en. ～の如く in (mit) Windeseile.

じつぶつ 実物 das Original -s, -e. ～通りの(に) naturgetreu; originalgetreu. ～大の(に) lebensgroß; in [voller] Lebensgröße; in natürlicher Größe. ～教育 der Anschauungsunterricht.

しっぺがえし しっぺ返しをする jm. et. mit (in) gleicher Münze heim|zahlen.

しっぽ 尻尾 der Schwanz -es, ⸚e; [端] das Ende -s, -n. ～を振る mit dem Schwanz wedeln; [取り入る] vor jm. (um jn.) schwänzeln. ～を巻いて逃げる den Schwanz ein|ziehen＊. ～を出す sich verraten＊. ～をつかむ hinter js. Schliche (jm. auf die Schliche) kommen＊(s).

じつぼ 実母 seine eigene (leibliche) Mutter.

しっぽう 七宝 die Cloisonné -s, -s; der Zellenschmelz -es, -e. ～の花瓶 die Cloisonnévase.

しつぼう 失望 die Enttäuschung -en. ～する enttäuscht werden＊(s受). 彼にはひどく～

じっぽう 実包 → 実弾.
しつぼく 質朴な schlicht; einfach.
しつむ 執務・する Dienst machen (tun*). ～時間 Geschäftsstunden (Amtsstunden) pl.
じつむ 実務 praktisches Geschäft -s, -e; die Praxis. ～の才ある geschäftstüchtig. ～家 der Praktiker.
しつめい 失明 die Erblindung -en. ～する erblinden (s); das Gesicht verlieren*.
しつもん 質問 die Frage -n; [議会の] die Interpellation -en. ～する jn. fragen (nach 3 格); eine Frage an jn. stellen (richten) (über 4 格); [議会で] interpellieren (in 3 格). ～者 der Fragesteller; der Interpellant. ～攻めにする jn. mit Fragen überschütten.
しつよう 執拗な hartnäckig; zudringlich.
じつよう 実用 die Brauchbarkeit. ～的 praktisch; brauchbar; pragmatisch. ～品 der Gebrauchsgegenstand; der Gebrauchsartikel; etwas Praktisches#. ～新案 das Gebrauchsmuster. ～主義 der Pragmatismus.
じつり 実利 praktischer Nutzen -s. ～のある nützlich. ～主義 der Utilitarismus.
しつりょう 質量 die Masse -n.
しつりょう 質料 [哲] der Stoff -[e]s.
じつりょく 実力 wirkliche Fähigkeit -en. ～のある fähig; tüchtig. ～を行使する Gewalt an|wenden*(*). ～者 ein Mann von Einfluss. ドイツ語の～を養う sich im Deutschen aus|bilden.
しつれい 失礼 → 失敬. こう申しては～ですが mit Respekt zu sagen. ～をも顧みず…します Ich erlaube mir, et. zu tun. ～ですが、あなたは山田さんではありませんか Entschuldigen Sie, sind Sie nicht Herr Yamada?
じつれい 実例 das Beispiel -s, -e. ～をあげて説明する an einem Beispiel erklären.
しつれん 失恋 unglückliche (unerwiderte) Liebe; verschmähte Liebe. ～する jn. unglücklich (unerwidert) lieben; Unglück in der Liebe haben*.
じつわ 実話 wahre Geschichte -n.
してい 私邸 das Privathaus -es, ¨er.
してい 子弟 Kinder pl.
してい 師弟 der Meister und seine Schüler.
してい 指定・する bestimmen. ～席 reservierter Platz. 座席～券 [鉄] die Platzkarte.
してき 史的 historisch; geschichtlich.
してき 私的 persönlich; privat. ～な利害 das Privatinteresse.
してき 指摘する jn. hin|weisen* (auf 4 格); jn. aufmerksam machen (auf 4 格).
してき 詩的 poetisch; dichterisch.
してき 自適]悠悠～の生活を送る ein gemächliches (geruhsames) Leben führen.
してつ 私鉄 die Privatbahn -en.
じてっこう 磁鉄鉱 das Magneteisenerz -[e]s; der Magnetit -s, -e.
しては ¶日本人に～よくドイツ語を話す Für einen Japaner spricht er sehr gut Deutsch. 8 月に～寒い Für August ist es sehr kühl.
してやられる sich anführen lassen*; hintergangen werden*(s 受).
してん 支店 die Zweigstelle -n; die Filiale -n. ～を出す eine Zweigstelle ein|richten. ～長 der Filialleiter.
してん 支点 der Stützpunkt (Drehpunkt) -[e]s, -e.
してん 視点 der Gesichtspunkt (Blickpunkt) -[e]s, -e; der Aspekt -s, -e. 他の～から見ると unter einem anderen Gesichtspunkt betrachtet.
しでん 市電 die Straßenbahn -en.
じてん 次点 die nächsthöchste Stimmenzahl. ～者 der erste Verlierer bei der Wahl.
じてん 自転・する um die eigene Achse rotieren. 地球の～ die Rotation der Erde um die eigene Achse; die Umdrehung der Erde.
じてん 事典 das Sachwörterbuch -[e]s, ¨er; das [Real]lexikon -s, ..ka (..ken).
じてん 時点 der Zeitpunkt -[e]s, -e.
じてん 辞典 das Wörterbuch -[e]s, ¨er; das Lexikon -s, ..ka (..ken). 哲学～ philosophisches Wörterbuch.
じでん 自伝 → 自叙伝. ～風の autobiografisch.
じてんしゃ 自転車 das Fahrrad -[e]s, ¨er. ～に乗って行く mit (auf) dem Rad fahren* (s); Rad fahren*(s). ～置場 der Fahrradstand. ～競走 das Radrennen.
しと 使徒 der Apostel -s, -.
しと 使途 die Verwendung -en. 彼はその金の～を明らかにした Er erklärte, wozu das Geld verwendet worden ist.
しとう 至当 richtig; gerecht; vernünftig; überaus zutreffend.
しとう 死闘 verzweifelter Kampf -[e]s, ¨e; der Kampf auf Leben und Tod.
しどう 私道 der Privatweg -[e]s, -e.
しどう 始動 der Start -s, -s. ～する starten (s). ～機 der Starter.
しどう 指導 die Leitung (Führung). ～する leiten; führen; [教える] jn. unterweisen* (in 3 格). ～者 der Leiter (Führer). ～的 leitend; führend. ～原理 leitendes Prinzip.
じどう 自動・的(式) automatisch; selbsttätig. ～ドア automatische Tür. ～制御 automatische Regelung. ～制御装置 automatischer Regler; die Automatik. ～操縦装置 der Autopilot. ～小銃 die Maschinenpistole. ～販売機 der [Waren]automat. ～ピアノ selbstspielendes Klavier.
じどう 児童 das Kind -es, -er. ～心理学 die Kinderpsychologie. ～文学 die Jugendliteratur. ～学 die Pädologie. ～手当 das Kindergeld.
じどうし 自動詞 intransitives Verb -s, -en.

じどうしゃ 264

じてんしゃ 自転車

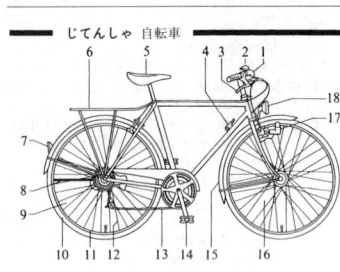

1 ハンドル die Lenkstange
2 ベル die Klingel
3 ハンドブレーキ die Handbremse
4 シフトレバー der Gangschaltungshebel
5 サドル der Fahrradsattel
6 荷台 der Gepäckträger
7 反射板 der Rückstrahler
8 スタンド der Ständer
9 後輪 das Hinterrad
10 タイヤ der Reifen
11 リム die Felge
12 スポーク die Speiche
13 チェーン die Kette
14 ペダル das Pedal
15 泥除け das Schutzblech
16 前輪 das Vorderrad
17 ダイナモ der Dynamo
18 ライト der Scheinwerfer

じどうしゃ 自動車 der [Kraft]wagen -s, -; das Auto -s, -s. ～で行く mit dem (im) Auto fahren*(s). ～を運転する Auto fahren*(s). ～教習所 die Fahrschule. ～[専用]道路 die Autostraße. ～レース das Autorennen.

しどく 死(屍)毒 das Ptomain -s, -e.
じとく 自瀆 die Selbstbefleckung; die Onanie.
しどけない unordentlich; schlampig; nachlässig.
しとげる 為遂げる vollbringen*; zu Ende führen; durch|führen; fertig bringen*.
しとしと ¶雨が～と降る Es rieselt.
しとね 褥 Kissen pl.; das Bettzeug -s.
しとめる 仕留める ¶猪を一発で～ das Wildschwein auf den ersten Schuss treffen*.
しとやか ～(な(に) züchtig; sittsam; anmutig.
しどろもどろ ～の verwirrt; verworren. ～になる ins Schleudern geraten*(s).
シトロン die Limonade -n.
しな ¶寝～に gerade vor dem Schlafengehen. 帰り～に寄る bei jm. auf dem Rückweg vorbei|kommen*(s).
しな 品 die Ware -n; der Artikel -s, -; die Sache -n; [品質] die Qualität -en; [品種] die Sorte -n. ～がよい(落ちる) von guter (geringerer) Qualität sein*.
しな 科をつくる kokettieren.
シナ 支那 China. ～の chinesisch. ～人 der Chinese; [女] die Chinesin.
しない 市内・に(で) in der Stadt; innerhalb der Stadt. ～電車 die Straßenbahn. ～通話 das Ortsgespräch.
しない 竹刀 der Bambusstab. -s, ⸚e.
しなう 撓う sich biegen*; biegsam sein*.
しなうす 品薄である knapp sein*.

じどうしゃ 自動車

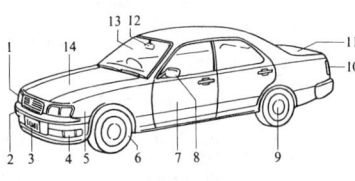

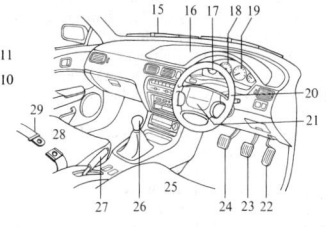

1 ヘッドライト der Scheinwerfer
2 バンパー die Stoßstange
3 ナンバープレート das Nummernschild
4 ウインカー der Blinker
5 フェンダー der Kotflügel
6 タイヤ der Reifen
7 ドア die Autotür
8 ドアミラー der Außenspiegel
9 車輪 das Rad
10 テールランプ das Rücklicht
11 トランク der Kofferraum
12 バックミラー der Innenrückspiegel
13 フロントガラス die Windschutzscheibe
14 ボンネット die Motorhaube
15 ワイパー der Scheibenwischer
16-21 ダッシュボード das Armaturenbrett
16 ラジオ das Autoradio
17 燃料計 die Kraftstoffanzeige
18 スピードメーター das Tachometer
19 タコメーター der Drehzahlmesser
20 ハンドル das Lenkrad
21 クラクション die Hupe
22 アクセルペダル das Gaspedal
23 ブレーキペダル das Bremspedal
24 クラッチペダル das Kupplungspedal
25 運転席 der Fahrersitz
26 シフトチェンジレバー der Schalthebel
27 ハンドブレーキ der Handbremshebel
28 助手席 der Beifahrersitz
29 安全ベルト der Sicherheitsgurt

しなぎれ 品切れである　ausverkauft sein*; nicht auf Lager sein*.
しなさだめ 品定めをする　kritisch beurteilen; kritisieren.
しなだれる　sich an jn. lehnen (an|schmiegen).
しなびる 萎びる [ver]welken (s); welk werden*(s); ein|schrumpfen (s); zusammen|schrumpfen (s). 萎びた welk; verwelkt.
しなもの 品物・品.
しなやか ～な　geschmeidig; elastisch; flexibel; biegsam.
しならし 地均しする　ebnen; planieren; walzen.
しの 篠突くばかりの大雨だった　Es goss in Strömen.
じなり 地鳴り　unterirdisches Rollen (Dröhnen) -s.
シナリオ　das Drehbuch -[e]s, ¨er. ～ライタ― der Drehbuchautor.
しなん 至難の　äußerst schwierig; schwierigst.
しなん 指南・する　jn. unterrichten (unterweisen*) 《in 3格》. ～を受ける bei jm. Unterricht 《in 3格》nehmen*. ～の役 der Lehrer.
じなん 次男　der zweite Sohn -es, ¨e.
シニア　der Senior -s.
しにおくれる 死に遅れる　am Leben bleiben*(s); jn. überleben.
しにがね 死に金 totes Kapital -s. ～を溜(た)める ohne Zweck Geld sparen. ～を使う sein Geld zwecklos verschwenden.
しにがみ 死に神 der Tod -es; der Sensenmann -[e]s. 彼は～に取りつかれている Der Tod sitzt ihm im Nacken.
シニカル ～な zynisch.
しにぎわ 死に際に　kurz vor dem Tode; auf dem Sterbebett.
しにせ 老舗　altbewährtes Handelshaus -es, ¨er.
しにたえる 死に絶える　aus|sterben*(s).
しにはじ 死に恥をさらす　einen schmählichen Tod sterben*(s).
しにばな 死に花を咲かす einen glorreichen Tod finden*.
しにみず 死に水を取る jn. bis zum Tode pflegen.
しにめ 死に目に会う　jn. auf seinem Totenbett sehen*.
しにものぐるい 死に物狂い・の　verzweifelt. ～になって戦う mit dem Mut der Verzweiflung kämpfen.
しにょう 屎尿　Exkremente pl.
しにわかれる 死に別れる　js. durch den Tod beraubt werden*(s受); jn. verlieren*.
しにん 死人　der Tote⁸. ～のように青ざめた totenblass. ～に口なし Die Toten schweigen.
じにん 自任　¶ 彼は専門家をもって～している Er gibt sich als Experte. / Er bildet sich ein, ein Fachmann zu sein.
じにん 自認する ein|gestehen*.
じにん 辞任 → 辞職.
しぬ 死ぬ sterben*(s); verscheiden*(s); [事故・災害で] um|kommen*(s); [戦争で] fallen*(s). 死んだ tot; [亡き] verstorben; selig. 死にかけている im Sterben liegen*. ～まで bis in den (bis zum) Tod. ～ほど恋いこがれている in jn. sterblich verliebt sein*. 私は彼が～ほどきらいだ Er ist mir auf den Tod zuwider.
じぬし 地主　der Grundbesitzer (Landbesitzer) -s, -; der Gutsherr -n, -en.
じねつ 地熱　die Erdwärme.
シネマスコープ　das Cinemascope -.
シネラマ das Cinerama -.
シネラリア die Zineraria (Zinerarie) ..rien.
しのぎ 鎬を削る　miteinander verzweifelt kämpfen.
しのぐ 凌ぐ〔耐え忍ぶ〕ertragen*; aus|halten*; [耐え抜く] überstehen*; [防ぐ] schützen*; [凌駕する] jn. übertreffen* 《an (in) 3格》; in den Schatten stellen. 雨露を～ 屋根 schützendes Dach. その日その日を～ sich kümmerlich (mühselig) durch|schlagen*. 凌ぎよい leicht zu ertragen; erträglich. 凌ぎにくい unerträglich.
シノニム　das Synonym -s, -e (-a).
しのはい 死の灰　radioaktiver Niederschlag -[e]s, ¨e; der Fallout -s, -s.
しのばせる 忍ばせる　¶ 身を～ sich verstecken. 懐(ふところ)に匕首(あいくち)を～ heimlich einen Dolch im Busen tragen*. 足音を忍ばせて → 忍び足.
しのびあし 忍び足・で　auf leisen Sohlen; schleichend. ～で歩く schleichen*(s).
しのびこむ 忍び込む　sich [ein|]schleichen* 《in 4格》; sich stehlen* 《in 4格》.
しのびなき 忍び泣きする　leise (still vor sich hin) weinen.
しのびよる 忍び寄る　sich [heran|]schleichen* 《an 4格》.
しのびわらい 忍び笑いする　kichern; heimlich lachen; leise vor sich hin lachen.
しのぶ 忍ぶ 〔我慢する〕ertragen*; erdulden; aus|stehen*; [隠れる] sich verstecken (verbergen*); sich versteckt halten*. 人目を忍んで heimlich.
しのぶ 偲ぶ denken* 《an 4格》; sich erinnern 《an 4格》; gedenken* 《2格》. …を偲んで zum Andenken 《an 4格》.
しば 芝　der Rasen -s, -. ～を植える einen Rasen an|legen; et. mit Rasen belegen.
しば 柴 das Reisig -s. ～を刈る Reisig sammeln.
じば 磁場　das Magnetfeld -[e]s, -er.
じば 地場産業　die einheimische Industrie.
しはい 支配 die Herrschaft; die Regierung. ～する herrschen 《über 4格》; regieren; beherrschen. ～的 herrschend. ～階級 die herrschende Klasse. ～権 die Herrschaft 《über 4格》. ～者 der Herrscher. ～人 der Geschäftsführer; der Manager. 彼の～下にある unter seiner Herrschaft (Regierung) stehen*. 偶然に～されている dem

しばい 芝居 das Schauspiel -s, -e;〔お芝居〕die Schauspielerei. ～を見に行く ins Theater gehen*(s). ～をする ein Schauspiel auf|führen; spielen;〔お芝居をする〕Theater machen (spielen); schauspielern. ～がかりの(じみた) theatralisch. ～気 die Effekthascherei. ～小屋 das Schauspielhaus; das Theater. ～がはねてから nach dem Theater. ～は6時に開演する Das Theater beginnt um 6 Uhr.

しばえび 芝蝦 die Garnele -n.

じはく 自白 das Geständnis -ses, -se. ～する [ein|]gestehen*; bekennen*; ein Geständnis ab|legen.

しばしば 屢 oft; häufig.

しばたたく 瞬く ¶目を～ blinzeln.

しはつ 始発 der erste Zug -es.

じはつ 自発的 freiwillig; aus eigenem (freiem) Antrieb; spontan.

しばふ 芝生 der Rasenplatz -es, "e; der Rasen -s, -.

じばら 自腹・を切る aus eigener Tasche bezahlen. ～を切って auf eigene Kosten.

しはらい 支払 die [Be]zahlung -en. ～期限 die Zahlungsfrist. ～済みの bezahlt. ～停止 die Zahlungseinstellung. ～人 der [Be-]zahler. ～能力のある zahlungsfähig. ～日 der Zahltag. ～命令 der Mahnbescheid.

しはらう 支払う [或る額を] zahlen;〔或る物の代金を〕ent. bezahlen;〔或る人に報酬を〕jn. bezahlen. 勘定(借金)を～ eine Rechnung (seine Schulden) bezahlen.

しばらく 暫く ein Weilchen; eine Weile; einige Zeit;〔久しく〕lange; lange Zeit;〔差し当り〕vorläufig. ～して nach einiger Zeit.

しばる 縛る binden*; fesseln. 手足を～ jn. an Händen und Füßen binden*. 木に縛りつける jn. an einen Baum fesseln. 契約に縛られている durch einen Vertrag gebunden sein*; verpflichtet sein*.

しはん 市販の verkäuflich.

しはん 死斑 Totenflecke (Leichenflecke) pl.

しはん 師範 der Lehrer (Meister) -s, -. 剣道の～ der Fechtmeister. ～学校 die Lehrerbildungsanstalt.

しはん 紫斑 der Blutfleck -s, -en. ～病 die Blutfleckenkrankheit; der Purpurausschlag.

じばん 地盤 der Boden -s, ";〔勢力範囲〕der Einflussbereich -s, -e. ～を築く festen Boden (Fuß) fassen. 選挙～を固める in seinem Wahlkreis [an] Boden gewinnen*.

しはんき 四半期 das Vierteljahr -[e]s, -e. ～の(毎に) vierteljährlich. 第一(第四)～ erste (letzte) Quartal.

しはんぶん 四半分 das Viertel -s, -. ～に切る in vier Teile schneiden*.

しひ 私費で auf eigene Kosten.

じひ 自費・で auf eigene Kosten. ～出版する auf eigene Rechnung (im Selbstverlag) heraus|geben*.

じひ 慈悲 die Barmherzigkeit; die Gnade -n;〔同情〕das Mitleid -s;〔いつくしみ〕die Liebe. ～深い barmherzig; gnädig; mitleid[s]voll; mildherzig. ～を請う jn. um Gnade bitten*. ～をかける jm. Barmherzigkeit erweisen* (an|tun*); Mitleid (Erbarmen) mit jm. haben*.

じびいんこうか 耳鼻咽喉科 die Abteilung für Hals-Nasen-Ohren-Krankheiten. ～医 der Hals-Nasen-Ohren-Arzt (略: HNO-Arzt).

じびき 字引 → 辞書.

じびきあみ 地引き網 das Schleppnetz -es, -e.

じひつ 自筆の eigenhändig.

じひびき 地響き・がする Die Erde dröhnt. ～をたてて dröhnend.

しひょう 指標 das Kennzeichen -s, -; das Merkmal -s, -e;〔対数の〕die Kennziffer -n.

しひょう 師表 das Vorbild -es, -er; das Muster -s, -.

しびょう 死病に取り付かれる eine tödliche Krankheit bekommen*.

じひょう 時評 kritische Bemerkungen über die Zeitfragen.

じひょう 辞表を出す sein Entlassungsgesuch (seinen Abschied) ein|reichen.

じびょう 持病 chronische Krankheit -en.

しびれ 痺れ ¶足に～が切れた Der Fuß ist mir eingeschlafen. ～を切らす ungeduldig warten;〔我慢できなくなる〕die Geduld verlieren*.

しびれる 痺れる ein|schlafen*(s); gefühllos werden*(s);《比》wie betäubt werden*(s).

しびん 溲瓶 das Urinal -s, -e.

しぶ 渋 herber Saft der Persimonen.

しぶ 支部 die Zweigabteilung -en; der Zweigverein -s, -e.

じふ 自負 das Selbstgefühl -s; der Stolz -es. ～する stolz sein* 《auf 4格》; sich³ ein|bilden 《zu+不定詞》. ～心の強い eingebildet; stolz.

しぶい 渋い herb;〔地味な〕schlicht; dezent;〔凝った〕geschmackvoll. ～顔をする ein schiefes Gesicht machen; ein Gesicht ziehen*.

しぶがっしょう 四部合唱 vierstimmiger Chor -[e]s, "e.

しぶき 飛沫 der Spritzer -s, -. ～を上げる [mit Wasser] spritzen.

しふく 至福 die [Glück]seligkeit.

しふく 私服 das Zivil -s; die Zivilkleidung -en. ～を着ている in Zivil sein*. ～警官 der Polizist in Zivil.

しふく 私腹を肥やす sich bereichern 《an 3格》; sich³ die Taschen füllen.

しふく 雌伏する geduldig auf bessere Tage warten.

ジプシー der Zigeuner -s, -.

しぶしぶ 渋渋 ungern; widerwillig. ～同意する zögernd ein|willigen 《in 4格》. ～金を出す Geld heraus|rücken*.

しぶつ 死物 das Tote#.

しぶつ 私物 persönliches Eigentum -s; der

Privatbesitz -es. ～化する *et.* für sein privates Interesse gebrauchen (benutzen).
じぶつ 事物 Dinge *pl.*; Sachen *pl.*
ジフテリア die Diphtherie -n.
しぶとい zäh; unnachgiebig; hartnäckig.
しぶみ 渋味 die Herbheit; die Herbe.
しぶる 渋る zögern 《mit 3 格》; zu+不定詞》; [はかどらぬ] stocken.
しぶろく 四分六に分ける im Verhältnis [von] 3 zu 2 teilen.
しふん 脂粉 die Schminke -n.
しぶん 四分 ～の1(3) ein (drei) Viertel. ～円(儀)der Quadrant. ～音符 die Viertelnote. ～五裂する sich in viele Gruppen zerspalten(*).
じぶん 自分 das Selbst -; das Ich -[s], -[s]; [わたくし] ich. ～の sein eigen. ～で selbst; in [eigener] Person. ～としては ich für meine Person; was mich betrifft. ～勝手の selbstsüchtig; egoistisch; [ほしいままの] willkürlich.
しべ 蕊 [雄] das Staubblatt -[e]s, ⸚er; [雌] der Stempel -s, -.
しへい 紙幣 das Papiergeld -[e]s; der [Geld-]schein -[e]s; die Banknote -n.
じへいしょう 自閉症 der Autismus -. ～の autistisch.
しべつ 死別する → 死に別れる.
シベリア Sibirien. ～の sibirisch. ～の住民 der Sibirier. ～経由 über Sibirien.
しへん 紙片 der Zettel -s, -.
しへん 詩篇 [旧約聖書の] der Psalter -s; das Buch der Psalmen.
しべん 支弁する bezahlen; bestreiten*.
しべん 思弁 die Spekulation -en. ～的 spekulativ.
しべん 至便 ¶交通～である sehr verkehrsgünstig liegen.
じへん 事変 der Vorfall -s, ⸚e; das Ereignis -ses, -se; [騒乱] Unruhen *pl.*
じべん 自弁・する selbst bezahlen; ～で auf eigene Kosten.
しへんけい 四辺形 das Viereck -s, -e.
しぼ 思慕・する sich sehnen 《nach 3 格》. ～の情 die Sehnsucht.
じぼ 字母 der Buchstabe -ns, -n; [活字の母型] die Matrize -n.
しほう 四方・に auf allen Seiten; ringsherum. ～八方へ(から) nach (von) allen Seiten.
しほう 司法 die Rechtspflege; die Justiz. ～官 der Justizbeamte⸚. ～行政 die Justizverwaltung. ～権 die Judikative; die Gerichtshoheit. ～制度 das Gerichtswesen.
しほう 至宝 der größte Schatz -es.
しほう 私法 das Privatrecht -[e]s.
しぼう 子房 der Fruchtknoten -s, -.
しぼう 死亡 der Tod -es; der Todesfall (Sterbefall) -[e]s, ⸚e. ～する sterben*(*s*); verscheiden*(*s*). ～者 der Gestorbene⸚; der Tote⸚. ～診断書 der Totenschein. ～届(通知;広告) die Todesanzeige. ～年月日 das Todesdatum. ～率 die Mortalität; die Sterbeziffer.
しぼう 志望・する wünschen; [選ぶ] wählen. ～者 der Bewerber. ～校 die Schule seiner Wahl.
しぼう 脂肪 das Fett -es, -e. ～過多 die Fettsucht. ～の多い fett. ～物 Fettigkeiten *pl.* ～太りの fettleibig; feist.
じほう 時報 [ラジオなどの] die Zeitansage -n.
じぼうじき 自暴自棄 die Verzweiflung. ～の verzweifelt. ～になる in Verzweiflung geraten*(*s*); verzweifeln *(s)*.
しほうじん 私法人 juristische Person des Privatrechts.
しぼむ 凋む verwelken *(s)*; ein|schrumpfen *(s)*.
しぼり 絞り [写真機の] die [Iris]blende -n.
しぼる 絞る [濡(ⁿ)れた物を] ringen*; [レモンなどを] aus|pressen; [レンズを] ab|blenden; [叱る] aus|schelten*; [責め立てる] *jm.* zu|setzen. 牛の乳を～ eine Kuh melken(*). 金を～ *jm.* Geld aus|pressen. 知恵を～ sich³ den Kopf zerbrechen* 《über 4 格》. テーマを～ ein Thema begrenzen 《auf 4 格》.
しほん 資本 das Kapital -s, -e (-ien). ～金 das Grundkapital. ～家 der Kapitalist. ～化する kapitalisieren. ～主義 der Kapitalismus. ～主義的 kapitalistisch. ～を投ずる sein Kapital stecken 《in 4 格》.
しま 島 die Insel -n. 佐渡ヶ～ die Insel Sado.
しま 縞 Streifen *pl.* ～の[ある] gestreift.
しまい 仕舞 das Ende -s; der Schluss -es. ～の letzt. ～に am Ende; endlich; schließlich; zuletzt. ～まで [bis] zu Ende. ～になる zu Ende gehen*(*s*). ～である zu Ende sein*; aus sein*.
しまい 姉妹 Schwestern *pl.* ～会社 die Schwesterfirma. ～都市 die Schwesterstadt. ～船 das Schwesterschiff. ～編 das Gegenstück 《zu 3 格》.
しまう 仕舞う [終える] beend[ig]en; fertig sein* 《mit 3 格》; [やめる] auf|hören 《mit 3 格》; [片づける] weg|räumen; [入れる] *et.* unter|stellen 《in (unter) 3 格》; *et.* schließen 《in 4 格》; [仕舞っておく] auf|bewahren. 店を～ den Laden schließen*; [廃業する] sein Geschäft auf|geben*.
しまうま 縞馬 das Zebra -s, -s.
じまえ 自前・で auf eigene Kosten. 汽車賃は～だ Jeder muss seine Fahrkarte selbst bezahlen.
じまく 字幕 der Untertitel -s, -. ～を付ける *et.* untertiteln. 日本語～付き映画 ein Film mit japanischen Untertiteln.
しまぐに 島国 das Inselland -[e]s, ⸚er; das Inselreich -[e]s, -e; der Inselstaat -[e]s, -en. ～根性 insulare Beschränktheit.
しまつ 始末 [事情] Umstände *pl.*; der Sachverhalt -s, -e; [顛(ឆ)末] Einzelheiten *pl.*; [結果] der Ausgang -s. ～をつける *et.* erledi-

しまった

gen. ~する in Ordnung bringen*. ~に負えぬ子 unbändiges Kind. ~に負えなくなる jm. über den Kopf wachsen*(s). それは~に負えない Es ist schwer zu bewältigen. / Man weiß nichts damit anzufangen. あの男はどうも~が悪い Mit ihm wird man nie fertig. なんだ、この~は Was hat das alles zu bedeuten? ~書 das Entschuldigungsschreiben. ~屋 der Sparsame*.

しまった Donnerwetter! / Ach Gott! / Du lieber Himmel! / Da haben wir's!

しまながし 島流しにする auf eine Insel verbannen.

しまり 締り・のない schlaff; locker. ~屋である die Hand auf der (die) Tasche halten*.

しまる 締まる [結び目などが] sich zu|ziehen*; [気を引きしめる] sich zusammen|nehmen*; [倹約する] sparsam sein*.

しまる 閉まる [sich] schließen*. 郵便局は6時に~ Die Post schließt um 6 Uhr.

じまん 自慢 die Prahlerei -en; [自慢の種] der Stolz -es. ~する sich rühmen《2格》; prahlen《mit 3格》; stolz sein*《auf 4格》. ~そうに stolz; prahlerisch. ~ではないが ohne mich zu rühmen.

しみ 染み der Fleck -s, -e. ~のある fleckig. ~になる Flecke bekommen*. ~をつける(抜く) Flecke machen (entfernen).

しみ 衣魚 der Borstenschwanz -es, =e; [本の] der Bücherwurm -s, =er. ~の食った wurmstichig.

じみ 地味な schlicht; einfach; anspruchslos; unauffällig.

しみこむ 染み込む ein|sickern (s) 《in 4格》; ein|dringen*(s) 《in 4格》.

しみじみ herzlich; von Herzen; tief; mit tiefem Gefühl. ~話をする mit jm. ein vertrautes Gespräch haben*.

しみず 清水 die Quelle -n; [清らかな水] klares Wasser -s.

じみち 地道な redlich; solid[e].

しみったれ →けち.

しみとおる 染み通る durch|dringen*(s).

しみゃく 支脈 der Ausläufer -s, -.

シミュレーション die Simulation -en.

シミュレーター der Simulator -s, -en.

しみる 染みる dringen*(s) 《in (durch) 4格》; [インキなどがにじむ] aus|laufen*(s); [ひりひりする] stechende Schmerzen verursachen. 身に~ [教訓などが] jm. zu Herzen gehen*(s). 身に~寒さ beißende Kälte. 煙が目に~ Der Rauch beißt in den (die) Augen. 悪習に~ einem Laster verfallen*(s).

じみる ¶年寄り~ alt aus|sehen*. 気違いじみたまねはよせ Benimm dich nicht wie ein Verrückter!

しみん 市民 der Bürger -s, -. ~権 das Bürgerrecht.

しみん 嗜眠 die Schlafsucht; die Lethargie. ~性脳炎 lethargische Enzephalitis.

じむ 事務 das Geschäft -s, -e. ~を執る seine Geschäfte besorgen (verrichten). ~的 geschäftsmäßig; geschäftlich; [事務の才ある] geschäftstüchtig. ~員 der Büroangestellte#. ~官 der Bürobeamte#; der Sekretär. ~局 das Sekretariat; die Verwaltung. ~総長 [国連の] der Generalsekretär. ~局長 der Geschäftsführer. ~室(所) das Büro. ~長 der Bürochef. 学長~取扱 stellvertretender Rektor.

しむける 仕向ける jn. veranlassen《zu 3格; zu+不定詞》; [発送する] an jn. senden(*). 親切に~ jn. freundlich behandeln.

しめ 締め [総計] der Gesamtbetrag -s, =e; die Summe -n. ~て → 締める. 紙一~ ein Bund Papier.

しめい 氏名 der Name -ns, -n.

しめい 死命を制する jn. in seiner Gewalt haben*.

しめい 使命 die Aufgabe -n; die Mission (Sendung) -en; der Auftrag -es. ~を果す seine Aufgabe erfüllen. ~を感ずる sich berufen fühlen《zu+不定詞》.

しめい 指名・する jn. ernennen* (nominieren)《zu 3格》; [名を呼ぶ] jn. beim Namen nennen*. ~手配する jn. steckbrieflich verfolgen. ~手配書 der Steckbrief.

じめい 自明の selbstverständlich. それは~の事だ Das versteht sich von selbst.

しめかす 搾め滓 der Ölkuchen -s, -.

しめがね 締め金 die Schnalle -n. ~で締める [zu]|schnallen.

しめきり 締め切り der Schluss -es; [期日] der Termin -s, -e. 明日が~てある Die Frist läuft morgen ab. / Morgen ist der festgesetzte Termin. ~にしたドア verschlossene Tür.

しめきる 締め切る ab|schließen*; verschließen*. 明日が原稿を~ Morgen ist der letzte Termin für das Manuskript.

しめくくり 締め括り・をつける et. zum Abschluss bringen*. ~として zum Abschluss.

しめくくる 締め括る zum Abschluss bringen*; [総括する] zusammen|fassen; [取り締る] beaufsichtigen; die Aufsicht führen《über 4格》.

しめころす 締め殺す erwürgen; erdrosseln.

しめし 示しがつかない kein gutes Beispiel geben*; für jn. kein gutes Vorbild sein*.

しめしあわせる 示し合わせる mit jm. verabreden (vereinbaren).

じめじめ ~した feucht; nass; [陰気な] düster.

しめす 示す zeigen; weisen*. 範を~ ein gutes Beispiel geben*. 好意(敵意)を~ sich freundlich zu jm. (feindlich gegen jn.) zeigen. 彼は立派な人物たることを示した Er hat sich als ehrenhafter Mann erwiesen.

しめす 湿す an|feuchten; befeuchten; feucht machen.

しめた Ich hab's! / Vortrefflich! / Wie gut!

しめだか 締め高 die [Gesamt]summe -n; der Gesamtbetrag -s, =e.

しめだし 締め出しを食わせる *jm.* die Tür verschließen*.

しめだす 締め出す aus|schließen*; aus|sperren.

しめつ 死滅する aus|sterben*(*s*).

じめつ 自滅する sich selbst zugrunde richten; sich ruinieren.

しめっぽい 湿っぽい ein wenig feucht; nässlich. ～話 traurige (niederdrückende) Geschichte.

しめやか ～に still; traurig; still und feierlich.

しめりけ 湿り気 → 湿気(ｼﾂｹ).

しめる 湿る feucht werden*(*s*). 湿った feucht.

しめる 占める〔場所を〕ein|nehmen*;〔地位を〕inne|haben*; ein|nehmen*. 多数を～ die Mehrheit haben*. 大部分を～ den größten Teil bilden.

しめる 締める〔細引きなどを〕straffer ziehen*;〔帯などを〕um|binden*;〔厳しくする〕*jm.* kurz halten*;〔合計する〕zusammen|rechnen. 喉を～ *jm.* die Kehle zusammen|drücken; *jn.* würgen. 鶏を～ einem Hahn den Hals um|drehen. 蛇口(ガス栓)を～ den Wasserhahn (Gashahn) zu|drehen. 財布の紐を～ den Beutel fest|halten*. 締めて〔合計して〕alles zusammengerechnet; insgesamt. 悲しみが彼の胸を締めつける Der Jammer schnürt ihm das Herz zusammen.

しめる 閉める schließen*; zu|machen.

しめん 四面·に auf allen Seiten. ～体 Tetraeder. ～楚(ｿ)歌である von allen Seiten angegriffen werden*(*s*受).

しめん 紙面 der Raum -*es*. ～の都合で wegen Raummangels.

じめん 地面 der [Erd]boden -*s*; die Erde; → 地所.

しも 下 →した(下).

しも 霜 der Reif -*s*. ～が降りる Es reift. / Es fällt Reif. 牧場はひどい～だ Starker Reif liegt auf den Wiesen. 彼は頭に～を戴いている Der Reif des Alters liegt auf ihm.

しもがかった 下掛かった話をする Zoten reißen*; schlüpfrige Reden führen.

しもがれ 霜枯れ·の durch den Frost beschädigt; winterlich. ～時〔商売の〕stille (tote) Saison.

じもく 耳目を驚かす Aufsehen erregen.

しもごえ 下肥 der Fäkaldünger -*s*, -.

しもざ 下座に座る sich untenan setzen; am untersten Ende Platz nehmen*.

しもじも 下下 gemeines Volk -*es*.

しもたや しもた屋 das Wohnhaus -*es*, ¨*er*.

しもて 下手〔舞台の〕die linke Seite. 川の～に unterhalb des Flusses.

しもと 地元の einheimisch; heimisch.

しもどけ 霜解けがする Es taut.

しもばしら 霜柱 das Raureifstäbchen [im Erdboden].

しもはんき 下半期 das zweite Halbjahr -[*e*]*s*, -*e*.

しもぶくれ 下脹れの pausbäckig.

しもふり 霜降り·肉 [mit Fett] durchwachsenes Fleisch. ～のスーツ der Anzug in Pfeffer und Salz.

しもべ 僕 der Diener -*s*, -; der Knecht -*s*, -*e*.

しもやけ 霜焼け die Frostbeule -*n*; der Pernio ['pernio] -, -*nes* (-*nen*) [...'o:nəs ('o:nən)]. 足に～が出来ている Frostbeulen an den Füßen haben*.

しもん 指紋 der Fingerabdruck -*s*, ¨*e*. ～を取る *jm.* Fingerabdrücke ab|nehmen*.

しもん 試問 die Prüfung -*en*. → 試験.

しもん 諮問·する *jn.* um Rat fragen. ～機関 beratendes Organ. ～委員会 beratender Ausschuss.

じもん 自問·する sich selbst fragen. ～自答す Selbstgespräche führen.

しゃ 紗 der Flor -*s*, -*e*.

しや 視野 das Gesichtsfeld (Blickfeld) -[*e*]*s*. ～が狭い《比》einen beschränkten Gesichtskreis (Horizont) haben*.

じゃあ [al]so; nun.

ジャー die Thermosflasche -*n*.

じゃあく 邪悪な übel; böse; ruchlos.

ジャージー der Jersey -[*s*], -*s*;〔運動用セータ-〕das Jersey -.

しゃあしゃあ ～と unverschämt; mit frecher Stirn.

ジャーナリスティック journalistisch.

ジャーナリスト der Journalist -*en*, -*en*.

ジャーナリズム der Journalismus -.

シャープ 【音】das Erhöhungszeichen -*s*, -;〔記号: ♯〕das Kreuz -*es*, -*e*.

シャープ·ペンシル der Drehbleistift -*s*, -*e*;〔ノック式〕der Druckbleistift -*s*, -*e*.

シャーベット der (das) Scherbett -[*e*]*s*, -*e*; der (das) Sorbet -*s*, -*s*.

しゃい 謝意を表する *jm.* seine Dankbarkeit [be]zeigen (beweisen)*.

ジャイロ ～コンパス der Kreiselkompass. ～スコープ das Gyroskop.

しゃいん 社員 das Mitglied -[*e*]*s*, -*er*; der Angestellte⁎; der Gesellschafter (Teilhaber) -*s*, -.

しゃえい 射影 【数】die Projektion -*en*.

しゃおん 謝恩 die Dankbarkeit. ～会 das Fest der Dankbarkeit.

しゃか 釈迦 Buddha; Schakjamuni.

ジャガー der Jaguar -*s*, -*e*.

しゃかい 社会 die Gesellschaft -*en*;〔世の中〕die Welt;〔特定の世界〕die Welt -*en*. ～に出る ins Berufsleben ein|treten*(*s*);～の〔の〕gesellschaftlich; sozial. ～運動 soziale Bewegung. ～化 die Sozialisierung; die Sozialisation. ～主義 die Sozialkunde. ～科学 Sozialwissenschaften *pl.* ～学 die Soziologie. ～教育 die Erwachsenenbildung. ～福祉事業 die Wohlfahrtspflege; die Sozialhilfe. ～主義 der Sozialismus.

~主義者 der Sozialist. ~主義的 sozialistisch. ~人 öffentliche Person. ~政策 die Sozialpolitik. ~党 die Sozialistische Partei. ~奉仕 der Dienst am Gemeinwohl. ~保障 soziale Sicherheit. ~保険 die Sozialversicherung. ~保険庁 das Amt für Sozialversicherungen. ~民主主義 die Sozialdemokratie. ~面〔新聞の〕die Seite für vermischte Nachrichten. ~問題 soziale Frage.

じゃがいも じゃが芋 die Kartoffel -n.
しゃかく 斜角 schiefer Winkel -s, -.
しゃがむ sich kauern; sich hocken.
しゃがれごえ しゃがれ声で mit heiserer Stimme.
しゃがれる heiser werden*(s).
しゃかん 舎監 der Heimleiter -s, -;〔女〕die Heimleiterin -nen.
じゃき 邪気のない arglos; harmlos; unschuldig.
しゃきょう 邪教 die Ketzerei -en; die Häresie -n.
しゃきん 謝金 das Honorar -s, -e.
しゃく 酌をする jm. ein|schenken.
しゃく 癪にされる jn. ärgern (verdrießen*);〔人が主語〕sich ärgern 《über 4格》;〔形容詞〕ärgerlich; verdrießlich.
しやく 試薬〔化〕das Reagens -, ..genzien.
じゃく 弱〔…足らず〕etwas weniger als …; etwas unter 《3格》. 1(2)ポンド~のバター ein knappes (knapp zwei) Pfund Butter. 1時間~で in einer knappen Stunde.
しゃくい 爵位 der Adelstitel -s, -.
しゃくう 汲う et. schöpfen 《aus 3格》.
じゃくおんき 弱音器 der Dämpfer -s, -.
しゃくざい 借財 Schulden pl. ~を負う in Schulden geraten*(s).
しゃくし 杓子 die [Schöpf]kelle -n; der Schöpfer -s, -. ~定規の pedantisch; bürokratisch. ~定規の人間 der Pedant; der Bürokrat.
じゃくし 弱視 die Schwachsichtigkeit. ~の schwachsichtig.
じゃくしゃ 弱者 der Schwache#; der Schwächere#.
しやくしょ 市役所 das Rathaus -es, ¨er.
しゃくじょう 錫杖 der Pilgerstab -[e]s, ¨e.
じゃくしょう 弱小 klein und schwach.
じゃくしん 弱震 schwaches Erdbeben -s.
しゃくぜん 釈然としない Ich werde dabei gewisse Zweifel nicht los.
じゃくたい 弱体の schwach. 彼の地位の~化 eine Schwächung seiner Position.
しゃくち 借地 das Pachtgrundstück -s, -e. ~する ein Grundstück pachten (in Pacht nehmen*). ~権 das Pachtrecht. ~人 der Pächter. ~料 das Pachtgeld; der Pachtzins.
じゃぐち 蛇口 der Wasserhahn -s, ¨e (-en).
じゃくてん 弱点 schwache Seite -n; die Schwäche -n; wunder Punkt -es, -e. ~に付け込む js. Schwäche aus|nutzen.

しゃくど 尺度 das Maß -es, -e; der Maßstab -[e]s, ¨e. ~を当てる das Maß an|legen 《an 4格》. 人間は万物の~である Der Mensch ist das Maß aller Dinge.
しゃくどう 赤銅 die Kupfergoldlegierung -en. ~色の kupferrot.
しゃくとりむし 尺取り虫 die Spannraupe -n.
しゃくなげ 石楠花 der (das) Rhododendron -s, ..dren; die Alpenrose -n.
じゃくにく 弱肉強食 Der Schwache fällt dem Starken zum Opfer.
しゃくねつ 灼熱・する glühen. ~した glühend.
じゃくねん 弱年の jung.
じゃくはい 弱輩 junger Mann -es, ¨er;〔青二才〕der Grünling -s, -e.
しゃくほう 釈放する frei|lassen*; frei|geben*.
しゃくめい 釈明・する jm. Rechenschaft ab|legen (geben)* 《über 4格》; rechtfertigen. ~を求める von jm. Rechenschaft fordern 《über 4格》; jn. zur Rechenschaft ziehen* 《für 4格》. ~の余地がない nicht zu rechtfertigen sein*.
しゃくや 借家 das Mietshaus -es, ¨er. ~する ein Haus mieten. ~人 der Mieter. ~住まいをする im Mietshaus wohnen.
しゃくやく 芍薬 die Pfingstrose -n; die Päonie -n.
しゃくよう 借用・する [sich³] et. von jm. borgen (entleihen*). 或る書物から~する [aus] einem Buch entlehnen. ~証書 der Schuldschein. ~語 das Lehnwort.
しゃくりあげる しゃくり上げる schluchzen.
しゃくりょう 酌量する Rücksicht nehmen* 《auf 4格》; berücksichtigen.
しゃくる schöpfen.
しゃげき 射撃 das Schießen -s; der Schuss -es, ¨e. ~する schießen* ; feuern 《auf 4格》.
しゃけつ 瀉血 der Aderlass -es, -e.
ジャケツ die Wolljacke -n.
ジャケット die Jacke -n; das Jackett -s, -s (-e);〔レコードの〕die Plattenhülle -n.
しゃけん 車券〔競輪の〕das Los [beim Radrennen].
しゃけん 車検に出す ein Auto beim TÜV (Technischen Überwachungs-Verein) vor|führen.
じゃけん 邪険・な boshaft; unbarmherzig. ~にする jn. hart behandeln.
しゃこ 車庫〔電車などの〕der Wagenschuppen -s, -;〔自動車の〕die Garage -n.
しゃこ 蝦蛄《魚》der Heuschreckenkrebs -es, -e.
しゃこう 社交・的 gesellig; umgänglich. ~上の gesellschaftlich. ~家 geselliger Mensch; der Gesellschafter. ~界 die Gesellschaft. ~術 gesellschaftliche Gewandtheit. ~ダンス der Gesellschaftstanz. ~服 der Gesellschaftsanzug; die Gesellschafts-

しゃこう 遮光・する ab|dunkeln; verdunkeln. ~幕 die Verdunk[e]lung.

じゃこう 麝香 der Moschus –; der Bisam –s.

しゃこうしん 射倖心 der Spekulationsgeist –es.

しゃさい 社債 die Anleihe –n;〔債券〕die Obligation –en. ~を募る eine Anleihe auf|nehmen* (auf|legen).

しゃざい 謝罪・する [bei] jm. Abbitte tun* 《für 4 格》; jm. et. ab|bitten*; jn. um Verzeihung bitten* 《wegen 2 格》. ~状 das Entschuldigungsschreiben.

しゃさつ 射殺する erschießen*; tot|schießen*.

しゃし 斜視 das Schielen –s; der Strabismus –. ~の schieläugig; schielend. 片方の目が~である auf dem einen Auge schielen.

しゃし 奢侈 der Luxus –. ~の luxuriös; verschwenderisch. ~税 die Luxussteuer. ~品 der Luxusartikel.

しゃじ 謝辞を述べる jm. Dank sagen 《für 4 格》.

シャシー das Fahrgestell –s, –e.

しゃじく 車軸 die [Rad]achse –n. 雨が~を流すように降る Es gießt in Strömen.

しゃじつ 写実 wirklichkeitsnahe Darstellung –en. ~的 realistisch. ~主義 der Realismus.

しゃしゅ 射手 der Schütze –n, –n.

しゃしゅつ 射出する〔弾丸などを〕ab|schießen*;〔液体などを〕spritzen;〔光線などを〕aus|strahlen.

しゃしょう 車掌 der Schaffner –s, –.

しゃしん 写真 die Fotografie –n; das Foto –s, –s; das Lichtbild –[e]s, –er; die Aufnahme –n. ~を撮る jn. (et.) fotografieren; eine Aufnahme machen 《von 3 格》. ~を撮ってもらう sich fotografieren (aufnehmen) lassen*. ~を引き伸ばす(焼増する) eine Aufnahme vergrößern (reproduzieren). ~機 die Kamera; der Fotoapparat. ~機店 der Fotoladen. ~家〔屋〕der Fotograf. ~スタジオ das Fotoatelier. ~測量 die Fotogrammetrie. ~帳 das Fotoalbum.

じゃしん 邪心 die Bosheit; böse Gesinnung (Absicht) –en.

ジャズ der Jazz –. ~バンド die Jazzband.

じゃすい 邪推 der Argwohn –s; unbegründetes Misstrauen –s. ~する (et.) beargwöhnen; Argwohn gegen jn. (et.) hegen (haben*). ~深い argwöhnisch; misstrauisch.

ジャスミン der Jasmin –s, –e.

しゃせい 写生・する nach der Natur zeichnen; ab|malen; skizzieren. ~画 nach der Natur gezeichnetes Bild; die Skizze. ~帳 das Skizzenbuch.

しゃせい 射精 die Ejakulation –en. ~する Samen aus|spritzen; ejakulieren.

しゃせつ 社説 der Leitartikel –s, –.

しゃぜつ 謝絶する ab|lehnen; nicht an|nehmen*. 面会を~する Besuch ab|weisen*.

じゃせつ 邪説 die Irrlehre –n; die Ketzerei –en.

しゃせん 車線 die Fahrspur –en; der Fahrstreifen –s, –. 2~の zweispurig. 追越~ die Überholspur; der Überholstreifen.

しゃせん 斜線 schräge Linie –n;〔印〕der Schrägstrich –s, –e.

しゃたい 車体 der Wagenkasten –s, ¨; die Karosserie –n.

しゃたく 社宅 die Dienstwohnung –en.

しゃだつ 洒脱な人柄(人物) freies, ungezwungenes Wesen –s, –.

しゃだん 遮断・する [ab|]sperren; versperren; ab|schneiden*;〔電流を〕aus|schalten. ~機(器)〔踏切の〕die Schranke;〔電流の〕der Unterbrecher.

しゃだんほうじん 社団法人 eingetragener (Eingetragener) Verein –s, –e. (略: e.V.; E.V.).

しゃち 鯱 der Schwertwal –s, –e.

しゃちこばる しゃちこ張る eine steife Haltung an|nehmen*.

しゃちょう 社長 der Direktor –s, –en; der Chef der Firma.

シャツ das Hemd –es, –en.

じゃっか 弱化する schwächer werden*(s);〔他動詞〕schwächer machen.

ジャッカル der Schakal –s, –e.

しゃっかん 借款 die Anleihe –n.

じゃっかん 若干の einige; mehrere; etwas.

じゃっき 惹起する verursachen; veranlassen; bewirken.

ジャッキ die [Hebe]winde –n; der Hebebock –s, ¨e. ~で持ち上げる hoch|winden*.

しゃっきん 借金 Schulden pl. ~をする bei jm. Schulden machen; Geld von jm. borgen. 銀行から~する bei der Bank einen Kredit auf|nehmen*. ~がある bei jm. Schulden haben*; jm. Geld schuldig sein*. ~で首が回らない bis über die Ohren in Schulden stecken*. ~取り der Gläubiger.

ジャック〔トランプの〕der Bube –n, –n. ~ナイフ das Klappmesser.

しゃっくり der Schluckauf (Schlucken) –s. ~をする den Schluckauf haben* (bekommen*); schlucksen.

シャッター〔窓の〕der Rollladen –s, ¨;〔写真機の〕der Verschluss –es, ¨e. ~を切る den Verschluss aus|lösen.

しゃっちょこだち しゃっちょこ立ちする sich auf den Kopf stellen.

シャット・アウト ~する aus|schließen*.

しゃてい 射程 die Schussweite (Tragweite) –n. ~内(外)にある in (außer) Schussweite sein*.

しゃてき 射的 das Scheibenschießen –s. ~をする auf die (nach der) Scheibe schießen*. ~場(屋) die Schießbude.

しゃどう 車道 die Fahrbahn *-en*.
じゃどう 邪道 Abwege *pl.*; der Irrweg *-[e]s, -e*. ～に陥る auf Abwege geraten*(*s*); vom rechten Weg ab|weichen*(*s*).
しゃなりしゃなり 〔気取って〕 affektiert.
しゃにくさい 謝肉祭 der Karneval *-s, -e (-s)*; die Fastnacht.
しゃにむに 遮二無二 rücksichtslos; ungestüm.
じゃねん 邪念 böser Gedanke *-ns, -n*.
しゃば 娑婆 die (diese) Welt. ～で auf Erden. ～の irdisch; weltlich. ～に出る〔囚人が〕aus dem Gefängnis entlassen werden*(*s*受). ～気の多い weltlich gesinnt.
じゃばら 蛇腹 《建》das Gesims *-es, -e*;〔写真機などの〕der Balg *-[e]s, ⁑e*.
しゃふ 車夫 der Rikschamann *-[e]s, ⁑er (..leute)*.
ジャブ〔ボクシング〕der Jab [dʒæb] *-s, -s*.
じゃぶじゃぶ ～音を立てる [im Wasser] planschen.
しゃふつ 煮沸・する kochen. ～消毒する aus|kochen.
シャフト der Schaft *-es, ⁑e*.
しゃぶる lutschen (saugen*(*)) 《an 3格》. 或る人の骨の髄まで～ jm. das Mark aus den Knochen saugen*(*).
しゃへい 遮蔽・する [be]decken. ～物 die Deckung.
しゃへいめん 斜平面 schiefe Fläche *-n*.
しゃべる 喋る sprechen*; reden;〔お喋りする〕schwatzen; plaudern; plappern. 秘密を～ ein Geheimnis aus|plaudern. 内部のことを外部の人に～ aus der Schule plaudern (schwatzen).
シャベル die Schaufel *-n*. ～ですくう schaufeln.
しゃへん 斜辺 die Hypotenuse *-n*.
しゃほうけい 斜方形 der Rhombus *-, ..ben*.
シャボテン 仙人掌 der Kaktus *-, ..teen*.
しゃぼん 写本 die Handschrift *-en*;〔写し〕die Abschrift *-en*; die Kopie *-n*.
シャボン・玉 die Seifenblase *-n*.
じゃま 邪魔 das Hindernis *-ses, -se*; die Störung *-en*. ～な hinderlich; störend;〔荷厄介な〕lästig. 或る人の～になる *jm.* hinderlich sein*; *jm.* im Weg[e] stehen*. 仕事の～をする *jn.* bei (in) der Arbeit stören. 仕事の～になる *jn.* bei (an) der Arbeit hindern. ～にする wie etwas Lästiges behandeln. 彼は私の～をした Er trat (stellte sich) mir in den Weg. お～ですか Störe ich [Sie]? お～しても よろしいですか Darf ich [Sie] stören? ～物 das Hindernis. ～物扱いにする → ～にする.
シャム Siam. → タイ.
ジャム die Marmelade *-n*; das Fruchtmus *-es, -e*.
しゃめん 赦免 der Straferlass *-es, -e*. ～する *jm.* seine Strafe erlassen*; *jn.* frei|sprechen*.
しゃめん 斜面〔山などの〕der Abhang *-es, ⁑e*;〔堤防などの〕die Böschung *-en*;〔水平面に対して〕schiefe Ebene *-n*.
しゃも 軍鶏 der Kampfhahn *-s, ⁑e*.
じゃもんせき 蛇紋石 der Serpentin *-s, -e*.
しゃよう 社用 geschäftliche Angelegenheiten *pl.* ～で geschäftlich. ～族 der Spesenritter.
しゃよう 斜陽・に立つ im Abendsonnenlicht stehen*. ～族 die untergehende Klasse.
じゃらじゃら ¶ポケットでお金を～いわす mit dem Geld in der Tasche klimpern.
じゃらす ¶猫を～ mit der Katze spielen.
じゃり 砂利 der Kies *-es*. 道路に～を敷く einen Weg mit Kies bestreuen. ～道 der Kiesweg.
しゃりょう 車両 der Wagen *-s, -*.
しゃりん 車輪 das Rad *-es, ⁑er*.
しゃれ 洒落 der Witz *-es, -e*; der Scherz *-es, -e*;〔地口〕das Wortspiel *-s, -e*. ～を言う Witze machen (reißen*); scherzen; mit Worten spielen. ～者 der Stutzer; der Geck.
しゃれい 謝礼 der Dank *-es*; die Belohnung *-en*,〔医師・教師・弁護士などへの〕das Honorar *-s, -e*. ～として Zum (als) Dank. ～をする *jn.* belohnen〔für 4格; mit 3格〕; *jn.* *(et.)* honorieren.
しゃれこうべ 髑髏 der Totenschädel *-s, -*.
しゃれる 洒落る〔めかす〕sich heraus|putzen. → 洒落. 洒落た〔気がきいた〕〔言葉〕witzig; geistreich;〔服装など〕geschmackvoll; schick; elegant;〔生意気な〕vorlaut; frech.
じゃれる 戯れる spielen《mit 3格》.
じゃれん 邪恋 unerlaubte Liebe.
ジャワ Java. ～の javanisch. ～人 der Javaner. ～原人 der Pithekanthropus.
シャワー die Dusche (Brause) *-n*. ～を浴びる duschen; eine Dusche nehmen*.
シャン schön;〔美人〕die Schönheit *-en*.
ジャンク die Dschunke *-n*.
ジャンクション die Anschlussstelle. *-n*.
ジャングル der (das) Dschungel *-s, -*.
じゃんけん じゃん拳する knobeln.
じゃんじゃん ¶飲む tüchtig trinken*.
シャンソン die Chanson *-s, -s*.
シャンツェ die [Sprung]schanze *-n*.
シャンデリア der Kronleuchter *-s, -*.
しゃんと ～している sich aufrecht halten*;〔矍鑠(かくしゃく)としている〕rüstig sein*.
ジャンパー der Jumper *-s, -*.
シャンパン der Champagner *-s*; der Sekt *-es*.
ジャンプ der Sprung *-[e]s, ⁑e*. ～する springen*(*s*; h*).
シャンプー das Schampun *-s*. 髪を～する sich³ das Haar schampunieren.
ジャンボ〔機〕der Jumbo *-s, -s*; der Jumbo-Jet *-[s], -s*.
ジャンル das Genre *-s, -s*; die Gattung *-en*.
しゅ 主 der Herr *-n, -en*;〔首領〕das Haupt *-es, ⁑er*;〔キリスト教の〕der Herr *-n*;〔主要なもの〕die Hauptsache *-n*. ～への祈り das Va-

しゅ 朱 der Zinnober -s.　～色の zinnoberrot.　～を入れる et. mit roter Tinte verbessern.　～に交われば赤くなる Wer Pech angreift, besudelt sich.

しゅ 種 一種類；〔生〕die Art -en; die Spezies -.

しゅ 綬 das Ordensband -[e]s, ¨er.

しゅい 首位を占める an erster Stelle stehen*; an der Spitze stehen*.

しゅい 趣意 der Sinn -es; der Inhalt -s, -e; 〔目的〕der Zweck -[e]s, -e.　～書 der Prospekt.

しゅいしゅぎ 主意主義 〖哲〗der Voluntarismus -.

しゅいん 手淫 die Onanie; die Selbstbefleckung.

しゅいん 主因 die Hauptursache -n.

しゅう 州 die Provinz -en; das Land -es, ¨er.　五大～die fünf Erdteile.

しゅう 周 ¶2～する 2 Runden laufen* (fahren*) (s).　2～めに in der zweiten Runde.

しゅう 週 die Woche -n.　～に 3 回 dreimal die Woche (in der Woche); dreimal wöchentlich.　～4 時間ドイツ語を教えている Ich gebe vier Wochenstunden Deutsch.

しゅう 衆 Leute pl.; das Volk -es.　～にまさる alle übertreffen*.　～を頼んで im Vertrauen auf die Überzahl.

しゅう 市の städtisch; Stadt-.

しゅう 私有 der Privatbesitz -es.　～の privat; Privat-.　～財産 das Privateigentum.

しゅう 雌雄・を決する eine entscheidende Schlacht schlagen*.　～を争う um die Vorherrschaft kämpfen.　～同体の hermaphroditisch.

じゅう 十 zehn.　第～の zehnt.

じゅう 中 ¶一日～ den ganzen Tag hindurch (über).　日本～ ganz Japan.　国～に im ganzen Lande.

じゅう 従の nebensächlich; sekundär.

じゅう 銃 das Gewehr -s, -e.

じゅう 自由 die Freiheit.　言論の～ die Redefreiheit.　～な(に) frei; 〔随意に〕nach Belieben.　～になる 〔意のままになる〕jm. zu Gebot[e] stehen*; 〔人が主語〕frei handeln können* (mit 3 格).　～に任せる jm. et. frei|stellen.　行くも行かぬも君の～だ Es steht dir frei, zu gehen oder zu bleiben.　～意志で freiwillig.　～形〔水泳〕das Freistilschwimmen.　～結婚 freie Liebe.　～港 der Freihafen.　～行動をとる frei handeln.　～自在にあやつる vollkommen beherrschen.　～主義 der Liberalismus.　～主義者 der Liberalist.　～業 freier Beruf.　～貿易 der Freihandel.　～放任主義 der Laissez-aller (Laisser-faire).　～労働者 der Gelegenheitsarbeiter.

しゅうあく 醜悪な hässlich; 〔あさましい〕schändlich.

じゅうあつ 重圧 der Druck -es.　～を加える einen Druck aus|üben 《auf 4 格》.

しゅうい 周囲 der Umkreis -es; der Umfang -[e]s; 〔環境〕die Umgebung -en.　～3 マイル 3 Meilen im Umkreis.　～8 メートルの幹 ein Stamm von 8 Meter[n] Umfang.　家の～に rings um das Haus; um das Haus herum.　～を見回す herum|sehen*.　→回り.

じゅうい 重囲 dichte Belagerung -en.　～に陥る dicht belagert werden* (s 受).

じゅうい 獣医 der Tierarzt -es, ¨e; der Veterinär -s, -e.　～学 die Tierheilkunde.

じゅういち 十一 elf.　第～の elft.

じゅういちがつ 十一月 der November -[s] (略: Nov.).

しゅういつ 秀逸の vortrefflich; ausgezeichnet.

しゅうう 驟雨 der [Regen]schauer -s, -.

しゅううえき 収益 der Ertrag -[e]s, ¨e; der Gewinn -s, -e.　～を挙げる Gewinn [ein|-]bringen* (ab|werfen*.).

しゅうえき 就役する einen Dienst an|treten*; 〔船が〕in Dienst gestellt werden* (s 受).

しゅうえん 終焉の地 der Sterbeort -[e]s, -e.

じゅうおう 縦横に kreuz und quer; nach allen Richtungen; 〔存分に〕nach Herzenslust.

しゅうか 臭化・銀 das Bromsilber.　～物 das Bromid.

しゅうか 集荷 das Produktensammeln -s.　～所 die Sammelstelle.

しゅうか 衆寡敵せず 〖諺〗Viele Hunde sind des Hasen Tod.

じゅうか 銃火 das Gewehrfeuer -s.

しゅうかい 集会 die Versammlung -en.　～する sich versammeln.　～所 das Versammlungshaus.　～場 der Versammlungsort.　～の自由 die Versammlungsfreiheit.

しゅうかく 収穫 die Ernte -n.　～する ernten; die Ernte ein|bringen*.　～期 die Erntezeit.　～高 der Ernteertrag.　～が多かった (少なかった) Die Ernte ist gut (schlecht) ausgefallen.

しゅうがく 就学・する in die (zur) Schule kommen* (s).　～させる ein|schulen.　～児童 das Schulkind.

しゅうがくりょこう 修学旅行 die Schülerfahrt -en; die Exkursion -en.

じゅうかぜい 従価税 der Wertzoll -es, ¨e.

じゅうがつ 十月 der Oktober -[s] (略: Okt.).

しゅうかん 収監する ins Gefängnis ab|führen.

しゅうかん 週刊・誌 die Wochenschrift.　～紙 die Wochenzeitung; das Wochenblatt.　この雑誌は～です Die Zeitschrift wird wöchentlich herausgegeben (erscheint wöchentlich).

しゅうかん 週間 die Woche -n.　～ニュース映画 die Wochenschau.　交通安全～ die Verkehrserziehungswoche.

しゅうかん 習慣 die Gewohnheit -en; 〔風

習〕die Sitte -n; der Brauch -es, ¨e. 早起きの～ die Gewohnheit, früh aufzustehen. ～をつける(やめる) die Gewohnheit an|nehmen* (ab|legen); sich³ et. an|gewöhnen (abgewöhnen). ～になる jm. zur Gewohnheit werden*(s). …する～である pflegen《zu+不定詞》. ～的に aus Gewohnheit; gewohnheitsmäßig.

じゅうかん 重患 schwere Krankheit -en; 〔人〕der schwer Kranke#.

じゅうかん 縦貫する der Länge nach durchziehen*.

じゅうがん 銃眼 die Schießscharte -n.

しゅうき 周忌 ¶1～ der erste Todestag.

しゅうき 周期 die Periode -n. ～的 periodisch. ～律 periodisches Gesetz.

しゅうき 臭気 übler (schlechter) Geruch -s, ¨e; der Gestank -s. ～のある übel riechend; stinkend. ～止め das Deodorant (Desodorans).

しゅうき 秋季・の im Herbst; Herbst-. ～運動会 das Sportfest im Herbst; das Herbstsportfest -es, -e.

しゅうぎ 祝儀 das Geschenk -[e]s, -e; 〔チップ〕das Trinkgeld -[e]s, -er.

しゅうぎ 衆議・一決する einstimmig beschlossen werden*(s受). ～院 das Unterhaus. ～院議員 ein Mitglied des Unterhauses.

じゅうき 什器 das Geschirr -s; das Gerät -[e]s.

じゅうき 銃器 das Gewehr -s, -e.

しゅうきゅう 週休二日制 die Fünftagewoche.

しゅうきゅう 週給 der Wochenlohn -[e]s, ¨e.

しゅうきゅう 蹴球 der Fußball -[e]s; das Fußballspiel -s, -e. ～をする Fußball spielen.

じゅうきょ 住居 die Wohnung -en.

しゅうきょう 宗教 die Religion -en. ～上の(的な) religiös. ～家 der Geistliche#. ～改革 die Reformation. ～教育 religiöse Erziehung. ～心 die Religiosität. ～団体 die Religionsgemeinschaft (Religionsgesellschaft). ～学 die Religionswissenschaft.

しゅうぎょう 修業 das Studium -s, ..dien; die Ausbildung -en. ～する studieren; sich aus|bilden (in 3格). ～証書 das Abgangszeugnis. ～年限 die Studienzeit (Ausbildungszeit); 〔徒弟の〕Lehrjahre pl.

しゅうぎょう 終業・にする Feierabend machen. ～式 die Schlussfeier. ～後 nach Feierabend. ～時間 der Feierabend; der Arbeitsschluss (Dienstschluss). 17時に～する Um 17 Uhr ist (haben wir) Feierabend.

しゅうぎょう 就業・する an die Arbeit gehen*(s); zu arbeiten an|fangen*. ～時間 die Arbeitszeit; Arbeitsstunden pl. ～規則 die Arbeitsordnung.

じゅうぎょういん 従業員 der Angestellte#; der Beschäftigte#. 鉄道～ der Eisenbahnbeamte#.

しゅうきょく 終曲 das Finale -s, -.

しゅうきょく 終極(局) [endgültiger] Abschluss -es, ¨e. ～の allerletzt; final. ～の目的 der Endzweck. ～に endgültig. ～を告げる zu Ende kommen*(s).

しゅうきん 集金 die Einkassierung -en. ～する Geld ein|kassieren (ein|treiben*). ～人 der Eintreiber.

じゅうきんぞく 重金属 das Schwermetall -s, -e.

しゅうぐせいじ 衆愚政治 die Ochlokratie -n; die Pöbelherrschaft.

ジューク・ボックス die Musikbox -en.

シュー・クリーム die Windbeutel -s, -.

じゅうぐん 従軍・する am Krieg teil|nehmen*. ～記者 der Kriegsberichter (Kriegsberichterstatter).

しゅうけい 集計する zusammen|rechnen; summieren.

じゅうけい 重刑 schwere Strafe -n.

しゅうげき 襲撃 der Angriff -s, -e; der Überfall -[e]s, ¨e. ～する an|greifen*; überfallen*.

じゅうげき 銃撃 der Gewehrschuss -es, ¨e. ～する mit dem Gewehr schießen*. ～戦 die Schießerei.

しゅうけつ 終結 der Abschluss -es, ¨e. ～する zum Abschluss kommen*(s).

しゅうけつ 集結する zusammen|ziehen*; 《自動詞》sich zusammen|ziehen*.

じゅうけつ 充血 der Blutandrang -s; die Hyperämie. ～する mit Blut überfüllt sein*; 〔目が〕blutunterlaufen sein*.

しゅうげん 祝言 die Hochzeit -en.

じゅうけん 銃剣 das Bajonett (Seitengewehr) -s, -e. ～を付ける das Bajonett auf|pflanzen.

じゅうご 十五 fünfzehn. 第～の fünfzehnt. ～分 fünfzehn Minuten pl.; eine Viertelstunde. ～夜 die Vollmondnacht. ～夜の月 der Vollmond.

じゅうご 銃後の国民 das Volk in der Heimat.

しゅうこう 舟行 die Schifffahrt -en.

しゅうこう 周航する umschiffen; umsegeln.

しゅうこう 修好 die Freundschaft. ～条約 der Freundschaftsvertrag.

しゅうこう 集光・する Strahlen sammeln. ～レンズ der Kondensor.

しゅうこう 就航する in Dienst gestellt werden*(s受).

しゅうこう 醜行 schändliche (skandalöse) Tat -en.

しゅうごう 集合 die Versammlung. ～する〔集める〕[ver]sammeln; 〔集まる〕sich [ver]sammeln; sich zusammen|finden*; zusammen|kommen*(s). ～場所 der Versammlungsort; der Sammelplatz. ～名詞 das Kollektivum; der Sammelname.

じゅうこう 重厚 ernsthaft; gelassen und würdevoll.

じゅうこう 銃口 die Mündung *-en*.
じゅうごう 重合 〘化〙 die Polymerisation *-en*. ~させる polymerisieren. ~体 das Polymer.
じゅうこうぎょう 重工業 die Schwerindustrie.
じゅうこん 重婚 die Doppelehe *-n*; die Bigamie *-n*. ~する eine Doppelehe schließen*.
しゅうさ 収差 〘物〙 die Aberration *-en*.
しゅうさい 秀才 hervorragender Kopf *-es*, ⸚*e*; 〔生徒〕begabter Schüler *-s*, -.
じゅうざい 重罪 schweres Verbrechen (das Kapitalverbrechen) *-s*, -; 〘法〙 das Verbrechen *-s*, -. ~犯人 der Schwerverbrecher.
しゅうさく 習作 die Studie *-n*; die Etüde *-n*.
じゅうさつ 銃殺する erschießen*; tot|schießen*.
しゅうさん 集散・る sammeln und verteilen. ~地 der Stapelplatz.
しゅうさん 蓚酸 die Oxalsäure.
じゅうさん 十三 dreizehn. 第~の dreizehnt.
しゅうさんしゅぎ 集産主義 der Kollektivismus -.
じゅうさんち 集散地 der Stapelplatz *-es*, ⸚*e*.
しゅうし 収支 Einnahmen und Ausgaben *pl*. ~が償う Die Einnahmen decken die Ausgaben.
しゅうし 宗旨 die Religion *-en*; 〔宗派〕die Sekte *-n*. ~を変える sich bekehren 《zu 3 格》. ~変え die Bekehrung.
しゅうし 修士 der Magister *-s*, -. ~課程 der Magisterkurs; ~論文 die Magisterarbeit.
しゅうし 終始 von Anfang bis zu Ende; immer. ~一貫して folgerichtig. 彼は一生敬虔なキリスト教徒として~した Er lebte und starb als guter Christ.
しゅうじ 修辞・学 die Rhetorik; die Redekunst. ~〔学〕的 rhetorisch.
しゅうじ 習字 das Schönschreiben *-s*. ~をする schön|schreiben*. ~帳 das Schönschreibheft.
じゅうし 重視する als wichtig an|sehen*; wichtig nehmen*; großes Gewicht legen 《auf 4 格》.
じゅうし 獣脂 tierisches Fett *-es*, *-e*; der Talg *-[e]s*, *-e*.
じゅうじ 十字 das Kreuz *-es*, *-e*. ~を切る sich bekreuz[ig]en; ein Kreuz schlagen*; das Zeichen des Kreuzes machen. ~砲火 das Kreuzfeuer. 陣地に~砲火を浴びせる eine Stellung unter Kreuzfeuer nehmen*. 批判の~砲火を浴びている im Kreuzfeuer der Kritik stehen*. ~軍 der Kreuzzug. ~形の kreuzförmig. ~形に kreuzweise. ~路 die [Straßen]kreuzung; der Kreuzweg.
じゅうじ 従事する sich beschäftigen 《mit 3 格》; *et.* [be]treiben*.

じゅうじか 十字架 das Kreuz *-es*, *-e*. ~に掛ける kreuzigen; ans Kreuz schlagen* (heften). ~を負う sein Kreuz tragen*. ~像 das Kruzifix.
じゅうじかかしょくぶつ 十字花科植物 der Kreuzblütler *-s*, -.
しゅうじつ 終日 den ganzen Tag [hindurch]; den ganzen Tag über.
しゅうじつ 週日 der Wochentag *-[e]s*, *-e*.
じゅうじつ 充実・した inhaltsreich. 新しい本を入れて図書館を~させる eine Bibliothek mit neuen Büchern bereichern.
しゅうしふ 終止符 der Punkt *-es*, *-e*. ~を打つ ein Ende machen 《3 格》.
しゅうしまつ 十姉妹 der Sperlingspapagei *-en*, *-en*.
じゅうしゃ 従者 der Diener *-s*, -; 〔集合的に〕das Gefolge -.
しゅうしゅう 収拾する in Ordnung bringen*.
しゅうしゅう 蒐(収)集 die Sammlung *-en*. ~する sammeln. ~家 der Sammler.
じゅうじゅう 重重・お詫び申し上げます Ich bitte Sie tausendmal um Entschuldigung. ~私が悪かった Ich habe ganz Unrecht.
しゅうしゅく 収縮 die Zusammenziehung. ~する sich zusammen|ziehen*.
しゅうじゅく 習熟する *et.* beherrschen; gewandt (geschickt) werden*(*s*) 《in 3 格》.
じゅうじゅん 従(柔)順な gehorsam; folgsam.
じゅうしょ 住所 der Wohnsitz *-es*, *-e*; die Wohnung *-en*; 〔所番地〕die Adresse *-n*. ~を移す seinen Wohnsitz verlegen 《nach 3 格》. ~不定である ohne festen Wohnsitz sein*. ~録 das Adressbuch.
しゅうしょう 周章狼狽(うろた)する in Bestürzung (Verwirrung) geraten*(*s*); die Fassung verlieren*.
しゅうしょう 愁傷 ¶本当に御~様です Gestatten Sie mir, Ihnen dazu mein herzliches Beileid auszusprechen. 御~様 Aufrichtige Teilnahme!
じゅうしょう 重症の schwer krank.
じゅうしょう 重傷 schwere Wunde *-n*. ~を負う schwer verwundet werden*(*s*受). ~者 der schwer Verwundete*, ⸚*e*.
じゅうしょう 銃床 der Gewehrschaft *-[e]s*.
じゅうしょうしゃ 重障者 der Schwerbehinderte*.
じゅうしょうしゅぎ 重商主義 der Merkantilismus -.
しゅうしょく 秋色を探る die Herbstlandschaft genießen*.
しゅうしょく 修飾 die Ausschmückung *-en*. ~する aus|schmücken; 〘文法〙näher bestimmen. ~語 die Bestimmung.
しゅうしょく 就職・する eine Stelle an|treten*. ~運動をする sich um eine Stelle bewerben*. ~口を世話する *jm.* eine Stelle vermitteln. 今は~難だ Es herrscht ein Stel-

じゅうしょく 住職 der Hauptpriester [eines buddhistischen Tempels] -s, -.
しゅうしん 修身 die Moral.
しゅうしん 執心する hängen* (an 3格).
しゅうしん 終身 → 終生. ～会員 lebenslängliches Mitglied. ～刑 lebenslängliche Freiheitsstrafe. ～刑の囚人 der Lebenslängliche*. ～年金 lebenslängliche Rente. 彼は～官だ Er ist lebenslänglich angestellt.
しゅうしん 終審 die letzte Instanz.
しゅうしん 就寝・する schlafen (zu Bett) gehen*(s); sich schlafen (ins Bett) legen. ～時間 die Schlafenszeit.
しゅうじん 囚人 der Gefangene#; der Sträfling (Häftling) -s, -e.
しゅうじん 衆人環視のなかで vor aller Augen; in (vor) aller Öffentlichkeit.
じゅうしん 重心 der Schwerpunkt -[e]s, -e.
じゅうしん 銃身 der [Gewehr]lauf -[e]s, ⸚e.
ジュース [果汁] der [Frucht]saft -[e]s, ⸚e; [テニス] der Einstand -[e]s. ～にもちこむ den Einstand erzielen.
じゅうすい 重水 schweres Wasser -s. ～素 schwerer Wasserstoff.
じゅうすう 十数・個のりんご ungefähr ein Dutzend Äpfel. ～人 zehn Menschen und mehr. ～メートルの高さの über (mehr als) 10 Meter hoch.
しゅうせい 修正 die Verbesserung (Abänderung; Revision) -en. ～する verbessern; ab|ändern. ～動議(案) der Abänderungsantrag; das Amendement. ～資本主義 modifizierter Kapitalismus. ～主義 der Revisionismus.
しゅうせい 修整 [写真の] die Retusche -n. ～する retuschieren.
しゅうせい 終生(世) zeitlebens; das ganze Leben hindurch. ～の lebenslang.
しゅうせい 習性 die Gewohnheit -en; die Lebensweise.
じゅうせい 銃声 der Schuss -es, ⸚e; der Knall -s, -e. 1発の～がした Ein Schuss fiel.
じゅうせい 獣性 die Bestialität; das Tierische#. [pl.
じゅうぜい 重税 drückende (hohe) Steuern
しゅうぜい 収税 der Steuerbeamte#; der Steuereinnehmer -s, -.
しゅうせき 集積・する [物を] an|häufen; an|sammeln; [物が] sich an|häufen (an|sammeln). ～所 der Sammelplatz.
じゅうせき 重責を担う die schwere Verantwortung tragen* (übernehmen*)《4格》.
しゅうせん 周旋 die Vermittlung -en. ～する vermitteln; verschaffen. ～業 das Maklergeschäft. ～人 der Vermittler. ～屋 der Makler. ～料 die Vermittlungsgebühr (Maklergebühr).
しゅうせん 終戦 das Kriegsende -s. ～後の Nachkriegs-.
しゅうぜん 修繕 die Ausbesserung (Reparatur) -en. ～する aus|bessern; reparieren. ～費 Reparaturkosten pl.
じゅうせん 縦線 [音] der Taktstrich -s, -e.
じゅうぜん 従前 → 従来.
しゅうそ 臭素 das Brom -s (記号: Br).
じゅうそう 重曹 doppeltkohlensaures Natron -s.
じゅうそう 銃創 die Schussverletzung -en. 足に～を負っている einen Schuss im Bein haben*.
じゅうそう 縦走 die Gratwanderung -en. 山から山へ～する über den Grat von einem Berg zum andern wandern (s).
じゅうそう 重層的 mehrschichtig.
しゅうそく 終息する auf|hören; zu Ende gehen*(s); [根絶される] ausgerottet werden* (s受).
しゅうそく 収束・する in Ordnung bringen*. ～レンズ die Sammellinse.
じゅうぞく 従属 die Unterordnung; die Abhängigkeit -en. ～する untergeordnet sein*(3格); abhängig sein* (von 3格). ～させる unter|ordnen. ～的 untergeordnet; abhängig. ～文 untergeordneter Satz. ～接続詞 untergeordnete Konjunktion; die Subjunktion.
じゅうそつ 従卒 der Offizierbursche -n, -n.
しゅうたい 醜態を演ずる sich schändlich benehmen*; sich lächerlich machen.
じゅうたい 重態 ernstlich (auf den Tod) krank sein*.
じゅうたい 渋滞 die Stockung -en. 交通(車)の～ die Stockung des Verkehrs (der Stau der Autos). ～する stocken; ins Stocken geraten*(s). 交通が～する Der Verkehr stockt (staut sich).
じゅうたい 縦隊 die Kolonne -n.
じゅうだい 十代である ein Teenager sein*.
じゅうだい 重大・な wichtig; bedeutend; ernst. ～さ die Wichtigkeit; der Ernst. ～視する als wichtig an|sehen*; wichtig nehmen*; große Wichtigkeit bei|legen《3格》.
しゅうたいせい 集大成 ¶多年の研究成果を～する alle Ergebnisse seiner langjährigen Studien zusammen|nehmen*.
じゅうたく 住宅 die Wohnung -en; das Wohnhaus -es, ⸚er. ～地 das Wohnviertel. ～難 die Wohnungsnot. ～問題 die Wohnungsfrage.
しゅうたん 愁嘆 die Wehklage -n; der Jammer -s. ～場 rührende Szene.
しゅうだん 集団 die Gruppe -n; die Masse -n. ～安全保障 kollektive Sicherheit. ～検診 die Reihenuntersuchung.
じゅうたん 絨毯 der Teppich -s, -e.
じゅうだん 銃弾 die Kugel -n; das Geschoss -es, -e.
じゅうだん 縦断・する der Länge nach durch|ziehen*. ～面 der Längsschnitt.
しゅうち 周知の [all]bekannt. [fühl -s, -e.
しゅうち 羞恥[心] die Scham; das Schamgeしゅうち 衆知を集める viele zu Rate ziehen*.

しゅうちゃく 執着・する hängen* 《an 3格》. 命(金)に~ちゃくする am Leben (Geld) hängen*.
しゅうちゃくえき 終着駅 die Endstation -en.
しゅうちゅう 集中・する konzentrieren; sammeln;〘自動詞〙sich konzentrieren《auf 4格》. 全力を一点に~する alle Kräfte auf einen Punkt konzentrieren. 精神を~ sich sammeln (konzentrieren). ~攻撃 konzentrischer Angriff. ~豪雨 lokaler Wolkenbruch. ~講義 intensiver Kurs. ~排除 die Dezentralisation.
じゅうちゅうはっく → じっちゅうはっく.
しゅうちょう 酋長 der Häuptling -s, -e.
じゅうちん 重鎮 führende Persönlichkeit -en.
しゅうちんぼん 袖珍本 das Taschenbuch -[e]s, ⁼er.
しゅうてん 終点 das [End]ziel -[e]s, -e;〔終着駅〕die Endstation -en.
じゅうてん 充填・する et. aus|füllen《mit 3格》. 虫歯の~をする einen Zahn füllen (plombieren).
じゅうてん 重点を置く den Schwerpunkt legen《auf 4格》; et. betonen.
じゅうでん 充電 die [Auf]ladung -en. バッテリーに~する eine Batterie [auf|]laden*.
しゅうでんしゃ 終電車 der letzte Zug -es, ⁼e;〔俗〕der Lumpensammler -s, -.
しゅうと 舅 der Schwiegervater -s, ⁼.
シュート 〔サッカーなどの〕der Schuss -es, ⁼e. ~する schießen*. ~を決める den Ball ins Tor schießen*.
ジュート die Jute.
しゅうとう 周到な sorgfältig; umsichtig.
じゅうとう 充当する et. verwenden*《auf 4格》; et. bestimmen《für 4格》.
じゅうどう 柔道 das Judo (Jiu-Jitsu) -[s]. ~家 der Judosportler; der Judoka.
しゅうどういん 修道院 das Kloster -s, ⁼. ~にはいる ins Kloster gehen*(s).
しゅうとく 拾得・する finden*. ~者 der Finder. ~物 der Fund.
しゅうとく 習得する erlernen; sich³ an|eignen.
しゅうとめ 姑 die Schwiegermutter ⁼.
じゅうなん 柔軟な〔柔らかい〕weich;〔しなやかな〕geschmeidig; flexibel. ~路線の政策 eine Politik der weichen Welle.
じゅうに 十二 zwölf. ~ダース das Dutzend. 第~の zwölft. ~音音楽 die Zwölftonmusik (Dodekaphonie). ~指腸 der Zwölffingerdarm. ~指腸虫 der Grubenwurm. ~分に mehr als genug; übergenug.
じゅうにがつ 十二月 der Dezember -[s](略: Dez.).
しゅうにゅう 収入 die Einnahme -n; das Einkommen -s, -; Einkünfte pl. 彼は~が多い(少ない)Er nimmt viel (wenig) ein. 月に20万円の~がある monatlich 200 000 Yen ein|nehmen*. ~印紙 die Steuermarke.

~役 der Kassierer; der Einnehmer.
しゅうにん 就任 der Amtsantritt -s. ~する ein Amt an|treten*(übernehmen*). ~の辞 die Antrittsrede.
じゅうにん 重任 → 重責;〔再任〕die Wiederernennung -en. ~する wiederernannt werden*(s受)《zu 3格》.
じゅうにんといろ 十人十色 Viele Köpfe, viele Sinne.
じゅうにんなみ 十人並み・の durchschnittlich; mittelmäßig; gewöhnlich. ~以上(以下)über (unter) dem Durchschnitt.
しゅうねん 周年 ¶5~ der fünfte Jahrestag.
しゅうねん 執念深い nachtragend.
じゅうねん 十年 zehn Jahre pl.; das Jahrzehnt -s, -e. 数~間 jahrzehntelang.
じゅうのう 十能 die Feuerschaufel -n.
じゅうのうしゅぎ 重農主義 der Physiokratismus -.
しゅうは 宗派 die Sekte -n.
しゅうは 秋波を送る jm. [schöne] Augen machen; mit jm. liebäugeln.
しゅうはい 集配・する sammeln und aus|tragen*. ~人 der Briefträger.
じゅうばこ 重箱の隅を楊枝(ようじ)でほじくる Haarspalterei treiben*.
しゅうはすう 周波数 die Frequenz -en.
じゅうはち 十八 achtzehn. 第~の achtzehnt. ~金 18-karätiges Gold. ~番(おはこ)das Steckenpferd.
しゅうばんかしかん 週番下士官 der Unteroffizier vom Dienst(略: U.v.D.).
しゅうばん 終盤 die Endphase [eines Spiels].
じゅうはん 重版 der Neudruck -[e]s, -e; die Neuauflage -n. ~する neu drucken (auf|legen).
じゅうはん 従犯〘法〙die Beihilfe. ~人 der Helfershelfer.
しゅうび 愁眉を開く sich erleichtert fühlen. この報告を聞いて彼は~を開いた Seine Stirn entwölkte sich bei dieser Nachricht.
じゅうびょう 重病 schwere (ernste) Krankheit -en. ~人 der schwer Kranke⁼.
しゅうふく 修復する wieder|her|stellen; reparieren.
しゅうぶん 秋分 die Herbst-Tagundnachtgleiche -n. ~点 der Herbstpunkt.
しゅうぶん 醜聞 schlechtes Gerücht -[e]s, -e; der Skandal -s, -e.
じゅうぶん 十分・な(に)genug; genügend; ausreichend; hinlänglich. ~金を持っている genug (genügend) Geld haben*. ~に眠る [sich] aus|schlafen*; sich satt schlafen*. …と想像する~な理由がある Ich habe allen Grund anzunehmen, dass …
しゅうへき 習癖 die [An]gewohnheit -en.
しゅうへん 周辺 die Umgebung -en; die Peripherie -n.
しゅうほう 週報 das Wochenblatt -[e]s, ⁼er;〔報告〕der Wochenbericht -s, -e.
しゅうぼう 衆望を担(にな)う das Vertrauen sei-

じゅうほう 重砲 schweres Geschütz -es,-e.
じゅうほう 銃砲 Schusswaffen pl. ～店 das Waffengeschäft.
じゅうぼく 従僕 der Diener -s,-; der Lakai -en,-en.
しゅうまく 終幕 der letzte Akt -s. → 終末.
しゅうまつ 週末 das Wochenende -s,-n. ～旅行 der Wochenendausflug.
しゅうまつ 末 das Ende -s,-n; der Schluss -es,ⁿe. ～論 die Eschatologie.
じゅうまん 充満する voll sein* 《von 3格》; angefüllt sein* 《mit 3格》.
しゅうみつ 周密 sorgfältig; gründlich.
じゅうみん 住民 der Bewohner (Einwohner) -s,-; 〔集合的に〕die Bevölkerung. ～運動 die Bürgerinitiative. ～登録する sich bei einem Einwohnermeldeamt an|melden.
しゅうめい 襲名する den Namen „…" übernehmen* (erben); jm. im Namen nach|folgen (s).
じゅうめん 渋面をつくる Grimassen machen (schneiden*); ein [schiefes] Gesicht ziehen*.
じゅうめんたい 十面体 der Zehnflächner -s,-; das Dekaeder -s,-.
じゅうもう 絨毛 Zotten pl.
じゅうもんじ 十文字に kreuzweise. → 十字.
しゅうや 終夜 die ganze Nacht [hindurch]. ～営業(運転)する die ganze Nacht in Betrieb sein*.
しゅうやく 集約・する zusammen|fassen. ～農業 intensive Landwirtschaft.
じゅうやく 重役 der Direktor -s,-en. ～会 das Direktorium. ～会議 die Direktorensitzung.
じゅうやく 重訳 ¶英語から～する aus der englischen Übertragung übersetzen.
じゅうゆ 重油 das Schweröl -s,-e.
しゅうゆう 周遊 die Rundreise -n; die Rundfahrt -en. ～する eine Rundreise (Rundfahrt) machen. ～券 die Rundreisekarte.
しゅうよう 収用 die Enteignung -en. ～する enteignen.
しゅうよう 収容・する unter|bringen*. 老人ホームに～する jn. in einem Altersheim unter|bringen*. 2千人の～力 eine Kapazität von 2000 Menschen. ～所 das Lager.
しゅうよう 修養 die Ausbildung -en. ～する sich [aus]bilden.
じゅうよう 重要・な wichtig; von Bedeutung; 〔肝心な〕wesentlich. ～視する → 重視. ～性 die Wichtigkeit.
じゅうよく 獣欲 tierische Gelüste pl.
しゅうらい 襲来 der Einfall -s,ⁿe. ～する ein|fallen*(s) 《in 4格》.
じゅうらい 従来 bisher; bis jetzt. ～の bisherig; 〔旧来の〕hergebracht; alt. ～通り wie bisher.
しゅうらん 収攬 ¶人心を～する die Herzen der Menschen (des Volkes) gewinnen*.
じゅうらん 縦覧・する besichtigen. ～に供する zur Schau stellen.
しゅうり 修理 die Reparatur (Ausbesserung) -en. ～する reparieren; aus|bessern. ～に出す zur Reparatur geben*. ～工場 die Reparaturwerkstatt.
しゅうりょう 修了 ¶課程を～する einen Kursus durch|machen.
しゅうりょう 終了 der Abschluss -es,ⁿe. ～する 〔事物が〕zum Abschluss kommen*(s); enden; 〔仕事などを〕ab|schließen*; beend[ig]en.
じゅうりょう 重量 das Gewicht -[e]s. ～挙げ das Gewichtheben.
じゅうりょうぜい 従量税 der Gewichtszoll -s,ⁿe.
じゅうりょく 重力 die Gravitation; die Schwerkraft.
じゅうりん 蹂躙する mit Füßen treten*.
じゅうるい 獣類 Tiere pl.
シュール・リアリズム der Surrealismus -.
しゅうれい 秀麗な schön; herrlich.
しゅうれっしゃ 終列車 der letzte Zug -es, ⁿe.
しゅうれん 収斂 die Zusammenziehung -en; die Konvergenz -en. ～する konvergieren; 〔剤〕das Adstringens; adstringierende Mittel pl.
しゅうれん 修練 die Übung -en. ～する üben.
じゅうろうどう 重労働 schwere Arbeit -en. ～者 der Schwerarbeiter.
しゅうろく 収録する auf|nehmen*.
しゅうわい 収賄・する sich bestechen lassen*; Bestechungsgelder empfangen*. ～罪 passive Bestechung. ～事件 der Bestechungsfall. ～者 der Bestochene.
しゅえい 守衛 die Wache -n; 〔門衛〕der Pförtner -s,-.
じゅえき 受益・する nutznießen. ～者 der Nutznießer.
じゅえき 樹液 der Saft -es,ⁿe.
しゅえん 主演する die Hauptrolle spielen. ～俳優 der Hauptdarsteller.
しゅえん 酒宴 das [Trink]gelage -s,-. ～を催す ein Gelage ab|halten*.
しゅかい 首魁 der Rädelsführer -s,-; der Häuptling -s,-e.
じゅかい 樹海 ein Meer von Bäumen.
しゅかく 主客 Gast und Gastgeber. それは～転倒だ Das heißt das Pferd hinter den Wagen spannen.
しゅかく 主格 《文法》der Nominativ -s,-e.
しゅかん 主幹 → 主筆.
しゅかん 主管 die Verwaltung; die Leitung; 〔人〕der Verwalter -s,-.
しゅかん 主観 das Subjekt -[e]s,-e; 〔主観性〕die Subjektivität. ～的 subjektiv. ～主義 der Subjektivismus.
しゅがん 主眼 der Hauptpunkt -[e]s,-e; die

Hauptsache -n.
しゅき 手記 Notizen *pl.*; die Aufzeichnung -*en*.
しゅき 酒気を帯びた berauscht; angeheitert.
しゅぎ 主義 das Prinzip -*s*, -*ien*; der Grundsatz -*es*, ¨*e*. ～として aus Prinzip. 或る事を～とする sich³ *et.* zum Prinzip machen.
じゅきゅう 需給 Angebot und Nachfrage.
しゅきょう 酒興 ･に乗じて unter dem Einfluss des Weins. ～を添える die Fröhlichkeit beim Trinken erhöhen.
しゅぎょう 修業を積む viel an sich³ arbeiten; sich aus|bilden 《in 3 格》.
じゅきょう 儒教 der Konfuzianismus -.
じゅぎょう 授業 der Unterricht -*s*; die Stunde -*n*. ドイツ語の～をする *jm.* Unterricht in Deutsch geben*; *jn.* in Deutsch unterrichten. ～を受ける bei *jm.* Unterricht (Stunden) nehmen*. ～時間 die Unterrichtsstunde (Schulstunde). ～料 das Schulgeld; [大学の] Studiengebühren *pl.*
しゅぎょく 珠玉 der Edelstein -[*e*]*s*, -*e*; das (der) Juwel -*s*, -*en*. ～の詩 eine Perle der Dichtkunst.
じゅく 塾 die Nachhilfeschule -*n*.
しゅくあ 宿痾 chronische (langwierige) Krankheit -*en*.
しゅくい 祝意を表す *jm.* gratulieren (Glückwünschen)《zu 3 格》; *jn.* beglückwünschen《zu 3 格》.
しゅくぐう 殊遇を受ける bei *jm.* sehr in Gunst stehen*.
しゅくえい 宿営･する in Quartier liegen*. 或る村に～する in einem Dorf Quartier machen. 野外に～する im Freien lagern.
しゅくえん 祝宴を催す ein Fest (Bankett) geben*.
しゅくえん 宿怨を晴らす seine Rache an *jn.* endlich befriedigen (stillen).
しゅくが 祝賀 die Gratulation -*en*. ～会 die Gratulationscour; die Feier.
しゅくがん 宿願 lang gehegter Wunsch -*es*, ¨*e*.
じゅくぎ 熟議を凝らす gründlich beraten*《über 4 格》. ～の結果 nach langer Beratung.
じゅくご 熟語 die Redensart -*en*; die Redewendung -*en*; das Idiom -*s*, -*e*.
しゅくさいじつ 祝祭日 der Festtag (Feiertag) -[*e*]*s*, -*e*.
しゅくさつばん 縮刷版 verkleinerte Ausgabe -*n*.
しゅくじ 祝辞 der Glückwunsch -*es*, ¨*e*; die Festrede -*n*. ～を述べる *jm.* Glückwünsche aus|sprechen*《zu 3 格》; → 祝意.
じゅくし 熟視する aufmerksam an|sehen*; genau betrachten.
しゅくじつ 祝日 der Festtag (Feiertag) -[*e*]*s*, -*e*.
しゅくしゃ 宿舎 das Quartier -*s*, -*e*; die Unterkunft ¨*e*.

しゅくしゃ 縮写する eine verkleinerte Kopie machen《von 3 格》.
しゅくしゃく 縮尺 ¶この地図は5万分の1の～だ Diese Landkarte ist im Maßstab (hat den Maßstab) 1: 50 000.
しゅくしゅく 粛粛と feierlich; still; in feierlicher Stille.
しゅくじょ 淑女 die Dame -*n*; die Lady -*s*.
しゅくしょう 縮小する verkleinern; [減らす] vermindern; ein|schränken.
しゅくしょうかい 祝勝会 die Siegesfeier -*n*.
しゅくず 縮図 verkleinertes Bild -*es*, -*er*; verkleinerte Zeichnung -*en*. 人生の～ das Leben im Kleinen.
じゅくすい 熟睡 fester (gesunder) Schlaf -[*e*]*s*. ～する fest (tief) schlafen*; einen festen (gesunden) Schlaf haben*.
じゅくする 熟する reifen (*s*); reif werden* (*s*). 熟した reif.
しゅくせい 粛清 die Säuberung (Säuberungsaktion) -*en*. 党[の反動分子]を～する die Partei [von reaktionären Elementen] säubern (liquidieren).
じゅくせい 熟成 [ワインなどの] die Reife; die Reifung. ～した reif.
しゅくせい 粛正 → 粛清.
しゅくだい 宿題 die Hausarbeit -*en*; die Hausaufgabe -*n*; [未解決の問題] offene (schwebende) Frage -*n*; das Problem -*s*, -*e*. ～を出す *jm.* eine Hausarbeit auf|geben*. ～をやる seine Hausaufgaben machen. ～にしておく offen lassen*; unentschieden (in der Schwebe) lassen*.
じゅくたつ 熟達 die Geübtheit. ～している geübt sein*《in 3 格》; *et.* beherrschen (meistern). → 熟練.
じゅくち 熟知する vertraut sein*《mit 3 格》; wohl wissen*; gründlich kennen*.
しゅくちょく 宿直･する Nachtdienst haben*. ～員 der Nachtdiensthabende*. ～室 das Nachtdienstzimmer.
しゅくてき 宿敵 der Erbfeind -[*e*]*s*, -*e*.
しゅくてん 祝典 das Fest -*es*, -*e*; die Feier -*n*; die Feierlichkeit -*en*. ～を挙げる ein Fest begehen* (feiern; geben*).
しゅくでん 祝電 das Glückwunschtelegramm -*s*, -*e*. ～を打つ *jm.* telegrafisch gratulieren《zu 3 格》.
しゅくとく 淑徳の誉高い von hoher Tugend; tugendhaft.
じゅくどく 熟読する sorgfältig lesen*.
じゅくねん 熟年 im reiferen Alter; in den reiferen Jahren.
しゅくば 宿場 die Poststation -*en*.
しゅくはい 祝杯 ¶新郎新婦のために～を挙げる auf das Hochzeitspaar trinken*.
しゅくはく 宿泊 die Übernachtung -*en*. ～する übernachten; wohnen. ～所 die Unterkunft; das Quartier; die Herberge. ～客 der [Hotel]gast. ～料 die Übernach-

しゅくふく 祝福 der Segen -s; die Segnung -en. ～する segnen. ～された gesegnet.
しゅくへい 宿弊 altes (eingewurzeltes) Übel -s, -.
しゅくほう 祝砲を打つ Salut schießen*.
しゅくぼう 宿坊 das Hospiz -es, -e.
しゅくぼう 宿望 lang gehegter Wunsch -es, ¨e.
しゅくめい 宿命 das Schicksal -s, -e; die Fatalität -en. ～的 schicksalhaft. ～論 der Fatalismus. ～論者 der Fatalist. ～的 fatalistisch.
じゅくりょ 熟慮・する [reiflich] überlegen (erwägen*); nach|denken* (über 4格). ～した上で nach reiflicher Überlegung (Erwägung).
じゅくれん 熟練 die Geübtheit. ～している geübt (erfahren) sein* (in 3格). ～工 der Facharbeiter. それは～を要する Dazu gehört eine gewisse Fertigkeit.
しゅくん 主君 der Herr -n, -en; der Gebieter -s, -.
しゅくん 殊勲を立てる sich³ hervorragende Verdienste erwerben* (um 4格).
しゅけい 主計 der Rechnungsführer -s, -; [氏] der Zahlmeister -s, -.
しゅげい 手芸 die Handarbeit. ～品 Handarbeiten pl. ～をする handarbeiten.
じゅけいしゃ 受刑者 der Sträfling -s, -e; der Strafgefangene ¨.
しゅけん 主権 die Souveränität. ～者 der Souverän. ～国家 souveräner Staat. ～在民 die Volkssouveränität.
じゅけん 受験・する sich einer Prüfung unterziehen*; sein Examen machen. ～科目 das Prüfungsfach. ～資格 die Qualifikation für eine Prüfung. ～者 der Prüfling; der Examinand; der Kandidat. ～準備をする sich auf eine Prüfung vor|bereiten. ～票 die Einlasskarte für eine Prüfung. ～料 die Prüfungsgebühr.
しゅご 主語 das Subjekt -[e]s, -e.
しゅご 守護 der Schutz -es. ～する [be]schützen; behüten. ～神 der Schutzgott.
しゅこう 手工 die Handarbeit.
しゅこう 手交する jm. et. ein|händigen (über|geben*).
しゅこう 首肯する zu|stimmen (3格); zustimmend nicken.
しゅこう 酒肴 Speisen und Getränke pl.
しゅこう 趣向を凝らす Pläne schmieden. それはうまい～だ Das ist eine [gute] Idee !
しゅごう 酒豪 tüchtiger Zecher -s, -.
しゅこうぎょう 手工業 das Handwerk -s, -e. ～の der Handwerker.
しゅさい 主宰・する verwalten; leiten. ～者 der Verwalter (Leiter). M氏の～のもとに unter der Leitung von Herrn M.
しゅさい 主催・する veranstalten. ～者 der Veranstalter; der Organisator. 文部省～で unter der Leitung des Kultusministeriums.
しゅざい 取材 die Stoffsammlung (Materialsammlung) -en. 新しい小説の～をする Stoff für einen neuen Roman sammeln. 現地～記事を書く eine Reportage machen 《von 3格》. 現地～記者 der Reporter.
しゅざん 珠算 das Rechnen mit dem Rechenbrett. ¨er.
じゅさんじょ 助産所 das Arbeitsamt -[e]s, ¨er.
しゅし 種子 der Samen -s, -.
しゅし 趣旨 ¶…という～の dahingehend, dass … → 趣意.
しゅし 主旨 der Hauptinhalt -s, -e.
しゅじ 主事 der Verwalter -s, -; der Direktor -s, -en.
しゅし 樹脂 das Harz -es, -e.
しゅじい 主治医 js. Arzt (der Hausarzt) -es, ¨e.
しゅじく 主軸 die Hauptachse -n.
しゅしゃ 取捨[選択]する aus|wählen; aus|lesen*.
しゅじゅ 侏儒 der Zwerg -es, -e.
しゅじゅ 種種・の verschieden; vielerlei《不変化》; mannigfaltig. 社会の～相 die verschiedenen Phasen der Welt.
しゅじゅう 主従 Herr und Diener.
しゅじゅつ 手術 die Operation -en. ～を施す eine Operation aus|führen; jn. operieren 《an 3格》. ～を受ける sich einer Operation unterziehen*; operiert werden* (s受) (sich operieren lassen*) 《an 3格》. ～者 der Operateur. ～衣 der Operationskittel. ～室 der Operationssaal. ～台 der Operationstisch.
しゅしょう 首唱・する der Initiator -s, -en; der Initiant -en, -en. 赤十字の～で auf Initiative des Roten Kreuzes.
しゅしょう 主唱者 der Protagonist -en, -en.
しゅしょう 主将 [スポーツ] der Anführer (Mannschaftsführer) -s, -; der Kapitän -s, -e.
しゅしょう 首相 der Premierminister -s, -; der Ministerpräsident -en, -en.
しゅしょう 殊勝な löblich; lobenswert.
しゅじょう 衆生 die Leute pl.; die Welt.
じゅしょう 受賞・する den Preis erhalten* (gewinnen*). ～作 preisgekröntes Werk. ～者 der Preisträger (Gewinner); der Preisgekrönte ¨.
じゅしょう 授賞する jm. den Preis geben* (zu|erkennen*).
しゅしょく 主食 die Hauptnahrung.
しゅしょく 酒色 Wein und Weib; sinnliche Vergnügungen pl. ～に溺(おぼ)れる sich den sinnlichen Freuden ergeben*.
しゅしん 主審 der Chefschiedsrichter -s, -.
しゅじん 主人 der Herr (Hausherr; Dienstherr) -n, -en; [飲食店の] der Wirt -[e]s, -e; [夫] der Mann -es, ¨er. ～公 [小説などの] der Held; die Hauptperson. ～役を務める den Wirt machen; den Gastgeber spielen.
じゅしん 受信 der Empfang -s. ～する emp-

しゅす 繻子 der Satin -s, -s; der Atlas -(-ses),-se.
じゅず 数珠 der Rosenkranz -es, ¨e. ～をつまぐる einen Rosenkranz beten. ～繋(?)ぎにする zusammen|ketten.
しゅずみ 朱墨 rote Tusche -n.
しゅせい 守勢 die Defensive. ～の defensiv. ～から攻勢に転ずる aus der Defensivie zur Offensive über|gehen*(s). ～に立たされる in die Verteidigung gedrängt werden*(s受).
しゅせい 酒精 der Alkohol -s, -e; der Weingeist -es, -e; der Spiritus -, -se.
しゅせい 酒税 die Getränkesteuer.
じゅせい 授精 die Befruchtung -en. ～する befruchtet werden*(s受). ～卵 befruchtetes Ei.
じゅせい 授精 ¶人工～ künstliche Besamung.
しゅせいぶん 主成分 der Hauptbestandteil -s, -e.
しゅせき 首席 der Oberste#. 学校を～で卒業する die Schule als der Beste absolvieren.
しゅせきさん 酒石酸 die Wein[stein]säure.
しゅせんど 守銭奴 der Pfennigfuchser -s, -; der Geizhals -es, ¨e.
しゅせんろん 主戦論 die Befürwortung des Krieges.
じゅそ 呪詛 der Fluch -[e]s, -e; die Verwünschung -en. ～する verfluchen; verwünschen.
しゅぞう 酒造・家 der Sake-Brauer. ～業 die Sake-Brauerei.
じゅぞう 受像・する eine Fernsehsendung empfangen*. ～機 der Fernsehempfänger.
しゅぞく 種族 der Stamm -es, ¨e;〔人種〕die Rasse -n.
しゅぞく 種属 das Geschlecht -s, -er; die Gattung -en.
しゅたい 主体 das Subjekt -[e]s, -e;〔中核〕der Kern -s, -e. ～性 die Subjektivität.
しゅだい 主題 das [Haupt]thema -s, ..men (-ta). ～歌 der Titelsong.
じゅたい 受胎 die Empfängnis. ～する [ein Kind] empfangen*.
じゅたく 受託・する betraut werden*(s受)《mit 3格》;〔保管する〕in Verwahrung nehmen*. ～者 der Betraute#; der Treuhänder;〔保管者〕der Verwahrer.
じゅだく 受諾 die Annahme. ～する an|nehmen*; ein|willigen《in 4格》.
しゅだん 手段 das Mittel -s, -; der Weg -es, -e; die Maßregel -n. 最後の～に訴える zum letzten Mittel greifen*.
しゅち 主知・的 intellektuell. ～主義 der Intellektualismus.
しゅちゅう 手中・にある in js. Hand liegen* (stehen*). ～に収める in seine Gewalt bekommen*. ～に陥る jm. in die Hände fallen*(s). →掌中.
じゅちゅう 受注する eine Bestellung《auf 4 格》entgegen|nehmen*.
しゅちょ 主著 das Hauptwerk -[e]s, -e.
しゅちょう 主張 die Behauptung -en. ～する behaupten; geltend machen; verfechten*; bestehen*《auf 3 格》.
しゅちょう 主調 der Hauptton (Grundton) -s, ¨e.
しゅちょう 主潮 die Hauptströmung -en.
しゅちょう 首長 das Haupt -es, ¨er. ～選挙 die Gemeindevorsteherwahl.
しゅちょう 腫脹 die Anschwellung -en.
じゅつ 術 die Kunst ¨e;〔魔法〕die Zauberei -en. →術中.
しゅつえん 出演・する auf|treten*(s); spielen. ハムレット役で～する als Hamlet auf|treten*(s). 映画に～している beim Film sein*. ～者 der Darsteller (Spieler). ～料 die Gage.
しゅっか 出火 der Ausbruch eines Feuers. ～する Ein Feuer bricht aus.
しゅっか 出荷 der Versand -s. ～する versenden(*); verschicken. 今日は野菜の～が少なかった Heute war wenig Gemüse am Markt.
じゅっかい 述懐する seine Gedanken äußern; seine Erinnerungen erzählen.
しゅっかん 出棺 ¶午後3時～ Der Leichenzug wird um 3 Uhr vom Haus[e] abgehen.
しゅつがん 出願〔特許を～する ein Patent an|melden《für 4 格》; et. zum Patent an|melden. ～者 der Anmelder.
しゅっきん 出金 die [Geld]ausgabe -n; die Zahlung -en. ～する Geld aus|geben*; zahlen.
しゅっきん 出勤・する zum Dienst (ins Büro) gehen*(s). ～時間 die Zeit, zum Dienst zu gehen. ～簿 die Anwesenheitsliste.
しゅっけ 出家 der Priester -s, -; der Mönch -s, -e. ～する Priester werden*(s).
しゅつげき 出撃 der Ausfall -s, ¨e. ～する einen Ausfall machen; aus|fallen*(s).
しゅっけつ 出欠を取る die Anwesenheit prüfen (fest|stellen).
しゅっけつ 出血 die Blutung -en. ～する bluten. ～多量で死ぬ sich zu Tode bluten; verbluten(s). ～を止める das Blut stillen. ～が止まらない Die Blutung will nicht aufhören.
しゅつげん 出現 das Erscheinen (Auftreten) -s. ～する erscheinen*(s); sich zeigen; zum Vorschein kommen*(s); auf|treten*(s).
じゅつご 述語〔文法〕das Prädikat -s, -e; die Satzaussage -n. ～的 prädikativ.
じゅつご 術語 der Fachausdruck -s, ¨e; der Terminus -, ..ni;〔集合的に〕die Terminologie -n.
しゅっこう 出港 der Auslauf -s. ～する aus|laufen*(s).
じゅっこう 熟考 →熟慮.
しゅっこく 出国 die Ausreise -n. ～する aus|reisen(s). ～手続をする um Ausreiseerlaubnis an|suchen.

しゅつごく 出獄・する aus dem Gefängnis entlassen werden*(s受). ～者(人) entlassener Sträfling.
しゅっこんそう 宿根草 perennierende Pflanze -n.
じゅっさく 術策 → 策略. ～に陥る jm. in die Falle gehen (s).
しゅっさつ 出札・する Fahrkarten aus|geben*. ～所 die Fahrkartenausgabe. ～口 der [Fahrkarten]schalter. ～係 der Schalterbeamte#.
しゅっさん 出産 die Geburt -en; die Entbindung -en. 男子を～する einen Jungen gebären*; von einem Jungen entbunden werden*(s受). ～率 die Geburtenhäufigkeit.
しゅっし 出資 die Geldanlage -n. ～する sein Geld an|legen (in 4格); sich finanziell beteiligen (an 3格). ～者 der Anleger; der Teilhaber.
しゅっしょ 出所 die Quelle -n; der Ursprung -[e]s, ¨e. ～の確かな aus guter Quelle. ～する [刑務所から] aus dem Gefängnis entlassen werden*(s受).
しゅっしょう 出生 die Geburt -en. ～届 die Geburtsanzeige. ～地 der Geburtsort. ～率 die Geburtenziffer.
しゅつじょう 出場・する [競技に] teil|nehmen*(an 3格). ～者 der Teilnehmer.
しゅっしょく 出色の hervorragend; ausgezeichnet; vortrefflich.
しゅっしょしんたい 出処進退 das Verhalten (Benehmen) -s.
しゅっしん 出身・の aus (3格). 彼はどこの～ですか Woher kommt (stammt) er ? 彼は仙台の～です Er ist aus Sendai. ～地 der Geburtsort (Heimatort). ～校 die Alma Mater. 早大～者 der Graduierte# der Waseda-Universität.
しゅつじん 出陣 → 出征.
しゅっすい 出水 die Überschwemmung -en. 大雨のために～した Die schweren Regenfälle haben Hochwasser verursacht.
しゅっせ 出世 das Emporkommen -s. ～する empor|kommen*(s); Karriere machen; es weit in der Welt bringen*; [昇進する] befördert werden*(s受) (zu 3格). ～主義の Karrierismus. ～主義者 der Karrierist.
しゅっせい 出征 der Feldzug -[e]s, ¨e. ～する ins Feld ziehen*(s); einen Feldzug mit|machen.
しゅっせき 出席・する bei|wohnen (3格); anwesend (zugegen) sein* (bei 3格). 会合に～する an einer Versammlung teil|nehmen*. 講義に～する eine Vorlesung besuchen. ～を取る die Anwesenheit prüfen (fest|stellen). ～者 der Anwesende#. ～簿 die Präsenzliste. ～率 der Prozentsatz der Anwesenheit. その生徒は～日数が足りない Dem Schüler mangelt es an obligatorischen Unterrichtsstunden.

しゅつだい 出題する eine Aufgabe stellen.
しゅったん 出炭[量] die Förderung von Kohle.
じゅっちゅう 術中に陥る jm. in die Falle gehen*(s).
しゅっちょう 出張・する eine Dienstreise machen; dienstlich verreisen (s). ～中である auf einer Dienstreise sein*. ～旅費 Reisekosten pl. ～所 die Zweigstelle; die Filiale.
しゅっちょう 出超である eine aktive Handelsbilanz haben*.
しゅってい 出廷する vor Gericht erscheinen*(s).
しゅってん 出典 die Quelle -n. ～を挙げる die Quellen an|geben*.
しゅってん 出展 die Ausstellung. ～する aus|stellen.
しゅつど 出土・する ausgegraben (freigelegt) werden*(s受). ～品 der [Ausgrabungs-]fund; die Ausgrabung.
しゅっとう 出頭する erscheinen*(s). 裁判所に～する vor Gericht erscheinen*(s); sich dem Gericht stellen.
しゅつどう 出動する aus|rücken (s); eingesetzt (mobilisiert) werden*(s受).
しゅつにゅう 出入・する aus- und ein|gehen*(s). 自由に～するのを許されている bei jm. (zu einem Ort) freien Zutritt haben*.
しゅつば 出馬・する [自身で出かける] persönlich gehen*(s). 選挙に～する als Wahlkandidat auf|treten*(s).
しゅっぱつ 出発 die Abreise; der Aufbruch -s; [乗物[で]の] die Abfahrt; [軍隊の] der Abmarsch -es. ～する ab|reisen (s); auf|brechen*(s); ab|fahren*(s); ab|marschieren (s); starten (s). ～点 der Ausgangspunkt.
しゅっぱん 出帆 die Abfahrt; der Auslauf -s. ～する ab|fahren*(s); aus|laufen (s); ab|segeln (s).
しゅっぱん 出版 die Veröffentlichung -en. ～する veröffentlichen; verlegen. その本は郁文堂から～されている Das Buch ist im Ikubundo Verlag erschienen. ～権 das Verlagsrecht. ～業 der Verlagsbuchhandel. ～者 der Verleger. ～社 der Verlag; die Verlagsbuchhandlung. ～物 die Publikation.
しゅっぴ 出費 Kosten pl.; Ausgaben pl.
しゅっぴん 出品 die Ausstellung. ～する aus|stellen. ～者 der Aussteller. ～物 das Ausstellungsstück (Schaustück).
しゅっぺい 出兵する Truppen entsenden*.
しゅつぼつ 出没・する häufig auf|tauchen (s). この森には盗賊(幽霊)が～する Dieser Wald wird von Räubern (Gespenstern) heimgesucht.
しゅっぽん 出奔する entlaufen*(s) (3格); durch|gehen*(s).
しゅつらん 出藍の誉がある seinen Lehrer übertreffen*.
しゅつりょう 出漁する zum Fischfang aus|fahren*(s).

しゅつりょく 出力 die Leistung -en.
しゅと 首都 die Hauptstadt ⸚e. ～圏 der Großraum Tokyo.
しゅとう 種痘 die Pockenimpfung -en. 子供に～をする ein Kind gegen Pocken impfen.
しゅどう 手動 der Handbetrieb (Handantrieb) -[e]s. ～制動機 die Handbremse.
じゅどう 受動・的 passiv. ～態(形)〚文法〛das Passiv.
しゅどうけん 主導権を握る die Initiative ergreifen* (in 3 格).
しゅどうてき 主動的 aktiv.
しゅとく 取得 die Erwerbung. ～する erwerben*. ～物 das Erworbene#; der Erwerb.
じゅなん 受難 〚キリストの〛 die Passion. 〚キリスト〛～劇 das Passionsspiel.
ジュニア der Junior -s; 〚若い層〛Junioren pl.
じゅにゅう 授乳・する ein Kind säugen (stillen); einem Kind die Brust geben*. ～期 die Säugezeit; die Stillperiode.
しゅにん 主任 der Leiter -s, -; der Chef -s, -s. 売場～ 〚デパートの〛 der Rayonchef. ～技師 der Oberingenieur; leitender Ingenieur.
しゅぬり 朱塗りの rot angestrichen; 〚漆で〛rot lackiert.
しゅのう 首脳 der Leiter (Führer) -s, -; leitende Persönlichkeit -en; die Seele -n. ～部 die Spitze; der Vorstand. ～会議 die Gipfelkonferenz.
じゅのう 受納する an|nehmen*; empfangen*.
じゅばく 呪縛する bannen.
しゅはん 主犯 der Täter -s, -; der Hauptschuldige#.
しゅはん 首班 〚内閣の〛der Premier -s, -s.
しゅび 守備 die Verteidigung -en. ～する verteidigen. ～隊 die Besatzung; die Garnison.
しゅび 首尾 das Resultat -s, -e; das Ergebnis -ses, -se; der Erfolg -es, -e. ～一貫した(て) folgerichtig; konsequent. ～よく mit Erfolg; glücklich[erweise]. ～はどうでしたか Wie ist die Sache abgelaufen?
じゅひ 樹皮 die Rinde -n. ～を剝(は)ぐ einen Stamm entrinden.
ジュピター Jupiter -s (Jovis).
しゅひつ 主筆 der Chefredakteur -s, -e; der Hauptschriftleiter -s, -.
しゅひょう 樹氷 der Raureif -s.
しゅひん 主賓 der Ehrengast -es, ⸚e.
しゅふ 主婦 die Hausfrau -en.
しゅふ 首府 die Hauptstadt ⸚e.
しゅぶ 主部 der Hauptteil -s, -e.
シュプレヒコール der Sprechchor -s, ⸚e.
しゅぶん 主文 〚判決の〛der Tenor -s; die Urteilsformel -n; 〚文法〛der Hauptsatz -es, ⸚e.
じゅふん 受粉 die Bestäubung -en. ～する bestäubt werden*(受).
しゅへい 手兵 js. Mannschaft -en.
しゅべつ 種別 die Klassifikation -en. ～する klassifizieren. ～によって nach Klassen.
しゅほ 酒保 die Kantine -n.
しゅほう 手法 die Technik -en.
しゅぼうしゃ 首謀者 der Anführer (Rädelsführer) -s, -.
しゅみ 趣味 〚嗜好〛der Geschmack -s; 〚道楽〛die Liebhaberei -en; das Hobby -s, -s. ～のいい(良くない) geschmackvoll (geschmacklos). ～がいい(悪い) einen guten (schlechten) Geschmack haben*. それは私の～に合わない Das ist nicht mein (nach meinem) Geschmack. 彼女の服装は～がいい Sie kleidet sich mit Geschmack. ～として行う aus Liebhaberei tun*. 彼の～は乗馬だ Sein Hobby ist Reiten.
シュミーズ das [Damen]hemd -[e]s, -en.
じゅみょう 寿命 die Lebensdauer -. ～が長い(短い) langlebig (kurzlebig) sein*; eine lange (kurze) Lebensdauer haben*.
しゅむかんちょう 主務官庁 zuständige Behörde -n.
しゅもく 種目 〚競技の〛die Disziplin -en. 営業～ der Geschäftszweig.
しゅもく 撞木 hölzerner Glockenschlägel -s, -. ～杖 der Krückstock.
じゅもく 樹木 der Baum -es, ⸚e.
じゅもん 呪文 die Zauberformel -n; der Zauberspruch -s, ⸚e. ～を唱える Zauberworte sprechen*.
しゅやく 主役 die Hauptrolle -n. ～を演ずる die Hauptrolle spielen.
じゅよ 授与する verleihen*; geben*.
しゅよう 主要・な Haupt-; hauptsächlich. ～人物 die Hauptperson. ～産業 die Schlüsselindustrie.
しゅよう 腫瘍 die Geschwulst ⸚e; der Tumor -s, -en.
じゅよう 需要 die Nachfrage -n; der Bedarf -s. ～を満たす die Nachfrage befriedigen; den Bedarf decken. この品は～が多い Nach diesem Artikel herrscht starke Nachfrage. / Dieser Artikel ist sehr gesucht.
しゅよく 主翼 die Tragfläche -n.
ジュラ ～紀 der Jura -s.
シュラーフザック der Schlafsack -[e]s, ⸚e.
ジュラルミン das Duralumin -s.
しゅらん 酒乱 ¶彼は～である Er bekommt Wutanfälle in Trunkenheit. / Er pflegt in Betrunkenheit zu toben.
じゅり 受理する an|nehmen*.
じゅりつ 樹立・する gründen; errichten. 新記録を～する einen neuen Rekord auf|stellen.
しゅりゅう 主流 der Hauptfluss -es, ⸚e; 〚主潮〛die Hauptströmung -en. 党内の～派 die leitende Gruppe in einer Partei.
しゅりゅうだん 手榴弾 die Handgranate -n.
しゅりょう 狩猟 die Jagd -en. ～に出掛ける auf die Jagd gehen*(s). ～家 der Jäger; der Jagdfreund.
しゅりょう 首領 das Haupt -es, ⸚er; der

Anführer -s, -.
じゅりょう 受領 der Empfang -s. ～する empfangen*; erhalten*. ～証 die Quittung.
しゅりょく 主力 die Hauptmacht; Hauptkräfte pl. ～を注ぐ sich konzentrieren 《auf 4格》. ～艦 das Großkampfschiff.
しゅるい 種類 die Art -en; die Gattung -en; die Sorte -n. あらゆる～の植物 Pflanzen aller Art; alle Arten von Pflanzen. ～別にする klassifizieren.
しゅれん 手練 der geübt; geschickt; gewandt.
しゅろ 棕櫚 die Palme -n.
しゅわ 手話 die Fingersprache -n.
じゅわき 受話器 der [Telefon]hörer -s, -. ～を取る(置く) den Hörer ab|nehmen* (auf|legen).
しゅわん 手腕 die Fähigkeit -en; die Tüchtigkeit; das Talent -[e]s, -e. ～のある fähig; tüchtig; talentvoll. ～を振るう seine Fähigkeiten voll entfalten.
しゅん 旬 die Saison -s. ～の saisongemäß.
じゅん 純 rein; echt.
じゅん 順 die Reihe[nfolge] -n; die Ordnung -en. ～に der Reihe nach. 身長～ der Größe nach. abc～に alphabetisch; in alphabetischer Reihenfolge (Ordnung).
じゅんい 順位 〔位階の〕die Rangordnung -en; 〔スポーツの〕der Rang -es, -̈e; der Platz -es, -̈e.
じゅんえき 純益 der Reingewinn -s, -e. 10万円の～をあげる einen Nettogewinn von 100 000 Yen erzielen; 100 000 Yen netto verdienen.
じゅんえん 順延 ¶雨天～ Bei Regen Verlegung auf den nächsten Tag!
しゅんが 春画 die Pornografie -n.
じゅんか 純化する läutern; verfeinern; veredeln.
じゅんかい 巡回・する die Runde machen. ～図書館 die Wanderbibliothek.
じゅんかいいん 準会員 außerordentliches Mitglied -[e]s, -er.
じゅんかつゆ 潤滑油 das Schmieröl -s, -e.
しゅんかん 瞬間 der Augenblick -s, -e; der Moment -s, -e. ～的 augenblicklich; momentan. ～にして im Nu.
じゅんかん 循環 der Kreislauf (Umlauf) -s, -̈e. die Zirkulation -en. ～する um|laufen* (s); zirkulieren (s; h); periodisch wieder|kehren (s). ～系統 das Blutkreislaufsystem. ～小数 periodischer Dezimalbruch. ～論法 der Zirkelschluss (Kreisschluss).
しゅんき 春季の im Frühling; in der Frühlingszeit; Frühlings-.
しゅんきはつどうき 春機発動期 die Pubertät; die Geschlechtsreife.
じゅんきゅう 準急[行列車] der Eilzug -[e]s, -̈e.
じゅんきょ 準拠・する sich richten 《nach 3格》. ～して gemäß 《3格》.

じゅんきょう 殉教 das Martyrium -s, ..rien. ～者 der Märtyrer.
じゅんきょう 順境にある in guten Umständen leben.
じゅんぎょう 巡業・する eine Gastspielreise machen; wandern (s). ～に出る auf [eine] Tournee gehen*(s).
じゅんきん 純金 reines (lauteres; gediegenes) Gold -es.
じゅんきんちさん 準禁治産者 der Quasientmündigte#.
じゅんぐり 順繰りに der Reihe nach.
じゅんけつ 純血・の reinrassig. ～種〔馬の〕das Vollblut.
じゅんけつ 純潔 die Keuschheit; die Reinheit; die Unschuld. ～な keusch; rein; unschuldig.
じゅんけっしょう 準決勝 das Halbfinale -s, - (-s); die Vorschlussrunde -n.
しゅんげん 峻厳な streng; hart; scharf.
しゅんこう 竣工 die Vollendung -en. ～する vollendet werden*(s受); fertig sein*.
じゅんこう 巡航・する eine Kreuzfahrt machen. ～速度 die Reisegeschwindigkeit.
じゅんさ 巡査 der Schutzmann -[e]s, -̈er (..leute); der Polizist -en, -en. ～部長 der Polizeiwachtmeister. ～派出所 die Polizeiwache.
しゅんさい 俊才 hervorragender Kopf -es, -̈e; talentvoller Mann -es, -̈er.
じゅんさつ 巡察する einen Rundgang machen 《durch 4格》; patrouillieren (s; h).
しゅんじ 瞬時 → 瞬間. ～もためらわない keinen Augenblick zögern.
じゅんし 巡視 → 巡察.
じゅんし 殉死 der Opfertod -[e]s. ～する Hand an sich legen, um seinem Herrn in den Tod zu folgen.
じゅんじ 順次 der Reihe nach.
じゅんしゅ 遵守する beobachten; befolgen.
しゅんじゅう 春秋・二期に im Frühling und Herbst. ～に富む青年 vielversprechender junger Mann.
しゅんじゅん 逡巡する zögern; zaudern.
じゅんじゅん 順順に nacheinander; einer nach dem andern;〔順番に〕der Reihe nach.
じゅんじゅん 諄諄と eifrig; unermüdlich.
じゅんじゅんけっしょう 準準決勝 das Viertelfinale -s, - (-s).
じゅんじょ 順序 die Reihenfolge -n; die Ordnung -en. ～よく(正しく) in der richtigen Reihenfolge; nach der Ordnung. ～不同〔但書〕nicht der Reihe nach!
しゅんしょう 春宵 der Frühlingsabend -s, -e.
じゅんじょう 純情 die Treuherzigkeit; die Naivität. ～な treuherzig; naiv.
じゅんしょく 殉職・する während der Dienstausübung sterben*(s). ～者 der am Arbeitsplatz Verstorbene*.
じゅんしょく 潤色する aus|schmücken.

じゅんしん 純真 naiv; treuherzig; unschuldig.
じゅんすい 純粋 die Reinheit.　~な rein; lauter; echt.
じゅんずる 殉ずる sterben*(s) 《für 4格》; sich (sein Leben) opfern 《für 4格》.
じゅんずる 準ずる〔則(2ツ)る〕 sich richten 《nach 3格》. 収入に準じて dem Einkommen gemäß. 以下これに~ Dasselbe lässt sich auf die folgenden Fälle anwenden.
じゅんせい 純正な rein; echt.
しゅんせつ 浚渫・する [aus|]baggern.　~機(船) der Bagger.
じゅんぜん 純然・たる rein; bloß; vollständig; absolut. 彼は~たる学究だ Er ist durch und durch Wissenschaftler.
しゅんそく 駿足の schnellfüßig.
じゅんたく 潤沢・な reichlich.　~に in [Hülle und] Fülle.
じゅんちょう 順調・な(に) glatt.　~に進む gut (glatt) vorangehen*(s).　~にいかない schief gehen*(s).
じゅんど 純度 die Reinheit; der Reinheitsgrad -[e]s, -e.
しゅんどう 蠢動する sich regen.
じゅんとう 順当・な natürlich; normal; angemessen.　~にいけば Wenn es richtig geht, ... / Wenn nichts dazwischenkommt, ...
じゅんなん 殉難 das Martyrium -s, ..rien; der Opfertod -[e]s.　~者 der Märtyrer; das Opfer.
じゅんのう 順応・する sich an|passen 《3格》; sich schicken 《in 4格》.　~性 die Anpassungsfähigkeit 《an 4格》.　~性のある anpassungsfähig.
じゅんぱく 純白の schneeweiß.
じゅんばん 順番 die Reihe; die Reihenfolge -n.　~に der Reihe nach. 君の~だ Die Reihe ist an dir. / Du bist an der Reihe.
じゅんび 準備 die Vorbereitung -en.　~をする et. vor|bereiten; sich vor|bereiten 《auf (für) 4格》; Vorbereitungen treffen* 《für 4格》. 食糧の~がない keinen Vorrat an Lebensmitteln haben*.　~はすっかり出来た Es ist alles bereit. 我々は出発の~ができている Wir sind zum Aufbruch bereit. この本は再版~中である Die Neuauflage des Buches ist in Vorbereitung.　~なしに unvorbereitet.　~委員会 vorbereitender Ausschuss.　~金 der Rücklage.
しゅんぷう 春風 die Frühlingsluft.
じゅんぷう 順風 günstiger Wind -es, -e.　~を受けて帆走する mit günstigem Wind segeln(s).
しゅんぶん 春分 die Frühjahrs-Tagundnachtgleiche -n.　~点 der Frühlingspunkt.
じゅんぶん 純分 der Feingehalt -s.
じゅんぶんがく 純文学 die schöne Literatur.
じゅんぽう 遵奉・する beobachten; befolgen. 師の教えを~する die Lehre seines Lehrers an|hängen*.
じゅんぽうせいしん 遵法・精神 die Gesetzestreue.　~闘争をする Dienst nach Vorschrift machen.
しゅんぼく 純朴な einfach; schlicht.
しゅんめ 駿馬 ausgezeichnetes (schnelles) Pferd -es, -e.
じゅんもう 純毛の reinwollen.
じゅんよう 準用する et. an|wenden*) 《auf 4格》.
じゅんようかん 巡洋艦 der Kreuzer -s, -.
じゅんり 純理 reine Theorie -n.
じゅんりょう 純良な rein; echt; unverfälscht.
じゅんれい 巡礼 die Pilgerfahrt (Wallfahrt) -en;〔巡礼者〕der Pilger (Wallfahrer) -s, -.　~する pilgern(s); wallfahren(s).
しゅんれつ 峻烈な streng; hart; scharf.
じゅんれつ 順列〔数〕die Permutation -en.
じゅんろ 順路 gewöhnlicher (normaler) Weg -es, -e; übliche Route -n.
しょ 書〔筆跡〕die Handschrift -en;〔書法〕die Schreibkunst; → 書簡; 書物.　~がうまい eine gute Hand schreiben*.
じょ 序 → 序文.　~の口 der Anfang.
じょい 女医 die Ärztin -nen.
しょいこむ しょい込む sich belasten 《mit 3格》; sich³ auf|bürden; auf sich nehmen*.
しょいちねん 初一念を貫く seinen lang gehegten Wunsch aus|führen.
しょいん 所員 das Mitglied -[e]s, -er; der Angestellte*;〔集合的に〕das Personal -s.
ジョイント das Gelenk -s, -e.　~ベンチャー das Jointventure ['dʒɔɪnt'ventʃə] -[s], -s; das Gemeinschaftsunternehmen.
しょう 正9時に Punkt 9 [Uhr].
しょう 性 → 気質.　~に合う jm. zu|sagen.　~に合った zusagend. それは私の~に合わない Das ist gegen meine Natur. / Das geht mir gegen die Natur.　~の知れない zweifelhaft.
しょう 省 das Ministerium -s, ..rien;〔行政区画の〕die Provinz -en.　~エネ[ルギー] die Energieeinsparung.
しょう 将 der Anführer einer Armee; der Kommandeur -s, -e.
しょう 商〔数〕der Quotient -en, -en.　→ 商業; 商人.
しょう 章 das Kapitel -s, -;〔徽章〕das Abzeichen -s, -.
しょう 賞 der Preis -es, -e.　1等~を取る den ersten Preis gewinnen*.
しょう 衝に当る et. auf sich nehmen* (laden*).
しょう 子葉〔植〕das Keimblatt -[e]s, ¨er; der Samenlappen -s, -.
しょう 止揚る〔哲〕auf|heben*.
しょう 仕様・書 die Spezifikation -en. 彼は~がない奴だ Er ist unverbesserlich.　→ 仕方.
しょう 私用 der Privatgebrauch -s;〔私事〕die Privatangelegenheit -en.　~に使う für private Zwecke benutzen.　~の zum Privat-

しよう

gebrauch bestimmt; für seinen privaten Gebrauch. ～で wegen [der] Privatangelegenheiten.
- **しよう** 使用 der Gebrauch -s; die Verwendung (Benutzung) -en. ～する gebrauchen; Gebrauch machen《von 3格》; verwenden(*); benutzen;〔人を〕beschäftigen; an|stellen. ～に供する et. zur Verfügung stellen. ～権 das Benutzungsrecht. ～者 der Benutzer.〔雇用者〕der Arbeitgeber. ～人 der Angestellte#. ～法 die Gebrauchsanweisung. ～料 die Benutzungsgebühr.
- **しよう** 枝葉・の nebensächlich; unwichtig. ～末節 die Nebensache; Kleinigkeiten pl. ～[末節]にわたる von der Sache (vom Thema) ab|schweifen (s).
- **しよう** 試用する probieren; versuchen*.
- **しよう** 飼養する züchten; auf|ziehen*.
- **じょう** 条〔箇条〕der Artikel -s, - (略: Art.); der Paragraf -en, -en; der Punkt -es, -e (略: Pkt.).〔すじ〕der Streifen -s, -.
- **じょう** 情 das Gefühl -s, -e; das Gemüt -s;〔愛情〕die Liebe. ～のある(深い) gemütvoll; liebevoll. ～がない kein Gemüt (Herz) haben*; gefühllos (herzlos) sein*. ～にもろい leicht gerührt werden*(s受). ～が移る zu jm. Zuneigung fassen. ～を通ずる ein Liebesverhältnis mit jm. an|knüpfen.
- **じょう** 錠 das Schloss -es, ¨er;〔錠剤〕die Tablette -n. ～を掛ける(はずす) et. verschließen* (auf|schließen*).
- **じょう** 嬢 das Fräulein -s, -. 山田～ Fräulein Yamada. タイピスト～ das Tippfräulein.
- **じよう** 滋養 die Ernährung. ～になる nahrhaft. ～物 das Nährmittel. ～分 der Nährgehalt. ミルクは～になる Milch nährt.
- **じょうあい** 情愛 die Liebe; die Zuneigung. ～のある liebevoll. 夫婦の～ die Gattenliebe.
- **しょうあく** 掌握・する in der Hand haben*. 企業の主導権を～する die Zügel des Unternehmens in die Hand nehmen*.
- **しょうい** 少尉〔陸(空)軍〕der Leutnant -s, -s;〔海軍〕der Leutnant zur See.
- **しょうい** 傷痍軍人 der Kriegsbeschädigte#.
- **じょうい**・の 上位・の übergeordnet. ～にある den Vorrang vor jm. haben*.
- **じょうい** 譲位する jm. den Thron übertragen*.
- **しょういいんかい** 小委員会 der Unterausschuss -es, ¨e.
- **しょういだん** 焼夷弾 die Brandbombe -n.
- **しょういん** 勝因 die Ursache für den Sieg.
- **じょういん** 上院 das Oberhaus -es, ¨er; der Senat -s, -e. ～議員 das Mitglied des Oberhauses; der Senator.
- **じょういん** 冗員 der überflüssige Beamte# (Angestellte#); der Überzählige#.
- **じょういん** 乗員 die Besatzung -en.
- **しょううちゅう** 小宇宙 der Mikrokosmos -.
- **じょうえい** 上映・する vor|führen. ただいま～中 Der Film läuft gerade.
- **じょうえん** 上演 die Aufführung -en. ～する auf|führen; auf die Bühne bringen*; spielen.
- **しょうおう** 照応する entsprechen* 《3格》; korrespondieren《mit 3格》.
- **じょうおん** 常温〔恒温〕gleich bleibende Temperatur -en;〔平温〕normale Temperatur -en.
- **しょうおんき** 消音器 der Schalldämpfer -s, -; der Auspufftopf -[e]s, ¨e.
- **しょうか** 昇華〔化〕die Sublimation -en. ～させる sublimieren. ～物 das Sublimat.
- **しょうか** 消化 die Verdauung. ～する verdauen. ～しやすい(にくい) leicht (schwer) verdaulich. ～を助ける verdauungsfördernd. ～液 der Verdauungssaft. ～器〔官〕Verdauungsorgane pl. ～剤 das Verdauungsmittel. ～作用 der Verdauungsprozess. ～腺 die Verdauungsdrüse. ～不良 die Verdauungsstörung; Verdauungsbeschwerden pl.
- **しょうか** 消火・する das Feuer löschen. ～器 der Feuerlöscher. ～栓 der Feuerhahn; der Hydrant.
- **しょうか** 商科大学 die Handelshochschule -n.
- **しょうか** 商家 das Handelshaus -es, ¨er. ～の娘 die Tochter eines Kaufmanns.
- **しょうか** 唱歌〔歌う事〕das Singen -s;〔歌〕der Gesang -[e]s, ¨e; das Lied -es, -er. ～を歌う [ein Lied] singen*. ～の時間 die Gesangstunde.
- **しょうか** 頌歌 die Hymne -n; der Lobgesang -s, ¨e.
- **しょうか** 漿果 die Beere -n.
- **しょうが** 小我 kleines Ich -[s], -[s].
- **しょうが** 生姜 der Ingwer -s.
- **しょうか** 浄化 die Reinigung (Läuterung). ～する reinigen; läutern. ～槽 das Klärbecken. ～装置 der Reinigungsapparat.
- **しょうかい** 哨戒する patrouillieren. ～艇 das Patrouillenboot (Vorpostenboot).
- **しょうかい** 紹介 die Vorstellung -en;〔推薦〕die Empfehlung -en. ～する vor|stellen; empfehlen*. 両親(或る家庭)に～する jn. bei den Eltern (in einer Familie) ein|führen. ～者 der Empfehlende#. ～状 der Empfehlungsbrief; die Referenzen pl.
- **しょうかい** 商会 die Firma ..men; die Kompanie -n. 田中～ Tanaka & Co [ont ko:].
- **しょうかい** 照会 die Erkundigung -en; die Anfrage (Nachfrage) -n. ～する sich bei jm. erkundigen《nach 3格》; bei jm. an|fragen《um 4格; wegen 2格》; sich bei jm. nach|fragen《nach 3格》. ～状 das Erkundigungsschreiben.
- **しょうかい** 詳解・する ausführlich erklären (erläutern).

しょうがい 生涯 das Leben -s; 〔副詞的〕durch das ganze Leben; das ganze Leben hindurch. ~の事業 das Lebenswerk. ~を終える seine Tage (sein Leben) beschließen*. 外交官としての~に入る die Laufbahn eines Diplomaten ein|schlagen*.

しょうがい 渉外・事務 auswärtige Angelegenheiten pl. ~局 die Abteilung für auswärtige Angelegenheiten.

しょうがい 傷害 die Verletzung -en. ~保険 die Unfallversicherung. ~罪で起訴される wegen Körperverletzung angeklagt werden*(s受).

しょうがい 障害 das Hindernis -ses, -se; die Störung -en. ~になる ein Hindernis bilden《für 4格》; hinderlich sein*《3格; für 4格》; im Weg[e] stehen*《3格》. ~を排する ein Hindernis beseitigen (weg|räumen). ~物高飛び→物高跳び. ~物競走 der Hindernislauf; 〔ハードル競走〕der Hürdenlauf; 〔馬の〕das Hindernisrennen.

じょうがい 場外 außerhalb des Platzes (Saales); draußen.

しょうかく 昇格・する [im Rang] erhöht werden*(s受)《zu 3格》. ~させる jn. befördern《zu 3格》.

しょうがく 少額 kleine Summe -n. ~紙幣 kleine Banknote.

しょうがく 商学 die Handelswissenschaft -en. ~部 handelswissenschaftliche Fakultät.

しょうがく 奨学・金 das Stipendium -s, ..dien. ~生 der Stipendiat.

じょうかく 城郭 die Burg -en; die Zitadelle -n.

じょうがく 上顎 der Oberkiefer -s, -.

しょうがくせい 小学生 der Grundschüler (Volksschüler) -s, -.

しょうがつ 正月 der Januar -[s]; 〔新年〕das Neujahr -[e]s, -e.

しょうがっこう 小学校 die Grundschule (Volksschule) -n. ~教育 die Grundschulbildung. ~教師 der Grundschullehrer.

じょうかまち 城下町 die Residenzstadt ⸚e.

しょうかん 召喚 die [Vor]ladung -en. ~する laden*; vor|laden*. ~状 der Vorladeschein. ~に応ずる einer Ladung Folge leisten. ~状を出す jm. eine Vorladung zu|stellen.

しょうかん 召還 ab|berufen*; zurück|berufen*.

しょうかん 将官〔陸(空)軍〕der General -s, -e(⸚e);〔海軍〕der Flaggoffizier -s, -e; der Admiral -s, -e (⸚e).

しょうかん 商館 das Handelshaus (Geschäftshaus) -es, ⸚er.

しょうかん 償還 die Rückzahlung (Tilgung) -en. ~する zurück|zahlen; tilgen.

しょうがん 賞玩する genießen*; schätzen.

じょうかん 上官 der Vorgesetzte ⸚.

じょうかんぱん 上甲板 das Oberdeck -s, -s.

しょうき 正気・を失う den Verstand verlieren*; von Sinnen sein*. ~である bei Verstand (Sinnen) sein*. ~に返る wieder zu Verstand kommen*(s). それは~の沙汰(さた)ではない Das ist doch reiner Wahnsinn!

しょうき 勝機を逃す die Chance zum Sieg vorübergehen lassen*.

しょうぎ 床几 der Feldstuhl (Klappstuhl) -s, ⸚e.

しょうぎ 将棋 das Schach -s; das Schachspiel -s. ~を差す Schach spielen. ~盤 das Schachbrett. ~倒しになる einer nach dem andern fallen*(s).

しょうぎ 商議 die Unterhandlung -en. ~する mit jm. unterhandeln 《über 4格》.

じょうき 上気・する einen Blutandrang zum Kopf haben*;〔興奮する〕sich auf|regen. ~した顔 aufgeregtes Gesicht.

じょうき 上記 oben erwähnt; oben genannt.

じょうき 常軌を逸した ausschweifend; überspannt.

じょうき 蒸気 der Dampf -es, ⸚e;〔蒸発気〕der Dunst -es, -e. ~を起す Dampf erzeugen. ~機関 die Dampfmaschine. ~機関車 die Dampflokomotive. ~ポンプ〔消防用〕die Dampfspritze.

じょうぎ 定規 das Lineal -s, -e. ~を当てる ein Lineal an|legen. 三角(雲形)~ das Dreieck (Kurvenlineal).

じょうぎ 情誼 die Freundschaft. ~に厚い freund[schaft]lich. ~を尽す jm. Freundschaft erweisen*.

じょうきげん 上機嫌・の gut gelaunt; heiter. ~である guter Laune sein*; bei (in) Laune sein*.

しょうきゃく 正客 der Ehrengast -es, ⸚e.

しょうきゃく 焼却・する verbrennen*. ~炉 der Verbrennungsofen.

しょうきゃく 償却・する tilgen; amortisieren. 減価~する ab|schreiben*. ~資金 der Tilgungsfonds.

じょうきゃく 乗客 der Fahrgast -es, ⸚e;〔航空機の〕der Fluggast -es, ⸚e.

じょうきゃく 常客 regelmäßiger Besucher -s, -; der Stammgast -es, ⸚e; der Kunde -n, -n.

しょうきゅう 昇級する im Rang erhöht werden*(s受); befördert werden*(s受)《zu 3格》; auf|rücken (s)《zu 3格》.

しょうきゅう 昇給 die Gehaltserhöhung (Gehaltsaufbesserung) -en. 彼は~した Sein Gehalt wurde erhöht (aufgebessert).

じょうきゅう 上級〔初級・中級に対し〕die Oberstufe -n;〔上の学級〕obere Klassen pl.; Oberklassen pl. ~学校 höhere Lehranstalt. ~官庁 obere Behörde. ~裁判所 höhere Instanz. ~生 Schüler der oberen Klassen.

しょうきょ 消去・する aus|merzen;〔数〕eli-

しょうきょう minieren. ~法 die Elimination.
しょうぎょう 商況 die Geschäftslage -n; der Markt -[e]s, ⸗e.
しょうぎょう 商業 der Handel -s; das Handelsgewerbe -s, -. ~を営む Handel treiben*. ~学校 die Handelsschule. ~主義 der Kommerzialismus. ~政策 die Handelspolitik.
しょうきょう 情(状)況 Umstände pl.; Verhältnisse pl.; die Sachlage. この~では unter diesen Umständen; bei diesem Stand der Dinge. どんな~ですか Wie steht's damit (darum)?
しょうきょく 小曲 das Stückchen (Liedchen) -s, -.
しょうきょくてき 消極的 passiv. ~な態度をとる sich passiv verhalten*.
しょうきん 正金[正貨] das Metallgeld -[e]s, -er. ~現金.
しょうきん 賞金 der Preis -es, -e. 犯人の首に~を懸ける einen Preis auf den Kopf eines Täters [aus]setzen.
じょうきん 常勤 fest angestellt; ständig.
しょうく 章句 der Passus -, -.
じょうくう 上空・に hoch oben; oben in der Luft. 100メートルの~ in die Höhe von 100 Meter[n]. 飛行機が町の~を旋回する Das Flugzeug kreist über der Stadt.
しょうぐん 将軍 der General -s, -e(⸗e); 〔幕府の〕der Schogun -s, -e.
じょうげ 上下・に auf und ab (nieder). ~の別なく ohne Unterschied zwischen Hoch und Niedrig; ohne Rücksicht auf den Stand. ~動 die Auf- und Abbewegung; die Vertikalbewegung.
しょうけい 小計 die Zwischensumme -n.
しょうけい 小憩する eine kurze Rast (Pause) machen.
じょうけい 上掲の oben genannt; oben erwähnt.
じょうけい 情景 der Anblick -[e]s, -e; die Szene -n.
しょうけいもじ 象形文字 die Hieroglyphe -n.
しょうげき 笑劇 die Posse (Farce) -n; der Schwank -s, ⸗e.
しょうげき 衝撃 der Stoß -es, ⸗e; 〔ショック〕der Schock -s, -s (-e). ~を与える jn. schockieren.
しょうけつ 猖獗をきわめる wüten; rasen; toben.
しょうけん 証券 〔有価証券〕Wertpapiere pl.; Effekten pl. ~会社 die Effektenbank. ~取引 der Effektenhandel. ~取引所 die Effektenbörse.
しょうげん 証言 das Zeugnis -ses, -se. ~する Zeugnis ab|legen (von 3 格). 或る人に有利(不利)な~をする für (gegen) jn. zeugen.
じょうけん 条件 die Bedingung -en. …の~で unter (mit) der Bedingung, dass … 付きの bedingt. ~付きで mit Einschränkung. ~を付ける et. von einer Bedingung

abhängig machen. ~とする zur Bedingung machen. ~反射 bedingter Reflex.
じょうげん 上限 das oberste Limit -s.
じょうげん 上弦の月 zunehmender Mond -es.
しょうこ 証拠 der Beweis -es, -e; das Zeugnis -ses, -se. ~を挙げる den Beweis an|treten* (erbringen) 《für 4 格》. ~立てる beweisen*; zeugen (von 3 格). ~に持ち出す als (zum) Beweis an|führen. ~固めをする Beweise sammeln. ~力のある beweiskräftig. ~金 Sicherheitsdepositen pl. ~書類 die Beweisschrift. ~調べ die Beweisaufnahme; die Beweiserhebung. ~物件 das Beweismaterial. ~不十分で aus Mangel an Beweisen.
しょうご 正午 der Mittag -s, -e. ~に am Mittag; mittags. 今日の~に heute Mittag.
じょうご 上戸 der Trinker (Zecher) -s, -.
じょうご 漏斗 der Trichter -s, -.
しょうこう 小康を得る zur zeitweiligen Ruhe kommen*(s). 病気は~を保っている Es ist eine Pause in seiner Krankheit eingetreten.
しょうこう 昇汞 das Sublimat -[e]s, -e. ~水 die Sublimatlösung.
しょうこう 昇降・する auf- und nieder|steigen*(s). ~機 der Aufzug; der Fahrstuhl; der Lift. ~口 der Eingang; 〔船の甲板の〕die Luke.
しょうこう 将校 der Offizier -s, -e.
しょうこう 商工[・業] Handel und Gewerbe. ~会議所 die Industrie- und Handelskammer (略: IHK).
しょうこう 商港 der Handelshafen -s, ⸗.
しょうごう 称号 der Titel -s, -.
しょうごう 商号 die Firma ..men.
しょうごう 照合 die Kollation -en. 校正刷を原稿と~する Druckfahnen mit dem Manuskript kollationieren.
じょうこう 条項 der Artikel -s, -; der Paragraf -en, -en; der Punkt -es, -e.
じょうこう 情交 geschlechtlicher Verkehr -s. ~を続ける ein Liebesverhältnis mit jm. unterhalten*. ~を迫る jn. zum Beischlaf zwingen*.
しょうこうい 商行為 das Handelsgeschäft -s, -e.
しょうこうねつ 猩紅熱 das Scharlachfieber -s; der Scharlach -s.
しょうこく 生国 das Geburtsland -[e]s, ⸗er; die Heimat.
じょうこく 上告・する Revision ein|legen. ~を棄却する eine Revision verwerfen*.
しょうこり 性懲りもなく trotz früherer schlechter Erfahrung.
しょうさ 少佐 〔陸(空)軍〕der Major -s, -e; 〔海軍〕der Korvettenkapitän -s, -e.
じょうざ 上座に座る obenan sitzen*; den Ehrenplatz nehmen*.
しょうさい 商才 der Handelsgeist (Ge-

しょうさい 詳細 Einzelheiten pl.; das Detail -s, -s; das Nähere#. ～の(に) ausführlich; eingehend; genau.
じょうさい 城塞 die Festung -en.
じょうさい 浄財 das Opfergeld -[e]s, -er; die Spende -n.
じょうざい 錠剤 die Tablette -n.
しょうさく 小策を弄(ろう)する kleine Kunstgriffe an|wenden*.
じょうさく 上策 kluger Plan -es, ⸚e; gute Idee -n.
じょうさし 状差し der Briefhalter -s, -.
しょうさつ 笑殺する lachend hinweg|gehen*(s)《über 4格》.
しょうさつ 小冊子 die Broschüre -n; das Büchlein -s, -.
しょうさん 硝酸 die Salpetersäure. ～塩 das Nitrat. ～銀 das Silbernitrat.
しょうさん 勝算がある Aussicht auf Erfolg (Gewinn) haben*.
しょうさん 賞(称)賛 das Lob -es; der Preis -es; die Verherrlichung -en. ～する loben; preisen*; rühmen. ～すべき lobenswert; löblich.
しょうし 笑止・な albern. ～千万な überaus lächerlich; ganz komisch.
しょうし 焼死する in den Flammen um|kommen*(s); verbrennen*(s). ～者 der Verbrannte#.
しょうし 証紙 die Stempelmarke -n. ～を貼る et. mit einer Stempelmarke versehen*.
しょうじ 小事に拘泥する an Kleinigkeiten kleben.
しょうじ 商事会社 die Handelsgesellschaft -en.
じょうし 上司 der Vorgesetzte#.
じょうし 上肢 die oberen Gliedmaßen pl.; Arme pl.
じょうし 城址 die Burgruine -n.
じょうし 情死 der Selbstmord eines Liebespaars. ～する aus Liebe gemeinsam in den Tod gehen*(s).
じょうじ 情事 die Liebschaft -en; die Liebesaffäre -n.
しょうじき 正直 die Ehrlichkeit; die Redlichkeit. ～な(に) ehrlich; redlich; rechtschaffen; aufrichtig. ～者 ehrlicher Mensch. ～に言うと ehrlich gesagt.
じょうしき 常識 gesunder Menschenverstand -[e]s. ～的 vernünftig; gesund; [平凡な] alltäglich. ～がある einen gesunden Menschenverstand haben*. それは～だ Jeder weiß es.
しょうしつ 消失する verschwinden*(s).
しょうしつ 焼失する ab|brennen*(s); nieder|brennen*(s); in Flammen auf|gehen*(s); [火災で失う] durch Feuer verlieren*.
じょうしつ 上質の von guter Qualität.
じょうじつ 情実 persönliche Rücksicht -en; die Günstlingswirtschaft. ～にとらわれる von persönlichen Rücksichten beeinflusst werden*《s受》.
しょうしみん 小市民 der Kleinbürger -s, -. ～的 kleinbürgerlich.
しょうしゃ 商社 die Handelsgesellschaft -en; die Firma ..men.
しょうしゃ 勝者 der Sieger (Gewinner) -s, -.
しょうしゃ 照射 ¶レントゲンの～をする et. [mit Röntgenstrahlen] durchleuchten.
しょうしゃ 瀟洒な elegant; fein; schick.
じょうしゃ 乗車する [in ein Auto (den Zug)] ein|steigen*(s). ～口 [駅の] die Eingangshalle; [バスなどの] der Einstieg. ～券 die Fahrkarte; der Fahrschein. ～賃 das Fahrgeld; der Fahrpreis.
しょうしゃく 焼灼する 《医》ätzen; beizen.
しょうしゃく 照尺 [銃の] das Visier -s, -e.
じょうしゅ 城主 der Burgherr (Schlossherr) -n, -en.
じょうしゅ 情趣 die Stimmung -en. ～に富む stimmungsvoll.
じょうじゅ 成就する vollbringen*; zustande bringen*; vollenden; [願望が] in Erfüllung gehen*(s).
しょうしゅう 召集・する ein|berufen*. ～令[状] der Einberufungsbefehl (Stellungsbefehl).
しょうじゅう 小銃 das Gewehr -s, -e. ～弾 die Gewehrkugel.
じょうじゅう 常習・的 gewohnheitsmäßig. ～犯 der Gewohnheitsverbrecher.
しょうじゅつ 詳述する ausführlich dar|legen; näher aus|führen.
じょうじゅつ 上述・の oben erwähnt; oben genannt. ～の通り wie oben erwähnt.
じょうしゅび 上首尾 guter Erfolg -es, -e. ～の erfolgreich. 万事～にいった Alles ist gut abgelaufen.
しょうじゅん 照準を合わす zielen《auf 4格》. 砲の～を合わす die Kanone richten《auf 4格》. ～器 die Zielvorrichtung.
じょうじゅん 上旬 die erste Dekade des Monats. 3月～に Anfang März.
しょうしょ 証書 der Schein -s, -e; das Zeugnis -ses, -se; die Bescheinigung -en; die Urkunde -n; das Dokument -[e]s, -e.
しょうしょ 詔書 kaiserlicher Erlass -es, -e.
しょうじょ 少女 das Mädchen -s, -. ～らしい mädchenhaft. ～時代 Mädchenjahre pl.
じょうしょ 浄書する ins Reine schreiben*.
しょうしょう 少少 etwas; ein bisschen; ein wenig. → すこし.
しょうしょう 少将 [陸(空)軍] der Generalmajor -s, -e; [海軍] der Konteradmiral -s, -e.
しょうじょう 症状 das Symptom -s, -e; die Krankheitserscheinung -en.
しょうじょう 猩猩 der Orang-Utan -s, -s.
しょうじょう 賞状 das Belobigungsschreiben -s, -; die Ehrenurkunde -n.

じょうしょう 上昇・する [auf|]steigen*(s). ~気流 der Aufwind.
じょうしょう 常勝の unbesiegbar; siegreich.
じょうじょう 上上の allerbest; superfein; vortrefflich.
じょうじょう 情状 Umstände pl. 被告の~を酌量する einem Angeklagten mildernde Umstände zu|billigen.
しょうしょく 小食・である wenig essen*. ~家 schwacher (schlechter) Esser.
じょうしょく 常食 die Alltagskost; gewöhnliche (übliche) Speise -n. 米を~としている von Reis leben.
しょうしん 小心・な kleinherzig; kleinmütig; ängstlich. ~者 der Kleinherzige# (Kleinmütige#); der Angsthase. ~翼翼とした übertrieben vorsichtig; skrupulös.
しょうしん 昇進 die Beförderung -en. ~する befördert werden*(s受)《zu 3格》; [in eine höhere Stelle] auf|rücken (s).
しょうしん 傷心 der Gram -s; der Herzenskummer -s.
しょうしん 衝心 [脚気(かっけ)~] kardiale Beriberi.
しょうじん 小人 kleiner Geist -es, -er; kleinlicher Mensch -en, -en. ~閑居して不善をなす Müßiggang ist aller Laster Anfang.
しょうじん 精進・する sich widmen (hin|geben*) 《3格》; [肉食を断つ] Abstinenz üben. ~日 der Abstinenztag.
じょうしん 上申・する et. [einem Vorgesetzten] berichten (vor|bringen*). ~書 schriftlicher Bericht.
じょうじん 常人 gewöhnlicher (normaler) Mensch -en, -en.
じょうじん 情人 der Liebhaber -s, -; der (die) Geliebte#.
しょうじんじさつ 焼身自殺する sich selbst verbrennen*.
しょうしんしょうめい 正真正銘・の echt; wahr; wirklich. ~の紳士 ein Gentleman vom Scheitel bis zur Sohle.
じょうず 上手・な(に) geschickt; gewandt. 泳ぎの~な人 guter Schwimmer. お~を言う jm. schöne Worte machen. 彼は字が~だ Er schreibt schön. / Er hat eine gute Handschrift.
しょうすい 将帥 der Kommandant -en, -en; der Befehlshaber -s, -.
しょうすい 憔悴・する ab|zehren(s); ab|magern(s). ~した abgezehrt; abgemagert.
じょうすい 上水[道] das Wasserwerk -[e]s, -e.
じょうすいじょう 浄水場 die Wasseraufbereitungsanlage -n.
しょうすう 小数 der Dezimalbruch -s, ¨-e; die Dezimalzahl -en. ~点 das [Dezimal-]komma. ~1(2)位の数 die erste (zweite) Dezimale. ~点以下5位まで求める auf fünf Stellen nach dem Komma aus|rechnen.
しょうすう 少数・の wenig. ~民族 nationale Minderheit. ~である [採決などで] in der Minderheit sein*.
じょうすう 乗数 der Multiplikator -s, -en.
じょうすう 常数 《数》die Konstante -n.
しょうする 称する [という名である] heißen*; [名付ける] nennen*; [自称する] sich nennen*; [偽って言う] vor|geben*; sich aus|geben*《für 4格》. 彼は病気だったと~ Er gibt vor, krank gewesen zu sein. 彼は医者だと称している Er gibt sich für einen (als) Arzt aus. 商人と~男 ein angeblicher Kaufmann. 暇がないと称して unter dem Vorwand, keine Zeit zu haben.
しょうする 証する → 証明.
しょうする 賞する loben; preisen*; bewundern.
しょうずる 生ずる [生み出す] erzeugen; hervor|bringen*; [利益などを] ab|werfen*; [引き起す] verursachen; bewirken; hervor|rufen*; [起る] entstehen*(s); sich ereignen; [結果として] sich ergeben* 《aus 3格》; hervor|gehen*(s)《aus 3格》; [生える] wachsen*(s).
じょうずる 乗ずる 《数》multiplizieren; [つけこむ] et. aus|nutzen. 5に3を~と15になる 5 multipliziert mit 3 gibt 15. / 3 mal 5 ist 15. 夜陰に乗じて in (unter) dem Schutz der Dunkelheit.
しょうせい 小生 ich; [謙遜して] meine Wenigkeit.
しょうせい 招請 → 招待.
しょうせい 笑声 das Gelächter -s; das Lachen -s. 一座にどっと~が起った Die ganze Gesellschaft brach in lautes Lachen aus.
しょうせい 照星 [銃の] das Korn -s, -e.
じょうせい 上製・の von guter Qualität. ~本 [布装(革装; 厚紙装)] der Leinenband (Lederband; Pappband); [特製] der Prachtband.
じょうせい 情(状)勢 die Sachlage -n; Zustände pl.; die Situation -en. → 情況.
じょうせい 醸成する herbei|führen; verursachen; [酒を] brauen.
しょうせき 硝石 der Salpeter -s. チリ~ der Chilesalpeter.
じょうせき 上席 → 上座; 上位. ~判事 der Oberrichter.
じょうせき 定石 Grundregeln pl.
しょうせつ 小節 《音》der Takt -[e]s, -e.
しょうせつ 小説 [長編] der Roman -s, -e; [短編] die Novelle -n; [物語] die Erzählung -en. ~的 romanhaft. ~家 der Romanschreiber (Romanschriftsteller); der Novellist; der Erzähler.
しょうせつ 詳説する ausführlich dar|stellen (beschreiben*).
じょうせつ 常設の ständig; stehend.
じょうぜつ 饒舌・な geschwätzig; redselig. ~家 der Schwätzer.
しょうせっかい 消石灰 der Löschkalk -s; gelöschter Kalk -s.
しょうせん 商船 das Handelsschiff -s, -e.

~隊 die Handelsflotte.　~学校(大学) die Navigationsschule.
しょうぜん 承前 Fortsetzung.
しょうぜん 悄然と niedergeschlagen; betrübt.
じょうせん 乗船する an Bord [eines Schiffs] gehen*(s).
しょうそ 勝訴する einen Prozess gewinnen*.
じょうそ 上訴する ein Rechtsmittel ein|legen.
しょうそう 少壮の jung und frisch.
しょうそう 尚早・の noch zu früh; vorzeitig. ~論を唱える et. für verfrüht erklären.
しょうそう 焦燥 die Ungeduld.
しょうぞう 肖像[・画] das Porträt -s, -s; das Bildnis -ses, -se. ~画家 der Porträtmaler.
じょうそう 上奏・する dem Kaiser berichten. ~文 die Adresse an den Kaiser.
じょうそう 上層 obere Schichten pl.; 〔建物の〕 obere Stockwerke pl.　社会の~ die oberen Schichten der Gesellschaft; die Oberschicht. ~雲 hohe Wolken. ~気流 obere Luftströmungen pl.
じょうそう 情操 höheres Gefühl -s, -e; edle Gesinnung -en. ~教育 die Kultivierung einer edlen Gesinnung.
じょうぞう 醸造・する brauen. ~家 der Brauer. ~所(業) die Brauerei.
しょうそく 消息 die Nachricht -en. ~がない nichts von sich hören lassen*. ~に通じている gut unterrichtet sein* 《über 4格》. ~筋の伝えるところによると… Von gut unterrichteter Seite erfahren wir, dass... ~通 der Kenner; der Eingeweihte#.　彼の~を聞いたか Haben Sie etwas von ihm gehört? / Haben Sie Nachricht von ihm?
しょうぞく 装束 die Tracht -en; das Kostüm -s, -e.
しょうたい 小隊 der Zug -es, ¨e. ~長 der Zugführer.
しょうたい 正体 eigentliche Gestalt -en; wahrer Charakter -s, -e. ~を現わす seinen wahren Charakter (sein wahres Gesicht) zeigen; die Maske fallen lassen*. ~をあばく jm. die Maske vom Gesicht reißen*. ~もなく寝る wie ein Bär schlafen*. ~なく酔っている sinnlos betrunken sein*. ~不正気.
しょうたい 招待 die Einladung -en. ~する jn. ein|laden* 《zu 3格》. ~に応ずる(を断る) eine Einladung an|nehmen* (ab|lehnen). ~客 eingeladener Gast. ~券 die Einladungskarte. ~状 das Einladungsschreiben. ~状を出す jm. eine Einladung schicken.
じょうたい 上体 der Oberkörper -s, -.
じょうたい 上腿 der Oberschenkel -s, -.
じょうたい 状態 der Zustand -[e]s, ¨e. この~では in diesem Zustand.　彼は良好な~にある Es steht gut um ihn.
じょうたい 常態 normaler Zustand -[e]s, ¨e; die Normalität. ~に復する in den normalen Zustand zurückversetzt werden*(s 受); wieder in seine Ordnung kommen*(s).
しょうたく 沼沢 der Sumpf -[e]s, ¨e; der Morast -s, -e (¨e).
しょうだく 承諾 die Einwilligung (Bewilligung) -en. ~する ein|willigen 《in 4格》; bewilligen.
じょうたつ 上達・する Fortschritte machen 《in 3格》.　彼はドイツ語の~が早い Er macht schnelle Fortschritte im Deutschen.
しょうたん 小胆な kleinmütig; kleinherzig.
しょうだん 商談 geschäftliche Unterredung -en.
じょうたん 上端 oberes Ende -s, -n.
じょうだん 上段 obere Stufe -n.
じょうだん 冗談 der Scherz -es, -e; der Spaß -es, ¨e. ~に im Scherz; zum Spaß. ~抜きに ohne Scherz (Spaß). ~を言う scherzen; spaßen. ~はさておき Scherz beiseite! ~にも程がある Das geht über den Spaß.　御~を Sie [belieben zu] scherzen!
しょうち 承知・する 〔知っている〕 wissen*; kennen*; 〔承諾する〕 ein|willigen 《in 4格》.　そんなことは~できない Das lasse ich mir nicht gefallen. / So etwas ist mich zu verzeihen. ~させる jn. überreden 《zu 3格》.　ご~の通り wie Sie wissen. ~しました Sehr gern! / Schön! / Einverstanden.
しょうち 招致する ein|laden*.
じょうち 常置・の ständig; stehend. ~する dauernd ein|richten.
しょうちゅう 掌中・にある〔主語が〕 in seiner Hand liegen*; in seiner Gewalt stehen*; 〔主語の〕 in der Hand (in seiner Gewalt) haben*. ~の玉といつくしむ wie seinen Augapfel hüten.
しょうちゅう 焼酎 japanischer Branntwein -s, -e.
じょうちゅう 條虫 der Bandwurm -s, ¨er.
じょうちょ 情緒 〔気分・雰囲気〕 die Stimmung -en; die Atmosphäre -n; 〔感情〕 die Emotion -en; → 情動. ~的 emotional. ~豊かな stimmungsvoll.
しょうちょう 小腸 der Dünndarm -[e]s, ¨e.
しょうちょう 消長 das Auf und Ab ---[s]; 〔運命〕 das Schicksal -s, -e.
しょうちょう 象徴 das Symbol -s, -e; das Sinnbild -[e]s, -er. ~する symbolisieren; symbolisch dar|stellen. ~的 symbolisch; sinnbildlich. ~主義 der Symbolismus.
じょうちょう 冗長な weitschweifig; weitläufig.
じょうちょう 情調 die Stimmung -en.
しょうちょく 詔勅 kaiserlicher Erlass -es, -e.
じょうてい 上程する auf die Tagesordnung setzen.
じょうでき 上出来の gut gemacht; gut geraten; gelungen; vortrefflich.
しょうてん 昇天 die Himmelfahrt. ~する gen Himmel fahren*(s); in den Himmel kommen*(s). ~日 der Himmelfahrtstag.

しょうてん 商店 der [Kauf]laden -s, ¨; das Geschäft -s, -e. ~街 die Geschäftsstraße.

しょうてん 焦点 der Brennpunkt -[e]s, -e. カメラの~を合わせる eine Kamera auf die richtige Entfernung ein|stellen. ~が合っていない nicht richtig (scharf) eingestellt sein*. 興味の~となっている im Brennpunkt des Interesses stehen*. ~距離 die Brennweite.

しょうど 焦土と化す in Asche gelegt werden* (s受).

しょうど 照度 die Beleuchtungsstärke -n.

じょうと 譲渡 die Abtretung -en; die Veräußerung -en. ~する jm. et. ab|treten*; veräußern. ~所得 der Veräußerungsgewinn.

しょうとう 消灯・する Lichter aus|löschen. ~時間 die Stunde zum Auslöschen der Lichter.

しょうどう 衝動 der [An]trieb -[e]s, -e; der Drang -es. 突然の~に駆られて in einem plötzlichen Impuls. ~的 triebhaft; impulsiv.

しょうどう 聳動 ‖世人の耳目を~する großes Aufsehen erregen.

じょうとう 上等・の von guter Qualität; gut. ~兵 der Obergefreite#.

じょうとう 常套・句 abgedroschene Redensart; der Gemeinplatz; das Klischee. ~手段 gängige Methoden pl.

じょうどう 常道 normaler Weg -es, -e.

じょうどう 情動 [心] die Emotion -en; die Gemütsbewegung -en; der Affekt -s, -e.

しょうとく 生得の angeboren.

しょうどく 消毒 die Desinfektion (Sterilisation) -en. ~する desinfizieren; sterilisieren; entkeimen. ~器 der Desinfektor. ~薬 das Desinfektionsmittel.

しょうとくひ 頌徳碑 der Gedenkstein -[e]s, -e; das Denkmal -s, ¨er (-e).

しょうとつ 衝突 der [Zusammen]stoß -es, ¨e; [対立] der Konflikt -[e]s, -e; der Widerstreit -s. ~する zusammen|stoßen*(s) 《mit 3格》; stoßen*(s) 《gegen 4格》; in Konflikt geraten*(s) 《mit 3格》; widerstreiten* 《3格》.

しょうとりひき 商取引 der Geschäftsverkehr -s.

じょうない 場内に innerhalb des Platzes; im Saal.

しょうに 小児 das Kind -es, -er; [幼児] das Kleinkind -[e]s, -er; [乳児] der Säugling -s, -e. ~科 die Kinderheilkunde. ~科医 der Kinderarzt. ~病 die Kinderkrankheit. ~病的 kindisch. ~麻痺 die Kinderlähmung.

しょうにゅう 鍾乳・石 der Tropfstein; der Stalaktit. ~洞 die Tropfsteinhöhle.

しょうにん 承認 die Anerkennung. ~する an|erkennen*. 一 承諾.

しょうにん 商人 der Kaufmann -s, ..leute. ~根性 der Kaufmannsgeist.

しょうにん 証人 der Zeuge -n, -n; [保証人] der Bürge -n, -n. ~台 der Zeugenstand.

じょうにん 常任の ständig. ~委員会 ständiger Ausschuss.

しょうね 性根 der Charakter -s, -e; die Veranlagung -en. ~の卑しい(腐った) gemein (verdorben). ~が曲っている keinen geraden Charakter haben*. ~を入れ換える sich ändern.

じょうねつ 情熱 die Leidenschaft -en; die Passion -en. ~的 leidenschaftlich.

しょうねつじごく 焦熱地獄 brennende Hölle.

しょうねん 少年 der Junge -n,-n; der Jugendliche#. ~院 die Besserungsanstalt. ~時代 die Jugendzeit. ~団 Pfadfinder pl. ~犯罪 die Jugendkriminalität. ~文学 die Jugendliteratur. ~保護法 das Jugendschutzgesetz.

しょうのう 小脳 das Kleinhirn -s, -e.

しょうのう 小農 der Kleinbauer -n, -n.

しょうのう 樟脳 der Kampfer -s.

じょうば 乗馬 das Reiten -s; [乗る馬] das Reitpferd -[e]s, -e. ~ズボン die Reithose. ~服 der Reitanzug; [婦人用] das Reitkleid.

しょうはい 勝敗 Sieg und Niederlage; Gewinn und Verlust. ~を争う um den Sieg kämpfen. ~が決まった Der Kampf wurde entschieden.

しょうはい 賞杯 der Pokal -s, -e; die Trophäe -n.

しょうはい 賞牌 die Medaille -n.

しょうばい 商売 das Geschäft -s, -e; der Handel -s, [職業] der Beruf -s, -e. ~をする ein Geschäft betreiben*; Handel treiben*. ~を始める(やめる) ein Geschäft an|fangen* (sein Geschäft auf|geben*). いい~をする ein gutes Geschäft machen 《mit (bei) 3格》. いかがわしい~をする dunkle Geschäfte treiben*. ~敵(^{がた}_き) der Konkurrent. ~柄 wie es von seinem Geschäft zu erwarten ist; wie es sich für seinen Beruf geziemt. ~上手の geschäftstüchtig. ~気 der Geschäftssinn. ~道具 das Handwerkszeug. ~人 der Kaufmann; [専門家] der Fachmann.

じょうはく 上膊 der Oberarm -[e]s, -e. ~骨 das Oberarmbein.

じょうはつ 蒸発 die Verdampfung -en. ~する verdampfen(s); verdunsten(s); [行方をくらます] verschwinden*(s). ~皿 die Abdampfschale. ~熱 die Verdampfungswärme.

しょうばん 相伴・をする jm. Gesellschaft leisten. 映画のお~をする ins Kino mit|gehen*(s).

じょうはんしん 上半身 der Oberkörper -s, -.

しょうひ 消費 der Verbrauch -[e]s; der Konsum -s. ~する verbrauchen; konsumieren. ~組合 die Konsumgenossenschaft. ~財 Verbrauchsgüter pl. ~者 der Verbraucher; der Konsument. ~者価格 der Verbraucherpreis. ~税 die Verbrauch[s]steuer. ~節約 sparsamer Verbrauch. ~量 der Konsum.

しょうび 床尾〔銃の〕der Gewehrkolben -s, -.

しょうび 焦眉・の急 dringendste Not. ～の問題 brennende Frage.

しょうび 賞美する bewundern; 〔珍重する〕[hoch] schätzen.

しょうひ 冗費を省く seine unnötigen Ausgaben ein|schränken.

しょうび 常備・軍 stehendes Heer. ～薬 das Hausmittel.

しょうひょう 商標 das Warenzeichen -s, -; die Handelsmarke (Schutzmarke) -n.

しょうひょうへい 傷病兵 invalider Soldat -en, -en; der Invalide#.

しょうひん 小品 kleines Stück -[e]s, -e; die Skizze -n.

しょうひん 商品 die Ware -n. ～券 der Gutschein. ～見本 die Warenprobe.

しょうひん 賞品 der Preis -es, -e.

じょうひん 上品・な fein; vornehm; elegant. ～ぶる vornehm tun*.

しょうふ 娼婦 das Freudenmädchen -s, -; die Dirne (Hure) -n; die Prostituierte#.

しょうぶ 菖蒲 der Kalmus -, -se.

しょうぶ 勝負 das [Wett]spiel -s, -e; der Wettkampf -s, ⸚e; → 勝敗. ～事 das [Glücks]spiel. ～する spielen; kämpfen. ～に勝つ(負ける) ein Spiel gewinnen* (verlieren*). ～がつかなかった Das Spiel endete unentschieden.

じょうふ 情夫 der Liebhaber -s, -; der Geliebte#.

じょうふ 情婦 die Geliebte#.

じょうぶ 丈夫な 〔健康な〕 gesund; rüstig; 〔堅牢な〕 fest; stark; solid[e].

じょうぶ 上部 das (der) Oberteil -s, -e. ～の ober. ～に oben. ～構造〔社会の〕 der Überbau.

しょうふく 承服する hin|nehmen*; sich³ gefallen lassen*.

しょうふだ 正札 der Preiszettel -s, -; das Preisschild -[e]s, -er. ～を付ける et. mit einem Preiszettel versehen*.

しょうぶん 性分 die Natur -en. 彼の～としてはそんな事はできない Es liegt nicht in seiner Natur, so etwas zu tun.

じょうぶん 条文 der Text -es, -e; der Wortlaut -[e]s.

しょうへい 招聘・する berufen*. ～に応ずる einem Ruf folgen (s). M氏は京都大学に～された Herr M erhielt einen Ruf (An Herrn M erging ein Ruf) an die Universität Kyoto.

しょうへい 将兵 Offiziere und gemeine Soldaten pl.

しょうへい 哨兵 der Posten -s, -; die Wache -n. ～に立つ [auf] Posten (Wache) stehen*.

しょうへき 障壁 die Scheidewand ⸚e; Schranken pl.

じょうへき 城壁 die Mauer -n.

しょうへん 小片 kleines Stück -[e]s, -e; das Stückchen -s, -.

しょうべん 小便・をする Wasser lassen*; sein kleines Geschäft erledigen (verrichten). ～を我慢する sein Wasser halten*.

じょうほ 譲歩 das Zugeständnis -ses, -se. ～する jm. Zugeständnisse machen.

しょうほう 商法 〔法〕 das Handelsrecht -[e]s; 〔商売の仕方〕 die Art der Geschäftsführung.

しょうほう 詳報 genauer Bericht -[e]s, -e; ausführliche Nachricht -en.

しょうぼう 消防 das Feuerlöschen -s. ～自動車 das Löschfahrzeug. ～署 die Feuerwache. ～隊 die Feuerwehr. ～士 der Feuerwehrmann.

じょうほう 上方・の ober. ～で oben; droben. ～へ nach oben; aufwärts. 森の～を飛行機が飛んで行く Über dem Wald fliegt ein Flugzeug.

じょうほう 乗法 die Multiplikation -en.

じょうほう 情報 die Nachricht -en; die Information -en; die Auskunft ⸚e. ～を集める Nachrichten ein|ziehen*; Informationen sammeln. ～部 der Nachrichtendienst; das Informationsbüro. ～網 das Informationsnetz. ～処理 die Informationsverarbeitung. ～源 die Informationsquelle. ～技術 die Informationstechnologie (略: IT [aitiː]).

しょうほん 正本 〔台本〕 das Textbuch -[e]s, ⸚er; 〔原本〕 das Original -s, -e.

しょうほん 抄本 der Auszug -[e]s, ⸚e; das Exzerpt -[e]s, -e.

じょうまえ 錠前 das Schloss -es, ⸚er. ～屋 der Schlosser.

じょうまん 冗漫 → 冗長.

しょうみ 正味・で netto (略: nto). ～3キロある netto 3 Kilo wiegen*. ～重量 das Nettogewicht (Reingewicht). ～8時間働く volle 8 Stunden lang arbeiten.

しょうみ 賞味する genießen*; gern essen*.

じょうみ 情味・のある gemütvoll. あの女は～がない Sie hat kein Gemüt.

じょうみゃく 静脈 die Blutader -n; die Vene -n. ～血 das Venenblut. ～注射 intravenöse Injektion. ～瘤(りゅう) der Aderknoten.

じょうむ 常務〔取締役〕 geschäftsführender Direktor -s, -en.

じょうむいん 乗務員 das Zugpersonal -s; das Flugpersonal -s.

しょうめい 証明 der Beweis (Nachweis) -es, -e. ～する beweisen*; 〔書類で〕 bescheinigen. ～書 die Bescheinigung; der Ausweis; 〔成績の〕 das Zeugnis.

しょうめい 照明 die Beleuchtung (Erleuchtung). ～する beleuchten; erleuchten. 舞台～ die Bühnenbeleuchtung. ～係 der Beleuchter. ～弾 die Leuchtbombe.

しょうめつ 消滅・する erlöschen*(s); 〔死滅する〕 aus|sterben*(s); → 消失. 権利の～ das

Erlöschen eines Rechtes. ～時効 die Verjährung.

しょうめん 正面 die Front -en; die Vorderseite -n; 〖建〗 die Fassade -n. ～[から]の frontal. ～切って offen. ～玄関 das Portal. ～攻撃 der Frontalangriff. ～衝突 der Frontalzusammenstoß. ～衝突する frontal zusammen|stoßen*(s). ～図 die Voreransicht. 舞台の～席 der Platz gerade gegenüber der Bühne.

しょうもう 消耗・する verbrauchen; verzehren; erschöpfen; 〖自動詞〗 sich verzehren (erschöpfen); [機械などが] sich ab|nutzen. ～戦 der Abnutzungskrieg. ～品 der Verbrauchsgegenstand.

しょうもん 証文 der Schuldschein -s, -e. ～を入れて金を借りる Geld gegen einen Schuldschein borgen.

じょうもん 城門 das Burgtor -[e]s, -e.

しょうやく 抄訳 die Übersetzung im Auszug. ～する auszugsweise übersetzen.

しょうやく 生薬 die Droge -n.

じょうやく 条約 der Vertrag -es, ⸚e. ～を結ぶ(守る) einen Vertrag schließen* (ein|halten*). ～に違反する einen Vertrag verletzen. ～改正 die Revision eines Vertrags.

じょうやど 定宿 das Stammhotel -s, -s. 東京での～は常にホテルだ In Tokyo steige ich regelmäßig im Teikoku-Hotel ab.

しょうゆ 醬油 die Sojasoße -n.

しょうよ 賞与 die Gratifikation -en; [年末の] das Weihnachtsgeld -[e]s, -er.

じょうよ 剰余 der Überschuss -es, ⸚e; 〖数〗 der Rest -es, -e. ～価値 der Mehrwert. ～金 der Überschuss. ～物資 überschüssige Waren pl.

しょうよう 従容として gelassen; ruhig; gefasst.

しょうよう 商用・で in Geschäften; in geschäftlichen Angelegenheiten. ～語 kaufmännischer Ausdruck; die Kaufmannssprache.

しょうよう 逍遙する sich ergehen*; lustwandeln (s; h).

しょうよう 慫慂する jm. zu|reden 《zu+不定詞》.

じょうよう 常用・する gewöhnlich gebrauchen. ～の im gewöhnlichen (täglichen) Gebrauch. ～語 gebräuchliches Wort.

じょうようしゃ 乗用車 der Personen[kraft]wagen -s, - (略: Pkw; PKW).

じょうよく 情欲 sinnliche Begierden pl. ～にふける seinen Lüsten frönen.

しょうらい 招来する herbei|führen.

しょうらい 将来 die Zukunft; [副詞的] in Zukunft; [zu]künftig; [いつか] dereinst. ～の [zu]künftig. ～は in nächster Zukunft. ～性のある(ない) mit (ohne) Zukunft. ～有望な vielversprechend; hoffnungsvoll.

じょうらん 擾乱 der Aufruhr -s, -e; Unruhen pl. ～する in Aufruhr geraten*(s). ～を起す Unruhen erregen.

しょうり 勝利 der Sieg (Triumph) -[e]s, -e. ～を得る einen Sieg erringen* (davon|tragen*) 《über 4格》. ～者 der Sieger.

じょうり 条理 die Vernunft; die Logik. ～の有る(立った) vernünftig; logisch.

じょうりく 上陸・する landen (s); an Land gehen*(steigen*)(s). 横浜港に～する im Hafen Yokohama landen (s). ～作戦 die Landungsoperation.

しょうりつ 勝率 die Gewinnquote [beim Baseball].

しょうりゃく 省略 die Auslassung (Weglassung) -en. ～する aus|lassen*; weg|lassen*.

じょうりゅう 上流 der Oberlauf -[e]s, ⸚e; [上流階級] die höheren Stände pl.; die oberen Klassen der Gesellschaft. ～へ stromaufwärts. 熊野川～の村々 die Dörfer am oberen Kumano. ～社会に出入りする in vornehmen Kreisen [der Gesellschaft] verkehren. ～婦人 vornehme Dame.

じょうりゅう 蒸留 die Destillation -en. ～する destillieren. ～器 der Destillierapparat. ～酒 der Branntwein. ～水 destilliertes Wasser.

しょうりょ 焦慮 die Ungeduld.

しょうりょう 少量 ein wenig (bisschen) 《不変化》.

しょうりょう 渉猟する viel lesen* 《in 3格》.

じょうりょく 常緑の immergrün.

じょうるり 浄瑠璃 das Joruri -[s].

しょうれい 省令 ministerieller Erlass -es, -e.

しょうれい 奨励 die Förderung (Begünstigung) -en. ～する fördern; begünstigen. ～金 die Prämie.

じょうれい 条例 die [Ver]ordnung -en; das Regulativ -s, -e; die Satzung -en.

じょうれん 常連 der Dauerkunde (Stammkunde) -n, -n; [飲食店の] der Stammgast -es, ⸚e.

じょうろ 如雨露 die Gießkanne -n.

しょうろう 鐘楼 der Glockenturm -[e]s, ⸚e.

しょうろん 詳論する eingehend erörtern; ausführlich behandeln.

しょうわ 小話 kurze Geschichte -n; die Anekdote -n.

しょうわ 笑話 humoristische (komische) Geschichte -n.

しょうわ 唱和する [mit] ein|stimmen 《in 4格》.

しょうわる 性悪の boshaft; bösartig.

しょえん 初演 die Uraufführung -en; die Premiere -n. ～される uraufgeführt werden* (s受).

じょえん 助演・する eine Nebenrolle spielen; mit|spielen. ～者 der Mitspieler.

ショー die Show -, -s; die Schau[stellung] -en.

じょおう 女王 die Königin -nen. ～蜂 die Bienenkönigin; der Weisel.

ショー・ウインドー das Schaufenster -s, -.

ジョーカー 〔トランプの〕der Joker -s, -.

ジョーク der Witz -es, -e; der Scherz -es, -e.

ショーツ Shorts pl.

ショート 〔電〕der Kurzschluss -es, ¨e. ～させる kurz|schließen*. ～する einen Kurzschluss verursachen. / Es gibt einen Kurzschluss.

ショートケーキ der Obstkuchen mit Mürbeteigboden.

ショートパンツ kurze Hose -n.

ショール der Schal -s, -s(-e); das Umschlag[e]tuch -[e]s, ¨er.

しょか 初夏 der Frühsommer -s, -.

しょか 書架 das [Bücher]regal -s, -e.

しょか 書家 der Kalligraf -en, -en.

しょが 書画 Handschriften und Gemälde pl.

じょがい 除外・する aus|schließen*; aus|nehmen*. ～例 die Ausnahme.

しょがかり 諸掛かり Spesen (Unkosten) pl.

しょがくしゃ 初学者 der Anfänger -s, -.

じょがくせい 女学生 die Schülerin -nen; 〔大学生〕die Studentin -nen.

しょかつ 所轄・の zuständig; kompetent. ～する zuständig sein* 《für 4格》. ～官庁 die zuständige Behörde.

しょかん 所感 Eindrücke pl.; Gedanken pl.

しょかん 所管・する verwalten. 大蔵省の～に属する事項 die Angelegenheiten unter der Zuständigkeit des Finanzministeriums.

しょかん 書簡 der Brief -es, -e; das Schreiben -s, -. ～箋 der Briefbogen. ～体 der Briefstil.

じょかん 女官 die Hofdame -n; die Ehrendame -n.

しょき 初期 das Anfangsstadium -s, ..dien; der Anfang -s, ¨e. 昭和の～に in den ersten Jahren der Showa-Periode. ゲーテの～の作品 die Werke des frühen (jungen) Goethe. 〔電算〕フロッピーを～化する eine Diskette formatieren [forma'ti:rən].

しょき 所期・の erwartet. ～に反して wider Erwarten.

しょき 書記 der Schriftführer -s, -. ～局 das Sekretariat. ～官 der Sekretär. ～長 〔政党の〕der Generalsekretär.

しょき 暑気 die Hitze. ～に中(あた)る durch die Hitze erkranken (s).

しょきゅう 初級 die Unterstufe -n. ～クラス die Elementarklasse.

じょきゅう 女給 die Bardame -n.

じょきょ 除去・する weg|räumen; beseitigen.

しょぎょう 所業 die Tat -en; die Handlung -en.

じょきょうじゅ 助教授 außerordentlicher Professor -s, -en.

じょきょく 序曲 die Ouvertüre -n; das Vorspiel -s, -e.

ジョギング das Jogging -s; das Joggen -s.

しょく 食・が進まぬ(進む) keinen (einen guten) Appetit haben*. 一日に三～を取る täglich dreimal essen*.

しょく 職 〔勤め口〕die Stelle -n; die Stellung -en;〔公職〕das Amt -es, ¨er;〔ポスト〕der Posten -s, -;〔仕事〕die Arbeit -en;〔職業〕der Beruf -s, -e. ～に就く eine Stelle (ein Amt) an|treten*. ～を探す sich³ eine Stelle suchen.

しょく 私欲 der Eigennutz -es; die Selbstsucht.

しょくあたり 食中りをする sich³ eine Lebensmittelvergiftung zu|ziehen*.

しょくいき 職域 der Amtsbereich (Tätigkeitsbereich) -s, -e.

しょくいん 職員 der Angestellte#; 〔公共機関の〕der Beamte#;〔集合的に〕das Personal -s. ～組合 die Angestelltengewerkschaft. ～録 das Personalverzeichnis.

しょくえん 食塩 das [Koch]salz -es. ～水 die Kochsalzlösung. ～注射 die Kochsalzinfusion.

しょくぎょう 職業 der Beruf -s, -e; das Gewerbe -s, -. ～安定所 das Arbeitsamt. ～教育 die Berufsausbildung. ～軍人 der Berufssoldat. ～指導(相談) die Berufsberatung. ～選手 der Berufssportler; der Profi. ～的 berufsmäßig. ～婦人 berufstätige Frauen pl. 或る～に就く einen Beruf ergreifen*. あなたのご～は何ですか Was sind Sie von Beruf? / Was ist Ihr Gewerbe? 彼の～は技師です Er ist von Beruf Ingenieur.

しょくげん 食言する sein Wort brechen*.

しょくご 食後・に nach dem Essen; nach Tisch. ～の菓子(果物) das Dessert; der Nachtisch.

しょくざい 贖罪 die Buße -n; die Sühne -n. ～する Buße tun*.

しょくし 食指が動く sich interessieren 《für 4格》; Lust haben* 《zu＋不定詞》.

しょくじ 食事 die Mahlzeit -en; das Essen -s. ～をする Mahlzeit halten*; essen*; speisen. ～の時間 die Essenszeit.

しょくじ 食餌 die Nahrung; die Diät. ～療法 die Diätkur.

しょくじ 植字・する Lettern setzen. ～工 der [Schrift]setzer.

しょくしゅ 触手 der Fühler -s, -. ～を伸ばす seine Fühler aus|strecken 《nach 3格》.

しょくじゅ 植樹・する Bäume pflanzen. 街路に桜を～する die Straße mit Kirschbäumen bepflanzen.

しょくじょ 織女[星] die Wega.

しょくしょう 食傷する sich überessen* 《an (mit) 3格》;〔比〕übersättigt sein* 《von 3格》; et. satt bekommen*. → しょくあたり.

しょくじんしゅ 食人種 der Kannibale -n, -n; der Menschenfresser -s, -.

しょくせい 植生 die Vegetation -en.

しょくせいかつ 食生活 Essgewohnheiten pl. ～を変える seine Essgewohnheiten

しょくせき 職責 die [Amts]pflicht -en. ~を重んずる ein starkes Pflichtbewusstsein haben*.

しょくぜん 食前に vor dem Essen; vor Tisch.

しょくだい 燭台 der Leuchter (Kerzenständer) -s, -.

しょくたく 食卓 der [Ess]tisch -es, -e; die Tafel -n. ~に着く sich zu Tisch setzen.

しょくたく 嘱託 außerordentlicher Angestellter# (Beamter#) -s, .. ~する jn. beauftragen 《mit 3 格》.

しょくちゅう 食虫植物(動物) Insekten fressende Pflanzen (Tiere) pl.

しょくちゅうどく 食中毒 → しょくあたり.

しょくちょう 職長 der Vorarbeiter (Werkmeister) -s, -.

しょくつう 食通 der Feinschmecker -s, -; der Gourmet -s, -s.

しょくどう 食堂 das Esszimmer -s, -; der Speisesaal -s, ..säle; 〔レストラン〕das Restaurant -s, -s. ~車 der Speisewagen.

しょくどう 食道 die Speiseröhre -n.

しょくにん 職人 der Handwerker -s, -. 仕立屋の~ der Schneidergeselle. ~気質 der Handwerkergeist.

しょくのう 職能 die Funktion -en.

しょくば 職場 die Arbeitsstätte -n; der Arbeitsplatz -es, ⸚e; 〔持ち場〕der Posten -s, -. ~を放棄する den Posten auf|geben*. ~を守る auf seinem Posten bleiben*(s).

しょくばい 触媒 der Katalysator -s, -en.

しょくパン 食パン das [Kasten]brot -[e]s, -e.

しょくひ 食費 die Kosten für Lebensmittel pl.

しょくひ 植皮[術] die Hauttransplantation -en.

しょくひん 食品 → 食料品.

しょくぶつ 植物 die Pflanze -n; das Gewächs -es, -e; 〔園〕botanischer Garten. ~界 das Pflanzenreich; die Pflanzenwelt. ~学 die Pflanzenkunde; die Botanik. ~学者 der Botaniker. ~採集 die Pflanzensammlung. ~性の pflanzlich; vegetabilisch. ~油 das Pflanzenöl.

しょくぼう 嘱望する seine Hoffnung auf jn. setzen; sich[3] von jm. viel versprechen*.

しょくみん 植民 die Kolonisation (Besiedelung) -en. 或る国に~する ein Land kolonisieren (besiedeln). ~政策 die Kolonialpolitik. ~地 die Kolonie. ~地化する kolonisieren.

しょくむ 職務 die [Amts]pflicht -en; das Amt -s, ⸚er; der Dienst -es, -e. ~を遂行する seine Pflicht erfüllen. ~上 von Amts wegen. ~上の amtlich; dienstlich. ~怠慢 das Pflichtversäumnis. ~権限 die Amtsbefugnis. ~違反 das Dienstvergehen.

しょくもく 属目する et. beachten; Aufmerksamkeit schenken 《3 格》.

しょくもつ 食物 das Essen -s, -; die Speise -n; die Kost; die Nahrung.

しょくよう 食用・の essbar. ~蛙 essbarer Frosch. ~油 das Speiseöl.

しょくよく 食欲 der Appetit -s; die Esslust. ~がある(出る) Appetit haben* (bekommen*). ~をそそる den Appetit an|regen. ~不振 die Appetitlosigkeit.

しょくりょう 食糧 Lebensmittel (Nahrungsmittel) pl. ~事情 Lebensmittelverhältnisse pl. ~難 die Lebensmittelknappheit. ~庁 das Amt für Nahrungsmittel.

しょくりょうひん 食料品 Esswaren pl.; Lebensmittel pl. 高級~ die Delikatesse.

しょくりん 植林 die Aufforstung -en. 荒れ地に~する Ödland auf|forsten.

しょくれき 職歴 die Berufslaufbahn.

しょくん 諸君 Meine [Damen und] Herren! / Meine Freunde! / Verehrte Anwesende!

じょくん 叙勲 die Ordensverleihung -en. ~する jm. einen Orden verleihen*.

しょけい 処刑 die Hinrichtung -en. ~する hin|richten.

しょけつ 女傑 hervorragende Frau -en; die Amazone -n.

しょげる niedergeschlagen sein*; entmutigt sein*.

しょけん 所見 die Meinung (Ansicht) -en; 〔印象〕der Eindruck -s, ⸚e. ~を述べる seine Meinung äußern. 医師の~によれば nach ärztlichem Befund.

しょけん 初見で歌う(演奏する) vom Blatt singen* (spielen).

じょけん 女権 Frauenrechte pl. ~拡張論 der Feminismus -. ~拡張論者 der Frauenrechtler; der Feminist.

じょげん 序言 → 序文.

じょげん 助言 der Rat -[e]s, -schläge. ~する jm. raten*; jn. beraten*; jm. einen Rat geben*. ~者 der Berater (Ratgeber).

しょこ 書庫 die Bibliothek -en; 〔図書館の〕das Magazin -s, -e.

しょこう 初校 die erste Korrektur -en.

しょこう 曙光 das Morgenrot -s. 紛争も解決の~が見え始めた Man sieht den ersten Hoffnungsschimmer auf die Beilegung des Streites.

じょこう 女工 die [Fabrik]arbeiterin -nen.

じょこう 徐行する langsam fahren*(s).

しょこん 初婚 die erste Ehe.

しょさ 所作 die Aufführung; das Benehmen -s; 〔身振り〕die Gebärde (Geste) -n.

しょさい 書斎 das Studierzimmer (Arbeitszimmer) -s, -.

しょざい 所在・をくらます seinen Aufenthaltsort verheimlichen; verschwinden*(s). 責任の~を明らかにする den Verantwortlichen fest|stellen. ~がない nichts zu tun haben*; sich langweilen. ~地 der Sitz.

じょさい 如才ない diplomatisch; 〔愛想のよい

じょさい 助祭 der Diakon -s (-en), -e[n].
しょさん 所産 das Produkt -[e]s, -e; das Erzeugnis -ses, -se; die Frucht ¨-e.
じょさんぷ 助産婦 die Hebamme -n.
しょし 初志を貫く(翻す) seine ursprüngliche Absicht erreichen (ändern).
しょし 書誌[学] die Bibliografie -n.
しょし 庶子 uneheliches (illegitimes) Kind -es, -er.
しょじ 所持・する bei sich³ haben*. ~品 seine Sachen pl.
じょし 女子 die Frau -en; 〔少女〕 das Mädchen -s, -; 〔娘〕 die Tochter ¨-. ~の weiblich. ~大学 die Frauenhochschule. ~学生 die Studentin.
じょし 女史 ¶山田~ Frau (未婚者: Fräulein) Yamada.
じょじ 叙事・的 erzählend; episch. ~詩 das Epos.
しょしき 書式 die Schriftform.
じょしつき 除湿器 der Entfeuchter -s, -.
じょしゅ 助手 der Assistent -en, -en; der Gehilfe -n, -n. ~席〔自動車の〕der Beifahrersitz.
じょしゅう 女囚 die Gefangene#; weiblicher Sträfling -s, -e.
じょじゅつ 叙述 die Beschreibung (Schilderung) -en. ~する beschreiben*; schildern.
しょじゅん 初旬 → 上旬.
しょじょ 処女 die Jungfrau -en. ~を奪われる entjungfert werden*(s受). ~航海 die Jungfernfahrt. ~作 das Erstlingswerk. ~性 die Jungfräulichkeit; die Jungfernschaft. ~地 jungfräulicher Boden. ~膜 das Jungfernhäutchen; das (der) Hymen.
じょじょ 徐々に langsam; nach und nach; allmählich.
じょじょう 抒(叙)情・的 lyrisch. ~詩 die Lyrik; lyrisches Gedicht. ~詩人 der Lyriker.
じょじょうふ 女丈夫 die Amazone -n.
じょしょく 女色 weibliche Reize pl.; 〔情事〕 die Liebschaft -en.
しょしん 初心 → 初志. ~者 der Anfänger; der Neuling.
しょしん 初診 die erste Untersuchung. ~の患者 neuer Patient.
しょしん 所信 seine Meinung -en; sein Glaube (m.) -ns.
じょすう 序数 die Ordnungszahl (Ordinalzahl) -en.
じょすう 除数 der Divisor -s, -en.
しょする 処する ¶難局に~ gegen Schwierigkeiten an|kämpfen. 死刑に~ zum Tode verurteilen.
じょする 叙する schildern; äußern. 勲三等に叙せられる mit dem Verdienstorden dritter Klasse dekoriert werden*(s受).
しょせい 書生 der Student -en, -en; 〔家僕〕 der Hausdiener -s, -. ~気質 das Studententum.
じょせい 女声 die Frauenstimme -n. ~合唱[団] der Frauenchor.
じょせい 女性 die Frau -en; weibliches Geschlecht -s. ~的 weiblich; frauenhaft; 〔めめしい〕weibisch. ~名詞 das Femininum.
じょせい 女婿 der Schwiegersohn -[e]s, ¨-e.
じょせい 助成・する [be]fördern; unterstützen. ~金 Hilfsgelder pl.; Subsidien pl.
しょせいじ 初生児 das Neugeborene#.
しょせいじゅつ 処世術 die Lebenskunst; die Weltklugheit.
じょせいと 女生徒 die Schülerin -nen.
しょせき 書籍 das Buch -es, ¨-er. ~商 der Buchhändler; 〔店〕die Buchhandlung.
じょせき 除籍する js. Namen aus dem Standesregister streichen*; 〔学籍から〕 jn. aus der Schule aus|schließen*.
しょせつ 所説 die Meinung (Ansicht) -en.
しょせつ 諸説 verschiedene Meinungen pl.; 〔風説〕Gerüchte pl. それについては~分かれている Darüber sind die Ansichten geteilt.
じょせつ 除雪・する Schnee räumen. ~車 die Schneeschleuder; die Schneefräse.
しょせん 所詮 schließlich; am Ende; nun einmal.
しょぞう 所蔵 ¶田中氏の~ im Besitz von Herrn Tanaka.
じょそう 女装する sich als Frau verkleiden.
じょそう 助走 der Anlauf -s, ¨-e. 跳躍の~をする für den Sprung an|laufen*(s).
じょそう 除草・する Unkraut jäten. 庭の~をする den Garten jäten.
しょぞく 所属・の angehörig 《3格》; gehörig 《zu 3格》. ~する an|gehören 《3格》; gehören 《zu 3格》.
しょぞん 所存 die Meinung -en; die Absicht -en. → 考え.
しょたい 所(世)帯 der Haushalt -s, -e. 4人~ ein Haushalt mit vier Personen. ~を持つ eine Familie gründen. ~染みた häuslich. ~主 der Haushaltungsvorstand. ~道具 Haushalt[s]artikel pl.; das Hausgerät. ~持ちの Verheiratete*. ~持ちのよい haushälterisch; wirtschaftlich.
しょたい 書体 die Schrift -en; die Schriftart -en.
しょだい 初代 der Gründer (Stifter) -s, -. アメリカ合衆国の~大統領 der erste Präsident der Vereinigten Staaten von Amerika.
じょたい 除隊になる aus dem Militärdienst entlassen werden*(s受).
しょたいめん 初対面 die erste Begegnung. ~である jm. zum ersten Mal begegnen (s). ~の人 der Fremde#.
しょだな 書棚 das [Bücher]regal -s, -e; 〔本箱〕der Bücherschrank -[e]s, ¨-e.
しょだん 処断する entscheiden*.
しょち 処置 die Maßnahme (Maßregel) -n; der Schritt -[e]s, -e; 〔医者の〕die Behand-

lung -en. ～を講ずる Maßnahmen ergreifen* 《gegen 4格》. 断す(り)・をとる entschieden vor|gehen*(s)《gegen 4格》. ～を誤る falsche Maßregeln ergreifen* (treffen*); falsche Schritte tun*. ～をつける et. erledigen. こうなっては～なしだ Nun weiß ich nicht, was man damit anfangen soll.

じょちゅう 女中 die Haushelfin -nen. ～をする bei jm. als Haushelfin arbeiten.

じょちゅうぎく 除虫菊 das Pyrethrum -s, ..ra.

しょちゅうきゅうか 暑中休暇 Sommerferien pl.; der Sommerurlaub -s, -e.

しょちょう 初潮 die Menarche; die erste Monatsblutung.

しょちょう 所長 der Direktor -s, -en; der Vorsteher -s, -.

じょちょう 助長する fördern.

しょっかく 食客 der Schmarotzer -s, -.

しょっかく 触角 der Fühler -s, -; das Fühlhorn -s, ⁻er.

しょっかく 触覚 der Tastsinn -[e]s.

しょっかん 触官 das Tastorgan -s, -e.

しょっき 食器 das Geschirr -s, -e. ～戸棚 der Geschirrschrank; das Büfett.

ジョッキ der [Bier]krug -[e]s, ⁻e; das [Bier-]seidel -s, -.

ショッキング ～な schockierend.

ショック der Schock -s, -s. ～を受ける einen Schock erleiden*. ～療法 die Schockbehandlung.

しょっけん 食券 der Bon -s, -s.

しょっけん 職権 die Amtsgewalt; die Amtsbefugnis -se. ～をもって kraft seines Amtes. ～を行使する von seinem Amt Gebrauch machen. ～濫用 der Amtsmissbrauch.

しょっこう 燭光〔光度の単位〕die Kerze -n.

しょっこう 職工 der [Fabrik]arbeiter -s, -. ～長 der Vorarbeiter (Werkmeister).

しょっちゅう immer;〔頻繁に〕häufig.

しょっている dünkelhaft (eingebildet) sein*.

ショッピング das Shopping -s, -s. ～センター das Shopping-Center.

しょてい 所定の bestimmt; festgesetzt; vorgeschrieben.

じょてい 女帝 die Kaiserin -nen.

しょてん 書店 die Buchhandlung -en.

じょてんいん 女店員 die Verkäuferin -nen.

しょとう 初冬 der Vorwinter -s, -.

しょとう 初等・の elementar. ～教育 die Elementarbildung. ～数学 die Elementarmathematik.

しょとう 諸島 die Inselgruppe -n. 小笠原～ die Ogasawara-Inseln pl.

しょどう 書道 die Schreibkunst; die Kalligrafie.

じょどうし 助動詞 das Hilfsverb -s, -en; das Hilfszeitwort -[e]s, ⁻er.

しょとく 所得 das Einkommen -s, -; Einkünfte pl. ～税 die Einkommen[s]steuer. ～税の申告 die Einkommen[s]steuererklärung. 高(低)～の einkommensstark (einkommensschwach).

しょにち 初日 der erste Tag -es; der Eröffnungstag -[e]s.

しょにんきゅう 初任給 das Anfangsgehalt -s, ⁻er.

しょねつ 暑熱 die [Sommer]hitze.

しょねんへい 初年兵 der Rekrut -en, -en.

しょばつ 処罰 die Bestrafung -en. ～する jn. bestrafen《für 4格; wegen 2格》.

しょはん 初版 die erste Auflage.

しょはん 諸般の verschieden; all.

じょばん 序盤 die Anfangsphase [eines Spiels].

しょひょう 書評 die Buchbesprechung -en.

しょぶん 処分〔売却〕die Abstoßung -en;〔処罰〕die Maßreg[e]lung -en. ～する ab|stoßen*; maßregeln.

じょぶん 序文 das Vorwort -[e]s, -e; die Vorrede -n; die Einleitung -en.

しょほ 初歩 Anfangsgründe pl.; Elemente pl. ～的知識 Elementarkenntnisse pl. ～的段階 die Elementarstufe.

しょほう 処方・薬 das Rezept -[e]s, -e. ～する薬を～する jm. eine Arznei verschreiben*.

じょほう 除法 die Division (Teilung) -en.

しょぼしょぼ ¶目を～させる [mit den Augen] blinzeln. 雨が～降る Es nieselt.

じょまく 序幕 das Vorspiel -s, -e; der Prolog -s, -e.

じょまくしき 除幕式 die Enthüllung -en. 記念碑の～を行う das Denkmal [feierlich] enthüllen.

しょみん 庶民 das [gemeine] Volk -es. ～的 volkstümlich.

しょむ 庶務 allgemeine Angelegenheiten pl. ～課 die Abteilung für allgemeine Angelegenheiten.

しょめい 書名 der [Buch]titel -s, -.

しょめい 署名 die Unterschrift -en. 契約書に～する einen Vertrag unterschreiben* (unterzeichnen). ～入りの mit eigenhändiger Unterschrift; mit einer Unterschrift versehen. ～運動 die Unterschriftenkampagne; die Unterschriftensammlung. ～捺(⁵)印された unterschrieben und untersiegelt. ～者 der Unterzeichner.

じょめい 助命を乞う jn. um das Leben bitten*.

じょめい 除名 der Ausschluss -es, ⁻e. ～する jn. aus|schließen* (aus|stoßen*)《aus 3格》.

しょめん 書面 der Brief -es, -e; das Schreiben -s, -. ～で brieflich; schriftlich.

しょもう 所望・する begehren; wünschen; jn bitten*《um 4格》. ～により auf js. Wunsch [hin].

しょもく 書目 das Bücherverzeichnis -ses, -se;〔書名〕der Buchtitel -s, -. 参考～ die Literatur.

しょもつ 書物 das Buch -es, ⁻er.

しょや 初夜 die Brautnacht (Hochzeitsnacht) ⁼e.
じょや 除夜 der Silvesterabend -s, -e.　～の鐘 die Silvesterglocke.
じょやく 助役 der Vizebürgermeister (Gemeindevizevorsteher) -s, -;〔駅の〕der Bahnhofsvizevorsteher -s, -.
しょゆう 所有 der Besitz -es.　永田氏の～の馬 ein Pferd im Besitz von Herrn Nagata.　～する besitzen*; im (in) Besitz haben*; im Besitz 《2格》 sein*.　～格 der Genitiv.　～権 das Eigentum[srecht].　～者 der Besitzer; der Eigentümer.　～代名詞 das Possessivpronomen.　～地 eigenes Grundstück.　～物 das Eigentum.
じょゆう 女優 die Schauspielerin -nen.
しょよ 所与の gegeben.
しょよう 所用 das Geschäft -s, -e.　～のため Geschäfte halber; in Geschäften.
しょよう 所要・の nötig; erforderlich.　～時間 erforderliche Zeit;〔要した時間〕in Anspruch genommene Zeit.
しょり 処理 → 処置.　～する erledigen; ab|tun*;〔化学的に〕behandeln.　…であるように～する so verfahren, dass …;〔思うままに～できる〕[frei] verfügen können* 《über 4格》.
じょりゅう 女流・画家 die Malerin.　～作家 die Schriftstellerin; die Dichterin.
じょりょく 助力 die Hilfe; der Beistand -[e]s.　～する jm. helfen* (bei|stehen*); jm. Hilfe leisten.
しょるい 書類 Papiere (Akten) pl.; das Dokument -[e]s, -e; das Schriftstück -s, -e.　～かばん die Aktentasche.　～戸棚 der Aktenschrank.　～ばさみ die Aktenmappe.　～とじ der Ordner.
ショルダー・バッグ die Umhängetasche -n.
じょれつ 序列 der Rang -es.　彼は私より～が上(下)だ Er hat den Rang über (unter) mir.
しょろう 初老の紳士 älterer Herr -n, -en.
じょろう 女郎 die Prostituierte⁼, die Hure -n.　～屋 das Bordell; das Freudenhaus.
じょろん 序論 die Einleitung -en.
しょんぼり niedergeschlagen; betrübt.
しら 白を切る sich unwissend stellen.
じらい 地雷 die Mine -n.　～を仕掛ける Minen legen.
じらい 爾来 seitdem.
しらうお 白魚のような指 weiße, zarte Finger pl.
しらが 白髪 graues (weißes) Haar -[e]s, -e.　～になる ergrauen (s); grau werden* (s); graue Haare bekommen*.　～頭[の人] der Graukopf.　～の graukopfig; grauhaarig.　～染め das Haarfärbemittel.　～まじり grau meliert.
しらかば 白樺 die Birke -n.
しらき 白木 ungestrichenes Holz -es.
しらくも 白癬〚医〛 der Grindkopf -[e]s, ⁼e.
しらける 白ける ¶座が～ Eine Verstimmung befällt die Gesellschaft.

しらこ 白子 der Albino -s, -s; der Weißling -s, -e;〔魚の〕die Milch.
しらさぎ 白鷺 weißer Reiher -s, -.
しらじら 白白 ¶夜が～と明ける Der Morgen dämmert. / Es dämmert.
しらじらしい 白白しい・嘘 freche (durchsichtige) Lüge.　彼はよくも白白しくそんな事が言えたものだ Er hat noch die Stirn, so etwas zu sagen!
じらす 焦らす ungeduldig (nervös) machen.
しらずしらず 知らず知らず unwillkürlich; unbewusst; unwissentlich.
しらせ 知らせ die Nachricht (Botschaft; Mitteilung) -en;〔前兆〕das Vorzeichen -s, -.　～を受ける von jm. eine Nachricht (Mitteilung) erhalten* (über 4格).
しらせる 知らせる jn. benachrichtigen《von 3格》; jm. Nachricht geben*, dass …; jm. et. mit|teilen (melden); jn. et. wissen lassen*.
しらぬ 知らぬ〔未知の〕unbekannt; fremd.　→ 知る.　～顔 → 知らん顔.　～間に ehe man es merkt; unbemerkt.　～が仏 Was ich nicht weiß, macht mich nicht heiß.
しらは 白羽の矢を立てる jn. aus|erwählen《zu 3格; als 4格》.
しらばっくれる Unwissenheit heucheln; sich unwissend stellen.　～のがうまい sich gut verstellen können*.
しらふ 素面の nüchtern.
ジラフ〚動〛die Giraffe -n.
シラブル die Silbe -n.
しらべ 調べ〔曲調〕die Melodie -n; die Weise -n.　～車 die Antriebsscheibe.
しらべる 調べる untersuchen; prüfen;〔探究する〕forschen《nach 3格》;〔目を通す〕durch|sehen*;〔尋問する〕verhören.　古文書を～ in alten Dokumenten forschen.　辞書で～ im Wörterbuch nach|schlagen*.　調べ上げる gründlich untersuchen.　調べ物をする in den Büchern nach|sehen*.
しらみ 虱 die Laus ⁼e.　～潰(ﾂﾞ)しに捜す wie eine Nadel suchen.
しらむ 白む ¶夜が～ Der Tag (Morgen) graut. / Es graut (dämmert). 東の空の～頃 beim Morgengrauen.
しらんかお 知らん顔をする et. ignorieren; gleichgültig bleiben*(s)《gegen 4格》;〔何食わぬ顔をする〕sich³ nichts merken lassen*.
しり 尻 das Gesäß -es, -e; der Hintern -s, -;〚俗〛der Podex -[es], -e; der Popo -s, -s.　～の穴 der After.　～の軽い leichtsinnig;〔淫奔な〕liederlich.　～が重い(長い) Pech an den Hosen haben*.　～が落ち着かない kein [rechtes] Sitzfleisch haben*.　～をたたく jm. (jn.) in die Hintern treten.　亭主を～に敷いている ihren Mann unter dem Pantoffel haben*.　女房の～に敷かれている unter dem Pantoffel stehen*.　女の子の～を追い回す einem Mädchen hinterher|laufen*(s).　～はしょる(からげる) sich auf|schürzen.　その～がこっちへ来た Darüber hat man sich bei mir beschwert.

しり　彼は~から3番だ Er ist der Dritte von hinten.
しり　私利 der Eigennutz -es; das Privatinteresse -s, -n. ~を計る auf seinen eigenen Vorteil bedacht sein*.
じり　事理をわきまえぬ unvernünftig.
シリア Syrien. ~の syrisch. ~人 Syrier.
しりあい 知り合い der Bekannte*. ~になる〔知り合う〕jm. kennen lernen; mit jm. bekannt werden*(s); js. (mit jm.) Bekanntschaft machen. 彼とはいつからのお~ですか Seit wann kennen Sie ihn?
しりあがり 尻上がり〔体操〕der Felgaufschwung -s, ¨e. 景気は~によくなる Die Geschäfte werden immer lebhafter.「Folge -n.
シリーズ die Serie -n; die Reihe -n;
シリウス der Sirius -; der Hundsstern -s.
しりうま 尻馬 ¶人の~に乗る jm. blindlings folgen(s).
しりおし 尻押しする jn. unterstützen;〔教唆する〕jn. an|stiften (zu 3 dat).
じりき 自力 selb[st]ständig; aus eigener Kraft; auf eigene Faust.
しりきれ 尻切れとんぼになる ab|brechen*(s).
しりごみ 後込みする zurück|schrecken*(s; h)《vor 3 dat》;〔ためらう〕zögern《mit 3 dat; zu+不定詞》.
シリコン das Silikon -s, -e.
じりじり〔次第に〕nach und nach; Schritt für Schritt. ~する〔いらだつ〕vor Ungeduld brennen*. 太陽が~照りつける Die Sonne brennt.
しりぞく 退く zurück|treten*(s); sich zurück|ziehen*. 官を~ von seinem Amt zurück|treten*(s). 一歩も退かぬ keinen Schritt zurück|weichen*(s).
しりぞける 退ける ab|weisen*;〔遠ざける〕entfernen*. 攻撃を~ den Angriff zurück|schlagen*. 要求を~ eine Forderung zurück|weisen*.
しりつ 市立・の städtisch; Stadt-. ~病院 städtisches Krankenhaus. ~学校 die Stadtschule.
しりつ 私立・の privat; Privat-. ~学校 private Schule; die Privatschule.
じりつ 自立する selb[st]ständig sein*; auf eigenen Füßen stehen*.
じりつ 自律 die Autonomie -n. ~的 autonom. ~神経系 autonomes Nervensystem. ~機能失調症 die vegetative Dystonie.
しりぬぐい 尻拭い・をする et. ausbaden müssen*. 他人の~をする die Zeche bezahlen müssen*. 友人の借金の~をする für die Schulden seines Freundes auf|kommen*(s).
じりひん じり貧 langsam zu nichts werden*(s). 相場が~になる Die Kurse flauen allmählich ab.
しりめ 尻目に見る〔かける〕jm. einen schiefen Blick zu|werfen*; jn. verächtlich an|sehen*.
しりめつれつ 支離滅裂な zusammenhang[s]los; abgerissen; inkonsequent.
しりもち 尻餅をつく auf den Hintern fallen*(s).
しりゅう 支流 der Nebenfluss -es, ¨e.
じりゅう 時流 die Zeitströmung -en. ~に乗る mit dem Strom schwimmen*(s). ~を抜く seine Zeitgenossen weit übertreffen*.
しりょ 思慮 die Besonnenheit;〔分別〕die Vernunft. ~のある besonnen; bedachtsam; verständig. ~のない unbesonnen; unvorsichtig; gedankenlos. ~を巡らす nach|denken* 《über 4 akk》; sich³ et. überlegen.
しりょう 史料 historische Materialien pl.; die Geschichtsquelle -n. ~編纂者 der Historiograf; der Geschichtsschreiber.
しりょう 死霊 die Seele eines Verstorbenen; Manen pl.
しりょう 資料 das Material -s, -ien; der Stoff -[e]s, -e; Daten pl. 辞書の~集め die Sammlung von Stoff für das Wörterbuch.
しりょう 飼料 das Futter -s, -. 動物に~を与える ein Tier füttern.
しりょく 死力を尽す verzweifelte Anstrengungen machen.
しりょく 視力 die Sehkraft; das Sehvermögen -s. ~が弱い schwache Augen haben*. ~検査 die Sehprüfung. ~表 die Sehprobe.
しりょく 資力 [Geld]mittel pl.; das Vermögen -s, -. ~のある bemittelt; vermögend.
じりょく 磁力 magnetische Kraft ¨e; der Magnetismus -. ~計 das Magnetometer. ~線 magnetische Kraftlinie.
シリング〔オーストリアの旧通貨[単位]〕der Schilling -s, -e (略: S). 6~ sechs Schilling.
シリンダー der Zylinder -s, -.
しる 汁 der Saft -es, ¨e;〔吸い物〕die Suppe -n. ~の多い saftig; saftreich. うまい~を吸う das Fett (den Rahm) ab|schöpfen.
しる 知る〔知識を有する〕wissen*;〔表象・記憶を有し他から識別しうる〕kennen*;〔認識・識別する〕erkennen*;〔聞き知る〕erfahren*;〔理解する〕verstehen*;〔気づく〕merken. 知ってのとおり wie Sie wissen; bekanntlich. 私の~限りでは soviel ich weiß; meines Wissens. 声で或る人である事を~ jn. an der Stimme [er]kennen*. 新聞で~ aus der Zeitung erfahren*. おのれの非を~ sich³ seines Irrtums bewusst sein*; sein Unrecht ein|sehen*. それについて私は何も知らない Davon (Darüber) weiß ich nichts. 僕はあの人を知っている Ich kenne ihn. 彼はギリシア語をまったく知らない Er ist des Griechischen vollständig unkundig. / Er versteht kein Griechisch. 昨夜の火事をちっとも知らなかった Ich habe den Brand gestern Abend gar nicht gemerkt. それは僕の知った事ではない Das geht mich nichts an.
シルエット die Silhouette -n; der Schattenriss -e, -es.
シルク・ハット der Zylinder -s, -.
シルク・ロード die Seidenstraße -n.
ジルコン der Zirkon -s, -e.
しるし 印(徴) das [Kenn]zeichen -s, -;〔きざ

しん

め〕die Wirkung -en. ～を付ける et. [be]zeichnen; et. kennzeichnen. 友情の～として als (zum) Zeichen der Freundschaft. ～に zum Zeichen, dass ... これらはすべて…の～だ Dies alles ist ein Zeichen dafür, dass ... 薬の～があらわれた Das Medikament wirkte (kam zur Wirkung).

しるす 記す auf|schreiben*; ein|schreiben*; notieren.

ジルバ der Jitterbug ['dʒɪtəbʌg] -, -[s].

しるべ 知る辺 der Bekannte#; die Bekanntschaft -en.

しれい 司令・官 der Kommandeur; der Kommandant; der Befehlshaber. ～塔 der Kommandoturm. ～部 die Kommandantur; das Hauptquartier.

しれい 指令 die Anordnung (Anweisung) -en. ～を出す jm. Anweisungen geben*; eine Anordnung treffen*.

じれい 事例 das Beispiel -s, -e; der Präzedenzfall -[e]s, ⸚e.

じれい 辞令 die Ernennungsurkunde (Anstellungsurkunde) -n. 外交～ diplomatische Redensarten pl. 社交～ das Kompliment.

しれつ 熾烈な heftig; heiß.

じれったい ungeduldig.

しれる 知れる bekannt werden*(s); jm. zu Ohren kommen*(s). 知れ渡る allgemein bekannt werden*(s); offenbar werden*(s); an die Öffentlichkeit (an den Tag) kommen*(s).

じれる 焦れる ungeduldig sein*; vor Ungeduld brennen*.

しれん 試練 die Prüfung -en; die Probe -n. ～を受ける geprüft werden*(s 受). ～に堪える eine Prüfung bestehen*. ～を経た geprüft.

ジレンマ das Dilemma -s, -s. ～に陥る in ein Dilemma geraten*(s).

しろ 白 das Weiß -[es], -; weiße Farbe. ～の weiß. ～パン das Weißbrot. ～ワイン der Weißwein.

しろ 城〔城館〕 das Schloss -es, ⸚er; 〔城郭〕 die Burg -en; 〔城塞〕 die Festung -en. ～跡 〔城のあった場所〕 der Burgstall; 〔廃墟〕 die Burgruine.

しろあり 白蟻 weiße Ameise -n; die Termite -n.

しろい 白い weiß. 髪が白くなる graue Haare bekommen*.

しろう 屍蠟 das Leichenwachs -es.

しろう 痔瘻 die Afterfistel -n.

しろうと 素人 der Laie -n, -n; 〔アマチュア〕 der Amateur -s, -e; der Liebhaber -s, -; der Dilettant -en, -en. ～考え laienhafter Gedanke. ～臭い dilettantisch; dilettantenhaft. ～下宿 [private] Pension. ～芝居 das Laienspiel. ～離れのした über das Dilettantische erhaben. ～目には in den Augen eines Nichtfachmannes. ～療法 die Laienbehandlung. それについてはまるで～です Darin bin ich blutiger Laie.

しろくじちゅう 四六時中 rund um die Uhr.

しろくま 白熊 der Eisbär -en, -en.

しろくろ 白黒 ・テレビ der Schwarzweißfernseher. 目を～させる die Augen verdrehen.

しろざとう 白砂糖 weißer Zucker -s.

じろじろ ～見る mustern; prüfend an|sehen*.

シロップ der Sirup -s, -e.

しろっぽい 白っぽい weißlich.

シロホン das Xylofon -s, -e.

しろみ 白身 〔卵の〕 das Eiweiß -es; 〔魚の〕 weißes Fleisch -es; 〔材木の〕 der Splint -s.

しろみ 白みがかった weißlich.

しろむく 白無垢 weißes Kleid -es, -er. ～を着ている weiß gekleidet (in Weiß gekleidet) sein*.

しろめ 白目 das Weiße# im Auge. ～をむき出す die Augen verdrehen.

しろもの 代物 das Ding -es, -e; 〔人〕 der Kerl -s, -e; das Subjekt -s, -e.

しろん 詩論 die Poetik -en.

しろん 試論 der Versuch -[e]s, -e.

じろん 持論 lang gehegte Meinung -en; der Lieblingsgedanke -ns, -n.

しわ 皺 die Falte -n; 〔特に顔の〕 die Runzel -n. ～の寄った faltig; runz[el]ig. ～だらけの顔 ein Gesicht voller Runzeln. ～になる faltig werden*(s). ～を伸ばす die Falten glätten. 額に～を寄せる die Stirn runzeln (in Falten ziehen*). ～くちゃにする zerknittern. ～くちゃの zerknittert; voller Falten.

しわがれる 嗄れる heiser werden*(s). → しゃがれ声.

しわけ 仕訳〔仕分け〕das Sortieren -s; die Klassifizierung (Einteilung) -en; 〔帳簿の〕 das Eintragen ins Journal. ～帳 das Journal. ～書 die Spezifikation.

しわける 仕分ける sortieren; klassifizieren; ein|teilen.

しわざ 仕業 die Tat (Handlung) -en; das Werk -es, -e. 神の～ die Werke Gottes.

じわじわ langsam aber sicher; Schritt für Schritt; nach und nach.

しわす 師走 der Dezember -[s].

しわよせ 皺寄せ ¶デフレの犠牲は中小企業に～された Kleinere Betriebe mussten die Lasten der Deflation tragen.

じわれ 地割れ der Bodenriss -es, -e.

しん 心(芯) 〔中心部〕 das Innere#; der Kern -s, -e; 〔髄〕 das Mark -s; 〔果実の〕 das Kernhaus -es, ⸚er; 〔ランプ・ろうそくの〕 der Docht -es, -e; 〔襟・帽子などの〕 die Einlage -n; 〔鉛筆の〕 die Mine -n. ～まで腐った faul (morsch) bis ins Mark. ～のある飯 halb gekochter Reis. ろうそくの～を切る eine Kerze putzen. ～から von Herzen; herzlich.

しん 真 die Wahrheit; das Wahre#. ～の wahr; echt. ～に wirklich; wahrhaft. ～に迫った naturgetreu; lebenswahr; wirklich-

じん 陣〔陣営〕das Heerlager (Feldlager) -s, -;〔陣地〕die Stellung -en;〔陣形〕die Formation -en;〔戦い〕die Schlacht -en. ～を敷く eine Truppe auf|stellen*.
ジン der Gin -s, -s.
しんあい 親愛な lieb; teuer; wert.
じんあい 仁愛 die Menschenliebe; die Humanität.
じんあい 塵埃 der Staub -s.
しんあん 新案 neuer Plan -es, ¨e; neuer Entwurf -s, ¨e. ～の neu geplant (entworfen). ～特許 das Erfindungspatent.
しんい 神意 die Vorsehung; Gottes Wille.
しんい 真意 wahre (wirkliche) Absicht -en; wahrer Sinn -es.
じんい 人為 die Kunst ¨e; das Menschenwerk -[e]s, -e. ～的 künstlich. ～淘汰(たう) künstliche Zuchtwahl.
しんいん 心因[性]の psychogen.
じんいん 人員 die Personenzahl; das Personal -s. ～整理 der Personalabbau.
じんうえん 腎盂炎 die Nierenbeckenentzündung -en.
しんえい 新鋭の frisch und energisch.
しんえい 親英・の englandfreundlich; anglophil. ～主義者 der Englandfreund.
じんえい 陣営 das Lager -s, -. 社会主義～ das sozialistische Lager.
しんえいたい 親衛隊 die Leibgarde -n. ～員 der Leibgardist.
しんえん 深淵 der Abgrund -[e]s, ¨e.
しんえん 深遠 tief; tiefsinnig.
じんえん 腎炎 die Nierenentzündung -en.
しんおう 深奥 die Tiefe; das Innerste#. ～の tief.
しんおん 心音 Herztöne pl.
しんおん 唇音 der Lippenlaut -[e]s, -e; der Labial -s, -e.
しんか 臣下 der Untertan -s, -en.
しんか 真価 wirklicher (wahrer) Wert -es, -e.
しんか 進化 die Evolution -en. ～する sich entwickeln. ～論 der Evolutionismus; 《生》die Abstammungslehre; die Evolutionstheorie. ～論者 der Evolutionist; der Anhänger der Abstammungslehre.
じんか 人家 das [Wohn]haus -es, ¨er.
しんかい 深海 die Tiefsee. ～魚 der Tiefseefisch.
しんがい 心外な enttäuschend; unerwartet.
しんがい 侵害 der Eingriff (Übergriff) -s, -e. ～する ein|greifen* (über|greifen*) 《in 4 格》.
しんがい 震駭させる erschüttern; bestürzen.
じんかい 塵芥 der Müll -s; der (das) Kehricht -s.
しんかいち 新開地 die Neubaugegend -en; neue Siedlung -en.
しんがお 新顔 der Neuling -s, -e.
しんかく 神格 die Gottheit. ～化する vergotten.
しんがく 神学 die Theologie -n. ～者 der Theologe. ～校 theologische Hochschule; das Seminar.
しんがく 進学する in eine höhere Schule ein|treten*《s》.
じんかく 人格 die Persönlichkeit; 〔性格〕der Charakter -s, -e. ～化する personifizieren. 彼は～者だ Er ist ein Mann von Charakter.
じんがさ 陣笠〔議員〕der Hinterbänkler -s, -.
しんがた 新型 neues Modell -s, -e; neuer Typ -s, -en. 或る自動車会社の最～の車 das neueste Modell einer Automobilfirma.
しんがら 新柄 neues Muster -s, -.
しんがり 殿・を務める〔兵〕die Nachhut bilden;《比》zuletzt kommen*《s》. ～に zuletzt.
しんかん 神官 der Schinto-Priester -s, -.
しんかん 信管 der Zünder -s, -.
しんかん 森閑とした [mäuschen]still; ruhig.
しんかん 新刊・の neu erschienen. ～書 die Neuerscheinung. ～紹介 die Besprechung (Rezension) eines neuen Buches.
しんかん 震撼させる erschüttern.
しんがん 心眼に映ずる vor seinen inneren Augen stehen*.
しんき 心機一転する mit frischem Mut einen neuen Anfang machen.
しんき 新奇な neu[artig].
しんき 新規・の neu; frisch. ～に aufs Neue; von neuem (frischem); neu. ～蒔(ま)き直しに やる wieder von vorn an|fangen*.
しんぎ 信義 die Treue; die Loyalität. ～の ある treu; loyal. ～を守る(破る) jm. die Treue halten*(brechen*). ～誠実《法》Treu und Glauben.
しんぎ 真偽を確かめる et. auf seine Wahrheit prüfen.
しんぎ 審議 die Beratung -en. ～する beraten*. ～中である in Beratung sein*. ～会 der Beratungsausschuss. ～未了になる ergebnislos abgebrochen werden*《s受》; auf Eis gelegt werden*《s受》.
じんぎ 仁義 Humanität und Gerechtigkeit; 〔人道〕die Humanität.
しんきくさい 辛気臭い langweilig; deprimierend; verdrießlich.
しんきげん 新紀元を画する Epoche machen;《形容詞》epochemachend.
しんきこうしん 心悸亢進 die Palpitation -en; das Herzklopfen -s.
しんきじく 新機軸を出す einen neuen Weg ein|schlagen*《in 3 格》.
しんきゅう 進級・する in eine höhere Klasse versetzt werden*《s受》;〔昇進する〕befördert werden*《s受》《zu 3 格》. ～試験 die Versetzungsprüfung.
しんきょ 新居 die neue Wohnung -en.
しんきょう 心境・を打ち明ける jm. sein Herz aus|schütten. 冗談を言うような～ではない zum Scherzen nicht aufgelegt sein*. ～の変化を来す anderen Sinnes werden*《s》; seine

しんきょう 信教の自由 die Glaubensfreiheit (Religionsfreiheit).
しんきょう 進境が著しい große Fortschritte machen 《in 3格》.
しんきょう 新教 der Protestantismus -. ～の protestantisch; evangelisch. ～徒 der Protestant.
しんきょく 神曲 〔ダンテの〕 „Die Göttliche Komödie".
しんきろう 蜃気楼 die Luftspiegelung -en; die Fata Morgana - ..nen (-s).
しんきろく 新記録を作る einen neuen Rekord auf|stellen. この暑さは～だ Die Hitze übertrifft alle Rekorde.
しんきん 心筋 der Herzmuskel -s,-n. ～梗塞 der Herzinfarkt.
しんぎん 呻吟・する stöhnen; ächzen. 獄窓に～する im Gefängnis schmachten.
しんきんかん 親近感を覚える sich jm. verwandt fühlen.
しんく 辛苦 die Mühe -n; die Mühsal -e. ～する sich³ Mühe geben* 《um 4格; mit 3格》; sich ab|mühen 《mit 》 3格. ～して mit Mühe. ～を嘗(⁽なめ⁾)める bittere Erfahrungen machen.
しんく 深(真)紅の karminrot; hochrot.
しんぐ 寝具 das Bettzeug -s.
しんくう 真空 luftleerer Raum -es, ⸚e; das Vakuum -s, ..kua (..kuen). ～の luftleer. ～管 die [Vakuum]röhre. ～ブレーキ die Vakuumbremse. バック die Vakuumverpackung.
シングル 〔衣〕 der Einreiher -s, -; 〔部屋〕 das Einzelzimmer -s, -. ～ベッド das Einzelbett.
シングルス das Einzelspiel -s, -e. 男子(女子)～ das Herreneinzel (Dameneinzel).
シンクロトロン das Synchrotron -s, -e.
シンクロナイズ die Synchronisierung -en.
シンクロナイズド・スイミング das Synchronschwimmen -s.
しんぐん 進軍 der Marsch -es, ⸚e. ～する marschieren (s). ～らっぱを吹く zum Marsch blasen*.
しんけい 神経 der Nerv -s, -en. ～を殺す 〔歯の〕 den Nerv töten. ～が太い(細い)人 gute (schwache) Nerven haben*. ～が鈍い ein dickes Fell haben*; unempfindlich sein*. ～過敏な nervös; überempfindlich. ～科 die Nervenklinik. ～系 das Nervensystem. ～質の nervös; nervenschwach; empfindlich. ～衰弱 die Nervenschwäche; die Neurasthenie. ～戦 der Nervenkrieg. ～中枢 das Nervenzentrum. ～痛 Nervenschmerzen pl.; die Neuralgie.
じんけい 陣形 die Schlachtordnung -en; die Formation -en.
しんげき 進撃 der Angriff -s, -e; der Vorstoß -es, ⸚e. ～する zum Angriff vor|gehen*(s); vor|stoßen*(s).

しんけつ 心血・を注ぐ sein Herzblut hin|geben* 《für 4格》. ～を注いで書く mit seinem Herzblut schreiben*.
しんげつ 新月 der Neumond -[e]s.
しんけん 真剣 der Ernst -es. ～な(に) ernst; ernsthaft; im (mit) Ernst.
しんけん 親権 die elterliche Gewalt. ～者 die Eltern pl.
しんげん 進言 der Rat -[e]s, -schläge. ～する jm. raten*.
しんげん 箴言 der Aphorismus -, ..men; die Maxime -n. ソロモンの～ die Sprüche Salomos.
しんげん 震源 der Erdbebenherd -[e]s, -e; das Hypozentrum -s, ..tren. 騒動の～ der Herd der Unruhen.
じんけん 人絹 die Kunstseide -n.
じんけん 人権 Menschenrechte pl. ～蹂躙(じゅうりん) die Verletzung der Menschenrechte. ～宣言 die Menschenrechtserklärung.
じんけんひ 人件費 Personalkosten pl.
しんご 新語 das Neuwort -[e]s, ⸚er; 〔新造語〕 der Neologismus -, ..men. ～を造る neue Wörter bilden (prägen).
じんご 人後に落ちない keinem nach|stehen* 《an (in) 3格》.
しんこう 信仰 der Glaube -ns; die Religion. ～する glauben 《an 4格》. 彼は～家だ (～心がある) Er hat Religion. →信心.
しんこう 振興・する fördern. 学術の～ die Förderung der Wissenschaften.
しんこう 進行 der [Fort]gang -[e]s; 〔列車などの〕 die Fahrt. ～する fort|schreiten*(s); vorwärts gehen*(s); 〔列車などが〕 fahren*(s). ～中である im Gang[e] (Werke) sein*.
しんこう 進講する einen Vortrag vor dem Kaiser halten* 《über 4格》.
しんこう 新興・階級 neu emporkommende Klasse. ～宗教 neue Religion.
しんこう 親交を結ぶ(続ける) mit jm. Freundschaft schließen*(halten*). ～がある mit jm. befreundet sein*; mit jm. vertrauten Umgang haben*; in einem freundschaftlichen Verhältnis zu jm. stehen*.
しんごう 信号 das Signal -s, -e. ～で知らせる signalisieren; das Signal geben* 《zu 3格》. ～機 die Ampel; 〔鉄〕 das Signal. ～旗 die Signalflagge. ～所 die Signalanlage. ～灯 die Signallampe. ～手 〔海〕 der Signalgast; 〔鉄〕 der Signalwärter.
じんこう 人工・の künstlich. ～衛星 der [Erd]satellit. ～栄養(呼吸) künstliche Ernährung (Atmung). ～授精 künstliche Besamung.
じんこう 人口 die Bevölkerung. ～過剰 die Übervölkerung. ～密度 die Bevölkerungsdichte. ～問題 die Bevölkerungsfrage. ～稠(ちゅう)密(稀薄)な stark (schwach) bevölkert. ～が多い(少ない) eine große (kleine) Bevölkerung haben*. ～に膾炙(かいしゃ)する in aller Munde sein*.

しんきゅう 深呼吸する tief atmen.
しんこく 申告 die Anmeldung -en; die Angabe -n. ～する an|melden; an|geben*. 税務署に所得を～する der Steuerbehörde sein Einkommen erklären. ～者 der Anmelder. ～書 schriftliche Angabe. ～用紙 das Anmeldeformular.
しんこく 深刻な ernst; ernsthaft.
しんこん 新婚・の neuvermählt; jungverheiratet. ～の夫婦 neuvermähltes Paar; die Neuvermählten# pl. ～旅行をする eine Hochzeitsreise machen.
しんさ 審査 die Prüfung (Untersuchung) -en. ～する prüfen; untersuchen. ～員 der Prüfer; der Juror. ～委員会 der Prüfungsausschuss; die Jury.
しんさい 震災にあう eine Erdbebenkatastrophe erleiden*; von einem Erdbeben heimgesucht werden*(s者).
じんざい 人材 das Talent -[e]s, -e; der Tüchtige#. ～に門戸を開け Freie Bahn dem Tüchtigen!
しんさく 新作 neues Werk -es, -e.
しんさつ 診察 [ärztliche] Untersuchung -en; die Konsultation -en. ～する [ärztlich] untersuchen. 医者の～を受ける einen Arzt befragen (konsultieren); sich ärztlich (vom Arzt) untersuchen lassen*. ～券 die Konsultationskarte. ～時間 die Sprechstunde. ～室 das Sprechzimmer. ～料 Arztgebühren pl.
しんさん 辛酸を嘗⑧める Strapazen aus|halten* (auf sich nehmen*). → 辛苦.
しんざん 深山・に tief in den Bergen. ～幽谷 tiefe Berge und stille Täler pl.
しんざん 新参・の neu. ～者 der Neuling; der Neue#.
しんし 真摯な ernsthaft.
しんし 紳士 der Herr -n, -en; der Ehrenmann -[e]s, ⸚er; der Gentleman -s, ..men. ～的 ehrenhaft; anständig. ～協定 das Gentleman's Agreement. ～録に載っている im Lexikon „Wer ist wer?" stehen*. ～淑女諸君 Meine Damen und Herren!
しんじ 心耳 [解] das Herzohr -s, -en.
じんじ 人事 Personalangelegenheiten pl. ～を尽す sein Möglichstes tun*. ～院 das Nationale Personalamt. ～課 die Personalabteilung.
しんしき 新式の neuartig; neuen Stils; modern.
シンジケート das Syndikat -s, -e.
しんしつ 心室 [解] die Herzkammer -n.
しんしつ 寝室 das Schlafzimmer -s, -; die Schlafkammer -n.
しんじつ 真実 die Wahrheit. [現実] die Wirklichkeit. [事実] die Tatsache. ～の wahr; wirklich; tatsächlich. ～を言う die Wahrheit sagen. ～味 die Treuherzigkeit; die Aufrichtigkeit.
じんじふせい 人事不省 die Bewusstlosigkeit. ～に陥る bewusstlos (ohnmächtig) werden*(s); das Bewusstsein verlieren*; in Ohnmacht fallen*(s).
しんしゃ 深謝する jm. herzlich danken 《für 4 格》; [詫びる] sich bei jm. aufrichtig entschuldigen 《für 4 格; wegen 2 格》.
しんじゃ 信者 der Gläubige#; der Anhänger -s, -.
じんじゃ 神社 der Schinto-Tempel -s, -.
ジンジャー der Ingwer -s, -. ～エール das Ginger-Ale ['dʒɪndʒə'eɪl].
しんしゃく 斟酌・する Rücksicht nehmen* 《auf 4 格》; berücksichtigen. これらの事情を～して unter Berücksichtigung aller dieser Umstände.
しんしゅ 進取・の気性 der Unternehmungsgeist -es; die Unternehmungslust. ～の気性に富んだ unternehmend; unternehmungslustig.
しんしゅ 新酒 neuer (junger) Wein -es, -e.
しんじゅ 真珠 die Perle -n. 養殖～ die Zuchtperle. 模造～ imitierte Perle. ～貝 die Perlmuschel. ～採取 die Perlenfischerei. ～養殖業者 der Perlenzüchter. ～の首飾り die Perlenkette.
じんしゅ 人種 die [Menschen]rasse -n. 白色(黄色; 黒色)～ die weiße (gelbe; schwarze) Rasse. ～学 die Rassenkunde. ～差別 die Rassendiskriminierung. ～的偏見 das Rassenvorurteil.
しんじゅう 心中 der Selbstmord zweier Liebender. ～する Doppelselbstmord begehen*.
しんしゅく 伸縮・自在の elastisch. ～性 die Elastizität.
しんしゅつ 進出・する vor|rücken(s). 映画(舞台)に～する zum Film (zur Bühne) überwechseln(s). 国産品の海外～ die Ausfuhr der einheimischen Waren. 東京に～する nach Tokyo expandieren.
しんしゅつ 滲出 [医] die Exsudation -en. ～液 das Exsudat. ～性体質 exsudative Diathese.
しんしゅん 新春 das Neujahr -[e]s.
しんじゅん 浸潤 [医] die Infiltration -en. ～する et. infiltrieren. 肺～ die Lungeninfiltration.
しんしょ 信書 der Brief -es, -e. ～の秘密を犯す das Briefgeheimnis verletzen.
しんしょ 新書 [ポケット判の本] das Taschenbuch -[e]s, ⸚er. ～判 das Taschenbuchformat.
しんしょ 親書 das Handschreiben -s, -. ～する eigenhändig schreiben*.
しんじょ 神助 die Hilfe Gottes. ～により mit Gottes Hilfe.
しんしょう 心証 der Eindruck -s, ⸚e; die Überzeugung -en. 或る人の～を悪くする einen schlechten Eindruck auf jn. machen.
しんしょう 身上 → 身代.
しんしょう 辛勝する [in einem Spiel] nu

しんじょう 心情 das Gemüt -s; Gefühle pl.
しんじょう 身上〔とりえ〕der Vorzug -[e]s, ⸚e. ~調査をする sich über js. Lebensverhältnisse (Lebenslauf) erkundigen. ~書 Personalien pl.
しんじょう 信条 der Glaubensartikel -s, -; das Glaubensbekenntnis -ses, -se; der Glaube -ns.
しんじょう 真情 sein wahres Gefühl -s, -e. ~を吐露する jm. sein Innerstes offenbaren.
じんじょう 尋常・の gewöhnlich; normal. ~に勝負する ehrlich kämpfen (spielen).
しんしょうぼうだい 針小棒大に言う aus einer Mücke einen Elefanten machen.
しんしょく 浸食(蝕) 【地】 die Erosion -en. ~する erodieren; aus|waschen*.
しんしん 心身 Körper und Geist; Leib und Seele. ~医学 die Psychosomatik. ~症 psychosomatische Krankheit.
しんしん 心神・耗(ﾏﾅ)弱 verminderte Zurechnungsfähigkeit. ~喪失 die Zurechnungsunfähigkeit.
しんしん 深深 ¶夜は～と更(ﾌｹ)け渡った Die Nacht ist schon sehr weit vorgerückt.
しんしん 新進・の angehend; neu. ~気鋭の frisch und energisch.
しんじん 信心 der Glaube -ns; die Frömmigkeit; die Andacht. ~する glauben 《an 4格》. ~家 der Fromme*. ~深い fromm; andächtig; religiös.
しんじん 深甚なる herzlichst; innigst.
しんじん 新人 der Neuling -s, -e; neues Talent -[e]s, -e.
じんしん 人心 die Herzen der Menschen; die Volksstimmung -en; die öffentliche Meinung.
じんしん 人身・攻撃 persönlicher Angriff. ~攻撃にわたる persönlich (anzüglich) werden*(s). ~売買 der Menschenhandel.
しんすい 心酔・する schwärmen 《für 4格》; jm. an|beten*. ~者 der Schwärmer; der Anbeter.
しんすい 浸水・する überschwemmt werden* (s受); unter Wasser gesetzt werden*(s受); unter Wasser stehen*. 船が～する Das Schiff ist leck. ~家屋 überschwemmte Häuser pl.
しんすい 進水・する vom Stapel laufen*(s). 船を～させる ein Schiff vom Stapel lassen*. ~式 [feierlicher] Stapellauf.
しんずい 真(神)髄 der Kern -s, -e; das Wesentlichste*; das Wesen -s; der Geist -es.
じんすい 尽瘁する sich widmen (hin|geben*) 《3格》.
しんずる 信ずる glauben. 或る人[の言うこと]を～ jm. glauben. 神を～ an Gott glauben. キリスト教を～ sich zum Christentum bekennen*. 堅く信じている fest überzeugt sein* 《von 3格》. 信じがたい unglaublich. 信じやすい leichtgläubig. 信ずべき筋から aus guter (sicherer; zuverlässiger) Quelle.
しんせい 申請 das Gesuch -[e]s, -e; die Beantragung -en. ~する bei jm. an|suchen 《um 4格》; beantragen. ~書を出す ein Gesuch an jn. (bei jm.) ein|reichen. ~人 der Gesuchsteller.
しんせい 神性 die Gottheit; die Göttlichkeit.
しんせい 神聖 die Heiligkeit. ~な heilig. ~化する heiligen. ~を汚す et. entheiligen; et. schänden. ~ローマ帝国 das Heilige Römische Reich [Deutscher Nation].
しんせい 真性・の echt. ¶コレラ echte Cholera.
しんせい 新生 neues Leben -s; die Wiedergeburt. ~する wiedergeboren sein*. ~児 das Neugeborene#.
しんせい 新制大学 die Hochschule neuen Systems.
じんせい 人生 das [Menschen]leben -s, -. ~観 die Lebensanschauung. ~行路 der Lebensweg; der Lebenspfad.
じんせい 人性 menschliche Natur.
しんせいだい 新生代【地】das Känozoikum (Neozoikum) -s.
しんせいめん 新生面を開く einen neuen Weg ein|schlagen* 《in 3格》.
しんせき 親戚 → 親類.
じんせき 人跡・稀な menschenlos. ~未踏の unbetreten.
しんせつ 新設・する neu errichten (gründen). ~の neu errichtet (gegründet).
しんせつ 親切 die Güte; die Freundlichkeit. ~な gütig; freundlich; liebenswürdig; gefällig. ~にする zu jm. freundlich (gütig) sein*; sich jm. gefällig zeigen; jm. eine Gefälligkeit erweisen*. ~ごかしに unter dem Deckmantel der Freundschaft. 彼は～にも私を手伝ってくれた Er war so freundlich, mir zu helfen. / Er war so gefällig und half mir dabei. ご～ありがとう Das ist sehr freundlich (liebenswürdig) von Ihnen.
しんせっきじだい 新石器時代 die Jungsteinzeit; das Neolithikum -s.
しんせん 新鮮な frisch; neu.
しんぜん 親善 die Freundschaft; freundschaftliche Beziehungen pl. 国際～ das gute Einvernehmen unter den Nationen. ~を図る freundschaftliche Beziehungen an|knüpfen. ~訪問 der Freundschaftsbesuch.
じんせん 人選する eine geeignete Person aus|wählen.
しんそう 真相 die Wahrheit; wahrer Sachverhalt -s; wirkliche Verhältnisse pl.
しんそう 深層心理学 die Tiefenpsychologie.
しんそう 新装を施す et. neu aus|statten.
しんぞう 心臓 das Herz -ens, -en. ~が強い ein gesundes Herz haben*; 【比】frech sein*.

~病 die Herzkrankheit. ~弁膜症 der Herzklappenfehler. ~麻痺 die Herzlähmung.

じんぞう 人造・の künstlich; Kunst-. ~真珠 künstliche Perle. ~絹糸 die Kunstseide. ~バター die Kunstbutter.

じんぞう 腎臓 die Niere -n. ~炎 die Nierenentzündung. ~結石 der Nierenstein. ~病の nierenkrank.

しんぞく 親族 → 親類. ~会議 der Familienrat.

じんそく 迅速な schnell; rasch; geschwind.

しんそこ 心底から aus Herzensgrund; von ganzem Herzen.

しんそつ 真率な aufrichtig; offen[herzig].

しんたい 身体 der Körper -s, -; der Leib -es, -er. ~上の körperlich; leiblich. ~検査 körperliche Untersuchung. ~検査を受ける körperlich untersucht werden*(s受). ~障害者 der Krüppel; der Körperbehinderte#; der Versehrte#.

しんたい 進退・の自由を失う die Bewegungsfreiheit verlieren*. ~を共にする gemeinsam vor|gehen*(s). ~を決する sich über sein Verhalten entscheiden*. ~を誤る einen falschen Schritt tun*. ~窮まる in die Klemme geraten*(s); in der Klemme sein* (sitzen*). ~伺いを出す sein inoffizielles Abschiedsgesuch ein|reichen.

しんだい 身代 das Vermögen -s, -. ~をこしらえる sein Glück machen. ~を潰(ﾂﾌ)す sein Vermögen verlieren*. ~限りをする Bankrott machen.

しんだい 寝台 das Bett -es, -en. ~車 der Schlafwagen (Liegewagen). ~券 die Schlafwagenkarte.

じんたい 人体 menschlicher Körper -s, -. ~実験 das Experiment an Menschen.

じんたい 靭帯 〚解〛 das Band -es, "er; das Ligament -s, -e.

じんだい 甚大な sehr groß; unermesslich; ungeheuer.

しんたく 信託 〚法〛 die Treuhand[schaft]. ~する an|vertrauen. ~会社 die Treuhandgesellschaft. ~銀行 die Treuhandbank. ~行為 das Treuhandgeschäft. ~統治領 das Treuhandgebiet.

しんたく 神託 das Orakel -s, -; der Götterspruch -s, "e.

しんたく 新宅 neues Haus -es, "er; neue Wohnung -en.

しんたん 心胆を寒からしめる jm. Furcht (einen Schreck[en]) ein|jagen.

しんたん 薪炭 das Brennmaterial -s, -ien; der Brennstoff -s, -e.

しんだん 診断 die Diagnose -n. 肺炎と~する eine Krankheit als Lungenentzündung diagnostizieren. ~を誤る eine falsche Diagnose stellen. ~書 das Attest.

じんち 人知 der Menschenverstand -[e]s; die Menschenweisheit. それは~の及ぶところでない Das geht über den Menschenverstand.

じんたい 人体

1 頭 der Kopf
2 肩 die Schulter
3 腋(ｶﾞ)の下 die Achselhöhle
4 乳首 die Brustwarze
5 胸・乳房 die Brust
6 臍(ﾍｿ) der Nabel
7 腹 der Bauch
8 恥部 die Schamgegend
9 脚 das Bein
10 足 der Fuß
11 膝 das Knie
12 手 die Hand
13 肘 der Ellbogen
14 腕 der Arm
15 頸(ｸﾋﾞ) der Hals
16 うなじ der Nacken
17 背 der Rücken
18 腰(仙骨部) das Kreuz
19 腰 die Hüfte
20 臀部 das Gesäß

じんち 陣地 die Stellung -en.

しんちく 新築 der Neubau -[e]s. ~する neu bauen. ~の家 neu gebautes Haus; der Neubau.

しんちゃく 新着の neu (frisch) eingetroffen.

しんちゅう 心中・を打ち明ける jm. sein Herz aus|schütten. ~ひそかに思う bei sich³ denken*. ~穏やかでない missvergnügt sein*. 御~お察しします Ich kann es Ihnen nachfühlen.

しんちゅう 真鍮 das Messing -s. ~のmessingen; aus Messing.

しんちゅう 進駐 der Einmarsch -es, "e. ~する ein|marschieren(s)《in 4格》. ~軍 Besatzungstruppen pl.

しんちょう 身長 die Körpergröße -n. ~180センチである 180 cm groß sein*.

しんちょう 伸張する aus|dehnen; 〔伸びる〕 sich aus|dehnen.

しんちょう 慎重な(に) vorsichtig; behutsam bedächtig; sorgsam.

しんちょう 新調・の neu gemacht; nagelneu. 背広を~する sich³ einen neuen Anzug machen (anfertigen) lassen*.

じんちょうげ 沈丁花 der Seidelbast -[e]s, -e.

しんちょく 進捗する fort|schreiten*(s); vonstatten gehen*(s).

しんちんたいしゃ 新陳代謝 der Stoffwech-

しんせい sel -s; der Metabolismus -; 〔更新〕die Erneuerung -en. ～する erneuert werden*(s 受).

しんつう 心痛 der Kummer -s; die Sorge -n. ～する sich sorgen (sich³ Sorgen machen)《um 4 格》.

じんつう 陣痛 [Geburts]wehen pl. ～が始まる(始まっている) Die Wehen setzen ein (Sie liegt in den Wehen).

じんつうりき 神通力 die Wunderkraft ⸗e.

しんてい 心底・を見抜く jm. ins Herz sehen*. ～を打ち明ける jm. sein Innerstes offenbaren.

しんてい 進呈する schenken; geben*; dar|bringen*.

しんていばん 新訂版 neu bearbeitete Auflage -n.

ジンテーゼ die Synthese -n.

しんてき 心的 seelisch; psychisch. ～現象 psychisches Phänomen.

じんてき 人的 persönlich. ～資源 das Menschenmaterial.

しんてん 進展 die Entwicklung -en. ～する sich entwickeln (entfalten); fort|schreiten* (s).

しんてん 親展 〔封筒の表に〕eigenhändig (略: e. h.); persönlich.

しんでん 神殿 der Tempel -s, -.

しんでんず 心電図 das Elektrokardiogramm -s, -e (略: EKG; Ekg).

しんと 信徒 → 信者.

しんど 進度が早い(おそい) schnell (nur langsam) fort|schreiten*(s).

しんど 深度 die Tiefe -n.

しんど 震度 die Erdbebenstärke -n. ～3の地震 das Erdbeben von der Stärke 3 [der Richter-Skala].

しんとう 神道 der Schintoismus -. ～の schintoistisch.

しんとう 浸(滲)透 die Durchdringung; 〔化〕die Osmose -n. ～する et. durchdringen*; ein|dringen*(s) 《in 4 格》. ～圧 osmotischer Druck. ～性の durchlässig; osmotisch.

しんとう 親等 der Verwandtschaftsgrad -[e]s, -e.

しんどう 神童 das Wunderkind -[e]s, -er.

しんどう 振動 die Schwingung (Vibration) -en. ～する schwingen*; vibrieren. ～数〔物〕die Frequenz.

しんどう 震動・する beben. ～させる erschüttern.

しんとう 陣頭に立つ an der Spitze stehen*.

じんどう 人道 die Humanität; die Menschlichkeit; 〔歩道〕der Bürgersteig -s, -e. ～的 human; menschlich. ～主義 der Humanismus. ～主義的 humanistisch; humanitär. ～主義者 der Humanist. ～問題 die Frage der Humanität.

じんとうぜい 人頭税 die Kopfsteuer -n.

じんとく 人徳 angeborene Tugend -en.

じんどる 陣取る seine Truppe auf|stellen; 《比》seinen Platz ein|nehmen*.

シンナー der Verdünner -s, -; das Verdünnungsmittel -s, -.

しんにち 親日・の japanfreundlich. ～家 der Japanfreund.

しんにゅう 侵入 der Einbruch (Einfall) -s, ⸗e; die Invasion -en. ～する ein|brechen*(s); ein|dringen*(s). ～者 der Einbrecher; der Eindringling; Invasoren pl. 家宅～罪 der Hausfriedensbruch.

しんにゅう 新入・の neu [eingetreten]. ～生 neuer Schüler; 〔小学校の〕der ABC-Schütze.

しんにん 信任 das Vertrauen -s. → 信用. ～状 das Beglaubigungsschreiben; das Akkreditiv. ～投票 das Vertrauensvotum.

しんにん 新任の neu (ernannt).

しんねん 信念 der Glaube -ns; die Überzeugung -en.

しんねん 新年 das Neujahr -s. ～の祝詞を述べる jm. zum neuen Jahr gratulieren. ～おめでとう(謹賀～) Prosit Neujahr! / Ich wünsche Ihnen ein glückliches neues Jahr! ～宴会 das Neujahrsbankett.

しんのう 親王 [kaiserlicher] Prinz -en, -en.

シンパ der Sympathisant -en, -en.

しんぱい 心配 die Sorge -n; die Besorgnis -se; die Angst ⸗e; die Furcht. ～する sich sorgen (ängstigen) 《um 4 格》; sich³ Sorgen machen 《um 4 格》; besorgt sein* 《um 4 格》; befürchten; 〔配慮する〕sorgen 《für 4 格》. ～してやる〔調達する〕jm. et. besorgen. ～をかける jm. Sorgen machen. ～事 Sorgen pl. ～事のない sorgenfrei; sorgenlos. ～性の ängstlich. ～そうな angstvoll; sorgenvoll. 私は彼の事が～だ(になる) Mir ist (wird) bang[e] um ihn. ～するな Sei ohne Sorge! / Keine Sorge!

しんぱつ 神罰 die Strafe Gottes.

しんぱつ 進発する ab|marschieren(s); auf|brechen*(s).

シンバル die Zimbel -n.

しんぱん 侵犯 der Eingriff (Übergriff) -s, -e. ～する ein|greifen* 《in 4 格》; → 侵す.

しんぱん 新版 der Neudruck -[e]s, -e; die Neuauflage (Neuausgabe) -n.

しんぱん 審判 die Entscheidung -en; das Urteil -s, -e. ～する entscheiden*. ～員 der Schiedsrichter. ～員を務める schiedsrichtern. 最後の～ das Jüngste (Letzte) Gericht.

しんび 審美・的 ästhetisch. ～眼がある ein Auge für das Schöne haben*.

しんぴ 神秘 das Mysterium -s, ..rien; das Geheimnis -ses, -se. ～的 mysteriös; mystisch; geheimnisvoll. ～主義 der Mystizismus; die Mystik.

しんぴ 真皮〔解〕die Lederhaut ⸗e.

しんぴょうせいのある 信憑性のある glaubwürdig; authentisch.

しんぴん 新品の ungebraucht; neu.

じんぴん 人品 [persönliche] Erscheinung

-en. ～のよい(悪い)人 ein Mensch von gutem (schlechtem) Aussehen.

しんぶ 深部 die Tiefe -n.

しんぷ 神父 der Pater -s, - (..tres); der Vater -s, ⸚.

しんぷ 新婦 die Braut ⸚e.

シンフォニー die Sinfonie -n.

しんぷく 心服する jm. ergeben sein*; vor jm. eine große Achtung haben*.

しんぷく 振幅 die Amplitude -n.

しんふぜん 心不全 die Herzinsuffizienz; die Herzschwäche.

じんぶつ 人物 die Person -en; der Mensch -en, -en; die Persönlichkeit -en; die Gestalt -en;〔人柄〕der Charakter -s, -e;〔人材〕das Talent -[e]s, -e. ～考査 die Charakterprüfung. ～評 der [gesellschaftliche] Ruf. 彼はなかなかの～だ Er ist eine Persönlichkeit (ein Charakter).

しんぶん 新聞 die Zeitung -en;〔集合的に〕die Presse. ～を取っている eine Zeitung halten*. ～に出す in die Zeitung setzen; in der Zeitung veröffentlichen. ～に出ている in der Zeitung stehen*. ～売り der Zeitungsverkäufer. ～紙(ヒ) das Zeitungspapier. ～記事 der Zeitungsbericht. ～記者 der Journalist. ～広告 die Zeitungsanzeige. ～社 der Zeitungsverlag. ～種になる in die Zeitung kommen*(s). ～配達人 der Zeitungs[aus]träger. ～売店 der Zeitungskiosk. ～ばさみ der Zeitungshalter. ～屋 der Zeitungsschreiber.

じんぶん 人文・科学 Geisteswissenschaften pl. ～主義 der Humanismus. ～主義者 der Humanist. ～地理学 die Anthropogeographie.

じんぷん 人糞 der Menschenkot -s; Exkremente pl.

しんべい 親米・の amerikafreundlich. ～主義者 der Amerikafreund.

しんぺい 新兵 der Rekrut -en, -en.

しんぺん 身辺の危険 js. persönliche Gefahr. ～を警戒する jn. vor Gefahr schützen. ～を整理する seine Verhältnisse ordnen.

しんぽ 進歩 der Fortschritt -[e]s, -e. ～する Fortschritte machen 《in 3 格》; fort|schreiten*(s)《in 3 格》. ～的 fortschrittlich; progressiv. ～主義者 der Fortschrittler; der Progressist.

しんぼう 心棒 die Achse -n.

しんぼう 心房 das Atrium -s, Atrien.

しんぼう 辛抱 die Geduld; die Ausdauer. ～する Geduld haben*; aus|halten*; aus|dauern; aus|harren. ～して mit (in) Geduld. ～強い geduldig; ausdauernd; beharrlich.

しんぼう 信望がある ein großes Ansehen genießen*; in hohem Ansehen stehen*.

しんぼう 深謀遠慮の besonnen und weitblickend.

しんぽう 信奉・する sich bekennen*《zu 3 格》. ～者 der Bekenner; der Anhänger.

じんぼう 人望 die Beliebtheit. ～のある beliebt. →信望.

しんぼく 親睦 die Freundschaft. 相互の～を図る gegenseitige Freundschaft fördern. ～会 geselliger Zusammenkunft.

シンポジウム das Symposion (Symposium) -s, ..sien.

シンボル das Symbol -s, -e; das Sinnbild -[e]s, -er.

しんまい 新米 neuer Reis -es;〔人〕der Neuling -s, -e; der Anfänger -s, -. ～の neu; grün.

じんましん 蕁麻疹 der Nesselausschlag -s, ⸚e; die Nesselsucht; die Urtikaria.

しんみ 新味 die Neuheit.

しんみ 親身・の(になって) freundlich; herzlich; ernstlich. ～も及ばぬ世話をする jn. mütterlich betreuen.

しんみつ 親密 vertraut; intim; innig.

しんみょう 神妙な〔殊勝な〕löblich; lobenswert;〔従順な〕gehorsam; willig;〔忠実な〕treu.

しんみり ～する gerührt werden*(s受). ～と話をする ein vertrautes Gespräch mit jm. haben* (führen).

じんみん 人民 das Volk -es. ～戦線 die Volksfront. ～投票 die Volksabstimmung.

しんめ 新芽 der Spross -es, -e. ～を出す neue Sprosse treiben*.

しんめい 身命・を賭(ト)して mit (unter) Gefahr seines Lebens. ～を擲(ナ)つ Leib und Leben hin|geben*《für 4 格》.

しんめい 神明に誓う bei Gott schwören*.

じんめい 人名 der Personenname -ns, -n. ～辞典 biografisches Lexikon. ～簿 die Namenliste.

じんめい 人命 das Menschenleben -s, -. ～救助 die Lebensrettung.

シンメトリー die Symmetrie -n.

しんめんもく 真面目を発揮する sein wahres Wesen offenbaren.

しんもつ 進物 das Geschenk -[e]s, -e.

しんもん 審問 →尋問.

じんもん 尋問 das Verhör -s, -e. ～する verhören; vernehmen*; befragen.

しんや 深夜・に in der tiefen Nacht; tief in der Nacht. ～まで bis tief in die Nacht [hinein]. ～放送 die Nachtsendung. ～番組 das Nachtprogramm. ～料金 der Nachttarif.

しんやく 新薬 neue Arznei -en.

しんやくせいしょ 新約聖書 das Neue Testament -[e]s (略: N.T.).

しんゆう 親友 vertrauter (intimer) Freund -es, -e; der Busenfreund (Herzensfreund) -[e]s, -e.

しんよう 信用 das Vertrauen -s; der Glaube -ns;〔取引上の〕der Kredit -s. ～する trauen《3 格》; vertrauen《3 格; auf 4 格》; Vertrauen haben*《zu 3 格》; Vertrauen schenken《3 格》; glauben《3 格》. ～のできる

zuverlässig; vertrauenswürdig; glaubwürdig. ～がある js. Vertrauen genießen*; bei jm. Kredit haben* (genießen*). ～を得る(失う) js. Vertrauen gewinnen* (verlieren). ～で買う auf Kredit kaufen. ～貸しをする jm. Kredit geben*. ～組合 die Kreditgenossenschaft. ～状 der Kreditbrief.

じんよう 陣容 die Schlachtordnung -en; 〔顔触れ〕 das Personal -s.

しんようじゅ 針葉樹 der Nadelbaum -[e]s, ¨e.

しんらい 信頼 das Vertrauen (Zutrauen) -s. ～する vertrauen 《3格; auf 4格》; sich verlassen* 《auf 4格》. 全幅の～を置く seine ganze Zuversicht auf jn. setzen. 彼は～できない Auf ihn ist kein Verlass. →信用.

しんらい 新来の neu angekommen; neu.

しんらつ 辛辣な bitter; herb; scharf; beißend.

しんらばんしょう 森羅万象 das Weltall (Universum) -s; die ganze Schöpfung.

しんり 心理 der Seelenzustand -s, ¨e; die Gemütsverfassung; die Mentalität -en. ～的 psychologisch; psychisch; seelisch. ～学 die Psychologie. ～学的 psychologisch. ～学者 der Psychologe. ～現象 seelische Erscheinung. ～小説 psychologischer Roman. ～描写 psychologische Schilderung.

しんり 真理 die Wahrheit. ～を探究する nach der Wahrheit forschen.

しんり 審理 die Untersuchung -en; 〔法〕 die Verhandlung -en. ～する untersuchen; verhandeln.

じんりきしゃ 人力車 die Rikscha -s.

しんりゃく 侵略 die Invasion -en; die Eroberung -en. ～する invadieren; erobern. ～的 eroberungslustig. ～者 Invasoren pl.; der Eroberer. ～主義 die Eroberungspolitik. ～戦争 der Invasionskrieg (Eroberungskrieg).

しんりょ 深慮 die Bedachtsamkeit; die Besonnenheit. →深謀.

しんりょう 診療 [ärztliche] Behandlung -en. ～する [ärztlich] behandeln. ～を受ける sich [ärztlich] behandeln lassen*. ～所 die Klinik.

しんりょく 新緑 frisches (zartes) Grün -s.

じんりょく 人力 die Menschenkraft ¨e. ～の及ぶところではない Das geht über jede menschliche Kraft.

じんりょく 尽力 die Bemühung -en; die Anstrengung -en. ～する sich bemühen 《um 4格》; sorgen 《für 4格》. 或る人のために～する jm. einen guten Dienst leisten.

しんりん 森林 der Wald -es, ¨er; der Forst -es, -e[n]. ～地帯 die Waldgegend.

じんりん 人倫 die Sittlichkeit; die Moralität.

しんるい 親類 der Verwandte#; 〔集合的に〕 die Verwandtschaft. 父(母)方の～ die Verwandtschaft von väterlicher (mütterlicher) Seite. 或る人と近い(遠い)～である damit mit jm. nahe (entfernt) verwandt sein*. ～付き合いをしている mit jm. auf vertrautem Fuß stehen*.

じんるい 人類 die Menschheit; das Menschengeschlecht -s. ～愛 die Menschenliebe. ～学 die Anthropologie. ～学者 der Anthropologe. 文化～学 die Kulturanthropologie.

しんれい 心霊 die Seele -n; die Psyche -n. ～学 die Parapsychologie. ～術 der Spiritismus. ～現象 okkultistische Erscheinung.

しんれい 新例をつくる ein neues Beispiel geben*.

しんれき 新暦 der gregorianische Kalender -s.

しんろ 針路 der Kurs -es, -e. ～を北へとる Kurs nach Norden nehmen*. ～を誤る einen falschen Kurs ein|schlagen*.

しんろ 進路 der Kurs -es, -e; der Weg -es, -e; die Bahn -en. ～を切り開く sich³ Bahn brechen*. ～を妨げる jm. den Weg ab|schneiden*; jm. in den Weg treten*(s).

しんろう 心労 →心配.

しんろう 新郎 der Bräutigam -s, -e. ～新婦 die Neuvermählten# pl.; neuvermähltes Paar.

しんわ 神話 der Mythus (Mythos) -, ..then; die Mythe -n; die Göttersage -n. ～的 mythisch; mythenhaft. ～学 die Mythologie. ～時代 mythologisches Zeitalter.

しんわ 親和 die Freundschaft; der Frieden -s. ～力 die Wahlverwandtschaft; die Affinität.

す

す 州 die Sandbank ¨e.

す 巣 das Nest -es, -er; 〔猛禽の〕 der Horst -[e]s, -e; 〔獣類の〕 das Lager -s, -. 蜘蛛(を)の～ das Spinngewebe; das Spinnennetz. 蜜蜂の～ die Bienenwabe. 盗賊の～ die Räuberhöhle. 鳥が～を営む Die Vögel bauen ihr Nest. 蜘蛛が～を掛ける Die Spinne webt ihr Netz. 雌鳥が～についている Die Henne sitzt auf dem Nest.

す 酢 der Essig -s, -e. ～に漬(つ)ける in Essig ein|legen. ～漬けのきゅうり die Essiggurke.

ず 図 das Bild -es, -er; die Zeichnung -en. ～に書く zeichnen. ～に当る Erfolg haben*. ～に乗る übermütig werden*(s).

すあし 素足で barfuß; mit bloßen Füßen. ～の barfüßig.

ずあん 図案 das Muster -s, -; die Musterzeichnung -en. ～を考える Muster entwerfen*. ～家 der Musterzeichner.

すい 粋・な elegant; geschmackvoll. ～を集めた das Beste aus|wählen. ～をきかす sich verständnisvoll zeigen.

すい 酸い sauer.

ずい 髄 das Mark -s. 骨の～ das Knochenmark. 彼は骨の～まで保守的だ Er ist konservativ bis auf (in) die Knochen.

すいあげる 吸い上げる auf|saugen*. 吸い上げポンプ die Saugpumpe.

すいあつ 水圧 der Wasserdruck -[e]s, -e. ～計 der Wasserdruckmesser.

すいい 水位 der Wasserstand (Pegelstand) -[e]s, ⁻e. ～計 der Wasserstandsanzeiger; der Pegel. ～を計る den Wasserstand messen*. ～が上がる(下がる) Der Wasserstand steigt (fällt).

すいい 推移 der Wandel -s; der Übergang -[e]s, ⁻e. 時代の～ der Wandel der Zeiten. ～する sich wandeln.

ずいい 随意・の beliebig; willkürlich. ～に行動する nach Belieben handeln. どうぞ御～に [Ganz] wie es Ihnen beliebt! それは君の～だ Es steht in deinem Belieben. ～科目 das Wahlfach. ～筋 willkürliche Muskeln pl.

すいいき 水域 ¶危険～ der Gefahrenbereich. 漁業～ das Fischereigewässer.

ずいいち 随一・の erst; best. 世界～の高層建築 das höchste Gebäude in der Welt.

スイート ～ハート der Schatz; die (der) Geliebte#. ～ピー die [Garten]wicke. ～ポテト die Batate; die Süßkartoffel.

ずいいん 随員 der Begleiter -s, -; [集合的に] das Gefolge -s.

すいうん 水運 der Wassertransport -s, -e. 大阪は～の便がよい Osaka liegt für den Schiffsverkehr günstig.

すいうん 衰運 der Verfall -s; der Niedergang -[e]s. ～のきざしが見える Die Zeichen des Verfalls sind zu sehen.

すいえい 水泳 das Schwimmen -s. ～する schwimmen*(s;h). ～着 der Badeanzug. ～競技 das Wettschwimmen. ～場 die Badeanstalt; [海水浴場] der Badestrand. ～パンツ die Badehose. ～帽 die Bademütze.

すいおん 水温 die Wassertemperatur -en.

すいか 水火も辞せず für jn. durchs Feuer gehen*(s).

すいか 西瓜 die Wassermelone -n.

すいか 誰何 der Anruf -s, -e; das Werda -[s], -s. ～する jn. an|rufen*.

すいがい 水害 der Wasserschaden -s, ⁻; [洪水] die Überschwemmung -en. ～地 das Überschwemmungsgebiet. ～を受ける Wasserschaden erleiden*.

すいかずら 忍冬 das Jelängerjelieber -s, -.

すいがら 吸い殻 der [Zigaretten]stummel -s, -; die Kippe -n. ～入れ der Aschenbecher.

すいかん 吹管 das Lötrohr -[e]s, -e.

すいかん 酔漢 der Betrunkene#.

すいがん 酔眼朦朧(もうろう)と mit glasigen Augen.

すいき 水気 [水腫] die Wassersucht; [湿気] die Feuchtigkeit.

ずいき 随喜の涙を流す vor Freude Tränen vergießen*; Freudentränen weinen.

すいきゅう 水球 der Wasserball -[e]s. ～をする Wasserball spielen. ～の選手 der Wasserballer.

すいぎゅう 水牛 der [Wasser]büffel -s, -.

すいきょう 推奨 → 推薦.

すいきょう 粋狂な [物好きな] neugierig; [気まぐれな] launisch; [奇矯な] exzentrisch.

すいきん 水禽 der Wasservogel -s, ⁻.

すいぎん 水銀 das Quecksilber -s (記号: Hg). ～温度計 das Quecksilberthermometer. ～剤 das Quecksilberpräparat. ～灯 die Quecksilberlampe. ～軟膏 die Quecksilbersalbe.

すいくち 吸い口 das Mundstück -s, -e. ～付きタバコ die Zigarette mit Mundstück.

すいけい 推計・する [ab|]schätzen. ～学 die Stochastik.

すいげん 水源 die Quelle -n. ～地 das Quellgebiet.

すいこう 推敲する feilen 《an 3格》.

すいこう 遂行する aus|führen; durch|führen.

ずいこう 随行 die Begleitung -en. ～する jn. begleiten; jm. folgen(s). ～員 der Begleiter; [集合的に] das Gefolge -s.

すいこむ 吸い込む ein|saugen*; [空気・気体を] ein|atmen.

すいさい 水彩・画 das Aquarell -s; [画法] die Aquarellmalerei (Wasserfarbenmalerei). ～で描く mit Wasserfarben malen; aquarellieren. ～絵の具 die Wasserfarbe. ～画家 der Aquarellmaler; der Aquarellist.

すいさつ 推察 die Vermutung -en. ～する vermuten; mutmaßen; [想像する] sich³ vor|stellen.

すいさん 水産・業 die Fischindustrie. ～物 Fischereiprodukte pl. ～大学 die Hochschule für Fischerei. ～試験所 die Versuchsanstalt für Fischerei.

すいさんか 水酸化・物 das Hydroxyd. ～鉄 das Eisenhydroxyd.

すいし 水死・する ertrinken*(s). ～体 die Wasserleiche.

すいじ 炊事 das Kochen -s. ～する kochen. ～係 der Koch. ～道具 das Kochgerät. ～場 die Küche.

ずいじ 随時 jederzeit; zu jeder [beliebigen] Zeit.

すいしつ 水質 die Wasserqualität -en.

すいしゃ 水車 [小屋] die Wassermühle -n; [輪] das Mühlrad -[e]s, ⁻er.

すいじゃく 衰弱 die Auszehrung; der Kräfteverfall -s. ～する sich aus|zehren (ab|zehren).

すいしゅ 水腫 die Wassersucht; die Hydrop-

sie.
すいじゅん 水準 das Niveau -s, -s. 生活～ der Lebensstandard. 文化の～が低い Die Kultur steht auf einem niedrigen Niveau. ～を高める das Niveau heben*. ～を抜く Niveau haben*. ～器 die Wasserwaage; die Libelle.
ずいしょ 随所に überall; allerorten.
すいしょう 水晶 der [Berg]kristall -s, -e. ～の kristallen. ～体 die Kristallinse.
すいしょう 推奨する empfehlen*.
すいじょう 水上・の(で) auf dem Wasser. ～機 das Wasserflugzeug. ～競技 der Wassersport. ～警察 die Wasser[schutz]polizei. ～スキー [用具] der Wasserski; [スポーツ] das Wasserski[laufen].
ずいしょう 瑞祥 gutes [Vor]zeichen (Omen) -s, -.
すいじょうき 水蒸気 der [Wasser]dampf -[e]s, ¨-e.
すいしん 水深 die Wassertiefe -n; die Tiefe des Wassers.
すいしん 垂心 das Orthozentrum ['ɔrtotsɛntrum] -s, ..tren.
すいしん 推進・する vorwärts bringen*; voran|treiben*; fördern. ～力 treibende Kraft.
すいじん 水神 der Wassergott -es, ¨-er.
すいじん 粋人 der Elegant -s, -s; [苦労人] welterfahrener Mann -es, ¨-er.
スイス die Schweiz. ～の schweizerisch. ～人 der Schweizer. ～のドイツ語 das Schweizerdeutsch. ～チーズ der Schweizerkäse. ～フラン der Franken (略: Fr.; sFr.).
すいせい 水星 der Merkur -s.
すいせい 水性塗料 die Wasserfarbe -n.
すいせい 水勢 die Kraft des Wassers (der Strömung).
すいせい 彗星 der Komet -en, -en. ～の尾 der Kometenschweif.
すいせい 水生・植物 die Wasserpflanze. ～動物 das Wassertier.
すいせいがん 水成岩 das Sedimentgestein -s, -e.
すいせん 水仙 die Narzisse -n.
すいせん 水線 die Wasserlinie -n.
すいせん 水洗・する [aus|]spülen; waschen*. ～便所 das Wasserklosett (略: WC).
すいせん 垂線 die Senkrechte#.
すいせん 推薦 die Empfehlung -en. ～する empfehlen*. 或る官職に～する jn. für ein Amt vor|schlagen*. 候補者に～する jn. als Kandidaten auf|stellen (vor|schlagen*). 佐藤氏の～で auf Empfehlung des Herrn Sato. ～者 der Empfehlende#. ～状 der Empfehlungsbrief; das Empfehlungsschreiben.
すいそ 水素 der Wasserstoff -s; das Hydrogenium -s (記号: H). ～ガス das Wasserstoffgas. ～爆弾 die Wasserstoffbombe.
すいそう 水草 die Wasserpflanze -n.
すいそう 水葬にする auf hoher See bestatten.
すいそう 水槽 der Wasserbehälter -s, -; der Wasserkasten -s, ¨-; [養魚用] das Aquarium -s, ..rien.
すいそう 吹奏・する blasen* (auf 3格). ～楽 die Blasmusik. ～楽器 das Blasinstrument.
すいぞう 膵臓 die Bauchspeicheldrüse -n; das Pankreas -, ..aten.
ずいそうろく 随想録 Gedanken pl.; Essays pl.
すいそく 推測 die Vermutung (Mutmaßung) -en. ～する vermuten; mutmaßen; [想像する] denken³ sich³ denken*.
すいぞくかん 水族館 das Aquarium -s, ..rien.
すいたい 衰退(頽) der Verfall -s; der Niedergang -[e]s. ～する verfallen*(s); in Verfall geraten*(s).
すいたい 推戴する jn. berufen* (zu 3格).
すいだす 吸い出す aus|saugen(*). 吸い出し膏薬 das Zugpflaster.
すいだん 推断する et. erschließen* (folgern) (aus 3格).
すいちゅう 水中・の(に) im Wasser; unter Wasser. 村は～に没していた Das Dorf lag unter Wasser. ～写真 die Unterwasserfotografie. ～聴音器 das Hydrophon [hydro-'foːn]. ～眼鏡 die Taucherbrille. ～翼船 das Tragflächenboot. ～カメラ die Unterwasserkamera.
すいちゅう 水柱 die Wassersäule -n.
すいちょく 垂直・の senkrecht; vertikal. ～線 die Senkrechte#; die Vertikale.
すいつく 吸い付く sich an|saugen(*); [しがみつく] sich an|klammern 《an 4格 (3格)》; sich fest|halten* 《an 3格》.
すいつける 吸い付ける an|ziehen*; [タバコを] an|rauchen.
スイッチ der Schalter -s, -. ラジオの～を入れる(切る) das Radio ein|schalten (aus|schalten).
すいてい 水底・に auf dem Grund (Boden) des Wassers. ～に没する tief im Wasser versinken*(s).
すいてい 推定 die Vermutung -en; die Annahme -n. ～する vermuten; an|nehmen*; [見積る] et. schätzen 《auf 4格》; [推論する] et. schließen* 《aus 3格》. 損害は数百万円に上ると～される Der Schaden wird auf mehrere Millionen Yen geschätzt. ～相続人 mutmaßlicher Erbe.
すいてき 水滴 der Wassertropfen -s, -.
すいでん 水田 das Reisfeld -[e]s, -er.
すいとう 水筒 die Feldflasche -n.
すいとう 水痘 Wasserpocken pl.
すいとう 出納・を司(つかさど)る die Kasse führen. ～係 der Kassierer. ～簿 das Kassenbuch.
すいどう 水道 [上水道] das Wasserwerk -[e]s, -e; [水道管] die Wasserleitung -en; [水路] die Wasserstraße -n. ～を引く die Wasserleitung legen. ～を出す(止める) den Wasserhahn auf|drehen (ab|drehen). ～の

すいどう 隧道 der Tunnel -s, - (-s).

すいとる 吸い取る [auf|]saugen(*); absorbieren. インキを~ die Tinte löschen. 吸取紙 das Löschpapier.

すいなん 水難にあう mit dem Schiff verunglücken (s); [水死する] ertrinken*(s).

すいのみ 吸い飲み〔容器〕die Schnabeltasse -n.

すいばく 水爆 die Wasserstoffbombe -n.

すいばん 水盤 das Becken -s, -.

ずいはん 随伴・する jn. (et.) begleiten. ~現象 die Begleiterscheinung.

すいび 衰微 der Verfall -s; der Untergang -[e]s. ~する verfallen*(s); in Verfall geraten*(s).

ずいひつ 随筆 der (das) Essay -s, -s. ~家 der Essayist.

すいふ 水夫 der Matrose -n, -n; der Seemann -[e]s, ..leute. ~長 der Bootsmann.

すいぶん 水分 der Wassergehalt -s; das Wasser -s. ~のある wasserhaltig; wässerig. ~の多いりんご saftiger Apfel. ~のない wasserfrei.

ずいぶん 随分 recht; sehr; viel. それは~だ Das ist zu viel.

すいへい 水平・の waagerecht; horizontal. ~線 der Horizont. ~線上に現われる am Horizont auf|tauchen(s). ~振り子 das Horizontalpendel. ~面 die Horizontalebene.

すいへい 水兵 der Matrose -n, -n. ~服 der Matrosenanzug.

すいへん 水辺に am Wasser.

すいほう 水泡 der Schaum -s, ¨e. ~に帰する zu Schaum (Wasser) werden*(s).

すいほう 水疱 die [Wasser]blase -n; 〔火ぶくれ〕die Brandblase -n.

すいぼう 衰亡 der Verfall -s; der Untergang -[e]s. ~する verfallen*(s); unter|gehen*(s).

すいぼくが 水墨画 die Tuschmalerei -en.

すいま 睡魔 ¶~に襲われた Mich überfiel der Schlaf.

ずいまくえん 髄膜炎 die Meningitis -, ..tiden.

すいみつ 水蜜[桃] der Pfirsich -s, -e.

すいみゃく 水脈 die Wasserader -n; 〔水路〕die Wasserstraße -n.

すいみん 睡眠 der Schlaf -[e]s. ~をとる schlafen*. ~剤 das Schlafmittel. ~時間 die Schlafzeit. ~不足のため wegen des Schlafmangels; Weil ich zu wenig geschlafen habe, ...

すいめん 水面 der Wasserspiegel -s, -. ~に浮かび出る [an der Wasseroberfläche] auf|tauchen (s).

すいもん 水門 die Schleuse -n.

すいやく 水薬 flüssige Arznei -en.

すいよう 水溶・性の wasserlöslich. ~液 die Lösung.

すいようび 水曜日 der Mittwoch -s, -e. ~に am Mittwoch.

すいよく 水浴 [kaltes] Bad -es, ¨er. ~する [kalt] baden.

すいらい 水雷〔魚雷〕der Torpedo -s, -s; 〔機雷〕die Mine -n. ~を発射する einen Torpedo ab|schießen*; et. mit Torpedos beschießen*. ~艇 das Torpedoboot.

すいり 水利・工事 der Wasserbau. ~この町は~の便がよい Diese Stadt liegt für den Schiffsverkehr günstig. ~組合 der Wasserverband. ~権 das Wasserbenutzungsrecht.

すいり 推理 der Schluss -es, ¨e; die Folgerung -en. ~する et. schließen* (folgern)《aus 3格》; einen Schluss ziehen*《aus 3格》. ~力 das Schlussfolgerungsvermögen. ~小説 der Kriminalroman (Detektivroman).

ずいり 図入りの illustriert.

すいりく 水陸・両用の amphibisch. ~両用機 das Amphibienflugzeug.

すいりょう 水量 die Wassermenge -n. ~計 der Wassermesser.

すいりょう 推量する vermuten; mutmaßen.

すいりょく 水力 die Wasserkraft ¨e. ~学 die Hydraulik. ~タービン die Wasserturbine. ~発電所 das Wasserkraftwerk.

すいれい 水冷 die Wasserkühlung. ~式エンジン ein wassergekühlter Motor.

すいれん 睡蓮 die Seerose (Wasserrose) -n.

すいろ 水路 die Wasserstraße -n; der Wasserweg -[e]s, -e; 〔航路〕der Schifffahrtsweg -[e]s, -e. ~で auf dem Wasserweg. ~図 die Seekarte. ~標識 die Bake.

すいろん 推論 der Schluss -es, ¨e; die Schlussfolgerung -en. ~する et. schließen* (folgern)《aus 3格》; einen Schluss (eine Schlussfolgerung) ziehen*《aus 3格》. ~式 der Syllogismus.

すう 数 die Zahl -en. ~においてまさる et. an Zahl übertreffen*. 勝敗の~ der Ausgang des Kampfes.

すう 吸う saugen(*); 〔気体を〕ein|atmen; 〔すする〕schlürfen; 〔吸収する〕[auf|]saugen(*). 乳を~ [an der Mutterbrust] saugen(*). タバコを~ rauchen.

スウェーデン Schweden. ~の schwedisch. ~人 der Schwede.

すうかい 数回 einige Mal; mehrmals.

すうがく 数学 die Mathematik. 高等(応用)~ höhere (angewandte) Mathematik. ~的 mathematisch. ~の問題 mathematische Aufgabe. ~者 der Mathematiker.

すうき 数奇な unglücklich; wechselvoll.

すうききょう 枢機卿 der Kardinal -s, ¨e.

すうこう 崇高な erhaben.

すうし 数詞 das Zahlwort -[e]s, ¨er; das Numerale -s, ..lien (..lia).

すうじ 数字 die Ziffer -n; die Zahl -en. ロー

マ(アラビア)～ römische (arabische) Ziffern pl.
すうじ 数次の mehrere; wiederholt.
すうしき 数式 die Formel -n; der Ausdruck -s, ¨e.
すうじく 枢軸 die Achse -n. ～国 Achsenmächte pl.
すうじつ 数日 einige (mehrere) Tage. ～前(来) vor (seit) einigen Tagen.
すうじゅう 数十 Dutzende pl. ～人の人 Dutzende von Menschen; einige Dutzend Leute. ～年間 jahrzehntelang.
ずうずうしい 図図しい frech; dreist; unverschämt.
すうせい 趨勢 die Tendenz -en; der Lauf -es; der Trend -s, -s. 物価の～ die Tendenz (Neigung) der Preise. 世の～ allgemeine Tendenz (Strömung) der Welt.
すうせん 数千 Tausende pl. ～の人人 Tausende von Menschen; einige (mehrere) tausend Menschen.
ずうたい 図体 ¶彼は～が大きい Er ist ein Riese.
すうち 数値 der Zahlenwert -[e]s, -e.
スーツ der Anzug -s, ¨e; [婦人の] das Kostüm -s, -e. ～ケース der Handkoffer.
すうとう 数等 bei weitem; um vieles.
すうにん 数人 einige (mehrere) Menschen. ～の友人 einige meiner Freunde.
すうねん 数年 einige (mehrere) Jahre. ～前(来) vor (seit) einigen Jahren.
スーパー ～マーケット der Supermarkt. ～マン der Supermann.
すうはい 崇拝 die Verehrung; die Anbetung. ～する verehren; an|beten. 英雄～ die Heldenverehrung. 偶像～ der Götzendienst. ～者 der Verehrer; der Anbeter.
すうばい 数倍も重い um ein Vielfaches schwerer als ...
すうひゃく 数百 Hunderte pl. ～人 Hunderte von Menschen; einige (mehrere) hundert Menschen.
スープ die Suppe -n. 野菜～ die Gemüsesuppe. ～を飲む die Suppe essen*. ～皿 der Suppenteller.
スーブニール das Souvenir -s, -s.
すうみつ 枢密顧問官 der Geheimrat -s, ¨e.
ズーム ～レンズ das Zoomobjektiv -s, -e; die Gummilinse -n.
すうよう 枢要な wichtig; bedeutend; [責任の重い] verantwortungsvoll.
すうり 数理・的 mathematisch. ～統計学 mathematische Statistik.
すうりょう 数量 die Quantität -en; die Menge -n. ～が増す an Quantität zu|nehmen*.
すうれつ [数] die Zahlenfolge -n.
すえ 末 das Ende -s, -n; [将来] die Zukunft; [子孫] der Nachkomme -n, -n. 3月の～に Ende März. ～の娘 die jüngste Tochter. ～の問題 die Kleinigkeit. ～頼もしい vielversprechend. 彼は～恐ろしい奴だ Aus ihm wird etwas Ungewöhnliches werden.
すえおく 据え置く [料金を] nicht verändern; [預金を] auf dem Konto stehen lassen*.
スエズ ～運河 der Sueskanal -s.
すえつける 据え付ける auf|stellen; montieren; [装備する] et. versehen* (aus|statten) (mit 3格).
すえっこ 末っ子 das jüngste (kleinste) Kind -es, -er.
すえひろがり 末広がり・の fächerartig; fächerförmig. ～になる sich fächern; [栄える] eine gedeihliche Entwicklung nehmen*.
すえる 据える setzen; [縦に] stellen; [横に] legen. 機械を～ eine Maschine auf|stellen (montieren). 目を据えて mit starren Augen. 校長に～ jn. zum Schuldirektor machen (ernennen*).
すおう 蘇芳 [植] der Judasbaum -[e]s, ¨e.
ずが 図画 die Zeichnung -en. ～を書く zeichnen. ～の先生 der Zeichenlehrer. ～工作 das Zeichnen und die Handarbeit. ～室 der Zeichensaal. ～用紙 das Zeichenpapier.
スカート der Rock -es, ¨e.
スカーフ das Halstuch (Kopftuch) -[e]s, ¨er.
ずかい 図解 die Illustration -en. ～を入れる et. illustrieren (bebildern). ～入りの illustriert. ～辞典 das Bildwörterbuch.
ずがい 頭蓋 der Schädel -s, -; die Hirnschale -n. ～骨 der Schädelknochen.
スカウト die Abwerbung -en; [人] der Abwerber -s, -. ～する ab|werben*.
すがお 素顔 ungeschminktes Gesicht -s, -er.
すかさず 透かさず ohne Verzug; sogleich; sofort.
すかし 透かし [模様] das Wasserzeichen -s, -. ～彫り durchbrochene [Hand]arbeit. ～絵 das Transparent.
すかす 賺す [なだめる] beschwichtigen; [だまして...させる] jn. beschwatzen (zu 3格).
すかす 透かす [透かして見る] hindurch|sehen*; [間をあける] Raum lassen* (zwischen 3格). 森を～ einen Wald lichten.
ずかずか mit groben Schritten; [許可なく] ohne Erlaubnis.
すがすがしい 清清しい frisch; erfrischend.
すがた 姿 die Gestalt -en; die Figur -en; [形] die Form -en; [状態] der Zustand -s, ¨e. ～をくらます verschwinden*(s). ～を現わす erscheinen*(s); sich zeigen. ～を変える sich verwandeln (in 4格). ～を映す sich spiegeln (in 3格). ～を見せない sich nicht sehen lassen*.
すがたみ 姿見 [großer] Spiegel -s, -.
スカッシュ das Fruchtsaftgetränk -s, -e. レモン～ das Zitronensaftgetränk.
すがめ 眇の [斜視の] schieläugig; [片目の] auf einem Auge blind.
ずがら 図柄 das Muster -s, -.

スカル das Skullboot -[e]s, -e; der Skuller -s, -.

すがる 縋る sich [an|]klammern 《an 4 格》; sich stützen 《auf 4 格》. 人の慈悲に~ jn. um Barmherzigkeit bitten*; 〔貧困者が〕 von Almosen leben. 杖に縋って歩く am Stock gehen*(s).

ずかん 図鑑 der Bilderatlas – (-ses), -se, (..lanten). 植物~ der Atlas zur Botanik.

スカンク der Skunk -s, -e (-s).

スカンジナビア Skandinavien. ~の skandinavisch. ~人 der Skandinavier.

すかんぴん 素寒貧の blutarm; arm wie eine Kirchenmaus.

すき 鋤 der Spaten -s, -; 〔プラウ〕 der Pflug -[e]s, ⸚e. ~で耕す pflügen.

すき 好き・だ et. (jn.) gern haben*; lieben; [gern] mögen*. 彼は酒が~だ Er trinkt gern. / Er liebt den Alkohol. 彼は音楽が~だ Er mag gern Musik. / Er ist ein Freund der Musik. 私はワインよりビールの方が~だ Ich ziehe Bier dem Wein vor. ~で一つこさこんで. ~になる lieb gewinnen* 《4 格》; Geschmack finden* 《an 4 格》. ~な料理 das Lieblingsgericht. ~な詩人 der Lieblingsdichter. ~なようにさせておく jn. gewähren lassen*. お~なように Wie es Ihnen beliebt (gefällt)! どうとも~にしろ Mach (Tu), was du willst!

すき 透き(隙) die Lücke -n; der Spalt -s, -e; 〔余地〕 [freier] Raum -s, ⸚e. ~のない Lückenlos; dicht; 〔性格が〕 wachsam. あいつは油断なく~もない Er hat es faustdick hinter den Ohren. ~の上じた机のいい機 den günstigen Augenblick ab|warten. 相手の~に乗じる den unbewachten Augenblick des Gegners benutzen.

すき 数奇をこらした geschmackvoll; kunstvoll.

すぎ 杉 japanische Zeder -n; die Kryptomerie [krypto'me:ria] -n.

すぎ 過ぎ ¶2 時 5 分~ 5 Minuten nach 2 [Uhr]. 彼は 40~だ Er ist über 40 Jahre alt.

スキー der Skilauf -[e]s; 〔用具〕 der Ski -[s], -er (-). ~をする Ski laufen* (fahren*) (s). ~に行く Ski laufen gehen*(s). ~をはく(脱ぐ) die Skier an|schnallen (ab|schnallen). ~靴 der Skistiefel. ~場 das [Ski]gelände. ~服 der Skianzug. ~帽 die Skimütze.

スキーヤー der Skiläufer (Skifahrer) -s, -.

すきぎらい 好き嫌い・がある wählerisch sein*. 食べ物を~する im Essen wählerisch sein*.

すぎごけ 杉苔 das Haarmoos -es, -e.

すきこのんで 好き好んで aus freier Wahl. それは~したのではない Ich habe es nicht gern getan.

すきずき 好き好き ¶各人の~で nach dem Geschmack eines jeden. それは~だ Das ist Geschmackssache. 蓼(ﾀﾃ)食う虫も~ Über den Geschmack lässt sich nicht streiten.

ずきずき ~痛む bohrende Schmerzen haben*.

スキップ ~する hüpfen (s); hopsen (s).

すきとおる 透き通る durchsichtig sein*. 透き通った durchsichtig; durchscheinend; transparent. 透き通った水(声) klares Wasser (klare Stimme).

すぎな 杉菜 der Schachtelhalm -s, -e.

すぎない 過ぎない nichts anderes sein* als ...; 〔只〕 nur; 單に. 単なる噂(ｳﾜｻ)に~ Das ist nur (nichts anderes als) ein Gerücht.

すきばら 空き腹・をかかえて歩く mit leerem Magen gehen*(s). ~に飲む auf nüchternen Magen trinken*.

すきま 透き(隙)間 die Lücke -n; der Spalt -s, -e. 戸の~から durch den Türspalt. ~から光が漏れる Das Licht dringt durch einen Spalt. ~なく dicht; fest. ~風 die Zugluft. ~風がはいる Es zieht.

スキャンダル der Skandal -s, -e; die Skandalgeschichte -n.

すぎる 過ぎる 〔そばを〕 vorüber|gehen* (vorüber|fahren*)(s) 《an 3 格》; 〔中を〕 [durch-] gehen*(s) 《durch 4 格》. 時が~ Die Zeit vergeht. 期限が~ Die Frist läuft ab. 彼は飲み~ Er trinkt zu viel. 過ぎたるは及ばざるが如し Ein Zuviel ist nicht besser als ein Zuwenig. 多~ zu viel; überflüssig. 少~ zu wenig.

ずきん 頭巾 die Kopfbedeckung -en; 〔外套の〕 die Kapuze -n.

すく 好く lieb (gern) haben*; [gern] mögen*. 好かれる jm. gefallen*. あの男は好かない Der Mann gefällt mir nicht.

すく 空く leer (frei) werden*(s). 腹が~ hungrig werden*(s); einen leeren Magen haben*. この電車は空いている Dieser Wagen ist fast leer (nicht voll). 手が空いていますか Sind Sie frei?

すく ¶本箱の間が透いている Zwischen den Bücherschränken gibt es eine Lücke. 血管が透いて見える Die Adern scheinen durch.

すく 梳く kämmen.

すく 漉く ¶紙を~ Papier schöpfen.

すく 鋤く pflügen.

すぐ 直ぐ gleich; sofort; 〔間もなく〕 bald; 〔容易に〕 leicht. ~近くに in unmittelbarer (nächster) Nähe; ganz in der Nähe.

ずく 力~で mit Gewalt. 相談~で durch Besprechung. 金~で mit der Macht des Geldes.

すくい 救い die Hilfe; 〔救済〕 die Erlösung. ~を求める jn. um Hilfe bitten*. ~の手を差し伸べる jm. Hilfe leisten; jm. die Hand reichen.

すくいあげる 掬い上げる [aus|]schöpfen; 〔魚を〕 keschern.

すくう 掬う schöpfen; 〔シャベルで〕 schaufeln. 足を~ jm. ein Bein stellen; jn. stolpern lassen*.

すくう 救う jn. retten 《aus 3 格》; 〔救出する〕 bergen*; 〔救済する〕 erlösen. 命を~ jm. das Leben retten. 人を窮地から~ jn. aus der Not retten; jm. in (aus) der Not helfen*.

罪から~ von der Sünde erlösen.
すくう 巣くう nisten;〔住みつく〕sich ein|nisten.
スクーター der [Motor]roller -s, -.
スクーナー der Schoner -s, -.
スクープ der Exklusivbericht -s, -e; der Scoop -s, -s. ~する exklusiv berichten 《über 4格; von 3格》.
スクーリング die Schulung -en.
スクール・バス der Schulbus -ses, -se.
スクエア・ダンス der Squaredance ['skwɛə-'dɑːns] -, -s.
すくすく ~と成長する tüchtig wachsen*(s).
すくない 少ない wenig; gering;〔珍しい〕selten. それを知っている人は~ Wenige Leute wissen es. この商売は利益が~ Das Geschäft bringt wenig Gewinn. 損害は~ Der Schaden ist gering. 真の友人は~ Wahre Freunde sind selten.
すくなからず 少なからず nicht wenig (gering);〔著しく〕bedeutend; beträchtlich.
すくなくとも 少なくとも wenigstens; mindestens.
すくむ 竦む starr werden*(s); erstarren(s). 恐怖のあまり~ vor Schrecken starr werden*(s).
ずくめ 尽め ¶絹~の服装をする ganz in Seide gekleidet sein*. 宝石~である mit Juwelen reich geschmückt sein*.
すくめる 竦める ¶首を~ den Kopf ducken. 肩を~ die Achseln (mit den Achseln) zucken. 身を~ zusammen|fahren*(s).
スクラップ〔切り抜き〕der Ausschnitt -[e]s, -e,〔屑鉄〕der Schrott -s. ~にする verschrotten. ~ブック das Sammelalbum.
スクラム das Gedränge -s. ~を組む ein Gedränge bilden.
すぐり〔植〕die Stachelbeere -n.
スクリーン die Leinwand =e. ~の上で im Film.
スクリュー die [Schiffs]schraube -n.
すぐれる 勝(優)れる〔凌駕する〕jn. übertreffen*《an (in) 3格》; jm. überlegen sein*;〔傑出する〕sich aus|zeichnen《in 3格; durch 4格》. 彼はあらゆる点で彼女より勝れている Er ist ihr in jeder Beziehung überlegen. 顔色が勝れないね Du siehst schlecht aus. 勝れた ausgezeichnet; vortrefflich; exzellent.
すげ 菅 die Segge -n.
ずけい 図形 die Figur -en.
スケーター der Schlittschuhläufer -s, -; der Eisläufer -s, -.
スケート das Schlittschuhlaufen -s; der Eislauf -[e]s. ~をする Schlittschuh laufen*(s). ~靴 der Schlittschuh. ~場 die Eisbahn; die Schlittschuhbahn. スピード~競技 der Eisschnellauf.
スケール der Maßstab -[e]s, =e. ~の大きな(小さな) von großem (kleinem) Maßstab.
スケジュール das Programm -s, -e.
ずけずけ ~言う jm. et. ins Gesicht (rückhaltlos) sagen.
スケッチ die Skizze -n. ~する skizzieren. ~風の skizzenhaft. ~ブック das Skizzenbuch.
すげない schroff; barsch. ~態度 schroffes Benehmen. ~返事 barsche Antwort. すげなく断る glatt (rundweg) ab|schlagen*.
すけべえ 助平な〔好色な〕wollüstig; lüstern;〔猥褻な〕unzüchtig.
スケルツォ das Scherzo -s, -s (..zi).
スコア〔得点〕die Punktzahl -en. ~をつける Punkte auf|schreiben*. 5対3の~で mit 5 zu 3 Punkten. ~ブック der Anschreibebogen. ~ボード die Anzeigetafel.
スコアラー der Anschreiber -s, -.
すごい 凄い〔恐ろしい〕furchtbar; schrecklich; entsetzlich; grauenhaft;〔すばらしい〕wunderbar. ~暑さ furchtbare Hitze. ~腕前 erstaunliche Fähigkeit. ~美人 wunderschöne Frau.
スコール die Regenbö -en.
すこし 少し ein wenig (bisschen); etwas. お金が~ある(しかない) Ich habe etwas (nur wenig) Geld bei mir. この靴は~小さい Die Schuhe sind etwas zu klein. この事は~知っている Hierin habe ich einige Erfahrung. ~ずつ nach und nach; allmählich.
すこしも 少しも…ない gar nicht (kein); keineswegs. ~お金がない Ich habe kein Geld bei mir. ~存じませんでした Ich habe keine Ahnung davon gehabt. ~僕の事を気にかけない Er kümmert sich nicht im Geringsten um mich. 彼は~僕に同情しない Er hat nicht das geringste Mitleid mit mir.
すごす 過す verbringen*; verleben; zu|bringen*. 読書で時を~ die Zeit mit Lesen zu|bringen*. 夏休みをどう過しましたか Wie haben Sie die Sommerferien verbracht? 酒を~ zu viel trinken*. 度を~ es zu weit treiben*.
すごすご ~と niedergeschlagen; betrübt.
スコッチ〔服地〕der Tweed -s, -s (-e). ~ウイスキー schottischer Whisky; der Scotch [skɔtʃ].
スコットランド Schottland. ~の schottisch. ~人 der Schotte -n.
スコップ die Schaufel -n.
すこぶる 頗る sehr; äußerst; außerordentlich.
すごみ 凄み・を言う Drohungen aus|stoßen*. ~のある unheimlich; furchtbar.
すごむ 凄む eine drohende Haltung ein|nehmen*; jn. mit (durch) Drohungen ein|schüchtern.
すごもり 巣籠りする auf dem Nest sitzen*.
すこやか 健やかな gesund. ~である sich wohl befinden*; bei guter Gesundheit sein*.
スコラ ~哲学 die Scholastik. ~哲学者 der Scholastiker.
すごろく 双六 das Puff[spiel] -s. ~をする

すさぶ Puff spielen.
すさぶ 荒ぶ verwildern (s); wild werden*(s). 荒んだ wild; verwildert; verwahrlost. 荒んだ生活を送る ein wildes Leben führen. 風が吹き~ Der Wind tobt und wütet.
すさまじい 凄まじい furchtbar; schrecklich; ungeheuer.
ずさん 杜撰な nachlässig; nicht akkurat; [欠点のある] fehlerhaft.
すじ 筋 [筋肉] der Muskel -s, -n; [腱] die Sehne -n; [血管] die [Blut]ader -n; [繊維] die Faser -n; [梗概] die Handlung -en. ~を違える sich³ eine Muskelzerrung zuziehen*. ~を引く [線を] eine Linie ziehen*. 貴族の~を引く von (aus) edlem Blut sein*. ~が良い [素質がある] die Befähigung (Eignung) haben* 《zu 3格; für 4格》. 信ずべき~からのニュース Nachrichten aus zuverlässiger Quelle (Seite). ~の通った vernünftig; folgerichtig. 金~の入った mit goldenen Streifen. ~ばった sehnig.
ずし 図示する veranschaulichen; illustrieren.
すじかい 筋交い [建] die Strebe -n. ~に斜を gegenüber; [交差して] kreuzweise.
すじがき 筋書 [梗概] der Umriss -es, -e; der Hauptinhalt -s, -e; [筋] die Handlung -en; [計画] der Plan -s, "e; das Programm -s, -e. ~通りに運ぶ planmäßig vonstatten gehen*(s).
すじがね 筋金入りの kernfest; waschecht.
ずしき 図式 das Schema -s, -s (-ta). ~化する schematisieren.
すじちがい 筋違いの unvernünftig; [見当違いの] unrecht; falsch; ungeeignet.
すしづめ 鮨詰めの überfüllt. 彼等は~になって立っていた Sie standen wie die Heringe (die Sardinen in der Büchse).
すじみち 筋道・の通った vernünftig; folgerichtig. ~を立てて話す folgerichtig erzählen.
すじむこう 筋向こうに schräg gegenüber 《3格》.
すじょう 素姓 die Geburt; die Herkunft; [経歴] das Vorleben -s; die Vergangenheit. ~が良い von guter Familie sein*. ~の知れない男 ein Mann [von] unbekannter Herkunft.
ずじょう 頭上・で über dem Kopf. ~に落ちる jm. auf den Kopf fallen*(s).
すす 煤 der Ruß -es. ~だらけの rußig.
すず 鈴 die Schelle -n; das Glöckchen -s, -. ~が鳴る Es (Das Glöckchen) klingelt.
すず 錫 das Zinn -s (記号: Sn). ~の zinne[r]n. ~器 das Zinngeschirr. ~箔(ﾊｸ) die Zinnfolie.
すずかけ 篠懸 die Platane -n.
すすき 薄 das Stielblütengras -es, "er.
すずき 鱸 der Barsch -[e]s, -e.
すすぐ 濯ぐ [雪(ﾕｷ)] 〜 [aus]spülen. 口を~ sich³ den Mund [aus]]spülen. 汚名を~ seine Ehre wieder|her|stellen.
すすける 煤ける rußig werden*(s). 煤けた rußig; [汚れた] schmutzig.

すずしい 涼しい kühl; [さわやかな] frisch. ~目 helle Augen pl.; [さわやかな] frisch. ~顔をする eine gleichgültige Miene haben*.
すずしさ 涼しさ die Kühle.
すずなり 鈴生り ¶りんごが~になっている Die Apfelbäume hängen voller Früchte.
すすみ 進みが早い [進行が] rasch fort|schreiten*(s); gut vonstatten gehen*(s); [進歩が] schnelle Fortschritte machen 《in 3格》.
すすむ 進む vorwärts gehen*(s); vor|rücken (s); fort|schreiten*(s). 3歩~ 3 Schritte vorwärts gehen*(s). 前へ進め Vorwärts marsch! この時計は日に3分~ Die Uhr geht täglich [um] 3 Minuten vor. 病気が~ Die Krankheit schreitet fort. 気が進まない wenig Lust haben* 《zu 3格》. 仕事が進まない Die Arbeit schreitet nicht fort. / Ich komme in (mit) der Arbeit nicht vorwärts. 課長に~ zum Abteilungschef befördert werden*(s受). 食が~ einen großen Appetit haben*. 進んで [自発的に] freiwillig; von sich³ aus.
すずむ 涼む sich in der Kühle erfrischen.
すすめ 勧め ¶S氏の~で auf Empfehlung (Zureden; Anregung) von Herrn S. 医者の~で auf den Rat des Arztes.
すずめ 雀 der Sperling -s, -e; der Spatz -en (-es), -en.
すすめる 進める ¶軍を~ die Truppen vor|rücken lassen*. 事業を~ das Unternehmen vorwärts bringen*. 交渉を~ die Verhandlungen voran|treiben*. 時計を~ die Uhr vor|stellen. 大尉に~ zum Hauptmann befördern.
すすめる 勧める [推薦する] jm. et. empfehlen*; [勧告する] jm. raten* 《zu 3格》; jm. zu|reden 《zu+不定詞》; [勧誘する] jn. auf|fordern 《zu+不定詞》. お茶を~ jm. eine Tasse Tee an|bieten*.
すずらん 鈴蘭 das Maiglöckchen -s, -.
すすりなく 啜り泣く schluchzen.
すする 啜る schlürfen.
すそ 裾 der Saum -[e]s, -e; [長裾] die Schleppe -n. スカートの~ der Rocksaum. フロック(モーニング)コートの~ der Rockschoß. 山の~に am Fuß des Berges. ズボンの~をまくる die Hosen auf|krempeln.
すその 裾野 ¶富士の~で am Fuß des Fudschijama.
スター der Star -s, -s. 映画の~ der Filmstar; die Filmgröße.
スターター der Starter -s, -.
スタート der Start -s, -s; der Ablauf -s. ~する starten (s); ab|laufen*(s). ~ライン die Startlinie.
スタイル der Stil -[e]s, -e; [姿] die Gestalt; die Figur -en. この本は上品な~で書いてある Das Buch ist in einem gepflegten Stil geschrieben. 彼女は~が良い Sie hat eine gute (schöne) Figur. ~ブック die Mode[n]zeitschrift.

すだく zirpen.
スタジアム das Stadion -s, ..dien.
スタジオ das Studio -s, -s.
すたすた ~歩く mit schnellen Schritten gehen*(s).
ずたずた ~に裂く in Fetzen reißen*; zerreißen*.
すだつ 巣立つ sein Nest verlassen*; aus|fliegen*(s); 〔実社会に出る〕ins Berufsleben ein|treten*(s). 巣立ち der Ausflug.
スタッカート das Stakkato (Staccato) -s, -s (..ti). ~で staccato.
スタッフ der Stab -es, ⸚e.
スタミナ die Ausdauer. ~のある ausdauernd.
すたれる 廃れる außer (aus dem) Gebrauch kommen*(s); ungebräuchlich werden*(s); veralten (s); aus der Mode kommen*(s). 道義が~ Die Moral sinkt. 廃れた ungebräuchlich; veraltet.
スタンダード der Standard -s, -s; die Norm -en; der Maßstab -[e]s, ⸚e. ~な normal; maßgebend.
スタンド 〔観覧席〕der Zuschauerraum -[e]s, ⸚e;〔立食席〕der Stehimbiss -es, -e. 電気〔大形の〕~ die Stehlampe;〔卓上の〕die Tischlampe. ~プレー die Effekthascherei. ~イン das Double.
スタントマン der Stuntman -s, ..men.
スタンプ der Stempel -s, -. 5月4日付けの~のある手紙 ein Brief mit dem Poststempel vom 4. Mai. ~を押す et. stempeln. ~インキ die Stempelfarbe.
スチーム 〔蒸気〕der Dampf -es, ⸚e;〔暖房〕die Dampfheizung -en.
スチール 〔鋼鉄〕der Stahl -s, -e;〔映画の〕das Standfoto -s, -s.
スチュワーデス die Stewardess -en.
ずつ 宛 子供たちにりんごを三つ~与える den Kindern je 3 Äpfel geben*. 彼等は二人ずつ階段を上って行った Sie gingen zu zweien (je zwei und zwei) die Treppe hinauf.
ずつう 頭痛 Kopfschmerzen pl.; das Kopfweh -s. ~がする Kopfschmerzen (Kopfweh) haben*. この問題は一種の~の種だ Diese Frage bereitet (macht) mir Kopfschmerzen.
すっかり 〔すべて〕alles;〔全く〕ganz; restlos. ~準備を整える alle Vorbereitungen treffen* (für 4格). ~満足している ganz (restlos) zufrieden sein*. ~忘れる glatt (einfach) vergessen*.
すっきり ~した fein; nett; klar. 気分が~する sich erfrischen.
ズック das Segeltuch -[e]s, -e. ~の靴 der Segeltuchschuh; der Leinenschuh.
ずっと 〔はるかに〕weit; viel;〔続けて〕ununterbrochen. ~良い weit (viel) besser. 夏中~ den ganzen Sommer hindurch. ~以前に vor langer Zeit.
すっぱい 酸っぱい sauer. ~りんご saurer Apfel. 酸っぱくなる sauer werden*(s); säuern (h; s).
すっぱぬく すっぱ抜く auf|decken; bloß|stellen.
すっぽかす〔待ちぼうけを食わす〕versetzen; vergeblich warten lassen*;〔仕事を〕vernachlässigen. 約束を~ ein Versprechen nicht halten*.
すっぽん die Lippenschildkröte -n.
すで 素手で mit bloßen Händen;〔武器なしで〕unbewaffnet.
すていし 捨石〔犠牲〕das Opfer -s, -. ~を打つ etwas dem größeren Vorteil zuliebe opfern.
ステーキ das Steak -s, -s. → ビフテキ.
ステージ die Bühne -n. ~に立つ die Bühne betreten*; auf der Bühne stehen*.
ステーション der Bahnhof -s, ⸚e. ~ワゴン der Kombiwagen. 宇宙~ die Raumstation.
ステータス der Status -, -. ~シンボル das Statussymbol.
ステートメント das Statement -s, -s. ~を発表する ein Statement (eine Erklärung) ab|geben*.
すてき 素敵な hübsch; schön; reizend; wunderbar.
すてご 捨て子 das Findelkind -[e]s, -er; der Findling -s, -e. ~をする ein Kind aus|setzen.
ステッカー der Aufkleber -s, -.
ステッキ der Stock -[e]s, ⸚e. ~をついて歩く am Stock gehen*(s).
ステップ der Schritt -es, -e;〔昇降口の踏み段〕das Trittbrett -[e]s, -er. ダンスの~ der Tanzschritt; der Pas [pa].
すでに 既に schon; bereits.
すてね 捨て値で zu Schleuderpreisen.
すてばち 捨て鉢・になる in Verzweiflung geraten*(s). ~な verzweifelt.
すてみ 捨て身・になる sein Leben aufs Spiel setzen. ~で auf Leben und Tod; verzweifelt.
すてる 捨てる〔物を〕weg|werfen*;〔人を〕verlassen*; im Stich lassen*;〔放棄する〕auf|geben*. 命を~ sein Leben hin|geben* (opfern). 希望(地位)を~ die Hoffnung (eine Stellung) auf|geben*. ごみを~ den Abfall weg|werfen*; Schutt ab|laden*. このワインの味は捨てたものではない Dieser Wein ist auch nicht zu verachten.
ステレオ das Stereo -s;〔装置〕die Stereoanlage -n. ~の stereofon. ~レコード die Stereoplatte. ~放送 die Stereosendung.
ステンド・グラス die Glasmalerei -en.
ステンレス rostfreier Stahl -s, ⸚e.
ストア ~学派 die Stoa. ~学派の哲学者 der Stoiker.
ストイックな stoisch.
すどおし 素通し・の durchsichtig. ~の眼鏡 die Brille mit normalen Gläsern.
ストーブ der Ofen -s, ⸚. ガス~ der Gasofen.

ステレオ

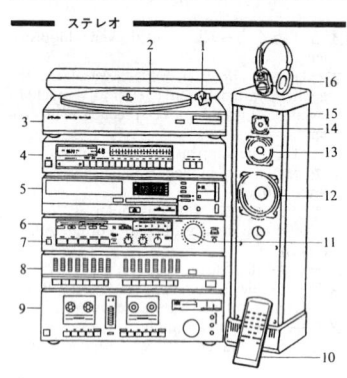

1. ピックアップ der Tonabnehmer
2. ターンテーブル der Plattenteller
3. レコードプレーヤー der Schallplattenspieler
4. チューナー der Tuner
5. コンパクトディスクプレーヤー der CD-Player
6. アンプ der Verstärker
7. 電源スイッチ der Netzschalter
8. イコライザー der Equalizer ['iːkwəlaɪzə]
9. ダブルカセットデッキ das Duokassettendeck
10. リモコン das Infrarot-Fernbedienungsgerät
11. ボリュームコントロール der Lautstärkeregler
12. ウーファー der Tieftöner
13. ミッドレンジ der Mitteltöner
14. ツイーター der Hochtöner
15. スピーカーボックス die Lautsprecherbox
16. ヘッドホン der Kopfhörer

ストーム ~をする Radau machen.
すどおり 素通りする vorbei|gehen*(s) 《an 3格》.
ストーリー 〔筋〕die Handlung -en; 〔物語〕die Geschichte -n.
ストール die Stola ..len.
ストッキング der Strumpf -[e]s, ¨e.
ストック 〔在庫品〕der Vorrat -s, ¨e; das Lager -s, -(=); 〔スキーの〕der Stock -[e]s, ¨e. ~がある et. vorrätig (auf Lager) haben*.
ストップ ~する stoppen; an|halten*. ~ウォッチ die Stoppuhr.
すどまり 素泊り die Beherbergung ohne Beköstigung.
ストライキ der Streik -s, -s. ~をする streiken. ~に入る in [den] Streik treten*(s). ~破り der Streikbruch; 〔人〕der Streikbrecher.
ストリーキング ~する blitzen; streaken ['striːkən].
ストリート ¶メーン~ die Hauptstraße. ~ガール das Straßenmädchen.
ストリキニーネ das Strychnin -s.
ストリッパー die Entkleidungskünstlerin -nen; die Stripperin (Stripteasetänzerin) -nen.
ストリップ・ショー die Entkleidungsnummer -n; der (das) Striptease -.
ストレート 〔ボクシングの〕der Stoß -es, ¨e. ~で勝つ ohne Satzverlust gewinnen*. ウイスキーを~で飲む Whisky pur trinken*.
ストレス der Stress -es, -e. ~を起させる jn. stressen; 〔形容詞〕stressig.
ストレプトマイシン das Streptomyzin -s.
ストロー der Strohhalm (Trinkhalm) -s, -e.
ストローク 〔ボートの〕der Ruderschlag -[e]s, ¨e; 〔水泳の〕der Stoß -es, ¨e.
ストロボ das Elektronenblitzgerät -s, -e.
ストロンチウム das Strontium -s (記号: Sr).
すな 砂 der Sand -es. ~だらけの sandig.
すなお 素直な schlicht; natürlich; 〔従順な〕gehorsam; folgsam.
すなけむり 砂煙 die Staubwolke -n. ~を上げる den Staub auf|wirbeln.
すなち 砂地 der Sandboden -s, ¨. ~の sandig.
スナック der Snack -s, -s; 〔バー〕die Snackbar -s.
スナップ 〔写真の〕der Schnappschuss -es, ¨e; die Momentaufnahme -n; 〔ホック〕der Druckknopf -s, ¨e.
すなどけい 砂時計 die Sanduhr -en.
すなば 砂場 der Sandkasten -s, ¨.
すなはま 砂浜 der Sandstrand -[e]s, ¨e.
すなはら 砂原 die Sandfläche -n; 〔砂漠〕die Sandwüste -n.
すなぶろ 砂風呂 das Sandbad -[e]s, ¨er.
すなぼこり 砂埃 die Staubwolke -n. → 砂煙.
すなやま 砂山 der Sandhügel -s, -; 〔海岸の〕die Düne -n.
すなわち 即ち nämlich; das heißt (略: d.h.); 〔まさに〕gerade; eben.
スニーカー der Turnschuh -s, -e.
ずぬけて 図抜けて außerordentlich; ungewöhnlich.
すね 脛 der Unterschenkel -s, -; das Schienbein -[e]s, -e. 親の~をかじる seinen Eltern auf der Tasche liegen*. ~に傷を持つ Dreck am Stecken haben*.
すねあて 脛当て die Beinschiene -n.
すねる 拗ねる mit jm. schmollen. 世を~ die Welt den Rücken wenden*(kehren).
ずのう 頭脳 das Gehirn -s, -e; der Verstand -es; der Geist -es. この国の最もすぐれた~ die besten Köpfe des Landes. ~明晰(渋)である einen klaren Kopf (Verstand) haben*. ~労働 die Kopfarbeit.
スノー・タイヤ der Winterreifen (M-und-S-Reifen) -s, -.
スノー・モービル das Schneemobil -s, -e.
スパーク [elektrischer] Funken -s, -. ~する funken.
スパート der Spurt -s, -s. ~する spurten (s; h).
スパーリング das Sparring -s.

スパイ die Spionage; 〔人〕der Spion -s, -e. ～をする spionieren.
スパイク 〔靴〕Spikes pl.
スパゲッティ Spag[h]etti pl.
すばこ 巣箱 der Nistkasten -s, ⸚.
すばしこい flink; behände.
ずばずば ～言う offen (rückhaltlos) heraus|sagen.
すはだ 素肌 bloße Haut; 〔化粧しない〕ungeschminkte Haut.
スパナ der Schraubenschlüssel -s, -.
すばなれ 巣離れする sein Nest verlassen*; 〔比〕flügge werden*(s).
ずばぬける ずば抜ける hervor|ragen; sich hervor|tun*; sich aus|zeichnen. ずば抜けた(て) hervorragend; ausgezeichnet.
すばやい 素早い(く) flink; behände; schnell.
すばらしい 素晴らしい herrlich; prächtig; großartig; glänzend. すばらしく美しい sehr (äußerst) schön.
すばる 昴 Plejaden pl.
スパルタ Sparta. ～の人 der Spartaner. ～式(風)の spartanisch. ～教育 eine spartanische Erziehung.
ずはん 図版 die Abbildung -en; die Illustration -en.
スピーカー der Lautsprecher -s, -.
スピーチ die Ansprache -n; die Rede -n. 気の利いた～をする eine geistreiche Ansprache halten*.
スピード die Geschwindigkeit -en. 1時間60キロの～で走る mit einer Geschwindigkeit von 60 Kilometern pro Stunde (60 km/st) fahren*(s). ～違反 die Geschwindigkeitsüberschreitung. ～を上げる(下げる) die Geschwindigkeit steigern (herab|setzen).
スピッツ 〔犬〕der Spitz -es, -e.
ずひょう 図表 der Graf -en, -en; das Diagramm -s, -e; grafische Darstellung -en.
スピロヘータ die Spirochäte -n.
スフ die Kunstfaser -n.
スフィンクス die (der) Sphinx -, -e.
スプーン der Löffel -s, -. ティー～ der Teelöffel.
ずぶとい 図太い frech; dreist; verwegen.
ずぶぬれ ずぶ濡れ・の pudelnass; ganz durchnässt. ～になる bis auf die Haut durchnässt sein*.
スプリング die [Sprung]feder -n. ～コート der Übergangsmantel. ～ボード das Sprungbrett.
スプリンクラー der Sprinkler -s, -.
スプリンター der Sprinter -s, -; der Kurzstreckenläufer -s, -.
スプレー der (das) Spray -s, -e.
すべ 術 das Mittel -s, -. なす～を知らない [sich³] keinen Rat mehr wissen*. …する～を心得ている wissen* (zu+不定詞).
スペア das (der) Ersatzteil -s, -e; der Ersatz -es. ～タイヤ der Ersatzreifen.
スペイン Spanien. ～の spanisch. ～人 der Spanier. ～語 das Spanische*.
スペース der Raum -es.
スペード das Pik -[s]; das Schippen -, -《無冠詞で》. ～のクイーン die Pikdame.
すべからく 須らく…べし sollen*; müssen*.
スペキュレーション die Spekulation -en.
スペクタクル ～映画 der Ausstattungsfilm -s, -e.
スペクトル das Spektrum -s, ..tren (..tra). ～の spektral. ～分析 die Spektralanalyse.
すべすべ ～した glatt.
すべて 総ての all; sämtlich. ～の人 alle [Leute]; jedermann. ～の物(事) alles. 私の～の金 mein ganzes Geld. 我らは～wir … alle (sämtlich). [ein] jeder von uns. 彼女にとっては彼が～だ Er ist ihr Ein und Alles. ～で100ユーロになる Das macht im Ganzen 100 Euro.
すべらす 滑らす gleiten (rutschen) lassen*. 足を～ aus|gleiten*(s); mit dem Fuß rutschen(s). 口を～ sich verplappern.
すべりおちる 滑り落ちる ab|gleiten*(s); ab|rutschen(s).
すべりだい 滑り台 die Rutschbahn -en.
すべりだし 滑り出しがいい einen guten Anlauf nehmen*; gut an|fangen*.
すべる 滑る gleiten*(s); rutschen(s). スキーで～ Ski laufen* (fahren*)(s). 床の上で～ auf dem Fußboden aus|gleiten*(s). 試験に～ im Examen durch|fallen*(s).
すべる 統べる beherrschen; beaufsichtigen.
スペル ～を間違える [ein Wort] falsch (unorthografisch) schreiben*. その語の～はどうですか Wie schreibt man das Wort?
スポイト die Pipette -n.
スポークスマン der Sprecher -s, -.
スポーツ der Sport -s. ～をする Sport treiben*. ～カー der Sportwagen. ～界 die Sportwelt. ～シャツ das Sporthemd. ～マン der Sportsmann; der Sportler. ～マンシップ der Sportgeist.
スポーティ ～な服装をする sich sportlich kleiden.
ずぼし 図星・を指す den Nagel auf den Kopf treffen*. ～だ [Du hast es gut] getroffen.
スポット コマーシャル der Spot. ～ライト das Spotlight. ～を当てる bel. beleuchten.
すぼまる 窄まる enger (schmaler) werden*(s). 先が～ eng zu|laufen*(s).
すぼめる 窄める enger (schmaler) machen. 肩を～ die Schultern ein|ziehen*. 口を～ den Mund zusammen|ziehen*. 身を～ sich ducken.
ずぼら ～な nachlässig; faul.
ズボン die Hose -n; das Beinkleid -[e]s, -er. 乗馬～ die Reithose; Breeches pl. ～下 die Unterhose. ～吊り der Hosenträger.
スポンサー der Sponsor -s, -en; der Geldgeber -s, -.
スポンジ der Schwamm -es, ⸚e. ～ボール der Gummiball. ～ケーキ der Biskuitkuchen.
スマート ～な smart; schick; elegant.

すまい 住まい die Wohnung -en. お～はどちらですか Wo wohnen Sie? 田舎～をする auf dem Land[e] wohnen. 下宿～をする bei *jm.* zur Miete wohnen.

すます 済ます fertig werden*(s)* 《mit 3格》; erledigen; beendigen. 勘定を～ die Rechnung bezahlen (begleichen*). そのままに～ *et.* gut sein lassen*. 僅かな物で～ sich mit wenigem behelfen*. なしで～ *et.* entbehren.

すます 澄ます klären; klar machen; [気どる] sich affektieren; vornehm tun*; [平気を装う] gleichgültig tun*; scheinbar gelassen bleiben*(s). 耳を～ horchen 《auf 4格》. 澄まして affektiert; gelassen.

スマッシュ [テニスなどの] der Smash [smæʃ] -[s], -s; der Schmetterball -[e]s, ⸚e.

すみ 炭 die [Holz]kohle -n. ～を焼く Holz zu Kohlen brennen*.

すみ 隅(角) der Winkel -s, -; die Ecke -n. 心の～では im verborgensten Winkel des Herzens. ～に引っ込む sich in einen Winkel zurück|ziehen*. ～から～まで捜す an allen Ecken und Enden suchen. ～に置けない男 schlauer Mann.

すみ 墨 die Tusche -n. ～絵 die Tuschmalerei.

すみ 済み Erledigt! / Abgemacht! 支払い～ Bezahlt!

すみか 住処 der Wohnort -[e]s, ⸚e. 盗賊の～ das Diebesnest; die Räuberhöhle.

すみごこち 住み心地·のよい家 wohnliches Haus. この家は～がよい(悪い) In diesem Haus lässt es sich angenehm (unangenehm) wohnen.

すみこむ 住み込む bei *jm.* wohnen. 女中に～ bei *jm.* als Hausmädchen sein*.

すみつく 住み着く sich nieder|lassen* 《in 3格》. 彼は京都に住み着いている Er ist in Kyoto ansässig.

すみて 住み手 der Bewohner -s, -. ～のない家 unbewohntes Haus.

すみなれる 住み慣れる sich ein|leben 《in (an) 3格》.

すみやか 速やかな(に) schnell; geschwind; rasch.

すみやき 炭焼き die Köhlerei (Kohlenbrennerei); [人] der Köhler (Kohlenbrenner) -s, -.

すみれ 菫 das Veilchen -s, -. ～色の violett.

すむ 住む wohnen. その町に～ in der Stadt wohnen; die Stadt bewohnen. 叔父の家に～ bei seinem Onkel wohnen.

すむ 済む [終る] enden; zu Ende gehen*(s); [片付く] fertig werden*(s); erledigt werden* (s受). 仕事が済んだ Die Arbeit ist fertig. / Ich bin mit der Arbeit fertig. なにもかも済んだ Alles ist vorüber (aus). 当分はそれで～ Das genügt vorläufig. 済みません Verzeihen Sie! / Verzeihung! / Entschuldigung! 済みませんが Bitte, Verzeihung! / Wenn ich bitten darf, ... 君の間違いは知らなかったでは済まされない Dein Versehen kann man nicht mit Unwissenheit entschuldigen.

すむ 澄む klar werden*(s). 澄んだ klar.

スムーズ ～に(な) glatt; zügig.

すめん 素面の nüchtern; nicht betrunken.

ずめん 図面 die Zeichnung -en; der Plan -es, ⸚e.

すもう 相撲 das Sumo ['zu:mo] -. ～を取る mit *jm.* ringen*. ～取り der Sumo-Ringer.

スモッグ der Smog -[s], -s; ～警報 der Smogalarm.

すもも 李 die Pflaume -n.

すやき 素焼の unglasiert.

すやすや ～眠る ruhig schlafen*.

すら sogar; selbst. 兄弟で～ selbst der Bruder.

スライス die Scheibe -n.

スライド das Diapositiv -s, -e; das Dia -s, -s. ～映写機 der Diaprojektor. ～賃金制 gleitende Lohnskala; der Indexlohn.

ずらかる ab|hauen*(s).

ずらす rücken; [ver]schieben*. 机を横に～ den Tisch zur Seite rücken. 出発を～ die Abreise verschieben*.

すらすら [容易に] leicht; ohne Mühe; [流暢(りゅう)に] fließend; geläufig; [円滑に] glatt; [滞りなく] ohne Stockung. 仕事が～とはかどる Die Arbeiten gehen zügig voran.

スラックス lange Hose -n; Slacks [slɛks, slæks] *pl.*

スラブ ～の slawisch. ～人 der Slawe. ～諸語 die slawischen Sprachen.

スラム ～街 das Elendsviertel; Slums *pl.*

すらり ～とした schlank.

ずらり ～と並ぶ eine lange Reihe bilden. テーブルの周囲に椅子が～と並んでいる Um den Tisch stehen Stühle gereiht. 前に車が～と並んでいる Vor uns ist eine lange Reihe von Wagen.

スラローム der Slalom -s, -s; der Torlauf -[e]s, ⸚e.

スラング der Slang -s, -s; der Jargon -s, -s.

スランプ ～である in Tiefstand sein*; [スポーツ] außer (nicht in) Form sein*.

すり 刷り der Druck -es. ～に回す in Druck geben*.

すり 掏り der Taschendieb -[e]s, -e.

すりえ 擂り餌 zerriebenes Futter -s.

ずりおちる ずり落ちる herunter|rutschen(s).

すりかえる 摩り替える heimlich wechseln (aus|tauschen).

すりガラス 磨りガラス das Mattglas -es.

すりきれる 擦り切れる sich ab|reiben*; sich ab|schaben. 擦り切れた abgerieben; abgeschabt.

すりこぎ 擂粉木 der Stößel -s, -; die Mörserkeule -n.

すりこむ 摺り込む ein|reiben*. 皮膚に軟膏を～ eine Salbe in die Haut (die Haut mit Salbe) ein|reiben*.

スリッパ der Pantoffel -s, -n.
スリップ〔下着〕das Unterkleid -[e]s, -er; der Unterrock -[e]s, ¨e. ~する〔車が〕rutschen(s).
すりつぶす 磨り潰す zerreiben*; zermahlen*. 財産を~ sein Vermögen verprassen.
すりぬける 擦り抜ける durch|schlüpfen(s)《durch 4格》.
すりばち 擂鉢 der Mörser -s, -.
すりへらす 磨り減らす ab|reiben*; ab|nutzen. この仕事は神経を磨り減らした Diese Arbeit hat Nerven gekostet. 磨り減った靴 abgetragene Schuhe pl.
スリム ~な schlank.
すりむく 擦り剝く sich³ ab|schürfen (wund reiben*). 膝を擦り剝いた Ich habe mir das Knie abgeschürft (wund gerieben).
すりよる 擦り寄る heran|rücken(s)《an 4格》; sich an|schmiegen《an 4格》.
スリラー der Thriller -s, -.
スリル ~のある aufregend; spannend; packend.
する 刷る drucken. その本は今刷っている Das Buch ist jetzt im (in) Druck. 刷りそこなう fehl|drucken.
する 為る tun*; machen. 仕事を~ arbeiten; eine Arbeit tun* (verrichten; leisten). テニスを~ Tennis spielen. 品物を金に~ Waren zu Geld machen. 子供を医者に~ aus seinem Kind einen Arzt machen. 医者をしている als Arzt wirken tätig sein*). 出版しようとする herausgeben wollen*.
する 掏る jm. et. aus der Tasche stehlen*.
する 擦る〔こする〕reiben*;〔すりつぶす〕zerreiben*. 金を~ Geld ein|büßen (verlieren*);〔勝負事で〕Geld verspielen. マッチを~ ein Zündholz an|streichen*. やすりで~ feilen.
ずるい 狡い schlau; listig; verschlagen;〔不正な〕unehrlich. ~事をする unehrlich handeln; ein Unrecht begehen*.
ずるける vernachlässigen. 学校を~ die Schule schwänzen.
するする ~と glatt; leicht.
ずるずる ~と延ばす von einem zum anderen Tag auf|schieben*.
ズルチン das Dulzin [dʊl'tsiːn] -s.
すると〔それから〕dann; darauf;〔その時〕da;〔それでは〕also.
するどい 鋭い scharf. ~針 spitze Nadel. ~攻撃 heftiger Angriff.
ズルフォンアミド Sulfonamide pl.
ずれ die Verschiebung -en.

すれあう 擦れ合う sich berühren (reiben*).
スレート der Schiefer -s, -. ~葺(ﾌﾞｷ)の屋根 das Schieferdach.
すれすれ ~に dicht an《3格》; nahe bei《3格》;〔辛うじて〕gerade noch. 彼は~に汽車に間に合った Er erreichte den Zug noch im letzten Augenblick.
すれちがう 擦れ違う vorbei|gehen*(s)《an 3格》;〔互に〕aneinander vorbei|gehen*(s);〔車が〕aneinander vorbei|fahren*(s).
すれっからし 擦れっ枯らしの gerieben; durchtrieben.
すれる 擦れる ¶この靴は踵(ｶｶﾄ)が~ Der Schuh reibt [mich] an der Ferse. 擦れた奴 geriebener Kerl.
ずれる sich verschieben*.
スローガン das Schlagwort -[e]s, -e; die Parole -n; der Slogan -s, -s.
ズロース der Schlüpfer -s, -.
スロープ der [Ab]hang -s, ¨e.
スローモーション〔映画の〕die Zeitlupe. ~で im Zeitlupentempo.
スワッピング der Partnertausch -es.
すわり 座り・のよい standfest; standsicher. クッションは~心地がよい In Polstern sitzt es sich gut.
すわりこむ 座り込む sitzen bleiben*(s); nicht von der Stelle weichen*(s).
すわる 座る sich setzen;〔席に着く〕Platz nehmen*. 座っている sitzen*. 座った目で mit starren Augen (starrem Blick).
スワン der Schwan -[e]s, ¨e.
すんか 寸暇・もない keinen Augenblick Ruhe haben*. ~を惜しむ jede freie Minute nutzen.
ずんぐり ~した untersetzt; gedrungen.
すんげき 寸劇 kleine Komödie -n;〔幕間(ﾏｸｱｲ)の〕das Zwischenspiel -s, -e.
すんし 寸志 eine kleine Aufmerksamkeit; eine Kleinigkeit.
ずんずん〔速やかに〕schnell;〔先に〕[immer] weiter.
すんぜん 寸前・で gerade (dicht) vor《3格》. ~に迫った unmittelbar bevorstehend.
すんだん 寸断する in Stücke schneiden*.
すんで ¶彼は~の事に溺死するところだった Er wäre beinahe (fast) ertrunken.
すんなり ~した schlank. ~と glatt.
すんぽう 寸法 das Maß -es, -e. 背広の~を取る jm. einen Anzug an|messen*. 背広の~を取ってもらう sich³ zu einem Anzug Maß nehmen lassen*.

せ

せ 背 der Rücken -s, -. 山の~ der Bergrücken. 山を~にしている einen Berg hinter sich³ haben*. ~を向ける jm. den Rücken kehren. ~を伸ばす(曲げる) den Rücken auf|richten (beugen). 太陽を~にして写真を撮る mit der Sonne im Rücken fotografieren. ~に腹は変えられぬ Das Hemd ist mir näher als der Rock. → せい.

せ 瀬〔浅瀬〕die Untiefe -n; die Furt -en;〔早瀬〕die Stromschnelle -n.

ぜ 是・とする gut|heißen*; billigen. ～が非でも um jeden Preis.

せい 生 das Leben -s, -. この世に～を享(ウ)ける zur Welt kommen*(s).

せい 世 ¶ナポレオン3～ Napoleon III. (der Dritte). 金田2～ der junge Kaneda; Herr Kaneda junior.

せい 正・の〔数・電〕positiv. ～数 positive Zahl. ～会員 ordentliches Mitglied.

せい 性 das Geschlecht -s, -er; der Sex -[es];〔本性〕die Natur -en;〔文法〕das Genus -, ..nera. ～の(的) geschlechtlich; sexuell. ～に目覚める geschlechtlich erwachen (s). ～教育 die [Sexual]aufklärung; die Geschlechtserziehung. ～行為 der Geschlechtsakt. ～生活 das Geschlechtsleben (Sexualleben). ～犯罪 das Sexualverbrechen. ～ホルモン das Sexualhormon. ～差別 der Sexismus.

せい 姓 der Familienname -ns, -n; der Zuname -ns, -n.

せい 制〔制度〕das System -s, -e. 4年～大学 vierjährige Hochschule.

せい 背 die [Körper]größe -n. ～の高い(低い) groß (klein). ～のすらりとした schlankem Wuchs. ～が伸びる größer werden*(s). ～の順に der Größe nach. ～比べをしよう Lass uns sehen, welcher größer ist. ～はどのくらいありますか Wie groß sind Sie? → せ.

せい 聖・なる heilig. ～アウグスチヌス der heilige Augustinus; St. (Sankt) Augustinus.

せい 精〔精霊〕der Geist -es, -er;〔エキス〕der (das) Extrakt -[e]s, -e. 森の～ der Waldgeist. ～を出す sich an|strengen《in 3格》; viel Fleiß verwenden(*)《auf 4格》. ～を出して fleißig; emsig. ～をつける sich stärken《mit 3格; durch 4格》. ～のつく食物 nahrhaftes Essen.

せい 製 ¶ドイツ～の in Deutschland hergestellt. ビニール～の aus Vinyl. 日本～の自動車 japanisches Auto.

せい 所為 ¶年の～で infolge seines Alters. 努力した～で dank seinem Fleiß. 或る人の～にする jm. et. zu|schreiben*; jm. Schuld geben*《an 3格》. 疲れはビタミン不足の～だ Die Müdigkeit kommt vom Vitaminmangel. 僕が遅刻したのは交通事故の～だ Ein Verkehrsunfall ist an meiner Verspätung schuld. 彼が叱られたのは君の～だ Du bist schuld daran, dass man ihn gescholten hat.

ぜい 税 一税金. 直接(間接)～ direkte (indirekte) Steuer.

せいあい 性愛 die Geschlechtsliebe; der Eros -.

せいあつ 制圧する unterdrücken; unter Kontrolle bringen*.

せいあん 成案 fertiger (fester) Plan -es, "-e.

せいい 誠意 die Aufrichtigkeit; die Loyalität. ～のある aufrichtig; loyal. 或る人に対して～がある es mit jm. redlich (aufrichtig) meinen. 或る事を～をもってする et. in aller Aufrichtigkeit tun*.

せいいき 声域 der Stimmumfang -s, "-e.

せいいき 聖域 das Heiligtum -s, "-er.

せいいく 成育する [auf]|wachsen*(s).

せいいつ 斉一 gleichmäßig; einheitlich.

せいいっぱい 精一杯 nach besten Kräften. ～やる das Mögliche tun*. 僕の給料では3人養うのが～だ Mein Gehalt reicht gerade noch für drei Personen.

せいいん 成員 das Mitglied -[e]s, -er.

せいう 晴雨・にかかわらず bei jedem Wetter. ～計 das Barometer.

セイウチ 海象 das Walross -es, -e.

せいうん 青雲の志を抱いて von jugendlichem Ehrgeiz erfüllt.

せいうん 星雲 der Nebel -s, -; der Nebelfleck -s, -e. 渦状～ der Spiralnebel.

せいえい 精鋭 die Auslese -n; die Elite -n. ～部隊〔兵〕die Kerntruppe.

せいえき 精液 das Sperma -s, ..men (-ta); der Samen -s.

せいえん 声援 die Aufmunterung -en; Beifallsbezeigungen pl. ～する auf|muntern; an|feuern; jm. zu|jubeln.

せいえん 製塩 die Salzgewinnung. ～する Salz gewinnen*. ～所 das Salzwerk; die Saline.

せいおう 西欧 Westeuropa; → 西洋. ～同盟 die Westeuropäische Union (略: WEU).

せいおん 清音 japanische Silbe mit stimmlosem Anlaut.

せいか 生家 das Geburtshaus -es, "-er;〔実家〕das Elternhaus -es, "-er.

せいか 正価 der Nettopreis -es, -e. ～で買う regulär kaufen.

せいか 正貨 das Metallgeld -[e]s. ～準備 die Metalldeckung; der Metallvorrat.

せいか 正課 das Pflichtfach -[e]s, "-er.

せいか 成果 der Erfolg -es, -e; das Ergebnis -ses, -se; die Frucht "-e; die Errungenschaft -en. ～を収める einen Erfolg erzielen.

せいか 声価を高める sein Ansehen erhöhen.

せいか 青果[・物] Obst und Gemüse. ～市場 der Obst- und Gemüsemarkt.

せいか 盛夏 der Hochsommer -s.

せいか 聖火 heiliges Feuer -s, -. オリンピック～ das olympische Feuer.

せいか 聖歌 das Kirchenlied -[e]s, -er. ～集 das Gesangbuch. ～隊 der [Kirchen]chor.

せいか 精華 die Blüte -n.

せいか 製菓 die Konditorei. ～業者 der Süßwarenhersteller.

せいか 製靴・業 die Schuhmacherei. ～工場 die Schuhfabrik.

せいかい 正解 richtige Lösung -en. ～者は応募者1,000名に3名の割だった Drei von tausend Einsendern haben die richtige Lösung gefunden.

せいかい 政界 die politische Welt. ～に入る

せいかい 盛会 ¶会は～だった Die Versammlung war gut besucht.
せいかい 制海権 die Seeherrschaft.
せいかがく 生化学 die Biochemie.
せいかく 正確 die Genauigkeit; die Richtigkeit; die Präzision. ～な genau; richtig; exakt; präzis. ～な描写 genaue (treue) Schilderung. ～な答え richtige Antwort. ～に発音する richtig aus|sprechen*. 彼は時間が～だ Er ist [immer] pünktlich. ～なことは知りません Genaues weiß ich nicht.
せいかく 性格 der Charakter -s,-e. ～のいい(悪い) ein Mensch mit gutem (schlechtem) Charakter. ～が弱い keinen Charakter haben*. ～俳優 der Charakterdarsteller. ～描写 die Charakteristik.
せいかく 製革(工場) die Gerberei -en.
せいがく 声楽 die Vokalmusik. ～家 der Sänger; der Vokalist.
ぜいがく 税額 der Steuerbetrag -s, ⸚e. 或る人の～を査定する jn. veranlagen.
せいかつ 生活 das Leben -s,-. ～する leben. 気楽な(みじめな)～をする ein behagliches (elendes) Leben führen. 裕福な～をする in guten Verhältnissen leben. 金利で～する von Renten leben. ～が苦しい kümmerlich leben. ～が不安定である keine sichere Existenz haben*. ～改善 die Lebensreform. ～状態 die Lebenslage. ～水準 der Lebensstandard. ～難(苦) die Lebensnot. ～費 der Lebensunterhalt; Lebens[haltungs]kosten pl. ～必需品 Lebensbedürfnisse pl. ～様式 der Lebensstil. ～力 die Lebensfähigkeit. 東京は～費が高い In Tokyo ist das Leben teuer. ～保護 die Fürsorge.
せいかん 生還する lebend zurück|kehren (s).
せいかん 盛観 → 壮観.
せいかん 精悍な顔つき verwegenes Gesicht -s, -er.
せいかん 静観する sich abwartend verhalten*; [sich³] et. mit an|sehen*.
せいがん 誓願する ein Gelübde ab|legen.
せいがん 請願[・書] das Gesuch -[e]s, -e; die Petition -en. ～する bei jm. an|suchen «um 4格». ～人 der Gesuchsteller.
ぜいかん 税関 das Zollamt -[e]s, ⸚er. ～吏 der Zollbeamte#. ～の検査 die Zollrevision. ～申告[書] die Zollerklärung.
せいき 生気・ある lebhaft; temperamentvoll. ～のない leblos; unbeseelt; temperamentlos.
せいき 世紀 das Jahrhundert -s,-e (略: Jh.). 19～に im 19. Jahrhundert. ～末 das Fin de Siècle.
せいき 正規の regulär; regelrecht; ordentlich.
せいき 性器 das Geschlechtsorgan -s,-e.
せいぎ 正義 die Gerechtigkeit. ～の gerecht. ～の人 gerechter Mensch. ～感 der Gerechtigkeitssinn.

せいぎ 盛儀 prunkvolle Zeremonie -n.
せいきゅう 性急な(に) hastig; voreilig; ungeduldig.
せいきゅう 請求 die Forderung -en. ～する et. von jm. fordern (verlangen); beanspruchen. ～者 der Forderer. ～権 der Anspruch «auf 4格». ～書 die Rechnung. ～金額 der Rechnungsbetrag.
せいきょ 逝去 der Heimgang -[e]s. ～する verscheiden*(s); heim|gehen*(s).
せいぎょ 制御 die Kontrolle -n; die Steuerung. ～する kontrollieren; steuern. ～装置 der Kontrollapparat; der Kontroller.
せいきょう 生協 die Konsumgenossenschaft -en.
せいきょう 盛況 ¶市場は～だった Auf dem Markt herrschte ein reges Treiben. その催しは～だった Die Veranstaltung war gut besucht.
せいぎょう 正業に就いている ein ehrliches Gewerbe aus|üben.
せいぎょう 生業 das Gewerbe -s,-. ～にいそしむ seinem Gewerbe nach|gehen*(s).
せいきょうかい 正教会 die orthodoxe Kirche.
せいきょうと 清教徒 der Puritaner -s,-.
せいきょく 政局 politische Lage -n. ～の危機 politische Krise.
せいきろん 生気論 der Vitalismus -. ～者 der Vitalist.
せいきん 精勤 der Diensteifer -s. ～な diensteifrig.
ぜいきん 税金 die Steuer -n. ～を納める Steuern [be]zahlen. ～をかける et. besteuern. ～のかからない steuerfrei.
せいく 成句 die Redensart -en; die Phrase -n.
せいくうけん 制空権 die Lufthoheit.
せいくん 請訓する [die Regierung] um Instruktion ersuchen.
せいけい 生計 die Lebenshaltung. 著述で～を立てる sich³ seinen Lebensunterhalt mit Bücherschreiben verdienen (erwerben*); sich durch Schriftstellern ernähren. ～費 Lebens[haltungs]kosten pl.
せいけい 西経 35度にある auf (unter) 35° westlicher Länge liegen*.
せいけい 整形・外科 die Orthopädie. ～外科医 der Orthopäde. ～手術 orthopädische Operation.
せいけつ 清潔 die Reinlichkeit; die Sauberkeit. ～な rein[lich]; sauber; frisch. ～にしておく rein halten*; sauber halten*.
せいけん 政見 politische Ansichten pl.
せいけん 政権 die Regierung -en. ～を握る das Regiment (die Regierung) an|treten*.
せいけん 聖賢 Heilige und Weise pl.
せいげん 正弦 《数》 der Sinus -,-[se] (記号: sin).
せいげん 制限 die Beschränkung (Einschränkung) -en. ～する et. beschränken

ぜいげん (ein|schränken)《auf 4格》; begrenzen; Grenzen setzen《3格》. ～なく unbeschränkt; grenzenlos. ～時間 beschränkte Zeit.

ぜいげん 税源 die Steuerquelle -n.

せいご 生後 nach der Geburt. ～の〘医〙 postnatal. ～4箇月である 4 Monate alt sein*.

せいこう 生硬·な steif. 彼は～な文章を書く Er schreibt einen ungehobelten Stil.

せいこう 成功 der Erfolg -es, -e; das Gelingen -s. ～する Erfolg (Glück) haben*《mit 3格》;〔事が主語〕jm. gelingen*(s). ～者 gemachter Mann. 彼の計画は～した Seine Pläne hatten Erfolg. 私は彼の説得に～した Es gelang mir, ihn zu überzeugen. 彼はアメリカで～した Er hat in Amerika sein Glück gemacht.

せいこう 性交 der Geschlechtsverkehr -s; der Koitus -, -[se].

せいこう 性向 die Sinnesart -en; die Veranlagung -en; die Disposition -en; das Temperament -[e]s, -e.

せいこう 性行 Charakter und Lebenswandel.

せいこう 政綱 politisches Programm -s, -e.

せいこう 精巧·な fein; kunstvoll. ～さ die [Raf]finesse. → 精巧

せいこう 製鋼 die Stahlerzeugung -en. ～所 das Stahlwerk.

せいこうほう 正攻法でいく die richtige Strategie an|wenden(*).

せいこく 正鵠·を得る das Rechte treffen*. ～を得た treffend; treffsicher.

せいごひょう 正誤表 das Druckfehlerverzeichnis -ses,-se.

ぜいこみ 税込みで einschließlich der Steuer.

せいこん 精根尽きる völlig erschöpft sein*.

せいこん 精魂を傾ける sich mit ganzer Seele widmen《3格》.

せいざ 星座 das Sternbild -[e]s, -er. オリオン ～ der Orion.

せいざ 静座する still sitzen*.

せいさい 正妻 rechtmäßige Ehefrau -en.

せいさい 生(精)彩 die Farbe -n; die Lebendigkeit. ～のない leblos; farblos; glanzlos. ～を帯びてくる Farbe bekommen* (gewinnen*). ～を放つ glänzen.

せいさい 制裁 die Bestrafung -en; Sanktionen pl. ～を加える jn. bestrafen; et. sanktionieren.

せいざい 製材所 das Sägewerk -[e]s, -e.

せいさく 政策 die Politik. ～上の politisch. 対内(外)～ innere (äußere) Politik.

せいさく 製作 die Herstellung; die Produktion; die Fabrikation -en. ～する fertigen; her|stellen; produzieren; fabrizieren. ～者 der Hersteller; der Produzent. ～所 die Fabrik. ～費 Fertigungskosten pl.

せいさつ 制札 die Warnungstafel -n.

せいさつよだつ 生殺与奪の権を握る für jn. Herr über Leben und Tod sein*.

せいさん 生産 die Produktion; die Erzeugung -en; die Herstellung. ～する erzeugen; produzieren; her|stellen. ～管理 die Produktionskontrolle. ～財 Produktionsgüter pl. ～者 der Erzeuger; der Hersteller; der Produzent. ～者価格 der Erzeugerpreis. ～性 die Produktivität. ～高 die Produktionsmenge. ～的 produktiv. ～能力 die Produktionskapazität. ～費 Produktionskosten pl. ～物 das Erzeugnis; das Produkt.

せいさん 正餐 das Diner -s, -s.

せいさん 成算がある Aussicht auf Erfolg haben*.

せいさん 青酸 die Blausäure. ～カリ das Zyankali.

せいさん 凄惨な schauderhaft; grässlich; grausig.

せいさん 清算 die Liquidation -en; der Ausgleich -s, -e. ～する liquidieren; aus|gleichen*. ～人 der Liquidator. 勘定を～する eine Rechnung richtig machen. 或る人と貸借を～する mit jm. ab|rechnen. 過去の生活を～する dem vergangenen Leben ab|schwören*; mit der Vergangenheit brechen*.

せいさん 聖餐 das Abendmahl -[e]s, -e. ～を受ける(授ける) das Abendmahl empfangen* (reichen).

せいさん 精算·所 der Nachlöseschalter. 乗車券を～する eine Fahrkarte nach|lösen.

せいさんかっけい 正三角形 gleichseitiges Dreieck -s, -e.

せいし 生死·の境をさまよう zwischen Leben und Tod schweben. 或る人と～を共にする js. Schicksal teilen. ～不明の verschollen.

せいし 正視する ins Gesicht sehen*《3格》.

せいし 世嗣 der Erbe -n, -n.

せいし 制止する jn. zurück|halten*《von 3格》; hemmen; auf|halten*.

せいし 精子 der Samenfaden -s, ̈; das Spermatozoon -s, ..zoen.

せいし 静止する still|stehen*.

せいし 製糸·業 die Seidenindustrie. ～工場 die Seidenfabrik.

せいし 製紙 die Papierfabrikation. ～工場 die Papierfabrik.

せいし 誓詞を書く einen schriftlichen Eid leisten.

せいじ 青磁 das Seladon -s, -s.

せいじ 政治 die Politik;〔施政〕die Regierung -en. ～を行う regieren. ～的(上の) politisch. ～家 der Staatsmann; der Politiker. ～学 die Politikwissenschaft; die Politologie. ～団体 politische Organisation. ～犯 politischer Verbrecher; der Staatsverbrecher. ～力 politische Fähigkeit.

せいしき 正式·の(に) förmlich; formell. 彼は～に彼女に求婚した Er hat in aller Form um ihre Hand angehalten.

せいしき 整式〘数〙ganzer Ausdruck -s, ̈e.

せいしつ 性質 die Eigenschaft *-en*; die Beschaffenheit; die Art; [本性] die Natur; das Wesen *-s*. 彼は~がいい Er ist gut geartet. この物質は水をはじく~がある Das Material ist von der Art (so beschaffen), dass es das Wasser abstößt.

せいじつ 誠実 die Ehrlichkeit; die Treue; die Aufrichtigkeit. ~な ehrlich; treu; aufrichtig.

せいじほう 正字法 → 正書法.

せいじゃ 正邪 Recht und Unrecht.

せいじゃ 聖者 der Heilige*.

せいじゃく 静寂 die Stille.

ぜいじゃく 脆弱な brüchig; spröde; schwach.

ぜいしゅう 税収 das Steueraufkommen *-s*.

せいしゅく 静粛・な still. ~にしている stillschweigen*. ~にしろ Seid still ! / Ruhe !

せいじゅく 成熟 die Reife. ~した reif. ~する reif werden*(*s*); reifen (*s*).

せいしゅん 青春[時代] die Jugend; die Jugendzeit; Jugendjahre *pl*.

せいじゅん 清純な rein; unschuldig.

せいしょ 清書する ins Reine schreiben*.

せいしょ 聖書 die Bibel *-n*; die Heilige Schrift *-en*.

せいしょう 斉唱する im Chor (einstimmig) singen*.

せいじょう 正常・な normal. ~化する normalisieren. ~に復する in Ordnung kommen*(*s*).

せいじょう 性状 die Eigenschaft *-en*; die Beschaffenheit.

せいじょう 性情 die Gemütsart.

せいじょう 政情 die politische Lage (Situation).

せいじょう 清浄な rein; unbefleckt.

せいじょうき 星条旗 das Sternenbanner *-s, -*.

せいしょうねん 青少年 die Jugend; die Jugendlichen# *pl*. ~時代 die Jugendzeit. ~向き図書 das Jugendbuch.

せいしょく 生殖 die Fortpflanzung; die Zeugung *-en*. ~器 die Geschlechtsorgan. ~細胞 die Geschlechtszelle. ~力 die Zeugungskraft.

せいしょく 聖職・の geistlich. ~者 der Geistliche#. ~に就く Geistlicher werden*(*s*).

せいしょほう 正書法 die Rechtschreibung; die Orthografie *-n*.

せいしん 清新 frisch [und neu].

せいしん 精神 der Geist *-es*; die Seele *-n*. 或る人の~を体して(法の~にのっとって)行動する in *js*. Geist[e] (nach dem Geist des Gesetzes) handeln*. ~の geistig; seelisch; mental. ~安定剤 Tranquilizer *pl*. ~異常の geistesgestört. ~衛生[学] die Psychohygiene. ~科学 die Geisteswissenschaft. ~鑑定 psychiatrisches Gutachten. ~形成 die Geistesbildung. ~生活 das Geistesleben; das Seelenleben. ~年齢 das Intelli-

genzalter. ~薄弱 der Schwachsinn. ~病 die Geisteskrankheit. ~病患者 der Geisteskranke#. ~科医 der Psychiater. ~科 die Psychiatrie. ~病理学 die Psychopathologie. ~病院 die Irrenanstalt. ~分析 die Psychoanalyse. ~分裂症 die Schizophrenie. ~療法 die Psychotherapie. ~力 die Seelenstärke. ~一到何事か成らざらん Wo ein Wille ist, da ist auch ein Weg.

せいじん 成人 der Erwachsene#. ~した erwachsen. ~病 die Alterskrankheit. ~教育 die Erwachsenenbildung. ~式 die Jungbürgerfeier.

せいじん 聖人 der Weise*; [宗教上の] der Heilige*.

せいしんせいい 誠心誠意 in aller Aufrichtigkeit; von ganzem Herzen. ~事に当る mit ganzem Herzen bei einer Sache sein*.

せいず 製図 die Zeichnung *-en*. ~する zeichnen. ~家 der Zeichner. ~器具 das Reißzeug. ~室 der Zeichensaal. ~板 das Reißbrett.

せいすい 盛衰 ¶栄枯~ der Auf- und Abstieg; das Auf und Ab; die Wechselfälle des Lebens.

せいずい 精髄 die Essenz (Quintessenz) *-en*; der Extrakt *-[e]s, -e*; der Kern *-s, -e*.

せいすう 整数 ganze Zahl *-en*. ~論 die Zahlentheorie.

せいする 制する beherrschen; Herr werden* (*s*) (über 4 格). 一 → 制止.

せいする 清する sich erleichtert fühlen.

せいせい 精製・する [砂糖・石油などを] raffinieren. ~所 die Raffinerie.

せいせい 生成 ~する werden*(*s*); [他動詞] erzeugen. ~と消滅 das Werden und Vergehen.

せいぜい 精精 höchstens; [できるだけ] möglichst. ~勉強しておきます Ich will es Ihnen so billig wie möglich lassen.

ぜいせい 税制 das Steuersystem *-s, -e*.

ぜいぜい ~いう keuchen.

せいせいどうどう 正正堂堂・の(と) fair; offen und ehrlich. 彼は~と戦った Er kämpfte mit offenem Visier.

せいせき 成績 die Leistung *-en*; das Resultat *-s, -e*; [学校の] die Zensur *-en*. 学校の~がいい(悪い) gute (schlechte) Zensuren [in der Schule] haben*. 学校の~が上がる sich in der Schule verbessern; in der Schule Fortschritte machen.

せいせつ 正接 〖数〗 der Tangens *-,-* (記号: tan; tang; tg).

せいせっかい 生石灰 gebrannter (ungelöschter) Kalk *-s*.

せいせん 生鮮食料品 frische (verderbliche) Lebensmittel *pl*.

せいせん 精選・する aus|erlesen*; aus|wählen. ~した auserlesen; ausgewählt.

せいぜん 生前に zu (bei) Lebzeiten.

せいぜん 整然と[した] in [bester] Ordnung;

せいそう ordentlich; planmäßig; systematisch.
せいそう 清楚な schmuck; reinlich; nett.
せいそう 正装・をつける Galaanzug an|ziehen*. ~して in [großer] Gala. 士官たちは~していた Die Offiziere trugen Galauniform.
せいそう 政争 politische Streitigkeiten pl.
せいそう 清掃 die Reinigung. ~する reinigen. ~夫〔塵芥運搬〕der Müllarbeiter;〔道路掃除〕der Straßenkehrer. ~課 die Müllabfuhr.
せいそう 盛装・する sich heraus|putzen. ~して in vollem Staat. ~している feierlich gekleidet sein*.
せいぞう 製造 → 製作. 帽子~業 die Hutfabrikation. ~業者 der Fabrikant.
せいそうけん 成層圏 die Stratosphäre. ~飛行 der Stratosphärenflug.
せいそく 正則 regelrecht; normal.
せいそく 棲息する leben; wohnen.
せいぞろい 勢揃いする sich sammeln.
せいぞん 生存 die Existenz; das Dasein -s. ~する existieren; da sein*; leben;〔生き残る〕überbleiben*(s). ~者 der Überbliebene#; der Überlebende#. ~競争 der Kampf ums Dasein. ~権 die Existenzberechtigung; das Lebensrecht.
せいたい 生態 die Lebensweise -n. ~学 die Ökologie. ~学[上]の ökologisch. ~系 ökologisches System.
せいたい 声帯 Stimmbänder pl. ~模写 die Imitation von Stimmen. ~模写の芸人 der Imitator.
せいたい 政体 die Regierungsform -en; die Staatsform -en.
せいたい 臍帯 die Nabelschnur ¨e.
せいだい 盛大・な(に) festlich. ~に祝う groß feiern.
せいたいかいぼう 生体解剖 die Vivisektion -en. ~する vivisezieren.
せいだく 清濁併(ホム)せ呑(ノ)む großherzig sein*.
ぜいたく 贅沢 der Luxus -. ~な luxuriös; verschwenderisch. ~をする Luxus treiben*《mit 3 格》. ~な生活をする ein luxuriöses (üppiges) Leben führen; im Luxus leben. ~を言う anspruchsvoll sein*. ~品 der Luxusartikel.
せいたん 生誕 → 誕生. ベートーベン~二百年祭 die Gedenkfeier zum 200. Geburtstag Beethovens.
せいだん 星団 der Sternhaufen -s,-.
せいたんきょく 聖譚曲 das Oratorium -s, ..rien.
せいち 生地 der Geburtsort -[e]s, -e.
せいち 聖地 heiliger Ort -es, -e;〔パレスチナ〕das Heilige Land -es.
せいち 精緻な fein; genau; präzis; exakt; minuziös.
せいち 整地する den Boden ebnen (planieren).
せいちゅう 正中《天》die Kulmination -en.
~線 die Mittellinie.
せいちゅう 成虫 die Imago ..gines.
せいちゅう 精虫 → 精子.
せいちゅう 掣肘する ein|schränken.
せいちょう 成長 das Wachstum -s. ~する [auf]wachsen*(s); heran|wachsen*(s). ~した gewachsen; erwachsen. ~期 die Wachstumsperiode. ~株〔企業の〕Wachstumsaktien pl. 経済~率 die Wachstumsrate.
せいちょう 整調〔ボート〕der Schlagmann -[e]s, ¨er.
せいつう 精通している bewandert sein*《in 3 格》; vertraut sein*《mit 3 格》; Bescheid wissen*《in (mit) 3 格》; sich verstehen*《auf 4 格》.
せいてい 制定・する fest|setzen. 法律を~する ein Gesetz geben*.
せいてき 政敵 politischer Gegner -s, -.
せいてき 静的 statisch.
せいてつ 製鉄 das Eisenhüttenwesen -s. ~業 die Eisenindustrie. ~所 das Eisenhüttenwerk.
せいてん 青天 ¶それは~の霹靂(ヘキ)だった Das kam wie ein Blitz aus heiterem Himmel. / Das wirkte wie ein Donnerschlag. ~白日の身となる für unschuldig erklärt werden*(s受).
せいてん 晴天 heiterer (klarer) Himmel -s; schönes (gutes) Wetter -s.
せいてん 聖典 heilige Bücher pl.
せいでんき 静電気 statische Elektrizität.
せいと 生徒 der Schüler -s,-.
せいと 聖徒 der Heilige#.
せいど 制度 die Einrichtung -en; das System -s, -e; das Wesen -s, -. 或る~を設ける ein System ein|führen. 教育~ das Erziehungswesen. 結婚(家族)~ die Institution der Ehe (Familie).
せいど 精度 die Genauigkeit.
せいとう 正当・な recht; gerecht[fertigt];〔合法の〕gesetzmäßig; legitim. ~な要求 billige (gerechte) Forderung; berechtigter (legitimer) Anspruch. ~な理由から aus guten Gründen. ~防衛 die Notwehr. ~と認める legitimieren. ~化する rechtfertigen. 目的は手段を~化する Der Zweck heiligt die Mittel.
せいとう 正統 die Legitimität. ~の君主 legitimer Herrscher. ~[派]の orthodox.
せいとう 政党 [politische] Partei -en. ~政治 die Parteienregierung. ~内閣 das Parteienkabinett. 革新~ fortschrittliche Partei.
せいとう 製陶業 die Töpferei.
せいとう 製糖 die Zuckergewinnung. ~工場 die Zuckerfabrik.
せいとう 精糖 die [Zucker]raffinade -n. ~所 die Zuckerraffinerie.
せいどう 正道 die Gerechtigkeit. ~を踏む den Weg der Gerechtigkeit gehen*(s).
せいどう 制動 die Bremsung -en. ~機 die Bremse. → ブレーキ.

せいどう 青銅 die Bronze. ～の bronzen. ～器時代 die Bronzezeit.
せいどう 聖堂 konfuzianischer Tempel -s, -;〔教会堂〕die Kirche -n. 大(司教座)～ der Dom.
せいとく 生得の angeboren; natürlich.
せいどく 精読する aufmerksam lesen*.
せいとん 整頓 die Ordnung. ～する in Ordnung bringen*; ordnen. ～されている in Ordnung sein*.
せいなん 西南 der Südwesten -s (略: SW). ～の südwestlich. ～の風 der Südwestwind.
せいにく 精肉店 die Fleischerei -n.
ぜいにく 贅肉がつく Fett an|setzen.
せいねんがっぴ 生年 das Geburtsjahr -[e]s. ～月日 das Geburtsdatum.
せいねん 成年 die Mündigkeit; die Volljährigkeit. ～に達する mündig (volljährig) werden*(s). ～者 der Erwachsene*.
せいねん 青年 der Jüngling -s, -e;〔集合的に〕das Jungvolk -[e]s. ～と老人 die Jungen# und die Alten# pl. 男女 junge Männer und Frauen pl.; junge Leute pl. ～時代 das Jünglingsalter.
せいのう 性能 die Leistung -en. ～のよい(悪い) leistungsstark (leistungsschwach). ～検査 die Leistungsprüfung.
せいは 制覇 ¶世界～をもくろむ seine Herrschaft über die ganze Welt ausweiten wollen*. サッカーで世界を～する die Weltmeisterschaft im Fußball gewinnen*.
せいはい 成敗 → 成否.
せいばい 成敗する bestrafen; züchtigen.
せいはく 精白する raffinieren.
せいばつ 征伐 die Strafexpedition -en. ～する unterwerfen*; unterjochen; erobern.
せいはん 正犯 die Täterschaft;〔人〕der Täter -s, -.
せいはん 製(整)版〔組版〕der [Schrift]satz -es, ⸚e. ～する setzen;〔印刷版を作る〕Druckformen her|stellen. 写真～法 die Photochemigrafie. ～印刷・研究社印刷株式会社 Satz und Druck: Kenkyusha-Buchdruckerei AG.
せいはんたい 正反対 das gerade (genaue) Gegenteil; gerade das Gegenteil. ～の gerade (genau) entgegengesetzt; diametral. ～の意味で(の方向に) im Gegensinn. ～である im diametralen Gegensatz stehen*《zu 3格》.
せいひ 成否 Gelingen oder Misslingen; Erfolg oder Misserfolg.
せいび 整備・する in Ordnung bringen*;〔機械などを〕warten. 自動車～工場 die Autowerkstatt. 自動車～工 der Kraftfahrzeugmechaniker.
せいひょう 製氷 die Eiserzeugung -en. ～皿〔冷蔵庫の〕die Eiswürfelschale. ～所 die Eisfabrik.
せいびょう 性病 die Geschlechtskrankheit -en.
せいひれい 正比例する im direkten Verhältnis stehen*《zu 3格》.

せいひん 清貧に安んずる sich mit ehrlicher Armut begnügen.
せいひん 製品 das Fabrikat -s, -e; das Erzeugnis -ses, -se; das Produkt -[e]s, -e. ゴム～ Gummiwaren pl.
せいふ 政府 die Regierung -en. 日本～ die japanische Regierung. ～案 die Regierungsvorlage.
せいぶ 西部 der Westen -s; westlicher Teil -[e]s, -e. ～劇〔映画〕der Wildwestfilm.
せいふく 正副・議長 der Präsident und der Vizepräsident. ～2通作る in doppelter Ausfertigung her|stellen.
せいふく 征服 die Eroberung (Unterwerfung) -en. ～する erobern; unterwerfen*. 山を～する einen Berg bezwingen*. ～者 der Eroberer.
せいふく 制服 die Uniform -en;〔勤務服〕die Dienstkleidung. ～を着て in Uniform.
せいぶつ 生物 das Lebewesen -s, -. ～界 die belebte Natur; die Lebewelt. ～学 die Biologie. ～学の biologisch. ～学者 der Biologe.
せいぶつ 静物[画] das Stillleben -s, -.
せいふん 製粉 die Müllerei. ～する mahlen*. ～業 die Mühlenindustrie. ～所 die Mühle.
せいぶん 正文 der Text -es, -e.
せいぶん 成分 der Bestandteil -s, -e;〔薬の〕Ingredienzen pl.
せいぶん 成文・化する [schriftlich] nieder|legen. ～法 geschriebenes Recht.
せいへい 精兵 die Kerntruppe (Elitetruppe) -n.
せいへき 性癖 der Hang -s; die Neigung -en. 嘘をつく～がある einen Hang zur Lüge haben*. 彼には浪費の～がある Er neigt zur Verschwendung.
せいべつ 性別を問わず ohne Unterschied des Geschlechts.
せいへん 政変 der Regierungswechsel -s;〔クーデター〕der Staatsstreich -s, -e.
せいぼ 生母 leibliche Mutter ⸚.
せいぼ 聖母 die Heilige Mutter Gottes. ～像 das Muttergottesbild.
せいぼ 歳暮・売出し der Ausverkauf am Jahresende. お～ das Geschenk zum Jahresende.
せいほう 西方 der Westen -s. ～の westlich. ～に im Westen. 東京の～に westlich von Tokyo. ～へ(から) nach (von; aus) Westen.
せいほう 製法 das Herstellungsverfahren -s, -.
せいぼう 声望 das Ansehen -s. ～がある Ansehen genießen*. ～の高い in hohem Ansehen stehen*. ～家 ein Mann von hohem Ansehen.
せいぼう 制帽〔学校の〕die Schülermütze (Studentenmütze) -n;〔勤務上の〕die Dienst-

mütze -n.
ぜいほう 税法 das Steuergesetz -es, -e.
せいほうけい 正方形 das Quadrat -[e]s, -e. ~の quadratisch.
せいほく 西北 der Nordwesten -s (略: NW). ~の nordwestlich. ~西 der Westnordwesten (略: WNW). ~風 der Nordwest[wind].
せいほん 製本・する ein Buch [ein|]binden*. ~業(所) die Buchbinderei. ~屋 der Buchbinder.
せいまい 精米・する Reis polieren. ~所 die Reispoliermühle.
せいみつ 精密 die Genauigkeit; die Präzision. ~な genau; exakt; präzis. ~科学 exakte Wissenschaften pl. ~機械 das Präzisionsinstrument.
せいむ 政務・を見る(執る) die Staatsgeschäfte führen. ~次官 parlamentarischer Staatssekretär.
ぜいむ 税務・官吏 der Steuerbeamte#. ~署 das Finanzamt.
せいめい 生命 das Leben -s, -. ~を保っている noch am Leben bleiben*(s) (sein*). ~力 die Lebenskraft; die Vitalität. ~線 der Lebensnerv; [手相の] die Lebenslinie. ~保険 die Lebensversicherung. 音楽は私の~だ Die Musik ist mein Leben (für mich das Leben). → 命; 寿命.
せいめい 声明 die Erklärung -en; das Manifest -[e]s, -e. 公式~ öffentliche Erklärung. ~する erklären. ~を出す eine Erklärung ab|geben*.
せいめい 姓名 der Vor- und Zuname -ns, -n. ~判断 die Namendeutung.
せいもん 正門 das Haupttor -[e]s, -e; der Haupteingang -[e]s, ⸚e.
せいもん 声門 die Stimmritze -n. ~音 der Stimmritzenlaut.
せいもん 誓文 schriftlicher Eid -es, -e.
せいやく 制約 die Beschränkung (Einschränkung) -en; [条件] die Bedingung -en. ~する beschränken; ein|schränken; [条件的に] bedingen.
せいやく 誓約 der Eid -es, -e; der Schwur -[e]s, ⸚e; das Gelöbnis -ses, -se. ~する einen Eid ab|legen (schwören*) (auf 4 格); geloben. ~書 schriftlicher Eid.
せいやく 製薬 die Arzneimittelherstellung -en. ~会社 pharmazeutische Gesellschaft.
せいゆ 精油 ätherische Öle pl; [精製] die Erdölraffination. ~所 die Erdölraffinerie.
せいゆう 声優 der Synchronsprecher -s, -.
せいよう 西洋 das Abendland -es; der Okzident -s; Europa -s. ~の abendländisch; okzidental[isch]; europäisch. ~館 das Haus europäischen Stils. ~人 der Abendländer; der Europäer. ~文明 europäische Zivilisation. ~料理 europäische Küche.
せいよう 静養・する sich erholen; sich aus|ruhen. ~のため zur Erholung.

せいよく 性欲 der Geschlechtstrieb -[e]s; die Sexualität.
せいらい 生来 von Natur (Geburt). ~の angeboren; natürlich; ureigen. 彼は~のお人好しだ Von Natur [aus] ist er gutmütig.
せいり 生理 die Lebensvorgänge im Organismus; [月経] die Menstruation -en. ~学 die Physiologie. ~的 physiologisch. ~学者 der Physiologe. ~帯 die Damenbinde. ~中である ihre Periode haben*.
せいり 整理 die Ordnung -en; die Regelung -en; [人員の] der Abbau -s. ~する ordnen; in Ordnung bringen*; zurecht|bringen*; [仕分ける] sortieren; [交通・財政・負債などを] regeln; [人員を] ab|bauen. 身辺を~する seine Angelegenheiten bestellen.
せいりきがく 静力学 die Statik.
ぜいりし 税理士 der Steuerberater -s, -.
せいりつ 成立 das Zustandekommen -s; [発生] die Entstehung. ~する zustande kommen*(s); entstehen*(s). 契約(和解)が~した Der Vertrag (Die Versöhnung) ist zustande gekommen. ~史 die Entstehungsgeschichte.
ぜいりつ 税率 der Steuersatz -es, ⸚e.
せいりゃく 政略 die Politik; politische Taktik -en. ~的 politisch. ~結婚 politische Heirat.
せいりゅう 整流・する [電] gleich|richten. ~器 der Gleichrichter.
せいりょう 声量 die Stimmittel -s, -. ~が豊かである in vollem Besitz der Stimmittel sein*.
せいりょう 清涼・の erfrischend; erquickend; kühl. ~飲料 erfrischende Getränke pl.; die Erfrischung. 森の涼気は一服の~剤だ Die Kühle des Waldes ist ein Labsal.
せいりょく 勢力 der Einfluss -es, ⸚e; die Macht ⸚e; Kräfte pl. ~のある einflussreich; mächtig. ~を伸ばす seinen Einfluss aus|dehnen. 宮中に~がある Einfluss bei Hofe haben*. ~家 ein Mann von Einfluss. ~範囲 der Einflussbereich (Machtbereich). 紀伊半島上陸後台風は急速に~が衰えた Nachdem der Taifun die Halbinsel Kii erreicht hatte, schwächte er sich rasch ab.
せいりょく 精力 die Energie; die Tatkraft. ~的 energisch; tatkräftig. 全~を傾ける seine ganze Energie ein|setzen 《für 4 格》.
せいれい 政令 die Regierungsverordnung -en.
せいれい 聖霊 der Heilige Geist -es. ~降臨祭 das Pfingsten 《通常無冠詞で》.
せいれい 精励 der Fleiß -es. 職務に~する eifrig seiner Pflicht nach|kommen*(s).
せいれい 精霊 der Geist -es, -er.
せいれき 西暦 die christliche Zeitrechnung Anno Domini (略: A.D.). ~1546年に [im Jahre] 1546 n. Chr. (nach unserer Zeitrechnung); anno (Anno) 1546. ~紀元.
せいれつ 整列する sich in Reihen (in Reih

せいれん 清廉・潔白な人 sauberer Mensch -en, -ne. ~な・潔白である reine (saubere) Hände haben*.

せいれん 精錬・する raffinieren; frischen; verhütten. ~所 die Raffinerie; das Hüttenwerk.

せいろう 晴朗な heiter; klar; schön.

せいろん 正論を述べる vernünftig reden.

セーター der Pullover -s, -; der Sweater -s, -.

セーラー ~服 der Matrosenanzug -s, ⸚e.

セールスマン der Außendienstler -s, -.

せおいなげ 背負い投げ der Schulterwurf -s, ⸚e. ~を食う(比)sich³ anführen lassen*.

せおう 背負う(背負って行く)auf den Rücken nehmen* (auf dem Rücken tragen*). 子供を~(背負って行く) ein Kind huckepack nehmen* (tragen*). 負傷者を~ sich³ den Verletzten auf die Schulter laden*.

せかい 世界 die Welt -en; [宇宙] das Weltall -s; [地球] die Erde. ~の(学問)の~ die Welt des Kindes (der Wissenschaft). ~的 international. ~的反響 weltweites Echo. ~的影響 globale Auswirkungen pl. ~的に有名な weltberühmt. ~的事件 das Weltereignis. ~中に in (auf) der ganzen Welt. ~一周旅行をする eine Reise um die Welt machen. ~観 die Weltanschauung. ~記録 der Weltrekord. ~主義 der Kosmopolitismus. ~選手権 die Weltmeisterschaft. ~像 das Weltbild. ~地図 die Erdkarte; die Weltkarte. ~平和 der Weltfrieden. ~史 die Weltgeschichte. 第1(2)次~大戦 der Erste (Zweite) Weltkrieg.

せかす 急かす → 急き立てる.

せかせか ~とした hastig; eilfertig. ~する hastig (eilfertig) sein*.

せがむ betteln 《um 4格》; jn. dringend ([ein]dringlich) bitten* 《um 4格》; in jn. dringen*(s) 《zu+不定詞》.

せがわ 背革とじの in Halbleder gebunden.

せき 咳 der Husten -s. ~をする husten. 軽い~をする hüsteln. ひどい~をする einen heftigen Husten haben*. ~の発作 der Hustenanfall. ~止め薬 das Hustenmittel.

せき 席 der Platz -es, ⸚e; der Sitz -es, -e. ~に着く Platz nehmen*; seinen Sitz einnehmen*. ~を立つ seinen Sitz verlassen*. ~を譲る jm. Platz machen. ~を取って置く einen Platz belegen (reservieren). ~の温まる暇(いとま)もない immer auf den Beinen sein*. この~はふさがっている(あいている) Der Platz ist besetzt (frei).

せき 堰 das Wehr -[e]s, -e; die Schleuse -n. ~を築く ein Wehr bauen. ~を切ったようにしゃべりまくる(泣き出す) die Schleusen seiner Beredsamkeit öffnen (in heftiges Weinen aus|brechen*(s)).

せき 積 〔数〕 das Produkt -[e]s, -e.

せき 籍 一戸籍. ~を入れる(抜く) js. Namen ins Familienbuch eintragen (aus dem Familienbuch streichen) lassen*. 社会党に~を置く Mitglied der Sozialistischen Partei werden*(s) (sein*). 大学に~を置く sich an einer Hochschule immatrikulieren (ein|schreiben) lassen*.

せきうん 積雲 die Haufenwolke -n; der Kumulus -, ..li.

せきえい 石英 der Quarz -es, -e. ~ガラス das Quarzglas.

せきがいせん 赤外線 infrarote (ultraviolette) Strahlen pl.; das Infrarot -s. ~写真 die Infrarotfotografie.

せきがく 碩学 der große Gelehrte#.

せきぐん 赤軍 die Rote Armee.

せきこむ 咳き込む einen Hustenanfall bekommen*.

せきこんで 急き込んで hastig; ungeduldig.

せきさい 積載 ¶船(トラック)に石炭を~する Kohlen ins Schiff (auf den Lastwagen) laden*. ~量10トン eine Tragfähigkeit von 10 Tonnen.

せきざい 石材 der [Bau]stein -[e]s, -e.

せきじ 席次 die Sitzordnung -en. 宮中~ höfische Rangordnung. 彼のクラスで3番だ Er ist der Zweite in der Klasse. / Er nimmt den zweiten Platz in der Klasse ein.

せきじゅうじ 赤十字[・社] das Rote Kreuz -es. ~病院 das Hospital des Roten Kreuzes.

せきしゅつ 析出する aus|scheiden*.

せきじゅん 石筍 der Stalagmit -s(-en), -e[n].

せきじゅん 席順 die Sitzordnung -en.

せきしょ 関所 der Grenzkontrollpunkt -[e]s, -e.

せきじょう 席上 ¶祝賀会の~で bei (auf) der Feier.

せきしょく 赤色 das Rot -s. ~テロ der rote Terror.

せきずい 脊髄 das Rückenmark -s. ~炎 die Rückenmark[s]entzündung. ~結核 die Rückenmark[s]schwindsucht. ~神経 der Rückenmark[s]nerv.

せきせつ 積雪2メートル Der Schnee liegt 2 Meter hoch.

せきぞう 石造の steinern; aus Stein.

せきぞう 石像 das Steinbild -[e]s, -er.

せきたてる 急き立てる zur Eile an|treiben*; jn. treiben* 《zu 3格》. 仕事を~ jm. drängen, schneller zu arbeiten.

せきたん 石炭 die [Stein]kohle -n. ~を掘る(焚く) Kohle fördern (brennen*). ~ガス das Kohlengas. ~殻(がら) die Schlacke. ~酸 die Karbolsäure.

せきちく 石竹 die Nelke -n.

せきつい 脊椎 der Wirbelsäule -n; das Rückgrat -[e]s, -e. ~彎曲 die Rückgratverkrümmung. ~カリエス die Wirbelkaries. ~動物 das Wirbeltier.

せきとう 石塔 die Steinpagode -n；〔墓石〕der Grabstein -[e]s, -e.

せきどう 赤道 der Äquator -s. ～[直下]の äquatorial.

せきとめる 塞き止める ［水の流れを］hemmen; auf|halten*. 川を～ einen Fluss stauen.

せきにん 責任 die Verantwortung; die Verantwortlichkeit；〔義務〕die Verpflichtung -en;〔罪〕die Schuld. ～がある verantwortlich sein* (für 4格); schuldig sein* (in 3格). ～のある地位 verantwortliche Stellung. ～を負う die Verantwortung übernehmen* (tragen*) (für 4格). ～を転嫁する die Schuld (Verantwortung) auf jn. ab|wälzen. ～を問う jn. zur Verantwortung ziehen* (für 4格). ～をのがれようとする sich seinen Verpflichtungen entziehen wollen*. ～を果す seine Pflicht erfüllen. 自分の～で auf eigene Verantwortung. ～は私にある Die Schuld liegt an (bei) mir. 君にその～を負ってもらう Ich mache dich dafür verantwortlich. ～は私がとるからね Tu es auf meine Verantwortung [hin]! ～感 das Pflichtgefühl; das Verantwortungsgefühl*. ～者 der Verantwortliche. ～者は誰だ Wer ist hier verantwortlich? ～能力のある schuldfähig.

せきのやま 関の山 ¶この車では 5 人乗るのが～だ In diesem Auto haben bestenfalls fünf Personen Platz.

せきはい 惜敗する den Sieg verschenken; eine knappe Niederlage beziehen*.

せきばく 寂莫・たる einsam; verlassen. ～たる思いがする sich einsam fühlen.

せきばらい 咳払いをする sich räuspern.

せきばん 石版・印刷(刷り) die Lithografie; der Steindruck. ～刷りの lithografisch. ～刷りにする lithografieren.

せきばん 石盤 die Schiefertafel -n.

せきひ 石碑 der Gedenkstein -[e]s, -e；〔墓石〕der Grabstein -[e]s, -e.

せきひつ 石筆 der Griffel -s, -.

せきひん 赤貧の blutarm. ～洗うがごとし arm wie eine Kirchenmaus sein*.

せきぶん 積分 das Integral -s, -e. ～する integrieren. ～法 die Integralrechnung.

せきへい 積弊 ¶年来の～を除く seit langer Zeit aufgehäufte Missstände beseitigen.

せきべつ 惜別の情にたえず Die Trennung berührt mich schmerzlich.

せきぼく 石墨 der Grafit -s, -e.

せきむ 責務 die Pflicht -en; die Verpflichtung -en.

せきめん 石綿 der Asbest -s, -e.

せきめん 赤面・する schamrot werden* (s); [vor Scham] erröten (s) (über 4格);〔恥じる〕sich schämen (2格; wegen 2格; für 4格). ～させる schamrot werden lassen*; beschämen.

せきゆ 石油 das Petroleum -s; das Erdöl -s. ～会社 die Ölgesellschaft. ～化学 die Petrolchemie. ～こんろ der Petroleumkocher. ～ストーブ der Petroleumofen. ～タンク der Öltank. ～ランプ die Petroleumlampe. ～危機 die Ölkrise.

せきらら 赤裸裸・な真実 nackte (unverhüllte) Wahrheit. ～な告白 offenes Geständnis.

せきらんうん 積乱雲 der Kumulonimbus -, -se.

せきり 赤痢 die Ruhr; die Dysenterie -n. ～菌 der Ruhrbazillus.

せきりょう 席料 die Platzmiete -n;〔入場料〕die Eintrittsgebühr -en.

せきりょう 寂寥 die Einsamkeit; die Verlassenheit.

せきりょく 斥力 abstoßende (repulsive) Kraft.

せきりん 赤燐 roter Phosphor -s.

せきれい 鶺鴒 die Bachstelze -n.

せきろう 石蠟 das Paraffin -s, -e.

せく 急く ¶気が～ ungeduldig sein*. 急いては事を仕損じる Eile tut nicht gut. そう～なHaste doch nicht so!

せく 塞(堰)く ¶川を～ einen Fluss stauen.

セクシー ～な sexy《不変化》.

セクショナリズム das Sektierertum -s.

セクト die Sekte -n.

せけん 世間 die Welt; die Leute pl.; die Öffentlichkeit; das Publikum -s. ～を騒がす Aufsehen erregen. ～に知れる an die Öffentlichkeit (unter die Leute) kommen* (s). ～的 weltlich. ～体を繕って um der Leute willen. ～体を保つ nach außen hin den Schein wahren. ～体をはばかる die Öffentlichkeit scheuen. ～並みの gewöhnlich; durchschnittlich. ～話 das Alltagsgeschwätz. ～話をする plaudern. ～離れした weltfremd. ～は何と言うだろう Was werden die Leute dazu sagen? それは～周知の事だ Das weiß alle Welt. それは彼が～知らずのせいだ Das kommt daher, dass er so wenig von der Welt weiß. ～は狭い Die Welt ist klein. 渡る～に鬼はない Überall findet man gute Menschen.

せこ 世故にたけた lebensklug; weltgewandt; welterfahren.

せこ 勢子 der Treiber (Klopfer) -s, -.

せこう 施工 → しこう.

セコハン ～の gebraucht; aus zweiter Hand.

せさい 世才にたけた → 世故.

せじ 世事にうとい weltfremd.

せじ 世辞 → お世辞.

セシウム das Cäsium -s (記号: Cs).

せしめる an sich bringen*; gewinnen*; erwischen.

せしゅう 世襲・の erblich; Erb-. ～貴族 der Erbadel.

せじょう 世情に通じた (疎い) weltkundig (weltfremd).

せじん 世人 die Leute pl.; die Welt.

せすじ 背筋を伸ばす den Rücken auf|richten. ～が寒くなる Es läuft mir kalt über den Rücken.

ゼスチュア die Gebärde -n; die Geste -n.

せせい 是正する berichtigen; verbessern; korrigieren.

せせこましい eng. この部屋はいかにも~ Ich fühle mich in diesem Zimmer recht beengt. ~考え kleinliche Gedanken pl.

ぜぜひひ 是是非非主義をとる den Grundsatz der Unparteilichkeit vertreten*.

せせらぎ das Geriesel -s.

せせらわらう 嘲せら笑う höhnen (höhnisch lachen)〖über 4 格〗.

せそう 世相 die Welt; die Phase des Lebens; gesellschaftliche Verhältnisse pl.

ぜぞく 世俗〔世間〕die Welt;〔風習〕allgemeine Sitte -n. ~的 weltlich; irdisch; säkular; profan.

せたい 世帯 → 所(世)帯.

せだい 世代 die Generation -en; das Geschlecht -s, -er. 同一の~人 der Altersgenosse. ~交代〖生〗der Generationswechsel.

せちがらい 世知辛い・世の中つらい harte (schwere) Zeiten pl. ~男 berechnender Kerl.

せつ 切・なる(に) dringend; inständig; flehentlich. ~なる願い dringende Bitte; sehnlichster Wunsch.

せつ 節 ¶ その~は zu der (jener) Zeit; bei jener Gelegenheit. お暇の~は Wenn Sie Zeit haben, ... 4~から成る詩 ein Gedicht mit vier Strophen. 或る書物の一~ eine Stelle (ein Passus) aus einem Buch. 第 3 章第 1~ III. (drittes) Kapitel, 1. (erster) Abschnitt. ~を守る節を守る Grundsätze befolgen.

せつ 説〔意見〕die Meinung -en;〔学説〕die Theorie -n;〔うわさ〕das Gerücht -[e]s, -e. 霊魂不滅~ die Lehre von der Unsterblichkeit der Seele. ~を立てる eine Theorie auf|stellen. 彼の~によると nach seiner Meinung. ~を曲げる seine Meinung (Ansicht) ändern. 彼は破産したという~がある Es geht das Gerücht, dass er Bankrott gemacht habe.

せつえい 設営 ¶ キャンプ(テント)を~する ein Lager (ein Zelt) auf|schlagen*. 万博の会場を~する das Gelände der Weltausstellung bebauen.

せつえん 節煙する das Rauchen ein|schränken.

ぜつえん 絶縁・する mit jm. brechen*;〖電〗isolieren. 過去と~する mit der Vergangenheit brechen*. ~体 der Isolator.

ぜつおん 舌音 der Zungenlaut -[e]s, -e; der Lingual -s, -e.

せっか 赤化・する rot (kommunistisch) angehaucht sein*; linksorientiert sein*. ~した linksorientiert. ~運動(宣伝) kommunistische Bewegung (Propaganda).

ぜっか 舌禍を招く sich³ den Mund (die Zunge) verbrennen*.

せっかい 切開・する auf|schneiden*. ~手術 [chirurgische] Operation.

せっかい 石灰 der Kalk -s, -e. ~岩(石) der Kalkstein. ~質の kalkig; kalkhaltig. ~水 das Kalkwasser. ~窒素 der Kalkstickstoff. ~乳 die Kalkmilch. ~肥料 der Kalkdünger.

せっかい 石塊 der Steinblock -s, ⸚e.

ぜっかい 絶海の孤島 eine einsame Insel im weiten Meer.

せっかく 折角〔骨を折って〕mit Mühe;〔親切に〕freundlich;〔わざわざ〕eigens. ~のお申し出 Ihr freundliches Angebot. ~のチャンス eine günstige Gelegenheit. ~の休日 ein kostbarer Ruhetag. ~の努力も無駄になった All meine Bemühungen waren zwecklos. ~だがお断りだ Leider muss ich Ihr Angebot ablehnen. ~ご自愛下さい Nehmen Sie Ihre Gesundheit besonders in Acht!

せっかち ~な hastig; ungeduldig; schusselig. 彼は~だ Er ist eine hastige Natur.

せっかっしょく 赤褐色の rotbraun.

せっかん 折檻 die Züchtigung -en. ~する züchtigen; prügeln.

せつがん 接眼レンズ das Okular -s, -e.

ぜつがん 舌癌 der Zungenkrebs -es.

せっき 石器 das Steinwerkzeug -s, -e. ~時代 die Steinzeit. 新(旧)~時代 die Jungsteinzeit (Altsteinzeit); das Neolithikum (Paläolithikum).

せっきゃく 接客・係 der Empfangschef; die Empfangsdame. ~業 das Gaststättengewerbe.

せっきょう 説教 die Predigt -en. ~する jm. eine Predigt halten*; predigen. ~師 der Prediger.

ぜっきょう 絶叫・する aus vollem Hals[e] schreien*. 救いを求めて~する laut nach (um) Hilfe schreien*.

せっきょくてき 積極的の〔肯定的〕positiv;〔活動的〕aktiv. ~態度をとる eine positive Haltung ein|nehmen*〖zu 3 格〗. ~な人間 aktiver Mensch.

せっきん 接近・する sich nähern 《3 格》. 互にして nahe aneinander.

ぜっく 絶句する mitten im Reden (beim Lesen) stocken.

セックス der Sex -[es]; die Sexualität. ~アピール der Sex-Appeal.

せっけい 設計 der Plan -es, ⸚e; der Entwurf -s, ⸚e. ~する planen; den Plan entwerfen*〖für 4 格〗; konstruieren. ~者 der Planer; der Konstrukteur. ~図 der Plan; die Konstruktionszeichnung. ~事務所 das Konstruktionsbüro.

せっけい 雪渓 die Schlucht, wo der Schnee liegen geblieben ist.

ぜっけい 絶景 herrliche Aussicht (Landschaft) -en.

せっけいもんじ 楔形文字 die Keilschrift.

せっけっきゅう 赤血球 rotes Blutkörperchen -s, -. ~沈降速度 die Blutsenkungsgeschwindigkeit.

せっけん 石鹸 die Seife -n. ~3 個 3 Stück Seife. 化粧(洗濯)~ die Toilettenseife

(Waschseife). 粉〜 das Seifenpulver. 顔に〜を塗る *jm.* das Gesicht ein|seifen. 〜で洗う mit Seife waschen*; ab|seifen. 〜の泡 der Seifenschaum. 〜入れ die Seifenschale; 〔箱〕die Seifenbüchse. 〜水 das Seifenwasser.

せっけん 席巻する überwältigen; erobern.

せっけん 接見 der Empfang *-s.* 〜する *jn.* empfangen*; [謁見を賜わる] *jm.* eine Audienz erteilen.

せつげん 雪原 das Schneefeld *-[e]s, -er.*

せつげん 節減 die Einschränkung *-en.* 〜する ein|schränken.

ゼッケン die Startnummer *-n.*

せっこう 石工 der Steinmetz *-en, -en.*

せっこう 斥候 der Kundschafter *-s, -*; der Späher *-s, -.* 〜する kundschaften; spähen. 〜を出す Kundschafter aus|senden* 《nach 3格》.

せっこう 石膏 der Gips *-es, -e.* 〜型 der Gipsabdruck. 〜細工 die Gipsarbeit. 〜像 die Gipsfigur; [胸像] die Gipsbüste.

せつごう 接合・する [aneinander] fügen; verbinden*. 〜剤 das Bindemittel.

ぜっこう 絶好・の best. 〜の機会 die günstigste Gelegenheit (Chance).

ぜっこう 絶交・する den Verkehr (Umgang) mit *jm.* ab|brechen*. …なら君とは〜だ Ich kündige dir die Freundschaft, wenn …

ぜっこうちょう 絶好調である in Hochform sein*.

せっこつ 接骨 die Einrichtung *-en.* 〜する einen Bruch ein|richten. 〜医 der Knocheneinrichter.

せっさたくま 切磋琢磨する viel an sich³ arbeiten; [競い合う] miteinander wetteifern.

ぜっさん 絶讃・する über alle Maßen loben; *jm.* höchstes Lob spenden. 〜を博する stürmischen Beifall finden*.

せっし 摂氏 Celsius. 〜5度 5 Grad Celsius (略: 5°C). 〜寒暖計 das Celsiusthermometer.

せつじつ 切実・な問題 ernste (akute) Frage. 〜な願い dringender Wunsch. 〜に感じる zutiefst empfinden*.

せっしゃくわん 切歯扼腕する vor Ärger mit den Zähnen knirschen.

せっしゅ 窃取する *jm. et.* stehlen* (entwenden).

せっしゅ 接種 die Einimpfung *-en.* 〜する ein|impfen. 予防〜 die Schutzimpfung. 予防〜をする *jn.* schutzimpfen.

せっしゅ 摂取する [栄養を] zu sich³ nehmen*; auf|nehmen*; [文化などを] sich³ an|eignen; auf|nehmen*.

せっしゅ 節酒する sich im Trinken mäßigen.

せっしゅ 接受する empfangen*; bekommen*.

せっしゅう 接収 die Beschlagnahme *-n.* 〜する beschlagnahmen; 《兵》 requirieren. 家屋〜 beschlagnahmtes Haus. 〜解除《兵》 die Aufhebung der Requisition.

せっしょ 切除する aus|schneiden*.

せっしょう 折衝 die Unterhandlung *-en.* 〜する mit *jm.* unterhandeln (verhandeln) 《über 4格》. 〜中である mit *jm.* in Unterhandlung stehen* 《über 4格》.

せっしょう 殺生・する lebende Wesen töten. 〜な grausam; unbarmherzig.

せっしょう 摂政 [職] die Regentschaft *-en*; [人] der Regent *-en, -en.*

せっしょく 接触 die Berührung *-en*; der Kontakt *-[e]s, -e.* 〜する *et.* berühren. 或る人と〜する mit *jm.* in Berührung kommen*(*s*); mit *jm.* Fühlung [auf|]nehmen*; *jn.* kontakten. 〜を保つ mit *jm.* in Berührung (Fühlung) bleiben*(*s*); *jn.* kontakten. 〜感染 die Ansteckung durch Berührung.

せっしょく 節食する sich im Essen mäßigen.

せつじょく 雪辱 ¶3対2で〜する sich durch einen (mit einem) 3:2-Sieg revanchieren. 〜戦 das Revanchespiel.

ぜっしょく 絶食・する fasten. 彼女はやせるために〜した Sie hungerte, um schlank zu werden. 〜療法 die Fastenkur (Hungerkur).

せっする 接する [隣接する] grenzen 《an 4格》; [応接する] *jn.* empfangen* (auf|nehmen*); [付き合う] mit *jm.* um|gehen*(*s*). 訪問客に〜 Besuch empfangen*. 通知に〜 eine Nachricht bekommen*. 機会に〜 eine Gelegenheit haben*. 両方の庭が相接している Die beiden Gärten liegen (grenzen) aneinander. 直線が円に〜 Die Linie berührt den Kreis.

せっする 節する ein|schränken. 酒食を〜 sich im Essen und Trinken mäßigen; mäßig im Essen und Trinken sein*.

ぜっする 絶する ¶言語に〜 unbeschreiblich. 古今に〜 unerhört. その国の美しさは想像を〜 Die Schönheit des Landes übersteigt alle Begriffe.

せっせい 摂生 die Gesundheitspflege; [食養生] die Diät. 〜する für seine Gesundheit sorgen; Diät leben.

せっせい 節制 die Mäßigkeit; die Enthaltsamkeit. 〜する Maß halten*; sich mäßigen 《in 3格》.

ぜっせい 絶世 ¶彼女は〜の美人だ Sie ist eine absolute Schönheit.

せつせつ 切切・たる [心からの] innig. 〜たる願い dringende Bitte. 〜と訴える beweglich klagen. 〜と胸に迫る Das geht mir durch Mark und Bein.

せっせと fleißig; emsig; unermüdlich. 〜働く unverdrossen arbeiten.

せっせん 接戦 heißer (harter) Kampf *-[e]s, -̈e.* 〜を繰り広げる sich³ heiße Kämpfe liefern.

せっせん (接)(切)線 die Tangente *-n*; die Berührungslinie *-n.*

せっせん 雪線 die Schneegrenze *-n.*

ぜっせん 舌戦 ¶激しい〜が展開された Es entwickelte sich ein heftiges Wortgefecht.

せっそう 節操 die Treue. ～がある sich³ selbst treu sein*; Charakter haben*. ～のない政治家 charakterloser Politiker.

せっそく 拙速の nicht allzu genau, aber schnell.

せつぞく 接続・する verbinden*; [機械などを] an|schließen*. ラジオをアンテナに～する das Radio an eine Antenne an|schließen*. この牧草地には森が～している An die Wiese schließt sich ein Wald an. この列車は～が悪い Dieser Zug hat schlechten Anschluss. 私の列車は4時50分の大阪行きに～する Mein Zug hat Anschluss an den Zug 4.50 nach Osaka. ～駅 der Anschlussbahnhof. ～詞 die Konjunktion. ～法〔文法〕der Konjunktiv.

せっそくどうぶつ 節足動物 der Gliederfüßer -s, -; Arthropoden pl.

セッター〔犬〕der Setter -s, -.

せったい 接待 der Empfang -s; die Aufnahme -n; die Bewirtung -en. ～する empfangen*; auf|nehmen*; jn. bewirten 《mit 3格》. ～に当たる die Bewirtung besorgen.

ぜったい 舌苔 der Zungenbelag -s.

ぜったい 絶対・的(に) absolut; unbedingt. ～に反対である absolut dagegen sein*. 彼は～には偽善者にはゆかない Er ist durchaus kein Heuchler. 僕は～にあそこへ行く Ich werde unbedingt dort sein. ～安静 → 安静. ～音楽(温度) die absolute Musik (Temperatur). ～音感 absolutes Gehör. ～権 unbeschränkte Vollmacht. ～者〔哲〕das Absolute#. ～主義 der Absolutismus. ～君主制 die absolute Monarchie. ～値 absoluter Wert. ～服従 unbedingter Gehorsam. ～量 absolute Größen pl.

ぜつだい 絶大・の größt; höchst. 彼は社長に～な信用がある Er genießt das unbedingte Vertrauen des Direktors.

ぜったいぜつめい 絶体絶命・の verzweifelt; hoffnungslos. ～である in der Klemme sein*.

せつだん 切断〔医〕die Amputation -en. ～する ab|schneiden*;〔医〕amputieren. ～面 der Schnitt; die Schnittfläche.

ぜつだん 舌端火を吐く eine feurige Rede halten*; feurig sprechen*.

せっち 設置・する auf|stellen; ein|richten; instituieren. 委員会を～する einen Ausschuss ein|setzen. 1階に事務所を～する das Büro im Erdgeschoss installieren.

せっちゃくざい 接着剤 der Klebstoff -s, -e; das Klebemittel -s, -.

せっちゅう 折衷・案 der Kompromiss -es, -e. 両案を～する einen Mittelweg zwischen beiden Vorschlägen ein|schlagen*; einen Kompromiss zwischen beiden Vorschlägen finden*. ～主義 der Eklektizismus.

せっちょう 絶頂 der Gipfel -s, -. ～を極(ᵏ)める den Gipfel erreichen. 彼はこのころ幸福の～にあった Er war damals auf dem Gipfel seines Glückes. 興奮は～に達していた Die Aufregung hatte ihren Höhepunkt erreicht.

せっちんづめ 雪隠詰めにする jn. schachmatt setzen; jm. Schach bieten*.

せっつく jn. drängen《zu 3格》.

せってい 設定 ¶規則を～する eine Regel auf|stellen. 抵当権を～する et. mit einer Hypothek belasten. 問題～ die Fragestellung.

せってん 接点 der Berührungspunkt -[e]s, -e.

セット〔道具などの一組〕der Satz -es, ̈-e; die Garnitur -en;〔舞台装置〕die Bühnenausstattung -en;〔映画の〕der Szenenaufbau -s, -ten;〔ラジオの〕der Apparat -s, -e;〔テニスなどの〕der Satz -es, ̈-e. ～ポイント der Satzball. ～旅行 die Pauschalreise. 髪を～する die Frisur legen. 目覚し時計を5時に～する den Wecker auf 5 Uhr stellen.

せつど 節度 das Maß -es, -e. ～ある mäßig; Maß haltend. ～なく ohne Maß und Ziel. ～を守る Maß halten* (das rechte Maß halten*)《in 3格》.

せっとう 窃盗 der Diebstahl -[e]s, ̈-e;〔人〕der Dieb -es, -e. ～を働く(～罪を犯す) einen Diebstahl begehen*.

せっとうご 接頭語 das Präfix -es, -e; die Vorsilbe -n.

せっとく 説得 die Überredung -en. ～する jn. überreden《zu 3格》. ～力のある überzeugend. どんなに～しようとしても trotz allen Zuredens.

せつな 刹那・的 augenblicklich; momentan; flüchtig. ...した～ gerade in dem Augenblick, als ... 彼は～主義だ Er lebt nur dem augenblicklichen Genuss.

せつない 切ない・思い schmerzliche Sehnsucht. 切なげなまなざし ein schmachtender Blick. 切なそうに溜息をつく sehnsüchtig seufzen. 私は～ Ich bin in trauriger Stimmung.

せっぱく 切迫・する drängen; jm. bevor|stehen*. ～した dringend; bevorstehend.

せっぱつまる 切羽詰まる in die Enge geraten*(s); in der Klemme sein*. 切羽詰まって notgedrungen; als letzter Ausweg.

せっぱん 折半・する halbieren; in zwei gleiche Teile teilen. 儲(ᵘ)けを～する sich mit jm. in den Gewinn teilen.

ぜっぱん 絶版 ¶その本は～です Das Buch ist vergriffen.

せつび 設備 die Einrichtung -en; die Anlage -n; die Ausrüstung -en. ～する et. aus|statten (aus|rüsten)《mit 3格》. ～の整った gut eingerichtet. 当ホテルにはあらゆる近代的の～が整っております Unser Hotel ist mit allen modernen Einrichtungen ausgestattet. 衛生～ sanitäre Einrichtungen pl. ～投資 die Ausrüstungsinvestition.

せつびご 接尾語 das Suffix -es, -e; die Nachsilbe -n.

ぜっぴつ 絶筆 *js.* letztes Schriftstück *-s.*

ぜっぴん 絶品 ¶ 君の入れてくれたコーヒーは~だ Dein Kaffee ist einsame Spitze.

せっぷく 切腹 das Harakiri (Seppuku) *-[s], -s.* ~する Harakiri begehen*.

せっぷん 接吻 der Kuss *-es, ⸚e.* ~する *jn.* küssen. 彼は彼女の手(ひたい)に~した Er küsste ihr die Hand (auf die Stirn).

ぜっぺき 絶壁 die Steilwand *⸚e;* 〔海岸の〕das Kliff *-[e]s, -e.*

せっぺん 雪片 Schneeflocken *pl.*

せつぼう 切望・する sehnlich[st] verlangen《nach 3格》. それは私の~するところです Es ist mein sehnliches (sehnsüchtiges) Verlangen.

せっぽう 説法 一 説教. それは釈迦(しゃか)に~した Das heißt Eulen nach Athen tragen.

ぜつぼう 絶望 die Verzweiflung. ~のあまり vor (aus) Verzweiflung. ~する verzweifeln (*s*)《an 3格》. ~的な hoffnungslos; trostlos. ~的な気分になる in Verzweiflung geraten* (*s*)《über 4格》.

ぜつみょう 絶妙な exzellent; [vor]trefflich; vorzüglich; wunderbar.

ぜつむ 絶無 ¶ 彼のような人は~だろう Wir werden nimmer seinesgleichen sehen. 彼らに勝てるチャンスは~だ Es ist absolut unmöglich, sie zu besiegen.

せつめい 説明 die Erklärung *-en.* ~する erklären; dar|legen; auseinander setzen. ~的 erklärend. ~を求める von *jm.* eine Erklärung fordern; → 弁明. それで彼の挙動も~がつく Daraus erklärt sich sein Benehmen. ~者 der Erklärer. 取扱~書 die Anweisung; die Anleitung.

ぜつめい 絶命・する sterben* (verscheiden*) (*s*). 彼はついに~した Endlich hat er ausgeatmet.

ぜつめつ 絶滅する aus|rotten; vertilgen; vernichten;〔自動詞〕aus|sterben* (*s*).

せつもう 雪盲 die Schneeblindheit. ~の schneeblind.

せつもん 設問 die Fragestellung *-en.* ~に答える eine Frage beantworten.

せつやく 節約 die Sparsamkeit. ~する [ein|]sparen; sparsam (haushälterisch) um|gehen* (*s*)《mit 3格》. 水を~する mit dem Wasser sparsam um|gehen* (*s*). エネルギーを ~する im Energieverbrauch Maß halten*. それは時間の~になる Das ist eine Zeitersparnis.

せつゆ 説諭する *jn.* zurecht|weisen*《wegen 2 格》; *jn.* ermahnen《zu 3格》vermahnen.

せつり 摂理 die göttliche Vorsehung. 神の~によって durch eine Fügung Gottes. それは神の~だ Das ist eine Schickung Gottes.

せつりつ 設立 die Gründung *-en.* ~する gründen; stiften; ins Leben rufen*. ~者 der Gründer; der Stifter.

ぜつりん 絶倫 ¶ 彼は精力~だ Er hat außergewöhnliche Energie.

セツルメント das Settlement *-s.*

せつれつ 拙劣な ungeschickt; plump; schlecht.

せつわ 説話 die Erzählung *-en*; die Geschichte *-n.* ~文学 die erzählende Dichtung. 民間~ die Volkssage.

せと 瀬戸 die Meerenge *-n;* die Meeresstraße *-n.*

せどう 世道人心 die öffentliche Moral.

せとぎわ 瀬戸際 ¶ 没落(生死)の~にある am Rand des Untergangs (an der Scheide zwischen Leben und Tod) stehen*. ~て noch im letzten Augenblick.

せとびきの emailliert; glasiert.

せともの 瀬戸物 das Porzellan *-s;* die Keramik; Töpferwaren *pl.* ~屋 der Porzellanladen.

せなか 背中 der Rücken *-s, -.* ~を向ける *jm.* den Rücken zu|wenden*. ~合わせに Rücken gegen Rücken.

ぜにん 是認 die Billigung *-en.* ~する billigen; gut|heißen*; an|erkennen*.

せぬき 背抜きの Rücken ungefüttert.

ゼネスト der Generalstreik *-s, -s.* ~に入る in Generalstreik treten* (*s*).

ゼネレーション die Generation *-en;* das Geschlecht *-s, -er.*

せのび 背伸びをする sich recken;〔爪先で立つ〕sich auf die Zehen stellen;〔比〕zu hoch hinaus|wollen*.

セパード der Schäferhund *-[e]s, -e.*

せばまる 狭まる enger werden* (*s*); sich verengen.

せばめる 狭める enger machen; verengen.

せひ 施肥 die Düngung. 畑に~を行う den Acker düngen.

ぜひ 是非・とも unbedingt; doch;〔きっと〕ganz gewiss. この用件は~とも今日中に片付けねばならない Die Angelegenheit muss unbedingt heute noch erledigt werden. ~一度おいで下さい Kommen Sie doch einmal! それは~もない Es kann nicht anders sein. 物事の~を弁えている zwischen Recht und Unrecht unterscheiden können*. 男女共学の~を考える das Pro und Kontra der Koedukation bedenken*.

セピア ~色の sepia《不変化》.

せひょう 世評 der Ruf *-es.* ~によれば nach der öffentlichen Meinung; man sagt, dass ...

せびる bei *jm.* betteln《um 4格》.

せびれ 背鰭 die Rückenflosse *-n.*

せびろ 背広 der Anzug *-s, ⸚e.* シングル(ダブル)の~ der Einreiher (Zweireiher).

せぶみ 瀬踏み der Versuch *-[e]s, -e.* ~に versuchsweise. ~をする *et.*versuchen (probieren; prüfen).

せぼね 背骨 das Rückgrat *-[e]s, -e.*

せまい 狭い eng; schmal. ~部屋 enges Zimmer. ~路地 schmale (enge) Gasse.

せまくるしい 狭苦しい eng; beengt.
せまる 迫る〔強要する〕jn. nötigen (zwingen*)《zu 3 格》;〔接近する〕sich nähern《3 格》; sich dicht an jn. heran|drängen; an|dringen*(s)《gegen 4 格》. 必要に迫られて notgedrungen. 試験が目前に迫っている Das Examen steht mir bevor. 時が迫っている Die Zeit drängt. 債権者たちが支払を～ Die Gläubiger drängen auf Zahlung. 危険が～ Es naht Gefahr.
せみ 蝉 die Zikade -n;〔滑車〕die Rolle -n.
セミコロン das Semikolon -s, -s (..la).
ゼミナール das Seminar -s, -e.
セミプロ ～の semiprofessionell.
せむし 傴僂 der Bucklige#. ～の bucklig.
せめ 攻め → 責任. ～を塞(ふさ)ぐ seine Pflicht erfüllen.
せめいる 攻め入る ein|fallen*(s)《in 4 格》.
せめおとす 攻め落す erobern; erstürmen.
せめく 責苦 die Folter; Folterqualen pl.; die Pein. 地獄の～に会う höllische Qualen (Martern) erleiden*.
せめさいなむ 責め苛む foltern; martern; peinigen; quälen.
せめたてる 攻め立てる heftig an|greifen*.
せめたてる 責め立てる jn. durch den Mangel drehen.
せめて〔少なくとも〕wenigstens; zumindest. それが～も慰めだ Das ist mir ein Trost.
せめどうぐ 責め道具 das Folterwerkzeug -s, -e; das Marterinstrument -s, -e.
せめよせる 攻め寄せる an|dringen*(s)《gegen 4 格》;〔不意に〕jn. (et.) überfallen*.
せめる 攻める an|greifen*; attackieren;〔攻囲する〕belagern.
せめる 責める jn. tadeln《wegen 2 格》; jm. et. vor|werfen*;〔責めさいなむ〕foltern. → せがむ.
セメント der Zement -s, -e. ～を塗る et. zementieren. ～工場 die Zementfabrik.
ゼラチン die Gelatine. ～状の gelatinös.
ゼラニウム das Geranium -s, ..nien; die Geranie -n.
せり 芹 die Petersilie -n.
せり 競り → 競り売り. ～に出す zur Versteigerung geben*; versteigern.
せりあい 競り合い der Wettbewerb -[e]s -e; die Konkurrenz.
せりあう 競り合う miteinander (mit jm.) wetteifern《um 4 格》; einander (jm.) Konkurrenz machen.
せりあがる 迫り上がる〔舞台で〕aus der Versenkung auf|tauchen(s).
せりあげる 競り上げる den Preis durch Überbieten in die Höhe treiben*. 10 万円に～ den Preis auf 100 000 Yen [hoch] treiben*.
ゼリー das (der) Gelee -s, -s.
せりいち 競市で〔競り売りで〕auf einer Versteigerung;〔競売場〕im Auktionslokal.
せりうり 競り売り die Versteigerung -en; die Auktion -en. ～をする et. versteigern.
せりおとす 競り落す ¶絵を 10 万円で～〔sich³〕ein Gemälde auf einer Auktion um 100 000 Yen ersteigern.
せりだす 迫り出す〔押し出す〕vor|schieben*;〔突き出ている〕vor|springen*(s); vor|stehen*. → 迫り上がる.
せりふ 台詞(科白) der [Rollen]text -es, -e. ～を言う(覚える) seine Rolle sprechen* (lernen). あいつの～が気にくわない Seine Worte gefallen mir nicht.
せりょう 施療 unentgeltliche ärztliche Behandlung -en. ～する unentgeltlich (gratis) behandeln. ～病院 das Armenkrankenhaus.
せる 競る mit jm. wetteifern. 競売で～ auf (bei) einer Versteigerung [mit|]bieten*.
セル〔織〕die Serge -n.
セルビア Serbien. ～の serbisch. ～人 der Serbe.
セルフ ～サービス die Selbstbedienung. ～タイマー der Selbstauslöser.
セルロイド das Zelluloid -s.
セルロース die Zellulose.
セレナーデ die Serenade -n; das Ständchen -s, -.
ゼロ die Null -en. その本の価値は～に等しい Der Wert des Buches ist gleich Null.
ゼロックス〔乾式複写法〕die Xerografie -n. ～でコピーする xerografieren. ～によるコピー die Xerokopie.
セロテープ der Tesafilm -s; durchsichtiger Kleb[e]streifen -s, -.
セロハン das Cellophan -s; die Cellophane.
セロリー der Sellerie -s, -[s].
せろん 世論 → よろん. ～調査をする eine Demoskopie durch|führen; Meinungsforschung treiben*.
せわ 世話 die Pflege; die Fürsorge. 彼の～で dank seiner Fürsorge;〔斡旋〕durch seine Vermittlung. ～をする jn. pflegen; sorgen《für 4 格》; jn. besorgen (betreuen);〔援助する〕jm. helfen*. 就職の～をする jm. eine Stelle besorgen; jm. eine Stellung verschaffen. 或る会社に～する jn. an eine Firma vermitteln. ～を焼かせる jm. Schwierigkeiten machen (bereiten). ～の焼ける lästig; beschwerlich. ～好きな dienstfertig. 親の～になる von seinen Eltern abhängig sein*. 伯父の～になっている beim Onkel wohnen. お手伝いさんをお～願えますまいか Könnten Sie mir ein Dienstmädchen empfehlen? 彼にはずいぶん～になった Ihm habe ich viel zu verdanken. お～様でした Ich danke Ihnen für Ihre Bemühungen. 大きなお～だ Das ist nicht deine Sache. ～女房 tüchtige Hausfrau. ～人(役) der Betreuer; der Organisator.
せわしい 忙しい sehr beschäftigt sein*. ～人 hastige Natur; gehetzter Mensch.
せわしない 忙しない → せわしい.
せん 千 tausend. ～番目の tausendst. ～倍の tausendfach. ～度 tausendmal. ～分の一 ein Tausendstel. ～人に一人 einer unter

せん tausend. 何~もの人人 viele tausend Menschen pl.; Tausende [von] Menschen. 動物が何~と死んだ Die Tiere starben zu Tausenden.

せん 先・の früher; vorig. ~に früher; ehemals. ~から schon lange. ~を越す jm. zuvor|kommen*(s).

せん 栓 der Pfropfen -s, -; 〔コルクの〕 der Kork -[e]s, -e; 〔水道・ガス管などの〕 der Hahn -[e]s, ⸗e. 〔浴槽などの〕 der Stöpsel -s, -; 〔樽などの〕 der Zapfen -s, -. 瓶(%)の~を抜く eine Flasche entkorken (öffnen). 瓶に~をする eine Flasche verkorken (verschließen*). 浴槽に~をする den Badewannenabfluss stöpseln. 水道の~をあける(閉める) den Hahn an der Wasserleitung auf|drehen (zu|drehen). 耳に綿で~をする sich³ Watte in die Ohren stopfen.

せん 腺 die Drüse -n.

せん 線 die Linie -n; der Strich -[e]s, -e; 〔電線〕 der Draht -es, ⸗e. ~を引く eine Linie (einen Strich) ziehen*. ~状の linienförmig. 東海道~ die Tokaido-Linie. 3番~ Gleis drei. ~の太い(細い)人 großzügiger Mensch (zarte Person). 君の推測はいい~行っている Du bist auf der richtigen Spur.

せん 選・をする eine Auswahl treffen*. ~に入る ausgewählt (aufgenommen) werden* (s 受).

ぜん 全 ganz; all; gesamt; sämtlich. ~世界 die ganze Welt. ~日本 ganz Japan. 私の~財産 all mein (mein ganzes) Vermögen. ~住民 sämtliche Einwohner pl. ~3巻の小説 ein Roman in 3 Bänden. ~反射〔物〕 die Totalreflexion.

ぜん 前 ehemalig; früher; vorig. ~大臣 ehemaliger (früherer) Minister; der Exminister. ~世紀の das vorige Jahrhundert. 戦~に vor dem [Welt]krieg.

ぜん 然 ¶学者~としている das Aussehen eines Gelehrten haben*.

ぜん 善 das Gute⸗. 最高の~ das höchste Gut. 悪に報いるに~をもってする Böses mit Gutem vergelten*. ~は急げ Eile dich mit dem Guten.

ぜん 禅 das Zen -[s]. ~宗 die Zen-Sekte.

ぜん 膳 das Esstischchen -s, -. ~を出す jm. ein Mahl vor|setzen. ~に着く sich zu Tisch setzen. 御飯1~ eine Schale Reis. 箸(ξ)2~ zwei Paar Essstäbchen.

ぜんあく 善悪の見分がつく Gut und Böse (das Gute und das Böse) unterscheiden können*.

せんい 船医 der Schiffsarzt -es, ⸗e.

せんい 戦意 der Kampfwille -ns; die Kampflust; der Kampfgeist -es. ~がない keine Lust zu kämpfen haben*. 敵の~を阻喪させる den Gegner mürbe machen.

せんい 繊維 die Faser -n; die Fiber -n. ~工業 die Textilindustrie. ~製品 Textilwaren pl. ~素 das Fibrin; die Zellulose.

ぜんい 善意 guter Wille -ns. ~で in der besten Absicht. ~の wohlgemeint; gutwillig. ~に解釈する et. gut aus|legen.

せんいつ 専一 ¶勉学を~にする sich dem Studium vollständig widmen. 御自愛~に Nehmen Sie Ihre Gesundheit besonders in Acht!

せんいん 船員 der Seemann -[e]s, ..leute.

ぜんいん 全員 alle Mitglieder pl.; das ganze Personal -s. ~甲板へ Alle Mann an Deck! 生徒が~それに参加する Die Schüler nehmen alle daran teil. ~一致で einstimmig.

せんえい 尖鋭・な spitz; scharf; 〔急進的〕 radikal. ~化する sich zu|spitzen (verschärfen); radikal werden*(s). ~分子 der Radikale⸗.

ぜんえい 前衛〔兵〕 die Vorhut -en; 〔バレーボール〕 der Netzspieler -s, -. ~派 die Avantgarde.

せんえき 戦役 → 戦争.

せんえつ 僭越 die Anmaßung; die Überheblichkeit; die Arroganz. ~な anmaßend; überheblich; arrogant. ~な振舞をする vermessen handeln. ~にも…する sich³ an|maßen (sich vermessen*), et. zu tun. ~ながら…する sich³ erlauben, et. zu tun.

せんえん 遷延・する sich verzögern. 事は~を許さない Die Sache duldet keinen Aufschub.

せんおう 専横 die Willkür. ~な willkürlich; eigenmächtig; despotisch. ~の振舞をする willkürlich handeln; eigenmächtig verfahren*(s).

ぜんおん 全音〔音〕 der Ganzton -s, ⸗e.

ぜんおんかい 全音階 die Ganztonleiter -n.

ぜんおんぷ 全音符 die ganze Note -n.

せんか 専科 der Fachkurs -es, -e; der Fachlehrgang -[e]s, ⸗e.

せんか 戦火・に見舞われた町 durch den Krieg zerstörte Stadt. ~の巷(ちまた) der Kriegsschauplatz. ~を交える Krieg führen《mit 3格》.

せんか 戦果 ¶輝かしい~を収める [im Krieg] glänzenden Erfolg haben*.

せんか 戦禍・を受ける durch den Krieg viel Schaden erleiden*. ~を被った kriegsgeschädigt.

せんか 選歌 ausgewähltes Gedicht -es, -e; 〔選ぶこと〕 die Gedichtauswahl.

せんが 線画 die Zeichnung -en.

ぜんか 前科 die Vorstrafe -n. ~のある vorbestraft. ~二犯である zweimal vorbestraft sein*. ~者 der Vorbestrafte⸗.

せんかい 旋回・する kreisen (h; s); im Kreis fliegen*(s).

ぜんかい 全快・する vollkommen genesen*(s); wieder gesund werden*(s).

ぜんかい 全壊・する völlig zerstört werden* (s 受).

ぜんかい 前回・は voriges Mal. ~の講義 die letzte Vorlesung.

ぜんかいいっち 全会一致の(で) einstimmig.

ぜんがく 全額 der Gesamtbetrag -[e]s, ⸗e.

を支払う die volle Summe [be]zahlen.

ぜんがく 前額[部] die Stirn *-en*.

せんかくしゃ 先覚者 der Wegbereiter *-s, -*; der Bahnbrecher *-s, -*; der Pionier *-s, -e*.

せんかん 戦艦 das Schlachtschiff *-[e]s*.

せんかん 潜函 der Senkkasten *-s, ¨*; der Caisson *-s, -s*. ～病 die Caissonkrankheit.

せんき 疝気 die Kolik *-en*.

せんき 戦記 die Kriegsgeschichte *-n*.

せんぎ 詮議する erörtern; mit *jm*. beraten* 《über 4格》; [取り調べる] untersuchen; [捜索する] fahnden (nach 3格).

ぜんき 前記 oben erwähnt; besagt.

ぜんき 前期 [前・中・後期の] die Anfangsperiode *-n*; [前期・後期の] die erste Hälfte *-n*; [大学の] das Sommersemester *-s, -*.

せんぎけん 先議権 die Priorität.

せんきゃく 先客がある Ein anderer Gast ist schon da. / Er hat schon Besuch.

せんきゃく 船客 der Passagier *-s, -e*; der Fahrgast *-[e]s, ¨e*. 1等～ der Passagier erster Klasse. ～名簿 die Passagierliste.

せんきょ 占拠する besetzen; ein|nehmen*.

せんきょ 選挙 die Wahl *-en*. 普通～ allgemeine Wahl. ～する *jn*. wählen 《zu 3格》. ～違反 das Wahlvergehen. ～運動 die Wahlkampagne. ～演説 die Wahlrede. ～管理委員会 der Wahlausschuss. ～区 der Wahlkreis. ～権 das Wahlrecht (Stimmrecht). ～権のある wahlberechtigt. ～立会人 der Wahlzeuge. ～戦 der Wahlkampf. ～人 der Wähler. ～法 das Wahlgesetz.

せんぎょ 鮮魚 frischer Fisch *-es, -e*.

せんきょう 船橋 die [Kommando]brücke *-n*; [船を並べて作った橋] die Pontonbrücke *-n*.

せんきょう 戦況 die Kriegslage. ～の報道 der Kriegsbericht. ～はどうか Wie steht es mit dem Krieg?

せんきょう 宣教 die Mission. 或る民族に～する ein Volk missionieren. ～師 der Missionar.

せんぎょう 専業・とする sich ausschließlich beschäftigen 《mit 3格》. ～主婦 die Nurhausfrau.

せんきょく 戦局は有利である Die Kriegslage ist günstig.

せんく 先駆[者] der Vorläufer *-s, -*; der Bahnbrecher *-s, -*.

せんぐ 船具 das Schiffsgerät *-s, -e*.

せんく 先駆[人] der Vorreiter *-s, -*. 騎馬で～する vor|reiten*(*s*). ～症状 der Vorbote.

せんけい 扇形の fächerartig; fächerförmig; fächerig.

ぜんけい 全景 das Panorama *-s, ..men*; die Gesamtansicht *-en*. ここから町の～が見られる Von hier hat man einen Überblick über die ganze Stadt.

ぜんけい 前景 der Vordergrund *-[e]s*.

ぜんけい 前掲・の oben erwähnt. ～書中に(で) in einem schon genannten Buch; am angeführten Ort (略: a. a. O.).

せんけつ 先決・問題 die Vorfrage *-n*. この問題が～だ Diese Frage muss zuerst erledigt werden.

せんけつ 鮮血 ¶傷口から～がほとばしる Das Blut schießt aus der Wunde.

せんげつ 先月 der Vormonat *-s, -e*; 《副詞》 [im] vorigen (letzten) Monat. ～3日に am 3. (dritten) [des] vorigen Monats.

せんけん 先見・の明 der Weitblick *-[e]s*. ～の明のある weitblickend. ～の明をもって in weiser Voraussicht.

せんけん 先遣隊 der Vortrupp *-s, -s*.

せんけん 浅見 oberflächliche Ansicht (Meinung) *-en*; die Kurzsichtigkeit.

せんげん 宣言 die Erklärung *-en*; das Manifest *-[e]s, -e*. ～する erklären; manifestieren; deklarieren. 共産党～ Manifest der Kommunistischen Partei; das Kommunistische Manifest. 独立～ die Unabhängigkeitserklärung. ～書 das Manifest.

ぜんけん 全権 Vollmacht *-en*. ～を委任する *jm*. Vollmacht geben* (erteilen) 《für 4格; zu 3格》; *jn*. bevollmächtigen 《zu 3格》. ～を持つ [die uneingeschränkte] Vollmacht haben* 《zu 3格》. ～委員 der Bevollmächtigte#. ～大使 bevollmächtigter Botschafter.

ぜんげん 前言を取り消す seine Worte zurück|nehmen* (widerrufen*).

ぜんげん 漸減する allmählich ab|nehmen* (sich vermindern).

せんけんてき 先験的 transzendental.

せんこ 千古の [大昔の] uralt; [永遠の] ewig; unvergänglich.

せんご 戦後・の日本 Japan nach dem [Welt-]krieg. ～の時代 die Nachkriegszeit.

ぜんご 前後・に vorn und hinten. 家の～に vor und hinter dem Haus. 戦争の～に vor und nach dem Krieg. ～を見る vor- und rückwärts blicken. 20歳～の男 ein Mann von ungefähr 20 Jahren. ～の関係 der Zusammenhang. 彼の話は～している Er spricht zusammenhanglos. 順序が～している Die Reihenfolge ist verkehrt. ～して nacheinander kommen*(*s*). ～不覚に眠る (酔う) schlafen* (voll sein*) wie ein Sack.

せんこう 先行・する voran|gehen*(vorher|gehen*) (*s*) 《3格》. 時代に～する seiner Zeit voraus|eilen (*s*). ～詞 [文法] das Bezugswort.

せんこう 専攻・する sich spezialisieren 《auf 4格》. ～科目 das Spezialfach. 歴史を～している Ich studiere das Fach Geschichte.

せんこう 穿孔 die Bohrung *-en*; 《医》 die Penetration *-en*. ～する *et*. durch|bohren. ～機 die Bohrmaschine; der Bohrer. ～器 der Locher.

せんこう 閃光 der Blitz *-es, -e*; [写真用の] das Blitzlicht *-[e]s, -er*.

せんこう 戦功を立てる sich³ im Krieg Verdienste erwerben*.

せんこう 選考・する [aus|]wählen. ～委員会

せんこう das Auswahlkomitee. 第2次～に残る in die engere Wahl kommen*(s)*.

せんこう 潜行・する schleichen*(s)*. 水中を～する unter Wasser fahren*(s)*. 地下に～する〔比〕in den Untergrund gehen*(s)*. ～性の病気 schleichende Krankheit. ～熱 schleichendes Fieber.

せんこう 潜航・する unter Wasser fahren*(s)*. ～艇 das U-Boot (Unterseeboot).

せんこう 選鉱 die Erzaufbereitung *-en*. ～する Erze aufbereiten.

ぜんこう 善行 die Wohltat *-en*; gutes Werk *-es, -e*. ～を積む viel Gutes tun*.

ぜんごう 前号 die vorige (letzte) Nummer.

せんこく 先刻 vorhin; vor kurzem; 〔既に〕bereits; schon.

せんこく 宣告・を下す ein Urteil fällen 《über 4格》. 有罪(破産)を～する *jn.* für schuldig (bankrott) erklären. 死刑を～する *jn.* zum Tod verurteilen. 無罪を～する *jn.* frei|sprechen*.

せんこく 全国 das ganze Land *-es*. 日本～で in ganz Japan; überall in Japan. 彼の名声は～に広まる Sein Ruf dringt durch das ganze Land. ～的に im ganzen Land. ～的運動 nationale Bewegung.

ぜんごさく 善後策を講ずる Abhilfe schaffen 《für 4格》.

ぜんこん 善根を施す *jm.* Wohltaten erweisen*.

せんさい 先妻 ehemalige Frau *-en*; 〔故人〕verstorbene Frau *-en*.

せんさい 戦災 der Kriegsschaden *-s, ̈*. ～を受けた Kriegsschäden erleiden*. ～者 der Kriegsgeschädigte#. ～都市 kriegszerstörte Städte *pl.* ～孤児 die Kriegswaise.

せんさい 繊細な zart; fein; delikat.

せんざい 千載一遇の好機をのがす eine einmalige günstige Gelegenheit verpassen.

せんざい 洗剤 das Waschmittel (Reinigungsmittel) *-s, -*.

せんざい 潜在 die Latenz. ～する latent vorhanden sein*; verborgen sein*. ～的 latent; potenzial; potenziell. ～意識 das Unterbewusstsein.

ぜんさい 前菜 die Vorspeise *-n*; das Hors-d'œuvre *-s, -s*.

せんさく 詮索・する forschen 《nach 3格》; untersuchen. ～好きな neugierig; wissbegierig.

せんさばんべつ 千差万別の verschiedenartig; mannigfaltig.

せんし 先史・時代の die Vorgeschichte; die Prähistorie; die Vorzeit. ～時代の vorgeschichtlich; prähistorisch; vorzeitlich.

せんし 戦士 der Krieger *-s, -*; der Soldat *-en, -en*. 無名の～の墓 das Grabmal des Unbekannten Soldaten.

せんし 戦史 die Kriegsgeschichte *-n*. 第2次世界大～ die Geschichte des Zweiten Weltkrieges.

せんし 戦死・する [im Krieg] fallen*(s)*. あの戦闘では100名が～した In jenem Gefecht sind 100 Mann gefallen. ～者 der Gefallene#.

せんじ 戦時・中に in Kriegszeiten. ～状態 der Kriegszustand. ～経済 die Kriegswirtschaft.

ぜんし 全紙 der Papierbogen *-s, -*.

ぜんし 前史 die Vorgeschichte *-n*.

ぜんじ 漸次 allmählich; nach und nach.

せんじぐすり 煎じ薬 das Dekokt *-[e]s, -e*; der Absud *-[e]s, -e*.

せんしつ 船室 die Kabine *-n*; die Kajüte *-n*; die Kammer *-n*.

せんじつ 先日 neulich; vor kurzem. ～の雨 der Regen vor einigen Tagen. ～来 seit kurzem; seit einigen Tagen.

ぜんじつ 前日 am vorhergehenden Tag; am Tage vorher.

せんしゃ 戦車 der Panzer *-s, -*. ～隊 die Panzertruppe. 対～砲 die Panzerabwehrkanone.

せんしゃ 洗車 die Wagenwäsche *-n*.

せんじゃ 選者〔審査員〕die Jury *-s*; 〔歌集などの〕der Herausgeber *-s, -*.

ぜんしゃ 前者 jener; der Erstere.

ぜんしゃく 前借 ¶給料の～をする sich³ einen Vorschuss auf das Gehalt geben lassen*. 1万円を～する einen Vorschuss von 10 000 Yen erhalten*.

せんしゅ 先取 ¶2点～する zuerst zwei Punkte heraus|holen. ～特権 die Priorität.

せんしゅ 船主 der Schiffsherr *-n, -en*; der Schiffseigner *-s, -*.

せんしゅ 船首 der Bug *-[e]s, -e*.

せんしゅ 選手 der Spieler *-s, -*; der Sportler *-s, -*. サッカーの～ der Fußballspieler. プロの～ der Profi; der Berufssportler. ～権 die Meisterschaft. 世界～権 die Weltmeisterschaft. ～権保持者 der Meister; der Champion.

せんしゅう 先週・に letzte (vorige) Woche. ～の日曜日に letzten Sonntag. ～の今日 heute vor acht Tagen.

せんしゅう 専修する sich spezialisieren 《auf 4格》. → 専攻.

せんしゅう 選集 ausgewählte Schriften *pl.*; die Auswahl *-en*.

ぜんしゅう 全集 sämtliche (gesammelte) Werke *pl*.

せんじゅうみん 先住民 der Urbewohner *-s, -*; der Eingeborene#.

せんしゅつ 選出する [aus|]wählen.

せんじゅつ 戦術 die Taktik *-en*. ～上の taktisch.

ぜんじゅつ 前述・の oben erwähnt; besagt; vorhergehend. ～のように wie oben erwähnt.

ぜんしょ 善処・する geeignete Maßnahmen ergreifen* 《gegen 4格》; die nötigen Schritte unternehmen* 《gegen 4格》. ～を約束する Abhilfe versprechen*.

せんしょう 戦勝·を祝う den Sieg feiern. ～祝賀会 die Siegesfeier. ～国 der Siegerstaat.

せんしょう 戦傷 die Kriegsverletzung -en. ～を受ける im Krieg verwundet werden* (s受). ～者 der Kriegsverletzte#; der Kriegsbeschädigte#.

せんしょう 僭称する sich³ et. an|maßen.

せんじょう 洗浄(滌)する waschen*; [aus|-]spülen.

せんじょう 戦場 das Schlachtfeld -[e]s, -er. ～に臨む ins Feld rücken (ziehen*) (s). ～の露と消える auf dem Schlachtfeld bleiben* (s). ここはさながら～だね Hier sieht es wie nach einer Schlacht aus.

ぜんしょう 全勝する einen vollständigen Sieg gewinnen* (davon|tragen*).

ぜんしょう 全焼する ab|brennen* (s).

ぜんしょう 前哨 der Vorposten -s, -. ～を配置する Vorposten auf|stellen. ～戦 das Vorpostengefecht. ～線 die Vorpostenkette.

せんじょうてき 煽情的な sinnlich; aufreizend; verführerisch.

せんしょく 染色 die Färbung -en. ～する färben. ～工場 die Färberei. ～体 das Chromosom.

せんじる 煎じる ab|kochen. 煎じ詰めれば im Grunde [genommen]; alles in allem.

せんしん 専心する sich widmen (hin|geben*; ergeben*) 《3格》; sich ausschließlich beschäftigen 《mit 3格》.

せんしん 線審〔スポーツ〕der Linienrichter -s, -.

せんじん 千尋の谷 bodenloser Abgrund -[e]s, ¨e; tiefe Schlucht -en.

せんじん 先人 die Leute aus früherer Zeit; 〔祖先〕Vorfahren pl.

せんじん 先陣·を承る an der Spitze (in der Vorhut) stehen*. ～を争う Jeder will der Erste sein.

ぜんしん 全身 der ganze Körper -s, -. ～に発疹が出来ている am ganzen Körper Ausschlag haben*. ～不随 vollständige Lähmung; die Paralyse. ～麻酔 die Vollnarkose. ～全霊を打ち込んでいる mit Leib und Seele ergeben sein* 《3格》.

ぜんしん 前身·を洗う js. Vorleben (Vergangenheit) unter die Lupe nehmen*. 彼は～は教師であった Früher war er Lehrer.

ぜんしん 前進 die Vorwärtsbewegung -en. ～する vor|rücken (s). ～！ Vorwärts marsch! わが軍は～をはばまれた Der Vormarsch unserer Truppen ist aufgehalten worden.

ぜんしん 漸進·する allmählich fort|schreiten* (s). ～的な fortschreitend.

せんしんこく 先進国 hoch entwickelte Länder pl.

ぜんじんみとう 前人未踏の unbetreten; unerreicht.

せんす 扇子 der Fächer -s, -. ～を使う sich fächeln.

センス der Sinn -es. 音楽の～がある Sinn für Musik haben*. ～のない服装をしている geschmacklos gekleidet sein*.

せんすい 泉水 der Brunnen -s, -.

せんすい 潜水·する [ins Wasser] tauchen (s). ～艦 das Unterseeboot (U-Boot). ～夫 der Taucher. ～服 der Taucheranzug. ～病 die Taucherkrankheit.

せんする 宣する erklären; an|sagen; verkünden. 開会を～ die Sitzung eröffnen.

せんせい 占星·術 die Astrologie; die Sterndeutung. ～術師 der Astrologe; der Sterndeuter.

せんせい 先生 der Lehrer -s, -. 音楽の～ der Musiklehrer. ～！ Herr Lehrer (Doktor)! ～をする als Lehrer tätig sein*.

せんせい 専制[·政治] die Despotie -n; die Autokratie -n; die Gewaltherrschaft; der Despotismus -. ～の despotisch; autokratisch. ～君主 der Despot; der Autokrat.

せんせい 宣誓 der Eid -es, -e; der Schwur -[e]s, ¨e. ～する einen Eid ab|legen (leisten) 《auf 4格》. ～の手を挙げる die Hand zum Schwur erheben*. ～式 die Eidesleistung. ～文 die Eidesformel.

ぜんせい 全盛·である in voller Blüte stehen*. ～時代 die Blütezeit.

せんせいこうげき 先制攻撃 der Präventivschlag -[e]s, ¨e.

せんせいりょく 潜勢力 potenzielle Energie -n; latente Kraft ¨e.

センセーション die Sensation -en. ～を起す Aufsehen (Sensation) erregen. センセーショナルな sensationell; Aufsehen erregend.

ぜんせかい 全世界 die ganze Welt. ～に名を知られている auf der ganzen Welt berühmt sein*.

せんせき 船籍 die Nationalität des Schiffes. イギリスの船 ein Schiff von englischer Nationalität.

せんせき 戦跡 altes (ehemaliges) Schlachtfeld -[e]s, -er.

せんせき 戦績 das Kriegsverdienst -s, -e; 〔スポーツの〕die Leistung -en. 輝かしい～をあげる eine glänzende Leistung bieten*.

せんせん 宣戦 die Kriegserklärung -en. ～を布告する den Krieg erklären.

せんせん 戦線 die Front -en; die [Kampf-]linie -n. 人民～ die Volksfront. 労働～ Front der Arbeiter; 〔ナチスの〕die Arbeitsfront. 東部～で an der Ostfront. 共同～を張る gemeinschaftlich eine geschlossene Front bilden.

せんぜん 戦前·の(に) vor dem Krieg. ～の時代 die Vorkriegszeit.

ぜんせん 全線·にわたって auf der ganzen Linie. 東海道線は～不通 Die ganze Tokaido-Linie ist unterbrochen.

ぜんせん 前線 die Front -en.

ぜんぜん 全然…ない ganz und gar nicht; durchaus (überhaupt) nicht.

せんせんきょうきょう 戦戦兢兢としている Mir ist angst und bange.

せんせんげつ 先先月に im vorletzten (vorvorigen) Monat.

ぜんぜんじつ 前前日に zwei Tage vorher.

せんぞ 先祖 Vorfahren pl.; Ahnen pl. ～代代の angestammt;〔世襲の〕erblich. ～代々の墓 die Familiengruft. ～伝来のしきたり überlieferte Bräuche pl. ～返り《生》der Atavismus.

せんそう 船倉 der Schiffsraum -[e]s, -̈e.

せんそう 船窓 der Bullauge -s, -n.

せんそう 戦争 der Krieg -es, -e. ～をする den Krieg führen. ～に勝つ(負ける) den Krieg gewinnen* (verlieren*). ～の準備をする zum (für den) Krieg rüsten. ～が起る Der Krieg bricht aus. ～ごっこをする Krieg spielen. ～体験 das Kriegserlebnis. ～裁判 der Prozess gegen Kriegsverbrecher. ～責任 die Kriegsschuld. ～犯罪人 der Kriegsverbrecher. ～文学 die Kriegsdichtung. ～未亡人 die Kriegswitwe.

ぜんぞう 漸増する allmählich zu|nehmen* (sich vermehren).

ぜんそうきょく 前奏曲 das Vorspiel -s, -e; das Präludium -s, ..dien; die Ouvertüre -n.

せんぞく 専属 ¶その歌手は国立歌劇場の～になった Der Sänger hat sich ausschließlich an die Staatsoper verpflichtet. 彼の～のトレーナー sein eigener Trainer.

ぜんそく 喘息 das Asthma -s. ～にかかっている an Asthma leiden*. ～性の asthmatisch. ～患者 der Asthmatiker.

ぜんそくりょく 全速力・を出す 〔車などが〕seine volle Geschwindigkeit aus|fahren*. ～で車を走らす den Wagen voll aus|fahren*.

センター das Zentrum -s, ..ren; der Mittelpunkt -[e]s, -e. ～ライン die Mittellinie. ショッピング～ das Einkaufszentrum.

せんたい 船体 der Schiffskörper -s, -; der Schiffsrumpf -s, -̈e.

せんたい 船隊 die Flotte -n.

せんたい 蘚苔 Moose pl. ～学 die Bryologie; die Mooskunde.

ぜんたい 全体 das Ganze*; die Gesamtheit; die Totalität. ～の ganz; gesamt; total. ～で im Ganzen; in seiner Gesamtheit; insgesamt. ～[的]に im Allgemeinen; überhaupt. ～から見れば im Ganzen [genommen]; als Ganzes; alles eingerechnet. 国民～に訴える sich an die gesamte Nation wenden*. 一体～ denn; eigentlich. ～主義 der Totalitarismus. ～主義国家 totalitärer Staat.

ぜんだいみもん 前代未聞の unerhört; beispiellos.

せんたく 洗濯・する waschen*. ～に出す zur (in die) Wäsche geben*. ～のきく waschbar; 〔色の〕waschecht. ～板 das Waschbrett. ～機 die Waschmaschine. ～石鹸 die Waschseife. ～挟み die Wäscheklammer. ～盥(たらい) die Waschwanne. ～婦 die Waschfrau. ～物 die Wäsche. ～屋 die Wäscherei.

せんたく 選択 die [Aus]wahl. ～する [aus]-wählen; eine Wahl treffen*. ～に任せる jm. die Wahl lassen*. ～の余地がない keine andere Wahl haben*. ～科目 das Wahlfach. 自由～の wahlfrei. ～肢 die Auswahlmöglichkeit;〔二者択一の〕die Alternative.

せんだつ 先達 der Vorgänger -s, -;〔先導者〕der Führer -s, -.

せんだって 先達て neulich; vor kurzem.

せんだてる 膳立てをする den Tisch decken;〔準備する〕sich vor|bereiten 《für (auf) 4格》.

せんたん 先(尖)端 die Spitze -n. 流行の～を行く mit der neuesten Mode gehen* (s). ～的な hypermodern. ～技術 die Spitzentechnologie.

せんたんをひらく 戦端を開く die Feindseligkeiten eröffnen.

せんだん 専断の行いをする eigenmächtig (willkürlich) handeln.

せんだん 船団 die Flotte -n. 捕鯨～ die Walfangflotte.

ぜんだんかい 前段階 die Vorstufe -n.

せんち 戦地 die Front -en. ～にいる an der Front sein*. ～へ行く an die Front gehen* (s); ins Feld ziehen* (s).

ぜんち 全治 ¶傷は～した Die Wunde ist vollkommen geheilt. ～2週間の傷 eine Wunde, deren Heilung 2 Wochen braucht.

ぜんちし 前置詞 die Präposition -en.

ぜんちぜんのう 全知全能の神 der allmächtige [und allwissende] Gott.

センチメートル der Zentimeter -s, - (記号: cm).

センチメンタル ～な sentimental; empfindsam. ～な映画 rührseliger Film.

せんちゃく 先着 zuerst an|kommen* (s). ～の者 3 名 die 3 zuerst Kommenden*. ～順に nach der Reihe des Eintreffens.

せんちょう 船長 der Kapitän -s, -e.

ぜんちょう 全長 [ganze] Länge -n. ～1000メートルある 1 000 Meter Länge (eine Länge von 1 000 Metern) haben*.

ぜんちょう 前兆 das Vorzeichen -s, -; das Omen -s, - (Omina). 風邪の～ der Vorbote einer Grippe.

せんて 先手・である den Anzug (den ersten Zug) haben*. ～を取る jm. zuvor|kommen* (s). ～を打つ Vorkehrungen treffen*; zuvor|kommen* (s) 《3格》.

せんてい 船底 der Schiffsboden -s, -̈.

せんてい 剪定・する beschneiden*;〔zurecht|-〕stutzen. ～鋏(ばさみ) die Baumschere (Gartenschere).

せんてい 選定する aus|ersehen*; [aus|]erlesen*; bestimmen.

ぜんてい 前庭 der Vorhof -s, -̈e.

ぜんてい 前提 die Voraussetzung *-en*;〖哲〗die Prämisse *-n.* …という～の下に unter der Voraussetzung, dass… ～する voraus|setzen. 大～ der Obersatz. 小～ der Untersatz.
せんてつ 先哲 die alten Weisen *pl.*
せんてつ 銑鉄 das Roheisen *-s.*
せんでん 宣伝 die Propaganda; die Reklame *-n*; die Werbung *-en.* ～する Propaganda (Reklame) machen《für 4 格》; an|preisen*; werben*《für 4 格》. 鳴り物入りで～する die Werbetrommel rühren (schlagen*)《für 4 格》. ～マン der Propagandist; der Werber. ～カー der Lautsprecherwagen. ～効果 die Werbewirksamkeit. ～費 Werbungskosten *pl.* ～びら das Werbeblatt; der Reklamezettel. ～部 die Werbeabteilung. ～文 der Werbetext. ～用ポスター das Werbeplakat.
センテンス der Satz *-es, ⸚e.*
せんてんてき 先天的 angeboren;〖医〗kongenital;〔遺伝的〕erblich;〖哲〗a priori; apriorisch.
せんど 鮮度・が高い sehr frisch. ～を保つ *et.* frisch halten*.
ぜんと 前途 die Zukunft. ～を誤る sich³ die Zukunft verbauen. ～を祝福する《jm.》[viel] Erfolg (Glück) wünschen. ～有望な vielversprechend; verheißungsvoll. 彼の～は洋々としている Er hat eine große Zukunft [vor sich]. ～多難だ Ich sehe noch viele Schwierigkeiten vor mir. 辞書の完成はまだ～遼遠（りょうえん）だ Die Vollendung des Wörterbuchs liegt noch in weiter Ferne.
ぜんど 全土 ¶ヨーロッパ～に広がる sich über ganz Europa verbreiten.
せんとう 尖塔 der Spitzturm *-[e]s, ⸚e.*
せんとう 先頭・に立つ an der Spitze stehen*.
せんとう 戦闘 der Kampf *-[e]s, ⸚e;* das Gefecht *-[e]s, -e*;〔規模の大きな〕die Schlacht *-en.* ～員 der Kombattant; der Kämpfer. ～機 das Jagdflugzeug. ～帽 die Feldmütze. ～的な kämpferisch.
せんとう 銭湯 das Badehaus *-es, ⸚er.*
せんどう 先導・する führen. ～者 der Führer.
せんどう 煽動 die Aufwiegelung *-en*; die Agitation *-en.* ～する *jm.* auf|wiegeln (auf|hetzen)《zu 3 格》. ～的 agitatorisch; aufwieglerisch; hetzerisch. 彼は陰で～している Er agitiert im Hintergrund. ～家 der Agitator; der Aufwiegler.
せんどう 船頭 der Schiffer *-s, -.* ～多くして船山に上る Viele Köche verderben den Brei.
ぜんどう 善導する *jn.* auf den rechten Weg bringen*.
ぜんどう 蠕動〖医〗die Peristaltik.
ぜんとうこつ 前頭骨 das Stirnbein *-[e]s, -e.*
セントラル・ヒーティング die Zentralheizung *-en.*

ぜんにちせい 全日制学校 die Vollzeitschule *-n*; die Ganztagsschule *-n.*
ぜんにほん 全日本・選手権 die Japan-Meisterschaft. ～選抜チーム die Japanische Nationalmannschaft.
せんにゅう 潜入する sich ein|schmuggeln《in 4 格》.
せんにゅうかん 先入観 das Vorurteil *-s, -e.* ～をいだく ein Vorurteil haben*《gegen 4 格》. ～が抜けない in Vorurteilen befangen sein*.
せんにん 仙人 der Eremit *-en, -en.* ～のような生活をする wie ein Einsiedler leben.
せんにん 先任[者] der Vorgänger *-s, -.*
せんにん 選任する〔選ぶ〕*jn.* erwählen《zu 3 格》;〔任命する〕*jn.* ernennen*《zu 3 格》.
ぜんにん 善人 guter Mensch *-en, -en*;〔お人好し〕gutmütiger Mensch *-en, -en.*
せんにんこうし 専任講師 der Dozent *-en, -en.*
せんにんしゃ 前任者 der Vorgänger *-s, -.*
せんぬき 栓抜き〔コルクの〕der Korkenzieher *-s, -*;〔王冠の〕der Flaschenöffner *-s, -.*
せんねつ 潜熱 latente Wärme.
せんねん 千年 tausend Jahre *pl.* ～の tausendjährig.
せんねん 先年 vor Jahren.
せんねん 専念 sich konzentrieren《auf 4 格》; sich ausschließlich beschäftigen《mit 3 格》.
ぜんねん 前年 im vorigen Jahr; voriges (vergangenes; letztes) Jahr. ～の vorjährig; vom vorigen Jahr.
せんのう 洗脳 die Gehirnwäsche. ～する *jn.* einer Gehirnwäsche unterziehen*.
ぜんのう 全能 die Allmacht; die Omnipotenz. ～の神 der allmächtige Gott. ～者 der Allmächtige#.
ぜんのう 全納する *et.* voll[ständig] bezahlen.
ぜんのう 前納する voraus|[be]zahlen; im Voraus [be]zahlen.
せんばい 専売[権] das Monopol *-s, -e.* ～する monopolisieren. 塩を～する das Monopol auf (für) Salz haben*. ～特許 das Patent. ～品 monopolisierte Ware. 日本～公社 die Japanische Monopol-Körperschaft.
せんぱい 先輩 der Ältere#;〖学〗älteres Semester *-s, -.*
ぜんぱい 全敗する eine totale (vollständige) Niederlage erleiden*.
ぜんぱい 全廃する völlig ab|schaffen.
せんぱいこく 戦敗国 besiegtes Land *-es, ⸚er.*
せんぱく 浅薄な oberflächlich; seicht.
せんぱく 船舶 das Schiff *-[e]s, -e.*
せんぱく 前膊 der Unterarm *-[e]s, -e.*
せんばつ 選抜・する aus|wählen. ～された ausgewählt. ～試験 die Auswahlprüfung. ～チーム die Auswahlmannschaft.
せんぱつ 先発・する voraus|gehen* *(s)*; vor-

せんぱつ 洗髪 die Haarwäsche -n. 美容院で~してもらう sich³ beim Friseur die Haare waschen lassen*.

せんばん 先番である den ersten Zug haben*.

せんばん 旋盤 die Drehbank ⸚e. ~工 der Dreher.

せんぱん 先般 jüngst; neulich; letzthin; vor kurzem. ~来 seit kurzem.

せんぱん 戦犯 der Kriegsverbrecher -s, -.

ぜんぱん 前半 die erste Hälfte.

ぜんぱん 全般・の allgemein. ~的に im Allgemeinen; gemeinhin; in der Regel.

ぜんはんせい 前半生 die erste Hälfte seines Lebens.

せんび 船尾 das Heck -s, -e (-s).

せんび 戦備を整える zum (für den) Krieg rüsten.

せんぴ 戦費 Kriegskosten pl.

せんぴ 前非を悔いる seine früheren Missetaten bereuen.

せんびょうしつ 腺病質の skrofulös; [虚弱な] kränklich.

ぜんびん 前便で im letzten Brief.

せんぷ 先夫 ehemaliger Mann -es, ⸚er.

せんぷ 先父 seliger (verstorbener) Vater -s.

ぜんぶ 全部 das Ganze*; alles. ~の ganz; gesamt; all. ~で insgesamt; im Ganzen. 二日でこの本を~読んでしまった Ich habe dieses Buch in 2 Tagen durchgelesen.

ぜんぶ 前部 der vordere Teil -[e]s, -e.

せんぷう 旋風 der Wirbelwind -[e]s, -e. 彼の出現は政界に~を巻き起した Seine Erscheinung entfachte einen Wirbelsturm in der politischen Welt.

せんぷうき 扇風機 der Ventilator -s, -en; der Lüfter -s, -. ~をかける den Ventilator an|stellen (laufen lassen*).

せんぷく 船腹 der Schiffsbauch -[e]s, ⸚e; [積載能力] die Tonnage -n.

せんぷく 船幅 die Schiffsbreite -n.

せんぷく 潜伏・する sich verstecken (verbergen*). ~性の latent. ~期 die Inkubationszeit.

ぜんぷく 全幅・の賛意を表する jm. seine ganze Zustimmung geben* (zu 3格). ~の信頼を寄せる seine ganze Zuversicht auf jn. setzen; jm. volles Vertrauen schenken (entgegen|bringen*).

ぜんぶん 全文 ganzer Text -es.

ぜんぶん 前文 die Einleitung -en; 《法》 die Präambel -n.

せんぺい 尖兵 die Spitze -n; der Vortrupp -s, -s.

せんべつ 選別する sortieren.

せんべつ 餞別 das Abschiedsgeschenk -s, -e. ~に贈る jm. et. zum Abschied schenken.

せんべん 先鞭をつける die Initiative ergreifen* (in 3格).

ぜんぺん 前編 der erste Teil -[e]s.

せんぺんいちりつ 千篇一律の eintönig; gleichförmig; monoton.

せんぺんばんか 千変万化する sich tausendfältig ändern.

せんぼう 羨望・する jn. beneiden (um 4格); neidisch sein* (auf 4格). 皆の~の的である Gegenstand allgemeinen Neides sein*.

せんぽう 先方・の言い分 die Behauptung der Gegenseite. ~の出方を待つ ab|warten, wie die Gegenseite handeln wird.

せんぽう 戦法 die Taktik -en. ~を変える seine Taktik ändern. 奇襲~をとる die Überrumpelungstaktik an|wenden⁽*⁾.

ぜんぼう 全貌 die ganze Gestalt. 事件の~を明らかにする den ganzen Sachverhalt auf|klären.

ぜんぽう 前方・の vorder. ~へ nach vorn[e]; vorwärts. ~100メートルのところに 100 Meter vor mir.

せんぼうきょう 潜望鏡 das Sehrohr -[e]s, -e; das Periskop -s, -e.

せんぼつ 戦没・する im Krieg fallen* (s). ~した gefallen.

ぜんまい 発条 die Feder -n. ~を巻く et. auf|ziehen*. この時計の~は切れている Die Feder dieser Uhr ist zerbrochen.

せんまん 千万 zehn Millionen.

せんみん 選民 [神の] das auserwählte Volk -es.

せんみん 賎民 der Pöbel -s.

せんむ 専務[取締役] geschäftsführender Direktor -s, -en.

せんめい 鮮明・な scharf; [印刷が] klar. 旗幟を~にする Farbe bekennen*.

ぜんめつ 殲滅する vernichten; aus|rotten.

ぜんめつ 全滅・させる vernichten; vollständig zerstören. ~する vernichtet werden* (s受).

せんめん 洗面・する sich³ das Gesicht waschen*. ~器 das Waschbecken. ~所 der Waschraum; die Toilette.

ぜんめん 全面・的な(に) vollständig; gänzlich; total; völlig. ~講和を結ぶ allseitigen Frieden schließen*. その提案は彼の~的な賛成を得た Der Vorschlag hat seine ganze Zustimmung gefunden.

ぜんめん 前面 die Vorderseite -n; [建物の] die Vorderfront -en. ~に押し出す in den Vordergrund stellen.

せんもう 繊毛 der Flimmer -s, -; die Wimper -n. ~虫類 Wimpertierchen pl.

せんもん 専門 das Fach -es, ⸚er. ~の fachlich. ~家 der Fachmann; der Spezialist; der Experte. ~学校 die Fachschule. ~科目 die Spezialdisziplin. ~語 der Fachausdruck; das Fachwort; der Terminus; [集合的に] die Terminologie. ~書 das Fachbuch; die Fachliteratur. ~知識 Fachkenntnisse pl. ~店 das Spezialgeschäft. ~分野 das Fachgebiet; die Domäne. それは私の~外だ Das schlägt nicht in (Das ist nicht) mein Fach.

ぜんや 前夜 der Vorabend -s, -e. ～祭を行う die Vorfeier begehen*.
せんやく 先約がある schon verabredet sein*.
ぜんやく 全訳 vollständige Übersetzung -en. ～する et. vollständig (ungekürzt) übersetzen.
せんゆう 占有 der Besitz -es. ～する besitzen*. ～権 das Besitzrecht. ～者 der Besitzer. ～物 der Besitz; das Besitztum; das Eigentum.
せんゆう 専有[・物] der Alleinbesitz -es. ～する im Alleinbesitz haben*.
せんゆう 戦友 der [Kriegs]kamerad -en, -en.
せんよう 専用 ¶彼の～のタイプライター die Schreibmaschine für seinen eigenen Gebrauch. ～の入口の付いた住まい eine Wohnung mit eigenem Eingang.
せんよう 宣揚 ¶国威を～する seinem Vaterland Ehre machen.
ぜんよう 善用する guten Gebrauch machen 《von 3格》.
ぜんら 全裸の splitternackt; völlig nackt.
せんらん 戦乱 Kriegswirren pl.
せんりがん 千里眼・の hellseherisch. ～の人 der Hellseher.
せんりつ 旋律 die Melodie -n; die Weise -n.
せんりつ 戦慄 der Schauder -s, -. ～する schaudern 《vor 3格》. ～すべき schauderhaft; Schauder erregend.
ぜんりつせん 前立腺 die Vorsteherdrüse -n; die Prostata, ..tae. ～炎 die Prostatitis. ～癌 der Prostatakrebs. ～肥大 die Prostatahypertrophie.
せんりひん 戦利品 die [Kriegs]beute.
せんりゃく 戦略 die Strategie -n. ～上[の] strategisch. ～物資 strategische Güter pl.
せんりょ 浅慮 ¶私の～の致すところです Es kommt von meiner Unbedachtsamkeit.
せんりょう 占領 die Besetzung -en. ～する besetzen. ～軍 die Besatzung. ～地帯(城) die Besatzungszone; besetztes Gebiet.
せんりょう 染料 die Farbe -n; der Farbstoff -s, -e.
ぜんりょう 善良な gut.
せんりょく 戦力 die Kriegsmacht.
ぜんりょく 全力・をあげて mit ganzer (voller) Kraft; mit aller Kraft (Macht). ～を尽す seine ganze Kraft auf|bieten* 《für 4格》.
ぜんりん 前輪 das Vorderrad -[e]s, ¨er. ～駆動 der Frontantrieb.
ぜんりん 善隣の誼(よしみ)を結ぶ gutnachbarliche Beziehungen an|knüpfen 《mit 3格》.
せんれい 先例 das Beispiel -s, -e; das Präzedens -, ..denzien. ～にならう einem Beispiel folgen 《s》. 良い～をつくる ein gutes Beispiel geben*. ～に無い beispiellos; präzedenzlos.
せんれい 洗礼 die Taufe -n. ～を受ける die Taufe empfangen*; sich taufen lassen*. ～を授ける die Taufe spenden; jm. taufen. 砲火の～を受ける die Feuertaufe erhalten*. ～名 der Taufname.
ぜんれい 前例 → 先例.
せんれき 戦歴 ¶輝かしい～の軍人 der Krieger mit ehrenvollen Kampferfahrungen.
ぜんれき 前歴 das Vorleben -s. ～を調べる js. Vorleben durchforschen.
せんれつ 戦列 die Linie -n; die Front -en. ～に加わる an die Front kommen*《s》. ～を離れる sich aus der Front zurück|ziehen*.
ぜんれつ 前列 die Vorderreihe -n; 〔縦隊行進の〕das Vorderglied -[e]s, -er.
せんれん 洗練された verfeinert; kultiviert.
せんろ 線路 das Gleis -es, -e; Schienen pl.
ぜんわん 前腕 der Unterarm -[e]s, -e.

そ

そ 祖 ¶医学の～ der Begründer (Vater) der Heilkunde.
そあく 粗悪・な schlecht; minderwertig. ～品 der Schund; die Schundware.
そい 粗衣粗食する sich schlicht kleiden und einfach essen*; einfach leben.
そいん 素因 der Faktor -s, -en; 〔病気の〕die Anlage -n 《zu 3格》.
そいん 訴因 der Anklagepunkt -[e]s, -e.
そう 〔肯定〕ja; 〔そのように〕so; in solcher Weise; auf solche Weise. ～いう solcher; solch ein. ～いう事 so etwas. ～だとすると dann; nun. ～でないと sonst; andernfalls; oder. 人生とは～したものだ So ist das Leben!
そう ¶彼は非常な金持だ～だ〔伝聞〕Man sagt, er sei sehr reich. / Er soll sehr reich sein. 雨が降り～だ〔様態〕Es sieht nach Regen aus. / Es will regnen.
そう 相〔顔付き〕[Gesichts]züge pl. 時代の～ der Zug der Zeit.
そう 想・を練る einen Plan entwerfen*. 小説の～を練る die Konzeption eines Romans entwerfen*.
そう 僧 der Priester -s, -; 〔修道僧〕der Mönch -s, -e; 〔仏教の〕der Bonze -n, -n.
そう 層 die Schicht -en. ～をなして in Schichten; schicht[en]weise. 社会のあらゆる～に in allen Schichten (Klassen) der Gesellschaft.
そう 沿う ¶…に沿って entlang《4格》; längs《2格》. 川に沿って den Fluss entlang; am Fluss entlang.
そう 添う〔付き従う〕folgen《3格》《s》; 〔夫婦になる〕sich mit jm. vermählen. 期待(希望)に～ js. Erwartungen (Wünschen) entsprechen*. 影の形に～ごとく wie ein Schatten.
そう 躁 → 躁病.

ぞう 象 der Elefant *-en, -en.*

ぞう 像 das Bild *-es, -er*; die Figur *-en*; 〔立像〕die Statue *-n*; das Standbild *-[e]s, -er*; 〔胸像〕die Büste *-n.* 未来～ die Vision; das Zukunftsbild.

そうあい 相愛の間柄である sich [einander] lieben; sich ineinander verlieben.

そうあん 草案 der Entwurf *-s, "e*; das Konzept *-[e]s, -e.* 法律の～を作る ein Gesetz entwerfen*.

そうあん 創案 der Einfall *-s, "e*; die Erfindung *-en.*

そうい 相違 der Unterschied *-es, -e*; die Verschiedenheit *-en.* ～した verschieden; unterschiedlich. ～する sich unterscheiden* 《von 3格》; ab|weichen*(*s*)《von 3格》. 彼らの意見は甚だしく～している Sie weichen in ihren Meinungen stark voneinander ab. 彼女は病気に～ない Sie muss wohl krank sein.

そうい 創意 die Originalität. ～のある originell; schöpferisch.

そうい 僧衣 geistliches Gewand *-[e]s, "er*; geistliche Tracht *-en.*

そうい 総意 ¶会員の～ der Wille aller Mitglieder. 国民の～ die Meinung der ganzen Nation.

そういれば 総入れ歯である ein falsches (künstliches) Gebiss haben*.

そういん 僧院 das Kloster *-s, ".*

そういん 総員〔全員〕alle *pl.* ～50名 insgesamt fünfzig Personen.

ぞういん 増員 ¶従業員を～する das Personal verstärken.

そううつびょう 躁鬱病 die manisch-depressive Krankheit.

そううん 層雲 die Schichtwolke *-n*; der Stratus *-, ..ti.*

ぞうえい 造営 der Bau *-es.* → 建造.

そうえん 蒼鉛 das Wismut *-s*(記号: Bi).

ぞうえん 造園 die Gärtnerei; die Gartengestaltung. ～術 die Gartenkunst. ～家 der Gartenarchitekt.

ぞうえん 増援 die Verstärkung. ～する verstärken. ～部隊 die Verstärkung; Hilfstruppen *pl.*

ぞうお 憎悪 der Hass *-es.* ～する hassen. 激しい～の念をいだく einen bitteren (wilden) Hass hegen《gegen 4格》.

そうおう 相応・する entsprechen*《3格》; passen《zu 3格》. ～した entsprechend; passend. 身分に～暮らす standesgemäß leben. 彼の力に～した seinen Fähigkeiten entsprechend. 目的に～した zweckmäßig. 値段～の preiswert. 年齢～の altersmäßig; altersbedingt.

そうおん 騒音 der Lärm *-s*; das Geräusch *-es, -e.* ～を立てる Lärm (Geräusche) machen. ～防止[装置] der Lärmschutz.

ぞうか 造化〔造物主〕der Schöpfer *-s*; 〔被造物〕die Natur. ～の妙 das Naturwunder. ～のいたずら ein Spiel der Natur.

ぞうか 造花 künstliche Blume *-n.*

ぞうか 増加 die Vermehrung *-en*; die Zunahme *-n.* ～する sich vermehren; zu|nehmen*. 人口の～ die Vermehrung der Bevölkerung. 生産の～ die Steigerung der Produktion.

そうかい 壮快な herrlich; großartig.

そうかい 爽快・な frisch; erfrischend. 気分を～にする *jn.* erfrischen.

そうかい 掃海・する Minen räumen. ～艇 das Minenräumboot.

そうかい 総会 die Generalversammlung *-en*; das Plenum *-s, ..nen*;〔株主総会〕die Hauptversammlung *-en.* 国連～ die Vollversammlung der Vereinten Nationen.

そうがい 霜害 der Frostschaden *-s, ".*

そうがかり 総掛かりで mit vereinten Kräften.

そうがく 奏楽 die Musikaufführung *-en.*

そうがく 総額 der Gesamtbetrag *-s, "e*; die Gesamtsumme *-n.* ～で insgesamt; zusammen. ～5000円になる Die Rechnung beträgt zusammen 5 000 Yen.

ぞうがく 増額 ¶賃金を～する die Löhne erhöhen. 資金を～する die Geldmittel vergrößern.

そうかつ 総括 die Zusammenfassung *-en.* ～する zusammen|fassen; summieren. ～的 zusammenfassend.

そうかつ 総轄する die Aufsicht führen《über 4格》.

そうかん 壮観 großartig; herrlich; imposant.

そうかん 送還 die Repatriierung *-en*; die Rückführung. ～する repatriieren.

そうかん 相関・的 korrelativ. ～概念 das Korrelat; korrelativer Begriff. ～関係 die Wechselbeziehung; die Korrelation. ～関係にある in Wechselbeziehung stehen*《mit (zu) 3格》; korrelieren《mit 3格》.

そうかん 創刊 ¶雑誌を～する eine Zeitschrift gründen. ～号 die erste Nummer.

そうかん 総監 der Präsident *-en, -en.* 警視～ der Polizeipräsident.

ぞうかん 増刊 ¶臨時～号 die Sondernummer.

ぞうがん 象眼 die Einlegung. ～する *et.* ein|legen《in 4格》. 金属に～細工をする Metall tauschieren. ～細工 die Einlegearbeit (Tauschierarbeit); Intarsien *pl.*

そうがんきょう 双眼鏡 das Fernglas *-es, "er*; der Feldstecher *-s, -.*

そうき 早期・の frühzeitig. ～診断 die Frühdiagnose. ～治療 die Frühbehandlung.

そうき 想起する sich erinnern《an 4格》.

そうぎ 争議 ¶労働～ der Arbeitsstreit;〔罷業〕der Streik. ～権 das Streikrecht. ～を起す einen Streit an|fangen*. 家庭～ der Familienzwist.

そうぎ 葬儀 die Trauerfeier *-n.* ～を執り行う die Trauerfeier veranstalten. ～社 das Beerdigungsinstitut.

ぞうき 臓器 die [inneren] Organe *pl.*
ぞうきばやし 雑木林 das Gehölz *-es, -e.*
そうきゅう 早急・の eilig; dringlich. ~に schnell.
そうきゅう 蒼穹 das Himmelsgewölbe *-s*; das Firmament *-s.*
ぞうきゅう 増給 die Gehaltserhöhung *-en*; die Lohnerhöhung *-en.* ~する das Gehalt (den Lohn) erhöhen.
そうきょ 壮挙 kühnes (gewagtes) Unternehmen *-s, -*; großartige Tat *-en.* ~をなしとげる Großartiges vollbringen*.
そうきょう 躁狂 die Tobsucht. ~の tobsüchtig.
そうぎょう 創業 die Gründung *-en*; die Errichtung *-en.* ~する gründen; errichten. 株式会社郁文堂，創業 1899 年 Ikubundo Verlag AG, gegründet 1899. ~者 der Gründer.
そうぎょう 操業・する arbeiten. ~短縮する Kurzarbeit machen; kurz|arbeiten.
ぞうきょう 増強・する verstärken. 軍備の~ die Aufrüstung.
そうきょくせん 双曲線 die Hyperbel *-n.*
そうきん 送金する *jm.* Geld schicken (überweisen*).
ぞうきん 雑巾 der [Putz]lappen *-s, -.*
そうぐ 装具 die Ausstattung *-en.* 登山の~ Geräte für Bergsteiger.
そうぐう 遭遇・する begegnen (*s*) (*3 格*); (体験する) *et.* erleben. 困難に~する auf Schwierigkeiten stoßen*(*s*).
そうくずれ 総崩れになる eine verheerende (vernichtende) Niederlage erleiden*.
そうくつ 巣窟 das Nest *-es, -er*. 盗賊の~に手入れする ein Räubernest aus|nehmen*.
ぞうげ 象牙 das Elfenbein *-s.* ~質〔医〕das Dentin; das Zahnbein. ~細工 die Elfenbeinarbeit. ~の塔 der Elfenbeinturm.
そうけい 早計な übereilt; voreilig.
そうけい 合計する zusammen|rechnen; summieren. ~すると alles zusammengerechnet; insgesamt.
ぞうけい 造型・する bilden; modellieren. ~美術 bildende Künste *pl.*
ぞうけい 造詣が深い gute (reiche) Kenntnisse besitzen* (*in 3 格*); sich gut aus|kennen* (*in 3 格*); bewandert (versiert) sein* (*in 3 格*).
そうけだつ 総毛立つ ¶恐ろしさの余り~ Vor Furcht sträuben sich ihm die Haare (stehen ihm die Haare zu Berge).
ぞうけつ 増結 ¶2車両~する zwei Wagen an den Zug an|hängen.
ぞうけつ 造血 die Blutbildung. ~機能 blutbildende (hämatogene) Funktion. ~剤 blutbildendes Mittel.
そうけっさん 総決算をする die Abschlussrechnung eines Jahres führen; 〔結末をつける〕*et.* zum endgültigen Abschluss bringen*.
そうけん 双肩・に担う auf seine Schultern nehmen*; auf sich nehmen*. すべてが彼の~にかかっている Alles liegt auf seinen Schultern.
そうけん 壮健・な gesund; 〔老人が〕rüstig. ~に暮らす sehr gesund leben.
そうけん 送検する *jn.* der Staatsanwaltschaft überantworten (übergeben*).
そうけん 創見 originelle Ansicht *-en*; schöpferischer Gedanke *-ns, -n.*
そうげん 草原 die Grasebene *-n*; die Wiese *-n*; die Steppe *-n*; die Puszta ['pusta] *..ten.*
ぞうげん 増減 die Zu- und Abnahme. ~する zu- und ab|nehmen*.
そうこ 倉庫 das Lagerhaus *-es, -̈er*; der Speicher *-s, -.* ~業 das Lagergeschäft. ~業者 der Lagerhalter.
そうご 壮語 ¶〔大言〕~する prahlen; das große Wort führen.
そうご 相互・の gegenseitig. ~に einander; gegeneinander; gegenseitig. ~に理解し合う sich miteinander verständigen. ~作用 die Wechselwirkung. ~扶助 gegenseitige Hilfe. ~保険 die Versicherung auf Gegenseitigkeit. ~保険会社 die Gegenseitigkeitsversicherungsgesellschaft.
ぞうご 造語 〔語構成〕die Wortbildung; 〔新造語〕die Wortbildung (Neubildung) *-en.*
そうこう ~しているうちに indessen; inzwischen; unterdessen.
そうこう 奏効する eine Wirkung haben*.
そうこう 草稿 das Manuskript *-[e]s, -e.* ~に手を入れる das Manuskript korrigieren (ergänzen).
そうこう 走行 die Fahrt. 今日の~距離は 20 キロメートルだ Heute haben wir eine Fahrstrecke von 20 km zurückgelegt. この車の~距離は8万キロメートルだ Der Wagen ist schon 80 000 km gefahren.
そうこう 装甲・[自動]車 der Panzerwagen. ~する panzern.
そうこう 操行 das Betragen *-s*; die Aufführung.
そうこう 糟糠の妻 seine treue alte Frau.
そうこう 相好を崩す über das ganze Gesicht lachen.
そうごう 総合 die Synthese *-n.* ~的 synthetisch. ~する zusammen|fassen. ~芸術 das Gesamtkunstwerk. ~病院 das Allgemeinkrankenhaus. ~大学 die Universität. ~順位(成績)〔スポーツでの〕die Gesamtwertung.
そうこうかい 壮行会 die Abschiedsfeier *-n.*
そうこうげき 総攻撃 der Generalangriff *-s, -e.* 敵に~を加える einen Generalangriff gegen den Feind vor|tragen*.
そうこく 相剋 der Konflikt *-[e]s, -e*; der Widerstreit *-s.* ~する [sich] streiten* (*mit 3 格*); in Konflikt geraten* (*s*) (*mit 3 格*). 感情と理性の~に悩む unter dem Zwiespalt von (zwischen) Gefühl und Vernunft leiden*.
そうこん 早婚である jung verheiratet sein*.

そうごん 荘厳な feierlich; erhaben.
ぞうごん 雑言を浴びせる *jn.* mit Schmähungen überhäufen; *jn.* mit Schimpf überschütten.
そうさ 走査〔テレビの〕die Abtastung *-en.* ～する ab|tasten. ～線 die [Abtast]zeile.
そうさ 捜査 Ermittlungen *pl.* 警察の～ polizeiliche Nachforschungen *pl.* 或る人の～をする gegen *jn.* ermitteln.
そうさ 操作する handhaben; steuern; bedienen.
ぞうさ 造作・なく leicht[lich]; ohne Mühe. ～もない仕事だ Diese Arbeit ist kinderleicht (mühelos). それは～なくやれる Das mache ich mit einem Griff.
そうさい 相殺・する *et.* auf|rechnen 《gegen 4 格》; *et.* kompensieren 《durch 4 格; mit 3 格》. ～される gegeneinander auf|gehen* (s).
そうさい 総裁 der Präsident *-en, -en*; 〔政党の〕der Parteichef *-s, -s.*
そうさく 捜索 die Fahndung *-en.* ～する fahnden 《nach 3 格》. 家宅～する das Haus polizeilich durch|suchen.
そうさく 創作 literarisches (dichterisches) Werk *-es, -e*; 〔作り事〕die Erdichtung *-en.* ～する schaffen*.
ぞうさく 造作 die Einrichtung *-en*; 〔顔の〕Gesichtsbildungen *pl.* 住まい(店)の～をする eine Wohnung (einen Laden) ein|richten.
ぞうさつ 増刷 der Wiederabdruck *-[e]s, -e.* ～する wieder ab|drucken.
そうざらい 総ざらい・をする 〖劇〗eine Hauptprobe ab|halten* (spielen). 冬物～ der Winterschlussverkauf.
そうざん 早産〔児〕die Frühgeburt *-en.*
ぞうさん 増産 die Produktionssteigerung *-en.* ～する die Produktion steigern (erhöhen). 石炭は先月から2割の～になった Die Kohlenförderung ist seit letztem Monat um 20% gesteigert worden.
そうし 創始・する begründen. ～者 der Begründer; der Urheber.
そうじ 相似・した ähnlich; verwandt. ～形 ähnliche Figur.
そうじ 掃除・する reinigen; putzen; fegen. ～の行き届いた gut geputzt. 大～ großes Reinemachen. ～機 der Staubsauger. ～婦 die Raumpflegerin; die Putzfrau; die Reinemachefrau.
そうじ 送辞 die Abschiedsrede *-n.*
そうじ 増資 die Kapitalerhöhung *-en.* ～する das Kapital erhöhen.
そうしき 葬式 → 葬儀.
そうじしょく 総辞職 〖幹部の～〗der Rücktritt des gesamten Vorstandes. 昨夜内閣は～した Das gesamte Kabinett ist gestern Abend zurückgetreten.
そうそうあい 相思相愛 → 相愛.
そうしつ 喪失 der Verlust *-es, -e.* ～する verlieren*; ein|büßen.
そうして und; dann; nun.

そうじて 総じて überhaupt; im Allgemeinen; im Ganzen; in der Regel.
そうしはいにん 総支配人 der Generaldirektor *-s, -en.*
そうしゃ 壮者を凌(しの)ぐ元気だ die Jungen an Gesundheit übertreffen*.
そうしゃ 走者 der Läufer *-s, -.*
そうしゃ 掃射する bestreichen*; beharken.
そうしゃ 操車する den Zug (die Waggons) rangieren. ～場 der Rangierbahnhof.
そうしゅ 双手 → もろて.
そうしゅ 漕手 der Ruderer *-s, -.*
そうじゅう 操縦・する steuern; führen; lenken. ～桿(かん) der Knüppel. ～士 der Pilot. ～席 der Pilotensitz. 彼は～しにくい Er ist schwer zu lenken.
ぞうしゅう 増収 die Ertragssteigerung *-en.* 今年の米作は1割の～になった Die Reisernte dieses Jahres ist um 10% gesteigert worden.
そうしゅうにゅう 総収入 das Gesamteinkommen *-s, -.*
そうじゅく 早熟な frühreif.
そうしゅん 早春 der Vorfrühling *-s.*
そうしょ 叢書 die Schriftenreihe *-n*; die Serie *-n*; die Bücherei *-en*; die Bibliothek *-en.*
ぞうしょ 蔵書 die Büchersammlung *-en*; die Bibliothek *-en.* ～家 der Büchersammler. ～票 das Exlibris. ～目録 der Bücherkatalog.
そうしょう 宗匠 der Meister *-s, -.*
そうしょう 相称の symmetrisch.
そうしょう 総称 〖彫刻・絵画・建築などを～して造形美術と言う Die Gattungsbezeichnung für Bildhauerkunst, Malerei, Baukunst usw. ist bildende Kunst.
そうじょう 僧正〔司教〕der Bischof *-s, ⸚e.*
そうじょう 相乗作用 der Synergismus *-.*
そうじょう 騒擾 der Aufruhr *-s, -e*; Unruhen *pl.*
ぞうしょう 蔵相 der Finanzminister *-s, -.*
そうしょく 装飾 der Schmuck *-[e]s*; das Ornament *-s, -e.* ～する schmücken; verzieren. 室内～ das Interieur.
そうしょく 僧職 das Priesteramt *-[e]s, ⸚er*; das Priestertum *-s.*
ぞうしょく 増殖・させる vermehren. ～する sich vermehren.
そうしょくどうぶつ 草食動物 der Herbivore *-n, -n*; Pflanzen fressendes Tier *-s, -e.*
そうすい 双翅類 Dipteren *pl.*; Zweiflügler *pl.*
そうしれいかん 総司令官 der Oberbefehlshaber *-s, -.*
そうしれいぶ 総司令部 das Oberkommando *-s, -s.*
そうしん 送信 die Sendung *-en.* ～する senden. ～機(人) der Sender. ～所 die Sendestation; die Funkstelle.
ぞうしん 増進・する fördern. 食欲を～する

den Appetit an|regen. 能率を~する die Leistung erhöhen.

そうしんぐ 装身具 der Schmuck -[e]s; Schmuckwaren pl. ~を着ける Schmuck tragen* (an|legen). ~店 das Schmuckwarengeschäft.

ぞうすい 増水 das Ansteigen des Wasserstandes. 川が甚だしく~する Der Fluss steigt (schwillt) beträchtlich an.

そうすう 総数 die Gesamtzahl -en. ~で insgesamt.

そうする 奏する 〔楽器を〕spielen. 音楽を~ Musik machen. 効を~ eine Wirkung haben*.

そうせい 早世 früher Tod -es. ~する jung sterben*(s).

そうせい 創世 die Schöpfung. ~記 die Genesis; das erste Buch Mose.

そうぜい 総勢 → 全員.

ぞうぜい 増税 die Steuererhöhung -en. ~する die Steuern erhöhen.

そうせいじ 双生児 Zwillinge pl.

そうせき 僧籍に入る zum Priester geweiht werden*(s受).

そうせきうん 層積雲 der Stratokumulus -, ..li.

そうせつ 創設 die Gründung -en; die Errichtung -en. ~する gründen; errichten.

そうせつ 総説 die Einleitung -en; Allgemeines#; 〔要旨〕die Zusammenfassung -en.

ぞうせつ 増設 ¶大学を~する neue Hochschulen gründen.

そうぜん 騒然・たる unruhig; tumultuarisch; tumultuös. 場内は~となった Im Saal kam es zu einem Tumult. 増税で国中が~となった Die Steuererhöhung machte das ganze Land rebellisch.

ぞうせん 造船 der Schiffbau -[e]s. ~会社 die Schiffbaugesellschaft. ~技師 der Schiffbauingenieur. ~所 die Werft.

そうせんきょ 総選挙 allgemeine Wahlen pl.

そうそう 早早 bald (gleich) nach 《3格》. ~に eilends; schnell. 来月~ gleich [am] Anfang nächsten Monats.

そうそう 錚錚・たる illuster. ~たる顔触れ illustre Persönlichkeiten pl.

そうぞう 創造 die Schöpfung. ~する [er-]schaffen*. ~的 schöpferisch; 〔独創的〕originell. ~主 der Schöpfer. 天地~ die Schöpfung [der Welt].

そうぞう 想像 die Fantasie -n; die Einbildung -en; die Vorstellung -en; 〔予想〕die Ahnung -en; die Vermutung -en. ~する sich³ vor|stellen (ein|bilden); fantasieren 《von 3格》; ahnen; vermuten. ~をたくましうする seiner Fantasie die Zügel schießen lassen*. ~力 die Fantasie; die Einbildungskraft. ~上の動物 das Fabeltier.

そうそうこうしんきょく 葬送行進曲 der Trauermarsch -es, ..e.

そうぞうしい 騒騒しい laut; geräuschvoll; lärmend; 〔落ち着かぬ〕unruhig.

そうそく 総則 allgemeine Bestimmungen pl.

そうぞく 相続 die Erbfolge -n. ~する erben. ~財産 das Erbe; die Erbschaft. ~権 das Erbrecht. ~税 die Erbschaft[s]steuer. ~人 der Erbe. ~分 der Erbanteil.

そうそふ 曽祖父 der Urgroßvater -s, ¨.

そうそぼ 曽祖母 die Urgroßmutter ¨.

そうそん 曾孫 der Urenkel -s, -.

そうたい 早退 ¶会社(学校)を~する vor Büroschluss (Schulschluss) fort|gehen*(s).

そうたい 相対・的 relativ. ~主義 der Relativismus. ~性 die Relativität. ~性原理 das Relativitätsprinzip.

そうたい 総体 das Ganze#; die Gesamtheit; die Totalität. ~の ganz; gesamt; total. ~で insgesamt. ~に → 総じて; 〔もともと〕eigentlich.

そうだい 壮大な grandios; großartig; majestätisch.

そうだい 総代 der Vertreter -s, -; der Sprecher -s, -.

ぞうだい 増大する sich steigern; sich vermehren; wachsen*(s).

そうだち 総立ち ¶観衆は~となって、嵐のような拍手を送った Die Zuschauer erhoben sich alle und spendeten stürmische Beifall.

そうたつ 送達する zu|stellen.

そうだつ 争奪・する mit jm. streiten* (konkurrieren) 《um 4格》. ~戦 der Wettstreit; der Wettbewerb; die Konkurrenz.

そうたん 操短を行う Kurzarbeit machen; kurz|arbeiten.

そうだん 相談・する sich mit jm. beraten* (besprechen) 《über 4格》. 或る人に~する jn. zu Rate ziehen*; sich³ bei jm. Rat holen. ~に乗る jm. mit Rat und Tat bei|stehen*. 互に~する sich miteinander beraten*. ~役 der Ratgeber.

そうち 装置 die Vorrichtung -en; die Einrichtung -en. ~する ein|bauen; montieren.

ぞうちく 増築 der Anbau -s. ~する et. an|bauen 《an 4格》.

そうちょう 早朝[に] am frühen Morgen; frühmorgens; morgens früh.

そうちょう 荘重な(に) feierlich; gehoben.

そうちょう 曹長 der Oberfeldwebel -s, -.

そうちょう 総長 〔大学の〕der Rektor -s, -en. ~室 das Rektorat.

ぞうちょう 増長する dünkelhaft (überheblich) werden*(s).

そうで 総出 ¶一家~で mit der ganzen Familie; mit Kind und Kegel.

そうてい 装丁(幀) die Ausstattung. ~する aus|statten. この本の~は立派だ Das Buch ist gut ausgestattet.

そうてい 想定 die Annahme -n; die Hypothese -n. ~する an|nehmen*. …という~のもとに unter der Annahme, dass …; an-

そうてい 漕艇 das Rudern -s.
そうてい 贈呈・する schenken; widmen;〔記念品を〕verleihen*. ～本 das Widmungsexemplar.
そうてん 争点 der Streitpunkt -[e]s, -e.
そうてん 装塡 ¶ピストルに弾を～する die Pistole laden*.
そうでん 相伝の erblich; geerbt.
そうでん 送電・する den Strom weiter|leiten. ～線 die Leitung; der Leitungsdraht.
そうと 壮図をいだく einen kühnen (großartigen) Plan fassen.
そうと 壮途 ¶彼等は今日横浜を発って, アフリカ探検の～についた Heute sind sie aus Yokohama abgefahren, um eine kühne Expedition nach Afrika zu unternehmen.
そうとう 双頭の鷲 der Doppeladler -s, -.
そうとう 相当・する entsprechen*《3格》;〔値する〕et. verdienen. ～した passend《zu 3 格》; entsprechend. ～の(に) ziemlich. ～な〈人物〉tüchtiger Mann;〔厚かましい〕unverschämter Mann. 1万円～の贈物 ein Geschenk im Wert[e] von 10 000 Yen.
そうとう 掃討 ¶敵を～する das Schlachtfeld vom Feind säubern.
そうどう 騒動 der Tumult -[e]s, -e; die Verwirrung -en;〔暴動〕Unruhen pl. ～を起す Verwirrung (Unruhen) stiften.
そうとう 贈答 ¶品物を～する Geschenke aus|tauschen. ～品 das Geschenk.
そうどういん 総動員 allgemeine (totale) Mobilmachung -en. 町中の人を～する die ganze Stadt mobil|machen. 友人を～して手伝わせる alle Freunde zur Hilfe auf|rufen*.
そうとく 総督 der Gouverneur -s, -e.
そうトンすう 総トン数 die Bruttoregistertonne -n (略：BRT). ～1万トン 10 000 BRT.
そうなん 遭難・する verunglücken (s); einen Unfall erleiden*;〔船が〕scheitern (s). 山で～する in den Bergen verunglücken (s). ～を免れる dem Unglück entgehen*(s). ～者 der Verunglückte#; das Opfer. ～機 verunglücktes Flugzeug.
そうにゅう 挿入・する ein|schalten (ein|fügen); ein|schieben*) (in 4 格). ～文(句) der Schaltsatz (die Parenthese).
そうねん 壮年・期 das Mannesalter. ～者 ein Mann in den besten Jahren.
そうねん 想念 der Gedanke -ns, -n; die Idee -n. とりとめもない～ zerstreute Gedanken pl.
そうは 走破・する durchlaufen*. 砂漠を自動車で～する die Wüste mit dem Auto durchqueren.
そうは 搔爬 die Kürettage -n; die Auskratzung -en. ～する kürettieren; aus|kratzen.
そうば 相場 der Marktpreis -es, -e;〔株式の〕der Kurs -es, -e. ～を張る spekulieren. ～が上がる(下がる) Die Kurse steigen (fallen) [an der Börse]. ～師 der Spekulant.
ぞうはい 増配・する〔配当を〕die Dividende erhöhen;〔配給を〕die Ration erhöhen. ～になる Die Dividende (Ration) wird erhöht.
そうはく 蒼白な blass; bleich.
そうはつ 双発の zweimotorig.
ぞうはつ 増発 ¶列車(バス)を～する einen Sonderzug (Sonderwagen) ein|setzen.
そうはつせい 早発性痴呆症 die Dementia praecox.
そうばなしなき 総花式 ¶首相の議会演説は～だ Die Rede des Premierministers im Parlament sucht alle Ansprüche zu befriedigen.
そうはん 相反・する sich widersprechen*;〔形容詞〕widersprüchlich. ～する感情 einander widerstreitende Gefühle pl.
そうばん 早晩 früher oder später; am Ende; endlich.
ぞうはん 造反する gegen die etablierte Ordnung rebellieren.
そうび 装備 die Ausrüstung -en; die Ausstattung -en. ～する et. aus|rüsten (aus|statten)《mit 3 格》. 完全～の in vollständiger Ausstattung.
そうひぎょう 総罷業 der Generalstreik -s, -s. ～に入る in den Generalstreik treten* (s).
ぞうひびょう 象皮病 die Elefantiasis ...sen.
そうびょう 躁病 die Manie -n. ～の manisch.
そうひょう 雑兵 gemeiner (einfacher) Soldat -en, -en.
そうふ 送付する [zu]|schicken.
そうふ 総譜 die Partitur -en.
ぞうふ 臓腑 das Gedärme -s, -;〔人間の〕die inneren Organe pl.;〔鹿・猪などの〕das Gelünge -s -.
そうふう 送風 ¶部屋に～する ein Zimmer lüften. ～機 das Gebläse.
そうふく 僧服 geistliche Tracht -en.
ぞうふく 増幅 die Verstärkung -en. ～する verstärken. ～器 der [Laut]verstärker.
ぞうぶつ 贓物 das Diebesgut -[e]s, ¨er. ～罪 die Hehlerei.
ぞうぶつしゅ 造物主 der Schöpfer -s; der Erschaffer -s.
ぞうへいきょく 造幣局 das Münzamt -[e]s, ¨er.
そうへき 双璧 die beiden repräsentativen Gestalten pl.
そうべつ 送別 der Abschied -s. ～の辞 der Abschiedsgruß; die Abschiedsrede. ～会を開く die Abschiedsfeier für jn. begehen* (veranstalten).
ぞうほ 増補 die Ergänzung -en. ～する ergänzen. ～版 erweiterte Auflage.
そうほう 双方 beide Seiten (Parteien) pl.; beide. ～の beiderseitig; bilateral.
そうほう 走法 der Laufstil -s, -e.
そうぼう 相貌 Gesichtszüge pl. 政界は末期的～を呈している Die politische Welt steht im

そうほう 増俸 die Gehaltserhöhung -en. ~する das Gehalt erhöhen. 2割の~になる Das Gehalt wird um 20% erhöht.
そうほんざん 総本山 der Haupttempel -s, -.
そうまとう 走馬灯のような(に) kaleidoskopisch.
そうむ 総務 allgemeine Angelegenheiten pl. ~省 das Ministerium für öffentliches Management, innere Angelegenheiten, Post und Telekommunikation ['te:ləkomunikatsio:n].
そうむけいやく 双務契約 zweiseitiger Vertrag -es, ⸚e.
そうめい 聡明な weise; intelligent.
そうめいきょく 奏鳴曲 die Sonate -n. ピアノ~ die Klaviersonate.
そうめつ 掃滅する aus|rotten; vernichten.
そうもくろく 総目録 der Gesamtkatalog -s, -e.
ぞうもつ 臓物 Innereien pl.; 〔屠畜の〕das Geschlinge -s, -; 〔猟獣の〕das Gescheide -s, -; 〔鶏などの〕das Klein -s.
そうゆかん 送油管 die Ölleitung -en.
ぞうよ 贈与する schenken.
そうらん 総覧 der Überblick [-e]s, -e.
そうらん 総攬する herrschen (über 4格); in der Hand haben*.
そうらん 騒乱 Unruhen pl.; der Aufruhr -s. ~が起きる Unruhen entstehen (brechen aus).
そうり 総理・大臣 der Ministerpräsident -en, -en; der Premierminister -s, -. ~府 das Amt des Ministerpräsidenten.
そうりつ 創立〔学校・会社の〕die Gründung -en; 〔連盟・宗派の〕die Stiftung -en. ~する gründen; stiften. ~記念祭 die Gründungsfeier; das Stiftungsfest. ~者 der Begründer; der Stifter. ~記念日を祝う den Gründungstag (Stiftungstag) feiern.
そうりょ 僧侶 der Priester -s, -; 〔修道僧〕der Mönch -s, -e; 〔仏教の〕der Bonze -n, -n.
そうりょう 送料 Versandkosten pl.; 〔郵便〕das Porto -s, -s (..ti).
そうりょう 総領の Erstgeborene*.
そうりょうじ 総領事 der Generalkonsul -s, -n. ~館 das Generalkonsulat.
そうりょく 総力をあげて mit vereinten Kräften. ~戦 totaler Krieg.
ぞうりん 造林 die Aufforstung -en.
そうれい 壮麗な prächtig; herrlich.
そうれつ 壮烈・な heldenhaft; heroisch; tapfer. ~な最期を遂げる den Heldentod sterben*(s).
そうれつ 葬列 der Trauerzug -[e]s, ⸚e.
そうろ 走路 die Rennbahn -en.
そうろう 早老 vorzeitige Alterung. ~の vorzeitig gealtert.
そうろん 争論 → 論争.
そうろん 総論 die Einleitung -en; die Einführung -en; Allgemeines*.
そうわ 挿話 die Episode -n.
そうわ 総和 gesamte Summe -n. ~を出す et. summieren.
ぞうわい 贈賄 die Bestechung -en. ~する jn. bestechen* (korrumpieren)《durch 4格; mit 3格》. ~罪 aktive Bestechung.
そうわぐち 送話口 die Sprechmuschel -n.
そえがき 添え書き die Nachschrift -en; das Postskript -[e]s, -e. 手紙に~をする einem Brief eine Nachschrift an|fügen.
そえぎ 添え木 die Stütze -n; 〔骨折治療の〕die Schiene -n. ~をする et. stützen. 骨折した脚に~する das gebrochene Bein schienen.
そえじょう 添え状 das Begleitschreiben -s, -; der Begleitbrief -[e]s, -e. ~を付ける ein Begleitschreiben bei|geben.
そえもの 添え物〔料〕die Zuspeise -n; 〔景品〕die Zugabe -n.
そえる 添える bei|geben*. 景品として~ et. als Zugabe geben*. 力を~ jm. bei|stehen* (helfen*). 手紙を~ einen Brief bei|legen.
そえん 疎遠・になる sich jm. entfremden. 我我の間は~になった Wir sind uns fremd geworden.
ソース die Soße -n.
ソーセージ die Wurst ⸚e.
ソーダ das Soda -s, -. ~水 das Sodawasser.
ソーラーカー das Solarauto -s, -s.
ゾーン die Zone -n.
そかい 租界 die Konzession -en.
そかい 疎開 die Evakuierung -en. ~させる jn. evakuieren. ~する evakuiert werden*(s受). 或地域の住民を~させる ein Gebiet evakuieren.
そがい 阻害する stören; hindern.
そがい 疎外 die Entfremdung. ~する jn. entfremden《3格》; jn. entfernen《von 3格》.
そかく 組閣 die Kabinettsbildung -en. ~する ein Kabinett bilden.
そかく 疎隔 ¶米中の間に~が生じている Es ist ein Abstand zwischen Amerika und China entstanden.
そがん 訴願する Beschwerde ein|legen (ein|leiten)《über 4格》.
そきゅう 遡及・効 die Rückwirkung. 4月1日まで~する vom ersten April rückwirkend gelten*.
そく 足 ¶3~の靴 3 Paar Schuhe.
そく 束 ¶薪2~ 2 Bündel Holz.
そぐ 削〔殺ぐ〕〔削り取る〕ab|schnitze[l]n;〔弱める〕schwächen;〔尖らす〕an|spitzen. 興(食欲)を~ jm. die Lust (den Appetit) verderben*. 気勢を~ jm. den Mut nehmen*; jn. entmutigen. 敵の力を~ den Feind schwächen.
ぞく 俗・っぽい gemein; weltlich; philisterhaft. ~に[言う] im Volksmund.
ぞく 属〔生〕die Gattung -en.
ぞく 賊 der Dieb -es, -e; der Räuber -s, -. ~軍 Aufrührer pl.; Rebellen pl.

ぞくあく 俗悪・な ordinär; vulgär; kitschig. 〜な作品 der Kitsch. 〜な趣味 schlechter Geschmack.

そくい 即位 die Krönung -en. 〜式 die Krönungsfeierlichkeit. 〜する den Thron besteigen*; sich krönen.

ぞくうけ 俗受け・のする populär; volkstümlich. 〜する sich einer Popularität erfreuen. 〜を狙(ねら)う nach Popularität streben; volkstümeln.

ぞくえい 続映する die Laufzeit eines Films verlängern.

そくえん 測鉛 das Senkblei -s, -e; das Lot -[e]s, -e. 〜で測る loten.

ぞくえん 続演・する die Laufzeit eines Schauspiels verlängern. 「フィデリオ」は好評のためさらに1週間〜される事になった Wegen des großen Erfolgs wurde „Fidelio" noch eine Woche auf den Spielplan gesetzt.

そくおう 即応・する sich an|passen 《3格》; sich ein|richten 《nach 3格》. 事態に〜して den Verhältnissen entsprechend.

ぞくご 俗語 die Vulgärsprache -n; vulgäre Ausdrücke (Wörter) pl.; der Volksmund -[e]s.

そくざ 即座・に sofort; gleich; auf der Stelle. 〜の sofortig; unverzüglich; augenblicklich.

そくし 即死する auf der Stelle tot sein*.

そくじ 即時 sofort; gleich; auf der Stelle. 〜解雇 fristlose Entlassung.

ぞくじ 俗事に追われる mit alltäglichen Dingen beschäftigt sein*.

そくじつ 即日 an demselben Tag.

そくしゃ 速写する eine Momentaufnahme (einen Schnappschuss) machen 《von 3格》.

そくしゃ 速射 das Schnellfeuer -s. 〜する schnell schießen*. 〜砲 das Schnellfeuergeschütz.

ぞくしゅう 俗臭芬芬(ふんぷん)としている nach Philister stinken*.

ぞくしゅう 俗習 bürgerliche Sitte -n; der Volksbrauch -[e]s, ¨e.

ぞくしゅつ 続出 ¶事故が〜する Ein Unglück folgt auf das andere. 希望者が〜する Bewerber folgen dicht hintereinander.

ぞくしょう 俗称 volkstümliche Bezeichnung -en.

そくしん 促進 die Förderung -en. 〜する [be]fördern. 成長を〜する das Wachstum beschleunigen.

ぞくしん 俗信 der Volksglaube -ns.

ぞくじん 俗人〔僧侶の対〕der Laie -n, -n;〔俗物〕der Philister -s, -; der Spießbürger -s, -.

ぞくじん 俗塵を避けて in weltferner Abgeschiedenheit; weltentrückt.

そくする 即する entsprechen* 《3格》;〔基づく〕beruhen 《auf 3格》. …に即して gemäß (entsprechend) 《3格》. 実際に即した sachlich. 事実に即した wirklichkeitsgetreu.

そくする 属する gehören 《[zu] 3格》; fallen* (s) 《in (unter) 4格》.

そくせい 促成栽培 die Treibhauskultur.

そくせい 速成 ¶技術者の〜 kurzfristige Ausbildung der Techniker. 論文を〜する einen Aufsatz in kürzester Frist schreiben*.

ぞくせい 属性 das Attribut -s, -e.

ぞくせい 簇生する üppig (dicht) wachsen*(s).

そくせき 足跡 die [Fuß]spur -en;〔業績〕die Leistung -en.

そくせき 即席・の improvisiert. 〜で aus dem Stegreif; extempore. 〜のスピーチ das Extempore. 〜にスピーチをする extemporieren. 〜料理 das Schnellgericht.

ぞくせつ 俗説 volkstümliche Ansicht -en.

ぞくぞく ¶寒くて背筋が〜する Die Kälte treibt mir eiskalte Schauder über den Rücken. 嬉しくて〜する vor Freude zittern.

ぞくぞく 続続・と nacheinander; einer nach dem andern. 人々が広間から〜と出てきた Die Menschen quollen aus dem Saal.

そくたつ 速達 die Eilsendung -en; die Eilzustellung -en;〔上書きに〕Durch Eilboten. 〜を出す einen Brief express zustellen lassen*. 〜料金 die Eilgebühr.

そくだん 即断 rasche Entscheidung -en. 〜する sich rasch (kurzerhand) entschließen* (entscheiden*).

そくだん 速断する sich³ ein übereiltes (vorschnelles) Urteil bilden 《über 4格》; einen voreiligen Schluss ziehen* 《aus 3格》.

そくち 測地・する das Land vermessen*. 〜学 die Geodäsie; die Vermessungskunde.

ぞくち 属地 一 属領. 〜主義 das Territorialitätsprinzip.

そくてい 測定する [ab]messen*; vermessen*.

そくど 速度 die Geschwindigkeit -en; das Tempo -s. 〜計 der Geschwindigkeitsmesser. 〜制限 die Geschwindigkeitsbeschränkung. 仕事の〜が鈍る Die Leistungen lassen nach. → スピード.

そくとう 即答する eine sofortige (prompte) Antwort geben*; sofort (umgehend) antworten 《auf 4格》.

ぞくねん 俗念 weltlicher Sinn -es. 〜を去る seine weltliche Gesinnung ab|legen.

そくばい 即売する auf der Stelle verkaufen.

そくばく 束縛 Fesseln pl.; Bande pl. 〜する fesseln; binden*. 〜のない frei (und ungebunden); fessellos. 〜を感ずる sich gebunden fühlen. 時間に〜される an die Zeit gebunden sein*. 自由を〜する jn. in seiner Freiheit beschränken (beeinträchtigen).

ぞくはつ 続発・する aufeinander folgen (s). 事故が〜する Ein Unglück folgt auf das andere.

ぞくばなれ 俗離れした weltfremd.

ぞくぶつ 俗物 der Philister -s, -; der Spießbürger -s, -; gemeiner Kerl -s, -e. 〜根性 das Philistertum.

そくぶつてき 即物的 sachlich.

そくぶん 仄聞するところでは wie verlautet; wie

ich höre.
そくへき 側壁 die Seitenwand ¨e.
そくへん 続編 die Fortsetzung -en.
そくほう 速報する Kurznachrichten bringen* 《über 4 格; von 3 格》.
ぞくほう 続報 weitere Nachrichten pl.
そくめん 側面 die Seite -n; 〔建物などの〕die Seitenansicht -en; 〔兵〕die Flanke -n. ～図 der Seitenriss. ～攻撃 der Flankenangriff. ～攻撃をする jn. in der Flanke an|greifen*.
ぞくよう 俗謡 das Volkslied -[e]s, -er.
そくりょう 測量 die Vermessung -en. ～する vermessen*. ～器械 das Vermessungsgerät. ～技師 der Vermessungsingenieur. ～船 das Vermessungsschiff.
ぞくりょう 属領 Besitzungen pl.
そくりょく 速力 → スピード
ぞくろん 俗論 populäre (übliche) Ansicht -en.
そぐわない nicht passen 《zu 3 格》; nicht zusammen|passen 《mit 3 格》; unpassend (ungeeignet) sein* 《für 4 格》. その場所に～fehl (nicht) am Platz sein*.
そけい 鼠蹊[部] die Leiste -n; die Leistengegend -en.
そげき 狙撃・する schießen* 《auf 4 格》. ～兵 der Scharfschütze.
ソケット die Fassung -en.
そこ 底 der Grund -es, ¨e; der Boden -s, ¨. 樽の～が抜ける Der Fassboden springt heraus. ～知れぬ bodenlos; unergründlich. 〔心の〕～を割って話す jm. sein Herz öffnen. 貯金が～を突いた Das Spargeld ging uns aus.
そこ 其処 dort; da. ～から von dort; von da [aus]; daher. ～ここに hier und da; da und dort. ～で〔それ故〕also; darum; 〔それから〕dann. ～へ dahin; dorthin. ～まで bis dahin; so weit.
そご 齟齬・を来す → 食い違う 労使間で意見の～を来した Zwischen Arbeitgebern und Arbeitnehmern entstanden Meinungsverschiedenheiten.
そこい 底意 der Hintergedanke -ns, -n. ～がある Hintergedanken haben*. ～なく話す ganz offen reden.
そこいじ 底意地の悪い heimtückisch; boshaft.
そこう 素行 der Lebenswandel -s. ～が悪い einen liederlichen (lockeren) Lebenswandel führen. ～を改める sich bessern. 彼の～を調べる seinem Lebenswandel nach|forschen.
そこう 遡行する den Fluss aufwärts fahren* (s).
そこきみ 底気味の悪い unheimlich.
そこく 祖国 das Vaterland -es, ¨er. ～愛 die Vaterlandsliebe.
そこそこ ～に eilig; hastig. 彼は40～だ Er ist knapp 40 [Jahre alt].
そこぢから 底力・がある über genügende Kraftreserven verfügen. 大舞台でこそ彼は～を発揮する Er braucht eine große Bühne.

そこつ 粗忽な leichtsinnig; leichtfertig.
そこづみ 底積み unterste Ladung -en.
そこなう 損う schaden 《3 格》; verletzen. 感情を～ jn. (js. Gefühle) verletzen. 機嫌を～ jn. ärgern 《mit 3 格; durch 4 格》. そんな事をしていると健康を～よ Das schadet deiner Gesundheit.
そこなし 底無し・の(に) bodenlos; grundlos; abgründig. 彼の胃袋は～だ Sein Magen ist ein Fass ohne Boden.
そこに 底荷 der Ballast -[e]s. ～を積む Ballast ein|laden* (auf|nehmen*).
そこぬけ 底抜け・の大酒飲みだ wie ein Loch saufen*. ～の騒ぎ tolle Ausgelassenheit. ～のお人好し der Einfaltspinsel.
そこね 底値 der Tiefstkurs -es, -e.
そこねる 損ねる → 損う.
そこはかとなく ～香水の匂いが漂っている Es schwebt ein feiner Duft von Parfüm.
そこひ 底翳〔医〕der Star -s, -e.
そこびきあみ 底引き網 das Schleppnetz -es, -e.
そさい 蔬菜 die Gemüsepflanze -n.
そざい 素材 der Stoff -[e]s, -e; das Material -s, -ien.
そさいききゅう 阻塞気球 der Sperrballon -s, -s.
そざつ 粗雑な(に) grob; nachlässig; ungenau; unsauber.
そし 阻止する jn. hindern 《an 3 格》; jn. ab|halten* 《von 3 格》; blockieren; verhindern.
そし 素志を遂げる seinen lang gehegten Wunsch verwirklichen.
そじ 素地 die Grundlage -n; 〔素質〕die Anlage -n.
そしき 組織 die Organisation -en; das System -s, -e; die Struktur -en; 〔生〕das Gewebe -s, -. ～する organisieren; systematisieren. ～的 systematisch.
そしつ 素質 die Begabung -en; die Anlage -n. ～がある begabt 《für 4 格》; fähig 《zu 3 格》. 良い～を持っている gute Anlagen haben*. 芸術家としての～がある künstlerische Qualitäten haben*.
そして und.
そしな 粗品 die Kleinigkeit -en.
そしゃく 咀嚼する kauen; 〔理解する〕verdauen.
そしゃく 租借 die Pacht -en. ～する pachten. ～地 das Pachtgebiet.
そじゅつ 祖述する [eine Theorie] ergänzend weiter|entwickeln.
そしょう 訴訟 der Prozess -es, -e. ～を起す gegen jn. einen Prozess an|strengen (führen). ～に勝つ(負ける) einen Prozess gewinnen* (verlieren*). ～によって im (auf dem) Klageweg. ～手続 das Prozessverfahren. ～法 das Prozessrecht.
そじょう 訴状 die Klageschrift -en. ～を提出する die Klageschrift ein|reichen.
そしょく 粗食 bescheidenes Mahl -[e]s;

そしらぬ 素知らぬ顔をする sich unwissend stellen.
そしり 謗りを受ける einen Schimpf erleiden*; einen Tadel erhalten*.
そしる 謗る auf jn. schimpfen; jn. tadeln; jm. einen Vorwurf machen《wegen 2 格》.
そすい 疏水 der Kanal -s, ⸗e.
そすう 素数 die Primzahl -en.
そせい 組成 die Zusammensetzung -en. ～する zusammen|setzen.
そせい 蘇生・する wieder ins Leben (zu[m] Bewusstsein) kommen*(s). ～させる wieder|beleben; wieder ins Leben zurück|rufen*.
そぜい 租税 die Steuer -n. ～を納める Steuern [be]zahlen. ～を課する jm. eine Steuer auf|erlegen. ～を徴集する Steuern ein|ziehen*. ～収入 das Steueraufkommen.
そせいらんぞう 粗製濫造 massenhaftes (übermäßiges) Produzieren minderwertiger Waren.
そせき 礎石 der Grundstein -[e]s, -e.
そせん 祖先 Vorfahren (Ahnen) pl. ～を祀る die Vorfahren (Ahnen) verehren. ～崇拝 der Ahnenkult.
そそ 楚々とした schlank und zierlich.
そそう 粗相 ¶とんだ～を致しました Entschuldigen Sie mich für meine Ungeschicklichkeit! お客さまに～のないように気をつけなさい Gib Acht, dass du zum Gast höflich bist!
そぞう 塑像 die Skulptur -en; die Plastik -en.
そそぐ 注ぐ [ein|]gießen*. 目を～ et. ins Auge fassen. 田に水を～ das Reisfeld bewässern. 全力を～ alle seine Kräfte konzentrieren《auf 4 格》. 川が海に～ Ein Fluss mündet ins Meer. みんなの目が弁士に注がれていた Aller Augen ruhten auf dem Redner.
そそぐ 雪ぐ spülen. 汚名を～ wieder zu Ehren kommen*(s).
そそくさと eilfertig. ～出立する eilfertig (eilenden Fußes) auf|brechen*(s). ～した挨拶 flüchtiger Gruß.
そそっかしい leichtsinnig; leichtfertig; unachtsam. 彼のそそっかしさには呆(あき)れる Ich bin erstaunt über seinen Leichtsinn.
そそのかす 唆す jn. verführen《zu 3 格》;〔誘い勧める〕jn. veranlassen《zu 3 格》.
そそりたつ そそり立つ [auf|]ragen. そそり立った ragend.
そそる ¶興味を～ jn. interessieren. 食欲を～ den Appetit an|regen (reizen). 涙を～ jn. zu Tränen rühren. 好奇心を～ js. Neugier (Neugierde) reizen; jn. neugierig machen.
そぞろ 漫ろ ¶ ohne [allen] Anlass. ～歩き der Bummel; der Schlendergang. ～歩きする bummeln (s); schlendern (s). 気も～である voll[er] Unruhe sein*. ～悲しい Ich bin irgendwie traurig.
そだ 粗朶 das Reisig -s.

そだい 粗大・ごみ der Sperrmüll -s. ～ごみの回収 die Sperrmüllabfuhr.
そだち 育ち das Wachstum -s. ～のよい wohlgeraten. 田舎～である auf dem Lande aufgewachsen sein*.
そだつ 育つ wachsen*(s). 彼の才能はすくすくと育った Sein Talent entfaltete sich immer mehr.
そだてる 育てる〔植物を〕züchten;〔子供・家畜を〕groß|ziehen*. 育ての親 Pflegeeltern pl.
そちら dort. ～へ伺います Ich komme zu Ihnen.
そつ ～の無い einwandfrei; fehlerfrei; makellos; tadellos.
そつう 疎通 ¶意志の～を図る sich mit jm. verständigen《über 4 格》; eine Verständigung suchen《mit (unter) 3 格》; sich verständlich machen.
ぞっか 俗化する verderben*(s).
ぞっかい 俗界 irdisches Leben -s; irdische Welt.
そっき 速記 die Kurzschrift -en; die Stenografie -n. ～する in Stenografie schreiben*. ～者 der Kurzschriftler; der Stenograf. ～録 das Stenogramm.
そっきょう 即興・の improvisiert. ～で aus dem Stegreif; extempore. ～演奏 das Extempore. ～曲 das Impromptu. ～詩人 der Improvisator; der Stegreifdichter.
そつぎょう 卒業・する aus der Schule entlassen werden*(s); die Schule absolvieren. ～試験 die Abschlussprüfung. ～試験を受ける〔大学の〕sein Diplom machen. ～式 die Entlassungsfeier; die Abschlussfeier. ～証明書 das Abgangszeugnis. ～後 nach Schulabgang. ～生 der Schulabgänger. ～論文 die Schlussarbeit.
そっきん 即金・で in bar. ～で支払う [in] bar zahlen. ～払い [sofortige] Barzahlung.
そっきん 側近・〔nähere〕Umgebung -en.
ソックス die Socke -n.
そっくり〔全部〕alle; ganz;〔元のまま〕wie es war. ～である〔似ている〕jm. zum Verwechseln ähnlich sein*.
そっけつ 即決・する sofort entscheiden* (erledigen); kurzen Prozess machen《mit 3 格》. ～裁判 das Schnellgericht.
そっけない 素気無い brüsk; trocken; schroff. ～返事をする eine derbe (trockene) Antwort geben; ～態度を取る jn. brüskieren.
そっこう 速(即)効がある schnell (sofort) wirken; schnelle (sofortige) Wirkung tun*.
ぞっこう 続行 die Fortsetzung -en. ～する fort|setzen; weiter|führen.
そっこうじょ 測候所 die Wetterwarte -n.
そっこく 即刻 sofort; gleich; unverzüglich; auf der Stelle.
ぞっこく 属国 der Vasallenstaat -[e]s, -en;

〔植民地〕die Kolonie -n.

ぞっこん ～惚(ほ)れ込んでいる in jn. bis über die Ohren verliebt sein*.

そっせん 率先・して行う aus eigener Initiative tun*. ～して範を示す jm. mit gutem Beispiel voran|gehen*(s).

そっちのけ ～にする beiseite setzen; außer Acht lassen*; vernachlässigen.

そっちゅう 卒中 der Schlaganfall -s, ⸗e; die Apoplexie -n. ～を起す einen Schlaganfall bekommen*.

そっちょく 率直・な(に) offen; aufrichtig. ～に言うと offen gesagt.

そっと 〔注意深く〕vorsichtig; 〔こっそり〕heimlich; 〔かすかに〕leise. ～しておく et. auf sich beruhen lassen*; liegen lassen*. ～しておいてくれ Lass mich in Ruhe!

ぞっと ¶その事を考えると～する Mir (Mich) schaudert, wenn ich daran denke. ～するような grausam; schauderhaft; schauerlich. ～して schaudernd; mit Schaudern.

そっとう 卒倒する in Ohnmacht fallen*(s); ohnmächtig werden*(s).

そっぱ 反っ歯である vorstehende Zähne haben*.

そっぽ ～を向く sich ab|wenden(*) (von 3 格); das Gesicht (den Blick) ab|wenden(*). ～を向いて mit abgewandtem Gesicht.

そで 袖 der Ärmel -s, -; 〔建〕der Flügel -s, -. ～にする vernachlässigen. ～を引く jn. am Ärmel zupfen. ～口〔シャツの〕die Manschette. ～なしの ärmellos. ～の下 die Bestechung. ～の下を使う(取る) jn. bestechen* (sich bestechen lassen*).

そてつ 蘇鉄 die Zykas -.

そと 外・て(に) draußen; 〔戸外で〕im Freien. …の～に außer (3 格); außerhalb (2 格). ～へ(から) nach (von) außen. ～で食事する auswärts (außer Haus[e]) essen*. ～へ出る heraus|gehen*(s) (aus 3 格); 〔戸外へ〕ins Freie gehen*(s).

そとうみ 外海 offenes Meer -es, -e; der Ozean -s, -e.

そとがまえ 外構え die Außenansicht -en.

そとがわ 外側 die Außenseite -n. ～の äußer. ～へ(から) nach (von) außen.

そとまわり 外回り〔周囲〕der Umfang -[e]s, ⸗e; 〔外勤〕der Außendienst -[e]s, -e; 〔外勤の人〕der Außendienstler -s, -. ～をやっている im Außendienst tätig sein*.

そなえ 備え〔防備〕die Verteidigung -en; 〔準備〕die Vorbereitung -en; die Vorsorge; 〔蓄え〕der Vorrat -s, ⸗e. 非常口の～がある einen Notausgang versehen sein*. ～あれば憂いなし Spare in der Zeit, so hast du in der Not.

そなえつける 備え付ける et. versehen* (aus|statten; ein|richten; aus|rüsten) 《mit 3 格》. 部屋にテレビを～ das Zimmer mit einem Fernsehapparat aus|statten.

そなえもの 供え物 das Opfer -s, -.

そなえる 供える opfern; ein Opfer bringen*.

そなえる 備える sich vor|bereiten 《auf (für) 4 格》;〔設備する〕et. versehen* (aus|statten) 《mit 3 格》. 試験に～ sich vor|bereiten auf die Prüfung. 万一に～ für den Notfall vor|sorgen. 台風に～ sich vor Taifun schützen. 敵に～ sich gegen den Feind aus|rüsten. 常識を備えている einen gesunden Menschenverstand haben*. 彼は豊かな天分を備えている Er ist reich mit Geistesgaben ausgestattet. → 備え付ける.

ソナタ die Sonate -n.

ソナチネ die Sonatine -n.

そなわる 備わる ausgestattet (ausgerüstet; eingerichtet) sein* 《mit 3 格》; 〔所有する〕besitzen*.

ソネット das Sonett -s, -e.

そねみ 嫉み der Neid -es; die Missgunst.

そねむ 嫉む jn. beneiden 《um 4 格》; neidisch sein* 《auf 4 格》.

その der; dieser; jener.

その 園 der Garten -s, ⸗.

そのあいだ その間[に] dazwischen;〔そうしている間〕inzwischen; indes[sen]; währenddes[sen].

そのうえ その上 noch dazu; überdies; außerdem.

そのうち その内 bald; nächstens; in den nächsten Tagen; mit der Zeit.

そのくせ 〔けれども〕trotzdem; doch.

そのくらい so viel. ～の事によくよするな Mache dir um solch eine Kleinigkeit keine Sorgen! ～のところでやめよう Damit wollen wir aufhören. / So viel für heute!

そのご その後 danach; darauf; später; seitdem. ～の知らせによれば späteren Nachrichten zufolge. ～何も変った事はありませんか Gibt es nichts Neues, seitdem ich Sie zum letzten Mal gesehen habe? ～まもなく bald darauf.

そのころ その頃 damals; zu jener Zeit. ～の damalig. ～までに bis dahin.

そのすじ その筋の達しにより von Obrigkeits wegen.

そのせつ その節 damals; zu jener Zeit; bei jener Gelegenheit.

そのた その他 und so weiter (略: usw.); und andere[s] (略: u. a.). → そのほか.

そのため その為[に] darum; deshalb; deswegen; dazu.

そのつぎ その次・に dann; 〔次回に〕das nächste Mal. ～の nächst; folgend.

そのつど その都度 jedes Mal. ～の jedesmalig.

そのとおり その通り genau so. ～だよ Ja, du hast Recht. / [Das] stimmt!

そのとき その時 dann; da. ちょうど～ gerade in dem Augenblick; eben da. ～以来 von da an; seitdem. ～の damalig.

そのば その場・で auf der Stelle. ～限りの約束 leere Versprechungen pl. ～限りのことを言う

そのひ その日・の内に noch am selben Tag. ~暮らしをする von der Hand in den Mund leben; 〔漫然と暮らす〕in den Tag hinein|leben; dahin|leben.

そのへん その辺・に da herum; in der Nähe. どこか~に irgendwo dort. まあ~だね So ist es ungefähr.

そのほか その外 sonst; außerdem. ~の ander; übrig.

そのまま その儘・にして置く liegen lassen*; et. lassen*, wie es ist; et. auf sich beruhen lassen*. どうぞ~ Lassen Sie sich nicht stören!

そのみち その道・に詳しい sein Fach beherrschen. ~の人 der Fachmann.

そのもの その物 ¶科学~ die Wissenschaft als solche. 彼女は親切~だ Sie ist die Güte selbst (in Person).

そのような so ein; solch ein; solch.

そば 側(傍)・の nahe; benachbart. …の~に neben《3格; 4格》. 学校のすぐ~に nahe bei der Schule. 私の家の~には in der Nähe meines Hauses. ~を通り過ぎる vorbei|gehen*(s)《an 3格》. 私の~へおいで Her zu mir!

そば 蕎麦 Buchweizennudeln pl.

そばかす 雀斑 Sommersprossen pl. ~のある sommersprossig.

そばだてる 欹てる ¶耳を~ die Ohren spitzen; lange Ohren machen; ganz Ohr sein*.

そばづえ 側杖を食う als Unbeteiligter Schaden erleiden*.

ソビエト der Sowjet -s,-s. ~連邦 die Sowjetunion (略: SU). ~〔連邦〕の sowjetisch.

そびえる 聳える empor|ragen; sich erheben*.

そびやかす 聳やかす ¶肩を~ sich auf|blasen*. 肩を聳やかして歩く [einher|]stolzieren(s).

そびょう 素描 die Zeichnung -en. ~する zeichnen.

そふ 祖父 der Großvater -s, ¨;〔おじいちゃん〕der Opa -s,-s.

ソファー die Couch -es; das Sofa -s,-s. ~ベッド die Bettcouch.

ソフィスト der Sophist -en,-en.

ソフト〔帽子〕一中折れ.

ソフト〔~ボール〕der Softball ['sɔftbɔ:l].〔~ウェア〕〔電算〕die Software. ~アイス das Softeis.

そふぼ 祖父母 Großeltern pl.

ソプラノ der Sopran -s,-e. ~歌手 die Sopranistin; die Sopransängerin.

そぶり 素振り das Benehmen (Betragen) -s. ~に見せる in Benehmen aus|drücken. よそよそしい~をする fremd tun*.

そぼ 祖母 die Großmutter ¨;〔おばあちゃん〕die Oma -s.

そぼう 粗暴な grob; wild; rau.

そほうか 素封家 reicher (wohlhabender) Mann -es, ¨er.

そぼく 素朴な naiv; einfach; schlicht.

そまつ 粗末・な schlecht; roh. ~にする〔人を〕unfreundlich (schlecht) behandeln;〔物を〕verschwenden. 彼女は持ち物を~にする Sie geht mit ihren Sachen nachlässig um.

そまる 染まる sich färben. 悪風に~ einem Laster verfallen*(s). 悪に染まった lasterhaft.

そむく 背く ¶父に~ dem Vater nicht gehorchen (folgen). 党に~ seine Partei verraten*. 命令に~ sich einem Befehl widersetzen. 期待に~ js. Hoffnung enttäuschen.

そむける 背ける ¶目(顔)を~ den Blick (das Gesicht) ab|wenden(*)《von 3格》.

そめかえる 染め替える um|färben.

そめものや 染物屋 die Färberei -en.

そめる 染める färben. 赤く~ rot färben.

そもそも überhaupt;〔もともと〕eigentlich.

そや 粗野な grob; roh; wild.

そよう 素養 ¶音楽の~がある etwas von Musik verstehen*.

そよかぜ そよ風が吹く Es weht ein Lüftchen (eine Brise).

そよぐ 戦ぐ säuseln. 小枝が~ Es säuselt in den Zweigen.

そよそよ ~と sanft; leise.

そら ~やるよ Da! ~ごらん(見ろ) Da hast du's! / Na, siehst du! ~急げ Los, beeile dich!

そら 空 der Himmel -s. ~の(に) am Himmel. ~を飛ぶ in der Luft fliegen*(s). ~で覚える auswendig lernen. 旅の~で auf der Reise.

そらいろ 空色の himmelblau.

そらおそろしい 空恐ろしい furchtbar; Furcht erregend. ~気がする Furcht empfinden*.

そらごと 空言 die Lüge -n; der Wind -es,-e. ~を言う lügen*.

そらす 反らす biegen*; schweifen. からだを後に~ sich zurück|beugen. 頭を~ den Kopf zurück|beugen (zurück|werfen*). 胸を~〔得意気に〕sich in die Brust werfen*.

そらす 逸らす ab|wenden(*); ab|lenken. 目を~ den Blick ab|wenden(*)《von 3格》. 注意(話)を~ js. Aufmerksamkeit (das Gespräch) ab|lenken《von 3格》. 質問を~ einer Frage aus|weichen*(s). 人を逸らさない zuvorkommend sein*.

そらぞらしい 空空しい嘘(お世辞) durchsichtige Lügen (Komplimente).

そらだのみ 空頼み vergebliche (eitle) Hoffnung -en.

そらなみだ 空涙を流す erheuchelte Tränen weinen; Krokodilstränen vergießen*.

そらまめ 蚕豆 die Saubohne -n.

そらみみ 空耳 ¶それは君の~だ Du bildest dir nur ein, so gehört zu haben. 僕の~だった Mein Ohr hat mich getäuscht.

そらもよう 空模様 die Wetterlage -n. ~が怪しい Es droht zu regnen.

そらんずる 諳ずる auswendig lernen. 諳じている auswendig können* (wissen*).

そり 橇 der Schlitten -s, -. ～を走らせる Schlitten fahren*(s).

そり 反り die Biegung -en; die Schweifung -en; die Verwerfung -en. ～が合わない sich mit jm. nicht vertragen können*.

そりかえる 反り返る〔板などが〕sich verziehen*;→反り身.

ソリスト der Solist -en, -en;〔女〕die Solistin -nen.

そりみ 反り身になる sich zurück|beugen.

そりゃく 粗略な(に) →粗末.

そりゅうし 素粒子 das Elementarteilchen -s, -.

そる 反る sich biegen*;〔板が〕sich verziehen*. 反った gebogen; geschweift. 反った鼻 geschwungene Nase. 伸(°)るか～かだ Es geht auf Biegen oder Brechen. / Es geht hart auf hart.

そる 剃る ¶ひげを～〔人の〕jn. (jm. den Bart) rasieren;〔自分の〕sich rasieren. 頭を～ jm. (sich³) den Kopf glatt scheren*.

ソルフェージュ das Solfeggio -s, ..feggien.

それ 其れ es; das. ～ごらん Da hast du's! / Siehst du [wohl]!

それから und dann;〔それ以来〕seitdem. ～三日後に 3 Tage darauf.

それくらい →そのくらい.

それこそ gerade (eben) das. ～私の言いたかった事 Das eben wollte ich sagen.

それぞれ jeder. 人には～欠点がある Jeder hat seine Fehler. 彼らは～復職した Sie sind jeder zu ihrem früheren Geschäft zurückgekehrt.

それだから also; darum; daher; deshalb; deswegen. ～こそ eben (gerade) deshalb.

それだけ so viel. もう～ noch einmal so viel. ～一層いい um so (desto) besser.

それで →それだから;〔ところで〕und; dann. ～は dann; nun; so. ～も aber; doch; trotzdem. ～なくても ohnehin

それとなく heimlich; andeutungsweise. 私は彼にその事を～話した Ich gab ihm das zu verstehen.

それとも oder; sonst.

それなのに dennoch; trotzdem; deshalb doch.

それなら so; dann.

それなりに [jeder] auf seine Weise.

それに noch dazu; außerdem; überdies.

それにしても doch.

それにもかかわらず trotzdem; dennoch; dessen ungeachtet.

それはさておき davon abgesehen; [um] davon zu schweigen.

それほど 其れ程 so [sehr]. 彼は～貧しくはない Er ist nicht so arm.

それまで ～[に] bis dahin.

それゆえ それ故 →それだから.

それる 逸れる〔弾丸などが〕fehl|gehen*(s). 彼の話は本題から逸れた Er schweifte [vom Thema] ab. シュートはゴールを1メートル逸れた Der Schuss verfehlte das Tor um 1 Meter.

ソれん ソ連 die Sowjetunion (略: SU); die Union der Sozialistischen Sowjetrepubliken (略: UdSSR).

ソロ〖音〗das Solo -s, -s (..li).

そろい 揃い ¶ 一～のグラス ein Satz Gläser. 茶器一～ ein Service für Tee. 食器一～ eine Garnitur Geschirr. お～に着て gleich gekleidet sein*. お～でどこへお出掛けですか Wohin gehen Sie alle miteinander?

そろう 揃う〔一様になる〕gleich[mäßig] werden*(s);〔集まる〕sich sammeln. 揃った gleichmäßig;〔完全な〕komplett. 揃いも揃って alle; ohne Ausnahme. 高さが揃っている gleich hoch. 長さが揃っていない verschieden lang. みんな揃ったか Sind Sie alle da? これで全員(必要なものが全部)揃った Jetzt sind wir komplett.

そろえる 揃える ordnen;〔一様にする〕gleich|machen;〔集める〕sammeln. 足並みを揃えて歩く im gleichen Schritt (und Tritt) gehen*(s). 声を揃えて [wie] mit einer Stimme;〔斉唱〕einstimmig. 応募に必要な書類を～ all die für die Bewerbung erforderlichen Unterlagen bereit|stellen.

そろそろ〔ゆっくり〕langsam;〔だんだん〕nach und nach; allmählich;〔やがて〕bald. ～3時だ Es geht auf Drei.

ぞろぞろ hintereinander. ～這う kribbeln (s).

そろばん 算盤 das Rechenbrett -[e]s, -er; der Soroban [soro'ba:n] -s, -e. 彼はすぐ～をはじく〘比〙Er ist stets auf seinen Vorteil bedacht.

そわそわ ～する unruhig (nervös) sein*.

そん 損・な nachteilig. ～をする einen Verlust haben* (erleiden*); zu Schaden kommen*(s); einen Nachteil haben*《durch 4 格》. ～になる jm. zum Nachteil (Schaden) gereichen. ～をさせる jm. Nachteile bringen*. ～も得もしない weder Schaden noch Nutzen haben*《von 3 格》. そんなことをすると君が～するだけだ Du schadest dir damit nur selbst.

そんえき 損益 Gewinn und Verlust. ～計算書 die Gewinn-und-Verlust-Rechnung.

そんかい 村会 die Gemeindevertretung -en. ～議員 der Gemeinderat.

そんがい 損害 der Schaden -s, ⸚; der Verlust -es, -e. ～を与える et. beschädigen. ～を受ける Schaden erleiden*. ～賠償をする(賠償の請求をする) Schadensersatz leisten (verlangen)《für 4 格》.

ぞんがい 存外 →案外.

そんけい 尊敬 die Achtung《vor 3 格》; der Respekt -[e]s《vor 3 格》. ～する [hoch] achten; [ver]ehren; respektieren. ～すべき achtenswert; achtbar; respektabel; ehrenwert. ～を得る sich³ Achtung erwerben*; Achtung genießen*. ～されている bei jm. in Achtung stehen*.

そんげん 尊厳 die Würde.

そんざい 存在 das [Da]sein -s; die Existenz. ~する [da] sein*; existieren; vorhanden sein*; sich befinden*. ~論 die Ontologie.

ぞんざい ~な(に) grob; nachlässig; pfuscherhaft. ~に書く flüchtig schreiben*. ~な仕事 die Pfuscherei; die Pfuscharbeit.

そんしつ 損失 der Verlust -es, -e. ~を被る einen Verlust haben* (erleiden*).

そんしょう 尊称 der Ehrenname -ns, -n.

そんしょう 損傷 → 損害.

そんしょく 遜色がない jm. gewachsen sein* 《an 3格》; gleich|kommen*(s) 《3格》.

そんする → 有(在)る.

そんぞく 存続する [fort|]bestehen*; dauern.

そんぞく 尊属 der Aszendent -en, -en.

そんだい 尊大な hochmütig; arrogant; überheblich.

そんたく 忖度する vermuten; Mutmaßungen an|stellen (über 4格).

そんち 存置する [bei|]behalten*.

そんちょう 村長 der Gemeindevorsteher -s, -.

そんちょう 尊重する schätzen; achten; ehren.

ゾンデ 《医》 die Sonde -n.

そんとく 損得 Gewinn und Verlust; Schaden und Nutzen. ~を考える Vor- und Nachteile [gegeneinander] ab|wägen*. ~を離れて frei von seinem [eigenen] Interesse. ~ずくで nur im eigenen Interesse.

そんな ein solcher; solch ein. ~に so. ~事 solches; so etwas.

ぞんぶん 存分·に nach Herzenslust. ~に食べる sich satt essen* 《an 3格》. ~に食べろ Iss, so viel [wie] du kannst!

そんぼう 存亡 ¶国の~をかける die Existenz des Landes aufs Spiel setzen. 危急~の時だ Es geht um Leben und Tod.

そんみん 村民 der Dorfbewohner -s, -.

ぞんめい 存命·する noch am Leben sein*. 彼の~中に zu (bei) seinen Lebzeiten.

そんゆう 村有地 gemeindeeigenes Grundstück -s, -e.

そんらく 村落 das Dorf -es, -̈er; die Ortschaft -en.

そんりつ 存立 das Bestehen -s. ~する bestehen*; existieren.

そんりょう 損料 die Miete -n. 機械の~を払う die Miete für die Benutzung einer Maschine bezahlen.

ローマ数字　Römische Ziffern

I	eins	VI	sechs	XI	elf	XC	neunzig
II	zwei	VII	sieben	XII	zwölf	C	[ein]hundert
III	drei	VIII	acht	XXX	dreißig	D	fünfhundert
IV	vier	IX	neun	XL	vierzig	M	[ein]tausend
V	fünf	X	zehn	L	fünfzig	A	fünftausend

MCMLXXXIX (1989)　[ein]tausendneunhundertneunundachtzig

〔注〕ローマ数字は上記のように I (1), V (5), X (10), L (50), C (100), D (500), M (1000), A (5000) を組み合わせて表す. 同じ数を並べたときと, 小さい数を大きい数の右側に置いたときはそれらを加え合わせ, 小さい数を大きい数の左側に置いたときは前者を後者から差し引く. 但し, 大きい数の左側には小さい数は 1 個しか置くことができない. 序数詞としても用いられる: Napoleon I. ＝ Napoleon der Erste.

た

た 田 das Reisfeld -[e]s, ⸚er. ～を耕す das Reisfeld bestellen (pflügen).
た 他・の ander. ～の場所に anderswo. …その～ und so weiter (略: usw.).
た 多とする jm. dankbar (erkenntlich) sein* 《für 4 格》; et. dankbar an|erkennen*.
たあいない ～たわいない.
ダーク・ホース das Dark horse ['dɑ:k'hɔ:s] --, --s ['hɔ:sɪz].
ターゲット das Ziel -es, -e. ～にする jn. zur Zielscheibe machen.
ダース das Dutzend -s, -e. 半(2)～の鉛筆 ein halbes (zwei) Dutzend Bleistifte. ～で売る dutzendweise verkaufen.
ダーツ der Abnäher -s, -.
タートルネック der Rollkragen -s, -.
ターバン der Turban -s, -e.
ダービー das Derby -[s], -s; das Derbyrennen -s, -. 日本～ das japanische Derby.
タービン die Turbine -n.
ターボジェット・エンジン die Strahl[vortrieb]turbine -n; das Turbostrahltriebwerk -s, -e.
ターミナル der (das) Terminal -s, -s.
タール der Teer -s. ～を塗る et. teeren.
ターン die Wende -n. ～する wenden.
たい wollen*; wünschen. 僕は知り～ Ich möchte gern wissen. あなたは何を食べ～ですか Was wollen Sie essen?
たい 体 [からだ] der Körper -s, -. ～をかわす aus|weichen*(s); beiseite springen*(s). ～を成さない keinen Stil haben*.
たい 対 [反対] das Gegenteil -s, -e. 早稲田～慶応の野球試合 der Baseballkampf zwischen Waseda und Keio (W. gegen K.). 3～2のスコアで勝つ mit 3 zu 2 gewinnen*. 米英戦争 der Krieg gegen Amerika und England. ～英関係 Beziehungen mit (zu) England. ～中国外交 die Außenpolitik mit China.
たい 隊 [部隊] die Truppe -n; [一行] die Gesellschaft -en; die Partie -n. ～を組んで in Reih und Glied.
たい 鯛 die Meerbrasse -n.
たい 他意・はない keine Hintergedanken haben*. 別に～はなかったんです Ich habe das ohne Hintergedanken gesagt (getan).
タイ Thailand. ～人 der Thai; der Thailänder. ～の thailändisch.
タイ ～スコアに持ちこむ den Vorsprung des Gegners egalisieren. 世界～記録を出す den Weltrekord ein|stellen.
だい 大 [形容詞] groß. ～都会 die Großstadt. こぶし～の faustgroß. 葉書～の von Postkartengröße. ～の男の Erwachsene#. ～の字に寝る Hände und Beine ausgespreizt liegen*. ～をなす es weit bringen*. ～なり小なり mehr oder weniger.
だい 代 [時期] die Zeit -en; die Epoche -n; [世代] die Generation -en; [代金] der Preis -es, -e. 二～将軍 der zweite Schogun ['ʃo:gʊn]. 父の～に zu Lebzeiten des Vaters. 3～にわたって 3 Generationen hindurch. 30年～に in den dreißiger Jahren. 30～の男 der Dreißiger; ein Mann in den Dreißigern. お車～ Fahrkosten pl. お～はいかほどですか Was kostet es? お～はあとで結構です Sie können nachher zahlen.
だい 台 das Gestell -s, -e; der Ständer -s, -; [下敷き] der Untersatz -es, ⸚e. 3～の車 3 Wagen. 100メートルを11秒～で走る [die] 100 Meter in 11 bis 12 Sekunden laufen*(s).
だい 題 [表題] der Titel -s, -; [主題] das Thema -s, ..men (-ta); [問題] die Aufgabe -n. 作文に～をつける den Aufsatz mit einem Titel versehen*.
たいあたり 体当り・する jm. mit seinem Körper einen Stoß geben*. 仕事に～する mit allen Kräften an die Arbeit gehen*(s).
タイ・アップ ～する sich mit jm. in Verbindung setzen; mit jm. Hand in Hand gehen*(s).
たいあん 対案 der Gegenvorschlag -s, ⸚e; der Gegenantrag -s, ⸚e.
だいあん 代案 der Alternativvorschlag -s, ⸚e; die Alternative -n.
たいい 大尉 [陸(空)軍] der Hauptmann -s, ..leute; [海軍] der Kapitänleutnant -s, -s.
たいい 大意 der Umriss -es, -e; die Zusammenfassung -en. ～を述べる et. zusammen|fassen.
たいい 体位 die Lage -n; der Körperbau -[e]s. ～向上 körperliche Entwicklung.
たいい 退位 die Abdankung -en; die Thronentsagung -en. ～する ab|danken; dem Thron entsagen. ～させる entthronen.
たいいく 体育 die Leibeserziehung -en; [体操] das Turnen -s; die Gymnastik. ～館 die Turnhalle. ～協会 der Sportverband. ～教師 der Turnlehrer. ～大会 das Sportfest.
だいいち 第一・の erst. ～に [zu]erst; in erster Linie; [列挙] erstens; [とりわけ] vor allem; vor allen Dingen. 世界～の政治家 der größte Politiker in der Welt. 安全～ Sicherheit vor allem! ～印象 der erste Eindruck. ～課 die erste Lektion. ～義 die Hauptsache. ～次世界大戦 der Erste Weltkrieg. ～審 die erste Instanz. ～人者 der Erste#; [権威] die Autorität. ～人称 die erste Person. ～線に立つ in der vordersten Front stehen*. ～歩を踏み出す den ersten Schritt tun*.
たいいほう 対位法 [音] der Kontrapunkt

たいいん 退院する aus dem Krankenhaus entlassen werden* (s受).
たいいん 隊員 das Mitglied -[e]s, -er.
たいいんれき 太陰暦 der Mondkalender -s.
たいえい 退嬰·的 konservativ. ~主義 der Konservatismus.
たいえき 退役·する den Dienst verlassen* (quittieren). ~軍人 der Offizier (Soldat) außer Dienst.
たいえき 体液 Körpersäfte pl.
ダイエット ~をする eine Diät (Schlankheitskur) machen.
たいおう 対応する Schritte unternehmen* (gegen 4格); 〔相応する〕 entsprechen* (3格). 〔対立する〕 gegenüber|stehen* (3格).
だいおう 大王 ¶フリードリヒ~ Friedrich der Große.
ダイオード die Diode -n.
たいおん 体温 die Körperwärme. ~計 das [Fieber]thermometer.
たいか 大火 der Großbrand -[e]s, ⸗e.
たいか 大家 der Meister -s, -; der Virtuose -n, -n; 〔権威〕 die Autorität -en.
たいか 大過なく ohne grobe Fehler.
たいか 耐火·の feuerfest. ~建築 feuerfestes Gebäude. ~れんが der Schamotteziegel.
たいか 退化 die Entartung; die Degeneration -en. ~する entarten (s); degenerieren (s). ~した rückgebildet.
たいか 滞貨 unverkaufter Warenbestand -[e]s, ⸗e; 〔貨物の〕 die Frachtanhäufung -en. ~が山積する Die unverkauften Waren häufen sich an.
だいか 代価 der Preis -es, -e. 石炭の~を払う die Kohlen bezahlen.
たいかい 大会 die Versammlung -en; 〔総会〕 die Hauptversammlung -en; 〔競技の〕 das Sportfest -[e]s, -e. テニス~ das Tennisturnier.
たいかい 大海 [großes] Meer -es, -e; der Ozean -s, -e.
たいかい 退会する aus|treten*(s) 《aus 3格》.
たいがい 大概 meistens; gewöhnlich; im Allgemeinen; 〔多分〕 wohl; wahrscheinlich. ~の die meisten; fast alle. ~の場合 in den meisten Fällen. 怠けるのも~にしろ Sei endlich nicht so faul!
たいがい 対外·的 auswärtig. ~関係 auswärtige Beziehungen pl. ~政策 die Außenpolitik. ~貿易 der Außenhandel.
たいかく 対角 der Gegenwinkel -s, -. ~線 die Diagonale.
たいかく 体格 der Körperbau -[e]s; die Statur. ~のよい wohl gebaut. ~検査 körperliche Untersuchung.
たいがく 退学 ~する von (aus) der Schule ab|gehen*(s). 一 退校.
だいがく 大学 〔総称的に〕 die Hochschule -n; 〔総合大学〕 die Universität -en (die Uni -s); 〔単科大学〕 die Hochschule -n. 東京~ die Universität Tokyo. 工科~ technische Hochschule. 美術~ die Kunsthochschule. 音楽~ die Musikhochschule. 私立~ die Privatuniversität. ~に入る in die Uni ein|treten*(s); an der Uni studieren. ~を出る die Universität absolvieren. ~教授 der Professor; der Hochschullehrer. ~生 der Student; 〔女子〕 die Studentin. ~総長 der Rektor. ~の自由 akademische Freiheit.
だいがくいん 大学院 der Magisterkurs -es, -e.
たいかん 大官 der hohe Beamte*; der Würdenträger -s, -.
たいかん 大観 die Übersicht -en 《über 4格》; der Überblick -[e]s, -e 《über 4格》.
たいかん 退官 sein Amt nieder|legen; sich pensionieren lassen*; pensioniert werden* (s受).
たいがん 対岸 am jenseitigen (gegenüberliegenden) Ufer.
だいかん 代官 der Vogt -[e]s, ⸗e.
たいかんくんれん 耐寒訓練 die Abhärtung gegen die Kälte.
たいかんしき 戴冠式 die Krönung -en.
たいき 大気 die Luft; die Atmosphäre -n. ~圧 der Luftdruck. ~汚染 die Luftverschmutzung. ~圏 die Atmosphäre.
たいき 大器 großes Talent -[e]s, -e. ~晩成 Gut Ding will Weile haben.
たいき 待機する bereit|stehen*; sich bereit|halten*; in Bereitschaft sein* (stehen*).
たいぎ 大義[名分] die Gerechtigkeit.
たいぎ 大儀·な mühevoll; mühsam; 〔疲れた〕 müde; 〔疲れさせる〕 ermüdend. 何もかもが~だ Es ist mir alles zu viel.
だいぎ 代議·員 der Beauftragte*. ~士 der Abgeordnete*. ~制 das Repräsentativsystem.
たいぎご 対義語 das Antonym -s, -e; das Gegensatzwort -[e]s, ⸗er.
たいきゃく 退却 der Rückzug -[e]s, ⸗e. ~する sich zurück|ziehen*; den Rückzug an|treten*.
たいきゅう 耐久·力 die Dauerhaftigkeit; die Ausdauer. ~力のある dauerhaft. ~競走 der Dauerlauf.
たいきょ 大挙して in Massen; in hellen Haufen.
たいきょ 退去·する fort|gehen* (weg|gehen*) (s) 《von 3格》; verlassen* (4格). ~を命ずる aus|weisen* (verweisen*) 《aus 3格》. 国外に~を命じる jn. des Landes verweisen*.
たいぎょう 大業 die Großtat -en; große Werk -es, -e.
たいぎょう 怠業 die Sabotage -n. ~する sabotieren; Sabotage treiben* (begehen*).
たいきょく 大局·を見失う das große Ganz aus den Augen verlieren*. ~的見地から判断する von höherer Warte aus betrachte (beurteilen).
たいきょく 対局する mit jm. eine Partie spie

len.
たいきん 大金 viel Geld -es; eine große Summe [Geld].
だいきん 代金 der Preis -es, -e. 品物の~を払う eine Ware als (per) Nachnahme 送る schicken.
だいく 大工 der Zimmermann -s, ..leute. ~仕事 die Zimmerarbeit; das Zimmerwerk. ~仕事をする zimmern.
たいくう 対空射撃 die Beschießung mit Flugabwehrkanonen.
たいくう 滞空時間 die Flugzeit -en.
たいぐう 待遇〔取り扱い〕die Behandlung -en;〔もてなし〕die Aufnahme;〔サービス〕die Bedienung -en;〔給料〕die Belohnung -en. ~する behandeln; auf|nehmen*; bedienen; belohnen. ~のよい gastfreundlich;〔給料の〕gut bezahlt. この会社は~がよい Die Gesellschaft bezahlt gut.
たいくつ 退屈・な langweilig; eintönig. ~する sich langweilen. 彼の話には死ぬほど~した Er langweilte mich mit seinem Geschwätz fast zu Tode. ~しのぎに zum Zeitvertreib.
たいぐん 大軍 großes Heer -[e]s, -e.
たいぐん 大群 großer Haufen -s, -; großer Schwarm -[e]s, ¨e.
たいけ 大家 reiche (geachtete) Familie -n.
たいけい 体刑 die Körperstrafe -n;〔自由刑〕die Freiheitsstrafe -n.
たいけい 体系 das System -s, -e. ~的 systematisch. ~づける systematisieren.
たいけい 体型 der Körperbau -[e]s; die Figur -en; der Wuchs -es.
だいけい 台形 das Trapez -es, -e.
たいけつ 対決 die Auseinandersetzung (Konfrontation) -en. ~させる jn. jm. gegenüber|stellen*; jn. mit jm. konfrontieren. ~する sich mit jm. auseinander setzen.
たいけん 大圏〔海・空〕die Orthodrome -n. ~コース orthodromischer Kurs.
たいけん 体験 das Erlebnis -ses, -se; das Erleben -s. ~する erleben. ~話法 die erlebte Rede.
たいけん 帯剣 der Säbel -s, -;〔銃剣〕das Seitengewehr -s, -e. ~する ein Schwert tragen*.
たいげん 体現 die Verkörperung -en; die Personifikation -en. ~する verkörpern; personifizieren.
だいけんしょう 大憲章 die Magna Charta.
たいげんそうご 大言壮語 die Prahlerei -en. ~する prahlen; große Worte führen. ~する人 der Prahlhans; der Großsprecher.
たいこ 太古 uralte Zeiten pl.; die Urzeit -en. ~の uralt.
たいこ 太鼓 die Trommel -n;〔ティンパニー〕die Pauke -n. ~をたたく eine Trommel schlagen*. ~腹 dicker Bauch;〔俗〕der Wanst. ~腹の dickbauchig. ~腹の人 der Dickbauch. ~持ち〔比〕der Schmeichler.

~判を押す die Hand ins Feuer legen《für 4格》.
たいご 隊伍・を組む sich in Reih und Glied auf|stellen. ~を組んで行進する in geschlossener Kolonne marschieren (s).
だいご 第五・の fünft. ~列 die fünfte Kolonne.
たいこう 大公 der Großherzog -s, ¨e.
たいこう 対抗・する〔競う〕mit jm. wetteifern《in 3格》;〔逆らう〕widerstehen*《3格》. …に~して gegen《4格》; im Gegensatz zu《3格》. ~策 die Gegenmaßnahme. ~策を講ずる Gegenmaßnahmen treffen*. ~者 der Gegner; der Nebenbuhler.
たいこう 対校試合 der Wettkampf zwischen beiden Schulen.
たいこう 対向・車 entgegenkommender Wagen. ~車線 die Gegenfahrbahn.
たいこう 退校・する von der Schule ab|gehen*(s); die Schule verlassen*. ~させる von der Schule verweisen*.
だいこう 代行 die Vertretung -en. 職務を~する jn. in seinem Amt vertreten*. ~機関 die Agentur.
たいこく 大国 die Großmacht ¨e.
だいこくばしら 大黒柱 der Hauptpfeiler -s, -;《比》die Stütze -n.
だいごみ 醍醐味 ¶釣の~を味わう einen wirklichen Genuss vom Angeln haben*.
だいこん 大根 der Rettich -s, -e. ~役者 der Schmierenkomödiant.
たいさ 大佐 der Oberst -en (-s), -en;〔海軍〕der Kapitän (-s, -e) zur See.
たいさ 大差 großer Unterschied -es, -e. 両者の間には~がある Es ist (besteht) ein großer Unterschied zwischen den beiden. ~で mit großem Vorsprung. ~をつけている einen großen Vorsprung vor jm. haben*.
たいざ 対座する jm. gegenüber|sitzen*.
たいさい 大祭 großes Fest -es, -e.
たいざい 滞在 der Aufenthalt -s, -e. ~する sich auf|halten*. ~地 der Aufenthaltsort.
だいざい 大罪 schwere Sünde -n; schweres Verbrechen -s, -.
だいざい 題材〔文芸上の〕das Sujet -s, -s;〔材料〕der Stoff -[e]s, -e.
たいさく 大作 monumentales Werk -es, -e;〔傑作〕das Meisterstück -s, -e.
たいさく 対策 die Maßnahme (Maßregel) -n《gegen 4格》; die Gegenmaßnahme (Gegenmaßregel)《gegen 4格》. ~を講ずる Maßnahmen treffen* (ergreifen*)《gegen 4格》.
だいさく 代作する für jn. schreiben*.
たいさつ 大冊 dickes (umfangreiches) Buch -es, ¨er.
たいさん 退散・する fliehen*(s); auseinander gehen*(s);〔退去する〕fort|gehen*(s). 群衆を~させる die Menge zerstreuen (auseinander jagen).
だいさん 第三・の dritt. ~に drittens. ~紀

たいし　大使 der Botschafter -s, -. ～館 die Botschaft. ～館参事官 der Botschaftsrat. ～館書記官 der Botschaftssekretär.

das Tertiär. ～者 ein Dritter#; der Außenstehende#. ～人称 die dritte Person.

たいし　大志を抱く [große] Ambitionen haben*; ambitiös sein*.

たいし　大使 der Botschafter -s, -. ～館 die Botschaft. ～館参事官 der Botschaftsrat. ～館書記官 der Botschaftssekretär.

たいし　太子 der Kronprinz -en, -en.

たいじ　対峙する sich gegenüber|stehen*.

たいじ　胎児 das Kind im Mutterleib; 〔医〕 der Embryo -s, -s (-nen); der Fetus -[ses], -se (..ten).

たいじ　退治する vertilgen; aus|rotten; vernichten; nieder|werfen*.

だいし　台紙 die Pappe -n; der Karton -s, -s.

だいじ　大事 〔数量〕 wichtig; bedeutend; 〔貴重な〕 teuer; wertvoll. ～に sorgfältig. ～にする schonen; 〔尊重する〕 hoch schätzen. ～を取って vorsichtshalber. ～を取る vorsichtig handeln. ～を成し遂げる [etwas] Großes leisten. 病気が～に至らぬうちに Bevor die Krankheit ernst wird, ... お～に〔病人に〕 Gute Besserung! /〔一般に〕 Lassen Sie sich's gut gehen!

だいじ　題辞 das Motto -s, -s; das Leitwort -[e]s, -e.

ダイジェスト der (das) Digest -[s], -s; der Auszug -[e]s, ⁼e.

たいした　大した 〔数量〕 groß; viel; 〔重大な〕 wichtig; 〔驚くべき〕 erstaunlich; wunderbar. ～ニュースではない Das ist keine wichtige Nachricht. 別に～ことではない Das ist doch nichts Besonderes.

たいしつ　体質 die Konstitution -en; die Körperbeschaffenheit.

たいして　大して ... nicht besonders (so).

たいしゃ　大赦 die Amnestie -n. ～を行う jn. amnestieren; jn. begnadigen.

たいしゃ　代謝 der Metabolismus -; der Stoffwechsel -s.

たいしゃ　退社する 〔やめる〕 aus einer Firma aus|scheiden* (aus|treten*) (s); 〔帰宅する〕 die Firma verlassen*; von der Firma nach Hause gehen*(s).

だいじゃ　大蛇 die Riesenschlange -n.

たいしゃいろ 代赭色の ockerfarben.

たいしゃく　貸借 das Soll und [das] Haben. ～関係はない mit jm. keine Rechnung auszugleichen haben*. ～対照表 die Bilanz.

だいしゃりん　大車輪 〔鉄棒の〕 der Riesenschwung -s, ⁼e; die Riesenfelge -n. ～で mit ganzer (voller) Kraft.

たいしゅう　大衆 das Volk -es; die Masse -n. ～的 volkstümlich; populär. ～受けのする publikumswirksam. ～運動 die Massenbewegung. ～作家 der Volksschriftsteller. ～紙 das Massenblatt. ～文学 die Belletristik; die Unterhaltungsliteratur. ～化する popularisieren; 〔自動詞〕 populär werden*(s).

たいしゅう　体臭 der Körpergeruch -s.

たいじゅう　体重 das Körpergewicht -s. ～計 die Waage.

たいじゅう　対重 das Gegengewicht -s, -e.

たいしょ　太初 der Uranfang -s.

たいしょ　対処する Maßnahmen (Maßregeln) ergreifen* (treffen*) 《gegen 4格》.

たいしょ　対蹠的 antipodisch; entgegengesetzt.

だいしょ　代書・する für jn. schreiben*. ～人 der Berufsschreiber.

たいしょう　大将 der General -s, -e (⁼e); 〔海軍〕 der Admiral -s, -e.

たいしょう　大勝する hoch gewinnen*.

たいしょう　対称 die Symmetrie -n. ～的 symmetrisch. ～軸 die Symmetrieachse.

たいしょう　対象 der Gegenstand -es, ⁼e; das Objekt -[e]s, -e.

たいしょう　対照 der Kontrast -[e]s, -e; der Gegensatz -es, ⁼e; 〔比較〕 die Vergleichung -en. ～する et. gegenüber|stellen 《3格》; et vergleichen* 《mit 3格》. 著しい～をなす in schroffem Gegensatz stehen* 《zu 3格》.

たいしょう　隊商 die Karawane -n.

たいじょう　退場・する hinaus|gehen*(s) 《aus 3格》; et. verlassen*. 舞台から～する von der Bühne ab|treten*(s). ～を命ずる jn. hinaus|weisen* 《aus 3格》. ハムレット～ Hamlet ab.

だいしょう　代償 der Ersatz -es; die Entschädigung -en. ～として als Ersatz (Entschädigung) 《für 4格》. ～を支払う jn. entschädigen 《für 4格》; Ersatz leisten 《für 4格》.

だいじょう　大乗・的見地から von hoher Warte aus. ～〔仏教〕 das Mahajana.

だいじょうぶ　大丈夫 〔安全な〕 sicher; zuverlässig; 〔確かに〕 sicher; gewiss; ohne Zweifel ～だよ〔心配するな〕 Keine Sorge! これで～ Jetzt ist alles in Ordnung.

たいしょうりょうほう　対症療法 symptomatische Behandlung -en; symptomatische Therapie -n.

たいしょく　大食・する stark (unmäßig) essen*; fressen*. ～漢 der Fresser; der Vielfraß; starker Esser.

たいしょく　退職・する seinen Abschied nehmen* (von 3格); in den Dienst aus|scheiden*(s); in den Ruhestand gehen*(s). ～官吏 der pensionierte Beamte#; 〔女性〕 pensionierte Beamtin. ～金 die Abfindung.

たいしょく　褪色する verblassen (s); sich entfärben.

たいしょこうしょ　大所高所から見ると von hoher (höherer) Warte aus gesehen.

たいしん　耐震の erdbebenfest; erdbebensicher.

たいじん　対人・関係 persönliche Beziehungen pl. ～恐怖〔医〕 die Anthropophobie.

たいじん　対陣する einander gegenüber|stehen* (gegenüber lagern).

たいじん　退陣する sich zurück|ziehen* 《von

だいしん 代診 stellvertretender Arzt -es, ⸚e.
だいじん 大尽 der Millionär -s, -e.
だいじん 大臣 der Minister -s, -. ～官房 das Sekretariat des Ministers.
だいじんぶつ 大人物 große (hervorragende) Persönlichkeit -en.
ダイス 〈骰〉 der Würfel -s, -.
だいず 大豆 die Sojabohne -n. ～油 das Sojaöl.
たいすい 耐水の wasserdicht.
たいすう 対数 der Logarithmus -, ..men. ～表 die Logarithmentafel.
だいすう 代数 die Algebra. ～の方程式 algebraische Gleichung.
タイ・スコア → タイ.
たいする 対する gegenüber|stehen* (gegenüber|liegen*) 《3格》. 母に～愛 die Liebe zur (gegen die) Mutter. 政治に～関心 das Interesse für die Politik. 私の手紙に～返事 die Antwort auf meinen Brief. 結婚生活に～期待 die Erwartung an die Ehe. 死に～不安 [die] Angst vor dem Tode. 或る人(或る事)に対して感謝する jm. (für et.) dankbar sein*. 客に愛想よく～ den Gast freundlich empfangen*.
たいする 体する 〔従う〕et. befolgen; 〔留意する〕sich^3 et. merken.
だいする 題する 〔表題をつける〕et. betiteln. …と～本 das Buch mit dem Titel …
たいせい 大成 ¶研究を～する seine Arbeit vollenden. 彼は物理学者として～した Er hat es in der Physik weit gebracht.
たいせい 大勢 allgemeine Lage (Tendenz). ～に従う(逆らう) mit dem (gegen den) Strom schwimmen*(s).
たいせい 体制 die Organisation -en; die Ordnung -en; das System -s, -e. ～に反抗する gegen die etablierte Ordnung rebellieren. ～側 das Establishment. ～側の etabliert. 資本主義～ kapitalistisches System. 旧～ alte Ordnung.
たいせい 耐性 〔医〕die Toleranz.
たいせい 胎生の lebend gebärend; vivipar. ～動物 lebend gebärendes Tier.
たいせい 退(頽)勢を挽回する den Rückstand auf|holen.
たいせい 泰西 das Abendland -es; der Okzident -s. ～の abendländisch; okzidental.
たいせい 態勢を整える Vorbereitungen treffen* 《zu 3格》. 戦闘～を整える zum Kampf rüsten. いつでも…する～にある bereit sein*, et. zu tun.
たいせい 体勢 die Haltung; die Position -en. ～を崩す(立て直す) das Gleichgewicht verlieren* (wieder|gewinnen*).
たいせいよう 大西洋 der Atlantik -s; der Atlantische Ozean -s.
たいせき 体積 der Rauminhalt -s, -e; das Volumen -s, -.
たいせき 退席する seinen Sitz (das Zimmer) verlassen*.
たいせき 堆積 die [An]häufung -en; der Haufen -s, -. ～する sich [an|]häufen; sich ab|lagern.
たいせつ 大切・な 〔重要な〕wichtig; bedeutend; 〔貴重な〕teuer; 〔必要な〕nötig. ～に sorgfältig; vorsichtig. ～にする schonen. からだを～にする sich schonen.
たいせん 大戦 großer Krieg -es, -e. 世界～ der Weltkrieg.
たいせん 対戦する mit jm. (gegen jn.) kämpfen.
たいぜん 泰然・たる gelassen; gefasst. ～として mit unerschütterlicher Ruhe. ～としている gelassen bleiben*(s); [die] Fassung bewahren. ～自若としている einen breiten Buckel haben*; getrosten Mutes sein*.
たいそう 大層 sehr; äußerst.
たいそう 体操 das Turnen -s; die Gymnastik. ～する turnen. ～服 die Turnkleidung.
たいぞう・する 退蔵・する versteckt auf|bewahren; horten. ～物資 verborgener Vorrat.
だいそうじょう 大僧正 der Erzbischof -s, ⸚e.
だいそれた 大それた frech; verwegen; unverschämt.
たいだ 怠惰 die Faulheit; die Trägheit. ～な faul; träge; müßig.
だいたい 大体 im Großen und Ganzen; ungefähr; 〔ほとんど〕beinahe; 〔総じて〕überhaupt. ～が不真面目な男だ Dem ist der Unernst angeboren.
だいたい 大隊 das Bataillon -s, -e. ～長 der Bataillonskommandeur.
だいたい 大腿 der Oberschenkel -s, -. ～骨 der [Ober]schenkelknochen.
だいたい 代替エネルギー alternative Energien pl.
だいだい 橙 die Orange -n. ～色の《不変化》orange.
だいだい 代々・伝える von Generation zu Generation weiter|geben*. 先祖～の墓 das Familiengrab. 先祖～の土地 das Land der Väter. 彼の家は～鍛冶屋であった Seine Väter waren alle Schmiede.
だいだいてき 大々的・な großartig; großzügig. ～な宣伝 großzügige Reklame; die Reklame großen Stils. ～に großzügig; in großem Stil. ～に報道する in großer Aufmachung berichten 《von 3格》.
だいたすう 大多数 große Mehrheit (Majorität). ～の meist; fast all.
たいだん 対談 das [Zwie]gespräch -[e]s, -e; die Zwiesprache. ～する mit jm. Zwiegespräche (ein Gespräch) führen.
だいたん 大胆・な kühn; furchtlos. ～不敵な tollkühn; verwegen.
だいだんえん 大団円 [glückliches] Ende -s; das Finale -s.
たいち 対置する et. entgegen|setzen 《3格》.
だいち 大地 die Erde; der Boden -s, ⸚. 母な

る~ Mutter Erde.
だいち 台地 die Hochebene -n; die Terrasse -n.
たいちょう 退潮 die Ebbe -n;〔衰退〕der Niedergang -[e]s.
たいちょう 隊長 der Kommandeur -s, -e; der Führer -s, -.
たいちょう 体長 die Körperlänge -n.
たいちょう 体調 körperliche Verfassung; die Kondition. ~がいい〔körperlich〕in guter Verfassung sein*; eine gute Kondition haben*. ~を整える sich³ Kondition holen.
だいちょう 大腸 der Dickdarm -[e]s, ⁼e. ~炎 die Kolitis (Dickdarmentzündung). ~菌 Kolibakterien pl.
だいちょう 台帳 das Hauptbuch -[e]s, ⁼er.
タイツ das Trikot -s, -s.
たいてい 大抵・の meist. ~の場合 in den meisten Fällen. ~は meistens; gewöhnlich;〔およそ〕ungefähr.
たいてい 退廷する den Gerichtssaal verlassen*.
たいでん 帯電する elektrisch geladen werden*(s受).
たいと 泰斗 die Autorität -en; die Größe -n; die Koryphäe -n.
たいど 態度 die Haltung; das Betragen -s;〔Ein〕stellung -en. 威嚇的な~をとる eine drohende Haltung an|nehmen*. ~を決める Stellung nehmen*(zu 3 格). ~が落ち着いている sich ruhig verhalten*.
たいとう 対等・の gleich; gleichgestellt; gleichwertig;〔同権の〕gleichberechtigt;〔能力が〕ebenbürtig. ~の権利 gleiches Recht. ~の勝負 das Spiel unter gleichen Bedingungen. ~である[mit] jm. gleich|stehen* (gleichgestellt sein*). ~に扱う jn. mit jm. gleich|setzen.
たいとう 台(擡)頭する hervor|treten*(s); hervor|kommen*(s).
たいどう 胎動 Kindsbewegungen pl.;〔比〕das Vorzeichen -s, -.
だいどう 大道 die Straße -n. ~商人 der Straßenhändler. ~芸人 der Straßenkünstler. 民主主義の~を歩む das Grundprinzip der Demokratie befolgen.
だいどうしょうい 大同小異・の wesentlich gleich (nicht verschieden). ~だ Da ist kein wesentlicher Unterschied.
だいどうみゃく 大動脈 die Hauptschlagader -n; die Aorta ..ten;〔交通の〕die Verkehrsader -n.
だいとうりょう 大統領 der Präsident -en, -en. 副~ der Vizepräsident.
たいとく 体得する sich³ et. an|eignen;〔体験する〕erleben.
だいどく 代読 ¶ 市長の祝辞は N 氏が~した Die Festrede des Bürgermeisters wurde von Herrn N gelesen.
だいどころ 台所 die Küche -n. ~仕事 die Küchenarbeit. ~用品 das Küchengeschirr.

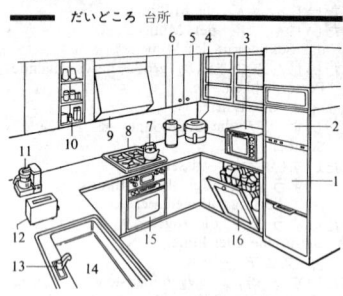

だいどころ 台所

1 冷蔵庫 der Kühlschrank
2 冷凍庫 der Gefrierschrank
3 電子レンジ der Mikrowellenherd
4 電気炊飯器 der elektrische Reiskocher
5 吊り戸棚 der Hängeschrank
6 魔法瓶 die Isolierkanne
7 やかん der Kessel
8 ガスレンジ der Gasherd
9 換気口 der Wrasenabzug
10 調味料 Gewürze pl.
11 コーヒーメーカー die Kaffeemaschine
12 トースター der Toaster
13 蛇口 der Wasserhahn
14 流し das Spülbecken
15 オーブン der Backofen
16 食器洗浄機 der Geschirrspülmaschine

タイト・スカート enger Rock -es, ⁼e.
タイトル der Titel -s, -;〔選手権〕die Meisterschaft -en. ~マッチ das Meisterschaftsspiel.
たいない 対内・の inner; inländisch. ~政策 die Innenpolitik. ~問題 innere Angelegenheiten pl.
たいない 胎内の(で) im Mutterleib.
だいなし 台無し・にする zuschanden (zunichte) machen; verderben*;〔よごす〕beschmutzen. ~になる vernichtet werden*(s受); zuschanden (zunichte) werden*(s).
ダイナマイト das Dynamit -s.
ダイナミック ~な dynamisch.
ダイナモ der Dynamo -s, -s.
だいに 第二・の zweit. ~に zweitens. ~義的な nebensächlich. ~次世界大戦 der Zweite Weltkrieg. ~人称 die zweite Person.
たいにち 対日・関係 die Beziehungen zu Japan. ~感情 die Stimmung für Japan. ~貿易 der Handel mit Japan.
たいにん 大任 wichtige (schwere) Aufgabe -n.
たいにん 退任する zurück|treten*(s)《von 3 格》.
だいにん 代人 der Stellvertreter -s, -.

ダイニング・キッチン die Wohnküche *-n.*
たいねつ 耐熱の hitzebeständig.
たいのう 滞納・の rückständig. 税(家賃)を~する mit der Zahlung der Steuern (Miete) in Rückstand geraten*(s)*. 税の~金 die Steuerschuld; rückständige Steuern *pl.* ~処分 die Zwangsbeitreibung.
だいのう 大脳 das Großhirn *-s, -e.*
だいのう 大農 der Großbauer *-n, -n.* ~経営[landwirtschaftlicher] Großbetrieb.
たいは 大破する schwer zerstört (beschädigt) werden*(s達)*.
ダイバー der Taucher *-s, -.*
たいはい 大敗する hoch verlieren*.*
たいはい 退(頽)廃 die Verderbtheit; die Dekadenz. 道徳の~ moralische Verworfenheit; der Verfall der Sitten. ~する [sittlich] verderben*(s)*; verfallen*(s)*. ~した verderbt; dekadent.
たいばつ 体罰 [körperliche] Züchtigung *-en.*
たいはん 大半 der größte Teil *-[e]s.* ~は größtenteils; zum größten Teil; meist; beinahe. ~の学生 die meisten Studenten.
たいばん 胎盤 der Mutterkuchen *-s.*
たいひ 対比 der Kontrast *-[e]s, -e*; die Gegenüberstellung *-en.* ~する *et.* vergleichen* 《mit 3格》; *et.* gegenüber|stellen 《3格》. ~をなす kontrastieren 《mit (zu) 3格》.
たいひ 待避・する aus|weichen*(s)*. ~線 das Ausweichgleis. ~所 die Ausweiche; die Ausweichstelle.
たいひ 退避・させる evakuieren. 安全な場所に~する an einem sicheren Ort Zuflucht finden*.
たいひ 堆肥 der Mist *-es*; der Komposthaufen *-s, -.*
タイピスト die Maschinenschreiberin *-nen*; das Tippfräulein *-s, -.*
たいひせい 貸費生 der Stipendiat *-en, -en.*
だいひつ 代筆する für *jn.* (statt *js.*) schreiben*.
たいびょう 大病 schwere Krankheit *-en.* ~に罹(&)る schwer erkrankt sein*.
だいひょう 代表 die Vertretung (Repräsentation) *-en*; [代表者] der Vertreter *-s, -.* ~する vertreten*. 会社を~して in Vertretung (im Namen) der Firma. ~的な musterhaft; typisch. ~作 das Hauptwerk. ~権 die Vollmacht. ~取締役 stellvertretender Vorstand.
ダイビング das [Kunst]springen *-s*; [飛行機の]der Sturzflug *-[e]s, ¨-e*; [潜水] das Tauchen *-s.*
たいぶ 大部の [厚い] umfangreich; dick; [冊数の多い] vielbändig.
タイプ der Typ *-s, -en*; der Schlag *-es, ¨-e*; → タイプライター. 新しい~の自動車 ein neuer Typ von Autos. 古い~の役人 ein Beamter alten Schlags. ~用紙〔等手の〕das Durchschlagspapier.

だいぶ 大分 ziemlich; beträchtlich.
たいふう 台風 der Taifun *-s, -e.*
だいぶつ 対物レンズ das Objektiv *-s, -e.*
だいぶぶん 大部分 der größte Teil *-[e]s.* ~は größtenteils; zum größten Teil; meist. ~の生徒 die meisten Schüler.
タイプライター die Schreibmaschine *-n.* ~を打つ Maschine schreiben*. ~で打つ *et.* mit (auf) der Schreibmaschine schreiben*; *et.* tippen.
たいへい 太平 der Frieden *-s.* ~の friedlich. 天下~である Es herrscht (ist) Frieden auf der Erde.
たいへいよう 太平洋 der Pazifik *-s*; der Stille (Pazifische) Ozean *-s.*
たいべつ 大別する grob ein|teilen.
たいへん 大変・な [重大な] ernst; wichtig; [驚くべき] schrecklich; [非常な] groß; viel; [困った] schlimm. ~に sehr; ungemein. ~な費用 enorme Kosten *pl.* これは~だ Ach Gott! / Mein Gott! / Um Gottes willen!
だいべん 大便 der Kot *-[e]s*; Exkremente *pl.* ~をする Kot aus|scheiden*; sein großes Geschäft erledigen (verrichten).
だいべん 代弁・する für *jn.* das Wort führen; [代理する] *jn.* vertreten*. ~者 der Wortführer.
たいほ 退歩 der Rückschritt *-[e]s, -e.* ~する zurück|gehen*(s)*; sich verschlechtern; sich zurück|entwickeln.
たいほ 逮捕 die Festnahme *-n*; die Verhaftung *-en.* ~する fest|nehmen*; verhaften. ~状 der Haftbefehl.
たいほう 大砲 das Geschütz *-es, -e*; die Kanone *-n.* ~を打つ Kanonen ab|feuern.
たいぼう 待望・する sich sehnen 《nach 3格》. ~の [lang] ersehnt.
たいひせいかつ 耐乏生活を送る ein kümmerliches Leben führen; vieles entbehren.
たいほん 大本 die Grundlage *-n*; das Prinzip *-s, -ien.*
だいほん 台本 [劇の]das Textbuch *-[e]s, ¨-er*; [映画の]das Drehbuch *-[e]s, ¨-er.* ~作者 der Textdichter; der Drehbuchautor.
たいま 大麻〔植〕der Hanf *-[e]s.*
タイマー 〔タイムキーパー〕der Zeitnehmer *-s, -*; 〔タイムスイッチ〕die Schaltuhr *-en*; 〔ストップウォッチ〕die Stoppuhr *-en.*
たいまい 大枚[の金] viel Geld *-es*; eine große Summe Geld.
たいまつ 松明 die Fackel *-n.*
たいまん 怠慢・な nachlässig; fahrlässig. 彼は職務に~だ Er vernachlässigt seine Arbeit (Pflicht).
だいみょう 大名 der Daimio *-, -s*; der Lehnsherr *-n, -en*; der Fürst *-en, -en.* ~行列 die Daimio-Prozession. ~暮らしをする fürstlich leben; wie ein Grandseigneur leben.
タイミング das Timing ['taɪmɪŋ] *-s, -s.* 交渉の~を逸する den richtigen Zeitpunkt für die

Verhandlungen verpassen. ～のよい rechtzeitig; gut angebracht. ～よく rechtzeitig.

タイム die Zeit. ～を計る die Zeit messen*. ～キーパー der Zeitnehmer. ～レコーダー die Kontrolluhr; die Stechuhr. ～スイッチ die Schaltuhr; der Zeitschalter.

タイムリー ～な rechtzeitig.

だいめい 題名 der Titel -s, -.

だいめいし 代名詞 das Pronomen -s, -; das Fürwort -[e]s, ¨er.

たいめん 体面 die Würde; [名誉] die Ehre -n. ～に係わる unter seiner Würde sein*. ～を重んずる [streng] auf seine Ehre halten*. ～を傷つける jn. kompromittieren. ～を保つ das (sein) Gesicht wahren. 君のおかげで～を保つことができた Du rettetest mein Gesicht.

たいめん 対面・する jn. sehen*; jm. begegnen (s); jn. treffen*. ～交通の道路 zweibahnige Straße.

たいもう 大望を抱く → 大志.

だいもく 題目 [表題] der Titel -s, -; [主題] das Thema -s, ..men (-ta).

タイヤ der Reifen -s, -. 自転車(自動車)の～ der Radreifen (Autoreifen). ～がパンクした Uns platzte der Reifen. / Wir hatten eine Reifenpanne. 自転車の～に空気を入れる ein Fahrrad auf|pumpen. ～を取り替える den Reifen wechseln.

ダイヤ [鉄道の] der Fahrplan -[e]s, ¨e; [トランプの] das Karo -s. ～の5 die Karofünf. → ダイヤモンド.

たいやく 大役 [任務] wichtige Aufgabe -n; [役割] wichtige Rolle -n.

たいやく 対訳・の zweisprachig. ～叢書 zweisprachige Serie.

だいやく 代役 der Ersatzmann -[e]s, ¨er (..leute); [芝居の] der Ersatzdarsteller -s, -. ～をする für jn. ein|springen*(s).

ダイヤモンド der Diamant -en, -en. ～の diamanten. ～の指輪 der Diamantring.

ダイヤル [電話の] die Wählscheibe (Nummernscheibe) -n; der Wähler -s, -; [ラジオの] die Einstellskala ..len. ～を回す[電話の] wählen; eine Nummer wählen; [ラジオの] um|schalten. ～イン die Direktwahl.

たいよ 貸与・する jm. et. [ver]leihen*. ～金 das Darlehen.

たいよう 大洋 der Ozean -s, -e.

たいよう 大要 der Hauptinhalt -s, -e; der Umriss -es, -e.

たいよう 太陽 die Sonne. ～の黒点 Sonnenflecke pl. ～系 das Sonnensystem. ～灯 die Höhensonne. ～暦 der Sonnenkalender. ～エネルギー die Sonnenenergie. ～電池 die Sonnenbatterie.

たいよう 耐用年数 die Haltbarkeitsdauer; die Lebensdauer.

だいよう 代用・する et. statt eines Dinges (als Ersatz für et.) gebrauchen. ～品 der Ersatz; das Surrogat. ～教員 der Hilfslehrer. ～コーヒー der Kaffeeersatz.

たいようしゅう 大洋州 Ozeanien.

たいら 平ら・な flach; eben; glatt. ～にする ebnen; eben machen.

たいらか 平らかな ruhig; friedlich. → たいら.

たいらげる 平らげる nieder|werfen*; unterwerfen*; [食い尽す] auf|essen*.

だいり 代理 die Vertretung -en; die Agentur -en. ～をする jn. vertreten*; die Vertretung für jn. übernehmen*. ～で in js. Vertretung; [an]statt 《2格》. ～人 der Stellvertreter; der Agent. ～公使 der Geschäftsträger. ～店 die Agentur.

だいりき 大力 gewaltige (herkulische) Kraft ¨e; die Riesenstärke. ～の riesenstark.

たいりく 大陸 der Erdteil -s, -e; der Kontinent -s, -e. ～的 kontinental. ～横断の transkontinental. ～移動説 die Kontinentalverschiebungstheorie. ～棚 der Kontinentalsockel. ～封鎖 die Kontinentalsperre. ～性気候 das Kontinentalklima.

だいりせき 大理石 der Marmor -s. ～の marmorn.

たいりつ 対立 der Gegensatz -es, ¨e. ～を深める Gegensätze vertiefen. ～する [feindlich] gegenüber|stehen* 《3格》; im Gegensatz stehen* 《zu 3格》. ～的 gegensätzlich; entgegengesetzt. この点で意見が～している Die Meinungen darüber sind geteilt (gehen auseinander).

たいりゃく 大略 der Hauptinhalt -s, -e; der Umriss -es, -e; [おおよそ] ungefähr; beinahe. ～ hauptsächlich; ungefähr.

たいりゅう 対流 die Konvektion -en.

たいりゅう 滞留 der Aufenthalt -s, -e. ～する sich auf|halten*.

たいりょう 大量 [große] Menge -n; die Masse -n. ～に in Massen; massenhaft; in großer Menge. ～の血 eine Menge Blut. ～購入 der Großeinkauf. ～生産 die Massenproduktion.

たいりょう 大漁である einen guten Fang machen; einen guten Zug tun*.

たいりょく 体力 die Körperkraft ¨e; die Körperstärke. ～を養成する seinen Körper kräftigen (üben). ～的に körperlich.

たいりん 大輪の花を咲かせる großblumig; mit großen Blüten.

タイル die Fliese -n; die Kachel -n. ～張りの gefliest; gekachelt. ～張りの床 der Fliesenfußboden. ～を張る et. fliesen.

たいれいふく 大礼服 der Galauniform -en.

ダイレクト・メール der Werbebrief -[e]s, -e.

たいろ 退路 der Rückzugsweg -[e]s, -e. ～を絶つ jm. den Rückzug ab|schneiden*. 部隊は～を断たれた Den Truppen war der Rückzug verlegt.

だいろっかん 第六感 der sechste Sinn -es.

たいわ 対話 das [Zwie]gespräch -[e]s, -e; der Dialog -[e]s, -e. ～をする mit jm. ein Gespräch führen; mit jm. sprechen*.

たいわん 台湾 Formosa; Taiwan. 〜人 der Taiwaner. 〜海峡 die Formosastraße.

ダウ 〜式平均株価 der Dow-Jones-Index ['daʊ'dʒoʊnz...] -.

たうえ 田植をする Reis pflanzen.

ダウン 〜する〔下がる〕sinken*(s); fallen*(s);〔ボクシングで〕zu Boden gehen*(s); nieder|gehen*(s);〔寝込む〕sich ins Bett setzen.

ダウンロード〚電算〛der Download ['daʊnloʊd] -s, -s. 〜する downloaden (過去分詞: downgeloadet); herunter|laden*.

たえがたい 耐え難い unerträglich. この暑さは〜 Die Hitze ist nicht zu ertragen.

だえき 唾液 der Speichel -s. 〜腺 die Speicheldrüse.

たえしのぶ 耐え忍ぶ ertragen*; aus|stehen*.

たえず 絶えず immer; fortwährend; ununterbrochen; stets.

たえだえ 絶え絶え・の声 gebrochene Stimme. 息も〜である in den letzten Zügen liegen*. 息も〜に schwach atmend.

たえて 絶えて…ない [noch] nie; niemals.

たえなる 妙なる wunderschön; entzückend.

たえま 絶え間 die Pause -n; die Unterbrechung -en. 〜なく ununterbrochen; ohne Unterbrechung (Aufhören); unaufhörlich. 往来は車の〜がない Auf der Straße herrscht ein ununterbrochener [Auto]verkehr.

たえる 耐(堪)える et. ertragen*; et. aus|halten*;〔抵抗する〕widerstehen*《3格》;〔適する〕geeignet sein*《für 4格》. 火に〜 feuerfest sein*. 彼はその任に堪えない Er ist der Aufgabe nicht gewachsen.

たえる 絶える auf|hören*. 補給が〜 Der Nachschub stockt. 息が〜 sein Leben aus|hauchen. 死に〜 aus|sterben*(s). 人通りが〜 Der Verkehr kommt zum Erliegen.

だえん 楕円[形] die Ellipse -n. 〜の elliptisch.

たおす 倒す um|werfen*; um|stoßen*;〔横にする〕legen;〔負かす〕besiegen;〔殺す〕töten. 木を〜 einen Baum fällen. 家を〜 ein Haus nieder|reißen*. 政府(優勝候補)を〜 die Regierung (den Favoriten) stürzen. 借金を〜 seine Schulden nicht bezahlen.

たおる 手折る [ab]|brechen*.

タオル das Handtuch -[e]s, ⸚er.

たおれる 倒れる [um]|fallen*(s);〔倒壊する〕ein|stürzen (s);〔死ぬ〕sterben*(s);〔戦死する〕fallen*(s);〔倒産する〕Bankrott gehen*(s). 地面に〜 zu Boden fallen*(s). 倒れかかった baufällig. 倒れかかっている dem Einsturz nahe sein*.

たか 高〔数量〕die Menge -n;〔額〕der Betrag -[e]s, ⸚e. 売り上げ〜 der Umsatzbetrag. 収穫〜 die Ernte. 〜が知れている unbedeutend (unbeträchtlich) sein*; nichts Besonderes sein*. 〜を括(る)る et. auf die leichte Schulter nehmen*; et. nicht ernst genug nehmen*.

たか 鷹 der Falke -n, -n. 〜狩 die Falkenbeize. 〜狩をする mit Falken jagen. 〜匠 der Falkner.

たが 箍 der Reifen -s, -. 樽(たる)に〜を掛ける Reifen um ein Fass legen. 生徒たちの〜が緩む Die Disziplin bei den Schülern lockert sich.

だが aber; doch; allein.

たかい 高い hoch;〔背が〕groß;〔声が〕laut;〔価が〕teuer. 教養が〜 hochgebildet. 評判が〜 [hoch]berühmt.

たがい 互・の gegenseitig; wechselseitig;〔共通の〕gemeinsam. 〜に einander. 〜に愛し合う einander (sich) lieben.

だかい 打開 ¶難局を〜する die Schwierigkeiten überwinden*; über die Schwierigkeiten hinweg|kommen*(s). 現状を〜する der jetzigen Lage eine günstige Wendung geben*.

たがいちがい 互違いに abwechselnd; wechselweise; alternierend.

たがう 違う ¶道徳に〜 gegen die gute Sitte verstoßen*. 約束に〜 Das steht im Widerspruch zu den Versprechungen. 寸分違わずに haargenau.

たがえる 違える〔変える〕verändern. 約束を〜 sein Wort brechen*; sein Versprechen nicht halten*.

たかが 高が〔僅か〕nur; bloß;〔せいぜい〕höchstens. 〜それしきのことで大騒ぎするな Mach kein Aufheben von solcher Kleinigkeit!

たかく 多角・形 das Vieleck; das Polygon. 〜的 vielseitig. 〜経営 vielseitiger Betrieb; vielseitiges Unternehmen.

たがく 多額・の金 eine große Summe Geld. 〜の費用 große Kosten pl.

たかさ 高さ die Höhe -n. 音の〜 die Tonhöhe. 背の〜 die Größe. 〜300メートルの山 ein Berg von 300 Meter Höhe. 〜が5メートルである 5 Meter hoch sein*.

たかしお 高潮 die Hochflut -en.

たかだい 高台 die Anhöhe -n; der Hügel -s, -.

たかだか 高高 höchstens. 〜と上げる in die Höhe heben*. 鼻〜と voller Stolz. 声〜と mit lauter Stimme.

だかつ 蛇蝎のごとく嫌(きら)う wie die Pest hassen.

だがっき 打楽器 das Schlaginstrument -s, -e.

たかとび 高飛び〔跳躍〕der Hochsprung -s, ⸚e. 〜する〔逃亡する〕die Flucht ergreifen*. 外国へ〜する ins Ausland entfliehen*(s).

たかなみ 高波 [turm]hohe Wellen pl. 〜が立っている Die See geht hoch (hat hohe Wellen).

たかなる 高鳴る ¶胸が〜 Sein Herz schlägt heftig. 血潮が〜 Das Blut wallt in den Adern.

たかね 高嶺 die Berghöhe -n. あの子は〜の花だ Das Mädchen ist unerreichbar für mich.

たがね 鏨 der Meißel -s, -.

たかばなし 高話 lautes Gespräch -[e]s, -e. ~をする laut sprechen*.

たかひく 高低・のある uneben. ~のある地面 holpriger Boden.

たかびしゃな 高飛車な gebieterisch; herrisch; hochfahrend.

たかぶる 高ぶる〔威張る〕sich wichtig machen;〔興奮する〕sich auf|regen. 高ぶらぬ bescheiden.

たかまり 高まり〔精神・気分の〕die Erhebung -en.

たかまる 高まる höher werden*(s); steigen(s); sich steigern (erhöhen);〔声・音が〕an|schwellen*(s). 名声が~ sich³ einen guten Ruf erwerben*. 感情が~ sich auf|regen.

たかみ 高みの見物をする teilnahmslos zu|sehen*《3格》.

たかめる 高める erhöhen; steigern. スピードを~ die Geschwindigkeit erhöhen. 生産を~ die Produktion steigern. 教養を~ seine Bildung vervollkommnen.

たがやす 耕す bestellen; bebauen.

たから 宝 der Schatz -es, ⸚e. ~捜し die Schatzgräberei. ~島 die Schatzinsel. ~箱 das Schatzkästchen.

だから also; deshalb; daher. ~といって deshalb doch. 今日は雨だ~ Da (Weil) es heute regnet, ...

たからかに 高らかに laut. ~な声で mit lauter Stimme. ~な笑い声 helles Gelächter.

たからくじ 宝籤 die Lotterie -n; das Lotto -s, -s;〔1枚の〕das Lotterielos -es, -e.

たかり die Erpressung -en;〔人〕der Erpresser -s, -. 金をたかる [von] jm. Geld erpressen; jn. um Geld an|hauen*⁽*⁾. 二三本タバコをたかる bei jm. ein paar Zigaretten schinden.

たかる 集る〔虫が〕schwärmen《um 4格》;〔人が〕sich sammeln. 肉に蝿がたかっている Die Fliegen sitzen auf dem Fleisch.

たかわらい 高笑い das Gelächter -s, -.

たかん 多感・な sentimental; sensibel. 多情~な empfindsam.

だかん 兌換 die Konvertierung -en. ~する konvertieren. ~紙幣 konvertible Noten.

たき 滝 der Wasserfall -[e]s, ⸚e;〔人工の〕die Kaskade -n. ~壺 das Bassin des Wasserfalls.

たぎ 多義の vieldeutig.

だき 唾棄すべき abscheulich; ekelhaft.

だき 惰気 die Trägheit; die Lässigkeit. ~満満たる ganz träge (lässig).

だきあう 抱き合う sich umarmen; einander in die Arme sinken*(s).

だきあげる 抱き上げる jn. auf den Arm nehmen*.

だきあわせ 抱き合わせて売る gekoppelt verkaufen.

だきおこす 抱き起す jm. auf|helfen*; jm. auf die Beine helfen*.

だきかかえる 抱きかかえる umarmen; in die Arme schließen*; den Armen tragen*.

たきぎ 薪 das Brennholz -es, ⸚er.

だきこむ 抱き込む auf seine Seite ziehen*; für sich gewinnen*.

タキシード der Smoking -s, -s.

だきしめる 抱きしめる fest umarmen; in die Arme schließen*.

だきつく 抱き着く jn. umklammern. 首に~ jm. um den Hals fallen*(s).

たきつけ 焚き付け der Feueranzünder -s, -.

たきつける 焚き付ける ¶ 火を~ Feuer [an|]machen (an|zünden). ストーブを~ einen Ofen heizen. 人を~ jn. auf|hetzen (auf|reizen)《zu 3格》.

たきび 焚き火 das Feuer -s, -. ~をする Feuer machen.

たきょう 他郷 die Fremde.

だきょう 妥協・する mit jm. ein[en] Kompromiss schließen*. ~案 der Kompromissvorschlag.

たぎる 滾る kochen; sieden*.

たく 宅 mein Haus -es;〔夫〕mein Mann -es. ~では bei uns.

たく 卓 der Tisch -es, -e.

たく 炊く ¶ 飯を~ Reis kochen.

たく 焚く brennen*. 火を~ Feuer machen. ストーブを~ einen Ofen heizen.

だく 抱く auf den Arm nehmen*;〔卵を〕[auf den Eiern] brüten (sitzen*). 抱いている auf dem (im) Arm haben*.

たぐい 類・のない unvergleichlich; einzigartig; einmalig. こういう~の人 diese Sorte (Art) Menschen. 彼は~まれな剣の使い手だ Er ist ein Fechter ohnegleichen.

たくえつ 卓越・する sich aus|zeichnen; sich hervor|tun*; hervor|ragen. ~した ausgezeichnet; hervorragend.

だくおん 濁音 japanische Silbe mit stimmhaftem Anlaut.

たくさん 沢山 eine Menge; viel. ~の金 eine Menge (viel) Geld. 手紙を~書く viel[e] Briefe schreiben*. もう~だ [Ich habe] genug davon!

たくしあげる たくし上げる ¶ 袖(½)を~ die Ärmel auf|streifen (auf|krempeln).

タクシー das Taxi -s, -s. ~で行く mit dem Taxi fahren*(s);〔利用する〕ein Taxi nehmen*. ~の運転手 der Taxifahrer.

たくじしょ 託児所 die Kinderkrippe -n.

たくじょうでんわ 卓上電話 das Tischtelefon -s, -e.

たくしょく 拓殖する kolonisieren.

だくすい 濁水 trübes Wasser -s.

たくする 託する jm. et. an|vertrauen; jn. beauftragen《mit 3格》. …に託して〔口実〕unter dem Vorwand, dass ...

たくせつ 卓説 vortreffliche Meinung (Ansicht) -en.

たくせん 託宣 das Orakel -s, -.

たくそう 託送する übersenden*⁽*⁾; überschicken.

だくだく ~流れる in Strömen fließen*(s).

汗を～流している Er ist [wie] in Schweiß gebadet. / Schweiß strömt ihm über den Körper.

たくち 宅地 der Baugrund -[e]s.

タクト〔拍子〕der Takt -[e]s, -e;〔指揮棒〕der Taktstock -s, ¨e; der Dirigentenstab -[e]s, ¨e. ～を取る dirigieren.

たくはい 宅配 die Zustellung von Haus zu Haus. ～で送る per Von-Tür-zu-Tür -Zustelldienst schicken.

たくはつ 托鉢・する betteln gehen*(s). ～僧 der Bettelmönch.

だくひ 諾否 Ja oder Nein. ～を問う jn. um Zusage oder Absage bitten*.

たくましい 逞しい kräftig; stark; robust. 想像を逞しうする seiner Fantasie die Zügel schießen lassen*.

たくみ 巧み・な geschickt; gewandt. 彼は計算が～だ Er ist gewandt im Rechnen.

たくむ 巧む 一たくらむ. 巧まぬ美しさ ungekünstelte (naive) Schönheit.

たくらみ 企み die Intrige -n; Tücken pl.; böses Vorhaben -s, -.

たくらむ 企む ¶悪事を～ heimlich etwas Unrechtes vor|haben*. 陰謀を～ Intrigen spinnen*; Ränke (ein Komplott) schmieden.

だくりゅう 濁流 trüber Strom -[e]s, ¨e.

たぐる 手繰る [an]|holen; an|ziehen*. 記憶を～ sein Gedächtnis durchstöbern.

たくわえ 貯え〔品物の〕der Vorrat -s, ¨e;〔貯金〕Ersparnisse pl.

たくわえる 貯える auf|speichern; auf|bewahren. 金を～ Geld sparen. 力を～ seine Kräfte auf|sparen. ひげを～ sich³ einen Bart wachsen lassen*.

たけ 丈 die Größe -n. ～が高い(低い) groß (klein) sein*. ドレスの～ die Länge des Kleides.

たけ 竹 der Bambus -[ses], -se. ～を割ったような 明らかで率直である.

だけ nur. 一度～ nur einmal. できる～早く so schnell wie möglich. それ～では十分でない Das allein genügt nicht. 私はそれを買う～の金を持っている Ich habe Geld genug, um es zu kaufen. 私の知っている事はそれ～だ Das ist alles, was ich weiß. 彼は私より三つ～年上だ Er ist um 3 Jahre älter als ich.

たげい 多芸な vielseitig [begabt].

たけうま 竹馬 die Stelze -n. ～に乗る auf Stelzen gehen*(s).

だげき 打撃 der Schlag -es, ¨e. ～を与える jm. einen Schlag verpassen (versetzen). 彼はひどい～を受けた Ein schwerer Schlag traf ihn.

たけざいく 竹細工 die Bambusarbeit -en.

たけだけしい 猛猛しい wild; unerschrocken; ungestüm;〔ずうずうしい〕frech; unverschämt.

だけつ 妥結する zu einem Übereinkommen gelangen (s); zu einem guten Ergebnis führen.

たけつしつ 多血質 der Sanguiniker -s. ～の sanguinisch. ～の人 der Sanguiniker.

たけなわ 酣・である in vollem Gang sein*. 試合は今まさに～だ Soeben hat der Wettkampf seinen Höhepunkt erreicht.

たけのこ 筍 der Bambussprössling -s, -e. 雨後の～のように家が建つ Die Häuser schießen wie Pilze aus der Erde. ～生活をする durch Verkauf seiner Habseligkeiten leben.

たけやぶ 竹藪 das Bambusgebüsch -es, -e.

たけやり 竹槍 die Bambuslanze -n.

たげん 多元 die Pluralität. ～論 der Pluralismus. ～的な pluralistisch.

たげん 多言・を弄する viel[e] Worte machen. ～を要しない Darüber braucht man nicht viele Worte zu verlieren.

たこ 凧を上げる einen Drachen steigen lassen*.

たこ 蛸 der Krake -n, -n; der Achtfüßer -s, -.

たこ 胼胝 die Schwiele -n. ～のできた schwielig.

たこう 多幸 ¶御～を祈る [Ich wünsche Ihnen] viel Glück! ～な glücklich.

だこう 蛇行する schlängeln.

たこく 他国〔外国〕das Ausland -es; fremdes Land -es, ¨er;〔他郷〕die Fremde. ～人 der Fremde*.

たこくせき 多国籍企業 multinationaler Konzern -s, -e.

タコメーター der Drehzahlmesser -s, -; der (das) Tachometer -s, -.

たごん 他言・する weiter|sagen; aus|plaudern. この事は～するな Sage keinem Dritten etwas davon! / Das bleibt unter uns.

たさい 多彩な bunt.

たさく 多作・な fruchtbar. ～家 fruchtbarer (produktiver) Schriftsteller;〔軽蔑的〕der Vielschreiber.

ださく 駄作 das Machwerk -[e]s, -e.

たさつ 多殺 der Mord -es, -e.

たさん 多産の fruchtbar; produktiv.

たざん 他山の石 warnendes (abschreckendes) Beispiel -s, -e.

ださん 打算 die Berechnung. ～する berechnen. ～的な berechnend.

たし 足し die Ergänzung -en. ～にする et. ergänzen《mit 3 格》. ～になる helfen*《3 格》. それは何の～にもならぬ Das hilft mir nichts.

たじ 多事な〔多忙な〕beschäftigt;〔事件の多い〕ereignisreich;〔不穏な〕unruhig.

だし 出し〔出し汁〕die Brühe -n;〔口実〕der Vorwand -es, ¨e. ～にする als Vorwand benutzen. 他人を～にして冗談を言う seine Witze auf Kosten anderer machen.

だし 山車 [geschmückter] Festwagen -s, -.

だしあう 出し合う ¶金を～ Geld zusammen|legen (zusammen|schießen*). 費用を～ die Kosten gemeinsam tragen*.

だしいれ 出し入れ das Hinein- und Heraustun;〔預金の〕das Einzahlen und Abheben.

だしおしむ 出し惜しむ → 出し渋る.
たしか 確か〔多分〕wahrscheinlich; wenn ich mich nicht irre, so ... ～な〔確実な〕sicher;〔信頼できる〕zuverlässig; solid[e]. ～な情報 sichere Nachricht. ～な品 solide Ware. ～な足取りで festen Schrittes. ～に sicher; gewiss. 気は～かい Bist du in Ordnung?
たしかめる 確かめる sich vergewissern, dass (ob) ...; sich überzeugen《von 3 格》; fest|stellen.
だしがら 出し殻 der Satz -es, ¨e. コーヒーの～ der Kaffeesatz.
だしきる 出し切る ¶力を～ seine ganze Kraft ein|setzen《für 4 格》.
たしざん 足し算 die Addition -en; die Zusammenzählung -en. ～し足す.
だししぶる 出し渋る ¶金を～ nicht gern Geld aus|geben*; mit seinem Geld geizen.
たしせいせい 多士済々である Es gibt eine Schar ausgezeichneter (talentierter) Personen.
たじたじ ～となる zurück|schrecken*(s). 彼女の質問に～となる Ihre Frage macht mich stutzig.
たじつ 他日 [irgend]einmal; einst; später.
だしっぱなし 出しっ放しにする〔水を〕fließen lassen*;〔物を〕liegen lassen*.
たしなみ 嗜み〔趣味〕der Geschmack -s;〔作法〕der Anstand -[e]s. 茶道の～がある sich aufs Blumenarrangement verstehen*. ～のない unanständig.
たしなむ 嗜む〔好む〕lieben; Geschmack haben*《an 3 格》;〔芸事などを〕etwas Verständnis (Kenntnis) haben*《für 4 格》. 酒を～ Er neigt zum Trunk.
たしなめる 窘める jn. tadeln (zurecht|weisen*)《wegen 2 格》.
だしぬく 出し抜く jm. zuvor|kommen*(s)《in 3 格》;〔だます〕überlisten.
だしぬけ 出し抜けの(に) unvermittelt; unerwartet; kurzfristig.
たしまえ 足し前を出す einen Zuschuss gewähren (leisten).
だしもの 出し物 das [Theater]stück -[e]s, -e;〔番組〕das Programm -s, -e.
だしゃ 打者〔野球の〕der Schläger -s, -.
だじゃく 惰弱な weichlich; verzärtelt;〔身体が弱い〕schwach.
だじゃれ 駄洒落 der Kalauer -s, -. ～をとばす kalauern.
だしゅ 舵手 der Steuermann -[e]s, ..leute (¨er).
たじゅう 多重 ¶音声・方式 das Multiplexverfahren.
たしゅたよう 多種多様の mannigfaltig; verschiedenartig.
たしょう 多少 ein wenig; etwas. ～とも mehr oder weniger. ～持ち合わせがある Ich habe etwas Geld bei mir. 金の～は問題でない Es kommt nicht auf den Betrag an.
たじょう 多情な〔浮気な〕liederlich. →多感.

たじろぐ〔しりごみする〕zurück|schrecken*(s)《vor 3 格》.
だしん 打診・する beklopfen; ab|klopfen; perkutieren. 意向を～する jn. (bei jm.) sondieren; bei jm. auf den Busch klopfen.
たしんきょう 多神教 der Polytheismus.
たす 足す addieren; et. hinzu|fügen《zu 3 格》;〔補足する〕et. ergänzen《mit 3 格》. 2～2 は 4 Zwei und zwei macht (ist) vier.
だす 出す aus|geben*. 外に～ heraus|lassen*; heraus|tun*. 金を～ Geld aus|geben*. 願書を～ ein Gesuch ein|reichen. 証明書を～ Zeugnisse aus|stellen. 全力を～ alle Kräfte auf|bieten*. 使いを～ einen Boten aus|schicken (aus|senden*). 手紙(招待状)を～ einen Brief (eine Einladung) schicken. 本を～ ein Buch veröffentlichen.
たすう 多数 eine große Zahl (Menge);〔過半数〕die Mehrheit -en; die Majorität -en. 絶対～ die absolute Mehrheit. 圧倒的～で mit überwältigender Mehrheit. ～決 der Mehrheitsbeschluss. ～党 die Mehrheitspartei.
たすかる 助かる gerettet werden*(s受); sich retten. それで時間と金[無用の手間]が～ Dadurch kann ich mir Zeit und Geld (unnütze Arbeit) ersparen. 軽傷ですんで助かった Ich hatte Glück, mit einer leichten Wunde davonzukommen.
たすけ 助け die Hilfe;〔援助〕die Unterstützung -en; der Beistand -[e]s;〔救助〕die Rettung -en. ～を呼ぶ um Hilfe rufen*. ～に行く jm. zu Hilfe kommen*(s).
たすけあう 助け合う einander helfen*; sich³ gegenseitig Hilfe leisten.
たすけあげる 助け上げる ¶水中から～ jn. aus dem Wasser retten.
たすけおこす 助け起す jm. auf die Beine helfen*; jm. auf|helfen*.
たすけだす 助け出す jn. retten《aus 3 格》.
たすけぶね 助け船 das Rettungsboot -[e]s, -e; ～を出す〔比〕jm. Beistand leisten.
たすける 助ける jm. helfen*; jm. Hilfe leisten;〔援助する〕unterstützen; jm. bei|stehen*;〔救助する〕retten. 仕事を～ jm. arbeiten (bei der Arbeit) helfen*. 消化を～ zur Verdauung bei|tragen*.
たずさえる 携える mit|nehmen*; [in der Hand] tragen*; bei sich³ haben*.
たずさわる 携わる sich beschäftigen (befassen)《mit 3 格》.
ダスター・コート der Staubmantel -s, ¨.
たずねびと 尋ね人 der Vermisste#.
たずねもの 尋ね物 verlorene Sache -n.
たずねる 尋ねる〔捜す〕suchen;〔質問する〕jn. fragen《nach 3 格》;〔訪問する〕besuchen; auf|suchen; jm. einen Besuch machen (ab|statten).
たぜい 多勢に無勢 Viele Hunde sind des Hasen Tod.
だせい 惰性〔慣性〕die Trägheit;〔習慣〕die

Gewohnheit -en. ～で aus Gewohnheit.
たそがれ 黄昏・に in der Abenddämmerung; im Dämmerlicht des Abends. ～になる Es dämmert.
だそく 蛇足・を加える et. zum Überfluss tun*. ～であるが nebenbei bemerkt.
ただ 多多ますます弁ず Je mehr, desto besser.
ただ 只・の〔単なる〕bloß; 〔平凡な〕gewöhnlich; alltäglich; 〔無料の〕unentgeltlich; kostenfrei. ～で umsonst; ohne Entgelt; gratis. ～ならぬ ungewöhnlich; ernst. ～取りする unentgeltlich (gratis) bekommen*. ～同然で買う für ein Nichts kaufen. ～乗りする schwarz|fahren*(s).
ただ 唯 nur; bloß; einfach. ～一度 nur einmal. ～一つの einzig. ～ひとりで [ganz] allein.
だだ 駄駄・をこねる quengeln. ～っ子 quengeliges Kind.
だだい 多大・の groß; viel; beträchtlich; ungeheuer. ～の損害 schwerer (ungeheurer) Schaden.
だたい 堕胎 die Abtreibung -en. ～する ein Kind ab|treiben*. ～剤 das Abtreibungsmittel.
ただいま 唯今 [eben] jetzt; soeben; im Moment; 〔直ちに〕gleich.
たたえる 称える rühmen; preisen*; loben.
たたえる 湛える ¶桶(おけ)に水を～ einen Kübel mit Wasser füllen. 目に涙を～ Tränen in den Augen haben*. 彼は口元に微笑を湛えている Ein Lächeln spielt um seinen Mund.
たたかい 戦い der Kampf -[e]s, ⁼e; der Krieg -es, -e; die Schlacht -en. 生死を賭(と)けた～ ein Kampf auf Leben und Tod. ～を挑(いど)む jn. zum Kampf [heraus]fordern.
たたかう 戦う kämpfen; 〔戦争する〕Krieg führen; 〔争う〕streiten*. 敵(運命)と～ gegen den Feind (mit dem Schicksal) kämpfen.
たたき 三和土 der Estrich -s, -e.
たたきあげる 叩き上げる sich empor|arbeiten.
たたきうる 叩き売る los|schlagen*; verkloppen.
たたきおこす 叩き起す jn. aus dem Schlaf reißen*; 〔ドアなどを叩いて〕jn. aus dem Schlaf (Bett) trommeln.
たたきおとす 叩き落す herunter|schlagen*. 手から～ jm. et. aus der Hand schlagen*.
たたきころす 叩き殺す tot|schlagen*; erschlagen*.
たたきこわす 叩き壊す zerschlagen*; zusammen|schlagen*; zertrümmern.
たたきだい 叩き台 die Diskussionsgrundlage -n.
たたきだす 叩き出す jn. schmeißen* (hinaus|jagen) 《aus 3格》. 女房を～ seine Frau verstoßen*(fort|jagen).
たたきつける 叩き付ける ¶グラスを壁に～ ein Glas an die Wand schmettern (schleudern).
たたく 叩く schlagen*; 〔殴打する〕prügeln; 〔とんとん〕klopfen; pochen; 〔攻撃する〕an|greifen*. 頭を～ jn. auf den Kopf schlagen*. 戸を～ an die Tür klopfen (pochen). 手を～ in die Hände klatschen. 新聞で叩かれる in den Zeitungen angegriffen werden*(s受). 値(絵の値段)を～ den Preis (ein Bild) herunter|handeln. 意見を～ jn. um Rat fragen.
ただごと 徒事ではない Das geht nicht mit rechten Dingen zu.
ただし 但し aber; allein; doch.
ただしい 正しい richtig; recht; 〔正義の〕gerecht. ～姿勢を保つ sich gerade halten*. 君の言う事は～ Du hast Recht.
ただしがき 但書 der Vorbehalt -s, -e; die Bedingung -en.
ただす 正す berichtigen; verbessern. 姿勢を～ sich aufrecht halten*. 姿勢を正して in aufrechter Haltung. 行いを～ sich bessern.
ただす 糾す genau untersuchen.
ただす 質す jn. fragen 《nach 3格》; sich bei jm. erkundigen 《über 4格》.
たたずまい 〔外観〕das Aussehen -s; 〔雰囲気〕die Atmosphäre -n.
たたずむ 佇む [still|]stehen*; stehen bleiben*(s).
ただちに 直ちに [so]gleich; sofort; unverzüglich; 〔直接〕unmittelbar.
たたみ 畳 die Tatami [ta'ta:mi] -s.
たたみかける 畳み掛けて聞く jm. Fragen über Fragen stellen.
たたみこむ 畳み込む nach innen falten.
たたむ 畳む zusammen|legen; zusammen|falten. 傘を～ einen Schirm zu|machen. 店を～ das Geschäft schließen*; den Laden zu|machen. 所帯を～ seinen Haushalt auf|geben*. 秘密を胸に畳んでおく die Geheimnisse für sich behalten*.
ただもの 只者 ¶～ではない Er ist kein gewöhnlicher Sterblicher.
ただよう 漂う schweben. 船が～ Das Schiff treibt. あたりに深い沈黙が～ Ringsum herrscht tiefes Schweigen. 彼の口元に微笑が～ Ein Lächeln spielt um seine Lippen.
たたり 祟り der Fluch -[e]s; 〔報い〕die Vergeltung. 悪業の～ der Fluch der bösen Tat. 怨霊(おんりょう)の～を受ける von den bösen Geistern der Gestorbenen gequält werden*(s受). あとの～が恐ろしい Es wird sich bitter rächen.
たたる 祟る 〔災難を与える〕jm. Unheil bringen*; 〔報いがある〕sich rächen. 怠けたのがひどく祟った Meine Vernachlässigung rächte sich bitter.
ただれ 爛れ〔炎症〕die Entzündung -en; 〔化膿〕die Eiterung -en. ～目 das Triefauge.
ただれる 爛れる sich entzünden; 〔化膿する〕eitern.
たたん 多端な [viel] beschäftigt; ereignisreich.
たち 質 die Natur; 〔種類〕die Art -en. 彼は気の弱い～だ Er ist von Natur kleinmütig. 彼は風邪を引きやすい～だ Er neigt zu Erkäl-

たち 太刀 das Schwert -es, -er.
たちあい 立会い〔証券取引〕das Börsengeschäft -s, -e. 証人~の上で in Gegenwart (Anwesenheit) von Zeugen. ~演説 der Redewettkampf der Kandidaten. ~人 der Zeuge.
たちあう 立ち会う anwesend (zugegen) sein* 《bei 3格》;〔証人になる〕Zeuge 《2格》 sein*.
たちあがる 立ち上がる auf|stehen*(s); sich erheben*. 圧政に対して~ gegen die Tyrannei auf|stehen*(s).
たちい 立ち居[振舞] das Benehmen -s; das Betragen -s.
たちいた 裁ち板 der Schneidertisch -es, -e.
たちいたる 立ち到る dahin (dazu) kommen* (s), dass … 重大な事態に~ in eine ernste Lage geraten*(s).
たちいる 立ち入る betreten*《4格》; ein|treten*(s)《in 4格》;〔係わり合う〕sich ein|mischen《in 4格》. 立ち入り検査 die Überprüfung an Ort und Stelle. 立ち入り禁止 Kein Zutritt! / Eintritt verboten! 立ち入ったことを伺うようですが Wenn ich mir eine persönliche Frage erlauben darf, …
たちうち 太刀打ちできない jm. nicht gewachsen sein*; es mit jm. nicht aufnehmen können*.
たちうり 立ち売り〔人〕der Straßenhändler -s, -. ~をする et. auf der Straße verkaufen.
たちおうじょう 立往生する stehen bleiben* (s);〔故障して〕eine Panne haben*; mit einer Panne liegen bleiben*(s);〔困惑する〕sich³ nicht zu helfen wissen*.
たちおくれる 立ち遅れる zu spät auf|stehen* (s);〔後れる〕zurück|bleiben*(s)《hinter 3格》. この点では我我はまだ立ち遅れている In dieser Beziehung sind wir noch weit zurück.
たちおよぎ 立ち泳ぎ das Wassertreten -s. ~をする Wasser treten*.
たちがれる 立ち枯れる verdorrt stehen*. 立ち枯れた木 verdorrter Baum.
たちき 立ち木 der Baum -es, ⸚e.
たちぎえになる 立ち消えになる〔火が〕erlöschen*(s);〔物事が〕nicht zustande kommen*(s); im Sand[e] verlaufen*(s).
たちぎき 立ち聞きする belauschen; lauschen 《auf 4格》.
たちきる 断ち切る ab|schneiden*. 交際を~ den Umgang ab|brechen*. 敵の退路を~ dem Feind den Rückzug ab|schneiden*.
たちぐい 立ち食いする im Stehen essen*.
たちぐされ 立ち腐れになる〔建物が〕verfallen* (s);〔木が〕verfault stehen*.
たちこめる 立ち籠める ¶霧が湖に~ Der Nebel hängt (lagert) über dem See. / Der See ist in Nebel gehüllt. 部屋にはタバコの煙が立ち籠めていた Das Zimmer war vom Tabakrauch erfüllt.
たちさる 立ち去る ab|gehen*(s); fort|gehen* (s); weg|gehen*(s); verlassen*.

たちすくむ 立ちすくむ starr [vor Schrecken] da|stehen*.
たちつくす 立ち尽す ¶呆然と~ verblüfft stehen bleiben*(s).
たちどおす 立ち通す stehen bleiben*(s).
たちどころ 立ち所に auf der Stelle; sofort.
たちどまる 立ち止まる stehen bleiben*(s).
たちなおる 立ち直る sich erholen《von 3格》. ゴム産業は戦後立ち直った Die Gummiindustrie hat sich nach dem Krieg erholt.
たちならぶ 立ち並ぶ in einer Reihe stehen* 店が~ Ein Laden reiht sich an den andern.
たちのき 立ち退き die Räumung -en; der Auszug -[e]s, ⸚e.
たちのく 立ち退く aus|ziehen*(s)《aus 3格》 räumen. 立ち退かせる jn. exmittieren. 6時までに家を~こと Das Haus muss bis 6 Uhr geräumt werden.
たちのぼる 立ち昇る [auf|]steigen*(s); sich heben*.
たちば 立場 der Standpunkt -[e]s, -e;〔境遇〕die Lage -n. 科学の~から vom Standpunkt der Wissenschaft aus. 同じ~に立つ auf dem gleichen Standpunkt stehen*. ~を保留する sich³ seine Stellungnahme vor|behalten*. 指導的~にある eine leitende Stellung inne|haben*. ~が無い → 立つ瀬. 僕の~にもなってくれ Versetze dich in meine Lage!
たちはだかる 立ちはだかる jm. in den Weg treten*(s).
たちばなし 立ち話 ¶往来で~をする mit jm. auf der Straße sprechen*.
たちばん 立ち番 die Wache. ~をする Wache halten*.
たちまち 忽ち〔急に〕plötzlich; auf einmal im Nu;〔直ちに〕augenblicklich; sofort.
たちまわり 立ち回り ¶大~を演ずる in ein wildes Handgemenge geraten*(s).
たちまわる 立ち回る〔奔走する〕hin und her laufen*(s);〔振舞う〕sich benehmen*; handeln;〔犯人が〕bei jm. Zuflucht suchen.
たちみ 立ち見・する stehend (im Stehen) sehen*. ~席 der Stehplatz. ~客 der Stehplatzbesucher.
たちむかう 立ち向かう jm. entgegen|treten* (s). 危険に敢然と~ einer Gefahr kühn entgegen|treten*(s).
たちもどる 立ち戻る zurück|kehren(s)《zu 3格》.
たちゆく 立ち行く ¶この値段では劇場は立ち行かない Bei diesen Preisen kann das Theater nicht bestehen (existieren). この収入では立ち行かない Ich kann mit meinem Gehalt nicht auskommen.
だちょう 駝鳥 der Strauß -es, -e. ~の羽 die Straußfeder.
たちよみ 立ち読み ¶本屋で~する in einer Buchhandlung schmökern.
たちよる 立ち寄る ein|kehren (s)《bei (in) 3格》; bei jm. vorbei|kommen*(s).
だちん 駄賃 die Belohnung -en.

たつ 立つ sich stellen; [立っている] stehen*; [立ち上がる] auf|stehen*(s); sich erheben*; [立ち昇る] [auf]steigen*(s); [出発する] ab|reisen*(s). 市(ホ)が~ Der Markt wird abgehalten. 噂が~ Es geht ein Gerücht. 風が~ Es erhebt sich ein Wind. 鳥が~ Ein Vogel fliegt davon. 波が~ Die Wellen gehen hoch. 席を~ vom Stuhl auf|stehen*(s); seinen Platz verlassen*. 苦境に~ in Not (in der Klemme) sein*. 証人に~ als Zeuge auf|treten*(s). 人目に~ auf|fallen*(s). 役に~ taugen (nützen)《zu 3格》.
たつ 建つ gebaut (errichtet) werden*(s受).
たつ 経つ ¶時が~ Die Zeit vergeht (verläuft). 1週間経てば in einer Woche. 10分経ってから nach 10 Minuten. 数日が経った Es vergingen mehrere Tage. …からもう3年経った Es ist schon 3 Jahre her, seit …
たつ 裁つ zu|schneiden*; schneiden*.
たつ 絶(断)つ [切り離す] ab|schneiden*; [やめる] sich enthalten*(2格); auf|geben*. タバコを~ sich des Rauchens enthalten*; dem Rauchen entsagen. 敵の退路を~ dem Feind den Rückzug ab|schneiden*. 或る人の命を~ jn. ums Leben bringen*. 悪を~ ein Übel aus|rotten. 消息を~ nichts von sich³ hören lassen*. 選挙違反が後を絶たない Das Wahlvergehen nimmt kein Ende.
だつい 脱衣・する die Kleider aus|ziehen*; sich aus|kleiden. ~場 die Ankleidekabine; der Umkleideraum.
だっかい 脱会する aus|treten*(s)《aus 3格》.
だっかい 奪回する wieder|erobern; wieder|gewinnen*.
だっかん 達観 ¶彼は~している Er ist über kleinliche Dinge erhaben.
だっきゃく 脱却する sich befreien《von (aus)》.
たっきゅう 卓球 das Tischtennis -; das Pingpong -s. ~をする Tischtennis (Pingpong) spielen. ~のラケット der Tischtennisschläger (Pingpongschläger). ~台 die Tischtennisplatte (Pingpongplatte).
だっきゅう 脱臼 die Verrenkung -en. 腕を~する sich³ den Arm verrenken.
タックル [ラグビー] das Tackling -s, -s; ~する fassen.
たっけい 磔刑 die Kreuzigung -en.
たっけん 卓見 vortreffliche (ausgezeichnete) Ansicht -en.
だっこう 脱肛 der Mastdarmvorfall -s, ⸚e.
だっこう 脱稿する mit einem Manuskript fertig werden*(s).
だっこく 脱穀・する dreschen*. ~機 die Dreschmaschine.
だつごく 脱獄する aus dem Gefängnis aus|brechen*(s).
たっし 達し・を出す einen [öffentlichen] Erlass bekannt machen; eine Verordnung erlassen*. その筋のお~により von Amts wegen.
だっし 脱脂・する entfetten; entrahmen. ~綿 die Verbandwatte. ~乳 entrahmte Milch; die Magermilch.
たっしゃ 達者・な geschickt (gewandt)《in 3格》; [健康な] gesund. 足が~だ gut zu Fuß sein*. 口の~な flinkzüngig. 口が~だ ein flinkes Mundwerk haben*.
だっしゅ 奪取する erobern; jn. berauben《2格》.
ダッシュ [横線] der Gedankenstrich -s, -e; [数] der Strich -[e]s, -e. ~する [突進する] spurten (s); sich stürzen《auf (in) 4格》.
だっしゅう 脱臭・する desodorieren. ~剤 das Desodorans.
だっしゅつ 脱出する entlaufen* (entfliehen*) (s)《aus 3格》.
だっしょく 脱色・する entfärben; bleichen. ~剤 das Entfärbungsmittel; das Bleichmittel.
たつじん 達人 der Meister -s, -.
だっすい 脱水・する entwässern. ~機 die [Trocken]schleuder. ~症 die Exsikkose [ɛkszɪˈkoːzə].
たっする 達する et. erreichen. 目的地に(目的を)~ das Ziel erreichen; ans Ziel gelangen (s). 100ユーロに~ 100 Euro betragen*; sich auf 100 Euro belaufen*.
だっする 脱する entgehen*(s)《3格》; [脱退する] aus|treten*(s)《aus 3格》. 危機を~ aus der Krise heraus|kommen*(s).
たつせ 立つ瀬がない in der Klemme sein*.
たっせい 達成・する erreichen; [完成する] vollbringen*. 目標を~する das Ziel erreichen.
だつぜい 脱税 die Steuerhinterziehung -en. ~する Steuern hinterziehen*.
だっせん 脱線する entgleisen (s); [比] ab|schweifen (ab|irren) (s)《von 3格》.
だっそ 脱疽 der Brand -es; die Gangrän -en.
だっそう 脱走・する entfliehen*(s); entlaufen* (s); [兵] desertieren (s). ~兵 der Deserteur; fahnenflüchtiger Soldat.
たった nur; bloß. ~今 eben jetzt; soeben.
だったい 脱退する aus|treten*(s)《aus 3格》; ab|fallen*(s)《von 3格》.
タッチ [ピアノや水泳などの] der Anschlag -[e]s, ⸚e; [絵画の] der Strich -[e]s, -e. ~ライン [サッカー] die Seitenlinie. ~する [触れる] et. berühren; [関与する] sich beteiligen《an 3格》.
だっちょう 脱腸 die Hernie -n; der Bruch -[e]s, ⸚e.
たって dringend. ~の頼み inständige Bitte.
だって [なぜなら] weil; da; denn. 兄弟~ sogar (selbst; auch) der Bruder.
たづな 手綱 der Zügel -s, -. ~を締める die Zügel straff[er] an|ziehen*. ~を緩(⁎)める die Zügel lockern (schleifen lassen*). ~を取る die Zügel ergreifen*.
たつのおとしご 龍の落し子 das Seepferdchen -s, -.
だっぴ 脱皮・する sich häuten; die Haut ab|werfen*. ~して…になる [比] sich mausern《zu 3格》.

たっぴつ 達筆である eine ausgeschriebene Handschrift haben*.

タップ・ダンス der Step -s, -s; der Steptanz -es, ⸚e. ～をする steppen.

たっぷり genügend; reichlich; voll. ～お金がある Ich habe genügend (reichlich) Geld bei mir. ～注ぐ voll gießen*. ～1マイル eine volle Meile. ～1時間 eine gute (starke) Stunde. ～したズボン weite Hosen pl.

だつぼう 脱帽・する den Hut ab|nehmen*; 〔比〕den Hut ziehen* 《vor 3格》. ～！〔号令〕Hut ab! 彼には～だ Hut ab vor ihm!

たつまき 龍巻 die Windhose -n; die Trombe -n; 〔海上の〕die Wasserhose -n.

だつもう 脱毛 der Haarausfall -s, ⸚e. ～剤 das Enthaarungsmittel.

だつらく 脱落 〔物の〕der Ausfall -s; 〔人の〕der Abfall -s. グループから～する von einer Gruppe ab|fallen*(s).

たて 盾 der Schild -es, -e. ～に取る sich stützen 《auf 4格》.

たて 縦 die Länge. ～に der Länge nach; 〔垂直に〕senkrecht. ～横に kreuz und quer. ～の線 vertikale (senkrechte) Linie. 横の物を～にもしない keinen Finger krumm machen.

たて 立て ¶生み～の卵 frisches Ei. 焼き～のパン frischbackenes (frisch gebackenes) Brot.

たで 蓼 der Knöterich -s, -e. ～食う虫も好き好き Über den Geschmack lässt sich nicht streiten.

だて 立て ¶1頭の～ einspännig. 4頭の～の馬車 der Vierspänner.

だて 伊達・な stutzerhaft; geckenhaft. ～にaus Eitelkeit. ～男 der Geck; der Stutzer.

たてあな 竪穴 der Schacht -[e]s, ⸚e.

たていた 立て板に水である wie ein Wasserfall reden.

たていと 縦(経)糸 die Kette -n; das Kett[en]garn -s, -e.

たてかえる 立て替える et. für jn. aus|legen. 立て替え金 Auslagen pl.

たてかえる 建て替える um|bauen.

たてかける 立て掛ける et. lehnen 《an (gegen) 4格》.

たてがみ 鬣 die Mähne -n. ～を振り立てる die Mähne schütteln.

たてぐ 建具 die Einrichtung -en. ～屋 der Tischler.

たてこう 立坑 der Schacht -[e]s, ⸚e.

たてごと 竪琴 die Harfe -n.

たてこむ 立て込む 〔人で〕gedrängt voll (überfüllt) sein*; 〔仕事が〕sehr beschäftigt sein*.

たてこもる 立て籠る sich ein|schließen* 《in 4格》. 城に～ die Burg halten*.

たてじく 縦軸 die Längsachse -n.

たてじま 縦縞の längs gestreift.

たてつく 楯突く sich jm. widersetzen.

たてつづけ 立て続け・に in rascher Aufeinanderfolge. 3度～に dreimal hintereinander.

～に手紙を書く einen Brief über den (nach dem) andern schreiben*.

たてとおす 立て通す ¶自説を～ bei seiner Meinung bleiben*(s); seine Meinung aufrecht|erhalten*; auf seiner Meinung beharren.

たてなおす 立て直す wieder|her|stellen.

たてな 縦長の das Hochformat -s.

たてふだ 立て札 die Tafel -n. 禁止(注意)の～ die Verbotstafel (Warnungstafel).

たてまえ 建前〔上棟式〕das Richtfest -[e]s, -e; 〔原則〕der Grundsatz -es, ⸚e; das Prinzip -s, -ien.

たてまし 建て増し der Anbau -s. ～する et an|bauen 《an 4格》.

たてもの 建物 das Gebäude -s, -.

たてやくしゃ 立役者 der Hauptdarsteller -s, -; 〔指導者〕führende Person -en.

たてる 立てる stellen. 歩哨(原則)を～ Posten (einen Grundsatz) auf|stellen. 候補者に～ jn. als Kandidaten auf|stellen. 案を～ einen Plan entwerfen*. 噂(?)を～ ein Gerücht verbreiten. 声を～ seine Stimme erheben*. 使者を～ einen Boten schicken 生計を～ seinen Lebensunterhalt verdienen 《mit 3格》. 茶を～ Tee bereiten. 面目を～ js. Ehre wahren.

たてる 建てる bauen. 記念碑(塔)を～ ein Denkmal (einen Turm) errichten. 国を～ ein Reich gründen.

だとう 打倒・する nieder|schlagen*; besiegen 〔転覆する〕um|stürzen. ～帝国主義 Nieder mit dem Imperialismus!

だとう 妥当・な angemessen; passend; gültig ～性 die Gültigkeit.

たどうし 他動詞 transitives Verb -s, -en.

たとえ たとい auch; auch wenn; obgleich. ～彼が反対しても Auch wenn er sich dagegen sträubt, ... ～それが誰であろうとも Wer es auch [immer] sei, ... ～彼がどんなに賢明でも So klug er auch ist, ...

たとえ 譬(喩)え das Gleichnis -ses, -se. ～話 die Parabel.

たとえば 例えば zum Beispiel (略: z.B.).

たとえる 譬える et. vergleichen* 《mit 3格》 譬えようもない unvergleichlich; 〔名状しがたい〕unbeschreiblich.

たどたどしい unsicher; 〔話が〕stockend. 彼の歩みはまだ～ Seine Beine sind noch unsicher. 彼の話は～ Er spricht stockend.

たどりつく 辿り着く ¶目的地に～ das Ziel endlich (nur mühsam) erreichen.

たどる 辿る verfolgen. 道(足跡)を～ einer Weg (eine Spur) verfolgen. 記憶を～ sein Gedächtnis durchstöbern. 縁故を～ Verbindungen auf|nehmen*.

たな 棚 das Bord -s, -e; das Wandbret -[e]s, -er; der (das) Sims -es, -e; das Regal -s, -e. 書～ das Bücherregal; das Büchergestell. 網～ das Gepäcknetz. ぶどう～ das Rebenspalier. ～から牡丹餅(ぼたもち) eine

たなあげ 棚上げする et. auf Eis legen; aus|sparen.
たなおろし 店卸をする Inventur machen; 〔人の〕js. Fehler auf|zählen.
たなごころ 掌 der Handteller -s, -; die Handfläche -n. ～の中に握る in der Hand haben*. ～を返すごとく plötzlich; mit einem Schlag[e].
たなざらし 店晒し・になる unverkauft liegen bleiben*(s). ～の品 der Ladenhüter.
たなびく 棚引く hängen* (schweben) 《über 3格》; sich hin|ziehen*.
たなん 多難な voll von Schwierigkeiten; beschwerlich.
たに 谷 das Tal -es, "er; 〔峡谷〕die Schlucht -en.
だに 〔昆〕die Zecke -n; die Milbe -n.
たにがわ 谷川 der Gebirgsbach -[e]s, "e.
たにし 田螺 die Sumpfschnecke -n.
たにそこ 谷底 der Talgrund -[e]s, "e; die Talsohle -n.
たにま 谷間 das Tal -es, "er.
たにん 他人 der Fremde*. 赤の～ wildfremder Mensch. ～の手に渡る in fremde Hände über|gehen*(s). ～の飯を食う anderer (fremder) Leute Brot essen*. ～行儀にする sich förmlich benehmen*; fremd gegen jn. tun*.
たぬき 狸 der Dachs -es, -e. ～おやじ alter, schlauer Fuchs. ～ばばあ alte Hexe. ～寝入りする sich schlafend stellen. 取らぬ～の皮算用 die Milchmädchenrechnung.
たね 種 der Samen -s, -; der Kern -s, -e; 〔材料〕der Stoff -[e]s, -e; 〔原因〕die Ursache -n; der Grund -es, "e; 〔手品の〕der Trick -s, -s. 喧嘩の～ die Saat der Zwietracht. 話の～ der Gesprächsstoff. ～のよい馬 ein Pferd guter Rasse. ～を蒔(ま)く säen; Samen streuen. ～を宿す von jm. schwanger sein*. ～を明かす den Trick auf|decken. ～明かしをすると offen gestanden (gesagt). 蒔かぬ～は生えぬ Ohne Saat keine Ernte. 心配の～を蒔く Anlass zur Besorgnis geben*.
たねあぶら 種油 das Rapsöl -s.
たねうま 種馬 der Zuchthengst -s, -e; der Beschäler -s, -.
たねぎれ 種切れ・になる erschöpft sein*; zu Ende sein*. 彼は話題が～になった Ihm ging der Gesprächsstoff aus.
たねび 種火 〔ガスこんろなどの〕die Zündflamme -n.
たねほん 種本 die Quelle -n.
たねまき 種蒔き das Säen -s; die Saat. ～をする säen.
たねん 多年・の vieljährig. ～生の植物 perennierende Pflanze.
たのしい 楽しい froh; fröhlich; lustig; vergnügt. ～思い出 schöne Erinnerungen pl. ～時代 glückliche (gute) Zeiten pl. ～一日を送る sich³ einen guten (vergnügten) Tag machen. 楽しげな fröhlich; vergnügt.

たのしみ 楽しみ die Freude -n; das Vergnügen -s; die Lust. 人生の～ die Lebensfreude. タバコが唯一の～だ Rauchen ist mein einziges Vergnügen. ～にして待つ sich freuen 《auf 4格》.
たのしむ 楽しむ sich freuen 《an 3格》; Freude (Lust) haben* 《an 3格》; Vergnügen finden* 《an 3格》; 〔享受〕genießen*; 〔娯楽〕sich unterhalten* 《mit 3格》. 青春を～ seine Jugend genießen*. 音楽を～ sich an Musik freuen.
たのみ 頼み 〔願い〕die Bitte -n. ～がある eine Bitte an jn. haben*. ～にする sich verlassen* 《auf 4格》; rechnen 《auf 4格》. ～になる zuverlässig. 彼は～にならぬ Auf ihn ist kein Verlass.
たのむ 頼む jn. bitten* 《um 4格》; 〔懇願する〕jn. ersuchen 《um 4格》; 〔依頼する〕jm. et. auf|tragen; 〔注文する〕bestellen; 〔当てにする〕rechnen 《auf 4格》; 〔雇う〕in Dienst nehmen*. 仕事を～ jm. eine Arbeit auf|tragen*. 医者を～ den Arzt rufen (rufen lassen*). 或る人に頼まれて auf js. Bitte [hin].
たのもしい 頼もしい zuverlässig; vertrauenswürdig.
たば 束 das Bündel -s, -; das Bund -es, -e. 藁(わら)二～ 2 Bündel (Bund) Stroh. 鍵～ der Schlüsselbund. ～にする in Bündel (das) zusammen|binden*; bündeln. ～になって alle zusammen.
だは 打破・する überwinden*; besiegen. 因習を～する mit den alten Sitten brechen*.
だば 駄馬 der Gaul -[e]s, "e; 〔駄載用の〕das Lastpferd -[e]s, -e.
タバコ 煙草 der Tabak -s, -e; 〔紙巻き〕die Zigarette -n; 〔葉巻き〕die Zigarre -n. 刻み～ geschnittener Tabak. 一箱の～ eine Schachtel (Packung) Zigaretten. ～を吸う rauchen. ～屋 der Tabakwarenladen. ～のケース das Zigarettenetui. ～の吸いさし die Kippe.
タバスコ der Tabasco -s; die Tabascosoße.
たはた 田畑 das Feld -es, -er; der Acker -s, -.
たはつ 多発する häufig vor|kommen*(s).
たばねる 束ねる [in Bündel] zusammen|binden*; binden*; bündeln.
たび 旅 die Reise -n. ～心 die Reiselust. ～をする reisen (s). ～に出る sich auf die Reise machen (begeben*); verreisen (s). ～に出ている auf Reisen sein*. 船(汽車; 飛行機)の～ eine Reise zu Schiff (mit der Eisenbahn; im Flugzeug). ～の道連れ der Reisegefährte.
たび 度 ¶三～ dreimal. ～重なる wiederholt. ～～ oft; ～しばしば sooft.
だび 茶毘 ¶死者を～に付する den Toten den Flammen übergeben*.
タピオカ die Tapioka.
たびさき 旅先 auf der Reise.
たびじ 旅路 die Reise -n. 死出の～につく die

letzte Reise an|treten*.
たびだち 旅立ち die Abreise -n.
たびだつ 旅立つ ab|reisen (s); eine Reise an|-treten*; sich auf die Reise begeben*.
たびたび 度度 oft; öfter[s]; mehrmals; häufig. ～の häufig; mehrmalig.
たびびと 旅人 der Reisende#; der Wanderer -s, -.
たびまわり 旅回り・の wandernd. ～の一座 wandernde Schauspielertruppe; die Wanderbühne.
たびやくしゃ 旅役者 wandernder Schauspieler -s, -.
タフ ～な zäh; kräftig; robust.
タブー das Tabu -s, -s.
だぶだぶ ¶ズボンが～だ Die Hose ist mir zu weit. この服は～だ Der Anzug hängt mir am Leibe.
だぶつく 〔衣服が〕zu weit sein*; 〔物資が〕in Überfluss vorhanden sein*.
たぶらかす 誑す betrügen*. 人を誑して金を巻き上げる jn. um sein Geld betrügen*.
ダブる 〔重複する〕sich wiederholen; 〔落第する〕sitzen bleiben*(s); 〔画面が〕sich überlappen (überlagern). 講義が～ Die Vorlesungen überschneiden sich. 祭日と日曜日が～ Der Feiertag fällt auf einen Sonntag.
ダブル 《衣》der Zweireiher -s, -. ～ベッド das Doppelbett. ～クリックする《電算》doppelklicken《auf 4 格》.
ダブルス das Doppelspiel -s, -e; das Doppel -s, -. 混合～ gemischtes Doppel.
タブロイド ～判の新聞 kleinformatige Zeitung.
たぶん 多分 wahrscheinlich; wohl; 〔もしかしたら〕vielleicht; 〔望むらくは〕hoffentlich.
たべて 食べて ¶この食事は～がある Dieses Essen sättigt.
たべのこし 食べ残し der Rest einer Mahlzeit. お昼の～ ein [kleiner] Rest vom Mittagmahl.
たべもの 食べ物 das Essen -s, -; etwas zu essen; 〔料理〕die Speise -n; 〔食料品〕Lebensmittel pl.
たべる 食べる essen*; speisen; zu sich³ nehmen*; 〔動物が〕fressen*. 食べられる essbar. 食べ過ぎる zu viel essen*. 昼(晩)飯を～ zu Mittag (Abend) essen*. 何か～物があるか Gibt es etwas zu essen?
だべん 駄弁を弄(ﾛｳ)する plaudern; bloßes Gerede machen.
たへんけい 多辺形 das Polygon -s, -e. ～の polygonal.
だほ 拿捕する auf|bringen*; kapern.
たほう 他方 〔他方面〕andere Seite -n; 〔他者〕der andere. ～で andererseits.
たぼう 多忙・な sehr beschäftigt. ～である sehr (stark) beschäftigt sein*; viel zu tun haben*.
たほうめん 多方面の vielseitig; 〔種種の〕verschieden.

だぼくしょう 打撲傷 die Schlagwunde -n.
だぼら 駄法螺を吹く nach Noten auf|schneiden*.
たま ～の selten; gelegentlich. ～に selten; gelegentlich; zuweilen; ab und zu.
たま 玉(球) der Ball -es, ⸚e; 〔弾丸〕die Kugel -n. 電気の～ die Birne. 眼鏡の～ Brillengläser pl. ～の汗 Schweißtropfen pl. ～を突く〔撞球〕Billard spielen. ～を込める〔装填する〕ein Gewehr laden*. ～に瑕(ｷｽ) sein einziger Makel. ～を転がすような声 silberhelle Stimme. ～の輿(ｺｼ)に乗る eine gute Partie machen.
たまげる erschrecken*(s) (entsetzt sein*)《über 4 格》. 彼の仕事にはたまげた Seine Leistung hat mich erstaunt. こりゃたまげた Donnerwetter!
たまご 卵 das Ei -[e]s, -er; 〔魚・蛙の〕der Laich -[e]s, -e. ～の殻(ｶﾗ) die Eierschale. ～の黄身 das Eigelb; der (das) Eidotter. ～の白身 das Eiweiß. ～を生む Eier legen; 〔魚・蛙が〕laichen. ～を抱く auf den Eiern sitzen*. ～を孵(ｶｴ)す Eier aus|brüten. ～形の eiförmig; oval. ～酒 der Eierpunsch. ～焼きする das Omelett. 医者の～ angehender Arzt.
たましい 魂 die Seele -n; 〔精神〕der Geist -es. ～を打ち込む mit ganzer Seele sein*《bei 3 格》. ～を入れ替える sich bessern. ～を奪う jn. bezaubern.
だましうち 騙し討ちにする jn. in den Hintern beißen*.
だます 騙す betrügen*; überlisten; 〔宥(ﾅﾀﾞ)める〕beschwichtigen; 〔化かす〕behexen. だましやすい leichtgläubig. だまして金を巻き上げる jn. um sein Geld betrügen*. だまされたと思って食べてごらん Probiere es im Vertrauen auf meine Worte!
たまたま 〔偶然に〕zufällig; 〔時たま〕gelegentlich.
たまつき 玉突き das Billard -s, -e. ～をする Billard spielen. ～の球 der Billardball; die Billardkugel. ～のキュー der Billardstock; das Queue. ～台 der Billardtisch.
たまねぎ 玉葱 die Zwiebel -n.
たまむし 玉虫 der Prachtkäfer -s, -. ～色に輝く schillern.
たまもの 賜 die Gabe -n; das Geschenk -[e]s, -e. 子供は神の～ Kinder sind ein Geschenk (Segen) Gottes. 努力の～ die Früchte seiner Bemühungen.
たまらない 堪らない ¶暑くて(うるさくて)～ Die Hitze (Der Lärm) ist unerträglich. 彼女の～魅力 ihr unwiderstehlicher Charme. おかしくて～ Ich kann mich des Lachens nicht enthalten. タバコが欲しくて～ Ich sehne mich nach einer Zigarette.
たまり 溜まり・場 der Treffpunkt -[e]s, -e. ～水 stehendes Gewässer.
だまりこくる 黙りこくる stumm bleiben*(s); still|schweigen*.

たまる 溜まる sich an|häufen; sich an|sammeln; 〔増える〕an|wachsen*(s). 借金が~ Die Schuld wächst an. 支払いが~ mit seinen Zahlungen im Rückstand sein*. 彼女の目に涙が~ Ihre Augen füllen sich mit Tränen. 泥が~ Schlamm setzt sich ab. 金が溜まった Ich habe mir Geld erspart. 仕事が溜っている Ich habe eine Menge Arbeiten zu verrichten.

だまる 黙る schweigen*; still werden*(s); den Mund halten*; 〔黙秘する〕verschweigen*. 黙って schweigend; 〔無断で〕ohne Erlaubnis. 黙らせる jn. zum Schweigen bringen*. 黙り込む verstummen (s).

たまわる 賜わる 〔頂戴する〕bekommen*; erhalten*; 〔与える〕verleihen*; zukommen (zuteil werden) lassen*.

たみ 民 das Volk -es; 〔国民〕die Nation; 〔臣民〕Untertanen pl. ~の声 die Stimmen des Volkes.

ダミー der Strohmann -[e]s, ⸚er.

だみごえ だみ声 raue (heisere) Stimme.

だみん 惰眠を貪(むさぼ)る müßig gehen*(s).

たみんぞくこっか 多民族国家 der Nationalitätenstaat (Mehrvölkerstaat) -[e]s, -en.

ダム die Talsperre -n; der [Stau]damm -[e]s, ⸚e.

たむける 手向ける dar|bringen*. 墓前に花を~ Blumen aufs Grab legen.

たむろする 屯する sich lagern; 〔集まる〕sich sammeln.

ため 為 ¶子供の~の本 ein Buch für Kinder. 事故の~に infolge eines Unfalls. 金の~に働く um Geld arbeiten. 健康の~に um der Gesundheit willen. 君の~に um deinetwillen. 寒さの~に震える vor Kälte zittern. 病気の~に wegen der Krankheit. 保養の~に zur Erholung. 君に会う~に来た Ich komme, um dich zu sehen. 国の~に尽す dem Staat dienen. ~になる話 erbauliche Rede. ~になる本 nützliches Buch.

だめ 駄目・になる verderben*(s); kaputt|gehen*(s); 〔失敗する〕jm. misslingen*(s). 彼が努力しても~で Er bemüht sich umsonst (vergeblich). / So sehr er sich bemüht, es ist umsonst. まだ起きては~だ Du darfst noch nicht aufstehen. 私に期待しても~だ Sie können unmöglich von mir erwarten, dass ... 病人はもう~だ Mit dem Kranken ist es aus. ~を押す sich vergewissern, dass (ob) ... 彼の計画は~になった Er ist mit seinem Plan gescheitert. / Sein Plan ist zunichte.

ためいき 溜息 der Seufzer -s, -. ~をつく seufzen; einen Seufzer aus|stoßen*.

ためいけ 溜池 das [Wasser]reservoir -s, -e.

ダメージ der Schaden -s, ⸚. ~を与える (受ける) Schaden zu|fügen (erleiden*).

ためし 例 das Beispiel -s, -e; der Fall -es, ⸚e. ~のない beispiellos; unerhört. そんな事は聞いた~がない So was habe ich nie gehört.

ためし 試し・に zur Probe; versuchsweise. 物は~だ Probieren geht über Studieren.

ためす 試す versuchen; probieren; prüfen. ワインの味を~ den Wein probieren (versuchen). 自動車の性能を~ das Auto auf seine Vorzüge prüfen.

ためつすがめつ 矯めつ眇めつ眺める von allen Seiten betrachten.

ためらう 躊躇う zögern (zaudern) 《mit 3 格》. ためらいなく ohne Bedenken.

ためる 溜める 〔積む〕an|häufen; 〔集める〕sammeln; 〔貯蔵する〕auf|speichern. 金を~ Geld [er]sparen; ein Vermögen an|häufen. 支払いを~ mit seinen Zahlungen im Rückstand sein*. 目に涙を~ die Augen voll Tränen haben*. 仕事を~ Arbeiten ungetan [liegen] lassen*.

ためる 矯める 〔まっすぐにする〕gerade biegen*; 〔曲げる〕biegen*; 〔矯正する〕bessern.

ためん 他面 andere Seite -n; 《副詞》ander[er]seits.

ためん 多面・体 der Vielflächner; das Vielflach; das Polyeder. ~的 vielseitig; universal.

たもくてき 多目的ホール die Mehrzweckhalle -n.

たもつ 保つ halten*. 秩序(平和)を~ Ordnung (Frieden) halten*. 健康を~ sich³ seine Gesundheit erhalten*. 若さを~ sich jung halten*. 地位を~ seine Stellung behaupten (wahren).

たもと 袂 der Ärmel -s, -. ~を分かつ sich trennen 《von 3 格》.

たやす 絶やす vertilgen; aus|rotten. タバコを絶やした Zigaretten sind ausgegangen.

たやすい leicht; einfach. たやすく leicht; mit Leichtigkeit; ohne Mühe.

たよう 多様・な mannigfaltig; vielfältig. ~性 die Mannigfaltigkeit; die Varietät; die Vielfalt.

たより 便り 〔知らせ〕die Nachricht -en; 〔手紙〕der Brief -es, -e. ~を書く jm. schreiben*. ~がない nichts von sich³ hören lassen*.

たより 頼り die Stütze -n. 彼一人が~だ Er ist meine einzige Stütze. ~にする sich verlassen* (auf 4 格); rechnen (auf 4 格). ~になる zuverlässig. ~にならない unzuverlässig.

たよりない 頼りない unzuverlässig. ~孤児 hilflose Waise. ~返事 unbestimmte Antwort. ~なげな unbeholfen.

たよる 頼る sich wenden*(*) 《an 4 格》; sich verlassen* 《auf 4 格》; sich stützen 《auf 4 格》; sich halten* 《an 4 格》.

たら ¶雨が降ったら Wenn es regnet, ... もし彼がいなかったら Wenn er nicht da gewesen wäre, ...

たら 鱈 der Kabeljau -s, -e (-s); der Dorsch -es, -e.

たらい 盥 die Wanne -n. 洗濯~ die Waschbütte.

だらく 堕落 die Verderbtheit; die Verdorbenheit. ~する verderben*(s); entarten (s).

だらけ 376

~した verdorben; entartet.

だらけ voll《von 3 格》. 血~の mit Blut besudelt. ほこり~の bestaubt; staubig. 泥~の mit Dreck beschmiert; schlammig. 借金~だ mehr Schulden als Haare auf dem Kopf haben*.

だらける schlaff werden*(s); ab|schlaffen(s); 〔怠ける〕träge (faul) werden*(s).

だらしない nachlässig; schlampig. 彼は服装が~ Er ist nachlässig gekleidet.

たらす 誑す verführen.

たらす 垂らす hängen; hängen lassen*. 薬を水に~ eine Arznei in Wasser tröpfeln. 彼は額から汗を垂らしている Seine Stirn trieft von Schweiß. / Der Schweiß trieft ihm von der Stirn.

たらず 足らず ¶10人~の人 weniger als 10 Leute. 1000円~の金 eine Summe unter 1000 Yen. 1時間~で in einer knappen Stunde. 半年~ knapp ein halbes Jahr. 論ずるに~ nicht der Rede wert sein*. 怪しむに~ Man braucht sich darüber nicht zu wundern. / Es ist kein Wunder, dass ...

たらたら ~と tropfenweise; in Tropfen. 額から汗が~流れる Der Schweiß rinnt ihm von der Stirn. 不平~である sich in Klagen ergehen*《über 4 格》.

だらだら ~した話 weitläufige Rede. ~と物語る zu weitschweifig erzählen (reden). ~長引く sich hin|ziehen*. ~仕事をする bei der Arbeit trödeln. ~坂 sanft ansteigender Weg.

タラップ das Fallreep -s, -e.

たらふく ~食べる sich satt essen*.

だらり ~と schlaff; locker; schlapp. 帆が~と垂れている Die Segel hängen schlaff herunter.

ダリア die Dahlie -n.

たりき 他力 ¶彼はいつも~本願だ Er rechnet (verlässt sich) immer auf fremde Hilfe (die Hilfe anderer).

たりつ 他律 die Heteronomie. ~的 heteronom; unselb[st]ständig.

たりょう 多量の血 eine große [große] Menge Blut.

だりょく 惰力 die Trägheit.

たりる 足りる genügen; aus|reichen. 当座はそれで~だろう Das wird vorläufig genügen. 食料が足りない Wir haben Mangel an Lebensmitteln. 人手が足りない Es herrscht Mangel an Arbeitskräften. まだ一人足りない Es fehlt noch einer. 彼はいくらほめてもほめ足りない Man kann ihn nicht genug loben.

たる 樽 das Fass -es, ⸚er. ビヤ~ das Bierfass. ビール3~ 3 Fass Bier. ~に詰める in Fässer füllen. ~の口を開ける ein Fass an|stechen*. ~で fassweise.

だるい matt; schlaff. からだが~ Ich fühle mich matt.

たるき 垂木 der Sparren -s, -.

たるむ 弛む schlaff werden*(s); erschlaffen(s); 〔たわむ〕sich biegen*. 彼は近頃弛んでいる Er lässt die letzte Zeit in seiner Arbeit (seinen Anstrengungen) nach.

だれ 誰・が wer. ~の wessen. ~に wem. ~を wen. ~か jemand; irgendeiner. ~でも jeder; jedermann. ~も(~一人…)…ない niemand; keiner. ~も訪ねて来ない Niemand besucht mich.

だれそれ 誰それ [der] Herr Soundso; Herr N. N.

たれる 垂れる hängen lassen*. 頭を~ den Kopf hängen lassen*. 幕を~ den Vorhang fallen lassen*. 釣糸を~ die Angel ins Wasser senken. 木から雫(ﾂ)が~ Es tropft von den Bäumen. 鼻水が垂れているよ Dir läuft die Nase.

だれる schlaff (abgespannt) werden*(s); 〔退屈する〕sich langweilen.

だろう ¶彼は明日来る~ Morgen wird er [wohl] kommen. 彼は死んだの~ Er wird [wohl] gestorben sein.

たわいない 〔馬鹿げた〕albern; unsinnig; 〔容易な〕leicht; 〔無邪気な〕einfältig.

たわけ die Dummheit; 〔人〕der Dummkopf -[e]s, ⸚e; der Narr -en, -en. ~た dumm; töricht; albern. ~た事を言う(する) dummes Zeug reden (machen).

たわごと たわ言を言う dummes Zeug schwatzen (reden).

たわし 束子 die Scheuerbürste -n.

たわむ 撓む sich biegen*; sich krümmen.

たわむれ 戯れ ¶運命の~ das Spiel des Schicksals. ~に zum Spaß (Scherz).

たわむれる 戯れる spielen《mit 3 格》; 〔ふざける〕mit jm. spaßen (scherzen). 娘と~ mit einem Mädchen flirten (tändeln).

たわめる 撓める biegen*; krümmen.

たわら 俵 der Sack aus Stroh.

たわわ ¶果実が枝に~になっている Die Bäume hängen voller Früchte.

たん 単・なる bloß. ~に bloß; nur; lediglich. ~に…だけでなく、また… nicht nur (bloß), sondern auch …

たん 痰 der Schleim -[e]s; der Auswurf -s. ~を吐く Schleim [aus]|spucken.

だん 団 der Verband -es, ⸚e; die Gruppe -n; die Gesellschaft -en. 青年~ der Jugendverband. 一~の子供たち eine große Gruppe Kinder (von Kindern). トップグループの走者は一~となってゴールに近づいた Die Spitzengruppe der Läufer näherte sich geschlossen dem Ziel.

だん 段 die Stufe -n; 〔階段〕die Treppe -n. 一~一~上る Stufe um Stufe steigen*(s). 3~組にする in 3 Spalten setzen.

だん 断を下す eine Entscheidung treffen*.

だん 壇 〔低い小形の〕das (der) Podest -[e]s, -e; 〔演壇〕das Podium -s, ..dien; 〔説教壇〕die Kanzel -n; 〔祭壇〕der Altar -s, ⸚e. ~に登る das Podium betreten*.

だんあつ 弾圧 die Unterdrückung -en. ~する unterdrücken.

たんあん 断案〔決定〕die Entscheidung -en; 〔結論〕die Folgerung -en. ～を下す eine Entscheidung treffen*.

たんい 単位 die Einheit -en; 〔基準〕der Maßstab -[e]s, ⸚e. 度量の～ die Maßeinheit.

たんいつ 単一・の einzig; 〔単独の〕selb[st]ständig; 〔単純な〕einfach. ～化する〔単一化する〕vereinigen; 〔統合する〕vereinheitlichen.

だんいん 団員 das Mitglied -[e]s, -er.

たんおん 単音 einfacher Laut -es, -e.

たんおん 短音 kurzer Laut -es, -e; 〔短母音〕kurzer Vokal -s, -e.

たんか 担架 die Tragbahre -n; die Krankenbahre -n.

たんか 炭化・する verkohlen (s). ～水素 der Kohlenwasserstoff. ～物 das Karbid.

たんか 単価 der Stückpreis -es, -e. ～50円 50 Yen pro Stück.

たんか 短歌 das Tanka -, -.

タンカー der Tanker -s, -.

だんかい 段階 die Stufe -n; das Stadium -s, ..dien; die Skala ..len (-s). ～的に stufenweise. 最終の～に達する die letzte Stufe erreichen.

だんがい 断崖 die Felsenwand ⸚e; das Kliff -[e]s, -e.

だんがい 弾劾 die Anklage -n. ～する jn. an|klagen《wegen 2格》; an|prangern. ～演説 die Anklagerede.

たんがん 嘆願・する jn. flehen (flehentlich bitten*)《um 4格》. ～書 das Bittschreiben; das Bittgesuch.

だんがん 弾丸 die Kugel -n; das Geschoss -es, -e.

たんき 短気・な hitzig; ungeduldig; aufbrausend; cholerisch. ～を起す in Hitze geraten* (s); die Geduld verlieren*. ～者 der Hitzkopf.

たんき 短期 kurze Frist (Zeit). ～の kurzfristig. ～公債 kurzfristige Anleihe. ～大学 zweijährige Hochschule.

だんき 暖気 die Wärme; die Warmluft.

たんきゅう 探求する suchen《nach 3格》.

たんきゅう 探究する erforschen; untersuchen.

たんきょり 短距離 kurze Strecke -n. ～競走 der Kurzstreckenlauf. ～ランナー der Kurzstreckenläufer; der Sprinter.

タンク der Tank -s, -e; 〔戦車〕der Panzer -s, -. ガス～ der Gas[sammel]behälter.

タングステン das Wolfram -s (記号: W). ～鋼 der Wolframstahl. ～電球 die Wolframlampe.

たんぐつ 短靴 der Schuh -[e]s, -e.

タンクローリー der Tankwagen -s, -.

たんげい 端倪すべからざる unberechenbar.

だんけつ 団結・する sich vereinigen; zusammen|halten*. ～心 das Gemeinschaftsgefühl.

たんけん 探検 die Erforschung; die Expedition -en. ～する erforschen. 南極の～ Südpolexpedition. ～旅行 die Forschungsreise. ～家 der Erforscher. ～隊 die Expedition.

たんけん 短見 kurzsichtige Meinung -en.

たんけん 短剣 der Dolch -es, -e.

だんげん 断言する versichern; beteuern; fest|stellen; 〔主張する〕fest behaupten.

たんご 単語 das Wort -es, -er; die Vokabel -n. ～集 der Wortschatz; das Vokabular.

タンゴ der Tango -s, -s.

だんこ 断固・として entschieden; entschlossen. ～たる死刑廃止論者 ein erklärter Gegner der Todesstrafe. この件では～たる態度が必要だ Die Bestimmtheit ist in dieser Sache nötig.

だんご 団子 der Kloß -es, ⸚e. ～鼻 die Stumpfnase.

たんこう 炭坑 das [Stein]kohlenbergwerk -s, -e; die [Stein]kohlengrube -n. ～夫 der Bergmann.

たんこう 探鉱する schürfen《nach 3格》.

だんこう 断行する durch|setzen; durch|führen; 〔敢行する〕wagen.

だんこう 団交 Kollektivverhandlungen pl.

だんごう 談合する sich mit jm. beraten*(unterreden)《über 4格》.

たんこうぼん 単行本 die Einzelausgabe -n.

だんごく 暖国 warmes Land -es, ⸚er; 〔地方〕warme Gegend -en.

だんこん 男根 der Penis -, -se (..nes).

だんこん 弾痕 das Einschussloch -[e]s, ⸚er.

だんさ 段差あり, 注意 Vorsicht, Stufe!

ダンサー der Tänzer -s, -; 〔女〕die Tänzerin -nen.

だんさい 断裁・する schneiden*. ～機 die Schneidemaschine.

だんざい 断罪する jn. verurteilen《zu 3格》.

たんさいぼう 単細胞・の einzellig. ～生物 der Einzeller.

たんさく 探索する [nach|]suchen; nach|spüren《3格》.

たんさん 炭酸 die Kohlensäure. ～ガス das Kohlensäuregas. ～水 das Mineralwasser; kohlensaures Wasser.

たんし 端子 die Klemme -n.

たんし 譚詩 die Ballade -n.

だんし 男子 der Mann -es, ⸚er; 〔男の子〕der Junge -n, -n. ～に二言なし Ein Mann, ein Wort.

タンジェント der Tangens -, - (記号: tan; tang; tg).

だんじき 断食 das Fasten -s. ～する fasten. ～療法をする eine Hungerkur machen.

たんじつげつ 短日月 in kurzer Zeit.

だんじて 断じて・・ない gar (durchaus) nicht; nie[mals]; keineswegs.

だんしゃく 男爵 der Baron -s, -e; der Freiherr -n, -en. ～夫人 die Baronin; die Freifrau.

だんしゅ 断種 die Sterilisation -en; die Unfruchtbarmachung -en. ～する sterilisieren.

たんじゅう 胆汁 die Galle -n. ～質の cholerisch.
たんじゅう 短銃 die Pistole -n; der Revolver -s, -.
たんしゅく 短縮 die Verkürzung -en. ～する [ver]kürzen. 労働時間が週40時間に～される Die Arbeitszeit wird auf 40 Stunden in der Woche verkürzt.
たんじゅん 単純・な einfach; simpel; einfältig; naiv. ～化する vereinfachen.
たんしょ 短所 die Schwäche -n; der Fehler -s, -; der Nachteil -s, -e.
たんしょ 端緒〔契機〕der Anlass -es, ⁼e;〔始め〕der Anfang -s, ⁼e. 問題解決の～をつかむ eine Handhabe für die Lösung der Frage finden*.
だんじょ 男女 Mann und Weib. ～共学 die Koedukation; gemeinsame Erziehung von Jungen und Mädchen. ～差別 sexuelle Diskriminierung. ～同権 die Gleichberechtigung von Mann und Frau.
たんしょう 探勝する Sehenswürdigkeiten auf|suchen.
たんしょう 嘆賞する bewundern.
たんじょう 誕生 die Geburt -en. ～する geboren werden*(s受); zur (auf die) Welt kommen*(s). ～日 der Geburtstag. ～日のお祝いを言う jm. zum Geburtstag gratulieren. ～地 der Geburtsort. ～祝い die Geburtstagsfeier.
だんしょう 談笑する plaudern; sich [mit jm.] unterhalten*.
だんしょう 断章 [literarisches] Fragment -[e]s, -e.
たんしょうとう 探照燈 der Scheinwerfer -s, -.
たんしょく 単色 einfache Farbe -n. ～の einfarbig; monochrom.
だんしょく 男色 die Knabenliebe; die Päderastie. ～家 der Päderast.
たんしん 単身・で allein. ～赴任の ledig gehend.
たんしん 短針 kurzer Zeiger -s, -; der Stundenzeiger -s, -.
たんす 簞笥 der [Kleider]schrank -[e]s, ⁼e; die Kommode -n. ～預金をしている die Ersparnisse im Strumpf haben*.
ダンス der Tanz -es, ⁼e. ～をする tanzen. ～パーティー die Tanzparty; der Ball. ～ホール der Tanzsaal; das Tanzlokal.
たんすい 炭水・化物 das Kohlenhydrat. ～車 der Tender.
たんすい 淡水 das Süßwasser -s, -. ～魚 der Süßwasserfisch. ～動物 das Süßwassertier. ～湖 der Süßwassersee.
だんすい 断水 ¶道路工事のため10時から12時まで～です Wegen des Straßenbaus wird das Wasser von 10 bis 12 Uhr abgesperrt.
たんすう 単数 die Einzahl; der Singular -s, -e.
だんずる 談ずる mit jm. sprechen* (sich mit jm. besprechen*)《über 4格》.
だんずる 弾ずる spielen.
たんせい 丹精・して育てる sorgfältig auf|ziehen*. ～をこめて mit [großer] Sorgfalt und Mühe.
たんせい 嘆声を漏らす einen Ausruf der Bewunderung hervor|stoßen*.
たんせい 端正・な容姿 eine feine Figur. ～な面立ち ein edles Antlitz.
だんせい 男声 männliche Stimme -n. ～合唱 der Männerchor.
だんせい 男性 der Mann -es, ⁼er; männliches Geschlecht -s. ～的 männlich; mannhaft. ～名詞 das Maskulinum.
だんせい 弾性 die Elastizität. ～体 Elastomere pl. ～のある elastisch.
たんせき 旦夕 ¶命～に迫る am Rande des Grabes stehen*.
たんせき 胆石 der Gallenstein -[e]s, -e. ～病 das Gallensteinleiden; die Cholelithiasis [çoleli'ti:azıs].
だんぜつ 絶絶 ¶一家が～する Eine Familie stirbt aus. 或る国との国交を～する diplomatische Beziehungen zu einem Land ab|brechen*.
たんせん 単線 einfaches Gleis -es, -e. ～の eingleisig.
たんぜん 端然・と aufrecht;〔礼儀正しく〕anständig. ～と坐る aufrecht sitzen*.
だんぜん 断然〔きっぱり〕entschieden; bestimmt;〔非常に〕sehr; äußerst.
たんそ 炭素 der Kohlenstoff -s (記号: C). ～線 der Kohlenfaden. ～棒 der Kohlenstift.
たんそう 炭層 das Steinkohlenflöz -es, -e; die Kohlenschicht -en.
だんそう 男装・する sich als Mann verkleiden. ～の麗人 eine Schönheit in Männerkleidung.
だんそう 断層 die Verwerfung -en; der Bruch -[e]s, ⁼e. ～線 die Bruchlinie. ～撮影[法] die Tomografie; die Schichtaufnahme. 活～ aktive Verwerfung.
だんそう 弾奏 das Spiel -s. ピアノを～する [auf dem] Klavier spielen. ～者 der Spieler.
たんそく 嘆息する seufzen; einen Seufzer aus|stoßen*.
だんぞくてき 断続的に stoßweise; ruckweise; intermittierend.
だんそんじょひ 男尊女卑 die Bevorzugung der Männer vor den Frauen.
だんたい 団体〔公の〕der Verband -es, ⁼e; der Verein -s, -e; die Körperschaft -en;〔仲間〕die Gruppe -n; die Gesellschaft -en. 宗教～ die Religionsgemeinschaft. 政治～ politische Körperschaft. 文化～ kultureller Verein. ～交渉 Kollektivverhandlungen pl. ～乗車券 der Sammelfahrschein. ～生活 das Gruppenleben. ～精神 der Gemeinschaftsgeist. ～保険 die Gruppen-

versicherung. ~旅行 die Gruppenreise. ~行動を取る gemeinsam handeln.

たんたん 坦坦たる eben; flach; 〔平穏な〕 friedlich.

たんたん 淡淡たる gleichgültig; unbekümmert; nüchtern.

だんだん 段段〔階段〕die Treppe -n. ~に allmählich; nach und nach. ~寒くなる Es wird immer kälter. ~畑 terrassenförmiges Feld.

たんち 探知・する aus|forschen; aus|kundschaften; auf|spüren; Wind bekommen* 〔von 3格〕. 電波~機 der (das) Radar.

だんち 団地 die [Wohn]siedlung -en.

だんちがい に bei weitem. ~である jm. haushoch überlegen sein*; jn. um vieles übertreffen*.

たんちょ 端緒 → たんしょ.

たんちょう 単調 eintönig; monoton.

たんちょう 短調 das Moll -, -. ハ~ das c-Moll.

だんちょう 団長 der Leiter -s, -; der Führer -s, -.

だんちょう 断腸・の思いである Mir blutet das Herz. ~の思いで blutenden Herzens.

たんつぼ 痰壺 der Spucknapf -s, ²e.

たんてい 探偵 der Detektiv -s, -e. 軍事~ der Spion. 私立~ der Privatdetektiv. ~小説 der Detektivroman. ~する aus|kundschaften; aus|spähen; spionieren.

だんてい 断定する et. folgern 〔aus 3格〕.

ダンディー der Geck -en, -en; der Dandy -s, -s; der Stutzer -s, -. ~な stutzerhaft.

たんてき 端的・な offen; gerade; 〔明白な〕 klar; 〔簡潔な〕kurz; lapidar. ~に言えば offen gesagt.

たんでき 耽溺する sich ergeben* 《3格》; schwelgen 〔in 3格〕.

たんでん 炭田 das Kohlenfeld -[e]s, -er.

たんとう 担当・の zuständig. ~する übernehmen*; auf sich nehmen*. 業務~者 der Geschäftsführer. この事件の~判事 der für diesen Fall zuständige Richter.

たんとう 短刀 der Dolch -es, -e.

だんとう 弾頭 der Sprengkopf -[e]s, ²e.

だんどう 弾道 die Flugbahn -en. ~学 die Ballistik. 大陸間~ミサイル die Interkontinentalrakete.

だんとうだい 断頭台 die Guillotine -n; das Schafott -s, -e. ~の露と消える auf dem Schafott enden.

たんとうちょくにゅう 単刀直入に offen; gerade[s]wegs; unumwunden; ohne Umschweife.

たんどく 丹毒 die Wundrose -n; der Rotlauf -[e]s; das Erysipel -s, -e.

たんどく 単独・の einzeln; 〔独立の〕selb[st]ständig; 〔個人の〕individuell; 〔唯一の〕alleinig. ~で allein; einzeln; selb[st]ständig. ~講和 der Sonderfrieden. ~飛行 der Alleinflug.

たんどく 耽読 ¶小説を~する einen Roman begierig lesen*; sich in einen Roman vertiefen.

だんどり 段取り das Programm -s, -e; der Plan -es, ²e. ~をつける den Plan entwerfen*.

だんな 旦那〔主人〕der Herr -n, -en; 〔夫〕der Mann -es, ²er; der Gemahl -s, -e; 〔妾(めかけ)の〕 der Patron -s, -e; 〔呼び掛け〕Mein Herr!

たんにん 担任・する übernehmen*. クラスを~ する eine Klasse übernehmen*. ~教師 der Klassenlehrer.

タンニン das Tannin -s.

だんねつ 断熱[材] die Wärmeisolation -en.

たんねん 丹念に(に) sorgfältig.

だんねん 断念する verzichten 〔auf 4格〕; entsagen 〔3格〕; auf|geben*.

たんのう 胆嚢 die Gallenblase -n.

たんのう 堪能・な bewandert (geschickt) 〔in 3 格〕. ラテン語に~である Er ist in Latein gut bewandert. ~する sich sättigen 〔an (mit) 3 格〕.

たんぱ 短波 die Kurzwelle -n. ~受信機 der Kurzwellenempfänger. ~放送 die Kurzwellensendung.

たんぱく 淡白・な leicht; einfach; 〔性質が〕 offen; aufrichtig; ehrlich. 彼は金に~だ Er hängt nicht am Geld.

たんぱく 蛋白 das Eiweiß -es. 動物性(植物性)~質 animalisches (vegetarisches) Eiweiß.

たんぱくせき 蛋白石 der Opal -s, -e.

だんぱつ 断髪・する sich³ die Haare kurz scheren lassen*. あの娘は~にしている Das Mädchen hat einen Bubikopf.

タンバリン das Tamburin -s, -e.

だんぱん 談判 die Unterhandlung -en; die Verhandlung -en. ~する mit jm. unterhandeln (verhandeln) 〔über 4格〕.

たんび 耽美・的 ästhetisch. ~主義 der Ästhetizismus.

ダンピング das Dumping -s. ~する zu Schleuderpreisen verkaufen.

ダンプカー der Kipper -s, -.

たんぶん 単文 einfacher Satz -es, ²e.

たんぶん 短文 kurzer Aufsatz -es, ²e.

たんぺいきゅう 短兵急に übereilt.

たんぺん 短編・映画 der Kurzfilm. ~小説 die Novelle; die Kurzgeschichte.

だんぺん 断片 das Fragment -[e]s, -e; das Bruchstück -[e]s, -e. ~的な fragmentarisch. ~的に fragmentarisch; bruchstückweise.

たんぼ 田圃 das Reisfeld -[e]s, -er.

たんぽ 担保 das Pfand -es, ²er. ~に入れる verpfänden; et. als Pfand geben* (hinterlegen).

たんぼう 探訪・記事を書く berichten 〔über 4 格〕; eine Reportage schreiben* 〔über 4格〕. ~記者 der Reporter.

だんぼう 暖房 die Heizung. ~する heizen.

だんボール

~器具 der Heizapparat. 〜装置 die Heizung; die Heizanlage.
だんボール 段ボール die Wellpappe -n.
たんぽぽ 蒲公英 der Löwenzahn -[e]s.
タンポン der Tampon -s, -s.
たんまつ 端末〔装置〕das Terminal -s, -s.
だんまつま 断末魔の苦しみ Todesqualen pl.; die Todespein; die Agonie -n.
たんめい 短命である kurzlebig sein*; jung sterben*(s).
だんめん 断面 der Schnitt -es, -e; die Schnittfläche -n. 〜図 der Schnitt.
たんもの 反物 der Stoff -[e]s, -e; das Tuch -es, -e.
だんやく 弾薬 die Munition -en. 〜庫 das Munitionslager.
だんゆう 男優 der Schauspieler -s, -.
たんよう 単葉・の einblättrig. 〜機 der Eindecker.
たんらく 短絡 der Kurzschluss -es, "e. 〜させる kurzschließen*. 〜的 kurzschlüssig. 〜的行動 die Kurzschlusshandlung.
だんらく 段落〔文の〕der Absatz -es, "e; der Abschnitt -[e]s, -e;〔物事の〕der Abschluss -es, "e. 〜に分ける in Paragrafen teilen. 〜をつける einen Absatz machen. 一〜をつけ et. zu einem [vorläufigen] Abschluss bringen.
だんらん 団欒・する in fröhlicher Runde beisammen|sitzen*. 一家〜をする Die ganze Familie unterhält sich [gemütlich].
だんりゅう 暖流 warme Meeresströmung -en.
たんりょ 短慮〔浅慮〕die Unbesonnenheit;〔短気〕die Ungeduld; die Hitzigkeit. 〜の unbesonnen; ungeduldig.
たんりょく 胆力 der Mut -es. 〜のある mutig; kühn; tapfer; unerschrocken.
だんりょく 弾力 die Elastizität; die Federkraft. 〜[性]のある elastisch.
たんれい 端麗な anmutig; elegant.
たんれん 鍛錬する ab|härten; stählen; üben.
だんろ 暖炉 der Ofen -s, ";〔壁付きの〕der Kamin -s, -e. 〜を燃やす den Ofen heizen.
だんろんふうはつ 談論風発する Die Diskussion nimmt einen lebhaften Verlauf.
だんわ 談話 das Gespräch -[e]s, -e; die Unterhaltung -en. 〜する sprechen*; reden; sich unterhalten*. 〜室 der Gesellschaftsraum.

ち

ち 地 die Erde. 天と〜 Himmel und Erde. 〜の果てまで bis ans Ende der Welt. 〜の利を占める eine vorteilhafte Stellung ein|nehmen*. 彼の名声は〜に落ちた Er hat seinen guten Ruf verloren.
ち 血 das Blut -es. 〜が出る bluten. 鼻から〜が出る Die Nase blutet mir. 〜が沸く Sein Blut wallt. 〜を止める das Blut stillen. 〜にまみれた blutig. 〜に飢えた blutdürstig; blutrünstig. 〜の雨が降った Viel Blut ist geflossen. 頭に〜が上る Das Blut steigt ihm in den Kopf. 〜の気の多い heißblütig. 〜の気を失う keinen Tropfen Blut im Gesicht haben*. 〜ののぞりの悪い schwachblütig. 〜のつながった blutsverwandt. 〜を分けた兄弟 leiblicher Bruder. 彼の〜を分けた子 sein eigen[es] Fleisch und Blut. 貴族の〜を引いている adliges Blut haben*. 〜の出るような金 sauer verdientes Geld. 〜も涙もない kaltblütig. 〜湧(ゎ)き肉おどる erregend; begeisternd. 〜を吐く思いである Das Herz blutet mir [vor Kummer]. 〜は水よりも濃い Blut ist dichter als Wasser.
ち 知・は力なり Wissen ist Macht. 〜情意 Verstand, Gefühl und Wille.
チアノーゼ die Zyanose -n.
ちあん 治安 die öffentliche Ruhe und Ordnung. 〜を乱す die öffentliche Ruhe stören. 〜を維持する die öffentliche Ordnung aufrecht|erhalten*.
ちい 地衣〔植〕die Flechte -n.
ちい 地位 die Stellung -en;〔職〕die Stelle -n. 〜を得る eine Stelle erhalten*. 〜を失う seine Stelle verlieren*. 社会的〜 gesellschaftliche Stellung; gesellschaftlicher Status. 重要な〜を占める eine wichtige Stellung ein|nehmen*;〔役割を演ずる〕eine große Rolle spielen. 〜のある人 ein Mann von Rang.
ちいき 地域 die Gegend -en; die Region -en; die Zone -n. 〜的な(に) örtlich. 広大な〜 ausgedehntes Gebiet. 占領〜 das Besatzungsgebiet; die Besatzungszone.
ちいく 知育 intellektuelle Erziehung.
チーク〔木〕der Teakbaum -[e]s, "e. 〜材 das Teakholz.
ちいさい 小さい klein;〔少ない〕gering. 〜声で mit leiser (kleiner) Stimme. 〜時から von klein auf. ラジオの音を小さくする das Radio leiser stellen. 小さくなる kleiner werden*(s); sich verkleinern;〔卑下する〕klein werden*(s). 着物が小さくなった Das Kleid ist mir zu kurz geworden. 気の〜 kleinmütig. 人物が〜 ein kleinlicher Mensch sein*. 小さな事 die Kleinigkeit.
チーズ der Käse -s, -.
チーフ der Chef -s, -s.
チーム die Mannschaft -en; das Team -s, -s. 〜ワーク die Zusammenarbeit (Gemeinschaftsarbeit); das Teamwork;〔スポーツなどの〕das Zusammenspiel. 〜ワークが取れている gut zusammen|spielen (zusammen|arbeiten).

ちえ 知恵 die Weisheit. ～のある weise; klug. ～のない unklug; dumm. ～がつく Verstand bekommen*. ～をつける jm. einen Rat geben*. ～を借りる jn. zu Rate ziehen*. ～をしぼる sich³ den Kopf zerbrechen* (über 4 格) ～を働かせる den Kopf an|strengen. ～遅れである geistig zu kurz gekommen sein*. ～者(に) kluger Kopf. ～歯が生える Weisheitszähne bekommen*.
チェーン die Kette -n. ～ストア der Kettenladen. ドアに～を掛ける die Tür verketten.
ちえきけん 地役権 die Grunddienstbarkeit.
チェコ Tschechien; die Tschechei. チェコの tschechisch. チェコ人 der Tscheche. ～スロバキア Tschechoslowakei.
チェス das Schach -s. ～をする Schach spielen.
ちえっ Puh! / Pfui!
チェック〔小切手〕der Scheck -s, -s;〔模様〕kariertes Muster -s, -. ～の kariert. ～する checken;〔×印をつけて〕an|kreuzen. ～ポイント der Kontrollpunkt; der Checkpoint.
チェックアウト das Check-out ['tʃɛkˌaʊt] -[s], -s. ～する aus|checken.
チェックイン das Check-in ['tʃɛkˌɪn] -[s], -s. ～する ein|checken.
チェロ das Cello -s, -s. ～奏者 der Cellist.
ちえん 遅延 する sich verspäten. 列車は10分(多少)～する Der Zug hat 10 Minuten (eine kleine) Verspätung. 出発が～する verspätet ab|fahren*(s).
チェンバロ das Cembalo -s, -s (..li).
ちおん 地温 die Bodentemperatur -en.
ちか 地下・の(で) unterirdisch; unter der Erde. ～に眠るは im Grab ruhen. ～にもぐる〔比〕in den Untergrund gehen*(s). ～茎 der Wurzelstock. ～工作(運動) die Untergrundbewegung. ～資源 Bodenschätze pl. ～室 der Keller. ～水 das Grundwasser (Unterwasser). ～駐車場 die Tiefgarage. ～鉄 die Untergrundbahn (U-Bahn). ～道 unterirdischer Gang; die Unterführung. ～2階 das zweite Untergeschoss.
ちか 地価 der Grundstückspreis -es, -e.
ちか 治下 ¶エリザベス女王の～に unter der Regierung (Herrschaft) der Königin Elisabeth.
ちかい 近い nahe. ～うちに bald; in kurzem. 夏が～ Der Sommer ist nahe. ～所から見る von nahem betrachten. 家は駅に～ Das Haus ist nahe dem (nicht weit vom) Bahnhof. この道の方が～ Dieser Weg ist näher (kürzer). ～親類である mit jm. nahe verwandt sein*. 彼は～親戚の一人だ Er ist ein naher Verwandter von mir. 私と彼はごく～間柄だ Ich bin mit ihm sehr befreundet. 年齢が50に～ knapp 50 Jahre alt sein*. 狂人に～ beinahe wahnsinnig sein*. 目が～ kurzsichtig sein*.
ちかい 誓い der Schwur -[e]s, ⸚e;〔宣誓〕der Eid -es, -e. ～を立てる → 誓う. ～を破る einen Schwur (Eid) brechen*. 禁酒の～ das Gelöbnis, dem Alkohol zu entsagen.
ちがい 違い〔差異〕der Unterschied -es, -e. 見解の～ die Meinungsverschiedenheit. 両者の値段に非常な～がある Es ist ein großer Preisunterschied zwischen den beiden. 彼女は美人だったに～ない Sie muss schön gewesen sein.
ちがいほうけん 治外法権 die Exterritorialität; die Exemtion -en.
ちかう 誓う schwören. 誓って bei meiner Ehre. 神かけて～ bei Gott schwören*. 禁酒を～ dem Alkohol zu entsagen schwören*. 変らぬ愛を～ jm. ewige Liebe schwören*.
ちがう 違う verschieden sein* (von 3 格);〔一致しない〕nicht entsprechen* (3 格). 大きさ(形; 色)が～ in der Größe (Form; Farbe) verschieden sein*. 彼と違って im Unterschied zu ihm; zum Unterschied von ihm. その点君とは意見が～ Darin bin ich anderer Meinung als du. 結果は私の期待とは違っていた Das Ergebnis entsprach meinen Erwartungen nicht. この箇所の訳は違っている Die Stelle ist falsch übersetzt.
ちがえる 違える〔間違える〕sich irren (in 3 格). 約束を～ ein Versprechen brechen*. 筋を～ sich³ eine Muskelzerrung zu|ziehen*. ボーイは計算を100円違えた Der Kellner hat sich um 100 Yen verrechnet. 列車を乗り～ in den falschen Zug steigen*(s).
ちかく 近く〔近近〕bald; in kurzem. 1時間～ fast eine Stunde. 年末～に gegen Ende des Jahres. この～に hier in der Nähe. 駅の～に in der Nähe des Bahnhofs; nahe dem Bahnhof.
ちかく 地核 der Erdkern -s.
ちかく 地殻 die Erdkruste -n.
ちかく 知覚 die Wahrnehmung -en. ～する wahr|nehmen*. ～しうる wahrnehmbar. ～神経 sensorischer Nerv.
ちがく 地学 die Geologie. ～[上]の geologisch.
ちかごろ 近頃 neulich;〔当節〕heutzutage. ～まで bis vor kurzem. ～の若い人 heutige Jugend.
ちかしい 近しい vertraut; innig. 彼とは～間柄だ Ich habe vertrauten Umgang mit ihm.
ちかちか ¶強い光に目が～する Das grelle Licht blendet die Augen (mich).
ちかぢか 近近に in den nächsten Tagen; in der nahen Zukunft.
ちかづきになる 近付きになる js. (mit jm.) [persönliche] Bekanntschaft machen.
ちかづく 近付く sich nähern《3 格》; heran|kommen*(s)《an 4 格》. 休暇も終りに～ Mein Urlaub nähert sich dem Ende. 彼は近づき難い Er ist schwer zugänglich. 私は彼に近づかないでいる Ich halte mich in einer gewissen Distanz von ihm. 彼女に～な

Halte dich von ihr fern!
ちかづける 近付ける heran|kommen lassen*. 近付けない *et.* (*jn.*) fern halten* 《von 3格》; 〔身近に〕sich fern halten* 《von 3格》.
ちかみち 近道 kürzerer Weg *-es, -e*; 〖比〗 das schnelle[re] Verfahren *-s, -*. ～をする den Weg ab|kürzen.
ちかめ 近目の kurzsichtig.
ちかよせる 近寄せる sich³ *et.* heran|rücken.
ちかよる 近寄る → 近付く. もっと火のそばに近寄りなさい Treten Sie noch näher ans Feuer!
ちから 力 die Kraft *-ü̈e*; 〔権力〕die Macht; 〔能力〕die Fähigkeit *-en*; 〔影響力〕der Einfluss *-es, -ü̈e*. ～のある kräftig; stark; mächtig; fähig; einflussreich. ～のない kraftlos; schwach; machtlos; unfähig. ～一杯 mit aller Kraft. ～を合わせて mit vereinten Kräften. ～を落 して勇を失う den Mut verlieren*; enttäuscht sein*. ～をつける *jn.* ermutigen. ～ずくで mit Gewalt. ～をこめて言う mit [allem] Nachdruck sagen. 君を～と頼む Ich verlasse mich auf deine Hilfe. あずかって～がある viel bei|tragen* 《zu 3格》. 彼の～によって mit seiner Hilfe. ドイツ語の～がつく im Deutschen Fortschritte machen. そんな事をする～はない Das geht über meine Kräfte. ～になる *jm.* helfen*; *jn.* unterstützen.
ちからくらべ 力比べ 力比べをする mit *jm.* seine Kräfte messen*.
ちからこぶ 力瘤 力瘤を入れる seine ganze Kraft widmen 《3格》; *et.* tatkräftig unterstützen.
ちからぞえ 力添えをする *jm.* bei|stehen*.
ちからづける 力付ける ermutigen.
ちからづよい 力強い kräftig. 力強く感ずる sich ermutigt fühlen.
ちからもち 力持ち der Kraftmensch *-en, -en*; der Herkules *-, -se*.
ちかん 弛緩 → しかん.
ちかん 置換 〖化〗die Substitution *-en*. ～する substituieren.
ちかん 痴漢 der Sittenstrolch *-s, -e*.
ちき 知己 intimer Freund *-es, -e*; der Bekannte#. → 知り合い.
ちき 稚気 die Kindlichkeit. ～のある kindlich; kindisch.
ちきゅう 地球 die Erde; die Erdkugel. ～上到る所に überall auf der Erde. ～儀 der Globus. ～物理学 die Geophysik.
ちぎょ 稚魚 die Fischbrut *-en*; der Jungfisch *-es, -e*.
ちきょう 地峡 die Landenge *-n*. パナマ～ die Landenge von Panama.
ちきょうだい 乳兄弟 der Milchbruder *-s, -ü̈*; 〔乳姉妹〕die Milchschwester *-, -n*.
ちぎり 契り 〖文〗夫婦の～を結ぶ mit *jm.* den Bund fürs Leben schließen*.
ちぎる 契る; 〔もぎ取る〕ab|reißen*. パンを～ Brot brechen*. 蜜柑を～ Mandarinen pflücken.
ちぎれる zerreißen*(*s*). ちぎれた zerrissen. ボタンがちぎれた Mir ist ein Knopf abgerissen.
ちぎれぐも ちぎれ雲 zerstreute Wolken *pl*.
チキン ロースト～ der Hühnerbraten.
ちく 地区 der Bezirk *-[e]s, -e*; der Sektor *-s, -en*.
ちくいち 逐一 Punkt für Punkt; ausführlich.
ちぐう 知遇を得る *js.* Gunst erwerben*; in *js.* besonderer Gunst stehen*.
ちくおんき 蓄音機 das Grammofon *-s, -*; der Plattenspieler *-s, -*. ～の針 die Grammofonnadel.
ちくご 逐語・的に Wort für Wort. ～訳 wörtliche Übersetzung.
ちくざい 蓄財する Geld (ein Vermögen) an|häufen.
ちくさん 畜産 die Viehzucht. ～を営む Viehzucht treiben*. ～業者 der Viehzüchter.
ちくじ 逐次 der Reihe nach; nacheinander.
ちくしゃ 畜舎 der Stall *-[e]s, -ü̈e*.
ちくしょう 畜生 das Tier *-es, -e*; 〔人非人〕die Bestie *-n*. ～め Zum Teufel!
ちくじょう 逐条 Artikel für Artikel; Punkt für Punkt.
ちくせき 蓄積・する an|sammeln; an|häufen; auf|speichern. 資本の～ die Akkumulation von Kapital; die Kapitalbildung.
チクタク ticktack!; das Ticktack *-s*.
ちくちく ～刺す prickeln. 指先が～する(痛む) Es prickelt mir in den Fingerspitzen. セーターが～する Der Pullover kratzt [mich]. ～と皮肉を言う sticheln 《gegen 4格》.
ちくでん 逐電する durch|brennen*(*s*); sich aus dem Staub machen.
ちくでん 蓄電・する Elektrizität auf|speichern. ～器 der Kondensator. ～池 der Akkumulator; der Akku.
ちくのうしょう 蓄膿症 das Empyem *-s, -e*.
ちくば 竹馬の友 der Jugendfreund *-[e]s, -e*.
ちぐはぐ ～の靴 ein ungleiches Paar Schuhe. 彼は言うこととなすことが～だ Seine Worte stimmen nicht mit seinem Verhalten zusammen.
ちくび 乳首 die Brustwarze *-n*; 〔哺乳瓶の〕der Sauger *-, -*.
ちけい 地形 das Gelände *-s, -*. ～学 die [Geo]morphologie. ～図 topographische Karte. ～測量 die Topographie.
チケット das Ticket *-s, -s*; die Karte *-n*.
ちこく 遅刻・する zu spät kommen*(*s*); sich verspäten. 学校に～する zu spät in die Schule kommen*(*s*). ～者 der Nachzügler.
ちさん 遅参・する verspätet kommen*(*s*). ～して申し訳ございません Entschuldigen Sie bitte meine Verspätung.
ちし 地誌 die Topographie *-n*.
ちし 致死・量 tödliche Dosis. 過失～ fahrlässige Tötung.
ちし 智歯 der Weisheitszahn *-[e]s, -ü̈e*.
ちじ 知事 der Gouverneur *-s, -e*.
ちしき 知識 das Wissen *-s, -*; die Kenntnis *-se*. 最新の～を獲得する sich³ die neuesten

ちじ 知事 Kenntnisse erwerben*. ドイツ語の〜が十分(いくらか)ある Er hat gute (einige) Kenntnisse im Deutschen. 〜階級 die Intelligenz. 〜人 der Intellektuelle*. 〜欲 die Wissbegierde.

ちじき 地磁気 der Erdmagnetismus -. 〜の erdmagnetisch.

ちじく 地軸 die Erdachse.

ちしつ 地質 die Bodenbeschaffenheit. 〜学 die Geologie. 〜学者 der Geologe. 〜的(上) geologisch.

ちしつ 知悉する sich gut aus|kennen* 《in 3 格》.

ちしま 千島[列島] die Kurilen [ku'ri:lən] pl.

ちしゃ 知者 weiser Mensch -en, -en.

ちしゃ [植] der Lattich -s, -e.

ちじょう 地上・に(で) auf der Erde; auf dem Boden; [この世で] auf Erden. 〜の楽園 das Paradies der Erde. 〜権 das Erbbaurecht. 〜勤務員 das Bodenpersonal.

ちじょう 痴情 blinde Leidenschaft.

ちじょく 恥辱 die Schande. 〜を受ける [eine] Schmach erleiden*.

ちじん 知人 der Bekannte*.

ちじん 痴人 der Narr (Idiot) -en, -en.

ちず 地図 die Landkarte -n; [地図書] der Atlas -[ses], ..lanten. 掛け〜 die Wandkarte. 5 万分の1の〜 eine Landkarte im Maßstab 1 : 50 000. 〜で探す auf der Karte suchen. 〜を描く eine Karte entwerfen*. ヨーロッパの〜を調べる die Karte von Europa lesen (studieren). 市街〜 der Stadtplan.

ちすい 治水 die Flussregelung -en; die Flussregulierung -en. 〜工事 der Wasserbau.

ちすじ 血筋 die Herkunft; die Abstammung. 〜がよい(卑しい) von guter (niedriger) Herkunft sein*. …の〜を引いている jm. ab|stammen (s). 彼は精神病の〜だ Er ist mit Wahnsinn erblich belastet.

ちせい 地勢 die Lage -n. 〜が良い eine gute Lage haben*.

ちせい 治世 die Regierungszeit -en. エリザベス女王の〜中に unter (während) der Regierung der Königin Elisabeth.

ちせい 知性 der Intellekt -s. 〜的 intellektuell.

ちせいがく 地政学 die Geopolitik.

ちせつ 稚拙な primitiv.

ちそ 地租 die Grundsteuer -n.

ちそう 地層 die Erdschicht -en.

ちそう 馳走 [もてなし] die Bewirtung -en; [うまい食べ物] der Leckerbissen -s, -. ご〜する jn. [gut] bewirten (mit 3 格). 大変ご〜になりました Ich danke Ihnen herzlich für Ihre freundliche Bewirtung. → 御馳走.

ちぞめ 血染めの blutbefleckt.

ちたい 地帯 die Zone -n. 安全〜 die Verkehrsinsel. 危険〜 die Gefahrenzone. 緑〜 der Grüngürtel. 工業〜 das Industriegebiet.

ちたい 遅滞・なく ohne Aufschub; unverzüglich. 〜する sich verzögern; in Rückstand kommen* (geraten) (s) 《mit 3 格》.

ちたい 痴態を演ずる sich unanständig auf|führen.

ちだまり 血溜まり die Blutlache -n.

ちだらけ 血だらけ・の blutig. 彼のシャツは〜だ Sein Hemd ist voll Blut.

ちだるま 血達磨になって blutüberströmt.

チタン [化] das Titan -s 〈記号: Ti〉.

ちち 父 der Vater -s, ¨; [おとうちゃん] der Vati -s, -s. 〜の väterlich.

ちち 乳 die Milch; [母乳] die Muttermilch; [乳房] die Brust ¨e. 〜を飲ませる einem Kind die Brust geben* [子供が] die Brust nehmen*. 牛の〜をしぼる eine Kuh melken(*). この牛は〜をよく出す Die Kuh gibt viel Milch.

ちち 遅々・とした langsam; schleppend. 仕事が〜として進まない Die Arbeit kommt nur im Schneckentempo von der Stelle.

ちちかた 父方・の väterlicherseits. 彼の〜の祖母 seine Großmutter väterlicherseits.

ちちくさい 乳臭い nach Milch riechend; [子供じみた] kindisch. 〜小僧 grüner Junge.

ちぢこまる 縮こまる [身体が] sich zusammen|-ziehen*.

ちぢまる 縮まる schrumpfen (s); [布地が] ein|gehen*(s).

ちぢみ 縮み [織] der Krepp -s, -s (-e).

ちぢみあがる 縮み上がる zusammen|-schrecken*(s); zusammen|zucken(s). 寒さに〜 vor Kälte zittern.

ちぢむ 縮む schrumpfen (s).

ちぢめる 縮める ¶スカートの丈(本文)を〜 einen Rock (Text) kürzen. 命を〜 sein Leben verkürzen. 話を〜 seine Rede ab|kürzen. 差を〜 den Abstand (einen Vorsprung) verringern. 記録を2秒〜 den Rekord um 2 Sekunden verbessern.

ちぢらす 縮らす ¶髪を〜 sich³ das Haar kräuseln.

ちぢれげ 縮れ毛 das Kraushaar -s, -e. 〜の kraushaarig. 〜の人 der Krauskopf.

ちぢれる 縮れる sich kräuseln. 縮れた kraus. 彼は髪が縮れている Er hat krauses Haar.

ちつ 膣 die Scheide -n.

チッキ ¶手荷物を〜にする das Gepäck auf|-geben*.

ちっこう 築港 [工事] der Hafenbau -s; [施設] die Hafenanlage -n.

ちつじょ 秩序 die Ordnung -en. 〜を立てる(保つ) Ordnung schaffen(*) (halten*). 社会の〜を乱す die öffentliche Ordnung stören. 〜が乱れる in Unordnung geraten*(s). 〜のある(ない) ordnungsgemäß (unordentlich). 〜整然としている in bester Ordnung sein*. 〜を立てて methodisch; systematisch.

ちっそ 窒素 der Stickstoff -s; das Nitrogen[ium] -s 〈記号: N〉. 〜肥料 der Stickstoffdünger.

ちっそく 窒息 die Erstickung -en. ~する ersticken (s). ~させる ersticken. 部屋は人が一杯で~しそうだ Der Raum ist zum Ersticken voll. ~死 der Erstickungstod. ~死する an Erstickung sterben*(s).

ちつづき 血続きの blutsverwandt.

ちっとも ~…ない gar (durchaus) nicht. 君は彼女の事を~構わない Du kümmerst dich nicht im Geringsten um sie.

チップ das Trinkgeld -[e]s, -er. ボーイに~をはずむ dem Kellner reichlich Trinkgeld geben*. ~は一切お断り Trinkgelder nicht erlaubt!

ちっぽけ ~な sehr klein; klitzeklein. ~な家 winziges Häuschen.

ちてき 知的 intellektuell; geistig. ~労働 geistige Arbeit.

ちてん 地点 der Punkt -es, -e; der Fleck -s, -e; die Stelle -n.

ちどうせつ 地動説 die heliozentrische Theorie.

ちどめ 血止め薬 das Blutstillungsmittel -s, -.

ちどり 千鳥 der Regenpfeifer -s, -. ~足で歩く [betrunken] torkeln (h; s).

ちどん 遅鈍な stumpfsinnig.

ちなまぐさい 血腥い blutig; blutrünstig.

ちなみに 因みに nebenbei bemerkt; beiläufig gesagt; übrigens.

ちなむ 因む verbunden sein* (mit 3格); in Beziehung stehen* (mit 3格). 誕生日に因んで aus Anlass seines Geburtstages. ナポレオンはその出生地に因んで「コルシカ人」と呼ばれた Napoleon wurde nach seinem Heimatort „der Korse" genannt.

ちねつ 地熱 die Erdwärme.

ちのう 知能 die Intelligenz. ~の低い子供 ein Kind von schwacher Intelligenz. ~の高い男 ein intelligenter Mann; ein Mann von hoher Intelligenz. ~検査 der Intelligenztest. ~指数 der Intelligenzquotient. ~犯 intellektuelles Verbrechen.

ちのみご 乳飲み子 der Säugling -s, -e.

ちばしる 血走る ¶目が~ Das Auge ist mit Blut unterlaufen. 血走った目 blutunterlaufene Augen pl.

ちばなれ 乳離れ ¶子供を~させる ein Kind entwöhnen (ab|stillen).

ちび [kleiner] Knirps -es, -e; der Steppke -[s], -s. うちのお~さん unser Kleiner#; [女の子] unsere Kleine#.

ちびた 禿びた abgerieben; abgenutzt.

ちびちび stückweise; [けちけち] sparsam. 酒を~飲む am Wein nippen.

ちひょう 地表 die Erdoberfläche.

ちぶ 恥部 die Schamgegend -en.

ちぶさ 乳房 die Brust ⸚e. 子供に~をふくませる einem Kind die Brust geben*.

チフス der Typhus -. 腸~ der Unterleibstyphus. 発疹~ der Flecktyphus. ~患者 der Typhuskranke#.

ちへいせん 地平線 der Horizont -[e]s, -e. 船が~に現われる Ein Schiff taucht am Horizont auf.

チベット Tibet. ~の tibetisch. ~人 der Tibeter.

ちほ 地歩 ¶確固たる~を占める [festen] Fuß fassen; sich durch|setzen.

ちほう 地方 die Gegend -en; [首都以外の] die Provinz -en. ~の lokal; provinziell. ~議会 der Landtag. ~行政 die Kommunalverwaltung. ~公共団体(自治体) die Kommune; die Gemeinde. ~公務員 der Kommunalbeamte#. ~債 die Kommunalanleihe. ~裁判所 das Landgericht. ~自治 kommunale Selbstverwaltung. ~色 die Lokalfarbe; das Lokalkolorit. ~官庁 die Lokalbehörde. ~新聞 das Lokalblatt. ~税 die Kommunalabgabe. ~選挙 die Kommunalwahl. ~都市 die Provinzstadt. ~訛(な)りで mit einem provinziellen Akzent. ~分権 die Dezentralisation. ~版 die Lokalausgabe. 東京~ die Gegend von Tokyo.

ちほう 痴呆 die Dementia ..tiae. 早発性(老人性)~ die Dementia praecox (senilis [ze'ni:lɪs]).

ちまた 巷 ¶雑踏の~ belebte Straße. 流血の~ der Schauplatz des Blutvergießens. ~の声 die Stimme des Volkes. ~の噂 das Stadtgespräch.

ちまつり 血祭にあげる [als Opfer] schlachten.

ちまなこ 血眼になって toll; wie verrückt. 彼は~になって鍵(な)を探した Er suchte verzweifelt den (nach dem) Schlüssel.

ちまみれ 血塗れの blutig; blutverschmiert.

ちまめ 血豆 die Blutblase -n.

ちまよう 血迷う den Verstand (Kopf) verlieren*; verrückt werden*(s); außer sich³ sein*. 血迷った(て) verrückt.

ちみ 地味 die Bodenbeschaffenheit. ~の肥えた土地 fruchtbarer Boden. ここは~がやせている Der Boden hier ist unfruchtbar (mager).

ちみち 血道 ¶彼は彼女に~を上げている Er ist ganz verrückt auf sie.

ちみつ 緻密な sehr genau; sorgfältig.

ちみどろ 血みどろ →ちまみれ. ~の努力をする sich verzweifelt an|strengen.

ちめい 地名 der Ortsname -ns, -n. ~辞典 das Ortsnamenlexikon.

ちめい 知名の berühmt; wohl bekannt. ~の士 die Berühmtheit.

ちめいしょう 致命傷 tödliche Wunde -n. ~を受ける tödlich verwundet werden*(s受). ~を与える jm. eine tödliche Wunde bei|bringen*.

ちめいてき 致命的な tödlich. ~打撃を与える jm. einen tödlichen Schlag geben*. ~な失策 verhängnisvoller Fehler.

ちゃ 茶 der Tee -s. 緑(紅)~ grüner (schwarzer) Tee. 一杯の~ eine Tasse Tee. ~を入れる Tee kochen (bereiten). お~に招か

れる zum Tee eingeladen werden*(s受).　お~の時間 die Teestunde.　お~を濁す den Schein wahren; sich behelfen* (mit 3格).　~のオーバー hellbrauner Mantel.　僕にとってそんなことはお~の子だ Für mich ist das nur ein Klacks.

チャーター　~する [ver]chartern; mieten.　~機 das Charterflugzeug.

チャーミング　~な charmant; bezaubernd; reizend.

チャイム　das Glockenspiel -s, -e.

ちゃいろ　茶色 hellbraun.

ちゃかい　茶会 die Teegesellschaft -en.

ちゃがし　茶菓子 das Teegebäck -s, -e.

ちゃかす　茶化す et. ins Lächerliche ziehen*.

ちゃかっしょく　茶褐色 kastanienbraun.

ちゃがま　茶釜 der Teekessel -s, -.

ちゃきちゃき　~の echt.　~のベルリンっ子 ein waschechter Berliner.

ちゃく　着 ¶5時~の列車で mit dem Zug, der um 5 Uhr ankommt.　1~でゴール・インする als Erster durchs Ziel gehen*(s).　背広1~ ein Anzug.　ズボン1~ ein Paar Hosen.

ちゃくがん　着眼・する sein Augenmerk richten (auf 4格); et. ins Auge fassen.　~点よい den richtigen Aspekt haben*.

ちゃくし　嫡子 der Erbe -n, -n.

ちゃくじつ　着実・な fest; sicher.　~に仕事をする solid[e] arbeiten.

ちゃくしゅ　着手・する et. in Angriff nehmen*; et. an|fangen* (beginnen*).　仕事に~する an die Arbeit gehen*(s).

ちゃくしゅつ　嫡出・の ehelich; legitim.　~子 eheliches Kind.

ちゃくしょく　着色 die Färbung -en.　~する et. färben.　~ガラス 一色ガラス.　~剤 der Farbstoff.

ちゃくすい　着水する auf dem Wasser landen (s); wassern (s; h).

ちゃくせき　着席する Platz nehmen*.

ちゃくそう　着想 der Einfall -s, -e; die Konzeption -en.　すばらしい~が浮かぶ auf eine glänzende Idee kommen*(s).

ちゃくだんきょり　着弾距離 die Tragweite.　~内(外)にある in (außer) Schussweite sein*.

ちゃくちゃく　着着 Schritt für Schritt.　工事が~と進行する Der Bau geht recht gut voran.

ちゃくにん　着任 ¶新しい同僚が今日~する Der neue Kollege tritt heute an.

ちゃくふく　着服 ¶公金を~する öffentliche Gelder unterschlagen* (veruntreuen).

ちゃくもく　着目 → 着眼.

ちゃくよう　着用 ~する tragen*.　制服を~している eine Uniform tragen*.

ちゃくりく　着陸・する landen (s).　飛行機は無事飛行場に~した Das Flugzeug ist glücklich auf dem Flugplatz gelandet.　不時~ die Notlandung.　無~で ohne Zwischenlandung.　~場 der Landungsplatz.

ちゃくりゅう　嫡流である von jm. direkt stammen.

チャコール・グレー dunkelgrau.

ちゃこし　茶漉 das Teesieb -[e]s, -e; das Tee-Ei -[e]s, -er.

ちゃさじ　茶匙 der Teelöffel -s, -.　~に2杯の砂糖 zwei Teelöffel [voll] Zucker.

ちゃだい　茶代 das Trinkgeld -[e]s, -er.

ちゃたく　茶托 die Untertasse -n.

ちゃだんす　茶箪笥 der Geschirrschrank -[e]s, -e.

ちゃち　~な billig; unansehnlich; ärmlich.

ちゃちゃ　茶茶を入れる jn. (js. Rede) neckend unterbrechen*.

ちゃっかり　~した schlau; berechnend.

チャック der Reißverschluss -es, -e.

ちゃっこう　着工する den Bau an|fangen*.

ちゃどうぐ　茶道具 das Teegeschirr -s, -e.

ちゃのま　茶の間 das Wohnzimmer -s, -.

ちゃのみばなし　茶飲み話 der Teeklatsch -es, -e.

ちゃのゆ　茶の湯 das Tschanoju ['tʃa:noju] -; die Teezeremonie.

ちゃばこ　茶箱 der Teekasten -s, -.

ちゃはつ　茶髪にする sich³ die Haare braun färben.

ちゃばなし　茶話 → ちゃのみばなし.

ちゃばん　茶番 der Schwank -s, -e; die Farce -n.　~をやる eine Posse spielen.

チャペル die Kapelle -n.

チャボ 《鳥》 das Bantamhuhn -s, -er.

ちゃほや　~する [ver]hätscheln; verwöhnen.

ちゃめ　茶目 [人] [kleiner] Schalk -s, -e (-e).　~をやる lustige Streiche machen.　~な schalkhaft.　お~さん das Frätzchen.

ちゃや　茶屋 [人] der Teehändler -s, -; [店] das Teehaus -es, -er.

ちゃらちゃら　~させる klimpern (mit 3格).

ちゃらっぽこ　~を言う Blech reden.

チャリティー・ショー die Wohltätigkeitsvorstellung -en.

ちゃわん　茶碗 die Tasse -n; [御飯の] die Reisschale -n.

チャン 瀝青 das Pech -s.

チャンス die Chance -n; [günstige] Gelegenheit -en.　今が絶好の~だ Es ist die passendste Zeit.

ちゃんちゃら　~おかしい Das ist ja lächerlich!

ちゃんと [きちんと] ordentlich; genau.　~答える richtig antworten.　~支払う pünktlich zahlen.　~した理由があって aus guten Gründen.　食事を~食べる eine gehaltvolle Mahlzeit zu sich³ nehmen*.

チャンネル der Kanal -s, -e.

チャンピオン der Champion -s, -s; der Meister -s, -.

ちゃんぽん　~に durcheinander; gemischt.

ちゆ 治癒 die Heilung.　~する heilen (s).

ちゅう 中・以上(以下)である über (unter) dem Durchschnitt liegen*.　彼の能力は~位だ Er ist nur Durchschnitt.　50人~の首席 der

Erste# unter fünfzig. 10人～3人の生徒 drei von zehn Schülern. 留守～に während meiner Abwesenheit. 旅行～に auf der Reise. 今週～に noch in dieser Woche. 食事(工事)～である bei Tisch (im Bau) sein*.

ちゅう 注 (註) die Anmerkung -en (略: Anm.). テキストに～を付ける einen Text mit Anmerkungen versehen*.

ちゅう 宙・に浮いている schweben; [未決定である] in der Schwebe sein*. ～を飛ぶ in der Luft fliegen*(s). ～を飛んで駆けつける wie ein Pfeil her|laufen*(s).

ちゅう 駐日アメリカ大使 der amerikanische Botschafter in Japan (Tokyo).

ちゅうい 中尉〔陸(空)軍〕der Oberleutnant -s, -s;〔海軍〕der Oberleutnant zur See.

ちゅうい 注意 die Aufmerksamkeit;〔用心〕die Vorsicht;〔警告〕die Warnung -en.〔忠告〕der Rat -[e]s, -schläge. ～する Acht geben* 《auf 4格》; jn. warnen 《vor 3格》. ～を向ける seine Aufmerksamkeit richten 《auf 4格》. ～を喚起する jn. aufmerksam machen 《auf 4格》. ～を引く js. Aufmerksamkeit erregen; jm. auf|fallen*(s). ～深い aufmerksam; vorsichtig. 汽車に～! Achtung auf den Zug! 彼は～人物だ Er steht auf der schwarzen Liste.

チューイン・ガム der (das) Kaugummi -s, -[s].

ちゅうおう 中央 die Mitte -n; das Zentrum -s, ..tren. ～の zentral. ～に in der Mitte. 部屋の～に mitten im Zimmer. ～アジア Zentralasien. ～分離帯 der Mittelstreifen. ～気象台 die Zentralanstalt für Meteorologie. ～銀行 die Zentralbank. ～郵便局 das Hauptpostamt. ～集権 die Zentralisation.

ちゅうおう 中欧 Mitteleuropa. ～の mitteleuropäisch.

ちゅうか 中華・料理 chinesische Küche. ～料理店 chinesisches Restaurant.

ちゅうかい 仲介 die Vermittlung -en. ～する jm. et. vermitteln. 知人の～で durch [die] Vermittlung eines Bekannten. ～の労をとる vermittelnd ein|greifen* 《in 4格》. ～者 der Vermittler. ～物 das Medium. ～手数料 die Vermittlungsgebühr.

ちゅうかい 注解 → 注; 注釈.

ちゅうがい 虫害 der Insektenschaden -s, ..

ちゅうがえり 宙返りする〔とんぼ返り〕einen Purzelbaum schlagen*;〔飛行機が〕einen Looping (Salto) machen.

ちゅうかく 中核 der Kern -s, -e.

ちゅうがく 中学・校 die Mittelschule -n. ～生 der Mittelschüler.

ちゅうがた 中形の mittelgroß; von mittlerer Größe.

ちゅうかん 中間 die Mitte -n. 私の家は駅と学校の～にある Mein Haus liegt zwischen dem Bahnhof und der Schule. ～駅 der Zwischenbahnhof. ～搾取 die Ausbeutung des Vermittlers. ～試験 die Zwischenprüfung. ～色 die Zwischenfarbe. ～報告 der Zwischenbericht. ～層 die Mittelschicht.

ちゅうかん 昼間に am Tag[e].

ちゅうかんし 中間子 das Meson -s, -en.

ちゅうき 中気 → 中風.

ちゅうき 中期 die Mittelperiode -n. ～の[期間が] mittelfristig.

ちゅうぎ 忠義 die Loyalität. ～な loyal. ～を尽す jm. die Treue halten*.

ちゅうきゅう 中級 die Mittelstufe -n. ～ドイツ語 Deutsch für Fortgeschrittene.

ちゅうきょう 中共〔中国共産党〕die Kommunistische Partei Chinas.

ちゅうきょり 中距離・競走 der Mittelstreckenlauf. ～ランナー der Mittelstreckler. ～弾道ミサイル die Mittelstreckenrakete.

ちゅうきん 忠勤を励む jm. treu dienen.

ちゅうきんとう 中近東 der Nahe und Mittlere Osten -s.

ちゅうくう 中空・の hohl; leer. ～に in der Luft.

ちゅうぐらい 中位・の mittelmäßig. ～の大きさである von mittlerer Größe sein*. 彼の成績は～だ Seine Leistungen sind nur Durchschnitt.

ちゅうけい 中継 die Übertragung -en. コンサート(フットボール競技)を～放送する ein Konzert (Fußballspiel) übertragen*. 彼の話は全国に～放送された Seine Rede ist von allen Sendern übertragen worden. ～局 die Relaisstation.

ちゅうけい 中景《絵》der Mittelgrund -[e]s, -̈e.

ちゅうけん 中堅 der Kern -s, -e. ～の会社 mittelständischer Betrieb.

ちゅうげん 中元 ¶お～ das Mittsommergeschenk -s, -e.

ちゅうこ 中古・品 die Ware aus zweiter Hand; die Gebrauchtware. ～[自動]車 der Gebrauchtwagen.

ちゅうこう 中興 die Restauration -en. ～の祖 der Wiederhersteller.

ちゅうこく 忠告〔助言〕der Rat -[e]s, -schläge;〔警告〕die Ermahnung -en. ～する jm. raten*; jm. einen [guten] Rat geben*; jm. Ratschläge geben*. ～を求める jn. um Rat bitten* (fragen). ～に従う auf js. Rat hören. ～を無視する js. Rat verschmähen; gegen jeden Rat taub sein*. 彼の～に従って auf seinen Rat [hin]. 勉強するように～する jn. zum Fleiß ermahnen.

ちゅうごく 中国〔中華人民共和国〕die Volksrepublik China;〔中華民国〕die Nationale Republik China. ～[人,語]の chinesisch. ～語 die chinesische Sprache. ～人 der Chinese.

ちゅうさ 中佐〔陸(空)軍〕der Oberstleutnant -s, -s;〔海軍〕der Fregattenkapitän -s, -e.

ちゅうざ 中座する seinen Platz verlassen*;

vor Schluss der Versammlung fort|gehen* (s).

ちゅうさい 仲裁 die Schlichtung -en; der Ausgleich -[e]s, -e. 争いを~する einen Streit schlichten (bei|legen). 喧嘩の~にはいる in einen Zank schlichtend ein|greifen*. ~人 der Schlichter. ~裁定 der Schiedsspruch. ~裁判所 das Schiedsgericht.

ちゅうざい 駐在 ¶ ドイツ~の日本大使 der japanische Botschafter in Deutschland (Berlin). 海外に~する外交官 Diplomaten, die im Ausland stationiert sind. ~所〔交番〕die Polizeiwache.

ちゅうさんかいきゅう 中産階級 der Mittelstand -[e]s. ~の mittelständisch.

ちゅうし 中止 die Unterbrechung -en. ~する unterbrechen*; auf|geben*. 生産(支払)を~する die Produktion (Zahlungen) ein|stellen. ~になる aus|fallen*.

ちゅうし 注視する [starr] an|blicken (betrachten); an|starren.

ちゅうじ 中耳 das Mittelohr -s, -en. ~炎 die Mittelohrentzündung.

ちゅうじく 中軸 die Mittelachse -n;〔人〕führende Persönlichkeit -en.

ちゅうじつ 忠実・な(に) treu. 主義に~である seinen Grundsätzen treu sein* (bleiben*) (s).

ちゅうしゃ 注射 die Einspritzung -en; die Injektion -en. ~する jm. eine Spritze geben*. モルヒネを~する jm. Morphium ein|spritzen. 前腕(%)に~してもらう eine Spritze in den Unterarm bekommen*. 筋肉(静脈; 皮下)~ intramuskuläre (intravenöse; subkutane) Einspritzung. ~器 die Spritze. ~薬 das Medikament zum Einspritzen.

ちゅうしゃ 駐車・する parken. ~ in Auto parken. ~禁止 Parken verboten! ~場 der Parkplatz. ~料 die Parkgebühr. ~違反 der Verstoß gegen die Parkverbote.

ちゅうしゃく 注釈[・書] der Kommentar -s, -e. ~する kommentieren. ~者 der Kommentator. ~的に kommentarisch.

ちゅうしゅつ 抽出・する aus|ziehen*; extrahieren. ~検査 die Stichprobe. ~物 der (das) Extrakt; der Auszug.

ちゅうじゅん 中旬・に Mitte des Monats. 3月~に Mitte März.

ちゅうしょう 中小・企業 kleinere Unternehmungen pl. ~商工業者 kleinere Handels- und Gewerbsleute pl.

ちゅうしょう 中傷 die Verleumdung -en; die Verlästerung -en; die Diffamation -en. ~する verleumden; verlästern; diffamieren. ~的 verleumderisch. ~者 der Verleumder.

ちゅうしょう 抽象 die Abstraktion -en. ~する abstrahieren. ~的 abstrakt. ~的な言い方をする sich abstrakt aus|drücken. ~絵画 abstrakte Malerei. ~名詞 das Abstraktum. ~論に耽(&)る sich in abstrakten Dar-

legungen ergehen*.

ちゅうじょう 中将〔陸(空)軍〕der Generalleutnant -s, -s;〔海軍〕der Vizeadmiral -s, -e.

ちゅうじょう 衷情を打ち明ける jm. sein Herz aus|schütten.

ちゅうしょく 昼食 das Mittagessen -s, -. ~をとる zu Mittag essen*.

ちゅうしん 中心 das Zentrum -s, ..tren; der Mittelpunkt -[e]s, -e. 円の~ der Mittelpunkt eines Kreises. 町の~に im Zentrum (in der Mitte) der Stadt; in der Stadtmitte. 彼はこの会の~となる人だ Er ist der Mittelpunkt der Gesellschaft. ~の zentral. ~思想 der Kerngedanke. ~人物 die Zentralfigur. ~点 der Mittelpunkt.

ちゅうしん 注進する jm. eine [eilige] Nachricht bringen* (über 4格); jn. sofort benachrichtigen《von 3格》.

ちゅうしん 衷心から[の] herzlich; innig.

ちゅうしん 中震 mittleres Erdbeben -s, -.

ちゅうすい 虫垂 der Wurmfortsatz -es, ⸚e. ~炎 die Wurmfortsatzentzündung.

ちゅうすう 中枢 das Zentrum -s, ..tren. ~の zentral. 神経~ das Nervenzentrum.

ちゅうせい 中世 das Mittelalter -s. ~の mittelalterlich.

ちゅうせい 中正な unparteiisch; gerecht.

ちゅうせい 中性・の neutral. ~的な女 geschlechtslose Frau. ~子 das Neutron. ~名詞 das Neutrum. ~洗剤 neutrales Reinigungsmittel. ~脂肪 das Neutralfett.

ちゅうせい 忠誠 die Treue; die Loyalität. ~を誓う jm. Treue schwören* (geloben).

ちゅうぜい 中背の男 ein Mann mittlerer Größe; ein mittelgroßer Mann.

ちゅうせいだい 中生代 das Mesozoikum -s. ~の mesozoisch.

ちゅうせき 沖積・層 das Alluvium -s. ~層の alluvial. ~土 der Alluvialboden.

ちゅうせき 柱石 ¶ 彼は国家の~だ Er ist eine Stütze des Staates.

ちゅうぜつ 中絶する ab|brechen*; unterbrechen*.

ちゅうせっきじだい 中石器時代 die Mittelsteinzeit; das Mesolithikum -s.

ちゅうせん 抽籤 das Los -es, -e; die Verlosung -en. ~で決める(選ぶ) durch das Los entscheiden* (wählen); verlosen. ~に当る Das Los fällt auf mich. ~に外れる eine Niete ziehen*. ~券 das [Lotterie]los. ~番号 die Losnummer.

ちゅうぞう 鋳造 ¶ 貨幣を~する Münzen prägen. 活字(鐘)を~する Lettern (Glocken) gießen*. ~者 der Gießer. ~所 die Gießerei.

ちゅうたい 中隊〔歩兵〕die Kompanie -n;〔砲兵〕die Batterie -n;〔騎兵〕die Schwadron -en. ~長 der Kompanieführer.

ちゅうたい 中退 ¶ 大学を~する sein Studium auf|geben*.

ちゅうだん 中断 die Unterbrechung -en. ～する unterbrechen*. 放送が～した Die Sendung ist unterbrochen worden.
ちゅうちょ 躊躇・する zögern《mit 3 格》. ～しながら zögernd. ～なく ohne Zögern; unbedenklich.
ちゅうちょう 中腸 der Mitteldarm -[e]s, ¨e.
ちゅうてつ 鋳鉄 das Gusseisen -s.
ちゅうてん 中天 ¶月が～にかかる Der Mond steht hoch am Himmel.
ちゅうと 中途・で halbwegs; auf halbem Wege. ～半端な halb. 彼は～半端な事をしない Er macht keine halben Sachen. この仕事は～半端だ Diese Arbeit ist nichts Halbes und nichts Ganzes.
ちゅうとう 中東 der Mittlere Osten -s.
ちゅうとう 中等・学校 mittlere Schule -n. ～教育 mittlere Schulbildung. ～程度の出来映え mittelmäßige Leistung. ～品 die Mittelsorte.
ちゅうどう 中道を歩む einen Mittelweg ein|schlagen*.
ちゅうどく 中毒 die Vergiftung -en. きのこに～する sich an Pilzen vergiften. ガス～で死ぬ an Gasvergiftung sterben*(s). ニコチン～ die Nikotinvergiftung.
ちゅうとん 駐屯・する stationiert sein*; garnisonieren. 部隊を～させる Truppen stationieren (garnisonieren). ～軍〔守備の〕die Garnison;〔占領地の〕die Besatzung.
チューナー der Tuner -s, -.
ちゅうにかい 中二階 das Zwischengeschoss -es, -e.
ちゅうにく 中肉中背の男 ein Mann von mittlerer Statur.
ちゅうにゅう 注入・する et. ein|gießen* (ein|spritzen)《in 4 格》. 新しい思想を～する jm. neue Ideen ein|geben*.
ちゅうねん 中年・である in mittlerem Alter sein*. ～の男 ein älterer Mann.
ちゅうは 中波〔電〕die Mittelwelle -n.
チューバ〔音〕die Tuba ..ben.
ちゅうばいか 虫媒花 der Insektenblütler -s, -.
ちゅうぶ 中部 mittlerer Teil -[e]s. ～ドイツ Mitteldeutschland.
チューブ die Tube -n;〔タイヤの〕der Luftschlauch -s, ¨e. ～入りの歯磨 eine Tube Zahnpasta.
ちゅうふう 中風 die Lähmung -en; die Paralyse -n. ～の gelähmt. ～になる einen Schlaganfall bekommen*.
ちゅうふく 中腹 der Bergabhang -s, ¨e. 山の～に〔て〕auf halber Höhe des Berges.
ちゅうぶらりん 宙ぶらりん・になる in der Luft hängen*. 事は～の状態だ Die Sache bleibt in der Schwebe.
ちゅうぶる 中古で買う aus zweiter Hand kaufen.
ちゅうへい 駐兵する Truppen stationieren.
ちゅうべい 中米 Mittelamerika. ～の mittelamerikanisch.
ちゅうへん 中編〔小説〕längere Erzählung -en.
ちゅうみつ 稠密 ¶人口～な dicht bevölkert.
ちゅうもく 注目・する achten《auf 4 格》. ～すべき bemerkenswert. 世間の～を集める die Aufmerksamkeit der Welt auf sich ziehen*. ～の的になる sehr beachtet werden*(s受). 成り行きが～されている Man verfolgt den Verlauf aufmerksam (interessiert).
ちゅうもん 注文 die Bestellung -en. ～する et. bei jm. bestellen. 本をドイツ〔丸善〕に～する Bücher nach Deutschland (bei Maruzen) bestellen. ～でつくる auf Bestellung an|fertigen. ～を受ける Bestellungen erhalten*. 世界中から～が殺到する Bestellungen aus der ganzen Welt laufen ein. ～をつける verlangen; et. zur Bedingung machen. それはむずかしい～だ Das ist zu viel verlangt. ～者 der Besteller. ～伝票 der Bestellschein.
ちゅうや 昼夜兼行で働く Tag und Nacht arbeiten.
ちゅうゆ 注油 ¶機械に～する eine Maschine ölen. ～器 der Öler.
ちゅうよう 中庸 die Mäßigkeit. ～を守る Maß halten*; die goldene Mitte halten*. 万事に～を守れ Halte das rechte Maß in allen Dingen! ～を得た mäßig.
ちゅうりつ 中立 die Neutralität. ～の neutral; unparteiisch. ～を守る neutral bleiben*(s). ～を宣言する(犯す) die Neutralität erklären (verletzen). 私はこの論争には～の態度をとる Ich verhalte mich in diesem Meinungsstreit neutral (unbeteiligt). ～国 neutraler Staat. ～地帯 neutrale Zone.
チューリップ die Tulpe -n.
ちゅうりゅう 中流・に am Mittellauf des Flusses. ～階級 die Mittelklasse.
ちゅうりゅう 駐留 → 駐屯.
ちゅうるい 虫類 Insekten und Würmer pl.
ちゅうろう 中老の男 ein älterer Mann -es, ¨er.
ちゅうわ 中和 die Neutralisation -en; ～する neutralisieren.
ちょ 緒に付く seinen Anfang nehmen*.
ちょいちょい ab und zu; oft.
ちょう 兆 die Billion -en.
ちょう 疔〔医〕der Karbunkel -s, -.
ちょう 長 das Haupt -es, ¨er; der Chef -s, -s. 一家の～ das Haupt einer Familie. この点で私より彼に一日の～がある In dieser Hinsicht ist er mir ein wenig voraus.
ちょう 朝〔王朝〕die Dynastie -n;〔治世〕die Regierungszeit -en. 平安～ die Heian-Periode.
ちょう 腸 der Darm -es, ¨e. ～カタル der Darmkatarr[h]. ～結核 die Darmtuberkulose. ～チフス der Unterleibstyphus. ～捻(ねん)転 die Darmverschlingung. ～閉塞 der Darmverschluss.
ちょう 蝶 der Schmetterling -s, -e; der Tag-

falter -s, -.　～ネクタイ(結び) die Schleife.

ちょうあい 寵愛 die Gunst.　～を受ける bei *jm.* in Gunst stehen*.　～を失う *js.* Gunst verlieren*.

ちょうい 弔意・を表する *jm.* kondolieren.　謹んで～を表する次第です Wir gestatten uns, Ihnen unser aufrichtiges Beileid auszudrücken.

ちょうい 潮位 die Fluthöhe -n.

ちょういきん 弔慰金 das Geldgeschenk als Beileidsbezeigung.

ちょういん 調印 die Unterzeichnung -en. 条約に～する einen Vertrag unterzeichnen (unterschreiben*).　～者 der Unterzeichner.　～国 der Signatarmacht.

ちょうえき 懲役 die Zuchthausstrafe -n. 終身～ lebenslängliches Zuchthaus.　～に服している im Zuchthaus sitzen*.　彼に～10年の判決が下った Er ist zu 10 Jahren Zuchthaus verurteilt worden.

ちょうえつ 超越・的〖哲〗transzendent.　彼は世俗(世事)を～している Er ist erhaben über das Alltägliche (gleichgültig gegen Lob und Tadel).

ちょうえん 長円 die Ellipse -n.　～の elliptisch.

ちょうえん 腸炎 die Darmentzündung -en.

ちょうおん 長音 langer Laut -es, -e; 〔長母音〕langer Vokal -s, -e.　～符 das Dehnungszeichen.

ちょうおん 調音 〔音声の〕 die Artikulation (Lautbildung) -en; 〔楽器の〕 die Stimmung -en.　～する artikulieren; stimmen.　～点 die Artikulationsstelle.

ちょうおん 聴音・機 das Horchgerät.　～器官 das Gehörorgan.

ちょうおんそく 超音速 die Überschallgeschwindigkeit.　～飛行機 das Überschallflugzeug.

ちょうおんぱ 超音波 der Ultraschall -s; die Ultraschallwelle -n.

ちょうか 弔歌 der Grabgesang -s, ⸚e.

ちょうか 超過 der Überschuss -es, ⸚e.　～する überschreiten*.　今月は支出～になった Die Ausgaben haben in diesem Monat den Einnahmen überschritten.　～額 überschießender Betrag.　輸入～ der Einfuhrüberschuss.　～勤務をする Überstunden machen.　～勤務手当 das Überstundengeld.

ちょうかい 懲戒〔・処分〕die Disziplinarmaßnahme -n; die Disziplinarstrafe -n.　～処分にする *jn.* disziplinarisch bestrafen.

ちょうかく 聴覚 das Gehör -s.　～器官 das Gehörorgan.　～神経 der Gehörnerv.

ちょうかん 長官 der Leiter -s, -.　警察庁～ der Leiter des Nationalen Polizeiamts.

ちょうかん 鳥瞰・する aus der Vogelschau sehen* (betrachten).　～図 ein Bild aus der Vogelperspektive.

ちょうかん 朝刊 die Morgenausgabe -n.　～新聞 die Morgenzeitung.

ちょうかんかく 超感覚的 übersinnlich.

ちょうき 弔旗 die Trauerfahne -n.

ちょうき 長期・の langfristig; lange dauernd.　～計画 ein Plan auf lange (weite) Sicht.　～公債 langfristige Anleihe.　～戦 langer Krieg.　～予報 langfristige Wettervorhersage.

ちょうきょう 調教・する ab|richten; dressieren.　馬を～する ein Pferd zu|reiten*.　～師 der Abrichter; der Dresseur.

ちょうきょり 長距離・競走 der Langstreckenlauf.　～走者 der Langstreckenläufer; der Langstreckler.　～爆撃機 der Langstreckenbomber.　～飛行 der Fernflug.　～通話 das Ferngespräch.

ちょうきん 彫金 das Ziselieren -s.　～師 der Ziseleur.

ちょうけい 長兄 der älteste Bruder -s.

ちょうけし 帳消し・にする auf|heben*.　～になる sich auf|heben*; sich aus|gleichen*.

ちょうこう 徴候 das Anzeichen -s, -; das Symptom -s, -e.　…の～が顕著である Alle Anzeichen deuten darauf hin, dass …

ちょうこう 聴講・する eine Vorlesung hören (besuchen).　～生 der Zuhörer.

ちょうごう 調合 die Zubereitung -en.　～する zu|bereiten.

ちょうこうぜつ 長広舌を振るう sich in langen Tiraden ergehen*.

ちょうこうそう 超高層ビル der Wolkenkratzer -s, -.

ちょうこく 彫刻 die Bildhauerkunst; die Skulptur.　木で像を～する eine Figur aus Holz schnitzen (meißeln).　～家 der Bildhauer.　～品 das Bildwerk; die Skulptur.

ちょうこく 超克 die Überwindung.　～する überwinden*.

ちょうこっか 超国家・的 überstaatlich.　～主義 der Ultranationalismus.　～主義的 ultranationalistisch.　～主義者 der Ultranationalist.

ちょうさ 調査 die Untersuchung (Nachforschung) -en.　～する untersuchen; nach|forschen.　科学的な～を行う wissenschaftliche Untersuchungen durch|führen.　～中である in Untersuchung sein*.　～委員会 der Untersuchungsausschuss.

ちょうざい 調剤する eine Arznei dispensieren (an|fertigen).

ちょうざめ 蝶鮫 der Sterlet[t] -s, -e.

ちょうし 長子・相続権 das Erstgeburtsrecht -s.

ちょうし 長姉 die älteste Schwester.

ちょうし 調子 der Ton -[e]s, ⸚e.　まじめな(穏やかな)～で in ernstem (sanftem) Ton.　～が狂う〔楽器の〕sich verstimmen.　～が良い〔スポーツで〕gut in Form sein*; in guter Form sein*.　からだの～が良い Gesundheitlich geht es mir gut.　機械(胃)の～が悪い Die Maschine (Mein Magen) ist nicht in Ordnung.　～が出ている(を出す) in Fahrt sein* (in

Form kommen*(s)). ～づいている gut im Zuge sein*. ～に乗って aus Übermut. ～のいい詩 wohlklingendes Gedicht. ～のいい男 glattzüngiger Mann. ～外れの歌 misstönender Gesang. ～を合わせる〔楽器の〕stimmen；〔人に〕sich auf jn. ein|stellen. ～を狂わす jn. aus dem Takt bringen*. いいぞ，その～だ Gut so!

ちょうじ 丁子〖植〗die Gewürznelke -n.

ちょうじ 弔辞を述べる eine Trauerrede halten*.

ちょうじ 寵児 der Liebling -s, -e; der Günstling -s, -e. 運命の～ das Glückskind. 時代の～ der Held des Tages.

ちょうじかん 長時間 lange Zeit.

ちょうしぜん 超自然的 übernatürlich.

ちょうじゃ 長者〔金持〕der Reiche#. 百万～ der Millionär.

ちょうしゅ 聴取 ¶ラジオを～する Radio hören. ラジオ～者 der Rundfunkhörer. ラジオ～料 Rundfunkgebühren pl. 或る人から事情を～する jn. vernehmen*.

ちょうじゅ 長寿を保つ bis ins hohe Alter leben.

ちょうしゅう 徴収する bei|treiben*; erheben*.

ちょうしゅう 聴衆 Zuhörer pl.; die Zuhörerschaft.

ちょうしょ 長所 der Vorzug -[e]s, ⁼e; die Stärke -n. ～と短所 Vor- und Nachteile pl. それは彼の～の一つだ Das ist ein [besonderer] Vorzug an (von) ihm. この組織にも～がある Dieses System hat auch seine Vorteile.

ちょうしょ 調書 das Protokoll -s, -e. ～を作成する das Protokoll führen. 証人の口述を～にとる die Zeugenaussage zu Protokoll nehmen*.

ちょうじょ 長女 die älteste Tochter ⁼.

ちょうしょう 嘲笑 der Hohn -[e]s. ～する aus|lachen; verspotten. ～的 höhnisch. 彼は世間の～の的である Er ist der Gegenstand des allgemeinen Spottes.

ちょうじょう 重畳 ¶山岳が～している Die Berge steigen hintereinander auf.

ちょうじょう 頂上 der Gipfel -s, -. ～会談 die Gipfelkonferenz. 山の～を極める den Gipfel eines Berges erreichen. 彼の人気は今が～だ Jetzt steht er auf dem Höhepunkt seiner Popularität.

ちょうしょく 朝食 das Frühstück -[e]s, -e. ～をとる frühstücken.

ちょうじり 帳尻・が合う Die Rechnung stimmt. ～を合わす die Rechnung aus|gleichen*. ～をごまかす die Bilanz verschleiern.

ちょうしん 長身の groß.

ちょうしん 長針 der Minutenzeiger -s, -.

ちょうしん 聴診 die Auskultation -en. ～する ab|horchen; auskultieren. ～器 das Stethoskop.

ちょうじん 鳥人 der Flieger -s, -.

ちょうじん 超人 der Übermensch -en, -en. ～的 übermenschlich.

ちょうしんけい 聴神経 der Gehörnerv -s, -en.

ちょうする 徴する ¶意見を～ jn. nach seiner Meinung fragen. 歴史に徴して…は明らかである Auf Grund der Geschichte ist es klar, dass ...

ちょうずる 長ずる 〔すぐれている〕bewandert sein* (in 3格). 長じて立派な青年となった Er ist zu einem feinen Jüngling herangewachsen.

ちょうせい 調製する an|fertigen.

ちょうせい 調整 → 調節; die Regelung -en. ～する regeln. 意見の～をする Meinungsverschiedenheiten aus|gleichen*. 外交を～する diplomatische Angelegenheiten regeln. ～器 der Regulator.

ちょうせき 長石 der Feldspat -s, -e.

ちょうせつ 調節 die Regulierung -en. ～する regulieren; regeln. 物価(温度)を～する die Preise (die Temperatur) regulieren. 楽器を～する ein Instrument ab|stimmen. ラジオを～する das Radio [auf einen Sender] ein|stellen. 受胎～ die Geburtenregelung.

ちょうせん 挑戦 die Herausforderung -en. ～する jn. [zum Kampf] heraus|fordern. ～に応ずる js. Herausforderung an|nehmen*. ～的態度に出る ein herausforderndes Benehmen zur Schau tragen*. ～者 der Herausforderer.

ちょうせん 朝鮮 Korea. ～の koreanisch. ～人 der Koreaner. 南(北)～ Südkorea (Nordkorea). ～にんじん der Ginseng.

ちょうぜん 超然 ¶どんな非難にも～としている gleichgültig gegen jeden Tadel sein*.

ちょうそ 彫塑 die Plastik -en. ～的 plastisch.

ちょうぞう 彫像 die Statue -n.

ちょうそく 長足の進歩を遂げる große (rasche) Fortschritte machen《in 3格》.

ちょうぞく 超俗的 überirdisch.

ちょうだ 長蛇・の列を作る Schlange stehen*. ～を逸する eine günstige Gelegenheit verpassen.

ちょうだい 頂戴 ¶ほうびを～する einen Preis [mit Dank] erhalten* (empfangen*). お小言を～する Schelte bekommen*. 十分～致しました Danke, ich habe reichlich gegessen. お菓子を～ Bitte, gib mir Kuchen!

ちょうたいこく 超大国 die Supermacht ⁼e.

ちょうたいそく 長大息をする einen tiefen Seufzer aus|stoßen*.

ちょうたく 彫琢 ¶文章を～する an einem Satz tüchtig feilen. ～された文体 gefeilter Stil.

ちょうたつ 調達・する an|schaffen; sich³ et. verschaffen. 金を～してやる jm. Geld verschaffen.

ちょうたんぱ 超短波 die Ultrakurzwelle -n (略：UKW).

ちょうちょう 町長 der Gemeindevorsteher

-s, -.

ちょうちょう 長調 das Dur -, -. ト~奏鳴曲 die Sonate in G-Dur.

ちょうちょう 丁丁発止(はっし)と渡り合う mit jm. die Klinge[n] kreuzen.

ちょうちん 提灯 der Lampion -s, -s; die Laterne -n. ~を持つ [比] für jn. Reklame machen. ~行列 der Laternenumzug. ~持ち der Lobhud[e]ler.

ちょうつがい 蝶番 die [Tür]angel -n.

ちょうづめ 腸詰 die Wurst ⸚e.

ちょうてい 調停 die Schlichtung (Vermittlung) -en. 争いを~する einen Streit schlichten. ~役を買って出る schlichtend ein|greifen*(n (in 4格); den Vermittler spielen. ~案 der Vermittlungsvorschlag. ~者 der Schlichter; der Vermittler.

ちょうてん 頂点 〔クライマックス〕der Höhepunkt -[e]s, ⸚e. 三角形の~ der Scheitelpunkt (die Spitze) eines Dreiecks.

ちょうでん 弔電を打つ jm. ein Beileidstelegramm senden*.

ちょうと 長途の旅行から帰る von einer großen Reise zurück|kommen*(s).

ちょうど 丁度 ¶今12時~だ Es ist genau (Punkt) 12 Uhr. 1ダース~ ein rundes Dutzend. 彼は~よい所へ来た Er kam eben recht (zur rechten Zeit). ~今帰ったところだ Ich bin gerade [erst] zurückgekehrt. ~電話しようと思っているところへ彼が来た Ich wollte ihn gerade anrufen, als er kam.

ちょうど 調度 ¶家具・品 die Möblierung -en.

ちょうとうは 超党派的 überparteilich.

ちょうなん 長男 der älteste Sohn -es, ⸚e.

ちょうは 長波 〔電〕die Langwelle -n.

ちょうば 帳場 die Kasse -n.

ちょうば 跳馬 〔体操用具〕das Langpferd -[e]s, -e; 〔種目〕der Pferdsprung -s.

ちょうはつ 長髪の langhaarig.

ちょうはつ 挑発 die Herausforderung (Provokation) -en. ~する provozieren; auf|reizen; heraus|fordern. 欲情を~する js. Begierde auf|reizen. ~的 aufreizend; herausfordernd.

ちょうはつ 徴発 die Requisition -en. ~する requirieren.

ちょうはつ 調髪 der Haarschnitt -[e]s, -e. ~してもらう sich frisieren lassen*.

ちょうばつ 懲罰 die Bestrafung -en. ~する bestrafen. ~委員会 der Disziplinarausschuss.

ちょうふく 重複 die Wiederholung -en. ~する sich wiederholen. 君の話は~している Du wiederholst dich überflüssigerweise. ~した wiederholt.

ちょうぶつ 長物 ¶無用の~ etwas Unnützes.

ちょうぶん 弔文 der Beileidsbrief -s, -e.

ちょうへい 徴兵 die Aushebung -en; die Konskription -en. ~を忌避する den Wehrdienst (Militärdienst) verweigern. ~検査 die Musterung. ~検査を受ける gemustert werden*(s 受). ~猶予 zeitweilige Freistellung [vom Wehrdienst]. ~適齢者 der Militärpflichtige#. ~制度 allgemeine Wehrpflicht.

ちょうへん 長編小説 der Roman -s, -e.

ちょうぼ 帳簿 das [Geschäfts]buch -[e]s, ⸚er. ~をつける Buch führen. ~に記入する ins Buch ein|tragen*; et. buchen. ~を調べる die Bücher prüfen. ~係 der Buchhalter.

ちょうぼ 徴募 ¶義勇兵を~する Freiwillige [an]werben*.

ちょうほう 重宝(調法)・な praktisch; nützlich. ~な道具 handliches Werkzeug. ~がる et. nützlich (praktisch) finden*.

ちょうほう 諜報 die Spionage. ~員 der Spion. ~活動をする Spionage treiben*. ~機関 der Geheimdienst.

ちょうぼう 眺望 die Aussicht; der Überblick -[e]s, -e. 海(庭園)への~ die Aussicht auf die See (nach dem Garten). この丘は~が良い Dieser Hügel hat (bietet) eine schöne Aussicht.

ちょうほうけい 長方形 das Rechteck -s, -e. ~の rechteckig.

ちょうほんにん 張本人 der Anführer (Rädelsführer) -s, -; der Anstifter -s, -.

ちょうまんいん 超満員である überfüllt (gestopft voll) sein*.

ちょうみ 調味・する eine Speise würzen《mit 3格》. ~料 das Gewürz.

ちょうめい 長命である langlebig sein*; lange leben.

ちょうめん 帳面 〔ノート〕das Heft -[e]s, -e.

ちょうもん 弔問 der Beileidsbesuch -s, -e. ~客 der Trauergast.

ちょうや 朝野の名士 Berühmtheiten aus allen Kreisen.

ちょうやく 跳躍 der Sprung -[e]s, ⸚e. ~する springen*(s). ~の選手 der Springer. ~台 〔スキーの〕die Sprungschanze.

ちょうらく 凋落・する verfallen*(s). 彼の人気は~の一途をたどった Seine Beliebtheit hat immer mehr abgenommen.

ちょうり 調理・する kochen; zu|bereiten. ~台 der Küchentisch. ~人 der Koch. ~場 die Küche. ~法 die Kochkunst.

ちょうりつ 調律 ¶ピアノを~する das Klavier stimmen. ~師 der Stimmer.

ちょうりゅう 潮流 die Strömung -en. この海峡は~が速い Diese Meeresstraße hat eine schnelle Strömung. 時代の~に乗る(逆らう) mit dem (gegen den) Strom der Zeit schwimmen*(s).

ちょうりょう 跳梁する überhand nehmen*.

ちょうりょく 張力 die Spannung -en. 表面~ die Oberflächenspannung.

ちょうりょく 聴力 das Gehör -s; das Hörvermögen -s. ~計 das Audiometer.

ちょうるい 鳥類 Vögel *pl.* ～学 die Vogelkunde; die Ornithologie. ～学者 der Ornithologe.

ちょうれいぼかい 朝令暮改 rin in die Kartoffeln, raus aus den Kartoffeln.

ちょうろう 長老 der Älteste*.

ちょうろう 嘲弄する verspotten.

ちょうわ 調和 die Harmonie *-n*. ～する überein|stimmen 《mit 3格》. ～した harmonisch. この二つの色は～しない Die beiden Farben harmonieren nicht miteinander. この帽子の色はマントの色とよく～がとれている Die Farbe des Hutes stimmt gut mit der des Mantels überein.

チョーク die Kreide *-n*.

ちょきん 貯金 das Spargeld *-[e]s, -er*; Ersparnisse *pl.* ～する Geld sparen. 銀行に～する Geld in die Bank ein|zahlen. ～を引き出す Geld vom Konto ab|heben*. 銀行に10万円の～がある 100 000 Yen auf der Bank haben*. ～通帳 das Sparbuch. ～箱 die Sparbüchse. ～口座 das Sparkonto.

ちょくえい 直営 ¶この喫茶店は森永～である Das Café ist unter direkter Betriebsleitung von Morinaga.

ちょくげき 直撃・弾 der Volltreffer. 台風が東京を～した Der Taifun hat Tokyo hart getroffen.

ちょくげん 直言する *jm. et.* geradeheraus (offen) ins Gesicht sagen.

ちょくご 直後・に gleich (unmittelbar) nach 《3格》. 終戦～に gleich nach dem Kriegsende.

ちょくし 直視・する *jm.* ins Gesicht sehen*. 事実を～する den Tatsachen [tapfer] ins Auge sehen*.

ちょくしゃ 直射・する unmittelbar bestrahlen. 日光の～を受ける sich von der Sonne unmittelbar bestrahlen lassen*.

ちょくじょう 直情 ¶彼は一径行の人だ Er ist ein gerader Charakter.

ちょくしん 直進する gerade vorwärts gehen* (*s*); immer geradeaus gehen*(*s*).

ちょくせつ 直接・の(に) direkt; unmittelbar. ～間接に direkt oder indirekt. ～面会する *jn.* persönlich sprechen*. ～行動 direkte Aktion. ～税 direkte Steuer. ～説話《文法》die direkte Rede.

ちょくせつほう 直説法《文法》der Indikativ *-s, -e*.

ちょくせん 直線 gerade Linie *-n*. ～を引く eine Gerade ziehen*. 一～に in gerader Linie; schnurstracks. 家まで～距離で5キロメートルある Die Entfernung nach dem Haus beträgt in der Luftlinie 5 Kilometer. コースにはいる in die Gerade ein|biegen*(*s*).

ちょくぜん 直前・に unmittelbar vor 《3格》. 出発の～に kurz vor der Abfahrt.

ちょくぞく 直属 ¶政府に～する unter unmittelbarer Oberaufsicht der Regierung sein*.

ちょくちょう 直腸 der Mastdarm *-[e]s, ⸚e*. ～癌 der Mastdarmkrebs.

ちょくつう 直通・する direkt verbunden sein* 《mit 3格》. ～列車 durchgehender Zug. ボンへ～電話をかける nach Bonn durch|wählen.

ちょくばい 直売 der Direktverkauf *-s*. ～する direkt verkaufen.

ちょくほうたい 直方体 der Quader *-s, -*.

ちょくめん 直面 ¶難問題に～する einer schwierigen Aufgabe gegenüber|stehen*. 危険に～して angesichts der Gefahr.

ちょくやく 直訳 wörtliche Übersetzung *-en*. ～する wörtlich übersetzen.

ちょくゆ 直喩 der Vergleich *-[e]s, -e*; das Gleichnis *-ses, -se*.

ちょくゆにゅう 直輸入 unmittelbare Einfuhr *-en*.

ちょくりつ 直立・する aufrecht stehen*; sich aufrecht halten*. ～不動の姿勢をとる eine stramme Haltung an|nehmen*. ～歩行 aufrechter Gang.

ちょくりゅう 直流 der Gleichstrom *-s, ⸚e*. ～電動機 der Gleichstrommotor.

ちょくれつ 直列につなぐ《電》in Reihe schalten.

ちょげん 緒言 die Einleitung *-en*.

ちょこざい 猪口才な vorwitzig; vorlaut.

ちょこちょこ ～歩く trippeln (*s*).

チョコレート die Schokolade *-n*.

ちょさく 著作 die Schriftstellerei; [著作物] das Werk *-es, -e*; die Schrift *-en*. 宗教に関する～をする eine Schrift über Religion verfassen. ～家 der Schriftsteller. ～者《法》der Urheber. ～権 das Urheberrecht. ～権所有〔奥付の〕Alle Rechte vorbehalten. ～権侵害 die Verletzung des Urheberrechts.

ちょしゃ 著者 der Verfasser *-s, -*; der Autor *-s, -en*.

ちょじゅつ 著述 → 著作. ～する ein Buch schreiben* (verfassen). ～で生活する von der Feder leben. ～家 der Schriftsteller. ～業 die Schriftstellerei.

ちょしょ 著書 das Werk *-es, -e*; die Schrift *-en*.

ちょすい 貯水・池 das Reservoir; das Sammelbecken. ～量 aufgespeicherte Wassermenge.

ちょぞう 貯蔵 die Aufspeicherung *-en*. ～する auf|speichern; ein|lagern. ～してある Vorrat haben*. ～品 der Vorrat.

ちょたん 貯炭・場 das Kohlenlager. ～量 der Kohlenvorrat.

ちょちく 貯蓄・する Geld sparen. ～銀行 die Sparkasse. ～心のある sparsam.

ちょっか 直下・に gerade unten. 急転～ ganz plötzlich. 赤道～の äquatorial. ～型地震 das Ortsbeben.

ちょっかい ～を出す sich ein|mischen 《in 4格》.

ちょっかく 直角 rechter Winkel *-s, -*. ～の rechtwinklig. …と～を成す rechtwinklig sein* 《zu 3格》. ～三角形 rechtwinkliges

ちょっかく 直覚 → 直観.
ちょっかつ 直轄 ¶文部省~である unter unmittelbarer Oberaufsicht des Kultusministeriums sein?.
ちょっかん 直観 die Intuition -en; die Anschauung -en. ~的 anschaulich; intuitiv. ~する intuitiv erkennen*. ~力 das Anschauungsvermögen.
チョッキ die Weste -n.
ちょっけい 直系である in gerader Linie von jm. ab|stammen (s).
ちょっけい 直径 der Durchmesser (Diameter) -s, -. ~はいくらあるか Wie groß ist der Durchmesser? ~2メートルある einen Durchmesser von 2 Meter haben*; 2 Meter im Durchmesser messen*.
ちょっけつ 直結する unmittelbar verbunden (verknüpft) sein* 《mit 3格》; in direkter Beziehung stehen* 《zu 3格》.
ちょっこう 直行・す direkt gehen*(s). 家へ~する ich gehe direkt nach Haus[e]. ミュンヘンまで~する bis München durch|fahren*(s).
ちょっこう 直航する durch|fahren*(s); 〔飛行機が〕 ohne Zwischenlandung fliegen*(s).
ちょっと 〔暫時〕 einen Augenblick (Moment); 〔少し〕 ein wenig. 〔呼びかけ〕 Hör mal! ~待って下さい Bitte, warten Sie einen Augenblick! ~忘れてしまった Ich habe im Augenblick vergessen. ~見てごらん Sieh mal! そんなことは~考えられない Daran ist kaum zu denken. ~返事ができなかった Ich war um eine Antwort verlegen. 値段が~高い ein bisschen (etwas) teuer sein*. ~の間の辛抱だ Habe nur einen Augenblick Geduld! ~の間しかお寄りできません Ich kann Ihnen nur einen kurzen Besuch machen. もう~で自動車にひかれるところだった Ich wäre fast von einem Auto überfahren worden. ~した財産 ein hübsches (ziemliches) Vermögen. ~した物 eine Kleinigkeit. 彼は~した人物のつもりでいる Er bildet sich ein, er sei etwas.
ちょっとみ ちょっと見には auf den ersten Blick.
ちょとつもうしん 猪突猛進 das Draufgängertum -s. ~する男 der Draufgänger. ~する verwegen vor|gehen*(s); blindlings los|stürzen (s) 《auf 4格》.
ちょびひげ ちょび髭 das Bärtchen -s, -.
ちょめい 著名な berühmt; wohl bekannt.
ちょろちょろ ~流れる rieseln (h;s).
ちょろまかす 〔盗む〕 mausen; 〔着服する〕 unterschlagen*.
ちょろん 緒論 die Einleitung -en.
ちょんぎる ちょん切る ab|schneiden*.
ちらかす 散らかす ¶部屋に玩具を~ die Spielsachen im Zimmer umherliegen lassen*. 部屋を~ das Zimmer in Unordnung bringen*.
ちらかる 散らかる ¶本が散らかっている Die Bücher liegen zerstreut umher. 部屋がひどく散らかっている Im Zimmer ist (herrscht) eine große Unordnung.
ちらし 散らし 〔びら〕 das Flugblatt -[e]s, ¨er; der Handzettel -s, -.
ちらす 散らす zerstreuen; 〔腫れ物などを〕zerteilen. 火花を~ Funken sprühen. 風が雲を~ Der Wind zerteilt die Wolken. 群衆を追い~ eine Volksmenge auseinander treiben* (zerstreuen).
ちらちら ~光る schimmern; flimmern. 雪が~降る Es fällt Schnee in Flocken. 目の前が~する Es flimmert mir vor den Augen.
ちらつく ¶彼女の姿がまだ目の前に~ Ihr Bild schwebt mir noch vor Augen.
ちらばる 散らばる ¶群集は四方八方に~ Die Menge zerstreut sich in alle Richtungen.
ちらほら ¶公園に外国人が~いる Im Park befinden sich vereinzelt ein paar Ausländer. ~桜が咲いている Die Kirschbäume fangen allmählich zu blühen an.
ちらり ~と見る einen flüchtigen Blick werfen* 《auf 4格》. ~と見える sich nur für einen Augenblick zeigen.
ちり 塵 〔ほこり〕 der Staub -s; 〔ごみ〕 der (das) Kehricht -s. 家具の~を払う die Möbel ab|stauben. ひげの~を払う jm. um den Bart gehen*(s). ~も積れば山となる Viele Wenig machen ein Viel. ~まみれの verstaubt. ~紙 das Klosettpapier (Toilettenpapier). ~取り die Kehrichtschaufel.
ちり 地理[・学] die Geographie; die Erdkunde. ~的(上)の geographisch. この辺の~に明るい(暗い) Ich kenne mich in dieser Gegend aus (Ich bin in dieser Gegend fremd). 人文~ die Anthropogeographie. ~学者 der Geograph.
チリ Chile. ~の chilenisch. ~人 der Chilene. ~硝石 der Chilesalpeter.
ちりぢり 散り散り・になる sich zerstreuen; auseinander gehen*(s). 一家が~になった Die Familie ist in alle Winde zerstreut.
ちりばめる 鏤める ¶宝石を~ et. mit Edelsteinen ein|fassen. ダイヤを鏤めた指輪 ein mit Diamanten besetzter Ring.
ちりめん 縮緬 der Krepp -s, -s (-e).
ちりゃく 知(智)略にたけた listenreich.
ちりょう 治療 〔医学的〕 Behandlung -en; die Kur -en. 癌の~をする jn. gegen Krebs behandeln. リューマチの~を受ける sich gegen Rheuma behandeln lassen*. 傷の~をする die Wunde heilen. ~し難い unheilbar. ~法 die Therapie. ~費 Behandlungskosten pl.
ちりょく 知力 der Verstand -es; der Intellekt -s.
ちる 散る 〔花が〕 verblühen (s); 〔葉が〕 fallen* (s); 〔群衆が〕 sich zerstreuen; 〔インキが〕 aus|laufen*(s). 気の散った zerstreut. 桜の花が散った Die Kirschblüten sind abgefallen. 雲が~ Die Wolke vergeht. 腫れが~ Die

Schwellung geht zurück.
ちわ 痴話 ¶あれは～喧嘩さ Was sich liebt, das neckt sich.
ちん 狆 Japanischer Spaniel -s, -s.
ちん 亭 die [Garten]laube -n; der Pavillon -s, -s.
ちんあげ 賃上げ die Lohnerhöhung -en.
ちんあつ 鎮圧 ¶暴動を～する einen Aufstand unterdrücken.
ちんうつ 沈鬱な schwermütig; melancholisch.
ちんか 沈下・する〔地盤が〕sich senken; ab|sinken*(s). 地盤～ die Bodensenkung.
ちんか 鎮火する Das Feuer wird [aus]gelöscht.
ちんがし 賃貸しする vermieten.
ちんがり 賃借りする mieten.
ちんき 珍奇な seltsam; kurios.
チンキ die Tinktur -en. ヨード～ die Jodtinktur.
ちんきゃく 珍客 seltener (willkommener) Gast -es, -e.
ちんぎん 賃金(銀) der Lohn -es, ¨e. ～を得る Lohn erhalten*. ～を支払う jm. seinen Lohn aus|zahlen. ～支払日 der Lohntag. ～闘争 der Lohnkampf. ～引き上げ die Lohnerhöhung. ～引き下げ der Lohnabbau. 平均～ der Durchschnittslohn. ～労働者 der Lohnarbeiter.
チンク ～油 die Zinksalbe -n.
ちんこう 沈降速度〔赤血球の〕die Blutsenkungsgeschwindigkeit -en.
ちんこん 鎮魂曲(祭) das Requiem -s, -s.
ちんし 沈思黙考する nach|denken* (über 4 格), in Gedanken versunken sein*.
ちんじ 椿事 der Unfall -[e]s, ¨e; ungewöhnliches Ereignis -ses, -se.
ちんしごと 賃仕事 die Lohnarbeit -en.
ちんしゃ 陳謝 die Entschuldigung -en. ～する sich bei jm. entschuldigen (für 4 格); jm. Abbitte leisten (tun*).
ちんじゅ 鎮守の森 der Hain -[e]s, -e.
ちんじゅつ 陳述 die Darlegung -en;〔証言〕die Aussage -n. ～する dar|legen; aus|sagen. 法廷で～する vor Gericht aus|sagen; eine Aussage machen. 多数の証人の～によれば nach Aussage vieler Zeugen. ～書 schriftliche Darlegung.
ちんしょ 珍書 rares (seltenes) Buch -es, ¨er.
ちんじょう 陳情 das Gesuch -[e]s, -e; die Petition -en. ～する an jn. (bei jm.) ein Gesuch (eine Petition) ein|reichen. ～を受け入れる(却下する)ein Gesuch bewilligen (ab|lehnen). ～者 der Gesuchsteller (Bittsteller). ～書 die Bittschrift.
ちんせい 沈静する sich beruhigen (legen); ab|flauen (s).
ちんせいざい 鎮静剤 das Beruhigungsmittel -s, -; das Sedativum -s, ..va.
ちんせつ 珍説 sonderbare (seltsame) Ansicht -en.

ちんせん 沈潜する vertieft sein* (in 4 格).
ちんたい 沈滞 die Flauheit. ～した flau; unbelebt. ～した空気が漂っている Es herrscht flaue Stimmung. 経済が～している Die Wirtschaft stagniert.
ちんたい 賃貸・する vermieten. ～価格 der Mietwert. ～契約 der Mietvertrag. ～借料 die Miete; der Mietpreis.
ちんちくりん ～の人 der Knirps; der Liliputaner; der Zwerg. ～の着物 zu kurzes Kleid.
ちんちゃく 沈着な(に) gefasst; gelassen.
ちんちょう 珍重する [hoch] schätzen; in Ehren halten*.
ちんちん ～鳴る klingling tönen. ～をする〔犬が〕schön|machen; Männchen machen. お湯が～と沸いている Der Teekessel singt.
ちんつう 沈痛・な tief traurig; düster. ～な声で mit düsterer Stimme.
ちんつうざい 鎮痛剤 schmerzstillendes Mittel -s, -; das Analgetikum -s, ..ka.
ちんてい 鎮定する nieder|schlagen*.
ちんでん 沈澱・物 der Niederschlag -[e]s, ¨e;〔おり〕der Bodensatz -es. ～する sich setzen; sich nieder|schlagen*.
ちんにゅう 闖入・する ein|brechen*(s); ein|dringen*(s). 先週彼の家に賊が～した Bei ihm ist vorige Woche eingebrochen worden. ～者 der Einbrecher; der Eindringling.
ちんば 跛 → びっこ.
チンパニー die Pauke -n.
チンパンジー der Schimpanse -n, -n.
ちんぴら der Halbstarke#.
ちんぴん 珍品 die Kuriosität (Rarität) -en.
ちんぶ 鎮撫する besänftigen.
ちんぷ 陳腐な abgedroschen; banal; abgegriffen.
ちんぶん 珍聞 seltsame (wunderliche) Geschichte -n.
ちんぷんかんぷん ¶それは私には～だ Das sind mir böhmische Dörfer.
ちんべん 陳弁する jm. Rechenschaft geben* (über 4 格).
ちんぼつ 沈没・する unter|gehen*(s). ～船 versunkenes Schiff.
ちんまり ～した家(庭) anmutiges Häuschen (Gärtchen).
ちんみ 珍味 ¶山海の～ Delikatessen aller Art.
ちんみょう 珍妙な absonderlich; ulkig.
ちんもく 沈黙 das Schweigen -s. ～する(ている) schweigen*. ～を守る Schweigen bewahren (über 4 格). ～を破る das (sein) Schweigen brechen*. ～させる jn. zum Schweigen bringen*.
ちんれつ 陳列 die Ausstellung. ～する aus|stellen. ～会 die Ausstellung. ～室 der Ausstellungsraum. ～品 der Ausstellungsgegenstand; das Schaustück. ～棚 der Schaukasten. ～窓 das Schaufenster.

つ

ツアー die Tour *-en*.

つい ～今しがた eben erst. ～最近 erst neulich. ～先ほど vorhin; kurze Zeit vorher. ～そこにある ganz nahebei liegen*;《形容詞》ganz nahe gelegen. 彼は～そこに引っ越してきた Er ist ganz in unsere Nähe [um]gezogen. つい口をすべらせてしまったんだ Die Bemerkung ist mir ungewollt entschlüpft.

つい 対·をなした gepaart; paarig. ～をなして paarweise. 一～の手袋 ein Paar Handschuhe. この手袋は～になっている Die beiden Handschuhe gehören zusammen.

ツイード der Tweed *-s, -s (-e)*.

ついえる 潰える zerschlagen werden**(s受)*; 〔希望·計画が〕scheitern *(s)*; zunichte werden**(s)*.

ついおく 追憶 das Gedächtnis *-ses, -se*; die Erinnerung *-en*. ～する zurück|denken*《an 4格》; sich [zurück|]erinnern《an 4格》. ～に耽(ﾌｹ)る sich seinen Erinnerungen hin|geben*.

ついか 追加 der Zusatz *-es, ¨e*;〔補遺〕der Nachtrag *-[e]s, ¨e*. ～する zu|setzen; hinzu|fügen. ～注文する nach|bestellen. ～項目 der Nachtragsartikel. ～予算 der Nachtragshaushalt.

ついき 追記 der Nachtrag *-[e]s, ¨e*. 手紙の～ ein Zusatz zu einem Brief.

ついきゅう 追及 ¶責任を～する Rechenschaft von *jm.* fordern.

ついきゅう 追求 ¶幸福(利益)を～する dem Glück (Gewinn) nach|jagen *(s)*. 目的を～する einen Zweck verfolgen.

ついきゅう 追究 ¶真理を～する nach Wahrheit forschen.

ついく 対句 die Antithese *-n*. ～をなす eine Antithese bilden.

ついげき 追撃 die Verfolgung *-en*. ～する verfolgen; nach|jagen *(s)*《3格》.

ついこつ 椎骨 der Wirbel *-s, -*; die Vertebra ['vɛrtebra] *..brae [..brɛ]*.

ついし 墜死する tot stürzen.

ついしけん 追試験 die Nachprüfung *-en*. ～を受ける eine Nachprüfung machen. ～をする *jn.* nach|prüfen.

ついじゅう 追従する *jm.* nach|folgen *(s)*; nach|ahmen.

ついしょう 追従 die Schmeichelei *-en*. ～する *jm.* schmeicheln; *jm.* schön|tun*.

ついしん 追伸 die Nachschrift *-en*（略: NS）; das Postskript *-[e]s, -e*（略: PS）.

ついずい 追随·する *jm.* nach|folgen *(s)*. 他の～を許さぬ ohnegleichen (unübertroffen) sein*; nicht seinesgleichen haben*.

ツイスト der Twist *-s, -s*.

ついせき 追跡·する verfolgen; *jm.* nach|stellen. 犯人を～中である hinter dem Täter her sein*. ～の手を逃れる seinen Verfolgern entgehen**(s)*.

ついぜん 追善供養をする den Gedächtnisgottesdienst für *jn.* ab|halten*; eine Totenmesse für *jn.* halten* (lesen*).

ついぞ ¶そんな名前は～聞いた事がない Solchen Namen habe ich niemals (nie zuvor) gehört.

ついそう 追想 → 追憶.

ついたち 一(朔)日 der erste Tag *-es*. 4月～に am 1. (ersten) April.

ついたて 衝立 der Wandschirm *-s, -e*.

ついちょう 追徴 ¶所得税の不足分を～する unbezahlte Einkommensteuer nachträglich erheben*. ～金 nachträglich auferlegtes Geld.

ついて 就いて ¶…に～ von《3格》; über《4格》; in Bezug auf《4格》. 私に～言えば Was mich betrifft (angeht), … 一人に～1000円 1 000 Yen pro Kopf.

ついで 序·があり次第 bei der erstbesten Gelegenheit. ～ながら bei dieser Gelegenheit. ～に言うと nebenbei gesagt. ～の折に bei Gelegenheit. お～の節はお立ち寄り下さい Kommen Sie gelegentlich zu mir! そちらへ行く～がない Ich habe (finde) keine Gelegenheit, zu dir zu kommen.

ついで 次いで demnächst; anschließend (im Anschluss)《an 4格》; dann. 学長の挨拶があり, ～講演が行われた An die Begrüßung des Rektors schloss sich ein Vortrag an. 東京に～2番目に大きい都市 die zweitgrößte Stadt nach Tokyo.

ついていく 付いて行く *jm.* folgen *(s)*. そうなると僕はもう付いて行けない Da komme ich nicht mehr mit.

ついては 就いては nun; also; deshalb; deswegen.

ついとう 追悼·演説をする eine Gedächtnisrede halten*. ～式を行う eine Gedächtnisfeier veranstalten. A教授～号 die Gedächtnisnummer für Prof. A. ～の辞 der Nachruf; der Nekrolog.

ついとつ 追突·する auf|fahren**(s)*《auf 4格》. ～事故 der Auffahrunfall.

ついに 遂に endlich; schließlich; am Ende.

ついにん 追認 die Bestätigung *-en*. ～する bestätigen.

ついばむ 啄む picken.

ついぼ 追慕する sich nach *jm.* zurück|sehnen.

ついほう 追放 die Vertreibung *-en*;〔国外〕die Ausweisung *-en*. ～する *jn.* vertreiben*《aus 3格》. 国外に～する aus|weisen*; aus dem Lande verbannen.

ついやす 費やす *et.* auf|wenden(*) (verbrau-

chen)《für 4格》; 〔無駄に使う〕 et. verschwenden 《an 4格》.
ついらく 墜落 der [Ab]sturz -es, ⸚e. ～する [ab]stürzen (s).
ツイン 〔ホテルなどの〕 das Doppelzimmer -s, -.
つう 通 der Kenner -s, -. ～である sich aus|kennen* 《in 3格》. 彼はワイン～だ Er ist ein Weinkenner.
ついん 痛飲する bechern; tüchtig trinken*.
つうか 通貨 die Währung -en.
つうか 通過・する vorbei|gehen* (s) 《an 3格》; durch|gehen*(s); durch|fahren*(s); 〔検閲・税関を〕 passieren; 〔議案などが〕 durchgebracht werden* (s受); durch|gehen*(s). ～査証 das Transitvisum.
つうかい 痛快・な höchst erfreulich. ～がる frohlocken《über 4格》.
つうがく 通学 der Schulbesuch -s. ～する die Schule besuchen. ～定期〔生徒の〕 die Schülerzeitkarte; 〔学生の〕 die Studentenmonatskarte.
つうかん 通関・手続 die Zollabfertigung -en. ～手続をする et. ab|fertigen.
つうかん 痛感する sehr stark empfinden*.
つうぎょう 通暁している kundig sein* 《2格》; sich aus|kennen* 《in 3格》; bewandert sein* 《in 3格》. → 精通.
つうきん 通勤・する zum Dienst (ins Büro) gehen* (s). ～時間[帯] die Hauptverkehrszeit. ～定期 die Zeitkarte. ～手当 der Fahrtkostenzuschlag.
つうげき 痛撃を加える(受ける) einen harten Schlag geben* (bekommen*).
つうこう 通行・する gehen* (s); fahren*(s); ～止めにする sperren. この道は～止めだ Dieser Weg ist gesperrt. ～止め die Straßensperrung; 〔注意書き〕 Durchgang verboten! ～人 der Passant.
つうこく 通告 die Ankündigung -en. ～する an|kündigen.
つうこん 通恨 ¶彼を失った事は～の極(きわ)みだ Sein Tod ist mein größter Schmerz.
つうさん 通産・省 das Ministerium für Handel und Industrie. ～大臣 der Minister für Handel und Industrie.
つうさん 通算・する zusammen|rechnen. ～して 10年 insgesamt zehn Jahre.
つうじ 通じ der Stuhlgang -[e]s. ～がない keinen Stuhl[gang] haben*.
つうじて 通じて durch《4格》. 友人を～ durch einen Freund. 一生を～ das ganze Leben hindurch; durchs ganze Leben.
つうしょう 通称を…という gewöhnlich [nur] … genannt werden*(s受).
つうしょう 通商 der Handel -s. ～する Handel treiben*《mit 3格》. ～条約 der Handelsvertrag. ～産業省 → 通産省.
つうじょう 通常の gewöhnlich; alltäglich; normal.
つうしん 通信 die Korrespondenz -en; 〔知らせ〕 die Nachricht -en. ～する berichten;

Nachricht senden⁽*⁾. ～員 der Korrespondent. ～衛星 der Nachrichtensatellit. ～機関 das Nachrichtenmittel. ～教育 der Fernunterricht. ～販売 die Mail-order ['meɪl'ɔːdə]; ～社 die Nachrichtenagentur; das Nachrichtenbüro. ～簿 das [Schul]zeugnis. ～網 das Nachrichtennetz.
つうじん 通人 der Kenner -s, -; 〔人情に通じた〕 der Menschenkenner -s, -; 〔道楽者〕 der Lebemann -[e]s, ⸚er.
つうずる 通ずる 〔達する〕 führen《zu (nach) 3格》;〔精通している〕 Bescheid wissen* 《in (mit) 3格》; kundig sein* 《2格》; kennen*. 人に自分の意志を～ sich mit jm. verständigen. 敵に～ eine geheime Verbindung mit dem Feind haben*. 電流に～ et. elektrisieren. 彼は一向に話が通じない Er versteht mich überhaupt nicht. ボンに電話しているが通じない Ich versuche Bonn anzurufen, aber ich komme nicht durch. すべての道はローマに通ず Alle Wege führen nach Rom. これには電流が通じている Das ist elektrisch geladen. 東京と浦和にはバスが通じている Zwischen Tokyo und Urawa verkehrt der Bus regelmäßig.
つうせい 通性 die Gemeinsamkeit -en; gemeinsame Eigenschaft -en.
つうせき 痛惜に堪えない Es ist jammerschade.
つうせつ 通説 allgemeine (verbreitete) Ansicht -en.
つうせつ 痛切に感ずる → 痛感.
つうそく 通則 allgemeine Regel -n.
つうぞく 通俗・的な volkstümlich; populär; vulgär. ～化する popularisieren. ～文学 (小説) die Belletristik.
つうたつ 通達 die Mitteilung (Bekanntmachung) -en; die Notifikation -en. ～する mit|teilen; bekannt machen; notifizieren.
つうたん 痛嘆すべき bedauernswert. → 痛惜.
つうち 通知 die Meldung (Mitteilung) -en; die Nachricht -en. ～する melden; mit|teilen; jn. benachrichtigen《von 3格》. ～状 schriftliche Mitteilung. ～簿 das [Schul-]zeugnis.
つうちょう 通帳 ¶預金～ das Sparbuch.
つうちょう 通牒 ¶最後～を発する jm. ein Ultimatum stellen.
つうどく 通読する [flüchtig] durch|lesen*; überlesen*.
ツートン ～カラーの zweifarbig.
つうねん 通念 allgemeine Ansicht (Meinung) -en.
ツー・ピース das Jackenkleid -[e]s, -er.
つうふう 通風 die Lüftung; die Ventilation. ～をよくする et. lüften. ～のよい luftig. ～装置(機) der Ventilator.
つうふう 痛風 die Gicht -en.
つうぶん 通分する Brüche auf einen gemeinsamen Nenner bringen*.
つうへい 通弊 ¶仕事をてきぱき片付けないのは

役人の～だ Langsamkeit ist ein allgemeines Übel der Beamten.

つうほう 通報 die Meldung -en; die Nachricht -en. ～する melden; Nachricht senden(*). → 通知.

つうやく 通約できる kommensurabel.

つうやく 通訳〔人〕der Dolmetscher -s, -. ～する dolmetschen.

つうゆう 通有の allgemein; gemeinsam.

つうよう 通用・する gültig sein*; gelten*. ～門 die Seitentür. ～期間 die Gültigkeitsdauer. この乗車券の～期間は何日ですか Wie lange ist die Fahrkarte gültig?

つうよう 痛痒を感じない Das macht mir nichts aus. / Das ist mir gleichgültig.

つうらん 通覧する überblicken; übersehen*.

ツーリスト der Tourist -en, -en. ～ビューロー das Reisebüro.

つうれい 通例 gemeinhin; in der Regel. ～の gewöhnlich; üblich.

つうれつ 痛烈な(に) heftig; bitter; scharf; [ein]schneidend; beißend.

つうろ 通路 der [Durch]gang -[e]s, ⸚e; der Weg -es, -e.

つうろん 通論 der Grundriss -es, -e; die Einführung -en. 法学～ Einführung in die Rechtswissenschaft.

つうわ 通話 das [Telefon]gespräch -s, -e; das Telefonat -[e]s, -e. ～する telefonisch sprechen*. 1～の料金は10円です Ein Gespräch kostet 10 Yen. ～料 die Telefongebühr. 料金受信人払いの～ das R-Gespräch.

つえ 杖 der Stock -[e]s, ⸚e. ～をついて歩く am Stock gehen*(s). ～にすがる sich auf den Stock stützen*. 私は彼を～とも柱とも頼んでいる Er ist mein einziger Halt.

つか 柄 der Griff -[e]s, -e; das Heft -[e]s, -e.

つか 塚 der Grabhügel -s, -. 蟻～ der Ameisenhaufen. 貝～ der Muschelhaufen.

つかい 使い〔使者〕der Bote -n, -n. ～を出す einen Boten nach jm. schicken. ～に行く Boten gehen*(s); 〔買い物に行く〕einkaufen gehen*(s).

つがい 番 ¶ カナリヤの～ ein Paar Kanarienvögel.

つかいかた 使い方〔使用説明〕die Gebrauchsanweisung -en. この機械の～が分からない Ich weiß nicht, wie ich die Maschine bedienen soll. / Ich kenne die Handhabung der Maschine nicht.

つかいこなす 使いこなす beherrschen.

つかいこみ 使い込み die Unterschlagung -en. ～をする eine Unterschlagung begehen*.

つかいこむ 使い込む unterschlagen*; veruntreuen.

つかいすぎる 使い過ぎる zu viel gebrauchen.

つかいすて 使い捨て・おむつ die Wegwerfwindel. ～注射器 die Einwegspritze.

つかいて 使い手 der Benutzer -s, -; 〔名人〕der Meister -s, -; 〔消費者〕der Verbraucher -s, -.

つかいで 使いで ¶ この石鹸は～がある Diese Seife ist sparsam im Gebrauch. 近頃1万円は～がない Heutzutage kann man für zehntausend Yen nicht so viel kaufen.

つかいはたす 使い果す ¶ 力(金)を～ sich aus|geben*; alle Kräfte (alles Geld) verbrauchen.

つかいふるす 使い古す ab|nutzen; verbrauchen. 使い古した abgenutzt; verbraucht; ausgedient.

つかいみち 使い道・がない nichts nützen; zu nichts zu gebrauchen sein*. 彼は金の～を知らない Er weiß nicht, wie er mit Geld umgehen soll.

つかいもの 使い物 → 贈り物. それはもう～にならない Das hat keinen praktischen Nutzen mehr.

つかいわける 使い分ける ¶ いくつかの外国語を～ mehrere Sprachen beherrschen. 相手に応じて言葉を～ Er weiß immer, in welchem Ton er zu sprechen hat.

つかう 使う gebrauchen; et. verwenden(*) 《zu 3格》;〔機械を〕bedienen;〔働かせる〕beschäftigen;〔消費する〕verbrauchen;〔金を〕aus|geben*; 使い易い handlich.

つかえる 支える stocken. 彼は話の途中で何回も言葉が支えた Er stockte in seiner Erzählung (mitten in der Rede) häufig. この通りはよく車が～ Die Straße ist [durch den Verkehr] oft verstopft. 仕事が支えている Die Arbeit stockt. 食物が喉に～ Der Bissen bleibt mir im Halse stecken. 電話(手洗い)が支えている Das Telefon (Klosett) ist besetzt. 洗面器にごみが支えている Das Waschbecken ist [mit Unrat] verstopft.

つかえる 仕える jm. dienen; jm. bedienen.

つかえる 閊える ¶ 胸が～ Es beklemmt mir das Herz.

つがえる 番える〔動物などを〕paaren. 矢を～ einen Pfeil [auf die Sehne] auf|legen.

つかさどる 司どる leiten; verwalten.

つかつか ～と部屋に入る ohne Zögern ins Zimmer treten*(s). 彼女は彼の方に～と歩み寄った Sie kam geradewegs auf ihn zu.

つかぬこと 付かぬ事を伺いますが Verzeihen Sie, dass ich Sie so unvermittelt frage.

つかねる 束ねる binden*. 手を束ねて見ている mit verschränkten Armen zu|sehen* 《3格》.

つかのま 束の間の flüchtig; vergänglich.

つかまえどころ 摑まえ所のない unfassbar; unbegreiflich.

つかまえる 摑まえる fangen*; fassen; erwischen; greifen*. 手(腕)を～ jn. bei der Hand (am Arm) fassen. 今日は支配人が摑まえられなかった Ich habe den Chef heute nicht erwischt.

つかませる 摑ませる〔買収する〕jn. bestechen* 《durch 4格; mit 3格》;〔にせものを〕jm. et. auf|schwatzen (auf|hängen).

つかまる 摑まる gefangen (gegriffen) werden*

つかみあう 摑み合う sich [mit jm.] prügeln; [miteinander] handgemein werden*(s); 〔子供同士が〕sich balgen.

つかみかかる 摑み掛かる auf jn. los|stürzen (s); jm. ins Gesicht springen*(s).

つかみだす 摑み出す heraus|nehmen*; 〔ほうり出す〕heraus|schmeißen*.

つかむ 摑む [er]greifen*; fassen. チャンスを~ die Gelegenheit beim Schopf[e] fassen. 手を~ jn. bei der Hand ergreifen* (fassen).

つかる 浸かる ein|tauchen (s). 田畑は水に浸った Die Felder standen unter Wasser.

つかれ 疲れ die Ermüdung. ~のために vor Ermüdung. ~を覚える Müdigkeit [ver]spüren. ~を休める sich von der Ermüdung aus|ruhen.

つかれる 疲れる ermüdet (ermattet) sein*; müde werden*(s). 疲れ果てた(て) völlig erschöpft; todmüde. とても疲れた Ich bin sehr müde.

つかれる 憑かれる besessen sein* 《von 3格》. 憑かれたように wie ein Besessener.

つかわす 遣わす schicken; 〔与える〕geben*.

つき 月 der Mond -es; 〔暦の〕der Monat -s, -e. ~の光 der Mondschein. ~が出る(入る) Der Mond geht auf (unter). ~が出ている Der Mond steht am Himmel. ~が満ちる(欠ける) Der Mond wird voll (nimmt ab). ~とすっぽんの違いがある verschieden sein* wie Tag und Nacht.

つき 付き ¶この糊(%)は~が悪い Der Kleister klebt schlecht. ~がない Pech haben*. ~まくる eine Glückssträhne haben*.

つぎ 次・の folgend; nächst. ~に dann; zweitens. …の~に nach 《3格》; anschließend 《an 4格》. ~の~の zweitnächst; übernächst. ~の月曜日に kommenden (nächsten) Montag. ~の方, どうぞ Der Nächste, bitte! ~は誰の番です Wer kommt als Nächster? ~の事を申し上げておかねばなりません Ich muss Ihnen Folgendes berichten. この~はいつ会えるか Wann sehen wir uns das nächste Mal? ~の間 das Nebenzimmer.

つぎ 継ぎ・を当てる einen Flicken auf|setzen; et. stopfen (flicken). ~の当った gestopft; geflickt.

つきあい 付き合い der Umgang -[e]s, ⸚e; der Verkehr -s. ~がある mit jm. Umgang haben* (in Beziehung stehen*). ~がない keine Beziehungen zu (mit) jm. haben*. ~が広い weitreichende Beziehungen haben*. お~をする jm. Gesellschaft leisten. → 交際; 人付き合い.

つきあう 付き合う mit jm. verkehren; mit jm. aus|gehen*(s).

つきあかり 月明り der Mondschein -s.

つきあげる 突き上げる auf|stoßen*; 〔強制する〕jn. zwingen* 《zu 3格》.

つきあたり 突き当り das Ende -s, -n.

つきあたる 突き当る sich stoßen* 《an 3格》; 〔困難などに〕stoßen* 《auf 4格》. この通りを突き当って右に曲りなさい Gehen Sie bis zum Ende dieser Straße und dann nach rechts!

つきあわせる 突き合わせる 〔照合する〕et. vergleichen* 《mit 3格》. 両者を~ die beiden gegenüber|stellen. 額(%)を突き合わせて相談する die Köpfe zusammen|stecken.

つぎあわせる 継ぎ合わせる et. verbinden* 《mit 3格》; aneinander fügen; 〔接着剤で〕kitten; 〔縫い合わせる〕zusammen|flicken.

つきおとす 突き落す et. [hinunter|]stoßen* 《in 4格》.

つきかえす 突き返す 〔贈り物などを〕zurück|weisen*.

つきかげ 月影 der Mondschein -s.

つきがけ 月掛け・で in monatlichen Raten. ~貯金 monatliche Ersparnisse pl.

つぎき 接木 die Pfropfung -en. 果樹に~する Obstbäume pfropfen.

つききず 突き傷 die Stichwunde -n.

つきぎめ 月極め・の(で) pro Monat; monatlich. ~で貸す monat[s]weise vermieten.

つききり 付き切り ¶一日中~で看病する den ganzen Tag einen Kranken pflegen.

つきごと 月毎に monatlich.

つぎこむ 注ぎ込む 〔財産・力などを〕et. investieren 《in 4格》.

つきころす 突き殺す erstechen*; tot|stechen*.

つきささる 突き刺さる stechen* 《in 4格》.

つきさす 突き刺す stechen*. 相手の胸にナイフを~ jm. das Messer in die Brust stoßen*. 彼の言葉は私の胸を突き刺した Seine Worte bohrten sich mir tief in die Seele.

つきずえ 月末・に Ende des Monats. 4月の~に Ende April.

つきすすむ 突き進む vor|dringen*(s); sich vor|drängen.

つきそい 付き添い der Pfleger -s, -; 〔同伴者〕der Begleiter -s, -.

つきそう 付き添う jn. pflegen; 〔同伴する〕jn. begleiten 《nach 3格》.

つきたおす 突き倒す zu Boden stoßen*; um|stoßen*.

つきだし 突き出し 〔前菜〕die Vorspeise -n.

つきだす 突き出す ¶泥棒を警察に~ den Dieb zur Polizei [ab|]führen. 窓から頭を~ sich zum Fenster hinaus|lehnen.

つぎたす 注ぎ足す nach|gießen*. 石炭を~ Kohlen nach|schütten.

つぎたす 継ぎ足す et. [hin]zu|fügen 《zu 3格》; et. an|setzen 《an 4格》. 2階を~ ein Obergeschoss an das Haus an|bauen.

つきたてる 突き立てる et. stoßen* 《in 4格》.

つきたらず 月足らずの子 die Frühgeburt -en.

つきづき 月月 monatlich; Monat für Monat.

つぎつぎ 次次に nacheinander; hintereinander; einer nach dem anderen.

つきつける 突き付ける vor|halten*. 動かぬ証拠を~ jm. einen unwiderlegbaren Beweis entgegen|halten*.

つきつめる 突き詰める　ergründen; erforschen; 〔思い詰める〕brüten《über 3格》. 突き詰めて考える gründlich durchdenken*.

つきでる 突き出る　hervor|ragen; hervor|stehen*; vor|springen*(s); vor|treten*(s).

つきとおす 突き通す〔ナイフなどを〕et. durch|stoßen*《durch 4格》;〔貫く〕durchbohren.

つきとばす 突き飛ばす〔weg|〕stoßen*.

つきとめる 突き止める　ermitteln; fest|stellen; ergründen.

つきなかば 月半ば・に　Mitte des Monats. 5月の〜に Mitte Mai.

つきなみ 月並みの　gewöhnlich; alltäglich; banal.

つきぬける 突き抜ける　¶壁を〜 die Wand durchbohren.

つきのける 突き除ける　beiseite stoßen*.

つきのわぐま 月の輪熊　der Kragenbär -en, -en.

つぎはぎ 継ぎ接ぎする　et. flicken.

つきはじめ 月初め・に　Anfang des Monats. 7月の〜に Anfang Juli.

つきはなす 突き放す　jn. von sich³ stoßen*. 突き放されたような気がする sich verlassen fühlen.

つきばらい 月払い → 月掛け；月賦.

つき 月日〔日付〕das Datum -s, ..ten. さびしい〜を送る ein einsames Leben führen. 〜が経つのは早いものだ Wie rasch die Zeit (das Leben) vergeht! / Die Tage vergingen wie im Flug.

つぎほ 接ぎ穂　das Edelreis (Pfropfreis) -es, -er. 話の〜を失う den Faden seiner Erzählung verlieren*.

つきまぜる 搗き混ぜる　vermengen; vermischen.

つきまとう 付き纏う　sich an jn. hängen. 彼は不幸に付き纏われている Er ist vom Unglück verfolgt.

つきみそう 月見草　die Nachtkerze -n.

つぎめ 継ぎ目　die Fuge -n;〔溶接部の〕die Naht ⸚e;〔レールの〕der Stoß -es, ⸚e.

つきもの 付き物　¶妥協案には欠点が〜だ Jedem Kompromiss haften Mängel an.

つきやぶる 突き破る　durchbrechen*; durchstoßen*.

つきやま 築山　künstlicher Hügel -s, -.

つきゆび 突き指をする　sich³ den Finger verstauchen.

つきよ 月夜　mondhelle Nacht (die Mondnacht) ⸚e.

つきる 尽きる　aus|gehen*(s); erschöpft sein*. 〜ところを知らない nie ein Ende finden*. 話の種が尽きた Der Gesprächsstoff ging uns aus.

つく 付く〔付着する〕haften《an 3格》. 天井の〜に頭が mit dem Kopf bis zur Decke reichen. 知恵(力)が〜 an Weisheit (Kräften) zu|nehmen*. 根が〜 Wurzeln schlagen* (fassen). 火が〜 Feuer fangen*. 気が〜 et. bemerken;〔正気づく〕wieder zu sich³ kommen*(s). この糊(%)は良く〜 Der Kleister klebt gut. 子供は母親に〜ものだ Kinder folgen lieber der Mutter. 電灯が付いている Die Lampe brennt (leuchtet). それはもう話が付いている Die Sache ist schon abgemacht.

つく 即く　¶王位に〜 den Thron besteigen*.

つく 突く　stoßen*;〔槍などで〕stechen*;〔攻撃する〕an|greifen*. 息を〜 Atem holen (schöpfen). 鐘を〜 die Glocke läuten. 問題の核心を〜 den Kern der Sache treffen*.

つく 着く〔達する〕et. erreichen;〔到着する〕an|kommen*(s). 家(町)に〜 zu Haus[e] (in einer Stadt) an|kommen*(s). 食卓に〜 sich zu Tisch setzen. 席に〜 Platz nehmen*; sich setzen.

つく 就く　¶家路に〜 den Heimweg an|treten*. ドイツ人に就いてドイツ語を学ぶ bei einem Deutschen Deutsch lernen. → 職.

つく 搗く〔米などを〕stampfen.

つく 衝く　¶豪雨を衝いて trotz (ungeachtet) des heftigen Regens.

つく 憑く → 憑かれる.

つぐ 次く　¶大阪は東京に〜文化の中心地だ Osaka ist nach Tokyo das Kulturzentrum.

つぐ 注ぐ　[ein|]gießen*; ein|schenken.

つぐ 接ぐ　¶若枝を木に〜 einen jungen Zweig auf einen Baum pfropfen.

つぐ 継ぐ〔継ぎ合わせる〕aneinander fügen. 靴下の破れを〜 Löcher in Strümpfen stopfen. 父の仕事を〜 das Werk seines Vaters fort|führen (fort|setzen). 職を〜 jm. im Amt folgen(s). 石炭を〜 Kohlen nach|legen. 夜を日に継いで Tag und Nacht.

つくえ 机　der [Schreib]tisch -es, -e. 〜に向かって読書する am Tisch lesen*.

つくす 尽す　sich für jn. bemühen. 全力を〜 alle Kräfte an|wenden*《auf 4格》. 力を尽して mit allen Kräften. 八方手を〜 sein Möglichstes tun*.

つくづく 〜この仕事が嫌(%)になった Mir ist diese Arbeit ganz und gar langweilig geworden.

つぐない 償い　die Entschädigung -en; die Vergütung -en;〔宗〕die Buße -n. 〜をする jn. entschädigen《für 4格》; büßen. 損害の〜をする jm. einen Schaden ersetzen (vergüten). ...の〜として als Entschädigung《für 4格》.

つぐなう 償う　¶損害を〜 jm. einen Schaden ersetzen (vergüten). 罪を〜 ein Verbrechen sühnen.

つくねん 〜と einsam und gedankenlos. 家で〜と座っている zu Hause untätig sitzen*.

つぐみ 鶇　die Drossel -n.

つぐむ 噤む　¶口を〜 den Mund schließen*; reinen Mund halten*.

つくり 作り　¶家の〜 der Bau (die Bauweise) des Hauses. からだの〜が頑丈な von derbem Bau. 彼はばらの〜の名人だ Er ist ein Meister der Rosenzucht.

つくりあげる 作り上げる　vollenden; fertig

つくりかえる 作り変える um|arbeiten; um|bilden; um|formen; um|gestalten.

つくりかた 作(造)り方 die Fertigungsweise -n. 料理(パン)の～ das Kochrezept (Backrezept).

つくりごえ 作り声で mit verstellter Stimme.

つくりごと 作り事 die Erfindung (Erdichtung) -en.

つくりそこない 作り損いの missraten; misslungen.

つくりだす 作り出す her|stellen; erzeugen; 〔創作する〕schaffen*.

つくりつけ 作り付けの eingebaut.

つくりなおす 作り直す → 作り変える.

つくりなき 作り泣きをする Krokodilstränen vergießen*.

つくりばなし 作り話 die Erfindung -en; die Fabel -n.

つくりもの 作り物の〔人工の〕künstlich; 〔模造の〕nachgemacht.

つくりわらい 作り笑い ein künstliches Lachen -s. ～をする gezwungen lachen.

つくる 作る machen; her|stellen; 〔創作する〕schaffen*; 〔書類などを〕auf|setzen; 〔建物・船などを〕bauen; 〔植物を〕züchten; 〔組織・制度を〕gründen; 〔養成する〕aus|bilden; 〔子供を〕bekommen*. 花瓶を～ eine Vase formen. 顔を～ sich schminken. 規則を～ Regeln auf|stellen. サークル(列)を～ einen Kreis (eine Reihe) bilden. スープを～ eine Suppe kochen. チームを～ eine Mannschaft formieren. 庭を～ einen Garten an|legen. 道を～ Wege (Straßen) bauen.

つくろう 繕う reparieren; 〔衣服を〕stopfen; flicken; 〔失敗などを〕vertuschen. 世間体を～ den äußeren Schein wahren. 私は身なりを繕った Ich ordnete mir die Kleidung.

つけ 付け〔勘定書〕die Rechnung -en. ～にする anschreiben lassen*. それは私の～にしておいて下さい Schreiben Sie es auf meine Rechnung! いずれその～は回ってくるぞ Du wirst später dafür büßen müssen. 9月1日～の手紙 der Brief vom 1. September.

つげ 黄楊 der Buchsbaum -[e]s, ⸚e.

つけあがる 付け上がる hochnäsig (frech; dünkelhaft) werden*(s).

つけあわせ 付け合わせ die Beilage -n; die Zuspeise -n.

つけいる 付け入る → 付け込む.

つけおとし 付け落し〔勘定書の〕die Auslassung [in der Rechnung].

つけかえる 付け替える ersetzen; aus|tauschen; aus|wechseln.

つげぐち 告げ口する hinterbringen*. 或る人のことを先生に～ jn. beim Lehrer verpetzen.

つけくわえる 付け加える et. hinzu|setzen (hinzu|fügen) 《zu 3格》.

つけこむ 付け込む et. aus|nutzen (aus|nützen); sich³ et. zunutze machen. ～隙を与えない jm. keine Angriffspunkte bieten*.

つけたす 付け足す → 付け加える.

つけたり 付けたり・の beiläufig. これは～です Dies habe ich nur nebenbei bemerkt. 海外留学というのは～で本当は彼は遊びに行ったのだ Unter dem Vorwand, im Ausland zu studieren, amüsierte er sich.

つけつけ ～と rücksichtslos; ohne Rücksicht.

つけとどけ 付け届けをする jm. ein Höflichkeitsgeschenk machen.

つけね 付け値 das Angebot -[e]s, -e.

つけねらう 付け狙う jm. nach|stellen; jn. verfolgen. 或る人の生命を～ jm. nach dem Leben trachten.

つけひげ 付け髭をする sich³ einen [falschen] Bart an|kleben.

つけまつげ 付け睫毛 falsche Augenwimpern pl.

つけまわす 付け回す jn. verfolgen; jm. nach|laufen*(s); jm. nach|stellen.

つけめ 付け目 ¶彼のおこりっぽいのがこちらの～だ Wir machen uns seine Heftigkeit zunutze.

つけもの 漬け物 das Eingemachte.

つけやきば 付け焼き刃・の oberflächlich. 彼の教養は～だ Seine Bildung ist nur Tünche.

つける 付ける ¶足跡を～ eine Spur legen (auf 4格). 後を～ jm. nach|setzen. 髪に油を～ das Haar salben. 子供に家庭教師を～ dem Hauslehrer das Kind an|vertrauen. 自動車を戸口に～ den Wagen vor die Tür vorfahren lassen*. 値を～ den Preis an|setzen (für 4格); 〔買い手が〕Preis bieten*(für 4格). テレビのアンテナを～ eine Fernsehantenne installieren. 帳簿に～ ins Buch ein|tragen*; buchen. パンにバターを～ Butter aufs Brot schmieren. 額(なた)を地に～ mit der Stirn den Boden berühren. 身に～ sich an|ziehen*. 船を桟橋に～ das Schiff an den Kai an|legen. 付録を～ die Beilage an|fügen. 部屋にカーテンを～ ein Zimmer mit Vorhängen versehen*. ボタンを～ einen Knopf an|nähen. 味方に～ jn. auf seine Seite ziehen*. ラジオ(電灯)を～ das Radio (Licht) an|machen. 列車に機関車を～ die Lokomotive an den Zug koppeln.

つける 漬ける〔漬け物にする〕ein|machen; ein|legen. 水に～ et. in[s] Wasser tauchen.

つげる 告げる mit|teilen; [an|]sagen. 暇(いとま)を～ von jm. Abschied nehmen*; sich empfehlen*. 時を～ die Zeit an|sagen.

つごう 都合・のよい bequem; gelegen; recht. ～の悪い ungelegen; unrecht. ～がつけば Wenn es die Umstände erlauben (gestatten), ... 御～がよければ Wenn es Ihnen recht (bequem) ist, ... ～のよい時に zur rechten Zeit; zu gelegener Zeit. ～によっては unter Umständen; gegebenenfalls. ～により umständehalber. 君が来てくれれば好～なのだが

Es würde mir passen, wenn du kämest. 何とか～していただけると有難いのですが Wenn Sie es so einrichten könnten, wäre es mir sehr lieb. 万事～よく運んでいる Alles ist in Ordnung. 夕方に来ていただけると～がよい Es passt mir sehr gut, wenn Sie gegen Abend kommen. ～よくバスが来た Glücklicherweise kam der Bus. ～5000 円になります Die Rechnung beträgt insgesamt 5 000 Yen.

つじ 辻 die [Straßen]kreuzung -en; der Kreuzweg -[e]s, -e; [街角] die Straßenecke -n. ～強盗 der Straßenraub; [人] der Straßenräuber. ～説法 die Straßenpredigt.

つじつま 辻褄・の合う folgerichtig; konsequent. ～の合わぬ folgewidrig; inkonsequent; unstimmig. ～が合う [sich] reimen. ～を合わせる et. reimen; sich³ et. zusammen|reimen. それでは～が合わぬではないか Wie reimt sich das zusammen?

つた 蔦 der Efeu -s.

つたう 伝う ¶ 涙が彼女の頬(ﾎｵ)を～ Tränen rinnen über ihre Wangen.

つたえ 伝え → 言い伝え.

つたえきく 伝え聞く 伝え聞くところによれば soviel (wie) ich höre; dem Vernehmen nach.

つたえる 伝える mit|teilen; berichten; [伝承する] überliefern. 熱を～ Wärme leiten. 秘伝を～ jn. in das Geheimnis ein|weihen. 仏教を日本に～ den Buddhismus in Japan ein|führen (verbreiten). 奥さんによろしくお伝え下さい Grüßen Sie bitte Ihre Frau [Gemahlin] herzlich von mir!

つたない 拙い ungeschickt; [不運な] unglücklich. 一へた; まずい.

つたわる 伝わる [伝承される] überliefert werden* (s受); [噂・ニュースが] sich verbreiten; [伝来する] eingeführt werden* (s受). 光は音よりも速く～ Das Licht pflanzt sich rascher fort als der Schall.

つち 土 die Erde. 故郷の～を踏む heimischen Boden betreten*.

つち 槌 der Hammer -s, ̈-; [木製の] der Holzhammer -s, ̈-.

つちいろ 土色の erdfarbig; [顔色が] blass.

つちかう 培う kultivieren.

つちくれ 土塊 die Erdscholle -n.

つちけむり 土煙 die Staubwolke -n.

つちふまず 土踏まず das Fußgewölbe -s, -.

つちぼこり 土埃 der Staub -s.

つつ ¶ からだに悪いと知り～ Obwohl ich weiß, dass es der Gesundheit schadet, ...

つつ 筒 das Rohr -es, -e; die Röhre -n.

つつうらうら 津津浦浦 ¶ 日本全国～に überall in Japan.

つっかいぼう 突っかい棒 die Stütze -n. …に～をする et. stützen.

つっかえす 突っ返す zurück|weisen*.

つっかかる 突っ掛かる nach jm. stoßen*; [反抗する] jm. trotzen.

つつがなく 恙無く ohne [jeden] Zwischenfall. ～暮らす sich wohl befinden*.

つづき 続き die Fortsetzung -en. ～物 fortlaufende Geschichte.

つづきがら 続き柄 das Verwandschaftsverhältnis -ses, -se.

つっきる 突っ切る [突破する] durchbrechen*; [横切る] überqueren.

つつく [そそのかす] jn. an|treiben* (reizen) 《zu 3格》; [とがめる] kritteln 《an 3格; über 3格》 bemängeln; [いじめる] peinigen; [嘴(ｸﾁﾊﾞｼ)で] picken. 肘(ﾋｼﾞ)で～ jn. mit dem Ellbogen an|stoßen*. 鶏が嘴で私をつついた Der Hahn hackte nach mir.

つづく 続く an|halten*; [an]dauern. 雨が降り～ Der Regen hält (dauert) [lange] an. 次号に～ [Die] Fortsetzung folgt [in der nächsten Nummer]. 草原に森が続いている An die Wiese schließt sich ein Wald an. 足跡は森の中へ続いている Die Spuren führen in den Wald. 不幸が～ Ein Unglück folgt auf das andere. 道がどこまでも～ Der Weg nimmt ja gar kein Ende. 我に続け Folge mir!

つづけさま 続け様に in einem fort; ununterbrochen; nacheinander; hintereinander.

つづける 続ける fort|setzen; fort|führen. 話を～ in seiner Rede fort|fahren*(s).

つっけんどん 突慳貪・な schroff; barsch; patzig. ～だ kurz angebunden sein*.

つっこむ 突っ込む et. stecken 《in 4格》. 敵陣に～ auf den Feind ein|dringen*(s). オートバイごと溝に～ mit dem Motorrad in den Graben stürzen (s). 突っ込んで考える nach|denken*《über 4格》. 突っ込んで調べる eingehend (gründlich) prüfen. その点を彼らは突っ込んできた Sie bedrängten mich darüber mit Fragen.

つつさき 筒先 [ホースの] das Strahlrohr -[e]s, -e; [銃の] die Mündung -en. ～を向ける auf jn. das Gewehr richten.

つつじ 躑躅 die Azalie (Azalee) -n.

つつしみぶかい 慎み・深い bescheiden; zurückhaltend. ～のない frech; unartig.

つつしむ 慎む [度を過ごさぬ] Maß halten* 《in 3格》; sich mäßigen 《in 3格》. 口を～ seine Zunge hüten. 身を～ sich zurück|halten* (beherrschen).

つつしんで 謹んでお詫び致します Ich entschuldige mich höflich.

つったつ 突っ立つ [aufrecht] stehen*; [何もしないで] herum|stehen*; [そびえる] empor|ragen.

つつぬけ 筒抜け ¶ この計画は～になっていた Von dem Plan ist schon allerhand durchgesickert.

つっぱねる 突っ撥ねる kurz ab|weisen*; rundweg ab|lehnen.

つっぱる 突っ張る sich stemmen 《gegen 4格》. 大地に足を～ die Füße gegen den Boden stemmen. 皮膚が～ Die Haut spannt.

つつましい 慎ましい bescheiden; [礼儀正しい]

つつみ 堤 der Deich -es, -e; der Damm -[e]s, ¨-e. → 堤防.

つつみ 包み der Packen -s, -; das Bündel -s, -.

つつみかくす 包み隠す verheimlichen; verschleiern; verhüllen. 包み隠さずに言う frei heraus|sagen; offen sagen (gestehen*).

つつみがみ 包み紙 das Packpapier (Einwickelpapier) -s, -.

つつむ 包む et. ein|wickeln (ein|packen)《in 4格》. 悩みを胸に〜 seinen Kummer in sich³ verschließen*. 山山は雲に包まれていた Die Berge waren von Wolken verhüllt (umhüllt). 広間は歓声に包まれた Jubel erfüllte den Saal.

つづめる 約める [ver]kürzen. 約めて言えば um es kurz zu machen; kurz gesagt.

つづらおり 葛折りの道 die Serpentine -n. 道は〜になって山を登っている Die Straße windet sich in vielen Kurven den Berg auf.

つづり 綴り [スペリング] die [Recht]schreibung -en; [音節] die Silbe -n. 〜を間違える [ein Wort] falsch (unorthografisch) schreiben*.

つづりあわせる 綴りあわせる et. zusammen|flicken《aus 3格》.

つづりかた 綴り方 der Aufsatz -es, ¨-e; [正書法] die Rechtschreibung -en.

つづりこみ 綴り込み der Ordner -s, -.

つづる 綴る [文を]schreiben*; verfassen. 服の破れを〜 Löcher in Kleidern (Anzügen) stopfen.

つて 伝 [便宜] die Gelegenheit -en; [コネ] die Verbindung -en.

つと plötzlich; unvermittelt.

つど 都度 ¶ …する〜 jedes Mal, wenn …; sooft …. その〜 jedes Mal.

つどい 集い das Treffen -s, -; die Gesellschaft -en; die Versammlung -en; [サークル] der Kreis -es, -e.

つとに 夙に [朝早く] früh; [以前から] seit langem (längerem); [幼少から] von Kindheit an.

つとまる 勤まる ¶私にはこの任務は勤まらない Ich bin der Aufgabe nicht gewachsen.

つとめ 勤め [任務]die Pflicht -en; [勤務] der Dienst -es, -e. 〜を果す(る) seine Pflicht erfüllen (versäumen). 〜をやめる den Dienst auf|geben* (quittieren).

つとめぐち 勤め口 die Stelle -n; die Anstellung -en; der Job -s, -s. 〜を探す sich³ eine Stelle suchen.

つとめさき 勤め先 die Arbeitsstätte -n.

つとめて 努めて mit Mühe; [できるだけ] möglichst.

つとめにん 勤め人 der Angestellte#.

つとめる 努める sich³ Mühe geben*《mit 3格》; sich [be]mühen《zu+不定詞》.

つとめる 勤める bei jm. in Dienst treten* (s); [世話をやく] sich für jn. bemühen. 勤めている im Dienst sein*; tätig (beschäftigt) sein*《in 3格》. 議長の役を〜 den Vorsitz führen. 主役を〜 die Hauptrolle spielen.

つな 綱 das Seil -[e]s, -e; der Strang -[e]s, ¨-e; [太い] das Tau -[e]s, -e. 頼みの〜 der Rettungsanker.

つながり 繋がり der Zusammenhang -[e]s, ¨-e; [関係] das Verhältnis -ses, -se; die Beziehung -en. 〜がある im Zusammenhang stehen*《mit 3格》; zusammen|hängen*《mit 3格》. あの人とは何の〜もない Ich habe keine Beziehung (kein Verhältnis) zu ihm. 我我は血の〜がある Wir sind blutsverwandt.

つながる 繋がる sich verbinden*《mit 3格》. この島は昔は大陸と繋がっていた Die Insel hing früher mit dem Festland zusammen. 電話が〜 Verbindung bekommen*《mit 3格》.

つなぎ 繋ぎ・を勤める den Lückenbüßer spielen. 〜に zum (als) Lückenbüßer.

つなぎあわせる 繋ぎ合わせる miteinander verknüpfen (verbinden*).

つなぎめ 繋ぎ目 die Fuge -n.

つなぐ 繋ぐ et. binden*《an 4格》; et. an|knüpfen《mit 3格》. 彼女は彼の心を繋ぎとめる事ができなかった Sie konnte ihn nicht an sich binden. この電話を学長室に繋いで下さい Verbinden Sie mich bitte mit dem Rektorat!

つなひき 綱引き das Tauziehen (Seilziehen) -s. 〜をする am Seil ziehen*.

つなみ 津波 die Flutwelle -n; der Tsunami ['tsu:nami] -s, -s.

つなわたり 綱渡り・をする auf dem Seil tanzen. 〜師 der Seiltänzer. それは危険な〜だ [比] Das ist ein Tanz auf dem Seil.

つね 常に immer. 〜のように wie sonst (gewöhnlich). これが世の〜だ So ist das Leben. / So pflegt es meist zu gehen. 〜と変って引っ込み思案だな Du bist doch sonst nicht so schüchtern. 早起きを〜としている Ich bin gewohnt, früh aufzustehen. / Ich pflege früh aufzustehen.

つねる 抓る jm. (jn.) kneifen*《zwicken》《in 4格》.

つの 角 das Horn -[e]s, ¨-er; [鹿の] das Geweih -s, -e; [かたつむりの] der Fühler -s, -. 〜細工 das Hornwerk. 〜笛 das Horn. あの二人はいつも〜突き合いをしている Die beiden streiten sich immer.

つのる 募る [募集する]werben*; [不安や怒りが] wachsen*(s). 寄付を〜 Spenden sammeln. 風が吹き〜 Der Wind nimmt [an Stärke] zu. / Der Wind wird immer heftiger.

つば 唾 die Spucke; der Speichel -s. 〜を吐く spucken. 〜を引っかける jn. an|spucken; nach jm. speien*.

つば 鍔 [刀の] das Stichblatt -[e]s, ¨-er; das Tsuba ['tsu:ba] -[s], ..ben; [帽子の] die Krempe -n.

つばき 椿 die Kamelie -n.

つばさ 翼 der Flügel -s, -. 〜を広げる die Flügel aus|breiten.

つばめ 燕 die Schwalbe -n.
つぶ 粒 das Korn -s, ⸚er; das Körnchen -s, -. ～の körnig.
つぶさに 具に ausführlich; genau.
つぶし 潰し・かぎ人 ein zu vielem brauchbarer Mensch. ～にする〔金属製品を〕verschrotten.
つぶす 潰す zerdrücken; zermalmen. 顔を～ jm. die Ehre ab|schneiden*. 貴重な時間を～ die kostbare Zeit tot|schlagen* (vertrödeln). 鶏を～ ein Huhn schlachten. スーパーマーケットに小さな店は潰されるだろう Die Supermärkte werden die kleinen Geschäfte kaputtmachen.
つぶぞろい 粒揃 gleich groß und gut geformt. みなへ～の生徒だ Sie sind alle unterschiedslos gute Schüler.
つぶやく 呟く murmeln; brummen; vor sich hin sprechen*.
つぶより 粒選りの erlesen; ausgesucht.
つぶる 瞑る 〔目を～ die Augen schließen*; 〔見ぬふりをする〕ein Auge (beide Augen) zu|drücken《bei 3 格》.
つぶれる 潰れる zerdrückt (zermalmt) werden* (s 受); 〔会社が〕kaputt|gehen*(s); bankrott gehen*(s).
つべこべ ～言う Späne machen.
ツベルクリン ～反応 die Tuberkulinreaktion -en.
つぼ 壺 der Krug -[e]s, ⸚e.
つぼみ 蕾 die Knospe -n. ～が出る Knospen an|setzen (treiben*); knospen. ～がほころびる Die Knospen erschließen sich.
つぼむ 窄む〔花が〕sich schließen*.
つぼめる 窄める → つぼむ.
つま 妻 die [Ehe]frau -en. ～にする jn. zur Frau nehmen*. → 奥様.
つまぐる 爪繰る ¶数珠(ﾂ)を～ den Rosenkranz beten.
つまさき 爪先 die Zehenspitze -n. ～立つ sich auf die Zehen stellen. ～立って歩く auf [den] Zehen gehen*(s). 頭のてっぺんから爪先まで vom Scheitel bis zur Sohle. ～上がりの道 leicht ansteigender Weg.
つまされる ¶身に～ von Mitleid erfüllt werden* (s 受).
つましい 倹しい生活をする in bescheidenen Verhältnissen leben.
つまずく 躓く stolpern (straucheln) (s)《über 4 格》. 石に躓いて転ぶ über einen Stein stürzen (s). 人生に～ in seinem Leben straucheln (s).
つまはじき 爪弾きする mit den Fingern schnalzen (schnippen); 〔排斥する〕aus|schließen*; boykottieren.
つまびく 爪弾く zupfen《an 3 格》.
つまびらか 詳らか・に(な) ausführlich; genau. ～にする klären.
つまみ 撮み der Griff -[e]s, -e; 〔丸い〕der Knopf -[e]s, ⸚e. 一～の塩 eine Prise Salz.
つまみあらい 摘み洗いをする et. teilweise waschen*.
つまみぐい 摘み食い die Nascherei. ～をする naschen; 〔横領する〕unterschlagen*.
つまみだす 撮み出す heraus|nehmen*. 酔っ払いを外へ～ einen Betrunkenen hinaus|schmeißen*.
つまむ 撮む kneifen*; zwicken. 鼻を～ sich³ die Nase zu|halten*.
つまようじ 爪楊枝 der [Zahn]stocher -s, -. ～で歯をほじくる in den Zähnen stochern.
つまらない 〔価値のない〕wertlos; 〔内容のない〕unbedeutend; nichts sagend; 〔興味のない〕uninteressant; 〔退屈な〕langweilig. ～事〔些事〕die Kleinigkeit. ～事をお聞きするようですが,… Eine bescheidene Frage: … ～しても～ Es lohnt sich nicht, das zu tun. つまらなそうな顔をする ein langes Gesicht machen.
つまり ¶とどの～ endlich; schließlich. それは～こうだ Es ist nämlich so.
つまる 詰まる 〔言葉に〕stocken; 〔縮まる〕ein|laufen*(s); 〔排水管などが〕verstopfen (s). 金に～ in finanzielle Verlegenheit geraten* (s). 気が～ sich bedrückt fühlen. 返答に～ keine Antwort zu geben wissen*. 会場には人がぎっしり詰まっていた Der Saal war gestopft voll (gedrängt voll von Menschen). トイレ(鼻)が詰まっている Das Klosett (Meine Nase) ist verstopft.
つみ 罪 die Sünde -n; die Schuld; 〔法律上の〕das Verbrechen -s, -. ～を犯す ein Verbrechen (eine Sünde) begehen*. ～を重ねる Schuld auf Schuld häufen. ～を着せる jm. die Schuld zu|schieben*; auf jn. die Schuld schieben*. ～を許す jn. von [der] Sünde los|sprechen*; jm. die Sünde verzeihen*. ～な事をする rücksichtslos gegen jn. vor|gehen*(s). ～に服する sich schuldig bekennen*. ～がない schuldlos; unschuldig. ～深い sündhaft; sündig. ～人 der Sünder. 彼は窃盗の～に問われた Man beschuldigte ihn des Diebstahls.
つみあげる 積み上げる auf|häufen. 煉瓦を～ Ziegelsteine aufeinander setzen.
つみおろし 積み降ろしをする Auf- und Abladung machen.
つみかえ 積み替え die Umladung -en.
つみかえる 積み替える um|laden*.
つみかさなる 積み重なる sich auf|häufen; aufeinander türmen.
つみかさね 積み重ね der Haufen -s, -.
つみかさねる 積み重ねる auf|häufen.
つみき 積木 Bauklötzchen (Bausteine) pl.
つみこむ 積み込む et. laden*《in 4 格》; verla|den*.
つみだし 積み出し〔作業〕die Beförderung -en.
つみだす 積み出す befördern; 〔船で〕verschiffen.
つみたてきん 積立金 die Rücklage -n; der Reservefonds -, -.
つみたてる 積立てる Geld zurück|legen

つみつくり 罪作りな事はするな Mach keine Schweinerei!

つみとが 罪科 ¶何の～もない schuldlos; unschuldig.

つみとる 摘み取る [ab|]pflücken.

つみに 積荷 die Ladung -en; die Fracht -en; das Frachtgut -[e]s, ¨er.

つみほろぼし 罪滅ぼし・をする Sühne leisten 《für 4 格》. ～に als Entschädigung 《für 4 格》.

つむ 錘 die Spindel -n.

つむ 詰む〔将棋〕matt sein*. 目の詰んだ engmaschig.

つむ 摘む [ab|]pflücken.

つむ 積む〔重ねる〕häufen;〔車・船に〕et. laden* 《in 4 格》. 巨万の富を～ große Reichtümer auf|häufen. 経験を～ Erfahrungen sammeln.

つむぐ 紡ぐ spinnen*.

つむじ 旋毛 der Wirbel -s, -. ～曲り der Querkopf. ～曲りの querköpfig. 彼女はよく～を曲げる Sie zeigt gern ihre Borsten.

つむじかぜ 旋風 der Wirbelwind -[e]s, -e.

つめ 爪 der Nagel -s, ¨;〔鳥・獣の〕die Kralle -n;〔鉤〕der Haken -s, -. ～を嚙む an den Nägeln kauen. ～を切る(伸ばす) die Nägel beschneiden*(wachsen lassen*).〔切り鋏〕die Nagelschere. ～やすり die Nagelfeile.

づめ 詰め ¶警視庁～の im Polizeipräsidium tätig. 夜通し働き～である die ganze Nacht durch|arbeiten.

つめあわせ 詰め合わせ ¶缶詰の～一箱 eine Packung sortierte Konserven.

つめえり 詰め襟の服 die Jacke mit Stehkragen.

つめかえる 詰め替える ¶トランクを～ den Koffer um|packen. 持ち物を旅行かばんからトランクに～ seine Sachen aus der Reisetasche in einen Koffer um|packen.

つめかける 詰め掛ける sich drängen.

つめきる 詰め切る ¶徹夜で病人のそばに～ die Nacht hindurch bei einem Kranken wachen.

つめこむ 詰め込む et. stopfen 《in 4 格》;〔無理に覚えさせる〕ein|pauken.

つめしょ 詰所 die Wache -n. 警官の～ die Polizeiwache.

つめたい 冷たい kalt; kühl.

つめたさ 冷たさ die Kälte.

つめもの 詰物 die Füllung -en; das Füllmaterial -s, -ien; das Füllsel -s, -;〔歯の〕die Plombe -n. 鶩鳥(ちょう)にりんごの～をする den Gänsebraten mit Äpfeln füllen.

つめよる 詰め寄る in jn. dringen*(s); jn. bedrängen.

つめる 詰める et. packen 《in 4 格》; et. stopfen 《mit 3 格》;〔一杯にする〕et. füllen 《mit 3 格》. 穴に石を～ ein Loch mit Steinen [ver-]stopfen. 息を～ den Atem an|halten*. 王を～ den König matt setzen. かばんに本を～ Bücher in die Mappe packen. 支出を～ seine Ausgaben ein|schränken. ズボンを～ eine Hose verkürzen. 幅を～ et. verengern. 歯に金を～ einen Zahn mit Gold füllen (plombieren). 詰所に～ sich auf der Wache bereit halten*. パイプにタバコを～ seine Pfeife stopfen. 話を～ bei der Verhandlung in Detail gehen*(s). 一晩中病人のそばに～ bei einem Kranken die ganze Nacht wachen. 綿を耳に～ jm. Watte ins Ohr stopfen. もう少し中へ(前の方へ)詰めて下さい Rücken Sie bitte ein wenig zusammen (nach vorne)!

つもり 積り ¶そういう～ではなかった Das habe ich nicht gemeint. / Es war nicht meine Absicht. それはどういう～なのだ Was meinst du damit? 彼は少しも逃げる～はなかった Er hatte gar keine Absicht zu fliehen.

つもる 積る sich häufen;〔見積る〕[ab|]schätzen. 塵(雪)が積っている Der Staub (Schnee) liegt hoch.

つや 艶・のある glänzend; glatt. ～のない matt; glanzlos. ～を出す et. schleifen*; et. polieren; et. glätten. つやつやしい hell glänzend.

つや 通夜 die Totenwache -n.

つやけし 艶消し・の matt. そいつは～だ Das ist ja geschmacklos. ～ガラス das Mattglas.

つやっぽい 艶っぽい erotisch. ～話 die Liebesgeschichte.

つゆ 露 der Tau -[e]s. ～が降りる Es taut. 草の葉にしっとりと～が置いている Das Gras ist vom (von) Tau benetzt. 絞首台の～と消える am Galgen enden.

つゆ 梅雨 die Regenzeit -en.

つゆ 汁〔スープ〕die Suppe -n;〔果汁〕der Saft -es, ¨e.

つよい 強い stark; kräftig. ～警告 nachdrückliche Warnung. ～疑い schwerer Verdacht. 強くする [ver]stärken; kräftigen. ～態度に出る auf den Tisch hauen*(*) (schlagen*).

つよがる 強がる den starken Mann spielen (markieren).

つよき 強気・でいく stark bleiben* (s). ～に出る herausfordernd auf|treten* (s);〔株で〕auf Hausse spekulieren.

つよごし 強腰・の unbeugsam. ～の姿勢を見せる sich unnachgiebig zeigen.

つよさ 強さ die Stärke.

つよまる 強まる sich verstärken (bestärken). 信仰が～ sich im Glauben stärken. 風が強まった Der Wind hat [an Stärke] zugenommen.

つよみ 強み die Stärke -n. 計算が上手なのは彼の～だ Rechnen ist seine Stärke.

つよめる 強める [ver]stärken; bestärken. 声を強めて mit erhobener Stimme.

つら 面 die Fratze (Visage) -n. ～の皮の厚い unverschämt. ～の皮をひんむく jn. entlarven. パトロン～をする sich als Gönner auf|spielen.

つらあて 面当てにやる aus Rache an jm. tun*.

つらい 辛い hart. ~立場にある einen harten Stand haben* 《in 3 格》. ~別れ schmerzliche Trennung. いろいろ~目に遭う vieles durchmachen müssen*. 辛く当る jn. hart behandeln. 君にそれを言うのには~ Es kommt mich hart an (Es fällt mir schwer), dir das zu sagen.

つらがまえ 面構え ¶不敵な~の男 ein Kerl mit dreisten Gesichtszügen.

つらつら ~考える gründlich (genau) überlegen.

つらなる 連なる ¶会議に~ an der Sitzung teil|nehmen*. 山が~ Die Bergkette verläuft. 車の列が蜿蜒(えんえん)と連なっている Wagen bilden eine lange Reihe.

つらぬく 貫く ¶板を~ das Brett durchbohren. 心(闇)を~ js. Seele (die Finsternis) durchdringen*. 初志を~ seinen Willen durch|setzen. 町の中央を貫いて川が流れている Ein Fluss durchströmt die Stadtmitte.

つらねる 連ねる ¶名前を~ sich beteiligen 《an 3 格》. 自動車を連ねて行く in einer Kolonne fahren*(s).

つらよごし 面汚し・になる jm. Schande machen. 一家の~である die Schande seiner Familie sein*.

つらら 氷柱 der Eiszapfen -s, -.

つり 釣 〔魚釣〕die Angelfischerei; 〔釣銭〕das Wechselgeld -[e]s. ~をする angeln. ~に行く angeln gehen*(s). 30 円のお~です Sie kriegen (bekommen) 30 Yen zurück. ~糸 die Angelschnur. ~竿 die [Angel]rute. ~師 der Angler. ~道具 das Angelgerät. ~針 der Angelhaken. ~舟 das Fischerboot. ~堀 der Angelteich.

つりあい 釣り合い das Gleichgewicht -s. ~を取る das Gleichgewicht her|stellen. からだの~を保つ(失う) sein Gleichgewicht halten* (verlieren*). ~が取れている im Gleichgewicht sein*. 彼は~の取れたからだをしている Er ist von gleichmäßigem Körperbau. 色の~ die Harmonie der Farben.

つりあう 釣り合う sich³ die Waage halten*; sich miteinander im Gleichgewicht befinden*. その夫婦は釣り合っていない Die Eheleute passen nicht zueinander. ネクタイの色が服によく釣り合っている Die Farbe der Krawatte passt (stimmt) zu dem Anzug.

つりあがる 吊(釣)り上がる gehoben werden* (s受). 目尻が吊り上がっている Die Augenwinkel richten sich nach oben.

つりあげる 吊(釣)り上げる heben*. 魚を~ Fische angeln. 物価を~ die Preise hinauf|schrauben (in die Höhe schrauben).

つりがね 釣鐘 die Glocke -n.

つりがねそう 釣鐘草 die Glockenblume -n.

つりかわ 釣革 der Halteriemen -s, -.

つりこむ 釣り込む ¶宣伝に釣り込まれつい買ってしまった Die Reklame hat mich verlockt, das zu kaufen.

つりさがる 吊(釣)り下がる hängen* 《an 3 格》.

つりさげる 吊(釣)り下げる et. [herunter|]hängen 《an 4 格》.

つりせん 釣銭 das Wechselgeld -[e]s.

つりだす 釣り出す 〔誘い出す〕jn. heraus|locken 《aus 3 格》.

つりだな 釣(吊)棚 das Hängeregal -s, -e; der Hängeschrank -[e]s, ⁻e.

つりどこ 吊(釣)床 die Hängematte -n.

つりばし 吊(釣)橋 das Hängebrücke -n; der Hängesteg -[e]s, -e.

つりばしご 吊(釣)梯子 die Strickleiter -n.

つりほうたい 吊り包帯 die Schlinge -n. ~で腕を吊る den Arm in der Schlinge tragen*.

つりわ 吊輪 Ringe pl.

つる 弦 〔弓の〕die Sehne -n; 〔楽器の〕die Saite -n. 矢が~を離れる Der Pfeil schnellt von der Sehne.

つる 鉉 〔鍋の〕der Henkel -s, -.

つる 蔓 die Ranke -n; 〔眼鏡の〕der Bügel -s, -.

つる 鶴 der Kranich -s, -e.

つる 吊る et. [herunter|]hängen 《an 4 格》; et. auf|hängen 《an 4 格》.

つる 釣る ¶魚を~ Fische angeln. 甘言で人を~ jn. mit Versprechungen ködern. 広告に釣られてその新製品を買ってしまった Die Reklame hat mich verlockt, das neue Produkt zu kaufen.

つる 攣る ¶ふくらはぎが~ einen Krampf in der Wade bekommen*.

つるぎ 剣 das Schwert -es, -er.

つるくさ 蔓草 das Schlinggewächs -es, -e.

つるしあげる 吊し上げる jm. hart (scharf) zu|setzen.

つるす 吊す → 吊る.

つるつる ~した(と) glatt; schlüpfrig.

つるはし 鶴嘴 die [Spitz]hacke -n.

つるべ 釣瓶 der Schöpfeimer -s, -. ~井戸 der Ziehbrunnen; der Schöpfbrunnen.

つるり ~と滑る aus|gleiten*(s).

つれ 連れ der Begleiter -s, -. 二人(三人)~で行く zu zweien (dreien) gehen*(s). 家族~で mit seiner Familie.

つれあい 連れ合い der Lebensgefährte -n, -n; 〔妻〕die Lebensgefährtin -nen.

つれこ 連れ子 das Kind aus erster Ehe.

つれこむ 連れ込む jn. mit|bringen* 《in 4 格》.

つれさる 連れ去る verschleppen; weg|nehmen*.

つれそう 連れ添う sich mit jm. verheiraten.

つれだす 連れ出す heraus|holen; jn. mit|nehmen* 《zu 3 格》.

つれだつ 連れ立つ ¶連れ立って zusammen.

つれづれ 徒然・のあまり aus [bloßer] Langeweile. ~を慰める sich³ die Langeweile vertreiben* 《mit 3 格》.

つれて ¶時が経つに~ mit der Zeit. 寒くなるに~ Je kälter es wird, desto ...

つれない unfreundlich; kalt[blütig].

つれもどす 連れ戻す zurück|bringen*; zurück|holen.

つれる 連れる ¶子供を連れて行く Kinder mit|nehmen.

つわもの 兵 der Soldat *-en, -en*; der Krieger *-s, -*. 彼はその方面では～だ Er ist auf diesem Gebiet ein Veteran.

つわり 悪阻 das Schwangerschaftserbrechen *-s*.

つんざく 劈く ¶肌を～ような寒さ beißende (schneidende) Kälte. 耳を～ような ohrenbetäubend.

つんつるてん ～の zu kurz.

つんつん ～している kurz angebunden sein*.

つんと ～澄ました zimperlich; geziert. ～鼻をつく臭いがする Es riecht stechend. 彼女は～している Sie trägt die Nase hoch.

ツンドラ die Tundra *..dren*.

つんのめる nach vorn fallen*(*s*).

つんぼ 聾 die Taubheit; die Gehörlosigkeit; [人] der Taube#; der Gehörlose#. ～になる taub werden*(*s*). ～の taub; gehörlos. 生まれつき～である taub geboren sein*. ～桟敷に置かれる in Unkenntnis gelassen werden* (*s* 受)《über 4格》.

て

て 手 die Hand *⸚e*; [腕] der Arm *-es, -e*; [動物の] die Pfote *-n*; [取っ手] der Griff *-[e]s, -e*; [手段] das Mittel *-s, -*; [計略] der Kniff *-s, -e*; [指し手] der Zug *-es, ⸚e*. ～が上がる Fortschritte machen 《in 3格》. ～があく frei sein*; nichts zu tun haben*. この仕事は～が掛かる Diese Arbeit kostet viel Mühe. ～の掛かる mühevoll. ～が届く *et.* mit der Hand erreichen; erreichbar sein*. ～が届かぬほど高価な unerschwinglich teuer. ～が早い一枚 lockere (lose) Hand haben*; [仕事の] flinkhändig arbeiten. ～に余る(負えない) über *js.* Kräfte gehen*(*s*); [人を主語として] nicht mehr fertig werden*(*s*) 《mit 3格》. ～に負えない子供 unbändiges Kind. ～に入れる empfangen*; erhalten*; bekommen*. ～に落ちる(渡る) *jm.* in die Hand (Hände) fallen*(*s*). ～に掛ける [取り扱う] behandeln; [世話する] pflegen; [殺す] mit eigener Hand um|bringen*. ～に取る in die (zur) Hand nehmen*. ～に～を取って歩く Hand in Hand gehen*(*s*). ～も足も出ない ratlos sein*; sich³ keinen Rat wissen*. ～もなく mit leichter Hand. 泣き落しの～に出る sich aufs Bitten verlegen. ～に乗る auf einen Trick herein|fallen*(*s*). ～の込んだ [細工の] kunstvoll [gearbeitet]. 彼は～の付けられない馬鹿だ Er ist hoffnungslos dumm. ～を上げる gegen *jn.* die Hand erheben*; [降参する] sich *jm.* ergeben*. ～を入れる(加える) *et.* aus|bessern; *et.* verbessern. ～を打つ [契約の] mit *jm.* eine Einigung erzielen 《über 4格》; sich einigen 《auf 4格》; [処置する] Maßregeln treffen*. それに対しては～の打ちようがない Dagegen kann man nichts tun. ～を掛ける sich³ Mühe geben* 《um 4格; mit 3格》. ～を貸す *jm.* bei|stehen*; *jm.* zur Hand gehen*(*s*); selbst mit Hand an|legen 《bei 3格》. ～を借りる *jn.* um Hilfe bitten*. ～を切る die Beziehungen 《zu 3格》ab|brechen; brechen* 《mit 3格》. ～を下す selbst tun*. ～をたたく in die Hände klatschen. ～を出す die Hand aus|strecken. 他人の物に～を出す seine Hand nach fremdem Besitz aus|strecken. 事業に～を出す sich an (in) ein Unternehmen ein|lassen*. ～を尽す alle Mittel und Wege versuchen. ～を着ける [触れる] *et.* berühren; [始る] an|fangen 《mit 3格》; [女に] mit *jm.* ein Liebesverhältnis an|knüpfen. ～を取る *jn.* bei der Hand nehmen*. ～を抜く一手抜き. ～を伸ばす die Hand aus|strecken; greifen* 《nach 3格》. ～を引く [引っこめる] seine Hand zurück|ziehen*; [比] seine Hand ab|ziehen* 《von 3格》. ～を広げる das Geschäft erweitern. ～を経る durch *js.* Hand gehen*(*s*). ～をまわす heimlich Maßregeln treffen*. ～を結ぶ sich mit *jm.* verbünden.

━ て 手 ━

1 親指 der Daumen
2 人指し指 der Zeigefinger
3 中指 der Mittelfinger
4 薬指 der Ringfinger
5 小指 der kleine Finger
6 感情線 die Herzlinie
7 頭脳線 die Kopflinie
8 掌(たなごころ) der Handteller
9 手首 das Handgelenk
10 拇指球 der Daumenballen
11 生命線 die Lebenslinie
12 爪 der Nagel
13 (爪の)半月 das Möndchen
14 手の甲 der Handrücken

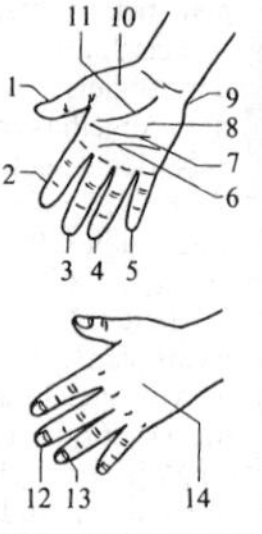

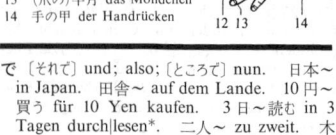

で [それで] und; also; [ところで] nun. 日本～ in Japan. 田舎～ auf dem Lande. 10円～買う für 10 Yen kaufen. 3日～読む in 3 Tagen durch|lesen*. 二人～ zu zweit. 木～作る aus Holz bauen (machen). 汽車～行く mit der Eisenbahn fahren*(*s*). 病気～寝ている krank zu Bett liegen*.

で 出 ¶貴族の～である von adliger Abkunft (Geburt) sein*. この茶は～がよい Der Tee zieht gut.

てあい 手合い ¶そんな～ solch ein Mensch (Kerl); solche Leute *pl*.

であい 出会い die Begegnung *-en*. ～頭(がしら)に Als er bei mir vorbeiging, ... / [出たとたんに] Als ich eben ausging, ...

であう 出会う *jm.* begegnen (*s*); *jn.* treffen*;

[集まる] zusammen|kommen*(s).

てあか 手垢の付いた mit der Hand (den Fingern) beschmutzt; [使い古しの] abgenutzt.

てあし 手足 Hände und Füße pl.; Arme und Beine pl.; Glieder pl. ～のように働く js. gefügiges Werkzeug sein*. ～のように使う jn. als sein Werkzeug gebrauchen.

であし 出足がいい einen guten Anfang machen.

てあたりしだい 手当り次第 aufs Geratewohl. ～の der erstbeste; wahllos.

てあつい 手厚い herzlich; liebevoll; sorgfältig; [十分な] reichlich.

てあて 手当〔金銭の〕der Lohn -es, ¨e; [加俸] der Zuschuss -es, ¨e; [病気の] die Behandlung -en; die Pflege. 超勤～ der Überstundenzuschlag. 傷の～をする eine Wunde behandeln. 医者の～を受ける sich ärztlich behandeln lassen*. 応急～をする jm. erste Hilfe leisten.

てあみ 手編みの handgestrickt.

てあらい 手荒い grob; gewaltsam. 手荒く扱う grob behandeln. 手荒な事をする jm. Gewalt an|tun*.

てあらい 手洗い das Waschbecken -s, -; [便所] die Toilette -n; das Klosett -s, -s (-e). お～はどこですか Wo kann ich mir die Hände waschen?

であるく 出歩く aus|gehen*(s). 一日中出歩いている den ganzen Tag unterwegs sein*.

てあわせ 手合わせ die Partie -n; [取引] der Handel -s; das Geschäft -s, -e. 碁の～をする mit jm. eine Partie Go spielen.

てい 体 ¶満足の～である Er scheint zufrieden [zu sein]. ～のいい事を言う schöne Dinge sagen. ～よく断る höflich ab|weisen*.

ていあつ 低圧 der Niederdruck -[e]s, -e; [電] die Niederspannung -en.

ていあん 提案 der Vorschlag -[e]s, ¨e; der Antrag -es, ¨e. ～する vor|schlagen*; einen Vorschlag machen; einen Antrag stellen. ～者 der Antragsteller.

ていい 帝位に即(つ)く den Thron besteigen*.

ティーシャツ das T-Shirt ['tiːʃɑːt] -s, -s.

ディーゼル ～エンジン der Dieselmotor. ～カー der Dieseltriebwagen.

ティーチ・イン das Teach-in [tiːtʃ'ɪn] -[s], -s.

ティー・パーティー die Teegesellschaft -en.

ティーバッグ der Teebeutel -s, -.

ディーラー der Lieferant -en, -en; die Lieferfirma ..men.

ていいん 定員 festgesetzte Personenzahl. ～9名のエレベーター der Fahrstuhl für 9 Personen. ～30名のバス ein Bus mit 30 Sitzen. ～を超えている überfüllt sein*.

ティーンエージャー der Teenager -s, -.

ていえん 庭園 der Garten -s, ¨.

ていおう 帝王 der Kaiser -s, -. ～切開 der Kaiserschnitt.

ていおん 低音 der Bass -es, ¨e; tiefer Ton -[e]s, ¨e; [低声] tiefe Stimme -n.

ていおん 低温 tiefe Temperatur -en. ～殺菌する pasteurisieren.

ていか 低下・する sinken*(s); fallen*(s); [悪くなる] sich verschlechtern; [減少する] sich vermindern. 気温が～する Die Temperatur fällt (sinkt).

ていか 定価 [fester] Preis -es, -e. ～表 die Preisliste.

ていかい 低徊趣味 der Dilettantismus -.

ていかいはつ 低開発国 unterentwickeltes Land -es, ¨er.

ていがく 定額 der bestimmte Betrag -[e]s, ¨e.

ていがく 停学 zeitweilige Verweisung -en. 3か月の～を命ずる jn. für 3 Monate von der Schule aus|schließen* (verweisen*).

ていがくねん 低学年 untere Klassen pl.

ていかん 定款 das Statut -[e]s, -en; die Satzung -en.

ていき 定期・的の regelmäßig; periodisch. ～刊行物 Periodika pl. ～検診(検査)の Routineuntersuchung. ～航路 regelmäßige Linie. ～試験 regelmäßige Prüfung. ～乗車券 die Zeitkarte. ～取引 das Zeitgeschäft. ～預金 das Festgeld.

ていき 提起する zur Sprache bringen*; an|schneiden*.

ていぎ 定義 die Definition -en. ～する definieren.

ていぎ 提議 → 提案.

ていきあつ 低気圧 der Tiefdruck -[e]s. ～圏 das Tiefdruckgebiet; das Tief; die Zyklone.

ていきゅう 低級な niedrig; gemein; billig.

ていきゅう 庭球 → テニス.

ていきゅうび 定休日 regelmäßiger Ruhetag -[e]s, -e.

ていきょう 提供する an|bieten*; zur Verfügung stellen; [証拠を] vor|bringen*.

ていくうひこう 低空飛行 der Tiefflug -[e]s, ¨e. ～をする tief fliegen*(s).

ていけい 梯形 das Trapez -es, -e.

ていけい 提携 der Zusammenschluss -es, ¨e. ～する sich mit jm. zusammen|schließen*; mit jm. Hand in Hand gehen*(s).

ていけつ 締結する [ab|]schließen*.

ていけつあつ 低血圧 der Unterdruck -[e]s, -[e]s. ～症 die Hypotonie.

ていけん 定見 eigener Gedanke -ns, -n; feste Meinung (Überzeugung) -en. ～のある人 ein Mensch mit eigenen Gedanken.

ていこ 艇庫 der Bootsschuppen -s, -.

ていこう 抵抗 der Widerstand -es, -e. ～する jm. Widerstand leisten; jm. widerstehen*. ～運動 die Widerstandsbewegung. ～器 der Widerstand. ～力 die Widerstandsfähigkeit.

ていこく 定刻に zur bestimmten (festgesetzten) Zeit; [時間通りに] pünktlich.

ていこく 帝国 das Kaiserreich -[e]s, -e. ～

ていさい 体裁 〔外見〕der Schein -s; das Aussehen -s; der Anschein -s; 〔形〕die Form -en; die Gestalt -en; 〔書物の〕der Einband -[e]s,⸚e. ～の良い hübsch aussehend; wohlgestaltet. ～を繕(つくろ)う den [äußeren] Schein retten (wahren). ～を振る³ ein vornehmes Ansehen geben*. ～が悪い ein schlechtes Aussehen haben*; 〔恥ずかしい〕sich beschämt fühlen.

ていさつ 偵察・する auf|klären; erkunden; spähen. ～に出かける auf Erkundung [aus|-]gehen*(s). ～機 das Aufklärungsflugzeug; der Aufklärer. ～隊 der Spähtrupp.

ていし 停止・する 〔止める〕ein|stellen; 〔止まる〕halten*. ～信号 das Haltesignal. 出場に～する sperren.

ていじ 定時・の regelmäßig; periodisch. ～に zur festgesetzten (bestimmten) Zeit; pünktlich. ～制学校 die Teilzeitschule.

ていじ 提示する zeigen; sehen lassen*; vor|legen.

ていじがた 丁字形の T-förmig.

ていしき 定式 [feste] Form -en. ～化する formulieren.

ていしせい 低姿勢をとる vor *jm.* eine bescheidene Pose ein|nehmen*; sich zurück|halten*.

ていしゃ 停車・する halten*. 5分間～する 5 Minuten Aufenthalt haben*. ～場 der Bahnhof; die Station.

ていしゅ 亭主 〔店の〕der Wirt -[e]s, -e; 〔一家の〕der Hausherr -n, -en; 〔夫〕der Mann -es,⸚er.

ていじゅう 定住・する sich ansässig machen; sich nieder|lassen*. ～者 der Ansässige#. ～地 ständiger Wohnsitz (Wohnort).

ていしゅうは 低周波 【電】die Niederfrequenz -en (略: NF).

ていしゅく 貞淑 treu; sittsam.

ていしゅつ 提出・する ein|bringen*; ein|reichen; vor|legen. 辞表を～する bei *jm.* seinen Abschied ein|reichen. 問題を～する eine Frage vor|legen (stellen).

ていじょ 貞女 treue Frau -en.

ていしょう 提唱する vor|schlagen*; an|bieten*; auf|stellen.

ていしょく 定食 das Menü -s, -s; das Gedeck -[e]s, -e.

ていしょく 抵触する verstoßen* 《gegen 4 格》; *et.* verletzen.

ていしょく 定職 fester Beruf -s, -e.

ていしょく 停職 die Suspension -en. ～にする *jn.* von seinem Amt (vom Dienst) suspendieren.

ていじろ 丁字路 die T-Kreuzung -en.

ていしん 廷臣 der Höfling -s, -e; der Hofmann -[e]s, ..leute.

ていしん 艇身 ¶半～差で勝つ mit einer halben [Boots]länge siegen.

でいすい 泥酔する volltrunken sein*.

ていすう 定数 bestimmte Zahl -en; 【数】die Konstante -n. → 定足数.

ディスカウント・ショップ(ストア) das Discountgeschäft -s, -e; der Discountladen -s,⸚.

ディスクジョッキー der Diskjockey -s, -s.

ディスコ die Diskothek -en; die Disko -s.

ていする 呈する 〔贈る〕schenken; geben*; 〔示す〕bieten*; zeigen. 無残な情景を～ einen schrecklichen Anblick bieten*. 愚問を～ eine dumme Frage stellen.

ていせい 低声で mit tiefer (leiser) Stimme.

ていせい 訂正する berichtigen; verbessern; korrigieren.

ていせい 帝政 das Kaisertum -s; kaiserliche Regierung -en; 〔ロシアの〕das Zarentum -s. ～ロシア das zaristische Russland.

ていせつ 定説 allgemein geltende Lehre -n.

ていせつ 貞節 die Treue. ～を守る *jm.* die Treue halten* (bewahren).

ていせん 停戦 der Waffenstillstand -[e]s,⸚e; die Waffenruhe. ～する das Feuer ein|stellen.

ていそ 提訴する bei *jm.* eine Klage ein|reichen 《gegen 4 格》.

ていそう 貞操 〔節操〕die Treue; 〔純潔〕die Keuschheit. ～を守る *jm.* die Treue halten* (bewahren). ～を失う Keuschheit verlieren*.

ていぞく 低俗な niedrig; gemein; vulgär.

ていそくすう 定足数 das Quorum -s; beschlussfähige Anzahl -en.

ていたい 停滞・する stocken; stagnieren.

ていたい 手痛い schmerzlich. ～損害 schmerzlicher Verlust. ～批評 scharfe Kritik. ～失策 folgenschwerer Fehler.

ていたく 邸宅 [stattliches] Wohnhaus -es,⸚er; die Villa *Villen*.

でいたん 泥炭 der Torf -s. ～地 das Torfmoor.

ていち 低地 die Tiefebene -n; das Tiefland -[e]s,⸚er. ～ドイツ語 das Niederdeutsch.

ていちゃく[ん] 定着・する sich fest ein|bürgern; Wurzel[n] schlagen* ; 〔フィルムを〕fixieren. ～剤 das Fixativ; das Fixiermittel.

ていちょう 丁重な(に) höflich; zuvorkommend.

ていちょう 低調な flau; matt.

ティッシュ・ペーパー das Papiertaschentuch -[e]s,⸚er.

ていっぱい 手一杯である alle Hände voll zu tun haben*.

ていてつ 蹄鉄 das Hufeisen -s, -. 馬に～をつける ein Pferd beschlagen*.

ていてん 定点 der Festpunkt -[e]s, -e.

ていでん 停電 der Stromausfall -s, -e; die Stromsperre -n. 2日間～した Der Strom fiel zwei Tage lang aus.

ていど 程度 der Grad -es, -e. 教養の～ das Niveau der Bildung. 損害の～ der Umfang des Verlustes. 生活~ der Lebensstandard. ~を越す die Grenzen überschreiten*. ~問題だ Das hängt vom Grade ab. 同じ~に in dem gleichen Maße. あるまで bis zu einem gewissen Grad. ある~の信頼 ein gewisses Maß an (von) Vertrauen.

ていとう 抵当 das Pfand -es, =er. ~権 die Hypothek. ~に入れる verpfänden; als Pfand geben*; eine Hypothek auf|nehmen*《auf 4 格》.

ていとく 提督 der Admiral -s, -e.

ていとん 停頓する stocken; ins Stocken geraten*(s).

ていねい 丁寧な(に) höflich; 〔入念な〕sorgfältig.

でいねい 泥濘 der Schlamm -s. ~の schlammig.

ていねん 丁年 die Volljährigkeit; die Mündigkeit. ~に達する volljährig (mündig) werden*(s).

ていねん 停(定)年 die Altersgrenze -n. ~退職する wegen Erreichung der Altersgrenze in den Ruhestand treten* (s); pensioniert werden*(s受).

ていのう 低能な geistesschwach; schwachsinnig.

ていはく 停(碇)泊・する ankern; vor Anker gehen*(s); vor Anker legen. ~している vor Anker liegen*. ~地 der Ankerplatz.

ていはつ 剃髪する tonsurieren [tɔnzu'riːrən]; die Tonsur machen.

ていひょう 定評・のある anerkannt; altbewährt; alterprobt. 彼は医者として~がある Er ist ein anerkannter Arzt. / Er steht im Ruf eines tüchtigen Arztes.

ていへん 底辺 die Basis ..sen; die Grundlinie -n.

ていぼう 堤防 der Deich -es, -e; der Damm -[e]s, =e. ~を築く einen Deich bauen. ~が決壊した Der Damm ist gebrochen.

ていぼく 低木 der Strauch -[e]s, =er.

ていほん 定本 authentischer Text -es, -e.

ていり 低利 niedriger Zinsfuß -es, =e. ~資金 zum niedrigen Zinsfuß erhältliches Kapital.

ていり 定理 der Lehrsatz -es, =e. ピタゴラスの~ pythagoreischer Lehrsatz.

でいり 出入り das Ein- und Ausgehen -s; 〔収支〕Einnahmen und Ausgaben pl. 彼は彼女の家に~している Er geht bei ihr ein und aus.

ていりつ 低率 niedriger Prozentsatz -es, =e.

ていりゅう 底流 die Unterströmung -en.

ていりゅうじょ 停留所 die Haltestelle -n.

ていりょう 定量 bestimmte Menge. ~の quantitativ. ~分析 quantitative Analyse.

ていれ 手入れ・をする pflegen; 〔修理する〕aus|bessern. 警察の~がある Die Polizei macht eine Razzia. ~のよい gut gepflegt (erhalten).

ていれい 定例・の regelmäßig. ~会議 die Routinesitzung.

ディレッタント der Dilettant -en, -en.

てうす 手薄・な knapp; schwach. 資金が~だ Das Geldmittel ist knapp. ~な守備隊を補強する schwache Besatzung verstärken.

テーゼ die These -n.

データ Daten pl. ~ファイル〔電算〕die Datei.

デート das Date [deɪt] -[s], -s; das Stelldichein -[s], -[s]. ~する ein Date mit jm. haben*.

テープ das Band -es, =er; der Streifen -s, -; 〔ゴールの〕das Zielband -[e]s, =er. ~を切る 〔走者が〕als Erster das Band berühren. 録音~ das Tonband. ~レコーダー das Tonbandgerät. ~カットをする das Band zerschneiden*.

テーブル der Tisch -es, -e; die Tafel -n. ~掛け das Tischtuch; die Tischdecke. ~スピーチ die Tischrede. ~マナー Tischmanieren pl.

テーマ das Thema -s, ..men (-ta); 〔芸術作品の〕das Sujet -s, -s. ~ソング der Titelsong.

ておくれ 手遅れである zu spät sein*.

ておけ 手桶 der Eimer -s, -.

ておし 手押し・車 der Schubkarren; der Handwagen. ~ポンプ die Handpumpe.

ておち 手落ち das Versehen -s, -; der Fehler -s, -. 当方の~で durch ein Versehen unsererseits. ~なく ohne Versehen; 〔注意深く〕mit Sorgfalt.

ており 手織りの handgewebt.

てがかり 手掛かり der Anhalt -s; der Anhaltspunkt -[e]s, -e. ~をつかむ Anhaltspunkte gewinnen*《für 4 格》; 〔捜査の〕jm. auf die Spur kommen*(s).

てがき 手書きの handgeschrieben.

てがける 手掛ける 〔自(selbst) behandeln; sich befassen《mit 3 格》; 〔世話する〕pflegen. 彼は美術品の売買を手掛けたことがある Er hat sich im Kunsthandel umgetan.

でかける 出掛ける [aus]|gehen*(s); 〔出発する〕ab|reisen (s). 散歩に~ spazieren gehen*(s). 旅行に~ sich auf eine Reise begeben*.

てかげん 手加減・をする jm. nachsichtig behandeln; mit jm. Nachsicht üben. もう少し~してやれよ Du sollst mildere Saiten aufziehen.

てかせ 手枷 Handfesseln pl.

でかせぎ 出稼ぎ・に行く sein Brot auswärts verdienen. 東京へ~に行く nach Tokyo fahren*(s), um dort zu arbeiten.

てがた 手形 der Wechsel -s, -. ~を振り出す einen Wechsel aus|stellen. ~を割り引く《落とす》einen Wechsel diskontieren (decken). ~受取人 der Wechselnehmer. 約束~ der Eigenwechsel.

でかた 出方 ¶彼の~次第でこちらの態度を決めよう Wir entscheiden uns, je nachdem wie er sich verhält.

てがたい 手堅い solid[e].

デカダンス die Dekadenz. ~的 dekadent.
てがみ 手紙 der Brief -es, -e; das Schreiben -s, -. ~を書く jm. (an jn.) [einen Brief] schreiben*.
てがら 手柄 das Verdienst -[e]s, -e. ~を立てる sich³ Verdienste erwerben* (um 4格).
てがる 手軽な(に) leicht; einfach.
てき 滴 der Tropfen -s, -. 酒は一~も飲まない Er trinkt keinen Tropfen [Alkohol].
てき 敵 der Feind -es, -e;〔相手〕der Gegner -s, -. ~の feindlich. ~も味方も Freund und Feind. ~に回す sich³ jn. zum Feind machen. 或る人の~ではない es mit jm. nicht aufnehmen können*.
でき 出来〔収穫〕die Ernte -n;〔成績〕die Leistung -en;〔品質〕die Qualität -en. ~のよい wohlgeraten. ~の悪い missraten.
できあい 溺愛する jn. abgöttisch lieben; sich in jn. vernarren.
できあい 出来合いの fertig.
できあがる 出来上がる fertig werden*(s); vollendet (ausgeführt) werden* (s受). 靴が出来上がった Die Schuhe sind fertig.
てきい 敵意 die Feindlichkeit; die Gegnerschaft; feindliche Gesinnung -en. ~をいだく jm. feindlich (feindselig) gesinnt sein*; jm. feind sein*.
てきおう 適応 die Anpassung. ~する sich an|passen《3格》. ~した geeignet《für 4格》; entsprechend《3格》. ~性 die Anpassungsfähigkeit. ~性のある anpassungsfähig.
てきがいしん 敵愾心 ~敵意.
てきかく 的確な genau; richtig; treffend.
てきかく 適格・の befähigt; berechtigt;〔適当の〕geeignet; passend. ~者 der Berechtigte#; geeigneter Mann.
てきぎ 適宜・の geeignet; passend. ~に nach Belieben; nach Gutdünken.
てきぐん 敵軍 feindliches Heer -[e]s, -e; feindliche Truppe -n; Feindmächte pl.; der Feind -es.
てきごう 適合・する sich an|passen《3格》. ~させる et. an|passen《3格》. 時代に~した zeitgemäß. 彼の言は事実に~しない Seine Aussage entspricht nicht den Tatsachen. ~あてはまる.
できごころ 出来心で impulsiv.
できごと 出来事 das Geschehen -s; das Ereignis (Geschehnis) -ses, -se;〔突発的〕der Vorfall -s, "e.
てきざい 適材・である der gegebene (geeignete) Mann《für 4格》sein*; der rechte Mann《zu 3格》sein*. 彼は~適所だ Er ist der rechte Mann am rechten Ort.
てきし 敵視する jn. an|feinden; jm. feindlich gesinnt sein*.
てきじ 適時に rechtzeitig.
できし 溺死する ertrinken*(s). ~者 der Ertrunkene#.
てきしゅつ 摘出する heraus|ziehen*; heraus|nehmen*;〔医〕extrahieren; exstirpieren.

てきじょう 敵情 feindliche Lage -n. ~を偵察する feindliche Lage aus|kundschaften.
てきじん 敵陣〔陣営〕feindliches Lager -s, -;〔陣地〕feindliche Stellung -en.
テキスト der Text -es, -e;〔教材〕das Lesestück -s, -e.
てきする 適する geeignet sein*《für 4格; zu 3格》; sich eignen《für 4格; zu 3格》; passen《zu 3格; für 4格》.
てきせい 適正・な gerecht; angemessen; richtig; vernünftig. ~価格 der Richtpreis.
てきせい 適性 die Eignung. ~検査 die Eignungsprüfung.
てきせい 敵性国家 feindlicher Staat -es, -en.
てきせつ 適切な treffend; passend; angemessen.
できそこない 出来損い・の missraten. ~の子 missratenes Kind.
てきたい 敵対・する jm. Widerstand leisten; sich jm. widersetzen. ~行為 Feindseligkeiten pl.
できだか 出来高〔収穫高〕der Ertrag -[e]s, "e;〔生産高〕die Produktion -en;〔取引高〕der Umsatz -es, "e.
できたて 出来立て・の frisch; ganz neu. ~のパン frischbackenes Brot.
てきだんとう 擲弾筒 der Granatwerfer -s, -.
てきち 敵地 feindliches Land -es.
てきちゅう 的中・する〔弾が〕et. (jn.) treffen*. 予想が~した Meine Vermutungen sind eingetroffen.
てきど 適度・の(に) mäßig. ~に飲食する Er ist mäßig im Essen und Trinken.
てきとう 適当・な passend; geeignet《für 4格》; entsprechend《3格》;〔適度の〕mäßig. 輸出に~な商品 für den Export geeignete Waren pl. ~な時期に zu passender (gelegener) Zeit. ~な返事をしておく eine unverbindliche Antwort geben*.
てきにん 適任・の geeignet; passend. 彼はこの仕事に~だ Er ist für diese Arbeit geeignet. ~者 geeignete Person.
できばえ 出来映え ¶仕事の~がよい Die Arbeit ist gut geleistet (ausgeführt). 演説はみごとな~だった Er hat eine schöne Rede gehalten.
てきぱき ~と〔さっさと〕schnell; flink;〔手際よく〕geschickt;〔効率よく〕effizient. ~仕事をする flott arbeiten. ~答える klipp und klar antworten.
てきはつ 摘発する auf|decken; enthüllen.
てきびしい 手厳しい scharf; streng;〔容赦ない〕schonungslos.
てきほう 適法の gesetzmäßig; rechtmäßig.
てきめん 覿面に〔即刻〕augenblicklich; schnell. この薬は~に効く Das Heilmittel wirkt augenblicklich (sofort).
できもの 出来物 die Geschwulst "e. 悪性の~が出来た Ich habe eine bösartige Geschwulst.
てきよう 適用 die Anwendung -en. ~する

et. an|wenden[*] 《auf 4 格》.　これはあなたの場合に～できる Dies ist in Ihrem Fall anwendbar.

てきよう 摘要 die Zusammenfassung *-en*; das Resümee *-s*, *-s*.

できる 出来る können[*]; vermögen《zu+不定詞》; imstande sein[*]《zu+不定詞》.　～だけ so viel wie (als) möglich; 出来れば wenn möglich; wenn man nur kann.　新しく出来た家 neu gebautes Haus.　それは木で出来ている Es ist aus Holz [gemacht].　出来た事は仕方がない Geschehen ist geschehen.　彼女は子供が出来た Sie hat ein Kind bekommen.　小麦がよく出来た Die Weizenernte ist gut ausgefallen.　よく～生徒 ein tüchtiger (fähiger) Schüler.　彼は何でもよく～ Er ist zu allem fähig.　食事の用意が出来た Das Essen ist fertig.

てきれいき 適齢期〔結婚の〕das Heiratsalter *-s*.　～の heiratsfähig.

てぎれきん 手切れ金 das Abfindungsgeld *-[e]s*, *-er*.

てぎわ 手際・のよい geschickt; gewandt; kunstvoll.　～の悪い ungeschickt; unbeholfen.

てきん 手金 die Anzahlung *-en*.

てくせ 手癖が悪い langfingerig (diebisch) sein[*].

てくだ 手管 der Kniff *-s*, *-e*; die List *-en*.　～を弄(ろう)する Kniffe (eine List) an|wenden[*].

てぐち 手口 der Kniff *-s*, *-e*; der Trick *-s*, *-s*.

でぐち 出口 der Ausgang *-s*, ̈*-e*.

テクニカラー das Technicolor [tεçniko'lo:r] *-s*.

テクニカル・ノックアウト technischer K. o. *-[s]*, *-[s]*.

テクニック die Technik *-en*.

でくのぼう 木偶の坊 der Taugenichts *-[es]*, *-e*.

テクノロジー die Technologie.

てくび 手首 das Handgelenk *-s*, *-e*.

てぐるま 手車 der Handwagen *-s*, *-*.

でくわす 出くわす stoßen[*](*s*)《auf 4 格》.

てこ 梃子 der Hebel *-s*, *-*.　～でも動かない Er ist mit nichts (auch nicht mit einem Hebel nicht) zu bewegen.　～入れする *et.* verstärken (an|kurbeln).

てごころ 手心を加える *et.* nachsichtig behandeln; Nachsicht haben[*] (üben)《mit 3 格》.

てこずる 手こずる《mit 3 格》てこずらせる *jm.* Schwierigkeiten machen (bereiten).

てごたえ 手応え ¶忠告しても～がない Meine Ermahnung hat keine Wirkung (keinen Erfolg).　～のある生徒たち aufgeschlossene Schüler *pl*.

でこぼこ 凸凹 die Unebenheit *-en*;〔不平等〕die Ungleichheit *-en*.　～の uneben; ungleich.　～道 holpriger Weg.

てごめ 手込めにする vergewaltigen.

デコレーション die Dekoration *-en*; die Ausschmückung *-en*.　～ケーキ die Torte.

てごろ 手頃・の〔持ちやすい〕handlich;〔適した〕geeignet《für 4 格》.　～の値段 mäßiger Preis.

てごわい 手強い stark;〔鋭い〕scharf;〔頑強な〕hartnäckig.　～抵抗 scharfer Widerstand.

デザート der Nachtisch *-es*; das Dessert *-s*, *-s*.

てざいく 手細工 die Handarbeit *-en*.　～の handgearbeitet.

デザイナー der Designer (Entwerfer) *-s*, *-*; der Musterzeichner *-s*, *-*. 服飾～ der Modedesigner.

デザイン das Design *-s*, *-s*; das Muster *-s*, *-*.　～する entwerfen[*].

てさき 手先 der Finger *-s*, *-*;〔手下〕Handlanger *-s*, *-*.　～の器用な fingerfertig.

でさき 出先・は分らない Ich weiß nicht, wohin er gegangen ist.　～て unterwegs.　～機関 die Zweigstelle.

てさぐり 手探りする tasten (tappen)《nach 3 格》.

てさげ 手提げ die Handtasche *-n*.　～金庫 die Geldkassette.

てざわり 手ざわりが柔らかい sich weich an|fühlen.

でし 弟子 der Schüler *-s*, *-*;〔徒弟〕der Lehrling *-s*, *-e*.　～入りする bei *jm.* in die Schule (Lehre) gehen[*](*s*).

てした 手下 der Handlanger *-s*, *-*.　～を連れて mit seinen Leuten.

デジタル digital.　～カメラ die Digitalkamera.　～時計 die Digitaluhr.

てじな 手品 die Zauberkunst; die Taschenspielerei *-en*; die Magie.　～を使う Zauberkunststücke machen; zaubern.　～師 der Zauberkünstler; der Taschenspieler; der Magier.

デシベル das Dezibel *-s*, *-* (記号: dB).

でしゃばる sich vor|drängen; mit|mischen; sich ein|mischen《in 4 格》. でしゃばりの vorwitzig; naseweis.

てじゅん 手順 die Ordnung *-en*; der Plan *-es*, ̈*-e*; das Programm *-s*, *-e*; die Prozedur *-en*.　～通りに ordnungsgemäß; programmmäßig.　～を決める ein Programm auf|stellen.

てじょう 手錠 die Handfessel *-n*.　～を掛ける *jm.* Handfesseln an|legen.

てしょく 手燭 der Handleuchter *-s*, *-*.

てすう 手数 die Mühe *-n*.　～を掛ける *jm.* Mühe machen.　～を省く *jm.* die Mühe ersparen.　～の掛かる mühevoll; mühsam.　～のいらない mühelos.　お～をお掛けしてすみませんが… Es tut mir Leid, Sie zu bemühen, aber …

てすうりょう 手数料 die Gebühr *-en*; die Provision *-en*.

てすきがみ 手漉き紙 das Büttenpapier *-s*.

です ぎる 出過ぎる zu weit hervor|stehen[*];〔でしゃばる〕vorwitzig (naseweis) sein[*].

テスト der Test *-[e]s*, *-s* (*-e*); die Probe *-n*;

die Prüfung -en. ～する prüfen; erproben; testen. ～パイロット der Einflieger; der Testpilot. ～ケース der Testfall. → 試験.

デスマスク die Totenmaske -n.

てすり 手摺り das Geländer -s, -.

てずり 手刷り der Handdruck -[e]s, -e. ～の mit der Hand gedruckt.

てせい 手製・の handgearbeitet;〔自分で作った〕selbst gemacht. ～のパン hausbackenes (selbst gebackenes) Brot.

てそう 手相 Handlinien pl. ～を見る aus der Hand lesen* (wahr|sagen).

てだし 手出し・する seine Hände stecken《in 4格》. 人の事に～するな Mische dich nicht in fremde Angelegenheiten ein!

てだて 手立て das Mittel -s, -; der Rat -[e]s. ～を講ずる Rat schaffen*. → 手段.

でたとこしょうぶ 出たとこ勝負 aufs Geratewohl; auf gut Glück.

てだま 手玉に取る jn. um den Finger wickeln; jn. an der Nase herum|führen.

でたらめ の Unsinn -[e]s. それは全く～だ Das ist lauter Unsinn. ～に aufs Geratewohl; blindlings; willkürlich. ～を言う Blech reden. ～な奴 unzuverlässiger Kerl.

デタント ～政策 die Entspannungspolitik.

てぢか 手近・な nahe; nahe liegend. ～にある in der Nähe sein*. ～に持つ bei der Hand haben*.

てちがい 手違い das Versehen -s, -; der Fehler -s, -. こちらの～で infolge des Versehens unsererseits. ～を生ずる schief gehen*(s).

てちょう 手帳 das Notizbuch (Taschenbuch) -[e]s, ¨er.

てつ 鉄 das Eisen -s. ～の eisern. ～の意志 eiserner (stählerner) Wille. ～のカーテン der Eiserne Vorhang. ～の肺 eiserne Lunge.

てっかい 撤回・する widerrufen*; zurück|ziehen*. 前言を～する seine Worte widerrufen*.

てつがく 哲学 die Philosophie -n. ～的 philosophisch. ～者 der Philosoph.

てつかぶと 鉄兜 der Stahlhelm -s, -e.

てづかみ 手摑みにする mit den Händen fassen. ～で食べる aus der Faust essen*.

てっかん 鉄管 das Eisenrohr -[e]s, -e.

てっき 鉄器 Eisenwaren pl.; das Eisenzeug -s. ～時代 die Eisenzeit.

てっき 敵機 feindliches Flugzeug -s, -e.

てつき 手付き ¶器用な(危い)～で mit geschickter (unsicherer) Hand.

デッキ das Deck -s, -s;〔鉄〕die Plattform -en.

てっきょ 撤去する weg|räumen;〔軍隊を〕zurück|ziehen*.

てっきょう 鉄橋 eiserne Brücke -n;〔鉄〕die Eisenbahnbrücke -n.

てっきり sicher; bestimmt; ohne Zweifel.

てっきんコンクリート 鉄筋コンクリート der Stahlbeton (Eisenbeton) -s, -s. ～の建築 der Stahlbetonbau.

てつくず 鉄屑 das Alteisen -s; der Schrott -s.

てづくり 手作りの handgearbeitet;〔自家製の〕hausgemacht.

てつけ 手付けとして 1000円払う als Handgeld (Angeld) 1000 Yen zahlen; 1000 Yen an|zahlen.

てっけん 鉄拳 [eiserne] Faust ¨e. ～を見舞う jm. einen Faustschlag versetzen. 制裁を加える jn. mit Faustschlägen strafen.

てっこう 鉄鉱 das Eisenerz -es, -e.

てっこう 鉄鋼 Eisen und Stahl. ～製品 Stahlwaren pl. ～業 die Eisenindustrie (Stahlindustrie).

てっこうじょ 鉄工所 die Eisenschmiede -n.

てっこつ 鉄骨 das Eisengerippe -s, -.

てつざい 鉄材 der Stahl -[e]s; das Eisen -s, -.

てつざい 鉄剤 das Eisenpräparat -s, -e.

てっさく 鉄柵 eiserner Zaun -[e]s, ¨e.

てっさく 鉄索 das Drahtseil -[e]s, -e.

デッサン das Dessin -s, -s; die Zeichnung -en.

てっしゅう 撤収する〔軍隊が〕sich zurück|ziehen*.

てつじょうもう 鉄条網 der (das) [Stachel]drahtverhau -s, -e. ～を張る den Stacheldrahtverhau ziehen*.

てつじん 哲人 der Philosoph -en, -en; der Weise⁂.

てつじん 鉄人である Er ist wie von (aus) Eisen. / Er hat eine eiserne Gesundheit.

てっする 徹する ¶骨身に～ durch Mark und Bein gehen*(s). 学問に～ sich vollständig (mit Leib und Seele) der Wissenschaft widmen. 夜を徹して die ganze Nacht hindurch.

てっせい 鉄製・の eisern. ～である aus Eisen [gemacht] sein*.

てっせん 鉄線 der Eisendraht -[e]s, ¨e. 有刺～ der Stacheldraht.

てっそく 鉄則 eisernes Gesetz -es, -e.

てったい 撤退 der Rückzug -[e]s, ¨e. ～する sich zurück|ziehen*.

てつだい 手伝い die Hilfe -n;〔人〕der Helfer -s, -; der Gehilfe -n, -n. お～さん die Hausgehilfin; das Hausmädchen.

てつだう 手伝う jm. helfen*; jm. Hilfe leisten.

でっち 丁稚 der Lehrling -s, -e; der Ladenschwengel -s, -. ～奉公する als Lehrling dienen.

でっちあげ〔虚構〕die Erfindung -en. ～る erfinden*;〔雑に作る〕sich³ et. zurecht|zimmern; zusammen|hauen*.

てっつい 鉄槌を下す eine schwere Strafe verhängen《über 4格》.

てつづき 手続 das Verfahren -s, -; die Prozedur -en; Schritte pl. ～を踏む prozedieren. 訴訟～を取る ein Verfahren gegen jn. ein|leiten.

てってい 徹底・的な(に) gründlich; durchgreifend; vollständig; konsequent. ～した共和論者 entschiedener Republikaner. ～させる *jm. et.* deutlich (klar) machen; [命令を] allgemein bekannt machen.

てつどう 鉄道 die Eisenbahn *-en*. ～を敷く die Eisenbahn an|legen. ～案内所 das Eisenbahnauskunftsbüro. ～の路線 die Eisenbahnlinie. ～事故 das Eisenbahnunglück. ～従業員 der Eisenbahnbeamte*ᵍ*. ～便で出す mit der Eisenbahn senden*(*)*. ～網 das Eisenbahnnetz.

てっとうてつび 徹頭徹尾 von Anfang bis zu Ende; [全く] durch und durch; ganz und gar.

てっとりばやく 手っ取り早く・片づける auf dem kürzesten Wege erledigen. ～言えば um es kurz zu sagen. 直接彼に聞いた方が手っ取り早い Es ist zweckmäßiger, ihn persönlich zu fragen.

デッドロック ～に乗り上げる ins Stocken geraten*(s)*; fest|fahren*(s)*.

でっぱ 出っ歯である vorstehende Zähne haben*.

てっぱい 撤廃する ab|schaffen; auf|heben*.

でっぱり 出っ張り der Vorsprung *-s, ⸚e*.

でっぱる 出っ張る [her]vor|springen*(s)*; [her]vor|stehen*. 出っ張った vorspringend; vorstehend.

てっぱん 鉄板 die Eisenplatte *-n*; das Eisenblech *-s, -e*.

てつびん 鉄瓶 eiserner Wasserkessel *-s, -*.

てつぶん 鉄分 der Eisengehalt *-s, -e*. ～のある eisenhaltig.

てっぷん 鉄粉 das Eisenpulver *-s, -*.

てっぺい 撤兵する die Truppen zurück|ziehen*.

てっぺき 鉄壁の unüberwindlich.

てっぺん 天辺 der Gipfel *-s, -*; die Spitze *-n*. 頭の～から足の先まで vom Scheitel bis zur Sohle.

てつぼう 鉄棒 der Eisenstab *-[e]s, ⸚e*; [体操の] das Reck *-[e]s, -e (-s)*.

てっぽう 鉄砲 das Gewehr *-s, -e*; die Büchse *-n*; die Flinte *-n*. ～を撃つ das Gewehr ab|feuern (ab|schießen*). ～玉 die [Gewehr]kugel.

てづまり 手詰まり das Patt *-s, -s*. ～である patt sein*.

てつめんぴ 鉄面皮な unverschämt; frech.

てつや 徹夜・する die ganze Nacht durch|wachen; die Nacht zum Tage machen. ～で勉強する die Nacht durcharbeiten. ～で看病する die ganze Nacht bei dem Patienten auf|bleiben*(s)*.

てづる 手蔓 die Konnexion *-en*; die Verbindung *-en*.

てどり 手取り [実収入] das Reineinkommen *-s, -*; die Reineinnahme *-n*; [純益] der Nettoertrag *-s, ⸚e*; der Reingewinn *-s, -e*. ～にする mit der bloßen Hand fangen*.

テナー der Tenor *-s, ⸚e*; [歌手] der Tenorist *-en, -en*.

でなおす 出直す wieder kommen*(s)*. 始めから～ wieder von vorne an|fangen*.

てなずける 手懐ける [動物を] zähmen; [人を] für sich gewinnen*; auf seine Seite bringen*.

てなみ 手並み die Geschicklichkeit; die Fertigkeit *-en*; die Fähigkeit *-en*.

テニス das Tennis *-*. ～をする Tennis spielen. ～コート der Tennisplatz.

てにもつ 手荷物 das [Hand]gepäck *-s*. ～を預ける das Gepäck auf|geben*. ～預かり所 die Gepäckaufbewahrung. ～取扱所 die Gepäckabfertigung. ～引渡所 die Gepäckausgabe.

てぬい 手縫いの handgenäht.

てぬかり 手抜かり das Versehen *-s, -*; der Fehler *-s, -*. ～をする einen Fehler begehen*. ～手落ち.

てぬき 手抜き仕事をする sich³ die Arbeit einfach machen.

てぬぐい 手拭 das Handtuch *-[e]s, ⸚er*.

てぬるい 手緩い zu mild (nachsichtig); [緩慢な] langsam; träge.

てのうち 手の内・を見せる [腕前を] seine Fähigkeit zeigen; [意向を] seine Karten auf|decken. ～を見せない sich³ nicht in die Karten sehen lassen*. ～にある in (unter) *js.* Gewalt stehen*.

てのこう 手の甲 der Handrücken *-s, -*.

てのひら 掌 der Handteller *-s, -*; die Handfläche *-n*.

デノミネーション die Denomination *-en*.

では nun; also. 日本～ in Japan. 家～ zu Haus[e]. 我我の所～ bei uns. 私の考え(時計)～ nach meiner Meinung (Uhr). 私の知る限り～ Soviel ich weiß, …

デパート das Kaufhaus (Warenhaus) *-es, ⸚er*.

てはい 手配・する [準備する] Vorbereitungen treffen* 《für 4格》; sorgen 《für 4格》. 犯人を～する Maßregeln zum Arrest des Verbrechers ergreifen*. 彼は警察の～を受けている Er wird polizeilich gesucht.

ではいり 出はいり das Ein- und Ausgehen *-s*. ～する ein und aus gehen*(s)*. 或る人の所に(この家に)～している bei *jm.* (in diesem Haus) verkehren.

てばこ 手箱 die Schatulle *-n*; das Kästchen *-s, -*.

てはじめ 手始めに zuerst; als Erstes; zunächst.

てはず 手筈 [準備] die Vorbereitung *-en*; [計画] der Plan *-es, ⸚e*; das Programm *-s, -e*. ～を整える Vorbereitungen treffen* 《für 4格》. 祝宴の～を整える ein Fest aus|gestalten. …するように～を整える es so ein|richten, dass …

てばた 手旗 die Winkerflagge *-n*. ～信号 das Flaggensignal.

ではな 出端を挫(ᵗ)く *jm.* zuerst einen

てばなし 手放し・で自転車に乗る freihändig [Rad] fahren*(s). ～でほめる rückhaltlos (uneingeschränkt) loben. ～で喜ぶ sich aufrichtig freuen.

てばなす 手放す sich trennen 《von 3 格》. 娘を～ seine Tochter verheiraten. 会社は彼を手放さない Seine Firma gibt ihn nicht frei.

てばやく 手早く schnell; flink; mit flinken Fingern (Händen).

ではらう 出払う ¶皆出払っている Sie sind alle ausgegangen. この品は出払いました Dieser Artikel ist ausverkauft.

てびき 手引き [指導] die Führung -en; [紹介] die Empfehlung -en; [入門書] der Leitfaden -s, ‥; die Einführung -en. ～をする führen; jm. ein|führen 《in 4 格》.

デビス・カップ der Davis-Pokal -s.

ひどい 手酷い streng; hart; scharf; unbarmherzig.

デビュー das Debüt -s, -s. ～する sein Debüt geben*; debütieren.

てびょうし 手拍子を取る mit den Händen den Takt schlagen*.

てびろく 手広く商売をする den Handel im großen Stil betreiben*.

でぶ der Dicke#; das Dickerchen -s, -. ～のdick.

てふうきん 手風琴 das Akkordeon -s, -s; die Ziehharmonika -s (..ken).

デフォルメ die Deformation -en.

てぶくろ 手袋 der Handschuh -s, -e. ～をはめる(脱ぐ) die Handschuhe an|ziehen* (aus|ziehen*).

てぶそく 手不足 der Mangel an Arbeitskräften.

てぶら 手ぶらで mit leeren Händen.

てぶり 手振り die Geste -n; die Handbewegung -en. 身振り～で話す mit Händen und Füßen reden.

デフレーション die Deflation -en. ～政策 die Deflationspolitik.

てほどき 手ほどき・をする jn. ein|führen 《in 4 格》. ～を受ける eingeführt werden* (s有) 《in 4 格》.

てほん 手本 [習字の] die Vorlage -n; [模範] das Muster -s, -; das Vorbild -es, -er. ～にする sich³ ein Muster nehmen* 《an 3 格》.

てま 手間・が掛かる jm. viel Zeit und Mühe kosten. ～を掛ける sich³ Mühe geben*. ～を省く sich³ die Mühe [er]sparen. ～[賃] der [Arbeits]lohn.

デマ die Demagogie -n; [falsches] Gerücht -[e]s, -e. ～を飛ばす [falsche] Gerüchte verbreiten.

てまえ 手前 ¶川の～に diesseits des Flusses. 世間の～を考えて um den Schein zu bewahren. ～勝手な selbstsüchtig; egoistisch. ～味噌を言う sein Eigenlob singen*.

でまかせ 出任せ・を言う dahin|reden. 口から～の返答 leicht dahingesagte Antwort.

でまど 出窓 das Erkerfenster -s, -.

てまどる 手間取る viel Zeit in Anspruch nehmen*; jn. viel Zeit kosten.

てまね 手真似 die Geste -n; die Gebärde -n; die Handbewegung -en. ～をする Gesten (Gebärden) machen.

てまねき 手招きする jn. zu sich³ winken; jn. heran|winken.

てまわし 手回し・をする Vorbereitungen treffen* 《für 4 格》. ～よく冬の仕度をする sich rechtzeitig im Voraus für den Winter vor|bereiten.

てまわりひん 手回り品 seine [Sieben]sachen pl.

でまわる 出回る auf dem (am) Markt sein*.

てみじか 手短・に kurz [und bündig]. ～に言えば um es kurz zu sagen.

でみせ 出店 das Zweiggeschäft -s, -e; die Filiale -n; [露店] die Bude -n.

てむかう 手向かう sich jm. widersetzen; jm. Widerstand leisten.

でむかえる 出迎える jm. entgegen|kommen* (s). 駅に～ jn. am (vom) Bahnhof ab|holen. 彼は空港で大統領の出迎えを受けた Er wurde auf dem Flugplatz vom Präsidenten empfangen.

でめきん 出目金 der Teleskopfisch -es, -e.

でも [しかし] aber; doch; [さえ] selbst; sogar; auch; [例えば] etwa. 子供～知っている Selbst (Sogar) ein Kind weiß es. こんな風に～ etwa auf diese Weise. 誰～ jeder[mann]. いつ～ immer; zu jeder Zeit; jederzeit. どこ～ überall.

デモ die Demonstration -en; die Kundgebung -en. ～をする demonstrieren. ～行進 der Demonstrationszug.

デモクラシー die Demokratie.

てもち 手持ち [品物の] der Vorrat -s, ̈-e; [金の] vorhandenes Geld -es. ～がある et. vorrätig (in Vorrat) haben*; [金の] Geld bei sich³ haben*.

てもちぶさた 手持ち無沙汰である Däumchen drehen.

てもと 手元・にある zur Hand sein*; et. bei der Hand (zur Hand; bei sich³) haben*. ～が不如意である mit Geld knapp sein*; in Verlegenheit sein*.

デュエット das Duett -s, -e.

てら 寺 [buddhistischer] Tempel -s, -. ～に参る einen Tempel besuchen. ～男 der Küster.

てらい 衒い die Affektiertheit. 彼には少しも～がない Er ist ganz unaffektiert.

てらう 衒う ¶[知識(奇)を]～ sein Wissen (seine Originalität) zur Schau stellen.

てらしあわせる 照らし合わせる et. vergleichen* 《mit 3 格》.

てらす 照らす scheinen* 《auf 4 格》; beleuchten; [照合する] et. vergleichen* 《mit 3 格》. …に照らして im Vergleich 《mit 3 格》; gemäß

(3格).
テラス die Terrasse *-n*.
デラックス ～な luxuriös. ～カー das Luxusauto; der Luxuswagen.
てりかえし 照り返し der Widerschein *-s*; die Zurückstrahlung *-en*.
てりかえす 照り返す zurück|strahlen; reflektieren.
デリケート ～な〔繊細な〕fein; zart;〔微妙な〕delikat; heikel.
てりつける 照り付ける brennen*; stark scheinen*.
テリヤ〔犬〕der Terrier *-s, -*.
てりゅうだん 手榴弾 die Handgranate *-n*.
てりょうり 手料理 selbst gemachte Speise. 母の～ von der Mutter zubereitete Speise.
デリンジャー ～現象 der Dellinger-Effekt ['dɛlɪŋər...] *-[e]s*.
てる 照る scheinen*. 照っても降っても ob Regen, ob Sonnenschein.
でる 出る〔外出する〕aus|gehen*(*s*). 部屋から～ aus dem Zimmer hinaus|gehen*(*s*). 散歩に～ spazieren gehen*(*s*). 会合に～ einer Versammlung bei|wohnen. 競技に～ an einem Wettkampf teil|nehmen*. 商売に～ ins Geschäft (Büro) gehen* (*s*). 舞台に～ auf der Bühne auf|treten*(*s*). 学校を～ die Schule verlassen*; 途中で学校を ab|gehen* (*s*). 故郷を～ die Heimat verlassen*. 風が～ Der Wind erhebt sich. 錆が～ Eisen kommt vor. 涙が～ Ihm treten die Tränen in die Augen. 火が～ Das Feuer bricht aus. 船が～ Das Schiff fährt ab. その本は出たばかり Das Buch ist soeben erschienen. この道を行くと駅に～ Diese Straße führt zum Bahnhof. デザートにアイスクリームが出た Als Nachtisch gab es Eiscreme.
デルタ das Delta *-[s], -s*.
てれかくし 照れ隠しに um seine Verschämtheit zu verbergen.
てれくさい 照れ臭い peinlich sein*. 照れ臭そうに verschämt.
テレタイプ der Fernschreiber *-s, -*.
テレックス das Telex *-, -[e]*. ～で送信する telexen.
テレパシー die Telepathie. ～がある telepathische Fähigkeiten haben*.
テレビ das Fernsehen *-s*;〔受像器〕der Fernseher *-s, -*; der Fernsehapparat *-s, -e*. ～放送 die Fernsehsendung. ～塔 der Fernsehturm. ～のアンテナ die Fernsehantenne. ～を見る fern|sehen*. ～局で働く beim Fernsehen arbeiten. ～で見る *et.* im Fernsehen sehen*. ～をつける(消す) das Fernsehen ein|schalten (aus|schalten).
テレビン ～油 das Terpentinöl *-s, -e*.
てれる 照れる sich schämen (über 4 格).
テロ der Terror *-s*; der Terrorismus *-*.
テロリスト der Terrorist *-en, -en*.
てわけ 手分け ¶部下を～する seine Leute verteilen. 彼と～として仕事をする Ich teile mich mit ihm in die Arbeit. 彼等は迷子になった子供を～して探した Sie suchten das Kind, das sich verirrt hatte, jeder an seinem zugewiesenen Platz.
てわたす 手渡す *jm. et.* ein|händigen (aus|händigen); überreichen*.
てん 天 der Himmel *-s*;〔雅〕das Firmament *-[e]s*; das Himmelsgewölbe *-s*. ～を仰ぐ zum (gen) Himmel [auf]blicken. ～の himmlisch.
てん 点 der Punkt *-es, -e*;〔学校の成績評価〕die Zensur *-en*; die Note *-n*. 70～取る 70 Punkte erreichen. ドイツ語で良い～を取る eine gute Zensur (Note) in Deutsch bekommen*. この～では in diesem Punkt; in dieser Beziehung (Hinsicht).
てん 貂 der Marder *-s, -*.
でん 伝 die Biografie *-n*. ゲーテ～ Goethes Leben. いつもの～で in gewohnter Weise.
でんあつ 電圧 elektrische Spannung *-en*. ～計 das Voltmeter.
てんい 天意 Gottes Wille *-ns*; [göttliche] Vorsehung.
てんい 転移〔癌の〕die Metastase *-n*. ～する Metastasen bilden《in 3 格》; metastasieren.
でんい 電位 das Potenzial *-s, -e*. ～計 das Elektrometer. ～差 die Potenzialdifferenz.
てんいむほう 天衣無縫の natürlich (ungekünstelt) und fehlerlos.
てんいん 店員 der [kaufmännische] Angestellte*;〔売り子〕der Verkäufer *-s, -*. 女～ die Verkäuferin.
でんえん 田園・の ländlich;〔牧歌的〕idyllisch. ～都市 die Gartenstadt. ～生活 das Landleben.
てんか 天下〔全国〕das ganze Land (Reich) *-es*;〔世間〕die Welt. ～を取る das ganze Land unter seine Herrschaft bringen*;〔権力の座につく〕an die Macht kommen*(*s*). ～晴れて夫婦となる mit dem Segen der Öffentlichkeit heiraten. ～分け目の戦い entscheidender Kampf (Krieg).
てんか 点火・する *et.* an|zünden; *et.* entzünden. ～器 der Anzünder.
てんか 添加・する bei|geben*; zu|setzen. ～物 der Zusatz.
てんか 転化する sich verwandeln《in 4 格》; über|gehen*(*s*)《in 4 格》.
てんか 転嫁する ¶責任を～する die Schuld (Verantwortung) auf *jn.* ab|wälzen.
てんが 典雅な vornehm; elegant; fein.
でんか 殿下〔3 人称〕〔王国の〕Seine Königliche Hoheit *-en*;〔帝国の〕Seine Kaiserliche Hoheit *-en*;〔2 人称〕Eure (Ew.) [Königliche (Kaiserliche)] Hoheit *-en*.
でんか 電化 die Elektrifizierung *-en*. ～する elektrifizieren.
てんかい 展開する sich entwickeln; sich entfalten;《他動詞》entwickeln; entfalten.
てんかい 転回・する〔回転する〕sich [um|]drehen. 方向を～する sich wenden*.

てんがい 天涯・の孤児である ganz verwaist sein*. ～孤独の身である allein auf der Welt sein*.

でんかい 電解 die Elektrolyse -n. ～する elektrolysieren. ～質 der Elektrolyt.

てんかいっぴん 天下一品・の unvergleichlich; ohnegleichen. ～の業績 eine Leistung ohnegleichen. ～である nicht seinesgleichen haben*. 君のケーキは～だ Dein Kuchen ist der allerbeste.

てんかん 転換 die Wende -n. 方向～する(させる) um|wenden(*). 180度の～ die Kehrtwendung. 政策を～する die Politik ändern. 気分に～ zur Abwechs[e]lung. ～期 der Wendepunkt.

てんかん 癲癇 die Epilepsie -n; die Fallsucht. ～の発作 epileptischer Anfall.

てんがん 点眼する Tropfen ins Auge ein|träufeln.

てんき 天気 das Wetter -s. ～がよい(悪い) Es ist (Wir haben) schönes (schlechtes) Wetter. ～概況 allgemeine Wetterlage. ～図 die Wetterkarte. ～予報 die Wettervorhersage; [報道] der Wetterbericht.

▼ **てんきず 天気図**

- ○ 快晴 wolkenlos
- ◐ 晴 heiter
- ◑ 曇 wolkig
- ● 雨 der Regen
- ⊛ 雪 der Schneefall
- ≡ 霧 der Nebel
- ▲ 雹 der Hagel
- ⚡ 雷雨 das Gewitter
- F 風向・風力 die Windrichtung und die Windstärke

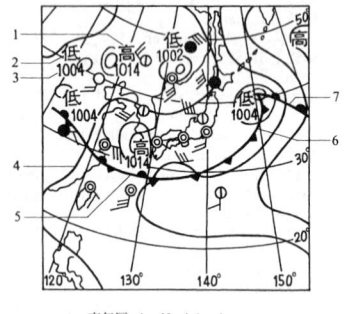

1 高気圧 der Hochdruck
2 低気圧 der Tiefdruck
3 気圧 der Luftdruck
4 等圧線 die Isobare
5 停滞前線 die stationäre Front
6 寒冷前線 die Kaltfront
7 温暖前線 die Warmfront

てんき 転機 der Wendepunkt -[e]s, -e. その事件は彼の人生の～となった Das Ereignis führte eine Wendung in seinem Leben herbei.

てんぎ 転義 übertragene Bedeutung -en.

でんき 伝記 die Biografie -n. ～作者 der Biograf. ～小説 biografischer Roman.

でんき 電気 die Elektrizität. 陽(陰)～ positive (negative) Elektrizität. ～の elektrisch. ～を通ずる et. elektrisch laden*; et. elektrisieren. ～をつける(消す) das Licht ein|schalten (aus|schalten). ～アイロン elektrisches Bügeleisen. ～かみそり der [Elektro]rasierer. ～機関車 elektrische Lokomotive. ～器具 das Elektrogerät. ～工学 die Elektrotechnik. ～照明 elektrische Beleuchtung. ～炊飯器 elektrischer Reiskocher. ～スタンド die Tischlampe; [床置型] die Stehlampe. ～ストーブ elektrischer Heizofen. ～製品 der Elektroartikel. ～洗濯機 die Waschmaschine. ～掃除機 der Staubsauger. ～時計 elektrische Uhr. ～分解 die Elektrolyse. ～めっき die Galvanisation. ～毛布 die Heizdecke. ～力学 die Elektrodynamik. ～療法 die Elektrotherapie. ～冷蔵庫 elektrischer Kühlschrank. ～技術者 der Elektriker. ～溶接 die Elektroschweißung.

でんきうなぎ 電気鰻 der Zitteraal -s, -e.

でんきゅう 電球 die [Glüh]birne -n. 40ワットの～ die Glühbirne von 40 Watt. ～が切れた Die Birne ist ausgebrannt.

てんきょ 典拠 die Quelle -n; die Belegstelle -n.

てんきょ 転居 der Wohnungswechsel -s, -; der Umzug -[e]s, ⁼e; die Übersied[e]lung -en. ～する die Wohnung (den Wohnsitz) wechseln; um|ziehen*(s); über[|]siedeln (s). ～先 neue Wohnung (Adresse).

てんぎょう 転業する den Beruf wechseln; um|satteln.

でんきょく 電極 die Elektrode -n.

てんきん 転勤 die Versetzung -en. ～する versetzt werden*(s受). 彼はロンドンに～になった Er ist nach London versetzt worden.

てんぐ 天狗 langnasiger Berggeist -[e]s, -er; [自慢屋] der Prahler -s, -. ～になる die Nase hoch tragen*.

デング ～熱 das Denguefieber -s.

でんぐりがえし でんぐり返しをする einen Purzelbaum schlagen*.

てんけい 天恵 die Gottesgabe -n; der Segen der Natur. ～の豊かな地方 von der Natur reich gesegnetes Land.

てんけい 天啓 die Offenbarung -en.

てんけい 典型 der Typ -s, -en; [模範] das Muster -s, -. ～的 typisch; musterhaft.

てんけい 点景 die Staffage -n.

でんげき 電撃 elektrischer Schlag -es, ⁼e; der Blitzschlag -[e]s, ⁼e. ～的 blitzartig. ～戦 der Blitzkrieg.

てんけん 点検・する [über]prüfen; untersuchen. 宿題を～する die Schulaufgaben nach|sehen*.

でんげん 電源 die Stromquelle -n. ～を開発する das Elektrizitätswerk (Kraftwerk) erschließen*.

てんこ 点呼 der Appell -s, -e. ～する einen

Appell ab|halten*; die Namen verlesen*.
てんこう 天候 das Wetter *-s*. ～状態 die Wetterlage.
てんこう 転向 die Wendung *-en*; 〔思想の〕die Bekehrung *-en*. ～する sich wenden*⁽*⁾; sich bekehren 《zu 3 格》. ～者 der Bekehrte⁼.
てんこう 転校する die Schule wechseln; in eine andere Schule ein|treten*⁽*⁾.
でんこう 電光 der Blitzstrahl *-s, -en*. ～ニュース Leuchtschriftnachrichten *pl.* ～石火に blitzschnell.
てんごく 天国 der Himmel *-s*. ～の himmlisch. この川は釣人たちの～だ Der Fluss ist ein Paradies für Angler.
でんごん 伝言 die Bestellung *-en*. 或る人の～を伝える eine Bestellung von *jm.* aus|richten. ～を残していく *jm.* eine Nachricht zurück|lassen*. 私は彼に青木氏への～を頼んだ Ich habe ihm aufgetragen, Herrn Aoki etwas auszurichten.
てんさい 天才 das Genie *-s, -s*. ～的 genial.
てんさい 天災 die Naturkatastrophe *-n*.
てんさい 甜菜 die Zuckerrübe *-n*. ～糖 der Rübenzucker.
てんさい 転載・する ab|drucken; wieder|geben*. 無断～を禁ず Nachdruck verboten! 新聞から～[ある] der Zeitung entnommen.
てんざい 点在する zerstreut liegen*.
てんさく 添削する verbessern; berichtigen; korrigieren.
てんさんぶつ 天産物 das Naturerzeugnis *-ses, -se*.
てんし 天使 der Engel *-s, -*.
てんじ 点字 die Blindenschrift (Punktschrift) *-en*.
てんじ 展示・する aus|stellen; zur Schau stellen. ～会 die Ausstellung; die Schaustellung. ～物 das Ausstellungsstück.
でんし 電子 das Elektron *-s, -en*. ～計算機 der Computer; die Elektronenrechenmaschine; der Elektronenrechner. ～顕微鏡 das Elektronenmikroskop. ～工学 die Elektronik. ～光学 die Elektronenoptik. ～ボルト das Elektron[en]volt (記号: eV). ～頭脳 das Elektron[en]gehirn. ～オルガン die Elektronenorgel. ～音楽 elektronische Musik. ～レンジ der Mikrowellenherd.
でんじ 電磁［気］das Elektromagnetismus *-*. ～石 der Elektromagnet. ～波 elektromagnetische Wellen *pl.* ～場 elektromagnetisches Feld.
てんしゃ 転写する ab|schreiben*; um|drucken.
でんしゃ 電車 die [Straßen]bahn *-en*. ～で行く mit der Bahn fahren*⁽*⁾. ～賃 das Fahrgeld.
てんしゅ 店主 der Ladeninhaber *-s, -*; der Ladenbesitzer *-s, -*.
てんじゅ 天寿を全うする eines natürlichen Todes sterben*⁽*⁾.
でんじゅ 伝授する *jn.* ein|weihen 《in 4 格》.
てんしゅかく 天守閣 der Bergfried *-s, -e*.
てんしゅきょう 天主教 der Katholizismus *-*.
てんしゅつ 転出する 〔転住する〕aus|ziehen*⁽*⁾; 〔転任する〕versetzt werden*⁽*受⁾.
てんしょ 添書 beigelegtes Schreiben *-s, -*; der Begleitbrief *-[e]s, -e*; 〔紹介状〕das Empfehlungsschreiben *-s, -*.
てんじょう 天上 der Himmel *-s*. ～の himmlisch.
てんじょう 天井 die Decke *-n*; 〔価格の〕der höchste Preis *-es, -e*. ～板 die Deckenplatte. ～桟敷 die Galerie. 物価は～知らずだ Die Steigerung der Preise kennt keine Grenzen.
でんしょう 伝承 die Überlieferung *-en*. ～された überliefert.
てんじょういん 添乗員 der Reisebegleiter *-s, -*.
てんしょく 天職 die Berufung *-en*; der Beruf *-s, -e*. ～と思う sich berufen fühlen 《zu 3 格》.
てんしょく 転職する den Beruf (seine Stellung) wechseln.
でんしょばと 伝書鳩 die Brieftaube *-n*.
てんしん 転身する den Beruf wechseln; um|satteln.
でんしん 電信 die Telegrafie *-*. ～機 der Telegraf. 無線～ drahtlose Telegrafie. ～局 das Telegrafenamt.
てんしんらんまん 天真爛漫な naiv; natürlich; unschuldig.
てんすいおけ 天水桶 das Regenfass *-es, ⸚er*; die Regentonne *-n*.
てんすう 点数 〔評点〕die Zensur *-en*; 〔得点〕der Punkt *-es, -e*. →点.
てんずる 点ずる ¶火を～ *et.* an|zünden. 灯火を～ das Licht an|machen. 茶を～ Tee bereiten.
てんずる 転ずる wenden⁽*⁾. 目を～ den Blick [ab|]wenden⁽*⁾ 《von 3 格》. 方向を～ sich wenden⁽*⁾. 話題を～ das Thema wechseln. 形勢がよい方に転じた Die Lage wendete (wandte) sich zum Guten.
てんせい 天成・の 〔天然の〕natürlich; 〔生得の〕angeboren. ～の音楽家 geborener (berufener) Musiker.
てんせい 天性 die Anlage *-n*; die Begabung *-en*; die Natur. 第二の～ die zweite Natur.
でんせつ 伝説 die Sage *-n*; 〔宗教的〕die Legende *-n*. ～的 sagenhaft; legendär.
てんせん 点線 die Punktlinie *-n*; punktierte Linie *-n*. ～を書く eine Linie punktieren.
てんせん 転戦する an verschiedenen Kampfplätzen kämpfen.
でんせん 伝染 die Ansteckung (Übertragung) *-en*. ～する an|stecken; sich übertragen*. あくびは～する Gähnen steckt an. この病気は～しない Diese Krankheit ist nicht ansteckend. ～性の ansteckend; infektiös.

でんせん ~病 die Seuche; die Infektionskrankheit. ~病患者 der Infektionsträger.
でんせん 電線 [elektrischer] Draht -es, ¨e; der Leitungsdraht -[e]s, ¨e; [elektrische] Leitung -en. 海底~ das Unterseekabel.
でんせん 伝染 die Laufmasche -n. 彼女のストッキングは~している An ihrem Strumpf läuft eine Masche.
てんそう 転送・する nach|senden(*); nach|schicken; weiter|leiten. 乞~ Bitte nachsenden!
でんそう 電送・する telegrafisch übermitteln; elektrisch übertragen*. 写真~ die Bildtelegrafie; der Bildfunk. ~写真 das Bildtelegramm.
てんたい 天体 der Himmelskörper -s, -. ~の astronomisch. ~観測 astronomische Beobachtung. ~望遠鏡 astronomisches Fernrohr. ~物理学 die Astrophysik.
でんたく 電卓 der Tischrechner -s, -. ポケット~ der Taschenrechner.
でんたつ 電達する übermitteln; mit|teilen.
てんたん 恬淡な selbstlos; uneigennützig; schlicht; einfach.
てんち 天地 Himmel und Erde; [世界] die Welt. ~開闢(${}^{\text{かい}}_{\text{びゃく}}$)以来 seit Schöpfung der Welt. ~神明にかけて bei allem, was mir heilig ist. ~神明に誓う Himmel und Erde als Zeugen an|rufen*. ~の差がある Es besteht ein himmelweiter Unterschied zwischen ihnen. ~無用 Nicht stürzen!
てんち 転地 der Ortswechsel -s; [療養] die Luftveränderung.
でんち 電池 die Batterie -n.
でんちく 電蓄 der Musikschrank -[e]s, ¨e.
でんちゅう 電柱 die Telegrafenstange -n; der [Leitungs]mast -es, -en (-e).
てんちょう 天頂 der Zenit -s. ~距離 die Zenitdistanz.
てんで durchaus [nicht]; ganz und gar [nicht].
てんてき 点滴 der Tropfen -s, -; [医] die Tropfinfusion -en. ~石を穿(ぅが)つ Steter Tropfen höhlt den Stein.
てんてき 天敵 natürlicher Feind -es, -e.
てんてこまい ~する hektisch hin und her laufen*(s).
てんてつき 転轍機 die Weiche -n.
てんでに ~勝手な事をする Jeder tut, was ihm beliebt. ~一室を持つ Jeder hat ein Zimmer für sich.
てんてん 点点・と zerstreut; verstreut; hier und da. ~としたたる tropfen(s). 床に~と血がついていた Der Fußboden war mit Blut besprenkelt.
てんてん 転転・と場所を変える von Ort zu Ort wandern (s); von einem Ort zum andern gehen*(s). ~と人手を経る von Hand zu Hand (durch viele Hände) gehen*(s).
てんてんはんそく 輾転反側する sich schlaflos [herum]|wälzen; sich hin und her werfen*.

テント das Zelt -es, -e. ~を張る(撤収する) das Zelt auf|schlagen* (ab|brechen*).
てんとう 店頭・に im Laden. ~に出す et. zum Verkauf aus|stellen.
てんとう 点灯する das Licht an|machen.
てんとう 転(顛)倒・する um|kehren; 〖自動詞〗stürzen (s); [um]|fallen*(s). 順序を~する die Reihenfolge um|kehren. 気が~する aus der Fassung kommen*(s).
てんどう 天道 die Weltvernunft; [神] der Himmel -s; [軌道] die Himmelsbahn -en.
でんとう 伝統 die Tradition -en; die Überlieferung -en. ~を守る an der Tradition fest|halten*; die Tradition pflegen (wahren). ~的 traditionell; überliefert.
でんとう 電灯 [elektrisches] Licht -es, -er; [elektrische] Lampe -n. ~の傘 der Lampenschirm. ~をつける(消す) das Licht an|machen (aus|machen). ~を引く sich³ Elektrizität legen lassen*. ~がともっている Das Licht ist an.
でんどう 伝道 die Mission; die Verkündigung des Evangeliums. ~する Mission treiben*; missionieren; das Evangelium verkündigen. ~師 der Missionar.
でんどう 伝導 die Leitung -en. 熱を~する Wärme leiten. ~性の leitend; leitfähig. ~率 die Leitfähigkeit. ~体 der Leiter; leitende Materialien pl.
でんどう 殿堂 der Palast -[e]s, ¨e; der Tempel -s, -. 学問の~ der Tempel der Wissenschaft.
でんどうき 電動機 der Elektromotor -s, -en.
てんどうせつ 天動説 die geozentrische Theorie.
てんとうむし 天道虫 der Marienkäfer -s, -.
てんとして 恬として恥じない sich ganz und gar nicht (nicht im Mindesten) schämen.
てんとりむし 点取り虫 der Büffler -s, -; der Streber -s, -.
てんにゅう 転入する ein|ziehen*(s).
てんにょ 天女 göttliche Jungfrau -en.
てんにん 転任 die Versetzung -en. ~する versetzt werden*(s受). 彼は近々~する Er kommt nächstens fort.
でんねつ 電熱 elektrische Hitze. ~器 elektrische Kochplatte.
てんねん 天然 die Natur. ~の natürlich; [野性の] wild. ~の美 die Naturschönheit. ~ガス das Erdgas (Naturgas). ~記念物 das Naturdenkmal. ~色 natürliche Farbe; die Naturfarbe.
てんねんとう 天然痘 Pocken pl.
てんのう 天皇 der Tenno -s, -s; der Kaiser -s, -. ~陛下 Seine Majestät der Kaiser. ~制 das Kaisertum; das Tenno-System.
てんのうざん 天王山 ¶それが~だ Das ist der kritische Punkt.
てんのうせい 天王星 der Uranus -.

てんば 天馬 der Pegasus -; das Flügelpferd -[e]s.

でんぱ 伝播する sich verbreiten (aus|breiten); 〔音・光などが〕 sich fort|pflanzen.

でんぱ 電波 elektrische Welle -n. ～を通じて im Radio. ～探知器 der (das) Radar. ～妨害(障害) die Funkstörung.

てんばい 転売する weiter|verkaufen; wieder|verkaufen.

てんばつ 天罰 die Strafe Gottes (des Himmels). ～覿面(てきめん) Die Strafe folgt auf dem Fuß.

てんぴ 天火 → オーブン.

てんぴ 天日 die Sonne; das Sonnenlicht -[e]s. ～に干す in der Sonne trocknen.

てんびき 天引 der Abzug -s, ¨e. 税の～ der Steuerabzug. ～をする et. ab|ziehen* 《von 3格》.

てんびょう 点描 die Skizze -n. ～画法 punktierende [Mal]technik. ～派 der Pointillismus.

でんぴょう 伝票 der Zettel -s, -.

てんびん 天秤 die Balkenwaage -n. ～に掛ける auf die Waage legen. ～棒 das [Trag]joch.

てんぷ 天賦の才 die Begabung -en.

てんぷ 添付・する bei|fügen; bei|legen. 証明書を～の上 unter Beifügung des Zeugnisses. ～書類 beigelegte Papiere pl.; 『電算』der Anhang.

てんぷ 貼付する et. kleben 《auf 4格》.

でんぶ 臀部 das Gesäß -es, -e.

てんぷく 転(顚)覆する um|stürzen (s); um|schlagen* (s); 〔船が〕 kentern (s).

てんぷん 天分 die Anlage -n; die Gabe -n; die Begabung -en; das Talent -[e]s, -e. ～に恵まれた begabt.

でんぶん 伝聞・するところでは dem Vernehmen nach. ～の証拠 der Beweis (das Zeugnis) vom Hörensagen.

でんぶん 電文 der Text eines Telegramms.

でんぷん 澱粉 die Stärke -n. ～質の stärkehaltig. 「peramalerei.

テンペラ die Tempera -s. ～画 die Tem

てんぺんちい 天変地異 die Naturkatastrophe -n; das Elementarereignis -ses, -se.

てんぽ 店舗 der Laden -s, ¨.

テンポ das Tempo -s, -s (..pi). 早い～で in schnellem Tempo. ～を早くする(遅くする) das Tempo erhöhen (herab|setzen).

てんぼう 展望 die Aussicht -en 《auf 4格》; der Ausblick -s, -e 《auf 4格》; der Überblick -[e]s, -e 《über 4格》. ～する übersehen*; überblicken. 山の上からの～はすばらしい Auf dem Berg bietet sich (hat man) eine schöne Aussicht. ここからは付近一帯が～できる Von hier aus hat man einen guten Überblick über die Landschaft. ～車 der Aussichtswagen.

でんぽう 電報 das Telegramm -s, -e. ～を打つ telegrafieren; ein Telegramm schicken. ～で知らせる telegrafieren; depeschieren. ～発信紙 das Telegrammformular.

デンマーク Dänemark -s; の dänisch. ～人 der Däne.

てんまく 天幕 das Zelt -es, -e. → テント.

てんまつ 顛末 der Hergang -s; der Verlauf -[e]s; 〔詳細〕 Einzelheiten pl.

てんまど 天窓 das Dachfenster -s, -.

てんめい 天命 die Fügung Gottes (des Schicksals); himmlische Fügung. → 運命.

てんめつ 点滅・する(させる) blinken. エスオーエスの～信号を送る SOS blinken. ～器 der Schalter.

てんもう 天網恢恢(かいかい)疎にして漏らさず Gottes Mühlen mahlen langsam, aber fein.

てんもん 天文・学 die Astronomie; die Sternkunde. ～[学]の astronomisch. ～学者 der Astronom. ～学的数字 astronomische Zahlen pl. ～台 die Sternwarte; das Observatorium.

てんやわんや ～の大騒ぎである Hier ist ein wüstes (großes) Durcheinander. / Hier geht alles drunter und drüber.

てんゆう 天佑 die Gnade des Himmels; Gottes Schutz.

てんよう 転用 die zweckentfremdete Nutzung 《von 3格》. ～する et. um|widmen 《in 4格》.

てんらい 天来の妙音 himmlische Musik.

でんらい 伝来・する eingeführt werden* (s受) 《von 3格》. 先祖～の von den Vätern vererbt; althergebracht.

てんらく 転落する fallen* (s); stürzen (s); 〔零落する〕herunter|kommen* (s).

てんらん 展覧する aus|stellen; zur Schau stellen. ～会 die Ausstellung. ～会場 der Ausstellungsraum; die Ausstellungshalle.

でんり 電離 elektrolytische Dissoziation -en; die Ionisation (Ionisierung) -en. ～層 die Ionosphäre.

でんりゅう 電流 [elektrischer] Strom -[e]s, ¨e. ～を通ずる den Strom ein|schalten. ～が通じている unter Strom stehen*. ～計 das Amperemeter; der Strommesser. ～遮断器 der Stromunterbrecher. ～量 die Strommenge.

でんりょく 電力 elektrische Kräfte pl. ～会社 die Elektrizitätsgesellschaft. ～計 das Wattmeter. ～料金 der Strompreis.

てんれい 典礼 das Ritual -s, -e (-ien); der Ritus -, ..ten.

でんれい 伝令 der Bote -n, -n; 『兵』die Ordonnanz (Ordonanz) -en.

でんわ 電話 [・機] das Telefon -s, -e; der Fernsprecher -s, -. ～に出る an den Apparat kommen* (gehen*) (s); am Apparat sein*. ～を掛ける jn. an|rufen*. ～で話す mit jm. telefonieren. ～を切る [den Hörer] ab|hängen. ～を引く sich³ Telefon legen lassen*. ～で telefonieren. ～局 das Fernsprechamt. ～交換手 die Telefonistin. ～

と 戸 die Tür -en. 雨~ der Laden. ~を締める(あける) die Tür zu|machen (auf|machen). ~をたたく an die Tür klopfen.

ど 度 〔回数〕 das Mal -[e]s, -e; 〔温度などの単位〕 der Grad -es, -. 週に3~ dreimal die Woche. 25~の熱で bei 25 Grad (25°) Wärme. 45~の勾配 die Neigung von 45 Grad (45°). ~の強い眼鏡 starke Brille. 今日の温度は何~ですか Wie viel Grad hat es heute? 寒暖計が5~を指す Das Thermometer zeigt 5 Grad [über Null]. ~を失う aus der Fassung kommen*(s). ~を失して fassungslos. ~を重ねる sich viele Male wiederholen. ~を越す das Maß überschreiten*. ~を越して飲む im Übermaß trinken*.

ドア die Tür -en. 自動~ automatische Tür. ~チェック der Türschließer. ~マン(ボーイ) der Portier; der Türschließer.

どあい 度合い der Grad -es, -e. 濃淡の~ die Abstufung.

とあみ 投網 das Wurfnetz -es, -e. ~を打つ das Netz aus|werfen*.

とい 樋 die Dachrinne (Regenrinne) -n.

とい 問い die Frage -n. ~を発する eine Frage stellen (auf|werfen*). ~に答える auf eine Frage antworten.

といあわせ 問い合わせ die Erkundigung -en; die Anfrage -n.

といあわせる 問い合わせる sich bei jm. erkundigen 《nach 3格》; bei jm. an|fragen 《um 4格》. 警察に問い合わせた結果 nach Erkundigung bei der Polizei.

といかえす 問い返す jn. noch einmal fragen; 〔反問〕[jn.] zurück|fragen.

といかける 問い掛ける eine Frage an jn. richten (stellen); jn. fragen 《nach 3格》.

といき 吐息・をつく einen Seufzer aus|stoßen*. ほっと~をつく erleichtert auf|atmen.

といし 砥石 der Wetzstein -[e]s, -e. ~で小刀を研(と)ぐ ein Messer auf dem Schleifstein wetzen.

といただす 問い質す jn. aus|fragen 《nach 3格; über 4格》. 証人に~ einen Zeugen befragen.

どいつ wer; welcher [Mensch]. ~がやったんだ Wer hat das getan?

ドイツ Deutschland. ~連邦共和国 die Bundesrepublik Deutschland. ~民主共和国 〔旧東独〕 die Deutsche Demokratische Republik. ~系アメリカ人 der Deutschamerikaner. ~[人; 語]の deutsch. ~人 der Deutsche#. ~語 die deutsche Sprache; das Deutsche#; [das] Deutsch. ~語に(から)翻訳する ins Deutsche (aus dem Deutschen) übersetzen. これは~語で何と言いますか Wie heißt das auf Deutsch? ~語を学ぶ Deutsch lernen. ~を教える Unterricht in Deutsch geben*. ~語でしゃべる sich mit jm. deutsch unterhalten*. 彼は~語がうまい Er spricht gut Deutsch. 私(今日)の~語 mein (das heutige) Deutsch. ~語教師 der Deutschlehrer. ~文学 die deutsche Literatur; die Germanistik. ~文学者 der Germanist.

といつめる 問い詰める jn. [wie eine Zitrone] aus|pressen; jm. mit Fragen zu|setzen.

トイレット die Toilette -n; das Klosett (略: Klo) -s, -s. ~ペーパー das Toilettenpapier.

とう 当・の〔当該の〕 betreffend. ~の本人 er (sie) selbst; die betreffende Person. ~を得た答 treffende (richtige) Antwort. ~店では in unserem Geschäft; bei uns.

とう 党 die Partei -en. ~に入る einer Partei bei|treten*(s). ~を組織する eine Partei bilden (gründen).

とう 等 〔など〕 und so weiter (略: usw.). → 等級. 何~で行きますか Welcher Klasse fahren Sie?

とう 塔 der Turm -es, ¨e. 五重の~ fünfstöckige Pagode.

とう 薹・が立つ 〔比〕 die besten Jahre überschritten haben*. ~が立った女 verblühte Frau.

とう 籐 〔植〕 der Rotan[g] -s, -e; 〔細工物の材料〕 das Rohr -es. ~椅子 der Rohrstuhl.

とう 問う jn. fragen 《nach 3格》. 安否を~ sich nach js. Befinden erkundigen. 殺人罪に~ eines Mordes beschuldigen. 学歴は問わない Es kommt auf den Bildungsgang nicht an. ~に落ちず語るに落ちる Wer sich entschuldigt, klagt sich an.

とう 訪う besuchen; jm. einen Besuch machen.

どう ~あっても auf jeden Fall; um jeden Preis; [否定] keineswegs. それは~であれ wie dem auch sei. 僕は~しろと言うんだ Was willst du von mir? あなたはそれについて~お考えですか Was meinen Sie dazu? からだの具合は~ですか Wie befinden Sie sich? 商売は~ですか Wie gehen die Geschäfte? 一体~したのですか Was ist denn los? ~いたしまして Bitte sehr! / Keine Ursache! / [Es ist] gern geschehen.

どう 同 dito (略: do.). 君と全く~意見だ Ich bin ganz deiner Meinung.

どう 胴 der Rumpf -[e]s, ¨e; 〔着物の〕 die Taille -n; 〔楽器の〕 der Schallkörper -s, -; 〔樽(たる)などの〕 der Bauch -es, ¨e. このスカートは~回りがきつい Der Rock ist um den Leib (die Taille) zu eng.

どう 堂〔神仏の〕der Tempel -s, -. 一~に会する sich in einer Halle versammeln. 彼のピアノの演奏は~に入ったものだ Er beherrscht die Technik des Klavierspielens gut.

どう 銅 das Kupfer -s. ~製の kupfern.

とうあ 東亜 Ostasien. ~の ostasiatisch.

どうあげ 胴揚げする jn. [jubelnd] hoch|werfen*.

とうあつせん 等圧線 die Isobare -n.

とうあん 答案 die Prüfungsarbeit -en.

とうい 当為 das Sollen -s.

どうい 同位・角 der Gegenwinkel. ~元素 das Isotop.

どうい 同意 die Zustimmung; das Einverständnis -ses. ~する zu|stimmen《3格》; ein|willigen (in 4格); einverstanden sein*《mit 3格》. ~語 das Synonym.

どういう〔種類〕was für ein. ~わけか aus irgendeinem Grund. ~わけで warum. ~ふうに wie; auf welche Weise. ~事が起ころうとも Mag kommen, was da will, ... それは~意味なのですか Was ist damit gemeint?

とういじょう 糖衣錠 das Dragée -s, -s.

とういそくみょう 当意即妙の schlagfertig.

とういつ 統一 die Einheit; die Vereinheitlichung -en. ~する einigen; vereinigen; vereinheitlichen. 精神を~する sich sammeln. ~のある einheitlich. ~見解に達する zu einer einheitlichen Auffassung kommen*(s). 戦線 die Einheitsfront.

どういつ 同一・の derselbe; gleich. ~の方法で auf gleiche Weise. ~時刻に zur selben Zeit. ~視する et. gleich|setzen《mit 3格》; et. identifizieren《mit 3格》. 彼と犯人は~人物である Er und der Täter sind ein und derselbe Mann.

とういん 党員 der Parteimann -[e]s, ⸚er (..leute); das Parteimitglied -s, -er.

とういん 頭韻 der Stabreim -[e]s, -e; die Alliteration -en. ~を踏んだ詩句 stabreimende Verse pl.

どういん 動因 das Motiv -s, -e; [unmittelbare] Veranlassung《zu 3格》; der Beweggrund《für 4格》-[e]s, ⸚e.

どういん 動員 die Mobilmachung -en; die Mobilisierung -en. ~する mobil|machen; mobilisieren. 軍隊の~を解除する Truppen demobilisieren. ~令 der Mobilmachungsbefehl.

とうえい 投影・図 die Projektion -en. 塔の姿が水に~している Der Turm spiegelt sich im Wasser.

とうおう 東欧 Osteuropa. ~の osteuropäisch.

どうおん 同音・の gleich lautend. ~異義語 das Homonym; gleich lautendes Wort.

とうおんせん 等温線 die Isotherme -n.

とうか 投下・する ab|werfen*. 爆弾を~する Bomben ab|werfen*. 資本を~する das Kapital stecken《in 4格》. ~資本 das Anlagekapital.

とうか 透過する durchdringen*.

とうか 等価 die Äquivalenz -en. ~の gleichwertig; äquivalent. ~物(量) das Äquivalent.

とうか 灯火 das [Lampen]licht -[e]s, -er. ~管制 die Verdunkelung.

とうか 糖化 die Verzuckerung -en. ~する〔澱粉などを〕verzuckern.

どうか〔どうぞ〕bitte. …か~ ob. ~こうか → どうにか. ~している〔故障している〕nicht in Ordnung sein*. 彼は今日~している Er ist heute komisch. / Mit ihm ist heute etwas los. 彼の計画は~と思う Ich halte seinen Plan für problematisch. ~すると〔時同〕zuweilen; 〔ややもすると〕leicht. 彼女は私に彼がもう来たか~と尋ねた Sie fragte mich, ob er schon da sei.

どうか 同化 die Assimilation -en. ~する et. assimilieren;〖自動詞〗sich assimilieren《3格; an 4格》.

どうか 銅貨 die Kupfermünze -n.

とうかい 倒壊 der Einsturz -es, ⸚e. ~する ein|stürzen (ein|fallen*)(s). ~した eingestürzt.

とうがい 当該・の betreffend. ~官庁 die zuständige Behörde.

とうがい 凍害を受ける durch Frost beschädigt werden*(s受).

とうかく 倒閣する das Kabinett stürzen.

とうかく 統覚〖哲〗die Apperzeption -en.

とうかく 頭角を現わす sich aus|zeichnen《durch 4格》; sich hervor|tun*《in 3格》.

とうかく 同角の gleichwink[e]lig.

どうかく 同格 die Gleichheit;〖文法〗die Apposition -en. ~である [mit] jm. gleich|stehen*. ~の gleichgestellt; gleichrangig;〖文法〗appositionell.

どうがくしゃ 道学者 der Moralist -en, -en; der Sittenrichter -s, -.

どうかせん 導火線 die Zündschnur ⸚e;〔誘因〕die Veranlassung -en《zu 3格》.

とうかつ 統括する zusammen|fassen.

とうかつ 統轄する verwalten.

どうかつ 恫喝・する ein|schüchtern; bedrohen. ~手段 das Einschüchterungsmittel.

とうから 疾うから längst; seit langem.

とうがらし 唐辛子 der Paprika -s, -[s]; das Kapsikum -s.

とうかん 投函 ¶手紙を~する einen Brief [in den Briefkasten] ein|werfen*.

とうかん 等閑に付する vernachlässigen.

とうかん 統監する die Oberaufsicht haben* (führen)《über 4格》.

とうがん 冬瓜 der Wachskürbis -ses, -se.

どうかん 同感 ¶僕は君の意見に~だ Ich bin derselben Meinung wie du. / Ich stimme dir zu.

どうかん 導管 das Leitungsrohr -[e]s, -e.

どうがん 童顔 kindliche Gesichtszüge pl.

とうき 冬期 die Winterzeit. ~に während

des Winters. ~休暇 Winterferien *pl.*
とうき 投機 die Spekulation *-en.* 砂糖の~をする in (mit) Zucker spekulieren. ~的 spekulativ. ~家 der Spekulant. ~熱 die Spekulationswut.
とうき 党紀 die Parteidisziplin.
とうき 陶器 Töpferwaren *pl.*; die Keramik. ~製の aus Steingut; keramisch.
とうき 登記 die Eintragung. ~する ein|tragen*; registrieren. ~ずみの eingetragen. ~所 das Grundbuchamt. ~簿 das Register.
とうき 投棄する weg|werfen*.
とうき 騰貴・する steigen*(s). 物価の~ die Preissteigerung.
とうぎ 党議に服する dem Parteibeschluss gehorchen.
とうぎ 討議 die Erörterung *-en*; die Debatte *-n*. ~する erörtern; debattieren 《[über] 4 格》. ~にはいる in eine Debatte ein|treten*(s). ~に付する zur Debatte stellen. その問題は~中である Die Frage steht zur Debatte.
どうき 同期 dieselbe Periode. 昨年の~に比べて im Vergleich mit der entsprechenden Periode des letzten Jahres. ~生 der Klassenkamerad; der Mitschüler. ~化する 〖電〗 gleich|schalten.
どうき 動悸 das Herzklopfen *-s.* ~がする [starkes] Herzklopfen haben*. ~が激しい Das Herz klopft mir heftig.
どうき 動機 das Motiv *-s, -e*; der Beweggrund *-[e]s, ..̈e.* それが争いの直接の~になった Das war die unmittelbare Veranlassung zu dem Streit.
どうき 銅器 das Kupfergeschirr *-s, -e.* ~時代 die Kupferzeit.
どうぎ 同義の sinnverwandt; synonym; gleichbedeutend. ~語 das Synonym.
どうぎ 胴着 die Weste *-n*; [婦人・子供用の] das Leibchen *-s.*
どうぎ 動議 der Antrag *-es, ..̈e.* ~を提出する einen Antrag stellen (ein|bringen*) 《auf 4 格》.
どうぎ 道義 die Moral; die Sittlichkeit. ~の退廃 die Demoralisation. ~的 moralisch; sittlich. ~的に見て vom moralischen Standpunkt. ~的に責任を負わないばならない sich moralisch verpflichtet fühlen 《zu 3 格》. ~心 die Sittlichkeit.
とうきゅう 投球する den Ball werfen*.
とうきゅう 討究する erforschen; wissenschaftlich untersuchen.
とうきゅう 等級 die Klasse *-n*; der Rang *-es*; [星の] die Größe *-n*; [商品の] die Sorte *-n.* ~を付ける *et.* ein|stufen.
とうぎゅう 闘牛 der Stierkampf *-s, ..̈e*; [牛] der Kampfstier *-[e]s, -e*; ~士 der Stierkämpfer; [騎馬の] der Toreador. ~場 die [Stierkampf]arena.
どうきゅう 撞球 → 玉突き.

どうきゅうせい 同級生 der Mitschüler *-s, -*; der Klassenkamerad *-en, -en.* 彼と僕は~である Er und ich gehören zu derselben Klasse an.
とうぎょ 闘魚 der Kampffisch *-es, -e.*
どうきょ 同居・する mit *jm.* unter einem Dach wohnen; bei *jm.* wohnen. ~人 der Mitbewohner.
どうきょう 道教 der Taoismus *-.*
どうぎょう 同業・組合 die Berufsgenossenschaft. ~者 der Berufsgenosse.
どうきょうじん 同郷人 der Landsmann *-[e]s, ..leute.*
とうきょく 当局 die [zuständige] Behörde. ~の behördlich; obrigkeitlich. 政府~ die Obrigkeit.
どうきん 同衾する *jm.* bei|schlafen*; mit *jm.* ins Bett gehen*(s).
どうぐ 道具 das Werkzeug *-s, -e.* 商売~ das Handwerkszeug. 人を…の~に使う *jn.* als Instrument (Werkzeug) nutzen 《zu 3 格》. ~箱 der Werkzeugkasten.
どうぐだて 道具立て die Ausrüstung *-en*; die Vorbereitung *-en*; 〖劇〗 die Szenerie *-n.* ~をする sich rüsten 《zu 3 格》; sich vor|bereiten 《auf (für) 4 格》.
どうくつ 洞窟 die Höhle *-n*; die Grotte *-n.* ~壁画 die Höhlenmalerei.
とうげ 峠 der Pass *-es, ..̈e.* ~を越す über einen Pass gehen*(s); [比] den Höhepunkt überschreiten*. 患者は~を越した Der Kranke ist über den Berg.
どうけ 道化 [Narren]possen *pl.* ~じみた narrenhaft; possenhaft. ~芝居 die Posse; das Possenspiel. ~師 der Possenreißer; der Kasper. ~役者(師) der Clown; der Narr.
とうけい 東経 30 度にある auf (unter) 30 Grad östlicher Länge liegen*.
とうけい 統計 die Statistik *-en.* ~的[上]statistisch. ~を取る eine Statistik erstellen 《über 4 格》. 人口~ die Bevölkerungsstatistik. ~学 die Statistik. ~学者 der Statistiker. ~年鑑 statistisches Jahrbuch. ~表 statistische Tabelle.
とうけい 闘鶏 der Hahnenkampf *-s, ..̈e.* [鶏] der Kampfhahn *-s, ..̈e.* ~場 der Hahnenkampfplatz.
とうげい 陶芸 die Keramik; das Töpferhandwerk *-s.* ~家 der Keramiker; der Töpfer.
どうけい 同系・同族の von derselben Abstammung sein*; verwandt sein*. ~の言語 verwandte Sprachen.
どうけい 同形の gleichförmig.
どうけい 同型である vom gleichen Typus (Schlag) sein*.
どうけい 憧憬 die Sehnsucht ..̈e. 都会の生活を~する sich nach dem Stadtleben sehnen.
とうけつ 凍結する [zu|]frieren*(s); [賃金を] ein|frieren*.
どうけつ 洞穴 die Höhle *-n.*

どうける 道化る Possen reißen* (treiben*). 道化た possenhaft.
とうけん 刀剣 → 剣.
とうけん 闘犬 der Hundekampf -s, ″e;〔犬〕der Kampfhund -[e]s, -e.
どうけん 同権 die Gleichberechtigung.
とうこう 投降・する [vor dem Feind] kapitulieren. ～兵 der Kapitulierende -n.
とうこう 投稿 der Beitrag -s, ″e. 雑誌に～する für eine Zeitschrift einen Beitrag liefern (ein|schicken).
とうこう 陶工 der Töpfer -s, -.
とうこう 登校する in die Schule gehen*(s).
とうごう 統合 die Vereinigung -en; die Integration -en. ～する vereinigen; integrieren; zusammen|fassen.
とうごう 等号〔数〕das Gleichheitszeichen -s, -.
どうこう ～と言えた義理ではない Ich bin nicht berechtigt, etwas einzuwenden.
どうこう 同行・する jn. begleiten. ～者 der Begleiter.
どうこう 同好・の士 die Person mit gleichem Hobby. 音楽～会 der Verein der Musikfreunde.
どうこう 動向 die Strömung -en; die Tendenz -en; der Trend -s, -s.
どうこう 銅鉱 das Kuphererz -es, -e.
どうこう 瞳孔 die Pupille -n.
どうこういきょく 同工異曲である ungefähr (im Grunde) dasselbe sein*.
とうこうせん 等高線 die Höhenlinie -n; die Isohypse -n.
とうごく 投獄する ins Gefängnis werfen*.
どうこく 慟哭する laut wehklagen (jammern).
どうこくじん 同国人 der Landsmann -[e]s, ..leute.
とうこん 刀痕 die Säbelnarbe -n.
とうこん 当今 heutzutage. ～の娘 das Mädchen von heute.
とうさ 踏査 die Erforschung -en. ～する erforschen.
とうざ 当座・の vorläufig; einstweilig. ～は für jetzt; einstweilen. ～凌(しの)ぎに als Notbehelf. ～の間に合う für sofortigen Bedarf genügen. ～預金口座 das Girokonto. 〔貸越特約付きの〕das Kontokorrentkonto.
どうさ 動作 die Bewegung -en;〔挙動〕das Benehmen -s.
とうさい 搭載する ein [auf|]laden*. 船に貨物を～する Fracht auf ein Schiff laden*. 木材を～したトラック mit Holz beladener Lastwagen. ミサイルを～した戦闘機 ein mit Raketen ausgerüstetes Jagdflugzeug. ～量 die Ladefähigkeit.
とうざい 東西 Osten und Westen;〔東洋と西洋〕Orient und Okzident. 洋の～を問わず ob im Osten oder im Westen.
どうざい 同罪 die Mitschuld. ～と見られる mitschuldig befunden werden*(s受). ～者 der Mitschuldige#.

とうさきゅうすう 等差級数 arithmetische Reihe -n.
とうさく 倒錯 die Perversion -en. 性的～者 perverser Mensch.
とうさく 盗作 geistiger Diebstahl -[e]s, ″e; das Plagiat -s, -e. ～する plagiieren. ～者 der Plagiator.
どうさつ 洞察 die Einsicht -en. ～する durchschauen; einen Einblick bekommen* (gewinnen*)《in 4格》. ～力のある hellsichtig.
とうさん 倒産 der Bankrott -s, -e. ～する Bankrott machen; Bankrott gehen*(s). ～者 der Bankrotteur.
どうさん 動産 Mobilien (bewegliche Sachen) pl. ～保険 die Mobiliarversicherung.
どうざん 銅山 das Kupferbergwerk -s, -e.
とうし 投資 die [Kapital]anlage -n; die Investition -en. ～する sein Geld an|legen (investieren)《in 4格》. ～者(家) der Anleger; der Investor [ɪnˈvɛstor]. ～信託会社 die Investmentgesellschaft.
とうし 凍死・する erfrieren*(s). ～者 der Erfrorene#.
とうし 透視〔千里眼〕das Hellsehen -s. ～の能力がある hellsehen können*. レントゲンで～する durchleuchten. ～図法〔数〕die Perspektive. ～図 das Fluchtbild. ～者 der Hellseher. ～法〔医〕die Durchleuchtung.
とうし 闘士 der Kämpfer -s, -.
とうし 闘志満満の voller Kampfgeist.
とうじ 冬至 die Wintersonnenwende -n.
とうじ 当時 damals; in (zu) jener Zeit. ～の damalig.
とうじ 答辞を述べる eine Gegenansprache halten*.
とうじ 湯治・する eine Badekur machen (nehmen*). ～に行く ins Bad fahren* (reisen) (s). ～客 der Kurgast. ～場 der Kurort.
とうじ 蕩児 liederlicher Kerl -s, -e; der Wüstling -s, -e.
どうし 同士(志) der Genosse -n, -n; der Kamerad -en, -en. 好いた～ die Liebenden# pl. 彼等は敵(かたき)～であった Sie lebten miteinander in Feindschaft. ～の人人 die Gleichgesinnten# pl.
どうし 動詞 das Verb -s, -en; das Zeitwort -[e]s, ″er. ～的 verbal. ～の変化 die Konjugation. 自(他；再帰)～ intransitives (transitives; reflexives) Verb.
どうじ 同時・の(に) gleichzeitig. それと～に und damit; und zugleich. 彼は私と～に到着した Er kam zugleich mit mir an. 映画は東京と大阪で～に公開される Der Film wird gleichzeitig in Tokyo und Osaka gezeigt. この本は興味があると～に有益でもある Das Buch ist sowohl interessant als auch lehrreich. 彼は詩人であると～に画家でもある Er ist Dichter und Maler zugleich. ～通訳する simultan dolmetschen. ～通訳者 der Simultandolmetscher.

とうしき 等式 die Gleichheit -en.
とうじき 陶磁器 die Keramik -en; das Porzellan -s, -e. ～の keramisch; porzellanen.
とうじしゃ 当事者 der Betreffende#.
とうじだい 同時代 das gleiche Zeitalter -s. ～の人 der Zeitgenosse. ～の人の zeitgenössisch.
とうじつ 当日 an dem [betreffenden] Tag. ～限りの切符 die Tageskarte. ～売りの切符 die Karte, die erst am Tag der Aufführung verkauft wird.
どうしつ 同室・する das Zimmer mit jm. teilen; mit jm. in einem Zimmer wohnen. ～者 der Zimmergenosse.
どうしつ 同質の gleichartig; homogen.
どうじつ 同日・に an demselben Tag. 両者は～の談でない Die beiden lassen sich gar nicht vergleichen.
どうして [どのようにして] wie; auf welche Weise; [なぜ] warum; [それどころか] gerade im Gegenteil. ～よいか分らない weder ein noch aus wissen*.
どうしても auf jeden Fall; um jeden Preis; [否定] auf keinen Fall; durchaus nicht. ～やってみるつもりだ Ich will es unbedingt auch einmal versuchen. ～扉が開かない Die Tür will sich nicht öffnen.
とうしゃ 投射 die Projektion -en. ～する projizieren.
とうしゃ 透写・する [durch|]pausen; durch|zeichnen. ～紙 das Pauspapier.
とうしゃばん 謄写版印刷 der Schablonendruck -[e]s.
とうしゅ 投手 der Werfer -s, -.
とうしゅ 党首 der Parteivorsitzende#.
どうしゅ 同種・の gleichartig; gleich geartet. ～同文 verwandte Völkerstämme mit verwandten Sprachen.
とうしゅう 踏襲 ¶私は前任者のやり方を～した Ich bin in die Spuren meines Vorgängers getreten.
とうしゅく 投宿・する in einem Hotel ab|steigen*(s). ～者 der [Hotel]gast.
どうしゅく 同宿・する in demselben Hotel wohnen. ～人 der Zimmernachbar.
とうしょ 当初・は anfangs; zuerst. ～の anfänglich. ～から von Anfang an.
とうしょ 投書 die Einsendung -en. 新聞に～する einen Brief an eine Zeitung ein|senden*. ～家 der Einsender. ～欄 der Briefkasten.
とうしょ 島嶼 Inseln pl.; die Inselgruppe -n.
とうしょ 頭書の如く wie oben erwähnt.
どうしょ 同書より [出所を示して] ebenda; ibidem (略: ib[d]; ibid.).
とうしょう 凍傷 die Erfrierung -en. 耳が～にかかる sich³ die Ohren erfrieren*.
とうじょう 搭乗・する an Bord gehen*(s). ～券 die Bordkarte. ～員 die Besatzung.
とうじょう 登場 der Auftritt -s, -e. ～する auf|treten*(s); auf den Plan treten*(s). ハムレット～ Hamlet tritt auf. ～人物 Personen pl.
どうじょう 同上 dito (略: do.; dto.).
どうじょう 同乗・する mit jm. mit|fahren*(s). ～者 der Mitfahrer.
どうじょう 同情 das Mitleid -s; das Mitgefühl -s. ～する Mitleid (Mitgefühl) mit jm haben*; mit jm. mit|leiden*. 人の不幸に～する js. Unglück mit|fühlen. ～に訴える js. Mitleid an|rufen*. 世間の～をひく das Mitleid der Leute erregen. ～をこめて話す mitleidig sprechen*. ～ある言葉 mitfühlende Worte pl. ～心ある mitleid[s]voll. ～心のない mitleid[s]los. ～すべき Mitleid erregend; bedauernswert.
どうしょくぶつ 動植物 Tiere und Pflanzen pl.
とうしん 刀身 die Klinge -n.
とうしん 投身・する sich stürzen 《in 4格》. ～自殺 [海中川に] der Selbstmord durch Ertrinken. 彼女は失恋から～自殺をした Sie hat sich aus Liebeskummer ertränkt.
とうしん 東進する ostwärts vor|rücken (s).
とうしん 答申[・書] der Bericht -[e]s, -e. ～する einen Bericht ein|reichen 《über 4格》.
とうしん 等身・大の lebensgroß. ～像 ein Standbild in Lebensgröße.
とうしん 等親 der Verwandtschaftsgrad -[e]s, -e.
とうしん 灯心 der Docht -es, -e.
とうじん 党人 der Parteimann -[e]s, ..leute (¨er).
とうじん 蕩尽する vergeuden; durch|bringen*.
どうしん 童心 kindliches Gemüt -s; kindliche Naivität.
どうじん 同人雑誌 die Zeitschrift für einen literarischen Zirkel.
どうしんえん 同心円 konzentrische Kreise pl.
とうしんぐさ 灯心草 die Binse -n.
とうじんのねごと 唐人の寝言 das Kauderwelsch -[s]. →ちんぷんかんぷん.
とうすい 陶酔 der Rausch -es; das Entzücken -s; die Begeisterung. ～する berauscht sein* 《von 3格》; entzückt sein* 《von 3格; über 4格》.
とうすい 統帥・する befehlen*; den Oberbefehl führen (haben)* 《über 4格》. ～権 der Oberbefehl.
どうすう 同数 ¶…と～である ebenso viel wie ... sein*. ～可否～ die Stimmengleichheit.
とうずる 投ずる werfen*. 獄に～ jn. ins Gefängnis werfen*. 海に身を～ sich in Meer stürzen. 一票を～ seine Stimme ab|geben*. 政界に～ in die politische Laufbahn ein|treten*(s). それは世人の好みに～ Das entspricht dem allgemeinen Geschmack. 大金を投じて家を買う große Summen für ein Haus aus|geben*.

どうずる 動ずる色もなく mit unerschütterlichem Gleichmut. 彼は物に動じない Er ist durch nichts aus der Fassung zu bringen.

どうせ ¶人間は～死ぬのだ Der Mensch muss einmal sterben. ～しなければならぬ事だ Du musst es doch einmal tun. ～浮世はそんなものさ So ist es nun einmal im Leben.

とうせい 当世・の gegenwärtig; heutig. ～風の [neu]modisch; modern.

とうせい 陶製・の tönern; keramisch. ～品 Töpferwaren pl.

とうせい 統制 die Regelung -en; die Kontrolle -n. ～する regeln; kontrollieren. 価格～ die Preiskontrolle. ～経済 die Zwangswirtschaft.

どうせい 同姓・の von gleichem Familiennamen; gleichnamig.

どうせい 同性・の gleichgeschlechtlich. ～愛 die Homosexualität; [女同士の] lesbische Liebe; die Tribadie. ～愛の homosexuell.

どうせい 同棲する in wilder Ehe leben.

どうせい 動静 der Stand -es; die Lage. 自分の～を知らせる von sich³ hören lassen*.

どうぜい 同勢50人 eine Gesellschaft von 50 Personen.

とうせき 透析 die Dialyse -n. ～する dialysieren.

とうせき 党籍を剥奪する jm. die Parteimitgliedschaft entziehen*.

どうせき 同席する mit jm. zusammen|sein*; bei|wohnen (3格).

とうせつ 当節・は heutzutage. ～の heutig; von heute.

とうせん 当選 ¶代議士に～する zum Abgeordneten gewählt werden*(s受). 懸賞で～する bei einem Preisausschreiben gewinnen*. ～圏内にある gute Aussicht auf Wahlsieg haben*. ～者 der Erwählte#; [受賞者] der Preisträger; [懸賞の] der Sieger.

とうせん 当籤・する in der Lotterie gewinnen*. 富籤(⅟)の1等に～する das große Los ziehen*. ～番号 die Gewinnnummer.

とうぜん 当然・の natürlich; selbstverständlich. ～の結果 natürliche Folge; die Konsequenz. 彼は～罰せられるべきだ Er verdient Strafe. 君がそれを信ずるのは～だ Sie glauben es mit Recht.

とうぜん 陶然となる angeheitert sein*; berauscht sein* (von 3格); sich entzücken.

どうせん 同船する mit demselben Schiff fahren*(s).

どうせん 銅線 der Kupferdraht -[e]s, ¨e.

どうせん 導線 der Leitungsdraht -[e]s, ¨e.

どうぜん 同前 dito (略: do.; dto.).

どうぜん 同然 ¶乞食の～の姿である ganz wie ein Bettler aus|sehen*. 彼はそれを私に約束したも～だ Er hat es mir so gut wie versprochen.

どうぞ bitte. ご免ください—さあ～ Erlauben Sie! - Bitte sehr! — 肉をもう少し下さい Noch etwas Fleisch, wenn ich bitten darf! — この本を貸して下さいませんか Würden Sir mir bitte dieses Buch leihen?

とうそう 逃走 die Flucht. ～する [ent]fliehen*(s); davon|laufen*(s). ～中である auf der Flucht sein*. ～者 der Fliehende#.

とうそう 党争 der Parteienkampf -s, ¨e.

とうそう 痘瘡 Blattern (Pocken) pl.

とうそう 闘争 der Kampf -[e]s, ¨e; der Streit -[e]s, -e. ～する kämpfen*; streiten*. 階級～ der Klassenkampf. 賃上げ～をする um (für) höhere Löhne kämpfen. ～資金 die Streikkasse. ～本能 der Kampfinstinkt. ～心 die Kampflust.

どうそう 同窓・生 der Schulkamerad; der Mitschüler; [大学の] der Kommilitone. ～会 der Verein (die Versammlung) alter Schulfreunde.

どうぞう 銅像 die Bronzestatue -n. ～を建てる jm. eine Bronzestatue errichten.

とうそく 等速 gleich bleibende Geschwindigkeit. ～度運動 gleichförmige Bewegung.

とうぞく 盗賊 der Räuber -s, -; der Dieb -es, -e. ～の仲間 die Räuberbande (Diebesbande).

どうぞく 同族・の verwandt. ～結婚 die Endogamie.

とうそくるい 頭足類 Kopffüßer pl.

とうそつ 統率 die Führung. ～する führen. 軍隊を～する ein Heer befehlen (kommandieren). ～者 der Führer. ～力 die Fähigkeit zu führen. 彼は～力がある / Er ist eine Führerpersönlichkeit. / Er hat eine Führernatur.

とうた 淘汰 die Auslese; [人員の] der Abbau -s. ～する aus|lesen*; ab|bauen. 自然～ natürliche Zuchtwahl (Auslese).

とうだい 当代・の jetzig; gegenwärtig. ～随一の画家 der größte Maler der Gegenwart.

とうだい 灯台 der Leuchtturm -[e]s, ¨e. ～守(⅟) der Leuchtturmwärter. ～下(⅟)暗し Am Fuß des Leuchtturms ist es dunkel.

どうたい 胴体 der Rumpf -[e]s, ¨e.

どうたい 動態 die Bewegung -en. 人口～ die Bevölkerungsbewegung. 人口～統計 die Bevölkerungsstatistik.

どうたい 導体 der Leiter -s, -. 良(不良)～ guter (schlechter) Leiter.

とうたつ 到達 ¶目的地に～する an seinen Bestimmungsort gelangen (s); das Ziel erreichen. 同じ結論に～する zu demselben Schluss kommen*(s).

とうだん 登壇する auf die [Redner]tribüne treten*(s).

とうち 当地・の hiesig. ～で hier; hiesigen Ort[e]s.

とうち 倒置[・法] [文法] die Inversion -en. ～する um|kehren.

とうち 統治 die Regierung -en; die Herrschaft. ～する regieren; herrschen (über 4格). ～権 die Herrschergewalt; die Herrschaft. ～者 der Herrscher.

とうちゃく 到着 die Ankunft. ~する an|kommen*(s) 《in 3格》. お手紙本日～いたしました Heute erreichte mich Ihr Brief. ~時間 die Ankunftszeit. ~地 der Ankunftsort. ~ホーム der Ankunftsbahnsteig. ~ロビー die Ankunftshalle.

どうちゃく 撞着・する widersprechen* 《3格》. 前後～している inkonsequent sein*. 自家～ der Widerspruch in sich selbst. 自家～する sich³ selbst widersprechen*; sich in Widersprüche verwickeln. それは彼のこれまでの主張と[矛盾]～する Das widerspricht seinen bisherigen Behauptungen.

どうちゅう 道中・記 die Reisebeschreibung. ~ご無事で Glück auf den Weg!

とうちょう 盗聴・する ab|hören; mit|hören. ~器 das Abhörgerät.

とうちょう 登頂・する einen Berg ersteigen* (erklimmen*). 初～ die Erstbesteigung.

とうちょう 頭頂 der Scheitel -s, -. ~骨 das Scheitelbein.

どうちょう 同調・する mit jm. ins gleiche Horn blasen*; mit jm. Schritt halten*; sich auf jn. ein|stellen. 或る考えに～する sich einer Meinung an|schließen*. 一定の波長に～させる auf eine bestimmte Wellenlänge ab|stimmen. ~コイル die Abstimmspule. ~回路 der Abstimmkreis. ~者 der Anhänger; der Gesinnungsgenosse.

とうちょく 当直・する Dienst haben*. ~の医者 der Dienst habende Arzt. ~員 der Diensthabende#. ~将校 der Offizier vom Dienst.

とうつう 疼痛 bohrender Schmerz -es, -en.

とうてい 到底…ない keinesfalls; auf keinen Fall; durchaus (absolut) nicht. そんな事は～信じられない Das kann ich unmöglich glauben.

どうてい 童貞 die Keuschheit. ~の keusch.

どうてい 道程 der Weg -es, -e; die Strecke -n. 1時間の～ eine Stunde Weg. 復興の～は長くかつ険しい Bis zum Wiederaufbau ist ein langer und schwerer Weg.

とうてき 投擲 der Wurf -[e]s, ⸚e; [砲丸投げの] der Stoß -es, ⸚e. ~する werfen*; [砲丸を] stoßen*. ~競技 das Werfen und Kugelstoßen.

どうてき 動的な dynamisch.

とうてつ 透徹した klar; durchdringend.

どうでも [どうしても] auf jeden Fall; um jeden Preis. そんな事は～いい Das ist mir ganz gleichgültig (egal). / Es liegt mir nichts daran.

どうてん 同点・である mit jm. punktgleich sein*. 両チームは～である Die beiden Mannschaften stehen gleich.

どうてん 動転 [その知らせに彼は～した Die Nachricht hat ihn umgeworfen.

とうど 陶土 die Töpfererde; das (der) Kaolin -s.

とうとい 尊(貴)い edel; vornehm; nobel;〔貴重な〕kostbar; wertvoll. ~母の愛 heilige Mutterliebe.

とうとう 到頭 endlich; schließlich; zuletzt.

とうとう 等等 und so weiter (略: usw.); und so fort (略: usf.); und dergleichen (略: u. dgl.).

とうとう 滔滔・と流れる fluten(s); strömen(s). ~と述べる fließend (geläufig) sprechen*.

どうとう 同等 die Gleichheit. ~の gleich; gleichgestellt. ~に扱う et. gleich|setzen 《mit 3格》. ~である gleich|stehen* 《[mit] 3格》.

どうどう 同道する mit jm. gehen* (s); jn. begleiten.

どうどう 堂堂・たる stattlich; würdevoll. 威風～と majestätisch. ～と勝負する ehrlich spielen.

どうどうめぐり 堂堂巡り [彼の考えは～をしている Seine Gedanken bewegen sich im Kreis. それでは～だ Da beißt sich die Katze in den Schwanz.

どうとく 道徳 die Moral; die Sittlichkeit. ~的(上) moralisch; sittlich. ~家 moralischer (tugendhafter) Mensch. ~教育 moralische (sittliche) Erziehung. ~律 das Sittengesetz; das Moralgesetz.

とうとつ 唐突な(に) plötzlich; jäh; abrupt.

とうとぶ 尊ぶ [尊重する] schätzen; achten; [尊敬する] verehren; hoch achten; respektieren.

とうどり 頭取 [銀行の] der Direktor -s, -en.

とうなす 唐茄子 der Kürbis -ses, -se.

とうなん 東南 der Südosten -s. ~の südöstlich. ~アジア Südostasien.

とうなん 盗難 der Diebstahl -[e]s, ⸚e. 私は～にあった Man hat mich bestohlen. ~保険 die Diebstahlversicherung. ~防止金庫 diebessicherer Geldschrank.

とうに 疾うに längst; seit langem; schon lange.

どうにか ~[して] irgendwie. ~[こうにか] leidlich; [辛うじて] mit Müh und Not. ~暮らしを立てて行く sein knappes Auskommen finden*. ~機嫌いかが — まあ～こうにか Wie geht es? - So lala.

とうにゅう 投入 [資本を～する Kapital an|legen 《in 4格》.

どうにゅう 導入 die Einführung -en. ~する ein|führen.

とうにょうびょう 糖尿病 die Zuckerkrankheit; der Diabetes -. ~の zuckerkrank; diabetisch. ~患者 der Zuckerkranke#; der Diabetiker.

とうにん 当人 der Betreffende#.

どうにん 同人 derselbe; dieselbe Person.

どうねん 同年・に in demselben Jahr. 我我は～である Wir sind im selben Alter. 彼は私と～である Er ist (steht) in meinem Alter. / Er ist so alt wie ich.

どうねんぱい 同年輩・の gleichaltrig; im gleichen Alter. 彼と～の人 sein Altersgenosse.

とうは 党派 die Partei -en. ~を結ぶ eine Partei bilden (gründen). ~に分れる sich in Parteien spalten*. ~的 parteiisch.

とうは 踏破する durchwandern.

とうば 塔婆 der Stupa -s, -s.

どうはい 同輩 der Genosse -n, -n; der Kamerad -en, -en; der Kollege -n, -n.

とうはつ 頭髪 das Haar -[e]s, -e. ~を長くしている das Haar (die Haare) lang tragen*. ~を刈る sich³ das Haar (die Haare) schneiden lassen*.

とうばつ 討伐する unterdrücken.

とうばつ 盗伐する einen Holzdiebstahl (Holzfrevel) begehen*.

とうはん 登攀する einen Berg besteigen*.

とうばん 当番 〔人〕der Dienstabende-. ~をする Dienst haben*. 今日の掃除~は君だ Heute bist du an der Reihe, das Zimmer zu reinigen.

どうはん 同伴 ¶人に~する jn. begleiten. 夫人~で in Begleitung seiner Frau. ~者 der Begleiter.

どうばん 銅版〔画〕der Kupferstich -s, -e.

とうひ 当否を判断する beurteilen, ob es richtig ist oder nicht.

とうひ 逃避・する fliehen* (s) 《vor 3格》. 現実~ die Wirklichkeitsflucht.

とうひきゅうすう 等比級数 geometrische Reihe -n.

とうひょう 投票 die Abstimmung -en; die Stimmabgabe -n. ~する ab|stimmen. 或人に~する jm. seine Stimme geben*. ~に行く wählen gehen*(s). ~で決める durch Abstimmung entscheiden*. 賛成(反対)の~をする stimmen 《für (gegen) 4格》. ~の結果賛成20反対5である Die Abstimmung ergibt 20 dafür und 5 dagegen. ~管理者 der Wahlvorsteher. ~権 das Stimmrecht. ~権のある stimmberechtigt. ~者 der Stimmgeber. ~所 das Wahllokal; der Wahlraum. ~箱 die Wahlurne. ~日 der Wahltag. ~用紙 der Wahlzettel (Stimmzettel). ~用紙記入ボックス die Wahlzelle (Wahlkabine). 決選~ die Stichwahl. 信任~ das Vertrauensvotum. 必要~数 erforderliche Stimmenzahl.

とうびょう 投錨する Das Schiff wirft Anker (geht vor Anker).

とうびょう 闘病 ¶15年の~生活をした 15 Jahre lang kämpfte er mit der Krankheit.

どうひょう 道標 der Wegweiser -s, -; 〔里程標〕der Meilenstein -[e]s, -e.

どうびょうあいあわれむ 同病相憐(れ)む Die Leidenden haben Mitleid miteinander.

とうひん 盗品 die Diebesbeute; das Diebesgut -[e]s, ⸚er.

とうふ 豆腐 der Tofu -[s].

とうぶ 東部 der Osten -s. ~の östlich.

とうぶ 頭部 der Kopf -es, ⸚e; das Haupt -es, ⸚er.

どうふう 同封・する in einen Brief ein|legen; einem Brief bei|legen. ~の anliegend; beiliegend. ~して送る anliegend schicken. ~物 die Anlage (Beilage).

どうふく 同腹のきょうだい(兄弟姉妹) leibliche Geschwister pl.

どうぶつ 動物 das Tier -es, -e. 高等~ höhere Tiere pl. ~性の tierisch. ~的な animalisch. ~愛護 der Tierschutz. ~愛好家 der Tierfreund. ~園 zoologischer Garten; der Zoo. ~学 die Zoologie; die Tierkunde. ~学者 der Zoologe. ~界 das Tierreich. ~虐待 die Tierquälerei. ~誌 die Fauna. ~実験 der Tierversuch.

どうぶるい 胴震いする am ganzen Leib zittern 《vor 3格》.

とうぶん 当分 vorläufig; auf einige Zeit; [für] eine Weile; ziemlich lange.

とうぶん 等分・する in gleiche Teile teilen. 3~する in 3 gleiche Teile teilen (schneiden*). お菓子を子供達に~に分ける den Kuchen unter die Kinder gleichmäßig verteilen.

とうぶん 糖分 der Zucker -s. ~を含んだ zuckerhaltig.

どうぶん 同文・の gleich lautend. ~電報 gleich lautendes Telegramm.

とうへき 盗癖 die Stehlsucht; die Kleptomanie. ~のある kleptomanisch. ~のある人 der Stehlsüchtige⁂.

とうへん 等辺・の gleichseitig. 二~三角形 gleichschenkliges Dreieck.

とうべん 答弁 die Antwort -en. ~する antworten 《auf 4格》.

とうへんぼく 唐変木 der Holzkopf -[e]s, ⸚e.

とうほう 当方 ich; wir. ~の mein; unser. ~には異存ありません Meinerseits (Unsererseits) ist nichts einzuwenden.

とうほう 東方 der Osten -s. ~に im Osten. ~の östlich. ~へ ostwärts.

とうぼう 逃亡 die Flucht. ~する [ent]fliehen*(s); flüchten (s); aus|reißen*(s). ~者 der Flüchtige⁂; der Ausreißer. ~兵 flüchtende Soldaten pl.

どうほう 同胞 〔兄弟姉妹〕Geschwister pl.; 〔同国人〕der Landsmann -[e]s, ..leute; der Bruder -s, ⸚. ~愛 die Brüderlichkeit.

とうほく 東北 der Nordosten -s. ~の nordöstlich.

とうほん 謄本 die Abschrift -en; die Kopie -n.

とうほんせいそう 東奔西走する geschäftig umher|laufen* (hin und her laufen*) (s).

どうまき 胴巻 die Geldkatze -n; der Geldgürtel -s, -.

とうみつ 糖蜜 die Melasse -n.

どうみゃく 動脈 die Arterie -n; die Schlagader -n. 大~ die Aorta; die Hauptschlagader. 交通の大~ die Verkehrsader. ~硬化症 die Arteriosklerose; die Arterienverkalkung.

とうみょう 灯明 geweihtes Licht -es, -er.

とうみん 冬眠 der Winterschlaf -s. ~する

den Winterschlaf halten*. ～動物 der Winterschläfer.
とうめい 透明・な durchsichtig; transparent. 水晶のように～な kristallklar. ～な水 klares Wasser. 無色～な人間 neutraler (unparteiischer) Mensch. 半～の halb durchsichtig. ～度 die Durchsichtigkeit; die Transparenz.
どうめい 同名の gleichnamig.
どうめい 同盟 der Bund -es, ⸚e; das Bündnis -ses, -se; die Allianz -en. ～する einen Bund (ein Bündnis) mit jm. schließen*; sich mit jm. verbünden (vereinigen). 彼と～して im Bunde(mit 3 格). ～条約 der Bündnisvertrag. ～者（国）der Verbündete＃; der Alliierte*. ～罷業 der Streik. ～罷業する streiken.
とうめん 当面・の gegenwärtig. ～の問題 vorliegende Frage. ～する gegenüber|stehen* 《3 格》. この事実に～して angesichts(im Angesicht) dieser Tatsache.
どうも ～ありがとう Danke sehr (schön)! 彼の言うことは～よく分らない Seine Worte sind mir schwer verständlich. その話は～変だ Ich finde es irgendwie komisch. …は～雨らしい Wir bekommen anscheinend Regen.
どうもう 獰猛な wild; grausam; brutal.
とうもく 頭目 das Haupt -es, ⸚er.
どうもく 瞠目・する große Augen machen; die Augen auf|reißen*. ～に値する bewundernswert.
とうもろこし 玉蜀黍 der Mais -es.
どうもん 同門〔人〕der Mitschüler -s, -; der Studienkollege -n, -n.
とうや 陶冶 die Bildung. 人格を～する den Charakter bilden.
とうやく 投薬する jm. Arznei geben* (verschreiben*).
どうやく 同役 der Amtsgenosse -n, -n; der Kollege -n, -n.
どうやら ～晴れそうだ Das Wetter wird sich wohl (wahrscheinlich) aufklären. 彼は～病気のようだ Er ist anscheinend krank. 彼は～[こうやら]試験に合格した Er bestand das Examen mit knapper Not (nur knapp).
とうゆ 灯油 das Leuchtöl (Lampenöl) -s.
とうゆがみ 桐油紙 das Ölpapier -s, -e.
とうよう 東洋 der Orient -s. ～の orientalisch. ～人 der Orientale. ～学 die Orientalistik. ～学者 der Orientalist.
とうよう 盗用する heimlich gebrauchen (benutzen).
どうよう 同様・の gleich. ～に gleichfalls; in gleicher (ähnlicher) Weise. 前年と～の作柄 dieselbe Ernte wie im vorigen Jahr. 私の場合も～です So geht es mir auch. 兄弟～にする jn. wie einen Bruder behandeln. 会社は破産したも～だ Die Firma ist so gut wie bankrott. 以下～ und dergleichen (略: u. dgl.).
どうよう 動揺 das Schwanken -s; [不安] die

Unruhe; die Beunruhigung -en. 政界の～ politische Unruhen pl. ～する schwanken. 人心を～させる das Volk beunruhigen. 友人の死が彼を～させた Der Tod des Freundes erschütterte ihn.
どうよう 童謡 das Kinderlied -[e]s, -er.
とうらい 到来・する an|kommen*(s). 時節～ Es ist Zeit. ～物(&) das Geschenk.
とうらく 当落 das Wahlergebnis -ses, -se.
どうらく 道楽〔趣味〕die Liebhaberei -en; das Hobby -s, -s; [放蕩] Ausschweifungen pl. ～をする ein ausschweifendes (liederliches) Leben führen. ～に絵をかく (zu seinem) Vergnügen malen. ～仕事 dilettantische Arbeit. ～息子 verlorener Sohn. ～者 liederlicher Kerl; der Wüstling; der Genüssling. 本～ die Bücherliebhaberei.
どうらん 胴乱 die Botanisiertrommel -n.
どうらん 動乱 der Aufruhr -s. ～が勃発する Der Aufruhr bricht los.
とうり 党利 parteiliche Interessen pl.
どうり 道理 [条理] die Vernunft. ～を聞き分ける Vernunft an|nehmen*. ～を説く jm. Vernunft predigen. それは物の～に反する Das ist gegen (wider) alle Vernunft. ～を弁(ﾏﾞ)えた vernünftig; verständig. ～にかなった vernünftig; vernunftgemäß. ～にはずれた vernunftwidrig. ～で [Es ist] kein Wunder, dass ... 無理が通れば～が引っ込む Gewalt geht vor Recht.
とうりつ 倒立する einen Handstand machen; auf [den] Händen stehen*.
とうりゃく 党略 die Parteipolitik.
とうりゅう 逗留 der Aufenthalt -s, -e. ～する sich auf|halten*.
とうりゅうもん 登竜門 das Tor zum Erfolg.
とうりょう 棟梁 [大工の] der Zimmermeister -s, -.
とうりょう 等量 äquivalent.
どうりょう 同僚 der [Amts]genosse -n, -n; der Kollege -n, -n.
どうりょく 動力 die Kraft. 原～ die Triebkraft. ～の供給 die Energieversorgung. ～計 der Kraftmesser.
どうるい 同類 ¶あいつもこの手合いと～だ Der zählt auch zu dieser Sorte [Menschen]. ～項 gleiche Glieder pl.
とうれい 答礼する js. Gruß erwidern.
どうれつ 同列 dieselbe Reihe -n. ～に置く (扱う) mit jm. gleich|stellen (-|setzen).
どうろ 道路 der Weg -es, -e; [街路] die Straße -n; [小路] die Gasse -n. ～で auf der Straße. ～工事中! Achtung! Straßenbau. ～交通規則 die Straßenverkehrsordnung (略: StVO). ～地図 die Straßenkarte. ～清掃員 der Straßenfeger. ～標識 das Straßenschild.
とうろく 登録 die Registrierung (Eintragung); der Eintrag -[e]s. ～する registrieren; ein|tragen*. ～済みの registriert;

とおりことば

eingetragen. ～商標 eingetragenes Warenzeichen.
とうろん 討論 die Debatte -n; die Diskussion -en; die Erörterung -en. ～する debattieren (diskutieren)《über 4 格》; erörtern.
どうわ 童話 das Märchen -s, -. ～作家 der Märchenerzähler.
とうわく 当惑・する in Verlegenheit (Verwirrung) geraten*(s). ～した verlegen; verwirrt; ratlos. ～顔で mit verlegener Miene.
どえらい ungeheuer; übertrieben. ～事をする Erstaunliches leisten. ～値段 horrender Preis. ～人出 eine unübersehbare Menschenmenge. ～寒さだ Es ist höllisch kalt.
とおあさ 遠浅である bis weit hinaus seicht sein*.
とおい 遠い fern; weit. ～国 ferne Länder pl. ～道 weiter Weg. ～昔の思い出 Erinnerungen aus fernen Tagen. ～親戚に当る → 遠縁. 駅までまだ～ですか Ist es noch weit zum Bahnhof? 遠くから von weitem; von fern. 遠くに in der Ferne. 故郷から遠く離れて weit entfernt von der Heimat. 君は彼に遠く及ばない Du kannst doch gar (bei weitem) nicht mit ihm vergleichen. 気が遠くなる ohnmächtig werden*(s). 耳の～ schwerhörig.
とおえん 遠縁・の entfernt verwandt. ～に当る mit jm. entfernt verwandt sein*.
とおからず 遠からず bald; in der nächsten Zukunft. ～不幸が起きるだろう Es dauert nicht mehr lange, und es geschieht ein Unglück.
トーキー der Tonfilm -s, -e.
とおざかる 遠ざかる sich entfernen. 彼はこのような仲間からは遠ざかっている Er hält sich von solcher Gesellschaft fern.
とおざける 遠ざける jn. fern halten* (entfernen)《von 3 格》;〔身辺から〕jn. von sich³ fern halten*. 酒を～ sich des Alkohols enthalten*.
とおし 通し・切符 durchgehende Fahrkarte. ～番号 fortlaufende Nummern pl. ～番号をつける et. fortlaufend numerieren.
とおす 通す durch|lassen*;〔入れる〕ein|lassen*. 応接間に～ jn. ins Empfangszimmer führen. 針に糸を～ einen Faden in eine Nadel ein|fädeln. 法律案を～ eine Gesetzesvorlage durch|bringen*. 我ތを～ seinen Kopf durch|setzen. ざっと目を～ et. flüchtig durch|lesen*. 生涯独身で～ fürs ganze Leben ledig bleiben*(s). ずっと立ち通しだった Ich habe die ganze Zeit [über] gestanden. 水を通さない wasserdicht [sein*]. 仲介者を通して durch einen Vermittler.
トースター der Brotröster (Toaster) -s, -.
トースト der Toast -es, -e (-s). パンを～にする Brot rösten (toasten).
とおせんぼう 通せん坊をする jm. den Weg versperren (verlegen).
トー・ダンス der Spitzentanz -es, ⸚e.

トーチカ der Bunker -s, -.
とおで 遠出する einen Ausflug machen.
トーテム das Totem -s, -s. ～信仰 der Totemismus. ～ポール der Totempfahl.
ドーナツ der [Berliner] Pfannkuchen -s, -.
トーナメント das Turnier -s, -e.
とおのく 遠のく sich entfernen;〔近寄らぬ〕sich fern halten*《von 3 格》. 足が～ immer seltener kommen*. 視界から～ sich aus dem Gesichtskreis entfernen. 響きは次第に遠のいて行く Die Klänge verschallen in der Ferne.
とおのり 遠乗りする spazieren fahren*(s);〔馬で〕spazieren reiten*(s).
とおぼえ 遠吠えする heulen.
とおまき 遠巻きにする einen weiten Kreis bilden (schließen*)《um 4 格》.
とおまわし 遠回し・に andeutungsweise. ～に言う jm. et. zu verstehen geben*.
とおまわり 遠回り・する einen Umweg machen. ～して auf einem Umwege.
とおみ 遠見 ¶ここは～がきく Von hier aus hat man eine weite Aussicht. ～櫓(やぐら) der Wachtturm. ～には → 遠目.
とおみち 遠道 weiter Weg -es, -e. ～する → 遠回り.
ドーム der Dom -[e]s, -e.
とおめ 遠目・には aus der Ferne [gesehen]. ～のきく weitsichtig.
とおめがね 遠眼鏡 das Fernrohr -[e]s, -e.
ドーラン die Fettschminke -n.
とおり 通り die Straße -n. このパイプは～が悪い Die Pfeife hat keinen [guten] Zug. 下水の～をよくする das Entwässerungsrohr reinigen. 彼女の声は～がよい Ihre Stimme trägt [gut]. 上役に～がよい bei seinem Vorgesetzten gut angeschrieben sein*. この道は車の～が激しい Auf dieser Straße herrscht starker Verkehr. やり方が二～ある Es gibt zwei Methoden dazu. いつもの～ wie gewöhnlich (immer). 計画の～に nach dem Plan; planmäßig. 言われた～にする js. Anordnungen gemäß handeln. 僕の言った～だ Es ist so, wie ich [es] gesagt habe. まさにその～です Das stimmt. / Sie haben ganz Recht. / Genau [so].
とおりあめ 通り雨 der Schauer -s, -.
とおりいっぺん 通り一遍・の〔形式的な〕formell;〔表面上の〕oberflächlich. ～の挨拶をする jn. förmlich grüßen. ～の礼を言う pflichtschuldigen Dank ab|statten.
とおりがかり 通り掛かり・の vorübergehend. ～に im Vorübergehen. ～の人 der Vorübergehende#.
とおりかかる 通り掛かる zufällig (gerade) vorbei|gehen*(s).
とおりこす 通り越す vorbei|gehen* (vorüber|gehen*) (s)《an 3 格》. 僕は腹立たしさを通り越して哀れを覚えた Ich empfand mehr Mitleid als Ärger.
とおりことば 通り言葉 geläufige Redewen-

とおりすぎる 通り過ぎる → 通り越す.

とおりそうば 通り相場 üblicher Preis -es, -e.

とおりな 通り名 ¶…という~である gewöhnlich … genannt werden* (s受); unter dem Namen … bekannt sein*.

とおりぬけ 通り抜け der Durchgang -[e]s, ⸚e; das Durchkommen -s. ~無用 Durchgang (Durchfahrt) verboten!

とおりぬける 通り抜ける hindurch|gehen* (durch|kommen*) (s) 《durch 4 格》. 森を~ durch einen Wald durch|gehen*(s).

とおりま 通り魔 der Amokläufer -s, -.

とおる 通る gehen* (fahren*) (s); 〔透る〕 durch|dringen*(s). 部屋に~ in ein Zimmer ein|treten*(s). 家の前を~ an einem Haus vorbei|gehen* (vorbei|fahren*) (s). 試験に~ beim Examen durch|kommen*(s). 筋(意味)が~ konsequent (verständlich) sein*. シベリアを通って über Sibirien. ここはバスが通っている Hier verkehrt der Omnibus. 彼の声はよく~ Seine Stimme trägt [gut]. この肉はまだ火が通っていない Das Fleisch ist noch nicht ganz gar. 法案が通った Die Gesetzesvorlage ging durch (wurde angenommen). 雨が肌まで通った Der Regen drang bis auf die Haut durch. 彼は財産家で通っている Er gilt als vermögender Mann. そんな言い訳では通らない Mit solcher Entschuldigung werden Sie bei mir nicht durchkommen.

とか ¶田中~いう人 ein gewisser [Herr] Tanaka. 蠅~蚊~いった害虫 Ungeziefer, wie Fliegen, Mücken und dergleichen. 彼は今病気している~ Soviel (Wie) ich höre, ist er krank. / Man sagt, er sei krank. / Er soll krank sein.

とが 咎 〔あやまち〕der Fehler -s, -;〔罪〕 die Schuld.

とかい 都会 die Stadt ⸚e. 大~ die Großstadt. ~の städtisch. ~風の urban. ~人 der Stadtmensch; der Städter. ~生活 das Stadtleben. ~育ちの in der Stadt aufgewachsen.

どがいし 度外視・する außer Acht lassen*. 損害を~して ohne Rücksicht auf Verluste.

とがき ト書き die Bühnenanweisung -en.

とかく 〔ややもすれば〕leicht. ~するうちに mittlerweile; inzwischen. ~忘れられがちだ Das wird leicht vergessen. あの人には~の噂がある Er hat einen zweifelhaften Ruf.

とかげ 蜥蜴 die Eidechse -n.

とかす 溶かす ¶〔金属(鉛)の〕Metall (Blei) schmelzen*. 砂糖を水に~ Zucker in Wasser auf|lösen*. 太陽が氷を~ Die Sonne taut das Eis auf.

とかす 解(梳)かす ¶髪を~ sich³ das Haar kämmen.

どかす 退かす → どける.

どかた 土方 der Erdarbeiter -s, -.

とがめだて 咎め立て der Verweis -es, -e; die Rüge -n. ~する → 咎める.

とがめる 咎める jm. einen Verweis (eine Rüge) erteilen 《wegen 2 格》. 気が~ ein böses Gewissen haben*. 傷が~ Die Wunde entzündet sich. 守衛に咎められる von einer Wache angerufen werden* (s受).

とがらす 尖らす spitzen; schärfen. 口を~ die Lippen spitzen. 神経を~ nervös werden*(s) 《über 4 格》. 声を尖らして叱る mit scharfer Stimme tadeln.

とがる 尖る 〔神経が〕~ nervös werden*(s). 尖った spitz.

どかん ~! Krach! / Bums! ~と音がする krachen; knallen. ~と破裂する mit lautem Knall platzen (s).

どかん 土管 die Tonröhre -n.

とき 時 die Zeit -en;〔時間〕die Stunde -n;〔時代〕das Zeitalter -s, -;〔機会〕die Gelegenheit -en. ~の人 der Held des Tages. ~を移さず sogleich; unverzüglich. ~をたがえず pünktlich. ~を同じうして gleichzeitig. ~と共に mit der Zeit. ~には zuzeiten; bisweilen. ~を打つ Die Uhr schlägt. ~が経つ Die Zeit vergeht. ~は金(たか)なり Zeit ist Geld. もう寝る~だ Es ist Zeit, schlafen zu gehen. 丁度よい~に来る gerade zur rechten Zeit kommen*(s). ご都合のよい~に Wenn es Ihnen recht ist, … どんな~でも zu allen Stunden; jederzeit. ~と場合によって unter Umständen. 食事の~に beim Essen. ~を待つ auf eine günstige Gelegenheit warten. ~を逸する eine gute Gelegenheit verpassen. 今こそ…する~だ Es ist höchste Zeit (an der Zeit), dass … 私が子供だった~ Als ich noch ein Kind war, …

とき 鴇 der Ibis -ses, -se. ~色の blassrot.

どき 土器 die Irdenware -n; die Keramik -en.

どき 怒気 der Zorn -s. ~を含んだ口調で in ärgerlichem Ton.

ときあかす 解き明かす erhellen; auf|klären.

ときあかす 説き明かす erklären.

ときおり 時折 → 時々.

とききかせる 説き聞かせる jn. belehren 《über 4 格》.

とぎし 研ぎ師 der Schleifer -s, -.

トキシン das Toxin -s, -e.

ときすすめる 説き勧める jm. zu|reden 《zu+不定詞》.

ときすます 研ぎ澄ます scharf schleifen* (wetzen).

とぎたて 研ぎ立ての frisch geschliffen (gewetzt).

ときたま 時たま → 時々. ~しか彼に会えない Ich sehe ihn nur selten.

どぎつい grell; laut; knallig. ~色 schreiende (grelle) Farbe. ~言葉 Kraftausdrücke pl.

ときつける 説き付ける jn. überreden 《zu+不定詞》.

ときどき 時時 von Zeit zu Zeit; dann und

わん; ab und zu; bisweilen; zuzeiten; gelegentlich; manchmal. その~の jeweilig.
どきどき ¶心臓が~する Das Herz pocht mir. 胸を~させながら mit klopfendem (pochendem) Herzen.
ときとして 時として → 時ờ.
ときならぬ 時ならぬ unzeitgemäß; ungelegen; [思いがけぬ] unerwartet; plötzlich.
ときに 時に [ところで] nun; apropos; übrigens. → 時折.
ときのこえ 関の声を上げる in den Schlachtruf aus|brechen*(s).
ときふせる 説き伏せる [説得する] jn. überreden《zu 3 格; zu+不定詞》.
どぎまぎ ~する in Verlegenheit (Verwirrung) geraten*(s); bestürzt sein*《über 4 格》. ~して verwirrt; bestürzt; verlegen.
ときめかす ¶胸をときめかして mit klopfendem Herzen.
ときめく ¶喜びに胸が~ Das Herz hüpft mir vor Freude.
ときめく 時めく ¶今を~政治家 ein Staatsmann auf dem Gipfel seines Ruhms.
どぎも 度肝を抜く jn. verblüffen《mit 3 格; durch 4 格》. 私は全く~を抜かれた Ich bin ganz platt (baff; verblüfft).
ドキュメンタリー ~映画 der Dokumentarfilm -s, -e.
どきょう 度胸・のある mutig; beherzt. ~のない furchtsam; mutlos. ~が坐っている starke (eiserne) Nerven haben*. ~をすえる Mut fassen. ~をためす js. Mut erproben.
とぎれとぎれ ~の言葉 abgebrochene Worte pl. 息も~に mit keuchendem Atem.
とぎれる unterbrochen werden*《s 受》. 脈が~ Der Puls setzt aus. 会話が~ Das Gespräch stockt (bricht ab).
ときわぎ 常磐木 immergrüner Baum -es, =e.
とく 得 [もうけ] der Gewinn -s, -e; [利益] der Nutzen -s; der Vorteil -s, -e. ~な Gewinn bringend; einträglich; nützlich; vorteilhaft. ~をする gewinnen*《durch 4 格》. Nutzen (Vorteil) ziehen*《aus 3 格》. ~になる jm. nützen; jm. Vorteil bringen*. この仕事は~にならぬ Diese Arbeit ist nicht lohnend. 彼は~な性分だ Er hat eine glückliche Natur.
とく 徳 die Tugend -en. ~の高い tugendhaft. ~とする jm. dankbar sein*《für 4 格》. 朝起きは三文の~ Morgenstunde hat Gold im Munde.
とく 解く lösen. 結び目を~ einen Knoten lösen (auf|machen). 包みを~ ein Paket auf|schnüren; eine Packung öffnen. 髪を~ sich[3] das Haar kämmen. 謎(%)[問題]を~ ein Rätsel raten* (ein Problem lösen). 宇宙の謎を~ das Weltall enträtseln. 職務を~ jn. seines Amtes entbinden*. 禁を~ ein Verbot auf|heben*. 緊張を~ sich entspannen. 疑惑を~ js. Zweifel zerstreuen (beseitigen).
とく 説く [説明する] erklären; [説き勧める] jm.

zu|reden《zu+不定詞》. 人倫を~ Moral predigen.
とぐ 研ぐ schärfen; schleifen*; [みがく] polieren.
どく 毒 das Gift -es, -e. ~のある(ない) giftig (giftfrei). ~を仰ぐ(飲む) Gift [ein|]nehmen*. ~を盛る jn. (eine Speise) vergiften. 公共生活を~にする das öffentliche Leben vergiften. この小説は若い人には~だ Dieser Roman ist Gift für die Jugendlichen (schadet den Jugendlichen). ~の回りが早い Das Gift wirkt [bei ihm] schnell. ~にも薬にもならない harmlos sein*; jm. weder Schaden noch Nutzen bringen*. ~を食らわば皿まで Wenn schon, denn schon. ~をもって~を制する ein Übel durch ein anderes vertreiben*.
どく 退く aus dem Weg gehen*(s). そこを退いてくれ [Geh] mir aus dem Weg!
どくあたり 毒中り die Vergiftung -en.
とくい 特異・の eigentümlich; eigenartig; sonderbar; seltsam. ~な才能 besonderes (spezifisches) Talent. ~性 die Eigentümlichkeit. ~体質 die Idiosynkrasie.
とくい 得意 [得手] die (seine) Stärke -n; die (seine) Spezialität -en; [顧客] der Kunde -n, -n. ~の絶頂にある auf dem Gipfel des Glücks stehen*. 彼は計算が~でない Im Rechnen ist er nicht stark. それは私の~とするところだ Das ist meine starke Seite (meine Stärke). ~がる [sich] groß|tun*《mit 3 格》. ~になって stolz. ~顔で mit stolzer Miene. ~科目 das Lieblingsfach. 長年の~ alter Kunde. ~先を回る die Kunden besuchen.
とくいく 徳育 sittliche (moralische) Erziehung.
どくえん 独演 das Solo -s, -s (..li). ~する solo (ohne Partner) spielen. ~会 die One-man-Show ['wʌn'mænʃoʊ].
どくが 毒牙 der Giftzahn -[e]s, =e. ~にかかる jm. in die Klauen fallen*(s).
とくがく 篤学の lernbegierig; dem Studium (den Wissenschaften) ergeben.
どくがく 独学 das Selbststudium -s; der Selbstunterricht -s. ~で法律をものにする sich[3] die Kenntnisse der Gesetze durch Selbststudium an|eignen. 外国語を~で学ぶ eine Fremdsprache im Selbststudium erlernen. ~の autodidaktisch. ~者 der Autodidakt.
どくガス 毒ガス das [Gift]gas -es, -e. ~にやられた Ich bin gaskrank.
とくぎ 特技 besondere Fähigkeit -en; Spezialität -en.
とくぎ 徳義 die Sittlichkeit. 彼には~心がない Er ist ein Mensch ohne Sittlichkeit.
どくけ 毒気 der Gifthauch -s. ~のある giftig; böswillig.
どくけし 毒消し das Gegengift -[e]s, -e.
どくご 独語 das Selbstgespräch -s, -e; der Monolog -s, -e; [ドイツ語] [das] Deutsch -[s]. ~する vor sich hin sprechen*.
とくさ 木賊 der Schachtelhalm -s, -e.

どくさい 独裁[·政治] die Diktatur; die Alleinherrschaft. ～的 diktatorisch. ～者 der Diktator. ～制 die Autokratie.
とくさく 得策な ratsam; vorteilhaft; zweckmäßig.
どくさつ 毒殺 der Giftmord -[e]s, -e. ～する vergiften.
とくさん 特産 das Landesprodukt -s, -e.
とくし 特使 der Sonderbotschafter -s, -.
とくし 篤志·な wohlwollend. あの人は～家だ Er ist ein Wohltäter [der Menschheit].
どくじ 独自·の eigen. 彼～の意見 seine eigene Ansicht. 彼～の文体 der ihm eigene Stil. ～性 die Eigenart.
とくしつ 特質 die Eigentümlichkeit -en; das Charakteristikum -s, ..ka; charakteristische Merkmale pl.
とくしつ 得失 Vor- und Nachteile pl.; Gewinn und Verlust.
とくじつ 篤実な redlich; rechtschaffen.
とくしゃ 特赦 die Begnadigung -en. ～する begnadigen.
どくしゃ 読者 der Leser -s, -; [集合的に] die Leserschaft; [予約購読者] der Abonnent -en, -en. この雑誌は～層が広い Diese Zeitschrift hat einen großen Leserkreis. 色々な ～層 verschiedene Leserschichten pl.
どくじゃ 毒蛇 die Giftschlange -n.
とくしゅ 特殊·の speziell; besonder. ～性 die Spezialität; die Besonderheit. ～鋼 der Spezialstahl. ～学校 die Sonderschule. ～学級 die Sonderklasse.
どくしゅう 独習する ohne Lehrer lernen. → 独学.
どくしょ 読書 das Lesen -s; die Lektüre. ～する lesen*. ～三昧(ざんまい)にふける sich in seine Bücher vertiefen. ～家 fleißiger Leser. ～会 der Lesezirkel. ～狂 die Leseratte. ～室 das Lesezimmer; der Lesesaal. ～好きの leselustig.
とくしょう 特賞 besonderer Preis -es, -e.
どくしょう 独唱[·曲] das Solo -s, -s (..li); der Sologesang -s, ⁼e. ～する solo singen*. ～者 der Solist; der Solosänger. ～会 das Solistenkonzert.
とくしょく 特色 die Eigenart; der Charakter -s. ～のある mit Charakter. ～のない ohne besondere Eigenart. ～づける charakterisieren.
とくしん 得心·する sich überzeugen 《von 3格》. 双方の～の上で mit beiderseitiger Zustimmung. ～の行くまで bis zur Zufriedenheit.
とくしん 瀆神 die Gotteslästerung -en; die Blasphemie -n. ～的 gotteslästerlich; blasphemisch.
どくしん 独身·の ledig; unverheiratet. 一生 ～で暮らす fürs ganze Leben ledig (ehelos) bleiben*(s). ～者 [男] der Junggeselle; [女] die Junggesellin. ～主義者 eingefleischter Junggeselle. ～寮 das Ledigenheim.
どくしんじゅつ 読心術 das Gedankenlesen -s. ～者 der Gedankenleser.
どくしんじゅつ 読唇術 das Lippenlesen -s.
どくする 毒する schaden (3格); vergiften.
とくせい 特性 die Eigenschaft -en.
とくせい 特製 extra angefertigt.
とくせい 徳性 die Sittlichkeit; die Moralität.
どくせい 毒性の giftig.
どくぜつ 毒舌を振るう giftige Reden führen. 彼は～家だ Er hat eine giftige (spitze) Zunge.
とくせん 特選になる mit dem Sonderpreis ausgezeichnet werden*(s受).
どくせん 毒腺 die Giftdrüse -n.
どくせん 独占 der Alleinbesitz -es; das Monopol -s, -e. ～する im Alleinbesitz haben*; monopolisieren. ～的 ausschließlich; monopolistisch. ～権を持っている das Monopol haben*《auf (für) 4 格》. 話を～する das Gespräch an sich reißen*. ～禁止法 das Antitrustgesetz. ～企業 das Monopol; der Monopolist. ～事業 das Monopolunternehmen. ～資本 das Monopolkapital. ～資本主義 der Monopolkapitalismus.
どくぜん 独善的 selbstgerecht; rechthaberisch.
どくそ 毒素 der Giftstoff -s, -e; das Toxin -s, -e.
どくそう 毒草 die Giftpflanze -n.
どくそう 独走 der Alleingang -[e]s, ⁼e. ～する die anderen weit hinter sich³ lassen*.
どくそう 独奏 das Solo -s, -s (..li). ～する solo spielen. ～者 der Solist. ピアノ～ das Klaviersolo. ～曲 das Solostück.
どくそう 独創·性 die Originalität. ～的 originell; original.
とくそく 督促 die Mahnung -en. ～する jn. mahnen 《zu 3格》. 借金の支払を～する jn. wegen einer Schuld (um eine Schuld) mahnen. ～状 der Mahnbrief.
ドクター der Doktor -s, -en.
とくたい 特大·の extragroß. ～サイズの靴 die Schuhe in Übergröße.
とくたいせい 特待生 der Stipendiat -en, -en.
とくだね 特種 der Scoop -s, -s; der Exklusivbericht -s, -e.
どくだん 独断 eigenmächtige Entscheidung -en; das Willkürurteil -s, -e. ～専行 die Eigenmächtigkeit; eigenmächtiges Vorgehen. ～的 dogmatisch. 彼はこの事を～でやった Er verfuhr in dieser Sache eigenmächtig. ～家 der Dogmatiker. ～論 der Dogmatismus.
どくだんじょう 独壇場 ¶マラソンは彼の～である Im Marathonlauf ist er ohne Konkurrenz (sucht er seinesgleichen).
とぐち 戸口 die Tür -en. ～から外へ出る zur Tür hinaus|gehen*(s).
とくちょう 特長 die Stärke -n.
とくちょう 特徴 [charakteristisches] Merk-

どくづく 毒づく fluchen (schimpfen) 《auf (über) 4格》.
とくてい 特定の bestimmt.
とくてん 特典 Vergünstigung -en. ～を受ける Vergünstigungen genießen*.
とくてん 得点 der Punkt -es, -e. ～する Punkte erringen*.
とくでん 特電 das Sondertelegramm -s, -e.
とくと 篤と sorgfältig. ～考える gründlich (reiflich) überlegen.
とくとう 禿頭 der Kahlkopf -[e]s, ⸚e. ～の kahlköpfig. ～病 die Alopezie [alope'tsi:].
とくとう 特等・席 bester Platz; [劇場の] der Sperrsitz. ～品 extrafeine Ware.
とくとく 得意と stolz.
どくとく 独特の eigenartig; eigentümlich; charakteristisch. それは彼～のものだ Es ist ihm eigentümlich. 彼女には～の魅力がある Sie besitzt einen ihr eigenen Reiz.
どくどくしい 毒々しい giftig. ～色 grelle (knallige) Farbe. ～口をきく giftige Bemerkungen machen 《über 4格》.
とくに 特に besonders; insbesondere; speziell; vor allem; unter anderem (anderen); vorzugsweise.
とくは 特派・する eigens (besonders) schicken. ～員 der Sonderberichterstatter. ～大使 der Sonderbotschafter.
どくは 読破・する durch|lesen*. 彼はその本を～した Er hat das Buch zu Ende gelesen.
とくばい 特売 das Sonderangebot -s, -e. ～する zu besonders günstigen Preisen an|bieten*.
とくはく 独白 der Monolog -s, -e.
とくひつ 特筆・すべき bemerkenswert. ～する besonders erwähnen (hervor|heben*).
とくひょう 得票 ¶労働党の～ die Stimmen der Arbeiterpartei. 必要～数 erforderliche Stimmenzahl.
どくふ 毒婦 der Vamp -s, -s.
どくぶつ 毒物 der Giftstoff -s, -e; das Toxikum -s, ..ka. ～学 die Toxikologie.
どくぶん 独文・科 die Abteilung für Germanistik. ～和訳する aus dem Deutschen ins Japanische übersetzen.
とくべつ 特別の besonder; speziell; außerordentlich; sonderlich. ～に besonders; speziell; ausnehmend. ～扱いする für jn. (mit jm; bei jm.) eine Extrawurst braten*. ～会員 außerordentliches Mitglied. ～会計 die Sonderrechnung. ～国会 die Sondersitzung. ～クラス die Sonderklasse. ～号 die Sondernummer. ～席 der Ehrenplatz; [劇場の] der Sperrsitz. ～手当 die Sonderzulage. ～協定 die Sondervereinbarung. ～予算 das Sonderbudget.
とくほう 特報 der Sonderbericht -s, -e.
どくぼう 独房 die Einzelzelle (Isolierzelle) -n.
とくぼうか 徳望家 ein Mann von hohem Ansehen.
とくほん 読本 das Lesebuch -[e]s, ⸚er.
ドグマ das Dogma -s, ..men.
どくみ 毒味する kosten; probieren.
どくむし 毒虫 giftiges Insekt -s, -en.
とくめい 匿名・の anonym. ～で unter einem Decknamen; inkognito.
とくめい 特命 der Sonderauftrag -[e]s, ⸚e; die Sondermission -en; [兵] der Sonderbefehl -s, -e. ～全権大使 außerordentlicher und bevollmächtigter Botschafter.
とくやく 特約・する mit jm. einen Spezialkontrakt ab|schließen*. ～店 der Handelsvertreter.
どくやく 毒薬 das Gift -es, -e. ～を飲む Gift nehmen*.
とくゆう 特有・の eigentümlich. この地方～の風俗 die eigenen Sitten dieser Landschaft; dieser Landschaft eigen[tümlich]e Sitten pl.
とくよう 徳用の sparsam; preiswert.
どくよけ 毒除け das Gegengift -[e]s, -e.
どくりつ 独立 die Unabhängigkeit; die Selb[st]ständigkeit. ～の unabhängig; selb[st]ständig. ～する unabhängig (selb[st]ständig) werden*(s); auf eigenen Füßen stehen*. ～して暮らす ein unabhängiges Leben führen. ～を宣言する sich unabhängig erklären. ～国 unabhängiger Staat. ～心 der Unabhängigkeitssinn. ～戦争 der Unabhängigkeitskrieg. ～宣言 die Unabhängigkeitserklärung.
どくりょく 独力で ohne Hilfe; aus eigener Kraft; auf eigene Faust.
とくれい 特例 besonderer Fall -es, ⸚e; [例外] die Ausnahme -n.
とくれい 督励する jn. an|spornen (ermuntern) 《zu 3格》.
とぐろ ～を巻く sich zusammen|ringeln.
どくろ 髑髏 der Totenschädel -s, -.
どくわ 独和辞典 deutsch-japanisches Wörterbuch -[e]s, ⸚er.
とげ 刺 der Stachel -s, -n; [ばらなどの] der Dorn -[e]s, -en; [木片などの] der Splitter -s, -. ～のある stachelig; dornig. ～のある言葉 stachelige Worte pl. 彼の言葉には～がある Er hat eine spitze Zunge. 指に～が刺さった Ich habe mir einen Dorn in den Finger gestochen.
とけあう 解け合う [互いに打ち解ける] miteinander vertraut werden*(s).
とけい 時計 die Uhr -en. ～を巻く(合わせる) die Uhr auf|ziehen* (richten). ～は合っている Die Uhr geht richtig. ～が止まっている Die Uhr bleibt stehen. ～が進む(遅れる) Die Uhr geht vor (nach). 私の～ではもう7時です Auf (Nach) meiner Uhr ist es schon

7. ～仕掛 das Uhrwerk. ～台 der Uhrturm. ～店 das Uhrengeschäft. ～屋〔製造・修理人〕der Uhrmacher.

どげざ 土下座する sich vor jm. nieder|werfen*; sich jm. zu Füßen werfen*.

とけつ 吐血 das Blutbrechen -s. ～する Blut brechen* (spucken).

とげとげしい 刺刺しい giftig; scharf; spitz.

とける 溶(熔)ける schmelzen*(s). 氷(雪)が～ Das Eis (Der Schnee) schmilzt. 砂糖が舌に～ Das Zuckerstück schmilzt auf der Zunge. 塩は水に～ Salz löst sich in Wasser. チームに溶け込む sich in die Mannschaft ein|fügen.

とける 解ける sich lösen; auf|gehen* (s). 怒りが～ Der Zorn legt sich. 謎(弦)(問題)が解けた Das Rätsel (Die Aufgabe) wurde gelöst.

とげる 遂げる ¶望みを～ seinen Wunsch erfüllen. 目的を～ seinen Zweck erreichen. 長足の進歩を～ große Fortschritte machen. 非業の死を～ eines unnatürlichen Todes sterben*(s).

どける 退ける aus dem Weg räumen; beseitigen.

どけん 土建業 das Baugewerbe -s.

とこ 床 das Bett -es, -en. ～をとる das Bett bereiten. ～に就く το (ins) Bett gehen*(s); 〔病気で〕sich ins (zu) Bett legen. ～に臥している das Bett hüten; im (zu) Bett liegen*.

どこ 何処 wo. ～から woher. ～へ wohin. ～か[に] irgendwo. ～にも überall; 〔否定〕nirgends. ～まで wie weit. ～までも〔永久に〕für immer; 〔限りなく〕ohne Grenzen; 〔あくまで〕durch und durch. ～となく irgendwie. 彼女は～となく愛敬がある Sie hat etwas Einnehmendes. 彼は～の出身ですか Woher stammt er? ～へなりと行くがいい Du kannst gehen, wohin du willst.

とこあげ 床上げする vom Krankenlager auf|stehen*(s).

とこう 渡航 die Seefahrt -en. ヨーロッパへ～する nach Europa fliegen* (fahren*)(s). ～手続をする um Auslandserlaubnis an|suchen.

どごう 怒号する vor Wut heulen.

とこしえ ～に auf ewig; für immer.

とことん ～まで durchaus; durch und durch; gründlich. ～まで aufs Ganze gehen* (s).

とこなつ 常夏の国 ein Land des ewigen Sommers.

とこや 床屋 der Friseur -s, -e; der Barbier -s, -e; 〔店〕der Frisiersalon -s, -s.

ところ 所 der Ort -es, -e; 〔箇所〕die Stelle -n; 〔住所〕die Wohnung -en; die Adresse -n. きらわず überall; allenthalben. 今の～ für jetzt. 他人のいる～で in Gegenwart von anderen. 明日君の～へ行くよ Morgen werde ich zu dir kommen. 兄の～にいる Ich wohne bei meinem Bruder. 坐る～がない Hier gibt es keinen Platz mehr. 天気予報によれば今日は～により雨だ Laut Wetterbericht wird es heute mancherorts regnen. ～を得る am Platz[e] sein*; in seinem Element sein*. 私の知る～ではない Es ist nicht meine Sache. 見た(聞く)～ dem Aussehen (Vernehmen) nach. 私の知っている～では Soviel ich weiß, … ～ももっともらしい～もある Es ist etwas Wahres daran. 今学校から戻った～です Ich komme gerade aus der Schule. 出掛けようとする～へ人が来た Als ich ausgehen wollte, bekam ich gerade Besuch. ～変れば品変る Andere Länder, andere Sitten.

どころか ¶日本一世界中に nicht allein in Japan, sondern auch in der ganzen Welt. 彼女は彼を宥(な)める～か, ますます怒らせてしまった Statt ihn zu beruhigen, brachte sie ihn nur noch mehr auf.

ところで 〔さて〕nun; 〔ついでに言うと〕übrigens; apropos; 〔もし…たとしても〕auch wenn …

ところどころ 所所 hie und da; hier und dort.

ところばんち 所番地 die Adresse -n.

とさか 鶏冠 der Kamm -[e]s, ⸚e.

どさくさ ～に紛れて逃げる im allgemeinen Durcheinander entkommen*(s). ～紛れにうまい事をする im Trüben fischen.

とざす 閉(鎖)す schließen*; [ab]|sperren.

とさつ 屠殺・する schlachten. ～場 der Schlachthof.

どさまわり どさ回りをする durch die Provinz tingeln (s).

とざん 登山 das Bergsteigen -s. ～する einen Berg besteigen*; auf einen Berg steigen*(s). ～者(家) der Bergsteiger; der Alpinist. ～靴 der Bergschuh. ～杖 der Bergstock. ～鉄道 die Bergbahn.

とし 年 das Jahr -es, -e; 〔年齢〕das Alter -s, -. ～の始め(暮れ)に am Anfang (Ende) des Jahres. ～と共に mit den Jahren. ～が明けた Das neue Jahr bricht an. ～を取る alt werden*(s). 15の～に im Alter von 15 Jahren; mit 15 Jahren. ～の順に nach dem Alter. ～にしては(の割に) für sein Alter. 彼は～ほどに見えない Man merkt ihm sein Alter nicht an. 彼は～より若い Er ist (wirkt) jünger als seine Jahre. ～はいくつですか 19です Wie alt sind Sie? – Ich bin 19 Jahre [alt]. ～は争われぬ Das Alter verrät sich. 彼はまだそれの分る～ではない Er hat noch nicht die Jahre, um das zu verstehen.

とし 都市 die Stadt ⸚e. 大～ die Großstadt. ～の städtisch. ～化 die Verstädterung. ～化する verstädtern (s). ～計画 der Städtebau; die Stadtplanung. ～条例 die Städteordnung.

とじ 綴じ 〔本の〕der Einband -[e]s, ⸚e. ～が悪い schlecht geheftet (gebunden) sein*.

どじ ～な奴 blöder Kerl. ～を踏む einen Schnitzer machen.

とじいと 綴じ糸 der Heftfaden -s, ⸚.

としうえ 年上·の älter. 彼は私より二つ～だ Er ist 2 Jahre älter als ich.

としがい 年甲斐・もなく trotz seines würdigen (gesetzten) Alters.　なんでそんなことをするんだ, ~もない Warum tust du so was? Sei nicht so kindisch!
としがたい 度し難い unverbesserlich.
としかっこう 年格好40歳位の男 ein Mann im Alter von ungefähr 40 Jahren.
としこし 年越しをする den Silvesterabend feiern.
としごと 年毎に jährlich; Jahr für Jahr.
とじこむ 綴じ込む ein|heften.
とじこめる 閉じ込める jn. ein|sperren 《in 4 格》.
とじこもる 閉じ籠る ¶部屋に~ sich in (seinem) Zimmer ein|schließen*. 家に~ zu Hause bleiben*(s).
としごろ 年頃・の娘たち mannbare Mädchen pl.　彼は君と同じ~だ Er ist ungefähr in deinem Alter.　彼女は~だ Sie ist im heiratsfähigen Alter.
としした 年下・の jünger.　僕は姉より三つ~だ Ich bin 3 Jahre jünger als meine Schwester.
どしつ 土質 die Bodenbeschaffenheit.
としつき 年月 ¶長の~ lange Jahre.　~たつにつれて mit den Jahren.　あれから10年の~が流れた Seitdem sind 10 Jahre verflossen. / Das ist schon zehn Jahre her.
として als.　愛のしるし~ als (zum) Zeichen seiner Liebe.　それはそれ~ abgesehen davon.　私~は ich für meine Person; was mich betrifft, ...
どしどし ¶仕事を~片づける die Arbeiten hintereinander erledigen.　注文が~入ってきた Viele Bestellungen liefen eine nach der andern ein.　~質問する jn. ohne Bedenken fragen.
としのいち 年の市 der Jahrmarkt -s, ¨e.
としのこう 年の功 die Weisheit des Alters.
としは 年端も行かぬ子 ein Kind im zarten Alter.
としま 年増 ältere Frau -en.
とじまり 戸締り・をする die Tür schließen*. 部屋(家)の~をする das Zimmer (Haus) verschließen*.
とじめ 綴目 die Naht ¨e.
としゃ 吐瀉する sich erbrechen* und Durchfall bekommen*.
どしゃ 土砂・崩れ der Erdrutsch.　~に埋まる unter den Erd- und Gesteinmassen begraben werden*(s受).
どしゃぶり 土砂降り・の雨 der Wolkenbruch. ~である Es gießt in Strömen (wie aus Kannen). / Es schüttet.
としゅ 徒手・空拳で mit bloßen Händen; mittellos. ~体操 die Freiübung.
としょ 図書 Bücher pl.　~閲覧室 der Lesesaal.　~館 die Bibliothek.　~館員 der Bibliothekar.　~館学 die Bibliothekswissenschaft.　~目録 das Bücherverzeichnis; die Bibliografie.　~券 der Gutschein für Bücher.

としょう 徒渉する waten (s; h).
どじょう 土壌 der Boden -s, ¨.　肥えた(痩せた)~ fruchtbarer (magerer) Boden.　~学 die Bodenkunde.
どじょう 泥鰌 die Schmerle -n.　~髭を生やしている einen dünnen Schnurrbart tragen*.
としょく 徒食・する ein müßiges Leben führen; faulenzen.　~者 der Müßiggänger.
としより 年寄り der Alte#.　お~ Senioren pl.　~じみた ältlich.　彼は~じみたしゃべり方をする Er spricht [so] ähnlich wie ein Alter.
としよる 年寄る alt werden*(s); altern (s; h).
とじる 閉じる zu|machen; schließen*.　目(会議)を~ die Augen (eine Sitzung) schließen*.
とじる 綴じる [ein|]heften; 〔縫い合わせる〕zu|nähen.
としん 都心 das [Stadt]zentrum -s, ..tren; die Stadtmitte; die Innenstadt ¨e.
どしん Bums! ~と音がする bumsen.
どじん 土人 der Urbewohner -s, -.
どすう 度数 die Häufigkeit.
どすぐろい どす黒い dunkel.
とする 賭する ¶それに~ alles daran|setzen.　生死を賭して auf Leben und Tod.
とせい 渡世 ¶仕立屋を~にする von Beruf Schneider sein*.
どせい 土星 der Saturn -s.
どせい 土製の irden.
どせい 怒声 zorniger Ausruf -s, -e.　~を発する im Zorn schreien*.
とぜつ 途絶する ab|brechen*(s); unterbrochen sein*.
とそう 塗装・する et. an|streichen* 《mit 3格》; malen.　~工 der Maler.
どそう 土葬 die Erdbestattung -en; die Beerdigung -en.　~する beerdigen; begraben*.
どだい 土台 der Grund -es, ¨e; das Fundament -[e]s, -e.　~をすえる den Grund (das Fundament) legen.　~石 der Grundstein.
とだえる 途絶える ab|brechen*(s); unterbrochen sein*.　往来は人通りが途絶えていた Die Straße war ganz leer.　連絡が途絶えた Die Verbindung ist abgebrochen.　ここで道が途絶えていた An dieser Stelle hörte der Weg auf.
とだな 戸棚 der Schrank -es, ¨e.
どたばた ~する einen großen Spektakel machen.　~と走り回る herum|tollen (s).　~するな Mach keinen Lärm! ~喜劇 die Slapstickkomödie ['slɛpstɪk...].
とたん 途端 ¶その~に gerade in dem Augenblick.　彼を見た~に im Augenblick, in dem ich ihn sah; gerade als ich ihn sah, ...
トタン 板 das Zinkblech. ~屋根 das Blechdach.
どたんば 土壇場で im letzten Augenblick. ~に追い込む in die Enge treiben*.
とち 栃 die Rosskastanie -n.
とち 土地 〔地所〕das Grundstück -s, -e; 〔地

味〕der Boden -s, ¨; 〔この地方〕die Gegend -en; der Ort -es, -e. ~の örtlich; lokal. ~の人 der Einheimische*. ~柄 örtliche Eigentümlichkeit. ~改良 die Bodenverbesserung. ~収用法 das Enteignungsgesetz. ~所有者 der Grundbesitzer. ~台帳 das Grundbuch. ~訛(なまり)り der Dialekt. わたしはこのあたりの~には不案内です Hier bin ich ortsfremd.

どちゃく 土着・の eingeboren; einheimisch. ~の人 der Eingeborene (Einheimische)*.

とちゅう 途中・で unterwegs. 学校へ行く~ auf dem Weg nach der Schule. ~まで見送る in ein Stück Weges begleiten. ~から引き返す auf halbem Wege um|kehren (s). ~下車する die Fahrt unterbrechen*. 話の~で mitten im Gespräch. お話の~失礼ですが Verzeihen Sie, wenn ich Sie unterbreche!

どちら 〔どこ〕wo; 〔どれ〕welcher. 国は~ですか Woher kommen Sie? ワインとビールと~に致しましょうか Was ziehen Sie vor, Wein oder Bier? ~にも会わなかったよ Ich habe keinen [von beiden] gesehen. ~かと言えばもうすこしこにいたい Ich möchte lieber etwas länger hier bleiben. それは~でもよい事だ Das ist mir gleich[gültig] (einerlei). 父か母か~かが参ります Entweder kommt mein Vater oder meine Mutter.

とちる 〔へまをする〕einen Schnitzer machen. 科白(せりふ)を~ sich versprechen*.

とつおいつ ~思案する kurven《über 4格》; hin und her überlegen.

とっか 特価 der Sonderpreis (Vorzugspreis) -es, -e. ~提供[品] das Sonderangebot.

トッカータ die Tokkata ..ten.

どっかい 読会 die Lesung -en. 第三~ die dritte Lesung.

どっかいりょく 読解力 die Lesefertigkeit.

とっかん 突貫 → 突撃. ~工事 stürmische Bauarbeiten pl. ~工事をする Tag und Nacht arbeiten.

とっき 突起 der Vorsprung -s, ¨e; die Erhöhung -en; 〔解〕der Fortsatz -es, ¨e. ~する hervor|stehen*; vor|springen* (s). ~した hervorstehend; vorspringend.

とっき 特記 → 特筆.

どっき 毒気 der Gifthauch -s; giftiges Gas -es. ~を抜かれる verblüfft sein*.

とっきゅう 特急 der Fernschnellzug (Expresszug) -[e]s, ¨e.

とっきょ 特許 das Patent -[e]s, -e. ~を申請する ein Patent an|melden《für 4格》. ~を取る ein Patent nehmen*. ~を与える et. patentieren. ~権 das Patentrecht. ~権所有者 der Patentinhaber. ~権侵害 die Patentverletzung. ~権保護 der Patentschutz. ~庁 das Patentamt. ~法 das Patentgesetz.

ドッキング das Docking -s, -s. ~する〔宇宙船が〕an|docken; 〔宇宙飛行士が〕docken. 宇宙船を~させる die Raumschiffe koppeln.

とっく 疾っくに längst; seit langem.

とつぐ 嫁ぐ ¶旧家に(田舎)~ in eine alte Familie (aufs Land) heiraten.

ドック das Dock -s, -s. ~に入れる [ein|]docken; ins Dock bringen*. ~入りしている docken; im Dock liegen*. 浮き(乾)~ das Schwimmdock (Trockendock). 人間~には いる sich einer stationären Generaluntersuchung unterziehen*.

とっくみあい 取り組み合い das Handgemenge -s, -; die Rauferei -en. ~になる [miteinander] handgemein werden* (s).

とっくみあう 取り組み合う [sich] mit jm. raufen; mit jm. handgemein werden* (s).

とっくり 〔念を入れて〕vorsichtig; 〔十分に〕gründlich; reiflich. ~と吟味する bedächtig prüfen.

とっけい 特恵・関税 der Vorzugszoll. ~関税率 der Vorzugtarif.

とつげき 突撃 der Sturmangriff -s, -e. 敵軍目がけて~する gegen den Feind an|stürmen (s). ~らっぱを吹く zum Angriff trompeten. ~隊 der Sturmtrupp (Stoßtrupp).

とっけん 特権 das Vorrecht -[e]s, -e; das Privileg -s, -ien (-e). ~を与える jn. bevorrecht[ig]en (privilegieren). ~階級 bevorrechtigte (privilegierte) Stände pl.

とっこう 特効 ¶この薬はリューマチに~がある Diese Arznei wirkt besonders gut gegen Rheuma. ~薬 das Spezifikum.

とっこう 徳行 die Tugend -en; edle Tat -en. ~のある tugendhaft.

とっさ 咄嗟の(に) spontan; blitzschnell; plötzlich.

とっしゅつ 突出・する vor|springen* (s). ~した vorspringend. ~部 der Vorsprung.

どっしり ~した massiv; wuchtig; 〔威厳のある〕würdevoll.

とっしん 突進する zu|stürmen (zu|stürzen) (s)《auf 4格》.

とつぜん 突然・の plötzlich; unerwartet. ~に plötzlich; auf einmal; unerwartet. ~変異 die Mutation.

とったん 突端 die Spitze -n; der Vorsprung -s, ¨e.

どっち → どちら. それは~でも同じ事だ Das ist Jacke wie Hose. ~つかずの unschlüssig; ambivalent; neutral. ~みち ohnehin; sowieso.

とっちめる 取っちめる jn. ins Gebet nehmen*; es jm. geben*.

とっつき 取っ付き・から schon am Anfang. ~のよい(にくい) leicht (schwer) zugänglich.

とって 取っ手 der Griff -[e]s, -e; die Handhabe -n. ドアの~ die Türklinke.

とってい 突堤 die Mole -n; der Hafendamm -s, ¨e.

とっておき 取って置きの auserlesen; best; für besondere Gelegenheiten.

とっておく 取って置く auf|heben*; auf|bewahren; reservieren.

とってかえす 取って返す auf halbem Wege kehrt|machen.

とってかわる 取って代る an js. Stelle treten (s).

とってくる 取って来る [ab|]holen.

とってつけた 取って付けたような unnatürlich; gezwungen.

どっと ~笑う in Gelächter aus|brechen*. ~流れる strömen (s). ~汗が出た Mir brach der Schweiß aus. 人人が~店に押し寄せた Die Leute strömten dem Laden zu.

とっとと ~歩け Geh schnell! ~失せろ Geh zum Teufel! ~行け Nichts wie weg!

とつにゅう 突入する ein|stürmen (stürzen) (s) (in 4格).

とっぱ 突破[・口] der Durchbruch -[e]s, ¨e. ~する durchbrechen*; durch|brechen* (s). ~口を開く eine Bresche schlagen* (für 4格). 難関を~する Schwierigkeiten überwinden*. 費用は5万円を~した Die Kosten überstiegen 50 000 Yen.

とっぱつ 突発 der Ausbruch -s, ¨e. ~する aus|brechen*(s). ~的に plötzlich; jählings. ~事件 der Vorfall.

とっぱん 凸版印刷 der Hochdruck -[e]s.

とっぴ 突飛・な exzentrisch; überspannt. ~な考え fantastischer (toller) Gedanke.

トップ die Spitze -n. =ニュース der Aufmacher. ~に立つ an der Spitze stehen*. ~会談 die Gipfelkonferenz.

とっぷう 突風 der Windstoß -es, ¨e; die Bö -en.

とつべん 訥弁の nicht beredt; ungewandt im Reden.

とつめん 凸面・の konvex. ~鏡 der Konvexspiegel.

とつレンズ 凸レンズ die Konvexlinse -n.

どて 土手 der Damm -[e]s, ¨e; der Deich -es, -e.

とてい 徒弟 der Lehrling -s, -e.

とてつもない ~途轍もない 一途方.

とても〔非常に〕sehr; höchst; ungemein; schrecklich; → 到底. 彼の行為は立派などとは~言えない Seine Tat ist durchaus nicht so edel.

ととう 徒党・を組む sich [miteinander] verschwören*. 一味~ die Bande.

どとう 怒濤 wilde Wogen pl. ~逆巻く大海 aufgewühltes Meer.

とどく 届く erreichen; 〔到着する〕an|kommen*(s). 枝に手が~ Ich kann den Ast [mit der Hand] erreichen. 目の限り Soweit das Auge reicht, ... 手紙が届いた Der Brief erreichte mich. 長年の思いが届いた Mein langjähriger Wunsch ist [endlich] erfüllt worden.

とどけ 届[け] die [An]meldung -en. ~を出す [eine] [An]meldung machen《über 4格》. 警察に転入(出)~をする sich bei der Polizei an|melden (ab|melden).

とどける 届ける 〔送る〕schicken; zu|stellen; 〔届け出る〕an|zeigen; melden. 警察に~ et. bei der Polizei an|zeigen (melden). 品物を家まで~ [dem Käufer] die Ware ins Haus liefern.

とどこおり 滞り 〔家賃などの〕der Rückstand -[e]s, ¨e. ~なく ohne Stockung (Hindernis); unverzüglich. ~分を支払う Rückstände bezahlen. 支払の~ die Zahlungsverzögerung.

とどこおる 滞る stocken. 支払が滞っている mit einer Zahlung im Rückstand sein*.

ととのう 整(調)う in Ordnung sein*. 用意が~ vorbereitet sein*《auf 4格》. 食事の用意が整った Das Essen ist fertig. 目鼻立ちが整っている regelmäßige (fein geschnittene) Gesichtszüge haben*. 調った服装をしている ordentlich gekleidet sein*. 商談が~ handelseinig werden*《od》.

ととのえる 整(調)える in Ordnung bringen*; ordnen. 旅行の準備を~ eine Reise vor|bereiten. 金を~ sich[3] Geld verschaffen. 食事を~ das Essen zu|bereiten. 身なりを~ sich zurecht|machen. 設備の調ったホテル gut eingerichtetes Hotel.

とどのつまり ~は am Ende; schließlich.

とどまる 留[止]まる bleiben*(s). 家に~ zu Hause bleiben*(s). 戸外に~ sich im Freien auf|halten*. 記憶に留まっている jm. nicht aus dem Sinn kommen*(s). ~ところを知らない keine Grenzen kennen*.

とどめ 止めを刺す jm. den Gnadenstoß geben*.

とどめる 止(留)める 〔やめる〕auf|hören《mit 3格》; 〔あとに残す〕zurück|lassen*; 〔限る〕sich beschränken*《auf 4格》. 足を~ stehen bleiben*(s). 記憶に~ im Gedächtnis behalten*. 議事録に~ et. im Protokoll fest|halten*. ここでは本質的な点を述べるに~ Ich werde mich hier auf das Wesentliche beschränken.

とどろかす 轟かす ¶名声を天下に~ einen Weltruf bekommen*. 胸を轟かして mit klopfendem Herzen.

とどろき 轟き das Dröhnen -s. 砲声の~ der Donner der Geschütze.

とどろく 轟く dröhnen. 砲声が~ Die Geschütze donnern.

となえる 称える 〔名付ける〕nennen*.

となえる 唱える ¶万歳を~ hurra rufen*. 新説を~ eine Theorie auf|stellen. 念仏を~ zu Buddha beten. お祈りを~ ein Gebet sprechen*.

トナカイ das Rentier -[e]s, -e; das Ren -s, -s.

となり 隣り die Nachbarschaft. ~の benachbart. ~の家 das Nachbarhaus. ~の国 das Nachbarland. ~の部屋 das Nebenzimmer. ~の娘 die Nachbarstochter. 郵便局の~に neben dem Postamt.

となりあう 隣り合う aneinander grenzen. 隣り合って坐る sich nebeneinander setzen.

となりあわせ 隣り合わせに nebeneinander.

となりきんじょ 隣り近所 die Nachbarschaft.

どなりつける 怒鳴り付ける *jn.* an|fahren* (an|brüllen; an|schreien*).

どなる 怒鳴る [laut] schreien*; brüllen; donnern 《gegen 4 格》.

とにかく jedenfalls; sowieso.

とねりこ 秦皮 die Esche -*n*. ~材 das Eschenholz.

どの welcher. ~くらい wie viel (lange; weit; groß; hoch). ~ように wie; auf welche Weise. あなたの好きなのは~花ですか Welche Blume gefällt Ihnen? ~部屋もあいていない Kein Zimmer ist frei. ~道〔どうぞ〕jedenfalls; ohnehin.

どの 殿 ¶マイヤー~〔呼び掛け〕Herr Meyer! /〔上書き〕Herrn Meyer.

どのう 土囊 der Sandsack -[e]s, ⸚e.

とば 賭場 die Spielhölle -*n*.

どば 駑馬 der Gaul -[e]s, ⸚e.

トパーズ der Topas -es, -e.

とはいえ とは言え [und] doch; dennoch; trotzdem; zwar ... aber. 金がある~ trotz all seines Reichtums. ~地球はやっぱり動く Und die Erde bewegt sich doch!

とばく 賭博 das [Hasard]spiel -s, -e. ~をする um Geld spielen. ~で金を失う sein Geld verspielen. ~者 der Spieler. ~場 die Spielbank. ~常習者 der Gewohnheitsspieler.

とばす 飛ばす ¶タクシーを~ mit dem Taxi eilig fahren*(s). 模型飛行機を~ ein Modellflugzeug steuern. 二三ページ読み~ ein paar Seiten überspringen*. 洒落を~ einen Witz reißen*.

どはずれ 度外れの außergewöhnlich; übertrieben.

とばっちり ~が掛る mit Wasser besprizt werden*(s受). 事件の~を食う in einen Fall verwickelt werden*(s受).

とび 鳶 der Milan -s, -e.

とびあがる 飛び上がる empor|fliegen*(s); auf|springen*(s); 〔驚いて〕empor|fahren*(s). 飛び上がって喜ぶ vor Freude springen*(s); einen Freudensprung machen.

とびあるく 飛び歩く umher|laufen*(s).

とびいし 飛び石 der Trittstein -[e]s, -e.

とびいた 飛び板 das Sprungbrett -[e]s, -er.

とびいり 飛び入りで als unprogrammmäßiger (unangemeldeter) Teilnehmer.

とびいろ 鳶色の braun.

とびうお 飛魚 fliegender Fisch (der Flugfisch) -es, -e.

とびおきる 飛び起きる aus dem Bett fahren*(s).

とびおりる 飛び下りる herunter|springen* (hinunter|springen*) (s) 《von 3 格》. 車から〔パラシュートで〕~ vom Wagen (mit dem Fallschirm) ab|springen*(s). 塔から~ sich von einem Turm hinunter|stürzen.

とびかう 飛び交う herum|fliegen*(s).

とびかかる 飛び掛る los|springen* (los|fahren*) (s) 《auf 4 格》. 犬は見知らぬ人に飛び掛った Der Hund fiel einen Fremden an.

とびきり 飛び切り äußerst. ~上等の(安い)品 extrafeine (spottbillige) Ware. これは~上等のワインです Das ist mit Abstand der beste Wein.

とびぐち 鳶口 der Feuerhaken -s, -.

とびこえる 飛び越える springen*(s) 《über 4 格》. 走り幅飛びで8メートル台を~ im Weitsprung die 8-Meter-Grenze überspringen*.

とびこみ 飛び込み〔水泳〕das Wasserspringen -s. ~台 der Sprungturm. 飛び板~ das Kunstspringen. 高~ das Turmspringen.

とびこむ 飛び込む [hinein|]springen*(s) 《in 4 格》. 列車に~ sich vor den Zug werfen*.

とびだし 飛び出しナイフ das Schnappmesser -s, -.

とびだす 飛び出す ¶窓から~ zum Fenster [heraus|]springen*(s). 表へ~ auf die Straße hinaus|laufen*(s). 家を~〔比〕von zu Hause weg|laufen*(s). ライオンが檻(㊀)から飛び出した Der Löwe ist aus dem Käfig ausgebrochen.

とびたつ 飛び立つ davon|fliegen*(s); 〔飛行機が〕ab|fliegen*(s). ~思いであった Das Herz wollte mir fast vor Freude springen.

とびちる 飛び散る〔鳥が〕nach allen Seiten fliegen*(s); 〔火花などが〕sprühen (h; s); 〔液体が〕spritzen (s; h). 風に木の葉が飛び散った Der Wind hat die Blätter zerstreut.

とびつく 飛び付く *jn.* an|springen*; sich stürzen 《auf 4 格》. 申し出に~ auf ein Angebot an|springen*. うまい話に~ auf einen Köder an|beißen*.

トピック der Gesprächsgegenstand -[e]s, ⸚e; das Tagesgespräch -s, -e.

とびでる 飛び出る hervor|springen* (s); 〔突き出る〕vor|stehen*. 飛び出た目 vorstehende Augen *pl.* 目玉の~ほど高い unsinnig teuer sein*.

とびどうぐ 飛び道具 die Schusswaffe -*n*.

とびとび 飛び飛びに〔あちこちに〕hie und da. ~に読む stellenweise lesen*.

とびぬける 飛び抜ける〔ひいでる〕hervor|ragen. 飛び抜けた hervorragend. 彼は数学が飛び抜けてできる Er zeichnet sich [unter andern] in Mathematik aus. このドレスは飛び抜けて美しい Dieses Kleid ist bei weitem das schönste.

とびのく 飛び退く zurück|springen*(s). 驚いて~ zurück|schrecken*(s) 《vor 3 格》. わきへ~ auf die Seite springen*(s).

とびのる 飛び乗る ¶馬(電車)に~ aufs Pferd (auf die Straßenbahn) springen*(s).

とびばこ 飛び箱 der [Sprung]kasten -s, ⸚.

とびはねる 飛び跳ねる hüpfen (hoppeln) (s); 〔水・泥などが〕spritzen (s; h).

とびひ 飛び火〔皮膚病〕der Blasenausschlag -s, ⸚e. 川向こうへ~する Das Feuer springt

auf die Häuser jenseits des Flusses über.
とびまわる 飛び回る herum|fliegen*(s); herum|springen*(s); umher|laufen*(s). 子供が芝生の上を～ Die Kinder tummeln sich auf dem Rasen.
とびら 扉 die Tür *-en*; 〔本の〕das Titelblatt *-[e]s, ¨er*.
どびん 土瓶 irdene Teekanne *-n*.
とふ 塗布・する schmieren. 軟膏を傷口に～する Salbe auf die Wunde schmieren.
とぶ 飛ぶ fliegen*(s); 〔跳躍〕springen*(s). ひらひら～ flattern (s). ぴょんぴょん～ hüpfen (s); hopsen (s). 飛んで来る geflogen (gelaufen) kommen*(s). 飛び去る ab|fliegen*(s); fort|fliegen*(s). 彼はベルリンへ飛んだ Er ist [mit dem Flugzeug] nach Berlin geflogen. 彼の話はあちこち～ Er springt von einem Thema zum anderen. その商品は～ように売れる Die Ware geht reißend ab.
どぶ 溝 die Gosse *-n*. ～が詰まる Die Gosse ist verstopft.
どぶねずみ 溝鼠 die Wanderratte *-n*.
どべい 土塀 die Lehmmauer *-n*.
とほ 徒歩・で zu Fuß. ～旅行 die Fußreise; die Wanderung.
とほう 途方・もない ungeheuer; horrend; happig; unsinnig. ～もない値段 gepfefferter (gesalzener) Preis. ～もない事を言う Unsinn reden. ～に暮れる sich³ keinen Rat [mehr] wissen*; hilflos (ratlos) sein*.
どぼく 土木 der Tiefbau *-es*. ～技師 der Tiefbauingenieur. ～建築 das Bauwesen.
とぼける sich verstellen. とぼけた奴 drolliger (komischer) Kerl.
とぼしい 乏しい knapp; unzulänglich; 〔述語的〕arm (karg) sein* 《an 3格》. 金が～ Mein Geld ist knapp. / Ich bin knapp bei Kasse. 経験に～ wenig Erfahrung haben*.
とぼとぼ ～歩く sich fort|schleppen; trotten (s).
トポロジー die Topologie.
どま 土間 ungedielter Boden *-s, ¨*; der Lehmboden *-s, ¨*; 〔劇場の〕das Parterre *-s, -s*.
トマト die Tomate *-n*. ～ケチャップ das Tomatenketchup. ～ソース die Tomatensoße.
とまどう 戸惑う verwirrt sein*; in Verlegenheit geraten*(s).
とまり 泊まり 〔宿泊〕die Übernachtung *-en*; 〔宿直〕der Nachtdienst *-es, -e*. ～客 der [Logier]gast.
とまりぎ 止まり木 die Sitzstange *-n*.
とまる 止(停)まる 〔停止する〕halten*; 〔途絶する〕stocken; 〔つまる〕verstopft werden*(*s*受); 〔機械が〕aus|setzen. 止まっている stehen bleiben*(s). 痛みが～ Der Schmerz lässt nach. 交通が～ Der Verkehr stockt. 鳥が屋根に～ Die Vögel lassen sich auf dem (das) Dach nieder. 時計が止まった Die Uhr ist abgelaufen. 山崩れで汽車が止まった Der Eisenbahnverkehr ist durch den Bergrutsch unterbrochen.

とまる 泊まる übernachten 《in 3格》; 〔船が〕vor Anker gehen*(s). 一晩～ bei *jm.* über Nacht bleiben*(s). ホテルに泊まっている im Hotel wohnen.
とみ 富 der Reichtum *-s, ¨er*.
とみくじ 富籤 die Lotterie *-n*.
とみに 頓に plötzlich; sprunghaft; rasch.
どみん 土民 der Eingeborene*.
とむ 富む reich werden*(s). 資源に富んでいる reich an Hilfsquellen sein*.
とむらい 弔い das Begräbnis *-ses, -se*; die Beerdigung *-en*. ～に参列する an *js.* Begräbnis teil|nehmen*. ～の言葉を述べる *jm.* sein Beileid aus|sprechen*.
とむらう 弔う um *jn.* trauern.
とめおく 留め置く zurück|behalten*; 〔生徒を〕nachsitzen lassen*.
とめがね 留め金 die Spange *-n*; die Schnalle *-n*.
とめど 止めど・なく unaufhörlich. ～がない weder Maß noch Ziel kennen*. 涙が～なく流れる Die Tränen fließen unaufhaltsam.
とめばり 留め針 die Stecknadel *-n*.
とめる 止(留)める 〔停止させる〕an|halten*; 〔引き留める〕auf|halten*; 〔禁止する〕*jm. et.* verbieten*; 〔いさめて〕*jm.* ab|raten* 《von 3格》. クリップ(ピン)で～ klammern (heften). 釘で～ mit Nägeln befestigen. 足を～ den Schmerz stillen. 元栓(ガス)を～ den Haupthahn (das Gas) ab|drehen. ラジオを～ das Radio ab|stellen. 喧嘩を～ einen Zank schlichten. 通行を～ den Durchgang sperren (verbieten)*. 気に留めないでくれ Bekümmere dich nicht darum! / Das macht nichts!
とめる 泊める [bei sich³; in seinem Haus] auf|nehmen*; 〔自宅以外の場所に〕unter|bringen*.
とも 友 der Freund *-es, -e*. ～とする *jn.* zum Freund haben*. 酒を～とする ein Freund vom Trinken sein*.
とも 共・に mit; zusammen; [zusammen] mit 《3格》;〔含めて〕einschließlich 《2格》. それと～に damit. 年と～に mit den Jahren. そう言うと～に mit diesen Worten. 二人(三人)～ beide (alle drei). 苦楽を～にする Freud und Leid mit *jm.* teilen. 事を～にする mit *jm.* gemeinsame Sache machen. 彼は詩人であると～に画家でもある Er ist Dichter und Maler zugleich.
とも 供 der Begleiter *-s, -*; 〔全員〕die Begleitung *-en*. 大勢の～を連れて mit (in) großer Begleitung. ～をする *jn.* begleiten.
とも 艫 das Heck *-s, -e* (*-s*). ～で am Heck.
ともかく 兎も角 auf jeden Fall; immerhin. それは～ Um davon zu schweigen, ... 費用の点は～〔として〕abgesehen von den Kosten. 良し悪しは～ Ob es nun gut oder schlecht ist, ...
ともかせぎ 共稼ぎ・する gemeinsam Geld verdienen. ～の夫婦 Doppelverdiener *pl.*

ともぐい 共食い der Kannibalismus -. ～する einander auf|fressen*.
ともしび 灯火 das Licht -es, -er.
ともす 点す ¶明りを～ Licht machen.
ともすれば ～風邪を引く Ich erkälte mich leicht. / Ich neige zu Erkältungen.
ともだおれ 共倒れになる gemeinsam zugrunde gehen*(s).
ともだち 友達 der Freund -es, -e. ～である mit jm. befreundet sein*. ～にする sich³ jn. zum Freund machen. ～になる mit jm. Freundschaft schließen*; sich mit jm. befreunden.
ともづな 纜 das Tau -[e]s, -e. ～を解く ein Tau lösen (auf|wickeln).
ともなう 伴う ¶それは不利益を～ Das bringt Nachteile mit sich. 科学の進歩に伴って mit der Entwicklung der Wissenschaften. 収入に伴った生活 dem Einkommen entsprechendes Leben. 母を伴って mit meiner Mutter.
どもり 吃り〔人〕der Stotterer -s, -.
ともる 点る brennen*. 家に明りが点っている Im Haus brennt Licht.
どもる 吃る stottern.
とやかく ～言う zu kritteln (mäkeln) haben*《an 3格》; etwas auszusetzen haben*《an 3格》; et. kritisieren.
どやす〔叱り付ける〕zusammen|stauchen. 背中をどやしつける jm. einen Schlag auf den Rücken geben*.
どやどや ～と部屋へはいる geräuschvoll in das Zimmer ein|treten*(strömen)(s).
どよう 土用 Hundstage pl.
どようび 土曜日 der Sonnabend -s, -e;〔南ドイツで〕der Samstag -s, -e. ～に am Sonnabend.
どよめく dröhnen.
とら 虎 der Tiger -s, -. ～になる〔酔う〕viehisch betrunken sein*. ～の子のように大切にする wie seinen Augapfel hüten. ～の巻 die Eselsbrücke. ～狩り die Tigerjagd. 頭を～刈りにする jm. Treppen ins Haar schneiden*.
どら 銅鑼 der Gong -s, -s.
ドライ ～アイス das Trockeneis. ～クリーニング chemische Reinigung. ～フラワー die Trockenblume. ～ミルク die Trockenmilch.
トライアングル der Triangel -s, -.
ドライバー der Fahrer -s, -;〔ねじ回し〕der Schraubenzieher -s, -.
ドライブ die Spazierfahrt -en. ～する spazieren fahren*(s). ～イン das Rasthaus; die Raststätte; der Rasthof. ～ウエー die Fahrstraße.
ドライヤー der Haartrockner -s, -;〔パーマの〕die Trockenhaube -n.
とらえどころ 捕え所のない aalglatt;〔曖昧(あいまい)な〕unklar; vage; unbestimmt.
とらえる 捕える fangen*;〔つかむ〕ergreifen*. 腕を～ jn. am Arm fassen (ergreifen*). 現行犯で～ jn. auf frischer Tat ertappen. 恐怖が彼女の心を捕えた Angst ergriff sie. 彼の言う事は真相を捕えている Er hat das Richtige getroffen.
トラクター der Traktor -s, -en.
どらごえ どら声 raue Stimme.
トラコーマ das Trachom -s, -e.
トラスト der Trust [trast, trʌst] -[e]s, -e (-s).
トラック der Last[kraft]wagen -s, -; der Laster -s, -;〔競走路〕die [Lauf]bahn -en.
ドラッグ〖電算〗～する ziehen*. ～＆ドロップ Ziehen und Ablegen.
どらねこ どら猫 herrenlose Katze -n.
トラピスト der Trappist -en, -en. ～修道院 das Trappistenkloster.
とらふ 虎斑の getigert.
トラブル Zwistigkeiten pl. 家庭内に～が絶えない viel Ärger in der Familie haben*. エンジン～ Probleme mit dem Motor.
トラベラーズ・チェック der Reisescheck -s, -s.
トラホーム das Trachom -s, -e.
ドラマ das Drama -s, ..men.
ドラム die Trommel -n. ～をたたく die Trommel schlagen*. ～缶 die Tonne.
どらむすこ どら息子 liederlicher (verlorener) Sohn -es, ⸚e.
とらわれる 捕(囚)われる gefangen genommen werden*(s受). 官憲の手に～ von der Polizei verhaftet werden*(s受). 因習に囚われない frei von Herkommen sein*. 古くさい考えに囚われている den veralteten Ideen verhaftet sein*.
トランク der Koffer -s, -.
トランシーバー das Sende- und Empfangsgerät -s, -e.
トランジスター der Transistor -s, -en. ～ラジオ das Transistorradio.
トランス der Transformator -s, -en; der Trafo -[s], -s.
トランプ die Spielkarte -n. ～をする Karten spielen.
トランペット die Trompete -n.
トランポリン das Trampolin -s, -e.
とり 鳥 der Vogel -s, ⸚. ～を飼う einen Vogel halten*. ～籠 der Vogelkäfig. ～小屋〔鶏舎〕der Hühnerstall; das Hühnerhaus. ～(鶏)肉 das Hühnerfleisch.
とりあい 取り合い das Gerangel《um 4格》-s.
とりあう 取り合う sich reißen*《um 4格》. 手を取り合う sich (einander) an den Händen fassen. あんな人に取り合ってはいられない Ich kann nichts mit ihm zu tun haben. そんなことは取り合うな Nimm keine Notiz davon!
とりあえず 取り敢えず〔早速〕sofort;〔さしあたり〕vorläufig; fürs Erste. 取るものも～ stehenden Fußes. ～お知らせ致します In [aller] Eile teile ich Ihnen mit, dass ...
とりあげる 取り上げる in die Hand nehmen*;〔拾い上げる〕auf|nehmen*; auf|heben*;〔採用する〕an|nehmen*;〔奪い取る〕jm. et. ab|nehmen*. 動議(忠告)を～ einen Antrag (js.

とりあつかい 取り扱い die Behandlung -en; die Handhabung -en. 同等の~を受ける mit jm. gleichgesetzt werden*(s受). ~注意 Vorsichtig handhaben! ~説明書 die Anleitung.

とりあつかう 取り扱う behandeln. 器械を正しく~ ein Instrument richtig handhaben. 電報を~ Telegramme an|nehmen*.

とりあみ 鳥網 das Vogelnetz -es, -e.

とりあわせ 取り合わせ die Kombination -en. 赤と緑の~がよい Rot und Grün sind vorteilhaft kombiniert. この部屋の色彩は~がよい Die Farben in diesem Raum sind gut zusammengestellt.

とりあわせる 取り合わせる kombinieren; arrangieren; zusammen|stellen.

とりい 鳥居 das Torii -[s], -[s].

といる 取り入る sich bei jm. ein|schmeicheln.

とりいれ 取り入れ die Ernte -n. ~時 die Erntezeit.

とりいれる 取り入れる 〔採用する〕ein|führen; auf|nehmen*. 穀物を~ Getreide ernten.

とりうちぼう 鳥打ち帽子 die Reisemütze -n.

トリウム das Thorium -s (記号: Th).

とりえ 取り得 die Stärke -n. 彼にも~がある Er hat auch gute Seiten. 彼にはこれと言って~はない Er hat keine besonderen Vorzüge.

トリオ das Trio -s, -s.

とりおさえる 取り押(抑)える verhaften; fest|nehmen*. 現行犯で~ jn. auf frischer Tat ertappen.

とりおとす 取り落とす aus der Hand fallen lassen*; 〔抜かす〕aus|lassen*.

とりかえ 取り替え ¶傷物の~ der Umtausch fehlerhafter Waren. バルブの~ der Austausch der Ventile.

とりかえし 取り返しのつかぬ unwiederbringlich; unwiderruflich.

とりかえす 取り返す zurück|nehmen*; 〔回復する〕wieder|her|stellen; 〔埋め合わす〕wieder gut|machen. ドイツ語の遅れを~ die versäumten Deutschstunden nach|holen.

とりかえる 取り替える 〔交換する〕et. tauschen《gegen 4 格》. 下着を~ Wäsche wechseln. 機械の部品を~ Maschinenteile aus|tauschen.

とりかかる 取り掛かる sich machen《an 4 格》. 仕事に~ an die Arbeit gehen*(s).

とりかご 鳥籠 der Vogelkäfig -s, -e.

とりかこむ 取り囲む umgeben*; umschließen*; eine Burg belagern. 町は四方森に取り囲まれている Die Stadt ist ringsum von Wald umgeben (umschlossen).

とりかじ 取り舵 〔命令〕Backbord das Ruder! / Ruder backbord! ~一杯 Hart Backbord!

とりかたづける 取り片付ける auf|räumen; in Ordnung bringen*.

とりかぶと 鳥兜〔植〕der Sturmhut -[e]s, ⸚e.

とりかわす 取り交す aus|tauschen. 手紙を~ mit jm. Briefe wechseln. 指輪を~ die Ringe tauschen. 我我はそれについて意見を取り交した Wir haben unsere Meinungen darüber ausgetauscht.

とりきめ 取り決め die Festsetzung -en; 〔申し合わせ〕die Verabredung -en; 〔協定〕die Vereinbarung -en.

とりきめる 取り決める aus|machen; fest|setzen; 〔申し合わせる〕verabreden; 〔協定する〕vereinbaren. 日取りを~ ein Datum festsetzen. 私は彼と今夜 7 時に会う事を取り決めた Ich habe mich mit ihm für heute Abend um 7 Uhr verabredet.

とりくみ 取り組み der Wettkampf -[e]s, ⸚e; das Match -[e]s, -s (-e); 〔組み合わせ〕die Paarung -en.

とりくむ 取り組む ¶問題と~ mit einem Problem ringen*; sich mit einem Problem auseinander setzen.

とりけし 取り消し der Widerruf -[e]s, -e.

とりけす 取り消す widerrufen*; zurück|ziehen*; zurück|nehmen*. 注文を~ et. ab|bestellen. 契約を~ einen Vertrag [auf]|lösen.

とりこ 虜 der Gefangene -s; ~にする gefangen nehmen*. ~になる gefangen genommen werden*(s受).

とりこしぐろう 取り越し苦労・を sich³ unnötige Sorgen [für die Zukunft] machen. ~するな Kümmere dich nicht um ungelegte Eier!

トリコット der Trikot -s, -s.

とりこむ 取り込む 〔金品を〕unterschlagen*; 〔多忙である〕sehr beschäftigt sein*. 洗濯物を~ die Wäsche von der Leine [ab]|nehmen* [und herein|holen]. 只今取り込んでおります Jetzt ist bei uns alles durcheinander.

とりこわす 取り壊す nieder|reißen*; ab|brechen*.

とりさげる 取り下げる zurück|ziehen*; zurück|nehmen*. 告訴を~ einen Strafantrag zurück|ziehen*.

とりさし 鳥刺し der Vogelfänger -s, -.

とりざた 取り沙汰 das Gerede -s; das Gerücht -[e]s, -e. ~される ins Gerede kommen*(s). 世間の~を気にする sich um das Gerede der Leute kümmern.

とりさばく 取り捌く 〔紛争などを〕schlichten.

とりさる 取り去る beseitigen; weg|nehmen*; entfernen. 痛みを~ js. Schmerzen stillen.

とりしまり 取り締り die Beaufsichtigung -en; die Kontrolle -n. ~を厳重にする et. streng beaufsichtigen.

とりしまりやく 取締役 das Vorstandsmitglied -s, -er. ~会 der Vorstand. 代表~ stellvertretender Vorstand.

とりしまる 取り締る beaufsichtigen; überwachen; kontrollieren. 駐車違反を厳しく~

gegen die Parksünder streng vor|gehen*(s).

とりしらべ 取り調べ die Untersuchung -en. 徹底的な~を行う eine gründliche Untersuchung führen.
とりしらべる 取り調べる untersuchen.
とりすがる 取り縋る sich an jn. klammern.
とりすました 取り澄ました affektiert; zimperlich.
とりそろえる 取り揃える ¶当店では各種帽子を取り揃えております Wir haben eine gute Auswahl an Hüten auf Lager.
とりだか 取り高〔収入〕das Einkommen -s, -;〔分け前〕der Anteil -s, -e.
とりだす 取り出す heraus|nehmen*.
とりたて 取り立て〔税金などの〕die Erhebung -en;〔引き立て〕die Begünstigung -en.
とりたてる 取り立てる〔税金などを〕erheben*; ein|treiben*; ein|ziehen*;〔引き立てる〕begünstigen. 取り立てて言うほどの事ではない Das ist nicht der Rede wert.
とりちがえる 取り違える et. verwechseln 《mit 3格》. 話の意味を~ js. Worte missverstehen*.
とりちらす 取り散らす ¶部屋の中はひどく取り散らしております Das Zimmer ist in großer Unordnung.
とりつぎ 取次 die Vermittlung -en;〔商売上の〕die Agentur -en. 面会の~を頼む sich melden lassen*. ~業 der Zwischenhandel;〔出版物の〕das Barsortiment.
トリック der Trick -s, -s. ~に引っ掛かる überlistet werden*(s受). ~映画 der Trickfilm.
とりつく 取り付く → 取り縋る; 取り掛かる. ~島もない unzugänglich sein*. 取り付かれる besessen sein*《von 3格》.
とりつぐ 取り次ぐ jm. et. vermitteln;〔来客を〕jn. melden.
とりつくろう 取り繕う flicken;〔言い繕う〕bemänteln; beschönigen. 人前を~ den Schein wahren.
とりつけ 取り付け die Anbringung (Installierung; Montierung) -en. 銀行の~騒ぎ der Run auf die Banken.
とりつける 取り付ける et. an|bringen*《an 3格 (4格)》; installieren; montieren. 同意を~ js. Zustimmung ein|holen.
とりで 砦 das Fort -s, -s.
とりとめのない 取り留めのない zusammenhanglos; unsinnig. ~事を言う zusammenhangloses Zeug (ins Blaue hinein) reden.
とりとめる 取り留める ¶命を~ dem Tod [mit knapper Not] entkommen*(s). 患者は命を取り留めた Der Kranke ist ganz außer Lebensgefahr.
とりどり ~の verschieden. 色~の bunt. これについて世評は~だ Darüber sind die Meinungen geteilt.
とりなおす 取り直す ¶気を~ sich zusammen|raffen.
とりなし 執り成し〔代願〕die Fürbitte -n;〔仲裁〕die Vermittlung -en. 彼の~で dank seiner Fürbitte.
とりなす 執り成す bei jm. Fürbitte ein|legen 《für 4格》. 両者の間を~ zwischen den beiden vermitteln.
とりにがす 取り逃がす jn. entwischen lassen*. 機会を~ eine Gelegenheit verpassen (verfehlen).
とりのける 取り除ける〔取り除く〕weg|räumen; beseitigen;〔別にしておく〕beiseite stellen.
とりのこされる 取り残される zurück|bleiben* (s). 時代に~ hinter der Zeit zurück|bleiben*(s).
とりのぞく 取り除く → 取り除ける.
とりのぼせる 取り上せる sich auf|regen.
とりはからう 取り計らう ¶…するよう~ dafür sorgen, dass …; es so ein|richten (fügen), dass … …するよう取り計らってくれませんか Wollen Sie bitte veranlassen, dass …
とりはずし 取り外し abnehmbar.
とりはずす 取り外す ab|nehmen*.
とりはだ 鳥肌が立つ eine Gänsehaut bekommen*.
とりはらう 取り払う nieder|reißen*.
とりひき 取引 das [Handels]geschäft -s, -e; der Geschäftsverkehr -s. ~する mit jm. Geschäfte machen. ~[関係]がある mit jm. in Geschäftsverbindung stehen*. 現金~ das Bargeschäft. ~先 der Geschäftsfreund. ~所 die Börse. ~高 der Umsatz.
ドリブル das Dribbling ['drɪblɪŋ] -s, -s. ~する dribbeln.
とりぶん 取り分 der Anteil -s, -e.
とりまき 取り巻き der Anhang -s.
とりまぎれる 取り紛れる ¶忙しさに取り紛れてご返事が遅くなりました Ich war so beschäftigt, dass ich die Antwort hinauszögern musste.
とりまく 取り巻く umgeben*; umschließen*; umringen.
とりみだす 取り乱す〔物を〕in Unordnung bringen*;〔心を〕aus der Fassung kommen* (s). 彼女は少しも取り乱さなかった Sie verlor nicht die Fassung.
とりめ 鳥目 die Nachtblindheit. ~の nachtblind.
とりもち 鳥黐 der Vogelleim -s.
とりもつ 取り持つ〔もてなす〕unterhalten*;〔仲介する〕vermitteln;〔男女の仲を〕jn. an jn. (mit jm.) verkuppeln.
とりもどす 取り戻す zurück|nehmen*; wieder|gewinnen*. 彼は健康を取り戻した Er ist wiederhergestellt.
とりもなおさず 取りも直さず nämlich; das heißt; nichts anderes als …
とりやめる 取り止める ab|sagen; ausfallen lassen*. 今日の催しは取り止めだ Die Veranstaltung fällt heute aus.
とりょう 塗料 die Farbe -n.
どりょう 度量の広い(狭い) großherzig (eng-

どりょうこう 度量衡 Maße und Gewichte *pl.*

どりょく 努力 die Anstrengung -en; die Bemühung -en; das Bestreben -s. ～する sich an|strengen; sich bemühen [zu+不定詞]; sich bestreben [zu+不定詞]. ～の甲斐(ホミ)がある Es lohnt die Mühe. ～家 strebsamer Mensch.

とりよせる 取り寄せる kommen lassen*; besorgen; *et.* bei *jm.* bestellen.

トリル 〖音〗 der Triller -s, -.

ドリル der Drillbohrer -s, -; 〔練習〕 die Übung -en; der Drill -s.

とりわけ 取りわけ besonders; namentlich; vor allem.

とりわける 取り分ける 〔品分けする〕 sortieren. 料理を～ [自分で] sich reichen.

とる 取る 〔音〕; 〔つかむ〕 ergreifen*; 〔捕獲〕 fangen*; 〔奪い取る〕 *jm. et.* [weg|]nehmen*; 〔得る〕 erhalten*; bekommen*; 〔盗む〕 stehlen*; 〔採用する〕 auf|nehmen*; 〔帽子などを〕 ab|nehmen*; 〔食物などを〕 zu sich³ nehmen*; ein|nehmen*. 手に～ in die Hand nehmen*. 子供の手を～ das Kind an (bei) der Hand nehmen*. 書棚から本を～ ein Buch aus dem Regal nehmen*. ペン (剣)を～ die Feder (den Degen) ergreifen*. 雑草を～ Unkraut jäten (ziehen*). 痛みを～ Schmerzen stillen. 舵を～ das Ruder halten*. 政権を～ die Regierung übernehmen*. 事務を～ ein Geschäft führen. 場所を～ [ふさく] viel Platz ein|nehmen*; 〔席の予約〕 einen Platz reservieren. 新聞を～ eine Zeitung halten*. この牛からは乳がたくさん取れる Die Kuh gibt viel Milch. ぶどうからアルコールを～ Alkohol aus Trauben gewinnen*. 景色を～ [写真に] eine Landschaft auf|nehmen* (fotografieren). 会話をテープに～ das Gespräch auf Band [auf|]nehmen*. 悪く (曲げて)～ *jm. et.* übel nehmen* (krumm nehmen*). お時間を取らせて申し訳ありません Es tut mir Leid, Ihre Zeit so lange in Anspruch genommen zu haben. どうぞ御自由にお取り下さい 〔食卓で〕 Bitte, bedienen Sie sich! そこの塩を取って下さい Reichen (Geben) Sie mir bitte das Salz!

ドル der Dollar -[s], -s. 30～ 30 Dollar. ～相場 der Dollarkurs. ～地域 der Dollarraum. それは彼の～箱だ Das bringt ihm viel Geld ein.

トルコ die Türkei. ～の türkisch. ～人 der Türke. ～帽子 der Fes.

トルソー der Torso -s, -s (..si).

どれ welcher. ～か irgendetwas. ～でも jedes [Beliebige]. ～に致しますか Welches (Was) wünschen Sie?

どれ 〔促し〕 Na! / Nun!

どれい 奴隷 der Sklave -n, -n. ～的 sklavisch. ～にする zum Sklaven machen. 金銭の～になる sich zum Sklaven des Mammons machen. ～解放 die Sklavenbefreiung. ～根性 die Sklavenseele. ～制度 das Sklaventum; die Sklaverei. ～売買 der Sklavenhandel.

トレーシング・ペーパー das Pauspapier -s.

トレードマーク das Warenzeichen -s, -; die Handelsmarke -n.

トレーナー der Trainer -s, -; 〔衣服〕 das Sweatshirt ['swɛtʃəːt] -s, -s.

トレーニング das Training -s, -s. ～パンツ die Trainingshose.

トレーラー der Anhänger -s, -.

ドレス das Kleid -es, -er. ～メーカー der Damenschneider. ～メーキング die Damenschneiderei.

トレッキング das Trekking (Trecking) ['trɛkɪŋ] -s, -s.

ドレッシー ～な elegant; fein.

ドレッシング 〔ソース〕 das Dressing ['drɛsɪŋ] -s, -s.

どれほど wie viel (groß; teuer; lang[e]).

トレモロ das Tremolo -s, -s (..li).

とれる 取れる 〔得られる〕 gewonnen werden* (*s* 受); 〔捕獲される〕 gefangen werden* (*s* 受). 旅の疲れが～ sich von den Strapazen der Reise erholen. 痛みが～ Der Schmerz lässt nach. この畑からいい穀物が～ Der Acker gibt gutes Korn. 服地のしみが取れない Der Fleck geht nicht aus dem Stoff heraus. 立て替えた金が取れない Meine Auslagen sind noch nicht zurückbezahlt. 車の車輪が一つ取れた Vom Wagen ist ein Rad abgesprungen. ボタンが取れた Mir ist ein Knopf abgegangen. 景色がよく取れている Die Landschaft ist gut aufgenommen. そういう意味にも～ Man kann es auch so auffassen.

とろ 吐露 ¶真情を～する *jm.* sein Herz aus|gießen*.

どろ 泥 der Schlamm -s; der Schmutz -es; der Dreck -s. ～を吐く pfeifen*. ～をはねかける *jn.* mit Dreck bespritzen. 人の顔に泥を塗る *js.* guten Namen beschmutzen (beflecken). ～をかぶる die Schuld auf sich nehmen*. ～だらけの schlammig; schmutzig; dreckig.

トロイカ die Troika -s.

とろう 徒労 vergebliche Bemühung -en. ～に終る zunichte werden*(*s*). 彼の努力も～に終った Er hat sich vergeblich bemüht.

トローチ die Pastille -n.

どろおとし 泥落し der Fußabstreicher -s, -.

トロール ～網 das [Grund]schleppnetz; das Trawl. ～漁業 die Schleppfischerei. ～船 der Trawler.

とろかす 蕩かす ¶心を～ *jn.* entzücken (bezaubern). 人の心を～ような entzückend; bezaubernd.

どろくさい 泥臭い 〔野暮な〕 bäurisch; ungeschliffen.

とろける 蕩ける schmelzen*(*s*). 心が～ようだ wie berauscht sein* (von 3 格). その肉は舌の

上で~ほど柔らかい Das Fleisch ist so zart, dass es einem auf der Zunge zergeht.

どろじあい 泥試合 gegenseitige Beschmutzung -en. ~をする einander in den Dreck ziehen* (mit Schmutz bewerfen*).

トロッコ die Lore -n.

ドロップ 〔菓子〕 Drops pl.

とろとろ ~になる schmelzen*(s). ~眠る schlummern. ~燃える schwach brennen*.

どろどろ ~の schlammig; matschig; 〔粥(ｶﾕ)の ように〕breiig; 〔濃くて〕dick[flüssig].

どろなわしき 泥縄式に auf den letzten Drücker.

どろぬま 泥沼 der Sumpf -[e]s, ⸗e. ~にはまり込む im Sumpf stecken bleiben*(s).

とろび とろ火 gelindes Feuer -s. ~で煮る auf kleiner Flamme (bei gelindem Feuer) kochen; ziehen lassen*.

トロフィー die Trophäe -n.

どろぼう 泥棒 der Dieb -es, -e; 〔行為〕 der Diebstahl -[e]s, ⸗e. ~をする einen Diebstahl begehen*. 私の家に~がはいった Bei uns ist eingebrochen worden.

どろまみれ 泥塗れ・の schmutzig; schlammig; kotig. ~になって働く in Dreck und Speck arbeiten.

とろみ ~をつける et. an|dicken. ~のついていない ungebunden.

どろみず 泥水 schlammiges (schmutziges) Wasser -s.

どろよけ 泥除け das Schutzblech -s, -e; der Kotflügel -s, -.

とろり ~とする 〔眠る〕schlummern.

トロリー・バス der Trolleybus (Obus) -ses, -se.

とろろいも とろろ芋 die Jamswurzel -n.

とろん ~とした目をしている schläfrige Augen haben*.

どろん ~をきめ込む sich aus dem Staub[e] machen. 大金を持って~する mit einer großen Summe durch|brennen*(s).

ドロン・ゲーム unentschiedenes Spiel -s, -e. ~になった Das Spiel endete unentschieden.

トロンボーン der Trombone -, ..ni; die Posaune -n.

とわず 問わず ¶男女を~ ohne Unterschied des Geschlechts. 結果の如何を~ ohne Rücksicht auf die Folgen. 晴雨を~ bei jedem Wetter. 多少を~ mehr oder weniger. ~語りに ungefragt; unaufgefordert.

どわすれ 度忘れ ¶彼の名を~した Sein Name ist mir im Augenblick entfallen. / Ich kann augenblicklich nicht auf seinen Namen kommen.

トン 噸 die Tonne -n (略: t). 10~の鉄 10 Tonnen Eisen. 1万~の汽船 der Dampfer von 10 000 Tonnen [Wasserverdrängung]. ~数 der Tonnengehalt. 3~車 der Dreitonner.

どん 〔砲声〕Bum! ~とぶつかる heftig stoßen*(s) 《gegen 4格》. テーブルを~とたたく mit der Faust auf den Tisch schlagen*.

どんかく 鈍角 stumpfer Winkel -s, -. ~の stumpfwinklig.

とんカツ 豚カツ das Schweinekotelett -s, -s.

とんがりぼうし とんがり帽子 die Zipfelmütze -n.

どんかん 鈍感な unempfindlich; stumpf.

とんきょう 頓狂な toll; überspannt.

どんぐり 団栗 die Eichel -n. ~の背比べだ Alle sind durch die Bank gleich. ~眼 das Glotzauge.

どんこう 鈍行 der Bummelzug -es, ⸗e.

とんざ 頓挫・する ins Stocken geraten*(s). 交渉は~をきたした Die Verhandlungen sind festgefahren.

どんさい 鈍才 langsamer Kopf -es, ⸗e.

とんじ 遁辞 Ausflüchte pl.; die Ausrede -n. ~を弄(ﾛｳ)する eine Ausrede gebrauchen.

どんじゅう 鈍重 schwerfällig; stumpf.

とんせい 遁世する der Welt entsagen; sich von der Welt zurück|ziehen*.

とんそう 遁走する die Flucht ergreifen*. → 逃走.

どんぞこ どん底 die Tiefe -n. ~の生活をする in tiefster Armut leben. 不景気が~に達した Die Depression hat den tiefsten Stand erreicht.

とんだ → とんでもない. ~目に会う Pech haben*. ~へまをやらかす verdammten Unsinn machen. これは全く~事ですね Das sind ja nette Zustände. さあ~ことになったぞ Da haben wir die Bescherung!

とんち 頓智 [schlagfertiger] Witz -es, -e. ~のある schlagfertig.

とんちゃく 頓着・しない sich³ keine Sorgen machen 《um 4格》; sich nicht kümmern 《um 4格》. …に~なく unbekümmert 《um 4格》. 費用には~なく ohne Rücksicht auf die Kosten.

どんちゃんさわぎ どんちゃん騒ぎをする mächtigen Betrieb machen; auf die Pauke hauen(*).

どんちょう 緞帳 der Vorhang -s, ⸗e.

とんちんかん 頓珍漢・な widersinnig; ungereimt; absurd. ~な事を言う ungereimtes Zeug reden.

どんつう 鈍痛 dumpfe Schmerzen pl.

とんでもない ~奴 unverschämter Kerl. ~値段 horrender Preis. ~時間に来る zu einer unmöglichen Zeit kommen*(s). 学者だって？! Gelehrter? Nicht möglich! ~は〔どういたしまして〕Keine Ursache! そんなことは~!〔真平御免だ〕Das wäre ja noch schöner! これでは一人でも食っていけないのに、二人なんて~ Davon kann kaum ein Mensch allein leben, geschweige denn zwei. → とんだ.

どんてん 曇天 trübes Wetter -s. 今日は~です Heute ist es trübe.

とんと ganz und gar; völlig.

とんとん Tapp, tapp! これで~だ Wir sind [miteinander] quitt. ~拍子に運ぶ zügig voran|gehen*(s). ~拍子に出世する rasch

vorwärts kommen*(s).　収支~だ Einnahmen und Ausgaben gleichen sich aus.
どんどん Bum, bum!　~と in rascher Folge; immer mehr.
どんな was für ein.　~事があっても um jeden Preis; was auch geschehen mag;〔否定〕um keinen Preis; unter keinen Umständen.　彼が~事を言おうと Er mag sagen, was er will, …
どんなに wie [sehr].　~金があっても Wie reich man auch sein mag, …
トンネル der Tunnel -s, -(-s).　~を掘る einen Tunnel bohren.

ドン・ファン der Don Juan --s, --s.
とんぼ 蜻蛉 die Libelle -n; die Wasserjungfer -n.　~返りをする einen Purzelbaum schlagen*.
とんま 頓馬 der Esel -s, -.　~な dumm; eselhaft.　~な事 die Dummheit.
とんや 問屋〔業〕der Großhandel -s;〔人〕der Großhändler -s, -; der Grossist -en, -en;〔店〕die Großhandlung -en.　そうは~が卸さなかった Die Sache ging nicht so gut, wie ich erwartet hatte.
どんよく 貪欲 die Habgier.　~な habgierig.
どんより ~した trübe; düster.

な

な 名 der Name -ns, -n. ～を成す sich³ einen Namen machen; sich berühmt machen. ～を汚す seinen Namen beflecken (besudeln). ～を付ける einen Namen geben*《3格》. 後世に～を残す den Namen der Nachwelt hinterlassen*. ～もない namenlos; unbekannt. 彼は社長といっても～ばかりだ Er ist nur dem Namen nach (nominell) Chef.

な 菜〔青菜〕das Blattgemüse -s, -;〔油菜〕der Raps -es, -e. ～の花 die Rapsblüte.

なあて 名宛 → 宛名. ～人 der Adressat.

ない ¶あの本が見つから～ Ich kann das Buch nicht finden.

ない 無い ¶この品はもう一つも～ Von dieser Ware ist nichts vorhanden. そんな物は～ Das gibt es nicht. 私には金が～ Ich habe kein Geld. / Es fehlt mir an Geld. 望み無きに非ず Wir dürfen die Sache nicht als hoffnungslos betrachten. そんな事は～と思います Ich glaube nicht, dass es so ist. / Ich denke nicht, dass es so ist. 何も～よ Nichts da! 彼女は欠点が～ Sie ist tadellos. 彼は借金が～ Er ist frei von Schulden. 彼は職が～ Er ist ohne Arbeit. ここにあった鍵が～ Die Schlüssel sind weg. 僕の万年筆が～ Ich vermisse meinen Füllfederhalter.

ない 内意 die Absicht -en; die Intention -n. ～を漏らす jm. seine Intention zu verstehen geben*. ～を受けて im heimlichen Auftrag.

ナイーブ ～な naiv.

ないえん 内縁・関係にある im Konkubinat leben. ～の妻 die Konkubine.

ないか 内科〔内科学〕die innere (interne) Medizin;〔病院の〕die innere (interne) Station. ～医 der Internist. ～治療 innere Behandlung.

ないかい 内海 das Binnenmeer -[e]s, -e.

ないがい 内外・ inner und außen. ～の inner und außen. 家の～に inner- und außerhalb des Hauses. 3メートル～ etwa (ungefähr) 3 Meter.

ないかく 内角 der Innenwinkel -s, -.

ないかく 内閣 das Kabinett -s, -e; das Ministerium -s, ..rien. ～を改造する das Kabinett um|bilden. ～を組織する ein Kabinett bilden. ～を倒す das Kabinett stürzen. ～総理大臣 der Ministerpräsident; der Premierminister. ～府 das Amt des Kabinetts.

ないがしろ 蔑ろにする vernachlässigen.

ないき 内規 interne Vorschrift -en.

ないきん 内勤 der Innendienst -[e]s.

ないこう 内向・性 die Introversion -en. ～的 introvertiert.

ないこう 内攻する〔病気が〕nach innen schlagen*(s).

ないさい 内済にする privatim (unter sich³) ab|machen.

ないざい 内在〖哲〗die Immanenz. ～的 immanent. ～する inne|wohnen《3格》. 神は世界に～する Gott ist der Welt immanent.

ないし 乃至 oder; beziehungsweise (略: bzw.). 5～6回 fünf- bis sechsmal.

ないじ 内示する inoffiziell verlautbaren.

ないじ 内耳 inneres Ohr -[e]s, -en.

ないじつ 内実 der Inhalt -s, -e. ～は in Wirklichkeit.

ないじゅ 内需 die Inlandsnachfrage -n.

ないしゅっけつ 内出血する eine innere Blutung haben*.

ないしょ 内緒・の geheim; heimlich; vertraulich. ～にする vor jm. geheim halten*. ～の話だが ganz privat (unter uns; im Vertrauen) gesagt. ～話をする mit jm. ein heimliches Gespräch führen. 私に～で ohne mein Wissen. それは～だぞ Still davon!

ないじょ 内助 ¶彼の成功は夫人の～に待つところが多い Er verdankt seinen Erfolg zum großen Teil seiner Frau.

ないじょう 内情 innere Verhältnisse (Umstände) pl. ～に明るい et. von innen [her] kennen*. ～を明らかにする et. von innen beleuchten.

ないしょく 内職 die Nebenarbeit -en. ～をする eine Nebenarbeit treiben*.

ないしん 内心・ innerlich. ～では im Herzen; im Inner[e]n; im Stillen. 自分の～を打ち明ける jm. sein Innerstes offenbaren.

ないしん 内申・する inoffiziell berichten. ～書 die [vertrauliche] Schülerakte -n.

ないせい 内省 die Selbstbeobachtung -en; die Introspektion -en. ～的 beschaulich; introspektiv. ～する sich innerlich beschauen.

ないせい 内政 die Innenpolitik. ～上の innenpolitisch. ～干渉をする sich in die internen (inneren) Angelegenheiten eines Staates ein|mischen.

ないせつ 内接 ¶円に～する den Kreis von innen berühren. ～円 der Inkreis.

ないせん 内戦 der Bürgerkrieg -[e]s, -e.

ないせん 内線 ¶この電話は～が5本ある Das Telefon hat 5 Nebenanschlüsse. ～の3番につないで下さい Bitte, verbinden Sie mich mit [Nummer] 3!

ないそう 内装 die Innenausstattung -en.

ないぞう 内臓 [innere] Organe pl.; Eingeweide pl.

ないだく 内諾する inoffiziell ein|willigen《in 4格》.

ないだん 内談 mit jm. eine vertrauliche Unterredung haben*.

ないち 内地 das Inland -es. ～の inländisch. ～人 der Inländer.

ないつう 内通 der Verrat -[e]s. 敵に～する mit dem Feind heimliche Verbindungen auf|nehmen*.

ないてい 内定している informell festgesetzt sein*.

ないてい 内偵する nach|spähen 《3 格》.

ないてん 内典 inner.

ナイト ～キャップ die Schlafmütze. ～クラブ das Nachtlokal.

ないない 内々で privatim; im Geheimen. ～の vertraulich; geheim; heimlich; inoffiziell.

ないねんきかん 内燃機関 die Verbrennungsmaschine -n.

ナイフ das Messer -s, -.

ないぶ 内部 das Innere#; der Innenraum -[e]s, ≃e. ～の inner[lich]. ～で(に) innen. ～から von innen [heraus]. ～事情 innere Verhältnisse pl. ～の[事情にくわしい]者 der Eingeweihte#.

ないふく 内服 ¶薬を～する eine Arznei ein|nehmen*. ～薬 eine Arznei für innerliche Anwendung. この薬は～用である Diese Medizin ist innerlich anzuwenden.

ないふん 内紛 innere Zwietracht; interne Machtkämpfe pl. その政党に～が起こった In dieser Partei hat man sich entzweit.

ないぶん 内聞にする geheim halten*; vertuschen.

ないぶんぴつ 内分泌 innere Sekretion -en. ～腺 endokrine Drüsen pl.

ないほう 内包 [哲] der Inhalt -s, -e; die Intension -en.

ないほう 内報・する jm. et. inoffiziell berichten. ～を受ける inoffizielle Berichte empfangen*《über 4 格》.

ないみつ 内密・の geheim; heimlich; vertraulich. ～に im Geheimen. ～にする vor jm. geheim halten*.

ないむ 内務 innere Angelegenheiten pl. ～省 das Innenministerium. ～へ大臣 der Innenminister.

ないめい 内命を下す jm. einen inoffiziellen Befehl geben* (erteilen).

ないめん 内面 die Innenseite -n. ～へ nach innen. ～的 innerlich. ～性 die Innerlichkeit. ～生活 das Innenleben.

ないものねだり 無い物ねだりをする nach dem Mond greifen*.

ないやく 内約 private Verabredung -en. ～する mit jm. privatim verabreden.

ないゆうがいかん 内憂外患ともに到る Innere und äußere Schwierigkeiten folgen aufeinander.

ないよう 内容 der Inhalt -s, -e; der Gehalt -[e]s, -e. ～のある gehaltreich. ～のない gehaltlos. ～見本 [本の] der Prospekt.

ないらん 内乱 der Bürgerkrieg -[e]s, -e. ～罪 der Hochverrat.

ないりく 内陸 das Binnenland -[e]s, ≃er.

ナイロン das Nylon -s. ～の靴下 der Nylonstrumpf.

なう 綯う ¶縄を～ Seile drehen.

なうて 名うての allbekannt; [悪い意味で] berüchtigt; notorisch.

なえ 苗 das Pflänzchen -s, -. ～木 der Sämling; der Setzling. ～床 das Beet.

なえる 萎える [草花が] verwelken (s); [手足が] lahm werden*(s).

なお 尚 noch. ～かつ noch dazu; ferner; außerdem. ～も noch immer. 今～ noch jetzt. この方が～良い Das ist noch besser. 私は～2 時間待った Ich wartete noch 2 Stunden. その村はそこから～2 マイル離れている Das Dorf ist 2 Meilen weiter [entfernt] davon. 若い男でも耐えかねるというのだから老人なら～の事だ Das hält ein junger Mann nicht aus, geschweige [denn] ein Alter. ～よく考えてから決心するつもりです Nach nochmaliger Überlegung will ich mich dazu entschließen.

なおざり 等閑にする vernachlässigen; versäumen.

なおし 直し [修繕] die Ausbesserung -en; die Reparatur -en; [訂正] die Verbesserung -en.

なおす 直す [誤りなどを] verbessern; berichtigen; korrigieren; [修正する] aus|bessern; reparieren; [病気・傷を] heilen.

なおる 直る ¶病気が～ von einer Krankheit genesen*(s). 傷はひとりでに直った Die Wunde ist von selbst geheilt. 彼はまだすっかり直っていなかった Er war noch nicht ganz wiederhergestellt. 機械が直った Die Maschine ist wieder in Ordnung.

なおれ 名折れ die Schande. 家門の～ der Schandfleck der Familie. ～になる jm. zur Schande gereichen; eine Schande für jn. sein*.

なか 中 [内部] das Innere#. 部屋の～で in dem (im) Zimmer. 部屋の～へ nach (ins) Zimmer. 部屋の～から aus dem Zimmer. ～から見ると von innen her betrachtet. 知人の～の一人 unter meinen Bekannten. 我々の～の一人 einer von uns. ～を取る die Mitte nehmen*. 雨の～を im Regen. 森の～を通るか中を行く dadurch den Wald gehen*(s). 二人の～に割って入る sich zwischen beide stellen. ～1 日おいて in zwei Tagen. 私の心の～ mein Inneres#.

なか 仲が良い(悪い) mit jm. auf gutem (schlechtem) Fuß stehen*.

ながあめ 長雨 anhaltender Regen -s. ～が続く Das Regen hält an.

ながい 長い lang. ～間 lange; lange Zeit. ～間には(～目で見るならば) auf [die] Dauer (auf lange Sicht). それまでにはまだ～ことかかる Bis dahin ist es noch ein weiter Weg. ～物には巻かれろ Gegen einen Reichen lässt sich nichts ausrichten.

ながい 長居をする bei jm. lange bleiben*(s).

ながいき 長生き・する lange leben. ～の langlebig. 彼女は夫より[3年]～した Sie überlebte ihren Mann [um drei Jahre].

ながいす 長椅子〔ソファー〕das Sofa -s, -s; die Couch -es;〔ベンチ〕die Bank ¨-e.

なかいり 中入り die Pause -n.

ながえ 轅 die Deichsel -n.

なかおれ 中折れ〔帽子〕weicher Hut -es, ¨-e.

なかがい 仲買 das Maklergeschäft -es, -e. ～をする das Maklergeschäft betreiben*. ～人 der Makler.

ながく 長く lange; lange Zeit. ～とも längstens. ～する verlängern. ～なる sich verlängern; länger werden*(s). 彼はもう～はつまい Er wird es nicht mehr lange machen.

ながぐつ 長靴 der Stiefel -s, -.

なかごろ 中頃 ¶5月の～に Mitte Mai.

ながさ 長さ die Länge. ～3メートルの drei Meter lang.

なかし 仲仕 → 沖仲仕.

ながし 流し〔台所の〕das Spülbecken -s, -. ～のギター弾き fahrender Gitarrenspieler.

ながしあみ 流し網 das Treibnetz -es, -e;〔漁法〕die Treibnetzfischerei.

ながしこむ 流し込む ¶鉄を鋳型に～ Eisen gießen*. 水を樽(な)へ～ Wasser in ein Fass ein|gießen*. 口に薬を～ jm. Medizin ein|flößen.

ながしめ 流し目を送る jm. einen verstohlenen Seitenblick zu|werfen*.

ながす 流す〔涙・血・汗などを〕vergießen*. 水を流しっぱなしにする das Wasser laufen lassen*. トイレの水を～ spülen. 廃水を川に～ Abwässer in Flüsse ab|lassen*.

ながすくじら 長須鯨 der Finnwal -s, -e.

なかせる 泣かせる jn. zum Weinen bringen*. 子供を～ ein Kind weinen machen. 彼の演説は聴衆を泣かせた Seine Rede hat das Publikum zu Tränen gerührt. 彼は親泣かせだ Er ist eine Plage für die Eltern.

なかたがい 仲違い・する sich mit jm. verfeinden. ～している [miteinander] verfeindet sein*.

なかだち 仲立ち die Vermittlung -en. ～をする jm. et. vermitteln. 友人の～で durch die Vermittlung eines Freundes.

ながたらしい 長たらしい weitschweifig; weitläufig. ～話はごめんだよ Erzähl doch keinen [langen] Roman!

なかだるみ 中だるみ ¶仕事が～になった Eine Stockung trat in unserer Arbeit ein.

ながだんぎ 長談義 weitläufige Rede -n. ～をする weitschweifig reden.

なかつぎ 中継ぎする vermitteln.

ながっちり 長っ尻である Sitzfleisch haben*.

ながつづき 長続きする lange an|halten* (an|dauern).

なかでも 中でも vor allem (allen); unter anderem (anderen);〔特に〕besonders.

なかなか 中中 ziemlich; recht. この木は～燃えない Das Holz will nicht brennen. この問題は～解けない Das Problem lässt sich nicht schwer lösen.

ながなが 長長・と lange; lange Zeit. ～と話すsich des Langen und Breiten aus|lassen*《über 4格》. ～と寝そべっている in seiner ganzen Länge liegen*.

なかにわ 中庭 der Hof -[e]s, ¨-e.

ながねん 長年〘副詞〙lange Jahre. ～の langjährig.

なかば 半ば halb. ～無意識に halb unbewusst. 4月～に Mitte April. 仕事～に mitten in der Arbeit. ここが道程の～だ Hier ist der halbe Weg.

ながばなし 長話をする mit jm. lange sprechen*.

ながびく 長引く sich hin|ziehen*. 長引かす hin|ziehen*.

なかほど 中程・で(に) etwa in der Mitte. ～へ願います Bitte, aufrücken!

なかま 仲間 der Kamerad -en, -en; der Kumpan -s, -e; der Genosse -n, -n. ～になる sich zu jm. gesellen. ～に入れる jn. zum Mitglied machen. ～はずれにする jn. aus|schließen*. ～割れする sich spalten*. 悪い～に入る in schlechte Gesellschaft geraten*(s). 泥棒～に入る unter die Diebe gehen*(s).

なかみ 中身 der Inhalt -s, -e; der Gehalt -[e]s, -e.

ながめ 眺め die Aussicht -en; der Ausblick -s, -e. ここからは山の～がすばらしい Von hier aus bietet sich (hat man) eine herrliche Aussicht auf das Gebirge.

ながめる 眺める blicken; hin|sehen*. 子供の遊んでいるのを～ den Kindern beim Spielen zu|sehen*.

ながもち 長持 die Truhe -n.

ながもち 長持ち・する haltbar; dauerhaft. ～する生地 haltbarer Stoff. この天気は～しない Das Wetter wird nicht anhalten. 食料はこの暑さではそう～しない Die Lebensmittel halten bei dieser Hitze nicht so lange.

なかやすみ 中休み die Pause -n. ～する eine Pause machen.

なかゆび 中指 der Mittelfinger -s, -.

なかよく 仲良くする sich mit jm. befreunden; mit jm. in Freundschaft leben.

なかよし 仲良し guter (intimer) Freund -es, -e. ～になる sich mit jm. befreunden; mit jm. Freundschaft schließen*. 私たちは～だ Wir sind [miteinander] gut Freund.

ながら ¶彼は金持であり～ Obgleich (Obwohl; Trotzdem) er reich ist, ... 彼はそう言い～ Indem er dies sagt, ...

ながらえる 長らえる ¶生き～ am Leben bleiben*(s).

ながらく 長らく lange; lange Zeit.

ながれ 流れ der Strom -[e]s, ¨-e;〔小川〕der Bach -es, ¨-e. ～に従って(逆らって)mit dem (gegen den) Strom. ヘーゲルの～を汲む von hegelianischer Schule sein*. 時代の支配的な～ die herrschende Strömung der Zeit. この川は～が速い Der Fluss hat eine starke Strömung.

ながれこむ 流れ込む [ein|]fließen*(s) (in 4格); [ein|]münden (s; h) (in 4格); sich ergießen*(s) (in 4格).

ながれさぎょう 流れ作業をする am Fließband arbeiten.

ながれだす 流れ出す aus|fließen*(s); aus|strömen (s).

ながれだま 流れ弾 verirrte Kugel -n.

ながれでる 流れ出る → 流れ出す.

ながれぼし 流れ星 → 流星.

ながれる 流れる fließen*(s); strömen (s). 涙が彼の頬を伝わって～ Die Tränen laufen ihm über die Wangen. 彼女の額から汗が～ Der Schweiß rinnt ihr von der Stirn. 大水で橋が流れた Die Flut hat die Brücke weggerissen. 10年の歳月は流れた Zehn Jahre sind verflossen. 悪天候のためテニスの試合は流れた Wegen des schlechten Wetters ist das Tennisspiel ausgefallen. いろんな噂が流れている Viele Gerüchte sind im (in) Umlauf.

ながわずらい 長煩い・する an einer langwierigen Krankheit leiden*. 彼は～の後に死んだ Er starb nach langem Leiden.

なかんずく 就中 → 中でも.

なき 亡き・母 meine selige (verstorbene) Mutter. ～人 der Verstorbene[1].

なき 泣き・を入れる jn. flehentlich um Verzeihung bitten*. ～の涙で unter Tränen.

なぎ 凪 die Windstille; die Flaute -n.

なきあかす 泣き明かす die ganze Nacht verweinen.

なきおとす 泣き落とす jn. durch Bitten erweichen.

なきがお 泣き顔・をする ein weinerliches Gesicht machen. ～で mit weinerlicher Miene.

なきがら 亡骸 die Leiche -n.

なきくずれる 泣き崩れる in Tränen zerfließen*(s).

なきごえ 泣き声 der Schrei -es,-e. ～で in weinerlichem Ton; mit weinerlicher Stimme.

なきごえ 鳴き声 [犬の] das Bellen -s; [猫の] das Miauen -s; [鼠の] das Quieken -n; [馬の] das Wiehern -s; [牛の] das Muhen -s; [鳥の] der Gesang -[e]s, ̈e; der Ruf -es,-e; [鶏の] das Krähen -s; [虫の] das Zirpen -s; [蛙の] das Quaken -s.

なきごと 泣き言 die Klage -n; die Beschwerde -n. ～を言う klagen 《über 4格》; sich bei jm. beklagen 《über 4格》.

なぎさ 渚 der Strand -es, ̈e.

なきさけぶ 泣き叫ぶ heulen; schreien*.

なきじゃくる 泣きじゃくる schluchzen.

なきじょうご 泣き上戸 gefühlsseliger Trinker -s,-. 彼女は～だ [すぐ泣き出す] Bei ihr sitzen die Tränen locker.

なぎたおす 薙ぎ倒す nieder|mähen.

なきだす 泣き出す ¶わっと～ in Tränen (heftiges Weinen) aus|brechen*(s). 今にも泣き出しそうな空模様だ Es sieht drohend nach Regen aus.

なきつく 泣き付く jn. an|flehen 《um 4格》.

なきっつら 泣きっ面に蜂 Ein Unglück kommt selten allein.

なきどころ 泣き所 die Achillesferse -n; verwundbare Stelle -n.

なきなき 泣き泣き weinend. ～寝入る sich in Schlaf weinen.

なきねいり 泣き寝入り・する schweigend leiden*. ～しない sich³ nicht auf den Kopf spucken lassen*.

なぎはらう 薙ぎ払う hin|mähen.

なきはらす 泣き腫らす ¶目を泣き腫らしている verweinte Augen haben*.

なきふす 泣き伏す sich weinend hin|werfen*.

なきまね 泣き真似・をする sich weinend stellen. 彼は～をした Er tat, als ob er weinte.

なきまね 鳴き真似 ¶鳥の～をする das Vogelgeschrei nach|ahmen.

なきむし 泣き虫 das Tränentier -[e]s,-e. ～の weinerlich.

なく 泣く ¶［大声で］schreien*. うれしくて（痛くて）～ vor Freude (Schmerz) weinen. 泣いても笑っても Ob man will oder nicht,... 彼女は泣きたい気持だった Ihr war weinerlich zumute. ～子と地頭には勝てぬ Gegen ein schreiendes Kind und den Gutsherrn kann man nicht aufkommen. ～泣く weinend; unter Tränen.

なく 鳴(啼)く [犬が] bellen; [猫が] miauen; [馬が] wiehern; [牛が] muhen; [羊が] mähen; [鼠が] quieken; [小鳥が] singen*; zwitschern; [家鴨が] schnattern; [鳩が] gurren; [鶏が] krähen; gackern; [虫が] zirpen; [蛙が] quaken.

なぐ 凪ぐ ¶風が～ Der Wind wird flau. 凪いだ海 windstilles Meer.

なぐ 薙ぐ mähen.

なぐさみ 慰み das Vergnügen -s; der Spaß -es. ～に絵を描く zum Vergnügen malen. ～半分に nur zum Vergnügen (Spaß). ～物にする jn. zum Spielzeug machen.

なぐさめ 慰め der Trost -es. ～になる jn. trösten; jm. Trost bringen (geben*). jm. ein Trost sein*. ～の言葉を述べる tröstende Worte sprechen*; jm. tröstend zu|sprechen*. 将来への希望を～とする Wir trösten uns mit der Hoffnung auf die Zukunft.

なぐさめる 慰める trösten. 悲しみ(不幸)を～ jn. in seinem Leid (Unglück) trösten. 音楽で心を～ in der Musik Trost finden*. …と考えて彼は自らを慰めた Er tröstete sich mit dem Gedanken, dass ...

なくす 亡くす ¶父を～ seinen Vater verlieren*. 彼は妻を亡くした Ihm ist die Frau gestorben.

なくす 無くす verlieren*; ein|büßen; [廃止す

なくなる 亡くなる sterben*(s). 亡くなった父 sein verstorbener (seliger) Vater. 彼は飛行機事故で亡くなった Er ist bei einer Flugzeugkatastrophe umgekommen.

なくなる 無くなる abhanden kommen*(s); verloren gehen*(s). 無くなった本 verlorenes Buch. タバコが無くなった Ich habe keinen Tabak mehr. 僕は金が無くなった Mein Geld ist alle. / Mir ist das Geld ausgegangen. ここにあった眼鏡が無くなった Meine Brille, die da lag, ist verschwunden.

なぐりあい 殴り合い die Prügelei -en. ～をする sich [mit jm.] prügeln (schlagen). 激しい～になる Es kommt zu einer wüsten Schlägerei.

なぐりかえす 殴り返す jm. einen Schlag zurück|geben*.

なぐりがき 擲り書き das Gekritzel -s. 紙に～する Papier bekritzeln. 手紙を～する einen Brief flüchtig hin|schreiben*.

なぐりこみ 殴り込み den Überfall machen《auf 4 格》.

なぐりつける 殴り付ける → 殴る.

なぐる 殴る schlagen*; hauen*; prügeln. 頭(顔)を～ jm. auf den Kopf (ins Gesicht) schlagen*. 殴られる Prügel bekommen* (kriegen).

なげあげる 投げ上げる auf|werfen*; hoch|werfen*; in die Höhe schleudern.

なげいれる 投げ入れる et. [ein|]werfen*《in 4 格》.

なげうつ 擲つ ¶職を～ sein Amt auf|geben*. 国のために命を～ das Leben für das Vaterland hin|geben*.

なげうり 投げ売り das Schleudergeschäft -s, -e. ～する zu Schleuderpreisen verkaufen; verschleudern.

なげかえす 投げ返す zurück|werfen*.

なげかわしい 嘆かわしい beklagenswert; bedauerlich.

なげき 嘆き die Klage -n; die Trauer; der Jammer -s; der Kummer -s. ～のあまり vor Gram.

なげく 嘆く klagen《um 4 格》; beklagen. 父の死を～ um (über) den Tod seines Vaters jammern.

なげこむ 投げ込む et. [ein|]werfen*《in 4 格》.

なげすてる 投げ捨てる weg|werfen*; fort|werfen*.

なげたおす 投げ倒す auf den Boden werfen*.

なげだす 投げ出す hinaus|werfen*. 足を～ die Beine vor|werfen*. 身を～ sich hin|werfen*. 仕事を～ eine Arbeit auf|geben*. 命を～ sein Leben hin|geben*.

なげつける 投げ付ける ¶石を～ nach jm. Steine werfen*.

なげとばす 投げ飛ばす w schleudern.

なけなし ～の金をはたく sein letztes Geld aus|geben*《für 4 格》.

なげなわ 投げ縄 das (der) Lasso -s, -s.

なげやり 投槍 der Wurfspieß -es, -e.

なげやり 投げ遣り・にする vernachlässigen. ～な nachlässig.

なげる 投げる werfen*. 警官に石を～ nach dem Polizisten Steine werfen*. 列車に(川に)身を～ sich vor den Zug werfen* (sich in den Fluss stürzen). 勝負を～ das Spiel verloren geben*.

なこうど 仲人 der Ehestifter -s, -. ～をする eine Ehe stiften.

なごやか 和やか・な freundlich; friedlich. 会議は～に行われた Die Sitzung verlief sehr harmonisch.

なごり 名残り〔痕跡〕die Spur -en. ～惜しげに見送る jm. sehnsüchtig nach|blicken. ～を惜しむ sich kaum trennen können《von 3 格》. 町にはまだ前大戦の～をとどめている In der Stadt sind noch Spuren des letzten Weltkrieges vorhanden.

なさけ 情 das Mitleid -s. ～を知らない kein Erbarmen kennen*; herzlos (kaltherzig) sein*. ～をかける mit jm. Mitleid haben*. ～にすがる sich auf js. Mitleid (Erbarmen) verlassen*. ～深い mitleidig; barmherzig. ～容赦なく unbarmherzig. ～は人のためならず Wohltun bringt (trägt) Zinsen.

なさけない 情無い〔哀れな〕elend; erbärmlich; [恥ずべき] schändlich. そんなことを言うなんて～奴だ Du solltest dich schämen, das zu sagen!

なざす 名指す jn. beim Namen nennen*. 名指して namentlich; unter Nennung des Namens.

なさぬなか 生さぬ仲の子 das Stiefkind -[e]s, -er.

なし 梨 die Birne -n.

なし 無し・に ohne《4 格》. 君の助け～には ohne deine Hilfe. 挨拶すること～に ohne zu grüßen. 一文～である keinen roten Heller haben*.

なしくずし 済し崩し ¶借金を～に返済する Schulden nach und nach zurück|zahlen.

なしとげる 為し遂げる vollenden; vollbringen*; leisten; durch|führen.

なしのつぶて 梨の礫 ¶彼はいつも～だ Er schreibt nie Antwort.

なじみ 馴染み・の vertraut; intim; wohl bekannt. ～になる mit jm. vertraut werden*(s). ～のない〔薄い〕 fremd; ungewohnt. ～の客 der Stammgast. 我我は昔～だ Wir sind altvertraute Freunde.

なじむ 馴染む sich gewöhnen《an 4 格》;〔親しくなる〕mit jm. vertraut werden*(s). → なつく.

ナショナリズム der Nationalismus -.

なじる 詰る jm. et. vor|werfen*.

なす 成す → 為し遂げる. 産を～ ein Vermögen erwerben*.

なす 為す → する. 害を～ schaden《3 格》; schädlich sein*《für 4 格》. ～ところなく untä-

なす 茄子 die Eierfrucht ⸚*e*; die Aubergine -*n*.
なずな 薺〔植〕das Hirtentäschel -*s*, -.
なずむ 泥む → 拘泥. 暮れ〜頃私たちは町に着いた Als der Abend zögernd herankam, kamen wir in der Stadt an.
なすりつける なすり付ける ¶罪を〜 die Schuld auf *jn*. schieben*; *jm*. die Schuld in die Schuhe schieben*.
なする ¶顔にクリームを〜 das Gesicht mit Creme ein|reiben*.
なぜ 何故 warum. 〜ならば denn; da. 〜泣くのか Warum (Was) weinst du? 〜そうなったのか Woher kommt es? 〜だか分らない Ich weiß nicht warum. 私はご一緒しません。〜ならばまだする事がありますから Ich gehe nicht mit, denn ich habe noch zu tun. 木は水よりも軽い、〜ならば木は水に浮くからだ Das Holz ist leichter als das Wasser, da es auf demselben schwimmt.
なぞ 謎 das Rätsel -*s*, -. 〜を掛ける *jm*. ein Rätsel auf|geben*. 〜を解く ein Rätsel raten* (lösen). 〜のような rätselhaft.
なぞらえる 準える ¶人生を旅に〜 das Leben mit einer Reise vergleichen*.
なぞる nach|ziehen*; nach|fahren*.
なた 鉈 das Beil -*s*, -*e*.
なだい 名代の berühmt; wohl bekannt.
なだかい 名高い berühmt; wohl bekannt.
なたね 菜種 der Raps -*es*, -*e*. 〜油 das Rapsöl.
なだめる 宥める *jn*. beschwichtigen (beruhigen). 怒りを〜 *js*. Zorn besänftigen.
なだらか 〜な sanft [ansteigend]. 〜な丘(斜面) sanfter Hügel (Abhang).
なだれ 雪崩 die Lawine -*n*; 〔土砂崩れ〕der Erdrutsch -[*e*]*s*, -*e*. 〜の危険がある Es gibt eine Lawinengefahr. 部落全体が〜の下敷きとなった Die Lawinen begruben die ganze Ortschaft unter sich. 〜を打って敗走する in wilder Flucht davon|stürmen (*s*).
なだれこむ 雪崩込む ein|strömen (*s*) 《in 4 格》.
ナチ der Nazi -*s*, -*s*.
ナチズム der Nazismus -.
なつ 夏 der Sommer -*s*, -. 〜に im Sommer. 〜の盛りに im Hochsommer. 今年は〜が早い(遅い) Wir haben dieses Jahr einen zeitigen (späten) Sommer.
なついん 捺印する *et*. siegeln (stempeln).
なつかしい 懐かしい lieb; teuer. 故郷が〜 sich nach der Heimat sehnen. 懐かしげに挨拶をする *jn*. vertraut begrüßen. 〜思い出 liebe Erinnerungen *pl*. 学生時代を懐かしく思い出す wehmütig an seine Studentenzeit zurück|denken*.
なつかしむ 懐かしむ nach|trauern 《3 格》. 故郷を〜 sich nach der Heimat sehnen.
なつがれどき 夏枯れ時 die Saueregurkenzeit -*en*.

なつぎ 夏着 die Sommerkleidung.
なつく 懐く zu *jm*. Zuneigung fassen; 〔動物が〕*jm*. zahm werden* (*s*). 子供たちは彼女に大変懐いていた Die Kinder waren ihr sehr anhänglich.
なづけおや 名付け親 der Pate -*n*, -*n*. 〜になる bei einem Kind Pate stehen*.
なづける 名付ける nennen*; einen Namen geben*.
なつじかん 夏時間 die Sommerzeit -*en*.
ナッツ die Nuss ⸚*e*.
ナット die [Schrauben]mutter -*n*.
なっとく 納得・する sich überzeugen 《von 3 格》. 〜させる *jn*. überzeugen 《von 3 格》. 〜のいく überzeugend; plausibel.
なっぱ 菜っ葉 → 菜. 〜服 blauer Arbeitsanzug -*s*, ⸚*e*.
なつば 夏場 die Sommer[s]zeit.
なつふく 夏服 die Sommerkleidung.
ナップザック der Knappsack -[*e*]*s*, ⸚*e*.
なつまけ 夏負けする unter der Sommerhitze leiden*.
なつむき 夏向きの sommerlich.
なつめ 棗 die Jujube -*n*.
なつめやし 棗椰子 die Dattelpalme -*n*.
なつもの 夏物 Sommersachen *pl*.; das Sommerzeug -*s*.
なつやすみ 夏休み Sommerferien *pl*.
なであげる 撫で上げる ¶〔髪を〕zurück|streichen*.
なでおろす 撫で下ろす ¶胸を〜 sich erleichtert fühlen.
なでがた 撫で肩 hängende Schultern *pl*.
なでしこ 撫子 die Nelke -*n*.
なでつける 撫で付ける ¶髪を〜 sich³ das Haar glatt kämmen.
なでる 撫でる streicheln*; streichen. ひげを〜 sich³ den Bart streichen*. 犬を〜 den Hund streicheln.
など 等 und so weiter (略: usw.); und so fort (略: usf.).
ナトー die NATO (Nato).
ナトリウム das Natrium -*s* (記号: Na).
ななかまど〔植〕die Eberesche -*n*.
ななつ 七つ道具 Siebensachen *pl*.
ななひかり 七光り ¶親の〜で durch den Einfluss der Eltern.
ななめ 斜め・の schräg; schief; diagonal. 〜にする〔傾ける〕neigen. 彼はご機嫌〜である Er ist übler Laune.
なに 何 was. 〜はさておき vor allem; in erster Linie. 〜はともあれ jedenfalls. 〜が起ったのか Was ist [denn] los? / Was gibt's? 〜を考えているのですか Woran denken Sie? シラーの〜を読みましたか Welches von Schillers Werken haben Sie gelesen? 〜? 学校が火事だって〜? 泣いてるの Was? Die Schule brennt! 〜? Worüber weinst du?
なにか 何か [irgend]etwas. 〜新しい(変った)事 etwas Neues. 〜変った事がありますか Was gibt's Neues? 〜食べる物 etwas zu essen.

~本を持って来て下さい Bringen Sie mir irgendein Buch! 　～わけがあるに違いない Er muss irgendeinen Grund dafür haben.

なにがし 某 ¶鈴木～ ein gewisser Herr Suzuki. 　～の金 eine gewisse Summe.

なにかしら 何かしら →なんとなく.

なにかと 何かと〔なにやかやと〕irgendwie; auf verschiedene Weise. 　毎日～忙しい Jeden Tag bin ich mit irgendetwas beschäftigt.

なにがなんでも 何が何でも um jeden Preis; unter allen Umständen; koste es, was es wolle.

なにかにつけて 何かにつけて in jeder Beziehung; bei jeder Gelegenheit. 　～故郷を思い出す Ich erinnere mich immer an meine Heimat.

なにくそ 何糞 Das muss ich doch schaffen!

なにくれとなく 何くれとなく in mancherlei Weise.

なにくわぬ 何食わぬ顔をする sich³ nichts merken lassen*; den Unschuldigen spielen.

なにげなく 何気無く unabsichtlich; ohne Arg;〔ふと〕zufällig. 　～言う arglos (beiläufig) sagen.

なにごと 何事・もなく ohne Zwischenfall. 　学校をなまけるとは～だ Was soll das, dass du die Schule versäumst?

なにしおう 名にし負う wohl bekannt; berühmt.

なにしろ 何しろ〔いずれにせよ〕jedenfalls;〔理由〕denn; doch. 　私は彼にそんな事はできない, ～私の兄弟なんだからね Ich kann ihm das nicht antun, bleibt er doch immer mein Bruder.

なにぶん 何分〔理由〕denn. 　～の irgendein; [irgend]etwas. 　～天気が悪いので wegen des schlechten Wetters, wie Sie sehen. 　～よろしくお願いします Ich bitte Sie sehr, mir gütigst zu helfen.

なにも 何も・知らずに nichts ahnend; ahnungslos. 　～かも alles; alles und jedes. 　その事は～言うな Nichts davon [sprechen]! 　～心配すことはないな Es besteht kein Grund zur Besorgnis. 　～そう怒る事はないだろう Warum sollten Sie sich so ärgern?

なにもの 何者・かが irgendjemand; irgendeiner. 　彼は～だ Wer ist er? それは君以外の～でもない Das ist niemand (kein anderer) als du.

なにより 何より・も vor allem. 　～もさって über alles. 　～の贈り物 das schönste Geschenk. 　～も困った事は…です Es ist das Schlimmste, dass … 　お元気で～です Es freut mich sehr, dass Sie gesund sind.

なのはな 菜の花 die Rapsblüte -n.

なのる 名乗る ¶名を～ seinen Namen nennen*. 　ドクトルと～〔自称する〕sich Doktor nennen*. 　名乗り出る sich melden.

ナパーム ～弾 die Napalmbombe -n.

なびかす 靡かす ¶～して自分に gewinnen*. 　髪を靡かせて mit wehenden Haaren.

なびく 靡く flattern; wehen;〔屈服する〕sich jm. unterwerfen*. 　旗が風に～ Die Fahne flattert (weht) im Wind. 　彼女は彼に靡いた Sie hat sich ihm hingegeben.

ナプキン die Serviette -n.

ナフサ das Naphtha -s.

なふだ 名札 das Namensschild -[e]s, -er.

ナフタリン das Naphthalin -s.

なぶりごろし 嬲り殺しにする jn. zu Tode martern.

なぶりもの 嬲り物にする jn. zum Besten haben*; sein Spiel mit jm. treiben*.

なぶる 嬲る〔からかう〕necken; hänseln. →嬲り物.

なべ 鍋 der [Koch]topf -[e]s, ¨e.

なま 生・の roh. 　～で食べる roh essen*. 　～クリーム die Sahne. 　～放送 die Live-Sendung (Direktsendung). 　～放送する original (direkt) übertragen*; live senden. 　この肉はまだ～だ Das Fleisch ist noch nicht gar.

なまあくび 生欠伸を噛み殺す ein leichtes (schwaches) Gähnen unterdrücken.

なまあたたかい 生暖かい lau[warm].

なまいき 生意気・な frech; anmaßend; naseweis. 　～な若造(娘) Junker (Jungfer) Naseweis. 　～を言う Frechheiten sagen.

なまえ 名前 →名. 　お～は何とおっしゃいますか Wie ist Ihr [werter] Name, bitte? /〔忘れとき〕Wie war doch gleich Ihr Name?

なまかじり 生齧り・の知識 das Halbwissen. 　彼は～の知識をすくひけらかす Er hat einen kurzen Darm. 　～のドイツ語をひけらかす mit ein paar Brocken Deutsch prahlen.

なまき 生木を裂く《比》ein Liebespaar trennen.

なまきず 生傷 frische Wunde -n.

なまぐさい 生臭い fischig. 　～においがする Es riecht nach Fisch.

なまぐさぼうず 生臭坊主 irdisch gesinnter Pfaffe -n, -n.

なまくら ～な〔ナイフなどが〕stumpf.

なまけもの 怠け者 der Faulpelz -es, -e;《動》das Faultier -[e]s, -e. 　彼は～だ Er ist faul.

なまける 怠ける faulenzen. 　学校を～ die Schule schwänzen (versäumen). 　仕事を～ seine Arbeit vernachlässigen.

なまこ 海鼠 die Seegurke -n.

なまざかな 生魚 roher Fisch -es, -e.

なまじっか →生半可. 　彼は～な事では満足しない Er begnügt sich nicht mit dem Halben.

なます 膾 ¶～に懲りてへ(膾)を吹く Gebranntes Kind scheut das Feuer.

なまず 鯰 der Wels -es, -e.

なまたまご 生卵 rohes Ei -[e]s, -er.

なまづめ 生爪を剝(は)がす sich³ einen Nagel ab|reißen*.

なまなましい 生生しい lebendig; lebhaft; frisch.

なまにえ 生煮えの halb gar (gekocht).

なまぬるい 生温い lau[warm]. 　彼の～態度のために取引に成功しなかった Durch seine Lauheit kam das Geschäft nicht zustande.

なまはんか 生半可・な知識 oberflächliche Kenntnisse *pl.*; das Halbwissen. ～な処置をする halbe Maßnahmen ergreifen.

なまビール 生ビール das Fassbier -s.

なまビョウほう 生兵法は大けがのもと Halbwissen ist gefährlich.

なまへんじ 生返事をする *jm.* eine halbherzige (unbestimmte) Antwort geben*.

なまみ 生身・の人間 Menschen von Fleisch und Blut. 彼も～の人間だ Er ist auch von Fleisch und Blut.

なまみず 生水 ungekochtes Wasser -s.

なまめかしい aufreizend; sinnlich; sexy.

なまもの 生物 ungekochte (rohe) Speise -n.

なまやさしい 生易しい ¶それは～仕事ではない Es ist keine so einfache Arbeit.

なまり 鉛 das Blei -s. ～の bleiern. ～色の bleifarbig. ～のように重い bleischwer. ～の兵隊〔玩具〕der Bleisoldat.

なまり 訛り der Dialekt -[e]s, -e. ～のない dialektfrei; akzentfrei. 彼の言葉には～がある Seine Sprache hat einen dialektalen Einschlag (eine dialektale Färbung).

なまる 訛る → 訛り

なまる 鈍る stumpf werden*(*s*).

なまワクチン 生ワクチン der Lebendimpfstoff -s, -e.

なみ 波 die Welle -n; 〔大波〕die Woge -n. 時勢の～に乗る〔逆らう〕mit dem (gegen den) Strom schwimmen*(*s*). ～が高い Die Wellen gehen hoch. 小舟が～に呑(⁽⁾)まれた Das Boot ist von den Wellen verschlungen.

なみ 並の mittelmäßig; durchschnittlich.

なみうちぎわ 波打ち際 der Strand -es, ⸗e. ～で am Strand.

なみうつ 波打つ wogen. 彼女の胸は波打ったIhr Busen wogte.

なみがしら 波頭 der Wellenkamm -s, ⸗e.

なみかぜ 波風 Wind und Wellen. この夫婦の間には～が絶えなかった Die Eheleute lebten ständig im Krieg miteinander.

なみがた 波形の wellenförmig.

なみき 並木 die Baumreihe -n. ～道 die Allee.

なみだ 涙 die Träne -n. 〔熱い〕～を流す [heiße] Tränen weinen. ～を飲む die Niederlage hinnehmen müssen*. 目に～を浮かべる Tränen in den Augen haben*. ～をふく sich³ die Tränen trocknen. ～が出そうになる den Tränen nahe sein*. ～ぐましい rührend. ～ぐんで mit tränenden Augen. ～ながらに unter Tränen. ぐっと～をこらえる sich³ die Tränen verbeißen*. 彼女は～もろい Ihr kommen [die] Tränen leicht. 小説に～が出るほど感動した Der Roman rührte mich zu Tränen. 私たちは彼のこっけいな役柄に～が出るほど笑った Wir haben über seine komische Rolle Tränen gelacht. 彼女の目は～で一杯だった Ihre Augen standen voll Tränen.

なみだきん 涙金 das Schmerzensgeld -[e]s, -er.

なみだごえ 涙声で mit weinerlicher Stimme.

なみなみ ¶グラスにぶどう酒を～とつぐ ein Glas mit Wein randvoll (bis an den Rand) füllen.

なみなみならぬ 並み並みならぬ außergewöhnlich; ungewöhnlich; ungemein.

なみのり 波乗り das Wellenreiten -s.

なみはずれた 並外れた außergewöhnlich.

なみま 波間に漂う auf den Wellen treiben* (*s*).

なみよけ 波除け der Wellenbrecher -s, -.

なむさん 南無三 Ach (Mein) Gott!

なめくじ 蛞蝓 die Nacktschnecke -n.

なめしがわ 鞣皮 das Leder -s, -.

なめす 鞣す gerben.

なめらか 滑らか・な glatt. ～に話す fließend sprechen*.

なめる 嘗(舐)める lecken. 苦しみを～ Schmerzen durch|machen; viel Leid erfahren* [erfahren müssen*]. → 見縊(⁽⁾)る.

なや 納屋 die Scheune -n.

なやましい 悩ましい〔苦しい〕kummervoll. ～光景 verführerischer Anblick. 彼女の姿が～ Ihre Gestalt ist verführerisch.

なやます 悩ます *jn.* quälen (belästigen) 《mit 3格》. 頭を～ sich³ den Kopf zerbrechen* 《über 4格》. 心を～ sich³ Sorgen machen 《um 4格》. 騒音に悩まされる vom Lärm gestört werden*(s受).

なやみ 悩み das Leid -es; Leiden *pl.*; die Qual -en. 心の～ das Herzeleid. それは私の～の種だ Er bereitet mir Kopfschmerzen.

なやむ 悩む leiden* 《unter 3格》; sich quälen 《mit 3格》; sich³ Kummer machen 《über 4格》. 彼は恋に悩んでいる Er ist liebeskrank.

なよなよ ～とした zart; fragil.

なら ¶雨～外出しない Bei Regen gehen wir nicht aus. 必要～ Wenn [es] nötig [ist], ... 僕が君～そうはしない An deiner Stelle würde ich das nicht tun. テニス～僕が一番だ Im Tennis bin ich der Erste (Beste).

なら 檜 die Eiche -n.

ならい 習い die Sitte -n; die Gewohnheit -en. そうするのが～だ So geschieht es gewöhnlich. それが世の～だ Das ist der Lauf der Welt. ～性となる Gewohnheit ist eine zweite Natur.

ならう 倣う sich³ an *jm.* ein Beispiel (Muster) nehmen*; sich³ *jn.* zum Beispiel (Vorbild) nehmen*; *jn.* nach|ahmen. 先生に倣って nach dem Vorbild des Lehrers; dem Beispiel des Lehrers folgend.

ならう 習う lernen. 彼にドイツ語を～ bei ihm Unterricht in Deutsch nehmen*. ～より慣れろ Probieren geht über Studieren.

ならく 奈落〔地獄〕die Hölle; 〔舞台の〕der Bühnenschacht -s, ⸗e. ～の底に落ち込む in einen Abgrund stürzen (*s*).

ならす 均す〔地面などを〕ebnen; 〔等しくする〕aus|gleichen*. 均して im Durchschnitt; durchschnittlich.

ならす 慣(馴)らす [動物を] zähmen. からだを寒さに～ sich an die Kälte gewöhnen. 靴を履き～ die Schuhe ein|laufen*.

ならす 鳴らす ¶ベルを～ bei jm. (an js. Tür) klingeln. 鐘を～ die Glocke läuten. 不平を～ klagen (sich beklagen) «über 4 格». 人の非を～ jn. öffentlich an|klagen «wegen 2 格». 彼も昔は剣道で鳴らしたものだ Er genoss einmal einen großen Ruf als Kendoka [kɛn-'do:ka].

ならずもの ならず者 der Schurke -n, -.

ならでは ¶彼で～できない事だ Außer ihm kann es niemand tun.

ならない ¶家へ帰らねば～ Ich muss nach Hause gehen. まだ仕事をせねば～ Wir haben noch zu arbeiten. 君はそれしては～ Du darfst das nicht [tun]. 子供は親の言うことをきかねば～ Die Kinder sollen ihren Eltern gehorchen.

ならび 並び die Reihe -n. ～なき unvergleichlich. 父に～に母 sowohl Vater als (wie) auch Mutter.

ならぶ 並ぶ ¶1列に～ in einer Reihe stehen*. 前後に～ sich hintereinander auf|stellen. きちんと～ sich ordnen. 3人並んで歩く zu dritt gehen*(s). 並んで寝る Seite an Seite schlafen*. 食糧の配給を受けに並んだ Wir standen nach Lebensmitteln an. 彼に～者はいない Er hat nicht seinesgleichen. 両雄並び立たず Zwei harte Steine mahlen selten reine.

ならべたてる 並べ立てる auf|zählen. 苦情を～ viele Beschwerden vor|bringen* «gegen (über) 4 格».

ならべる 並べる aneinander reihen; nebeneinander stellen. 1列に～ in einer Reihe auf|stellen. アルファベット順に～ nach dem Alphabet ordnen. 肩を～ in einer Reihe mit jm. stehen*; sich mit jm. vergleichen*. 肩を並べて Schulter an Schulter.

ならわし 習わし die Sitte -n; die Gewohnheit -en. それがこの国の～だ Das ist hierzulande Sitte. → 習い.

なり ～が大きい von großer Statur sein*. 女の～をする sich als Frau verkleiden. 見すぼらしい～をしている schäbig angezogen sein*.

なり なり・を潜めて in tiefem Schweigen. 彼はこの頃～を潜めている Neuerdings ist er untätig.

なりあがりもの 成り上がり者 der Emporkömmling -s, -e; der Raffke -s, -s.

なりあがる 成り上がる empor|kommen*(s).

なりかわる 成り代わる ¶父に成り代って im Namen meines Vaters; statt meines Vaters.

なりきん 成金 der Neureiche*; der Emporkömmling -s, -e.

なりさがる 成り下がる herunter|kommen*(s).

なりすます 成り済ます ¶彼の兄弟に～ seinen Bruder spielen.

なりそこなう 成り損なう ¶彼は医者に成り損なった Es gelang ihm nicht, Arzt zu werden.

なりたち 成り立ち [由来] die Herkunft; die Entstehung; [組織] die Formation -en.

なりたつ 成り立つ bestehen* «aus 3 格»; [成就する] zustande kommen*(s). 水は水素と酸素から～ Wasser besteht aus Wasserstoff und Sauerstoff. 交渉は成り立たなかった Es ist keine Unterhandlung zustande gekommen. 君の説は成り立たない Deine Theorie ist nicht gültig.

なりひびく 鳴り響く ertönen (s); erschallen*(s); hallen. 彼の名声は学界に鳴り響いている Sein Name hat einen guten Klang in der Gelehrtenwelt.

なりふり 形振り das Äußere*; die Kleidung. 彼女はあまり～を構わない Sie achtet nicht so sehr auf ihr Äußeres (ihre Kleidung).

なりもの 鳴り物入りで mit Sang und Klang. ～で宣伝する die Werbetrommel rühren (schlagen*) «für 4 格».

なりゆき 成り行き der Verlauf (Gang) -[e]s. ～に任せる den Dingen ihren (freien) Lauf lassen*. ～によっては unter Umständen. 今後の～を見守る sehen*, wie sich die Dinge entwickeln.

なる 生る ¶木に実が～ Der Baum trägt [Früchte].

なる 成る werden*(s). 先生(金持)に～ Lehrer (reich) werden*(s). 氷に～ zu Eis werden* (s). 丈(たけ)が高く～ in die Höhe wachsen*(s). 主役に～ Hauptrolle spielen. それがどうなろうと Was auch daraus entstehen mag, ... 3と4で7に～ 3 und 4 macht (ist) 7. 夏になった Der Sommer ist da. 雨になった Es hat angefangen zu regnen. どうして彼はそんな事になったのか Wie kam er dazu? 何時になりますか Wie spät ist es? おいくらになりますか Wie viel kostet das? 損害は100ユーロに～ Der Schaden beträgt 100 Euro. あれから20年に～ Seitdem sind 20 Jahre verflossen. / Das ist schon 20 Jahre her. 蛹(さなぎ)から蝶(ちょう)に～ Aus der Puppe entwickelt der Schmetterling. それはどうにもならない Das lässt sich nicht ändern. それはなっていない Das ist keine Art! 川が境になっている Der Fluss bildet die Grenze. 町は焼野原になった Die Stadt ist [durch Feuer] in ein Trümmerfeld verwandelt. ～ようになれ Es geschehe, was da wolle!

なる 鳴る tönen; klingen*. 鐘が～ Die Glocke läutet. 6時が鳴っている Es schlägt sechs.

なるこ 鳴子 die Klapper -n.

なるべく ～早く so bald wie (als) möglich. ～なら wo (wenn) möglich.

なるほど 成程 wirklich; in der Tat; wahrhaft. ～君の言う通りだ In der Tat hast du Recht. ～そうかもしれない Nun, es mag sein. ～それで分った Sehr wohl, ich verstehe nun. ～あいつは馬鹿だ Man nennt ihn mit Recht einen Narren. 彼は～年は若いが世故に長(た)けている Er ist zwar jung, aber doch welt-

なれあい 馴れ合いで in geheimem Einverständnis mit jm.

ナレーター der Sprecher -s, -.

なれなれしい 馴れ馴れしい vertraulich; familiär. 馴れ馴れしく近づく sich [bei] jm. an|biedern.

なれのはて 成れの果て ¶彼は貴族の〜だ Er ist ein heruntergekommener Adliger.

なれる 慣れる sich gewöhnen 《an 4 格》. 慣れている gewöhnt sein* 《[an] 4 格》. 新しい職場に〜 sich in (an) einer neuen Arbeitsstätte ein|gewöhnen. 慣れた手つきで mit geübter Hand.

なれる 馴れる [動物が] zahm werden* (s).

なわ 縄 das Seil -[e]s, -e; der Strick -[e]s, -e.

なわとび 縄飛び das Seilspringen -s. 〜をする über das Seil springen* (hüpfen) (s).

なわばしご 縄梯子 die Strickleiter -n.

なわばり 縄張り [勢力範囲] der Einflussbereich -s, -e; das Revier -s, -e. 〜を荒す in js. Machtbereich ein|greifen*.

なん 難 [災難] der Unfall -[e]s, -̈e; [欠点] der Fehler -s, -. 〜を免れる einer Gefahr entgehen* (s). 〜なく ohne Schwierigkeiten; mühelos. 〜のない fehlerfrei. 住宅〜 die Wohnungsnot. 一〜去ってまた一〜だ Ich komme vom Regen in die Traufe.

なんい 南緯 südliche Breite. 〜20 度にある auf (unter) 20 Grad südlicher Breite liegen*.

なんおう 南欧 Südeuropa. 〜の südeuropäisch.

なんか 南下する nach Süden ziehen*(s).

なんか 軟化・する weich werden*(s); erweichen (s). 〜させる erweichen; [水を] enthärten.

なんかい 何回も oft[mals].

なんかい 難解・な schwer verständlich. この本は〜だ Das Buch ist schwer zu verstehen.

なんかん 難関 Schwierigkeiten pl. 〜を突破する die Schwierigkeiten überwinden*.

なんぎ 難儀 Schwierigkeiten pl.; die Not -̈e; die Anstrengung -en. 〜な schwierig; schwer; mühsam; anstrengend. 〜する große Mühe (seine [liebe] Not) haben* 《mit 3 格》. この仕事には〜した Diese Arbeit hat mir große Not gemacht.

なんきつ 難詰 der Tadel -s, -. 〜する jn. tadeln (für 4 格; wegen 2 格).

なんぎょう 難行 → 苦行.

なんきょく 南極 der Südpol -s. 〜圏 das Südpolargebiet; die Antarktis. 〜光 das Südlicht. 〜大陸 die Antarktika.

なんきょく 難局 schwierige Lage -n; die Schwierigkeit -en; [危機] die Krise -n.

なんきん 軟禁する im Haus ein|sperren; jn. unter Hausarrest stellen.

なんきんじょう 南京錠 das Vorlegeschloss (Vorhängeschloss) -es, -̈er.

なんきんまめ 南京豆 die Erdnuss -̈e.

なんきんむし 南京虫 die Wanze -n.

なんくせ 難癖をつける etwas zu tadeln finden* 《an 3 格》; krittelu 《an 3 格; über 4 格》.

なんこう 軟膏 die Salbe -n.

なんこう 難航 ¶交渉が〜している In den Verhandlungen tritt man auf der Stelle.

なんこうがい 軟口蓋 weicher Gaumen -s, -.

なんこうふらく 難攻不落の uneinnehmbar; unbezwinglich.

なんごく 南国 das Südland -[e]s, -̈er.

なんこつ 軟骨 der Knorpel -s, -.

なんざん 難産・だった Sie hatte eine schwere Geburt. 新内閣はなかなかの〜だった Das neue Kabinett ist mit vielen Schwierigkeiten zustande gekommen.

なんじ 何時ですか Wie viel Uhr ist es? / Wie spät ist es?

なんじ 難事 die Schwierigkeit -en.

なんじゃく 軟弱・な weich; nachgiebig. 〜な地盤 nachgiebiger Boden. 〜外交 nachgiebige Diplomatie.

なんじゅう 難渋している viel zu leiden haben* 《an 3 格》.

なんしょ 難所 steiler Weg -es, -e; schwierige Stelle -n.

なんしょく 難色 ¶彼は我々の提案に〜を示した Er war unwillig, unseren Vorschlag zu billigen.

なんすい 軟水 weiches Wasser -s.

なんせい 南西 der Südwesten -s (略: SW). 〜の südwestlich. 〜の風 der Südwestwind.

なんせん 難船 → 難破. 〜者 der Schiffbrüchige.

ナンセンス der Unsinn -[e]s; der Nonsens -[es]. 〜な unsinnig. それは〜だ Das ist Unsinn.

なんだ 何だ ¶それは〜 Was ist das? 〜君か Was! Bist das du? 雨が〜 Ich mache mir gar nichts aus dem Regen. 〜と Was meinst du damit? 〜, 馬鹿馬鹿しい Ach (Ei) was! 〜またか Was, schon wieder!

なんだい 難題 unbilliger Vorschlag -[e]s, -̈e. 〜を吹っかける an jn. unvernünftige (grundlose) Forderungen stellen.

なんたいどうぶつ 軟体動物 das Weichtier -[e]s, -e; die Molluske -n.

なんだか 何だか → 何となく.

なんだって 何だって ¶〜? 君の言う事は分らん Was denn? Ich kann dich nicht verstehen. 〜行かなかったんだ Warum gingst du nicht?

なんちゃくりく 軟着陸 ¶月に〜する auf dem Mond weich landen (s).

なんちょう 軟調 ¶市場は〜だ Der Markt ist schwach.

なんちょう 難聴の schwerhörig; hörgeschädigt.

なんで 何で → なぜ.

なんてき 難敵 starker Gegner -s, -.

なんでも 何でも alles. そんなことは〜ない Das macht nichts. 〜彼はこの商売で大分儲(⅜)けた

そうだ Er soll bei diesem Geschäft Geld gemacht haben.

なんてん 難点 die Schwierigkeit *-en*; schwieriger Punkt *-es, -e*; das Problem *-s, -e*; [欠点] der Fehler *-s, -*; die Schwäche *-n*. そこに～がある Da liegt der Haken.

なんと 何と ¶それがドイツ語で～言いますか Wie heißt das auf Deutsch? 彼が～言おうと Er mag sagen, was er will. 彼女は～美しい事か Wie schön ist sie (sie ist)! ～おっしゃいましたか Wie bitte? / Wie meinen Sie? ～言っても彼は正しい Schließlich hat er doch Recht. ～ひとりも休まなかった Zu meinem Erstaunen fehlte niemand.

なんど 何度 ¶君は～そこへ行きましたか Wie oft bist du dort gewesen? この角度は～ですか Wie viel Grad hat dieser Winkel? ～も oft[mals]. ～も～も oft und oft; immer wieder.

なんとう 南東 der Südosten *-s* (略: SO). ～の südöstlich. ～の風 der Südostwind.

なんとか 何とか[・して] irgendwie; auf irgendeine Weise; auf die eine oder andere Weise. ～やってみましょう Ich werde es irgendwie zuwege bringen. ～暮らして行く was kümmerlich durch|schlagen*. ～なるさ Lass uns das Beste hoffen.

なんとなく 何となく irgendwie. ～さびしい晩だ Es ist irgendwie einsam heute Abend. 彼には～学者らしいところがある Er hat etwas von einem Gelehrten. 今日は～気分が悪い Ich weiß nicht warum, aber ich fühle mich heute nicht ganz wohl. ～彼と話して見たい Ohne [bestimmten] Grund möchte ich mit ihm sprechen.

なんとも 何とも・言わずに ohne etwas zu sagen. 私はそれを～思わない Ich mache mir nichts daraus. ～仕方がない Daraus lässt sich nichts machen. / Daran ist nichts zu ändern. ～申し訳ない Ich weiß nicht, wie ich Sie um Verzeihung bitte. ／ Ich weiß keine Entschuldigung. ～言えないほど美しい Das ist unbeschreiblich schön. それについては～言えない Ich kann nichts Bestimmtes davon sagen.

なんなら 何なら・この本を差し上げましょう Wenn Sie wollen (Wenn es Ihnen passt), gebe ich Ihnen dieses Buch. ～明日また来ます Wenn es nötig ist, komme ich morgen wieder.

なんなり 何なり ¶お望みの物を～と差し上げます Ich gebe Ihnen alles, was Sie wollen.

なんにち 何日 ¶今日は～ですか Den Wievielten haben wir heute? ～間お留守ですか Wie viel Tage (Wie lange) sind Sie [von zu Hause] abwesend?

なんにん 何人 ¶この町の人口は～ですか Wie viel Einwohner zählt die Stadt?

なんねん 何年 ¶君は～生まれですか Im wievielten Jahre sind Sie geboren? 日本にいらしてから～になりますか Wie lange sind Sie schon in Japan? ～生ですか Im wievielten Schuljahr bist du?

なんの 何の ¶それは～本ですか Was für ein Buch ist das? / Welches Buch ist das? それは～役にも立たない Das nützt [gar] nichts. 一体それは～事ですか Was meinen Sie denn damit? ～これしきの事 Ach, das ist gar nichts! ～気なしに unabsichtlich; ahnungslos.

なんのかの 何のかの ¶彼は～と言っては学校をさぼる Unter dem einen oder anderen Vorwand schwänzt er die Schule.

なんぱ 軟派 der Playboy *-s, -s*.

なんぱ 難破 der Schiffbruch *-s, ̈-e*. ～する Schiffbruch erleiden*. ～船 wrackes Schiff; das Wrack. 船が岩礁に当って～した Das Schiff scheiterte an den Klippen.

ナンバー die Nummer *-n*. ～ワン [第一人者] der Erste*#*; Nummer eins.

ナンバリング die Nummerierung *-en*. ～シン der Nummernstempel.

なんばん 何番・ですか Welche Nummer [haben Sie]? 君はクラスで～だね Der Wievielte bist du in der Klasse?

なんびょう 難病 unheilbare (bösartige) Krankheit *-en*. ～にかかる von einer bösartigen Krankheit befallen werden*(*s* 受).

なんぴょうよう 南氷洋 das Südliche Eismeer *-[e]s*.

なんぶ 南部 der Süden *-s*. ～の südlich. ～諸州〔アメリカ合衆国の〕die Südstaaten *pl*.

なんぷう 南風 der Südwind *-[e]s, -e*.

なんぷう 軟風 linder Wind *-es, -e*.

なんぶつ 難物 ¶彼は～だ Er ist ein schwieriger Mensch. 数学は僕にとって～だ Die Mathematik ist meine Schwäche (für mich schwierig).

なんべい 南米 Südamerika.

なんぽう 南方 der Süden *-s*. ～に im Süden. ～へ südwärts. ～の südlich.

なんぼく 南北戦争〔アメリカの〕der Sezessionskrieg *-[e]s*.

なんみん 難民 der Flüchtling *-s, -e*. ～収容所 das Flüchtlingslager.

なんもん 難問 schwierige Frage *-n*.

なんよう 南洋 die Südsee.

なんら 何ら・の理由もなく ohne allen Grund. ～の関係もない nichts zu tun haben* 《mit 格》.

なんらかの 何らかの irgendein.

なんろ 難路 schlechter (steiler) Weg *-es, -e*

に

に 二 zwei. 第~の zweit. 第~に zweitens.
に 荷 die Last *-en*. → 荷物. ~を積む(運ぶ) eine Last [auf]laden* (tragen*). 車(船)から~を下ろす den Wagen (das Schiff) ausladen*. ~が勝つ *js.* Kräfte übersteigen*. ~になる〔比〕 *jm.* zur Last fallen*(*s.*). 肩の~が下りた Eine Last ist von meinen Schultern genommen.
にあう 似合う zu *jm.* passen; *jm.* gut stehen* (sitzen*). 似合った passend. 顔によく~ *jm.* gut zu Gesicht stehen*. 似合いの夫婦である Die Eheleute passen zueinander. 普段の彼には似合わないやり方だ So etwas macht er sonst nicht.
にあがる 煮上がる → 煮える.
にあげ 荷揚げ die Ausladung *-en*; die Löschung *-en*. ~人夫 der Schauermann; der Auslader.
にあわしい 似合わしい geeignet (passend) 《für 4格; zu 3格》; entsprechend 《3格》.
にいんせい 二院制 das Zweikammersystem *-s*.
にうけにん 荷受け人 der [Waren]empfänger *-s*, -.
にえかえる 煮え返る ¶腹の中が~ Es kocht in mir. / Mir läuft die Galle über.
にえきらない 煮え切らない unentschlossen; wankelmütig; lau. ~態度をとる sich wankelmütig zeigen.
にえくりかえる 煮え繰り返る → 煮え返る.
にえゆ 煮え湯 ¶彼に~を飲まされた Ich habe bittere Erfahrungen mit ihm gemacht.
にえる 煮える gar sein*.
におい 匂 der Geruch *-s*, ¨e; der Duft *-es*, ¨e. ~をかぐ riechen*《an 3格》. 部屋に花の~が漂う Blumen duften im Zimmer.
におい 臭い der Gestank *-s*; der Geruch *-s*, ¨e. いやな~がする Es stinkt. 腐った魚の~がする Es stinkt nach faulen Fischen.
におう 匂う riechen*; duften.
におう 臭う stinken*; riechen*.
におわせる 匂わせる an|deuten.
にかい 二回 zweimal.
にかい 二階 der erste Stock *-[e]s*; die erste Etage. ~に住む im ersten Stock[werk] wohnen. ~建ての einstöckig. ~バス der Doppelstock[omni]bus; der Doppeldecker.
にがい 苦い bitter; herb. ~顔をする eine saure Miene (ein saures Gesicht) machen.
にがお 似顔 die Porträtzeichnung *-en*. ~を描く *js.* Porträt zeichnen. ~絵〔犯人の〕 das Phantombild.
にがす 逃がす befreien; frei|lassen*. チャンスを~ eine Chance (eine gute Gelegenheit) versäumen (verpassen; verfehlen).
にがつ 二月 der Februar *-[s]* (略: Febr.).

にがて 苦手 ¶数学は~だ Mathematik ist meine Schwäche (schwache Seite). あの人はどうも~だ Mir fällt es schwer, mit ihm umzugehen. / Ich mag ihn nicht.
にがにがしい 苦苦しい widerlich; widerwärtig. 苦苦しげな bitter; sauer.
にがみ 苦み das Bitter *-s*; die Bitterkeit; die Bitternis *-se*. ~のある bitter; herb.
にがむし 苦虫を嚙(ﾟ)み潰したような顔をする ein Gesicht wie drei (sieben) Tage Regenwetter machen. → 苦い.
にかよう 似通う ¶似通った点が多い viel Ähnlichkeit mit *jm.* haben*.
にがり 苦汁 die Bitterlauge *-n*.
にがりきる 苦り切る ein unheimlich saures Gesicht machen.
にかわ 膠 der Leim *-s*. ~で付ける leimen.
にがわらい 苦笑いをする bitter lächeln.
にがんレフ 二眼レフ zweiäugige Spiegelreflexkamera *-s*.
にきび 面皰 der Pickel (Mitesser) *-s*, -. ~だらけの pickelig.
にぎやか 賑やかな belebt; lebhaft. 昨晩はとても~でした Gestern Abend ging es bei uns sehr lustig zu.
にぎらせる 握らせる *jm. et.* in die Hand drücken.
にぎり 握り〔柄〕 der Griff *-[e]s*, -e. 一~の砂 eine Hand voll Sand.
にぎりこぶし 握り拳 die Faust ¨e. ~をつくる die [Hand zur] Faust ballen.
にぎりしめる 握り締める umklammert halten*. 或る人の手を~ *jm.* die Hand drücken.
にぎりつぶす 握り潰す in der Hand zerdrücken; 〔棚上げにする〕 zu den Akten legen.
にぎる 握る [er]greifen*; [er]fassen. 動かぬ証拠を~ einen untrüglichen Beweis bekommen*. 権力を~ die Macht ergreifen*. 手を~ *jm.* die Hand drücken; 〔同盟する〕 sich mit *jm.* vereinigen.
にぎわい 賑わい ¶町は大変な~だ In der Stadt ist starker Betrieb.
にぎわう 賑わう belebt sein*.
にぎわす 賑わす *et.* beleben《mit 3格; durch 4格》.
にく 肉 das Fleisch *-es*. 血となり~となる *jm.* in Fleisch und Blut über|gehen*(*s.*). ~色の fleischfarben. ~の厚い(薄い) dick (dünn). ~切り包丁 das Fleischmesser. ~団子 das Fleischklößchen. ~屋 die Fleischerei; 〔商人〕 der Fleischer.
にくい 憎い ¶彼が~ Ich hasse ihn. ~事言うね Eine geistreiche Bemerkung!
にくい 難い ¶書き~ schwer zu schreiben sein*. 扱い~器具 unhandliches Gerät.

にくが 肉芽 das Fleischwärzchen -s, -; die Granulation -en.

にくがん 肉眼・で mit bloßem (unbewaffnetem) Auge. ～て見える mit bloßem Auge zu erkennen sein*.

にくしみ 憎しみ der Hass -es. ～をいだく(する) gegen (auf) jn. Hass hegen (haben)*. ～を抑える seinen Hass gegen (auf) jn. zügeln.

にくしゅ 肉腫 die Fleischgeschwulst ⸚e; das Sarkom -s, -e.

にくしょく 肉食動物 der Fleischfresser -s, -; Fleisch fressendes Tier -es, -e.

にくしん 肉親 der Blutsverwandte#. ～の兄弟 leiblicher Bruder.

にくずれ 煮崩れする sich verkochen.

にくせい 肉声 natürliche Stimme -n.

にくたい 肉体 der Körper -s, -; der Leib -es, -er. ～の körperlich; leiblich. ～美 leibliche Schönheit. ～労働 körperliche Arbeit.

にくだんせん 肉弾戦 der Nahkampf -s, ⸚e.

にくづき 肉付き・のよい fleischig; füllig; rundlich. ～のよい人 ein Mensch von üppigem Wuchs (Körperbau). ～の悪い fleischlos.

にくづけ 肉付けをする et. weiter aus|führen.

にくにくしい 憎憎しい gehässig. ～面(る) scheußliche Fratze. 憎々しげに睨(ら)みつける gehässig an|starren.

にくはく 肉薄する sich dicht heran|drängen 《an 4格》; jm. zu Leibe gehen*(s).

にくひつ 肉筆 die Handschrift -en; das Autograf -s, -e[n]. ～の eigenhändig; autografisch.

にくぶと 肉太の dick; fett.

にくぼそ 肉細の dünn.

にくまれぐち 憎まれ口をきく jm. Gehässigkeiten sagen.

にくまれっこ 憎まれっ子 der Spitzbube -n, -n. 彼は～だ Er ist überall verhasst. ～世に憚(はか)る Unkraut vergeht nicht.

にくまれやく 憎まれ役 [悪役] der Intrigant -en, -en. 家ではお父さんはいつも～だ Zu Hause spielt der Vater immer die Rolle des Schurken.

にくむ 憎む hassen; verabscheuen. ～べき hassenswert.

にくよく 肉欲 fleischliche (sinnliche) Begierden pl. ～に溺(おほ)れる fleischlichen Begierden (Lüsten) frönen.

にくらしい 憎らしい hässlich; scheußlich; gehässig.

にぐるま 荷車 die Karre -n; der Karren -s, -.

ニグロ der Neger -s, -. ～の女 die Negerin.

ニクロム ～線 der Chromnickeldraht -[e]s, ⸚e.

にげあし 逃げ足 ¶あいつは～が早い Er ist geschwind auf der Flucht.

にげうせる 逃げ失せる entfliehen*(s); fort|laufen*(s); weg|laufen*(s).

にげおくれる 逃げ遅れる die Gelegenheit (Zeit) zur Flucht verpassen.

にげかくれ 逃げ隠れは致しません Ich verstecke mich nicht vor den Leuten.

にげこうじょう 逃げ口上 die Ausrede -n; Ausflüchte pl. ～を考える eine Ausrede suchen (erfinden)*. ～を使う eine Ausrede gebrauchen; Ausflüchte machen.

にげごし 逃げ腰になる sich feige zeigen.

にげこむ 逃げ込む fliehen*(s) 《in 4格》; flüchten (s) 《in 4格》.

にげじたく 逃げ支度をする sich zur Flucht vor|bereiten.

にげだす 逃げ出す sich davon|machen; Fersengeld geben*. 命からがら～ mit dem Leben davon|kommen*(s).

にげのびる 逃げ延びる sich durch die Flucht retten.

にげば 逃げ場 die Zuflucht -en. ～を失う keinen Ausweg [mehr] haben*.

にげまどう 逃げ惑う hin und her fliehen*(s).

にげまわる 逃げ回る umher|fliehen*(s).

にげみち 逃げ道 der Ausweg -[e]s, -e. ～を断つ jm. den Ausweg ab|schneiden*.

にげる 逃げる fliehen*(s); flüchten (s); ent|kommen*(s); davon|laufen*(s).

にげん 二元・論 der Dualismus. ～[論]の dualistisch.

にごす 濁す trüben; trübe (unklar) machen. 言葉を～ sich undeutlich aus|drücken.

ニコチン das Nikotin -s. ～中毒 die Nikotinvergiftung.

にこにこ ～する lächeln. ～と(しながら) lächelnd; mit Lächeln (strahlendem Gesicht).

にこむ 煮込む [よく煮る] gar kochen; [混ぜて煮る] zusammen|kochen.

にこやか ～な(に) lächelnd; strahlend.

にごる 濁る sich trüben; trübe (unklar) werden*(s). 語頭の s は母音の前では～ Man spricht ein stimmhaftes „s" am Wortanfang vor Vokalen. 濁った trübe; unklar; [色が] matt.

にごん 二言 ¶男子に～はない Ein Mann, ein Wort.

にさん 二三の einige; etliche; ein paar.

にさんか 二酸化・炭素 das Kohlendioxyd ～マンガン das Mangandioxyd.

にし 西 der Westen -s. その部屋は～向きだ Das Zimmer geht nach Westen. 太陽は～に沈む Die Sonne geht im Westen unter ～[側]の westlich. …の～に westlich von 《3格》. ～へ nach Westen; westwärts. ～風 der West[wind]. ～側諸国 die westlichen Staaten. ～半球 die westliche Hemisphäre (Halbkugel). ～日 die Nachmittagssonne.

にじ 虹 der Regenbogen -s, -. ～が掛かる Der Regenbogen steht. ～が出る Ein Regenbogen entsteht (zeigt sich).

にじ 二次・の zweit. ～的な sekundär; nebensächlich. ～的な物(事) die Nebensache ～会 die Nachfeier. ～曲線 die Kurve zweiter Ordnung. ～方程式 die Gleichung

にしきへび 錦蛇 die Pythonschlange -n.
にじげん 二次元 zwei Dimensionen pl. ~の zweidimensional.
にしては ¶外人~日本語が上手だ Für einen Ausländer spricht er vorzüglich Japanisch.
にしても ¶それが事実~ Obwohl (Obgleich) es wahr sei (ist), ... / Zwar ist es wahr, aber ... それ~ trotzdem; dennoch.
にじます 虹鱒 die Regenbogenforelle -n.
にじみでる 滲み出る sickern (s). 血が傷口から~ Das Blut sickert aus der Wunde. 彼の額に汗が~ Schweiß tritt auf seine Stirn. この作品には作者の努力が滲み出ている An dieser Arbeit klebt viel Schweiß.
にじむ 滲む ¶インクが~ Die Tinte läuft aus. 包帯に血が~ Das Blut sickert durch den Verband.
にしゃたくいつ 二者択一 die Alternative -n; das Entweder-Oder -,-.
にじゅう 二十 zwanzig. 第~の zwanzigst. ~代である in den Zwanzigern sein*.
にじゅう 二重・の(に) doppelt; zweifach. ~生活をする ein Doppelleben führen. ~底の mit doppeltem Boden. ~結婚 die Doppelehe; die Bigamie. ~国籍 doppelte Nationalität. ~唱(奏) das Duett. ~人格 gespaltene Persönlichkeit; das Doppel-Ich.
にしゅうかん 二週間 vierzehn Tage pl.; zwei Wochen pl.
にしょく 二色の zweifarbig.
にじりよる 躙り寄る [dicht] an jn. heran|rücken (s).
にしん 鰊 der Hering -s, -e.
にしん 二伸 → 追伸
にしんとう 二親等 der Verwandte# zweiten Grades.
ニス der Firnis -ses, -se. ~を塗る et. firnissen.
にせ 贋・の falsch. ~金 das Falschgeld. ~札 falsche Banknote. ~の Fälschung.
にせ 二世を契る mit jm. den Bund fürs Leben schließen*.
にせい 二世 der Junior -s;〔日系アメリカ人〕der Japanischamerikaner -s, -. 大井~ Ooi junior. フリードリヒ~ Friedrich der Zweite#.
にせる 似せる ¶彼の筆跡に~ nach seiner Handschrift schreiben*. 実物に似せて nach dem Original.
にそう 尼僧 [buddhistische] Nonne -n.
にそくさんもん 二束三文・で für einen Pappenstiel; für einen Apfel und ein Ei. そんな物は~の価値しかない Das ist nur einen Pappenstiel wert.
にたき 煮炊きする kochen.
にだす 煮出す aus|kochen.
にたつ 煮立つ auf|kochen (s; h); sieden*(s).
にたてる 煮立てる auf|kochen. さっと~ [kurz] an|kochen.
にたり ~と笑う grinsen.

にたりよったり 似たり寄ったり ¶何れにしても~だ Mir ist alles einerlei.
にち 日 ¶10月19~に am neunzehnten (19.) Oktober. 一~で in einem Tag. 一~につき täglich; pro Tag. ローマは一~にして成らず Rom ist nicht an einem Tage erbaut worden.
にちげん 日限 der Termin -s, -e; die Frist -en.
にちじ 日時 das Datum -s, ..ten; Tag und Stunde.
にちじょう 日常の [all]täglich.
にちぼつ 日没 der Sonnenuntergang -[e]s, ⸚e.
にちや 日夜 Tag und Nacht.
にちよう 日曜・日 der Sonntag -s, -e. ~に am Sonntag; des Sonntags. ~学校 die Sonntagsschule. ~画家 der Sonntagsmaler.
にちようひん 日用品 Dinge (pl.) des täglichen Bedarfs; der Gebrauchsgegenstand -[e]s, ⸚e.
にっか 日課 tägliches Pensum -s, ..sen (..sa). 或る事を~にする sich³ et. zur Regel machen. ~表 der Tagesplan. 今日の~ mein heutiges Pensum.
につかわしい 似つかわしい → 似合わしい.
にっかん 日刊新聞 die Tageszeitung -en.
にっかん 肉感的 sinnlich.
にっき 日記 das Tagebuch -[e]s, ⸚er. ~をつける ein Tagebuch führen.
にっきゅう 日給 der Tagelohn -[e]s, ⸚e.
ニックネーム der Spitzname -ns, -n.
にづくり 荷作りをする et. [ein|]packen.
にっけい 日系アメリカ人 der Japanischamerikaner -s, -.
にっけい 肉桂 der Zimt -es.
ニッケル das Nickel -s (記号: Ni).
にっこう 日光 der Sonnenschein -s; der Sonnenstrahl -s, -en. ~消毒をする et. in der Sonne desinfizieren. ~浴をする ein Sonnenbad nehmen*.
にっこり ~する lächeln.
にっさん 日参 täglich besuchen.
にっさん 日産 die Tagesproduktion -en. ~10台の自動車を作る pro Tag 10 Wagen her|stellen.
にっし 日誌 das Tagebuch -[e]s, ⸚er. 航海~ das Logbuch.
にっしゃびょう 日射病 der Sonnenstich -s, -e.
にっしょうき 日章旗 die Flagge mit einem Sonnenball in weißem Grund.
にっしょうけん 日照権 das Recht auf Sonnenbestrahlung.
にっしょく 日食 die Sonnenfinsternis -se.
にっしんげっぽ 日進月歩の stetig fortschreitend.
にっすう 日数がかかる viele Tage brauchen.
にっちもさっちも 二進も三進も行かない auf dem Trockenen sitzen*.

にっちゅう 日中 am (bei) Tage.
にっちょく 日直 der Tagesdienst -[e]s, -e.
にってい 日程 ¶旅行の~ der Reiseplan.
にっとう 日当 Tagegelder pl.; Diäten pl.
ニット・ウエア das Strickkleid -[e]s, -er.
にっぽん 日本 Japan; Nippon. ~の japanisch. ~語 die japanische Sprache; das Japanische*; das Japanisch. ~人 der Japaner. ~贔屓(ひいき) der Japanfreund. ~学 die Japanologie.
につまる 煮詰まる ein|kochen (s).
につめる 煮詰める ein|kochen.
にと 二兎を追う者は一兎をも得ず Wer zwei Hasen auf einmal jagt, fängt keinen.
にど 二度 zweimal. ~目の zweit. ~目に zum zweiten Mal[e]. ~とない einmalig. こんな事は~とない Das gibt's nur einmal. こんな事は~と致しません Es soll nicht wieder vorkommen.
にとう 二等 ¶競走で~になる als Zweiter durchs Ziel gehen*(s). ~で旅行する zweiter Klasse fahren*(s). ~切符 (車) die Fahrkarte (der Wagen) zweiter Klasse. ~親 der Verwandte# zweiten Grades.
にとうだて 二頭立ての馬車 der Zweispänner -s, -.
にとうぶん 二等分・する halbieren; in zwei Hälften teilen. ~線 die Halbierungslinie.
にとうへん 二等辺三角形 gleichschenkliges Dreieck -s, -e.
ニトログリセリン das Nitroglyzerin -s.
になう 担う auf seine Schultern nehmen*; [auf]schultern; (責任・栄誉などを) tragen*. 担い手 der Träger.
ににんのり 二人乗りの車 der Zweisitzer -s, -.
にぬし 荷主 der Befrachter -s, -; der Konsignant -en, -en.
にねん 二年 zwei Jahre pl. ~毎に alle zwei Jahre. ~生の〔植〕bienn [biˈɛn]; zweijährig. ~生 der Schüler der zweiten Klasse (des zweiten Jahrgangs).
にのあし 二の足を踏む zögern; zaudern.
にのうで 二の腕 der Oberarm -[e]s, -e.
にのく 二の句 ¶あきれて~が継げなかった Die Verblüffung verschlug mir die Sprache (das Wort).
にのつぎ 二の次 ¶商売の話を~にしてまず一杯 Zunächst ein Gläschen, nachher das Geschäft. 儲(もう)かる儲からぬは~だ Der Verdienst ist mir Nebensache. / Auf den Verdienst kommt es mir jetzt nicht an.
にのまい 二の舞を演ずる denselben Fehler machen; js. Fehler wiederholen.
にばい 二倍 zweimal; zweifach. ~にする verdoppeln. これはそれより~も値段が高い Dies kostet doppelt so viel wie das. この庭はうちの庭より~も広い Dieser Garten ist doppelt (zweimal) so groß wie der unsere.
にばしゃ 荷馬車 der Frachtwagen -s, -.
にばんせんじ 二番煎じ der zweite Aufguss -es, ¨e. この絵はデューラーの~だ Das Bild ist ein verdünnter Aufguss von Dürer.
にばんめ 二番目・の zweit. ~に zum Zweiten. 最後から~の vorletzt.
ニヒリスト der Nihilist -en, -en.
ニヒリズム der Nihilismus -.
にぶ 二部・合唱の(で) zweistimmig. 第~ der zweite Teil.
にぶい 鈍い stumpf; (色・音が) dumpf. 頭の働きが~ stumpf. 動作の~ träge; schwerfällig.
にふだ 荷札 der Anhänger -s, -.
にぶる 鈍る stumpf werden*(s). 決心が~ in seinem Entschluss wanken.
にぶん 二分・する in zwei Teile teilen. 政党が~した Die Partei spaltete sich in zwei Lager. ~の1 die Hälfte. ~の1 の halb.
にべもない ~返事をする eine patzige Antwort geben*. にべもなく断る glatt (schroff) ab|weisen*.
にほん 日本 → にっぽん.
にまいじた 二枚舌を使う doppelzüngig sein*.
にまいめ 二枚目 der Liebhaber -s, -. 〔美男〕 die Schönheit -en; gut aussehender Mann -es, -er.
にもうさく 二毛作 zwei Ernten im Jahr.
にもつ 荷物 das Gepäck -s; 〔船・車両の〕die Fracht -en; 〔小包〕das Paket -s, -e. 一荷.
にもの 煮物 Gekochtes#. ~をする kochen.
にゃあ ¶猫が~と鳴く Die Katze miaut.
にやく 荷役人夫 der Schauermann -[e]s, ..leute.
にやけた geckenhaft; stutzerhaft.
にやっかい 荷厄介な lästig. ~になる jm. zur Last fallen*(s).
にやにや ~する lächeln; 〔下品に笑う〕grinsen; feixen.
ニュアンス die Nuance -n; die Abstufung -en; Schattierungen pl.
ニュー ~フェイス der Debütant; der Neuling. ~ルック der (das) Newlook.
にゅういん 入院・する ins Krankenhaus kommen*(s). ~させる jn. ins Krankenhaus bringen*. ~中である im Krankenhaus liegen*. ~患者 stationär behandelter Patient.
にゅうえい 入営する ins Heer ein|treten*(s).
にゅうえき 乳液〔植物の〕 die Milchsaft -[e]s, ¨e; 〔化粧品の〕milchige Lotion -en.
にゅうか 入荷 der Eingang -[e]s. 来週~します Die Waren kommen nächste Woche herein. アスパラガス~したて Spargel, frisch eingetroffen!
にゅうかい 入会 der Eintritt in einen Verein. ~する ein|treten*(s) (in 4格); sich als Mitglied einschreiben lassen*. ~金 die Aufnahmegebühr; das Eintrittsgeld.
にゅうかく 入閣する ins Kabinett berufen werden*(s受).
にゅうがく 入学 der Eintritt in eine Schule. ~する aufgenommen werden* (s受) (in 4格). K 大学に~を許される zum Studium berechtigt werden*(s受) an der Universität K.

der K Universität (Hochschule) zugelassen werden* (s受). ～願書を出す den Aufnahmeantrag ein|reichen 《bei 3格》. ～手続をとる sich [an einer Uni]schreiben*; sich immatrikulieren [lassen*]. ～志願者 der Bewerber. ～試験 die Aufnahmeprüfung. ～金 die Aufnahmegebühr. ～式 die Aufnahmefeier.

にゅうがん 乳癌 der Brustkrebs -es.
にゅうぎゅう 乳牛 die Milchkuh ¨-e.
にゅうきょ 入居・する in eine Wohnung ein|ziehen* (s). ～者 der Bewohner; [施設の] der Insasse.
にゅうきょ 入渠・する ins Dock gehen* (s). ～させる ins Dock bringen*; [ein|]docken. ～中である docken.
にゅうきん 入金 [収入] die Einnahme -n; [支払] die Einzahlung -en. 残金は来月～します Die Restsumme bezahle ich [im] nächsten Monat. [預金]口座へ～する Geld auf sein Konto ein|zahlen.
にゅうこ 入庫・する [品物を] ein|lagern. このバスは～します Dieser Bus fährt in die Garage.
にゅうこう 入港する in den Hafen ein|laufen* (s).
にゅうこく 入国・する ein|reisen (s) 《in 4格》. ～手続をとる um Einreiseerlaubnis an|suchen.
にゅうごく 入獄する ins Gefängnis kommen* (s).
にゅうざい 乳剤 die Emulsion -en.
にゅうさつ 入札 die Submission -en. ～する submittieren. ～を募る zum Angebot auf|fordern. ～者 der Submittent.
にゅうさん 乳酸 die Milchsäure. ～菌 Milchsäurebakterien pl.
にゅうし 乳歯 der Milchzahn -[e]s, ¨-e.
にゅうじ 乳児 der Säugling -s, -e. ～死亡率 die Säuglingssterblichkeit.
ニュージーランド Neuseeland. ～の neuseeländisch. ～人 der Neuseeländer.
にゅうしゃ 入社する ein|treten* (s) 《in 4格》.
にゅうじゃく 柔弱な weichlich; schwach.
にゅうしゅ 入手・する bekommen*; kriegen. ～できる erhältlich. ～困難である schwer zu bekommen sein*.
にゅうしょう 入賞・する einen Preis bekommen*. 一等に～する den ersten Preis gewinnen*. ～者 der Preisträger.
にゅうじょう 入城する ein|marschieren (ein|ziehen*) (s) 《in 4格》.
にゅうじょう 入場 der Eintritt -s, -e. ～する ein|treten* (s) 《in 4格》. ～券 die Eintrittskarte; [駅の] die Bahnsteigkarte; [劇場(映画)の] die Theaterkarte (Kinokarte). ～無料 Eintritt frei! ～料 die Eintrittsgebühr.
にゅうじょう 乳状の milchartig.
にゅうしょく 入植する siedeln. カナダに～する sich in Kanada an|siedeln. ～者 der [An]siedler. ～地 die [An]siedlung.
にゅうしん 入神 ¶体操で～の妙技を示す mit übermenschlicher Gewandtheit turnen.

ニュース die Nachricht -en; [変った事] die Neuigkeit -en. 何か～はありませんか Was gibt's Neues? / Gibt es etwas Neues? ～映画 die Wochenschau. ～映画館 das Aktualitätenkino. ～解説 der Kommentar. ～解説者 der Kommentator. ～放送 die Nachrichtensendung. ～キャスター der Nachrichtensprecher. ～速報 die Sondermeldung.

にゅうせいひん 乳製品 Molkereiprodukte pl.
にゅうせき 入籍する jn. ins Familienbuch ein|tragen*. → 戸籍.
にゅうせん 入選 ¶美術展に～する in der Kunstausstellung aufgenommen werden* (s受).
にゅうせん 乳腺 die Brustdrüse -n. ～炎 die Brustdrüsenentzündung.
にゅうたい 入隊・する zum Militär ein|rücken (s). 自衛隊に～する in die Selbstverteidigungskräfte ein|treten* (s).
にゅうちょう 入超 der Einfuhrüberschuss -es, ¨-e. 下半期は～だ Die Einfuhren überschreiten im zweiten Halbjahr die Ausfuhren.
にゅうてい 入廷する in den Gerichtssaal ein|treten* (s).
にゅうでん 入電 ¶ニュースが～する Die Nachricht trifft ein. 只今～したニュースによると nach eben eingetroffener Nachricht.
にゅうとう 入党 ¶社会党に～する in die Sozialistische Partei ein|treten* (s).
にゅうどうぐも 入道雲 der Kumulonimbus -, -se.
にゅうねん 入念・に mit Sorgfalt; sorgfältig. ～な計画 [wohl] durchdachter Plan.
にゅうばい 入梅はいつですか Wann fängt die Regenzeit an?
にゅうはくしょく 乳白色の milchweiß; milchig.
にゅうはち 乳鉢 der Mörser -s, -.
にゅうもん 入門・する bei jm. in die Schule gehen* (s). ～書 die Einführung; der Leitfaden; die Fibel. 哲学～ Einführung in die Philosophie.
にゅうよう 入用な nötig; erforderlich; notwendig.
にゅうよく 入浴・する baden; ein Bad nehmen*. ～後 nach dem Bad[en].
にゅうりょく 入力 〔電算〕 die Eingabe -n. ～する ein|geben*. → インプット.
にゅうわ 柔和な sanft[mütig].
にょう 尿 der Harn -[e]s. ～素 der Harnstoff. ～道 die Harnröhre. ～道炎 Harnröhrenentzündung. ～毒症 die Harnvergiftung; die Urämie. ～の検査 die Harnuntersuchung.
によう 二様に(の) zweierlei.
にょぼうやく 女房役 js. rechte Hand.
にょじつ 如実に wirklichkeitsgetreu; wahr-

にょにん 女人 ¶このお寺は～禁制だ Dieser Tempel ist für Frauen gesperrt.

にらみ 睨み・がきく viel gelten* (bei 3 格). ～をきかす maßgeblichen Einfluss aus|üben 《auf 4 格》.

にらみあう 睨み合う einander feindselig an|-starren.

にらみあわせる 睨み合わせる ¶…と睨み合わせて mit Rücksicht 《auf 4 格》; gemäß 《3 格》.

にらむ 睨む starren 《auf 4 格》; an|starren. 僕は彼が盗んだんだと睨んでいる Ich habe den Verdacht, dass er es gestohlen hat. 彼は先生に睨まれている Der Lehrer hat ein scharfes Auge auf ihn.

にりつはいはん 二律背反 die Antinomie -n.

にりゅう 二流の作家 der Schriftsteller zweiter Klasse (zweiten Ranges).

にりんしゃ 二輪車 das Zweirad -[e]s, ⸚er.

にる 似る ähnlich sein*; jm. gleichen*. 体付き(性格)が似ている jm. an Gestalt (im Wesen) gleichen*. 彼らはちっとも似ていない Sie gleichen sich (einander) wie Tag und Nacht.

にる 煮る kochen. 煮ても焼いても食えない奴 ausgekochter Kerl.

にれ 楡 die Ulme -n.

にわ 庭 der Garten -s, ⸚. ～をつくる einen Garten an|legen. ～の手入れをする einen Garten hegen. ～師 der Gärtner.

にわか 俄か・に plötzlich; unerwartet; unversehens. ～雨 der Platzregen; der Regenschauer. ～仕込みの知識を振り回す mit angelerntem Wissen prahlen.

にわとこ 接骨木 der Holunder -s, -.

にわとり 鶏 das [Haus]huhn -s, ⸚er; 〔雄〕der Hahn -[e]s, ⸚e; 〔雌〕die Henne -n. ～を飼う Hühner halten*. ～小屋 der Hühnerstall.

にん 任・に就く ein Amt (einen Dienst) an|treten*. ～に堪えない einem Posten nicht gewachsen sein*. ～を解く jn. seines Amtes entheben*.

にんい 任意・の(に) beliebig; freiwillig; willkürlich. ～出頭する sich freiwillig stellen 《3 格》. ～の直線 eine beliebige Gerade. ～の数だけ(の) beliebig viel. ～選ぶ eine willkürliche Auswahl treffen*. 参加するしないは～です Es steht jedem frei, daran teilzunehmen oder nicht.

にんか 認可 die Genehmigung -en; 〔営業の〕die Konzession -en. ～する genehmigen; bewilligen. レストランの営業を～する eine Gaststätte konzessionieren.

にんかん 任官 ernannt (bestallt) werden* (s受) 《zu 3 格》.

にんき 人気・のある beliebt; populär. ～のない unbeliebt. 非常な～を博する sich großer Popularität (Beliebtheit) erfreuen. ～取りをする nach Popularität haschen (streben). 彼はクラスの者に～がある Er ist bei allen seinen Kameraden beliebt. ～作家 populärer Schriftsteller. ～者 der Liebling.

にんき 任期 die Amtsdauer; die Amtszeit. ～一杯勤める seine Amtszeit ab|dienen. 大統領の～は5年だ Der Präsident wird auf 5 Jahre gewählt.

にんぎょ 人魚 die Seejungfer -n; das Meerweib -[e]s, -er.

にんぎょう 人形 die Puppe -n. ～芝居 das Puppenspiel; das Puppentheater. ～遣い der Puppenspieler.

にんげん 人間 der Mensch -en, -en. ～的(～味のある) menschlich; human. 非～的 unmenschlich; menschenfeindlich. ～業でない übermenschlich. ～らしい(並みの)生活をする menschenwürdig leben. 彼もただの～だ It ist auch nur ein Mensch. ～ぎらい[人]der Misanthrop; der Menschenfeind. ～性 die Menschlichkeit; die Humanität. ～学 die Anthropologie. ～学的 anthropologisch. ～工学 die Ergonomie. ～関係 zwischenmenschliche Beziehungen (Human Relations ['hju:mən rɪ'leɪʃənz]) pl. ～ドック → ドック.

にんしき 認識 die Erkenntnis -se. ～する erkennen*. ～に達する zu der Erkenntnis kommen* (gelangen) (s). ～不足 der Mangel an Verständnis 《für 4 格》. ～論 die Erkenntnistheorie.

にんじゅう 忍従 die Ergebung. 運命に～する sich in sein Schicksal ergeben*.

にんしょう 人称 ¶1(2)～ die erste (zweite) Person. ～代名詞 das Personalpronomen.

にんしょう 認証 die Beglaubigung -en. ～する beglaubigen.

にんじょう 人情 menschliches Gefühl -s, -e. ～がない kein [menschliches] Gefühl haben*. ～味のある menschlich; human; warmherzig.

にんじょう 刃傷沙汰(ﾀ)に及ぶ zum Blutvergießen kommen* (s).

にんしん 妊娠 die Schwangerschaft. ～する schwanger werden* (s); ein Kind empfangen*. ～している schwanger sein*; guter Hoffnung sein*. ～させる schwängern. ～中絶 der Schwangerschaftsabbruch.

にんじん 人参 die Karotte (Möhre) -n.

にんずう 人数 die Kopfzahl (Personenzahl). ～をそろえる die erforderliche Personenzahl zusammen|bringen*. クラスの～は40人だ Die Klasse zählt 40 Schüler.

にんずる 任ずる jn. ernennen* 《zu 3 格》. 大芸術家をもって～ sich ein großer Künstler dünken.

にんそう 人相 die Physiognomie -n; Gesichtszüge pl. 彼の～はすっかり変っている Seine Züge haben sich vollständig verändert. ～が悪い gemeine Gesichtszüge haben*. ～書 die Personalbeschreibung. 〔似顔絵〕das Phantombild. ～見

Physiognom. ～学 die Physiognomik.
にんち 任地に赴(おもむ)く sich an einen neuen Dienstort begeben*.
にんち 認知する an|erkennen*.
にんてい 認定する bestätigen.
にんにく 大蒜 der Knoblauch -s; die Silberzwiebel -n.

にんぴにん 人非人 Unmensch -en, -en.
にんぷ 人夫 der Arbeiter -s, -. 日雇い～ der Tagelöhner.
にんぷ 妊婦 die Schwangere.
にんむ 任務 die Pflicht -en; 〔使命〕der Auftrag -es, ⸚e; die Aufgabe -n. ～を果す seine Pflicht (den Auftrag) erfüllen. ～に就く einen Dienst an|treten*.
にんめい 任命する jn. ernennen* 《zu 3格》.
にんよう 認容・する ein|räumen; zu|gestehen*. ～文 der Einräumungssatz; der Konzessivsatz.

ぬ

ぬいあわせる 縫い合わせる zusammen|nähen; zu|nähen.
ぬいいと 縫い糸 der Nähfaden -s, ⸚; das Nähgarn -s, -e.
ぬいぐるみ 縫いぐるみの動物 das Plüschtier -[e]s, -e.
ぬいこみ 縫い込み der Einschlag -[e]s, ⸚e.
ぬいこむ 縫い込む ein|schlagen*. お金を着物に～ Geld ins Kleid ein|nähen.
ぬいつける 縫い付ける et. an|nähen 《an 4格》.
ぬいとり 縫い取り die Stickerei -en. ～をする sticken. ～をした gestickt.
ぬいばり 縫い針 die Nähnadel -n.
ぬいめ 縫い目 die Naht -, ⸚e. ～のない nahtlos.
ぬいもの 縫い物 die Näherei -en; die Näharbeit -en. ～をする nähen. ～をして暮らしを立てる mit Näherei fort|bringen*.
ぬう 縫う nähen. 綻(ほころ)びを～ einen Riss flicken. 人込みを縫って行く sich durch die Menge durch|winden*.
ヌーディスト der Nudist -en, -en.
ヌード der Akt -s, -e. ～を描く einen Akt zeichnen. ～モデルになる Aktmodell stehen*.
ヌードル Nudeln pl.
ぬか 糠 die Kleie. ～雨 der Sprühregen. ～喜びだった Wir haben uns zu früh gefreut. ～に釘 ein Schlag ins Wasser.
ぬかす 抜かす 〔落す〕 aus|lassen*; 〔飛ばす〕 überspringen*; 〔言う〕 sagen. 腰を～ lendenlahm werden*(s); 《比》vor Schreck wie gelähmt sein*.
ぬがす 脱がす ¶着物を～ jn. aus|kleiden (entkleiden). 外套を～ jm. aus dem Mantel helfen*.
ぬかずく 額ずく sich vor jm. tief verbeugen.
ぬかりなく vorsichtig; achtsam.
ぬかる 泥濘る schlammig (matschig) sein*.
ぬかる 抜かる sich versehen*; ein Versehen (einen Fehler) begehen*. ～な Nimm dich in Acht! / Vorsehen! これは抜かった Wie dumm von mir!
ぬかるみ 泥濘 der Schlamm -s; der Matsch -[e]s. ～にはいる im Schlamm stecken bleiben*(s).

ぬき 抜き・にする aus|lassen*. 冗談は～にして Scherz beiseite. 朝食～では働けない Ohne Frühstück kann ich nicht arbeiten.
ぬきあしさしあし 抜き足差し足で歩く auf leisen Sohlen schleichen*(s).
ぬきうち 抜き打ち・に ohne Vorankündigung (vorherige Ankündigung). ～に訪問する bei jm. einen unangemeldeten Besuch machen. ～に解雇する ohne Aufkündigung entlassen*.
ぬきがき 抜き書き der Auszug -[e]s, ⸚e. ～する aus|ziehen*.
ぬきさし 抜き差しならない羽目に陥る in die Klemme geraten* (kommen*) (s).
ぬきずり 抜き刷り der Sonder[ab]druck -s, -e.
ぬきだす 抜き出す [heraus|]ziehen*; 〔選抜〕 aus|nehmen*.
ぬきて 抜き手・を切る Hand über Hand schwimmen*(s; h).
ぬきとる 抜き取る aus|ziehen*; aus|nehmen*; 〔盗む〕 jm. et. entwenden.
ぬきみ 抜き身 bloßes (nacktes) Schwert -es, -er.
ぬきんでる 抜きんでる sich aus|zeichnen; hervor|ragen. 抜きんでた ausgezeichnet; hervorragend.
ぬく 抜く [aus|]ziehen*; aus|nehmen*; 〔省く〕 aus|lassen*; 〔追い越す〕 überholen; 〔選り抜く〕 aus|wählen. 財布を～ jm. die Brieftasche entwenden. 釘を～ einen Nagel aus|ziehen*. しみを～ einen Fleck entfernen. 歯を～ [sich³] einen Zahn ziehen lassen*. 瓶(びん)の栓を～ eine Flasche entkorken. タイヤの空気を～ die Luft aus dem Reifen lassen*. 5人～ 5 Gegner hintereinander besiegen. 気を～ nachlässig sein*. 手足の力を～ seine Glieder entspannen. 刀を鞘(さや)から～ den Säbel aus der Scheide ziehen*.
ぬぐ 脱ぐ aus|ziehen*. 着物を～ sich aus|kleiden (aus|ziehen*). 帽子を～ den Hut ab|nehmen*.
ぬぐう 拭う [ab|]wischen; ab|streichen*. 額の汗を～ sich³ den Schweiß von der Stirn wischen. 靴の泥を～ [sich³] die Füße

ぬくみ 温み die Wärme.
ぬけあな 抜け穴 [geheimer] unterirdischer Gang -es, ¨e; [逃げ道] die Ausflucht -en.
ぬけがけ 抜け駆けをする jm. [unbemerkt] zuvor|kommen*(s) (in (bei) 3 格).
ぬけがら 抜け殻 abgeworfene Haut ¨e; abgestreifte Hülle -n. 蛇の～ das Natternhemd. ～同然である nur noch der (ein) Schatten seiner selbst sein*.
ぬけかわる 抜け代る ¶鳥の羽が～ Der Vogel mausert [sich].
ぬけげ 抜け毛 der Haarausfall -s, ¨e.
ぬけだす 抜け出す sich schleichen* (stehlen*) 《aus 3 格》. 檻(おり)から～ aus dem Käfig aus|brechen*(s).
ぬけぬけ ～と frech; unverschämt. ～と嘘をつく jm. ins Gesicht lügen*.
ぬけみち 抜け道 der Schleichweg -[e]s, -e. ～を捜す [比] einen Ausweg suchen.
ぬけめ 抜け目ない [ずるい] schlau; klug; [注意深い] vorsichtig.
ぬける 抜ける aus|fallen*(s); [欠ける] fehlen; [通り抜ける] durch|gehen*(s) 《durch 4 格》; [脱退する] aus|treten*(s); [栓が] heraus|gehen*(s); [香りが] aus|ziehen*(s). 毛が～ Haare fallen mir aus. タイヤの空気が～ Dem Reifen geht die Luft aus. 彼は少し抜けている Er ist etwas dumm.
ぬげる 脱げる ¶靴が～ Die Schuhe fallen von den Füßen. 靴がなかなか脱げない Ich kann die Schuhe nicht leicht ausziehen.
ぬし 主 [主人] der Herr -n, -en; [持ち主] der Besitzer -s, -. 森の～ der Waldgeist. ～のない herrenlos.
ぬすっと 盗人 der Dieb -es, -e; [強盗] der Räuber -s, -. 馬～ der Pferdedieb.
ぬすみ 盗み der Diebstahl -[e]s, ¨e; die Dieberei -en. ～を働く einen Diebstahl begehen*.
ぬすみぎき 盗み聞きする horchen 《auf 4 格》; belauschen; lauschen 《3 格》.
ぬすみぐい 盗み食いをする naschen.

ぬすみみ 盗み見する einen verstohlenen Blick werfen* 《auf 4 格》; schielen 《nach 3 格》.
ぬすむ 盗む jm. et. stehlen* (entwenden). 人目を盗んで heimlich; verstohlen.
ぬたくる ¶紙にへたな絵を～ Papier mit schlechten Bildern beschmieren.
ぬの 布 das Tuch -es, ¨er.
ぬのそう 布装 der Leineneinband -s, ¨e. ～本 der Leinenband.
ぬのめ 布目の粗い grob.
ぬま 沼 morastiger Teich -[e]s, -e. ～地 der Sumpf.
ぬらす 濡らす nass machen; nässen; benetzen.
ぬらぬら ～した schleimig; [油で] fettig.
ぬらりくらり ～した aalglatt. ～と言い抜ける sich aalglatt heraus|winden*. ～と答弁する eine ausweichende Antwort geben*.
ぬり 塗り der Anstrich -s, -e. ～がいい gut lackiert (angestrichen) sein*.
ぬりかえる 塗り替える neu an|streichen*.
ぬりぐすり 塗り薬 die Salbe -n.
ぬりし 塗り師 der Lackierer -s, -.
ぬりたて 塗り立て ¶ペンキ～ Frisch gestrichen!
ぬりつける 塗り付ける an|streichen*. 罪を～ jm. die Schuld zu|schieben*.
ぬりもの 塗り物 die Lackarbeit -en; Lackwaren pl.
ぬる 塗る an|streichen*; [be]streichen*. 漆を～ et. lackieren. ニスを～ et. firnissen. 漆喰(しっくい)を～ et. mörteln. パンにバターを～ das Brot mit Butter bestreichen*. 頬紅を～ Rouge auf die Wangen auf|legen.
ぬるい lau; lauwarm.
ぬるぬる ～した schleimig; schlüpfrig; [油で] fettig.
ぬるまゆ ぬるま湯 lauwarmes Wasser -s.
ぬるめる lau (lauwarm) machen.
ぬれぎぬ 濡れ衣を着せられる fälschlich beschuldigt werden*(s 受) 《2 格》.
ぬれねずみ 濡れ鼠になる bis auf die Haut nass werden*().
ぬれる 濡れる nass werden*(s); benetzt sein*. 雨に～ vom Regen nass werden*(s). 露に濡れた花 vom Tau benetzte Blumen pl. 涙に濡れた頬 tränenfeuchte (nasse) Wangen pl.

ね

ね ¶君は一緒に来てくれる～ Du kommst doch mit, nicht wahr?
ね 音 der Klang -[e]s, -e; der Ton -[e]s, ¨e. 鐘の～ der Glockenklang. 虫の～ das Zirpen der Insekten. ～を上げる klagen 《über 4 格》.
ね 根 die Wurzel -n. ～を下ろす Wurzeln fassen (schlagen*); sich ein|wurzeln. ～深い tief eingewurzelt. ～なし草 wurzellos. 彼 は～が馬鹿だ Er ist von Natur dumm. ～も葉もない unbegründet. ～に持つ jm. et. nach|tragen*.
ね 値 der Preis -es, -e. ～を上げる(下げる) den Preis erhöhen (herab|setzen). ～をつける den Preis für et. fest|setzen. 10 万円の～をつける [競売で] 100 000 Yen bieten* 《auf 4 格》.
ねあがり 値上がりする im Preis[e] steigen*(s).

ねあげ 値上げ die Preiserhöhung -en; der Aufschlag -[e]s, ¨-e. ～する den Preis erhöhen. 100円に(2割)～する den Preis auf 100 Yen (um 20 Prozent) erhöhen.

ねあせ 寝汗 der Nachtschweiß -es. ～をかく Nachtschweiß haben*.

ネアンデルタール ～人 der Neandertaler -s, -.

ねいす 寝椅子 das Liegesofa -s, -s; die Chaiselongue -n (-s); der Diwan -s, -e.

ねいる 寝入る ein|schlafen*(s). 寝入りばなに起された Ich war gerade (kaum) eingeschlummert, als ich geweckt wurde.

ねいろ 音色 die Tonfarbe (Klangfarbe) -n.

ねうち 値打 der Wert -es, -e. ～のある wertvoll; kostbar. ～のない wertlos. 1万円の～がある 10 000 Yen wert sein*. 一文の～もない keinen Heller wert sein*. 書き留めるべき～がある Das ist wert aufzuschreiben. 彼は問題にする～はない Er ist [es] nicht wert, dass man von ihm spricht. 彼はそのように愛される～はない Er ist solcher Liebe nicht wert. ～が上がる(下がる) im Wert steigen* (fallen*) (s).

ねえ ～君 Hallo! / Heda! ～一緒に来てくれ Bitte, kommen Sie mit!

ネーブル die Navel -s; die Navelorange -n.

ねおき 寝起き・する〔生活する〕leben; wohnen. 一緒に～する mit jm. unter einem Dach leben. ～が悪い gewöhnlich übel gelaunt auf|stehen*(s).

ネオン das Neon -s (記号: Ne). ～管 die Neonröhre. ～サイン die Neonreklame.

ネガ das Negativ -s, -e.

ねがい 願い〔願望〕der Wunsch -es, ¨-e; [頼み] die Bitte -n; [請願・願書] das Gesuch -[e]s, -e. 辞職～ das Entlassungsgesuch (Rücktrittsgesuch). ～を出す bei jm. ein Gesuch ein|reichen. ～をかなえる js. Wunsch erfüllen; js. Bitte erhören. 彼の～により auf seinen Wunsch (seine Bitte; sein Ersuchen) [hin]. あなたにお～がある Ich habe eine Bitte an Sie.

ねがいごと 願い事 der Wunsch -es, ¨-e; die Bitte -n. ～がかなう Mein Wunsch geht in Erfüllung (erfüllt sich). ～がある einen Wunsch haben* (hegen); eine Bitte haben*.

ねがいさげ 願い下げ ！そいつは～だ Ich verbitte mir das! / Das möchte ich mir verbeten haben! あんな客は～だ Ich danke [bestens] für solche Kunden.

ねがいでる 願い出る an jn. ein Gesuch 《um 4格》 richten; sich an jn. mit einer Bitte wenden*.

ねがう 願う jn. bitten* 《um 4格》; [懇願する] jn. ersuchen 《um 4格》; [望む] wünschen. 折り入ってお願いしたい事がある ich habe eine dringende Bitte an Sie. ご注文は郁文堂宛に願います Aufträge erbeten an Ikubundo Verlag.

ねがえり 寝返り・する sich im Schlaf herum|drehen; sich im Bett wälzen. 敵に～を打つ zum Feind (ins feindliche Lager) über|gehen*(s).

ねがお 寝顔 ！子供の～がかわいい Das Kind hat ein reizendes Gesicht im Schlaf.

ねかす 寝かす schlafen legen; ein|schläfern; [横にする] legen; [商品を] auf Lager haben*; [ワインを] altern [lassen*]. 歌って(揺すって)子供を寝かしつける ein Kind in den Schlaf singen* (wiegen).

ねがったりかなったり 願ったり叶ったり ！そうなれば～です Das ist (kommt) mir sehr erwünscht.

ネガティブ [陰画] das Negativ -s, -e.

ねがわくは 願わくは・ご来訪ください Hoffentlich (Bitte) kommen Sie zu mir! ～そうであリたい Ich hoffe es.

ねがわしい 願わしい wünschenswert; erwünscht.

ねぎ 葱 der Lauch -[e]s, -e; der Porree -s, -s.

ねぎらう 労(犒)う ！労を～ jm. für seine Bemühungen danken; [報いる] jm. für seine Mühe entschädigen.

ねぎる 値切る [um den Preis] feilschen.

ネクタイ die Krawatte -n; der Schlips -es, -e. ～を締める eine Krawatte binden*. 蝶～ die Fliege. ～ピン die Krawattennadel (Schlipsnadel). ～止め der Krawattenhalter.

ねぐら 塒 das Schlafnest -[e]s, -er.

ネグリジェ das Negligé -s, -s.

ねぐるしい 寝苦しい nicht gut schlafen können*. ～夜 schlaflose Nacht.

ねこ 猫 die Katze -n; [牡] der Kater -s, -. ～が鳴く Die Katze miaut. ～をかぶる heucheln. ～に鰹節 den Bock zum Gärtner machen. ～に小判 Perlen vor die Säue werfen*. ～も杓子も(とも) Hinz und Kunz.

ねこいらず 猫いらず das Rattengift -[e]s, -e.

ねこかぶり 猫被り die Heuchelei -en; die Verstellung -en; [人] der Heuchler -s, -; der Scheinheilige*.

ねこかわいがり 猫かわいがりする jn. abgöttisch lieben.

ねこぎ 根扱ぎにする entwurzeln; aus|roden.

ねごこち 寝心地 ！このベッドは～がよい(悪い) In diesem Bett schläft es sich gut (schlecht).

ねこぜ 猫背・の bucklig. ～の人 der Bucklige*.

ねこそぎ 根こそぎ退治する mit Stumpf und Stiel aus|rotten.

ねごと 寝言を言う im Schlaf sprechen* (reden).

ねこなでごえ 猫撫で声で mit einschmeichelnder Stimme.

ねこばば 猫ばばをきめる et. in die eigene Tasche stecken.

ねこみ 寝込みを襲う jn. im Schlaf überraschen.

ねこむ 寝込む ein|schlafen*(s); [病気で] das Bett hüten müssen*.

ねこやなぎ 猫柳 die Salweide -n.

ねころぶ 寝転ぶ sich hin|legen.
ねさがり 値下がりする im Preis[e] sinken* (fallen*) (s).
ねさげ 値下げ die Preissenkung -en. ～する den Preis herab|setzen (senken). 200円に(1割)～する den Preis auf 200 Yen (um 10 Prozent) herab|setzen.
ねざす 根差す 〔原因する〕wurzeln《in 3格》. 深く根差した tief eingewurzelt.
ねざめ 寝覚めが悪い ein böses Gewissen haben*《wegen 2格》.
ねじ 捩子 die Schraube -n. ～を締める（ゆるめる）die Schraube an|ziehen* (lockern). ～で留める mit Schrauben befestigen; an|schrauben; verschrauben. 時計の～を巻く die Uhr auf|ziehen*. 木～ die Holzschraube.
ねじあげる 捩じ上げる ¶腕を～ jm. den Arm um|drehen.
ねじきる 捩じ切る ab|drehen.
ねじけた 拗けた〔性質の〕verschroben; verbogen.
ねじこむ 捩じ込む et. schrauben《in 4格》; hinein|drehen;〔押し込む〕hinein|stecken;〔抗議する〕bei jm. Protest (Einspruch) ein|legen《gegen 4格》.
ねじずまる 寝静まる fest ein|schlafen*(s); in tiefem Schlaf liegen*.
ねしな 寝しなに kurz vor dem Schlafengehen; zur Schlafenszeit.
ねじふせる 捩じ伏せる zu Boden ringen*.
ねじまげる 捩じ曲げる verdrehen. 事実を～ die Tatsachen auf den Kopf stellen.
ねじまわし 捩子回し der Schraubenzieher -s, -.
ねしょうべん 寝小便をする das Bett nässen (nass machen).
ねじる 捩る um|drehen;〔無理に〕verdrehen;〔螺旋を〕schrauben. 腕を～ jm. den Arm verdrehen. 栓を捩って水(ガス)を出す den Wasserhahn (Gashahn) auf|drehen.
ねじれる 捩れる verdreht sein*.
ねじろ 根城 die Hochburg -en.
ねず 杜松 der Wacholder -s, -.
ねすごす 寝過す [sich] verschlafen*. 寝過ごして列車に乗り遅れる den Zug verschlafen*.
ねずのばん 寝ずの番 die Nachtwache -n. ～をする Nachtwache halten*.
ねずみ 鼠 die Ratte -n. はつか～ die Maus. 家～ die Hausratte. 野～ die Feldmaus. ～取りの Rattenfalle.
ねずみいろ 鼠色の grau.
ねずみざん 鼠算式にふえる sich nach der geometrischen Reihe vermehren.
ねぞう 寝相が悪い sich im Schlaf hin und her werfen*.
ねそびれる 寝そびれる nicht einschlafen können*; schlaflos im Bett liegen*.
ねそべる 寝そべる ¶長長と～ in seiner ganzen Länge liegen*.
ねだ 根太 der Querbalken -s, -.
ねたましい 妬ましい ¶彼の成功が～ Ich neide ihm den Erfolg.
ねたみ 妬み der Neid -es; die Eifersucht. ～を買う sich³ js. Missgunst zu|ziehen*.
ねたむ 妬む jn. beneiden《um 4格》; neidisch (eifersüchtig) sein*《auf 4格》.
ねだやし 根絶やしにする [mit der Wurzel] aus|rotten.
ねだる 〔dringend〕bitten*《um 4格》.
ねだん 値段 der Preis -es, -e. → 値.
ねちがえる 寝違える ¶首を～ sich³ den Hals beim Schlafen verdrehen.
ねつ 熱 die Wärme; die Hitze;〔病気の〕das Fieber -s. 40度の～がある 40 Grad Fieber haben*. ～が出る Fieber bekommen*. ～に浮かされる im Fieber fantasieren; ～熱中する. ～を上げる sich begeistern《für 4格》schwärmen《für 4格》. ～のこもった heiß; hitzig. ～のない gleichgültig; halbherzig. 賭博～ die Spielleidenschaft; die Passion des Spiels.
ねつあい 熱愛する heiß (innig) lieben.
ねつい 熱意 der Eifer -s. ～を示す Eifer zeigen《bei 3格》. ～をもって mit Eifer; eifrig.
ねつかがく 熱化学 die Thermochemie.
ねつかく 熱核・反応 thermonukleare Reaktion. ～兵器 thermonukleare Waffen pl.
ねつがく 熱学 die Wärmelehre.
ネッカチーフ die Halstuch -[e]s, ¨er.
ねっから 根っから〔生来〕von Natur [aus] eigentlich. ～の商人 geborener Kaufmann ～～ない durchaus (überhaupt) nicht.
ねっき 熱気 die Hitze. ～浴 das Heißluftbad.
ねつき 寝付きがよい(悪い) leicht (schwer) ein|schlafen*(s).
ねっきょう 熱狂・する sich begeistern《für 4格》; sich auf|regen《über 4格》. ～的な enthusiastisch; begeistert; fanatisch; passioniert.
ねつく 寝付く → 寝込む.
ネックレス die Halskette -n. 真珠の～ das Perlenkollier.
ねっけつかん 熱血漢 heißblütiger Mann -es, ¨-er. 彼は～だ Er hat heißes Blut. / Er ist heißblütig.
ねつさまし 熱さまし das Fiebermittel -s, -.
ねつじょう 熱情 die Leidenschaft -en; die Inbrunst. ～的 leidenschaftlich.
ねつしょり 熱処理 die Wärmebehandlung -en.
ねっしん 熱心 der Eifer -s. ～な(に) eifrig fleißig.
ねっする 熱する〔熱くする〕heiß machen; erhitzen;〔熱くなる〕heiß werden*(s);〔熱中する〕sich begeistern《für 4格》; sich erhitzen《über 4格》.
ねっせん 熱戦 heißer Kampf -[e]s, ¨-e.
ねっせん 熱線 Wärmestrahlen pl.
ねつぞう 捏造する erdichten; erlügen*; erfinden*.
ねったい 熱帯[・地方] Tropen pl. ～の tro-

ねっちゅう 熱中・する schwärmen 《für 4 格》; sich passionieren 《für 4 格》; eifrig beschäftigt sein* 《mit 3 格》.　仕事に～する sich in die Arbeit vertiefen.

ネット das Netz -es, -e.　テニスの～ das Tennisnetz.　～を張る das Netz spannen.　ボールを～する den Ball ins Netz schlagen*.

ねつど 熱度 der Hitzegrad (Wärmegrad) -[e]s, -e.

ねっとう 熱湯 siedendes (kochendes) Wasser -s.

ねっとり ～した → ねばねば.

ネットワーク〔放送網〕das [Sender]netz -es, -e.

ねっぱ 熱波 die Hitzewelle -n.

ねつびょう 熱病 das Fieber -s.　黄～ das gelbe Fieber.　～にかかる fieberkrank sein*; vom Fieber befallen werden* (s受).

ねっぷう 熱風 heißer Wind -es, -e;〔人工の〕die Heißluft.

ねつべん 熱弁を振るう eine feurige Rede halten*.

ねつぼう 熱望 heißer Wunsch -es, ¨e.　～する sehnlich wünschen; brennend verlangen 《nach 3 格》; begehren.

ねづよい 根強い hartnäckig; zäh.

ねつりきがく 熱力学 die Thermodynamik.

ねつりょう 熱量 die Wärmemenge -n; die Kalorie -n.　～計 das Kalorimeter.　～単位 die Wärmeeinheit.

ねつるい 熱涙を流す heiße Tränen vergießen*.

ねつれつ 熱烈・な leidenschaftlich; feurig; begeistert; inbrünstig.　～な恋愛 feurige (glühende) Liebe.　～な拍手 begeisterter Beifall.

ねてもさめても 寝ても覚めても wachend und träumend; im Träumen wie im Wachen.

ねどこ 寝床 das Bett -es, -en.　～に入る ins Bett gehen* (s).　～を取る das Bett machen.

ねとまり 寝泊まり・する schlafen bei jm. einlogieren; bei jm. unter|kommen* (s).　～する所を見つける eine Unterkunft (ein Unterkommen) finden*.

ネパール Nepal.　～の nepalesisch.　～人 der Nepalese (Nepaler).

ねばつく 粘つく klebrig sein*.

ねばねば ～した zäh[flüssig]; klebrig; dickflüssig.

ねばり 粘り[・気] die Zähheit; die Zähflüssigkeit.　～強さ die Zähigkeit; die Beharrlichkeit.　大いに～を見せる viel Ausdauer zeigen.　～のある → ねばねば.　～強い zäh; beharrlich.

ねばる 粘る klebrig (zäh) sein*.　飲み屋で～ in der Kneipe kleben.

ねびえ 寝冷えする sich im Schlaf erkälten.

ねびき 値引きする den Preis ermäßigen.

ねぶくろ 寝袋 der Schlafsack -[e]s, ¨e.

ねぶそく 寝不足 der Schlafmangel -s.　～を取り返す Schlaf nach|holen.

ねぶみ 値踏み・する schätzen.　1万円と～する et. auf 10 000 Yen schätzen.

ねぼう 寝坊〔人〕der Langschläfer -s, -; die Schlafratte -n.　～する [sich] verschlafen*; zu lange schlafen*.　～して汽車に遅れる den Zug verschlafen*.

ねぼける 寝惚ける schlaftrunken (verschlafen) sein*.　寝惚け眼で mit verschlafenen Augen.

ねほりはほり 根掘り葉掘り聞く jn. aus|fragen 《nach 3 格; über 4 格》; jm. die Seele aus dem Leib fragen.

ねまき 寝巻 der Schlafanzug -s, ¨e; der Pyjama -s, -s.

ねみみ 寝耳に水だ Das kommt wie ein Blitz aus heiterem Himmel.

ねむい 眠い ¶私は～ Ich bin schläfrig (müde).　眠そうな schläfrig.　彼の話は眠くなる Seine Rede macht mich schläfrig.

ねむけ 眠気・を覚ます den Schlaf verscheuchen.　～を催す Der Schlaf überfällt (kommt über) mich.

ねむのき 合歓木 die Albizzie [alˈbɪtsiə] -n.

ねむり 眠り der Schlaf -[e]s;〔まどろみ〕der Schlummer -s.　～から覚める aus dem Schlaf erwachen (s).　～に落ちる in Schlaf fallen* (sinken*) (s).　永遠の～に就く den ewigen Schlaf schlafen*.　ひと～する ein Schläfchen halten* (machen).　～薬 das Schlafmittel.

ねむりぐさ 眠り草 die Mimose -n.

ねむる 眠る schlafen*;〔まどろむ〕schlummern;〔寝入る〕ein|schlafen* (s).　ぐっすり～ tief (wie ein Murmeltier) schlafen*.

ねもと 根元 die Wurzel -n.　木を～から切る einen Baum an der Wurzel ab|schneiden* (ab|sägen).

ねものがたり 寝物語 die Gutenachtgeschichte -n.　～をする〔夫婦が〕im Bett sprechen*.

ねらい 狙い・を定める zielen 《auf 4 格; nach 3 格》.　～がはずれる das Ziel verfehlen.

ねらいうち 狙い撃ちする schießen* 《[auf] 4 格》.

ねらう 狙う zielen 《auf 4 格; nach 3 格》;〔目指す〕streben 《nach 3 格》; ab|zielen 《auf 4 格》.　機会を～ die Gelegenheit ab|warten.　命を～ jm. nach dem Leben trachten.

ねりあげる 練り上げる aus|arbeiten.

ねりあるく 練り歩く marschieren (s); [herum|]ziehen* (s).

ねりなおす 練り直す ¶計画を～ den Plan von neuem entwerfen* (schmieden).

ねりはみがき 練り歯磨き die Zahnpasta ..ten.

ねる 寝る schlafen*;〔横になる〕sich legen;〔就寝する〕schlafen (zu Bett) gehen* (s);〔病気で〕sich ins Bett legen;〔商品が〕unverkauft liegen*;〔資本が〕tot liegen*.　十分に～ aus|-

schlafen*. もう~時間だ Es ist Zeit, schlafen zu gehen. 寝た子を起す die schlafende Hunde wecken. 寝たきりの bettlägerig.

ねる 練る 〔粉を〕kneten;〔金属を〕schmieden; tempern;〔文を〕feilen; polieren. からだ(精神)を~ seinen Körper (Willen) stählen. 計画を~ Pläne schmieden.

ネル der Flanell -s, -e. ~の flanellen.

ねん 年・に一度 einmal im Jahr; jährlich einmal. ~がら~中 zu jeder Zeit. 1994~に im Jahr[e] 1994. 平成7~に im 7. Jahr der Ära Heisei.

ねん 念 ¶感謝の~ der Dank -es; die Dankbarkeit. ~の入った sorgfältig. ~を入れる Sorgfalt verwenden*)《auf 4 格》. ~を入れて mit Sorgfalt. ~のため vorsichtshalber. ~を押す jn. aufmerksam machen《auf 4 格》. ~には~を入れよ Doppelt genäht hält besser.

ねんいり 念入りな〔に〕 sorgfältig.

ねんえき 粘液 der Schleim -[e]s. ~状の schleimig. ~腺 die Schleimdrüse. ~質の phlegmatisch.

ねんが 年賀 der Neujahrs[glück]wunsch -es, ⸚e; Neujahrsgrüße pl. ~状 die Neujahrskarte. ~に行く bei jm. einen Neujahrsbesuch machen.

ねんがく 年額 der Jahresbetrag -s, ⸚e.

ねんがっぴ 年月日 das Datum -s, ..ten. 手紙に~を書く einen Brief datieren.

ねんかん 年鑑 das Jahrbuch -[e]s, ⸚er; der Almanach -s, -e.

ねんがん 念願 der Herzenswunsch -es, ⸚e. ~がかなった Mein lang gehegter Wunsch ging [mir] in Erfüllung. 君の成功を~します Ich wünsche Ihnen von Herzen guten Erfolg.

ねんき 年季・が明く Seine Lehrzeit ist um (abgelaufen). ~を終える die Lehre durch|machen. ~奉公をする als Lehrling dienen. ~の入った erfahren*.

ねんきん 年金 die Pension -en; die [Jahres-]rente -n. ~をもらう eine Pension (Rente) beziehen*. ~を与える jn. pensionieren. ~生活者 der Pensionär; der Rentner.

ねんぐ 年貢 der Tribut -s, -e;〔小作料〕das Pachtgeld -[e]s, -er; der Pachtzins -es, -en. ~を納める einen Tribut zahlen. ~の納め時だ Mit mir ist es aus. / Das Spiel ist aus.

ねんげつ 年月 Jahre pl. 長い~ lange Jahre; Jahr und Tag; seit langen Jahren.

ねんげん 年限〔期限〕die Frist -en. 勤務~ Dienstjahre pl. 修業~ Schuljahre pl.;〔徒弟の〕Lehrjahre pl. 退職の~に達する die Altersgrenze erreichen.

ねんこう 年功 langjähriger Dienst -es, -e. ~を積む viel Erfahrung haben*. ~を積んだ erfahren; routiniert. ~加俸 die Alterszulage. ~序列で昇進する sein³ seine Beförderung ersitzen*. ~序列制度 das Ancienni-tätsprinzip.

ねんごろ 懇ろ・な(に) freundlich; herzlich. ~にしている mit jm. vertraut (intim) sein*; mit jm. vertrauten Umgang haben*.

ねんざ 捻挫 die Verstauchung -en. 足を~する sich³ den Fuß verstauchen.

ねんさい 年祭 ¶100~ die Hundertjahrfeier.

ねんし 年始 der Jahresanfang -s, ⸚e. ~年賀.

ねんじ 年次報告 der Jahresbericht -s, -e.

ねんしゅう 年収 das Jahreseinkommen -s, -. 彼の~は500万円である Sein jährliches Einkommen beträgt 5 Millionen Yen.

ねんじゅう 年中 immer; stets.

ねんじゅうぎょうじ 年中行事 jährliche Veranstaltung -en.

ねんしゅつ 捻出する〔費用を〕auf|bringen*;〔案を〕aus|klügeln.

ねんしょう 年少・の jung;〔未成年〕minderjährig. ~者 der Jüngling; der Minderjährige#.

ねんしょう 燃焼・する brennen*; verbrennen*(s). ~熱 die Verbrennungswärme. ~炉 der Verbrennungsofen.

ねんすう 年数・がたつにつれて mit den Jahren im Laufe der Zeit. ~を経た木 alter Baum.

ねんずる 念ずる ¶神に~ zu Gott beten《um 4 格》. 御快癒を念じております Ich wünsche Ihnen gute Besserung.

ねんだい 年代 die Zeit -en; das Zeitalter -s, -; die Epoche -n;〔世代〕die Generation -en. ~順に chronologisch. ~記 die Chronik.

ねんちゃく 粘着・する kleben《an 3 格》. ~性の klebrig. ~テープ der Klebstreifen. ~力 die Klebrigkeit.

ねんちょう 年長・の älter. 彼は僕より二つ~だ Er ist 2 Jahre älter als ich. ~者 der Ältere#.

ねんど 年度 das Jahr -es. 会計~ der Finanzjahr. 本(昨)~ das laufende (letzte) [Finanz]jahr. ~末 der Jahresabschluss.

ねんど 粘土 der Ton -s; der Lehm -s;〔工作用の〕das Plastilin -s. ~質の tonartig; lehmig.

ねんとう 年頭・に am Jahresanfang. ~の辞 die Neujahrsansprache. ~のお祝いを言う jm. zum Jahreswechsel gratulieren.

ねんとう 念頭・にある jm. im Sinn liegen*; im Kopf haben*. ~に浮ぶ jm. in den Sinn kommen*(s); jm. ein|fallen*(s). ~に置く im Auge behalten*. ~を離れぬ Das will mir nicht aus dem Sinn (Kopf). 子供の事は彼の~にない Er kümmert sich gar nicht um die Kinder.

ねんない 年内に innerhalb des Jahres; vor dem Ende des Jahres.

ねんねん 年年 von Jahr zu Jahr;〔毎年〕jedes Jahr. ~歳歳 jahraus, jahrein.

ねんぱい 年輩 das Alter -s, -. 私と同~の婦人 ältere Dame. Er steht in meinem Alter.

ねんばんがん 粘板岩 der Tonschiefer -s, -.

ねんぴょう 年表 die Zeittafel -n.

ねんぷ 年賦 die Jahresrate *-n.* ～で in Jahresraten. 5年の～で返済する in fünfjährigen Raten ab|zahlen.
ねんぷ 年譜 die Zeittafel *-n.*
ねんぽう 年俸 das Jahresgehalt *-s, ¨er.*
ねんぽう 年報 das Jahrbuch *-[e]s, ¨er;* der Jahresbericht *-s, -e.*
ねんまく 粘膜 die Schleimhaut *¨e.*
ねんまつ 年末・に am Jahresende. ～賞与 die Gratifikation am Jahresende. ～調整 der Jahresausgleich.
ねんらい 年来 seit Jahren. ～の langjährig. ～の懸案 seit langem schwebende Frage.
ねんり 年利 Jahreszinsen *pl.*
ねんりょう 燃料 der Brennstoff (Treibstoff) *-s, -e;* das Brennmaterial *-s, -ien.*
ねんりん 年輪 Jahresringe *pl.*
ねんれい 年齢 das Alter *-s, -.* 平均～ das Durchschnittsalter.

の

の 野 das Feld *-es, -er.* ～の花 die Feldblume. ～うさぎ der Krumme#. あとは～となれ山となれ Nach mir (uns) die Sintflut!
ノア Noah. ～の洪水 die Sintflut. ～の箱舟 die Arche [Noah[s]].
ノイローゼ die Neurose *-n.* ～の neurotisch. ～患者 der Neurotiker.
のう 脳 das [Ge]hirn *-s, -e.* 大(小)～ das Großhirn (Kleinhirn). ～死 der Hirntod. ～が足りない Stroh im Kopf haben*. ～足りんの hirnlos.
のう 能〔才能〕das Talent *-[e]s, -e;* → 能楽. 何の～もない男だ Er taugt zu nichts. 彼は寝るより他に～がない Er kann weiter nichts als schlafen. 能ある鷹(な)は爪を隠す Stille Wasser sind (gründen) tief.
のういっけつ 脳溢血 die [Ge]hirnblutung *-en.*
のうえん 脳炎 die Gehirnentzündung *-en;* die Enzephalitis *..tiden.*
のうえん 農園 die Pflanzung *-en.*
のうえん 濃艶・な bezaubernd (berückend) schön. ～な女性 die Frau von bestrickender Anmut.
のうか 農科大学 landwirtschaftliche Hochschule *-n.*
のうか 農家 das Bauernhaus *-es, ¨er;* der Bauernhof *-s, ¨e;*〔人〕der Bauer *-n, -n.* ～の出である aus einer Bauernfamilie stammen.
のうかい 納会 die Jahresschlussversammlung *-en;*〔取引所の〕das letzte Börsengeschäft im Monat.
のうがき 能書き die Wirkungsbeschreibung *-en.* ～を並べる viele Vorzüge auf|zählen.
のうがく 能楽 das No *-;* das No-Spiel *-s, -e.*
のうがく 農学 die Agronomie; die Landwirtschaftswissenschaft. ～士 der Diplomlandwirt (略: Dipl.-Landw.). ～博士 der Doktor der Landwirtschaft (略: Dr. agr.). ～部 landwirtschaftliche Fakultät.
のうかすいたい 脳下垂体 der [Ge]hirnanhang *-s, ¨e.*
のうかん 納棺する ein|sargen.
のうかんき 農閑期 die ruhige Zeit in der Landwirtschaft.
のうき 納期〔金銭の〕die Zahlungsfrist *-en;*〔品物の〕die Lieferfrist *-en.* ～が切れる Die Frist läuft ab.
のうぎょう 農業 die Landwirtschaft; der Ackerbau *-[e]s.* ～の landwirtschaftlich; agrarisch. ～を営む Ackerbau treiben*. ～機械 die Landmaschine. ～協同組合 landwirtschaftliche Genossenschaft. ～国 der Agrarstaat. ～政策 die Agrarpolitik. ～問題 die Agrarfrage.
のうきん 納金 die Bezahlung;〔納めた金〕bezahltes Geld *-es;*〔納めるべき金〕zu bezahlendes Geld *-es.* ～する bezahlen.
のうぐ 農具 das Ackergerät *-s, -e.*
のうげいかがく 農芸化学 die Agrikulturchemie.
のうけっせん 脳血栓 die [Ge]hirnthrombose *-n.*
のうこう 農耕 der Ackerbau *-[e]s.*
のうこう 濃厚・な dick; dicht; stark;〔濃縮した〕konzentriert;〔色〕satt. ～な食物 schwere (fette) Speisen *pl.* ～なラブシーン heiße Liebesszene. …の見込が～である Es ist sehr wahrscheinlich, dass ... 嫌疑が～になる Die Verdachtsgründe verdichten sich.
のうこつどう 納骨堂 das Beinhaus *-es, ¨er;* das Ossarium *-s, ..rien.*
のうさくぶつ 農作物 Feldfrüchte *pl.;* Ackerbauerzeugnisse *pl.*
のうさつ 悩殺する erotisch reizen.
のうさんぶつ 農産物 landwirtschaftliche Erzeugnisse *pl.;* das Agrarprodukt *-s, -e.*
のうじしけんじょう 農事試験場 landwirtschaftliche Versuchsanstalt *-en.*
のうしゅく 濃縮・する konzentrieren; verdichten. ～した konzentriert.
のうしゅっけつ 脳出血 die [Ge]hirnblutung *-en.*
のうしゅよう 脳腫瘍 der [Ge]hirntumor *-s, -en;* die [Ge]hirngeschwulst *¨e.*
のうじょう 農場 der Hof *-es, ¨e;* das Gut *-es, ¨er.* ～を経営する einen Hof bewirtschaften. ～主 der Landwirt; der Gutsbesitzer.
のうしょか 能書家 der Schönschreiber *-s, -.*

のうしんけい 脳神経 der [Ge]hirnnerv -s, -en.
のうしんとう 脳震盪を起す eine Gehirnerschütterung bekommen*.
のうずい 脳髄 das [Ge]hirn -s, -e.
のうせい 農政 die Landwirtschaftspolitik; die Agrarpolitik.
のうぜい 納税・する Steuern [be]zahlen. ～義務 die Steuerpflicht. ～義務のある steuerpflichtig. ～額 der Steuerbetrag. ～者 der Steuerzahler. ～申告[書] die Steuererklärung.
のうせきずいまくえん 脳脊髄膜炎 die [Ge]hirn- und Rückenmarkshautentzündung -en.
のうそっちゅう 脳卒中 der [Ge]hirnschlag -[e]s, ＝e.
のうそん 農村 das Dorf -es, ＝er;〔共同体としての〕die Dorfgemeinde -n. ～でも都会でも in Dorf und Stadt.
のうたん 濃淡 die Schattierung -en; die Abstufung -en. ～をつける et. [ab]schattieren (ab|stufen).
のうち 農地 das Ackerland -[e]s, ＝er; das Agrarland -[e]s, ＝er. ～改革 die Bodenreform. ～法 das Agrarrecht.
のうちゅう 嚢中無一文である keinen Pfennig im Beutel haben*.
のうてん 脳天 der Scheitel -s, -.
のうど 農奴 der Leibeigene*;〔身分〕die Leibeigenschaft. ～解放 die Emanzipation der Leibeigenen.
のうど 濃度 die Dichte; die Dichtigkeit;〔化〕die Konzentration -en.
のうどう 能動・的 aktiv; tätig. ～的に振舞う sich aktiv benehmen*. ～態〔文法〕das Aktiv.
のうなし 能無し〔人〕der Taugenichts -[es], -e. ～の unfähig. ～である nichts drauf haben*.
のうなんかしょう 脳軟化症 die [Ge]hirnerweichung -en.
のうにゅう 納入 → 納金; 納品.
のうのう ～とする sich sorgenfrei (ruhig) fühlen. ～と暮らす ein sorgenfreies Dasein haben*.
のうは 脳波[図] das Hirnstrombild -[e]s, -er; das Elektroenzephalogramm -s, -e.
のうはんき 農繁期 die arbeitsreich[st]e Zeit in der Landwirtschaft.
のうひん 納品 die Lieferung -en. ～書 der Lieferschein. ～する liefern.
のうひんけつ 脳貧血 die Gehirnblutleere; die Gehirnanämie. ～を起す eine Gehirnblutleere bekommen*.
のうふ 納付 ¶税金を～する Steuern [be]zahlen.
のうふ 農夫 der Bauer -n, -n.
のうふ 農婦 die Bäuerin -nen.
のうべん 能弁・な beredt; beredsam; redegewandt. ～である sehr beredt sein*; eine beredte Zunge haben*. ～家 sehr beredter Mensch.
のうまく 脳膜 die [Ge]hirnhaut ＝e. ～炎 die [Ge]hirnhautentzündung.
のうみそ 脳味噌・を絞る sein Gehirn an|strengen (zermartern). ～が足りない kein Gehirn im Kopf haben*.
のうみん 農民 der Bauer -n, -n; der Landmann -[e]s, ..leute; der Landwirt -[e]s, -e;〔集合的に〕die Bauernschaft. ～一揆(ᵏⁱ) der Bauernaufstand. ～階級 der Bauernstand. ～解放 die Bauernbefreiung. ～文学 die Bauerndichtung.
のうむ 濃霧 dichter (dicker) Nebel -s, -. ～で道に迷う sich im dichten Nebel verirren.
のうやく 農薬 das Pflanzenschutzmittel -s, -. ～を撒(ᵃ)く Insektenpulver streuen.
のうよう 膿瘍 die Eiterbeule -n; der Abszess -es, -e.
のうり 脳裡(裏)・に浮かぶ jm. in den Sinn kommen*(s). ～に留める et. im Gedächtnis behalten*. 彼の言葉は私の～に深く刻みつけられた Seine Worte prägten sich mir tief [ins Gedächtnis] ein.
のうりつ 能率 die Leistungsfähigkeit; die Effizienz -en. ～のよい leistungsfähig; effizient; wirksam. ～の上がらない leistungsunfähig; ineffizient. 機械の～を上げる die Leistung einer Maschine steigern (erhöhen). ～給 der Leistungslohn. 労働～ die Arbeitsleistung.
のうりょう 納涼の zum Genießen der erfrischenden Abendkühle.
のうりょく 能力 die Fähigkeit -en; das Vermögen -s. ～のある fähig; tüchtig. 生産～ die Produktionskapazität. ～に応じて nach Vermögen. それは私の～に余る Das geht über mein Vermögen (meine Fähigkeiten). 彼にはその仕事をする～がない Er ist zu der Arbeit nicht befähigt.
のうりん 農林・省 das Ministerium für Landwirtschaft und Forsten. ～大臣 der Minister für Landwirtschaft und Forsten. ～水産省 das Ministerium für Landwirtschaft, Forsten und Fischerei.
ノー ～コメント Kein Kommentar! ～モア ヒロシマ Nie wieder Hiroshima! ～スモーキング Rauchen verboten!
ノート ～[・ブック] das Heft -[e]s, -e;〔メモ帳〕das Notizbuch -[e]s, ＝er. ～する(を取る) et. in einem Heft auf|schreiben*;〔心覚えに〕[sich³] et. notieren; sich³ Notizen machen (über 4 格).
ノートパソコン〔電算〕das Notebook ['noutbʊk] -s, -s.
ノーハウ das Know-how -[s].
ノーベル ～賞 der Nobelpreis. ～物理学(平和)賞を受ける den Nobelpreis für Physik (den Friedensnobelpreis) erhalten*. ～賞受賞者 der Nobelpreisträger.
ノーマル ～な normal.

のがす 逃す ¶機会を~ eine Gelegenheit verpassen (versäumen). 見(聞き)~ übersehen* (überhören).
のがれる 逃れる entgehen* (entkommen*) (s) 《3格》; aus|weichen*(s) 《3格》.　やっとの事で~ mit knapper Not entkommen*(s).　危険(死)を~ einer Gefahr (dem Tod) entgehen* (s).　責任を~ sich der Verantwortung entziehen*.
のき 軒 die [Dach]traufe -n.　~樋(ど) die Traufrinne.　~先に dicht vor dem Haus.　~並みに勧誘する von Haus zu Haus werben*.　家家が~を並べている Die Häuser reihen sich aneinander.
のぎ 芒 die Granne -n.
のく 退く ¶そこを退いてくれ Platz da! / Geh zur (auf die) Seite!
ノクターン das Notturno -s, -s (..ni).
のけぞる のけ反る sich zurück|biegen*.　~ほどに驚いた Ich bin zurückgeschreckt.
のけもの 除け者にする jn. links liegen lassen*; jn. beiseite schieben*.
のける 除ける beseitigen; weg|räumen; [省く] weg|lassen*.
のこぎり 鋸 die Säge -n.　~で引く sägen.　~の歯 der Sägezahn.　~の歯のような sägeförmig.　~の目立てをする eine Säge schärfen.　帯~ die Bandsäge.　丸~ die Kreissäge.
のこす 残(遺)す hinterlassen*.　財産(痕跡)を~ ein Vermögen (seine Spuren) hinterlassen*.　伝言を~ jm. eine Nachricht zurück|lassen*.　お菓子を少しは残しておいてください Lass mir von dem Kuchen etwas übrig!　彼はその金を数ユーロ残しておいた Er hat von dem Geld einige Euro übrig behalten.　彼は娘ひとり残して死んだ Er hat seine Tochter allein zurückgelassen.
のこのこ [厚かましく] schamlos; frech; [平気で] unbekümmert.
のこらず 残らず restlos; [全部] alles; sämtlich; [例外なく] ausnahmslos.　ひとり~ samt und sonders.
のこり 残り der Rest -es, -e.　私の~の金 mein übriges Geld.　~の人人 die übrigen Leute.　食物の~ Speisereste pl.　彼にはまだ勘定の~がある Er ist mir noch einen Rest [der Rechnung] schuldig.　5から3を引くと~は2である 5 weniger 3 ist [gleich] 2.　~少なになる knapp werden*(s); zur Neige gehen*(s).　2日しかない Wir haben nur noch zwei Tage übrig.
のこりおしい 残り惜しい ¶君と別れるのは~ Ich bedaure, dass wir uns [voneinander] trennen müssen.
のこる 残る [とどまる] bleiben*(s); [余る] übrig bleiben*(s).　家(部屋)に~ zu Hause (im Zimmer) bleiben*(s).　見張りとして~ als Wache zurück|bleiben*(s).　何も残っていない Es bleibt (ist) nichts davon übrig.
のさばる sich breit machen.

のざらし 野晒しの dem Wetter ausgesetzt.
のし 熨斗を付けて上げる gern (unaufgefordert) schenken.
のしあがる 伸し上がる ¶彼は百万長者に伸し上がった Er hat es bis zum Millionär gebracht.
のしかかる 伸し掛かる [比] auf jm. lasten.
のじゅく 野宿する im Freien übernachten; bei Mutter Grün schlafen*.
のす 伸す [殴り倒す] nieder|schlagen*; [しわを] glatt streichen*; → 伸ばす.　アイロンで~ [aus]bügeln.　あの政治家は最近伸して来た Der Politiker hat in letzter Zeit an Einfluss gewonnen.　あいつを伸せ Nieder mit ihm!
ノスタルジア das Heimweh -s.　強い~を感ずる brennendes Heimweh haben*.
ノズル die Düse -n.
のせる 乗(載)せる ¶人を馬に~ jn. aufs Pferd setzen.　車に荷物を~ Waren auf den Wagen auf|laden*.　記録に~ et. zu Protokoll nehmen*.　茶碗をテーブルに~ die Tassen auf den Tisch stellen.　新聞に広告を~ eine Anzeige bei der Zeitung auf|geben*.　見事に乗せられた[だまされた] Man hat mich gründlich angeführt.
のぞき 覗き・穴 das Guckloch.　~窓 das Guckfenster.　~眼鏡 der Guckkasten.
のぞきこむ 覗き込む hinein|gucken 《in 4格》; [こちらの方を] herein|sehen*.　人の顔を~ jm. ins Gesicht sehen*.
のぞく 除く [取り除ける] beseitigen; [除外する] aus|schließen*.　障害物を~ Hindernisse beseitigen (weg|räumen).　名簿から~ (js. Namen) von einer Liste streichen*.　日曜日を除いて毎日 täglich ausschließlich des Sonntags.
のぞく 覗く gucken; [ちょっと立ち寄る] bei jm. vorbei|schauen.　窓(鍵穴)から~ aus dem Fenster (durchs Schlüsselloch) gucken.　ポケットからハンカチが覗いている Das Taschentuch guckt aus der Tasche.
のそだち 野育ちの wild.
のそのそ ~と langsam; schleppend; schwerfällig.
のぞましい 望ましい wünschenswert.　望ましくない unerwünscht.　…する事が~ Es ist erwünscht, dass ...
のぞみ 望み der Wunsch -es, ¨e; die Hoffnung -en; [見込] die Aussicht -en.　~のある hoffnungsvoll; vielversprechend.　~のない hoffnungslos; aussichtslos.　~通りの erwünscht; ersehnt.　万事~通りに運ぶ Alles geht nach Wunsch.　長年の~がかなった Mein lang gehegter Wunsch hat sich erfüllt.　成功の~がない keine Aussicht (Hoffnung) auf Erfolg haben*.　~を掛ける seine Hoffnung[en] setzen 《auf 4格》.　一縷(ﾙ)の~をつなぐ noch einen Funken Hoffnung knüpfen 《an 4格》.
のぞむ 望む wünschen; hoffen; wollen*.　心から健康を~ jm. von Herzen Gesundheit wünschen.　平和を~ den Frieden erseh-

のぞむ 望む ¶より良き未来を~ auf eine bessere Zukunft hoffen. 私は誕生日のお祝いに新しい着物を~ Ich wünsche mir zum Geburtstag ein neues Kleid. 湖を~部屋 ein Zimmer mit Aussicht auf den See.

のぞむ 臨む ¶危険に~ der Gefahr entgegen|treten*(s). 式に~ einer Feier bei|wohnen. 死に臨んで am Sterben. 別荘は湖(南)に臨м Das Landhaus steht am See (liegt nach Süden).

のたうちまわる のたうち回る sich krümmen und winden*.

のたくる sich winden*; sich schlängeln; 〔字を〕kritzeln.

のたれじに 野たれ死にする am Wege sterben*(s); im Elend um|kommen*(s).

のち 後·の später; zukünftig. ~に später; nachher. 食事の~に nach dem Essen. 1週間の~には in (nach) einer Woche. それから5日~に 5 Tage danach (darauf). ~の世 die Nachwelt; 〔あの世〕das Jenseits. ~の事をおもんぱかる für die Zukunft sorgen. 雨(晴)·曇り Regen (klar), später bewölkt.

のちぞい 後添い seine zweite Frau.

のちのち 後後·のため ため für die Zukunft. ~のための計画 Pläne für die Zukunft. ~の事も考えておかねばならぬ Du musst auch an die Zukunft denken.

のちほど 後程 nachher; später.

ノッカー der [Tür]klopfer -s, -.

ノック das Klopfen -s. ~する an die Tür klopfen. ~の音がする Es klopft.

ノック・アウト der Knockout -[s], -s. ~する jn. knockout schlagen*. ~勝ちder K.-o.-Sieg.

のっけ ~から von [allem] Anfang an. ~に zuerst; am (im) Anfang.

ノット der Knoten -s, -. この船は20~で進む Das Schiff läuft (fährt) 20 Knoten.

のっとる 則る sich richten 〔nach 3 格〕. 先例に~ einem Beispiel folgen (s). 法律に則って nach dem Gesetz; auf Grund des Gesetzes.

のっとる 乗っ取る erobern; sich bemächtigen 〔2 格〕. 飛行機を~ ein Flugzeug entführen.

のっぴきならぬ 退っ引きならぬ unvermeidlich; notwendig. ~用事 dringende Geschäfte pl. ~立場に置かれる in der Klemme sein*.

のっぺり ~した顔 das glatte und ausdruckslose Gesicht.

のっぽ die Hopfenstange -n; lange Latte -n.

ので da; weil; indem; infolge 〔2 格〕; wegen 〔2 格〕. 天気が悪い~ wegen des schlechten Wetters / Weil das Wetter schlecht ist, ~ 汽車が遅れた~ infolge der Verspätung des Zuges. 彼は病気だった~来られなかった Da er krank war, konnte er nicht kommen.

のてん 野天で im Freien; unter freiem Himmel.

のど 喉 die Kehle -n. ~が痛い Halsschmer-zen haben*. ~が乾く Durst haben*. ~をうるおす seinen Durst löschen. ~を締める jm. die Kehle zu|schnüren. いい~をしているeine schöne (gute) Stimme haben*. ~から手が出るほど欲しがる et. brennend gern haben wollen*. 心配で飯も~を通らない Ich kann vor Angst keinen Bissen schlucken. その言葉は~まで出かかっていた Das Wort lag mir auf der Zunge.

のどか 長閑·な ruhig; friedlich; geruhsam. ~な天気 mildes Wetter. ~な眺め friedlicher Anblick.

のどくび 喉頸 der Hals -es, ¨e.

のどじまん 喉自慢·の auf seine Stimme stolz. ~大会 der Sängerwettstreit [der Amateure].

のどひこ 喉彦 das Zäpfchen -s, -.

のどぶえ 喉笛 die Luftröhre -n. ~に飛び掛かる jm. an die Gurgel fahren* (springen*)(s).

のどぼとけ 喉仏 der Adamsapfel -s, ¨.

のに trotz 〔2 格; 3 格〕; trotzdem; obgleich; während; 〔ために〕zu 〔3 格〕; für 〔4 格〕. 雨が降っている~ trotz des Regens (dem Regen). 我我が働いている~彼は散歩に行く Er geht spazieren, während wir [doch] arbeiten. この問題を解く~1時間かかった Ich brauchte eine Stunde, um das Problem zu lösen. もっと勉強すればよかった~ Du hättest noch fleißiger arbeiten sollen. 本を読む~眼鏡がいる Zum Lesen brauche ich eine Brille.

ののしる 罵る schimpfen; schmähen. 口ぎたなく~ wie ein Rohrspatz schimpfen. 馬鹿と~ jn. dumm schelten*.

のばす 伸(延)ばす 〔手足を〕strecken; 〔延長する〕verlängern; 〔平たくする〕glätten; 〔延期する〕verschieben*; 〔うすめる〕verdünnen; 〔まっすぐにする〕gerade|biegen*. アイロンでしわを~ die Falten bügeln. スカートの裾を~ einen Rock verlängern. 才能を~ seine Fähigkeiten weiter|bilden. 出発を明日に~ seine Abreise auf morgen verschieben*. 髪を~ das Haar wachsen lassen*. 支払いを~ mit der Zahlung zögern. 取ろうと手を~ greifen* 〔nach 3 格〕. 手足を~ 〔のびのびと休む〕sich gemütlich aus|strecken. 彼は足をベルリンまでのばした Er hat seine Reise bis [nach] Berlin ausgedehnt.

のばなし 野放し·にする jn. sich³ selbst überlassen*; 〔家畜を〕auf die Weide treiben*. 犬を~にする den Hund frei|laufen*. 駐車違反を~にする Parksünder unkontrolliert lassen*.

のはら 野原 das Feld -es, -er. ~で auf dem Feld.

のばら 野薔薇 wilde Rose -n; das Heidenröslein -s, -.

のび 野火 das Lauffeuer -s, -.

のび 伸(延)び die Dehnung -en; 〔生長〕das Wachstum -s. ~がよい〔塗料などの〕sich gut dehnen lassen*; 〔生長が〕schnell wachsen*(s). ~をする sich [aus|]strecken; sich dehnen

のびあがる 伸び上がる sich in die Höhe strecken.
のびちぢみ 伸び縮み・の自由な elastisch. ~する sich aus|dehnen und wieder zusammen|ziehen*; elastisch sein*.
のびのび 伸び伸び・と behaglich; sorgenfrei. ~する sich frei und leicht fühlen. ~と育つ frei und ungebunden auf|wachsen*(s).
のびのび 延び延びになる immer wieder (von einem Tag auf den anderen) verschoben werden*(s受).
のびる 伸(延)びる sich verlängern; sich aus|dehnen; 〔延期される〕sich verschieben*; 〔生長する〕wachsen*(s). ゴム紐(ひも)が長く~ Das Gummiband dehnt sich sehr aus. 日が~ Die Tage werden länger (nehmen zu). 背が~ größer werden*(s). 成績が~ Fortschritte in seinen Leistungen machen. 道が長く延びている Der Weg dehnt sich sehr [in die Länge]. 商売がぐっと伸びた Das Geschäft hat sich sehr vergrößert. 会議は真夜中すぎまで延びた Die Sitzung dehnt sich bis nach Mitternacht aus. 私は走り疲れて伸びてしまった Ich bin vom Laufen ganz erschöpft.
のべ 延べ・板 das Blech. ~人員(日数)die Gesamtzahl des Personals (der Tage). ~棒 der Barren. 金の~棒 das Barrengold.
のべ 野辺の送りをする jm. das letzte Geleit geben*.
のべつ ~〔幕なし〕に ununterbrochen; unaufhörlich.
のべばらい 延べ払いする die Zahlungsfrist verlängern.
のべる 延べる → のばす. 床(とこ)を~ das Bett machen.
のべる 述べる sagen; reden; 〔陳述する〕aus|sagen; 〔叙述する〕dar|stellen. 意見(希望)を~ seine Meinung (einen Wunsch) aus|sprechen* (äußern). 理由を~ den Grund an|geben*. 礼を~ jm. Dank sagen. 要約して~ kurz fassen. 腹蔵のないところを~ offen seine Ansicht sagen. 上に述べたように wie oben erwähnt.
のほうず 野放図・な unbescheiden; ungebärdig; verwegen. ~に 〔際限なく〕grenzenlos.
のぼせる Das Blut steigt mir in den Kopf. あれはすぐ~男だ Er ist sehr reizbar (leicht erregbar). 彼はその成功でのぼせ上がった Der Erfolg ist ihm in den Kopf (zu Kopf) gestiegen. 娘に~ für ein Mädchen schwärmen*.
のぼり 幟 die Banner -s, -.
のぼり 上(登)り das Aufsteigen -s; der Aufstieg -s, -e; die Aufsteigung -en. 道は~になる Der Weg steigt an. ~下り auf und ab. ~道(坂) der Aufstieg, der Aufgang; die Steigung. ~のエスカレーター die Fahrtreppe nach oben. ~坂にある〔比〕auf dem aufsteigenden Ast sein*. 物価は~調子である Die Preise zeigen [eine] steigende Tendenz.
のぼる 上(登; 昇)る 〔auf|〕steigen*(s). 温度が30度に~ Die Temperatur steigt auf 30 Grad. 太陽は東から~ Die Sonne geht im Osten auf. 被害は1万ユーロに~ Der Schaden beträgt (beläuft sich auf) 10 000 Euro. 階段を~ die Treppe hinauf|gehen*(s). 川を~ den Fluss aufwärts fahren*(s). 演壇に~ auf die Tribüne treten*(s). 山(木)に~ auf einen Berg (Baum) steigen*(s). リフトで~ mit dem Lift hinauf|fahren*(s). 話題に~ zur Sprache kommen*(s). 頭に血が~ → のぼせる.
のませる 飲ませる 〔酒を〕jm. [etwas] zu trinken geben*. 薬を~ die Arznei ein|geben*. 子供に乳を~ einem Kind zu trinken geben*. 家畜に水を~ das Vieh tränken.
のみ nur; bloß; allein. 君~が希望だ Du allein bist meine Hoffnung. わずか10ユーロある~ Ich habe nur noch 10 Euro.
のみ 蚤 der Floh -s, ¨-e. ~を取る〔自分の体の〕sich flöhen. ~に食われる von Flöhen gebissen werden*(s受). ~の食い跡 der Flohbiss. ~の市 der Flohmarkt.
のみ 鑿 der Meißel -s, -. ~で彫る meißeln.
のみあかす 飲み明かす die Nacht durchzechen.
のみかけ 飲み掛けの angetrunken; 〔タバコの〕angeraucht.
のみこみ 呑み込みが早い(悪い)schnell (schwer) von Begriff sein*.
のみこむ 飲(呑)み込む schlucken; 〔理解する〕verstehen*; begreifen*. こつを~ den Bogen (die Kurve) heraus|haben* (in 3格).
のみしろ 飲み代 〔チップ〕das Trinkgeld -[e]s, -er.
のみすけ 飲み助 der Säufer (Picheler) -s, -.
のみち 野道 der Feldweg -[e]s, -e.
のみつぶす 飲み潰す ¶財産を~ sein Vermögen vertrinken*.
のみつぶれる 飲み潰れる sich um den Verstand trinken*.
のみなかま 飲み仲間 der Trinkbruder (Zechbruder) -s, ¨-.
のみならず nicht nur..., sondern auch; sowohl ... als auch; ebenso wie; 〔その上〕außerdem; noch dazu. 彼ヤ彼女は音楽が好きだ Sowohl er als (wie) auch sie lieben die Musik. 一緒に行く時間がない~風邪さえ引いている Mir fehlt die Zeit mitzukommen, und noch dazu bin ich erkältet.
のみほす 飲み干す aus|trinken*; das Glas leer machen. 一気に~ sein Glas auf einen Zug aus|trinken*.
のみみず 飲み水 das Trinkwasser -s.
のみもの 飲み物 das Getränk -[e]s, -e. ~を持って行く etwas zu trinken mit|nehmen*.
のみや 飲み屋 die Kneipe -n.
のむ 飲(呑)む trinken*; 〔飲み下す〕schlucken; 〔薬を〕[ein|]nehmen*. タバコを~ rauchen. 要求を~ eine Forderung an|erkennen*. 恨

みを～ seinen Groll verbergen*. 涙を～ seine Tränen zurück|halten*. 気を呑まれる eingeschüchtert werden*(s受). 呑んでかかる jn. über die Schulter an|sehen*. 飲まず食わずで ohne zu essen und zu trinken. このワインは飲める Der Wein lässt sich [gut] trinken.

のめのめ → おめおめ.

のめる nach vorn fallen*(s).

のら 野良 das Feld -es, -er. ～仕事 die Feldarbeit. ～仕事をする auf dem Feld arbeiten. ～犬 herrenloser Hund; der Streuner.

のらくら ～する müßig gehen*(s); faulenzen. ～者 der Müßiggänger; der Faulenzer.

のらむすこ のら息子 → どら息子.

のらりくらり → ぬらりくらり. ～する → のらくら.

のり 糊 der Kleister -s, -;〔洗濯用の〕die Stärke -n. ～のきいた gut gestärkt; steif. ～で貼る kleistern. 洗濯物に～をつける Wäsche stärken. ～と鋏(はさみ)の仕事 das Flickwerk. ～と鋏の仕事をする mit Schere und Kleister arbeiten.

のり 海苔 der Meerlattich -s, -e.

のりあげる 乗り上げる auf|fahren*(s)《auf 4 格》.

のりあわせる 乗り合わせる mit jm. [zufällig] zusammen|fahren*(s).

のりいれる 乗り入れる〔車で〕ein|fahren*(s);〔馬で〕[hin]ein|reiten*(s).

のりうつる 乗り移る über|steigen*(s). 悪魔が乗り移っている vom Teufel besessen sein*.

のりおくれる 乗り遅れる ¶汽車に～ den Zug verpassen (versäumen).

のりおり 乗り降り・する ein- und aus|steigen*(s). ～の際 beim Ein- und Aussteigen.

のりかえ 乗り換え das Umsteigen -s. ～駅 der Umsteigebahnhof. ～切符 die Umsteigekarte. ～場所 die Umsteigestelle. 東京行き～ Nach Tokyo umsteigen!

のりかえる 乗り換える um|steigen*(s). 品川で横浜行きに～ in Shinagawa nach Yokohama um|steigen*(s). 馬を～ die Pferde wechseln.

のりかかる 乗り掛かる ¶乗り掛かった船だ Wer A sagt, muss auch B sagen.

のりき 乗り気・になる Lust bekommen*《zu 3 格》. ～になって mit [großer] Lust.

のりきる 乗り切る ¶嵐を〔海〕einen Sturm ab|wettern. → 乗り越える.

のりくみいん 乗組員 die Mannschaft (Besatzung) -en.

のりくむ 乗り組む an Bord gehen*(s). 乗り組んでいる an Bord sein*.

のりこえる 乗り越える übersteigen*;〔克服する〕überstehen*. 車で山を～ über einen Berg [hinüber]fahren*(s).

のりごこち 乗り心地 ¶この車は～がよい In diesem Wagen sitzt es sich gut.

のりこし 乗り越し料金を払う eine Fahrkarte nach|lösen.

のりこす 乗り越す vorbei|fahren*(s)《an 3 格》; zu weit fahren*(s).

のりこむ 乗り込む ¶汽車(バス)に～ in den Zug (Bus) ein|steigen*(s). 船(飛行機)に～ das Schiff (Flugzeug) besteigen*; an Bord gehen*(s).

のりすてる 乗り捨てる ¶車を～ einen Wagen verlassen*.

のりだす 乗り出す〔出掛ける〕aus|fahren*(s);〔開始する〕et. an|fangen*. 海に～ in See gehen*(s). 政界に～ die politische Laufbahn ein|schlagen*. 窓(手すり)から身を～ sich aus dem Fenster (über die Brüstung) lehnen. 仲裁に～ schlichtend ein|greifen*《in 4 格》.

のりづけ 糊付けする et. stärken; et. steifen;〔張る〕et. kleben.

のりつける 乗り付ける bei jm. vor|fahren*(s); 僕はタクシーに乗り付けていない Ich bin nicht gewohnt, ein Taxi zu nehmen.

のりて 乗り手 der Fahrer -s, -;〔馬の〕der Reiter -s, -;〔乗客〕der Fahrgast -[e]s, ⸚e.

のりにげ 乗り逃げする schwarz|fahren*(s);〔車を盗む〕einen Wagen stehlen*.

のりば 乗り場〔汽車の〕der Bahnsteig -s, -e;〔電車・バスの〕die Haltestelle -n;〔汽船の〕der Landungsplatz -es, ⸚e.

のりまわす 乗り回す ¶自動車を～ herum|fahren*(s).

のりもの 乗物 das Fahrzeug -s, -e. ～で行く fahren*(s).

のる 乗(載)る steigen*(s)《auf (in) 4 格》. 馬(はしご)に～ aufs Pferd (auf die Leiter) steigen*(s). 自転車に～ sich aufs Rad setzen. バス(自動車)に～ in den Bus (ins Auto) steigen*(s). 汽車に～ in den Zug ein|steigen*(s). 船(飛行機)に～ das Schiff (Flugzeug) besteigen*. 話に～ auf js. Plan (Vorschlag) ein|gehen*(s). その手には～ものか Das verfängt bei mir nicht. それは新聞(本の213ページ)に載っている Das steht in der Zeitung (im Buch auf Seite 213). 一人(二人)乗りの einsitzig (zweisitzig). 脂のよく乗った肉 fettes Fleisch.

ノルウェー Norwegen. ～の norwegisch. ～人 der Norweger.

のるかそるか 伸るか反るか・やって見る den kühnen Sprung wagen; ein gewagtes Spiel spielen. ～だ Es geht hart auf hart.

ノルディク〔スキー〕～複合競技 nordische Kombination.

ノルマ die [Arbeits]norm -en. ～をなし遂げる die Norm erreichen (erfüllen).

のれん 暖簾 der Ladenvorhang -s, ⸚e;〔商〕der Goodwill -s. ～を汚す den [guten] Namen des Geschäfts schänden. ～を分ける jm. das Zweiggeschäft ein|richten.

のろい langsam;〔鈍重な〕schwerfällig; träge. 足が～ einen langsamen Schritt haben*. 彼は仕事が～ Er ist langsam in (bei) der Arbeit. / Er arbeitet zu langsam.

のろい 呪い der Fluch -[e]s, ⸚e; die Verwün-

schung -en.
のろう 呪う verfluchen; fluchen《3格》; verwünschen. ~べき fluchwürdig; fluchenswert. 自分の運命を~ sein Schicksal verwünschen. 呪われた verflucht; verwünscht. この国は呪われている Es liegt ein Fluch auf (über) dem Land. 汝呪われてあれ Fluch über dich!
のろける 惚気る ¶彼は恋人のことをよく~ Er schwärmt oft von seiner Freundin.
のろし 狼煙 das Signalfeuer -s, -. ~を揚げる ein Signalfeuer ab|schießen*.
のろしか 野呂鹿 das Reh -[e]s, -e.
のろのろ ~と langsam; schleppend; schwerfällig.
のろま der Säumer -s, -; der Nölpeter -s, -; 〔愚か者〕der Dummkopf -[e]s, ¨e. ~な langsam; schwerfällig.
のんき 暢気な sorglos; leichtlebig;〔無頓着な〕unbekümmert.
のんだくれ der Trunkenbold -[e]s, -e.
のんびり ~と(した) sorgenfrei; behaglich; gemächlich. ~暮らす ein gemächliches Leben führen. ~する sich sorgenfrei fühlen.
ノン・フィクション das Non-fiction [nɔn-'fɪkʃən] -[s], -s.
ノン・プロ ~の nicht professionell.
のんべえ 飲み兵衛 der Säufer -s, -.
のんべんだらり ~と müßig; träge. ~と過す müßig gehen*(s).

ヨーロッパ諸国の通貨単位　Währungseinheiten

国名		通貨単位
ユーロ参加国	Euroland	ユーロ Euro (EUR; €) =100 Cent
アイスランド	Island	クローナ Isländische Krone (ikr) =100 Aurar
*アイルランド	Irland	ポンド Irisches Pfund (Ir£) =100 Pence (p)
アルバニア	Albanien	レク Lek (L) =100 Qindarka
イギリス	Großbritannien	ポンド Pfund Sterling (£) =100 Pence (p)
*イタリア	Italien	リラ Lira (Lit) =100 Centesimi
*オーストリア	Österreich	シリング Schilling (S) =100 Groschen (g)
*オランダ	Niederlande	ギルダー Holländischer Gulden (hfl) =100 Cents (c)
*ギリシア	Griechenland	ドラクマ Drachme (Dr) =100 Lepta
スイス	Schweiz	フラン Schweizer Franken (sfr) =100 Rappen (Rp)
スウェーデン	Schweden	クローナ Schwedische Krone (skr) =100 Öre
*スペイン	Spanien	ペセタ Peseta (Pta) =100 Céntimos
チェコ	Tschechien	コルナ Tschechische Krone (Kč) =100 Haléřů
デンマーク	Dänemark	クローネ Dänische Krone (dkr) =100 Öre
*ドイツ	Deutschland	マルク Deutsche Mark (DM) =100 Pfennig (Pf)
トルコ	Türkei	ポンド Türkisches Pfund (TL) =100 Kurus
ノルウェー	Norwegen	クローネ Norwegische Krone (nkr) =100 Öre
ハンガリー	Ungarn	フォリント Forint (Ft) =100 Fillér
*フィンランド	Finnland	マルッカ Finnmark (Fmk) =100 Penni (p)
フランス	Frankreich	フラン Französischer Franc (FF) =100 Centimes (c)
ブルガリア	Bulgarien	レフ Lew (Lw) =100 Stotinki
*ベルギー	Belgien	フラン Belgischer Franc (bfr) =100 Centimes (c)
ポーランド	Polen	ズロティ Zloty (Zl) =100 Groszy
*ポルトガル	Portugal	エスクード Escudo (Esc) =100 Centavos
ルーマニア	Rumänien	レウ Leu (l) =100 Ban
*ルクセンブルク	Luxemburg	フラン Luxemburgischer Franc (lfr) =100 Centimes (c)
ロシア	Russland	ルーブル Rubel (Rbl) =100 Kopeken (Kop)
ユーゴスラビア	Jugoslawien	ディナール Jugoslawischer Dinar (Din) =100 Para (p)

ユーロ参加国 (*印) については旧通貨.　　　　　　　　　　　　　　　　2004年1月現在

は

は 刃 die Schneide *-n*;〔刀身〕die Klinge *-n*. ナイフの～を研ぐ ein Messer schärfen.

は 派〔党派〕die Partei *-en*;〔流派〕die Schule *-n*;〔宗派〕die Sekte *-n*.

は 歯〔歯车・櫛・鋸などの歯も〕der Zahn *-es*, *̈e*. ～が生える Zähne bekommen*. ～が悪い schlechte Zähne haben*. ～が痛む Zahnschmerzen haben*. ～を抜いて(入れて)もらう sich³ einen Zahn ziehen (einsetzen) lassen*. ～に衣(₀ゐ)を着せずに unumwunden. ～に衣を着せない kein Blatt vor den Mund nehmen*. 寒さで～の根が合わぬ Die Zähne klappern vor Kälte. それは私には～が立たない Das geht über meine Kräfte.

は 葉 das Blatt *-es*, *̈er*;〔集合的に〕das Laub *-[e]s*. ～を出す(落す) Blätter treiben* (ab|werfen*).

ば 場 ⸺場所;【劇】der Auftritt *-s*, *-e*; die Szene *-n*;〔物〕das Feld *-es*, *-er*. → その場.

バー〔酒場〕die Bar *-s*;〔高飛びなどの横木〕die Latte *-n*.

ばあい 場合 der Fall *-es*, *̈e*; die Gelegenheit *-en*;〔事情〕Umstände *pl*. ～によっては unter Umständen. ⋯の～には wenn ⋯; falls (im Fall[e], dass) ⋯. その～には wenn das der Fall ist, ⋯ この着物はどんな～にも着られる Dieses Kleid kann zu jeder Gelegenheit getragen werden. それは時と～による Es kommt auf die Umstände an. / Das richtet sich [je] nach den Umständen.

パーキング・メーター die Parkuhr *-en*.

はあく 把握する begreifen*; auf|fassen.

ハーケン der Haken *-s*, *-*.

バーゲン・セール das Sonderangebot *-s*, *-e*; der Ausverkauf zu billigen Preisen.

バーコード der Strichkode *-s*, *-s*.

パーゴラ die Pergola *..len*.

パーコレーター die Kaffeemaschine *-n*.

パージ〔レッド～〕die Säuberung von den Roten.

パーセンテージ der Prozentsatz *-es*, *̈e*.

パーセント das Prozent *-[e]s*, *-e*（略: p.c.; v.H.; 記号: %）. 3～のアルコール 3 Prozent Alkohol.

パーソナル・コンピューター der Personalcomputer (Heimcomputer) *-s*, *-*; der PC [peːˈtseː] *-[s]*, *[s]*, *-[s]*.

バーター der Tauschhandel *-s*.

ばあたり 場当りをねらう【劇】nach Effekt haschen. ～的の(に) aus dem Stegreif.

パーティー die Party *-s*. ～を催す eine Party geben*.

バーテン der Barmixer *-s*, *-*.

ハート das Herz *-ens*, *-en*. ～形の herzförmig. ～のクイーン die Herzdame.

ハード ～カバー das Hardcover ['haːdkʌvə] *-s*, *-s*. ～ウエア die Hardware ['haːdwɛə] *-s*.

パート ～タイムの仕事 die Teilzeitbeschäftigung. ～タイマー der Teilzeitbeschäftigte#.

パートナー der Partner *-s*, *-*.

ハードル die Hürde *-n*. ～レース der Hürdenlauf.

バーナー der Brenner *-s*, *-*.

ハープ die Harfe *-n*.

バーベキュー das Barbecue *-[s]*, *-s*.

バーベル die Scheibenhantel *-n*.

パーマネント die Dauerwelle *-n*. ～をかける sich³ eine Dauerwelle machen lassen*.

ハーモニー die Harmonie *-n*.

ハーモニカ die Mundharmonika *-s* (*..ken*).

はあり 羽蟻 geflügelte Ameise *-n*.

バール〔気圧の単位〕das Bar *-s*, *-s*（記号: b）. 5～ 5 Bar.

バーレル das Barrel *-s*, *-s*.

はい Ja. /〔否定文の問いに対する答え〕Doch. /〔点呼の答え〕Hier!

はい 灰 die Asche. ～になる zu Asche werden*(*s*). 死の～ radioaktiver Aschenregen.

はい 杯 ¶1(2)～のビール ein (zwei) Glas Bier. 1(2)～のコーヒー eine Tasse (zwei Tassen) Kaffee.

はい 肺 die Lunge *-n*. 彼は～をやられている Seine Lunge ist angegriffen. / Er hat es auf der Lunge.

はい 胚 der Embryo *-s*, *-s* (*-nen*); der Keimling *-s*, *-e*.

ばい 倍 das Doppelte#; das Zweifache#. ～の doppelt; zweifach. ～(3～)にする verdoppeln (verdreifachen). 3の～は6 Zwei mal 3 ist 6. 彼は私の～も儲(₀ゐ)ける Er verdient doppelt so viel wie ich.

パイ die Pastete *-n*.

はいあがる 這い上がる empor|kriechen*(*s*); heran|kriechen*(*s*).

バイアスロン das Biathlon *-s*, *-s*. ～の選手 der Biathlet.

はいあん 廃案 ¶法案を～にする einen Gesetzentwurf verwerfen*.

はいい 廃位を entthronen.

はいいろ 灰色 das Grau *-s*. ～の grau.

はいいん 敗因 die Ursache der Niederlage.

ばいう 梅雨[期] die Regenzeit *-en*.

ハイウエー die Schnellstraße *-n*; die Autobahn *-en*.

はいえい 背泳 das Rückenschwimmen *-s*.

はいえき 廃液 Industrieabwässer *pl*.

はいえつ 拝謁 die Audienz *-en*. ～する bei *jm*. Audienz erhalten*.

はいえん 肺炎 die Lungenentzündung *-en*.

ばいえん 煤煙 der Rauch *-es*; der Ruß *-es*. ～の多い räucherig.

バイオテクノロジー die Biotechnik.

パイオニア der Pionier -s, -e; der Bahnbrecher -s, -.

バイオリン die Geige (Violine) -n. ～をひくGeige spielen; geigen. ～奏者 der Geiger; der Violinist.

ばいおん 倍音 Oberton -s, ¨e.

はいか 配下・の者 der Untergeordnete#. ～になる unter jm. arbeiten; jm. untergeordnet sein*.

はいが 胚芽 der Keim -[e]s, -e.

ばいか 売価 der Verkaufspreis -es, -e.

ばいか 倍加する verdoppeln; [倍になる] sich verdoppeln.

ハイカー der Wanderer -s, -.

はいかい 徘徊する umher|streichen*(umher|gehen*) (s); streunen (s).

ばいかい 媒介 die Vermittlung -en. ～するvermitteln; [病気を] übertragen*. ～者 der Vermittler. ～物 das Medium.

はいがいてき 排外的 fremdenfeindlich.

はいかつりょう 肺活量 die Vitalkapazität. ～計 das Spirometer.

ハイカラ [人] der Stutzer -s, -. ～な stutzerhaft; schick; modisch.

はいかん 配管 ¶ガスの～をする das Gas installieren.

はいき 排気 Abgase pl. ～口 der Auspuff. ～ガス Auspuffgase pl. ～管 das Auspuffrohr.

はいき 廃棄する [不用品を] aus|rangieren; [規約などを] auf|heben*.

はいきぶつ 廃棄物 Abfälle pl.; Abfallstoffe pl. 産業～ Industrieabfälle pl. 放射性～ der Atommüll. 原子力発電所の～を処理する ein Atomkraftwerk entsorgen.

ばいきゃく 売却 der Verkauf -s, ¨e. ～するverkaufen; veräußern.

はいきゅう 配給 die Verteilung -en; die Rationierung -en. ～する verteilen; rationieren. ～米 rationierter Reis. 戦争中はバターが～だった Während des Krieges war die Butter rationiert.

はいきょ 廃墟 die Ruine -n; Trümmer pl.

はいきょう 背教 die Apostasie -n. ～者 der Abtrünnige#; der Apostat.

ばいきん 黴菌 die Bakterie -n; der Bazillus -, ..zillen.

ハイキング die Wanderung -en; der Ausflug -s, ¨e. ～する wandern (s); einen Ausflug (eine Wanderung) machen.

バイキング ～料理 kaltes Büfett. ～料理店 das Restaurant mit Büfettstil.

はいきんしゅぎ 拝金主義 der Mammonismus -. ～である dem Mammon dienen.

はいぐうしゃ 配偶者 [夫] der [Ehe]gatte -n, -n; [妻] die [Ehe]gattin -nen.

はいけい 拝啓 Sehr geehrter Herr (geehrte Frau; geehrtes Fräulein) ...! / [社名あてのとき] Sehr geehrte Herren!

はいけい 背景 der Hintergrund -[e]s, ¨e.

はいげき 排撃する verwerfen*; ab|lehnen.

はいけっかく 肺結核 die Lungentuberkulose; die Lungenschwindsucht.

はいけつしょう 敗血症 die Blutvergiftung -en; die Sepsis ..sen.

はいご 背後・に hinten. 私の～で hinter mir; hinter meinem Rücken. ～関係 Hintergründe pl.

はいご 廃語 veraltetes Wort -es, ¨er.

はいごう 配合 die Zusammenstellung (Kombination) -en. ～する zusammen|stellen; kombinieren; [混合する] mischen. 色の～がよい Die Farben passen gut zusammen.

ばいこく 売国・的 landesverräterisch. ～奴 der Landesverräter (Vaterlandsverräter).

はいざら 灰皿 der Aschenbecher (Ascher) -s, -.

はいざん 敗残・兵 versprengte Soldaten pl. ～者 gestrandete (verkrachte) Existenz.

はいし 廃止 die Abschaffung. ～する ab|schaffen; auf|heben*.

はいしつ 廃疾 die Invalidität. ～者 der Invalide#; der Krüppel.

ばいしつ 媒質 das Medium -s, ..dien.

はいしゃ 敗者 der Besiegte#; der Verlierer -s, -. ～復活戦 [競走・ボートレースなどの] der Hoffnungslauf.

はいしゃ 歯医者 der Zahnarzt -es, ¨e.

ばいしゃく 媒酌 die Ehestiftung -en. ～する eine Ehe stiften; eine Heirat vermitteln; den Heiratsvermittler spielen. ～人 der Ehestifter. 或る人の～で durch js. Vermittlung.

ハイジャッカー der Luftpirat -en, -en; der Hijacker -s, -.

ハイジャック die Luftpiraterie -n; die Flugzeugentführung -en. ～する ein Flugzeug entführen.

ハイ・ジャンプ der Hochsprung -s.

はいしゅ 胚珠 der Keim -[e]s, -e.

ばいしゅう 買収する [an]|kaufen; [わいろで] bestechen*; korrumpieren; [sich³] jn. erkaufen.

はいしゅつ 排出する aus|puffen.

はいしゅつ 輩出・する nacheinander erscheinen*(s). 本校からは立派な学者が～している Unsere Schule hat viele große Gelehrte hervorgebracht.

ばいしゅんふ 売春婦 die Prostituierte#; die Dirne -n; das Freudenmädchen -s, -.

はいじょ 排除する beseitigen; eliminieren; verdrängen; [除外する] aus|schließen*.

ばいしょう 賠償 die Entschädigung -en; der Ersatz -es; [戦敗国の] Reparationen pl. ～する jn. entschädigen 《für 4格》; jm. et. ersetzen; Reparationen leisten. ～協定 das Reparationsabkommen. ～金 die Entschädigung.

はいしょく 配色 die Farbgebung. この居間は～がよい Die Farben in diesem Wohnraum sind gut zusammengestellt.

はいしょく 敗色が濃い am Rande einer Nie-

はいしん 背信[行為] der Treubruch -s, ¨e; der Verrat -[e]s.

はいじん 廃人 der Invalide#; [不具者] der Krüppel -s, -.

ばいしん 陪審・裁判所 das Schwurgericht. ~員 der Geschworene#. ~制度 das Schwurgerichtswesen.

はいしんじゅん 肺浸潤 die Infiltration der Lunge.

はいすい 排水 die Entwässerung. ~する entwässern; dränieren. ポンプで~する Wasser aus|pumpen《aus 3 格》. ~孔 das Abflussloch. ~溝 der Entwässerungsgraben. この船は~量 1 万トンだ Das Schiff hat eine Wasserverdrängung von 10 000 Tonnen.

はいすい 廃水 das Abwasser -s, ¨.

はいすいのじん 背水の陣・を敷く alle Brücken hinter sich[3] ab|brechen*. ~で戦う mit dem Rücken zur (an der) Wand kämpfen.

ばいすう 倍数 das Vielfache#.

はいする 配する [組み合わせる] kombinieren; paaren; [配置する] auf|stellen; [配属する] zu|teilen.

はいする 排する beseitigen; [退ける] verwerfen*. 万難を排して trotz aller Schwierigkeiten.

はいする 廃する ab|schaffen; auf|heben*; [君主を] ab|setzen; entthronen.

はいせき 排斥 die Ausschließung -en; der Boykott -s, -s (-e). ~する aus|schließen*; boykottieren; [拒否する] verwerfen*.

ばいせきはんじ 陪席判事 der Beisitzer -s, -.

はいせつ 排泄 die Ausscheidung -en. ~する aus|scheiden*; aus|scheißen*. ~物 Exkremente pl.; die Ausscheidung.

はいせん 肺尖 die Lungenspitze -n. ~カタル der Lungenspitzenkatar[h].

はいせん 配線・する [電] et. verdrahten. 屋内に電気の~をする in einem Haus die Stromleitungen legen.

はいせん 敗戦 die Niederlage -n; verlorener Kampf -[e]s, ¨e. ~国 besiegtes Land.

ハイセンス ~な服装 die Kleidung von gutem Geschmack.

はいそ 敗訴する den Prozess verlieren*.

はいそう 敗走する in die Flucht geschlagen werden*(s受); fliehen*(s).

ばいぞう 倍増する sich verdoppeln.

はいぞく 配属する zu|teilen; zu|weisen*.

はいたい 胚胎する entspringen*(s)《3 格》; wurzeln (in 3 格).

はいたい 敗退・する sich zurück|ziehen*; [競技で] besiegt werden*(s受). トーナメントで~する aus dem Turnier aus|scheiden*(s).

ばいたい 媒体 das Medium -s, ..dien.

はいたつ 配達 die Lieferung -en; [郵便物・新聞などの] das Austragen -s; die Zustellung -en. ~する liefern; aus|tragen*; zu|stellen. 無料で家まで~する frei Haus liefern. ~先 der Empfänger. ~料 Liefergebühren pl.

はいたてき 排他的 exklusiv.

はいち 背馳する widersprechen*《3 格》; ab|weichen*(s)《von 3 格》.

はいち 配置 die Aufstellung -en; [配分] die Verteilung -en. ~する auf|stellen; verteilen; [部署につかせる] stationieren; postieren; [差し向ける] ein|setzen. ~転換 die Versetzung.

はいちゃく 廃嫡する enterben.

はいつくばう 這い蹲う sich vor jm. auf die Knie werfen*.

ハイティーン ~の少女 ein Mädchen in seinen späten Teenagerjahren.

ハイテク das Hightech ['haɪˌtɛk] -[s]; die Spitzentechnologie.

はいでる 這い出る [her]aus|kriechen*(s).

はいでん 配電 die Elektrizitätsversorgung. ~する et. mit Strom versorgen; Strom zu|führen《3 格》. ~所 die Schaltwarte. ~盤 die Schalttafel.

ばいてん 売店 der Verkaufsstand -[e]s, ¨e; der Kiosk -[e]s, -e.

はいとう 配当 die Zuteilung -en; [利益の] die Ausschüttung -en; [配当金] die Dividende -n. ~する zu|teilen. 7 分の~をする eine Dividende von 7% aus|schütten.

はいとく 背徳の unsittlich; unmoralisch; verderbt.

ばいどく 梅毒 die Syphilis. ~性の syphilitisch. ~患者 der Syphilitiker.

パイナップル die Ananas -[se].

はいにちうんどう 排日運動 antijapanische Bewegung -en.

はいにん 背任[罪] die Untreue.

はいのう 背嚢 der Tornister -s, -.

ばいばい 売買 Kauf und Verkauf; der Handel -s. ~する handeln (Handel treiben*)《mit 3 格》. ~契約を結ぶ einen Kaufvertrag ab|schließen*.

バイパス die Umgehungsstraße -n; [医] der Bypass ['baɪpas] -es, ¨e.

はいび 配備する auf|stellen; postieren; stationieren.

ハイヒール Schuhe (pl.) mit hohen Absätzen; Stöckelschuhe pl.

ハイビスカス der Hibiskus -, ..ken.

はいびょう 肺病 die Lungenkrankheit -en. ~の lungenkrank. → 肺結核.

はいひん 廃品 verbrauchte Ware -n; der Altstoff -s, -e.

はいふ 肺腑をえぐる jm. ins Herz schneiden*.

はいふ 配布する et. an jn. verteilen (aus|teilen).

パイプ die Pfeife -n; [管] das Rohr -es, -e; die Röhre -n. ~オルガン die Orgel. ~煙草 der Pfeifentabak.

ハイファイ die Highfidelity (略: Hi-Fi).

はいぶつ 廃物 Abfälle pl.; der Müll -s; die Schabracke -n. ~になる nutzlos (unbrauch-

バイブル die Bibel -n.
ハイフン der Bindestrich -s, -e.
はいぶん 配分 die Verteilung -en. ～する et. verteilen《auf 4格》.
ハイボール der Highball ['haɪbɔːl] -s, -s.
はいぼく 敗北 die Niederlage -n. ～する eine Niederlage erleiden*. ～主義 der Defätismus. ～主義者 der Defätist.
はいめん 背面 der Rücken -s, -; die Rückseite -n. 敵の～を攻撃する dem Feind in den Rücken fallen*(s).
はいもん 肺門リンパ腺 die Hilusdrüse -n.
ハイヤー die Mietauto -s, -s.
はいやく 配役 die [Rollen]besetzung -en. ～を決める die Rollen besetzen.
ばいやく 売約 ¶その品物は～済みである Die Ware ist schon verkauft.
はいゆう 俳優 der Schauspieler (Darsteller) -s, -. ～になる Schauspieler werden*(s); zur Bühne gehen*(s).
ばいよう 培養 die Züchtung -en; die Zucht; die Kultur. ～する züchten. ～液 die Nährlösung. ～基 der Nährboden.
ハイライト das Highlight ['haɪlaɪt] -[s], -s; 《絵》der Glanzlicht -[e]s, -er.
はいらん 排卵 der Eisprung -s, ⸚e; die Ovulation -en. ～する reife Eizellen ab|stoßen*.
はいり 背理の absurd.
ばいりつ 倍率 die Vergrößerung. このルーペの～は10倍だ Diese Lupe vergrößert zehnfach.
はいりょ 配慮 die Sorge -n. ～する sorgen (Sorge tragen*)《für 4格》.
はいる 入る hinein|gehen*(s); hinein|kommen*(s); ein|treten*(s);〔侵入する〕ein|dringen*(s);〔情報が〕ein|treffen*(s);〔金が〕ein|kommen*(s). 学校(会社)に～ ein|treten (入社). おはいり! Herein! / Bitte, treten Sie ein! 列車が2番線に～ Der Zug fährt auf Gleis 2 ein. その家(彼のところ)に泥棒がはいった In das Haus (Bei ihm) ist eingebrochen worden. このホールは1000人以上～ Der Saal fasst über 1 000 Menschen. 瓶(⸚)には水がはいっている Die Flasche enthält Wasser. 年に300万円～ Mein jährliches Einkommen beträgt 3 Millionen Yen.
はいれつ 配列 die Anordnung (Aufstellung) -en. ～する an|ordnen; auf|stellen.
パイロット der Pilot -en, -en.
バインダー der Hefter -s, -.
はう kriechen*(s). 蔦(⸚)を塀(⸚)に這わせる Efeu an der Mauer klettern lassen*.
パウダー der Puder -s, -.
はえ 蝿 die Fliege -n. ～たたき die Fliegenklappe (Fliegenklatsche). ～取り der Fliegenfänger. 自分の頭の～を追え Jeder kehre vor seiner Tür!
はえ 栄えある ruhmreich; ehrenvoll.
はえぎわ 生え際 der Haaransatz -es, ⸚e.

はえぬき 生え抜きの [wasch]echt; in der Wolle gefärbt.
はえる 生える wachsen*(s);〔芽をふく〕sprießen*(s). 苔(⸚)の生えた mit Moos bewachsen.
はえる 映える leuchten; glänzen;〔立派に見える〕vorteilhaft aus|sehen*. 水に～ sich im Wasser spiegeln.
はおと 羽音 der Flügelschlag -[e]s, ⸚e;〔虫の〕das Gesumme -s. ～を立てる mit den Flügeln schlagen*;〔虫が〕summen.
はおる 羽織る ¶マントを～ sich³ den Mantel um|hängen.
はか 墓 das Grab -es, ⸚er. ～を建てる ein Grabmal errichten. ～石 der Grabstein. ～場 der Friedhof. ～参りをする das Grab besuchen.
ばか 馬鹿〔人〕der Dummkopf -[e]s, ⸚e; der Narr -en, -en; der Tor -en, -en;〔事〕die Dummheit (Narrheit) -en. ～な dumm; närrisch; töricht. ～げた(～馬鹿しい) albern; unsinnig; lächerlich. ～な(げた)事を する eine Dummheit (Torheit) begehen*; Narrenpossen treiben*; Unsinn machen. ～な(げた)事を言う Unsinn (dummes Zeug) reden. ～に〔ひどく〕ungemein; schrecklich. ～にする verachten; gering schätzen. ～を見 る der Dumme sein den Dummen machen. ～呼ばわりをする jn. einen Schafkopf nennen*. ～貝 die Trogmuschel. ～騒ぎをする tollen Lärm machen. ～力がある ungeheure Kraft haben*. ～正直な zu ehrlich; einfältig. ～話をする albernes Zeug schwatzen. ～な! Unsinn! / Narrenpossen! / Ei was! ～野郎! Dummer Kerl! / Du Ochse! / Du alter Esel! ～に付ける薬はない Gegen Dummheit kämpfen Götter selbst vergebens.
はかい 破戒 die Übertretung der Gebote. ～僧 sündhafter (verderbter) Priester.
はかい 破壊 die Zerstörung -en; die Vernichtung. ～する zerstören; vernichten; nieder|reißen*. ～的 zerstörend; vernichtend. ～力 zerstörende Kräfte pl.
はがき 葉書 die Postkarte -n. ～を出す jm. eine Karte schreiben* (schicken); eine Karte ein|werfen*.
はかく 破格・の außergewöhnlich; beispiellos. ～構文〔文法〕das (der) Anakoluth.
はがす 剝がす ab|reißen*. 木の皮を～ entrinden. 切手を～ eine Briefmarke lösen.
ばかす 化かす verzaubern; verhexen.
ばかず 場数を踏んでいる viel Erfahrung haben*《in 3格》.
はかせ 博士 → はくし.
はかどる 捗る gut voran|gehen*(s); vonstatten gehen*(s). 仕事が捗らない Ich komme mit meiner Arbeit nicht von der Stelle.
はかない 儚い vergänglich; flüchtig; leer; nichtig. ～望み eine eitle Hoffnung.
はかなむ 儚む ¶世を～ am Leben verzweifeln (s).

はがね 鋼 der Stahl -s, ̈e.　～の stählern.

はかばかしく 捗々しく・行かない nicht gut voran|gehen*(s).　病状が～ない Seine Krankheit will nicht besser werden.

はかま 袴 der Hakama -[s], -s; plissierter Hosenrock -[e]s, ̈e.

はがゆい 歯痒い sich irritiert fühlen《durch 4格》.

はからい 計らい ¶彼の～で万事うまく行った Er sorgte dafür, dass alles gut ging.

はからう 計らう ¶…であるように～ es so ein|richten, dass ... / dafür sorgen, dass ...　よいように計らってください Ordnen Sie die Sache nach Ihrem Ermessen!

はからずも 図らずも unerwartet; unvermutet; zufällig[erweise].

はかり 秤 die Waage -n.　～に掛ける auf die Waage legen.

ばかり 〔およそ〕ungefähr; etwa;〔…だけ〕nur; bloß; allein;〔…して間もない〕eben; [eben] erst.　…でなく nicht nur ..., sondern auch ...　…である～に nur deshalb, weil ...　これの事 solch eine Kleinigkeit; so eine unbedeutende Sache.　…と言わん～に als ob er sagen wollte, dass ...　遊んで～いる immer müßig gehen*(s).　物価は上がる～だ Die Preise steigen immer mehr.　いま来た～だ Ich bin eben gekommen.　彼は失神せん～だった Er war einer Ohnmacht nahe.　私はただただ驚い～だった Ich konnte nur staunen.　彼女は心臓が破裂せん～だった Das Herz wollte ihr beinahe bersten.

はかりごと 謀 → 計略

はかりしれない 計り知れない unermesslich; unergründlich; unschätzbar.

はかる 図(謀)る planen; ersinnen*;〔欺く〕betrügen*;〔志す〕beabsichtigen; versuchen.　親善を～ Freundschaft fördern.　殺害を～ einen Mordversuch an jm. machen.　利益を～ nach Gewinn streben.

はかる 計(測・量)る messen*;〔目方を〕wiegen*;〔推し測る〕mutmaßen.

はかる 諮る sich mit jm. beraten*《über 4格》.　その件を委員会に～ die Angelegenheit einem (an einen) Ausschuss überweisen*.

はがれる 剥がれる ab|gehen*(s); sich [los|-]lösen.

バカンス Ferien pl.

はき 破棄する〔文書を〕vernichten;〔判決を〕ver|werfen*;〔契約などを〕auf|heben*; brechen*.

はき 覇気 der Ehrgeiz -es; der Schwung -[e]s.　～のある ehrgeizig; schwungvoll.

はぎ 脛 der Unterschenkel -s, -.　ふくら～ die Wade.

はきけ 吐き気・を催す sich erbrechen wollen*; Ekel empfinden*.　～を催させる jn. an|ekeln.《形容詞》ekelhaft.

はぎしり 歯軋りする mit den Zähnen knirschen.

はきだす 吐き出す aus|speien*; aus|stoßen*.　儲けの一部を～ einen Teil seines Verdienstes aus|geben*.

はきだめ 掃き溜め die Müllkippe -n.

はきちがえる 履き違える et. verwechseln《mit 3格》.　自由の意味を～ einen falschen Begriff von der Freiheit haben*.

はぎとる 剝ぎ取る ab|reißen*; → 剝ぐ.

はきはき ～と答える klar antworten.

はきもの 履き物 die Fußbekleidung -en; das Schuhwerk -[e]s; Schuhe pl.

ばきゃく 馬脚・を現わす sein wahres Gesicht zeigen.　～が現われたぞ Da schaut der Pferdefuß hervor.

はきゅう 波及・する sich aus|dehnen.　全国(日本)に～する sich über das ganze Land (bis nach Japan) aus|dehnen.　～効果 Nachwirkungen pl.

はきょく 破局 die Katastrophe -n.

はぎれ 歯切れがよい klar und deutlich sprechen*.

はぎれ 端切れ der Stofffetzen -s, -; der Stoffrest -[e]s, -e.

はく 箔 das Blatt -es, ̈er; die Folie -n.　～が付く an Würde gewinnen*.

はく 吐く〔aus|〕speien*;〔嘔吐する〕[sich] erbrechen*.　唾(ﾂﾊﾞ)を～ speien*; spucken.　食べた物を～ das Essen wieder aus|speien*.　息を～ aus|atmen.　煙を～ Rauch aus|stoßen*.　意見を～ seine Meinung äußern.　泥を～ pfeifen*.　大言を～ große Töne spucken.

はく 穿(履)く an|ziehen*;〔穿(履)いている〕tragen*; an|haben*.

はく 掃く kehren; fegen.

はぐ 剝ぐ〔めくり取る〕ab|reißen*;〔取り去る〕ab|ziehen*; jn. berauben《2格》.

ばく 獏 der Tapir -s, -e.

ばぐ 馬具 das Pferdegeschirr -s, -e.　馬に～をつける(馬から～をはずす) das Pferd an|schirren (ab|schirren).

はくあ 白亜 die Kreide.　～質の kreidig.　～紀 die Kreide[zeit].

はくあい 博愛 die Menschenliebe; die Philanthropie.　～の menschenfreundlich; philanthropisch.　～家 der Menschenfreund; der Philanthrop.

はくい 白衣 weißer Kittel -s, -.

ばくおん 爆音 der Knall -s, -e;〔航空機の〕das Schwirren -s.

ばくが 麦芽 das Malz -es.　～糖 der Malzzucker.

はくがい 迫害 die Verfolgung -en.　～する verfolgen.　～者 der Verfolger.

はくがく 博学 die Gelehrsamkeit.　～な gelehrt.

はぐき 歯茎 das Zahnfleisch -es.

はぐくむ 育む auf|ziehen*;《比》nähren; pflegen.

ばくげき 爆撃 der Bombenangriff -s, -e; das Bombardement -s, -s.　～する bombardieren.　～機 der Bomber.　絨毯(ｼﾞｭｳﾀﾝ)～ der Bombenteppich.

ばくげきほう 迫撃砲 der Minenwerfer -s,

はくし 白紙 weißes (unbeschriebenes) Papier -s; die Tabula rasa. すべてを～に返す alles ungeschehen (rückgängig) machen. ～委任状 die Blankovollmacht.

はくし 博士 der Doktor -s, -en (略: Dr.). 医学～ Doktor der Medizin (略: Dr. med.). ～論文 die Doktorarbeit. ～号を授与する jm. die Doktorwürde verleihen*. ～課程 der Doktorkurs.

はくしき 博識 reiche Kenntnisse pl.; umfangreiches Wissen -s. ～な kenntnisreich.

はくじつ 白日・のもとにさらす an den Tag bringen*. ～夢 der Tagtraum.

はくしゃ 拍車 der Sporn -s, Sporen. 馬に～を入れる dem Pferd die Sporen geben*; das Pferd an|spornen. ～を掛ける 《比》et. beschleunigen.

はくしゃく 伯爵 der Graf -en, -en. ～夫人 die Gräfin.

はくじゃく 薄弱・な schwach. 意志～ die Willensschwäche. 彼の主張は根拠～だ Seine Behauptung steht auf schwachen Füßen.

はくしゅ 拍手 das Händeklatschen -s. ～する in die Hände klatschen. ～喝采(かっさい) das Beifallklatschen; der Applaus. ～喝采する jm. Beifall klatschen; jm. applaudieren.

はくしょ 白書 das Weißbuch -[e]s, -er.

はくじょう 白状 das [Ein]geständnis -ses, -se. ～する [ein]gestehen*; bekennen*.

はくじょう 薄情な hartherzig; gefühllos; kaltsinnig.

ばくしょう 爆笑する in schallendes Gelächter aus|brechen*(s); vor Lachen [fast] platzen (s).

はくしょく 白色 weiße Farbe; das Weiß -[es]. ～の weiß. ～人種 die weiße Rasse.

はくしょん Hatschi!

はくじん 白人 der Weiße#.

ばくしん 驀進する los|steuern (s) (auf 4 格).

はくする 博する gewinnen*; ernten. 喝采(名声)を～ Beifall (Ruhm) ernten.

はくせい 剝製・にする aus|stopfen. ～の ausgestopft.

ばくぜん 漠然とした vage; unbestimmt; unklar.

ばくだい 莫大な ungeheuer; riesengroß; enorm.

はくだつ 剝奪・する jn. berauben 《2格》; jm. et. entziehen*. 公民権を～する jm. die bürgerlichen Ehrenrechte ab|erkennen*.

ばくだん 爆弾 die Bombe -n. ～投下 der Bombenabwurf. ～を投下する Bomben ab|werfen*. 彼は～宣言をした Seine Erklärung wirkte wie eine Bombe.

はくち 白痴 der Blödsinn -s; die Idiotie; 〔人〕 der Blödsinnige#; der Idiot -en, -en. ～の blödsinnig; idiotisch.

ばくち 博打 das [Hasard]spiel (Glücksspiel) -s, -e. ～を打つ [um Geld] spielen; Hasard spielen; hasardieren. ～打ち der Hasardspieler; der Hasardeur.

はくちゅう 白昼・に am helllichten Tag. ～夢 der Wachtraum.

はくちゅう 伯仲 ¶二人は実力が～している Die beiden sind einander in ihren Fähigkeiten ziemlich gleich.

はくちょう 白鳥 der Schwan -[e]s, ¨e. ～座 der Schwan.

ぱくつく 〔爆破・食べる〕 mit vollen Backen essen*; mampfen; tüchtig essen*.

バクテリア die Bakterie -n.

はくどう 白銅 das Nickel -s (記号: Ni). ～貨 die Nickelmünze.

はくないしょう 白内障 die Katarakt -e; grauer Star -s, -e.

はくねつ 白熱 die Weißglut. ～する weiß glühen (s); 〔比〕 hitzig werden*(s). ～した erhitzt; heiß. ～燈 die Glühlampe.

ばくは 爆破・する [in die Luft] sprengen. ～作業 die Sprengarbeit.

ぱくぱく 口を～させる 〔あえぐ〕 nach Luft schnappen. ～食う → ぱくつく.

はくはつ 白髪 weißes (graues) Haar -[e]s, -e. ～の weißhaarig; grauhaarig.

ばくはつ 爆発 die Explosion -en; 〔火山・怒り・笑いなど〕 der Ausbruch -s, ¨e. ～する explodieren (s); platzen (s); aus|brechen* (s). ～性の explosiv. ～物 explosive Stoffe pl. 彼女の怒りが～した Sie ist in Wut ausgebrochen.

はくび 白眉 der Vortrefflichste#; 〔作品中の〕 das Glanzstück -s, -e.

はくひょう 白票を投ずる einen leeren Stimmzettel ab|geben*.

はくひょう 薄氷 dünnes Eis -es. ～を踏む 思いだった Es war das Gefühl, auf dünnem Eis zu gehen.

ばくふ 幕府 das Schogunat [ʃoguˈnaːt] -s.

ばくふ 瀑布 der Wasserfall -[e]s, ¨e.

ばくふう 爆風 die Druckwelle -n.

はくぶつ 博物・学 die Naturkunde. ～館 das Museum. ～標本 Naturalien pl.

はくへいせん 白兵戦 der Nahkampf -s, ¨e; der Kampf Mann gegen Mann.

はくぼく 白墨 die Kreide -n.

はくめい 薄命 das Unglück -s. ～の unglücklich. 佳人～ Wen die Götter lieben, der stirbt jung.

はくめい 薄明 die Dämmerung -en; das Zwielicht -[e]s.

はくや 白夜 weiße Nacht ¨e.

ばくやく 爆薬 das Sprengpulver -s, -; der Sprengstoff (Explosivstoff) -s, -e.

はくらい 舶来・の eingeführt; importiert. ～品 Einfuhrwaren pl.; der Einfuhrartikel.

はぐらかす aus|weichen*(s) 《3格》.

はくらんかい 博覧会 die Ausstellung -en.

はくり 薄利多売 kleiner Nutzen, rascher Umsatz.

ぱくりと 〔一口に〕 mit einem Schnapp. ～食

ばくりょう 幕僚 der Stab -es, =e.
はくりょく 迫力のある kräftig; eindrucksvoll; spannend; eindringlich; überzeugend.
はぐるま 歯車 das Zahnrad -[e]s, =er.
はぐれる jn. aus den Augen verlieren*; von jm. getrennt werden*(s受).
ばくろ 暴露する auf|decken; bloß|stellen; entlarven; enthüllen; an den Tag (ans Licht) bringen*; [露顕する] an den Tag kommen*(s).
ばくろう 博労 der Pferdehändler -s, -.
ばくろん 駁論 die Widerlegung -en. ～する widerlegen.
はけ 刷毛 der Pinsel -s, -; [ブラシ] die Bürste -n.
はげ 禿げ die Glatze -n. ～頭[の人] der Kahlkopf (Glatzkopf). ～頭の kahlköpfig; glatzköpfig. ～山 kahler Berg.
はげいとう 葉鶏頭 der Amarant -s, -e.
はけぐち 捌け口 [水の] der Abfluss -es, =e; der Ablauf -s, =e; [商品の] der Markt -[e]s, =e; das Absatzgebiet -s, -e. 怒りの～を求める ein Ventil für seinen Zorn suchen.
はげしい 激(烈・劇)しい heftig; stark; stürmisch; ungestüm; hitzig; leidenschaftlich. 激しさ die Heftigkeit; die Stärke.
はげたか 禿鷹 der Geier -s, -.
バケツ der Eimer -s, -.
ばけのかわ 化けの皮・をはがす jm. die Maske vom Gesicht reißen*; jn. entlarven. ～を現わす sein wahres Gesicht zeigen.
はげまし 励まし die Ermutigung (Aufmunterung; Ermunterung) -en.
はげます 励ます jn. ermutigen (auf|muntern; ermuntern; an|regen)《zu 3格》. 声を励まして mit erhobener (lauter) Stimme.
はげみ 励みになる jm. als Ansporn (Anreiz) dienen《zu 3格》.
はげむ 励む sich eifrig bemühen《um 4格》; fleißig arbeiten《an 3格》.
ばけもの 化け物 das Gespenst (der Geist) -es, -er; der Spuk -[e]s. ～屋敷 das Spukhaus. この家には～が出る In dem Hause spukt es (geht ein Gespenst um).
はける 捌ける [水が] [gut] ab|fließen*(s); [商品が] sich [gut] verkaufen; [gut] ab|gehen*(s); [guten] Absatz finden*.
はげる 禿げる kahl werden*(s).
はげる 剥げる ab|gehen*(s); ab|blättern (s). 色を～ [褪(あ)せる] verblassen (s); verschießen*(s).
ばける 化ける sich verwandeln《in 4格》. 娘に～ die Gestalt eines Mädchens an|nehmen*. 警官に～ sich als Polizist verkleiden.
はけん 派遣・する ab|senden*(*); schicken. 会議に～する jn. zu einem Kongress delegieren. ～軍 das Expeditionskorps.
はけん 覇権 die Herrschaft; die Hegemonie -n; [競技] die Meisterschaft -en. ～を握る die Herrschaft an|treten*; die Meisterschaft gewinnen*(erringen*).

ばけん 馬券 der Wettschein -s, -e. ～売場 das Wettbüro.
はこ 箱 die Schachtel -n; der Kasten -s, =; [木箱] die Kiste -s; [小箱] die Büchse (Dose) -n. りんご一～ eine Kiste Äpfel. 入り娘 wohl behütete Tochter.
はこう 匍行する kriechen*(s).
はこう 跛行する hinken.
はごたえ 歯応え・のある [固い] hart; [肉が] zäh; [仕事が] lohnend. ～のある相手 zäher Gegner.
はこび 運び ¶足の～ der Schritt. 筆の～ die Pinselführung. 仕事の～が遅い Die Arbeit geht schleppend voran. いよいよ～になった Nun ist es dahin gekommen, dass …
はこぶ 運ぶ tragen*; bringen*; schaffen; befördern; [進行する] fort|schreiten*(s). …まで(…であるように)事を～ es dahin bringen* (es so ein|richten), dass … 予定通りに事を運ぼう Wir wollen es so machen, wie es verabredet ist! 仕事がすらすらと～ Die Arbeit geht gut voran.
はこぶね 方舟 ¶ノアの～ die Arche [Noah[s]].
はこべ [植] die Vogelmiere -n.
バザー der Basar -s, -e. 慈善～ der Wohltätigkeitsbasar.
はさい 破砕・する zerbrechen*; zerschmettern. ～機 die Zerkleinerungsmaschine.
はさまる 挟まる ¶肉が歯に挟まった Mir ist ein Stück Fleisch zwischen die Zähne geraten.
はさみ 鋏 die Schere -n. ～で切る mit der Schere [ab|]schneiden*. ～を入れる [植木などに] et. beschneiden*; et. stutzen; [切符などに] et. lochen (knipsen).
はさむ 挟む [ein|]klemmen; [箸などで] fassen. 鞄を小脇に～ [sich³] die Mappe unter dem Arm klemmen. 挟ませる sich klemmen lassen. ドアに指を挟まれる sich³ den Finger in der Tür [ein|]schieben*. 間に休憩時間を～ eine Pause ein|schieben*. 或る人の話に口を～ jm. ins Wort fallen*(s). 川を挟んで an beiden Ufern des Flusses.
はさん 破産 der Bankrott -s, -e; der Konkurs -es, -e; die Pleite -n. ～する Bankrott (Pleite) machen; Bankrott (Pleite) gehen*(s); in Konkurs gehen*. ～者 der Bankrotteur. ～申請をする den Konkurs beantragen. ～宣告 die Konkurserklärung.
はし 端 das Ende -s, -n; [へり] der Rand -es, =er; die Kante -n; [切れ端] das Stückchen -s, -. ～から～まで von einem Ende zum anderen.
はし 箸 [Ess]stäbchen pl. ～にも棒にも掛からない unverbesserlich.
はし 橋 die Brücke -n. 川に～をかける eine Brücke über den Fluss schlagen* (bauen); den Fluss überbrücken. ～を渡る über eine Brücke gehen* (fahren*) (s).
はじ 恥 die Schande; die Schmach; [恥じらい] die Scham. ～をかく eine Blamage erleiden*. ～をかかせる jm. Schande machen; jn. bla-

はし mieren. ～をさらす sich blamieren; sich lächerlich machen. ～を知る Ehrgefühl haben*. ～を知れ Schäme dich! ～を忍ぶ seinen Stolz schlucken. それは我我の～になる Es ist eine Schande für uns.

はしか 麻疹 Masern pl. ～にかかっている an Masern erkrankt sein*.

はしがき 端書 das Vorwort -[e]s,-e.

はじきだす 弾き出す [算盤で] aus|rechnen; [のけ者にする] aus|schließen (s).

はじく 弾く [指で] schnippen; [水を] ab|stoßen*. 弾き飛ばす [fort|]schnellen.

はしくれ 端くれ das Stückchen -s,-. あれでも学者の～だ Er ist trotz allem ein Wissenschaftler. 私はこれでも学者の～です Ich bin immerhin ein Wissenschaftler.

はしけ 艀 der Leichter (Lichter) -s,-.

はしげた 橋桁 der Brückenträger -s,-.

はじける 弾ける auf|bersten*(s); auf|platzen (s); ab|schnellen(s).

はしご 梯子 die Leiter -n. ～を掛ける eine Leiter an|stellen (lehnen) 《an 4 格》. ～酒 der Zechbummel.

はじしらず 恥知らずの schamlos; unverschämt.

はした 端 → 端数. ～金 das Lumpengeld.

はしたない gemein; unanständig.

ばじとうふう 馬耳東風と聞き流す in den Wind schlagen*.

はしなくも → 図らずも.

はしばみ 榛 die Hasel -n. ～の実 die Haselnuss.

はじまり 始まり → 始(初)め.

はじまる 始まる an|fangen*; beginnen*; ein|setzen (s); [戦争などが] aus|brechen*(s); [起源をもつ] seinen Ursprung haben* 《in 3 格》; entspringen*(s) 《[aus] 3 格》. 会議は3時に始まった Die Sitzung wurde um 3 Uhr eröffnet. 今さらそんな事をしても始まらない Das hat jetzt keinen Zweck (Sinn) mehr.

はじめ 初(始)め der Anfang -s,⁻e; der Beginn -s; [起源] der Ursprung -[e]s,⁻e. ～の erst; Anfangs-; [元来の] ursprünglich. ～に am Anfang; zu Beginn; [zu]erst; zunächst. ～は anfangs; anfänglich; [元は] ursprünglich; eigentlich. ～から von Anfang an. ～から終りまで von Anfang bis [zu] Ende. ～からやり直す wieder von vorn an|fangen*; aufs Neue beginnen*. 校長を～教員一同 der Direktor und die ganze Lehrerschaft. 4月の～ Anfang April. ～まして Sehr angenehm!

はじめて 初めて zum ersten Mal[e]; [ようやく] erst. ～の erst. この町を訪れるのは今度が～です Es ist das erste Mal, dass ich diese Stadt besuche.

はじめる 始める an|fangen*; beginnen*; [設立する] gründen. 協議を～ mit der Beratung beginnen*. 取引を～ mit jm. ins Geschäft kommen*(s). 彼女は泣き始めた Sie fing an zu weinen.

はしゃ 覇者 der Herrscher -s,-. 100メートル競走の～ der Meister im 100-m-Lauf.

ばしゃ 馬車 die Kutsche -n; der [Kutsch-]wagen -s,-. 辻～ die Droschke. ～馬 das Kutschpferd.

はしゃぐ ausgelassen (übermütig) sein*.

パジャマ der Pyjama -s,-s; der Schlafanzug -s,⁻e.

はしゅ 播種 das Säen -s; die [Aus]saat. ～期 die Säzeit.

はしゅつ 派出・する aus|schicken. 巡査～所 die Polizeiwache. ～婦 die Zugeherin.

ばじゅつ 馬術 die Reitkunst ⁻e. ～教師 der Reitlehrer. ～競技 das Reitturnier.

ばしょ 場所 der Platz -es,⁻e; der Ort -es,-e; die Stelle -n; [空間] der Raum -es,⁻e; [位置] die Lage -n. ～を取る(取らない) viel Platz ein|nehmen* (wenig Raum beanspruchen). ～柄もわきまえず ohne Rücksicht auf die Umgebung. 少し～を明けてくれませんか Wollen Sie [mir] ein wenig Platz machen?

はじょう 波状・の wellenförmig; wellig. ～攻撃 wellenförmige (wellenartige) Angriffe pl.

ばしょう 芭蕉 Japanische Zierbanane -n.

はしょうふう 破傷風 der Tetanus -.

はしょる 端折る auf|schürzen; [短縮する] ab|kürzen.

はしら 柱 der Pfeiler -s,-; der Pfosten -s,-; [円柱] die Säule -n; 《比》die Stütze -n. ～時計 die Wanduhr.

はしらす 走らす ¶使いを医者に～ einen Boten zum Arzt schicken. 車を～ mit dem Auto fahren*(s). ペンを～ die Feder führen. 敵を～ den Feind in die Flucht schlagen*.

はしり 走り [初物] Erstlinge pl. そこまではほんのひと～だ Es ist nur ein Katzensprung bis dahin.

はしりがき 走り書きする flüchtig schreiben*; kritzeln.

はしりたかとび 走り高飛び der Hochsprung -[e]s.

はしりづかい 走り使い [人] der Laufbursche -n,-n. ～をする Botengänge besorgen.

はしりはばとび 走り幅飛び der Weitsprung -[e]s.

はしりよみ 走り読みする flüchtig durch|lesen*; durchfliegen*.

はしる 走る laufen*(s); rennen*(s); [車・船などが] fahren*(s); [逃げる] fliehen*(s). 走って来る gelaufen kommen*(s). 反対党に～ zur Gegenpartei über|gehen*(s). 感情に～ sich seinen Gefühlen überlassen*; seinen Gefühlen freien Lauf lassen*. 道は南北に走っている Der Weg läuft von Norden nach Süden.

はじる 恥じる sich schämen 《2 格; wegen 2 格》; beschämt sein 《über 4 格》.

はしわたし 橋渡し → 仲介.

ばしん 馬身 ¶2～の差で勝つ um 2 Pferdelängen gewinnen*.

はす 斜・の(に) schräg; schief. ～向いに quer

はす 蓮 der Lotos -,-; die Lotosblume -n.
はず 筈 ¶…の～である sollen*; müssen*; [予定] erwartet werden*(s受). …の～がない nicht können*. 彼女は間もなく来る～だ Sie muss bald kommen. 本当なら彼が自分で来る～なのだ Eigentlich sollte (müsste) er selbst kommen. そんな～はない Es ist unmöglich. / Es kann nicht sein. → 予定.
バス [乗合自動車] der [Omni]bus -ses, -se.
バス [音] der Bass -es, =e. ～歌手 der Bass.
パス die Freikarte -n; [定期券] die Dauerkarte -n. 試験に～する die Prüfung bestehen*. ボールを～する [球技で] jm. den Ball zu|spielen.
はすう 端数・のない rund. 或る数の～を切り捨てる(上げる) eine Zahl nach unten (oben) ab|runden.
ばすえ 場末 die Vorstadt =e.
はずかしい 恥ずかしい beschämend; [恥ずべき] schändlich; [恥しく思う] sich beschämt fühlen 《über 4格》; sich schämen 《2格; wegen 2格; für 4格》. 恥ずかしからぬ würdig. 恥ずかしからぬ身なりをしている anständig gekleidet sein*. 恥ずかしそうに verschämt; schüchtern; scheu. 恥ずかしさに赤面する vor Scham erröten (s). お～ことですが zu meiner Schande.
はずかしがる 恥ずかしがる sich schämen 《2格; wegen 2格; für 4格》; sich genieren; [内気である] schüchtern (scheu) sein*. 彼はとても恥ずかしがり屋だ Er ist sehr schüchtern.
はずかしめ 辱しめ die Beleidigung -en; die Schmach. ～を受ける beleidigt (gekränkt) werden*(s受) [強姦される] geschändet (entehrt) werden*(s受).
はずかしめる 辱しめる beleidigen; kränken; jm. Schmach an|tun*; [女子を犯す] schänden; entehren. 或る人の名を～ jm. Schande machen; jn. entehren.
パスカル das Pascal -s, - (記号: Pa).
バスケット der Korb -es, =e. ～ボール der Basketball.
はずす 外す ab|nehmen*; los|machen; [除く] aus|schließen*; [機会を] verpassen. 眼鏡を～ die Brille ab|setzen. バンドを～ sich³ den Riemen ab|schnallen. 腕時計を～ seine Armbanduhr ab|streifen. タイヤを～ einen Reifen ab|montieren. 的を～ das Ziel verfehlen. 席を～ seinen Sitz verlassen*.
はすっぱ 蓮つ葉娘 der Flapper -s, -; loses Mädchen -s, -; kesse Biene -n.
パステル die Pastellfarbe -n. ～画 das Pastell.
バスト die Büste -n; [胸囲] die Oberweite -n.
パスポート der [Reise]pass -es, =e.
はずみ 弾み [勢い] der Schwung -[e]s. ～がつく in Schwung kommen*(s). ～をつける Schwung geben*(3格). ～をつけて跳ぶ ab|springen*(s). ～車 das Schwungrad. もの の～で durch einen bloßen Zufall. 階段を降りる～に beim Hinabsteigen der Treppe.
はずむ 弾む [auf]springen*(s); [話などが] lebhaft werden*(s). 息が～ keuchen. チップを～ reichlich Trinkgeld geben*. 彼の胸は喜びに弾んだ Sein Herz sprang vor Freude.
パズル das Rätsel -s, -.
はずれ 外れ das Ende -s, -n; der Rand -es, =er; [籤の] die Niete -n. トマトは今年は～だ Die Tomatenernte ist dieses Jahr nicht gut ausgefallen.
はずれる 外れる [車輪が] ab|gehen*(s); [戸が] sich aus|hängen; [錠が] aus|schnappen (s); [期待が] fehl|schlagen*(s); [推測が] nicht stimmen (zu|treffen*). 顎(あご)が～ sich³ den Kiefer verrenken. 籤(くじ)に～ eine Niete ziehen*. 的を～ fehl|gehen*(s); das Ziel verfehlen. コースから(規則に)～ vom Kurs (von der Regel) ab|weichen*(s). ボタンが一つ外れているよ Ein Knopf ist auf.
パスワード [電算] das Passwort -[e]s, =er.
はせい 派生 die Ableitung -en. ～する kommen*(s) 《von 3格》; stammen 《aus 3格》;[文法] abgeleitet werden*(s受) 《von 3格》. ～的 sekundär. ～語 abgeleitetes Wort; die Ableitung.
バセドー ～氏病 die Basedow-Krankheit.
パセリ die Petersilie -n.
はせる 馳せる ¶世界に名を～ weltberühmt werden*(s). 思いを～ denken* 《an 4格》.
はぜる 爆ぜる auf|platzen(s); auf|bersten*(s).
ばぞく 馬賊 berittener Bandit -en, -en.
パソコン → パーソナルコンピューター.
はそん 破損 der Schaden -s, =; die Beschädigung -en. ～する beschädigt werden*(s受). ～した beschädigt.
はた 端 → そば. 池の～を歩く am Teich [entlang] gehen*(s). ～から見ると von außen gesehen.
はた 旗 die Flagge -n; die Fahne -n. ～を掲げる die Flagge auf|ziehen* (hissen). ～を下ろす die Flagge ein|ziehen* (streichen*).
はた 機 der Webstuhl -s, =e. ～を織る weben.
はだ 膚(肌) die Haut =e; → 肌合い. ～を刺すような寒さ stechende Kälte. 彼には学者の～のところがある Er hat etwas von einem Gelehrten. あの男とは～が合わない Der Mann liegt mir nicht.
バター die Butter. ～をつける et. mit Butter bestreichen*.
はだあい 肌合いが違う von anderem Schlag sein*.
はたあげ 旗揚げする zu den Waffen greifen*; [事業の] ein Unternehmen beginnen*.
パターン das Modell -s, -e; das Muster -s, -; das Pattern ['pɛtərn], -s, -s.
はたいろ 旗色 die [Kriegs]lage. 彼の方が～がいい(悪い) Er hat mehr (weniger) Chancen.
はたおり 機織り das Weben -s; die Weberei; [人] der Weber -s, -.

はだか 裸・の nackt; bloß; entblößt.　～にする nackt aus|ziehen*;〔身ぐるみ剝ぐ〕bis aufs Hemd aus|ziehen*.　～になる sich entkleiden (entblößen)．　～一貫で始める mit nichts an|fangen*.　～馬に乗る auf ungesatteltem Pferd reiten*(h; s).

はだかむぎ 裸麦 der Roggen -s.

はたき der Staubbesen -s, -.　～をかける et. mit dem Staubbesen ab|fegen.

はだぎ 肌着 das Unterhemd -[e]s, -en; die Leibwäsche.

はたく　schlagen*; 〔ぴしゃりと〕klatschen.　財布を～ die letzten Pfennige (Groschen) aus|geben* 〔für 4格〕．埃($\frac{l}{l}$)を～ et. aus|stauben; et. ab|fegen.

はたけ 畑 der Acker -s, ¨; das Feld -es, -er;〔専門〕das Fach -es, ¨er.　野菜～ der Gemüsegarten.　～違ってある nicht sein Fach sein*; außerhalb seines Faches sein*.

はたけ 疥〖医〗die Schuppenflechte -n.

はだける ¶胸を～ die Brust entblößen.

はださわり 肌触りが柔らかい Es fühlt sich weich an.

はだし 跣・の barfüßig.　～で barfuß.　玄人($\frac{くろ}{うと}$) ～である einen Fachmann in den Schatten stellen.

はたしあい 果し合い → 決闘.

はたして　wie erwartet;〔実際に〕wirklich; tatsächlich; in der Tat; denn auch;〔果せるかな〕prompt.

はたじるし 旗印 das Flaggenabzeichen -s, -.　自由の～を掲げる das Banner der Freiheit auf|pflanzen.

はたす 果す vollbringen*;〔委託を〕aus|richten;〔義務・約束・目的などを〕erfüllen;〔望みを〕verwirklichen.

はたち 二十・である zwanzig Jahre alt sein*.　～台である in den Zwanzigern sein*.

はたと〔急に〕plötzlich;〔鋭く〕scharf.

はタバコ 葉煙草 der Blättertabak -s.

ばたばた ～と klappernd; flatternd;〔続けざまに〕hintereinander; in rascher Folge; schnell.　羽(手足)を～させる mit den Flügeln schlagen* (mit Händen und Füßen zappeln).　～と階段を降りて来る polternd die Treppe herab|kommen*(s).

ぱたぱた ～足音を立てる trappeln.

はたび 旗日 der Feiertag -[e]s, -e.

バタフライ〔水泳〕das Schmetterlingsschwimmen -s; das Delfinschwimmen -s.

はためいわく 傍迷惑である den anderen unangenehm sein*.

はためく flattern.

はたらかす 働かす arbeiten lassen*; beschäftigen; 〔機械を〕in Betrieb setzen;〔頭・想像力などを〕an|strengen.

はたらき 働き die Tätigkeit -en;〔作用〕die Wirkung -en;〔機能〕die Funktion -en;〔功績〕das Verdienst -[e]s, -e; die Leistung -en.　～のある(ない) fähig (unfähig).

はたらきかける 働き掛ける jn. auf|fordern《zu 3格》.

はたらきぐち 働き口 → 勤め口.

はたらきて 働き手 tüchtiger Arbeiter -s, -;〔一家の〕der Ernährer -s, -.

はたらきばち 働き蜂 die Arbeitsbiene -n.

はたらきもの 働き者　fleißiger (fähiger) Mensch -en, -en.

はたらく 働く arbeiten; tätig sein*;〔雇われている〕bei jm. dienen (beschäftigt sein*);〔役目をする〕fungieren;〔作用する〕wirken;〔悪事を〕verüben; begehen*.　働き疲れる sich müde arbeiten.

ばたり ～と子供は倒れた Plauz, da lag das Kind.

はたん 破綻 der Misserfolg -[e]s, -e; der Bruch -[e]s, ¨e; der Zusammenbruch -s, ¨e; der Bankrott -s, -e.　～を来たす(生ずる) fehl|schlagen*(s); zusammen|brechen*(s); in die Brüche gehen*(s); Bankrott gehen*(s).

はだん 破談にする rückgängig machen.

ばたん Bums! / Plauz!　～と締る〔戸などが〕zu|fliegen*(s).

はち 八 acht.　第～の acht.　額に～の字を寄せる die Stirn runzeln.

はち 蜂〔蜜蜂〕die Biene -n;〔雀蜂〕die Wespe -n.　～の巣 die [Bienen]wabe.　その知らせを聞いて場内は～の巣をつついたような騒ぎになった Die Nachricht brachte viel Aufregung in den Saal.

はち 鉢 die Schüssel -n;〔浅い〕die Schale -n;〔植木鉢など〕der Topf -es, ¨e.　頭の～ der Schädel.

ばち 罰・が当る die Strafe des Himmels auf sich laden*.　～当りの verdammt; gottlos.　彼は今に～が当るぞ Er wird schon noch seinen Lohn bekommen.

ばち 撥〔太鼓の〕Trommelstöcke (Trommelschläger) pl.;〔弦楽器の〕das Plektron -s, ..tren (..tra).

はちあわせ 鉢合わせる [mit den Köpfen] zusammen|stoßen*(s);〔思いがけなく出会う〕jm. in die Arme laufen*(s).

はちうえ 鉢植え die Topfpflanze -n.　～にする in einen Topf setzen.

ばちがい 場違い・の schlecht angebracht.　それはここでは～だ〔適しない〕Das ist hier fehl am Ort. / Dies gehört nicht hierher.

はちがつ 八月 der August -[s]（略: Aug.）.

バチカン der Vatikan -s.　～の vatikanisch.

はちきれる はち切れる bersten*(s); platzen (s).　～ほど一杯 zum Bersten voll.　健康ではち切れそうだ von (vor) Gesundheit strotzen.

はちく 破竹 ¶軍隊は～の勢いで勝ち進んだ Nichts konnte den Siegeszug der Truppen mehr aufhalten.

ぱちくり ¶目を～する(させる) → ぱちぱち.

はちじゅう 八十 achtzig.　第～の achtzigst.

ぱちぱち ～いう〔火が〕knistern.　～と手をたたく in die Hände klatschen.　目を～させる mit den Augen blinzeln.

はちぶんめ 八分目 ¶コップに～だけ水を入れる

ein Glas mit Wasser vier Fünftel füllen. 腹~にしておく mäßig essen*.

はちまき 鉢巻 das Stirnband -[e]s, ¨er. 手拭で~をする ein Handtuch um den Kopf winden*.

はちみつ 蜂蜜 der Honig -s.

はちめん 八面・体 das Oktaeder; der Achtflächner. ~六臂(ぴ)の活躍をする auf vielen Gebieten aktiv sein*; vielseitig beschäftigt sein*.

ぱちゃぱちゃ ¶水の中で~やる im Wasser plätschern.

はちゅうるい 爬虫類 das Reptil -s, -ien; das Kriechtier -[e]s, -e.

はちょう 波長 die Wellenlänge -n. ~計 der Wellenmesser.

バチルス der Bazillus -, ..zillen.

パチンコ der Flipper -s, -; [玩具の] die Zwille -n; die Schleuder -n.

ばつ ~を合わせる sich auf jn. ein|stellen; sich js. Meinung an|passen. ~が悪い sich verlegen (beschämt) fühlen; sich peinlich berührt fühlen.

ばつ 罰 die Strafe -n; die Bestrafung -en; [報い] die Vergeltung. ~として zur Strafe. 罪と~ Schuld und Sühne.

ばつ 閥 die Clique -n; der Klüngel -s, -. ~を作る eine Clique bilden.

はつあん 発案 der Vorschlag -[e]s, ¨e; der Antrag -es; ¨e; [法案の] der Initiativantrag -[e]s, ¨e. ~する vor|schlagen*; [考え出す] aus|denken*; erfinden*. ~者 der Urheber; der Initiator.

はつい 発意 ¶彼の~によって auf seinen Vorschlag [hin].

はついく 発育 das Wachstum -s; die Entwicklung -en. ~する wachsen*(s); sich entwickeln. ~のよい gut gewachsen. ~不全の unentwickelt. ~盛りの子供 wachsendes Kind.

はつえんとう 発煙筒 die Rauchmeldekapsel -n.

はつおん 発音 die Aussprache -n. ~する aus|sprechen*. ~がよい(悪い) eine gute (schlechte) Aussprache haben*. ~器官 Sprechwerkzeuge pl. ~記号 die Aussprachebezeichnung.

はっか 発火・する Feuer fangen*; sich entzünden. ~点 der Zündpunkt. 銃が~しない Das Gewehr versagt (geht nicht los).

はっか 薄荷 die Pfefferminze. ~脳 das Menthol.

はつか 二十日 zwanzig Tage pl.; [第二十日] der zwanzigste.

はつが 発芽 das Keimen -s. ~する keimen; sprießen*(s).

はっかいしき 発会式 Eröffnungsfeierlichkeiten pl.

はっかく 発覚 entdeckt (aufgedeckt) werden*(s受); ans Licht kommen*(s).

はっかくけい 八角形 das Achteck -s, -e. ~の achteckig.

バッカス Bacchus.

はつかねずみ 二十日鼠 die Maus ¨e.

はっかん 発刊・する verlegen; heraus|geben*; publizieren. 新聞を~する eine Zeitung gründen.

はっかん 発汗・する schwitzen. ~剤 das Schweißmittel; schweißtreibendes Mittel.

はつがん 発癌・性の Krebs erzeugend; karzinogen. ~物質 das Karzinogen.

はっき 白旗を掲げる die weiße Fahne auf|ziehen* (hissen).

はっき 発揮・する zeigen; beweisen*; entfalten. 良妻ぶりを~する sich als gute Frau zeigen (erweisen*).

はっきゅう 薄給 kärgliches Gehalt -[e]s, ¨er; karger Lohn -es, ¨e.

はっきょう 発狂する verrückt (wahnsinnig) werden*(s).

はっきり [明瞭] deutlich; klar; [輪郭などが] scharf; [正確] genau; [確定的] bestimmt; sicher. ~した目鼻立ち scharfe Gesichtszüge. ~断る bestimmt ab|lehnen. ~言うと rundheraus (offen) gesagt. ~させる klar machen. ~しない undeutlich; unbestimmt. ~しない天気 unsicheres Wetter. あいつは~しない男だ Er hat einen schwankenden Charakter.

はっきん 白金 das Platin -s (記号: Pt).

ばっきん 罰金 die [Geld]strafe -n. 3万円の~に処する jn. zu einer Geldstrafe von 30 000 Yen verurteilen.

パッキング die Packung (Dichtung) -en.

バック [背景] der Hintergrund -[e]s, ¨e; [後援者] der Unterstützer -s, -; [競技の後衛] der Verteidiger -s, -; [庭球のバック・ハンド] die Rückhand; [背泳ぎ] das Rückenschwimmen -s. ~する [車が逆は車で] zurück|fahren*(s); zurück|stoßen*(s). ~ナンバー [雑誌の] alte Nummer. ~ボーンがある Rückgrat haben*. ~ミラー der Rückspiegel. ~アップ die Rückendeckung; die Rückenstärkung. ~グラウンド・ミュージック die Hintergrundmusik. ギアを~に入れる den Rückwärtsgang ein|schalten.

バッグ [鞄] die Tasche -n.

バックスキン der Buckskin -s, -s.

はっくつ 発掘 die Ausgrabung -en. ~する aus|graben*. ~物 der Fund.

バックル die Schnalle -n.

ばつぐん 抜群の ausgezeichnet; hervorragend; außerordentlich.

パッケージ die Packung -en. ~旅行 die Packagetour ['pækɪdʒtuːr].

はっけっきゅう 白血球 weißes Blutkörperchen -s, -; der Leukozyt -en, -en.

はっけつびょう 白血病 der Blutkrebs -es -e; die Leukämie -n.

はっけん 発見 die Entdeckung -en. ~する entdecken; ausfindig machen; [auf|]finden*. ~者 der Entdecker.

はつげん 発言 die Äußerung -en. ～する sprechen*; das Wort ergreifen* (nehmen*). ～を求める jn. ums Wort bitten*. ～を許す jm. das Wort erteilen. ～権がない kein Mitspracherecht haben* 《bei 3格》. ～者 der Sprecher.

ばっこ 跋扈する überhand nehmen*.

はつこい 初恋 erste Liebe.

はっこう 発行 die Herausgabe -n; 〔株券など の〕die Ausgabe -n. ～する heraus|bringen*; veröffentlichen; verlegen; heraus|geben*; 〔株券などを〕aus|geben*. ～所 der Verlag. ～部数 die Auflage[n]höhe. → 出版.

はっこう 発光・する leuchten; strahlen. ～体 leuchtender Körper. ～塗料 die Leuchtfarbe.

はっこう 発効 das Inkrafttreten -s. ～する in Kraft treten*(s).

はっこう 発酵 die Gärung -en. ～する gären*(h; s). ～させる gären*.

はっこう 薄幸の unglücklich.

ばっさい 伐採する fällen; 〔山林を〕ab|holzen.

はっさん 発散・する 〔光・熱・匂いを〕aus|strömen; verströmen; 〔光・熱が〕aus|strahlen (s; h). ～レンズ die Zerstreuungslinse.

ばっし 抜糸する Faden ziehen*.

バッジ das Abzeichen -s.

はっしゃ 発車 die Abfahrt -en. ～する ab|fahren* (ab|gehen*) (s) 《von 3格》. ～ホーム der Abfahrt[s]bahnsteig.

はっしゃ 発射する ab|schießen*; ab|feuern.

はっしょう 発祥 die Entstehung. ～の地 die Wiege.

はつじょう 発情 die Brunst -̈e. ～する brunsten. ～期 die Brunst[zeit].

ばっしょう 跋渉・する durchstreifen. 山野を～する über Berg und Tal wandern (s); durch Feld und Wald streifen (s).

はっしん 発信 die [Ab]sendung -en. ～する [ab]|senden*. ～人・(局) der Sender.

はっしん 発疹 der Hautausschlag -s, -̈e; die Eruption -en. ～する einen Ausschlag bekommen*. ～チフス das Fleckfieber; der Flecktyphus.

ばっすい 抜粋(萃) der Auszug -[e]s, -̈e. ～する einen Auszug machen 《aus 3格》; aus|ziehen*.

はっする 発する 〔音・声・香りなどを〕von sich³ geben*; 〔光・熱などを〕aus|strahlen; 〔命令・布告などを〕erlassen*; ergehen lassen*; 〔使者・電信などを〕schicken; senden*; 〔出発する〕ab|reisen (ab|fahren*) (s) 《von 3格》; verlassen*; 〔川いが源から〕entspringen*(s) 《in 3格》. 彼に招待状が発せられた An ihn ist eine Einladung ergangen. 彼女は一言も発しなかった Sie brachte keinen Laut hervor.

ばっする 罰する [be]strafen.

はっせい 発生 die Entstehung; die Genese -n; 〔疫病などの〕der Ausbruch -[e]s, -̈e. ～する entstehen*(s); 〔事件が〕sich ereignen (s); 〔疫病などが〕aus|brechen*(s); 〔害虫が〕auf|treten*(s); 〔植物などが〕wachsen*(s). ガスを～させる Gas erzeugen (entwickeln).

はっせい 発声 die Stimmgebung; die Stimmbildung. ～する Laute vor|bringen*. ～練習 die Stimmübung; die Stimmbildung. 校長の～で万歳三唱した Der Direktor führte unser dreifaches Hurra an. ～法〔音〕die Stimmbildung.

はっそう 発送する ab|senden*; versenden*.

はっそう 発想 die Konzeption -en.

はっそく 発足 → ほっそく.

ばっそく 罰則 die Strafbestimmung -en.

ばった《昆》die Heuschrecke -n; der Grashüpfer -s, -.

はったつ 発達 die Entwicklung -en; 〔成長〕das Wachstum -s; 〔進歩〕der Fortschritt -[e]s, -e. ～する sich entwickeln; wachsen*(s); Fortschritte machen.

はったり der Bluff -s, -s. あれは～だ Das ist alles nur Bluff.

ばったり〔急に〕plötzlich. ～出会う auf jn. stoßen*(s); jm. in (über) den Weg laufen*(s). ～倒れる der Länge nach (in seiner ganzen Länge) hin|fallen*(s).

ハッチ〔海〕die Luke -n; das Luk -[e]s, -e.

はっちゅう 発注する bestellen. → 注文.

ばってき 抜擢する jn. aus|erwählen 《zu 3格》.

バッテリー〔蓄電池〕die Batterie -n.

はってん 発展 die Entwicklung (Entfaltung) -en; 〔伸張〕die Ausdehnung -en; 〔繁栄〕das Gedeihen -s. ～する sich entwickeln (entfalten); sich aus|dehnen; gedeihen*(s); wachsen*(s). ～家 der Wüstling. ～途上国 das Entwicklungsland. ～性のある entwicklungsfähig.

はつでん 発電 die Elektrizitätserzeugung -en. ～する Elektrizität (elektrischen Strom) erzeugen. ～機 der Generator; der Dynamo. ～所 das Kraftwerk; das Elektrizitätswerk.

はっと〔突然〕plötzlich. ～して erstaunt; überrascht. ～する erstaunt sein* 《über 4格》; überrascht werden*(s受). ～するような atem[be]raubend. ～させる in Erstaunen versetzen; jm. den Atem benehmen*.

はっと 法度 das Verbot -[e]s, -e. ～である verboten sein*.

バット das Schlagholz -es, -̈er.

ぱっと〔突然〕plötzlich; 〔速やかに〕[blitz]schnell. ～と飛び立つ sich in die Luft schwingen*. ～燃え上がる auf|flammen (s). ～と点く auf|leuchten (h; s). ～しない unscheinbar; [不満足な] unbefriedigend.

はつどう 発動・する〔強権を〕an|wenden*. ～機 der Motor. ～機船 das Motorschiff.

ばっとう 抜刀・する das Schwert ziehen*. ～して mit blankem Schwert.

はつねつ 発熱 das Fieber -s. ～する Fieber bekommen*. ～している Fieber haben*; fiebern.

はっぱ 発破を掛ける et. mit Dynamit spren-

gen; [比] jn. auf|muntern; jn. an|spornen.
- **はつばい** 発売 der Verkauf -s, ⸗e. ～する zum Verkauf an|bieten*; in den Handel bringen*; [出版物を] erscheinen lassen*. ～中である im Handel sein*. ～を禁止する den Verkauf verbieten*. ～禁止 das Verkaufsverbot.
- **ぱっぱと** ～金を使う mit dem Geld verschwenderisch um|gehen*(s); sein Geld unter die Leute bringen*.
- **ハッピー・エンド** das Happyend -[s], -s. ～で終る mit einem Happyend enden.
- **はつびょう** 発病する erkranken (s); krank werden*(s).
- **はっぴょう** 発表 die Veröffentlichung -en; öffentliche Bekanntmachung -en. ～する veröffentlichen; öffentlich bekannt machen; [意見を] äußern.
- **ばつびょう** 抜錨する den Anker lichten; [出帆する] ab|fahren*(s) «von 3 格».
- **はっぷ** 発布 die Verkündigung (Promulgation) -en. ～する verkünd[ig]en; promulgieren; erlassen*.
- **はつぶたい** 初舞台 das Debüt -s, -s. ～を踏む sein Debüt geben*; debütieren.
- **はっぷん** 発憤する sich auf|raffen «zu 3 格».
- **ばつぶん** 跋文 das Nachwort -[e]s, -e.
- **はっぽう** 八方 ・から von allen Seiten. ～へ nach allen Richtungen. ～美人 der Jedermannsfreund. ～美人の gefallsüchtig. ～塞(ふさ)がりである in jeder Beziehung schlimm dran sein*; in der Klemme sein*.
- **はっぽう** 発砲する [ab]feuern.
- **はっぽう** 発泡・スチロール das Styropor. ～酒 der Schaumwein.
- **ばっぽんてき** 抜本的 gründlich.
- **はつみみ** 初耳 ¶それは～だ Das ist mir neu./Das ist das Erste, was ich höre./Davon habe ich eben gehört.
- **はつめい** 発明 die Erfindung. ～する erfinden*. ～者 der Erfinder. ～品 die Erfindung.
- **はつもの** 初物 der Erstling -s, -e; die ersten Früchte des Jahres.
- **はつらつ** 潑剌とした lebhaft; frisch; munter.
- **はつれい** 発令 die Erlassung. ～する erlassen*; ergehen lassen*.
- **はつろ** 発露 die Äußerung -en; der Ausdruck -s.
- **はて** [驚き; 疑い] Ach Gott!/Herrje!/[考え込む時] Lass sehen./Nun.
- **はて** 果て das Ende -s, -n; [限り] die Grenze -n. 世界の～まで bis ans Ende der Welt. 口論の～に殴り合いになった Der Wortstreit endete mit einer Prügelei.
- **はで** 派手な prächtig; prunkhaft; [目立つ] auffallend; [若作りな] jugendlich; [色が] lebhaft; [ぜいたくな] verschwenderisch; [派手好き な] prachtliebend.
- **パテ** der Kitt -s, -e. ～を塗る(で接合する) et. kitten.
- **ばてい** 馬丁 der Reitknecht (Stallknecht) -s, -e.
- **ばてい** 馬蹄 der Pferdehuf -s, -e. ～形の hufeisenförmig. ～形磁石 der Hufeisenmagnet.
- **はてし** 果てし・ない endlos; unendlich; grenzenlos. 彼女のおしゃべりは～がない Ihr Geschwätz nimmt kein Ende.
- **はてる** 果てる enden; zu Ende gehen*(s); [死ぬ] sterben* (um|kommen*) (s). 疲れ～ ganz erschöpft sein*. 困り～ [sich³] keinen Rat mehr wissen*.
- **はてんこう** 破天荒の bahnbrechend; epochemachend; beispiellos; unerhört.
- **パテント** das Patent -[e]s, -e. ～を取る ein Patent erwerben* «auf 4 格». → 特許.
- **はと** 鳩 die Taube -n. 雄の～ der Tauber. ～がくうくう鳴く Die Tauben girren (gurren). ～小屋 der Taubenschlag.
- **はとう** 波濤 Wogen pl. 万里の～を乗り越えて über das weite Meer.
- **はどう** 波動 die Wellenbewegung -en. ～説 [物・言] die Wellentheorie. ～力学 die Wellenmechanik.
- **ばとう** 罵倒する beschimpfen.
- **パトカー** der Streifenwagen -s, -.
- **はとば** 波止場 der Kai -s, -s.
- **バドミントン** das Badminton -; das Federballspiel -s.
- **はとむね** 鳩胸の mit einer Hühnerbrust.
- **はとめ** 鳩目 die Öse -n.
- **はどめ** 歯止め die Bremse -n; [くさび形の] der Hemmschuh -s, -e. ～をかける et. bremsen.
- **パトロール** die Patrouille (Streife) -n. ～警官 patrouillierender Schutzmann. 町を～する die Straßen ab|patrouillieren.
- **ハトロン** ～紙 Einschlagpapier -s.
- **パトロン** der Beschützer -s, -; der Gönner -s, -; der Mäzen -s, -e.
- **バトン** [リレー競走の] der Staffelstab -[e]s, ⸗e. ～を渡す(受け取る) den Staffelstab übergeben* (übernehmen*). ～ガール die Majorette [maʒoˈrɛt]. ～を任せる後任者に職務を～タッチする seinem Nachfolger das Amt übergeben*.
- **はな** 花 [草花] die Blume -n; [木の花] die Blüte -n; [桜の花] die Kirschblüte -n. 武士道の～ die Blüte der Ritterschaft (des Bushido). ～の咲いている木 blühender Baum. ～の顔(かんばせ) blühend schönes Gesicht. ～を持たす jm. die Trophäe überlassen*. 彼もあの頃が～だった Er war damals in seinen besten Zeit. 言わぬが～ Schweigen ist Gold. 同窓会では青春時代の話に～が咲いた Beim Klassentreffen unterhielten wir uns lebhaft über unsere Jugendzeit.
- **はな** 洟 der Nasenschleim -s; der Rotz -es. ～をかむ sich³ die Nase schnäuzen (putzen). ～をすする die Nase hoch|ziehen*. ～を垂らす Ihm trieft (läuft) die Nase. ～垂れ小僧 der Rotzjunge.
- **はな** 鼻 die Nase -n; [動物の鼻口部] die

Schnauze -n; 〔象の〕der Rüssel -s, -. ～がよく利(き)く eine feine Nase haben* 《für 4格》. ～が高い《～に掛かる》stolz sein* 《auf 4格》; sich auf|blähen 《mit 3格》. ～であしらう hochnäsig behandeln; die Nase rümpfen 《über 4格》. ～に掛かった声を出す durch die Nase sprechen*; näseln. ～につく die Nase voll haben* 《von 3格》. 彼は～の下が長い Er ist ein Weiberfreund. ～を明かす jn. überlisten. ～を折る js. Stolz demütigen. ～をつまむ〔悪臭に〕sich³ die Nase zu|halten*.

はな 端［はし］das Ende -s, -n; die Spitze -n. ～から von Anfang an.

はないき 鼻息が荒い hochnäsig (hochmütig) sein*. 荒い～をする schnauben. ～を窺(かが)う jm. zu gefallen suchen.

はなうた 鼻歌を歌う [sich³] ein Liedchen summen.

はなうり 花売り娘 das Blumenmädchen -s, -.

はなかご 花籠 der Blumenkorb -[e]s, ⸚e.

はなかぜ 鼻風邪 der Schnupfen -s. ～をひく sich³ den (einen) Schnupfen holen.

はながた 花形 der Star -s, -s; 〔女優〕die Diva -s (..ven).

はながみ 鼻紙 das Papiertaschentuch -[e]s, ⸚er.

はなキャベツ 花キャベツ der Blumenkohl -s, -.

はなぐすり 鼻薬 Schmiergelder pl. ～を嗅(か)がす schmieren (bestechen*).

はなくそ 鼻糞 der [Nasen]popel -s, -. ～をほじくる popeln; in der Nase bohren.

はなげ 鼻毛・を抜く sich³ die Nasenhaare zupfen; 〔比〕jn. überlisten. ～を読まるる an der Nase herumgeführt werden*《s受》.

はなごえ 鼻声 näselnde Stimme -n. ～で話す durch die Nase sprechen*; näseln.

はなことば 花言葉 die Blumensprache.

はなざかり 花盛りである in voller Blüte stehen*; florieren.

はなさき 鼻先・で vor der Nase. それはお前の～にあるじゃないか Das liegt doch vor deiner Nase.

はなし 話 die Rede -n; 〔対(会)話〕das Gespräch -[e]s, -e; die Unterhaltung -en; 〔雑談〕das Geplauder -s; 〔物語〕die Geschichte -n; die Erzählung -en; 〔噂〕das Gerücht -[e]s, -e; 〔話し合い〕die Besprechung -en. ～をする sprechen*; reden; plaudern; 〔物語る〕eine Geschichte erzählen; → 話す. ～の上手な人 guter Sprecher (Unterhalter). ～の種 der Gesprächsstoff. ～の分らない人 unverständige Person. ここだけの～だが unter uns [gesagt]. ～は違うが übrigens. ～をつけるる mit jm. ein Arrangement treffen*. ～がつく → 話し合い. ～によっては je nach den Bedingungen. お～中〔電話〕〔Leitung〕besetzt! お～中とり訳ありませんが Verzeihen Sie, wenn ich Sie unterbreche. 全く～にならない図図しさだ Solche Frechheit spottet jeder Beschreibung. 彼の申し出は～にならない

Sein Antrag kommt nicht in Frage. 彼はシベリアで死んだという～だ Man sagt, dass er in Sibirien gestorben sei. / Er soll in Sibirien gestorben sein. それでは～が違う Das ist wider unsere Abrede.

はなしあい 話し合い die Besprechung -en; Verhandlungen pl.; Gespräche pl. ～の上で nach gegenseitiger Beratung. ～がつく sich mit jm. verständigen 《über 4格》.

はなしあいて 話し相手 der Gesprächspartner -s, -; der Gesellschafter -s, -; 〔相談相手〕der Ratgeber -s, -.

はなしあう 話し合う mit jm. sprechen*; 〔相談する〕sich mit jm. besprechen* (beraten) 《über 4格》.

はなしがい 放し飼いにする weiden; im Freien halten*.

はなしかける 話し掛ける jn. an|sprechen* (an|reden); zu jm. sprechen*.

はなしかた 話し方 die Redeweise (Sprechweise) -n; 〔話術〕die Sprechtechnik.

はなしごえ 話し声 die Stimme -n. 或る人の～がする jn. sprechen hören.

はなしことば 話し言葉 die Umgangssprache -n.

はなしこむ 話し込む ein langes Gespräch mit jm. haben*.

はなしずき 話し好きの gesprächig; mitteilsam; redselig.

はなしはんぶん 話半分に聞く js. Worte mit Vorsicht auf|nehmen*.

はなしぶり 話し振り die Sprechweise -n.

はなす 放す los|lassen*. 鳥を～ einen Vogel frei|lassen*. 忙しくて手が放せない ganz in Anspruch genommen sein*.

はなす 話す sprechen* (reden; sich unterhalten*; plaudern) 《über 4格》; 〔述べる〕sagen; 〔言及する〕erwähnen; 〔物語る〕erzählen; 〔知らせる〕mit|teilen. 流暢(りゅうちょう)にドイツ語を～ fließend Deutsch sprechen*.

はなす 離す los|lassen*; 〔切り離す〕et. trennen 《von 3格》; 〔遠ざける〕et. entfernen 《von 3格》. ハンドルを～ das Steuer los|lassen*. 目を離さない nicht aus den Augen lassen*; im Auge behalten*.

はなすじ 鼻筋の通った mit wohlgeformter Nase.

はなせる 話せる〔物のわかる〕verständig. 彼は～男だ Er lässt mit sich reden.

はなぞの 花園 der Blumengarten -s, ⸚.

はなたかだか 鼻高高と stolz; triumphierend.

はなたば 花束 der Blumenstrauß -es, ⸚e; das Bukett -[e]s, -s (-e).

はなぢ 鼻血 das Nasenbluten -s. ～が出る Die Nase blutet mir.

はなつ 放つ → 放す; 〔銃砲などを〕ab|schießen*; ab|feuern; 〔臭いなどを〕von sich³ geben*; verbreiten; 〔光を〕aus|strahlen; 〔スパイを〕aus|senden(*). 家に火を～ ein Haus in Brand stecken. 声を放って泣く laut weinen.

はなっぱしら 鼻っ柱・が強い unnachgiebig. 彼女は~が強い Sie hat Haare auf den Zähnen.

はなつまみ 鼻摘み・にされる verabscheut werden*(s受). 彼は近所の~だ Er ist bei allen Nachbarn verhasst.

はなどき 花時 die Blütezeit -en;〔桜の〕die Zeit der Kirschblüte.

バナナ die Banane -n.

はなばさみ 花鋏 die Blumenschere -n.

はなはだ 甚だ sehr; in hohem Grade; höchst; äußerst; ungemein; außerordentlich.

はなばたけ 花畑 das Blumenbeet -[e]s, -e; der Blumengarten -s, ̈.

はなはだしい 甚だしい groß; stark; übermäßig; außerordentlich; schrecklich.

はなばなしい 花花(華華)しい glänzend; prächtig; herrlich;〔光栄ある〕glorreich.

はなび 花火 das Feuerwerk -[e]s, -e. ~を打ち上げる ein Feuerwerk ab|brennen*; feuerwerken. ~師 der Feuerwerker; der Pyrotechniker.

はなびら 花びら das Blumenblatt (Blütenblatt) -[e]s, ̈er.

パナマ Panama -s. ~運河 der Panamakanal. ~帽 der Panamahut.

はなみ 歯並み → 歯並び

はなみ 花見をする blühende Kirschbäume sehen*.

はなむけ 餞 → 餞別. ~の言葉 der Glückwunsch.

はなむこ 花婿 der Bräutigam -s, -e.

はなめがね 鼻眼鏡 der Kneifer -s, -.

はなもじ 花文字 die Initiale -n.

はなもち 鼻持ち・ならぬ ekelhaft; widerlich; abscheulich. 彼は~ならぬ Ich kann ihn nicht riechen. 手前味噌は~ならぬ Eigenlob stinkt.

はなや 花屋 der Blumenladen -s, ̈;〔人〕der Blumenhändler -s, -.

はなやか 花(華)やかな prächtig; prunkhaft; glänzend; herrlich.

はなよめ 花嫁 die Braut ̈e.

はならび 歯並びが良い(悪い) ein regelmäßiges (unregelmäßiges) Gebiss haben*.

はなれじま 離れ離れ・の(に) getrennt; vereinzelt. ~になる sich voneinander trennen.

はなれる 離れる sich trennen 《von 3格》;〔遠ざかる〕sich entfernen 《von 3格》;〔去る〕verlassen*. 列を~ aus dem Glied treten*(s). 離れた(て) getrennt;〔遠く隔たった(て)〕entfernt; fern. 町から4キロ離れている 4 Kilometer von der Stadt entfernt sein*. 道から離れて abseits vom Wege (des Weges). 欲得を離れて selbstlos. 離れ難い unzertrennlich. 遠く離れた集落 fern liegende Siedlung. 彼らはかなり年が離れている Es ist ein großer Altersunterschied zwischen ihnen.

はなれわざ 離れ業を演ずる ein [Aufsehen erregendes] Kunststück vor|machen.

はなわ 花輪 der Kranz -es, ̈e; die Girlande -n.

はにかむ scheu (schüchtern; verschämt) sein*; sich genieren.

パニック die Panik.

バニラ die Vanille. ~アイスクリーム das Vanilleeis.

はね 羽 die Feder -n;〔集合的に〕das Gefieder -s, -;〔翼〕der Flügel -s, -;〔羽根〕der Federball -[e]s, ̈e. ~のある gefiedert. ~が生えたように売れる wie warme Semmeln weg|gehen*(s). ~を伸ばす sich entspannen. ~を突く Federball spielen.

はね 跳ね〔泥の〕der Spritzer -s, -;〔興行の〕der Schluss -es, ̈e. 着物に~を上げる das Kleid mit Kot bespritzen.

ばね 発条 die Feder -n.

はねあがる 跳ね上がる auf|springen*(s);〔相場が〕plötzlich steigen*(s).

はねおきる 跳ね起きる auf|fahren*(s);〔寝床から〕aus dem Bett springen*(s).

はねかえす 跳ね返す zurückprallen lassen*;〔拒絶する〕zurück|weisen*.

はねかえり 跳ね返り der Rückprall -s;〔反作用〕die Rückwirkung -en;〔お転婆娘〕ausgelassenes Mädchen -s, -; der Flapper -s, -.

はねかえる 跳ね返る ab|prallen (s); zurück|prallen (s); zurück|springen*(s);〔跳ね上がる〕auf|springen*(s);〔影響が〕zurück|wirken 《auf 4格》.

はねかす 跳ねかす ¶水(泥)を~ et. mit Wasser (Kot) bespritzen.

はねつける 撥ね付ける zurück|weisen*.

はねのける 撥ね除ける ¶掛け布団を~ die Bettdecke zurück|schlagen*. 欠陥品を~ fehlerhafte Stücke aus|scheiden*.

はねぶとん 羽蒲団 das Federbett -[e]s, -en; die Federdecke -n; das Plumeau -s.

はねまわる 跳ね回る umher|springen*(s); umher|hüpfen (s).

ハネムーン Flitterwochen pl.; der Honigmond -[e]s;〔新婚旅行〕die Hochzeitsreise -n.

はねる 刎ねる ¶首を~ jn. enthaupten (köpfen).

はねる 跳ねる springen* (hüpfen) (s);〔水・泥が〕spritzen (s);〔芝居が〕zu Ende sein*; aus sein*.

はねる 撥ねる〔はじき飛ばす〕fort|schnellen;〔選び捨てる〕aus|scheiden*;〔乗物が又は乗物で〕an|fahren*.

パネル das Paneel -s, -e. ~画 die Tafelmalerei. ~ディスカッション das Podiumsgespräch; die Podiumsdiskussion.

パノラマ das Panorama -s, ..men.

はは 母 die Mutter ̈;〔お母ちゃん〕die Mutti -s. ~の mütterlich; Mutter-. ~の日 der Muttertag.

はば 幅 die Breite. ~の広い(狭い) breit (schmal). ~が5メートルある 5 Meter breit sein*; eine Breite von 5 Meter[n] haben*.

~3メートルの 3 Meter breit; von 3 Meter Breite. ~が利(き)く einflussreich sein*; viel gelten*. ~を利かせる sich breit machen.

ばば 馬場 die Reitbahn -en; 〔競馬の〕die [Pferde]rennbahn -en.

パパイア die Papaya [pa'pa:ja] -s; der Melonenbaum -[e]s, ¨e.

ははかた 母方・の mütterlicherseits. 彼の~の祖父 sein Großvater mütterlicherseits.

はばかる 憚る scheuen; sich scheuen 《vor 3格》. 世間を~ die Öffentlichkeit scheuen. ~ 所なく ohne Scheu; frei und offen. …を憚って aus Rücksicht 《auf 4格》. 憚りながら御 Ihrer Erlaubnis; ich gestatte mir, Ihnen zu sagen, dass … /〔自慢ではないが〕ohne mich zu rühmen.

はばたき 羽ばたき der Flügelschlag -[e]s, ¨e. ~する(羽ばたく) mit den Flügeln schlagen*.

はばつ 派閥 die Clique -n.

はばとび 幅飛び der Weitsprung -[e]s.

はばむ 阻む hemmen; jn. hindern 《an 3格》; verhindern. 行く手を~ jm. den Weg verlegen.

はびこる üppig wachsen*(s); wuchern (s; h); 〔広がる〕sich verbreiten; um sich greifen*; → 跋扈.

パピルス der Papyrus -, ..ri.

バビロニア Babylonien. ~の babylonisch. ~人 der Babylonier.

はふ 破風 der Giebel -s, -.

パフ die Puderquaste -n.

パブ das (der) Pub [pap, pʌb] -s, -s.

はぶく 省く aus|lassen*; weg|lassen*; 〔節する〕[er]sparen; 〔簡略にする〕[ab]|kürzen; 〔削減する〕ein|schränken.

ハプニング zufälliges Ereignis -ses, -se; der Zwischenfall -s, ¨e; 〔前衛芸術〕das Happening -s, -s.

はブラシ 歯ブラシ die Zahnbürste -n.

はぶり 羽振りがいい einflussreich sein*; viel gelten*.

ばふん 馬糞 der Pferdemist -[e]s; der Pferdeapfel -s, ¨. ~紙 die Strohpappe.

はへん 破片 das Bruchstück -[e]s, -e; der Splitter -s, -; die Scherbe -n. ガラスの~ der Glassplitter.

はほん 端本 vereinzelter Band -es, ¨e.

はま 浜 der Strand -es, ¨e. ~[辺]で am Strand.

はまき 葉巻 die Zigarre -n; 〔細巻〕der (das) Zigarillo -s, -s.

はまる 嵌(填)まる 〔ぴったり入る〕[hinein]|passen (in 4格); 〔適合する〕entsprechen* 《3格》; 〔落ち込む〕fallen* (s) (in 4格). 罠(な)に~ jm. in die Falle gehen*(s). ぬかるみに~ in den (dem) Schlamm ein|sinken*(s).

はみ 馬銜 das Gebiss -es, -e.

はみがき 歯磨き 〔粉〕das Zahnpulver -s, -; 〔練り〕die Zahnpasta ..ten.

はみだす 食み出す heraus|stehen*; 〔入り切れない〕nicht hinein|passen 《in 4格》; 〔超過する〕überschreiten*. 境界線から~ über die Grenze hervor|stehen*. 列から~ aus der Reihe fallen*(s). ドレスがコートの下から食み出している Das Kleid schaut ein Stückchen unter dem Mantel hervor.

ハミング ~で歌う summen.

ハム der Schinken -s, -. ~エッグス Spiegeleier mit Schinken. ~サンドイッチ das Schinkenbrötchen.

はむかう 歯(刃)向かう widerstehen* (sich widersetzen) 《3格》; auf|stehen*(s) (sich auf|lehnen) 《gegen 4格》; Trotz bieten* 《3格》.

はむし 羽虫 der Blattkäfer -s, -.

はめ 羽目 〔建〕die Bretterwand -, ¨e. 苦しい~に陥る in eine schwierige Lage geraten*(s). …する~になる sich genötigt sehen* 《zu+不定詞》. ~を外した ausgelassen; übermütig. ~を外す die Sau raus|lassen*.

はめつ 破滅 der Untergang -es; das Verderben -s. ~する zugrunde gehen*(s). ~させる zugrunde richten; ins Verderben stürzen.

はめる 嵌(填)める ein|setzen; ein|fügen; 〔枠(か)などに〕[ein]|passen; ein|ziehen*; 〔細工して〕hinein|arbeiten; 〔手袋を〕an|ziehen*. 指輪を~ jm.³ (jm.) einen Ring an|stecken*. 策略に~ überlisten.

ばめん 場面 die Szene -n; 〔劇〕der Auftritt -s, -e.

はもの 刃物 das Schneidewerkzeug -s, -e. ~店 der Messer[schmiedewaren]handlung.

はもの 端物 → はんぱ(半端物).

はもん 波紋 Wellenringe pl. 水に石を投げると~ができる Ein ins Wasser geworfener Stein erzeugt Ringe auf der Oberfläche. 政界に~を投ずる auf die politische Welt eine Wirkung aus|üben.

はもん 破門 die Ausstoßung; 〔宗〕der Bann -es; die Exkommunikation -en. ~する aus|stoßen*; 〔宗〕bannen; in den Bann tun*; exkommunizieren.

ハモンド・オルガン die Hammondorgel -n.

はやあし 早足で 〔急ぎ足で〕mit schnellen Schritten; im Schnellschritt; 〔乗馬の〕im Trab.

はやい 早(速)い 〔速度の〕schnell; geschwind; rasch; behände; 〔時間の〕früh; 〔早めの〕zeitig; 〔尚早の〕vorzeitig; verfrüht. ~話が um es kurz zu machen; kurzum. …するが~か kaum …, als; sobald … 彼は仕事が~ Er arbeitet schnell. ~く元気になるといいね Ich hoffe, dass du bald gesund wirst.

はやいものがち 早い者勝ち Wer zuerst kommt, mahlt zuerst.

はやおき 早起き・する früh auf|stehen*(s). ~の人 der Frühaufsteher. ~は三文の徳 Morgenstunde hat Gold im Munde.

はやがてん 早合点する einen voreiligen Schluss ziehen* 《aus 3格》; vorschnell folgern 《aus 3格》.

はやがね 早鐘 die Feuerglocke -n. 胸が~を

はやがわり　早変りする sich schnell verwandeln 《in 4格》.

はやく　早く → 早い; [じきに] bald; [so]gleich. 〜とも frühestens. 〜も schon. 朝〜から夜遅くまで von morgens früh bis spät in die Nacht. 〜する → 早める. 〜しろ Mach schnell! / Beeile dich! 彼は〜に両親を失った Er hat früh seine Eltern verloren.

はやく　破約 der Wortbruch (Vertragsbruch) -s, ¨e. 〜する sein Wort brechen*; [契約を] einen Vertrag brechen*.

はやく　端役 kleine Rolle -n; [人] der Statist -en, -en; Randfigur -en.

はやくち　早口で話す schnell (hastig) sprechen*. 〜言葉 der Zungenbrecher -.

はやさ　早さ die Schnelligkeit; die Geschwindigkeit -en.

はやざき　早咲きの früh blühend.

はやし　林 der Wald -es, ¨er; das Gehölz -es, -e; [山林] der Forst -es, -e[n].

はやじに　早死 früher (vorzeitiger) Tod -es. 〜する jung (vorzeitig) sterben*(s).

はやじまい　早じまい ¶店を〜にする den Laden früher als gewöhnlich schließen*.

はやす　囃す [喝采する] Beifall spenden 《3格》; [嘲(ちょう)る] jn. hänseln 《wegen 2格》.

はやす　生やす ¶鬚(ひげ)を〜 sich³ den Bart wachsen lassen*.

はやせ　早瀬 die Stromschnelle -n.

はやて　疾風 die Bö -en; der Windstoß -es, ¨e.

はやてまわし　早手回しに用意をする et. frühzeitig vor|bereiten.

はやね　早寝する früh zu Bett gehen*(s).

はやのみこみ　早呑み込みする → 早合点.

はやびけ　早引け ¶学校(会社)を〜する → 早退.

はやぶさ　隼 der Wanderfalke -n, -n.

はやまる　早まる sich verfrühen; [繰り上がる] vorverlegt werden*(s) 《auf 4格》; [急すぎる] voreilig sein*; sich übereilen. 早まった(て) voreilig; übereilt.

はやみち　早道 → 近道.

はやみひょう　早見表 die Tabelle -n.

はやみみ　早耳である frühzeitig informiert sein*; das Gras wachsen hören*.

はやめ　早目に [etwas] früher; beizeiten; [früh]zeitig.

はやめる　早める beschleunigen. 期日を〜 et. vor|verlegen 《auf 4格》.

はやり　流行 die Mode -n. 〜の modisch; Mode-. 〜歌 der Schlager (Gassenhauer).

はやる　逸る ungeduldig sein*. 〜心を押える sich beherrschen.

はやる　流行る [in] Mode sein*; beliebt sein*; [病気などが] herrschen; um|gehen*(s); [医者·弁護士が] eine große Kundschaft haben*; eine gut gehende Praxis haben*. よく〜レストラン gutes gehendes Restaurant. よく〜医者(弁護士) gesuchter Arzt (Rechtsanwalt).

はやりだす Mode (beliebt) werden*(s); in Mode kommen*(s). はやらせる in Mode bringen*. はやらなくなる aus der Mode kommen*(s).

はやわざ　早業 die Gewandtheit; [離れ業] das Kunststück -s, -e.

はら　原 das Feld -es, -er; die Wiese -n.

はら　腹 der Bauch -es, ¨e; der [Unter]leib -[e]s, -er; [胃] der Magen -s, ¨; [内心] das Herz -ens, -en; [意図] die Absicht -en; [胆力] der Mut -es. 〜が出る einen Bauch haben* (bekommen*). 〜が痛い Ich habe Leibschmerzen. / Der Magen tut mir weh. もう〜が一杯だ Ich bin satt. / Mein Magen streikt. …するかどうかまだ〜が決まらない mit sich³ selbst noch nicht einig sein*, ob… 〜がすいている Hunger haben*; hungrig sein*. 〜に一物(いちもつ)ある geheime Absichten haben*; etwas im Schilde führen. 〜に納める für sich behalten*. 〜に据え兼ねる nicht leiden können*. 〜の大きい [太っ腹の] großzügig; großmütig. 〜を合わせて im geheimen Einverständnis mit jm. 〜を痛めた子 ihr eigenes Kind. 〜を抱(かか)えて笑う sich³ [vor Lachen] den Bauch halten*. 〜を決める sich entschließen*. 〜をこわす sich³ den Magen verderben*. 〜を探る jn. sondieren. 痛くもない〜を探られる unschuldig verdächtigt werden*(s受). 〜を据えて entschlossen; gefasst. 〜を立てる sich ärgern 《über 4格》. 〜を割って offen[herzig].

ばら　〜で売る einzeln (lose) verkaufen. 〜銭 kleines Geld. 〜弾(だま) der (das) Schrot.

ばら　薔薇 die Rose -n; [木] der Rosenstock -s, ¨e. 〜色の rosenfarbig; rosa 《不変化》.

バラード die Ballade -n.

はらい　払い die [Be]zahlung -en. 〜を済ます eine Zahlung leisten.

はらいこみ　払込み die Einzahlung -en. 〜資本金 eingezahltes Kapital. 全額〜済みの voll eingezahlt. 郵便振替〜用紙 die Zahlkarte.

はらいこむ　払い込む ein|zahlen.

はらいさげ　払い下げ die Entstaatlichung -en.

はらいさげる　払い下げる entstaatlichen.

はらいせ　腹癒せする seinen Ärger ab|reagieren 《durch 4格》.

はらいっぱい　腹一杯食べる sich satt essen* 《an 3格》; sich³ den Bauch voll schlagen* 《mit 3格》.

はらいもどし　払い戻し die Rückerstattung (Rückzahlung) -en.

はらいもどす　払い戻す zurück|zahlen.

はらう　払う [支払う] et. bezahlen; [aus]zahlen; [掃き取る] ab|fegen; [ブラシで] ab|bürsten; [追い払う] vertreiben*; [売り払う] verkaufen. 食事代を〜 das Essen bezahlen. 木の枝を〜 Bäume stutzen. 埃(ほこり)を〜 et. vom Staub reinigen; et. ab|stauben. 敬意を〜 jm. Achtung zollen. 注意を〜 Aufmerksamkeit schenken 《3格》. 正義地を〜 Die

Gerechtigkeit ist spurlos von der Erde verschwunden.

はらう 祓う〔悪魔を〕beschwören*; aus|treiben*; exorzieren. 祓い清める reinigen.

バラエティー ～に富んだ abwechslungsreich.

はらおび 腹帯〔馬の〕der Sattelgurt -s, -e.

はらから Geschwister pl. → 同胞.

パラグラフ der Paragraf -en, -en; der Absatz -es, ̈-e.

はらぐろい 腹黒い boshaft; tückisch. ～考え schwarze Gedanken pl.

パラシュート der Fallschirm -s, -e.

はらす 晴らす ¶疑いを～ js. Verdacht (Zweifel) zerstreuen. 無実の罪を～ seine Unschuld beweisen*. 恨みを～ seine Rache befriedigen (stillen). 気を～ sich zerstreuen.

ばらす〔秘密を〕auf|decken; verraten*;〔ばらばらにこわす〕zerstückeln;〔解体する〕zerlegen;〔殺す〕um|bringen*.

バラス〔底面〕der Ballast -[e]s;〔砕石〕der Schotter -s, -.

パラソル der Sonnenschirm -s, -e.

はらだたしい 腹立たしい verdrießlich; ärgerlich.

はらだち 腹立ち der Ärger -s; der Verdruss -es. ～まぎれに aus (im; vor) Zorn.

はらちがい 腹違い・の von einer anderen Mutter geboren. ～の兄弟 der Stiefbruder (Halbbruder).

パラチフス der Paratyphus -.

バラック die Baracke -n.

パラドックス das Paradox -es, -e.

はらのかわ 腹の皮がよじれる sich krumm und schief lachen.

はらのむし 腹の虫 ¶どうもまだ～が納まらぬ Damit will ich mich nicht zufrieden geben.

はらばい 腹這い・になる auf dem Bauch liegen*. ～になって行く auf dem Bauch (auf allen vieren) kriechen*(s).

はらはちぶ 腹八分にする sich im Essen mäßigen.

はらはら ～する große Angst haben* 《um 4 格; wegen 2 格》. ～するような spannend. ～しながら in gespannter Unruhe.

ばらばら ～の(に) zusammenhanglos; vereinzelt; getrennt. ～になる in Stücke gehen*(s); auseinander fallen*(s);〔散り散りになる〕sich zerstreuen. ～にする zerlegen. ～死体 verstümmelte Leiche.

ぱらぱら ～と音を立てる prasseln.

パラフィン das Paraffin -s, -e. ～紙 das Paraffinpapier.

パラフレーズ die Paraphrase -n. ～する paraphrasieren; umschreiben*.

ばらまき ばら蒔く verstreuen; aus|streuen.

はらむ 孕む schwanger werden*(s);〔動物が〕trächtig werden*(s). 帆が風を～ Die Segel werden vom Wind geschwellt 危機(問題)を～ kritisch (problematisch) sein*. → 妊娠.

バラモン 婆羅門 der Brahmane -n, -n. ～の brahmanisch. ～教 der Brahmaismus.

バラライカ die Balalaika -s (..ken).

パララックス die Parallaxe -n.

はらわた 腸 Eingeweide pl. ～の腐った男 ein Mann mit verdorbener Seele. 魚の～を取り出す einen Fisch aus|nehmen*. ～が煮えくり返る vor Wut kochen; [eine] Wut im Bauch haben*.

はらん 波瀾 die Störung -en; Unruhen pl. 平地に～を起す den Frieden stören. ～に富んだ wechselvoll; bewegt.

バランス das Gleichgewicht -s. ～が取れている im Gleichgewicht sein*. ～シート die Bilanz. ～を崩す aus der Balance geraten*(kommen*)(s).

はり 針 die Nadel -n;〔蜂などの〕der Stachel -s, -n;〔釣針〕der [Angel]haken -s, -;〔時計などの〕der Zeiger -s, -. ～のめど das Nadelöhr. ～に糸を通す die Nadel ein|fädeln. 傷口を三～縫う eine Wunde mit 3 Stichen zu|nähen. ～を含んだ言葉 Stichelworte pl.

はり 梁 der Balken -s, -.

はり 鍼[・療法] die Akupunktur -en. ～を打つ jn. akupunktieren.

はり 張り〔張力〕die Spannung -en;〔意気地〕die Willenskraft. ～のある(ない)声 kräftige (kraftlose) Stimme.

ばり 張り ¶鴎外～の文章を書く im Stil von Ōgai schreiben*.

はりあい 張り合い〔競争〕die Konkurrenz. ～のある 仕事 Mühe wert; lohnend. ～抜けがする entmutigt (enttäuscht) sein*.

はりあう 張り合う es mit jm. auf|nehmen*; mit jm. wetteifern 《um 4 格》.

はりあげる 張り上げる ¶声を～ seine Stimme erheben*.

バリウム das Barium -s (記号: Ba).

バリエーション die Variation -en; die Abwandlung -en.

はりかえる 張り替える〔椅子などを〕neu beziehen*. 壁紙を～ die Wände neu tapezieren.

はりがね 針金 der Draht -s, ̈-e. ～細工 das Drahtwerk. ～虫 der Drahtwurm.

はりがみ 張り紙 das Plakat -[e]s, -e; der [Anschlag]zettel -s, -. ～禁止 Plakate anschlagen (ankleben) verboten! / Bitte nicht mit Zetteln bekleben.

バリカン die Haarschneidemaschine -n.

ばりき 馬力 die Pferdestärke -n (略: PS). 20～のモーター ein Motor von 20 Pferdestärken. ～をかける sich sehr an|strengen; mit Dampf arbeiten. ～のある〔精力的〕energisch.

はりきる 張り切る lebhaft werden*(s); in Schwung kommen*(s). 張り切って mit Schwung (Pep).

バリケード die Barrikade -n.

ハリケーン der Hurrikan -s, -e.

はりこのとら 張り子の虎 der Papiertiger -s,

はりこむ 張り込む Wache halten*; auf der Lauer liegen*;〔奮発して買う〕sich³ et. leisten.

はりさける 張り裂ける bersten*(s); brechen*(s). 胸が～ようだった Das Herz wollte mir zerspringen.

はりしごと 針仕事 die Nadelarbeit (Näherei) -en.

はりたおす 張り倒す nieder|schlagen*; zu Boden strecken.

はりだしまど 張り出し窓 der Erker -s, -; das Erkerfenster -s, -.

はりだす 張り出す〔出っ張る〕vor|springen*(s); vor|stehen*;〔掲げる〕an|schlagen*.

はりつく 貼り付く kleben《an 3 格》.

はりつけ 磔 die Kreuzigung -en. ～にする kreuzigen.

はりつける 貼り付ける et. an|kleben《an 4 格》; et. auf|kleben《auf 4 格》; et. ein|kleben《in 4 格》.

ぱりっと ～した身なりをしている gut gekleidet sein*; ～焼き上がった knusprig.

はりつめる 張り詰める ¶気を～ seinen Geist an|spannen (an|strengen). 池に氷が～ Der Teich ist ganz zugefroren.

はりとばす 張り飛ばす ohrfeigen; jm. eine kleben.

バリトン der Bariton -s, -e;〔歌手〕der Bariton -s, -e; der Baritonist -en, -en.

はりねずみ 針鼠 der Igel -s, -.

ぱりぱり ～仕事をする sich in die Ruder legen.

ぱりぱり ①〔新しい〕frisch; tüchtig. 江戸っ子の～ echter Tokyoer.

はりばん 張り番·をする Wache halten*. 店の～をする den Laden hüten.

はりふだ 張り札 → 張り紙.

はる 春 der Frühling -s, -e;〔雅〕der Lenz -es, -e. ～らしい frühlingshaft. ～になる Es wird Frühling. わが世の～ auf dem Gipfel seines Glückes sein*.

はる 張る [an|]spannen;〔テントを〕auf|schlagen*;〔枝を〕aus|breiten. 肘で～ die Ellbogen an|winkeln. 胸を～ sich brüsten《mit 3 格》; sich in die Brust werfen*. 板を～ et. täfeln. タイルを～ et. fliesen. 宴を～ ein Festessen geben*. 店を～ einen Laden haben*. 根を～ wurzeln. 氷が～ Das Wasser friert. 椅子に革を～ einen Sessel mit Leder überziehen*. 桶(㊚)に水を～ einen Eimer mit Wasser füllen. 勢力を～ großen Einfluss haben*. 横つらを～ jn. ohrfeigen. からだを～ sein Leben wagen. 肩が～ in den Schultern steif werden*(s). 値が～ teuer sein*. 気が～仕事 anstrengende Arbeit. 蜘蛛が巣を～ Die Spinne webt ihr Netz. 乳が～ Die Brust schwillt an.

はる 貼る〔びらなどを〕et. [an|]kleben (an|schlagen*)《an 4 格》. 手紙に切手を～ eine Marke auf einen Brief kleben. 膏薬(㊚)を～ ein Pflaster [auf eine Wunde] auf|legen.

はるか 遥か·に in der Ferne;〔格段に〕viel; weit; bei weitem. ～な fern. ～彼方(㊚)から aus weiter Ferne. ～昔のことである weit zurück|liegen*.

はるかぜ 春風 der Frühlingswind -[e]s, -e; die Frühlingsluft.

バルカン der Balkan. ～諸国 die Balkanstaaten pl. ～半島 die Balkanhalbinsel -en.

バルコニー der Balkon -s, -s (-e).

はるさき 春先に am Anfang des Frühlings; im Vorfrühling.

パルチザン der Partisan -s (-en), -en.

はるばる 遥遥 von weit her; aus weiter Ferne. ～九州から aus dem fernen Kyûshû.

バルブ das Ventil -s, -e.

パルプ der Zellstoff -s, -e. ～材 das Papierholz.

はるめく 春めく frühlingshaft werden*(s).

はれ 晴れ heiteres (schönes) Wetter -s. ～の一 晴れがましい.

はれ 腫れが引く Die Schwellung geht zurück.

ばれいしょ 馬鈴薯 die Kartoffel -n.

バレエ das Ballett -s, -e. ～の踊り子 die Ballettänzerin.

ハレーション der Lichthof -s, ⸗e.

パレード die Parade -n. ～をする paradieren.

バレーボール der Volleyball -[e]s.

はれがましい 晴れがましい ehrenreich; feierlich; glanzvoll. ～場所へ出る an die Öffentlichkeit treten*.

はれぎ 晴れ着 das Festkleid -[e]s, -er; das Sonntagskleid -[e]s, -er;〔男の〕der Sonntagsanzug -s, ⸗e. ～を着て festlich gekleidet.

はれつ 破裂 das Platzen -s; die Explosion -en. ～する platzen (s); bersten*(s); zerspringen*(s); explodieren (s);〔談判的〕abgebrochen werden*(s受). ～音《文法》der Explosiv.

パレット die Palette -n. ～ナイフ das Palettenmesser -.

はればれ 晴れ晴れ·した heiter. ～とする〔顔·心が〕sich auf|heitern (auf|klären).

はれま 晴れ間·が見える Ein Stückchen blauer Himmel schaut zwischen den Wolken heraus. 明日は梅雨の～になる Morgen kommt eine Unterbrechung der Regenzeit.

ハレム der Harem -s, -s.

はれもの 腫れ物 die Geschwulst ⸗e; die Anschwellung -en. ～にさわるように扱う wie ein rohes Ei behandeln.

はれやか 晴れやかな heiter; strahlend; gehoben.

バレリーナ die Ballerina ..nen.

はれる 晴れる〔空が〕sich auf|klären (auf|heitern); klar (heiter) werden*(s);〔霧が〕vergehen*(s);〔疑いが〕zerstreut werden*(s受). 気が～ sich aufgeheitert fühlen. 晴れて offen.

はれる 腫れる [an|]schwellen*(s). 腫れた geschwollen.

ばれる heraus|kommen*(s); an den Tag (ans

Licht) kommen*(s).
はれんち 破廉恥 die Schamlosigkeit (Frechheit) *-en*. ～な schamlos; unverschämt; frech.
ハロー Hallo!
ハロゲン das Halogen *-s, -e*.
バロック das (der) Barock *-[s]*. ～の barock.
パロディー die Parodie *-n*.
バロメーター das Barometer *-s, -*.
ハワイ Hawaii. ～諸島 die Hawaii-Inseln *pl.* ～の hawaiisch.
はん 反 anti-. ～共政策 antikommunistische Politik. ～帝国主義 der Antiimperialismus. ～日感情 antijapanisches Ressentiment (Gefühl).
はん 半 halb. ～ダース ein halbes Dutzend. ～時間 eine halbe Stunde. 1時間～ anderthalb Stunden. 2マイル～ zweieinhalb Meilen. 2時～ halb drei.
はん 判 der Stempel *-s, -*; [璽] das Siegel *-s, -*. ～を押す *et.* stempeln; sein Siegel drücken 《auf 4格》. →判型(ﾊﾝｶﾞﾀ).
はん 版 die Auflage *-n*（略: Aufl.）; 〔種類・判型による〕die Ausgabe *-n*; 〔印刷〕die Druckform *-en*. 第5～ die fünfte Auflage. ～を重ねる mehrere Auflagen erleben. ポケット(普及)～ die Taschenausgabe (Volksausgabe). 新～ die Neuauflage (Neuausgabe).
はん 班 die Gruppe *-n*; 〖兵〗der Trupp *-s, -s*.
ばん 晩 der Abend *-s, -e*; 〔夜〕die Nacht *¨e*. ～に am Abend; des Abends; abends. 或る～ eines Abends. 日曜日の～に [am] Sonntagabend. ～の7時頃に gegen 7 Uhr abends. ～になる Es wird Abend.
ばん 番 〔順番〕die Reihe *-n*; 〔番号〕die Nummer *-n*（略: Nr.）; 〔勝負の回数〕die Partie *-n*. ～をする *et.* bewachen; *et.* hüten. 3～勝負をする drei Partien spielen. 君の～だ Du kommst dran (an die Reihe). 彼はｸﾗｽで6～だ Er ist der Sechste in der Klasse.
ばん 盤 〔いち〕die Schüssel *-n*; 〔碁・将棋などの〕das [Spiel]brett *-[e]s, -er*; 〔音盤〕die Schall[-]platte *-n*.
パン das Brot *-es, -e*. ～を焼く Brot backen(*). ～粉 das Paniermehl. ～種 der Sauerteig; die Hefe. ～屋 die Bäckerei; 〔人〕der Bäcker.
バン・アレン ～帯 der Van-Allen-Gürtel *-s*.
はんい 範囲 der Bereich *-[e]s, -e*; das Gebiet *-[e]s, -e*; der Kreis *-es, -e*; der Umfang *-[e]s*. 活動～の der Wirkungskreis. 私の知っている～では Soviel ich weiß, ...
はんいご 反意語 →反義語.
はんえい 反映 der Widerschein *-s*; der Abglanz *-es*. ～する sich wider|spiegeln; 〖他動詞〗wider|spiegeln; reflektieren.
はんえい 繁栄 das Gedeihen (Wohlergehen) *-s*. ～する gedeihen*(*s*); florieren; blühen.

はんえん 半円 der Halbkreis *-es, -e*. ～形の halbkreisförmig.
はんおん 半音 der Halbton *-s, ¨e*. ～下げる erniedrigen.
はんか 繁華・な belebt. ～街 belebte Straße; 〔盛り場〕das Vergnügungsviertel.
はんが 版画 〔木版画〕der Holzschnitt *-[e]s, -e*; 〔銅版画〕der Kupferstich *-s, -e*; 〔石版画〕die Lithografie *-n*.
ばんか 挽歌 das Klagelied *-[e]s, -er*; der Grabgesang *-s, ¨e*.
ばんか 晩夏 der Spätsommer *-s*.
ハンガー der [Kleider]bügel *-s, -*.
ハンガー・ストライキ der Hungerstreik *-s, -s*.
ばんかい 挽回する wieder|her|stellen; wieder gut|machen; 〔遅れを〕auf|holen.
ばんがい 番外の nicht auf dem Programm stehend; Sonder-; Extra-; außerordentlich; ungewöhnlich. ～に extra.
はんがく 半額で zum halben Preis.
はんかくめい 反革命 die Gegenrevolution *-en*.
ハンカチ das Taschentuch *-[e]s, ¨er*.
はんかつう 半可通 die Halbwisserei; 〔人〕der Halbwisser *-s, -*.
ハンガリー Ungarn. ～の ungarisch. ～人 der Ungar.
バンガロー der Bungalow *-s, -s*.
はんかん 反感 die Antipathie *-n*; die Abneigung; der Widerwille *-ns*. ～をいだく eine Abneigung haben* 《gegen 4格》; gegen *jn.* eingenommen sein*. ～を買う sich³ *js.* Antipathie zu|ziehen*; *jn.* gegen sich ein|nehmen*.
ばんかん 万感胸に迫る Tausend Gefühle regen sich in meiner Brust.
はんかんはんみん 半官半民の halbstaatlich.
はんき 反旗を翻す sich gegen *jn.* empören (auf|lehnen).
はんき 半旗を掲げる die Flagge auf halbmast hissen; halbmast flaggen.
はんぎご 反義語 das Antonym *-s, -e*.
はんぎゃく 反逆 der Verrat *-[e]s*. ～する Verrat begehen* 《an 3格》; rebellieren 《gegen 4格》. ～罪 der Hochverrat. ～者 der Verräter; der Rebell. ～的 verräterisch; rebellisch.
はんきゅう 半球 die Halbkugel *-n*. 南～ die südliche Hemisphäre (Halbkugel).
はんきょう 反共 antikommunistisch.
はんきょう 反響 das Echo *-s, -s*; der Widerhall *-s*. ～する wider|hallen. 大きな～を呼ぶ großen Widerhall (ein großes Echo) finden*.
パンク die Reifenpanne *-n*. ﾀｲﾔが～した Uns platzt der Reifen. / Wir haben eine Reifenpanne.
ハンググライダー der Drachen *-s, -*; der Hängegleiter *-s, -*.
ばんぐみ 番組 das Programm *-s, -e*. 子供

~〔ラジオ・テレビの〕der Kinderfunk.

ばんくるわせ 番狂わせ die Überraschung -en. ~の überraschend; unerwartet.

はんけい 半径 der Radius -, ..dien; der Halbmesser -s, -.

はんけい 判型 das Format -[e]s, -e.

はんげき 反撃・する einen Gegenangriff machen 《gegen 4格》. ~に移る zum Gegenangriff über|gehen*(s).

はんけつ 判決 das Urteil -s, -e; der Richterspruch -s, ⁻e. ~を下す ein Urteil fällen 《über 4格》; et. entscheiden*. 懲役3年の~を下す jn. zu 3 Jahren Zuchthaus verurteilen. ~に服する das Urteil an|nehmen*. ~は無罪だった Das Urteil lautete auf Freispruch.

はんげつ 半月 der Halbmond -[e]s. ~形の halbmondförmig; lunular.

はんけん 版権 das Verlagsrecht -[e]s. ~侵害 die Verletzung des Verlagsrechts. ~所有 Alle Rechte vorbehalten.

はんげん 半減・する sich um die Hälfte vermindern (verringern). ~期《物》die Halbwertszeit.

ばんけん 番犬 der Wachhund -[e]s, -e.

はんご 反語 die Ironie -n. ~的 ironisch.

はんこう 反抗 der Widerstand -es, ⁻e; der Trotz -es. ~する widerstehen* (Trotz bieten*)《3格》; sich auf|lehnen (empören)《gegen 4格》. ~的 trotzig; widersetzlich; widerspenstig. ~的な態度をとる sich widersetzlich zeigen. ~心から aus Trotz《gegen 4格》. 或る人に~して jm. zum Trotz.

はんこう 犯行 das Verbrechen -s, -. ~直後に gleich (frisch) nach der Tat.

ばんごう 番号 die Nummer -n. ~札 das Nummernschild. ~順にそろえる nach Nummern ordnen. ~をつける(打つ) et. nummerieren; et. beziffern. ~！〔号令〕Abzählen！

ばんこく 万国 alle Länder pl.; die Welt. ~旗 die Flaggen aller Länder. ~博覧会 die Weltausstellung.

はんざい 犯罪 das Verbrechen -s, -. ~者 der Verbrecher. ~的 verbrecherisch. ~を犯す ein Verbrechen begehen*.

ばんざい 万歳 der Hurraruf (Hochruf) -[e]s, -e. ~！ hurra！; evviva！ ~を唱える hurra rufen*. ~を三唱する ein dreifaches Hoch auf jn. aus|bringen*. 皇帝陛下~！ Heil dem Kaiser！ 自由~ Es lebe die Freiheit！

ばんさく 万策尽きた Jetzt bin ich mit meiner Kunst zu Ende.

はんざつ 煩雑な umständlich; kompliziert.

ハンサム ~な hübsch; schön.

はんさよう 反作用 die Reaktion -en; die Rückwirkung (Gegenwirkung) -en. ~を及ぼす zurück|wirken (eine Rückwirkung aus|üben)《auf 4格》.

ばんさん 晩餐 das Abendessen -s, -; die Abendmahlzeit -en. ~会 festliches Abendessen.

はんし 判事 der Richter -s, -.

はんし 万死に一生を得る mit knapper Not davon|kommen*(s). その罪は~に値する Das Verbrechen verdient den Tod.

ばんじ 万事 alles; alle Dinge pl. ~休す Alles ist verloren (aus). / Es ist um mich geschehen.

パンジー das Stiefmütterchen -s, -.

はんしはんしょう 半死半生の halb tot.

はんじもの 判じ物 das Rätsel -s, -;〔判じ絵〕das Bilderrätsel -s, -. ~を解く ein Rätsel raten (lösen).

はんしゃ 反射 die Reflexion -en;《医》der Reflex -es, -e. ~する reflektieren; zurück|werfen*; zurück|strahlen. ~的 reflektorisch. ~運動 die Reflexbewegung. ~鏡 der Reflektor. ~光線 der Reflex; zurückgeworfene Lichtstrahlen pl. ~炉 der Flammofen.

ばんじゃく 磐石のごとき unbeweglich wie ein Fels; felsenfest.

ばんしゅう 晩秋 der Spätherbst -es.

はんじゅく 半熟・にする〔卵を〕weich kochen. ~の weich [gekocht];〔果実が〕halbreif.

はんしゅつ 搬出する heraus|tragen*.

ばんしゅん 晩春 der Spätfrühling -s.

はんしょう 反証 der Gegenbeweis -es, -e. ~を挙げる den Gegenbeweis an|treten*《für 4格》.

はんしょう 半鐘 die Feuerglocke -n.

はんじょう 半畳を入れる unterbrechen*; eine Zwischenbemerkung machen.

はんじょう 繁昌する gedeihen*(s); blühen; florieren; gut in Schwung sein*; gut gehen*(s).

ばんしょう 晩鐘 das Abendgeläute -s; die Abendglocke -n.

バンジョー das Banjo -s, -s.

はんしょく 繁殖 die Fortpflanzung; die Vermehrung -en. ~する sich fort|pflanzen (vermehren). ~力 die Fortpflanzungsfähigkeit. ~力の強い fortpflanzungsfähig; fruchtbar. ~期 die Brutzeit.

はんしん 半身・像 das Brustbild; die Büste. ~不随 die Hemiplegie. ~不随である einseitig gelähmt sein*.

はんしんはんぎ 半信半疑・の(で) halb misstrauisch. ~である halb glauben, halb zweifeln, dass …

はんしんろん 汎神論 der Pantheismus -.

はんすう 反芻・する wieder|käuen. ~動物 der Wiederkäuer.

はんすう 半数 die Hälfte -n.

はんズボン 半ズボン die Kniehose -n; kurze Hose -n.

はんする 反する〔違反する〕verstoßen*《gegen 4格》; et. verletzen;〔矛盾する〕widersprechen*《3格》. 良俗に~ gegen die gute Sitte verstoßen*. 主義に~ seinen Grundsätzen widersprechen*. これに反して dagegen; hin-

はんずる 判ずる urteilen 《über 4格》;〔謎(¾)などを〕raten*;〔夢などを〕deuten;〔暗号などを〕entziffern.
はんせい 反省 das Nachdenken -s; die Reflexion -en. ～する nach|denken* (reflektieren) 《über 4格》. ～を促す jn. zur nochmaligen Überlegung auf|fordern.
はんせき 犯跡をくらます alle Spuren des Verbrechens tilgen (verwischen).
はんせん 反戦・的 pazifistisch. ～論者 der Kriegsgegner; Pazifist. ～運動 pazifistische Bewegung.
はんせん 帆船 das Segelschiff -s, -e.
はんぜん 判然と[した] deutlich; klar.
ばんぜん 万全の allersicherst; absolut vollkommen.
はんそう 帆走する segeln (s; h).
はんそう 搬送する befördern; transportieren.
ばんそう 伴奏 die Begleitung -en. ピアノの～で mit Klavierbegleitung. 歌にピアノで～する den Gesang (jn. beim Gesang) auf dem Klavier begleiten. ～者 der Begleiter.
ばんそうこう 絆創膏 das Heftpflaster -s, -.
はんそく 反則 die Regelwidrigkeit -en;《スポーツ》das Foul -s, -s. ～の regelwidrig;《スポーツ》foul. ～する foul spielen.
はんそで 半袖 der Halbärmel -s, -. ～の halbärmelig; kurzärmelig.
はんだ 半田 das Lot -[e]s, -e. ～付けにする löten. ～鏝(¾) der Lötkolben.
パンダ der Panda -s, -s;〔大パンダ〕der Bambusbär -en, -en.
はんたい 反対〔相反〕der Gegensatz -es, ⸗e;〔逆〕das Gegenteil -s, -e;〔異論〕der Widerspruch -s, ⸗e;〔抵抗〕der Widerstand -es, ⸗e. ～する widersprechen* (sich entgegen|setzen)《3格》; Einspruch erheben*《gegen 4格》. ～の entgegengesetzt; umgekehrt. ～の手 die andere Hand. ～のことを言う das Gegenteil behaupten. ～に〔それどころか〕im Gegenteil. 〔しかるに〕dagegen. ～になる Im Gegenteil um|schlagen*(s). ～にする ins Gegenteil verkehren. …に～して gegen (wider)《4格》. …と～に im Gegensatz zu《3格》. ～者 der Gegner (Widersacher); der Opponent. ～運動 die Gegenbewegung. ～側 die Gegenseite. ～給付 die Gegenleistung. ～尋問する jn. ins Kreuzverhör nehmen*. ～党 die Gegenpartei. ～動議 der Gegenantrag. ～票(論) die Gegenstimme. 我我はそれに～だ Wir sind dagegen.
パンタグラフ der Stromabnehmer -s, -.
バンタム ～級 das Bantamgewicht -s.
パンタロン Pantalons pl.
はんだん 判断 das Urteil -s, -e; die Beurteilung -en. ～する urteilen (befinden*)《über 4格》; beurteilen;〔夢などを〕deuten. 身なりで

～する jn. nach seiner Kleidung beurteilen. ～力 die Urteilskraft. ～力のある urteilsfähig. 医師の～によれば nach Entscheid des Arztes.
ばんち 番地 die Hausnummer -n.
パンチ die Knipszange -n;〔ボクシング〕der Schlag -es, ⸗e. 切符に～を入れる Fahrkarten knipsen (lochen). 顔面に～を食らわす jm. einen Schlag ins Gesicht versetzen. ～カード die Lochkarte.
パンチャー der Locher -s, -.
はんちゅう 範疇 die Kategorie -n. それはこの～には入らない Es gehört nicht in diese (zu dieser) Kategorie.
ハンチング → 鳥打ち帽子.
パンツ [kurze] Unterhose -n.
はんつき 半月 ein halber Monat -s, -. ～の halbmonatig. ～ごとの(に) halbmonatlich.
ばんづけ 番付 die Rangliste -n;〔芝居の〕der Theaterzettel -s, -.
はんてい 判定 das Urteil -s, -e; die Entscheidung -en. ～する urteilen《über 4格》; entscheiden*. ～で勝つ(負ける) nach Punkten siegen (verlieren*). ～勝ち der Punktsieg.
パンティー der Schlüpfer -s, -; der Slip -s, -s.
ハンディキャップ das Handikap -s, -s;〔劣者に与えられる〕die Vorgabe -n. ～をつける jn. handikapen. 10メートルの～を与える jm. 10 Meter vor|geben.
はんてん 反転・する um|drehen (um|wenden*)(h; s);〔ひっくり返す〕um|kehren; wenden. ～フィルム der Umkehrfilm.
はんてん 斑点 der Fleck -s, -e; der Sprenkel -s, -. ～のある fleckig; gefleckt; gesprenkelt.
バンド der Gürtel -s, -;〔楽隊〕die Kapelle -n; die Band -s. ～マスター der Kapellmeister.
はんとう 半島 die Halbinsel -n.
はんどう 反動 die Reaktion (Gegenwirkung) -en;〔銃砲発射の際の〕der Rückstoß -es, ⸗e. ～的 reaktionär; rückschrittlich. ～家 der Reaktionär.
ばんとう 番頭 der Geschäftsführer -s, -.
ばんとう 晩冬 der Spätwinter -s.
はんどうたい 半導体 der Halbleiter -s, -.
はんとうめい 半透明の durchscheinend.
はんどく 判読する entziffern.
はんとし 半年 ein halbes Jahr -es; das Halbjahr -[e]s, -e. ～の halbjährig. ～ごとの(に) halbjährlich.
ハンドバッグ die Handtasche -n.
ハンドブック das Handbuch -[e]s, ⸗er.
ハンドボール der Handball -[e]s.
パントマイム die Pantomime -n.
ハンドル〔自転車の〕die Lenkstange -n;〔自動車の〕das Lenkrad -[e]s, ⸗er; das Steuer -s, -;〔ドアの〕die Klinke -n;〔機械の〕die Kurbel -n. 左(右)～の自動車 der Linkslenker

ばんなん 万難を排して auf alle Fälle; trotz aller Schwierigkeiten.
はんにち 半日 ein halber Tag -es. ~の halbtägig. ~交替の halbtäglich wechselnd.
はんにゅう 搬入する hinein|tragen*.
はんにん 犯人 der Verbrecher (Täter) -s, -.
ばんにん 万人 alle Menschen (Leute) pl. ~向きである für jedermann geeignet (nach aller Geschmack) sein*.
ばんにん 番人 der Wächter (Hüter) -s, -.
はんにんまえ 半人前 eine halbe Portion.
ばんねん 晩年 der Lebensabend -s. ~に in seinen späteren (letzten) Jahren.
はんのう 反応 die Reaktion (Rückwirkung) -en; [効果] die Wirkung -en. ~する reagieren (an|sprechen*) 《auf 4格》.
ばんのう 万能の allmächtig. ~選手 der Allroundsportler. ~薬 das Allheilmittel (Universalmittel).
はんのき 榛の木 die Erle -n.
パンのき パンの木 der Brot[frucht]baum -[e]s, ··e.
はんぱ 半端な unvollständig; [中途半端な] halb. ~物 der Rest -es, -er.
バンパー die Stoßstange -n.
ハンバーガー der Hamburger -s, -.
ハンバーグ・ステーキ deutsches Beefsteak -s, -s.
はんばい 販売 der Verkauf -s, ··e. ~する verkaufen; handeln 《mit 3格》. ~人 der Verkäufer. ~所 die Verkaufsstelle. ~価格 der Verkaufspreis.
バンパイア der Vampir -s, -e.
はんばく 反駁 die Widerlegung -en; die Gegenrede -n. ~する widerlegen; an|fechten*; widersprechen* 《3格》.
はんぱつ 反発・する et. ab|stoßen*; et. zurück|stoßen*; [はね返る] zurück|prallen (s); [反抗する] sich widersetzen 《3格》. ~し合う sich (einander) ab|stoßen*. ~を感じさせる jn. ab|stoßen*.
はんはん 半半に halb und halb.
はんぴれい 反比例・する im umgekehrten Verhältnis (in umgekehrter Proportion) stehen* 《zu 3格》. …と~して umgekehrt proportional 《zu 3格》.
はんぷ 頒布する et. verteilen 《unter 4格》.
はんぷく 反復 die Wiederholung -en. ~する wiederholen. ~して wiederholt.
パンプス Pumps pl.
ばんぶつ 万物 alle Dinge (Wesen) pl. 人間は~の霊長である Der Mensch ist die Krone der Schöpfung.
パンフレット die Broschüre -n; die Flugschrift -en.
はんぶん 半分 die Hälfte -n. ~の halb. ~にする halbieren; [半分だけ減らす] um die Hälfte vermindern. ~の~ → 半半. その~ほど halb so viel. おもしろ~に nur zum Vergnügen.
はんぺい 番兵 die [Schild]wache -n; der Posten -s, -. ~に立つ Wache (Posten) stehen*. ~を置く Wachen auf|stellen.
はんべつ 判別・する unterscheiden*. 二物を~する zwei Dinge [voneinander] unterscheiden*.
ハンマー der Hammer -s, ··. ~投げ das Hammerwerfen.
はんめい 判明・する klar (deutlich) werden* (s); [突き止められる] festgestellt (ermittelt) werden* 《2受》; […と分る] sich heraus|stellen (erweisen*). 審理の結果彼の無実が~した Die Untersuchung ergab seine Unschuld.
ばんめし 晩飯 das Abendessen -s. ~を食べる zu Abend essen*; Abendbrot essen*.
はんめん 半面 [die] eine Seite; [他面] die andere Seite; [副詞] anderseits. ~の真理 die halbe Wahrheit.
はんも 繁茂する üppig wachsen* (s); wuchern (s; h).
はんもく 反目 die Fehde -n; die Feindschaft -en. 或る人と~している mit jm. in Fehde liegen* (in Feindschaft leben).
ハンモック die Hängematte -n.
はんもん 反問する eine Gegenfrage an jn. stellen.
はんもん 煩悶 die Seelenqual -en. ~する Qualen leiden*; grübeln 《über 4格》.
パンヤ der Kapok -s.
はんゆう 万有 das Weltall (Universum) -s. ~引力 die allgemeine Gravitation.
ばんゆう 蛮勇 die Tollkühnheit.
ばんらい 万雷の拍手 donnernder Beifall -s.
はんらん 反乱 der Aufruhr -s, -e; der Aufstand -[e]s, ··e; die Empörung (Rebellion) -en; die Revolte -n; der Putsch -[e]s, -e. ~を起す → aufstehen* 《gegen 4格》; rebellieren (revoltieren) 《gegen 4格》.
はんらん 氾濫 die Überschwemmung -en. ~する [河川が] über|treten* (s) (über|fluten) (s). 河の水が平野に~した Der Fluss überschwemmte (überflutete) die Ebene. 市場には外国製品が~している Der Markt ist mit fremden Erzeugnissen überschwemmt.
はんりょ 伴侶 der Gefährte -n, -n.
はんれい 凡例 Hinweise für die Benutzung.
はんれい 判例 das Präjudiz -es, -e (-ien).
はんろ 販路 das Absatzgebiet -s, -e; der Markt -[e]s, ··e. 新しい~を開く neue Absatzgebiete erschließen*. ~を広げる das Absatzgebiet erweitern.
はんろん 反論 der Widerspruch -s, ··e; die Widerlegung -en. ~する widersprechen* 《3格》; widerlegen; Einwände machen 《gegen 4格》.

ひ

ひ 日 der Tag -es, -e;〔太陽〕die Sonne. ～を決める den Tag (Termin) fest|setzen. ～に焼ける [von der Sonne] braun werden*(s); Die Sonne hat mich verbrannt (gebräunt). ～の目を見る ans Licht kommen*(s). ～があるうちに Solange es noch Tag ist, ... / noch bei Tag[e]. ～が高くなるまで bis [weit] in den Tag hinein. ～に3度 dreimal täglich. ～一日と von Tag zu Tag. ～の入り(出) der Sonnenuntergang (Sonnenaufgang). ～の当る場所〔比〕ein Platz an der Sonne. ～が長くなる Die Tage werden länger.

ひ 火 das Feuer -s, -;〔炎〕die Flamme -n. ～を起す Feuer [an|]machen. ～をつける et. an|zünden. ～に掛ける〔鍋などを〕ans (auf) Feuer stellen. ～が消えたように静かな totenstill. ～のような feurig. ～のように怒った wutentbrannt. 情熱の～をかき立てる den Funken der Begeisterung in jm. entfachen.

ひ 比 das Verhältnis -ses, -se. …に～して im Vergleich《mit (zu) 3格》; verglichen《mit 3格》. ～を見ない unvergleichlich; einzigartig. → 比率.

ひ 妃[殿下] die Prinzessin -nen.

ひ 否とする mit [einem] Nein antworten《auf 4格》.

ひ 非・を鳴らす jm. Vorwürfe machen. ～を認める seinen Irrtum zu|geben*. ～を悟る sein Unrecht ein|sehen*. ～の打ち所がない einwandfrei; makellos.

ひ 秘中の秘である streng geheim sein*; das Geheimnis aller Geheimnisse sein*.

ひ 緋[色] der Scharlach -s. ～の scharlachrot; scharlachen.

ひ 碑 das Denkmal -s, ¨er; das Monument -s, -e. ～を建てる ein Denkmal auf|richten.

び 美 die Schönheit; das Schöne#. ～的 ästhetisch. ～的感覚 ästhetischer Sinn.

び 微に入り細を穿(ﾂ)って mit (in) allen Einzelheiten; ganz genau.

ピア → ビール; ビヤ.

ひあい 悲哀 die Traurigkeit; die Trauer; die Wehmut. ～に満ちた(て) traurig; voll Trauer; wehmütig.

ひあがる 干上がる ein|trocknen (s); aus|trocknen (s). 口が～ am Hungertuch nagen.

ひあし 日脚が延びる Die Tage werden länger.

ひあし 火脚が早い Das Feuer breitet sich rasch aus.

ひあそび 火遊びをする〔〔比〕〕mit dem Feuer spielen.

ひあたり 日当りのよい sonnig. この庭は～がよい(悪い) Der Garten hat viel (wenig) Sonne.

ピアニスト der Pianist -en, -en.

ピアノ das Klavier -s, -e. ～を弾(ﾋ)く Klavier spielen. ～を習う Klavier spielen lernen. ～協奏曲 das Konzert für Klavier und Orchester. ～ソナタ die Klaviersonate.

ひあぶり 火炙り der Feuertod -[e]s. ～にする verbrennen*. ～になる [auf dem Scheiterhaufen] verbrannt werden*(s受).

ピー・アール Public Relations *pl.* (略: PR); die Öffentlichkeitsarbeit. ～する Reklame machen《für 4格》; werben*《für 4格》.

ビーカー das Becherglas -es, ¨er.

ひいき 最屓・にする jm. eine Gunst (Gnade; Gefälligkeit) erweisen*; eine Vorliebe haben*《für 4格》. ～にあずかる in js. Gunst stehen*; einer Gunst teilhaftig sein*. どう～目に見ても bei größter Nachsicht. → えこひいき.

ピーク die Höhe -n; der Gipfel -s, -.

ビーコン die Bake -n. ラジオ～ die Funkbake.

ビーシージー ～予防接種 die BCG-Schutzimpfung.

ヒース〔植〕die Erika ..ken.

ビーズ ～の手提げ die Handtasche aus Glasperlen.

ヒーター das Heizgerät -s, -e.

ビーチ・パラソル der Sonnenschirm -s, -e.

ひいて 延いては [und] ferner.

ピーティーエー die Gemeinschaft von Eltern und Lehrern.

ひいでる 秀でる sich aus|zeichnen (hervor|-tun*)《in 3格》; hervor|ragen《in 3格》. 秀でた ausgezeichnet; hervorragend.

ビーナス Venus;〔金星〕die Venus.

ピーナッツ die Erdnuss ¨e. ～バター die Erdnussbutter.

ビーバー der Biber -s, -.

ぴいぴい ～鳴く piepen; flöten.

ピーマン der Paprika -s.

ひいらぎ 柊 die Stechpalme -n; die Stecheiche -n.

ビール das Bier -s, -e. ～を醸造する Bier brauen. ～工場 die [Bier]brauerei. ～瓶 die Bierflasche. 黒～ dunkles Bier. 生～ das Fassbier. 缶ビール das Dosenbier. → ビヤ.

ビールス → ウイルス.

ヒーロー der Held -en, -en.

びう 眉宇 ¶彼は決意のほどを～に浮かべていた Unter seinen Brauen hervor sprach ein fester Entschluss.

ひうちいし 火打石 der Feuerstein -[e]s, -e.

ひうん 非運 das Missgeschick -s, -e; das Verhängnis -ses, -se; trauriges Schicksal -s, -e. ～に泣く sein Missgeschick bejammern.

ひえき 裨益する jm. zum Nutzen (Vorteil) gereichen; bei|tragen*《zu 3格》.

ひえこみ 冷え込み die Abkühlung -en.

ひえこむ 冷え込む ¶明日の午後から~でしょう Ab morgen Nachmittag wird es sehr kalt werden.

ひえしょう 冷え性の kälteempfindlich.

ひえる 冷える kalt werden*(s); erkalten (s); sich ab|kühlen. よく冷えたビール gekühltes Bier. おなかが~ sich³ den Magen erkälten. 今日はなかなか~ Heute ist es sehr kalt.

ピエロ der Pierrot -s, -s.

びえん 鼻炎 die Rhinitis ..tiden.

ひおおい 日覆い die Markise -n.

ビオラ die Viola ..len; die Bratsche -n.

びおん 微温的 lau[warm].

びおん 鼻音 der Nasal -s, -e; der Nasenlaut -[e]s, -e.

ひか 皮下の subkutan. ~注射 subkutane Injektion. 薬を~に注射する ein Mittel subkutan spritzen.

ひか 悲歌 die Elegie -n; das Klagelied -[e]s, -er.

ひが 非我〖哲〗das Nicht-Ich -[s], -[s].

びか 美化する verschönen; verschönern;〔理想化する〕idealisieren.

ひがい 被害 der Schaden -s, ¨; die Beschädigung -en. ~を受ける Schaden [er]leiden*《durch 4格; bei 3格》; geschädigt werden*《s受》. ~を与える Schaden zu|fügen《3格》. ~者 der Geschädigte#; das Opfer. ~地 beschädigter Ort. ~妄想 der Verfolgungswahn.

ぴかいち ぴか一 ¶歌手の~ der Sänger Nummer eins; der Spitzensänger.

ひかえ 控え〔メモ〕die Notiz -en;〔写し〕die Abschrift -en;〔代り〕der Ersatz -es. ~室 das Vorzimmer.

ひかえめ 控え目·の maßvoll; bescheiden; zurückhaltend. 食事を~にする sich im Essen mäßigen.

ひがえり 日帰りの旅行 eintägige Reise -n.

ひかえる 控える〔書きとめる〕notieren;〔差し控える〕zurück|halten《mit 3格》;〔控え目にする〕sich mäßigen《in 3格》;〔待っている〕warten. 試験を目前に控えている kurz vor dem Examen stehen*. 出発を明日に控えて vor der Abreise von morgen.

ひかく 比較 der Vergleich -[e]s, -e. ~する et. vergleichen*《mit 3格》; einen Vergleich ziehen*《zwischen 3格》. ~にならない keinen Vergleich aus|halten*《mit 3格》; nicht zu vergleichen sein*《mit 3格》. ~的 verhältnismäßig. ~すると im Vergleich《mit (zu) 3格》. ~言語学 vergleichende Sprachwissenschaft. ~級〖文法〗der Komparativ.

ひかく 皮革 das Leder -s, -. ~製品 Lederwaren pl.

ひかく 非核[の] nichtnuklear.

びがく 美学 die Ästhetik. ~[上]の ästhetisch. ~者 der Ästhetiker.

ひかげ 日陰 der Schatten -s, -. ~の生活を送る im Schatten leben. ~者 lichtscheue Gestalt.

ひかげ 日影 der Sonnenschein -s.

ひがけ 日掛け貯金 tägliche Ersparnisse pl.

ひかげん 火加減 ¶料理では~が第一だ Beim Kochen kommt es auf die richtige Temperatur an.

ひがさ 日傘 der Sonnenschirm -s, -e.

ひかされる 引かされる sich angezogen fühlen《von 3格》. 情(子)に引かされて aus Mitleid (Liebe zum Kind).

ひがし 東 der Osten -s. ~[側]の östlich. ~へ nach Osten; ostwärts. 東京の~に östlich von Tokyo. 太陽は~から昇る Die Sonne geht im Osten auf. 部屋は~向きである Das Zimmer geht nach Osten. ~支那海 das Ostchinesische Meer. ~日本 Ostjapan. ~半球 die östliche Hemisphäre (Halbkugel). ~風 der Ost[wind].

ひがし 干菓子 trockener Kuchen -s, -.

ひかず 日数がかかる → にっすう.

ひがた 干潟 das Watt -s, -en.

ぴかぴか ~の [blitz]blank. ~光る glänzen; blinken; leuchten. ~に磨く blank polieren (putzen).

ひがみ 僻み〔偏見〕die Voreingenommenheit;〔ねたみ〕der Neid -es;〔劣等感〕das Minderwertigkeitsgefühl -s, -e.

ひがむ 僻む neidisch (missgünstig) sein*.

ひがめ 僻目 ¶こうと見たは~か Habe ich es schief gesehen?

ひからす 光らす polieren; glänzen; schleifen*. 目を~ ein wachsames (scharfes) Auge haben*《auf 4格》.

ひからびる 干涸びる aus|trocknen (s); ein|trocknen (s); verdorren (s). 干涸びた ausgetrocknet; dürr.

ひかり 光 das Licht -es; der Strahl -[e]s, -en. ~を放つ strahlen; scheinen*; leuchten. ~を出す〔磨く〕et. polieren; glänzen; schleifen*. ~を失う seinen Glanz (Schein) verlieren*;〔盲になる〕das Augenlicht verlieren*. ~を奪う et. in den Schatten stellen.

ぴかり ~と光る blitzen; funkeln; zucken.

ひかる 光る glänzen; leuchten; glitzern. 彼は能力の点で仲間じゅうでも断然光っている Er glänzt unter seinen Kameraden durch seine Fähigkeiten.

ひかん 悲観·する schwarz sehen*. ~的 pessimistisch; schwarzseherisch. ~論 der Pessimismus. ~論者 der Pessimist; der Schwarzseher.

ひがん 彼岸 die Äquinoktialwoche. ~の中日 die Tagundnachtgleiche.

ひがん 悲願 schönlichster Wunsch -es, ¨e.

びかん 美観 schöner Anblick -[e]s. 増築のため劇場全体の~がそこなわれた Der Anbau hat das ganze Theater verunstaltet.

びがんすい 美顔水 das Gesichtswasser -s, ¨.

ひかんち 避寒地 die Winterfrische -n.

ひき 引き ¶叔父の~で durch Einfluss meines Onkels. よい~がある gute Verbindungen ha-

ひき 悲喜こもごも mit einem Gemisch von Freud und Leid.

びぎ 美技 ausgezeichnetes Spiel -s, -e.

ひきあい 引き合い〔商〕die Anfrage -n. ~に出す an|führen; sich beziehen* (berufen*)《auf 4 格》. 事件の~に出される als Zeuge vorgeladen werden*(s 受). 南米からトランジスター・ラジオから~があった Wir haben eine Anfrage bezüglich Transistorradios aus Südamerika bekommen.

ひきあう 引き合う ¶綱を~ ein Tau nach entgegengesetzten Richtungen ziehen*. この商売は引き合わない Dieses Geschäft lohnt sich nicht (ist nicht lohnend).

ひきあげしゃ 引揚者 der Heimkehrer -s, -.

ひきあげる 引き上(揚)げる auf|ziehen*; hoch|ziehen*;〔値段を〕erhöhen;〔撤退する〕sich zurück|ziehen*《von 3 格》;〔階級を〕jn. befördern《zu 3 格》. 故国へ~ in die [alte] Heimat zurück|kehren (s). 軍隊を~ Truppen zurück|ziehen*.

ひきあて 引き当て das Pfand -es, ‟er. ~金 die Rückstellung.

ひきあわせ 引き合わせ die Vorstellung -en. 全く神のお~です Durch Gottes Fügung haben wir uns wiedersehen können.

ひきあわせる 引き合わせる〔比べる〕et. vergleichen*《mit 3 格》;〔紹介する〕vor|stellen; jn. mit jm. zusammen|bringen* (bekannt machen).

ひきいる 率いる [an|]führen;〔先頭に立つ〕an der Spitze《2 格》stehen*.

ひきいれる 引き入れる et. führen (leiten)《in 4 格》. 味方に~ jn. auf seine Seite ziehen*.

ひきうけにん 引き受け人 der Übernehmer -s, -.

ひきうける 引き受ける übernehmen*; auf sich nehmen*. 手形を~ einen Wechsel an|nehmen*.

ひきうす 碾臼 der Mühlstein -[e]s, -e.

ひきうつし 引き写し die Abschrift -en.

ひきうつす 引き写す et. ab|schreiben*《aus 3 格》.

ひきうつる 引き移る beziehen*《4 格》; [ein|]ziehen*(über|siedeln; übersiedeln)(s)《in 4 格》.

ひきおこす 引き起す〔倒れたものを〕auf|heben*;〔事件を〕verursachen; herbei|führen.

ひきかえ 引き換(換)え・に(で) gegen《4 格》; für《4 格》. 代金と~で〔現金で〕gegen bar. ~券 die Marke.

ひきかえす 引き返す um|kehren (s); zurück|kehren (s).

ひきかえる 引き替(換)える et. um|tauschen《gegen 4 格》. それに引き替え dagegen.

ひきがえる 蟇 die Kröte -n.

ひきがね 引き金 der Abzug -s, ‟e. ~を引く [das Gewehr] ab|drücken. ~に指を掛ける den Finger am Abzug haben*. ~となる das auslösende Moment sein*《für 4 格》.

ひきげき 悲喜劇 die Tragikomödie -n.

ひきこみせん 引き込み線〔鉄道の〕die Anschlussbahn -en;〔電気の〕die Zuleitung -en.

ひきこむ 引き込む herein|ziehen*. → 引き入れる.

ひきこもる 引き籠る sich zurück|ziehen* (ein|schließen*)《in 4 格》.

ひきころす 轢き殺す tot|fahren*.

ひきさがる 引き下がる zurück|treten*(s)《von 3 格》.

ひきさく 引き裂く zerreißen*; auseinander reißen*.

ひきさげ 引き下げ die Herabsetzung.

ひきさげる 引き下げる herab|setzen; herunter|setzen; senken.

ひきざん 引き算 die Subtraktion -en. → 引く.

ひきしお 引き潮 die Ebbe -n. ~になる Die Ebbe tritt ein. / Es ebbt.

ひきしぼる 引き絞る ¶弓を~ den Bogen an|spannen.

ひきしまる 引き締まる ¶口元が引き締まっている Der Mund ist fest geschlossen. 心が~〔おごそかで〕Ich fühle mich erhoben. 相場が~ Der Börsenkurs ist fest.

ひきしめる 引き締める ¶家計を~ den Haushalt ein|schränken. 気を~ sich zusammen|nehmen*. 手綱を~ die Zügel [straffer] an|ziehen*. 組織を~ eine Organisation straffen.

ひぎしゃ 被疑者 der Verdächtige#.

ひきずりこむ 引き摺り込む jn. schleppen (zerren)《in 4 格》.

ひきずりだす 引き摺り出す heraus|zerren.

ひきずりまわす 引き摺り回す herum|schleppen.

ひきずる 引き摺る schleppen; [nach|]schleifen. 足を引き摺って歩く schlurfen (s; h); sich [hin|]schleppen.

ひきたおす 引き倒す um|reißen*.

ひきたおす 轢き倒す um|reißen*; überfahren*.

ひきだし 引き出し die Schublade -n;〔貯金の〕die Abhebung -en.

ひきだす 引き出す heraus|ziehen*. 貯金から 2000 円~ 2 000 Yen vom Konto ab|heben*.

ひきたたせる 引き立たせる zur Geltung bringen*.

ひきたつ 引き立つ besser aus|sehen*; zur Geltung kommen*(s);〔活気づく〕sich heben*. 額に入れると絵が~ Der Rahmen bringt das Bild zur Geltung.

ひきたて 引き立て・を蒙(⁀)る bei jm. in Gunst stehen*. 社長の~で durch die Gunst des Chefs.

ひきたてる 引き立てる jn. protegieren; jm. eine Gunst erweisen*. → 引き立たせる. 気を~ jn. ermutigen (auf|heitern). 罪人を~ einen Verbrecher [mit Gewalt] ab|führen.

ひきつぎ 引き継ぎ die Übernahme;〔引き渡し〕die Übergabe -n.

ひきつぐ 引き継ぐ übernehmen*;〔引き渡す〕übergeben*.

ひきつけ 引き付けを起す Krämpfe (einen Krampf) bekommen*; [sich] krampfen.

ひきつける 引き付ける *et.* an|ziehen* 《zu 3 格》. → 引き付け.

ひきつづく 引き続く雨のため wegen des anhaltenden Regens. 引き続いて anschließend 《an 4 格》. 講演に引き続いて討論が行われた An den Vortrag schloss sich eine Aussprache an. 展覧会は引き続き開催中だ Die Ausstellung ist (bleibt) noch weiterhin geöffnet.

ひきづな 引き綱 das Schleppseil -s, -e.

ひきつる 引き攣る einen Krampf bekommen* (haben*) 《in 3 格》. 彼の顔は恐怖で引き攣っていた Sein Gesicht verkrampfte sich vor Furcht.

ひきつれる 引き連れる mit|nehmen*. 子供を引き連れて行く mit seinen Kindern gehen* (*s*).

ひきて 引き手 die Klinke -n.

ひきて 弾き手 der Spieler -s, -.

ひきど 引き戸 die Schiebetür -en.

ひきとめる 引き留める behalten*;〔やめさせる〕*jn.* ab|halten* 《von 3 格》; *jn.* zurück|halten* 《von (vor) 3 格》. 客を~ die Gäste zurück|halten*.

ひきとる 引き取る übernehmen*;〔返品を〕zurück|nehmen*;〔世話をする〕sich *js.* an|nehmen*;〔立ち去る〕weg|gehen*(*s*). 息を~ den letzten Atem (sein Leben; seinen Geist) aus|hauchen.

ビキニ〔衣〕der Bikini -s, -s.

ひきにく 挽き肉 das Hackfleisch -es; das Gehackte*. ~500グラム ein halbes Kilogramm Gehacktes. ~にする Fleisch durch den Wolf drehen.

ひきにげ 轢き逃げをする Fahrerflucht begehen*.

ひきぬく 引き抜く [her]aus|ziehen*;〔選ぶ〕aus|lesen*;〔俳優・選手などを〕ab|werben*.

ひきのばし 引き伸ばし〔延長〕die Verlängerung -en;〔写真の〕die Vergrößerung -en. ~機 der Vergrößerungsapparat. ~戦術に出る eine Verschleppungstaktik (Verzögerungstaktik) an|wenden*(*).

ひきのばす 引き伸ばす aus|dehnen;〔写真を〕vergrößern;〔延長する〕verlängern;〔遅らせる〕verzögern; verschleppen.

ひきはがす 引き剥がす ab|reißen*.

ひきはなす 引き離す trennen; auseinander ziehen*;〔競技で〕distanzieren. 大きく引き離している *jm.* weit voraus sein* 《in 3 格》.

ひきはらう 引き払う räumen. 東京を~ Tokyo verlassen*.

ひきふね 引き船 der Schlepper (Schleppdampfer) -s, -.

ひきまく 引き幕を引く(開ける) den Zugvorhang zu|ziehen* (auf|ziehen*).

ひきまど 引窓 das Schiebefenster -s, -.

ひきまわす 引き回す〔連れ歩く〕herum|führen. 幕を~ einen Vorhang ziehen* 《um 4 格》. → 引き摺り回す.

ひきむしる 引き毟る aus|rupfen; aus|raufen.

ひきもきらず 引きも切らず ununterbrochen; unaufhörlich.

ひきもどす 引き戻す zurück|ziehen*; zurück|bringen*.

びきょ 美挙 lobenswerte Tat -en.

ひきょう 卑怯・な feig[e]. ~者 der Feigling.

ひきょう 秘境 geheimnisvolle Gegend -en.

ひぎょう 罷業 der Streik -s, -s.

ひきよせる 引き寄せる *et.* heran|ziehen* 《zu 3 格》; *et.* an sich ziehen*.

ひきわけ 引き分け das Unentschieden -s, -; das Remis -, -[en]. ~になる unentschieden (remis) enden. ~に持ち込む ein Unentschieden erreichen.

ひきわける 引き分ける trennen. → 引き分け.

ひきわたし 引き渡し die Auslieferung -en; die Übergabe -n.

ひきわたす 引き渡す aus|liefern; übergeben*.

ひきわり 碾き割り die Grütze.

ひきん 卑近な üblich; alltäglich; gewöhnlich.

ひきんぞく 卑金属 unedle Metalle *pl.*

ひく 引く ziehen*; schleppen. 子供の手を~ ein Kind an der Hand führen. 仕事から手を~ sich vom Geschäft zurück|ziehen*. 実例を~ ein Beispiel an|führen. 水道を~ eine Wasserleitung [an]|legen. 袖(₌)を~ *jn.* am Ärmel zupfen. 値を~ etwas vom Preis ab|lassen*. 荷車を~ einen Wagen ziehen*. 人目を~ auf|fallen*(*s*);〔形容詞〕auffällig. カーテンを~ den Vorhang vor|ziehen*. 床に油を~ den Fußboden ölen. 弓を~ den Bogen spannen; → 弓. 5から2を~ 2 von 5 ab|ziehen* (subtrahieren). 6-2は4 5 minus (weniger) 2 ist 4. この問題はあとを~ Die Frage wirkt nach. 着物の裾を~ das Kleid nach|schleifen. 蜘蛛(ﾋ)(蜂蜜)が糸を~ Die Spinne spinnt (Der Honig zieht Fäden). 辞書を~ ein (in einem) Wörterbuch nach|schlagen*.

ひく 退く zurück|treten*(*s*) 《von 3 格》;〔水・腫れ・熱などが〕zurück|gehen*(*s*). 一歩も退かない keinen Fingerbreit nach|geben*.

ひく 挽く〔のこぎりで〕sägen;〔ろくろで〕drechseln.

ひく 弾く spielen.

ひく 碾く mahlen*.

ひく 轢く überfahren*.

びく 魚籠 der Fischkorb -[e]s, ¨e.

ひくい 低い niedrig; tief;〔背が〕klein. ~温度 tiefe Temperatur. ~声で leise. ~鼻 flache Nase.

ひくいどり 火食い鳥 der Kasuar -s, -e.

びくしょう 微苦笑する sauer (gequält) lächeln.

ひくつ 卑屈な kriecherisch; unterwürfig.

びくつく ängstlich sein*; sich ängstigen 《vor 3 格》; Angst haben* 《vor 3 格》.

ひくて 引く手あまたの sehr gesucht (begehrt); viel umworben.
びくとも 〜しない unerschütterlich; unbeugsam; felsenfest.
ピクニック 〜に出かける einen Ausflug machen.
ひくひく ¶鼻を〜させておいをかぐ schnüffeln 《an 3格》.
びくびく 〜した ängstlich; zaghaft. 〜する sich ängstigen 《vor 3格》; zagen. 〜しながら mit weichen Knien. 〜せずに ohne Scheu.
ぴくぴく 〜動く zucken. 〜させる zucken 《mit 3格》. 耳を〜動かす mit den Ohren wackeln.
ひぐま 羆 der Braunbär -en, -en.
ぴくり 〜と動く(動かす) zucken.
ピクルス [Mixed] Pickles pl.
ひぐれ 日暮 die [Abend]dämmerung -en. 〜になる Es dämmert. / Es geht auf den Abend zu.
ひけ 引け・をとる jm. nach|stehen* (etwas nach|geben*)《an (in) 3格》. 〜をとらない sich vor jm. nicht zu verstecken brauchen.
ひげ 髭 der Bart -es, ⸚e. 〜のある bärtig; mit Bart. 〜を生やす sich³ den Bart wachsen lassen*. 〜を剃(そ)る sich rasieren. 〜を剃ってもらう sich rasieren lassen*. 〜の塵(ちり)を払う jm. um den Bart gehen*(s); jm. die Stiefel lecken.
ひげ 卑下・する sich [vor jm.] demütigen. 〜した demütig; unterwürfig.
ピケ 〔織〕der Pikee -s, -s; 〔ストライキの〕der Streikposten -s, -. 〜を張る Streikposten auf|stellen.
ひげき 悲劇 die Tragik; 〔劇〕die Tragödie -n; das Trauerspiel -[e]s, -e. 〜的 tragisch. 〜俳優 der Tragöde. 〜詩人 der Tragiker.
ひけつ 否決する ab|lehnen; nieder|stimmen.
ひけつ 秘訣 das Geheimnis -ses, -se; der Geheimtipp -s, -s. 成功の〜 das Geheimnis des Erfolgs; der Schlüssel zum Erfolg.
ピケット・ライン die Streikpostenkette -n. → ピケ.
ひけどき 引け時 ¶会社の〜 der Büroschluss. 学校の〜 der Schulschluss.
ひける 引け目を感じる sich minderwertig (klein) fühlen. 〜がある eine Schwäche haben*.
ひけらかす et. zur Schau stellen; paradieren 《mit 3格》. 知識を〜[sich] mit seinen Kenntnissen groß|tun*.
ひける 引ける ¶学校は3時に〜 Die Schule ist um 3 Uhr aus. 学校(役所)が引けてから nach Schulschluss (Dienstschluss). 値段は引けません Leider kann ich den Preis nicht ermäßigen.
ひけん 比肩 ¶彼に〜する者はいない Niemand lässt sich mit ihm vergleichen.
ひご 庇護・する schützen. 〜を加える jm. [seinen] Schutz gewähren (bieten*). 〜を求める bei jm. Schutz suchen《vor 3格》. 〜の下にある unter js. Schutz stehen*. 神の〜によって unter Gottes Schutz.
ひご 卑語 vulgärer Ausdruck -s, ⸚e.
ひこう 非行 die Missetat (Straftat) -en. 〜少年(少女) der (die) Verwahrloste#. → 不良.
ひこう 飛行 der Flug -es, ⸚e. 〜する fliegen*(s). 〜中に(の) im Flug. 〜士 der Flieger; der Pilot; der Flugzeugführer. 〜時間 die Flugzeit. 〜場 der Flugplatz; 〔空港〕der Flughafen. 〜船 das Flugschiff (Luftschiff). 〜艇 das Flugboot.
ひごう 非業の死を遂げる einen gewaltsamen Tod sterben*(s).
びこう 尾行する beschatten.
びこう 備考 die Anmerkung -en.
びこう 微光 der Schimmer -s. 〜放つ schimmern.
びこう 鼻孔 das Nasenloch -[e]s, ⸚er.
ひこうかい 非公開・の(で) unter Ausschluss der Öffentlichkeit; geschlossen. この庭園は現在〜になっている Der Garten ist jetzt nicht allgemein zugänglich.
ひこうき 飛行機 das Flugzeug -s, -e. 〜で行く fliegen*(s). 〜に乗り込む ein Flugzeug besteigen*. 〜で旅行する mit dem (im) Flugzeug reisen (s).
ひこうしき 非公式の inoffiziell; außerdienstlich.
ひごうほう 非合法な illegal.
ひごうり 非合理な irrational; unlogisch.
ひこく 被告 〔民事〕der Beklagte#. 〜人〔刑事〕der Angeklagte#; Angeschuldigte#. 〜席 die Anklagebank.
ひこくみん 非国民 der Volksverräter (Landesverräter) -s, -.
びこつ 鼻骨 das Nasenbein -[e]s, -e.
ひごと 日毎に(の) täglich; von Tag zu Tag.
ひこばえ 蘖 der Spross -es, -e.
ひごろ 日頃の行い tägliches Benehmen -s. 〜希望していた品 lange ersehnter Artikel. 〜は陽気なのに Du bist doch sonst immer lustig.
ひざ 膝 das Knie -s, -. 〜をつく sich knien. 〜を曲げる die Knie beugen. 子供を〜にのせる ein Kind auf den Schoß nehmen*. 〜が震える Die Knie schlottern (wanken) mir. ズボンの〜が出る(抜ける) Meine Hosen beulen an den Knien (beulen sich aus). 〜掛け die [Knie]decke. 〜頭 das Knie.
ビザ das Visum -s, ..sa (..sen).
ピザ die Pizza -s (Pizzen).
ひさい 被災・地 das Katastrophengebiet. 〜者 das Opfer des Unfalls.
ひさい 非才を顧みず Obwohl ich kein fähiger Mann bin, ... / Obwohl das über meine Kräfte geht, ...
びさい 微細にわたって bis ins Kleinste genau.
びざい 微罪 leichtes Vergehen -s, -.
ひざかり 日盛りに in der größten Hitze des

Tages.
ひさく 秘策を授ける jm. Geheimrezept verraten*.
ひさし 庇 das Vordach -[e]s, ¨er; 〔帽子の〕der Schirm -[e]s, -e.
ひざし 日差し der Sonnenschein -s.
ひさしい 久しい・以前から seit langem; von langem her. ～以前の事だ Es ist schon lange her, dass … 久しく lange.
ひさしぶり 久し振り・で nach langer Zeit. ～ですね Wir haben uns lange nicht gesehen.
ひざづめ 膝詰め談判をする eine direkte Unterhandlung mit jm. führen.
ひざまずく 跪く sich knien; auf das (die) Knie fallen*(s). 跪いている knien (auf den Knien liegen*) 《vor 3格》.
ひさめ 氷雨〔冷雨〕kalter Regen -s; 〔あられまじりの〕der Graupelregen -s.
ひざもと 膝元 ¶親の～で(に) bei seinen Eltern. 親の～を離れる das Elternhaus verlassen*.
ひさん 飛散する auseinander fliegen*(s).
ひさん 悲惨な elend; erbärmlich; jämmerlich; miserabel; tragisch. ～な最期を遂げる elend sterben*(s); eines jämmerlichen Todes sterben*(s).
ひし 犇と抱き締める fest umfassen (umarmen).
ひし 皮脂 der Hauttalg -s, -e. ～腺 die Talgdrüse.
ひし 秘史 verborgene Geschichte.
ひし 菱 die Wassernuss ¨-e.
ひじ 肘 der Ellbogen -s, -. ～をつく sich auf die Ellbogen stützen. ～で突く(押しのける) jn. mit dem Ellbogen stoßen*.
ひじ 秘事 das Geheimnis -ses, -se; 〔私事〕die Privatsache -n.
ひじかけ 肘掛け die Armlehne -n. ～椅子 der Lehnstuhl; der Armstuhl; der Sessel.
ひしがた 菱形 der Rhombus -, ..ben; die Raute -n. ～の rhombisch.
ひしぐ 拉ぐ ¶鬼をも～勢いで Tod und Teufel nicht fürchtend. 敵を打ち～ den Feind niederschlagen*. 高慢の鼻を～ js. Überheblichkeit einen Dämpfer auf|setzen.
ひしげる 拉げる zerdrückt werden*(s受). 拉げたマッチ箱 zerdrückte Streichholzschachtel.
びしてき 微視的 mikroskopisch.
ひじでっぽう 肘鉄砲・を食う einen Korb erhalten* (bekommen*). ～を食らわす jm. einen Korb geben*.
ビジネス das Geschäft -s, -e; das Business ['bɪznɪs] -. ～マン der Businessman […mæn] -[s], ..men […mən]; der Geschäftsmann. ～クラス die Businessclass […klaːs]. ～センター das Geschäftsviertel. ～ライクに geschäftsmäßig.
ひしひし 犇犇・と押し寄せる sich dicht heran|drängen. ～と感じる am eigenen Leib zu spüren bekommen*. ～と身にこたえる jm. ans Herz greifen*.
びしびし ～[と] streng.
ひしめく 犇めく sich [dicht] drängen; Kopf an Kopf stehen*.
ひしゃく 柄杓 der Schöpfer -s, -; der Schöpflöffel -s, -.
びじゃく 微弱な schwach.
ひしゃげる → ひしげる.
ひしゃたい 被写体 das Objekt -[e]s, -e.
ぴしゃり ～と戸を締める die Tür zu|schlagen* (zu|knallen). 頬(ほほ)を～とたたく jm. einen Klaps auf die Wange geben*. ～とはねつける glatt (schroff) ab|lehnen.
ひじゅう 比重 das spezifische Gewicht -[e]s.
ひじゅつ 秘術・を尽す all seine Künste an|wenden*. ～を尽して mit aller möglichen Gewandtheit.
びじゅつ 美術 die bildende Kunst ¨-e. ～家 der Künstler. ～学校 die Kunstschule; 〔大学〕die Kunsthochschule. ～館 das Museum. ～品 der Kunstgegenstand. ～的 künstlerisch.
ひじゅん 批准 die Ratifikation -en. ～する ratifizieren.
ひしょ 秘書 der Sekretär -s, -e. 女～ die Sekretärin. ～課 das Sekretariat. ～室 das Vorzimmer.
ひしょ 避暑・地 die Sommerfrische. 軽井沢へ～に行く in die Sommerfrische nach Karuizawa fahren*(s).
びじょ 美女 schöne Frau -en. → 美人.
ひじょう 非情の kaltherzig; gefühllos.
ひじょう 非常・な außergewöhnlich. ～に sehr; außergewöhnlich. ～の場合に im Notfall. ～[の時]に備える für den Notfall vor|sorgen. ～口 der Notausgang. ～事態 der Notstand. ～ブレーキ die Notbremse. ～ベル die Alarmklingel.
びしょう 微小な kleinst; winzig.
びしょう 微笑 das Lächeln -s. ～する lächeln. ～を浮かべて lächelnd. 彼女の顔に～が浮かんだ Ein Lächeln flog über ihr Gesicht.
びじょう 尾錠 die Schnalle -n. ～を掛ける die Schnalle schließen*; et. [zu]|schnallen.
ひじょうきん 非常勤講師 der Lehrbeauftragte#; der Diätendozent -en, -en.
ひじょうしき 非常識・な unvernünftig. 彼は～だ Er hat keinen gesunden Menschenverstand.
ひじょうしゅだん 非常手段 die Notmaßnahme -n. ～を取る Notmaßnahmen ergreifen* (treffen*).
ひじょうすう 被乗数 der Multiplikand -en, -en.
ひじょうせん 非常線・を張る einen Kordon ziehen*. ～を突破する die Absperrung durchbrechen*.
びしょうねん 美少年 schöner Jüngling -s, -e.

びしょく 美食 feine Speisen *pl.*; der Leckerbissen -s, -. ～家 der Feinschmecker; der Gourmet.

ひじょすう 被除数 der Dividend -en, -en.

びしょぬれ びしょ濡れの tropfnass; klitschnass.

ビジョン die Vision -en; das Zukunftsbild -[e]s, -er.

びれいく 美辞麗句 blumige Redensarten *pl.* ～に富んだ blumenreich.

びしん 微震 sehr leichtes Erdbeben -s, -.

びじん 美人 die Schöne*; die Schönheit -en. ～コンテスト der Schönheitswettbewerb.

ひすい 翡翠 der Jade -[s].

ビスケット das (der) Biskuit -s, -s (-e); der Zwieback -s, -e (-e); der (das) Keks -[es], -[e].

ヒステリー die Hysterie -n. ～の hysterisch. ～を起す hysterisch werden*(s).

ピストル die Pistole -n. 胸に～を突き付ける *jm.* die Pistole auf die Brust setzen. ～を撃つ mit der Pistole schießen* 《auf 4 格》. → 拳銃.

ピストン das Piston -s, -s; der Kolben -s, -. ～輸送する im Pendelverkehr transportieren.

ひずみ 歪み die Verzerrung -en.

ひずむ 歪む sich verzerren.

ひする 秘する *jm. et.* verbergen* (verheimlichen).

びせい 美声 schöne Stimme -n.

ひせいさん 非生産的 unproduktiv.

びせいぶつ 微生物 die Mikrobe -n; das Kleinstlebewesen -s, -. ～学 die Mikrobiologie.

ひせき 秘跡 das Sakrament -s, -e.

びせきぶん 微積分 die Infinitesimalrechnung -en.

ひぜに 日銭 tägliches Einkommen -s, -.

ひせん 卑賤の身の von niedriger Herkunft (Geburt).

ひぜん 皮癬 die Krätze.

ひせんきょけん 被選挙権 passives Wahlrecht -[e]s.

ひせんとういん 非戦闘員 der Nichtkombattant -en, -en; der Nichtkämpfer -s, -; [集合的に] die Zivilbevölkerung -en.

ひせんろん 非戦論 der Pazifismus -.

ひそ 砒素 das Arsen -s (記号: As).

ひそう 皮相な oberflächlich; flach.

ひそう 悲壮な pathetisch; tragisch.

ひぞう 秘蔵の弟子 der Lieblingsschüler. ～の娘 die Lieblingstochter. ～物 der Schatz.

ひぞう 脾臓 die Milz -en.

ひぞうっこ 秘蔵っ子 der Schatz -es, -e; behütetes Kind -es, -er.

ひそか 密かに heimlich; im Geheimen. ～な足音 leise Schritte *pl.* ～な策動 versteckte Umtriebe *pl.*

ひぞく 卑俗な gemein; vulgär.

ひそひそ leise; heimlich. ～話をする leise sprechen*; sich mit *jm.* flüsternd unterhalten*.

ひそむ 潜む sich versteckt (verborgen) halten*.

ひそめる 潜める ¶ 声を～ die Stimme senken. 声を潜めて mit gesenkter (leiser) Stimme. 身を～ sich verstecken (verbergen*).

ひそめる 顰める ¶ 眉を～ die Augenbrauen zusammen|ziehen*. 眉を顰めて mit zusammengezogenen Augenbrauen.

ひだ 襞 die Falte -n. ～のある faltig. ～をつける *et.* falten; *et.* in Falten legen.

ひたい 額 die Stirn -en. ～の広い breitstirnig. ～に皺(しわ)を寄せる die Stirn runzeln (falten). ～に汗して im Schweiße seines Angesichts. ～の汗を拭(ぬぐ)う sich³ den Schweiß von der Stirn wischen. ～を集める die Köpfe zusammen|stecken.

ひだい 肥大 die Hypertrophie. ～性の hypertroph. ～した〔扁桃腺が〕 geschwollen; 〔心臓が〕erweitert.

びたい 媚態 die Koketterie. ～を示す 〔形容詞〕kokett; 〔動詞〕mit *jm.* kokettieren.

びたいちもん 鐚一文 ¶ そんな事には～出さないぞ Dafür gebe (zahle) ich keinen Groschen.

ひたおし 直押しに押す unaufhaltsam vor|dringen*(s). ～に攻める unentwegt an|greifen*.

ひたす 浸す *et.* [ein]tauchen 《in 4 格》.

ひたすら ausschließlich; eifrig; mit Hingabe.

ひだち 肥立ち ¶ 彼女は産後の～が悪い Nach ihrer Entbindung ist sie noch nicht ganz wiederhergestellt.

ひだね 火種 〔戦争などの〕der Zündstoff -[e]s, -e; 〔放火のための〕der Feuerbrand -[e]s, -e.

ひたはしり 直走りに走る pausenlos (ohne Pause) laufen*(s).

ひだまり 日溜まりで in der Sonne.

ビタミン das Vitamin -s, -e. ～の多い vitaminreich. ～B を含んだ Vitamin-B-haltig. ～B 欠乏 der Vitamin-B-Mangel.

ひたむき ～に fleißig; eifrig; ernsthaft. ～な愛 hingebende Liebe.

ひだり 左の link. ～へ nach links. 私の～に links von mir. 郵便局の～[側]に links [von] (auf der linken Seite) der Post. ～側を歩く links gehen*(s). 彼女の～側を歩く zu (an) ihrer Linken (zu (an) ihrer linken Seite) gehen*(s). ～側通行 der Linksverkehr. あの政治家は～に傾いている Jener Politiker ist links eingestellt.

ぴたり ～と〔急に〕plötzlich. 戸を～と締める die Tür fest zu|machen. 計算が～と合う Die Rechnung stimmt genau.

ひだりきき 左利きの linkshändig. ～の人 der Linkshänder. 彼は～だ Er ist links. → 酒飲み.

ひだりて 左手 die linke Hand -e. ～に linker Hand; zur linken Hand. ～で書く links

ひだりまえ 左前である sich in einer schwierigen Finanzlage befinden*.

ひだりまき 左巻き・の〔植物の蔓(ﾂﾙ)などが〕 nach links gewunden. ～のねじ linksgängige Schraube; das Linksgewinde. あいつは少々～だ Er ist etwas verdreht (verrückt).

ひたる 浸る tauchen (h; s) (in 4 格). 酒に～ dem Alkohol verfallen*(s). 畑が水に浸った Die Felder standen unter Wasser.

ひだるま 火達磨になる in Flammen stehen*.

ひたん 悲嘆 der Jammer -s. ～にくれる jammern (über (um) 4 格).

びだん 美談 rührende Geschichte -n.

びだんし 美男子 → びなん.

ピチカート das Pizzikato -s, -s (..ti). ～で pizzicato.

ぴちぴち ～した lebhaft; frisch. 網にかかった魚が～とはねる Der Fisch zappelt im Netz. ～した娘 knuspriges Mädchen.

ぴちゃぴちゃ ～音を立てる plätschern; 〔食べながら〕schmatzen.

ひつう 悲痛な schmerzlich.

ひっかかり 引っ掛かり〔関係〕die Verbindung -en.

ひっかかる 引っ掛かる hängen bleiben*(s)《an 3 格》; hängen*《an 3 格》; 〔騙される〕jm. in die Falle gehen*(s). そこが～所だ Da liegt der Haken. そう簡単に計略に引っ掛からないよ Ich lasse mich nicht so leicht fangen. ペンが紙に～ Die Feder kratzt auf dem Papier.

ひっかきまわす 引っ搔き回す durch|wühlen; durchstöbern. 彼一人で学校中を引っ搔き回した Er hat allein die ganze Schule aufgerührt (auf den Kopf gestellt).

ひっかく 引っ搔く kratzen.

ひっかける 引っ掛ける〔釘やハンガーに〕et. hängen《an (auf) 4 格》; 〔騙す〕jn. prellen. 一杯～ einen kippen (pfeifen*). オーバーを～〔着る〕sich³ den Mantel um|hängen. 水を～ jn. mit Wasser be|spritzen. 女の子を～ ein Mädchen auf|reißen*.

ひっかぶる 引っ被る ¶蒲団を～ die Decke über die Ohren ziehen*.

ひっき 筆記・する nach|schreiben*. ～試験 schriftliche Prüfung. ～用具 das Schreibgerät; Schreibutensilien pl. ～体 die Schreibschrift.

ひつき 火付きがよい gut brennen*.

ひつぎ 柩 der Sarg -es, ⸚e. ～に納める ein|sargen.

ひっきょう 畢竟 schließlich; zuletzt.

ひっきりなし 引っ切りなしに(の) ununterbrochen; fortwährend.

ピック・アップ der Tonabnehmer -s, -; der Pick-up -s, -s. ～する aus|wählen.

ひっくくる 引っ括る ein|schnüren.

ビッグ・ニュース sensationelle Nachricht -en.

びっくり ～する erstaunt sein*《über 4 格》; erschrecken*(s)《über 4 格》. ～させる bestürzen; erschrecken. ～して bestürzt; betroffen; erschrocken. ～仰天する aus allen Wolken fallen*(s); ganz entsetzt sein*《über 4 格》. それを聞いて～した Ich habe mit Entsetzen davon gehört. ～箱 das Schachtelmännchen.

ひっくりかえす 引っ繰り返す〔裏返す〕wenden; 〔倒す〕um|werfen*; um|stürzen. 順序を～ die Reihenfolge um|kehren. 計画を～ einen Plan um|stoßen*.

ひっくりかえる 引っ繰り返る〔倒れる〕um|fallen*(s); um|kippen (s); um|stürzen (s); 〔逆になる〕sich um|kehren. ボートが引っ繰り返った Das Boot ist umgeschlagen.

ひっくるめる 引っ括める zusammen|fassen; ein|schließen*. 雑費まで引っ括めて旅費は5000円になる Die Reisekosten betragen 5 000 Yen, einschließlich aller Kleinigkeiten.

ひづけ 日付 das Datum -s, ..ten. ～をつける〔書き込む〕et. datieren. 今日の～で unter heutigem (dem heutigen) Datum. 5月1日の～の手紙 der Brief [mit dem Stempel] vom 1. Mai. ～印 der Datumstempel. ～変更線 die Datumsgrenze. この手紙には～がない Der Brief trägt kein Datum. その手紙の～はいつですか Welches Datum steht auf dem Brief?

ひっけい 必携 das Handbuch -[e]s, ⸚er; das Vademekum -s, -s. ～の unentbehrlich.

ピッケル der [Eis]pickel -s, -.

びっこ 跛・を引く hinken. ～の靴 zwei ungleiche Schuhe pl.

ひっこう 筆耕 → 筆写.

ひっこし 引っ越し der Umzug -[e]s, ⸚e; der Einzug -[e]s, ⸚e. ～先 neue Adresse (Anschrift). ～の費用 Umzugskosten pl.

ひっこす 引っ越す um|ziehen (ein|ziehen*) (s) (in 4 格). 或る家に～ ein Haus beziehen*; in ein Haus ein|ziehen*(s).

ひっこみ 引っ込み・勝ちである ein Stubenhocker sein*; immer zu Hause sitzen* (hocken). ～思案の schüchtern; scheu; verschlossen. 彼は自分の言葉の手前～がつかなくなった Er ging mit seinen Worten zu weit, um einen Rückzieher zu machen.

ひっこむ 引っ込む zurück|ziehen*《von 3 格》; zurück|treten*(s)《von 3 格》. 部屋に～ sich in sein Zimmer zurück|ziehen* (ein|schließen*). お前は引っ込んでろ Halte du dich da heraus!

ひっこめる 引っ込める zurück|ziehen*. 車輪を～〔飛行機の〕das Fahrgestell ein|ziehen*.

ピッコロ die Pikkoloflöte -n.

ひっさつ 必殺の一撃 ein tödlicher Schlag -es.

ひっし 必死になって verzweifelt; erbittert.

ひっし 必至の unausweichlich; notwendig.

ひつじ 羊 das Schaf -[e]s, -e. 小～ das Lamm. ～飼いの Hirt.

ひっしゃ 筆写 die Abschrift -en. ～する ab|

ひっしゃ 筆者 der Schreiber -s, -; der Verfasser -s, -. ⌈¨er.
ひっしゅう 必修科目 das Pflichtfach -[e]s, ⌈¨er.
ひつじゅひん 必需品 die Notwendigkeiten -en. 生活～ Lebensbedürfnisse pl.; Lebensnotwendigkeiten pl.
ひっしょう 必勝を期して siegesbewusst; siegessicher.
ひつじょう 必定の〔確実な〕sicher;〔不可避の〕unvermeidlich.
びっしょり ～汗をかく sich ganz nass schwitzen; in Schweiß gebadet sein*.
びっしり ¶本が～並んでいる Die Bücher stehen dicht nebeneinander.
ひっす 必須の notwendig; erforderlich; unentbehrlich. ～条件 unerlässliche Bedingung; die Conditio sine qua non.
ひっせい 畢生の大作(事業) das Lebenswerk -[e]s, -e.
ひっせき 筆跡 die [Hand]schrift -en; Schriftzüge pl. ～鑑定をする eine Schrift begutachten. ～鑑定術 die Graphologie. ～鑑定家 der Graphologe.
ひつぜつ 筆舌に尽し難い unbeschreiblich.
ひつぜん 必然的な(に) notwendig; unvermeidlich; zwangsläufig. ～性 die Notwendigkeit.
ひっそり ～した(と) ganz still (ruhig). ～と静まり返った totenstill; mäuschenstill.
ひったくる 仕事の～ jm. et. [ent]reißen*.
ぴったり ～した言い方 passender Ausdruck《für 4格》. ～した例 treffendes Beispiel《für 4格》. 戸を～閉める die Tür fest zu|machen. 彼は役人に～だ Er passt zum Beamten. このネクタイはこの服に～合う Diese Krawatte passt zu dem Anzug. 私は母に～と寄り添った Ich schmiegte mich dicht an die Mutter. 8時～に Punkt 8 Uhr.
ひつだん 筆談する sich mit jm. schriftlich verständigen.
ひっち 筆致 der Schriftzug -[e]s, -e;〔文体〕der Stil -[e]s, -e.
ピッチ ¶仕事の～を上げる das Tempo der Arbeit erhöhen. 急～で in raschem Tempo.
ヒッチハイカー der Anhalter -s, -.
ヒッチハイクする hitchhiken (s; h); per Anhalter fahren* (reisen) (s); trampen (s).
ピッチングする〔縦揺れする〕stampfen.
ひっつく 引っ付く kleben (haften)《an 3格》.
ひってき 匹敵・する gleich|kommen*(s) 《3格》; jm. ebenbürtig sein*. 彼に～する者はいない Niemand lässt sich mit ihm vergleichen.
ヒット ～ソング(商品) der Hit; der Erfolgsschlager. ～パレード die Hitparade. ～する ein Hit werden*(s). ⌈4格》.
ひっとう 筆答 schriftlich antworten《auf 4格》.
ひっとう 筆頭 der Erste#. リストの～に上がっている die Liste an|führen.
ひつどく 必読の書 ein Buch, das jeder lesen müsste.
ひっぱく 逼迫 ¶財政が～している sich in finanziell bedrängter Lage befinden*.
ひっぱりこむ 引っ張り込む jn. hinein|ziehen* (zerren)《in 4格》. 仲間(味方)に～ jn. auf seine Seite ziehen*.
ひっぱりだこ 引っ張り凧(だこ)である sehr gesucht (begehrt) sein*.
ひっぱりまわす 引っ張り回す herum|führen. → 引き摺り回す.
ひっぱる 引っ張る ziehen*《4格; an 3格》;〔牽引する〕schleppen;〔張り渡す〕spannen. 袖(そで)を～ jn. am Ärmel zupfen. 彼は私を無理やりパーティーへ引っ張って行った Er schleppte mich zu der Party.
ヒッピー der Hippie -s, -s.
ヒップ die Hüfte -n.
ひづめ 蹄 der Huf -[e]s, -e.
ひつめい 筆名 der Schriftstellername -ns, -n; das Pseudonym -s, -e.
ひつよう 必要・な notwendig (notwendig; erforderlich)《für 4格》. ～とする et. benötigen (brauchen)《zu 3格》; bedürfen* 《2格》. ～と認める et. für nötig erachten (halten*). ～を満たす Bedürfnisse befriedigen. それについては何ら証明の～がない Es bedarf dafür keines Beweises. ～は発明の母 Not macht erfinderisch.
ひてい 否定 die Verneinung -en; die Negation -en. ～する verneinen; negieren. ～的 negativ; verneinend. ～文 verneinender Satz.
びていこつ 尾骶骨 das Steißbein -[e]s, -e.
ビデオ das Video -s. ～カセット die Videokassette. ～ディスク die Videoplatte. ～テープ das Videoband. ～テープレコーダー der Videorekorder. ～録画 die Videoaufzeichnung.
ひてつきんぞく 非鉄金属 das Nichteisenmetall -s, -e.
ひでり 日照り trockenes Wetter -s; die Dürre -n. ～続きの夏 trockener Sommer.
ひでん 秘伝 Geheimnisse pl. ～を授ける jn. in die Geheimnisse ein|weihen.
びてん 美点 der Vorzug -[e]s, ⌈¨e; die Tugend -en.
ひでんか 妃殿下 die Prinzessin -nen.
ひと 人 der Mensch -en, -en; die Person -en. ～を得る den richtigen Mann finden*. ～となる auf|wachsen*(s). ～を馬鹿にする von den anderen gering denken*. ～を馬鹿にする Halte mich nicht zum Narren! ～の言う事を聞く gehorsam; folgsam. ～を食った frech; keck; kühn. ～のよい(悪い) gutmütig (bösartig). 彼はよい(悪い)～だ Er ist ein guter (schlechter) Mann. 彼女は京都の～だ Sie stammt aus Kyoto. ～もあろうに彼に言うなんて Warum hast du es ausgerechnet ihm gesagt? そうしたら～は何と言うだろうか Was werden die Leute dazu sagen? ～がなんと言おうと Was man auch sagen mag, ... ～を呪(のろ)

わば穴二つ Wer andern eine Grube gräbt, fällt selbst hinein.

ひとあし 一足 ¶そこまではほんの~です Es ist nur ein Katzensprung bis dahin. ~違いて汽車に乗り遅れた Ich habe den Zug um wenige Minuten verfehlt. ~先に参ります Darf ich vor[aus]gehen?

ひとあし 人足 ¶最近この辺も~が繁くなった In der letzten Zeit ist dieses Viertel sehr belebt. 父の死後~が遠のいた Nach dem Tod unseres Vaters sind Besuche bei uns seltener geworden.

ひとあじ 一味・足りない fade (nach nichts) schmecken. ~違う einen besonderen Geschmack haben*.

ひとあせ 一汗かく mal ordentlich schwitzen.

ひとあたり 人当りがよい umgänglich; liebenswürdig.

ひとあめ 一雨・毎に mit jedem Regen. ~ほしいものだ Wir sehnen uns nach einem [Regen]schauer.

ひとあれ 一荒れ・来そうだ Ein Gewitter droht. ~しそうだ Es scheint sich etwas zusammenzubrauen.

ひとあわ 一泡吹かせる jn. verblüffen.

ひとあんしん 一安心 ¶これで~だ Nun fällt mir ein Stein vom Herzen. / Nun bin ich beruhigt.

ひどい 酷い fürchterlich; furchtbar; [残酷な] grausam. ~目に会う schlechte Erfahrungen machen (mit 3 格). ~目に会わせる jm. übel mit|spielen. ~暑さだ Es ist drückend heiß. ~寒さだ Es ist grausam (grimmig) kalt. 酷く叱る tüchtig schimpfen (schelten*). ~風だ Es weht tüchtig! ~天気だ Ein fürchterliches Wetter!

ひといき 一息・入れる Atem holen; [一休みする] eine [kurze] Pause machen. ほっと~つく wieder zu Atem kommen*(s). ~に仕上げる in einem Schwung fertig machen. ~に飲み干す auf einen (in einem) Zug aus|trinken*. もう~だ Nur noch einen Atemzug, und du bist am Ziel.

ひといきれ 人いきれ ¶バスの中は~でむっとしている Die Luft im Bus ist dick und schwül. / Es ist stickig heiß in dem Bus.

ひといちばい 人一倍 ungewöhnlich; außergewöhnlich; mehr als andere.

ひどう 非道な unmenschlich; verworfen.

びどう 尾燈 das Schlußlicht -[e]s, -er.

びどう 微動だにしない unerschütterlich.

ひとうけ 人受けのよい beliebt; angenehm.

ひとうち 一打ちで mit einem Schlag.

ひとえに 偏に einzig und allein; ausschließlich. ~お詫び申し上げます Ich bitte Sie ergebenst um Entschuldigung dafür.

ひとおじ 人怖じする → 人見知り.

ひとおもい 一思い・に entschlossen. ~に死んでしまいたい Ich möchte sofort sterben.

ひとがき 人垣 die Menschenmauer -n.

ひとかげ 人影 die Menschengestalt -en. ~がない [menschen]leer.

ひとかた 一方ならず nicht wenig; sehr.

ひとかど 一廉 ¶彼は~の人物だ Er stellt etwas vor. この子は将来~の者になるだろう Aus diesem Jungen wird einmal etwas werden.

ひとがら 人柄 der Charakter -s, -e; die Persönlichkeit. あの人は~がよい Er hat einen guten Charakter.

ひとかわ 一皮むけば im Grunde; im Wesentlichen.

ひとぎき 人聞きの悪い → 外聞.

ひとぎらい 人嫌い → 人間.

ひときれ 一切れの肉 ein Stück[chen] Fleisch.

ひときわ 一際 auffallend; besonders.

びとく 美徳 die Tugend -en. ~を養う die Tugenden pflegen.

ひとくい 人食い・の kannibalisch. ~人種 der Menschenfresser; der Kannibale.

ひとくせ 一癖・ある eigentümlich. 彼は~ありそうだ Er sieht nach etwas Besonderem aus.

ひとくち 一口・も食べない keinen Bissen an|rühren. ~乗る [商取引に] in ein Geschäft ein|steigen*(s). ~ずつ [食物を] bissenweise; [飲物を] schluckweise. ~で言えば mit einem Wort; kurz. 一口 1000 円の寄付を三口する das Dreifache des festgesetzten Spendenbetrages von 1 000 Yen geben*. ~食べてみないか Willst du nicht einen Bissen essen? 水を~飲ましてくれ Gib mir einen Schluck Wasser!

ひとくちばなし 一口話 der Witz -es, -e; die Anekdote -n.

ひとくみ 一組・の道具 ein Satz (eine Garnitur) Werkzeuge. ~のイヤリング ein Paar Ohrringe. 半ダースずつ~になっています Je 6 Stück bilden einen Satz.

ひとけ 人気のない [menschen]leer; unbelebt.

ひどけい 日時計 die Sonnenuhr -en.

ひとごえ 人声 die Stimme -n.

ひとごこち 人心地 ¶やっと~がついた Jetzt bin ich wieder [ein] Mensch.

ひとこと 一言・で言えば mit einem Wort. ~も言わずに ohne ein Wort zu sagen. ~二言言って 在 in ein paar Worten. 彼はそれについて~も話さなかった Davon hat er mir kein [einziges] Wort erzählt.

ひとごと 人事・とは思えない Ich kann der Sache nicht gleichgültig gegenüberstehen. ~ではなそ Das ist deine Sache. / Das geht dich an.

ひとこま 一齣 eine Szene; ein Abschnitt.

ひとごみ 人込み das Gedränge -s. 大変な~だ Es ist ein schreckliches Gedränge.

ひところ 一頃 einmal; einst.

ひとごろし 人殺し [事件] der Mord -es, -e; [犯人] der Mörder -s, -. ~をする einen Mord begehen*.

ひとさしゆび 人差し指 der Zeigefinger -s, -.

ひとざと 人里離れた abgelegen; verlassen; einsam.

ひとさわがせ 人騒がせ・な事をするな Erschrecke uns nicht! ~な奴だ Er ist ein Pa-

ひとしい 等しい(く) gleich《3格》 大きさが~gleich groß sein*. 全員等しく成功を祈っている Wir wünschen alle einen guten Erfolg.
ひとしお 一入 noch mehr; um so mehr; besonders.
ひとしきり 一頻り eine Zeitlang.
ひとじち 人質 die Geisel -n.
ひとしれず 人知れず heimlich; im Verborgenen; in aller Stille.
ひとしれぬ 人知れぬ geheim; heimlich; still.
ひとずき 人好きのする liebenswürdig; gefällig; nett.
ひとすじ 一筋・に ausschließlich. ~の涙が彼女の頰を伝った Eine Träne rann ihr über die Wange.
ひとすじなわ 一筋縄ではいかぬ男だ Mit ihm ist schwer umzugehen.
ひとずれ 人擦れのした gerieben; durchtrieben.
ひとだかり 人だかり das Gedränge -s; der Auflauf -s, ~̈e. ショー・ウィンドーの前は大変な~だった Es gab einen großen Auflauf vor dem Schaufenster.
ひとだすけ 人助け die Wohltat -en. ~の好きな hilfsbereit. ~をする sich hilfsbereit zeigen.
ひとだのみ 人頼みする sich auf andere verlassen*.
ひとたび 一度 einmal. ~事が起ったら im Notfall; notfalls.
ひとたまり 一溜りもない sich nicht lange halten können*《gegen 4格》.
ひとちがい 人違いをする sich in der Person irren.
ひとつ 一つ eins; [一歳] ein Jahr [alt]. ~残らず restlos. ~100円 100 Yen pro Stück. ~お願いという事があるよ Ich habe eine Bitte an Sie. ~やってみよう Das muss ich einmal versuchen (probieren). この町には何も見るべきものがない In dieser Stadt gibt es nichts Interessantes zu sehen. それは君の決断~に掛かっている Das hängt ausschließlich von deiner Entscheidung ab. 彼は手紙~書けない Er kann nicht einmal einen Brief schreiben. 題目は違うが内容は~だ Der Inhalt ist derselbe, obwohl die Titel verschieden sind. また~にはこういう理由もある Aber es gibt auch andere Gründe.
ひとづかい 人使い・が荒い ein Leuteschinder sein*. ~がうまい mit seinen Leuten umzugehen wissen*.
ひとつかみ 一摑み → 一握り.
ひとつきあい 人付き合い・のよい umgänglich; gesellig; ~の悪い ungesellig; kontaktschwach.
ひとっこ 人っ子ひとりいない Keine Menschenseele ist zu sehen.
ひとづて 人づてに聞いて知っている et. vom Hörensagen wissen*.
ひとつばなし 一つ話 die Lieblingsgeschichte -n.
ひとつひとつ 一つ一つ einzeln; Stück für Stück.
ひとつぶ 一粒 ein Körnchen -s. ~種 js. einziges Kind.
ひとづま 人妻 die Verheiratete#.
ひとつまみ 一摘みの塩 eine Prise Salz.
ひとで 人手・を借りずに ohne jede Hilfe. ~に渡る in andere Hände übergehen*(s). ~が足りない Es fehlt uns an Händen. / Wir haben Mangel an Arbeitskräften. 引っ越しに~を借りた Mit fremder Hilfe bin ich umgezogen.
ひとで 人出 das Gedränge -s. 日曜日海水浴場はどこも記録的な~だった Am Sonntag meldeten die Strandbäder Rekordbesuch.
ひとで【動】der Seestern -s, -e.
ひとでなし 人でなし der Unmensch -en, -en; der Teufel in Menschengestalt.
ひととおり 一通り・の簿記の知識 allgemeine Kenntnisse in Buchführung. ~目を通す et. überfliegen*; überlesen*. スキー道具を~買う eine komplette Skiausrüstung kaufen. 彼の心配は~でない Er hat große Sorgen. それは~の苦しみではない Das ist ein unsägliches Leid. 方法は~しかない Dagegen gibt es nur ein einziges Mittel.
ひとどおり 人通り・の多い belebt; verkehrsreich. ~の少ない verkehrsschwach. この通りは~が多い Auf dieser Straße herrscht starker Verkehr.
ひととき 一時の辛抱だ Gedulde dich einen Augenblick!
ひととなり 人となり die Person -en; das Wesen -s.
ひとなか 人中・で öffentlich; in der Öffentlichkeit. ~へ出る unter Menschen kommen*(s).
ひとなだれ 人雪崩 eine Lawine von Menschen.
ひとなつっこい 人懐っこい zutraulich.
ひとなみ 人波に揉(ま)れる von einer wogenden Menge umhergestoßen werden*(s受).
ひとなみ 人並み・の gewöhnlich; normal; durchschnittlich. ~に wie jeder andere (die anderen). ~はずれた(て) ungewöhnlich; außergewöhnlich.
ひとにぎり 一握りの砂 eine Hand voll Sand.
ひとねむり 一眠りする ein Schläfchen halten*.
ひとはしり 一走りする einen Lauf machen.
ひとはた 一旗揚げる mit einem Unternehmen sein Glück versuchen.
ひとはだ 人肌脱ぐ jm. einen Dienst leisten.
ひとはな 一花 ¶この辺で~咲かせたい Nun endlich möchte ich mein Glück machen.
ひとばらい 人払い・する andere Personen (Leute) entfernen. お~を願います Darf ich Sie unter vier Augen sprechen?
ひとばん 一晩中 die Nacht über; die ganze Nacht hindurch.

ひとびと 人人 Leute (Menschen) *pl.* ～が言う Man sagt, ...

ひとふで 一筆で in einem Strich.

ひとふろ 一風呂浴びてさっぱりする sich durch ein Bad erfrischen.

ひとまえ 人前・で in Gegenwart von anderen; öffentlich; in aller Öffentlichkeit. ～も憚(はば)らず 一人目。～を繕う den Schein wahren。～を憚る 一人目。～に出る unter die Leute kommen*(s).

ひとまかせ 人任せ ¶仕事を～にする die Arbeit ausschließlich einem anderen überlassen*.

ひとまく 一幕 ein Akt -s. ～物の Einakter. 夫婦喧嘩の～があった Zwischen dem Ehepaar spielte sich eine hässliche Szene ab.

ひとまず 一先ず zunächst; erst einmal; 〔差し当り〕für jetzt; fürs Erste.

ひとまちがお 人待ち顔 ¶駅前に～に女が立っていた Vor dem Bahnhof stand eine Frau, als wartete sie auf jemand.

ひとまとめ 一纏め・にする zusammen|legen; zusammen|packen; zusammen|binden*. ～にして [alles] zusammen.

ひとまね 人真似をする anderen Leuten alles nach|machen.

ひとまわり 一回り・する 〔トラックなどを〕eine Runde laufen* (fahren*) (s); 〔巡回する〕seine Runde machen. 町を～する eine Runde durch die Stadt machen. 順番に～した Jeder kam an die Reihe. この活字はあれよりも～大きい Diese Schrift ist um einen Grad größer als jene.

ひとみ 瞳 die Pupille -n. ～を凝らす die Augen (den Blick) heften 〔auf 4 格〕.

ひとみしり 人見知りする schüchtern; scheu.

ひとむかし 一昔・前 vor einem Jahrzehnt. それはもう～前のことだ Es ist schon lange her.

ひとむち 一鞭 ¶馬に～くれる einem Pferd einen Peitschenhieb versetzen.

ひとめ 一目・で übersichtlich; 〔一度で〕auf den ersten Blick. ～で見渡せる mit einem Blick übersehen können*. ～惚れする sich in *jn.* auf den ersten Blick verlieben. 彼女に～会いたい Ich möchte sie doch einmal sehen.

ひとめ 人目・を忍んで verstohlen; unbemerkt. ～を忍ぶ恋 geheime Liebe. ～を憚(はば)る die Öffentlichkeit (das Licht) scheuen. ～も憚らず in aller Öffentlichkeit. ～を引く Aufsehen (Aufmerksamkeit) erregen; auf|fallen* (s); 〔形容詞〕auffällig.

ひとやく 一役買う eine Rolle übernehmen* (spielen) 《in 3 格》; sein Teil bei|tragen* 《zu 3 格》.

ひとやすみ 一休みする eine [kurze] Pause machen.

ひとやま 一山・の薪 ein Haufen Feuerholz. このりんごは～800円だ Die Äpfel kosten 800 Yen pro Haufen. 株式投機で～当てる durch Spekulationen an der Börse zu Geld kommen*(s).

ひとり 独り・で allein. ～でに von selbst. ～でいるのが好きである gern für sich sein*. まだお～ですか〔独身〕Sind Sie noch ledig?

ひとり 一人 ¶私たちのうちの～ einer (eine) von uns. ～で allein. ～当り pro Kopf. ～部屋 das Einzelzimmer. ～残らず allesamt. ～ずつお入り下さい Bitte einzeln eintreten!

ひどり 日取り das Datum -s.

ひとりあるき 一人歩き・する allein gehen* (s). この子供はもう～する Das Kind läuft schon allein. → 一人立ち.

ひとりがてん 一人合点する Er bildet sich ein, die Sache ganz verstanden zu haben.

ひとりぎめ 一人決めする sich³ *et.* ein|reden (ein|bilden).

ひとりぐらし 一人暮らしをする allein (für sich) leben.

ひとりごと 独り言 das Selbstgespräch -s, -e; 〔劇〕der Monolog -s, -e. ～を言う vor sich hin sprechen*.

ひとりじめ 一人占めする für sich allein besitzen*; im Alleinbesitz haben*.

ひとりずもう 一人相撲をとる mit seinem [eigenen] Schatten fechten*.

ひとりだち 一人立ちする sich selb[st]ständig machen; auf eigenen Füßen stehen*.

ひとりっこ 一人っ子 das Einzelkind -[e]s, -er.

ひとりひとり 一人一人 jeder [einzelne].

ひとりぶたい 一人舞台 ¶「魔弾の射手」は彼の～だ Im „Freischützen" beherrscht er die ganze Bühne. ― 独壇場.

ひとりぼっち 一人ぼっち・で [mutterseelen-]allein. ～の einsam. ～である allein auf weiter Flur sein*.

ひとりまえ 一人前 → いちにんまえ.

ひとりよがり 一人善がりの selbstgerecht.

ひとわたり 一渡り 一通り.

ひな 雛 das Junge#. 鶏の～ das Küken.

ひながた 雛形 das Modell -s, -e; das Muster -s, -. ～を作る ein Modell vor|legen. ～にならって nach einem Muster.

ひなぎく 雛菊 das Gänseblümchen (Maßliebchen) -s, -.

ひなた 日向・で in der Sonne. ～に出る in die Sonne gehen* (treten*) (s). ～ぼっこをする in der Sonne liegen* (sitzen*); sich sonnen.

ひなびる 鄙びた ländlich; bäuerlich.

ひならず 日ならず[して] bald [darauf].

ひなん 非難 der Vorwurf -s, ¨e; der Tadel -s, -. ～する *jn. et.* vor|werfen*; *jn.* tadeln 《wegen 2 格》. ～を浴びせる *jn.* mit Vorwürfen überhäufen (überschütten). ～を免れる dem Tadel entgehen*(s). ～を招く sich³ einen Tadel zu|ziehen*. 彼を～するには当らない Ihn trifft kein Tadel.

ひなん 避難 die Flucht. ～所 die Zuflucht. ～する flüchten (s); sich retten. 洪水のため住

民は高台に～した Die Einwohner flüchteten vor der Flut auf einen Hügel.　～民 der Flüchtling.　～民収容所 das Flüchtlingslager.

びなん 美男 die Schönheit -en; gut aussehender Mann -es, ⸚er.

ビニール das Vinyl -s.　～の風呂敷 das Einwickeltuch aus Vinyl.

ひにく 皮肉 die Ironie.　痛烈な～ beißende Ironie.　～を言う eine ironische (spöttische) Bemerkung machen《über 4 格》.　～な ironisch.　～家 der Ironiker.

ひにち 日日・を定める einen Termin bestimmen.　～がかかる Es dauert lange. / Es braucht viel Zeit.

ひにひに 日に日に von Tag zu Tag.

ひにょうき 泌尿器 das Harnorgan -s, -e.　～科 urologische Abteilung.　～科医 der Urologe.

ひにん 否認する [ver]leugnen; verneinen.

ひにん 避妊 die Empfängnisverhütung.　～を行う eine Empfängnis verhüten.　～具 das Verhütungsmittel.　経口～薬 die [Antibaby]pille.　～の antikonzeptionell.

ひにんしょう 非人称動詞 das Impersonale -s, ..lien (..lia); unpersönliches Verb -s, -en.

ひにんじょう 非人情な unmenschlich; unbarmherzig.

ひねくれた verschroben; verbittert.　あの子はひねくれている Das Kind hat einen verbogenen Charakter.

ひねつ 比熱 die spezifische Wärme.

びねつ 微熱がある leichtes Fieber haben*.

ひねりだす 捻り出す [工面する] auf|bringen*, auf|treiben*; [考え出す] sich³ et. aus|denken*; aus|klügeln; aus|knobeln.

ひねる 捻る ¶相手を～ den Gegner schlagen* (besiegen).　頭を～ rätseln《über 4 格》.　首を～ den Kopf schütteln《über 4 格》.　体を[横に]～ sich [seitwärts] drehen.　スイッチを～ den Schalter [um]drehen.

ひのいり 日の入り der Sonnenuntergang -[e]s, ⸚e.　～に bei Sonnenuntergang.

ひのき 檜 japanische Zypresse -n.

ひのきぶたい 檜舞台を踏む ins Rampenlicht der Öffentlichkeit treten*(s).

ひのくるま 火の車だ in einer finanziellen Verlegenheit sein*.

ひのけ 火の気のない部屋 ungeheiztes Zimmer -s, -; das Zimmer ohne Heizung.

ひのこ 火の粉 der Funke -ns, -n.　～を飛ばす Funken sprühen.　～が降りかかる Funken fliegen hierher.

ひので 火の手 die Flamme -n.　駅から～が上がった Eine Flamme schoss aus dem Bahnhof empor.　政府攻撃の～が上がった Man eröffnete einen Angriff gegen die Regierung.　～が広がった Das Feuer verbreitete sich.

ひので 日の出 der Sonnenaufgang -[e]s, ⸚e.　～に bei Sonnenaufgang.

ひのべ 日延べ ¶出発を5日～する die Abreise um 5 Tage auf|schieben* (verschieben*).　期間(期限)を5日間～する die Frist um 5 Tage verlängern.

ひのまる 日の丸 → 日章旗.

ひのみやぐら 火の見櫓 der Feuerwehrturm -[e]s, ⸚e.

ビバーク ～する biwakieren.

ひばいひん 非売品である unverkäuflich sein*.

ひばく 被爆・する atomar bombardiert werden*(s受).　～者 das Atombombenopfer.

ひばく 被曝・する sich radioaktiven Strahlen aus|setzen.　～者 der Strahlenverseuchte⸚.

ひばし 火箸 die Feuerzange -n.

ひばしら 火柱 die Feuersäule -n.　～が立つ Eine Feuersäule schießt empor.

ひばな 火花 der Funke -ns, -n.　～を散らす Funken sprühen.　～を散らす熱戦 Funken sprühender Wettstreit.　～が四方八方に飛び散った Die Funken sprühten nach allen Seiten.

ひばり 雲雀 die Lerche -n.

ひはん 批判 die Kritik -en.　～する kritisieren.　～的 kritisch.　彼は～力がある Er ist ein kritischer Kopf.

ひばん 非番の dienstfrei; außer Dienst.

ひひ 狒狒 der Pavian -s, -e.

ひび 皹 die Schrunde -n.　～が切れる Schrunden bekommen*; auf|springen*(s).　～だらけの voller Schrunden.

ひび 罅 der Riss -es, -e.　～の入った rissig.　～が入る(入っている) einen Riss bekommen* (haben*).　彼らの間には深い～が入った Ihre Freundschaft bekam einen tiefen Riss.

ひび 日日の [all]täglich.

びび 微微たる winzig; gering[fügig].

ひびき 響き der Klang -[e]s, ⸚e; der Schall -[e]s, -e (⸚e); der Ton -[e]s, ⸚e; [反響] der Widerhall -s.

ひびく 響く tönen; läuten; klingen*.　神経に～ an den Nerven zerren; jm. auf die Nerven gehen*(s).　笑い声が部屋中に響いた Das Zimmer hallte von Gelächter wider.　物価の値上がりは生活に大きく～ Die Preissteigerung übt eine große Wirkung auf das tägliche Leben aus.

ひひょう 批評 die Besprechung -en; die Kritik -en.　～する besprechen*; beurteilen; kritisieren.　～家 der Besprecher; der Kritiker.

びひん 備品 die Ausrüstung (Ausstattung) -en.

ひふ 皮膚 die Haut ⸚e.　～科〔病院の〕dermatische Abteilung.　～科医 der Dermatologe.　～科学 die Dermatologie.　～病 die Hautkrankheit; die Dermatose.

ひぶ 日歩 tägliche Zinsen pl.　～5銭で金を貸す Geld zu täglichen Zinsen von 5 Sen [aus|-]leihen*.

びふう 美風 schöne (gute) Sitte -n.

びふう 微風 die Brise -n.

ひふく 被服 die [Be]kleidung -en.　～費 Kleidungskosten pl.

ひふく 被覆・する〘電〙isolieren.　～線 isolierter Draht.

ひふくれ 火脹れ die Brandblase -n. 手に～ができた An der Hand hat sich eine [Brand]blase gebildet.

ひぶそう 非武装・の unbewaffnet.　～地帯 entmilitarisierte Zone.〔4格〕

ひぶた 火蓋を切る das Feuer eröffnen《gegen ビフテキ die Beefsteak -s, -s.

ひふん 悲憤・慷慨の涙を流す Tränen des Zorns vergießen*.　～慷慨(ｶﾞｲ)する voller Empörung sein*〔über 4格〕

ひぶん 碑文 die Inschrift -en.

びぶん 微分 das Differenzial -s, -e.　～する differenzieren.　～法 die Differenzialrechnung.　～商 der Differenzialquotient.

びぶん 美文調 blumenreicher Stil -[e]s, -e.

ひへい 疲弊 ¶長い戦争で国力が～した Der lange Krieg erschöpfte das Land.

ピペット die Pipette -n.

ひほう 秘宝 kostbarer Schatz -es, ⸚e; Kleinode pl.

ひほう 秘法 das Geheimrezept -[e]s, -e.

ひほう 悲報 traurige Nachricht -en.

ひぼう 誹謗する diskriminieren; schmähen.

びぼう 美貌[・の女性] die Schönheit.　～の schön.

びほうさく 彌縫策 der Notbehelf -s, -e.　～をとる umläufige Maßnahmen ergreifen* (treffen*)《gegen 4格》

びぼうろく 備忘録 das Memorandum -s, ..den (..da).

ひほけんしゃ 被保険者 der Versicherte*; der Versicherungsnehmer -s, -.

ひほごしゃ 被保護者 der Schützling -s, -e.

ヒポコンデリー die Hypochondrie.

ひぼし 干乾しになる am Hungertuch nagen.

ひぼし 日干しにする in der Sonne trocknen.

ひぼん 非凡な außergewöhnlich; ungewöhnlich; außerordentlich.

ひま 暇 [freie] Zeit; die Freizeit.　～がある [freie] Zeit haben*; frei sein*.　～を出す〔解雇する〕jn. [aus dem Dienst] entlassen*.　～をつぶす sich³ die Zeit verkürzen (vertreiben*)《durch 4格》2週間の～をやる(もらう) vierzehn Tage Urlaub geben* (nehmen*).　休む～がない keine Zeit zur Ruhe haben*.　くずぐずしている～はない Es ist höchste Zeit./Ich habe keine Zeit zu verlieren.

ひまご 曾孫 der Urenkel -s, -.

ひまし 日増しに von Tag zu Tag.

ひましゆ 蓖麻子油 das Rizinusöl -s.

ひまじん 閑人 der Müßiggänger -s, -.

ひまう 飛沫 der Spritzer -s.　～をあげて泳ぐ strampelnd und spritzend schwimmen*(h; s).

ひまつぶし 暇潰しに zum Zeitvertreib.

ひまどる 暇取る viel Zeit kosten; viel Zeit in Anspruch nehmen*.

ヒマラヤ ～山脈 der Himalaja -[s].　～杉 die Himalajazeder.

ひまわり 向日葵 die Sonnenblume -n.

ひまん 肥満した dick; füllig; beleibt.

びまん 瀰漫する sich aus|breiten; um sich greifen*.

びみ 美味な köstlich; lecker.

ひみつ 秘密 das Geheimnis -ses, -se.　～にする et. vor jm. geheim halten*; verheimlichen.　～を打ち明ける jn. in ein Geheimnis ein|weihen.　～を突き止める in ein Geheimnis ein|dringen*(s).　～を守る ein Geheimnis bewahren.　～を漏らす(あばく) ein Geheimnis verraten* (lüften).　～の geheim.　～(ﾋ)に im Geheimen; heimlich.　～会議(会談) geheime Sitzung (Unterredung).

びみょう 微妙・な fein; subtil.　～な問題(情況) heikle Frage (Lage).

ひめい 悲鳴をあげる schreien*; ein [klägliches] Geschrei erheben*.

びめい 美名 ¶平和の～に隠れて unter dem Deckmantel des Friedens.

ひめくり 日捲り der Abreißkalender -s, -.

ひめごと 秘め事をする Versteck mit (vor) jm. spielen.

ひめる 秘める verbergen*. 秘め[られ]た verborgen. 胸に秘めた恋 stille Liebe.

ひめん 罷免・する jn. [aus dem Dienst] entlassen*. 外務大臣は～された Der Außenminister wurde seines Amtes enthoben.

ひも 紐 die Schnur ⸚e; das Band -es, ⸚er; [靴の] das Schnürband -[e]s, ⸚er;〔情夫〕der Zuhälter -s, -. 小包に～を掛ける ein Paket schnüren; einen Bindfaden um ein Paket schnüren. 財布の～を締める mit seinem Geld sparsam um|gehen*(s). 我が家では父が財布の～を握っている Bei uns bestimmt der Vater über das Geld.

ひもく 眉目秀麗の hübsch.

ひもじい Hunger haben*; hungrig sein*.　～思いをする an den Hungerpfoten saugen(*).

ひもち 日持ちがする lange halten*;《形容詞》haltbar.

ひもつき 紐付き・の援助 bedingte Hilfe.　～の融資 zweckbestimmtes Darlehen.

ひもと 火元 der Feuerherd -[e]s, -e.

ひもとく 繙く ¶書物を～ lesen*.

ひもの 干物 ¶魚の～ der Stockfisch -es, -e.

ビヤ ～アーベント der Bierabend.　～ガーデン der Biergarten.　～樽 das Bierfass.　～ホール das Bierlokal; die Bierhalle.

ひやあせ 冷汗 kalter Schweiß -es, -e. 彼は～をかいた Der Angstschweiß brach ihm aus.

ひやかし 冷かし半分で halb zum (aus) Spaß.

ひやかす 冷やかす seinen Spaß mit jm. treiben*; sich über jn. lustig machen;〔ウインドーショッピングする〕einen Schaufensterbummel machen.

ひゃく 百 hundert.　～番目の hundertst-.

ひやく 飛躍 der Sprung -[e]s, ¨e. 自然は～しない Die Natur macht keine Sprünge. ～的な発展を遂げる sich sprunghaft entwickeln. 君の考えには～がある Du denkst sprunghaft.

ひやく 秘薬 das Arkanum -s, ..na; das Geheimmittel -s, -.

びやく 媚薬 der Liebestrank -s, ¨e.

びゃくえ 白衣の in Weiß gekleidet; weiß gekleidet.

ひゃくがい 百害あって一利なし nur Nachteile, keinen Vorteil bringen*.

ひゃくしゅつ 百出 ¶意見が～した Hunderte von Meinungen wurden geäußert.

ひゃくしょう 百姓 der Bauer -n, -n. ～をする Ackerbau treiben*.

ひゃくせん 百戦百勝の unbesiegt. ～錬磨(れんま)の kampferfahren.

ひゃくてん 百点.をとる volle Punkte (die beste Zensur) bekommen*. ～満点で70点とる von den 100 möglichen Punkten 70 erreichen.

ひゃくにちぜき 百日咳 der Keuchhusten -s.

ひゃくにちそう 百日草 die Zinnie -n.

ひゃくねん 百年 hundert Jahre pl.; das Jahrhundert -s, -e. ～の計 die Politik auf lange Sicht. ～祭 die Hundertjahrfeier.

ひゃくはちじゅうど 百八十度の転換をする eine Kehrtwendung machen.

ひゃくぶん 百分の3 drei Hundertstel. ～率 der Prozentsatz; der Hundertsatz.

ひゃくぶん 百聞は一見に如(し)かず Erfahrung ist die beste Lehrmeisterin.

ひゃくまん 百万 die Million -en. 数～の人 Millionen [von] Menschen. ～分の1 das Million[s]tel. ～倍の millionenfach. ～長者 der Millionär.

びゃくや 白夜 →はくや.

ひゃくやく 百薬 ¶酒は～の長だ Sake ist die beste Medizin.

ひゃくようばこ 百葉箱 die Thermometerhütte -n.

ひやけ 日焼け.する einen Sonnenbrand bekommen*; [von der Sonne] braun werden*(s). ～した sonnengebräunt.

ヒヤシンス die Hyazinthe -n.

ひやす 冷やす [ab]kühlen.

ひゃっかじてん 百科事典 die Enzyklopädie -n; das Konversationslexikon -s, ..ka (..ken).

ひゃっかてん 百貨店 das Kaufhaus (Warenhaus) -es, ¨er.

ひゃっぱつひゃくちゅう 百発百中 ¶彼の射撃は～だった Er hat das Ziel bei keinem Schuss verfehlt.

ひゃっぽう 百方手を尽す alle erdenklichen Mittel versuchen (an|wenden(*)).

ひやとい 日雇い・仕事 die Tagearbeit. ～労働者 der Tagelöhner. ～て働く tagelöhnern; im Tagelohn arbeiten.

ひやひや 冷や冷やする Angst haben* 《vor 3格》; sich ängstigen (fürchten) 《vor 3格》.

ひやめし 冷や飯を食わされる links liegen gelassen werden*(s受).

ひややか 冷ややかな(に) kalt; eiskalt.

ひゆ 比喩 das Gleichnis -ses, -se. ～的な[に] bildlich; gleichnishaft; in Gleichnissen.

ヒューズ die [Schmelz]sicherung -en. ～が切れた Die Sicherung ist durchgebrannt.

ピューマ der Puma -s, -s.

ヒューマニスト der Menschenfreund -[e]s, -e.

ヒューマニズム der Humanismus -.

ヒューマニティー die Humanität -. ～に富んだ humanitär; humanistisch.

ピューリタン der Puritaner -s, -. ～的 puritanisch.

ピューレ das Püree -s, -s.

ビューロー das Büro -s, -s.

ヒュッテ die Hütte -n.

ビュッフェ das Büfett -s, -s (-e).

ひょい ～と [突然] plötzlich; unerwartet; [偶然] zufällig; [楽々と] leicht; [身軽に] flink.

ひょう 表 die Tabelle -n; die Liste -n. ～を作る eine Tabelle auf|stellen. ～にする et. tabellarisch dar|stellen.

ひょう 豹 der Leopard -en, -en.

ひょう 票 die Stimme -n; [用紙] der Stimmzettel -s, -. 社会党に～を投ずる dem Kandidaten der Sozialistischen Partei seine Stimme geben*. ～数を数える Stimmen [aus|]zählen. 動議は80対20～で採択された Der Antrag wurde mit 80 gegen 20 Stimmen angenommen.

ひょう 評 die Besprechung -en. ～する besprechen*.

ひょう 雹 der Hagel -s. ～が降る Es hagelt.

ひょう 費用 Kosten pl.; der Aufwand -[e]s; Spesen pl. ～を惜しまない keine Kosten scheuen. ～をまかなう die Kosten bestreiten*. 会社の～で auf Kosten der Firma. この～は私持ちだ Das geht auf meine Kosten. 莫大(ばくだい)な～をかけて mit großen Kosten. ～のかかる kostspielig. かなりの～がかかる Es kostet viel Geld.

びょう 秒 die Sekunde -n. ～針 der Sekundenzeiger. ～読み der (das) Countdown.

びょう 鋲 [リベット] die Niete -n; [靴の] die Schuhzwecke -n; [画鋲] die Reißzwecke -n. ～を打つ et. nieten. 靴に～を打つ Schuhe nageln. 広告を～でとめる ein Plakat mit Zwecken befestigen.

びょう 廟 das Mausoleum -s, ..leen.

びよう 美容 die Kosmetik; die Schönheitspflege. ～院 der Damensalon. ～師 der Friseur; [女性] die Friseuse. ～体操 die Schönheitsgymnastik.

ひょういもじ 表意文字 die Begriffsschrift -en.

びょういん 病因 die Krankheitsursache -n.

びょういん 病院 das Krankenhaus -es, ¨er.

~に行く ins Krankenhaus gehen*(s).　~に入れる ins Krankenhaus bringen*.　~船 das Lazarettschiff.　付属~ das Klinikum.

ひょうおんもじ 表音文字 die Buchstabenschrift -en.

ひょうか 評価 die [Ein]schätzung -en; die Beurteilung -en.　~する [ab|]schätzen; bewerten; beurteilen.　成績を~する die Leistungen benoten.　~額 der Taxpreis.

ひょうが 氷河 der Gletscher -s, -.　~時代 die Eiszeit.

びょうが 病臥・中である krank zu (im) Bett liegen*; das Bett hüten [müssen*].　長らく~中の祖父 mein lange bettlägeriger Großvater.

ひょうかい 氷塊 der Eisblock -s, ⸚e.

ひょうかい 氷解・する sich auf|lösen.　彼の疑いは~した Seine Zweifel sind geschwunden.

びょうがい 病害 Krankheitsschäden pl.

ひょうき 表記・法 die Schreibung.　片仮名~する Katakana schreiben*.　~の auf dem Umschlag angegeben.

ひょうぎ 評議 die Beratung -en.　~する mit jm. beraten* (Rat halten*) 《über 4 格》.　~会 der Rat.　~員会〔大学の〕der Senat.　~員〔大学の〕der Senator.　~―決する miteinander beraten* und einen Beschluss fassen.

びょうき 病気 die Krankheit -en.　~になる krank werden*(s).　~にかかる(かかっている) eine Krankheit bekommen* (an einer Krankheit leiden*).　~で死ぬ an einer Krankheit sterben*(s).　~の krank.　~のため krankheitshalber; wegen Krankheit.

ひょうきん 剽軽な lustig; spaßhaft; drollig.　~者 der Spaßvogel; der Witzbold.

びょうく 病苦 das Leiden -s, -.　~に耐える Leiden aus|stehen*.

びょうく 病軀を押して trotz (ungeachtet) seiner Krankheit.

ひょうけい 表敬訪問 der Anstandsbesuch -s, -e.

ひょうけつ 氷結 zu|frieren*(s); vereisen (s).

ひょうけつ 票決 die Abstimmung -en.　~する ab|stimmen 《über 4 格》.

ひょうけつ 評決する einen Beschluss fassen.

ひょうげん 氷原 das Eisfeld -[e]s, -er.

ひょうげん 表現 der Ausdruck -s, ⸚e.　~する aus|drücken; zum Ausdruck bringen*; dar|stellen.　~主義 der Expressionismus.

びょうげん 病原体(菌) der Krankheitserreger -s, -; der [Krankheits]keim -s, -e.

ひょうご 評語 kritische Bemerkung -en;〔成績の〕die Note -n.

ひょうご 標語 das Schlagwort -[e]s, -e (⸚er); das Motto -s, -s.

ひょうこう 標高 2000 メートルである 2 000 Meter [hoch] über dem Meer (Meeresspiegel) sein*.

びょうこん 病根 → 病因.

ひょうさつ 表札 das Namensschild -[e]s, -er.

ひょうざん 氷山 der Eisberg -[e]s, -e.　~の一角に過ぎない nur die Spitze des Eisbergs sein*.

ひょうし 拍子 der Takt -[e]s, -e.　~を合わせる(取る) den Takt [ein|]halten* (an|geben*).　足で~を取る den Takt treten*.　~を狂わせる jn. aus dem Takt bringen*.　~が外れる aus dem Takt kommen*(s).　~に合わせて im (nach dem) Takt.　何かの~で [ganz] zufällig.

ひょうし 表紙 die Buchdecke -n;〔平(⸚)〕der Buchdeckel -s, -;〔仮綴じ本の〕der Umschlag -[e]s, ⸚e.　~をつける et. ein|binden*.

ひょうじ 表示・する bezeichnen, kennzeichnen; an|geben*.　意志を~する seinen Willen äußern (kund|geben*).　無言の意志~ stumme Demonstration.

びょうし 病死する an einer Krankheit sterben*(s).

ひょうしき 標識 das [Kenn]zeichen -s, -; das Abzeichen -s, -; die Markierung -en.

びょうしつ 病室 das Krankenzimmer -s, -.

ひょうしぬけ 拍子抜けする enttäuscht sein*.

びょうしゃ 描写 die Beschreibung (Schilderung; Darstellung) -en.　~する beschreiben*; schildern; dar|stellen.

ひょうしゃく 評釈 der Kommentar -s, -e.　~する kommentieren.

びょうじゃく 病弱な kränklich.

ひょうしゅつ 表出する aus|drücken; et. zum Ausdruck bringen*.

ひょうじゅん 標準 der Maßstab -[e]s, ⸚e; der Standard -s, -s; die Norm -en.　~に達する den Standard erreichen.　~的 normal.　~価格 der Richtpreis.　~語 die Hochsprache; die Standardsprache.　~時 die Normalzeit; die Einheitszeit.　~時計 die Normaluhr.

ひょうしょう 表象 die Vorstellung -en;〔象徴〕das Symbol -s, -e.

ひょうしょう 表彰・する jn. aus|zeichnen (ehren) 《mit 3 格》.　~式 die Ehrung;〔スポーツ〕die Siegerehrung.　~状 die Ehrenurkunde.　~台 das Siegerpodest.

ひょうじょう 表情 der Ausdruck -s; die Miene -n.　~豊かな(に乏しい) ausdrucksvoll (ausdruckslos).　~豊かに mit viel Ausdruck; ausdrucksvoll.　~を変えない keine Miene verziehen*.

びょうしょう 病床・にある krank zu (im) Bett liegen*.　~に付き添っている an js. Krankenbett sitzen*.

びょうじょう 病状 der Krankheitszustand -s, ⸚e.　~が悪化する Seine Krankheit verschlimmert sich.　~が思わしくない Sein Zustand ist kritisch (bedenklich).

びょうしん 病身 → 病弱.

ひょうせつ 剽窃・する plagiieren; ein Plagiat begehen*.　~者 der Plagiator.

ひょうそ 瘭疽 das Panaritium -s, ..tien.

ひょうそう 表層 die Oberschicht -en.
ひょうそう 病巣 der Krankheitsherd -[e]s, -e.
ひょうそく 秒速20メートルで 20 Meter in der Sekunde; mit einer Geschwindigkeit von 20 Metersekunden (m/sec).
ひょうだい 表(標)題 der Titel -s, -; die Überschrift -en. 音楽の die Programmmusik.
ひょうたん 氷炭相容(')れない wie Feuer und Wasser sein*.
ひょうたん 瓢箪 der Flaschenkürbis -ses, -se. 鯰(なま)の aalglatt. ～から駒が出る Aus Spaß wird oft (leicht) Ernst.
ひょうちゃく 漂着・する ans Land (Ufer) treiben*(s). 我我は無人島に～した Wir wurden auf eine unbewohnte Insel verschlagen.
ひょうちゅう 氷柱 [つらら] der Eiszapfen -s, -; [室内の] der Eisblock -s, ⁼e.
ひょうてい 評定 die Schätzung -en. ～する schätzen; beurteilen.
ひょうてき 標的 die [Schieß]scheibe -n. ～を外す an der Scheibe vorbei|schießen*. ～の真中を射る [in] die Mitte der Scheibe treffen*. 敵の格好の～になる dem Feind ein gutes Ziel bieten*.
びょうてき 病的な krankhaft; morbid.
ひょうてん 氷点 der Gefrierpunkt -[e]s, -e. ～下になる unter den Gefrierpunkt (Nullpunkt) sinken*(s). ～下2度 2 Grad unter Null.
ひょうてん 評点 der Punkt -es, -e; die Note -n; die Zensur -en. ～を付ける jn. (et.) benoten.
ひょうでん 評伝 kritische Biografie -n.
びょうとう 病棟 die Station -en.
びょうどう 平等 die Gleichheit -en. ～の(に) gleich; paritätisch; [公平な] unparteiisch. ～の権利 gleiches Recht.
びょうにん 病人 der Kranke#.
ひょうのう 氷嚢 der Eisbeutel -s, -. ～吊り der Halter des Eisbeutels.
ひょうはく 漂白・する bleichen. ～剤 das Bleichmittel.
ひょうはく 漂泊する umher|wandern (s); umher|streifen (s); umher|schweifen (s).
ひょうばん 評判 der Ruf -es; [噂] das Gerücht -[e]s, -e; [品行上の] der Leumund -s. ～を悪くする seinen Ruf gefährden. ～を立てる ein Gerücht auf|bringen*. ～がよい well よい～を得る einen guten Ruf haben* (genießen*); sich eines guten Rufes erfreuen. ～が悪くなる in einen üblen Ruf kommen*(s). 名医の～を得る sich³ den Ruf eines tüchtigen Arztes erwerben*. → 噂.
ひょうひ 表皮 die Oberhaut; die Epidermis ..men; [木の] die Rinde -n.
ひょうひょう 飄飄・とさまよい歩く ziellos herum|ziehen*(s). ～と生きる weltabgeschieden leben.
ひょうびょう 縹渺たる weit ausgedehnt; unendlich.
びょうぶ 屏風 der Wandschirm -s, -e.
ひょうへき 氷壁 die Eiswand ⁼e.
びょうへき 病癖 ¶彼には他人のものを盗むという～がある Er hat einen krankhaften Trieb zum Stehlen.
ひょうへん 豹変する sich plötzlich verändern.
びょうへん 病変 krankhafte Veränderung -en.
ひょうぼう 標榜する sich bekennen*《zu 3格》.
ひょうぼう 渺茫たる → ひょうびょう.
ひょうほん 標本 das Muster -s, -; [動・植物などの] das Präparat -s, -e. 彼は誠実な男の～だ Er ist ein Muster an Redlichkeit.
ひょうめい 表明・する äußern; aus|sprechen*. 彼は動議に対し賛成(反対)を～した Er hat sich für (gegen) den Antrag ausgesprochen.
ひょうめん 表面 die [Ober]fläche -n. ～的な(に) oberflächlich. ～化する an die Oberfläche kommen*(s); sichtbar werden*(s). ～張力 die Oberflächenspannung.
ひょうり 表裏・ある zweizüngig; doppelzüngig. ～のない(なく) klar und aufrichtig. ～一体の関係にある die zwei Seiten einer Medaille sein*. 物には～があるものだ Jedes Ding hat [seine] zwei Seiten.
びょうりがく 病理学 die Pathologie. ～的(の) pathologisch. ～者 der Pathologe.
ひょうりゅう 漂流・する treiben*(s). ～物 das Treibgut.
びょうれき 病歴 die Krankengeschichte -n; die Anamnese -n.
ひょうろう 兵糧 der Proviant -s; der Mundvorrat -s, ⁼e. ～を供給する jn. verproviantieren. ～攻めにする aus|hungern.
ひょうろん 評論 die Besprechung -en. ～家 der Besprecher; der Kritiker; der Rezensent.
ひよく 肥沃な fruchtbar.
ひよく 尾翼 die Schwanzflosse -n.
ひよけ 日除け die Markise -n.
ひよこ 雛 das Küken -s, -.
ひょっこり unvermutet; unerwartet.
ひょっと unvermutet; plötzlich. ～したら(すると) vielleicht; möglicherweise. ～したら東京にいるかもしれない Er mag jetzt in Tokio sein.
ぴよぴよ ～鳴く piepen.
ひより 日和 das Wetter -s. よい～ schönes Wetter.
ひよりみしゅぎ 日和見主義 der Opportunismus -. ～者 der Opportunist. ～の opportunistisch. ～的な態度を取る den Mantel nach dem Wind hängen.
ひよる 日和る schwanken; taumeln (s; h).
ひょろながい ひょろ長い hoch aufgeschossen.
ひょろひょろ ～と歩く schwankend gehen* (s). 日陰に草が～と伸びている Im Schatten wächst das Gras kümmerlich.

ひよわい ひ弱い schwächlich.

ぴょん ～と飛び越える hüpfen (s) 《über 4 格》; mit einem Sprung kommen*(s) 《über 4 格》.

ぴょんぴょん ～はねる hüpfen (s); hoppeln (s).

びら das Flugblatt -[e]s, ¨er; der Handzettel -s, -. ～を配る Flugblätter verteilen. ～を張る Plakat kleben (an 4 格).

ひらあやまり 平謝りに謝る jn. inständig (ergebenst) um Verzeihung bitten* (für 4 格).

ひらいしん 避雷針 der Blitzableiter -s, -. ～を立てる den Blitzableiter an|bringen*.

ひらおよぎ 平泳ぎ das Brustschwimmen -s. ～で泳ぐ auf der Brust schwimmen*(s; h).

ひらがな 平仮名 das Hiragana [hira'ga:na] -[s]; die Hiragana.

ひらき 開き〔へだたり〕der Abstand -[e]s, ¨e; der Unterschied -es, -e. この戸は～が悪い Die Tür ist schwer zu öffnen.

ひらきなおる 開き直る plötzlich eine herausfordernde Haltung ein|nehmen*.

ひらく 開〔拓〕く öffnen;《自動詞》sich öffnen; 〔花・蕾が〕auf|blühen (s); auf|brechen*(s). 本を～ ein Buch auf|schlagen*. 会[合]を～ eine Versammlung eröffnen (ab|halten*). 荒れ地を～ ein Ödland kultivieren. 新しい航空路を～ eine neue Fluglinie eröffnen. 口を～〔発言する〕den Mund auf|machen. 店を～ ein Geschäft eröffnen. 路を開いて進む sich³ einen Weg bahnen. 或る数を～《数》die Wurzel aus einer Zahl ziehen*. 傷口がまた開いた Die Wunde ist wieder aufgebrochen. 博物館は9時から4時まで開いている Das Museum ist von 9 bis 4 geöffnet. 先頭との距離は大きく開いた Der Abstand zwischen mir und der Spitze hat sich deutlich vergrößert.

ひらける 開ける 〔町・文化などが〕sich entwickeln. 開けた verständnisvoll; zivilisiert; 〔物分りのいい〕verständnisvoll. 運が～ Das Glück wendet sich ihm zu. / Ihm winkt das Glück. この町の北側は山が南は開けている Im Norden hat die Stadt hohe Berge, aber zum Süden hin ist die Gegend ganz offen. 谷が開けて盆地になる Das Tal weitet sich zum Kessel.

ひらしゃいん 平社員 der einfache Angestellte#.

ひらたい 平たい flach; eben. 平たく言えば in (mit) einfachen Worten. 平たくする ebnen.

ひらて 平手でたたく mit der flachen Hand schlagen*; klapsen.

ひらひら ～する flattern (h; s). スカートを～させながら mit flatterndem Rock. 葉が～と散る Die Blätter flattern langsam herab.

ピラフ der Pilau (Pilaw) -s.

ピラミッド die Pyramide -n. ～型の pyramidenförmig; pyramidal.

ひらめ 平目 〔魚〕der Butt -[e]s, -e; die Scholle -n;〔したびらめ〕die Seezunge -n.

ひらめき 閃き der Blitz -es, -e. 才気の～ der Geistesblitz.

ひらめく 閃く auf|blitzen (h; s). ふと新しい考えが閃いた Ein neuer Gedanke blitzte [in] mir auf (durchzuckte mich).

ひらや 平屋 einstöckiges Haus -es, ¨er.

ひらり ～と飛び越える sich schwingen* 《über 4 格》. ～と馬からおりる(に乗る) vom (aufs) Pferd schwingen*. ～と身をかわして自動車を避けた Er wich dem Auto flink aus.

びらん 糜爛 《医》die Erosion -en. ～性の erosiv.

びり der Letzte#; das Schlusslicht -[e]s, -er.

ピリオド der [Schluss]punkt -[e]s, -e. ～を打つ einen Punkt setzen (machen). 或る事件に～を打つ einen Schlusspunkt unter (hinter) eine Affäre setzen.

ひりつ 比率 das Verhältnis -ses, -se. 3対1 (3:5:9)の～で im Verhältnis [von] 3 zu 1 (3 zu 5 zu 9).

ぴりっと ～辛い sehr scharf. あいつは～したところがない Er besitzt keine Standhaftigkeit. 小粒でも～辛い Klein, aber oho!

ひりひり ～する brennen*; beißen*;〔形容詞〕scharf; brennend.

ぴりぴり ～と破る zerreißen*. 窓ガラスが～と震える Die Fensterscheiben klirren. ソケットに触ったら～ときた Ich bekam an der Steckdose einen Schlag.

ぴりぴり ～している nervös (überreizt) sein*.

びりゅうし 微粒子〔写真〕das Feinkorn -s.

ひりょう 肥料 der Dünger -s, -. ～を施す et. düngen. 化学～ der Kunstdünger.

びりょう 微量の ein klein bisschen; gering; winzig.

びりょく 微力を尽したいと思います Ich werde alles tun, was in meinen Kräften steht.

ひる 昼 der Tag -es, -e;〔正午〕der Mittag -s, -e. ～にする〔昼休み〕Mittag machen;〔昼食〕zu Mittag essen*. ～[間]に am (bei) Tag;〔正午に〕am Mittag. ～下がりに am frühen Nachmittag. ～過ぎに nachmittags; am Nachmittag. ～前に vormittags; am Vormittag.

ひる 蛭 der [Blut]egel -s, -.

ピル die Pille -n.

ひるあんどん 昼行灯 der Blindgänger -s, -.

ひるい 比類がない unvergleichlich; einzigartig.

ひるがえす 翻す ¶ 自説を～ seine Meinung ändern. 掌(にの)を～ die Hand um|kehren. 前言を～ seine Worte zurück|nehmen*. 旗を翻して mit flatternden Fahnen.

ひるがえって 翻って dagegen.

ひるがえる 翻る flattern. 風に～ im Winde flattern.

ひるがお 昼顔 die Winde -n.

ビルディング das Hochhaus -es, ¨er.

ひるね 昼寝 der Mittagsschlaf -s. ～をする [seinen] Mittagsschlaf halten*.

ビルマ Birma (Burma). ～の birmanisch.

〜人 der Birmane.

ひるむ 怯む zurück|schrecken (zurück|-scheuen; zurück|weichen*) (s) 《vor 3 格》.

ひるめし 昼飯 das Mittagessen -s, -. 〜を食う zu Mittag essen*.

ひるやすみ 昼休み die Mittagspause -n. 〜をする Mittagspause machen.

ひれ 鰭 die Flosse -n.

ヒレ 〜[肉] das Filet -s, -s.

ひれい 比例 die Proportion -en; das Verhältnis -ses, -se. 〜する(しない) im (in keinem) Verhältnis stehen* 《zu 3 格》. 投じた金額に〜して nach dem Verhältnis der eingelegten Gelder. 〜代表制選挙 die Verhältniswahl.

ひれい 非礼 die Unhöflichkeit -en. 〜な unhöflich.

ひれき 披瀝・する aus|sprechen*. 心中を〜する jm. sein Herz aus|schütten (auf|schließen*).

ひれつ 卑劣な niederträchtig; gemein; niedrig.

ひれふす ひれ伏す sich nieder|werfen* 《vor 3 格》.

ひれん 悲恋 unglückliche Liebe.

ひろ 尋 ¶6〜の 6 Faden tief.

ひろい 広い weit; groß; [幅が] breit. 〜部屋 geräumiges Zimmer. 心の〜 großherzig. 知識(顔)が〜 ein umfangreiches Wissen (eine große Bekanntschaft) haben*. 広く行われている(知られている) üblich (allgemein bekannt).

ひろいあげる 拾い上げる auf|heben*.

ひろいあつめる 拾い集める auf|sammeln; [auf]|lesen*.

ヒロイズム der Heroismus -.

ひろいぬし 拾い主 der Finder -s, -.

ひろいもの 拾い物をする etwas auf der Straße finden*; [儲け物をする] in einen Glückstopf greifen*.

ひろいよみ 拾い読みする hier und da flüchtig lesen*; diagonal lesen*.

ヒロイン die Heldin -nen.

ひろう 拾う finden*; [拾い集める] [auf]|lesen*; [集める] sammeln. [危く]命を〜 mit dem Leben davon|kommen*(s). 落ち穂を〜 Ähren lesen*. タクシーを〜 ein Taxi nehmen*.

ひろう 披露・する bekannt machen; [演技を] vor|führen. 結婚〜宴 der Hochzeitsschmaus.

ひろう 疲労 die Müdigkeit. 〜する ermatten (s); ermüden (s); matt (müde) werden*(s). 〜を覚える sich matt fühlen; Müdigkeit verspüren. 〜困憊する sich erschöpfen; todmüde sein*. 〜と戦う gegen die Müdigkeit an|kämpfen. 〜のために vor Müdigkeit.

ビロード der Samt -es, -e. 〜の aus Samt; samten.

ひろがり 広がり die Ausdehnung -en; der Umfang -[e]s, ¨e.

ひろがる 広がる sich aus|dehnen (vergrößern); sich weiten; [火・病気・噂などが] sich aus|breiten (verbreiten).

ひろげる 広げる erweitern; [畳んだものを] entfalten. 勢力を〜 seinen Einfluss aus|dehnen. 道路(領土)を〜 die Straße (das Gebiet) erweitern. 本(小包)を〜 ein Buch (ein Päckchen) öffnen. 店を〜 das Geschäft vergrößern. 靴の幅を〜 Schuhe weiten. 両手(翼)を〜 Arme (Flügel) aus|breiten. 両手を広げて mit offenen Armen.

ひろさ 広さ die Ausdehnung -en; der Umfang -[e]s; die Größe; die Weite -n. 彼の知識の〜には感心する Ich bewundere sein umfangreiches Wissen.

ひろば 広場 der Platz -es, ¨e.

ひろびろ 広広・とした weit; ausgedehnt. 〜とした部屋 geräumiges Zimmer.

ひろま 広間 der Saal -[e]s, Säle.

ひろまる 広まる sich aus|breiten (verbreiten).

ひろめる 広める [噂を] verbreiten; unter die Leute bringen*. キリスト教を〜 die christliche Religion verbreiten. 見聞を〜 Erfahrungen sammeln.

ひろんりてき 非論理的 unlogisch.

ひわ 鶸 der Zeisig -s, -e.

ひわ 悲話 traurige Geschichte -n.

びわ 枇杷 Japanische Mispel -n.

ひわい 卑猥な schmutzig; zotig; obszön.

ひわり 日割り・て tageweise; täglich. 試験の〜を決める das Programm der Prüfungen zusammen|stellen.

ひん 品・のある vornehm; anständig. 〜のない gemein; unanständig.

びん 便 die [Verkehrs]verbindung -en. 鉄道(船)〜で per Bahn (Schiff). 次の〜で mit der nächsten Verbindung. 空の〜 die Flugverbindung. 札幌〜 der Flug nach Sapporo.

びん 瓶 die Flasche -n; [瓶詰用の] das [Konserven]glas -es, ¨er. 〜詰ビール das Flaschenbier. 〜に詰める et. auf Flaschen ziehen*. 一瓶詰.

ぴん 〜と張る [綱などを] spannen; straff an|ziehen*. 耳を〜と立てる die Ohren spitzen. 彼は〜ときた Es hat bei ihm geklingelt.

ピン die Nadel -n. 〜で留める mit Nadeln [an|]stecken. 安全〜 die Sicherheitsnadel. ヘア〜 die Haarnadel.

ピン 〜はねする von jm. unerlaubte Prozente nehmen*. 辞書といっても〜からキリまである Zwischen Wörterbuch und Wörterbuch ist noch ein Unterschied.

ひんい 品位 die Würde; [金・銀の] der Feingehalt -s. 〜を落とす sich erniedrigen; sich³ etwas (die Würde) vergeben*. 〜を保つ seine Würde [be]wahren. 〜のある(ない) würdevoll (würdelos).

びんかつ 敏活な(に) schnell; geschwind; rasch.

びんかん 敏感な empfindlich 《gegen 4 格》.

ひんきゃく 賓客 der Ehrengast -es, ¨e.

ひんきゅう 貧窮 →貧困.

ひんく 貧苦 die Not; die Armut; das Elend -s. ～に苦しむ(あえぐ) Not leiden*; in großer Not sein*;〘形容詞〙Not leidend.

ピンク ～の rosenfarbig; rosa 《不変化》; pink.

ひんけつ 貧血 die Blutarmut; die Anämie -n. ～症の blutarm; anämisch.

ひんこう 品行 das Betragen (Verhalten) -s; die Führung; der Lebenswandel -s. ～のよい(悪い) anständig (lasterhaft; liederlich).

ひんこん 貧困 die Armut. ～者 der Arme#.

ひんし 品詞 die Wortart -en.

ひんし 瀕死・の sterbend. ～の重傷 tödliche Wunde. ～の病人 der Todkranke#. ～の状態である im Sterben liegen*.

ひんじ 賓辞 das Prädikat -s, -e.

ひんしつ 品質 die Qualität -en. ～を保証する für Qualität bürgen. ～最上の von bester (erster) Qualität.

ひんじゃく 貧弱な ärmlich; armselig; elend; schäbig.

ひんしゅ 品種〘動物の〙die Rasse -n;〘植物の〙die Sorte -n.

ひんしゅく 顰蹙 ¶彼の言葉は人人の～を買った Seine Äußerungen riefen Stirnrunzeln hervor.

ひんしゅつ 頻出する häufig erscheinen* (auf|-treten*) (s).

びんじょう 敏捷な(に) flink; hurtig.

びんじょう 便乗・する mit|fahren*(s);〘利用する〙et. aus|nutzen. 時流に～する mit dem Strom schwimmen*.

ひんする 瀕する ¶破滅に～ an den Rand des Abgrunds geraten*(s). 危機に瀕している in Gefahr schweben. 死に瀕している dem Tode nahe sein*. → 瀕死.

ひんせい 品性 der Charakter -s, -e. ～を養う seinen Charakter aus|bilden. ～のすぐれた(下劣な)人 ein Mensch mit edlem (gemeinem) Charakter.

ピンセット die Pinzette -n.

びんせん 便箋 der Briefbogen -s, -; der Briefblock -s, -s.

ひんそう 貧相 → 貧弱.

びんそく 敏速な(に) schnell; geschwind; rasch.

びんた ～を食らわす jm. eine Ohrfeige geben*.

ピンチ die Not; die Notlage -n. ～だ in der Patsche (Klemme) sitzen*. ～を切り抜ける aus der Krise heraus|kommen*(s).

びんづめ 瓶詰・にする et. in Gläsern konservieren. 果物の～ das Konservenglas mit Obst.

ヒント die Andeutung -en; der Hinweis -es, -e; der Tipp -s, -s; der Wink -[e]s, -e. ～を与える eine Andeutung machen; einen Hinweis (Tipp) geben*.

ひんど 頻度 die Häufigkeit. ～の多い häufig. ～数 die Häufigkeitszahl.

ピント der Brennpunkt -[e]s, -e. カメラの～を合わせる die Kamera auf die richtige Entfernung ein|stellen. ～合わせ die Scharfeinstellung. ～のはずれた unscharf. 彼の言うことは～がはずれている Mit seiner Meinung liegt er daneben.

ひんぱつ 頻発・する häufig vor|kommen*(s). ～する窃盗(交通事故) häufige Diebstähle (Unfälle).

びんぱつ 鬢髪霜を置く graue Schläfen haben*.

ひんぱん 頻繁・な häufig. ～に häufig; öfters.

ひんぴょうかい 品評会 die Ausstellung -en; die Schau -en.

ぴんぴん 彼はまだ～している Er ist noch gesund und munter. 網の中で魚が～はねている Der Fisch zappelt im Netz.

ひんぷ 貧富 ～の差 der Unterschied zwischen den Armen und den Reichen.

びんぼう 貧乏 die Armut. ～する(になる) arm werden*(s); in Armut geraten*(s). ～暮らしをする in Armut leben. ～くじを引く den Kürzeren ziehen*. ～揺すりをする aus Nervosität die Beine unruhig halten*. ～揺すりをするな Halte der (deine) Beine still! ～な arm; mittellos. ～人 der Arme#.

ピンぼけ ～の unscharf. → ピント.

ピンポン → 卓球.

ひんみん 貧民 der Arme#; arme Leute pl. ～窟(街) das Elendsviertel; das Armeleuteviertel.

ひんもく 品目 der Artikel -s, -.

びんらん 便覧 → べんらん.

びんらん 紊乱 die Verderbnis -se; die Verdorbenheit; die Korruption -en. ～する verderben*(s). 風紀～ die Sittenverderbnis.

びんわん 敏腕・な gewandt; tüchtig; fähig. ～を振るう seine Fähigkeiten zeigen.

ふ

ふ 譜 die Note -n. ～を読む Noten lesen*. ～を見て歌う nach Noten singen*. ～をつける et. in Noten setzen.

ふ 負の〘数・電〙negativ.

ぶ 歩 ¶3～の利子 3 Prozent Zinsen. 仕事は9～通り完成した Die Arbeit ist 90 Prozent fertig. 彼よりも僕の方が～がいい(悪い) Ihm gegenüber bin ich im Vorteil (Nachteil).

ぶ 部〔部分〕der Teil -[e]s, -e;〔部局〕die Abteilung -en;〔学部〕die Fakultät -en;〔クラブ〕der Klub -s, -s;〔部数〕das Exemplar -s, -e. 一～の住民 ein Teil der Bevölkerung. ファウスト第2～ Faust, zweiter Teil. 3～作 die Trilogie.

ファースト・フード das Fastfood ['fa:st-'fu:d] -[s].

ぶあい 歩合 der Prozentsatz -es, ⸚e; die Rate -n; 〔手数料〕die Provision -en; Prozente pl. 高い〜で zu hohen Prozenten. 1割の〜を払う eine Provision von 10 Prozent zahlen.
ぶあいそう 無愛想な unfreundlich; barsch; brüsk.
ファイト 〜がある Kampfgeist haben*.
ファイバー die Faser -n; die Fiber -n.
ファイル der Ordner -s, -; der Hefter -s, -. 〜する ab|heften.
ファインダー der Sucher -s, -.
ファイン・プレー feines (meisterhaftes) Spiel -s, -e.
ファクシミリ das Faksimile -s, -s; das Telefax -, -[e].
ファゴット das Fagott -[e]s, -e. 〜奏者 der Fagottist.
ファシスト der Faschist -en, -en.
ファシズム der Faschismus -.
ファスナー der Reißverschluss -es, ⸚e.
ファックス das [Tele]fax -, -e.
ファッション die Mode. 〜ショー die Mode[n]schau. 〜デザイナー der Modedesigner; der Modedesigner. 〜モデル die Vorführdame; das Mannequin; das Modell.
ふあん 不安 die Unruhe; die Angst -e; die Besorgnis -se. 〜な unruhig; ängstlich.
ファン der Fan -s, -s; der Anhänger -s, -; der Freund -es, -e; der Fanatiker -s, -. スポーツ(映画)〜 der Sportfreund (Filmfan).
ファンタジー die Fantasie -n.
ファンタスティック 〜な fantastisch.
ふあんてい 不安定な unsicher; unbeständig; unstabil; schwankend; labil.
ファンド der Fonds -, -.
ふあんない 不案内な fremd (in 3格); unkundig 《2格》. 私はこの土地は〜だ Ich bin hier [orts]fremd.
ファンファーレ die Fanfare -n.
ふい 〜になる verloren gehen*(s); zunichte werden*(s). 彼の努力は〜になった Seine Anstrengungen waren nutzlos vertan. せっかくのチャンスを〜にした Ich habe mir die gute Gelegenheit entgehen lassen.
ふい 不意・の(に) plötzlich; unerwartet. 〜を打つ jn. überraschen.
ブイ die Boje -n.
フィアンセ der Verlobte#; der Bräutigam -s, -e; 〔女〕die Verlobte#; die Braut ⸚e.
フィート der Fuß -es, -. 1(5)〜の長さがある einen (fünf) Fuß lang sein*.
フィードバック die Rückkopp[e]lung -en; das Feedback -s, -s.
フィールド das [Spiel]feld -[e]s, -er. 〜競技 das Feldspiel. 〜ワーク die Feldforschung.
ふいうち 不意討ち die Überraschung -en; der Überfall -[e]s, ⸚e. 〜を食わす jn. überraschen; jn. überfallen* (überrumpeln).
フィギュア・スケート der Eiskunstlauf -[e]s, 〜の選手 der Eiskunstläufer.
フィクション die Fiktion -en; die Erdichtung -en.
ふいご 鞴 der Blasebalg -s, ⸚e.
ふいちょう 吹聴・する bekannt machen; Reklame machen 《für 4格》; 〔推奨する〕empfehlen*. 得意になって〜する prahlen 《mit 3格》.
フィナーレ das Finale -s, -[s].
フィニッシュ das Finish -s, -s.
フィヨルド der Fjord -[e]s, -e.
ブイヨン die Bouillon -s.
フィラメント der Glühfaden (Heizfaden) -s, ⸚.
ふいり 不入りである schlecht besucht sein*.
ふいり 斑入りの 一 ぶち.
フィリピン die Philippinen pl. 〜の philippinisch. 〜人 der Filipino.
フィルター der (das) Filter -s, -.
フィルハーモニー die Philharmonie -n. 〜管弦楽団 philharmonisches Orchester.
フィルム der Film -s, -e. カラー〜 der Farbfilm.
ぶいん 部員 das Mitglied -[e]s, -er; 〔集合的に〕das Personal -s.
フィンガー・ボール die Fingerschale -n.
フィンランド Finnland. 〜の finnisch. 〜人 der Finne.
ふう 封 das Siegel -s, -. 〜をする et. versiegeln. 〜を切る et. entsiegeln.
ふう 風 〔慣習〕der Brauch -es, ⸚e; die Sitte -n; 〔傾向〕die Neigung -en. 見ない〜をする Er tut, als ob er nichts sähe. こんな〜に auf diese Weise; so. ゴシック〜の教会 eine Kirche in gotischem Stil. ミラノ〜のスパゲッティ Spaghetti nach Mailänder Art.
ふうあつ 風圧 der Winddruck -[e]s.
ふういん 封印 das Siegel -s, -. → 封.
ふうう 風雨 der Sturm -[e]s, ⸚e; Wind und Wetter; das Unwetter -s. 〜にさらされて dem Wind und Wetter ausgesetzt.
ふううん 風雲 ¶両国の関係は〜急を告げている In den Beziehungen zwischen den beiden Ländern steht das Barometer auf Sturm. 〜児 ein Held der bewegten Zeiten.
ふうか 風化する verwittern (s); aus|wittern (s).
フーガ 〘音〙die Fuge -n.
ふうかく 風格 ¶彼は〜がある Er hat Stil.
ふうがわり 風変りな seltsam; sonderbar.
ふうき 風紀 die Sitte -n; die Sittlichkeit. 〜を乱す gegen die guten Sitten verstoßen*. 〜係 die Sittenpolizei. 〜退廃 der Sittenverfall.
ふうきり 封切り die Uraufführung -en. 〜される uraufgeführt werden*(s受). 〜映画 uraufgeführter Film.
ふうけい 風景 die Landschaft -en; 〔眺め〕die Aussicht -en. 〜画 die Landschaftsmalerei. 〜画家 der Landschaftsmaler.
ふうこう 風向 die Windrichtung -en.
ふうこう 風光明媚な malerisch; landschaft-

ふうさ 封鎖 die Blockade -n; die Sperrung -en. ～する [ab]sperren; blockieren. ～を解く die Blockade auf|heben*. ～預金 eingefrorene Depositen pl.

ふうさい 風采 das Aussehen -s; die Erscheinung -en; das Äußere#. ～の上がらぬ unansehnlich.

ふうし 風(諷)刺 die Satire -n. ～する satirisch dar|stellen. 彼は体制を痛烈に～したものを書いた Er hat eine beißende Satire auf (gegen) das Establishment geschrieben. ～家 der Satiriker. ～画 die Karikatur. ～文学 die Satire.

ふうじこめる 封じ込める jn. ein|sperren 《in 4 格》.

ふうしゃ 風車 die Windmühle -n.

ふうしゅう 風習 die Sitte -n; der Brauch -es, ⸚e. 土地の～に従う sich den Sitten eines Landes fügen.

ふうしょ 封書 [versiegelter] Brief -es, -e.

ふうしょく 風食(蝕) die Verwitterung -en.

ふうしん 風疹 Röteln pl.

ふうずる 封ずる siegeln. 口を～ jm. den Mund stopfen. 動きを～ Halt gebieten* 《3 格》.

ふうせつ 風雪 der Schneesturm -s, ⸚e. ～に耐える schwere Jahre durch|machen.

ふうせつ 風説 das Gemunkel -s.

ふうせん 風船 der [Luft]ballon -s, -s (-e).

ふうぜん 風前 彼の命は～の灯火(ともしび)だ Sein Leben hängt an einem [dünnen] Faden.

ふうそく 風速 die Windgeschwindigkeit -en. ～計 das Anemometer; der Windmesser.

ふうぞく 風俗 die Sitte -n; der Brauch -es, ⸚e. ～を乱す die guten Sitten verletzen. ～習慣 Sitten und Gebräuche pl. ～史 die Sittengeschichte.

ふうち 風致・地区 das Landschaftsschutzgebiet. ～を損なう den Reiz (die Schönheit) der Landschaft verderben*.

ふうちょう 風潮 die [Zeit]strömung -en; 〔傾向〕die Tendenz -en; die Neigung -en. 世の～に従う(逆らう) mit den (gegen den) Strom schwimmen*(s).

ブーツ der Stiefel -s, -.

ふうてい 風体 äußere Erscheinung -en; das Äußere#. 怪しい～の男 ein verdächtig aussehendes Individuum.

ふうど 風土 das Klima -s, -s (-te). ～に慣れる sich an das Klima gewöhnen. ～病 die Endemie; endemische Krankheit.

フード 〔食品〕 Esswaren pl.; Nahrungsmittel pl.; 〔衣〕die Kapuze -n.

ふうとう 封筒 der [Brief]umschlag -s, ⸚e.

ふうどう 風洞 der Windkanal -s, ⸚e. ～実験 Versuche im Windkanal.

プードル der Pudel -s, -.

ふうにゅう 封入・する bei|legen; ein|legen. ～物 die Beilage (Anlage).

ふうは 風波 Wind und Wellen; 〔争い〕der Zwist -es, -e. 家庭の～ der Familienzwist.

ふうばいか 風媒花 der Windblütler -s, -.

ふうび 風靡・する [vor|]herrschen. 流行が全国を～する Eine Mode beherrscht das ganze Land.

ふうひょう 風評 das Gerücht -[e]s, -e. ～が立つ Es läuft (geht) das Gerücht, dass ...

ふうふ 夫婦 das Ehepaar -s, -e; Eheleute pl.; Mann und Frau. ～になる sich mit jm. ehelich verbinden*. ～約束する jm. das Eheversprechen geben*. ～関係 die Ehe. ～喧嘩 der Ehestreit. ～生活 das Eheleben. ～別れ die Ehescheidung.

ふうふう ～言う keuchen.

ぶうぶう ～言う murren (brummen) 《über 4 格》. ～鳴く〔豚が〕grunzen.

ふうぶつ 風物 ¶ 自然の～ Naturschönheiten pl. 四季折々の～ die zu einer bestimmten Jahreszeit gehörenden Dinge pl.

ふうぶん 風聞 das Gerücht -[e]s, -e.

ふうぼう 風貌 das Aussehen -s; [äußere] Erscheinung -en.

ふうみ 風味 der Geschmack -s. ～がある angenehm im (von) Geschmack sein*.

ブーム der Boom -s, -s. 小型本～ der Taschenbücherboom.

ふうらいぼう 風来坊 der Vagabund -en, -en; 〔気分屋〕launenhafter Mensch -en, -en.

ふうりゅう 風流な geschmackvoll; elegant.

ふうりょく 風力 die Windstärke -n. ～計→風速計.

プール das Schwimmbecken -s, -; das Schwimmbassin -s, -s; 〔経〕der Pool -s, -s. 屋内～ die Schwimmhalle. ～する poolen.

ふうろう 封蠟 der Siegellack -s, -e.

ふうん 不運 das Unglück -s. ～である Pech haben*. ～な unglücklich.

ふえ 笛 die Flöte -n; 〔呼子〕die Pfeife -n. ～を吹く die Flöte blasen* (spielen); auf der Flöte blasen* (spielen); flöten.

フェア〔見本市〕die Messe -n. ブック～ die Buchmesse.

フェア ～な fair; gerecht. ～プレー das Fairplay.

フェーディング das Fading -s; der Schwund -s.

フェーン der Föhn -[e]s, -e.

フェザー ～級 das Federgewicht -s.

フェスティバル das Festival -s, -s; Festspiele pl.

ふえて 不得手 ¶ 彼は数学が～だ Mathematik ist seine schwache Seite (seine Schwäche).

フェニックス der Phönix -[e]s, -e.

フェミニスト der Galan -s, -e; 〔女権拡張論者〕der Feminist -en, -en.

フェリー die Autofähre -n. ～ボート das Fährschiff. ～運賃 das Fährgeld.

ふえる 増(殖)える zu|nehmen*; sich vermehren; [an|]wachsen*(s). 目方が～ an Gewicht zu|nehmen*. 借金が～ Seine Schulden wachsen an. 鼠算式に～ sich vermeh-

ren wie die Kaninchen.
フェルト der Filz -es, -e. ～帽 der Filzhut. ～ペン der Filzschreiber.
ふえん 敷衍する weiter aus|führen; ausführlicher erläutern.
フェンシング das Fechten -s. ～をする fechten*.
フェンダー der Kotflügel -s, -.
ぶえんりょ 無遠慮・な rücksichtslos; dreist; frech. ～に振舞う sich unhöflich benehmen*; sich³ Freiheiten gegenüber jm. heraus|nehmen*.
フォーカス der Fokus -, -[se]; der Brennpunkt -[e]s, -e. オート～ der Autofokus.
フォーク die Gabel -n. ～リフト der Gabelstapler.
フォーク ～ソング der Folksong ['fouksɔn]. ～ダンス der Volkstanz. ～ロア die Folklore.
フォービズム 《絵》der Fauvismus -.
フォーム die Form -en.
フォックス・トロット der Foxtrott -[e]s, -e (-s).
ぶおとこ 醜男 hässlicher Mann -es, ⸚er.
フォワード der Stürmer -s, -.
ふおん 不穏・な unruhig; 〔威嚇的〕drohend; bedrohlich; 〔危険な〕gefährlich. ～分子 gefährliche Elemente pl.
フォンデュー das Fondue -s, -s.
ふおんとう 不穏当な ungebührlich; ungehörig; unpassend.
ふか 鱶 der Haifisch -es, -e.
ふか 不可 ¶可もなく～もなし nicht gut, nicht schlecht. 試験で～をもらう im Examen „ungenügend" bekommen*. 辞書の使用～ Es ist nicht erlaubt, ein Wörterbuch zu verwenden. 可とする者50名，～とする者10名 50 Stimmen dafür und 10 dagegen.
ふか 付加・する hinzu|fügen; hinzu|tun*; bei|fügen. ～刑 die Nebenstrafe. ～語 das Attribut. ～税 die Zusatzsteuer. ～価値 der Mehrwert.
ふか 負荷 die Belastung -en.
ふか 孵化・する aus|brüten. ～器 der Brutapparat. ～期 die Brutzeit. 人工～ künstliche Brut.
ふか 賦課する ¶税を～ jm. Steuern auf|erlegen.
ぶか 部下 der Untergebene#; die Leute pl. 彼の～ die Sein[ig]en# pl.
ふかい 深い tief; 〔霧〕dichter (dicker) Nebel. ～愛情 innige Liebe. 深く考える tief (gründlich) denken*.
ふかい 不快・な unangenehm; unbehaglich. 彼は～の気味である〔病気で〕Er fühlt sich unwohl.
ぶかい 部会 die Versammlung einer Abteilung.
ぶがい 部外・者 der Außenstehende#. ～秘 Streng geheim!
ふがいない 腑甲斐ない rückgratlos; feig[e]; 〔頼りない〕unzuverlässig.

ふかいり 深入りする sich zu sehr ein|lassen* (auf 4 格).
ふかかい 不可解な unbegreiflich; unerklärlich; unverständlich; rätselhaft.
ふかぎゃく 不可逆の nicht umkehrbar; irreversibel.
ふかく 不覚 ¶思わぬ～を取る eine unerwartete Niederlage erleiden*. それは僕の～だった Das war sehr unvorsichtig von mir. ～の涙を流す unwillkürlich zu Tränen gerührt werden*(s 受).
ふかく 俯角 der Depressionswinkel -s, -.
ふかくじつ 不確実な ungewiss; unsicher; 〔あてにならぬ〕unzuverlässig.
ふかくてい 不確定の unbestimmt; indeterminiert.
ふかけつ 不可欠な unerlässlich; unentbehrlich.
ふかこうりょく 不可抗力 《法》höhere Gewalt. ～の unwiderstehlich; 〔避け難い〕unvermeidlich; unabwendbar.
ふかさ 深さ die Tiefe -n. ～2メートルの 2 Meter tief.
ふかざけ 深酒をする unmäßig (zu viel) trinken*.
ふかし 不可視光線 unsichtbare Strahlen pl.
ふかしぎ 不可思議な rätselhaft; geheimnisvoll; mysteriös; wunderbar.
ふかしんじょうやく 不可侵条約 der Nichtangriffspakt -s, -e.
ふかす 吹かす ¶パイプを～ [eine] Pfeife rauchen. エンジンを～ einen Motor hoch|jagen.
ふかす 蒸かす dämpfen.
ふかち 不可知の unerforschlich. ～論 《哲》der Agnostizismus.
ぶかっこう 不格好な plump; unförmig.
ふかっぱつ 不活発な nicht lebhaft; untätig; träge; schlaff; 〔商況の〕flau.
ふかで 深手を負う schwer verwundet werden*(s 受); eine tiefe Wunde erhalten* (davon|tragen*).
ふかのう 不可能・な unmöglich. 実行(実現)～な unausführbar (unerfüllbar). ～な事 das Unmögliche#. …にする unmöglich machen. …を彼から期待するのは～だ Wir können von ihm unmöglich erwarten, dass …
ふかひ 不可避の unvermeidlich.
ふかぶか ～の schwellend.
ふかぶん 不可分の untrennbar.
ふかまる 深まる sich vertiefen. 秋が～ Der Herbst rückt vor.
ふかみ 深み die Tiefe -n. ～に落ち込む ins tiefe Wasser (in die Tiefe) stürzen (s). 彼の考えは～が足りない Ihm fehlt die Tiefe des Denkens.
ふかめる 深める vertiefen; 〔強める〕verstärken. 印象を～ einen Eindruck verstärken (vertiefen).
ふかん 俯瞰・する überblicken; aus der Vogelschau betrachten (sehen*). ～図 das Bild aus der Vogelperspektive.

ぶかん 武官 der Offizier -s, -e.
ふかんしへい 不換紙幣 inkonvertible Noten pl.
ふかんしょう 不干渉 die Nichteinmischung.
ふかんしょう 不感症 die Frigidität. ～の frigid;〔鈍感な〕unempfindlich《gegen 4 格》.
ふかんぜん 不完全な unvollkommen; unvollständig.
ふき 蕗 die Pestwurz -en.
ふき 付記 der Nachtrag -[e]s, ¨e; die Nachschrift -en. ～する hinzu|fügen; nach|tragen*.
ふぎ 不義 die Untreue. ～をする seiner Frau (ihrem Mann) untreu werden* (s). ～の子 uneheliches Kind.
ふぎ 付議する zur Debatte (Diskussion) stellen.
ぶき 武器 die Waffe -n. ～を捨てる die Waffen nieder|legen (strecken). ～を取って起つ zu den Waffen greifen*.
ふきおろす 吹き降ろす herunter|wehen (h; s).
ふきかえ 吹き替え die Synchronisation -en. フランス語の映画を日本語に吹き替える den französischen Film in japanischer Sprache synchronisieren.
ふきかえす 吹き返す ¶息を～ wieder zu sich³ kommen*(s).
ふきかける 吹き掛ける ¶息を～ et. an|hauchen. 喧嘩を～ jm. zum Streit heraus|fordern. 高値を～ einen übermäßigen Preis verlangen. 香水をドレスに～ Parfüm auf das Kleid sprühen.
ふきけす 吹き消す aus|blasen*.
ふきげん 不機嫌な verdrießlich; verstimmt; unleidlich. ～である [in] schlechter Laune sein*. ～にする verdrießen*; in schlechte Laune versetzen.
ふきこむ 吹き込む〔風が〕herein|wehen. 雨(雪)が～ Es regnet (schneit) herein. 勇気(恐怖心)を～ jm. Mut (Furcht) ein|flößen. 疑惑を～ jm. einen Verdacht ein|flüstern. 新風を～ frischen Wind bringen* (in 4 格). レコード(テープ)に～ auf Schallplatte (Tonband) auf|nehmen*.
ふきさらし 吹き曝してある dem Wind ausgesetzt sein*.
ふきすさぶ 吹き荒ぶ wüten; toben.
ふきそ 不起訴にする nicht an|klagen.
ふきそうじ 拭き掃除する et. putzen (schrubben).
ふきそく 不規則な unregelmäßig.
ふきたおす 吹き倒す um|wehen; um|blasen*.
ふきだす 吹き出す〔風が〕an|heben* [aus]|strömen (s)《aus 3 格》; auf|spritzen (s);〔笑い出す〕in Gelächter aus|brechen* (s).
ふきだまり 吹き溜まり die Schneeverwehung -en.
ふきちらす 吹き散らす verwehen.
ふきつ 不吉・な unglückssschwanger; ahnungsvoll. ～な数 die Unglückszahl. ～な前兆 das Unglückszeichen; böses Omen.
ふきつけ 吹き付け〔塗装の〕die Spritzlackierung -en. 吹き付ける auf|spritzen; auf|sprühen;〔風が〕jn. an|wehen.
ふきでもの 吹き出物 der Ausschlag -[e]s; der Pickel -s, -. 顔に～が出来る einen Ausschlag im Gesicht bekommen*.
ふきとばす 吹き飛ばす [weg|]wehen. 疑いを～ js. Zweifel zerstreuen.
ふきとる 拭き取る ab|wischen.
ふきながし 吹き流し der Windsack -[e]s, ¨e.
ふきはらう 吹き払う ab|blasen*;〔風が〕[weg|]wehen.
ふきまくる 吹きまくる rasen; toben; rau wehen. 法螺(ﾎﾗ)を～ Wind machen.
ぶきみ 不気味な unheimlich.
ふきや 吹矢 das Blasrohr -[e]s, -e.
ふきゅう 不朽の unvergänglich; unsterblich.
ふきゅう 不急の nicht dringend.
ふきゅう 普及 die Verbreitung; die Ausbreitung. ～させる [allgemein] verbreiten; popularisieren; unters Volk bringen*. ～している [allgemein] verbreitet sein*; populär sein*. ～版 die Volksausgabe.
ふきゅう 腐朽した morsch; verfault.
ふきょう 不況 die Flauheit; die Flaute -n; die Depression -en. ～の時代 die Zeiten wirtschaftlicher Tiefstandes. → 不景気.
ふきょう 布教 die Mission. 或る国に～をする ein Land missionieren. キリスト教を～する das Evangelium verkünd[ig]en. ～師 der Missionar.
ふきょう 不興を買う sich³ js. Ungunst zu|ziehen*.
ぶきよう 不器用な ungeschickt; linkisch; unbeholfen.
ふぎょうぎ 不行儀な unanständig; unartig.
ふぎょうせき 不行跡 schlechtes Betragen -s; Ausschweifungen pl.; lasterhaftes Leben -s.
ふきょうわおん 不協和音 die Dissonanz -en; der Missklang -s, ¨e.
ぶきょく 部局 die Abteilung -en.
ぶきょく 舞曲 die Tanzmusik.
ふきよせる 吹き寄せる an|wehen.
ふぎり 不義理をする seiner Verpflichtung jm. gegenüber nicht nach|kommen(s);〔借りがある〕in js. Schuld sein*.
ぶきりょう 不器量な nicht hübsch.
ふきわける 吹き分ける〔鉱石を〕ab|schmelzen*;〔穀物を〕worfeln.
ふきん 布巾 das Geschirrtuch (Küchentuch) -[e]s, ¨-er.
ふきん 付近・の nahe. ～に in der Nähe; in der Nachbarschaft. この～に hier in der Nähe; in dieser Gegend.
ふきんこう 不均衡な unausgeglichen; ungleichmäßig.
ふきんしん 不謹慎な unanständig; leichtsinnig.
ふく 服 Kleider pl.;〔背広〕der Anzug -s, ¨e.

～を着る(脱ぐ) die Kleider an|ziehen* (aus|ziehen*). 彼はしゃれた～を着ている Er ist elegant gekleidet.

ふく 副 〔助…〕Hilfs-;〔代…〕Vize-;〔副次的〕Neben-. ～社長 der Vizedirektor. ～操縦士 der Kopilot. ～総理 der Vizekanzler. ～大統領 der Vizepräsident. ～牧師 der Hilfsprediger. ～収入 Nebeneinkünfte *pl.*; Nebeneinnahmen *pl.*

ふく 福 das Glück -[e]s. ～の神 der Glücksgöttin.

ふく 吹く 〔風が〕wehen;〔口で〕blasen*. 口笛を(で)～ pfeifen*. 火を～ Feuer speien*;〔燃え上がる〕in Brand geraten*(*s*);〔噴火する〕aus|brechen*(*s*). 芽を～ keimen; sprießen*(*s*); Knospen treiben*.

ふく 拭く [ab]wischen. 額の汗を～ sich³ den Schweiß von der Stirn [ab]wischen. からだを～ sich ab|trocknen. 床(こぼれた牛乳)を雑巾で～ den Fußboden (die verschüttete Milch) auf|wischen.

ふく 葺く ¶屋根を～ das Dach decken. 屋根はわらで葺いてある Das Dach ist mit Stroh gedeckt.

ふぐ 不具·の krüppelhaft; krüppelig. ～者 der Krüppel.

ふぐ 河豚 der Kugelfisch -es, -e.

ぶぐ 武具 die Waffe -*n*; die Rüstung -*en*.

ふくあん 腹案 der Plan -es, ̈e; der Entwurf -s, ̈e. ～を立てる einen Plan fassen (entwerfen*).

ふくい 復位·する den Thron wieder besteigen*. ～させる wieder ein|setzen.

ふくいく 馥郁たる wohlriechend; duftig.

ふくいん 復員 die Demobilisierung (Demobilmachung) -*en*. ～させる demobilisieren. ～する demobilisiert werden*(*s*受). ～軍人 demobilisierter Soldat; der Heimkehrer.

ふくいん 福音 das Evangelium -s; die Frohe Botschaft;〔吉報〕gute Botschaft (Nachricht) -*en*. ～を伝える das Evangelium verkünd[ig]en. ～教会 evangelische Kirche. 四～書 die vier Evangelien.

ふぐう 不遇·な unglückselig.

ふくえき 服役する〔兵役に〕den Wehrdienst [ab]leisten;〔懲役に〕seine Strafe verbüßen.

ふくがん 複眼 das Facettenauge (Netzauge) -s, -*n*.

ふくぎょう 副業 die Nebenbeschäftigung -*en*; der Nebenberuf -s, -e; die Nebenarbeit -*en*.

ふくげん 復元する rekonstruieren.

ふくげんりょく 復元力 die Stabilität.

ふくこう 腹腔 die Bauchhöhle -*n*.

ふくごう 複合 die Zusammensetzung -*en*. ～の zusammengesetzt. ～競技〔スキー〕alpine (nordische) Kombination; ～語 das Kompositum; die Zusammensetzung; zusammengesetztes Wort. ～体 der Komplex. ～文 zusammengesetzter Satz.

ふくざい 伏在する stecken(*s*)《hinter 3格》; versteckt sein*.

ふくざつ 複雑·な kompliziert; verwickelt. ～骨折 komplizierter Bruch.

ふくさよう 副作用 [schädliche] Nebenwirkung -*en*. ～を起す Nebenwirkungen haben*. ～のない鎮静剤 harmloses (unschädliches) Beruhigungsmittel.

ふくさんぶつ 副産物 das Nebenprodukt -s, -e.

ふくし 副詞 das Adverb -s, -*ien*; das Umstandswort -[e]s, ̈er. ～的 adverbial. ～的規定[語] das Adverbiale; adverbiale Bestimmung.

ふくし 福祉 die Wohlfahrt. 公共の～ das Gemeinwohl. ～を図る soziale (öffentliche) Wohlfahrt fördern. ～事業 die Sozialhilfe; die Wohlfahrtspflege. ～事務所 das Sozialamt. ～国家 der Wohlfahrtsstaat.

ふくじ 服地 der Kleiderstoff -s, -e; das Tuch -es, -e.

ふくしき 複式·の doppelt. ～簿記 doppelte Buchführung.

ふくしきこきゅう 腹式呼吸 die Bauchatmung.

ふくじてき 副次的 nebensächlich; sekundär. ～問題 die Nebenfrage.

ふくしゃ 複写する kopieren; vervielfältigen. ～機 das Kopiergerät; der Vervielfältigungsapparat. ～紙 das Kopierpapier. 写真～する fotokopieren.

ふくしゃ 輻射 die [Aus]strahlung -*en*. ～する [aus]strahlen. ～熱 die Strahlungswärme.

ふくしゅう 復習 die Wiederholung -*en*; die Nachbereitung -*en*; die Repetition -*en*. ～する wiederholen; nach|bereiten; repetieren.

ふくしゅう 復讐 die Rache; die Vergeltung. ～する *jn.* (*et.* an *jm.*) rächen; sich an *jm.* rächen《für 4格》. ～心 die Rachgier; die Rachsucht. ～の念に燃えた rachgierig; rachsüchtig.

ふくじゅう 服従 der Gehorsam -s. ～する *jm.* gehorchen; *jm.* gehorsam sein*; sich *jm.* unterwerfen*.

ふくじゅそう 福寿草 das Adonisröschen -s, -.

ふくしょ 副署 die Gegenzeichnung -*en*. ～する *et.* gegen|zeichnen.

ふくしょう 復唱する wiederholen.

ふくしょう 服飾·店 das Mode[n]geschäft; das Mode[n]haus. ～品 Accessoires *pl.* ～雑誌 die Mode[n]zeitschrift.

ふくしょく 復職·する seine Stelle wieder ein|nehmen*. ～させる wieder ein|setzen; reaktivieren.

ふくしょくぶつ 副食物 ergänzende Nahrungsmittel *pl.*

ふくしん 腹心·の〔親密な〕vertraut;〔忠実な〕treu;〔信頼できる〕zuverlässig.

ふくじん 副腎 die Nebenniere -*n*.

ふくすい 覆水盆に返らず Geschehen ist geschehen.
ふくすいしょう 腹水症 die Bauchwassersucht.
ふくすう 複数 《文法》 der Plural -s, -e; die Mehrzahl.
ふくする 服する ¶判決に~ sich dem Urteil unterwerfen*. 命(%)に~ sich einer Anordnung fügen; einem Befehl gehorchen.
ふくする 復する ¶常態に~ wieder in den normalen Zustand zurück|kehren (s).
ふくせい 複製 die Reproduktion -en; die Wiedergabe -n; der Nachdruck -s, ⸚e. ~する reproduzieren; wieder|geben*; nach|drucken. 不許~ Nachdruck verboten!
ふくせん 伏線を張る eine Andeutung machen.
ふくせん 複線の doppelgleisig.
ふくそう 服装 die Kleidung; der Anzug -s, ⸚e; die Tracht -en. 夏の~ die Sommerkleidung. 立派な~をしている gut gekleidet sein*.
ふくそう 輻湊 ¶車が~している Es herrscht starker Verkehr. 注文が~する Viele Bestellungen laufen auf einmal ein. 事務が~する Die Geschäfte häufen sich.
ふくぞう 腹蔵なく ohne Rückhalt; rückhaltlos; freimütig; offen[herzig].
ふくだい 副題 der Untertitel (Nebentitel) -s, -.
ふぐたいてん 不倶戴天の敵 der Todfeind -[e]s, -e.
ふくちょう 復調する wieder in Form kommen*(s).
ふくつ 不屈の unbeugsam; unerschütterlich.
ふくつう 腹痛 Leibschmerzen pl.; das Bauchweh -s; [胃痛] Magenschmerzen pl. ~がする Bauchschmerzen haben*.
ふくどく 服毒・する Gift nehmen*. ~自殺をする sich [mit Tabletten] vergiften.
ふくどくほん 副読本 zusätzliches Lesestück -s, -e.
ふくはい 腹背に vorn und hinten. ~に敵を受ける zwischen zwei Feuer geraten*(kommen*)(s).
ふくびき 福引き die Warenlotterie -n; die Tombola -s (..len). ~を引く ein Los ziehen*. ~券 das Lotterielos.
ふくぶ 腹部 der Bauch -es, ⸚e; das Abdomen -s, - (..mina); [昆虫の] der Hinterleib -[e]s, -er.
ぶくぶく ~太った dick und fett.
ふくぶくしい 福福しい顔 ein volles Gesicht.
ふくぶん 副文 der Nebensatz -es, ⸚e.
ふくへい 伏兵を置く einen Hinterhalt legen.
ふくへき 腹壁 die Bauchwand ⸚e.
ふくまく 腹膜 das Bauchfell -[e]s, -e; das Peritoneum -s, ..neen. ~炎 die Bauchfellentzündung; die Peritonitis.
ふくまれる 含まれる enthalten (eingeschlossen; einbegriffen) sein*. この値段には何もかも含まれている In diesem Preis ist alles einbegriffen.
ふくみ 含み [含意] die Implikation -en. ~のある言葉 die Worte mit verborgenem Sinn. ~声で mit gedämpfter Stimme. ~笑い unterdrücktes Lächeln.
ふくむ 含む enthalten*; ein|schließen*; ein|begreifen*; umfassen; [含意する] implizieren. 口に~ im Mund halten*. ~ところがある einen Groll auf jn. haben*. 鉄分を含んだ eisenhaltig. 赤ん坊に乳房を含ませる einen Säugling an die Brust an|legen.
ふくむ 服務 der Dienst -es, -e. ~する dienen; [している] im Dienst sein*. ~規程 die Dienstordnung.
ふくめる 含める ein|rechnen; ein|schließen*; ein|begreifen*. 雑費を含めて einschließlich der Unkosten; die Nebenkosten eingeschlossen (eingerechnet; einbegriffen). 言い~ jm. et. ein|prägen.
ふくめん 覆面 die Maske -n. ~した maskiert. ~する sich maskieren; eine Maske tragen*.
ふくも 服喪 um jn. Trauer tragen*(an|legen).
ふくよう 服用する ein|nehmen*.
ふくようき 複葉機 der Doppeldecker -s, -.
ふくよか ~な voll; rundlich.
ふくらしこ 膨らし粉 das Backpulver -s, -.
ふくらはぎ 脹ら脛 die Wade -n.
ふくらます 脹らます auf|blasen*; [auf]blähen; schwellen. 空気枕(頬)を~ ein Luftkissen (die Backen) auf|blasen*. 喜びに胸を~ Freude schwellt seine Brust. ポケットを~ sich³ die Taschen füllen. パン生地を~ den Teig gehen lassen*.
ふくらみ 脹らみ die Schwellung -en; die Ausbauchung -en; die Ausbeulung -en; der Wulst -es, ⸚e; [衣類などの] der Bausch -es, ⸚e.
ふくらむ 脹らむ [an]schwellen*(s); sich auf|blähen; sich aus|bauchen; [増大する] an|wachsen*(s). パン生地が~ Der Teig geht.
ふくり 福利 die Wohlfahrt. → 福祉
ふくり 複利 der Zinseszins -es.
ふくれる 脹れる → ふくらむ; [脹れっ面をする] schmollen; maulen.
ふくろ 袋 der Sack -es, ⸚e; [小袋] der Beutel -s, -; die Tasche -n; [紙袋] die Tüte -n; [革袋] der Schlauch -[e]s, ⸚e. ~小路 die Sackgasse; blinde Gasse. ~だたきにする jm. eine Tracht Prügel verabreichen. ~の鼠だ Wir sitzen in der Falle.
ふくろう 梟 die Eule -n; der Kauz -es, ⸚e.
ふくわじゅつ 腹話術 die Bauchrednerkunst. 彼は~ができる Er kann bauchreden. ~師 der Bauchredner.
ぶくん 武勲 das Verdienst im Krieg. ~を立てる sich im Krieg aus|zeichnen.
ふけ 雲脂 Kopfschuppen pl.
ふけい 婦警 die Polizistin -nen.

ふけいき 不景気 die Flauheit; die Flaute -n; die Depression -en. ～な flau. 繊維工業界は～だ In der Textilindustrie herrscht eine allgemeine Flaute. 商売は～だ Die Geschäfte gehen flau. 世の中は～だ Es sind schlechte Zeiten. ～な顔をする ein langes Gesicht machen.

ふけいざい 不経済・な unwirtschaftlich; 〔金のかかる〕kostspielig. 時間の～だ Das ist bloße Zeitverschwendung.

ふけつ 不潔な unrein; unsauber; schmutzig; unhygienisch.

ふける 耽る sich ergeben* (hin|geben)《3格》. 飲酒に～ sich dem Trunk ergeben*. 享楽に～ im Genuss schwelgen. 考えに～ sich in Gedanken vertiefen (versenken).

ふける 老ける alt werden*(s); altern (s; h). 彼は年より老けて見える Er sieht älter aus, als er ist.

ふける 更ける ¶夜が～ Die Nacht rückt vor.

ふげん 付言 die Nebenbemerkung -en. ～する hinzu|setzen; hinzu|fügen.

ふけんこう 不健康な ungesund.

ふけんしき 不見識な einsichtslos.

ふげんじっこう 不言実行 ¶彼は～の人である Er ist ein Mann der Tat, nicht der Worte. / Er macht nicht viele Worte, er handelt.

ふけんぜん 不健全な ungesund; schädlich; 〔病的な〕krankhaft; morbid.

ふこう 不幸 das Unglück -s; 〔災厄〕der Unglücksfall -[e]s, ⸚e; 〔死亡〕der Todesfall -[e]s, ⸚e. ～な unglücklich. ～にも unglücklicherweise.

ふごう 符号 das Zeichen -s, -.

ふごう 符合 die Übereinstimmung -en. ～する überein|stimmen《mit 3格》; zusammen|-treffen*(s)《mit 3格》.

ふごう 富豪 der Reiche⸗; der Millionär -s, -e.

ふごうかく 不合格・になる die Prüfung nicht bestehen*; in der Prüfung durch|fallen*(s); 〔不採用になる〕als untauglich ausgeschlossen werden*(s受). ～者 der Durchgefallene⸗. ～品 der Ausschuss; untaugliche Ware.

ふこうへい 不公平な ungerecht; unbillig; unfair; parteiisch.

ふごうり 不合理な irrational.

ふこく 布告 die Verkündung -en. ～する verkünden. 宣戦を～する den Krieg erklären.

ぶこく 誣告〔法〕falsche Anschuldigung -en. ～する fälschlich an|klagen.

ふこくきょうへい 富国強兵の策 Mittel und Wege zum reichen, militärisch mächtigen Staat.

ふこころえ 不心得 die Unbesonnenheit; die Unanständigkeit. ～な unbesonnen; unanständig. ～な事をする unbesonnen handeln; sich unanständig benehmen*.

ぶこつ 無骨な derb; grob. ～者 der Filz.

ぶさ 房(総) die Franse -n; die Quaste -n.

ぶどうの～ die Traube. 髪の～ die Strähne.

ブザー der Summer -s, -.

ふさい 夫妻 ¶田中～ Herr und Frau Tanaka.

ふさい 負債 Schulden pl. ～がある [bei jm] Schulden haben*. ～が出来る in Schulden geraten*(s). ～を返す seine Schulden begleichen* (bezahlen).

ふざい 不在・中に in (während) meiner Abwesenheit. ～である nicht zu Hause sein*. ～地主 auswärts lebender Gutsherr. ～投票 die Briefwahl.

ぶさいく 無細工な plump; unförmig; 〔醜い〕 unschön.

ふさがる 塞がる ¶傷口が～ Die Wunde schließt sich. 席が塞がっている Der Platz ist besetzt. 手が塞がっている〔多忙である〕 alle Hände voll zu tun haben*. ちょうど両手とも塞がっています Ich habe gerade beide Hände voll. 出口が人で塞がっている Die Ausgänge sind von Menschen verstopft.

ふさく 不作 schlechte Ernte -n; die Missernte -n. 今年は～だ Dieses Jahr ist die Ernte nicht gut ausgefallen.

ふさぐ 塞ぐ〔閉じる〕zu|machen; schließen*; 〔覆(おお)う〕bedecken; 〔詰める〕verstopfen. 口を～ den Mund schließen*; 〔語らぬ〕den Mund halten*. 耳を～ sich³ die Ohren verstopfen. 穴を～ ein Loch verstopfen. 席を～ den Platz ein|nehmen*. 倒木が道を塞いでいる Ein umgestürzter Baum versperrt die Straße. 彼は塞ぎ込んでいる Er ist schwermütig (depressiv gestimmt).

ふざける 戯ける; 〔冗談を言う〕[einen] Scherz (Spaß) machen; spaßen; 〔馬鹿げたことをする〕Unsinn machen; 〔騒ぎ回る〕herum|-tollen(s). ふざけた真似をする(ことを言う) Sei nicht so frech! / Lass den Unsinn!

ぶさた 無沙汰 ¶長らく御～しました Ich habe lange nichts von mir hören lassen. 〔訪問の際〕Wir haben uns lange nicht gesehen.

ふさふさ ～した髪をしている volles Haar haben*.

ぶさほう 無作法・な unanständig; unhöflich; ungehörig. ～者 der Grobian; der Lümmel.

ぶざま 無様・な結果 miserables Ergebnis. ～な負け方 demütigende Niederlage. ～な姿をしている einen kläglichen Anblick bieten*.

ふさわしい 相応しい sich gehören (geziemen); 〔似合う〕passen《zu 3格》; 〔値する〕 würdig sein*《2格》. 場所柄に～服 ein für diese Gelegenheit geeigneter Anzug. 仕事に～報酬 eine der Arbeit angemessene (entsprechende) Belohnung. ～後継者 würdiger Nachfolger.

ふさんせい 不賛成・である gegen《4格》sein*; et. missbilligen. 私は～だ Ich bin dagegen.

ふし 節〔結節〕der Knoten -s, -; 〔木の〕der Ast -es, ⸚e; 〔関節〕das Gelenk -s, -e; 〔旋律〕 die Melodie -n; die Weise -n. 歌詞に～をつ

ける einen Text in Musik setzen.

ふし 不死 die Unsterblichkeit. ～の unsterblich. ～の薬 das Lebenselixier.

ふじ 藤 die Glyzinie -n. ～色の lila 《不変化》.

ふじ 不治の病 unheilbare Krankheit -en.

ふじ 不時・の unerwartet; unvorhergesehen; [偶然の] zufällig. ～の出費に備える et. für den Notfall zurück|legen.

ぶし 武士 der Samurai [zamu'rai] -[s], -[s]; der Ritter -s, -. ～階級 der Samurai; die Ritterschaft. ～道 das Buschido [buʼʃi:do] -[s]; das Rittertum.

ぶじ 無事・な glücklich; friedlich; ruhig; gesund. ～に帰る glücklich zurück|kommen*(s); ～に暮らす friedlich leben; sich wohl befinden*. 荷物が～に着く Das Gepäck kommt unversehrt an. 道中御～で Glückliche Reise!

ふしあな 節穴 das Astloch -[e]s, ¨er. 彼の目は～同然だ Er ist mit sehenden Augen blind.

ふしあわせ 不仕合わせな unglücklich.

ふしぎ 不思議 das Wunder -s, -; das Geheimnis -ses, -se; das Rätsel -s, -; das Mysterium -s, ..rien. 世界の七～ die sieben Weltwunder. ～な wunderbar; wundervoll; verwunderlich; mysteriös; [驚くべき] erstaunlich. ～にも merkwürdigerweise; sonderbarerweise. ～に思う sich wundern 《über 4格》. ～ではない Es ist kein Wunder, dass ... / Es ist nicht zu verwundern, dass ...

ふしくれだった 節くれだった knorrig; knotig.

ふしぜん 不自然 unnatürlich; gekünstelt; gezwungen.

ふしだら ～な liederlich; lose. ～女 die Schlampe.

ふじちゃく 不時着 die Notlandung -en. ～する notlanden (s) 《auf (in) 3格》.

ふしちょう 不死鳥 der Phönix -[es], -e.

ふじつ 不実 die Untreue. ～な untreu.

ぶしつけ 不躾 der Taktfehler -s, -. ～な unanständig; unhöflich; grob; taktlos. ～なお願いですが Ich erlaube mir, zu bitten, dass ... / ～ながら Ich bitte Sie um Verzeihung, ...

ふしまつ 不始末・をしでかす einen Fehltritt begehen*. 火の～で家が火事になった Durch den fahrlässigen Umgang mit Feuer geriet das Haus in Brand.

ふしまわし 節回し die Weise -n; die Melodie -n.

ふじみ 不死身の unverletzbar; unverwundbar.

ふしめ 伏し目・になる die Augen senken (nieder|schlagen*). ～勝ちに mit gesenkten (niedergeschlagenen) Augen.

ふしゅ 浮腫 die Wassersucht; das Ödem -s, -e.

ふじゆう 不自由 die Unfreiheit. ～な [不便な] bequem. ～な生活をする ein dürftiges Leben führen. 金に～する Mangel an Geld leiden*. 身体の～な körperbehindert. 目(耳; 足)の～な sehbehindert (hörbehindert; gehbehindert).

ふじゅうぶん 不十分・な ungenügend; unzulänglich [不完全な] mangelhaft. 証拠～で aus Mangel an Beweisen. 資金が～だ knapp an Geld sein*.

ぶじゅつ 武術 ritterliche (kriegerische) Künste pl.

ふしゅび 不首尾に終る misslingen*(s); fehl|schlagen*(s); keinen Erfolg haben*. それは～に終った Das ist mir misslungen.

ふじゅん 不純・な unrein; unecht; [不正直な] unehrlich. ～物 der Fremdstoff; [商品に混入の] Fusti pl.; [異物] der Fremdkörper.

ふじゅん 不順・な天候 veränderliches (unsicheres) Wetter. 月経が～である Die Menstruation ist unregelmäßig.

ふじょ 扶助 die Unterstützung -en. ～する unterstützen; jm. Unterstützung gewähren. ～を受ける von jm. Unterstützung erhalten* (beziehen*). 相互～ gegenseitige Hilfe.

ふじょ 婦女暴行 die Vergewaltigung -en.

ぶしょ 部署 der Posten -s, -. ～につく an den Posten gehen*(s).

ふしょう 不肖の子である seines Vaters unwürdig sein*.

ふしょう 不詳の unbekannt.

ふしょう 負傷 die Wunde -n; die Verletzung -en. ～する verwunden*(s 受); sich verletzen. ～者 der Verletzte# (Verwundete#).

ぶしょう 無精・な faul; träge. ～をする faul sein*; faulenzen. ～者 der Faulenzer; der Faulpelz. ～ひげ der Stoppelbart.

ぶしょう 武将 der Feldherr -n, -en.

ふしょうか 不消化 schlechte Verdauung. ～の schwer verdaulich; unverdaulich.

ふしょうじ 不祥事 der Skandal -s, -e.

ふしょうじき 不正直な unehrlich; unredlich; unaufrichtig.

ふしょうち 不承知・である nicht einverstanden sein* 《mit 3格》; nicht ein|willigen 《in 4格》. ～の返事 ablehnende Antwort.

ふしょうぶしょう 不承不承 ungern; mit Widerwillen (Widerstreben); widerwillig.

ふじょうり 不条理 absurd; widersinnig.

ふしょく 扶植・する ein|pflanzen. 勢力を～する^3 Einfluss verschaffen 《bei 3格》.

ふしょく 腐食(蝕)・する ätzen; beizen; 【自動詞】rosten (s; h). ～剤 das Ätzmittel; die Beize. ～作用 die Ätzwirkung.

ぶじょく 侮辱 die Beleidigung -en. ～する beleidigen; kränken.

ふしん 不信[感] das Misstrauen -s; der Unglaube -ns. ～をいだく Misstrauen gegen jn. hegen.

ふしん 不振 ▎商売が～である Die Geschäfte stocken (gehen flau). 食欲～である appetitlos sein*.

ふしん 不審・をいだく Zweifel hegen 《an 3 格》; sich verwundern 《über 4 格》. ~な zweifelhaft. ~そうな fragend; zweifelnd. ~尋問をする jn. befragen.

ふしん 普請・する bauen. 家は~中である Das Haus ist im (in) Bau.

ふしん 腐心する sich bemühen 《um 4 格》; sich³ Mühe geben* 《um 4 格; mit 3 格》.

ふじん 夫人 die Frau -en; die Gattin -nen; die Gemahlin -nen. A~ Frau A. 伯爵~ die Gräfin. 教授~ Frau Professor.

ふじん 婦人 die Frau -en; [敬称] die Dame -n. ~会 der Frauenverein. ~科医 der Frauenarzt. ~警官 die Polizistin. ~参政権 das Frauenstimmrecht. ~病 Frauenkrankheiten pl. ~服 die Damenkleidung. ~帽 der Damenhut. ~問題 die Frauenfrage.

ふしんじん 不信心の ungläubig; gottlos; nicht fromm.

ふしんせつ 不親切な unfreundlich.

ふしんにん 不信任 das Misstrauen -s. ~案 der Misstrauensantrag. ~投票 das Misstrauensvotum.

ふしんばん 不寝番 → 寝ずの番.

ふす 伏す auf dem Bauch liegen*; sich nieder|werfen*. 病床に~ sich zu Bett legen. 伏せをする [犬が] [sich] kuschen.

ふず 付図 beigegebene Abbildung -en; die Tafel -n.

ふずい 付随・の begleitend. ~する et. begleiten; verbunden sein* 《mit 3 格》. ~現象 die Begleiterscheinung.

ぶすい 無粋な abgeschmackt; nüchtern.

ふずいいきん 不随意筋 unwillkürliche Muskeln pl.

ふすう 負数 negative Zahl -en.

ぶすう 部数 die Zahl der Exemplare. 発行~ die Auflage. ~が多く出る guten Absatz finden*.

ふすま 麩 die Kleie.

ふすま 襖 die Schiebetür -en.

ふする 付する ¶競売に~ zur Versteigerung geben*. 討議に~ in die Diskussion werfen*; zur Debatte stellen.

ふせい 不正 das Unrecht -[e]s; die Ungerechtigkeit; [不正直] die Unehrlichkeit. ~な unrecht; ungerecht; unehrlich; unlauter. ~を働く ein Unrecht begehen*; jm. ein Unrecht an|tun*; [勝負事で] ein falsches Spiel treiben*.

ふぜい 風情 [様子] der Anschein -s. ~のある geschmackvoll; anmutig. 恥じらう~であるscheinen*; sich zu schämen.

ふせいかく 不正確な ungenau; nicht exakt.

ふせいこう 不成功に終る scheitern (s); misslingen (s); keinen Erfolg haben*.

ふせいじつ 不誠実な treulos; untreu; unredlich.

ふせいしゅつ 不世出・の大芸術家 ein großer Künstler, wie man ihn selten findet. ~の天才 ein Genie ohnegleichen.

ふせいせき 不成績 schlechte Leistung -en; [不作] schlechte Ernte -n.

ふせいみゃく 不整脈 unregelmäßiger Puls -es, -e; die Arrhythmie -n.

ふせいりつ 不成立となる nicht zustande kommen*(s).

ふせき 布石を打つ Vorbereitungen treffen* 《für 4 格》.

ふせぐ 防ぐ ab|wehren; verhüten; vor|beugen (wehren) 《3 格》; verhindern. 感染を~ sich gegen (vor) Ansteckung schützen. 事故を~ ein Unglück verhüten.

ふせじ 伏せ字 der Fliegenkopf -[e]s, ⸚e. ~にする blockieren.

ふせつ 敷設 [電気などの] die Installation -en. ~する installieren; [an|]legen.

ふせっせい 不摂生をする mit seiner Gesundheit wüsten.

ふせる 伏せる et. mit der Vorderseite nach unten legen; [秘密にする] verheimlichen. 目を~ die Augen nieder|schlagen*. 身を~ sich hin|legen; sich auf den Bauch legen. 伏せ! Hinlegen!; [犬に] Kusch! 病の床に伏せっている krank zu Bett liegen*. → 伏す.

ふせん 付箋 der Zettel -s, -. 手紙に~を付けた den Brief mit einem Zettel versehen*.

ぶぜん 憮然として [失望して] enttäuscht; [不機嫌に] verdrossen.

ふせんしょう 不戦勝 kampfloser Sieg -es, -e. ~になる ein Spiel kampflos gewinnen*; [くじで] ein Freilos ziehen*.

ふせんめい 不鮮明な undeutlich; unklar; verschwommen.

ふそ 父祖 die Väter pl.

ぶそう 武装 die Bewaffnung. ~する sich bewaffnen. ~した bewaffnet. ~解除 die Entwaffnung. ~を解除する jn. entwaffnen.

ふそうおう 不相応・な unangemessen; unverdient. 身分~な生活をする über seine Verhältnisse leben. ~に unverdientermaßen.

ふそく 不足 der Mangel -s. ~な mangelhaft; [不十分な] ungenügend; unzulänglich. 水~ der Wassermangel. 住宅~ der Wohnungsmangel. 人手~ der Mangel an Arbeitskräften. 食料が~している Es fehlt (mangelt) an Nahrungsmitteln. ~を言う klagen 《über 4 格》; sich beklagen 《über 4 格》. ~そうな [不満足な] unzufrieden. ~料金 [郵便の] die Nachgebühr.

ふそく 不測の unvorhergesehen; unerwartet.

ふそく 付則 die Zusatzbestimmung -en.

ふぞく 付属・の zugehörig 《3 格》. ~する gehören 《zu 3 格》. ~建物 der Annexbau. ~品 das Zubehör. 教育大学~小学校 die der Pädagogischen Hochschule angegliederte Grundschule.

ぶぞく 部族 der Volksstamm -[e]s, ⸚e.

ふぞろい 不揃いな ungleich[mäßig]; unregelmäßig; nicht einheitlich; [全部揃っていない] unvollständig.

ふそん 不遜な anmaßend; überheblich.
ふた 蓋 der Deckel -s, -. ～をする et. [mit einem Deckel] zu|decken. ～を取る den Deckel ab|nehmen*. ～を明ける〔開始する〕et. eröffnen.
ふだ 札 das Schild -es, -er;〔紙片〕der Zettel -s, -;〔券〕die Karte -n;〔カルタ〕die Spielkarte -n;〔守り札〕das Amulett -s, -e. ～付きの berüchtigt.
ぶた 豚 das Schwein -s, -e;〔牡〕der Eber -s, -;〔肉〕die Sau "e. ～の肉 das Schweinefleisch. ～小屋 der Schweinestall. ～に真珠を投げる Perlen vor die Säue werfen*.
ふたい 付帯・の hinzugefügt; begleitend. ～条件 die Nebenbedingung. ～条項 die Klausel. 契約の～条項 Zusätze zu einem Vertrag.
ぶたい 部隊 die Truppe -n. ～長 der Truppenführer.
ぶたい 舞台 die Bühne -n. ～に立つ die Bühne betreten*; auf der Bühne stehen*. ～から退く von der Bühne ab|treten*(s). ～にかける auf die Bühne bringen*. ～監督 der Bühnenleiter. ～稽古 die Generalprobe. ～芸術 die Bühnenkunst. ～効果 der Bühneneffekt. ～装置 die Bühnenausstattung. ～裏をのぞく《比》hinter die Kulissen sehen*.
ふたいてん 不退転の unerschütterlich; unbeugsam.
ふたいほ 不逮捕特権 die Immunität.
ふたえ 二重・の doppelt; zweifach. ～瞼(まぶた) gerilltes Augenlid. ～に折る einfach falten.
ふたく 付託する ¶議案を委員会に～する die Vorlage einem Ausschuss (an einen Ausschuss) überweisen*.
ふたご 双子 Zwillinge pl.
ふたごころ 二心 verräterische Absicht -en.
ふたことめ 二言目 ¶彼は～には金という Bei ihm ist jedes zweite Wort Geld.
ふたしか 不確かな ungewiss; unsicher; unbestimmt;〔不明瞭な〕unklar.
ふたたび 再び wieder; noch einmal;〔改めて〕von neuem.
ふたつ 二つ・の zwei;〔二歳の〕zweijährig. ～目の zweit. ～置きの jeder dritte. ～ずつ je zwei. ～とも [alle] beide. ～とない einzig; einzigartig; einmalig. ～に分ける in zwei Teile teilen. ～に一つ das Entweder-oder. ～返事で bereitwillig. ～折りにする einfach falten.
ふたとおり 二通りの zwei;〔二重の〕zweierlei; zweifach.
ふたなり 双成り der Hermaphrodi[ti]smus -; das Zwittertum -s;〔人〕der Hermaphrodit -en, -en; der Zwitter -s, -.
ふたば 二葉 das Keimblatt -[e]s, "er; der Spross -es, -e. 栴檀(せんだん)は～より芳(かんば)し Was ein Häkchen werden will, krümmt sich beizeiten.
ふたまた 二股 die Gabel -n; die Gabelung -en. ～かけた doppelgleisig. ～をかける auf beiden Seiten Wasser tragen*.
ふたり 二人 beide; zwei Personen pl. ～連れ das Paar. ～とも [alle] beide. ～で zu zweien. ～だけで unter vier Augen. ～乗りの zweisitzig. ～乗りの車 der Zweisitzer. ～組 das Duo.
ふたん 負担 die Last -en; die Belastung -en. ～させる auf|erlegen; auf|bürden; jn. belasten〔mit 3 格〕. ～する tragen*; auf sich nehmen*. 費用を～する die Kosten tragen*.
ふだん 不断・は〕〔平常〕gewöhnlich; sonst. ～の gewöhnlich; alltäglich;〔絶え間ない〕ununterbrochen; beständig. ～のように wie sonst (gewöhnlich). ～着 die Alltagskleidung.
ブタン das Butan -s.
ふち 淵 die Tiefe -n; der Abgrund -[e]s, "e.
ふち 縁 der Rand -es, "er;〔着物の〕der Saum -[e]s, "e. 帽子の～ die Krempe. 眼鏡の～ die Brillen[ein]fassung. ～を取る säumen. ～なし眼鏡 randlose Brille.
ふち 不治の unheilbar.
ぶち 斑の gefleckt; scheckig; bunt.
ぶちこむ ぶち込む et. werfen*〔in 4 格〕.
ぶちこわす ぶち壊す zerbrechen*; zerschlagen*;〔だめにする〕verderben*; verpatzen.
プチブル der Kleinbürger -s, -. ～的 kleinbürgerlich. ～根性 das Kleinbürgertum.
ぶちまける aus|schütten;〔隠さず言う〕heraus|sagen.
ふちゃく 付着する kleben (haften)〔an 3 格〕.
ふちゅうい 不注意 die Unachtsamkeit; die Unaufmerksamkeit; die Unvorsichtigkeit. ～な unachtsam; unaufmerksam; unvorsichtig.
ふちょう 不調・に終る fehl|schlagen*(s); zu keinem guten Ergebnis führen; nicht zustande kommen*(s). ～である〔調子が悪い〕in schlechter Form sein*.
ふちょう 婦長 die Oberschwester -n.
ふちょう 符牒 das Zeichen -s, -;〔合言葉〕das Losungswort -[e]s, -e;〔暗号〕die Chiffre -n; das Geheimzeichen -s, -.
ぶちょう 部長 der Abteilungsleiter -s, -.
ぶちょうほう 不調法・をしでかす einen Fehler machen. ～に leichtfertig; unvorsichtig. ～である〔酒を嗜まない〕keinen Alkohol vertragen*.
ふちょうわ 不調和 die Disharmonie -n; der Missklang -s, "e. ～な disharmonisch; unharmonisch. ～である nicht im Einklang stehen*〔mit 3 格〕.
ふちん 浮沈 das Auf und Ab; der Auf- und Abstieg.
ぶつ hauen*(*). 一席～ eine Rede schwingen*.
ふつう 不通 ¶鉄道(電話)が～である Der Eisenbahnverkehr (Die Telefonverbindung) ist unterbrochen. 国道が自動車事故で～になった Die Staatsstraße war durch einen Auto-

unfall blockiert. 彼は音信~である Er lässt nichts von sich hören.

ふつう 普通・の gewöhnlich; normal;〔日常の〕alltäglich;〔一般の〕allgemein;〔平均の〕durchschnittlich. ~は gewöhnlich; in der Regel. ~会員 ordentliches Mitglied. ~教育 die Allgemeinbildung. ~選挙 allgemeine Wahl. ~名詞 der Gattungsname. ~列車 der Personenzug. ~預金 das Sparkonto.

ふつか 二日 zwei Tage. 1月~ der zweite (2.) Januar. ~間 zwei Tage [lang]. ~目に am zweiten Tag. ~目ごとに an jedem zweiten Tag; alle zwei Tage; zweitäglich. ~置きに alle drei Tage. ~酔いである einen Katzenjammer (Kater) haben*. ~[間]の zweitägig.

ぶっか 物価 Preise pl. ~の変動 die Preisschwankung. ~指数 der Preisindex. ~騰貴 die Preissteigerung.

ぶつが 仏画 buddhistisches Gemälde -s, -;〔仏像画〕das Buddhabild -[e]s, -er.

ふっかつ 復活 ¶キリストの~ die Auferstehung Christi. ~する wieder erstehen*(s); wieder auf|leben (s). ~させる wieder beleben; wieder zum Leben erwecken; reaktivieren. ~祭 das Ostern《通常無冠詞で》.

ぶつかる stoßen*(s)《an (gegen) 4格》; zusammen|stoßen*(s)《mit 3格》; prallen (s)《auf (gegen) 4格》;〔出会う〕begegnen (s)《3格》;〔重なる〕fallen*(s)《auf 4格》; zusammen|fallen*(s)《mit 3格》.

ふっかん 副官 der Adjutant -en, -en.

ふっき 復帰・する zurück|kehren (s); zurück|kommen*(s). 職場に~する seine Stelle wieder ein|nehmen*. 政界に~する in die Politik zurück|kehren*(s).

ぶつぎ 物議を醸(かも)す Staub auf|wirbeln.

ふっきゅう 復旧 die Wiederherstellung -en. ~する《他動詞》wieder|her|stellen. 鉄道(電話)はまもなく~するだろう Der Verkehr (Die Verbindung) wird bald wiederhergestellt werden.

ぶっきょう 仏教 der Buddhismus -. ~の buddhistisch. ~徒 der Buddhist. ~を信仰する sich zum Buddhismus bekennen*.

ぶっきらぼう ~な barsch; schroff.

ふっきん 腹筋 der Bauchmuskel s, -n.

ブック ~エンド die Bücherstütze. ~カバー der Schutzumschlag. ~レビュー die Buchbesprechung.

ふっくら ~した voll; rund; rundlich;〔パンなどが〕locker.

ふっけん 復権 die Rehabilitierung -en. ~する sich rehabilitieren.

ぶっけん 物件 die Sache -n; das Ding -es, -e. 証拠~ das Beweisstück; das Beweismaterial.

ぶっけん 物権 das Sachenrecht -[e]s; dingliches Recht -es.

ふっこ 復古 die Restauration -en. ~させる restaurieren.

ふっこう 復興 der Wiederaufbau -s. ~する《他動詞》wieder|auf|bauen;《自動詞》wieder auf|leben (s); wieder erstehen*(s). 文芸~ die Renaissance.

ふつごう 不都合な ungünstig; unpassend; unschicklich;〔不届きな〕unverzeihlich; verwerflich.

ふっこく 復刻 der Wiederabdruck -s, -e; der Neudruck -s, -e; der Reprint -s, -s. ~する wieder ab|drucken; neu drucken.

ぶっさん 物産 das Produkt -[e]s, -e.

ぶっし 物資〔商品〕Güter pl.; Waren pl.;〔原料〕Materialien pl. 生活~ Lebensbedürfnisse pl.

ぶつじ 仏事 buddhistische Totenfeier -n.

ぶっしつ 物質 die Materie; der Stoff -[e]s, -e; die Substanz -en. ~の materiell; stofflich; substanziell. ~的援助 materielle Unterstützung. ~文明 materielle Zivilisation. ~名詞 der Stoffname.

ぶっしゃり 仏舎利 die Reliquien Buddhas.

プッシュホン das Drucktastentelefon -s, -e.

ぶつじょう 物情騒然としている Es herrscht [eine] allgemeine Unruhe.

ふっしょく 払拭する verwischen; aus|wischen.

ぶっしょく 物色する suchen《nach 3格》.

ぶっしん 物心両面で援助する jm. geistig und materiell helfen*.

ふっそ 弗素 das Fluor -s《記号: F》.

ぶっそう 物騒な〔不穏な〕unruhig;〔危険な〕unsicher; gefährlich.

ぶつぞう 仏像 der Buddha -s, -s.

ぶつだ 仏陀 Buddha.

ぶったい 物体 der Körper -s, -.

ぶつだん 仏壇 buddhistischer Hausaltar -s, ⸚e.

ぶっちょうづら 仏頂面をする ein mürrisches (verdrießliches) Gesicht machen.

ふつつか 不束な〔無作法な〕ungezogen;〔無経験な〕unerfahren;〔愚かな〕einfältig; dumm.

ぶっつけ ~に〔突然〕plötzlich;〔最初〕zuerst;〔率直に〕offen; frei. ~の本番で ohne Probe.

ぶっつづけ ぶっ続け・に ununterbrochen; ohne Unterbrechung. 1日中~に den ganzen Tag hindurch. 5日間~に 5 Tage hintereinander.

ふっつり ~切れる zerspringen*(s). ~酒を断つ entschieden (ein für alle Mal[e]) dem Alkohol entsagen.

ふってい 払底・する knapp (spärlich) werden*(s). 人材が~する Es mangelt (fehlt) an Talenten.

ぶってき 物的 materiell; dinglich. ~証拠 das Beweismaterial; das Beweisstück. ~資源 [materielle (natürliche)] Hilfsquellen pl.

ぶってん 仏典 buddhistisches Schrifttum -s.

ふっとう 沸騰・する sieden*; kochen; sprudeln. 議論が~した Es wurde heftig (hitzig)

ぶっとう 仏塔 die Pagode -n.
ぶっとおし ぶっ通し → ぶっ続け.
フットボール → サッカー.
フットライト das Rampenlicht -[e]s. ~を浴びる im Rampenlicht stehen*.
フットワーク die Beinarbeit.
ぶつのう 物納 Naturalabgaben pl. ~する Steuern in Naturalien bezahlen.
ぶっぴん 物品 die Ware -n; der Artikel -s, -. ~税 die Verbrauchssteuer (Konsumsteuer).
ぶつぶつ ~が出来る einen Hautausschlag bekommen*. ~のある pickelig. ~言う murren; brummen; knurren.
ぶつぶつこうかん 物物交換 das Tauschgeschäft -s, -e; der Tauschhandel -s.
ふつぶん 仏文科 die Abteilung für Romanistik.
ぶつよく 物欲 die Gier nach irdischen Gütern.
ぶつり 物理[学] die Physik. ~[学的]physikalisch. ~学者 der Physiker. ~現象 physikalische Erscheinung. ~療法 physikalische Therapie; die Physiotherapie.
ふつりあい 不釣り合い・の schlecht zusammenpassend. ~なカップル ungleiches Paar. この色は君には~だ Diese Farbe steht dir nicht (passt nicht zu dir).
ふで 筆 der Pinsel -s, -; [ペン] die Feder -n. ~を執る zur Feder greifen*. ~で食う von der Feder leben. ~の立つ人 guter Schreiber. ~不精な schreibfaul. ~まめである nicht schreibfaul sein*; ein eifriger Briefschreiber sein*. ~箱 das Federmäppchen; der Federkasten.
ふてい 不定・の unbestimmt; ungewiss; schwankend. 住所~の男 der Nichtsesshafte*. ~冠詞 unbestimmter Artikel. ~詞 der Infinitiv. ~数詞 unbestimmtes Zahlwort. ~代名詞 das Indefinitpronomen.
ふてい 不貞 die Untreue. ~な untreu.
ふてい 不逞の unbändig; zuchtlos.
ふていき 不定期・の unregelmäßig. ~船 der Tramp[dampfer].
ふていさい 不体裁な unansehnlich; plump; unförmig; ungefüge.
ブティック die Boutique -n.
プディング der Pudding -s, -e (-s).
ふてき 不敵な面構え verwegenes Gesicht. ~な笑いを浮かべる dreist grinsen. 大胆~な dreist und gottesfürchtig.
ふでき 不出来な schlecht; missraten; [失敗した] misslungen.
ふてきとう 不適当な ungeeignet; unangemessen; unpassend.
ふてきにん 不適任な untauglich; ungeeignet.
ふてぎわ 不手際な ungeschickt; plump.
ふてくさる 不貞腐る schmollen.
ふてってい 不徹底な nicht gründlich; unzulänglich; halb.
ふてぶてしい keck; dreist; unverschämt.
ふと [急に] plötzlich; [偶然] zufällig. ~した事から durch (per) Zufall.
ふとい 太い dick; fett; [ずうずうしい] unverschämt; frech. ~声で mit tiefer Stimme.
ふとう 不当・な ungerecht; unberechtigt; unrecht; ungebührlich. ~にも mit (zu) Unrecht. ~の利益をむさぼる sich bereichern. ~に扱う ungerecht behandeln. ~利得 ungerechtfertigte Bereicherung.
ふとう 不凍・液 das Gefrierschutzmittel (Frostschutzmittel). ~港 eisfreier Hafen.
ふとう 不等・の ungleich. ~式 die Ungleichung. ~辺の ungleichseitig.
ふとう 埠頭 der Kai -s, -s.
ふどう 不同の ungleich; verschieden[artig]. 順~ Die Reihenfolge ist beliebig.
ふどう 不動・の unbeweglich; unverrückbar; fest; unerschütterlich. ~の姿勢を取る eine stramme Haltung an|nehmen*.
ふどう 浮動・する schwanken. ~投票者 der Wechselwähler.
ぶとう 舞踏 der Tanz -es, ⸚e. ~会 der Tanzabend; der Ball. ~曲 die Tanzmusik.
ぶどう 葡萄 die [Wein]traube -n; [木] der Weinstock -s, ⸚e. ~状の traubig. ~液 der Traubensaft. ~園 der Weingarten. ~酒 der Wein. ~状球菌 der Staphylokokkus. ~糖 der Traubenzucker. ~畑 der Weinberg.
ふどうい 不同意 die Missbilligung. それには~だ Ich bin dagegen. / Ich bin damit nicht einverstanden.
ふとういつ 不統一な uneinheitlich.
ふどうさん 不動産 unbewegliche Sachen (Güter) pl.; Immobilien pl. ~業者 der Makler.
ふどうたい 不導体 der Nichtleiter -s, -.
ふどうとく 不道徳な unmoralisch; unsittlich.
ふとうふくつ 不撓不屈の unbeugsam; unermüdlich; ungebeugt.
ふとうめい 不透明な undurchsichtig.
ふとく 不徳 ¶私の~のいたすところです Das liegt an meiner Unzulänglichkeit.
ふとくい 不得意である schwach (ungeschickt) sein* (in 3格).
ふとくさく 不得策・な unratsam; unklug. 彼を怒らせるのは~だ Es ist nicht geraten (Es empfiehlt sich nicht), ihn zu reizen.
ふとくてい 不特定の unbestimmt.
ふとくようりょう 不得要領な unklar; zweideutig.
ふところ 懐 der Busen -s, -. ~を肥やす sich bereichern. ~を見透かす in js. Seele blicken. ~が暖かい(寒い) gut (schlecht) bei Kasse sein*. ~に入れる sich auf der Brust haben*. ~と相談する seinen Beutel zu Rate ziehen*. 金を~に入れる Geld zu sich³ stecken. ~にころがり込む jm. in den Schoß fallen*(s).

ふところがたな 懐刀 der Dolch -es, -e; 〔腹心〕der Vertraute⁼; js. rechte Hand.

ふところで 懐手・で大金を儲(ﾓｳ)ける mühelos viel Geld machen. ～で暮らす ein müßiges Leben führen.

ふとさ 太さ die Dicke. 指ほどの～の fingerdick.

ふとじ 太字で fett; mit fetten Buchstaben (Lettern).

ふとった 太った dick; fett. まるまると～赤ん坊 wohlgenährter Säugling.

ふとっちょ 太っちょ der Dicke⁼. ～の dick; beleibt.

ふとっぱら 太っ腹の großzügig; großmütig.

ふとどき 不届きな unverzeihlich; verwerflich; skandalös.

ぶどまり 歩留まり die Ausbeute.

ふともも 太股 der Oberschenkel -s, -.

ふとる 太る zu|nehmen*; dicker werden*(s); 〔財産が〕an|wachsen*(s).

ふとん 蒲団 das Bettzeug -s. ～を敷く das Bett machen. 敷き～ die Matratze. 掛け～ die [Bett]decke. 羽～ das Feder[deck]bett; die Federdecke.

ふな 鮒 die Karausche -n.

ぶな 〔橅〕 die Buche -n.

ふなあし 船足 die Fahrgeschwindigkeit -en; 〔吃水〕der Tiefgang -[e]s. 船足の深い(浅い)船 das Schiff mit großem (geringem) Tiefgang.

ふなあそび 舟遊び die Wasserfahrt -en.

ふなうた 舟歌 das Seemannslied -[e]s, -er; 〔ｺﾞﾝﾄﾞﾗの〕die Barkarole -n.

ふながいしゃ 船会社 die Schiffahrtsgesellschaft -en.

ふなかじ 船火事 der Schiffsbrand -[e]s, ⁼e.

ふなくいむし 船食虫 der Schiffsbohrwurm -s, ⁼er.

ふなぞこ 船底 der Schiffsboden -s, ⁼.

ふなだいく 船大工 der Schiffsbauer -s, -.

ふなたび 船旅 die Schiffsreise (Seereise) -n.

ふなちん 船賃 〔客の〕das Fahrgeld -[e]s; 〔荷物の〕das Frachtgeld -[e]s; 〔雇った船の〕die Miete -n.

ふなつきば 船着き場 die Anlegestelle -n.

ふなで 船出 die Abfahrt -en. ～する ab|fahren*(s).

ふなに 船荷 die Schiffsfracht -en.

ふなぬし 船主 der Schiffseigner -s, -; der Reeder -s, -.

ふなのり 船乗り der Seemann -[e]s, ..leute; der Matrose -n, -n.

ふなびん 船便で per Schiff.

ふなべり 船縁 der Bord -s; das Schandeck -s, -s.

ふなよい 船酔い die Seekrankheit. ～する seekrank werden*(s).

ふなれ 不慣れな ungewohnt; 〔無経験な〕unerfahren.

ぶなん 無難な fehlerfrei; 〔安全な〕sicher.

ふにあい 不似合い・な nicht (schlecht) passend; unpassend. この服は彼女には～だ Dieses Kleid steht ihr schlecht. あの二人は～な夫婦だ Die Eheleute passen nicht zueinander.

ふにおちない 腑に落ちない unverständlich; nicht überzeugend; fraglich. それはどうも～ Das will mir nicht in den Sinn (Kopf).

ふにょい 不如意 ¶手元が～である mit Geld knapp sein*; in Geldnot sein*.

ふにん 赴任する sich auf einen neuen Posten begeben*.

ふにんき 不人気の unbeliebt; unpopulär.

ふにんしょう 不妊症 die Unfruchtbarkeit; die Sterilität. ～の unfruchtbar; steril.

ふにんじょう 不人情な unmenschlich; unfreundlich.

ふぬけ 腑抜けの der Feigling -s, -e; 〔馬鹿〕der Dummkopf -[e]s, ⁼e.

ふね 舟(船) das Schiff -[e]s, -e; 〔汽船〕der Dampfer -s, -. ～で zu Schiff (Wasser) per Dampfer. ～に乗る(を降りる) an (von) Bord gehen*(s). ～に強い seefest sein*. ～を漕(ｺ)ぐ rudern (s; h); 〔居眠りする〕nicken.

ふねっしん 不熱心な nicht fleißig; faul; nachlässig.

ふねんせい 不燃性の unverbrennbar; feuerfest.

ふのう 不能な 〔不可能な〕unmöglich; 〔無能力な〕unfähig; 〔性的に〕impotent.

ふはい 不敗の 〔無敵の〕unbesiegbar; unüberwindlich; 〔無敗の〕ungeschlagen.

ふはい 腐敗 die Fäulnis; die Verwesung; 〔道徳的〕die Korruption -en; die Verdorbenheit. ～する [ver]faulen (s); verderben*(s); verwesen (s). ～した faul; 〔道徳的〕korrupt; verdorben. ～しやすい verweslich.

ふばいどうめい 不買同盟 →ﾎﾞｲｺｯﾄ.

ふはく 浮薄な flatterhaft; leichtfertig.

ふはつ 不発・弾 der Blindgänger; der Versager. ～になる versagen; nicht los|gehen*(s).

ふばらい 不払いの unbezahlt.

ぶばらい 賦払い die Ab[be]zahlung (Ratenzahlung) -en. ～する et. ab|[be]zahlen; et. in Raten [be]zahlen.

ふび 不備 die Lücke -n; der Mangel -s, ⁼ (an 3格). ～な lückenhaft; mangelhaft; unvollständig.

ふひつよう 不必要 unnötig; 〔余計な〕überflüssig.

ふひょう 不評・の unbeliebt; unpopulär; verrufen. ～を買う sich unbeliebt machen; in Verruf kommen*(s).

ふひょう 付表 beigefügte Tabelle -n.

ふひょう 浮標 die Boje -n; 〔魚網の〕die Schwimmkugel -n.

ふびょうどう 不平等 die Ungleichheit. ～の ungleich.

ふびん 不憫・な arm; erbärmlich. ～に思う sich js. (über jn.) erbarmen; Erbarmen (Mitleid) mit jm. fühlen.

ぶひん 部品 das Teilstück -s, -e; das Einzelteil -s, -e.

ふひんこう 不品行な lasterhaft; unsittlich.
ぶふうりゅう 無風流の geschmacklos.
ふぶき 吹雪 das Schneegestöber -s,-.
ふふく 不服・な unzufrieden《mit 3格》. ～を唱える gegen jn. Beschwerde führen (über 4 格); sich bei jm. beschweren (beklagen) 《über 4格》. ～申し立て die Reklamation. 一不満.
ふふん ～どうせそんな事だろうと思った Pah, hab' ich's doch geahnt.
ぶぶん 部分 der Teil -[e]s, -e. ～的に zum Teil; teilweise.
ふぶんりつ 不文律 ungeschriebenes Gesetz -es, -e.
ふへい 不平・を言う klagen (knurren)《über 4 格》; nörgeln《an 3格》. ～分子 unzufriedene Elemente pl. ～家 der Nörgler.
ぶべつ 侮蔑・する missachten; verachten. ～的な(に) verächtlich.
ふへん 不変の unveränderlich; unabänderlich; unwandelbar.
ふへん 普遍・的な allgemein. ～[性] die Allgemeinheit. ～妥当的 allgemein gültig. ～妥当性 die Allgemeingültigkeit.
ふべん 不便・な ungünstig; unbequem. ～を感ずる es ungünstig finden*. ～を忍ぶ Unbequemlichkeiten ertragen*. この辺は交通～だ Der Ort liegt für den Verkehr ungünstig.
ふへんか 不変化・の『文法』unflektierbar. ～詞 unflektierbare Wortarten pl.; die Partikel -n.
ふべんきょう 不勉強な faul.
ふへんふとう 不偏不党・の neutral; unparteiisch. ～の態度をとる sich neutral verhalten*; sich zu keiner Partei schlagen*.
ふぼ 父母 Vater und Mutter; Eltern pl.
ふほう 不法・な ungesetzlich; unrechtmäßig. 或る人の住宅に～侵入する js. Wohnung widerrechtlich betreten*. ～行為 unerlaubte Handlung; das Unwesen. 銃刀剣の～所持 unbefugter Waffenbesitz.
ふほう 計報 die Trauernachricht -en; die Trauerbotschaft -en.
ふほんい 不本意ながら wider (gegen) seinen Willen; mit Widerstreben; ungern.
ふまえる 踏まえる 〔拠り所とする〕 fußen (basieren)《auf 3格》; 〔考慮に入れる〕 et. in Betracht ziehen*.
ふまじめ 不真面目な unernst; nicht ernst.
ふまん 不満・な unzufrieden. ～である unzufrieden sein*《mit 3格》. ～を漏らす seine Unzufriedenheit äußern.
ふみあらす 踏み荒す zertrampeln; zertreten*; zerstampfen.
ふみかためる 踏み固める mit Füßen feststampfen.
ふみきり 踏切 der Bahnübergang -s, e; 〔跳躍の〕 der Absprung -s, e. ～板 das Sprungbrett. ～番 der Bahnwärter.
ふみきる 踏み切る 〔決心する〕 sich entschließen*《zu 3格》.
ふみくだく 踏み砕く zertreten*.
ふみけす 踏み消す mit dem Fuß aus|löschen*. タバコの吸いさしを～ einen Zigarettenstummel zertreten*.
ふみこえる 踏み越える überschreiten*; übertreten*.
ふみこたえる 踏みこたえる ¶あらゆる攻撃を～ allen Angriffen stand|halten*.
ふみこむ 踏み込む 〔立ち入る〕 ein|treten*(s)《in 4格》; 〔突然入る; 究める〕 ein|dringen*(s)《in 4 格》. 警察が泥棒の隠れ家に踏み込んだ Die Polizei hob ein Diebesnest aus.
ふみころす 踏み殺す tot|treten*.
ふみしめる 踏み締める fest|stampfen. 一歩一歩踏み締めて festen Schrittes; mit festem Schritt.
ふみだい 踏み台 die Stehleiter -n. 出世の～にする als Sprungbrett für eine Karriere benutzen.
ふみたおす 踏み倒す nicht bezahlen.
ふみだす 踏み出す ¶一歩を～ einen Schritt vor|gehen*(s). 第一歩を～ den ersten Schritt tun*《zu 3格》.
ふみだん 踏み段 die Stufe -n.
ふみつける 踏み付ける treten*(stampfen)《auf 4格》; 〔踏み付けにする〕 jn. (et.) mit Füßen treten*.
ふみつぶす 踏み潰す zertreten*.
ふみとどまる 踏み止まる 〔残る〕 bleiben*(s); 〔自制する〕 sich zurück|halten*.
ふみならす 踏み均す platt treten*.
ふみならす 踏み鳴らす ¶床を～ trampeln.
ふみにじる 踏みにじる zerstampfen; zertreten*. 或る人の気持を～ js. Gefühle mit Füßen treten*.
ふみぬく 踏み抜く ¶釘を～ sich³ einen Nagel in den Fuß treten*.
ふみはずす 踏み外す ¶足を～ fehl|treten*(s). 正道を～ vom rechten Weg ab|kommen*(s) (aus|weichen*)(s).
ふみもち 不身持ち・な liederlich. ～である ein liederliches Leben führen.
ふみわける 踏み分ける einen Weg treten*《durch 4格》.
ふみんしょう 不眠症 die Agrypnie. ～にかかる an Schlaflosigkeit leiden*.
ふみんふきゅう 不眠不休で Tag und Nacht.
ふむ 踏む treten*; stampfen. 人の足を～ jm. auf den Fuß treten*. 値を～ et. schätzen. 所定の手続を～ die vorgeschriebenen Formalitäten erfüllen. 踏んだり蹴ったり wiederholt Schaden erleiden*.
ふむき 不向き ¶彼はこの職務には～だ Er ist für dieses Amt nicht geeignet. / Er passt nicht zu diesem Amt. この本は子供には～だ Das ist kein Buch für Kinder.
ふめい 不明 unklar; unbekannt. その原因はまだ～である Die Ursache davon ist noch nicht geklärt. ～を恥じる sich seiner Dummheit schämen. 宛先人～ Empfänger unbekannt.

ふめいよ 不名誉 die Unehre; die Schande. ~な schändlich; unehrenhaft. ~な話だがzu meiner Schande. そんな事をすると我の~になる Das macht uns Unehre.

ふめいりょう 不明瞭 undeutlich; unklar; unverständlich.

ふめいろう 不明朗 unfair; fragwürdig.

ふめつ 不滅の unsterblich; unvergänglich; ewig.

ふめんぼく 不面目 → 不名誉.

ふもう 不毛の unfruchtbar; steril.

ふもと 麓 ¶山の~に am Fuß eines Berges.

ふもん 不問に付す außer Betracht lassen*; ignorieren.

ぶもん 部門 der Zweig -es, -e; die Abteilung -en; das Fach -es, ⸚er.

ふやかす [auf|]quellen; ein|weichen; vor|quellen.

ふやける [auf|]quellen*(s); vor|quellen*(s).

ふやす 増(殖)やす [ver]mehren.

ふゆ 冬 der Winter -s, -. ~の(らしい) winterlich. ~中 den Winter über; den ganzen Winter [hindurch].

ふゆう 浮遊・する schweben (h; s). ~機雷 die Treibmine.

ふゆう 富裕な reich; wohlhabend.

ぶゆう 武勇 die Tapferkeit. ~談をする seine Heldentaten erzählen.

ふゆかい 不愉快 das Missvergnügen -s. ~な unangenehm; unbehaglich.

ふゆがれ 冬枯れの景色 öde Winterlandschaft.

ふゆぎ 冬着 die Winterkleidung.

ふゆきとどき 不行き届き die Nachlässigkeit -en; die Unaufmerksamkeit. ~である nicht aufmerksam genug sein*.

ふゆごもり 冬籠りする überwintern.

ふゆじたく 冬支度をする sich auf den Winter vor|bereiten.

ふゆふく 冬服 die Winterkleidung.

ふゆやすみ 冬休み Winterferien pl.

ふよ 付(賦)与する erteilen; jn. aus|statten (mit 3 格); geben*; verleihen*.

ぶよ 〖昆〗die Kriebelmücke -n.

ふよう 不用の unbrauchbar; 〔余計な〕überflüssig.

ふよう 不要の unnötig.

ふよう 扶養・する unterhalten*; jm. Unterhalt geben* (gewähren); alimentieren. ~家族 die Unterhaltsberechtigten# pl. ~の義務 die Unterhaltspflicht. ~料 Alimente pl.

ぶよう 舞踊 der Tanz -es, ⸚e.

ふようい 不用意な unvorsichtig; unbedacht; unüberlegt; leichtsinnig.

ふようじょう 不養生である sich (seine Gesundheit) nicht schonen; auf seine Gesundheit nicht bedacht sein*.

ぶようじん 不用心 ¶玄関を開け放しにしておくのは~だ Es ist gefährlich, die Haustür offen zu lassen.

ぶよぶよ ~の quabbelig; weich; schwammig; wabbelig.

フライ ~にする [in Öl] braten*. 魚の~ gebratener Fisch. ~パン die Bratpfanne.

フライ ~級 das Fliegengewicht -s.

ぶらいかん 無頼漢 der Rowdy -s, -s; der Strolch -[e]s, -e.

フライト der Flug -es. ~レコーダー der Flugschreiber.

プライド → 誇り.

プライバシー ~を犯す js. Privatsphäre verletzen.

プライベート ~な privat; persönlich.

ブラインド die Jalousie -n.

ブラウス die Bluse -n.

ブラウン ~管 braunsche Röhre -n.

プラカード das Plakat -[e]s, -e.

ぶらく 部落 das Dörfchen -s, -; der Weiler -s, -.

プラグ der Stecker -s, -.

フラクション die Fraktion -en.

プラグマチズム der Pragmatismus -.

ぶらさがる ぶら下がる hängen* 《an 3 格》. 彼の目の前には大臣の地位がぶら下がっている Ihm steht jetzt ein Ministeramt bevor.

ぶらさげる ぶら下げる et. hängen 《an 4 格》. 彼は酒を一本ぶら下げて来た Er hat eine Flasche Sake mitgebracht.

ブラシ die Bürste -n. ~を掛ける et. bürsten.

ブラジャー der Büstenhalter -s, - (略: BH).

ブラジル Brasilien. ~の brasilianisch. ~人 der Brasilianer.

ふらす 降らす ¶人工的に雨を~ künstlichen Regen erzeugen.

プラス plus; und. ~の《数; 電》positiv. ~する hinzu|rechnen; addieren. それは君にとって~になる Das wird dir zum Vorteil gereichen.

フラスコ der Kolben -s, -.

プラスチック das Plastik -s 《多くは無冠詞で》; der Kunststoff -s, -e. ~の aus Plastik.

ブラス・バンド die Blaskapelle -n; der Bläserchor -s, ⸚e.

プラズマ das [Blut]plasma -s, ..men.

プラズマ 〖物〗das Plasma -s, ..men.

プラタナス die Platane -n.

フラダンス die Hula ['hu:la] -s. ~を踊る Hula tanzen.

ふらち 不埒な frech; unverschämt; anmaßend.

プラチナ das Platin -s (記号: Pt).

ふらつく schwanken; taumeln (h; s). 足元が~ einen schwankenden Gang haben*.

ぶらつく bummeln (s; h); schlendern (s); spazieren (s).

ブラック・コーヒー schwarzer Kaffee -s, -.

ブラック・ユーモア schwarzer Humor -s.

ブラック・リスト schwarze Liste -n. ~に載る auf die schwarze Liste kommen*(s).

フラッシュ das Blitzlicht -[e]s, -er; der Blitz -es, -e. ~撮影をする eine Blitzlichtaufnahme machen.

ふらっと zufällig. 立ち上がったとき~した Mir wurde schwindlig, als ich aufstand. → ふらり.

フラット〖音〗das Erniedrigungszeichen -s, -; das B -, - (記号: ♭). 10秒~で genau in zehn Sekunden.

プラットホーム der Bahnsteig -s, -e.

フラッパー der Flapper -s, -.

プラトニック・ラブ platonische Liebe.

プラネタリウム das Planetarium -s, ..rien.

フラノ → フランネル.

ふらふら あっち~・こっち~・する hin und her taumeln (h; s) (schwanken). ~した足どりで mit schwankenden Schritten. 決心しかねて ~する unschlüssig (schwankend in seinen Entschlüssen) sein*. 疲れて~になる ganz erschöpft (sehr strapaziert) sein*. ~歩き回る schlendern (s) (durch 4 格). つい~と unbedacht; unbesonnen. 私は頭が~する Der Kopf schwindelt mir.

ぶらぶら ~する → ぶらつく; 〔仕事をしないで〕tändeln; lungern. 風に~する im Wind schwanken. 足を~させる mit den Beinen schlenkern (baumeln).

フラミンゴ der Flamingo -s, -s.

プラム die Pflaume -n.

フラメンコ der Flamenco -[s], -s.

ふらり ~とやって来る bei jm. herein|sehen* (vorbei|kommen*(s)). 彼は~と外出した Er ging ohne besonderes Ziel aus.

ふられる 振られる abgewiesen werden*(s 受), 〔女に〕von jm. einen Korb bekommen*. 振られた男 abgedankter Liebhaber.

ふらん 腐爛・する verwesen (s). ~した verwest.

フラン〔貨幣の単位〕der Franc -, -s.

プラン der Plan -[e]s, ⸗e. ~を立てる Pläne machen. ~に従って planmäßig.

ふらんき 孵卵器 der Brutapparat -s, -e.

フランク ~に offen; aufrichtig.

ブランク ~の unbeschrieben; unausgefüllt. ~を埋める eine Lücke füllen.

プランクトン das Plankton -s.

ブランコ die Schaukel -n. ~に乗る sich auf die Schaukel setzen. ~を漕ぐ sich auf der Schaukel hin und her schwingen*.

フランス Frankreich. ~の französisch. ~語 das Französische⁴. ~語で auf Französisch. ~人 der Franzose. ~パン das Franzbrot. ~文学 die französische Literatur; die Romanistik. ~文学者 der Romanist.

ブランデー der Brandy -s, -s; der Weinbrand -[e]s, ⸗e.

プラント die Fabrikanlage -n.

ブランド das Markenzeichen -s, -. ~商品 der Markenartikel.

フランネル der Flanell -s, -e. ~の flanellen; aus Flanell.

ふり ~をする tun*(sich stellen), als ob ... 寝た~をする sich schlafend stellen. 驚いた（愛している）~をする Erstaunen (Liebe) heucheln. ~の客 der Laufkunde.

ふり 不利・な ungünstig; nachteilig. 形勢は我我にとって~になった Die Lage hat sich zu unseren Ungunsten verschoben.

ぶり 振り ¶10年~に nach 10 Jahren.

ふりあげる 振り上げる empor|schwingen*.

ふりあてる 振り当てる → 割り当てる.

フリーザー der Gefrierapparat -s, -e; 〔冷蔵庫の〕das Gefrierfach -[e]s, ⸗er.

フリージア die Freesie -n.

プリーツ das Plissee -s, -s.

フリー・パス ~である freien Zutritt haben* 《zu 3 格》.

フリー・ランサー〔俳優〕freier Schauspieler -s, -; 〔歌手〕freier Sänger -s, -.

ふりえき 不利益 der Nachteil -s, -e. ~な nachteilig.

ふりおとす 振り落とす〔馬が騎手を〕ab|werfen*.

ふりかえ 振替 der Giroverkehr -s. 郵便~口座 das Postscheckkonto. ~で送金する jm. Geld überweisen*.

ぶりかえす ぶり返す ¶患者は病気がぶり返した Der Patient hat einen Rückfall bekommen (erlitten). 暑さが~ Die Hitze kommt wieder.

ふりかえる 振り返る sich um|drehen (um|sehen*) 《nach 3 格》; 〔回顧する〕zurück|blicken (auf 4 格).

ふりかかる 降り懸かる auf jn. fallen*(s). 彼の身に災難が降り懸かった Ihm ist ein Unglück widerfahren / Ihn hat ein Unglück betroffen.

ふりかける 振り掛ける et. streuen《auf 4 格》. 水を~ et. mit Wasser überschütten. 砂糖を~ et. mit Zucker bestreuen.

ふりかざす 振り翳す → 振り上げる.

ふりかた 振り方 ¶ラケットの~ die Handhabung eines Tennisschlägers. 身の~を考える an seine Zukunft denken*.

ふりがな 振り仮名 die Lesart chinesischer Schriftzeichen mit japanischem Silbenalphabet wieder|geben*.

ブリキ das Weißblech -s, -e. ~の aus Weißblech. ~缶 die Blechbüchse. ~屋〔人〕der Klempner; der Blechschmied.

ふりきる 振り切る [von sich³] ab|schütteln. ~ようにして故郷を離れる die Heimat los|reißen*.

ふりこ 振り子 das Pendel -s, -. ~時計 die Pendeluhr. ~運動 die Pendelschwingung.

ふりこう 不履行 die Nichterfüllung -en.

ふりこむ 降り込む ¶雨が部屋に~ Es regnet ins Zimmer herein. 雪が窓から~ Es schneit durchs Fenster herein.

ふりこむ 振り込む ¶口座に~ Geld auf js. Konto überweisen*.

ふりこめる 降り込める ¶ピクニックで雨に降り込められた Wir sind auf dem Ausflug tüchtig eingeregnet.

ふりしきる 降りしきる ¶雨が~ Es gießt. / Es regnet heftig. ~雪 dichte Schneefälle pl.

ふりしぼる 振り絞る　¶声を振り絞って叫ぶ sich³ die Lunge aus dem Hals schreien*. 力を振り絞って unter Anspannung aller Kräfte.

ふりすてる 振り捨てる los|werden*(s); jn. im Stich lassen*.

プリズム das Prisma –s, ..men.　～双眼鏡 der Prismenfeldstecher.

ふりそそぐ 降り注ぐ　¶雨が～ Es gießt in Strömen. / Der Regen strömt.　日の光がさんさんと～ Das Sonnenlicht flutet.　非難の声が降り注いだ Es regnete Vorwürfe.

ふりだし 振り出し〔出発点〕der Ausgangspunkt –[e]s, –e; der Anfang –s, ¨e;〔手形などの〕die Ausstellung;〔せんじ薬〕der Infus –es, –e.　～人 der Aussteller; der Trassant.　～からやり直す von vorn an|fangen*.

ふりだす 振り出す〔手形を〕aus|stellen; auf jn. trassieren (ziehen*);〔薬草を〕aus|ziehen*.

ふりつけ 振り付け die Choreografie.　バレエの～をする ein Ballett choreografieren.　～師 der Choreograf.

ブリッジ〔トランプの〕das Bridge –.

ふりつづく 降り続く　¶雨が～ Der Regen hält an.　～雨 anhaltender Regen.

ふりはなす 振り放す ab|schütteln.　身を～ sich los|reißen*《von 3格》.

ぷりぷり ～怒る eingeschnappt sein*.

ふりほどく 振りほどく　¶彼の手を～ sich aus seinen Armen [los]|reißen*.

ふりまく 振り撒く　愛嬌を～ jn. mit Liebenswürdigkeiten überschütten.

プリマ・ドンナ die Primadonna ..donnen.

ふりまわす 振り回す schwingen*;〔腕を～ mit den Armen fuchteln.　知識(権力)を～ seine Kenntnisse (Macht) zur Schau stellen.　やたらと外来語を～ mit Fremdwörtern um sich werfen*.　警察は犯人の偽電話に振り回された Der Täter führte die Polizei durch fingierte Telefonanrufe herum.

ふりみだす 振り乱す　¶髪を振り乱して mit wirren Haaren.

ふりむく 振り向く sich um|drehen (um|sehen*)《nach 3格》.

ふりむける 振り向ける et. verwenden(*)《auf 4格》;〔割り当てる〕zu|teilen.　顔を～ das Gesicht wenden(*)《nach (zu) 3格》.

プリムラ die Primel –n.

ふりょ 不慮の unerwartet; unvorhergesehen; unvermutet.

ふりょ 俘虜 der [Kriegs]gefangene#.　～になる gefangen genommen werden*(s受).　～収容所 das Gefangenenlager.

ふりょう 不良・の schlecht;〔道徳的に〕übel.　～になる verwahrlosen (s).　～化 die Verwahrlosung.　～少年(少女) der (die) Halbstarke#.　～品 fehlerhafte Waren pl.

ふりょう 不猟(漁)である einen schlechten Fang haben*.

ふりょう 無聊 die Langeweile.　～に苦しむ an Langeweile leiden*; von Langeweile geplagt werden*(s受).

ふりょうけん 不了見 unrechte Gedanken pl.

ふりょく 浮力 der Auftrieb –[e]s.

ぶりょく 武力 die Waffengewalt.　～を行使する von der Waffe Gebrauch machen.　～に訴える zur Waffe greifen*.

ふりわける 振り分ける〔分配する〕verteilen.

ふりん 不倫 der Ehebruch –[e]s, ¨e.　～をする die Ehe brechen*; Ehebruch begehen*.

プリン der Pudding –s, –e (-s).

プリンス der Prinz –en, –en.

プリンセス die Prinzessin –nen.

プリント〔印刷物〕der Druck –es, –e; der Abzug –s, ¨e;〔写真〕die Kopie –n.　～する drucken;〔写真〕kopieren.　～をつくる einen Abzug her|stellen《von 3格》.　花模様を～したドレス ein mit Blumen bedrucktes Kleid.

ふる 降る　¶雨が～ Es regnet.　雪が～ Es schneit.　あられが～ Es hagelt.　降って湧いたように wie aus dem Boden gestampft (gewachsen).

ふる 振る schwenken; schwingen*;〔女が男を〕jm. einen Korb geben*;〔拒絶する〕ab|weisen*.　かぶりを～ den Kopf (mit dem Kopf) schütteln.　首を縦に～ [mit dem Kopf] nicken.　腰を～ mit den Hüften wackeln.　尻尾を～ [mit dem Schwanz] wedeln.　番号を～ et. mit Nummern versehen*.

ぶる　¶上品(信心家)～ vornehm (fromm) tun*.　お偉方～ den großen Herrn spielen.

ふるい 篩 das Sieb –es, –e.　～に掛ける sieben.

ふるい 古い alt; veraltet;〔時代遅れの〕altmodisch.

ぶるい 部類 die Klasse –n; die Art –en; die Kategorie –n.

ふるいおこす 奮い起す　¶勇気を～ Mut fassen.

ふるいおとす 篩い落す sieben.

ふるいたつ 奮い立つ sich auf|raffen.

ふるう 篩う sieben.

ふるう 振るう schwingen*.　振るわない〔商売が〕nicht blühen; flau gehen*(s);〔成績が〕nur mäßig sein*.　振るっている eigenartig (sonderbar; merkwürdig) sein*.

ブルース der Blues –.

フルーツ das Obst –es; Früchte pl.

フルート die Flöte –n.

ふるえ 震え das Zittern –s; das Beben –s.　～声で mit zitternder (bebender) Stimme.　～が来る Ein Zittern überkommt mich.　～が収まらぬ Ich kann das Zittern nicht unterdrücken.

ふるえあがる 震え上がる zusammen|schaudern (s).

ふるえる 震える zittern; beben.　寒さ(恐ろしさ)で～ vor Kälte (Furcht) zittern.　手が～ Mir zittern die Hände.

プルオーバー der Pullover –s, –.

フルかいてん フル回転している auf vollen Touren laufen*(s).

ふるがお 古顔 der Oldtimer -s, -.

ブルガリア Bulgarien. ～の bulgarisch. ～人 der Bulgare.

ふるぎ 古着 alte (abgetragene) Kleider pl.; die Secondhandkleidung ['sɛkəndhænd...]. ～屋 der Secondhandshop.

ふるきずにふれる 古傷・に触れる an eine alte Wunde rühren. ～を暴(ﾊﾞｸ)く alte Wunden wieder auf|reißen*.

ふるぎつね 古狐 alter Fuchs -es, ¨e.

ふるく 古く・から seit langem; von alters her. ～からの alt. ～から伝わる althergebracht. ～は ehemals; früher.

ふるくさい 古臭い veraltet; altmodisch; überholt. ～言い方 antiquierte Ausdrucksweise.

ふるくなる 古くなる veralten (s); antiquieren (s).

ふるさと 故里 die Heimat. ～の heimatlich.

ブルジョア der Bourgeois -, -.

ブルジョアジー die Bourgeoisie -n.

ふるす 古巣 altes Nest -es, -er.

フル・スピード ～で mit größter Geschwindigkeit.

ふるだぬき 古狸 → 古狐.

ふるって 奮って御参加下さい Ihre Beteiligung ist uns sehr willkommen.

ふるつわもの 古兵 der Veteran -en, -en.

ふるて 古手・の alt; gebraucht. 彼は官史の～だ Er ist ein altgedienter Beamter.

ふるどうぐ 古道具 der Trödel -s; die Trödelware -n. ～屋 der Trödelladen; 〔人〕 der Trödler.

ブルドーザー der Bulldozer -s, -.

ブルドッグ die Bulldogge -n.

プルトニウム das Plutonium -s (記号: Pu).

ふるなじみ 古馴染み der alte Bekannte#.

ブルネット ～の brünett. ～の女 die Brünette.

フルバック der Verteidiger -s, -.

ふるびた 古びた alt; veraltet.

ぶるぶる 震える wie Espenlaub zittern《vor 3 格》; schlottern《vor 3 格》.

ふるぼける 古ぼける veralten (s). 古ぼけた veraltet; altmodisch; überholt.

ふるほん 古本 antiquarisches Buch -es, ¨er. ～屋 〔人〕 der Antiquar; 〔店〕 das Antiquariat. ～で買う antiquarisch kaufen.

ふるまい 振舞 das Benehmen -s; das Betragen -s; das Verhalten -s; 〔御馳走を〕 die Bewirtung -en.

ふるまう 振舞う sich benehmen* (verhalten*; betragen*); 〔御馳走する〕 jn. bewirten《mit 3 格》.

ふるめかしい 古めかしい altmodisch.

ふれ 触れ die Bekanntmachung -en; die Bekanntgabe. ～を出す et. bekannt machen; et. bekannt geben*.

ふれあう 触れ合う sich berühren.

ぶれい 無礼 die Unhöflichkeit -en. ～な unhöflich. 今夜は～講でいこう Wir wollen heute Abend nur zwanglos beisammensitzen und uns unterhalten.

フレー Hurra!

プレー das Spiel -s, -e. ～ボーイ der Playboy; der Schürzenjäger.

ブレーカー 〔電〕 der Strombegrenzer -s, -.

プレー・ガイド die Kartenvorverkaufsstelle -n.

ブレーキ die Bremse -n. ～を掛ける et. bremsen. ～を踏む auf die Bremse treten*. ～をゆるめる die Bremse lösen. ～がきかない Die Bremse versagt.

プレート die Platte -n; das Plättchen -s, -.

プレーヤー 〔レコードの〕 der Plattenspieler -s, -.

ブレーン・トラスト der Brain-Trust ['breɪntrʌst] -[s], -s; der Gehirntrust -[s], -s. 彼は首相の～だ Er gehört zum Gehirntrust des Premiers.

フレキシブル ～な flexibel; elastisch.

ふれこむ 触れ込む 〔広く知らせる〕 an|kündigen; 〔自称する〕 sich aus|geben*《für 4 格》.

ブレザー・コート der Blazer -s, -.

プレス ～する 〔アイロンで〕 plätten.

フレスコ ～[画] das Fresko -s, ..ken.

ブレスト 〔水泳〕 das Brustschwimmen -s.

プレゼント das Geschenk -[e]s, -e. ～する schenken; ein Geschenk geben*.

フレックスタイム die Gleitzeit -en.

プレッシャー der Druck -[e]s, -e. ～をかける einen Druck auf jn. aus|üben.

フレッシュ ～な frisch.

プレハブ der Fertigbau -[e]s, -ten; das Fertighaus -es, ¨er. ～工法 die Schnellbauweise.

プレパラート das Präparat -[e]s, -e.

ふれまわる 触れ回る bekannt machen; bekannt geben*; verbreiten; 〔噂を〕 kolportieren.

プレミアム die Prämie -n.

プレリュード 〔音〕 das Präludium -s, ..dien.

ふれる 振れる 〔揺れ動く〕 schwanken; 〔磁針などが〕 zeigen《nach 3 格》.

ふれる 触れる rühren《an 4 格》; et. berühren; 〔広く知らせる〕 bekannt machen. 或るテーマにちょっと～ ein Thema streifen. 法律に～ gegen das Gesetz verstoßen*. 目に～ et. sehen*. 心に～ js. Herz rühren; jn. berühren. 折に触れて gelegentlich; bei Gelegenheit.

ふれる 狂れる ¶気が狂れた verrückt; wahnsinnig.

ふれんぞく 不連続・の diskontinuierlich; unstetig. ～線 dis Diskontinuitätslinie.

ブレンド der Verschnitt -[e]s, -e. ～する verschneiden*. ～した verschnitten. コーヒーを～する die Kaffeesorten mischen.

ふろ 風呂 das Bad -es, ¨er. ～に入る [sich] baden. ～場 das Badezimmer. ～屋 die

プロ	der Profi -s, -s.　→プロフェッショナル.
ふろう	不老長寿の薬 das Lebenselixier -s, -e.
ふろうしゃ	浮浪者 der Landstreicher (Penner) -s, -; der Obdachlose#.
ふろうしょとく	不労所得がある ein müheloses Einkommen haben*.
ブローカー	der Makler -s, -.
ブロークン	～なドイツ語を話す nur gebrochen Deutsch sprechen*.
ブローチ	die Brosche -n.
ふろく	付録 die Beilage -n; der Anhang -s, ⸚e; der Zusatz -es, ⸚e.
プログラマー	der Programmierer -s, -.
プログラミング	die Programmierung -en.
プログラム	das Programm -s, -e.
プロジェクター	der Projektor -s, -en.
ふろしき	風呂敷 das Einwickeltuch -[e]s, ⸚er.
プロセス	der Prozess -es, -e.
プロダクション	die Filmatelier -s, -s.
フロック	[衣] der Gehrock -[e]s, ⸚e.
ブロック	[建] der Betonblock -s, ⸚e; der Hohlblockstein -[e]s, -e; [街区] der [Häuser]block -s, ⸚e (-s).
ブロッコリー	Brokkoli pl.; der Spargelkohl -s.
プロット	der (das) Plot -s, -s; die Handlung -en.
フロッピー・ディスク	die Diskette -n.
プロテスタント	der Protestant -en, -en.　～の protestantisch; evangelisch.
プロデューサー	der Produzent -en, -en.
プロトン	das Proton -s, -en (記号: p).
プロバイダー	[電算] der Provider [pro-'vaɪdɐ] -s, -.
プロパガンダ	die Propaganda.　～する propagieren.
プロパン・ガス	das Propangas -es.
プロフィール	das Profil -s, -e.
プロフェッショナル	der Professional -s, -s (-s); der Berufssportler -s, -.　～の professionell; berufsmäßig.
プロペラ	der Propeller -s, -.
プロポーズ	～する jm. einen [Heirats]antrag machen.
ブロマイド	das Starporträt -s, -s; [印画紙] das Bromsilberpapier -s.
プロムナード	die Promenade -n.
プロモーター	der Promoter -s, -.
プロレス	professionelle Ringkampfsport -s.　プロレスラー professioneller Ringkampfsportler.
プロレタリア	der Proletarier -s, -; [階級] das Proletariat -s.　～の proletarisch.
プロローグ	der Prolog -s, -e.
ブロンズ	die Bronze.　～の bronzen.
フロント	[ホテルの] das Empfangsbüro -s, -s.
ブロンド	～の blond.　～の美人 die hübsche Blonde#.
プロンプター	der Souffleur -s, -e.

ふわ	不和 der Zwist -es, -e.　～である in (im) Zwist mit jm. leben.　～になる mit jm. in Zwist geraten*(s).　～の zwistig.
ふわく	不惑に達する das Schwabenalter erreichen.
ふわたり	不渡り ¶手形を～にする einen Wechsel platzen lassen*.　～小切手 geplatzter (ungedeckter) Scheck.
ふわふわ	～した〔柔らかい〕flaumweich; flauschig; schwammig.　白い小さな雲が～と浮かんでいる Ein weißes Wölkchen schwebt am Himmel.
ふわらいどう	付和雷同する mit den Wölfen heulen; mit der Herde laufen*(s).
ふわり	～と leicht; sanft.　～と浮かぶ schweben.　気球が町の上空を～ふわりと飛んで行った Ein Luftballon ist über die Stadt geschwebt.
ふん	Hm!
ふん	分 die Minute -n.　15～[間] eine Viertelstunde.　30～[間] eine halbe Stunde.　8時5～ 5 [Minuten] nach 8.　8時15～ [ein] Viertel nach 8; [ein] Viertel 9.　8時25 (35)～ 5 vor (nach) halb 9.　8時45～ [ein] Viertel vor 9; drei Viertel 9.　北緯38度12～に [auf] 38 Grad 12 Minuten nördlicher Breite.　～針 der Minutenzeiger.
ふん	糞 der Mist -es.　～をする misten.
ぶん	文 der Satz -es, ⸚e.　～を作る einen Satz bilden.
ぶん	分 ¶この～なら anscheinend; soviel ich sehe.　～に応じた gebührend; standesgemäß.　～に過ぎた unverdient.　～に過ぎた暮らしをする über seine Verhältnisse leben.　～に安んずる mit seiner Lage zufrieden sein*.　～を尽す das Sein[ig]e tun*.　君の[もらう]～ dein [An]teil.　10人の食糧 zehn Portionen pl.　2～の1 die Hälfte.　3～の1 ein Drittel.　5～の3 drei Fünftel.
ぷん	～とふくれる schmollen.　～とにんにくの臭いがする Es riecht scharf nach Knoblauch.
ぶんあん	文案 der Entwurf -s, ⸚e.　～を練る et. entwerfen*; einen Entwurf aus|arbeiten.
ぶんい	文意 der Inhalt -s, -e; der Sinn eines Satzes.
ふんいき	雰囲気 die Atmosphäre -n; die Stimmung -en.
ぶんいん	分院 ¶東大小石川～ der Koishikawa-Zweig des Todai-Klinikums.
ふんえん	噴煙を吐く Rauchwolken aus|stoßen*.
ふんか	噴火 der Ausbruch -s, ⸚e.　～する aus|brechen*(s).　～口 der Krater.　～山 Feuer speiender Vulkan.
ぶんか	文化 die Kultur -en.　～的 kulturell.　～遺産 das Kulturerbe.　～勲章 der Kulturorden.　～国家 der Kulturstaat.　～圏 der Kulturkreis.　～財 das Kulturgut.　～財保護 der Denkmal[s]schutz.　～人 kultivierter Mensch.　異～間コミュニケーション interkulturelle Kommunikation.　～人類学

ぶんか　文化人類学 die Kulturanthropologie. ～庁 das Amt für kulturelle Angelegenheiten.

ぶんか　分化 die Differenzierung -en. ～する sich differenzieren.

ぶんか　文科 geisteswissenschaftliche Abteilung.

ぶんか　分科 der Zweig -es, -e; das Fach -es, =er. ～委員会 der Unterausschuss.

ふんがい　憤慨する sich entrüsten 《über 4 格》; entrüstet sein*《über 4 格》.

ぶんかい　分解する zerlegen; zersetzen; auf|spalten;《自動詞》sich zersetzen.

ぶんがく　文学 die [schöne] Literatur; die Dichtung. ～的 literarisch; dichterisch. ～史 die Literaturgeschichte. ～者 der Literat. ～博士 Doktor der Philosophie (略: Dr. phil.). ～部 philosophische Fakultät.

ぶんかつ　分割・する [auf|]teilen; zerteilen; auf|spalten. [10回の]～払いにする et. in [zehn] Raten ab|zahlen. ～払いで買う auf Raten (Teilzahlung) kaufen.

ぶんかん　文官 der Zivilist -en, -en.

ふんき　奮起する sich auf|raffen (ermuntern) (zu 3 格).

ぶんき　分岐・する sich teilen (scheiden*; verzweigen). ～点 der Scheidepunkt.

ふんきゅう　紛糾 die Verwicklung -en. ～した verworren; verwickelt; kompliziert. ～する sich verwirren; sich verwickeln.

ぶんきょう　文教・政策 die Bildungspolitik. ～地区 das Schulviertel.

ぶんぎょう　分業 die Arbeitsteilung -en.

ぶんきょうじょう　分教場 → 分校.

ぶんきょく　分極[化] die Polarisation -en. ～する sich polarisieren.

ふんぎり　踏ん切りがつかない sich nicht entschließen können*(zu 3 格); [sich³] unschlüssig sein*《über 4 格》.

ぶんけ　分家 der Zweig -es, -e; verzweigte Familie -n. ～する eine Zweigfamilie gründen.

ぶんげい　文芸 die Literatur -en. ～復興 die Renaissance. ～批評 die Literaturkritik. ～欄 das Feuilleton. ～学 die Literaturwissenschaft. ～作品 literarisches Werk.

ふんげき　憤激 → 憤慨.

ぶんけん　文献 die Literatur; das Schrifttum -s.

ぶんけん　分権 ¶地方～ die Dezentralisation.

ぶんけんたい　分遣隊 das Kommando -s, -s.

ぶんこ　文庫 die Bibliothek -en; die Bücherei -en.

ぶんご　文語 die Schriftsprache -n. ～体の schriftsprachlich.

ぶんこう　分校 die Zweiganstalt -en; die Zweigschule -n.

ぶんごう　文豪 großer Dichter -s, -; der Dichterfürst -en, -en.

ぶんこうき　分光器 das Spektroskop -s, -e.

ふんこつさいしん　粉骨砕身[・して] mit äußerster Anstrengung. ～する sich mit allen Kräften an|strengen.

ふんさい　粉砕する zerschlagen*; zerschmettern.

ぶんさい　文才がある [das] Talent zum Dichten haben*; dichterisch (schriftstellerisch) begabt sein*.

ぶんざい　分際 ¶学生の～でそんな事は贅沢(ぜいたく)だ Für Studenten ist dergleichen ein Luxus. 子供の～で生意気に Sei nicht so vorlaut! Du bist doch noch ein Kind.

ぶんさつ　分冊 die Lieferung -en. ～で lieferungsweise. この本は毎月～で出る Dieses Buch erscheint in monatlichen Lieferungen.

ぶんさん　分散《物》die Dispersion -en. ～する sich zerstreuen (zerteilen; verteilen); sich dispergieren.

ぶんし　分士 der Schriftsteller -s, -;〔侮蔑的〕der Literat -en, -en.

ぶんし　分子《数》der Zähler -s, -;《物質の》das Molekül -s, -e;〔人〕Elemente pl. ～式 molekulare Formel. ～量 das Molekulargewicht. 危険～ gefährliche Elemente pl.

ぶんし　分詞 das Partizip -s, -ien. 現在(過去)～ das Partizip Präsens (Perfekt). ～構文 der Partizipialsatz.

ふんしつ　紛失・する《他動詞》verlieren*;《自動詞》verloren gehen*(s). ～した verloren. ～者 der Verlierer.

ふんしゃ　噴射する aus|spritzen.

ぶんじゃく　文弱な verweichlicht; weichlich.

ぶんしゅう　文集 das Sammelband -[e]s, =e.

ぶんしゅく　分宿・する sich verteilt ein|quartieren. 難民はその村に～させられた Die Flüchtlinge wurden in dem Dorf einquartiert.

ふんしゅつ　噴出・する aus|spritzen (s); sprudeln (s). ～物《火山の》der Auswurf; der Auswürfling.

ぶんしょ　文書 die Schrift -en; die Urkunde -n; das Dokument -[e]s, -e. ～偽造 die Urkundenfälschung. ～を偽造する eine Urkunde fälschen. ～で schriftlich.

ぶんしょう　文相 der Kultusminister -s, -.

ぶんしょう　文章 der Satz -es, =e. ～がうまい gut schreiben*. ～論 die Satzlehre; die Syntax.

ぶんじょう　分乗する verteilt ein|steigen*(s)《in 4 格》.

ぶんじょう　分譲・する in Parzellen verkaufen. ～地 das Grundstück zum Verkauf in Parzellen.

ふんしょく　粉飾・する aus|schmücken; färben. ～して話す einen gefärbten Bericht geben*《über 4 格》.

ぶんしん　分身 ¶これは私の～です Das ist mein anderes (zweites) Ich.

ふんすい　噴水 der Springbrunnen -s, -; die Fontäne -n.

ぶんすいれい 分水嶺 die Wasserscheide -n.

ぶんすう 分数 der Bruch -[e]s, ¨e; gebrochene Zahl -en. 真(仮)～ echter (unechter) Bruch. 帯～ gemischte Zahl.

ふんする 扮する ¶ファウストに～ den Faust dar|stellen.

ぶんせき 分析 die Analyse -n; die Zerlegung -en. ～する analysieren; zerlegen. ～的 analytisch.

ぶんせき 文責山田 verantwortlich: Yamada.

ふんせん 奮戦する wie ein Löwe kämpfen.

ふんぜん 憤然として zornig; voller Zorn; entrüstet; wütend.

ふんそう 扮装 die Verkleidung -en. …に～する sich als ... verkleiden.

ふんそう 紛争 der Streit -[e]s, -e; 〔政治的〕 Unruhen pl. ～を起す einen Streit an|fangen*; Unruhen erregen.

ふんぞりかえる ふんぞり返る sich in die Brust werfen*.

ぶんたい 文体 der Stil -[e]s, -e. ～論 die Stilistik.

ぶんたい 分隊 die Gruppe -n.

ふんだくる jn. berauben 《2格》; jm. et. entreißen*.

ふんだん ～に reichlich; ausgiebig. お金なら～にある Geld ist bei mir im Überfluss.

ぶんたん 分担・する sich [mit jm.] teilen (in 4格). 僕はこの仕事の自分の～は果たした Ich habe meinen Anteil an dieser Arbeit beigetragen.

ぶんだん 分団 die Untergruppe -n.

ぶんだん 文壇に出る in der literarischen Welt auf|treten*(s).

ぶんち 聞知する erfahren*.

ぶんちん 文鎮 der Briefbeschwerer -s, -.

ぶんつう 文通 der Briefwechsel -s, -. ～する mit jm. Briefe wechseln. ～している mit jm. in Briefwechsel stehen*.

ふんづまり 糞詰まりである keinen Stuhl haben*.

ぶんてん 文典 die Grammatik -en.

ふんど 憤怒の形相をして mit verbissenem Gesicht.

ふんとう 奮闘・する〔努力する〕 sich an|strengen (ab|mühen). ～して出世する sich in die Höhe kämpfen. → 奮戦.

ふんどう 分銅 das Gewicht -[e]s, -e.

ぶんどき 分度器 der Winkelmesser -s, -.

ふんどし 褌 der Lendenschurz -es, -e. 人の～で相撲を取る sein Süppchen am Feuer anderer kochen.

ぶんどる 分捕 erbeuten. 分捕り品 die Beute.

ぶんなぐる ぶん殴る hauen*; prügeln.

ふんにゅう 粉乳 das Milchpulver -s, -; die Trockenmilch.

ふんにょう 糞尿 Fäkalien pl.

ぶんのう 分納 die Teilzahlung (Ratenzahlung) -en. 2回に分けて～する in 2 Raten zahlen (entrichten).

ぶんぱ 分派 die Sekte -n. ～行動をする sektiererisch vor|gehen*(s).

ぶんぱい 分売 ¶各巻とも～いたします Jeder Band ist einzeln zu kaufen.

ぶんぱい 分配・する et. an jn. aus|teilen (verteilen). 利益の～にあずかる sich am Gewinn beteiligen.

ふんぱつ 奮発・する sich sehr an|strengen; 〔思い切って買う〕 sich³ leisten. チップを～する ein großzügiges Trinkgeld geben*.

ふんばる 踏ん張る stand|halten*; aus|halten*; bei der Stange bleiben*(s). 足を踏ん張って立つ sich in die Höhe stemmen. もうひと踏ん張りしよう Strengen wir uns noch etwas an!

ふんぱん 噴飯 ¶それはまさに～ものだ Das ist ja zum Knallen.

ぶんぴ[つ] 分泌 die Sekretion (Absonderung) -en. ～する sekretieren; ab|sondern. ～物 das Sekret.

ぶんぴつ 文筆・家 ein Mann der Feder; der Schriftsteller -s, -. ～を業とする von der Feder leben. ～の才がある schriftstellerisch begabt sein*.

ふんびょう 分秒を争う Es ist keine Zeit zu verlieren.

ぶんぷ 分布 die Verbreitung -en. ～する sich verbreiten.

ぶんぶつ 文物 die Kultur -en.

ふんぷん 芬芬と匂う stark duften (riechen*).

ふんぷん 紛紛 ¶意見が～として纏(まと)まらない Verschiedene Meinungen stehen gegeneinander und kommen nie zur Übereinstimmung.

ぶんぶん ～いう〔モーターの音が〕 brummen; 〔虫が〕 summen; brummen; sirren.

ふんぺん ～怒る die gekränkte (beleidigte) Leberwurst spielen. 腐った魚の臭いが～する Es stinkt nach faulen Fischen.

ふんべつ 分別 der Verstand -es. ～のある verständig; vernünftig; besonnen. ～がつく zu Verstand kommen*(s). ～盛りの男 ein reifer Mann; ein Mann in gesetztem Alter.

ぶんべん 分娩・する gebären*. 女子を～する mit einem Mädchen nieder|kommen*(s).

ふんぼ 墳墓 die Gruft ¨e. ～の地 die Heimat.

ぶんぼ 分母 der Nenner -s, -.

ぶんぽう 文法 die Grammatik. ～的 grammatisch.

ぶんぼうぐ 文房具 Schreibwaren pl. ～店 das Schreibwarengeschäft.

ふんまつ 粉末 das Pulver -s, -. ～にする pulverisieren. ～状の pulverig.

ふんまん 憤懣 der Groll -s. ～をぶつける seinen Groll an jm. aus|lassen*. ～やる方ない sich vor Empörung nicht mehr kennen*.

ぶんみゃく 文脈 der Zusammenhang -[e]s, ¨e; der Kontext -es, -e.

ぶんみん 文民 der Zivilist -en, -en.

ふんむき 噴霧器 der Zerstäuber -s, -.

ぶんめい 文名が上がる sich³ den Ruf eines tüchtigen Schriftstellers erwerben*.
ぶんめい 文明 die Zivilisation -en. ～の進んだ zivilisiert. ～病 Zivilisationskrankheiten pl. ～の利器 die Bequemlichkeiten der Zivilisation.
ぶんめん 文面 ¶この手紙の～から察すると nach dem Wortlaut des Briefes.
ぶんや 分野 das Gebiet -[e]s, -e; die Sphäre -n. それは彼の専門の～だ Das ist (schlägt in) sein Fach.
ぶんり 分離・する 〖他動詞〗 et. trennen (ab|scheiden*) 《von 3格》; 〖自動詞〗sich trennen (ab|scheiden*) 《von 3格》. ～(非～)動詞 trennbares (untrennbares) Verb. このラジオは～がよい Dieser Radioapparat trennt [die Wellen] sehr gut.
ぶんりゅう 分留する fraktionieren.
ぶんりょう 分量 die Menge -n. ～を測る et. messen*. 薬の～をふやす(減らす) eine stärkere (schwächere) Dosis ein|nehmen*. 仕事の～をふやす die Arbeit vermehren.
ぶんるい 分類 die Klassifikation -en. ～する klassifizieren; gliedern; ordnen.
ぶんれい 文例 der Beispiel[s]satz -es, ⸚e.
ぶんれつ 分列・式 die Parade; der Vorbeimarsch. ～行進をする paradieren.
ぶんれつ 分裂 die Spaltung -en. ～する sich spalten.

へ

へ nach 《3格》; zu 《3格》. ドイツ(東京)へ行く nach Deutschland (Tokyo) fahren*(s). 或る人の所へ行く zu jm. gehen* (kommen*)(s). 学校へ行く zur (in die) Schule gehen*(s). 市場へ行く zum (auf den) Markt gehen*(s). 窓際(川のほとり)へ行く ans Fenster (an den Fluss) gehen*(s). 芝居(映画)へ行く ins Theater (Kino) gehen*(s). 田舎へ行く aufs Land gehen*(s). 絵を壁へ掛ける das Gemälde an die Wand hängen. 父へ手紙を書く an den Vater schreiben*. 家から家へ von Haus zu Haus. あちら(こちら)へ dorthin (hierher). 前方(後方)へ vorwärts (rückwärts).
へ 屁 der [Darm]wind -[e]s, -e; der Furz -es, ⸚e. ～をひる einen Wind (Furz) fahren lassen*.
ヘア ～スタイル der Haarschnitt. ～スプレー der (das) Haarspray. ～トニック das Haarwasser. ～ドライヤー der Haartrockner. ～ネット das Haarnetz. ～ピン die Haarnadel. ～ピンカーブ die Haarnadelkurve (Kehrschleife). ～ブラシ die Haarbürste. ～ローション das Haarwasser.
ペア das Paar -[e]s, -e.
ベアリング das Lager -s, -. ボール～ das Kugellager.
へい 兵 der Soldat -en, -en. ～を募る Soldaten werben*. ～を挙げる sich gegen jn. erheben*; die Waffen ergreifen*. ～を差し向ける Truppen ein|setzen 《gegen 4格》.
へい 塀 die Mauer -n. ～をめぐらす et. mit Mauern umgeben*.
へいあん 平安 der Frieden -s; die Ruhe.
へいい 平易・な leicht; einfach; leicht verständlich. ～に説明する einfach erklären.
へいえい 営営 die Kaserne -n.
へいえき 兵役 der Wehrdienst -[e]s. ～に服する den Wehrdienst leisten. ～の義務 die Wehrpflicht. ～年限 die Dienstzeit.
へいおん 平穏・な friedlich; ruhig. 国内は～である Friede herrscht (ist) im Lande. 彼らは～無事に暮らしている Sie leben in [Ruhe und] Frieden miteinander.
へいか 平価・切下げ die Abwertung -en. ドルの～切り下げをする den Dollar ab|werten.
へいか 兵科 die Truppengattung -en.
へいか 陛下 Seine Majestät; 〔2人称〕Ihre Majestät. 天皇～ Seine Majestät der Kaiser. 皇后～ Ihre Majestät die Kaiserin.
へいかい 閉会・する die Sitzung schließen*. ～の辞を述べる eine Schlussansprache halten*.
へいがい 弊害 das Übel -s, -; der Übelstand -[e]s, ⸚e. ～を伴なう üble Folgen haben*. ～を除く dem Übel ab|helfen*; Missstände beseitigen.
へいかん 閉館 ¶博物館は5時に～する Das Museum wird um 5 Uhr geschlossen.
へいき 平気・な(で) ruhig; gelassen; 〔無関心な〕gleichgültig. ～で嘘をつく unverschämt lügen*. 暑さには(非難されても)～である gegen Hitze (Tadel) unempfindlich sein*. そんな事は～だ Ich mache mir nichts daraus. / Das kümmert mich nicht. / 〔簡単にできる〕 Das kann ich leicht machen. ～を装う sich gleichgültig stellen.
へいき 兵器 die Waffe -n. 原子～ die Atomwaffe. ～工場 die Waffenfabrik.
へいきん 平均 der Durchschnitt -[e]s, -e; 〔均衡〕das Gleichgewicht -s. ～する den Durchschnitt nehmen* 《von 3格》. ～の durchschnittlich. ～して im Durchschnitt. ～年齢 das Durchschnittsalter. ～寿命 durchschnittliche Lebensdauer. ～余命 die Lebenserwartung. ～速度 die Durchschnittsgeschwindigkeit. ～台 der Schwebebalken. ～値 der Mittelwert. 6と8の～は7である Der Durchschnitt von 6 und 8 ist 7.
へいげい 睥睨する hochmütig herab|sehen* 《auf 4格》.
へいげん 平原 die Ebene -n.

へいこう 平行・の parallel. この通りは本通りと～している Diese Straße läuft parallel zur (mit der) Hauptstraße. ～線を引く [zu einer Linie] die Parallele ziehen*. 我我の意見は～線をたどっている Wir begegnen uns in der Meinung nicht. ～四辺形 das Parallelogramm. ～棒 der Barren.

へいこう 平衡 das Gleichgewicht -s. ～を保つ das Gleichgewicht halten*; sich³ die Waage halten*. ～を失う aus dem Gleichgewicht kommen*(s); sein Gleichgewicht verlieren*. ～感覚 der Gleichgewichtssinn.

へいこう 並行・する nebeneinander laufen*(s). →平行. ～して実施する gleichzeitig aus|führen*. ～して行われる nebenher|laufen*(s).

へいこう 閉口・する verlegen (verwirrt) sein* 《wegen 2 格》; [堪えられない] nicht leiden (ausstehen) können*. この質問には～した Diese Frage hat mich verwirrt. この暑さには～だ Die Hitze ist nicht zu ertragen.

へいごう 併合する ein|verleiben; [領土を] annektieren; inkorporieren.

べいこく 米国 die Vereinigten Staaten von Amerika (略: USA); Amerika. ～の amerikanisch. ～人 der Amerikaner.

べいこく 米穀 der Reis -es. ～商 der Reishändler.

へいこら ～する sich ducken. →へいへい.

へいさ 閉鎖・する schließen*. 工場は～した Die Fabrik wurde geschlossen.

べいさく 米作 der Reisbau -[e]s; [収穫] die Reisernte -n.

へいし 兵士 der Soldat -en, -en.

へいじ 平時 die Friedenszeit -en. ～には im Frieden. ～の体制に戻す demobilisieren.

へいじつ 平日 der Wochentag (Werktag) -[e]s, -e. ～の通り wie gewöhnlich.

へいしゃ 兵舎 die Kaserne -n.

へいしゅ 兵種 die Truppengattung -en.

へいじょう 平常・の gewöhnlich; normal. ～の状態にもどる wieder in den normalen Zustand zurück|kommen*(s); wieder in Ordnung sein*. ～の通り wie gewöhnlich; wie sonst.

へいしんていとう 平身低頭して謝る jm. flehentlich um Verzeihung bitten*; jm. fußfällig Abbitte tun* (leisten).

へいせい 平静・な ruhig; gelassen. ～な態度で ruhig; in aller Ruhe; mit Gelassenheit. ～を失う die Fassung verlieren*; aus der Fassung kommen*(s). ～を保つ die Ruhe bewahren; [die] Fassung behalten*. ～を取りもどす [seine] Fassung wieder|finden*.

へいぜい 平生 gewöhnlich. ～の行い tägliches Benehmen. ～通り wie gewöhnlich (immer). ～は sonst.

へいせつ 併設する et. an|gliedern 《3格》.

へいぜん 平然と ruhig; gelassen; in aller Ruhe; mit Seelenruhe (Gelassenheit).

へいそ 平素・の gewöhnlich. 彼は～は模範的な工具である Er ist doch sonst ein vorbildlicher Arbeiter. ～の御無沙汰お許し下さい Entschuldigen Sie bitte, dass ich so lange nichts von mir habe hören lassen!

へいそく 閉塞・する [鉄] blocken; blockieren. 腸～ der Darmverschluss.

へいそん 並存 das Nebeneinander -s. ～する nebeneinander bestehen*.

へいたい 兵隊 der Soldat -en, -en. ～に行く zu den Soldaten kommen*(s). ～ごっこをする Soldaten spielen*.

へいたん 平坦・な eben; flach. ～にする ebnen.

へいだん 兵団 das [Armee]korps -, -.

へいたんぶ 兵站部 die Etappe -n.

へいち 平地 die Ebene -n; das Flachland -es; die Fläche -n.

へいち 並置する nebeneinander legen (setzen).

へいてい 平定 ¶内乱を～する einen Aufruhr dämpfen (unterdrücken). 天下を～する das ganze Land unterwerfen* (unter seine Herrschaft bringen*).

へいてい 閉廷する das Gericht schließen*.

へいてん 閉店する den Laden (das Geschäft) schließen*; [廃業する] seinen Laden (sein Geschäft) zu|machen.

へいねつ 平熱 normale [Körper]temperatur -en.

へいねん 平年 gewöhnliches (normales) Jahr -es, -e; [閏年に対し] das Gemeinjahr -[e]s, -e. ～作 die Durchschnittsernte.

へいはつ 併発 ¶腎臓炎を～する sich³ gleichzeitig Nierenentzündung zu|ziehen*. 余病が～した Komplikationen sind eingetreten.

へいばん 平板 monoton; seicht.

へいふく 平伏する vor jm. [auf die Knie] nieder|fallen*(s). 足下に～する sich jm. zu Füßen werfen*.

へいふく 平服 die Alltagskleidung, [制服に対して] die Zivilkleidung; das Zivil -s. ～で in Alltagskleidung.

へいへい ～する vor jm. kriechen*(s; h); jm. demütig schmeicheln; um jn. scharwenzeln (h; s).

へいほう 平方 [自乗] das Quadrat -[e]s, -e. 3～メートル 3 Quadratmeter. 敷地は3メートル～である Die Fläche misst 3 Meter im Quadrat. ～根 die Quadratwurzel. ～根を求める die Quadratwurzel ziehen* 《aus 3 格》.

へいぼん 平凡・な gewöhnlich; alltäglich; platt; banal. ～な顔 das Allerweltsgesicht (Dutzendgesicht; Durchschnittsgesicht).

へいまく 閉幕・になる Der Vorhang fällt. 昼の部は5時に～になる Die Matinee endet um 5 Uhr. / Der Vorhang der Matinee fällt um 5.

へいみん 平民 der Bürger -s, -; der Bürgerliche*. ～の bürgerlich.

へいめい 平明 einfach; klar und deutlich; leicht verständlich.

へいめん 平面 die Fläche -n. ～幾何 die ebene Geometrie; die Planimetrie. ～鏡

へいや 平野 die Ebene -n; das Flachland -[e]s.

へいよう 併用·する zugleich gebrauchen. 2種類の薬を～する zweierlei Heilmittel zugleich an|wenden(*).

へいりつ 並立する nebeneinander bestehen*.

へいりょく 兵力 Streitkräfte pl.; militärische Stärke. 前線に～を投ずる Truppen an die Front werfen*. 敵の～は10万である Das Heer des Feindes ist 100 000 Mann stark.

へいれつ 並列·する nebeneinander stehen*; in einer Reihe stehen*. ～して nebeneinander. ～につなぐ 〔電〕 nebeneinander schalten. ～回路 paralleler Stromkreis. ～の接続詞 nebenordnende Konjunktion.

へいわ 平和 der Frieden -s. 戦争と～ Krieg und Frieden. ～を保つ(破る) den Frieden [er]halten* (brechen*). 永久～を確立する den ewigen Frieden sichern. ～を愛する国民 friedliebendes Volk. ～[的]な friedlich. ～に暮らす friedlich (in Frieden) leben. ～運動 die Friedensbewegung. ～会議 die Friedenskonferenz. ～共存 friedliche Koexistenz. ～主義 der Pazifismus. ～主義者 der Pazifist. ～条約 der Friedensvertrag. ～賞 der Friedenspreis. 原子力の～的利用 die friedliche Nutzung der Atomenergie.

ベーカリー die Bäckerei -en.

ベーキング·パウダー das Backpulver -s, -.

ベークライト das Bakelit -s.

ベーコン der Speck -s.

ページ die Seite -n (略: S.). 本の～をめくる eine Seite des Buches nach der anderen um|blättern. 5～に auf Seite 5. 5～をあける Seite 5 (die fünfte Seite) auf|schlagen*. この本は200～ある Das Buch hat 200 Seiten. / Das Buch ist 200 Seiten stark.

ページェント die Freilichtaufführung -en; das Schauspiel im Freien.

ベージュ ～色の beige 《不変化》.

ベース 〔野球〕 das Mal -[e]s, -e. ホーム～ das Schlagmal. ～ボール der Baseball. ～アップ die Lohnerhöhung. ～キャンプ das Basislager.

ペース das Tempo -s, -s. ～を合わせる mit jm. Schritt halten*. 自分の～を守る sein Tempo ein|halten*. ～メーカー der Schrittmacher.

ペースト die Paste -n; die Pasta ..ten. レバー～ die Leberpaste.

ペーソス die Wehmut. ～のある wehmütig.

ペーパーバック das Paperback -s, -s.

ベール der Schleier -s, -.

ペガサス das Flügelpferd -[e]s.

べからず 汝盗む～ Du sollst nicht stehlen. 喫煙を～ Man darf nicht rauchen. 無用の者入る～ Unbefugten [ist der] Zutritt verboten! / Eintritt verboten! / Verbotener Eingang! 惨状名状す～ Das Elend lässt sich nicht beschreiben. / Das Elend spottet jeder Beschreibung.

べき 冪 die Potenz -en. ～指数 die Hochzahl; der Exponent.

へきえき 辟易·する zurück|schrecken (zurück|schaudern) (s) 《vor 3格》. 彼の泣き言には～する Sein Gejammer bin ich leid.

へきが 壁画 die Wandmalerei; das Wandgemälde -s,-.

へきがん 碧眼·の blauäugig. ～の娘 ein Mädchen mit blauen Augen.

へきぎょく 碧玉 der Jaspis -[ses], -se.

へきち 僻地 abgelegene Gegend -en.

へきとう 劈頭·に am Anfang; zu Beginn; zuallererst. ～から vor Beginn an.

へきれき 霹靂 ¶ その知らせは青天の～だった Die Nachricht schlug ein wie ein Blitz aus heiterem Himmel.

ヘクタール das Hektar -s, -e (記号: ha). 6～の耕地 6 Hektar Ackerboden.

ヘクトパスカル das Hektopascal -s, - (記号: hPa).

ベクトル der Vektor -s, -en.

ヘゲモニー die Hegemonie -n. ～を握る die Hegemonie gewinnen*.

へこたれる erschöpft (sehr müde) sein* 《von 3格》;〔気を落す〕entmutigt (niedergeschlagen) sein*; den Mut verlieren*. へこたれない die Ohren steif halten*. 彼はどんな目に会ってもへこたれなかった Er ließ sich durch nichts entmutigen.

ベゴニア die Begonie -n.

ペこぺこ ～する vor jm. kriechen*(s; h); vor jm. einen (seinen) Kotau machen. おなかが～だ Ich bin hungrig wie ein Wolf.

へこます 凹ます ein|beulen; verbeulen;〔やりこめる〕jn. in Grund und Boden reden.

へこみ 凹み die Beule -n; die Vertiefung -en.

へこむ 凹む sich ein|beulen.

へさき 舳先 der Bug -[e]s, -e.

へしおる へし折る [ab]brechen*. 高慢の鼻を～ jm. den Hochmut aus|treiben*.

ペシミスト der Pessimist -en, -en; der Schwarzseher -s, -.

ペシミズム der Pessimismus -.

へしゃげる kaputt|gehen*(s); zerdrückt werden*(s受).

ベスト sein Bestes tun*. ～セラー der Bestseller. ～テン die zehn Besten.

ペスト die Pest.

へそ 臍 der Nabel -s, -. ～の緒 die Nabelschnur. ～を曲げる verstimmt werden*(s) (sein*)《durch 4格》; verschnupft sein* 《über 4格; wegen 2格》. ～曲り der Querkopf.

べそ ～をかく das Gesicht zum Weinen verziehen*.

へそくり 臍繰り heimliche Ersparnis -se. ～をためる heimlich sparen.

へた 蔕 〔植〕 der Kelch -[e]s, -e.

へた 下手·な ungeschickt; unbeholfen. ～なお世辞 plumpe Schmeichelei. ～な言い訳(酒

落) lahme Ausrede (Witze *pl.*). 彼は自動車の運転が〜だ Er fährt schlecht Auto. 〜なことを言うとかえってよくない Durch unvorsichtige Bemerkungen verdirbt man die Sache. 彼のチェスは〜だ Er spielt gern Schach, obwohl er kein guter Spieler ist. 〜をすると大変な事になる Wenn man das ungeschickt angreift, so kann es schlimm werden. 〜に手を出せない Man soll nicht leichtsinnig die Nase darein stecken.

べた 〜組の kompress. 〜焼き[写真] der Kontaktabzug. 〜惚(ぼ)れする sich *in jn.* bis über die Ohren verlieben.

ベター・ハーフ *js.* bessere (schönere) Hälfte.

へだたり 隔たり der Abstand *-[e]s, =e*; die Entfernung *-en*. 彼等は年齢に10年の〜がある Sie sind 10 Jahre auseinander. 両事件の間には5年の〜がある Die beiden Ereignisse liegen 5 Jahre auseinander.

へだたる entfernt sein* 《von 3格》.

へだて 隔てのない(なく) freimütig; offen. → 分け隔て.

へだてる 隔てる trennen; [さえぎる] sperren. 壁一つ隔てて暮らす Wand an Wand leben. 二人の仲を〜 die beiden Liebenden auseinander bringen*. 川一つ隔てて jenseits des Stroms. 30メートル隔てて in einer Entfernung (einem Abstand) von 30 Meter[n].

へたばる sich kaputt|machen 《mit 3格》. 彼はそう簡単にはへたばらない Er ist nicht so leicht totzukriegen.

べたべた 〜塗る *et.* dick bestreichen* 《mit 3格》. おしろいを〜塗る sich stark (dick) schminken. 塀に〜ポスターを張る Plakate auf die ganze Mauer [an|]kleben. 彼女は誰にでも〜する Sie flirtet mit jedem. → ベとベと.

ペダル das Pedal *-s, -e*. 〜を踏む in die Pedale treten*.

ペダンチック 〜な pedantisch.

ペチコート der Petticoat *-s, -s*.

へちま 糸瓜 die Luffa *-s*.

ぺちゃくちゃ 〜しゃべる schwatzen; plappern.

べつ 別・の ander. 〜に彼女を好きだという訳ではない Ich mag sie nicht besonders. そうなれば話は〜だ Dann ist es etwas anderes. 今日は〜に用事はない Heute habe ich nichts Besonderes zu tun. チップは〜だ Man muss das Trinkgeld extra bezahlen. 君を〜として dich ausgenommen. それとは〜に davon abgesehen; im Übrigen; außerdem. 男女の〜なく ohne Unterschied des Geschlechts; Männer und Weiber. その夫婦は寝室を〜にしている Das Ehepaar hat getrennte Schlafzimmer.

べっかく 別格 ¶君は〜だ Du bist eine Ausnahme. 〜の扱いをする *jn.* besonders (als Ausnahme) behandeln.

べっかん 別巻 der Ergänzungsband *-[e]s, =e*.

べっかん 別館 das Nebengebäude *-s, -*.

べっき 別記のように wie an anderer Stelle erwähnt.

べっきょ 別居する von *jm.* getrennt leben.

べつくち 別口 ¶これは〜です Das ist eine andere Sache. / Das ist für einen anderen Zweck. 〜の仕事 andere Arbeit.

べっけん 瞥見する einen flüchtigen (schnellen) Blick werfen* 《auf 4格》.

べっこ 別個・の getrennt; gesondert; einzeln. それは〜の問題だ Das ist eine andere Frage.

べっこう 別項の如く wie in einem anderen Artikel verzeichnet.

べっこう 鼈甲 das Schildpatt *-s*.

べっこん 別懇の間柄である →じっこん.

べっさつ 別冊 das Beiheft *-s, -e*. → 別巻.

ペッサリー das Pessar *-s, -e*; der Mutterring *-[e]s, -e*.

べっし 別紙・の通り wie es auf besonderem (beiliegendem) Papier steht. 答は〜に記入すること Antworten sollen auf beiliegendem Formular geschrieben werden.

べっし 蔑視 die Verachtung; die Herabsetzung. 〜する verachten; herab|setzen.

べっしつ 別室 anderes Zimmer *-s, -*.

べつじょう 別状 ¶命に〜はない außer Lebensgefahr sein*.

べつじん 別人[のよう]になる ein ganz anderer Mensch (ganz anders) werden*(*s*).

べつずり 別刷り der Sonder[ab]druck *-[e]s, -e*.

べっせかい 別世界 ¶彼は〜の人間だ Er ist ein Mensch aus einer anderen Welt. ここは静かで全く〜だ Es ist hier still wie in einer Kirche.

べっそう 別荘 die Villa *Villen*; das Landhaus *-es, =er*.

べったく 別宅 die Zweitwohnung *-en*.

べつだん 別段 ¶そんな事をしても〜楽しくもない Das ist kein sonderliches Vergnügen für mich. →別項.

へっつい 竈 der Herd *-es, -e*.

ヘッディング [サッカー] das Köpfen *-s*; der Kopfstoß *-es, =e*.

べってんち 別天地にいるようである den Himmel auf Erden haben*. →別世界.

べっと 別途・に extra. 〜収入 die Extraeinnahme; das Nebeneinkommen.

ベッド das Bett *-es, -en*. ダブル〜 das Doppelbett. 二段〜 das Etagenbett. 〜カバー der Bettbezug. 〜タウン die Schlafstadt.

ペット das Haustier *-[e]s, -e*.

べつどうたい 別働隊 fliegende Kolonne *-n*.

ヘッドホン der Kopfhörer *-s, -*.

ヘッドライト der Scheinwerfer *-s, -*.

べつのう 別納 ¶料金〜 die Barfreimachung. 料金〜の postfrei.

ペッパー der Pfeffer *-s, -*.

べっぴょう 別表 →付表.

べっぴん 別便で送る mit gleicher Post schicken.

べっぴん 別嬪 die Schöne*; die Schönheit

べつべつ 別別に getrennt; gesondert; einzeln; separat.

べつめい 別名で unter (mit) anderem Namen.

べつもの 別物 ¶それとこれとはまるで〜だ Das sind sehr verschiedene Dinge. これだけは〜として扱うべきだ Das muss man anders behandeln.

べつもんだい 別問題 ¶それは全く〜だ Es (Das) ist etwas ganz anderes. / Das ist ja eine andere Frage (Sache).

へつらい 諂い die Schmeichelei -en.

へつらう 諂う jm. schmeicheln; jm. um den Bart gehen*(s).

べつり 別離 der Abschied -s. 〜は悲しScheiden tut weh.

ベテラン der Veteran -en, -en.

ぺてん 〜にかける täuschen; überlisten; hintergehen*; mit jm. [ein] falsches Spiel treiben*. 〜師 der Schwindler; der Täuscher.

へど 反吐・へど吐く sich erbrechen*. 〜が出そうだ Mich (Mir) ekelt davor. 〜が出るほど bis zum Erbrechen.

ベトコン der Vietcong -s.

ベトナム Vietnam -s. 〜の vietnamesisch. 〜人 der Vietnamese.

へとへと 〜に疲れる ganz müde (erschöpft; kaputt) sein*.

べとべと 〜する kleben. 汗で〜する klebrig von Schweiß sein*. 体中が〜する Ich klebe am ganzen Körper. 脂で〜する fetten.

へどもど 〜する verlegen (betreten) sein*. 〜して答えられない verlegen schweigen*.

ペナルティー die Strafe -n. 〜エリア der Strafraum. 〜キック der Strafstoß; der Elfmeter.

ペナント der Wimpel -s, -.

べに 紅〔化粧品〕die Schminke -n. 頬に〜をさす Rot auf|legen.

ペニー der Penny -s, (貨幣:) -s (通貨単位: Pence).

ペニシリン das Penicillin (Penizillin) -s, -e.

ペニス der Penis -, -se (Penes).

べにすずめ 紅雀 der Tigerfink -en, -en.

ペニヒ der Pfennig (略:Pf.) -s, -e. それは20〜する Das kostet 20 Pfennig. 80〜の切手 10枚 zehn Achtziger.

ベニヤ 〜板 das Sperrholz -es.

ペパーミント〔薄荷〕Pfefferminz《無冠詞; 不変化》; 〔酒〕der Pfefferminz -es, -e; der Pfefferminzlikör -s, -e.

へばりつく kleben《an 3 格》; haften《an 3 格》.

へばる → へたばる.

へび 蛇 die Schlange -n. 〜の抜けがら die Schlangenhaut.

ヘビー 〜級 das Schwergewicht -s. 〜スモーカー- starker Raucher.

ベビー das Baby -s, -s. 〜ベット das Kinderbett.

ヘブライ 〜の hebräisch. 〜語 das Hebräische#.

へべれけ 〜に酔った total betrunken.

へぼ 〜[の] ungeschickt.

へま 〜をする einen Bock schießen*(machen); Unsinn machen. 〜な奴 dummer Kerl; der Esel; der Tolpatsch.

ヘモグロビン das Hämoglobin -s.

へや 部屋 das Zimmer -s, -; die Stube -n. シングルの〜 das Einzelzimmer. ダブルの〜 das Doppelzimmer. 〜を貸す an jm. ein Zimmer vermieten. 〜を借りる bei jm. [ein Zimmer] mieten. 〜代 die Zimmermiete.

へら 箆 der Spachtel -s, -; der Spatel -s, -.

へらす 減らす kürzen; reduzieren; verringern; [ver]mindern. 賃金を〜 den Lohn kürzen (senken). 腹を〜 Hunger bekommen*.

へらずぐち 減らず口をたたくな Halt deinen frechen Mund!

ぺらぺら 〜しゃべる wie ein Wasserfall reden. 秘密を〜しゃべる ein Geheimnis aus|plaudern.

ぺらぺら ¶彼はドイツ語が〜だ Er spricht fließend Deutsch. 〜の紙 dünnes Papier.

べらぼう 箆棒に高い値段 gepfefferter (unverschämter) Preis.

ベランダ die Veranda -, ..den.

へり 縁 der Rand -es, ¨er. 〜をつける et. [ein|]säumen.

ヘリウム das Helium -s (記号: He).

ヘリオトロープ das Heliotrop -s, -e.

ペリカン der Pelikan -s, -e.

へりくだる sich demütigen. へり下った(て) demütig.

へりくつ 屁理屈 die Vernünftelei -en. 〜を言う vernünfteln;《形容詞》spitzfindig. 〜屋 der Vernünftler.

ヘリコプター der Hubschrauber -s, -; der Helikopter -s, -.

ヘリポート der Heliport -s, -s.

へる 経る ¶辛苦を〜 Schweres durch|machen; Not erfahren*. 京都を経て über Kyoto. 銀行の手を経て durch die Bank. 5年の年月を経て nach 5 Jahren.

へる 減る sich vermindern (verringern; reduzieren); ab|nehmen*. 会員の数が大分減った Die Zahl der Mitglieder ist sehr zurückgegangen. 体重が減った Ich habe abgenommen. すり減った abgenutzt.

ベル die Klingel -n. 〜を鳴らす klingeln. 〜が鳴っている Es klingelt. 電話の〜が鳴っている Das Telefon klingelt.

ペルー Peru. 〜の peruanisch. 〜人 der Peruaner.

ベルギー Belgien. 〜の belgisch. 〜人 der Belgier.

ベルサイユ 〜条約 der Versailler Vertrag.

ペルシア Persien. 〜の persisch. 〜語 das Persische#. 〜人 der Perser.

ヘルツ〖電〗das Hertz -, - (記号: Hz).

ベルト der Gürtel -s, -;〔機械の〕der [Treib-]riemen -s, -. 安全～ der Sicherheitsgurt (Haltegurt). ～を締める(ゆるめる) den Gürtel um|binden*(lösen). 安全～を締める(はずす) sich an|schnallen (ab|schnallen). ～コンベヤー das Fließband (Förderband).

ヘルニア der Eingeweidebruch -s, ⸚e; die Hernie -n.

ヘルメット der Helm -[e]s, -e; der Schutzhelm (Sturzhelm) -s, -e.

ベルモット der Wermut[wein] -[e]s.

ベレー die Baskenmütze -n.

ヘレニズム der Hellenismus -. ～の hellenistisch.

ヘロイン das Heroin -s.

ベロナール das Veronal -s.

へん 辺〔図形の〕die Seite -n. その～をちょっと散歩してくる Ich laufe ein bisschen durch die Gegend. この～はよく知っている Ich weiß in dieser Gegend Bescheid. この～に銀行がありますか Gibt es hier in der Nähe eine Bank? 今日はこの～で止めておこう Wollen wir heute hier aufhören. / So weit für heute.

へん 変 ¶万一の～に備える für den Notfall vor|sorgen. あいつは～な奴だ Er ist ein komischer (seltsamer) Kerl. 胃が～だ Ich habe ein komisches Gefühl im Magen. 彼の様子は～だ Sein Verhalten befremdet mich. 彼は頭が～だ Er ist verrückt. 今日は彼は～に静かだ Er ist heute merkwürdig still (ruhig). 機械の調子が～だ Die Maschine ist nicht in Ordnung. それ(その話)は～だ Ich finde es komisch (sonderbar). / Es klingt komisch. ～な気持になった Es wurde mir sonderbar (seltsam) zumute. ～な臭いがする Es stinkt. ～な人が門の前にいた Ein verdächtiger Mensch stand vor dem Tor. それのどこが～なんだ Was ist daran verwunderlich? ～イ調 das as-Moll. ～ロ長調 das B-Dur.

へん 遍 ¶2～ zweimal. 何～も wiederholt; immer wieder; öfter.

へん 編 ¶郁文堂編集部～ herausgegeben von der Ikubundoredaktion.

べん 弁 das Ventil -s, -e. 心臓の～ die Herzklappe. ～が立つ beredt; redegewandt. 東北～で mit dem Tôhoku-Akzent.

べん 便 ¶ここからはバスの～がある Von hier hat man bequemen [Auto]busverkehr. この住まいは交通の～がよい Die Wohnung liegt verkehrsgünstig. ～の検査 die Stuhluntersuchung.

ペン die Feder -n. ～先 die [Schreib]feder. ～軸 der Federhalter. ～ネーム der Schriftstellername. ～フレンド der Brieffreund.

へんあい 偏愛 die Vorliebe -n. ～する eine Vorliebe für jn. (et.) haben* (zeigen).

へんあつき 変圧器 der Transformator -s, -en.

へんい 変位 die Verschiebung -en.

へんい 変異 die Variation -en. 突然～ die Mutation.

べんい 便意を催す den Stuhldrang empfinden*.

へんえい 片影 ¶ここには生物の～すら認められない Hier ist kein einziges Lebewesen mehr zu finden.

へんえき 便益 der Nutzen -s; der Vorteil -s, -e.

へんおんどうぶつ 変温動物 poikilothermes Tier -es, -e; der Wechselwarmblüter -s, -.

へんか 変化 die [Ver]änderung -en; die Wandlung -en;〔語形の〕die Flexion (Beugung) -en;〔名詞的品詞の〕die Deklination -en;〔動詞の〕die Konjugation -en. ～する sich [ver]ändern; sich wandeln《in 4格》. ～させる [ver]ändern;『文法』flektieren; deklinieren; konjugieren. 生活に～をつける Abwechselung in den Alltag bringen*. ～を求める sich nach Abwechselung sehnen. ～に富んだ abwechselungsreich; vielfältig. ～のない eintönig; monoton. 四季の～ der Wechsel der Jahreszeiten.

べんかい 弁解・する sich rechtfertigen; sich verteidigen. 彼は遅刻の～をした Er entschuldigte seine Verspätung. ～がましい事を言うな Du brauchst dich nicht mehr so zu rechtfertigen.

へんかく 変革 die Reform -en; die Umgestaltung -en. ～する um|gestalten; reformieren.

べんがく 勉学 das Studium -s, ..dien. ～にいそしむ fleißig studieren (arbeiten).

ベンガラ die Eisenmennige.

へんかん 返還 die Rückgabe; die Herausgabe. ～する zurück|geben*; wieder|geben*; heraus|geben*.

へんかん 変換する et. um|setzen (um|wandeln)《in 4格》; transformieren.

べんき 便器 das Klosettbecken -s, -; das Klosett -s, -s (-e).

べんぎ 便宜・をはかる jm. et. zu Gefallen tun*; jm. eine Gunst erweisen* (gewähren). 旅行者の～のために zur größeren Bequemlichkeit der Reisenden. ～上 aus praktischen Gründen. ～主義 der Opportunismus. ～主義者 der Opportunist. ～的方法 praktisch wirksames Mittel.

ペンキ die Farbe -n. ～を塗る et. [an|]streichen*. ～塗り立て Frisch gestrichen! ～屋〔人〕der Anstreicher; der Maler.

へんきゃく 返却 die Rückgabe. ～する zurück|geben*.

へんきょう 辺境 entlegene Gegend -en. ～伯 der Markgraf.

へんきょう 偏狭な borniert; engstirnig.

べんきょう 勉強 die Arbeit -en. ～する lernen; studieren; arbeiten. 彼は～家だ Er ist fleißig.

へんきょく 編曲・する ein|richten; bearbeiten; arrangieren. 管弦楽曲をピアノ用に～する ein Orchesterwerk für Klavier ein|richten.

ペンギン der Pinguin -s, -e.

へんくつ 偏屈な verschroben; borniert.

ペン・クラブ der PEN-Club -s.

へんげ 変化 die Erscheinung -en. → 化け物.

へんけい 変形 die Verformung -en; die Deformation -en. ～させる verformen; deformieren. ～文法 die Transformationsgrammatik.

へんけん 偏見 das Vorurteil -s, -e. ～をいだく ein Vorurteil hegen《gegen 4 格》. ～を捨てる mit Vorurteilen brechen*; Vorurteile ab|legen. ～にとらわれている voreingenommen sein*; in Vorurteilen befangen sein*. ～のない vorurteilsfrei; vorurteilslos; unvoreingenommen.

べんご 弁護 die Verteidigung -en. ～する verteidigen; für jn. sprechen*. ～の余地がない durch nichts zu rechtfertigen sein*. ～人 der Verteidiger.

へんこう 変更 die [Ver]änderung -en; die Abänderung -en. ～する [ver]ändern; 〔部分的に〕ab|ändern.

へんこう 偏向 besondere Neigung -en; die Einseitigkeit; 〔政治的な〕die Abweichung -en;《物》die Ablenkung -en. ～した einseitig; tendenziös. 左翼へ～の links orientiert (eingestellt). ～教育 einseitige Erziehung.

へんこうせい 変光星 veränderlicher Stern -[e]s, -e.

べんごし 弁護士 der [Rechts]anwalt -s, ̈-e. ～を雇う（頼む) sich³ einen Anwalt nehmen*. ～会 die [Rechts]anwaltskammer.

へんさ 偏差［値］ die Deviation -en.

へんさい 返済 die Rückzahlung (Rückerstattung) -en. ～する zurück|geben*; zurück|zahlen. ～期限 die Rückzahlungsfrist. ～期日 der Rückzahlungstermin.

へんざい 偏在 ¶富の～ einseitige Bereicherung. 富が～する Die Reichtümer sind ungleich verteilt.

へんざい 遍在 die Allgegenwart. ～する allgegenwärtig sein*.

べんさい 弁済 die Rückzahlung -en; die Tilgung -en. ～する zurück|zahlen. 債務を～する eine Schuld tilgen.

へんさん 編纂 die Herausgabe; die Edition -en. ～する heraus|geben*; edieren. 辞書を～する ein Wörterbuch bearbeiten. ～者 der Herausgeber; der Editor.

へんし 変死・する eines unnatürlichen Todes sterben*(s). ～体(者) ein Leichnam unnatürlichen Todes.

へんじ 返事 die Antwort -en. ～[を]する jm. antworten《auf 4 格》; jm. eine Antwort geben*; et. beantworten. ～を出す den Brief beantworten; jm. schriftlich antworten.

へんじ 変事・に備える für den Notfall vor|sorgen. 何か～が起きたに違いない Es muss etwas geschehen (passiert; vorgekommen) sein.

べんし 弁士 der Redner -s, -.

へんしつ 変質・する ab|arten (s)《in 4 格》; denaturieren (s). ～者 abnormer (perverser) Mensch.

へんしつ 偏執・狂 die Monomanie -n. ～狂の monoman.

へんしゃ 編者 der Herausgeber -s, -; der Editor -s, -en.

へんしゅ 変種 die Abart -en; die Spielart -en; die Varietät -en.

へんしゅう 編集 die Herausgabe; die Redaktion; die Edition -en. ～する heraus|geben*; redigieren; edieren; 〔寄せ集める〕kompilieren. ～者 der Herausgeber; der Redakteur; der Editor. ～長 der Chefredakteur. ～部(局) die Redaktion.

べんじょ 便所 die Toilette -n; der Abort -s, -e; das Klosett (Klo) -s, -s; der Lokus -[ses], -[se]. ～へ行く auf die Toilette (den Abort) gehen*(s).

へんじょう 返上 die Rückgabe -n; 〔放棄〕der Verzicht -[e]s, -e. ～する zurück|geben*; verzichten《auf 4 格》. 汚名を～する seine Ehre wieder|her|stellen.

べんしょう 弁償 vergüten; ersetzen; jn. entschädigen《für 4 格》.

べんしょうほう 弁証法 die Dialektik. ～的 dialektisch. ～的唯物論 der dialektische Materialismus.

へんしょく 変色する sich verfärben.

へんしょく 偏食・する sich zu einseitig ernähren. ～する子供は体が弱い Allzu wählerische Kinder sind schwächlich.

ペンション die Pension -en; das Fremdenheim -s, -e.

へんしん 返信 die Antwort -en. ～用葉書 die Antwortkarte. ～料 das Rückporto.

へんしん 変心 der Sinneswandel -s. ～する anderen Sinnes werden*(s); seinen Sinn ändern.

へんしん 変身する sich verwandeln《in 4 格》.

へんじん 変人 der Sonderling -s, -e; der Kauz -es, ̈-e.

ベンジン das Benzin -s, -e.

ペンス Pence pl.

へんすう 変数 die Variable -n; variable Größe -n; die Veränderliche#.

へんずつう 偏頭痛 einseitige Kopfschmerzen pl.; die Migräne -n.

へんする 偏する ¶一方に偏した einseitig.

へんずる 変ずる《自動詞》sich verwandeln《in 4 格》; sich [ver]ändern;《他動詞》et. verwandeln《in 4 格》; [ver]ändern. 方向を～ die Richtung ändern.

へんせい 編成 die Aufstellung -en; die Organisation -en. ～する auf|stellen; organisieren. クラスを～する Klassen zusammen|stellen. 部隊(予算)を～する eine Truppe (den Etat) auf|stellen. 10 両～の列車 der Zug von 10 Waggons.

へんせつ 変節・する seine Gesinnung wechseln; abtrünnig werden*(s). ～漢 der Ab-

trünnige#; der Verräter.
へんぜつ 弁舌さわやかに(な) beredt; redegewandt.
へんせん 変遷 der Wandel -s; der Wechsel -s. ～する sich wandeln.
へんそう 返送する zurück|senden⁽*⁾; zurück|-schicken.
へんそう 変装・する sich verkappen. 女に～する sich als Frau verkleiden.
へんぞう 変造する fälschen. ～貨幣 das Falschgeld.
へんそうきょく 変奏曲 die Variation -en.
ベンゾール das Benzol -s, -e.
へんそく 変則的 irregulär; unregelmäßig; abnorm.
へんたい 変態 die Verwandlung -en; 〘生〙 die Metamorphose -n; 〘化〙 die Modifikation -en. ～的 abnorm; pervers.
へんたい 編隊・飛行 der Verbandsflug. 4機～ ein Verband von 4 Flugzeugen. ～飛行する im Verband fliegen*(s).
べんたつ 鞭撻する ermutigen; ermuntern; an|spornen.
ペンダント der Anhänger -s, -.
ベンチ die Bank -¨e.
ペンチ die Zange -n.
へんちょう 変調 〘電〙 die Modulation -en. ～する modulieren.
へんちょう 偏重する überschätzen; zu großen Wert legen 《auf 4格》; zu viel Gewicht bei|legen 《3格》.
べんつう 便通がない keinen Stuhl[gang] haben*.
ペンディング ～になっている schweben; 〘形容詞〙 schwebend.
へんてこ ～な komisch; seltsam.
へんてつ 変哲 ¶何の～もない Das ist doch eine ganz alltägliche Sache. / Ich sehe darin nichts Besonderes.
へんてん 変転・する sich wandeln; wechseln. ～極まりない einem steten Wandel unterliegen*; 〘形容詞〙 wechselvoll.
へんでん 返電 die Drahtantwort -en. ～する eine telegrafische Antwort geben*.
へんでんしょ 変電所 das Umspannwerk -[e]s, -e.
へんとう 返答 → 返事.
へんどう 変動 die Änderung -en; der Wechsel -s; die Fluktuation -en. ～する sich ändern; wechseln; schwanken; fluktuieren. ～する物価 fluktuierende Preise pl. 相場が激しく～している Die Kurse sind starken Schwankungen unterworfen. ～相場制 das Floating.
べんとう 弁当 der Mundvorrat -s, -¨e. ～箱 das Esskästchen.
へんとうせん 扁桃腺 Mandeln pl.; Tonsillen pl. ～炎 die Mandelentzündung.
へんにゅう 編入・する jn. ein|gliedern (ein|reihen) 《in 4格》. 予備役に～される in die Reserve versetzt werden*(s受). ～試験 die Übertrittsaufnahmeprüfung.
へんねん 編年・史 die Chronik. ～体で chronologisch.
へんぱ 偏頗な parteiisch; einseitig; voreingenommen.
べんぱつ 弁髪 der Zopf -es, -¨e. ～にしている einen Zopf tragen*.
へんぴ 辺鄙 abgelegen; verlassen.
べんぴ 便秘 die [Stuhl]verstopfung -en; die Konstipation -en. ～する verstopft sein*; keinen Stuhl[gang] haben*.
へんぴん 返品する zurück|senden⁽*⁾.
へんぺい 扁平・な platt; flach. ～胸 flache Brust. ～足 Plattfüße pl.
べんべつ 弁別する unterscheiden*.
べんべん 便便と日を過ごす die Zeit vertrödeln.
ぺんぺんぐさ ぺんぺん草 das Hirtentäschel -s, -.
へんぼう 変貌する sich verwandeln; eine andere Gestalt nehmen*.
べんぽう 便法・を講ずる ein praktisch wirksames Mittel an|wenden⁽*⁾ 《zu 3格》. 一時の～ der Notbehelf.
へんぽん 返本 die Remission -en; 〘書籍〙 die Remittende -n. ～する remittieren.
へんぽん 翻翻と翻(ひるがえ)る im Wind flattern.
べんまく 弁膜 die Klappe -n. 心臓～症 der Herzklappenfehler.
べんむかん 弁務官 der Kommissar -s, -e. 高等～ Hoher Kommissar.
へんめい 変名 der Deckname -ns, -n. ～で unter fremdem Namen. ～を使う sich³ einen anderen Namen bei|legen.
べんめい 弁明・する jm. Rechenschaft geben* (ab|legen) 《über 4格》; sich rechtfertigen. ～を求める jn. zur Rechenschaft ziehen* 《für 4格》.
べんもう 鞭毛 die Geißel -n; das Flagellum -s, ..gellen. ～虫 das Geißeltierchen; die Flagellate.
へんよう 変容 die Metamorphose -n. ～する sich verwandeln 《in 4格》.
べんらん 便覧 das Handbuch -[e]s, -¨er; der Führer -s, -.
べんり 便利・な bequem; 〘役に立つ〙 praktisch; nützlich; brauchbar. なかなか～に出来ている mit allen Bequemlichkeiten versehen (ausgestattet) sein*.
べんりこうし 弁理公使 der Resident -en, -en.
べんりし 弁理士 der Patentanwalt -s, -¨e.
へんりん 片鱗 ¶過去の～もとどめていない Da bleiben keine Spuren der Vergangenheit. 名人の～をうかがう事ができる Darin kann man seine Meisterhand erkennen. 彼は話の中で天才の～を示した Genialität blitzte in seiner Rede.
へんれい 返礼 die Gegengabe -n; 〘答礼〙 der Gegengruß -es, -¨e. ～する jm. et. als Gegengeschenk geben* (schenken).

べんれい 勉励する viel (großen) Fleiß verwenden(*)《auf 4格》.

へんれき 遍歴する wandern (s)《durch 4格》; durchreisen.

べんろん 弁論〚法〛das Plädoyer -s, -s. 法廷で～する ein Plädoyer halten*. ～大会 der Redewettbewerb. ～部 der Redeklub.

ほ

ほ 帆 das Segel -s, -. ～を上げる die Segel auf|ziehen*(hissen). ～を上げて unter Segel. ～を下ろす die Segel ein|ziehen*. ～をしぼる die Segel reffen. 一杯に～を張って mit vollen Segeln.

ほ 歩 der Schritt -es, -e. 3～前進する 3 Schritte vorwärts gehen*(s). 100～の距離から撃つ auf 100 Schritt Entfernung schießen*. ～を速める seine Schritte beschleunigen.

ほ 穂 die Ähre -n. ～を出す in Ähren schießen*(s). 槍(ピラ)の～ die Lanzenspitze.

ほあん 保安 die Sicherung. ～官 der Sheriff. ～警察 die Sicherheitspolizei. ～帽 → ヘルメット.

ほい 補遺 die Ergänzung -en; der Nachtrag -[e]s, ⸚e; das Supplement -[e]s, -e.

ほいく 保育 die Pflege. ～する pflegen. ～所 die Kindertagesstätte. ～器 der Brutkasten.

ボイコット der Boykott -s, -s (-e). ～する boykottieren.

ホイッスル die Pfeife -n.

ホイップ ¶生クリームを～する die Sahne schlagen*.

ボイラー der Dampfkessel -s, -. ～マン der Heizer. ～室 der Kesselraum.

ぼいん 母音 der Vokal -s, -e; der Selbstlaut -[e]s, -e. 複～ der Diphthong. 変～ der Umlaut.

ぼいん 拇印 der Daumenabdruck -es, ⸚e.

ポインター〚電算〛der Mauszeiger -s, -.

ポイント der Punkt -es, -e;〔転轍機〕die Weiche -n. 9～活字 die Neunpunktschrift. ～を切り換える die Weiche um|stellen.

ほう Oh!／Ach!／Nun!

ほう 方 ¶東の～へ行く in Richtung Osten (östliche Richtung) gehen*(s).

ほう 法 das Recht -es; das Gesetz -es, -e;〔方法〕die Methode -n. ～にかなった rechtmäßig. ～にそむいた rechtswidrig. ～に訴える das Gesetz an|rufen*. ～を犯す das Gesetz verletzen. ～を曲げる das Recht beugen (verdrehen).

ぼう 某・氏 ein gewisser Herr; [der] Herr Soundso; Herr N.N. 5月～日に am Soundsovielten Mai. ～所で an einem [gewissen] Ort.

ぼう 棒 der Stock -[e]s, ⸚e; der Stab -es, ⸚e;〔棍棒〕die Keule -n;〔線〕der Strich -[e]s, -e. ～を引く einen Strich machen. 足を～にして探し歩く sich³ die Beine ab|laufen*《nach 3格》. 出世を～に振る seine Karriere verpfuschen. ～グラフ das Stabdiagramm.

ほうあん 法案 der Gesetzentwurf -s, ⸚e; die Gesetzesvorlage -n. ～を提出する einen Gesetzentwurf vor|legen. ～を通過させる ein Gesetz durch|bringen*.

ぼうあんき 棒暗記する sich³ et. ein|lernen.

ほうい 方位 die Himmelsrichtung -en. → 方角.

ほうい 包囲 die Belagerung -en. ～する belagern; ein|kesseln. ～を解く die Belagerung auf|heben*. ～軍 die Belagerungsarmee; Belagerer pl.

ほうい 法衣 die [Mönchs]kutte -n;〔祭服〕der (das) Ornat -s, -e.

ほういがく 法医学 die Gerichtsmedizin; forensische Medizin. ～上の gerichtsmedizinisch. ～者 der Gerichtsmediziner.

ほういつ 放逸な生活をする ein ausschweifendes (liederliches) Leben führen.

ぼういん 暴飲暴食する unmäßig trinken* und essen*.

ほうえい 放映する im Fernsehen senden.

ぼうえい 防衛 die Verteidigung -en; die Defensive. ～する et. (sich) verteidigen 《gegen 4格》. ～軍 die Wehr. ～庁 das Amt für Verteidigung.

ぼうえき 防疫 die Vorbeugung der Epidemien.

ぼうえき 貿易 der [Außen]handel -s. ～する Handel treiben*《mit 3格》. 外国～ der auswärtige Handel. 自由～ der Freihandel. 対英～ der Handel mit England. ～政策 die Außenhandelspolitik. ～赤字 das Außenhandelsdefizit. ～黒字 der Außenhandelsüberschuss. ～商〔輸入商〕der Importhändler;〔輸出商〕der Exporthändler. ～風 der Passat[wind].

ぼうえん 望遠・鏡 das Teleskop; das Fernrohr. 天体～鏡 astronomisches Fernrohr. ～写真 die Telefotografie. ～レンズ das Teleobjektiv.

ほうおう 法王 der Papst -es, ⸚e. ～庁 der Vatikan.

ほうおん 報恩の念 die Dankbarkeit.

ぼうおん 忘恩 die Undankbarkeit. ～の徒 undankbares Geschöpf.

ぼうおん 防音の schalldicht.

ほうか 放火 die Brandstiftung -en. ～する et. an|zünden; et. in Brand setzen (stecken). ～罪 die Brandstiftung. ～犯人 der Brandstifter.

ほうか 法科 juristische Fakultät.

ほうか 砲火 das [Geschütz]feuer -s. ～を浴びせる gegen jn. Geschütze ab|feuern. ～を浴びる im Feuer stehen*(liegen*); dem feindlichen Feuer ausgesetzt sein*. ～を交える mit jm. Schüsse wechseln.

ほうが 萌芽 der Keim -[e]s, -e.

ほうか 防火 der Feuerschutz -es. ～設備 die Feuerschutzvorrichtung. ～壁 die Brandmauer (Brandwand). ～用水 das Löschwasser.

ほうが 忘我の境に入る in Ekstase geraten*(s).

ほうかい 崩壊 der Zusammenbruch -s, ¨e; der Zerfall -s. ～する zusammen|brechen*(s); zusammen|stürzen (s); zerfallen*(s); ein|stürzen (s).

ほうがい 法外・な übertrieben; übermäßig; außergewöhnlich. ～要求をする übertriebene (unsinnige) Forderungen stellen. ～な事を言う Unsinn reden. ～な値段で der Wucherpreis.

ほうがい 妨害 die Störung -en. ～する jn. hindern (an (bei) 3 格); jn. stören (in (bei) 3 格). 安眠を～する jn. im Schlaf stören.

ほうがい 望外の unerwartet; unverhofft.

ほうがく 方角 die Richtung -en; (方位) die Himmelsgegend -en. 北の～に歩く in Richtung Norden (nördliche Richtung) gehen*(s). ～を見定める sich orientieren.

ほうがく 法学 die Rechtswissenschaft; die Jurisprudenz. ～を修める Jura studieren. ～部 juristische Fakultät. ～博士 Doktor der Rechtswissenschaft (略: Dr. jur.).

ほうかご 放課後 nach der Schule.

ほうかつ 包括・する umfassen; ein|schließen*. ～的 umfassend.

ほうがん 包含する enthalten*; umfassen.

ほうがん 砲丸 die [Stoß]kugel -n. ～投げ das Kugelstoßen. ～投げの選手 der Kugelstoßer.

ほうかん 防寒 der Kälteschutz -es. ～設備 die Kälteschutzvorrichtung. ～服 warme Kleidung.

ほうかん 傍観・する zu|sehen*《3 格》; mit an|sehen*. 拱手(きょうしゅ)～する tatenlos zu|sehen*《3 格》; die Hände in den [Hosen]taschen haben*. ～者 der Zuschauer.

ほうかん 暴漢 der Raufbold -[e]s, -e; der Schläger -s, -.

ほうがんし 方眼紙 das Millimeterpapier -s.

ほうき 箒 der Besen -s, -.

ほうき 法規 die Rechtsvorschrift -en.

ほうき 放棄・する auf|geben*; verzichten《auf 4 格》. 権利を～する auf seinen Anspruch verzichten. 地位を～する seine Stellung auf|geben*.

ほうき 蜂起 der Aufruhr -s; der Aufstand -[e]s, ¨e. ～する auf|stehen*(s) (sich empören)《gegen 4 格》.

ほうぎ 謀議を行う ein konspiratives Treffen veranstalten.

ほうきぼし 箒星 der Komet -en, -en.

ぼうきゃく 忘却する vergessen*.

ぼうぎゃく 暴虐な gewalttätig; tyrannisch.

ほうきゅう 俸給 das Gehalt -[e]s, ¨er; die Besoldung -en. ～を支払う das Gehalt [aus]zahlen. ～を上げる die Gehälter erhöhen. 高い～をもらっている ein hohes Gehalt beziehen*. ～生活者 der Gehaltsempfänger. ～日 der Zahltag.

ぼうぎょ 防御 die Verteidigung -en; der Schutz -es; die Abwehr; die Defensive. ～する et. (sich) verteidigen《gegen 4 格》; et. schützen《vor 3 格》. ～体制をとる Abwehrmaßnahmen treffen*; [スポーツ] defensiv spielen.

ぼうきょう 望郷 ¶彼は～の念にかられた Heimweh ergriff ihn.

ほうぎょく 宝玉 das Kleinod -[e]s, -ien; der Edelstein -[e]s, -e.

ぼうくう 防空 der Luftschutz -es. ～演習 die Luftschutzübung. ～壕(ごう) der [Luftschutz]bunker; der Luftschutzkeller.

ぼうくん 暴君 der Tyrann -en, -en.

ほうけい 包茎 die Phimose -n.

ほうけい 傍系 die Seitenlinie -n. ～会社 die Tochtergesellschaft. ～親族 der Seitenverwandte*. ～相続人 der Seitenerbe.

ほうげき 砲撃 die Bombardierung -en; das Bombardement -s, -s; die Beschießung -en. ～する bombardieren; beschießen*.

ほうけん 封建・的 feudal; feudalistisch. ～政治 feudale Herrschaft. ～制度 der Feudalismus.

ほうげん 方言 die Mundart -en; der Dialekt -[e]s, -e. ～の mundartlich; dialektisch. ～学 die Mundartforschung; die Dialektologie.

ほうげん 放言 unverantwortliches (gedankenloses) Gerede -s.

ぼうけん 冒険 das Abenteuer -s, -; das Wagnis -ses, -se; [リスク] das Risiko -s, -s (..ken). ～をする ein Abenteuer erleben; [リスクを冒す] ein Risiko ein|gehen*(s). ～的な abenteuerlich. ～家 der Abenteurer. ～小説 der Abenteuerroman.

ほうこ 宝庫 die Fundgrube -n.

ぼうご 防護する jn. beschützen《vor 3 格》; et. verteidigen《gegen 4 格》.

ほうこう 方向 die Richtung -en. ～を取る eine Richtung ein|schlagen*. ～を変える die Richtung ändern; [船が] den Kurs ändern. 北の～に流れる [in der Richtung] nach Norden fließen*(s). ～指示器 der [Fahrt]richtungsanzeiger. ～探知器 der Peiler.

ほうこう 彷徨する umher|schweifen (s); umher|wandern (s).

ほうこう 芳香 der Wohlgeruch -s, ¨e; das Aroma -s, ..men (-s). ～を放つ gut riechen*; angenehm duften. ～のある wohlriechend.

ほうこう 奉公 der Dienst -es, -e. ～する *jm.* dienen; in *js.* Dienst[en] sein*(stehen*); bei *jm.* in Dienst stehen*; ～に出る in *js.* Dienst treten*(*s*). ～人 der Diener.
ほうこう 咆哮 das Gebrüll -s. ～する brüllen; heulen.
ほうこう 砲口 die Mündung -en.
ほうこう 放校する(される) von der Schule weisen*(fliegen*(*s*)).
ほうごう 縫合する zu|nähen.
ぼうこう 膀胱 die Harnblase -n. ～炎 die Harnblasenentzündung. ～結石 der Harnblasenstein.
ぼうこう 暴行 die Gewalttat -en. ～を加える *jm.* Gewalt an|tun*; *jn.* vergewaltigen.
ほうこく 報告 der Bericht -[e]s, -e; die Mitteilung -en; die Nachricht -en. ～する berichten; Nachricht geben* 《über 4格》; *jm.* benachrichtigen 《von 3格》. ～者 der Berichter. ～書を作成する einen Bericht ab|fassen.
ぼうさい 防災 die Unfallverhütung; der Katastrophenschutz -es.
ほうさく 方策 〔処置〕die Maßnahme -n;〔手段〕das Mittel -s, -;〔計画〕der Plan -es, -e. ～を講ずる Maßnahmen (Maßregeln) ergreifen*.
ほうさく 豊作 gute (reiche) Ernte -n. 今年は米が～だ Wir haben dieses Jahr eine gute Reisernte.
ぼうさつ 忙殺される stark (ganz) in Anspruch genommen sein* 《durch 4格; von 3格》. 彼は仕事に忙殺されている Die Arbeit beansprucht ihn voll und ganz.
ぼうさつ 謀殺 [vorsätzlicher] Mord -es, -e; die Ermordung -en. ～する ermorden.
ほうさん 硼酸 die Borsäure. ～軟膏 die Borsalbe.
ほうし 奉仕 der Dienst -es, -e. ～する *jm.* dienen; *jm.* einen Dienst leisten.
ほうし 放恣な生活を送る ein zügelloses Leben führen.
ほうし 胞子 Sporen *pl.*
ほうじ 法事 buddhistische Feier (Totenmesse) -n.
ぼうし 防止・する vor|beugen 《3格》. 危険(病気)を～する einer Gefahr (Krankheit) vor|beugen. 事故を～する Unfälle verhüten.
ぼうし 帽子〔縁つきの〕der Hut -es, ⸚e;〔縁なしの〕die Mütze -n. ～をかぶる(脱ぐ) den Hut auf|setzen (ab|nehmen*). ～掛け der Huthaken;〔スタンド式の〕der Hutständer.
ほうしき 方式〔方法〕die Methode -n; die Weise -n;〔形式〕die Form -en;〔体系〕das System -s, -e. この～で nach dieser Methode; auf diese Weise.
ぼうしつざい 防湿剤 das Trockenmittel -s, -.
ほうしゃ 放射 die [Aus]strahlung -en; die Radiation -en. ～する aus|strahlen. ～状の radial, strahlenförmig. ～状道路 radial angelegte Straßen *pl.* ～性の radioaktiv. ～性元素 radioaktives Element; das Radioelement. ～線 [radioaktive] Strahlen *pl.* ～線療法 die Radiotherapie. ～能 die Radioaktivität. ～能汚染 radioaktive Verseuchung.
ほうしゃ 硼砂 der Borax -[es].
ぼうじゃくぶじん 傍若無人な rücksichtslos.
ぼうじゅ 傍受する ab|hören.
ほうしゅう 報酬 die Belohnung -en; der Lohn -es, ⸚e; das Honorar -s, -e. ～を与える *jn.* belohnen 《für 4格》. 無～で umsonst; ohne Entgelt.
ほうじゅう 放縦な zügellos; ausschweifend.
ぼうしゅうざい 防臭剤 das Deodorant -s, -s (-e).
ぼうしゅく 防縮加工をする *et.* sanforisieren.
ほうしゅつ 放出・する frei|geben*;〔ガス・蒸気などを〕aus|lassen*;〔エネルギーなどを〕frei|setzen. ～物資 freigegebene Waren *pl.*
ほうじゅん 芳醇な fein; aromatisch.
ほうじょ 幇助 die Beihilfe. 逃亡を～する *jm.* Beihilfe zur Flucht leisten. ～者 der Gehilfe.
ほうしょう 褒賞 der Preis -es, -e. ～を受ける den Preis erhalten*. ～受領者 der Preisträger.
ほうしょう 報償 die Entschädigung -en. ～する *jn.* entschädigen 《für 4格》.
ほうじょう 豊饒な fruchtbar.
ほうじょう 傍証 das Indizienbeweis -es, -e.
ほうじょう 帽章 die Kokarde -n.
ほうしょく 奉職・する〔就職する〕ein Amt an|treten*;〔在職する〕in Dienst sein* 《bei 3格》. 大学に～している an einer Universität tätig sein*.
ほうしょく 飽食する sich satt essen*.
ぼうしょく 紡織 Spinnen und Weben. ～工業 die Textilindustrie.
ぼうしょくざい 防蝕剤 das Rostschutzmittel -s, -.
ほうじる 焙じる rösten.
ほうしん 方針 das Prinzip -s, -ien; die Politik. 施政～ das Regierungsprogramm. 外交～ die Richtlinien der Außenpolitik. 経営～ die Geschäftspolitik.
ほうしん 放心している zerstreut (geistesabwesend) sein*; ganz in Gedanken sein*.
ほうしん 砲身 das Geschützrohr -[e]s, -e.
ほうじん 方陣 das Karree -s, -s.
ほうじん 法人 juristische Person -en;〔団体〕die Körperschaft -en. ～組織にする zu einer Körperschaft machen. ～税 die Körperschaftsteuer.
ぼうず 坊主 der Pfaffe -n, -n; der Bonze -n, -n; der Pope -n, -n. ～頭 glatt geschorener Kopf.
ぼうすい 防水・の wasserdicht. ～加工のマント imprägnierter Mantel.
ぼうすい 紡錘 die Spindel -n. ～形の spindelförmig.

ほうすいけい 方錐形 viereckige Pyramide -n.

ほうすいろ 放水路 der Ableitungskanal -s, ¨-e.

ほうずる 報ずる berichten; mit|teilen.

ほうせい 法制 das Rechtswesen -s. ～史 die Rechtsgeschichte.

ぼうせい 暴政 die Tyrannei; die Gewaltherrschaft.

ほうせき 宝石 der Edelstein -[e]s, -e; das (der) Juwel -s, -en; das Kleinod -[e]s, -ien. ～商 der Juwelier.

ぼうせき 紡績 das Spinnen -s; die Spinnerei. ～機械 die Spinnmaschine. ～工 der Spinner. ～工場 die Spinnerei.

ほうせつ 包摂〔哲〕die Subsumtion -en. 或る概念を別の概念に～させる einen Begriff einem anderen subsumieren.

ぼうせつ 防雪・柵 der Schneezaun. ～林 die Schutzpflanzung.

ぼうせつえん 傍接円 der Ankreis -es, -e.

ぼうせん 防戦・する sich verteidigen《gegen 4 格》; sich defensiv verhalten*. ～に追い込まれる in der Verteidigung (Defensive) gedrängt werden*(s受). → 防衛.

ぼうぜん 茫然・と〔驚いて〕verblüfft;〔放心して〕zerstreut. ～を失する vor Schreck wie betäubt sein*; wie vom Schlag getroffen sein*. その知らせに私は～となった Die Nachricht machte mich verblüfft.

ほうせんか 鳳仙花 die Balsamine -n.

ほうそ 硼素 das Bor -s (記号: B).

ほうそう 包装 die Packung -en. ～する packen. 紙で～する in Papier packen. ～紙 das Packpapier; das Einschlagpapier.

ほうそう 放送 die Sendung -en. ラジオ(テレビ)～ die Rundfunksendung (Fernsehsendung). ～する senden. 中継～を übertragen*. 彼は昨日ラジオで～した Er hat gestern durch den Rundfunk gesprochen. ～局 der Sender; die Sendstation. ～劇 das Hörspiel. ～番組 das Rundfunkprogramm (Fernsehprogramm).

ほうそう 疱瘡 Pocken pl.; Blattern pl.

ぼうそう 暴走・する rasen (s);〔比〕mit dem Kopf durch die Wand wollen*. ～族 der Rocker.

ほうそく 法則 das Gesetz -es, -e. ～に合った gesetzmäßig. ～にはずれた gesetzwidrig.

ほうたい 包帯 der Verband -es, ¨-e. 傷に～をする die Wunde verbinden*; auf die Wunde einen Verband an|legen. ～を換える einen Verband erneuern (wechseln). ～を取る einen Verband ab|nehmen*.

ぼうだい 厖大な enorm; ungeheuer.

ぼうたかとび 棒高飛び der Stabhochsprung -[e]s.

ぼうだち 棒立ちになる〔立ちすくむ〕stutzen;〔馬に〕[sich] bäumen.

ほうだん 砲弾 die Kanonenkugel -n; das Geschoss -es, -e.

ぼうだん 防弾・の kugelsicher; schussfest. ～ガラス kugelsicheres (schussfestes) Glas. ～チョッキ kugelsichere Weste.

ほうち 法治国家 der Rechtsstaat -[e]s, -en.

ほうち 放置する liegen lassen*; stehen lassen*.

ほうち 報知・する jn. benachrichtigen《von 3 格》; jm. et. berichten. 火災～器 der Feuermelder.

ほうちく 放逐・する jn. verweisen* (aus|weisen*)《aus 3 格》. 国外に～する des Landes verweisen*; aus dem Lande aus|weisen*.

ほうちゃく 逢着する treffen*《auf 4 格》; stoßen*(s)《auf 4 格》.

ぼうちゅう 防虫剤 das Insektenbekämpfungsmittel -s, -. 〔粉末〕das Insektenpulver -s, -.

ほうちょう 包丁 das Küchenmesser -s, -.

ぼうちょう 防諜 die Spionageabwehr.

ぼうちょう 傍聴 ¶裁判を～する einer Gerichtsverhandlung bei|wohnen. ～人 der Zuhörer. ～席 der Zuhörerraum.

ぼうちょう 膨張 die Ausdehnung -en; die Expansion -en. ～する sich aus|dehnen; expandieren (s; h);〔増大する〕an|wachsen*(s). ～率(係数) der Ausdehnungskoeffizient.

ぼうっと ¶頭が～している Der Kopf ist mir benommen. 彼は朝っぱらから頭が～としていた Er war schon morgens im Tran.

ほうてい 法廷 das Gericht -s, -e; der Gerichtshof -s, ¨-e. ～で vor Gericht. ～を開く Gericht halten*; zu Gericht sitzen*. ～に出る sich dem Gericht stellen. ～に召喚する vor Gericht fordern. ～に持ちだす vor Gericht bringen*.

ほうてい 法定・の gesetzlich. ～代理人(相続人) gesetzlicher Vertreter (Erbe). ～伝染病 anzeigepflichtige Krankheiten pl.

ほうていしき 方程式 die Gleichung -en. 1 次 (2 次; 3 次)～ die Gleichung ersten (zweiten; dritten) Grades. 連立～ die Gleichung mit mehreren Unbekannten. 化学～ chemische Gleichung. ～を立てる(解く) eine Gleichung auf|stellen (lösen).

ほうてき 法的 gesetzlich; rechtlich.

ほうてき 放擲する auf|geben*;〔怠る〕vernachlässigen.

ほうてつがく 法哲学 die Rechtsphilosophie.

ほうてん 法典 das Gesetzbuch -[e]s, ¨-er; der Kodex -[es], -e (..dizes).

ほうでん 放電 die Entladung -en. ～する sich entladen*. ～管 die Entladungsröhre.

ぼうと 暴徒 der Pöbel -s; der Mob -s; der Aufständische¨.

ほうとう 放蕩 Ausschweifungen pl. ～する ein ausschweifendes (wildes) Leben führen. ～息子 verlorener Sohn.

ほうどう 報道 der Bericht -[e]s, -e; die Nachricht -en. ～する berichten《über 4 格; von 3 格》. 新聞の～によれば laut Bericht der Zeitungen. ～員 der Berichterstatter.

ぼうとう 暴騰 starke Steigerung -en. ～する stark steigen*(s); in die Höhe schnellen (s).

ぼうどう 暴動 der Aufruhr -s, -e; die Empörung -en; der Aufstand -[e]s, ⸚e; die Rebellion -en. ～を起す rebellieren (sich empören) 《gegen 4格》; einen Aufstand an|zetteln.

ぼうとく 冒瀆 die Lästerung -en; die Blasphemie -n; die Entweihung. ～する lästern; schänden; entweihen. ～的言辞 blasphemische Äußerungen pl.

ぼうどくめん 防毒面 die Gasmaske -n.

ほうにょう 放尿 der Harnabgang -s.

ほうにん 放任 gehen lassen*; [事態を] freien Lauf lassen*《3格》.

ほうねつ 放熱・する Wärme strahlen. ～器 der Radiator; der Heizkörper.

ほうねん 豊年 fruchtbares Jahr -es, -e.

ほうのう 奉納・する weihen. ～物 die Weihgabe.

ほうばい 朋輩 der Kamerad -en, -en; der Genosse -n, -n.

ぼうばく 茫漠たる weit ausgedehnt; unbegrenzt; [漠然とした] vage; undeutlich.

ぼうはつ 暴発する von selbst (zufällig) los|gehen*(s).

ぼうはてい 防波堤 der Wellenbrecher -s, -.

ぼうはん 防犯 die Verbrechensbekämpfung.

ほうび 褒美 die Belohnung -en; der Preis -es, -e. ～を与える jn. belohnen 《für 4格》. ～をもらう belohnt werden*(s受). ～に (zur) Belohnung 《für 4格》.

ぼうび 防備 der Schutz -es; die Verteidigung -en. ～する verteidigen. 都市の～を固める eine Stadt befestigen. ～を固めた wehrhaft. 無～の schutzlos; wehrlos.

ぼうびき 棒引きにする ab|schreiben*; aus|streichen*.

ほうふ 抱負 der Plan -es, ⸚e; das Vorhaben -s, -.

ほうふ 豊富・な reich. 経験の～な reich an Erfahrungen. 内容の～な inhaltsreich.

ぼうふ 亡父 mein seliger (verstorbener) Vater -s; mein Vater selig.

ぼうふう 暴風 der Sturm -[e]s, ⸚e; der Sturmwind -[e]s, -e. ～雨 das Unwetter. ～警報 die Sturmwarnung -en. ～雪 der Schneesturm.

ぼうふうりん 防風林 die Schutzpflanzung -en.

ほうふく 報復 die Vergeltung -en; die Rache. ～する Vergeltung üben 《für 4 Akk.》; jm. et. wieder|vergelten*. ～手段に出る Vergeltungsmaßnahmen ergreifen*.

ほうふく 法服 die Robe -n; der Talar -s, -e.

ほうふくぜっとう 抱腹絶倒する sich vor Lachen aus|schütten (wälzen); sich³ [vor Lachen] den Bauch halten*.

ぼうふざい 防腐剤 fäulnishinderndes Mittel -s, -; [食品の] das Konservierungsmittel -s, -.

ほうふつ 髣髴・させる [似ている] ähnlich sein*《3格》; [思い起させる] erinnern 《an 4格》. その光景が眼前にーとしている Das Bild schwebt mir noch deutlich vor den Augen.

ほうぶつせん 放(抛)物線 die Parabel -n. ～を描く eine Parabel beschreiben*.

ぼうふら [昆] die Mückenlarve -n.

ほうぶん 法文学部 juristisch-philosophische Fakultät.

ほうへい 砲兵 der Artillerist -en, -en. ～隊 die Artillerie.

ぼうへき 防壁 die Schutzmauer -n.

ほうべん 方便 [応急手段] der Notbehelf -s, -e; [便法] zweckmäßiges Mittel -s, -. 嘘(⸚)も～ In der Not ist die Lüge erlaubt. / Eine Notlüge schadet nicht.

ほうほう 方法 die Methode -n; [手段] das Mittel -s, -; [やり方] die Art und Weise; [処置] die Maßregel -n. ～を講ずる Maßregeln treffen*; ein Mittel an|wenden*. ～上の methodisch. ～論 die Methodologie. ～論上の methodologisch.

ほうほう ～の体(⸚)で [大あわてで] Hals über Kopf.

ほうぼう 方々・で überall; allerorts; hier und dort. ～へ(から) nach (von) allen Seiten.

ほうぼう [魚] der Knurrhahn -s, ⸚e.

ぼうぼう 茫茫・たる [茫漠たる] weit ausgedehnt; unbegrenzt. ～たる髪 wildes Haar. 草～の庭 mit Gras überwucherter Garten.

ほうぼく 放牧・する weiden. ～権 das Weiderecht. ～地 die [Vieh]weide; das Weideland.

ほうまつ 泡沫 der Schaum -s, ⸚e; die Blase -n. ～会社 die Schwindelfirma. ～会社乱立時代 Gründerjahre pl.

ほうまん 放漫 nachlässig; zügellos.

ほうまん 豊満・な üppig. ～な体の女 eine Frau von üppigem Wuchs.

ぼうみん 暴民 der Pöbel -s.

ほうむ 法務 Justizsachen pl. ～省 das Justizministerium. ～大臣 der Justizminister.

ほうむる 葬る begraben*; bestatten; [隠蔽する] vertuschen. 世間から葬られる von der Welt verstoßen werden*(s受).

ぼうめい 亡命[・地] die Emigration -en; das Exil -s, -e. ～する emigrieren (s); ins Exil gehen*(s). ～中の im Exil. ～者 der Emigrant. ～政権 die Exilregierung. ～文学 die Exilliteratur.

ほうめん 方面 [地方] die Gegend -en; [分野] das Gebiet -[e]s, -e; [側面] die Seite -n. 東京～に in der Gegend von Tokyo. 学問のこの～で auf diesem Gebiet der Wissenschaft. あらゆる～から von allen Seiten.

ほうめん 放免 die Freilassung -en. ～する

ほうまう 法網をくぐる durch die Maschen des Gesetzes schlüpfen (s); Gesetze umgehen*.
ほうもつ 宝物 der Schatz -es, ⸚e; das Kleinod -[e]s, -e. ～殿 das Schatzhaus; 〔室〕die Schatzkammer.
ほうもん 訪問 der Besuch -[e]s, -e. ～する besuchen; [bei] jm. einen Besuch machen. ～者 der Besucher. ～客がある Besuch haben*.
ぼうや 坊や〔呼び掛け〕Mein Junge!
ほうやく 邦訳 japanische Übersetzung -en. ～する ins Japanische übersetzen.
ほうゆう 朋友 der Freund -es, -e.
ほうよう 包容・する auf|nehmen*. ～力 die Aufnahmefähigkeit. ～力のある人 großmütiger (großherziger) Mensch.
ほうよう 法要 die Totenfeier -n.
ほうよう 抱擁 die Umarmung (Umfassung) -en. ～する umarmen; umfassen. ～し合う sich umarmen (umfassen).
ぼうらく 暴落・する stürzen (s). 株が～した Die Aktien sind gestürzt. 価格の～ der Preissturz.
ほうらつ 放埓 Ausschweifungen pl. ～な ausschweifend; liederlich. ～な生活をする ein ausschweifendes Leben führen.
ぼうり 暴利 der Wucher -s. ～をむさぼる wuchern; Wucher treiben*. ～取締令 das Wuchergesetz.
ほうりあげる 放り上げる auf|werfen*; in die Höhe werfen*.
ほうりだす 放り出す hinaus|werfen*; 〔放逐する〕vertreiben*;〔断念する〕auf|geben*. 窓から～ zum Fenster hinaus|werfen*. 家から～ aus dem Haus vertreiben* (jagen). 仕事を～ die Arbeit auf|geben*(liegen lassen*).
ほうりつ 法律 das Gesetz -es, -e; das Recht -es. ～上の gesetzlich; rechtlich. ～を定める ein Gesetz geben* (erlassen*). ～を守る die Gesetze befolgen (ein|halten*). ～を犯す die Gesetze übertreten*. ～の裏を行く die Gesetze umgehen*. ～に基づいて von Rechts wegen. ～違反 die Gesetzübertretung. ～家 der Jurist. ～顧問 der Rechtsberater. ～補助人 der Rechtsbeistand. ～事務所 das [Rechts]anwaltsbüro. ～書 juristisches Buch.
ぼうりゃく 謀略 das Komplott -[e]s, -e; die Intrige -n.
ほうりゅう 放流〔das〕Wasser ab|lassen*. 稚魚を川に～する Fischbruten in einem Fluss aus|setzen.
ぼうりょく 暴力 die Gewalt. ～を振るう Gewalt an|wenden*; gegen jn. tätlich werden*(s). ～に訴えて mit [roher] Gewalt. ～沙汰 Tätlichkeiten pl. ～団 die [Gangster-] bande.
ボウリング〔スポーツ〕das Kegelspiel -s, -e; das Bowling -s, -s. ～をする kegeln; Kegel spielen; bowlen.
ほうる 放(抛)る werfen*;〔放置する〕lassen*;〔閑却する〕vernachlässigen. 放っておけ Lass das sein! 私を放っておいてくれ Lass mich [in Ruhe]! 事態を放っておく die Dinge laufen lassen*.
ほうるい 堡塁 die Schanze -n; die Festung -en.
ほうれい 法令 Gesetze und Verordnungen pl. ～集 die Gesetz[es]sammlung.
ぼうれい 亡霊 der Geist des Toten; Manen pl.;〔幽霊〕das Gespenst -es, -er. あの家は～が出る In jenem Haus spukt es.
ほうれんそう 菠薐草 der Spinat -s, -e.
ほうろう 放浪 die Wanderung -en. ～する wandern (s); vagabundieren (s). ～生活 das Wanderleben. ～者 der Wanderer; der Vagabund. ～癖 die Wanderlust.
ほうろう 琺瑯 das Email -s, -s; die Emaille -n. ～引きにする emaillieren. ～質〔歯の〕der Zahnschmelz.
ぼうろう 望楼 der Wachtturm -[e]s, ⸚e.
ほうわ 飽和 die Sättigung -en. ～させる et. sättigen《mit 3格》. ～する sich sättigen. ～点 der Sättigungspunkt.
ほえる 吠える bellen;〔猛獣が〕heulen; brüllen. ～犬は噛まぬ Hunde, die viel bellen, beißen nicht.
ほお 頬 die Backe -n; die Wange -n. ～を赤らめる erröten (s). ～をふくらませる die Backen auf|blasen*; schmollen.
ボーイ〔少年〕der Junge -n, -n;〔給仕〕der Kellner -s, -; der Ober -s, -; der Aufwärter -s, -;〔ホテルの〕der Page -n, -n. ～長 der Ober[kellner]. ～スカウト Pfadfinder pl. ～フレンド der Freund; der Boyfriend ['bɔɪfrɛnd].
ポーカー das Poker -s. ～フェース das Pokergesicht.
ほおかぶり 頬被りする die Augen verschließen*《vor 3格》; sich ahnungslos stellen.
ほおじろ 頬白《鳥》die Ammer -n.
ホース der Schlauch -[e]s, ⸚e. ゴム～ der Gummischlauch.
ポーズ die Pose -n; die Haltung -en. ～をとる eine Pose ein|nehmen*.
ほおずり 頬擦りする seine Wange an js. Wange drücken.
ポーター der [Gepäck]träger -s, -.
ボーダー・ライン die Trennungslinie -n. ～にある an der Grenze liegen* (sein*).
ポータブル ～の tragbar. ～レコードプレーヤー das Koffergrammofon. ～ラジオ das Kofferradio. ～タイプライター die Reiseschreibmaschine (Kofferschreibmaschine).
ポーチ die Vorhalle -n.
ほおづえ 頬杖をつく das Kinn in die Hand (die Hände) stützen.
ボート das Boot -es, -e. ～を漕ぐ ein Boot rudern. ～レース die [Ruder]regatta.

ポートレート das Porträt -s, -s; das Bildnis -ses, -se.
ボーナス die Gratifikation -en;〔特別配当金〕der Bonus -, - (..ni).
ほおばる 頬張る sich³ den Mund voll stopfen《mit 3 格》.
ほおひげ 頬髭 der Backenbart -[e]s, ⸚e.
ほおべに 頬紅 ~ 紅.
ほおぼね 頬骨 der Backenknochen -s, -.
ホーム das Heim -s, -e;〔プラットホーム〕der Bahnsteig -s, -e. 老人～ das Altersheim. ～スパン das Homespun.
ホームシック das Heimweh -s. ～にかかる an (unter) Heimweh leiden*.
ホームページ《電算》die Homepage ['hoʊmpeɪdʒ] -s […dʒɪz].
ホームレス der Obdachlose#.
ポーランド Polen. ～の polnisch. ～人 der Pole. ～語 das Polnische#.
ボーリング〔試錐〕die Bohrung -en. ～する bohren. ～マシン die Bohrmaschine.
ホール die Halle -n; der Saal -[e]s, Säle. ダンス～ das Tanzlokal.
ボール der Ball -es, ⸚e;〔鉢状の容器〕die Bowle -n. ～ペン der Kugelschreiber. ～ベアリング das Kugellager.
ボール ～紙 die Pappe; der Karton. ～箱 die Pappschachtel.
ほおん 保温・する warm halten*. ～器 der Warmhalter. ～板 die Warmhalteplatte.
ほか 外(他)・の ander. ～の原因 andere Ursache. ～で〔よそで〕anderswo;〔そとで〕draußen. ～に sonst; außerdem; überdies. …の～に außer《3 格》; neben《3 格》. 誰かの～の人 jemand anders. 何かの～の事 etwas anderes. どこか～の所で [irgend]wo anders; anderswo. 何かの～の方法で irgendwie anders; anderswie. ～には誰も来ない Es kommt sonst niemand. ～には誰もいなかった Es war weiter niemand. その～に何か望みがあるか Wünschen Sie sonst etwas? それは X 氏に～ならぬ Es ist niemand anders als Herr X. 私はそうするより～にない Nichts anderes bleibt mir übrig zu tun. / Ich kann nicht anders.
ほかく 捕獲 der Fang -[e]s. ～する fangen*. ～品 die Beute.
ほかく 補角 der Supplementwinkel -s, -.
ほかけぶね 帆掛け舟 das Segelboot -[e]s, -e.
ぼかし 暈し die Schattierung -en; die Abstufung -en. 地図に～を付ける eine Landkarte schummern.
ぼかす 暈す schattieren; ab|stufen. 返事を～vage antworten.
ぽかぽか ～する〔暖い〕warm sein*. ～なぐる prügeln.
ほがらか 朗らかな heiter.
ほかん 保管 die Aufbewahrung; die Verwahrung. ～する auf|bewahren; verwahren. ～してもらう et. hinterlegen《bei 3 格》. ～人 der Verwahrer. ～所 der Aufbewahrungsort. ～料 die Lagermiete; die Aufbewahrungsgebühr.
ぼかん 母艦 das Mutterschiff -s, -e. 航空～ der Flugzeugträger.
ぽかん ～と〔ぼんやり〕zerstreut;〔唖然と〕verblüfft. ～と口をあけて見とれる gaffen.
ぼき 簿記 die Buchführung (Buchhaltung) -en. 単式(複式)～ einfache (doppelte) Buchführung. ～をつける die Bücher führen. ～係 der Buchhalter.
ぽきっと ～折れる krachen (s); zerknacken (s).
ぽきぽき ～折る zerknicken.
ほきゅう 補給・する jn. versorgen《mit 3 格》; jm. et. zu|führen. 石油タンクに～する den Öltank auf|füllen. 自動車にガソリンを(飛行機に燃料を)～する ein Auto (ein Flugzeug) auf|tanken. 敵の～路を絶つ dem Feind die Zufuhr ab|schneiden*.
ほきょう 補強 die Verstärkung. ～する verstärken.
ぼきん 募金 die Spendensammlung -en. ～する Spenden sammeln. ～活動 die Spendenaktion. ～箱 die Sammelbüchse.
ほきんしゃ 保菌者 der Bazillenträger -s, -.
ぼく 僕 ich. ～たち wir. ～の mein. ～たちの unser.
ほくい 北緯 ¶ その町は～50 度にある Die Stadt liegt [auf] 50 Grad nördlichen Breite.
ほくおう 北欧 Nordeuropa. ～の nordeuropäisch; nordländisch; nordisch. ～人 der Nordländer. ～神話 nordische Mythologie.
ボクサー der Boxer -s, -.
ぼくさつ 撲殺する tot|schlagen*.
ぼくし 牧師 der Pfarrer -s, -; der Pastor -s, -en. ～館 das Pfarrhaus.
ぼくしゃ 牧者 der Hirt -en, -en.
ぼくしゅ 墨守 ¶ 旧套を～する starr an alten Gebräuchen fest|halten*.
ぼくじょう 牧場 die Weide -n.
ボクシング das Boxen -s. ～をする boxen.
ほぐす auf|lösen; entwirren;〔和らげる〕erweichen. 体(緊張した雰囲気)を～ sich (die gespannte Atmosphäre) auf|lockern.
ほくせい 北西 der Nordwesten -s (略:NW). ～の nordwestlich. ～の風 der Nordwest.
ぼくそう 牧草 das Wiesengras -es, ⸚er. ～を食べる weiden; grasen. ～地 die Wiese.
ほくそえむ ほくそ笑む schmunzeln; sich³ ins Fäustchen lachen.
ぼくちく 牧畜 die Viehzucht. ～業者 der Viehzüchter. ～を営む Viehzucht treiben*.
ぼくてき 牧笛 die Hirtenflöte -n.
ほくとう 北東 der Nordosten -s (略:NO). ～の nordöstlich. ～の風 der Nordost.
ぼくどう 牧童 der Hirtenjunge -n, -n.
ほくとしちせい 北斗七星 der Große Bär -en.
ぼくとつ 朴訥な bieder; einfältig; schlicht.
ほくひょうよう 北氷洋 das Nördliche Eismeer -[e]s.

ほくぶ 北部 der Norden -s.　～の nördlich.
ほくべい 北米 Nordamerika.　～の nordamerikanisch.
ほくほく ～する sehr erfreut (vergnügt) sein*《über 4 格》.
ほくほくせい 北北西 der Nordnordwesten -s (略: NNW).　～の風 der Nordnordwest.
ほくほくとう 北北東 der Nordnordosten -s (略: NNO).　～の風 der Nordnordost.
ぼくめつ 撲滅する vertilgen; vernichten; ausrotten.
ほくよう 北洋漁業 die Fischerei in nördlichen Gewässern.
ぼくようじん 牧羊神 Pan; der Hirtengott -[e]s.
ほぐれる sich entwirren; 〔和らぐ〕erweichen (s). 緊張が～ Die Spannung löst sich.
ほくろ 黒子 das [Mutter]mal -s, -e.
ぼけ 木瓜 die Quitte -n.
ぼけ 惚け der Altersblödsinn -[e]s.　→惚ける.
ほげい 捕鯨 der Walfang -s.　～船 der Walfänger; 〔母船〕das Walfangmutterschiff.
ぼけい 母型 die Matrize -n.
ほけつ 補欠 der Ersatz -es.　～要員 der Ersatzmann.　～選手 der Ersatzspieler.　～選挙 die Ersatzwahl.　～で入学する als Ersatz aufgenommen werden*《s受》.
ぼけつ 墓穴 ¶ 自(ﾎﾞ)ら～を掘る sich¹ selbst sein Grab graben*.
ポケット die Tasche -n.　～マネー das Taschengeld.　～版 die Taschenausgabe; 〔型〕das Taschenformat. 上着の～ die Jackentasche. ズボンの～ die Hosentasche.
ぼける 惚ける vertrotteln (s); 〔写真が〕unscharf sein*.
ほけん 保険 die Versicherung -en. 海上～ die Seeversicherung. 火災～ die Feuerversicherung. 介護～ die Pflegeversicherung. 簡易～ die Volksversicherung. 健康～ die Krankenversicherung. 生命～ die Lebensversicherung. 社会～ die Sozialversicherung. 傷害～ die Unfallversicherung. 養老～ die Altersversicherung. 失業～ die Arbeitslosenversicherung. 自動車～ die Kraftfahrzeugversicherung.　～をかける et. versichern.　～に入る sich versichern. 家に火災～をかける sein Haus gegen Feuer versichern. 3千万円の生命～に入る sich für 30 000 000 Yen versichern lassen*. 被～者 der Versicherte#.　～医 der Kassenarzt.　～外交員 der Versicherungsvertreter.　～会社 die Versicherungsgesellschaft.　～料 die Versicherungsprämie; der Versicherungsbeitrag.　～金額 die Versicherungssumme.　～契約者 der Versicherungsnehmer.　～詐欺 der Versicherungsbetrug.　～証書 die [Versicherungs]police. 再～ die Rückversicherung.
ほけん 保健 die Gesundheitspflege.　～所 das Gesundheitsamt.
ぼけん 母権制 das Mutterrecht -[e]s; die Mutterherrschaft; das Matriarchat -[e]s, -e.
ほこ 矛 die Hellebarde -n.　～を納める das (sein) Schwert in die Scheide stecken.
ほご 反故 das Altpapier -s; die Makulatur -en.　～にする in den Papierkorb werfen*. 約束を～にする sein Wort brechen*.
ほご 保護 der Schutz -es; 〔援助〕die Unterstützung -en; 〔世話〕die Pflege; 〔促進〕die Förderung -en; 〔保存〕die Erhaltung.　～する jn. [be]schützen 《vor 3 格》; unterstützen; pflegen; fördern; erhalten*.　～色 die Schutzfärbung.　～関税 der Schutzzoll. 被～国 das Protektorat.　～者 der Beschützer; der Gönner.　～鳥 gesetzlich geschützter Vogel. 魚類～ der Vogelschutz.
ほこう 歩行 das Gehen -s.　～する gehen*(s).　～者 der Fußgänger.　～者天国 das Fußgängerparadies.
ぼこう 母校 die Alma Mater; die Schule, die man besucht hat.
ぼこう 母港 der Heimathafen -s, ¨.
ぼこく 母国 das Vaterland -es, ¨er.　～語 die Muttersprache.
ほこさき 矛先 die Speerspitze -n. 非難の～を向ける den Vorwurf richten 《gegen 4 格》. 攻撃の～をかわす einem Angriff die Spitze ab|brechen*.
ほこら 祠 das Tempelchen -s, -.
ほこらしい 誇らしい stolz.
ほこり 埃 der Staub -s.　～だらけの staubig; bestaubt.　～をたてる den Staub auf|wirbeln.　～を静める den Staub löschen (zu Boden bringen).　～を払う et. ab|stauben. 机の～を拭きとる den Tisch (den Staub vom Tisch) ab|wischen. ここはひどく～っぽい Hier staubt es sehr.
ほこり 誇り der Stolz -es.　～とする stolz sein*《auf 4 格》. 借金しない事を～とする Er setzt seinen Stolz daran, keine Schulden zu machen.　～を傷つける seinen Stolz verletzen.
ほこる 誇る stolz sein*《auf 4 格》; 〔自慢する〕sich rühmen《2 格》; prahlen《mit 3 格》. 勝ち～ triumphieren.
ほころび 綻び aufgegangene Naht ¨e.
ほころびる 綻びる 〔縫い目や蕾(ｺﾞﾎﾞ)が〕auf|gehen*(s); platzen (s).
ほさ 補佐 der Beistand -[e]s; 〔人〕der Beistand -[e]s, ¨e.　～する jm. Beistand leisten.
ほさき 穂先 〔槍の〕die Speerspitze -n; 〔稲の〕die Ähre -n.
ぼさぼさ ～の髪 wirres (wildes) Haar.
ぼさん 墓参する das Grab besuchen.
ほし 星 der Stern -[e]s, -e; das Gestirn -[e]s, -e.　～が輝く Die Sterne funkeln (leuchten).　～形の sternförmig.　～の明るい sternhell.　～空 der Sternhimmel; gestirnter Himmel.　～印 der Stern; das Sternchen.　～回りが良くない unter einem Unstern stehen*. 彼は良い～の下に生まれた Er ist unter einem glücklichen Stern geboren.
ほじ 保持・を halten*; erhalten*; bewahren.

健康を~する sich³ seine Gesundheit erhalten*. 原則を~する an seinen Grundsätzen fest|halten*. 優勢を~する die Oberhand behalten*. 記録~者 der Rekordhalter.

ほしい 欲しい〔望む〕et. wünschen. その代りに何が~のか Was wollen Sie dafür haben? ~だけあげる Ich gebe Ihnen, soviel Sie wollen. もっとスープが~ Ich möchte etwas mehr Suppe. それが~本か Ist das das gewünschte Buch?

ほしいまま 恣·に willkürlich. 権力を~にする seine Macht missbrauchen. 空想を~にする seiner Fantasie die Zügel schießen lassen*.

ほしうらない 星占い die Sterndeutung. ~をする in den Sternen lesen*.

ほしがる 欲しがる verlangen 《nach 3格》.

ほしくさ 干し草 das Heu -[e]s. ~を作る Heu machen.

ほじくる ¶土を~ in der Erde wühlen. 歯を~ [sich³] in den Zähnen stochern. 鼻を~ in der Nase bohren. 欠点を~ kritteln 《an 3格; über 4格》.

ポジション die Position -en; die Stelle -n; die Stellung -en.

ポジティブ 〔陽画〕 das Positiv -s, -e.

ほしぶどう 干し葡萄 die Rosine -n.

ほしもの 干し物 die Wäsche. ~綱 die Wäscheleine.

ほしゃく 保釈 die Haftverschonung. ~する gegen Kaution frei|lassen*(aus der Haft entlassen*). ~金 die Kaution. ~金を10万円積む eine Kaution von 100 000 Yen hinterlegen.

ほしゅ 保守·的 konservativ. ~主義 der Konservati[vi]smus. ~党 konservative Partei. ~党員 der Konservative#.

ほしゅ 捕手 der Fänger -s, -.

ほしゅう 補修 die Ausbesserung -en; die Reparatur -en. ~する aus|bessern; reparieren.

ほしゅう 補習授業をする(受ける) Nachhilfestunden geben*(nehmen*).

ほじゅう 補充 die Ergänzung -en. ~する ergänzen. 欠員を~する eine offene Stelle auf|füllen. ~品 der Ersatz; das Ersatzstück. ~要員 der Ersatzmann. ~部隊 die Ersatztruppe.

ぼしゅう 募集 die Werbung -en. ~する werben*; aus|schreiben*;〔求める〕suchen. 予約~ die Subskriptionseinladung. 会員~ Mitglieder gesucht!

ほじょ 補助 die Unterstützung -en. ~する unterstützen; jm. helfen*. ~を受ける Unterstützung beziehen*. ~を与える Unterstützung gewähren. 国庫~ staatliche Unterstützung. 財政的~ finanzielle Unterstützung. ~員 der Assistent; der Gehilfe. ~貨幣 die Scheidemünze. ~金 die Unterstützung; Subventionen pl. ~席 der Notsitz. ~線 die Hilfslinie.

ほしょう 歩哨 der Posten -s, -; die [Schild-]wache -n. ~に立つ Posten (Schildwache) stehen*. ~を立てる Posten auf|stellen.

ほしょう 保証 die Bürgschaft -en; die Garantie -n. ~する bürgen 《für 4格》; gewährleisten; [für] et. garantieren; Garantie (Bürgschaft; Gewähr) leisten 《für 4格》. ~期間 die Gewährfrist. この時計は1年間~します Wir leisten für die Uhr ein Jahr Garantie. ~金 die Bürgschaft; die Kaution. ~人 der Bürge; der Garant.

ほしょう 保障·する jm. Sicherheiten geben* 《für 4格》. 安全~ die Sicherheit. 安全~理事会 der Sicherheitsrat. 安全~条約 der Sicherheitspakt. 社会~ die Sozialfürsorge.

ほしょう 補償 die Entschädigung -en. ~する ersetzen; vergüten; wieder gut|machen; Ersatz leisten 《für 4格》; jn. entschädigen 《für 4格》. 損害を~する einen Schaden ersetzen; für einen Schaden Ersatz leisten. ~として als Ersatz (Entschädigung) 《für 4格》.

ほしょく 補色 die Ergänzungsfarbe (Komplementärfarbe) -n.

ほす 干す trocknen. 池を~ den Teich ab|lassen*. 杯を~ den Becher leeren.

ボス der Boss -es, -e; der Chef -s, -s; der Bonze -n, -n.

ポスター das Plakat -[e]s, -e. ~を貼る ein Plakat an|kleben 《an 4格》.

ホステス die Gastgeberin -nen; die Hostess -en;〔バーの〕die Bardame -n.

ホスト der Gastgeber -s, -. ~役を務める den Gastgeber spielen.

ポスト der Briefkasten -s, ¨;〔地位〕der Posten -s, -. 手紙を~に入れる einen Brief [in den Briefkasten] ein|werfen*.

ボストン・バッグ die Reisetasche -n.

ぼせい 母性 die Mütterlichkeit. ~的 mütterlich. ~愛 die Mutterliebe.

ほせいよさん 補正予算 der Nachtragshaushalt -s, -e.

ほせん 保線 〖鉄〗 die Gleisunterhaltung; die Unterhaltung von Gleisanlagen. ~工夫 der Streckenarbeiter.

ほぜん 保全 die Sicherung -en. ~する sichern. 環境~ der Umweltschutz.

ぼせん 母船 das Mutterschiff -s, -e.

ほそい 細い dünn; fein;〔狭い〕schmal;〔きゃしゃな〕schlank. 細くする dünn (dünner) machen; schmal (schmaler) machen;〔鋭くする〕spitzen. 目を細くして mit lächelnden Augen. ガスストーブの火を細くする die Gasheizung herunter|drehen. 神経が~ schlechte (schwache) Nerven haben*. 食が~ wie ein Spatz essen*.

ほそう 舗装 das Pflaster -s, -; die Pflasterung -en. ~する pflastern. ~道路 gepflasterte Straße; die Asphaltstraße.

ほそおもて 細面 schmales Gesicht -s, -er.

ほそく 捕捉·する fassen; fangen*. 意味を~

ほそく 補足 die Ergänzung *-en*. ～する ergänzen. ～的 ergänzend. ～語〖文法〗die Ergänzung.
ほそながい 細長い länglich.
ほそびき 細引き die Leine *-n*; die Schnur *⸚e*.
ほそぼそ 細細と暮らす sein Leben (Dasein) fristen.
ほそる 細る schmal (schmaler) werden*(*s*); 〔やせる〕mager (magerer) werden*(*s*). 月が～ Der Mond nimmt ab.
ほぞん 保存 die Erhaltung; die Aufbewahrung. ～する erhalten*; auf|bewahren; 〔防腐処理をして〕konservieren. 〖電算〗文書をファイルに～する ein Dokument im Ordner speichern. ～食品 die Dauerware.
ポタージュ legierte Suppe *-n*.
ぼたい 母体 〔発達の〕die Ausgangsbasis ..*sen*.
ぼたい 母胎 der Mutterleib *-[e]s*; der Schoß *-es, ⸚e*.
ぼだい 菩提を弔う für die ewige Seligkeit des Verstorbenen beten. ～樹 der Lindenbaum.
ほださせる 絆される ¶情に絆されて von Mitleid bewegt. 彼女の熱意に絆されて von ihrem Eifer gerührt.
ほたてがい 帆立貝 die Kammmuschel *-n*.
ぼたぼた ～落ちる in Tropfen fallen*(*s*); tröpfeln (*s*).
ぼたやま ぼた山 die Halde *-n*.
ほたる 螢 das Glühwürmchen *-s, -*; der Leuchtkäfer *-s, -*.
ほたるいし 螢石 der Fluorit *-s, -e*; der Flussspat *-s, -e (⸚e)*.
ぼたん 牡丹 die Päonie *-n*; die Pfingstrose *-n*.
ボタン der Knopf *-[e]s, ⸚e*. 上着の～を掛ける (はずす) eine Jacke zu|knöpfen (auf|knöpfen). ～の穴 das Knopfloch.
ぼち 墓地 der Friedhof (Kirchhof) *-s, ⸚e*.
ホチキス die Heftmaschine *-n*; der Hefter *-s, -*. ～の針 die Heftklammer.
ほちゅう 補注 ergänzende Anmerkung *-en*.
ほちょう 歩調 der Schritt *-es, -e*. ～を合わせる mit *jm.* Schritt halten*. ～をそろえて歩く im Schritt gehen*(*s*). ～を乱す aus dem Schritt kommen*(*s*).
ほちょうき 補聴器 der Hörapparat *-s, -e*.
ぼっか 牧歌 die Idylle *-n*. ～的 idyllisch.
ぼつが 没我 die Selbstlosigkeit. ～的 selbstlos.
ほっかい 北海 die Nordsee.
ぼっき 勃起 die Erektion *-en*. ～する erigieren (*s*).
ほっきにん 発起人 der Initiator *-s, -en*.
ほっきょく 北極 der Nordpol *-s*. ～海 das Nordpolarmeer. ～の Polarfuchs. ～熊 der Polarbär. ～圏 die Arktis; der Nordpolarkreis. ～光 das Nordlicht. ～星 der

Polarstern (Nordstern). ～探険 die Nordpolexpedition.
ホック der Haken *-s, -*. スカートの～を留める den Rock zu|haken.
ボックス 〔箱〕der Kasten *-s, ⸚*; 〔桟敷〕die Loge *-n*. 電話～ die Telefonzelle.
ぽっくり plötzlich.
ホッケー das Hockey *-s*.
ぼっこう 勃興する auf|blühen (*s*); einen Aufschwung nehmen*.
ぼつこうしょう 没交渉である keine Beziehung (Verbindung) haben* (mit 3 格); nichts zu tun haben* (mit 3 格).
ほっさ 発作 der Anfall *-s, ⸚e*. ～を起す einen Anfall bekommen*. 絶望(嫉妬)のあまり～的に in einem Anfall von Verzweiflung (Eifersucht).
ぼっしゅう 没収 die Konfiskation *-en*; die Einziehung *-en*. ～する konfiszieren; ein|ziehen*.
ぼっしょ 没書にする ab|lehnen; nicht an|nehmen*.
ほっする 欲する wollen*; 〔望む〕wünschen; 〔熱望する〕begehren.
ぼっする 没する 〔沈む〕sinken (*s*); unter|gehen*(*s*); 〔死ぬ〕sterben*(*s*). 姿を～ verschwinden*(*s*). 水中に～ ins Wasser sinken*(*s*). 日は西に～ Die Sonne geht im Westen unter.
ほっそく 発足する〔団体などが〕gründet werden*(*s* 受).
ほっそり → すらり.
ほったてごや 掘立小屋 die Hütte *-n*.
ほったらかす liegen lassen*; stehen lassen*.
ほったん 発端 der Anfang *-s, ⸚e*; der Ursprung *-[e]s, ⸚e*; 〔原因〕die Ursache *-n*. ～にさかのぼる auf den Ursprung (die Quellen) zurück|gehen* (*s*).
ほっつく [herum|]bummeln (*s*).
ほっと ～する〔elleichtert〕auf|atmen.
ホット ～ケーキ heißer Pfannkuchen. ～ドッグ das (der) Hotdog ['hɔtˈdɔk] *-s, -s*.
ポット die Kanne *-n*. コーヒー～ die Kaffeekanne.
ぼっとう 没頭・する sich versenken (vertiefen) (in 4 格). ～している versunken (vertieft) sein* (in 4 格).
ほっとうにん 発頭人 der Urheber *-s, -*. → 張本人.
ぼつにゅう 没入する〔没頭する〕sich versenken (vertiefen) (in 4 格).
ぼつねん 没年 das Todesjahr *-[e]s, -e*.
ぼっぱつ 勃発 der Ausbruch *-s, ⸚e*. ～する aus|brechen* (*s*).
ほっぴょうよう 北氷洋 das Nördliche Eismeer *-[e]s*.
ホップ der Hopfen *-s, -*.
ポップコーン das Popcorn *-s*; der Puffmais *-es*.
ほっぽう 北方 der Norden *-s*. ～に im Norden. ～の nördlich. ～へ nordwärts.
ぼつぼつ 〔斑点〕Pünktchen *pl.*; Flecke *pl.*;

［そろそろ］allmählich; nach und nach. ～出掛けよう Nun wollen wir langsam gehen! ～穴があいている viele Löcher haben*; löcherig sein*. 景気はどう？——～です Wie geht das Geschäft? - Es kleckert.

ぼつらく 没落 der Untergang -es; der Verfall -s. 西洋の～ der Untergang des Abendlandes. ～する unter|gehen*(s); in Verfall geraten*(s).

ほつれる ［髪が］sich auf|lösen; ［布が］aus|fasern (s). ほつれ毛 loses Haar.

ぽつん ～と einsam; verlassen.

ボディ der Körper -s, -; der Rumpf -[e]s, ⸚e; ［車の］die Karosserie -n. ～ガード die Leibwache; der Bodyguard ['bɔdigɑ:d] -s, -s. ～ビル die Körperbildung; das Bodybuilding.

ほていばら 布袋腹 der Wanst -es, ⸚e.

ポテトチップ Kartoffelchips pl.

ほてる 火照る glühen. 顔が～ Mein Gesicht glüht. からだが～ sich erhitzen.

ホテル das Hotel -s, -s; der Gasthof -s, ⸚e. ～の主人 der Hotelier; der Hotelbesitzer. ～に泊まる in einem Hotel ab|steigen*(s); im Hotel übernachten.

ほてん 補塡・する ersetzen; decken. 赤字を～する ein Defizit ersetzen.

ほど 程 ［適度］das Maß -es, -e; ［限度］die Grenze -n. ～を守る [das rechte] Maß halten*; sich mäßigen. ～を知る sich selbst erkennen*. 身の～を忘れて或る事をする sich³ an|maßen (sich vermessen*), et. zu tun. 物には～がある Alles hat seine Grenzen. 3週間～して in etwa 3 Wochen. 彼女は私～年をとっていない Sie ist nicht so alt wie ich. これ～面白いものはない Nichts ist interessanter als das. / Nichts ist so interessant wie das. 多ければ多い～よい Je mehr, desto besser.

ほどう 歩道 der Bürgersteig (Gehsteig) -s, -e. 横断～ der Fußgängerüberweg; der Zebrastreifen.

ほどう 補導 die Führung; die Pflege. ～する führen; ［助言する］beraten*. 少年～の Jugendfürsorge.「phaltstraße -n.

ほどう 舗道 gepflasterte Straße -n; die Asほどく [auf]|lösen; auf|machen; ［編んだ物を］auf|flechten*. 帯を～ den Gürtel ab|nehmen*. 靴の紐(冫)を～ die Schuhe auf|schnüren. 荷物を～ das Gepäck auf|machen.

ほとけ 仏 Buddha; ［仏像］der Buddha -s, -s; ［死者］der Tote#; der Verstorbene#. 知らぬが～ Was ich nicht weiß, macht mich nicht heiß.

ほどける auf|gehen*(s); sich auf|lösen.

ほどこし 施し das Almosen -s, -; die Spende -n. ～をする jm. Almosen spenden.

ほどこす 施す geben*; spenden. 金銭を～ jm. Geld schenken (geben*). 恩恵を～ jm. eine Gunst gewähren; jm. eine Wohltat an|tun*. 策を～ Maßregeln treffen*.

ほどなく 程無く bald.

ほとばしる 迸る spritzen (s); sprudeln (s); springen*(s). ～ような弁舌 sprudelnde Rede.

ほどへて 程経て nach einiger Zeit; später.

ほとほと ［全く］ganz; völlig. ～閉口する ganz in Verlegenheit sein*.

ほどほど ～に mäßig; mit (in) Maßen. ～にする Maß halten*(in 3格). ～にしておけよ Mach es mal halb so!

ほとぼり ～がさめた Die Begeisterung hat sich gelegt. 恋の～がさめた Die Liebe ist erkaltet. / Die Zuneigung ist (hat sich) abgekühlt.

ほどよい 程よい angemessen; mäßig. ～時刻に zu einer menschlichen Zeit.

ほとり 辺 ［川の～に am Fluss; am Rand des Flusses; am Ufer des Flusses.

ほとんど 殆ど fast; beinahe. 彼は～溺(詈)れ死ぬところだった Er wäre fast ertrunken.

ほにゅう 哺乳・動物 das Säugetier. ～瓶 die Saugflasche.

ぼにゅう 母乳 die Muttermilch.

ほね 骨 der Knochen -s, -; ［魚の］die Gräte -n; ［傘の］der Stab -es, ⸚e. ～を張った knöchern; knochig. ～と皮ばかりの knochendürr. 彼は～と皮になった Er ist nur noch Haut und Knochen. ～を折る sich³ einen Knochen [an]|brechen*; ［比］→ 骨折る. ～の折れる anstrengend; mühevoll. ～を折って sich mit Mühe (Anstrengung). ～を休める → 骨休め. ～を惜しむ → 骨惜しみ.

ほねおしみ 骨惜しみ・をする sich³ die Mühe ersparen. ～をしない keine Mühe scheuen; sich keine Mühe verdrießen lassen*.

ほねおり 骨折り die Bemühung -en; die Mühe -n. それは～がいがある Das lohnt die Mühe / Das ist der (die) Mühe wert. ～がいのある仕事 lohnende Arbeit. ～損のくたびれ儲(詈)け Viel Mühe und wenig Lohn.

ほねおる 骨折る sich³ Mühe geben*《mit 3格》; sich bemühen《um 4格》.

ほねぐみ 骨組み das Gerippe -s, -. 論文の～ das Gerippe (Gerüst) eines Aufsatzes.

ほねつぎ 骨接ぎ die Einrenkung -en; ［医者］Einrenker -s, -.

ほねっぷし 骨っ節・の太い starkknochig; von starkem Körperbau. ～のある人 ein Mensch mit starkem Charakter (von großer Willenskraft).

ほねなし 骨無し・の ［無気力な］willenlos; charakterlos. ～である keinen Mumm in den Knochen haben*.

ほねぬき 骨抜き・にする jm. das Rückgrat brechen*. 法案を～にする ein Gesetz verwässern.

ほねみ 骨身・にこたえる jm. durch Mark und Bein gehen*(s). ～を惜しまない sich keine Mühe verdrießen lassen*.

ほねやすめ 骨休め die Erholung -en. ～をする [sich] aus|ruhen《von 3格》; sich erholen

《von 3格》; [sich³] seine müden Knochen aus|ruhen. ~に zur Erholung.
ほのお 炎 die Flamme -n. ~が上がる Die Flamme loht (lodert). ~に包まれている in Flammen stehen*. ~の海 das Flammenmeer.
ほのか 仄かな(に) leise.
ほのぐらい 仄暗い dämmerig; halbdunkel; trübe.
ほのぼの 仄仄 ¶夜が～と明ける Es fängt an zu dämmern. / Der Morgen dämmert auf. 彼女は～とした気持になった Es wurde ihr warm ums Herz.
ほのめかす 仄めかす an|deuten; an|spielen 《auf 4格》; eine Andeutung machen 《auf 4 格》.
ホバークラフト das Hovercraft -[s], -s.
ほばく 捕縛する fest|nehmen*; verhaften.
ほばしら 帆柱 der Mast -es, -en (-e).
ぼひめい 墓碑銘 die Grab[in]schrift -en.
ポピュラー ～な populär; volkstümlich. ～ミュージック die Unterhaltungsmusik. ～ソング der Song.
ぼひょう 墓標(表) der Grabstein -[e]s, -e; das Grabmal -s, ⸗er.
ほふく 匍匐する kriechen*(s).
ボブスレー der Bobsleigh (Bob) -s, -s.
ポプラ die Pappel -n.
ポプリン der Popelin -s, -e.
ほふる 屠る schlachten; [負かす] besiegen.
ほへい 歩兵 der Infanterist -en, -en. ～隊 die Infanterie; das Fußvolk.
ぼへい 募兵 die Werbung der Soldaten. ～する Soldaten werben*.
ボヘミヤ Böhmen. ～の böhmisch. ～人 der Böhme.
ボヘミアン der Bohemien -s, -s.
ほぼ fast; beinahe; etwa; ungefähr.
ほぼ 保母 die Hortnerin -nen; die Kindergärtnerin -nen.
ほほえましい 微笑ましい herzerquickend.
ほほえみ 微笑み das Lächeln -s. 彼女は口許に～を浮かべていた Ein Lächeln schwebte um ihre Lippen.
ほほえむ 微笑む lächeln.
ポマード die Pomade -n. 髪に～をつける sich³ Pomade ins Haar schmieren.
ほまえせん 帆前船 das Segelschiff -s, -e.
ほまれ 誉 die Ehre -n; der Ruhm -[e]s. ～になる jm. zur Ehre (zum Ruhm) gereichen.
ほめる 誉める loben; rühmen; jm. ein Lob erteilen (spenden). ～に値する lobenswert. 誉めたたえる preisen*; lobpreisen(*). 誉めちぎる über alle Maßen (über den grünen Klee) loben.
ホモ die Homosexualität; [人] der Homosexuelle, -n. ～の homosexuell; schwul.
ホモサピエンス der Homo sapiens --.
ほや 火屋 der [Lampen]zylinder -s, -.
ぼや 小火 kleines Feuer -s, -.
ぼやかす unklar (undeutlich) machen.

ぼやく klagen 《über 4格》.
ぼやける verschwimmen*(s); unklar (undeutlich) werden*(s); [記憶が] verblassen (s). ぼやけた verschwommen; unklar; unscharf.
ほやほや ¶新婚～のカップル ein frisch gebackenes Ehepaar.
ほよう 保養 die Erholung -en. ～する sich erholen; sich pflegen. ～のために zur Erholung. 目の～をする seine Augen weiden 《an 3格》. ～所 das Erholungsheim. ～旅行 die Erholungsreise.
ほら 法螺 die Großsprecherei (Aufschneiderei) -en. ～を吹く auf|schneiden*. ～吹き der Großsprecher (Aufschneider).
ほらあな 洞穴 die Höhle -n.
ほらがい 法螺貝 das Tritonshorn -s, ⸗er.
ボランティア ～活動をする sich freiwillig betätigen.
ほり 堀 der Graben -s, ⸗. 城の～ der Burggraben.
ポリープ der Polyp -en, -en.
ポリエステル der Polyester -s, -.
ポリエチレン das Polyäthylen -s, -e.
ポリオ die Polio; die Poliomyelitis ..tiden.
ほりかえす 掘り返す um|graben*; um|wühlen.
ほりさげる 掘り下げる vertiefen.
ほりだす 掘り出す aus|graben*. 掘り出し物をする einen guten Fund machen; [買物で] einen Gelegenheitskauf (günstigen Kauf) machen.
ほりぬきいど 掘り抜き井戸 der Bohrbrunnen -s, -.
ぼりぼり ～食べる knabbern.
ほりもの 彫り物 die Schnitzerei -en; [いれずみ] die Tätowierung -en. ～師 der Schnitzer.
ほりゅう 保留 der Vorbehalt -[e]s, -e. 回答を翌日まで～する die Antwort auf den nächsten Tag auf|schieben*. 判断を～する mit seinem Urteil zurück|halten*. 権利を～する sich³ das Recht vor|behalten*.
ほりゅう 蒲柳の質である von zarter Gesundheit sein*.
ボリューム das Volumen -s, -. ラジオの～を上げる(下げる) das Radio lauter (leiser) stellen. ～のある声 klangvolle Stimme. ～のある女 üppige Frau. ～のある食事 reichliche Mahlzeit.
ほりょ 捕虜 der [Kriegs]gefangene⁼. ～にする gefangen nehmen*. ～に gefangen genommen werden*(s受); in Gefangenschaft geraten*(s). ～収容所 das Gefangenenlager.
ほりわり 堀割 der Kanal -s, ⸗e.
ほる 掘る graben*. 地面に穴を～ ein Loch in die Erde graben* (wühlen). 井戸を～ einen Brunnen bohren.
ほる 彫る [木に] schnitzen; schneiden*; [石に] aus|hauen(*); [金属に] stechen*. 大理石に像を～ eine Figur in Marmor aus|hauen(*).

ぼる

背中に龍を~ jm. einen Drachen auf den Rücken tätowieren.
ぼる jn. neppen.
ポルカ die Polka -s.
ボルシェビキ der Bolschewik -en, -i (-en).
ボルト 〔電圧〕 das Volt -[s], -(記号: V); 〔釘〕 der Bolzen -s, -. 100~の電流 der Strom von 100 Volt. ~アンペア das Voltampere (記号: VA).
ボルドー ~酒 der Bordeaux; der Bordeauxwein. ~液 die Bordeauxbrühe.
ポルトガル Portugal. ~の portugiesisch. ~人 der Portugiese. ~語 das Portugiesische.
ポルノ die Pornografie -n. ~小説 der Pornoroman. ~映画 der Pornofilm.
ホルマリン das Formalin -s.
ホルモン das Hormon -s, -e.
ホルン das Horn -[e]s, ¨er. ~奏者 der Hornist.
ほれぐすり 惚れ薬 der Liebestrank -s, ¨e.
ほれぼれ 惚れ惚れ・する entzückt sein 《über 4 格; von 3 格》. ~するような reizend; entzückend.
ほれる 惚れる sich in jn. verlieben; in jn. verliebt sein*.
ボレロ der Bolero -s, -s; 〔婦人服〕 der Bolero -s, -s; die Bolerojäckchen -s, -.
ほろ 幌 die Plane -n; das Verdeck -[e]s, -e. ~馬車 der Planwagen.
ぼろ 襤褸 die Lumpen -s, -; der Fetzen -s, -. ~の zerlumpt; zerfetzt. ~を着ている in Lumpen gehen* (gehüllt sein*) (s); schäbig angezogen sein*. ~を出す sich³ eine Blöße geben*. ~自動車 der [Klapper]kasten. ~家 der Kasten. ~靴 abgetragene Schuhe pl.
ぼろい ~商売 sehr Gewinn bringendes Geschäft. ~儲(もう)けをする ein sehr gutes Geschäft machen 《mit (bei) 3 格》.
ほろう 歩廊 der Korridor -s, -e.
ぼろくそ 襤褸糞・に言う keinen guten Faden an jm. lassen*. ~に負ける eine schwere Niederlage erleiden*.
ポロシャツ das Polohemd -[e]s, -en.
ほろにがい ほろ苦い leicht bitter (herb).
ポロネーズ die Polonäse (Polonaise) -n.
ほろびる 滅びる zugrunde gehen*(s); unter|gehen*(s); verfallen*(s); 〔死に絶える〕 aus|sterben*(s).
ほろぼす 滅ぼす vernichten; zugrunde richten.
ぼろぼろ ~の zerfetzt; zerlumpt; 〔着(はき)古した〕 abgetragen; 〔使い古した〕 abgenutzt. ~になる in Fetzen gehen*(s). ~である in Fetzen (Lumpen) zerrissen sein*. ~に砕ける zerkrümeln (s).
ぽろぽろ ~剥(は)げる ab|bröckeln (s). 涙を~流す helle Tränen weinen. 涙が~出る Tränen perlen ihm über die Wangen.
ほろほろちょう ほろほろ鳥 das Perlhuhn -s, ¨er.
ほろよい ほろ酔い・の angeheitert; beschwipst. ~である einen Spitz (leichten Rausch) haben*.
ほろり ~とする zu Tränen gerührt werden* (s受). ~とするような rührend. ~とさせる jn. weich stimmen. この光景に彼は~とした Bei diesem Anblick wurde ihm ganz weich ums Herz.
ほん 本 das Buch -es, ¨er; 〔著作〕 das Werk -es, -e. ~を開く(閉じる) ein Buch auf|schlagen* (zu|machen). ~を読む ein Buch (in einem Buch) lesen*. ~をめくる in einem Buch blättern. ~を書く(出版する) ein Buch schreiben* (veröffentlichen). ~代を払う Bücher bezahlen. ~立て die Bücherstütze. ~棚 das Bücherregal; das Büchergestell. ~箱 der Bücherschrank.

■ ほん 本 ■

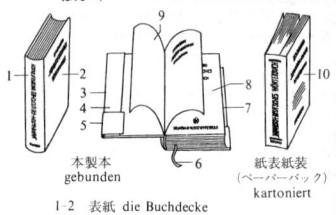

本製本 gebunden 紙表紙装 (ペーパーバック) kartoniert

1-2 表紙 die Buchdecke
1 (表紙の)背 der Buchrücken
2 (表紙の)平 der Buchdeckel
3 カバー der Schutzumschlag
4 カバーの袖 die Umschlagklappe
5 帯 der Bauchbinde
6 しおり das Lesezeichen
7 小口 der Buchschnitt
8 とびら der Titelblatt
9 見返し der Vorsatz
10 表紙 (紙表紙装の) der Umschlag

ぼん 盆 das Tablett -s, -s (-e); das Servierbrett -[e]s, -er.
ほんあん 翻案 die Bearbeitung -en. ~する bearbeiten.
ほんい 本位 ¶金~ die Goldwährung. 自己~の egozentrisch; ichbezogen. 彼は自分~の人間だ Er ist immer nur auf sich selbst bedacht. この家は子供~に設計されている Das Haus ist ausschließlich für die Kinder eingerichtet.
ほんい 翻意する seine Absicht (Meinung) ändern.
ほんい 本意 wahre (ursprüngliche) Absicht -en.
ほんかいぎ 本会議 die Plenarsitzung (Vollsitzung) -en.
ほんかくてき 本格的 ordentlich; richtig; regelrecht; regulär.
ほんかん 本管 die Hauptleitung -en.
ほんかん 本館 das Hauptgebäude -s, -.
ほんき 本気・の ernst. ~で im Ernst; ernst-

ほんきゅう 本給 → 本俸.
ほんきょ 本拠 der Stützpunkt -[e]s, -e; der Sitz -es, -e.
ほんぎょう 本業 der Hauptberuf -s, -e. 私は医者が~だ Ich bin eigentlich Arzt von Beruf.
ほんきょく 本局 das Hauptamt -[e]s, ⸗er; 〔郵便局の〕 das Hauptpostamt -[e]s, ⸗er.
ぼんくら der Dummkopf -[e]s, ⸗e. ~なdumm.
ほんけ 本家 die Hauptfamilie -n; die Hauptlinie -n; 〔元祖〕 der Urheber -s, -.
ぼんご 梵語 das Sanskrit -s. ~の sanskritisch. ~学者 der Sanskritist.
ほんこう 本校 die Hauptanstalt -en.
ほんこく 翻刻 der Nachdruck (Abdruck) -s, -e. ~する nach|drucken; ab|drucken.
ほんごく 本国 das Vaterland -[e]s, ⸗er; die Heimat -en; 〔植民地に対して〕 das Mutterland -[e]s, ⸗er.
ぽんこつ die Krücke -n.
ほんさい 本妻 → 正妻.
ぼんさい 盆栽 der Bonsai ['bɔnzaɪ] -[s], -s.
ぼんじ 梵字 das Sanskrit-Schriftzeichen -s, -.
ほんしき 本式·の ordentlich; förmlich; regelrecht. ~に in aller Form.
ほんしけん 本試験 das Hauptexamen -s, - (..mina).
ほんしつ 本質 das Wesen -s; wesentliche Eigenschaft -en. ~的 wesentlich. ~的に wesentlich; im Wesentlichen.
ほんしゃ 本社 die Zentrale -n; das Hauptgeschäft -s, -e.
ほんしょう 本性を現わす sein wahres Gesicht (Wesen) zeigen; die Maske fallen lassen* (von sich³ werfen*).
ほんしょう 本省 die Zentralbehörde -n.
ほんしょく 本職 der Hauptberuf -s, -e; 〔専門家〕 der Fachmann -[e]s, ..leute.
ほんしん 本心 das Innerste -n; wahre Absicht (Meinung) -en; ernstlicher Wille -ns. ~を明かす jm. sein Innerstes auf|schließen*; sich offenbaren. ~を失う die Besinnung verlieren*. ~に立ち帰る wieder zur Besinnung kommen*(s). ~では im Innersten. それは君の~か Meinst du es ernst damit?
ほんすじ 本筋に入る zur Sache kommen*(s). ~から外れる von der Sache ab|schweifen (s).
ほんせん 本線 die Hauptbahn -en; die Hauptstrecke -n.
ほんぜん 翻然として plötzlich; mit einem Mal[e] (Schlag[e]).
ほんそう 奔走·する geschäftig hin und her laufen*(s). 友人のために~する sich für seinen Freund verwenden.
ほんたい 本体 die Substanz -en; die Wesenheit; das Wesen -s; 〔機械などの〕 der Körper -s, -.
ほんたい 本隊 der Haupttrupp -s, -s.
ほんだい 本題 der Hauptgegenstand -[e]s, ⸗e; die [Haupt]sache -n. ~に入る zur Sache kommen*(s). ~にもどる auf den Gegenstand zurück|kommen*(s).
ぼんち 盆地 die Mulde -n; das Becken -s, -.
ほんてん 本店 das Hauptgeschäft -s, -e.
ボンド der Klebstoff -s, -e.
ポンド das Pfund -[e]s, -e. 1~は500グラム (20シリング)である Ein Pfund hat 500 Gramm (20 Shilling). 2~の肉 2 Pfund Fleisch. それは15~する Das kostet 15 Pfund.
ほんとう 本当·の 〔真実の〕 wahr; wahrhaft; echt; richtig; 〔現実の〕 wirklich; tatsächlich. ~に wahrlich; wirklich; tatsächlich; in der Tat. ~は in Wirklichkeit (Wahrheit); eigentlich. ~にする et. für wahr halten*. ~を言えば [um] die Wahrheit zu sagen.
ほんとう 奔騰する sprudeln (s); 〔物価などが〕 in die Höhe schnellen (s).
ほんどおり 本通り die Hauptstraße -n.
ほんにん 本人 die Person -en. ~の persönlich. ~自(みずか)ら in [eigener] Person; persönlich; selbst. 私は彼~には興味がない Ich bin an seiner Person (an ihm selbst) nicht interessiert. 私は彼~を知っている Ich kenne ihn persönlich.
ほんね 本音を吐く ein wahres Wort sprechen*; sein wahres Gesicht zeigen.
ほんの nur; bloß. ~少し nur ein wenig (bisschen). ~しばらく nur einen Augenblick. ~冗談だ Es ist doch nur [ein] Spaß.
ほんのう 本能 der Instinkt -s, -e; der Trieb -es, -e. ~的 instinktiv; triebhaft.
ぼんのう 煩悩 [weltliche] Leidenschaften pl. ~を断つ seine Leidenschaften bändigen (beherrschen). ~のとりこになる von Leidenschaften erfasst werden*(s受).
ほんのり ~赤い頬 rötliche (rosig angehauchte) Wangen pl. ~明るくなる Es fängt an zu dämmern (grauen). ~匂(に)う leise duften.
ほんば 本場 die Heimat -en. ~の echt.
ほんぶ 本部 die Zentrale -n; 〘兵〙 das Hauptquartier -s, -e.
ポンプ die Pumpe -n. ~で水を汲(く)む Wasser pumpen.
ほんぶり 本降り ¶いよいよ~だ Jetzt regnet es richtig.
ほんぶん 本分 die Pflicht -en. ~を尽す seine Pflichten ein|halten* (erfüllen); das Seinige tun*. ~に忠実な pflichttreu. ~に反した行動 pflichtwidriges Vorgehen.
ほんぶん 本文 der Hauptteil [eines Buches]. → ほんもん.
ボンベ die Bombe -n. ガス~ die Gasflasche.

ほんぽう 本俸 das Grundgehalt -s, ⸚er.
ほんぽう 奔放・な wild; frei; zügellos. ～な空想 wilde Fantasie. ～な生活を送る ein zügelloses Leben führen.
ぽんぽん ～手を鳴らす in die Hände klatschen. ～言う freimütig (rückhaltlos; unumwunden) sagen.
ほんまつてんとう 本末転倒・の verkehrt. そんなことをするなんて～も甚だしい Es wäre das Verkehrteste, so etwas zu tun.
ほんみょう 本名 eigentlicher (richtiger) Name -ns, -n.
ほんむ 本務 die Pflicht -en; die Hauptaufgabe -n.
ほんめい 本命 der Favorit -en, -en. ～と目される als Favorit gelten* 《für 4 格》.
ほんもう 本望 lang gehegter Wunsch -es, ⸚e. ～をとげる das Ziel seiner Wünsche erreichen. ～である ganz zufrieden sein*.
ほんもの 本物 das Echte#. ～の echt; original.
ほんもん 本文 der Text -es, -e; 〔内容〕 der Inhalt -s, -e.
ほんや 本屋 der Buchladen -s, ⸚; die Buchhandlung -en; 〔人〕 der Buchhändler -s, -.
ほんやく 翻訳 die Übersetzung -en; die Übertragung -en. ～する übersetzen; übertragen*. ドイツ語から日本語に～する aus dem (vom) Deutschen ins Japanische übersetzen. ～者 der Übersetzer. ～権 das Übersetzungsrecht.
ぼんやり ～した 〔不明瞭な〕 undeutlich; 〔放心した〕 zerstreut; 〔不注意な〕 unvorsichtig; 〔愚かな〕 dumm. ～暮らす müßig leben. ～としている dösen. ～前方を見つめる vor sich hin starren. 彼のことは～覚えている Ich erinnere mich dunkel (vage) an ihn.
ぼんよう 凡庸な alltäglich; banal; durchschnittlich.
ほんよみ 本読み 〔俳優の〕 die Leseprobe -n.
ほんらい 本来[の] eigentlich; ursprünglich.
ほんりゅう 本流 der Hauptfluss -es, ⸚e.
ほんりゅう 奔流 die Flut -en; 〔急流〕 reißender Strom -[e]s, ⸚e; die Stromschnelle -n. ～が堤防を破壊した Die Deiche wurden von der Flut durchbrochen.
ほんりょう 本領 die Eigenart; das Wesen -s; das Element -[e]s, -e. 教師として～を発揮する sich als Lehrer bewähren.
ほんろう 翻弄・する jn. an der Nase herum|führen. 小舟は波に～された Das Boot war den Wellen [hilflos] preisgegeben.
ほんろん 本論 der Hauptteil [einer Abhandlung]. → 本題.

ま 間・を開ける Platz (Raum) lassen* 《für 4格》. ～を置く eine Pause machen (ein|schalten). 5フィートずつ～を置いて in Abständen von 5 Fuß. ちょっとの～を置いて nach einer Pause. あっという～に im Nu; ehe man sich's versieht. 留守の～に während seiner Abwesenheit. ～を見て bei Gelegenheit. 食事する～もない keine Zeit zum Essen haben*. …までは～がある Es hat Zeit, bis … ～がいい Glück haben*. ～が悪い〔運が〕Unglück haben*;〔きまりが〕verlegen sein*. 三～の家 eine Wohnung mit 3 Zimmern.

ま 魔が差す vom bösen Geist besessen sein*.

まあ ～聞いておくれ Hör[e] mal! ～それはやめておこう Na, das lasse ich bleiben. ～こちらへ Kommen Sie doch hierher! ～そんなところさ Na, so ist es. ～いいや Nun ja (gut). ～奇麗 Ach, wie schön! / Oh, wunderschön! ～驚いた O Gott! / Herrje! ～あきれた Na, so was! → まあまあ

マーガリン die Margarine.

マーガレット Strauchige Wucherblume -n.

マーク die Marke -n. ～を付ける et. markieren. ～の付いた mit einer Marke versehen. ～する Acht geben* 《auf 4格》.

マーケット der Markt -[e]s, ⸚e.

マージャン 麻雀 das Mah-Jongg -s, -s. ～をする Mah-Jongg spielen.

マージン die Marge -n; die [Handels-]spanne (Verdienstspanne) -n.

まあたらしい 真新しい [funkel]nagelneu.

マーチ der Marsch -es, ⸚e.

まあまあ ～の leidlich; passabel. ～, すぐに良くなりますよ Nun nun, das wird gleich besser. ～そう言わずにどうぞ Bitte, keine Komplimente! 具合はどうかね?——～というところだ Wie geht's? – Na, so lala. この論文の出来は～だ Dieser Aufsatz geht gerade noch hin. ～のお天気なら Wenn das Wetter menschlich ist, …

マーマレード die Marmelade -n.

まい 枚 ¶2～の紙 zwei Blatt Papier. 千円札5～ fünf Tausendyenscheine. 55セントの切手10～ zehn Marken zu 55 Cent; zehn Fünfundfünfziger. 厚切りハム3～ drei dicke Scheiben Schinken. 京都まで往復1～下さい Bitte einmal Kyoto hin und zurück!

まい 舞 der Tanz -es, ⸚e. ～を舞う tanzen.

まいあがる 舞い上がる in die Höhe fliegen* (s). ひらひらと～ empor|flattern (s). 飛行機が空に～ Das Flugzeug steigt in die Luft. 風に枯れ葉(埃(ﾎﾟｺ))が～ Der Wind wirbelt dürre Blätter (den Staub) auf. 埃がもうもうと～ Staub wölkt [sich] auf.

まいあさ 毎朝 jeden Morgen.

まいかい 毎回 jedes Mal.

まいきょ 枚挙・する auf|zählen. 彼の功績は～にいとまがない Man kann seine Verdienste gar nicht alle aufzählen.

マイクロ ～ウェーブ Mikrowellen pl. ～カード die Mikrokarte. ～フィルム der Mikrofilm. ～コンピューター der Mikrocomputer. ～メーター das Mikrometer. ～バス der Kleinbus.

マイクロホン das Mikrofon -s, -e. ～で話す ins Mikrofon sprechen*.

まいご 迷子 verirrtes (verlaufenes) Kind -es, -er. ～になる sich verirren (verlaufen*).

まいこむ 舞い込む〔人が〕herein|schneien (s).〔吉報が～ Eine gute Nachricht kommt plötzlich an. 不意に彼が舞い込んで来た Er ist mir ganz unerwartet ins Haus geschneit.

まいじ 毎時[・の] stündlich. ～90キロの速さで mit einer Geschwindigkeit von 90 km in der Stunde; mit 90 Stundenkilometern.

まいしゅう 毎週 jede Woche. ～の wöchentlich. ～3回 dreimal die (in der) Woche; jede Woche dreimal. ～土曜日に jeden Sonnabend.

まいしん 邁進する sich eifrig bestreben 《zu+不定詞》.

まいそう 埋葬 das Begräbnis -ses, -se; die Beerdigung -en; die Bestattung -en. ～する begraben*; beerdigen; bestatten. ～許可証 der Bestattungsschein. ～式 die Begräbnisfeier. ～地 die Begräbnisstätte; [墓地] der Friedhof.

まいぞう 埋蔵・する vergraben*. ～物 vergrabener Schatz; der Vorrat an Bodenschätzen. 石炭の～量 das Vorkommen von Kohle. 石油を～する諸地域 Gebiete, in denen Erdöl vorkommt.

まいちもんじ 真一文字に schnurstracks.

まいつき 毎月 jeden Monat; monatlich. ～の monatlich.

まいど 毎度 jedes Mal; immer.

まいとし 毎年 jedes Jahr; jährlich; Jahr um Jahr. ～の jährlich.

マイナス das Minus -, -. ～の電気 negative Elektrizität. 4÷6は～2 4 minus (weniger) 6 ist minus 2. ～となる jm. (für jn.) Nachteile bringen*; sich für jn. negativ aus|wirken. ～記号 das Minuszeichen. それがその～面だ Das ist die Kehrseite der Medaille.

まいにち 毎日 jeden Tag; täglich; Tag für Tag. ～の täglich.

まいばん 毎晩 jeden Abend.

まいひめ 舞姫 die Tänzerin -nen.

まいびょう 毎秒[の] jede Sekunde; sekundlich.

まいふん 毎分[の] jede Minute; minutlich.

まいぼつ 埋没・する verschüttet werden*(s受); [忘れられる] in Vergessenheit geraten*(s). ～した verschüttet. 仕事に～する sich in die

(der) Arbeit vergraben*.
まいもどる 舞い戻る　zurück|kommen*(s). 元の会社に～ in seine frühere Firma wieder ein|treten*(s).
まいよ 毎夜　jede Nacht; [all]nächtlich. ～の allnächtlich.
まいる 参る　gehen*(s); kommen*(s); 〔訪問する〕*jn.* besuchen; 〔閉口する〕verwirrt sein* 《von 3格》; 〔女に〕sich in *jn.* vernarren; 〔死ぬ〕sterben*(s). 後程参ります Ich komme erst später. お寺に～ einen Tempel besuchen. ここは暑くて～ Es ist unerträglich heiß hier. 疲労に～ von Müdigkeit übermannt werden*(s受). その質問には参った Die Frage hat mich ganz verwirrt. 彼は決して参ったと言わない Er will sich seine Niederlage nie eingestehen.
マイル die Meile *-n.*
まう 舞う〔人が〕tanzen; 〔蝶(ﾁｮｳ)などが〕[umher|-]flattern (s). 鷲(ﾜｼ)が大空に舞っている Ein Adler kreist in der Luft.
まうえ 真上・に gerade über 《3格》. 頭の～に gerade über dem Kopf; gerade oben.
まえ 前・の 〔空間的〕vorder; 〔時間的〕vorig; ehemalig; früher. ～に 〔空間的〕vorn; 〔時間的〕vorher; ehemals; früher. …の～に vor 《3格; 4格》. ～に出る vor|treten*(s); vor *jn.* treten*(s). 私の目の～で in meiner Gegenwart. 外国賓客の並み居る～で in Anwesenheit von mehreren ausländischen Gästen. 家の～を通る an dem Haus vorbei|gehen*(s). ～の年に voriges Jahr; im vorigen Jahr. ～の火曜日に [am] vorigen (letzten) Dienstag. ～の大臣 ehemaliger Minister; der Exminister. 3年～から seit drei Jahren. この出来事の二三日～に einige Tage vor diesem Ereignis. 12時5分～ 5 Minuten vor 12. 日の出～に vor Sonnenaufgang; ehe die Sonne aufgeht. すこし(ずっと)～に kurz (lange) vorher. 彼が死ぬすこし～に kurz bevor er starb, … ずっと～から seit langem. ～に述べた通り wie oben erwähnt. ～を向いて mit dem Gesicht nach vorn. 3人～の食事 3 Portionen Essen. 2人～働く für zwei arbeiten. 彼はまだ半人～だ Er ist nur eine halbe Portion. 彼女は彼より～に来ていた Sie war eher da als er.
まえあし 前足　das Vorderbein *-[e]s, -e*; die Pfote *-n.*
まえいわい 前祝い　die Vorfeier *-n.*
まえうり 前売り　der Vorverkauf *-s.* ～で買う sich³ im Vorverkauf besorgen. ～する im Voraus verkaufen. ～券 die Karte im Vorverkauf. ～場 die Vorverkaufsstelle.
まえおき 前置き　die Vorbemerkung *-en*; die Vorrede *-n.*
まえかがみ 前屈みになる　sich vornüber|beugen; sich nach vorn beugen.
まえがき 前書き　das Vorwort *-[e]s, -e.*
まえかけ 前掛け　die Schürze *-n.* ～を掛ける(外す) eine Schürze um|binden* (ab|bin-

den*).
まえがし 前貸し[・金]　der Vorschuss *-es, ⸚e.* ～をする *jm.* einen Vorschuss geben*. 給料を～する *jm.* Lohn voraus|bezahlen.
まえがみ 前髪　das Stirnhaar *-s, -e.*
まえがり 前借りをする [einen] Vorschuss nehmen*; sich³ [einen] Vorschuss geben lassen*.
まえきん 前金 → 前払い.
まえこうじょう 前口上　der Prolog *-s, -e*; die Vorrede *-n.* ～を述べる den Prolog sprechen*.
まえこごみ 前屈み → まえかがみ.
まえば 前歯　der Vorderzahn *-[e]s, ⸚e.*
まえばらい 前払い　die Voraus[be]zahlung. ～する im Voraus [be]zahlen; voraus[be]zahlen; vor|schießen*.
まえぶれ 前触れ　〔予告〕die Ankündigung *-en*; 〔前兆〕das Vorzeichen *-s, -.* 春の～ ein Bote des Frühlings. ～する [im Voraus] an|kündigen. ～もなく unangekündigt; unangemeldet.
まえむき 前向き・になる sich nach vorn wenden*. この問題で～の姿勢をとる《比》eine fortschrittliche Haltung in (zu) dieser Frage ein|nehmen*.
まえもって 前以って im Voraus; vorher.
まえわたし 前渡しする vor|schießen*.
まおう 魔王　der Erlkönig *-s.*
まおとこ 間男する mit einem Mann eine Liebschaft haben*.
まがい 紛い・の nachgemacht; künstlich; unecht. ～の真珠 imitierte Perle. ～物 die Imitation.
まがう 紛う　¶夢かと～光景 traumhafte Szene. ～方なき(く) echt; unverkennbar; ganz deutlich.
まがお 真顔・で mit ernstem Gesicht. ～になる eine ernste Miene machen.
まがき 籬　die Hecke *-n.*
まがし 間貸しする *jm.* ein Zimmer vermieten.
まかす 負かす besiegen.
まかす 任せる überlassen*; übertragen*. 運命に身を～ sich dem Schicksal ergeben*. 君の判断に～ Ich überlasse es deinem Ermessen. 天を～に auf sein Glück verlassen*. 運を天に任せて auf gut Glück.
まかない 賄い　die Beköstigung. ～付きで mit Verpflegung. 私は3食～付きで部屋を借りた Ich habe [ein Zimmer] mit voller Pension gemietet. ～付きの下宿をしている bei *jm.* Kost und Logis haben*. ～料 das Kostgeld.
まかなう 賄う　*jn.* beköstigen. 費用を～ den Aufwand bestreiten*. 乏しい給料で暮らしを～ mit seinem kärglichen Gehalt aus|kommen*(s).
まがも 真鴨　die Stockente *-n*; die Wildente *-n.*
まがり 曲り　die Krümmung *-en*; die Biegung *-en.* ～なりに irgendwie; leidlich.

まがり 間借り・する bei jm. zur Miete wohnen. ～人 der Mieter.

まがりかど 曲り角 die Ecke -n. ～を曲る um die Ecke biegen*(s). ～に来る〖比〗einen Wendepunkt erreichen.

まがりくねる 曲りくねる sich winden* (krümmen; schlängeln). 小川が草地を曲りくねって流れている Der Bach windet sich durch die Wiese. 曲りくねった gewunden; geschlängelt.

まかりまちがえば 罷り間違えば im schlimmsten Fall[e]. 罷り間違ってもそんな事はしない Ich tue es um alles in der Welt nicht.

まがる 曲る〔湾曲する〕sich biegen* (krümmen);〔傾く〕den Weg ändern. 角(ﾐ)を～ um die Ecke biegen*(s). 右に～ nach rechts ein|biegen*(ab|biegen*) (s). 道が左へ曲っている Der Weg biegt nach links ab. 年で腰が～ vom Alter gebeugt sein*. ネクタイが曲っている Die Krawatte sitzt schief. 曲った gebogen; krumm;〔傾いた〕schief. 心の～ verschroben; unaufrichtig.

マカロニ Makkaroni pl.

まき 薪 das [Brenn]holz -es. ～を割る Holz spalten(*).

まきあげる 巻き上げる [auf|]winden*;〔奪う〕jm. et. ab|nehmen*;〔だまして〕jm. et. ab|luchsen. 帆を～ die Segel hissen. 巻き上げ機 die Winde; die Haspel.

マキアベリズム der Machiavellismus -.

まきえ 蒔絵 die Makie ['maːkie].

まきかえし 巻き返しを図る zum Gegenangriff über|gehen*(s).

まきげ 巻き毛 die Locke -n.

まきこまれる 巻き込まれる ¶渦に～ von einem Strudel erfasst werden*(s受). その労働者は機械の歯車に巻き込まれた Der Arbeiter kam in die Räder der Maschine. 雑踏に～ in ein Gedränge geraten*(s). 事件に～ in eine Affäre verwickelt (hineingezogen) werden*(s受).

まきじた 巻き舌 ¶～でRを発音する das R rollen.

マキシマム das Maximum -s, ..ma.

まきじゃく 巻尺 das Bandmaß -es, -e.

まきぞえ 巻き添え・にする jn. [mit] hinein|ziehen* (in 4格); jn. in Mitleidenschaft ziehen*; ～になる verflochten werden* (s受)《in 4格》. 喧嘩の～を食う in die Händel verwickelt werden*(s受).

まきタバコ 巻き煙草 die Zigarette -n. ～一箱 eine Schachtel Zigaretten. ～入れ das Zigarettenetui.

まきちらす 撒き散らす streuen. 金を～ mit dem Geld um sich werfen*.

まきつく 巻き付く sich winden* (wickeln) 《um 4格》. 蔦が木に巻き付いている Der Efeu schlingt sich um den Baum.

まきつける 巻き付ける wickeln; winden*; schlingen*. 針金をリールに～ einen Draht auf (um) eine Rolle wickeln. マフラーを首に～ sich³ ein Tuch um den Hals winden*.

まきば 牧場 die Weide -n; die Wiese -n.

まきもどす 巻き戻す zurück|spulen. 巻き戻しボタン〔フィルムなどの〕der Rückspulknopf.

まきもの 巻物 die Schriftrolle -n; das Makimono -s, -s.

まぎらす 紛らす ¶気を～ sich zerstreuen (ab|lenken). 憂いを酒で(に)～ seinen Kummer vertrinken*. 悲しみを笑いに～ seine Trauer unter Lächeln verbergen*. 退屈を～ sich³ die Zeit vertreiben*《mit 3格》.

まぎらわしい 紛らわしい verwechselbar; irreführend;〔意味が〕zweideutig.

まぎれ 紛れ・もない unverkennbar; ganz deutlich. ～もない事実 unleugbare (unbezweifelbare) Tatsache.

まぎれこむ 紛れ込む sich mischen (verlieren*)《unter 4格》. 人込みに～ in der Menge unter|tauchen (s).

まぎれる 紛れる ¶気が～ sich zerstreuen (ab|lenken). 人込みに紛れて姿を消す sich im Gedränge [der Menschen] verlieren*.

まぎわ 間際・に gerade vor《3格》. ～になって im letzten Augenblick. 出発～に kurz vor der Abreise.

まきわり 薪割りをする Holz spalten(*).

まく 幕 der Vorhang -s, ¨e. ～をあける(引く) den Vorhang auf|ziehen* (vor|ziehen*). ～があく(下りる) Der Vorhang geht auf (fällt). 君の出る～ではない Das ist nicht deine Sache. 第1～ erster Aufzug (Akt). 一～物 der Einakter.

まく 膜 die Haut ¨e; die Membran -en. ～状の häutig. 牛乳に～が出来た Auf der Milch hat sich eine Haut gebildet.

まく 巻く et. winden*《um 4格》;〔丸める〕rollen;〔包む〕et. wickeln (in 4格). 足に包帯を～ jm. den Fuß verbinden*. 時計[のぜんまい]を～ eine Uhr auf|ziehen*. 舌を～ et. bewundern.

まく 蒔く säen.

まく 撒く ¶芝生に水を～ [Wasser über] den Rasen sprengen. 凍った歩道に砂を～ die Asche auf dem vereisten Fußweg verstreuen. 飛行機からびらを～ Flugblätter aus dem Flugzeug streuen. 追手を～ einen Verfolger ab|schütteln.

まくあい 幕間 die Pause -n; der Zwischenakt -s, -e.

まくぎれ 幕切れ ¶意外な～ unerwarteter Schluss.

まぐさ 秣 das Futter -s. ～桶(ﾎﾞ) die Krippe.

まくしたてる 捲し立てる drauflos|reden.

まぐち 間口 die Front -en. 研究の～を広げる das Forschungsgebiet erweitern.

マグニチュード die Magnitude [magniˈtuːdə] -n《記号: M》.

マグネシウム das Magnesium -s《記号: Mg》.

マグネット der Magnet -en (-s), -e.

まくら 枕 das [Kopf]kissen -s, -. 　~を高くして眠る ruhig schlafen*. 　~もとに am Kopfende; [jm.] zu Häupten.

まくらぎ 枕木 die Eisenbahnschwelle -n.

マクラメ das Makramee -[s], -s.

まくりあげる 捲り上げる 　¶袖(₆)を~ die Ärmel auf|krempeln (auf|rollen).

まくる 捲る →捲り上げる. 　腕を~ den Arm [bis an den Ellbogen] entblößen.

まぐれあたり まぐれ当り・で durch glücklichen Zufall. 　それは~だ Das ist ein Zufallstreffer.

まくれる 捲れる 　¶彼女のスカートが風に吹かれて捲れた Ihr Rock bauschte sich im Wind auf.

まぐろ 鮪 der T[h]unfisch -es, -e.

まぐわ 馬鍬 die Egge -n.

まくわうり 真桑瓜 die Warzenmelone -n.

まけ 負け die Niederlage -n; der Verlust -es, -e. 　この勝負は~だ Das Spiel ist verloren. 　~いくさ verlorene Schlacht.

まげ 髷 der Haarknoten -s, -. 　髪を~に結う sich³ das Haar zu einem Knoten auf|stecken.

まけおしみ 負け惜しみ・を言う seinen Mißerfolg nicht zugeben wollen*. 　それは彼の~だ Das sind saure Trauben für ihn. 　~の強い人 schlechter Verlierer.

まけじだましい 負けじ魂 unnachgiebiger Geist -es.

まけずおとらず 負けず劣らず 　¶彼は兄に~才能がある Er ist nicht weniger begabt als sein Bruder. 　どちらも~の力を持っている Die beiden sind ganz gleich an Stärke.

まけぎらい 負け嫌いの unbeugsam; unnachgiebig; hartnäckig.

まける 負ける besiegt werden*(s受); [劣る] jm. nach|stehen* (an 3格). 　勝負に~ das Spiel verlieren*. 　病気(誘惑)に~ der Krankheit (Versuchung) erliegen*(s). 　値段を~ jm. einen guten Preis machen. 　10円お負けしましょう Ich will Ihnen 10 Yen ablassen (nachlassen). 　~が勝ち Der Klügere gibt nach.

まげる 曲げる biegen*; krümmen; [誤って]verbiegen*; [屈める] beugen. 　膝を~ das Knie beugen. 　自説を~ von seiner Meinung ab|gehen*(s). 　事実(法)を~ einen Tatbestand (das Recht) verdrehen.

まご 孫 der Enkel -s, -; [女] die Enkelin -nen. 　~子の代まで伝える et. der Nachwelt überliefern.

まご 馬子にも衣裳 Kleider machen Leute.

まごころ 真心・のこもった herzlich; innig; [思いやりのある] liebevoll; [誠実な] aufrichtig. 　~こめて herzlich; mit Innigkeit.

まごつく in Verwirrung geraten*(s); den Kopf verlieren*; aus der Fassung kommen*(s). 　私は彼の問いにまごついてしまった Seine Frage hat mich ganz verwirrt.

まこと 真(誠) 　¶嘘(う₆)か~か? Ist es Lüge oder Wahrheit? 　~の話 wahre (wirkliche) Geschichte. 　~のある人 ehrlicher (rechtschaffener) Mensch. 　~を尽す jm. treu bleiben*(s); [~に] wirklich; in der Tat. 　~に残念ですが zu meinem großen Bedauern. 　~にお気の毒です Es tut mir recht Leid.

まことしやか 実しやか・に涙を流す Krokodilstränen vergießen*. 　彼は~な嘘をつく Seine Lüge klingelt ganz plausibel.

まごご →まごつく.

まごむすめ 孫娘 die Enkelin -nen.

まさか ~の時には im Notfall. 　~の時に備える et. für den Notfall auf|bewahren; sich auf das Schlimmste gefasst machen. 　彼女は~病気ではあるまいね Sie ist doch nicht etwa krank.

まさかり 鉞 das Breitbeil -s, -e.

まさき 柾 Japanischer Spindelbaum -[e]s, ⸚e.

まさしく 正しく [確かに] sicher[lich]; bestimmt; [明らかに] offenbar; [本当に] wahrlich; [疑いもなく] ohne Zweifel. 　盗んだのは~彼 Er ist es ohne Zweifel, der gestohlen hat. → 正に.

まさつ 摩擦 die Reibung -en; die Friktion -en. 　~する reiben*. 　~のない reibungslos. 　冷水~を する sich kalt ab|reiben* (frottieren). 　両者の間に~が生じた Zwischen beiden entstanden Reibungen. 　~音 der Reibelaut (Frikativ).

まさに 正に [丁度] eben; gerade; [確かに] sicher[lich]; wirklich; [当然] natürlich. 　~あなたのおっしゃる通りです Sie haben ganz Recht. 　時は~熟している Es ist höchste Zeit. 　お手紙~いただきました Ich habe Ihren Brief richtig erhalten. 　あれから~10年になる Das ist schon genau zehn Jahre her. 　飛行機は~飛び立とうとしていた Das Flugzeug war gerade im Begriff zu starten.

まざまざ ~と anschaulich; lebendig; deutlich. 　私はあの光景を~と思い浮かべることができる Ich kann mir die Szene lebhaft vorstellen.

まさゆめ 正夢 　¶私の夢は~だった Mein Traum ist in Erfüllung gegangen.

まさる 優(勝)る jm. überlegen sein* (an (in) 3格). 　~とも劣らない jm. gewachsen sein*. 　彼は勤勉なこと(暗算)では私にはるかに~ Weit übertrifft er mich an Fleiß (im Kopfrechnen).

まざる 交(混)ざる →交(混)じる.

まし 増し 　¶夜間タクシーは2割~料金です Der Taxinachttarif beträgt zwanzig Prozent mehr. 　無いよりは~だ Es ist besser als nichts. 　味方を裏切るくらいなら死んだほうが~だ Ich würde lieber sterben als meine Freunde verraten.

まじえる 交える 　¶言葉(砲火)を~ Worte (Feuer) wechseln. 　膝(º)を交えて語る sich mit jm. vertraulich unterhalten*.

ましかく 真四角 gleichseitiges Viereck -s, -e; das Quadrat -[e]s, -e. 　~の quadratisch.

まじきり 間仕切り [壁] die Trennwand ⸚e.

ました 真下・に gerade unten. 塔の~に gerade unter dem Turm.
マジック die Magie. ~アイ magisches Auge.
まして 況して um so mehr; 〔否定的〕 geschweige denn; um so weniger. →いわんや.
まじない 呪い die Beschwörung -en; 〔呪文〕 die Beschwörungsformel -n; der Zauberspruch -s, ¨e. 病魔退散のお~をする eine Krankheit besprechen*. 魔除けのお~をする Geister beschwören*.
まじまじ ~と見る unverwandt an|sehen*.
まじめ 真面目 der Ernst -es. ~な ernst[haft]; aufrichtig. ~に im Ernst. ~に考える et. ernst nehmen*; es ernst meinen 《mit 3 格》. ~な ernst werden*(s); 〔改心する〕 solid[e] werden*(s); sich bessern. ~な顔をする →真顔. ~くさった顔で mit feierlicher (ernsthafter) Miene.
ましゃく 間尺に合わない Dabei ist nicht viel zu verdienen.
まじゅつ 魔術 der Zauber -s. ~を使う Zauber treiben*. ~を使って durch Zauber. ~師 der Zauberer.
まじょ 魔女 die Hexe -n.
ましょう 魔性の女 die Femme fatale [fam fa'tal] -s -s; der Vamp -s, -s.
ましょうめん 真正面・に ganz vorn; gerade gegenüber 《3格》. 問題に~から取り組む ein Problem geradewegs an|gehen*.
まじりけ 交じり気のない unvermischt; rein; echt.
まじる 交(混)じる sich [ver]mischen 《mit 3 格》. 聴衆に~ sich unter die Zuhörer mischen. 色がよく~ Die Farben verschmelzen ineinander. 水と油はよくまじらない Öl und Wasser mischen sich nicht.
まじわり 交わり 〔交際〕 der Verkehr -s; der Umgang -[e]s. ~がある Umgang mit jm. haben*. ~を結ぶ Freundschaft mit jm. schließen*. ~を絶つ den Umgang mit jm. ab|brechen*.
まじわる 交わる 〔交際する〕 mit jm. um|gehen* (s) (verkehren); 〔交差する〕 sich kreuzen.
ましん 麻疹 →はしか.
ます 枡 das Hohlmaß -es, -e; 〔劇〕 die Loge -n. ~売りする nach Hohlmaß verkaufen. ~目をたっぷりにする ein volles Maß [aus||geben*.
ます 鱒 die Lachsforelle -n.
ます 増す 〔ふえる〕 zu|nehmen* 《an 3 格》; an|wachsen*(s); 〔ふやす〕 vermehren. 人口が~ Die Bevölkerung vermehrt sich. 川の水かさが~ Der Fluss steigt. 速さを~ schneller werden*(s). 体重が3キロ増した Ich habe 3 Kilo [an Gewicht] zugenommen. 近代建築が都市の美観を~ Moderne Neubauten erhöhen die Schönheit der Stadt.
マス 〔集団〕 die Masse -n.
まず 先ず 〔zu]erst; zunächst; 〔何よりもまず〕 vor allem [anderen]; 〔おおよそ〕 ungefähr; 〔それで は〕 nun. ~はそんなところだ So ist es ungefähr. ~は行くとしよう Na, nun wollen wir gehen! ~はこれで十分だ Jetzt ist es aber genug.
ますい 麻酔 die Betäubung -en; die Narkose -n. ~をかける jn. betäuben (narkotisieren). ~から覚める aus der Narkose erwachen (s). 全身(局部)~ die Vollnarkose (örtliche Betäubung). ~剤(薬) das Betäubungsmittel.
まずい 〔味の〕 unschmackhaft; schlecht schmeckend; 〔下手な〕 ungeschickt; schlecht; 〔賢明でない〕 unklug; 〔不都合な〕 ungünstig. ~顔 hässliches Gesicht. この魚は~ Dieser Fisch schmeckt mir nicht [gut]. 口が~ keinen Appetit haben*. これは~ことになった Da habe ich etwas Schönes (Nettes) angerichtet.
マスク die Maske -n; 〔衛生用の〕 die Gesichtsmaske -n; 〔防毒用の〕 die Gasmaske -n; 〔手術用の〕 der Mundschutz -es, -e. ~を掛ける eine Maske tragen* (vor|binden*). デス~ die Totenmaske. 酸素~ die Sauerstoffmaske.
マスコット die Maskotte -n.
マスコミ die Massenkommunikation -en.
まずしい 貧しい arm.
マスター der Wirt -[e]s, -e. コンサート~ der Konzertmeister. ~する meistern; beherrschen.
マスターベーション die Masturbation -en.
マスト der Mast -es, -en (-e).
マスプロ die Massenproduktion.
ますます 益益 mehr und mehr; immer 《+比較級》. ~むずかしくなる immer schwerer werden* (s).
まずまず 先ず先ず・leidlich; erträglich; mittelmäßig. ~の収穫 mittelmäßige Ernte. 彼の容体は~というところだ Sein Zustand ist leidlich.
マスメディア Massenmedien pl.
マズルカ die Mazurka ..ken (-s).
まぜかえす 交ぜ返す [um|]rühren. 人の話を~ jn. neckend stören.
まぜこぜ ~にする durcheinander mengen.
ませた ~子供 altkluges Kind. ~ことを言う altklug reden.
まぜもの 混ぜ物 die [Bei]mischung -en.
まぜる 交(混)ぜる [ver]mischen; mengen. ワインに水を~ Wein mit Wasser (Wasser in den Wein) mischen. 塩と胡椒(ニュ)を料理に~ eine Speise mit Pfeffer und Salz würzen. 英語を混ぜて話す seine Rede mit Englisch spicken.
マゾヒズム der Masochismus -.
また 又 ¶山~山 Berge über Berge. ~の日に ein andermal. 私も~人の子だ Ich bin auch nur ein Mensch. 彼も~出席していた Er war ebenfalls anwesend. 彼は詩人でもあり~音楽家でもある Er ist Dichter und Musiker zugleich. 彼は~もどって来た Er ist wieder zurück. じゃあ~あとで Bis nachher (spä-

また 又 die Gabel -n. ～になった gegabelt; gabelig; gabelförmig.

また 股 der Schenkel -s, -. ～を開く die Beine spreizen. 大(小)～で歩く große (kleine) Schritte machen.

まだ 未だ [immer] noch; [今のところ] zurzeit; [やっと] erst; [僅かに] nur [noch]. ～雪が降っている Es schneit noch immer. 金は～たくさんある Ich habe noch viel Geld. ～2歳です Er ist erst zwei Jahre alt. ～チャンスがないこともない Man kann vielleicht noch eine Gelegenheit dazu finden. 詳細は～分っていない Näheres ist bisher noch nicht bekannt.

まだい 間代 die Miete -n. ～はいくらですか Was kostet das Zimmer?

またいとこ 又従兄弟 der Vetter zweiten Grades; [又従姉妹] die Kusine zweiten Grades.

またがし 又貸し [部屋などの] die Unterpacht -en. ～する [部屋などを] weiter|vermieten.

またがり 又借りする aus zweiter Hand leihen*.

またがる 跨がる ¶馬に～ auf das Pferd steigen*(s). 彼の日記は20年に～ Seine Tagebücher erstrecken sich über zwanzig Jahre.

またぎき 又聞きする nur aus zweiter Hand erfahren*.

またぐ 跨ぐ schreiten* (treten*) (s) 《über 4格》. 二度と彼女の家の敷居は跨がない Nie mehr werde ich ihre Schwelle betreten.

またたく 瞬く ¶目を～ [mit den Augen] zwinkern. 星が～ Die Sterne flimmern. ともしびが～ Das Licht flackert. ～間に im Nu; in einem Augenblick.

またとない 又とない einzig[artig]; unvergleichlich; ohnegleichen. こんなチャンスは～ So eine Gelegenheit kommt nie wieder.

または 又は oder.

マダム die Madame *Mesdames* (略: Mme., *pl.* Mmes.); [バーなどの] die Wirtin -nen.

まだら 斑・の fleckig; scheckig; getüpfelt; [色の] bunt. ～の牛(馬) scheckiges Rind (Pferd).

まだるっこい langsam; schleppend; weitschweifig. ～物言いをする schleppend sprechen*; eine schleppende Redeweise haben*.

まち 町 die [Klein]stadt ⸚e; der Ort -es, -e; [通り] die Straße -n. ～へ行く in die Stadt gehen*(s). ～を練り歩く durch die Straßen ziehen*(s).

まちあいしつ 待合室 [駅の] der Wartesaal -s, ..säle; [医院などの] das Wartezimmer -s, -.

まちあぐむ 待ちあぐむ sich müde warten 《auf 4格》.

まちあわせる 待ち合わせる auf *jn.* warten. 6時に彼と駅で～ことにした Ich habe mich mit ihm um 6 Uhr am Bahnhof verabredet. 待ち合わせ場所 der Treffpunkt.

まちいしゃ 町医者 praktischer Arzt -es, ⸚e.
まちうける 待ち受ける harren 《auf 4格》; ab|passen.

まぢか 間近・の sehr nahe. ～に ganz nahe 《3格》; an (bei) 3格); dicht 《an 3格》; [時間的] kurz (direkt) 《vor 3格》. ～い sehr nahe sein*; vor der Tür stehen*. ホテルは駅の～にある Das Hotel ist ganz nahe am Bahnhof. 試験が～だ Die Prüfung steht vor der Tür ([dicht] bevor).

まちがい 間違い der Fehler -s, -; der Irrtum -s, ⸚er; das Versehen -s, -; [変事] der Unfall -[e]s, ⸚e; [男女間の] der Fehltritt -[e]s, -e. ～のない fehlerfrei. ～のない人 zuverlässiger Mensch. ～をする(直す) Fehler machen (verbessern). この仮定は～である Diese Annahme ist ein Irrtum. 明日までに～なく仕上げる Bis morgen werde ich es sicher (bestimmt) fertig machen. ～は人の常 Irren ist menschlich.

まちがえる 間違える Fehler machen; sich irren (in 3格). 日付(計算)を～ sich im Datum (in der Rechnung) irren. 道を～ den Weg verfehlen. 電話を掛け～ falsch wählen. 犬を狼(鮭)に～ einen Hund mit einem Wolf verwechseln. 間違った verkehrt; falsch; unrichtig. 間違って [うっかりと] irrtümlich; aus Versehen; versehentlich. 間違えやすい verwechselbar; irreführend.

まちかど 街角 die Straßenecke -n.
まちかねる 待ち兼ねる 《*js.* Ankunft》 ungeduldig erwarten. お待ち兼ねの lang ersehnt.
まちかまえる 待ち構える → 待ち設ける. 時機の到来を～ auf eine günstige Gelegenheit lauern. 待ち構えていた erwartet.
まちくたびれる 待ちくたびれる sich müde warten 《auf 4格》.
まちこがれる 待ち焦がれる sehnlichst (mit Schmerzen) erwarten.
まちどおしい 待ち遠しい kaum erwarten können*. お待ち遠さま Entschuldigen Sie, dass ich Sie so lange warten ließ.
まちなみ 町並み die Häuserreihe [an der Straße].
マチネー die Matinee -n.
まちはずれ 町外れ・に am Stadtrand; außerhalb der Stadt. ～に住む an der Peripherie (in der Vorstadt) wohnen*.
まちぶせ 待ち伏せる lauern 《auf 4格》.
まちぼうけ 待ちぼうけを食う vergeblich auf *jn.* warten. ～を食わす *jn.* vergebens warten lassen*; *jn.* sitzen lassen*.
まちまち 区区・の verschieden[artig]. 意見が～だ Die Meinungen darüber sind sehr geteilt.
まちもうける 待ち設ける [期待する] erwarten; entgegen|sehen* 《3格》; [用意して] sich vor|bereiten 《auf 4格》; [覚悟して] sich gefasst machen 《auf 4格》. 客を～ Besuch erwarten. 待ち設けていた erwartet.
まちやくば 町役場 das Rathaus -es, ⸚er.

まちわびる 待ち侘びる lauern 《auf 4 格》.
まつ 松 die Kiefer -n. ~かさ der Kiefernzapfen. ~並木 die Kiefernallee. ~葉 die Kiefernnadel. ~林 das Kieferngehölz; der Kiefernwald. ~脂(こ) die Kiefernharz.
まつ 待つ warten 《auf 4 格》; ab|warten; 〔期待して〕 erwarten; 〔頼る〕 rechnen 《auf 4 格》. ちょっと待て 〔Warte〕 einen Augenblick! 海路の日よりあり Zeit bringt Rosen. 君の協力に~ところが大きい Ich rechne viel auf deine Mitwirkung. 子供たちは休暇が待ちきれない Die Kinder können die Ferien kaum erwarten. 待ちに待った日 lang erwarteter (ersehnter) Tag.
まつえい 末裔 der Nachkomme -n, -n; 〔集合的に〕 die Nachkommenschaft. ~である von *jm.* ab|stammen *(s)*.
まっか 真赤・な ganz rot; feuerrot. ~になる ganz rot werden*(s)*. ~になって怒る vor Zorn rot werden*(s)*. 彼女は耳まで~になった Sie errötete bis über die Ohren. ~な嘘(うそ) blanke (glatte) Lüge.
まっき 末期 das Ende -s; die Spätzeit -en. 〔段階〕 das Endstadium -s, ..dien. 中世~に am Ende des Mittelalters; im ausgehenden Mittelalter. ~的症状 die Symptome des Verfalls (der Dekadenz).
まっくら 真暗・な finster; schwarz; stockdunkel. このことについてはお先~だ Um diese Sache sieht es finster aus. 目の前が~になる Mir wird [es] schwarz vor den Augen.
まっくろ 真黒・な tiefschwarz; 〔髪の〕 rabenschwarz. 日に焼けて~になった Ich bin ganz schwarz verbrannt.
まつげ 睫 die [Augen]wimper -n.
まっこう 真向・から反対する direkt entgegen|treten*(s)* 《3 格》. ~からはねつける rundweg ab|schlagen*. ~から風が吹きつける Der Wind bläst mir gerade ins Gesicht. それは真実に~から対立する Das schlägt der Wahrheit ins Gesicht.
まっこうくさい 抹香臭い nach Buddhismus riechend; mönchisch.
まっこうくじら 抹香鯨 der Pottwal -s, -e.
マッサージ die Massage -n. ~する massieren. ~をしてもらう sich massieren lassen*. ~師 der Masseur; 〔女〕 die Masseuse.
まっさいちゅう 真最中 ¶仕事の~である mitten in seiner Arbeit sein*. 冬の~に mitten im Winter.
まっさお 真青・な tiefblau. 恐ろしさに~になった Vor Furcht war er blass (bleich) wie eine Wand.
まっさかさま 真逆様に kopfüber; kopfunter.
まっさかり 真盛りである in voller Blüte stehen*.
まっさき 真先・の vorderst. ~に zuerst; am (zu) allerersten; an der Spitze. 楽隊が~に行く Eine Musikkapelle geht dem Zug voran.
まっさつ 抹殺・する aus|merzen. 記憶から~する *et.* aus seinem Gedächtnis streichen*. 反対意見を~する jeden Widerspruch zu|rück|weisen*.
まっしぐら ~に進む geradewegs los|gehen* *(s)* 《auf 4 格》.
まつじつ 末日 der letzte Tag -es.
マッシュポテト der Kartoffelbrei -s.
マッシュルーム der Champignon -s, -s.
まっしょう 末梢・的 geringfügig; peripher; trivial. ~神経系 peripheres Nervensystem.
まっしょうじき 真正直な(に) ganz aufrichtig (redlich; ehrlich).
まっしょうめん 真正面 → ましょうめん.
まっしろ 真白・な ganz weiß; schneeweiß. 彼は髪が~だ Er ist schlohweiß.
まっすぐ 真直く・な gerade. ~に gerade[aus]. ~に歩く geradeaus gehen*(s)*. ~に帰る geradewegs nach Hause gehen*(s)*.
まっせき 末席 der unterste Platz -es. 役員の~をけがす Ich habe die Ehre, ein Mitglied des Vorstandes zu sein.
まつだい 末代 die Nachwelt; künftige Generationen (Zeiten) *pl.*
まったく 全く ganz; völlig; 〔本当に〕 wirklich; wahrhaft. ~[のところ]不可能だ Es ist einfach unmöglich (durchaus nicht möglich). 彼は~の芸術家だ Er ist durch und durch Künstler. ~……ない gar nicht (kein); nicht im Geringsten.
まつたけ 松茸 der Kiefernpilz -es, -e. ~狩りをする Kiefernpilze sammeln.
まったゞなか 真只中 ¶群衆の~に mitten unter der Menge.
まったん 末端 das Ende -s, -n.
マッチ das Streichholz -es, ̈er; 〔試合〕 der Wettkampf -s, ̈e. ~を擦(*す*)る ein Streichholz an|zünden. ~箱 die Zündholzschachtel.
マット die Matte -n.
まっとうする 全うする 〔完成する〕 vollenden; 〔果す〕 erfüllen. 天寿を~ eines natürlichen Todes sterben*(s)*.
マットレス die Matratze -n.
マッハ 〔物〕 die Machzahl -en (略: Ma); das Mach -[s], -. ~2 Mach 2; 2 Mach.
まっぱだか 真裸・の völlig nackt; splitter[faser]nackt. ~になる sich ganz nackt aus|ziehen*.
まつばづえ 松葉杖 die Krücke -n. ~をついて歩く auf Krücken gehen*(s)*.
まっぴら 真平 ¶そんな事は~ご免だ Danke für Backobst! / Das wäre ja noch schöner!
まっぴるま 真昼間に am hellen Tage.
まっぷたつ 真二つに mitten entzwei.
まつゆきそう 松雪草 das Schneeglöckchen -s, -.
まつり 祭 das Fest -es, -e; die Feier -n; das Festival -s, -s. ~を行う ein Fest begehen*

(feiern).　お~騒ぎ die Ausgelassenheit.　お~気分の Festlichkeit; die Feststimmung.　お~気分である festtäglich gestimmt sein*.

まつりあげる 祭り上げる〔崇拝する〕vergöttern.　会長に~ jn. zum Vorsitzenden erheben*.

まつる 祭る〔神に〕vergotten.　あれは何神を~お宮ですか Welchem Gott ist der Tempel geweiht?

まつろ 末路 letzte Lebensjahre pl.; das Ende -s.

まつわる 纏わる ¶動物に~話 Geschichten um Tiere.　この古城に~伝説は多い Um das alte Schloss ranken sich viele Sagen.

まで bis;〔さえ〕auch; selbst; sogar.　今~ bis jetzt; bisher.　朝から晩~ vom Morgen bis zum Abend.　夜遅く~ bis tief in die Nacht [hinein].　最後~ bis zum Ende.　最後の一人~ bis auf den letzten Mann.　横浜~ bis Yokohama.　飛行機が出る~ Bis das Flugzeug abfliegt, ...　子供~が知っている Sogar ein Kind weiß es.　今日はそれ~ So viel für heute.　ここ~しか知りません Das ist alles, was ich weiß.

まてどくらせど 待てど暮らせど彼女の返事が来ない Ich warte vergeblich auf ihre Antwort.

まてんろう 摩天楼 der Wolkenkratzer -s, -.

まと 的 das Ziel -[e]s, -e.　~を射当てる(射そこなう) das Ziel treffen* (verfehlen).　命を~に auf Leben und Tod.　~はずれの nicht treffend.　~はずれの批評をする eine unpassende Bemerkung machen (über 4 格).　~はずれな考え fernliegender Gedanke.　関心の~になる im Brennpunkt des Interesses stehen*.

まど 窓 das Fenster -s, -;〔観音開きの〕das Flügelfenster -s, -;〔上下又は引き違いの〕das Schiebefenster -s, -.　~を開ける(閉める) das Fenster auf|machen (zu|machen).　~から覗(2)く durchs Fenster gucken.　~から外を眺める zum Fenster hinaus|sehen*.　~掛け der Fenstervorhang.　~ガラス die Fensterscheibe.　~口で am Schalter.　~枠で Fensterrahmen.

まといつく 纏い付く sich schlingen* (winden*) (um 4 格).　人に~ jm. nach|laufen* (s).

まとう 纏う〔着る〕an|ziehen*;〔着ている〕tragen*.　彼はマントをまとった Er wickelte sich in seinen Mantel ein.

まどう 惑う → 迷う.

まとまり 纏まりのない zusammenhang[s]los; verworren.

まとまる 纏る〔一致する〕sich vereinigen;〔完成する〕vollendet werden*(s受); zustande kommen*(s);〔落着する〕zum Abschluss kommen*(s).　まとまった金額 runde Summe.　契約がまとまった Der Vertrag ist zustande gekommen.　それについて学者の意見がなかなかまとまらない Die Gelehrten sind darüber noch nicht einig.　チームはよくまとまっている Die Mannschaft hat ein gutes Zusammenspiel.

まとめる 纏める〔統一する〕vereinigen;〔整える〕in Ordnung bringen*;〔体系を〕zusammen|stellen;〔完成する〕vollenden; zustande bringen*;〔きまりをつける〕ab|schließen*.　争いを~ einen Streit schlichten.　考えを~ einen Gedanken fassen.　まとめて [alles] zusammen; im Ganzen.

まとも ¶風を~に受けて direkt dem Wind entgegen.　~に見る jm. gerade in die Augen (jm. ins Gesicht) sehen*.　~な人 gerader (aufrichtiger) Mensch.　~な商売 solides Geschäft.

マドモアゼル die Mademoiselle *Mesdemoiselles* (略: Mlle., pl. Mlles.).

まどり 間取り die Zimmeranordnung -en.　この家は~がいい Das Haus ist gut geplant.

マドロス der Matrose -n, -n.

まどろむ〔軽く〕schlummern.

マトン das Hammelfleisch -es.

マドンナ〔像・絵〕die Madonna ..*donnen*.

マナー Manieren pl.

まないた 俎 das Hackbrett -[e]s, -er.

まなざし 眼差し der Blick -es, -e.　~を伏せる den Blick senken.

まなつ 真夏 der Hochsommer -s.　~に im hohen Sommer.

まなでし 愛弟子 der Lieblingsschüler -s, -.

まなぶ 学ぶ lernen; studieren.　ドイツ語を~ bei jm. Deutsch lernen; bei jm. Unterricht im Deutschen nehmen*.　彼はボン(ケンブリッジ)大学で学んでいる Er studiert in Bonn (an der Universität Cambridge ['keɪmbrɪdʒ]).

まなむすめ 愛娘 seine liebe Tochter ⸚.

マニア ¶彼は切手~だ Das Briefmarkensammeln ist eine Manie bei ihm.　彼女は買物~だ Sie hat die Manie, viel zu kaufen.

まにあう 間に合う〔時間に〕rechtzeitig kommen*(s);〔十分である〕genügen (3 格).　列車に~ den Zug schaffen; zum Zug zurecht|kommen*(s).　1,000 円あれば~だろう Wahrscheinlich genügen mir 1000 Yen.　彼がいなくても結構~ Es geht auch ohne ihn.

まにあわせ 間に合わせ der Notbehelf -s, -e.　~の((に)) behelfsmäßig; zur Aushilfe.　~の修繕をする et. notdürftig reparieren; et. zusammen|flicken.

まにあわせる 間に合わせる sich behelfen* (mit 3 格); aus|kommen*(s) (mit 3 格);〔仕事を期限内に〕schaffen.

まにうける 真に受ける et. für bare Münze nehmen*.　冗談を~ einen Scherz für Ernst nehmen*.

マニキュア die Maniküre.　爪に~する die Nägel maniküren.

まにまに ¶ボートが波の~漂う Ein Boot treibt auf den Wellen.

マニュアル das Manual -s, -e.

マニラ ~麻 der Manilahanf -s.

まにんげん 真人間になる ein ordentlicher Mensch werden*(s).

まぬかれる 免れる ¶死(危険)を~ dem Tod

まぬけ 間抜け die Dummheit; 〔人〕der Dummkopf -[e]s, ¨e. ～な dumm. ～な事をする dummes Zeug machen.

まね 真似 die Nachahmung -en;〔物真似〕die Nachäfferei -en. ～をする → 真似る. 死んだ～をする sich tot stellen. 勝手な～をする willkürlich handeln.

マネージャー der Manager -s, -.

まねき 招き die Einladung -en. ～に応ずる(を断る) die Einladung an|nehmen* (ab|lehnen).

マネキン das Mannequin -s, -s. ～人形 die Schaufensterpuppe.

まねく 招く〔招待する〕ein|laden*;〔招聘する〕berufen*. ボーイを～ dem Kellner winken. 家に～ jn. in sein Haus ein|laden*. 食事(お茶)に～ zum Essen (Tee) ein|laden*. わざわい(死)を～ ein Unglück (den Tod) herbei|führen. 招かれざる客 ungebetener Gast.

まねる 真似る nach|ahmen. 鳥の声を～ die Stimmen der Vögel nach|machen. 彼女は彼の話しぶりをまねた Sie ahmte seine Sprechweise nach. 手本をまねて作る nach einem Muster arbeiten. ルーベンスをまねた絵 ein Gemälde nach Rubens.

まのあたり 目の当たりに見る mit eigenen Augen sehen*.

まのび 間延び・した声で in gedehntem Ton. ～のした顔で mit erschlafftem, blödem Gesicht.

まばたき 瞬き das Blinzeln -s. ～する blinzeln.

まばゆい 目映い blendend.

まばら 疎ら・な spärlich; dünn;〔散在して〕zerstreut [liegend]. ～な髪の毛 spärliches (dünnes) Haar. 会衆が～だった Die Versammlung war spärlich besucht. 通りは人影も～である Die Straße ist fast leer. 拍手も～だった Es wurde zurückhaltend geklatscht.

まひ 麻痺 die Lähmung -en; die Paralyse -n. ～した lahm; gelähmt. ～する lahm werden*(s). ～させる lähmen. 良心を～させる sein Gewissen betäuben. この棒(㍑)で交通がすっかり～した Der ganze Verkehr wurde durch diesen Vorfall lahm gelegt. 小児～ die Kinderlähmung; die Polio[myelitis]. 心臓～ die Herzlähmung.

まびく 間引く〔農作物を〕aus|dünnen. 森の樹木を～ den Wald lichten.

まひる 真昼・に am hellen Tage. ～の太陽 die Mittagssonne.

マフ der Muff -[e]s, -e.

まぶか 目深 ¶帽子を～にかぶる sich³ den Hut ins Gesicht drücken (in die Stirn ziehen*).

まぶしい 眩しい grell; blendend hell. 日の光が～ Die Sonne blendet [mich (meine Augen)]. ～ような美しさ blendende Schönheit.

まぶす ¶粉を～ et. mit Mehl bestreuen.

まぶた 瞼 das Augenlid -[e]s, -er. ～がくっつきそうだ Mir fallen fast die Lider zu.

まふゆ 真冬に mitten im Winter.

マフラー das Halstuch -[e]s, ¨er.

まほう 魔法 der Zauber -s; die Magie. ～を使う Zauber treiben*; einen Zauber an|wenden*. ～使い der Zauberer. ～瓶 die Isolierkanne.

マホガニー das Mahagoni -s.

マホメット Mohammed. ～教 der Mohammedanismus; der Islam. ～教の mohammedanisch; islamisch. ～教徒 der Mohammedaner; der Islamit. ～教の寺院 die Moschee.

まぼろし 幻 die Vision -en; das Trugbild -[e]s, -er; das Phantasma -s, ..men; das Phantom -s, -e. ～の[ような] visionär. ～を追う einem Phantom nach|jagen (s). ～の世 die Maja.

まま 儘 ¶意の～に nach Belieben;〔人の〕Willen. js. Willen. 靴を履いて(外套を着た)～ mit Straßenschuhen (im Mantel). 言われる～に行動する handeln, wie man ihm befiehlt. なにもかも元の～だ Es bleibt alles, wie es war. 見た～を話す genau so erzählen, wie man es sah. ～ならぬ世の中だ In der Welt geht nicht alles so, wie man es wünscht.

まま 間間 zuweilen; ab und zu.

ママ die Mama (Mutti) -s.

ままこ 継子 das Stiefkind -[e]s, -er. ～扱いにする stiefmütterlich behandeln.

ままごと 飯事 ¶子供たちが～をする Die Kinder spielen Mutter und Kind.

ままはは 継母 die Stiefmutter ¨.

ままよ 儘よ meinetwegen. どうなろうと～ Dem sei nun, wie ihm wolle!

まみず 真水 das Süßwasser -s, -.

まみれる 塗れる ¶一敗地に～ eine schwere Niederlage erleiden*. 汗にまみれて [wie] in Schweiß gebadet. 泥(血)にまみれて mit Schmutz bedeckt (mit Blut besudelt).

まむかい 真向かいに gerade gegenüber《3格》.

まむし 蝮 die Otter -n; die Viper -n.

まめ ～な〔勤勉な〕emsig;〔達者な〕gesund.

まめ 豆 die Bohne -n;〔えんどう〕die Erbse -n. ～油 das Sojaöl. ～がら das Bohnenstroh. ～炭 das Eierbrikett. 鳩が～鉄砲をくらったような顔をしている Er steht da wie die Kuh vorm neuen Tor. ～電球 die Miniglühbirne. ～本 die Miniaturausgabe. ～粕 der Bohnenkuchen.

まめ 肉刺 die Blase -n. ～が出来る Blasen bekommen*. 足に～をつくる sich³ Blasen [am Fuß] laufen*.

まめつ 摩滅・する sich ab|nutzen (ab|reiben*). 石段が～している Die Steinstufen sind ausgetreten. ～した錐(㍑) abgenutzter Bohrer.

まもなく 間もなく bald; in kurzem. その後～ bald darauf.

まもの 魔物 der Dämon -s, -en;〔化け物〕der Spuk -[e]s, -e.

まもり 守り der Schutz -es; die Abwehr; die Defensive. 国の～ die Landesverteidigung. ～を固める et. befestigen;《スポーツ》dicht|machen. ～札 der Talisman; das Amulett.

まもる 守る et. schützen (vor 3 格); et. verteidigen (gegen 4 格); et. sichern (gegen 4 格; vor 3 格);〔遵守する〕befolgen; beachten. 身を～ sich wehren (gegen 4 格). 約束(期限)を～ ein Versprechen (einen Termin) [ein|]halten*. 秘密を～ ein Geheimnis bewahren.

まやかし das Blendwerk -[e]s, -e.

まやく 麻薬 das Rauschgift -[e]s, -e; das Narkotikum -s, ..ka. ～中毒 der Narkotismus; die Rauschgiftsucht. ～常用者 der Rauschgiftsüchtige*; der Fixer. ～密売者 der Rauschgifthändler.

まゆ 眉 die [Augen]braue -n. ～を上げる die Augenbrauen hoch|ziehen*. ～を引く sich³ die Augenbrauen nach|ziehen*. ～をしかめる die Augenbrauen zusammen|ziehen*. ～墨 der Augenbrauenstift.

まゆ 繭 der Kokon -s, -s. ～をつくる sich ein|spinnen*.

まゆつばもの 眉唾物・の和睦 fauler Friede. それは～だ Das sind faule Fische.

まゆみ 檀 das Pfaffenhütchen -s, -.

まよい 迷い〔ためらい〕die Schwankung -en; die Unentschlossenheit.

まよう 迷う〔道に〕sich verirren;〔ためらう〕schwanken;〔女に〕sich in jn. vernarren. 迷い込む sich verirren (in 4 格). 道に迷って verirrt. 私は医者に行ったものかどうか迷っている Ich schwanke, ob ich zu einem Arzt gehen soll oder nicht.

まよけ 魔除け das Amulett -s, -e.

まよなか 真夜中に mitten in der Nacht; mitternachts.

マヨネーズ die Mayonnaise -n.

まよわす 迷わす irre|führen. 彼は何物にも迷わされない Er lässt sich durch nichts irremachen. ～ような irreführend; täuschend.

マラソン der Marathonlauf -[e]s, ¨e; der Marathon -s, -s. ～選手 der Marathonläufer.

マラリア die Malaria -.

まり 毬 der Ball -es, ¨e.

マリア ¶聖母～ die Jungfrau Maria; die Heilige Jungfrau.

マリオネット die Marionette -n.

マリファナ das Marihuana -s.

まりょく 魔力 der Zauber -s; die Zauberkraft ¨e.

マリンバ die Marimba -s.

まる 丸 der Kreis -es, -e. ～1 時間 eine ganze (volle) Stunde. ～3 か月 runde 3 Monate. ～を描く einen Kreis ziehen*. ～暗記する sich³ ein|lernen.

まるい 丸(円)い rund. 目を丸くする runde Augen machen. 体を丸くする〔猫などが〕sich zusammen|rollen (ein|rollen). 背中が～ Sein Rücken ist krumm. 事件を円くおさめる eine Sache gütlich aus|tragen*.

まるがお 丸顔 rundes Gesicht -s, -er.

まるがり 丸刈りの kurz geschoren.

まるきぶね 丸木舟 der Einbaum -[e]s, ¨e.

マルク die Mark (略: DM). 1～ eine Mark. 3～払う 3 Mark zahlen.

マルクス ～主義 der Marxismus. ～レーニン主義 der Marxismus-Leninismus. ～主義的 marxistisch. ～主義者 der Marxist.

まるくび 丸首のシャツ das Hemd mit rundem Halsausschnitt.

まるごし 丸腰で unbewaffnet.

まるごと 丸ごと・飲み込む unzerkaut schlucken. りんごを～食べる den Apfel im Ganzen essen*.

まるぞん 丸損する einen vollständigen Verlust erleiden*.

まるた 丸太 der [Holz]klotz -es, ¨e. ～小屋 das Blockhaus; der Blockbau.

まるだし 丸出し ¶尻を～にして mit blankem Hintern. 田舎弁(方言)まるだしでしゃべる in unverfälschtem Dialekt sprechen*.

マルチ ～商法 das Schneeballsystem -s.

まるっきり〔否定〕[ganz und] gar nicht.

まるつぶれ 丸潰れ ¶計画は～になった All meine Pläne wurden zunichte [gemacht]. そんなことをしたら彼の面目は～だ Das bringt ihn völlig um seine Ehre.

まるで〔全く〕ganz [und gar]; durchaus; völlig;〔あたかも〕ebenso (gerade so) wie; als ob ... ～反対の事を言う das gerade (genaue) Gegenteil sagen. 彼は～気違いのようだった Er sah aus wie ein Verrückter. / Er sah aus, als ob er verrückt sei.

まるてんじょう 丸天井 das Gewölbe -s, -.

まるのみ 丸呑みにする unzerkaut schlucken.

まるはだか 丸裸の・ganz nackt. ～になる〔無一物になる〕alles bis aufs Hemd verlieren*; völlig abgebrannt sein*.

まるばつしき ○×式 das Multiple-Choice-Verfahren ['mʌltɪpl'tʃɔɪs...] -s.

まるぽちゃ 丸ぽちゃの pumm[e]lig.

まるまる 丸丸〔全部〕ganz; völlig; vollständig. ～とした rund; voll. ～と太る dick und rund werden*(s).

まるみ 丸み die Rundung -en; die Wölbung -en. ～のある rundlich.

まるめこむ 丸め込む jn. ein|wickeln; jn. durch glatte Worte überreden《zu 3 格》. 丸め込まれる sich von jm. einwickeln lassen*. 丸め込んで金を巻き上げる jm. sein Geld ab|schwatzen.

まるめる 丸める ¶紙を～〔くしゃくしゃに〕Papier zusammen|knüllen;〔筒状に〕Papier rollen. 雪を～ einen Schneeball machen. 背中を～ den Rücken krümmen.

マルメロ die Quitte -n.

まるやけ 丸焼け ¶家が~になった Das Haus ist [völlig] abgebrannt.
まるやね 丸屋根 die Kuppel -n.
まれ 稀・な(に) selten; ungewöhnlich; 〔珍しい〕seltsam. 世にも~な出来事 eine rare Begebenheit.
マロニエ gemeine Rosskastanie -n.
まろやか 円やかな mild; ausgereift; lieblich.
まわしのみ 回し飲みをする einen Umtrunk halten*.
まわしもの 回し者 der Spion -s, -e; der Spitzel -s, -.
まわす 回す [um]drehen; 〔順に送る〕herum|reichen; 〔転送する〕nach|schicken; 〔電話番号を〕wählen. 鍵を~ den Schlüssel um|drehen. バターを回してください Reichen Sie mir die Butter [herum]! この電話を秘書課へ回してください Bitte [das Gespräch] ins Sekretariat durchstellen! 金を有利に~ sein Geld nutzbringend an|legen. 回状を~ ein Rundschreiben zirkulieren lassen*. 杯が回される Der Becher macht die Runde.
まわた 真綿 die Florettseide.
まわり 回(周)り 〔回転〕die Drehung -en; 〔周囲〕der Umkreis -es; 〔付近〕die Umgebung -en. 木の~を測る den Umfang eines Baumes messen*. 町の~には森が多い Die Stadt hat eine waldreiche Umgebung. 彼の~の人人 die Leute rings um ihn; seine Umgebung. 家の~に rings um das Haus. 池の~を回る um den Teich herum|gehen*(s). 薬の~が早い Das Mittel wirkt [bei mir] schnell. シベリア~で über Sibirien. ひと~する〔巡回する〕eine Runde machen. 火の~が早かった Das Feuer griff rasch um sich.
まわりあわせ 回り合わせが良い(悪い) Glück (Unglück) haben*.
まわりくどい 回りくどい weitschweifig; umständlich. ~言い方をする Umschweife machen.
まわりぶたい 回り舞台 die Drehbühne -n.
まわりみち 回り道 der Umweg -[e]s, -e; 〔乗り物での〕die Umfahrt -en. ~する einen Umweg machen.
まわりもち 回り持ちで der Reihe nach.
まわる 回る sich drehen 《um 4格》; 〔巡回する〕die Runde machen; 〔立ち寄る〕vor|sprechen* (vorbei|kommen*(s)). 惑星が太陽の周りを~ Die Planeten kreisen um die Sonne. 走者が運動場をすでに5回まわった Der Läufer hat das Spielfeld bereits fünfmal umlaufen. 得意先を~ die Kunden besuchen. 夜警が~ Der Wächter macht seine Runde. 世界を~ eine Reise um die Welt machen. 岬を~ um ein Kap herum|fahren*(s). 舌がよく~ eine glatte Zunge haben*. 酔いが~〔betrunken sein*〕. 毒が~ Das Gift wirkt [bei ihm]. 目が~ Mir schwindelt [vor den Augen]. 風が南へ~ Der Wind wendet sich nach Süden. 3時を2分回ったところだ Es ist 2 Minuten über 3. 急がば回れ Eile mit Weile!
まわれみぎ 回れ右〔号令〕Rechtsum kehrt! ~をする um|kehren (s).
まん 万 zehntausend. 10~ hunderttausend. 100~ eine Million. 幾~もの人が彼の言葉を傾聴する Zehntausende lauschen seinen Worten.
まん 満・18 歳である volle achtzehn Jahre alt sein*. ~を持する auf eine günstige Gelegenheit lauern. ~を引く ein volles Glas aus|trinken.
まんいち 万一・の場合には im Notfall (Ernstfall). ~の場合を覚悟している auf das Äußerste gefasst sein*. ~に備える sich für den Notfall (Ernstfall) vor|bereiten. ~彼が来ないようだったら Falls (Wenn) er etwa nicht kommen sollte, ... 彼に~のことがあったら Wenn ihm etwas zustoßen sollte, ...
まんいん 満員・のホテル ein volles Hotel. 会場は大入り~であった Der Saal war überfüllt (brechend voll).
まんえん 蔓延・する sich aus|breiten; wuchern (s; h). 伝染病はたちまち~した Die Seuche griff schnell um sich.
まんが 漫画 die Karikatur -en; Comics pl.; Comicstrips pl. ~に描く karikieren. ~家 der Karikaturenzeichner; der Karikaturist. ~映画 der Zeichentrickfilm.
まんかい 満開である in voller Blüte sein* (stehen*).
マンガン das Mangan -s 〔記号: Mn〕. ~鋼 der Manganstahl.
まんき 満期 der Ablauf -s; 〔手形の〕die Fälligkeit -en. ~になる ab|laufen*(s); 〔手形が〕fällig werden*(s).
まんきつ 満喫する sich satt (dick [und rund]) essen* 《an 3格》; reichlich genießen*.
マングース der Mungo -[s], -s; die Manguste -n.
マングローブ die Mangrove -n.
まんげつ 満月 der Vollmond -[e]s. ~だ Es ist (Wir haben) Vollmond.
マンゴー die Mango -nen.
マンゴスチン die Mangostane [maŋɡɔs-'taːnə] -n.
まんざ 満座・の中で vor aller Augen. ~の失笑を買う zum Gelächter der ganzen Gesellschaft werden*(s).
まんさい 満載 ¶船は穀物を~している Das Schiff ist mit Korn schwer (voll) beladen. 乗客を~したバス überfüllter Bus.
まんざら 満更〔否定〕nicht ganz (so; immer). 彼は~馬鹿でもない Er ist nicht so dumm. その考え(女性)は~でもない Die Idee (Frau) ist gar nicht unrecht.
まんじ 卍 die Swastika ..ken.
まんじょう 満場一致で einstimmig.
マンション die Eigentumswohnung -en.
まんじり ~ともしないで夜を明かす sich überwachen.
まんしん 満身の力を込めて aus Leibeskräften.

まんしん 慢心・する sich etwas Besseres dünken*). ～した hochmütig; eingebildet; überheblich.

まんせい 慢性の chronisch.

まんぜん 漫然・と ziellos; gedankenlos. ～と暮らす in den Tag hinein|leben.

まんぞく 満足 die Zufriedenheit. ～する zufrieden sein* (mit 3 格). ～させる zufrieden stellen. 好奇心を～させる die Neugier befriedigen. ～した zufrieden; vergnügt. ～な結果 befriedigendes Ergebnis.

まんだん 漫談 [komische] Plauderei -en. ～家 der Plauderer.

まんちゃく 瞞着する täuschen; betrügen*.

まんちょう 満潮 die Flut. ～時に zur Zeit der Flut. ～になる Die Flut steigt (kommt).

まんてん 満天・の星 die Sterne am ganzen Himmel. ～下に知られている weltbekannt sein*.

まんてん 満点・をとる die beste Note (die volle Punktzahl) bekommen*. ～である《比》perfekt (tadellos; einwandfrei) sein*.

マント der Mantel -s, ¨.

マントひひ マント狒狒 der Mantelpavian -s, -e.

マンドリン die Mandoline -n.

マントルピース der (das) Kaminsims -es, -e.

まんなか 真中 die Mitte -n. 部屋(通り)の～で mitten im Zimmer (auf der Straße). 彼は町の～に住んでいる Er wohnt in der Mitte (im Zentrum) der Stadt.

マンネリ ～化する zur [reinen] Routine werden*(s). ～の routinemäßig; stereotyp; schablonenhaft.

まんねん 万年 zehntausend Jahre pl. ～筆 der Füll[feder]halter; der Füller. ～雪 ewiger Schnee; der Firn.

まんびき 万引 der Ladendiebstahl -s, ¨e; [人] der Ladendieb -[e]s, -e. ～する einen Ladendiebstahl begehen*.

まんぴつ 漫筆 improvisatorische Skizze -n.

まんびょう 万病にきく薬 das Allheilmittel -s, -; die Panazee -n.

まんぷく 満腹・する sich satt essen*. もう～です Ich habe genug [gegessen].

まんべんなく 満遍なく [漏れなく] ausnahmslos; [隈なく] überall; [一様に] gleichmäßig.

マンボ der Mambo -[s], -s.

まんぽ 漫歩 ¶町を～する durch die Stadt bummeln (s; h).

マンホール das Mannloch -[e]s, ¨er.

まんまと erfolgreich; glänzend. ～ぺてんにひっかかった Ich bin auf den Schwindel ganz schön hereingefallen.

まんめん 満面・に笑(*)みをたたえる(喜色～である) über das ganze Gesicht strahlen.

マンモス das Mammut -s, -e (-s). ～企業 das Mammutunternehmen. ～都市 die Riesenstadt.

まんゆう 漫遊 die Vergnügungsreise -n. ～する eine Vergnügungsreise machen. ～客 der Tourist.

まんりき 万力 der Schraubstock -s, ¨e.

まんりょう 満了 der Ablauf -s. ～する ab|laufen*(s).

み

み 身・がはいる viel Fleiß verwenden(*) 《auf 4 格》; fleißig sein*. ～に着ける an|ziehen*; [所持する] tragen*; [所持する] bei sich* haben*; [習得する] sich³ an|eignen. ～きれいにする sein Äußeres pflegen. ～につまされる von Mitleid erfüllt werden*(s受). ～になる食物 nahrhaftes Essen. ～も世もあらぬ悲しみ herzzerreißender Kummer. ～を誤る einen Fehltritt tun*. ～を滅ぼす sich zugrunde richten. ～を入れる sich hin|geben* 《widmen》 (3 格). 一職工から～を起す sich von einem einfachen Arbeiter empor|arbeiten. ～を落す sich herab|würdigen 《zu 3 格》. ～を固める einen eigenen Hausstand gründen. ～を切るような schneidend; beißend. ～を粉にして働く sich ab|rackern. ～を立てる〔立身する〕 sein Glück machen. 商人として～を立てる sich als Kaufmann etablieren. ～を任せる〔女が〕 sich jm. hin|geben*. ～をもって現象 am eigenen Leib erfahren*. ～を寄せる bei jm. Schutz suchen; bei jm. wohnen. ～に余る光栄です Sie erweisen mir eine unverdiente Ehre. 僕の～にもなってみたまえ Denken Sie sich an meine Stelle! そう言っては～も蓋もない Das ist eine allzu trockene Bemerkung. 彼はそれに～も心も打ち込んでいる Er ist mit Leib und Seele dabei. 私はそのために～を切られる思いがする Das schneidet mir ins Herz.

み 実 die Frucht ¨e; [堅果] die Nuss ¨e; [漿果] die Beere -n. ～のある(ない) inhaltsreich (inhaltslos). ～を結ぶ Früchte tragen*.

みあう 見合う angemessen sein* (3 格); ent|sprechen* (3 格).

みあきる 見飽きる sich satt sehen* 《an 3 格》; sich³ et. über|sehen*. 見飽きない sich nicht satt sehen können* 《an 3 格》.

みあげる 見上げる empor|blicken (auf|se|hen*) 《zu 3 格》. 彼の根性は見上げたものだ Sein Geist ist aller Ehren wert. 見上げた bewundernswert; lobenswürdig.

みあたる 見当る ¶本がどこにも見当らない Das Buch ist nirgends zu finden. / Ich kann das Buch nirgends finden.

みあやまる 見誤る verkennen*.

みあわせる 見合わせる [差し控える] zurück|halten* 《mit 3 格》; [延期する] verschieben*; [断念する] verzichten 《auf 4 格》. 顔を～ sich (einander) an|sehen*.

みいだす 見出だす finden*; entdecken; ausfindig machen.

ミイラ die Mumie -n. ～にする mumifizieren.

みいり 実入り die Ernte -n; [収入] das Einkommen -s, -; [利得] der Gewinn -s, -e. ～のよい einträglich; Gewinn bringend.

みいる 見入る et. starr an|sehen*; et. an|starren. 悪魔に見入られる vom Teufel besessen sein*.

みうごき 身動き・もてきない sich nicht rühren können*. ～もせずに regungslos.

みうしなう 見失う aus den Augen (aus dem Gesicht) verlieren*.

みうち 見内 die Seinen# (Seinigen#) pl. ～がうずく Schmerzen am ganzen Leib empfinden*.

みえ 見え die Eitelkeit. ～っ張りである ein Geltungsbedürfnis haben*. ～を張る geltungsbedürftig sein*. ～で(を張って) aus Eitelkeit. ～坊 eitler Geck. ～を切る sich in Positur setzen.

みえすいた 見え透いた durchsichtig; fadenscheinig. ～ぺてん fauler Zauber.

みえる 見える sehen*; [物が主語] zu sehen sein*; sichtbar sein*; [現われる] erscheinen* (s); sich zeigen; […のように見える] scheinen*; aus|sehen*. 見えてくる in Sicht kommen* (s). 見えない unsichtbar sein*. 見えなくなる unsichtbar werden*(s); außer Sicht sein*; [js. Blicken] entschwinden*(s). 彼女は幸福そうに～ Sie scheint glücklich zu sein. 彼は馬鹿みたいに～ Er sieht wie ein Narr aus. それはいかにも滑稽に～ Das sieht sich sehr komisch an. コートの下からドレスが見えている Das Kleid guckt unter dem Mantel [hervor].

みお 澪 die Fahrrinne -n; das Fahrwasser -s.

みおくり 見送り[人] das Geleit -[e]s, -e.

みおくる 見送る jm. das Geleit geben*; [目送する] nach|sehen* 《3 格》; [あきらめる] verzichten 《auf 4 格》. 戸口(駅)まで～ jn. zur Tür (Bahn) begleiten. 問題の解決を～ eine Frage offen lassen*.

みおつくし 澪標 die Pricke -n.

みおとし 見落し das Übersehen -s; die Übergehung.

みおとす 見落す übersehen*; übergehen*. 幾つかの間違いを見落した Einige Fehler sind mir entgangen.

みおとり 見劣り・しない jeden Vergleich aus|halten*. この小説は彼の以前の作品に比べて～する Dieser Roman hält keinen Vergleich mit seinen früheren Werken aus.

みおぼえ 見覚え・がある jn. (et.) im Gedächtnis behalten*; sich erinnern 《an 4 格》. ～のある bekannt. ～のない unbekannt; fremd.

みおも 身重になる schwanger werden*(s).

みおろす 見下ろす herunter|sehen* (herab|-blicken; hinab|sehen*) 《auf 4 格》.

みかい 未開・の primitiv; unzivilisiert; wild. ～人 der Wilde#; der Primitive#.

みかいけつ 未解決の ungelöst; schwebend; offen.

みかえし 見返し [本の] der Vorsatz -es, "-e; das Vorsatzpapier -s; das Vorsatzblatt -[e]s, "-er.

みかえす 見返す zurück|blicken 《auf 4 格》; [見直す] noch einmal an|sehen*; [こちらでも見る] einen Blick in zurück|werfen*. 偉くなってあいつを見返してやる Ich werde es ihm zeigen, indem ich es weiter bringe als er.

みかえり 見返り [担保] das Pfand -es, "-er. …の～に als Gegenleistung 《für 4 格》.

みかぎる 見限る auf|geben*; verlassen*; verzichten 《auf 4 格》.

みかく 味覚 der Geschmack -s; der Geschmackssinn -[e]s. ～をそそる den Appetit an|regen; [形容詞] appetitlich.

みがく 磨く polieren; glätten; [ダイヤモンドなどを] schleifen*; [靴などを] putzen; [錬磨する] aus|bilden. 歯を～ sich³ die Zähne putzen (reinigen; bürsten). 腕を～ seine Fertigkeiten aus|feilen.

みかけ 見掛け der [An]schein -s; das Aussehen -s; die Äußere#. ～の scheinbar. ～倒しだ Es ist nicht so gut, wie es aussieht. / Das soll nach etwas aussehen. 人は～によらないものだ Der [Augen]schein trügt.

みかげいし 御影石 der Granit -s, -e.

みかける 見掛ける sehen*; bemerken; erblicken.

みかた 見方 [観点] der Gesichtspunkt (Standpunkt) -[e]s, -e; [見解] die Ansicht -en.

みかた 味方 der Freund -es, -e; der Anhänger -s, -. ～する auf js. Seite stehen*; für jn. ein|treten*(s) (Partei nehmen*). ～に引き入る jn. auf seine Seite bringen*; jn. für sich gewinnen*.

みかづき 三日月 die Mondsichel -n. ～形のsichelförmig.

みがって 身勝手な selbstsüchtig.

みかねる 見兼ねる [sich³] nicht mit ansehen können*.

みかまえ 身構え die Stellung -en; die Positur. 防御の～をする eine Abwehrstellung ein|nehmen*. 跳ぶ～をする zum Sprung an|setzen.

みがまえる 身構える sich in Positur stellen (setzen).

みがら 身柄を拘束する jn. in Gewahrsam nehmen*.

みがる 身軽 leicht; [気楽な] sorgenfrei; [敏捷な] flink; beweglich.

みがわり 身代り der Stellvertreter -s, -; [犠牲] der Sündenbock -[e]s, "-e. ～になる jn. vertreten*; für jn. den Sündenbock ab|geben*.

みかん 未刊の noch nicht erschienen; 〔近刊〕 in Vorbereitung.
みかん 未完[成]の unvollendet; unfertig.
みかん 蜜柑 die Mandarine -n.
みき 幹 der Stamm -es, ⸚e.
みぎ 右･の recht; 〔上記の〕 oben erwähnt. ～に rechts. ～から左へ von rechts nach links; 〔比〕 sogleich; ohne weiteres. ～の通り wie oben (vorstehend) erwähnt. 暗算では彼の～に出る者はいない Im Kopfrechnen ist er nicht zu übertreffen. ～向け～ Rechtsum! ～も左もわからない nicht mehr wissen*, wo rechts und links ist.
みぎうで 右腕 ¶或る人の～である js. rechte Hand sei*.
みぎがわ 右側 die rechte Seite. ～に auf der rechten Seite; → 右手に. ～通行 Rechts gehen!
みきき 見聞きする erfahren*.
みぎきき 右利き･の rechtshändig. ～の人 der Rechtshänder.
ミキサー der Mixer -s, -.
みぎて 右手 die rechte Hand ⸚e. ～に rechter Hand; zur rechten Hand. 入口の～に rechts vom Eingang.
みきり 見切り･をつける et. auf|geben*; verzichten (auf 4格). ～売り der Ramschverkauf; der Ausverkauf. ～品 der Ramsch; die Ramschware; die Schleuderware.
みきる 見切る → 見切りをつける; 〔見切り売りをする〕 verschleudern.
みきわめる 見極める 〔見抜く〕 durchschauen; 〔全貌をつかむ〕 übersehen*; 〔確認する〕 sich versichern (2格); fest|stellen.
みくだす 見下す auf jn. herab|blicken (herunter|sehen*); jn. über die Schulter an|sehen*.
みくびる 見縊る gering schätzen; unterschätzen; verachten.
みぐるしい 見苦しい hässlich; unschön; unschicklich; unanständig; 〔恥ずべき〕 schändlich.
ミクロコスモス der Mikrokosmos -.
ミクロン das Mikron -s, - (記号: μ).
みけつ 未決･の unerledigt; unentschieden; schwebend. ～監 das Untersuchungsgefängnis. ～囚 der Untersuchungsgefangene⸚.
みけん 眉間 die Mitte der Stirn. ～を割られる quer über die Stirn gehauen werden*(s 受). ～に皺を寄せる die Augenbrauen zusammen|ziehen*.
みこ 巫女 die Priesterin -nen.
みこし 見越し買い der Spekulationskauf -s, ⸚e.
みこす 見越す erwarten; voraus|sehen*. インフレを見越して in Erwartung einer Inflation. 先を～ in die Zukunft sehen*.
みごたえ 見応え･がある sehenswürdig. あの映画は～がある Der Film lohnt einen Besuch.
みごと 見事･な schön; prächtig; herrlich; glänzend; vorzüglich, 〔巧みな〕 geschickt. ～に 〔完全に〕 gänzlich; völlig. ～を～ vortrefflich, gut gemacht! 彼はその問題を～に解いた Er hat die Aufgabe glänzend gelöst.
みこみ 見込み die Aussicht -en; die Hoffnung (Erwartung) -en; 〔目算〕 die Rechnung -en. ～のある hoffnungsvoll; vielversprechend. ～のない hoffnungslos; aussichtslos. 成功の～がある Aussicht auf Erfolg haben*. 私の～では nach meiner Rechnung. ～違い falsche Rechnung. ～違いをする sich verrechnen; sich in seinen Erwartungen täuschen; die Rechnung ohne den Wirt machen. …の～である Es steht zu erwarten, dass … 損害は5,000万円に達する～ Man schätzt den Schaden auf 50 000 000 Yen.
みこむ 見込む erwarten; hoffen (〔auf〕 4格); 〔勘定に入れる〕 (mit 3格); 〔信用する〕 vertrauen (3格; auf 4格). …を見込んで in der Voraussicht (Erwartung), dass …; → 見越す. 或る人に見込まれる js. Vertrauen gewinnen*. 豊作が見込まれる Eine gute Ernte ist (steht) in Aussicht.
みごもる 身籠る schwanger werden*(s); [ein Kind] erwarten*; in andere Umstände kommen*(s).
みごろ 見頃 ¶今はばらが～である Jetzt ist die beste Zeit für Rosen.
みごろし 見殺しにする jn. im Stich lassen*.
みこん 未婚の unverheiratet; ledig.
ミサ die Messe -n. ～を行う die Messe halten* (lesen*).
ミサイル die Rakete -n.
みさお 操 die Treue. ～を立てる jm. die Treue halten*; jm. treu bleiben*(s). ～を守る 〔節操を〕 seinen Grundsätzen treu bleiben* (s). ～を破る jm. die Treue brechen*; jm. untreu werden* (s).
みさかい 見境･なく unterschiedslos; wahllos. 前後の～もなく rücksichtslos. 公私の～をつける zwischen öffentlichen und privaten Angelegenheiten unterscheiden*.
みさき 岬 das Kap -s, -s; das Vorgebirge -s, -; die Landspitze -n. 室戸～ das Kap Muroto.
みさげる 見下げる verachten. 見下げ果てた ganz verächtlich.
みさご 〔鳥〕 der Fischadler -s, -.
みさだめる 見定める → 見届ける.
みぢか 身近な nahe; nahe stehend; vertraut.
みじかい 短い kurz. 短くする [ver]kürzen; kürzer machen.
みじたく 身支度 ¶外出(芝居へ行くため)の～をする sich aus Ausgehen (für den Theaterbesuch) an|kleiden.
みじめ 惨め･な elend; erbärmlich; armselig. ～な生活を送る ein elendes Leben führen.
みじゅく 未熟･な unreif; grün; 〔熟練せぬ〕 unerfahren; ungeübt; ungeschickt. ～な腕前 unentwickelte Fertigkeiten pl. ～者 der Neuling; das Greenhorn; der Unerfahrene⸚.

みしらぬ 見知らぬ unbekannt; fremd.
みじろぎ 身じろぎ → 身動き.
ミシン die Nähmaschine -n. 〜で縫う mit der Nähmaschine nähen. 〜を踏む die Nähmaschine treten*.
みじん 微塵・もない nicht das Geringste haben*; keine Spur zeigen《von 3格》. 〜に砕ける in tausend Stücke zerbrechen*(s). 〜な事は〜も考えなかった Ich habe nicht im Ferntesten daran gedacht. → まったく.
みじんこ der Wasserfloh -s, -"e.
ミス〔呼称〕Fräulein. 〜日本 die Miss Japan.
ミス〔誤り〕der Fehler -s, -. 〜をする einen Fehler machen.
みず 水 das Wasser -s;〔洪水〕das Hochwasser -s, -. 〜が出る〔浸水する〕überschwemmt werden*(s受).〜の泡になる zu Wasser (nichts) werden*(s). 〜も漏らさぬ〔厳重な〕sehr streng (scharf);〔緊密な〕sehr eng. 或る人の気持に〜を差す jm. Wasser in den Wein gießen*. 〜を通さない wasserdicht. 或る事を言うように〜を向ける jm. et. in den Mund legen. 花に〜をやる die Blumen gießen*. 往来に〜をまく die Straße sprengen*. 〜を割る et. verwässern; et. mit Wasser verdünnen. これまでの事は〜に流そう Wir wollen das Vergangene vergessen. あの二人は〜と油だ Die beiden sind wie Feuer und Wasser.
みずあび 水浴びる baden.
みすい 未遂 der Versuch -[e]s, -e. 殺人〜 der Mordversuch.
みずいらず 水入らず ¶ひと晩を家族で〜過ごす einen Abend im engen Familienkreis verbringen*.
みずいろ 水色の hellblau.
みずうみ 湖 der See -s, -n.
みすえる 見据える starren《auf 4格》; an|starren; starr an|sehen*.
みずかき 水掻き die Schwimmhaut -"e.
みずかけろん 水掛け論 uferlose Diskussion -en.
みずかさ 水嵩・が増す(減る) Das Wasser steigt (fällt). 大雨で川の〜が増した Wegen der schweren Regenfälle ist der Fluss gestiegen.
みずかす 水透かす → 見抜く.
みずから 自ら selbst; selber; persönlich; in [eigener] Person. 〜の eigen. 〜進んで aus eigenem Antrieb; freiwillig.
みずぎ 水着 der Badeanzug -s, -"e.
みずぎわ 水際・で am Wasser. 〜立った glänzend; herrlich.
みずくさ 水草 die Wasserpflanze -n.
みずくさい 水臭いじゃないか Tu nicht so fremd.
みずぐすり 水薬 flüssige Medizin -en.
みずぐるま 水車 das Wasserrad -[e]s, -"er.
みずけ 水気の多い saftig.
みずけむり 水煙 der Wasserstaub -s. 〜を立てる Wasserstaub erzeugen; Wasser zerstäuben.
みずごけ 水苔 das Torfmoos -es, -e.
みすごす 見過ず übergehen*;〔見済す〕übersehen*.
みずさきあんない 水先案内・をする ein Schiff lotsen. 〜人 der Lotse; der Pilot.
みずさし 水差し die Wasserkanne -n; der Krug -[e]s, -"e.
みずしぶき 水しぶき das Spritzwasser -s.
みずしらず 見ず知らずの ganz unbekannt; wildfremd.
みずすまし 水澄まし 《昆》der Taumelkäfer (Drehkäfer) -s, -.
ミスター〔呼称〕Herr.
みずたま 水玉模様の gepunktet.
みずたまり 水溜まり die Pfütze -n.
みずっぽい 水っぽい wässrig. 〜味がする verwässert schmecken.
みずでっぽう 水鉄砲 die Wasserpistole -n.
ミステリー das Mysterium -s, ..rien.
みすてる 見捨てる verlassen*; im Stich lassen*.
みずとり 水鳥 der Wasservogel -s, -".
みずばしら 水柱 die Wassersäule -n.
みずばな 水洟が出る Mir läuft die Nase.
みずびたし 水浸しになる unter Wasser stehen* (gesetzt werden*(s受)); überschwemmt werden*(s受).
みずぶくれ 水脹れ die [Wasser]blase -s.
ミスプリント der Druckfehler -s, -.
みずぼうそう 水疱瘡 Wasserpocken pl.
みすぼらしい armselig; ärmlich; elend. 〜身なりをしている schäbig angezogen (ärmlich gekleidet) sein*. 〜贈り物 unansehnliches Geschenk.
みずまくら 水枕 das Wasserkissen -s, -.
みずまし 水増し ¶勘定を〜する jm. et. zu viel in Rechnung stellen.
みすみす 見す見す ¶千載一遇のチャンスを〜逃す eine seltene Gelegenheit ungenutzt vorbei|lassen*.
みずみずしい 瑞々しい [jung und] frisch.
みずむし 水虫 der Fußpilz -es.
みする 魅する bezaubern; fesseln; entzücken; reizen.
みずわり 水割りする verwässern; verdünnen.
みせ 店 der Laden -s, -"; das Geschäft -s, -e. 〜を開ける(しまう) den Laden öffnen (schließen*). 〜を出す einen Laden [neu] eröffnen. 〜番をする den Laden hüten.
みせいねん 未成年 die Minderjährigkeit; die Unmündigkeit. 〜の minderjärig; unmündig. 〜者 der Minderjährige#. 〜者お断り Nur für Erwachsene.
みせかけ 見せ掛け der Schein -s. 〜の scheinbar; anscheinend. 〜に nur zum Schein. それは〜だけだ Das ist alles bloßer Schein.
みせかける 見せ掛ける sich³ den Anschein geben*, als ob... 紳士と〜 sich³ den Schein eines Ehrenmannes geben*. 病気と

みせしめ 見せしめ・になる als abschreckendes Beispiel dienen. 或る人(事)を～にする ein Exempel an jm. (mit et^3.) statuieren.

ミセス 〔呼称〕Frau.

みせつける 見せ付ける zeigen. → 見せびらかす.

みぜに 身銭・を切る aus eigener Tasche bezahlen. ～を切って auf eigene Kosten.

みせば 見せ場 der Höhepunkt -[e]s, -e.

みせびらかす 見せびらかす zur Schau stellen; prunken (paradieren) 《mit 3 格》.

みせもの 見世物 die Schaustellung -en. ～にする zur Schau stellen. 小屋 die Schaubude. ～師 der Schausteller.

みせる 見せる zeigen; sehen lassen*; aus|stellen. 実験をやって～ einen Versuch vor|führen. 子供たちに手品をやって～ den Kindern Kunststücke vor|machen. 医者に～ jn. dem Arzt vor|stellen. → 見せ掛ける.

みぜん 未然に防ぐ im Keim[e] ersticken.

みそ 味噌 das Miso ['mi:zo] -[s], -s. ～もくそも一緒にする alles in einen Topf werfen*. ～を擂(°)る jm. schmeicheln. ～をつける einem unmöglich machen.

みぞ 溝 der Graben -s, ≔; 〔下水溝〕die Gosse -n; 〔表面に彫った〕die Rille -n; 〔接合のための〕die Nut -en. ～を掘る einen Graben ziehen*. 彼らの友情に深い～が出来た In ihre Freundschaft kam ein tiefer Riss.

みぞう 未曾有の noch nicht da gewesen; beispiellos; unerhört.

みぞおち 鳩尾 die Herzgrube -n.

みぞか 晦日 der Monatsletzte#.

みそこなう 見損う falsch sehen* (beurteilen); verkennen*. 或る人を～ sich in jm. täuschen (irren). 或る映画を～ einen Film verpassen.

みそさざい 鷦鷯 der Zaunkönig -s, -e.

みそめる 見初める sich auf den ersten Blick in jn. verlieben.

みぞれ 霙 der Schneeregen -s. ～が降る Es fällt Schneeregen.

みだし 見出し die Überschrift -en; der Titel -s, -. 大～〔新聞の〕die Schlagzeile. ～語 das Stichwort.

みだしなみ 身嗜み・がよい sehr gepflegt sein*. ～に気を使う auf sein Äußeres halten*.

みたす 満たす füllen; erfüllen; 〔満足させる〕befriedigen. 杯にワインを～ einen Becher mit Wein füllen. 要求を～ eine Forderung erfüllen. 欲望(需要)を～ seine Bedürfnisse befriedigen (den Bedarf decken).

みだす 乱す in Unordnung (Verwirrung) bringen*; verwirren. 風紀に～ gegen die guten Sitten verstoßen*. 平和(秩序)を～ den Frieden (die Ordnung) stören. 髪を乱して mit wildem (aufgelöstem) Haar.

みたて 見立て〔診断〕die Diagnose -n; 〔判断〕das Urteil -s, -e; 〔選択〕die Wahl; 〔鑑定〕die Begutachtung -en. ～違いをする eine falsche Diagnose stellen.

みたてる 見立てる〔判断する〕beurteilen; 〔選ぶ〕wählen; 〔なぞらえる〕et. vergleichen* 《mit 3 格》. 肺炎と～ [auf] Lungenentzündung diagnostizieren.

みだら 淫らな unsittlich; unzüchtig; lüstern.

みだり 妄りに〔許可なく〕ohne Erlaubnis; 〔故なく〕ohne Grund; willkürlich; 〔無分別に〕unbesonnen; leichtsinnig.

みだれる 乱れる in Unordnung (Verwirrung) geraten*(s); sich verwirren; durcheinander gehen*(s). 心が千々に～ [innerlich] hin und her gerissen werden*(受). 乱れた財政状態 zerrüttete Finanzen pl. 風紀が～ Die Sitten lockern sich.

みち 道 der Weg -es, -e; 〔街路〕die Straße -n; 〔街道〕die Landstraße -n; 〔小路〕die Gasse -n; 〔小道〕der Pfad (Steg) -es, -e; 〔方法〕der Weg -es, -e; das Mittel -s, -; 〔専門分野〕das Fachgebiet -s, -e. 学校へ行く～で auf dem Weg zur Schule. ～に迷う sich verirren (verlaufen*). ～を尋ねる jn. nach dem Weg fragen. ～を教える jm. den Weg zeigen (weisen*). ～を間違える einen falschen Weg ein|schlagen*. 解決の～をつける Mittel und Wege finden*, um die Frage zu erledigen. 自活の～ für seinen Unterhalt sorgen. ～に背(ぐ)く gegen die Moral verstoßen*. ～を説く jm. Vernunft predigen. ～ならぬ恋 sündige Liebe. その～の人 der Fachmann; der Sachverständige#. この～を行くとどこへ出ますか Wohin führt dieser Weg?

みち 未知・の unbekannt; fremd. ～数 eine unbekannte Größe.

みちあんない 道案内〔人〕der Führer -s, -. ～をする jm. den Weg zeigen; jn. führen.

みちがえる 見違える et. verwechseln 《mit 3 格》. 彼女は～ほど奇麗になった Sie ist kaum wieder zu erkennen, weil sie so schön geworden ist.

みちくさ 道草を食う auf dem Weg trödeln.

みちしお 満ち潮 → 満潮.

みちしるべ 道しるべ der Wegweiser -s, -.

みちすがら 道すがら auf dem Weg.

みちづれ 道連れ der Reisegefährte -n, -n; der Mitreisende#; 〔同行者〕der Begleiter -s, -. ～になる mit jm. mit|reisen (s); 〔同行する〕jn. begleiten.

みちのり 道のり die Strecke -n. 1時間の～ eine Stunde Weg. 村までちょっとした(4キロの)～だ Es ist eine ziemliche Strecke (vier Kilometer Weg) von hier bis zum Dorf.

みちばた 道端で am Wege; an der Straße.

みちびく 導く führen; leiten.

みちる 満ちる voll werden*(s) 《von 3 格》; sich füllen 《mit 3 格》; 〔満了する〕ab|laufen*(s). 月が～ Der Mond wird voll (nimmt zu). 潮が～ Die Flut steigt. 聴衆が堂に満ちている Der Saal ist voll von Zuhörern.

みつ 密な〔密接な〕eng;〔稠密な〕dicht;〔綿密な〕genau;〔秘密の〕geheim.
みつ 蜜 der Honig -s;〔花の〕der Nektar -s;〔砂糖の〕der Sirup -s.
みっかい 密会 geheime Zusammenkunft =e;〔逢引〕heimliches Stelldichein -[s],-[s]. ～する jn. heimlich treffen*; ein Rendezvous (Stelldichein) mit jm. haben*.
みつかる 見付かる gefunden (entdeckt) werden* (s受). 本が見付からない Ich kann das Buch nicht finden.
みつぎ 密議をこらす eine geheime Unterredung führen.
みつぎもの 貢物 der Tribut -s,-e.
みつぐ 貢ぐ jm. Geld opfern.
みつくち 兎唇 die Hasenscharte -n.
みつくろう 見繕う → 見計らう
みつげつ 蜜月 der Honigmond -[e]s; Flitterwochen pl.
みつける 見付ける finden*; auf|finden*; ausfindig machen; entdecken. → 見慣れる.
みつご 三つ子 Drillinge pl. ～の魂百まで Die Katze lässt das Mausen nicht.
みっこう 密航・する als blinder Passagier mit|fahren* (s受). ～者 blinder Passagier.
みっこく 密告 die Denunziation -en. ～する jn. bei jm. denunzieren《wegen 2格》. ～者 der Denunziant.
みっし 密使 der Geheimbote -n,-n.
みっしゅう 密集・する sich zusammen|drängen. ～して dicht gedrängt; zusammengedrängt. ～隊形 geschlossene Formation. ～地域 das Ballungsgebiet.
ミッション・スクール die Missionsschule
みっせい 密生・する dicht wachsen*(s). 葉の～した dicht belaubt. 植物が～している Die Pflanzen stehen zu dicht.
みっせつ 密接・な eng; nahe. ～な関係がある in engen Beziehungen stehen*《zu 3格》. …に～して dicht an《3格》. 私の家は隣家と～している Mein Haus steht dicht neben dem nächsten.
みつぞろい 三つ揃い die Dreiheit;〔服〕dreiteiliger Anzug -s, =e.
みつだん 密談する vertrauliche Gespräche führen.
みっちゃく 密着・する fest|kleben (fest haften)《an 3格》. ～焼き〔写真〕der Kontaktabzug.
みっちり tüchtig; gründlich.
みっつう 密通する mit jm. Ehebruch begehen*.
みつど 密度 die Dichte. 人口の～が高い dicht bevölkert sein*.
みつどもえ 三つ巴で戦う zu dritt kämpfen.
みっともない unschicklich; unpassend;〔恥ずべき〕schändlich;〔醜い〕hässlich.
みつにゅうこく 密入国 illegaler Grenzübertritt -s,-e. ～者 illegal eingereister Ausländer. ～する schwarz über die Grenze kommen*(s).

みつばい 密売する heimlich (schwarz) verkaufen.
みつばち 蜜蜂 die Biene -n. ～の巣 die Bienenwabe;〔巣箱〕der Bienenstock.
みっぺい 密閉・する dicht verschließen*;〔空気の入らぬよう〕luftdicht (hermetisch) ab|schließen*. ～した dicht verschlossen.
みつぼうえき 密貿易をする Schleichhandel (Schmuggel) treiben*.
みつまた 三叉の dreizackig; dreigabelig.
みつめる 見詰める an|starren; starr an|sehen*.
みつもり 見積り[書] der [Vor]anschlag -[e]s, =e.
みつもる 見積る an|schlagen*; veranschlagen; [ab]schätzen. 損害を10万円と～の Schaden auf 100 000 Yen schätzen. 建築期間を3箇月に～ die Bauzeit auf 3 Monate berechnen. ざっと(内輪に)見積って grob (gering) geschätzt. 建築費を見積って下さい Machen Sie mir einen Anschlag der Baukosten!
みつゆ 密輸・する schmuggeln; Schmuggel treiben*. ～業者 der Schmuggler. ～品 die Schmuggelware. ～入する ein|schmuggeln.
みつりょう 密猟 die Wilderei -en. ～する wildern. ～者 der Wilderer.
みつりん 密林 dichter Wald -es, =er;〔熱帯の〕der Dschungel -s,-.
みつろう 蜜蝋 das Bienenwachs -es.
みてい 未定・の unbestimmt; unentschieden. ～稿 unvollendetes (unfertiges) Manuskript.
みてとる 見て取る jm. et. an|sehen*; et. ersehen*《aus 3格》;〔見抜く〕durchschauen; erkennen*.
みとおし 見通し der Fernblick -[e]s,-e; die Aussicht -en. ～の利かないカーブ unübersichtliche Kurve. 先のは明るい Wir haben gute (günstige) Aussichten. この問題はまだ全く～が立たない In dieser Sache sehe ich noch nicht ganz durch.
みとおす 見通す〔見抜く〕durchschauen;〔予見する〕voraus|sehen*. 将来を～ in die Zukunft sehen*.
みどころ 見所のある vielversprechend.
みとどける 見届ける sich mit eigenen Augen überzeugen《von 3格》; sich vergewissern《2格》.
みとめる 認める sehen*; erblicken; bemerken; wahr|nehmen*;〔承認する〕an|erkennen*;〔許容する〕zu|lassen*. 正しいと～ et. als richtig erkennen*. 息子と～ jn. als seinen Sohn an|erkennen*. 異議を～ einen Einwand gelten lassen*. 自分の誤りを～ seinen Fehler gestehen*.
みどり 緑 das Grün -s. ～の grün.
みとりず 見取図 die Skizze -n. ～を書く et. skizzieren.

みとる 看取る ¶父を~ am Sterbebett des Vaters sitzen*.

ミドル ~級 das Mittelgewicht -s.

みとれる 見とれる in den Anblick 《2格》versunken sein*. ~ような entzückend.

みな 皆 alle[s]; jedermann. ~て alle zusammen; insgesamt. 僕らは~それに反対だ Wir sind alle dagegen. ~私が悪いのです Es ist alles meine Schuld. ~ていくらですか Was macht das zusammen? ~さん Meine Herrschaften!

みなおす 見直す noch einmal durch|sehen* (überdenken); [考え直す] seine Ansicht ändern 《über 4格》[持ち直す] sich bessern.

みなぎる 漲る über|fließen*(s); […に満たされている] voll sein* 《von 3格》; erfüllt sein* 《mit 3格》. 黒雲が空に~ Der Himmel ist voller dunkler Wolken. 国民の間に反米的な気分が漲っていた Im Volk herrschte eine antiamerikanische Stimmung.

みなげ 身投げ・する sich stürzen 《in 4格》. 船から~する sich über Bord stürzen.

みなごろし 皆殺し・にする aus|rotten. 一家を~にする die ganze Familie ermorden. 敵を~にする den Feind vernichten.

みなしご die Waise -n. → 孤児.

みなす 見なす et. als et. an|sehen*; et. für et. halten*.

みなと 港 der Hafen -s, ¨. ~町 die Hafenstadt.

みなみ 南 der Süden -s. ~の südlich. ~へ nach (gegen) Süden. 東京の~に südlich von Tokyo. ~半球 die südliche Hemisphäre (Halbkugel). ~風 der Süd[wind]. ~十字星 das Kreuz des Südens. その家は~向きである Das Haus liegt nach Süden.

みなもと 源 die Quelle -n; der Ursprung -[e]s, ¨e. ライン川はスイスに~を発している Der Rhein entspringt (hat seinen Ursprung) in der Schweiz.

みならい 見習い der Lehrling -s, -e; der Lehrjunge -n, -n; [女] das Lehrmädchen -s, -. ~をする(に出る) bei jm. eine Lehre machen (in die Lehre gehen*)(s). ~期間 die Lehrzeit (Probezeit).

みならう 見習う nach|ahmen; nach|eifern 《3格》.

みなり 身なり die Kleidung. ~がいい gut gekleidet (angezogen) sein*.

みなれる 見慣れる gewohnt sein*, et. zu sehen. 見慣れた vertraut; bekannt. 見慣れない fremd; unbekannt.

ミニアチュア die Miniatur -en.

みにくい 醜い hässlich; garstig. → 見苦しい.

ミニスカート der Minirock -[e]s, ¨e.

ミニマム das Minimum -s, ..ma. ~の minimal.

みぬく 見抜く durchschauen.

みね 峰 der Gipfel -s, -; [刀の] der Rücken -s, -.

ミネラル・ウオーター das Mineralwasser -s, ¨.

みのう 未納の rückständig; unbezahlt. ~不足郵便料金 das Strafporto.

みのうえ 身の上 Lebensumstände pl.; das Los -es, -e. ある人の~を案ずる jm js. Wohlergehen besorgt sein*. ~を相談する jn. über seine persönlichen Angelegenheiten zu Rate ziehen*. ~話をする die Geschichte seines Lebens erzählen. ~判断 das Wahrsagen.

みのがす 見逃す [見落す] übersehen*; [大目に見る] jm. et. nach|sehen*(hingehen lassen*). 今度だけは見逃してやる Diesmal mag es hingehen.

みのけ 身の毛・もよだつ話 haarsträubende Geschichte. 私はそれを見て~がよだった Die Haare standen mir dabei zu Berge.

みのしろきん 身代金 das Lösegeld -[e]s, -er.

みのほど 身の程・をわきまえる sich in Grenzen halten*. ~をわきまえぬ anmaßend. お前は~知らずだ Du weißt nicht, was dir geziemt. ~を知れ Erkenne dich selbst!

みのまわり 身の回り・の世話をする für jn. sorgen; jn. versorgen. ~をきれいにしている sich sauber und ordentlich halten*. ~の品 seine Sachen pl.

みのむし 蓑虫 die Raupe eines Sackträgers.

みのり 実り die Ernte -n. ~豊かな fruchtbar.

みのる 実る Früchte tragen*; [熟する] reifen (reif werden*)(s).

みば 見場が悪い das Auge beleidigen.

みばえ 見映え・がする gut aus|sehen*. ~がしない unscheinbar wirken; unansehnlich sein*; nach nichts aus|sehen*.

みはからう 見計らう eine Auswahl vor|nehmen* (treffen*) 《unter 3格》. 時間を見計らって zur rechten Zeit.

みはなす 見放す auf|geben*. 病人は医者に見放された Der Kranke ist vom Arzt aufgegeben.

みはらい 未払い der Rückstand -[e]s, ¨e. ~の rückständig; unbeglichen; unbezahlt. ~である im Rückstand sein* 《mit 3格》. ~勘定 unbezahlte Rechnung.

みはらし 見晴らし die Aussicht; der Überblick -[e]s, -e. ~がきかない keine Aussicht haben*. この山は~がよい Auf dem Berg hat man eine schöne Aussicht.

みはらす 見晴らす überblicken. 湖を~部屋 ein Zimmer mit Aussicht auf den See. ここからは全市を~ことができる Von hier aus hat man einen Überblick über die ganze Stadt.

みはり 見張り die Wache; [海] der Ausguck -s. ~をする Wache (Ausguck) halten*. ~人 der Wächter; [海] der Ausgucker. ~を置く einen Wächter auf|stellen.

みはる 見張る bewachen; hüten; aus|gucken 《nach 3格》. 目を~ die Augen auf|reißen*.

みぶり 身振り die Gebärde (Geste) -n. 威嚇

みぶるい 身震い der Schauder -s,-. ～する zittern (schaudern)《vor 3 格》.

みぶん 身分 der Stand -es, ¨e. ～の高い(低い)人 ein Mann von hohem (niederem) Stand. ～相応(不相応)の暮らしをする seinen Verhältnissen gemäß (über seine Verhältnisse) leben. ～証明書 der [Personal]ausweis; die Ausweiskarte. 或る人(自分)の～を証明する jn. (sich) aus|weisen*.

みぼうじん 未亡人 die Witwe -n.

みほん 見本 die Probe -n; das Muster -s, -. ～と違う dem Muster nicht entsprechen*. ～として zur Probe. ～市(‿) die [Muster-] messe. ～帳 das Musterbuch.

みまい 見舞い der Besuch -[e]s, -e; ～状 der Brief mit Genesungswünschen. ～客 der Besucher. ～品 das Geschenk.

みまう 見舞う ¶病人を～ einen Kranken besuchen. 台風に見舞われる von einem Taifun heimgesucht werden*(s受).

みまもる 見守る wachen《über 4 格》; beobachten. 成り行きを見守ろう Ich werde sehen, wie die Sache läuft.

みまわす 見回す sich um|sehen*; herum|sehen*; 〔見渡す〕überblicken. きょろきょろ～ umher|blicken; seine Augen umherschweifen lassen*.

みまわる 見回る seine Runde machen.

みまん 未満 unter《3 格》; geringer als. 6歳～の子供 Kinder unter 6 Jahren. 14歳以上20歳の～ 14 bis unter 20 Jahre alt.

みみ 耳 das Ohr -[e]s, -en; 〔端(ば)の〕der Rand -es, ¨er; 〔織物の〕die [Web]kante -n; 〔パンの〕die Kruste -n. ～が遠い schwerhörig sein*. ～がいい ein scharfes Gehör haben*. ～に入れる jm. zu Ohren bringen*. 全身を～にして聞く ganz Ohr sein*. ～に胼胝(‿)が出来るほど聞かされる sich satt hören《an 3 格》. ～にはいる jm. zu Ohren kommen*(s). ～に栓をはめる〔比〕Knöpfe in den Ohren haben*. ～のつけ根まで赤くなる bis über die Ohren rot werden*(s). ～を貸す jm. Gehör schenken. ～を傾ける zu|hören. ～をそばだてる die Ohren spitzen. ～をそろえて支払う voll bezahlen. ～をふさいでいる sich die Ohren zu|halten*. ～をほじくる in den Ohren bohren. ～を聾(ろう)するような ohrenbetäubend. ～の聞こえない人 der Gehörlose*. 君の批判は～が痛い Deine Kritik trifft mich empfindlich.

みみあか 耳垢 das Ohrenschmalz -es.

みみあたらしい 耳新しい neu ins Ohr flüstern.

みみうち 耳打ちする jm. et. ins Ohr flüstern.

みみかき 耳掻き der Ohrlöffel -s, -.

みみざとい 耳聡い ein feines (scharfes) Gehör haben*.

みみざわり 耳障りだ das Gehör (die Ohren) beleidigen.

みみず 蚯蚓 der Regenwurm -s, ¨er. ～脹(は)れの Striemen. ～脹れのある striemig.

みみずく 木菟 die Ohreule -n; der Uhu -s, -s.

みみたぶ 耳朶 das Ohrläppchen -s, -.

みみだれ 耳垂れ der Ohrenfluss -es.

みみっちい 吝い schäbig; knaus[e]rig.

みみなり 耳鳴りがする Es saust mir in den Ohren.

みみより 耳寄りな willkommen; angenehm.

みむき 見向き・もしない keinen Blick schenken《3 格》; et. keines Blickes würdigen; et. gar nicht beachten. ～もしないで ohne sich umzusehen.

みめい 未明に vor Tagesanbruch.

みめよい 見目好い schön; hübsch.

みもだえ 身悶え ¶苦しみのあまり～する sich vor Schmerzen winden* (krümmen).

みもち 身持ち・がよい(悪い)einen tugendhaften (liederlichen) Lebenswandel führen. ～を改める sich bessern. ～になる schwanger werden*(s).

みもと 身元(許) die Herkunft. 或る人の～を明らかにする js. Identität fest|stellen (klären); jn. identifizieren. ～不明の nicht identifiziert. ～の確かな人 ein Mann mit guten Referenzen. ～保証人 die Referenz.

みもの 見物 die Sehenswürdigkeit -en; 〔光景〕das Spektakel -s, -. それは～だ Das ist sehenswürdig.

みや 宮 der [Schinto-]Tempel -s, -. 三笠宮殿下 Seine Kaiserliche Hoheit Prinz Mikasa.

みゃく 脈 der Puls -es, -e; 〔望み〕die Hoffnung -en. ～をみる(とる) jm. den Puls fühlen; jn. pulsen. ～が早い Der Puls geht (schlägt) schnell. まだ～がある Es besteht noch etwas Hoffnung.

みゃくうつ 脈打つ pulsen; pulsieren.

みゃくはく 脈搏 der Pulsschlag -[e]s, ¨e; der Puls -es, -e.

みゃくらく 脈絡 der Zusammenhang -[e]s, ¨e. ～のない zusammenhang[s]los; abgerissen. ～膜 die Aderhaut (Gefäßhaut).

みやげ 土産 das Mitbringsel -s, -; 〔進物〕das Geschenk -[e]s, -e; 〔旅先の〕das Souvenir -s, -s. 旅の～に持ってくる jm. (sich³) et. von der Reise mit|bringen*. ～話をする von seiner Reise erzählen. ～物店 der Andenkenladen.

みやこ 都 die Hauptstadt ¨e; 〔都会〕die Stadt ¨e. ～落ちする die Hauptstadt verlassen*.

みやびやか 雅やかな elegant; fein.

みやぶる 見破る durchschauen; entdecken.

みやる 見やる hin|blicken《nach 3 格》.

ミュージカル das Musical -s, -s.

ミューズ 〔詩神〕die Muse -n.

みょう 妙・な seltsam; merkwürdig; sonder-

みょうあさ 明朝 morgen früh.

みょうあん 妙案 glücklicher Einfall -s, ¨e; ausgezeichneter (einmaliger) Gedanke -ns, -n; gute Idee -n.

みょうが 冥加 ¶それは～の至り Es ist ein wahrer Segen.

みょうぎ 妙技 Bravouren pl.; die Bravourleistung -en.

みょうご 明後・日 übermorgen. ～年[に] übernächstes Jahr.

みょうじ 苗字 der Familienname (Zuname) -ns, -n.

みょうしゅ 妙手 meisterhafter Spieler -s, -. ～を打つ einen klugen Zug machen.

みょうじょう 明星 die Venus. 明けの(宵の)～ der Morgenstern (Abendstern).

みょうだい 名代 der Stellvertreter -s, -.

みょうにち 明日 morgen.

みょうばん 明晩 morgen Abend.

みょうばん 明礬 der Alaun -s, -e.

みょうみ 妙味 der Reiz -es, -e.

みょうやく 妙薬 das Wundermittel -s, -.

みょうれい 妙齢・の婦人 eine Frau im blühenden Alter. ～に達する mannbar (heiratsfähig) werden*(s).

みよし 〘船首〙 der Bug -[e]s, -e.

みより 身寄り → 親類. ～がない allein stehen*; weder Kind noch Kegel haben*. ～の ない alleinstehend.

みらい 未来 die Zukunft; 〘文法〙das Futur -s, -e. ～の [zu]künftig; kommend. ～の 夫(妻) mein Zukünftiger* (meine Zukünftige*). ～のある青年 vielversprechender junger Mann. ～永劫(ごう) auf ewig. ～派 der Futurismus. ～学 die Futurologie.

ミリ ～グラム das Milligramm (記号: mg). ～バール das Millibar (記号: mb). ～メートル der Millimeter (記号: mm). ～リットル der Milliliter (記号: ml).

みりょう 魅了する bezaubern; hin|reißen*; entzücken.

みりょく 魅力 der Reiz -es, -e; der Zauber -s; die Anziehungskraft ¨e; der Charme -s. ～のある reizend; bezaubernd; anziehend; gewinnend; charmant.

みる 見る sehen*; blicken 《auf 4格; nach 3 格》; 〔注視する〕an|sehen*; an|blicken; besehen*; 〔傍観する〕zu|sehen*; 〔観察する〕beobachten; 〔視察(見物)する〕besichtigen; 〔調べる〕durch|sehen*; prüfen; 〔参考する〕nach|schlagen* 《in 3格》; 〔監督する〕beaufsichtigen; 〔世話する〕sorgen《für 4格》; 〔読む〕lesen*; 〔試みる〕versuchen; 〔見積る〕[ab]schätzen; 〔判断する〕beurteilen; 〔推測する〕vermuten; an|nehmen*. 時計を～ nach der Uhr sehen*. 家事を～ das Haus besorgen. 芝居を見に行く ins Theater gehen*(s). 医者に見てもらう sich ärztlich untersuchen lassen*. 生徒の英語を見てやる dem Schüler in Englisch nach|helfen*. ～からに merklich; augenscheinlich; offensichtlich. ～ろ〔うちに〕zusehends; im Umsehen. 見たところ dem Anschein nach; anscheinend. どう見ても allem Anschein nach. 彼の～のところは aus (in) seiner Sicht. ～影もなくやつれている nur noch der (ein) Schatten seiner selbst sein*. それは～に忍びない Das kann ich nicht ruhig [mit] ansehen. あんな奴は～のもいやだ Sein bloßer Anblick ist mir zuwider. それ見たことか Da hast du's! 今に見ろ Das sollst du mir büßen. / Das hast du nicht umsonst getan!

ミルク die Milch.

みれん 未練 die Anhänglichkeit. ～がある noch immer hängen*《an 3格》; nicht verzichten können*《auf 4格》.

みわく 魅惑・する bezaubern; bestricken; entzücken; faszinieren; hinreißend. ～的 bezaubernd; faszinierend; hinreißend.

みわける 見分ける unterscheiden*; erkennen*. 見分けにくい schwer zu unterscheiden sein*. 見分けのつかぬ ununterscheidbar; unerkennbar. 見分けのつかぬ程 bis zur Unkenntlichkeit.

みわたす 見渡す übersehen*; überblicken. ～限り Soweit das Auge reicht, ... 見晴らす.

みんい 民意 der Volkswille -ns; die Volksstimme; die Volksstimmung -en.

みんえい 民営・の privat. ～化する privatisieren.

みんか 民家 das Wohnhaus -es, ¨er.

みんかん 民間・の privat; zivil. ～に im Volk; unter den Leuten. ～人 die Zivilbevölkerung. ～航空 die Zivilluftfahrt. ～事業 das Privatunternehmen. ～伝説 die Volkssage. ～伝承 der Volksmund; die Folklore. ～信仰 der Volksglaube. ～療法 die Volksmedizin. ～放送 private Sendung.

ミンク der Nerz -es, -e. ～の毛皮 das Nerzfell.

みんげい 民芸 die Volkskunst. ～品 volkstümliche Handarbeit.

みんけん 民権 Bürgerrechte pl.

みんじ 民事〔・訴訟事件〕die Zivilsache -n. ～訴訟 der Zivilprozess. ～訴訟法 die Zivilprozessordnung (略: ZPO).

みんしゅ 民主・主義 die Demokratie. ～主義者 der Demokrat. ～的 demokratisch. ～化する demokratisieren. ～国家 demokratischer Staat. ～政治 die Demokratie; die Volksherrschaft.

みんじゅ 民需 der Privatbedarf -s.

みんしゅう 民衆 das Volk -es. ～的 volkstümlich; populär.

みんしゅく 民宿 das Privatquartier -s, -e.

みんしん 民心 die Volksseele.

みんせいいいん 民生委員 der Sozialbeamte#.
みんせん 民選の durch das Volk gewählt.
みんぞく 民俗 die Volkssitte -n. ～学 die Volkskunde; die Folklore.
みんぞく 民族 das Volk -es, ¨er; die Nation -en. ～学 die Völkerkunde; die Ethnologie. ～国家 der Nationalstaat. ～主義 der Nationalismus. ～心理学 die Völkerpsychologie. ～性 das Volkstum. ～精神 der Volksgeist.
みんぽう 民法 das bürgerliche Recht -es; das Zivilrecht -[e]s. ～法典 das Bürgerliche Gesetzbuch (略: BGB).
みんゆう 民有の privat; in Privatbesitz.
みんよう 民謡 das Volkslied -[e]s, -er.
みんわ 民話 das Volksmärchen -s, -; die [Volks]sage -n.

む

む 無 nichts; das Nichts -. ～になる zunichte werden*(s); vereitelt werden*(s敬). せっかくの好意を～にする js. freundliches Angebot nicht an|nehmen*.
むい 無為 der Müßiggang -[e]s. ～の müßig[gängerisch]; untätig. 時間を～に過ぎせいるZeit mit Nichtstun verbringen*.
むいしき 無意識・の(に) unbewusst; bewusstlos; unwillkürlich. ～状態 die Bewusstlosigkeit.
むいちぶつ 無一物である vor dem Nichts stehen*; ganz mittellos sein*.
むいちもん 無一文だ keinen Pfennig haben*.
むいみ 無意味・な sinnlos; unsinnig; leer; [無駄な] zwecklos. それは～だ Das hat keinen Sinn (Zweck). / Es wäre ja Unsinn.
ムード die Stimmung -en. ～音楽 die Stimmungsmusik.
むえき 無益な nutzlos; zwecklos; vergeblich. ～に umsonst; vergebens.
むえん 無縁の fremd. → 縁.
むが 無我 die Selbstlosigkeit. ～の selbstlos. ～夢中で〔気違いのようになって〕wie verrückt; [死に物狂いで] verzweifelt.
むかい 向かい・に gegenüber 《3格》. ～の家 das Haus gegenüber. 彼は教会の～に住んでいる Er wohnt der Kirche gegenüber.
むがい 無害の unschädlich; harmlos.
むかいあう 向かい合う einander gegenüber|stehen* (gegenüber|liegen*). 向かい合って gegenüber 《3格》; vis-à-vis ([von] 3格).
むかいかぜ 向かい風 der Gegenwind -[e]s, -e.
むかう 向かう ¶机に～ sich an den Tisch setzen. 大阪に～ nach Osaka ab|reisen (ab|fahren*) (s). よい方に～ eine Wendung zum Besseren nehmen*. 終局に～ seinem Ende zu|gehen* (s). 敵に～ dem Feind entgegen|treten*(s). 船が北に～ Das Schiff richtet sich nach Norden. 戦線に～ an die Front ziehen*(s). ～所競なしである ohne Konkurrenz sein*.
むかえ 迎え ¶駅へ～に行く jn. von der Bahn ab|holen. 医者を～にやる den Arzt holen lassen*; nach dem Arzt schicken.
むかえる 迎える [出迎える] jm. entgegen|gehen* (entgegen|kommen*) (s); [迎え入れる] empfangen*; [歓迎する] begrüßen; [招聘する] berufen*. 新年を～ das neue Jahr begrüßen. 妻に～ jn. zur Frau nehmen*. 敵を迎え撃つ dem Feind entgegen|treten*(s).
むがく 無学・の unwissend; ungelehrt; ungebildet. ～文盲の人 der Analphabet.
むかし 昔〔副詞〕in alten Zeiten; vor alters; [以前] ehemals; früher. ～の alt; in (aus) alten Zeiten; [以前の] ehemalig. ～から[の] von alters her; [ずっと前から] seit langer Zeit. ～ながらに wie früher. ～なじみ alvertrauter Freund. ～話〔伝説〕die Sage; [懐旧談] js. Erinnerungen pl.; [昔のこと] alte Geschichte. ～風(気質の)の altmodisch. ～男ありけり Es war einmal ein Mann.
むかしつ 無過失責任 die Schadenersatzpflicht ohne Verschulden.
むかち 無価値・の wertlos. ～である nichts wert sein*.
むかつく sich angewidert fühlen (von 3格).
むかって 向かって nach 《3格》; gegen 《4格》; auf 《4格》; zu 《3格》; entgegen 《3格》; [面して] gegenüber 《3格》; [逆らって] gegen 《4格》. ～右 vom Betrachter aus gesehen rechts. 鏡に～ vor dem Spiegel. 君は彼に～何か言ったのか Hast du etwas zu ihm gesagt?
むかっぱら むかっ腹を立てる böse werden*(s) (über 4格).
むかで 百足 der Tausendfüß[l]er -s, -.
むかむか ～する sich erbrechen wollen*; Übelkeit verspüren. この臭いは胸が～する Der Geruch ekelt mich. / Ein dem Geruch kommt mich [ein] Ekel an. あいつの姿を見ると胸が～する Sein Anblick ist eklig (ekelt mich an).
むかんかく 無感覚の unempfindlich; gefühllos; taub.
むかんけい 無関係である nichts zu tun haben* 《mit 3格》; in keiner Beziehung stehen* 《zu 3格》; [関与していない] unbeteiligt sein* 《an 3格》.
むかんしん 無関心 die Teilnahmslosigkeit; die Apathie. ～な teilnahmslos; apathisch; gleichgültig. 政治に～な男がたくさんいる Es gibt viele Männer, denen die Politik gleichgültig ist.

むき ～になる sich ereifern 《über 4 格》.
むき 向き die Richtung -en. ～を変える sich wenden(*). 万人(学者)～の für jedermann (zum Gelehrten) geeignet. この家は～が悪い Das Haus hat eine schlechte Lage.
むき 無期・延期する auf unbestimmte Zeit verschieben*. ～懲役に処せられる zu lebenslänglichem Zuchthaus verurteilt werden*(s受).
むき 無機の anorganisch. ～化学 anorganische Chemie. ～化合物 anorganische Verbindung. ～物 anorganischer Stoff.
むぎ 麦〔小麦〕der Weizen -s;〔大麦〕die Gerste;〔ライ麦〕der Roggen -s;〔からす麦〕der Hafer -s. ～を打つ Weizen dreschen*. ～粉 das [Weizen]mehl. ～畑 das Weizenfeld. ～茶 der Gerstentee.
むきげん 無期限に(の) auf unbestimmte Zeit; unbefristet.
むきず 無疵の〔欠点のない〕makellos;〔損傷のない〕unversehrt.
むきだし 剥き出し・の bloß; nackt; unbedeckt;〔あからさまな〕offen; unverblümt. ～にする entblößen. 歯を剥き出す die Zähne (mit den Zähnen) fletschen.
むきどう 無軌道の・の〔比〕ausschweifend; zügellos; zuchtlos. ～電車〔トロリーバス〕der Obus (Oberleitungsomnibus).
むきめい 無記名の nicht unterzeichnet. ～証券 das Inhaberpapier. ～投票 anonyme Stimmabgabe.
むきゅう 無休で ohne Ruhetag.
むきゅう 無給・の unbezahlt. ～で働く umsonst (ohne Lohn) arbeiten.
むきょうそう 無競争・の(で) ohne Konkurrenz. ～で当選する ohne Gegenkandidaten gewählt werden*(s受).
むきょうよう 無教養な ungebildet; unkultiviert.
むきりつ 無規律な zuchtlos; undiszipliniert;〔放縦な〕zügellos.
むきりょく 無気力な mutlos; schlapp.
むぎわら 麦藁 das Stroh -[e]s; der Strohhalm -s, -e. ～細工 die Stroharbeit. ～帽子 der Strohhut.
むく 向く ¶左(右)を～ sich nach links (rechts) wenden(*). 後を～ sich um|wenden(*). 上を～ auf|blicken. 南に向いた家 ein Haus, das nach Süden liegt. 気が～ Lust haben* (geneigt sein*)《zu 3 格》. 磁石の針は北を～ Die Magnetnadel zeigt (richtet sich) nach Norden. 彼女に運が向いてきた Das Glück hat sich ihr zugewandt (zugewendet). 彼はこの仕事に向かない Er ist für diese Arbeit nicht geeignet.
むく 剥く ¶皮を～ et. schälen. 玉ねぎの皮を～ Zwiebeln ab|ziehen*. 彼は目を剥いて驚いた Die Augen gingen ihm über.
むく 無垢の rein; unschuldig; unbefleckt.
むくい 報い der Lohn -es; die Vergeltung. なまけた～で zur Strafe für seine Faulheit. それは彼には当然の～だ Das geschieht ihm recht.
むくいぬ 尨犬 der Pudel -s, -.
むくいる 報いる jn. belohnen《für 4 格》; jm. et. vergelten*. 悪に～に善をもってする Böses mit Gutem vergelten*.
むくげ 尨毛 die Zotte -n. ～の zottig.
むくち 無口の schweigsam; wortkarg.
むくどり 椋鳥 der Star -s, -e.
むくみ 浮腫 → しゅ.
むくむ ¶足(顔)が～ geschwollene Füße (ein verschwollenes Gesicht) haben*. むくんだ pastös.
むくれる schmollen; ein|schnappen(s).
むげ 無下に断る jm. et. glatt (rundweg) ab|schlagen*.
むけい 無形の・の immateriell; unkörperlich; geistig. ～文化財 geistiges Kulturgut.
むげい 無芸の ohne [Kunst]fertigkeiten.
むけつ 無血・革命 unblutige Revolution. ～クーデター kalter Staatsstreich.
むける 向ける richten, lenken; [zu]wenden(*);〔差し向ける〕senden(*); schicken;〔振り向ける〕et. verwenden(*)《auf 4 格; zu 3 格》. 或る事に話を～ das Gespräch auf et. bringen* (lenken). 或る物に目を～ sein Auge auf et. richten. 或る人に顔を(或る場所へ歩を)～ jm. das Gesicht (seine Schritte einem Ort) zu|wenden(*). 或る人に背を～ jm. den Rücken kehren.
むける 剥ける〔皮が〕sich schälen.
むげん 無限・の unendlich; grenzenlos; unermesslich; unbeschränkt. ～大の unendlich. ～小の unendlich klein; infinitesimal. ～級数 unendliche Reihe. ～軌道 die Raupenkette. ～軌道車 das Raupenfahrzeug.
むげん 夢幻的 traumhaft; fantastisch.
むこ 婿 der Schwiegersohn -[e]s, ¨-e. ～入りする in eine Familie ein|heiraten.
むこ 無辜の unschuldig; schuldlos.
むごい 惨い grausam; unbarmherzig.
むこう 無効 die Ungültigkeit. ～の ungültig; [null und] nichtig; kraftlos; unwirksam. ～になる ungültig werden*(s). 或る物の～を宣言する et. für ungültig erklären; et. nullifizieren. ～投票 ungültige Stimme.
むこう 向こう・に(の) da drüben;〔…を越えて〕jenseits《2 格》; über《3 格》. はるか～に in der Ferne. ～にお着きになったら Wenn Sie dort angekommen sind, … ～3年の期限で家を借りる eine Wohnung auf (für) 3 Jahre mieten. 相手の～を張って um nicht hinter der Konkurrenz zurückzustehen. ～が～ならこっちもこっちだ Wie er mir, so ich ihm. 河の～岸に am jenseitigen (anderen) Ufer des Flusses. ～傷 die Stirnwunde. ～脛(エ) das Schienbein. ～見ずの tollkühn; verwegen; waghalsig. ～見ずな男 der Draufgänger. ～意気の強い unnachgiebig. → 向かい.
むごたらしい brutal; grausam.
むごん 無言・の(で) stumm; schweigend. ～の非難 stiller Vorwurf. ～劇 die Panto-

むざい 無罪 die Unschuld. ～の unschuldig; schuldlos. ～になる freigesprochen werden* (s受).
むさくい 無作為抽出する Stichproben machen.
むさくるしい unsauber; schmutzig.
むささび 〚動〛 das Flughörnchen -s, -.
むさべつ 無差別･に unterschiedslos; ohne Unterschied. ～級 〔スポーツ〕 die offene Klasse.
むさぼる 貪る gieren (gierig sein*)《nach 3格》. 暴利を～ wuchern. 惰眠を～ müßig gehen*(s). ～ように本を読む ein Buch verschlingen*(begierig lesen*). 食り食う gierig essen*.
むざむざ einfach; →みすみす.
むさん 無産･の besitzlos. ～階級 die besitzlose Klasse; die Besitzlosen# pl.
むざん 無残･な grausam; unbarmherzig; 〔悲惨な〕jämmerlich. ～な最期を遂げる ein tragisches Ende finden*. 見るも～だ Es ist jämmerlich anzusehen.
むし 虫 das Insekt -s, -en; 〚蠕(ぜん)虫〛 der Wurm -[e]s, ≔er; 〚衣魚(しみ)〛 die Motte -n. 本の～ der Bücherwurm. おなかに～がいている Würmer haben*. ～のいい selbstsüchtig. ～の息である in den letzten Zügen liegen*. ～の居所が悪い übler Laune sein*. ～の食った机(じゅうたん) wurmstichiger Tisch (mottenzerfressener Teppich). ～の好かない unangenehm; widrig. ～が知らせた Ich hatte eine böse Vorahnung. それは～がよすぎる Das ist zu viel verlangt. どうもまだ腹の～が収まらない Ich bin noch nicht ganz befriedigt. ～も殺さぬ顔をしている Er sieht aus, als könnte er kein Wässerchen trüben.
むし 無私の selbstlos; uneigennützig.
むし 無視する unbeachtet (außer Acht) lassen*; nicht beachten; ignorieren; sich hinwegsetzen《über 4格》.
むじ 無地の einfarbig; ohne Muster; uni《不変化》; in Uni.
むしあつい 蒸し暑い schwül; drückend heiß.
むしかえす 蒸し返す wieder dämpfen, 〚比〛 auflwärmen; [wieder] auf|rühren. 古い話を～ den [alten] Kohl wieder auflwärmen.
むしかく 無資格･の unberechtigt; unbefugt; 〔医師など〕nicht approbiert. ～者 der Unberechtigte#.
むじかく 無自覚 verantwortungslos; wenig selbstbewusst.
むしくい 虫食い 〔衣類の〕 der Mottenfraß -es. ～の ～虫 (虫の食った).
むしくだし 虫下し das Wurmmittel -s, -.
むしけら 虫けら der Wurm -[e]s, ≔er.
むしけん 無試験で ohne Prüfung.
むしず 虫酸 あいつの顔を見ると～が走る Sein Anblick ekelt mich an.
むじつ 無実の罪に落される falsch beschuldigt werden*(s受). ～を主張する auf seiner Unschuld bestehen*.

むじな 貉 der Dachs -es, -e. 彼等は一つ穴の～だ Sie stecken unter einer Decke.
むしに 蒸し煮にする schmoren.
むしば 虫歯 fauler (kariöser) Zahn -es, ≔e.
むしばむ 蝕む zerfressen*; 〔健康などを〕an|greifen*.
むじひ 無慈悲な unbarmherzig; erbarmungslos.
むしぶろ 蒸し風呂 das Dampfbad -[e]s, ≔er.
むしぼし 虫干しする lüften.
むしめがね 虫眼鏡 das Vergrößerungsglas -es, ≔er; die Lupe -n.
むしやき 蒸し焼きにする in der zugedeckten Pfanne braten*.
むじゃき 無邪気な unschuldig; harmlos; naiv; kindlich.
むしゃくしゃ ～する Verdruss haben*《über 4格; mit 3格》.
むしゃぶりつく 武者振り付く sich an|klammern《an 4格 (3格)》.
むしゃむしゃ ～食う mit vollen Backen essen*; fressen*.
むしゅう 無臭の geruchlos.
むしゅうきょう 無宗教の ungläubig; irreligiös.
むじゅうりょく 無重力 die Gewichtslosigkeit. ～の gewichtslos.
むしゅくもの 無宿者 der Landstreicher -s, -; der Obdachlose#.
むしゅみ 無趣味 ¶彼は～だ Er hat kein Hobby.
むじゅん 矛盾 der Widerspruch -s, ≔e. ～する widersprechen* (3格); im (in) Widerspruch stehen* 《zu 3格》. 互に～する sich³ (einander) widersprechen*. ～した [sich] widersprechend. ～だらけの widerspruchsvoll.
むしょう 無性に sehr; ungemein; übermäßig.
むしょう 無償で(の) unentgeltlich; umsonst; gratis.
むじょう 無上･の光栄 die größte (höchste) Ehre. ～命法 〚哲〛 kategorischer Imperativ.
むじょう 無常 die Vergänglichkeit. ～の vergänglich; flüchtig.
むじょう 無情な herzlos; gefühllos; hartherzig.
むじょうけん 無条件･の(で) bedingungslos; unbedingt. ～降伏 bedingungslose Kapitulation. ～降伏をきをする bedingungslos kapitulieren; sich jm. auf Gnade und Ungnade ergeben*.
むしょく 無色の farblos.
むしょく 無職の berufslos.
むしょぞく 無所属･の parteilos; unabhängig. ～議員 der Parteilose#.
むしる 毟る ¶鶏の羽を～ ein Huhn rupfen. 草を～ Unkraut aus|raufen. 毟り取る ab|rupfen; 〔はぎ取る〕ab|reißen*.
むしろ 筵 die Strohmatte -n.

むしろ 寧ろ eher; lieber; vielmehr. 彼女と結婚するくらいなら～死んだ方がいい Eher (Lieber) will er sterben als sie heiraten. 彼は芸術家というよりは～学者です Er ist mehr Gelehrter als Künstler.

むしん 無心・の unschuldig. 金の～をする jn. um Geld bitten*. ～の手紙 der Bittbrief.

むじん 無人・島 unbewohnte Insel. ～宇宙船 unbemanntes Raumschiff.

むしんけい 無神経な dickfellig; empfindungslos; gefühllos; abgestumpft.

むじんぞう 無尽蔵の unerschöpflich; nie versiegend.

むしんろん 無神論 der Atheismus -. ～者 der Atheist. ～の atheistisch.

むす 蒸す dämpfen; dünsten. 今日はとても～ Heute ist es sehr schwül.

むすい 無水・の anhydrisch [anˈhyːdrɪʃ]; wasserfrei. ～アルコール absoluter Alkohol.

むすう 無数の zahllos; unzählig; unzählbar.

むずかしい 難しい schwierig; schwer; [容体などが] bedenklich; [顔付きが] verdrießlich; ernst. 物事を難しく考える die Dinge zu ernst nehmen*. ～人 schwieriger Mensch. ～顔をしている sauer aus|sehen*. 彼は食物が～ Er ist wählerisch im Essen.

むずがゆい むず痒い ¶体中が～ Es juckt mich am ganzen Körper. 鼻の中が～ Mir kribbelt es in der Nase.

むずかる quengeln.

むすこ 息子 der Sohn -es, ⸚e.

むずと ～つかむ derb fassen; die Hand krallen «um 4格».

むすび 結び der Schluss -es, ⸚e. ～の言葉 das Schlusswort; [手紙の] die Schlussformel.

むすびあわせる 結び合わせる zusammen|binden*; miteinander verbinden*.

むすびつく 結び付く sich knüpfen «an 4格»; sich verbinden* «mit 3格»; [関連する] zusammen|hängen* «mit 3格».

むすびつける 結び付ける et. [an|]binden* ([an|]knüpfen) «an 4格»; [結合する] et. verbinden* (verknüpfen) «mit 3格»; [関連させる] et. in Verbindung bringen* «mit 3格».

むすびめ 結び目 der Knoten -s, -. ～を作る (解く) einen Knoten machen (lösen).

むすぶ 結ぶ binden*; verknoten; [結合する] et. verknüpfen «mit 3格»; [条約・協定などを] schließen*; [同盟する] sich mit jm. verbünden. ネクタイを～ mit jm. eine Krawatte binden*. 交わりを～ mit jm. Freundschaft schließen*. 実を～ Früchte tragen*. 彼は次の言葉で話を結んだ Er schloss seine Rede mit folgenden Worten.

むずむず ～する → むず痒い. 私は踊りたくて（手を出したくて・殴ってやりたくて）～している Es juckt mir in den Beinen (Fingern). 私は彼女に会いたくて～している Ich brenne darauf, sie zu sehen. 彼はふところの金が使いたくて～している Das Geld brennt ihm in der Tasche.

むすめ 娘 die Tochter ⸚; [少女] das Mädchen -s, -. 田舎～ das Bauernmädchen; die Dorfschöne⸚. ～らしい mädchenhaft. ～心 das Mädchenherz. ～時代に in ihren Mädchenjahren. ～婿 der Schwiegersohn. 彼女は今が～盛りだ Sie steht in ihrer Jugendblüte. ～さん [呼び掛け] Fräulein!

むせい 無声・映画 der Stummfilm. ～音 stimmloser Laut.

むせい 無性の geschlechtslos. ～生殖 ungeschlechtliche Fortpflanzung.

むせい 夢精 die Pollution -en.

むぜい 無税の steuerfrei; [関税のかからぬ] zollfrei.

むせいげん 無制限の(に) unbeschränkt; uneingeschränkt.

むせいふ 無政府 die Anarchie -n. ～の anarchisch. ～主義 der Anarchismus. ～主義者 der Anarchist.

むせいらん 無精卵 das Windei -s, -er.

むせきついどうぶつ 無脊椎動物 wirbellose Tiere (die Wirbellosen⁎) pl.

むせきにん 無責任な unverantwortlich.

むせぶ 噎(咽)ぶ → むせる. むせび泣く schluchzen.

むせる 噎せる sich verschlucken «an 3格». 煙に～ im Rauch ersticken (s). 盛りだくさんように暑い zum Ersticken heiß. デパートはむせかえるような雑踏ぶりだ Im Kaufhaus herrscht ein erstickendes Gedränge.

むせん 無銭・旅行をする ohne Geld reisen (s). ～飲食をする die Zeche prellen. ～飲食者 der Zechpreller.

むせん 無線・操縦する fern|lenken. ～電信 die Radiotelegrafie. ～で drahtlos. ～[電信]局 die Funkstation. ～電話 die Radiotelefonie. ～電話機 das Funksprechgerät. ～標識 das Funkfeuer; die Funkbake.

むそう 夢想 der Traum -es, ⸚e; die Träumerei -en. ～する träumen «von 3格». ～家 der Träumer. それは～だにしなかった Das hätte ich mir nie träumen lassen.

むぞうさ 無造作に leicht; mit Leichtigkeit; [かれこれ言わずに] ohne Umstände; ohne weiteres; [念を入れずに] unvorsichtig; nachlässig.

むだ 無駄・な unnütz; nutzlos; vergeblich; zwecklos. ～に vergebens; umsonst. ～の多い verschwenderisch. 時間を～にする seine Zeit verschwenden (vergeuden). すべての苦労が～になった Alle Bemühungen waren ohne Erfolg.

むだあし 無駄足を踏む umsonst gehen* (s).

むたいざいさん 無体財産 immaterielle Güter pl. ～権 das Immaterialgüterrecht.

むだぐち 無駄口をたたく leeres Stroh dreschen*.

むだづかい 無駄使い die Verschwendung -en. 金を～する sein Geld verschwenden (vergeuden).

むだばなし 無駄話 das Geschwätz -es; die

Plauderei -en. ～をする plaudern.

むだぼね 無駄骨・を折る sich umsonst bemühen 《um 4格》; seine Bemühungen verschwenden 《an 4格》. ～折り vergebliche (verlorene) Mühe.

むち 鞭 die Peitsche -n; die Rute -n;〔教鞭〕 der Zeigestock -s, ¨-e. ～を振るう die Peitsche schwingen*. ～を鳴らす mit der Peitsche knallen.

むち 無知 die Unwissenheit. ～な unwissend; dumm; einfältig.

むち 無恥 schamlos; unverschämt; frech.

むちうちしょう 鞭打ち症 das Schleudertrauma -s, ..men (-ta).

むちうつ 鞭打つ mit der Peitsche (Rute) schlagen*; peitschen;〔励ます〕an|spornen; auf|muntern. 死者に～な Lass die Toten ruhen!

むちつじょ 無秩序 die Unordnung. ～の unordentlich.

むちゃ 無茶・な unvernünftig; unsinnig;〔無鉄砲な〕tollkühn; unbesonnen; rücksichtslos. ～に安い fabelhaft billig. ～を言う(する)なよ Sei doch nicht so unvernünftig!

むちゃくちゃ 無茶苦茶・な → 無茶;〔乱雑な〕unordentlich. ～に忙しい im (bis zum) Übermaß beschäftigt sein*. ～に飲む unmäßig trinken*. ～に勉強する übereifrig arbeiten; ochsen. 何もかも～になってしまった Alles ist in Unordnung geraten.

むちゃくりく 無着陸・飛行 der Nonstopflug (Ohnehaltflug) -[e]s, ¨-e. ～飛行をする ohne Zwischenlandung fliegen*(s).

むちゅう 夢中・で → 無我(無我夢中で). ～になる schwärmen 《für 4格》. 女の子に～になる sich in ein Mädchen vernarren. ～になって本を読む sich in ein Buch vertiefen.

むちん 無賃・乗車 die Schwarzfahrt. ～乗車する schwarz|fahren*(s).

むつう 無痛分娩 schmerzlose Geburt -en.

むつき 襁褓 die Windel -n.

むつく 起き上がる auf|fahren*(s).

むつごと 睦言 das Liebesgespräch -s, -e.

むっちり ～した mollig; rundlich.

むっつり ～した verschlossen;〔不機嫌な〕verdrießlich; mürrisch.

むっと ～する〔怒る〕beleidigt sein*. 部屋の空気は～とするようだった Die Luft in der Stube war stickig.

むつまじい 睦まじい einträchtig;〔親密な〕intim. 睦まじく暮らす in [Frieden und] Eintracht leben.

むていけん 無定見 der Wankelmut -[e]s. ～の wankelmütig. 政治的～ politische Blindheit.

むていこう 無抵抗・に widerstandslos. ～主義 das Prinzip des gewaltlosen Widerstandes.

むてき 無敵・の unbesiegbar; unüberwindlich; siegreich. ～艦隊〔スペインの〕die Armada.

むてき 霧笛 das Nebelhorn -s, ¨-er.

むてっぽう 無鉄砲な tollkühn; verwegen; unbesonnen.

むでん 無電 der Funk -s. ～で知らせる funken. ～技手 der Funker.

むどう 無道な gottlos; ruchlos; verrucht.

むとどけ 無届けで(の) ohne Meldung; unangemeldet.

むとんじゃく 無頓着・な gleichgültig 《gegen 4格》; unbekümmert 《um 4格》; sorglos. 身なりに～である sich nicht um seine Kleidung kümmern.

むなぎ 棟木 der Firstbalken -s, -.

むなくそ 胸糞・が悪い Widerwillen empfinden* 《gegen 4格》. あいつを見ると～が悪くなる Sein Anblick ekelt (widert) mich an. ～思っただけでも～が悪くなる Mir wird schon übel, wenn ich nur daran denke.

むなぐら 胸倉を取る jn. beim Kragen nehmen*.

むなぐるしい 胸苦しい sich beklommen fühlen; ein beklemmendes Gefühl haben*.

むなげ 胸毛 das Brusthaar -s, -e. ～の生えた mit behaarter Brust.

むなさき 胸先 ¶ピストルを～に突き付ける jm. die Pistole auf die Brust setzen.

むなさわぎ 胸騒ぎがする ein banges Vorgefühl haben*.

むなざんよう 胸算用をする rechnen 《mit 3格》.

むなしい 空しい leer; eitel;〔無駄な〕vergeblich; fruchtlos; erfolglos. 空しく vergebens; umsonst.

むに 無二・の einzig. ～の親友 mein bester Freund. ～無三に いっしんに.

むにんしょだいじん 無任所大臣 der Minister ohne Portefeuille.

むね 旨 ¶…の～の手紙 ein Brief des Inhalts, dass … 社長の～を受けて行動する auf den Befehl des Direktors [hin] vor|gehen*(s); im Sinn des Direktors handeln. 或る事を～とする sich³ et. zum Prinzip machen.

むね 胸 die Brust ¨-e. ～が焼ける → 胸焼け. ～が悪い(胸をわずらっている) es auf der Brust haben*. ～に浮かぶ jm. ein|fallen*(s). ～に応(こた)える jm. ans Herz greifen*. ～に秘める in seinem Busen (seiner Brust) verschließen*. ～[のうち]を打ち明ける jm. seinen Busen öffnen. ～を打つ jm. zu Herzen gehen*(s). ～を撫(な)で下ろす sich erleichtert fühlen. ～を張って mit geschwellter Brust. ～が悪くなる〔気分が〕Mir wird übel. この知らせを聞いて彼の～は喜びにおどった Das Herz hüpfte ihm vor Freude bei dieser Nachricht.

むね 棟 der First -es, -e. 3～ drei Häuser (Gebäude) pl.

むねあげ 棟上げ〔上棟式〕das Richtfest -es, -e. ～をする ein Gebäude (Haus) richten.

むねやけ 胸焼けがする Sodbrennen haben*.

むねん 無念・に思う bedauern; sich grämen (ärgern)《über 4 格》. ～にも zu meinem Bedauern. ～無想である frei von allen irdischen Gedanken sein*. ～の涙を流す bittere Tränen weinen (vergießen*).

むのう 無能・な untüchtig; unfähig. ～力 die Unfähigkeit; das Unvermögen. ～力者〖法〗der Geschäftsunfähige#.

むひ 無比の unvergleichlich; ohnegleichen; einzig[artig].

むひょう 霧氷 der Raureif -s.

むびょう 無病息災である bei guter Gesundheit sein*.

むひょうじょう 無表情の ausdruckslos.

むふう 無風 die Windstille; die Kalme -n. ～帯 der Kalmengürtel.

むふんべつ 無分別な unbedacht; unüberlegt; unvernünftig.

むほう 無法・な gesetzlos. ～状態 die Gesetzlosigkeit. ～者 der Gewaltmensch.

むぼう 無帽の barhäuptig; ohne Hut.

むぼう 無謀な unbesonnen; tollkühn.

むほん 謀叛 die Rebellion (Verschwörung) -en; der Aufruhr -s. ～する gegen jn. rebellieren; sich gegen jn. verschwören*. ～人 der Rebell; der Aufrührer; der Verschwörer.

むみ 無味・の geschmacklos. ～乾燥な trocken; nüchtern; prosaisch.

むめい 無名・の namenlos; anonym; [有名でない] unbekannt. ～戦士の墓 das Grab[mal] des Unbekannten Soldaten. ～の der Anonymus. ～指 der Ringfinger.

むめんきょ 無免許で〔運転〕ohne Fahrerlaubnis.

むやみ 無闇に unüberlegt; unbesonnen; rücksichtslos; blindlings; [過度に] übermäßig; unmäßig; übertrieben.

むゆうびょう 夢遊病 das Nachtwandeln (Schlafwandeln) -s; der Somnambulismus -; die Mondsucht. ～者 der Nachtwandler; der Somnambule#.

むよう 無用・の unnütz; nutzlos; unbrauchbar; [不必要な] unnötig; entbehrlich. ～心配をするな Mach dir keine überflüssige Sorge! ～の者入るべからず Unbefugten ist der Eintritt verboten! 通り抜け～ Kein Durchgang! / Durchgang verboten!

むよく 無欲な anspruchslos; [私欲のない] uneigennützig; selbstlos.

むら ～のある ungleichmäßig.

むら 村 das Dorf -es, ⸗er; [小村] der Weiler -s, -. ～じゅうの人 das ganze Dorf. ～外れに am Rand des Dorfes. ～八分になる geächtet werden*(s受). ～人 der Dorfbewohner; Dorfleute pl. ～役場 das Gemeindeamt.

むらがる 群がる sich scharen; sich drängen; [虫などが] schwärmen; wimmeln.

むらき むら気の launenhaft.

むらさき 紫 der Purpur -s; das Violett -s, -. ～色の purpurn; [dunkel]violett. ～水晶 der Amethyst.

むらさめ 村雨 der Regenschauer -s, -.

むり 無理・な unvernünftig; unbillig; [強引な] gewaltsam; [不自然な] gezwungen; [不可能な] unmöglich. ～に zwangsweise; mit Gewalt. ～からぬ natürlich; vernünftig. ～な洒落 gewaltsamer Humor. ～を言う Unmögliches verlangen. ～をする sich überanstrengen (übernehmen*). ～をして mit Mühe. ～を通そうとする mit dem Kopf durch die Wand wollen*. ～算段をする mit Mühe Geld auf|bringen*. ～強(し)いする jn. zwingen*《zu 3 格》. ～心の拡大 erweiterter Selbstmord. ～難題を吹っかける eine übertriebene Forderung an jn. stellen. ～無体に mit roher Gewalt. ～やりに飲ませる jn. zum Trinken zwingen*. それは～な要求だ Das ist zu viel verlangt. / Das ist eine Zumutung. 彼は～に笑い顔をみせた Er zwang sich zu einem Lächeln. 彼が嘆くのも～はない Er beklagte sich mit Recht darüber. ～が通れば道理が引っ込む Gewalt geht vor Recht.

むりかい 無理解な verständnislos.

むりすう 無理数 irrationale Zahl -en.

むりそく 無利息の unverzinslich; zinsfrei.

むりょう 無料・の(で) frei; kostenlos; gratis; unentgeltlich. 入場～ Eintritt frei (gratis)! 配達～ Wir liefern [die Waren] frei Haus.

むりょう 無量・の unermesslich. 感慨～である aufs tiefste gerührt sein*.

むりょく 無力の machtlos; [資力のない] mittellos.

むるい 無類の 一無比.

むれ 群れ die Gruppe -n; die Schar -en; der Schwarm -[e]s, ⸗e; [家畜の] die Herde -n. 人の～ eine Schar von Leuten. 蜜蜂(にしん)の～ ein Schwarm Bienen (Heringe). 牛(羊)の～ eine Herde Rinder (Schafe). 暴徒の～ der Pöbelhaufen. ～をなして in Scharen (Haufen); scharenweise; schwarmweise.

むれる 蒸れる stickig sein*. 飯が蒸れた Der Reis ist durchgekocht.

むろ 室 das Treibhaus -es, ⸗er; [穴ぐら] der Keller -s, -. ～咲き die Treibhausblume.

むろん 無論 一もちろん.

め

め 目(眼) [動物・台風・さいころの] das Auge -s, -n; [網・編物の] die Masche -n. ～を疑う seinen Augen nicht trauen. ～を掛ける jn. begünstigen. ～を凝らす die Augen in die

Hand nehmen*.　少女に~をつける ein Auge auf das Mädchen werfen*.　彼女の心に~をつけている Er hat es auf ihr Geld abgesehen.　~を疲れさす die Augen an|strengen.　~を留める Aufmerksamkeit schenken《3格》.　~を離さない keinen Blick (kein Auge) wenden*《von 3格》; nicht aus den Augen lassen*; im Auge behalten*《haben*》.　~を引く［jm.］; nicht aus den Augen lassen*; im Auge behalten*《haben*》.　~を引く［jm.］den Blick öffnen《für 4格》.　~を喜ばす seine Augen weiden《an 3格》.　~の保養 die Augenweide; der Augenschmaus.　~がいい(悪い) gute (schlechte; schwache) Augen haben*.　~がきく ein Auge haben*《für 4格》.　見る~がない blind sein*《für 4格》.　~がない eine Schwäche haben*《für 4格》.　~から鼻へ抜けるような blitzgescheit.　~から火が出る Sterne sehen*.　~から鱗(が)が落ちた Es fiel mir wie Schuppen von den Augen.　~で合図する jm. mit den Augen winken.　~にあまる unerträglich; unverzeihlich.　ありあり~に浮かぶ jm. klar vor Augen stehen*.　~に留まる(つく) → 目を引く.　~にも留まらぬ速さで blitzschnell.　~に見えて sichtlich; zusehends.　~に見えない unsichtbar.　~の細かい(あらい) fein (grob).　~の届く限り Soweit das Auge blickt (reicht), ...　~もくれない keinen Blick haben*《für 4格》.　二つの窓 das zweite Fenster. チェスの盤の~ das Schachfeld.　~を皿のようにして sich³ die Augen aus dem Kopf sehen*.　美しい景色に~を奪われた Ich sah mir eine schöne Landschaft entzückt an.　そこはつい~と鼻の先だ Es ist nur ein Katzensprung bis dahin. この子は~に入れても痛くない Das Kind ist mein Augenstern.　~にもの見せてやるぞ Dir werd' ich's zeigen!　~は口ほどに物を言い Die Augen sind der Spiegel der Seele.　~には~を Auge um Auge.　彼がそういう~にあうのは当然だ Das geschieht ihm ganz recht.

め 芽 die Knospe -n; der Keim -[e]s, -e.　~が出る knospen; keimen; sprießen*(s).　彼は~が出る Ihm winkt das Glück.

めあたらしい 目新しい neu; frisch; neuartig.

めあて 目当て das Ziel -[e]s, -e.　~にする［ねらう］zielen (aus|gehen*(s))《auf 4格》.　持参金に~に結婚する sich mit jm. wegen der Mitgift verheiraten.　金だけが彼の~だ Es ist ihm nur um Geld zu tun.　森を~にする sich nach dem Wald orientieren.

めあわす 娶わす an jn. (mit jm.) verheiraten; jn. an|trauen; jm. zur Frau geben*.

めい 命 der Befehl -s, -e.　→ 命令.

めい 姪 die Nichte -n.

めい 銘 die Inschrift -en; die Aufschrift -en.　刀に~を打つ in (auf) das Schwert seinen Namen gravieren.　「さくら」と~を打った団体 die Gesellschaft namens (mit dem Namen) „Sakura".

めいあん 名案 gute Idee -n; guter Einfall -s, -̈e.　~が浮かぶ auf einen guten Gedanken kommen*(s).　それは~だ Das ist ein [guter] Gedanke (eine gute Idee)!

めいあん 明暗 Licht und Schatten.　~をつける et. schattieren.　~法 die Schattierung.　この一手が試合の~を分けた Dieser Zug entschied die Schachpartie.

めいおうせい 冥王星 der Pluto -.

めいが 名画〔絵画〕berühmtes Gemälde -s, -;〔映画〕berühmter Film -s, -e.

めいかい 明快な klar; deutlich; verständlich.

めいかく 明確な bestimmt; deutlich; klar; ausdrücklich.

めいがら 銘柄〔商標〕das Warenzeichen -s, -.

めいき 明記する ausdrücklich schreiben*.

めいき・する 銘記する sich³ merken; sich³ et.〔ins Gedächtnis〕ein|prägen.　~させる ein|prägen.　~せよ Lass dir das gesagt sein!

めいぎ 名義 der Name -ns, -n.　~上〔の〕nominal.　彼の~に書き換える auf seinen Namen überschreiben*.　この家は叔父の~になっている Das Haus lautet auf den Namen meines Onkels.

めいきゅう 迷宮 das Labyrinth -s, -e; der Irrgarten -s, -̈.　~入りする unaufgeklärt bleiben*(s).

めいきょく 名曲 berühmtes Musikstück -s, -e.

めいきん 鳴禽 der Singvogel -s, -̈.

めいげん 名言 weiser Spruch -[e]s, -̈e.　それは~だ Das ist treffend gesagt.

めいげん 明言する deutlich erklären (aus|sprechen*).

めいこう 名工 der Meister -s, -.　~の手になる作品 ein Werk von Meisterhand.

めいさい 明細 Einzelheiten pl.　~な(に) detailliert; eingehend; ausführlich.　~書 die Spezifikation.　~書を作る et. spezifizieren.

めいさい 迷彩 die Tarnung -en.　~服 der Tarnanzug.　~を施す et. tarnen.

めいさく 名作 das Meisterstück -s, -e.

めいさん 名産 berühmtes Erzeugnis -ses, -se.　青森はりんごの~だ Aomori ist wegen der Äpfel berühmt.

めいし 名士 die Berühmtheit (Zelebrität) -en; der Prominente*.

めいし 名刺 die Besuchskarte -n; die Visitenkarte -n.

めいし 名詞 das Substantiv -s, -e; das Hauptwort -[e]s, -̈er.

めいじ 明示する deutlich zeigen (an|geben*); [klar] dar|legen.

めいじつ 名実ともに dem Namen nach und auch in Wirklichkeit.

めいしゃ 眼医者 der Augenarzt -es, -̈e.

めいしゅ 名手 der Meister -s, -; der Virtuose -n, -n; meisterhafter Spieler -s, -.　射撃の~ ein Meister im Schießen.　ピアノの~ ein Virtuose am Klavier.

めいしゅ 盟主 der Führer -s, -.

めいしょ 名所 die Sehenswürdigkeit -en.

~見物をする die Sehenswürdigkeiten besichtigen (besuchen).
めいしょう 名匠 der Meister -s, -.
めいじょう 名状しがたい namenlos; unsagbar; unsäglich.
めいしん 迷信 der Aberglaube -ns. ~的な abergläubisch. ~家 abergläubische Person.
めいじん 名人 der Meister -s, -. 将棋の~ ein Meister im Schachspiel. ~芸 die Virtuosität. ~の域に達する es zur Meisterschaft bringen* 《in 3格》.
めいすう 命数 ¶彼の~は尽きた Seine letzte Stunde hat geschlagen. / Seinem Leben war ein Ziel gesetzt.
めいずる 命ずる → 命令.
めいずる 銘ずる ¶肝に~ beherzigen.
めいせい 名声 der Ruhm -[e]s; das Ansehen -s; das Renommee -s, -s. ~を博する Ruhm ernten; sich³ einen Namen machen. ~のある angesehen; renommiert.
めいせき 明晰・な klar; deutlich. 頭脳~である klar denken*; einen klaren Verstand (Kopf) haben*.
めいそう 名僧 hervorragender (ausgezeichneter) Priester -s, -.
めいそう 瞑想 die Meditation -en; das Nachsinnen -s. ~する meditieren (nachsinnen*) 《über 4格》. ~にふける sich in Meditationen verlieren*. ~的な beschaulich; meditativ.
めいそうしんけい 迷走神経 der Vagus -.
めいだい 命題 der Satz -es, ⸚e; die These -n. ~を立てる eine These auf|stellen. 対立~ die Gegenthese.
めいちゅう 命中・する jn. (et.) treffen*. ~弾 der Treffer. 弾丸が彼に~した Die Kugel hat ihn getroffen.
めいちょ 名著 bedeutendes (namhaftes) Werk -es, -e; das Meisterwerk -[e]s, -e.
めいてい 酩酊・する sich³ einen Rausch an|trinken*; sich betrinken*. ~した betrunken.
めいど 冥土 der Hades -; das Totenreich -[e]s.
めいとう 名答 kluge Antwort -en. ご~ Ganz recht! / Genau!
めいどう 鳴動 ¶山が~する Der Berg dröhnt. 大山~して鼠一匹 Viel Lärm um nichts.
めいにち 命日 der Todestag -[e]s, -e.
めいば 名馬 edles Ross -es, -e.
めいはく 明白な klar; deutlich; einleuchtend; verständlich.
めいびん 明敏な scharfsinnig; klug.
めいふく 冥福を祈る für js. Seele beten; jm. die ewige Seligkeit wünschen.
めいぶつ 名物 die Spezialität -en. ~男 populärer Mann.
めいぶん 名文・を書く einen guten Stil schreiben* (haben*). ~家 ein Meister des Stils. この手紙は~だ Der Brief ist in gutem Stil abgefasst (geschrieben).
めいぶん 名分 ¶それは~が立たない Das lässt sich durch nichts rechtfertigen. → 大義[名分].
めいぶんか 明文化する gesetzlich (durch Gesetz; in einem Gesetz) fest|legen.
めいぼ 名簿 das Namenregister -s, -; die [Namen]liste -n. ~を作る ein Namenregister an|fertigen. ~に載せる den Namen in das Register ein|tragen*. 選挙人~ die Wählerliste.
めいほう 盟邦 der Bundesgenosse -n, -n.
めいぼう 名望 das Ansehen -s; der Ruhm -[e]s. ~を集める sich³ Ansehen (Geltung) verschaffen. ~家 ein Mann von hohem Ansehen; angesehener Mann. → 信望.
めいみゃく 命脈を保つ fort|leben.
めいめい 命名・する nennen*; einen Namen geben*. その船を「ふじ」と~する dem Schiff den Namen [die] „Fuji" geben*. 祖母の名をとって花子と~された Sie wurde nach der Großmutter Hanako genannt.
めいめい 銘銘 → おのおの. これらの人々は~に功績がある Jeder dieser Männer hat sein Verdienst. 彼らは~自己の道を歩んだ Jeder von ihnen ging seinen eigenen Weg.
めいめいはくはく 明明白白・の sonnenklar; ganz klar. ~だ Das liegt klar auf der Hand. / Daran ist nichts zu deuten.
めいめつ 明滅する flimmern; blinken.
めいもう 迷妄 der [Irr]wahn -s.
めいもく 名目・上の nominal. 病気という~で unter dem Vorwand der Krankheit. ~賃金 der Nominallohn. 彼は~だけの社長だ Er ist nur dem Namen nach Chef.
めいもん 名門・の出である von hoher Geburt (Herkunft) sein*; aus angesehener Familie sein*. この学校はサッカーの~校だ Diese Schule ist berühmt für den Fußballsport.
めいやく 盟約〔誓約〕das Gelübde -s, -;〔同盟〕der Bund -es, ⸚e;〔協定〕der Vertrag -es, ⸚e. ~を結ぶ einen Bund (Vertrag) schließen*.
めいゆう 名優 ausgezeichneter Schauspieler -s, -.
めいゆう 盟友 der Verbündete⸚; der Bundesgenosse -n, -n.
めいよ 名誉 die Ehre -n; der Ruhm -[e]s. ~を得る sich³ Ruhm erwerben* 《durch 4格》. ~を挽回する seine Ehre wiederlerlangen. ~を傷つける jds. Ehre verletzen (beleidigen); jm. die Ehre ab|schneiden*. ~を重んずる [streng] auf seine Ehre halten*. 或る事を自分の~と思う sich³ et. zur Ehre an|rechnen. ~となる jm. Ehre ein|bringen*. 私の~にかけて bei meiner Ehre. ~の ehrenvoll; ehrenwert. ~の戦死を遂げる auf dem Feld der Ehre fallen*(s). ~会員 das Ehrenmitglied. ~毀損(きそん) die Ehrenbeleidigung. ~教授 emeritierter Professor; der Emeritus. ~市民 der Ehrenbürger. ~職 das

Ehrenamt. ～心 die Ehrliebe.　～博士[号] der Ehrendoktor.　～欲 die Ehrsucht.　～欲の強い ehrsüchtig.

めいり 名利に超然としている über Ruhm und Reichtum erhaben sein*.

めいりょう 明瞭な klar; deutlich; eindeutig; unverkennbar.

めいる 滅入る ¶気が～ niedergedrückt (trübsinnig) sein*.

めいれい 命令 der Befehl -s, -e.　彼の～により auf seinen Befehl [hin].　～を実行する einen Befehl aus|führen.　～を与える einen Befehl geben*; jm. et. befehlen*.　～的な befehlend; gebieterisch.　～法 der Imperativ.

めいろ 迷路 der Irrgang -[e]s, ⸚e; das Labyrinth -s, -e.

めいろう 明朗な heiter; froh; [公明な] offen.

めいろん 名論を吐く eine treffliche Ansicht äußern.

めいわく 迷惑 die Belästigung -en.　～を掛ける jm. beschwerlich (zur Last) fallen*(s); jn. belästigen《mit 3格》; jm. Ungelegenheiten bereiten《durch 4格》.　～な lästig; unangenehm; belästigend.

めうえ 目上 der Vorgesetzte*; [年長者] der Ältere*.

めうし 雌牛 die Kuh ⸚e.

めうつり 目移り ¶沢山ある綺麗なドレスに～して決められなかった In (Bei) der Auswahl unter den vielen schönen Kleidern schwankte ich.

メーカー der Hersteller -s, -.　～品 der Markenartikel.

メーキャップ das Make-up -s, -s.　～する sich schminken.

メーター der Messer -s, -; das Messgerät -s, -e; [タクシーの] das (der) Taxameter -s, -.

メーデー der Maifeiertag -[e]s, -e.

メートル der Meter -s, -.　長さが5～ある fünf Meter lang sein*.

メーリング・リスト [電算] die Mailingliste ['me:lɪŋ...] -n.

メール [電算] die Mail ['me:l] -s.　～ボックス die Mailbox.　～を開く eine [E-]Mail öffnen.

メーン ～ストリート die Hauptstraße.　～テーブル der Ehrenplatz.

めかくし 目隠し die Augenbinde -n; [牛や馬の] die Blende -n.　～をする jm. die Augen verbinden*.

めかけ 妾 die Nebenfrau -en; die Mätresse -n.　～を囲う [sich³] eine Nebenfrau halten*.

めがしら 目頭・が熱くなる zu Tränen gerührt werden*(s受).　ハンカチで～を押える ein Handtuch an die Augen drücken.

めかす sich putzen (schön machen).　めかし込む sich aus|staffieren.

めかた 目方 das Gewicht -[e]s, -e.　～を計る et. wiegen*.　～が重い(軽い) schwer (leicht) wiegen*.　～が重く(軽く)なる an Gewicht zu|nehmen*(ab|nehmen*).　～で売る nach Gewicht verkaufen.　この石の～は3キロである Der Stein wiegt 3 kg.　君はどれくらい～がありますか Wie viel wiegst du? / Wie schwer bist du?

メガトン die Megatonne -n.

メカニズム der Mechanismus -, ..men.

めがね 眼鏡 die Brille -n.　～を掛けている eine Brille tragen*.　～を掛ける(はずす) eine Brille auf|setzen (ab|setzen).　彼のにかなう vor seinen Augen Gnade finden*.　～屋 der Optiker.　～の枠(フレーム) das Brillengestell.

メガヘルツ das Megahertz -, - (記号: MHz).

メガホン das Megafon -s, -e; das Sprachrohr -[e]s, -e.

めがみ 女神 die Göttin -nen.

めきめき merklich; zusehends.　～上達する reißende Fortschritte machen《in 3格》.

めくじら 目くじら・を立てる kritteln (nörgeln)《an 3格; über 4格》.　ささいな事にも～を立てる auch an Kleinigkeiten etwas auszusetzen finden*.

めぐすり 目薬 Augentropfen pl.　～をさす Tropfen ins Auge ein|träufeln.

めくばせ 目配せ das Augenblinzeln -s.　～する blinzeln; jm. mit den Augen winken.

めぐみ 恵み die Gnade -n; die Wohltat -en.　～を施す eine Wohltat erweisen*; [施しをする] ein Almosen geben*.　～深い gnädig; wohltätig; barmherzig; gütig.　この雨は本当に～の雨だ Der Regen ist eine wahre Wohltat.　神の～ Gottes Gnade; der Segen.

めぐむ 恵む jm. wohl tun*.　金を～ jn. mit Geld beschenken.　恵まれた気候 günstiges Klima.　好天気に恵まれている von schönem Wetter begünstigt sein*.　才能に恵まれている mit Talent gesegnet sein*.

めぐむ 芽ぐむ Knospen treiben*(an|setzen); keimen; sprießen*(s).

めくら 盲 der Blinde*.　～の blind.

めぐらす 巡らす ¶庭に垣を～ den Garten umzäunen.　計画(奸計)を～ Pläne (Ränke) schmieden.　思案を～ Gedanken spinnen*.

めくらばん 盲判を押す et. blindlings unterzeichnen.

めくらめっぽう 盲滅法に blindlings.

めぐり 巡り[周遊旅行] die Rundreise -n.　血の～が悪い stumpf sein*; langsam (schwer) von Begriff sein*.　北海道～をする eine Reise durch Hokkaido machen.　市内～をする einen Rundgang durch die Stadt machen.

めぐりあう 巡り合う mit jm. zusammen|treffen*(s); jm. begegnen(s); auf jn. stoßen*(s).

めぐりあわせ 巡り合わせ das Geschick -s, -e.

めくる ¶本のページを～ in einem Buch blättern.

めぐる 巡る sich drehen《um 4格》; kreisen (h; s)《um 4格》; [季節などが] wieder|kehren (s).　島を～ eine Insel umfahren*.　世界を巡り歩く durch die Welt ziehen*(s).

めげる ¶失敗にも彼はめげなかった Der Misser-

めこぼし 目こぼし・する ein Auge zu|drücken 《bei 3格》; jm. et. nach|sehen*. ～を願う jn. um Nachsicht bitten*.

めさき 目先・にちらつく jm. vor Augen schweben. ～がきく Weitblick haben*. いろいろ～ を変えて in buntem Wechsel. ～の変った事 etwas anderes (Neues). ～を変える anderswie machen. ～の事ばかり考える nur ans Nächstliegende denken*.

めざす 目差す zum Ziel haben*; hinaus|wollen* 《auf 4格》; zielen 《auf 4格》. 南極大陸目差して出発する nach der Antarktika auf|brechen*(s). 彼の～のところはそれなのだ Er hat es darauf abgesehen.

めざとい 目敏い scharfsichtig; scharfäugig. 目敏く見つける sogleich bemerken.

めざましい 目覚ましい erstaunlich; glänzend.

めざましどけい 目覚まし時計 der Wecker -s, -. ～をかける den Wecker stellen.

めざめる 目覚める auf|wachen (s); erwachen (s). 現実に～ sich³ der Wirklichkeit bewusst werden*(s).

めざわり 目障り・な hinderlich. ～である das Auge beleidigen. 彼は私にとって～だ Er ist mir ein Dorn im Auge. あの木立ちが～だ Die Bäume versperren mir die Aussicht.

めし 飯・を炊く Reis kochen. 臭いを食っている [入獄している] bei Wasser und Brot sitzen*. ～の種を奪う jm. das Brot weg|nehmen*; jn. ums Brot bringen*. ドイツ語で～ を食う [sich³] mit Deutsch sein Brot verdienen. 彼は読書が～よりも好きだ Das Lesen zieht er allem anderen vor.

メシア [救世主] der Messias -.

めしあがる 召し上がる 何を召し上がりますか Was möchten Sie nehmen? どうぞ召し上って 下さい Bitte, bedienen Sie sich!

めしあげる 召し上げる ein|ziehen*; konfiszieren.

めじか 雌鹿 die Hirschkuh ⸚e.

めした 目下 der Untergeordnete#. ～である unter jm. stehen*.

めしだす 召し出す vor|laden*; zu sich³ rufen*.

めしつかい 召使 der Diener -s, -.

めしべ 雌蕊 das Pistill -s, -e; der Stempel -s, -.

めじり 目尻 der Augenwinkel -s, -.

めじるし 目印 das [Merk]zeichen -s, -; das Merkmal -s, -e. ～を付ける et. kennzeichnen (an|zeichnen); markieren). 煙突を～にする sich an dem Schornstein orientieren. 彼の家は赤い屋根が～だ Sein Haus ist durch ein rotes Dach gekennzeichnet.

めじろおし 目白押しに並ぶ dicht beieinander stehen*.

めす 雌 das Weibchen -s, -. ～の weiblich.

メス das Skalpell -s, -e; das Messer -s, -. 問題に～を入れる eine Angelegenheit eingehend untersuchen.

めずらしい 珍しい selten; seltsam; ungewöhnlich; sonderbar. 珍しく seltsamerweise. 珍しそうに neugierig. これはお～ Sie machen sich sehr selten.

めずらしがる 珍しがる neugierig betrachten (an|sehen*).

メソジスト [教派] der Methodismus -; [信徒] der Methodist -en, -en.

メゾソプラノ der Mezzosopran -s, -e.

めそめそ ～泣く wimmern; winseln.

めだつ 目立つ auf|fallen*(s). 目立った auffallend; auffällig; augenfällig. 目立たない unscheinbar; unauffällig.

めたて 目立て ¶鋸の～をする die Säge schärfen.

めだま 目玉 der Augapfel -s, ⸚. お～を食う Schelte bekommen*. 私の～の黒いうちは Solange ich noch lebe, ... ～焼き das Spiegelei. ～商品 das Lockangebot; der Blickfang.

メダリスト der Medaillengewinner -s, -.

メダル die Medaille -n.

メタン das Methan -s. ～ガス das Methangas.

めちゃくちゃ 滅茶苦茶・な要求 unsinnige Forderungen pl. ～な生活をする ein ausschweifendes Leben führen. ～に食べる (飲む) unvernünftig viel essen* (trinken*). ～に壊す zerschlagen*; zerschmettern; in (zu) Klumpschlagen*. 幸福 (喜び; 生活; 希望)を～にする js. Glück (Freude; Leben; Hoffnung) zerstören. この索引は順序が～だ Das Verzeichnis ist völlig durcheinander.

めちゃめちゃ 目茶目茶に壊く(壊れる) in Klump schlagen* (gehen*(s)).

メチルアルコール der Methylalkohol -s.

メッカ das Mekka -s, -s. パリは画家たちの～ だ Paris ist das Mekka der Maler.

めっかち ¶彼は～だ Er ist auf einem Auge blind.

めっき 鍍金 die Plattierung -en. ～する et. plattieren 《mit 3格》. 金(銀)(クロム)～する et. vergolden (versilbern; verchromen). 金～ した vergoldet. ～がはげた Die Vergoldung ist abgegangen. / [比] Er hat sein wahres Gesicht gezeigt.

めつき 目付き der Blick -es, -. ～が悪い böse Augen haben*. 柔和な～をしている sanft blicken; einen sanften Blick haben*. 探るような～で mit prüfenden Blicken.

めつぎ 芽接ぎ ¶果樹の～をする Obstbäume okulieren.

めっきり beträchtlich; bemerkbar; auffallend.

めっけもの めっけ物 glücklicher Fund -es, -e.

メッセージ die Botschaft -en. ～を送る(伝える) jm. eine Botschaft senden*(aus|richten).

メッセンジャー der Bote -n, -n. ～ボーイ der Laufbursche.

めっそう 滅相・な〔とんでもない〕unsinnig; albern;〔法外な〕außerordentlich. ～もない[Gott] bewahre (behüte)!

めった 滅多・に…でない selten. 彼女は～に家にいない Sie ist selten zu Hause. ～なことを言うな(するな) Keine Unbesonnenheiten!

めったうち 滅多打ちにする *jm.* eine tüchtige (gehörige) Tracht Prügel verabreichen.

めつぶし 目潰し ¶灰を投げて Ich warf ihm Asche in die Augen, um ihn blind zu machen.

めつぼう 滅亡 der Verfall -s; der Untergang -es. ～する unter|gehen*(s); zugrunde gehen*(s); verfallen*(s).

めっぽう 滅法 außergewöhnlich. ～寒い schrecklich kalt. ～安い fabelhaft billig.

メディア das Medium -s, ..dien. マス～ Massenmedien *pl.*

めでたい glücklich;〔幸先(さいさき)のよい〕Glück verheißend; Glück bringend. お～〔お人好しの〕gutmütig. ～く glücklich; glücklicherweise; erfolgreich. お誕生日おめでとう Herzliche Glückwünsche zum Geburtstag! 合格おめでとう Ich gratuliere Ihnen zum Bestehen der Aufnahmeprüfung.

めど 目処 ¶仕事の～が立つ den Fortgang der Arbeit voraussehen können*. 今月末を～に bis zum Ende dieses Monats. 成功の～がつかない keine Aussicht auf Erfolg haben*.

めど 針孔 das Öhr -[e]s, -e.

めとる 娶る ¶妻を～ [sich³] eine Frau nehmen*.

メドレー〔水泳〕das Lagenschwimmen -s. 400メートル～リレー die 4×100 m-Lagenstaffel.

メトロノーム das Metronom -s, -e; der Taktmesser -s, -.

メニュー die Speisekarte -n. ～を見て注文する nach der Speisekarte bestellen.

メヌエット das Menuett -s, -e (-s).

めぬきどおり 目抜き通り die Hauptstraße -n.

めねじ 雌ねじ die Schraubenmutter -n.

めのう 瑪瑙 der Achat -s, -e.

めのかたき 目の敵 ¶彼は僕を～にしている Er sieht in mir nur den Gegner.

めのどく 目の毒 für *jn.* eine große Versuchung sein*.

めのまえ 目の前 ¶彼の～で in seiner Gegenwart. ～目前.

めばえ 芽生えの Keim -[e]s, -e; der Spross -es, -e. 恋の～ keimende Liebe.

めばえる 芽生える keimen. 彼らの間に友情が芽生えた In (Bei) ihnen keimte die Freundschaft.

めはな 目鼻・がつく Gestalt gewinnen* (an|nehmen*). ～をつける Gestalt geben* (《3格》). ～立ち Gesichtszüge *pl.*

めぶんりょう 目分量で測る nach [dem] Augenmaß schätzen (bestimmen).

めべり 目減り der Gewichtsverlust (Wertverlust) -es, -e. ～する an Gewicht (Wert) verlieren*.

めぼし 目星・をつける es abgesehen haben*《auf 4格》. 犯人の～がつく einem Täter auf die Spur kommen*(s).

めぼしい 目ぼしい bemerkenswert; hervorstehend; wertvoll; wichtig.

めまい 眩暈 der Schwindel -s. ～がする Ein Schwindel erfasst (packt; überkommt) mich. / Ich werde von Schwindel befallen. / Mir schwindelt. ～を起させる Schwindel erregend.

めまぐるしい 目まぐるしい ¶天気が目まぐるしく変わる Das Wetter wechselt häufig (rasch).

めまぜ 目交ぜをする mit *jm.* äugeln.

めめしい 女々しい weibisch; unmännlich.

メモ Notizen *pl.* ～する notieren. ～をとる sich³ Notizen machen. ～用紙 der Notizzettel. ～帳 das Notizbuch;〔はぎ取り式〕der Notizblock.

めもと 目許がかわいい hübsche (schöne) Augen haben*.

めもり 目盛り die Skala ..len(-s). 温度計の～を付ける das Thermometer graduieren.

めやす 目安〔目標〕das Ziel -[e]s, -e;〔規準〕der Maßstab -[e]s, ¨e. ～を立てる sich³ ein Ziel setzen.

めやに 目脂 die Augenbutter. ～が出る Augenbutter sondert sich ab.

メラニン das Melanin -s, -e.

めらめら ～燃える züngeln.

メリー・ゴー・ラウンド das Karussell -s, -s (-e).

メリケン～粉 das Weizenmehl.

めりこむ 減り込む versinken*(s); ein|sinken* (s).

メリット der Vorteil -s, -e. ～のある vorteilhaft.

めりめり ～と音を立てて崩れ落ちる krachend zusammen|brechen*(s).

メリヤス der Trikot -s, -s.

メリンス der Musselin -s, -e.

メロディー die Melodie -n; die Weise -n. 明るい～が流れる Eine heitere Melodie erklingt.

メロドラマ das Melodrama -s, ..*men*.

メロン die Melone -n.

めん 面〔顔〕das Gesicht -s, -er;〔仮面〕die Maske -n;〔平面〕die Fläche -n; die Seite -n;〔側面〕die Seite -n. ～と向かって言う *jm.* ins Gesicht sagen. ～をかぶる(脱ぐ) die Maske an|legen (ab|legen). 新聞の第１～ die erste Seite der Zeitung. あらゆる～から観察する von allen Seiten betrachten. 他～においては anderseits. すべての～で in jeder Beziehung (Hinsicht).

めんえき 免疫[・性] die Immunität. ～の immun. ～になる immun sein*(s)《gegen 4格》.

めんおりもの 綿織物 der Baumwollstoff -s, -e.

めんか 綿花 die Baumwolle.
めんかい 面会・する *jn.* sprechen*. ～を許す *jn.* vor|lassen*. ～を求める *jn.* zu sprechen wünschen; sich bei *jm.* anmelden lassen*. ～を断る sich von *jm.* nicht sprechen lassen*. ～日 der Empfangstag; [病院などの] der Besuchstag. ～時間 die Sprechstunde; [病院などの] die Besuchszeit. 〔謝絶〕〔掲示〕Kein Empfang! / Bitte, nicht stören!
めんきょ 免許 die Erlaubnis; die Lizenz *-en*; [営業の] die Konzession *-en*. スポーツ教師の～を取る eine Lizenz als Sportlehrer erwerben*. バス運転手(飲食店営業)の～を与える die Konzession als Busfahrer (für ein Lokal) erteilen. ～状(証) der Erlaubnisschein. 運転～証 der Führerschein. 〔運転〕～停止 das Fahrverbot.
めんくらう 面食らう ganz verwirrt sein* 《von 3格》; ganz bestürzt sein* 《über 4格》. その知らせに彼は面食らった Die Nachricht hat ihn ganz verwirrt (bestürzt).
めんざいふ 免罪符 der Ablassbrief *-[e]s, -e*.
めんし 綿糸 das Baumwollgarn *-s, -e*.
めんしき 面識 die Bekanntschaft. ～がある *jn.* kennen*; mit *jm.* bekannt sein*.
めんじて 免じて ¶ 私に～ meinetwegen; mir zuliebe.
めんじょ 免除 die Befreiung; der Erlass *-es, -e*. ～する *jn.* befreien 《von 3格》; *jm. et.* erlassen*. 授業料～ die Schulgeldfreiheit.
めんじょう 免状 das Zeugnis *-ses, -se*. 卒業～ das Abgangszeugnis; [大学又は職人の] das Diplom.
めんしょく 免職 die Entlassung *-en*. ～する *jn.* [aus dem Dienst] entlassen*.
めんする 面する gegenüber|liegen* 《3格》. …に面して gegenüber 《3格》; angesichts 《2格》. 部屋は南(庭; 通り)に面している Das Zimmer geht nach Süden (auf den Garten; zur Straße).
めんぜい 免税 die Steuerfreiheit; [関税の] die Zollfreiheit. ～の steuerfrei. ～にする zollfrei machen. ～店 der Duty-free-Shop ['dju:tı'fri:ʃɔp] *-s, -s*.
めんせき 面積 der Flächeninhalt *-s, -e*. 庭の～はいくらですか Wie groß ist der Garten?
めんせつ 面接 der Empfang *-s, ⸚e*; das Gespräch *-[e]s, -e*. ～する empfangen*; mit *jm.* ein Gespräch führen. ～試験 mündliche Prüfung.
めんぜん 面前 ¶ 彼の～で in seiner Gegenwart. 公衆の～で in (vor) aller Öffentlichkeit.
めんそ 免訴 die Abolition *-en*. ～する *jm.* die Abolition erteilen.
メンタル・テスト die Intelligenzprüfung *-en*.
めんだん 面談する *jn.* sprechen*; sich mit *jm.* unterreden 《über 4格》.
メンチボール das Fleischklößchen *-s, -*.
めんちょう 面疔 das Geschwür im Gesicht.
めんつ 面子 die Ehre *-n*. ～を立てる *jn.* zu Ehren bringen*. ～をつぶす *jn.* um seine Ehre bringen*; *jm.* Schande machen. それは彼の～にかかわる Es geht seine Ehre an.
めんどう 面倒・な lästig; mühevoll; schwierig. ～を見る für *jn.* sorgen; *jn.* besorgen (betreuen). ～を掛ける *jn.* belästigen; *jm.* Scherereien machen. ご～を掛けてすみません Es tut mir Leid, Sie zu bemühen. ～くさい mühsam.
めんどり 雌鶏 die Henne *-n*.
メンバー das Mitglied *-[e]s, -er*.
めんぷ 綿布 der Baumwollstoff *-s, -e*.
めんぼく 面目 die Ehre *-n*. ～を失う die Ehre verlieren*; sich unmöglich machen. ～を失わせる *jn.* um seine Ehre bringen*; *jn.* unmöglich machen. ～を保つ seine Ehre wahren. ～を施す Ehre ein|legen 《mit 3格》. ～を一新する in einem ganz anderen Licht erscheinen*(s); sich ganz verwandeln. それは私の～にかかわる Es geht meine Ehre an. ～ない Ich schäme mich.
めんみつ 綿密な sorgfältig. ～にやる Sorgfalt verwenden*) 《auf 4格》.
めんよう 緬羊 das Schaf *-[e]s, -e*.

も

も auch; sowie. 私～ ich auch; auch ich. ゲーテ～シラー～ Goethe sowie Schiller. 老い～若き～ Alt und Jung. 昨日～今日～ sowohl gestern als auch heute. 彼女は金持で～美人で～なかった Sie war weder reich noch schön. 盗みまで～したのか Hast du sogar gestohlen? 子供で～それを知っている Selbst ein Kind weiß es. それは100万円～かかる Das kostet nicht weniger als eine Million Yen. 雪が降って～参ります Ich komme, auch wenn es schneit. 彼は英語ばかりかドイツ語～習っている Er lernt nicht nur Englisch, sondern auch Deutsch.

も 喪 die Trauer. ～に服する [um *jn.*] trauern; [um *jn.*] Trauer tragen*; in Trauer gehen*(s). 彼はまだ～中だ Er ist noch in Trauer. ～が明ける Die Trauerzeit geht zu Ende.
も 藻 die Alge *-n*.
もう [今] nun; [すでに] schon; [間もなく] bald. ～私は行かねばならない Nun muss ich gehen. ～そんなに遅いのですか [Ist es] schon so spät? ～来るだろう Bald wird er kommen. ビールを～1杯 Noch ein Bier! お前は～子供じゃない Du bist kein Kind mehr. ～少しで遭難するところだった Ich wäre beinahe verunglückt.
もう 蒙を啓(ひら)く *jn.* auf|klären (belehren)

もう 網 ¶道路(鉄道)~ das Straßennetz (Eisenbahnnetz).

もうあ 盲啞学校 die Blinden- und Taubstummenschule -n.

もうあい 盲愛 die Affenliebe. この両親は子供たちを~している Diese Eltern hängen mit Affenliebe an den Kindern.

もうい 猛威 die Wut. ~を振るう wüten.

もうか 猛火 ¶村は~に包まれていた Das Dorf stand in hellen Flammen.

もうがっこう 盲学校 die Blindenschule -n.

もうかる 儲かる einträglich; Gewinn bringend; lohnend. この取引はちっとも儲からない Dieser Handel bringt nichts ein.

もうかん 毛管 → 毛細管.

もうきん 猛禽 der Raubvogel -s, ̈-.

もうけ 儲け der Verdienst -[e]s, -e; der Gewinn -s, -e; der Profit -s, -e. ~仕事 Gewinn bringende Arbeit; einträgliches Geschäft. この仕事は~が多い Dieses Geschäft lohnt sich sehr. この仕事は一文の~にもならない Diese Arbeit bringt nichts ein.

もうげき 猛撃を加える einen heftigen Angriff vor|tragen* (gegen 4 格).

もうけぐち 儲け口 Gewinn bringende Arbeit -en.

もうけもの 儲け物・~をする 〔買物で〕einen günstigen Kauf machen. 休講だって？そいつは~だ Keine Vorlesung? So ein Glück!

もうける 設ける ¶宴席を~ im Festmahl vor|bereiten. 会場に来賓席を~ im Saal Ehrenplätze reservieren. 子供を~ ein Kind bekommen* ; ~ [die] Regeln auf|stellen (für 4 格). 講座を~ einen Lehrstuhl gründen (für 4 格). 委員会を~ einen Ausschuss bilden. 口実を設けて unter einem Vorwand.

もうける 儲ける gewinnen*; verdienen. たっぷり~ [einen] guten Verdienst haben*. 土地を売って~ das Gut mit Gewinn verkaufen. その商売で彼は100万円儲けた Bei diesem Geschäft gewann er eine Million Yen.

もうけん 猛犬に注意 Vorsicht, bissiger Hund!

もうこ 蒙古 die Mongolei. ~の mongolisch. ~人 der Mongole.

もうこう 猛攻 → 猛撃.

もうこん 毛根 die Haarwurzel -n.

もうさいかん 毛細管 die Kapillare -n. ~現象 die Kapillarität.

もうしあわせ 申し合わせ die Verabredung -en; die Vereinbarung -en.

もうしあわせる 申し合わせる et. mit jm. verabreden (vereinbaren). 申し合わせた通りwie verabredet. 申し合わせた値段で売る et. zu den vereinbarten Preisen verkaufen.

もうしいれ 申し入れ der Vorschlag -[e]s, ̈-e; das Angebot -[e]s, -e; 〔願い〕der Wunsch -es, ̈-e; 〔頼み〕die Bitte -n. ~をする einen Vorschlag (ein Angebot) machen. 彼の~で auf seinen Vorschlag (Wunsch) [hin].

もうしいれる 申し入れる vor|schlagen*; an|bieten*. 会見を~ bei jm. um eine Unterredung nach|suchen.

もうしうける 申し受ける empfangen*. 2000円~ von jm. 2 000 Yen fordern (verlangen).

もうしおくり 申し送り die Weitergabe.

もうしおくる 申し送る jm. et. weiter|geben*.

もうしおくれる 申し遅れる ¶申し遅れましたが apropos; Was ich noch sagen wollte, ...

もうしかねる 申し兼ねる ¶私の口からは申し兼ねます Ich wage [es] nicht, so etwas zu sagen. 申し兼ねますが2000円借して下さいませんか Wenn ich Sie bitten dürfte, könnten Sie mir 2 000 Yen leihen?

もうしきかせる 申し聞かせる jn. ermahnen (zu 3 格; zu+不定詞). 勉強するように~ jn. zum Fleiß ermahnen.

もうしこし 申し越し ¶お~あり次第 Ihrem Angebot zufolge. お手紙でお~のように Wie Sie mir brieflich mitgeteilt haben, ...

もうしこみ 申し込み die Anmeldung -en; der Antrag -es, ̈-e; 〔商〕das Angebot -[e]s, -e. ~を断る(拒る) einen Antrag an|nehmen* (ab|lehnen). 或る娘に結婚の~をする einem Mädchen einen Antrag machen. ~期間 die Anmeldefrist. ~人 der Anmelder. ~用紙 das Anmeldeformular.

もうしこむ 申し込む an|melden; an|tragen*; sich bewerben* (um 4 格). 会談(会見)を~ um eine Unterredung (ein Interview) bitten*. 結婚を~ jm. seine Hand an|tragen* (an|bieten*). ダンスを~ jn. zum Tanz auf|fordern. 試合を~ jn. zum Wettkampf [heraus|]fordern. 市外通話を~ ein Ferngespräch an|melden.

もうしたて 申し立て die Aussage -n. 虚偽の~をする eine falsche Aussage [vor Gericht] machen. 或る人に不利な~をする gegen jn. aus|sagen. 多くの証人の~により nach Aussage vieler Zeugen.

もうしたてる 申し立てる aus|sagen. 異議を~ einen Einwand erheben* (vor|bringen*) (gegen 4 格).

もうしつけ 申し付けに従って auf js. Befehl [hin].

もうしつける 申し付ける befehlen*.

もうしで 申し出 das Angebot -[e]s, -e; der Antrag -es, ̈-e.

もうしでる 申し出る sich melden; an|tragen*; vor|schlagen*. 希望を~ seine Wünsche vor|bringen*. 援助を~ jm. seine Hilfe (sich als Helfer) an|bieten*. 意見のある者は申し出なさい Wer etwas sagen will, soll sich melden.

もうしのべる 申し述べる vor|tragen*.

もうしひらき 申し開きをする sich vor jm. rechtfertigen; jm. Rechenschaft ab|legen (geben*) (über 4 格; von 3 格).

もうしぶんない 申し分ない tadellos; voll-

kommen. 彼の態度は～ Sein Betragen lässt nichts zu wünschen übrig.
もうじゃ 亡者 der Tote#; der Geist des Toten. 金の～ der Anbeter des Geldes.
もうしゅう 妄執 [fixer] Wahn -s. ～にとらわれている in einem Wahn befangen sein*.
もうじゅう 盲従 blinder Gehorsam -s. ～する jm. blindlings gehorchen.
もうじゅう 猛獣 das Raubtier -[e]s, -e. ～狩り die Großwildjagd. ～使い der Dompteur; [女] die Dompteuse.
もうしょ 猛暑 die Bruthitze. ～の夏 brütend heißer Sommer.
もうしよう 申し様 ¶何ともお礼の～がない Ich weiß nicht, wie ich meinen Dank in Worten ausdrücken soll.
もうしわけ 申し訳 ¶～のない unentschuldbar. 死んで～をする et. mit dem Leben (Tod) büßen. 何とも～ありません Ich weiß keine Entschuldigung vorzubringen. ～程度のお礼をする nur eine geringe Belohnung zahlen.
もうしわたす 申し渡す → 言い渡す. 死刑の判決を～ jn. zum Tod verurteilen.
もうしん 盲信する jm. blind[lings] vertrauen (glauben).
もうしん 猛進する los|stürmen (s) 《auf 4 格》. → 猪突猛進.
もうじん 盲人 der Blinde#; der Sehbehinderte#.
もうす 申す sagen. それは～までもない事だ Das versteht sich [von selbst]. 私は田中と申します Ich heiße Tanaka.
もうすこし もう少し・飲物を下さい Geben Sie mir noch ein wenig zu trinken. ～で 10 時だ Es wird bald 10 Uhr. ～で彼は溺(おぼ)れるところだった Er wäre fast ertrunken. / Es fehlte nicht viel, und er wäre ertrunken.
もうせい 猛省を促す jn. zur nochmaligen reiflichen Überlegung auf|fordern.
もうせん 毛氈 der Teppich -s, -e.
もうぜん 猛然と wütend; ungestüm.
もうせんごけ 毛氈苔 der Sonnentau -s.
もうそう 妄想 der Wahn -s; die Einbildung -en. ～に捉われている in einem Wahn befangen sein*; an Einbildungen leiden*.
もうちょう 盲腸 der Blinddarm -[e]s, ⸚e. ～炎 die Blinddarmentzündung; die Appendizitis.
もうでる 詣でる et. besuchen. 無名戦士の墓に～ das Grab des Unbekannten Soldaten besuchen.
もうてん 盲点 〔網膜の〕 blinder Fleck -s, -e. 法の～を突く eine Lücke im Gesetz aus|nutzen; durch eine Lücke im Gesetzes schlüpfen (s).
もうとう 毛頭 ¶そんな気持は～ありません Ich habe nicht die mindesten Absichten darauf.
もうどうけん 盲導犬 der Blindenhund -[e]s, -e.
もうどく 猛毒 starkes Gift -es, -e.

もうばく 盲爆する blindlings bombardieren.
もうばく 猛爆する heftig bombardieren.
もうはつ 毛髪 das Haar -[e]s, -e.
もうふ 毛布 die Wolldecke -n.
もうべん 猛勉 die Ochserei -en. ～する ochsen.
もうまい 蒙昧な unwissend; unvernünftig.
もうまく 網膜 die Netzhaut ⸚e. ～剝離(はく) die Netzhautablösung.
もうもう 濛濛たる dick; dicht. ～たるほこり(タバコの煙) eine Wolke von Staub (Zigarettenrauch). 台所に～と煙が立ち込めている In der Küche qualmt es.
もうもく 盲目 die Blindheit. ～[的]の blind. ～的に blindlings; ohne Sinn und Verstand. ～飛行 der Blindflug.
もうら 網羅・する〔含む〕[allesamt] enthalten* (umfassen). この辞書はあらゆる日本語を～している Dieses Wörterbuch enthält alle japanischen Wörter.
もうれつ 猛烈・な heftig; ungestüm; gewaltig; wütend. ～に雨が降る Es regnet stark (heftig). ～に暑い Es ist schrecklich heiß.
もうろう 朦朧とした trübe; benommen. 意識(記憶)が～とする Mein Bewusstsein (Meine Erinnerung) trübt sich. 酒を飲んで頭が～としてきた Der Alkohol hat meine Sinne umnebelt.
もうろく 耄碌 die Senilität. ～した senil. ～する senil werden*(s); vertrotteln (s).
もえあがる 燃え上がる auf|lodern (s); auf|flammen (s); entflammen (s).
もえうつる 燃え移る ¶火は隣家に燃え移った Das Feuer ergriff das Nachbarhaus.
もえがら 燃え殻 die Asche; 〔石炭の〕 die Schlacke -n; Zinder pl.
もえぎいろ 萌黄色の hellgrün.
もえきる 燃え切る aus|brennen*(s).
もえさかる 燃え盛る wild (hell) lodern.
もえさし 燃え差し der Stummel -s, -. 蠟燭の～ der Stumpf einer Kerze.
もえつきる 燃え尽きる aus|brennen*(s); aus|glühen (s).
もえつく 燃え付く Feuer fangen*.
もえでる 萌え出る Keime treiben*; sprießen* (s).
もえやすい 燃え易い entzündlich; brennbar.
もえる 萌える → 萌え出る.
もえる 燃える brennen*; flammen. 野心(復讐の念)に～ vor Ehrgeiz (auf Rache) brennen*. ～ような glühend; flammend. 彼は祖国愛に燃えている Er glüht fürs Vaterland.
モーション die Bewegung -en. 女の子に～を掛ける einem Mädchen an|machen.
モーゼル ～銃 die Mauser -.
モーター der Motor -s, -en. ～をかける(止める) den Motor an|stellen (ab|stellen). ～バイク das Moped. ～ボート das Motorboot.
モーテル das Motel -s, -s.
モード die Mode -n.
モーニング・コート der Cutaway -s, -s.

モール die Borte -n. ～を付ける et. mit Borten besetzen.
モールス ～信号 das Morsealphabet -s.
モカ der Mokka -s, -.
もがく 踠く sich winden*; zappeln.
もぎ 模擬・試験 simulierte Prüfung. ～店 die Bude.
もぎどう 没義道 一非道.
もぎとる 捥ぎ取る jm. et. entwinden*; 〔摘み取る〕ab|pflücken.
もぐ 捥ぐ [ab]pflücken.
もくあみ 木阿弥 ¶元の～になった Er hat alles verloren, was er gewann.
もくげき 目撃・する mit eigenen Augen sehen*; beobachten. ～者 der [Augen]zeuge.
もくげき 黙劇 die Pantomime -n.
もぐさ 艾 die Moxa ['mɔksa] ..xen.
もくざい 木材 das Holz -es.
もくさつ 黙殺する tot|schweigen*; ignorieren.
もくさん 目算・を立てる ungefähre Berechnungen an|stellen. ～がはずれた Ich habe (sehe) mich in meinen Erwartungen getäuscht. / Ich habe mich verrechnet.
もくし 黙示 die Offenbarung -en. ヨハネの～録 die Offenbarung des Johannes.
もくし 黙視・する stillschweigend übersehen*; mit Stillschweigen übergehen*. この状態は～するに忍びない Ich kann diese Zustände nicht ruhig mit ansehen.
もくじ 目次 das Inhaltsverzeichnis -ses, -se.
もくしつ 木質・の holzig; holzartig.
もくす 目す ¶彼は首領と目されている Man hält ihn für einen Anführer.
もくず 藻屑 ¶海の～と消える sein Grab in den Wellen finden*.
もくせい 木星 der Jupiter -s.
もくせい 木犀 der Duftblütenstrauch -s, ¨er.
もくせい 木製・の hölzern; aus Holz. ～品 Holzwaren pl.
もくぜん 目前・に見る vor seinen Augen sehen*. ～に迫った bevorstehend. ～に控えている jm. bevor|stehen*. ～の利に走る nur auf den augenblicklichen Vorteil bedacht sein*. ゴールを～に馬は倒れた Kurz vor dem Ziel ist das Pferd gestürzt. クリスマスが～に迫っている Weihnachten steht vor der Tür.
もくそう 目送する jm. nach|sehen*.
もくそう 黙想する nach|sinnen* (3 格; über 4 格).
もくぞう 木造・の hölzern; aus Holz. ～建築 der Holzbau.
もくぞう 木像 die Holzstatue -n.
もくそく 目測する nach [dem] Augenmaß schätzen (bestimmen).
もくたん 木炭 die [Holz]kohle -n. ～画 die Kohlenzeichnung.
もくちょう 木彫〔・品〕 die Holzschnitzerei -en. ～する et. in (aus) Holz schnitzen. ～師 der Holzbildhauer.

もくてき 目的 der Zweck -[e]s, -e; das Ziel -[e]s, -e. ～を見失う sein Ziel aus den Augen verlieren*. ～を達する seinen Zweck (seine Absicht) erreichen. ～を立てる sich³ ein Ziel setzen. ～とする bezwecken; beabsichtigen. ～のない ziellos; ohne [Zweck und] Ziel. ～に適(カナ)った zweckmäßig. どういう～で zu welchem Zweck; in welcher Absicht. ドイツ文学研究の～で当地に滞在しています Ich halte mich hier auf, um die deutsche Literatur zu studieren. ～は手段を選ばず Der Zweck heiligt die Mittel. 旅の～地に着く das Ziel einer Reise erreichen. ～語 das Objekt. ～論 die Teleologie.
もくとう 黙禱する still (stumm) beten.
もくどく 黙読する still (stumm) lesen*.
もくにん 黙認する ein Auge (beide Augen) zu|drücken 〔bei 3 格〕; stillschweigend dulden.
もくねじ 木捩子 die Holzschraube -n.
もくねん 黙然として stumm; stillschweigend.
もくば 木馬 〔体操の〕 das Pferd -es, -e; 〔玩具の〕das Schaukelpferd -[e]s, -e. 回転～ das Karussell.
もくはい 木杯 der Holzbecher -s, -.
もくはん 木版 der Holzstock -s, ¨e. ～画(刷り) der Holzschnitt.
もくひけん 黙秘権を行使する das Recht zur Aussageverweigerung gebrauchen.
もくひょう 目標 das Ziel -[e]s, -e. ～を立てる sich³ ein Ziel setzen. →目的.
もくひろい もく拾い der Kippensammler -s, -.
もくへん 木片 der Holzsplitter -s, -.
もくめ 木目 die Maser -n. ～のある maserig.
もくもく 黙黙として schweigend; stumm.
もぐもぐ ～言う etwas muffeln; et. in seinen Bart murmeln. ～食べる mampfen.
もくようび 木曜日 der Donnerstag -s, -e. ～に am Donnerstag.
もくよく 沐浴する baden; sich waschen*.
もぐら 土龍 der Maulwurf -[e]s, ¨e.
もぐり 潜り・の unberechtigt; schwarz. ～の業者 der Schleichhändler. ～の商売 wilder Handel.
もぐる 潜る tauchen(s; h). 水中に～ ins Wasser tauchen(s). ベッドに潜り込む sich ins Bett verkriechen*.
もくれい 目礼する jn. mit den Augen grüßen.
もくれい 黙礼する jn. durch Kopfnicken grüßen.
もくれん 木蓮 die Magnolie -n.
もくろく 目録 〔カタログ〕der Katalog -[e]s, -e; 〔表〕das Verzeichnis -ses, -se. 財産～ das Inventar.
もくろみ 目論見 der Plan -es, ¨e; das Vorhaben -s, -; die Absicht -en. ～書 der Prospekt.
もくろむ 目論む planen; vor|haben*; beabsichtigen.

もけい 模型 das Modell -s, -e. ～飛行機 das Modellflugzeug.

もげる 捥げる ab|gehen*(s).

もこ 模糊とした unklar; nebelhaft.

もさ 猛者 starker Mann -es, ⸚er.

モザイク das Mosaik -s, -en (-e). ～風の mosaikartig.

もさく 模作する nach|arbeiten.

もさく 模索する tappen《nach 3格》. → 暗中模索.

もし 若し wenn; falls. 明日～雨が降ったら家にいます Wenn es morgen regnet, bleibe ich zu Hause.

もじ 文字 der Buchstabe -ns, -n; die Schrift -en. ～通りに解する buchstäblich aus|legen (nehmen*). ～盤 das Zifferblatt.

もしかすると 若しかすると vielleicht; wohl. ～そうかも知れない Das mag so sein.

もしくは 若しくは oder; beziehungsweise.

もしもし Hallo!

もじもじ ～する zögern. ～して zögernd.

もしゃ 模写 die Nachzeichnung -en; die Kopie -n. ～する nach|zeichnen; kopieren. ～を禁ず Nachzeichnung verboten!

もじゃもじゃ ～した zottig.

もしゅ 喪主 der Hauptleidtragende*.

もしょう 喪章 die Trauerbinde -n; der Trauerflor -s, -e. ～を付ける eine Trauerbinde an|legen.

もじる 捩る parodieren. 捩り die Parodie -n.

もす 燃す brennen*.

もず 百舌 der Würger -s, -.

モスリン der Musselin -s, -e.

もする 模する nach|ahmen; imitieren.

もぞう 模造·する nach|ahmen; nach|bilden; imitieren. ～の falsch; künstlich. ～品 die Imitation; die Nachahmung; die Nachbildung.

もぞもぞ ～動く krabbeln(s). 鼻の中が～する Es kribbelt mir (mich) in der Nase.

もだえ 悶え die Qual -en; die Pein.

もだえる 悶える sich quälen《mit 3格》;〔身悶えする〕sich winden*.

もたげる 擡げる ¶頭を～ den Kopf (das Haupt) [er]heben*. 野心が頭を～ Der Ehrgeiz erhebt sein Haupt.

もだしがたい 黙し難い nicht ignorieren können*.

もたせかける 凭せ掛ける et. lehnen《an 4格》.

もたせる 持たせる ¶土産を～ jm. ein Geschenk mit|geben*. 店(所帯)を～ jm. zu einem Geschäft (seinen eigenen Haushalt) gründen lassen*. 費用を～ jm. bezahlen lassen*.

もたもた ～する zögern; säumen; trödeln. お前は全く～しているね Du benimmst dich wie der erste Mensch.

もたらす 齎す [mit sich³] bringen*; ein|tragen*. 吉報を～ jm. eine gute Nachricht bringen* (senden*).

もたれる 凭れる sich an|lehnen《an 4格》. これは胃に～ Das liegt mir schwer im Magen.

モダン ～な modern.

もち 餅 japanischer Reiskuchen -s, -. ～は～屋 Jede Sache hat ihren Fachmann.

もち 黐 der Leim -s, -e. ～竿 die Leimrute.

もち 持ち ·のよい haltbar. この布地は～がよい(悪い)Der Stoff hält gut (nicht gut). この費用は私～だ Das geht auf meine Kosten. この荷物は～にくい Das Gepäck trägt sich schlecht.

もちあい 持ち合い ¶相場は～だ Die Kurse halten sich.

もちあがる 持ち上がる〔事件が〕sich ereignen.

もちあげる 持ち上げる heben*;〔おだてる〕jm. in den Himmel heben*.

もちあじ 持ち味 die Eigentümlichkeit (Eigenart) -en. 起伏に富んだ風光はこの地方の～である Die abwechslungsreiche Landschaft ist kennzeichnend für diese Gegend. その言い方に彼の～がよく出ている Seine Ausdrucksweise charakterisiert ihn gut.

もちあわせ 持ち合わせ ¶あいにく～がない Leider habe ich kein Geld bei mir.

もちあわせる 持ち合わせる bei sich³ (bei der Hand) haben*.

モチーフ das Motiv -s, -e.

もちいる 用いる et. gebrauchen (benutzen) 《zu 3格》; et. an|wenden* 《auf 4格》. 忠告を～ einen Rat an|nehmen*. 重く～ jm. einen wichtigen Posten an|weisen*. 石油は多方面に用いられる Erdöl ist vielseitig zu verwenden.

もちかえる 持ち帰る zurück|bringen*. 家へ～ nach Hause tragen*. お持ち帰り用もお売りします Verkauf auch außer Hause (über die Straße).

もちかえる 持ち替える ¶右手から左手へ～ von der rechten Hand in die linke nehmen*.

もちかける 持ち掛ける ¶相談を～ jn. um Rat fragen*; jn. zu Rate ziehen*.

もちかぶ 持株会社 die Holdinggesellschaft -en.

もちきり 持ち切り ¶町は選挙の話で～だ Die Wahl wird ausschließlich zum Gespräch der ganzen Stadt.

もちぐされ 持ち腐れ ¶このパソコンも使い方がわからないのでは宝の～だ Dieser Personalcomputer, womit ich nicht umzugehen weiß, ist mir ein nutzloser Besitz.

もちくずす 持ち崩す ¶身を～ verkommen*(s); verlottern(s). 彼は悪い仲間とつきあって身を持ち崩した Er wurde durch schlechten Umgang verdorben.

もちこす 持ち越す ¶決定を次回に～ die Entscheidung auf das nächste Mal vertagen.

もちこたえる 持ち堪える aus|halten*; sich halten*.

もちごま 持ち駒〔要員〕der Reservemann -[e]s, ⸚er (..leute).

もちこみ 持ち込み ¶日本への核兵器の～は禁じられている Es ist verboten, nach Japan Atomwaffen zu bringen. 送られて来た～原

もちこむ 持ち込む hinein|bringen*; hinein|-tragen*. 苦情を~ bei jm. eine Beschwerde an|bringen*.
もちさる 持ち去る fort|bringen*; weg|nehmen*.
もちだし 持ち出し ¶それは全部私の~だった Das alles ging auf meine Kosten.
もちだす 持ち出す heraus|bringen*; heraus|-tragen*;〔苦情・要求などを〕an|bringen*; vor|-bringen*. 法廷に~ et. vor Gericht bringen*. 或る話を~ eine Angelegenheit zur Sprache bringen*.
もちなおす 持ち直す ¶天気(彼の容態)が持ち直した Das Wetter (Sein Befinden) hat sich gebessert.
もちにげ 持ち逃げ ¶大金を~する mit einer großen Summe durch|brennen*(s).
もちぬし 持ち主 der Besitzer –s, –. この家の~は誰ですか Wem gehört das Haus?
もちば 持ち場〔部署〕der Posten –s, –;〔受持区域〕das Revier –s, –e; der Bezirk –[e]s, –e. ~を守る auf seinem Posten aus|halten*. ~を回る durch seinen Bezirk eine Runde machen.
もちはこび 持ち運び・のできる tragbar. それは~に便利だ Das trägt sich bequem.
もちはこぶ 持ち運ぶ tragen*.
もちぶん 持ち分 der Anteil –s, –e.
もちまえ 持ち前 die Natur –en; die Eigenschaft –en. ~の jm. eigen[tümlich]. ~のねばりを発揮する seinen Ausdauer beweisen*.
もちまわり 持ち回り・で im Turnus. ~閣議 die Kabinettssitzung per Rundschreiben.
もちまわる 持ち回る [mit sich³] herum|tragen*.
もちもの 持ち物 der Besitz –es. この家は叔父の~だ Das Haus gehört meinem Onkel. ~には十分ご注意下さい Passen Sie auf Ihre Sachen gut auf!
もちよる 持ち寄る ¶めいめいプランを持ち寄った Jeder brachte seinen Plan.
もちろん 勿論 freilich; natürlich. ~そうさ Ja, freilich!
もつ 持つ haben*. 費用を~ die Kosten tragen*. 重い物を手に持っている eine Last in der Hand tragen*. 家を持っている ein Haus besitzen*. 金を手元に持っていない kein Geld bei sich³ haben*. 私は彼に疑いを持った Ich hegte einen Verdacht gegen ihn. 彼はもう長くは~まい Er wird's nicht mehr lange machen. 天気は~だろう Das Wetter wird [sich] halten. 世の中は持ちつ持たれつ Eine Hand wäscht die andere.
もっか 目下のところ jetzt; zurzeit; momentan.
もっか 黙過 → 黙視.
もっかんがっき 木管楽器 das Holzblasinstrument –[e]s, –e.
もっきょ 黙許 → 黙認.
もっきん 木琴 das Xylofon –s, –e.
もっけ 勿怪の幸いだ Das ist eine Gottesgabe (ein Glücksfall).
もっけい 黙契を結ぶ sich mit jm. stillschweigend verständigen. 彼らの間には~がある Es herrscht stillschweigendes Einverständnis zwischen ihnen.
もっこう 木工 die Holzbearbeitung. ~機械 die Holzbearbeitungsmaschine. ~品 Holzwaren pl.
もっこう 黙考する nach|denken* (nach|sinnen*) 《über 4格》.
もったい 勿体をつける → 勿体振る.
もったいない 勿体無い〔無駄な〕verschwenderisch;〔過分な〕unverdient;〔不敬な〕unehrerbietig. そんな賞賛を受けるのは~ Solches Lob verdiene ich nicht. この服はこんな天気は~ Der Anzug ist zu schade für dieses Wetter. 彼には~細君だ Sie ist zu gut für seine Frau. 何と~ことだ Was für eine Verschwendung!
もったいぶる 勿体振る wichtig tun*; sich wichtig machen; sich auf|spielen. 勿体ぶった prätentiös; wichtigtuerisch. 物体ぶった顔をする ein wichtiges Gesicht machen.
もっていく 持って行く [hin|]bringen*; mit|nehmen*.
もってうまれた 持って生まれた angeboren; natürlich.
もってくる 持って来る [her|]bringen*;〔取りに行って〕[ab|]holen.
もってこい 持って来い・の ideal; geeignet《für 4格; zu 3格》. 君はこの仕事に~だ Du eignest dich gut für diese Arbeit.
もってのほか 以っての外の undenkbar; unvernünftig; unverzeihlich.
もってまわった 持って回った umschweifig. ~言い方をする um den Brei herum|reden. ~言い方をするな Mach keine Umschweife!
もっと ~たくさんの noch mehr. ~長い noch länger. 私も貧乏だが彼は~ひどい Ich bin elend, aber er ist es noch mehr.
モットー das Motto –s, –s; das Schlagwort –[e]s, –e; der Wahlspruch –s, ⸚e.
もっとも 尤も・な plausibel; überzeugend; nahe liegend. 君の言う事は~だ Du hast Recht. 彼が嘆くのも~だ Er beklagt sich mit Recht darüber. / Er hat alle Ursache, sich zu beklagen. スイスがヨーロッパの庭園といわれるのは至極~な事である Mit vollem Recht nennt man die Schweiz „den Garten Europas". いつでもおいで下さい、~今晩は留守にしますが Sie sind immer willkommen, allerdings bin ich heute Abend nicht zu Hause.
もっとも 最も・美しい女 die schönste Frau. ~多く am meisten. ~好んで am liebsten. 彼女は自分のよい面を示した Sie zeigte sich von ihrer besten Seite. 家にいるのが~よい Ich bleibe am liebsten zu Hause. 嵐は明け方に~激しかった Der Sturm war am heftigsten gegen Morgen.
もっともらしい 尤もらしい・理由 scheinbar vernünftiger Grund. ~顔つきで ohne eine

Miene zu verziehen. 彼はいかにも尤もらしそうに主張する Er behauptet das mit allem Anschein des Rechts.
もっぱら 専ら ausschließlich; 〔主として〕hauptsächlich.
モップ der Mop -s, -s.
もつやく 没薬 die Myrr[h]e -n.
もつれ 縺れ das Gewirr -[e]s; die Verwicklung -en. 糸のを解く Fäden entwirren. 二人の感情のはますますひどくなった Die Misshelligkeiten zwischen beiden nahmen immer mehr zu.
もつれる 縺れる sich verwickeln; sich verwirren. 足(舌)が～ über die eigenen Füße (mit der Zunge) stolpern*(s). 縺れた問題を解きほぐす eine verwickelte Angelegenheit entwirren.
もてあそぶ 弄ぶ spielen 《mit 3 格》. 人の感情を～ mit js. Gefühlen spielen. 彼女は彼を弄んでいる Sie treibt ihr Spiel mit ihm.
もてあます 持て余す jm. lästig (zu viel) werden*(s); über js. Kräfte gehen*(s). 暑くてマントを持て余している Bei der Wärme wird mir der Mantel lästig. 子供たちを持て余している Ich habe keine Kontrolle mehr über die Kinder. 彼はドイツ語を持て余している Deutsch geht über seine Kräfte. 時間を～ Er weiß nicht, was er mit seiner Zeit anfangen soll. 家の持て余し者 das schwarze Schaf in der Familie.
もてなし 持て成し die Aufnahme; der Empfang -s. 手厚いを受ける bei jm. eine herzliche (warme) Aufnahme finden*. ～のよい gastfreundlich; gastfrei.
もてなす 持て成す auf|nehmen*; bewirten; 〔楽しませる〕unterhalten*. 手厚く～ gut (freundlich) auf|nehmen*; jm. eine freundliche Aufnahme bereiten.
もてはやす 持て囃す überschwenglich loben; rühmen. もてはやされている bei jm. beliebt sein*. 新聞紙しきりと彼を～ Die Zeitungen sind seines Ruhmes voll. この雑誌は若い人たちにもてはやされている Die Zeitschrift ist bei den jungen Leuten sehr beliebt. 彼はいま舞踊家としてもてはやされている Er ist derzeit ein sehr begehrter Tänzer.
モデラート das Moderato -s, -s 《..ti》. ～で moderato.
もてる 持てる bei jm. beliebt sein*. 彼は上役に～ Er ist bei seinen Vorgesetzten sehr beliebt.
モデル das Modell -s, -e. ～にする als Modell benutzen 《für 4 格》. ～になる jm. Modell sitzen* (stehen*); jm. als Modell dienen 《für 4 格》. ～スクール die Musterschule. ～ケース der Modellfall.
もと 下(許) ¶大統領指揮の～に unter [der] Führung des Präsidenten. 叔父の～に bei seinem Onkel. 一撃の～に mit einem Schlag.
もと 元 〔起源〕der Ursprung -[e]s, ¨e; die Quelle -n; 〔原因〕die Ursache -n; 〔根底〕der Grund -es, ¨e. ～をかける Geld (sein Kapital) stecken 《in 4 格》; Geld (sein Kapital) an|legen 《in 4 格》. ～を取る auf seine Kosten kommen*(s) 《bei 3 格》. 風邪がで肺炎になった Aus einer Erkältung entwickelte sich eine Lungenentzündung. 事故がで死ぬ An den Folgen eines Unfalls sterben*(s). ～の道を引き返す beschrittenen Weg zurück|gehen*(s). ～外交官 ehemaliger Diplomat. 彼の～教え子 sein alter Schüler. ～世界チャンピオン der Exweltmeister. ～は früher; ehemals; ursprünglich. ～通りに wie früher; wie es war. ～も子もなくす alles verlieren*. ～の所へグラスを置きかえす Setze die Gläser wieder an ihren Platz zurück! 醬油の～は大豆です Die Sojasoße ist aus Sojabohnen. 失敗は成功の～ Durch Fehler wird man klug.
もとい 基を築く die Basis schaffen(*) 《für 4 格》.
もどかしい ungeduldig sein* 《über 4 格》. **もどかしげに** mit Ungeduld. 彼の仕事は～ Seine schleppende Arbeit macht mich ungeduldig.
もときん 元金 das Kapital -s, -e (-ien).
もどす 戻す zurück|geben*; wieder|geben*; 〔胃から吐く〕erbrechen*. 時計の針を～ die Uhr zurück|stellen. 話を本題に～ das Gespräch wieder auf das Thema bringen*.
もとせん 元栓 der Haupthahn -s.
もとちょう 元帳 das Hauptbuch -[e]s, ¨er.
もとづく 基づく sich gründen 《auf 3 格》; beruhen 《auf 3 格》. その相違は何にのか Worin besteht der Unterschied? その報告に基づいて auf Grund (aufgrund) des Berichtes. 彼の助言に基づいて auf seinen Rat [hin].
もとで 元手 das [Anfangs]kapital -s, -e (-ien). それにはがかかっている Darin steckt viel Geld. 体力が彼の何よりのだ Seine Körperkraft ist sein größtes Kapital.
もとね 元値 der Einkaufspreis -es, -e. ～以下で unter Einkaufspreis. ～で売る zum Einkaufspreis verkaufen.
もとめ 求め ¶彼の～により auf sein Verlangen (seine Bitte) [hin]. 一般の～に応ずる allgemeine Bedürfnisse befriedigen.
もとめる 求める suchen; wünschen; von jm. et. fordern (verlangen). 助言を～ jn. um Rat fragen. 援助を～ jn. um Hilfe bitten*. 本を～ ein Buch kaufen. 家庭教師を求む Hauslehrer gesucht! 求めて苦労する sich unnötig ab|mühen.
もともと 元元 eigentlich; ursprünglich; 〔生来〕von Natur [aus].
もとより 固より 〔初めから〕von Anfang an; 〔元来〕eigentlich; 〔もちろん〕freilich; natürlich; selbstverständlich.
もどりみち 戻り道 der Rückweg -[e]s, -e.
もとる 悖る widersprechen* 《3 格》. 法(礼節)に～ das Gesetz (den Anstand) verlet-

もどる 戻る zurück|kehren (s); zurück|kommen*(s). 家へ～ nach Hause gehen*(s). 席に～ an seinen (zu seinem) Platz zurück|gehen*(s). 話が本題に戻った Man kam auf das Thema zurück.

モニター der Monitor -s, -en.

モニュメント das Monument -s, -e.

もぬけ 蛻 ¶床は～の殻だった Ich fand das Bett leer.

もの 者 ¶私の家の～ meine Angehörigen# pl.; die Meinigen# pl. 祖国のない～は不幸だ Wer kein Vaterland hat, [der] ist unglücklich.

もの 物 das Ding -es, -e; die Sache -n; 〔物質〕die Materie; 〔物体〕der Körper -s, -; 〔物品〕der Artikel -s, -; 〔代物〕das Zeug -s. ～のわかった人 vernünftiger Mensch. ～自体 〔哲〕das Ding an sich. 英語を～にする sich³ das Englische zu eigen machen. 雨を～ともせず trotz des Regens. 友人という～はよい～だ Es ist etwas Schönes um einen Freund. 何か食べる～を下さい Geben Sie mir etwas zu essen! これは大した～だ Das ist doch etwas. 世の中とはそういう～だ So geht es in der Welt. この本は僕の～だ Dieses Buch gehört mir./Dieses Buch ist mein. この少年は～になる Der Junge wird es zu etwas bringen. その取引は～にならなかった Aus dem Geschäft ist nichts geworden. ～はためしに It käme auf einen Versuch an. ～を知らないには程がある Er kennt in seiner Unwissenheit weder Maß noch Grenzen. ここでは能力だけが～を言う Hier zählt (gilt) nur das Können. ～は言いようだ Der Ton macht die Musik. 彼はよくこう言った～だ Er pflegte zu sagen: ...

ものいい 物言いをつける Einspruch erheben* 《gegen 4 格》.

ものいり 物入り ¶今月は～が多かった Diesen Monat habe ich große (viele) Ausgaben gehabt.

ものうい 物憂い matt; müde; melancholisch. もの憂げに lässig.

ものうり 物売り 〔人〕der Straßenhändler -s, -; 〔行商人〕der Hausierer -s, -. 物乞いや～お断り Betteln und Hausieren verboten!

ものおき 物置 der Schuppen -s, -; der Speicher -s, -; die Rumpelkammer -n.

ものおじ 物怖じする scheu (schüchtern) sein*.

ものおしみ 物惜しみ・する geizig sein*. ～しない freigebig sein*.

ものおと 物音 das Geräusch -es, -e. ～がする Es gibt ein Geräusch. / Es rauscht.

ものおぼえ 物覚え das Gedächtnis -ses, -se. ～がよい(悪い) ein gutes (schlechtes; kurzes) Gedächtnis haben*. この子は～が悪い Bei dem Kind haftet nichts.

ものおもい 物思いにふける in tiefes Nachdenken versunken sein*.

ものかげ 物陰・に身を隠す sich verstecken (verbergen*). ～に隠れて待ち伏せる im Hinterhalt lauern 《auf 4 格》.

ものがたい 物堅い ehrlich; solid[e]; rechtschaffen.

ものがたり 物語 die Erzählung -en; die Geschichte -n.

ものがたる 物語る erzählen; schildern. この事実は彼が気がとがめていることを物語っている Die Tatsache zeigt, dass er ein schlechtes Gewissen hat.

ものがなしい 物悲しい betrübt; melancholisch; traurig.

ものぐさ 物臭 die Bequemlichkeit. ～な bequem; träge; faul.

モノグラム das Monogramm -s, -e.

ものぐるおしい 物狂おしい wahnsinnig; verrückt. ～努力をする krampfhafte Anstrengungen machen.

ものごころ 物心がつく verständig werden*(s).

ものごし 物腰 die Haltung. ～が上品である eine vornehme (ruhige) Haltung haben*.

ものごと 物事 die Sache -n; Dinge pl. 彼は～にこだわらない Er kümmert sich um gar nichts. ～にはすべて限度がある Alles hat seine Grenzen.

ものさし 物差 das Maß -es, -e; der Maßstab -[e]s, -e. ～を当てる das Maß an|legen 《an 4 格》. ～で計る et. an einem Maß messen*. 普通の～では計れない über das übliche Maß weit hinaus|gehen*(s).

ものさびしい 物寂しい einsam.

ものさわがしい 物騒がしい lärmend; geräuschvoll.

ものしずか 物静かな(に) still; sanft; sacht.

ものしり 物知り・である sich auf vielen Gebieten aus|kennen*. ～博士 Doktor Allwissend.

ものずき 物好き・な neugierig; 〔風変りな〕sonderbar; eigenartig. このひどい雨降りに出掛けるとは彼も～だ Es ist so eine Eigenart von ihm, dass er bei so starkem Regen ausgeht.

ものすごい 物凄い schrecklich; grausig. 物凄く暑い schrecklich (furchtbar) heiß.

モノタイプ die Monotype -n.

ものだね 物種 ¶命あっての～だ Solange man lebt, kann man hoffen.

ものたりない 物足りない ungenügend; unzulänglich; 〔不満な〕unzufrieden. 彼の説明ではいくぶん～ Mit seiner Erklärung sind wir nicht ganz zufrieden. 彼の仕事は～ Seine Arbeit lässt manches zu wünschen übrig.

ものともしない 物ともしない nicht achten. 寒さなどのともせずに ohne die Kälte zu achten.

ものなれた 物慣れた geübt; geschickt. ～手つきで mit geübter Hand.

ものの 彼は～5分と家にいなかった Er war kaum 5 Minuten zu Hause. 欠点はある～彼ははまじめなやつだ Obgleich er seine Fehler hat, ist er ein anständiger Kerl. 彼はそこに居合わせはした～何も見ていない Zwar war er dabei,

aber er hat nichts gesehen.
もののかず 物の数 いくらは Das zählt nicht.
もののけ 物の怪 das Gespenst -es, -er.
ものほし 物干し[・場] der Trockenplatz -es, ⸚e. ~用ロープ die Wäscheleine.
ものほしそうな 物欲しそうな目付きで mit verlangenden Augen. 物欲しそうに見る schielen (nach 3 格).
モノマニア die Monomanie -n.
ものまね 物真似 die Nachäffung -en; die Mimik. ~をする jn. (et.) nach|äffen (nach|ahmen).   ~の芸人 der Imitator.
ものみ 物見 〔見物〕das Zusehen -s;〔望楼〕der Wachtturm -[e]s, ⸚e;〔斥候〕der Späher -s, -; der Kundschafter -s, -.   ~高い schaulustig. ~遊山 die Vergnügungsreise.
ものめずらしい 物珍しい ¶見るもの聞くもの何もかも物珍しかった Alles, was er sah und hörte, erregte seine Neugier. 物珍しげに neugierig.
ものもち 物持ち〔財産家〕der Wohlhabende*. 彼は~がいい Er geht mit seinen Sachen ordentlich um.
ものものしい 物々しい出で立ちで komplett ausgerüstet. 物々しく警戒する streng bewachen.
ものもらい 物貰い〔乞食〕der Bettler -s, -;〔医〕das Gerstenkorn -s, ⸚er. ~が出来る ein Gerstenkorn bekommen*.
ものやわらか 物柔らかな(に) sanft; mild.
モノラル die Monofonie. ~の monofon.
モノレール die Einschienenbahn -en.
モノローグ der Monolog -s, -e; das Selbstgespräch -s, -e.
ものわかり 物分りのよい verständnisvoll; verständig; einsichtig.
ものわかれ 物別れ ¶交渉は~となった Die Verhandlungen wurden abgebrochen.
ものわすれ 物忘れ ¶彼はよく~をする Er ist sehr vergesslich.
ものわらい 物笑いにする(なる) jn. (sich) lächerlich machen.
もはや 最早〔既に〕schon. ~我慢できない Ich kann es nicht mehr (länger) aushalten.
もはん 模範 das Muster -s, -; das Vorbild -es, -er. ~的 musterhaft; vorbildlich. ~にする sich³ zum Vorbild nehmen*; sich³ ein Muster nehmen* (an 3 格). ~少年 der Musterknabe.   ~生 der Musterschüler.
もふく 喪服 die Trauer[kleidung]. ~を着る (着ている) Trauer an|legen (tragen*).
モヘア der Mohär (Mohair) -s, -e.
モペット das Moped -s, -s.
もほう 模倣 die Nachahmung -en; die Imitation -en; die Mimesis ..sen.   ~する nach|ahmen; imitieren.   ~的 nachahmend; imitatorisch; mimetisch.
もみ 籾 der Reis in Hülsen.
もみ 樅 die Tanne -n.
もみあう 揉み合う ¶学生が警官隊と~ Die Studenten stoßen mit den Polizisten zusammen. / Es entsteht ein Handgemenge zwischen Studenten und Polizisten.
もみあげ 揉み上げ Koteletten pl.
もみがら 籾殻 die Spreu.
もみくちゃ 揉みくちゃにする zerknittern. ファンに~にされる von Fans belagert werden* (s 受).
もみけす 揉み消す aus|löschen.   タバコの火を~ die Zigarette aus|drücken.   スキャンダルを~ einen Skandal vertuschen.
もみじ 紅葉 die Herbstfärbung -en;〔楓〕der Ahorn -s, -e.
もみで 揉み手・をする sich³ die Hände reiben*. ~をして頼む jn. mit gerungenen Händen an|flehen (um 4 格).
もみりょうじ 揉み療治 die Massage -n.
もむ 揉む ¶手を~ sich³ die Hände reiben*. 肩を~ jm. die Schultern massieren. 気を~ sich beunruhigen (um 4 格). 気を揉ませる jn. in der Schwebe halten*.
もめごと 揉め事 Streitigkeiten pl.; Zwistigkeiten pl. 二人の間には~が絶えない Es gibt Streitigkeiten fortwährend zwischen den beiden.
もめる 揉める ¶気が~ ängstlich sein* (um 4 格).   同僚と~ Streit mit seinem Kollegen bekommen*.   今日の会議はずいぶん揉めた In der Sitzung hat man sich heute viel gestritten.
もめん 木綿 die Baumwolle -n. ~の baumwollen.
モメント〔要因〕das Moment -s, -e.
もも 股 der Oberschenkel -s, -.
もも 桃 der Pfirsich -s, -e.
ももいろ 桃色の rosa《不変化》; rosig.
ももひき 股引 die Unterhose -n.
もや 靄 der Dunst -es. ~のかかった dunstig; nebelhaft. 遠くの山に~がかかっている Die fernen Berge liegen im Dunst.
もやいづな 舫い綱でつなぐ verankern.
もやう 舫う vertäuen.
もやし 萌やし das Malz -es.
もやす 燃やす brennen*.   情熱を~ eine Leidenschaft haben* (für 4 格).   火を~ Feuer machen.
もやもや ~した neblig; dunstig. 頭が~している einen umnebelten Kopf haben*.
もよう 模様 das Muster -s, -;〔状態〕die Lage -n;〔経過〕der Verlauf -[e]s, ⸚e.   ~を付ける et. mustern. 部屋の~替えをする einen Raum verändern. 事件の~を報告する über den Verlauf der Ereignisse berichten. 雨~だ Es sieht nach Regen aus.
もよおし 催し die Veranstaltung -en;〔儀式など〕die Feier -n;〔余興〕die Lustbarkeit -en. 市の~で unter den Auspizien der Stadt.
もよおす 催す veranstalten; ab|halten*. パーティーを~ eine Party geben*.   眠気を~ schläfrig werden*(s).   寒気を~ Es fröstelt mich. 式は講堂で催された Die Feier fand in der Aula statt.

もより 最寄りの nächst.
もらい 貰い das Trinkgeld -[e]s, -er;〔乞食の〕das Almosen, -.
もらいご 貰い子 angenommenes Kind -es, -er.
もらいて 貰い手 ¶彼女は嫁の～がない Niemand will sie zur Frau nehmen.
もらいなき 貰い泣きする aus Mitleid weinen.
もらいもの 貰い物 das Geschenk -[e]s, -e.
もらう 貰う erhalten*; empfangen*; bekommen*. 送って～ zugeschickt bekommen*. 養子に～ jn. an|nehmen*. 髪を刈って～ sich³ die Haare schneiden lassen*. 彼に来てもらいたい Er soll zu mir kommen. この本を貰いたい Ich möchte dieses Buch haben. これをすぐにやって貰いたい Ich will das sofort erledigt haben. 彼が君に一緒に来て貰いたがっている Er will, dass du mit ihm kommst. 貰ってくる ab|holen.
もらす 漏らす ¶秘密を～ ein Geheimnis verraten*. 意向を～ eine Meinung äußern (aus|sprechen*)《über 4格》. 細大漏らさずに allen Einzelheiten. この子供はいまだにときどき小便を～ Der Kleine macht sich immer noch manchmal nass.
モラトリアム das Moratorium -s, ..rien.
モラリスト der Moralist -en, -en.
モラル die Moral. ～を向上させる die Moral heben* (verbessern).
もり 守り ¶子供の～をする ein Kind betreuen.
もり 森 der Wald -es, ⸚er; der Forst -es, -e[n].
もり 銛〔捕鯨用の〕die Harpune -n.
もり 盛り ¶それは～がよい Das ist reichlich gewogen. 大～のスープ eine große Portion Suppe.
もりあがり 盛り上がり die Klimax;〔緊張〕die Spannung -en.
もりあがる 盛り上がる schwellen*(s);〔気分が〕steigen*(s). 彼の胸は隆々と盛り上がっている Seine Brust ist stark gewölbt. 世論が次第に盛り上がった Die öffentliche Meinung gewann immer mehr an Boden.
もりかえす 盛り返す 勢力を～ seine Macht (Kräfte) wieder|gewinnen*. 活力を～ wieder zu Kräften kommen*(s).
もりだくさん 盛り沢山の inhaltsreich.
もりたてる 守り立てる〔擁立する〕jn. unterstützen; jm. den Rücken decken (stärken);〔再興する〕wieder|auf|bauen.
モリブデン das Molybdän -s (記号: Mo).
もりもり ～仕事をする energisch arbeiten. ～食べる tüchtig essen*.
もる 盛る ¶料理を皿に～ Speisen in eine Schüssel füllen. 毒を～ jn. vergiften.
もる 漏る sickern(s); lecken. 雨が～ Der Regen sickert durch. ガスが～ Gas tritt aus. 水が～ Das Wasser läuft aus. バケツが～ Der Eimer leckt.
モルタル der Mörtel -s, -.
モルヒネ das Morphium -s. ～中毒患者 der Morphinist.
モルモット das Meerschweinchen -s, -.
もれ 漏れ ¶ガス～ der Gasaustritt. 記載～ die Auslassung. ～なく ausnahmslos; erschöpfend.
もれる 漏れる → 漏る. 明りが窓から～ Das Licht fällt durch ein Fenster. 月光が雲間から～ Der Mond bricht durch die Wolken. ニュースが～ Die Nachricht sickert durch. 彼は遺産の分配に漏れた Er ist bei der Erbteilung übergangen worden. 彼女の口から溜息が漏れた Ein Seufzer entfuhr ihr (ihrem Munde).
もろい 脆い zerbrechlich; fragil;〔金属・ガラス〕spröde;〔情〕～ rührselig; gefühlvoll.
モロッコ Marokko. ～の marokkanisch. ～人 der Marokkaner. ～皮 das Marokkoleder.
もろて 諸手を挙げて賛成する seine ganze Zustimmung geben*《zu 3格》.
もろとも 諸共に alle zusammen. 船は乗っているすべての人～沈没した Das Schiff ist mit Mann und Maus untergegangen.
もろは 諸刃・の zweischneidig. ～の剣 zweischneidiges Schwert.
もろもろ 諸々の verschieden; vielfältig.
もん 門 die Pforte -n; das Tor -es, -e. ～をあけて(しめて)おく das Tor offen halten*(geschlossen halten*). ～をたたく ans Tor klopfen;〔訪問する〕jn. besuchen. ～から出る zum Tor hinaus|gehen*(s). ～に入る〔弟子入りする〕bei jm. in die Schule gehen*(s). 入試の狭き～を突破する die schmale Pforte der Aufnahmeprüfung passieren.
もん 紋〔模様〕das Muster -s, -;〔紋章〕das Wappen -s, -;〔家紋〕das Familienwappen -s, -.
もんえい 門衛 der Pförtner -s, -.
もんか 門下・に入る bei jm. in die Schule gehen*(s). ～生 der Schüler.
もんがい 門外・に außerhalb des Tores. ～不出の作品 nicht öffentlich ausgestelltes Kunstwerk. ～漢 der Außenseiter; der Laie; der Uneingeweihte⁺.
もんがまえ 門構え ¶立派な～の家 das Haus mit einem stattlichen Tor.
もんきりがた 紋切り型の klischeehaft; phrasenhaft; schablonenhaft. ～の挨拶をする in Klischees reden.
もんく 文句〔語句〕Worte pl.;〔不平〕die Klage (Beschwerde) -n. ～を言う sich bei jm. beklagen (beschweren)《über 4格》. ～なしに賛成する bedingungslos zu|stimmen《3格》. 彼は踊りては～なしに第一人者だ Er ist unbestritten der beste Tänzer. ～の付けようのない tadellos; einwandfrei. なんにでも～を付ける an allem etwas zu tadeln finden*. 何か～があるか Hast du etwas dagegen einzuwenden? 私は彼の言にはいろいろ～がある Ich habe mancherlei zu seinen Worten zu bemerken. ～を言うな Hör auf zu knurren!

もんげん 門限は10時だよ Du musst bis zehn zurück.
もんこ 門戸開放政策 die Politik der offenen Tür.
もんさつ 門札 das Türschild -[e]s, -er.
もんし 門歯 der Schneidezahn -[e]s, ⸚e.
もんし 悶死する eines qualvollen Todes sterben*(s).
もんしょう 紋章 das Wappen -s, -. ～にしている *et.* im Wappen führen. ～学 die Wappenkunde; die Heraldik.
もんしろちょう 紋白蝶 der Kohlweißling -s, -e.
もんじん 門人 der Schüler (Jünger) -s, -.
モンスーン der Monsun -s, -e.
モンスター das Monster -s, -.
もんせき 問責する *jn.* tadeln 《wegen 2格》.
もんぜつ 悶絶する unter großen Qualen in Ohnmacht fallen*(s).
もんぜん 門前・に vor dem Tor. ～市をなす immer viel Besuch haben*. ～払いする *jn.* von der Schwelle weisen*. どこでも～払いを食う überall verschlossene Türen finden*.
モンタージュ die Montage -n. ～写真 die [Foto]montage.
もんだい 問題 die Frage -n; das Problem -s, -e; 〔課題〕die Aufgabe -n; 〔事柄〕die Sache -n. ～のある problematisch. ～の人物 die fragliche (in Frage stehende) Person. ～児 das Problemkind. ～を出す eine Frage vor/legen. ～を解く eine Aufgabe (ein Problem) lösen. ～を起す Ärger machen. ～にする *et.* zur Diskussion stellen. ～になっている in Frage stehen*. ～になる in Frage kommen*(s). 心の～ die Sache des Herzens. 社会～ soziale Frage. 試験～ die Prüfungsaufgabe.

何ら～ではない Das ist [gar] keine Frage. それは～だ Das ist [ja eben] die Frage. それ以外の～にすぎない Das ist nur eine Frage der Zeit. ～は金だ Es geht um Geld. 彼女など～にしません Ich pfeife auf sie. 二三ユーロの金など～ではない Auf die paar Euro soll es [mir] nicht ankommen. 何が～になっているのか Worum handelt es sich? ～にならん Ausgeschlossen!
もんちゃく 悶着・を起す mit *jm.* in Zwist geraten*(s). 我が家では昨晩一～あった Bei uns gab es gestern Abend eine kleine Szene.
もんちゅう 門柱 der Pfosten -s, -.
もんてい 門弟 der Schüler (Jünger) -s, -.
もんとう 門灯 die Eingangsbeleuchtung; die Haustürbeleuchtung.
もんどう 問答 Frage und Antwort; 〔対話〕der Dialog -[e]s, -e. ～する mit *jm.* ein Zwiegespräch führen. ～無用 Keine Auseinandersetzungen!
もんどり ～打って倒れる purzeln (s).
もんなし 文無し〔人〕der Habenichts -[es], -e. ～である keinen Pfennig besitzen*.
もんばつ 門閥・の出である von hoher Geburt (gutem Herkommen) sein*. ～主義 der Nepotismus.
もんばん 門番 der Pförtner -s, -.
もんぴ 門扉 der Torflügel -s, -.
もんぶ 文部・省 das Kultusministerium. ～大臣 der Kultusminister. ～科学省 das Ministerium für Erziehung, Kultur, Sport, Wissenschaft und Technologie.
もんみゃく 門脈 die Pfortader -n.
もんもう 文盲 der Analphabet -en, -en.
もんもん 悶悶として sorgenvoll; qualvoll.
モンロー ～主義 die Monroedoktrin.

数学記号 Mathematische Zeichen

$+$	プラス	und (plus)
$-$	マイナス	weniger (minus)
$\pm$	プラスマイナス	plus minus
$\cdot \times$	掛ける	mal
$: \div$	割る	geteilt durch
$=$	等しい	gleich
$\neq$	等しくない	nicht gleich
$\triangle$	三角形	Dreieck
$\sphericalangle$	角	Winkel
$\varnothing$	直径	Durchmesser
$\perp$	垂直	senkrecht
$\parallel$	平行	parallel
$\%$	パーセント	Prozent
$\sim$	相似	ähnlich
$\cong$	合同	kongruent
$\equiv$	恒等	identisch
$>$	より大	größer als
$<$	より小	kleiner als
$\sqrt{}$	平方根	Wurzel aus
2^3	2の3乗	2 hoch 3 (3. Potenz von 2)
∞	無限大	unendlich
∂	偏微分	partielles Differenzial
Σ	総和	Summe
$\int$	積分	Integral
Π	乗積	Produkt

や

- や 菓子〜果物 Kuchen und Obst. 行き〜帰りに auf dem Hin- oder Rückwege. あれ〜これ〜と試みた Ich habe bald dies[es], bald jenes versucht. 出来る〜否や Sobald er kam, ...
- や 矢 der Pfeil -[e]s, -e. 〜を射る(つがえる) einen Pfeil ab|schießen* (auf|legen). 〜の催促をする jn. aufs dringendste auf|fordern 《zu 3 格》. もう一度彼女に会いたくて〜も楯(たて)もたまらなかった Es drängte mich, sie noch einmal zu sehen.
- や 野に下る von seinen Ämtern zurück|tret en*(s); die Regierung verlassen*.
- や 幅〔車輪の〕die Speiche -n.
- やあ Oh! / Ah! / Ach! /〔呼び掛け〕Hallo! 〜大変だ Ach, mein Gott!
- ヤード das Yard -s, -s (略: y.; yd.; pl. yds.). 5〜5 Yard[s].
- ヤール das Yard -s, -s. → ヤード.
- やい He! / Heda!
- やいの 催促する → 矢(矢の催促をする).
- やいば 刃 die Klinge -n. 〜を交える mit jm. die Klinge[n] kreuzen. 〜に掛ける mit dem Schwert hauen*.
- やいん 夜陰に乗じて im (unter dem) Schutz der Dunkelheit; bei Nacht und Nebel.
- やえ 八重・の achtfaltig. 〜咲きの花 gefüllte Blüten pl. 〜歯 der Überzahn.
- やえい 野営・する lagern. 〜地 der Lagerplatz.
- やおちょう 八百長のゲームをする ein abgekartetes Spiel treiben*.
- やおもて 矢面 ¶世の批判の〜に立つ im Brennpunkt der öffentlichen Kritik stehen*.
- やおや 八百屋 die Gemüsehandlung -en;〔人〕der Gemüsehändler -s, -.
- やおら 立ち上がる langsam (bedächtig) [vom Stuhl] auf|stehen*(s).
- やかい 夜会 die Abendgesellschaft -en. 〜を催す eine Abendgesellschaft geben*. 〜服〔男の〕der Abendanzug; 〔女の〕das Abendkleid.
- やがい 野外・の(で) im Freien; unter freiem Himmel. 〜へ出る Freie gehen*(s). 〜劇場 die Freilichtbühne. 〜撮影 die Außenaufnahme.
- やがく 夜学 die Abendschule -n. 〜に通う die Abendschule besuchen.
- やかた 館 das Château (Chateau) -s, -s; das Schloss -es, ⸚er.
- やかたぶね 屋形船 japanisches Hausboot -[e]s, -e.
- やがて bald. 〜彼がやって来た Es dauerte nicht lange, so kam er.
- やかましい 喧しい〔騒騒しい〕lärmig; laut; geräuschvoll.〔きびしい〕streng; genau. 生徒に〜 gegen die Schüler streng sein*. 食物に〜 im Essen wählerisch sein*. 喧しく言う jn. eindringlich mahnen《zu 3 格》; zu+不定詞〕. 喧しく言うと genau (streng) genommen. 世論が〜 Man streitet viel darüber. 〜! Still! どうもお喧しゅうございました Es tut mir Leid, dass ich Sie gestört habe.
- やから 輩 Kerle pl.
- やかん 夜間・に in der Nacht. 〜の nächtlich. 〜飛行 der Nachtflug. 〜部 der Abendlehrgang.
- やかん 薬罐 der Kessel -s, -. 〜頭 der Kahlkopf.
- やき 焼き・を入れる et. härten; jn. züchtigen. 〜が回る vertrotteln (s). 〜が足りない〔肉などの〕wenig gebraten sein*. 有田〜 das Aritaporzellan.
- やき 夜気 die Nachtluft.
- やぎ 山羊 die Ziege -n;〔牡の〕der Ziegenbock -s, ⸚e;〔牝の〕die Zicke -n. 〜が鳴く Die Ziege meckert. 〜髭(ひげ) der Ziegenbart. 〜革 das Ziegenleder.
- やきいん 焼き印 der Brand -es, ⸚e; das Brandzeichen -s, -. 馬に〜を押す einem Pferd ein Zeichen auf|brennen* (ein|brennen*); ein Pferd brennen*.
- やきうち 焼き討ちにする in Brand stecken (setzen).
- やきえ 焼き絵 die Brandmalerei -en.
- やききる 焼き切る durch|brennen*.
- やきぐし 焼き串 der Bratspieß -es, -e.
- やきごて 焼き鏝〔髪の〕die Brennschere -n. 髪に〜を当てる sich³ die Haare brennen*.
- やきころす 焼き殺す jn. [bei lebendigem Leibe] verbrennen*.
- やきたて 焼き立ての frisch[backen].
- やきつくす 焼き尽す ¶火が町を焼き尽した Das Feuer verzehrte die ganze Sadt.
- やきつけ 焼き付け〔写真の〕das Kopieren -s.
- やきつける 焼き付ける ¶フィルムを〜 einen Film kopieren (ab|ziehen*). 模様を板に〜 ein Ornament auf eine Holzplatte ein|brennen*. その光景が脳裡(のうり)に焼き付けられた Das Bild hat sich in mein Hirn eingebrannt.
- やきなおし 焼き直し ¶それはすべてニーチェの〜だ Das ist alles aufgewärmter Nietzsche.
- やきなおす 焼き直す〔パンなどを〕auf|backen(*);〔肉などを〕auf|braten*.
- やきにく 焼き肉 der Braten -s, -.
- やきば 焼き場 das Krematorium -s, ..rien.
- やきはらう 焼き払う ab|brennen*; nieder|brennen*.
- やきまし 焼き増し ¶フィルムを〜する [von einem Film] weitere Abzüge machen.
- やきもき 〜する vor Ungeduld brennen*; [wie] auf glühenden Kohlen sitzen*.
- やきもち 焼き餅 die Eifersucht. 〜を焼く auf

やきもの 606

やきもち *jn.* eifersüchtig sein*. ～焼き der Eifersüchtige*.
やきもの 焼き物〔陶器〕das Porzellan -s, -e.
やきゅう 野球 der Baseball -s. ～をする Baseball spielen.
やぎゅう 野牛 der Büffel -s, -.
やぎょう 夜業 die Nachtarbeit.
やきょく 夜曲 die Nachtmusik -en; die Serenade -n.
やきん 冶金〔・学〕die Metallurgie. ～学者 der Metallurge.
やきん 夜勤 der Nachtdienst -es, -e. ～をする Nachtdienst haben*.
やきん 野禽 → 野鳥.
やく 役〔公職〕das Amt -es, ¨er;〔地位〕die Stellung -en;〔劇〕die Rolle -n. ～に就く(く退く) ein Amt an|treten* (nieder|legen). 或る～を演ずる eine Rolle spielen. 一人二～を演ずる eine Doppelrolle spielen. ～に立つ → 役立つ. それが何の～に立つか Wozu nützt das?
やく 約〔およそ〕etwa; ungefähr.
やく 訳 die Übersetzung (Übertragung) -en.
やく 葯〔植〕der Staubbeutel -s, -.
やく 焼く〔陶器(炭)を〕Porzellan (Kohlen aus Holz) brennen*. パンを～ Brot backen*. 肉を～ Fleisch braten*. 魚をグリルで(パンをトースターで)～ einen Fisch auf dem Grill (Brot im Toaster) rösten. フィルムを～ einen Film kopieren. こんがり～(焼ける) bräunen (sich). 子供の世話を～ sich um ein Kind bemühen. 彼は子供の教育に手を焼いている Die Erziehung der Kinder macht ihm große Not.
やぐ 夜具 das Bettzeug -s.
やくいん 役員 das Vorstandsmitglied -s, -er. ～会 der Vorstand.
やくがく 薬学 die Arzneikunde; die Pharmazie. ～者 der Pharmazeut. ～部 pharmazeutische Fakultät.
やくがら 役柄 das Rollenfach -[e]s, ¨er. その～は彼にぴったりだ Diese Rolle passt ihm genau.
やくげん 約言すれば mit einem Wort; um es kurz zu sagen.
やくご 訳語 ¶その言葉のドイツ語の～は何ですか Wie heißt dieses Wort auf Deutsch? この言葉は日本語に適切な～がない Das Wort hat (findet) keine Entsprechung im Japanischen.
やくざ der Schurke -n, -n.
やくざい 薬剤 die Arznei -en; das Medikament -s, -e. ～師 der Apotheker; der Pharmazeut.
やくさつ 扼殺する erwürgen.
やくじ 薬餌に親しむ kränklich sein*.
やくじほう 薬事法 das Arzneimittelgesetz -es, -e.
やくしゃ 役者 der Schauspieler (Darsteller) -s, -. 彼はあらゆる点で私より～が一枚上だ Er ist mir in allem überlegen.

やくしゃ 訳者 der Übersetzer -s, -.
やくしょ 役所 das Amt -es, ¨er; die Behörde -n. ～へ行く auf ein Amt gehen*(s);〔出勤する〕ins Büro gehen*(s). ～に押しかける bei einer Behörde vorstellig werden*(s). お～風(式)の bürokratisch. お～仕事 die Bürokratie. ～は5時に引ける Im Büro machen wir um 5 Feierabend.
やくしょ 訳書 die Übersetzung -en.
やくじょ 躍如 ¶それは彼の面目～たるものがある Das sieht ihm ähnlich.
やくじょう 約定[・書] der Kontrakt -[e]s, -e. ～を結ぶ einen Kontrakt (Vertrag) [ab|-]schließen*. ～済の〔座席など〕belegt;〔品物が〕verkauft.
やくしん 躍進 der Aufschwung -s, ¨e. ～する einen Aufschwung nehmen*; sich kräftig entwickeln.
やくす 約す → 約束する. 分数を～ → 約分.
やくす 訳す übersetzen. ドイツ語から日本語に～ aus dem Deutschen ins Japanische übersetzen.
やくすう 約数 der Teiler -s, -; der Divisor -s, -en. 最大公～ der größte gemeinsame Teiler.
やくそう 薬草 Arzneikräuter pl. ～園 der Arzneikräutergarten.
やくそく 約束 das Versprechen -s, -;〔規則〕die Regel -n. ～する versprechen*; mit *jm.* verabreden. ～を守る(破る) sein Wort halten* (brechen*). ～を果す das Versprechen erfüllen. ～通りに wie versprochen (verabredet). それは～が違う Das ist wider unsere Abrede. 彼らは～した仲だ Sie sind miteinander verlobt. 彼の将来は～されている Seine Zukunft ist gesichert. ～手形 der Eigenwechsel.
やくだつ 役立つ nützlich (brauchbar) sein*. この本は英語の勉強に～ Das Buch ist mir bei der Erlernung der englischen Sprache nützlich. それは我我に非常に～ Das kann uns viel nützen.
やくだてる 役立てる *et.* benutzen〔zu 3格; für 4格〕; Nutzen ziehen*〔aus 3格〕.
やくづき 役付きである dem Vorstand an|gehören.
やくどう 躍動する sich lebhaft regen.
やくとく 役得 ¶この地位には～が多い Diese Stellung bietet allerhand Vorteile.
やくにん 役人 der Beamte -n, -n. ～風の bürokratisch. ～根性 der Bürokratismus.
やくば 役場 das Amt -es, ¨er. 町(村)～ das Gemeindeamt.
やくはらい 厄払い der Exorzismus -, ..men. ～する einen bösen Geist beschwören* (exorzisieren).
やくび 厄日 der Unglückstag -[e]s, -e.
やくびょう 疫病 → えきびょう. ～神 der Plagegeist.
やくひん 薬品 das Arzneimittel -s, -; das Heilmittel -s, -. 化学～ Chemikalien pl.

やくぶつ 薬物 → 薬品.
やくぶん 約分する einen Bruch kürzen.
やくぶん 訳文 die Übersetzung -en.
やくほん 訳本 die Übersetzung -en.
やくまわり 役回り ¶損な～を引き受ける eine undankbare Rolle übernehmen*.
やくみ 薬味 das Gewürz -es, -e. ～のきいた gewürzt. ～で würzen.
やくめ 役目 die Pflicht -en; die Aufgabe -n; 〔職務〕das Amt -es, ¨er. ～を果す seine Pflicht erfüllen. ～を勤める seines Amtes walten. ～上 von Amts wegen.
やくよう 薬用・の medizinisch. ～石鹸 die medizinische Seife. ～植物 die Arzneipflanze.
やぐら 櫓 der Turm -es, ¨e.
やぐるまそう 矢車草 die Kornblume -n.
やくろう 薬籠 ¶自家～中の物とする et. vollkommen beherrschen; sich³ et. an|verwandeln.
やくわり 役割 die Rolle -n. 大きな～を演ず る eine große Rolle spielen. 重い～を負わせ る jm. schwere Verpflichtungen auf|erlegen.
やけ 自棄・になる in Verzweiflung geraten*(s); verzweifelt sein*. ～を起して in (aus; vor) Verzweiflung. ～に寒い Es ist schrecklich kalt.
やけあと 焼け跡 die Brandstelle -n.
やけい 夜景 nächtliche Szene -n. ～画 das Nachtstück.
やけい 夜警 〔人〕der Nachtwächter -s, -. ～をする Nachtwache halten*.
やけいし 焼け石 ¶それは～に水だ Das ist nur ein Tropfen auf den heißen Stein.
やけおちる 焼け落ちる ab|brennen*(s); nieder|brennen*(s).
やけくそ 自棄糞 → やけ.
やけこげ 焼け焦げ ¶服に～の穴をあける sich³ ein Loch in den Anzug brennen*.
やけこげる 焼け焦げる verkohlen (s);〔料理が〕 verbrennen*(s).
やけざけ 自棄酒を飲む aus Verzweiflung trinken*.
やけしぬ 焼け死ぬ verbrennen*(s).
やけだされる 焼け出される ab|brennen*(s); aus|brennen*(s). 焼け出された人 der Abgebrannte*.
やけつく 焼け付く・ような暑さ glühende (sengende) Hitze. ～ような渇き brennender Durst.
やけど 火傷 die Brandwunde -n. ～する〔火 で〕sich verbrennen*;〔湯で〕sich verbrühen. [ストーブで]指に～する sich³ [am Ofen] die Finger verbrennen*.
やけのはら 焼け野原 ¶大火で町は～と化した Der Großbrand legte die Stadt in Schutt und Asche.
やけぼっくい 焼け棒杭 verkohlter Pfahl -[e]s, ¨e. ～に火がついた《比》Die Liebe flammte wieder auf.
やける 焼ける〔家が〕brennen*; verbrennen*(s);〔肉が〕gebraten werden*(s受); bräunen (s);〔嫉妬(とう)する〕auf *jn*. eifersüchtig sein*. 胸が～ Sodbrennen haben*. パンがうまく焼け た Das Brot ist gut gebacken. 彼はひどく日に 焼けた Er ist stark gebräunt. 西の空が赤く～ Der Himmel rötet sich im Westen.
やけん 野犬 der Streuner -s, -.
やこう 夜行・列車 der Nachtzug -[e]s, ¨e. ～で行く mit dem Nachtzug fahren*(s).
やこう 夜光・時計 die Leuchtuhr. ～塗料 die Leuchtfarbe.
やこう 夜行・動物 das Nachttier -es, -e. ～ 性の nachtaktiv.
やごう 屋号 der Geschäftsname -ns, -n.
やさい 野菜 das Gemüse -s, -. ～畑 das Gemüsebeet.
やさがし 家捜しする das ganze Haus durchsuchen.
やさがた 優形・である eine schlanke (zierliche) Figur haben*. ～の男 ein Mann von schlanker Figur.
やさき 矢先 ¶外出しようとする～に彼が来た Gerade als ich ausgehen wollte, kam er zu mir.
やさしい 易しい leicht; einfach. この論文は易 しく書いてある Die Abhandlung ist leicht verständlich geschrieben.
やさしい 優しい zart; zärtlich;〔目下の者に対し て〕leutselig;〔親切な〕freundlich. 優しく扱う *jn*. zart behandeln. 優しく声を掛ける *jn*. zärtlich an|reden. 心の～ zartfühlend. ～言葉 mit zärtlichen (freundlichen) Worten. ～気持 zarte Gefühle *pl*. もっと優しくしてくれ ても良さそうなものだ Du könntest noch zärtlicher sein!
やし 香具師 der Marktschreier -s, -.
やし 椰子 die Kokospalme -n. ～の実 die Kokosnuss. ～油 das Kokosöl.
やじ 野次を飛ばす → 野次る.
やじうま 野次馬 neugieriger Zuschauer -s, -; der Neugierige*.
やしき 屋敷 [stattliches] Wohnhaus -es, ¨er. 家～ Haus und Hof; das Anwesen. ～内で im (auf den) Hof. ～町 die Wohngegend.
やしない 養い親 Pflegeeltern *pl*.
やしなう 養う〔養育する〕pflegen; auf|ziehen*; 〔飼育する〕züchten. 大家族を～ eine große Familie unterhalten*. 体力を～ den Körper kräftigen.
やしゅ 野趣にあふれた wildromantisch.
やしゅう 夜襲 der Nachtangriff -s, -e. ～す る in der Nacht an|greifen*.
やじゅう 野獣 wildes Tier -es, -e; die Bestie -n. ～のような brutal; bestialisch. ～性 die Brutalität; die Bestialität. ～主義《絵》der Fauvismus.
やしょく 夜食 spätes Essen -s, -.
やじり 鏃 die Pfeilspitze -n.
やじる 野次る dazwischen|rufen*. 野次り倒 す nieder|schreien*;〔口笛を吹いて〕aus|pfeifen*.
やじるし 矢印 der Pfeil -[e]s, -e.

やしろ 社 der Tempel -s, -.
やしん 野心 der Ehrgeiz -es; die Ehrsucht; Ambitionen pl. ～のある ehrgeizig; ehrsüchtig; ambitioniert. ～がある Ambitionen haben*《nach 3格; auf 4格》. ～満満である voll[er] Ehrgeiz stecken(*). ～家 ehrgeiziger Mann; der Ehrgeizling.
やじん 野人 der Naturmensch -en, -en.
やす 簎 der Fischspeer -s, -e.
やすあがり 安上がり ¶ガスは石炭より～だ Gas ist billiger als Kohle. 田舎の生活は～だ Es lebt sich billig auf dem Lande. 家で料理する方が～だ Hausküche ist sparsamer.
やすい 安い billig; wohlfeil. ～家賃 niedrige Miete. ばかに～ spottbillig. 安くなる sich verbilligen. 安かろう悪かろう Wie der Preis, so die Ware.
やすい 易い ¶この詩は分り～ Das Gedicht ist leicht verständlich (ist leicht zu verstehen). 彼女は風邪を引き～ Sie erkältet sich leicht. / Sie neigt zu Erkältungen. 信じ～ leichtgläubig. 燃え～ brennbar. 履き～靴 bequeme Schuhe pl.
やすうけあい 安請け合いする leichtfertig versprechen*《übernehmen*》.
やすうり 安売りする billig (unter[m] Preis) verkaufen; verschleudern.
やすっぽい 安っぽい billig; flitterhaft. この洋服は～ Der Anzug sieht billig aus. ～品物 der Flitterkram. ～名声 wohlfeiler Ruhm.
やすで 〔動〕der Tausendfüß[l]er -s, -.
やすね 安値・で売る zu niedrigen (herabgesetzten) Preisen verkaufen. 或る人より～をつける jn. unterbieten*.
やすぶしん 安普請の unsolid[e] gebaut.
やすまる 休まる ¶からだの～暇もない Ich finde keine Zeit auszuruhen. / Ich komme nicht zum Ausruhen.
やすみ 休み〔休日〕der Ruhetag (Feiertag) -[e]s, -e; 〔休暇〕Ferien pl. 夏～ Sommerferien pl. 昼の～ die Mittagspause. ひと～する eine Pause machen. 3週間の～をもらう 3 Wochen Urlaub bekommen*. ～なく働く ohne Rast und Ruh arbeiten. きょう学校は～だ Heute ist (haben wir) keine Schule. 明日の授業は～ Morgen fällt der Unterricht aus. 明日は仕事はお～だ Morgen ruht die Arbeit. / Morgen haben wir Ruhetag. ～時間 die [Ruhe]pause. ～場所 die Ruhestätte.
やすむ 休む〔休息する〕[sich] aus|ruhen; rasten; 〔欠席する〕fehlen; 〔寝る〕zu Bett gehen*(s). 学校を～ in der Schule fehlen. 講義を～ die Vorlesung ausfallen lassen*. 工場が～ Der Betrieb ruht. お休みなさい Gute Nacht! / 〔寝る人に向かって〕Angenehme Ruhe!
やすめる 休める〔手足を〕aus|ruhen. からだ(精神)を～ den Körper (Geist) ruhen lassen*. 仕事の疲れを～ [sich] von der Arbeit aus|ruhen.

やすもの 安物 billige Ware -n; die Dutzendware -n; 〔金ぴかの〕der Flitter -s; 〔見切り品〕der Ramsch -[e]s. ～買いの銭失い Wohlfeil ist nicht billig.
やすやす 易易と einfach; leicht; mühelos.
やすらか 安らか・に(に) ruhig; friedlich; sanft. ～に眠る ruhig schlafen*; 〔死後に〕sanft ruhen. 心が～でない Ich bin unruhig. / Eine innere Unruhe lässt mich nicht los.
やすり 鑢 die Feile -n. ～を掛ける et. feilen. 紙～ das Sandpapier.
やすんずる 安んずる sich begnügen《mit 3格》; zufrieden sein*《mit 3格》. 安んじて ruhig.
やせい 野生の wild [lebend]; frei lebend. ～する〔植物が〕wild wachsen*(s); 〔動物が〕wild leben. ～植物 wild wachsende Pflanzen pl.; der Wildwuchs.
やせい 野性的な wild; ungeschliffen; unpoliert.
やせがまん 痩せ我慢 ¶彼は寒いのに～している Er tut, als ob die Kälte ihm nichts ausmachte.
やせぎす 痩せぎすの schlank.
やせこける 痩せこける ab|magern (s); vom Fleisch fallen*(s). 痩せこけた abgemagert. 痩せこけた頬 eingefallene Backen pl. 彼は全く痩せている Er ist das reinste Skelett. / Er ist bis auf die Knochen abgemagert.
やせち 痩せ地 magerer (unfruchtbarer) Boden -s, ≈.
やせっぽち 痩せっぽちである von hagerer Gestalt sein*.
やせほそる 痩せ細る ab|magern (s). → 痩せこける.
やせる 痩せる mager werden*(s); ab|magern (s); ab|nehmen*. 彼は10ポンド痩せた Er hat 10 Pfund abgenommen. 彼は骨と皮ばかりに痩せている Er ist nur noch Haut und Knochen. 痩せた mager; hager; dünn; abgemagert.
やせん 野戦 die Feldschlacht -en. ～病院 das Feldlazarett. ～郵便 die Feldpost.
ヤソ 耶蘇 Jesus [Christus]. ～教 das Christentum.
やそう 野草 wild wachsende Pflanzen pl.
やそうきょく 夜想曲 das Notturno -s, -s (..ni).
やたい 屋台 die Bude -n; fliegender Verkaufsstand -[e]s, ≈e. 我が家の～骨がぐらついている Es knistert (kracht) im Gebälk bei mir.
やたら ～に〔過度に〕übermäßig; übertrieben; 〔非常に〕außerordentlich; furchtbar; 〔無遠慮に〕gedankenlos; leichtsinnig. ～に金を使う mit dem Geld verschwenderisch um|gehen*(s). ～に喉がかわく großen (heftigen) Durst bekommen*. ～にほめる überschwenglich (übermäßig) loben.
やちゅう 夜中 bei (in der) Nacht; 〔晩に〕am Abend.
やちょう 野鳥 wilder (wild lebender) Vogel

-s, ⸗.

やちん 家賃 die [Haus]miete -n. 高い～を払う hohe Miete zahlen.

やつ 奴 der Kerl -s, -e; der Wichser -s, -. いい～ netter Bursche (Kerl). 哀れな～ armer Teufel.

やつあたり 八つ当りをする seinen Ärger an jm. aus|lassen*.

やつおり 八つ折版 das Oktav -s.

やっか 薬価 der Preis des Arzneimittels.

やっか 薬科大学 pharmakologische Hochschule -n.

やっかい 厄介・な lästig; belästigend;〔困難な〕schwierig; beschwerlich; mühsam. ～を掛ける jm. zur Last fallen*(s); jm. Umstände machen; jn. belästigen《mit 3 格》; jn. bemühen《wegen 2 格》; jm. Sorgen machen. ～になる〔寄食する〕bei jm. wohnen. 一晩～になる bei jm. eine Unterkunft für eine Nacht bekommen*. 薬の～になる Medizin zu Hilfe nehmen*. ～払いをする jn. los|werden*(s). 御～をおかけしてすみませんでした Verzeihen Sie, dass ich Ihnen zur Last gefallen bin. ～者 die Last; der Widerspenstige#;〔異分子〕schwarzes Schaf.

やっかん 約款 die Klausel -n.

やっき 躍起 eifern《für 4 格》; sich reißen*《um 4 格》. ～になって eifrig; mit Eifer. ～になって反対する eifern《gegen 4 格》.

やつぎばや 矢継ぎ早・に in rascher Folge. ～に質問を浴びせる jn. mit Fragen überschütten; jm. Fragen über Fragen stellen. ～に手紙を出す jm. einen Brief über den (nach dem) ander[e]n schreiben*.

やっきょう 薬莢 die Patronenhülse -n.

やっきょく 薬局 die Apotheke -n. ～方 die Pharmakopöe; das Dispensatorium.

やっこう 薬効 die Heilwirkung. それは～を表わした Das Medikament tat seine Wirkung.

やつざき 八つ裂きにする in Stücke reißen*.

やつす 窶す ¶乞食姿に身を～ sich als Bettler verkleiden. 恋に身を～ sich in Liebe zu jm. verzehren.

やっつける 遣っ付ける es jm. geben*; fertig machen. やっつけ仕事 flüchtige Arbeit; die Schluderarbeit; die Schlampigkeit.

やっと〔ついに〕endlich;〔初めて, わずかに〕erst. ～の事で mit Müh und Not. 僕の給料で～暮らして行けるだけだ Mit meinem Gehalt komme ich nur so eben aus. 彼は～試験に及第した Er bestand die Prüfung mit knapper Not. ～列車に間に合った Ich habe den Zug gerade noch erreicht (erwischt). 昨日になって～彼に会えた Ich sah ihn erst gestern. 彼は～3 歳だ Er ist erst 3 Jahre alt.

やっとこ 鋏 die [Kneif]zange -n.

やつめうなぎ 八目鰻 das Neunauge -s, -n; die Lamprete -n.

やつれる 窶れる sich ab|zehren. 病気で彼はすっかり窶れた Die Krankheit hat ihn völlig abgezehrt. 窶れた顔 abgezehrtes Gesicht.

やど 宿〔泊る家〕die Wohnung -en;〔宿屋〕das Gasthaus -es, ⸗er; das Hotel -s, -s. 一夜の～を求める bei jm. eine Unterkunft für eine Nacht suchen. ～を貸す jm. Obdach (ein Unterkommen) geben*. ～を取る bei jm. Quartier nehmen* (Obdach finden*). 湖畔のホテルに～を取る in einem Hotel am See ab|steigen*(s). お～はどちらですか In welchem Gasthaus wohnen Sie? → 宿泊.

やとい 雇(傭)い〔人〕der Angestellte.

やといにん 雇人 der Arbeitnehmer -s, -; der Angestellte#;〔召使〕der Diener -s, -.

やといぬし 雇い主 der Arbeitgeber -s, -; der Dienstherr -n, -en.

やとう 雇(傭)う jn. an|stellen. 女中を～ ein Mädchen in Dienst nehmen*. 案内人(船,自動車)を～ einen Führer (ein Schiff; ein Auto) mieten. 秘書に～ jn. als Sekretär an|stellen. 銀行(農園)に雇われている bei einer Bank (auf einer Pflanzung) angestellt sein*.

やとう 夜盗 der Nachtdieb -[e]s, -e.

やとう 野党 die Opposition -en.

やどがえ 宿替え → 転居.

やどかり 宿借り〔動〕der Einsiedlerkrebs -es, -e.

やどす 宿す ¶彼女は彼の胤(たね)を宿した Sie hat ein Kind von ihm empfangen. / Sie ist von ihm schwanger.

やどちょう 宿帳 das Fremdenbuch (Gästebuch) -[e]s, ⸗er.

やどちん 宿賃 die Übernachtungsgebühr -en.

やどなし 宿無し〔人〕der Obdachlose#; der Landstreicher -s, -. ～の obdachlos.

やどや 宿屋 das Gasthaus -es, ⸗er; das Hotel -s, -s. ～に泊まる in einem Gasthaus (Hotel) ab|steigen*(s). ～の主人 der Gastwirt.

やどりぎ 宿り木(寄生木) die Mistel -n.

やどる 宿る → 泊まる. 新しい命が彼女の胎内に宿った Das neue Leben keimte in ihr. 草葉に露が～ Auf den Gräsern liegt Tau. 古い習わしには深い意味が宿っている Ein tiefer Sinn wohnt in den alten Bräuchen. 正直の頭(こうべ)に～ Ehrlich währt am längsten.

やなぎ 柳 die Weide -n. 抗議を～に風と受け流す einen Einwand gut parieren. ～に雪折れなし Besser biegen als brechen. ～の下にいつも泥鰌(どじょう)はいない Es ist nicht alle Tage Sonntag. ～行李(ごうり) der Weidenkorb.

やなぎごし 柳腰・の hüftschmal. ～である schlanke Hüften (eine Wespentaille) haben*.

やなみ 家並み die Häuserreihe -n; eine Reihe Häuser.

やに 脂〔樹脂〕das Harz -es, -e;〔タバコの〕der Teer -s;〔目やに〕die Augenbutter. 木から～が出る Bäume schwitzen Harz aus. / Harz schwitzt aus.

やにさがる 脂下がる stillvergnügt vor sich

やにっこい 脂っこい harzig; [しつこい] hartnäckig; zudringlich.
やにょうしょう 夜尿症 das Bettnässen -s; die Enurese -n.
やにわ 矢庭に sogleich; [突然] plötzlich.
やぬし 家主 der Hausbesitzer -s, -.
やね 屋根 das Dach -es, ⸚er. 円~ die Kuppel. 瓦(かわら)(藁(わら))~ das Ziegeldach (Strohdach). [瓦(スレート; 藁)で]~を葺(ふ)く das Dach [mit Ziegeln (Schiefer; Stroh)] decken. ~伝いに von Dach zu Dach. ~板 die Schindel. ~裏部屋 die Dachstube; der [Dach]boden. ~瓦 der Dachziegel. ~屋 der Dachdecker.
やば 矢場 der Schießstand -[e]s, ⸚e.
やばね 矢羽根 die Befiederung -en.
やはり [依然として] noch [immer]; [同様に] auch; ebenfalls; [結局] [schließlich] doch; [果して] wie erwartet; wirklich. 今でも~東京にお住まいですか Wohnen Sie noch jetzt in Tokyo? 父も学者だったが息子も~学者だ Der Vater war Gelehrter, und der Sohn ist es auch. ~彼の言う事は正しい Schließlich hat er doch Recht. 彼はあれほど利口なのに~だまされた Bei all seiner Klugheit ist er doch betrogen worden.
やはん 夜半に um Mitternacht; mitternachts. ~の mitternächtlich.
やばん 野蛮・な wild; barbarisch. ~な風習 wilde Sitten pl. ~な国 unzivilisiertes Land. ~人 der Wilde*; der Barbar.
やひ 野卑な gemein; derb; vulgär.
やぶ 薮 der Busch -es, ⸚e; das Gebüsch -es, -e; das Dickicht -s, -e. ~から棒に urplötzlich; unerwartet. ~をつついて蛇を出す in ein Wespennest greifen* (stechen*).
やぶいしゃ 薮医者 der Quacksalber (Kurpfuscher) -s, -.
やぶか 薮蚊 gestreifter Moskito -s, -s.
やぶさか 吝かでない bereit sein* [zu+不定詞].
やぶにらみ 薮睨み・の schieläugig. ~の人 der Schieler. 彼は~で schielt. 一斜視.
やぶへび 薮蛇になった Das war ein Griff (Stich) ins Wespennest.
やぶる 破る reißen. ¹紙を~ Papier zerreißen*. ズボンを[sich] die Hose auf|reißen*. 囲い(堤防)を~ die Belagerung (den Deich) durch|brechen*. 金庫を~ einen Geldschrank knacken. 手紙の封を~ einen Brief auf|brechen*. 静寂を~ die Stille unterbrechen*. 約束(記録・法律)を~ sein Wort (einen Rekord; das Gesetz) brechen*. 敵を~ den Feind schlagen*. ライオンが檻(おり)を破った Der Löwe ist aus dem Käfig ausgebrochen. 大きな物音で夢を破られた Ein starkes Geräusch hat mich aus dem Schlaf gerissen.
やぶれ 破れ der Bruch -[e]s, ⸚e. 衣服の~をつくろう den Riss im Kleid flicken. ~傘 beschädigter Schirm.
やぶれかぶれ 破れかぶれ・で(の) aus Verzweiflung. ~である nichts [mehr] zu verlieren haben*. ~になる in Verzweiflung geraten* (s).
やぶれる 破れる [zer]reißen*(s). 破れた zerrissen. この紙は破れやすい Das Papier zerreißt leicht. 青春の夢は破れた Der Traum meiner Jugend ist zerronnen.
やぶれる 敗れる geschlagen (besiegt) werden* (s受). いくさ(訴訟; 勝負)に~ eine Schlacht (einen Prozess; ein Spiel) verlieren*. 彼は人生に敗れた Er ist am Leben zerbrochen.
やぶん 夜分に nachts; in der Nacht; abends; am Abend.
やぼ 野暮・な geschmacklos; ungeschliffen; [気の利(き)かない] taktlos; [面白味のない] abgeschmackt; geistlos. ~の頂点 der Gipfel der Geschmacklosigkeit. そんな事は言うだけ~だ Das versteht sich von selbst.
やほう 野砲 das Feldgeschütz -es, -e.
やぼう 野望 → 野心.
やま 山 der Berg -es, -e; [連山] das Gebirge -s, -; [小山] der Hügel -s, -; [堆積] der Haufen -s, -; die Aufhäufung -en; [鉱山] die Mine -n; [山林] der Forst -es, -e[n]; [投機] die Spekulation -en; [クライマックス] der Höhepunkt -[e]s, -e. 浅間~ der Berg Asama. ~の多い bergig; gebirgig. ~に登る einen Berg besteigen*. ~へ行く ins Gebirge gehen*(s). 書物(死体)の~ Berge von Büchern (Leichen). 仕事が~ほど(~のような借金が)ある einen Haufen Arbeit (Schulden) haben*. それについて話すことなら~ほどある Darüber könnte man Bände erzählen. 干し草を~に積む das Heu auf (in) Haufen setzen. ~を張って auf Spekulation. 試験に~を掛ける im Examen auf einen glücklichen Zufall rechnen. 病気は今晩が~だろう Die Krise [der Krankheit] muss heute Nacht eintreten. 争議の~は見えた Das Ende des Streiks ist nun in Sicht.
やまあい 山間に in der Schlucht.
やまあらし 山荒し [動] das Stachelschwein -s, -e.
やまい 病 → 病気. ~を押して trotz der Krankheit. 郷里に帰って~を養う in die Heimat zurück|kehren(s), um seine Gesundheit wiederherzustellen. 彼は人の物に手を出す~がある Er leidet an der krankhaften Sucht zu stehlen.
やまいも 山芋 die Jamswurzel -n.
やまおく 山奥に tief in den Bergen.
やまおとこ 山男 der Bergsteiger -s, -; der Alpinist -en, -en; [山中に住む男] der Bergbewohner -s, -.
やまおろし 山颪が吹く Der Wind weht von den Bergen herunter.
やまかがし 山楝蛇 die Natter -n.
やまかじ 山火事 der Waldbrand -[e]s, ⸚e.
やまがり 山狩りをして犯人を捜す einen Verbrecher aus den Wäldern jagen.

やまかん 山勘で auf Spekulation; auf gut Glück.

やまくずれ 山崩れ der Bergsturz *-es, ⸚e*; der Bergrutsch *-es, -e*.

やまぐに 山国 das Gebirgsland *-[e]s, ⸚er*.

やまけ 山気・のある spekulativ; unternehmend. ~を出して株を買う Aktien auf Spekulation kaufen.

やまごや 山小屋 die [Berg]hütte *-n*.

やまざくら 山桜 japanische Bergkirsche *-n*.

やまざと 山里 das Gebirgsdorf *-[e]s, ⸚er*.

やまし 山師 [投機師] der Spekulant *-en, -en*; [冒険家] der Glücksritter *-s, -*; [詐欺師] der Schwindler *-s, -*; der Scharlatan *-s, -e*; [鉱山師] der Bergbauunternehmer *-s, -*.

やまじ 山路 der Bergpfad *-[e]s, -e*.

やましい 疚しい sich schämen (2 格; wegen 2 格); ein böses Gewissen haben*. 疚しくない ein gutes Gewissen haben*. ~事をしない ehrlich handeln. 胸が疚しさでうずいた Mein Gewissen zwickte [mich].

やますそ 山裾 der Fuß eines Berges.

やまたかぼうし 山高帽子 harter Filzhut *-[e]s, ⸚e*; die Melone *-n*; der Koks *-[es], -e*.

やまだし 山出しの女 die Landpomeranze *-n*.

やまづたい 山伝いに über die Berge; die Berge entlang.

やまつなみ 山津波 → 山崩れ.

やまと 大和・魂 der japanische Geist. ~撫子(なでしこ) japanisches Mädchen. ~民族 das japanische Volk.

やまなみ 山並み die Bergkette (Gebirgskette) *-n*.

やまなり 山鳴りがする Der Berg dröhnt.

やまねこ 山猫 der Luchs *-es, -e*; die Wildkatze *-n*. ~スト wilder Streik.

やまのかみ 山の神 der Berggott *-[e]s, ⸚er*; [妻] das Hauskreuz *-es, -e*; der Hausdrachen *-s, -*.

やまのて 山の手に im oberen Stadtteil.

やまのは 山の端 am Rand eines Berges.

やまのぼり 山登り das Bergsteigen *-s*. → 登山.

やまば 山場 [クライマックス] der Höhepunkt *-[e]s, -e*; [危機] die Krise *-n*; [転機] der Wendepunkt *-[e]s, -e*.

やまばと 山鳩 die Turteltaube *-n*.

やまばん 山番 der Waldhüter *-s, -*.

やまびこ 山彦 das Echo *-s, -s*. ~が響く(答える) Das Echo schallt (antwortet).

やまびらき 山開きをする die Feier zur Eröffnung der Bergsaison halten*.

やまみち 山道 der Bergpfad *-[e]s, -e*.

やまもり 山盛り・にする [auf]häufen. 匙(さじ)に~の砂糖 ein gehäufter Löffel [voll] Zucker. ~にした菓子 ein Berg von Kuchen.

やまやま 山山 ¶買いたいのは~だが… Ich möchte es sehr gern kaufen, aber …

やまわけ 山分け・する [折半する] mit *jm.* halbpart machen. 儲けをみんなで~する den Gewinn untereinander (unter sich³) teilen.

やみ 闇 die Dunkelheit; die Finsternis *-se*; [闇取引] der Schwarzhandel *-s*. ~の dunkel; finster; [闇の] schwarz. ~にまぎれて unter dem Schutz der Dunkelheit. ~に消える im Dunkeln verschwinden*(*s*). 事件を~に葬る eine Sache vertuschen. ~で買う(売る) schwarz kaufen (verkaufen). ~をして儲(もう)ける im Schwarzhandel viel verdienen. 前途は~だ Eine düstere Zukunft liegt vor uns.

やみあがり 病み上がり・の rekonvaleszent. ~の人 der Rekonvaleszent; der Genesende*.

やみいち 闇市で auf dem Schwarzmarkt.

やみうち 闇討ち der Meuchelmord *-[e]s, -e*. ~にする meuchlings ermorden.

やみくも 闇雲に blindlings; rücksichtslos.

やみつき 病み付きになる sich hin|geben* (3 格); fasziniert sein*(von 3 格); süchtig werden*(*s*) (nach 3 格).

やみとりひき 闇取引 der Schwarzhandel *-s*. ~をする Schwarzhandel treiben* (mit 3 格).

やみね 闇値 der Schwarzmarktpreis *-es, -e*.

やみぶっし 闇物資 Schwarzwaren *pl*.

やみや 闇屋 der Schwarzhändler *-s, -*; der Schieber *-s, -*.

やみよ 闇夜 finstere Nacht *⸚e*.

やむ 止む auf|hören. 雨が止んだ Es hat aufgehört zu regnen. / Der Regen ist vorüber. 風(痛み)が止んだ Der Wind (Schmerz) hat sich gelegt.

やむ 病む krank werden*(*s*). 肝臓を病んでいる an der Leber leiden* (krank sein*).

やむをえず 止むを得ず notgedrungen; wider Willen. ~それで満足した Ich war genötigt, mich damit zufrieden zu geben. / Ich musste mich notgedrungen damit zufrieden geben. 事情~我は仕事を放棄した Zwingende Umstände veranlassten uns, die Arbeit aufzugeben.

やむをえない 止むを得ない notwendig; notgedrungen; unvermeidlich. ~事情 zwingende (gebieterische) Umstände *pl*. 止むを得なければ nötigenfalls; im Notfall; wenn es so sein muss.

やめる 止める auf|geben*; [しまいにする] schließen*; [中止する] auf|hören (mit 3 格); [廃止する] ab|schaffen. タバコ(商売; 争い)を~ das Rauchen (das Geschäft; den Streit) auf|geben*. 酒を~ sich³ das Trinken ab|gewöhnen. 教師を~ seine Stellung als Lehrer auf|geben*. 役所を~ sein Amt nieder|legen. 会社を~ eine Firma verlassen*. 学校を~ von der Schule ab|gehen*(*s*). 討論を~ die Debatte schließen*. 仕事を~ mit der Arbeit auf|hören. 悪習を止めさせる *jn.* von einem Laster ab|bringen*. 止めりゃれ Gib's auf! 泣くのはお止め Lass das Weinen! それは止めておいたほうがいい Es ist besser, es zu unterlassen. その話はもう止めよう Schluss damit!

やもうしょう 夜盲症 die Nachtblindheit.
やもめ 寡婦 die Witwe -n.　～になった〔～暮らしの〕verwitwet.
やもり 守宮〖動〗der Gecko -s, -s (-nen); der Haftzeher -s, -.
やや etwas; ein wenig.　～あって nach einer kleinen Weile.
ややこしい kompliziert; verwickelt; konfus.
ややもすれば leicht.　曲り角では～間違いが起りがちだ An Kurven geschieht leicht etwas.
やゆ 揶揄する necken.　～からかう.
やら ¶嬉しい～悲しい～で胸が一杯になった Das Herz schwoll mir teils vor Freude, teils vor Kummer.　何～妙な物 etwas Seltsames*. 彼の言う事は何が何～さっぱり分らない Ich kann gar nicht verstehen, was er sagt.
やらい 矢来 die Palisade -n.
やらい 夜来の雨もようやら止んだようだ Der Regen seit gestern Nacht scheint vorüber zu sein.
やらせ ¶あの出来事は～だ Der Vorfall ist inszeniert.
やり 槍 die Lanze -n; der Speer -s, -e.　～の柄 der Lanzenschaft (Speerschaft).　～の穂 die Lanzenspitze.　～を構える die Lanze ein|legen.　～で突く mit der Lanze stoßen* 《nach 3格》.　～を投げる einen Speer werfen*.
やりあう 遣り合う〔言い争う〕sich mit jm. streiten* (zanken)《über 4格》.
やりかえす 遣り返す → 遣り返す;〔反駁する〕jm. widersprechen*; jm. Worte geben*.
やりかける 遣り掛ける an|fangen*.　遣り掛けた仕事 angefangene Arbeit.　仕事を遣り掛けたまま放っておく die Arbeit unerledigt liegen lassen*.
やりかた 遣り方 die Art und Weise; das Verfahren -s, -; die Methode -n.　思い思いの～で jeder auf seine Weise.　それは君の～一つだ Es kommt darauf an, wie du es tust.
やりきれない 遣り切れない・気持になる das heulende Elend kriegen.　こう暑くては～ Die Hitze kann ich kaum ertragen.
やりくち 遣り口 → 遣り方.
やりくり 遣り繰り・をする sich behelfen*《mit 3格》.　なんとか～してやって行く über die Runden kommen*(s).　時間をする mit seiner Zeit Haus halten*.　～上手な wirtschaftlich.　彼女は～がうまい Sie führt einen mustergültigen Haushalt.
やりこめる 遣り込める jn. in Grund und Boden reden.
やりすぎる 遣り過ぎる et. übertreiben*.　彼は～ Er geht zu weit. / Er schießt über das Ziel hinaus.
やりすごす 遣り過す jn. vorbei|lassen*.
やりそこなう 遣り損う verpatzen; verpfuschen;〔失敗する〕scheitern (s)《mit 3格》.
やりだま 槍玉に挙げる jn. unter den Beschuss nehmen*.　彼がまっ先に～に挙がった Er war das erste Opfer.
やりっぱなし 遣りっ放し ¶仕事を～にする〔後始末をしない〕nach der Arbeit alles herumliegen lassen*;〔点検しない〕die Arbeit nicht überprüfen;〔中途半端でやめる〕nur halbe Arbeit machen.
やりて 遣り手 ¶彼はなかなかの～だ Er ist ein sehr tüchtiger (fähiger) Mensch.
やりとげる 遣り遂げる durch|führen; bis zu Ende führen; beenden; vollenden.
やりとり 遣り取り ¶手紙の～をする mit jm. Briefe wechseln (aus|tauschen).
やりなおす 遣り直す von vorn an|fangen*; vou neuem (aufs Neue) beginnen*.
やりなげ 槍投げ das Speerwerfen -s.
やりにくい 遣り難い schwierig; schwer.
やりぬく 遣り抜く → 遣り遂げる.
やりば 遣り場 ¶目の～に困った(怒りの～がなかった) Ich wusste nicht, wo ich hinblicken sollte (wo ich ein Ventil für meinen Ärger suchen sollte).
やる 遣る〔送る〕senden(*); schicken;〔与える〕geben*;〔行う〕tun*.　手紙を～ jm. einen Brief senden(*) (schreiben*).　大学に～ auf die Universität schicken.　会議を～ eine Sitzung ab|halten*.　音楽会を～ ein Konzert veranstalten (geben*).　医学を～ Medizin studieren.　ドイツ語を～ Deutsch lernen.　ゴルフを～ Golf spielen.　弁護士を～ als Rechtsanwalt praktizieren.　料理屋を～ ein Restaurant betreiben*.　少ない給料でやってゆく mit seinem kleinen Gehalt aus|kommen* (s).　それは彼が～ことだ Das ist seine Sorge.　ひとつやってみよう Ich will es einmal versuchen.　一杯やろうじゃないか Wollen wir nicht eins trinken?　歌舞伎座ではいま何をやっていますか Was läuft jetzt im Kabuki-Theater?　息子に服を買ってやった Ich habe meinem Sohn (für meinen Sohn) einen Anzug gekauft.
やるせない 遣る瀬無い sehnsüchtig; sehnsuchtsvoll.
やれ ～うれしゃ Oh, wie erfreulich! / Gottlob!
やれやれ ～と思う sich erleichtert fühlen.　～やっと試験が済んだ Nun wäre die Prüfung endlich zu Ende.
やろう 野郎 der Kerl -s, -e;〖男〗die Mannsperson -en; das Mannsbild -[e]s, -er.　馬鹿～ Du [alter] Esel! この～ Du Schuft!
やわらか 柔らか・な → 柔らかい.　～になる(する) weich werden*(s) (machen).　～に煮る Fleisch weich kochen.　～に物を言う sanft reden.
やわらかい 柔らかい weich; zart; sanft;〔穏やかな〕mild.　～ベッド weiches Bett.　手ざわりが～ sich weich an|fühlen.　体が～ biegsam; geschmeidig.　～音 weicher Ton.　～声 weiche Stimme.　～肌 weiche (zarte) Haut.　～肉 zartes Fleisch.　～青色 sanftes Blau.　～光 sanftes (mildes) Licht.　～目 mit mildem Blick.

やわらぐ 和らぐ sich mildern; sanft[er] werden*(s); 〔暑(寒)さ・嵐・怒り・苦痛などが〕nach|lassen*. ~和らげる.
やわらげる 和らげる ¶怒りを~ den Zorn besänftigen. 苦痛を~ Schmerzen lindern. 声(態度)を~ seinen Ton mildern.
ヤンキー der Yankee -s, -s. ~気質 das Yankeetum.
やんちゃ ~な schelmisch; spitzbübisch. ~坊主 kleiner Kobold. ~娘 wildes Mädchen.
やんや ~の喝采(ホッ)を浴びる mit stürmischem Beifall überschüttet werden*(s受); großen Applaus ernten.
やんわり sanft; mild; leise.

ゆ

ゆ 湯 warmes Wasser -s. ~を沸かす Wasser kochen. ~に入る [warm] baden; ein Bad nehmen*. 子供に~を使わせる ein Kind baden.
ゆあか 湯垢 der Kesselstein -[e]s, -e.
ゆあがり 湯上がり・に nach dem Bad. ~タオル das Badetuch -[e]s, ⸚er.
ゆいいつ 唯一の einzig; alleinig.
ゆいがろん 唯我論 der Solipsismus -.
ゆいごん 遺言 der letzte Wille -ns; das Vermächtnis -ses, -se. ~状 das Testament. ~をする(~状を作る) sein Testament machen. ~で贈る testamentarisch vermachen. ~執行者 der Testamentsvollstrecker.
ゆいしょ 由緒 die Geschichte -n. ~のある altherkömmlich. ~のある建物 altehrwürdiger Bau. ~正しい家柄の出である von urkundlich nachgewiesener Abstammung sein*.
ゆいしん 唯心・[論]的 spiritualistisch. ~論 der Spiritualismus. ~論者 der Spiritualist.
ゆいのう 結納 das Verlobungsgeschenk -s, -e. ~を取り交(ホホ)す bei der Verlobung Geschenke aus|tauschen.
ゆいび 唯美主義の der Ästhetizismus. ~主義者 der Ästhet. ~的 ästhetisch.
ゆいぶつ 唯物・史観 materialistische Geschichtsauffassung. ~弁証法 materialistische Dialektik. ~論 der Materialismus. ~論者 der Materialist. ~[論]的 materialistisch.
ゆう 優 ¶試験で~をもらう im Examen „sehr gut" bekommen*. →優に.
ゆう 言う →いう.
ゆう 結う binden*. 髪を~ sich frisieren; sich³ das Haar machen.
ゆうあい 友愛 die Brüderlichkeit.
ゆうい 有為の fähig; tüchtig.
ゆうい 優位 der (das) Primat -s, -e; der Vorsprung -[e]s, ⸚e; die Vorrangstellung. ~を占める einen Vorsprung haben* (vor 3格).
ゆういぎ 有意義な bedeutsam; bedeutungsvoll; sinnvoll.
ゆういん 誘因 der Anlass -es, ⸚e. ~となる Anlass geben* (zu 3格).
ゆううつ 憂鬱 die Schwermut; der Trübsinn -[e]s; die Melancholie. ~な schwermütig; trübsinnig; melancholisch.

ゆうえい 遊泳 das Schwimmen -s.
ゆうえき 有益・な nützlich; brauchbar; 〔教訓的〕lehrreich. ~に使う einen sinnvollen Gebrauch machen 《von 3格》.
ゆうえつ 優越 die Überlegenheit. ~する jm. überlegen sein* 《an 3格》. ~感 das Überlegenheitsgefühl. ~感をいだく sich überlegen fühlen.
ゆうえん 優艶な anmutig; reizend.
ゆうえんち 遊園地 der Vergnügungspark -s, -s.
ゆうおうまいしん 勇往邁進 ¶目的に向かって~する einem Ziel unverzagt zu|streben (s).
ゆうが 優雅な elegant; fein.
ゆうかい 誘拐 die Entführung -en. ~する entführen; 〔特に子供を〕kidnappen. ~犯 der Entführer (Kidnapper).
ゆうかい 融解 die Schmelzung -en. ~する schmelzen*(s). ~点 der Schmelzpunkt. ~熱 die Schmelzwärme.
ゆうがい 有害・な schädlich. 健康に~である der Gesundheit schädlich sein*.
ゆうがい 有蓋の bedeckt.
ゆうがお 夕顔 der Flaschenkürbis -ses, -se.
ゆうかく 遊郭 das Bordellviertel -s, -.
ゆうがく 遊学・する auswärts studieren. 海外へ~する zum Studium ins Ausland gehen*(s).
ゆうかしょうけん 有価証券 das Wertpapier -s, -e; Effekten pl.
ゆうかぜ 夕風 der Abendwind -[e]s, -e.
ゆうがた 夕方 der Abend -s, -e. ~に am (gegen) Abend; abends. ~になる Es wird Abend.
ユーカリ der Eukalyptus -, ..ten (-).
ゆうかん 夕刊 das Abendblatt -[e]s, ⸚er.
ゆうかん 有閑・の müßig. ~マダム die Lebedame. ~階級 die Lebewelt.
ゆうかん 勇敢な tapfer; mutig.
ゆうき 有期・の zeitlich begrenzt; befristet. ~自由刑 zeitige Freiheitsstrafe.
ゆうき 有機・化学 organische Chemie. ~化合物 organische Verbindung. ~体 der Organismus. ~物 organische Stoffe (Substanzen) pl. ~的 organisch.
ゆうき 勇気 der Mut -es. ~がある Mut haben*. ~を出す Mut fassen. ~を出せ Nur Mut! ~づける jm. Mut machen; ermu-

tigen. ～のある mutig.

ゆうぎ 友誼 die Freundschaft. ～を結ぶ mit *jm.* Freundschaft schließen*. ～に厚い freundschaftlich.

ゆうぎ 遊戯 das Spiel -s, -e. ～をする spielen. ～場 der Spielplatz. ～的 spielerisch. ～本能 der Spieltrieb.

ゆうきゅう 有給・の besoldet; bezahlt. ～休暇 bezahlter Urlaub.

ゆうきゅう 悠久・の urewig. ～の昔から seit urewigen Zeiten.

ゆうきゅう 遊休・の unbenutzt. ～資本 totes Kapital.

ゆうきょう 遊興 das Vergnügen -s; Vergnügungen *pl.* ～する sich vergnügen. ～にふける sich ins Vergnügen stürzen*. ～税 die Vergnügungssteuer.

ゆうく 憂苦 der Kummer -s.

ゆうぐう 優遇する bevorzugen; bevorzugt behandeln (ab|fertigen); 〔給料を〕*jm.* gut bezahlen.

ユークリッド ～幾何学 die euklidische Geometrie.

ゆうぐれ 夕暮れ 一夕方.

ゆうぐん 友軍 〔同盟軍〕verbündete Truppen *pl.*; 〔自軍〕unsere eigenen Truppen *pl.*

ゆうぐん 遊軍 bewegliche Truppen *pl.*

ゆうけい 有形・の körperlich; materiell. ～無形の援助をする *jm.* mit Rat und Tat bei|stehen*.

ゆうげき 遊撃・戦 der Guerillakrieg. ～隊 das Streifkorps.

ゆうげん 有限・の begrenzt; endlich. ～会社 die Gesellschaft mit beschränkter Haftung (略: GmbH).

ゆうけんしゃ 有権者 der Wahlberechtigte#.

ゆうこう 友好 die Freundschaft. ～関係にある in einem freundschaftlichen Verhältnis zu *jm.* stehen*. ～条約 der Freundschaftsvertrag. ～国 befreundete Staaten *pl.*

ゆうこう 有効・な〔効果のある〕wirksam; 〔通用する〕gültig. 時間を～に使う seine Zeit gut benutzen. ～である gelten*. あなたの旅券もはや～でない Ihr Pass gilt nicht mehr. ～期間 die Gültigkeitsdauer.

ゆうごう 融合 die Verschmelzung -en. ～する verschmelzen*(s). 核～ die Kernfusion.

ゆうこく 憂国・の士 der Patriot. ～の情 Sorgen um das Vaterland.

ユーゴスラビア Jugoslawien. ～の jugoslawisch. ～人 der Jugoslawe.

ゆうざい 有罪・の schuldig. ～の判決をする *jm.* schuldig sprechen*; *jm.* verurteilen (ab|urteilen). ～の判決を受ける für schuldig erklärt werden*(s受).

ゆうさんかいきゅう 有産階級 die besitzende Klasse.

ゆうし 有史・以前の vorgeschichtlich; prähistorisch. ～以来 seit Menschengedenken.

ゆうし 有志 der Freiwillige#; der Gleichgesinnte#.

ゆうし 勇士 der Held -en, -en.

ゆうし 融資 die Finanzierung -en. ～する (を受ける) *jn.* finanzieren (einen Kredit auf|nehmen*).

ゆうし 雄姿 majestätische Erscheinung -en.

ゆうしかい 有視界・飛行 der Sichtflug. ～飛行をする auf Sicht fliegen*(s).

ゆうしきしゃ 有識者 der Gebildete#; der Gelehrte#.

ゆうしてっせん 有刺鉄線 der Stacheldraht -[e]s, -e.

ゆうしゅう 有終 ¶彼の選手生活はオリンピックの優勝で～の美を飾った Er krönte seine sportliche Laufbahn mit dem Olympiasieg.

ゆうしゅう 憂愁 die Trübsal; die Schwermut. ～にとざされている voller Trübsal sein*.

ゆうしゅう 優秀・な ausgezeichnet; exzellent; vorzüglich; vortrefflich. 彼は～な成績で試験に合格した Er bestand die Prüfung mit Auszeichnung.

ゆうじゅうふだん 優柔不断・の unschlüssig; wankelmütig. 彼は～だ Er ist ein unentschlossener Charakter.

ゆうしゅつ 湧出する hervor|quellen*(s); hervor|sprudeln (s).

ゆうじょ 遊女 die Dirne -n.

ゆうしょう 有償・の entgeltlich. ～契約 entgeltlicher Vertrag.

ゆうしょう 優勝 der Sieg -es, -e. ～する siegen; die Meisterschaft gewinnen* (erringen*) (in 3格). 彼はオリンピックで～した Er hat bei den Olympischen Spielen die Goldmedaille erkämpft. ～の栄冠 der Siegerkranz. ～旗 die Siegesfahne. ～者 der Sieger; der Meister. ～杯 der Siegespokal.

ゆうじょう 友情 die Freundschaft. ～のある freundschaftlich; freundlich. ～を結ぶ mit *jm.* Freundschaft schließen*. ～を示す *jm.* die Freundeshand reichen.

ゆうしょく 夕食 das Abendessen -s, -. ～をとる zu Abend essen*.

ゆうしょく 有色・の farbig. ～人 der Farbige#. ～人種 farbige Rasse.

ゆうしょく 憂色を帯びる düster (traurig) aus|sehen*. ～を浮かべて mit betrübter (trauriger) Miene.

ゆうじん 友人 der Freund -es, -e. ～とする sich³ *jn.* zum Freund machen. ～つき合いをしている mit *jm.* befreundet sein*.

ゆうじんうちゅう 有人宇宙ステーション bemannte Raumstation -en.

ゆうしんろん 有神論 der Theismus -. ～者 der Theist.

ゆうすう 有数・の hervorragend; ausgezeichnet; prominent. ～の学者 einer der größten Gelehrten.

ゆうずう 融通 〔金の〕die Aushilfe mit Geld. 金を～する *jm.* mit Geld aus|helfen*; *jm.* Geld leihen*. ～を利(*)かす flexibel vor|gehen*(s). ～の利く anpassungsfähig; ge-

ゆうすずみ 夕涼みをする die Abendkühle genießen*.

ユース・ホステル die Jugendherberge -n.

ゆうせい 遊星 der Planet -en, -en.

ゆうせい 優勢・な überlegen; übermächtig. ～である jm. überlegen sein*. ～になる über jn. die Oberhand (das Übergewicht) gewinnen*.

ゆうせい 優性〖生〗die Dominanz -en. ～遺伝 dominante Vererbung.

ゆうせい 郵政 das Postministerium. ～大臣 der Postminister.

ゆうぜい 有税の steuerpflichtig.

ゆうぜい 郵税 das Porto -s, -s (..ti).

ゆうぜい 遊説する auf Wahlkampfreise gehen*(s).

ゆうせいおん 有声音 stimmhafter Laut -es, -e.

ゆうせいがく 優生学 die Eugenik. ～[上]の eugenisch.

ゆうせいせいしょく 有性生殖 geschlechtliche Fortpflanzung -en.

ゆうせん 有線放送 der Drahtfunk -s.

ゆうせん 優先・する(させる) den Vorrang haben* (geben*)《vor 3 格》～的に vorzugsweise; bevorzugt. ～権 das Vorrecht (Prioritätsrecht); 〔車の〕das Vorfahrtsrecht. ～権を与える jn. bevorrecht[ig]en. 最～の問題 eine Sache [von] höchster Priorität. この任務が今は～だ Diese Aufgabe ist jetzt vorrangig.

ゆうぜん 悠然とした gelassen; ruhig; gemessen.

ゆうそう 勇壮・な tapfer. ～な音楽 anspornende Musik.

ゆうそう 郵送・する mit der Post schicken. ～料 das Porto.

ゆうだ 遊惰な faul; träge.

ユー・ターン das Wenden -s. ～する [den Wagen] wenden. ～禁止 Wenden verboten! 帰省者の～ラッシュ der Rückstrom der Heimaturlauber.

ゆうたい 勇退する freiwillig zurück|treten*(s)《von 3 格》.

ゆうたい 優待・する jn. freundlich behandeln (auf|nehmen*). ～券 〔無料の〕die Freikarte; 一割引券.

ゆうだい 雄大な großartig; herrlich. ～な眺め grandioses Panorama.

ゆうたいるい 有袋類 das Beuteltier -[e]s, -e.

ゆうだち 夕立 der Platzregen -s, -; 〔雷雨〕das Gewitter -s, -. ～に会う von einem Platzregen überrascht werden*(s受). ～雲 die Gewitterwolke.

ゆうだん 勇断を振るう eine mutige Entscheidung treffen*《über 4 格》.

ゆうち 誘致・する an|ziehen*; an|locken. 客を～する Kunden an|locken.

ゆうちょう 悠長・な gemächlich; langsam. ～に構える ruhig und gelassen bleiben*(s).

ゆうているい 有蹄類 das Huftier -[e]s, -e.

ゆうてん 融点 der Schmelzpunkt -[e]s, -e.

ゆうでんたい 誘電体 das Dielektrikum -s, ..ka.

ゆうと 雄図ついに空(くう)し Sein großartiges Unternehmen (hohes Vorhaben) ist vereitelt worden.

ゆうとう 遊蕩 Ausschweifungen pl. ～に耽(ふけ)る ein liederliches (ausschweifendes) Leben führen. ～児 liederlicher Kerl; der Liederjan; Hans Liederlich.

ゆうとう 優等・の vorzüglich; ausgezeichnet. ～の成績で試験に合格する die Prüfung mit Auszeichnung bestehen*. ～生 guter Schüler.

ゆうどう 誘導 die Führung -en; die Leitung -en; die Lenkung -en; 〖電〗die Induktion -en. ～する führen; leiten; lenken. ～尋問 die Suggestivfrage. ～体 das Derivat. ～弾 der Lenkflugkörper. ～電流 der Induktionsstrom.

ゆうとく 有徳・の tugendhaft. ～の士 der Tugendheld.

ゆうどく 有毒・な giftig. ～ガス das Giftgas. ～植物 die Giftpflanze.

ユートピア das Utopia -s. ～的 utopisch.

ゆうなぎ 夕凪 die Windstille am Abend.

ゆうに 優に・1 時間 eine gute Stunde. ～100 ユーロはある Das sind reichlich 100 Euro.

ゆうのう 有能な fähig; tüchtig.

ゆうばえ 夕映え das Abendrot -s.

ゆうはつ 誘発する veranlassen; verursachen; bewirken; induzieren.

ゆうはん 夕飯 das Abendessen -s, -. ～を食べる zu Abend essen*.

ゆうひ 夕日 die Abendsonne. ～を浴びて im Abendsonnenschein.

ゆうび 優美な anmutig; graziös.

ゆうびん 郵便 die Post. ～を配達する die Post aus|tragen* (zu|stellen). ～で送る mit der Post schicken. ～為替 die Postanweisung. ～切手 die Briefmarke. ～局 das Postamt. ～局長 der Postamtsvorsteher. ～局員 der Postbeamte*. ～局へ行く zur Post gehen*(s). ～小切手 der Postscheck. ～私書箱 das Post[schließ]fach. 貯金を郵便貯金する bei der Postsparkasse sparen. ～貯金通帳 das Postsparbuch. ～配達 die Postzustellung. ～配達人 der Briefträger. ～葉書 die Postkarte. ～箱 〔ポスト; 受け〕der Briefkasten. ～番号 die Postleitzahl. ～物 die Post. ～振替 das Postgiro. ～振替払込用紙 die Zahlkarte. ～料金 die Postgebühr; das Porto. 書留～ die Einschreibesendung. 現金書留～ der Geldbrief. 航空～ die Luftpost. 速達～ die Eilzustellung (Eilpost).

ユーフォー das UFO (Ufo) -[s], -s.

ゆうふく 裕福な wohlhabend; reich.
ゆうべ 夕べ der Abend -s, -e;〔昨夜〕gestern Abend.
ゆうへい 幽閉する ein|sperren; ein|kerkern.
ゆうべん 雄弁 die Beredsamkeit; die Eloquenz. ～を振るう mit großer Beredsamkeit sprechen*. ～な beredt; eloquent. ～家 der Redner. ～術 die Redekunst. ～大会 der Redewettbewerb.
ゆうほ 遊歩・する spazieren gehen*(s); promenieren (s; h). ～甲板 das Promenadendeck. ～道 die Promenade.
ゆうほう 友邦 befreundete Nation -en; der Verbündete*.
ゆうぼう 有望・な vielversprechend; hoffnungsvoll. 彼は前途～だ Er hat eine große Zukunft.
ゆうぼく 遊牧・の nomadisch. ～する nomadisieren. ～民 das Nomadenvolk; Nomaden pl. ～生活 das Nomadenleben.
ゆうみん 遊民 der Faulenzer -s, -; der Müßiggänger -s, -.
ゆうめい 有名・な berühmt; wohl bekannt;〔悪名高い〕berüchtigt. ～になる sich berühmt machen《durch 4格》. 一躍～になる mit einem Schlag[e] berühmt werden*(s). ～人 die Berühmtheit. ～無実の nominell; nur dem Namen nach [bestehend].
ユーモア der Humor -s. 彼は～を解する(解さない) Er hat Sinn (keinen Sinn) für Humor. ～作家 der Humorist. ～小説 humoristische Novelle.
ゆうもう 勇猛果敢な unerschrocken; schneidig.
ユーモラス ～な humoristisch.
ユーモリスト der Humorist -en, -en.
ユーモレスク die Humoreske -n.
ゆうもん 幽門 der [Magen]pförtner -s, -.
ゆうやく 勇躍して munter; froh erregt; in gehobener Stimmung.
ゆうやけ 夕焼け[・空] das Abendrot -s. 山山が～に染まっている Die Berge glühen in der Abendsonne.
ゆうやみ 夕闇 die Abenddämmerung -en. ～が迫る Es dämmert.
ゆうゆう 悠悠・と ruhig; gelassen. ～自適する ein gemächliches, zurückgezogenes Leben führen.
ゆうよ 猶予 der Aufschub -[e]s, ⸚e. 支払[刑の執行]を～する jm. [einen] Aufschub der Zahlung gewähren (Strafaufschub zu|sprechen*). 十日間の～を与える jm. eine Frist von 10 Tagen bewilligen. 考えるための1週間の～を請う sich³ eine Woche Bedenkzeit aus|bitten*. 事は～を許さない Die Sache leidet (duldet) keinen Aufschub.
ゆうよう 有用・な brauchbar; nützlich; förderlich. ～である jm. nützlich sein*《bei (in; zu) 3格》.
ユーラシア ～大陸 Eurasien.
ゆうらん 遊覧・する Sehenswürdigkeiten besichtigen. 伊豆半島を～する eine Rundreise um die Halbinsel Izu machen. ～船 der Vergnügungsdampfer. ～バス der Rundfahrtwagen. ～飛行 der Rundflug.
ゆうり 有利・な vorteilhaft; günstig. ～な立場に立つ jm. gegenüber im Vorteil sein*. ～な立場を利用する den eigenen Vorteil aus|nutzen.
ゆうり 有理・式 rationaler Ausdruck. ～数 rationale Zahl.
ゆうり 遊離・させる jn. ab|sondern (ab|trennen; isolieren)《von 3格》. 現実を～した wirklichkeitsfremd; unreal.
ゆうりょ 憂慮 die Besorgnis -se. ～する sich sorgen《um 4格》; besorgt sein*《um 4格》. ～すべき besorgniserregend; bedenklich; kritisch. 彼の容体は～すべきものがある Sein Zustand gibt Anlass zur Besorgnis. 将来の事が深く～される Die Zukunft erfüllt mich mit tiefer Besorgnis.
ゆうりょう 有料・の gebührenpflichtig. ～道路 gebührenpflichtige Straße; die Mautstraße.
ゆうりょう 優良・な vorzüglich; vortrefflich; exzellent. ～品 die Qualitätsware.
ゆうりょく 有力・な mächtig; einflussreich. ～になる Einfluss gewinnen*. ～な証拠 überzeugender (schlagender) Beweis. ～候補 aussichtsreicher Kandidat. ～者 ein Mann von Einfluss. ～新聞 führende Zeitung.
ゆうれい 幽霊 der Geist -es, -er; das Gespenst -es, -er. この家には～が出るということだ In diesem Haus soll es spuken. ～のような gespenstig; spukhaft. ～会社 die Schwindelfirma. ～船 das Gespensterschiff.
ゆうれつ 優劣・のない gleich; unterschiedslos. ～を争う den Vorrang streitig machen; sich mit jm. messen*《an (in) 3格》. この二人の生徒は～をつけがたい Die beiden Schüler stehen gleich.
ユーロ der Euro -[s], -s（略: EUR; 記号 €）. 20～ 20 Euro. ～参加国 das Euroland.
ゆうわ 宥和 die Versöhnung -en. ～させる jn. mit jm. versöhnen. ～的 versöhnlich. ～政策 die Beschwichtigungspolitik.
ゆうわ 融和 die Eintracht.
ゆうわく 誘惑 die Verführung -en; die Versuchung -en. ～する jn. verführen (verleiten)《zu 3格》; in Versuchung führen. ～に陥る in Versuchung fallen*(s). ～に負ける der Verführung (Versuchung) erliegen*(s). ～と戦う der Versuchung widerstehen*.
ゆえ 故に〔前置詞〕wegen《2格》;〔接続詞〕weil; da;〔副詞的〕also; daher; deshalb; folglich. 病気の～に wegen Krankheit. ～あって aus gewissen Gründen. ～なくして ohne Grund. ～なき侮辱 grundlose Beleidigung.
ゆえん 所以 ¶これが…の～である Daher kommt es, dass … / Das ist der Grund, warum …
ゆえん 油煙 der Ruß -es, -e.

ゆか 床 der Fußboden *-s, ¨*. ～[板]を張る *et.* dielen. 〜板 die Diele.

ゆかい 愉快・な angenehm; fröhlich; vergnüglich. 〜な夕べ unterhaltsamer Abend. 〜な連中 lustige Leute *pl.* 今日は実に〜でした Heute haben wir uns prächtig unterhalten.

ゆがく 湯掻く blanchieren.

ゆかしい 床しい anmutig; anständig; sittsam.

ゆがみ 歪み die Verbiegung *-en*; die Verzerrung *-en*; [曲り] die Krümmung *-en*.

ゆがむ 歪む sich verzerren; sich verziehen*; [曲る] sich krümmen. 歪んだ verzerrt. 苦痛に歪んだ顔 vor Schmerz verzerrtes Gesicht.

ゆがめる 歪める verzerren; verziehen*; [曲げる] krümmen. 事実を〜 die Wahrheit verdrehen. この教育は彼の性格を歪めてしまった Diese Erziehung hat ihn verbogen (verbildet).

ゆかり 縁り → 縁. 縁も〜もない人たち wildfremde Menschen *pl*.

ゆき 雪 der Schnee *-s*. 〜が降る Es schneit. / Es fällt Schnee. 〜が膝〜まで積っている Der Schnee liegt kniehoch. 〜が解けた Der Schnee ist aufgetaut (geschmolzen). 〜に覆われた schneebedeckt. 〜に覆われている von Schnee bedeckt sein*. 〜に閉じ込められる eingeschneit werden*(*s*受). 雨が〜になる Der Regen geht in Schnee über. 〜の積った schneeig. 〜のように白い schneeweiß; weiß wie Schnee. 万年〜 ewiger Schnee.

ゆき 行き ¶ 大阪〜の列車 der Zug nach Osaka.

ゆきあう 行き合う *jn.* treffen*; *jm.* begegnen (*s*); auf *jn.* stoßen*(*s*).

ゆきあかり 雪明かり das Schneelicht *-[e]s*. 〜の schneeerhellt.

ゆきあたり 行き当り・ばったりの der erstbeste; wahllos. 〜ばったりに aufs Geratewohl.

ゆきあたる 行き当る stoßen*(*s*) (gegen 4格). 障害に〜 auf Hindernisse stoßen*(*s*).

ゆきおとこ 雪男 der Schneemensch *-en, -en*; der Yeti *-s, -s*.

ゆきおれ 雪折れ der Schneebruch *-s, ¨e*. 〜する unter der Last des Schnees brechen*(*s*).

ゆきかう 行き交う hin- und her|gehen*(*s*). 〜人人 die Vorübergehenden*# *pl*.

ゆきがかり 行き掛かり・上やむなくこの処置を取った Die Umstände zwangen mich zu diesem Schritt. 〜を捨てよ Lass einmal Geschehenes ruhen!

ゆきかき 雪掻き [道具] die Schneeschaufel *-n*. 〜をする Schnee schippen (weg|räumen). 〜人夫 der Schneeschipper.

ゆきがけ 行き掛けに auf dem Weg 《nach 3 格》; [ついでに] im Vorbeigehen.

ゆきがっせん 雪合戦 die Schneeballschlacht *-en*. 〜をする sich mit Schneebällen bewerfen*.

ゆきき 行き来・する hin- und her|gehen*(*s*); [交際する] mit *jm.* verkehren (um|gehen*(*s*)). 学校の〜に auf dem Schulweg. この通りは車の〜が激しい Auf dieser Straße herrscht reger (lebhafter) Verkehr. 彼とは今は〜していない Mit ihm habe ich schon den Verkehr abgebrochen.

ゆきぐつ 雪靴 der Schneestiefel *-s, -*.

ゆきぐに 雪国 schneereiche Gegend *-en*; die Schneeregion *-en*.

ゆきぐも 雪雲 die Schneewolke *-n*.

ゆきげしき 雪景色 die Schneelandschaft *-en*.

ゆきさき 行き先 das [Reise]ziel *-[e]s, -e*; der Bestimmungsort *-[e]s, -e*. 〜を言って下さい Sagen Sie mir, bitte, wohin Sie gehen!

ゆきすぎる 行き過ぎる vorüber|gehen*(*s*) (an 3格); [度を越す] zu weit gehen*(*s*); die Grenzen überschreiten*. 彼の要求は行き過ぎている Er geht in seinen Forderungen zu weit.

ゆきずり 行き摺りの vorübergehend.

ゆきぞら 雪空 das Schneewetter *-s*.

ゆきだおれ 行き倒れ der Tote# auf der Straße.

ゆきだまり 雪溜まり → 吹き溜まり.

ゆきだるま 雪達磨 der Schneemann *-[e]s, ¨er*. 〜を作る einen Schneemann bauen.

ゆきちがい 行き違い [誤解] das Missverständnis *-ses, -se*; [不和] die Uneinigkeit *-en*. 〜になる sich (einander) verfehlen. 手紙が〜になった Unsere Briefe haben sich gekreuzt.

ゆきつけ 行きつけの飲食店 das Stammlokal *-s, -e*.

ゆきづまる 行き詰まる stecken bleiben*(*s*). 事業が〜 Das Geschäft stockt (kommt ins Stocken). 交渉は行き詰まった Die Verhandlungen sind in eine Sackgasse geraten (an dem toten Punkt angekommen).

ゆきどけ 雪解け die Schneeschmelze; [政治上の] das Tauwetter *-s*. 〜する Der Schnee taut. 〜水 das Schneewasser. 〜のぬかるみ der Schneematsch. 〜で地面がぬかるんでいる Der Boden ist vom getauten Schnee aufgeweicht.

ゆきとどいた 行き届いた sorgfältig. 〜病人の看護 die sorgsame Betreuung des Kranken.

ゆきとどく 行き届く ¶ 彼女はよく行き届いている Sie lässt es an nichts fehlen. この部屋は掃除が行き届いている Das Zimmer ist gut gereinigt.

ゆきどまり 行き止まり ¶ ここで〜だ Das ist das Ende der Straße. この通りは〜だ Die Straße endet blind.

ゆきなやむ 行き悩む ¶ 仕事の上で〜 mit einer Arbeit nicht weiter|kommen*(*s*). → 行き詰まる.

ゆきのした 雪の下 [植] der Steinbrech *-[e]s, -e*.

ゆきのはな 雪の花 [植] das Schneeglöckchen *-s, -*.

ゆきば 行き場 ¶ 彼は〜がない Er weiß nicht, wo er hingehört.

ゆきふり 雪降り der Schneefall *-s, ¨e*. 〜に

なる Es beginnt zu schneien.
ゆきめがね 雪眼鏡 die Schneebrille *-n*.
ゆきもよう 雪模様 das Schneewetter *-s*. ～だ Es will (wird) schneien.
ゆきやけ 雪焼けした vom Schnee gebräunt.
ゆきわたる 行き渡る sich verbreiten. パンは子供たち全員に～だけある Das Brot reicht für alle Kinder.
ゆきわりそう 雪割草 das Leberblümchen *-s, -*.
ゆく 行く gehen*(s)*; [乗物で] fahren*(s)*. 歩いて～ zu Fuß gehen*(s)*. 馬で～ reiten*(s)*. 自動車(鉄道)で～ mit dem Auto (mit der Eisenbahn) fahren*(s)*. 2等で～ zweiter Klasse fahren*(s)*. 飛行機で大阪へ～ [mit dem Flugzeug] nach Osaka fliegen*(s)*. 町(田舎)へ～ in die Stadt (aufs Land) gehen*(s)*. 学校に～ in die Schule gehen*(s)*. 東京へ～列車 der Zug nach Tokyo. 町(村; 駅)へ～道 der Weg nach der Stadt (ins Dorf; zum Bahnhof). ～年 das scheidende Jahr. 仕事がうまく～ Die Arbeit geht gut vonstatten. ドイツへ行ったことがありますか Sind Sie schon in Deutschland gewesen? 今晩君のところへ～よ Heute Abend werde ich zu dir kommen.
ゆくえ 行く方・が分らない Man weiß nicht, wo er bleibt. / Man hat seine Spur[en] verloren. ～をくらます verschwinden*(s)*. ～を突きとめる *jm.* auf die Spur kommen*(s)*. ～不明で vermisst; verschollen. ～不明者 der Vermisste#. ～定めぬ ziellos.
ゆくすえ 行く末 die Zukunft. ～を案ずる sich *um js.* Zukunft sorgen. ～長く für immer; auf ewig; in alle Ewigkeit.
ゆくゆく 行く行くは in [der] Zukunft; einmal.
ゆくりなく unerwartet; unversehens.
ゆげ 湯気 der Dampf *-es, ̈e*. スープから～が立っている Die Suppe dampft. ～を立てて怒る vor Wut kochen.
ゆけつ 輸血 die Blutübertragung *-en*; die [Blut]transfusion *-en*. ～する *jm.* Blut übertragen*.
ゆごう 癒合する zu|heilen *(s)*.
ゆこく 諭告 die [Er]mahnung *-en*. ～する *jn.* ermahnen.
ゆさぶる 揺さぶる schütteln. 揺さぶり起す *jn.* aus dem Schlaf rütteln. 木を揺さぶって実を落す Obst [vom Baum] schütteln. 心を～ *jn.* erschüttern.
ゆさん 遊山に出掛ける einen Ausflug machen. ～の客 der Ausflügler.
ゆし 油脂 Öle und Fette *pl*.
ゆし 諭旨免職になる auf Anraten der Vorgesetzten sein Amt nieder|legen.
ゆしゅつ 輸出 die Ausfuhr; der Export *-s*. ～する aus|führen; exportieren. ～業者 der Exporteur; der Ausführer. ～業 das Exportgeschäft. ～超過 der Ausfuhrüberschuss. ～品 Ausfuhrwaren *pl*. ～入

Aus- und Einfuhr.
ゆず 柚子 japanische Zitrone *-n*.
ゆすぐ 濯ぐ [aus|]spülen. 口を～ sich³ den Mund [aus|]spülen.
ゆすり 強請 die Erpressung *-en*; [人] der Erpresser *-s, -*.
ゆずりあう 譲り合う [妥協する] ein[en] Kompromiss ein|gehen*(s)*. 席を～ sich³ gegenseitig [den einzigen] Platz an|bieten*.
ゆずりうける 譲り受ける *et.* von *jm.* übernehmen*; [相続する] *et.* von *jm.* erben.
ゆずりわたす 譲り渡す → 譲る.
ゆする 強請る erpressen. 金をゆすり取る [von] *jm.* Geld erpressen.
ゆする 揺る schütteln; rütteln; wiegen. からだを～ sich wiegen. 揺すって寝かしつける ein|wiegen.
ゆずる 譲る ¶席を～ *jm.* Platz machen. 息子に店を～ sein Geschäft dem Sohn übergeben* (ab|geben*). 道を～ *jm.* Platz machen; [自動車で] *jm.* der Vorfahrt ein|räumen (gewähren). 先を～ *jn.* vorangehen lassen*. 安く～ billig überlassen*. 一歩も譲らない keinen Zoll weichen*(s); [um] keinen Fingerbreit nach|geben*. 他日に～ [繰り延べる] auf einen anderen Tag verschieben*.
ゆせい 油井 die Ölquelle *-n*.
ゆせいかん 輸精管 der Samenleiter *-s, -*.
ゆそう 油槽 der Ölbehälter *-s, -*.
ゆそう 輸送 die Beförderung; der Transport *-[e]s, -e*. ～する befördern; transportieren. ～機 das Transportflugzeug; der Transporter. ～船 das Transportschiff; der Transporter.
ゆそうかん 油送管 die Ölleitung *-en*.
ゆたか 豊かな [多くの] reichlich; [富んだ] reich; [肥沃な] fruchtbar. ～な髪 volles Haar. 才能～な talentvoll. 六尺～の über sechs Fuß groß. ～になる reich werden*(s)*. ～に暮らす wohlhabend leben.
ゆだねる 委ねる an|vertrauen; preis|geben*; übertragen*. 身を～ sich geben* 《3格》.
ユダヤ ～人 der Jude. ～[人の]jüdisch. ～教 das Judentum. ～人街 das Getto. ～民族 das Judentum; das jüdische Volk.
ゆだん 油断 die Unvorsichtigkeit. ～する unvorsichtig (nicht auf der Hut) sein*. ～なく vorsichtig; wachsam. ～なく見張る ein wachsames Auge haben* 《auf 4格》. ～のならない相手 gefährlicher Gegner. ～大敵 Die Gefahr ist am nächsten, wenn man nicht an sie denkt.
ゆたんぽ 湯たんぽ die Wärmflasche *-n*.
ゆちゃく 癒着 die Adhäsion *-en*; die Verwachsung *-en*. ～する verwachsen*(s); an|wachsen*(s).
ゆっくり langsam; [のんびり] gemächlich; gemütlich; [落ち着いて] gemach; gelassen. ～する [くつろぐ] es sich³ bequem (behaglich; gemütlich) machen. 今からでも～時間がある Wir haben noch Zeit genug.

ゆったり ～した上着 lose Jacke. ～した部屋 geräumiges Zimmer. ～した肘掛け椅子 behäbiger Sessel. ～した気分になる sich behaglich fühlen.
ゆでたまご 茹で卵 gekochtes Ei -[e]s, -er.
ゆでる 茹でる kochen; sieden*. 茹で卵 gekochtes Ei.
ゆでん 油田 das Ölfeld -[e]s, -er.
ゆどの 湯殿 die Badezimmer -s, -.
ゆとり → 余裕.
ユニーク ～な einzigartig; eigenartig; originell.
ユニット die Einheit -en.
ユニホーム die Uniform -en.
ゆにゅう 輸入 die Einfuhr; der Import -s. ～する ein|führen; importieren. ～許可 die Einfuhrlizenz. ～禁止 das Einfuhrverbot. ～関税 der Einfuhrzoll. ～超過 der Einfuhrüberschuss. ～品 der Einfuhrartikel; Einfuhrwaren pl. ～割当 das Einfuhrkontingent.
ゆにょうかん 輸尿管 der Harnleiter -s, -.
ユネスコ die UNESCO.
ゆのはな 湯の花 der Sinter -s, -; die Schwefelblüte.
ゆのみ 湯飲み die [Tee]tasse -n.
ゆび 指 der Finger -s, -; [足の] die Zehe -n; [手袋の] der Fingerling -s, -e. ～をくわえて見ている in den Mond gucken. ～をくわえて見ていなければならない das Nachsehen haben*. ～を染める [比] et. an|fangen*. ～を鳴らす mit den Fingern knacken. ～先 die Fingerspitze. ～先が器用な fingerfertig.
ゆびおり 指折り・の → 屈指の. ～数える an den Fingern ab|zählen. ～数えて待つ sehnlich[st] erwarten.
ゆびさす 指差す [mit dem Finger] zeigen 《auf 4格》.
ゆびぬき 指貫 der Fingerhut -[e]s, ⸚e.
ゆびわ 指輪 der [Finger]ring -[e]s, -e. ～をはめている einen Ring [am Finger] tragen*. ～をはめる sich³ einen Ring an|stecken. ～を抜く einen Ring vom Finger ziehen*.
ゆぶね 湯船 die Badewanne -n.
ゆみ 弓 der Bogen -s, -. バイオリンの～ der Geigenbogen. ～を引く den Bogen spannen; [反抗する] sich gegen jn. feindselig zeigen*. ～を射る mit Pfeil und Bogen schießen*. ～の弦 die [Bogen]sehne. ～の射手 der Bogenschütze.
ゆみず 弓水 ¶金を～のように使う den Hasen laufen lassen*.
ゆみなり 弓なりの bogenförmig.
ゆめ 夢 der Traum -es, ⸚e; [幻想] die Vision -en; [空想] die Fantasie -n. 世界一周の～ der Traum einer Weltreise. ～を(に)見る träumen《von 3格》. すばらしい～を見る einen schönen Traum haben*. ～から覚める aus einem Traum erwachen (s受). [迷いから] von einem Wahn befreit werden*(s受). ～のような traumhaft; fantastisch. まるで～のようだ Es ist mir wie ein Traum.

ゆめうつつ 夢現で zwischen Wachen und Träumen.
ゆめうらない 夢占い die Traumdeutung -en. ～をする Träume deuten.
ゆめごこち 夢心地の träumerisch.
ゆめにも 夢にも ¶そんな事は～考えられない Daran ist auch nicht im Traum zu denken. そんな事は～思っていなかった Das hätte ich mir nie träumen lassen!
ゆめみる 夢見る träumen《von 3格》. ～人 der Träumer. ～ような目 träumerische Augen pl.
ゆゆしい 由由しい ernst; bedenklich.
ゆらい 由来 die Herkunft; der Ursprung -[e]s, ⸚e. ～する her|kommen*(s)《von 3格》; stammen《aus (von) 3格》.
ゆらぐ 揺らぐ → 揺れる.
ゆらゆら ～する schweben; schwanken; wanken; [炎が] flackern [形容詞] schwank; [炎が] flackerig; [船などが] schaukelig.
ゆらんかん 輸卵管 der Eileiter -s, -.
ゆり 百合 die Lilie -n.
ゆりいす 揺り椅子 der Schaukelstuhl, ⸚e.
ゆりうごかす 揺り動かす erschüttern; schütteln; schaukeln; wiegen.
ゆりおこす 揺り起こす jn. aus dem Schlaf schütteln.
ゆりかご 揺り籠 die Wiege -n.
ゆるい 緩い lose; locker. ～上り坂 sanfter Anstieg. ～ズボン weite Hosen pl. ～調子のワルツ langsamer Walzer. ～サーブ weicher Aufschlag. ～カーブ weite Kurve.
ゆるがす 揺るがす erschüttern. 世界を～[形容詞] welterschütternd.
ゆるがせ 忽せにする vernachlässigen.
ゆるし 許し [許可] die Erlaubnis; [容赦] die Verzeihung; die Vergebung -en. ～を得て(お～があれば) mit Erlaubnis (mit Ihrer Erlaubnis).
ゆるす 許す [許可する] erlauben; gestatten; zu|lassen*; [容赦する] verzeihen*; vergeben*. 入学を～ jn. in die Schule auf|nehmen*; [大学へ] jn. zum Studium zu|lassen*. 発言を～ jm. das Wort geben*. 或人のふしつけを～ jm. seine Ungezogenheit verzeihen*. 心を～ jm. vertrauen. 心を許した友 der Vertraute⸚. 肌を～ sich jm. hin|geben*. 例外を～ Ausnahmen zu|lassen*. そんな事は～わけには行かない So etwas ist nicht zu verzeihen. 許し難い unzulässig; unverzeihlich.
ゆるむ 緩む sich lösen (lockern). 気が～ in der Aufmerksamkeit nach|lassen*. 緊張(寒さ)が～ Die Spannung (Kälte) lässt nach.
ゆるめる 緩める lösen; lockern. 財布の紐を～ den Beutel ziehen* (auf|machen). スピードを～ die Geschwindigkeit herab|setzen. 手綱を～ die Zügel locker lassen*.
ゆるやか 緩やか → 緩い.
ゆるゆる langsam; gemächlich.
ゆれる 揺れる schwanken; [動揺する] wanken; [震動する] rütteln; zittern; [船が (横に)rol-

len; schlingern; (縦に) stampfen.　小舟が波に～ Ein Kahn schaukelt auf den Wellen.

ゆわかし 湯沸かし der Wasserkessel -s, -.

よ

よ 世〔世間; 世界〕die Welt; 〔時代〕die Zeit -en.　～に知られた wohl bekannt.　～にもまれな recht selten.　～を捨てる der Welt entsagen; sich aus der Welt zurück|ziehen*.　～をはかなむ am Leben verzweifeln (s).　この～で auf Erden.　この～を去る aus der Welt scheiden*(s).　～に出る unter die Leute gehen*(s).　～の移り変りと共に im Wandel der Zeit[en].　～が～なら Wenn die Zeiten besser wären, ... / Wenn die Zeiten sich nicht geändert hätten, ...　それが～の習いだ Das ist der Lauf der Welt. / So geht es in der Welt.

よ 余　¶10メートル～ mehr als 10 Meter.

よ 夜 die Nacht ¨e.　～を日に継いで Tag und Nacht.　～が明ける Der Tag bricht an.　彼はそれがなければ一も目も明かなかった Er konnte es keinen Augenblick entbehren.

よあかし 夜明かしをする die ganze Nacht auf|bleiben*(s).

よあけ 夜明け・に bei Tagesanbruch.　～前に vor Tagesanbruch.

よあそび 夜遊び die Nachtschwärmerei; das Nachtleben -s.　彼は～が好きだ Er geht gern nächtlichen Vergnügungen nach.

よい 宵 der Abend -s, -e.　～の明星 der Abendstern; die Venus.　～っぱり〔人〕die Nachteule.　まだ～の口だ Es ist noch früh am Abend.

よい 良い gut; schön.　～天気 schönes Wetter.　人の～ gutmütig.　頭が～ einen klaren Kopf haben*.　健康に～ der Gesundheit förderlich sein*.　～時に来る im richtigen (günstigen) Augenblick kommen*(s).　～結果を得る sich vorteilhaft aus|wirken.　よかったら明日行くよ Wenn es dir recht ist, besuche ich dich morgen.　それで～ [Das] stimmt!　その話はもう～ Genug davon!　もう帰っても～ Nun darfst (kannst) du nach Hause gehen.　私はワインよりビールが～ Ich ziehe Bier dem Wein vor.　この車はすわり心地が～ Es sitzt sich gut in diesem Wagen.　そこならバスで行くのが一番～ Dahin fährst du am besten mit dem Bus.　～いい; よろしい.

よい 酔い der Rausch -es, ¨e.　～がまわる betrunken sein*.　～がさめる wieder nüchtern werden*(s).　～をさます jn. ernüchtern.

よいしょ 〔掛け声〕hau ruck!

よいつぶれる 酔い潰れる　¶彼らは～まで飲んだ Sie tranken, bis sie umfielen.

よいどれ 酔いどれ der Betrunkene*.

よいん 余韻 der Nachklang -s, ¨e.　～のある nachklingend; 〔含蓄のある〕vielsagend.

よう ～! Hallo! / Bravo!

よう 用 das Geschäft -s, -e.　～がある(ない) etwas (nichts) zu tun haben*; 〔人に〕jn. zu sprechen haben*.　～を足す ein Geschäft besorgen; 〔用便する〕seine Notdurft verrichten.　～が足りる nützlich (brauchbar) sein*.　家庭～の für den Hausgebrauch.　何か～かい Was wünschst du von mir?　あいつにもう～はない Ich kann ihn nicht mehr brauchen.

よう 洋の東西を問わず ob im Westen oder im Osten.

よう 様　¶この～に so; derart; auf diese Weise.　雪の～に白いso weiß wie Schnee.　本当であるかの～に als ob (wenn) es wirklich wäre.　秘密が漏れない～に damit das Geheimnis nicht verraten wird.　彼は幸福の～に見え Er scheint glücklich zu sein.

よう 酔う sich betrinken*; betrunken sein*.　船(飛行機)に～ seekrank (luftkrank) werden*(s); 〔車(列車)に～ Beim Autofahren (Vom Zugfahren) wird mir schlecht.　酒(成功)に～ sich am Alkohol (Erfolg) berauschen.

ようい 用意 die Bereitschaft 《zu 3格》.　～する sich vor|bereiten 《auf (für) 4格》.　～ができている bereit sein* 《zu 3格》.　～してある et. bereit|haben*.　～しておく bereit|halten*.　～周到の vorsichtig; behutsam; vorsorglich.　位置について,～,どん Auf die Plätze, fertig, los!

ようい 容易・な(に) leicht; einfach.　～ならぬ〔むずかしい〕schwierig; 〔重大な〕ernst; bedenklich.

よういく 養育する auf|ziehen*.

よういん 要因 der Faktor -s, -en.

よういん 要員 das Personal -s.

ようえき 溶液 die Lösung -en.

ようえきけん 用益権 der Nießbrauch -[e]s.

ようえん 妖艶な bezaubernd.

ようおん 揚音 der Akzent -s, -e; die Betonung -en.

ようが 洋画 〔油絵〕die Ölmalerei -en; 〔映画〕ausländischer Film -s, -e.

ようが 陽画 das Positiv -s, -e.

ようかい 妖怪 das Gespenst -es, -er; das Monster -s, -.

ようかい 容喙する sich [ein|]mischen 《in 4格》; seine Nase stecken 《in 4格》.

ようかい 溶解 die [Auf]lösung -en; die Schmelzung -en.　～する 〔液体中に〕sich [auf|]lösen 《in 3格》; 〔液化する〕schmelzen*(s).

ようがい 要害 die Festung -en.　～堅固な fest; uneinnehmbar.

ようがん 溶岩 die Lava ..ven; das Magma -s, ..men.　～流 der Lavastrom.

ようき 容器 das Gefäß -es, -e.
ようき 陽気・な(に) lustig; heiter. 結構な~ですね Was für ein schönes Wetter ist es!
ようぎ 容疑 ¶殺人の~で unter dem Verdacht eines Mordes. 殺人の~のある eines Mordes verdächtig. ~者 der Verdächtige*; mutmaßlicher Täter.
ようきゅう 要求 die Forderung -en; der Anspruch -[e]s, ¨e. ~する et. von jm. fordern (verlangen); Anspruch erheben* 《auf 4格》. ~を退ける(満たす) eine Forderung ab|lehnen (erfüllen).
ようぎょ 養魚 die Fischzucht. ~場 der Fischteich; der Fischweiher.
ようぎょう 窯業 die Keramik.
ようきょく 陽極 der Pluspol -s, -e; positiver Pol -s, -e; die Anode -n. ~線 Anodenstrahlen pl.
ようぐ 用具 Utensilien pl. → 道具. スポーツ(筆記)~ das Sportgerät (Schreibgerät).
ようけい 養鶏 die Hühnerzucht. ~場 der Hühnerhof.
ようけん 用件 → 用事.
ようけん 要件 wichtige Angelegenheit -en; [必要条件] das Erfordernis -ses, -se. ~を満たす Bedingungen erfüllen.
ようご 用語 der [Fach]ausdruck -s, ¨e; der Terminus -, ..ni; [集合的] die Terminologie -n. 学生~ die Studentensprache.
ようご 養護・する jn. in Pflege nehmen*. ~学級(学校) die Sonderklasse (Sonderschule). ~老人ホーム das Pflegeheim für alte Menschen.
ようご 擁護・する schützen; verteidigen; verfechten*; unterstützen.
ようこう 洋行・する ins Ausland fahren*(s). ~している im Ausland sein*. ~中に beim Aufenthalt im Ausland.
ようこう 要綱 der Umriss -es, -e. 世界史~ der Überblick über die Weltgeschichte.
ようこう 陽光 die Sonnenlicht -[e]s.
ようこうろ 溶鉱炉 der Hochofen -s, ¨; der Schmelzofen -s, ¨.
ようこそ Sei (Herzlich) willkommen!
ようさい 洋裁 die [Damen]schneiderei. ~学校 die Schneiderschule.
ようさい 要塞 die Festung -en.
ようざい 用材 ¶建築~ das Baumaterial.
ようざい 溶剤 das Lösungsmittel -s, -.
ようさん 養蚕 der Seidenbau -[e]s; die Seiden[raupen]zucht. ~家 der Seiden[raupen]züchter.
ようし 用紙 das Formular -s, -e. ~に記入する ein Formular aus|füllen.
ようし 要旨 der Hauptinhalt -s, -e; das Resümee -s, -s; die Zusammenfassung -en. ~をまとめる ein Resümee geben* 《von 3格》; et. resümieren; et. zusammen|fassen.
ようし 容姿 die Figur -en. ~端麗である eine schöne Figur haben*.
ようし 陽子 das Proton -s, -en.

ようし 養子 das Adoptivkind -[e]s, -er; [男] der Adoptivsohn -[e]s, ¨e. ~縁組 die Adoption. ~にする jn. an Kindes statt an|nehmen*; jn. adoptieren.
ようじ 幼児 das Kindchen -s, -; [乳児] der Säugling -s, -e.
ようじ 用事 das Geschäft -s, -e; der Auftrag -es, ¨e. ~のために Geschäfte halber. ~で出かけている in einer Angelegenheit unterwegs sein*. ~がある(ない) etwas (nichts) zu tun haben*.
ようじ 幼時[に] als Kind; in seiner Kindheit.
ようじ 楊枝 der Zahnstocher -s, -.
ようしき 洋式 der im europäischen Stil.
ようしき 様式 der Stil -[e]s, -e. 生活~ der Lebensstil; die Lebensweise.
ようしゃ 容赦・する jm. et. verzeihen* (vergeben). ~を乞う jn. um Verzeihung bitten*. 情~なく schonungslos.
ようじゅつ 妖術 die Zauberei; die Magie.
ようしょ 要所 wichtiger Punkt -es, -e; [兵] die Schlüsselstellung -en. ~~に an den wichtigen Stellen.
ようじょ 養女 die Adoptivtochter ¨.
ようしょう 幼少の折に Als ich ein kleines Kind war, ...
ようじょう 養生・をする seinen Körper pflegen. 食~をする diät leben.
ようしょく 容色 ¶彼女は~が衰えた Ihre Schönheit ist verblüht.
ようしょく 養殖 die Zucht. ~する züchten. ~真珠 die Zuchtperle.
ようしょく 要職 die Schlüsselposition -en; die Schlüsselstellung -en.
ようじん 用心・する sich vor|sehen* 《vor 3格》; sich hüten 《vor 3格》; sich in Acht nehmen* 《vor 3格》. ~のために aus Vorsicht; vorsichtshalber. ~して mit (aus) Vorsicht. ~深い vorsichtig; behutsam. 火の~ Gib aufs Feuer Acht! ~に越したことはない Sicher ist sicher.
ようじん 要人 wichtige Person (Persönlichkeit) -en; die VIP -s.
ようす 様子 [状態] der Zustand -[e]s, ¨e; [外見] das Aussehen -s; der Anschein -s. あたりの~をうかがう nach allen Seiten aus|spähen. この辺の~はよく知っている Ich weiß hier Bescheid. もう暫らく~を見よう Wir werden noch eine Zeit sehen, wie die Sache läuft. 驚いた~で mit erstaunter Miene. ~から判断すると nach dem Aussehen zu urteilen. 彼の~は少し変だ Er sieht etwas seltsam aus.
ようすい 用水 die Brauchwasser -s; [飲料水] das Trinkwasser -s. ~路 der Bewässerungsgraben. ~池 [消火用の] der Feuerlöschteich.
ようする 要する bedürfen* 《2格》; brauchen. 多くの時と金を~ viel Zeit und Geld erfordern.
ようするに 要するに kurz[um]; mit einem Wort; um es kurz zu machen (sagen).

ようせい 妖精 die Elfe -n; die Fee -n.
ようせい 要請 das Verlangen -s, -;《nach 3 格》; die Forderung -en;【哲】das Postulat -[e]s, -e. 〜する beanspruchen; jn. ersuchen《um 4 格》. 住民の〜により auf Ersuchen der Bewohner.
ようせい 陽性の positiv;〔性格が〕heiter; lustig.
ようせい 養成 die Erziehung. 〜する aus|bilden; erziehen*. 〜所 die Bildungsanstalt.
ようせき 容積 das Volumen -s, -; der Rauminhalt -s, -e. 〜の大きい voluminös; umfangreich. 〜はいくらですか Wie groß ist das Volumen?
ようせつ 溶(熔)接・する schweißen. 〜工 der Schweißer.
ようせつ 夭折 früher Tod -es. 〜する jung sterben*(s).
ようせん 用(傭)船する ein Schiff chartern.
ようそ 沃素 das Jod -s (記号: J).
ようそ 要素 das Element -[e]s, -e; der Bestandteil -s, -e; der Faktor -s, -en.
ようそう 様相 das Aussehen -s. にわかに事態は深刻な〜を呈した Unversehens nahm die Sache ein ernsteres Aussehen. そうなると東京の〜は一変するだろう Das würde den Dingen in Tokyo ein anderes Aussehen geben.
ようだい 容体 der Zustand -[e]s, ⸚e; das Befinden -s. 彼の〜は悪くなった Sein Befinden hat sich verschlechtert.
ようだてる 用立てる jm. et. zur Verfügung stellen.
ようだん 用談する mit jm. sprechen*《über 4 格》; geschäftlich sprechen*.
ようち 幼稚な kindisch; primitiv.
ようち 用地 das Grundstück -s, -e. 建設〜 der Baugrund.
ようちえん 幼稚園 der Kindergarten -s, ⸚.
ようちゅう 幼虫 die Larve -n; die Raupe -n.
ようつい 腰椎 der Lendenwirbel -s, -.
ようつう 腰痛 der Lendenschmerz -es, -en; die Lumbago.
ようてん 要点 die Hauptsache -n; der Hauptpunkt -[e]s, -e. 〜をかいつまんで話す et. pointiert erzählen.
ようてん 陽転する positiv werden*(s).
ようでんき 陽電気 positive Elektrizität.
ようと 用途 der Gebrauch -s; die Anwendbarkeit -. 〜が広い vielseitig anwendbar sein*; sich vielseitig verwenden lassen*.
ようどう 陽動作戦 das Ablenkungsmanöver -s, -.
ようにん 容認する zu|lassen*; ein|räumen; zu|gestehen*.
ようねんじだい 幼年時代 die Kindheit. 〜から von Kindheit an (auf).
ようばい 溶媒 das Lösungsmittel -s, -.
ようび 曜日 der Wochentag -[e]s, -e. 今日は何〜ですか Welchen Wochentag haben wir heute?

ようひし 羊皮紙 das Pergament -s, -e.
ようひんてん 洋品店〔紳士用品の〕der Herrenausstatter -s, -;〔婦人用品の〕das Spezialgeschäft für Damenmode.
ようふ 妖婦 der Vamp -s, -s; die Femme fatale [famfa'tal] -s -s.
ようふ 養父 der Adoptivvater -s, ⸚.
ようふう 洋風の im europäischen Stil. 〜の部屋 europäisch eingerichtetes Zimmer.
ようふく 洋服 [europäischer] Anzug -s, ⸚e. いつもしゃれた〜を着ている immer geschmackvoll (elegant) gekleidet sein*. 〜掛け der Kleiderbügel. 〜だんす der Kleiderschrank. 〜屋 der Schneider.
ようふぼ 養父母 Adoptiveltern pl.
ようぶん 養分 die Nahrung. 〜を取る Nahrung zu sich³ nehmen*.
ようへい 葉柄 der [Blatt]stiel -s, -e.
ようへい 傭兵 der Söldner -s, -; der Legionär -s, -e.
ようべん 用便する seine Notdurft verrichten.
ようぼ 養母 die Adoptivmutter ⸚.
ようほう 用法 der Gebrauch -s; die Anwendung -en. 前置詞の〜 der Gebrauch der Präpositionen. 私はその〜を知っている Ich weiß, wie es zu benutzen (anzuwenden) ist.
ようほう 養蜂 die Bienenzucht; die Imkerei. 〜場(舎) der Bienenstand. 〜家 der Bienenzüchter; der Imker.
ようぼう 要望・する verlangen; wünschen. 国民の〜にこたえて auf das Verlangen des Volkes.
ようぼう 容貌 das Gesicht -s, -er; Gesichtszüge pl; die Gesichtsbildung -en.
ようみゃく 葉脈 die [Blatt]ader -n.
ようむいん 用務員 der Hausmeister -s, -.
ようむき 用向き die Angelegenheit -en. ご〜は何ですか Was wollen (wünschen) Sie? / Womit kann ich Ihnen dienen?
ようもう 羊毛 die Wolle. 〜[製]の wollen.
ようやく 漸く〔やっと〕erst;〔ついに〕endlich. 〜半分読んだばかりだ Ich habe erst die Hälfte gelesen. 〜雨が止んだ Endlich hat es aufgehört zu regnen.
ようやく 要約 das Resümee -s, -s; die Zusammenfassung -en. 〜する resümieren; zusammen|fassen. 〜すれば um es kurz zu machen (sagen).
ようよう 洋洋・たる大海 weites Meer. 〜たる前途 eine große (glänzende) Zukunft.
ようらん 要覧 das Handbuch -[e]s, ⸚er; der Führer -s, -.
ようらん 揺籃・の地 die Wiege. 〜時代から von der Wiege an.
ようりょう 用量〔薬の〕die Dosis ..sen.
ようりょう 要領・を教える jm. Anleitungen geben*《zu 3 格》. スキーの〜を教える jn. die Technik des Skilaufens lehren. 〜を得ない unklar. 〜のいい(悪い) schlau (ungeschickt). 〜よく仕事をする effizient arbeiten. 〜よく

舞う sich geschickt an|stellen. 〜を呑み込んでいる den Bogen heraus|haben* (in 3 格).
ようりょう 容量 die Kapazität.
ようりょく 揚力 der Auftrieb -[e]s.
ようりょくそ 葉緑素 das Blattgrün -s.
ようれい 用例 das Beispiel -s, -e; das Exempel -s, -.
ようろう 養老・院 das Altersheim. 〜保険 die Altersversicherung.
ヨーグルト der Jog[h]urt -[s], -[s].
ヨーデル das Jodellied -[e]s, -er; der Jodler -s, -.
ヨード das Jod -s. 〜チンキ die Jodtinktur.
ヨーロッパ Europa. 〜の europäisch. 〜人 der Europäer. 〜連合 → 欧州.
よか 余暇 die Muße -; die Freizeit. 〜に den Mußestunden.
ヨガ der (das) Joga -[s].
よかれ 善かれ悪しかれ ob gut oder schlecht, ...
よかん 予感 die Ahnung -en. 〜する ahnen. 不吉な〜がする Mir ahnt (schwant) nichts Gutes. / Ich habe eine schlimme Vorahnung.
よき 予期・する erwarten. 〜しない unerwartet. 〜した通り wie erwartet. 〜に反して wider Erwarten.
よぎ 余技 das Steckenpferd -[e]s, -e; das Hobby -s, -s.
よきょう 余興 die Unterhaltung -en. 〜に手品をやる einen Zaubertrick zur Unterhaltung vor|führen. 〜を楽しむ sich an Lustbarkeiten erfreuen.
よきん 預金 die Spareinlage -n. 銀行に10万円〜する 100 000 Yen bei der Bank ein|zahlen. 銀行から〜をおろす Geld von der Bank holen (ab|heben*). 銀行に〜がある Geld auf der Bank [liegen] haben*. 〜通帳 das Sparbuch. 〜口座 das Sparkonto.
よく 良く good; wohl; [しばしば] oft; häufig. 〜知っている genau wissen*; jm. wohl bekannt sein*. 〜眠る gut schlafen*. 〜考える wohl überlegen. 〜調べる gründlich (sorgfältig) untersuchen. 〜なる besser werden*(s); sich verbessern. 〜する bessern; besser machen. 人に〜する zu jm. freundlich sein*. 人を〜言う von jm. gut sprechen*. 〜見せる in günstigem Licht dar|stellen. それは〜あることだ Das ist ein alltäglicher Fall. 〜そんな事ができるね Wie kannst du so was tun! 〜も一命を取り留めたものだ Es ist ja ein Wunder, dass er das Leben retten konnte.
よく 欲 die Gier; die Begierde -n. 〜の深い gierig. 〜のない selbstlos; uneigennützig; anspruchslos. 〜を言えば Wenn ich noch mehr wünschen darf, ... 彼は仕事に対する〜がない Er hat keine Lust zur Arbeit.
よくあつ 抑圧 die Unterdrückung -en. 〜する unterdrücken.
よくげつ 翌月 〖副詞〗 nächsten Monats.
よくし 抑止・する jn. ab|halten* (von 3 格). 核〜力 atomare (nukleare) Abschreckung.

よくしつ 浴室 das Badezimmer -s, -.
よくじつ 翌日 〖副詞〗 am nächsten Tag.
よくじょう 欲情 der Trieb -es, -e; Lüste pl.; die Leidenschaft -en. 〜にふける seinen Leidenschaften frönen. 〜を押える seine Leidenschaften bekämpfen.
よくじょう 浴場 das Badehaus -es, ¨er.
よくする 浴する ¶ 文明の恩恵に〜 die Segnungen der Zivilisation genießen*. 光栄に〜 die Ehre haben* (zu+不定詞).
よくせい 抑制する zurück|halten*; hemmen; zügeln; [情欲などを] unterdrücken.
よくそう 浴槽 die Badewanne -n.
よくちょう 翌朝 〖副詞〗 am nächsten Morgen.
よくど 沃土 fruchtbare Erde.
よくとく 欲得・ずくで aus Gewinnsucht. 〜ずくの gewinnsüchtig.
よくねん 翌年 〖副詞〗 nächstes Jahr; im nächsten Jahr.
よくばり 欲張りの gierig. 欲張る zu viel verlangen.
よくぼう 欲望 die Lust ¨e; die Begierde -n.
よくや 沃野 fruchtbares Feld -[e]s, -er.
よくよう 抑揚 die Intonation -en; der Akzent -s, -e. 〜をつける intonieren. 〜のない monoton; eintönig.
よくよく 善く善く・のけちんぼ ein ausgemachter Geiziger*. 〜の事でもなければ Wenn nichts Außergewöhnliches dazwischenkommt, ... 彼がそう言ったのは〜のことだったんでしょう Zwingende Gründe haben ihn wohl zu seiner Bemerkung veranlasst.
よくよくじつ 翌々日 am übernächsten Tag; 〖明後日〗 übermorgen.
よくりゅう 抑留・する internieren. 〜者 der Internierte*.
よけい 余計・な unnötig; [むだな] unnütz; nutzlos. 〜者 der Taugenichts. もっと〜に noch mehr. 〜な心配をする sich³ unnötige (überflüssige) Sorgen machen (um 4 格). 〜な事を言う überflüssige Worte machen. これ以上の詮索は〜だ Weitere Nachforschungen erübrigen sich. 〜なお世話だ Das geht dich nichts an!
よける 避ける [ver]meiden*. 自動車(危険)を〜 dem Auto (einer Gefahr) aus|weichen* (s).
よけん 予見 die Voraussicht. 〜する vorher|sehen*; voraus|sehen*.
よけん 与件 〖哲〗 Gegebenheiten pl.
よげん 予言 die Weissagung -en; die Prophezeiung -en. 〜する weissagen; wahr|sagen; prophezeien. 〜者 der Weissager; der Prophet. 私の〜が的中した Meine Weissagung traf ein.
よこ 横 〖側面〗 die Seite -n; 〖幅〗 die Breite -n. [へ・から]の seitlich. 〜[の方向に] quer; seitwärts. 首を〜に振る den Kopf schütteln. 〜から見る von der Seite blicken. 〜から口を出す sich ein|mischen (in 4 格).

~になる sich hin|legen. ~を向く sich ab|wenden*. 彼の~に腰をおろす sich neben ihn setzen. 帽子を~っちょにかぶる den Hut aufs Ohr setzen. ~のものを縦にもしない keinen Finger krumm machen. 家の~に seitlich des Hauses.

よご 予後 die Prognose -n. ~を判定する et. prognostizieren.

よこいと 横(緯)糸 der [Ein]schuss -es, ¨e.

よこう 予行〔リハーサル〕die Probe -n. 運動会の~演習をする für ein Sportfest proben.

よこがお 横顔 das Profil -s, -e. 美しい~をしている ein schönes Profil haben*. ~をスケチする jn. im Profil skizzieren.

よこかぜ 横風 der Seitenwind -[e]s.

よこがみ 横紙を破る → 横車.

よこぎ 横木 der Querbalken -s, -; der Querbaum -[e]s, ¨e.

よこぎる 横切る ¶通りを~ eine Straße überqueren.

よこく 予告 die Ankündigung -en; die Voranzeige -n. ~する an|kündigen. ~なしに ohne Ankündigung. ~編〔映画の〕die Vorschau.

よこぐるま 横車を押す mit dem Kopf durch die Wand wollen*.

よこじく 横軸 die Querachse -n.

よこしま ~な böse; unrecht. ~な事をする ein Unrecht begehen*. ~な心を持っている eine schwarze Seele haben*.

よこじま 横縞 der Querstreifen -s, -. ~の quer gestreift.

よこす 寄越す senden(*); schicken; geben*. 言って~ mit|teilen, dass …

よごす 汚す beflecken; besudeln. 指をインキで~ sich³ die Finger mit Tinte beschmutzen.

よこすべり 横滑りする seitlich ab|rutschen (s).

よこせん 横線 die Querlinie -n; der Querstrich -s, -e.

よこたえる 横たえる legen. 身を~ sich legen.

よこたわる 横たわる sich legen; liegen*; 〔障害などが〕jm. im Weg[e] stehen*.

よこちょう 横町 die Gasse -n; die Seitenstraße -n.

よこづけ 横付け ¶車を玄関に~にする den Wagen vor|fahren*. 船が埠頭に~になる Das Schiff legt am Kai an.

よこっつら 横っ面を張る jm. eine Ohrfeige geben*.

よこて 横手 ¶教会の~に neben der Kirche.

よごと 夜毎に jede Nacht.

よこどり 横取りする jm. et. aus|spannen; 〔ひったくる〕et. weg|reißen*.

よこながし 横流しする schwarz verkaufen.

よこみち 横道 ¶彼の話は~にそれた Er schweifte vom Thema ab.

よこむき 横向きに寝ている auf der Seite liegen*.

よこめ 横目で見る schief (von der Seite) an|sehen*; schielen (auf 4 格; nach 3 格).

よこやり 横槍を入れる sich ein|mischen (ein|schalten) (in 4 格); jm. dazwischen|reden.

よごれ 汚れ der Schmutz -es. ~を取る Flecke entfernen; et. reinigen.

よごれる 汚れる schmutzig werden*(s). 汚れた schmutzig.

よさ 良さ die gute Seite; 〔価値〕der Wert -es.

よさん 予算〔見積り〕der Voranschlag -[e]s, ¨e; 〔予算案〕das Budget -s, -s; der Etat -s, -s; der Haushaltsplan -[e]s, ¨e. ~を組む das Budget (den Etat) auf|stellen. ~に組む et. im Budget (Etat) vor|sehen*. ~に入れる in Anschlag bringen*. ~を超過する den Voranschlag (Etat) überschreiten*. ~会議 die Budgetberatung. ~委員会 die Budgetkommission. ~編成 die Budgetierung. 追加(補正)~ der Nachtragshaushalt.

よし ~! Gut! / Schön!

よし 由 ¶お元気で~うれしく思います Es freut mich sehr zu hören, dass Sie so wohl sind.

よし 葦 das Schilf -s, -e.

よしあし 善し悪し ¶品の~を見分ける zwischen guten und schlechten Waren unterscheiden*. 働く時間が短くなるのも~だ Die Verkürzung der Arbeitszeit ist nicht immer vorteilhaft. → 善悪.

よじのぼる 攀じ上る klettern (klimmen(*)) (s) (auf 4 格).

よしみ 誼 ¶旧友の~で um der alten Freundschaft willen. 昔の~で aus alter Anhänglichkeit.

よしゅう 予習をする sich vor|bereiten (präparieren) (auf (für) 4 格).

よじょう 余剰 der Überschuss -es, ¨e. ~農産物 landwirtschaftliche Überproduktion.

よじる 捩じる ¶腹の皮を捩じって笑う sich vor Lachen aus|schütten. → ねじる.

よじれる 捩れる verdreht sein*.

よしん 予審 die Voruntersuchung -en. ~判事 der Untersuchungsrichter.

よしん 余震 das Nachbeben -s, -.

よす 止す → やめる. 冗談はよせ Spaß beiseite!

よすが 縁 ¶母を偲ぶ~に zum Andenken an meine Mutter.

よすてびと 世捨人 der Einsiedler -s, -.

よせ 寄席 das Kabarett -s, -s (-e); das Varieté (Varietee) -s, -s.

よせあつめ 寄せ集め das Sammelsurium -s, ..rien. ~の zusammengewürfelt.

よせあつめる 寄せ集める sammeln; 〔一箇所に集める〕zusammen|legen; 〔雑然と〕zusammen|würfeln.

よせい 余生を送る seine übrigen Lebenstage zu|bringen*.

よせい 余勢をかって durch einen Sieg angespornt.

よせぎ 寄せ木・細工 [hölzernes] Mosaik -s, -en (-e). ~張りの床 das Parkett.

よせざん 寄せ算 die Addition -en.

よせる 寄せる rücken; 〔敵が〕sich heran|drängen. わき(隅、壁ぎわ)へ~ zur Seite (in die

Ecke; an die Wand) rücken. 信頼を~ jm. Vertrauen schenken. 心(好意)を~ sich jm. zu|neigen. 多くの義損金が寄せられた Es gingen viele Spenden ein. 5に3を~と8です Fünf und drei ist acht.

よせん 予選 die Qualifikation -en; die Ausscheidung -en. ~を通過する die Qualifikation gewinnen*. ~落ちする in der Qualifikation aus|scheiden*(s).

よそ 余所 d. ander; fremd. ~で anderswo. außer Haus. ~から anderswoher. ~へ anderswohin. 仕事を~にする die Arbeit vernachlässigen.

よそう 予想・する erwarten; voraus|sehen*. ~通りに wie erwartet. ~以上に über Erwarten. ~に反して wider Erwarten. ~外の unerwartet; unverhofft.

よそおい 装い die Kleidung. 最新流行の~をする sich nach der neuesten Mode kleiden. 自然は春の~をした Die Natur hat ihr Frühlingskleid angelegt.

よそおう 装う schmücken. 晴れ着に身を~ sich festlich kleiden. 病気を~ sich krank stellen. 平静を~ gemachte Ruhe zur Schau tragen*. 無関心を装って mit erheuchelter Gleichgültigkeit.

よそく 予測 → 予想.

よそごと 余所事ではない jm. nicht gleichgültig sein*.

よそみ 余所見をする weg|sehen*; weg|blicken.

よそめ 余所目・にもうらやましい友情 sogar für einen Unbeteiligten beneidenswerte Freundschaft. ~には allem Anschein nach. ~を気にする auf Wirkung nach außen hin bedacht sein*.

よそもの 余所者 der Auswärtige#; der Fremdling -s, -e; der Zugereiste#.

よそゆき 余所行きの顔をする ein offizielles Gesicht an|nehmen*. ~の服 der Ausgehanzug.

よそよそしい 余所余所しい kalt; kühl; fremd. ~態度をとる gegen jn. fremd tun*; sich jm. gegenüber fremd stellen.

よたもの 与太者 der Lump -en, -en; der Lumpenkerl -s, -e.

よたよた → よろよろ.

よだれ 涎 der Sabber -s; der Geifer -s. ~を流す sabbern. ~掛け das Sabberlätzchen.

よだん 予断・のない unbefangen. 今後の政局は~を許さない Niemand kann voraussagen, wie sich die politische Lage entwickeln wird.

よだん 余談 der Exkurs -es, -e. ~をする einen Abstecher vom Thema machen. これは~ですが beiläufig gesagt; übrigens.

よち 予知する voraus|sehen*; vorher|wissen*.

よち 予地 ¶この問題にはなお検討の~がある Diese Frage bedarf einer Überprüfung. 弁解の~はない Da hilft keine Ausrede. まだ彼を救う~はある Es gibt noch eine Möglichkeit, ihn zu retten. 立錐(%)の~もなかった Es konnte kein Apfel zur Erde fallen.

よつおり 四つ折・版 das Quart -s. ~にする zweimal falten.

よつかど 四つ角〔十字路〕der Kreuzweg -[e]s, -e; die Straßenkreuzung -en. ~を左へ曲る an der Kreuzung links ab|biegen*(s).

よっきゅう 欲求・する wünschen; verlangen. ~を満たす Bedürfnisse befriedigen. ~不満を解消する Frust (seine Frustrationen) ab|reagieren.

よつご 四つ子 Vierlinge pl.

よって 因って〔故に〕also; daher; deshalb; mithin.

ヨット die Jacht -en; das Segelboot -[e]s, -e. ~に乗る segeln (s; h). ~レース die Segelregatta.

よっぱらい 酔っ払い der Betrunkene#. 酔っ払う sich betrinken*.

よっぴて 夜っぴて → 夜通し.

よつんばい 四つん這いで歩く auf allen vieren gehen*(s).

よてい 予定 das Programm -s, -e; der Plan -es, ̈-e; das Vorhaben -s, -. ~する vor|haben*; planen. ~を変更する seinen Plan (sein Programm) ändern. ~通りの(に) planmäßig; programmgemäß. 6月出産の~です Die Geburt wird im Juni erwartet. 明日は~客がある~だ Morgen habe ich Besuch vor.

よとう 与党 die Regierungspartei -en.

よどおし 夜通し die ganze Nacht [hindurch]; über Nacht; nachtsüber.

よどみ 淀み der Stau -[e]s; das Stauwasser -s, -. ~なくしゃべる ohne Stocken sprechen*.

よどむ 淀む stagnieren; (沈澱する) sich nieder|schlagen*. 淀んだ stehend; stagnierend. 淀んだ空気 abgestandene Luft.

よなか 夜中 um Mitternacht; mitten in der Nacht.

よなべ 夜なべをする nachts (in der Nacht) arbeiten.

よなれた 世慣れた welterfahren; weltgewandt. ~人 ein Mann von Welt.

よにげ 夜逃げする sich bei Nacht aus dem Staub[e] machen.

よのなか 世の中・には in der Welt. ~に出る unter die Leute kommen*(s); in die Welt hinaus|gehen*(s). ~を知っている die Welt kennen*; welterfahren sein*. ~を知らない nichts von der Welt kennen*. ~を見ている viel von der Welt gesehen haben*.

よは 余波 die Nachwirkung -en.

よはく 余白 der Rand -es, ̈-er. ~を残す einen Rand lassen*. ~に書き込む auf dem Rand notieren; an den Rand schreiben*.

よばん 夜番 der Nachtwächter -s, -. ~をする Nachtwache halten*.

よび 予備[・品] die Reserve -n; der Vorrat -s, ̈-e. ~役 die Reserve. ~隊 Reservetruppen pl. ~会談 das Vorgespräch. ~交渉 die Vorverhandlung. ~選考 die Voraus-

よびあつめる

wahl. ～教育 die Vorschulung. 金の～がある Geld vorrätig haben*. ～知識を持っている Vorkenntnisse haben* [für 4 格]

よびあつめる 呼び集める zusammen|rufen*.
よびかける 呼び掛けに応じて auf Anruf [hin].
よびかける 呼び掛ける *jn*. an|rufen*; zu|rufen*; an *jn*. appellieren.
よびきん 予備金 die Rücklage -n.
よびこ 呼び子 die Pfeife -n. ～を吹く pfeifen*.
よびごえ 呼び声 der Ruf -es, -e. 彼は次期大統領の～が高い Man spricht allgemein von ihm als dem nächsten Präsidenten.
よびこむ 呼び込む s. よびいれる.
よびしけん 予備試験 die Vorprüfung -en. ～をする *et*. vor|prüfen.
よびだし 呼び出し die Vorladung -en. ～に応ずる der Vorladung nach|kommen*(*s*). ～状 der Vorladeschein.
よびだす 呼び出す vor|laden*; zitieren. 彼は警察に呼び出された Er wurde zur Polizei gerufen.
よびつける 呼び付ける *jn*. zu sich³ rufen*.
よびとめる 呼び止める an|halten*.
よびにやる 呼びにやる ¶医者を～ den Arzt holen lassen*; nach dem Arzt schicken.
よびもどす 呼び戻す *jn*. zurück|rufen*. 或事の記憶を～ sich³ *et*. ins Gedächtnis zurück|rufen*.
よびもの 呼び物 die Glanznummer -n; die Attraktion -en; [劇] das Zugstück -s, -e.
よびょう 余病 die Komplikation -en.
よびりん 呼び鈴 die Klingel -n. ～が鳴る Es klingelt. 或人の家の～を鳴らす bei *jm*. klingeln.
よぶ 呼ぶ rufen*; [称する] nennen* (heißen*); [招待する] *jn*. ein|laden* 《zu 3 格》. 助けを～ um Hilfe rufen*. 人々は彼を馬鹿と～ Man nennt ihn einen Narren.
よふかし 夜更かしする bis spät in die Nacht auf|bleiben*(*s*).
よふけ 夜更け・に in später Nacht; spät in der Nacht. ～まで bis in die späte Nacht; bis spät in die Nacht hinein.
よぶん 余分の・überflüssig. ～に extra. ～の仕事 übrige Arbeit.
よほう 予報・する vorher|sagen. 天気～ die Wettervorhersage. ～では雨になるそうです Dem Wetterbericht nach soll es regnen.
よぼう 予防 die Vorbeugung. 危険(病気)を～する einer Gefahr (Krankheit) vor|beugen. ～策を講ずる Vorkehrungen treffen*; Präventivmaßnahmen ergreifen*. ～注射をする *jn*. impfen 《gegen 4 格》. ～薬 das Präventivmittel. 火災～ die Feuerverhütung.
よほど 余程 [かなり] ziemlich; beträchtlich; [はるかに] bei weitem; [大変] sehr; viel. ～前に vor langer Zeit. ～の事がない限り Wenn nichts Außergewöhnliches dazwischenkommt, ...
よぼよぼ ～の abgelebt; hinfällig.
よみ 読み das Lesen -s; [洞察] die Einsicht -en; [将棋の] die Berechnung -en. ～が深い einsichtsvoll; weitblickend.
よみ 黄泉の国 der Hades -; die Unterwelt.
よみあげる 読み上げる vor|lesen*; verlesen*.
よみおとす 読み落す überlesen*.
よみおわる 読み終る zu Ende lesen*.
よみがえる 蘇る wieder|erstehen*(*s*). 意識が～ wieder zu[m] Bewusstsein kommen*(*s*); das Bewusstsein wieder|erlangen. 蘇らせる wieder|erwecken.
よみかた 読み方 das Lesen -s.
よみこなす 読みこなす verdauen. このような作品はなかなか読みこなせない Solche Dichtung ist schwer zu verdauen.
よみちがい 読み違いをする sich verlesen*.
よみで 読んで ¶この本は～がある An diesem Buch habe ich lange zu lesen.
よみとおす 読み通す ¶本を～ ein Buch durch|lesen*; sich durch ein Buch lesen*.
よみとる 読み取る ¶顔から～ *jm*. *et*. am (vom) Gesicht ab|lesen*. 彼の表情から感謝の気持を読み取った Ich las die Dankbarkeit in seinen Mienen.
よみながす 読み流す flüchtig lesen*.
よみにくい 読みにくい ¶彼の筆跡は～ Seine Handschrift ist unleserlich (schwer zu lesen).
よみもの 読み物 die Lektüre -n; der Lesestoff -s, -e.
よみやすい 読み易い leserlich; lesbar. その本は～ Das Buch liest sich leicht.
よむ 読(詠)む lesen*; [経文などを] rezitieren. 歌に～ besingen*. むさぼり～ gierig lesen*. 手の内を～ *jm*. in die Karten gucken; *jm*. auf die Schliche kommen*(*s*). 読んで聞かせる *jm*. *et*. vor|lesen*.
よめ 嫁 die Braut ⸚e. ～にもらう *jn*. zur Frau nehmen*. 娘を～にやる *jm*. seine Tochter zur Frau geben*. ～に行く *jn*. heiraten; sich mit *jm*. verheiraten. ～捜しをする auf [die] Brautschau gehen*(*s*). ～を世話する *jm*. eine Frau verschaffen.
よめい 余命いくばくもない Seine Tage sind gezählt.
よめいり 嫁入り die Heirat -en. ～支度 die Aussteuer; die Ausstattung. 娘に～支度をしてやる seine Tochter aus|steuern (aus|statten).
よもぎ 蓬 der Beifuß -es.
よもや ～彼は病気ではあるまいね Er ist doch nicht etwa krank? ～の敗北を喫する ein|brechen*(*s*).
よもやま 四方山話 die Plauderei -en. ～をする über verschiedene Sachen plaudern.
よやく 予約 die Vorbestellung -en. ～する vor|bestellen. ホテルに部屋を(レストランに席を)～する ein Zimmer im Hotel (einen Tisch im Restaurant) reservieren lassen*. 飛行機の座席を～する den Flug buchen. 医者に～がしてある einen Termin beim Arzt haben*. ～席 [掲示] Reserviert! ～購読する abon-

よゆう 余裕 ¶時間の〜がない keine Zeit haben* 《zu 3格》. 僕は車を買う〜はない Ich kann mir kein Auto leisten. 安全のために1時間の〜を見ておいた Sicherheitshalber kalkulierte ich einen Spielraum von einer Stunde ein. 僕の部屋にはそんなに沢山の本を置く〜はない In meinem Zimmer habe ich keinen Raum für so viele Bücher. 〜綽綽(しゃくしゃく)たる seelenruhig; gelassen; gefasst.

より →から; [比較] als; denn. 何〜も vor allem. 彼は私〜年下だ Er ist jünger als ich. 私はコーヒー〜紅茶が好きだ Ich ziehe Tee dem Kaffee vor. それでもない〜はましだ Das ist besser als nichts. 彼は作曲家として〜指揮者として有名だ Er ist berühmter als Dirigent denn als Komponist. …〜多く(少なく) mehr (weniger) als … 彼を信ずる〜仕方がない Ich muss ihm glauben.

より 縒り・をもどす auf|flechten*; [仲直りする] sich mit jm. versöhnen. 彼女は腕に〜を掛けて料理を作った Sie kochte mit Aufbietung all ihrer Kochkünste.

よりあい 寄り合い die Versammlung -en. 〜所帯 gemischte Gesellschaft.

よりいと 撚り糸 der Zwirn -[e]s, -e.

よりかかり 寄り掛かり [椅子の] die Lehne -n.

よりかかる 寄り掛かる sich lehnen 《an 4格》; [頼る] sich auf jn. verlassen*.

よりごのみ 選り好みをする → えりごのみ.

よりそう 寄り添う sich an jn. schmiegen (kuscheln). 寄り添って歩く dicht nebeneinander gehen*(s).

よりつく 寄り付く sich jm. nähern. 寄り付かない sich fern halten* 《von 3格》.

よりどころ 拠り所[支]die Stütze -n; → 根拠.

よりどり 選り取り ¶この三つは〜見取りです Sie haben die drei Stücke zur Wahl.

よりにによって 選りに選って ausgerechnet.

よりぬき 選り抜きの ausgewählt; auserlesen.

よりみち 寄り道・をする einen Abstecher machen. 〜をしないで帰る geradeaus nach Haus[e] gehen*(s).

よりめ 寄り目 das Einwärtsschielen -s.

よりょく 余力 ¶十分〜がある große Kraftreserven haben*.

よりわける 選り分ける sortieren; et. sondern 《von 3格》.

よる 夜 die Nacht ⸚e. 〜遅くまで bis in die späte Nacht. 昼に〜も Tag und Nacht.

よる 因(拠)る 〔…次第である〕ab|hängen* (abhängig sein*) 《von 3格》; [基づく] beruhen 《auf 3格》. 彼の助力により mit seiner Hilfe. 新聞によれば der Zeitung nach. 噂に〜と Wie man sagt, … 豊作かどうかは天候に〜 Es kommt auf das Wetter an, ob wir eine gute Ernte haben. この火事は不注意に〜ものだ Der Brand ist auf Fahrlässigkeit zurückzuführen.

よる 寄る [近づく] sich nähern; [集まる] sich [ver]sammeln; [立ち寄る] bei jm. vorbei|kommen*(s). 港に〜 einen Hafen an|laufen*. 脇(わき)に〜 beiseite treten*(s); zur Seite rücken (s). 〜とさわると Allemal (Immer), wenn man zusammenkommt, … 寄ってたかって alle zusammen. もっとこっちへ寄れ Komm noch näher!

よる 選る [aus]wählen; aus|lesen*.

よる 縒(撚)る zwirnen.

よるひる 夜昼 〖副詞〗Tag und Nacht.

よるべ 寄る辺ない freundlos; verlassen; hilflos; verwaist.

よれよれ 〜の fadenscheinig; schäbig.

よろい 鎧 der Panzer -s, -. 〜をつける(ぬぐ) einen Panzer an|legen (ab|legen).

よろいど 鎧戸 der Laden -s, ⸚. 〜をおろす die Läden schließen*.

よろける schwanken; torkeln; taumeln.

よろこばしい 喜ばしい froh; glücklich; erfreulich; angenehm; fröhlich.

よろこばせる 喜ばせる jn. [er]freuen; jm. Freude machen (bereiten).

よろこび 喜び die Freude -n. 〜の余り vor Freude. 〜を述べる jm. Glückwünsche aus|sprechen*. 〜の色を浮かべる eine fröhliche Miene zeigen.

よろこぶ 喜ぶ sich freuen 《über 4格; an 3格》. 喜んで mit Freuden; gern.

よろしい 宜しい Gut (Schön)! それで〜 [Das] stimmt! / Gut so! / Schon gut! 君はもう帰って〜 Du darfst (kannst) gehen. これで〜ですか Geht es so?

よろしく 宜しく ¶お父様に〜 Grüßen Sie Ihren [Herrn] Vater! 彼女があなたにくれぐれも〜とのことです Sie lässt sich Ihnen bestens empfehlen.

よろずや 万屋 die Gemischtwarenhandlung -en.

よろめく taumeln.

よろよろ 弱弱〜する schwanken; wackeln. 〜した足取りで mit taumelnden Schritten.

よろん 輿論 die öffentliche Meinung. 〜に訴える sich an die Öffentlichkeit wenden*. 〜せろ.

よわい 弱い schwach; [病弱な] schwächlich; kränklich. 私は数学に〜 Die Mathematik ist meine schwache Seite. 彼はブロンドの女に〜 Er hat eine Schwäche für Blondinen.

よわき 弱気・になる verzagen (s). 〜になっていて verzagt sein*. 〜を見せる sich schwach zeigen. 〜になるな Nur nicht schwach (weich) werden!

よわごし 弱腰・である weiche Knie haben*. 〜の mürbe; weich; schwach; feig[e]. 〜な態度をとる eine schlappe Haltung an|nehmen* 《in 3格》.

よわさ 弱さ die Schwäche.

よわたり 世渡り・のうまい weltgewandt. 〜のうまい人 der Lebenskünstler.

よわね 弱音・をはく sich feig[e] zeigen. 〜をはくな Nur nicht den Mut verlieren!

よわまる 弱まる schwächer werden*(s).
よわみ 弱み・を見せる seine Schwäche zeigen. 〜を見つける bei *jm.* eine Schwäche entdecken. 〜につけこむ *js.* Schwächen aus|nutzen; bei *jm.* eine Schwachheit aus|nützen.
よわむし 弱虫 der Schwächling -s, -e; der Feigling -s, -e.
よわめる 弱める schwächen; entkräften.
よわよわしい 弱弱しい schwächlich.
よわりめ 弱り目に祟(たた)り目 Ein Unglück kommt selten allein.
よわる 弱る schwach werden*(s); → 困る.
よんとうぶん 四等分する vierteln.
よんどころない unvermeidlich; notgedrungen. → やむをえない.

ら

ラード das Schweinefett -[e]s, -e.
らい 来 ¶数年～ seit Jahren.　～春に im nächsten Frühling.
らい 癩[・病] der Aussatz -es; die Lepra.　～病の aussätzig; leprös.　～病患者 der Aussätzige#.
らいい 来意を告げる jm. die Absicht seines Besuches melden.
らいう 雷雨 das Gewitter -s, -.　～が近づいている Ein Gewitter ist im Anzug.
らいうん 雷雲 die Gewitterwolke -n.
ライオン der Löwe -n, -n.
らいかん 雷管 das Zündhütchen -s, -.
らいきゃく 来客 der Besucher -s, -; der Gast -es, ¨e.　～がある Besuch haben* (bekommen*).
らいげき 雷撃する torpedieren.
らいげつ 来月 〔副詞〕nächsten Monat.
らいさん 礼讃する verherrlichen; preisen*; lobpreisen*[・].
らいしゅう 来週 〔副詞〕nächste Woche.　～の今日 heute über acht Tage.　～の日曜日に am nächsten Sonntag.
らいしゅう 来襲 der Einfall -s, ¨e.　～する ein|fallen*(s).
らいじん 雷神 der Donnergott -es.
らいしんし 頼信紙 das Telegrammformular -s, -e.
ライス・カレー das Curry -s, -s.
らいせ 来世 das Jenseits -; das Leben nach dem Tode.
ライター das Feuerzeug -s, -e.　～の石 der Feuerstein.
らいちょう 来朝する in Japan an|kommen*(s); Japan besuchen.
らいちょう 雷鳥 das Schneehuhn -s, ¨er.
らいでん 来電 ¶ベルリン～によれば nach einem Telegramm aus Berlin.
ライト ～級 das Leichtgewicht -s.　～ヘビー級 das Leichtschwergewicht.
らいどう 雷同 ⇒付和雷同.
ライトバン der Kombiwagen -s, -; der Kombi [-s], -s.
ライトモチーフ das Leitmotiv -s, -e.
らいねん 来年 〔副詞〕nächstes Jahr.　～の今日 heute über ein Jahr.　～の頃に übers Jahr um dieselbe Zeit.
ライノタイプ die Linotype -s.
ライバル der Nebenbuhler -s, -; der Rivale -n, -n.
らいひん 来賓 der Gast -es, ¨e.　～席〔掲示〕„für Gäste".
ライブ ～で放送する live senden.　～録音 die Live-Aufnahme.　～コンサート das Live-Konzert.
ライブラリー die Bücherei -en; die Bibliothek -en.
ライフル ～銃 das Gewehr -s, -e.
ライフワーク das Lebenswerk -[e]s, -e.
らいほう 来訪・する besuchen.　～者 der Besucher; der Besuch.
ライむぎ ライ麦 der Roggen -s, -.
らいめい 雷名をとどろかす- einen großen Ruhm ernten.
らいめい 雷鳴 der Donner -s, -; der Donnerschlag -[e]s, ¨e.　～がする Es donnert.
らいらく 磊落な großzügig; offenherzig.
ライラック der Flieder -s, -; die Syringe -n; der Lilak -s, -.
らいれき 来歴 〔経歴〕der Lebenslauf -[e]s, ¨e; 〔由来〕die Herkunft.
ラウド・スピーカー der Lautsprecher -s, -.
ラウンジ der Gesellschaftsraum -[e]s, ¨e.
ラウンド 〔ボクシングなどの〕die Runde -n.
らく 楽・な behaglich; bequem; 〔簡単な〕leicht.　～に暮らす es bequem haben*; ein bequemes Leben führen.　苦痛を～にする Schmerzen erleichtern (lindern).　気が～になる sich erleichtern.　どうぞお～に Machen Sie es sich bequem!　～あれば苦あり Auf Regen folgt Sonnenschein.
らくいん 烙印 das Brandmal -[e]s, -e.　～を押す jn. (et.) brandmarken.　罪人の～を押される als Verbrecher gebrandmarkt (stigmatisiert) werden*(s受).
らくえん 楽園 das Paradies -es; das Elysium -s.
らくがき 落書 die Kritzelei -en; 〔壁などの〕Graffiti [gra'fi:ti] pl.　壁に～する an die Wand kritzeln.
らくご 落後(伍)・する zurück|bleiben*(s).　～者 der Nachzügler; der Absteiger.
らくさ 落差 das Gefälle -s, -.
らくさつ 落札 den Zuschlag erhalten*.　彼が～した Der Zuschlag erfolgte an ihn.　その絵はその最高値をつけた人が～した Das Bild wurde dem Meistbietenden zugeschlagen.
らくしょう 楽勝する mit Leichtigkeit gewinnen*; einen leichten Sieg haben*.
らくせい 落成・する vollendet werden*(s受).　～式 die Einweihung.　教会の～式を挙げる eine Kirche ein|weihen.
らくせん 落選 der Durchfall -s, ¨e.　選挙に～する bei der Wahl durch|fallen*(s).
らくだ 駱駝 das Kamel -s, -e.
らくだい 落第 der Durchfall -s, ¨e.　～する sitzen bleiben*(s).　試験に～する in (bei) der Prüfung durch|fallen*(s).　～生 der Sitzenbleiber.　彼は兵隊としては～だった Er war für den Militärdienst untauglich.
らくたん 落胆 die Entmutigung (Enttäuschung) -en.　～する den Mut verlieren*; nie-

らくちゃく 落着・する sich erledigen. これで事件は~した Die Sache ist hiermit erledigt.

らくちょう 落丁 Defekte pl. ~本 das Defektexemplar. ~がある Defekte haben*.

らくてん 楽天・家 der Optimist. ~主義 der Optimismus. ~的 optimistisch.

らくのう 酪農 die Milchwirtschaft. ~家 der Milchbauer. ~製品 Molkereiprodukte pl.

らくば 落馬する vom Pferd stürzen (s).

らくばん 落盤 der Einsturz -es, ¨e. ~する ein|stürzen (s).

ラグビー das Rugby -[s].

らくよう 落葉 der Laubfall -[e]s. ~する sich entlauben (entblättern). ~樹 der Laubbaum.

らくようしょう 落葉松 die Lärche -n.

らくらい 落雷 der Einschlag des Blitzes. 家に~した Es (Der Blitz) hat in ein Haus eingeschlagen.

らくらく 楽楽と bequem; leicht.

ラグラン der Raglan -s; der Raglanschnitt -[e]s.

ラケット der [Tennis]schläger -s, -; das Racket -s, -s. ~を振る einen Schläger handhaben.

ラジアルタイヤ der Radialreifen (Gürtelreifen) -s, -.

らしい ¶彼は私を知っている~ Er scheint mich zu kennen. 彼女は健康~ Sie sieht gesund aus. 今日は雨~ Es sieht heute nach Regen aus. それは本当~ Das ist wohl wahr. 彼はどうやらそれを忘れた~ Er hat es offenbar vergessen. 誰も家にいない~ Anscheinend ist niemand zu Hause. 彼は学者~学者だ Er ist ein Gelehrter, der diesen Namen verdient. それはいかにも彼~やり方だ Das sieht ihm ähnlich.

ラジウム das Radium -s (記号: Ra). ~を含む radiumhaltig. ~鉱泉 die Radiumquelle. ~療法 die Radiumtherapie.

ラジエーター der Heizkörper -s, -; 〔自動車の〕der Kühler -s, -.

ラジオ das Radio -s, -s; 〔放送〕der Rundfunk -s. ~を掛ける(とめる) das Radio an|stellen (ab|stellen). ~を聞く Radio hören. 歌劇を~で中継する Opern im Radio übertragen*. ~ゾンデ die Radiosonde. ~ドラマ das Hörspiel. ~ビーコン die Funkbake.

ラジカセ der Radiorekorder -s, -.

ラジカル ~ radikal.

ららしょくぶつ 裸子植物 der Nacktsamer -s, -.

ラシャ 羅紗 das Wolltuch -[e]s, ¨er.

らしんばん 羅針盤 der Kompass -es, -e.

ラスト das Ende -s, -n. ~シーン die letzte Szene. ~スパートをかける zum Endspurt an|setzen; den Endspurt an|ziehen*.

ラズベリー die Himbeere -n.

らせん 螺旋 die Spirale -n; 〔ねじ〕die Schraube -n. ~状の spiralförmig; spiralig; schraubenförmig. ~階段 die Wendeltreppe.

らたい 裸体 die Nacktheit -en. ~の nackt; bloß. ~画 der Akt. ~画のモデル das Aktmodell. ~主義 die Nacktkultur; der Nudismus. ~主義者 der Nudist.

らち 埒・が明かない keine Lösung (kein Ende) finden*; nicht voran|kommen*(s). ~もない unsinnig; töricht. 法律の~外にある außer dem Gesetz stehen*.

らち 拉致する verschleppen; mit [sich³] fort|reißen*.

らっか 落下 der Fall -es. ~する fallen*(s). ~傘 der Fallschirm. ~傘で降りる mit dem Fallschirm ab|springen*(s). ~傘部隊 die Fallschirmtruppe.

ラッカー die Lackfarbe -n.

らっかせい 落花生 die Erdnuss ¨e.

らっかん 楽観・する optimistisch sein*; et. in rosigem Licht sehen*. ~的 optimistisch.

ラッキー ~な glücklich; glückbringend. ~ボーイ das Glückskind.

らっきょう 辣韭 die Schalotte -n.

ラッコ der Seeotter -s, -.

ラッシュ・アワー die Hauptverkehrszeit (Stoßzeit) -en; die Rushhour ['rʌʃaʊə] -s.

ラッセル 〔医〕das Rasselgeräusch -es, -e. ~車 die Schneefräse.

らっぱ 喇叭 die Trompete -n. ~を吹く [die] Trompete blasen*; trompeten. ~が鳴る Die Trompete schmettert. ~手 der Trompeter. ~管 die Muttertrompete. ~飲みする direkt aus der Flasche trinken*.

ラップ die Folie -n.

ラップ・タイム die Zwischenzeit -en.

らつわん 辣腕・の tüchtig; gewandt. ~を振るう ungewöhnliche Tüchtigkeit zeigen.

ラテン ~語 das Latein -s; das Lateinische*. ~[語]の lateinisch. ~語の授業 die Lateinstunde. ~アメリカ Lateinamerika. ~文字 die Lateinschrift.

ラドン das Radon -s (記号: Rn).

ラノリン das Lanolin -s.

らば 騾馬 das Maultier -[e]s, -e.

ラブ・シーン die Liebesszene -n.

ラプソディー die Rhapsodie -n.

ラフプレー ~をする rau spielen.

ラブ・レター der Liebesbrief -[e]s, -e.

ラベル das Etikett -[e]s, -e[n] (-s); der Zettel -s, -.

ラボ das Sprachlabor -s, -s (-e).

ラマ das Lama -[s], -s. ダライ~ der Dalai-Lama. ~教 der Lamaismus.

ラミー 〔植〕die Ramie -n.

ラム ~酒 der Rum -s, -s.

ラムネ die [Brause]limonade -n.

ラリー die Rallye -s.

られつ 羅列する aneinander reihen.

らん 乱 Unruhen pl.; der Aufstand -[e]s, ¨e.

らん 蘭 die Orchidee -n.
らん 欄 [新聞の] die Sparte -n; 文芸～ das Feuilleton. 広告～ der Anzeigenteil.
らんうん 乱雲 der Nimbus -, -se.
らんおう 卵黄 der (das) [Ei]dotter -s, -.
らんがい 欄外 der Rand -es, ⸚er. ～に書き込む auf dem Rand notieren; an den Rand schreiben*. ～の注 die Randbemerkung.
らんかく 濫獲する im Raubbau gewinnen*.
らんかん 欄干 das Geländer -s, -.
らんぎょう 乱行 liederlicher Lebenswandel -s; Ausschweifungen pl.
らんきりゅう 乱気流 turbulente Luftströmung -en; die Turbulenz -en.
ランク der Rang -es, ⸚e. 第1位に～されている an erster Stelle rangieren; den ersten Rang ein|nehmen*.
らんくつ 濫掘 der Raubbau -[e]s. 石炭を～する Kohle im Raubbau gewinnen*.
らんさく 濫作 die Vielschreiberei. ～する zu viel schreiben*. ～家 der Vielschreiber; der Skribent.
らんざつ 乱雑 das Durcheinander -s. ～な unordentlich. ～にする in Unordnung bringen*; durcheinander bringen*. 机の上がひどく～だった Auf dem Tisch herrschte ein wüstes Durcheinander.
らんし 乱視 die Stabsichtigkeit; der Astigmatismus -. ～の stabsichtig; astigmatisch.
らんし 卵子 das Ovum -s, ..va.
らんしゃ 乱射する blind schießen*; drauflos|schießen*.
らんじゅく 爛熟 die Überreife. ～した überreif.
らんしん 乱心する wahnsinnig (verrückt) werden*(s).
らんせい 乱世 unruhige Zeiten pl; die Anarchie -n.
らんせい 卵生 die Oviparie. ～の ovipar; Eier legend.
らんせん 乱戦 das Handgemenge -s, -; wilder Kampf -[e]s, ⸚e; das Kampfgewühl -[e]s. ～になった Es entstand ein Handgemenge. / Es kam zum Handgemenge.
らんそう 卵巣 der Eierstock -s, ⸚e; das Ovarium -s, ..rien. ～ホルモン das Ovarialhormon.
らんぞう 濫造する planlos massenweise produzieren.

ランチ der Lunch -[s], -s (-e); 〔海〕die Barkasse -n.
らんちきさわぎ 乱痴気騒ぎをする wilde Orgien feiern.
らんちょう 乱丁本 das Defektexemplar -s, -e.
ランデブー das Rendezvous -, -. ～をする ein Rendezvous mit jm. haben*.
らんとう 乱闘 das Handgemenge -s, -. ～する sich mit jm. balgen (raufen).
らんどく 濫読する wahllos (planlos) lesen*.
ランドセル der [Schul]ranzen -s, -.
らんにゅう 乱入する ein|dringen*(s) (in 4格).
ランニング das Rennen -s, -. ～シャツ das Turnhemd.
らんぱく 卵白 das Eiweiß -es, -e.
らんばつ 濫伐 der Raubbau -[e]s. 森林を～する Raubbau mit den Forsten [be]treiben*.
らんぱつ 濫発する [rücksichtslos] im Übermaß aus|geben*.
らんはんしゃ 乱反射 unregelmäßige (diffuse) Reflexion -en.
らんぴ 濫費する verschwenden.
らんぴつ 乱筆お許しください Ich bitte Sie, meine flüchtige Feder zu entschuldigen.
らんぶ 乱舞・する wild tanzen. 狂喜する～ vor ausgelassener Freude tanzen.
ランプ die Lampe -n. ～をともす(消す) eine Lampe an|zünden (aus|löschen). ～の笠(ｶﾞｻ) der Lampenschirm. ～の心(ｼﾝ) der Lampendocht. ～のほや der Lampenzylinder.
らんぼう 乱暴・する jm. Gewalt an|tun*; Unfug treiben*. ～な gewalttätig; grob; rau. ～な言葉遣いをする grobe Worte gebrauchen. ～者 der Raufbold. 彼の運転は～だ Er fährt rücksichtslos.
らんま 乱麻 ❙快刀～を断つ den [gordischen] Knoten durch|hauen*.
らんまん 爛漫と咲く in voller Blüte stehen*.
らんみゃく 乱脈・な ordnungslos; verwirrt; verworren. ～な経営 die Misswirtschaft. あの会社の会計は～をきわめている Die Finanzlage der Gesellschaft ist in großer Unordnung.
らんよう 濫用・する missbrauchen; Missbrauch treiben* (mit 3格). 職権～ der Amtsmissbrauch.
らんりつ 乱立 ❙この選挙区では候補者が～している In diesem Wahlkreis bewerben sich zu viel Kandidaten.

り

り 利 der Vorteil -s, -e; der Gewinn -s, -e; [利子] der Zins -es, -en. 地の～を得ている günstig gelegen sein*. 戦い我に～あらず Der Kampf verlief für uns recht nachteilig. あの男は～にさとい Er ist ein berechnender Mann.

り 理 [道理] die Vernunft; [原理] das Prinzip -s, -ien. ～にかなう(かなわない) vernünftig (unvernünftig); vernunftgemäß (vernunftwidrig); sinnvoll (sinnwidrig). ～が非でも um jeden Preis. …するのは～の当然だ Es ist nur zu natürlich, dass …

リアス ～式海岸 die Riaküste (Riasküste) -n.
リアリスト der Realist -en, -en.
リアリズム der Realismus -. ～の realistisch.
リアル ～な realistisch; sachlich.
リーグ die Liga ..gen. ～戦 das Ligaspiel.
リース das Leasing -s, -s. ～で借りる leasen.
リーダー 〔指導者〕der Führer -s, -; 〔読本〕das Lesebuch -[e]s, ⸚er.
リーダーシップ die Führerschaft. ～をとる die Führerrolle übernehmen*.
リート das Lied -es, -er.
リード 〔指導〕die Führung -en; 〔スポーツの〕der Vorsprung -s, ⸚e. ～する führen; leiten. 3対1で～している mit 3 zu 1 in Führung (Front) liegen*.
リーフレット der Prospekt -[e]s, -e; das Flugblatt -[e]s, ⸚er.
リール die Spule -n; 〔フィルムの〕die [Film-] spule -n.
りいん 吏員 der Beamte#.
りえき 利益 der Vorteil -s, -e; der Nutzen -s; der Gewinn -s, -e; Belange pl. ～のある vorteilhaft; nützlich; Gewinn bringend. ～のない unvorteilhaft; nutzlos; gewinnlos. ～を得る einen Vorteil ziehen* 《aus 3格》. ～になる jm. zum Vorteil gereichen; jm. Gewinn bringen*. ～代表 die Interessenvertretung. ～配当 der Gewinnanteil.
りえん 離縁 ¶妻を～する sich von seiner Frau scheiden lassen*. ～状 der Scheidebrief.
りか 理科 die Naturkunde; 〔自然科学〕Naturwissenschaften pl.; 〔理学科〕naturwissenschaftliche Abteilung. ～大学 naturwissenschaftliche Hochschule.
りかい 理解 das Verständnis -ses 《für 4格》; die Einsicht 《für 4格》. ～する verstehen*; begreifen*. ～が早い schnell (leicht) auf|fassen. ～する 早く 理解する; begreiflich. ～のある(ない) verständnisvoll (verständnislos). それは私には～できない Das geht über meinen Verstand (meine Begriffe). / Dafür habe ich keinen Sinn. ～力 der Verstand; die Auffassung; die Fassungskraft; das Begriffsvermögen.
りがい 利害 das Interesse -s, -n. 労使間の～の対立 der Interessengegensatz zwischen Arbeit und Kapital. ～得失 Vor- und Nachteile pl.; das Pro und [das] Kontra.
りがく 理学 〔自然科学〕Naturwissenschaften pl.; 〔物理学〕die Physik. ～博士 Doktor der Naturwissenschaften (略: Dr. phil. nat.). ～部 naturwissenschaftliche Fakultät.
りかん 離間する entzweien; trennen; Zwietracht stiften (säen) 《zwischen 3格》.
りき 利器 ¶文明の～ die Bequemlichkeiten der Zivilisation.
りきがく 力学 die Dynamik; die Mechanik. 静(動)～ die Statik (Dynamik). ～的 dynamisch; mechanisch.
りきさく 力作 sehr gutes Werk -es, -e; die Glanzleistung -en.
りきし 力士 der Sumo-Ringer ['zu:mo…] -s, -.
りきせつ 力説する [nachdrücklich] betonen; unterstreichen*.
りきそう 力走 ¶彼は～した Er lief, was er nur konnte.
りきてん 力点を置く Nachdruck legen 《auf 4格》; et. betonen.
りきむ 力む 〔力を出す〕sich an|strengen; 〔威張る〕groß|tun*.
りきゅう 離宮 das Lustschloss -es, ⸚er.
リキュール der Likör -s, -e.
りきりょう 力量 die Fähigkeit -en; das Können -s. ～のある fähig; tüchtig; befähigt.
りく 陸 das Land -es. ～に auf dem Land.
りくあげ 陸揚げする landen; an Land bringen*.
りくうん 陸運 der Landtransport -s, -e.
りくかいくう 陸海空の三軍 die Truppen zu Lande, zu Wasser und in der Luft.
りくぐん 陸軍 das Heer -[e]s; die Armee -n. ～省 das Kriegsministerium. ～大臣 der Kriegsminister. ～士官学校 die Militärakademie.
りくじょう 陸上・に auf dem Land. ～競技 die Leichtathletik.
りくぞく 陸続と ununterbrochen; nacheinander.
りくち 陸地 das Land -es. ～を認める〔遠くに〕〔海〕Land sichten.
りくつ 理屈 〔道理〕die Vernunft; 〔論理〕die Logik; 〔理論〕die Theorie -n; 〔理由〕der Grund -es, ⸚e; 〔口実〕der Vorwand -es, ⸚e. ～に合った(合わない) vernünftig (unvernünftig); logisch (unlogisch). 両方に～がある Beide haben ihre Gründe. あれこれと～をつけて bald unter diesem, bald unter jenem Vorwand. 彼は～っぽい Er argumentiert gern. この映画は～抜きに面白い Der Film ist unbedingt unterhaltend. それは～の上では正しいが、実際には使えない Das ist theoretisch richtig, praktisch aber unbrauchbar.
リクライニングシート der Liegesitz -es, -e.
リクリエーション die Erholung -en. ～[のため]に zur Erholung.
りくろ 陸路[を通って] zu Lande; auf dem Landweg.
リケッチア 〔医〕Rickettsien pl.
りけん 利権 Rechte pl.; die Konzession -en.
りこ 利己[・心] der Selbstsucht. ～的 selbstsüchtig; eigennützig; egoistisch. ～主義 der Egoismus. ～主義者 der Egoist.
りこう 利口 die Klugheit. ～な klug; gescheit; 〔抜け目のない〕schlau. ～ぶった口をきく klug|reden. ～ぶる人 der Klugredner. あまり～ぶった口はきかんほうがいいよ Deine Klugheiten kannst du dir sparen.

りこう 履行 die Erfüllung. 契約(約束; 義務)を～する einen Vertrag (ein Versprechen; eine Pflicht) erfüllen. 債務を～する eine Schuld begleichen* (tilgen).

りごう 離合 ¶政界は～集散が甚だしい Politische Kreise sind stetem Wechsel unterworfen.

リコール die Abwahl. ～する ab|wählen.

りこん 離婚 die [Ehe]scheidung -en. 妻と～する sich von seiner Frau scheiden lassen*. ～を求める die Scheidung von jm. verlangen. ～届を出す die Scheidung ein|reichen. ～訴訟を起す die Scheidungsklage ein|reichen.

りさい 罹災・する von einem Unglück betroffen werden* (s受). ～者 das Opfer des Unglücks. ～地 das Katastrophengebiet.

リサイクル das Recycling -s. ～する recyceln.

リサイタル ～を開く ein Solistenkonzert geben*.

りさげ 利下げする den Zinsfuß herab|setzen.

りざや 利鞘 die Gewinnspanne -n.

りさん 離散する sich zerstreuen; auseinander gehen*(s).

りし 利子 Zinsen pl. 無～の(で) zinsfrei; unverzinslich. ～を取って(6分の～で)金を貸す Geld auf Zinsen (zu 6% Zinsen) leihen*. ～で生活している von seinen Zinsen leben. その元金には5分の～が付く Das Kapital trägt (bringt) 5% Zinsen.

りじ 理事 das Vorstandsmitglied -s, -er; der Vorstand -es, ⸚e. ～会〔会議〕die Vorstandssitzung -en. ～長 der Vorsitzende⸚.

りしゅう 履修・する studieren. ～科目 das Fach.

りじゅん 利潤 der Gewinn -s, -e. ～を生む Gewinn ab|werfen*. ～を追求する nach Gewinn streben.

りしょう 離礁する wieder flott werden*(s).

りしょく 利殖 der Gelderwerb -s. ～する sein Vermögen vermehren.

りしょくしゃ 離職者 der Arbeitslose⸚.

りす 栗鼠 das Eichhorn -s, ⸚er; das Eichhörnchen -s, -.

りすい 離水する vom Wasser los|kommen*(s); ab|wassern (s).

リスク das Risiko -s, -s (..ken). ～を冒す ein Risiko ein|gehen*(s).

リスト die Liste -n. ～を作る eine Liste《2格》an|legen. ～アップする auf|listen.

リズミカル ～な rhythmisch.

リズム der Rhythmus -, ..men.

リスリン das Glyzerin -s.

りする 利する jm. nützen; jm. nützlich sein*; 〔利用する〕benutzen.

りせい 理性 die Vernunft. ～的 vernünftig; rational. ～を失う den Verstand verlieren*. ～に訴える an js. Vernunft appellieren.

りそう 理想 das Ideal -s, -e. ～の(的) ideal. ～化する idealisieren. ～郷 das Utopia. ～主義 der Idealismus. ～主義者 der Idealist. ～主義的 idealistisch.

リゾート der Urlaubsort -[e]s, -e.

リゾール das Lysol -s.

りそく 利息 → 利子.

リターン・マッチ der Revanchekampf -s, ⸚e; das Revanchespiel -s, -e.

りたしゅぎ 利他主義 der Altruismus -. ～の altruistisch. ～者 der Altruist.

りだつ 離脱・する verlassen*; sich aus|klinken. 党を～する von der Partei ab|fallen*(s); sich von der Partei los|sagen.

りち 理知 der Verstand -s; der Intellekt -s. ～的 verständig; intelligent; intellektuell. ～的な人 der Verstandesmensch.

リチウム das Lithium -s (記号: Li).

りちぎ 律儀・な ehrlich; redlich; rechtschaffen. 彼は～な男だ Er ist eine ehrliche Haut.

りつ 率 das Verhältnis -ses, -se; der Satz -es, ⸚e; die Rate -n. 3対1の～で im Verhältnis von drei zu eins (3:1).

りつあん 立案・する den Plan《zu 3格; für 4格》auf|stellen. 文書を～する ein Schriftstück entwerfen*. ～者 der Planer; der Projektant.

りつき 利付き ¶6分の～である mit (zu) 6% verzinslich sein*. 確定～の festverzinslich.

りっきゃく 立脚・する sich gründen《auf 4格》; beruhen《auf 3格》. ～点(地) der Standpunkt.

りっきょう 陸橋 die Überführung -en.

りっけん 立憲・的 konstitutionell; verfassungsmäßig. ～君主制 die konstitutionelle Monarchie. ～政治 der Konstitutionalismus.

りっこうほ 立候補・する kandidieren《für 4格》. 大統領選挙に～する für das Amt des Präsidenten kandidieren. ～者 der Kandidat.

りっしでん 立志伝 die Biografie eines Selfmademans. 彼は～中の人だ Er gehört zu denen, die aus eigener Kraft etwas geworden sind.

りっしゅう 立秋 der erste Tag des Herbstes [nach dem Mondkalender].

りっしゅん 立春 der erste Tag des Frühlings [nach dem Mondkalender].

りっしょう 立証 die Beweisführung -en. ～する beweisen*; erweisen*.

りっしょく 立食パーティー die Stehparty -s.

りっしん 立身・出世 die Karriere -n. ～する empor|kommen*(s); Karriere machen.

りっすい 立錐 ¶会場は満員で～の余地もなかった Es konnte kein Apfel zur Erde fallen, so voll war der Saal.

りっする 律する ¶自分自身を厳しく～ streng gegen sich selbst sein*. 大人の考えで子供を～ mit Kindern nach den Gedanken der Erwachsenen verfahren*(s).

りつぜん 慄然・とする vor Schreck zittern. それを見て私は～とした Mir (Mich) schauderte bei diesem Anblick. ～として schaudernd;

りつぞう 立像 das Standbild -[e]s, -er; die Statue -n.

りったい 立体 der Körper -s, -. ～的 räumlich; dreidimensional. ～映画 der Stereofilm; dreidimensionaler Film; der 3-D-Film. ～音響効果 der Raumklang; die Stereofonie. ～幾何学 die Stereometrie. ～交差 niveaufreie Kreuzung. ～派〔絵〕der Kubismus.

りっち 立地条件がよい günstig gelegen sein*.

りつどう 律動 der Rhythmus -, ..men. ～的 rhythmisch.

リットル der Liter -s, - (略: l). 半～のミルク ein halber Liter Milch. 1.8～瓶(ﾋﾞﾝ) eine Flasche von 1,8 Liter.

りっぱ 立派・な schön; prächtig; herrlich;〔すぐれた〕vortrefflich; ausgezeichnet; exzellent. ～な家 schönes (stattliches) Haus. ～な身なりをしている gut gekleidet sein*. ～な行為 schöne Tat. ～な態度 vornehme Haltung. ～な経歴 glänzende Laufbahn. ～な人物 vortrefflicher Mensch. ～な奴 feiner Kerl. ～な業(成)績 ausgezeichnete Leistungen pl. ～な風采(ｻｲ)(の人) stattliche Erscheinung. ～な理由 guter Grund. ～な職業 ehrlicher Beruf. ～にやってのける erfolgreich zu Ende führen. ～に生計が立ってゆく sein gutes Auskommen haben*; gut leben können*. ～にそれを証明してみせる Das kann ich einwandfrei beweisen.

りっぷく 立腹 der Zorn -s; der Ärger -s; der Verdruss -es. ～する zornig werden*(s) 《über 4格》; sich ärgern 《über 4格》. ～して im Zorn.

りっぽう 立方・メートル der Kubikmeter. 27の～根を求める die Kubikwurzel aus 27 ziehen*. 8の～根は2 Die dritte Wurzel aus 8 ist 2. ～体 der Kubus; der Würfel.

りっぽう 立法 die Gesetzgebung -en. ～権 die gesetzgebende Gewalt; die Legislative. ～府 die Legislative.

りづめ 理詰め・の logisch; vernunftgemäß. ～の戦法 theoretische Taktik.

りていひょう 里程標 der Meilenstein -[e]s, -e.

りてん 利点 der Vorteil -s, -e; der Vorzug -[e]s, ⸚e.

りとく 利得 der Gewinn -s, -e; der Erwerb -[e]s, -e; der Verdienst -[e]s, -e.

リトマス der (das) Lackmus -. ～試験紙 das Lackmuspapier.

りにゅう 離乳 ¶乳児を～させる einen Säugling entwöhnen (ab|stillen). ～期 die Entwöhnungszeit.

りにょうざい 利尿剤 harntreibendes Mittel -s, -.

りねん 理念 die Idee -n.

リノリウム das Linoleum -s.

リハーサル die Probe -n.

リバイバル das Revival -s, -s; die Wiederbelebung.

りはつ 利発な klug; gescheit.

りはつ 理髪 das Frisieren -s. ～する sich frisieren lassen*. ～師 der Friseur. ～店 der Friseurladen; der Frisiersalon; der Herrensalon.

リハビリテーション die Rehabilitation -en.

りばらい 利払い die Zinszahlung -en.

りはん 離反 die Abtrünnigkeit; der Abfall -s. ～する abtrünnig werden*(s)《3格》; ab|fallen*(s)《von 3格》.

りひ 理非[曲直]を正す Recht und Unrecht [in einem Fall] untersuchen.

リビング ～ルーム das Wohnzimmer. ～キッチン die Wohnküche.

りふじん 理不尽な unvernünftig; ungerecht.

りふだ 利札 der Coupon (Kupon) -s, -s; der Zinsabschnitt -s, -e.

リフト〔スキー場などの〕der Sessellift -s, -e (-s).

リプリント der Nachdruck -s, -e; der Reprint -s, -s. →復刻.

リフレイン der Refrain -s, -s; der Kehrreim -[e]s, -e.

リベート der Rabatt -s, -e. 12パーセントの～を出す 12% Rabatt geben*.

りべつ 離別 die Trennung -en. 妻と～する sich von seiner Frau trennen.

リベット die Niete -n.

リベラリスト der Liberalist -en, -en; der Liberale*.

リベラリズム der Liberalismus -.

りほう 理法 das Gesetz -es, -e. 自然の～ das Naturgesetz.

リボン das Band -es, ⸚er.

りまわり 利回り ¶5分の～になる sich mit (zu) 5% verzinsen. ～のよい(悪い) hochverzinslich (niedrig verzinslich).

りめん 裏面 die Rückseite -n; die Kehrseite -n. 人生の～ die Kehrseite (Schattenseite) des Lebens. ～に rückseits. ～工作をする hinter den Kulissen arbeiten. ～を御覧ください Bitte wenden!

リモートコントロール die Fernlenkung -en; die Fernsteuerung -en. ～する fern|lenken; fern|steuern.

リヤカー der Fahrradanhänger -s, -.

りやく 利益 ¶神の御～で von Gottes Gnaden. 御～があった Gott hat mich (mein Gebet) erhört.

りゃくご 略語〔ストライキの類〕die Abkürzung -en (略: Abk.);〔USAの類〕das Kurzwort -[e]s, ⸚er.

りゃくごう 略号 ¶電信～ der Telegrafenschlüssel.

りゃくしき 略式・の unförmlich. ～命令 der Strafbefehl. ～手続 das Strafbefehlsverfahren.

りゃくじゅつ 略述する umreißen*; in groben Umrissen dar|stellen; skizzieren; kurz

りゃくしゅう 略称 →略語. NHK と~する kurz NHK nennen*.
りゃくす 略す〔縮める〕ab|kürzen;〔省く〕aus|-lassen*. 略して kurz.
りゃくず 略図 die Umrisszeichnung -en; die Skizze -n;〔地図の〕die Umrisskarte -n.
りゃくだつ 略奪 der Raub -es; die Plünderung -en. ~する jm. et. rauben;〔都市など を〕plündern. ~者 der Räuber; der Plünderer. ~品 die Beute.
りゃくでん 略伝 kurze Biografie -n; der Lebensabriss -es, -e.
りゃくれき 略歴 der Lebensabriss -es, -e.
りゃっき 略記 →略述.
りゅう 流〔流派〕die Schule -n;〔流儀〕der Stil -[e]s, -e; die Art. ピカソ〜の絵を描く in der Art (im Stil) von Picasso malen. 二〜作家 ein Schriftsteller zweiten Ranges (zweiter Klasse).
りゅう 龍 der Drache -n, -n.
りゅう 理由 der Grund -es, ̈-e; die Ursache -n;〔口実〕der Vorwand -es, ̈-e. ~を挙げる den Grund an|geben* 〔für 4 格〕. どういう〜で aus welchem Grund; aus welcher Ursache; warum. 健康上の〜で aus gesundheitlichen Gründen. 単に…という〜で aus dem einfachen Grund, weil … なんの〜もなく ohne jeden Grund; ohne alle Ursache. 〜のない grundlos; unbegründet. …と信ずべき 〜がある Es besteht Grund zu der Annahme, dass … これが私の外出しない〜だ Das ist die Ursache, warum ich nicht ausgehe. 私 には苦情を言う十分な〜がある Ich habe allen Grund (alle Ursache), mich zu beklagen. 病気を〜にして unter dem Vorwand der Krankheit. 〜書 die Rechtfertigungsschrift.
りゅうあん 硫安 das Ammoniumsulfat -s, -e.
りゅうい 留意・する in Acht nehmen*. ~しな い außer Acht lassen*; nicht beachten.
りゅういき 流域 das Flussgebiet -s, -e.
りゅういん 溜飲が下がった Meine Rache ist befriedigt.
りゅうか 硫化・物 das Sulfid; die Schwefelverbindung. ~水素 der Wasserstoffsulfid; der Schwefelwasserstoff. ~銀 das Silbersulfid.
りゅうかい 流会 ¶会議は~になった Die Sitzung wurde abgesagt.
りゅうがく 留学 das Studium im Ausland. ~する im Ausland studieren. ~生 ausländischer Student.
りゅうかん 流感 die Grippe -n; die Influenza.
りゅうき 隆起 die Hebung -en. ~する sich heben*.
りゅうぎ 流儀 der Stil -[e]s, -e; die Art; die Weise -n; die Manier;〔流派〕die Schule -n. これが私の~だ Das ist so meine Art.

りゅうけい 流刑 die Verbannung (Deportation) -en. 〜に処する verbannen; deportieren. 〜者 der Verbannte#; der Deportierte#. 〜地 der Verbannungsort; die Strafkolonie.
りゅうけつ 流血〔の惨事〕das Blutvergießen -s.
りゅうげん 流言・飛〔蜚〕語 falsches (unbegründetes) Gerücht. 〜を放つ ein Gerücht verbreiten. 馬鹿げった〜が行われている Die törichtsten Gerüchte laufen um.
りゅうこう 流行 die Mode -n;〔人気〕die Beliebtheit;〔景気などの〕die Überhandnahme. ~の modisch; beliebt. 〜する Mode sein*;〔人気がある〕sehr beliebt sein*;〔病気な どが〕überhand nehmen*; herrschen; sich verbreiten. 〜させる in Mode bringen*. 〜に なる Mode werden*(s); in Mode kommen* (s). 〜遅れである(になる) aus der Mode sein* (kommen*(s)). 〜遅れの altmodisch. 〜を 追う mit (nach) der Mode gehen*(s). 〜を 追う女 die Modedame. 最新〜の服装をする sich nach der neuesten Mode kleiden. 〜 歌 der Schlager. 〜歌手 der Schlagersänger. 〜語 der Modeausdruck; das Modewort. 〜作家 der Modeschriftsteller. 〜性 の epidemisch. 〜性感冒 →流感. 〜病 die Epidemie; die Seuche.
りゅうこつ 龍骨 der Kiel -s, -e.
りゅうさ 流砂 der Treibsand -[e]s.
りゅうさん 硫酸 die Schwefelsäure. 〜アン モニウム das Ammoniumsulfat. 〜紙 das Pergamentpapier.
りゅうざん 流産 die Fehlgeburt -en; der Abort -s, -e. 〜する eine Fehlgeburt haben*; abortieren. 組閣はまたもや〜に終った Die Bildung des Kabinetts ist wieder misslungen.
りゅうさんだん 榴霰弾 das Schrapnell -s, -e(-s).
りゅうし 粒子 das Korpuskel -s, -n. ~線 Korpuskularstrahlen pl.
りゅうしつ 流失 ¶大水で橋が〜した Die Fluten haben die Brücke weggerissen.
りゅうしゅつ 流出 der Ausfluss -es. 資本の 国外〜 der Abfluss des Kapitals ins Ausland. 〜する ab|fließen*(s); aus|strömen (s). 資本 が国外へ〜する Das Kapital fließt ins Ausland ab.
りゅうじょう 粒状の körnig; granulös.
りゅうず 龍頭〔時計の〕die Krone -n.
りゅうすい 流水 fließendes Wasser -s.
りゅうせい 流星 die Sternschnuppe -n; der Meteor -s, -e.
りゅうせい 隆盛 das Gedeihen -s; die Blüte; der Aufschwung -s, ̈-e. 〜におもむく auf|-blühen (s). 〜を極める eine hohe Blüte erreichen.
りゅうぜつらん 龍舌蘭 die Agave -n.
りゅうせん 流線 die Stromlinie -n. ~型 die Stromlinienform. ~型の stromlinien-

りゅうたい 流体 die Flüssigkeit -en. ～力学 die Hydrodynamik; die Hydromechanik.

りゅうだん 流弾 verirrte Kugel -n.

りゅうだん 榴弾 die Granate -n. ～砲 die Haubitze.

りゅうち 留置 die Haft; die Inhaftnahme -n. ～する in Haft (Gewahrsam) nehmen*; inhaftieren. ～場 das Haftlokal.

りゅうちょう 流暢・な fließend; geläufig. ～にドイツ語を話す fließend (geläufig) Deutsch sprechen*. ～なフランス語で in geläufigem Französisch.

りゅうつう 流通〔貨幣の〕 der Umlauf -[e]s; die Zirkulation -en. 空気の～ die Ventilation; die Lüftung. ～する um|laufen*(s); zirkulieren (s; h). ～させる in Umlauf bringen*. 空気の～が悪い schlecht durchlüftet sein*. ～機構 das Vertriebssystem.

りゅうと ～した身なりをしている fein gekleidet sein*.

りゅうどう 流動・する fließen*(s). ～資本 flüssiges Kapital. ～資産 das Umlaufvermögen. ～食 flüssige Nahrung. ～的な fließend.

りゅうとうだび 龍頭蛇尾 ¶その雄大な計画は～に終った Das großartige Vorhaben ist im Sand verlaufen.

りゅうにゅう 流入 der Zufluss -es. 外資の～ der Zufluss von ausländischem Kapital. ～する zu|fließen*(s)《3格》.

りゅうにん 留任する im Amt bleiben*(s).

りゅうねん 留年する sitzen bleiben*(s).

りゅうのう 龍脳 der Borneokampfer -s.

りゅうは 流派 die Schule -n.

りゅうびじゅつ 隆鼻術 die Rhinoplastik -en.

りゅうひょう 流氷 das Treibeis -es.

りゅうほ 留保 der Vorbehalt -s, -e. ～する sich³ vor|behalten*. 一切の権利を～して unter Vorbehalt aller Rechte. 私は決定を明日まで～した Ich habe mir die Entscheidung bis morgen vorbehalten.

りゅうぼく 流木 das Treibholz -es.

リューマチ der Rheumatismus -, ..men; das Rheuma -s. ～をわずらう an Rheumatismus leiden*. ～患者 der Rheumatiker.

りゅうよう 流用する et. verwenden[*] (benutzen)《für 4格; zu 3格》.

りゅうりゅう 隆隆・たる筋肉 das Muskelpaket. 筋肉～たる男 der Muskelmann. ～とした muskulös. 社運～である Das Geschäft ist gut in Schwung.

りゅうりゅうしんく 粒粒辛苦・する sich³ sehr viel Mühe geben*《um 4格; mit 3格》. ～して mit großer Mühe.

りゅうりょう 流量 der Ausfluss -es, ⸚e. ～計 der Durchflussmesser.

りゅうれい 流麗な文体 flüssiger Stil -[e]s.

りゅうろ 流露 die Ausströmung; die Emanation -en. ～する von jm. aus|strömen(s). 真情の～した手紙 ein Brief voll tiefen Gefühls.

リュックサック der Rucksack -[e]s, ⸚e.

りょう 両 beide; die zwei.

りょう 良〔評点〕befriedigend.

りょう 猟 die Jagd -en. ～をする jagen. ～に行く auf die Jagd gehen*(s). 大～である [auf der Jagd] reiche Beute machen.

りょう 陵 kaiserliche Grabstätte -n; das Mausoleum -s, ..leen.

りょう 涼を取る frische (kühle) Luft genießen*.

りょう 量 die Quantität -en; die Menge -n; das Volumen -s, -; 〖数〗die Größe -n. ～的に quantitativ. ～より質 Qualität geht vor Quantität / Nicht die Quantität, sondern die Qualität entscheidet. 酒の～を過す unmäßig trinken*.

りょう 稜 die Kante -n.

りょう 領〔領土〕das Gebiet -[e]s, -e; das Territorium -s, ..rien.

りょう 漁 der Fischfang -s; die Fischerei. ～をする fischen. ～に出る auf Fischfang gehen*(s); zum Fischfang aus|ziehen*(s).

りょう 寮 das Studentenheim -s, -e;〔寄宿舎〕das Internat -s, -e;〔社員などの〕das Angestelltenheim -s, -e.

りょう 諒とする zu|gestehen*; an|erkennen*.

りよう 利用 die Benutzung -en; die Verwertung -en. ～する benutzen (benützen); verwerten; nutzbar machen; sich³ et. zunutze machen. 機会を～する die [günstige] Gelegenheit benutzen. 廃物を～する Abfälle verwerten. 原子力を～する die Atomenergie nutzbar machen. 彼女は彼の弱点を～する Sie nutzt sich seine Schwäche zunutze. 彼は気のいい彼の友人を散散に～した Er nützte seinen gutmütigen Freund tüchtig aus. 彼はあらゆるものを～するすべを心得ている Er versteht aus allem Nutzen zu ziehen. ～価値 der Nutzwert. ～者 der [Be]nutzer.

りよう 俚謡 das Volkslied -[e]s, -er.

りょういき 領域 das Gebiet -[e]s, -e; der Bereich -[e]s, -e.

りょういん 両院 die beiden Häuser pl. ～議員 die Mitglieder beider Häuser.

りょうえん 良縁を結ぶ eine gute Partie machen.

りょうか 良家・の娘 ein Mädchen aus gutem Haus[e]. ～の出である aus guter Familie sein*.

りょうか 良貨 gutes Geld -es. ⇆悪貨.

りょうが 凌駕する jn. übertreffen* 《an (in) 3格》.

りょうかい 領海 das Küstenmeer -[e]s, -e; das Territorialgewässer -s, -.

りょうかい 了(諒)解 das Einverständnis -ses. ～がつく sich mit jm. verständigen《über 4格》. ～する einverstanden sein*《mit 3格》;〔理解する〕verstehen*. ～! Ver-

standen! / Ich verstehe. / Okay! 我我の間に暗黙の~があった Es herrschte stillschweigendes Einverständnis zwischen uns.
りょうがえ 両替 der Geldwechsel -s. ~する Geld wechseln. 1000円札を~してくれませんか Können Sie mir einen 1 000-Yen-Schein wechseln (klein machen)? ドルをユーロに~する Dollars in Euro um|tauschen (wechseln). ~店 die Wechselstube.
りょうがわ 両側・に auf beiden Seiten. ~の doppelseitig.
りょうかん ं感のある massiv; wuchtig.
りょうがん 両岸 auf beiden Ufern; beiderseits des Flusses.
りょうき 猟奇・的 abenteuerlich; grotesk. ~趣味 die Sucht nach Groteskem (Bizarrem). ~小説 [grotesker] Abenteuerroman (Schauerroman).
りょうき 猟期 die Jagdzeit -en.
りょうき 漁期 die Fischzeit -en.
りょうきょく 両極 die beiden Pole pl.
りょうぎり 両切り die Zigarette ohne Mundstück.
りょうきん 料金 die Gebühr -en. 電話~ Fernsprechgebühren pl. 水道~ das Wassergeld. ~表 der Tarif. ~所 [有料道路の] die Mautstelle.
りょうくう 領空 der Luftraum -[e]s, ⸚e. ~を侵犯する den Luftraum verletzen.
りょうけい 菱形 der Rhombus -, ..ben; die Raute -n. ~の rhombisch; rautenförmig.
りょうけい 量刑 die Strafzumessung.
りょうけん 了見 [考え] der Gedanke -ns, -n; [根性] die Gesinnung -en. 悪い~を起す auf unrechte Gedanken kommen*(s). ~が狭い engherzig (engstirnig) sein*. ~を叩き直す jm. den Kopf zurecht|setzen (zurecht|rücken). それは君の~に任せる Ich überlasse es deinem Belieben. 君は~違いをしている Sie irren sich. / Sie haben Unrecht.
りょうけん 猟犬 der Jagdhund -[e]s, -e.
りょうげん 燎原の火のごとく広がる sich wie ein Lauffeuer verbreiten.
りょうこう 良好・な gut. 病気は経過~である Die Krankheit nimmt einen glücklichen Verlauf.
りょうさいけんぼ 良妻賢母 eine gute Frau und weise Mutter.
りょうさん 量産 die Massenproduktion -en. ~する in Massen produzieren (erzeugen).
りょうし 猟師 der Jäger -s, -.
りょうし 量子 das Quant -s, -en. ~論 die Quantentheorie. ~力学 die Quantenmechanik.
りょうし 漁師 der Fischer -s, -.
りょうじ 領事 der Konsul -s, -n. ~館 das Konsulat. ~館員 der Konsularbeamte#.
りょうじ 療治 一治療.
りょうしき 良識がある einen gesunden Menschenverstand haben*.
りょうしつ 良質の von guter Qualität; gut.
りょうしゃ 両者 beide; beides.
りょうしゅ 領主 der Lehnsherr -n, -en; der Fürst -en, -en.
りょうしゅう 領収 der Empfang -s. ~する empfangen*. ~書 die Quittung; die Empfangsbescheinigung. 1000円の~証を出す jm. eine Quittung über 1 000 Yen aus|stellen; jm. über 1 000 Yen quittieren. 上記金額正に~しました Betrag dankend erhalten.
りょうしゅう 領袖 der Führer -s, -.
りょうじゅう 猟銃 die Jagdflinte -n.
りょうしょう 了(諒)承 das Einverständnis -ses. ~する einverstanden sein*(s) 《mit 3格》; ein|willigen 《in 4格》. 一了解.
りょうしょく 糧食 der Proviant -s; Lebensmittel pl.
りょうじょく 凌辱する beleidigen; [女を] schänden.
りょうしん 両親 Eltern pl. ~の elterlich.
りょうしん 良心 das Gewissen -s, -. ~的 gewissenhaft. ~のない gewissenlos. ~に従って(そいて) nach bestem (wider besseres) [Wissen und] Gewissen. ~に恥じるところなく mit gutem Gewissen. ~にやましいところがある(ない) ein schlechtes (gutes) Gewissen haben*. ~の命ずるところに従う der Stimme (dem Ruf) des Gewissens folgen (s). ~の呵責(かしゃく)を受ける Mich plagt mein Gewissen. / Ich habe Gewissensbisse.
りょうすいけい 量水計 der Wassermesser -s, -.
りょうする 領する herrschen 《über 4格》. 一領有.
りょうせい 両性・花 zweigeschlechtige Blüte. ~生殖 die Amphigonie. ~化合物 amphotere Verbindung.
りょうせい 両棲・動物 die Amphibie. ~類 Amphibien pl.; Lurche pl.
りょうせい 寮生 der Internatsschüler -s, -; der Interne#.
りょうせん 稜線 die Kammlinie -n.
りょうぞく 良俗に反する gegen die gute Sitte verstoßen*.
りょうたん 両端 beide Enden pl.
りょうち 領地 一領土; [封土] das Lehen -s, -.
りょうて 両手 die beiden Hände pl. ~を広げて歓迎する jn. mit offenen Armen auf|nehmen* (empfangen*).
りょうてい 量定 ¶刑の~ die Strafzumessung. 刑の~をする eine Strafe zu|messen*.
りょうてき 量的 quantitativ.
りょうてんびん 両天秤をかける ein doppeltes Spiel spielen.
りょうど 領土 das [Staats]gebiet -[e]s, -e; das Territorium -s, ..rien; die Besitzung -en. ~問題 territoriale Fragen pl.
りょうどう 糧道を断つ jm. die Zufuhr ab|schneiden*.
りょうどうたい 良導体 guter Leiter -s, -.

りょうとうろんぽう 両刀論法 das Dilemma -s, -s (-ta).
りょうとう 両刃の zweischneidig. → 諸刃.
りょうば 猟場 der Jagdgrund -[e]s, ⸚e; der Jagdbezirk -s, -e.
りょうひ 良否 die Qualität -en; die Güte; 〔当否〕Recht und Unrecht.
りょうびらき 両開き戸 die Flügeltür -en.
りょうふう 良風 gute Sitte -n. → 良俗.
りょうぶん 領分 das Gebiet -[e]s, -e; das Revier -s, -e. それは私の〜外だ Das fällt (gehört) nicht in meinen Bereich.
りょうほう 両方 beide; beides. りんご? それとも梨(な)? 〜とも! Apfel oder Birne?—Alle beide! この本は〜とも気に入らない Keines von beiden Büchern gefällt mir. 〜とも可能だ Beides ist möglich.
りょうほう 療法 die Heilmethode -n; die Therapie -n. 温泉〜 die Badekur.
りょうまつ 糧秣 die Verpflegung -en; der Proviant -s.
りょうみん 良民 friedliche (gute) Bürger pl.
りょうめ 量目・不足 das Untergewicht -s. 〜不足の untergewichtig. 〜をごまかす et. zu wenig wiegen*.
りょうめん 両面 beide Seiten pl. 〜の doppelseitig. 人生の〜 die Licht- und Schattenseiten des Lebens.
りょうやく 良薬は口に苦(にが)し Bitter dem Mund, dem Magen gesund.
りょうゆう 両雄 die beiden Helden pl. 並び立たず Zwei harte Steine mahlen selten reine.
りょうゆう 僚友 der Kollege -n, -n; der Kamerad -en, -en.
りょうゆう 領有する besitzen*; im Besitz 《2格; von 3格》sein*.
りょうよう 療養 die Kur -en. 〜をする eine Kur machen. 那須温泉へ〜に行く zur Kur nach Bad Nasu gehen*(s). 〜所 die Kuranstalt; das Sanatorium. 〜費 Kurkosten pl.
りょうり 料理 das Kochen -s; 〔料理品〕die Speise -n; das Gericht -[e]s, -e. 日本(肉)〜 japanische (kalte) Küche. 〜する kochen; 〔処理する〕erledigen; fertig werden* (s) 《mit 3格》. 〜を作る eine Speise zu|bereiten. 彼女は〜が上手だ Sie kocht gut. 〜人 der Koch. 〜場 die Küche. 〜屋 das Restaurant.
りょうりつ 両立・する sich vertragen* 《mit 3格》. 〜しない unvereinbar. この両者は〜し得ない Diese beiden Dinge lassen sich nicht miteinander vereinigen.
りょうりょう 両相俟(あい)って beide zusammen.
りょうりょう 寥寥たる〔数が少ない〕wenig; selten; 〔物寂しい〕einsam.
りょかく 旅客 der Fahrgast -[e]s, ⸚e; der Passagier -s, -e. 〜機 das Passagierflugzeug.
りょかん 旅館 der Gasthof -s, ⸚e; das Hotel -s, -s. 〜に泊まる in einem Hotel übernachten.
りよく 利欲 die Gewinnsucht; die Profitgier.
りょくいん 緑陰 im Schatten der Bäume.
りょくぎょく 緑玉 → エメラルド.
りょくち 緑地 die [Grün]anlage -n; der Grünplatz -es, ⸚e. 〜帯 der Grüngürtel.
りょくちゃ 緑茶 grüner Tee -s.
りょくないしょう 緑内障 grüner Star -s; das Glaukom -s, -e.
りょくひ 緑肥 die Gründung -s.
りょくや 緑野 grüne Felder pl. 〜を散歩する im Grünen lustwandeln (s; h).
りょけん 旅券 der [Reise]pass -es, ⸚e. 〜を申請する einen Pass beantragen. 〜を交付する jm. einen Pass aus|stellen. 〜の交付を受ける einen Pass ausgestellt bekommen*. 〜を更新してもらう einen Pass erneuern lassen*.
りょこう 旅行 die Reise -n; die Tour -en. 徒歩〜 die Fußreise; die Wanderung. 〜する reisen (s); eine Reise machen. イタリアへ(外国へ)〜する nach Italien (ins Ausland) reisen (s). ヨーロッパじゅうを〜する durch ganz Europa reisen (s). 徒歩で(船で, 鉄道で, 自動車で)〜する zu Fuß (mit dem Schiff; mit der Eisenbahn; mit dem Auto) reisen (s). 一人で(二人で)〜する allein (zu zweien; in Gesellschaft) reisen (s). 〜に出掛ける auf die Reise (auf Tour) gehen*(s). 〜中である auf der Reise sein*. 〜の準備をする eine Reise vor|bereiten. 〜案内 das Reisehandbuch; der Reiseführer. 〜案内所 das Reisebüro. 〜かばん die Reisetasche. 〜記 die Reisebeschreibung. 〜シーズン die Reisezeit. 〜先 auf der Reise. 〜者 der Reisende*.
りょじょう 旅情を慰める jm. die Einsamkeit auf der Reise vergessen lassen*.
りょそう 旅装・を整える sich reisefertig machen. 〜を解く die Reisekleidung ab|legen.
りょだん 旅団 die Brigade -n. 〜長 der Brigadier.
りょっか 緑化 ¶町を〜する Straßen mit Bäumen bepflanzen.
りょてい 旅程 der Reiseplan -[e]s, ⸚e.
りょひ 旅費 Reisekosten pl.; das Reisegeld -[e]s, -er.
リラ〔イタリアの旧通貨単位〕die Lira Lire (略: L.); 【植】→ ライラック.
リラックス・する(して) entspannt.
りりく 離陸する ab|fliegen*(s); starten (s).
りりしい 凛凛しい männlich; tapfer.
リリシズム der Lyrismus -.
りりつ 利率 der Zinssatz (Zinsfuß) -es, ⸚e.
リレー der Staffellauf -[e]s, ⸚e; 〔水泳〕das Staffelschwimmen -s. 〜チーム die Staffel. 400メートル〜 der 4×100 m-Staffellauf. バケツを〜する eine Eimerkette bilden.
りれき 履歴 der Lebenslauf -[e]s, ⸚e; die Lebensbahn -en. 〜書 der Lebenslauf.

りろ 理路・整然としている ganz logisch (folgerichtig) sein*. ～整然と述べる zusammenhängend erzählen.
りろん 理論 die Theorie -n. ～的(上の) theoretisch. ～を立てる eine Theorie auf|stellen. ～と実際とは別だ Theorie und Praxis ist zweierlei. ～家 der Theoretiker. ～物理学 theoretische Physik.
りん 鈴 die Klingel -n. ～を鳴らす klingeln. ～を鳴らして召使を呼ぶ [nach] dem Diener klingeln. ～が鳴った Es hat geklingelt. → 呼び鈴
りん 燐 der Phosphor -s (記号：P).
りんか 輪禍に会う von einem Auto überfahren werden*(を受); einen Verkehrsunfall erleiden*.
りんか 隣家 das Nachbarhaus (Nebenhaus) -es, ⸚er.
りんかい 臨界・温度 kritische Temperatur. ～点に達する kritisch werden*(s).
りんかい 臨海・学校 die Ferienkolonie an der See. ～実験所 das Strandlaboratorium.
りんかいせき 燐灰石 der Apatit -s, -e.
りんかいど 燐灰土 der Phosphorit -s, -e.
りんかく 輪郭 der Umriss -es, -e; die Kontur -en. ～のはっきりした scharf umrissen. ～を描く(述べる) et. in Umrissen zeichnen (dar|stellen).
りんがく 林学 die Forstwissenschaft; die Forstkunde.
りんかん 林間学校 die Ferienkolonie auf dem Land; das Schullandheim -s, -e.
りんきおうへん 臨機応変・に je nach Gelegenheit; je nach den Umständen. ～の措置をとる seine Maßregeln je nach den Umständen treffen*.
りんぎょう 林業 die Forstwirtschaft.
りんきん 淋菌 der Gonokokkus -, ..kokken.
リンク [スケート場] die Eisbahn -en.
リング [輪; 指輪; ボクシングの] der Ring -es, -e.
りんげつ 臨月 ¶彼女は～だ Sie ist ihrer Entbindung nahe. / Ihre Zeit ist gekommen.
リンゲル ～注射 die Einspritzung der Ringer-Lösung.
りんけん 臨検 die Visitation (Durchsuchung) -en. ～する visitieren; durchsuchen.
りんご 林檎 der Apfel -s, ⸚. ～の木 der Apfelbaum. ～酒 der Apfelwein.
りんこう 輪講する der Reihe nach vor|lesen*.
りんこう 燐光 die Phosphoreszenz. ～を発する phosphoreszieren.
りんこう 燐鉱 der Phosphorit -s, -e.
りんこうえき 臨港線 die Hafenbahn -en.
りんごく 隣国 das Nachbarland -[e]s, ⸚er.
りんさく 輪作 die [Frucht]wechselwirtschaft; die Fruchtfolge -n.
りんさん 燐酸 die Phosphorsäure. ～カルシウム das Kalziumphosphat. ～肥料 der Phosphatdünger.
りんさんぶつ 林産物 forstliches Produkt -[e]s, -e.

りんじ 臨時・の〔特別の〕außerordentlich; extraordinär; Extra-; Sonder-; 〔一時の〕vorläufig; provisorisch; 〔折にふれての〕gelegentlich. ～に extra; außerordentlich; 〔間に合わせに〕aushilfsweise. ～議会 die außerordentliche Session des Parlaments. ～試験 die Sonderprüfung. ～の仕事 die Gelegenheitsarbeit. ～収入 das Nebeneinkommen. ～政府 provisorische Regierung. ～費 Extraausgaben pl. ～雇い die Aushilfe; der Gelegenheitsarbeiter. ～雇いの unständig. ～列車 der Sonderzug. ～ニュース die Sondermeldung.
りんしつ 隣室 das Nebenzimmer -s, -.
りんじゅう 臨終 die Todesstunde; seine letzte Stunde. ～に in der Todesstunde. ～の床で auf dem Sterbebett.
りんしょう 輪唱 der Gesellschaftskanon -s, -s.
りんしょう 臨床・の klinisch. ～医学 klinische Medizin. ～家 der Kliniker. ～講義 die Klinik. ～実習をする famulieren.
りんじょうかん 臨場感 ¶この描写は～がある Man fühlt sich selbst in die Darstellung hineinversetzt.
りんしょく 吝嗇 der Geiz -es; die Knauserei -en. ～な geizig; knauserig; filzig. ～漢 der Geizhals; der Knauser; der Filz.
りんしるい 鱗翅類 Schmetterlinge pl.
りんじん 隣人 der Nachbar -n(-s), -n. ～愛 die Nächstenliebe.
りんず 綸子 gemusterter Satin -s, -s.
りんせき 臨席する bei|wohnen (3格); anwesend (gegenwärtig) sein* (bei 3格).
りんせつ 隣接・する an|grenzen (an|stoßen*) (an 4格). ～の angrenzend; anstoßend; benachbart. ～して nebenan. ～科学 Nachbarwissenschaften pl.
リンチ die Lynchjustiz. ～を加える an jm. Lynchjustiz üben; jn. lynchen.
りんてんき 輪転機 die Rotations[druck]-maschine -n.
りんどう 龍胆〔植〕der Enzian -s, -e.
りんどく 輪読する abwechselnd lesen*; in einem Lesekreis lesen*.
りんね 輪廻 die Seelenwanderung -en; die Metempsychose -n.
リンネル das Leinen -s, -. ～の leinen.
リンパ 淋巴・液 die Lymphe. ～腺 die Lymphdrüse. ～節炎 die Lymphadenitis. ～管 das Lymphgefäß.
りんばん 輪番に(制で) der Reihe nach; abwechselnd.
りんびょう 淋病 die Gonorrhö -en; der Tripper -s, -.
りんぶ 輪舞・曲〕der Reigen -s, -; der Rundtanz -es, ⸚. ～する einen Reigen tanzen.
りんぷん 鱗粉 die Schuppe -n.
りんや 林野 Wald und Feld. ～庁 das Amt für Forstwirtschaft.

りんり 倫理 die Moral; die Sittlichkeit. ～的 moralisch; sittlich; ethisch. ～学 die Ethik; die Sittenlehre. ～学者 der Ethiker.

りんりつ 林立・する dicht nebeneinander stehen*. 港内にはマストが～していた Wir erblickten im Hafen einen Wald von Masten.

りんりん kling, klang! ～と鳴る klingeln. ～鳴る音 der Klingklang.

りんりん 凛凛 ¶勇気～ muterfüllt.

る

るい 累を及ぼす jn. (et.) in Mitleidenschaft ziehen*.

るい 塁〔堡塁〕 der Wall -[e]s, ̈e;〔野球〕das Mal -[e]s, -e. …の～を摩す fast gleich|kommen*(s) (3格); gewechsen sein* (3格).

るい 類 die Art -en; die Sorte -n; die Gattung -en. ～のない beispiellos; ohne Beispiel; unvergleichlich; ohnegleichen. この業績は他に～がない Diese Leistung ist ohnegleichen (einzig in seiner Art). ～は友を呼ぶ Gleich und Gleich gesellt sich gern.

るいえん 類縁〔関係〕 die Verwandtschaft -en.

るいか 累加 → 累積.

るいがいねん 類概念 der Gattungsbegriff -s, -e.

るいけい 累計 der Gesamtbetrag -s, ̈e. ～する zusammen|zählen. 寄付金は～10万円に達した Die Beisteuern betrugen im Ganzen 100 000 Yen.

るいけい 類型 der Typ -s, -en. ～的 typisch.

るいご 類語 das Synonym -s, -e (-a); sinnverwandtes Wort -es, ̈er.

るいじ 類似 die Ähnlichkeit (Verwandtschaft) -en; die Analogie -n. ～の ähnlich; verwandt; analog. ～する ähnlich (verwandt; analog) sein* (3格).

るいしょ 類書 Bücher von gleicher Art.

るいしょう 類焼 ¶隣の家が～した Das Nachbarhaus hat auch Feuer gefangen.

るいしょう 累乗する potenzieren.

るいしん 累進・する Schritt für Schritt in eine höhere Stelle auf|rücken (s). ～的 progressiv. ～税 die Progressivsteuer.

るいじんえん 類人猿 der Anthropoid -en, -en; der Menschenaffe -n, -n.

るいすい 類推 die Analogieschluss -es, ̈e; die Analogie -n. ～する et. nach [der] Analogie schließen*.

るいする 類する ähnlich sein* (3格). その他これに～こと und dergleichen (略: u. dgl.). 他に～ものがない → 類.

るいせき 累積 die Anhäufung -en; die Kumulation -en. ～する sich an|häufen; [sich] kumulieren. ～赤字 kumulatives Defizit.

るいせん 涙腺 die Tränendrüse -n.

るいぞう 累増する sich nach und nach vermehren.

るいはん 累犯 der Rückfall -[e]s, ̈e; die Rückfallkriminalität. ～者 der Rückfalltäter. ～の殺人犯人 mehrfacher Mörder.

るいへき 塁壁 der Wall -[e]s, ̈e.

るいべつ 類別する klassifizieren; klassieren; in (nach) Gattungen ein|teilen.

るいるい 累累と haufenweise; in Haufen.

るいれい 類例 der Gleichfall -s, -e; ähnlicher Fall -es, ̈e. ～のない → 類.

るいれき 瘰癧 die Skrofulose -n.

ルージュ 〔口紅〕 das Rouge -s, -s;〔棒状の〕der Lippenstift -[e]s, -e.

ルーズ ～な nachlässig; locker.

ルーズリーフ lose Blätter pl.

ルート die Route -n; der Weg -es, -e;〔平方根〕die Wurzel -n.

ルーブル〔ロシアの通貨単位〕der Rubel -s, -（略: Rbl).

ルーペ die Lupe -n.

ルーマニア Rumänien. ～の rumänisch. ～人 der Rumäne.

ルール die Regel -n. ～を守る Regeln befolgen. ～に反する gegen Regeln verstoßen*.

ルーレット das Roulett -s, -e (-s).

ルクス〔照度の単位〕das Lux -, -（記号: lx).

るけい 流刑 → りゅうけい.

るざい 流罪 → りゅうけい.

るす 留守 die Abwesenheit. ～中に während meiner Abwesenheit. ～である nicht zu Hause sein*. 今晩(1週間)～にします Ich gehe heute Abend aus (Ich bleibe eine Woche aus). 彼は～番だ Er muss das Haus hüten. ～番電話 der Anrufbeantworter.

るつぼ 坩堝 der Schmelztiegel -s, -. 人種の～ der Schmelztiegel der Völker und der Rassen.

るてん 流転 ¶万物は～する Alles fließt (wandelt sich). / panta rhei.

るにん 流人 der Verbannte* (Deportierte*).

ルネッサンス die Renaissance.

ルビ → 振り仮名.

ルビー der Rubin -s, -e.

るふ 流布する um|laufen*(s); zirkulieren(s);〔広まる〕sich verbreiten.

ルポライター der Reporter -s, -.

ルポルタージュ die Reportage -n.

るり 瑠璃 der Lasurstein -[e]s, -e. ～色の lapisblau.

るる 縷縷と ausführlich; umständlich.

ろう 流浪・する wandern (s); umher|ziehen* (s); umher|schweifen (s). 我我は～の民だ Wir sind moderne Nomaden.

ルンバ die Rumba -s.

ルンペン der Penner -s, -.

れ

れい 礼・をする jn. grüßen; sich vor jm. verbeugen; [謝する] jn. belohnen (für 4 格); jm. ein Honorar zahlen (für 4 格). ～を言う jm. danken (Dank sagen)(für 4 格). ～を失する gegen jn. unhöflich sein*. ～を尽す jm. Höflichkeiten erweisen*; jm. Ehren bezeigen. 厚くお～申し上げます Vielen (Tausend) Dank! / Ich sage Ihnen meinen aufrichtigsten (innigsten) Dank. 何とお～申し上げてよいかわかりません Ich kann Ihnen dafür nicht genug danken. お～には及びません Nichts zu danken! / Keine Ursache! 御尽力のお～に als (zum) Dank für Ihre Bemühungen.

れい 例 das Beispiel -s, -e. ～をあげる ein Beispiel an|führen. ～をあげれば zum Beispiel (略: z.B.). ～にならう dem Beispiel folgen (s). ここではそれが～になっている Das ist hier [so] üblich (Brauch). ～のごとく wie gewöhnlich (üblich; immer). その場所で an jenem Ort. ～のない beispiellos.

れい 零 die Null -en. ～下10度だ Es sind 10 Grad unter Null.

れい 霊 die Seele -n; der Geist -es, -er; der Spirit -s, -s. ～的な seelisch; geistig.

レイアウト das Layout -s, -s. ～する layouten; Layouts an|fertigen.

れいかい 例会 regelmäßige Versammlung -en.

れいかい 霊界 die Geisterwelt.

れいがい 冷害 der Schaden durch kaltes Wetter. ～を受ける durch die Kälte Schaden erleiden*.

れいがい 例外 die Ausnahme -n. …は～として mit Ausnahme (2 格; von 3 格); et. ausgenommen. ～なく ohne Ausnahme; ausnahmslos. ～にする eine Ausnahme machen ((mit (bei) 3 格; für 4 格). ～のない規則はない Keine Regel ohne Ausnahme.

れいかん 霊感 die Inspiration -en. ～を得る inspiriert werden*(s受) (von 3 格).

れいき 冷気 die Kühle; kühle Luft.

れいぎ 礼儀 der Anstand -[e]s; die Höflichkeit. ～を守る den Anstand wahren. ～にそむく gegen den Anstand verstoßen*. ～上 aus Höflichkeit; anstandshalber. ～正しい anständig; höflich; gesittet. ～正しい人 ein Mensch mit (von) feinen Sitten. ～を知らない unanständig; unhöflich. ～作法 Umgangsformen pl.; Manieren pl.; die Etikette. 彼は～作法を知らない Er hat keine Manieren (ein Benehmen).

れいきゃく 冷却・する [ab]kühlen; 〘自動詞〙ab|kühlen (s); sich [ab]kühlen. ～器 der Kühler; der Kühlapparat. ～室 der Kühlraum. ～設備 die Kühlanlage. ～水 das Kühlwasser. ～期間 die Abkühlungspause.

れいきゅうしゃ 霊柩車 der Leichenwagen -s, -.

れいぐう 礼遇する mit Ehrerbietung (Achtung) behandeln.

れいぐう 冷遇する schlecht (unwürdig) behandeln; kühl auf|nehmen*(empfangen*).

れいけい 令兄 Ihr Herr Bruder -s, ⸚.

れいけい 令閨 Ihre Frau Gemahlin.

れいけつ 冷血・の kaltblütig. ～動物 der Kaltblüter; kaltblütige Tiere pl. 漢 kaltblütige (kaltherzige) Person.

れいげん 冷厳な態度で kühl und streng; mit unnachsichtiger Strenge. ～な事実 unleugbare (unbestrittene) Tatsache.

れいげん 霊験あらたかな wundertätig; Wunder bewirkend.

れいこう 励行・する streng durch|führen. 約束を～する sein Versprechen ein|halten*.

れいこく 冷酷な kaltherzig; grausam; unbarmherzig; unmenschlich.

れいこん 霊魂 die Seele -n. ～不滅 die Unsterblichkeit der Seele.

れいさい 例祭 die Jahresfeier -n.

れいさい 零細・な gering[fügig]; unbedeutend. ～企業 der Kleinbetrieb.

れいじ 例示する an einem Beispiel zeigen; an einem Beispiel (an Hand eines Beispiels) erklären.

れいじ 零時に um null Uhr.

れいしき 礼式 die Formalität -en; die Sitte -n. 古い～を守る althergebrachte Formalitäten beobachten.

れいしょう 冷笑・する kühl (höhnisch; spöttisch) lächeln (über 4 格); jm. (über et.) hohn|lachen. ～的な zynisch. ～的な態度 der Zynismus.

れいしょう 例証する durch Beispiele belegen (beweisen*).

れいじょう 令状 schriftlicher Befehl -s, -e; [逮捕状] der Haftbefehl -s, -e; [捜索令状] der Durchsuchungsbefehl -s, -e. ～を発する einen Haftbefehl gegen jn. erlassen*.

れいじょう 礼状 der Dankbrief -[e]s, -e; das Dank[sagungs]schreiben -s, -.

れいじょう 令嬢 Ihre (js.) Tochter ⸚. ご～ Ihr Fräulein Tochter.

れいじん 麗人 die Schönheit -en; die Schöne -n.

れいすい 冷水 kaltes Wasser -s. ～摩擦をする sich kalt ab|reiben*. ～浴をする ein kaltes Bad nehmen*.

れいせい 冷静・な kühl; ruhig; gelassen; kaltblütig. ～な判断 ruhiges Urteil. ～になる sich beruhigen. ～さを保つ die Ruhe bewahren; einen kühlen Kopf behalten*. ～さを失う aus der Fassung kommen*(s); den

Kopf verlieren*.

れいせつ 礼節を守る Anstand und Sitte bewahren.

れいせん 冷戦 kalter Krieg -es, -e.

れいぜん 冷然・とした kaltblütig. 〜として kalten Blutes.

れいぜん 霊前に供える et. für jn. auf dem Altar opfern.

れいそう 礼装 → 礼服.

れいぞう 冷蔵・する ein|kühlen; im Kühlraum auf|bewahren. 〜庫 der Kühlschrank.

れいそく 令息 Ihr (js.) Sohn -es, ¨e. ご〜 Ihr Herr Sohn.

れいぞく 隷属する sich jm. unter|ordnen (unterwerfen*).

れいだい 例題 die [Übungs]aufgabe -n.

れいたん 冷淡な kalt[herzig]; kühl; 〔無関心な〕gleichgültig.

れいちょう 霊長・類 Primaten pl. 人間は万物の〜である Der Mensch ist die Krone der Schöpfung.

れいてつ 冷徹な kühl.

れいてん 零点を取る null Punkte bekommen*.

れいど 零度 der Nullpunkt -[e]s, -e. 〜である Es ist (Wir haben) null Grad. / Das Thermometer steht auf null. 〜以下に下がる unter null sinken*(s).

れいとう 冷凍・する ein|frieren*; tief|gefrieren*; tief|kühlen. 〜の eingefroren; tiefgefroren; tiefgekühlt. 〜食品 die Tiefkühlkost; das Gefriergut. 〜庫 der Gefrierschrank; 〔冷凍室〕das Gefrierfach. 〜車 der Kühlwagen.

れいにく 霊肉 Leib und Seele; Körper und Geist.

れいねん 例年 〔平年〕normales Jahr -es, -e; 〔毎年〕〔副詞〕jedes Jahr; jährlich. 〜の jährlich.

れいはい 礼拝 der Gottesdienst -es, -e. 〜を行う einen Gottesdienst ab|halten*. 〜に行く zum Gottesdienst gehen*(s). 〜堂 die Kapelle.

れいはい 零敗する besiegt werden*(s受), ohne einen einzigen Punkt zu bekommen; ein Spiel zu null verlieren*.

れいばい 霊媒 das Medium -s, ..dien.

れいひょう 冷評する kalt (höhnisch; spöttisch) kritisieren.

れいびょう 霊廟 das Mausoleum -s, ..leen.

れいふく 礼服 der Gesellschaftsanzug -s, ¨e; der Galaanzug -s; 〔制服の〕die Galauniform -en.

れいふじん 令夫人 ¶小島伯爵〜 Gräfin Kojima. 田中氏および〜 Herr und Frau Tanaka.

れいぶん 例文 der Beispiel[s]satz -es, ¨e.

れいほう 礼砲 der Salut -s, -e. 〜を放つ Salut schießen*; salutieren.

れいぼう 冷房・する klimatisieren. 〜装置 die Klimaanlage; die Luftkühlung.

れいみょう 霊妙な himmlisch; wunderbar.

れいめい 令名ある berühmt; von gutem Ruf.

れいめい 黎明 die [Morgen]dämmerung -en; der Tagesanbruch -s. 〜が訪れる Es fängt an zu dämmern. 新時代の〜 der Anbruch einer neuen Zeit.

れいやく 霊薬 das Elixier -s, -e; das Wundermittel -s, -.

れいらく 零落する herunter|kommen*(s); ver|kommen*(s); zugrunde gehen*(s).

れいり 怜悧な klug; gescheit; scharfsinnig.

れいれいしい 麗々しい prahlerisch; auffällig; prunkhaft.

レーザー 〜光線 der Laserstrahl -s, -en.

レース 〔競走〕der Wettlauf -[e]s, ¨e; 〔競漕〕die Regatta ..gatten; 〔布〕die Spitze -n. 〜のハンカチ das Spitzentuch.

レーダー der (das) Radar -s, -e.

レート 為替〜 der Wechselkurs; der Umrechnungskurs.

レーヨン der (das) Reyon -.

レール die Schiene -n. 〜を敷く Schienen legen. 〜からはずれる aus den Schienen springen*(s).

レーンコート der Regenmantel -s, ¨.

レガッタ die Regatta ..gatten.

れきし 歴史 die Geschichte; die Historie. 世界〜 die Weltgeschichte. 〜的 geschichtlich; historisch. 〜以前の vorgeschichtlich; prähistorisch. 〜家 der Historiker; der Geschichtsschreiber; der Geschichtsforscher. 〜学 die Geschichtswissenschaft. 〜小説 historischer Roman.

れきし 轢死する zu Tode überfahren werden*(s受).

れきせん 歴戦の勇士 der Veteran -en, -en.

れきぜん 歴然・たる augenfällig; augenscheinlich; offenkundig; offensichtlich. 〜たる証拠 sprechender (schlagender) Beweis. 〜たる事実 unleugbare (unbestrittene) Tatsache. → 明白.

れきだい 歴代の天皇 alle Generationen der Tennos.

れきにん 歴任 ¶種々の官職を〜する verschiedene Ämter nacheinander bekleiden.

れきねん 暦年 der Kalenderjahr -[e]s, -e.

れきほう 歴訪 ¶友人を〜する einen Freund nach dem anderen besuchen. ヨーロッパ諸国を〜する verschiedene Länder Europas nacheinander besuchen.

レギュラー 〜メンバー ordentliches Mitglied.

れきれき 歴々・たる → 歴然. お〜 vornehme Leute pl.; Berühmtheiten pl.; die Großen≠ pl.

レクイエム das Requiem -s, -s.

レクリエーション die Erholung -en. 〜のために zur Erholung. 〜センター das Freizeitzentrum.

レコード 〔音盤〕die Schallplatte -n; 〔記録〕der Rekord -s, -e. 〜を掛ける eine Schallplatte auf|legen (ab|spielen). ～を作る(破る) einen Rekord auf|stellen (brechen*). ～コンサート das Schallplattenkonzert. ～プレーヤー der [Schall]plattenspieler. ～ホールダー der Rekordhalter.

レシート die Quittung -en.

レシーバー 〔受信機〕 der Receiver -s, -;〔ヘッドフォン〕 der Kopfhörer -s, -.

レシーブ die Annahme -n. ～する an|nehmen*. サーブを～する den Aufschlag nehmen*.

レジスター 〔金銭出納器〕 die Registrierkasse -n;〔人〕 der Kassierer -s, -.

レジスタンス die Resistenz -en; der Widerstand -es. ～する Widerstand leisten. ～運動 die Widerstandsbewegung.

レシピ das [Koch]rezept -[e]s, -e.

レジャー die Freizeit; die Muße. ～を楽しむ seine Freizeit genießen*. ～ウェア die Freizeitkleidung. ～産業 die Freizeitindustrie.

レジュメ das Resümee -s, -s.

レストラン das Restaurant -s, -s.

レスラー der Ringer (Ringkämpfer) -s, -.

レスリング das Ringen -s; der Ringkampf -s.

レセプション der Empfang -s, ¨e. ～を開く einen Empfang für jn. geben*.

レターペーパー das Briefpapier -s; der Briefbogen -s, -;〔1冊の〕 der Briefblock -s, -s (¨e).

レタス der [Kopf]salat -[e]s, -e.

れつ 列 die Reihe -n. ～を作る eine Reihe bilden. 長蛇の～を作る Schlange stehen*. ～を作って in Reihen; in Reih und Glied. 1～に並ぶ in einer Reihe stehen*. 1～に並べる auf|reihen; in eine Reihe stellen. 4～で行進する in Viererreihen (in Reihen zu vieren) marschieren (s). 1～目に坐っている in der ersten Reihe sitzen*.

れっか 烈火のごとく怒る in Wut kommen*(s).

レッカー ～車 der Abschleppwagen.

れっき 列記 ¶名前を～する Namen auf|reihen.

れっきと 歴っとした証拠 sprechender Beweis. ～した職業 ehrbarer Beruf. ～した家の出である aus einer angesehenen Familie stammen. 彼は～した教授で Er ist wohlbestallter Professor.

れっきょ 列挙する auf|zählen; her|zählen.

れっきょう 列強 Großmächte pl.

れっこく 列国 Mächte pl. ～の代表 die Vertreter vieler Staaten.

れっし 列氏 Reaumur (記号: R). ～3度 3° R.

れっしゃ 列車 der Zug -es, ¨e. 貨物～ der Güterzug. 急行～ der Schnellzug. 普通～ der Personenzug;〔鈍行〕 der Bummelzug. ～ダイヤ der Eisenbahnfahrplan. ～事故 das Eisenbahnunglück.

れっしょう 裂傷 die Risswunde -n.

れつじょう 劣情 die Geilheit.

れっしん 烈震 schweres Erdbeben -s, -.

れつする 列する〔出席する〕 bei|wohnen; teil|nehmen* 《an 3格》. 5大強国に～ unter die 5 Großmächte gerechnet werden*(s受); zu den fünf Großmächten zählen (gehören).

レッスン die Stunde -n. ピアノの～を受ける bei jm. Klavierstunden nehmen*.

れっせい 劣性〔生〕 die Rezessivität. ～遺伝 rezessive Vererbung.

れっせい 劣勢 die Unterlegenheit. ～である jm. unterlegen sein*.

れっせき 列席する bei|wohnen 《3格》.

レッテル das Etikett -[e]s, -e[n] (-s). ～を張る ein Etikett auf|kleben 《auf 4格》;〔比〕 jn. (et.) mit einem Etikett versehen*.

れっとう 列島 die Inselkette -n. 千島～ die Kurilen [ku'riːlən] pl.

れっとう 劣等・な schlecht; minderwertig. 品性～な gemein; niedrig gesinnt; niederträchtig. ～感 das Minderwertigkeitsgefühl. ～感を持つ sich minderwertig fühlen. ～生 schlechter Schüler.

れっぷう 烈風 heftiger Wind -es, -e.

レディー・メード ～の konfektioniert. ～の服 die Konfektion[skleidung]; die Fertigkleidung.

レトリック die Rhetorik.

レトルト die Retorte -n. ～食品 das Fertiggericht.

レバー die Leber -n;〔てこ〕 der Hebel -s, -.

レパートリー das Repertoire -s, -s.

レビュー die Revue -n. ～ブック die [Buch-]besprechung. ～ガール die Revuegirl.

レフェリー der Schiedsrichter -s, -; der Neutrale#.

レベル das Niveau -s, -s; der Level -s, -s. ～が低い auf einem niedrigen Niveau stehen*. ～が高い ein hohes Niveau haben*. 或る人の～に達する js. Niveau erreichen; mit jm. auf dasselbe Niveau kommen*(s). ～以上である Niveau haben*.

レポート das Referat -s, -e; der Bericht -[e]s, -e.

レモネード die Limonade -n.

レモン die Zitrone -n.

リリーフ das Relief -s, -s (-e).

れん 連 das Ries -es, -e;〔詩節〕 die Strophe -n. 2～の紙 2 Ries Papier.

れんあい 恋愛 die Liebe. ～する jn. lieben. ～関係 das Liebesverhältnis. ～結婚 die Liebesheirat. ～結婚する jn. aus Liebe heiraten. ～事件 die Liebesaffäre. ～小説 der Liebesroman.

れんか 廉価・の billig; wohlfeil. ～で売る billig verkaufen. ～版 wohlfeile Ausgabe.

れんが 煉瓦 der Ziegel -s, -. ～を作る Ziegel brennen*. ～建築 der Ziegelbau. ～工場 die Ziegelei. ～色の ziegelrot. 耐火～ feuerfester Ziegel.

れんかん 連関・する zusammen|hängen* 《mit

れんき 連記する nebeneinander schreiben*.

れんきゅう 連休 aufeinander folgende Feiertage *pl*.

れんきんじゅつ 錬金術 die Alchimie. ～師 der Alchimist.

れんげ 蓮華〔はすの花〕die Lotosblüte -*n*;〔れんげ草〕der Tragant -[*e*]*s*, -*e*.

れんけい 連係(繋) die Verbindung -*en*; der Kontakt -[*e*]*s*, -*e*. ～を保つ mit *jm.* in Verbindung (Beziehung) stehen*.

れんけい 連携 der Zusammenschluss -*es*, ¨-*e*. ～する sich mit *jm.* zusammen|schließen*(zusammen|tun*). ～している mit *jm.* im Bunde sein*(stehen*). ～プレー〔スポーツ〕die Verbindung.

れんけつ 連結・する *et.* verbinden* (verknüpfen)《mit 3格》. 2両を～する zwei Waggons koppeln (verkuppeln). ～器 die Kupplung.

れんけつ 廉潔・な rechtschaffen; bieder; ehrlich.

れんこ 連呼する wiederholt rufen*; wiederholen.

れんこう 連行 ¶警官に～される von Polizisten abgeführt werden*(*s*受).

れんごう 連合 die Vereinigung -*en*; die Allianz -*en*;〔国家・政党などの〕die Union -*en*; die Koalition -*en*;〔企業の〕der Verbund -[*e*]*s*, -*e*. ～する sich vereinigen (verbünden); assoziieren*《mit 3格》;〔国家が〕[sich] konföderieren. ～した vereinigt; verbündet. ～会 der Verband. ～軍 alliierte Armeen *pl*. ～国 die Alliierten# (Verbündeten#) *pl*; assoziierte Mächte *pl*.

れんごく 煉獄 das Fegefeuer -*s*.

れんこん 蓮根 die Lotoswurzel -*n*.

れんさ 連鎖 die Kette -*n*. ～反応 die Kettenreaktion.

れんざ 連座 ¶贈賄事件に～する der Mitschuld an der Bestechung angeklagt werden*(*s*受); an der Bestechung mitschuldig befunden werden*(*s*受).

れんさい 連載・される in Fortsetzungen erscheinen*(*s*). ～小説 der Fortsetzungsroman. ～記事 fortlaufender Bericht.

れんざん 連山 die Gebirgskette -*n*; das [Ketten]gebirge -*s*, -.

レンジ der Küchenherd -[*e*]*s*, -*e*. 電子～ der Mikrowellenherd.

れんじつ 連日 jeden Tag; Tag für Tag; einen Tag nach dem anderen.

れんしゅう 練習 die Übung -*en*; die Schulung -*en*;〔スポーツの〕das Training -*s*, -*s*. ～する üben; sich trainieren《in 3格》. ピアノを～する am (auf dem) Klavier üben. 読み方を～する das Lesen (sich im Lesen) üben. ～曲 das Übungsstück; die Etüde. ～船 das Schulschiff. ～問題 die Übung; die [Übungs]aufgabe.

れんじゅう 連中〔仲間〕Genossen *pl*.; Kameraden *pl*.; Kollegen *pl*. あの～ die Leute; sie. あんな～とつき合ってはいけない Mit solchen Menschen sollst du nicht umgehen.

れんしょ 連署 die Mitunterschrift -*en*; die Gegenzeichnung -*en*. ～する *et.* mit|unterschreiben*; *et.* mit|unterzeichnen; *et.* gegen|zeichnen.

れんしょう 連勝 ¶5～する fünfmal hintereinander gewinnen*.

レンズ die Linse -*n*;〔カメラの〕das Objektiv -*s*, -*e*.

れんせん 連戦連勝・する Schlacht auf Schlacht (Spiel auf Spiel) gewinnen*; Sieg auf Sieg erringen*. ～の sieggewohnt.

れんそう 連想 die [Ideen]assoziation -*en*; die Gedankenverbindung -*en*. レニングラードというと白夜を～する Wenn ich an Leningrad denke, habe ich Assoziation mit den weißen Nächten.

れんぞく 連続・する aufeinander folgen (*s*). ～的 aufeinander folgend; ununterbrochen; kontinuierlich. 3回～して dreimal hintereinander. 3日～して an 3 aufeinander folgenden Tagen; an 3 Tagen hintereinander. ～性 die Kontinuität.

れんたい 連帯 die Gemeinschaft; die Solidarisierung -*en*. ～する sich solidarisieren《mit 3格》. ～した solidarisch. ～で責任を負う solidarisch haften《für 4格》. ～責任 die Solidarhaftung; die Mitverantwortung. ～感 das Solidaritätsgefühl (Gemeinschaftsgefühl).

れんたい 連隊 das Regiment -*s*, -*e*. ～長 der Regimentskommandeur.

レンタカー der Leihwagen (Mietwagen) -*s*, -.

れんたつ 練達の士 erfahrener (geübter) Mann -*es*, ¨-*er*.

れんたん 練炭 die Presskohle -*n*; das Brikett -*s*, -*s*.

れんだん 連弾する vierhändig Klavier spielen.

れんちしん 廉恥心 das Ehrgefühl -*s*. ～のない ehrlos; unverschämt. ～がない keine Ehre im Leibe haben*. ～の強い男 ein Mann von Ehre.

れんちょく 廉直の rechtschaffen; aufrichtig.

レントゲン ～[線] Röntgenstrahlen *pl*. ～[写真]をとる *jn.* röntgen. 胃の～検査を受ける sich[3] den Magen röntgen lassen*. ～写真 das Röntgenbild.

れんにゅう 練乳 kondensierte Milch; die Kondensmilch.

れんぱ 連破 zweimal hintereinander (nacheinander) besiegen (schlagen*).

れんばい 廉売する billig verkaufen; zu billigen (niedrigen) Preisen verkaufen.

れんぱい 連敗する zweimal hintereinander (nacheinander) verlieren*.

れんぱつ 連発 ¶質問を~する Fragen über Fragen stellen.　洒落(ﾀﾞｼﾞｬ)を~する Witze nacheinander reißen*.　6~のピストル sechsschüssiger Revolver.　~銃 das Repetiergewehr.

れんびん 憐憫の情を催す Mitleid mit jm. fühlen (haben*).

れんぺいじょう 練兵場 der Exerzierplatz -es, ⸚e.

れんぼ 恋慕・する sich in jn. verlieben.　横~ sündige Liebe.

れんぽう 連邦 der Bund -es, ⸚e; die Union -en.　~国家 der Bundesstaat; der Föderativstaat.　~制度 der Föderalismus.　ソビエト~ die Sowjetunion.　ドイツ~共和国 die Bundesrepublik Deutschland.　~政府 die Bundesregierung.

れんぽう 連峰 → 連山.

れんま 錬磨する aus|bilden.　心身を~する Geist und Körper stählen.

れんめい 連名・で unter gemeinsamer Unterzeichnung.　~の招待状 gemeinschaftliche Einladung.

れんめい 連盟 der Bund -es, ⸚e; das Bündnis -ses, -se.　国際~ der Völkerbund.

れんめん 連綿と続く ununterbrochen (ohne Unterbrechung) bestehen*.

れんらく 連絡 die Verbindung -en; [知らせ] die Mitteilung -en.　~する [接続する] sich verbinden* 《mit 3格》; sich an|schließen* 《an 4格》; [伝える] mit|teilen.　警察に~する die Polizei verständigen 《über 4格》; et. bei der Polizei melden.　この列車はN行きの列車に~する Dieser Zug hat Anschluss an den Zug nach N.　~を保つ Verbindung halten* 《mit 3格》.　~を取る Verbindung auf|nehmen* 《mit 3格》; sich in Verbindung setzen 《mit 3格》.　あなたといつ~がつきますか Wann sind Sie zu erreichen?　あらゆる~がとだえた Alle Verbindungen sind unterbrochen (abgerissen).　~駅 die Anschlussstation.　~船 das Fährschiff; der (das) Trajekt.

れんりつ 連立・内閣 die Koalitionsregierung.　~方程式 die Gleichungen mit mehreren Unbekannten.

れんれん 恋恋 ¶大臣の地位に~とする an dem Ministersessel kleben.

ろ

ろ 炉 der Herd -es, -e; die Feuerstätte -n; [暖炉] der Ofen -s, ⸚; der Kamin -s, -e.

ろ 絽 der Seidenflor -s, -e.

ろ 櫓 das Ruder -s, -.　~を漕(ｺ)ぐ rudern (s; h).

ロイマチス der Rheumatismus -, ..men.

ろう 労 die Mühe -n, die Bemühung -en.　彼は~をいとわず我家のために尽した Er scheute keine Mühe, uns zu dienen.　~を多とする js. Mühe dankbar an|erkennen*.　~を省く sich³ die Mühe sparen.　~を煩わす jm. Mühe machen.

ろう 牢 das Gefängnis -ses, -se.　~に入れる jn. ins Gefängnis werfen*.　~につながれる im Gefängnis sitzen*.　~破りする aus dem Gefängnis aus|brechen*(s).

ろう 隴を得て蜀(ｼｮｸ)を望む Je mehr man hat, je mehr man will.

ろう 蠟 das Wachs -es.　~[製]の wächsern.　~引きの gewachst.　~のように青白い wachsbleich.　床に~を引く den Fußboden wachsen.　~紙 das Wachspapier.　~細工[品] die Wachsfigur.　~人形 die Wachspuppe.

ろうあ 聾啞 die Taubstummheit.　~の taubstumm.　~者 der Taubstumme#.　~学校 die Taubstummenschule.

ろうえい 漏洩 ¶秘密を~する jm. ein Geheimnis verraten*.　秘密が~した Das Geheimnis ist durchgesickert.　軍機の~ der Verrat militärischer Geheimnisse.

ろうえき 労役に服する Schwerarbeit leisten.

ろうおう 老翁 der Greis -es, -e.

ろうか 老化 die Senilität.　~する senil werden*(s); [精神的に] verkalken (s); [器具・材質が] altern (der Flur -[e]s, -e).　~現象 die Alterserscheinung; die Senilität.

ろうか 廊下 der Gang -es, ⸚e; der Korridor -s, -e; der Flur -[e]s, -e.

ろうかい 老獪な ausgepicht; durchtrieben.

ろうかく 楼閣 ¶空中に~を描く Luftschlösser bauen.　彼の計画は砂上の~だ Seine Pläne sind auf Sand gebaut.

ろうがっこう 聾学校 die Gehörlosenschule -n.

ろうがん 老眼 die Alterssichtigkeit.　~になる alterssichtig werden*(s).　~鏡 die Brille für Alterssichtigkeit.

ろうきゅう 老朽・化した altersschwach; überaltert.　この施設は~化した Diese Einrichtung hat sich überlebt.

ろうきょ 籠居する sich in sein (seinem) Haus ein|schließen*.

ろうきょう 老境 der Lebensabend -s.　~に入るは [hohen] Jahre kommen*(s).

ろうぎん 労銀 der Arbeitslohn -[e]s, ⸚e.

ろうぎん 朗吟する sonor rezitieren; vor|tragen*.

ろうく 老軀に鞭打つ sich trotz seines hohen Alters tüchtig an|strengen.

ろうく 労苦 die Mühe -n; die Mühsal -e; das Beschwer -[e]s.　~をいとわぬ keine Mühe und Arbeit scheuen.　~に堪える Be-

ろうけつぞめ 﨟纈染め der Batik -s. ～にする batiken.
ろうこ 牢乎とした standhaft; fest; unerschütterlich. ～たる決心 fester Entschluss.
ろうご 老後 seine letzten [Lebens]jahre pl. ～に in seinem Alter. ～に備える Vorsorge für sein Alter tragen*. ～に備えて貯金する für (auf) sein Alter sparen. ～の住まい der Altersitz.
ろうこう 老巧な erfahren; geübt.
ろうごく 老獄 ～中.
ろうさく 労作 das Werk seines Fleißes. この書物は多年の～です Das Buch ist die Frucht langjähriger Arbeit.
ろうし 牢死する im Gefängnis sterben*(s).
ろうし 労使(資) Unternehmer[tum] und Arbeiter[schaft]. ～協調のもとに unter Mitwirkung von Kapital und Arbeit.
ろうしゃ 聾者 der Gehörlose#; der Taube#.
ろうしゅう 陋習 schlechte Sitte -n. ～を打破する mit den schlechten Sitten brechen*.
ろうじゅく 老熟・した ausgereift; erfahren. ～の域に達する zur Vollreife kommen*(s).
ろうじょ 老女 die Alte#; die Greisin -nen.
ろうしょう 朗誦 die Rezitation -en. ～する rezitieren.
ろうじょう 老嬢 alte Jungfer -n.
ろうじょう 籠城する die Burg halten*; [家などに] sich ein|sperren [in 4 格 (3 格)].
ろうじん 老人 der Alte#; der Greis -es, -e; alt werden*(s). ～[医]学 die Gerontologie. ～ホーム das Altersheim (Seniorenheim). ～病 die Alterskrankheit.
ろうすい 老衰 die Altersschwäche. ～する altersschwach werden*(s). ～した altersschwach. ～で死ぬ an Altersschwäche sterben*(s).
ろうすい 漏水・する leck sein*. 水道管から～する Die Leitung ist undicht. ～箇所 undichte Stelle.
ろうする 聾する ¶耳を～ばかりの騒音 ohrenbetäubender Lärm.
ろうせい 老成・した gereift; [おとなびた] frühreif. ～した文章 ausgereifter Stil. ～する reif werden*(s).
ろうせき 蠟石 der Bildstein -[e]s, -e.
ろうぜき 狼藉を働く Unfug treiben*. ～者 der Rowdy.
ろうそく 蠟燭 die Kerze -n. ～の火をつける(消す) eine Kerze an|zünden (aus|löschen). ～の心(は) der Kerzendocht. ～立て der Kerzenständer.
ろうぞめ 蠟染め → ろうけつぞめ.
ろうたいか 老大家 der Altmeister -s, -; der Nestor -s, -en.
ろうちん 労賃 der Arbeitslohn -[e]s, ゛e.
ろうづけ 鑞付け die Lötung -en. ～する löten.
ろうでん 漏電 die Ableitung (Streuung) -en. 火事は～で起った Der Brand entstand durch Kurzschluss.

ろうと 漏斗 der Trichter -s, -.
ろうとう 郎党 ¶一族～ die Seinigen# pl.
ろうどう 労働 die Arbeit -en. ～する arbeiten. 1日8時間～ der Achtstundentag. 軽(重)～ leichte (schwere) Arbeit. 肉体(精神)～ körperliche (geistige) Arbeit. 時間外～ die Überstunde. 強制～ die Zwangsarbeit. ～運動 die Arbeiterbewegung. ～基準法 das Arbeitsstandardgesetz. ～管理 die Arbeitsverwaltung. ～協約 der Tarifvertrag. ～時間 die Arbeitszeit. ～者 der Arbeiter; der Arbeitnehmer; [集合的に] die Arbeiterschaft. ～者階級 die Arbeiterklasse. ～力の不足 der Arbeitermangel. ～省 das Arbeitsministerium. ～条件 Arbeitsbedingungen pl. ～人口 werktätige Bevölkerung. ～争議 der Arbeitsstreit; [罷業] der Streik. ～大臣 der Arbeitsminister. ～賃金 der Arbeitslohn. ～党 die Arbeiterpartei. ～法 das Arbeitsrecht. ～者災害補償保険 die Arbeiterunfallversicherung. ～問題 die Arbeiterfrage. ～力 die Arbeitskraft.
ろうどうくみあい 労働組合 die [Arbeiter]gewerkschaft -en. ～を組織する eine Gewerkschaft gründen. ～に加入する einer Gewerkschaft bei|treten*(s). ～員 der Gewerkschaft[l]er.
ろうどく 朗読 die Vorlesung; der Vortrag -es, ゛e. ～する vor|lesen*; vor|tragen*.
ろうにゃく 老若 die Jungen# und die Alten# pl.; Jung und Alt. ～男女が参加した Junge und Alte, Männer und Weiber nahmen teil.
ろうにん 浪人 herrenloser Samurai [zamu'rai] -[s], -[s]; [失業者] Arbeitslose#; [学生の] durchgefallener Prüfling -s, -e.
ろうねん 老年 hohes Alter -s; [老人] der Alte#. ～の [hoch]bejahrt. ～になる alt werden*(s). ～痴呆 der Altersblödsinn.
ろうば 老婆 die Alte#; alte Frau -en.
ろうばい 狼狽 die Bestürztheit. ～する in Bestürzung geraten*(s); bestürzt sein* 《über 4 格》. ～させる jn. aus der Fassung bringen*; jn. bestürzen. ～の色を見せる sich bestürzt zeigen* 《über 4 格》.
ろうはいぶつ 老廃物 abgenutzte Sache -n.
ろうばしん 老婆心から vorsichtshalber; zur Vorsorge.
ろうひ 浪費 die Verschwendung (Vergeudung) -en. ～する verschwenden; vergeuden. 娯楽に金を～する sein Geld für Vergnügungen verschwenden. ～家 der Verschwender; der Vergeuder. ～癖 die Verschwendungssucht. ～癖のある verschwenderisch; verschwendungssüchtig.
ろうふ 老父 mein bejahrter Vater -s.
ろうへい 老兵 der Veteran -en, -en.
ろうほ 老舗 → しにせ.
ろうぼ 老母 meine bejahrte Mutter.

ろうほう 朗報 frohe Botschaft *-en*. ～に接する eine frohe Nachricht bekommen* (erhalten*).

ろうむ 労務 die Arbeit *-en*. ～管理 die Arbeitsverwaltung. ～者 der Arbeiter. ～手帳 das Arbeitsbuch. ～部長 der Arbeitsdirektor.

ろうや 牢屋 ein ～.

ろうゆう 老優 bejahrter Schauspieler *-s, -*.

ろうらく 籠絡する umstricken; umgarnen; um den [kleinen] Finger wickeln.

ろうりょく 労力 die Mühe *-n*; → 労. この仕事は多大の～を要する Diese Arbeit macht (kostet) große Mühe.

ろうれい 老齢 das Alter *-s*. ～の alt; betagt; bejahrt. ～年金 die Altersrente. ～に達する ein hohes Alter erreichen.

ろうれつ 陋劣な gemein; niederträchtig; schnöde.

ろうれん 老練・な erfahren; geübt. ～な人 der Veteran.

ろうろう 朗朗・たる明月 heller Mond. 音声～と mit hell klingender Stimme.

ろえい 露営 das [Nacht]lager *-s, -*; das Biwak *-s* (*-e*). ～する lagern; biwakieren. ～地 der Lagerplatz.

ローカル ～カラー die Lokalfarbe. ～線 die Lokalbahn. ～版 das Lokalblatt. ～放送 die Lokalsendung. ～ニュース Lokalnachrichten *pl*.

ローション die Lotion *-en* (*-s*); das Gesichtswasser *-s, ⸚*. ヘア～ das Haarwasser.

ロース 〔牛・豚などの〕 das Kammstück *-s, -e*; 〔牛の〕 die Rollschuhbahn.

ロースター der [Brat]rost *-[e]s, -e*; der Grill *-s, -s*.

ロースト・ビーフ der Rinderbraten *-s, -*; das Roastbeef *-s, -s*.

ロータリー der Kreisel *-s, -*. ～エンジン der Kreiskolbenmotor (Drehkolbenmotor). ～クラブ der Rotary Club. ～式除雪車 die Schneefräse.

ローテーション die Rotation *-en*; der Turnus *-, -se*. ～で im Turnus.

ロード ～ショー die Voraufführung. ～レース das Straßenrennen. ～ローラー die Straßenwalze. ～ホールディング die Straßenlage.

ロープ das Seil *-[e]s, -e*. ～ウエー die Seilbahn.

ローマ Rom. ～の römisch. ～カトリックの römisch-katholisch (略：röm.-kath.). ～カトリック教会 die römisch-katholische Kirche. ～字 die lateinische Schrift. ～数字 römische Ziffern *pl*. ～法 das römische Recht. ～法王(教皇) der Papst. すべての道は～に通ず Alle (Viele) Wege führen nach Rom. ～は一日にして成らず Rom ist nicht an einem Tage erbaut worden.

ローム 〔地質〕 der Lehm *-s, -e*. ～質の lehmig.

ローラー die Walze *-n*; die Rolle. ～カナリヤ der Roller.

ローラー・スケート das Rollschuhlaufen *-s*; 〔靴〕 der Rollschuh *-s, -e*. ～をする Rollschuh laufen*(*s*). ～をする人 der Rollschuhläufer. ～リンク die Rollschuhbahn.

ローリング das Rollen *-s*. ～する rollen.

ロール・キャベツ die Kohlroulade *-n*.

ローン das Darlehen *-s, -*; der Kredit *-s, -e*. 銀行～ der Bankkredit. 住宅～ der Baukredit. ～で買う finanzieren.

ローン・テニス das Lawn-Tennis *-*.

ろか 濾過 die Filtration *-en*. ～する filtern; filtrieren. ～液 das Filtrat. ～器 der (das) Filter. ～紙 das Filterpapier (Filtrierpapier). ～性病原体 das Virus.

ろかく 鹵獲・する erbeuten. ～品 die Beute.

ろぎん 路銀 das Reisegeld *-[e]s, -er*.

ろく ①いつかな者になるまい Aus ihm wird nichts Rechtes werden. それは～なことにならない Das tut nicht gut. 彼は～に返事もしない Er gibt nur eine barsche Antwort. このところ～に物も食べていない Ich habe seit Tagen nichts Ordentliches gegessen. 彼等のところでは～なものを食べていない Bei ihnen ist Schmalhans Küchenmeister. 彼は～な勉強もしなかった Er hat nichts Richtiges gelernt. この店には～な物がない In diesem Laden gibt es nichts Gescheites.

ろく 六 sechs. 第～感 der sechste Sinn. ～番目に sechstens.

ろくおん 録音 die [Ton]aufnahme *-n*. ～する [auf Tonband] auf|nehmen*. 街頭～ die Aufnahme auf der Straße. ～機〔テープ・レコーダー〕 das Tonbandgerät. ～室 der Aufnahmeraum. ～テープ das Tonband.

ろくが 録画 die Fernsehaufzeichnung (Videoaufzeichnung) *-en*. ～する [auf Videoband] auf|nehmen*.

ろくがつ 六月 der Juni *-[s]*. ～に im Juni.

ろくじゅう 六十 sechzig. ～代である in den Sechzigern sein*.

ろくしょう 緑青 der Grünspan *-s*. ～におおわれた von Grünspan überzogen.

ろくすっぽ ～めしも食わさない *jm.* kaum zu essen geben*. ～見もしないで mit einem halben Blick.

ろくでなし der Taugenichts *-[es], -e*; der Nichtsnutz *-es, -e*. ～の nichtsnutzig. あいつは～だ Das ist eine Blüte.

ろくぶんぎ 六分儀 der Sextant *-en, -en*.

ろくぼく 肋木 die Sprossenwand *⸚e*.

ろくまく 肋膜 das Brustfell *-[e]s, -e*. ～炎 die Brustfellentzündung.

ろくめんたい 六面体 das Hexaeder *-s, -*; der Sechsflächner *-s, -*. ～の hexaedrisch.

ろくやね 陸屋根 das Flachdach *-[e]s, ⸚er*.

ろくろ 轆轤 die Drechselbank *⸚e*. ～で挽(ひ)く drechseln. ～細工 die Drechslerarbeit.

ロケーション die Außenaufnahme *-n*.

ロケット die Rakete *-n*. ～を発射する eine Rakete ab|schießen*. ～飛行機 das Raketenflugzeug. ～工学 die Raketentechnik.

～推進 der Raketenantrieb. ～弾 das Raketengeschoss. ～発射基地 die Raketenabschussbasis. ～発射装置 der Raketenwerfer. 宇宙～ die Raumrakete. 月～ die Mondrakete. 2(多)段式～ die Zweistufenrakete (Mehrstufenrakete).
ロケット〔装身具〕das Medaillon -s, -s.
ろけん 露顕 sich offenbaren; an den Tag (ans Licht) kommen*(s).
ロココ〔様式〕das Rokoko -[s].
ロゴス〔哲〕der Logos -.
ろこつ 露骨・a nackt; unverhohlen. ～な描写 drastische Schilderung. ～に言う mit nackten Worten sagen. 彼は嫌悪の情を～に示した Er zeigte seine Abneigung deutlich genug an den Tag.
ロザリオ der Rosenkranz -es, ¨e.
ろし 濾紙 das Filterpapier (Filtrierpapier) -s.
ろじ 路地 die Gasse -n.
ロシア Russland. ～の russisch. ～人 der Russe#. ～語 das Russische#.
ロジック die Logik. ～に合わない unlogisch.
ろしゅつ 露出 die Entblößung -en;〔写真の〕die Belichtung -en. ～している石灰岩(炭層) anstehender Kalkstein (zutage ausstreichende Kohlenflöze pl.). 胸を～する die Brust entblößen. フィルムを50分の1秒～す einen Film ein fünfzigstel Sekunde belichten. ～計 der Belichtungsmesser. ～時間 die Belichtungszeit. ～症 der Exhibitionismus. この写真は～不足(過度)だ Das Foto ist unterbelichtet (überbelichtet).
ろじょう 路上・で auf der Straße. ～に花を撒(ま)く Blumen auf den Weg streuen.
ロス der Verlust -es, -e. 時間の～を取り戻す versäumte Zeit nach|holen.
ろせん 路線 die Linie -n; die Route -n.
ろだい 露台 der Balkon -s, -s (-e).
ろちょう 顱頂 der Scheitel -s, -. ～眼 das Scheitelauge. ～骨 das Scheitelbein.
ロッカー das Schließfach -[e]s, ¨er; der (das) Spind -[e]s, -e.
ろっかく 六角・形 das Sechseck -s, -e; das Hexagon -s, -e. ～の sechseckig; hexagonal.
ろっかん 肋間神経痛 die Interkostalneuralgie -n.
ロックアウト die Aussperrung -en. 労働者を～する Arbeiter aus|sperren.
ロック・クライミング das Felsklettern -s.
ロックンロール der Rock 'n' Roll - - -[s], - - -[s].
ろっこつ 肋骨 die Rippe -n. 転んで～を折る sich³ beim Sturz eine Rippe brechen*.
ロッジ die Hütte -n.
ろっぽう 六法全書 die Gesetzsammlung -en.
ろてい 路程 die Strecke -n.
ろてい 露呈 ¶弱点を～する die Schwäche offenbaren. 彼の本性が～した Sein wahres Wesen hat sich enthüllt.

ロデオ der (das) Rodeo -s, -s.
ろてん 露天・で unter freiem Himmel. ～商人 der Standkrämer. ～風呂 das Bad unter freiem Himmel. ～掘り der Tagebau.
ろてん 露店 die Bude -n. ～商人 der Budenbesitzer.
ろてん 露点 der Taupunkt -[e]s.
ろとう 路頭 → 路傍. ～に迷う Kopf und Kragen verlieren*.
ろは ～で kostenfrei; umsonst. ～で電車に乗る das Fahrgeld schinden*.
ろば 驢馬 der Esel -s, -.
ロビー der Wandelgang -[e]s, ¨e; das Foyer -s, -s.
ろへん 炉辺・で am Kamin; am Ofen. ～に集まる sich um den Kamin versammeln. ～の談話 trauliche Plauderei am Kamin.
ろぼう 路傍 am Wege; an der Straße.
ロボット der Roboter -s, -; der Maschinenmensch -en, -en.
ロマネスク ～様式 die Romanik. ～様式の romanisch.
ロマン der Roman -s, -e. ～主義 die Romantik. ～主義者 der Romantiker. ～的 romantisch. ～派 die romantische Schule.
ロマンス die Liebesgeschichte -n;〔音〕die Romanze -n. ～語 romanische Sprachen pl.
ロマンチシズム die Romantik.
ロマンチスト der Romantiker -s, -.
ロマンチック ～な romantisch.
ろめい 露命をつなぐ sein Leben (Dasein) fristen; den Kopf über Wasser haben*.
ろめん 路面電車 die Straßenbahn -en.
ろれつ 呂律 ～が酔っぱらいはもう～が回らなかった Der Betrunkene konnte nur noch lallen.
ろん 論〔議論〕die Diskussion -en;〔意見〕die Ansicht -en. ～より証拠 Tatsachen sind stärker als Worte. ～をまたない Es ist selbstverständlich (versteht sich von selbst), dass … 語形～ die Formenlehre. フリードリヒ・ニーチェ～ Über F.W. Nietzsche.
ろんがい 論外 ¶〔それは～だ〕〔疑う余地がない〕Das ist außer Frage. /〔考慮に値しない〕Das kommt nicht in Frage. / Das bleibt außer Betracht. /〔本題からそれている〕Das gehört nicht zur Sache. その問題は今は～に置く Davon ist jetzt nicht die Rede.
ろんかく 論客 der Polemiker (Debatter) -s, -.
ろんぎ 論議 die Diskussion -en; die Erörterung -en; die Debatte -n. ～する diskutieren; erörtern; debattieren. ～される zur Diskussion kommen*(s) (stehen*). ～の的 der Diskussionsgegenstand.
ろんきゅう 論及する zu sprechen kommen*(s)《auf 4格》.
ろんきゅう 論究する erörtern.
ろんきょ 論拠 der Beweisgrund -[e]s, ¨e; das Argument -s, -e. ～がしっかりしている〔人が主語〕stichhaltig argumentieren.
ロング ～セラー der Longseller -s, -. この芝居

は8箇月の～ランだった Das Stück hatte eine lange Laufzeit von acht Monaten.
ろんこく 論告 das Plädoyer -s, -s.　～する das Plädoyer halten*.
ろんし 論旨 der Hauptinhalt -s, -e.
ろんしゃ 論者 der Disputant -en, -en;〔筆者〕der Schreiber -s, -.
ろんしゅう 論集 gesammelte Abhandlungen.
ろんじゅつ 論述する dar|legen; erörtern.
ろんしょう 論証 die Beweisführung -en; die Argumentation -en.　～する beweisen*; argumentieren.
ろんじん 論陣 ¶堂堂の～を張る eine glänzende Polemik führen.
ろんずる 論ずる erörtern;〔論文などが〕handeln《von 3格; über 4格》.　～価値のある(ない) diskutabel (indiskutabel).　本書は近代芸術を論じたものである Das vorliegende Buch behandelt die moderne Kunst.
ろんせつ 論説〔新聞の〕der Leitartikel -s, -.　～委員 der Leitartikler.
ろんせん 論戦 das Wortgefecht -s, -e.
ろんそう 論争 die Polemik -en; die Disputation -en; der Streit -[e]s, -e.　～する mit jm. disputieren《über 4格》; mit jm. streiten*《über 4格》.　～の余地のない unbestreitbar; indisputabel.　～好きの streitsüchtig; polemisch.　～問題 die Streitfrage.

ろんだい 論題 das Thema -s, ..men (-ta).
ろんだん 論壇 die Kritikerwelt.
ろんちょう 論調 der Ton -[e]s.
ろんてき 論敵 der Kontrahent -en, -en.
ろんてん 論点 der Streitpunkt -[e]s, -e.
ロンド das Rondo -s, -s.
ろんなん 論難 die Anklage -n; scharfe Kritik -en; die Anfechtung -en.　～する an|klagen; scharf kritisieren; an|fechten*.
ろんぱ 論破 die Widerlegung -en.　～する widerlegen; entkräften.
ロンパース das Strampelhöschen -s, -.
ろんばく 論駁 die Widerlegung -en.　～する widerlegen; polemisieren《gegen 4格》.
ろんぴょう 論評 die Besprechung -en; die Rezension -en.　～する besprechen*; rezensieren; kritisieren.
ろんぶん 論文 die Abhandlung -en; der Aufsatz -es, ⸚e;〔エッセイ〕der (das) Essay -s, -s;〔新聞の〕der Artikel -s, -.　卒業～ die Diplomarbeit.　学位～ die Doktorarbeit; die Dissertation.
ろんぽう 論法 die Beweisführung -en; die Schlussfolgerung -en; die Logik.　三段～ der Syllogismus.
ろんり 論理 die Logik.　～的 logisch.　非～的 unlogisch.　～学 die Logik.　～学者 der Logiker.

わ

わ 把 das Bündel -s, -. 1~の柴(は) ein Bündel Reisig.

わ 和〔合計〕die Summe -n;〔和合〕die Eintracht; die Harmonie. ~を請う jn. um Frieden bitten*. ~を結ぶ mit jm. Frieden schließen*. 3と2の~は5 Drei und zwei ist (macht) fünf.

わ 輪 der Ring -es, -e;〔円〕der Kreis -es, -e;〔車輪〕das Rad -es, ⸚er;〔箍(たが)〕der Reifen -s, -. ~を描く einen Kreis beschreiben* (zeichnen). 空中に~を描いて飛ぶ in den Lüften kreisen (h; s). ~になる einen Kreis (Ring) bilden; sich zum Kreis schließen*. ~になって座る im Kreis sitzen*. ~を掛けて言う übertreiben*.

ワープロ〔ワードプロセッサー〕der Textautomat -en, -en.

わいきょく 歪曲する verdrehen; entstellen; fälschen.

ワイシャツ das Oberhemd -[e]s, -en.

わいしょう 矮小な zwerghaft.

わいせつ 猥褻な unzüchtig; obszön; schmierig. ~な小説 schlüpfriger Roman. ~文学 die Pornografie. ~罪 das Sittlichkeitsverbrechen.

わいだん 猥談 die Zote -n. ~をする Zoten reißen*.

ワイパー der [Scheiben]wischer -s, -.

わいほん 猥本 unzüchtige (pornografische) Schrift -en.

ワイヤ〔ロープ〕das Drahtseil -s, -e. ~ブラシ die Drahtbürste. ~レスマイク kabelloses Mikrofon.

わいろ 賄賂 Bestechungsgelder pl.; Schmiergelder pl. ~を贈る jn. bestechen*. ~をもらう sich bestechen lassen*. ~のきく bestechlich.

わいわい ~騒ぐ viel Lärm machen.

ワイン der Wein -es, -e. ~グラス das Weinglas.

わえい 和英辞典 japanisch-englisches Wörterbuch -[e]s, ⸚er.

わおん 和音 der Akkord -[e]s, -e. ~を出す einen Akkord an|schlagen*.

わが 我が・故郷 meine Heimat. ~校 unsere Schule. ~国(家)では bei uns. ~道を行く seinen [eigenen] Weg gehen*(s).

わかい 若い jung;〔未熟の〕unerfahren; unreif. ~番号 niedrige Nummer. 私の~時 in meiner Jugend; als ich jung war. ~時から von Jugend (von jung) auf. 彼は年の割に~ Er ist jünger als seine Jahre. / Er sieht jünger aus, als er ist. 彼女はまだ~気でいる Sie fühlt sich noch jung. ~のだから無理はない Ihn entschuldigt seine Jugend.

わかい 和解 die Versöhnung (Aussöhnung) -en,〔示談〕der Vergleich -[e]s, -e. ~させる jn. mit jm. versöhnen (aus|söhnen). ~する sich mit jm. versöhnen (aus|söhnen). ~が成立する Ein Vergleich kommt zustande. / Es kommt zur Versöhnung.

わがい 我が意 ¶~を得たりだ Das ist auch ganz meine Meinung.

わかいしゅ 若い衆 junger Bursche -n, -n.

わかがえる 若返る sich verjüngen. 人員を若返らせる das Personal verjüngen. 若返り療法 die Verjüngungskur. 彼はすっかり若返ったようだ Er sieht ganz verjüngt aus. 若返りの泉 der Jungbrunnen.

わかぎ 若木 junger Baum -es, ⸚e;〔苗木〕der Pflänzling -s, -e.

わかくさ 若草 junges (frisches) Gras -es, ⸚er.

わかげ 若気・の過(あやま)ちを犯す eine Jugendsünde begehen*. それは~の至りでした Ich habe es in meinem jugendlichen Leichtsinn getan.

わがこと 我が事 ¶彼は私の成功を~のように喜んだ Er hat sich über meinen Erfolg wie über seinen eigenen gefreut.

わかさ 若さ die Jugend; die Jugendlichkeit. ~を暴露する seine Unerfahrenheit verraten*.

わかざかり 若盛り ¶彼は~だ Er steht in der Blüte der Jugend.

わかじに 若死にする jung (zu früh) sterben* (s).

わかす 沸かす kochen. 湯を~ Wasser kochen. 聴衆を~ das Publikum in Aufregung bringen* (versetzen).

わかぞう 若造 das Greenhorn -s, -s; junger Dachs -es, -e; das Jüngelchen -s, -.

わかだんな 若旦那 junger Herr -n, -en.

わかつ 分かつ → 分ける. 黒白を~ Gut und Böse unterscheiden*.

わかづくり 若作りにする〔婦人が〕sich auf jung zurecht|machen.

わかて 若手の先生 junger Lehrer -s, -.

わかば 若葉 frische Blätter pl.; junges Laub -[e]s.

わかふうふ 若夫婦 junges Ehepaar -s, -e.

わがまま 我儘 der Eigensinn -[e]s; der Eigenwille -ns. ~な eigensinnig; eigenwillig. ~な子供 verwöhntes Kind. ~を言う(通う)seinen Kopf auf|setzen (durch|setzen). ~に育てる verziehen*; verwöhnen.

わがみ 我が身 ・を省みる über sich selbst nach|denken*. ~をつねって人の痛さを知れ Wer im Glashaus sitzt, soll andere nicht mit Steinen werfen.

わかめ 若芽 der Trieb -es, -e; der Schössling -s, -e. ~を出す neue Schosse treiben*.

わかもの 若者 der Jugendliche#; der Jüngling -s, -e; junge Leute pl.;〔集合的に〕die Jugend.

わがもの 我が物・にする sich³ an|eignen; sich³ zu Eigen machen;〔マスターする〕beherrschen. ～になる in meinen Besitz über|gehen*(s). ～顔に振舞う eigenmächtig handeln.

わがや 我が家 mein eigenes Haus -es. ～では bei uns. ～に帰る nach Hause gehen*(s); heim|gehen*(s). ～にまさる所はない Eigener Herd ist Goldes wert.

わかやぐ 若やぐ → 若返る.

わがよ 我が世の春を謳歌(おうか)する auf der Höhe seines Erfolgs stehen*.

わからずや 分らず屋 sturer Bock -[e]s, ⸚e.

わかり 分り・が早い(遅い) schnell (langsam) von Begriff sein*. ～が良い verständig sein*.

わかりきった 分り切った selbstverständlich; ganz einfach. ～間違いをする einen ganz einfachen Fehler machen. それは～事だ Das versteht sich [von selbst].

わかりにくい 分り難い schwer verständlich. それは～ Das ist schwer verständlich. / Das lässt sich schwer verstehen.

わかりやすい 分り易い leicht verständlich; einfach. 分り易く言えば einfacher ausgedrückt. それは～ Das lässt sich leicht verstehen.

わかる 分る〔理解する〕verstehen*; begreifen*; erfassen;〔認識する〕erkennen*. 音楽がよく～ viel Verständnis (Sinn) für Musik haben*. 声で君と分った An der Stimme habe ich dich erkannt. 彼は話の一男だ Er lässt mit sich reden. 彼の言う事が分りましたか Haben Sie ihn verstanden? どうしてよいか分らない Ich weiß nicht, was ich tun soll. / Ich weiß nicht ein noch aus. おぼろげに分ってくる [Bei] mir dämmert's. 分ったぞ Ich hab's [gefunden]! この死体が誰であるか分りますか Können Sie die Leiche identifizieren? 僕が誰だか～かい Kennst du mich? そうは行かぬ事はとうに分っていた Ich sah schon, so ist das nicht zu machen. この報告から分った Es zeigte sich, dass es ein Irrtum war. この報告から…ということが～ Aus dem Bericht ergibt sich, dass …

わかれ 別れ der Abschied -s. ～を告げる Abschied nehmen*《von 3格》. ～に際して zum (beim) Abschied. 今生の～ Abschied fürs Leben (für immer). ～の挨拶 der Abschiedsgruß. 母との～がつらい Die Trennung von meiner Mutter fällt mir schwer.

わかればなし 別れ話・を持ち出す die Scheidung beantragen. ～に応ずる in die Scheidung ein|willigen.

わかれみち 別れ道 der Scheideweg -[e]s, -e.

わかれめ 分れ目 der Scheidepunkt (Wendepunkt) -[e]s, -e. それが～だ Das ist der kritische Punkt.

わかれる 分れる sich teilen;〔別れる〕sich trennen; auseinander gehen*(s). 妻と～ sich von seiner Frau trennen (scheiden lassen*). ここで川は二つに～ Hier teilt (gabelt) sich der Fluss. それに関しては意見が分れている Darüber sind die Ansichten geteilt. 世界は資本主義と社会主義の陣営に分れた Die Welt ist in die Lager des Kapitalismus und des Sozialismus gespalten. 君と別れてからもう永いことになる Es ist schon lange her, dass ich dich zum letzten Mal gesehen habe. 客たちは各テーブルに分れて座った Die Gäste verteilten sich an die einzelnen Tische.

わかれわかれ 別れ別れになる auseinander kommen*(s); auseinander ziehen*(s).

わかわかしい 若々しい jugendlich; frisch. 彼女はいつ見ても～ Sie hat sich recht gut konserviert.

わき 脇 die Seite -n. ～の方に abseits; seit-ab. ～を通る vorbei|gehen*(s)《an 3格》. ～へ寄る auf die Seite (zur Seite) gehen*(s); beiseite treten*(s). ～へ置く beiseite legen. [小]～にかかえる unter dem Arm halten*; unter den Arm nehmen*. 彼の～に座る sich neben ihn setzen.

わき 和気藹藹(あいあい)と暮らす in glücklicher Harmonie miteinander leben.

わぎ 和議 Friedensverhandlungen pl.;〖法〗der Vergleich -[e]s, -e; der Akkord -[e]s, -e. ～を結ぶ Frieden (einen Vergleich) schließen*.

わきあがる 沸き上がる〔怒りなどが〕auf|wallen (s; h);〔霧・雷雲が〕hoch|ziehen*(s). 泡が～ Bläschen steigen brodelnd hoch. 歓声が沸き上がった Ein Jubelgeschrei erhob sich.

わきが 腋臭 der Achselgeruch -s.

わきかえる 沸き返る auf|wallen (s); brodeln. 大接戦に観衆は沸き返った Das harte Spiel hat die Zuschauer begeistert.

わきげ 腋毛 Achselhaare pl.

わきたつ 沸き立つ → 沸き返る.

わきのした 腋の下 die Achselhöhle -n.

わきばら 脇腹 die Seite -n. ～がちくちく痛む Es sticht mir (mich) in der Seite.

わきまえ 弁え・のある vernünftig; besonnen. 前後の～もなく rücksichtslos.

わきまえる 弁える wissen*; verstehen*;〔識別する〕unterscheiden*. 善悪を～ Gut und Böse unterscheiden*. 身の程を～ sich in Grenzen halten*. 道理を弁えろ Nimm doch Vernunft an! / Sei doch vernünftig!

わきみ 脇見をする beiseite sehen*; weg|blicken.

わきみち 脇道 der Seitenpfad -[e]s, -e. 彼の話はよく～にそれる Er schweift oft vom Thema ab.

わきめ 脇目も振らず勉強する sich seinen Studien ganz hin|geben*.

わきやく 脇役 die Nebenrolle -n.

わぎり 輪切りにする in Scheiben schneiden*.

わく 枠 der Rahmen -s, -;〔限界〕die Grenze

-n. ~に入れる ein|rahmen. ~に糸を巻く Garn auf eine Rolle wickeln. 常識の~をはみ出る aus dem Rahmen fallen*(s). …の~内で im Rahmen 《2 格》; innerhalb der Grenzen 《2 格》.

わく 沸く kochen. 湯が~ Das Wasser kocht. 風呂が沸いた Das Bad ist fertig. 観衆席がどっと沸いた Die Zuschauer brüllten Beifall.

わく 湧く 〔水が〕quellen*(s); 〔興味や闘志が〕erwachen (s). 水が地中から~ Das Wasser quillt aus der Erde. 彼の心にかすかな望みが湧いた Eine leise Hoffnung kam in (bei) ihm auf. この子供は虫が湧いている Das Kind hat Würmer.

わくせい 惑星 der Planet -en, -en.

ワクチン die Vakzine -n. ~注射をする jn. vakzinieren.

わくでき 惑溺する schwelgen 《in 3 格》.

わくわく ¶うれしさで胸が~する Das Herz hüpft mir vor Freude. 彼は胸を~させていた Er war voll[er] Erwartung.

わけ 訳 〔意味〕der Sinn -es, -e; 〔理由〕der Grund -es, ⸚e; 〔事情〕Umstände pl. どういう~で warum; aus welchem Grund. そういう~で so; also; aus diesem Grund. ~の分らない事を言う etwas Albernes reden. ~[の]ない仕事 leichte (einfache) Arbeit. これはどうした~だ Was soll das bedeuten? それには何か~がありそうだ Das lässt tief blicken. なるほど彼が怒る~だ Er hat allen Grund, böse zu sein. 彼は~もなく解雇された Er wurde ohne [jeden] Grund entlassen.

わけあう 分け合う 《sich³》 et. mit jm. teilen; sich mit jm. in et. teilen. 我我は利益を分け合った Wir teilten den Gewinn untereinander (unter uns).

わけいる 分け入る ¶森の中へ~ in den Wald hinein|gehen*(s).

わけても 分けても vor allem; unter ander[e]m (ander[e]n).

わけなく 訳なく mit Leichtigkeit.

わけへだて 分け隔てなく unparteiisch; gerecht.

わけまえ 分け前 der Anteil -s, -e. ~にあずかる Anteil haben* 《an 3 格》.

わけめ 分け目 〔髪の〕der Scheitel -s, -. これは天下の~の戦いになるだろう Das wird einen Kampf auf Biegen oder Brechen geben.

わける 分ける teilen. 三つに~ et. in 3 Teile teilen. 金を貧しい人人に~ Geld an (unter) die Armen verteilen. カルタを~ die Karten verteilen. 髪を~ 《sich³》 das Haar scheiteln. 茂みを分けて進む das Dickicht durchdringen*. 我我は利益を四人で~ Wir teilen den Gewinn unter 4 Personen. 山脈が両国を分けている Das Gebirge trennt die beiden Länder.

わごう 和合して暮らす in Eintracht leben; gut miteinander harmonieren.

わこうど 若人 der Jugendliche#; der Jüng-

ling -s, -e; 〔集合的に〕die Jugend.

わゴム 輪ゴム der Gummiring -[e]s, -e.

わざ 業 〔術〕die Kunst ⸚e; 〔仕事〕das Werk -es, -e; die Arbeit -en. ~をためす seine Künste erproben 《an 3 格》. ~を磨く seine Fertigkeiten aus|feilen. 憎しみのなせる~ ein Werk des Hasses. それは容易な~ではない Das ist keine leichte Arbeit. 彼は人間~とは思えない努力をした Er hat sich übermenschlich angestrengt.

わざと 態と absichtlich; vorsätzlich. ~らしい gemacht; gewollt; geschraubt; unnatürlich.

わさび 山葵 der Meerrettich -s, -e.

わざわい 災（禍） das Unglück -s, -e; der Unfall -[e]s, ⸚e. ~を取り除く ein Übel beseitigen. ~を転じて福となす aus der Not eine Tugend machen.

わざわざ ¶私はそのために~来たのです Ich bin deswegen eigens hierher gekommen.

わし 鷲 der Adler -s, -. ~鼻 die Adlernase; die Habichtsnase. ~づかみにする packen; derb fassen.

わし 和紙 das Japanpapier -s, -.

わじゅつ 話術 die Sprechkunst.

わずか 僅か nur. ~の gering; wenig; klein. ~な財産 ein kleines Vermögen. ~の間に in kurzer Zeit. ~なもので間に合わせる mit wenig[em] aus|kommen*(s). ~に身をもって逃れる mit knapper Not davon|kommen*(s). ~20 円しか持ち合わせがない Ich habe nur 20 Yen bei mir.

わずらう 煩う 〔病む〕krank sein*. 胸を~ an der Lungenschwindsucht leiden*; es auf der Brust haben*.

わずらわしい 煩わしい lästig; mühevoll; beschwerlich.

わずらわす 煩わす jn. bemühen 《wegen 2 格; in 3 格》; jm. Mühe geben* (machen) 《um 2 格; mit 3 格》. jn. belästigen 《mit 3 格》. 母親は子供たちのために心を煩わしている Die Mutter ist um ihre Kinder besorgt. 拙宅までご足労を煩わしたい Bemühen Sie sich zu mir! 校正は N 氏とあなたに Die Korrektur verdanken wir Herrn N.

わする 和する mit jm. [gut] harmonieren. 一同相和して歌う Alle singen einstimmig.

わすれがたい 忘れ難い unvergesslich.

わすれがたみ 忘れ形見 das Andenken -s, -; 〔遺児〕hinterlassenes Kind -es, -er.

わすれっぽい 忘れっぽい ¶彼は~ Er ist vergesslich. / Er vergisst leicht. / Er hat ein kurzes Gedächtnis.

わすれなぐさ 勿忘草 das Vergissmeinnicht -s, -[e].

わすれる 忘れる vergessen*. 恩を~ jm. undankbar sein*. きれいに~ glatt vergessen. 話に夢中になって仕事を~ über dem Erzählen die Arbeit vergessen*. 約束を忘れないように注意する jn. an sein Versprechen erinnern. 彼は笑いを忘れた Er hat das Lachen verlernt.

電車に傘を忘れた In der Bahn habe ich meinen Regenschirm stehen lassen (liegen lassen). 私のことを忘れないで下さい Gedenke meiner!

わせ 早稲の frühreif.

わせい 和声 die Harmonie -n. ～学 die Harmonielehre.

わせい 和製の in Japan gemacht.

ワセリン das Vaselin -s.

わた 綿 die Baumwolle; 〔詰め綿〕 die Watte. ～を入れる *et.* mit Watte füttern. ～のように疲れている todmüde sein*; wie gerädert sein*.

わだい 話題 der Gesprächsgegenstand -[e]s, ¨e;〔話の種〕der Gesprächsstoff -s, -e. ～が尽きる nichts mehr zu sprechen haben*. ～に上る(する) zur Sprache kommen*(s) (bringen*). ～を変える das Thema wechseln. 町中の～になる zum Gespräch der ganzen Stadt werden*(s). 彼は～が豊富な人だ Er hat reichlich Stoff zum Reden. 彼のことが～になった Von ihm war die Rede. ～の人物 die in Rede stehende Person.

わだかまり 蟠りがある Misstrauen (etwas) gegen *jn.* haben*.

わだかまる 蟠る ¶ 両国間にはなお敵対感情が蟠っている Zwischen beiden Ländern herrscht noch alte Feindschaft.

わたくし 私 ich. ～の息子 mein Sohn. ～のない selbstlos. 公金を～する öffentliche Gelder veruntreuen (unterschlagen*). ～個人としては ich für meine Person. ～事 private Angelegenheit. ～は構いません Meinetwegen! ～の為すべきことを果した Ich habe das Mein[ig]e getan.

わたくししょうせつ 私小説 der Ich-Roman -[e]s, -e.

わたぐも 綿雲 die Schäfchenwolke -n.

わたげ 綿毛 der Flaum -[e]s; die Daune -n. ～のような flaumweich; daunenweich.

わたし 渡し・舟・津 die Fähre -n; das Fährboot -[e]s, -e. ～舟で運ぶ mit der Fähre hinüber|schaffen. ～守 der Fährmann. ～賃 das Fährgeld. 工場～ ab Werk.

わたす 渡す ¶ 渡し舟で～ *jn.* mit der Fähre über|setzen. 請願書を～ eine Bittschrift übergeben*. 金を～ das Geld aus|händigen. 川に橋を～ eine Brücke über einen Fluss schlagen*.

わだち 轍 die Radspur -en.

わたり 渡り・をつける eine Verbindung mit *jm.* an|knüpfen. ～に舟と話に乗る bereitwillig auf ein Anerbieten ein|gehen*(s).

わたりあう 渡り合う〔議論をする〕sich mit *jm.* streiten* (auseinander setzen)《über 4格》. 一人で四人の敵と渡り合った Er kämpfte allein gegen 4 Gegner.

わたりあるく 渡り歩く wandern (s). ドイツを～ durch Deutschland wandern (s). 職場を～ seine Stellung häufig wechseln.

わたりどり 渡り鳥 der Zugvogel -s, ¨.

わたりもの 渡り者〔流れ者〕der Vagabund -en, -en;〔よそ者〕der Fremde*.

わたりろうか 渡り廊下 der Verbindungsgang -[e]s, ¨e.

わたる 渡る ¶ 道路を～ über die Straße hinüber|gehen*(s). 橋を～ über eine Brücke gehen* (fahren*) (s). 湖を泳いで～ über den See schwimmen*(s). ブラジルへ～ nach Brasilien gehen*(s). 小川を歩いて～ durch einen Bach waten (s). 鳥は秋には南へ～ Die Vögel ziehen im Herbst nach dem Süden. この絵は中国から渡って来た Dieses Gemälde wurde aus China herübergebracht. 実力が無ければ世の中は渡れない Ohne Fähigkeiten kann man sich durch die Welt nicht schlagen*. 私の記録は2年に～ Meine Aufzeichnungen erstrecken sich über 2 Jahre. ～世間に鬼は無い Güte trifft man allerwege. / Überall findet man gute Menschen.

ワックス das Wachs -es. 床に～を塗る den Fußboden wachsen.

ワッセルマン ～反応 die wassermannsche Reaktion.

わっと ～泣き出す in Tränen aus|brechen*(s).

ワット 〔電〕das Watt -s, - (記号：W). 100～の電球 die Birne von 100 Watt.

ワッフル die Waffel -n.

ワッペン das Wappen -s, -.

わとう 話頭を転ずる das Thema wechseln.

わどく 和独辞典 japanisch-deutsches Wörterbuch -[e]s, ¨er.

わどめ 輪留め〔車の〕der Bremsklotz -es, ¨e.

わな 罠 die Falle -n; die Schlinge -n. 狐に～を掛ける Fallen für Füchse [auf|]stellen. ～に掛かる in die Falle gehen* (geraten*) (s). 人を～に掛ける *jm.* eine Falle stellen. ～に誘う *jn.* in eine Falle (einen Hinterhalt) locken.

わなげ 輪投げをする Ringe werfen*.

わななく ¶ 恐怖に～ Ich schaudere (Mich Mir) schaudert) vor Entsetzen.

わなわな ～震える wie Espenlaub zittern.

わに 鰐 das Krokodil -s, -e;〔アメリカ・中国の〕der Alligator -s, -en. ～皮 das Krokodilleder.

ワニス der Firnis -ses, -se.

わび 詫び die Entschuldigung -en; die Abbitte. ～を入れる *jn.* um Verzeihung bitten*《für 4格》; [bei] *jm.* Abbitte tun*《für 4格》. ～状 der Entschuldigungsbrief.

わびしい 侘しい einsam; öde. ～気持 ödes Gefühl. 侘しく暮らす ein einsames Leben führen; einsam leben.

わびずまい 侘び住まい ärmliche Behausung -en. 田舎に～をする einsam auf dem Lande leben.

わびる 詫びる *jn.* um Verzeihung (Entschuldigung) bitten*《wegen 2格; für 4格》; sich bei *jm.* entschuldigen《wegen 2格; für 4格》.

わふう 和風の im japanischen Stil.

わぶん 和文独訳 die Übersetzung aus dem Japanischen ins Deutsche.

わほう 話法 die Redeweise -n; 〖文法〗der Modus -, ..di.

わぼく 和睦〔講和〕der Frieden -s; 〔和解〕die Versöhnung -en. ～する mit jm. Frieden schließen*; sich mit jm. versöhnen.

わめく 喚く schreien*; brüllen.

わやく 和訳する ins Japanische übersetzen.

わようせっちゅう 和洋折衷の im halbeuropäischen Stil.

わら 藁 das Stroh -[e]s. ～製の strohern; aus Stroh. ～ぶき屋根 das Strohdach. ～人形 die Strohpuppe. ～蒲団 der Strohsack. 溺れる者は～をもつかむ Der Ertrinkende greift nach einem Strohhalm.

わらい 笑い das Lachen -s. ～を噛(か)み殺す sich¹ das Lachen verbeißen*. ～を誘う Lachen erregen. ～が止まらない aus dem Lachen nicht heraus|kommen*(s). ～ものにする blamieren; lächerlich machen.

わらいがお 笑い顔 lachendes Gesicht -s, -er.

わらいぐさ 笑い草・にする jn. (et.) lächerlich machen; et. ins Lächerliche ziehen*. とんだお～だ Es ist doch zum Lachen.

わらいごえ 笑い声 das Lachen -s; der Lacher -s; das Gelächter -s.

わらいこける 笑いこける kaputt|lachen; sich scheckig lachen.

わらいごと 笑い事じゃない Hier gibt es nichts zu lachen.

わらいころげる 笑い転げる sich vor Lachen wälzen.

わらいじょうご 笑い上戸 der Lachlustige⁸.

わらいばなし 笑い話 komische Geschichte -n.

わらう 笑う lachen. にこにこ～ lächeln. にやにや～ schmunzeln; grinsen. 大声をあげて～ aus vollem Halse lachen. ～べき lächerlich. 僕は～どころではない Mir ist nicht zum Lachen. 涙が出るほど笑った Wir lachten Tränen. 笑わずにいられない Ich kann mich vor Lachen nicht halten. 今泣いた烏がもう～ Bei Kindern steckt Lachen und Weinen in einem Sack. ～門には福来たる Dem Fröhlichen ist das Glück hold.

わらじ 草鞋 die Strohsandale -n.

わらじむし 草鞋虫 die Kellerassel -n.

わらび 蕨 der Adlerfarn -s, -e.

わらわせる 笑わせる jn. zum Lachen bringen*. 彼が社長だって? ～じゃないか Ist er Direktor? Das ist doch zum Lachen.

わり 割 1日1000円の～で täglich 1000 Yen. 1～の利子で金を貸す Geld zu 10% Zinsen aus|leihen*. 部屋～をする die Zimmer verteilen. ～のよい仕事 lohnende Arbeit. 仕事の～に賃金が少ない Im Verhältnis zur Arbeit ist der Lohn zu gering. / Der Lohn steht in keinem Verhältnis zur Arbeit. 年の～に彼は元気だ Für sein Alter ist er rüstig. それは～に合わない Das lohnt sich nicht (macht sich nicht bezahlt).

わりあい 割合 das Verhältnis -ses, -se. ～に verhältnismäßig. 3対2の～で im Verhältnis von 3 zu 2. 一定の～で分配する et. nach (in) einem bestimmten Verhältnis verteilen. 彼は～元気だ Es geht ihm ziemlich (verhältnismäßig) gut.

わりあて 割当 die Verteilung -en; der Anteil -s, -e. ～量(額) das Kontingent; die Quote.

わりあてる 割り当てる zu|teilen; zu|weisen*. 役を～ jm. eine Rolle zu|teilen. 見張り番を～ jn. zum Wachdienst ein|teilen. 費用は全会員に割り当てられた Die Kosten verteilten sich auf alle Mitglieder.

わりかん 割り勘にする getrennte Kasse machen (führen); getrennt zahlen.

わりきる 割り切る sachlich bleiben*(s). 割り切って考える nüchtern betrachten (beurteilen).

わりきれる 割り切れる 〖数〗auf|gehen*(s). 4は2で～ 4 ist durch 2 teilbar. 彼の言うことを聞いてもまだ割り切れない Seine Worte klingen nicht recht überzeugend. 割り切れない気持で mit geteilten Gefühlen.

わりこむ 割り込む sich ein|schieben*《in 3格》.

わりざん 割り算 die Division -en; die Teilung -en. → 割る.

わりだか 割高な verhältnismäßig teuer.

わりだす 割り出す aus|rechnen. 〔推論する〕et. folgern (schließen*) 《aus 3格》.

わりつけ 割付 das Layout -s, -s. ～をする das Layout machen; et. layouten.

わりびき 割引 der Rabatt -s, -e; die Ermäßigung -, -en; 〔手形の〕die Diskontierung -en. ～して(2～で)売る zu ermäßigtem Preis (mit 20 Prozent Rabatt) verkaufen. ～なしの値段で zu vollem Preis. 当店では全品1～致します Wir geben auf (für) alle Waren 10 Prozent Rabatt. ～券 der Ermäßigungsbon. ～料〔手形の〕der Diskont.

わりびく 割り引く ¶或る商品を5%～ eine Ware mit 5 Prozent rabattieren. 或る商品の値段を10%～ den Preis für eine Ware um 10 Prozent ermäßigen.

わりふ 割符 das Kerbholz -es, ¨er.

わりふる 割り振る → 割り当てる.

わりまえ 割り前 die Quote -n. → 分け前.

わりまし 割増 der Zuschlag -[e]s, ¨e. ～金 die Prämie. 値段が10%～になる Auf den Preis werden [noch] 10% zugeschlagen.

わりもどし 割り戻し〔金〕der Rabatt -s, -e.

わりもどす 割り戻す ¶メーカーから小売店に13%割り戻される Der Hersteller gibt dem Einzelhandel 13 Prozent Rabatt.

わりやす 割安な preisgünstig.

わる 割る〔こわす〕zerbrechen*. 薪(まき)を～ Holz spalten*. くるみを～ eine Nuss knacken. 卵を～ ein Ei auf|schlagen*.

インを水で～ Wein mit Wasser vermischen. 二つに～ et. in zwei Teile teilen. 頭数で～ et. pro Kopf verteilen. 腹を割って話す sich sehr freimütig äußern; frisch (frei) von der Leber weg reden. 10を2で～と5 Zehn geteilt (dividiert) durch zwei ist fünf (10:2 =5). 株価が200円を割った Die Aktien sind unter 200 Yen gesunken.

わるあがき 悪足掻きはやめろ Hör doch endlich mit diesem Krampf auf!

わるい 悪い schlecht; böse; arg; schlimm. 心臓が～ herzkrank sein*. 仲間のうけが～ Er ist bei seinen Kameraden nicht gut angeschrieben. ～結果となる ein schlechtes Ende nehmen*; schlecht aus|gehen*(s). 私は何も～事をしなかった Ich habe nichts Übles (Schlechtes) getan. 私が悪かったのです Ich bin daran schuldig. 悪くないね [Das ist] nicht schlecht. それで何が～ Was schadet das? ～けど失礼するよ [Es] tut mir Leid, aber ich muss jetzt gehen. ほめられて～気がしなかった Ich fühlte mich geschmeichelt, als man mich lobte. ～時に来たかな Komme ich unrecht?

わるがしこい 悪賢い schlau; verschlagen; tückisch; gerissen; listig.

わるぎ 悪気・のない harmlos. ～があったわけではない Es ist nicht böse gemeint.

わるく 悪く・言う über jn. schlecht sprechen*. ～思う von jm. schlecht denken*. ～思わないでくれ Sei nicht böse!　～取る jm. et. übel nehmen*; jm. et. übel vermerken. 肉が～った Das Fleisch ist verdorben (schlecht geworden).

わるくする 悪くする〔立場・状態などを〕verschlechtern. 目(胃)を～ sich³ die Augen (den Magen) verderben*. ～と Wenn es schlecht geht, ...; schlimmstenfalls; im schlimmsten Fall.

わるくち 悪口を言う über jn. schlecht reden (sprechen*).

わるさ 悪さをする jm. einen Streich spielen.

わるだくみ 悪巧み die Arglist; die Tücke -n.

わるぢえ 悪知恵 die Schlauheit; die Schläue; die List. ～をつける jm. einen listigen Rat geben*. ～のある ～悪賢い.

ワルツ der Walzer -s, -. ～を踊る [einen] Walzer tanzen.

わるびれる 悪びれる ¶悪びれずに ohne Scheu; unbefangen.

わるふざけ 悪ふざけをする jm. einen Schabernack (Streich) spielen.

わるもの 悪者 schlechter Mensch -en, -en; der Bösewicht -[e]s, -er.

われ 我 ich. ～を忘れる außer sich³ sein*; sich vergessen*. ～に帰る wieder zu sich³ kommen*(s). ～と思わん者は… Wer selbstsi-

cher ist, ...

われかえる 割れ返るような拍手を浴びる mit einem Beifallssturm belohnt werden*(s受).

われがち 我勝ちに争う sich reißen*《um 4格》.

われがね 破鐘のような声で mit Donnerstimme.

われさき 先先 ¶誰もが～に戸口から外へ出ようとした Jeder wollte als Erster zur Tür hinaus.

われしらず 我知らず unbewusst; unwillkürlich.

われながら 我ながら恥ずかしい Ich schäme mich vor mir selbst.

われなべ 破れ鍋にとじ蓋 Jeder Topf findet seinen Deckel.

われめ 割れ目 der Riss -es, -e; der Spalt -s, -e; die Kluft ⸗e.

われもこう 吾亦紅 der Pimpernell -s, -e.

われやすい 割れ易い zerbrechlich.

われる 割れる〔こわれる〕[zer]brechen*(s); [裂ける] sich [zer]spalten*⁽⁾. 粉々に～ [zer]splittern ⟨s⟩. 世界は二つに割れた Die Welt spaltete sich in zwei Parteien. 彼の演説は～な喝采(かっさい)を浴びた Seine Rede wurde mit einem Beifallssturm belohnt. 頭が～ように痛い Ich habe rasende Kopfschmerzen. 6で～数はすべて2でも～ Jede Zahl, die durch 6 teilbar ist, kann auch durch 2 geteilt werden.

われわれ 我我 wir. ～日本人 wir Japaner. ～の unser.

わん 湾 die Bucht -en; der Golf -[e]s, -e. 東京～ die Bucht von Tokyo. メキシコ～ der Golf von Mexiko.

わん 椀 die Holzschale -n.

わんきょく 湾(彎)曲した gebogen.

わんさ ～と in Menge.

ワンサイド・ゲーム einseitiges Spiel -s, -e.

わんしょう 腕章 die Armbinde -n.

ワンダーフォーゲル der Wandervogel -s, ⸗.

ワンタッチ ～で mit einem Fingerdruck.

わんぱく 腕白・な ungezogen; unartig. ～小僧 ungezogenes Kind; kleiner Kobold; der Lausbub.

ワンピース [einteiliges] Kleid -es, -er.

ワンマン der Autokrat -en, -en. ～バス der Einmannbus. ～ショー die One-man-Show ['wʌnˈmænˌʃoʊ] -s.

わんりょく 腕力 die Brachialgewalt. ～に訴える mit Brachialgewalt vor|gehen*(s). 激しい口論の末～沙汰(ざた)になった Nach erregtem Wortwechsel wurden sie handgemein.

ワンルーム ～の住居 die Kleinstwohnung -en.

わんわん wau, wau!; [犬の小児語] der Wauwau -s, -s. ～泣く Rotz und Wasser heulen.

付　録

世界主要地名	658
手紙の書き方	666
会話慣用表現	672
文型一覧	679
つづりの分け方	682
文法摘要	683
主要強変化・不規則変化動詞表	694

天体記号	227
ローマ数字	356
ヨーロッパ各国の通貨単位	475
数学記号	604

世 界 主 要 地 名

1. 通常定冠詞とともに用いるものには原則としてそれを付した.
2. 首都には〔　〕内にそれぞれの国名を記した.
3. ＊印は国名を示す. ただし国名が首都名と同一の場合には。を用いた.

ア

アーヘン Aachen
＊アイスランド Island
＊アイルランド Irland
アウクスブルク Augsburg
アウステルリッツ Austerlitz
アクラ Accra 〔ガーナ〕
アコンカグア山 der Aconcagua
アジア Asien
アジスアベバ Addis Abeba 〔エチオピア〕
アシハバード Aschchabad 〔トルクメニスタン〕
アスワン Assuan
アスンシオン Asunción 〔パラグアイ〕
＊アゼルバイジャン Aserbaidschan
アゾフ海 das Asowsche Meer
アゾレス諸島 die Azoren pl.
アッシリア Assyrien
アテネ Athen 〔ギリシア〕
アデン Aden
アトランタ Atlanta
アドリア海 das Adriatische Meer
アバダン Abadan
アパラチア山脈 die Appalachen pl.
アピア Apia 〔西サモア〕
アビジャン Abidjan 〔コートジボワール〕
＊アフガニスタン Afghanistan
アフリカ Afrika
アペニン山脈 die Apenninen pl.
アマゾン川 der Amazonenstrom
アムール川 der Amur
アムステルダム Amsterdam 〔オランダ〕
アメリカ Amerika
＊アメリカ合衆国 die Vereinigten Staaten von Amerika (略: USA) pl.
アラスカ Alaska
アラビア Arabien
＊アラブ首長国連邦 die Vereinigten Arabischen Emirate
アラル海 der Aralsee
アリューシャン列島 die Aleuten pl.
アルザス das Elsass
アルザス・ロレーヌ Elsass-Lothringen
アルジェ Algier 〔アルジェリア〕
＊アルジェリア Algerien
＊アルゼンチン Argentinien
アルタイ山脈 der Altai
＊アルバニア Albanien
アルプス山脈 die Alpen pl.
アルマアタ Alma-Ata 〔カザフスタン〕
＊アルメニア Armenien
アレクサンドリア Alexandrien
アンカラ Ankara 〔トルコ〕
アンカレジ Anchorage
＊アンゴラ Angola
アンタナナリボ Antananarivo 〔マダガスカル〕
アンダマン諸島 die Andamanen pl.
アンダルシア Andalusien
＊アンティグア バーブーダ Antigua und Barbuda
アンデス山脈 die Anden pl.
。アンドラ Andorra
アントワープ Antwerpen
アンナプルナ山 der Annapurna
安南 Annam
アンマン Amman 〔ヨルダン〕

イ

イエナ Jena
＊イエメン [der] Jemen
イオニア Ionien
＊イギリス England (正称: das Vereinigte Königreich Großbritannien und Nordirland)
イスタンブール Istanbul
＊イスラエル Israel
イスラマバード Islamabad 〔パキスタン〕
＊イタリア Italien
イベリア半島 die Iberische Halbinsel
＊イラク [der] Irak
イラワジ川 der Irawadi
＊イラン [der] Iran
イルクーツク Irkutsk
インダス川 der Indus
＊インド Indien
インドシナ Indochina
＊インドネシア Indonesien
インド洋 der Indische Ozean
インパール Imphal

ウ

ウィースバーデン Wiesbaden
ウィーン Wien 〔オーストリア〕
ウィスワ川 die Weichsel
ウィッテンベルク Wittenberg
ウィンザー Windsor
ウィントフーク Windhuk 〔ナミビア〕
ウェーク島 Wake
ウェールズ Wales
ウェリントン Wellington 〔ニュージーランド〕
ウォルムス Worms
＊ウガンダ Uganda
＊ウクライナ die Ukraine
ウスクダール Üsküdar
＊ウズベキスタン Usbekistan
ウラジオストク Wladiwostok

世界主要地名

ウラル山脈 der Ural
ウランバートル Ulan Bator [モンゴル]
*ウルグアイ Uruguay

エ

英仏海峡 der Ärmelkanal
エーゲ海 das Ägäische Meer
*エクアドル Ekuador
*エジプト Ägypten
エジンバラ Edinburgh
*エストニア Estland
*エチオピア Äthiopien
エッセン Essen
エトナ山 der Ätna
エトロフ島 Iturup
エニセイ川 der Jenissei
エニウェトク Eniwetok
エベレスト山 der Mount Everest
*エリトリア Eritrea
エルアイウン El Aiun [西サハラ]
*エルサルバドル El Salvador
エルサレム Jerusalem [イスラエル]
エルバ島 Elba
エルベ川 die Elbe
エルリヤド Er-Riad → リヤド
エレバン Jerewan [アルメニア]

オ

オアフ島 Oahu
鴨緑江 der Jalu
オークランド Auckland;〔アメリカの〕Oakland
*オーストラリア Australien
*オーストリア Österreich
オーデル川 die Oder
オーベルニュ Auvergne
小笠原諸島 die Ogasawara-Inseln (Bonin-Inseln) pl.
オスロ Oslo [ノルウェー]
オセアニア(大洋州) Ozeanien
オタワ Ottawa [カナダ]
オックスフォード Oxford
オデッサ Odessa
オビ川 der Ob
オホーツク海 das Ochotskische Meer
オマーン Oman
オムスク Omsk
*オランダ Holland (die Niederlande pl.)
オリエント der Orient
オリンポス山 der Olymp
オルレアン Orleans

カ

*ガーナ Ghana
*ガイアナ Guyana
海南島 Hainan
開封 Kaifeng
カイロ Kairo [エジプト]
*カザフスタン Kasachstan
カサブランカ Casablanca
カシミール Kaschmir
カストリーズ Castries [セントルシア]
カスピ海 das Kaspische Meer
*カタール Katar
ガダルカナル島 Guadalcanal
カトマンズ Katmandu [ネパール]
*カナダ Kanada
カナリア諸島 die Kanaren pl.
カナン Kanaan
カブール Kabul [アフガニスタン]
*カボベルデ Kap Verde (Cabo Verde)
ガボローネ Gaborone [ボツワナ]
*ガボン Gabun
カムチャツカ Kamtschatka
*カメルーン Kamerun
カラカス Caracas [ベネズエラ]
カラコルム山脈 der Karakorum
カラチ Karatschi
カラフト(樺太) → サハリン
カリブ海 das Karibische Meer
カルカッタ Kalkutta
カルタゴ Cartago
カルパチア山脈 die Karpaten pl.
カレー Calais
カロリン諸島 die Karolinen pl.
漢口 Hankow
*韓国 Südkorea
ガンジス川 der Ganges
カンタベリー Canterbury
カンチェンジュンガ山 der Kangchendzönga
カンヌ Cannes
カンパラ Kampala [ウガンダ]
*ガンビア Gambia
*カンボジア Kambodscha

キ

キール Kiel
キエフ Kiew [ウクライナ]
キガリ Kigali [ルワンダ]
キシニョフ Kischinew [モルドバ]
北アイルランド Nordirland
北アメリカ Nordamerika
*北朝鮮(朝鮮民主主義人民共和国) Nordkorea (die Demokratische Volksrepublik Korea)
キト Quito [エクアドル]
*ギニア Guinea
*ギニア ビサウ Guinea-Bissau
*キプロス Zypern
喜望峯 das Kap der Guten Hoffnung
キャンベラ Canberra [オーストラリア]
*キューバ Kuba
九竜 Kaulun
*ギリシア Griechenland
*キリバス Kiribati
キリマンジャロ山 der Kilimandscharo
*キルギスタン Kirgisien
ギルバート諸島 die Gilbert-Inseln pl.
キングズタウン Kingstown [セントビンセント]
キングストン Kingston [ジャマイカ]
キンシャサ Kinshasa [コンゴ]

ク

- ○グアテマラ Guatemala
- グアム島 Guam
- クアラ ルンプール Kuala Lumpur [マレー]
- ○クウェート Kuwait
- クック諸島 die Cook-Inseln *pl.*
- グラスゴー Glasgow
- グラナダ Granada
- クリーブランド Cleveland
- グリーンランド Grönland
- クリスマス島 die Christmas-Insel
- グリニッジ Greenwich
- クリミア die Krim
- *グルジア Georgien
- クレタ島 Kreta
- *グレナダ Grenada
- *クロアチア Kroatien

ケ

- ケーニヒスベルク Königsberg
- ケープタウン die Kapstadt
- ケソン Quezon City
- ゲッティンゲン Göttingen
- *ケニア Kenia
- ケベック Quebec
- ケルン Köln
- ケンブリッジ Cambridge

コ

- ゴア Goa
- 黄河 der Hwangho
- 紅海 das Rote Meer
- 広州 Kanton
- 杭州 Hangtschou
- コーカサス山脈 der Kaukasus
- *コートジボワール(象牙海岸) die Côted'Ivoire
- 黒龍江 → アムール川
- 黒海 das Schwarze Meer
- *コスタリカ Kostarika (Costa Rica)
- ゴドウィンオーステン山 der Mount Godwin Austen
- コナクリ Conakry [ギニ]
- ゴビ砂漠 die Gobi
- コペンハーゲン Kopenhagen [デンマ]
- *コモロ die Komoren *pl.*
- コリント Korinth
- コルシカ島 Korsika
- コルドバ Cordoba
- *コロンビア Kolumbien
- コロンボ Colombo [スリラ]
- *コンゴ Kongo
- コンゴ川 der Kongo
- コンスタンチノープル Konstantinopel → イスタンブール
- 昆明 Kunming
- 崑崙山脈 der Kunlun

サ

- ザール地方 das Saarland
- *ザイール Zaire
- サイゴン Saigon
- 済州島 Tschedschu
- サイパン島 Saipan
- *サウジアラビア Saudi-Arabien
- ザクセン Sachsen
- ザグレブ Zagreb [クロア]
- サヌア San'a [イエ]
- サハラ砂漠 die Sahara
- サハリン Sachalin
- サマルカンド Samarkand
- サモア群島 die Samoa-Inseln *pl.*
- サラエボ Sarajevo [ボスニア ヘルツェゴビナ]
- サラミス Salamis
- サラワク Sarawak
- ザルツブルク Salzburg
- サルデーニャ Sardinien
- サルバドル → エルサルバドル
- サンクトペテルブルグ Sankt Petersburg
- 珊瑚海 das Korallenmeer
- サンサルバドル San Salvador [エルサル バドル]
- サンティアゴ Santiago [チ]
- サントス Santos
- サントドミンゴ Santo Domingo [ドミ ニカ]
- サントメ São Tomé [サントメ プリンシペ]
- サントメ プリンシペ São Tomé und Príncipe
- サンパウロ São Paulo
- *ザンビア Zambia
- サンフランシスコ San Franzisko
- サンホセ San José [コスタ リカ]
- ○サンマリノ San Marino

シ

- シアトル Seattle
- ジェノバ Genua
- *シエラレオネ Sierra Leone
- 死海 das Tote Meer
- シカゴ Chicago
- シシリー島 Sizilien
- シッキム Sikkim
- シドニー Sydney
- シナイ山 der Sinai
- ○ジブチ Djibouti (Dschibuti)
- ジブラルタル Gibraltar
- シベリア Sibirien
- ジャカルタ Djakarta [インド ネシア]
- *ジャマイカ Jamaika
- シャム Siam → タイ
- ジャワ Java
- 上海 Schanghai
- シュツットガルト Stuttgart
- ジュネーブ Genf
- シュレジア Schlesien
- シレスウィヒ・ホルシュタイン Schleswig-Holstein
- シュワーベン Schwaben
- ジョージタウン Georgetown [ガイ アナ]
- *シリア Syrien
- ○シンガポール Singapur
- 仁川 Intschön
- *ジンバブエ Simbabwe (Zimbabwe)

ス

- *スイス die Schweiz
- *スウェーデン Schweden
- *スーダン [der] Sudan
- スエズ運河 der Suezkanal
- スカンディナビア Skandinavien
- スコットランド Schottland
- スコピエ Skopje [スコピエ]
- ストックホルム Stockholm [ストク]
- ストラスブール Straßburg
- スバ Suva [スヴァ]
- スパルタ Sparta
- *スペイン Spanien
- スマトラ Sumatra
- スラバヤ Surabaja
- *スリナム Surinam
- *スリランカ(セイロン) Sri Lanka
- *スロバキア die Slowakei
- *スロベニア Slowenien
- *スワジランド Swasiland

セ

- セイロン Ceylon
- *セーシェル die Seychellen *pl.*
- セーヌ川 die Seine
- *赤道ギニア Äquatorialguinea
- *セネガル Senegal
- セバストポリ Sewastopol
- セルビア Serbien
- セレベス島 Celebes
- セントジョージズ Saint George's [ジョジズ]
- *セントビンセント Saint Vincent
- セントヘレナ島 Sankt Helena
- セントポール Saint Paul
- セントルイス Saint Louis
- *セントルシア Saint Lucia

ソ

- 象牙海岸 die Elfenbeinküste → コートジボワール
- 宗谷海峡 die La-Pérouse-Straße
- ソウル Seoul [韓国]
- 蘇州 Sutschou
- *ソビエト連邦 die Sowjetunion (略: SU)
- ソフィア Sofia [ソフィア]
- *ソマリア Somalia
- ソロモン諸島 die Salomoninseln *pl.*
- ゾンバ Zomba

タ

- ダーダネルス海峡 die Dardanellen *pl.*
- ターリェン(大連) Talien
- *タイ Thailand
- 大西洋 der Atlantik (der Atlantische Ozean)
- 太平洋 der Pazifik (der Pazifische Ozean)
- タイペイ(台北) Taipeh
- *台湾 Formosa (Taiwan)
- ダウラギリ山 der Dhaulagiri
- ダカール Dakar [ダカール]
- *タジキスタン Tadschikistan
- タシケント Taschkent [タシケント/スタン]
- ダッカ Dakka [バングラデシュ]
- ダバオ Davao
- タヒチ島 Tahiti
- ダブリン Dublin [アイルランド]
- ダマスカス Damaskus [シリア]
- ダラス Dallas
- タラワ Tarawa [キリバス]
- タリン Tallinn [エストニア]
- ダルエスサラーム Daressalam [タンザニア]
- ダルムシュタット Darmstadt
- ダンケルク Dünkirchen
- *タンザニア Tansania
- タンジール Tanger
- ダンチヒ Danzig

チ

- *チェコ Tschechien; die Tschechei
- チグリス川 der Tigris
- 千島列島 die Kurilen *pl.*
- チタ Tschita
- 地中海 das Mittelmeer
- チベット Tibet
- *チャド [der] Tschad
- 中央アジア Zentralasien
- 中央アメリカ Zentralamerika
- *中央アフリカ共和国 die Zentralafrikanische Republik
- *中華人民共和国 [die Volksrepublik] China
- 中東 der Mittlere Osten
- チューリヒ Zürich
- チューリンゲン Thüringen
- *チュニジア Tunesien
- チュニス Tunis [チュニジア]
- *チリ Chile
- チロル Tirol
- チンタオ(青島) Tsingtau

ツ

- ツールーズ Toulouse
- *ツバル Tuvalu

テ

- ティモール島 Timor
- ティラナ Tirana [アルバニア]
- ティンプー Thimbu [ブータン]
- テーベ Theben
- デカン高原 der Dekhan
- テキサス Texas
- テグシガルパ Tegucigalpa [ホンジュラス]
- デトロイト Detroit
- テヘラン Teheran [イラン]
- テムズ川 die Themse
- デュッセルドルフ Düsseldorf
- デルフィ Delphi
- テルモピレー die Thermopylen *pl.*
- *デンマーク Dänemark

ト

- *ドイツ Deutschland
- 東京 Tokio (Tokyo) [日本]

ドゥシャンベ Duschanbe [ドゥシャン/スタン]
*トーゴ Togo
ドーハ Doha [カタル]
ドーバー Dover
独立国家共同体 die Gemeinschaft Unabhängiger Staaten (略: GUS)
ドナウ川 die Donau
ドニエプル川 der Dnjepr
○ドバイ Dubai
トビリシ Tiflis [グル ジア]
トブルク Tobruk
*ドミニカ Dominica
トムスク Tomsk
トラファルガー Trafalgar
トランスバール Transvaal
トランスヨルダン Transjordanien
トリエステ Triest
*トリニダード トバゴ Torinidad und Tobago
トリノ Turin
トリポリ Tripolis [リビ ア]
トルキスタン Turkestan
*トルクメニスタン Turkmenistan
*トルコ die Türkei
ドルトムント Dortmund
ドレスデン Dresden
トロイ Troja
トロント Toronto
*トンガ Tonga
ドン川 der Don
トンキン Tonkin

ナ

ナイアガラ滝 die Niagarafälle pl.
*ナイジェリア Nigeria
ナイセ川 die Neiße
ナイル川 der Nil
ナイロビ Nairobi [ケニ ア]
○ナウル Nauru
ナザレ Nazareth
ナタール Natal
ナッソー Nassau [バハ マ]
ナポリ Neapel
*ナミビア Namibia
南京 Nanking
ナンシイ Nancy
ナント Nantes

ニ

ニアメー Niamey [ニジェ ール]
ニース Nizza
*ニカラグア Nikaragua
ニコシア Nikosia [キプ ロス]
西インド諸島 die Westindischen Inseln pl.
*ニジェール Niger
*西サハラ Westsahara
*西サモア Westsamoa
ニネベ Ninive
*日本 Japan
日本海 das Japanische Meer
ニューカレドニア Neukaledonien
ニューギニア島 Neuguinea

*ニュージーランド Neuseeland
ニューデリー Neu-Delhi [インド]
ニューファンドランド島 Neufundland
ニューヨーク New York (Neuyork)
ニュルンベルク Nürnberg

ヌ

ヌアクショット Nouakchott [モーリ タニア]
ヌクアロファ Nukualofa [トン ガ]
ヌジャメナ N'Djamena [チャ ド]

ネ

ネーデルラント die Niederlande pl.
ネッカー川 der Neckar
*ネパール Nepal
ネバダ Nevada

ノ

*ノルウェー Norwegen
ノルマンディー die Normandie

ハ

ハーグ Den Haag
バーゼル Basel
バーミンガム Birmingham
*バーレーン Bahrein (Bahrain)
バイエルン Bayern
バイカル湖 der Baikalsee
*ハイチ Haiti
ハイデルベルク Heidelberg
ハイフォン Haiphong
バイリキ Bairiki
バギオ Baguio
*パキスタン Pakistan
バクー Baku [アゼルバ イジャン]
バグダッド Bagdad [イラ ク]
*白ロシア Weißrussland → ベラルーシ
バタビア Batavia
○バチカン[市国] die Vatikanstadt
○パナマ Panama
*バヌアツ Vanuatu
ハノイ Hanoi [ベト ナム]
ハノーバー Hannover
ハバナ Havanna [キュー バ]
*バハマ die Bahamas pl.
ハバロフスク Chabarowsk
バビロン Babylon
*パプアニューギニア Papua-Neuguinea
バマコ Bamako [マリ]
パミール高原 der (das) Pamir
バミューダ諸島 die Bermudainseln pl.
パラオ諸島 die Palauinseln pl.
*パラグアイ Paraguay
パラマリボ Paramaribo [スリ ナム]
ハラレ Harare [ジンバ ブエ]
パリ Paris [フラ ンス]
ハリウッド Hollywood
ハリスバーグ Harrisburg
バリ島 Bali
バルカン der Balkan
バルセロナ Barcelona

ハルツーム Khartum [スラ]
バルト海 die Ostsee (das Baltische Meer)
*バルバドス Barbados
バルパライソ Valparaiso
ハルビン Harbin
ハレ Halle
パレスチナ Palästina
バレッタ Valletta [マル]
パレルモ Palermo
バレンシア Valencia
ハワイ Hawaii
*ハンガリー Ungarn
バンギ Bangui [中央アフ]
バンクーバー Vancouver
*バングラデシュ Bangladesch
バンコク Bangkok [タイ]
バンジュール Banjul [ガン]
バンダルスリブガワン Bandar Seri Begawan [ブル]
バンドン Bandoeng
ハンブルク Hamburg

ヒ

ビエンチャン Vientiane [ラオ]
東シナ海 das Ostchinesische Meer
ビキニ Bikini
ピサ Pisa
ビサウ Bissau [ギニア]
ビザンチン Byzanz → イスタンブール
ビシー Vichy
ビスマルク諸島 der Bismarckarchipel
ピッツバーグ Pittsburgh
ヒマラヤ山脈 der Himalaja
ピョンヤン(平壌) Pjöngjang [北朝鮮]
ビラ Vila [バヌ]
ビリニュス Wilna [リトア]
ピルゼン Pilsen
ビルマ Birma (Burma) → ミャンマー
ピレネー山脈 die Pyrenäen pl.
ヒンドスタン Hindustan

フ

ファドーツ Vaduz [リヒテン]
*フィジー Fidschi
フィラデルフィア Philadelphia
*フィリピン die Philippinen pl.
フィレンツェ Firenze → フローレンス
*フィンランド Finnland
*ブータン Bhutan
フェニキア Phönizien
ブエノスアイレス Buenos Aires [アルゼ]
プエルトリコ Puerto Rico
フォークランド諸島 die Falklandinseln pl.
フォートラミ Fort Lamy
ブカレスト Bukarest [ルー]
釜山 Pusan
ブジュンブラ Bujumbura [ブル]
ブダペスト Budapest [ハンガ]
プナカ Punakha
フナフティ Funafuti [ツバ]
プノンペン Phnom Penh [カンボ]

プライア Praia [カボ]
ブラザビル Brazzaville [コン]
ブラジリア Brasilia [ブラ]
*ブラジル Brasilien
ブラチスラバ Bratislava [スロバ]
プラハ Prag [チェコス]
ブラマプトラ川 der Brahmaputra
フランクフルト・アム・マイン Frankfurt am Main
フランクフルト(オーデル) Frankfurt (Oder)
*フランス Frankreich
フランドル Flandern
フリータウン Freetown [シエラ]
ブリッジタウン Bridgetown [バル]
ブリュッセル Brüssel [ベル]
*ブルガリア Bulgarien
*ブルキナファソ Burkina Faso
*ブルネイ Brunei
*ブルンジ Burundi
フルンゼ Frunse [キルギ]
ブレーメン Bremen
プレスブルク Pressburg → ブラチスラバ
ブレスラウ Breslau
プレトリア Pretoria [南アフ]
プロイセン Preußen
プロバンス die Provence
フローレンス Florenz
プロビデンス Providence
フロリダ Florida

ヘ

平壌 → ピョンヤン
ベイルート Beirut [レバ]
ベーリング海 das Beringmeer
ベオグラード Beograd [ユーゴ]
北京 Peking [中華人民共和国]
ベスビオ(ベスビアス)山 der Vesuv
ベチュアナランド Betschuanaland
ベッサラビア Bessarabien
ベツレヘム Bethlehem
*ベトナム Vietnam
ベニス Venedig
*ベニン Benin
*ベネズエラ Venezuela
ベネチア Venezia → ベニス
*ベネルクス三国 die Beneluxstaaten pl.
*ベラルーシ Belorussland
*ベリーズ Belize
*ペルー Peru
*ベルギー Belgien
ベルグラード → ベオグラード
ベルサイユ Versailles
ペルシア Persien
ヘルシンキ Helsinki [フィン]
ヘルツェゴビナ Herzegowina
ベルモパン Belmopan [ベリー]
ベルリン Berlin [ドイ]
ベルン Bern [スイ]
ペロポネソス der Peloponnes
ベンガル Bengalen

ホ

ポー川 der Po
ポーツマス Portsmouth
ポートオブスペイン Port of Spain [トリニダードトバゴ]
ポートサイド Port Said
ポートモレスビー Port Moresby [パプアニューギニア]
ポートルイス Port Louis [モーリシャス]
*ポーランド Polen
北海 die Nordsee
ボゴタ Bogotá [コロンビア]
ボストン Boston
*ボスニア ヘルツェゴビナ Bosnien und Herzegowina
ポツダム Potsdam
*ボツワナ Botswana
ホニアラ Honiara [ソロモン]
ホノルル Honolulu
ボヘミア Böhmen
ポリネシア Polynesien
*ボリビア Bolivien
ボルガ川 die Wolga
ボルティモア Baltimore
ボルドー Bordeaux
ポルトープランス Port-au-Prince [ハイチ]
*ポルトガル Portugal
ポルトノボ Porto Novo [ベニン]
ボルネオ島 Borneo
ボローニャ Bologna
ボン Bonn
ホンコン(香港) Hongkong
*ホンジュラス Honduras
ボンベイ Bombay
ポンペイ Pompeji

マ

マーシャル群島 die Marshallinseln pl.
マイアミ Miami
マイン川 der Main
マカオ Makao
マカルー山 der Makalu
マグデブルク Magdeburg
マケドニア Makedonien
マスカット Maskat [オマーン]
マゼラン海峡 die Magellanstraße
マセル Maseru [レソト]
*マダガスカル Madagaskar
マッキンリー山 der Mount McKinley
マッターホルン山 das Matterhorn
マドラス Madras
マドリード Madrid [スペイン]
マナグア Managua [ニカラグア]
マナスル山 der Manaslu
マナマ Menama [バーレーン]
マニラ Manila [フィリピン]
マプト Maputo [モザンビーク]
間宮海峡 der Tatarische Sund
*マラウイ Malawi
マラッカ海峡 die Malakkastraße
マラトン Marathon
マラボ Malabo [赤道ギニア]
マラヤ Malaya
*マリ Mali
マリアナ群島 die Marianen pl.
マルセイユ Marseille
*マルタ Malta
マレ Male [モルディブ]
*マレーシア Malaysia
満州 die Mandschurei
マンダレー Mandalay
マンチェスター Manchester
マンハイム Mannheim
マンハッタン Manhattan

ミ

ミケーネ Mykenä
*ミクロネシア Mikronesien
ミシシッピ川 der Mississippi
ミッドウェー島 die Midway-Insel
*南アフリカ共和国 die Republik Südafrika
南アメリカ Südamerika
南シナ海 das Südchinesische Meer
ミネアポリス Minneapolis
*ミャンマー Myanmar
ミュンヘン München
ミラノ Mailand
ミンスク Minsk [ベラルーシ]
ミンダナオ島 Mindanao

ム

ムババーネ Mbabane [スワジランド]

メ

○メキシコ Mexiko
メコン川 der Mekong
メジナ Medina
メソポタミア Mesopotamien
メッカ Mekka
メルボルン Melbourne

モ

モーゼル川 die Mosel
*モーリシャス Mauritius
*モーリタニア Mauretanien
モカ Mokka
モガディシオ Mogadischu [ソマリア]
*モザンビーク Moçambique
モスクワ Moskau (Moskwa) [ロシア]
○モナコ Monaco
モルダウ川 die Moldau
*モルディブ Malediven
*モルドバ Moldawien
*モロッコ Marokko
モロニ Moroni [コモロ]
*モンゴル die Mongolei
モンテカルロ Monte Carlo
モンテビデオ Montevideo [ウルグアイ]
モントリオール Montreal
モンブラン山 der Montblanc
モンロビア Monrovia [リベリア]

ヤ

ヤウンデ Jaunde [カメ
ルーン]
ヤクーツク Jakutsk
ヤルタ Jalta
ヤンゴン Yangon [ミャン
マー]

ユ

*ユーゴスラビア Jugoslawien
ユーフラテス川 der Euphrat
ユーラシア Eurasien
ユダヤ Judäa
ユトレヒト Utrecht
ユングフラウ山 die Jungfrau

ヨ

揚子江 der Jangtse[kiang]
ヨーロッパ Europa
ヨハネスブルク Johannesburg
*ヨルダン Jordanien

ラ

ライプチヒ Leipzig
ライン川 der Rhein
*ラオス Laos
ラゴス Lagos [ナイジェ
リア]
ラスベガス Las Vegas
ラップランド Lappland
ラテンアメリカ Lateinamerika
*ラトビア Lettland
ラパス La Paz [ボリ
ビア]
ラバト Rabat [モロ
ッコ]
ラプラタ川 der La Plata
ラブラドル Labrador
ラホール Lahore
ラワルピンディ Rawalpindi
ランカシャー Lancashire
ラングーン Rangun → ヤンゴン

リ

リーブルビル Libreville [ガボ
ン]
リオデジャネイロ Rio de Janeiro
リガ Riga [ラト
ビア]
リスボン Lissabon [ポルト
ガル]
リッチモンド Richmond
*リトアニア Litauen
リバプール Liverpool
*リビア Libyen
*リヒテンシュタイン Liechtenstein
*リベリア Liberia
リマ Lima [ペルー]
リヤド Riad [サウジ
アラビア]
琉球列島 die Riukiuinseln *pl.*
リューベック Lübeck
リュブリャナ Ljubljana [スロベ
ニア]
旅順 Lüschun
リヨン Lyon
リロングウェ Lilongwe [マラ
ウイ]

ル

ルアンダ Luanda [アンゴ
ラ]
*ルーマニア Rumänien
ルール川 die Ruhr
ルール地方 das Ruhrgebiet
○ルクセンブルク Luxemburg
ルサカ Lusaka [ザン
ビア]
ルソン島 Luzon
*ルワンダ Rwanda

レ

レイキャビク Reykjavik [アイス
ランド]
レイテ島 Leyte
*レソト Lesotho
レナ川 die Lena
レニングラード Leningrad → サンクトペテルブルグ
*レバノン [der] Libanon
レマン湖 der Lac Léman

ロ

ローザンヌ Lausanne
ローデシア Rhodesien → ジンバブエ
ローヌ川 die Rhone
ローマ Rom [イタ
リア]
ロカルノ Locarno
ロサンゼルス Los Angeles
ロシア Russland
ロス海 das Rossmeer
ロストック Rostock
ロストフ Rostow
ロッキー山脈 die Rocky Mountains *pl.* (das Felsengebirge)
ロッテルダム Rotterdam
ロメ Lomé [トー
ゴ]
ロングビーチ Long Beach
ロンドン London [イギ
リス]
ロンバルディア die Lombardei

ワ

ワーテルロー Waterloo
ワイマル Weimar
ワガドゥグ Ouagadougou [ブルキナ
ファソ]
ワシントン Washington [アメ
リカ]
ワルシャワ Warschau [ポー
ランド]

手 紙 の 書 き 方

1. **用紙と封筒** (das Briefpapier und der Briefumschlag)

書簡用箋の大きさは A4 判即ち 210×297 ミリのものが標準として用いられている．紙の色は純白がよいが，淡い色物を用いても差し支えない．敬意を表すべき相手あるいは官庁や会社に対しては白地のものを用いる．市販のタイプライター用紙の薄手のものは，元来何枚か同時にコピーを取るためのものであるが，一般に航空便の用箋として用いられている．それなら 3 枚は 10 グラムまで 110 円の最低料金(2001 年現在)でヨーロッパへ送ることができる．公式の書類には厚手の用紙を用いる方がよい．

封筒は横型で，大きさは 114×162 ミリの型のものがドイツでは最も多く用いられている．これには A4 判の用箋を四つ折にして入れる．最近では横長の 110×220 ミリのものが業務用を中心に普及してきた．用箋は三つ折にして封入されるが，ゆとりを見て四つ折にしてもよい．

2. **封筒の書き方** (die Adresse)

受信人の氏名及び住所は，封筒の右下側約 4 分の 1 のスペースに納まるように書く．受信人の氏名には，男性には Herrn，女性には Frau，未婚の女性には Fräulein の呼称を冠する．ドイツ人は肩書を重んじるので，受信者が称号や肩書を持っている場合は忘れずにそれを付ける．

   Herrn Walter Lehmann*; Frau Renate Zimmer; Fräulein Margarete Fischer; Herrn Dr. med. Walter Lechner; Fräulein Dr. jr. Erika Axtmann; Frau Generalsekretärin Käthe Maurer*; Herrn Professor Werner Ditter usw.

   * 宛名は 4 格になることに注意(呼びかけは 1 格である).

   * 公式の手紙では，称号や肩書を持っている女性に対し，既婚未婚にかかわらず Frau とする．

住所の記載順序は今日では英米式に改められ，町名(通りの名と家の番号)，都市名の順になった．(日本の住所は地番，町・丁目，区，市の順である).　郵便番号ははじめ 2 桁であったものが現在 5 桁に改められており，その前に国名の略号を付けて D-80801 München という風に書くようになった．日本から出す郵便物にはこの国名の略号は付けないで一番下の行に英語で記載し，アンダーラインをしておくのがよいとされている.

　ドイツ Germany; オーストリア Austria; スイス Switzerland (Suisse)

発信人の氏名住所は封筒の裏面上部に書く．Abs. は Absender の略．

なお，欧州諸国では郵便番号の前に国名略号を付けるようになった．略号は次のとおりである．

Belgien	B	Jugoslawien	Y U	Schweden	S
Dänemark	D K	Liechtenstein	F L	Schweiz	C H
Deutschland	D	Luxemburg	L	Spanien	E
England	G B	Niederlande	N L	Tschechien	C Z
Finnland	S F	Norwegen	N	Ungarn	H
Frankreich	F	Österreich	A		
Italien	I	Polen	P L		

3. 手紙の形式 (die äußere Form des Briefes)

手紙は本来手書きすべきであるが，近来は私信でもタイプで打たれることが多くなった．弔慰文は，しかし必ず手書きにしなければならない．

手紙の用箋の上部およそ4分の1くらいの部分を Briefkopf といい，手紙の本文はその下から始められる．Briefkopf に趣向を凝らしたい人は文字を印刷しておいてもよい．上段左側に発信人の氏名，右側に住所，その下に発信地と日付を書く．住所を発信人氏名の下に書くこともあり，更にその下に 2-3 行あけて受信人の氏名住所を書くこともあるが，それらは必ずしも必要なものではない．

手紙の冒頭にはまず「呼びかけ」を書き，本文は行を改め少し行間をあけて「書き出しの言葉」から始め「結びの言葉」で終り，また少しあけて「末尾の句と署名」となるのが通常の型である．

タイプの手紙では署名の次に氏名を括弧に入れて打っておくことがあるが，それはサインを読み誤らないためのものであるから，知人に対しては無用である．また「末尾の句」以下もすべて左に寄せて打つ法もあるが，あまりにも事務的な感じが強いので，在来の形式を守るべきである．

4. 呼びかけ (die Anrede) と末尾の句 (die Schlussformel)

呼びかけは日本の手紙の拝啓にあたるもので，普通の呼びかけとしては，男性には Sehr verehrter Herr N.!; Sehr geehrter Herr N.! 女性には Sehr verehrte Frau N.! 未婚の女性には Sehr geehrtes Fräulein N.! 等とする．称号や肩書を持っている人には忘れずにそれを付ける．親しくなった人には lieb を加え，Sehr geehrter, lieber Herr N.!; Lieber Herr N.!; Sehr geehrte, liebe Frau N.!; Liebe Frau N.! 等とする．夫妻あるいは一家に対しては Lieber Herr N., liebe Frau N.!; Liebe Familie N.! と呼びかける．官庁・会社宛に出すときは Sehr geehrte Herren! とする．

du と呼び合う間柄の人を表わす代名詞 (2人称・単複数) は，手紙でも今後は常に小文字で書く: du, ihr; dein, euer (従来は: Du, Ihr; Dein, Euer).

呼びかけには感嘆符 (das Ausrufezeichen) を付けるのが普通であるが，代りにコンマを打ってもよい．また次の行のそこに続く位置から本文を書き出す書き方もよく行われている．

末尾の句は敬具にあたるもので，その最も普通の型としては，Mit freundlichen Grüßen とし，次行に Ihr [sehr ergebener]，更にその次の行に署名をする．Mit herzlichen (den besten) Grüßen; Mit freundlichen Empfehlungen; Hochachtungsvoll などもよく用いられる．Ihr [ergebener] は相手に敬意を表する意味で付けるのであるが，Ihr は親しい間柄にも用いる．duzen する間柄では単純に Dein Takeo とか Deine Yoshiko などと記せばよい．

呼びかけと末尾の句との関係を対照するとおよそ次のようである．

Hochverehrter Herr Bundesminister!	Mit dem Ausdruck aufrichtiger Verehrung ergebenst
Sehr verehrter Herr Botschafter!	Mit vorzüglicher Hochachtung
Sehr verehrte Frau Staatssekretärin!	Mit vorzüglicher Hochachtung
Sehr geehrter Herr Oberbürgermeister!	Mit freundlichen Grüßen
Sehr geehrter Herr Assessor!	Mit freundlichen Grüßen / Ihr ergebener
Sehr geehrter Herr Dr. Dietze*!	Mit freundlichen Grüßen / Ihr ergebener
Sehr geehrter, lieber Herr N.!	Mit freundlichen Grüßen / Ihr
Lieber Herr N.!	Mit freundlichen Grüßen / von Ihrem

手紙の書き方　　　　　　　　　　　　　　　　　　　　　　　　　　　　　　　　　　　　　　668

＊ 文中で Herr Doktor と呼びかけるときは Dr. の略語は用いてはならない．また Professor は Prof. と略してはよろしくないとされている．　　＊ / は以下を次の行に記すことを示す．

5. 書き出しの言葉 (der Briefanfang)

手紙には用件だけを事務的に書く場合もある．従って書き出しの言葉には特に決まった言い方はないが，よく用いられる慣用的な表現の例を挙げる．

未知の人に宛てて，又は初めて出す手紙に
- Hiermit erlaube ich mir, mich wegen einer Frage an Sie zu wenden.
- Hiermit gestatte ich mir, mich Ihnen als einen... vorzustellen und Sie zu fragen, ob...
- Ich gestatte mir (Ich erlaube mir), Ihnen mitzuteilen, dass...
- Es freut mich sehr, Ihnen mitteilen zu können, dass...
- Es bedeutete mir eine sehr große Freude, Sie anlässlich der Tagung kennen gelernt zu haben.

返　信
- Haben Sie herzlichen Dank für Ihre freundlichen Zeilen vom...＊
- Vielen [herzlichen] Dank für Ihren liebenswürdigen Brief vom...
- Nehmen Sie meinen besten Dank entgegen für Ihr wertes Schreiben vom...
- Für Ihr freundliches Schreiben vom... danke ich Ihnen bestens.
- In dankbarer Erwiderung Ihrer freundlichen Zeilen vom...
- Zunächst möchte ich mich recht herzlich (von Herzen) für Ihren netten Brief vom... bedanken.
- Auf Ihren Brief vom..., in dem Sie mich um... baten,...
  ＊ vom のあとには相手の手紙に記されてあった日付を入れる．

遅れた返事，相手への促し
- Ich komme erst jetzt dazu, mich für Ihr freundliches Schreiben zu bedanken.
- Ich muss mich gleich entschuldigen, dass ich so lange nicht geschrieben habe (dass ich lange nichts von mir habe hören lassen).
- Verzeihen Sie mir bitte, dass ich Ihren liebenswürdigen Brief vom... bis heute nicht beantwortet habe.
- Ich hatte schon ein schlechtes Gewissen, Ihnen so lange nicht geschrieben zu haben.
- Leider habe ich lange nichts von Ihnen gehört. Ich hoffe, dass es Ihnen gut geht.

6. 結びの言葉 (der Briefschluss)

手紙の用件が終った後に書く締めくくりの言葉の慣用的な表現の例を次に挙げる．
- Ich hoffe, dass wir uns einmal wiedersehen können.
- Ich hoffe, dass Sie auch weiterhin bei guter Gesundheit bleiben (bei guter Gesundheit sind).
- Ich wünsche Ihnen recht viel Glück.
- Für heute möchte ich meinen Brief schließen.

返信を期待する結びの言葉
- Für eine baldige Antwort wäre ich Ihnen sehr dankbar (verbunden).
- Für Ihr freundliches Entgegenkommen möchte ich Ihnen herzlich danken.
- Ich wäre Ihnen sehr dankbar, wenn Sie bald darauf antworten würden.
- Nun möchte ich Sie und Ihre liebe Frau herzlich grüßen und hoffe, dass ich auch wieder einmal von Ihnen hören werde.

末尾の句に接続する結びの言葉の例
- In Erwartung Ihrer freundlichen Antwort verbleibe ich mit den besten Grüßen / Ihr
- In der Hoffnung, dass es Ihnen beim Eintreffen dieses Briefes gut geht, bin ich mit den besten

Wünschen und herzlichen Grüßen / Ihr
- Wir hoffen, dass Sie und Ihre Familie sich bester Gesundheit erfreuen und verbleiben mit herzlichen Grüßen / Ihre
- Bleiben Sie gesund und leistungsfähig wie immer und seien Sie herzlich gegrüßt von Ihrem

  * von Ihrem とした場合，すぐ次の行にサインをする．

家族の人によろしくというとき
- Seien Sie und Ihre liebe Gattin herzlichst gegrüßt von Ihrem
- Ganz herzliche Grüße an Sie und Ihre Familie von Ihrem
- Ich bitte Sie, Ihrer verehrten Gattin meine besten Grüße zu übermitteln.

  *「家内からもよろしく」というときは Grüße のあとに auch von meiner Frau と書き添える．

7. 年賀状 (die Neujahrskarte)

クリスマスと新年は接近しているので，一般に両方の挨拶を兼ねた賀状を出している．カードは封筒に入れて送るしきたりである．

- Frohe Weihnachten und ein glückliches neues Jahr wünscht*

  * 次行にサインする簡略な言い方で，署名者が3人称の主語となる．

- Ein frohes Weihnachtsfest und ein glückliches neues Jahr wünscht Ihnen / Ihr
- Die besten Wünsche für die Weihnachtszeit und für ein gutes neues Jahr!
- Herzliche Weihnachtsgrüße und viel Erfolg im neuen Jahr!
- Für das kommende Jahr wünsche ich Ihnen alles Gute und recht viel Erfolg bei Ihrer Arbeit.
- Zum neuen Jahr wünsche ich Ihnen viel Glück, Gesundheit und Freude.

8. お祝い (der Glückwunsch) とお悔み状 (das Beileidsschreiben)

結婚と出産のお祝い
- Hochverehrter Herr Doktor N., zu der Vermählung Ihrer Tochter erlaube ich mir, Ihnen und Ihrer verehrten Frau Gemahlin meine aufrichtigen Glückwünsche auszusprechen.
- Sehr geehrter Herr N., zu Ihrer Vermählung möchte ich Ihnen und Ihrer Braut meine guten Wünsche übermitteln. Möge Ihnen auf dem gemeinsamen Lebensweg vor allem Freude und Gesundheit beschieden sein!
- Liebe Frau N., die Nachricht von Ihrer Hochzeit hat mich sehr gefreut. Ihnen und Ihrem Mann wünsche ich für den gemeinsamen Lebensweg alles Gute.
- Zu der glücklichen Geburt des neuen Erdenbürgers beglückwünsche ich Sie herzlich. Dieses Ereignis wird für Sie sicher eine große Freude sein. Ich wünsche der jungen Mutter und dem Baby alles Gute.
- Liebe Frau N., lieber Herr N., mit großer Freude vernahm ich, dass bei Ihnen ein Söhnchen angekommen ist. Meine besten Wünsche für ein recht gutes Gedeihen des Kleinen!

お悔み状
- Sehr geehrter Herr N., die Nachricht vom Ableben Ihres einzigen Sohnes hat mich tief bewegt. Ich spreche Ihnen und Ihrer verehrten Frau zu diesem schweren Verlust mein herzliches Beileid aus.
- Sehr geehrter Herr Professor N., darf ich mir erlauben, Ihnen zum Heimgang Ihrer verehrten Frau Gemahlin mein aufrichtiges Beileid auszusprechen. Ich bin über ihren unerwarteten Heimgang tief erschüttert. Ich darf Sie, sehr geehrter Herr Professor, meiner herzlichen Anteilnahme versichern und verbleibe mit dem Ausdruck meiner Wertschät-

zung.

Ihr ergebener

病気・事故の見舞い
- Ich bedaure sehr, dass Sie erkrankt sind und hoffe, dass Sie recht bald wieder ganz hergestellt sein werden. Auf jeden Fall wünsche ich Ihnen baldige Genesung. Sobald es mir möglich ist und Ihr Zustand es erlaubt, werde ich Sie besuchen.
- Ich war sehr erschrocken, hören zu müssen, dass Sie bei dem Verkehrsunfall so schwere Verletzungen davongetragen haben. Da ich mich gern persönlich nach Ihrem Befinden erkundigen möchte, lassen Sie mich bitte wissen, ob ich Sie einmal im Krankenhaus besuchen darf.

9. 招 待 (die Einladung)
- Mein lieber Herr N., wir haben uns doch schon seit längerer Zeit vorgenommen, einmal einen gemütlichen Abend miteinander zu verbringen. Meine Frau und ich würden uns deshalb sehr freuen, Sie am Freitag, dem 15. Mai, um 19.00 Uhr zum Abendessen bei uns begrüßen zu dürfen.
- Ich erlaube mir, Sie und Ihre Frau Gemahlin den 9. Oktober um 6 Uhr im . . . zu Cocktails einzuladen.
- Die Veranstaltung ist völlig zwanglos, und ich glaube, dass es ein unterhaltsamer Abend werden wird. Sollten Sie verhindert sein zu kommen, was ich sehr bedauern würde, bitte ich Sie, mich davon in Kenntnis zu setzen. Wenn ich keine Absage bekomme, rechne ich mit Ihrer Teilnahme.

返事を求める言葉
- Es wäre sehr liebenswürdig, wenn Sie mir so bald wie möglich mitteilen würden, ob wir Sie erwarten dürfen.
- Über eine baldige Zusage würden wir uns sehr freuen. In der Hoffnung auf Ihren freundlichen Bescheid bin ich / Ihr
- Ich würde mich freuen, wenn Sie sich vorher telefonisch anmeldeten, damit wir einen Zeitpunkt vereinbaren können.
  * 「御返信を乞う」は U.A.w.g. と記す. (Um Antwort wird gebeten の略)

返 信
- Vielen herzlichen Dank für Ihre reizende Einladung. Ich komme sehr gern.
- Ich sage auf Ihre freundliche Einladung hin gern zu und freue mich sehr darauf, einen schönen Nachmittag mit Ihnen und Ihren Lieben verleben zu dürfen.
- Zu meinem aufrichtigen Bedauern können wir Ihrer freundlichen Einladung, für die ich Ihnen bestens danke, nicht Folge leisten, da wir bei uns gerade an diesem Abend Besuch eines Freundes erwarten. Ich hoffe jedoch bei einer anderen Gelegenheit auf ein baldiges Wiedersehen und grüße Sie inzwischen auf das herzlichste. / Ihr
- Leider ist es mir nicht möglich, an der Veranstaltung teilzunehmen, weil ich mich zur Zeit nicht wohl fühle (da ich morgen für eine Woche verreise).

10. 礼状 (der Dankbrief) と挨拶 (der Gruß)
- Haben Sie vor allem herzlichen Dank für die große Freundlichkeit, mit der Sie mich in M. empfangen und betreut haben. Es war ein interessantes Erlebnis für mich, dass ich einen Abstecher nach M. machen konnte. Auch ich finde es schade, dass wir keine Zeit mehr hatten, uns über einige weitere europäische Probleme zu unterhalten.
- Meine Reise nach Deutschland liegt nun schon einige Wochen zurück. Nach meiner

Rückkehr hatte ich in der Firma (Universität) sehr viel zu tun. Deshalb komme ich erst heute zu diesen Zeilen an Sie. Im Rückblick möchte ich mich vor allem noch einmal für Ihre großzügige Gastfreundschaft bedanken und meiner Freude Ausdruck geben, dass ich Sie persönlich kennen lernen konnte.

· Erlauben Sie mir, dass ich mich heute sehr herzlich für die schönen Stunden bedanke, die wir miteinander haben verleben können.

· Sehr geehrter, lieber Herr N., wir senden Ihnen herzliche Grüße aus unserem wunderschönen Urlaubsort in der Schweiz und hoffen, dass unsere Grüße Sie bei bester Gesundheit erreichen.

· Hier in K. verleben wir wieder einen herrlichen Urlaub. Manchmal ist es ziemlich windig, sonst aber haben wir sehr gutes Wetter. Da machen wir schöne Wanderungen in die Berge. Bald müssen wir aber zurück in die Riesenstadt Tokyo. Vor der Rückfahrt senden wir Ihnen noch schnell diesen Kartengruß.

· Hoffentlich gibt es in den nächsten Jahren noch einmal eine Gelegenheit für mich nach Deutschland zu kommen. Schon heute freue ich mich darauf, Sie dann wiederzusehen. Vielleicht glückt es Ihnen aber, selbst wieder mal nach Japan zu kommen.

· Inzwischen wünsche ich Ihnen und Ihrer Gattin frohe Festtagen und ein gesundes Neujahr. Es grüßt Sie sehr herzlich.

25. 3. 2001

Sehr geehrter Herr Müller!

Haben Sie recht herzlichen Dank für Ihren sehr freundlichen Brief und die Mühe, die Sie für mich aufwenden. Ich bin Ihnen sehr dankbar, dass Sie mir jede Woche einen kurzen deutschen Brief zuschicken wollen. So wird es mir möglich sein, gründlich die deutsche Sprache zu erlernen. Aber darüber hinaus freue ich mich, dass ich durch Ihre Briefe Einblick in das tägliche Leben der Deutschen nehmen kann. Da meine deutschen Sprachkenntnisse noch sehr gering sind, möchte ich Sie bitten, nur kurze einfache Sätze zu schreiben. Ich will Ihnen versprechen, mit großem Eifer Ihre Briefe zu studieren.

Mit freundlichen Grüßen
Ihr
Taro Yamada

会話慣用表現

I. 挨拶・問いかけなどの基本的表現

おはよう　Guten Morgen!
こんにちは　Guten Tag! / (南ドイツ・オーストリア) Grüß Gott!
こんばんは　Guten Abend!

ごきげんいかがですか　Wie geht es Ihnen?
―どうも, 元気です. あなたは　- Danke, mir geht es gut. Und Ihnen?

さようなら　Auf Wiedersehen!
また明日ね　Bis morgen!
おやすみ　Gute Nacht!

お元気で(少し長い別れ)　Alles Gute!
お気をつけて(旅行に出る人に)　Gute Reise!
行ってらっしゃい(楽しみに出かける人に)　Viel Spaß! / Viel Vergnügen!
おだいじに　Gute Besserung!

すみません　Entschuldigung! / Verzeihung! / Entschuldigen Sie bitte!
失礼　Pardon!

…はどこか教えてください　Können (Könnten) Sie mir bitte sagen, wo … ist?
…へはどう行けばいいですか　Entschuldigung, wie komme ich zu …?

ありがとう　Danke! / Danke schön! / Vielen Dank!
本当にありがとう　Herzlichen Dank!
ご親切にありがとうございます　Das ist sehr nett von Ihnen.

どういたしまして　Bitte schön! / Bitte sehr!
なんでもありません　Nichts zu danken! / Keine Ursache!

…さんにお会いしたい　Ich möchte gern *Herrn (Frau)* … sprechen.

散髪をしてもらいたい　Ich möchte mir *die Haare schneiden* lassen.

手助けしてほしいのですが　Können (Könnten) Sie mir bitte *helfen*?

ケーキがほしいのですが　Ich hätte (möchte) gern *Kuchen*.

喫茶店に行きましょう　Wollen wir *ins Café* gehen! / Gehen wir *ins Café*!

ええ, 喜んで　Ja, gerne! / Sehr gern!

あいにくですが　Es tut mir Leid.
申し訳ないけどだめです　Es geht leider nicht.

お入りなさいませんか　Wollen Sie [nicht] *hereinkommen*?

駅までお送りしましょうか　Darf ich Sie *zum Bahnhof* bringen?
―ありがとう, でもそれにはおよびません
Recht herzlichen Dank, aber das ist nicht nötig.

窓を開けましょうか　Soll ich das Fenster öffnen?
―ありがとう, でもけっこうです　Nein, vielen Dank.

タバコをすってもかまいませんか　Darf ich *hier rauchen*?

喫茶店でお会いしましょうか　Könnten wir uns *in einem Café* treffen?

それは残念です　Schade! / Das ist [aber] schade.
あなたが来られなくて残念です　Es ist schade, dass Sie nicht kommen.

どう思いますか　Was meinen Sie?

そのとおり　Stimmt. / Richtig. / Genau. / Gewiss.
あなたのいうとおりです　Sie haben Recht.
私もそう思う　Das glaube ich auch.

そんなことはかまわない　Das macht nichts.
そんなこと平気だよ　Kein Problem. / Das ist nicht schlimm.

あなたのお名前は　Wie ist Ihr Name? / Wie heißen Sie?
あなたのお名前を言ってください　Darf ich um Ihren Namen bitten?
すみませんが, お名前はなんといいましたか
Entschuldigung, wie war Ihr Name?
私は…です　Mein Name ist … / Ich heiße …

これはいくらですか　Was kostet das? / Wie viel kostet das?
全部でいくらですか　Was macht das alles zusammen?

市役所までどれくらいありますか　Wie weit ist es *bis zum Rathaus*?
中央駅まで(時間は)どれくらいかかりますか
Wie lange dauert es *bis zum Hauptbahnhof*?
その映画の上映時間はどれくらいですか　Wie lange läuft *der Film*?

案内所はどこですか　Wo ist *die Auskunft*?

II. 会話によく使われる慣用表現

1. 駅・鉄道

次のフライブルク行きは何時ですか
　Wann fährt der nächste Zug nach Freiburg?

フライブルク行きの列車は何番線ですか
　Wo fährt der Zug nach Freiburg ab?

―あなたの乗る列車は5番ホームの2番線から発車します
　Ihr Zug fährt auf Bahnsteig fünf, Gleis zwei ab.

―その列車は20分遅れです
　Der Zug hat zwanzig Minuten Verspätung.

8時30分の便に乗れないのですか
　Kann ich nicht den Acht-Uhr-dreißig-Zug nehmen?

フライブルクに着くのは何時ですか
　Wann bin ich dann in Freiburg?

私は急行(インターシティ)に乗りたい
　Ich möchte einen D-Zug (IC [Intercity]) nehmen.

―あなたは急行料金を支払わなければならない
　Sie müssen Schnellzugzuschlag bezahlen.

普通車両(コンパートメント車両)に乗りたい
　Ich möchte einen Großraumwagen (einen Abteilwagen).

時刻表がほしいのですが
　Kann ich einen Fahrplan haben?

乗車券の窓口はどこですか
　Wo ist der Fahrkartenschalter?

フライブルクまで2等、往復2枚ください
　Zweimal Freiburg zweiter Klasse, Hin- und Rückfahrt, bitte.

―片道ですか、往復ですか
　Einfach, oder hin und zurück?

フライブルクまで片道1枚ください
　Einmal Freiburg, einfach bitte.

フライブルクまで往復1枚ください
　Eine Rückfahrkarte nach Freiburg bitte.

―禁煙車をお望みですか
　Möchten Sie in einen Nichtraucher?

どこで乗り換えですか
　Wo muss ich umsteigen?

この席は空いて(ふさがって)いますか
　Ist der Platz hier frei (besetzt)?

コインロッカーはどこにありますか
　Wo sind die Schließfächer?

2. 空港・フライト

ウィーン行きの次の便は何時ですか
　Wann ist der nächste Flug nach Wien?

私はボンまで乗り継ぎします
　Ich fliege weiter nach Bonn.

―フライトナンバーは209です
　Die Flugnummer ist 209.

何番ゲートですか
　Wie ist die Flugsteignummer?

搭乗時間は何時ですか
　Wann wird der Flug aufgerufen?

これは手荷物にしたい
　Ich möchte das als Handgepäck mitnehmen.

この便に荷物はどれくらい持っていけますか
　Wie viel Gepäck kann ich ins Flugzeug mitnehmen?

飛行時間はどれくらいですか
　Wie lange dauert der Flug?

ベルリン行きのフライトを予約をしたい
　Ich möchte einen Flug nach Berlin buchen.

フライトを取り消したい
　Ich möchte meinen Flug stornieren.

フライトをリコンファームしたい
　Ich möchte meinen Flug rückbestätigen.

3. 紹　介

あなたをシュミットさんにご紹介しましょう
　Darf Ich Sie mit Herrn Schmidt bekannt machen?

あなたにシュミットさんを紹介したい
　Darf ich Ihnen Herrn Schmidt vorstellen?

(二人を前にして)紹介しましょう
　Darf ich vorstellen? / Darf ich bekannt machen?

あの方に紹介してくださいませんか
　Könnten Sie mich bitte mit ihm bekannt machen?

自己紹介させてください
　Darf ich mich vorstellen?

お近づきになれうれしく思います
　Es freut mich, Sie kennen zu lernen. / Ich freue mich, Sie kennen zu lernen.

こちらこそ、よろしく
　Ich freue mich auch. / Ganz meinerseits!

どうぞよろしく
　Freut mich (sehr). / Sehr angenehm!

4. 郵　便　局

近くの郵便ポストはどこですか
　Wo ist der nächste Briefkasten?

切手はどこの窓口ですか
　An welchem Schalter kann ich Briefmarken kaufen?

1ユーロの切手を3枚と55セントのを2枚ください
　Ich möchte drei Marken zu einem Euro und zwei Fünfundfünfziger.

記念切手はまだありますか
　Haben Sie noch Sondermarken?

この手紙は日本までいくらですか
　Wie viel kostet dieser Brief nach Japan?

ハガキは日本まで航空便でいくらですか
　Was kostet eine Postkarte mit Luftpost nach Japan?

―航空便ですか、船便ですか
　Mit Luftpost oder per Schiff?

航空便でお願いします
　Mit Luftpost, bitte!

書留でお願いします
　Einschreiben, bitte!

速達でお願いします
　Als Eilbrief (Per Eilpost / Per Express), bitte!

―速達料金が 7.5 ユーロかかります
　Es kostet noch 7,50 Euro Eilzuschlag.

この手紙の料金はこれでいいですか
　Ist dieser Brief richtig frankiert?

小包の窓口はどこですか
　An welchem Schalter kann ich das Paket aufgeben?

―この小包用紙に記入してください
　Füllen Sie diese Paketkarte aus.

―外国への小包の場合には、関税申告が必要です
　Wenn das Paket ins Ausland geht, brauchen Sie auch eine Zollerklärung.

この小包に保険をかけたいのですが
　Ich möchte dieses Paket versichern lassen.

5. 買 い 物

―いらっしゃいませ / 何かお探しですか
　Kann ich Ihnen helfen? / Was darf es sein? / Sie wünschen, bitte?

どうも、見ているだけです
　Danke, ich möchte mich nur umsehen.

どうも、自分で探します
　Danke, ich komme alleine zurecht.

ちょっと教えてもらえますか
　Können Sie mir helfen? / Können Sie mir behilflich sein?

革のカバンを探しています
　Ich suche (brauche) eine Ledertasche.

革のカバンはありますか
　Haben Sie Ledertaschen?

革のカバンはどこにありますか
　Wo bekomme ich Ledertaschen?

革のカバンがほしいのですが
　Ich hätte (möchte) gern eine Ledertasche.

あそこのカバンに興味があります
　Ich interessiere mich für die Tasche da.

あそこのカバンを見せてもらえますか
　Würden (Könnten) Sie mir bitte die Tasche da zeigen? / Ich hätte gern die Tasche da angesehen.

これ(カバン / 傘)はいい、これをもらいます
　Die (Tasche) ist gut, *die* nehme ich. / Der (Regenschirm) ist gut, *den* nehme ich.

このコートをもらいます
　Den Mantel nehme ich.

このコートをいただけますか
　Geben Sie mir bitte diesen Mantel hier!

これ(傘)はおいくらですか
　Was kostet *der* (Regenschirm)?

もっと安いのはありませんか
　Gibt es etwas Billigeres?

別の色はありませんか
　Haben Sie es in anderen Farben?

6. 食事・レストラン

いいレストランを紹介していただけませんか
　Können Sie mir ein gutes Restaurant empfehlen?

今日は外で食事しませんか
　Wollen wir heute Abend auswärts essen?

レストランで夕食をいっしょにしませんか
　Möchten Sie mit mir in einem Restaurant zu Abend essen?

ボーイさん、注文したいのですが
　Herr Ober, ich möchte gern bestellen.

ウェートレスさん、メニューを見せてください
　Fräulein, die Speisekarte bitte!

ボーイさん、ワインリストを見せてください
　Herr Ober, die Weinkarte bitte.

―何になさいますか
　Was darf ich Ihnen bringen?

ウィーン風カツレツをお願いします
　Ich hätte gern ein Wienerschnitzel. / Ich bekomme ein Wienerschnitzel, bitte.

なにかお薦めの料理はありますか
　Was können Sie mir empfehlen?

―なにかおつけしましょうか. ミックス・サラダはいかがですか
　Möchten Sie noch etwas dazu? Gemischten Salat?

―お飲み物は何になさいますか
　Was möchten Sie trinken?

グラスワインはありますか
　Haben Sie offene Weine?

ビールを1杯もらいます
　Ich möchte ein Glas Bier. / Ich bekomme ein Bier, bitte.

ふつうのビール(黒ビール)をもらいます
　Ich bekomme ein kleines Helles (Dunkles).

めしあがれ / いただきます
　Guten Appetit!

―デザートはいかがですか
　Wie wäre es mit einem Nachtisch?

アイスクリームをもらいます
　Bringen Sie mir bitte ein Eis!

ウェートレスさん、お勘定をお願いします

ボーイさん, 勘定をお願いします
Herr Ober, die Rechnung bitte.

一緒(別々)にお願いします
Zusammen (Getrennt) bitte.

—39ユーロ65セントになります
Das macht 39 Euro 65.

サービス料は入っていますか
Ist das mit Bedienung?

それでは, これで. 残りはおとりください
Hier, bitte schön! Der Rest ist für Sie.

7. 銀　行

近くに銀行はありますか
Gibt es hier in der Nähe eine Bank?

両替はどの窓口ですか
An welchem Schalter kann ich Geld wechseln?

どこで両替できますか
Wo kann ich hier Geld wechseln?

どの窓口で日本円を両替できますか
Wo kann ich hier japanische Yen umwechseln?

日本円をユーロに両替したいのですが
Ich möchte japanische Yen in (gegen) Euro umtauschen.

口座を開きたいのですが
Kann ich ein Konto bei Ihnen eröffnen?

現金を引き出したいのですが
Ich möchte etwas Geld abheben.

トラベラーズ・チェックを換金したいのですが
Kann ich einen Reisescheck einlösen (eintauschen)?

レートはいくらですか
Wie hoch ist der Tageskurs?

2万円分のユーロがほしいのですが
Bitte geben Sie mir Euro für zwanzigtausend Yen.

このカードで現金を引き出せますか
Kann ich mit dieser Karte Geld abheben?

小銭もまぜてもらえませんか
Können Sie mir auch etwas Kleingeld geben?

8. 宿泊・ホテル

私はあまり高くない, いいホテルに泊まりたい
Ich möchte in einem guten, aber nicht zu teuren Hotel wohnen.

いくつかのホテルを推薦していただけませんか
Können Sie mir einige Hotels empfehlen?

部屋は空いていますか
Haben Sie ein Zimmer frei?

シャワーと水洗付きの一人部屋をお願いしたい
Ich hätte gern ein Einzelzimmer mit Dusche und WC.

バス付きの二人部屋を2泊お願いしたい
Ich hätte gern ein Doppelzimmer mit Bad für zwei Nächte.

3泊したいのですが
Ich möchte drei Nächte bleiben.

私は電話でバス付きの二人部屋を予約しました
Ich habe telefonisch ein Doppelzimmer mit Bad bestellt.

ご予約は入っております
Ihre Bestellung liegt vor.

—3階の366室が予約してございます
Wir haben für Sie Zimmer 366 im zweiten Stock reserviert.

一人部屋を予約したいのですが
Ich möchte ein Einzelzimmer reservieren.

別の部屋にしてください
Bitte geben Sie mir ein anderes Zimmer.

この部屋にします. いくらですか
Ich nehme dieses Zimmer. Was kostet es?

—朝食付きで1泊60ユーロです
Pro Nacht 60 Euro, mit Frühstücksbuffet.

チェックアウトは何時ですか
Wann muss man das Zimmer räumen? / Wann ist Check-out?

車はどこにおけばいいですか
Wo kann ich meinen Wagen lassen (abstellen)?

鍵をもらえますか
Kann ich meinen Schlüssel haben?

部屋に鍵を忘れました
Meinen Schlüssel habe ich im Zimmer liegen lassen.

部屋を掃除しておいてください
Lassen Sie bitte mein Zimmer sauber machen.

6時半にモーニングコールしてください
Würden Sie mich um halb sieben wecken?

ホテルにランドリーはありますか
Haben Sie eine eigene Wäscherei?

—お支払いは現金ですか, カードですか
Zahlen Sie bar oder mit Karte?

このカードで支払えますか
Kann ich mit dieser Karte bezahlen?

4時まで荷物を預かってもらえますか
Kann ich mein Gepäck bis vier Uhr im Hotel lassen?

タクシーを呼んでもらえますか
Bitte können Sie für mich ein Taxi bestellen?

9. 医者・病気

(専門の)医者に診察してもらいたいのですが
Ich möchte mich (von einem Facharzt) untersuchen lassen.

医者を教えてもらえますか
Könnten Sie mir einen Arzt empfehlen?

——一般開業医がいいですか, 専門医がいいですか

Wollen Sie zu einem praktischen Arzt oder einem Spezialisten?

今日，ヴァイスコプフ先生に診察してもらえますか
Kann ich heute zu Herrn Dr. Weißkopf in die Sprechstunde kommen?

ーどの保険に加入していますか
In welcher Krankenkasse sind Sie?

個人保険に入っています
Ich bin privat versichert. / Ich habe eine Privatversicherung.

私の子供が膝にけがをしました
Mein Kind hat sich das Knie verletzt.

ーどうしましたか
Wo fehlt's denn? / Was fehlt Ihnen?

胃(腹)が痛いのです
Ich habe Magenschmerzen (Bauchschmerzen).

歯が痛みます
Ich habe Zahnschmerzen.

足が痛いのです
Mir tut der Fuß weh.

背中が痛いのです
Der Rücken tut mir weh.

ー食欲はどうですか
Wie ist der Appetit?

あまり食べられません
Ich kann nicht viel essen.

急に胃が痛くなりました
Ich habe plötzlich Magenschmerzen bekommen.

風邪をひきました
Ich habe mich erkältet.

風邪をひいているのです
Ich bin erkältet.

熱があります(熱っぽいのです)
Ich habe (etwas) Fieber. / Ich bin (etwas) fiebrig.

鼻かぜにかかっています
Ich habe Schnupfen.

咳がでます
Ich habe Husten.

下痢をしています
Ich habe Durchfall.

気分がよくないのです
Ich fühle mich nicht gut (wohl).

気分が悪いのです
Mir ist schlecht. / Ich fühle mich unwohl.

二日酔いです
Ich habe einen Kater.

10. レンタカー・車の故障

車はどこで借りることができますか
Wo kann ich ein Auto mieten?

車を借りたいのですが
Ich möchte gern ein Auto mieten.

料金は1日いくらですか
Was kostet das pro Tag?

1キロあたりいくらですか
Wie viel kostet der Kilometer?

ー保険は料金に含まれています
Die Versicherung ist in dem Preis inbegriffen.

ーガソリンは満タンにしてお返しください
Geben Sie den Wagen voll getankt zurück.

車が故障しました
Wir haben eine Panne.

タイヤを交換しなければならない
Wir müssen den Reifen wechseln.

車をチェックしてもらえませんか
Können Sie mal den Wagen nachsehen?

エンジンオイルをチェックしてもらえませんか
Können Sie bitte das Öl nachsehen?

オイルを交換してください
Machen Sie bitte auch Ölwechsel.

エンジンがかからない
Der Motor springt nicht an.

バッテリーがあがっている
Die Batterie ist leer.

いつ車をとりにくればいいですか
Wann kann ich meinen Wagen wieder abholen?

11. 観光・劇場・コンサート

この町の見どころはなんですか
Was gibt es hier in der Stadt Interessantes (Besonderes zu sehen)? / Was für Sehenswürdigkeiten gibt es in dieser Stadt?

市内観光をしたいのですが
Ich möchte eine Stadtrundfahrt machen.

町の博物館を見学したい
Ich möchte das Museum hier besichtigen.

お城を見たいのですが
Ich möchte das Schloss besichtigen.

お城は何時から何時まで開いていますか
Von wann bis wann ist das Schloss geöffnet?

市立劇場は今週何をやっていますか
Was gibt es diese Woche im Stadttheater?

上演予定表がほしいのですが
Ich hätte gern den Spielplan.

オペラ座のチケットがほしいのですが
Ich hätte gern eine Karte für die Oper.

まだチケットがあれば、行きたいと思います
Ich möchte hingehen, wenn es noch Karten gibt.

今晩のチケットはまだ手に入りますか
Kann man für heute Abend noch Karten bekommen?

今日この町でコンサートがありますか
Gibt es heute in der Stadt ein Konzert?

もしかして何時にコンサートが始まるかご存じですか
Wissen Sie zufällig, um wie viel Uhr das

コンサートがどこであるか教えてください
Können Sie mir sagen, wo das Konzert stattfindet?

—上演は8時に始まり、11時頃に終わります
Die Vorstellung beginnt um acht Uhr und endet ungefähr um elf Uhr.

12. 電　話

—もしもし、シュルツですが
Schulz.

—もしもし、アトラス株式会社のシュルツです
Atlas AG, Schulz, guten Tag!

ヴァルター・シュルツさんでしょうか
Spreche ich mit Herrn Walter Schulz? / Ist Herr Walter Schulz am Apparat?

—はい、そうです
Ja, am Apparat.

—はい、私です
Ja, ich bin's. / Ja, der (die) bin ich.

どちら様ですか
Wer ist am Apparat? / Mit wem spreche ich?

—ホフマンですが
Guten Tag. Hier Hoffmann.

シュルツさんをお願いしたいのですが
Ich möchte gern Herrn Schulz sprechen.

シュルツさんに取り次いでいただけますか
Könnten Sie mich bitte mit Herrn Schulz verbinden?

内線2641をお願いします
Bitte geben Sie mir die Nummer zwei sechs vier eins!

—直通でダイアルしてください
Sie können direkt durchwählen.

—そのままお待ちください
Bitte bleiben Sie am Apparat!

—切らないでお待ちください
Legen Sie bitte nicht auf!

いつ戻られるか分かりますか
Wissen Sie zufällig, wann er zurückkommt?

—後ほどおかけ直しいただけますか
Könnten Sie vielleicht nochmal anrufen?

—番号違いです
Sie sind falsch verbunden.

番号を間違えました
Ich habe mich verwählt.

聞こえますか
Hören Sie mich?

電話がひどく遠い
Die Verbindung ist sehr schlecht.

—どのようなご用件ですか
Worum handelt es sich? / In welcher Angelegenheit rufen Sie an?

いただきました手紙の件でお電話しています
Ich rufe bezüglich Ihres Briefs an.

急ぎの用件です
Es handelt sich um eine dringende Angelegenheit.

あなたの電話番号をお願いします
Wie ist Ihre Nummer (Telefonnummer), bitte? / Könnten Sie mir Ihre Nummer geben?

なにかお言づけがありますか
Kann ich ihm etwas ausrichten?

伝言していただけますか
Könnten Sie ihm etwas von mir ausrichten?

よろしくお伝えください
Grüßen Sie ihn bitte von mir!

さようなら
Auf Wiederhören!

日本へ電話したいのですが
Ich möchte nach Japan telefonieren.

話し中です
Die Leitung ist besetzt.

お電話をお借りできますか
Dürfte Ich Ihr Telefon benutzen?

13. 面会の約束

お目にかかりたいのですが
Ich möchte mit Ihnen persönlich sprechen.

日時をいまご相談してもよろしいですか
Könnten wir jetzt einen Termin ausmachen (vereinbaren)?

いつお会いできますか
Wann könnten wir uns treffen? / Wann könnte ich Sie treffen?

いつが都合がいいですか
Wann sind Sie frei? / Wann haben Sie Zeit?

何時まで時間があいていますか
Bis wann sind Sie frei?

どこでお会いできますか
Wo könnten wir uns treffen? / Wo könnte ich Sie treffen?

25日ではどうですか
Am 25. vielleicht? / Wie wäre es am 25.?

都合のいい日(場所)を言ってください
Machen Sie einen Vorschlag!

来週の火曜日の午後3時はいかがですか
Wie wäre es am nächsten Dienstag um fünfzehn Uhr (drei Uhr nachmittags)?

水曜日は差支ありませんか
Wie passt es Ihnen am Mittwoch?

木曜日の方が都合がいいのですが
Donnerstag würde mir besser passen.

木曜日は私の方が都合がつきません
Am Donnerstag geht es bei mir leider nicht.

喫茶店ブルンネンではどうでしょう

会話慣用表現　　　　　　　　　　　　　　　　　　　　　　　　　　　　　　678

Wie wäre es im Café „Brunnen"?

何時ごろがよろしいでしょうか
Welche Zeit passt Ihnen am besten?

午後3時にお会いできますか
Könnten wir uns um drei Uhr nachmittags treffen?

もうすこし早い時間にはなりませんでしょうか
Ginge es vielleicht nicht etwas früher?

その時間はちょっと都合がつきません
Die Zeit passt mir nicht ganz.

それなら都合がつきます
Ich werde mich danach richten. / Das kann ich einrichten. / Das lässt sich einrichten.

それなら私にはたいへん好都合です
Das passt mir ausgezeichnet.

それでは2時に会社でお待ちしております
Also, ich erwarte Sie um zwei Uhr im Büro.

それでよろしいでしょうか
Bleibt es dabei?

14. 招　　待

あなたをわが家の夕食にお招きしたいのですが
Darf ich Sie zu uns zum Abendessen einladen? / Darf ich Sie heute Abend zu uns bitten?

私の誕生パーティーに来ていただけませんか
Ich möchte Sie zu meiner Geburtstagsparty einladen.

うちの小パーティーにあなたを招待したい
Wir möchten Sie zu einer kleinen Party bei uns einladen.

今晩うちに来ていただければありがたいのですが
Wir würden uns freuen, wenn Sie heute Abend zu uns kommen könnten.

明日うちに昼食にいらっしゃい
Kommen Sie morgen zu mir zum Mittagessen!

日曜日にお時間があれば、寄ってください
Wenn Sie am Sonntag Zeit haben, kommen Sie mal vorbei.

いつでもうちにいらしてください
Sie sind bei uns jederzeit willkommen.

あなたの訪問をお待ちしています
Wir freuen uns auf Ihren Besuch.

ありがとうございます，喜んでうかがいます
Vielen Dank, ich komme sehr gerne. / Sehr gerne.

4時にお待ちしています
Ich werde Sie um vier Uhr erwarten.

あなたにコーヒーをご馳走したいのですが
Darf ich Sie zu einer Tasse Kaffee (zum Kaffee) einladen?

ここは私に払わせてください
Sie sind mein Gast. / Sie sind eingeladen.

15. 訪　　問

ようこそいらっしゃい
Seien Sie uns herzlich willkommen! / Schön (Nett), dass Sie gekommen sind!

お招きいただいてありがとうございます
Ich danke Ihnen herzlich für die Einladung. / Vielen herzlichen Dank für die Einladung!

コートをお預かりしましょう
Darf ich Ihnen den Mantel abnehmen?

どうぞお入りください
Kommen Sie bitte herein!

どうぞこちらへ
Darf ich Sie hierher bitten? / Kommen Sie bitte hier entlang!

すてきなお家ですね
Schön haben Sie es hier! / Sie haben ja eine sehr schöne Wohnung!

おかけになりませんか
Wollen Sie nicht Platz nehmen?

どうぞお楽になさってください
Bitte, machen Sie es sich bequem (wie zu Hause)!

ささやかなものですが
Das ist ein kleines Geschenk für Sie.

花を持ってまいりました
Hier habe ich Ihnen ein paar Blumen mitgebracht.

いま開けてもかまいませんか
Darf ich es gleich öffnen?

お飲み物は何になさいますか
Was darf ich Ihnen zu trinken anbieten?

食卓の方にどうぞください
Darf ich zu Tisch bitten?

どうぞ召し上がれ
Ich wünsche Ihnen einen guten Appetit! / Guten Appetit!

ありがとう，いただきます(あなたもどうぞ)
Danke, gleichfalls!

どうぞおとりください
Bitte greifen Sie zu! / Bitte bedienen Sie sich!

試してみてください　Probieren Sie mal!

もう少しいかがですか
Darf ich Ihnen noch etwas anbieten?

どれもとてもおいしいです
Es schmeckt alles ausgezeichnet.

飲み物をもう少しいかがですか
Darf ich Ihnen noch etwas nachschenken?

いえ、けっこうです。でもとてもおいしかったです
Nein, vielen Dank. Aber es hat ausgezeichnet geschmeckt.

とてもおいしかったですが、これ以上はいただけません
Es war sehr gut, aber ich kann leider nicht mehr.

文 型 一 覧

文の主成分の名称

主　語＝Subjekt（略：S）
述　語＝Prädikat（略：P）
等置語＝Gleichsetzung（略：G）
　等置1格＝Gleichsetzungsnominativ（略：G^1）
　等置4格＝Gleichsetzungsakkusativ（略：G^4）
目的語＝Objekt（略：O）
　4格目的語＝Akkusativobjekt（略：O^4）
　3格目的語＝Dativobjekt（略：O^3）
　2格目的語＝Genitivobjekt（略：O^2）
　前置詞づき目的語＝Präpositionalobjekt（略：O^P）
状況補足語*＝Umstandergänzung（略：E）
　所の状況補足語＝Raumergänzung（略：E^R）
　方法の状況補足語＝Artergänzung（略：E^A）

* 状況補足語も，文の主成分の一種であり，その点では目的語などと同等とみられる．

§1 基本文型

文型-1　主語＋述語　　　　　　　　　　　　　　　　　　　　　　　　　　　　　　S＋P
　　　Der Mond leuchtet.
　　　　月が輝く

文型-2　主語＋述語＋4格目的語　　　　　　　　　　　　　　　　　　　　　　　　S＋P＋O^4
　　　Der Junge isst den Apfel.
　　　　少年がリンゴを食べている

文型-3　主語＋述語＋3格目的語　　　　　　　　　　　　　　　　　　　　　　　　S＋P＋O^3
　　　Der Sohn dankt dem Vater.
　　　　息子は父に感謝する

文型-4　主語＋述語＋2格目的語　　　　　　　　　　　　　　　　　　　　　　　　S＋P＋O^2
　　　Der Kranke bedarf der Ruhe.
　　　　病人は休息を必要とする

[注]　2格の目的語をとる動詞はごくわずかで，それも多くは古風な感じを与える．したがって日常語ではふつう4格または前置詞づきの目的語によって書きかえられる：Der Kranke braucht [die] Ruhe.

文型-5　主語＋述語＋前置詞づき目的語　　　　　　　　　　　　　　　　　　　　　S＋P＋O^P
　　　Seine Aussage beruht auf Wahrheit.
　　　　彼の陳述は真実に基づいている

文型-6　主語＋述語＋等置1格　　　　　　　　　　　　　　　　　　　　　　　　　S＋P＋G^1
　　　Er ist mein Freund.
　　　　彼は私の友だちです

[注]　等置1格は，sein 動詞のほかに，werden, bleiben, heißen, scheinen などのように，それだけでは具体的意味の稀薄な，むしろ形式語（＝コプラ）のように感じられる動詞とともに用いられて，その意味上の述語となるので，述語的1格ともよばれ，動詞によっては als や wie と結びついて用いられることもある：Er erwies sich als Freund.（彼は友人たるの実を示した）

文型-7	主語+述語+所の状況補足語 Das Buch liegt auf dem Tisch. 本はテーブルの上にのっている	$S+P+E^R$
文型-8	主語+述語+方法の状況補足語 Die Rose ist schön. ばらは美しい	$S+P+E^A$
[注]	この文型における方法の状況補足語は，sein, werden, scheinen, vorkommen, bleiben などの動詞とともに，さらにとりわけ „sich verhalten" (…ふるまう)の意をあらわす動詞などとともに用いられて，その意味上の述語となる: Er benimmt sich anständig. (行儀よくふるまう)	
文型-9	主語+述語+3格目的語+4格目的語 Er schenkt seiner Mutter Blumen. 彼は母に花をプレゼントする	$S+P+O^3+O^4$
文型-10	主語+述語+4格目的語+前置詞づき目的語 Man fragte ihn nach seiner Heimat. 人は彼に故郷はどこかとたずねた	$S+P+O^4+O^P$
文型-11	主語+述語+4格目的語+所の状況補足語 Ich hänge das Bild an die Wand. 私は絵を壁にかける	$S+P+O^4+E^R$
文型-12	主語+述語+4格目的語+方法の状況補足語 Die Mutter macht die Suppe warm. 母はスープをあたためる	$S+P+O^4+E^A$
[注]	この文型における方法の状況補足語は，主語の動作の間に，またはその動作の結果，目的語がおかれる状態を示し，上例でいえば，die Suppe warm → die Suppe ist warm なる関係が成り立つことが特徴的.	
文型-13	主語+述語+4格目的語+等置的4格 Ich nenne ihn meinen Freund. 私は彼を私の友とよぶ	$S+P+O^4+G^4$
[注]	この文型における4格目的語と等置的4格との間には次のような関係がある．すなわち，もし4格目的語を主語(1格)にした場合には，等置的4格がその述語的1格になる，ということである: ihn meinen Freund → er ist mein Freund. さらに等置的4格が für や als と結びつくこともある: Wir betrachten dich als unseren Freund. (われわれは君をわれわれの友とみなす)	
文型-14	主語+述語+4格目的語+4格目的語 Herr Meier lehrt uns die deutsche Sprache. マイアーさんはわれわれにドイツ語を教える	$S+P+O^4+O^4$
[注]	この文型に現われる動詞は，主として lehren と kosten である．	
文型-15	主語+述語+3格目的語+前置詞づき目的語 Ich gratuliere ihr zum Geburtstag. 私は彼女に誕生日のお祝いを言う	$S+P+O^3+O^P$
[注]	3格目的語の代りに，時として4格目的語が用いられることもある: Es schauderte mir (mich) vor diesem Gedanken. (私はそう考えてぞっとした)	
文型-16	主語+述語+3格目的語+方法の状況補足語 Das Kleid steht ihr gut. そのドレスは彼女によく似合う	$S+P+O^3+E^A$

§2 副次的文型

A 文型-8 の変型

文型-8 (S+P+E^A) に現われる方法の状況補足語中には，特定の格支配をするものがある．

a. 主語+述語+[副次的の 3 格目的語+] 方法の状況補足語　　　　　　　　S+P+[O³+]E^A
  Er ist seinem Vater ähnlich.
   彼は父親に似ている

b. 主語+述語+[副次的の 2 格目的語+] 方法の状況補足語　　　　　　　　S+P+[O²+]E^A
  Er ist der lateinischen Sprache kundig.
   彼はラテン語に通じている

c. 主語+述語+[副次的の前置詞づき目的語+] 方法の状況補足語　　　　　　S+P+[O^P+]E^A
  Er ist mit seinem Schicksal zufrieden.
   彼は自分の運命に満足している

d. 主語+述語+[副次的の 3 格目的語+副次的の前置詞づき目的語+] 方法の状況補足語　　S+P+[O³+O^P+]E^A
  Er ist mir in der Musik voraus.
   音楽では彼は私にまさっている

e. 主語+述語+[副次的の所の状況補足語+] 方法の状況補足語　　　　　　S+P+[E^R+]E^A
  Er ist in Tokyo ansässig.
   彼は東京に定住している

f. 主語+述語+[副次的の 4 格目的語+] 方法の状況補足語　　　　　　　　S+P+[O³+]E^A
  Er ist 20 Jahre alt.
   彼は 20 歳である

 [注] 時間・空間的広がり，重さ，価値などをあらわす形容詞: alt, breit, hoch, lang, schwer, wert などは 4 格目的語(副次的の)をとる．

g. 文型-7 の変型として，所の状況補足語で副次的の 4 格目的語をとるものがある．
 主語+述語+[副次的の 4 格目的語+] 所の状況補足語　　　　　　　　S+P+[O⁴+]E^R
  Wir steigen den Berg hinauf.
   われわれは山に登る

B 自由の 3 格目的語をもつ文型

自由の 3 格目的語 (freier Dativ) とは，必要な 3 格目的語ほどに動詞との関係が緊密でなく，主として所有の 2 格または所有代名詞の代りに用いられる 3 格である．

a. 主語+述語+自由の 3 格目的語　　　　　　　　　　　　　　　　　　S+P+O³ (*freier Dat.*)
  Mir tränen die Augen (=meine Augen).
   私は涙が出る

b. 主語+述語+自由の 3 格目的語+4 格目的語　　　　　　　　　　　　　S+P+O³ (*freier Dat.*)+O⁴
  Er streichelt ihr die Wangen (=ihre Wangen).
   彼は彼女の頬をさする

 [注] 同じ文型であるが，自由の 3 格が利害関係をあらわすことがある (für+4 格で書きかえることができる): Er sang dem Kind ein Lied. (彼は子供に歌を歌ってやった)

c. 主語+述語+自由の 3 格目的語+所の状況補足語　　　　　　　　　　　S+P+O³ (*freier Dat.*)+E^R
  Ich klopfe ihm auf die Schulter (=auf seine Schulter).
   私は彼の肩をたたく

d. 主語+述語+自由の 3 格目的語+4 格目的語+所の状況補足語
  Er flüsterte mir ihren Namen ins Ohr.　　　　　　　　　　　S+P+O³ (*freier Dat.*)+O⁴+E^R
   彼は私の耳に彼女の名前をささやいた

§3 再帰動詞を含む文型

本来の再帰動詞にあっては，再帰代名詞(4格または3格)はその動詞と意味上ほとんど一体化して，いわゆる目的語としては感じられない．そこで中には再帰代名詞のほかに，さらに2格，3格，4格または前置詞づきの目的語を併せとるものもある．

a. 2格の目的語をとる再帰動詞: sich enthalten (禁ずる), sich erbarmen (憐れむ)など．この種の動詞を含む文は，文型-4に組み入れることができる．(V＝動詞)

    Ich kann mich der Tränen nicht enthalten.   S+P (V+sich)+O^2
    私は涙を禁じえない

b. 3格の目的語をとる再帰動詞: sich hingeben (耽ける), sich nähern (近づく), sich widersetzen (逆らう)など．

    Der Sommer nähert sich dem Ende. (→ 文型-3)   S+P (V+sich)+O^3
    夏は終りに近づく

c. 4格の目的語をとる再帰動詞: sich^3 ansehen (見物する), sich^3 aneignen (自分のものにする), sich^3 vorstellen (想像する)など．

    Du hast dir neue Kenntnisse angeeignet. (→ 文型-2)   S+P (V+sich^3)+O^4
    君は新しい知識を身につけた

d. 前置詞づきの目的語をとる再帰動詞: sich an *et.* erinnern (思い出す), sich für *et.* interessieren (興味をもつ), sich nach *et.*^{3} sehnen (あこがれる)など．

    Sie interessiert sich für moderne Malerei. (→ 文型-5)   S+P (V+sich)+O^P
    彼女は近代絵画に興味をもっている

e. そのほか，方法の状況補足語や等置語をとるものがある: sich dankbar (als wahrer Freund) erweisen (感謝の意〔真の友人たるの実〕を示す)など．

    → 文型-8, 文型-6   S+P (V+sich)+E^A / S+P (V+sich)+G^1

つづりの分け方

二つづり以上の語を必要により2行に分けるには，原則としてその語をゆっくりと発音するとき自然に生ずる切れ目において行えばよいが，その際次の諸規則に注意を要する．

1. 母音字の間にある1個の子音字は後続のつづりに属する: Freu-de, mu-tig, se-hen.
   語頭にある母音1字のあとでも分綴可能: O-fen, a-ber, e-keln, i-de-al.

2. ch, ck, sch, ß, ph, th はいずれも1個の子音字として取り扱う: Bü-cher, rau-schen, grü-ßen, So-phie, ka-tholisch.
   ck は従来は k-k と書き改められていたが，ch, sch などと同様1個の子音字として取り扱われる: Brü-cke (旧: Brük-ke).

3. 母音字の間に2個以上の子音字があるときは最後の子音字だけが後続のつづりに属する: An-ker, Fin-ger, Was-ser, kämp-fen, Ach-sel, krat-zen.
   st は従来分けられなかったが，今後は分けられる: meis-tens, flüs-tern, Fens-ter.

4. 複合語はなるべくその語を構成している単一語の間で分け，それができないときは単一語の中で上記の規則に従って分ける: Taschen-uhr, Emp-feh-lungs-schrei-ben.
   しかし，元来は複合語であってもその意識が希薄になった語の場合には単一語と同じような分け方をすることができる: hi-nauf (hin-auf), ei-nan-der (ein-an-der), beo-bach-ten (be-ob-ach-ten), Pä-da-go-gik (Päd-ago-gik), pa-ral-lel (par-al-lel).

5. 外来語で r 及び l との結合並びに gn と kn とは分かたれないという規則はもはや守られなくてもいい: Quad-rat (Qua-drat), möb-liert (mö-bliert), Mag-net (Ma-gnet), pyk-nisch (py-knisch).

文 法 摘 要

I. 冠詞と代名詞の変化

1. 冠詞・指示代名詞 (1)・所有代名詞の変化

			定 冠 詞	指示代名詞(1)	不 定 冠 詞	所 有 代 名 詞
単	男性	1	der	dieser[1]	ein	mein[2]
		2	des	dieses	eines	meines
		3	dem	diesem	einem	meinem
		4	den	diesen	einen	meinen
	女性	1	die	diese	eine	meine
		2	der	dieser	einer	meiner
		3	der	dieser	einer	meiner
		4	die	diese	eine	meine
数	中性	1	das	dieses	ein	mein
		2	des	dieses	eines	meines
		3	dem	diesem	einem	meinem
		4	das	dieses	ein	mein
複数	各性共通	1	die	diese	—	meine
		2	der	dieser	—	meiner
		3	den	diesen	—	meinen
		4	die	diese	—	meine

〔注〕 1. 同じ変化をするもの: jener, solcher; welcher; jeder (複数形はまれ), mancher, aller.
2. 同じ変化をするもの: dein, sein, ihr, unser, euer, Ihr; kein.

2. 指示代名詞 (2)・関係代名詞・疑問代名詞・不定代名詞の変化

			指示代名詞(2)	関 係 代 名 詞	
単	男性	1	der	der	welcher[2]
		2	dessen	dessen	—
		3	dem	dem	welchem
		4	den	den	welchen
	女性	1	die	die	welche
		2	deren	deren	—
		3	der	der	welcher
		4	die	die	welche
数	中性	1	das	das	welches
		2	dessen	dessen	—
		3	dem	dem	welchem
		4	das	das	welches
複数	各性共通	1	die	die	welche
		2	deren, derer[1]	deren	—
		3	denen	denen	welchen
		4	die	die	welche

〔注〕 1. 関係代名詞の先行詞として,「人」に関するときにのみ用いる.
2. 今日では der に比べてはるかに用いられることが少ない.

疑問代名詞・関係代名詞		
人	1	wer
	2	wessen
	3	wem
	4	wen
事物	1	was
	2	(wessen)
	3	—
	4	was

(事物の3・4格は wo[r]..の形)¹

不定代名詞		
1	man (einer)	jemand
2	eines	jemand[e]s
3	einem	jemand[em]
4	einen	jemand[en]

〔注〕 1. was が前置詞に支配されるときは、wo (母音の前では: wor) ＋前置詞の形を用いる: womit, worauf など.

was für ein の名詞的用法:

	単　　　数			複　　　数
	男　性	女　性	中　性	各性共通
1	was für einer	was für eine	was für eins	was für welche
2	was für eines	was für einer	was für eines	—
3	was für einem	was für einer	was für einem	was für welchen
4	was für einen	was für eine	was für eins	was für welche

3. 人称代名詞の変化

		1 人称	2 人称		3 人称		
			親　称	敬　称	男　性	女　性	中　性
単数	1	ich	du	Sie	er	sie	es
	2	meiner	deiner	Ihrer	seiner	ihrer	seiner
	3	mir	dir	Ihnen	ihm	ihr	ihm
	4	mich	dich	Sie	ihn	sie	es
複数	1	wir	ihr	Sie	sie		
	2	unser	euer	Ihrer	ihrer		
	3	uns	euch	Ihnen	ihnen		
	4	uns	euch	Sie	sie		

4. 再帰代名詞の変化

		1 人称	2 人称		3 人称		
			親　称	敬　称	男　性	女　性	中　性
単数	1	—	—	—	—	—	—
	2	meiner	deiner	Ihrer	seiner	ihrer	seiner
	3	mir	dir	sich	sich	sich	sich
	4	mich	dich	sich	sich	sich	sich
複数	1	—	—	—	—		
	2	unser	euer	Ihrer	ihrer		
	3	uns	euch	sich	sich		
	4	uns	euch	sich	sich		

II. 名詞の変化

		強 変 化			弱 変 化	混合変化
		第 1 類 -s, ⸚	第 2 類 -[e]s, ⸚	第 3 類 -[e]s, ⸚er	-[e]n, -[e]n	-[e]s, -[e]n
単数2格, 複数1格 のつくり方						
単数	1	der Onkel	der Tag	das Bild	die Frau	der Staat
	2	des Onkels	des Tages	des Bildes	der Frau	des Staates
	3	dem Onkel	dem Tag	dem Bild[e]	der Frau	dem Staat[e]
	4	den Onkel	den Tag	das Bild	die Frau	den Staat
複数	1	die Onkel	die Tage	die Bilder	die Frauen	die Staaten
	2	der Onkel	der Tage	der Bilder	der Frauen	der Staaten
	3	den Onkeln	den Tagen	den Bildern	den Frauen	den Staaten
	4	die Onkel	die Tage	die Bilder	die Frauen	die Staaten
単数	1	der Vater	die Hand	der Wald	der Junge	das Auge
	2	des Vaters	der Hand	des Waldes	des Jungen	des Auges
	3	dem Vater	der Hand	dem Wald[e]	dem Jungen	dem Auge
	4	den Vater	die Hand	den Wald	den Jungen	das Auge
複数	1	die Väter	die Hände	die Wälder	die Jungen	die Augen
	2	der Väter	der Hände	der Wälder	der Jungen	der Augen
	3	den Vätern	den Händen	den Wäldern	den Jungen	den Augen
	4	die Väter	die Hände	die Wälder	die Jungen	die Augen

〔注〕 ⸚ は幹母音が変音(ウムラウト)する語もしない語もあることを示し, " は変音可能な幹母音 (a, o, u, au) をもつ語は必ず変音することを表わす.

特殊な変化

単数	1	der Name[1]	der Herr	das Herz	das Auto[2]
	2	des Namens	des Herrn	des Herzens	des Autos
	3	dem Namen	dem Herrn	dem Herzen	dem Auto
	4	den Namen	den Herrn	das Herz	das Auto
複数	1	die Namen	die Herren	die Herzen	die Autos
	2	der Namen	der Herren	der Herzen	der Autos
	3	den Namen	den Herren	den Herzen	den Autos
	4	die Namen	die Herren	die Herzen	die Autos

〔注〕 1. der Name と同じ変化をするもの: der Funke, Gedanke, Wille など.
2. das Auto と同じ変化をするもの: das Hotel, der Streik, die Kamera など多数.

III. 形容詞の変化

A. 格変化

			強変化	弱変化	混合変化
単数	男性	1	guter Tee	der blonde Junge	ein kleiner Füller
		2	guten Tees	des blonden Jungen	eines kleinen Füllers
		3	gutem Tee	dem blonden Jungen	einem kleinen Füller
		4	guten Tee	den blonden Jungen	einen kleinen Füller
	女性	1	gute Ernte	die blonde Frau	eine kleine Feder
		2	guter Ernte	der blonden Frau	einer kleinen Feder
		3	guter Ernte	der blonden Frau	einer kleinen Feder
		4	gute Ernte	die blonde Frau	eine kleine Feder
	中性	1	gutes Bier	das blonde Mädchen	ein kleines Haus
		2	guten Biers	des blonden Mädchens	eines kleinen Hauses
		3	gutem Bier	dem blonden Mädchen	einem kleinen Haus[e]
		4	gutes Bier	das blonde Mädchen	ein kleines Haus
複数	各性共通	1	gute Ernten	die blonden Mädchen	meine kleinen Füller
		2	guter Ernten	der blonden Mädchen	meiner kleinen Füller
		3	guten Ernten	den blonden Mädchen	meinen kleinen Füllern
		4	gute Ernten	die blonden Mädchen	meine kleinen Füller

B. 比較変化

1. 規則変化

原級	比較級	最高級
—	-er	-[e]st
schön	schöner	schönst
weise	weiser	weisest
heiter	heit[e]rer	heiterst
neu	neuer	neu[e]st
alt	älter	ältest
kurz	kürzer	kürzest

〔注〕 幹母音が a, o, u の一つづりの形容詞は比較変化のさい大部分変音する.

2. 不規則変化

原級	比較級	最高級
groß	größer	größt
hoch	höher	höchst
nah[e]	näher	nächst
gut	besser	best
viel	mehr	meist
wenig	{weniger / minder}	wenigst / mindest

C. 名詞的用法

		男性	女性
単数	1	der Kranke	die Kranke
	2	des Kranken	der Kranken
	3	dem Kranken	der Kranken
	4	den Kranken	die Kranke
複数	1	die Kranken	
	2	der Kranken	
	3	den Kranken	
	4	die Kranken	
単数	1	ein Kranker	eine Kranke
	2	eines Kranken	einer Kranken
	3	einem Kranken	einer Kranken
	4	einen Kranken	eine Kranke
複数	1	Kranke	
	2	Kranker	
	3	Kranken	
	4	Kranke	

		中性	
単数	1	das Gute	ein Gutes
	2	des Guten	eines Guten
	3	dem Guten	einem Guten
	4	das Gute	ein Gutes

〔注〕 中性は複数形を欠く.

IV. 数　　詞

A. 基　数

0 null	10 zehn	20 zwanzig	100 [ein]hundert
1 eins	11 elf	21 einundzwanzig	101 hundert[und]eins
2 zwei	12 zwölf	22 zweiundzwanzig	200 zweihundert
3 drei	13 dreizehn	30 dreißig	300 dreihundert
4 vier	14 vierzehn	40 vierzig	400 vierhundert
5 fünf	15 fünfzehn	50 fünfzig	500 fünfhundert
6 sechs	16 sechzehn	60 sechzig	1 000 [ein]tausend
7 sieben	17 siebzehn	70 siebzig	1 001 tausend[und]eins
8 acht	18 achtzehn	80 achtzig	10 000 zehntausend
9 neun	19 neunzehn	90 neunzig	100 000 hunderttausend

1 000 000　eine Million　　　　1 000 000 000　eine Milliarde

〔注〕 99万9999までは1語として書き、Million は離して書く:
　　3 300 711　drei Millionen dreihunderttausendsiebenhundertelf.

B. 序　数

1. erst	6. sechst	11. elft	21. einundzwanzigst
2. zweit	7. sieb[en]t	12. zwölft	100. hundertst
3. dritt	8. acht	13. dreizehnt	101. hundert[und]erst
4. viert	9. neunt	19. neunzehnt	111. hundert[und]elft
5. fünft	10. zehnt	20. zwanzigst	1000. tausendst

〔注〕 1. (1., 3., 8. を除き) 19. までは基数に -t を、20. 以上は -st を付けてつくる. 通常定冠詞を伴なって形容詞の弱変化をする: am zehnten Mai.

　　2. 序数に -ens を付けると分類数ができる: erstens, zweitens.

C. 分　数

¹/₃　ein Drittel	¹/₄　ein Viertel	¹/₁₀₀　ein Hundertstel
²/₃　zwei Drittel	³/₄　drei Viertel	¹/₁₀₁　ein Hunderteintel

〔注〕 1. 序数に -el を付けてつくり、中性名詞として強変化第1類に属する(但し ½ は ein Halb (不変化) または die Hälfte).

　　2. 分数は不変化の形容詞としても用いられる(但し halb は通常形容詞の変化をする): drei viertel Liter Bier; ein halbes Jahr.

　　3. 1½ は ein[und]einhalb または anderthalb. これを付加語的に用いると 1½ 年は ein und ein halbes Jahr, ein[und]einhalb (または anderthalb) Jahre.

(付)

1. 数詞の使用例

(a) 小数・パーセント

小数点(Komma)以下の数は普通一つずつ読む. パーセントは Prozent と書くか、記号 % 又は略語 p. c. を用いて表わす. v. H. (vom Hundert) という表わし方もある.
5,78 fünf Komma sieben acht (日常的には fünf Komma achtundsiebzig とも読む).
40% / 40 p. c. = vierzig Prozent.　3% / 3 v. H. = drei vom Hundert.

(b) 年月日

i) 西暦年号は1100年から1999年までは百の位で読む.
1996 = neunzehnhundertsechsundneunzig. (但し:) im Jahre 2013 = im Jahre zweitausenddreizehn.
〔注〕 紀元前の年号には通常 v. Chr. (vor Christus) を、紀元後の数百年内の年号には n. Chr. (nach Christus) を後置する.

ii) 日は序数で表わす. また月も序数で表わすことがある.
Tokyo, den 10. Mai (5.) 1996 (den 10. 5. 1996 の読み方: den zehnten fünften neunzehnhundertsechsundneunzig).

〔注〕1. 日の前に定冠詞 den がないとき，1 格で読むこともできる: 10. 5. = zehnter fünfter.
2. 月日の尋ね方と答え方: Der Wievielte ist heute?—Heute ist der 10. (der zehnte) Mai. / Den Wievielten haben wir heute?—Heute haben wir den 10. (den zehnten) Mai.

(c) 時刻

時刻の表示は，公式的な場(テレビ，ラジオ，交通機関など)では 24 時間制を，非公式的な場(日常会話など)では下記のように 12 時間制を使う．Minute[n] は普通読まない．

Es ist
13.00 Uhr ein Uhr / eins.
13.10 Uhr zehn [Minuten] nach eins.
13.15 Uhr [ein] Viertel nach eins. / Viertel zwei.
13.20 Uhr zwanzig nach eins. / zehn vor halb zwei.
13.25 Uhr fünf vor halb zwei.
13.30 Uhr halb zwei.

Es ist
13.35 Uhr fünf nach halb zwei.
13.40 Uhr zehn nach halb zwei. / zwanzig vor zwei.
13.45 Uhr [ein] Viertel vor zwei. / drei Viertel zwei.
13.50 Uhr zehn vor zwei.
14.00 Uhr zwei [Uhr].

〔注〕1. 時刻の尋ね方: Wie spät ist es [jetzt]? / Wie viel Uhr ist es [jetzt]?
2. 12 時間制でいう場合，morgens, vormittags, mittags, nachmittags, abends, nachts などの副詞を添えて区別する: bis 12 Uhr mittags.
3. 公式的な読み方: 13.30 (13.45) Uhr = Es ist dreizehn Uhr dreißig (fünfundvierzig).

(d) 電話番号

聞き違いを避けるため通常一つずつ読むが，2 桁に区切って読むこともある．
(02 28) 71 53 66 = null zwei zwei acht sieben eins fünf drei sechs sechs / null zwei achtundzwanzig einundsiebzig dreiundfünfzig sechsundsechzig. zwei は drei との聞き違いを避けるために zwo ともいう．

(e) 金額

ドイツおよびオーストリアの通貨単位は Euro (略: EUR; 記号: €), 補助通貨単位は Cent ($^1/_{100}$ Euro).
€ 1,00 = ein Euro
€ 3,70 = drei Euro siebzig [Cent]

2. 数式の読み方

$2+3 = 5$ Zwei plus (*od.* und) drei ist fünf.
$5-2 = 3$ Fünf minus (*od.* weniger) zwei ist drei.
$2 \cdot 3 = 6$ Zwei mal (*od.* multipliziert mit) drei ist sechs.
$6 : 2 = 3$ Sechs [dividiert *od.* geteilt] durch zwei ist drei.
$2^2 = 4$ Zwei hoch zwei (*od.* Zwei zum Quadrat) ist vier.
$2^3 = 8$ Zwei hoch drei ist acht.
$\sqrt{9} = 3$ Quadratwurzel (*od.* Zweite Wurzel) aus neun ist drei.

〔注〕等号は gleich, ist gleich とも読む．

$\sqrt[3]{8} = 2$ Kubikwurzel (*od.* Dritte Wurzel) aus acht ist zwei.
$n!$ n-Fakultät
$A = B$ A gleich B.
$A \neq B$ A ungleich (*od.* nicht gleich) B.
$(x+y)^2 = a$ Klammer [auf], x plus y, Klammer [zu], hoch zwei ist a.
$A < B$ A ist kleiner als B.
$A \leq B$ A ist kleiner als oder gleich B.
$A > B$ A ist größer als B.
$A \geq B$ A ist größer als oder gleich B.
$y = f(x)$ y ist f (*od.* Funktion) von x.

V. 前 置 詞

A. 2格支配の前置詞

[an]statt, aufgrund, außerhalb, diesseits, halber, infolge, innerhalb, jenseits, trotz, um … willen, während, wegen *usw.*

〔注〕 1. halber は常にその支配する語の後に置かれ (der Freundschaft halber), wegen は前後いずれに置いてもいい. um … willen は2格の語をその間にはさむ: um der Gesundheit willen.
2. trotz は3格をも支配する: trotz des Regens (dem Regen).

B. 3格支配の前置詞

aus, außer, bei, entgegen, gegenüber, gemäß, mit, nach, seit, von, zu *usw.*

〔注〕 1. entgegen, gegenüber, gemäß は後置が普通.
2. nach は「…によれば」の意味の場合にのみ後置しうる: nach seiner Meinung / seiner Meinung nach.

C. 4格支配の前置詞

bis, durch, entlang, für, gegen, ohne, um, wider *usw.*

〔注〕 1. bis は通例他の前置詞を後ろに伴ない、その前置詞が格支配をする: bis zum Abend; bis an die Knie.
2. entlang が4格を支配するのは後置のときで、前置のときは3格支配: die Straße entlang / entlang der Straße.

D. 3格・4格支配の前置詞

an, auf, hinter, in, neben, über, unter, vor, zwischen

〔注〕 1. これら9個の前置詞は静止または動作の行われる場所を示すときは3格を、動作の方向をさすときは4格を支配する:

3格 (wo?)	4格 (wohin?)
Das Bild hängt an der Wand.	Ich hänge das Bild an die Wand.
Er läuft in dem Zimmer herum.	Er läuft in das Zimmer.

2. これらの前置詞が空間関係以外の表現に用いられるときの格支配の仕方は、(a) 多くは1.の空間的用法から類推できるが、(b) 方法 (wie?) や原因 (warum?) を表わす場合には大体において auf, über は4格を、他は3格を支配すると思えばよい:
(a) Er arbeitet an einem Werk. — Ich denke an meinen Sohn.
spät in der Nacht — spät in die Nacht hinein.
(b) (方法): auf diese Weise — in dieser Weise.
(原因): Sie ist zornig über deine Worte. — Das Eis schmilzt an der Sonne.

VI. 接続詞

A. 並列の接続詞

(1) 並置的: und, auch, überdies, dann, sowohl — als auch, weder — noch, nicht nur — sondern auch, teils — teils, bald — bald *usw.*
(2) 相反的: aber, allein, doch, dennoch, jedoch, indessen, sonst, sondern, oder, entweder — oder *usw.*
(3) 因由的: denn, also, so, folglich, daher, darum, deshalb, deswegen *usw.*

〔注〕 以上のうち, (a) und, aber, allein, sondern, oder, denn に導かれる文は語順になんの影響も受けないが, (b) その他のものが文頭に立つと語順の転倒をきたすのが普通である:
  (a) Es wird dunkel, und der Mond geht auf.
      Wir bleiben zu Hause, denn das Wetter ist schlecht.
  (b) Die Sonne schien, jedoch war es kalt.
      Ich denke, also bin ich.

B. 従属の接続詞

(1) 内容を示す: dass; (疑問) ob
(2) 時: als, wenn, während, solange, sooft, sobald, nachdem, seit[dem], ehe, bevor, bis
(3) 方法: indem; ohne dass, [an]statt dass
(4) 比較: wie, als; als ob, als wenn, wie wenn
(5) 比例: je — desto (um so); je nachdem
(6) 結果: dass, so dass, so — dass; zu — als dass
(7) 因由: weil, da
(8) 目的: damit, dass
(9) 条件: wenn; (制限) [in]sofern, [in]soweit
(10) 認容: obgleich, obwohl, wenn auch

〔注〕 従属の接続詞は副文を導くもので, 定動詞は後置される:
  Ich weiß, dass ich nichts weiß.
  Oft lacht der Mund, wenn das Herz weint.
  Je älter er wird, desto bescheidener wird er.

VII. 動詞の変化

A. 能動態

			haben	sein	werden	lieben	fahren
直		ich	habe	bin	werde	liebe	fahre
	現	du	hast	bist	wirst	liebst	fährst
		er, sie, es	hat	ist	wird	liebt	fährt
		wir	haben	sind	werden	lieben	fahren
	在	ihr	habt	seid	werdet	liebt	fahrt
		sie (Sie)	haben	sind	werden	lieben	fahren
		ich	hatte	war	wurde	liebte	fuhr
	過	du	hattest	warst	wurdest	liebtest	fuhrst
		er, sie, es	hatte	war	wurde	liebte	fuhr
		wir	hatten	waren	wurden	liebten	fuhren
	去	ihr	hattet	war[e]t	wurdet	liebtet	fuhrt
		sie (Sie)	hatten	waren	wurden	liebten	fuhren
説	現在完了	ich	habe	bin	bin	habe	bin
		du	hast	bist	bist	hast	bist
		er, sie, es	hat gehabt	ist gewesen	ist geworden	hat geliebt	ist gefahren
		wir	haben	sind	sind	haben	sind
		ihr	habt	seid	seid	habt	seid
		sie (Sie)	haben	sind	sind	haben	sind
	過去完了	ich	hatte	war	war	hatte	war
		du	hattest	warst	warst	hattest	war[e]t
		er, sie, es	hatte gehabt	war gewesen	war geworden	hatte geliebt	war gefahren
		wir	hatten	waren	waren	hatten	waren
		ihr	hattet	war[e]t	war[e]t	hattet	war[e]t
		sie (Sie)	hatten	waren	waren	hatten	waren
	未	ich	werde	werde	werde	werde	werde
		du	wirst	wirst	wirst	wirst	wirst
		er, sie, es	wird haben	wird sein	wird werden	wird lieben	wird fahren
		wir	werden	werden	werden	werden	werden
法	来	ihr	werdet	werdet	werdet	werdet	werdet
		sie (Sie)	werden	werden	werden	werden	werden
	未来完了	ich	werde	werde	werde	werde	werde
		du	wirst	wirst	wirst	wirst	wirst
		er, sie, es	wird gehabt haben	wird gewesen sein	wird geworden sein	wird geliebt haben	wird gefahren sein
		wir	werden	werden	werden	werden	werden
		ihr	werdet	werdet	werdet	werdet	werdet
		sie (Sie)	werden	werden	werden	werden	werden
接続法	I 現在	ich	(habe)	sei	(werde)	(liebe)	(fahre)
		du	(habest)	sei[e]st	(werdest)	(liebest)	(fahrest)
		er, sie, es	(habe)	sei	werde	liebe	fahre
		wir	(haben)	seien	(werden)	(lieben)	(fahren)
		ihr	(habet)	(seiet)	(werdet)	(liebet)	(fahret)
		sie (Sie)	(haben)	seien	(werden)	(lieben)	(fahren)

文法摘要

				haben	sein	werden	lieben	fahren
接	I	過去	ich	(habe)	sei	sei	(habe)	sei
			du	(habest)	sei[e]st	sei[e]st	(habest)	sei[e]st
			er, sie, es	habe	sei	sei	habe	sei
			wir	(haben)	seien	seien	(haben)	seien
			ihr	(habet)	(seiet)	(seiet)	(habet)	(seiet)
			sie (Sie)	(haben) gehabt	seien gewesen	seien geworden	(haben) geliebt	seien gefahren
		未来	ich	(werde)	(werde)	(werde)	(werde)	(werde)
			du	(werdest)	(werdest)	(werdest)	(werdest)	(werdest)
			er, sie, es	werde	werde	werde	werde	werde
			wir	(werden)	(werden)	(werden)	(werden)	(werden)
			ihr	(werdet)	(werdet)	(werdet)	(werdet)	(werdet)
			sie (Sie)	(werden) haben	(werden) sein	(werden) werden	(werden) lieben	(werden) fahren
		未来完了	ich	(werde)	(werde)	(werde)	(werde)	(werde)
			du	(werdest)	(werdest)	(werdest)	(werdest)	(werdest)
			er, sie, es	werde	werde	werde	werde	werde
			wir	(werden)	(werden)	(werden)	(werden)	(werden)
			ihr	(werdet)	(werdet)	(werdet)	(werdet)	(werdet)
			sie (Sie)	(werden) gehabt haben	(werden) gewesen sein	(werden) geworden sein	(werden) geliebt haben	(werden) gefahren sein
続	II	現在	ich	hätte	wäre	würde	liebte	führe
			du	hättest	wär[e]st	würdest	liebtest	führest
			er, sie, es	hätte	wäre	würde	liebte	führe
			wir	hätten	wären	würden	liebten	führen
			ihr	hättet	wär[e]t	würdet	liebtet	führet
			sie (Sie)	hätten	wären	würden	liebten	führen
		過去	ich	hätte	wäre	wäre	hätte	wäre
			du	hättest	wär[e]st	wär[e]st	hättest	wär[e]st
			er, sie, es	hätte	wäre	wäre	hätte	wäre
			wir	hätten	wären	wären	hätten	wären
			ihr	hättet	wär[e]t	wär[e]t	hättet	wär[e]t
			sie (Sie)	hätten gehabt	wären gewesen	wären geworden	hätten geliebt	wären gefahren
法		未来	ich	würde	würde	würde	würde	würde
			du	würdest	würdest	würdest	würdest	würdest
			er, sie, es	würde	würde	würde	würde	würde
			wir	würden	würden	würden	würden	würden
			ihr	würdet	würdet	würdet	würdet	würdet
			sie (Sie)	würden haben	würden sein	würden werden	würden lieben	würden fahren
		未来完了	ich	würde	würde	würde	würde	würde
			du	würdest	würdest	würdest	würdest	würdest
			er, sie, es	würde	würde	würde	würde	würde
			wir	würden	würden	würden	würden	würden
			ihr	würdet	würdet	würdet	würdet	würdet
			sie (Sie)	würden gehabt haben	würden gewesen sein	würden geworden sein	würden geliebt haben	würden gefahren sein

	haben	sein	werden	lieben	fahren
現在分詞	(habend)	(seiend)	(werdend)	liebend	fahrend
過去分詞	gehabt	gewesen	geworden 受動 worden	geliebt	gefahren
命令法	hab[e]! *pl.* habt!	sei! *pl.* seid!	werd[e]! *pl.* werdet!	liebe! *pl.* liebt!	fahr[e]! *pl.* fahrt!
不定詞	haben	sein	werden	lieben	fahren
完了不定詞	gehabt haben	gewesen sein	geworden sein	geliebt haben	gefahren sein

B. 受動態

			現在	過去	現在完了	
直		ich	werde	wurde	bin	
		du	wirst	wurdest	bist	
		er, sie, es	wird	wurde	ist	
		wir	werden	wurden	sind	
		ihr	werdet	wurdet	seid	
		sie (Sie)	werden	wurden	sind	geliebt worden
説				geliebt	geliebt	
			過去完了	未来		
		ich	war	werde		
		du	warst	wirst		
		er, sie, es	war	wird		
		wir	waren	werden		
		ihr	war[e]t	werdet		
法		sie (Sie)	waren	werden		
			geliebt worden	geliebt werden		
接			現在	過去	未来	
		ich	(werde)	sei	(werde)	
		du	(werdest)	sei[e]st	(werdest)	
	I	er, sie, es	werde	sei	werde	
		wir	(werden)	seien	(werden)	
		ihr	(werdet)	(seiet)	(werdet)	
		sie (Sie)	(werden)	seien	(werden)	
続			geliebt	geliebt worden	geliebt werden	
			現在	過去	未来	未来完了
		ich	würde	wäre	würde	würde
		du	würdest	wär[e]st	würdest	würdest
	II	er, sie, es	würde	wäre	würde	würde
		wir	würden	wären	würden	würden
		ihr	würdet	wär[e]t	würdet	würdet
法		sie (Sie)	würden	wären	würden	würden
			geliebt	geliebt worden	geliebt werden	geliebt worden sein

命令法	不定詞	完了不定詞
sei (werde) geliebt! *pl.* seid (werdet) geliebt!	geliebt werden	geliebt worden sein

〔注〕（ ）を付したものは，まれにしか使われないか，全く用いられない語形．

主要強変化・不規則変化動詞表

〔注意〕
1. この表にのっていない複合動詞の変化は、基礎語について調べられたい.
2. [ ]の中は省略することが可能である.
3. 命令法は単数形のみをあげた. またこの項に ── の引いてあるものは、命令法を欠くことを示す.
4. 各変化形について注意を要する場合は、脚注で説明を加えてある.

不 定 詞	直説法現在	直説法過去 (接続法 II)	過 去 分 詞	命 令 法
backen[1] 焼く(パンを)	*du* bäckst *er* bäckt	**backte** (backte)	(*er hat*) gebacken	back[e][2]
befehlen 命ずる	*du* befiehlst *er* befiehlt	**befahl** (beföhle)	(*er hat*) befohlen	befiehl
beginnen 始める	*du* beginnst *er* beginnt	**begann** (begänne)	(*er hat*) begonnen	beginn[e]
beißen 噛(か)む	*du* beißt *er* beißt	**biss** (bisse)	(*er hat*) gebissen	beiß[e]
bergen 隠す	*du* birgst *er* birgt	**barg** (bärge)	(*er hat*) geborgen	birg
bersten 破裂する	*du* birst *er* birst	**barst** (bärste)	(*er ist*) geborsten	birst[3]
bewegen[4] 誘って…させる	*du* bewegst *er* bewegt	**bewog** (bewöge)	(*er hat*) bewogen	beweg[e]
biegen 曲る; 曲げる	*du* biegst *er* biegt	**bog** (böge)	(*er ist, hat*)[5] gebogen	bieg[e]
bieten 提供する	*du* bietest *er* bietet	**bot** (böte)	(*er hat*) geboten	biet[e]
binden 結ぶ	*du* bindest *er* bindet	**band** (bände)	(*er hat*) gebunden	bind[e]
bitten 頼む	*du* bittest *er* bittet	**bat** (bäte)	(*er hat*) gebeten	bitt[e]
blasen 吹く	*du* bläst *er* bläst	**blies** (bliese)	(*er hat*) geblasen	blas[e]
bleiben とどまる	*du* bleibst *er* bleibt	**blieb** (bliebe)	(*er ist*) geblieben	bleib[e]
braten 焼く(肉を)	*du* brätst *er* brät	**briet** (briete)	(*er hat*) gebraten	brat[e]
brechen 破れる; 破る	*du* brichst *er* bricht	**brach** (bräche)	(*er ist, hat*)[6] gebrochen	brich
brennen 燃える	*du* brennst *er* brennt	**brannte** (brennte)	(*er hat*) gebrannt	brenn[e]
bringen もたらす	*du* bringst *er* bringt	**brachte** (brächte)	(*er hat*) gebracht	bring[e]
denken 考える	*du* denkst *er* denkt	**dachte** (dächte)	(*er hat*) gedacht	denk[e]
dingen 雇う	*du* dingst *er* dingt	**dingte** (dingte)	(*er hat*) gedungen[7]	ding[e]
dreschen 打穀する	*du* drischst *er* drischt	**drosch** (drösche)	(*er hat*) gedroschen	drisch

1)「くっつく」の意味のときは弱変化: Der Schnee backt (backte; *hat* gebackt). 2) 命令法の [e] は口語では省かれるのが普通. 3) 普通用いられない. 4)「動かす」の意味のときは弱変化. 5) Er *ist* um die Ecke gebogen. / Er *hat* das Rohr gebogen. 6) Das Eis *ist* gebrochen. / Er *hat* sein Wort gebrochen. 7) まれに弱変化形 (gedingt) が用いられる.

不 定 詞	直説法現在	直説法過去 (接続法 II)	過 去 分 詞	命 令 法
dringen 迫る; 突入する	*du* dringst *er* dringt	**drang** (dränge)	(*er hat, ist*)[1] **gedrungen**	dring[e]
dünken[2] 思われる	*es* dünkt *ihm* (deucht)	**deuchte** (deuchte)	(*ihm hat*) **gedeucht**	——
dürfen …してもよい	*ich* darf *du* darfst *er* darf	**durfte** (dürfte)	(*er hat*) **gedurft**	——
empfehlen 推薦する	*du* empfiehlst *er* empfiehlt	**empfahl** (empföhle)	(*er hat*) **empfohlen**	empfiehl
essen 食べる	*du* isst *er* isst	**aß** (äße)	(*er hat*) **gegessen**	iss
fahren (乗物で)行く	*du* fährst *er* fährt	**fuhr** (führe)	(*er ist, hat*)[3] **gefahren**	fahr[e]
fallen 落ちる	*du* fällst *er* fällt	**fiel** (fiele)	(*er ist*) **gefallen**	fall[e]
fangen 捕える	*du* fängst *er* fängt	**fing** (finge)	(*er hat*) **gefangen**	fang[e]
fechten 戦う	*du* fichtst *er* ficht	**focht** (**föchte**)	(*er hat*) **gefochten**	ficht
finden 見出だす	*du* findest *er* findet	**fand** (fände)	(*er hat*) **gefunden**	find[e]
flechten 編む	*du* flichtst *er* flicht	**flocht** (**flöchte**)	(*er hat*) **geflochten**	flicht
fliegen 飛ぶ	*du* fliegst *er* fliegt	**flog** (flöge)	(*er ist, hat*)[4] **geflogen**	flieg[e]
fliehen 逃げる	*du* fliehst *er* flieht	**floh** (flöhe)	(*er ist, hat*)[5] **geflohen**	flieh[e]
fließen 流れる	*du* fließt *er* fließt	**floss** (flösse)	(*er ist*) **geflossen**	fließ[e]
fressen (動物が)食う	*du* frisst *er* frisst	**fraß** (fräße)	(*er hat*) **gefressen**	friss
frieren 凍る	*du* frierst *er* friert	**fror** (fröre)	(*er hat*) **gefroren**	frier[e]
gären[6] 発酵する	*du* gärst *er* gärt	**gor** (göre)	(*er hat, ist*) **gegoren**	gär[e]
gebären 産む	*du* gebierst[7] *sie* gebiert	**gebar** (gebäre)	(*sie hat*) **geboren**	gebier[7]
geben 与える	*du* gibst *er* gibt	**gab** (gäbe)	(*er hat*) **gegeben**	gib
gedeihen 栄える	*du* gedeihst *er* gedeiht	**gedieh** (gediehe)	(*er ist*) **gediehen**	gedeih[e]
gehen 行く	*du* gehst *er* geht	**ging** (ginge)	(*er ist*) **gegangen**	geh[e]
gelingen 成功する	*es* gelingt mir	**gelang** (gelänge)	(*es ist*) **gelungen**	geling[e]
gelten 通用する	*du* giltst *er* gilt	**galt** (gölte)	(*er hat*) **gegolten**	gilt[8]
genesen 治る	*du* genest *er* genest	**genas** (genäse)	(*er ist*) **genesen**	genese
genießen 享受する	*du* genießt *er* genießt	**genoss** (genösse)	(*er hat*) **genossen**	genieß[e]

1) Er *hat* darauf gedrungen. / Der Feind *ist* in die Stadt gedrungen. 2) 今日では弱変化形 (dünkte, gedünkt) が多く用いられる。 3) Er *ist* über die Brücke gefahren. / Er *hat* einen Mercedes gefahren. 4) Er *ist* nach London geflogen. / Er *hat* die Maschine nach London geflogen. 5) Er *ist* geflohen. / Der Schlaf *hat* mich geflohen. 6)「腹が煮えくり返る」というような比喩的な意味のときは弱変化。 7) 今日では弱変化 (du gebärst, sie gebärt; gebäre!) するほうが普通。 8) 普通用いられない。

主要強変化・不規則変化動詞表

不定詞	直説法現在	直説法過去 (接続法 II)	過去分詞	命令法
geschehen 起る	*es* geschieht	geschah (geschähe)	(*es ist*) geschehen	——
gewinnen 得る	*du* gewinnst *er* gewinnt	gewann (gewönne)	(*er hat*) gewonnen	gewinn[e]
gießen 注ぐ	*du* gießt *er* gießt	goss (gösse)	(*er hat*) gegossen	gieß[e]
gleichen 似ている	*du* gleichst *er* gleicht	glich (gliche)	(*er hat*) geglichen	gleich[e]
gleiten 滑る	*du* gleitest *er* gleitet	glitt (glitte)	(*er ist*) geglitten	gleit[e]
glimmen[1] かすかに光る	*du* glimmst *er* glimmt	glomm (glömme)	(*es ist*) geglommen	glimm[e]
graben 掘る	*du* gräbst *er* gräbt	grub (grübe)	(*er hat*) gegraben	grab[e]
greifen つかむ	*du* greifst *er* greift	griff (griffe)	(*er hat*) gegriffen	greif[e]
haben 持っている	*du* hast *er* hat	hatte (hätte)	(*er hat*) gehabt	hab[e]
halten 保つ	*du* hältst *er* hält	hielt (hielte)	(*er hat*) gehalten	halt[e]
hängen[2] 掛かっている	*du* hängst *er* hängt	hing (hinge)	(*er hat*) gehangen	häng[e]
hauen 斬る	*du* haust *er* haut	hieb[3] (hiebe)	(*er hat*) gehauen	hau[e]
heben 持ち上げる	*du* hebst *er* hebt	hob (höbe)	(*er hat*) gehoben	heb[e]
heißen …と称する	*du* heißt *er* heißt	hieß (hieße)	(*er hat*) geheißen	heiß[e]
helfen 助ける	*du* hilfst *er* hilft	half (hülfe)	(*er hat*) geholfen	hilf
kennen 知っている	*du* kennst *er* kennt	kannte (kennte)	(*er hat*) gekannt	kenn[e]
klimmen[4] よじ登る	*du* klimmst *er* klimmt	klomm (klömme)	(*er ist*) geklommen	klimm[e]
klingen 鳴る	*du* klingst *er* klingt	klang (klänge)	(*es hat*) geklungen	kling[e]
kneifen つまむ	*du* kneifst *er* kneift	kniff (kniffe)	(*er hat*) gekniffen	kneif[e]
kommen 来る	*du* kommst *er* kommt	kam (käme)	(*er ist*) gekommen	komm[e]
können …できる	*ich* kann *du* kannst *er* kann	konnte (könnte)	(*er hat*) gekonnt	——
kriechen はう	*du* kriechst *er* kriecht	kroch (kröche)	(*er ist*) gekrochen	kriech[e]
laden 積み込む	*du* lädst *er* lädt	lud (lüde)	(*er hat*) geladen	lad[e]
laden 招く	*du* lädst *er* lädt	lud (lüde)	(*er hat*) geladen	lad[e]
lassen …させる	*du* lässt *er* lässt	ließ (ließe)	(*er hat*) gelassen	lass
laufen 走る	*du* läufst *er* läuft	lief (liefe)	(*er ist, hat*)[5] gelaufen	lauf[e]
leiden 苦しむ	*du* leidest *er* leidet	litt (litte)	(*er hat*) gelitten	leid[e]

1) 今日では弱変化形も用いられる。 2) 他動詞「掛ける」の場合は弱変化。 3)「なぐる」という意味で他動詞のときは弱変化 (haute)。 4) 今日では弱変化することもある。 5) Er *ist* in den Wald gelaufen. / Er *hat* sich die Füße wund gelaufen.

不定詞	直説法現在	直説法過去 (接続法 II)	過 去 分 詞	命 令 法
leihen 貸す	*du* leihst *er* leiht	**lieh** (liehe)	(*er hat*) **geliehen**	leih[e]
lesen 読む	*du* liest *er* liest	**las** (läse)	(*er hat*) **gelesen**	lies
liegen 横たわっている	*du* liegst *er* liegt	**lag** (läge)	(*er hat*) **gelegen**	lieg[e]
löschen[1] 消える	*du* lischst *er* lischt	**losch** (lösche)	(*es ist*) **geloschen**	lisch
lügen 嘘をつく	*du* lügst *er* lügt	**log** (löge)	(*er hat*) **gelogen**	lüg[e]
mahlen 碾(°)く	*du* mahlst *er* mahlt	**mahlte** (mahlte)	(*er hat*) **gemahlen**	mahl[e]
meiden 避ける	*du* meidest *er* meidet	**mied** (miede)	(*er hat*) **gemieden**	meid[e]
melken 乳をしぼる	*du* melkst *er* melkt	**molk**[2] (mölke)	(*er hat*) **gemolken**	melk[e]
messen 測る	*du* misst *er* misst	**maß** (mäße)	(*er hat*) **gemessen**	miss

misslingen
  失敗する
	es misslingt
	           mir
		misslang
		(misslänge)
			(*es ist*) **misslungen**	——

mögen …かもしれない	*ich* mag *du* magst *er* mag	**mochte** (möchte)	(*er hat*) **gemocht**	
müssen …せねばならない	*ich* muss *du* musst *er* muss	**musste** (müsste)	(*er hat*) **gemusst**	
nehmen 取る	*du* nimmst *er* nimmt	**nahm** (nähme)	(*er hat*) **genommen**	nimm
nennen 名づける	*du* nennst *er* nennt	**nannte** (nennte)	(*er hat*) **genannt**	nenn[e]
pfeifen 笛を吹く	*du* pfeifst *er* pfeift	**pfiff** (pfiffe)	(*er hat*) **gepfiffen**	pfeif[e]
pflegen[3] する	*du* pflegst *er* pflegt	**pflog** (pflöge)	(*er hat*) **gepflogen**	pfleg[e]
preisen ほめる	*du* preist *er* preist	**pries** (priese)	(*er hat*) **gepriesen**	preis[e]
quellen[4] 湧き出る	*du* quillst *er* quillt	**quoll** (quölle)	(*er ist*) **gequollen**	quill
raten 忠告する	*du* rätst *er* rät	**riet** (riete)	(*er hat*) **geraten**	rat[e]
reiben 摩擦する	*du* reibst *er* reibt	**rieb** (riebe)	(*er hat*) **gerieben**	reib[e]
reißen 裂く; 切れる	*du* reißt *er* reißt	**riss** (risse)	(*er hat, ist*)[5] **gerissen**	reiß[e]
reiten 馬に乗る	*du* reitest *er* reitet	**ritt** (ritte)	(*er hat, ist*)[6] **geritten**	reit[e]
rennen 駆ける	*du* rennst *er* rennt	**rannte** (rennte)	(*er ist*) **gerannt**	renn[e]
riechen におう	*du* riechst *er* riecht	**roch** (röche)	(*er hat*) **gerochen**	riech[e]
ringen 格闘する	*du* ringst *er* ringt	**rang** (ränge)	(*er hat*) **gerungen**	ring[e]

1) 今日では前つづり er-, ver-, aus- をつけて用いられる. 他動詞「消す」は弱変化. 2) 今日では弱変化形 (melkte) を用いることが多い. 3) der Ruhe pflegen のような言い回しではなお強変化しうるが,「世話する」,「常とする」の意味では弱変化. 4) 他動詞「水に浸してふやけさせる」は弱変化. 5) Er *hat* sich ein Loch in die Hose gerissen. / Der Strick *ist* gerissen. 6) Er *hat* den Schimmel geritten. / Er *ist* in den Wald geritten.

不定詞	直説法現在	直説法過去 (接続法 II)	過　去　分　詞	命　令　法
rinnen 流れる	*es* rinnt	**rann** (ränne)	(*es ist*) geronnen	rinn[e]
rufen 呼ぶ	*du* rufst *er* ruft	**rief** (riefe)	(*er hat*) gerufen	ruf[e]
salzen 塩づけにする	*du* salzt *er* salzt	**salzte** (salzte)	(*er hat*) gesalzen	salz[e]
saufen (動物が)飲む	*du* säufst *er* säuft	**soff** (söffe)	(*er hat*) gesoffen	sauf[e]
saugen[1] 吸う	*du* saugst *er* saugt	**sog** (söge)	(*er hat*) gesogen	saug[e]
schaffen[2] 創造する	*du* schaffst *er* schafft	**schuf** (schüfe)	(*er hat*) geschaffen	schaff[e]
schallen 響く	*es* schallt	**scholl**[3] (schölle)	(*es hat*) geschallt	schall[e]
scheiden 分ける；去る	*du* scheidest *er* scheidet	**schied** (schiede)	(*er hat, ist*)[4] geschieden	scheid[e]
scheinen 輝く	*du* scheinst *er* scheint	**schien** (schiene)	(*er hat*) geschienen	schein[e]
scheißen 糞をする	*du* scheißt *er* scheißt	**schiss** (schisse)	(*er hat*) geschissen	scheiß[e]
schelten 叱る	*du* schiltst *er* schilt	**schalt** (schölte)	(*er hat*) gescholten	schilt
scheren[5] 刈る	*du* scherst *er* schert	**schor** (schöre)	(*er hat*) geschoren	scher[e]
schieben 押す	*du* schiebst *er* schiebt	**schob** (schöbe)	(*er hat*) geschoben	schieb[e]
schießen 射る；突進する	*du* schießt *er* schießt	**schoss** (schösse)	(*er hat, ist*)[6] geschossen	schieß[e]
schinden 虐待する	*du* schindest *er* schindet	**schindete** (schindete)	(*er hat*) geschunden	schind[e]
schlafen 眠る	*du* schläfst *er* schläft	**schlief** (schliefe)	(*er hat*) geschlafen	schlaf[e]
schlagen 打つ	*du* schlägst *er* schlägt	**schlug** (schlüge)	(*er hat*) geschlagen	schlag[e]
schleichen 忍び歩く	*du* schleichst *er* schleicht	**schlich** (schliche)	(*er ist*) geschlichen	schleich[e]
schleifen[7] 研ぐ	*du* schleifst *er* schleift	**schliff** (schliffe)	(*er hat*) geschliffen	schleif[e]
schleißen[8] むしり取る	*du* schleißt *er* schleißt	**schliss** (schlisse)	(*er hat*) geschlissen	schleiß[e]
schließen 閉じる	*du* schließt *er* schließt	**schloss** (schlösse)	(*er hat*) geschlossen	schließ[e]
schlingen 巻きつける	*du* schlingst *er* schlingt	**schlang** (schlänge)	(*er hat*) geschlungen	schling[e]
schmeißen 投げつける	*du* schmeißt *er* schmeißt	**schmiss** (schmisse)	(*er hat*) geschmissen	schmeiß[e]
schmelzen[9] 溶ける	*du* schmilzt *er* schmilzt	**schmolz** (schmölze)	(*er ist*) geschmolzen	schmilz
schnauben[10] 鼻息をする	*du* schnaubst *er* schnaubt	**schnob** (schnöbe)	(*er hat*) geschnoben	schnaub[e]

1) 弱変化形 (saugte, gesaugt) もよく用いられる． 2)「創造する」の意味以外では弱変化することが多い． 3) 弱変化することが多い (schallte)． 4) Er *hat* die Böcke von den Schafen geschieden. / Er *ist* aus dem Dienst geschieden. 5) sich scheren「気にかける」の場合は弱変化． 6) Er *hat* den Hasen geschossen. / Das Wasser *ist* in die Rinne geschossen. 7) 同じつづりの「引きずる」の意味の動詞は弱変化． 8) 弱変化もする． 9) 他動詞「溶かす」も今日では強変化． 10) 今日では弱変化することが多い．

不定詞	直説法現在	直説法過去 (接続法 II)	過 去 分 詞	命 令 法
schneiden 切る	*du* schneidest *er* schneidet	**schnitt** (schnitte)	(*er hat*) **geschnitten**	schneid[e]
schrecken[1] 驚く	*du* schrickst *er* schrickt	**schrak** (schräke)	(*er ist*) **geschrocken**	schrick
schreiben 書く	*du* schreibst *er* schreibt	**schrieb** (schriebe)	(*er hat*) **geschrieben**	schreib[e]
schreien 叫ぶ	*du* schreist *er* schreit	**schrie** (schriee)	(*er hat*) **geschrien**	schrei[e]
schreiten 歩く	*du* schreitest *er* schreitet	**schritt** (schritte)	(*er ist*) **geschritten**	schreit[e]
schweigen 黙っている	*du* schweigst *er* schweigt	**schwieg** (schwiege)	(*er hat*) **geschwiegen**	schweig[e]
schwellen[2] 腫(は)れる	*du* schwillst *er* schwillt	**schwoll** (schwölle)	(*er ist*) **geschwollen**	schwill
schwimmen 泳ぐ	*du* schwimmst *er* schwimmt	**schwamm** (schwömme)	(*er hat, ist*)[3] **geschwommen**	schwimm[e]
schwinden 消える	*du* schwindest *er* schwindet	**schwand** (schwände)	(*er ist*) **geschwunden**	schwind[e]
schwingen 振る	*du* schwingst *er* schwingt	**schwang** (schwänge)	(*er hat*) **geschwungen**	schwing[e]
schwören 誓う	*du* schwörst *er* schwört	**schwor** (schwüre)	(*er hat*) **geschworen**	schwör[e]
sehen 見る	*du* siehst *er* sieht	**sah** (sähe)	(*er hat*) **gesehen**	sieh[e]
sein ある	*ich* bin *du* bist *er* ist *wir* sind *ihr* seid *sie* sind	**war** (wäre)	(*er ist*) **gewesen**	sei
senden[4] 送る	*du* sendest *er* sendet	**sandte** (sendete)	(*er hat*) **gesandt**	send[e]
sieden[5] 沸騰する	*du* siedest *er* siedet	**sott** (sötte)	(*er hat*) **gesotten**	sied[e]
singen 歌う	*du* singst *er* singt	**sang** (sänge)	(*er hat*) **gesungen**	sing[e]
sinken 沈む	*du* sinkst *er* sinkt	**sank** (sänke)	(*er ist*) **gesunken**	sink[e]
sinnen 考えこむ	*du* sinnst *er* sinnt	**sann** (sänne)	(*er hat*) **gesonnen**	sinn[e]
sitzen すわっている	*du* sitzt *er* sitzt	**saß** (säße)	(*er hat*) **gesessen**	sitz[e]
sollen …すべきである	*ich* soll *du* sollst *er* soll	**sollte** (sollte)	(*er hat*) **gesollt**	——
spalten 割る	*du* spaltest *er* spaltet	**spaltete** (spaltete)	(*er hat*) **gespalten**[6]	spalt[e]
speien 吐く	*du* speist *er* speit	**spie** (spiee)	(*er hat*) **gespien**	spei[e]
spinnen 紡ぐ	*du* spinnst *er* spinnt	**spann** (spönne)	(*er hat*) **gesponnen**	spinn[e]

1) 今日では前つづり er-, zurück- などをつけて用いられ, 弱変化することも稀でない. 他動詞「驚かす」の意味では弱変化. 2) 他動詞「ふくらます」は弱変化. 3) Er *hat* den ganzen Vormittag geschwommen. / Er *ist* über den Fluss geschwommen. 4) 弱変化形 (sendete, gesendet) も用いられる.「(ラジオで)放送する」の意味のときはもっぱら弱変化. 5) 弱変化形も用いられる. 6) 弱変化形 (gespaltet) も用いられる. 強変化形 (gespalten) は特に形容詞的用法のときに多い: gespaltenes Holz.

主要強変化・不規則変化動詞表

不 定 詞	直説法現在	直説法過去 (接続法 II)	過 去 分 詞	命 令 法
sprechen 話す	*du* sprichst *er* spricht	**sprach** (spräche)	(*er hat*) **gesprochen**	sprich
sprießen 芽を出す	*du* sprießt *er* sprießt	**spross** (sprösse)	(*er ist*) **gesprossen**	sprieß[e]
springen 跳ぶ	*du* springst *er* springt	**sprang** (spränge)	(*er ist*) **gesprungen**	spring[e]
stechen 刺す	*du* stichst *er* sticht	**stach** (stäche)	(*er hat*) **gestochen**	stich
stecken 刺さっている	*du* steckst *er* steckt	**stak**[1] (stäke)	(*er hat*) **gesteckt**	steck[e]
stehen 立っている	*du* stehst *er* steht	**stand** (stünde)	(*er hat*) **gestanden**	steh[e]
stehlen 盗む	*du* stiehlst *er* stiehlt	**stahl** (stähle)	(*er hat*) **gestohlen**	stiehl
steigen 登る	*du* steigst *er* steigt	**stieg** (stiege)	(*er ist*) **gestiegen**	steig[e]
sterben 死ぬ	*du* stirbst *er* stirbt	**starb** (stürbe)	(*er ist*) **gestorben**	stirb
stieben[2] 飛散する	*du* stiebst *er* stiebt	**stob** (stöbe)	(*er ist, hat*) **gestoben**	stieb[e]
stinken 臭い	*du* stinkst *er* stinkt	**stank** (stänke)	(*er hat*) **gestunken**	stink[e]
stoßen ぶつかる; 突く	*du* stößt *er* stößt	**stieß** (stieße)	(*er ist, hat*)[3] **gestoßen**	stoß[e]
streichen 塗る; かすめる	*du* streichst *er* streicht	**strich** (striche)	(*er hat, ist*)[4] **gestrichen**	streich[e]
streiten 争う	*du* streitest *er* streitet	**stritt** (stritte)	(*er hat*) **gestritten**	streit[e]
tragen 運ぶ	*du* trägst *er* trägt	**trug** (trüge)	(*er hat*) **getragen**	trag[e]
treffen 当る	*du* triffst *er* trifft	**traf** (träfe)	(*er hat*) **getroffen**	triff
treiben 追う; 流れる	*du* treibst *er* treibt	**trieb** (triebe)	(*er hat, ist*)[5] **getrieben**	treib[e]
treten 踏む; 歩む	*du* trittst *er* tritt	**trat** (träte)	(*er hat, ist*)[6] **getreten**	tritt
trinken 飲む	*du* trinkst *er* trinkt	**trank** (tränke)	(*er hat*) **getrunken**	trink[e]
trügen 欺く	*du* trügst *er* trügt	**trog** (tröge)	(*er hat*) **getrogen**	trüg[e]
tun する	*du* tust *er* tut	**tat** (täte)	(*er hat*) **getan**	tu[e]
verderben いためる; いたむ	*du* verdirbst *er* verdirbt	**verdarb** (verdürbe)	(*er hat, ist*)[7] **verdorben**	verdirb
verdrießen 不愉快にする	*du* verdrießt *er* verdrießt	**verdross** (verdrösse)	(*es hat*) **verdrossen**	verdrieß[e]
vergessen 忘れる	*du* vergisst *er* vergisst	**vergaß** (vergäße)	(*er hat*) **vergessen**	vergiss
verlieren 失う	*du* verlierst *er* verliert	**verlor** (verlöre)	(*er hat*) **verloren**	verlier[e]

1) 弱変化形 (steckte) も用いられる。他動詞「差し込む」のときは弱変化。 2) 弱変化することもある。 3) Er *ist* auf Widerstand gestoßen. / Er *hat* mich gestoßen. 4) Er *hat* Butter auf das Brot gestrichen. / Die Schnepfen *sind* über den Acker gestrichen. 5) Der Wind *hat* den Ballon südwärts getrieben. / Der Ballon *ist* südwärts getrieben. 6) Er *hat* ihn getreten. / Er *ist* in die Pfütze getreten. 7) Er *hat* sich den Magen verdorben. / Das Eingemachte *ist* verdorben.

不定詞	直説法現在	直説法過去 (接続法 II)	過 去 分 詞	命 令 法
wachsen 発育する	*du* wächst *er* wächst	**wuchs** (wüchse)	(*er ist*) **gewachsen**	wachs[e]
wägen 熟慮する	*du* wägst *er* wägt	**wog** (wöge)	(*er hat*) **gewogen**	wäg[e]
waschen 洗う	*du* wäschst *er* wäscht	**wusch** (wüsche)	(*er hat*) **gewaschen**	wasch[e]
weben[1] 織る	*du* webst *er* webt	**wob** (wöbe)	(*er hat*) **gewoben**	web[e]
weichen[2] よける	*du* weichst *er* weicht	**wich** (wiche)	(*er ist*) **gewichen**	weich[e]
weisen 指し示す	*du* weist *er* weist	**wies** (wiese)	(*er hat*) **gewiesen**	weis[e]
wenden[3] 向ける	*du* wendest *er* wendet	**wandte** (wendete)	(*er hat*) **gewandt**	wend[e]
werben 募る	*du* wirbst *er* wirbt	**warb** (würbe)	(*er hat*) **geworben**	wirb
werden …になる	*du* wirst *er* wird	**wurde** (würde)	(*er ist*) **geworden**[4]	werd[e]
werfen 投げる	*du* wirfst *er* wirft	**warf** (würfe)	(*er hat*) **geworfen**	wirf
wiegen[5] 目方を計る	*du* wiegst *er* wiegt	**wog** (wöge)	(*er hat*) **gewogen**	wieg[e]
winden 巻く	*du* windest *er* windet	**wand** (wände)	(*er hat*) **gewunden**	wind[e]
wissen 知っている	*ich* weiß *du* weißt *er* weiß	**wusste** (wüsste)	(*er hat*) **gewusst**	wisse
wollen …しようと思う	*ich* will *du* willst *er* will	**wollte** (wollte)	(*er hat*) **gewollt**	wolle
wringen 絞る	*du* wringst *er* wringt	**wrang** (wränge)	(*er hat*) **gewrungen**	wring[e]
zeihen とがめる	*du* zeihst *er* zeiht	**zieh** (ziehe)	(*er hat*) **geziehen**	zeih[e]
ziehen 引く; 行く	*du* ziehst *er* zieht	**zog** (zöge)	(*er hat, ist*)[6] **gezogen**	zieh[e]
zwingen 強いる	*du* zwingst *er* zwingt	**zwang** (zwänge)	(*er hat*) **gezwungen**	zwing[e]

1) 比喩的な意味では大抵強変化するが，本来の意味では弱変化: Die Sonne wob goldene Fäden. / Die Frau webte die Matte selbst. 2) einweichen「柔らかくする」は弱変化. 3) 弱変化形 (wendete, gewendet) も用いられる．「めくる」,「(衣服などを)裏返す」の意味のときは弱変化のみ． 4) 受動の助動詞としては worden. 5) 同じつづりの「揺り動かす」の意味の動詞は弱変化. 6) Er *hat* den Wagen gezogen. / Er *ist* aufs Land gezogen.

IKUBUNDO
JAPANISCH-DEUTSCHES
WÖRTERBUCH

1966年4月1日 第1版 第1刷 発行
1983年3月1日 第2版 第1刷 発行
1996年3月1日 第3版 第1刷 発行
2002年3月1日 第4版 第1刷 発行 ©

郁 文 堂　和 独 辞 典
2012年4月1日 第4版 第4刷

編　者	冨 山 芳 正
	三 浦 靱 郎
	山 口 一 雄
第四版編者	石 丸 昭 二
	山 田 杉 夫
発 行 者	大 井 敏 行

発 行 所　株式会社　郁　文　堂

〒113-0033 東京都文京区本郷 5-30-21
電話 (03) 3814-5571 郵便振替 00130-1-14981

整版・印刷　研 究 社 印 刷 株 式 会 社

落丁乱丁などの不良品はお取替えいたします
許可なく複製・転載することを禁じます

ISBN 978-4-261-07248-8

MITTELEUROPA

1 : 6 300 000

0 — 100 — 200 km

DÄNEMARK
Odense
Nordfriesische Inseln
Flensburg
Schleswig
Husum
Helgoland
Heide
Kiel
Fehmarn

SCH[leswig]

Nordsee
Ostfriesische Inseln
Wilhelmshaven
Emden
Cuxhaven
Bremerhaven
Lübeck
Hamburg
Wismar
Stralsund
Rostock
Gre[ifswald]
Schwerin
Neubrand[enburg]

NIEDERLANDE
Groningen
Haarlem
Amsterdam
Den Haag
Leiden
Utrecht
Enschede
Arnheim
Rotterdam
Eindhoven

Oldenburg
Bremen
Lüneburg
LÜNEBURGER HEIDE
Celle
Osnabrück
Münster
Bielefeld
Hannover
Wolfsburg
Braunschweig
Hildesheim
Salzgitter
TEUTOBURGER WALD
WESER-BERGLAND
Goslar
HARZ
Magdeburg
Brandenburg
Berl[in]
Potsda[m]
Wittenberg
Dessau

BELGIEN
Gent
Antwerpen
Brüssel
Lüttich
Charleroi

Gelsenkirchen
Essen
Duisburg
Dortmund
Hamm
Paderborn
Krefeld
Bochum
Wuppertal
Düsseldorf
Solingen
Leverkusen
Köln
Aachen
Bonn
RHEINISCHES SCHIEFERGEBIRGE
ROTHAAR GEB.
Siegen
WESTERWALD
Marburg
Gießen
Fulda
HESSISCHES BERGLAND
Kassel
Göttingen
Halle (Saale)
Merseburg
Leipzig
Meißen
Eisenach
Weimar
Gotha
Erfurt
Jena
Gera
Chem[nitz]
THÜRINGER W.
Suhl
RHÖN
Zwickau
ERZGEBIRGE
Eger
Hof
BÖH[MEN]
Pilsen

ARDENNEN
Charleville-Mézières
Reims

LUXEMBURG
Luxemburg
Trier
HUNSRÜCK
EIFEL
Koblenz
TAUNUS
Wiesbaden
Mainz
Frankfurt
Offenbach
Darmstadt
SPESSART
ODENWALD
Würzburg
FRANKENW[ALD]
FICHTELGEB.
Bayreuth
Bamberg
OBERPFÄLZER WALD
Worms
Ludwigshafen
Kaiserslautern
Mannheim
Heidelberg
PFÄLZER WALD
Saarbrücken
Metz
St-Dizier
Nancy
Karlsruhe
Pforzheim
Heilbronn
Erlangen
Rothenburg
Fürth
Nürnberg
FRÄNKISCHE ALB
Regensburg
BAYERISCHER [WALD]
Passau

FRANKREICH
Straßburg
Baden-Baden
Tübingen
Stuttgart
Reutlingen
OBERRHEINISCHES TIEFLAND
SCHWARZWALD
VOGESEN
SCHWÄBISCHE ALB
Ulm
Ingolstadt
Augsburg
Landshut
ALPENVORLAND
München
Rosenheim
Sal[zburg]
Berchtes[gaden]

Langres
Mülhausen
Freiburg
Konstanz
Friedrichshafen
Kempten
Füssen
Garmisch-Partenkirchen
Dijon
Besançon
Basel
Aarau
Sankt Gallen
Bregenz
Zürich
LIECHTENSTEIN
Vaduz
Innsbruck
ÖST[ERREICH]

Luzern
Schwyz
Bern
Interlaken
Andermatt
HOHE TAUERN
Lausanne
SCHWEIZ
Genf
BERNER ALPEN
A[LPEN]
L[PEN]
P[EN]
Bozen
DOLOMITEN
Udine

Lyon
WALLISER ALPEN
Bellinzona
Como
ITALIEN